Monumental
Festschrift für Michael Petzet

MONUMENTAL

Festschrift für Michael Petzet

zum 65. Geburtstag am 12. April 1998

herausgegeben von

Susanne Böning-Weis
Karlheinz Hemmeter
York Langenstein

ARBEITSHEFTE DES BAYERISCHEN LANDESAMTES FÜR DENKMALPFLEGE, BAND 100

Schutzumschlag:
„Nine Colored Michaels", Gabi Landskron über photographischen Aufnahmen von Dieter Komma,
Gesamtentwurf des Schutzumschlags Hans Stölzl

Frontispiz:
Porträt Michael Petzet, Aufnahme Erwin Keller

© Bayerisches Landesamt für Denkmalpflege, München 1998

Redaktion und Layout: Susanne Böning-Weis, Karlheinz Hemmeter und York Langenstein
unter Mitarbeit von
Andreas Dobslaw, Helga Nora Franz-Duhme, Peter Jahn, Jutta Mannes, Barbro Repp,
Ursula Schunk, Danica Tautenhahn, Sabine Tönnies, Sibylle Weber am Bach

Redaktioneller Beirat:
Dipl.-Restaurator Erwin Emmerling, Dr. Erwin Keller, Dr. Michael Kühlenthal, Dr. Wolfram Lübbeke,
Dipl.-Ing. Giulio Marano, Dr. Manfred Mosel, Dr. Markus Weis

Gesamtherstellung:
Lipp GmbH, Graphische Betriebe, Meglingerstraße 60, 81477 München

Vertrieb:
Karl M. Lipp Verlag, Meglingerstraße 60, 81477 München

ISBN 3-87490-654-x

Die Herausgeber
danken den nachfolgend genannten Donatoren
für die großzügige Förderung der Drucklegung
der Festschrift für Michael Petzet

Messerschmitt Stiftung

Ernst von Siemens-Stiftung

Karl M. Lipp Verlag

Bayerische Hypotheken- und Wechsel-Bank AG

Augustiner-Bräu München

Edith-Haberland-Wagner-Stiftung

Keimfarben GmbH & Co KG

Bayerische Landesbank

Wacker-Chemie GmbH München

Schörghuber Unternehmensgruppe

Wüstenrot Stiftung

Bayerische Landesbausparkasse

Versicherungskammer Bayern

Thuringia Versicherungs-AG

Erwin Wiegerling, Restaurierungswerkstätten

Tabula Gratulatoria

Elena Agnini und Dr. Peter Friess, *Restauratoren, München*

Ludwig und Johannes Amann, *Kirchenmalermeister und Diplomrestaurator, Weißenhorn*

Landesrat Fritz Astl, *Kulturabteilung im Amt der Tiroler Landesregierung, Innsbruck*

Kirchenverwaltungsdirektor Bernhard Bach, *Landeskirchenrat der Evang.-Luth. Kirche in Bayern, München*

Dr. Magnus Backes, *Direktor des Landesamts für Denkmalpflege Rheinland-Pfalz / Verwaltung der staatlichen Schlösser a. D., Wiesbaden*

Univ.-Prof. Dr. Ernst Badstübner, *Ernst-Moritz-Arndt-Universität, Greifswald*

Wolfgang Baude, *Restaurator, Ochsenfurt*

Bäumler und Žagar, *Architekten und Stadtplaner im Plankreis, München*

Dipl.-Ing. Leonhard Baureis, *Architekt, St. Wendel*

Bayerische Architektenkammer, *München*

Regina Becker, *Restauratorin, München*

Prälat Dr. Sigmund Benker, *Freising*

Biedermann GmbH Offsetdruck, *Parsdorf*

Dr. Gerhard Binker und Joachim Binker, *Binker Materialschutz GmbH, Schwaig*

Landrat Dr. Xaver Bittl, *Landkreis Eichstätt*

Hans Blöchl, *Heimatpfleger des Landkreises Aichach-Friedberg, Augsburg*

Prof. Dr. Sabine Bock und Thomas Helms, *Schwerin*

Bezirkstagspräsident Hans Bradl, *Bezirk Oberpfalz, Regensburg*

Dr.-Ing. Theo Brannekämper, *Hoch- und Grundbau, München*

Landrat Alfons Braun, *Landkreis Donau-Ries, Donauwörth*

Dr. Emanuel Braun, *Bischöfliches Ordinariat Eichstätt, Diözesanbauamt*

Landrat Luitpold Braun, *Landkreis Weilheim-Schongau*

Silvia Brüggemann und Christoph Schwarzkopf, *Büro für Baugeschichte, Erfurt*

Bund Deutscher Architekten in Bayern e. V., *München*

Dr. jur. Otto C. Carlsson, *Richter i. R., Bremen-Borgfeld*

Dr. Hans Caspary, *Landesamt für Denkmalpflege Rheinland-Pfalz, Mainz*

Landrat Hansjörg Christmann, *Landkreis Dachau*

Prof. Dr. Karl Ludwig Dasser, *Fachhochschule Köln*

Franz Debold, *Restaurator, München*

Prof. Dr. Astrid Debold-Kritter, *Technische Universität Berlin*

Deffner & Johann GmbH, *Fachgroßhandel für Restauratorenbedarf, Röthlein*

Landrat Dr. Günther Denzler, *Landkreis Bamberg*

Deutscher Kunstverlag, *München / Berlin*

Gerhard Diem, *Restaurator, Dirlewang*

Landrat Seban Dönhuber, *Landkreis Altötting*

Landrat Hanns Dorfner, *Landkreis Passau*

Hermann Dreyer, *Restaurierungswerkstätten, Ottobeuren*

Landrat Herbert Eckstein, *Landkreis Roth*

Eder & Volpp GmbH, *Werkstätte für Malerarbeiten, Restaurierungen und Baudenkmalpflege, München*

Rudolf Eis, *Restaurierungswerkstätten, Lappersdorf*

Dr. Michael Elsen, *Schloßbrauerei Stein Wiskott GmbH & Co. KG, Stein a. d. Traun*

Brigitta Enders, *Landesamt für Denkmalpflege Rheinland-Pfalz / Verwaltung der staatlichen Schlösser, Mainz*

Rolf-Gerhard Ernst, *Restaurator, München*

Landrat Dr. Hubert Faltermeier, *Landkreis Kelheim*

Dipl.-Ing. Konrad Fischer, *Architektur- und Ingenieurbüro, Hochstadt*

Landeskonservator Prof. Dr. Manfred F. Fischer, *Denkmalschutzamt der Freien und Hansestadt Hamburg*

Erna Forster, *München*

Freunde der Burg Stein e. V., *Stein a. d. Traun*

Fritsch + Knodt, *Architekturbüro, Nürnberg*

Dr. Bernhard Furrer, *Denkmalpflege der Stadt Bern*

Prof. Dr. August Gebessler, *Präsident des Landesdenkmalamtes Baden-Württemberg a. D., Stuttgart*

Dipl.-Ing. Johannes Geisenhof, *Architekt, Planungsbüro Gruppe DASS, Weißenburg*

Dr. Peter Germann-Bauer, *Museen der Stadt Regensburg*

Prof. Dipl.-Ing. Manfred Gerner, *Leiter des Deutschen Zentrums für Handwerk und Denkmalpflege, Propstei Johannesberg, Fulda e. V.*

Regierungspräsident Dr. Friedrich Giehl, *Regierung von Niederbayern, Landshut*

Landeskonservator Prof. Dr.-Ing. Gerhard Glaser, *Landesamt für Denkmalpflege Sachsen, Dresden*

Domkapitular Luitgar Göller, *Erzbischöfliches Ordinariat Bamberg*

A. R. Goering Institut e. V. *für angewandte Restaurierung-Konservierung, Dokumentation, München*

Anton Götz, *Architekturbüro, Donauwörth*

Detlef Goldbach, *Restaurator, Sinzing*

o. Univ.-Prof. Dr. Rainer Graefe, *Universität Innsbruck*

Brita Grams, *Restauratorin, München*

Prof. Dr. Wolf-Dieter Grimm, *Ludwig-Maximilians-Universität München*

Dr. Andreas Grote, *Ltd. Wissenschaftlicher Direktor i. R., Berlin*

Rainer Haaf, *Inh. Firma Anton Fuchs GmbH & Co. KG, Eisingen*

Haase & Partner, *Architekturbüro, Karlstadt*

Dr. Georg J. Haber, *Haber & Brandner GmbH, Metallrestaurierung, Regensburg*

Landrat Karl Haberkorn, *Landkreis Tirschenreuth*

Landrat Hubert Hafner, *Landkreis Günzburg*

Landrat Dr. Hermann Haisch, *Landkreis Unterallgäu*

Regierungspräsident Dr. Erich Haniel, *Regierung von Oberfranken, Bayreuth*

Prof. Dr.-Ing. Uta Hassler, *Universität Dortmund*

Haugg-GmbH, *Kirchenrestaurierung, Buxheim*

Hans Heldwein, *Architekt, Schongau*

Prof. Friedemann Hellwig, *Fachhochschule Köln*

Dipl.-Ing. Wolfgang Diez von Hennings, *Kirchenoberbaudirektor i. R., Preetz/Holst.*

Hirmer Verlag, *München*

Dr. Hans-Christoph Hoffmann, *Landesamt für Denkmalpflege Bremen*

Dipl.-Ing. Lutz Hofmann, *Ingenieurbüro CBP, München*

Eberhard Holter, *Restaurator, Nürnberg*

Michael Benedikt Hornsteiner, *Restaurator, Dorfen*

ICCROM – International Centre for the Study of the Preservation and the Restoration of Cultural Property, *Rom*

Landrat Heiner Janik, *Landkreis München*

Dipl.-Biol. Michael Jarnach, *Polling*

Joh. Kallinger Kirchenrestaurierung GmbH, *Regensburg/Hofkirchen-Oberschöllnach*

Landrat Thomas Karmasin, *Landkreis Fürstenfeldbruck*

Klaus Klarner, *Restaurator, München*

Landrat Norbert Kerkel, *Landkreis Miesbach*

Eduard Knoll, *Architekt, Rothenburg o. d. Tauber*

Landrat Dr. Theo Körner, *Landkreis Aichach-Friedberg*

Max Kredwig, *Architekt und Baumeister, Freilassing*

Elli G. Kriesch M. A., *Journalistin, München*

Dipl.-Ing. Christian Kronenbitter, *Architekt, München*

Sebastian Kuchenbaur MdL, *Achsheim, Lkr. Augsburg*

Landeskirchenrat der Evang.-Luth. Kirche in Bayern, *München*

Oberbürgermeister Herbert Lauer, *Stadt Bamberg*

S. E. Bischof Prof. Dr. Dr. Karl Lehmann, *Vorsitzender der Deutschen Bischofskonferenz, Mainz*

Prof. Dr. Hans Leisen und Dr. Esther von Plehwe-Leisen, *Fachhochschule Köln*

Landrat Reinhard Leutner, *Landkreis Lichtenfels*

Landrat Volker Liedtke, *Landkreis Schwandorf*

Dr. Barbara Lipps-Kant, *Kunsthistorikerin, Tübingen*

Landrat Albert Löhner, *Landkreis Neumarkt i. d. OPf.*

Löser + Partner, *Architekten und Ingenieure, Nürnberg*

Bezirkstagspräsident Gerd Lohwasser, *Bezirk Mittelfranken, Ansbach*

Toni Mayer, *Kreisheimatpfleger, Mindelheim*

Franz Mayer'sche Hofkunstanstalt GmbH für Glasmalerei und Mosaik, *München*

Hans Mayr, *Restaurator, Kreuth-Pförn*

Oberbürgermeister Dr. Peter Menacher, *Stadt Augsburg*

Milde + Möser, *Architektengemeinschaft, Pirna*

Siegfried Mühlbauer, *Restaurator, Regensburg*

Peter Müller, *Löwen-Restaurierung Denkmalpflege Müller GmbH, Erlenbach*

Prof. Dr. Hans Nadler, *Dresden*

Landrat Manfred Nagler, *Landkreis Bad Tölz-Wolfratshausen*

Nationalmuseet *Oltid og Middelalder, Kopenhagen*

Dipl.-Ing. Günter Naumann, *Architekt, Regensburg*

Landrat Herbert Neder, *Landkreis Bad Kissingen*

Reiner Neubauer, *Restaurierungswerkstätten, Bad Endorf*

Dr. Bruno Neundorfer, *Museumsdirektor i. R., Bamberg*

Niederhauser – Reitschuster & Streicher, *Arbeitsgemeinschaft freiberuflicher Restauratoren, Egling a. d. Paar*

Eike und Karin Oellermann, *Restaurierungsatelier, Heroldsberg*

Hans Padeffke, *Deutsche Bahn AG, Geschäftsbereich Netz, Planungsbüro Fahrbahn Süd, Außenbüro Nürnberg*

Dr. Ralph Paschke, *Brandenburgisches Landesamt für Denkmalpflege, Berlin*

Dr. Helmut-Eberhard Paulus, *Direktor der Stiftung Thüringer Schlösser und Gärten, Schloß Heidecksburg, Rudolstadt/Saale*

Hans Pfister GmbH, *Restaurierungswerkstätte, Heinrichshofen*

Hans J. Philipp, *Architekt, Wasserburg a. Inn*

Hans Portsteffen, *Dipl.-Restaurator, Fachhochschule Köln*

Preis & Preis OHG, *Werkstätten für Restaurierung, Regensburg/Parsberg*

Landrat Erich Rambold, *Landkreis Mühldorf a. Inn*

Rudolf Rappenegger, *Restaurierungswerkstätte im Diözesanmuseum, Regensburg*

Ltd. Museumsdirektor Prof. Dr. Walter Raunig, *Staatliches Museum für Völkerkunde, München*

Landrat Helmut Reich, *Landkreis Nürnberger Land, Lauf a. d. Pegnitz*

Erster Bürgermeister Heinz Reiche, *Stadt Kelheim*

Erika Richter, *Institut für Auslandsbeziehungen, Stuttgart*

Landrat Georg Rosenbauer, *Landkreis Weißenburg-Gunzenhausen*

Norbert M. Rudzki, *Restaurator, Türkenfeld-Zankenhausen*

Manfred Sattler, *Restaurierungswerkstätte, Schwangau-Horn*

Andreas Scheideck, *Restaurator, Konstanz*

Bezirkstagspräsident Sebastian Schenk, *Bezirk Niederbayern, Landshut*

Landrat Adolf Schilling, *Landkreis Neustadt a. d. Aisch-Bad Windsheim*

Prof. Dr.-Ing. Hartwig Schmidt, *Rheinisch-Westfälische Technische Hochschule Aachen*

Bezirkstagspräsident Raymund Schmitt, *Bezirk Unterfranken, Würzburg*

Schmuck GmbH, *Werkstätte für Kirchenrestaurierung, Bamberg*

Christiane Schmuckle Mollard, *Architecte en Chef des Monuments Historiques, Paris*

Landrat Dr. Werner Schnappauf, *Landkreis Kronach*

Thomas Schoeller, *Restaurator, München*

Dr. Karl Graf von Schönborn, *Wiesentheid*

Dipl.-Ing. (FH) Dag Schröder, *Architekt, Schweinfurt a. Main*

Landrat Roland Schwing, *Landkreis Miltenberg*

Maximilian Seefelder M. A., *Bezirksheimatpfleger, Bezirk Niederbayern, Landshut*

Präsidentin Dr. Christiane Segers-Glocke, *Niedersächsisches Landesamt für Denkmalpflege, Hannover*

Otto Seidenath, *Restaurierungswerkstätte für Kirchen und profane Bauten GmbH, Bamberg*

Landrat Dr. Peter Seisser, *Landkreis Wunsiedel i. Fichtelgebirge*

Shabbir Siddiquie, *Bochum*

Anton Siegl, *Fachbuchhandlung GmbH, München*

Bezirkstagspräsident Edgar Sitzmann, *Bezirk Oberfranken, Bayreuth*

Magnus Skulason, *Húsafriđunarnefnd Ríkisins, Thióđminjasafni Íslands, Reykjavik*

Landrat Klaus-Peter Söllner, *Landkreis Kulmbach*

Dr. Sabine Solf, *Herzog August Bibliothek, Wolfenbüttel*

Oberbürgermeister Fritz Stahl, *Stadt Traunstein*

Landrat Dr. Fritz Steigerwald, *Landkreis Rhön-Grabfeld*

Alois Stein, *Kirchenmaler und Restaurator, Inzell*

Stiftung Preussische Schlösser und Gärten Berlin-Brandenburg, *Potsdam*

Studiendirektor Heinrich Stumpf, *ICOMOS, München*

Stadtbaurätin Christiane Thalgott, *Landeshauptstadt München, Referat für Stadtplanung und Bauordnung*

Dr. Kurt Töpner, *Bezirksheimatpfleger, Bezirk Mittelfranken, Ansbach*

Bayerische Hofglasmalerei Gustav van Treeck, *Werkstätten für Mosaik und Glasmalerei GmbH, München*

Alexander Treiber, *Architekt, Itzgrund*

Prof. Thomas Trübswetter, *Fachhochschule Rosenheim*

Wilhelm Frhr. von Tucher, *Restaurator, Marxheim*

Landrat Alfons Urban, *Landkreis Freyung-Grafenau*

Hans-Georg Vleugels, *Vleugels Orgelmanufactur GmbH, Hardheim*

Albert Vogt, *Maler- und Lackierermeister, Kirchenmalerei, Illertissen*

Dr. Peter Volk, *Bayerisches Nationalmuseum München*

Landrat Hans Vollhardt, *Landkreis Ebersberg*

Landrat Dr. Hans Wagner, *Landkreis Amberg-Sulzbach*

Horst Wedel, *Sulzbach-Rosenberg*

Dr. Robert Weigand, *Mitglied des Landesdenkmalrates, Leiter des Hofmarkmuseums Schloß Eggersberg, München*

Robert Weininger, *Meisterwerkstätte für Vergoldung, Malerei und Restaurierung, Ebersberg*

Landrat Ingo Weiss, *Landkreis Straubing-Bogen*

Prof. Dr.-Ing. Fritz Wenzel, *Universität Karlsruhe*

Konrad Wiedemann, *Restaurator, Baar-Ebenhausen*

Dipl.-Ing. (FH) Alfred Wiener, *Architekt, Karlstadt/Würzburg*

Dipl.-Ing. (FH) Matthias Wieser M. A., *Architekt, Sommerhausen*

Margaret Thomas Will M. A. und Prof. Dipl.-Ing. Thomas Will, *Dresden*

Dipl.-Ing. Rudolph Wohlgemuth, *Architekt, Landshut*

Peter Wolf, *Restaurator, Nürnberg*

Alfred Franz Zangenfeind, *Diözesanbaumeister von Passau i. R., Wegscheid*

Wolf Zech und Marianne von Treuenfels, *Restaurierungsatelier, München*

Dr. Ernst Zinn, *Ministerialrat a. D., Neuss*

Martin Zunhamer, *Restaurator, Altötting*

Inhalt

Vorwort	XV
Grußworte	XXIII

Petzetiana

Peter B. Steiner
Petzeis Carmen Heroicum ... 1

Gisela Goblirsch-Bürkert
Michael Petzet – ein Interview ... 12

Imagines Luce in Camera Captae ad Personam M. Pz. ... 19

Wilhelm Neu
Die Anfänge der Inventarisation im Allgäu – ein eher nostalgischer Rückblick ... 28

Werner Schiedermair
Was eine Autofahrt bewirken kann oder wie der Ankauf von Schloß Seehof durch den Freistaat Bayern
für die Errichtung einer fränkischen Außenstelle des Landesamtes für Denkmalpflege zustande kam ... 32

Christoph Hackelsberger
Auferstanden aus dem Nichts. Ein Denkmal kehrt wieder, Hundings Hütte.
Hojotoho! Hojotoho, Heiaha! Heiaha! (Richard Wagner) ... 38

Dieter Komma und Eberhard Lantz
Aufnahmen der Alten Münze und von Schloß Seehof ... 43

Beiträge zur Denkmalpflege

Detlef Karg
Für Michael Petzet ... 54

Wilfried Lipp
Denkmal und Leben. Ein Dialog mit Riegl und Nietzsche ... 63

Alfred Wyss
Denkmalwerte – Denkmalerfahrung ... 75

Ernst Bacher
Authentizität, was ist das? ... 79

Markus Weis
Entstehung, Erweiterung und Auflösung des Denkmalbegriffs. Das Ende der Denkmalpflege? ... 83

Andrzej Tomaszewski
Denkmalpflege zwischen Kreativität und Wissenschaftlichkeit ... 95

André Meyer
Geschichtsbewußtsein oder Kommerz: Vom Gebrauch und Mißbrauch der Baudenkmäler ... 99

Hans-Michael Körner
„Vergangenheitsbewältigung" im Denkmal? 105

Heinrich Magirius
Theoretische Implikationen und die Praxis der Denkmalpflege heute 111

Stefan Scherg
25 Jahre Bayerisches Denkmalschutzgesetz – eine Zwischenbilanz 127

Dagmar Dietrich
Anmerkungen zur Denkmalforschung in Bayern. Zwischen Tradition und Neubeginn 133

Manfred Mosel
Städtebauliche Denkmalpflege in Bayern 141

Gerhard Ongyerth
Vorbereitende Denkmalpflege. Neue Partnerschaften und das „Wagnis des anderen Weges":
Städtebauliche Denkmalpflege und Planungsberatung in Bayern 147

Manfred Schuller
Mißachtet, Vergessen, Vernichtet ... Historische Bautechnik und die Qualität des Details 157

Bernhard Bach
Kirchliches Bauen und Denkmalpflege. Zur Geschichte von 50 Jahren
Evangelischer Kirchenbautagungen 177

Enno Burmeister
Wiederaufbau und Rekonstruktion. Marginalie zur Bautätigkeit in München nach 1945 183

Otto Meitinger
Bauen in historischer Umgebung 187

Karljosef Schattner
Ein bauender, aber kein schreibender Architekt 190

Gisela Vits
Historismus als Mode? Zu Sinn und Unsinn der Rückführung
kirchlicher Raumfassungen 201

Manfred F. Fischer
„Mißgestaltet zur Nachwelt reden?" Die Entrestaurierung der ehemaligen Klosterkirche
in Heilsbronn bei Ansbach 207

Christian Baur
„Grau, teurer Freund, ist alle Theorie". Zur Innenrestaurierung
der Stiftskirche Berchtesgaden 215

Alfred Schelter
Instandsetzung und Restaurierung der Parkanlage von Schloß Seehof 220

Bernd Vollmar
ARCHITECTVRA RECREATIONIS – Zur freskalen Ausstattung
zweier unbekannter barocker Gartensäle in Augsburg 227

Johann Georg Prinz von Hohenzollern
Die Alte Pinakothek – eine ewige Baustelle? 248

August Everding
Theaterbetrieb und Denkmalpflege. Zur Wiederherstellung und Bespielung
des Münchner Prinzregententheaters 258

JÖRG HASPEL
Denkmalpflege nach dem Mauerfall – das Beispiel Berlin 265

CHRISTOPH MACHAT
Das Deutsche Nationalkomitee von ICOMOS und die Denkmalpflege in Rumänien 282

WOLF KOENIGS
Arabia felix – Bavaria 290

HEINZ STREHLER
Totems – ein Besuch bei Nr. 5 der „World-Heritage-Liste". Bauforschung als Erlebnis 300

MICHAEL KÜHLENTHAL
Die Restaurierung der Restaurierungen 313

ROLF SNETHLAGE/HANNELORE MARSCHNER/MARTIN MACH
Arbeitsschwerpunkte des Zentrallabors des Bayerischen Landesamtes für Denkmalpflege 323

FRITZ BUCHENRIEDER
Aus der Tätigkeit der Restaurierungswerkstätten des Bayerischen Landesamtes für Denkmalpflege 338

JÜRGEN PURSCHE
Beobachtungen zur Werktechnik des Perschener Meisters 345

URSULA SCHÄDLER-SAUB
Entwicklungen und Tendenzen der Restaurierungsästhetik in Italien in der 2. Hälfte des 20. Jahrhunderts –
dargestellt an toskanischen Beispielen 352

EIKE OELLERMANN
Einst entbehrlich – heute geschätzt 367

VERENA FUCHSS
Das wandelbare Hausaltärchen aus dem Kloster Niederaltaich –
ein geistliches Miniaturtheater des Frühbarock 378

KATHARINA WALCH
Zum Umgang mit barocken Kirchengestühlen 395

HANNELORE HERRMANN
Hinweise zur Technologie und Provenienz von „Zitz-Tapeten" des 18. Jahrhunderts aus Schloß Seehof,
der ehemaligen Sommerresidenz der Bamberger Fürstbischöfe 405

BERNHARD SYMANK
Die Freilegung und Restaurierung der „Grünen Hirsche" von Franz Marc auf der Staffelalm/Jachenau 413

HANS STÖLZL
„Bilder einer Ausstellung" 417

ERWIN KELLER
25 Jahre archäologische Denkmalpflege unter Michael Petzet 423

STEFAN WINGHART
Bodendenkmalpflege und Wissenschaft – Versuch einer Standortbestimmung 433

DIETER PLANCK
Denkmalpflegerischer Umgang mit den Ruinen römischer Villen in Baden-Württemberg 441

SILVIA CODREANU-WINDAUER/STEFAN EBELING
Die mittelalterliche Synagoge Regensburgs 449

Egon Johannes Greipl
Wege zur Erinnerung. Denkmalpflege, Kunst und politischer Konsens.
Bemerkungen zur Neugestaltung des Neupfarrplatzes in Regensburg 465

Beiträge zur Kunst- und Kulturgeschichte

Erich Lindenberg
„Fragment – Figur – Raum" 473

Roland Silva
Buddhist Monasteries of Ancient Sri Lanka 481

Gerhard Sailer
Festung Neustadt. Essay zu einem Stadtdenkmal 487

Mathias Ueblacker
Die Fürstbischöflichen Feuerordnungen für Passau: Brandschutzauflagen
ändern die Stadtansicht 494

Heinrich Habel
„Die Sentlinger Gasse ... zu fabelhafter Unzeit"
Betrachtungen zu einem Münchner Altstadtbereich 506

Matthias Exner
Ein neu entdecktes Wandbild des hl. Christophorus in Altenstadt bei Schongau.
Anmerkungen zur frühen Christophorus-Ikonographie 520

Achim Hubel
Studien zum Reichssaalbau des Alten Rathauses in Regensburg 530

Hans Ramisch
Die spätgotische Tumba für Kaiser Ludwig den Bayern aus dem Jahre 1468,
ein Werk des Münchner Bildhauers Hans Haldner
Mit einem Katalogteil, bearbeitet von Markus Hundemer 548

Anna Bauer-Wild
Ergänzungen zur Baugeschichte Nymphenburgs unter Max Emanuel 1701-04 564

Helmut-Eberhard Paulus
Das „Gute Regiment" des Deutschen Ordens. Die Ikonologie der Residenz Ellingen als Ausdruck
der Emanzipationsbestrebungen der Landkomture der Ballei Franken 580

Hermann Bauer
Über barocke Innendekorationen als Illusionsapparate 599

Bernhard Rupprecht
Tizian. Farbe – Dunkel – Materie 605

Alfred A. Schmid
Neues zum Werk des Malers Johann Achert 614

Holger Mertens
Giovanni Battista Tiepolos Altarblatt mit dem Martyrium des hl. Sebastian in der ehemaligen Stiftskirche
der Augustiner-Chorherren in Dießen am Ammersee 621

Florian Fiedler
Das Treppenhausfresko in der Würzburger Residenz. Tagwerksgrenzen, Kartondurchpausungen,
Seccoretouchen und die Folgen für die Kreidezeichnungen der Tiepolowerkstatt 635

P. LAURENTIUS KOCH OSB
Geschichte an Decke und Wand. Zu Stiftungs- und Gründungsdarstellungen
in süddeutschen Barockfresken 646

ANNETTE SCHOMMERS unter Mitarbeit von GERTRUD VOLL
„... STIFTEN DIS LAFOR V. KANDLEN IN DIE LIEBE KIRCHEN
ZVR H. TAVF FVR REICH VND ARMEN G. G. G. A. 1701 IN KEMPTEN".
Goldschmiedearbeiten aus der evangelischen Kirche St. Mang in Kempten 665

ANNETTE FABER
Die Hölzernen Männer von Baunach. „... Es wäre sehr zu bedauern,
wenn dieses bodenständige Altertum dem Denkmalschatze
des Landes entgehen sollte ..." 680

GERHARD HOJER
Der Festsaalbau der Münchner Residenz 687

KARLHEINZ HEMMETER
Thorwaldsen kontra Klenze: Formschaffen nach der Kunsttheorie.
Das Leuchtenberg-Grabmal in München, Ergebnis eines künstlerischen Positionsstreites und Sieg
des Plastikers über den Architekten 710

HUBERT GLASER
Ein Bildungserlebnis des Kronprinzen Maximilian 741

ALEXANDER RAUCH
Die Kunst Ludwigs II. – „Ein ewig Räthsel ..."? 755

HELMUT STAMPFER
„... sondern allenfalls zu einer würdigen Vollendung der Renovierung
des Stammschlosses von Tirol beitragen könnten" – Edmund von Wörndles
Entwürfe für die Ausmalung des Südpalas von Schloß Tirol 773

STEFAN HIRSCH
Heimatstil – Die Sehnsucht nach landschaftsgebundenem Bauen im Einfluß des Jugendstils 783

HANS ROTH
Die Stellung der Denkmalpflege in der Heimatschutzbewegung. Am Beispiel Bayern 790

UWE GERD SCHATZ
Franz Marc in die Bayerische Denkmalpflege:
Seine Wandbilder auf der Staffelalm ob Kochel am See 796

ULRICH KAHLE
Pfarrer Josef Riedmann und Matthäus Schiestl – Zur Entstehung des Apsisgemäldes
in der ehemaligen Benediktinerabteikirche zu Neustadt am Main 802

HELGA HIMEN
Schloß Ringberg am Tegernsee – oder: Als die Zeit der Wittelsbacher Märchenschlösser
doch schon zu Ende gegangen war. Nicht nur ein Beitrag zum Schloßbau des 20. Jahrhunderts in Bayern,
sondern auch zu Friedrich Attenhuber (1877-1947), dem letzten Wittelsbacher Hauskünstler 810

LOTHAR SCHÄTZL und GABRIELE SCHICKEL
Das „Deutsche Jagdmuseum" des Christian Weber im Schloß Nymphenburg.
Zur Baugeschichte des Schlosses im Dritten Reich 837

ULI WALTER
Die „Maxburg" in München als Paradigma des modernen Wiederaufbaus
nach dem Zweiten Weltkrieg 863

York Langenstein
Historische Textilproduktion in Bayern. Ein kulturgeschichtlicher Überblick 870

Wolfgang Eberl
Museen und Spezialsammlungen in Bayern 887

Vincent Mayr
"Hullo, I am the Owner!" – Das Privatschloß und seine Öffentlichkeit 891

Wolfgang Till
Let the sunshine in! Das Musical „Hair" und Münchens wilde Jahre zwischen 1968 und 1972 896

Rudolf Werner
Ausstellungs-Begegnungen mit Michael Petzet 1968-1978 901

Wolfram Lübbeke
Spitzer Betrachtungen. Versuch über den Bleistiftspitzer als kultur- und kunstgeschichtliches Phänomen 905

Postskiptum 1: Paul Werner
Klettersteige – Waisenkinder der Denkmalpflege.
Zum Denkmalcharakter der ältesten künstlichen Sicherungsanlagen im steilen Fels 920

Postskriptum 2: Erwin Emmerling
Materialien zu einem Schwindel-Roman aus alten (?) Zeiten.
Eine denkmalpflegerische Köpenickiade, die heute natürlich nicht mehr vorkommen kann
oder: Was früher ein Generalkonservator noch erleben konnte 932

Bibliographie Michael Petzet 941

Autoren 952

Vorwort

Wir gratulieren Michael Petzet sehr herzlich zu seinem 65. Geburtstag. Dieser Festtag, der sich zum Bedauern des Jubilars nicht hat verschieben lassen, fällt mehr oder weniger zusammen mit dem 40. Jahrestag des ersten Dienstantritts im Bayerischen Landesamt für Denkmalpflege, dem Michael Petzet seit nunmehr 24 Jahren als Generalkonservator vorsteht.

Um den engeren Kreis der Familie und Freunde schart sich ein ungewöhnlich großes, die ganze Bandbreite des kulturellen und des öffentlichen Lebens repräsentierendes Aufgebot von Gratulanten aus Bayern, Deutschland, Europa, ja aus der ganzen Welt. Und auch wenn es dem Protokoll nicht ganz entsprechen sollte, wollen es sich die Mitarbeiter des von ihm geleiteten Hauses nicht nehmen lassen, an erster Stelle ihre Glückwünsche und ihren Dank dafür zu überbringen, daß er das Schiff seines Amtes auch in schwierigen Gewässern mit sicherer Hand und mit der ihm eigenen Intuition an manchen Klippen – die von anderen oft erst im Kielwasser wahrgenommen wurden – vorübergesteuert hat.

Die Grußworte und Beiträge der als Geburtstagsgabe vorgelegten Festschrift für Michael Petzet spiegeln die Vielfalt seiner dienstlichen und freundschaftlichen Beziehungen zu Personen und Institutionen. Der auf über 1000 Seiten angewachsene Band ist ein Geschenk im doppelten Sinn: Die Autoren haben das Ihre in Form der mehr als 80 opera et opuscula in honorem Michael Petzet beigetragen. Dazu ermöglichten es großzügige Spenden, die Drucklegung des stattlichen Werks zu finanzieren. Den Donatoren – stellvertretend seien hier die Ernst von Siemens-Stiftung, die Messerschmitt Stiftung, die Hypo-Kulturstiftung und das Traditionsunternehmen Augustiner-Bräu München als die maßgeblichen Förderer genannt – sowie den in der Tabula gratulatoria verzeichneten Spendern gilt der besondere Dank der Herausgeber für die großen und für die kleineren Finanzierungsbausteine. Darüber hinaus ist dem Lipp Verlag in München an dieser Stelle nicht nur herzlich für die professionelle verlegerische Betreuung und Drucklegung des Prachtbands zu danken, sondern auch für die zur Entlastung der Kalkulation unentgeltlich eingebrachte gewaltige Eigenleistung.

Mehr oder weniger obligatorischer Teil des Vorworts zu einer Festschrift ist die Laudatio, also eine Retrospektive auf das Leben und Werk des ge- und verehrten Geburtstagskinds. Bei Michael Petzet ist es allerdings noch zu früh, eine Summe zu ziehen: Er steht noch voll im Saft und wird auch nach seinem 65. Geburtstag nicht nur sein Amt als bayerischer Generalkonservator ausüben, sondern weiterhin als Vorsitzender der Vereinigung der Landesdenkmalpfleger und als Präsident des deutschen Nationalkomitees von ICOMOS den wichtigsten Fachverbänden seiner Zunft in Deutschland vorstehen. Und erst vor kurzem übernahm er mit seiner Wahl zum Präsidenten des Advisory Committee von ICOMOS, in dem die Vorsitzenden der mehr als 100 nationalen Komitees und 18 wissenschaftlichen Komitees vertreten sind, als „President of Presidents" auch maßgebliche Verantwortung für die Erhaltung des Weltkulturerbes.

Die verbale Ordenskette der nachfolgenden Grußworte, eingeleitet von Kultusminister Hans Zehetmair mit einer sehr zutreffenden Würdigung Michael Petzets als „General der Denkmalpflege", der zu kämpfen gelernt habe und darüber jung geblieben sei, charakterisiert Person und Lebensleistung sehr individuell und aus vielfältigen Blickwinkeln. Das gibt uns die Chance, uns im Vorwort vor allem auf jene biographischen Aspekte zu beschränken, die begründen, daß der kontinuierliche Aufstieg in seine heute allgemein anerkannte Führungsposition in der deutschen und der internationalen Denkmalpflege nicht nur einer glücklichen Fügung zu verdanken ist, sondern innere Logik besitzt.

Michael Petzet kam am 12. April 1933 in München zur Welt, in einem Jahr, das allerdings aus anderen Gründen in die Geschichte eingegangen ist. Mit diesen anderen Gründen hing auch die Verhaftung des Vaters Wolfgang Petzet (1896-1985) kurz vor der Geburt seines Sohnes zusammen: Seine Tätigkeit als politischer Korrespondent der Frankfurter Zeitung und kritische Berichte über die Hitlerprozesse hatten genügt, um den von Anfang an perfekt funktionierenden Repressionsapparat der gerade etablierten Nazi-Diktatur auszulösen. Für den Schriftsteller Wolfgang Petzet bedeutete das zugleich das Ende seiner Tätigkeit als Journalist und die Weichenstellung in Richtung Theater, wo er bis 1948 als Chefdramaturg an den Münchner Kammerspielen wirkte.

Hineingeboren in ein kulturell engagiertes, intellektuelles und künstlerisches Milieu wurden diese auch im Leben von Michael Petzet dominanten Interessen vielleicht noch verstärkt durch die genetische Prägung. Aus der auch heute noch auf einem oberfränkischen Bauernhof in Förstenreuth ansässigen Familie Petzet gingen ja schon im frühen 19. Jahrhundert Nachkommen hervor, die aus den ländlichen Lebensverhältnissen aufbrachen und ihren Platz in dem sich damals formierenden Bildungsbürgertum suchten. Die Tätigkeit von Michael Petzets Urururgroßvater Johann Thomas Petzet (1801-1884) als Lehrer in der Bezirksstadt Hof markiert den ersten Schritt auf diesem Weg. Zwei seiner Söhne erscheinen bereits in der Bayerischen Biographie: Johannes Heinrich Petzet (1829-1889), nach dem Studium der Theologie und Philosophie und pastoralem Wirken in verschiedenen Funktionen zum ersten Pfarrer an der Stadtpfarrkirche St. Lorenz in Nürnberg berufen, gehörte zu den profilierten evangelischen Theologen seiner Zeit. Seine Mitgliedschaft im illustren „Pegnesischen Blumenorden" signalisiert über das engere Berufsfeld hinausweisende kulturelle und gesellschaftlich-gesellige Interessen. An den Schriftsteller Georg Christian

Petzet (1832-1905), Michael Petzets Urgroßvater, der als Mitglied der deutschen Kolonie in Warschau 1859 die deutschsprachige Warschauer Zeitung begründete und sich später als Chefredakteur der Augsburger Allgemeinen Zeitung – der damals führenden bayerischen Tageszeitung – einen Namen machte, erinnert nicht nur sein Grabmal auf dem historischen Münchener Südfriedhof, sondern auch sein vielfältiger literarischer Nachlaß. Die Linie setzt sich folgerichtig über den Großvater Erich Petzet (1870-1928) – Leiter der Handschriftenabteilung der Bayerischen Staatsbibliothek und Mitglied der Bayerischen Akademie der Wissenschaften – fort.

Bei diesem Stammbaum mag es nicht überraschen, wenn Michael Petzet auch in jungen Jahren schon tragende Rollen zufielen, sei es bei seinen Auftritten an der Fitz-Kinderbühne, wo er als Prinz in der „Silbernen Lilie" oder als der alternde König in „König Drosselbart" seine ihm auch später eigene Wandlungsfähigkeit ausspielen konnte, sei es als Abiturredner, der nach glanzvollem Abschluß der schulischen Laufbahn als zweitbester Absolvent des Jahrgangs 1953 am Humanistischen Gymnasium in München-Pasing mit einem – in diesem Fall wohl noch von den Formulierungskünsten des Vaters aufgewerteten – Vortrag über das Thema „1900 – Zeit der Wende" brillierte.

Begabung und Neigung standen Pate bei der Wahl des Studiums der Kunstgeschichte. Den außergewöhnlichen Erfolg darf man vielleicht auch mit Michael Petzets ehrgeizigem Anspruch in Verbindung bringen, künftig nicht mehr „nur" der Zweitbeste, sondern eben der Beste zu sein. Als Stipendiat der Studienstiftung des Deutschen Volkes promovierte er nach nur fünf Studienjahren in München und an der Sorbonne in Paris – Hans Sedlmayr und André Chastel waren seine Lehrer – mit dem Prädikat „summa cum laude" über „Soufflots Sainte-Geneviève und der französische Kirchenbau des 18. Jahrhunderts". Das große Thema der französischen Architektur des 17. und 18. Jahrhunderts hat ihn als Architekturhistoriker seither nicht mehr losgelassen: Eine grundlegende Monographie über Claude Perrault und die Geschichte des Louvre unter Ludwig XIV. steht vor der Drucklegung.

Doch schwenken wir den Scheinwerfer kurz von der Hauptperson auf seine liebe Frau und Lebensgefährtin Detta. Was Michael Petzet ist und was Michael Petzet kann, hat so viel mit dieser idealen Symbiose zu tun, daß man sich beim Versuch einer Würdigung nicht nur auf die bewährte Formel zurückziehen kann, die treusorgende und verständnisvolle Gattin hätte dem erfolgreichen Ehemann lebenslänglich den Rücken freigehalten, und auch ein unter Beifall überreichter Blumenstrauß würde den Verhältnissen nicht gerecht.

Wie fing es an? Auch Detta studierte Kunstgeschichte an der Universität München, bevor sie an die Kunstakademie wechselte, wo sie als Bühnenbildnerin abschloß. Vielleicht kam man sich auch in dem von Michael Petzet mitbegründeten Münchner Hot-Club näher. Jazz, Jitterbug und Rock'n' Roll, dazu ein paar Trag'l Bier – der Zulauf zu den wöchentlichen Jam Sessions mit Nipso Brandners Band im „Augustiner-Keller" an der Arnulfstraße machte schon bald eine Mitgliedersperre erforderlich. Manches von dieser Lebensfreude und Aufbruchsstimmung der fünfziger Jahre klingt heute noch nach: Ganz allgemein die Bereitschaft zu improvisieren und sich ohne konventionelle Vorbehalte auf Situationen einzulassen – ja Situationskomik zu genießen –, spezieller aber etwa die Neigung, die damals erworbenen tanzakrobatischen Fähigkeiten ohne Rücksicht auf körperlichen Verschleiß auch heute noch bei den traditionellen Sommerfesten im Arkadenhof der Alten Münze zur Geltung zu bringen.

Die bewußte Entscheidung für die Familie, die schließlich das Ende von Detta Petzets beruflicher Karriere als Bühnenbildnerin mit Stationen an den Städtischen Bühnen in Köln und am Theater an der Briennerstraße in München bedeutete, war allerdings nicht gleichzusetzen mit einer Beschränkung des Wirkungskreises auf Heim und Herd. Eigene und gemeinsame Projekte mit Michael Petzet spielten weiterhin eine Rolle: Die Bühnenbildnerin mit kulturhistorischen Interessen und der Denkmalpfleger mit einer Ader für das Theater und das Theatralische brachten manche Publikationen auf den Weg, in denen sich die beiden Sphären überschneiden, so etwa das den großen Monographien zur Kunst des 19. Jahrhunderts zuzurechnende Standardwerk über die Richard-Wagner-Bühne König Ludwigs II.

Keine Zeit zu verlieren, gehört zu Michael Petzets Devisen. 14 Tage nach seiner Promotion trat er am 1. Juli 1958 – vom damaligen Generalkonservator Heinrich Kreisel als wissenschaftlicher Mitarbeiter auf Werkvertragsbasis eingestellt – den Dienst im Bayerischen Landesamt für Denkmalpflege an. Mit ihm waren Tilmann Breuer, Günther P. Fehring und August Gebeßler beauftragt, die weißen Flecken in der bayerischen Denkmallandschaft zu füllen, für die noch keine Inventare vorlagen. Es mußte schnell gehen, und Michael Petzet ist schnell: 1958/59 entsteht der Kurzinventarband „Stadt und Landkreis Kempten", 1960 folgt der Band „Stadt und Landkreis Füssen", bis 1962 steht das Manuskript für das wissenschaftliche Großinventar „Landkreis Sonthofen", das 1964 erscheint; dazu kommt noch das 1966 publizierte Kurzinventar „Landkreis Marktoberdorf".

Der junge Herkules am Scheideweg: Gleichzeitig lagen Angebote für die Anstellung als Konservator beim Bayerischen Landesamt für Denkmalpflege, beim Bayerischen Nationalmuseum und bei der Bayerischen Verwaltung der staatlichen Schlösser, Gärten und Seen vor. Michael Petzet entschied sich, zum 1. Juni 1965 die Nachfolge Luisa Hagers – Tochter des ersten bayerischen Generalkonservators nach Trennung von Denkmalpflege und staatlichen Museen – als Konservator in der Museumsabteilung der Schlösserverwaltung anzutreten. Die Zuständigkeit für die Königsschlösser Neuschwanstein, Linderhof und Herrenchiemsee führten ihn in die Welt Ludwigs II. ein, hinzu kam die Verantwortung für die Münchner Residenz sowie für die Schlösser Nymphenburg und Schleißheim. Weder vorher noch nachher konnte sich Michael Petzet einem Hauptthema der bayerischen Kunst- und Kulturgeschichte so nachhaltig zuwenden wie der bis dahin in der Fachwelt als Auswuchs des Historismus und schwülstiger Phantasien gebrandmarkten Epoche des „Märchenkönigs". Zahlreiche wissenschaftliche Veröffentlichungen, an denen auch Detta Petzet nicht unwesentlichen Anteil hat, vor allem aber die im wiederaufgebauten, noch teilweise im Rohbauzustand befindlichen Nordflügel der Münchner Residenz 1968 eröffnete große Ausstellung „König Ludwig II. und die Kunst", leiteten eine grundlegende Revision der Beurteilung Ludwigs II. und seiner Epoche ein, ja führten darüber hinaus zur Rehabilitation der Kunst des Historismus. Auch von der gestalterischen Konzeption der Ausstellung „Ludwig II. und die Kunst" gingen neue Impulse aus: Das von Michael Petzet als Ausstellungsmacher auch später immer wieder mit Erfolg eingesetzte Mittel der „Inszenierung" sollte seit den siebziger Jahren in die Präsentation großer kulturhistorischer Ausstellungen Eingang finden.

Die schicksalhafte Begegnung mit Ludwig II. wirkt bis heute nach. Täglich im Blickkontakt mit der Büste des Monarchen, die als Abschiedsgeschenk der Schlösserverwaltung auf dem Schreibtisch des Generalkonservators steht, dauert die Auseinandersetzung mit dem Nachlaß des Märchenkönigs an: Projekte wie die Rekonstruktion der Hundinghütte im Park von Schloß Linderhof, dazu gewichtige Publikationen und Vorträge sowie jüngst Abwehrschlachten gegen eine Kommerzialisierung der Voralpenlandschaft zu Füßen Neuschwansteins sind nicht mehr als Indizien dieser besonderen Beziehung.

Der Erfolg der Ausstellung „Ludwig II. und die Kunst" ließ auch den Marktwert ihres Initiators steigen. Das Glück des Tüchtigen – bislang beständiger Begleiter Michael Petzets – schien allerdings nicht auf seiner Seite, als er 1969, gut plaziert aber letztlich erfolglos als Kandidat für die vakanten Stellen des Direktors des Münchner Stadtmuseums bzw. des Generaldirektors des Germanischen Nationalmuseums gehandelt wurde. Der Wechsel an das Zentralinstitut für Kunstgeschichte in München in der Funktion des stellvertretenden Direktors im Jahr 1970 ist dann wohl nur als pragmatische Karriere-Entscheidung zu verstehen. Als rechte Hand des Institutsdirektors Prof. Willibald Sauerländer – Prototyp eines klassischen deutschen Kunstgelehrten – war es nun vor allem die Kärrnerarbeit der Institutsverwaltung, die Michael Petzet beschäftigen sollte. Das Pflügen dieses steinigen Ackers – kaum eine adäquate Beschäftigung für einen volatilen Freigeist – bedeutete allerdings im Rückblick eine ganz wesentliche Erweiterung der fachlichen Kompetenz im Wettbewerb mit anderen zu Höherem berufenen kunsthistorischen Standesgenossen, bei denen fachwissenschaftliche Qualifikation und Fähigkeiten im Bereich der als „genus humile" verachteten Verwaltungskunst sich in der Regel gegenseitig ausschließen.

Das Hinterzimmer im Elfenbeinturm des Zentralinstituts für Kunstgeschichte war – trotz einzelner Lichtblicke wie der Organisation wissenschaftlicher Vortragsreihen oder der Initiierung des bis heute noch nicht abgeschlossenen Forschungsprojekts „Ludwigstraße" – nicht die Bühne für einen Akteur, der sein Publikum suchte. Die Vorbereitung der Olympiade 1972 in München ermöglichte es Michael Petzet, mit ungebrochenem Selbstbewußtsein wieder ins Rampenlicht zu treten mit dem Projekt: „Bayern Kunst und Kultur", der im Münchner Stadtmuseum veranstalteten großen Olympiaausstellung des Freistaats Bayern. In der Zeit von knapp einem Jahr bis zur Eröffnung der Spiele im Juni 1972 schaffte er es mit seinen Mitarbeitern, darunter Wolfgang Till und Armin Zweite, auf 5000 qm Ausstellungsfläche mit nicht weniger als 3000 Exponaten termingerecht einen repräsentativen Überblick über die kulturelle Entwicklung Bayerns von den Römern bis in die Neuzeit zu bieten.

Der Lohn für die durchwachten Nächte vor der Eröffnung – unterbrochen von kurzen Rekreationsphasen im Bett eines Historienmalers aus dem Fundus des Stadtmuseums – ließ nicht lange auf sich warten: Noch während der Ausstellung gelang es Michael Petzet, sich in der Nachfolge Hans Roethels als mit überwältigender Mehrheit des Stadtrats gewählter Direktor der Städtischen Galerie im Lenbachhaus durchzusetzen. In den zwei Jahren seiner am 1. Juli 1972 begonnenen Tätigkeit als Galeriedirektor wurde nicht nur das um einen Anbau erweiterte Lenbachhaus neu eingerichtet. Auch das Ausstellungskarussell begann sich erwartungsgemäß hektisch zu drehen: Die Pop Art hielt – u. a. mit Werken George Segals – ihren Einzug in München, doch wurde über der Darstellung der Moderne die Malerei des 19. Jahrhunderts – die große Leibl-Ausstellung fällt ebenfalls in diese Zeit – nicht vernachlässigt. Zu einem Politikum besonderer Art sollte die Ausstellung von Werken Carlo Manzonis samt dessen heute im Kunsthandel hoch bezahlten Dosen mit „Künstlerscheiße" werden, ein Thema, mit dem sich nicht nur die Feuilletons der Tageszeitungen, sondern schließlich auch der Bayerische Landtag beschäftigten.

Anlaß war der zu einer Regierungskrise führende Streit um die Berufung Michael Petzets in das Amt des Generalkonservators, für das der damalige Parteivorsitzende Franz Josef Strauß eigentlich einen anderen Kandidaten, den bekannten Münchner Architekten Erwin Schleich, ausersehen hatte. Diese Auseinandersetzung, die das Amt erstmals in das Licht einer breiteren Öffentlichkeit stellte, wurde schließlich durch das Standvermögen des mit Rücktritt drohenden damaligen Kultusministers Prof. Dr. Hans Maier entschieden, der an seinem Vorschlag festhielt: Mit Wirkung zum 1. Juli 1974 wurde Michael Petzet im Alter von 41 Jahren zum Generalkonservator ernannt, als Nachfolger von Heinrich Kreisel (1957-1963) und Torsten Gebhard (1963-1974) in der Leitung des Landesamtes der neunte Amtsinhaber seit der Schaffung des „Kgl. Generalkonservatoriums der Kunstdenkmale und Altertümer Bayerns" im Jahre 1868. Legende oder nicht: Zeitzeugin Erna Forster – über Jahrzehnte Sekretärin im Vorzimmer des Generalkonservators – erinnert sich noch an Michael Petzets Bemerkung anläßlich seines Wechsels vom Landesamt zur Schlösserverwaltung: „Wenn ich jemals wieder hierher zurückkommen sollte, dann nur als Generalkonservator!"

Bei seiner Amtsübernahme sah sich Michael Petzet vor die große Aufgabe gestellt, Denkmalschutz und Denkmalpflege im Rahmen des am 1. Oktober 1973 in Kraft getretenen Bayerischen Denkmalschutzgesetzes zu organisieren. Das auch über Bayerns Grenzen hinaus als vorbildlich geltende neue Gesetz hatte die denkmalpflegerischen Interessen unter Erweiterung des Denkmalbegriffs erstmals umfassend kodiziert und den Vollzug des Denkmalschutzes detailliert geregelt. Dem Landesamt für Denkmalpflege, damals noch mit etwa 100 Mitarbeitern eine verhältnismäßig kleine Fachbehörde, gelang es nur unter größten Anstrengungen, trotz der anfänglichen personellen und finanziellen Engpässe, die mit dem Gesetz verbundenen Erwartungen zu erfüllen. Dazu gehörte in erster Linie eine flächendeckende fachliche Betreuung bayerischer Baudenkmäler und Bodendenkmäler, wie sie vor allem durch die Einführung der Sprechtage bei den Unteren Denkmalschutzbehörden entscheidend verbessert werden konnte. Die wichtigste Voraussetzung hierfür stellte die vom Gesetz geforderte Erfassung sämtlicher Denkmäler und Ensembles in den Denkmälerlisten dar. Eine deutliche Wende in der Haltung der den Denkmälerlisten zunächst höchst kritisch gegenüberstehenden Bevölkerung brachte das europäische Denkmalschutzjahr 1975 mit der von Michael Petzet konzipierten und dann in der ganzen Bundesrepublik gezeigten Wanderausstellung „Eine Zukunft für unsere Vergangenheit". Der Generalkonservator, damals Tag und Nacht zu Gesprächen mit Kommunalpolitikern und zu Vortragsveranstaltungen unterwegs, hatte mit Slogans wie „Bayern muß Bayern bleiben" entscheidenden Anteil an dem sich auch in den folgenden Jahren fortsetzenden Stimmungsumschwung zugunsten des Denkmalschutzes, der in Bayern zu einem selbstverständlichen politischen Anliegen geworden ist. Als eine Art „Regierungserklärung" in diesem Sinn war bereits der programmatische Vortrag „Denkmalpflege heute" zu verstehen, den der knapp vier Wochen amtierende Generalkonservator bei der Tagung des Bayerischen Landesvereins für Heimatpflege am 27. Juli 1974 gehalten hat. Erstaunlich, wie frisch die damals formulierten grundsätzlichen Überlegungen auch heute noch wirken: Denkmalpflege als Teil eines umfassenden Umweltverständnisses, die weiterführende Diskussion des im Denkmalschutzgesetz enthaltenen Ensemblebegriffs, Gedanken zum Verhältnis von moderner Architektur und Denkmalpflege, das Werben für Denkmalschutz und Denkmalpflege durch eine geeignete Öffentlichkeitsarbeit, schließlich die Zusammenarbeit mit den Bauämtern als Vollzugsbehörden sind Themen, die nichts an Aktualität eingebüßt haben.

Als erheblicher Nachteil für die Organisation des Landesamts erwies sich von Anfang an die Aufteilung der Münchner Zentrale auf mehrere Standorte: Direktion und Verwaltung sowie die Abteilung Bau- und Kunstdenkmalpflege befanden sich am historischen Sitz des Generalkonservatoriums im Annexbau des Bayerischen Nationalmuseums an der Prinzregentenstraße 3, die Restaurierungswerkstätten und die Inventarisation waren in der Widenmayerstraße 34 untergekommen, die Abteilung Bodendenkmalpflege in die Arabellastraße 1 ausgelagert. Bereits 1975 gelang es Michael Petzet, der einen bereits fertig geplanten Neubau für das Landesamt auf dem Areal hinter dem Nationalmuseum ablehnte, in Räumen der Staatlichen Münze an der Pfisterstraße Fuß zu fassen – mit der Perspektive, das ehrwürdige ehemalige Marstall- und Kunstkammergebäude in unmittelbarer Nachbarschaft des Alten Hofs nach Auszug der Münze ganz zu übernehmen. Vielleicht ahnte er damals nicht, daß es mit der Übergabe des Gebäudes an das Landesamt noch bis zum 31. Juli 1986 dauern sollte und weitere Jahre ins Land gehen würden, bis die bauliche Gesamtinstandsetzung abgeschlossen war. Rückblickend gesehen hat sich jedenfalls die damals nicht unumstrittene Entscheidung für die Alte Münze als Sitz des Bayerischen Landesamts für Denkmalpflege – ungeachtet der Belastungen des laufenden Betriebs während der abschnittsweise durchgeführten Sanierungsmaßnahmen – als eine in vielerlei Hinsicht ideale Lösung erwiesen. Die trotz der erheblichen Kriegsschäden erhaltene historische Prägung – vor allem im Bereich des Arkadenhofs, der inzwischen zum Signet des Landesamts geworden ist – stellt ja einen konkreten Bezug zur denkmalpflegerischen Arbeit her. Und das Raumangebot reichte nach dem Ausbau aus, sämtliche Abteilungen, mit Ausnahme der Landesstelle für die nichtstaatlichen Museen, in der Alten Münze zusammenzuführen.

Ein weiteres Lieblingskind des Generalkonservators, dem es im Lauf der Jahre gelang, die zum Teil neu eingerichteten archäologischen Außenstellen des Landesamtes in Baudenkmälern unterzubringen, ist neben der Alten Münze in München die seit 1976 für die Denkmalpflege in Ober- und Unterfranken tätige große Außenstelle in Schloß Seehof bei Bamberg, wo auch Werkstätten für Steinrestaurierung und Textilrestaurierung untergebracht werden konnten. In den vergangenen beiden Jahrzehnten ist es gelungen, die seit den fünfziger Jahren in alle Winde zerstreute Ausstattung von Seehof wenigstens zum Teil wieder in dieser ehemaligen Sommerresidenz der Bamberger Fürstbischöfe zu versammeln. Schloß und Park mit der wiedererstandenen Kaskade, mit den fürstbischöflichen Repräsentationsräumen und dem ebenfalls von Michael Petzet bis ins kleinste Detail arrangierten Ferdinand Tietz-Museum in der Orangerie sind, als Gesamtkunstwerk zu neuem Leben erweckt, zu einer viel besuchten Attraktion Oberfrankens geworden.

Eine umfassende Darstellung der bewegten Geschichte der bayerischen Denkmalpflege während der Amtszeit Michael Petzets wäre ein lohnendes Unterfangen, das Stoff für Dissertationen bieten könnte. Doch vielleicht wird es der scheidende Generalkonservator als der am besten informierte Zeitzeuge eines fernen Tages – sofern er sich jemals aus dem aktiven Dienst zurückziehen sollte – selbst übernehmen, dieses faszinierende Kapitel bayerischer Kulturpolitik niederzuschreiben. Allerdings ist er auch schon bisher seiner Chronistenpflicht gewissenhaft nachgekommen: Als Nachlaß zu Lebzeiten registrieren die von ihm redigierten und edierten sowie mit einem persönlichen Jahresüberblick eingeleiteten Jahrbücher der Bayerischen Denkmalpflege fast seismographisch alles, was sich in der bayerischen Denkmallandschaft Jahr für Jahr ereignet – die Fülle der neuen Erkenntnisse über die Jahrtausende der Vor- und Frühgeschichte und die Fülle der kleinen und großen Maßnahmen praktischer Denkmalpflege, die Ergebnisse der denkmalpflegerischen Beratung in Stadt und Land, die Betreuung der nahezu 1.000 nichtstaatlichen Museen, die dank des Einsatzes der Restaurierungswerkstätten geretteten Kunstwerke sowie den Denkmalschutz betreffende Fragen der Stadtsanierung und Dorferneuerung. Dazu gehören natürlich auch jene umstrittenen Fälle, in denen immer wieder der persönliche Einsatz Michael Petzets gefordert war, sei es der unvergeßliche Streit um den Neubau der Staatskanzlei, der drohende Ausverkauf des Thurn und Taxis'schen Schlosses in Regensburg oder sonstige zum Politikum gewordene Fälle, und sei es nur die von Einsturz bedrohte Friedhofsmauer einer mittelfränkischen Dorfkirche. Es sind ja höchst unterschiedliche Sorgenkinder, deren sich der Generalkonservator Tag für Tag anzunehmen hat, nicht nur die großen „klassischen" Restaurierungsunternehmen der vergangenen Jahre wie die Restaurierung der Dome in Augsburg und Regensburg, die Restaurierungen der Wallfahrtskirche Vierzehnheiligen und der Wieskirche, die Restaurierung von Schlössern wie Pommersfelden oder Alteglofsheim oder die Rettung des ihm besonders am Herzen liegenden Kurhaustheaters in Augsburg-Göggingen.

Im Rückblick auf die Arbeit des Bayerischen Landesamts für Denkmalpflege im vergangenen Vierteljahrhundert eine Summe der Entwicklung zu ziehen, wäre ein fast aussichtsloses Unternehmen, wenn man den Anspruch einer ausgewogenen Darstellung erheben wollte. Doch vielleicht genügt schon ein Blick auf das Bücherregal hinter dem Schreibtisch des Generalkonservators. Dort steht die von Michael Petzet initiierte und herausgegebene, bald 100 Bände erreichende Reihe der „Arbeitshefte", ein in Fachkreisen weltweit beachtetes Forum von Berichten zu grundlegenden Forschungsprojekten der Denkmalpflege und wegweisenden Restaurierungsvorhaben. Dort stehen Rücken an Rücken die Bände der Bayerischen Denkmalliste: Erfassung und Veröffentlichung der etwa 110.000 Baudenkmäler und der 900 Ensembles in systematisch nach Regierungsbezirken, Landkreisen, Städten und Gemeinden geordneten Verzeichnissen stellt ja die Basis für den landesweiten Vollzug des Bayerischen Denkmalschutzgesetzes dar.

Die Publikation der sieben Bände mit den Denkmälern der bayerischen Regierungsbezirke und des Sonderbands Landeshauptstadt München in den Jahren 1985/86 auf der Grundlage etwa zehnjähriger wissenschaftlicher Vorarbeiten war ein Unternehmen, das selbst einem routinierten und hochbelastbaren Herausgeber wie Michael Petzet viel Kraft und Beständigkeit abforderte. Dabei brachte die nüchterne Präsentation der bayerischen Denkmäler in Form des Verwaltungsinstruments der Denkmallisten den Generalkonservator schon bald auf den Gedanken, parallel hierzu in der Reihe „Denkmäler in Bayern" auch bebilderte Denkmaltopographien auf der Ebene der Landkreise und kreisfreien Städte vorzulegen, erste Modelle der späteren „Denkmaltopographie Bundesrepublik Deutschland". Mit der höchst erfolgreichen Reihe gelang es erfreulicherweise, die kulturell interessierten und heimatverbundenen Bürger anzusprechen – und eben das wollte Michael Petzet erreichen. Denn ihm war von Anfang an bewußt, daß Erfolge der Denkmalpflege ganz entscheidend von der Akzeptanz der Anliegen des Denkmalschutzes abhängen. In diesem vor allem auch mit Hilfe der Messerschmitt Stiftung realisierten Unternehmen stecken jedenfalls viel Herzblut und Eigenleistung, unermüdliche Redaktionsarbeiten und ständige Aktivitäten, um zusätzliche Mittel für die Drucklegung zu beschaffen. Daneben hat er auch die klassischen Großinventare der Reihe „Die Kunstdenkmäler von Bayern" auf eine neue Basis gestellt: Nach Pilotprojekten wie dem Band über den Augsburger Dom und dem vierbändigen Werk über die Denkmäler der Stadt Landsberg a. Lech wird die von Michael Petzet begründete Neue Folge die große Tradition der bayerischen Inventarisation fortführen, während im Rahmen der Denkmaltopographien eine flächendeckende Erfassung des gesamten Denkmalbestands einschließlich der Bodendenkmäler und archäologischen Stätten möglich erscheint.

An Michael Petzet ist ein Verleger verlorengegangen, der Geruch von Papier und Druckerschwärze hat für ihn etwas ausgesprochen Sinnliches. Darum ist auch die zu seinem 65. Geburtstag als Arbeitsheft 100 vorgelegte Festschrift mit Sicherheit ein Geschenk, das ihm als ein dickes Buch schlechthin Freude bereiten wird, und zwar ganz unabhängig davon, daß der Inhalt ihm gewidmet ist.

Diese reiche Publikationstätigkeit ist aber keineswegs Selbstzweck, sondern Spiegel der vielseitigen wissenschaftlichen Aktivitäten des Bayerischen Landesamts, das heute nicht nur in Deutschland und Europa, sondern weltweit eine Spitzenstellung einnimmt. Michael Petzet, der es auch mit Hinweis auf sein reifes Alter ablehnt, sich selbst an einen Computer zu setzen und die eigenen Texte lieber in der – leider für niemanden mehr lesbaren – Gabelsberger Stenographie verfaßt, verkennt im übrigen keineswegs die Segnungen des elektronischen Zeitalters. Die Denkmalliste, die inzwischen EDV-gestützt erfaßt ist und ständig aktualisiert wird, soll in absehbarer Zeit nicht nur für die Mitarbeiter des Amtes, sondern auch für auswärtige Anfragen von Behörden und Denkmaleigentümern jederzeit zugänglich sein. Das gleiche gilt für Recherchen in den Bild- und Planarchiven des Landesamts, die mittelfristig ebenfalls mit Hilfe des Einsatzes von EDV erleichtert werden können. Auch innovative Methoden im Bereich der Konservierung und Restaurierung, der Materialprüfung und der archäologischen Prospektion hat der Generalkonservator immer mit größtem Nachdruck gefördert. Planungen für das 1979 mit Hilfe der Stiftung Volkswagenwerk verwirklichte Projekt der Einrichtung eines Zentrallabors für Denkmalpflege zur Erforschung immissionsbedingter Materialschäden an Stein und Glas gehen schon auf die Zeit unmittelbar nach seinem Amtsantritt zurück.

Nicht weniger konsequent trieb Michael Petzet den Ausbau der Restaurierungswerkstätten voran, die bei seinem Amtsantritt vor allem für ihre auch international anerkannten Leistungen im Bereich der Konservierung von gefaßten Holzskulpturen bekannt waren. Neben den traditionellen Schwerpunkten wie Skulpturenrestaurierung und Restaurierung von Tafelbildern und Wandgemälden wurden jetzt in enger Verbindung zur Arbeit des Zentrallabors Steinrestaurierung und Metallrestaurierung aufgebaut, außerdem Möbel- und Textilrestaurierung, so daß die Restaurierungswerkstätten des Bayerischen Landesamtes für Denkmalpflege entsprechend dem gewaltigen, auch die archäologischen Zeugnisse umfassenden Aufgabenfeld bei der Bewahrung des reichen bayerischen Kulturerbes fast alle Sparten abdecken können. In der Alten Münze wurden u. a. durch den Ausbau eines Großraumateliers die Voraussetzungen für die Bearbeitung von Objekten wie großformatigen Leinwandbildern und Altarretabeln geschaffen und ein Atelier für Metallrestaurierung eingerichtet, in dem zur Zeit so bedeutende Werke wie die Figuralplastik des mit Mitteln der Messerschmitt Stiftung restaurierten Augsburger Augustusbrunnens oder die Heldenputten von der Münchner Mariensäule konserviert werden. Inzwischen sind die Werkstätten und das Zentrallabor des Landesamts auch auf internationaler Ebene gefragt, sei es beim Aufbau des Restaurierungszentrums Ludbreg im Rahmen des bayerisch-kroatischen Kulturabkommens oder bei der Konservierung der berühmten Tonarmee des Kaisers Quin Shihuangdi in Lintong. Die enge Zusammenarbeit mit der Provinz Shaanxi, deren spektakuläres Ergebnis u. a. die Restaurierung der Grotte mit dem Großen Buddha von Dafosi ist, geht auf die erste Chinareise des Generalkonservators im Jahr 1988 zurück, nachdem die chinesische Seite einen entsprechenden „Generalisten" für denkmalpflegerische Fragen angefordert hatte.

Maßstäbe hat das Bayerische Landesamt für Denkmalpflege auch im Bereich der Bauforschung gesetzt: In der Praxis des Umgangs mit dem einzigartigen Bestand an historischen Bürgerhäusern in Städten wie Regensburg oder Bamberg hat vor allem Gert Mader, der zusammen mit Michael Petzet das 1993 erschienene Standardwerk „Praktische Denkmalpflege" verfaßt hat, eine differenzierte Methode für die Dokumentation sowie für die zerstörungsfreie Untersuchung und Schadensanalyse in Baudenkmälern entwickelt. International führend ist das Landesamt heute auch in der archäologischen Prospektion mit der von Helmut Becker entwickelten geophysikalischen Methode der Magnetometerprospektion. Als eine der erfolgreichen neuen Einrichtungen des Landesamts wäre schließlich noch das im ehemaligen Kloster Thierhaupten untergebrachte Bayerische Bauarchiv zu nennen, das in Zusammenarbeit mit der Bauforschung und den Werkstätten auch eine wichtige Rolle bei der Fortbildung von Handwerkern für denkmalpflegerische Aufgaben übernommen hat.

Bei seinem Amtsantritt 1974 fungierte der Generalkonservator für einige Jahre auch als Leiter der Abteilung Bau- und Kunstdenkmalpflege und er hat bei Bedarf immer wieder gern die Gelegenheit ergriffen, von der Inventarisation bis zur Verwaltung die eine oder andere Abteilung interimsweise selbst zu übernehmen, ausgenommen natürlich – trotz seiner Begeisterung für Fragen der Archäologie – die unter der Leitung seines langjährigen Stellvertreters Erwin Keller zu einer selbst angesichts der derzeitigen Umbruchsituation im Grabungswesen kaum zu erschütternden starken Organisation ausgebauten Abteilung Bodendenkmalpflege.

Mit seinen verschiedenen Fachabteilungen stellt sich das ehrwürdige Haus des Landesamts für Denkmalpflege heute, dem Zug der Zeit entsprechend, mehr und mehr als eine bürgerorientierte Dienstleistungseinrichtung dar. Den Charakter einer introvertierten Aufsichtsbehörde hatte das Amt unter einem Chef, der selbst auf allen Ebenen äußerst kommunikativ ist und nicht gerade ungern öffentliche Aufmerksamkeit auf sich zieht, sowieso schon längst hinter sich gelassen.

Unter den rechtgläubigen Dogmatikern der eigenen Zunft hat ihm der Aufbau von vielfältigen Beziehungen hinter vorgehaltener Hand das – nicht unbedingt positiv verstandene – Attribut eines politischen Denkmalpflegers eingetragen. Dieses Prädikat würde Michael Petzet wahrscheinlich mit Gelassenheit hinnehmen. Denn er hat früher als andere erkannt, daß sich die Denkmalpflege in einem pluralistischen Spektrum öffentlicher Interessen jeden Tag von neuem als wichtiges Anliegen behaupten muß. Und trotz des bayerischen Kulturstaatsprinzips werden nun einmal auch in der Verwaltungspraxis des Freistaats Anliegen der Denkmalpflege mit anderen öffentlichen und privaten Belangen abgewogen und können dabei – zu Recht oder im Einzelfall vielleicht auch zu Unrecht – als zu leicht befunden werden.

Dieser trivialen Erkenntnis hat sich der Generalkonservator niemals verweigert: Den edlen Grundsatz „... in Schönheit sterben lassen" mögen andere zu ihrem Wahlspruch erheben. Michael Petzet schätzt erst einmal die Bedeutung des jeweiligen Anliegens, die Stärke der eigenen Argumente und – hier kommen wir wieder zurück auf das Bild des Generals der Denkmalpflege im Grußwort von Staatsminister Hans Zehetmair – auch die Stärke der verfügbaren Bataillone realistisch ein. Michael Petzet vermeidet es tunlich, aus Schlachten als Verlierer hervorzugehen, und er erficht auch keine Pyrrhus-Siege. Oft genug hat er aber bewiesen, daß er bereit ist zu kämpfen, wenn es wirklich um die Sache geht und auf dem Felde der Diplomatie nichts mehr zu holen ist. Und wenn einmal scharf geschossen werden sollte, dann schickt er auch nicht andere vor, sondern streckt selbst den Kopf aus dem Graben. Eine für die Moral seiner Truppe sehr wesentliche Eigenschaft ist auch, daß er sich grundsätzlich hinter nachvollziehbare Entscheidungen seiner Mitarbeiter stellt, auch wenn er selbst vielleicht anders entschieden hätte.

Der Aufbau von Beziehungen ist eine der Stärken von Michael Petzet. Dabei ist er bereit, die Anliegen der Denkmalpflege überall zu vertreten, in einer Anhörung vor dem Landtag ebenso wie in einem Vortrag vor der Katholischen Landfrauenvereinigung. Und er hat zwar viel über die Grundsätze denkmalpflegerischen Handelns nachgedacht und geschrieben – seine „principles of conservation", seine Überlegungen zu Reversibilität und Authentizität werden über ICOMOS weltweit verbreitet –, aber er ist kein Schreibtischtäter, sondern dauernd unterwegs im bayerischen Vaterland. Entscheidende Voraussetzung für die auch im Bild unserer von Denkmälern geprägten bayerischen Kulturlandschaft deutlich sichtbaren denkmalpflegerischen Erfolge ist die gute Zusammenarbeit mit allen Institutionen, die sich um die Bewahrung des kulturellen Erbes bemühen, so mit dem Bayerischen Denkmalrat unter seinem langjährigen Vorsitzenden Erich Schosser, der zur erfolgreichen kulturpolitischen Vermittlung und Durchsetzung von denkmalpflegerischen Anliegen wesentlich beigetragen hat. Nicht weniger wichtig ist die Kooperation mit den Unteren Denkmalschutzbehörden in den Städten und Landkreisen, die die Denkmalpflege vor Ort auch im Dialog mit den Bürgern und Bauherren zu vertreten haben, weiterhin die ebenso bewährte und gut eingespielte Kooperation mit der für die Betreuung vieler herausragender Baudenkmäler verantwortlichen staatlichen Bauverwaltung, mit den Museen, der Schlösserverwaltung und vor allem mit den Bauverwaltungen und Kunstreferaten der Kirchen.

Unter Michael Petzet hat sich das Bayerische Landesamt für Denkmalpflege zu einer Institution entwickelt, die mehr als irgendeine andere bayerische Fachbehörde im Bewußtsein der Öffentlichkeit verankert ist, obwohl es bei den zwangsläufig immer wieder einmal auftretenden Kollisionen zwischen wirtschaftlichen und kulturellen Interessen im Einzelfall nicht immer leicht war, einen überzeugenden Kurs zu steuern. Doch auch wenn man es nicht jedem recht machen kann, hat Michael Petzet sich immer darum bemüht, Entscheidungen – pro oder contra – auf der Grundlage einer sorgfältigen und nachvollziehbaren Abwägung aller zu beachtenden Belange zu treffen. Dabei waren die Interessenkonflikte in der Zeit nach der Einführung des Denkmalschutzgesetzes sehr viel schärfer als heute, denn mit den Jahren haben sich weithin akzeptierte Maßstäbe im denkmalpflegerischen Vollzug herausgebildet.

Der Generalkonservator hat sein Amt trotz mancher gegenläufiger Tendenzen mit eiserner Hand als Zentralbehörde zusammengehalten, weil ihm mehr als jedem anderen bewußt war, daß sich hierauf die Autorität seines Hauses und die sich auf zentrale Einrichtungen wie Archive, Werkstätten und Laboranlagen stützende, international anerkannte Fachkompetenz gründen. Nur so konnte sich das Bayerische Landesamt für Denkmalpflege zu einem ernst genommenen Partner wissenschaftlicher Institutionen im In- und Ausland entwickeln. Ergebnis dieser Entwicklung ist etwa auch das Kooperationsabkommen des Landesamts mit der Technischen Universität München im Rahmen des 1997 eingeführten neuen Studiengangs „Restaurierung, Kunsttechnologie und Konservierungswissenschaften". Der Generalkonservator, seit 1982 Honorarprofessor der Universität Bamberg und über viele Jahre mit Vorlesungen und Übungen auch in München an der Technischen Universität und der Akademie der Bildenden Künste lehrend tätig, hatte sich schon seit langem für dieses in Deutschland einmalige Studium der Restaurierung auf Universitätsebene eingesetzt, nach einem Gesamtkonzept, in das neben den Werkstätten des Landesamts auch das Doerner-Institut der Bayerischen Staatsgemäldesammlungen und die Werkstätten des Bayerischen Nationalmuseums einbezogen sind.

Die Frage, ob nun all das Michael Petzet zu verdanken sei, stellt sich natürlich am Ende dieses gerafften Überblicks. Doch wird man nicht umhin kommen, festzustellen, daß die weit über Bayern hinaus ausstrahlende hohe fachliche Reputation des Landesamtes sowie die Akzeptanz der Denkmalpflege im eigenen Lande sehr viel mit der Person – mit der Persönlichkeit – des Generalkonservators zu tun haben. Auf der einen Seite der extrem leistungsfähige und belastbare Amtschef mit – es war schon die Rede davon – fast militärischen Tugenden, der regelmäßig jeden Morgen um 8 Uhr am Schreibtisch sitzt, wenn er nicht vorher schon zu einer der zahlreichen Dienstreisen aufgebrochen sein sollte – auf der anderen Seite der intelligente, leidenschaftliche und phantasiebegabte Spieler und Taktiker, der sich der Denkmalpflege verschrieben hat und ständig überlegt, wie er mit seinem Einsatz den Gewinn mehren kann.

So schwankt das Erscheinungsbild Michael Petzets zwischen dem Habitus eines elder statesman und dem Auftritt des großen Zampano. Oft sagt und tut er nicht nur das Richtige, sondern eben das Entscheidende, ist zugewandt und präsent, andererseits versteht er es aber auch trefflich, sich seinen frustrierten Gesprächspartnern durch ironisierende Rhetorik zu entziehen. Aber vielleicht sind es gerade diese in seiner Persönlichkeit angelegten Polaritäten, die ihm sein unverwechselbares Profil verleihen, ihn herausheben aus dem Heer der Zeitgenossen.

Monumental ist sein Lebenswerk. Es ist gewissermaßen der Sockel, auf dem er sich uns heute als lebendes Denkmal der bayerischen Denkmalpflege präsentiert. „Monumental" ist der – wie wir meinen – sehr adäquate Titel der Festschrift, die wir in Dankbarkeit und Anerkennung vor diesem Denkmal niederlegen.

München, zum 12. April 1998

SUSANNE BÖNING-WEIS
KARLHEINZ HEMMETER
YORK LANGENSTEIN

GRUSSWORT VON HANS ZEHETMAIR

BAYERISCHER STAATSMINISTER FÜR UNTERRICHT, KULTUS, WISSENSCHAFT UND KUNST

Andernorts heißen sie „Landesdenkmalpfleger" oder „Präsident". Der Leiter des Bayerischen Landesamtes für Denkmalpflege darf sich „Generalkonservator" nennen. Dabei ist das Geschäft, das er ausübt, in Bayern nicht etwa kriegerischer als andernorts. Aber an Scharmützeln, die es auszufechten gilt, ist die Denkmalpflege auch hierzulande nicht arm. So ist der „General" der Realität gewiß näher als der „Präsident" es wäre.

Der bayerische Generalkonservator heißt Michael Petzet. Die Zeit, zu der er dieses Amt antrat, liegt so weit zurück, daß sich die meisten derer, die nicht täglich mit Angelegenheiten der Denkmalpflege umgehen, an einen Generalkonservator anderen Namens nicht mehr erinnern werden.

Als Michael Petzet 1974 das Amt von seinem Vorgänger Torsten Gebhard übernahm, war das neue Denkmalschutzgesetz Bayerns, die erste umfassende Kodifizierung der Materie hierzulande, gerade erst in Kraft getreten (1. Oktober 1973), der Handlungsbedarf groß. Ideen, Phantasie und Beharrlichkeit waren vonnöten, um die zunächst kaum lösbaren Probleme zu meistern. Michael Petzet, 41 Jahre jung, besaß diese Eigenschaften.

Sukzessive baute er ein schlagkräftiges Landesamt auf mit jetzt über 300 Mitarbeiterinnen und Mitarbeitern, zentral gelenkt zwar von München aus, aber durchaus dezentral organisiert: Eine große Außenstelle in Schloß Seehof nahe Bamberg betreut insbesondere im Bereich Baudenkmalpflege die Regierungsbezirke Ober- und Unterfranken. Außenstellen für archäologische Denkmalpflege entstanden in allen Regierungsbezirken.

Neben dem organisatorischen Aufbau war es die wichtigste Aufgabe des wachsenden Landesamtes und seines „Generals", die Akzeptanz der Denkmalpflege in der Bevölkerung zu verankern und womöglich zu steigern. Wie schwierig dieses Unterfangen war (und nach wie vor ist) weiß jeder, der selbst betroffen war oder sich im Bekanntenkreis umhört: Was als Maxime des Umgangs mit Denkmälern anderer jederzeit akzeptiert wird, wird in eigener Sache als rigorose Einschränkung der persönlichen Handlungsfreiheit empfunden. Wenn heute konstatiert werden kann, daß der Denkmalschutzgedanke von der weit überwiegenden Mehrheit der Bevölkerung positiv bewertet wird, so ist das auch das Verdienst eines heute annähernd 25jährigen Wirkens Michael Petzets (und seiner Kollegen in den anderen Ländern).

Nach der Aufbruchstimmung der siebziger und der Konsolidierungsphase der achtziger Jahre ist die Denkmalpflege, Hand in Hand mit anderen Bereichen, deren Steuerung vorwiegend über staatliche Finanzhilfen erfolgt, in eine Phase geraten, in der diese Mittel nicht mehr im früheren Umfang zur Verfügung stehen. Das erschwert die Arbeit eines Amtes, das nicht nur das Einzelobjekt, sondern ebenso die Fläche bedienen soll. Bei aller erfolgreichen Überzeugungsarbeit im Einzelfall: Die Überzeugung läßt sich umso wirksamer herbeiführen, je stärker sie auf dem Fundament einer Mitfinanzierung durch die öffentliche Hand gegründet werden kann. So ist die Sorge des Generalkonservators, aus dem Rückgang finanzieller Hilfen könnte sich eine Reduzierung fachlicher Standards ergeben, nur zu verständlich.

Michael Petzet hat zu kämpfen gelernt und ist darüber jung geblieben. Seine Position auf dem Feldherrnhügel, um im eingangs gewählten Bild zu bleiben, ist unangefochten. Er befehligt das Bayerische Landesamt für Denkmalpflege, koordiniert und repräsentiert die Vereinigung der Landesdenkmalpfleger in der Bundesrepublik Deutschland und fördert, als Präsident von ICOMOS, die Zusammenarbeit auf nationaler wie internationaler Ebene. Man schätzt ihn als Berater beim Aufbau eines Restaurierungszentrums in Kroatien nicht minder denn bei der Begutachtung von Projekten zur Erhaltung des europäischen kulturellen Erbes in Brüssel oder bei der Erarbeitung wissenschaftlicher Programme zur Erhaltung der weltberühmten Tonkriegerarmee in Lintong/China.

Wie vielfältig die Kontakte sind, die Michael Petzet im Verlauf eines annähernd 25 Jahre währenden Wirkens als Leiter des Bayerischen Landesamtes für Denkmalpflege – und darüber hinaus – geknüpft hat, zeigt die vorliegende Festschrift zu seinem 65. Geburtstag. Als zuständiger Minister und häufiger Gesprächspartner des Jubilars freue ich mich, dem „General" auch an dieser Stelle für sein Lebenswerk danken zu können.

Bayerischer Staatsminister
für Unterricht, Kultus,
Wissenschaft und Kunst
stellv. Ministerpräsident

GRUSSWORT VON S. EM. FRIEDRICH KARDINAL WETTER

ERZBISCHOF VON MÜNCHEN UND FREISING

Die Katholische Kirche und die staatliche Denkmalpflege in Bayern

Wenn Sie, sehr geehrter Herr Generalkonservator Professor Dr. Michael Petzet, mit Vollendung Ihres 65. Geburtstages aus dem aktiven Staatsdienst ausscheiden, können Sie auf ein Vierteljahrhundert als Leiter des Bayerischen Landesamtes für Denkmalpflege zurückblicken. Diesen Rückblick möchte ich als Vorsitzender der Bayerischen Bischofskonferenz mit einer kurzen Betrachtung des Verhältnisses von Katholischer Kirche und staatlicher Denkmalpflege in Bayern begleiten:

Schon vor mehr als hundert Jahren wurde in denkmalpflegerischen Fragen auf ein gutes Verhältnis von Kirche und Staat geachtet: Damals wies das Kultusministerium das Generalkonservatorium an, bei umfangreichen und schwierigen Restaurierungsvorhaben an Kirchen einen von den Kirchen vorgeschlagenen Geistlichen zur Berücksichtigung kirchlicher Fragen zuzuziehen.

Nach der Gründung des eigenständigen, vom Bayerischen Nationalmuseum nun unabhängigen „Königlichen Generalkonservatoriums der Kunstdenkmale und Altertümer Bayerns" im Jahre 1908 entsandte die Katholische Kirche einen als Kunsthistoriker promovierten Priester in das staatliche Denkmalamt, der dort die kirchlichen Belange zu vertreten hatte. Es waren dies in der Folge Prälat Professor Dr. Richard Hoffmann (1908-1934), Msgr. Professor Dr. Franz Dambeck (1949-1968) und Prälat Dr. Sigmund Benker (1969-1980). Ein weiterer katholischer Priester aus einem bayerischen Bistum, Dr. Felix Mader aus Eichstätt (1906-1933), war als wissenschaftlicher Inventarisator, zuletzt als Leiter der Inventarisationsabteilung des Bayerischen Landesamtes für Denkmalpflege sehr erfolgreich an der Erfassung des bayerischen Denkmälerbestandes beteiligt. Er verfaßte nicht weniger als 21 Bände der „Kunstdenkmäler von Bayern" selbständig, weitere elf gemeinsam mit Mitarbeitern. Während der Amtszeit des Direktors des Landesamtes Dr. Georg Lill (1929-1950) bestand darüber hinaus eine persönliche Freundschaft zwischen diesem und dem „Kunstprälaten" des Erzbistums München und Freising, Domkapitular Professor Dr. Michael Hartig (1925-1960), die manche schwierige Situation der Kriegs- und Nachkriegszeit zu überwinden half.

Als mit der Neuformulierung des Bayerischen Denkmalschutzgesetzes 1973, vor allem in dessen Artikel 26, ein neues, nun gesetzlich geregeltes Verhältnis von Kirche und staatlicher Denkmalpflege eingerichtet wurde und der Priestermangel keine weitere Entsendung eines in Kunstgeschichte promovierten Priesters mehr erlaubte, wurde 1981 der bis dahin im Landesamt tätige Hauptkonservator Dr. Sigmund Benker in den kirchlichen Dienst zurückberufen. Gleichzeitig sorgte mein Vorgänger als Erzbischof von München und Freising, Joseph Kardinal Ratzinger, durch die Berufung des bisherigen Hauptkonservators im Bayerischen Landesamt für Denkmalpflege, Dr. Hans Ramisch, zum Kunstreferenten im Erzbischöflichen Ordinariat München und durch dessen Beauftragung mit den Fragen der kirchlichen Denkmalpflege für eine eigenständige Fachinstitution innerhalb der kirchlichen Oberbehörde. Andere bayerische Bistümer ernannten Kunsthistoriker zu Diözesankonservatoren, so daß jetzt überall für die staatliche Denkmalpflege kirchliche Partner zur Verfügung stehen, die neben den kirchlichen Baubehörden die Kirchenstiftungen bei der Einleitung und Durchführung von Erhaltungs- und Pflegemaßnahmen unterstützen und gegenüber den Denkmalschutzbehörden die kirchlichen Belange vertreten und formulieren.

Diese kirchlichen Fachleute haben eine eigene, wissenschaftlichen Ansprüchen Genüge leistende Inventarisation des kirchlichen Kunstgutes in die Wege geleitet und in einigen Bistümern auch schon weit fortgeführt bzw. abgeschlossen. Sie war von der Päpstlichen Kongregation für den Klerus 1971 gefordert worden. Darüber hinaus haben die kirchlichen Fachleute in intensivem fachlichen Diskurs mit den Mitgliedern des Bayerischen Landesamtes für Denkmalpflege Prinzipien der kirchlichen Denkmalpflege erarbeitet, die heute als Grundlage der Erhaltungspraxis angesehen und den Entscheidungen der Denkmalschutzbehörde zugrundegelegt werden. Während der Vorbereitung von Restaurierungsmaßnahmen erfolgt jeweils im Einzelfall die gesetzlich vorgesehene fachliche Abstimmung mit dem Bayerischen Landesamt für Denkmalpflege.

In den beiden letzten Jahrzehnten ist so an die Stelle einer kirchlichen Vertretung innerhalb des Landesamtes für Denkmalpflege eine partnerschaftliche Zusammenarbeit zwischen fachlich kompetenten Vertretern der Kirche und der staatlichen Denkmalpflege getreten, die den begründeten Interessen beider Seiten ebenso gut Rechnung trägt wie die frühere Regelung, angesichts der Vielzahl der anstehenden Restaurierungsobjekte heute aber praktikabler erscheint.

Darüber hinaus ist die Katholische Kirche in Bayern mit zwei ständigen Mitgliedern im Landesdenkmalrat vertreten, der die Bayerische Staatsregierung in Fragen der Denkmalpflege und des Denkmalschutzes berät.

Der Kunstreferent in der Erzdiözese München und Freising, Ordinariatsrat Dr. Hans Ramisch, vertritt die Bayerischen Bistümer im Deutschen Nationalkomitee von ICOMOS, des „International Council of Monuments and Sites".

Für die Katholische Kirche bedeutete es hinsichtlich ihres denkmalpflegerischen Engagements einen Meilenstein, als Papst Johannes Paul II. 1988 eine eigene Päpstliche Kommission für die Kulturgüter der Kirche gründete, die, unterstützt von einem international besetzten Rat, sich des kulturellen

Erbes der Kirche annimmt. In diesen Rat wurde in der Person des Regensburger Diözesankonservators, Dr. Hermann Reidel, auch ein Vertreter aus einer bayerischen Diözese berufen.

Der Vorsitzende der Päpstlichen Kommission für das kulturelle Erbe der Kirche, Erzbischof Francesco Marchisano, hat 1994 Vertreter des Kulturgüterschutzes aus Deutschland und Italien, darunter auch Sie, sehr geehrter Herr Generalkonservator Professor Petzet, in Ihrer Eigenschaft als Präsident des Deutschen Nationalkomitees von ICOMOS, zu einer Studientagung in die oberitalienische Villa Vigoni eingeladen und dort ein Papier verabschiedet, die „Charta der Villa Vigoni", in der die gemeinsamen Aspekte von Kirche, Gesellschaft und Staat hinsichtlich der Erhaltung des kirchlichen Kulturgutes festgehalten und die wichtigsten kirchlichen Gesichtspunkte formuliert sind. In der Präambel dieser Charta kommt das Verhältnis von Kirche und Staat im Bereich der Denkmalpflege in der klarsten Weise zum Ausdruck:

„Die Kulturgüter der Kirche sind der stärkste Ausdruck der christlichen Tradition, die von unzähligen Generationen von Gläubigen gelebt worden ist. Als solche stellen sie einen wesentlichen Teil des kulturellen Erbes der Menschheit dar. In gleicher Weise sind sie Manifestationen der Zuwendung Gottes zum Menschen wie des menschlichen Strebens zu Gott. Sie sind Zeugnisse der Identität und der Tradition der Völker.

Kirche, Gesellschaft und Staat müssen sich ihrer großen Verantwortung für dieses kostbare Erbe bewußt sein, das den heute Verantwortlichen nur für eine kurze Zeit anvertraut wird. Sie haben das historische Erbe zu erforschen und zu schützen, seine Bedeutung zur Geltung zu bringen und es den künftigen Generationen weiterzugeben. Staat und Kirche sollen daher im Bereich der jeweiligen Kompetenzen bei Schutz und Pflege der kirchlichen Kulturgüter zusammenarbeiten."

Lassen Sie mich Ihnen, sehr geehrter Herr Generalkonservator Professor Dr. Petzet, für die Zusammenarbeit mit der Katholischen Kirche in Bayern danken, die Sie an der Spitze Ihrer Behörde geleistet haben, und Ihnen Gottes Segen für Ihren weiteren Lebensweg und Ihr weiteres Wirken wünschen.

+ Friedrich Card. Wetter
Erzbischof von München und Freising

GRUSSWORT VON DR. H.C. HERMANN VON LOEWENICH

LANDESBISCHOF DER EVANGELISCH-LUTHERISCHEN KIRCHE IN BAYERN

Von König Joasch wird im Buch der Chronik berichtet, daß er „Steinmetzen und Zimmerleute" anstellte, „um das Haus des Herrn zu erneuern, und auch Meister in Eisen und Kupfer, um es auszubessern". Heute würden wir sagen: König Joasch betrieb Denkmalpflege im besten Sinn. Denn auch am Haus des Herrn nagt der Zahn der Zeit. Und die „schönen Gottesdienste des Herrn" konnten nur dann gefeiert werden, wenn der Tempel in Jerusalem in gutem baulichen Zustand war. In der Chronik gilt deshalb ein König vor allem dann als guter König, wenn er sich als „Denkmalpfleger" am Hause des Herrn betätigt. Und das waren gar nicht so viele. Gar mancher führte lieber Kriege und versuchte, sich so ein Denkmal zu setzen.

Heute ist dies Gott sei Dank anders. Der Gedanke des Denkmalschutzes und der Denkmalpflege ist fest verankert in Staat und Kirche. Freilich gelingt seine Umsetzung dann besonders gut, wenn sich Persönlichkeiten mit Herz und Verstand sowie der nötigen Sachkompetenz dafür engagieren. Professor Dr. Michael Petzet ist kein König wie Joasch. Aber als Generalkonservator des Bayerischen Landesamtes für Denkmalpflege hat er doch dafür gesorgt, daß „Steinmetze und Zimmerleute, Meister in Eisen und Kupfer" ihre Kunst zur Erhaltung vielfältiger Bauten in den bayerischen Landen anwenden konnten.

Kirche und Kultur sind in Bayern eng miteinander verwoben. Dennoch läßt sich die christlich-abendländische Tradition nicht auf die Farben Weiß und Blau reduzieren. Das Gespür dafür hat sich Michael Petzet als gebürtiger Münchner schon in seinem protestantischen Elternhaus erworben. Weil er sensibel für kirchliche und gottesdienstliche Belange war, ist es stets geglückt, denkmalpflegerische Auffassungen mit kirchlichen sinnvoll zu verbinden.

Dieses Bemühen führte zu der bewährten guten Zusammenarbeit zwischen dem Landesamt für Denkmalpflege sowie der Evangelischen Landeskirche. Sie erstreckt sich über die Alltagsarbeit beider Ämter hinaus auf den Landesdenkmalrat, das Deutsche Nationalkomitee von ICOMOS und viele andere Gremien und Organisationen.

Bereits in früheren Jahren hatte sich diese „gut nachbarliche Beziehung" angebahnt: Als Michael Petzet gegenüber dem Landeskirchenamt im Zentralinstitut für Kunstgeschichte residierte oder in unmittelbarer Nähe in der Städtischen Galerie im Lenbachhaus.

„Eine Zukunft für unsere Vergangenheit!" – unter diesem Motto stand das Europäische Denkmalschutzjahr 1975. Dieses Motto ist auch heute fruchtbar zu machen – besonders dann, wenn man an das Zusammenwachsen Europas im nächsten Jahrtausend denkt. Europa wurzelt in der christlich-abendländischen Tradition, und diese schlägt sich nieder in allen Regionen unseres Kontinents.

Diese große Vergangenheit hat Zukunft. Sie braucht eine Stimme im Konzert anderer religiöser und kultureller Traditionen dieser Welt. Michael Petzet war und ist einer ihrer Botschafter.

Herzlichen Glückwunsch und Gottes reichen Segen zum 65. Geburtstag!

Hermann von Loewenich
Landesbischof der Evangelisch-Lutherischen Kirche in Bayern

Grusswort des Landesdenkmalrats in Bayern

Als Professor Dr. Michael Petzet am 1. Juli 1974 zum Generalkonservator des Bayerischen Landesamtes für Denkmalpflege berufen wurde, war das Denkmalschutzgesetz schon in Kraft (1. Oktober 1973). Der im Gesetz verankerte Landesdenkmalrat hatte am 16. November 1973 seine konstituierende Sitzung. Da der Rat die Staatsregierung in wichtigen Fragen berät, bei der Ensemblebildung mitwirkt und bei strittigen Fällen in Hinblick auf die Eintragung in die Denkmalliste laut Beschluß des Landtags das letzte Wort hat, war die Zusammenarbeit zwischen Denkmalrat und Landesamt von Anfang an zwingend geboten. Das führt dazu, daß bei allen Sitzungen des Rates der Generalkonservator und die zuständigen Mitarbeiter anwesend sind. Michael Petzet nahm am Tage seiner Bestallung erstmals an einer Sitzung des Denkmalrats teil – dies war der Beginn meiner Zusammenarbeit mit ihm. Sie sollte sich als sehr nützlich für die Arbeit beider Institutionen erweisen. Freilich konnten Spannungen nicht ausbleiben. Denkmalpflege kann nicht betrieben werden ohne Bezug zum politischen Umfeld. Es gibt m. E. wenige Bereiche in der Gesellschaft, die soviel Sensibilität im Umgang mit dem Bürger verlangen wie die Denkmalpflege.

Michael Petzet besaß in schwierigen Situationen das Gespür für das Machbare. Ob es sich um die Empfehlungen zu Baumaßnahmen innerhalb oder in der Nähe von Ensembles handelte – wo es erhebliche Differenzen mit der Architektenkammer gab – oder um Empfehlungen über das Bauen auf dem Lande: die auf Ausgleich gerichtete Haltung des Generalkonservators trug sehr dazu bei, zu beiderseits akzeptierten Lösungen zu kommen.

Das hinderte ihn jedoch nicht, dann, wenn ihm ein Nachgeben schädlich schien, seinen Standpunkt beizubehalten. Beispiel: der Kriterienkatalog für die Eintragung in die Denkmalliste, 1979 im Denkmalrat diskutiert, wo ihm einige Kriterien als nicht im Einklang mit dem Denkmalbegriff zu sein schienen. Das bedeutendste Vorhaben in dieser Hinsicht war die Inventarisation. Michael Petzet legte 1987 dem Rat „Grundsätze für die Inventarisation der Kunst- und Geschichtsdenkmäler Bayerns" vor. Sie wurden vom Denkmalrat nicht akzeptiert. Eine Kommission des Rates legte nach zweijähriger Arbeit Empfehlungen vor, die 1990 schließlich gebilligt wurden und sich als überaus nützlich gezeigt haben.

Als Resümee läßt sich festhalten, daß die Kooperation zwischen Generalkonservator Michael Petzet, dem Landesamt insgesamt, dem Denkmalrat und dem Staatsministerium für Unterricht, Kultus, Wissenschaft und Kunst, das sich stets als hervorragender Begleiter und Ratgeber erwies, zu einem wirkungsvollen Schutz der Denkmäler in Bayern geführt hat. Gewiß konnte nicht alles Schützenswerte erhalten werden. Trotzdem kann ohne Übertreibung gesagt werden, daß unsere Denkmäler Glanzpunkte unseres Landes sind. Michael Petzet hat dazu beigetragen, daß dies so ist.

Dr. Erich Schosser
Vorsitzender des Landesdenkmalrats in Bayern

Grusswort des Verbandes der Bayerischen Bezirke

In den siebziger Jahren stellte der Europarat fest, daß in der Bundesrepublik seit 1945 mehr historische Bausubstanz zerstört worden ist als während des Zweiten Weltkriegs. Die Städte und Dörfer standen vor der Gefahr, geschichts- und gesichtslos, häßlich und unpersönlich zu werden. Mit dem „Jahr des Denkmalschutzes 1975" sollte auf diese Situation hingewiesen und ihr entgegengewirkt werden. Unter der Leitung von Dr. Michael Petzet wurden eine Wanderausstellung sowie ein Katalog erarbeitet, die den Titel „Eine Zukunft für unsere Vergangenheit?" trugen. Dem Motto wurde also ein Fragezeichen beigestellt. Dies erfolgte vor dem Hintergrund, daß es technisch möglich geworden war, in kürzester Zeit Stadtteile, Dörfer und Kulturlandschaften von Grund auf zu zerstören: durch Schnellstraßen, neue Geschäftsviertel, radikale Sanierungen. Zwar gab es seit zwei Jahren das Bayerische Denkmalschutzgesetz, doch mit dessen Verabschiedung war die gesellschaftliche Akzeptanz von Denkmalschutz und Denkmalpflege noch lange nicht verbunden.

Knapp zwanzig Jahre später, 1994, besann sich der Bezirk Schwaben in einer Festschrift wieder auf dieses Motto, nur war aus der Frage eine Feststellung geworden. Der Buchtitel lautete: „Vergangenheit hat Zukunft". Zum Ausdruck kommen sollte, daß heute eine positive Bewertung denkmalpflegerischer Belange in allen Bevölkerungsschichten vorhanden ist. Die Erhaltung von Baudenkmälern, egal ob es sich um Klöster, Synagogen, Schlösser oder um Bürger- und Bauernhäuser, um Wegkreuze oder Erzeugnisse der Industriekultur handelt, besitzt einen hohen Stellenwert. Konfliktfrei geht es dabei freilich nicht zu. Widerstreitende private und öffentliche Interessen müssen unter einen Hut gebracht werden. Das Bemühen um Bewahrung des historischen Erbes kollidiert – nach wie vor – mit der Entwicklung des Wirtschaftsstandortes, dem Straßenbau, dem Brandschutz, ökonomischen Erfordernissen und ökologischen Postulaten. Nach wie vor sind Mut und Engagement nötig, um Denkmäler zu erhalten und sie einer zeitgemäßen Nutzung zuzuführen. Und doch: Die Zeiten haben sich geändert. Auf breiter Basis setzen sich die Menschen für ihre Denkmäler ein, laufen Sturm, wenn Altes abgerissen werden soll, starten Bürgerbegehren und machen damit viele Anliegen, die noch vor zwanzig Jahren allenfalls in Expertenkreisen diskutiert wurden, zu den ihren. Daß sich diese erstaunliche Entwicklung vollziehen konnte, ist gerade auch ein Verdienst des Bayerischen Landesamtes für Denkmalpflege, das der Jubilar nahezu ein Vierteljahrhundert leitet. Ohne ihn wäre auch die Denkmalpflege bei den bayerischen Bezirken anders, sicherlich weniger erfolgreich, verlaufen.

Ich blicke nochmals fünfundzwanzig Jahre zurück, in eine Zeit, in der manche Baudenkmäler abgerissen wurden, deren Erhaltung heute jenseits aller Diskussion stünde. Verwahrlost und heruntergekommen war damals Kloster Irsee, dieser prunkvolle Bau des Vorarlberger Architekten Franz Beer. Daß 1965 der Abbruch der Anlage erwogen wurde, kann heute nur mit fassungslosem Kopfschütteln kommentiert werden. Es dauerte noch Jahre, bis sich meine Idee durchsetzen konnte, im Konventsgebäude eine Stätte der Erwachsenenbildung unterzubringen und mit dieser neuen und zukunftsweisenden Nutzung an die lange Tradition von Kloster Irsee als kulturelles Zentrum Schwabens anzuknüpfen. Erst als das Bayerische Landesamt für Denkmalpflege diesen Plan befürwortete, konnte ich 1974 grünes Licht für die Sanierungsarbeiten geben. Mehr als 25 Millionen Mark kostete die Restaurierung, die Hauptlast traf den Bezirk Schwaben. Doch heute zählt Irsee zu den schönsten Tagungsstätten Deutschlands und es wurde zum Vorbild für weitere Maßnahmen, wie beispielsweise der Revitalisierung von Kloster Seeon durch den Bezirk Oberbayern.

Aufgabe von Denkmalschutz und Denkmalpflege ist, wie das Beispiel Irsee zeigt, die Lebendigerhaltung von historischer Bausubstanz. Denkmalschutz und Denkmalpflege sind nie Selbstzweck. Es geht nicht um das Bauwerk allein, nicht um das Konservieren eines Kunstwerks, nicht darum, Vergangenes wie unter einem Glassturz für die Gegenwart zu erhalten. Ziel ist es vielmehr, das Denkmal einer den Menschen dienenden Nutzung zuzuführen. Ein Denkmal muß in die Gegenwart wirken, nicht allein durch seine ästhetische oder kunsthistorische Bedeutung, sondern durch die Rolle, die es in der Lebenswirklichkeit der Menschen spielt. Neu sind diese Überlegungen nicht, denn schon 1905 stellte Georg Dehio fest: „Scheinaltertümer hinzustellen ist weder wahre Kunst, noch wahre Denkmalpflege." Sogenannter Fassadendenkmalschutz macht deshalb nur selten Sinn. Wo ein Gebäude bis auf die Vorderfront entfernt wird, sollte man dem Architekten besser den Freiraum belassen, etwas Neues zu entwerfen.

Diese Überlegungen führen mich zu einem weiteren Gedanken. Denkmalpflege, wie wir sie in den vergangenen fünfundzwanzig Jahren praktiziert haben, bedeutet nicht nur Einsatz für Schlösser, Kirchen, Rathäuser, für prächtige Bauten also, deren kulturhistorische Bedeutung auf den ersten Blick verständlich ist. Der Denkmalbegriff hat sich geweitet. Die baulichen Zeugnisse des täglichen Lebens, die Handwerker- und Bauernhäuser, die Dokumente der Technikgeschichte sind für uns nicht minder wichtig. Gerade hier konnten die Bezirke mit ihrem Einsatz für die baulichen Zeugnisse der Volkskultur große Erfolge verzeichnen.

Mit Vehemenz haben sich die bayerischen Bezirke deshalb gegen die Auffassung gewandt, daß sie ausschließlich Bauwerke mit überregionaler Bedeutung fördern dürfen. Nach richtiger Auffassung ist dem Denkmalschutzgesetz eine Klassifizierung der Denkmäler entsprechend der Dreistufigkeit des

Verwaltungsaufbaus fremd. Die drei kommunalen Ebenen sind vielmehr nebeneinander in die Pflicht genommen. Um der Gefahr des „Gießkannenprinzips" zu entgehen, haben die bayerischen Bezirke allerdings immer wieder Denkmalschutzprogramme erstellt. Deren Ziel ist es, all die Denkmäler zu erhalten, die in ihrer Summe prägend für eine Region sind, auch wenn dem einzelnen Bauwerk keine herausragende kunst- oder kulturhistorische Bedeutung zukommt. Was bedeutet dies konkret? Ich wähle den Bezirk Schwaben als Beispiel.

In Schwaben vertreten wir den Denkmalbegriff in seiner ganzen Breite, die Haushaltsansätze für das Jahr 1996 zeigen dies deutlich. Am meisten, nämlich zwei Millionen Mark, haben wir uns das neueröffnete Kurhaustheater in Göggingen kosten lassen. Aber auch die übrigen Ausgaben können sich sehen lassen: Für Kirchen und Kapellen hat der Bezirk Schwaben 1996 über 560 000 Mark ausgegeben, für Schlösser 410 000 Mark, für Klöster über 400 000 Mark, für jüdische Denkmäler 85 000 Mark, für sonstige Bauwerke, also Gast-, Forst-, Bauern- und Wohnhäuser über 150 000 Mark. Die Aufwendungen für die Bodendenkmalpflege betrugen 25 000 Mark, für die Photoerfassung epigraphischer Denkmäler 30 000 Mark und für das Denkmalpflegeprogramm sowie den Photowettbewerb „Rettet unsere Bauernhäuser" 36 000 Mark. Insgesamt waren dies 1996 über 3,7 Millionen Mark.

Weit über zwei Millionen Mark gibt auch der Bezirk Oberbayern für die Denkmalpflege aus. Von besonderer Bedeutung sind zwei Sonderprogramme: Jurahäuser und Högler Sandsteinportale. Obwohl Kloster Seeon – als Pendant zu Irsee – bereits mustergültig restauriert ist und seit Jahren eine erfolgreiche Bildungs- und Tagungsstätte im oberbayerischen Raum bildet, schlägt es noch immer mit 100 000 Mark zu Buche.

Über eine Million Mark gab, um ein letztes Beispiel zu nennen, der Bezirk Mittelfranken im Jahr 1996 für die Denkmalpflege aus. Der Löwenanteil, nämlich 720 000 Mark, ging an private Antragsteller. 280 000 Mark erhielten die Kirchen, 75 000 Mark Gemeinden und Gemeindeverbände. Zusätzliche 150 000 Mark waren der Baukostenzuschuß für das geplante „Jüdische Museum Franken".

Und noch eines ist wichtig: Von den denkmalpflegerischen Aktivitäten der Bezirke gehen Impulswirkungen auf private und öffentliche Denkmalbesitzer aus, die es erst ermöglichen, die überreiche Denkmallandschaft in Bayern auf Dauer zu erhalten, so daß unsere bauliche Vergangenheit in der Tat Zukunft hat.

Professor Dr. Michael Petzet kann auf ein Vierteljahrhundert denkmalpflegerische Tätigkeit zurückblicken, wir kennen uns, seit er im Juli 1974 zum Generalkonservator berufen worden ist. Seither haben wir eine Fülle von alten Bauwerken gemeinsam instandgesetzt, haben um neue Nutzungskonzepte gerungen, übten uns in der „Kunst des Möglichen" und darin, unterschiedlichste Interessen unter einen Hut zu bringen.

Adalbert Stifter hat in seinem Roman „Nachsommer" diese Aktivitäten von Generalkonservator Petzet visionär vorausgeahnt. Er sagte: „Es wird die Zeit kommen, in welcher vom Staate vollkommen sachverständige Männer in ein Amt vereidigt werden, das die Wiederherstellung alter Kunstwerke einleiten, ihre Aufstellung in dem ursprünglichsten Sinn bewirken und ihre Verunstaltung für kommende Zeiten verhindern wird". Mit diesem vollkommenen Sachverstand, aber auch mit Optimismus, mit Mut, mit herzerfrischender Emotionalität, mit Konfliktfreudigkeit und klaren Überzeugungen hat Michael Petzet diese Stifterschen Worte mit Leben erfüllt.

Dr. Georg Simnacher
Vorsitzender des Verbandes der Bayerischen Bezirke

Grusswort des Bayerischen Städtetages

Gerne übermittle ich dem sehr geschätzten Jubilar, Herrn Generalkonservator Prof. Dr. Michael Petzet, zu seinem 65. Geburtstag herzliche Glückwünsche im Namen des Bayerischen Städtetages, aber auch von mir persönlich. Der Bayerische Städtetag als Verband der zentralen Orte Bayerns fühlt sich Prof. Petzet wegen des gemeinsamen Anliegens der Denkmalpflege besonders verbunden.

Seit fast einem Vierteljahrhundert wirkt der Jubilar als Generalkonservator des Bayerischen Landesamtes für Denkmalpflege unermüdlich für den Erhalt unseres kulturellen Erbes in Bayern. Die Kommunen haben in ihm jederzeit einen unbedingten Mitstreiter für die kommunale Denkmalpflege, oft aber auch einen kritischen – und das meine ich äußerst positiv – Impulsgeber für die Erhaltung ihres historischen Umfeldes und damit eines Teils ihrer Identität gefunden. Er hat dabei aber nie einem vereinzelt spürbaren überzogenen Denkmalschutz das Wort geredet, sondern mit Augenmaß auch in Zeiten kritischer Auseinandersetzungen mit den Städten die Glaubwürdigkeit seiner Behörde gefestigt.

Kommunale Denkmalpflege ist unverzichtbares Element der Kultur- und Stadtentwicklungspolitik und damit Ausdruck der Selbständigkeit und Selbstverwaltung der Städte. Dem Wirken von Prof. Petzet ist es mit zu verdanken, daß heute Denkmalschutz und Denkmalpflege wegen ihrer örtlichen Bezogenheit und wegen ihrer herausragenden Bedeutung für Gestaltung und Entwicklung einer Stadt von Bürgern und Stadträten auch als kommunale Aufgabe angesehen werden. Die Städte und Gemeinden nehmen diese Aufgabe mit Unterstützung des Landesamtes für Denkmalpflege seit langem tatkräftig wahr. Die Denkmalpflege in den Städten ist der Geschichte der Stadt verpflichtet. Ihr Ziel ist es, die historische Bausubstanz und die gewachsene Struktur der Stadt zu erhalten und die lokalen geschichtlichen Dimensionen bei der zukünftigen Stadtentwicklung zu veranschaulichen. In der Erforschung, dem Schutz und der Pflege der baulichen Dokumente der Vergangenheit, die einer Stadt ihr unverwechselbares Gesicht geben, liegt die Hauptaufgabe der städtischen Denkmalpflege.

Die kommunale und die staatliche Denkmalpflege arbeiten in Bayern hervorragend zusammen. Beide haben es aber in diesen Zeiten der immer knapper werdenden öffentlichen Haushalte schwer. Dies hat der Jubilar mit mahnenden Worten wiederholt festgestellt. Als Vorsitzender der Vereinigung der Landesdenkmalpfleger in der Bundesrepublik Deutschland hat er zu Recht darauf hingewiesen, daß die Begrenzung der Ausgaben in den öffentlichen Haushalten nicht zu unwiederbringlichen Verlusten für das kulturelle Erbe führen darf. Ich teile diese Einschätzung und unterstütze Prof. Petzet in seinem Bemühen, den Wert der Kulturpolitik, deren Teil die Denkmalpflege ist, für die Zukunft unseres Landes immer wieder deutlich zu machen.

Josef Deimer, MdS
Oberbürgermeister
Vorsitzender des Bayerischen Städtetages

Grusswort der Bayerischen Verwaltung der staatlichen Schlösser, Gärten und Seen

Das Bayerische Landesamt für Denkmalpflege und die Bayerische Verwaltung der staatlichen Schlösser, Gärten und Seen verbindet die gemeinsame, in den Verfassungsrang erhobene Pflicht, für die Bewahrung unseres bayerischen kulturellen Erbes einzutreten. Der 65. Geburtstag des Generalkonservators, der Anlaß zu dieser Festschrift, gibt der Bayerischen Schlösserverwaltung Gelegenheit, sich mit Fachbeiträgen an der Gratulation zu beteiligen und damit auch der langjährigen guten Zusammenarbeit beider Institutionen dankbar zu gedenken. Dabei gibt es auch gemeinsame Sorgen, die Landesamt und Schlösserverwaltung in der Beurteilung bedenklicher Entwicklungen oft übereinstimmen lassen.

Die Aufgaben, aber auch die Grenzen der Bayerischen Schlösserverwaltung als Denkmalschutzinstanz entspringen ihrer Verantwortung für das von ihr verwaltete Staatsvermögen. Wo die Schlösserverwaltung nicht ausnahmsweise Träger öffentlicher Belange ist, wird sie fiskalisch tätig. Doch beim Umgang mit den eigenen Bau- und Gartendenkmälern bindet sie der öffentlich-rechtliche Auftrag wesentlich stärker als einen privaten Eigentümer. Grundlage ist die Verordnung über die Bayerische Schlösserverwaltung vom 22. Juni 1957, wonach der Schlösserverwaltung die Verwaltung und Betreuung des ihr überwiesenen Vermögens unter Wahrung denkmalpflegerischer und kultureller Belange obliegt.

Das Landesamt für Denkmalpflege hat bekanntermaßen eine übergreifende Stellung in allen Fragen des Denkmalschutzes und der Denkmalpflege. Seine hoheitlich wahrgenommenen Aufgaben sind im Denkmalschutzgesetz geregelt, also in einer ranghöheren Rechtsnorm, als sie der Schlösserverwaltung als Legitimation zur Verfügung steht.

Da nahezu alle von der Schlösserverwaltung betreuten Gebäude und Liegenschaften Denkmalcharakter haben, liegt eine enge Verbindung zum Landesamt sachlich nahe. Die Beteiligung des Landesamtes bei Baumaßnahmen der Schlösserverwaltung, die nach einer gemeinsamen Bekanntmachung der aufsichtsführenden Ministerien im Wege der Abstimmung und Unterrichtung auf kurzem Wege praktiziert wird, hat sich aus unserer Sicht bestens bewährt. Dabei kann das Landesamt die Schlösserverwaltung nicht nur in denkmalpflegerischen Zweifelsfragen beraten, sondern auch denkmalpflegerisch Bedenkliches abwenden helfen, das man der Schlösserverwaltung etwa zur „besseren" Vermarktung ihrer Objekte womöglich leichter zumuten würde.

Da die Schlösserverwaltung als Liegenschaftsverwaltung angelegt ist, ist sie grundsätzlich auch zur Erwirtschaftung einer bestmöglichen Rendite ihres umfangreichen Grundbesitzes verpflichtet. Und genau hier liegt der Konflikt, der sich schon im eigenen Hause ergeben kann, oft aber von außen entfacht wird, wenn konservatorischen Belangen entgegenstehende Nutzungswünsche in den Vordergrund gestellt werden. Da man über die Grenzen des Möglichen und Verträglichen lange streiten kann und der vor Kunstzerstörung warnende Prophet im eigenen Ressort oft wenig gilt, erweist sich der Beistand einer anerkannten Fachkapazität als hilfreich. Gerade in Zeiten knapperer Haushaltsmittel wird die Scheu kleiner, ein Bau- oder Gartendenkmal der Kommerzialisierung zu opfern oder es so weit herabzuwürdigen, bis es einer als fortschrittlich verstandenen Erlebniskultur entspricht.

Den Interessenkonflikt zwischen Denkmalschutz und Ertragsmaximierung wird es immer geben und er soll auch im Einzelfall bewußt gemacht und ausgetragen werden. Allerdings wäre es ein Vorurteil, anzunehmen, Denkmalschutz sei a priori unwirtschaftlich. Auch wenn bei objektbezogener betriebswirtschaftlicher Betrachtungsweise denkmalpflegerische Auflagen die Rendite schmälern mögen, sichern diese doch erst Originalität und Qualität historischer Substanz und können sich damit als kultureller Standortfaktor durchaus auch wirtschaftlich positiv auswirken. Jeder kennt Beispiele, wo sich Denkmäler, Ensembles und Ortscharakteristika nur unter als Opfer empfundenen Beschränkungen erhalten ließen und dadurch gerade auch dem Tourismus eine verläßliche und langfristige Grundlage sichern. Leider gibt es auch viele (zu viele?) Gegenbeispiele, die möglichst nicht zu vermehren gemeinsames Anliegen von Landesamt und Schlösserverwaltung ist.

In der verstärkt geführten Diskussion um Übertragung staatlicher Aufgaben an Private haben nicht nur finanzielle Argumente ihren Platz und das Bestreben, die Staatsquote zu senken, sondern in erster Linie konservatorische Gesichtspunkte, die sich aus dem vorrangigen öffentlichen Kulturauftrag ableiten. Daß man diesen nicht generell durch Private erledigen lassen kann, wird deutlich, wenn man Kosten und Erlöse von Kultureinrichtungen gegenüberstellt. Es soll keineswegs in Abrede gestellt werden, daß man ein unrentables Kulturangebot in vielen Fällen unter Zuhilfenahme privater Dienstleistungen verbessern kann; aber diese haben ihren Preis – oftmals einen höheren als ihn der maßvoll besoldete Staatsdiener fordern kann.

Die Facetten des Geschäfts mit jeglicher Form von Kunst und Kultur bieten eine Stofffülle, die hier auch nicht im Ansatz ausgebreitet werden kann. Nur ein Gedanke sei herausgegriffen: Von echtem Mäzenatentum abgesehen, wird und kann privates Engagement nur dort zum Einsatz kommen, wo es auch Gewinne abwirft. Da Instandsetzungs- und Unterhaltsaufwendungen staatlicher Baudenkmäler in der Regel keine adäquaten Einnahmen aus maßvoll geübter Nutzung gegenüberstehen, wird sich privates Interesse nur dann entfalten, wenn die Baulast als größter Kostenblock der öffentlichen Hand verbleibt und der private Unternehmer die Möglichkeiten der Einnahmeerzielung weitgehend ausschöpfen kann. Daß dabei nicht nur Grenzen des guten Geschmacks überschritten und Sehenswürdigkeiten ihrer kulturellen Zweckbestimmung entkleidet werden, sondern darüber hinaus auch originale Bausubstanz und museale Ausstattung materiellen Schaden nehmen können, ist keine nur abstrakte Gefahr, die man ohne weiteres durch vertragliche Bedingungen ausschalten kann. Denn jede spürbare Auflage zum Schutze des Denkmals bringt nun mal Einbußen an wirtschaftlicher Entfaltungsmöglichkeit mit sich, und die in der freien Wirtschaft segensreichen Kräfte des Marktes werden auch auf diesem Felde für einen stetigen Rückzug öffentlicher Bedenkenträger sorgen. Den Ausweg über die Subvention zu suchen, als Ausgleich für den Verzicht auf ungehemmte Nutznießung, wäre sicherlich keine Lösung und schon gar nicht im Sinne des angestrebten Abbaus staatlicher Tätigkeit und der Entlastung öffentlicher Budgets.

Es stimmt in diesem Zusammenhang nachdenklich, gleichzeitig aber auch zuversichtlich, wenn eines der neuen Bundesländer seine Schlösser aus einer Liegenschafts-GmbH wieder herausnehmen will, weil offensichtlich erkannt wurde, daß durch zu intensive privatwirtschaftliche Nutzung die kulturellen Ressourcen zerstört werden.

Das Landesamt für Denkmalpflege hat diese Gefahren frühzeitig erkannt und scheut sich nicht, vor diesen Fehlentwicklungen öffentlich zu warnen. Der Reputation dieses Amtes und seiner unbestrittenen fachlichen Kompetenz ist es zu verdanken, daß vielen gefährdeten Kulturdenkmälern Schutz und Fürsprache zuteil wurde. Daß dies auch in Zukunft so sein wird, bin ich sicher und daß davon auch die Schlösser, Burgen und Gärten meiner Verwaltung Nutzen ziehen, ist mein Wunsch und meine Bitte.

Dem Bayerischen Landesamt für Denkmalpflege und seinem Generalkonservator wünsche ich im Namen der Bayerischen Schlösserverwaltung weiterhin viel Erfolg!

Egfried Hanfstaengl
Präsident

GRUSSWORT DES INTERNATIONAL COUNCIL OF MONUMENTS AND SITES (ICOMOS)

To the Conservator of Conservators

On November 22nd, 1997 Michael was nominated the chairman of ICOMOS Advisory Committee. This was, indeed, a crowning ceremony to this hard working Bavarian. He is a man who works a fourteen hour day, both at the office and after. This unlimited devotion to his professional tasks certainly stimulates all his 300 employees and sets the pace for the flow of business in the Bavarian State Conservation Office. Since 1974, Michael presides as „Generalkonservator" over this long standing Institution safeguarding the patrimonial monuments and sites, and he is still going strong.

Now Michael has taken over still more responsibility in his international efforts to get others to think as he does about the future of man's most treasured heritage, the monuments and sites of the world. He is the President of the Advisory Committee and thus president of chairmen from about one hundred national committees and eighteen international scientific committees. There he will be initiating policies for the better preservation of the inherited treasures of mankind.

His stature and status was not a gift thrust upon him, but a hard earned effort of pragmatic steps taken one by one. As a child, his father, a well known man of the theatre and author, introduced him to literature and the arts. This was, no doubt, a substantial reason why he chose art history as his main subject of study at the University of Munich and at the Sorbonne in Paris. Since his doctorial thesis on the Pantheon in Paris (Soufflot's Sainte-Geneviève und der französische Kirchenbau des 18. Jahrhunderts) he is acknowledged as renowned specialist in French architecture, a subject that still captivates his interest. The indigenous theatrical influences reached further, when he became engaged to his future wife Detta, an artist in her own right and a theatre stage designer by profession. These significant family traditions don't end with him: Respectively, his son Muck had a promising debut as young architect and his daughter Nana is successful as a multi-talented artist.

Michael began his career as an art historian at the Bavarian State Conservation Office. Soon he got the chance to test his creative talents as the manager of the great exhibition „Bavaria – Art and Culture", one of the major cultural contributions to the programme of the 1972 Olympic Games in Munich. After this first big challenge he turned his efforts to brightening up the City of Munich Art Gallery in the Lenbachhaus as its director. One may count this period as one of the early highlights in his long success story: So within two years he initiated more than twenty exhibitions and among these some of the most exciting events ever held on these premises.

The literary talents inherited from Michael's father soon became evident in the production of catalogues and other important contributions devoted to various topics in the fields of art, cultural history and the care of monuments. The bulk of these writings and literary works expresses his philosophy of conservation in the best European tradition. The full range of his writings is revealed in the bibliography enclosed in this volume.

Michael's road to fame is paved with major engagements and international commitments. So he and his crew consulted and designed an action plan for the extremely delicate restoration of the giant Buddha (Dafosi) in the grotto temple near Binxian/Province Shaanxi. At the same time he supported the efforts of the Chinese Colleagues to investigate and preserve the original colour scheme of the life-sized clay army excavated at Lintong/Province Shaanxi, which now stands again as if ready for battle. In the old city of Sana'a/Jemen Michael and his team supported the pilot project of the reconstruction of the ancient caravanserai Samsarat al'Mansurah and thus helped to safeguard a prominent example of Arabian architecture and life style for future generations. As the next challenge in this region, he engaged his specialists in preservation measures at the world heritage site of Petra in Jordan before crossing the Red Sea to become involved in the development of a scientific concept for the preservation of the Memnon Colossuses in Upper Egypt. Now his crew is assisting war torn Croatia with the installation of a large restoration facility in the castle of Ludbreg to help preserve its damaged art treasures. With this initiative he hopes to breathe new life into a once almost desperate situation.

The scope and the range of this broadly based international cooperation is not limited to passing on practical know-how: Still more important is the exchange of technical knowledge, as for example in common research projects with the Tokyo National Research Institute on historical lacquer ware or the professional advice granted in the project to publish a national list of monuments in Rumania. Beside these high-level joint ventures, Michael has continually used his influence to establish professional contacts to the European Union: In this context his valuable contributions to the preservation of European Cultural Heritage have to be mentioned. Furthermore Michael's invaluable advice to ICCROM has added to this agency's maturity and its professional code. On the home front, Michael's leadership role in ICOMOS has been outstanding and consistent over the years for both Bavaria and Germany.

The concept of charity beginning at home, was not a cliché as far as Michael was concerned. The Technical University of Munich and the University of Bamberg drew deeply from his fundamental professional knowledge and his personal insight as a continuous source of inspiration. As a living monument in the field of conservation he will certainly be consulted as the foremost authority even after retirement from active service. And I am convinced, that the status as „emeritus" will neither limit the range of his activities nor cool down his scientific curiosity and his intellectual ambitions.

Dr. Roland Silva
President of ICOMOS

Dem Konservator der Konservatoren

Am 22. November 1997 wurde Michael zum Präsidenten des Advisory Committee von ICOMOS gewählt. Die Berufung in dieses bedeutende Amt markiert einen Höhepunkt der Laufbahn dieses hart arbeitenden Bayern. Tatsächlich unterschreitet sein Arbeitspensum selten vierzehn Stunden am Tag, sei es am Schreibtisch, sei es unterwegs. Als Denkmalpfleger aus Leidenschaft strahlt seine offensichtlich unermüdliche Tatkraft auch auf die mehr als 300 Mitarbeiter des Bayerischen Landesamts für Denkmalpflege aus und bestimmt den Gang der Geschäfte. Bereits seit 1974 hat er das Amt des Bayerischen Generalkonservators inne und hält nach wie vor die Zügel fest in der Hand.

Bei seiner stupenden Leistungsfähigkeit, die ständig noch zuzunehmen scheint, hat er über seine Tätigkeit als Generalkonservator hinaus im Rahmen seiner internationalen Aktivitäten zusätzliche Verantwortung übernommen und wichtige Denkanstöße zum Umgang mit dem wertvollsten Erbe der Menschheit, nämlich den Kunst- und Kulturdenkmälern und den archäologischen Stätten der ganzen Welt, gegeben. Als Präsident des Konsultativkomitees von ICOMOS und damit als Vorsitzender der Vorsitzenden der etwa einhundert nationalen Komitees und der 18 internationalen Fachgruppen hat er nun die Position, um sich an maßgeblicher Stelle für bessere Rahmenbedingungen zur Erhaltung des Weltkulturerbes einzusetzen und eine Steigerung der Sensibilität der Öffentlichkeit zu bewirken.

Seine professionelle Statur und sein Status sind ihm nicht einfach zugefallen, sondern Ergebnis harter Arbeit und einer wohlüberlegt, Schritt für Schritt geplanten Karriere. Schon als Kind wurde er von seinem Vater, einem bekannten Schriftsteller und Theatermann, in die Bereiche von Literatur und Kunst eingeführt. Das war zweifellos ein wesentlicher Anstoß dafür, daß Michael sich dem Studium der Kunstgeschichte an der Universität München und an der Sorbonne in Paris zuwandte. Mit seiner Dissertation über das Pantheon in Paris (Soufflots Sainte-Geneviève und der französische Kirchenbau des 18. Jahrhunderts) und seiner sich daran anschließenden wissenschaftlichen Arbeit hat er sich auch international den Ruf eines hervorragenden Kenners der französischen Architektur erworben. Der Einfluß der Welt des Theaters auf Michael Petzet verstärkte sich noch, als er sich mit seiner Frau Detta verband, einer eigenständigen Künstlerin und professionellen Bühnenbildnerin. Doch diese besonderen familiären Traditionsstränge prägten nicht nur ihn, sondern auch die nächste Generation: So wurde der Sohn Muck Architekt, und die Tochter Nana entwickelte sich zu einer vielseitigen Künstlerin.

Michaels berufliche Laufbahn begann als Kunsthistoriker im Bayerischen Landesamt. Doch schon bald bot sich ihm die Chance, seine kreativen Fähigkeiten als Ausstellungsmacher unter Beweis zu stellen: Er konzipierte und realisierte als herausragende kulturelle Veranstaltung im Rahmen des Programms der Olympischen Sommerspiele 1972 in München die Sonderausstellung „Bayern – Kunst und Kultur". Die Bewährung bei dieser großen Herausforderung war gewissermaßen das Sprungbrett für die Übernahme der Leitung der Städtischen Galerie im Lenbachhaus in München. Als junger Direktor realisierte er in der kurzen Zeitspanne von zwei Jahren mehr als zwanzig Ausstellungen, darunter einige der interessantesten Projekte, die dort jemals gezeigt worden sind.

Das schriftstellerische Talent des Vaters zeitigte auch in der wissenschaftlichen Arbeit des hochbegabten Sohnes vielfältige Früchte in Form von Katalogen und zahlreichen weiteren bedeutenden Publikationen auf dem Gebiet der Kunst- und Kulturgeschichte. Der Schwerpunkt seiner fachschriftstellerischen Tätigkeit spiegelt die von ihm vertretene, in der besten europäischen Tradition stehende Ethik des Bewahrens. Die ganze Fülle wird erst erkennbar bei Studium der Bibliographie, die dem vorliegenden Band im Anhang beigegeben ist.

Es waren vor allem auch die großen Projekte seiner internationalen Einsätze, die Michaels weltweite Anerkennung als Autorität auf dem Gebiet der Denkmalpflege begründeten. Nur als ein Beispiel sei das Projekt der technisch außerordentlich komplizierten Konservierung des großen Buddha (Dafosi) im Höhlentempel von Binxian/Provinz Shaanxi herausgegriffen, das ihn und die daran beteiligten bayerischen Fachleute über Jahre beschäftigten. Ein weiteres hochrangiges Kooperationsprojekt mit China ist die Entwicklung von Methoden zur Erhaltung der Überreste der Farbfassung der lebensgroßen chinesischen Tonarmee von Lintong/Provinz Shaanxi, die heute in Teilen wieder dasteht, als sei sie bereit zum Gefecht. In der Stadt Sana'a im Jemen beteiligten sich Michael Petzet und seine Spezialisten an der Instandsetzung der Samsarat al'Mansurah: Bei der Restaurierung dieser alten Krawanserei gelang es, im Rahmen eines vorbildlichen Pilotprojekts ein prominentes und für die arabische Lebensweise kennzeichnendes Baudenkmal für künftige Generationen zu bewahren. Als weitere Kulturdenkmäler von Weltrang im Nahen Osten waren es die Felsenstadt Petra in Jordanien und schon jenseits des Roten Meeres die Memnon-Kolosse, bei denen kaum lösbare konservatorische Probleme den Unternehmungsgeist des bayerischen Generalkonservators und seiner Fachleute herausforderten. Schließlich galt es, mit bayerischer Hilfe gezielte Aktionen zur Rettung des Kulturerbes in die vom Bürgerkrieg heimgesuchten Regionen Kroatiens einzuleiten. Und tatsächlich scheint der engagierte Einsatz dazu beigetragen zu haben, in einer nahezu aussichtslosen Situation durch ein Projekt wie die Einrichtung einer großen Restaurierungswerkstätte für die Konservierung der aus den Kriegsgebieten evakuierten Kunstwerke in Schloß Ludbreg ein Zeichen der Hoffnung zu setzen.

Doch beschränken sich die Perspektiven dieser fachlich fundierten internationalen Zusammenarbeit nicht auf die Vermittlung von praxisbezogenem Know-how. Noch wichtiger ist der wissenschaftlich-technische Austausch, wie er etwa bei Forschungsvorhaben über historische Lacke mit dem Tokyo Research Institute oder im Rahmen der in Rumänien begonnenen Erfassung der nationalen Denkmäler betrieben wird. Über diese anspruchsvollen Kooperationsprojekte hinaus hat Michael professionelle Kontakte zur Europäischen Union aufgebaut: Auf seine wichtigen Beiträge zur Erhaltung des kulturellen Erbes in Europa ist in diesem Zusammenhang hinzuweisen. Sein profunder fachlicher Rat hat nicht zuletzt auch das professionelle Niveau der Arbeit von ICCROM maßgeblich gefördert. Und auch für die erfolgreichen Aktivitäten von ICOMOS als internationale Institution in Bayern und in ganz Deutschland war und ist Michaels kontinuierliche Führungsposition von herausragender Bedeutung.

Trotz seines weitgespannten internationalen Engagements ist der Grundsatz, daß man sich zuerst einmal um die Angelegenheiten im eigenen Lande kümmern muß, bei Michael kein Klischee. So können etwa die Universität Bamberg und die Technische Universität München bei den von ihm übernommenen Lehrveranstaltungen von seinen fundamentalen Fachkenntnissen und seiner reichen Erfahrung profitieren. Als ein lebendes Denkmal der Denkmalpflege und der große Mentor seines Fachs wird er zweifellos auch nach seinem Ausscheiden aus dem aktiven Dienst als geschätzter Ansprechpartner zur Verfügung stehen. Und ich bin sicher, daß der Status des „Emeritus" weder die Bandbreite seiner Aktivitäten einschränken noch seine wissenschaftliche Neugier mindern wird.

Dr. Roland Silva
Präsident von ICOMOS

GRUSSWORTE DES VORSTANDS DES DEUTSCHEN NATIONALKOMITEES VON ICOMOS

Mit Michael Petzet verbindet uns ein Jahrzehnt fruchtbarer Zusammenarbeit, und zwar auf den Tag genau: Am 12. April 1988, am Geburtstag unseres Gratulanten, wählten uns die Mitglieder des Deutschen Nationalkomitees von ICOMOS gemeinsam zum Vorstand der deutschen Sektion des Internationalen Denkmalpflegerats. Michael Petzets Wahl zum Präsidenten war ein Geschenk an ICOMOS, betreibt er doch diese ehrenamtliche Tätigkeit seither mit bemerkenswerter Energie: Innerhalb dieses Dezenniums hat sich die Mitgliederzahl mehr als verdoppelt, 25 internationale Tagungen wurden abgehalten, und 25 Hefte des Deutschen Nationalkomitees sind erschienen, um die Tagungsergebnisse festzuhalten und einem breiteren Publikum zugänglich zu machen. Im Vergleich zu den insgesamt zehn Tagungen und sechs Publikationen der ersten 23 Jahre des Bestehens des Deutschen Nationalkomitees von ICOMOS brachte die Ära Petzet, von der wir hoffen, daß sie noch lange dauern möge, ein wahres Crescendo.

Das Ziel, an dem wir alle gemeinsam mit Michael Petzet arbeiten, ist die Verbreitung wissenschaftlicher Erkenntnisse der modernen Denkmalpflege und der Erfahrungsaustausch mit Kollegen aus der praktischen Denkmalpflege – im Rahmen von ICOMOS insbesondere auf internationaler Ebene. Das Themenspektrum erstreckt sich von archäologischen Befunden aus der Vorgeschichte bis hin zur Architektur der Moderne, von der Industriedenkmalpflege bis zum höfischen Intérieur, von der Monumentalität stalinistischer Architektur bis zum subtilen Achsengefüge historischer Gärten, von den Ergebnissen naturwissenschaftlicher Grundlagenforschung, beispielsweise in der Metallkonservierung, bis zu juristischen Fragen, zu Sponsorship, Stiftungsgründungen etc.

Im Vordergrund stand und steht das Engagement für Schutz und Pflege des Weltkulturerbes, und zwar nicht nur in Deutschland (vgl. ICOMOS-Heft III, „Weltkulturdenkmäler in Deutschland" und Heft V, „Die Wies"), sondern weltweit. Internationale Projekte wie z. B. die Rettung der Altstadt der jemenitischen Hauptstadt Sana'a (vgl. zweisprachiges ICOMOS-Heft XV) oder in Xian mit der Tonfigurenarmee des ersten chinesischen Kaisers Qin Shihuangdi (ICOMOS-Heft XVIII) wurden von unserem Präsidenten initiiert und fachlich begleitet, denn gerade in Ländern der sogenannten Dritten Welt können Herausforderungen dieser Größenordnung am besten durch internationale Zusammenarbeit gelöst werden.

Die Kontaktpflege zu unseren osteuropäischen Nachbarn ist ein besonderes Anliegen von Michael Petzet, und so hat beispielsweise die auch in Presse und Fernsehen vielbeachtete Tagung „Bildersturm in Osteuropa" kurz nach den historischen Ereignissen von 1989 das Schicksal von Denkmälern der sozialistischen Ära aufgegriffen und interessante Perspektiven nicht nur zum Umgang mit den Denkmälern, sondern auch mit ihrer Zeit aufgezeigt. Aus der Zusammenarbeit mit dem Ungarischen Denkmalamt sind zwei ungarisch-deutsche ICOMOS-Publikationen hervorgegangen, zunächst die Überlegungen zur Instandsetzung des Dorfs Fertőrákos am Neusiedler See (Heft VII), dann die Ausgrabungen der Bischofsburg zu Pécs (Heft XXII). Durch das Partnerschaftsabkommen mit dem Rumänischen Denkmalamt und dem Rumänischen Nationalkomitee von ICOMOS sind ebenfalls zwei Publikationen entstanden, „PRO ROMANIA" (Heft I) und „Denkmäler in Rumänien" (Heft XIV).

In Zusammenarbeit mit Partnern im Inland, zum Beispiel mit dem Facharbeitskreis Schlösser und Gärten in Deutschland und mit der Verwaltung der staatlichen Schlösser und Gärten Hessen wurden international besetzte Symposien abgehalten zu den Themen „Das Schloß und seine Ausstattung als denkmalpflegerische Aufgabe" (Heft XVI) und „Wandmalerei des frühen Mittelalters" (Heft XXIII).

Grundsatzfragen der Denkmalpflege runden das Repertoire ab, man denke nur an die Tagung „Reversibilität – das Feigenblatt in der Denkmalpflege?" oder mehr noch an die von Michael Petzet formulierten „Grundsätze der Denkmalpflege" (Heft X), die auch in Englisch und Französisch vorliegen – Quintessenz seiner langjährigen Erfahrung als Denkmalpfleger, insbesondere als Generalkonservator in Bayern.

Michael Petzet hat den Ruf des Deutschen Nationalkomitees von ICOMOS gefestigt durch seinen unermüdlichen Einsatz sowohl in Deutschland als Vorsitzender der Vereinigung der Landesdenkmalpfleger in der Bundesrepublik Deutschland, als Mitglied des Deutschen Nationalkomitees für Denkmalschutz, als Kuratoriumsmitglied der Deutschen Stiftung Denkmalschutz und durch seine Mitgliedschaft bei der Deutschen UNESCO-Kommission, als auch in der Welt als deutscher Delegierter bei ICCROM in Rom und natürlich als Präsident des Advisory Committees von ICOMOS, wo er nun sozusagen als Präsident der Präsidenten von ICOMOS fungiert und ein Monitoring-Programm für gefährdete Denkmäler in der ganzen Welt in die Wege leitet. Er hat seine wissenschaftlichen Ergebnisse in Hunderten von Publikationen niedergelegt. Seine Ideen leben in den zahlreichen Studenten weiter, denen er in seinem Wirken als Professor nicht nur durch Wissensvermittlung allein, sondern auch durch Humor, Schlagfertigkeit, Improvisationsgabe, Ironie und Einfühlungsvermögen in lebendiger Erinnerung bleibt.

Seiner gerade begonnenen vierten Wahlperiode wünschen wir viel Erfolg und hoffen, daß er ICOMOS auch über das Jahr 2000 hinaus erhalten bleibe, denn einen besseren Präsidenten können wir uns nicht vorstellen.

Dr. Kai R. Mathieu
Vizepräsident

Dr. Werner von Trützschler
Generalsekretär

Grusswort des Deutschen Nationalkomitees für Denkmalschutz

Professor Dr. Michael Petzet ist sehr bald nach seinem Amtsantritt als bayerischer Generalkonservator Mitglied in den Gremien des Deutschen Nationalkomitees für Denkmalschutz geworden. Seit 1974 zunächst als Ratgeber des langjährigen Präsidenten, Staatsminister Professor Dr. Hans Maier, später als Präsident des Deutschen Nationalkomitees von ICOMOS, schließlich als Vorsitzender der Vereinigung der Landesdenkmalpfleger in der Bundesrepublik Deutschland.

In diesen 24 Jahren hat er die Arbeit des Komitees freundlich und in fruchtbarer, manchmal auch kritischer Distanz stets zum Wohle des gemeinsamen Zieles begleitet. Hoch anzurechnen ist ihm nicht nur die persönliche Präsenz, sondern auch die stete Bereitschaft, den in seinem Amt versammelten Sachverstand einzubringen.

Professor Petzet begann seine Tätigkeit im Deutschen Nationalkomitee für Denkmalschutz mit einer Ausstellung über Denkmalschutz und Denkmalpflege in Deutschland. Sie stand unter dem Motto des Europäischen Denkmalschutzjahres 1975 „Eine Zukunft für unsere Vergangenheit", wurde am 3. Juli 1975 im Münchener Stadtmuseum eröffnet und ging danach als Wanderausstellung des Komitees auf Reisen. Er war verschiedentlich auch Referent bei Tagungen. Seine Beiträge sind in den Tagungsdokumentationen nachzulesen. Und schließlich hat er in manchen Redaktionssitzungen mit dazu beigetragen, den Empfehlungen und Resolutionen des Komitees den letzten Schliff zu geben.

Der 65. Geburtstag von Professor Dr. Michael Petzet setzt keinen Schlußpunkt unter diese vielfältige Mitwirkung: Als Präsident der deutschen Sektion von ICOMOS wird er dem Deutschen Nationalkomitee für Denkmalschutz als kompetenter Partner erhalten bleiben.

Unsere besten Wünsche begleiten ihn.

Dr. Christina Weiss
Senatorin
Präses der Kulturbehörde Hamburg
Präsidentin des Deutschen Nationalkomitees
für Denkmalschutz

GRUSSWORT DER TECHNISCHEN UNIVERSITÄT MÜNCHEN

Michael Petzet und die bayerische Denkmalpflege – ein Synonym! Wer seine kundigen Publikationen liest und seine prächtigen Bildbände in die Hand nimmt, dem öffnet sich schon bald das Herz für die Denkmäler der Geschichte und insbesondere den vielfältigen Zeugnissen unserer bayerischen Geschichte.

Michael Petzet ist *die* große Persönlichkeit der bayerischen Denkmalpflege. Als Leiter des Bayerischen Landesamts für Denkmalpflege führt er uns vor Augen, daß „keine Zukunft ohne Herkunft" ist, wie Odo Marquardt es einmal formuliert hat. Michael Petzet baut mit seiner renommierten Institution die Brücke zurück in die Vergangenheit, um uns bei der Befassung mit unseren Kulturdenkmälern wieder in die Zukunft zu orientieren.

Zu meiner ersten Begegnung mit Michael Petzet kam es auf einem historischen Pfarrhof im Rupertiwinkel, der es mir angetan hatte. Man merkte schon damals einen Gleichklang von Wertigkeiten. Und dieser unverändert fortbestehende Gleichklang bereitete nun nach vielen Gesprächen mit Michael Petzet und seinen Kollegen in der Münchner Hochschul-, Denkmal- und Museumsszene den Weg für einen neuen, ganz einmaligen Studiengang an unserer Technischen Universität München: Seit Beginn des Wintersemesters 1997/98 unterrichten wir unsere Studenten erstmals im Studiengang „Restaurierung, Kunsttechnologie und Konservierungswissenschaften".

Dieser Beginn wird flankiert von einer Kooperationsvereinbarung der Technischen Universität München mit dem Bayerischen Landesamt für Denkmalpflege, den Bayerischen Staatsgemäldesammlungen und dem Bayerischen Nationalmuseum. Damit werden Fachkompetenzen in einem Studiengang als akademisches Fach, also von den Naturwissenschaften über die Informatik zur Kunstgeschichte, überspannt vom Bogen der handwerklich-technischen Kunst. Daß sich unsere Studenten auch den Erfahrungsschatz der Restaurierungswerkstätten des Bayerischen Landesamts für Denkmalpflege einschließlich seines chemisch-physikalischen Zentrallabors, des Doerner-Instituts der Bayerischen Staatsgemäldesammlungen und der Werkstätten des Bayerischen Nationalmuseums erschließen dürfen, nehmen wir als Universität dankbar an. Eine ganz wesentliche Unterstützung der gemeinsamen Anstrengungen für die Einrichtung des Lehrstuhls stellt auch die ergänzende, von Michael Petzet vermittelte Förderung durch die Messerschmitt Stiftung dar.

Vielleicht kann man den gerade anlaufenden neuen Studiengang auch als eines jener Geschenke sehen, die auf dem reich gedeckten Gabentisch zu Michael Petzets 65. Geburtstag ausgebreitet sind. Wir hoffen, daß ihm dieses über den Festtag hinausweisende, zukunftsorientierte Projekt noch lange Freude bereiten wird. Ad multos annos!

Prof. Dr. Drs. h. c. Wolfgang A. Herrmann
Präsident der Technischen Universität München

GRUSSWORT DES MINISTERIUMS FÜR TOURISMUS UND ALTERTÜMER DES HASCHEMITISCHEN KÖNIGREICHS JORDANIEN

الأستاذ الدكتور مايكل بتزتد ، المدير العام
مركز الصيانة والترميم في ولاية بافاريا

إننا نتذكر بمزيد من السرور زيارتنا لولاية بافاريا والأطلاع على كثب على مشاريع الصيانة والترميم التى ينفذها مركزكم المتطور والتى رسخت لدينا أهمية الحفاظ على الأبنية التاريخية للأجيال المقبلة . كما أنها فتحت عيوننا لأهمية خطوات التوثيق والدراسة والتحليل عند تنفيذ مشاريع الصيانة والترميم. إننا في دائرة الاثار العامة سعداء بأن أتيحت لنا الفرصة للتعاون مع مركزكم الزاهر في مشروع توثيق وترميم الواجهات الصخرية الفريدة في البتراء والذي نأمل له أن يستمر إلى بدايات القرن القادم . كما أرجو أن يكون هذا العام (١٩٩٨) بداية لمزيد من المشاريع الناجحة مع أطيب التمنيات الشخصية لكم بموفور الصحة ومزيد من العطاء .

Lieber Professor Petzet!

Unser Besuch in Bayern, der mir und meinen beiden Kollegen einen Eindruck aus erster Hand über die von Ihrem international bekannten Amt betreuten Restaurierungsprojekte verschaffte, ist mir noch frisch im Gedächtnis. Der Besuch hat uns in vielfacher Hinsicht die Augen geöffnet und machte deutlich, wie wichtig es ist, historische Gebäude und kulturelle Zeugnisse für zukünftige Generationen zu erhalten. Die Vorgehensweise bei der Arbeit an diesen Projekten in Form von Dokumentationen und Analysen ist ebenfalls beeindruckend. Das Denkmalamt (Department of Antiquities) von Jordanien schätzt sich glücklich, innerhalb der bilateralen jordanisch-deutschen Zusammenarbeit zur Errichtung eines Konservierungs- und Restaurierungszentrums in Petra (Petra Stone Preservation Project), das auch die Restaurierung der berühmten Felsenfassade von Petra umfaßt, einen solch kompetenten und international renommierten Partner wie das Bayerische Landesamt für Denkmalpflege zu haben. Wir sind stolz auf dieses wichtige Projekt und glücklich über die fruchtbare Zusammenarbeit mit Ihrem Amt, die hoffentlich auch im neuen Jahrtausend erhalten bleiben wird.

Ich hoffe, daß Ihnen auch das Jahr 1998 weitere, erfolgreiche Projekte bringen wird.

Ghazi Bisheh
Generaldirektor
Ministerium für Tourismus und Altertümer
Abteilung Altertümer

GRUSSWORT DES MINISTERIUMS FÜR KULTURGÜTERSCHUTZ DER PROVINZ SHAANXI, VOLKSREPUBLIK CHINA

GRATULATION

Herr Generalkonservator Professor Petzet ist ein enger Vertrauter des Amtes für Schutz und Verwaltung der Kulturgüter der Provinz Shaanxi. Er hat einen immensen Beitrag für die wissenschaftliche Zusammenarbeit zwischen der Volksrepublik China und Deutschland auf dem Gebiet der Denkmalpflege geleistet. Die erfolgreiche Durchführung so wichtiger Projekte wie der Instandsetzung des Tempels des Großen Buddha (Dafosi) in der Stadt Binxian und der Konservierung der Polychromie der Terrakottaarmee des ersten chinesischen Kaisers Qin Shihuang wäre ohne seinen hingebungsvollen Einsatz nicht möglich gewesen. Zum 65. Geburtstag von Herrn Generalkonservator Petzet möchte ich ihm im Namen des Amtes in Shaanxi sowie aller Freunde von ganzem Herzen gratulieren und alles Gute wünschen. Möge er auch weiterhin zur Freundschaft zwischen dem chinesischen und dem deutschen Volke und zur wissenschaftlichen Zusammenarbeit auf dem Gebiet des Denkmalschutzes zwischen den beiden Ländern beitragen!

Zhang Tinghao
Vizeminister
für Kulturgüter der Provinz Shaanxi
März 1998

Grusswort des Kroatischen Instituts für Restaurierung

Prof. dr. Michael Petzet, naš prijatelj, savjetnik, suradnik

Michaelu Petzetu sa zahvalnošću
za pomoć i prijateljstvo

Iznimno mi je zadovoljstvo da u povodu objavljivanja publikacije u čast Prof. dr. Michaela Petzeta, njegova dugogodišnjeg stručnog i znanstvenog rada i bogata doprinosa zaštiti kulturne baštine, imam prigodu iznijeti svoj pogled na prijateljsku susretljivost i pomoć koju je Michael Petzet nesebično pružao i nama, svojim kolegama u Hrvatskoj, u nastojanjima da zaštitimo i što uspješnije očuvamo hrvatsku kulturnu baštinu.

Iskustva našeg poznanstva i suradnje doživljavam paradigmatski kao osvjedočenje ljudskih vrlina gospodina Petzeta, njegova znanja i nastupa s razumijevanjem specifičnosti različitih životnih i profesionalnih okolnosti, koje utječu na oblikovanje rješenja brojnih pitanja i problema konzervatorske struke.

Godina 1991. bila je sudbonosna za Hrvatsku. S marom i entuzijazmom postupno se konstituirala državna samostalnost i tranzicijska promjena ekonomskog i administrativnog sustava, ali je taj proces bio praćen napetostima, incidentima i potom oružanom agresijom na Hrvatsku onih snaga bivše Jugoslavenske zajednice, koje su taj proces htjele zaustaviti i nametnuti svoj politički i državni koncept nad Hrvatskom u cijelini, a ako to ne uspije onda barem svoj nacionalni i državni suverenitit nad jednim dijelom Hrvatskog državnog teritorija.

Posljedice su bile ratna razaranja velikih razmjera i sustavno uništavanje hrvatske kulturne baštine, naročito na privremeno okupiranim područjima. Ali slike rata, razaranja, judskih patnji i uništavanja kulturne baštine istodobno s događajima obišle su svijet. Na mnoge adrese upućeni su apeli za pomoć, i uništavanju dobivao je sve jasnije konture, a taj val otpora izvan Hrvatske tvorili su uglavnom pojedinci, koji su srcem, voljom, znanjem, i svojim autoritetom krenuli u akciju pružanja pomoći.

Među prvima bio je i Michael Petzet sa ekipom svojih stručnih suradnika, među kojima treba posebno spomenuti gospodina Erwina Emmerlinga i dr. Yorka Langensteina.

Hrvatski konzervatori i restauratori našli su se u to vrijeme pred ogromnim zadaćama. Ljeti godine 1991. kada su incidenti prerastali u prve oružane sukobe intenzivno su započele akcije obilježavanja spomenika graditeljske baštine i djelomično tehnička zaštita izabranih dijelova arhitektonskih i skulpturskih spomeničkih vrijednosti u prostoru, a uz to i demontiranje, te evakuiranje umjetnina i vrijednosti, pretežno iz crkvenih prostora i muzejskih zbirki.

Na osiguranim mjestima sjeverozapadne Hrvatske organizirano je desetak depoa, a toliko i u primorskom dijelu Hrvatske od Dubrovnika do Pule. Već krajem 1991. a naročito 1992. godine javljali su nam se kolege konzervatori i restauratori, službenici međunarodnih i državnih organizacija, dolazili na teren vidjeti gdje je pomoć najpotrebnija i kako se mogu uključiti svojim angažmanom. Mi smo im pri tome nastojali što neposrednije prikazati stanje naše kulturne baštine, prvenstveno one oštećene ratnim razaranjem.

Učinkovitost naših kolega iz Bavarske, predvođenih gospodinom Petzetom bila je, rekli bismo poslovična. Došli su na kratko, vidjeli mnogo, odlučili brzo i pomogli obilato. Izbor je pao na dvorac Batthyany u Ludbregu, građevinu koju je grad Ludbreg predao na korištenje za smještaj umjetnina evakuiranih iz ratom oštećenih područja.

Ideja je bila da se u tom prostoru, od skoro 4.000 m², formira restauratorski centar, za sustavno konzerviranje i restauriranje više tisuća umjetnina i predmeta spomeničke vrijednosti u lošem stanju. Djelomičnim ostvarenjem te predmeta spomeničke vrijednosti u lošem stanju. Djelomičnim ostvarenjem te ideje zasada je osiguran prostor za prezentiranje umjetnina koje se duže vrijeme neće moći vratiti u prostore oštećene ili uništene ratom, uspostavila se je trajna suradnja i omogućeno je usavršavanje restauratora i konzervatora, uz odgovarajući smještaj.

Tako opsežan program zahtijevao je i znatna materijalna ulaganja. Prijedlog za dobivanje kredita kod Bayerische Landesbank i Bayerische Landesanstalt für Aufbaufinanzierung ostvaren je uz povoljne uvijete, između ostalog, i uz pomoć gospodina Petzeta i njegovog suradnika gospodina Erwina Emmerlinga, a u realizaciji tog projekta oni su stalni savjetnici i suradnici.

Susreti njemačkih-stručnjaka, odnosno specijalista za pojedina pitanja konzervatorsko restauratorske problematike, ili stručnjaka iz drugih zemalja angažiranih od Bavarske službe zaštite, kao što je gospodin Erasmus Wedigen, s hrvatskim stručnjacima i novacima, stvorili su već sada u Ludbregu ozračje stručne suradnje, unapređivanja djelatnosti i vizije daljnjeg razvoja ovog projekta, iza kojeg stoji i čvrsto uvjerenje, poticaj i pomoć Michaela Petzeta.

U vrijeme Domovinskog rata, kako nazivamo razdoblje od 1991. do 1995. godine, odnosno do kraja oružanih sukoba za oslobođenje hrvatskog državnog teritorija, povijesna jezgra Dubrovnika, upisana u Listu svjetske baštine pri UNESCO-u, bila je naročiti poligon obnove ratom oštećenih spomenika kulture uz pomoć međunarodnih čimbenika, prvenstveno UNESCO-a, te izrazite uloge međunarodne stručno savjetodavne komisije, u kojoj je član i gospodin Petzet.

Tu su naročito intenzivirana pitanja metoda obnove povijesnih građevina, naročito pitanja konstruktivnih rješenja statike, upotreba materijala i načina prezentacije spomenika. Možemo reći da se na primjerima iz Dubrovnika u nas odvija, izvjesna tranzicija od krute upotrebe konstruktivnih rješenja grubom primjenom betona, prema subtilnijim rješenjima, prilagođenijima prirodi svake građevine, uz maksimalno korištenje izvornih materijala, sistema različitih, manje namentljivih, manje agresivnih nosača ili prenosnika pojedinih opterećenja.

Sukob različitih pogleda pri tome je gotovo neizbježan i sud međunarodne komisije s aktivnim sudjelovanjem i Prof. dr. Petzeta, bio je često presudan u zauzimanju konačnih stavova.

Boraveći u ratom oštećenom Dubrovniku, Michael Petzet, na sebi svojstven način, pokrenuo je i druge inicijative. Za ogromne potrebe investiranja u oštećene i zapuštene građevine spomeničke vrijednosti zainteresirao je potencijalne ulagače u obnovu, pa se i tu očekuje značajan korak naprijed u obnovi Dubrovnika.

Dok pišem ovaj kratki prikaz o iznimno pohvalnoj suradnji, upravo pristiže poziv iz Ministarstva kulture da se pridružim na putu u Osijek, Vukovar, Ilok, s visokom delegacijom iz Bavarske, u kojoj je i gospodin Petzet, a koja će s nama razmotriti moguću pomoć u obnovi oštećenih spomenika kulture hrvatskog Podunavlja.

Poneki od hrvatskih konzervatora imali su, međutim, prigode vidjeti i poneke učinke uspiješnog vođenja službe zaštite kulturne baštine Bavarske, od strane Prof. dr. Petzeta, za vrijeme njihovih posjeta restauratorskim ustanovama i središnjoj službi u Münchenu, opet ostvarenim uz pomoć bavarskih kolega.

Iznimno visoka razina stručne ekipiranosti i opremljenosti prostora, rad u, moglo bi se reći, idealnim uvijetima, ostaju uzorom za razvoj te djelatnosti u našoj sredini.

Za svoj doprinos zaštiti hrvatske kulturne baštine, koji je ovdje tek naznačen poput skice koja fragmentima ocrtava konture jedne iznimne aktivnosti prožete humanim osjećajima i visokom razinom stručnog znanja, Prof. dr. Michael Petzet, primio je i visoko odličje Predsjednika Republike Hrvatske dr. Franje Tuđmana.

prof. Ferdinand Meder
ravnatelj Hrvatskog restauratorskog zavoda

PROFESSOR DR. MICHAEL PETZET, UNSER FREUND, BERATER UND KOLLEGE

An Michael Petzet, für seine Unterstützung und Freundschaft, in aufrichtiger Dankbarkeit

Es ist mir eine große Freude, in dieser Festschrift zu Ehren von Professor Dr. Michael Petzet, die auch den Respekt ausdrückt vor der langjährigen fachlichen und wissenschaftlichen Tätigkeit dieses Mannes und seines außerordentlichen Beitrags zur Denkmalpflege, ein paar Worte des Dankes über sein freundschaftliches Entgegenkommen und die Unterstützung zu übermitteln, die er uns, seinen Kollegen in Kroatien, im Bemühen um die Erhaltung des kroatischen Denkmalerbes entgegenbrachte.

Der freundschaftliche Umgang und unsere Zusammenarbeit gaben mir Gelegenheit, nicht nur seine menschlichen Tugenden kennenzulernen, sondern auch sein fachliches Wissen, sein Verständnis für die spezifischen Alltags- und Sachprobleme im Bereich der Denkmalpflege und seine Fähigkeit, hierfür Lösungen zu finden.

Das Jahr 1991 war schicksalhaft für Kroatien. Mit viel Mühe und Enthusiasmus konnte sich Kroatien nach und nach als selbständiger Staat behaupten. Das ganze Wirtschafts- und Verwaltungssystem wurde im Zuge einer Reform umgewandelt. Dieser Prozeß blieb jedoch von Spannungen und Zwischenfällen nicht verschont. Es gab kriegerische Aggressionen seitens jener Kräfte des ehemaligen Staatsgebildes Jugoslawien, die diesen Prozeß ins Stocken bringen wollten und danach trachteten, Kroatien oder wenigstens einen Teil des kroatischen Territoriums ihrer politischen und staatlichen Konzeption zu unterwerfen.

Im Zuge der Kriegshandlungen entstanden erhebliche Kriegsschäden; insbesondere in den zeitweilig besetzten Gebieten wurde eine systematische Zerstörung des kroatischen Kulturerbes angestrebt. Die Bilder jener Zerstörungen, der verwüsteten Denkmäler und des Leidens der Bevölkerung gingen um die Welt. Hilferufe wurden an viele Adressen gerichtet, und die Unterstützung blieb nicht aus: Es folgten zahlreiche Bemühungen, die Zerstörungswelle einzudämmen, die Initiative ging von einzelnen aus, die mit ganzem Herzen und ganzer Kraft, mit all ihrer Fachkenntnis und Autorität konkrete Hilfe leisteten. Zu den ersten ausländischen Helfern gehörten Professor Dr. Michael Petzet und seine Mitarbeiter, wobei besondere Anerkennung auch Herrn Ltd. Restaurator Erwin Emmerling und Herrn Dr. York Langenstein gebührt.

Die kroatischen Restauratoren und Konservatoren standen damals vor großen Problemen. Im Sommer 1991, als die Zwischenfälle bereits in erste militärische Auseinandersetzungen ausarteten, begann man mit der Kennzeichnung der Baudenkmäler sowie der Demontage und Evakuierung der Kunstwerke aus Kirchen und Museen, während an den nichtmobilen Baudenkmälern und plastischen Monumenten technische Schutzmaßnahmen vorgenommen wurden. In den vom Krieg verschonten Gebieten in Nordwestkroatien und an der adriatischen Küste zwischen Pula und Dubrovnik wurden fast zwei Dutzend Depots eingerichtet. Ab Ende 1991, besonders aber 1992, haben sich viele Kollegen, Restauratoren und Konservatoren aus internationalen und nationalen Organisationen bei uns gemeldet, um sich vor Ort ein Bild der Situation zu verschaffen und herauszufinden, wo ihre Hilfe und ihr Engagement am nötigsten waren. Wir haben uns dabei bemüht, sie mit dem Zustand unserer Baudenkmäler, insbesondere aber mit den Kriegsschäden vertraut zu machen.

Die Effizienz unserer Kollegen aus Bayern unter der Leitung Michael Petzets war ohnegleichen. Innerhalb kürzester Zeit wurden Entscheidungen getroffen und enorme Hilfe geleistet. Dabei wurde die Idee für die Einrichtung eines Restaurierungszentrums geboren. Die Wahl fiel auf Schloß Batthyany, das von der Stadt Ludbreg für die Unterbringung von Kunstdenkmälern aus den vom Krieg betroffenen Gebieten zur Verfügung gestellt worden war. Es wurde ein Konzept erstellt, um seine Räumlichkeiten mit einer Gesamtfläche von 4.000 qm für die systematische Konservierung und Restaurierung einiger Tausend Denkmäler einzurichten, deren Rückkehr an den ursprünglichen Standort lange nicht mehr möglich schien. Geplant wurde auch eine langfristige denkmalpflegerische Zusammenarbeit und eine fachliche Weiterbildung der hiesigen Restauratoren und Konservatoren, weshalb als erstes Unterkünfte für sie geschaffen werden mußten.

Der Aufenthalt deutscher und anderer ausländischer Spezialisten für bestimmte konservatorisch-restauratorische Bereiche, die das Bayerische Landesamt für Denkmalpflege einstellte – wie z. B. Herrn Erasmus Wedingen –, sowie kroatischer Experten spielte sich in einer Atmosphäre gegenseitiger Achtung ab, welche den Austausch von Fachkenntnissen begünstigte, die Belange unseres Gebietes förderte und die Vision der Weiterentwicklung dieses Projekts stärkte. Ohne die Anregungen, das beharrliche Festhalten und die konkrete Unterstützung Michael Petzets wäre es nicht zustande gekommen.

Im Laufe des Heimatkrieges, wie man den Zeitraum von 1991 bis 1995 bezeichnete, und bis zum Ende der militärischen Auseinandersetzungen, deren Ziel die vollständige Befreiung des kroatischen Territoriums war, verwandelte sich der historische Stadtkern von Dubrovnik, der in das UNESCO-Verzeichnis des Weltkulturerbes eingetragen ist, in eine große Baustelle. Hier wurden zahlreiche Denkmäler dank ausländischer Hilfe, vor allem der UNESCO und einer internationalen Fach- und Beraterkommission, in der auch Michael Petzet mitarbeitete, restauriert und wiederaufgebaut.

Intensiv diskutiert wurden Methoden des Wiederaufbaus historischer Baudenkmäler, statischer Konstruktionen, die zu verwendenden Materialien und die Präsentation der Denkmäler. Vergleicht man die ersten Versuche in Dubrovnik mit späteren, so stellen wir bereits eine Abkehr von Betonkonstruktionen und eine Hinwendung zu subtileren Lösungen fest, bei denen nun – ausgehend vom individuellen Bauwerk – ursprüngliche Materialien und unterschiedliche statische Systeme aus weniger aggressiven Trägern und Verankerungen eingesetzt wurden. Meinungsverschiedenheiten konnten bei solchen Diskussionen nicht ausbleiben, so daß sehr oft die Vorschläge der international besetzten Fachkommissionen und die Beteiligung von Professor Dr. Michael Petzet beim Entscheidungsprozeß ausschlaggebend waren.

Als Michael Petzet in dem vom Krieg zerstörten Dubrovnik weilte, ergriff er auch in bezug auf dringend notwendige Investitionen Initiativen, und es gelang ihm, bei potentiellen Investoren Interesse für eine Beteiligung am Wiederaufbau beschädigter und verfallener Baudenkmäler zu wecken, so daß wir uns auch in diesem Bereich größere Fortschritte erhoffen können.

Während der Arbeit an diesem Grußwort erhielt ich eine Einladung vom Kultusministerium, die bayerische Delegation, in der auch Professor Dr. Petzet vertreten sein wird, bei der Besichtigung von Osijek, Vukovar und Ilok zu begleiten. Es geht um die Auslotung von Möglichkeiten weiterer Unterstützung beim Wiederaufbau der im Krieg beschädigten Denkmäler im kroatischen Teil der Donauregion.

Inzwischen konnten kroatische Konservatoren die bayerischen Restaurierungswerkstätten besichtigen und die Ergebnisse der erfolgreichen Arbeit Michael Petzets und des Bayerischen Landesamtes für Denkmalpflege kennenlernen. Das hohe Niveau an fachlicher Qualifikation der Mitarbeiter des Bayerischen Landesamtes für Denkmalpflege und die hervorragende Ausstattung der verschiedenen Bereiche, die eine ideale Voraussetzung für diese erfolgreiche Betätigung darstellen, können als Vorbild für die Fortentwicklung der kroatischen Denkmalpflege dienen.

Professor Dr. Michael Petzet wurde für seinen außerordentlichen Beitrag zur Erhaltung des kroatischen Kulturerbes, den er mit außergewöhnlicher Tatkraft, Menschlichkeit sowie großer Professionalität geleistet hat und der hier leider nur in groben Umrissen dargestellt werden konnte, vom kroatischen Präsidenten Dr. Franjo Tuđman mit dem Orden „Danica Hrvatska" ausgezeichnet.

Prof. Ferdinand Meder
Leiter des Kroatischen Instituts für Restaurierung

GRUSSWORT DES TOKYO NATIONAL RESEARCH INSTITUTE OF CULTURAL PROPERTIES

祝　辞

東京国立文化財研究所長　渡邊明義

ペツェット所長、65才の誕生日おめでとうございます。

　皆様ご承知のように、1990年の第13回日独科学技術協力合同委員会で文化財保護に関する日独学術交流が合意されました。この合意に基づき、私ども東京国立文化財研究所とバイエルン州立文化財研究所は1992年より漆工芸品の保存に関する国際共同研究を実施しておりますが、その研究は天然樹脂塗膜の研究に新生面を開くものであり、両国の文化財保護のみならず世界の文化財保護に大きく貢献するものと思っております。
　私どもはこの研究成果を大切にし、今後も貴研究所と親しく交流していきたいと願っております。ペツェット所長が今後ともお元気に活躍なされ、われわれ研究所の交流と日独学術交流に指導力を発揮されますことを心から願い、最後にもう一度「お誕生日おめでとう」と述べて、お祝いの挨拶といたします。

Ihnen, sehr verehrter Herr Professor Dr. Petzet, herzliche Glückwünsche zum 65. Geburtstag!

Beim 13. Treffen der gemeinsamen Deutsch-Japanischen Kommission für technische und wissenschaftliche Zusammenarbeit im Jahr 1990 konnte bekanntlich zwischen Deutschland und Japan eine Vereinbarung über die gemeinsamen Forschungsvorhaben zur Erhaltung des kulturellen Erbes getroffen werden. Dieses Abkommen diente als Grundlage für das vom Tokyo National Research Institute of Cultural Properties mit dem Bayerischen Landesamt für Denkmalpflege seit 1992 gemeinsam durchgeführte Forschungsprojekt über die Konservierung von Urushi-Lackobjekten. Diese Studie, die neue Erkenntnisse über Naturharze und Lacke erbrachte, hat – wie wir glauben – einen wesentlichen Beitrag zur Erhaltung von Kulturgütern in den beiden Partnerländern und der ganzen Welt geleistet.

Wir wissen die Früchte der gemeinsamen Arbeit zu schätzen und möchten unsere Hoffnung zum Ausdruck bringen, daß die engen Beziehungen mit Ihrer Institution fortgesetzt werden können.

Abschließend wünschen wir Ihnen, sehr geehrter Herr Professor Petzet, gute Gesundheit und hoffen, daß Sie uns auch weiterhin bei unserem gemeinsamen Forschungsprojekt und in anderen Bereichen des wissenschaftlichen Austausches zwischen Deutschland und Japan als führender Gesprächspartner zur Verfügung stehen werden.

Nochmals die besten Wünsche zu Ihrem Geburtstag.

Akiyoshi Watanabe
Generaldirektor
Tokyo National Research Institute of Cultural Properties

البروفوسور دكتور / ميشيل بيتزت

يعتبر التعاون اليمني الألماني مثالاً ممتازا للتعاون الثنائي الناجح والمتميز في مجالات التنمية المختلفة .

ويعتبر الحفاظ علي التراث الثقافي أحد أبرز هذه المجالات لما له من أبعاد انسانية كثيرة ترتكز علي الايمان المشترك بان الحفاظ علي التراث الثقافي هو هم إنساني عالمي بإعتباره نتاج إنساني لشعب ما في بلد ما .

وليس من المبالغة بالقول بأن الأستاذ الدكتور / **ميشيل بيتزت** يعتبر أحد أهم معالم التعاون الثقافي اليمني الالماني في مجال الحفاظ علي المدن التاريخية حيث كان له الدور البارز في إنجاح هذا التعاون من خلال الاصرار علي مواصلة هذا التعاون وتذليل الصعاب لتحقيق أفضل النتائج الممكنة لما له من مكانة علمية وثقافية غنية عن التعريف ممتدة من ربوع المانيا الي بلاد الصين مروراً بالعربية السعيدة .

ولم يقتصر جهد الأستاذ الدكتور / **ميشيل بيتزت** علي ذلك بل إن تعامله الانساني والقدرة علي خلق العلاقات الشخصية المتينة من خلال تواضع العالم الخبير والصديق الحميم مزيلاً كل حواجز العلم والسن والمكانه الثقافية مما يدل علي الثقة الكبيرة في تقديره لثقافة وتراث الاخرين ومكانتهم الانسانية.

وعليه فإن الاستاذ الدكتور / **ميشيل بيتزت** بالنسبة لي هو عالم في مجاله وائق وقوي في إدارته متواضع في تعامله ومتفائل في نتاج جهوده .

أتمنى للأستاذ والصديق الاستمرار في الابداع الثقافي وحياة طويلة سعيدة ،،،

معماري / عبد الحكيم السياغي

مدير عام المشاريع في الهيئة العامة

للمحافظة علي المدن التاريخية

صنعاء -- اليمن

Grusswort des Ministeriums für Kultur und Tourismus der Republik Jemen

Prof. Dr. Michael Petzet geht in den Ruhestand

Die deutsch-jemenitische Zusammenarbeit kann auf verschiedenen Gebieten als mustergültig und äußerst erfolgreich bezeichnet werden.

Als Schlüsselsektor mag hier die Erhaltung des Kulturerbes gelten, gründet sie sich doch auf der gemeinsamen Überzeugung, daß das kulturelle Erbe heute weltweit zu einem Anliegen der Bürger jedes Landes geworden ist: als Leistung der Menschen einer bestimmten Nation in einem ganz bestimmten Land, einer Leistung, die den Menschen direkt anspricht.

Professor Dr. Michael Petzet gehört zu den eifrigsten Verfechtern der deutsch-jemenitischen Kulturzusammenarbeit und unterstützt unsere Bemühungen um die Erhaltung und Pflege der historischen Städte unseres Landes. Es ist sein Verdienst, der Zusammenarbeit auf diesem Gebiet zum Durchbruch verholfen und ihr trotz aller Schwierigkeiten Kontinuität gesichert zu haben. Nur so konnten jene bedeutenden Restaurierungen mit ihrem hohen wissenschaftlichen und kulturellen Anspruch, wie er in Deutschland üblich ist, durchgeführt werden und können nun auch im „Glücklichen Arabien" als Maßstab gelten.

Gleichwohl beschränken sich die Qualitäten von Professor Dr. Michael Petzet nicht nur auf die fachlichen Belange. Seine Stärke liegt gleichermaßen im zwischenmenschlichen Bereich. Mit der Bescheidenheit des hervorragenden Wissenschaftlers, des aufrichtigen Freundes und jenseits aller Überheblichkeit in bezug auf Erfahrung, Alter und Status gelingt es ihm immer, starke zwischenmenschliche Bindungen aufzubauen. Dankbar empfinden wir auch jene unbefangene Wertschätzung, die Professor Petzet dem Kulturschaffen anderer Völker als Teil des Weltkulturerbes der Menschheit zollt.

Ich persönlich sehe in Professor Petzet einen außergewöhnlichen Wissenschaftler, der sein Fach souverän meistert und vertritt und durch die Bescheidenheit seines Auftretens überzeugt. Dem Lehrer und Freund Michael Petzet wünsche ich deshalb auch weiterhin Erfolg bei seiner Arbeit und ein langes und zufriedenes Leben.

Abdulhakim Al.-Sayaghi
Generaldirektor
der G.O.P.H.C.Y.–Projekte
Sana'a
Republik Jemen

GRUSSWORT DES STAATLICHEN INSTITUTS FÜR DENKMALPFLEGE DER REPUBLIK TSCHECHIEN

Připojuji se, jménem svým i v zastoupení řady českých kolegů, historiků, historiků umění a památkářů, členů českého ICOMOS i českých památkových institucí k upřímnému blahopřání panu profesoru Petzetovi k 65. narozeninám. Při tom mu chci jménem nás všech ze srdce poděkovat za velkou podporu i pomoc, kterou vždy s osobním zájmem a nasazením poskytoval svým českým kolegům i celé české památkové péči. Ve zcela nové situaci, v níž se náš obor octnul po listopadu 1989, měla pro nás zásadní význam jak jeho podpora a pomoc při navazování nových mezinárodních odborných kontaktů, tak velkorysé, vysoce altruistické poskytnutí odborných časopisů a literatury, pro nás dosud nedostupné. Profesor Petzet je v české památkové péči známou osobností, působící i u nás svým příkladem vědce, pedagoga i památkáře.

Do dalších let Vám, vážený pane profesore, přejeme mnoho štěstí, rodinné pohody a i nadále Vaši nezlomnou tvůrčí energii, dynamismus a smysl pro humor.

Ad multos annos!

Im eigenen Namen und in Vertretung zahlreicher tschechischer Kollegen, Historiker, Kunsthistoriker und Denkmalpfleger, Mitglieder des tschechischen ICOMOS und der tschechischen Institutionen für Denkmalpflege schließe ich mich den herzlichen Glückwünschen an Herrn Professor Petzet zur Feier seines 65. Geburtstages an.

Bei dieser Gelegenheit möchte ich ihm in unser aller Namen von Herzen für die große Unterstützung und Hilfe danken, die er stets mit persönlichem Interesse und Einsatz seinen tschechischen Kollegen und der ganzen tschechischen Denkmalpflege widmet. In der völlig neuen Situation, in der sich unser Fachbereich nach dem November 1989 befand, war seine Unterstützung und Hilfe bei der Anbahnung neuer internationaler fachlicher Kontakte wie auch die großzügige, höchst altruistische Bereitstellung von Fachzeitschriften und Literatur, die für uns bisher unzugänglich waren, von grundsätzlicher Bedeutung. Professor Petzet ist in der tschechischen Denkmalpflege eine bekannte Persönlichkeit, die auch bei uns mit ihrem Beispiel als Wissenschaftler, Pädagoge und Denkmalpfleger wirkt.

Für die bevorstehenden Jahre wünschen wir Ihnen, verehrter Herr Professor, viel Glück im Kreis der Familie und weiterhin ungebrochene schöpferische Energie, Dynamik und Sinn für Humor.

Ad multos annos!

Dr. phil. Josef Štulc
Direktor

GRUSSWORT DES UNGARISCHEN LANDESDENKMALAMTES

Nagyon nagy öröm és igazi megtiszteltetés számomra, hogy Prof. Dr. Michael Petzet urat, a német és a nemzetközi műemlékvédelem kiemelkedö alakját köszönthetem 65. születésnapja alkalmából.

A Bajor Műemlékvédelmi Hivatal jól ismert vezetőjének hatása messze túlmutat szűkebb hivatali működési területén.

Országaink műemlékvédelmi szervezeteinek és szakembereinek eredményes és gyümölcsöző együttműködése megteremtésében játszott meghatározó szerep nyomán kapta meg Petzet professzor úr – külföldiként elsőnek – szakmánk legrangosabb elismerését, a magyar Műemlékvédelemért Dijat, a Magyar Köztarsaság Környezetvédelmi és Területfejlesztési miniszterétől.

Iránymutató szakmai véleményével és humorával nagyon is eredményesen mindig tudatos és hatékony segítője régiónk műemlékvédelme nemzetközi meg- és elismertetésének, például az ICOMOS, az ICCROM, de ki tudja még hány hasonló szervezet, szakmai találkozás teremtette alkalomkor.

Mindezt köszönve, önzö m´don is csak azt kívánhatnám, amit egyébként tiszta szívvel és baráti tisztelettel kívánok, magam és az egész műemlékvédelem nevében: további eredményekben gazdag munkásságot, hozzá jó egészséget!

Es ist für mich eine große Freude und Ehre, Herrn Professor Dr. Michael Petzet, jene hervorragende Persönlichkeit der deutschen und internationalen Denkmalpflege, aus Anlaß zu seinem 65. Geburtstag grüßen zu können.

Das Wirken des bekannten Leiters des Bayerischen Landesamtes für Denkmalpflege geht weit über seinen amtlichen Bereich hinaus.

Als erster Ausländer hat Professor Petzet wegen seines Einsatzes für eine erfolgreiche und fruchtbare Zusammenarbeit zwischen unseren Organisationen und Fachleuten vom Minister für Umwelt und Landesentwicklung der Ungarischen Republik die größte Auszeichnung unseres Faches, „Im Dienste der ungarischen Denkmalpflege" erhalten.

Er hat sich immer dafür eingesetzt, die Denkmalpflege unserer Region bekannt und anerkannt zu machen und war mit seinen fachlichen Kenntnissen und seinem Humor bei den verschiedensten internationalen Veranstaltungen, wie z.B. von ICOMOS oder ICCROM, immer eine wirksame, zuverlässige und aktive Stütze.

Hiermit möchte ich Herrn Petzet in aufrichtiger Freundschaft und von ganzem Herzen – auch im Namen der ganzen ungarischen Denkmalpflege – danken und ihm weiterhin die Erhaltung seiner Leistungsfähigkeit und gute Gesundheit wünschen.

Dr. Fejérdy Tamás
Präsident

GRUSSWORT DER HYPO-KULTURSTIFTUNG

In die Schar der Gratulanten zum 65. Geburtstag von Generalkonservator Professor Dr. Michael Petzet reiht sich auch die Hypo-Kulturstiftung gerne ein. Verbindung zu ihm hat sie vor allem durch ihren Denkmalpreis.

Die Hypo-Kulturstiftung ist im Jahre 1983 von der Bayerischen Hypotheken- und Wechsel-Bank AG als gemeinnützige öffentliche Stiftung des privaten Rechts errichtet worden. Sie hat sich der kulturellen Förderungsarbeit in einem breiten Spektrum verschrieben. Es werden viele Einzelmaßnahmen vorgenommen, die kaum oder gar nicht in der Öffentlichkeit bekannt sind. Es haben sich aber auch Schwerpunkte herausgebildet, mit denen bewußt Akzente gesetzt werden. Zu ihnen gehört der „Denkmalpreis der Hypo-Kulturstiftung", der seit 1986 alljährlich verliehen wird.

Der Preis ist bestimmt für private Eigentümer, die sich bei der Erhaltung ihrer Baudenkmäler in besonderer Weise verdient gemacht haben. Baudenkmäler in diesem Sinne sind solche, die sich in Bayern befinden und in der Denkmalliste eingetragen sind.

Ausgangspunkt war für die Stiftung die Überlegung, daß von den etwa 110 000 Baudenkmälern in Bayern rund zwei Drittel in privater Hand sind, und es daher trotz aller Anstrengungen der staatlichen Denkmalpflege sehr viel auf das Interesse, den Mut und die Opferbereitschaft der privaten Eigentümer ankommt, wenn es um die Bewahrung oder oft sogar um die Rettung solcher Objekte geht. Der Preis soll besonders bemerkenswerte Beispiele dieses Eigentümerengagements prämiieren, dadurch als Stimulanz wirken und in der Öffentlichkeit für den Gedanken der Denkmalpflege werben.

Vorschläge für die Preisvergabe können eine Reihe von Institutionen einreichen, insbesondere die Bezirksregierungen des Freistaates Bayern und das Bayerische Landesamt für Denkmalpflege. Die Entscheidung trifft eine unabhängige Jury, die derzeit aus sieben Mitgliedern besteht, zu denen seit Anbeginn Professor Petzet zählt. Als Generalkonservator der zentralen Behörde der bayerischen Denkmalpflege verleiht er damit dem Gedanken der Zusammenarbeit von Staat und privatem Förderungsengagement sichtbaren Ausdruck. Es ist ja eine Partnerschaft im besten Sinne: die staatliche Mitwirkung im Auswahlverfahren garantiert, daß die richtigen Preisträger gefunden werden, dies erhöht das Ansehen des Preises, verstärkt dadurch seine Wirkung und hilft so den Zielen der staatlichen Denkmalpflege.

Die Wirkung des Preises ist durchaus beachtlich, wie vielfach berichtet wird. Die Qualität der Einreichungen hat im Laufe der Jahre tendenziell zugenommen. Dieser erfreuliche Umstand hat natürlich die Jury bei ihrer sehr sorgfältigen und streng objektiven Prüfung oft der „Qual der Wahl" ausgesetzt. Die Stiftung ist daher dazu übergegangen, den Empfängerkreis dadurch zu erweitern, daß der eigentliche Preis, der ohnehin meistens auf zwei oder drei Preisträger aufgeteilt wird, durch zusätzliche Anerkennungen ergänzt wird, bei entsprechender Anhebung der Dotationssumme. 26 Preisträger und 36 Empfänger von Anerkennungen konnten seit 1986 die Urkunde bei der feierlichen Preisverleihung in Empfang nehmen, meist aus den Händen von Staatsminister Hans Zehetmair.

Die Arbeit der Jury war und ist also nie einfach. Professor Petzet unterzieht sich ihr stets gerne und mit großem Engagement. Als profunder Kenner der Materie im allgemeinen und vieler über Bayern verstreuter Baudenkmäler im besonderen kommt ihm in der Jury große Bedeutung zu. Ob er nun die Qualität eines Vorschlags würdigt, dabei auch gerade die nicht sofort ins Auge springenden Vorzüge herausarbeitet oder umgekehrt Schwachstellen aufdeckt oder Zusammenhänge herstellt – er tut dies nie verbissen, auf einem einmal eingenommenen Standpunkt verharrend, vielmehr argumentiert er immer sachlich, mit einem leisen, bisweilen hintergründigen Humor. Seine Mitwirkung trägt daher auch atmosphärisch viel zum Gelingen der Jurysitzungen bei.

Außerhalb des Denkmalpreises hat sich bei Einzelobjekten die Zusammenarbeit der Hypo-Kulturstiftung mit der staatlichen Denkmalpflege ebenfalls bewährt. Ein besonders anschauliches Beispiel hierfür ist der Hilferuf, den Professor Petzet im Jahre 1994 an die Stiftung gerichtet hat, mitten im jugoslawischen Bürgerkrieg. Professor Petzet schlug vor, in Kroatien eine Auffangstelle – gewissermaßen ein Feldlazarett – zu schaffen, um durch die Auseinandersetzungen betroffene Kulturgüter vor weiterem Schaden zu schützen. Die Hypo-Kulturstiftung hat die Finanzierung von Ausrüstungsgegenständen dieser Notaufnahmestelle unverzüglich und gerne zugesagt. Wir empfanden es als besonders nobel und unterstützungswert, daß der Generalkonservator der bayerischen Denkmalschutzbehörde in dieser Notsituation grenzüberschreitend eine Hilfsinitiative entwickelte.

Persönlich wie namens der Hypo-Kulturstiftung danke ich Herrn Generalkonservator Professor Dr. Michael Petzet für die harmonische Zusammenarbeit und wünsche ihm zu seinem Geburtstag alles Gute, beständige Gesundheit, Glück und Freude auf allen beruflichen und privaten Wegen!

Dr. Hans Fey
Vorsitzender des Vorstandes
der Hypo-Kulturstiftung

Grusswort der Messerschmitt Stiftung

Die Messerschmitt Stiftung wurde 1969 ins Leben gerufen mit der Maßgabe, daß sie nach dem Tode des berühmten Flugzeugingenieurs Prof. Dr. Willy Messerschmitt dessen bedeutendes industrielles Vermögen zum Zweck der Förderung des wissenschaftlichen Nachwuchses auf dem Gebiet der Luft- und Raumfahrt erhalten sollte. Die Enttäuschung Messerschmitts über die Nichtverwirklichung seiner Vision eines senkrecht startenden Zivilflugzeugs führte dazu, daß der Stiftungszweck geändert wurde und die Erträge der Stiftung nunmehr im wesentlichen der Erhaltung deutscher Kunst- und Kulturdenkmäler im In- und Ausland dienen sollten. Nach dem Ableben von Prof. Willy Messerschmitt im Jahre 1978 nahm die Stiftung bald ihre aktive Tätigkeit auf. Erster Vorstandsvorsitzender war mein Vater, der Münchner Bankier Dr. Hans Heinrich Ritter von Srbik. Von Anfang an begleitete ein Kreis von hochqualifizierten Persönlichkeiten, vereint in dem aus fünf Mitgliedern bestehenden Stiftungsrat, die Arbeit des Vorstands. In diesem Stiftungsrat war Generalkonservator Prof. Dr. Michael Petzet von Beginn an vertreten. Er ist somit seit fast 20 Jahren eine wesentliche Stütze unserer Stiftungstätigkeit.

Den Vorstand leiten bei der Wahl der zu fördernden Projekte zwei Gedanken: Neben den großen denkmalpflegerischen Aufgaben, deren Betreuung in der Regel Sache der öffentlichen Hände sein muß, bedürfen eine Fülle mittlerer und kleinerer Kunstdenkmäler, für die zwar in steigendem Maße Interesse, aber kaum ausreichende Mittel vorhanden sind, dringend der Erhaltung. Gerade sie bilden in ihrer Gesamtheit jene so reiche Kulturlandschaft unseres Lebensraumes, die bedroht ist. Hier zu helfen ist Aufgabe der Stiftung im Sinne eines „kulturellen Umweltschutzes", der den heute so beachteten ökologischen Zielen zumindest gleichwertig ist.

Profane, aber auch sakrale Kunstdenkmäler liegen der Stiftung am Herzen, wobei wir uns bewußt sind, daß die Sicherung des materiellen Bestandes der letzteren, so bedeutsam sie auch unter ästhetischen und kunsthistorischen Aspekten ist, erst in einer geistig-religiösen Erneuerung ihren vollen Sinn gewinnen kann.

Den Handlungsschwerpunkt ihres Wirkens sah die Stiftung zunächst in der selbstgewählten Begrenzung auf den süddeutschen Raum, insbesondere auf Bayern sowie auf Nord- und Südtirol. An vielen Gebäuden befindet sich heute bereits eine Messingtafel mit dem Hinweis auf die Restaurierung durch die Messerschmitt Stiftung. Den Arbeiten zum Erhalt von Kirchen, Kapellen und Wegkreuzen, Bauernhöfen und Bürgerhäusern, Schlössern und Burgen sowie einer Fülle kleinerer Denkmäler standen ihre Geldmittel zur Verfügung. Ein Pilotprojekt in Bayern war die Konservierung der etwa 120 Epitaphien an den Außenwänden der Münchner Frauenkirche, gefolgt von der Instandsetzung der barocken Türen der Wallfahrtskirche in Aufkirchen am Starnberger See und der Konservierung der spätmittelalterlichen Fresken in Urschalling.

Unter den zahlreichen weiteren, in enger Zusammenarbeit und fachlicher Abstimmung mit dem Bayerischen Landesamt für Denkmalpflege und seinen Restaurierungswerkstätten durchgeführten Maßnahmen sind als Vorhaben von besonderer Bedeutung die Konservierung des Kaisergrabmals der Münchner Frauenkirche und des Augustusbrunnens in Augsburg als zwei Hauptwerken der bayerischen Bronzeplastik um 1600 hervorzuheben sowie die Untersuchung und Konservierung des aus dem 8. Jahrhundert stammenden Heiligen Kreuzes von Polling mit einer Bemalung des 13. Jahrhunderts als herausragendes Beispiel des Typus der „croce dipinta" nördlich der Alpen und die Restaurierung der frühromanischen Gotthards-Kasel aus Kloster Niederaltaich. Auch das derzeit laufende Programm zur Konservierung und Restaurierung von Altären der Spätgotik und der Frührenaissance sei hier genannt.

Insbesondere seit dem Ende des Kalten Krieges hat die Messerschmitt Stiftung – nunmehr unter meiner Leitung – wesentliche Akzente auch jenseits des ehemaligen Eisernen Vorhangs gesetzt. Ohne die tatkräftige Unterstützung durch Professor Petzet hätte sich eine qualifizierte fachliche Betreuung der dort initiierten Maßnahmen kaum gewährleisten lassen. So haben wir uns nicht nur in den neuen Bundesländern mit bisher rund 20 Projekten engagiert, sondern auch in Tschechien, Ungarn und in besonders umfangreicher Weise in Siebenbürgen. Gerade das Engagement in Siebenbürgen erscheint geeignet, die enge Verbindung zwischen Professor Petzet und unserer Stiftung zu dokumentieren. Die entscheidenden Sitzungen in Rumänien führten wir stets gemeinsam durch, und auch manche Abenteuer haben wir gemeinsam bestanden: Unvergessen bleiben halsbrecherische Fahrten über die Karpaten, der etwas beklemmende Umgang mit Geheimdienstoffizieren und Übernachtungen in recht ungewöhnlichen Herbergen. Stets durfte ich dabei an Professor Petzets großem Fachwissen, aber auch an seinem nie versiegenden Humor teilhaben.

Beeindruckend war und ist sein über die Jahre niemals nachlassender Einsatz für die Erhaltung von Kunst- und Kulturdenkmälern, auch wenn sie sich nicht in seiner bayerischen Heimat als seinem unmittelbaren Arbeitsbereich befinden. Diese Einstellung hat Professor Petzets europäischen und internationalen Ruf als allgemein anerkannte Autorität der Denkmalpflege begründet, und wir sind dankbar, daß wir mit ihm gemeinsam diesen Weg gehen durften.

Dr. Hans Heinrich von Srbik
Vorsitzender des Vorstands
der Messerschmitt Stiftung

Grusswort der Bayerischen Landesstiftung

Für die Geschichte der modernen Denkmalpflege sind die frühen siebziger Jahre eine Art Achsenzeit. Baden-Württemberg, Bayern und Hessen haben damals Denkmalschutzgesetze erlassen, den Vollzug organisiert oder auf eine neue Rechtsgrundlage gestellt und damit eine Entwicklung richtungsweisend geformt, deren Ergebnisse sich auch im internationalen Vergleich sehen lassen können. Michael Petzet war von Anfang an dabei; er war Wegbereiter, kritischer Begleiter und Mitgestalter dieses Prozesses in Bayern und über die Landesgrenzen hinaus.

Die Bayerische Landesstiftung – ebenfalls ein Kind der frühen siebziger Jahre – ist bei der Wahrnehmung ihrer denkmalpflegerischen Aufgaben seit ihrer Gründung Nutznießerin der Zusammenarbeit mit dem Bayerischen Staatsministerium für Unterricht, Kultus, Wissenschaft und Kunst als Oberste Denkmalschutzbehörde in Bayern und dem Landesamt für Denkmalpflege, an dessen Spitze Michael Petzet seit dem 1. Juli 1974 steht. Durch die Inanspruchnahme des fachlichen Rats beider Stellen fördert die Stiftung die fachliche Qualität ihrer Entscheidungen. Sie zeigt sich besonders in den die Entscheidungen stützenden Aussagen über den künstlerischen Rang eines Denkmals, seine kunst- bzw. kulturhistorische Einordnung, die Notwendigkeit und Dringlichkeit seines Restaurierungsbedarfs, die denkmalpflegerisch bedingten Mehrkosten usw.

Damit leistet das Landesamt zugleich einen Beitrag zur Akzeptanz der Stiftungsentscheidungen, die bisher kaum je echte Konfliktfälle mit Antragstellern oder anderen Interessenträgern ausgelöst haben.

Im Rahmen der Zusammenarbeit mit der Stiftung wird dem Amt viel abverlangt. An allen 1367 Förderfällen, die die Stiftung in den 25 Jahren ihres Bestehens behandelt hat, war auch das Landesamt beteiligt. Dabei wurde über ein Fördervolumen von etwa 181 Mio. DM entschieden. Hinter diesen nüchternen Zahlen verbirgt sich ein großes Arbeitspensum, ein lebhaftes Interesse an der Stiftungsarbeit und ein verantwortungsbewußter Mitgestaltungswille an den dem Amt vorgelegten Förderfällen. Es ist ein besonderes Verdienst Michael Petzets, diese engagierte Einstellung seiner beteiligten Mitarbeiter unterstützt und ihnen ausreichend Gelegenheit zu vertiefter Auseinandersetzung mit den Förderfällen der Stiftung gegeben zu haben.

Wir danken Michael Petzet und gratulieren ihm herzlich.

Siegfried Möslein   Dr. Rudolf Hanisch   Dr. Erhard Gröpl

Petzetiana

Petzeis Carmen Heroicum

In neue Gestalt gewandelte Dinge, die Form und Funktion
verändert zu nennen, treibt mich mein Sinn.
Möge die Muse, die leicht die ersten Verse mir eingab
bis zum Schluß den Atem bewahren, rhythmischer Inspiration.

Die Taten künd ich, den Mann, der als erster von zeitgenössischer
Kunst ins Denkmalamt kam, nachdem er viel Posten bekleidet,
Schlösser, Museen geleitet, viel durch die Ämter gereist,
vieles erduldet, errungen durch List bis er gründe das Amt neu als
Meister der Münze und Schloßherr, General und Professor.

Michael Petzet aus kunstsinnigem Haus am Rande der
Hauptstadt des lieblichen Landes der Bayern geboren,
war stets ein Mann überraschender Wechsel.
Durch alle Ämter, wo Kunstgeschichte gefragt ist,
trieb ihn das Rad des Schicksals, doch nicht in lässiger Muße,
nein stets spiralig sich schraubend zur Höh des
obersten aller, die Denkmäler pflegen zwischen Salzach
und Iller. Wo alle, die Kunstgeschichte studieren,
mit heißer Inbrunst den Posten begehren, in München,
springt er von Schreibtisch zu Schreibtisch, mußte niemals ins Ausland
oder in ferne Provinzen. Nur aus Interesse, nur des
Vergnügens, der Wissenschaft halber reist zum Beispiel der junge
Student nach Paris, von wo ausführlich er Kunde uns bringt,
einer frommen Stiftung des Königs, der Kirche der Genoveva,
die frech im Umsturz verwandelt zum Pantheon rühmlicher Männer.
Diese Verwandlung von Bauten, das Woher und Wozu ihrer Formen,
mit der er den Doktor errungen, wurde zum Thema des Lebens.

Inventarisation heißt die erste Station im Streben
des jungen Gelehrten. Auf Allgäuer Straßen und Wegen
sucht er Kapellen und Kirchen, sie kundig beschreibend,
bis ein dickes Buch er zum Drucke befördert, die Kunstdenkmäler im Landkreis Sonthofen betreffend.

Aus Königszeiten bewahrt sich in Bayern das Amt eines Marschalls,
zwar hat es den Namen gewechselt, heißt Schlösser- und Seenverwaltung,
doch königlich stets sein Gehabe, sein Anspruch.
Hier verwaltet der Junge die Schlösser Ludwigs des Zweiten,
des Ersten auch, und vieler andrer. Doch verwalten,
war ihm zu wenig, er will sie auch breit dem Volke erschließen,
läßt deshalb wiederum drucken aus bayerischen Schlössern
die Wagen, die Bilder Ludwigs des Zweiten. Den hat er erkoren.

Als im Mai des achtundsechziger Jahres Steine flogen,
Regierungen stürzten, baut er das große Theater, mit der kundigen
Detta, im Festsaalbau des Königsschlosses zu München,
drapiert er den blauen Mantel des Königs treppauf,
wie zur Fahrt in den Himmel, König Ludwigs des Zweiten.
Paolo Nestler, der Architekturprofessor aus München, inszenierte
die Kunst. Zum erstenmal, daß dies geschah, daß Inszenierung
den Werken der Maler und Zeichner, den Büsten und Dokumenten
den Auftritt befahl. Ein großer Jubel brach aus. Der Bann war gelöst.
Des Königs Kunst nicht länger mehr Kitsch. Nein,
ein Fest für die Augen. Was bisher wissenschaftlich gereiht,
langweilig nebeneinander auf kleinen Zetteln erklärt,
zu sehen, Ausstellung wurde zur Kunst, zum Theater, zur Szene.
So heißt die Mode, die neue, die heute noch alle Blicke
verklärt, wenn auch der strenge Vitali im kantigen Kubus des Hauses
der Kunst die Kunst wieder pur vor die Augen uns stellt.
Aber dies erst seit kurzem. Das Haus der Geschichte, die Museen
in Bayern folgen alle den Spuren noch nach, die damals Petzet gelegt.

Trotzdem war ihm der Aufstieg verstopft. Laufbahn ist Laufbahn.
Ältere Kollegen kommen zuerst dran. Das junge Genie
hält es nicht länger im Dienste der Schlösser, er springt ins Zett Iih.
Hier im Parteibau der Nazis, wo Bilder geraubt aus Europa,
sortiert nach dem Ende des Krieges, versandt an ihre Besitzer,
soweit sie noch lebten, Bücher, Karteien und Photos formen seither
den Grundstock dieser Behörde, der Sauerländer gebietet.
Er holt sich den Petzet, damit er das Photokopieren organisiere,
Vorträge und Konferenzen, die Kunstgeschichte benötigt.
Mit vollem Eifer und halbem Herzen spielt Petzet zweiten Direktor.

Ihn treibt es noch weiter. Als München Olympische Spiele gewinnt,
im Jahre siebzig und zwei, treibt Petzet sein zweites Spektakel.
Bayern, Kunst und Kultur, im Museum der Hauptstadt des Landes.
Vesperbilder, Fürstenkronen, Elfenbein, Gold, Pergament
Spanplattenraster durch Höfe, Treppen und Säle halten
alles zusammen. Nie stellte Bayern größer sich dar,
olympiareif. Kandinsky, Dürer, Lenbach und viele
andre beweisen, daß Bayern schon immer Kulturstaat gewesen.

Sechzig Autoren auf vier Pfund Papier präsentieren die Größe
des stets unterschätzten Stammes vom Rande der Alpen, ein Muster bis
heute für viele zu schwere, prächtige Kunstkataloge.
Politiker sehen mit Vergnügen wie trefflich die Kunst den Rahmen
abgibt für den Auftritt am Tag der Eröffnung und hohe Gäste.
Wer sie so geschmackvoll versteht in Szene zu setzen,
der wird's auch weit bringen.

Doch eine Delle trat ein in der Laufbahn: die Stadtväter, die Roten,
wählten Frau Dreesbach zur Leitung ihres Museums. Petzet
erhielt nur die kleine Villa des Lenbach zum Ausgleich. Dem
Zett Iih schräg gegenüber, wo der Blaue Reiter zu Hause.
Seit Konrad Röthel in den Stall ihn geholt, ruhte das Haus.
Petzet erweckt es zum Leben, im jähen Wechsel der Bilder
holt er das Neue von Westcoast und Eastcoast, aus Schweden und Frankreich:
Dada, Serra, Segal, Video, Installationen.
Die Leute kommen in Scharen. Wie vier Jahre vorher bei Ludwig,
doch sind es andere, junge ohne Gamsbart und Anzug.
Lenbachs Villa macht Petzet zu Münchens lebendigstem Kunstort bis
heute. Von hier aus versucht er den Sprung zurück zur Wiege der
Laufbahn: ins Bayerische Landesamt für Denkmalpflege.

Ein Wort, das keinem Maße sich einfügt, prosaischer geht es
nicht mehr, nach Staub von Mörtel und Akten es riecht. Vom Hinter-
Haus des Museums, das Prinzregent Luitpold gebaut, ins
Hinterhaus Prähistorischer Sammlung war umzuziehen
fest es geplant unter volkskundger Leitung des Hauses und der
Regierung. Doch Petzet, nachdem er die Männer und Frauen um Alfons
Goppel bezirzte, Prinzen und Räte des Rundfunks sowie die
Partei, auf die es ankommt in Bayern, für sich gewonnen,
zerriß alle Pläne. Allmählich zu wandeln nicht, nein zu verwirbeln das
Amt er begann. Die Münze bild't er sich ein: ein Luftschloß,
Oper und Hofbräu benachbart, auf Jahre hinaus noch
belegt von den Pressen der Münzen und Druckmaschinen des Geldes.
Doch nicht nur hier zerreißt er die Pläne, läßt neue größere zeichnen:
Schlösser verwalten und lieben hat Michael Petzet gelernt, drum
kauft er das liebliche Seehof der Fürstbischöfe von Bamberg,
umgeben von Teichen und Gärten, verwahrlost schon lange, plant dort
Denkmalpflege durch Denkmalbesitz mit dem Geld der Gemeinden,
errichtet die Werkstatt für Steine und Stoffe, den Sitz der Denkmalpflege in Franken. Während das Schloß und die Münze im Umbau
rotieren die Akten, Bücher und Photos, Labors und Büros durch
angemietete Schulen, Wohnungen, Münchner Geschäfte.
Ubiquitär scheint das Amt ohne Boden unter den Füßen.
Nur einer durchschaut noch das Ganze, vertröstet, beschwichtigt und redet.

Lange dauert der Traum, bis er heut zur Gänze erfüllt.
Das Amt erklimmt den Olymp und blickt von dort aus ins Weite:
Libanon, China, Ägypten, nicht mehr nur Amberg und Landau.
Petzets Kunst der Denkmalpflege begleitet den Ausflug des
Franz Josef Strauß in die Welt; das biedere Amt macht Karriere
europaweit und in der Welt, sitzt am Tisch mit den Großen.

Weltgewandt, kundig der Sprachen, stets frischer Wind in den Korri-
doren der Ämter, den Zellen des Klosters, wo Bayerns Kultur überwacht wird, vielen zu windig. In Bayern, wo man die Riten sehr
schätzt, Empfänge und Weihrauch, der Stoppelkopf immer dabei in
vorderen Reihen. Sein widerborstiges Haarkleid erinnert an
Capitain Spock, weckt Zweifel, ob er nicht im Land ein Alien.
Silbergesprenkelt einst, strahlt heut es die Weisheit des Alters.
Dieser Kopf überall, endlose Reden aussitzend mit
freundlicher Miene, unterstützt von der freundlichen Gattin,
erweckt er die Frage, wie ernst er das nimmt. Doch er
weiß, wie wichtig Verbindung, damit das Wirken des Amtes
ermöglicht. Er selbst, wenn er spricht, ein Vergnügen an Witz und Gelehrtheit.
Konziliant, stets das Große und Ganze im Sinn, gibt nach er, wo
Konservatoren mehr Härte gewünscht im Detail. Und erreicht doch
mehr als sie alle. Fünf Lustren, ein Viertel Jahrhundert, führt er
das Amt zum Wohle des Landes, der Denkmäler Bayerns.
Sie zählen doppelt, denn neu war am Anfang das Denkmalpflegegesetz, vom Bayrischen Landtag ersonnen, des Denkmalrats würdige
Runde. Chemie und Physik in neuester Technik anwendend
auf Kunst, verliert er doch nie die Botschaft des Schönen, das Wirken des
Werks aus den Augen. Ehrfurcht gebietet, was er geschrieben,
gedruckt, zum Drucke befördert. Bibliotheken gefüllt mit
Petzet als Autor, Editor zum Ruhm seines Amtes und Landes,
zur Kenntnis von Bayerns geschichtlichen Bauten, Skulpturen und Bildern.
Restaurierung als Studiengang ist die letzte Frucht seiner
Mühe, verhilft seiner Werkstatt zu akademischen Ehren,
krönt sein Werk als Professor in wissenschaftlicher Lehre.

Moneta Regia, aber die Münze der Fürsten der Bayern,
wo das Gold und Silber der Kirchen geschmolzen zu Gulden, Dukaten
für Bayerns Soldaten, um blutige Kriege zu führen für Frankreich,
für Rußland und Oestreich, denn rascher Wechsel der Treue zum
Kaiser in Wien, zum Kaiser von Frankreich und wieder zum Kaiser in
Wien belohnte die Bayern, machte das Land groß für Max den
Ersten als König, des Denkmal von Bronze am Friedhof der Franziskaner heut steht, der Platz nach Max Josef benannt. Das
Modell in Trümmern die Treppe des Amtes jetzt ziert. Die Scherben
bayerischer Größe zu flicken, erhalten, beschreiben, das Amt jetzt,
was Menschen nur möglich, was planvoll organisiert, politisch
und finanziell dem Lande vermittelbar ist; geschieht hier.
Als Schloßherr in Franken und Meister der Münze zu München prägt Petzet mit
Witz und Wissenschaft Kunst und Denkmalpflege in Bayern.

Abb. 1. Das erste Freisinger Choraltarbild von P. P. Rubens im Stich von Mörl nach Asam (1624-1804) ▷
Abb. 2. Das zweite Freisinger Choraltarbild von M. Pusjäger (ca. 1820-1888)

★★★

Doch ist dem hohen Geehrten das eigene Curriculum vitae
mit allen Metamorphosen genügend bekannt, drum erlaubt mir
zwei andere Metamorphosen, welche die Wege des Amtes gekreuzt, aus
beiden Domen zu München und Freising vorstellen zu dürfen.

Der Selbe, der unter Max dem Ersten Josefus, die Größe
Bayerns begründet durch schlaue Verträge, Graf Montgelas,
dem Dom zu Freising entwenden, befahl das Altarblatt des Rubens, das
Mannlich zu begehren nicht wagte. Es kam nach Schloß Schleißheim,
von dort in die Pinakothek die Alte, als sie noch neu war.
Zurück blieb in Freising ein leerer Rahmen, trefflich skulpiert von
Philipp Dirr und den andern, die nach einer flämischen Zeichnung das
Retabel der Jesuiten, schon lange verbrannt, kopierten.
Als Tor ins nichts stand der leere Rahmen am Schluß der trefflichen
Kirche. Ein Bild halb so breit wie der Rahmen, von einer andern
Kirche zum Trost war gegeben, doch füllt es nicht aus,
ist Flickschusterei, nicht würdig des würdigen Domes. Drum liefert
Professor von Löfftz, der königlich Akademiendirektor ein
vorzüglich Gemälde der seligen Jungfrau Fahrt in den Himmel.
Nicht mehr das Schlachtengetümmel der Engel und Drachen, das Rubens,
zur Zeit des Dreißigjährigen Krieges gemalt. Ein schön fader
Himmel mit Damen und Engeln füllte den Rahmen für vier Jahrzehnte.

Dann gefiel er nicht mehr. Die Künstler des Denkmalamtes,
ja, solche gab es, wollten barock wieder herstellen, den Dom nicht im
Geist des schlimmen, eben vergangenen Jahrhunderts. Der Ruf
nach Rückkehr des Rubens wurd' laut, doch ist der Staat im Nehmen
stets schneller als gebend. Er läßt kopieren den Rubens. Ein Böhm,
Franz Xaver, nimmt seinen Platz ein im Dom. Und der Löfftz wird Altarbild
in Schleißheims neuester Kirche bis neunzehnhundertundsiebzig ein
neuer Pfarrer den alten Kitsch nicht länger mehr duldet.
Nun ist im Museum, dem schönen in Freising, ein Platz ihm bereitet.
Doch Bilderraub, Bildersatz, Ersatzbild, Kopie und wie sie gewandert
sind, nur die halbe Geschichte der Denkmalpflege in Bayern,
die andere spielt in New York. Ein Photo unseres Löfftz ist nach
Harlem geraten. James van der Zee, der in Harlem Portraits
photographierte, machte letzte Bilder von Toten vor der Bestattung.
Damit sie weniger grausam erschienen, Figuren der Bibel,
wie selbst er es sagte, ordnet er um sie herum in der Höhe.
Diese kamen aus Freising. Engel, mit Rosen bestreuend,
Maria dem Himmel zufahrend, als wär sie die Seele der Toten.
Die Bilder dienten zum Gedächtnis und Trost, was schon Johann von
Damaskus als Zweck der Bilder beschrieb. Wie der schwarze Künstler in
Harlem das Photo aus Freising erhielt, hat er uns nicht über-
liefert. Doch kam unser Bild in Familienalben im Westen,
stand auf Kaminen im Rahmen, als wir es längst schon beseitigt.
Das was in Freising Ersatz, dann ungenügend, dann Kitsch war,
wurde zum Trost, zum retuschierten Unterpfand himmlischen Segens.
Die Transzendenz wurd durch Photomontage als Ware verfügbar.
Die Macht der Bilder ist größer als ihre Maler je wußten.
Technische Reproduktion gibt dem Kunstwerk mehrere Leben
noch lang nach dem Tod ihrer Maler. Doch dafür ist Kunst auch da, die
Angst vor dem Tod zu besiegen seit unvordenklichen Zeiten.

◁ Abb. 3. Das dritte Freisinger Choraltarbild von L. Löfftz (1888-1925)

◁ Abb. 4. Das vierte Freisinger Choraltarbild von F. X. Böhm nach Rubens (seit 1925)

Abb. 5. Das dritte Freisinger Choraltarbild in Harlem, NY, als Teil eines „last picture" von James van der Zee (ca. 1946); Abbildung nach James van der Zee / Owen Dodson / Camille Billops, The Harlem Book of the Dead, With a Foreword by Toni Morrison, New York 1978

Abb. 6. Engel des dritten Freisinger Choraltarbildes als Teil eines „last picture"; nach James van der Zee (w. o.)

Abb. 7. Rosenstreuender Engel aus dem dritten Freisinger Choraltarbild über dem Blumenschmuck einer Aufbahrung in Harlem; nach James van der Zee (Abb. w. o.)

Abb. 8. Der New Yorker Photograph James van der Zee, zusammen mit Camille Billops und Owen Dodson

★★★

Das zweite Bild stammt aus München, aus jener Kirche, die
kürzlich so prächtig gerichtet. Dies schien notwendig, weil im
Krieg sie zerstört war und einfach wieder ihr Aufbau.
Zerstörung des Kriegs dokumentieren die Photos und nach dem Photo
Gemälde. Sind Photos denn Dokumente? Das Münchner Photo weckt Fragen.
Wie kann beim Sturz der Gewölbe das Kruzifix oben auf liegen?
Fliegen Leiber aus Holz denn langsam und Ziegel schnell? Doch nicht
langsam genug, daß Ziegel zum Haufen sich schichten, danach der
Balken sich drauflegt. Hier haben Hände gewirkt, im Auftrag des
Meisters der Lüge, des Größten, den die Welt je gekannt, Josef Göbbels.
Im Parteiblatt der Nazis erschien im November des Jahres der Zerstörung ein Beitrag.
Er ist in erhabener Prosa gefaßt und wert der Lektüre.

Der Leib Jesu Christi ward hingelegt wie ins Grab auf die Trümmer von
Feinden der Kirche, um das Volk zu verhetzen, nicht gegen die Kirche,
die brauchte man noch bis zum Endsieg, man heuchelte Mitleid mit ihr, sondern
gegen die Flieger und alle Gegner des Reichs Adolf Hitlers.
Die bildwirksame Verschiebung des Kreuzes dient der Verbiegung der
Wahrheit, soll Angst machen vor den Barbaren und die sind immer
die andern. Das Gebräu aus Bildern und Worten ist giftige Teufelei,
die sie dem Gegner nachsagten um selbst sie zu üben.

Abb. 9. Der erste Choraltar des Münchener Domes im Stich von Solis (1488-1602), 1568

Abb. 10. Der dritte Choraltar des Münchener Domes mit Gemälde von Peter Candid (1620-1859)

Abb. 11. Der vierte Choraltar des Münchener Domes von Knabl, Sickinger und Schwind (1861-1944)

Abb. 12. Der zerstörte Dom, in „Ruinenrahmen"; nach der im Völkischen Beobachter veröffentlichten Aufnahme von Henkel (DMF M30)

Samstag/Sonntag, 25./26. November 1944 * Nr. 330/331 * Seite 3

Das sind die „christlichen Soldaten"

V.B. München, 24. November

„Vorwärts, christliche Soldaten", sangen Roosevelt und Churchill auf der Atlantikkonferenz, von denen die beiden auf der Atlantic-Charta zustande kam. Die Charta, nach der keine Eroberungen stattfinden und alle Völker das Recht haben sollten, ihre Regierung frei zu wählen, ist längst vergessen. Eisenhower proklamierte vielmehr: „Wir kommen als Eroberer!" Nicht einmal die Polen können, was Mikolajczyk und der nach Amerika geflohene General Sosnkowski bestätigten, frei über ihre Regierungsform entscheiden, sondern sind von Churchill und Roosevelt dem

Der Dom ist das Wahrzeichen Münchens durch all die Jahrhunderte gewesen, er ragt hoch hinaus über die Häuser der Stadt und ist weithin sichtbar. Sein Bezirk müßte, sollte man meinen, über alle konfessionellen Schranken hinweg jedem heilig sein, der auch nur einen Funken von religiösem Gefühl noch besitzt.

Den „christlichen Soldaten" Roosevelts war das gewaltige Bauwerk ein Ziel für ihre Bomben, ein willkommenes Objekt, an dem sie ihre Zerstörungswut austoben konnten, der Punkt, in dem sie die Münchner ins Herz zu treffen hofften. Sie haben getroffen, haben den Hochaltar beschädigt und das Christusbild zerstört.

Ruchlose Barbarei zerschmetterte den Münchener Dom

Ein seltenes Bild, das die ganze Schönheit des nun zerstörten Winkels zwischen Dom und Michaelskirche zeigt mit einem der bezaubernden Innenhöfe Aufn.: Müller-Grah

bolschewistischen Diktat unterworfen worden. Was aber die „christlichen Soldaten" betrifft, von denen die beiden plutokratischen Regierungschefs gesungen haben, so sieht man hier ihre Leistungen. Sie haben den Münchner Dom zerstört und mit ihren Bomben den gekreuzigten Christus herabgestürzt und zerschmettert.

Damit stellten sie sich auf die Stufe der bolschewistischen Gottlosen, ja, übertrafen das Vorbild des satanischen Hasses, dem in der Sowjetunion unzählige Kirchen zum Opfer gefallen sind. Denn während die Bolschewisten ihre Religionsfeindschaft zum Programmpunkt erhoben und auch in den Jahren des Krieges aus Gründen ihrer Agitation unter den Völkern der Westmächte nur dürftig getarnt haben, hüllen sich unsere westlichen Gegner in das Gewand zynischster Heuchelei, ja, benutzen, wie wir aus den Reden vieler britischer Bischöfe wissen, die Religion zur Rechtfertigung der infamsten Teufelei.

Aus diesem Geist ist der Angriff auf die Münchener Frauenkirche unternommen und die Bombe in die Apsis des gewaltigen Bauwerks geworfen worden. Sie wollten uns in unserem Gefühl treffen und wollen zerstören, was tief in unserem Heimatboden und in unseren Herzen wurzelt. Sie wollen uns den inneren Halt nehmen, den uns das Gefühl der Verbundenheit mit den Vätern und ihren die Zeiten überdauernden Leistungen geben, um uns auf dem eigenen Boden heimatlos und so reif zu machen für den Untergang in der kulturlosen grauen Masse, die überall entsteht, wo das Weltjudentum zur Herrschaft kommt.

Wir sahen den Dom zuerst wieder von dem Windenmachergäßchen aus, einer der wenigen Zugänge zu der Stätte der Zerstörung, zu der Züge von Menschen pilgern. Der Anblick ist erschütternd. Ausgebrannt ist der mächtige Dachstuhl, durch das Gewirr der Sparren blinkt der Himmel, und durch die hohen leeren Fenster geht der Blick in das Säulenhaus. Unvergeßlich furchtbar ist der Eindruck, der den Eintretenden entgegenschlägt. Das linke Seitenschiff ist weit aufgerissen gegen den Himmel. Übes dem herrlichen Chor ist das Gewölbe geborsten, die gotischen Verstrebungen sind gesprengt unter dem offenen Dachgebälk. Zerspellt ist der Hochaltar mit den kostbaren Tafeln von Moritz v. Schwind. Vor den Stufen vorm Altar, aus Schutt und Trümmern müssen die Heiligenstatuen geborgen werden. Alle bedeckend liegt die Kolossalfigur des Gekreuzigten von Helbig mit gebrochenen Armen, die hoch im Chor zwischen den Säulen schwebte. Das gotische Chorgestühl, von Erasmus Grasser um 1502 geschnitzt, das zu den edelsten in Bayern gehörte, ist zerstückt und zerrissen. Durch den ehrwürdigen Raum jagt der Wind im Staub der zerschlagenen Heiligtümer. Vor ihrer Kirche aber stehen die Münchner vor Trauer starr über diese Untat.

Die Verbrechen moderner Barbarei, wie sie am Münchener Dom und an der Michaelskirche verübt worden sind, haben auf unser Volk nur eine Wirkung: sie zeigen jedem, was wir zu erwarten hätten, wenn es dem Feind gelänge, Herr über uns zu werden. Und jeder empfindet die zum Himmel starrenden Trümmer wie eine furchtbare Anklage gegen die vernichtungswütigen Barbaren, denen der Geist der großen Deutschen aus den vergangenen Jahrhunderten zu mächtig erscheint, als daß sie seine Zeugnisse ferner dulden könnten. Dieser Geist lebt aber auch heute und gerade heute wieder in uns. Wir wissen: indem wir die ewigen Werte unserer Vergangenheit lebendig erhalten und mit aller Kraft verteidigen, sichern wir die Zukunft unseres Volkes in Freiheit und neuer Größe.

Das geschändete Heiligtum Aufn.: Henkel (3)

Abb. 13. Völkischer Beobachter vom 25./26. November 1944, S. 3; Reproduktion der Zeitungsseite mit dem Artikel „Das sind die ‚christlichen Soldaten'", unten: „Das geschändete Heiligtum"; Aufnahme von Henkel

Bilder zum Kampf, zur Hetze und Propaganda, Bilder
zum Trost, die Verwandlung der Bilder macht Angst, Sorge zumindest,
der Mißbrauch „ewiger Werte". Aber der uns gezeigt, wie Kirchen,
Patrone und Gottheit verlieren, sich wandeln zu Tempeln für Ruhm und
Nation, Denkmäler sinken und stürzen, weiß dies schon lange.

PETER B. STEINER

ABBILDUNGSNACHWEIS

BAYERISCHES NATIONALMUSEUM, MÜNCHEN: *Abb. 10*
BAYERISCHE STAATSBIBLIOTHEK, MÜNCHEN: Handschriftenabt., Rar 633: *Abb. 9*
DIÖZESANMUSEUM FREISING: *Abb. 1; 11 und 12* (Aufn. Kurt Gramer)
INGEBORG LIMMER, Bamberg: *Abb. 4*
REPRODUKTION NACH Der Dom zu Freising. Ein Führer durch seine Monumente und Kunstschätze, von Eugen Abele, München und Freising 1919, Abb. 16 und 17: *Abb. 2, 3*
REPRODUKTION NACH The Harlem Book of the Dead, New York 1978, S. 32: *Abb. 5;* S. 13: *Abb. 6;* S. 9: *Abb. 7;* Umschlag Rückseite: *Abb. 8*
VÖLKISCHER BEOBACHTER, 25. November 1944, S. 3: *Abb. 13*

ANHANG: TEXT DES BEITRAGES IM „VÖLKISCHEN BEOBACHTER" VOM 25./26. NOVEMBER 1944

Das sind die „christlichen Soldaten"
„Vorwärts, christliche Soldaten", sangen Roosevelt und Churchill auf der Atlantikkonferenz, auf der die Atlantic-Charta zustande kam. Die Charta, nach der keine Eroberungen stattfinden und alle Völker das Recht haben sollten, ihre Regierung frei zu wählen, ist längst vergessen. Eisenhower proklamierte vielmehr: „Wir kommen als Eroberer!" Nicht einmal die Polen können, was Mikolajczyk und der nach Amerika geflohene General Sosnkowski bestätigen, frei über ihre Regierungsform entscheiden, sondern sind von Churchill und Roosevelt dem bolschewistischen Diktat unterworfen worden. Was aber die „christlichen Soldaten" betrifft, von denen die beiden plutokratischen Regierungschefs gesungen haben, so sieht man hier ihre Leistungen. Sie haben den Münchner Dom zerstört und mit ihren Bomben den gekreuzigten Christus herabgestürzt und zerschmettert. Der Dom ist das Wahrzeichen Münchens durch all die Jahrhunderte gewesen, er ragt hoch hinaus über die Häuser der Stadt und ist weithin sichtbar. Sein Bezirk müßte, sollte man meinen, über alle konfessionellen Schranken hinweg jedem heilig sein, der auch nur einen Funken von religiösem Gefühl noch besitzt.
Den „christlichen Soldaten" Roosevelts war das gewaltige Bauwerk ein Ziel für ihre Bomben, ein willkommenes Objekt, an dem sie ihre Zerstörungswut austoben konnten, der Punkt, in dem sie die Münchner ins Herz zu treffen hofften. Sie haben getroffen, haben den Hochaltar beschädigt und das Christusbild zerstört. Damit stellten sie sich auf die Stufe der bolschewistischen Gottlosen, ja, übertrafen das Vorbild des satanischen Hasses, dem in der Sowjetunion unzählige Kirchen zum Opfer gefallen sind. Denn während die Bolschewisten ihre Religionsfeindschaft zum Programmpunkt erhoben und auch in den Jahren des Krieges aus Gründen ihrer Agitation unter den Völkern der Westmächte nur dürftig getarnt haben, hüllen sich unsere westlichen Gegner in das Gewand zynischster Heuchelei, ja, benutzen, wie wir aus den Reden vieler britischer Bischöfe wissen, die Religion zur Rechtfertigung der infamsten Teufelei.
Aus diesem Geist ist der Angriff auf die Münchener Frauenkirche unternommen und die Bombe in die Apsis des gewaltigen Bauwerks geworfen worden. Sie wollten uns in unserem Gefühl treffen und wollen zerstören, was tief in unserem Heimatboden und in unseren Herzen wurzelt. Sie wollen uns den inneren Halt nehmen, den uns das Gefühl der Verbundenheit mit den Vätern und ihren die Zeiten überdauernden Leistungen geben, um uns auf dem eigenen Boden heimatlos und so reif zu machen für den Untergang in der kulturlosen grauen Masse, die überall entsteht, wo das Weltjudentum zur Herrschaft kommt.

Wir sahen den Dom zuerst wieder von dem Windenmachergäßchen aus, einer der wenigen Zugänge zu der Stätte der Zerstörung, zu der Züge von Menschen pilgern. Der Anblick ist erschütternd. Ausgebrannt ist der mächtige Dachstuhl, durch das Gewirr der Sparren blinkt der Himmel, und durch die hohen leeren Fenster geht der Blick in das Säulenhaus. Unvergeßlich furchtbar ist der Eindruck, der den Eintretenden entgegenschlägt. Das linke Seitenschiff ist weit aufgerissen gegen den Himmel. Über dem herrlichen Chor ist das Gewölbe geborsten, die gotischen Verstrebungen sind gesprengt unter dem offenen Dachgebälk. Zerspellt ist der Hochaltar mit den kostbaren Tafeln von Moritz v. Schwind. Vor den Stufen vorm Altar, aus Schutt und Trümmern müssen die Heiligenstatuen geborgen werden. Alle bedeckend liegt die Kolossalfigur des Gekreuzigten von Helbig mit gebrochenen Armen, die hoch im Chor zwischen den Säulen schwebt. Das gotische Chorgestühl, von Erasmus Grasser um 1502 geschnitzt, das zu den edelsten in Bayern gehörte, ist zerstückt und zerrissen. Durch den ehrwürdigen Raum jagt der Wind den Staub der zerschlagenen Heiligtümer. Vor ihrer Kirche aber stehen die Münchner vor Trauer stumm über diese Untat.

Die Verbrechen moderner Barbarei, wie sie am Münchener Dom und an der Michaelskirche verübt worden sind, haben auf unser Volk nur eine Wirkung: Sie zeigen jedem, was wir zu erwarten hätten, wenn es dem Feind gelänge, Herr über uns zu werden. Und jeder empfindet die zum Himmel starrenden Trümmer wie eine furchtbare Anklage gegen die vernichtungswütigen Barbaren, denen der Geist der großen Deutschen aus den vergangenen Jahrhunderten zu mächtig erscheint, als daß sie seine Zeugnisse ferner dulden könnten. Dieser Geist lebt aber auch heute und gerade heute wieder in uns. Wir wissen: indem wir die ewigen Werte unserer Vergangenheit lebendig erhalten und mit aller Kraft verteidigen, sichern wir die Zukunft unseres Volkes in Freiheit und neuer Größe.

MICHAEL PETZET – EIN INTERVIEW

von Gisela Goblirsch-Bürkert

JEDER MENSCH IN VERANTWORTLICHER POSITION HINTERLÄSST ZWANGSLÄUFIG SPUREN SEINER ARBEIT. IM FALL VON GENERALKONSERVATOR PROF. DR. MICHAEL PETZET, SEIT 1974 LEITER DES BAYERISCHEN LANDESAMTES FÜR DENKMALPFLEGE (BLfD), SIND ES MEHR ALS NUR FINGERABDRÜCKE AUF HISTORISCHEM GEMÄUER. ZU SEINEM 65. GEBURTSTAG HAT SICH DIE MÜNCHNER JOURNALISTIN DIE MÜHE GEMACHT, SEINE SPUREN IN DER BAYERISCHEN PRESSE ZU VERFOLGEN. ES ENTSTAND – DURCH DEN LEICHT ROKOKOISIERENDEN SPIEGELRAHMEN DER PRESSE GESEHEN – DAS ABBILD EINES MANNES, DER FAST 25 JAHRE IM DIENST DER DENKMALPFLEGE STEHT.

Herr Generalkonservator, im Feuilleton der Süddeutschen Zeitung war Mitte 1973 zu lesen, daß gleichzeitig mit dem neuen Denkmalschutzgesetz der Beginn einer neuen Ära im Landesamt für Denkmalpflege eingeläutet würde. Dies bezog sich auf den Wechsel im Amt des Generalkonservators.
Ja, mein Amtsvorgänger, Torsten Gebhard, ging in Pension und so war die Stelle des Generalkonservators neu zu besetzen. Mein erster Eindruck war: Berge von Akten! Und ich habe in einem ersten Interview fünf Wochen nach meinem Amtsantritt völlig richtig erkannt: Es ist leichter fünf Museen zu leiten als das Landesamt.
Immerhin konnten wir uns auf das Denkmalschutzgesetz stützen, das ein wirklich großartiges Dokument darstellte und weit über Bayern hinaus Beachtung fand. Es war – wie ich damals sagte – praktikabel und anwendbar, sofern die Mittel fließen. Auch heute, nachdem es mehrere Novellierungen der Bauordnungen gegeben hat – von denen die Denkmalpflege jedoch immer ausgenommen wurde – ist das Gesetz praktikabel.

Vor Ihrer Berufung ins Landesamt, waren Sie Leiter des Lenbachhauses (Anm. d. Red.: von 1972 bis 1974) und haben innerhalb von zwei Jahren das Kunsthaus vom Dornröschenschlaf befreit.
Das war keine Kunst. Es muß sich nur immer etwas rühren, was die Leute ein bißchen neugierig macht.

Der Einstieg ins Landesamt für Denkmalpflege als Generalkonservator war nicht der erste Kontakt mit dem Amt.
Nein, zwischen 1958 und 1965 war ich mit der Inventarisation in Stadt und Landkreis Kempten beschäftigt. In dieser Zeit habe ich mich zu einer Art Inventarisierungsmaschine entwickelt. Denn wenn man einmal eingearbeitet ist und es gelernt hat, dann geht alles sehr schnell. Damals bin ich als freier Mitarbeiter mit einem windigen Ausweis von Tür zu Tür gelaufen. Da gab es noch ehemalige Festsäle, die in zehn Zimmer unterteilt waren und von Flüchtlingen belegt. Es war schon hart diesen Menschen klarzumachen, warum man in ihre Wohnungen wollte. Da wurde ich schon gefragt, was denn das sei: Denkmalpflege?

Und was ist es?
Denkmalpflege ist definitiv nicht die Orchidee im Knopfloch der Kulturpolitik. Sie ist lebensnotwendig für das bayerische Kulturerbe. Bedenkt man ihre Wirkung auf dem Sektor der Baubranche, so ist sie durchaus auch ein ökonomischer Faktor.

Und darüber hinaus?
Ein Instrument zur Bewahrung kulturellen Erbes, denn jeder erinnert sich, wenn er an Heimat denkt, zuerst an die Bauten seiner Umgebung. Der Mensch ist ein geschichtliches Wesen. Er braucht eine gewisse Kontinuität innerhalb der sich immer schneller wandelnden Welt. Denkmalpflege ist auch ein Teil des Umweltschutzes, besonders wenn man bedenkt, daß der momentane Teufelskreis von Abriß – Neubau – Abriß ökologisch und ökonomisch bald nicht mehr zu verkraften sein wird.

Im Anschluß an die Kemptener Inventarisation verbrachten Sie fünf Jahre Auge in Auge mit Ludwig II. (Anm. d. Red.: bei der Bayerischen Verwaltung der staatlichen Schlösser, Gärten und Seen von 1965 bis 1970) Mit Blick auf Ihr heutiges Dienstzimmer möchte ich behaupten, daß sich daran nichts geändert hat.
Ja, das war wohl meine glücklichste Zeit, obwohl die Beschäftigung mit den Königsschlössern unter Fachleuten damals als eher „niedrige" Arbeit angesehen wurde. Mich hat sie trotzdem fasziniert. Auch die Möglichkeit, einmal ein paar Tage in den Königsschlössern wohnen zu können. Ein wenig stolz bin ich auch, zu den „Erregern" der neuen Ludwig-II.-Welle gehört zu haben.

Danach folgten die Ausstellungen „König Ludwig II. und die Kunst" sowie „Bayern – Kunst und Kultur", bei denen Sie das Heft in der Hand hielten. Und Sie haben sich als stellvertretender Direktor des Zentralinstituts für Kunstgeschichte (Anm. d. Red.: von 1970 bis 1972) speziell mit den Münchner Fassaden des Historismus und Jugendstils auseinandergesetzt.
Doch nicht Ihre umfassenden Vorkenntnisse haben Ihren Amtsantritt ins Licht der Öffentlichkeit gerückt, sondern politischer Donnerhall während ihrer Zeit im Lenbachhaus.

Das Donnergetöse hat mich damals schon ein bißchen mitgenommen. Man kam ja kaum noch zum arbeiten. Dutzende von Journalisten mußte ich abwimmeln, um meine Arbeit für die Übergabe des Lenbachhauses an den Nachfolger erledigen zu können.

Was war denn für Sie das ärgerlichste an der damaligen „Affäre Petzet"?
Da haben damals andere genug drüber gesagt und geschrieben, und dabei will ich es bewenden lassen.

Sie zwingen mich zu rekapitulieren.
Damals favorisierte die Architektenkammer als neuen Generalkonservator Erwin Schleich, auch Juristen waren im Gespräch, und aus dem Landesamt selbst kam als Kandidat August Geßler in Frage. Der damalige Kultusminister Hans Maier konnte das Kabinett Goppel jedoch von Ihrer Eignung überzeugen, und mit nur drei Gegenstimmen fiel die Entscheidung – eine Entscheidung, die im Nachhinein von CSU-Vorsitzendem Franz Josef Strauß gewaltig angegriffen wurde. Er verlangte eine Revision. Kultusminister Maier reagierte mit Rücktrittsdrohungen und Ministerpräsident Alfons Goppel antwortete mit der Drohung, ein Rücktritt Maiers hätte die Demission des gesamten Kabinetts zur Folge.
Bayern hatte seinen ersten nicht fachlich begründeten Denkmalskandal.
Die SZ vom 22. März 1973 schrieb: „Was Strauß, der formal gesehen auf Entscheidungen der Regierung keinen Einfluß nehmen dürfte, an Petzet so stört, ist weiter unklar." Sicher war nur, daß Strauß Ihnen vorwarf ein „Linker" zu sein und seinen Zorn auf die Abbildung in einem Ausstellungskatalog richtete. Dort hatten Sie als ein Objekt unter vielen eine Dose „Künstlerscheiße" von Piero Manzoni abgebildet, was den Unmut des CSU-Chefs erregte.
Gerüchte, deren Herkunft nicht entdeckt wurde, brachten Sie mit linkem Aktivismus in Verbindung, wurden aber schnell als unzutreffend entlarvt, und das Kabinett blieb bei seiner Entscheidung.
Der „Fall Petzet" ging durch sämtliche Redaktionen aller bayerischen Zeitungen, er fand sich im Streiflicht und in Kommentaren, in Reportagen und sogar dem Aprilscherz der SZ, die meldete, Sie wollten öffentlich mit Gerold Tandler über „Probleme und Voraussetzungen zeitgenössischer künstlerischer Aktivitäten" diskutieren, um die Politaffäre auf ihre künstlerischen Ursachen zurückführen zu können.
Zuletzt meinte ein Filserbrief-Autor beschwichtigend und mehr als zweideutig: „Der Betzet Michl isd ein dichtiger Generalkonserfatifer fir insere Denkmäler, aba der Schleich Erwin hädde den Bosdn genauso derbaggd."

Ihr Einstand wurde also mit Pauken und Trompeten begleitet. Haben Sie diese Entscheidung jemals bereut?
Nie, ich habe ja schon vor Amtsantritt erklärt, daß dieser Posten mein letzter sein würde. Er war mein Ziel und hier habe ich eine Aufgabe gefunden, die mich heute noch fesselt.

Apropos „provokante Dosen": Dieses Thema haben Sie ja 1994 erneut aufgegriffen. Diesmal jedoch nicht in Verbindung mit „Künstlerscheiße", sondern mit Bismarck.
Das war anläßlich einer Wanderausstellung zum Thema „Restaurieren heißt nicht wieder neumachen". Die Ausstellung sollte das Thema Restaurierung und das Berufsbild des Restaurators darstellen und dabei mußte es auch um die Frage gehen: „Wie gehen künftige Generationen beispielsweise mit einer Konservendose um?" Was wäre gewesen, wenn beispielsweise Bismarck im Zorn auf eine Dose getreten wäre? Wäre sie dann erhaltenswert? Und in welchem Zustand?

Ebenso wie die periodisch stattfindenden Pressefahrten gehörten auch Ausstellungen als begleitende Maßnahmen (beispielsweise von archäologischen Grabungen) über die letzten 25 Jahre in das feste Repertoire des Landesamtes. Warum?
Man muß Denkmalschutz visualisieren. Man muß Überzeugungsarbeit leisten, wenn man erreichen will, daß der Schutz der Kulturgüter ins öffentliche Bewußtsein rückt. Sehr viel hat hier das Denkmalschutzjahr 1975 bewirkt. Das hat eine Trendwende initialisiert. Seither ist Denkmalpflege viel stärker im Bewußtsein der Öffentlichkeit verankert, was den überwältigenden Erfolg des „Tags des offenen Denkmals" erklärt.
Zur Öffentlichkeitsarbeit gehörten aber auch Messen und Tagungen, und Besuche in den verschiedenen Regierungsbezirken und immer wieder das Gespräch mit Kommunalpolitikern und Denkmalbesitzern.

Dabei hat das Landesamt manche harsche Kritik einstecken müssen. Ihre Haltung zur Altstadt-Sanierung Ambergs brachte beispielsweise eine Lawine der Empörung ins Rollen. 1979 ernteten Sie gar vom Haus- und Grundbesitzerverband das Prädikat „wildgewordener Nostalgiker, der jeden alten Kuhstall erhalten will". Mehr „Beweglichkeit" wurde gefordert. Im Allgäu mutmaßte man gar, daß die Bauernhöfe zur „Spielwiese der Denkmalpfleger" würden. Man warf Ihnen „Eigensinn" vor.
Wenn dem Amt und seinen Vertretern manchmal ein gewisser Eigensinn vorgeworfen wird, dann „Gott sei Dank". Eine fachlich bedingte bürokratische Einstellung hat nämlich schon einiges geleistet. Dadurch ist das Verantwortungsbewußtsein der Menschen gegenüber ihrem Kulturgut doch gewachsen. Schon 1980 ergab eine Umfrage des Wickert-Instituts, daß sich 92 % der Bayern für den Denkmalschutz aussprachen. Zum Teil sind die Bürger sogar wesentlich massiver in der Forderung nach Erhaltung historischer Bauten als das Amt.

Vor genau zehn Jahren standen Sie deshalb in einem Kreuzfeuer der Kritik. Es hagelte Schelte vor allem aus dem Münchner Rathaus, von diversen Kunsthistorikern und einer Bürgerinitiative zur Rettung des Hofgartens. Man warf Ihnen vor, nicht vehement genug gegen die Neubaupläne der Staatskanzlei am Hofgarten Einspruch erhoben zu haben. Eine SPD-Stadträtin bedauerte es gar, daß der Chef des Bayerischen Landesamts für Denkmalpflege angesichts der Bodenfunde im Bereich der Staatskanzlei „zum Jagen getragen werden" müsse.
Seit Juni 1986 lag unser Gutachten zu den Arkadengängen der Regierung vor. Darin wurde die weitreichende historische Bedeutung der ergrabenen Arkaden gewürdigt. Wir stellten gleichzeitig fest, daß sich die obere Arkadenreihe in einem äußerst labilen Zustand befand. Einer neuerlichen statischen Belastung im Rahmen einer Überbauung wäre sie nicht gewachsen gewesen. Wir führten damals aus, daß es aus denkmalpflegerischer Sicht anzuerkennen sei, daß man trotz abge-

Michael Petzet – Ein Interview

Gisela Goblirsch-Bürkert, 1998

schlossener Planung noch in der Lage war, einen großen Teil des Arkadengangs in die Untergeschosse des Neubaus sinnvoll einzubeziehen.

Aber damit wären zwei Drittel des Bestandes zerstört worden.
Die Tekturplanung war damals bereits genehmigt. Es erschien mir – unter den gegebenen Voraussetzungen – ein vertretbarer Kompromiß zu sein, daß man mehr als die Hälfte des Arkadenganges Albrechts V., und zwar der besser erhaltene Teil des über Jahrzehnte dem Verfall preisgegebenen Torsos, instand setzen wollte, in den Nordflügel integrieren und auch der Öffentlichkeit zugänglich machen wollte. Andere denkbare Lösungen erschienen damals angesichts der Haltung der Landeshauptstadt München in der Frage des Bebauungsplanes von vorneherein zum Scheitern verurteilt.

Die Stadt München beauftragte einen eigenen Gutachter, und immer mehr Experten meldeten sich zu Wort. Die Medien verfolgten diese Entwicklung mit großem Interesse, handelte es sich doch um einen Grundsatzstreit zwischen Regierung, Stadt, Denkmalpflege und Kunsthistorikern. Was dabei herauskam war eine größtmögliche Verwirrung der Öffentlichkeit.
Die Stellungnahmen des Landesamtes verfolgten – im Gegensatz zu den seltsam schwankenden Positionen mancher anderer beteiligter Gutachter – stets eine konsequente Linie. In der öffentlichen Diskussion schien es mir darum zu gehen, daß eine Kampagne gegen den Neubau der Staatskanzlei vor dem Hintergrund einer gründlich verwirrten Öffentlichkeit wesentlich wirkungsvoller zu inszenieren war, als wenn man sich ernsthaft mit den Argumenten auseinandergesetzt hätte, die die Denkmalpflege schon seit Jahren vorgetragen hatte.

In der Diskussion meldete sich unter anderem der Denkmalrat zu Wort, der die vollständige Erhaltung forderte, und auch der Deutsche Museumsbund protestierte in einem Telegramm an den damaligen Ministerpräsidenten Franz Josef Strauß: „Der Abriß der Arkaden wäre eine Kulturschande". Im Juni 1987 hatte sich die Situation festgefahren. Man wartete auf ein abschließendes Urteil des Bundesverwaltungsgerichtshofs. Inzwischen standen die Bagger still. Der Münchner Oberbürgermeister Georg Kronawitter zeigte Gesprächsbereitschaft und wollte über die Variante „Keine Seitenflügel, zur Erhaltung der Arkaden und niedrigere Hauptflügel" diskutieren. Im Gegensatz zu diesem Vorschlag der Stadt München, hätten Sie nichts gegen einen Seitenflügel einzuwenden gehabt.
Nein, wir haben damals klargestellt, daß die stark baufällige Konstruktion der Arkaden schon aus konservatorischen Gründen keine reine „Ruinenlösung" erlaubte. In jedem Fall war eine zusätzliche moderne Konstruktion nötig. Das hieß für uns damals, daß zur weiteren Erhaltung der Arkadenanlage die Integration in einen neuen Gebäudeflügel notwendig und sinnvoll erschien.

In einem AZ-Interview im August 1987 gab Ihnen der damalige Chef der Staatskanzlei Edmund Stoiber Rückendeckung: „Professor Petzet hat immer gesagt, es sei die bessere Lösung, die gesamten Arkaden zu bewahren und freizustellen; dafür müsse jedoch einer der Seitenflügel der Staatskanzlei um einige Meter nach Norden verschoben werden. Dieses Angebot hat Ministerpräsident Strauß dann auch dem Oberbürgermeister gemacht. Aber darauf ist er ja nicht eingegangen ..." Dennoch kam es Mitte 1989 zu einem Kompromiß, mit dem offenbar alle Beteiligten leben konnten.
Das Bayerische Landesamt für Denkmalpflege hat sich dahingehend geäußert, daß das dem Vergleich zwischen Freistaat und Stadt zugrundeliegende Projekt auch aus denkmalpflegerischer Sicht der Gesamtsituation am Hofgarten in hohem Maße gerecht wird. Das Projekt erlaubte erfreulicherweise die vollständige Erhaltung des Arkadenbaus.

Der Wirbel um die Staatskanzlei zeigte die politische Variante der Denkmalpflege. Wie sehen Sie die politische Seite Ihres Berufes?
Denkmalschutz und Denkmalpflege sind in einem Kulturstaat nicht nur eine wesentliche Aufgabe der Kulturpolitik, sondern Teil der allgemeinen Umweltpolitik, sie berühren die unterschiedlichsten Interessen und können daher von Fall zu Fall auch in der Kommunalpolitik eine wichtige – gelegentlich umstrittene – Rolle spielen. Bei der Rettung „unseres historischen Erbes" geht es ja um die Bewahrung von unwiederbringlichen Zeugnissen der Geschichte und damit um die Fragen der Identität des einzelnen wie der Gemeinschaft, also auch um Fragen des politischen Selbstverständnisses. In einem, Tradition und Fortschritt in besonderer Weise verbindenden Land wie Bayern, das im Gegensatz zu anderen, zum Teil erst in der Nachkriegszeit geschaffenen Bundesländern, noch seine alten Grenzen und seine in Jahrhunderten gewachsenen Kulturlandschaften besitzt, tut sich der Denkmalpfleger in seinem Beruf verhältnismäßig leicht: Denkmalschutz und Denkmalpflege sind in Bayern heute eine politische Selbstverständlichkeit.

Jetzt wurde der Etat des Landesamts von 50 Millionen (1984) auf 31 Millionen Mark gekürzt. Welche Auswirkungen hat das auf die Denkmalpflege?
Schon 1993 hat uns die Einschränkung der Arbeitsbeschaffungsmaßnahmen der Bundesanstalt für Arbeit empfindlich getroffen. Gerade im Bereich der Archäologie bedeutete dies eine Katastrophe. Zwar ist nun der Entschädigungsfonds bei 40 Millionen Mark erhalten geblieben, doch die Kürzung unseres Etats bedeutet eben auch eine Kürzung der Zuschußmittel und die sind lebensnotwendig für das bayerische Kulturerbe. Zusätzlich kämpft die Vereinigung der Landesdenkmalpfleger gegen den Personalabbau in den Fachbehörden und für die Beibehaltung der Steuervergünstigungen.

Während Ihrer Amtszeit haben Sie großartige Erfolge feiern können, auch wenn manchmal die Denkmalpflege nicht nur von Privatleuten, sondern auch von Kommunen torpediert wurde. Was zählen Sie zu Ihren schönsten Erinnerungen?
Das gibt es viel. Beispielsweise die Restaurierung der Wieskirche oder Vierzehnheiligen, die Renovierung der Kemptener Lorenzkirche und der „Maria Königin" in Bad Wörishofen. Die gelungene Restaurierung des Walderbacher Kapitelsaals und vieles mehr. Auch die Erfolge in der Erhaltung und Restaurierung von Profanbauten sind praktisch nicht aufzuzählen.

Genauso begeistert hat mich die Auffindung des Schmetterlingsreliquiars in unseren Werkstätten oder die Rettung der Kulturschätze aus der geplanten Versteigerung des Hauses Thurn und Taxis. Die Eröffnung der Seehof-Kaskade, die

Entdeckung der Wandgemälde im Völkerkundemuseum und die Hirschen von Franz Marc auf der Staffelalm sind nur einige Einzelheiten, die ich erwähnen kann. Phantastische Erfolge hat auch die archäologische Abteilung erreicht.

Zu Ihrer Beschäftigung innerhalb der letzten knapp 25 Jahre gehörte das Erstellen der Arbeitshefte, die regelmäßig über die Arbeit im Amt Auskunft geben, diverse Publikationen und natürlich die Komplettierung der Denkmallisten, die sämtliche Denkmäler Bayerns beinhalten. Was verbindet Sie mit den Listen?
Die Listen sind die Basis der gesamten Arbeit im Amt, und es erfüllt mich mit Stolz, daß wir das erste Bundesland sind, das es geschafft hat, den Denkmalbestand vollständig zu katalogisieren. Das heißt jedoch nicht, daß die Listen damit abgeschlossen sind. Sie bleiben weiterhin offen und werden ständig aktualisiert.

Als Sie den Posten des Generalkonservators übernahmen, haben Sie daran gearbeitet, die über München verstreuten Teilbereiche des Amtes im Gebäude der Alten Münze unter einen Hut zu bekommen. Taten Sie das im Hinblick auf die dort mögliche Unterbringung Ihrer Tischtennisplatte?
Nein. Ich gebe zu, daß Tischtennis die einzige sportliche Betätigung war, die ich ausübte – abgesehen vom Besteigen einzelner Baugerüste – und ich habe in der Münze tatsächlich eine Tischtennisplatte aufgestellt (die ich jedoch nebenbei bemerkt seit sehr langer Zeit nicht mehr genutzt habe), aber das war nicht ursächlich der Grund meiner Bemühungen um ein eigenes Haus. Was hilft alles Reden über Denkmalpflege, wenn das Amt nicht mit gutem Beispiel voran geht? Die Münze ist ein idealer Ort für ein Denkmalamt. Schließlich war sie das erste herzoglich-bayerische Kunstkammer-Gebäude. In übertragenem Sinne sollte sie nun eine „Kunsterhaltungskammer" werden.

Das ist sie geworden – allerdings mit viel Schweiß und Tränen, die vor allem die Mitarbeiter des Amtes während der jahrelangen Umbaumaßnahmen weinten. Als das Amt einzog, war die Münze noch in Betrieb. Man konnte das monotone Stampfen der Maschinen hautnah miterleben. Dann kam die Umbauphase, die sich aufgrund von Sanierungsproblemen im Fundamentbereich fast fünf Jahre hinzog. Erst 1991 konnte das Richtfest für den Umbau gefeiert werden, allerdings ohne Sie. Warum?
Das habe ich krankheitshalber nicht miterlebt.

Zum Abschluß der Bauarbeiten in der Münze, im Sommer 1996, darf ich Sie beglückwünschen. Wenn mich nicht alles täuscht, haben Sie erreicht, was König Ludwig II. mit seinem Märchenschloß nicht geschafft hat: Sie haben eine Baumaßnahme, die fast Ihre gesamte Amtszeit gedauert hat – sozusagen Ihr Lebenswerk – vollenden können. Ist die Münze für Sie ein „gebauter Traum"?
Sie spielen auf das 300-Seiten Werk an, das ich zum 150. Geburtstag Ludwigs II. vorgelegt habe. Damit habe ich mir einen Jugendtraum verwirklicht. Das Motto des Märchenkönigs lautete schließlich: „Die Lebensfreude ist das Bauen", weshalb wir das Werk „gebaute Träume" genannt haben.

Und Ihr Motto lautet: „Die Lebensfreude ist das Bewahren"?
Sagen wir es so: Mein Traumberuf ist Generalkonservator.

An dieser Stelle eine Zwischenfrage: Hat Ihre Begeisterung für Ludwig II. zur Folge, daß Sie parteiisch urteilen? Anläßlich der jüngsten Rumore um ein geplantes Golfhotel vor Schloß Neuschwanstein kritisierte ein Politiker Ihre Pressekonferenz und warf Ihnen vor, Sie seien „eindeutig Partei".
Wenn bedeutende Baudenkmäler im Freistaat bedroht sind, gehen wir immer an die Öffentlichkeit. Ein Golfplatz und ein Hotel wären eine Ausbeutung der Kulturlandschaft. Dieses Attentat auf die Welt des bayerischen Märchenkönigs muß abgewendet werden.

Zurück zur Münze. Das Landesamt hat sich nicht nur in München für die Nutzung eines historischen Gebäudes entschieden. Diverse Außenstellen des Amtes sind ebenfalls in „alten Gemäuern" untergebracht. Wieso?
Schloß Seehof, die oberfränkische Außenstelle, war für unser Amt eine persönliche Auseinandersetzung mit einem Denkmal. Wir sahen und sehen das Schloß – wie auch alle anderen Gebäude, die wir nutzen – aus der Sicht des Denkmaleigentümers und haben gerade deshalb modellhafte Lösungen gesucht für die Herausforderungen, die ein solches Objekt bietet. Der Staat hat das Objekt 1975 für 5,8 Millionen Mark angekauft. Damals war allen klar, daß die Wiederherstellungskosten diese Summe bei weitem übertreffen würden. Wir hatten es ja nicht nur mit dem Schloß und den Nebengebäuden zu tun, sondern auch mit einem verwilderten Rokokogarten und der zerstörten Kaskade.

1975 haben wir uns auch für eine Außenstelle im romanischen Wohnturm des Regensburger Runtingerhauses entschieden, weil es abzusehen war, daß die Regensburger Altstadt ein Schwerpunkt der denkmalpflegerischen Arbeit in Bayern werden würde.

Unser Ingolstädter Grabungsbüro zog in die „Wunderkasematte" ein, die unterfränkische Außenstelle ins Würzburger Schloß und die mittelfränkische Außenstelle in die Nürnberger Burg. Im schwäbischen Kloster Thierhaupten haben wir in den Ökonomiegebäuden ein einzigartiges Bauarchiv unterbringen können, das einerseits eine Holzrestaurierungswerkstatt beinhaltet, andererseits als Fortbildungszentrum für Handwerker, Architekten und Bauhistoriker dient.

Das Thierhauptener Bauarchiv ist eine Besonderheit, aber noch viel interessanter, viel aufregender und weitreichender scheint die Arbeit des Zentrallabors zu sein, das in der Münze untergebracht ist. Welcher Stellenwert kommt diesem Labor zu?
Das Zentrallabor ist eine Forschungseinrichtung, die die Arbeit der Denkmalschutzbehörde über die ganze Welt bekannt gemacht hat. „Die Menschheit sieht in ihren Denkmalen ein gemeinsames Erbe und fühlt sich kommenden Generationen gegenüber für ihre Bewahrung gemeinsam verantwortlich. Sie hat die Verpflichtung, ihnen die Denkmäler im ganzen Reichtum ihrer Authentizität weiterzugeben" – so steht es in der Charta von Venedig, und diesem Grundsatz fühlen wir uns verpflichtet. Unser Zentrallabor leistet in dieser Hinsicht beste Arbeit. Deutsches Know-How ist über den ganzen Erdball gefragt. Wir forschen gemeinsam mit den ausländischen Kollegen und wir leisten Hilfe zur Selbsthilfe. Das hat nichts mit „deutschem Sendungsbewußtsein" zu tun.

In China helfen Sie bei der Konservierung der 7000 Krieger starken Tonarmee Kaiser Qin Shihuangdis (246-210 vor Chr.) und bei der Tempelanlage in Dafosi, in Nepal sind bayerische Experten in der Stadt Bhaktapur tätig, im Jemen halfen sie bei der Erhaltung der Stadt Sana'a und forschten bei der Rettung der jordanischen Felsfassaden von Petra und in Kroatien leisten Sie Geburtshilfe bei einem Restaurierungszentrum ...
Wir lernen bei jedem Projekt etwas dazu. Und natürlich ist diese Kulturförderung auch geeignet, die Beziehungen zwischen Nationen und Völkern zu festigen. Die Politik hat hier ideale Ansatzpunkte zur Völkerverständigung, die nur genutzt werden müssen.

Weshalb leisten Sie denkmalpflegerische Aufbauhilfe in Krisengebieten des ehemaligen Jugoslawien oder der Ukraine?
Der Wiederaufbau zerstörter Baudenkmäler, in denen die Geschichte einer Stadt oder einer Nation sichtbar verkörpert ist, kann ein Akt der politischen Selbstbehauptung sein – für die Bewohner in gewissem Sinn genauso lebensnotwendig wie das Dach über dem Kopf.

Außerdem hat mich während des Jugoslawienkrieges die gezielte Beschießung und Vernichtung der Stadt Dubrovnik – die auf der Liste des Weltkulturerbes eingetragen ist – sehr betroffen gemacht.

Das Landesamt ist auch auf nationaler Ebene aktiv. So halfen und helfen Sie beim Aufbau des Denkmalschutzes in den neuen Bundesländern. Warum?
Durch die deutsche Einheit ist die Denkmalpflege als nationale Aufgabe ins öffentliche Bewußtsein gerückt. Allerdings lassen sich gerade in den neuen Bundesländern Tendenzen erkennen, daß Denkmäler als Investitionshemmnis betrachtet und rigoros zur Disposition gestellt werden. Dem muß man schnell entgegentreten.

Wenn Sie in ihrer Eigenschaft als Generalkonservator sprechen, benutzen Sie fast nie das Wort „ich", sondern in der Regel „wir". Verstehen Sie sich als Teamchef, oder ist das ein Ausdruck des „pluralis majestatis"?
Sie wissen, mir ist jeder Persönlichkeitskult fremd. Das habe ich schon anläßlich meines 60. Geburtstags gesagt. Auch wenn ich damals einige Seitenhiebe von den Amtskollegen abbekam und als „Altes Haus" mit einem Gutachten geehrt wurde, in dem meine besondere Schutzwürdigkeit festgestellt wurde.

Ein weiß-blaues Taferl haben Sie aber nicht angeheftet bekommen?
Damit wäre eine Klassifizierung vorgenommen worden, die ich – wie ich stets gesagt habe – nicht gutheißen kann. Auch ein Baudenkmal sollte nicht mit einem Etikett behaftet sein, denn dadurch wird der Denkmalbegriff eingeengt und das allgemeine Interesse wendet sich nur den „ausgezeichneten" Objekten zu, während die anderen immer weniger Beachtung finden. Das kann nicht im Sinne der Denkmalpflege sein, und die Entdeckerfreude eines interessierten Betrachters wird dadurch eher gelähmt.

War es Ihnen unangenehm, daß zu Ihrer Geburtstagsfeier Ihr Konterfei in Pop-art-Verfremdung und zigfacher Ausführung das Treppenhaus und den Säulengang der Münze zierte?
Nun ja, zumindest habe ich einige der Bilder abnehmen lassen und in meinem Arbeitszimmer an der Wand „deponiert", damit sie nicht jahrelang öffentlich herumhingen.

Zu Ihrer Person muß man die zahlreichen Ehrenämter und Auszeichnungen zählen, die Sie erhalten haben. Ich darf eine Auswahl geben? Da wäre die Honorarprofessur an der Uni Bamberg, der Vorsitz der Landesdenkmalpfleger, der Vorsitz des Deutschen Nationalkomitees von ICOMOS, das Bundesverdienstkreuz am Bande und die ungarische Denkmalmedaille „A Magyar Müemlék-Védelemert" und erst kürzlich den kroatischen Orden „Redom Danice Hrvalske s Likom Marka Maruli'ca"...
Sie haben den Orden der Faschingsgesellschaft aus Schwabach vergessen, der mich besonders freut, weil er als Motiv einen Querschnitt durch die Häuserfassaden der Schwabacher Altstadt zeigt.

Wenn Sie sich jetzt noch etwas wünschen könnten, was wäre das?
Daß auch in Zukunft genügend gut ausgebildete Handwerker zur Verfügung stehen, die sich mit profundem Wissen unserer Denkmäler annehmen können. Und daß die Bewahrung unseres archäologischen und baulichen Erbes als entscheidende Zukunftsaufgabe erkannt wird und einen entsprechenden politischen Stellenwert erhält.

Und was noch?
Jetzt im Moment?

Ja.
Eine gebackene Chiemseerenke.

Ich danke Ihnen für dieses Gespräch und bedauere, daß Sie die Antworten auf meine Fragen leider nicht exclusiv mir, sondern vielen Kolleginnen und Kollegen im Lauf der letzten knapp 25 Jahre gegeben haben. Ich hoffe, Ihre Antworten – die ich für den Zusammenhang dieses fiktiven Interviews etwas zurecht schneiden mußte – nicht verstümmelt zu haben, so daß Sie sich selbst darin wiedererkennen konnten.

ABBILDUNGSNACHWEIS

AUTORIN: S. 15
BAYERISCHES LANDESAMT FÜR DENKMALPFLEGE, Photoabteilung (Dieter Komma): S. 12 (1996)

IMAGINES LUCE IN CAMERA CAPTAE
AD PERSONAM M.Pz.

OMNIA TEMPUS HABENT
TEMPUS PLANTANDI …

Arbeitszimmer 1990 und 1996
(Aufnahmen Eberhard Lantz und Dieter Komma)

Tempus Loquendi …

(Aufnahmen Eberhard Lantz und Dieter Komma)

Tempus ridendi ...

(Aufnahmen York Langenstein und Joachim Sowieja)

Tempus Saltandi

(AT, Eccl 3)

(Aufnahmen Dieter Komma und Gastón Alvarez-Anfossi)

mit Erich und Udo Lindenberg bei der Installation „Zerbrochene Figur" im Treppenhaus der Alten Münze 1996 (oben); mit dem damaligen Wirtschaftsminister Dr. h.c. Max Streibl bei Übergabe der Alten Münze am 31. Juli 1986 (unten); (Aufn. Dieter Komma)

Angehörige der Abteilung Inventarisation im Jahr 1963: von links Karl-Ludwig Lippert, Wilhelm Neu, Michael Petzet, Hans Ramisch (Aufnahme Joachim Sowieja)

Wilhelm Neu

Die Anfänge der Inventarisation im Allgäu – ein eher nostalgischer Rückblick

Als im Jahr 1957 Heinrich Kreisel (1898-1975) zum Leiter des Bayerischen Landesamtes für Denkmalpflege ernannt wurde, begann auch für die Abteilung C – Inventarisation der Kunstdenkmäler – eine neue Phase intensiver Tätigkeit. Seit Ende des Zweiten Weltkriegs, genauer seit 1951, waren bis zur Amtsübernahme des neuen Generalkonservators immerhin drei Bände der „Kunstdenkmäler Bayerns" („Große Inventare") fertig geworden und weitere drei in Bearbeitung: Nun wurde eine neue Bearbeitungsform ins Leben gerufen, die „Kurzinventare" („Bayerische Kunstdenkmale"), die in rascher Folge – gedacht waren anfänglich drei Bände pro Jahr – erscheinen sollten. Heinrich Kreisel war der zielbewußte Initiator dieser neuen Reihe, die seinerzeit als „Vorbild für die moderne Art der Inventarisation" gesehen wurde: Man lese die von ihm aus berechtigter Sorge um den Denkmälerbestand verfaßten Geleitworte in den ersten Bänden nach, womit die beschleunigte Erscheinungsform begründet wird. Bevorzugte Arbeitsgebiete waren die Regierungsbezirke Oberfranken, Mittelfranken und Schwaben: Die Kurzinventare sollten Lücken schließen und waren als Hilfsmittel für die praktische Denkmalpflege – sozusagen als Vorläufer der Denkmallisten –, aber auch als wissenschaftliche Dokumentation in knapper Form gedacht. Die Unterscheidungsmerkmale zwischen den großen Kunstdenkmälerbänden und den Kurzinventaren brauchen hier ebensowenig aufgeführt zu werden wie die Grundzüge der Inventarisation in Bayern überhaupt oder wie detailliert-statistische Angaben: Hierüber geben die Vorworte zu den einzelnen Bänden oder die einschlägigen Beiträge Auskunft, wie sie von Adam Horn und Tilmann Breuer im Lauf der Jahrzehnte mehrfach verfaßt wurden.

Bayerns „weiße Flecken" warteten also auf eine umfassend-rasche Bearbeitung, doch woher kamen die geeigneten Kräfte, die eine solche anspruchsvolle Arbeit bewältigen konnten? Adam Horn (1903-1977) war im gleichen Jahr wie sein Chef, nämlich auch 1957, zum Leiter der Inventarisationsabteilung bestellt worden. Er bemühte sich nun umgehend und mit großem Erfolg – wie sich bald herausstellen sollte – um diese geeigneten Nachwuchskräfte, die er auf Empfehlung der Universität München als Bearbeiter von Kurzinventaren, zunächst im Werkvertrag, an sich binden konnte: Tilmann Breuer, Günther P. Fehring, August Gebeßler und seit 1958 auch Michael Petzet waren diese „vier Männer der ersten Stunde". „Papa Horn", wie er fast liebevoll von seinen „Buben" (von denen damals noch keiner älter als dreißig Jahre war) genannt wurde, erwies sich von Anfang an als väterlicher, fürsorglicher Lenker, auch wenn er die jungen Fachkollegen am liebsten gleich „ins kalte Wasser geworfen" hätte. Hierzu zitieren wir einige Bemerkungen aus seinem Diskussionsbeitrag zum Thema Nachwuchs anläßlich der Münchner Inventarisationstagung 1960:

> Bei der Kurzinventarisation ist es so: Die Betreffenden werden von uns genau eingewiesen und eingeführt und dann werfen wir sie ins kalte Wasser. Da müssen sie raus an die Arbeit und dann sehen wir bald, wie der Mann sich zu dem Objekt stellt ...

Abmildernd fährt er fort:

> Es hat sich als richtig erwiesen, daß wir nicht sagen, jetzt fangen Sie an, sondern wir schreiben alle Stellen an und ehe es losgeht, setze ich mich mit in den Wagen, fahre zu den Landräten, Bürgermeistern, zu den Dekanen und stelle die Leute vor, damit diese Stellen draußen wissen, hinter den jungen Leuten steht ein Gewicht. Damit öffnet man ihnen alle Türen. Wir gehen auch zur Presse und lassen in die Zeitung setzen, jetzt geht hier die Inventarisation los, damit die Bauern draußen wissen, daß jemand kommt (!) ...¹

So weit dieser, aus heutiger Sicht doch recht salopp formulierte Beitrag, in dem übrigens auch die Ankündigung im Amtsblatt und die Kontaktaufnahme mit den Heimatpflegern und ernst zu nehmenden Heimatfreunden und -forschern empfohlen wird.²

So war also die Situation damals 1958, vor die sich auch der junge Michael Petzet gestellt sah, als er seinen „Erstling", Stadt und Landkreis Kempten, angehen sollte. – Zu den am frühesten erschienenen „Bayerischen Kunstdenkmalen" gehörten vier Bände aus Bayerisch-Schwaben und hier wiederum aus dem nördlichen und südlichen Allgäu, nämlich „Stadt und Landkreis Memmingen" (8/1959) und „Stadt und Landkreis Kaufbeuren" (10/1960), beide von Tilmann Breuer, dazu „Stadt und Landkreis Kempten" (9/1959) und „Stadt und Landkreis Füssen" (8/1960) von Michael Petzet.³

Der Berichterstatter (Einstellungsdatum 1. Oktober 1958) war nahezu von Anfang an und bis zum letzten Band der Reihe („Landkreis Scheinfeld", erschienen 1976) als Mitarbeiter der insgesamt zwölf Autoren tätig, wobei sich mancher enge, ja freundschaftliche Kontakt ergab – nicht zu vergessen das wertvolle „voneinander Lernen". Seine Hauptarbeit war dabei zunächst das Zeichnen der von Heinrich Kreisel „erfundenen" kunsttopographischen Karten und der Abbildungsvorlagen, bald darauf erweitert durch eigene Maßaufnahmen und die textliche Bearbeitung der damals noch recht zahlreich erhaltenen alten Bauernhäuser. Die Heranziehung von Archivalien, ein besonderes Faible des Verfassers, war zwar anfänglich für das Kurzinventar untersagt, um nur ja keine Verzögerung eintreten zu lassen. Für alle späteren schwäbischen Bände wurde aber davon mit Erfolg Gebrauch gemacht, was zu bemerkenswerten Forschungsergebnissen geführt hat; im Kurzinventar Marktoberdorf (bearbeitet 1964) haben wir dieses Verbot zum ersten Mal „unterlaufen".

Im Jahr 1958 erhielt also der damals fünfundzwanzig Jahre alte Michael Petzet mit der ehemaligen fürstbischöflichen Residenz- und Reichsstadt Kempten gleich einen kunstwissenschaftlich anspruchsvollen, „großen Brocken" zur Bearbeitung vorgesetzt. Auf den Fahrten durch den Altlandkreis Kempten, damals noch mit seinem Privat-PKW, einem klapperigen DKW-Zweitakter, wurde der junge Kunsthistoriker vom dortigen Heimatpfleger Kornelius Riedmüller begleitet und unterstützt. Die Mentalität (wenn auch nicht der schwierige Dialekt) der Oberallgäuer Landbevölkerung ist ihm dadurch sicher näher gebracht worden, was für seine Arbeit in den drei folgenden Allgäuer Landkreisen von großem Nutzen war. So manche Besuche bei der kinderreichen Familie Riedmüller im Kemptener Mauergässele haben die heute noch andauernde Freundschaft begründet. Die alte Weisheit, daß der Inventarisator als promovierter Kunsthistoriker auf die Einschaltung des zuständigen Kreisheimatpflegers – soweit sich dessen Mitarbeit auf die Dauer als konstruktiv herausstellt – keinesfalls verzichten kann (und darf), fand hier erstmals ihre Bestätigung.

Die Bearbeitung des nächsten Bandes „Stadt und Landkreis Füssen" führte den Verfasser zum ersten Mal vor Ort mit Michael Petzet zusammen: Es muß wohl im November 1959 gewesen sein, als wir im Westchor von St. Mang in Füssen zusammentrafen und von da an auch zusammen den früheren Landkreis (seit 1972 bekanntlich der südliche Teil des großen Kreises Ostallgäu) bereisten. In der Stadt war es vor allem der unvergessene Paul Mertin, dessen umfassende Kenntnis der regionalen Kunstlandschaft und vor allem von St. Mang eine wertvolle Hilfe war. Man kann behaupten, daß dieses heute längst vergriffene, in ebenfalls kurzer Zeit entstandene Kurzinventar Füssen zum Beispiel entscheidend zur Vertiefung des Begriffs der „Füssener Schule" beigetragen hat: Ihre Hauptvertreter Johann Jakob Herkomer, Johann Georg Fischer und Franz Kleinhans sind inzwischen durch Dissertationen in ihrer Bedeutung gewürdigt worden. – Sozusagen als „Nebenprodukt" verfaßten Michael Petzet einen Pfrontener Kirchenführer[4] und der Berichterstatter einen Beitrag über das Bauernhaus im Gebiet;[5] ersterer dann auch noch eine Arbeit über das Projekt Ludwigs II. auf dem Falkenstein bei Pfronten, den wir damals in halsbrecherischer Fahrt mit einem „Käfer"-Dienst-PKW bezwungen hatten. Mit der Inventarisation der beiden Königsschlösser Hohenschwangau und Neuschwanstein war Petzet ja dann endgültig in seinem Element.

Die nächste Aufgabe sprengte – für die damaligen Verhältnisse – sozusagen jeden Rahmen: Der Altlandkreis Sonthofen (heute der Südteil des Kreises Oberallgäu) war seit dem Frühjahr 1960 zur Bearbeitung als „Großes Inventar" vorgesehen. Der Anlaß dafür mag wohl in erster Linie gewesen sein, daß für dieses Gebiet bereits eine kunstgeschichtliche „Materialsammlung" von Dr. Wilhelm Sahner vorlag (die sich im Verlauf der Arbeiten aber als völlig unzureichend erwies). Dazu kam, daß für den Kreis Sonthofen nunmehr von drei Seiten her die kunstgeographischen Zusammenhänge erarbeitet waren: Der westliche Nachbarlandkreis Lindau war bereits 1954 als IV. schwäbischer Band der „Bayerischen Kunstdenkmäler" erschienen, die nördlich und östlich angrenzenden Kreise Kempten und Füssen waren, wie oben angedeutet, kurz vorher herausgekommen. – Zur Bereisung erwartete uns hier ein landschaftlich besonders eindrucksvolles, geländemäßig schwieriges Gebiet, das vor allem aber auch im Rahmen schwäbischer Kunstlandschaften allein schon wegen seiner zahlreichen spätgotischen Altarbeispiele einen ersten Rang einnimmt.

Damals, vor 35-40 Jahren, fand ein Inventarisator noch „Idealzustände" auf dem Land vor, die heute undenkbar wären: Alle, auch die kleinen Pfarreien, waren besetzt, Pfarrarchive und Registraturen vor Ort benutzbar, Kirchen und große Kapellen geöffnet. Mit Unterstützung der unverzichtbaren Meßtischblätter 1:25.000 wurde also das Gebiet im Verlauf von drei Jahren – Joachim Sowieja kam als Photograph dazu – von einem einzigen Kunsthistoriker bearbeitet, der aber auch mit der Ausstattung der zahlreichen Weilerkapellen, mit Werken der Volkskunde (vor allem Votivtafeln!) ebenso umgehen konnte wie mit den Spezialthemen Glockenkunde, Vasa sacra und Paramente. Michael Petzet entwickelte dabei eine besondere Methode, indem er seine Notizen in Gabelsberger-Kurzschrift (die heute kaum jemand mehr lesen kann) zu Papier brachte und einfache Grundriß- und Altarskizzen als Gedächtnisstützen beifügte. Zur gleichen Zeit machte sich der Berichterstatter an das Aufmessen des Kirchen- oder Kapellengrundrisses – junge Kollegen mögen heute die vereinfachte Arbeitsweise belächeln, mit der damals der Architekt vorging: Die Aufmaße sind trotzdem alle genau, auch wenn sie nicht verformungsgerecht, sondern nur zum Zweck, Abbildungsvorlagen zu liefern, erstellt wurden. Zuletzt bestiegen wir gemeinsam Turm und Dachboden, um den Dachstuhl zu beschreiben und oftmals wichtige, baugeschichtliche Befunde festzustellen.[6] Das mußte oft „nach der Uhr" geschehen, denn Kollege Petzet hatte einen heillosen Respekt vor Glockenschlägen aus der Nähe.

Die Region des Oberen Allgäus besteht in ihrem nördlichen Teil aus einer bis über 1000 Meter hohen, randalpinen Zone mit zahlreichen Weilern; dazu große Orte in den südlichen Tallagen und einige abgelegene Höhensiedlungen, von denen die höchstgelegene Gemeinde und Pfarrei Deutschlands, Balderschwang (1044 m), und die höchstgelegenen, bewirtschafteten Höfe – der Weiler Zehrer (1140 m) – nur auf grenzüberschreitenden Umwegen über österreichisches Gebiet erreicht werden konnten; der Riedbergpaß war damals erst im Bau. Unsere Vorstöße in die südlichsten und höchstgelegenen Orte der Bundesrepublik[7] – zu den beiden vorher genannten kommen unter anderem Einödsbach, Spielmannsau, Gerstruben und Rohrmoos – unternahmen wir, wie überhaupt alle damaligen Dienstreisen, mit den legendären „Käfern" M-1670 und M-1924; man wundert sich heute noch, wie darin oftmals drei Personen mit Photogerät und Gepäck für eine Woche Platz fanden. Nachdem der Wohnort des Verfassers am Ammersee günstig an der Fahrtstrecke ins Allgäu liegt (die Fahrt ging jedesmal über Schongau, Marktoberdorf, Nesselwang nach Wertach, wo das Arbeitsgebiet dann schon erreicht war), nahm Dr. Petzet ihn im Vorbeifahren auf und setzte ihn am Heimweg wieder ab. – In unserer „Dienstkleidung" unterschieden wir uns doch wesentlich: Petzet meist „in Schale", d. h. im dunklen Anzug mit schwarzen Halbschuhen (zum Besteigen der zahlreichen Ruinen und Burgställe allerdings wenig geeignet), der Verfasser als ehemaliger Gebirgsjäger schon eher der dortigen Berglandschaft angepaßt. So blieb letzterer bei den „Vorstellungsgesprächen" meist im Hintergrund, während der Hauptbearbeiter argumentierte, daß man ein Pfarrhaus eigentlich nur im dunklen Anzug betreten könne. Hatte uns die Pfarrhaushälterin dann akzeptiert, war es nicht mehr schwierig, zum

Geistlichen Herrn selbst vorzudringen. Wir haben in jeder Pfarrei Unterstützung, Interesse und sofortigen Zutritt zum Archiv gefunden; daß wir „zwei Evangelische" waren, bildete kein Hindernis – „des sen au Menscha", sagte damals ein biederer Landpfarrer zu uns und hatte wohl Recht damit.

Während der dreijährigen Tätigkeit in diesem verhältnismäßig kleinen Gebiet hatten wir manche interessante Begegnung und einige, mehr oder weniger lustige Erlebnisse, an die sich der Verfasser noch erinnert und die hier kurz angedeutet werden sollen – auch um zu zeigen, daß Inventarisation und überhaupt der Außendienst des Denkmalpflegers keineswegs streng und verbissen betrieben wird: In Diepolz erschreckte uns der alte, fast blinde Pfarrer mit dem Anruf „Wer sind Sie?" Auf den Fahrten nach Einödsbach und Gerstruben im Dienstauto wurden wir von Sommergästen angezeigt, die im Stellwagen saßen und nicht wissen konnten, daß wir selbstverständlich die Genehmigung der Gemeinde und der „Rechtler" zum Befahren der gesperrten Straße dabei hatten. In Emmereis fanden wir eine Inschrift, wonach „anno 1831 zwei Jungfrauen NN die Kirche gebuzt hatten", worauf wir dazuschrieben, daß anno 1961 die zwei jungvermählten Ehemänner P. und N. hier inventarisiert haben: Diese Inschrift fand nach Jahrzehnten ein Restaurator und amüsierte sich köstlich darüber. – In der Fischener Frauenkirche wollten wir das Maßband an einem Bündel Luftballons festbinden und hochlassen, um die Raumhöhe festzustellen (gelang nicht!); in Missen passierte uns das Mißgeschick, das Öl der Ewig-Licht-Ampel auszuschütten. Sägegeräusche im Turm der Pfarrkirche Oberstaufen machten uns stutzig – erwischten wir doch den Mesner beim Zersägen der neugotischen Altäre (eine Fiale ging zum Andenken mit). Der Benefiziat von Oberstdorf-St. Loreto lud uns öfter zum Essen ein und steckte uns danach immer heimlich Geld in die Tasche; so oft wir schließlich in Steibis den Lehrer und Heimatpfleger P. aufsuchten, hat er uns jedesmal in Unterhosen die Haustür geöffnet (!). So weit die kleine Auswahl harmloser Begebenheiten, an denen vor allem der immer fröhliche (im Frühsommer aber vom Heuschnupfen geplagte, Allgäuer Kuhherden weit aus dem Weg gehende) Michael Petzet seinen Spaß hatte.

Nach drei Jahren Außenarbeit war dann ein in jeder Hinsicht respektabler Inventarband entstanden, der allseits große Anerkennung fand. So hob das „Allgäuer Tagblatt" am 2. Mai 1965 in seiner Besprechung hervor, daß das Buch „als wertvolles Dokument unserer Zeit zum ersten Mal auch das Kunstschaffen aller Epochen in gleicher Weise achtet ..." – womit auch das 19. Jahrhundert gemeint war, das bekanntlich dem Autor Michael Petzet besonders am Herzen liegt.

Bevor der Jubilar seine Tätigkeit am Denkmalamt für die nächsten zehn Jahre unterbrach, entstand noch ein weiteres Allgäuer Kurzinventar, nämlich der (ehemalige) „Landkreis Marktoberdorf", heute bekanntlich Zentrum des Kreises Ostallgäu. Bei seiner präzisen Arbeitsweise konnte sich der Autor erlauben – wieder in Zusammenarbeit mit dem Berichterstatter – nunmehr umfangreiche Bestände aus pfarrlichen und staatlichen Archiven heranzuziehen, diesmal mit stillschweigender Duldung unseres Abteilungsleiters Dr. Adam Horn. Als besonders ergiebig erwiesen sich unter anderem die Kirchenrechnungen von Leuterschach, Oberthingau, Stötten und Unterthingau; im Durcharbeiten von Heiligenrechnungen waren wir ja vom Band Sonthofen her schon bestens eingearbeitet und haben darin unerreichte Fertigkeiten und Spürsinn entwickelt. So wurde der Band Marktoberdorf das umfangreichste Allgäuer Kurzinventar, womit diese kunsthistorisch weniger bekannte, ländliche Region eine ausführliche Würdigung erfuhr.

Michael Petzets Tätigkeit als Inventarisator des südlichen Allgäus war damit 1964 beendet. Hatte er auf diesem Gebiet seine zielstrebige, erstaunlich vielseitige Arbeitsweise als Kunsthistoriker unter Beweis gestellt, so kam diese Vielseitigkeit nun erst recht in seinen folgenden Tätigkeitsbereichen am Zentralinstitut für Kunstgeschichte, in der Bayerischen Verwaltung der staatlichen Schlösser, Gärten und Seen und an der Städtischen Galerie im Lenbachhaus zum Tragen, bis er dann 1974 zum Generalkonservator ernannt wurde und damit das verantwortungsvolle Amt des obersten bayerischen Denkmalpflegers übernahm.

Zum Abschluß sei noch einmal Adam Horn zitiert, um zu zeigen, daß er schon um 1960 die später häufig praktizierte Wandlung vom Inventarisator zum praktischen Denkmalpfleger in die Wege geleitet hat:

> Ich möchte die Forderung wiederholen, daß man doch den Nachwuchs für die praktische Denkmalpflege, wenigstens den federführenden Nachwuchs, aus der Inventarisation holt. Das hat den großen Vorteil, daß wir wissen, ob die Leute für die Denkmalpflege überhaupt begabt sind, und ich muß feststellen, fast alle meine Mitarbeiter neigen straks zur Denkmalpflege hin, wenn sie draußen sehen, was passiert und was kaputt gemacht wird ...[8]

ANMERKUNGEN

1 Protokoll zur Tagung der Inventarisation in München vom 25.-28. April 1960, S. 253-256.

2 Interessant sind aus heutiger Sicht die damaligen Meinungsäußerungen maßgeblicher Tagungsteilnehmer zu den Themen „Denkmalliste" und „Denkmalschutzgesetz" – letzteres wurde einhellig und sogar scharf abgelehnt (!); vgl. Protokoll (wie Anm. 1), S. 150-154.

3 Im August 1958 war bereits als erster Band der „Kurzinventare" die „Stadt Augsburg" erschienen, bearbeitet von TILMANN BREUER in einer fast unglaublich kurzen Zeit. Bis zum Abschluß im Jahr 1976 umfaßte die Reihe 37 Bände, einschließlich einer Zweitauflage der „Stadt Nürnberg".

4 MICHAEL PETZET, Die Pfarrei Pfronten, Schnell und Steiner Kirchenführer Nr. 742, München/Zürich 1961; darin eine Zusammenstellung der zahlreichen Pfrontener Künstler.

5 WILHELM NEU, Das Bauernhaus im Landkreis Füssen, in: Jahrbuch der Bayerischen Denkmalpflege 18 (für 1959), München 1960.

6 S. dazu WILHELM NEU, Spät- und nachgotische Kirchendachstühle im Landkreis Sonthofen, in: 19. Bericht des Bayerischen Landesamtes für Denkmalpflege (für 1960), München 1961.

7 Die regelmäßig wiederkehrende Behauptung, Wamberg bei Garmisch-Partenkirchen – ein reizvolles Ensemble im Sinne der Denkmalpflege – sei der höchstgelegene Ort Deutschlands (996 m ü. d. M.), ist durch weit über ein Dutzend viel höher liegender Gemeinden, Pfarrdörfer und Weiler im Landkreis Oberallgäu leicht zu widerlegen, aber offenbar einfach nicht auszurotten.

8 Protokoll (wie Anm. 1), S. 153.

Werner Schiedermair

Was eine Autofahrt bewirken kann
oder
Wie der Ankauf von Schloss Seehof durch den Freistaat Bayern für die Errichtung einer fränkischen Außenstelle des Landesamts für Denkmalpflege zustande kam

Mit Kaufvertrag vom 8. August 1975 URNr. 2800/T/75, knapp mehr als ein Jahr nach der Ernennung von Dr. Michael Petzet zum Generalkonservator, erwarb der Freistaat Bayern Schloß Seehof in Memmelsdorf bei Bamberg. Das Bayerische Landesamt für Denkmalpflege übernahm die Anlage am 7. August 1975, um dort „im Erdgeschoß eine Außenstelle, deren Errichtung im oberfränkischen Raum seit langem gefordert wird und die im Bereich Bamberg einen besonders günstigen Standort hat", unterzubringen. Der Bestand einer der bedeutendsten Schloßanlagen Bayerns wurde auf diese Weise gesichert. Der neue Eigentümer investierte in mehr als 20 Jahren insgesamt 32,2 Mio. DM für die Instandsetzung des Schlosses, seiner Nebengebäude, der Kaskade und des Parks. Heute kann die Rettung des Ensembles im wesentlich als abgeschlossen betrachtet werden. Keine andere Maßnahme in Bayern begleitete den Jubilar während seiner 24jährigen Dienstzeit so gleichmäßig wie gerade die Restaurierung des früheren fürstbischöflich-bambergischen Lustschlosses. An den Erwerbsvorgang, der die Restaurierung erst ermöglichte, soll deshalb im folgenden erinnert werden.

Das in den Jahren 1687 bis 1695 von Antonio Petrini errichtete Schloß mit seinen von Johann Jakob Michael Küchel und Justus Heinrich Dientzenhofer in der ersten Hälfte des 18. Jahrhunderts errichteten Nebengebäuden und dem prachtvollen mit Gartenplastiken von Ferdinand Dietz geschmückten Park zählt zweifellos zu den bedeutendsten denkmalpflegerischen Ensembles in Bayern. Im Zuge der Säkularisation 1803 gelangte es zunächst in das Eigentum des Kurfürstentums und dann in das des Königreichs Bayern. Damals wurden die Leitungen zu den Wasserwerken „brutalen Nützlichkeitserwägungen geopfert, die Figuren zum größten Teil verschleudert". Eine Wende zum Positiven trat aber wieder ein, als das Schloß im Jahre 1840 in das Eigentum der Freiherren von Zandt überging. Diese setzten sich auch stets, unterstützt von den zuständigen staatlichen Behörden, für den Erhalt der Anlage ein. Zwar mußte schon in den 1930er Jahren vermerkt werden, daß der damalige Eigentümer die Kosten für die dringend notwendige Reparatur der „umfangreichen Schieferdachungen" nicht mehr allein aufbringen konnte, das Ministerium für Unterricht und Kultus stellte mit Entscheidung vom 22. Februar 1939 einen Zuschuß in Höhe von 500 RM zur Verfügung, um die dringlichsten Sicherungsmaßnahmen zu gewährleisten. Auch wurden zur Behebung von Schäden, die durch „die ungewöhnlich starke Kälte" des Winters 1941/42 an den „Steinskulpturen im Garten und auf der Gartenmauer des Schloßgartens" entstanden waren, noch während des Zweiten Weltkriegs, am 18. März 1942 und am 18. Juni 1942, weitere 2.000 RM bzw. 1.500 RM bewilligt. Doch konnte Schloß Seehof insgesamt gesehen, trotz der bei den erwähnten staatlichen Hilfsaktionen sichtbar gewordenen finanziellen Probleme, im großen und ganzen bis zum Tod des letzten Freiherrn von Zandt im Jahre 1951, „der sich mit aller Kraft für die Erhaltung von Seehof einsetzte", als gesichert angesehen werden.

Schon wenige Jahre später änderte sich das Bild drastisch. Mit der besorgten Mitteilung, „daß der Nachfolger im Besitz des Schlosses beabsichtige, Möbel und Gartenplastiken zu verkaufen", wandte sich das Landesamt für Denkmalpflege mit Schreiben vom 31. Januar 1957 hilfesuchend an das Staatsministerium für Unterricht und Kultus. Aus dem ausführlichen Bericht ergibt sich, wie sehr sich die Situation inzwischen zum Nachteil des Schlosses gewandelt hatte. Nicht nur der Verkauf wertvollsten Inventars mußte festgestellt werden, auch die Einrichtung einer „Tanzdiele" im Schloß war zu befürchten. Mit der Klage, daß „durch diesen Ausverkauf der schönsten und wertvollsten Inneneinrichtung aus privatem Schloßbesitz die fränkische Kulturlandschaft um vieles ärmer geworden und unersetzliche Werte für Bayern verloren gegangen" seien, schließt das Landesamt für Denkmalpflege seine umfänglichen Darlegungen. Verschiedene alarmierende Zeitungsnotizen veranlaßten das Ministerium, die Regierung von Oberfranken mit Schreiben vom 11. Februar 1957 um eine ausführliche Stellungnahme zu bitten. Diese mußte erklären, keine Möglichkeiten zu sehen, „die Bestandsminderung zu verhindern". Das Staatsministerium der Finanzen lehnte im Jahre 1966 einen Ankauf des Schlosses „wegen der allgemeinen Haushaltslage" ab. Damals meldete sich der Vorstand des Landbauamts Würzburg, Regierungsdirektor Otto Mayer, mit Schreiben vom 19. Dezember 1969 zu Wort und machte mit dem allergrößten Nachdruck auf die Bedeutung des glänzenden Kulturdenkmals aufmerksam. Der Schüler Wolfgang Endres aus Obbach schließlich wandte sich mit Schreiben vom 22. Februar 1970 an den Herrn Ministerpräsident und setzte sich nachhaltig für die Sicherung des Schlosses ein; er regte damals schon die „Gründung eines Vereins zur Erhaltung von Schloß und Rokokopark Seehof" an. Das Interesse der Politik am künftigen Schicksal der Anlage war mit diesen beiden Petitionen – sowie einigen Artikeln der örtlichen Presse – geweckt worden, der Druck auf das Ministerium, konkrete Rettungsmaßnahmen einzuleiten, ließ seitdem nicht mehr nach.

Beide Initiativen sowie neuerliche Informationen, der Ausverkauf von Schloß Seehof werde fortgesetzt, veranlaßten das Staatsministerium für Unterricht und Kultus zu umfänglichen und, dank hartnäckigen Nachfragens der Staatskanzlei, die sich die Eingabe des Schülers zu einer Herzensangelegenheit machte, nicht nachlassenden Aktivitäten. Zunächst wurde das Verfahren zur Aufnahme „der noch vorhandenen plastischen Gruppen im Garten von Schloß Seehof" in das Verzeichnis national wertvollen Kulturgutes eingeleitet, es konnte mit der

Veröffentlichung einer entsprechenden Bekanntmachung im Bayerischen Staatsanzeiger vom 8. April 1971 abgeschlossen werden. Dann wurde das Bayerische Nationalmuseum mit Schreiben vom 13. Mai 1970 aufgefordert, zu prüfen, „ob nicht die von den Eigentümern für den Verkauf vorgesehenen Einrichtungsgegenstände von (dort) oder sonst von einem öffentlichen Museum erworben werden" könnten. Es berichtete unter dem 5. Juni 1970, daß „die jetzt noch aus Schloß Seehof zum Verkauf kommenden Einrichtungsgegenstände für das Bayerische Nationalmuseum nicht erstrebenswert" seien. Zum damaligen Zeitpunkt prüfte das Ministerium erstmals, ob Schloß Seehof für die Unterbringung von Hochschuleinrichtungen herangezogen werden könnte. Mit einem Schreiben vom 18. Juli 1971 wies der damalige 2. Direktor des Zentralinstituts für Kunstgeschichte in München, Michael Petzet, auf die Denkmaleigenschaft von Schloß Seehof hin – und trat damit erstmals archivalisch faßbar in Sachen Schloß Seehof in Erscheinung. Unter dem 17. September 1971 forderte das Ministerium die Bayerische Verwaltung der staatlichen Schlösser, Gärten und Seen auf, zu prüfen, „ob die plastischen Figuren nicht von der Schlösserverwaltung erworben und sichergestellt werden könnten".

Das Germanische Nationalmuseum Nürnberg, das Mainfränkische Museum in Würzburg, das Bayerische Nationalmuseum und schließlich die Gesellschaft für Mainfränkische Kunst und Geschichte wurden mit Schreiben vom 5. Oktober 1971 gebeten, zu prüfen, ob der „Erwerb dieser Kunstwerke durch die Öffentliche Hand" ermöglicht werden könnte. Keine dieser ministeriellen Initiativen führte zum erwünschten Ziel. Die Überlegung der Stadt Bamberg, in Schloß Seehof die geplante, später in Hof angesiedelte Beamtenfachhochschule unterzubringen, fand keinen positiven Widerhall. Dasselbe galt für einen Erwerb der Anlage für die Universität Bamberg. Zwar setzten sich die Landtagsabgeordnete Gudila Freifrau von Pölnitz mit Brief vom 26. Mai 1972 und der Vorstand der damaligen Pädagogischen Hochschule und späteren Universität Bamberg, Frau Prof. Dr. Elisabeth Roth, mit Briefen vom 7. Juli 1972 und vom 19. Oktober 1973 nachhaltig für einen solchen Ankauf ein. Auch hatte das Kultusministerium die Oberste Baubehörde im Bayerischen Staatsministerium des Innern mit Schreiben vom 15. Oktober 1971 und vom 13. Juni 1972 gebeten, zu prüfen, „ob Schloß Seehof für die Gesamthochschule Bamberg verwendet werden könnte und ob der Ankauf sowie die Instandsetzung des Schlosses für die Zwecke der Gesamthochschule oder auch für die Zwecke der Unterbringung von Studenten wirtschaftlich vertretbar seien." Doch kam die eingehende, ausführliche Standortuntersuchung vom 6. August 1973 zum Ergebnis, daß die Lage außerhalb des Stadtgebiets eine Verflechtung mit den bestehenden Hochschuleinrichtungen nicht zulasse. Zu denken wäre lediglich daran, die Anlage für besondere Aufgaben in Verbindung mit der Hochschule heranzuziehen, etwa für Kontaktstudiengänge, Lehrerfortbildung usw. Entsprechend negativ verlief auch der Versuch, das Bayerische Staatsministerium für Ernährung, Landwirtschaft und Forsten zu einem Ankauf des Schlosses für die Zwecke eines „Staats-

Schloß Seehof; Luftaufnahme von 1997

gutes" zu bewegen, es sagte mit Schreiben vom 10. September 1973 ab. Auch zahlreichen weiteren Anregungen, Anstößen, Bitten und Anweisungen war durchschlagender Erfolg versagt. Schloß Seehof wurde nach umfänglichen Prüfungen weder für die Ansiedlung einer staatlichen Lehrerfortbildungsstätte angekauft, noch für Fortbildungsmaßnahmen für Kindergartenpersonal, noch für Fortbildungsmaßnahmen für Lehrkräfte in der Erwachsenenbildung. Wenngleich keine einzige dieser Überlegungen zur Rettung von Schloß Seehof führten und verschiedene weitere Versuche des Ministeriums, die Anlage in ihrem ganzen Bestand zu erhalten, fehlschlugen, schufen sie dennoch bei allen beteiligten staatlichen Behörden sowie im politischen Umfeld eine außerordentliche Sensibilität für die Bedeutung des Ensembles und die dringende Notwendigkeit seiner Erhaltung. Sie bildete letztlich die Basis dafür, daß Schloß Seehof zwei Jahre später doch noch für staatliche Aufgaben erworben werden konnte.

Eine wesentliche Änderung der Situation trat mit dem Erlaß des Bayerischen Denkmalschutzgesetzes am 1. Juni 1973 ein. Mit ihm wurde zugleich der Entschädigungsfonds geschaffen, ein rechtlich unselbständiges Sondervermögen des Staates, das zu gleichen Teilen von diesem und den Kommunen gespeist wird und das ausschließlich der Finanzierung denkmalschützerischer Notsituationen dient. Erste administrative Gehversuche beim Einsatz der dort ab Frühjahr 1974 erstmalig zur Verfügung stehenden Gelder machten deutlich, daß mit ihm auch ungewöhnliche Maßnahmen finanziert werden können. Dazu kam, daß im Vollzug des gerade verabschiedeten Gesetzes Denkmalschutz und Denkmalpflege in Bayern neu organisiert werden mußten. Das Landesamt für Denkmalpflege sollte großzügig ausgebaut, im ganzen Lande sollten Untere Denkmalschutzbehörden eingerichtet werden. Mehrere fränkische Landtagsabgeordnete forderten die Errichtung einer „fränkischen Außenstelle" des Landesamtes für Denkmalpflege, um einen zügigen und wirtschaftlichen Vollzug des Gesetzes auch in den fränkischen Regierungsbezirken Oberfranken, Mittelfranken und Unterfranken sicherzustellen. Vor dem Hintergrund dieser Eckdaten entwickelte sich die Überlegung, Schloß Seehof für das Landesamt für Denkmalpflege anzukaufen. Die Idee wurde gelegentlich einer Reise am 14. November 1974 geboren, an der von seiten des Ministeriums der damalige Ministerialrat Dr. Wolfgang Eberl und von seiten des Landesamts für Denkmalpflege der neuberufene Generalkonservator Dr. Michael Petzet sowie der Verfasser dieses Beitrags, als erster am Landesamt für Denkmalpflege eingesetzter Jurist, teilnahmen. Zu der Reise war vom Ministerium lediglich unter dem Gesichtspunkt eingeladen worden, das weitere Schicksal von Schloß Seehof mit dessen Eigentümern zu erörtern. Von der Errichtung einer Außenstelle des Landesamts für Denkmalpflege war nicht die Rede. Vielmehr ging es im Vorfeld der erwähnten Reise ausschließlich um die Klärung der Frage, ob die Übernahme des Schlosses für staatliche Zwecke, etwa der Universität Bamberg, dann ermöglicht werden könnte, wenn es nicht aus „normalen" Haushaltsansätzen erworben werden müßte, sondern mit Mitteln des Entschädigungsfonds angekauft werden könnte.

Schloß Seehof; Blick auf die wiederhergestellte Kaskade

Während der Fahrt, im Auto, rückte die Frage einer Nutzung von Schloß Seehof für den Fall, daß es mit Mitteln des neugeschaffenen Entschädigungsfonds für den Staat erworben werden könnte, immer mehr in den Mittelpunkt der Erörterung. Dabei wurde die Anregung, eine Außenstelle des Landesamtes für Denkmalpflege einzurichten, in das Gespräch eingebracht. Der zwar nahegelegene, aber dennoch überraschend kommende Gedanke provozierte eine lebhafte Auseinandersetzung. Petzet wandte sich zunächst spontan, entschieden und mit Leidenschaft, gegen die Überlegung, das Landesamt für Denkmalpflege organisatorisch aufzuteilen und disloziert unterzubringen. Insbesondere befürchtete er, daß eine solche Aufteilung die Schlagkraft seiner Behörde auf lange Zeit empfindlich beeinträchtigen könnte, der Vollzug des Denkmalschutzgesetzes, das ohnehin umstritten sei, könnte dadurch gefährdet werden. Der Vertreter des Ministeriums nahm aber die Anregung, in Schloß Seehof eine Außenstelle einzurichten, wohlwollend auf. Immer wieder kam die Unterhaltung auf dieses Thema zurück. Es entwickelte sich während der langen Fahrt bis Schloß Seehof zur beherrschenden Frage des ganzen Gesprächs. Nach manchem Hin und Her und heißer Diskussion, der sich in dem engen Auto niemand entziehen konnte, ließ sich der frisch bestellte Leiter des Landesamts für Denkmalpflege schließlich davon überzeugen, daß die Errichtung einer eigenen fränkischen Außenstelle mit erheblichen Prestigevorteilen verbunden sein würde. Als das Gespräch im Schloß mit den Eigentümern nach vierstündiger Autofahrt aufgenommen werden konnte, war Konsens erzielt. Schloß Seehof sollte nicht nur aus Mitteln des Entschädigungsfonds angekauft, es sollte in ihm auch eine fränkische Zweigstelle des Landesamtes für Denkmalpflege geschaffen werden. Mit dieser Nutzung sollte vor allem auch die Notwendigkeit des Erwerbs sinnvoll begründet werden. Die fast den ganzen restlichen Tag andauernden Auseinandersetzungen mit den Eigentümern verliefen im Ergebnis erfolgreich. Nach intensiven Verhandlungen, bei denen zunächst eine Gesamtpreissumme von 7,5 Mio. DM in Rede stand, erklärten sich schließlich die Erben des Freiherrlich von Zandtschen Besitzes mit einem Kaufpreis von insgesamt 5,8 Mio. DM einverstanden. Mit diesem Betrag sollten nicht nur das Schloß einschließlich aller Nebengebäude, sondern auch der gesamte Park sowie einige angrenzende Grundstücke, also eine Gesamtfläche im Umfang von etwa 25 ha, erworben werden. In die Kaufverhandlungen eingebunden wurden außerdem noch verschiedene Skulpturen im Park und im sogenannten Figurenweiher sowie die gesamte im Schloß noch vorhandene bewegliche Ausstattung, wie vor allem Möbel und Gemälde. Die Rückfahrt nach München, am späten Abend, erfolgte nach diesem ereignisreichen Tag in heiterer Stimmung. Alle Beteiligten waren davon überzeugt, Schloß Seehof schon gerettet zu haben.

Das Besprechungsergebnis löste außerordentliche Aktivitäten aus. Bereits unter dem 21. November 1974 legte das Landesamt für Denkmalpflege ein ausführliches Schätzgutachten zum Ankauf von Schloß Seehof vor. Wenige Tage danach, am 29. November 1974, erklärte der damalige Bayerische Staatsminister für Unterricht und Kultus, Prof. Dr. Hans Maier, sein Einverständnis mit dem Ankauf. Er stimmte zugleich der Errichtung einer Außenstelle des Landesamtes für Denkmalpflege zu. Die Weichen für den Abschluß des Kaufvertrags waren damit gestellt. Bis zu seiner Unterzeichnung sollten aber noch etwa 10 Monate vergehen. Zunächst galt es, Widerstände innerhalb des Landesamtes für Denkmalpflege zu überwinden. Einige Mitarbeiter verfaßten eine schriftliche Resolution, in der sie zwar den Ankauf des Schlosses nachdrücklich begrüßten, gleichzeitig aber die Ausgliederung eines Teiles des Amtes von München nach Franken entschieden ablehnten. In ausführlichen Besprechungen gelang es, diese Kollegen in den Plan, eine Außenstelle zu schaffen, einzubinden. Dann mußte die Zustimmung des Staatsministeriums der Finanzen eingeholt werden. Auf eine entsprechende Bitte des Kultusministeriums vom 9. Dezember 1974 stimmte dieses mit Brief vom 24. Juli 1975 zu. Endlich mußten Fragen des Lastenausgleichs geklärt werden. Die meisten der in den Kaufvertrag aufzunehmenden Grundstücke waren 1949 in vollem Umfang zur Lastenausgleichsabgabe herangezogen worden, insoweit gab es keine Schwierigkeiten. Anders verhielt es sich dagegen bei der Flurnummer, auf der sich das Schloßgebäude selbst befand. Für dieses war in den Jahren 1948 ff. ein Antrag auf Ermäßigung der Lastenausgleichsabgabe gestellt worden. Zu prüfen war deshalb, ob im Hinblick auf die damals antragsgemäß gewährte Ermäßigung nunmehr ein entsprechender finanzieller Ausgleich an den Staat zu leisten war. Zwar hätte das Problem dann umgangen werden können, wenn der Abschluß des Kaufvertrags auf einen Zeitpunkt nach dem 1. Januar 1980 hinausgeschoben worden wäre. Dies schien aber angesichts der dringenden Notwendigkeit, Schloß Seehof instandzusetzen, nicht verantwortbar. Auch konnte der für diese Lösung der Lastenausgleichsproblematik erarbeitete „Optionsvertrag" niemanden auf staatlicher Seite überzeugen. Aus diesem Grund wurden Verhandlungen mit dem Staatsministerium der Finanzen mit dem Ziel aufgenommen, die beim Verkauf des Schlosses nach dem Lastenausgleichsgesetz möglicherweise anfallende Vermögensabgabe ganz oder wenigstens teilweise zu erlassen. Zahlreiche Verhandlungen mit dem Staatsministerium der Finanzen und dem Bundesministerium der Finanzen waren erforderlich, um eine einvernehmliche Regelung herbeizuführen. Im Mai 1975 fiel endlich die hart umkämpfte Entscheidung. Der Bundesminister der Finanzen stimmte einem weitgehenden Erlaß der Abgabe nach dem Lastenausgleichsgesetz zu, um den Ankauf des Schlosses für den geplanten öffentlichen Zweck zu ermöglichen. Nunmehr mußten die Eigentümer davon überzeugt werden, daß diese Summe von ihnen aus dem vereinbarten Kaufpreis zu leisten war. Auch diese Aufgabe wurde gelöst, die Verkäufer stimmten der Übernahme dieser Kosten zu. Nach nunmehr bereits zehn Monate andauernder, intensiver Arbeit, nach insgesamt 42 vom Landesamt für Denkmalpflege für das Bayerische Kultusministerium geführten Verhandlungen, war der Kaufvertrag unterschriftsbereit.

Jetzt konnte an den Ausschuß für den Staatshaushalt und Finanzfragen des Bayerischen Landtags herangetreten werden, um dessen Zustimmung zum Ankauf von Schloß Seehof einzuholen. Die entsprechende Bitte trug das Staatsministerium für Unterricht und Kultus dem Parlament mit Schreiben vom 10. Juni 1975 vor. Sie wurde durch eine von der Obersten Baubehörde im Bayerischen Staatsministerium des Innern unter dem 17. März 1975 bestätigte Schätzung des Landbauamts Bamberg vom 13. Januar 1975 zum Wert der Anlage und zur Höhe des Kaufpreises unterstützt. Der Haushaltsausschuß des Bayerischen Landtags, bei dessen Verhandlungen sich vor allem der in Memmelsdorf ansässige, örtlich zuständige Stimmkreisabgeordnete Philipp Vollkommer als Fürsprecher einsetzte, nahm am 9. Juli 1975 von dem beabsichtigten Erwerb des Schlosses zustimmend Kenntnis; damit konnte der Kauf von Schloß Seehof endlich realisiert werden. Am 8. August 1975 wurden die notwendigen Unterschriften im Notariat Dr. Karl Thalhofer in München vollzogen. Der entscheidende Schritt für die Wiederherstellung von Schloß Seehof war getan.

Unverzüglich nach der Unterzeichnung des Vertrags setzte die Inbesitznahme des Schlosses durch das Landesamt für Denkmalpflege ein. Schon vorsorglich hatte es mit Schreiben vom 24. Juli 1975 beim Staatsministerium für Unterricht und Kultus Mittel für die Bewirtschaftung der Anlage erbeten. Insbesondere sollte die Einstellung eines Hausmeisters ermöglicht werden. Die notwendigen verwaltungsmäßigen Schritte für die dringend erforderliche Substanzsicherung der Gebäude leitete das Landesamt für Denkmalpflege mit Schreiben vom 15. September 1975 ein. Nicht ohne Grund handelte es so schnell wie möglich. Kaum war der Ankauf des Schlosses nämlich öffentlich bekannt geworden, wuchs das Interesse an seiner Nutzung. So meldete sich die Friedrich-Alexander-Universität Erlangen-Nürnberg mit ausführlichem Brief vom 15. August 1975 zu Wort und bekundete ihr Interesse an einer Nutzung des Schlosses. Mit Schreiben vom 10. Oktober 1975 stellte das Ministerium aber klar, daß Schloß Seehof ausschließlich für eine Nutzung durch das Landesamt für Denkmalpflege vorgesehen sei. Eine Änderung dieses Planes käme nicht in Frage. Bei dieser Aussage verblieb es auch bei weiteren Anfragen.

Der Restaurierung von Schloß Seehof galt das Augenmerk des Generalkonservators Petzet über alle Jahre seiner Dienstzeit hinweg, ja man kann sagen, daß die prachtvolle Sommerresidenz der Bamberger Fürstbischöfe sein denkmalpflegerisches Lieblingskind geworden ist. Von dem anfänglichen Widerstand, es zu erwerben, war nie wieder die Rede. Heute, nach der Wiederherstellung, zählt Schloß Seehof mit allen seinen Nebengebäuden, dem Park und der Kaskade zu den schönsten Schloßanlagen des ganzen bayerischen Landes.

Zu Abb. auf S. 32:
Schildhaltender Löwe von der wiederhergestellten Kaskade in Schloß Seehof

ABBILDUNGSNACHWEIS

In der Reihe der Anordnung: Alle BAYERISCHES LANDESAMT FÜR DENKMALPFLEGE, Photoarchiv: Neg.Nr. 950816/8 (Eberhard Lantz); Luftbildarchäologie, Aufn.Datum 16.05.1997, Photograph K. Leidorf, Archivnr. 7698, Dia 6130/009; Photoarchiv Neg.Nr. 970610/3 (Eberhard Lantz)

CHRISTOPH HACKELSBERGER

AUFERSTANDEN AUS DEM NICHTS
EIN DENKMAL KEHRT WIEDER, HUNDINGS HÜTTE

HOJOTOHO! HOJOTOHO, HEIAHA! HEIAHA! (RICHARD WAGNER)

Denkmalpflege pflegt in bayerischen Gauen ein ernst Ding zu sein. Die hochamtliche Seite verhängt diese Pflege, voller Genugtuung, einer edlen Sache zu dienen, auch freudig geschwellt ob solch nachschaffender Kreativität. Ist es doch schön, mächtig zu sein und andere zwingen zu können, alles zu revitalisieren, was man für bedeutend zu halten gelernt hat.

Die Gegenseite, das dumpfe Heer der Bürger, hält solch verhängte Pflicht nicht selten für ein Verhängnis, was der Verhängerseite als Zeichen tiefer Kulturlosigkeit erscheinen mag, und doch nichts ist als mangelnde Einsicht in den konservierenden Sinn des Konservatismus, der da landauf, landab Weltsicht erzeugt.

Doch was soll die Klage? Eine Seite im Buch der Denkmalhistorie ist umgeblättert worden; wir sind erstaunt, erheitert und wollen dies nicht hintanhalten.

Daß Denkmalpfleger zur Selbstironie fähig sind, nicht nur den simplen Bauchaufschwung auf unsere Kosten, sondern auch den freien Doppelsalto beherrschen, ist bislang noch nicht beobachtet worden. Das wird auch kaum breit einreißen, indes bestätigt die brillante Ausnahme die mausgraustumpfe Regel:

Hojotoho! Hojotoho!
Haiaha!
(In dem Gewölk bricht Blitzesglanz auf; eine Walküre zu Roß wird in ihm sichtbar. Über ihrem Sattel hängt, tiefgeschockt, ein Denkmalpfleger der alten Schule).

Ausgerechnet Bayerns oberster Denkmalschützer, Michael Petzet, Generalkonservator und somit gleichsam der Wotan der bayerischen Denkmalpflege oder aktuell ausgedrückt, der Ajatollah der Lehre vom Denkmal, seiner Authentizität in situ, oberverantwortlich für's unbeschädigte Weiterreichen und konservatorische Fixieren und Sistieren, hat ex nihilo seinem inzwischen normaler Sterblichkeit entrückten Dienstherrn Max Streibl zur Freude, sich, dem versierten Ausstellungsmacher, und seiner als Bühnenbildnerin bestens ausgewiesenen Frau zum schieren Gaudium Ludwigs II., des Wirren, Walküren-Erster-Auftritt-Hundinghütte wissenschaftlich genau und erhärtet neu geschaffen.

Solche Neuschöpfung, dazu nicht einmal am Ort des alten, total verschwundenen Objekts, sondern Kilometer davon entfernt, eröffnet nunmehr die Chancen einer totalen Kreativität der Denkmalpflege. Bei Lichte besehen wurde nur erneut nachvollzogen, was Ludwig II., der Wirre, der Märchenkönig, vorgemacht hat, als er Geschichte und Geschichten, Singspiele und Realität, sentimentalisch und realiter nicht mehr auseinanderhalten konnte und all jene Gefühlssurrogate seines schwülstigen Freundes Richard Wagner auf Bayerns Hügeln, Inseln, in den Wäldern und Fluren dingfest zu machen versuchte.

Eine dieser „Transkriptionen" war die Hundinghütte. Sie gehörte zu seinen besten. Ludwig ließ, wahnwallend in der tönend brausenden, germanisch stammelnden Welt seines Freundes Richard W. 1876 unterhalb der Kreuzspitze, nahe der österreichischen Grenze, genau nach Wagners Regieanweisung, 1. Aufzug der Walküre, ein recht gewaltiges germanisches Blockhaus bauen. Dessen Interieur entsprach dem Bühnenbild der von Christian Jank ausgestatteten Erstaufführung des Melodrams von 1870.

Wagner, der Meister selbst, der Schwüle, Musikgenie, sonst aber phantastischer Philister wie sein Landsmann Karl May, der eine in Sachen Germanen, Arier, der andere in Sachen „edle Wilde", hat in seinen Regieanweisungen genau ausgeführt, in welcher Umgebung er seine dröhnenden, allen Regeln üblicher deutscher Sprache hohnsprechenden Geschwätzigkeiten unters soeben zu einem Reich zusammengeschmiedete Volk bringen wollte.

(Stürmisch, d-Moll 3/2)

ERSTER AUFZUG

Das Innere eines Wohnraumes

In der Mitte steht der Stamm einer mächtigen Esche, dessen stark erhabene Wurzeln sich weithin in den Erdboden verlieren; von seinem Wipfel ist der Baum durch ein gezimmertes Dach geschieden, welches so durchschnitten ist, daß der Stamm und die nach allen Seiten hin sich ausstreckenden Äste durch genau entsprechende Öffnungen hindurchgehen; von dem belaubten Wipfel wird angenommen, daß er sich über dieses Dach ausbreite. Um den Eschenstamm, als Mittelpunkt, ist nun ein Saal gezimmert; die Wände sind aus roh behauenem Holzwerk, hier und da mit geflochtenen und gewebten Decken behangen. Rechts im Vordergrunde steht der Herd, dessen Rauchfang seitwärts zum Dache hinausführt: hinter dem Herde befindet sich ein innerer Raum, gleich einem Vorratsspeicher, zu dem man auf einigen hölzernen Stufen hinaufsteigt: davor hängt, halb zurückgeschlagen, eine geflochtene Decke. Im Hintergrunde eine Eingangstür mit schlichtem Holzriegel. Links die Tür zu einem inneren Gemache, zu dem gleichfalls Stufen hinaufführen; weiter vornen auf derselben Seite ein Tisch mit einer breiten, an der Wand angezimmerten Bank dahinter und hölzernen Schemeln davor. Ein kurzes Orchestervorspiel von heftiger, stürmischer Bewegung leitet ein. Als der Vorhang aufgeht, öffnet Siegmund von außen hastig die Eingangstür und tritt ein: es ist gegen Abend, starkes Gewitter, im Begriff, sich zu legen. – Siegmund hält einen Augenblick den Riegel in der Hand und überblickt den Wohnraum: er scheint von übermäßiger Anstrengung erschöpft; sein Gewand und Aussehen zeigen, daß er sich auf der Flucht befinde. Da er niemand gewahrt, schließt er die Tür hinter sich, schreitet auf den Herd zu und wirft sich dort ermattet auf eine Decke von Bärenfell.

Hundinghütte von Nordosten; Photographie von Arnold um 1920

In solcher Umgebung singen sie sich nun an, Sieglinde und Siegmund, die sich dann, oh höchste Lust für den Spießer, als inzestuöses Welsungenpärchen herausschälen.

Man muß sich ein paar Sprechproben zumuten, dann kennt man auch die Hundinghütte mit ihrer Zentralesche, die schon bei Ludwig II. eine drapierte Buche war, immerhin noch echter als Wagners Pappmaché-Inzestgermanen samt Wotan und Anhang.

Wie sich das anhört? Etwa so!

S i e g l i n d e *(geht nach dem Speicher, füllt ein Horn mit Met und reicht es Siegmund mit freundlicher Bewegtheit).*

  Des seimigen Metes
  süßen Trank
  mögst du mir nicht verschmähn.

S i e g m u n d.
  Schmecktest du mir ihn zu?

(Sieglinde nippt am Horne und reicht es ihm wieder. Siegmund tut einen langen Zug, indem er den Blick mit wachsender Wärme auf sie heftet. Er setzt so das Horn ab und läßt es langsam sinken, während der Ausdruck seiner Miene in starke Ergriffenheit übergeht. Er seufzt tief auf und senkt den Blick düster zu Boden. Mit bebender Stimme.)

  Einen Unseligen labtest du:
  Unheil wende
  der Wunsch von dir!

So geht das in einem fort. Dann, im 1. Aufzug 2. Szene, kommt Hunding, den wir an Hand der Regieanweisung sofort als Hausherrn erkennen.

S i e g l i n d e *(dem Blicke Hundings entgegnend).*
  Müd am Herd
  fand ich den Mann:
  Not führt' ihn ins Haus.

H u n d i n g. Du labtest ihn?

S i e g l i n d e. Den Gaumen letzt' ich ihm,
  gastlich sorgt' ich sein!

S i e g m u n d *(der ruhig und fest Hunding beobachtet).*
  Dach und Trank
  dank ich ihr:
  willst du dein Weib drum schelten?

H u n d i n g. Heilig ist mein Herd:
  heilig sei dir mein Haus!

(Er legt seine Waffen ab und übergibt sie Sieglinde. Zu Sieglinde.)

Rüst uns Männern das Mahl!

(Sieglinde hängt die Waffen an Ästen des Eschenstammes auf, dann holt sie Speise und Trank aus dem Speicher und rüstet auf dem Tische das Nachtmahl. – Unwillkürlich heftet sie wieder den Blick auf Siegmund. Hunding mißt scharf und verwundert Siegmunds Züge, die er mit denen seiner Frau vergleicht; für sich.)

  Wie gleicht er dem Weibe!
  Der gleißende Wurm
  glänzt auch ihm aus dem Auge.

Wir sind inzwischen alle aufgeklärt, durch nichts mehr zu schockieren und können uns den Fortgang dieses germanisch kostümierten Sinnentaumels unschwer vorstellen.

Man muß den Schwulst indes Zeile für Zeile lesen, um die gräßliche Verschränkung von nachgelieferter Nationalgeschichte, Wagner, allgemeiner Verdrängung, Ariergeschwafel und was sonst noch, zu begreifen. Aus dieser verquasten, sprachlich unsäglichen, musikalisch enthemmten Germanentümelei konnte nichts Gutes kommen. Doch dies räsonierend beiseite gesagt.

In der dem Bühnenbild nachgebauten Hundinghütte soll Ludwig II. seinen kleinen Freuden nachgegangen sein; sein Hang zum männlichen Personal ist ja aktenkundig.

1884 brannte die Erstfassung ab. Ludwig ließ diese aber, nicht ahnend, daß er zwei Jahre später im Starnberger See auf bis heute ungeklärte Weise das Finale seines letzten Akts erleben würde, sofort wieder rekonstruieren.

So stand sie als füßisch zu erwandernde Attraktion bis in den Sommer 1945. Dann brannte sie erneut ab. Jahrzehntelang munkelte man, SS-Männer hätten dort den Endsieg erwartet, als späte, legitime Erben Hundings und all der anderen Nazi-Abziehbild-Germanen. Nicht Wehrwolf war's indes, Hojotoho! Sondern der Revierförster hatte sich schon allzu lang über die sein Wild vergrämenden Spazierer geärgert. Da nutzte er die große „Reichsgötterdämmerung" für seine kleine „heiße Sanierung" des Revierfriedens.

Einweihungsfeier in der Hundinghütte am 1. Juni 1990

Kein Mensch wäre fürderhino darauf verfallen, dies Wälsungengemächt wieder herzustellen, hätten sich nicht Michael Petzet, der schon 1968 Ludwigen durch eine neohistorische Ausstellungsnachfeier späte Genugtuung verschafft hatte, und der Finanzminister Bayerns, Max Streibl, der sich gern diverser Jugendspaziergänge zur Hundinghütte erinnerte, zusammengetan, zwecks rinascimento.

Umsichtig ging man vor. Nicht mehr frei im fernen Grenzwalde stehen sollte Hundings Hütte, nie mehr sollte geschehen, was geschah:

„Schwarze Dämpfe -
schwüles Gedünst -
feurige Lohe
leckt schon nach uns –
es brennt das Haus –
zu Hilfe Bruder!
Siegmund! Siegmund!

Am Führungsweg von Schloß Linderhof, dem komprimierten Traum Ludwigs, sollte Hundings Inzest-Ranch Geld verdienen helfen, sich auch selbst finanzieren. Und so haben die beiden eine knappe Million investiert ins Denkmal, das auferstand, nicht aus Ruinen, sondern aus Regieanweisung, alten Bauplänen des Hofbaubüros, Aquarellen, Photos und wo es not tat, aus blühender Phantasie. Alle haben einträchtig zusammengewirkt, der Finanzminister, der Generalkonservator, das Bauamt der Schlösser-, Gärten- und Seenverwaltung, dessen großartige Restauratoren und Bildhauer haben alte Pläne gewälzt und sich richtig hineingekniet ins Vergnügen.

Historische, vor dem Brand 1945 sorgsam geborgene Requisiten, so Trinkhörner, mit Rattenfell bezogene Schilde und einiges mehr, gab es auch noch und was ernstlich fehlte, wurde kopiert. Petzet, der Oberschalk, bearbeitete selbst den Spaß „seriös-wissenschaftlich", um den Nachweis der Berechtigung solchen Tuns bemüht, Hojotoho, fürwahr und Heiaha!

Das tollste Stück solcher Kulissenschieberei ist die Einbringung einer gestandenen, sicherlich über hundertjährigen, zweistämmigen Buche mittels Autokran und Hilfshebezeug in die noch nicht mit Dach versehene 17,5 mal 10 Meter messende Blockwandkonstruktion der Hütte.

Dort tut selbige Buche nun Dienst als Esche, mit künstlichen Eschenblättern geziert und mit Eschenrinde garniert. Auch dies Falsifikat ist historisch; schon bei Ludwig spielte eine Buche Esche; bei Wagner ist, außer der Musik, sowieso alles Pappmaché und Kleister.

Ein Jahr lang hat man gezaubert. Michael Petzet selbst soll sich, gleich seinem Freund Stölzl, der solches für's Deutsche Historische Museum tut, um allerhand Requisiten gekümmert haben. Die verschwundenen Bärenfelle für's Lotterbett lieferte nebst den notwendigen Geweihen das Jagdmuseum. Einen Wolfsmantel soll das Hauptzollamt München aus seiner Artenschutz-Asservatenkammer beigesteuert haben. Den Rest des fehlenden Germanenplunders schuf man neu. Den „Hordentopf" aus Gußeisen entdeckte Petzet bei Freunden im Garten, und das in der Esche steckende Hundingschwert wurde nach einem Photo, sicherlich aus einem Autofederblatt, schwertgefertigt.

Inneres der Hundinghütte; Photographie von Arnold um 1920

Was bei dieser wunderbar-komischen, konzertierten Aktion herausgekommen ist, wird als geradezu sensationell authentisch gefälschtes historisches Schaustück, so schön schauerlich wie Wagners Sprüche, so recht geeignet nach der Wälsungischen Vereinigung von Sozialismus und Kapitalismus, ins deutsch-nationale Ahnenerbe eingehen.

Einweihungsfeier am 1. Juni 1990 mit Ministerpräsident Dr. h.c. Max Streibl, dem Präsidenten der Bayerischen Verwaltung der staatlichen Schlösser, Gärten und Seen, Dr. Hanns Freiherr von Crailsheim, und Generalkonservator Prof. Dr. Michael Petzet

Das Landesamt für Denkmalpflege hat Arbeitshefte in Menge herausgebracht. Keines aber ist vergnüglicher zu lesen und insgesamt bayerischer, samt Schwurabteilung usw., als Heft 51.

Max Streibl, zur Zeit der Indienststellung des neuen Denkmals bayerischer Ministerpräsident und als solcher oberster Einweiher des Staates, zu Detta und Michael Petzet: „Sie haben sich ein Denkmal gesetzt". Nicht oft hat er so recht gehabt.

Die Hundinghütte, im Mai 1990 eingeweiht, ist nicht nur eine wiederentstandene Jugenderinnerung des ehemaligen Ministerpräsidenten, sie ist auch eine weitsichtige und rentierliche Investition.

Ludwig II., der Wirre, hat zwar nirgends große Architektur hinterlassen, nichts an bayerischen Staatsbauten aber verzinst sich besser als seine Träumereien.

ANMERKUNG DER REDAKTION:

„Die neue Hundinghütte im Schloßpark von Linderhof will nicht mehr und nicht weniger sein als eine Rekonstruktion – nicht authentische Reliquie, sondern anschauliche Erinnerung an die noch zu Lebzeiten Ludwigs II. einmal wiederaufgebaute und durch die Brandstiftung von 1945 scheinbar für immer verlorene Hundinghütte von 1876, die ihrerseits eine Rekonstruktion des Bühnenbilds der Uraufführung der ‚Walküre' von 1870 darstellte. Wenn auf diese Weise ein Stück Erinnerung an die Welt unseres bayerischen ‚Märchenkönigs' bewahrt bleibt, hat die Rekonstruktion der Hundinghütte ihren Zweck erfüllt."

(Aus: DETTA und MICHAEL PETZET, *Die Hundinghütte König Ludwigs II.*, Arbeitshefte des Bayerischen Landesamtes für Denkmalpflege, Bd. 51, München 1990, S. 96)

Zu Abb. auf S. 38:
Wohnraum der wiedererrichteten Hundighütte; Aufnahme 1990

ABBILDUNGSNACHWEIS

BAYERISCHES LANDESAMT FÜR DENKMALPFLEGE, Photoarchiv (Dieter Komma): *Abb. S. 38* (910219/18), *S. 40 unten* (900643/12a), *S. 41 unten* (900643/23a)
PHOTO ARNOLD, FÜSSEN: *Abb. S. 40 oben* (Reproduktion Bayerisches Landesamt für Denkmalpflege 900330/16), *S. 41 oben* (900330/18)

DIETER KOMMA
Photograph des Landesamtes

Aufnahmen der Alten Münze
in München,
Sitz des Bayerischen Landesamtes
für Denkmalpflege

EBERHARD LANTZ
Photograph des Landesamtes

Aufnahmen von Schloß Seehof
bei Bamberg, große Außenstelle
des Landesamtes in Oberfranken

Brandenburg, Dom, Ansicht von Südosten

Detlef Karg

Für Michael Petzet

Eine Festschrift für Michael Petzet, wie diese, bietet die Möglichkeit, seiner Persönlichkeit in vielfältiger Weise zu entsprechen. So werden die in ihr enthaltenen Beiträge mehr oder weniger deutlich auch Auskunft über die persönlichen Bindungen geben, die die Autoren mit ihm hatten und haben. Für die Denkmalpfleger und Denkmalpflegerinnen, die in der DDR lebten und seit 1990 nun auch innerhalb der Vereinigung der Landesdenkmalpfleger in der Bundesrepublik Deutschland für die deutsche Denkmalpflege wirken, war der Name Petzet auch schon vor der Vereinigung der beiden deutschen Staaten ein Markenzeichen für Denkmalpflege.

Noch 1989, wenige Tage vor dem Zusammenbruch der DDR, konnte ich einer Einladung des deutschen akademischen Austauschdienstes folgen und auch das Bayerische Landesamt für Denkmalpflege besuchen. Sein Generalkonservator, Prof. Dr. Michael Petzet, war in Sachen Denkmalpflege im Ausland, und der Sitz des Amtes, die Alte Münze, war eine Baustelle. Doch es war, dazu bedurfte es nicht einmal der Vorstellungskraft eines Denkmalpflegers, spürbar, welche Opulenz diesem Amte innewohnt. Und heute, nach über zwanzig Jahren seines Wirkens als eine der führenden Persönlichkeiten der Denkmalpflege, nicht nur in Bayern, stehen wir einer Leistung gegenüber, die nicht zuletzt in dem Amtssitz der bayerischen Denkmalpflege in der Münchener Innenstadt sichtbar ist.

Gerade wir Denkmalpfleger in den östlichen Bundesländern können wohl ohne Vorbehalte diesem umfassenden und vielschichtigen Wirken nur mit Hochachtung gegenüberstehen.

Vielleicht waren es die offensichtlich nie versiegenden brisanten, ewig wirkenden bayerisch-brandenburgischen Bande, die ihn sogleich als fachlichen Ratgeber für die Messerschmitt Stiftung in ein Zentrum brandenburgisch-preußischer Kultur nach Potsdam-Sanssouci führten. Eine Spende dieser, nicht nur für die bayerische Denkmalpflege so wirksamen Stiftung ermöglichte den Wiederaufbau des am Ende des Zweiten Weltkriegs zerstörten Belvederes im Park von Sanssouci. Zweifelsohne eine für die bayerische Denkmalpflege nicht ungewohnte Leistung, letztlich das Schaffen von Tatsachen am konkreten Gegenstand.

Und in seiner Verantwortung als Vorsitzender des Deutschen Nationalkomitees von ICOMOS nahm er sich auch der geschundenen Stadt Brandenburg an. Diese ICOMOS-Tagung im November 1991 zum Thema Stadterneuerung und Denkmalschutz – eine Schwerpunktaufgabe in den fünf neuen Bundesländern – war nicht nur eine Zusammenkunft von Fachleuten zur Problemdarstellung und zur Problemlösung in dieser namensgebenden Stadt des Landes Brandenburg schlechthin, sondern es war zugleich auch die Integration der östlichen Bundesländer in das internationale Beziehungsgeflecht der Denkmalpflege.

Ich erfahre diese keimende Zusammenarbeit, die das Ernste in ein scheinbar spielerisches Gewand hüllt und so die Wege polarisierender Kräfte dann fast überraschend wieder vereint, mit wachsender Erwartung auf das Künftige. Das dabei spürbare, scheinbar unanfechtbare, aber so unverzichtbare Wertgefühl, das in Michael Petzet ruht, scheint Nahrung in der bajuwarischen Lebensart zu finden und in dem Bewußtsein zu wurzeln, ein Landesamt für Denkmalpflege in Deutschland geprägt zu haben und vorzustehen, das weit über die Grenzen des sich immer wieder bestätigenden Freistaates Bayern einen Namen hat. Auch uns brandenburgischen Denkmalpflegern ist bei unserer eigenen Standortbestimmung und unserem damit verbundenen Wirken dieser Einfluß immer wieder spürbar. Es sind nicht zuletzt die wohlgesetzten Worte aus seiner Feder, aber auch sein unmittelbares Tun vor Ort. Und letztlich steht Michael Petzet mit seinem unglaublichen Arbeitspensum auch in dem kräftezehrenden Ringen um das Miteinander, dem er sich zudem als Vorsitzender der Vereinigung der Landesdenkmalpfleger verpflichtet fühlt und das ich als sein Stellvertreter aus unmittelbarer Nähe miterleben kann. So stellt er sich, durchaus nicht ungewollt, in das Spannungsfeld von Anspruch, Notwendigem und Möglichem und greift mit diesen Polaritäten auch in die denkmaltheoretischen Erörterungen ein.

Schon diese wenigen Jahre, die wenigen aber durchaus intensiven Begegnungen, haben in mir das reifen lassen, was sonst erst nach Jahren entstehen kann – Hochachtung und Dank, verbunden mit der Hoffnung auf viele Gemeinsamkeiten. Und insofern hoffe ich auf die wohlwollende Annahme meiner einführenden Worte einer weiteren ICOMOS-Tagung in der Stadt Brandenburg, die er ohne Vorbehalte beförderte und auf der sich seine Persönlichkeit als hilfegewährender Kollege, fachlicher Ratgeber und Repräsentant der Denkmalpflege einmal mehr bestätigte. Wir trafen uns im Dezember 1996 zum Thema: Denkmalpflege am Dom zu Brandenburg.

Meine sehr verehrten Damen und Herren!

Ein Jahr bevor den Abrißarbeiten an der Marienburg, der Ordensburg der Kreuzritter, Einhalt geboten wurde, schrieb der Lyriker und spätere Teilnehmer der Völkerschlacht bei Leipzig Max von Schenkendorf (1783-1817) am 26. August 1803 in der „Berlinischen Zeitung für Gebildete": „Sie müssen nicht wissen, daß die Marienburg von der Patronin des Deutschen Ordens ihren Namen hat. ... Dem Freimüthigen aber geziemet es, öffentlich über eine Sache zu reden, welche das ganze Land angeht."

Und ich wage, in Abwandlung dieser an die Verantwortung des Einzelnen, aber wenigstens der Kulturbeflissenen gerichteten Aufforderung, hier an dieser Stelle zu formulieren: Vielleicht müssen wir nicht wissen, wie die ehemalige Stiftskirche des Prämonstratenser-Domkapitels und dann die Kathedrale des Bistums Brandenburg zu ihren Patronen Peter und Paul kam. Uns allen geziemt es aber, die Bedeutung dieses Bauwerkes zu erkennen, das als Wiege der Mark bezeichnet in seiner historischen Bedeutung mehr ist als ein Bauwerk zur Verkündigung des Wortes Gottes. Dieser Sakralbau, baulicher und geistiger Mittelpunkt des Dombereiches und der Dominsel, kündet von dem missionarischen Eifer der Christianisierung der ostelbischen Gebiete, von den vielschichtigen Strömungen politischer, wirtschaftlicher und kultureller Ordovorstellungen, denen wir in vielgestaltigen Veräußerungen im und am Dom und bei den ihn umfassenden Gebäuden begegnen.

Die Überformungen, die Abrisse, Ergänzungen und Erweiterungen waren von unterschiedlichen Wertvorstellungen getragene Eingriffe. Sie, wie die auch nicht sogleich sichtbaren Spuren künden von dem Umgang mit diesem markanten, durchaus als Wahrzeichen zu bezeichnenden Dokument unserer Geschichte. Dieser Geschichte, wohl charakterisierender der Rezeptionsgeschichte, ist diese Tagung gewidmet, wohl erstmals in dieser Tiefe und Breite und unter Einbeziehung jüngster Forschungsergebnisse, jedoch noch immer schlaglichtartig. Denn wir ahnen, und das durchaus nicht unberechtigt, daß ein Großteil der Informationen, die dieses Bauwerk enthält, uns noch verborgen sind. Ich denke dabei an den ottonischen Bau, den Vorgängerbau, an die Errichtung der Klausur oder die Befundslagen zu den verschiedenen Ausmalungen. Obwohl noch viele Fragen gegenwärtig und wohl auch in absehbarer Zukunft offen, also unbeantwortet, bleiben werden, können wir doch mit einem zweifelsohne berechtigten Anspruch behaupten, daß wir heute schon über eine Sache geredet haben und auch weiter reden werden, „welche das ganze Land angeht".

Ich danke deshalb aufrichtig dem Präsidenten des Deutschen Nationalkomitees von ICOMOS, der internationalen Vereinigung der Denkmalpfleger, Herrn Professor Dr. Michael Petzet, für seine uneingeschränkte Befürwortung dieser, wenn Sie so wollen, außerplanmäßigen Tagung von ICOMOS.

Das Brandenburgische Landesamt für Denkmalpflege ist, nun mit Hilfe von ICOMOS, bestrebt, diesen monumentalen Bau mit den begleitenden Bauten des Dombereiches und seinem Beziehungsgeflecht zur Altstadt und zur umgebenden Landschaft aus dem nach unserer Ansicht ungerechtfertigten Schattendasein in das Licht wenigstens national bedeutender Werke der Baukunst zu rücken. In dieser Absicht, so meine ich, sind wir uns mit dem Domstift, dem Konsistorium, der Stadt, dem Land, auch dem Bund, wenn ich auf die Äußerungen des Herrn Bundesminister Kanther während seines letzten Aufenthaltes im Land Brandenburg verweisen darf, einig. Ich bin mir auch sicher, in diesen Bemühungen die uneingeschränkte Zustimmung des jüngst gegründeten und schon mit beachtlichen Aktivitäten wirksam gewordenen Fördervereins zu erfahren. Daß die herausragenden Persönlichkeiten, die ja dem dann wohl doch dümpelnden Schiff „Dom zu Brandenburg" zu einer ersten ruhigeren Fahrt verhalfen, heute hier nicht zugegen sind, ist letztlich ihren vielfältigen Verpflichtungen geschuldet. Dennoch erlaube ich mir gerade hier an dieser Stelle, für ihr so beförderndes Wirken auch den Dank der brandenburgischen Denkmalpflege zu bekunden. Sie werden von dieser Zusammenkunft ja über die beabsichtigte Veröffentlichung erfahren, die ihnen zudem auch das so notwendige fachwissenschaftlich gesicherte Fundament für ihr uneingeschränktes Werben in Sachen Dom zu Brandenburg weiter festigen wird.

Es ist also unser Bestreben, darauf aufmerksam zu machen, daß in Brandenburg, in der namensgebenden Stadt des Landes, eines der bedeutendsten Bauensembles unserer Entwicklung seit dem Mittelalter und auch davor schon, wenn ich auf die in der Erde schlummernden Zeugnisse slawischer Baukultur verweisen darf, noch erhalten ist.

Hier also ist ein Monument unserer Entwicklung mit all den geschichtlichen Spuren noch vorhanden. Hier müssen wir nicht erst unser historisches Erbe neu erbauen oder nachbauen, so wie das zur Zeit an anderer Stelle geschieht. Was da geschieht, wird durchaus professionell für die Öffentlichkeit aufbereitet. So wird nicht zuletzt der enorme Geldbedarf entgegen der ursprünglichen Absicht nun doch durch die öffentliche Hand bereitgestellt. Die Trompete allein reicht nicht, und so muß eine Münze für den risikoreichen und kostenspieligen Nachbau des Verlorenen her.

Sollten wir aber nicht eher um eine Münze ringen, die unserem noch vorhandenen baulichen Erbe von nationaler Bedeutung gewidmet ist? Der Brandenburger Dom sollte durchaus eine derartige Münze zieren. Denn in der Tat ist mit ihm ein Bauwerk in seiner Authentizität erhalten, das in jedem Fall unserer verantwortungsvollen Pflege und Erhaltung harrt, wenn wir Geschichte nicht nur als eine Ereignissammlung, sondern als ein Beziehungs- und Wirkungsgeflecht begreifen. Ein derartiges Geschichtsverständnis läßt uns auch erkennen, daß die baulichen Spuren menschlicher Schöpferkraft mit ihren Höhen und Brüchen ein Ergebnis dieser Zusammenhänge sind. Sie sind die Dokumente, die in ihrer Bedeutung auch den zeitbedingten und so durchaus unterschiedlichen Wertungen unterliegen, die aber gerade deshalb nicht ihrer Authentizität und auch ihrer Aura beraubt werden dürfen.

Für den Denkmalpfleger heißt das, hier folge ich den Darstellungen von Michael Petzet auf der Tagung der Vereinigung der Landesdenkmalpfleger im Jahre 1989 zum Thema „Denkmalpflege und Kirche": „Grundsätzlich" – so fordert er – „ist der Respekt vor dem überkommenen Bestand im historischen Kirchenraum für den Denkmalpfleger heute erstes Gebot, auch dann, wenn das sich ihm bietende Bild heterogen wirken mag in Folge der Überformungen, die die meisten Kirchen erlebt haben."

Dieser Grundsatz trat auch bei vielen Renovierungen der Nachkriegszeit, um nicht immer nur das 19. Jahrhundert zu zitieren, sondern um uns auch zum Teil noch gegenwärtiger Erfahrungen zu erinnern, in den Hintergrund. Oft waren diese Eingriffe von subjektiven Geschmacksvorstellungen Einzelner bestimmt, wie auch von Vorstellungen über „Stileinheit und Stilreinheit im Sinn ‚echter' statt ‚falscher' Romanik oder Gotik" geprägt. Nicht selten wurden so die subjektivistischen Wertvorstellungen zu prägenden Kriterien. Derartigen Haltungen erlagen nicht nur Kirchenkreise und

Brandenburg, Dom, Innenraum nach Osten ▷

Kunsthistoriker, sondern auch Denkmalpfleger. Und so muß wohl in dieses Spannungsfeld auch die Entscheidung Anfang der 60er Jahre unseres Jahrhunderts gestellt werden, als man die von Schinkel geprägte Verbindungstreppe zwischen Langhaus und Chor des Domes mit dem Argument beseitigte, die Dreiteilung des mittelalterlichen Baus mit Chor, Langhaus und Krypta wieder herzustellen. Zweifelsohne haben die pro Beseitigung benutzten Argumente ihre Kraft auch heute noch nicht verloren. Wir sollten aber nicht mit Arroganz und Besserwisserei darüber richten. Dennoch sollten wir nicht vor der Frage scheuen, ob die in den 30er Jahren des vorigen Jahrhunderts vorgenommenen Überformungen zum Kathedralhaften, von denen wir heute für alle wohl sogleich am Außenbau sichtbar den Turmhelm und den Zinnenkranz erkennen, nicht auch das Innere meinten, das nun in seinen wesentlichen Zügen beseitigt ist. Und insofern stehen die getroffenen Maßnahmen zur Wiederherstellung des Inneren, insbesondere auch die Rückführung der Krypta auf ihre ursprüngliche Gestalt, in der Tat in dem von mir gerade gezeichneten Spannungsfeld, auch dann noch, wenn uns durch diesen Eingriff bedeutsame bau- und kunsthistorische Informationen über den vorherigen Zustand zuwuchsen.

Noch wesentlicher für diese Phase von 1962-1965 war die auch von Schinkel in einem Gutachten von 1828 unterzeichnete Feststellung, daß „das Gebäude auf eine sehr lange Dauer nicht mehr Anspruch machen kann". Die daraufhin 1834 eingebrachten Zuganker sollten das Auseinanderdriften des Obergadens und damit den Einsturz der Gewölbe verhindern. Und beim Wiederaufbau der südlichen Querschiffsfront wagte man nicht mehr den Einbau eines massiven, sondern nur eines leichten Holzgewölbes. Erst 1962, als die Risse und Verformungen im Mauerwerk Anlaß gaben, das gesamte Mittelschiff freizulegen und den Baugrund durch Bohrungen zu prüfen, konnten die schon 1801 bei Teiluntersuchungen gefundenen Ergebnisse bestätigt werden: Die Fundamentbögen haben unterschiedliche Abmessungen in Abstand, Weite und Höhe; zum anderen stellte es sich heraus, daß das Fundament nicht bis zum tragfähigen Erdgrund herunterreicht. So folgten im Ergebnis dieser Erkenntnisse umfangreiche Arbeiten zur Stabilisierung der gefährdeten Pfeiler und das Einbringen einer Stahlbetonkonstruktion. Das Fundament ruht seitdem auf insgesamt sechzig Pfählen von durchschnittlich 14 m Länge, die bis zum tragfähigen Untergrund reichen.

Daß nun erneut Schadbilder auftraten, darf nicht bagatellisiert werden, denn in der Tat dürfen Bewegungen im Fundamentbereich des Domes nicht grundsätzlich ausgeschlossen werden. Von der Dramatik, mit der über die sichtbaren Schadensbilder in den zurückliegenden Monaten berichtet und um die erforderlichen Millionen zur Rettung des Domes geworben wurde, ist angesichts der nun vorliegenden ersten Untersuchungen glücklicherweise wenig geblieben. Nicht deutlich wurde, daß die geforderten 90 Millionen DM den gesamten Dombereich meinten, wozu auch Vorhaben des Domstiftes und der Institution Kirche zählten, die nicht unmittelbar dem erhaltenden Auftrag der Denkmalpflege zuzuordnen sind. Doch in der Weiterung der Aufgabe, die letztlich auch eine tragfähige und langfristig gesicherte Nutzung

◁ *Brandenburg, Dom, Krypta*

des Domareals beinhaltet, steht diese mit den statisch-konstruktiven Sicherungsmaßnahmen durchaus in einem inneren Zusammenhang. So wird und kann sich die Denkmalpflege nicht abseits stellen, auch nicht können, um die Dominsel in ihrer Geschichtlichkeit zu bewahren – vor allem im Hinblick auf die geschehenen und als schmerzlich zu registrierenden Eingriffe gerade der jüngeren und jüngsten Vergangenheit in den mittelalterlich geprägten Arealen der Stadt, der Altstadt und der Neustadt. Leider haben wir immer wieder zu registrieren, daß dieses Wirken den spontanen, häufig sogar sachlich fragwürdigen Argumenten erfolghaschender Zeitgenossen entgegengestellt wird, aber dann, wenn es gelungen ist, in den seltensten Fällen der Denkmalpflege angerechnet wird.

Wir Denkmalpfleger werden dessen ungeachtet auch dafür Verantwortung zu übernehmen haben, daß der Dominsel nicht die Alibifunktion für den Umgang mit dem bauhistorischen Erbe im Sinne einer „musealen Traditionsinsel" oder eines abgeschirmten Hortes christlicher Verkündigungslehre zuerkannt wird, sondern daß die baukünstlerischen Leistungen fest integriert werden in das gemeindliche Leben dieser Stadt. Zu vielschichtig und umfassend sind die diesem Bauensemble innewohnenden kulturgeschichtlichen Werte, als daß wir sie nicht als unabdingbaren Bestandteil unserer Lebensqualität zu begreifen haben.

Wir Denkmalpfleger dürfen uns in diesem Wollen eins wissen mit denen, die für diese Lebensqualität Verantwortung tragen. Wie anders könnte man die finanziellen Zuwendungen des Staates angesichts der zur Zeit bestehenden Haushaltslagen verstehen. Durch den jüngst am 8. November 1996 geschlossenen Kirchenstaatsvertrag fließen dem Domstift nunmehr jährlich für die Sicherungs- und Sanierungsmaßnahmen am Dom 2 Millionen DM zu. Das Bundesinnenministerium wird im Rahmen der Erhaltung der national bedeutenden Kulturdenkmäler mit Millionenbeträgen helfen, so auch diverse Stiftungen. Und auch der Förderverein „Dom zu Brandenburg" hat in den wenigen Monaten seines Wirkens schon beachtliches geleistet, nicht nur im Werben um Sponsorengelder, sondern in dem Bewußtmachen, daß hier eine Aufgabe vor uns steht, ich wiederhole deshalb allzugern das Zitat von Max von Schenkendorf, eine Aufgabe vor uns steht, „welche das ganze Land angeht", und beziehe es freimütig auf unsere Bauaufgabe: die Erhaltung des Domes zu Brandenburg.

Nur, meine sehr verehrten Damen und Herren, wir haben mit den nun avisierten finanziellen Mitteln sach- und fachgerecht umzugehen, d.h. auch sparsam. Dazu soll der von der Denkmalpflege lang geforderte und nun auch geschaffene Baustab eine Garantie bieten, auch im Sinne der zu vertretenden Aufgabenstellung und ihrer Umsetzung durch das beauftragte Architekturbüro. Vielleicht gelingt es nun allen, die da meinen, es zu können, allen, die tatsächlich Verantwortung tragen und allen, die als Entscheidungsträger tätig zu werden gedenken, gemeinsam und mit Kontinuität auf die Erhaltung eines der geschichtsträchtigsten Denkmale in der Mark hinzuwirken. Der Dom zu Brandenburg darf, wie Marcus Cante in der vom Landesamt für Denkmalpflege 1994 bearbeiteten Denkmaltopographie der Bundesrepublik Deutschland, Denkmale in Brandenburg, Stadt Brandenburg an der Havel, Dominsel-Altstadt-Neustadt, Band 1.1 schrieb, als „ein Spiegelbild von Jahrhunderten märkischer Baugeschichte" gelten.

Dieser Dom beinhaltet im Kern noch immer den 1165 begonnenen romanischen Bau, der zu den frühesten monumentalen Werken nordeuropäischer Backsteinarchitektur zählt. Der reiche bauplastische Schmuck, die großartige, nur in Ansätzen ausgeführte Idee einer imposanten Doppelturmanlage mit Hauptportal sucht ihren Vergleich im norddeutschen Raum. Hinzu kommen die prägenden, die heutige Erscheinung des Domes wesentlich bestimmenden Bauteile der spätgotischen Bauphase mit Chorpolygon, Seitenschiffen, erhöhten Obergaden von Mittel- und Querschiff. Und spürbar bleibt nicht zuletzt die Monumentalisierung des Bauwerkes im 19. Jahrhundert, die kathedralhafte Übersteigerung von Innen und Außen, wohl nicht zuletzt den romantischen Strömungen dieser Zeit, der hohen Wertschätzung mittelalterlicher Baukunst verpflichtet. Wie sonst wäre die dem Dom von König Friedrich Wilhelm IV. zugedachte Bedeutung, „das verehrte Heiligtum der Marken" zu sein, zu verstehen.

Und hinzu kommt die bemerkenswerte Ausstattung aus allen Epochen, von der Ausmalung über den bildkünstlerischen Schmuck bis zu den in dem 1979 eröffneten Dommuseum aufbewahrten einzigartigen Paramenten.

Seit seiner Errichtung war der Dom mit Domklausur, Kurien und Nebengebäuden als Sitz der Bischöfe und des Domkapitels ein Zentrum kirchlicher Macht in der Mark, gleichwohl auch der Ort weltlicher Ereignisse, darunter die Tagung der konservativen Vertreter der preußischen Nationalversammlung 1848 – bis in unsere Tage ein Ort der Erinnerung und des Gedenkens, wie für die Blutzeugen der evangelischen Kirche von 1933 bis 1945 in der Krypta oder in den letzten Jahren und Tagen der DDR, ein Ort des Suchens und Findens. Doch über allem steht bis heute die Verkündigung des Wortes Gottes, steht die religiöse Dimension, die von diesem Bauwerk ausgeht, die uns in und durch die Kunst vermittelt wird, durch das Bauwerk als Ganzes wie auch durch jedes Detail. Hier vor allem dürfen wir von der Sprache des Materials sprechen, vom Stein bis zur Skulptur. Diese Sprache zu verstehen, auch dafür sind Denkmalpfleger Anwälte. Und

Brandenburg, Dom, Krypta, Kapitell mit kämpfenden Fabelwesen

Brandenburg, Dom, sogen. Böhmischer Altar (ehemaliges Hochaltarretabel)

auch die Vertreter der Institution Kirche werden sich ihrer Verantwortung für den Erhalt der steingewordenen Zeugnisse des Glaubens nicht entziehen, trotz der ökonomischen Zwänge, denen sich die Kirche in der heutigen Zeit auch ausgesetzt sieht.

Die inzwischen zugesagten finanziellen Mittel lassen das seitens der Denkmalpflege geforderte Programm der Sicherungen in den gefährdeten Bereichen nun Wirklichkeit werden. Dabei kann es nicht um Renovierungen gehen, sondern um Substanzsicherung. Wie schwer auch hier um jedes Detail zu ringen ist, zeigen schon die ersten konkreten Abstimmungen, denn an diesem, wie natürlich auch an allen vergleichbaren Bauwerken, werden wir den Apologeten der DIN-Vorschriften überzeugende Lösungen entgegenzusetzen haben: Baukunst in dieser Dimension findet nicht in jedem Fall eine Entsprechung in den so apodiktisch vertretenen Vorschriften für die Umsetzung heutiger Bauaufgaben.

Ziel dieser Sicherungsarbeiten ist der Erhalt des geschichtlich Gewachsenen und der Schutz der Kunstwerke. Wir werden also zuvörderst reparieren in und mit traditionell handwerklichen Techniken und Methoden, dem obersten denkmalpflegerischen Grundsatz des Konservierens verpflichtet. Die Abfolge kann nur lauten: konservieren, restaurieren im Sinne von Reparatur. Wir erinnern deshalb an die Wartungsverträge und an die bewährte Form der Bauhütte, um durch laufende Instandsetzungsarbeiten uns den durchgreifenden renovierenden Eingriff zu ersparen. So kann die Forderung nach Geschichtlichkeit durch eine auf die Erhaltung der materiellen Substanz ausgerichteten Denkmalpflege erfüllt werden. Wenn wir aber ein Denkmal als Dokument der Geschichte begreifen wollen, dann haben wir zunächst einmal alle Spuren zu analysieren, um uns dem so oder so gearteten Veränderungswillen stellen zu können. Das gilt für Fragen der Heizung wie für Veränderungswünsche angesichts neuer liturgischer Erfordernisse, so für Votivgaben und für das Gestühl. Auch der Dom zu Brandenburg sollte ein Ort der Begegnung mit Gott und den Zeugnissen des Glaubens bleiben, kein nur unter kunsthistorisch-musealen Gesichtspunkten gestalteter Raum.

Gleichzeitig ist ein weiterführendes Programm für die langfristigen Maßnahmen zur Erhaltung und der erhaltenden, also denkmalgerechten Nutzung aller prägenden Bauteile des unmittelbaren Dombereiches, wie auch der Dominsel zu erarbeiten. Dieser übergreifende Ansatz erscheint mir nicht nur geboten, sondern erforderlich, um sich nicht erneut der Gefahr sektoraler, ohne Bezug zum Ganzen stehender Lösungen auszusetzen. Wir fragen weiterhin nach den Nutzungskonzeptionen. Damit sprechen wir auch die übergreifende städtische und regionale Dimension an, auch die Verantwortung der Stadt.

Das kann aber nur in einem offenen Dialog erfolgen, wovon ich überzeugt bin, daß wir ihn pflegen können. Und wir dürfen nicht müde werden, auch wenn uns hier der Dom zu Brandenburg zusammengeführt hat, darauf zu verweisen, daß die Gefährdung anderer kirchlicher Bauwerke in Brandenburg keineswegs gebannt ist. Ich denke an die Ruine der Johanniskirche, an die Ruine der Kirche im Pauli-Kloster oder an die Petrikapelle im Dombereich. Und ich denke dabei auch an die vielen Dorfkirchen in unserem Land, die wesentlich unsere Kulturlandschaft prägen.

So darf ich Ihnen allen Dank sagen, vor allem den Mitgliedern von ICOMOS, Ihnen insbesondere Herr Petzet, daß Sie unserer Einladung gefolgt sind und nun schon zum zweiten Mal durch ihre Anwesenheit die Bedeutung dieser Stadt mit ihrem reichen Denkmalbestand als Teil unseres gemeinsamen kulturellen Erbes unterstreichen.

ABBILDUNGSNACHWEIS

BRANDENBURGISCHES LANDESAMT FÜR DENKMALPFLEGE, BERLIN; Aufnahme Dieter Möller: S. 54, 57, 58, 61; Joachim Fritz: S. 60

Wilfried Lipp

Denkmal und Leben

Ein Dialog mit Riegl und Nietzsche[1]

„Es ist gar nicht abzusehen, was Alles einmal noch Geschichte sein wird. Die Vergangenheit ist vielleicht immer noch wesentlich unentdeckt:"
(Friedrich Nietzsche 2,404-FW)

Eigentlich sollte es nur eine etwas ungewöhnliche, Zeiten und Räume durcheinander wirbelnde Gratulationstour werden. Die Reise nahm auch programmgemäß am 12. April 1998 bei typischem Aprilwetter von Wien aus ihren Ausgang. Dvořák war überpünktlich am Bahnsteig, Riegl kam gerade noch rechtzeitig. „Guten Morgen, mein lieber Kollege Dvořák. Sie haben also auch diese merkwürdige Einladung erhalten? Petzet, Michael Petzet, Generalkonservator ... Geburtstagsfest. – Wir sollen persönliche Grußworte vortragen; dabei kenne ich den Jubilar überhaupt nicht." Dvořák – immer gewissenhaft – zog ein grünliches Heft aus der Reisetasche: „Denkmalpflege heute".[2] „Da steht alles drin, wir haben ja genügend Zeit bis München, uns zu informieren ..."

Kurzum, Biographie und Schriften Michael Petzets sollten das Drehbuch für Geschichte und Geschichten der Denkmalpflege liefern, Akteure und Schauplätze ins „Fiktive" nie dagewesener, aber doch denkbarer Konstellationen eingespielt werden. Neben Riegl und Dvořák hätten nach und nach Wilhelm Heinrich Riehl, Georg Hager und Georg Dehio im Abteil Platz[3] genommen. Kein Mangel an Themen also: Kunstwollen und Denkmalkultus, Alterswert und Entwicklungsgedanke, Denkmalpflege-Katechismus und Pietät, Volk und Heimat, moderne Kunst und Künstlerrestauratoren, historische Kunst und nationales Dasein. Vor dem Abteil immer wieder Gestalten mit merkwürdiger Ähnlichkeit zu den „Helden" aus Petzets Literatur. Bayerns Ludwig II. und Frankreichs Ludwig XIV., Claude Perrault und Soufflot, im Gespräch mit Duchamp und Segal, Kandinsky, Baselitz und Beuys. Dementsprechend der Verlauf der Reise: Kreuz und quer, hin und zurück: Durch die Wachau vorbei an Weißenkirchen, Riegls Sorge von 1905 (ND, 221), und am „blauen" Turm von Dürnstein[4], an Linz, Riegls Geburtsort[5] und Stadt bedeutender Denkmalpfleger, weiter an der jetzt „weißen" Festung Hohensalzburg[6], vorbei an Passau, dem Ort, der schon legendären Postmoderne-Denkmalpflegetagung[7]; dann Herrenchiemsee, Nymphenburg, Neuschwanstein, Wies, Vierzehnheiligen, alle Orte Bayerns, Deutschlands, Dehio Handbücher rauf und runter, ganz Europa – alle Erdteile – die Welt.

So wie curriculum vitae und denkmalpflegerisches Schaffen des Jubilars die Fahrtroute bestimmt hätten, so sollten die Gesprächsthemen der Vielfalt seines Werkverzeichnisses folgen: vom Freilichtmuseum zum Fremdenverkehr, von der Kulturpolitik zur Kulturlandschaft, von der Rekonstruktion zur Reversibilität. Und als Leitfaden und Orientierung in der Hitze der Debatten natürlich immer wieder Petzets „principles".[8] Zum Schluß hätte sich – wie sollte es anders sein – herausgestellt, daß der ganze Zug voll mit Gratulanten war und daß überhaupt an diesem Tag ausschließlich Glückwünsche unterwegs waren.

Daß es nun doch anders gekommen ist, ist einem merkwürdigen Umstand zuzuschreiben! Noch ziemlich am Anfang der phantastischen Reise, genau läßt sich das nicht mehr eruieren, jedenfalls nachdem man das Österreichische schon verlassen hatte, kam eine merkwürdige Gestalt ins Abteil, schnauzbärtig und mit wirrem Haar. „Guten Tag, nach meiner Platzkarte bin ich hier richtig. Wie ich sehe, fahren Sie auch nach München, meine Herren, lassen Sie sich in Ihrer Unterhaltung bitte nicht stören, aber da wir nun doch eine ganze Weile zusammen sind, gestatten Sie, daß ich mich vorstelle: N., Friedrich N." Riegl und Dvořák erwiderten höflich, aber mit sichtlicher Irritation: Wenn das nur gut geht! Dann war es eine geraume Zeitlang still. Dramaturgie und Kulisse änderten sich.

Leben

Nietzsche und Riegl als Ausgangskonstellation, das heißt die Frage nach Gemeinsamkeiten und Gegensätzen stellen, nach Wirkungsgeschichte und Relevanz aus jener immer wieder zu aktualisierenden Sicht einer „Denkmalpflege heute". Ob Riegl von Nietzsche Kenntnis hatte – umgekehrt ist das schon von den biographischen Daten her schwer vorstellbar – ist nicht bekannt. Riegl zitierte kaum, eine kritische Sichtung der von ihm herangezogenen Quellen und Literatur stellt ein Desideratum dar. Was seine „Philosophie" angeht, so wurde mit einiger Schlüssigkeit, aber letztlich im Sinne einer These und Rekonstruktion, Hegel als Inspirator thematisiert.[9] Schon das wäre eine im Bereich der Bildungsgeschichten Riegls und Nietzsches geknüpfte Verbindung. Näher heran ist sicherlich – und von beiden verbürgt – Jacob Burckhardt als Relais zu nennen.[10] Daß sowohl Nietzsche als Riegl in ihren Wirkungsgeschichten Walter Benjamin prägten,[11] mag ein Indiz für kryptischen Konnex sein.[12]

So unterschiedlich letztlich im einzelnen Bildungsherkunft und berufliche Orientierung waren, so sehr kongruieren Riegl und Nietzsche in ihrer Position als Außenseiter ihrer Disziplinen, als „Querdenker", wenngleich auch von ganz unterschiedlichen, ja gegensätzlichen Ansätzen her. Riegl suchte seinen Gegenstand, Kunst und Kunstentwicklung, nicht „von oben" her zu fassen, von den großen Künstlerpersönlichkeiten, den Meisterwerken und herausragenden Denkmalen, sondern gewissermaßen „von unten", aus der Anonymität und Alltäglichkeit der Kunstproduktion. Aber das Interesse Riegls an „Gebrauchsgegenstand" und „Kunsthandwerk" ist nicht sozialgeschichtlich oder volkskundlich motiviert, sondern universalhistorisch orientiert, in dem Sinne, daß es „hinter" und „unter" den scheinbar individuellen, zeit- und ortstypischen Schöpfungen weitgespannte Entwicklungskontinuitäten gibt. So ist es Riegl schon in seinem ersten Buch „Altorientalische Teppiche" von 1892[13] darum gegangen, „nachzuweisen, daß die orientalische Kunst des Mittelalters nicht als eine autochthone Schöpfung des Orients betrachtet werden darf, sondern, nicht minder als die europäische Kunst, als eine Fortsetzung und Weiterentwicklung des klassischen Altertums entstanden ist".[14]

Die Motorik der künstlerischen Fort- und Weiterentwicklung definierte Riegl im Begriff des „Kunstwollens"[15], den er in den „Stilfragen. Grundlegungen zu einer Geschichte der Ornamentik" von 1893[16] prägte. Riegl pointierte das „Kunstwollen" gegen eine „materialistische" Auffassung, nach der die kunstgeschichtliche Entwicklung primär aus der technischen abzuleiten sei: „Das technische Moment spielt gewiß auch innerhalb des geschilderten Prozesses (der Webkunst beim Susandshird-Teppich bzw. der Genese des Akanthus-Ornaments; Anm. d. Verf.) eine Rolle, aber bei weitem nicht jene führende Rolle, wie sie ihm die Anhänger der technisch-materiellen Entstehungstheorie vindizieren möchten. Der Anstoß ging vielmehr nicht von der Technik, sondern von dem bestimmten Kunstwollen aus. Man wollte das Abbild eines Naturwesens in totem Material schaffen und erfand sich hierzu die nötige Technik. Ein immanenter künstlerischer Trieb, der im Menschen rege und nach Durchbruch ringend vorhanden war, mußte ihn dazu geführt haben."[17]

In „Spätrömische Kunstindustrie" von 1901[18] und „Das holländische Gruppenporträt von 1902[19] hat Riegl den Begriff des „Kunstwollens" auf die konstitutiven Elemente von taktisch (nahsichtig) und optisch (fernsichtig) bzw. haptisch-optisch (im Gruppenporträt), von subjektivistisch und objektivistisch bezogen. Die zugrundeliegenden Strömungen bedingen den jeweiligen „Stil" und lassen das Werk „so und nicht anders"[20] Gestalt werden.

Julius von Schlosser hat Riegls Kunsttheorie aus der Annahme „von einem uns innewohnenden Formtrieb", einem nach Riegls Worten ‚Etwas im Menschen' zu erklären versucht und von einer „Berufung auf eine Qualitas occulta"[21] gesprochen, die in der Rezeptionsliteratur zu Riegls Begriff des „Kunstwollens" ja auch naheliegend mit Hegels „Weltgeist"[22], Schopenhauers „Wollen"[23] oder der Freud'schen „Triebdynamik"[24] verglichen wurde. Dieser von Julius von Schlosser[25] und später von Willibald Sauerländer[26] konstatierte „vitalistische Charakter" der Kunstwollen-Theorie ist – bei allen Vorbehalten dieser Zuordnung im engeren philosophiegeschichtlichen Sinn – auch ein erster Brückenschlag zu Nietzsche und dessen zentralem Begriff des „Lebens".[27]

Wenn Riegl als Außenseiter seiner Disziplin bezeichnet wurde, so trifft das für Nietzsche in noch viel stärkerem Maß zu. Sein Werk ist insgesamt ein grundsätzliches Infragestellen der europäischen Kultur und der ihr zugrundeliegenden, von „Vernunft" und „Rationalität" dominierten Ordnungsstrukturen.[28] Diese Faktoren bilden nach Nietzsches Befund das Fundament der aufgeklärten, wissenschaftlichen, moralischen und demokratischen Kultur seiner Gegenwart und sind ursächlich für die „Heraufkunft des Nihilismus".

Im Vorwort des „Willens zur Macht" beschreibt Nietzsche diese „Heraufkunft" als eine katastrophische Bewegung.

Und sich selbst beschreibt Nietzsche in dieser düsteren Situation als einen, der „das Wort nimmt, als ein Philosoph und Einsiedler aus Instinkt, der seinen Vorteil im Abseits, im Außerhalb, in der Geduld, in der Verzögerung, in der Zurückgebliebenheit fand ..."[29] Das Denken aus dieser Position des Außenseiters deckt sich bei Nietzsche mit jener des Verkünders, des Propheten. „Mein Werk hat Zeit" schreibt er 1884 und Rezeptionsgeschichten und Renaissancen seines Denkens haben das bestätigt.[30]

Nietzsche war seinem eigenen Empfinden nach sowohl „zu spät" als „zu früh", war „in den Widerspruch zwischen Heute und Morgen hineingespannt" eine „Frühgeburt des kommenden Jahrhunderts", aber als solche auch „Zögling älterer Zeiten" (1,242-HL), jedenfalls in der eigenen Zeit „unzeitgemäß" – das heißt gegen die Zeit und dadurch auf die Zeit „und wie er hoffte zu Gunsten einer kommenden Zeit wirkend" (1,242-HL). „... ich will nicht für heute und morgen, sondern für Jahrtausende Recht behalten" (B 7,252).

Historismus

Die so unterschiedlichen Skizzen der dem Zeitgeist widersprechenden Orientierungen Riegls und Nietzsches finden im großen Thema der „Überwindungen des Historismus"[31], worum beide in ihrem Denken letztlich ringen, ihr gemeinsames Motiv. Aus denkmalpflegerischer Sicht werden diese Auffassungen in Nietzsches zweiter unzeitgemäßer Betrachtung „Vom Nutzen und Nachteil der Historie für das Leben" 1874[32] und in Riegls Schrift „Der moderne Denkmalkultus ..." 1903 (EMD, 55-97) artikuliert. Der erhebliche zeitliche Abstand von 29 Jahren, einer Generation also, ist bei allen Vergleich- und Unvergleichbarkeiten selbstverständlich mitzudenken, aber durch die ungebrochene Aktualität und Wirkungsgeschichte dieser beiden Schriften wird das Entstehungsintervall gewissermaßen in die Gleichzeitigkeit rezeptiven Kalküls aufgelöst.

In den genannten Abhandlungen erscheinen Nietzsche und Riegl als zwei bedeutende Stimmträger im Kanon der „Überwindungen des Historismus", der eine furioso am Beginn, der andere moderato cantabile im Mittelstück.[33]

Für Nietzsche bedeutete „Überwindung" Auf- und Ablösung, Hinwendung zu einer neuen Kultur und neuen Menschheit; für Riegl vordergründig Überwindung des Stilhistorismus und seiner Folgen, in tieferen Lagen jedoch Transformation und „Rettung" historischer Prinzipien in ein anderes. Beiden geht es dabei um „Leben". Nietzsche um Leben in der Spannung von Erinnern und Vergessen, um Leben letztlich versus Geschichte, Riegl um Leben im Kontinuum von Werden und Vergehen, um Weiter- und Fortleben durch die Geschichte hindurch. Im weiteren Kontext ist es bei beiden die Spannung von Geschichtsphilosophie und Geschichtswissenschaft, geht es beiden um Sinndeutungen und Sinnangebote der Geschichte, auch – wie bei Nietzsche – in der Negation.

Die Aktualität dieser Positionen für die Denkmalpflege lehrt die tägliche Erfahrung, daß auch heute die Argumente pro und contra Denkmalpflege lebensbestimmt sind, daß Veränderungs- und Zerstörungsbegehren, Pflege und Vernachlässigung durch „Leben" legitimiert werden.[34] Im Befund der Postmoderne steht einerseits die Diagnose eines sich in prozessiver „Musealisierung" und „Pflegewahn" artikulierenden historischen Bewußtseins mit der Forderung, dieses „Zuviel" abzulegen und sich dem „Leben" innovativ und kreativ zu stellen, andererseits ist durch permanente Kontinuitätsbrüche, durch Zerrissenheit und Fragmentierung des Lebens auch eine Identitätskrise offenkundig, der durch Erfahrung, Erlebnis oder Illusion des „Historischen" begegnet werden möchte.[35]

Das Leben zu seinem Recht kommen zu lassen, wie es alltagssprachlich heißt, ist also eine durchaus ambivalente Angelegenheit, für die Denkmalpflege jedenfalls Herausforderung, ihr Sinnangebot diesbezüglich zu überdenken und Anlaß, sich auf diesem Weg mit den Positionen Nietzsches und Riegls auseinanderzusetzen.

GESCHICHTE

In der Denkmalkultusschrift thematisiert Riegl den allem zugrundeliegenden Entwicklungsgedanken³⁶ im großen Zusammenhang von Natur und Geschichte, von Werden – Festhalten – und Vergehen, definiert also Geschichte als offenen Prozeß und bezieht darauf seine Denkmalwerte. Pietät und Sein-lassen-Gestimmtheit den Dingen gegenüber charakterisieren Riegls Einstellung gegenüber der Historie.

Nietzsche differenziert in der 2. unzeitgemäßen Betrachtung drei Arten der Historie: eine „monumentalische", eine „antiquarische" und eine „kritische". Und das heißt: „In dreierlei Hinsicht gehört die Historie dem Lebendigen: sie gehört ihm als Thätigen und Strebenden, ihm als dem Bewahrenden und Verehrenden, ihm als dem Leidenden und der Befreiung Bedürftigen" (1,258-HL). In einer Marginalie von 1873 skizziert Nietzsche dazu klar und deutlich: „Der Mensch will schaffen – monumentalisch / im Gewohnten verharren – antiquarisch / von Noth sich befreien – kritisch" (7,683).

Für Nietzsche sind dementsprechend Erinnerung u n d Vergessen³⁷ Motivationsbasis in der Geschichte, wobei die aus dem Vergessen wachsende Tat und der alles Bestehende immer wieder in Frage stellende „Wille zur Macht" die leitenden Vorstellungen sind. Die „rücksichtslose Neugierde" (5, VII § 188 JGB), die den Menschen der Neuzeit prägt, hat auch hinsichtlich der Geschichte dazu geführt, daß „die Wissenschaft anfange, über das Leben zu herrschen" (1,298-HL), wodurch der eigentliche und ursprüngliche Sinn der Geschichte, Schutzhülle des Lebens, „umhüllender Wahn" (1,298-HL), Mythos zu sein, verloren ging. Nietzsches Einstellung zur Geschichte ist aktiv, auf Veränderung, auf „Umwerthung aller Werthe"³⁸ ausgerichtet, die das Erinnernde, Bewahrende, Wissende und Verstehende nur akzeptiert, insoferne es das Leben, „jene dunkle, treibende, unersättlich sich selbst begehrende Macht" fördert (1,269-HL). Anders als in Riegls „Kunstwollen", das dem Leben – es übergreifend – erst Stil gibt und es durchformt, ist es bei Nietzsche das Leben selbst – und zwar exemplarisch das Leben und Schaffen des Einzelnen – das die große Kontur der Geschichte ausmacht: Es sind „die Einzelnen, die eine Art von Brücke über den wüsten Strom des Werdens bilden ... ein Riese ruft dem anderen durch die öden Zwischenräume der Zeiten zu ..., das Ziel der Menschheit kann nicht am Ende liegen, sondern nur in ihren höchsten Exemplaren" (1,317-HL).

Nietzsche und Riegl geben Antworten auf den im Laufe der Moderne transformierten Topos „historia magistra vitae"³⁹ und reagieren somit, jeweils ganz unterschiedlich, auf die veränderten Temporalitätsstrukturen ihrer Zeit. Durch die Erfahrung des durch permanente Traditionsbrüche provozierten Auseinandertretens von Vergangenheit und Zukunft,⁴⁰ damit der Erkenntnis, daß „historische Wahrheit" jeweils überholbar ist und vergangene Muster sich nicht mehr „glatt" ins Gegenwärtige oder Künftige der Geschichte einweben lassen, ist es notwendig geworden, neue Antworten zu finden, die nun die Geschichte als moderne Wissenschaft leisten sollte.

Nietzsche polemisiert gegen diese Wissenschaft⁴¹ und die damit einhergehende Konjunktur der historischen Bildung, weil sie die freie Entfaltung des Individuums seiner Auffassung nach nicht fördern, sondern hemmen. „So wird das Individuum zaghaft und unsicher und darf sich nicht mehr glauben: es versinkt in sich selbst, ins Innerliche, das heißt hier nur: in den zusammengehäuften Wust des Erlernten, das nicht nach außen wirkt, der Belehrung, die nicht Leben wird" (1,280-HL).⁴²

Geschichte ist für Nietzsche überhaupt nur in nicht abstrakt wissenschaftlichem Sinn, als „kritische" vorstellbar, wenn sie, als gewissermaßen angewandte Wissenschaft, „im Dienste des Lebens" (1,257-HL) steht. Umdeuten, Zurechtdeuten und wenn nötig Hinwegdeuten der Geschichte ist für Nietzsche also Voraussetzung für Leben. Der Mensch „muß die Kraft haben und von Zeit zu Zeit anwenden, eine Vergangenheit zu zerbrechen und aufzulösen, um leben zu können: dies erreicht er dadurch, daß er sie vor Gericht zieht, peinlich inquiriert und endlich verurtheilt; jede Vergangenheit aber ist werth, verurtheilt zu werden –" (1,269-HL). Die Konsequenz ist: „Zu allem Handeln gehört Vergessen" (1,250-HL). Und Vergessen gehört auch zur Glückserfahrung. „Wer sich nicht auf der Schwelle des Augenblicks, alle Vergangenheiten vergessend, niederlassen kann, wer nicht auf einem Punkte wie eine Siegesgöttin ohne Schwindel und Furcht zu stehen vermag, der wird nie wissen, was Glück ist ..." (1,250-HL).

Im weiteren Verlauf dieser Passage zeichnet Nietzsche als Gegenbild „das äußerste Beispiel, einen Menschen, der die Kraft zu vergessen gar nicht besäße, der verurtheilt wäre, überall ein Werden zu sehen: ein solcher glaubt nicht mehr an sein eigenes Sein, glaubt nicht mehr an sich, sieht alles in bewegte Punkte auseinander fliessen und verliert sich in diesem Strome des Werdens" (1,250-HL).

In gewissem Sinn trifft diese Charakteristik die Position Alois Riegls. Für ihn bildet ja den „Kernpunkt jeder modernen historischen Auffassung ... der Entwicklungsgedanke" (EMD, 55), in dem Sinne, „daß das einmal Gewesene nie wieder sein kann und jedes einmal Gewesene das unersetzliche und unverrückbare Glied einer Entwicklungskette bildet, oder mit anderen Worten: daß alles darauf Gefolgte durch das erstere bedingt ist und nicht so hätte erfolgen können, wie es sich tatsächlich ereignet hat, wenn jenes frühere Glied nicht vorangegangen wäre" (EMD, 55). Im Bewußtseins dieses Zusammenhangs ist „Vergessen" für Riegl einerseits ein notwendiges Übel, da es „nicht möglich wäre, die Unmasse von Vorkommnissen, von denen sich unmittelbar oder mittelbar Zeugnisse erhalten haben, und die sich mit jedem Augenblicke ins Unendliche vermehren, in Betracht zu ziehen" (EMD, 56). Andererseits ist „Vergessen" eine Kategorie, die dem „Walten der Natur" (EMD, 71, ebenso folg. Zit.) zuzurechnen ist. In dieses, von den Naturkräften bedingte, „Übergreifen des Werdens in das Vergehen" soll der Mensch auch nicht eingreifen: „So wie das Vergehen ein stetiges und unaufhaltsames ist, das Gesetz des Kreislaufes, in dessen Wahrnehmung die eigentliche ästhetische Befriedigung des modernen Beschauers alter Denkmale zu ruhen scheint, nicht den Stillstand des Erhaltens, sondern die unablässige Bewegung der Veränderung fordert, soll auch das Denkmal selbst der auflösenden Wirkung der Naturkräfte ... nicht entzogen werden ..." Diese Einstellung fundamentiert Riegl im „Kultus des Alterswertes", der in letzter Konsequenz durch die „auflösende Tätigkeit der Naturkräfte ... an seiner eigenen Zerstörung" arbeitet. „So sehen wir den modernen Denkmalkultus immer mehr dahin drängen, das Denkmal nicht als Menschenwerk, sondern als Naturwerk zu betrachten" (ND, 223).

Dieser Prozeß ist zwar außerordentlich langfristig, aber durch die Gleichzeitigkeit jeweils verschiedener Stadien dieses Prozesses im unterschiedlichen Alter der Denkmale ist „für ewige Schaustellung des Kreislaufes vom Werden und Vergehen" gesorgt, „und eine solche bleibt auch dann garantiert, wenn an Stelle der heute existierenden Denkmale künftighin andere getreten sein werden" (EMD, 71f.).

Riegl sieht den Nutzen der Historie also im Anschaulichwerden des „Entwicklungsgedankens" durch den Alterswert. Dieser ist für jeden erfahrbar und bedeutet für Riegl die „endliche Errungenschaft der Wissenschaft für Alle" (EMD, 73), eben weil der Alterswert, der ursprünglich zwar aus dem wissenschaftlich fundierten historischen Wert hervorgegangen ist, als rein anschaulich wirkender Wert „unmittelbar zum Gefühle zu sprechen vermag" (EMD, 75) und damit auch imstande ist, die Massen anzusprechen, „jene Massen, die niemals mit Verstandesargumenten, sondern nur mit dem Appell an das Gefühl und dessen Bedürfnisse überzeugt und gewonnen werden können" (EMD, 73).

Riegl spricht damit den sozialen Charakter des Alterswertes an und definiert ihn „als eine besondere Erscheinungsform der allgemeinen sozialen Bewegung ...", und das heißt „mit anderen Worten: vor dem Alterswerte sind alle Denkmale gleich" (EDG, 105).

Die Empfindungen, die der Alterswert „in seinem Anspruche auf Allgemeingültigkeit, den er mit den religiösen Gefühlswerten gemein hat" (EMD, 60) auszulösen vermag, sind gewissermaßen parareligiös gestimmte Glücksgefühle, dazu angetan, „um dem modernen Stimmungsmenschen vollkommene Erlösung zu verschaffen" (EMD, 68).

Vergleicht man die Positionen Nietzsches und Riegls zu den hier angezogenen Themen, so wird man das Verbindende im Gegensätzlichen aufspüren. In der scheinbaren Polarität von Erinnern und Vergessen, setzt Nietzsche zwar auf das Vergessen, aber wohl nur insofern, als der Befund hält, daß „wir alle an einem verzehrenden historischen Fieber leiden" (1,246-HL), „an der historischen Krankheit" (1,331-HL). Nur solange diese Diagnose Nietzsches zutrifft, verspricht seine „Gesundheitslehre des Lebens" (1,331-HL) Heilung, in der Rezeptur, daß „das Unhistorische und das Ueberhistorische ... die natürlichen Gegenmittel gegen die Ueberwucherung des Lebens durch das Historische, gegen die historische Krankheit" sind (1,331-HL). Das wortgewaltige Bulletin des Heilpraktikers Nietzsche richtet sich ja gegen das „Uebermaass" von Historie und er bekennt ein, daß „wir, die Historisch Kranken, auch an den Gegenmitteln zu leiden haben" (1,331-HL), ja er wendet sich schließlich an „jene Gesellschaft der Hoffenden, um ihnen den Gang und Verlauf ihrer Heilung, ihrer Errettung von der historischen Krankheit ... bis zu dem Zeitpunkt ... zu erzählen, wo sie wieder gesund genug sein werden, von Neuem Historie zu treiben und sich der Vergangenheit unter der Herrschaft des Lebens ... zu bedienen" (1,332-HL). Erinnerung ist für Nietzsche, so wie Vergessen, an der Waagschale von „Maass" und „Uebermaass", von Lebensdienlichkeit und Lebensnichtigkeit zu ponderieren. „Nur so weit die Historie dem Leben dient, wollen wir ihr dienen" (1,245-HL). In diesem Sinne sei es gegen das „Uebermaass" notwendig, „sich der Vergangenheit wie einer kräftigen Nahrung zu bedienen" (1,329-HL), es hängt nur davon ab, „dass man eben so gut zur rechten Zeit zu vergessen weiss, als man sich zur rechten Zeit erinnert, davon dass man mit kräftigem Instinct herausfühlt, wann es nöthig ist, historisch, wann unhistorisch zu empfinden" (1,252-HL).

Für Riegl andererseits existiert Vergessen – liest man die Denkmalkultusschrift etwas gegen den Satz – durchaus auch positiv konnotiert als eine dem Grundprinzip des Entwicklungsgedankens immanente Kategorie, so wie auch das Kunstwollen als Kreativitätsprinzip sowohl erinnerungs- als vergessensbestimmt ist.

Mit Nietzsches Verdammung der Wissenschaft der Geschichte korrespondiert Riegls Versuch, das Wissen um die Geschichte durch die im Alterswert erlebbar werdende Empfindung des Geschichtlichen aufzuheben. Nach Nietzsche wendet sich die Wissenschaft vor allem gegen das „Ueberhistorische", wie es in „Kunst und Religion" zum Audruck kommt „Die Wissenschaft ... hält nur die Betrachtung der Dinge für die wahre und richtige ..., welche überall ein Gewordnes, ein Historisches und nirgends ein Seiendes, Ewiges sieht ...", wodurch sie den Menschen „in ein unendlich-unbegrenztes Lichtwellen-Meer des erkannten Werdens hineinwirft" (1,330-HL).

Auch Riegl, obwohl geradezu Apologet des Werdens, versucht in seiner Logik des Entwicklungsgedankens – eben im Bewußtsein der Veränderlich- und Veränderbarkeit der Dinge – das Bleibende festzumachen. Es mag auf den ersten Anschein hin merkwürdig klingen, aber Riegls Denkmalkultus-Philosophie versucht Antwort zu geben auf das von Nietzsche gegeißelte „rasend unbedachte Zersplittern und Zerfasern aller Fundamente, ihrer Auflösung in ein immer fliessendes und zerfliessendes Werden, das unermüdliche Zerspinnen und Historisiren alles Gewordenen durch den modernen Menschen" (1,313-HL). Riegl stabilisiert einerseits das Entwicklungsprinzip selbst zum Unveränderlichen, andererseits ist ja der gesamte „Denkmalkultus" auf eine alle menschliche Lebenszeit weit übergreifende „Dauer" ausgerichtet: „Kunst" wird in Riegls System als „Kunstdenkmal", „Religion" als durch den „Alterswert" evozierte „Empfindung" ins pietätvoll Bewahrte gerettet. Und auf der Kehrseite ist auch Nietzsche – und gerade er – ein Philosoph, der das „Werden", das Prozeßhafte, das Veränderbare, den Wandel denkt: Die „Realität des Werdens" ist ihm die „*einzige* Realität"[43]; es ist Nietzsches Anliegen, „dem Werden seine Unschuld zurückzugewinnen"[44] und es in der „ewigen Wiederkehr des Gleichen"[45] aufzuheben.

Mensch

Auch der Gegensatz von Individuum und Masse, der bei Riegl und Nietzsche im hier thematisierten Zusammenhang besonders in der Bildungsfrage offenkundig wird, ist durchaus elastisch. Man könnte Riegls appelativ an die „Massen" gerichteten Kultus des Alterswerts zwar in Nietzsches Diktion als „Feldgeschrei der Masse nach weitester Volksbildung" (1,669-BA) abtun, aber es geht Riegl ja ausdrücklich nicht um die Bildung der Massen im Sinne der Wissenschaft, sondern um deren Ersatz durch „Empfindung" und „Stimmung". Riegl wendet sich mit dem „Alterswert" gerade an die Masse der Ungebildeten, denen auf sozusagen natürliche Weise ein ganz allgemeines vorwissenschaftliches Bildungserlebnis ermöglicht werden soll. An diesem Punkt trifft sich Riegl durchaus mit Nietzsche, der an den „modernen Bildungsmethoden den Charakter des Unnatürlichen" (1,646-BA) anprangert. „Dem was man Volksbildung nennt", befindet Nietzsche im III. Vortrag über die Zukunft unserer Bildungsanstalten, „ist auf direktem Wege ... nur ganz äußerlich und roh beizukommen: die eigentlichen, tieferen Regionen, in denen sich überhaupt die Masse mit der Bildung berührt ... sind auf direktem Weg kaum und jedenfalls nur durch zerstörende Gewaltsamkeiten zu erreichen" (1,699-HL). Und auch Riegl bemerkt skeptisch die „Stimmen ..., die in der historischen Bildung selbst weder das Ziel der menschlichen Kultur, noch das zuverlässigste Mittel, um zu diesem Ziel zu gelangen, erblicken möchten" (EMD, 76).

Bildung der Massen, bei aller Negation der Aussichten, ist für Nietzsche unvermeidliches Vehikel der Elitenbildung. Im Gespräch des Philosophen mit seinem Schüler im I. Vortrag lautet der diesbezügliche „Kardinalsatz": „... es würde kein Mensch nach Bildung streben, wenn er wüßte, wie unglaublich klein die Zahl der wirklich Gebildeten zuletzt ist und überhaupt sein kann. Und trotzdem sei auch diese kleine Anzahl von wahrhaft Gebildeten nicht einmal möglich, wenn nicht eine große Masse, im Grunde gegen ihre Natur, und nur durch eine verlockende Täuschung bestimmt, sich mit der Bildung einließe." (1,665-BA).

Nietzsches Philosophieren kreist immer wieder um die Eliten der Menschheit, im Hymnus an den Künstler, paradigmatisch Richard Wagner, in der Verehrung des Philosophen – Schopenhauer, Heraklit –, in der Hochachtung des Staatenlenkers – Napoleon, Bismarck.

Die schöpferische Existenz, die große Persönlichkeit, der „Übermensch" interessieren Nietzsche. „Der Rest ist bloß die Menschheit" (6,167-AC). Und diese ist nicht bloß ihrer selbst willen da: „... in ihren Spitzen, den großen Heiligen und Künstlern liegt das Ziel, also weder vor noch hinter uns" (7,161).

Entsprechend diesem Credo unterscheidet Nietzsche zwischen zwei Bewegungen. Die *eine* läuft auf die „Nivellirung der Menschheit" hin, die „*andere* Bewegung: meine Bewegung" zielt auf die „Beseitigung der Gleichheit, das Schaffen Über-Mächtiger" ... „*Jene* erzeugt den letzten Menschen. *Meine* Bewegung den Übermenschen" (10,244-1883).

Eine ähnliche Seite bei Riegl auszumachen fällt schwer. Besitzt doch bei ihm das Anonyme, Alltägliche, Kollektive, Überindividuelle einen systemischen Stellenwert, setzt er sich ernsthaft mit „der modernen Weltidee (:) des Sozialismus"[46] auseinander, für den er im Christentum „höchst fruchtbare Anknüpfungspunkte" sieht – auch das ein Trennungsgedanke gegenüber Nietzsche.

Aber „... der die neuere Zeit durchaus beherrschenden Emanzipation des Individuums" (EMD, 65) ist auch Riegl, wenngleich auf eine subtilere, kunsttheoretisch versicherte Weise verpflichtet. Für Riegl sind Individuum und Individuelles auch Ausdrucksformen des Kunstwollens. Im „Holländischen Gruppenporträt" hat Riegl dem Begriffspaar „subjektivistisch-objektivistisch" die Kategorien „Wille", „Gefühl" und „Aufmerksamkeit" beigefügt, „Wille" steht auf der Seite des Objektivistischen und d. h. die Außenwelt Unterordnenden, beispielhaft für die Antike und Renaissance, „Aufmerksamkeit" für das Subjektivistische, d. h. die Außenwelt Aufnehmende, das Riegl im germanischen Kunstwollen angelegt und in der neueren Kunst verwirklicht sieht.

Zwischen „Wille" und „Aufmerksamkeit" vermittelt das „Gefühl" als koordinierende Qualität. Diese Kategorien thematisiert Riegl im „Holländischen Gruppenporträt" zur Charakterisierung seiner Auffassung des freien Individuums, das „weder ein gedankenloses Zurschautragen der schönen eigenen Persönlichkeit, noch eine inbrünstige Andacht, weder Wille noch Gefühl ..., sondern ein ernstes, gesammeltes Innenleben, das zugleich der Außenwelt offensteht; mit einem Worte: die Aufmerksamkeit." kennzeichnet.[47]

Riegl beschreibt im Holländischen Gruppenporträt das weltoffene, wache, selbstbewußt wie gemeinnützig auftretende freie Individuum, das ihm auch vorbildlich in seiner eigenen, vom fortgeschrittenen Subjektivismus geprägten Gegenwart schien. Der neue Mensch ist für Riegl kein Imperativ, sondern ein vorsichtig bedachter Befund, der die emanzipatorischen Risiken und Chancen unter den Bedingungen der Moderne kalkuliert.

Kunst

Setzt man Riegls und Nietzsches Auffassungen vom Individuum in Relation, so wird man abermals auf den Begriff des „Lebens" verwiesen.

Für Riegl ist „Leben" eingebunden in die großen Strömungen der Entwicklungen, die das Leben tränken und ihm über die kreativen Potenzen des „Kunstwollens", das Riegl bewußt mit den Adjektiven „frei schöpferisch"[48] aus der Enge des Normativen befreite, Form und Stil geben. Der schöpferische Mensch – wie an der „künstlerischen Entwicklung Rembrandts" gezeigt – ist nicht eigentlich der große Einzelne, der über alle anderen monolithisch hinausragt, sondern auch seine Werke werden „lediglich als Glieder in der großen Entwicklungskette aufgefaßt; ... so gelangt man zur Überzeugung, daß auch Rembrandt in der Hauptsache bloß der – allerdings genialste und vollkommenste – Exekutor des Kunstwollens seines Volkes und seiner Zeit gewesen ist."[49] Das Leben des Einzelnen, ließe sich formulieren, ist für Riegl eine partikulare und lebenszeitbegrenzte Wirkpotenz im Insgesamt des Lebens, das sich als „Entwicklung" ausformt.

Nietzsche hingegen setzt seinen Wesensbestimmungen des Lebens voran: „Leben ist Wille zur Macht"[50]. Und das heißt, es ist „*wesentlich* Aneignung, Verletzung, Überwältigung des

Fremden und Schwächeren, Unterdrückung, Härte, Aufzwängung eigner Formen, Einverleibung und mindestens, mildestens Ausbeutung" (5,207-JGB).

Das Dynamische und Gewaltsame dieses Prozesses bleibt für Nietzsche ambivalent als „Verlangen nach Starrmachen, Verewigen, nach *Sein*" oder „nach Zerstörung, nach Wechsel, nach Neuem, nach Zukunft, nach Werden" (3,621-FW, 5. Buch). In dieser Ambivalenz ist das Leben „perspektivisch", es sucht die ihm gemäßen Aussschnitte und schneidet die Wirklichkeit jeweils in die subjektiven Formen der Weltaneignung zurecht. In dieser „perspektivischen" Welt herrscht die Konkurrenz vieler Wahrheiten, wird die eine Wahrheit zur Fiktion. Die neue, das Leben leitende Kategorie ist der Schein: „Schein ist für mich das Wirkende und Lebende selber" (3,417-FW).

Der „Schein" wird zur alles durchdringenden ästhetischen Kategorie[51]. Kunst erzeugt „Scheinbilder" entsprechend der jeweiligen „Perspektive" des Lebens, inszeniert zur Daseinsbehauptung. Kunst als „Schein" ist bei Nietzsche dabei mehrfach kodiert: als Schein der empirischen Realität, vor allem als schöner, „apollinischer" Schein, aber auch als Schein der Täuschung und Lüge (speziell in „Menschliches, Allzumenschliches" (2)), die jedoch selbst wiederum nur Ausdruck des Lebens sind. Im „ästhetischen Schein" jedenfalls, welcher Spielart auch immer, verwirklicht sich die Subjektivität gegen eine einstige Auffassung des Objektiven und Wahren der Kunst: „Wir haben die Kunst, damit wir nicht an der Wahrheit zugrunde gehen" (13,500-1888).

Der Verlust geglaubter Wahrheiten, die „Gott ist tot"-Problematik (4,14 Za. u. a.) gewissermaßen, zählt zu Nietzsches zentralen Befunden des Nihilismus, dessen Überwindung er im schöpferischen, produktiven Akt, in sinnstiftender Perspektive sieht. Das schöpferische Leben, „die schöpferische Kraft, Sinn zu schaffen" ist daher das einzig geeignete Mittel gegen das Nichts des Nihilismus. Als programmatische Formel dazu postuliert Nietzsche „Kunst als Gegenbewegung" (13,235).[52]

Für Nietzsche hat Kunst eine zentrale Lebensfunktion[53], daher ist für ihn eine Verselbständigung der Kunst im Sinne einer l'art pour l'art – Ästhetik oder einer „Kunst der Kunstwerke" (3,466-FW) der falsche Weg. „Die Kunst ist das große Stimulans zum Leben; wie könnte man sie als zwecklos, als ziellos, als l'art pour l'art verstehen?" (6,127-GD) Kunst ist bei Nietzsche ausdrücklich lebenszwecklich bestimmt. Sie hält den Menschen im und am Leben und transformiert ihn darüber hinaus als „schöpferisches" Subjekt in ein „ästhetisches" Individuum. Wie der schöpferische Mensch selbst zum Kunstwerk zu werden vermag,[54] so existiert letztlich auch das Leben als „ästhetisches Phänomen", durch das erst „das Dasein der Welt gerechtfertigt ist" (1,17-GT).

In der retrospektiven Selbstinterpretation der Tragödienschrift (Versuch einer Selbstkritik, 1,11-22) spricht Nietzsche „die Kunst – und nicht die Moral – als die eigentlich metaphysische Tätigkeit des Menschen" (1,17-GT, VS) an und nennt seine Auslegungen dazu „Artisten-Metaphysik"[55] (1,17-GT, VS), eine Philosophie, die sich „gegen die moralische Ausdeutung und Bedeutsamkeit des Daseins" (1,17-GT, VS), wie sie das Christentum vertritt, zur Wehr setzt und die

er – der „Fürsprecher des Lebens" als „dionysische" Weltdeutung, als „Bejahung des Lebens" (13,266), als „amor fati" (3,521-FW u. a.) verstanden wissen wollte. Im dionysischen Weltentwurf wird die „Kunst der Kunstwerke" von der „Kunst der Feste" (3,446-FW) abgelöst.[56] „Ich will gegen die Kunst der Kunstwerke eine höhere Kunst lehren: die Erfindung von Festen" (9,506).

Die auch von Richard Wagner inspirierten Vorstellungen vom kollektiven „Kunstwerk der Zukunft" und vom „Gesamtkunstwerk" repliziert Nietzsche auf die Antike. In ihr war bereits verwirklicht, was nun in aller Totalität Wirklichkeit werden sollte, die Verwandlung des Daseins in ein Fest. Nietzsche bedachte dabei den Ursprung des Festgedankens aus der Erinnerung und die Funktion der Kunst als Erinnerungsträger. „Ehemals waren alle Kunstwerke an der grossen Feststrasse der Menschheit aufgestellt, als Erinnerungszeichen und Denkmäler hoher und seliger Momente" (3,446-FW).

TRANSFORMATIONEN

An dieser Kehre, an der im Nietzsche'schen dionysischen Entwurf des „Lebens als Fest" das Denkmal als Erinnerungsträger aufblitzt, ist Gelegenheit, den Blick auf die Gegenwart zu richten und die Relevanzfrage zu stellen: was von den Auffassungen Riegls und Nietzsches hat heute im Konnex der Denkmalpflege noch – oder wieder – Wirkkraft, was ist Verpflichtung, was uneingelöste Voraussicht, was utopischer Grund, der uns aufrufend und mahnend aus der Vergangenheit entgegenkommt?

Dabei gilt es zunächst einen wesentlichen Unterschied festzuhalten. Riegls Gedankengut ist in der Denkmalpflege institutionell verfestigt, ist wesentlicher Teil sozusagen der Statik des Lehrgebäudes der Denkmalpflege. Nietzsches Philosophie dagegen ist gewissermaßen auch frei fluktuierend, wirkungsgeschichtlich verallgemeinert, vergröbert und vielfach durchmischt, zu Partikeln von „Weltauffassung" und „Lebenseinstellung" veralltäglicht. Und das heißt, wir (Denkmalpfleger) tragen *schwer* an *Riegl*, während uns Nietzsche in der täglichen Praxis und Argumentation als *Nietzsche light* begegnet. Nietzsche ist – freilich ohne daß die meisten davon wissen – zu so etwas wie einem geistigen Fitnesstrainer und Bodybuilder avanciert. In diesem Veralltäglichungs- und Trivialisierungsprozeß hat nicht nur Nietzsche vielfach andere Namen bekommen, sondern es haben sich auch die Standpunkte diametral verschoben. Das ursprünglich „Unzeitgemäße" ist nun zeitgemäß, das einst Revolutionäre heute affirmativ. Auch die Etiketten wurden in diesen Transformationen vertauscht. Den „Willen zur Macht" hat der Wille zum Kapital bzw. die Macht des Geldes ersetzt, der „Übermensch" verwandelte sich ins ‚Monster' der Demokratie, anstelle des toten Gottes trat das von Nietzsche bereits vorausgedachte Glaubensbekenntnis: „der Egoismus soll unser Gott sein" (1,321...-HL), die „ewige Wiederkehr des Gleichen" findet alltäglich im Immer und Überall medialer Gleichförmigkeit statt. Das „Fest" wurde zum Festival, zur Fete, Unterhaltung und Zerstreuung, der „dionysische Rausch" pervertierte zur Ecstasy Party, der „Kunst" und dem „Schöpferischen" wurden die Nischen des Lebensdekors ausgepolstert, der „Olymp des Scheins" (6,439-NW) – in seiner Plurivalenz des Trügerischen, des leuchtend zum Vorschein-Bringens und des freien Spiels – ist in die massenkulturelle Tiefebene von Plagiat, Simulation und Simulakra herabgestiegen. Die Historie hat die Kraft verloren, Anlaß zu sein „das Chaos zu organisieren" (1,333...-HL), wie dies Nietzsche appellativ als Leistung der hellenischen Kultur pries, sondern Geschichte hat – musealisiert, archiviert und ästhetiziert – ihren Platz tatsächlich vorwiegend zur „Dekoration des Lebens" (1,333...-HL), während die fortlaufende Ereignisgeschichte primär als mediales Spektakulum wahrgenommen wird: immer mehr Zuschauer sehen den Schiffbrüchen anderer zu, ohne zu ahnen, daß es die eigenen sein könnten.

Bei allen Transformationen geht es aber immer noch und immer wieder um „Leben". Um Leben nun unter der wahrhaft universalgeschichtlichen Kuppel der Metahistorie des Konsums mit einer auf die Alltagsebene von Egozentrik, Ökonomismus, Ästhetizismus und Hedonismus depravierten *Nietzsche light*-Ideologie.

Moderne

Aus „Leben" unter diesem Vorzeichen ist also etwas ganz anderes geworden als die Lebens-Programmatik Nietzsches bestimmt hat. Diese wollte Antworten auf die großen Wandlungsprozesse des 19. Jahrhunderts, auf die Phänomene der *historistischen Moderne* geben. Nietzsche definierte seine Zeit als „Zeitalter der Vergleichung", dem dadurch Bedeutung zukomme, „dass in ihm die verschiedenen Weltbetrachtungen, Sitten, Culturen verglichen und nebeneinander durchlebt werden können; was früher, bei der immer localisierten Herrschaft der Cultur, nicht möglich war, entsprechend der Gebundenheit aller Stilarten an Ort und Zeit" (2,44-MA). In einer derart entbundenen, zeit- und ortlosen Situation, lebt der Mensch ein „aufgeregtes Ephemeren-Dasein" (2,43-MA), hineingerissen „in die schwindelnde Hast unseres Zeitalters" (1,649-BA), ohne Anlaß „an dauerhaften, für Jahrhunderte angelegten Institutiuonen zu bauen" (2,43-MA).

Die „äußere Unruhe, das Durcheinanderfluten der Menschen, die Polyphonie der Bestrebungen" (2,44-MA) prägen dieses „Zeitalter der Vergleichung", in dem die Kategorie der Dauer von jener des Provisorischen abgelöst wird und in dem der „Unglaube an das monumentum aere perennius" (2, Aph. 22, 43-MA) herrscht.

Nietzsche beschreibt die Gesellschaft seiner Zeit als mobile Massengesellschaft, gekennzeichnet durch den Verfall der Gewißheiten, der Entleerung der Metaphysik, dem Schwinden des Mythos, dem „Widerspruch der Werthe ... Der moderne Mensch ... sitzt zwischen zwei Stühlen, er sagt in Einem Athem Ja und Nein" (6,52-WA).

Die „Heraufkunft des Nihilismus" geht für Nietzsche einher mit den Phänomenen der Demokratisierung, Massenkultur und Kulturindustrie, mit Persönlichkeitsverlust bis hin zur „Subjektlosigkeit", die den „ausgehöhlte(n) Bildungsmensch(en)" (1,284-HL) charakterisiert, mit dem Verlust des Ernstes, der Flucht in „Ironie" und Selbstironie, mit „Cynismus" und „Blasirtheit" (vgl. 1,300, 312f.-HL), dem „Leiden an der Convention" (1,455-WB) u. a. m.

Viele dieser von Nietzsche konstatierten Negativa seines Zeitalters sah er im „Uebermaass" der Historie eingenistet,
weshalb die Abkehr von der Geschichte des Gewordenen hin zur Geschichte des noch Ungewordenen zu Nietzsches Leitvorstellungen der Überwindung der Moderne, aber eben der historistischen Moderne zählten. Das „Unhistorische und das Ueberhistorische" schienen ihm dabei „die natürlichen Gegenmittel gegen die Ueberwucherung des Lebens durch das Historische, gegen die historische Krankheit" (1,331-HL) zu sein.

Remythisierung contra Verwissenschaftlichung und Vereinfachung contra Orientierungsüberschuß gehören zu Nietzsches Zukunftshoffnungen. In seiner Zeit hat Nietzsche Richard Wagner als Bannerträger dieser Vorstellungen gesehen[57] und nennt ihn einen „Vereinfacher der Welt", einen „Zusammenbildner und Beseeler des Zusammengebrachten" (1,447-WB) und fügt erklärend hinzu „denn immer besteht die Vereinfachung der Welt darin, daß der Blick des Erkennenden auf's Neue wieder über die ungeheure Fülle und Wüstheit eines scheinbaren Chaos Herr geworden ist und Das in Eins zusammendrängt, was früher als unverträglich auseinander lag" (1,454-WB).

Nietzsche ist hier ausdrücklich Programmatiker und Wegbereiter der nachhistorischen Moderne[58] und nicht wie teilweise reklamiert der Postmoderne. Die Vereinfachung der Welt, freilich in einem anderen Sinn als Richard Wagner zugeschrieben, ist ja zum Postulat par excellence der Moderne geworden – kompensatorisch zur faktisch steigenden Komplexität. Unifikative Modelle und fortschrittsgeprägte Zukunftsorientierung sind die Signata dieser Epoche. Nietzsche sah sich selbst in diesem Sinne als „Frühgeburt des kommenden Jahrhunderts", der sein Wollen auf die zukünftige Einlösung seines Denkens konzentrierte: „... ich werfe die Angel über mein Haupt, weit ins Meer der Zukunft" (10,483).

Postmoderne

Der durch das allmähliche Auseinandertreten von Vergangenheit und Zukunft allgemein charakterisierte Modernisierungsprozeß[59] erhielt durch Nietzsche die Gewaltsamkeit des Auseinanderbrechens. In dem Maße jedoch, als diese Zukunft in den lebenszeitlichen Erwartungshorizont zurückschrumpfte, verlor sie ihre kommunikative Strahlkraft. Das ist auch die Kehre zur Postmoderne, in der Tat ein Wendepunkt der Zeiten, vom futurischen Focus zum panoramatischen Spectrum.

Die Postmoderne definiert sich in diesem Sinne durch „Ausscheren aus der Zielgeraden"[60] und Wiederentdeckung und Aneignung anderer, nach allen Seiten offener Zeithorizonte. Die Verabschiedung einheitsstiftender Modelle, übergreifender Ideensysteme, großer Erzählungen – und die Akzeptanz der Mehrsprachigkeit, der Fülle von Räumen und ihrer vielen Geschichten sind einige der verbindlich gewordenen Postmoderne-Zuordnungen.

Was hier interessiert ist der Umstand, daß es postmodern – in einem recorso der Umwertung der Werte – zu einer Um-, Auf- und Emporwertung gerade derjenigen Phänomene gekommen ist, die Nietzsche als zu überwindende Negativa seiner Zeit verurteilte: Vergleichbarkeit, Mobilität, Komplexität, plurale Wahlmöglichkeiten, Zukunftsvergessenheit und „Heimweh nach Geschichte"[61] etc. etc. werden postmodern zu emanzipativen Chancen umgedeutet. „Ironie" und

„Schein" haben positiv Konjunktur, Tradition darf Avantgarde sein, Innovation kann – muß – auch in Reparatur und Korrektur liegen.

Der „Entzauberung" der Welt korrespondiert die Magie der „Wiederverzauberung"[62], dem Verlust des Ernstes, dem schon Nietzsche mit der Proklamation einer „fröhlichen Wissenschaft" antwortete, eine (Post-)"Moderne ohne Trauer"[63]; der Nihilismus verlor in der Heiterkeit eines „fröhlichen Nihilismus"[64], seine Bedrohlichkeit, der „Karneval des grossen Stils" (5,157-JGB) wird als Chance der freien Kombination, in der „Kunststile, Einfälle und Materialien (sich) ständig kreuzen" gesehen.[65] Die Selbstentfaltung des Lebens als „Spiel" gedeiht in den globalen Spielwelten des Vergnügens und der Zerstreuung – freilich auch das ganz anders als von Nietzsche gedacht. Der „Kanon des Verbotenen" (Theodor W. Adorno), den die Moderne als Schutzwall ihres Selbstverständnisses errichtete, hat sich weitgehend aufgelöst. Geschichte hat in diesem postmodernen Arrangement des Möglichen ihre Chance, die aber gegen viele simulative und surrogative Konkurrenzen wahrzunehmen sind und wo es auch gilt, kluge Allianzen zu schließen und „transversale" Wirkkräfte zu entwickeln.

Es gilt in der Tat, Geschichte „im Dienste des Lebens" neu – und immer wieder neu – zu artikulieren, auch jenen von Nietzsche (zu) gering geachteten „antiquarischen Sinn" (1,267-HL) zu optimieren und das Selbstverständnis eines Lebens *mit* Geschichte zu stärken und dazu Synergien auch aus konkurrierenden Bereichen zu schöpfen.

Wenn Nietzsche als Wegbereiter der Moderne bezeichnet wurde, dessen postmoderne Aktualität gerade in der Transformation seiner Bewertungen besteht – die postmoderne Karriere der Denkmalpflege in ihrem „antiquarischen" Zuschnitt ist hier Beispiel[66] – dann kann Riegl in gewissem (eingeschränkten) Sinn als Vorläufer postmoderner Verfassungen gelten.[67]

Riegl sah zu seiner Zeit – um einen vielzitierten Satz von Hans Robert Jauß abzuwandeln – bereits das „Gespenst der (nachhistoristischen) Moderne" umgehen.[68] Riegls Bemühungen zur Überwindung des Historismus u. d. h. der historistischen Moderne sind indessen gekennzeichnet von der Absicht der „Rettung" von Geschichte unter den sich abzeichnenden Bedingungen der neuen Moderne[69]. Dies ist schon grundsätzlich eine gegenmoderne – eine (oh Begriffszwitter!)[70] „prä-postmoderne", jedenfalls eine „unzeitgemäße" Einstellung. Riegl plädierte für eine „offene" Geschichte versus die zielgerichtete moderne „Pappelallee" des Fortschritts, war in seiner, im Umfassenden des „Altersdenkmals"[71] versammelten Zuwendung für das Namenlose, Verborgene, Abgeschiedene, Kleine, Vergessene, Vernachlässigte und Bedrohte ein Apologet der Vielstimmigkeit; in der Kontinuitätsauffassung seines Entwicklungsdenkens, im In- und Miteinander von Gewordenem und Werden ein Verfechter der Vielgestaltigkeit und Gleichzeitigkeit des Ungleichzeitigen.

Gegen die moderne Verwissenschaftlichung und Rationalität versuchte Riegl eine neue, am Alterswert festgemachte Gefühls- und Stimmungskultur zu evozieren, die gleichzeitig auch dem identifikativen Bedürfnis der Massen entsprechen sollte[72]. Von Riegl wurde das postmoderne Thema von Massenkultur, Massenerlebnis und Massendenkmal vorausgedacht. Riegl setzte auf „Dialog" zwischen den Menschen, der Geschichte, der Kunst: sein Kunst- und Denkmalbegriff entspricht dem, was Nietzsche „Kunst vor Zeugen" (3,646-FW, 5. Buch) nannte, d. h. Kunst, die von etwas zeugt und Zeugnis ablegt und sich an Zeugen wendet, während Nietzsches Ideal in letzter Konsequenz einer „monologischen Kunst" (ebd.) in absoluter Einsamkeit huldigt. Das dialogische Prinzip gehört zur Typologie der Postmoderne, das monologische zu den Kennzeichen der nachhistoristischen Moderne. Das sich wandelnde Kunstwollen hat für Riegl zwar sammelnde, alle Bereiche des schöpferischen Lebens durchdringende Kraft, aber es bleibt zumindest offen, ob dieses Kunstwollen nicht auch als heterogenes, divergentes, dem „Chaos" oder der „Karnevalisierung" Verpflichtetes wirksam werden könnte, so wie es sich immer wieder – und von Riegl besonders kritisch gesehen – als Wollen zur „Stileinheit" und zum „Stilpurismus" äußerte.[73]

Denkmalkunst

Das zentrale Thema unserer discussion imaginaire mit Nietzsche und Riegl war die Relevanzfrage der Historie – und von uns mitgedacht der Denkmalpflege – für das „Leben". Der Diskurs hat gezeigt, daß die Beantwortung dieser Frage davon abhängig ist, unter welcher „Perspektive" „Leben" gesehen wird, unter welchem Imperativ oder Optativ. Was ist aus „Leben" also seit (und mit oder ohne) Nietzsche und Riegl in der Tat geworden und was aus deren Lebenssicht deckt noch das Segment unseres Lebens?

Filtert man aus den schon gegebenen Antworten, so bleibt – im Hinblick auf die hier angesprochene Thematik – als Bodensatz das Dominantwerden der Kategorien des „Erlebens" und der „Künstlichkeit" von Leben.

„Erleben" wurde gewissermaßen zum führenden Lebenszeitprogramm, zum Lebensziel, dem alle anderen Lebensbereiche dienen. Die Erlebnisorientierung des Lebens ist zum alles durchdringenden Leitprinzip geworden[74], die Verschränkung von Weltmarkt und Erlebnismarkt, die „Globalisierung" des Erlebens weit fortgeschritten.[75] „Erleben" gilt als Steigerungsform von Leben und korrespondiert darin mit einer anderen Leben übersteigernden Form, der „Künstlichkeit" des Lebens. Künstlich ist Leben nicht nur im Hinblick auf die Aktualität der Gentechnik und der Vision eines Lebens aus der Retorte, in Blickrichtung der Entwicklung von AI (Artificial Intelligence) und AL (Artificial Life) und so fort, sondern auch in der Ästhetisierung und im Design des Lebens bis hin zur Alltäglichkeit eines Lebens in hochdifferenzierten Abläufen, komplexer Kommunikation, und künstlich gesteuerten Prozessen etc.

Auf beide Muster, auf „Erlebnis" und „Künstlichkeit" des Lebens haben schon Nietzsche und Riegl reagiert. Riegl thematisiert das *Erleben des Geschaffenen*, für das er im „Alterswert" die allgemeinste Kategorie gefunden zu haben glaubte. Der „Alterswert" ist Riegls Angebot an die Massengesellschaft als Erlebnisgesellschaft. Und andererseits ist Riegls ständig wiederholte emphatische Beschwörung des allen Dingen eigenen Schicksals von Werden und Vergehen die kritische Stimme in einer von der Überzeugung der Machbarkeit bestimmten Welt des „homo faber".

Für Nietzsche stehen *Schaffen als Erleben* und *Erleben im Schaffen* im Zentrum. Künstlichkeit und Kunst sind in diesem Konnex höchste Positivpotenzen. Nietzsche treibt die Künstlichkeit – durchaus in der Werteumkehr einer neuen Natürlichkeit[76] – durch seine Philosophie des Künstlerischen, des Schöpferischen und des Schaffens weiter, er erklärt das Leben selbst zum Kunstwerk und Spiel, inthronisiert den Schein als neue Wahrheit, (u. a. 12,243-1886/87) proklamiert „Kunst als Gegenbewegung" (13,235) mit dem Ziel, daß der Nihilismus, „dieser unheimlichste aller Gäste" (12,125) überwunden werde. Dem nihilistischen Sinnverlust setzt Nietzsche die „schöpferische Kraft Sinn zu schaffen" (12,367) entgegen. Lebens-Sinn erwächst aus dem Schaffen.

Nietzsche spricht damit ein für die Entwicklung von Moderne und Postmoderne bezeichnendes Phänomen an: die Produktion von Sinn, die in die Ökonomisierung von Sinn, der schließlich nach den Erfordernissen des Marktes, nach Angebot und Nachfrage verhandelt wird, mündet.[77]

Fragt man in dieser Hinsicht „perspektivisch" (vgl. u. a. 5,26-JGB) nach der Lebenssinn-stiftenden Funktion der Denkmalpflege, so liegt ihr diesbezügliches Potential darin, daß sie ein wichtiges Feld des Aufeinandertreffens und Ineinanderfließens von Geschaffenem und Schaffen darstellt. Der schöpferische Prozeß der Denkmalpflege ist das *Schaffen von Erinnerung*, und zwar auch im Sinne der Durchgängigkeit nach vorn, ins Unabgeschlossene und Unabgegoltene, ins „Hindurchfühlen und Herausahnen" (1,265), wie dies Nietzsche als mögliche höchste Bestimmung einer „antiquarischen Historie", formuliert hat.

Nietzsche hoffte auf die Erfüllung eines Lebens als Werk, kulminierend in der Auffassung des Lebens als Lebenskunstwerk. In dieser Form ist Nietzsches Vorstellung zwar nicht aufgegangen, Tatsache aber ist, daß Ästhetisierung, Schein, Täuschung, Inszenierung, Verkitschung und Verkunstung mit allen positiven und negativen Konnotationen zu bestimmenden Phänomenen unserer Zeit geworden sind.

Die Steigerungsform zu all diesen Varianten ästhetischer Künstlichkeit sammelt der Begriff von „Kunst". In einer künstlich gewordenen Welt gehört die partikulare Transformation von Künstlichkeit in „Kunst" zum Programm des noch möglich Gebliebenen.[78]

In Kunst schafft sich die Gesellschaft immer wieder tabuisierte Bereiche. Etwas als „Kunst" bestimmen oder zur „Kunst" umdeuten, ist – wo es gelingt – die höchste gesellschaftliche Schutzkonvention, und geht über alle anderen legalen Schutzbestimmungen hinaus, was nicht zuletzt mit dem durch „Kunst" beförderten Wertetransfer von immaterieller Wertigkeit zu materieller Wertbeständigkeit und Wertsteigerung zusammenhängt.

In einer künstlich überformten, ästhetisierten und gestylten Wirklichkeit verliert somit auch die Auffassung, das Denkmal wäre primär etwas, was aus den Vorzeiten der künstlich gewordenen Welt „echt" und „unverfälscht", als „Relikt" überkommen ist, an Überzeugung.

„Relikte gibt es nicht mehr."[79]

Im Gegenteil: Vergangenheitsdenkmale sind bedeutungsplurivalent *auch* Gegenwartskunst.[80] Denkmale heute, im ganzen Kategorienreichtum bis hin zur Denkmallandschaft, sind in hohem Maße künstlich, sind zu einem guten Teil zu Kunst-Denkmalen – in einer weiteren und anderen Bedeutung – emporgewertete „objets trouvés". Denkmale so gesehen, sind Kunstprodukte, sind (Er-)Findungen der Lebenssinnstiftung und der Erweiterung des Erlebnishorizonts: In der *Denkmal-Kunst*,[81] in der Kreativität der Denkmalästhetik und Archäologie des Schönen,[82] im schöpferischen Akt des Schaffens von Erinnerung und im innovativen Vorgang der interpretativen Leistung ermöglichen Denkmal und Denkmalpflege nicht nur in mehr als einer Zeit zu leben, sondern, wenn nicht in die Unsterblichkeit, so doch über uns hinaus und über uns hinweg zu leben.

Kurz vor München, in Gauting (oder Krailling?), mußte der Zug wegen Streckenarbeiten Halt machen. Herr N. hatte es plötzlich eilig und nutzte die Gelegenheit, sich zu verabschieden. Eine Zeitlang hielt er die Hand Alois Riegls fest, beide sahen sich wortlos, aber bedeutungsvoll an. Dann verschwand er.

„Was sollen wir jetzt dem Jubilar sagen?" murmelte Riegl und Dvořák sekundierte: „Wenn ich das nur wüßte!"

Ganz einfach:
Herzlichen Glückwunsch!

Anmerkungen

1 ALOIS RIEGL:
Falls nicht anders angegeben, zit. nach:
Ernst Bacher (Hrsg.) Kunstwerk oder Denkmal? Alois Riegls Schriften zur Denkmalpflege (Studien zu Denkmalschutz und Denkmalpflege, Band 15), Verl. Böhlau, Wien/Köln/Weimar 1995
Siglen der zitierten Schriften:
EMD Entwurf einer gesetzlichen Organisation der Denkmalpflege in Österreich (1903). Wesen und Entstehen des modernen Denkmalkultus
EDG Entwurf ... Das Denkmalschutzgesetz
EDDG Entwurf ... Bestimmungen zur Durchführung des Denkmalschutzgesetzes
SP Bericht über eine zur Wahrung der Interessen der mittelalterlichen und neuzeitlichen Denkmale innerhalb des ehemaligen Diokletianischen Palastes zu Spalato durchgeführte Untersuchung (1903)
DG Das Denkmalschutzgesetz (1905)
ND Neue Strömungen in der Denkmalpflege (1905)

FRIEDRICH NIETZSCHE:
Falls nicht anders angegeben zit. nach:
Sämtliche Werke. Kritische Studienausgabe (KSA) in 15 Bänden.
Giorgio Colli und Mazzino Montinari (Hrsg.), Verl. Walter de Gruyter,
Berlin-New York 1967 ff., DTV München, Verl. Walter de Gruyter,
Berlin/New York 1988. Zitate mit arabischer Band- und Seitenzahl.

Siglen der zitierten Werke:
AC   Der Antichrist
BA   Über die Zukunft unserer Bildungsanstalten
FW   Die fröhliche Wissenschaft
GD   Götzen-Dämmerung
GT   Die Geburt der Tragödie
GT, VS   Die Geburt der Tragödie, Versuch einer Selbstkritik
HL   Vom Nutzen und Nachtheil der Historie für das Leben
          (Unzeitgemässe Betrachtungen II)
JGB   Jenseits von Gut und Böse
MA I, II Menschliches, Allzumenschliches (I-II)
NW   Nietzsche contra Wagner
WA   Der Fall Wagner
WB   Richard Wagner in Bayreuth (Unzeitgemäße Betrachtungen IV)
WL   Über Wahrheit und Lüge im aussermoralischen Sinne
Za   Also sprach Zarathustra

Friedrich Nietzsche, Sämtliche Briefe. Kritische Studienausgabe in 8 Bänden. Giorgio Colli und Mazzino Montinari (Hrsg.) München/Berlin/New York 1986. Sigle B, Zitate mit arabischer Band- und Seitenzahl.

2 MICHAEL PETZET, *Denkmalpflege heute. Zwanzig Vorträge zu grundsätzlichen Fragen der Denkmalpflege. 1974-1992*, Arbeitshefte des Bayerischen Landesamtes für Denkmalpflege, Bd. 60, München 1993.
3 BRIGITTE HUBER, *Denkmalpflege zwischen Kunst und Wissenschaft*, Arbeitshefte des Bayerischen Landesamtes für Denkmalpflege, Bd. 76, München 1996.
4 Dazu: *Denkmalpflege in Niederösterreich, Bd. 1: Stift Dürnstein. Eine Restaurierung*, Mödling o. J. (1986).
5 GEORG WACHA, *Alois Riegl und Linz*, in: Oberösterreich, 25, 1975, H. 1, S. 47 ff.
6 Dazu: Art. *Festung Hohensalzburg*, in: Österreichische Zeitschrift für Kunst und Denkmalpflege (Tätigkeit des Bundesdenkmalamtes 1994), XLIX, 1995, H. 4, S. 373 f.
7 WILFRIED LIPP, MICHAEL PETZET (Hrsg.), *Vom modernen zum postmodernen Denkmalkultus?*, Arbeitshefte des Bayerischen Landesamtes für Denkmalpflege, Bd. 69, München 1994.
8 MICHAEL PETZET, *Grundsätze der Denkmalpflege*, in: Denkmalpflege heute (wie Anm. 2), Seite 103-114.
9 DIETRICH VON LOH, *Alois Riegl und die Hegelsche Geschichtsphilosophie. Ein Beitrag zur Entstehung der Formalanyse in der Kunstgeschichte*, in: Kunstjahrbuch der Stadt Linz 1986, Wien/München, Anhang S. 1-43.
10 ALFRED VON MARTIN, *Nietzsche und Burckhardt*, München 1941. – DERS., *Burckhardt und Nietzsche philosophieren über Geschichte*, Krefeld 1948. – EDGAR SALIN, *Jakob Burckhardt und Nietzsche*, 2. erw. Aufl., Heidelberg 1948. – ALOIS RIEGL, *Historische Grammatik der bildenden Künste*, aus dem Nachlaß herausgegeben von Karl M. Swoboda und Otto Pächt, Graz/Köln 1966, S. 76 und 254.
11 WOLFGANG KEMP, *Alois Riegl (1858-1905)*, in: Heinrich Dilly (Hrsg.), Altmeister moderner Kunstgeschichte, Berlin 1990, mit Hinweis auf: *Walter Benjamin und die Kunstwissenschaft. Teil 1: Benjamins Beziehungen zur Wiener Schule*, in: Kritische Berichte 1/1973, H. 3, S. 30 ff. – DERS., *Fernbilder. Benjamin und die Kunstwissenschaft*, in: B. Lindner (Hrsg.), Links hatte noch alles sich zu enträtseln ... W. Benjamin im Kontext, Frankfurt a. M. 1978, S. 224 ff.
12 Außerhalb der Kunstgeschichte wurde Riegls Einfluß u. a. auch für Oswald Spengler und dessen Hauptwerk „Untergang des Abendlandes" geltend gemacht, ein nicht undelikates wirkungsgeschichtliches Phänomen. Vgl. dazu PAULCONRAD KIRCHNER, *Deutsche Kunsthistoriker seit der Jahrhundertwende*, Diss. Göttingen, 1948.
13 ALOIS RIEGL, *Altorientalische Teppiche*, Leipzig 1892, Reprint Mittenwald 1969.
14 Max DVOŘÁK, Alois Riegl. Nachruf, in: Mitteilungen der k. k. Zentral-Kommission zur Erforschung und Erhaltung der Kunst- und historischen Denkmale, 3. Folge, Bd. 4, Nr. 7-8, Wien 1905, Sp. 262.
15 Dazu u. a. ERWIN PANOFSKY, *Der Begriff des Kunstwollens*, in: Zeitschrift für Ästhetik und Allgemeine Kunstwissenschaft 14/1920, S. 321 ff. Wiederabdruck in: H. Oberer u. E. Verheyen (Hrsg.), Aufsätze zu Grundfragen der Kunstwissenschaft, Berlin 1974, S. 29 ff.
16 ALOIS RIEGL, *Stilfragen. Grundlegungen zu einer Geschichte der Ornamentik*, Berlin 1893, Reprint Mittenwald 1977.
17 Ebd., S. 20.
18 ALOIS RIEGL, *Die spätrömische Kunstindustrie nach den Funden in Österreich-Ungarn*, 1. Teil, Wien 1901, Neudruck Wien 1927, zitiert wird nach dem Neudruck Wien 1931.
19 ALOIS RIEGL, *Das holländische Gruppenporträt*, in: Jahrbuch der Kunsthistorischen Sammlungen des Allerhöchsten Kaiserhauses, XXII, 1902, zitiert wird nach dem Neudruck Wien 1931.
20 Ebd. S. 4.
21 JULIUS VON SCHLOSSER, *Randglossen zu einer Stelle Montaignes*, in: Präludien. Vorträge und Aufsätze, Berlin 1927, S. 213 ff.
22 KURT BADT, *Alois Riegl*, in: Raumphantasien und Raumillusionen, Köln 1963, S. 27 ff.
23 HERMANN BAUER, *Kunstgeschichte als Stilgeschichte: Alois Riegl*, in: Kunsthistorik, München 1976, S. 76.
24 Ebd., S. 78.
25 JULIUS VON SCHLOSSER, *Die Wiener Schule der Kunstgeschichte*, in: Mitteilungen des österreichischen Instituts für Geschichtsforschung XIII, 2/1934, S. 145 ff.
26 WILLIBALD SAUERLÄNDER, *Alois Riegl und die Entstehung der autonomen Kunstgeschichte am Fin de siècle*, in: Fin de siècle. Zu Literatur und Kunst der Jahrhundertwende, Frankfurt a. M. 1977, S. 125 ff.
27 THEO MEYER, *Nietzsche. Kunstauffassung und Lebensbegriff*, Tübingen 1991, bes. S. 121-135 zur Rezeption des Nietzsche'schen Lebensbegriffs.
28 Konzentriert dazu JOHANN MADER, *Zur Aktualität Nietzsches*, in: Kulturabteilung der Stadt Wien (Hrsg.), Wiener Vorlesungen im Rathaus, Band 39, Wien 1995, bes. S. 15 f. und 28 ff. – Nietzsche repliziert in seiner Kritik an diesen Leitprinzipien auf die europäische Denkgeschichte von Parmenides bis Hegel, konkret auf den von Parmenides überlieferten Satz: „Denken und Sein ist dasselbe" und auf Hegels berühmt gewordenes Diktum: „Was vernünftig ist, das ist wirklich und was wirklich ist, das ist vernünftig." Nietzsche notiert dazu: „Parmenides hat gesagt, man denkt das nicht, was nicht ist – wir stehen am anderen Ende und sagen, was gedacht werden kann, muß sicher eine Fiktion sein". (*Der Wille zur Macht*, Aphor. 539, wie Anm. 29)
Und gegenüber Hegel sinniert Nietzsche, ob man „bei der historischen Betrachtung der Dinge ... öfters, mit parodischer Anwendung jenes Hegel'schen Satzes fragen möchte: Ist diese Unvernunft wirklich? Ach gerade das Unvernünftige scheint jetzt allein wirklich d. h. wirkend zu sein ..."
29 FRIEDRICH NIETZSCHE, *Der Wille zur Macht. Versuch einer Umwertung aller Werte*. Mit einem Nachwort von Alfred Baeumler, Stuttgart 1952. – In der Fortsetzung heißt es: „Unsere ganze europäische Kultur bewegt sich seit langem schon mit einer Tortur der Spannung, die von Jahrzehnt zu Jahrzehnt wächst, wie auf eine Katastrophe los: unruhig, gewaltsam, überstürzt, einem Strom ähnlich, der ans Ende will, der sich nicht mehr besinnt, der Furcht davor hat, sich zu besinnen" (13/190).
30 Vgl. dazu auch KARL LÖWITH, *Nietzsche. Der Philosoph unserer Zeit*, in: DERS., Nietzsche, Stuttgart 1987, S. 85-395.
31 Vgl. Kap. Überwindungen des Historismus in: FRIEDRICH JAEGER/JÖRN RÜSEN, Geschichte des Historismus, München 1992, S. 161-185.
32 FRIEDRICH NIETZSCHE, *Unzeitgemäße Betrachtungen. Zweites Stück: vom Nutzen und Nachtheil der Historie für das Leben.* (1, 245-334-HL). Dazu zuletzt der Sammelband: DIETER BORCHMEYER (Hrsg.), *„Vom Nutzen und Nachteil der Historie für das Leben"*, Frankfurt a. M. 1996. Darin besonders: DERS., Nietzsches zweite „unzeitgemäße Betrachtung" und die Ästhetik der Postmoderne, S. 196-217. Weiters speziell: GERHARD HAEUPTNER, *Die Geschichtsansicht des jungen Nietzsche. Versuch einer immanenten Kritik der Zweiten Unzeitgemäßen Betrachtung: „Vom Nutzen und Nachtheil der Historie für das Leben"*, Stuttgart 1936, S. 22 ff.

33 Wohl steht bei Riegl die historische Grundidee eines durchlaufenden Sinns und Fortgangs der Kultur im Zentrum seines Denkens, eingehüllt jedoch in eine naturalistische Auffassung der Geschichte im ständigen Ablauf von Werden und Vergehen. Die Kategorie des „Lebens" erscheint bei Riegl grundlegend als Leben der Natur, die alle Fakten des menschlichen Lebens übergreift. Bei Schopenhauer, Nietzsche und Spengler treten dagegen die eigentlichen lebensphilosophischen Prämissen in den Vordergrund. Das menschliche lebenszeitliche Leben wird als Prinzip, das allem Geschehen zugrundeliegt stilisiert.

34 Im Katalog seiner Denkmalwerte hat Riegl im übrigen „Gebrauchswert" und „Neuheitswert" als besonders lebensbestimmt beschrieben. Vgl. EMD, 81 ff., 85 ff.

35 Dazu WILFRIED LIPP (Hrsg.), *Denkmal-Werte-Gesellschaft. Zur Pluralität des Denkmalbegriffs*, Frankfurt/New York 1993, Einleitung S. 11-27.

36 Vgl. ALOIS RIEGL (wie Anm. 10), Einleitung S. 12 ff.

37 Vgl. HEINZ-DIETER KITTSTEINER, *Erinnern – Vergessen – Orientieren. Nietzsches Begriff des „umhüllenden Wahns" als geschichtsphilosophische Kategorie*, in: BORCHMEYER (Hrsg.) (wie Anm. 32), S. 48-75, bes. S. 53 ff.

38 FRIEDRICH NIETZSCHE (wie Anm. 29)

39 Vgl. dazu REINHART KOSELLECK, *Historia Magistra Vitae. Über die Auflösung des Topos im Horizont neuzeitlich bewegter Geschichte*, in: Natur und Geschichte. Karl Löwith zum 70. Geburtstag. Stuttgart/Berlin/Köln/Mainz 1967, S. 196-219.

40 Vgl. dazu DERS., *Vergangene Zukunft. Zur Semantik geschichtlicher Zeiten*, Frankfurt 1979.

41 GÜNTER ABEL, *Wissenschaft und Kunst*, in: Mihailo Djuric/Josef Simon (Hrsg.), Kunst und Wissenschaft bei Nietzsche, Würzburg 1986.

42 In der Textstelle heißt es weiter: „Sieht man einmal auf's Äußerliche, so bemerkt man, wie die Austreibung der Instinkte durch Historie die Menschen fast zu lauter abstractis und Schatten umgeschaffen hat: (....). Während noch nie so volltönend von der ‚freien Persönlichkeit' geredet worden ist, sieht man nicht einmal Persönlichkeiten, geschweige denn freie, sondern lauter ängstlich verhüllte Universalmenschen" (1,280, 281-HL).

43 KARL SCHLECHTA (Hrsg.), *Friedrich Nietzsche, Werke in drei Bänden*, Darmstadt 1966, III, 678.

44 Ebd., III, 823.

45 Vgl. KARL LÖWITH, *Nietzsches Philosophie der ewigen Wiederkehr des Gleichen*, in: LÖWITH (wie Anm. 30), S. 101-384.

46 ALOIS RIEGL (wie Anm. 10), S. 125.

47 DERS. (wie Anm. 19), S. 28.

48 DERS. (wie Anm. 16), S. VII.

49 DERS. (wie Anm. 19), S. 180 f.

50 FRIEDRICH NIETZSCHE (wie Anm. 43), III, 480.

51 Ausführlich dazu: RUDOLF REUBER, *Ästhetische Lebensformen bei Nietzsche*, München 1989, bes. Kap. Über das Verhältnis der Kunst zur Wahrheit, S. 111 ff. Sowie CARSTEN ZELLE, *Die doppelte Ästhetik der Moderne. Revisionen des Schönen von Boileau bis Nietzsche*, Stuttgart/Weimar 1995, bes. 304ff. Weiters: TILMAN BORSCHE, *Intuition und Imagination. Der erkenntnistheoretische Perspektivenwechsel von Descartes zu Nietzsche*, in: Djuric/Simon (Hrsg.) (wie Anm. 41), S. 26-44, bes. S. 39ff. JOSEF SIMON, *Der gewollte Schein. Zu Nietzsches Begriff der Interpretation*, in: Djuric/Simon (Hrsg.) (wie Anm. 41), S. 62-74.

52 Und er nennt als Beispiel die Wirkung des Satyrchors in der griechischen Tragödie, der imstande ist, der Sehnsucht nach einer „buddhaistischen Verneinung des Willens" (1,56-GT) entgegenzuarbeiten. „Ihn (den Willen, Verf.) rettet die Kunst, und durch die Kunst rettet ihn sich – das Leben (1,56-GT). (...) in dieser höchsten Gefahr des Willens, naht sich, als rettende, heilkundige Zauberin, die Kunst" (1,57-GT).

53 REUBER (wie Anm. 51), Kap. Transformationen ästhetischer Kategorien durch Nietzsche, S. 75 ff. Weiters GORAN GRETIC, *Das Leben und die Kunst*, in: Djuric/Simon (Hrsg.) (wie Anm. 41), S. 150-159. WALTER SCHULZ, *Schopenhauer und Nietzsche*, in: Wolfgang Schirmacher (Hrsg.), Schopenhauer, Nietzsche und die Kunst, Wien 1991, S. 21-34, bes. S. 26 ff.

54 REUBER (wie Anm. 51), S. 79 f.

In letzter Zeit hat diese Sicht auch MICHEL FOUCAULT thematisiert, *„Warum sollte nicht jeder einzelne aus seinem Leben ein Kunstwerk machen können?"*, in: DERS., Von der Freundschaft als Lebensweise. Michel Foucault im Gespräch, Berlin 1984, S. 80. Dazu: JOSEF FRÜCHTL, *Was heißt es aus seinem Leben ein Kunstwerk zu machen? Eine Antwort mit Foucault,* in: Andreas Kuhlmann (Hrsg.), Philosophische Ansichten der Kultur der Moderne, Frankfurt a. M. 1994, S. 278-306.

55 Dazu: DIANA BEHLER, *Nietzsches Versuch einer Artistenmetaphysik,* in: Djuric/Simon (Hrsg.) (wie Anm. 41), S. 130-149.

56 REUBER (wie Anm. 51), S. 80ff.

57 Nietzsche hat diese Auffassung später revidiert. Vgl.: Nietzsche contra Wagner, und: Der Fall Wagner, (6, NW und WA).

58 Es ist in diesem Zusammenhang bemerkenswert, daß der Begriff „Moderne", der bis heute für die nachhistorische Epoche allgemein geworden ist, 1886 von Eugen Wolff anläßlich eines Vortrags im Berliner literarischen Verein „Durch!" geprägt wurde. 1894 befindet sich der Begriff bereits im Großen Brockhaus (14. Aufl., Art. „Modern" [nach BORCHMEYER, wie Anm. 32]).

59 So die bekannte These bei REINHART KOSELLECK (wie Anm. 40).

60 Vgl. PETER KOSLOWSKI, *Die Baustellen der Postmoderne – Wider den Vollendungszwang der Moderne*, in: Peter Koslowski/Robert Spaemann/Reinhard Löw (Hrsg.), Moderne oder Postmoderne?, Weinheim 1986, S. 1-16.

61 So der Beitrag von: HANS EGON HOLTHUSEN, *Heimweh nach Geschichte. Postmoderne und Posthistoire in der Literatur der Gegenwart*, in: Merkur 38, 1984.

62 ODO MARQUARD spricht im Anschluß an Max Webers Begriff der „Entzauberung" von „Ersatzverzauberung". Vgl. DERS., *Über die Unvermeidlichkeit der Geisteswissenschaften*, in: Apologie des Zufälligen. Stuttgart 1986, S. 98-116. Vgl. weiters M. BERMAN, *Wiederverzauberung der Welt. Am Ende des Newtonschen Zeitalters*, Hamburg (engl. Originalausg. 1981).

63 Vgl. ALBRECHT WELLMER, *Zur Dialektik von Moderne und Postmoderne*, Frankfurt a. M. 1985, S. 55.

64 Vgl. PANAJOTIS KONDYLIS, *Der Niedergang der bürgerlichen Denk- und Lebensform. Die liberale Moderne und die massendemokratische Postmoderne*, Weinheim 1991, S. 239.

65 Ebd, S. 247.

66 „Die Geschichte gehört also zweitens dem Bewahrenden und Verehrenden, dem, der mit Treue und Liebe dorthin zurückblickt, woher er kommt, worin er geworden ist; durch diese Pietät trägt er gleichsam den Dank für sein Dasein ab. Indem er das von Alters her Bestehende mit behutsamer Hand pflegt, will er die Bedingungen unter denen er entstanden ist, für solche bewahren, welche nach ihm entstehen sollen – und so dient er dem Leben. (1,265-HL).

67 Vgl. WILFRIED LIPP, *Denkmalpflege: Moderne – Postmoderne*, in: Kunsthistoriker, V, 1988, Nr. 3/4, S. 17-25. Und DERS. (wie Anm. 7), S. 6-12.

68 HANS ROBERT JAUSS, *Mythen des Anfangs: Eine geheime Sehnsucht der Aufklärung*, in: DERS., Studien zum Epochenwandel der ästhetischen Moderne, Frankfurt 1989, S. 24-66.

69 Riegl spricht z. B. 1903 im „Bericht über eine im Auftrag des Präsidiums der k. k. Zentral-Kommission zur Wahrung der Interessen der mittelalterlichen und neuzeitlichen Denkmale innerhalb des ehemaligen Diokletianischen Palastes zu Spalato durchgeführte Untersuchung" davon, daß „Denkmale Alt Spalatos vor dem Eindringen der Modernisierung gerettet würden" (SP175).

70 Zu derartigen begrifflichen Irrungen sei Nietzsches Diktum nicht vorenthalten: „Jenes ungeheure Gebälk und Bretterwerk der Begriffe, an das sich klammernd der bedürftige Mensch sich durch das Leben rettet, ist dem freigewordenen Intellekt nur ein Gerüst und ein Spielzeug für seine verwegensten Kunststücke." (1,888-WL).

71 „... in die Klasse der Altersdenkmale zählt endlich jedes Werk von Menschenhand, ohne Rücksicht auf seine ursprüngliche Bedeutung und Zweckbestimmung, sofern es nur äußerlich hinreichend sinnfällig verrät, daß es bereits geraume Zeit vor der Gegenwart existiert und durchlebt hat." (EMD, 60 f.).

72 „Der Denkmalwert muß vielmehr ein Gefühlswert und damit zur Gefühlssache der breiten Masse, wenigstens der Gebildeten, geworden sein, und das kann überhaupt erst von dem Momente an zutreffen, als wir im Denkmal ein ‚Stück des eigenen Daseins' zu schätzen gelernt haben" (ND, 224).

73 Vgl. dazu: Norbert Wibiral, *Methodische Überlegungen*, in: M. Koller/N. Wibiral, Der Pacher-Altar in St. Wolfgang. Untersuchung, Konservierung und Restaurierung 1969-1976, Wien/Köln/Graz 1981, S. 227-247.

74 Vgl. Gerhard Schulze, *Die Erlebnisgesellschaft. Kultursoziologie der Gegenwart*, Frankfurt a. M./New York, 1992.

75 Denkmalperspektivisch gehört das UNESCO-Programm des „Weltkulturerbes" zu diesen Phänomenen.

76 Und vice versa: die Karriere von „Natur" und „Natürlichkeit" ist so gesehen als Kompensationsbefund zur realen Künstlichkeit zu sehen.

77 Vgl. dazu: Norbert Bolz, *Die Sinngesellschaft*, Düsseldorf 1997.

78 Die Aufgabe einer lebenspraktischen Kunst sei es, formulierte Nietzsche „etwas zur Umformung der Welt" beizutragen, „*um es in ihr aushalten zu können*" (11,33).
Vgl. dazu die kritische Sicht von Wolfgang Schirmacher, *Kann Kunst die Welt verändern?*, in: Ders. (Hrsg.) (wie Anm. 53), S. 15-17. „Kunst kann die Welt nicht verändern, wenn unter Welt verstanden wird, was als Neuigkeit und Staatsaktion die Medien beschäftigt. Aber gerade deshalb verändert Kunst die Welt umso nachhaltiger, weil sie sich der Interpretation widersetzt und stattdessen unsere Wahrnehmung prägt. Vor den Augen der Menschen und doch weitgehend unbemerkt, vollziehen sich epochale Wandlungen im Weltverständnis."

79 So die lapidare Quintessenz Konrad Köstlins im Zusammenhang mit dem Phänomen, daß auch die alltäglichen Dinge „mit rechtfertigenden, erläuternden und sinnstiftenden Verweisgeschichten ausgestattet" werden. Konrad Köstlin, *Lust aufs Ganze. Die gedeutete Moderne oder die Moderne als Deutung. Volkskulturforschung in der Moderne*, in: Österreichische Zeitschrift für Volkskunde, XLIX/98, 1995, S. 255-275, zit. 256.

80 Alois Riegl hat mit seiner Definition des „relativen Kunstwerts", der – positiv – in der partikularen Kongruenz mit dem jeweils aktuellen Kunstwollen besteht, der sozusagen das „Moderne im Alten" ausmacht, in diese Richtung vorausgedacht (EMD, 92ff.). *Denkmal-Kunst* würde die Aufhebung der Ambivalenz des „relativen Kunstwerts" bedeuten.

81 Mit dieser Definition verbindet sich – um Mißverständnissen vorzubeugen – kein Alleinanspruch und kein Allheilmittel, sondern lediglich eine Facette im Sinne der Plurivalenzwertigkeit des Denkmals (vgl. Wilfried Lipp, wie Anm. 67). Damit verknüpft wäre auch eine prophylaktische Stärkung gegen das Joch der Nutzungszwänge. Denkmalkunst bedeutete Lebensdienlichkeit ohne funktionelle Zweckbindung.

82 In vielen potentiellen Denkmalen steckt, der Allgemeinheit zunächst verschlossen: „Der langsame Pfeil der Schönheit ... welche nicht auf einmal hinreisst, welche nicht stürmische und berauschende Angriffe macht, (...), sondern jene langsam einsickernde, welche man fast unbemerkt mit sich fortträgt ..." (2,143-MA I).

Alfred Wyss
Denkmalwerte – Denkmalerfahrung

Am 12. Tag für Denkmalpflege im Jahre 1912 berichtete der Generalkonservator Georg Hager über die bayerischen Denkmalpflegekurse:

> Ich möchte bemerken, daß ich die Kunstgeschichte soviel wie ganz beiseite, oder vielmehr hinter den Kulissen lasse. Mir kommt es darauf an, für die Praxis der Denkmalpflege zu wirken. Es handelt sich darum, das Auge für das Schöne und Sinnvolle aller Zeiten und Stile zu öffnen, es handelt sich darum, zu zeigen, wie der Schönheits-, Alters- und Stimmungswert der Gotteshäuser erkannt und gefühlt, und wie ihre künstlerisch und religiös-ehrwürdige Bedeutung bei Erhaltungs- und Restaurationsarbeiten und bei notwendigen Neuschöpfungen im Sinne der Denkmalpflege gewahrt werden kann.[1]

Dies führt uns mitten ins Thema: es geht im Folgenden darum, bei unserem so notwendigen wissenschaftlichen Umgang mit den Denkmälern die unmittelbaren, im Gefühl verankerten Beziehungen zu ihnen wieder einzufordern. Zu sehr sind solche Denkmalerfahrungen in unseren Fachdiskussionen an den Rand gedrängt und fast nur in Abwehrhaltung als Negatives betrachtet worden – mit großer Berechtigung, wie die Denkmalverfälschungen aus sentimentalen Gründen belegen.[2] Kulturrezeption aber ist nicht nur durch rationales Aufarbeiten der Geschichte und der Gestalt bestimmt; sie gelingt nicht ohne spontane Anteilnahme. Diese ist aber in unserer Zeit durch manipulierbare Bilder geprägt und als echte Erfahrung gefährdet. Die Stichworte sind bekannt: antirationale Postmoderne, „virtual reality", Massenkultur usf. Emotionalität ist eine der heutigen Forderungen, Grund genug um zu prüfen, ob nicht dieses Erlebnisfeld in echte Denkmalerfahrung umgemünzt werden kann.

Am Anfang der theoretischen Auseinandersetzung über das Gefühl steht in der Denkmalpflege gewiß Alois Riegl mit dem Alterswert als dem „Gefühl der unbedingten Lust an der Anschauung des Alten an und für sich"[3]. Eva Maria Höhle hat an der Passauer Tagung des Bayerischen Landesamtes für Denkmalpflege von 1994 das Thema wieder im positiven Sinne aufgegriffen.[4] Hier wäre diese Spur ein wenig weiter zu führen, die wohl in der Fragestellung über das Denkmalfach hinausgehen müßte.

Zu Beginn aber ist die Grenze der Wissenschaftlichkeit unserer Arbeit in Erinnerung zu rufen und Bekanntes zu resümieren. Immer wieder zu bedenken ist die Aussage Alois Riegls zur Subjektivität des Denkmalbegriffes. Ausgehend von der Überlegung, daß die einstigen Hersteller mit den Werken, die heute als historische Denkmale erscheinen, bloß gewissen praktischen oder idealen Bedürfnissen genügen wollten und in der Regel wohl gar nicht an ein Nachleben in späteren Jahrhunderten gedacht hätten, formuliert er:

> Es ... kann die Bezeichnung »Denkmale«, die wir diesen Werken trotzdem zu geben pflegen, nicht in objektivem, sondern bloß im subjektiven Sinn gemeint sein: nicht den Werken kraft ihrer ursprünglichen Bestimmung kommt Sinn und Bedeutung von Denkmalen zu, sondern wir modernen Subjekte sind es, die ihnen denselben unterlegen.[5]

Riegls dem Denkmal unterschobener Bedeutung wäre die Formulierung von Eva Frodl-Kraft über die wissenschaftliche Fundierbarkeit des Denkmalbegriffs anzufügen:

> Der Denkmalpfleger oder das Fachgremium, dem die Entscheidung über den Denkmalcharakter eines Objektes obliegt, ist unauflösbar in das kulturelle Leben seiner Zeit eingebunden, wodurch seine Wertsetzungen automatisch relativiert werden.[6]

Im ersten Fall liegt die Betonung auf der Wertsetzung aus unserer Zeit als eine subjektive, im zweiten wird die Aussage über die Relativität solcher Wertsetzungen aus dem sich wandelnden kulturellen Leben verschärft. Aus der Sorge um die Subjektivität des Urteils ist der Grundsatz aufgestellt worden: das Denkmal ist in seiner überlieferten materiellen Substanz mit seinen historischen Schichten zu erhalten. Mit dieser Reduktion auf das Artefact als echtem Zeugnis weisen wir demselben allein Authentizität zu, immer dann, wenn wir es mit all seinen überlieferten Veränderungen als Ausgangspunkt unserer Auseinandersetzung (Eingriffe) mit ihm machen. Der Satz gilt allerdings nur als Regel für unser Handeln am Denkmal; zur Frage des Denkmalwertes kann er über die Festlegung der materiellen Echtheit hinaus – die allerdings nicht zu unterschätzen ist – nicht dienen. So werden wir uns in unserem Zusammenhang die breiter angelegte Formulierung des Dokumentes von Nara zur Authentizität von 1994 in Erinnerung rufen,[7] das die Echtheit des Denkmals aus der verstandesmäßigen Argumentation und Interpretation herleitet, die alle möglichen historischen Eigenschaften zusammensucht und dem Artefact unterlegt. Es ist dies die größtmögliche Annäherung an Objektivität, die wir heutzutage erreichen können. Doch stellt sich die Frage, ob solche Argumentationen dem Verständnis in der „breiten Allgemeinheit"[8] genügen. Ein guter Einstieg in diesen Fragenkreis sind die von Jürgen Paul an der Meißener Tagung der Vereinigung der deutschen Denkmalpfleger von 1994 provokativ vorgetragenen Thesen.[9] Er stellte fest, daß die Wissenschaftlichkeit unserer Denkmalpflege für den Laien uninteressant erscheine; viel wichtiger sei die aus der unmittelbaren Begegnung mit dem Objekt entstehende Emotion; mit ihr wäre auch die Rekonstruktion von abgegangenen Denkmälern zu begründen. Wir hören auch den an uns Denkmalpfleger und Museumsleute gerichteten Slogan „Lehren aus Disneyland"[10], also die Aufforderung zur Vermarktung des Scheins der Dinge, wie es die „Erlebnisgesellschaft" sich wünscht. Und Johannes Habich formuliert:

> Das öffentliche, weit verbreitete Interesse an der materiellen Hinterlassenschaft der Geschichte besteht merkwürdigerweise losgelöst von Interesse und Verständnis, das sich auf die Geschichte selbst bezieht. Das seinem Wesen nach fremdartige und deshalb zum Fragen aufrufende Geschichtszeugnis wird ohne sonderliches Interesse an dem, was es bezeugt, vor allem als das der visuellen Wahrnehmung vertraute Zeichen gewertet. Dessen Hauptaufgabe besteht darin, in einer schnell sich verändernden Umwelt auf Dauerndes zu verweisen und Vertrauen zu binden, ganz banal gesagt, in der ungemütlich gewordenen Welt etwas Gemütlichkeit zu erhalten. Das ist keineswegs verächtlich.[11]

Diese Feststellung bezeugt, daß für die Denkmalvermittlung die historische Fachargumentation in der Tat nicht genügt. Es geht um die Wahrnehmungsweise und die Rezeptionsfähigkeit der „Denkmalkonsumenten". Die von Jürgen Paul eingeforderte Emotion spielt dabei eine wichtige Rolle, einmal unsystematisch aufgezählt: das Vaterland, nicht mit der Nation im Sinne des 19. Jahrhunderts zu verwechseln,[12] aber wiederum aktuell unter dem Titel der Regionen! Das Heimatgefühl, das durch den Mißbrauch des einst so gültigen Wortes Nostalgie verächtlich gemacht wird; auch Geborgenheit, die in dasselbe Kapitel gehört; der Alterswert, die Achtung vor der Leistung der Vergangenheit – und heutzutage gewiß die Erfahrung der Endlichkeit aller Dinge, der Vergänglichkeit, wie sie Riegl im „Denkmalkultus" diesem Begriff unterlegt; das Wohlgefallen am Kunstwerke (um hier den Begriff der Schönheit zu vermeiden); und die Geschichten, die man über die Objekte und Siedlungen (Städte) erzählen kann. Ganz wichtig ist auch das Erlebnis der Einheit von Naturlandschaft und Besiedlung (Kulturlandschaft) mit dem Denkmal. Es geht um die Herausforderung aller Sinne, das Sehen, das Begehen, die Geräusche und auch das Riechen, und um die Lust, darüber zu berichten – um jenen Funken, der in irgend einer Weise Identität zwischen dem Objekt und dem Subjekt entstehen läßt.

Man mag diese Erfahrungsweisen mit historischen Kriterien annähern, doch handelt es sich um psychische Komplexe: Es sind Dinge, die in der Seele desjenigen verankert sind, welcher dem Denkmal unvermittelt begegnet. Es sind Fragen der Rezeption, der Art und Weise, wie Sinneseindrücke aufgenommen werden. Damit sie wirken, muß im Betrachter eine Erfahrung angesprochen werden. Übrigens gilt dies auch für das Interesse am Denkmal, das nur die innere Anteilnahme meint, das aber wohl am ehesten das Eingehen auf unsere fachliche Argumentation fördert.

Es gilt also ohne Zweifel zu akzeptieren, daß wir mit den historischen Fachkriterien allein die Denkmäler (das Kulturgut) nicht erhalten können. Zwar sind nur sie konstitutiv für die Definition des Denkmals und grundlegend für unsere Verantwortung.[13] Darüber will ich keine Zweifel offen lassen. Dennoch sind auch wir in unserem Handeln – und damit in den Folgen für das Denkmal – nicht frei von diesen emotionalen Erfahrungen und Bedingungen. Dies bedeutet aber, daß unsere Sensibilität, unsere Fähigkeit zur Emotion unser Handeln am Denkmal mitbestimmt. Und hier erinnern wir uns der Zeitlichkeit des Denkmals. Denkmäler werden verändert, solange sie in Gebrauch sind, angepaßt an zeitgenössische echte oder scheinbare Bedürfnisse. Dies geschieht manchmal in auffälliger Weise, oft aber von uns selbst kaum bemerkt, weil wir selbst aus unserer Lebensweise heraus die Denkmäler betrachten. Was auch am Denkmal geschieht, der Denkmalpfleger hat es hier mit zwei Dingen zu tun: mit den Grenzen der dem Denkmal zumutbaren Veränderungen – hier hat er das Denkmal auf das Äußerste zu verteidigen – und die Art, wie solche Eingriffe geschehen. Es ist hier zunächst noch einmal daran zu erinnern, daß die Zeitgenossenschaft des Denkmalpflegers, sein Eingebettetsein in den Zeitgeschmack – von dem man ja auch nicht mehr sprechen darf – also besser, daß seine Bildung und seine Persönlichkeit ganz wesentlich den Gang der Dinge beeinflußt. Und in diesen Bereichen fallen Entscheide, die nicht nur die zu erhaltende Substanz betreffen, sondern deren Erscheinung, die „historische Sprache".[14] Alle Handlungen am Denkmal haben formale Folgen, beeinflussen oder verändern seine Erscheinung: Farbe, Mörtel, Eingriffe in die Anlagen und Strukturen, ja gar die einfache Nutzungsänderung, welche schon in den Manifestationen des neuen Lebens selbst ein verändertes Erleben des Denkmals vermitteln. Hier wird von demjenigen, der ins Denkmal eingreift, Qualität verlangt. Ich möchte keinesfalls einer neuen „schöpferischen Denkmalpflege" das Wort reden; ich meine aber, daß die Persönlichkeit des Denkmalpflegers, und damit auch seine Emotionen, bei aller gebotenen Zurückhaltung ganz beträchtlich auf die Erscheinung des Denkmals nach vollbrachter Kur einwirkt und ich halte daher ein hohes Maß an kritischer Kompetenz in diesem Gebiet – wohl auch eine schöpferische Begabung – für notwendig.[15]

Dies wäre die eine Seite des Themenkreises um die Bedeutung der Emotion, jene der Verantwortung der Denkmalpfleger (d. h. mit dem Denkmal befaßte Fachleute). Die andere Seite – die Frage nämlich, wie das Denkmal in der Öffentlichkeit wirkt, ist die noch schwierigere Aufgabe und heikel zu behandeln – sie mag Anlaß zu Mißverständnissen sein. Das Denkmal wirkt in seiner Unmittelbarkeit – zunächst in seiner Erscheinung; ein Bild also des Denkmals, wie es sich in unserer visuell geprägten Gegenwart so leicht einfügt und mit den elektronischen Medien ebenso leicht manipuliert werden kann. – Disneyland? Rekonstruktion von Denkmälern bis zur Frage ihrer Herstellung? Dagegen wird man gewiß mit der Kompetenz der fachlichen Argumentation ankämpfen – doch wirksam werden wohl irrationale Momente: die Überzeugung, daß wir unseren Gesprächspartnern das Erlebnis authentischer Zeugen vermitteln, echte Erfahrungen – das was allgemein als „Original"[16] empfunden wird und das auch im Kultur- und Erlebnistourismus eine so wesentliche Rolle spielt. Und wenn wir Denkmäler restaurieren, so werden wir den Forderungen des Neumachens ausgesetzt, dem „Neuheitswert"[17]. Daß sich die Floskel „in neuem Glanz erstanden" eingebürgert hat, ist kennzeichnend, nicht weil sie trivial ist, sondern weil sie etwas von der Festlichkeit und der Freude am abgeschlossenen Werk vermittelt. Auch dies sind Denkmalerfahrungen, grundlegende Erwartungen des allgemeinen Empfindens, die wir nicht unter den Teppich wischen dürfen. – Es ist an uns, hier den Weg zwischen diesen Erwartungen und dem, was uns das Denkmal abfordert, zu finden.

Die Rezeption der Denkmäler ist also wesentlich auch emotional bestimmt – und dies gilt nicht nur für die Allgemeinheit, sondern ebensosehr für den gebildeten Bürger bis hin zum Fachmann. So haben wir denn in unseren Beratungsgesprächen und in der Denkmalvermittlung auch diese Seite des Umgangs mit dem Kulturgut anzusprechen. Sie bildet die Brücke, die zum Verständnis unserer fachlich begründeten historischen Argumente hinüberführt. Dafür bedarf es sowohl einer gewissenhaften Auseinandersetzung mit den Denkmalwerten als auch einer geschulten Sensibilität für die Erfahrensweisen des Denkmals.

Anmerkungen

1 GEORG HAGER, *Die bayerischen Denkmalpflegekurse*, in: 12. Tag für Denkmalpflege, Halberstadt 1912, S. 206 ff. Vgl. BRIGITTE HUBER, *Denkmalpflege zwischen Kunst und Wissenschaft*, Arbeitshefte des Bayerischen Landesamtes für Denkmalpflege, Bd. 76, München 1996, S. 44.

2 „Zu beklagen ist besonders, dass man immer noch weitgehend nur das Kunstwerk oder das heimatliche Altvertraute als Denkmal akzeptiert; dass man nur das Schöne sucht und herstellt; dass bei solcher Suche und Herstellung noch der ursprüngliche Zustand im Vordergrund steht; dass man gerade in unseren Jahren wieder zu Rekonstruktionen, ja Denkmalkopien und Imitationen schreitet, die man mit dem 19. Jh. als Möglichkeit für untergegangen geglaubt hatte, und dass man dabei insgesamt den immer gefährdeten, oft bruchstückhaften, aber einmaligen und kostbar unersetzlichen Originalen immer weniger Bedeutung beimisst." GEORG MÖRSCH, *Ist das Denkmal verständlich?*, in: Aufgeklärter Widerstand, Basel 1989, S. 9 ff.

3 ALOIS RIEGL, *Neue Strömungen in der Denkmalpflege* von 1905. Das „Gefühl der unbedingten Lust an der Anschauung des Alten an und für sich" ist hier der Definition des Denkmals als „Stück nationalen Daseins" von Georg Dehio gegenübergestellt; damit erinnerte er an das Emotionale im Umgang mit Denkmälern in einer weiter gefaßten Form als in dem unter den Erinnerungswerten aufgeführten und als zukunftsträchtig bezeichneten „Alterswert" des *Denkmalkultus* von 1903. Beides in: Ernst Bacher (Hrsg.), Kunstwerk oder Denkmal. Alois Riegls Schriften zur Denkmalpflege, S. 217 ff., S. 221 passim.

4 EVA MARIA HÖHLE, *Das Gefühl in der Denkmalpflege*, in: Wilfried Lipp/Michael Petzet (Hrsg.), Vom modernen zum postmodernen Denkmalkultus? Denkmalpflege am Ende des 20. Jahrhunderts, Arbeitshefte des Bayerischen Landesamtes für Denkmalpflege, Bd. 69, München 1994, S. 71-73, und in: Die Denkmalpflege, 52, 1994, H. 2, S. 128 ff.

5 ALOIS RIEGL, *Der moderne Denkmalkultus, sein Wesen und seine Entstehung* (1903), in: Gesammelte Aufsätze, Augsburg/Wien 1929, S. 148, und in: BACHER (wie Anm. 3), S. 53 ff. und 58 über die „ungewollten Denkmale".

6 EVA FRODL-KRAFT, *Die wissenschaftliche Fundierbarkeit des Denkmalbegriffs*, in: Österreichische Zeitschrift für Kunst und Denkmalpflege, 30, 1976, S. 17 ff.

7 Punkt 13: „Das Urteil über die Authentizität hängt von der Natur des Monumentes oder des Denkmalbereiches (site) und seines kulturellen Kontextes ab und ist an die Vielfalt der Informationen (sources d'information) gebunden. Diese betreffen den Entwurf (conception) und die Form, die Materialien und die Substanz, den Gebrauch und die Funktion, die Überlieferung und die Technik, die Situation und den Ort, Sinn und Wirkung (esprit et impression), ursprünglicher Zustand und das geschichtliches Werden." [Übersetzung des Autors] *Conférence de Nara sur l'authenticité, Nara 1.-6. XI 1994, documents de travail* (ICOMOS). Vgl auch: FRANÇOISE CHOAY, *Sept propositions sur le concept d'authenticité et son usage dans les pratiques du patrimoine historique*, ebd.

8 „Versteht man das öffentliche Interesse dahingehend, daß der Schutz nicht nur zu Gunsten einzelner Kunstliebhaber, Wissenschaftler oder anderer Spezialisten gewährt werden darf, sondern im Interesse einer breiteren (nicht notwendigerweise überwiegenden) Allgemeinheit liegen muß, so müßten sich insoweit mit Hilfe von Sachverständigengutachten durchaus auch nachvollziehbare Ergebnisse erzielen lassen, insbesondere ist dann nicht mehr nur eine rein denkmalpflegerische Problematik gegeben." FELIX HAMMER, *Die geschichtliche Entwicklung des Denkmalrechtes in Deutschland*, Jus ecclesiasticum, Bd. 51, Tübingen 1995, S. 397. – Siehe auch: AUGUST GEBESSLER/WOLFGANG EBERL (Hrsg.), *Schutz und Pflege von Baudenkmälern in der Bundesrepublik Deutschland, ein Handbuch*, Köln 1980, S. 240 unten.

9 Vgl. ULRIKE WENDLAND, *Bericht von der Jahrestagung der Vereinigung der Landesdenkmalpfleger in Meißen, 26. Juni bis 1. Juli 1994*, in: Die Denkmalpflege, 52, 1994, H. 2, S. 107 ff., bes. S. 119 f.

10 GEORG GERMANN, *Learning from Disneyland*, in: Mitteilungsblatt des Verbandes der Museen der Schweiz, Info 54, Juni 1995, S. 28 f.

11 JOHANNNES HABICH, *Denkmalpflege zwischen öffentlicher Erwartung und fachlichem Auftrag*, in: Bauwelt 85/10, S. 346.

12 In einer Formulierung des 18. Jahrhunderts: „... Il faut surtout s'attacher ... l'histoire de sa patrie, l'étudier, la posséder, réserver pour elles le détail et jetter une vue plus générale sur les autres nations." DENIS DIDEROT/J. D'ALEMBERT, *Encyclopédie ou Dictionnaire raisonné des scienses, des arts et des métiers*, Bd. 8, Neufchastel 1765, Art. „Histoire".

13 Vgl. zum Folgenden: ALFRED WYSS, *Kleiner Katechismus – Denkmalpflege als moralische Frage*, in: LIPP/PETZET (wie Anm. 4), S. 82, und in: Die Denkmalpflege, 52, 1994, H. 2, S. 123 ff.

14 „Die Erhaltung bedeutet, das Denkmal auch in seinen Veränderungen durch seinen materiellen Bestand und mit seiner Gestalt in seiner historischen Sprache zum Sprechen zu bringen." Aus einer mündlich vorgetragenen Formulierung von August Gebeßler.

15 ALFRED WYSS, *Das Schöpferische in der Denkmalpflege*, in: Denkmalpflege Graubünden. Tendenzen im Umgang mit historischen Bauten, Chur 1991, S. 33 ff.

16 „Die Echtheit einer Sache ist der Inbegriff alles vom Ursprung her an ihr Tradierbaren, von ihrer materiellen Dauer bis zu ihrer geschichtlichen Zeugenschaft." WALTER BENJAMIN, *Das Kunstwerk im Zeitalter seiner technischen Reproduzierbarkeit*, in: Walter Benjamin, Gesammelte Schriften, hrsg. v. Rolf Tiedemann und Hermann Schweppenhauser, Frankfurt a.M. 1974/1991, Bd. I2, S. 438 (erste Fassung), S. 477 (dritte Fassung).

17 Vgl. Anm. 5.

Ernst Bacher

Authentizität, was ist das?

Seit es Denkmalschutz und Denkmalpflege gibt, sind die Fragen, was ist Denkmal, welchen Wertmaßstäben muß dieser Begriff entsprechen und welche Konsequenzen ergeben sich daraus für die Erhaltungsstrategien, ein zentraler Aspekt der Theorie- und Methodendiskussion der Disziplin. Von den kontroversen Positionen Viollet le Ducs und John Ruskins im 19. Jahrhundert ausgehend über die breite Diskussion neuer Ansätze einer modernen Denkmalpflege am Beginn unseres Jahrhunderts, die im Vordergrund mit den Namen Alois Riegl und Georg Dehio verbunden werden, bis zur Charta von Venedig von 1964 gibt es eine Unzahl von Versuchen, Kriterien festzulegen, um dem Monument als einem Gegenstand von geschichtlicher, künstlerischer oder kultureller Bedeutung seine Glaubwürdigkeit zu sichern. Darin enthalten sind immer auch – was in diesem Zusammenhang noch wichtiger erscheint – die Grundlagen, das heißt, die methodischen Ansatzpunkte für die Intentionen von Konservierung und Restaurierung zur Erhaltung.[1]

Von besonderer Bedeutung wurde die Frage nach verläßlichen Bewertungskriterien bei der Umsetzung der World Heritage Convention der UNESCO, geht es hier doch darum, auf breiter internationaler Ebene allgemein verständliche, verbindliche und damit auch nachvollziehbare Parameter für den Stellenwert von Monumenten im einzelnen und im größeren Zusammenhang festzulegen.[2]

In diesem Zusammenhang ist der Begriff der „Authentizität" – als ein zentraler Aspekt des Bedeutungsspektrums von Denkmalen geläufig – in den Vordergrund gerückt und zum Thema eines internationalen Kolloquiums gemacht worden, dessen Ergebnis in dem „Nara Document on Authenticity" vorliegt.[3] Darin wird versucht, den Begriff „authentisch" als zentrales, essentielles Kriterium der Denkmalwerte zu definieren, als „the essential qualifying factor concerning values" (Punkt 10 des Dokuments), wobei natürlich vorweg betont wird, daß es nicht möglich ist, dafür allgemein verbindliche Kriterien („fixed criteria") festzulegen, weil innerhalb der verschiedenen Kulturen dafür unterschiedliche Voraussetzungen vorhanden, zu akzeptieren und zu berücksichtigen sind (Punkt 11). Wie wir wissen, liegen die Grenzen für unterschiedliche Voraussetzungen oft sehr nahe beieinander, gelten diese Vorgaben nicht nur für weit auseinander liegende Kulturen, sondern auch im engeren regionalen Bereich. Andererseits erscheint es notwendig – und dazu wird in dem Dokument auch dringend aufgerufen – der Erkenntnis des spezifischen Charakters des historischen Erbes einer Region und den daraus destillierbaren Kriterien für seine „Authentizität" besonderes Augenmerk zu schenken, um übereinstimmend Glaubwürdigkeit und Zuverlässigkeit aller Schutzinteressen sowie Konservierungs-, Restaurierungs- und Pflegemaßnahmen an Denkmalen sicherzustellen.

Dieser Aufforderung gelten auch die nachstehenden Überlegungen. Sie sollen die vielschichtigen Facetten des Begriffs Authentizität beleuchten, um sicherzustellen, daß diese keine von eindeutigen Sachverhalten ausgehende, präzise determinierbare und damit klar nachvollziehbare Festlegung – wie sie von den Administratoren des Denkmalschutzes und der Denkmalpflege immer gefordert und nun vielleicht auch von einem solchen Dokument erwartet wird – ermöglichen, sondern einen komplexen Erkenntnisprozeß aus widersprüchlichen Positionen erfordern, dessen wichtigstes Resultat in der kritischen Reflexion der Wertmaßstäbe, das heißt, der Denkmalwerte liegt. So gesehen, schließt das, was das Nara-Dokument an Auseinandersetzung mit dem Begriff Authentizität einfordert, unmittelbar an das antagonistische System der Rieglschen Denkmalwerte an. Es geht in seiner grundsätzlichen Konzeption nicht durch weitere Differenzierungen und auch nicht umfangmäßig darüber hinaus, sondern versucht im Gegenteil, die verschiedenen Ansätze und die unterschiedlichen Aspekte der sehr differenzierten seinerzeitigen Diskussion im Begriff der Authentizität zu fokussieren. Dieser umfaßt nun konzentriert mehr oder weniger alles oder zumindest das Wesentliche, was das breite Spektrum der Denkmalwerte an einzelnen Bedeutungskriterien aufschlüsselte, in einem Begriff.[4]

Authentisch heißt glaubwürdig, zuverlässig, man bestätigt damit etwas Urkundliches, bezeugt etwas Nachgeprüftes, Verbürgtes, beglaubigt Echtes. Im Blickwinkel rechtlicher Perspektiven versteht man darunter etwas Verbrieftes, Besiegeltes, also quasi Rechtskräftiges. In unserem Zusammenhang bedeutet dies, dem Denkmal auf allen seinen inhaltlichen und materiellen Seinsebenen geschichtliche, künstlerische und/oder kulturelle Bedeutung zu bestätigen, um im weiteren damit die Qualifikation und Existenzberechtigung als Teil des erhaltenswerten historischen Erbes sicherzustellen.

Die Erkenntnis, daß in die Definition des Begriffs Denkmal nicht nur das damit gemeinte an einem bestimmten Punkt der Vergangenheit geschaffene und festlegbare Werk als solches, sondern ebenso dessen Geschichtlichkeit (die, wie wir wissen, letztlich auch den Betrachter hic et nunc einschließt) mit einbezogen werden muß, weil diese unwiderruflich Bestandteil seiner Existenz geworden ist, hat den Begriff „Original", der in der Vergangenheit den Aspekt des Authentischen abgedeckt hat, obsolet gemacht. Es geht nun also um die Frage, ob es möglich und sinnvoll ist, mit dem Prädikat „authentisch" pauschal alle jene Denkmalwerte abzustecken, die wir auf den verschiedenen Ebenen für die Begründung der Bedeutung in Anspruch nehmen.

Nach dem österreichischen Denkmalschutzgesetz müßte man als normierte Bezugspunkte für Authentizität eine entsprechende Qualität des Denkmals hinsichtlich seines Bestandes (der Substanz), seiner überlieferten Erscheinung und der künstlerischen Wirkung beanspruchen, als konkret erfaß- und definierbare Kriterien der darin verankerten geschichtlichen, künstlerischen oder kulturellen Bedeutung.[5] Zu einer weiteren Auffächerung und Differenzierung dieser Kriterien führt – wie bereits erwähnt – das System der Rieglschen Denkmalwerte, die ja der Konzeption des österreichischen Denkmalschutzgesetzes mittelbar zugrunde lagen, wobei die rechtlichen Rahmenbedingungen und Zielvorstellungen naturgemäß nur ansatzweise dem historischen Erkenntnisprozeß und der gesellschaftspolitischen Auseinandersetzung mit dem Thema Erforschung und Erhaltung Rechnung tragen konnten.[6] Dies gilt bis heute, und das dialektische Kräftespiel einander gegenüberstehender und zum Teil widersprechender Wertpositionen der einzelnen Vergangenheits- und Gegenwartswerte, welche die einzelnen Facetten des Bedeutungsspektrums differenzieren, ohne dabei freilich allgemeingültige gesicherte Positionen zu offerieren, hat nichts an Aktualität verloren. So gesehen deklariert sich der theoretische Anspruch des Begriffs Authentizität vor einem breiten Hintergrund eingehender Methodendiskussionen und erscheint davon ausgehend als ein allgemein verständliches zentrales Kriterium denkmalgerechter und denkmalpflegerischer Wertmaßstäbe durchaus brauchbar.

Es ergibt sich allerdings sofort das Problem, daß das Prädikat „authentisch", wenn man so viele Facetten der Denkmalwerte damit erfassen und ausdrücken will, Gefahr läuft, unscharf und letztlich inhaltsleer zu werden.

Ein Blick auf unseren Umgang mit dem Begriff Authentizität, auf die diesbezüglichen Beurteilungskriterien der Denkmalpflege, illustriert den großen Spielraum unseres damit verbundenen Selbstverständnisses.

Der Gebrauchswert eines Baudenkmals und der darin verankerte Veränderungsdruck etwa ergibt, bei einer Revitalisierung im Vergleich mit den Kriterien bei der Restaurierung eines mittelalterlichen Wandbildes weit auseinanderliegende Positionen im Verständnis des Begriffs „authentisch". Beim Fresko bemüht man sich heute durchwegs um höchstmöglichen Respekt vor der überlieferten Substanz, um unberührte Konservierung des Bestandes in seiner überlieferten Erscheinung und künstlerischen Wirkung, im anderen Fall wird authentisch weniger kritisch, viel weitmaschiger wahrgenommen, das heißt, die Veränderungen des Bestandes und der überlieferten Erscheinung werden offener verstanden. Aber es ist nicht nur der Faktor Gebrauchswert allein, der der Denkmalpflege ganz unterschiedliche Maßstäbe vorgibt. Man vergleiche unter diesem Blickwinkel Ergebnisse von Restaurierungen im Bereich der Bauplastik, der Goldschmiedekunst, der Tafelmalerei, von Sgraffittodekorationen, archäologischer Fundstücke etc. und man wird feststellen, daß hier vielfach – ohne daß dafür nachvollziehbare Vorgaben vorliegen – dem Begriff Authentizität durchaus unterschiedliche Vorstellungen bzw. Maßstäbe zugrunde liegen. Dies gilt auch für die Bewertung einzelner Epochen der Vergangenheit, und wir erachten es als legitim, einzelnen Denkmälerkategorien hinsichtlich ihrer Authentizität sehr unterschiedliche Parameter zuzugestehen, so daß etwa technikgeschichtliche Dokumente anders authentisch sind als künstlerische Schöpfungen. Man muß also davon ausgehen, daß der Begriff im allgemeinen Verständnis durch einen relativ großen Interpretationsspielraum mit beträchtlichen Divergenzen und Unschärfen geprägt, das heißt belastet ist, welche zu Mißverständnissen führen und auch Mißbrauch provozieren können. Illustrative Beispiele dafür liefert die Denkmalpflege etwa im Umgang mit Gedenkstätten, wo die Spannweite im Verständnis von „authentisch" besonders signifikant zum Ausdruck kommt. Eva Frodl-Kraft ist dem Problem seinerzeit im Zusammenhang mit der Frage, ob der Denkmalbegriff wissenschaftlich fundierbar sei, anhand verschiedener Beispiele – u. a. das Haydn-Haus in Rohrau, die Wohnung Siegmund Freuds in der Wiener Berggasse etc. – nachgegangen,[7] mit dem Ergebnis, daß die Glaubwürdigkeit eines historischen Tatbestandes nicht unbedingt von dessen Authentizität abhängig ist, sondern auch inszeniert sein kann, daß es um die historische Frage geht, wie authentisch die präsentierte Authentizität eines Denkmals ist.

Ein Blick auf die in den letzten Jahren neugestalteten Mozart- und Schubertgedenkstätten in Wien, das „neue Mozartwohnhaus" in Salzburg etc., aber auch die aktuelle Diskussion um die Reste der Berliner Mauer und vieles andere mehr in diesem Rahmen illustrieren die unterschiedlichen Intentionen im Umgang mit dem Begriff Authentizität.[8] Dabei wird deutlich, daß zur Authentizität des Denkmals nicht nur die Verläßlichkeit des Faktischen gehört, sondern auch ein darüber hinausgehender unreflektierter emotioneller Aspekt. Dieser mehr in der Metaphysik geschichtlicher Botschaft vom Werden und Vergehen beheimatete Stimmungswert bedarf zwar des konkreten gegenständlichen Bezuges, geht aber über diesen assoziativen Anhaltspunkt hinaus, daß heißt, er ist gleichermaßen anfällig wie abhängig von einer darauf ausgerichteten Inszenierung.

Hier stellt sich natürlich die heikle Frage, ob und inwieweit es die Aufgabe der Denkmalpflege ist, diesem emotionellen Aspekt der Authentizität nachzugehen: Ob sie überhaupt dazu imstande ist, welche Möglichkeiten und Grenzen ihr dabei gesetzt sind, den Stimmungswert eines Denkmals zu bewahren bzw. zu restaurieren, daß heißt in Szene zu setzen. Zu diesen in der Materie selbst begründeten bzw. davon ausgehenden Verständnisschwierigkeiten mit dem Begriff „authentisch" kommen natürlich auch noch jene, die – wie im Nara-Dokument vorgegeben – in der Diversität der Kulturen liegen, wobei, wie wir wissen, solche Unterschiede nicht nur im globalen, sondern auch im regionalen Rahmen vorgegeben und zu akzeptieren sind.

Die Vorstellungen vom Restaurierziel, von notwendiger oder wünschenswerter Wiederherstellung, vom anzustrebenden „Neuheitswert"[9] sind auch in einem kleinen Land wie Österreich regional durchaus unterschiedlich. Wie weit also bestimmt von hier aus gesehen, und dies ist ein sehr wichtiger Faktor, die Erwartungshaltung der Öffentlichkeit den Begriff Authentizität? Die Antwort darauf ist klar: in einem hohen Maß! Dies ist insoweit korrekt, als das öffentliche Interesse, in dessen Name Denkmalschutz und Denkmalpflege betrieben werden, auch den gesellschaftspolitischen Anspruch zu respektieren, das heißt vorhandenen, mehr oder weniger verwurzelten ästhetischen Leitbildern Rechnung zu tragen hat. Das kann nun aber nicht dazu führen, den Anspruch des Denkmals auf Authentizität hintanzustellen; der Hinweis auf die notwendige Berücksichtigung der multikulturellen Vielfalt der postmodernen Gesellschaft dient dabei vielfach nur als Alibi für billige Beliebigkeit im Umgang mit der Geschichte, wie dies etwa die Mischung aus Altstadterhaltung und behübschender Stadtbildpflege in weiten Bereichen demonstriert. Es ist schon richtig: Wo der gewachsene Zustand einen wesentlichen gestaltprägenden Faktor eines Denkmalbestandes bildet, ist die Möglichkeit von Veränderung in dessen Authentizität mit grundgelegt, kommt dieser auch in Gegenwart und Zukunft konstitutive Bedeutung zu. Dies rechtfertigt aber natürlich nicht, sich von vornherein auf ein Minimalverständnis authentischen Anspruchs zurückzuziehen. Die Preisgabe des Anspruches an ein Denkmal hinsichtlich aller in der jeweiligen Tradition verankerten geläufigen Kriterien der geschichtlichen, künstlerischen und kulturellen Bedeutung im Blickwinkel des Bestandes, der überlieferten Erscheinung und künstlerische Wirkung diskreditiert nicht nur dieses, sondern auch Denkmalforschung, Denkmalschutz und Denkmalpflege insgesamt, weil damit alle jene Intentionen zur Erhaltung des kulturellen Erbes mißachtet werden, um die sich auch die Nara-Konferenz bemühte.

Zurück zu diesem Dokument. Authentizität als zentrales maßgebendes Kriterium im Bereich von Denkmalforschung, Denkmalschutz und Denkmalpflege so in den Mittelpunkt gestellt, muß als integrative Summe, als Konzentrat aller Bedeutungsparameter verstanden werden, die man mit dem Begriff Denkmal verbindet und deren Respektierung für Maßnahmen der Denkmalpflege verbindlich sein muß. Um es von den Vorgaben des österreichischen Denkmalschutzgesetzes ausgehend zu formulieren: Die Integrität des Bestandes (der Substanz), des materiellen Trägers der geschichtlichen, künstlerischen oder kulturellen Bedeutung, ist darin ebenso inbegriffen wie die Akzeptanz der überlieferten Erscheinung als des Anteils der Geschichtlichkeit am Denkmal sowie das Verständnis der künstlerischen Wirkung, welche die beiden vorausgehenden Kriterien zur Voraussetzung hat.

Diese allgemeine Festlegung des Begriffs authentisch schließt die fragwürdige Perspektive nicht aus, daß jeder darunter das versteht, was seinem Interesse am Denkmal bzw. an der Denkmalpflege entgegenkommt, beantwortet nicht die Frage, wo Authentizität zwischen „Originalfetischismus" und „Beliebigkeit" positioniert wird. In dem Nara-Dokument wird dazu nur mittelbar dahingehend Stellung bezogen, daß die Kenntnis der Denkmalwerte als Ausgangspunkt für die Einschätzung aller Aspekte der Authentizität vorausgesetzt und daher mehrfach auf die Bedeutung aller dafür vorhandenen Informationsquellen (information sources) hingewiesen wird (Punkt 9, 11, 12). Dazu muß man nun aber festhalten, daß die unter dem Blickwinkel der Bewertung für eine entsprechende Erhaltung notwendige Information über das Denkmal (ganz gleich, ob es sich um ein einzelnes Monument, eine Baugruppe, ein Ensemble oder um „sites" handelt) fast nie in ausreichendem Maß vorliegt, Erforschung daher als unabdingbarer Bestandteil in diese Überlegungen mit eingeschlossen werden muß, um dem gesetzten Anspruch auf Authentizität gerecht zu werden. Es wird in dem Nara-Dokument ausdrücklich festgehalten, daß sich dieses auf die Charta von Venedig stützt, auf dieser aufbaut, wo in den Artikeln 2 und 8 auf den konstitutiven Anteil wissenschaftlicher Forschung hingewiesen wird. Und im Appendix 1 des Nara-Dokuments wird ausdrücklich darauf aufmerksam gemacht, daß die Vielfalt des kulturellen Erbes das ausschließt, was von Administration und Denkmalverwaltung immer gewünscht bzw. verlangt wird, eine auf Formularebene standardisierte Definition zur Festlegung von Authentizität. Gerade deshalb hätte man sich gewünscht, daß in der vorliegenden Resolution explizit und mit Nachdruck auf die für die Auseinandersetzung mit dem Begriff Authentizität notwendige Denkmalforschung hingewiesen wird, als eine für die Erhaltung konstitutive und dieser daher gleichwertigen Aufgabe in allen darin verankerten Disziplinen der Kunst- und Kulturgeschichte ebenso wie der zugehörigen naturwissenschaftlich-technologischen Seite.

Es ist richtig: Das kulturelle Erbe, das uns vorliegt, ist die entscheidende Informationsquelle. Wir müssen aber davon ausgehen, daß das, was wir im Blickwinkel des Gesamtbestandes davon wissen, zumeist nicht mehr ist, als ein oberflächliches Streiflicht sichtbar macht, daß das, was an Denkmalwerten namhaft zu machen ist, eine viel weitergehende wissenschaftliche Auseinandersetzung zur Voraussetzung hat. Das Korrelat seriöser Festlegung von Authentizität heißt daher Denkmalforschung, Auseinandersetzung mit all den vielschichtigen Aspekten, welche die Vielfalt und Vielgestaltigkeit der Denkmale in ihrem Bestand und ihrer überlieferten Erscheinung präsentieren. So gesehen spielt dann auch der in der Diversität der Kulturen und Regionen begründete Interpretationsspielraum im Verständnis des Begriffs authentisch keine Rolle mehr, weil dieser in der Erforschung und Vermittlung des historischen Tatbestandes substantiell festgelegt und damit aufgehoben wird. Es liegt in der Natur der Sache, daß solche Ergebnisse nicht auf einen schlagwortartig einfachen Nenner gebracht und reduziert werden können, ohne ihre Bedeutung in Frage zu stellen, sondern daß sie nur im Spannungsfeld kritischer Auseinandersetzung aller Vergangenheits- und Gegenwartswerte das erkennen und nachvollziehen lassen, was wir unter Authentizität verstehen!

Anmerkungen

1 Grundsatzpapiere zu Denkmalschutz und Denkmalpflege sowie Richtlinien und Resolutionen auf nationaler und internationaler Ebene sind in den letzten Jahrzehnten zahlreich geworden und kaum mehr übersehbar. Eine rezente Zusammenfassung gibt MICHAEL PETZET, *Grundsätze der Denkmalpflege*, ICOMOS, Hefte des Deutschen Nationalkomitees, Nr. 10, München 1992. Siehe im weiteren dazu auch: *Denkmalschutz. Texte zum Denkmalschutz und zur Denkmalpflege*, Schriftenreihe des Deutschen Nationalkomitees für Denkmalschutz, Bd. 52, Bonn 1996 (enthält über 100 einschlägige Grundsatzpapiere vom Bauhausmanifest von 1919 bis zur Erklärung und Resolution des Europarates 1996).
2 Zur World Heritage Convention siehe u. a. *UNESCO-Handbuch*, Berlin 1996, S. 54 ff. sowie den seit 1993 jährlich in drei Nummern erscheinenden *World Heritage Newsletter*.
3 Formuliert von der 1994 in Nara, Japan, abgehaltenen „Nara Conference on Authenticity in Relation to the World Heritage Convention", die von der japanischen Regierung zusammen mit der UNESCO, mit ICCROM und ICOMOS veranstaltet wurde. Als Arbeitspapier in englischer Sprache veröffentlicht von ICOMOS. Eine verbindliche deutsche Übersetzung liegt m. W. noch nicht vor.
4 Zu Alois Riegls Denkmalwerten siehe zuletzt: ERNST BACHER (Hrsg.), *Kunstwerk oder Denkmal. Alois Riegls Schriften zur Denkmalpflege*, Studien zu Denkmalschutz und Denkmalpflege, Band XV, Wien 1995.
5 Zum österreichischen Denkmalschutzgesetz siehe NORBERT HELFGOTT, *Die Rechtsvorschriften für den Denkmalschutz*, Wien 1979, S. 15 ff.
6 Zu Riegls Entwurf eines Denkmalschutzgesetzes siehe BACHER (wie Anm. 4), S. 17 ff. Zur Geschichte und Interpretation dieser Gesetzesvorlage siehe auch THEODOR BRÜCKLER, *Vom Konsilium zum Imperium. Die Vorgeschichte der österreichischen Denkmalschutzgesetzgebung*, sowie ERNST BACHER, *Öffentliches Interesse und öffentliche Verpflichtung. Zur Geschichte und zum Verständnis des § 2 des österreichischen Denkmalschutzgesetzes*, beide Beiträge in: Österreichische Zeitschrift für Kunst und Denkmalpflege, XLV, 1991, S. 152 ff., 160 ff.
7 EVA FRODL-KRAFT, *Ist der geltende Denkmalbegriff wissenschaftlich fundierbar?*, in: Österreichische Zeitschrift für Kunst und Denkmalpflege, XXX, 1976, S. 17 ff.
8 Siehe dazu allein das in den Vorworten zu den rezenten Führern zu den „Musikgedenkstätten" der Stadt Wien, hrsg. vom Historischen Museum der Stadt Wien, zum Ausdruck gebrachte Spektrum von Vorstellungen über Authentizität von „Gedenkstätten"; zur interessanten aktuellen Diskussion um die Reste der Berliner Mauer und deren Aussagefähigkeit siehe GABRIELE DOLFF-BONEKÄMPER, *Grenz-Fall. Die Berliner Mauer als Denkmalthema*, in: Denkmalschutz Informationen, hrsg. vom Deutschen Nationalkomitee für Denkmalschutz, 21. Jg., Bonn, 1997, Nr. 2, S. 95-100.
9 Die Intervalle des notwendigen bzw. verlangten „Saubermachens" von Baudenkmälern sind nicht nur im historischen Ablauf, sondern auch regional sehr verschieden. Siehe dazu MANFRED KOLLER, *Das Denkmal „im neuen Glanze". Zur Reinigung und ihren Folgen*, in: Denkmalpflege heute. Akten des Berner Denkmalkongresses, Oktober 1993, S. 241 ff.

Markus Weis

Entstehung, Erweiterung und Auflösung des Denkmalbegriffs
Das Ende der Denkmalpflege?

I.

Will man sich im Bayerischen Landesamt für Denkmalpflege darüber informieren, was denn eigentlich ein Denkmal sei, könnte man auf die Idee verfallen, in der Amtsbibliothek nachzuschlagen. So tat einer, der vor gut acht Jahren ins Bayerische Landesamt eintrat. Der Bibliothekskatalog versprach eine schnelle und erschöpfende Antwort, verzeichnet er doch einen Band der rheinischen Denkmalpflege mit dem antwortheischenden Titel „Was ist ein Baudenkmal?"[1] Die hoffnungsvolle Vorfreude auf umfassende Belehrung wurde jedoch seinerzeit am Bücherregal jäh enttäuscht. Statt des ersehnten Buches fand sich ein Leihschein, ausgefüllt auf den Namen: PETZET.[2]

Dem Neuankömmling schien damals das Interesse des Amtschefs an solcher Art von Literatur verwunderlich. Wir wollen hier gar nicht die Frage vertiefen, warum der bayerische Generalkonservator zu dieser Grundsatzfrage ausgerechnet das Bändchen der rheinischen Kollegen konsultierte, noch wollen wir allzu lange darüber raisonnieren, ob und aus welchen Gründen er beabsichtigt haben könnte, das Werk durch die Ausleihe dem allgemeinen Gebrauch zu entziehen; vielleicht gar weil von seiner Lektüre eine möglicherweise zersetzende Wirkung in der Amtsöffentlichkeit zu befürchten gewesen wäre?

Und wenn dies so geschah, dann sicherlich aus reiner Fürsorglichkeit gegenüber den Schutzbefohlenen. Doch solche Gedankenspiele sind jetzt ohnehin müßig, nachdem das Büchlein – weil es nunmehr seine Brisanz eingebüßt hat? – im Sommer 1997 wieder an seinen Standort zurückgekehrt ist.[3]

II.

Zwischenzeitlich diskutierte die Fachöffentlichkeit munter weiter über den ‚Denkmalbegriff'. Auch derzeit haben Publikationen zum ‚Denkmalbegriff' wieder Konjunktur.[4] Die Flut an neuerer Literatur zum Thema ist fast unübersehbar angewachsen.[5] Schon seit den siebziger Jahren war der ‚erweiterte Denkmalbegriff' in aller Munde. Bald war die Rede vom ‚differenzierten Denkmalbegriff'.[6] Neuerdings hörte man vom ‚pluralen, kategorial gefächerten, enthierarchisierten' und sogar vom ‚flanierenden Denkmalbegriff',[7] auch vom ‚totalisierten Denkmalbegriff'[8]; und schon 1975 war eine ‚Explosion des Denkmalbegriffs'[9] befürchtet worden.

Angesichts dieser babylonischen Begriffsverwirrung zog Michael Petzet 1993 auf der legendären Passauer Tagung ein zumindest vorläufig endgültiges Fazit: „Der erweiterte Denkmalbegriff ist am Ende des 20. Jahrhunderts jedenfalls eine Selbstverständlichkeit, auch wenn es gar keinen erweiterten Denkmalbegriff gibt ..."[10] Wenn ich es dennoch wage, erneut Überlegungen zu einer Selbstverständlichkeit anzustellen, darf abermals Michael Petzet als Kronzeuge aufgerufen werden, konstatierte der Jubilar doch erst kürzlich in einem gewichtigen Festschriftbeitrag, daß „unser zu Ende gehendes Jahrhundert jedenfalls mehr als genügend Anlaß (bietet), über die geschichtliche Bedingtheit aller denkmalpflegerischen Theorie und Praxis nachzudenken."[11]

Daß die Geschichte des Denkmalbegriffs einem vielfachen Bedeutungswandel unterliegt, läßt sich zweifellos von der Antike durch alle Jahrhunderte bis in die Gegenwart verfolgen. Eine vollständige Begriffsgeschichte[12] zu geben, kann nicht die Intention dieser Skizze sein. Im übrigen liegen bereits tiefschürfende Beiträge zu einer Wortgeschichte in Arbeiten Norbert Wibirals[13] und Helmut Scharfs[14] vor und Willibald Sauerländer hat in seinem epochemachenden Aufsatz über den ‚erweiterten Denkmalbegriff' nebenbei auch den Grund zu einer Begriffsgeschichte gelegt.[15] Ich kann nur einige Wendepunkte der Entwicklung unseres Denkmalbegriffs näher beleuchten; die hier thematisierten Abschnitte können schlaglichtartig mit Entstehung, Erweiterung und Auflösung bezeichnet werden.

III.

Der Ursprung des Denkmalbegriffs ist in der Tat in der Antike zu suchen, im römischen Wort „Monumentum", das sich seinerseits auf den griechischen Wortstamm „mneme", d. h. „Gedächtnis", ja letztlich auf das altägyptische „mn" (bleiben, fortdauern)[16] stützt. Von seiner ursprünglichen Bedeutung her, gehört „Monumentum" frei nach Sauerländer[17] in das Spannungsfeld zwischen Tod, Vergänglichkeit einerseits und dem Wunsch nach Bewahrung und ewiger Fortdauer andererseits. Dieses Umfeld ist zunächst geknüpft an den Bereich der Ahnenverehrung und die Verherrlichung des Tatenruhms einzelner Personen. In Monumentum steckt, vom griechischen Wortstamm abgeleitet, das Verb „monere", d. h. „erinnern, gemahnen".

Spätestens an dieser Stelle muß die gerne zitierte Textstelle aus einem spätantiken Cicero-Kommentar angeführt werden, die Monumentum folgendermaßen definiert: „Omnia monumenta dicuntur, quae facient alicuius rei recordationem".[18]

Diese Wortbedeutung hat sich nahezu unverändert bis ins 18. Jahrhundert gehalten, wobei sich allmählich der deutsche Begriff „Denkmal" aus dem Wort Gedächtnis, „Dachtnusz", herausgebildet hat.[19] Wie so oft, wirkte auch hier Martin Luther für den deutschen Sprachgebrauch wortschöpfend und begriffsbildend, wenn er im Alten Testament das griechische „Mnemosyon", beziehungsweise das lateinische „Monumentum" mit „Denkmal" übersetzt.[20]

Das große Universallexikon des 18. Jahrhunderts von Johann Heinrich Zedler definiert: „Monument... Denck- und Ehrenmähler heißen... alle dergleichen Dinge und aufgeführte Gebäude, wodurch man eines Verstorbenen Ruhm und Namen... in beständig gutem Andencken zu erhalten sucht." Als Beispiele werden genannt: „prächtige Gräber, Aufschriften, Statuen, Bildnisse, Tempel, Triumph-Bögen und andere Arten von Gebäuden, ingleichen Lob- und Heldengedichte, allerhand gesammelte Historische... Nachrichten, Jahr- und Tagebücher... u. a. Urkunden... allerhand Arten von Büchern und Schriften".[21]

Das Grimmsche Wörterbuch unterscheidet in seinem 1860 erschienenen zweiten Band unter dem Stichwort ‚Denkmal' bereits vier Ebenen des Begriffs und zwar erstens im engeren Sinne: „Bauwerke, Säulen, Statuen, Gemälde, Grabhügel, bestimmt das Andenken an eine Person oder an eine Sache zu erhalten...", und zweitens im weitesten Sinne: „eine zur Erinnerung bestimmte Sache", worunter als Beispiele das schon genannte Bibelzitat 2. Mose 13,9 und Goethes Erwin-Hymnus aufgeführt werden, um schließlich den Begriff zweifach zu konkretisieren: „erhaltene schriftliche Werke der Vorzeit" (d. h. literarische Denkmäler) und „ganz oder zum Theil erhaltene Bauwerke, Bildhauerarbeiten aus der Vorzeit" (d. h. Denkmäler in unserem denkmalpflegerischen Sinne, wie das gewählte Beispiel hierzu zeigt: „die Mauern dieser Burg sind ein Denkmal des 13ten Jahrhunderts").[22]

IV.

Ein erster entscheidender Wendepunkt für das moderne Verständnis des Begriffs „Denkmal" wird im Zeitalter der Aufklärung, in der zweiten Hälfte des 18. Jahrhunderts erreicht. Die hier mit einigen wenigen Strichen skizzierte Phase der Entstehung des modernen Denkmalbegriffs hat Wilfried Lipp in ihren vielfältigen Facetten kompendiös in seinem Werk „Natur – Geschichte – Denkmal"[23] behandelt. Ich konzentriere meine Argumentation hier auf einen Punkt, der für die Begriffsgeschichte allerdings von zentraler Bedeutung ist: Die Differenzierung zwischen Denkmal im engeren und weiteren Sinne.

In der zweiten Hälfte des 18. Jahrhunderts wird im Sprachgebrauch eine Loslösung des Wortes „Denkmal" von der engsten Bedeutung als bewußt gesetzten Erinnerungszeichen hin zu einem aus geschichtlicher Bedeutung erwachsenen (ungewollten) Denkmalcharakter greifbar. Eines der frühesten bekannten Beispiele des Wortgebrauchs in diesem Sinne findet sich im Werk des Historikers Johann Martin Chladenius (1710-1759), der in seiner „allgemeinen Geschichtswissenschaft" 1752,[24] die einen Ausgangspunkt des Verwissenschaftlichungsprozesses der Historik signalisiert,[25] zwar grundsätzlich noch in Übereinstimmung mit dem traditionellen Verständnis des Begriffs definiert: „Denckmahl... heisset nehmlich, jedes Werck, welches vermögend ist, die Menschen von vergangenen Dingen zu belehren", zugleich aber die weiter gefaßte Bedeutung des Begriffs anklingen läßt, die er an anderer Stelle deutlich anhand eines Beispiels erläutert. Chladenius unterscheidet hier „zwey Hauptarten der Denckmahle" und zwar „Monumenta, oder Denckmahle in engren Verstande... die dem Andencken dienen sollen" und die zweite Art von Denkmälern, die er als „stumme Denkmale" bezeichnet. Für letztere führt er als Beispiel die ägyptischen Pyramiden an: „So weiß man nicht, welche Könige die Wunder der Welt, die Egyptischen Pyramiden, erbauet haben: Das aber kan man ihnen wohl ansehen, daß es grosse und mächtige Könige gewesen sein müssen, die solche Berge von Marmor haben aufführen lassen."... „Und so lässet sich aus jedem alten Stücke etwas von dem erkennen, was in alten Zeiten geschehen ist, was von grossen Gebäuden übrig ist, nennet man Ruinen oder rudera, bewegliche Dinge aber Reliquien ..."[26] Dieses Argument, von den modernen Denkmaltheoretikern soweit ich sehe noch nicht genügend gewürdigt, hat für den Denkmalbegriff in mehrfacher Hinsicht wichtige Konsequenzen. Zum einen wird durch das Beispiel der ägyptischen Pyramiden deutlich, daß der konkrete Bezug zu einer bewußten Erinnerungssetzung nicht (mehr) gegeben ist, die als Denkmale bezeichneten Gegenstände aber dennoch von den Ereignissen der Vergangenheit, den Taten oder der Stellung der Erbauer Zeugnis ablegen können, mithin historische Bedeutung besitzen. Zweitens zeigen die Ausführungen zu den Pyramiden, daß die historische Bedeutung nur in bezug auf das Erkenntnisvermögen und das Erkenntnisinteresse einer späteren Epoche, von einem jüngeren Standpunkt aus, zu bemessen sind. Daß dieser Aspekt eines sich im Laufe der Zeit ändernden Standpunkts von Chladenius erkannt und betont wurde, geht in seinem Werk mehrfach und auch aus anderem Zusammenhang hervor.[27] Drittens antizipiert die Unterscheidung in „Denkmale im engeren Sinne" und „stumme" Denkmale gewissermaßen die Rieglsche Definition der gewollten und ungewollten Denkmale. Und schließlich stellt Chladenius mit der Abgrenzung gegenüber Ruinen und Reliquien den Denkmalbegriff in einen für das moderne Verständnis entscheidenden Kontext.

Daß sich das gewandelte Denkmalverständnis der Spätaufklärung[28] auch in Werken der Zeit niedergeschlagen hat, könnte ein Vielzahl von Beispielen belegen. So ist festzustellen, daß sich nahezu gleichzeitig, verstärkt aber in der zweiten Hälfte des 18. Jahrhunderts, die Wertschätzung alter vor allem mittelalterlicher Bauten durchzusetzen beginnt. Das neue Verhältnis zu Bauten aus geschichtlicher Zeit findet seinen Niederschlag sowohl im ersten Aufkommen der Neostile,[29] das sich etwa schon im frühen 18. Jahrhundert im Werk eines Santini Aichel ankündigt,[30] aber auch in neugotischen Bauten wie dem Gotischen Haus in Wörlitz[31] und den künstlichen Ruinen im Landschaftsgarten, dem vorweggenommenen Stilpluralismus des Historismus,[32] als auch in der Auseinandersetzung mit mittelalterlichen Großbauten, wie beispielsweise die in jenen Jahren unternommenen Restaurierungen und Wiederherstellungen der Dome von Bamberg, Mainz und Speyer[33] zeigen. Ein in dieser Zeit beginnendes Gutachterwesen zur Sicherung und Restaurierung bestehender Gebäude könnte auch als eine Vorstufe der institutionalisierten Denkmalpflege interpretiert werden.[34] Symptomatisch für das neue Verständnis von „Denkmal" in seiner engeren und weiteren Bedeutung ist die Eingangspassage aus Johann Wolfgang von Goethes emphatischem Hymnus auf den Erbauer des Straßburger Münsters, Erwin von Steinbach, mit dem Titel „Von deutscher Baukunst", 1771 in Straßburg verfaßt,[35] in der Goethe – nach seiner vergeblichen Suche nach einem Gedenkstein – ausruft: „Was brauchts dir Denkmal! Du hast dir das herrlichste errichtet."[36] Das herrlichste Denkmal ist das Münster selbst!

V.

Die unbestritten wichtigste Phase für die Entstehung der wissenschaftlichen Denkmalpflege, die Epoche des Historismus im ausgehenden 19. und frühen 20. Jahrhundert kann in bezug auf unsere Fragestellung in aller Kürze abgehandelt werden. Schon 1905 hat Georg Dehio die Denkmalpflege als eine Tochter des Historismus bezeichnet.[37] Die Geschichte der Entstehung der staatlichen Denkmalpflege im 19. Jahrhundert, die ja erst die Begriffsbildung unseres modernen wissenschaftlichen Denkmalbegriffs auslöste, wird zunehmend Gegenstand einer sich etablierenden Disziplingeschichte. Aus der stattlichen Zahl von Einzeluntersuchungen zur Geschichte der Denkmalpflege im 19. Jahrhundert[38] wird sich künftig ein klareres Bild der Theorie- und Begriffsbildung ergeben. Bezeichnenderweise ist es aber bis heute nicht gelungen, die Ersterwähnung des Wortes „Denkmalpflege", die nach den Vermutungen Georg Dehios in den Jahren um 1880 anzusetzen sein dürfte, genau zu verorten.[39] Ich fokussiere hier auf die Frage der Begrifflichkeit und verzichte darauf, die denkmaltheoretische Grundlegung durch Georg Dehio und Alois Riegl in der Denkmaldebatte der Jahrhundertwende näher zu beleuchten, ein Verzicht, der angesichts der Fülle an neuer Literatur zu diesem Thema umso leichter fällt.[40] Die sattsam untersuchten Programmschriften der Gründerväter unserer Disziplin, sowohl Georg Dehios Kaiserrede von 1905 als auch Alois Riegls moderner Denkmalkultus bleiben in bezug auf den Denkmalbegriff auch erstaunlich wortkarg und inhaltsarm. Für Dehio umfaßte 1905 der Begriff „Denkmal" „alles, was wir sonst wohl auch mit dem Doppelnamen ‚Kunst und Altertum' zu bezeichnen pflegten." Mit dem Hinweis auf das „Altertum" wird die historische, mit dem auf die Kunst die ästhetische Bedeutung der bezeichneten Denkmäler benannt; in der Verbindung von „Kunst und Altertum" sieht Dehio – wie er es ausdrückt – „die aus ästhetischen und historischen Merkmalen gemischte Doppelnatur des Objekts".[41] Alois Riegl, dem wir die eindeutige Differenzierung des Begriffs zwischen „gewollten" und „ungewollten" Denkmalen verdanken, setzt letztere, ähnlich lapidar wie Dehio gleich mit „kunst- und historischen Denkmalen"[42]. Riegls Denkmalbegriff konstituiert eigentlich erst seine komplexe Wertelehre, auf die ich in diesem Zusammenhang nicht einzugehen brauche. Daß sowohl Dehio wie Riegl keine weiterführende Definition ihres Denkmalbegriffs geben, mag vor allem auch daran liegen, daß für sie und ihre Generation, die sich erfolgreich im Kampf um die Institutionalisierung der Denkmalpflege durchgesetzt hatte, kein Diskussionsbedarf (mehr) über den Denkmalbegriff bestand. Der Denkmalbegriff war schon um die Jahrhundertwende zu einer Selbstverständlichkeit geworden.

VI.

Dies blieb so bis in die siebziger Jahre.[43] „Der Denkmalbegriff (und mit ihm die Tätigkeit der Denkmalpfleger) scheint den im öffentlichen wie im selbstgestellten Auftrag handelnden Dienststellen, Institutionen, Vereinen, Gruppen, Privatleuten selbstverständlich. Zum Selbstverständnis dieser Sachwalter des ‚modernen Denkmalkultus' gehört es, sich in den Dienst einer völlig selbstverständlichen Sache gestellt zu haben. Doch das Selbstverständliche verflüchtigt sich leider hinter seiner eigenen Selbstverständlichkeit ins Wesenlose, Unbegreifbare..." So beschreibt Reinhard Bentmann[44] die Situation zu jenem Zeitpunkt, als der Ruf nach einer ‚Erweiterung des Denkmalbegriffs' laut wurde.

Den sich anschließenden Diskurs über die Erweiterung des Denkmalbegriffs versuche ich hier verkürzend auf die wesentlichen Argumente der jeweiligen Wortführer zusammenzufassen. Eine umfassende, kritische Zusammenschau bietet der materialreiche Aufsatz von Michael Metschies, der 1996 die Diskussion der letzten 25 Jahre behandelt,[45] und auf den ich mich nachfolgend stützen kann, ohne im einzelnen die Bewertungen Metschies' zu teilen.

Den Anstoß zur ‚Erweiterung des Denkmalbegriffs' gab die Studentenbewegung der 68er Generation. Die ‚Erweiterung des Denkmalbegriffs' kann nicht nur, wie man vielleicht rückschauend zu glauben geneigt sein könnte, als eine Phase in der Historiographie der Denkmalpflege zur Zeit ihres Aufblühens um die Mitte der siebziger Jahre bezeichnet werden, sondern war in ihrem Ursprung gewissermaßen ein Phänomen mit Ansage: eine Forderung, die an die Denkmalpflege herangetragen wurde und schließlich eine Position, die sich die Denkmalpflege erst zu eigen gemacht hat. „Der Denkmalbegriff ist zu überprüfen und zu erweitern"[46], so lautete die kecke Forderung, die auf dem umwälzenden 12. Deutschen Kunsthistorikerkongreß in Köln 1970 der etablierten Wissenschaft vor die Füße geworfen wurde; seinerzeit ein harter Knochen, an dem die Disziplin zu beißen hatte. Willibald Sauerländer, der den profiliertesten Diskussionsbeitrag zum erweiterten Denkmalbegriff, einen im europäischen Denkmalschutzjahr 1975 auf der Goslarer Jahrestagung der Vereinigung der Landesdenkmalpfleger gehaltenen und im gleichen Jahr in der Deutschen Kunst und Denkmalpflege gedruckten Vortrag[47] lieferte, konstatierte seinerzeit eine „Krisis" des Denkmalbegriffs. „Warum aber ist nun der Denkmalbegriff, der... so scheinbar schlüssig definiert war... in eine Krisis und zwar... in eine Krisis seines Wesens geraten?"[48] fragte Sauerländer 1975 und nahm in seinem Bekenntnis „Wahrscheinlich machen wir es uns zu leicht, wenn wir darauf antworten... der traditionelle kunsthistorische Denkmalbegriff" sei „an dem sprunghaft angestiegenen Druck von Ökonomie und Verkehr und an dem ungeahnten Zuwachs neuer Objekte zerbrochen"[49] die Kritik aus den Reihen der Studentenbewegung auf, die sich an dem engen vom Positivismus der kunsthistorischen Methoden bestimmten Ansatz entzündet hatte. Während Sauerländer und Bentmann von unterschiedlicher Warte aus eine qualitative, das heißt inhaltliche Veränderung des Denkmalbegriffs feststellten, wurde landläufig unter „Erweiterung" nichts anderes verstanden, als die Ausdehnung des Gegenstandsbereichs der Denkmalpflege, die sich einerseits auf die Erkenntnis der Denkmalwürdigkeit weiterer, früher vernachlässigter Denkmalgattungen (wie z.B. Bürgerhäuser, Wohnbauten, Siedlungsarchitektur, Industrieanlagen, technische Denkmäler, Denkmäler der Sozialgeschichte usw.) und andererseits auf die Verschiebung der Zeitgrenzen, das heißt das Näherrücken der für geschichtlich bedeutend gehaltenen Zeugnisse der Vergangenheit an die jeweilige Gegenwart, bezog. Für Bentmann stand vor allem „ein allein kunstwissenschaftlich festgemachter Qualitätsbegriff", der „noch zu Zeiten Dehios den Denkmalbegriff bestimmt" haben mochte, im Zentrum der Kritik.[50]

„Diese Wandlungen des künstlerischen und ästhetischen wie geschichtlichen und gesellschaftlichen Qualitätsbegriffs aber determinieren und determinierten die Wandlungen und Bewegungen des Denkmalbegriffs. Soll man die Entwicklung des Denkmalbegriffs pauschal charakterisieren, so ist bis heute seine enorme Ausweitung festzustellen. Ausweitung aber nicht verstanden im Sinne des bewußtlosen und ungegliederten Sammelsuriums kultureller und geschichtlicher Materialisationen in einer gigantischen Mottenkiste mit der Aufschrift ‚Denkmalschutz', wo die historische Klamotte mit derselben Wertigkeit firmiert, wie das gesellschaftliche Festgewand, – sondern Ausweitung verstanden im Sinne der Präzisierung und Differenzierung mit dem Ziele seiner weitestmöglichen Objektivierung"[51], formulierte Bentmann 1975 und lenkte die Diskussion von der Pauschalforderung nach „Erweiterung" auf das konkretere Ziel der Differenzierung des Denkmalbegriffs, eine Formulierung, die Georg Mörsch 1981 aufgriff.[52] Rückschauend konstatierte auch Willibald Sauerländer 1993 eine „Diffusion und Erosion des Denkmalbegriffs während der beiden letzten Jahrzehnte"[53] und glaubte eine qualitative Veränderung des Denkmalbegriffs festmachen zu können. „Dieser rein quantitative Prozeß war ja schon 1974 in vollem Gange. Vielmehr geht es darum, daß Denkmalpflege sich qualitativ veränderte, zu einer Art von historischem und ästhetischem Umweltschutz wurde, eben den Charakter einer monumentalen Ökologie annahm..."[54] Davon abgesehen, daß schon seit längerem ein Zusammenhang von Denkmalpflege und Umweltschutz wahrgenommen worden war,[55] bleibt auch nach dieser Feststellung offen, worin sich denn konkret eine qualitative Änderung des Denkmalbegriffs festmachen ließe. Und Willibald Sauerländer selbst hatte nicht erst seit 1993,[56] sondern schon 1975 seine Zweifel daran, ob nicht „die Probleme, welche hier sichtbar werden,... durch die Formel von der ‚Erweiterung des Denkmalbegriffs' eher verdeckt als einer Antwort zugeführt" würden.[57] Gegen diejenigen, die mit Sauerländer von einer „qualitativen Veränderung, Erschütterung und Gefährdung des überkommenen Denkmalbegriffs"[58] ausgingen, ergriffen schon frühzeitig und von verschiedenen Standpunkten her keineswegs nur die Traditionalisten des Fachs Partei für ein Festhalten an einem unveränderten Denkmalbegriff. So stellte beispielsweise Georg Mörsch 1977 fest: „Wenn dabei von einem geänderten Denkmalbegriff die Rede war, so kann sich dies nicht auf eine neue Definition des Denkmals beziehen. Diese Definition, wie sie seit einem knappen Jahrhundert in der deutschen Denkmalpflegetheorie und -gesetzgebung und auch in den modernen Landesgesetzen formuliert ist, ist von einer so vorbildlichen Liberalität, daß es nur von der Artikulation des öffentlichen Interesses abhängt, jeden beliebigen Artefakt zur Erhaltung zu fordern ..."[59] Mörsch geht hier, wie Norbert Wibiral, von einem, in Übereinstimmung mit zahlreichen historischen und geltenden Denkmalschutzgesetzen, weitgefaßten Denkmalbegriff aus. „Als Denkmal definieren wir vorerst ganz allgemein und von der ursprünglichen Wertbedeutung her ein denk- und in der Folge erhaltungswürdiges Gebilde der Vergangenheit."[60] Wenn man den Denkmalbegriff so faßt – und eine andere Definition scheint mir sowohl auf der Grundlage der Gesetze wie der oben ausschnitthaft dargelegten Begriffsgeschichte nicht statthaft – fällt es schwer, eine Rechtfertigung für eine Begriffserweiterung zu finden. Setzt man den solchermaßen klar definierten und weitgefaßten Denkmalbegriff voraus, besteht in der Tat „kein Grund, heute von einer Wandlung des Denkmalbegriffs zu sprechen"[61]. Vom juristischen Standpunkt hat Erwin Thalhammer diese Position wiederholt bekräftigt: „Der Denkmalbegriff hat... keine Veränderung und auch keine Erweiterung erfahren; sie zu wünschen oder gar zu versuchen, besteht kein Anlaß."[62] Und an anderer Stelle bilanzierte Thalhammer noch entschiedener: „Das Jahr zum Schutz des architektonischen Erbes Europas 1975 brachte keinen neuen Denkmalbegriff und stellt ihn auch nicht in Frage ... Basis und Instrument des Denkmalschutzes und der Denkmalpflege bleibt der geltende Denkmalbegriff."[63] Ausschlaggebend für den Denkmalbegriff ist und bleibt die Kategorie der geschichtlichen Bedeutung. Dies hat Georg Mörsch betont, wenn er die „Geschichtlichkeit" als für „den heutigen Denkmalbegriff unverzichtbar" bezeichnet[64] und hieraus die inhaltliche Begründung für einen unveränderten Denkmalbegriff entwickelt. „Eine Veränderung des generellen Denkmalbegriffs ... scheint mir solange noch nicht vorzuliegen, wie diese Geschichtlichkeit im Denkmal als unverzichtbare Eigenschaft festgehalten wird."[65] Das Festhalten am Denkmalbegriff kann natürlich nicht bedeuten, daß damit die Denkmalpflege statisch, nur auf eine Position eingeengt werden würde. Die Ziele der Denkmalpflege können innerhalb des weitgefaßten Begriffsrahmens dem sich durchaus ändernden öffentlichen Interesse folgend, frei artikuliert werden.[66] Auch Erwin Thalhammer betonte, daß zwar „der Begriff Denkmal keine, wohl aber die Einstellung der Öffentlichkeit zum Denkmal einen grundlegenden Wandel erfuhr und erfährt", wobei nicht übersehen werden könne, „daß bei grundsätzlichem Gleichbleiben des Denkmalbegriffs eine Ausweitung des Erhaltungsinteresses auf mehr Kategorien von Denkmalen als bisher stattgefunden hat und stattfindet."[67] Wenn mit „Erweiterung des Denkmalbegriffs" nur ausgedrückt werden solle, daß sich das Spektrum dessen, was unter dem Oberbegriff Denkmal subsumiert werden kann, vergrößert oder erweitert habe, beziehungsweise erweitert werden soll, läge in der Tat ein sprachliches Mißverständnis vor. Daß die verschiedenen Formen von „Denkmaldifferenzierungen" nicht notwendigerweise zu einem geänderten Begriff von Denkmal führen müssen, im Gegenteil keinerlei Einfluß auf die inhaltliche Definition des Begriffs selbst haben, erläuterte Georg Mörsch anhand eines schön gewählten Beispiels: „Eine Gruppe von Menschen kann ich auf verschiedenste Unterschiedlichkeiten hin beobachten und für meine Entscheidungen differenziert ordnen, nach Alter, Größe, Geschlecht, Kariesbefall oder Steuerkraft, ohne daß deshalb der Begriff vom Menschen ein anderer wäre oder würde."⁶⁸ Und in der Rückschau auf die fünfundzwanzigjährige Begriffsdebatte stellte er 1993 fest: „Zu den Mißverständnissen der denkmalpflegerischen Erfolgszeit nach dem europäischen Denkmalschutzjahr 1975 gehörte die Behauptung vom erweiterten Denkmalbegriff, obwohl es in Wirklichkeit (nur) um die Anwendung des gültigen Denkmalbegriffs auf sehr viele zusätzliche Artefakte ging. Offenbar war es damals – und ist es wohl immer noch – unter dem Ansturm neuer Herausforderungen an die Denkmalpflege nicht nur schwierig, Begriff und Begriffsanwendung auseinanderzuhalten."⁶⁹ Wenn mit „Erweiterung des Denkmalbegriffs" aber wirklich eine qualitative, inhaltliche Veränderung bezeichnet werden sollte, wie dies teilweise von Sauerländer und explizit von Bentmann eingefordert wurde, dann geht es vorrangig um Fragen eines allgemeinen Wertewandels in der Gesellschaft und insbesondere geisteswissenschaftliche und kunsthistorische Methodenprobleme, die sich aber durchaus noch im Rahmen der traditionellen Begrifflichkeit darstellen und lösen lassen. Der Spielraum, den der an die zentrale Kategorie der Geschichtlichkeit geknüpfte Denkmalbegriff ausfüllen kann, ist weit und wird noch keineswegs dadurch überschritten, daß sich historische und kunsthistorische Werturteile ändern können, ja ändern müssen. Eine fortschreitende Veränderung in einzelnen Wertfragen ist geradezu Bestandteil der Konzeption des Denkmalbegriffs, gewissermaßen eine zwingende Notwendigkeit, die sich aus dem sich fortschreitend verändernden Standpunkt der Gegenwart ergibt, von der aus erst Geschichtlichkeit beurteilt, bewertet und bemessen werden kann. Dies kennzeichnet den in der Epoche der Aufklärung entstandenen, von der zentralen Kategorie der Geschichtlichkeit geprägten und seither im Kern seiner Bedeutung unveränderten Denkmalbegriff.

VII.

Wenn der „sogenannte ausgeweitete Denkmalbegriff", wie Tilmann Breuer feststellte, „das natürliche und legitime Spiegelbild der pluralistischen Gesellschaft unserer Gegenwart" darstellte,⁷⁰ dann erscheint es logisch und naheliegend den erweiterten Denkmalbegriff selbst als pluralistisch zu bezeichnen. So hat denn auch Willibald Sauerländer aus der Annahme, „daß unsere Situation ein Arbeiten mit einem monolithen Denkmalbegriff gar nicht mehr ermöglicht" geschlossen, daß dies nicht nur „einen Pluralismus der Begriffe", sondern auch „der Arbeitsweisen" erfordere.⁷¹

Ausgehend vom Phänomen des Pluralismus und der „Inflation des Denkmalpflegens", wertet Wilfried Lipp nun die anhaltende Diskussion um Schlagworte wie Ensemble, Original, Rekonstruktion usw. als „Zeichen eines differenzierten und plural gefächerten Denkmalbegriffs im Gegenwartsbezug von Moderne und Postmoderne."⁷² So gesehen kann für Lipp der „Theorieprozeß" der letzten 25 Jahre nur „als pluralitätsorientiertes Einschwenken auf einen postmodernen Denkmalkultus" verstanden werden.⁷³ Auch Sauerländer diagnostiziert 1993 „eine Stunde der Umkehr", in der die Denkmalpflege zu einem „Instrument einer neuen, der postmodernen Aktualität" wurde⁷⁴ und führt im gleichen Atemzug folgende Beispiele dieser „postmodernen Aktualität" an: „In Texas erblickte man plötzlich Wolkenkratzer, die von historischen Architekturformen bekrönt waren, und in schwäbischen Reichsstädten kolorierten Denkmalpfleger die Stadttore nach der Vorlage mittelalterlicher Gemälde. Hier wie dort wurde die neu-alte oder alt-neue Architektur nostalgisch dekoriert. Erinnerung wurde inszeniert. Baukunst löste sich in Erzählung auf..."⁷⁵ Diese Form der „Traditionsnachfütterung", die sich in platter Nostalgie austobt, wird von den Postmodernen selbst nur als Beleg für eine zum Schimpfwort verkommene, mißverstandene Postmoderne abgetan. „Es ist im Zeichen dieses Konzepts von Postmoderne", so Wolfgang Welsch 1985 über diesen Abusus, „daß der bekannte Neohistorismus die Lande überzieht: daß also Eingangsseiten von Supermärkten als Tempelfronten gestaltet werden, Universitätsbibliotheken im Ritterburgenstil entstehen und das Glück des Menschen anscheinend mit Sprossen, Erkern und Loggien zu machen ist."⁷⁶ Zumindest das letztere Beispiel Sauerländers werden also wohl ebensowenig die Apologeten der Postmoderne, als auch der Denkmalpfleger – zumal wenn er Verantwortung für die praktische Denkmalpflege in schwäbischen Reichsstädten trägt – für ihr jeweiliges Ressort in Anspruch nehmen wollen. Aber dies sind natürlich Symptome unserer jüngsten Vergangenheit und – man mag es noch so sehr bedauern – leider auch noch immer unserer Gegenwart. Es kann hier gar nicht abgestritten werden, daß es eine wechselseitige Beeinflussung von postmodernem Architekturverständnis und denkmalpflegerischer Praxis und Theorie geben kann, gegeben hat und auch weiterhin geben wird.⁷⁷

Doch folgen wir weiter Wilfried Lipp und lassen uns auf das Gedankenexperiment eines postmodern noch weiter entgrenzten Denkmalbegriffs ein und fragen mit Lipp: „Wohin also?", um dann feststellen zu müssen: „Der plurale, kategorial gefächerte, enthierarchisierte Denkmalbegriff ist in den klassischen, in den meisten europäischen Denkmalschutzgesetzen legal verfestigten Wertemustern der historischen, künstlerischen und kulturellen Bedeutung nur allgemein zu fassen."⁷⁸ Das Gedankengebäude des neuen Denkmalbegriffs läßt sich aber viel konkreter auf der Basis der postmodernen Philosophie aufbauen. Mit dem von Lipp dem Denkmalbegriff beigemessenen „Pluralenzwert" korrespondiert das „Prinzip Pluralität", das zusammen mit dem „Ende der Meta-Erzählungen" und der „Ästhetisierung" zu den drei wichtigsten „Etiketten der Postmoderne-Diskussion" ernannt wird.⁷⁹ Es liegt auf der Hand: „Zu diesen drei Positionen steht der Denkmalbegriff in einer vielschichtigen Beziehung."⁸⁰ Daß auch die übrigen Merkmale eines natürlich pluralistisch zu denkenden Postmoderne-Kanons, die sich beispielsweise je nach Bedarf von Lyotard oder Derrida ableiten lassen, den Denkmalbegriff neu definieren können, dürfte ohne Schwierigkeiten zu zeigen sein. Der Beweis im Falle des „Endes der Meta-Erzählung" läßt sich nach Lipp so führen: „Ende der Meta-Erzählung heißt für die Denkmalpflege aber auch ... Ende ihres eigenen ideologischen ‚mikrototalitären' Anspruchs. Die Denkmalkultur ist nur mehr ein Modell unter vielen."⁸¹ Die von Wolfgang Welsch unter Berufung auf François Lyotard postulierten Grundzüge eines postmodernen Kunstverständnisses, die neben der Pluralität, die Dekomposition, die Reflexion, das Experiment und das Element des Erhabenen umfassen,⁸² wären bestimmt genauso schlüssig auf unser postmodernes Denkmalverständnis zu übertragen. Solchermaßen nach Art der immer noch grassierenden Frankolatrie[83] mit den Positionen der postmodernen Lehrmeister gewappnet und mit den Wassern von Derrida, Lancan und Lyotard geheiligt, erkennen wir, daß die Großstadt wie auch die Kulturlandschaft einen völlig veränderten Denkmalbegriff verlangen, „tatsächlich einen erweiterten Denkmalbegriff und zwar einen fließenden gewissermaßen ‚flanierenden Denkmalbegriff‘"[84]. Bei dieser Gelegenheit wird auch Alois Riegls „Alterswert" eine postmoderne Frischzellenkur verordnet: „In postmoderner Lesart wird man den Alterswert vor allem auch als ‚Prozeßwert‘ definieren, der das Denkmal als ‚Leben‘ begleitendes und orientierendes Erinnerungsmal auch in den Horizont des Künftigen stellt.... Das Denkmal wird damit postmodern zu dem was Umberto Eco für das Kunstwerk schlechthin postulierte, wird ‚opera aperta‘. Postmodern definiert sich diese Offenheit plural. ... Denkmäler sind – in einer postmodernen Denkmalkultur – Speicher; nicht nur für Ästhetik, Geschichte, Bildung, Erinnerung, sondern auch für ganz andere triviale, alltagsbezogene aber fiktionale und hinausträumende Wertfrachten. So gewinnt ein neuer, der Vielheit des Lebens entsprechender Wert Strahlkraft: Der ‚Plurivalenzwert‘ des Denkmals."[85]

Als Denkmalpfleger könnte man sich nun fragen, ob man mit solchen plurivalenten Wertfrachten beladene Denkmäler überhaupt pflegen mag, und wenn ja, welche Mittel ihrer Pflege gerecht werden. Daß diese Pflege aber nicht leichter und bequemer werden wird als herkömmliche Denkmalpflege, hat ihr Protagonist selbst schon geahnt.[86] Ob die Aufgabe einer „faszinierenden Erweiterung des Denkmalhorizonts" entsprechend „Medienfassaden, die digitale Visualisierbarkeit von Historie, die Hyperillusion einer virtual reality, die Welt der moving images"[87] zu konservieren, aber auch ebenso faszinierend sein würde, darf bezweifelt werden.

Nun ist aber nicht auszuschließen, daß sich die postmoderne Denkmaltheorie auch der ganz alltäglichen denkmalpflegerischen Praxis bemächtigt, vielleicht gar in der Weise, in der es Petzets postmodernes Postulat im Sinne eines ‚anything goes‘ evoziert: „Denkmalpflege die – mehr oder weniger souverän – mit den Zeugnissen aller Epochen umspringt, ihnen nach Bedarf auch neue Nutzungen unterschiebt, erscheint also am Ende des 20. Jahrhunderts gewissermaßen postmodern par exellance[88], ja sie kann ‚Fenster in die Geschichte' öffnen oder schließen, sie kann aus verschiedenen Zeiten stammende Zustände, die jedenfalls nie zusammengehört haben, zu einer Art ‚Gesamtkunstwerk' verbinden, sie kann – selbstverständlich auf streng wissenschaftlicher Basis – sogar verschiedene zu restaurierende oder im Sinn einer Renovierung zu erneuernde Zustände zur Wahl stellen."[89] Hatte Georg Mörsch nicht genau solche Überlegungen im Visier, wenn er „postmoderne Gedanken- und Handlungsgänge" kritisiert und die im letzten Jahrzehnt verstärkt greifbaren Versuche anprangert, „den Denkmalbegriff gedanklich aufzulösen und diese Auflösung praktisch zu vollziehen. Gemeint sind alle Tendenzen, nur den öffentlich- und beliebig wiederholbaren – Schauwert des Denkmals zu gewichten und dabei insbesondere alle Argumentationen, die die materielle Überlieferung als die ganz besondere Erinnerungsqualität des Denkmals auflösen wollen zugunsten der eklektizistischen Verfügbarkeit historischer Formen?"[90]

VIII.

Tendenzen zu einer Auflösung des Denkmalbegriffs sieht selbst Wilfried Lipp, wenn er von einer „Verdunstung des Denkmalbegriffs in den ‚Alles ist Kultur'-Nebel"[91] spricht oder feststellt: „Das Pluralitätsangebot der Postmoderne hat den Denkmalbegriff, jedenfalls theoretisch soweit geöffnet, daß er Gefahr läuft, dem eigentlichen Anspruch eines Selektionsbegriffs verlustig zu gehen."[92]

Auch für Ernst Bacher kommt dem „Denkmal von vornherein, also per definitionem, ein isolierter, auserlesener (elitärer) Status zu. Man kann den Maßstab dafür hoch ansetzen, die wertende Auslese ist grundsätzlich nicht zu umgehen, denn wenn alles Denkmal ist, ist nichts Denkmal und der Begriff hebt sich auf."[93] Eine Gefährdung des Denkmalbegriffs durch den Verzicht auf die zentrale Kategorie der Geschichtlichkeit erkannte auch Wolfgang Brönner.[94] Doch nicht allein der befürchtete Verlust einer verbindlichen Werteskala durch die unübersehbare Fülle der Denkmale, als Folge einer „durch die Denkmalschutzgesetzgebung sanktionierten Explosion des Denkmalbegriffes" – so Tilmann Breuer 1975[95] – ließ die Angst vor einer Auflösung wachsen. „In Wahrheit ist es aber nicht so sehr die Ausweitung des Denkmalbegriffs, als der Zuwachs, den das Denkmalwürdige erfahren hat, was Erschrecken verursacht."[96] Und auch Willibald Sauerländer warnte angesichts der bedrohlichen Flut von Denkmälern des offenbar immer noch gering geschätzten 19. Jahrhunderts vor einer „elephantiasisartigen Aufblähung eines im Gestern verhafteten Denkmalbegriffes"[97]. Eine andere Ursache der Gefährdung des Denkmalbegriffs sah Sauerländer 1975 in dem stetigen Näherrücken des Geschichtlichwerdens des Vergangenen bei gleichzeitiger Ausblendung anderer (qualitativer) Kriterien. „Dann müßte man nämlich prognostizieren, daß bei weiterem quantitativen Fortschreiten der historischen Erkenntnis irgendwann einmal alles zum Denkmal würde – auch die Unarchitekturen, die man gegenwärtig in die Städte und Landschaften katapultiert. Der alte Spruch „Veritas filia temporis" würde dahingehend trivialisiert, daß die Zeit eben nach einiger Zeit alles als Denkmal erscheinen lasse. Ganze Länder müßten schließlich unter Schutz gestellt werden und irgendwann müßten die Regierenden eine Ära des totalen Monumentalismus ausrufen und jegliche Veränderung am Bestehenden als Vandalismus pönalisieren."[98] In das gleiche Horn stößt Heinrich Magirius, wenn er konstatiert: „Tieferes Verständnis für die Geschichte der Denkmalpflege wird ihn (den Denkmalpfleger) aber doch auch lehren, daß Dokumente, die an nichts zu erinnern vermögen, so nichtsnutzig werden können, daß selbst ein reicher Staat sie sich nicht mehr wird leisten wollen."[99]

Am eindringlichsten hat aber Willibald Sauerländer, einen seiner früheren Gedankengänge aufgreifend, die Schreckensvision einer alles erfassenden, zum Universalanspruch ausgeweiteten Denkmalpflege beschworen: „Man stelle sich die gespenstische Situation vor, in dieser totalisierte Denkmalbegriff universale amtliche Gültigkeit gewonnen hätte: dann würden alle Gebäude von gestern für ewig unveränderbar vor uns stehen wie die Struldbruggs, jene schauerliche Wesen in Swifts Laputa, denen bekanntlich der Tod versagt ist. Übrigens werden nach Swift die Struldbruggs, weil sie ohne Vergänglichkeit sind, am Ende von Gedächtnisschwund befallen. Fabula docet: Auch der totalisierte Denkmalbegriff, der nichts mehr vergehen, sondern alles stillstehen lassen will, ist eine Form der Gedächtnisversteinerung."[100] Man kann Willibald Sauerländer nur beipflichten, wenn er nunmehr die Konsequenz zieht, „nicht mehr über den erweiterten Denkmalbegriff reden" zu wollen, sondern meint vielmehr „an den authentischen Denkmalbegriff erinnern zu müssen."[101] Ich will hier den Hinweis Sauerländers auf die Wurzeln des Begriffs aufnehmen und fragen, in welcher Weise denn der Rückbezug auf den Kern der Wortbedeutung heute für unsere Disziplin nutzbar gemacht werden könnte.

IX.

Der Rekurs auf das „Gedächtnis" führt nicht nur zum unveränderlichen Kern des Denkmalbegriffs, sondern liefert zugleich ein Stichwort, das die Diskussion um Theorie und Konzeption der Denkmalpflege mit dem aktuellen Diskurs um eine Neuorientierung der Geisteswissenschaften verbindet. Mit der Rückbesinnung auf den geschichtlichen Ausgangspunkt unseres Denkmalbegriffs rückt die Aufgabe des „Erinnerns" als Zielpunkt und hauptsächliche Zweckbestimmung des Denkmalpflegens ins Zentrum. Denkmale können nur solche Gegenstände sein, die Erinnerungsfunktionen besitzen und Erinnerungen in einem gesellschaftlich relevanten Kontext mitteilen können. In der Tat werden Denkmäler, die an nichts mehr erinnern können, nichtsnutzig.

Daß das Phänomen des Denkmalpflegens als eine spezifische Äußerung der Vergangenheitszuwendung unserer gesellschaftlichen Wirklichkeit des ausgehenden 20. Jahrhunderts symptomatisch zu verstehen ist, hat vor allem Hermann Lübbe wiederholt dargelegt und daraus geschlossen „Was für die Denkmalpflege gilt, gilt auch für unsere Kultur des historischen Bewußtseins insgesamt."[102] Längst ist die Denkmalpflege Gegenstand historischer Forschung geworden, und zwar nicht nur im Sinne einer fachimmanenten, forschungsgeschichtlichen Aufarbeitung,[103] sondern als Untersuchungsobjekt sui generis und von durchaus allgemeinhistorischem Interesse, wie etwa die Arbeiten von Hermann Lübbe[104] und Winfried Speitkamp[105] belegen.

Die Kehrseite der Medaille zeigt nun allerdings bei aller Diskussionsbereitschaft des Fachs, eine beträchtliche Unempfindlichkeit gegenüber Anregungen von außerhalb der engen Grenzen der Disziplin, zumal wenn es um methodische Fragen geht, sieht man einmal davon ab, daß auch die Denkmalpflege ihr postmodernes Fähnchen in den Wind gehängt hat. Von der fachspezifischen Larmoyanz, die etwa in Festschriften ihren Hauptgegenstand als „Plage und Frage" thematisiert, ganz zu schweigen. Dabei könnte doch der Blick über den Tellerrand hinaus unserem Fach wieder zu Selbstbewußtsein verhelfen, wenn man nur wahrnehmen wollte, daß sich heute weite Teile der historischen Wissenschaften ausgerechnet jenem Thema zuwenden, das von Haus aus die Domäne unserer Disziplin darstellt, nämlich dem Umgang mit Erinnerungen als Ausdruck eines an Zeugnisse der Vergangenheit geknüpften kollektiven Gedächtnisses.

Es liegt deshalb nahe, vorzuschlagen, das methodische Konzept, das diesem Ansatz zugrundeliegt, auch in unserem Fach aufzugreifen. Soweit ich sehe, sind allenfalls im Bereich der Architekturkritik und Baugeschichte erste tastende Versuche in diese Richtung unternommen worden,[106] während die Rezeption durch die Nachbardisziplinen der historischen Wissenschaften um sich greift.[107] Es ist meines Erachtens deshalb erforderlich, diesen Ansatz gerade hier, wenn vom grundsätzlichsten der Grundsatzbegriffe der Denkmalpflege, nämlich dem Denkmalbegriff die Rede ist, in die Diskussion einzuführen.

Erinnerung und Gedächtnis stehen im Zentrum eines der konstruktivsten und folgenreichsten methodischen Neuansätze in den historischen Kulturwissenschaften der letzten Jahre. Auslöser dieses Konzepts ist die späte Rezeption des französischen Philosophen und Soziologen Maurice Halbwachs (1877–1945) und seines Hauptwerks „Les cadres sociaux de la memoire."[108] Aus Halbwachs' These von der sozialen Bedingtheit des Gedächtnisses leitet sich der Begriff des „kollektiven Gedächtnisses" ab, der in den rezenten Arbeiten eines von dem Ägyptologen Jan Assmann und der Literaturwissenschaftlerin Aleida Assmann initiierten Kreises von Kulturwissenschaftlern zum Paradigma einer wissenschaftstheoretischen Neuorientierung avancierte.[109] War bei Maurice Halbwachs immer nur vom Gedächtnis des (einzelnen) Menschen die Rede, wobei das Gedächtnis durch die soziale Gruppenzugehörigkeit des Menschen seine kollektive Prägung erfährt, wird im Verständnis der gegenwärtigen Kulturwissenschaften das „kollektive Gedächtnis" durchaus in einem übertragenen Sinn auf gesellschaftliche Gesamtheiten angewandt.[110] In der Weiterentwicklung der Überlegungen Halbwachs' hat Jan Assmann die Begriffe des „monumentalen Gedächtnisses" und des „kulturellen Gedächtnisses" geprägt.[111] In der Anwendung seiner Begrifflichkeit zeigt Jan Assmann, daß sich bestimmte Formen der Erinnerungskultur folgerichtiger und angemessener mit dem Modell des „kollektiven Gedächtnisses" fassen lassen, als mit den herkömmlichen Begriffen von Geschichte und Tradition.[112] „Denn der Begriff Tradition verschleiert den Bruch, der zum Entstehen von Vergangenheit führt und rückt dafür den Aspekt der Kontinuität, das Fortschreiben und Fortsetzen, in den Vordergrund. Gewiß läßt sich manches von dem, was hier mit den Begriffen Erinnerungskultur oder kulturelles Gedächtnis beschrieben wird auch Tradition und Überlieferung nennen. Aber dieser Begriff verkürzt das Phänomen um den Aspekt der Rezeption, des Rückgriffs über den Bruch hinweg, ebenso wie um dessen negative Seite: Vergessen und Verdrängen. Daher brauchen wir ein Konzept, das beide Aspekte umgreift."[113] Dieses Konzept des kollektiven Gedächtnisses in der Nachfolge von Halbwachs ist einerseits auf konkreten Raum- und Zeitbezug, eine „entourage matériel" angewiesen und andererseits bestimmt von der gesellschaftlichen Situation und der sozialen Gruppenzugehörigkeit der Träger des Gedächtnisses. „Die Raum- und Zeitbegriffe des kollektiven Gedächtnisses stehen mit den Kommunikationsformen der entsprechenden Gruppe in einem Lebenszusammenhang, der affektiv und wertbesetzt ist."[114] Schließlich kennzeichnet nach Assmann das kollektive Gedächtnis ein weiteres Merkmal, das der Rekonstruktivität.[115] Nach einer Formulierung, die den Schlußsatz von Halbwachs' berühmter Studie aufgreift,[116] bewahrt das Gedächtnis nicht die Vergangenheit als solche, sondern nur ein Substrat, „das was von ihr bleibt" und das was im jeweiligen gesellschaftlichen und zeitlichen Kontext „rekonstruiert" werden kann.[117] Das hier vorgelegte Konzept des kollektiven Gedächtnisses bezeichnet den Bestand an „Wiedergebrauchs-Texten, -Bildern und -Riten", an Orte der Erinnerung und an Monumente jeder Gesellschaft und jeder Epoche, „in deren Pflege sie ihr Selbstbild stabilisiert und ... ein kollektiv geteiltes Wissen vorzugsweise über die Vergangenheit" vermittelt.[118]

Dieses Modell scheint geradezu prädestiniert, auf den Gegenstand der Denkmalpflege angewandt zu werden. Denkmäler im Sinne unseres denkmalpflegerischen Denkmalbegriffs sind Konkretionen der Erinnerungskultur. „Statuen und Bauwerke, Texte und andere kulturelle Artefakte dürfen als Monumente verstanden werden, wenn sie eine an die Mit- und Nachwelt gerichtete Botschaft kodieren. Monument ist, was dazu bestimmt ist, die Gegenwart zu überdauern..."[119] Hier berührt das Konzept des kollektiven Gedächtnisses unmittelbar unseren Denkmalbegriff.[120] Daß Denkmalpflege als Institutionalisierung des kollektiven Gedächtnisses[121] verstanden werden kann, beruht nicht zuletzt auf der Stringenz unseres Denkmalbegriffs.

X.

Wie kann ein Plädoyer für einen stringenten Denkmalbegriff[122] im Untertitel die Frage nach einem Ende der Denkmalpflege aufwerfen?

Zur Besänftigung des Lesers muß wohl nicht besonders betont werden, daß dies nicht wortwörtlich gemeint sein kann, gerade auch nicht angesichts des ehrenwerten Anlasses des Erscheinens dieser Publikation. Daß es hier auch nicht um das Endzeitszenario einer allgemeinen Fin de siècle-Stimmung geht, darf ebenfalls vorausgesetzt werden. Dennoch muß heute, wenn über Denkmalpflege oder in den Worten von Hans Mayer allgemein „über das Problem eines kulturellen Erbes" gesprochen wird, „die Möglichkeit mitgedacht werden, daß es irgendwann einmal keine kulturelle Erbschaft im herkömmlichen Sinn geben könnte."[123] Es ist auch nicht alleine die Sorge um einen entlaufenen Denkmalbegriff,[124] oder einen, der zumindest flanierend davonspazieren könnte, nein, die Frage nach dem Ende steht hier für den Kontext, in dem solche Fragestellungen überhaupt erst formuliert werden können. Wie könnte denn auch die Denkmalpflege unberührt davon bleiben, wenn das Ende der Geschichte, wenn das Ende der Kunst allenthalben sich Bahn bricht. Die Evokation des Endes entstand in einem Umfeld, das Lutz Niethammer einer bestechenden Analyse in seinem Buch über das „Posthistoire" unterzogen hat.[125] Ich glaube, daß ein Teil der jüngeren Diskussion über den Denkmalbegriff genau vor eben diesem Hintergrund zu sehen ist. Deshalb stellt sich die Frage nach dem Ende.

Von Gehlens Ende der Geschichte[126] bis zu Beltings Ende der Kunstgeschichte ist ein weiter Weg.[127] „Man hat das Ende der Geschichte, des Gedichts, des Gemäldes, des Romans, der Moderne, der Avantgarde, der Kunstgeschichte wie der Kunst überhaupt verkündet – ein Ende des Geschwätzes ist nicht abzusehen."[128] Wollen wir in diese Kette wirklich auch noch die Denkmalpflege einreihen? Und hätte das nach der jüngsten Revision der nicht endenwollenden Endethematik durch Hans Belting überhaupt noch einen Sinn? „Natürlich hat nichts geendet, was je hatte enden sollen: weder die Kunst noch die Moderne, noch selbst die Geschichte. Wer vom Ende redet, kann es entweder nicht abwarten oder leidet daran, daß sein Begriff an der Sache scheitert."[129]

ANMERKUNGEN

1 *Was ist ein Baudenkmal? Eine Beispielsammlung zur Begriffsbestimmung,* Landschaftsverband Rheinland. Mitteilungen aus dem Rheinischen Amt für Denkmalpflege Bonn, Heft 5, Köln 1983.
2 Leihschein vom 27.8.1984 mit eigenhändiger Unterschrift des Generalkonservators.
3 Rückgabevermerk vom 21.7.1997.
4 JÖRG HASPEL, *Auch der Denkmalbegriff hat seine Geschichte,* in: Monumente. Magazin für Denkmalkultur in Deutschland, Sonderausgabe zum Tag des offenen Denkmals, 1997, S. 6-9. – INGRID SCHEURMANN, *Von jeder Generation neu gefragt: Was ist ein Denkmal?,* in: Monumente. Magazin für Denkmalkultur in Deutschland, Heft 11/12, 1997, S. 26-28. – DANKWART GURATZSCH, *Stoff – Idee – Symbol. Zum Wandel des Denkmalbegriffs vor und nach Dehio,* in: Denkmalkunde und Denkmalpflege, Festschrift für Heinrich Magirius zum 60. Geburtstag am 1. Februar 1994, Dresden 1995, S. 511-540.
5 Vgl. HANS-HERBERT MÖLLER (Bearb.), *Deutsche Kunst und Denkmalpflege, Register der Jahrgänge 41-51 (1983-1993),* München/Berlin 1996, S. 86: (Denkmal, Begriff; aber auch: Denkmal, Begründung, – Bewertung (Alterswert, Erinnerungswert, Erlebniswert, Gebrauchswert, Geschichtswert, Gestaltwert, Kulturwert, Kunstwert, Neuheitswert, Quellenwert, Schauwert, Symbolwert, Zeugniswert), – Bewertungskriterien usw.
6 GEORG MÖRSCH, *Zur Differenzierbarkeit des Denkmalbegriffs,* in: Deutsche Kunst und Denkmalpflege, 39, 1981, S. 99-108; wiederabgedruckt in dem von Wilfried Lipp herausgegebenen Sammelband: Denkmal – Werte – Gesellschaft. Zur Pluralität des Denkmalbegriffs, Frankfurt a.M. u.a. 1993, S. 150-169 mit einem Kommentar 1993.
7 WILFRIED LIPP, *Vom modernen zum postmodernen Denkmalkultus? Aspekte zur Reparaturgesellschaft,* in: Wilfried Lipp/Michael Petzet (Hrsg.), Vom modernen zum postmodernen Denkmalkultus? Denkmalpflege am Ende des 20. Jahrhunderts, Arbeitshefte des Bayerischen Landesamtes für Denkmalpflege, Bd. 69, München 1994, S. 6-12.
8 WILLIBALD SAUERLÄNDER, *Erweiterung des Denkmalbegriffs,* in: Deutsche Kunst und Denkmalpflege, 33 1975, S. 117-130; wiederabgedruckt in: LIPP (wie Anm. 6), S. 120-149 mit einem Kommentar 1993: Ein Nachwort in Zweifel und Widerspruch.
9 TILMANN BREUER, *Denkmälertopographie in der Bundesrepublik,* in: Deutsches Nationalkomitee für Denkmalschutz (Hrsg.), Eine Zukunft für unsere Vergangenheit. Denkmalschutz und Denkmalpflege in der Bundesrepublik Deutschland, München 1975, S. 141.
10 MICHAEL PETZET, *Der neue Denkmalkultus am Ende des 20. Jahrhunderts,* in: WILFRIED LIPP/MICHAEL PETZET (wie Anm. 7), S. 15.
11 MICHAEL PETZET, *Nicht nur historische Dokumente konservieren, sondern Monumente pflegen" – Aspekte eines neuen Denkmalkultus am Ende des 20. Jahrhunderts,* in: Denkmalkunde und Denkmalpflege, Festschrift für Heinrich Magirius zum 60. Geburtstag am 1. Februar 1994, Dresden 1995, S. 541.
12 Zu den Begriffen Begriff und Begriffsgeschichte vgl. GÜNTER SCHENK, *Begriff,* in: Jörg Sandkühler (Hrsg.), Europäische Enzyklopädie zu Philosophie und Wissenschaften, Bd. 1, Hamburg 1990, S. 362-364. – HANS GEORG MEIER, *Begriffsgeschichte,* in: Joachim Ritter (Hrsg.), Historisches Wörterbuch der Philosophie, Bd. 1, Stuttgart/Basel 1971, Sp. 788-808. – Vom naturwissenschaftlichen Standpunkt aus: ANDREAS BARTELS, *Bedeutung und Begriffsgeschichte: die Erzeugung des wissenschaftlichen Verstehens,* Paderborn/München 1994.
13 NORBERT WIBIRAL, *Ausgewählte Beispiele des Wortgebrauchs von ‚Monumentum' und ‚Denkmal' bis Winckelmann,* in: Österreichische Zeitschrift für Kunst und Denkmalpflege, 36, 1982, S. 93-98. – DERS., *Gedanken zum Denkmal,* in: Römische historische Mitteilungen, hrsg. von H. Schmidinger/N. Wandrieszka, 18. Heft, Rom/Wien 1976, S. 165-175.
14 HELMUT SCHARF, *Kleine Kunstgeschichte des deutschen Denkmals,* Darmstadt 1984, hier besonders S. 5-19.
15 SAUERLÄNDER (wie Anm. 8), zur Begriffsgeschichte besonders S. 118 ff. Der Artikel „Denkmal" von Harald Keller im Reallexikon zur deutschen Kunstgeschichte, III, Stuttgart 1954, Sp. 1257-1297 ist hier belanglos, weil er sich ausschließlich mit Denkmälern im engeren Sinne befaßt.

16 JAN ASSMANN, *Stein und Zeit. Das monumentale Gedächtnis der altägyptischen Kultur,* in: JAN ASSMANN/TONIO HÖLSCHER (Hrsg.), Kultur und Gedächtnis, Frankfurt 1988, S. 92 f.
17 SAUERLÄNDER 1975 (wie Anm. 8), S. 118 f.
18 Ebda., S. 118. – PETZET (wie Anm. 10), S. 15.
19 SCHARF (wie Anm. 14), S. 8 ff.
20 Mose 2. 13,9: Darum soll dir's sein ein Zeichen in deiner Hand und ein Denkmal vor deinen Augen (et quasi monimentum ante oculos tuos), auf daß des Herrn Gesetz sei in deinem Munde; ...
21 JOHANN HEINRICH ZEDLER, *Großes vollständiges Universallexikon,* Leipzig/Halle (1739), Bd. 21, Sp. 1430 f., zitiert bei SAUERLÄNDER 1975 (wie Anm. 8), S. 119.
22 JACOB und WILHELM GRIMM, *Deutsches Wörterbuch,* Bd. 2, Leipzig 1860, Sp. 941 f.
23 WILFRIED LIPP, *Natur – Geschichte – Denkmal. Zur Entstehung des Denkmalbewußtseins in der bürgerlichen Gesellschaft,* Frankfurt a.M./New York 1987.
24 JOHANN MARTIN CHLADENIUS, *Allgemeine Geschichtswissenschaft,* Leipzig 1752 (Nachdruck mit einer Einleitung von Christoph Friedrich und einem Vorwort von Reinhart Koselleck, Wien/Köln/Graz 1985) – Über Chladenius: CHRISTOPH FRIEDRICH, *Die „Allgemeine Geschichtswissenschaft" von Martin Chladenius,* in: ebda., S. XI-LII. – DERS., *Sprache und Geschichte. Untersuchungen zur Hermeneutik von Johann Martin Chladenius,* Studien zur Wissenschaftstheorie, 13, Meisenheim am Glan 1978. – HORST WALTER BLANKE/DIRK FLEISCHER (Hrsg.), Theoretiker der deutschen Aufklärungshistorie, 2 Bde., Fundamenta Historica 1, Stuttgart 1990, bes. Bd. 2, S. 776 ff.
25 So eine Formulierung von JÖRN RÜSEN, *Historik – Überlegungen zur metatheoretischen Selbstauslegung und Interpretation des historischen Denkens im Historismus (und außerhalb),* in: Wolfgang Küttler/Jörn Rüsen/Ernst Schulin (Hrsg.), Geschichtsdiskurs III, Die Epoche der Historisierung. Frankfurt a.M. 1997, S. 80-99, hier S. 81. Vgl. hierzu auch: WOLFGANG HARDTWIG, *Die Verwissenschaftlichung der Geschichtsschreibung zwischen Aufklärung und Historismus,* in: Ders., Geschichtskultur und Wissenschaft, München 1990, S. 58-91, hier besonders S. 64 f. Erstveröffentlichung unter dem Titel: *Die Verwissenschaftlichung der Historie und die Ästhetisierung der Darstellung,* in: Reinhart Koselleck/Heinrich Lutz/Jörn Rüsen (Hrsg.), Formen der Geschichtsschreibung, Theorie der Geschichte, 4, München 1982, S. 147-181.
26 CHLADENIUS (wie Anm. 24), S. 375 f.
27 JOHANN MARTIN CHLADENIUS, *Einleitung zur richtigen Auslegung vernünftiger Reden und Schrifften,* Leipzig 1742, wiederabgedruckt in Auszügen, in: BLANKE/FLEISCHER (wie Anm. 24) Bd. 1, S. 214 ff. – CHLADENIUS (wie Anm. 24) bes. S. 93 ff. vgl. hierzu auch NORBERT WIBIRAL, *Denkmal und Interesse,* in: Wiener Jahrbuch für Kunstgeschichte, Bd. XXXVI, 1983, S. 151-173, wiederabgedruckt in: LIPP (wie Anm. 6), S. 51-84, hier: S. 58 mit ausdrücklichem Hinweis auf den „Sehe-Punkt" bei Chladenius.
28 Vgl. hier allgemein LIPP 1987 (wie Anm. 23). – REINHART KOSELLECK, *Kritik und Krise,* Frankfurt a.M. 1973.
29 Grundsätzlich GEORG GERMANN, *Gothic Revival in Europe and Britain: Sources, Influences and Ideas,* London 1972 (deutsche Ausgabe: GEORG GERMANN, *Neugotik, Geschichte ihrer Architekturtheorie,* Stuttgart 1974).
30 HELENE TROTTMANN, *Pseudo-Gotik des Barock in Böhmen. Beobachtungen zu Giovanni Santini Aichels Kirchenbau in Kladrau,* in: Silvia Glaser/Andrea Kluxen (Hrsg.), Musis et Litteris, Festschrift für Bernhard Rupprecht zum 65. Geburtstag, München 1993, S. 205-222.
31 THOMAS WEISS/FRANK-ANDREAS BECHTOLD, *Weltbild Wörlitz. Entwurf einer Kulturlandschaft,* Kataloge und Schriften der Staatlichen Schlösser und Gärten Wörlitz, Oranienbaum, Luisium, Bd. 1, Wörlitz 1996.
32 WOLFGANG SCHEPERS, *Zu den Anfängen des Stilpluralismus im Landschaftsgarten und dessen theoretischer Begründung in Deutschland,* in: Michael Brix/Monika Steinhauser (Hrsg.), „Geschichte allein ist zeitgemäß". Historismus in Deutschland, Lahn-Gießen 1976.
33 Das Phänomen der stilangleichenden Restaurierungen behandelt grundsätzlich: ERWIN PANOFSKY, *Das erste Blatt aus dem Libro Giorgio Vasaris. Eine Studie über die Beurteilung der Gotik in der italienischen Renaissance. Mit einem Exkurs über zwei Fassadenprojekte Domenico Becca-*

fumis, in: Städel-Jahrbuch, 6, 1930, S. 25-72 (wiederabgedruckt in: Erwin Panofsky, Sinn und Deutung in der Bildenden Kunst, Köln 1975, S. 192-273). – WOLFGANG GÖTZ, *Rekonstruktion und Kopie vor 1800. Ein ästhetisches, politisches, moralisches Problem oder – eine Selbstverständlichkeit?*, in: Denkmalpflege in Rheinland-Pfalz, 37/38, 1982/83, S. 58-73 (auch in: Saarbrücker Hefte, 56, 1984, S. 57-78). – MARKUS WEIS/SUSANNE BÖNING-WEIS, *Franz Ignaz Michael von Neumann: Architekt – Ingenieur – Denkmalpfleger?*, in: Erhaltungskonzepte. Methoden und Maßnahmen zur Sicherung historischer Bauwerke. Sonderforschungsbereich 315, Universität Karlsruhe, Berlin 1993, S. 51-65.- MARKUS WEIS, *„Gothique" – „Moderne". Der Diskurs um die Wiederherstellung des Domes zu Speyer nach der Mitte des 18. Jahrhunderts*, in: Wessel Reinink/Jeroen Stumpel (Hrsg.), Memory and Oblivion, XXIXth International Congress of the History of Art (erscheint 1998).

34 Beispielsweise HERMANN HECKMANN, *Die Gutachten des Baumeisters Ernst George Sonnin*, Bonn 1990.
35 ERNST BEUTLER, *Von deutscher Baukunst. Goethes Hymnus auf Erwin von Steinbach. Seine Entstehung und Wirkung*, Freies Deutsches Hochstift Frankfurt a. M. Reihe der Vorträge und Schriften, Bd. 4, München 1943. – HARALD KELLER, *Goethes Hymnus auf das Straßburger Münster und die Wiedererweckung der Gotik im 18. Jahrhundert 1772/1972*, Sitzungsberichte der Bayerischen Akademie der Wissenschaften, Phil.-Hist. Kl., Jg. 1974, H. 4, München 1974. – NORBERT KNOPP, *Zu Goethes Hymnus Von Deutscher Baukunst, D. M. Ervini a Steinbach*, in: Deutsche Vierteljahresschrift für Literaturwissenschaft und Geistesgeschichte, 53, 1979, S. 617-650. – HANNO-WALTER KRUFT, *Goethe und die Architektur*, in: Pantheon, 40, 1982, S. 282-289. – REINHARD LIESS, *Goethe vor dem Straßburger Münster. Zum Wissenschaftsbild der Kunst*, Leipzig/Weinheim 1985.
36 Zitiert nach BEUTLER (wie Anm. 35), S. 7.
37 „Der Historismus des 19. Jahrhunderts hat aber außer seiner echten Tochter, der Denkmalpflege, auch ein illegitimes Kind gezeugt, das Restaurationswesen." GEORG DEHIO, *Denkmalschutz und Denkmalpflege im 19. Jahrhundert*, Festrede an der Kaiser-Wilhelm-Universität Straßburg, den 27. Januar 1905, in: Georg Dehio, Kunsthistorische Aufsätze, München/Berlin 1914, S. 261-282, hier S. 274.
38 Vgl. etwa PAUL ORTWIN RAVE, *Die Anfänge der Denkmalpflege in Preußen*, in: Deutsche Kunst und Denkmalpflege, 9, 1935, S. 34-44. – FELICITAS BUCH, *Studien zur preußischen Denkmalpflege*, Worms 1990. – GABRIELE DOLFF-BONEKÄMPER, *Die Entdeckung des Mittelalters*, Quellen und Forschungen zur hessischen Geschichte, Bd. 61, Darmstadt/Marburg 1985. – HEINRICH MAGIRIUS, *Geschichte der Denkmalpflege in Sachsen*, Berlin 1989. – WALTER FRODL, *Idee und Verwirklichung. Das Werden der staatlichen Denkmalpflege in Österreich*, Wien/Köln/Weimar 1988. – MARION WOHLLEBEN, *Konservieren oder restaurieren? Zur Diskussion über Aufgaben, Ziele und Probleme der Denkmalpflege um die Jahrhundertwende*, Zürich 1989. – CHRISTOPH FRIEDRICH HELLBRÜGGE, *„Konservieren, nicht restaurieren". Bedeutungswandel und Anwendungspraxis eines Prinzips der Denkmalpflege im 20. Jahrhundert in Deutschland*, Diss. phil. Bonn 1991. – GABRIELE WOLFF, *Zwischen Tradition und Neubeginn. Zur Geschichte der Denkmalpflege in der 1. Hälfte des 19. Jahrhunderts. Geisteswissenschaftliche Grundlagen in den deutschsprachigen Gebieten*, Frankfurt 1992. – WINFRIED STREITKAMP, *Die Verwaltung der Geschichte. Denkmalpflege und Staat in Deutschland 1871-1933*, Göttingen 1996. – JAN FRIEDRICH HANSELMANN, *Die Denkmalpflege in Deutschland um 1900. Zum Wandel der Erhaltungspraxis und ihrer methodischen Konzeption*, Frankfurt a. M. 1996.
39 THOMAS KORTH, *„Denkmalpflege" – Überlegungen zum hundertjährigen Bestehen eines Begriffs*, in: Deutsche Kunst und Denkmalpflege, 41, 1983, S. 2-9, hier S. 2.
40 Vgl. etwa NORBERT HUSE, *Denkmalpflege. Deutsche Texte aus drei Jahrhunderten*, München 1984. – ERNST BACHER, *Kunstwerk oder Denkmal? Alois Riegls Schriften zur Denkmalpflege*, Wien/Köln/Weimar 1995. – GEORG DEHIO, ALOIS RIEGL, *Konservieren, nicht restaurieren. Streitschriften zur Denkmalpflege um 1900*, mit einem Kommentar von MARION WOHLLEBEN und einem Nachwort von GEORG MÖRSCH, Braunschweig/Wien 1988.
41 DEHIO (wie Anm. 37), S. 264.
42 ALOIS RIEGL, *Der moderne Denkmalkultus, sein Wesen und seine Entstehung. Einleitung zum Denkmalschutzgesetz*, Wien/Leizig 1903, wiederabgedruckt in: ALOIS RIEGL, Gesammelte Aufsätze, Augsburg 1929, S. 144-193, hier S. 144, auch RIEGL (wie Anm. 40), S. 43.
43 Grundsätzlich änderte sich dies weder durch die Fortführung der denkmaltheoretischen Diskussion, vgl. etwa PAUL CLEMEN, *Der Denkmalbegriff und seine Symbolik*, Rede zum 18. Januar 1933, Bonn 1933 (vgl. hierzu: REINHARD BENTMANN, *Zur Problematik des Denkmalbegriffs*, in: Hessische Heimat, 25, 1975, S. 51-62, hier S. 56 f.) noch durch die theoriearme Hochkonjunktur der Denkmalpflege während des Wiederaufbaus der Nachkriegszeit.
44 BENTMANN (wie Anm. 43), S. 51.
45 MICHAEL METSCHIES, *Wandlungen des Denkmalbegriffs*, in: Die Alte Stadt, 23, 1996, S. 219-246.
46 Resolution zur Denkmalpflege, das sogenannte grüne Papier, im Bericht über den 12. Deutschen Kunsthistorikertag, Köln, 6. April bis 11. April 1970, Mitgliederversammlung des Verbandes Deutscher Kunsthistoriker e. V., in: Kunstchronik, 23. Jg., Heft 10, S. 307. Vgl. auch HARTWIG BESELER, *Die Denkmalpflege auf dem Deutschen Kunsthistorikertag Köln 1970*, in: Deutsche Kunst und Denkmalpflege, 28, 1970, S. 159. – METSCHIES (wie Anm. 45), S. 220 f.
47 SAUERLÄNDER 1975 (wie Anm. 8).
48 Ebd., S. 123.
49 Ebd.
50 BENTMANN (wie Anm. 43), S. 53. Mit gleicher Stoßrichtung und erweiterter Argumentation auch REINHARD BENTMANN, *Der Kampf um die Erinnerung. Ideologische und methodologische Konzepte des modernen Denkmalkultus*, in: Hessische Blätter für Volks- und Kulturforschung, Bd. 2/3, Gießen 1976, S. 213-246, hier S. 222 f.
51 Ebd. Vgl. hierzu auch METSCHIES (wie Anm. 45), S. 231.
52 MÖRSCH (wie Anm. 6).
53 SAUERLÄNDER (wie Anm. 8).
54 SAUERLÄNDER, in: LIPP (wie Anm. 6), S. 143.
55 WIBIRAL 1976 (wie Anm. 13), der auf die Interpretation verweist, „Denkmal- und Naturschutz unter dem gemeinsamen Dach des Umweltschutzes" als „bien culturel" aufzufassen. – Vgl. auch MICHAEL PETZET, *Denkmalpflege und Umweltschutz*, in: Jahrbuch der Bayerischen Denkmalpflege, Bd. 39, 1985, München 1988, S. 15-22.
56 WILLIBALD SAUERLÄNDERS Kommentar zu seinem Aufsatz von 1975 trägt in der Wiederveröffentlichung im Sammelband Wilfried Lipps nicht von ungefähr den Titel *Ein Nachwort in Zweifel und Widerspruch*.
57 SAUERLÄNDER (wie Anm. 8), S. 118.
58 Ebd., S. 143.
59 GEORG MÖRSCH, *Zur Wertscala des aktuellen Denkmalbegriffs*, in: Deutsche Kunst und Denkmalpflege, 35, 1977, S. 188-192.
60 NORBERT WIBIRAL, in: Denkmalpflege in Österreich 1945-1979, Ausstellungskatalog Wien 1970, S. 33 ff.
61 WIBIRAL 1976 (wie Anm. 13), S. 174.
62 ERWIN THALHAMMER, *Ein neuer Denkmal-Begriff?*, in: Beiträge zur Kunstgeschichte und Denkmalpflege, Walter Frodl zum 65. Geburtstag gewidmet, Wien/Stuttgart 1975, S. 1-8, hier S. 6.
63 ERWIN THALHAMMER, *Brachte das Jahr des Denkmalschutzes 1975 einen neuen Denkmalbegriff?*, in: Österreichische Zeitschrift für Kunst und Denkmalpflege, 30, 1976, S. 4 f. Hierzu auch METSCHIES (wie Anm. 45), S. 227.
64 MÖRSCH (wie Anm. 6), S. 99-108.
65 Ebd., S. 99.
66 MÖRSCH (wie Anm. 59), S. 189.
67 THALHAMMER (wie Anm. 62), S. 5.
68 MÖRSCH (wie Anm. 6), S. 152.
69 GEORG MÖRSCH in seinem Kommentar 1993 zu seinem Aufsatz, *Zur Differenzierbarkeit des Denkmalbegriffs*, 1981, in: LIPP (wie Anm. 6), S. 166. Vgl. METSCHIES (wie Anm. 45), S. 237.
70 TILMANN BREUER, *Die Baudenkmäler und ihre Erfassung. Ausführliche Darstellung aus der Sicht des Kunsthistorikers*, in: August Gebeßler/Wolfgang Eberl (Hrsg.), Schutz und Pflege von Baudenkmälern in der Bundesrepublik Deutschland. Ein Handbuch, Köln 1980, S. 43. Vgl. METSCHIES (wie Anm. 45), S. 236.
71 SAUERLÄNDER (wie Anm. 8), S. 129.
72 LIPP, *Vorwort*, in: LIPP (wie Anm. 6), S. 9.
73 Ebd., S. 16.
74 SAUERLÄNDER, *Nachwort*, in: LIPP (wie Anm. 6), S. 144.
75 Ebd.

76 WOLFGANG WELSCH, *Tradition und Innovation in der Kunst. Philosophische Perspektiven der Postmoderne,* in: Zeitschrift für Ästhetik und allgemeine Kunstwissenschaft, 30, 1985, Heft 1, S. 79-100, hier S. 84. Sich selbst zitierend und paraphrasierend in: DERS., *Unsere Postmoderne,* Berlin 1993, S. 104 f.
77 Vgl. hierzu etwa DIETER LANGE, *Altstadt und Warenhaus. Über Denkmalpflege und Postmoderne,* in: Cord Meckseper/Harald Siebenmorgen (Hrsg.), Die alte Stadt: Denkmal oder Lebensraum?, Göttingen 1985, S. 157-183. – GEZA HAJOS, *Denkmalpflege und Postmoderne,* in: Dieter Bogner/Peter Müller (Hrsg.), Alte Bauten – Neue Kunst. Denkmalpflege und zeitgenössisches Kunstgeschehen, Symposionsbericht Schloß Buchberg am Kamp 1985, Wien 1985, S. 44-62, 118 f. – WILFRIED LIPP, *Denkmalpflege: Moderne-Postmoderne,* in: Kunsthistoriker, V, 1988, Nr. 3/4, S. 17-25.
78 LIPP, *Einleitung,* in: LIPP (wie Anm. 6), S. 24.
79 Ebd., S. 19 f.
80 Ebd., S. 20.
81 Ebd.
82 Vgl. WOLFGANG WELSCH, *Die Geburt der postmodernen Philosophie aus dem Geist der modernen Kunst,* in: Philosophisches Jahrbuch, 97/1, 1990, S. 15-37; wiederabgedruckt in: WOLFGANG WELSCH, Ästhetisches Denken, Stuttgart 1993, S. 79-113.
83 KLAUS LAERMANN, *Lancancan und Derridada. Über die Frankolatrie in den Kulturwissenschaften,* in: Kursbuch, 84, S. 34-43.
84 LIPP, in: LIPP/PETZET (wie Anm. 10), S. 11.
85 Ebd.
86 „Der Denkmalpflege in einer postmodernen Denkmalkultur stellt sich damit eine faszinierende, wenngleich nicht leichte Aufgabe ...", LIPP, ebd.
87 LIPP, ebd.
88 Diese Schreibweise als „Verstoß gegen eine Orthodoxie" gewissermaßen postmodern par exellence in Anlehnung an JACQUES DERRIDA, *La différance,* dt.: *Die différance,* in: Peter Engelmann (Hrsg.), Postmoderne und Dekonstruktion. Texte französischer Philosophen der Gegenwart, Stuttgart 1990, S. 76. Am Rande sei bemerkt, daß Derrida nicht auf Chladenius rekurriert, wenn er den graphischen Unterschied („das *a* an der Stelle des *e*") folgendermaßen erläutert: „Er läßt sich nicht vernehmen, und wir werden sehen, worin er gleichfalls die Ebene des Verstandes übersteigt. Durch ein stummes Zeichen, durch ein schweigendes Denkmal, ich werde sogar sagen, durch eine Pyramide macht er sich bemerkbar, womit ich nicht nur an die Gestalt des Buchstabens denke, als Majuskel gedruckt, sondern auch an jenen Text aus der Enzyklopädie von Hegel, wo der Körper des Zeichens mit der ägyptischen Pyramide verglichen wird. Das a der différance ist also nicht vernehmbar, es bleibt stumm, verschwiegen und diskret, wie ein Grabmal...", ebd. S. 77 f.
89 PETZET (wie Anm. 11), S. 544.
90 MÖRSCH, *Kommentar 1993,* in: LIPP (wie Anm. 6), S. 167. Vgl. jetzt auch die Kritik bei NORBERT HUSE, *Unbequeme Baudenkmale. Entsorgen? Schützen? Pflegen?,* München 1997, hier S. 10.
91 LIPP, *Einleitung* in: LIPP (wie Anm. 6), S. 24.
92 Ebd., S. 20.
93 BACHER (wie Anm. 40), S. 21.
94 WOLFGANG BRÖNNER, *Geschichte als Grundlage und Kategorie des heutigen Denkmalbegriffs,* in: Die Alte Stadt, 13, 1986, S. 286-294. – DERS., *Geschichte als Grundlage des heutigen Denkmalbegriffs,* in: Denkmalpflege im Rheinland, 1987, Heft 1, S. 1-8.
95 TILMANN BREUER, *Denkmälertopographie in der Bundesrepublik,* in: Eine Zukunft für unsere Vergangenheit. Denkmalschutz und Denkmalpflege in der Bundesrepublik Deutschland, München 1975, S. 141. – Vgl. METSCHIES (wie Anm. 45), S. 233.
96 BREUER (wie Anm. 70), S. 22.
97 SAUERLÄNDER (wie Anm. 8), S. 128: „Alle Werke von Oberbauräten des 19. Jahrhunderts als Dokumente der Kunst- und Architekturgeschichte zu archivieren wäre ein schwer vertretbares Anliegen und führte wirklich nur zur elephantiasisartigen Aufblähung eines im Gestern verhafteten Denkmalbegriffes."
98 SAUERLÄNDER (wie Anm. 8), S. 118.
99 MAGIRIUS (wie Anm. 38), S. 8.
100 SAUERLÄNDER, *Nachwort,* in: LIPP (wie Anm. 6), S. 146. Vgl. jetzt auch HUSE (wie Anm. 90), S. 98 ff.
101 Ebd., S. 147.
102 HERMANN LÜBBE, *Die Gegenwart der Vergangenheit. Kulturelle und politische Funktionen des historischen Bewußtseins,* Vorträge der Oldenburgischen Landschaft, Heft 14, Oldenburg 1985, S. 14. – DERS., *Der verkürzte Aufenthalt in der Gegenwart. Wandlungen des Geschichtsverständnisses,* in: Peter Kemper (Hrsg.), ‚Postmoderne' oder Der Kampf um die Zukunft, Frankfurt a.M. 1988, S. 145-164, hier S. 150 f. – Am Rande sei darauf hingewiesen, wie der Historiker Lübbe jüngst die Bemühungen der Denkmalpflege um ihre eigene Geschichtsschreibung und ihr Verhältnis zu ihrer eigenen Geschichte bewertet: „Selbstverständlich ist die Geschichte des Denkmalschutzes ihrerseits längst historisiert. In der Praxis des Denkmalschutzes bedeutet das, daß auch dieser selbstreferenziell geworden ist. Die Hervorbringung des Denkmalschutzes von gestern haben selber bereits Denkmalsrang gewonnen und werden in denkmalpflegerischer Absicht konserviert. Der Streit, ob man ruinierte oder unvollendet überkommene Bauwerke früherer Epochen restaurieren, nämlich wiederherstellen oder in Respekt vor ihrem ‚Ruinenwert' als Ruine konservieren solle, erhob sich bekanntlich schon vor fast einem Jahrhundert. Heute konservieren wir Restauriertes, und wir konservieren Restaurationsruinen desgleichen. ‚Das kann doch nicht immer so weitergehen' fällt dazu dem Laien ein, und in der Tat: Inzwischen sieht jedermann, daß das Gesamtresultat unserer expandierenden denkmalpflegerischen Bemühungen schlechterdings nicht mehr nach dem Muster gelungener Versuche beschrieben werden kann, komplementär zur Moderne Altes der Zeitgenossenschaft dieser Moderne als zu erhalten." HERMANN LÜBBE, *Die Modernität der Vergangenheitszuwendung,* in: Gunter Scholz (Hrsg.), Historismus am Ende des 20. Jahrhunderts, Berlin 1997, S. 146-154, hier: S. 148; siehe auch DERS., *Paradoxien des Denkmalschutzes,* in: Marc A. Nay (Hrsg.), Denkmalpflege und Tourismus, Bozen 1997, S. 281-288.
103 Vgl. oben Anm. 38.
104 Siehe Anm. 102.
105 WINFRIED SPEITKAMP, *Die Verwaltung der Geschichte. Denkmalpflege und Staat in Deutschland 1871-1933,* Kritische Geschichtswissenschaft, Bd. 114, Göttingen 1996.
106 Als eine der wenigen Arbeiten mit konkretem Bezug zum Konzept des kollektiven Gedächtnisses sei hier herausgegriffen: WOLFGANG SONNE, *Die Stadt und die Erinnerung,* in: Daidalos, 58 („Memoria"), 1995, S. 90-101. Den jetzt erschienenen Beitrag von URSULA KOCH, *Erinnern – eine Notwendigkeit,* in: Ingo Kowerik/Erika Schmidt/Birgitt Sigel (Hrsg.), Naturschutz und Denkmalpflege. Wege zu einem Dialog im Garten, Zürich 1998, S. 29-37 konnte ich noch nicht heranziehen; er korrespondiert jedoch mit den hier vorgestellten Intentionen.
107 Vgl. etwa LUTZ NIETHAMMER, *Die postmoderne Herausforderung. Geschichte als Gedächtnis im Zeitalter der Wissenschaft,* in: Wolfgang Küttler/Jörn Rüsen/Ernst Schulin, Geschichtsdiskurs I, Grundlagen und Methoden der Historiographiegeschichte, Frankfurt a.M. 1993, S. 31-49.
108 Paris 1925, deutsch: MAURICE HALBWACHS, *Das Gedächtnis und seine sozialen Bedingungen,* Berlin und Neuwied 1966, Frankfurt a.M. 1985
109 Der kulturwissenschaftliche Arbeitskreis „Archäologie der literarischen Kommunikation" und seine Umgebung haben in einer Reihe von Sammelpublikationen die Anwendung dieses kulturwissenschaftlichen Entwurfs erprobt: ALEIDA ASSMANN / JAN ASSMANN / CHRISTOF HARDMEIER (Hrsg.), Schrift und Gedächtnis, München 1983. – JAN ASSMANN/TONIO HÖLSCHER (Hrsg.), *Kultur und Gedächtnis,* Frankfurt a.M. 1988. – ALEIDA ASSMANN/DIETRICH HARTH (Hrsg.), *Mnemosyne, Formen und Funktionen der kulturellen Erinnerung,* Frankfurt a.M. 1991. Zu Fragen der Gedächtniskultur außerdem grundsätzlich: FRANCES A. YATES, *The Art of Memory,* London / Chicago 1966. – SIEGFRIED J. SCHMIDT (Hrsg.), *Gedächtnis, Probleme und Perspektiven der interdisziplinären Forschung,* Frankfurt a.M. 1991. – ANSELM HAVERKAMP / RENATE LACHMANN, *Gedächtniskunst. Raum – Bild – Schrift. Studien zur Mnemotechnik,* Frankfurt a.M. 1991.
110 JAN ASSMANN, *Kollektives Gedächtnis und kulturelle Identität,* in: ASSMANN/HÖLSCHER (wie Anm. 109), S. 9-19; bes. S. 12 f. – JAN ASSMANN, *Das kulturelle Gedächtnis. Schrift, Erinnerung und politische Identität in frühen Hochkulturen,* München 1992, bes. S. 35 ff.

111 ASSMANN (wie Anm. 16), S. 87-114.
112 Vgl. Hierzu jetzt auch die erweiterte Argumentation bei ALEIDA ASSMANN, *Fluchten aus der Geschichte: Die Wiederfindung von Tradition vom 18. bis zum 20. Jahrhundert,* in: Klaus E. Müller/Jörn Rüsen (Hrsg.), Historische Sinnbildung, Problemstellungen, Zeitkonzepte, Wahrnehmungshorizonte, Darstellungsstrategien, Reinbek 1997, S. 608-625.
113 JAN ASSMANN (wie Anm. 110), S. 34.
114 Ebd., S. 39.
115 Ebd., S. 40. – JAN ASSMANN, *Kollektives Gedächtnis und kulturelle Identität,* in: ASSMANN/HÖLSCHER (wie Anm. 109), S. 13.
116 „... Daraus geht hervor, daß das gesellschaftliche Denken wesentlich ein Gedächtnis ist, und daß dessen ganzer Inhalt nur aus kollektiven Erinnerungen besteht, daß aber nur diejenigen von ihnen und das an ihnen bleibt, was die Gesellschaft in jeder Epoche mit ihren gegenwärtigen Bezugsrahmen rekonstruieren kann." MAURICE HALBWACHS (wie Anm. 108), S. 390.
117 JAN ASSMANN (wie Anm. 110), S. 40. 1992.
118 JAN ASSMANN, in: ASSMANN/HÖLSCHER (wie Anm. 16), S. 15.
119 ALEIDA ASSMANN, *Kultur als Lebenswelt und Monument,* in: Aleida Assmann/Dietrich Harth (Hrsg.), Kultur als Lebenswelt und Monument, Frankfurt a. M. 1991, S. 11-25, hier S. 14.
120 Daß hier auch im Begrifflichen eine Koinzidenz vorliegt, zeigen Jan Assmanns Ausführungen zur altägyptischen Monumentalkultur: „Vor allem verweist schon das ägyptische Wort für Denkmal, das den gesamten Bereich der Monumentalkultur, von der Opferplatte bis zur Pyramide, von der Votivstatuette bis zum Tempel umfaßt, in aller Deutlichkeit auf die zugrundeliegende Idee. Das Wort *mnw,* das wir mit ‚Denkmal' übersetzen, ist abgeleitet von einem Stamm *mn,* der soviel wie ‚bleiben, fortdauern' bedeutet. Nach ägyptischem Verständnis ist das Monument etwas ‚Bleibendes', kraft dessen der Mensch der Vergänglichkeit zu entrinnen vermag..." ASSMANN (wie Anm. 16), S. 92 f.
121 Eine solche Interpretation wurde auch schon für andere Teile der Erinnerungskultur, beispielsweise die Historiographie vorgelegt. „In der Geschichtsschreibung wird das kulturelle Gedächtnis gewissermaßen institutionalisiert, und als institutionalisiertes fungiert es im Verarbeitungsprozeß nationaler Geschichte im Kontext von Gedächtnisritualen (Denkmalkult, Gedenktage, Jahrhundertfeiern) und Gedächtnisorten (Friedhöfe, Nationalmuseen), die eine Kultur sich einräumt. Krisen, Diskontinuitäten innerhalb einer Kultur lassen sich an der Problematisierung gerade des institutionalisierten Gedächtnisses ablesen." RENATE LACHMANN, *Kultursemiotischer Prospekt,* in: Anselm Haverkamp/Renate Lachmann (Hrsg.), Memoria. Vergessen und Erinnern, München 1993, S. XVII-XXVII, hier S. XXV. – Die Vorstellung eines kollektiven Gedächtnisses wird gegenwärtig deshalb besonders intensiv diskutiert, wenn historische Themen wie Historikerstreit, Holocaust, Nationaldenkmäler und Gedenkstätten für Opfer des Nationalsozialismus behandelt werden. Auf die aktuelle Diskussion, die derzeit in der Kontroverse um den Wettbewerb zum Holocaustdenkmal in Berlin kulminiert, kann hier nur verwiesen werden. Schließlich kann auch auf die Auseinandersetzung der zeitgenössischen Kunst mit der Thematik von Erinnerung und Gedächtnis, die beispielsweise auf der Documenta X großen Raum eingenommen hat, in diesem Zusammenhang nicht näher eingegangen werden. Vgl. hierzu auch CHRISTOPH HEINRICH, *Strategien des Erinnerns. Der veränderte Denkmalbegriff in der Kunst der achtziger Jahre,* München 1993.
122 Erst nach Abschluß des Manuskripts erschien 1998 GEORG MÖRSCHS Aufsatz *Denkmalbegriff und Denkmalwerte. Weiterdenken nach Riegl,* in: KOWERIK/SCHMIDT/SIGEL (wie Anm. 106), S. 89-110, der von einem anderen Blickwinkel zu ähnlichen Ergebnissen kommt.
123 HANS MAYER, *In den Ruinen des Jahrhunderts. Rede über Kulturschöpfung und Kulturzerstörung,* Frankfurt a. M. 1997, S. 24 (Erstveröffentlichung unter dem Titel *Kulturschöpfung, Kulturzerstörung,* in: Frankfurter Allgemeine Zeitung, Nr. 57 vom 8.3.1997).
124 Vgl. etwa WILLIBALD SAUERLÄNDER, *Der Kunsthistoriker angesichts des entlaufenen Kunstbegriffs. Zerfällt das Paradigma einer Disziplin?,* in: Jahrbuch des Zentralinstituts für Kunstgeschichte, Bd. 1, 1985, S. 375-399.
125 LUTZ NIETHAMMER, *Posthistoire. Ist die Geschichte zu Ende?,* Reinbek 1989.
126 ARNOLD GEHLEN, *Ende der Geschichte?,* in: Arnold Gehlen, Einblicke, Frankfurt a. M. 1975, S. 115-133, wiederabgedruckt in: Christoph Conrad/Martina Kessel (Hrsg.), Geschichte schreiben in der Postmoderne. Beiträge zur aktuellen Diskussion, Stuttgart 1994, S. 39-57.
127 HANS BELTING, *Das Ende der Kunstgeschichte?,* München 1983. – DERS., *Das Ende der Kunstgeschichte. Eine Revision nach zehn Jahren,* München 1995.
128 ANITA ALBUS, *Kleines ABC prominenter Ideen der modernen Art,* in: Kursbuch 122, 1995, S. 135-146, hier S. 145.
129 HANS BELTING, *Die Ungeduld mit dem Ende. Über zeitgemäße Ideen und zeitgenössische Kunstpraktiken,* in: Die ZEIT vom 3.10.1997.

Andrzej Tomaszewski

Denkmalpflege zwischen Kreativität und Wissenschaftlichkeit

Auf dem Apsismosaik in der Basilika S. Pudenziana in Rom vom Ende des 4. Jahrhunderts steht neben der Gestalt Christi die Inschrift: DOMINUS CONSERVATOR ECCLESIAE. Im 13. Jahrhundert findet sich in einem der Pariser scholastischen Traktate die Definition: CONSERVATIO EST AETERNA CREATIO.

Ohne Zweifel ist eine Tätigkeit im Bereich der Denkmalpflege, ob sie sich mit einem einzelnen Denkmal oder einer ganzen Kulturlandschaft beschäftigt, immer eine kreative Tätigkeit, die neue, zuvor nicht existierende kulturelle und räumliche Werte schafft. Sie ist folglich in unterschiedlichem Maße eine architektonische Kreativität.

Die Denkmalpflege hat wie alle Bereiche menschlicher Tätigkeit ihre eigene Geschichte, die den Gegenstand von Forschungen und wissenschaftlichen Untersuchungen darstellt. Wie läßt sie sich innerhalb der historischen Wissenschaften klassifizieren? Ich denke, in einer ersten Annäherung läßt sie sich im weiten Rahmen der Kulturgeschichte, bei genauerer Betrachtung jedoch im Rahmen der Architekturgeschichte einordnen. Seit ihren Anfängen im 19. Jahrhundert stellt die Geschichte der Denkmalpflege einen Abschnitt der Architekturgeschichte dar. Eine Beschäftigung mit ihr zeigt, mitunter zur Überraschung, welch bedeutenden Anteil sie an der Ausgestaltung der architektonischen Landschaft in den letzten beiden Jahrhunderten hatte und welch interessanten Dialog sie mit den aufeinanderfolgenden Strömungen innerhalb der sogenannten zeitgenössischen oder modernen Architektur führte. Zum besseren Verständnis dafür, wo wir heute stehen und wo wir uns morgen – gewollt oder ungewollt – finden werden, lohnt ein Blick zurück.

Erinnern wir uns zunächst daran, daß seit der Antike die Architektur als eine auf der Wissenschaft aufbauende Kunst – und damit als ein Feld künstlerischer Kreativität – angesehen wurde. Diese Überzeugung begleitete die Architektur nicht nur im Bezug auf technische Fragestellungen, die es galt wissenschaftlich zu erforschen und in die Praxis umzusetzen. Sie berührte auch den Kern der Architektur als Kunst – nämlich ihre Schönheit, die Schönheit der Formen und Proportionen. Es bestand die allgemeine und tiefe Überzeugung, daß sich die Schönheit auf dem Weg der wissenschaftlichen Beschäftigung, der theoretischen oder historischen Studien, finden und definieren läßt. Die historischen Studien beschäftigten sich mit den Werken der alter Meister und versuchten die Regeln ihrer Schönheit zu entdecken. Die Architekturtraktate von Vitruv bis zu den verschiedenen Theoretikern der Neuzeit waren wissenschaftliche Werke. Sie statteten die Architekten mit dem für die schöpferische Tätigkeit unerläßlichen Wissen aus.

Der Höhepunkt der Überzeugung vom wissenschaftlichen Charakter der architektonischen Kreativität fällt in das 19. Jahrhundert. Mit der Romantik wurde die Doktrin Johann Joachim Winckelmanns, die den Wert des objektiv Schönen nur der antiken Kunst und Architektur zuerkannte und gleichzeitig alle späteren Epochen ästhetisch verdammte, abgeschüttelt. Anschließend wurde dieser Wert der Architektur des Mittelalters und der Renaissance, später auch des Barocks und Rokokos und damit der gesamten damaligen Architekturgeschichte zugestanden. Das entstehende moderne Nationalbewußtsein suchte in den „barbarischen" Ländern eine eigene, nichtklassische kulturelle Identität. Daher stammte die Konzentration der Aufmerksamkeit auf das Mittelalter und die Suche in seiner Kunst nach den eigenen künstlerischen Wurzeln.

Bevor die Architektur- und Kunstgeschichte als Forschungs- und Lehrgebiet in Europa zu einer universitären Disziplin wurde, entstand und entwickelte sie sich in den Architekturfakultäten der Kunstakademien und der Technischen Hochschulen. Sie war dort eine angewandte Wissenschaft, die den Architekten bei ihrer Kreativität dienen sollte. Der damals herrschende Klassizismus, der von den Architekten lediglich die Kenntnis über die Formen und Regeln der antiken Architektur verlangte, ging in den Historismus über, der an alle späteren Entwicklungsphasen mit einer Vorliebe für das romanische und gotische Mittelalter anknüpfte. Dies verlangte eine rasche und umfassende Aufnahme von Untersuchungen zur Architektur dieser Stilepochen, die bis dahin ignoriert und unberührt blieben. Diese Untersuchungen wurden mit modernen Methoden und unter Benutzung moderner Meßinstrumente durchgeführt und bedienten sich eines reichen Katalogs von Forschungsfragen, der sowohl die Problematik der Formen und Proportionen als auch des Materials, der Statik, der Konstruktion sowie der Technik, Funktion und Symbolik umfaßten. Die Werke der historischen Architektur wurden vermessen sowie mit Grundrissen, Schnitten und Ansichten aber auch kleinsten Details zeichnerisch und textlich dokumentiert. Die Ergebnisse wurden schnell publiziert, sei es in der Form von Musterbüchern oder ganzen Traktaten und Nachschlagewerken, unter denen das mehrbändige „Le dictionaire raisonné ..." von Eugène Viollet-le-Duc ein unerreichtes Vorbild darstellt. Das neu gewonnene, moderne Wissen über die historische Architektur, das in den Architekturfakultäten erforscht und gelehrt wurde, wurde aufgenommen und sofort für die architektonische Tätigkeit genutzt. Dabei wurde alles auf eine Karte gesetzt. So sehr das Streben der früheren Architekten einer Annäherung an das Schönheitsideal der antiken Meister galt, war das Ziel nun ein Überbieten der mittelalterlichen Meister und das Erschaffen von vollendeten Werken dank der wissenschaftlichen Kenntnisse. Gerade aus diesem Grund konnten und sollten die neuromanische Kathedrale und die neugotische Burg eine perfekte

Synthese der mittelalterlichen Architektur darstellen, in denen mit wissenschaftlicher Genauigkeit die schönsten Formen und Proportionen „zitiert" wurden. Zahlreiche Quellentexte dieser Zeit zeigen, wie gewissenhaft und mit welcher Überzeugung seinerzeit die architektonische Kreativität als wissenschaftliche Tätigkeit behandelt wurde.

In der gleichen Zeit entstand ein neuer Bereich der Architektur. Heute trägt er die Bezeichnung Denkmalpflege, damals wurde er jedoch als „Restaurierung historischer Denkmäler" („la restauration des monuments historiques") bezeichnet. Die ästhetische Doktrin dieses neuen Bereichs – die Philosophie des Purismus, die die Rückführung der stilistischen Einheit im Sinne der ältesten Entwicklungsphase jedes restaurierten Werkes der historischen Architektur postulierte, war die Widerspiegelung der Vorstellungen, die in der „zeitgenössischen", das heißt historistischen Architektur herrschten. Die einen Architekten schöpften ideale, neue und stilistisch reine gotische Kirchen oder Burgen, während die anderen von den gotischen Kirchen und Burgen die neuzeitlichen Schichten entfernten und sie durch ideale neugotische Formen ersetzten. Ein gebildeter Architekt konnte mit gleichem Erfolg in beiden Bereichen tätig sein. Hier wie dort besaß seine schöpferische Tätigkeit einen wissenschaftlichen Charakter. Beidem gleichermaßen diente die Architekturgeschichte, die reichlich an den Architekturfakultäten gelehrt wurde. Diese Situation blieb ohne größere Veränderungen bis zum Beginn unseres Jahrhunderts erhalten.

Die moderne Denkmalpflegephilosophie wurde zusammen mit dem neuen Jahrhundert in Mitteleuropa geboren. 1903 gab Alois Riegl in Leipzig seinen „Denkmalkultus" heraus, zwei Jahre später fielen in Straßburg die bedeutsamen Worte Georg Dehios „konservieren, nicht restaurieren" und 1916 erschien in Wien die erste Ausgabe des „Katechismus der Denkmalpflege" von Max Dvořák. Alle drei genannten Autoren besaßen eine humanistische Ausbildung. In dieser Zeit begann sich unter den Kunsthistorikern die Gruppe der Denkmalpfleger herauszubilden, die eine humanistische Ausbildung und Betrachtungsweise besaß, die die Forschungs- und Dokumentationsmethoden sowie ein wissenschaftliches Herangehen an die Denkmalpflege beherrschte und die keine schöpferischen Ambitionen hegte. Nach annähernd einhundert Jahren läßt sich beurteilen, daß es dieser Gruppe trotz der unterschiedlichen Situation in den einzelnen Ländern nicht gelang, sich in ausreichendem Maße durchzusetzen.

Die neue, nicht minder radikale Philosophie der Denkmalpflege war eine scharfe Reaktion auf die Verwüstungen, die der im vorangegangenen Jahrhundert wütende Purismus im Denkmalbestand angerichtet hatte. Seine Verdammung gelang um so leichter, als sich die „barbarischen" Nationen Europas an den bereits im Geist der Stilreinheit restaurierten mittelalterlichen Kathedralen und Burgen sattgesehen hatten und der Historismus und Eklektizismus in der Architektur langsam vom Jugendstil verdrängt wurde. Darüber hinaus schufen die methodologischen Fortschritte der historischen Wissenschaften eine Wertschätzung für die materiellen Zeugnisse der Vergangenheit. Der Ruf nach einem „wissenschaftlichen" Charakter des Konservierens (und nicht des Restaurierens, das im 19. Jahrhundert ebenfalls einen jedoch unterschiedlichen „wissenschaftlichen Charakter" besaß), dessen Ziel die Erhaltung der Denkmale in ihrer integralen Gesamtheit und „Authentizität" als historische Quelle sein sollte, fiel auf fruchtbaren Boden. Sie besaß in Westeuropa eine tiefe kulturelle Begründung. Sie berief sich auf die christliche Tradition des Reliquienkultes, demgemäß ausschließlich die Authentizität der materiellen Substanz über die Authentizität des Denkmals entscheidet und der Mangel daran aus dem Denkmal ein Falsifikat macht. Die neue Denkmalpflegephilosophie zwang den am Denkmal tätigen Architekten zu einer asketischen Haltung: die Begrenzung und Unterordnung des schöpferischen Eingriffs unter die Idee der Erhaltung von historischer Substanz und Form. Dies war der gesamten Praxis der Restaurierung von Denkmalen im 19. Jahrhundert, der Mentalität der damaligen Architekten und ihrer beruflichen Ausbildung völlig entgegengesetzt. Dennoch wurde die neue Philosophie von der Architektenschaft formal anerkannt. Es entstand jedoch eine Konfrontation von Theorie und Praxis, die Diskussionen und Kontroversen aufwarf, wie beim Streit über den Wiederaufbau des Campanile bei San Marco in Venedig. Scheinheiligkeit herrschte vor. Trotz der Anerkennung der neuen Doktrin wurde im alten Geiste weitergehandelt, indem in die Denkmäler schöpferische Energie geladen wurde. Die Zerstörungen von Denkmälern während des Ersten Weltkriegs führte die neue Doktrin in eine kritische Situation und bot den Architekten beim Wiederaufbau die Gelegenheit zur schöpferischen Selbstverwirklichung.

Bald danach liefen die Wege der zeitgenössischen Architektur und der Denkmalpflege auseinander. Es vollzog sich die größte Revolution in der Architekturgeschichte, vergleichbar nur mit der „toute proportion gardée" beim Ausbruch der Gotik. Die sich aus dem Bauhaus entwickelnde moderne Architektur brach mit der zweitausendjährigen Tradition von Form und Technik und orientierte sich an neuen Materialien und Technologien sowie an funktionellen, ahistorischen Formen. Die Anhänger der Moderne, die programmatisch mit der Vergangenheit brach, besaßen jedoch eine gute Ausbildung im Bereich der Architekturgeschichte, die sie aus ihren Schulen mitbrachten. Wenngleich die Art der Vorlesungen lange traditionell blieb, änderte sich der Nutzungsumfang der erlernten Kenntnisse. Die Architekturgeschichte hörte auf, eine Musterkollektion von Formen zu sein und entwickelte sich zu einem Teil der humanistischen Allgemeinbildung der Architekten. Die Ablehnung historischer Formen durch die Architektur führte in der Zwischenkriegszeit innerhalb der Architektenschaft zur Herauslösung von „Architekten-Denkmalpflegern". Diese Gruppe verzichtete nicht auf ihre schöpferischen Ambitionen, näherte sich aber intellektuell dem humanistischen Umfeld der Historiker, Kunsthistoriker sowie Archäologen und erarbeitete gemeinsam mit ihnen die Methoden der Historischen Bauforschung, die der wissenschaftlichen Vorbereitung denkmalpflegerischer Planung und deren Durchführung dienten. Beim Versuch, auf dem Grund der verpflichtenden Doktrin zu bleiben, wurden jedoch ihre Einschränkungen, die aus den technischen Möglichkeiten und funktionellen Bedürfnissen resultierten, deutlich. Ein Denkmal der Architektur konnte nach der Durchführung denkmalpflegerischer Arbeiten nicht dasselbe sein wie zuvor. Unerläßlich war der Austausch technisch verbrauchter Elemente, die Modernisierung ihrer Infrastruktur und nicht selten die

Anpassung an eine moderne Nutzung. So entstand der unscharfe und bislang noch nicht definierte Begriff „denkmalpflegerischer Entwurf", in dem eine eigenartige Ästhetik der „Präsentation" zu Wort kommt. Seine Untersuchungen dienten weniger dem Erhalt und der Konservierung des Status quo als den subjektiven Entwurfsentscheidungen, die durch Selektion und Elimination zum Hervorzaubern einer szenographischen Vision der Vergangenheit im seit dem 19. Jahrhundert lebendigen neoromantischen Geiste führte.

Die Entwicklung der Moderne auf der einen Seite und der Denkmalpflege auf der anderen führte bald zu einer Kollision auf städtebaulicher Ebene. So sehr das Gefüge der Städte im Laufe der Jahrhunderte durch die nacheinander herrschenden, in der antiken Tradition verhafteten Stile harmonisch gewachsen war, so sehr schienen die eindringenden Gebäude des Modernismus Fremdkörper zu bleiben, die den Charakter und die Größenverhältnisse der Städte zerstörten. Die „Architekten-Denkmalpfleger" bemühten sich daher, die Tätigkeit ihrer „Modernisten-Kollegen" in den historischen Stadtteilen rechtlich einzuschränken.

Die tragischen Zerstörungen des letzten Krieges stellten zum zweiten Mal die denkmalpflegerische Doktrin, die sich dezidiert gegen einen Wiederaufbau aussprach, vor eine Feuerprobe. In einigen zerstörten Städten Europas wurde ihr Gehör geschenkt, indem der Wiederaufbau in modernen Formen durchgeführt wurde. In anderen Städten veranlaßte die Bindung an die Tradition und das moralische Recht die dramatische Entscheidung für den Wiederaufbau. In keinem europäischen Beispiel war dies ein getreuer Aufbau, sondern eine schöpferische, zeitgenössische Gestaltung auf historischen Grundlagen.

Die Phase des Wiederaufbaus verlief in den Staaten, die dem sowjetischen Machtbereich zugeordnet worden waren, parallel mit einer ideologischen Rückkehr zu historischen Formen in der Architektur. Die Architekturgeschichte kam in den Schulen wieder zu Ehre und sollte erneut zu einer Musterkollektion von Formen für die sozialistischen Siedlungen und Städte werden. Die Gefahr des Soziorealismus provozierte in Polen die Flucht vieler schöpferischer Architekten in die Bereiche der Architektur, in denen dessen Richtlinien nicht verpflichtend waren. Als 1949 die kommunistische Partei grünes Licht für den Wiederaufbau der Denkmale gab, unter anderem für die Altstadt in Warschau, wurden für viele von ihnen die „denkmalpflegerischen Entwürfe", die sich fintenreich unter den stalinistischen Slogan „national in der Form, sozialistisch im Inhalt" subsumieren ließen, zum Asyl. Ihre schöpferischen Ambitionen wurden später zur Grundlage für die Fließbandproduktion von Pseudodenkmalen, die jede denkmalpflegerische Fragestellung weit überschritten und ein Phänomen des Neohistorismus in der polnischen Architektur der 2. Hälfte des 20. Jahrhunderts darstellen, das eine genauere Untersuchung wert wäre.

Der soziorealistische Eklektizismus war eine lokale und nur kurze Zeit andauernde Erscheinung in Mittelosteuropa, und der große Wiederaufbau der Kriegszerstörungen betraf hauptsächlich die beiden benachbarten Staaten Deutschland und Polen. Das Westeuropa der Nachkriegszeit beschritt gemeinsam mit dem Rest der Welt den Weg der immer stärker uniform werdenden modernen Architektur, die aggressiv in die historischen Stadtteile und Kulturlandschaften eindrang. Die Abkehr von allem, das nach Vergangenheit roch, betraf ebenfalls die Lehrpläne für Architekturgeschichte. Insbesondere auf der Welle der Studentenrevolte Ende der sechziger Jahre gingen reihenweise die humanistischen Fächer verloren, da sie als bremsender Ballast für die freie Entfaltung der Kreativität angesehen wurden. Die Invasion des Modernen, häufig von schlechter Qualität, provozierte in vielen Ländern nostalgische Reaktionen und die Umwandlung der historischen Stadtzentren in romantische „Disneylands", in dem schöpferisch Verschönerungseingriffe erfolgten, die den denkmalpflegerischen Grundsätzen entgegenliefen.

Diese beiden scheinbar extremen Gegensätze näherten sich im letzten Viertel unseres Jahrhunderts einander an und begannen einen trotzigen Dialog. Die Postmoderne, die mit einem ironischen Augenzwinkern nach historischen Formen schielt und sie in programmatisch unlogischen Kompositionen nachahmt, trat den Nostalgien unserer Zeit entgegen. Sie ergab – auch für die Denkmalpflege – eine unerwartete Gelegenheit zur Schaffung eines architektonischen Umfelds, das ein schöpferisches Echo der historischen Entwicklung des architektonischen Gedankens darstellt, ohne die Notwendigkeit zur Flucht in die Produktion von Pseudodenkmalen oder „Disneylands". So sehr sich jedoch in den Arbeiten guter Architekten sogleich ihr Talent, ihre Kultur und ihr historisches Wissen erkennen läßt, so erschrecken ringsherum Monstren und Gespenster aus der Höllenbrunst – die Werke der Masse an von dieser Kultur völlig verlassenen „Schöpfern".

Im letzen halben Jahrhundert wurde die Denkmalpflege zu einer internationalen Bewegung, die zunehmend besser organisiert ist und systematisch ihr Gesichtsfeld und ihre Ambitionen zur Einflußnahme auf den gesamten Prozeß der Gestaltung der kulturellen Umgebung des Menschen erweitert: vom einzelnen Denkmal über Ensembles und Städte bis zur gesamten Kulturlandschaft. Es läßt sich fragen, ob es sich hierbei nicht um eine Usurpation handelt. Werden dem Gebiet der Denkmalpflege nicht ungerechtfertigterweise Erscheinungen, die ausschließlich der zeitgenössischen Kultur und insbesondere der zeitgenössischen Architektur angehören, einverleibt? Wo liegen die Grenzen der Denkmalpflege, die Rechte und die Pflichten des Denkmalpflegers? Eine Antwort darauf wird die Zeit bringen, wenngleich die fortschreitenden Umwertungen der Begriffe anscheinend die Richtung vorgibt. Die so lange verdammten puristischen Restaurierungen mittelalterlicher Werke der Architektur im 19. Jahrhundert befinden sich heute als wichtige Zeugnisse des vergangenen Jahrhunderts unter Denkmalschutz. Vor noch nicht allzu langer Zeit wollte das Weltkulturkomitee die Burg in Carcassonne unter dem Vorwurf des Mangels an Authentizität nicht akzeptieren. Die Altstadt in Warschau – die freie und der bis heute verpflichtenden Doktrin trotzende Kreation von „Architekten-Denkmalpflegern" – findet sich als Kulturgut unseres Jahrhunderts auf der Weltkulturliste. Neben den Produkten der schöpferischen Tätigkeit von Denkmalpflegern werden immer häufiger Werke der modernen Architektur im historischen Kontext, gegen die wegen des historischen und verderbenden Kontextes gewettert wurde, unter Schutz gestellt. Tempora mutantur ...

Der Dominus Conservator aus der Basilika S. Pudenziana soll die dauerhafte Existenz der Kirche schöpferisch garantieren. Die Konservatoren müssen alle Anstrengungen für den dauerhaften Schutz des gesamten kulturellen Umfelds unternehmen, ohne dabei zu vergessen, daß in der gleichen Weise, wie die vergangenen Epochen neue Werte beigesteuert haben, auch unsere eigene Epoche ein Recht dazu besitzt. Sie haben jedoch die Pflicht, sich allen brutalen Aggressionen entgegenzustellen. Conservatio est aeterna creatio nicht nur da, wo der Denkmalpfleger in ein Denkmal eingreift, sondern auch dort, wo er die harmonische Entwicklung des kulturellen Umfelds stimuliert. Dies ist sein Recht und seine moralische Verpflichtung der Zukunft gegenüber. Das Recht und die moralische Verpflichtung des Architekten dagegen ist das Einbringen von neuen und sich harmonisch einpassenden Werten in dieses Umfeld, die heute die Werke der zeitgenössischen Architektur sind und morgen von den Denkmalpflegern unter Schutz gestellt werden. Wenn wir so unsere Berufung verstehen, können wir zusammen unseren gemeinsamen Weg gehen.

(Übersetzung aus dem Polnischen von Lorenz Frank)

André Meyer

Geschichtsbewusstsein oder Kommerz: Vom Gebrauch und Missbrauch der Baudenkmäler

Artikel 5 der Charta von Venedig hebt die Bedeutung der Nutzung der Baudenkmäler als eine wichtige Rahmenbedingung für deren Erhaltung hervor.[1] Die vorsichtige Formulierung, daß die Erhaltung der Denkmäler durch eine der Gesellschaft nützliche Funktion wohl „begünstigt" wird, der Gebrauch des Denkmals daher „wünschenswert" sei, aber „Struktur und Gestalt der Denkmäler nicht verändern" dürfe, relativiert und schränkt die „Brauchbarkeit" des Denkmals zu Recht ein. Und dennoch hat, gerade in jüngster Zeit, dieser Artikel der Charta von Venedig zu einigen Mißverständnissen und Fehleinschätzungen im Umgang mit den Baudenkmälern geführt. Dabei ist unklar, ob die in diesem Zusammenhang entstandenen Widersprüchlichkeiten mehr auf die Frage nach der, wie auch immer gearteten „nützlichen Funktion" oder nach der des Gebrauchs der Denkmäler zurückzuführen, oder aber erst durch die unheilvolle Gleichsetzung von Funktion mit Brauchbarkeit und Brauchbarkeit mit wirtschaftlicher Rentabilität entstanden sind.

Wenn die Vorstellungen über den Gebrauch der Denkmäler zu Mißverständnissen und falschen Erwartungen Anlaß geben, oder gar als Grundvoraussetzung für deren Existenzrecht angesehen werden,[2] dann muß gefragt werden, ob das Argument der „Brauchbarkeit" richtig überdacht und für die Erhaltung der Denkmäler überhaupt zutreffend ist. Diese Frage stellt sich umso vordringlicher, als die im Mai 1996 auf Initiative des Europarates in Helsinki einberufene Ministerkonferenz den sozialen und wirtschaftlichen Aspekten der Denkmalerhaltung gewidmet war und damit den Gebrauch der Denkmäler u. a. ganz bewußt auch in einen wirtschaftlichen Zusammenhang gestellt hat. Die Gefahren, die sich aus einem einseitig wirtschaftlichen Verständnis des Gebrauchs für die Erhaltung der Denkmäler in der Praxis längst erwiesen haben, sollen uns umgekehrt nicht dazu verleiten, kommerzielle Aspekte der Denkmalerhaltung und Denkmalnutzung völlig von uns zu weisen. Ohne einer Kommerzialisierung der Denkmäler das Wort sprechen zu wollen, wird man heute im Zeitalter des Massen- und des Kulturtourismus nicht darum herum kommen, auch kommerzielle Aspekte in die Denkmalpolitik miteinzubeziehen.

Die volkswirtschaftliche Bedeutung der Denkmalerhaltung

Das Baudenkmal ist zunächst einmal, wie jedes andere, von der Gesellschaft und den historischen Wissenschaften nicht als Baudenkmal konstituiertes Bauwerk, Ressource, ein materieller Wert, der im Rahmen seiner materiellen Möglichkeiten genutzt und bewertet werden will. Als Teil der gebauten Umwelt und als Teil des öffentlichen und privaten Anlagevermögens steht das Baudenkmal vorerst einmal gleichwertig neben allen anderen Bauten. In der Schweiz betrug der Gebäudeversicherungswert aller Hochbauobjekte im Jahr 1994 rund 1 580 Mrd. Franken. Geht man von einem durchschnittlichen Gebäudevolumen von 1 100 m^3 und einem durchschnittlichen Gebäudewert von Fr. 500.– pro m^3 aus, so entspricht der Gebäudeversicherungswert einem Gebäudebestand von rund 2 873 000 Einheiten.[3] Gemäß einer Schätzung sind davon rund 10 % oder 287 000 Bauwerke von denkmalpflegerischem Interesse, was einem Anlagevermögen bzw. einem Wiederbeschaffungswert von 158 Mrd. Franken entspricht.[4] Um eine bleibende Werterhaltung sicherstellen zu können, rechnet man mit durchschnittlichen jährlichen Investitionen von 1,3 % des Gebäudewertes. Auf den geschätzten Anlagewert von 158 Mrd. Franken bezogen und unter Berücksichtigung eines durchschnittlichen Gebäudevolumens von 1 100 m^3, ergibt sich allein für die denkmalpflegerisch relevanten Bauten ein durchschnittliches jährliches Investitionsvolumen von über 2 Mrd. Franken. Die baulichen Unterhaltskosten beziffern indessen nur einen Teil der volkswirtschaftlichen Bedeutung der Denkmalerhaltung. In Rechnung gestellt werden müßten weiter auch Aufwendungen für Kapitaldienst- und Betriebskosten.

Auch wenn sich solche Berechnungsmodelle nicht ohne weiteres generalisieren und unbesehen auf die Verhältnisse in anderen Ländern übertragen lassen, so weisen sie doch auf den nicht unerheblichen volkswirtschaftlichen Faktor, der den Baudenkmälern und ihrer Erhaltung allein in Bezug auf die Bauwirtschaft zukommt. Zählt man weiter ihre Bedeutung für den Tourismus, für Werbung und "selling-identity" hinzu, so wird der große Stellenwert der Baudenkmäler in volks- und regionalwirtschaftlicher Sicht augenfällig. Ihr Anteil am Volksvermögen und an der Volkswirtschaft machen sie deshalb nicht nur zum festen Bestandteil des wirtschaftlichen Prozesses, sondern unterstellen sie auch grundsätzlich der Funktionsweise unseres liberalen marktwirtschaftlichen Systems. Man wird daher gut tun, in die Diskussion über die Baudenkmäler und über gezielte Erhaltungsstrategien immer auch Überlegungen zu den Produktions- und Kostenfunktionen sowie zu den elementaren Marktstrukturen miteinzubeziehen.

Die Konstituierung eines Bauwerks zum historischen Denkmal hat auf seine Materialität, d. h. auf die Tatsache, daß es als gebautes Artefakt zunächst einmal auch eine praktische und wirtschaftliche Bedeutung besitzt keinen unmittelbaren Einfluß. Gebrauch und Rentabilität stehen daher in keinem inneren Widerspruch zum Begriff des Baudenkmals. Tatsächlich haben Denkmäler immer wieder mit Erfolg neben ihrer historischen Bedeutung auch ihre wirtschaftliche Brauchbarkeit unter Beweis stellen können. Allerdings, die Gebrauchs- und Konsumkompatibilität der Baudenkmäler wurde freilich immer wieder auch bis zum ausbeutenden Verbrauch strapaziert; dies, weil man allzu rasch bereit war zu übersehen, daß

„Gebrauch" und „Rentabilität" auch in Konkurrenz zu den denkmalpflegerischen Erhaltungsstrategien und – Bemühungen treten können.

Die marktwirtschaftliche Bedeutung der Denkmalerhaltung

Neben der volkswirtschaftlichen kommt den Baudenkmälern, wie jedem anderen Hochbau auch eine marktwirtschaftliche Bedeutung zu. Diese bemißt sich nach schweizerischem Recht nach den allgemeinen Grundsätzen der Verkehrswertschatzung (Realwert- und Ertragswertschatzung) und ist abhängig von der freien Verfüg- und Nutzbarkeit von Liegenschaft und Grundstück. Hier gilt es einer immer wieder gehörten Einwendung energisch entgegenzutreten: Eigentumsbeschränkende Maßnahmen zugunsten der Denkmalerhaltung können zwar ausnahmsweise, müssen aber nicht in jedem Fall zu einer Wertverminderung der Liegenschaft führen. Eine Wertverminderung liegt insbesondere nur dann vor, wenn der Eigentümer eines Baudenkmals in seiner bisherigen oder einer voraussehbaren künftigen Nutzung eingeschränkt wird, weil ihm eine wesentliche, aus dem Eigentum zustehende Befugnis entzogen wird. Es gibt unter dem Titel des Denkmalschutzes kaum eigentumsbeschränkende Maßnahmen, welche die bisherige Nutzung des Baudenkmals derart einschränken, daß der Tatbestand der Wertverminderung in dem Maße gegeben ist, daß erfolgreich auf Entschädigungsansprüche geklagt werden könnte. In der Kompetenz der Denkmalpflegebehörden liegt in aller Regel nämlich nur, das Baudenkmal vor der Zerstörung und vor Beeinträchtigungen, nicht aber von einer angestammten Nutzung zu bewahren. Wo demnach keine Entschädigungsansprüche infolge eigentumsbeschränkenden Maßnahmen zugunsten der Denkmalerhaltung geltend gemacht werden können, liegt in aller Regel auch keine Wertverminderung vor. Der eben gezogene Schluß deckt sich weitgehend mit den Ergebnissen einer Studie, die den Verkehrswert unter Schutz gestellter Denkmäler mit demjenigen vergleichbarer, nicht geschützter Bauten zum Gegenstand hat und keine auf die Unterschutzstellung zurückgehenden Verkehrswerteinbußen feststellen konnte.[5] Ganz im Gegenteil kann man feststellen, daß vor allem in historischen Siedlungskernen denkmalgeschützte Bauten vielfach einen marktwirtschaftlichen Mehrwert gegenüber anderen Bauten aufweisen. Dieser resultiert u. a. aus Standortvorteilen und aus der Attraktivität historischer Baukonstruktionen.

Natürlich zeigt sich der marktwirtschaftliche Mehrwert und das marktwirtschaftliche Potential, das Baudenkmäler besitzen können, besonders ausgeprägt in Verbindung zum Tourismus. Wie die zum Thema „Historische Hotels erhalten und betreiben" 1995 in Luzern durchgeführte Tagung zeigte, vermitteln die Baudenkmäler, hier die historischen Hotelbauten, Authentizität und Atmosphäre. Sie stehen in einem echten Kontrast zum Alltag, beinhalten somit einen zentralen Teil des Ferienerlebnisses und besitzen allein schon deshalb für den Tourismus echte „Unique Selling Propositions". Kulturgenuß und Kulturerlebnis, sind derzeit expandierende Bereiche in der modernen Touristikbranche. Über den reinen Ertrags- und Realwert hinaus wird man den Baudenkmälern demnach auch ideelle Werte beimessen müssen, die richtig eingesetzt, marktwirtschaftliche Bedeutung besitzen und ebenfalls in die Kostenrechnung miteinbezogen sein wollen. Erst wenn alle Faktoren, der Identitäts- und Erlebniswert, die kostbaren Baumaterialien, die künstlerische Gestaltung, die langlebigen Baustoffe, die guten Instandsetzungsmöglichkeiten, die direkten und indirekten Nutzungsmöglichkeiten für die Tourismusbranche, die Bedeutung im Orts- und Landschaftsbild, der erhöhte Wohnwert und der Liebhaberwert qualifiziert und marktwirtschaftlich quantifiziert werden, wird deutlich, daß Baudenkmäler über ein marktwirtschaftliches Potential verfügen, das einen möglichen baulichen und betrieblichen Mehraufwand mehr als nur wett macht.

Der Gebrauch der Denkmäler

Die Geschichte der Baudenkmäler zeigt, daß sie nicht nur im Zusammenhang der Kunst- und Architekturgeschichte entstanden sind, sondern ihre Existenz einem weit darüber hinausreichenden gesellschafts- und wirtschaftspolitischen Beziehungsgefüge verdanken. Auch wenn das Baudenkmal im Schutze der Denkmalpflege heute eine mehr oder weniger autonome historische Existenz genießt, hat es von seinem Wesen her seine gesellschafts- und wirtschaftspolitische Dimension nie ganz verloren. Der Widerspruch zwischen der Position der ungeschmälerten Erhaltung des durch die Wissenschaft begründeten historischen Wertes und der dem Denkmal ebenso innewohnenden gesellschafts- und wirtschaftspolitischen Dynamik, die bekanntermaßen zu Veränderungen drängt, hat Ernst Bacher mit Denkmalpflege und Denkmalpolitik umschrieben.[6] Beide bilden ein Ganzes und sind im dialektischen Widerspruch, „den der Begriff des Denkmals und dessen Geschichtlichkeit vorgeben", begründet. Die Nutzung der Baudenkmäler steht deshalb nicht ohne Grund nicht nur am Anfang jeglicher volks- oder marktwirtschaftlichen Wertanalyse des Denkmals sondern auch der Erhaltungsstrategien. Baudenkmäler lassen sich, wie die Erfahrung zeigt, insbesondere dann sinnvoll erhalten, wenn sie auch sinnvoll gebraucht werden können.

Auf die Wichtigkeit, dem Baudenkmal seinen angestammten Gebrauchswert zu erhalten, hat schon Alois Riegl, wenn auch in anderem Zusammenhang, hingewiesen. Und auch die moderne Denkmalschutzgesetzgebung anerkennt und unterstützt grundsätzlich die Bedeutung des Gebrauchs der Denkmäler, allerdings mit der Einschränkung, daß diese mit den Zielsetzungen der Denkmalerhaltung vereinbar ist. Diese Einschränkung ist wichtig, weil sie den Erhaltungsauftrag der Denkmalpflege unterstreicht und das Existenzrecht des Denkmals nicht allein von der Frage der Gebrauchsfähigkeit und der Nutzungsmöglichkeit abhängig macht. Auch wenn wir Denkmalpfleger immer wieder an der Systemkonformität der Denkmäler gearbeitet und ihre vielfältige Nutzbarkeit erfolgreich unter Beweis gestellt und dadurch vielfach die Denkmalpolitik über die Denkmalerhaltung gestellt haben und wenn die Denkmäler in der Folge neben ihrer historischen Bedeutung immer auch wieder ihre ästhetischen, emotionalen, praktischen und wirtschaftlichen Werte bewiesen haben, so kann und darf die Gebrauchsfähigkeit des Denkmals sowenig wie seine Integrationsfähigkeit in alle vielseitigen

Bedürfnisse der Gesellschaft nicht ausschließliche Voraussetzung für seine Erhaltung sein.

Wenn der Gebrauch der Denkmäler und ihre Integration in den volks- und marktwirtschaftlichen Prozeß sich aus dem dialektischen Widerspruch des Denkmalbegriffes herleiten lassen, so haben wir uns zu fragen, unter welchen Voraussetzungen und auf welchen Grundlagen sich diese gesellschafts- und wirtschaftspolitischen Aspekte mit den Ansprüchen nach einem ganzheitlichen Schutzverhalten vereinbaren lassen.

Die Probleme im Umgang mit dem Baudenkmal sind in der Tat sehr häufig und sehr eng mit der Frage des Gebrauchs verbunden. Dabei fällt weniger die fehlende als die falsche, weil dem Baudenkmal nicht angepaßte, Nutzung ins Gewicht. Es sind tatsächlich wenige Baudenkmäler, deren Abbruch wir als Folge fehlender Nutzungsmöglichkeiten zu beklagen haben; groß und unübersehbar aber ist die Zahl jener Denkmäler, die durch falsche Nutzung verfremdet oder teilzerstört worden sind. Es ist dies ein gesamteuropäisches Problem, das auf der Fehleinschätzung des Gebrauchswertes und einer letztlich falschen Bilanzierung der dem Denkmal innewohnenden ideellen Werte beruht. Der Glaube, mehr Nutzung und erhöhter Komfort erbringe a priori mehr Rendite, erweist sich, rechnet man die damit verbundenen, überproportional wachsenden Folge- und Betriebskosten hinzu, als folgenschwerer Überlegungsfehler. So verschlingt nach heutigen Berechnungen ein Bürogebäude je nach technischem Standard bis zu 30 % der Bauausgaben an jährlich wiederkehrenden Betriebskosten. Nicht anders präsentieren sich die Folgekosten der luxusrestaurierten, in neuem Glanz und neuer Nutzung erstrahlenden Baudenkmäler. Verteilt über viele Konti belasten Kapitalzinsen, baulicher Unterhalt, Energiekosten, Wasserverbrauch, Serviceverträge, Abwartslöhne und Reinigungsdienste die Budgets unverhältnismäßig stark. Man weiß heute, daß sich in der Regel der Ausbau des Dachstockes zu Wohnzwecken weder kurz- noch mittelfristig selbsttragend finanzieren läßt. Und doch erleben wir noch heute kaum eine Restaurierung, bei der nicht das Dach entgegen allen bauphysikalischen Überlegungen isoliert und zu Wohnzwecken aus- und umgebaut wird.

Nach Abschluß einer „geglückten" Restaurierung erfährt die Öffentlichkeit meist ausführlich den Betrag, der für die Instandsetzung des Gebäudes aufgebracht werden mußte. Nichts, weil nicht vorhanden, wird über die höheren Betriebs- und Folgekosten orientiert, so wie auch im Vorfeld zu einer Restaurierung kaum je markt- und betriebswirtschaftliche Berechnungen und Rentabilitätsvergleiche zwischen einer behutsamen Instand*haltung* und der meist aufwendigen Instand*setzung* angestellt werden. Zum „richtigen" Umgang mit dem Denkmal gehören aber auch Überlegungen zur wirtschaftlichen Rentabilität und zur langfristigen Bilanzierung. Wo diese umfassend, d. h. unter Einbezug aller Werte (auch der ideellen) erfolgt, wird man feststellen, daß der schonende Umgang, der dem Denkmal seine sanfte Veränderbarkeit und Instandhaltbarkeit weiterhin bewahrt, in aller Regel in markt- und betriebswirtschaftlicher Hinsicht besser abschließt als eine Total- und Luxussanierung. Man wird in Zukunft seitens des Eigentümers und der Denkmalpflege genauer zu untersuchen und zu berechnen haben, ob es sich tatsächlich lohnt, bestehende Baustrukturen und Grundrisse

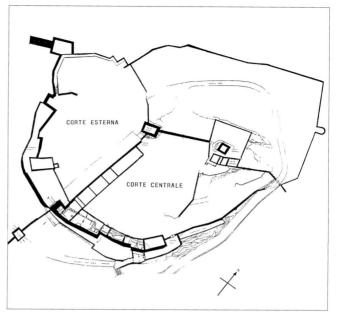

Abb. 1. Bellinzona, Castel' Grande, Grundriß; Zustand vor der Umgestaltung

zu verändern, um zusätzliche Nutzungen zu ermöglichen und um vermeintlich höhere Renditen erzielen zu können.

GEBRAUCH UND MISSBRAUCH DER BAUDENKMÄLER

Die Tatsache, daß Baudenkmäler genutzt werden können und ihnen damit ein praktischer und auch ein marktwirtschaftlicher Wert zukommt, ist Grund dafür, daß sie immer wieder Gefahr laufen nicht nur gebraucht, sondern auch ver- und mißbraucht zu werden.

Abb. 2. Bellinzona, Castel' Grande, Grundriß; Zustand nach der Umgestaltung. Man beachte vor allem die veränderte Grundrißgeometrie des Corte Centrale mit dem neuen Zugang (vgl. Abb. 3), der neuen Flügelmauer und dem Liftaufbau

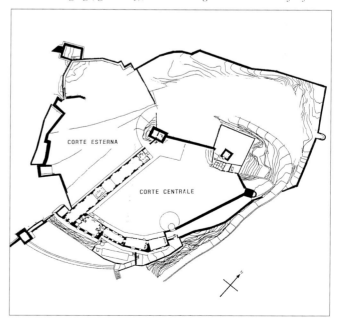

Wir können den *Gebrauch* des Denkmals als seine gesellschafts- und wirtschaftspolitische Einbindung und die *Erhaltung* seiner historischen Existenz als deren Einbindung in die von der Wissenschaft eingegrenzte Entwicklungsgeschichte ansehen. Dem einen entspricht ein praktisch-kommerzieller, dem anderen ein wissenschaftlich-historischer Wert. Der praktisch-kommerzielle Wert drängt nach Veränderungen, nach gestaltender Intervention am Denkmal, der wissenschaftlich-historische nach Bewahrung und Konservierung. Beide Positionen markieren unseren Umgang mit dem Baudenkmal im guten wie im schlechten Sinne und beide Aspekte sind Teil des denkmalpflegerischen Auftrages. Und wenn Denkmalpflege, wie August Gebeßler sich ausdrückte, „ihrem Wesen nach immer zuerst eine Verhaltensweise zur Geschichte" darstellt,[7] so liegt es auf der Hand, daß nicht nur die Auffassung über die Bedeutung des Denkmals immer wieder neu hinterfragt werden will, sondern und vor allem auch seine Einbindung in das aktuelle gesellschafts- und wirtschaftspolitische Beziehungsgefüge.

Dafür daß die Erhaltung und der Gebrauch der Baudenkmäler in einer Zeit der postmodernen gesellschaftlichen Pluralität nicht nur entsprechend kontrovers diskutiert sondern auch polarisiert wird, sind u. a. die Restaurierungs- und Revitalisierungsmaßnahmen am Castel' Grande in Bellinzona ein illustratives Beispiel. Castel' Grande ist die mittlere und älteste der drei, zu einer ausgedehnten Talsperre gehörenden Burganlagen im Kanton Tessin, die zusammen zu den eindrücklichsten Beispielen eines mittelalterlichen Wehrsystems in der Schweiz gehören und für die mittelalterliche Wehrarchitektur weit über unsere Grenzen hinaus bedeutend ist. Von der mittelalterlichen Burg, welche mit einem System von Mauern und Vorwerken, die insgesamt fünf Wehrabschnitte aufweisen, noch heute den ganzen Hügel umschließt, haben sich zwei mächtige Bergfriede („torre bianca" und „torre nera") eine teilweise 1954 rekonstruierte Schildmauer mit Wehrgang und Zinnenkranz sowie im großen Hof eine Reihe spätmittelalterlicher Wohngebäude und das 1881 erbaute kantonale Zeughaus erhalten. Die hoch über der Stadt gelegene Burganlage wurde 1883 zwar mit einer spiralförmigen Fahrstraße, welche die Zwingmauern zweimal durchbrach, erschlossen, blieb aber wenig begangen. Angeregt durch eine private Stiftung, die der Stadt eine Spende in mehrfacher Millionenhöhe zusicherte, begann ab 1983 unter der Leitung des Architekten Aurelio Galfetti ein umfassendes Restaurierungs- und Revitalisierungskonzept zu reifen, das die touristische Erschließung des Denkmals zum Ziele hatte. Hierzu gehörten u. a. eine neuer vertikaler Zugang, der die Burg mit einem in den Felsen gehauenen Lift direkt mit der Stadt verbindet, die Umgestaltung des Burghügels zu einem Stadtpark, die Unterkellerung des ehem. kantonalen Zeughauses und die Auskernung der mittelalterlichen Wohngebäude für einen Empfangssaal und für Erschließungs- und Museumszwecke, die Errichtung eines Restaurants und eines Vortrags- und Ausstellungssaales. Angesichts des öffentlichen Interesses, des massiven politischen und wirtschaftlichen Druckes, unter welchem auch die öffentlichen Entscheidungsträger standen, und in Anbetracht alternativer Nutzungsmodelle wurde der denkmalpflegerische Erhaltungsauftrag soweit in den Hintergrund gerückt, daß nicht nur der Anteil der für den neuen Gebrauch des Denkmals notwendigen architektonischen Eingriffe, sondern das Denkmal als Ganzes zwangsläufig zur Selbstdarstellung werden mußte. Darauf weist nicht nur der vom ausführenden Architekten für das Castel' Grande erhobene Leitsatz „conservare uguale trasformazione" (Erhalten = Verwandeln), sondern auch seine architektonische Zielsetzung, „es ist die Veränderung, die das Erhalten ermöglicht" und der Wille nach Selbstdarstellung „Eine Festung zu erhalten, ergibt", so Aurelio Galfetti über sein Restaurierungskonzept, „nicht sehr viel Sinn. Sie zu verändern kann hingegen bedeuten, daß das Leben fort schreitet, daß seine Qualität zunimmt, daß sie sich durch die Verbesserung der Qualität des Raumes positiv entwickelt (...) Aus einer Verteidigungseinrichtung habe ich eine Erholungs- und Vergnügungsstätte gemacht."[8]

Wenn immer aber die gesellschafts- und wirtschaftspolitischen Aspekte gegenüber dem Erhaltungsauftrag der Denkmalpflege in dem Ausmaße Vorrang haben, daß sie die historische Existenz und den wissenschaftlichen Wert des Denkmals gefährden, ist auch die Grenze vom legitimen Gebrauch zum Mißbrauch des Denkmals überschritten. In diesem Zusammenhang sind auch die fragwürdigen Versuche zu werten, die alle mehr oder weniger offen darauf zielen, das Denkmal nicht nur unter den Bedingungen, sondern auch für die Bedingungen der „Massengesellschaft" neu zu definieren und sozusagen als „Offerte an alle"[9] zu popularisieren. Der Gedanke ist nicht neu. Schon 1903 hat Alois Riegl in seiner Programmschrift „Der moderne Denkmalkultus, sein Wesen und seine Entstehung"[10] den Versuch unternommen, den Begriff des Denkmals aus seiner starren Norm des Geschichtlichen herauszulösen und dem Bildungsideal des 19. Jahrhunderts zu entziehen. Mit der Einführung des „Alterswertes" hat er eine Wert- und Bewertungskategorie eingeführt, die erlauben sollte, das Denkmal rein intuitiv und ohne besondere Fachkenntnisse als solches zu erkennen und einer breiten Bevölkerungsschicht zu erschließen helfen. Riegls denkmaltheoretische Auffassung nur oder gar ausschließlich auf den Alterswert einschränken zu wollen, wäre ebenso falsch, wie behaupten zu wollen, Riegl hätte die wissenschaftlichen Werte des Denkmals völlig zugunsten seines Alterswertes negiert. Und doch erkennt man heute, daß Riegls Ansatz, Stimmung

Abb. 3. Bellinzona, Castel' Grande; der neue Zugang mit Liftaufbau und Flügelmauer; ganz links die alte Umfassungsmauer mit Zinnenbekrönung

Abb. 4. Bellinzona, Castel' Grande, der Corte Centrale; Zustand vor der Umgestaltung

und Erlebnis als Wirkpotential zur Erhaltung der historischen Materialität und Authentizität nutzbar zu machen, Bedeutung besitzt und gerade in öffentlichen Auseinandersetzungen die wissenschaftlichen, historischen und künstlerischen Werte, wie sie in der Gesetzgebung genannt und für die Denkmalpraxis relevant sind, in den Hintergrund zu drängen droht. Einen Höhepunkt dieser Entwicklung markierte 1975 das Europäische Denkmalschutzjahr, das unter dem Motto „Eine Zukunft für unsere Vergangenheit" dem Denkmalschutzgedanken zwar auf breiter Front zu einem wahrhaften Durchbruch verhalf, umgekehrt aber im Zuge dieser Sensibilisierungskampagne das Denkmalverständnis auf eine Weise popularisierte, die vergessen macht, daß die Existenz des Denkmals in seiner authentischen, materiellen geschichtlichen Substanz und nicht in einer beliebig wiederholbaren Form begründet liegt. Die Gefahr, die sich hier für den Bestand der Denkmäler längst praktisch bewiesen hat, sind Verfremdung und Teilzerstörung, Banalisierung und Mißbrauch des Denkmals durch falsche Nutzung und falschen Gebrauch, durch Aushöhlung und Unterhöhlung. Jüngste Versuche, das Denkmal vermehrt der Massengesellschaft und dem Massentourismus zu erschließen laufen ebenso Gefahr der Übergewichtung von gesellschafts- und wirtschaftspolitischen Aspekten. Dies aber öffnet nicht nur dem Gebrauch, sondern dem Mißbrauch des Denkmals Tür und Tor. Nicht die Erhaltung der historischen Substanz bildet hier nämlich die Grundlage für die Erhaltungsmotivation, sondern das rein kommerzielle Interesse am Gebrauch und Verbrauch des Denkmals. Wo aber die Gebrauchsfähigkeit und der Gebrauchswert über alle anderen Werte des Denkmals gesetzt werden, sind die Voraussetzungen weder für die Denkmalerhaltung noch für den sorgfältigen Umgang mit dem Denkmal gegeben.

Abb. 5. Bellinzona, Castel' Grande, der Corte Centrale; Zustand nach der Umgestaltung (Photomontage)

Denkmalpflege ist Denkmalerhaltung

Wenn wir gesehen haben, daß dem Denkmal neben seiner historischen Existenz, seiner einmaligen geschichtlichen Substanz und seinen wissenschaftlichen und künstlerischen Werten auch gesellschafts- und wirtschaftspolitische Aspekte zuzuordnen sind, und daß dem Denkmal seinem Wesen nach der dialektische Widerspruch zwischen Erhaltung und Veränderung innewohnt, ihm also so etwas wie ein transitorischer Charakter eigen ist, so kann sich der denkmalpflegerische Auftrag nicht auf das eine oder andere beschränken, sondern will umfassend sein und klare Zielvorstellungen nicht nur über die Erhaltung, sondern auch über die Veränderbarkeit (den Gebrauch) des Denkmals formulieren. In diesem Sinne verlangt die Denkmalpflege nicht nach einer grundsätzlichen Neuorientierung, wohl aber nach Offenheit und einer qualitativen Neubestimmung ihrer Aufgaben und Ziele. Es ist keine Frage, daß sich diese nicht an den kurzfristigen Bedürfnissen der Gesellschaft und nicht am Gebrauch des Denkmals, sondern einzig an den Funktionen und Möglichkeiten der Denkmale in der Gesellschaft zu orientieren hat. In diesem Zusammenhang sind nicht die Ausweitung der denkmalpflegerischen Tätigkeit auf die Gesamtheit des Vorhandenen, sondern die Abgrenzung des historisch begründeten Denkmals vom übrigen Baubestand, nicht die Erarbeitung neuer architektonischer Konzepte, sondern die Bereitstellung bauhistorischer Grundlagen, nicht die Integrationsfähigkeit der Denkmäler in jede Form des wirtschaftlichen Lebens, sondern die Instandhaltbarkeit und die Erhaltung der künftigen Veränderbarkeit und nicht die Gesamtverantwortung am Planungsprozeß, sondern die Abgrenzung der denkmalspezifischen Aufgaben neu zu umschreiben. Zu einer qualitativen Neubestimmung des denkmalpflegerischen Auftrags gehört demnach auch die Quantifizierung und Qualifizierung der am Denkmal tolerierbaren Eingriffe. Grundlage hierzu ist der allem übergeordnete Erhaltungsauftrag der Denkmalpflege, die in den Denkmälern materialisierte Geschichte lebendig und erfahrbar zu erhalten. Es kann nicht gleichgültig sein, warum und wozu erhalten und restauriert wird, denn immer spielt das Verhältnis der Gesellschaft zu ihren Denkmälern und ihrer Geschichte mit; ebenso entscheidend aber ist, wie erhalten wird, weil nur das in seiner historischen Substanz erhaltene Denkmal die Voraussetzungen für immer wieder neue Fragen an die Geschichte erlaubt.

Anmerkungen

1 Artikel 5 lautet: „Die Erhaltung der Denkmäler wird immer begünstigt durch eine der Gesellschaft nützliche Funktion. Ein solcher Gebrauch ist daher wünschenswert, darf aber Struktur und Gestalt der Denkmäler nicht verändern. Nur innerhalb dieser Grenzen können durch die Entwicklung gesellschaftlicher Ansprüche und durch Nutzungsänderungen bedingte Eingriffe geplant und bewilligt werden." Vgl. hierzu auch: MICHAEL PETZET, *Grundsätze der Denkmalpflege*, München 1992, bes. S. 9 und 46.
2 HEINZ HORAT, *Die Denkmalpflege und der Umgang mit dem Vorhandenen*, in: Neue Zürcher Zeitung, Nr. 176, 30./31. Juli 1994, S. 53.
3 BEAT JORDI, *Bauboom als unbezahlbare Hypothek*, in: Neue Luzerner Zeitung, Nr. 300, 28.12.1996, S. 39.
4 Vgl. hierzu auch: NIKE (Hrsg.), *Die volkswirtschaftliche Bedeutung der Denkmalpflege in der Schweiz*, Bern 1991.
5 M. E. HODEL, *Zur Wertentwicklung altüberbauter Grundstücke mit Erneuerungsinvestitionen in Zürcher Ortschaften unter Schutzverordnungen*, in: Zentralblatt für Staats- und Gemeindeverwaltung, 1975, bes. S. 49 ff.
6 ERNST BACHER, *Denkmalpflege und Denkmalpolitik*, in: Vom modernen zum postmodernen Denkmalkultus? Denkmalpflege am Ende des 20. Jahrhunderts, Arbeitshefte des Bayerischen Landesamtes für Denkmalpflege, Bd. 69, München 1994, S. 35-37.
7 AUGUST GEBESSLER, *Ursachen und Gefahren für die Denkmalerhaltung*, in: Gebeßler/Eberl (Hrsg.), Schutz und Pflege von Baudenkmälern in der Bundesrepublik Deutschland. Ein Handbuch, Köln 1980, S. 61-69.
8 *Il Restauro di Castelgrande*, Rivista Tecnica 12/91, Mensile della Svizzera Italiana di Architettura e Ingegneria, Lugano 1992.
9 WILFRIED LIPP, *Vom modernen zum postmodernen Denkmalkultus? Aspekte zur Reparaturgesellschaft*, in: Vom modernen zum postmodernen Denkmalkultus? Denkmalpflege am Ende des 20. Jahrhunderts, Arbeitshefte des Bayerischen Landesamtes für Denkmalpflege, Bd. 69, München 1994, S. 7.
10 ALOIS RIEGL, *Der moderne Denkmalkultus. Sein Wesen und seine Entstehung*, Wien/Leipzig 1903. Vgl. hierzu auch: ERNST BACHER (Hrsg.), *Alois Riegl. Kunstwerk oder Denkmal?*, Alois Riegls Schriften zur Denkmalpflege, Wien 1995.

Abbildungsnachweis

Repro nach: WERNER MEYER, *Il Castel Grande di Bellinzona*, Olten 1976: *Abb. 4*. Alle übrigen Abbildungen vom Verfasser

Hans-Michael Körner

„Vergangenheitsbewältigung" im Denkmal?

Rekonstruktion der Vergangenheit, Erinnerung an Geschichte und historische Präsentation waren nie ein Monopol von Geschichtswissenschaft und Geschichtsunterricht und sind es auch heute nicht. – In methodischer Hinsicht muß man von der Gleichberechtigung unterschiedlichster Vermittlungsformen und Vermittlungsinstanzen ausgehen: Da steht dann der historische Comic neben dem gelehrten Handbuch, das historische Fest neben dem historischen Spielfilm, der historische Roman neben dem Denkmal.

Wollte man die Konsequenzen solcher Parallelisierung vertiefen, so müßte man ausführlicher von den Variablen reden, die eine solch komplexe Erinnerungs- und Rekonstruktionsstruktur bestimmen: erstens das Objekt solcher Erinnerung in seiner spezifischen Rezeptionsqualität, ob es nun als entlegen oder aktuell, als attraktiv oder langweilig, als die Phantasie beflügelnd oder exotisch anmutend zu gelten hat; zweitens den zeitlichen Abstand zu jenem Objekt der historischen Erinnerung und drittens die konkrete politisch-gesellschaftliche Situation, in der historische Erinnerung stattfindet oder in Szene gesetzt wird, samt den Intentionen derer, die Geschichtspolitik betreiben und den Interessen jener, die eine spezifische Geschichtskultur ausbilden.

Sowohl was die genuine Objektqualität betrifft wie auch was den zeitlichen Erinnerungsabstand und die in der politisch-gesellschaftlichen Öffentlichkeit vorfindbaren Interessen und Intentionen angeht, stellt sich die deutsche Geschichte zwischen 1933 und 1945 als ein Sonderfall dar, was allein schon die umgangssprachliche Verwendung des Begriffs „Vergangenheitsbewältigung" signalisiert.[1] Niemandem würde es einfallen, mit „Bewältigung" zu laborieren, wenn es um die Kreuzzüge, den Dreißigjährigen Krieg oder den Kolonialismus geht. Daraus und aus der Nähe des Begriffs der „Vergangenheitsbewältigung" zu jenem des Exorzismus eine reservierte Bedenklichkeit hinsichtlich seiner Verwendbarkeit abzuleiten, ist das Eine. Das Andere ist die Anerkenntnis dessen, daß die Beschäftigung mit der deutschen Geschichte zwischen 1933 und 1945 tatsächlich im Schnittpunkt kognitiver und moralischer Anstrengungen liegt, wobei es hilfreich sein mag, im Anschluß an Lepsius drei unterschiedliche geschichtspolitische Strategien voneinander zu unterscheiden: den Prozeß der Externalisierung, wie Lepsius ihn im Blick auf Österreich nach 1945 beobachtet; den Versuch der Universalisierung, den er der Sowjetischen Besatzungszone und der DDR zuordnet; und das Programm der Internalisierung, in dem er den spezifisch bundesrepublikanischen Umgang mit dem Erbe des Nationalsozialismus erkennt.[2]

Die inflationäre Begrifflichkeit im Umfeld von Betroffenheit und Trauerarbeit, von Scham und Schuld, von Sprachlosigkeit und Verdrängung läßt sich – jenseits solcher Differenzierung – als Indiz dafür verstehen, daß sich die Geschichtswissenschaft im Blick auf die politisch-gesellschaftliche Öffentlichkeit in der Defensive befindet, wenn es um die Auseinandersetzung mit dem Nationalsozialismus geht. Das hat nur am Rande etwas mit der auf den Nationalsozialismus bezogenen Historisierungsdebatte[3] zu tun und auch nur marginal mit dem Historikerstreit[4]. Man wird nicht so weit gehen, wie das getan wurde, und den Tag der Erstausstrahlung der amerikanischen Holocaust-Serie im deutschen Fernsehen als den „schwarzen Freitag" der deutschen Geschichtswissenschaft bezeichnen. Zu sehen ist indes, wie die subtile Differenzierungsintensität der Geschichtswissenschaft quer steht zu den Zwängen politischer Kurzformeln und den plakativen Reduktionen der medialen Präsentation. Aber nicht nur die Praxis einer öffentlichen Diskussion reduziert die Rolle der Geschichtswissenschaft. Stichworte müssen hier genügen: das dominierende Gewicht des Schlagworts von der öffentlichen Erinnerungsarbeit; die Faszination, die psychologisierenden Deutungs- und Erklärungsmustern zuwächst; die Debatte, etwa zwischen Lanzmann und Spielberg, um die Legitimität der Fiktionalisierung; die Tragfähigkeit, die man den Kategorien der Tabuisierung und Enttabuisierung zubilligt; das Interesse an psychotherapeutischen Modellen bei der Behandlung der zweiten und dritten Generation von Holocaust-Opfern; das Laborieren mit dem Begriff des kulturellen Gedächtnisses; die Artikulation, daß aus der Unfähigkeit, Auschwitz erklären zu können, lediglich die Kunst und die Theologie einen Ausweg zu weisen vermögen; die Verkürzung, im historischen Gedächtnis in erster Linie den Resonanzboden vielfältiger Ängste und Befürchtungen in der Gegenwart erblicken zu müssen.[5]

Auch ein halbes Jahrhundert nach dem Ende der nationalsozialistischen Herrschaft handelt es sich bei Holocaust und 2. Weltkrieg, bei Verfolgung und Widerstand, bei der Ermöglichung und der Durchsetzung des totalitären Systems in Deutschland um Themen von erheblichem gesellschaftlichen Interesse und provozierender Aktualität. Ein solcher Befund ist freilich nicht auf Deutschland zu beschränken: Die öffentliche Erinnerung an die Geschehnisse der Zeit von 1933 bis 1945 reicht vom Holocaust-Museum in Washington bis zur schlichten Gedenktafel auf einem bayerischen Dorffriedhof, die die Gefallenen des 2. Weltkrieges auflistet, diese Erinnerung präsentiert sich in einem Film wie „Schindlers Liste" und in Lehrplan-Vorschriften, sie steht der Instrumentalisierung im Dienste antifaschistischer Frontbildungen ebenso offen wie jener im Sinne der Stabilisierung einer demokratischen Ordnung.

Die Komplexität des Erinnerungsobjekts korrespondiert mit der Komplexität der Formen dieser öffentlichen Erinnerung auf vielfältige Weise. Im folgenden bleiben Schulbücher und Lehrpläne, Fernsehserien und die Bildungsarbeit der Landeszentralen, die Festreden der Politiker und die Kontroversen der Fachhistoriker unberücksichtigt. Vielmehr soll ein schmales Segment dieser öffentlichen Erinnerung herausgegriffen werden: Es geht um jene Dimension des Erinnerns und Erinnertwerdens, die uns in Denkmälern und Bauten entgegentritt. Und selbst in dieser Beschränkung ist die Fülle der Assoziationen und Objekte, auch in der Begrenzung etwa auf Bayern, überaus dicht. Das hängt nicht zuletzt mit der Geschichte der nationalsozialistischen Bewegung vor und nach 1933 aufs engste zusammen: der gescheiterte Hitler-Putsch an der Feldherrnhalle in München, Dachau als das erste Konzentrationslager der Nationalsozialisten, München als die, von den Nationalsozialisten so bezeichnete, „Hauptstadt der Bewegung", Nürnberg als die „Stadt der Reichsparteitage". Das Spektrum jener Objekte reicht vom Dachauer Krematorium bis zur Sühnekapelle in Flossenbürg, von den Reichsparteitags-Bauten in Nürnberg bis zu den zahlreichen Gedenktafeln für zerstörte Synagogen im Fränkischen, vom Obersalzberg bis zur Benennung und Gestaltung vieler „Plätze der Opfer des Nationalsozialismus", vom Denkmal für die Geschwister Scholl im Lichthof der Münchner Universität bis zum Mahnmal für die Zerstörung Würzburgs am 16. März 1945.[6]

Wenn im Zusammenhang mit der NS-Zeit von „Denkmälern" die Rede ist, dann wäre an sich – gemäß dem schillernden Bedeutungsinhalt des Begriffs „Denkmal" selbst – in einem weiteren Sinn auch von den erhaltenen NS-Bauten und ihrer heutigen Nutzung zu reden: vom „Luftgaukommando" in der Münchner Prinzregentenstraße, in das nach 1945 das bayerische Wirtschaftsministerium einzog; vom einstigen Führerbau an der Arcisstraße in München, in dem heute die Musikhochschule untergebracht ist; vom vormaligen „Haus der Deutschen Kunst", das weiterhin als Ausstellungsgebäude fungiert; von der Schulungsstätte der SS in Sonthofen, die zur Heimstätte der Bundeswehr wurde.[7]

In unterschiedlicher Weise registriert eine kritische Öffentlichkeit solche Formen der Verwendung. Neben dem Bemühen, durch das Anbringen von Gedenktafeln die frühere Nutzung in Erinnerung zu rufen, steht vielfältige Kritik: einerseits an der Zerstörung von NS-Bauten als einem Akt des „So als wäre nichts gewesen" und andererseits auch am rein pragmatischen Umgang mit Relikten der NS-Vergangenheit, wie das etwa die über Jahrzehnte währende Debatte um die Gestaltung des Reichsparteitagsgeländes in Nürnberg[8] und neuerdings die Diskussion um die touristische Nutzung des Obersalzberg-Komplexes[9] belegen. Intensiviert wird solch kritische Sensibilität durch die Angst, daß aus derartigen Relikten Kultstätten eines neuen Rechtsextremismus werden könnten.

Und eine zweite Gruppe von Denkmälern wird hier ebenfalls lediglich erwähnt: Aus dem Selbstverständnis der westdeutschen Gesellschaft und ihrer spezifischen Verfaßtheit nach 1945 ergab sich das unabweisbare Bedürfnis nach dem Gedächtnis der Kriegstoten. – Dabei wurde allerdings rasch deutlich, daß der tradierte Formen- und Sinngebungskanon der Kriegerdenkmäler nicht mehr tolerabel war. Die Denkmäler konnten sich weder den traditionellen Inhalten des Sieges und des Stolzes widmen, noch konnten sie den Heroismus der Kriegerdenkmäler aus der Zeit nach 1918 nachahmen. Vielmehr vollzog sich im Kriegerdenkmal nach 1945 der Wandel vom Heldengedenken zum Opfergedenken, verbunden mit einer Intensivierung der christlichen Sinngebung des Todes, der Akzentuierung des „memento-mori-Motivs", der Betonung des „Niewieder-Appells" und einer allgemeinen Mahnung zum Frieden. Diese prinzipielle Umorientierung schloß gleichwohl schlichte Parallelisierungen und Kontinuitätsstiftungen nicht aus, indem etwa an vorhandenen Kriegerdenkmälern eine Zusatztafel mit der Aufschrift „1939-1945" angebracht wurde, oder auch, ebenfalls entsprechend älterer Tradition, die Namen der Gefallenen eines Ortes verzeichnet, hinzugefügt wurden.[10]

Und schließlich ist auf einen dritten Denkmaltyp zumindest hinzuweisen: auf die Denkmäler für den Widerstand. Angesichts der konstitutiven Bedeutung des Widerstandes für die Identität der Bundesrepublik ist gerade dieser Denkmaltyp immer wieder dem Vorwurf ausgesetzt gewesen, Vergangenheitsbewältigung auf Kosten der Opfer zu betreiben und die Stilisierung eines „besseren Deutschland" zu Lasten des eigenen Schuldbekenntnisses zu favorisieren. Das Problem, wie mit der öffentlichen Erinnerung an den deutschen Widerstand umzugehen sei, hat seine tieferen Wurzeln in einem grundsätzlichen Dissens über den Widerstandsbegriff; und verschärft wurde dieser Streit nach der deutschen Wiedervereinigung dadurch, daß man nunmehr auch noch das diesbezügliche Erinnerungspotential aus der 40jährigen DDR-Geschichte zu integrieren hatte, was ganz konkret in der Auseinandersetzung gipfelte, in welchem Umfang der kommunistische Widerstand legitimerweise zu berücksichtigen sei oder nicht.[11]

Worauf sich eine Fragestellung nach diesen drei Ausblendungen konzentrieren kann, sind die Denkmäler für die „Opfer", für die Opfer von Verfolgung und Holocaust. Die aktuelle Debatte um das Berliner Holocaust-Denkmal hat in dieser Hinsicht zwei sehr verschiedene Auswirkungen gezeigt: Einerseits ist unübersehbar, daß das Bewußtsein von den damit zusammenhängenden Problemen das Maß der kritischen Reflexion und die Sensibilität gegenüber dieser spezifischen Form der Erinnerung ganz offensichtlich erhöht hat. Andererseits verstellt diese Debatte ebenso offensichtlich den Blick darauf, daß wir in der Bundesrepublik bereits eine reiche, hochgradig differenzierte und vielfältig auf den Nationalsozialismus Bezug nehmende Denkmallandschaft haben. In der Neuauflage einer entsprechenden Publikation der Bundeszentrale für Politische Bildung werden ca. 8000 solcher Objekte für die Bundesrepublik verzeichnet.[12] Die Fülle dieser Denkmäler kann hier nicht vorgestellt werden; ein knapper, vorsichtig strukturierender Blick auf die bayerische Denkmallandschaft erscheint indes sinnvoll. – Man wird, und diese Differenzierung hat im Umfeld der Berliner Debatte eine wesentliche Rolle gespielt, zwischen Denkmälern unterscheiden, die in einem unmittelbaren topographischen Zusammenhang mit dem Objekt der Erinnerung stehen, und solchen, die ihre Funktion als Mahnmal ohne solch räumliche Zuordnung erfüllen sollen.

Das Spektrum reicht im ersten Fall von der schlichten Gedenktafel „Hier stand die 1837 erbaute und am 9.11.1938 durch die damaligen Machthaber zerstörte Synagoge der Israelitischen Kultusgemeinde Würzburg" bis zum Erinnerungsmal an die Münchner Hauptsynagoge in der Maxburgstraße, dessen eine Seite den siebenarmigen Leuchter präsentiert und das auf der anderen Seite die Inschrift trägt: „Hier stand die 1883-1887 erbaute Hauptsynagoge der Israelitischen Kultusgemeinde. Sie wurde in der Zeit der Judenverfolgung im Juni 1938 abgerissen. Am 10. November wurden in

Deutschland die Synagogen niedergebrannt."[13] – Hierher gehören das Denkmal für die alte Synagoge in Fürth, eine drei Meter hohe Plastik aus rotem Granit, die auf einem von symbolischen Feuerzungen umgebenen weißen Sockel steht und einen brennenden Dornbusch darstellt, oder in Würzburg-Heidingsfeld eine Gedenksäule mit einem mehrfach gebrochenen Schaft, stilisierten Tränen und Stacheldraht: „Gottlose Menschen zerstörten am 9. Nov. 1938 die hier gestandene Synagoge. Zur Erinnerung an den Leidensweg der jüdischen Gemeinde."[14] – Die Gedenkstätte in der Justizvollzugsanstalt Stadelheim ist als eine Gefängniszelle gestaltet, mit hohen Betonmauern, einem aus Bronze gegossenen Galgen, einer Guillotine und einem mächtigen Richtblock aus Stein: „den Opfern der Gewaltherrschaft von 1933-1945 zum Gedenken".[15] – Im Münchner Stadtteil Berg am Laim hatte es von 1941 bis 1943 im Kloster der Barmherzigen Schwestern ein Judenghetto gegeben. In die alte Sandsteinpforte des Klosters wird 1987 ein türfüllender Granitblock eingesetzt, versehen mit dem Davidstern und den Jahreszahlen „1941-1943".[16] – Das Todesmarsch-Denkmal des Bildhauers Hubertus von Pilgrim, das an die Evakuierung des Konzentrationslagers Dachau erinnert, stellt eine Häftlingsgruppe vor; es wurde in mehreren Gemeinden längs dieses Weges aufgestellt, in Grünwald, in Wolfratshausen, in Geretsried: „Hier führte in den letzten Kriegstagen im April 1945 der Leidensweg der Häftlinge aus dem Konzentrationslager Dachau vorbei ins Ungewisse."[17] – Unterschiedlich dimensioniert und auch von unterschiedlicher öffentlicher Resonanz stellen sich schließlich die beiden Konzentrationslager Dachau[18] und Flossenbürg[19] dar, bei denen jeweils eine komplexe Verschränkung von Denkmal, Mahnmal, Museum, kirchlicher Gedenkstätte und Präsentation der überkommenen baulichen Reste das äußere Erscheinungsbild bestimmt.

Für den zweiten – häufig realisierten – Typus eines Denkmals, das ohne unmittelbare topographische Anbindung an Orte des Geschehens aus der Zeit des 3. Reiches auskommt, kann das Münchner Denkmal an der Ecke von Briener Straße und Oskar-von-Miller-Ring, am Platz der Opfer des Nationalsozialismus, stehen. 1983 vom Stadtrat aus Anlaß des 50. Jahrestages der nationalsozialistischen Machtergreifung beschlossen, wird es 1985 fertiggestellt, mit einer Symbolik, die auf Säule, Kerker und Feuer zurückgreift: „Den Opfern der nationalsozialistischen Gewaltherrschaft".[20] – Und schließlich ist, gerade weil es sich jeder Einordnung zu entziehen scheint, das Eichstätter Figurental des Bildhauers Alois Wünsche-Mitterecker zu erwähnen: eine private Initiative des Künstlers, zwischen 1950 und 1975 verwirklicht, als Mahnmal gegen Krieg und Gewalt konzipiert, mit 82 meist überlebensgroßen Figuren in Zementguß.[21]

An dieser Stelle ist ein Defizit zu registrieren. Weder die zeitgeschichtliche noch die didaktische oder die kunsthistorische Forschung hat sich bislang intensiver dieser Denkmäler angenommen; im günstigsten Fall liegen kleine Publikationen aus Anlaß der Einweihung oder Aufstellung solcher Denkmäler vor. Planungsalternativen und kommunalpolitische Rahmenbedingungen, die Rolle gesellschaftlicher oder politischer Gruppen, die Bedeutung privater Initiativen, potentielle Widerstände und ihre Motive, der Vergleich etwa mit der ganz anders gearteten Denkmaltradition in der DDR, die die Integration des antifaschistischen Widerstandes in die Heroisierung der Arbeiterbewegung betrieb, die kunst- und stilgeschichtliche Einordnung – und schließlich die Frage nach der Rezeption solcher Denkmäler, nach ihren Wirkungen und Gegenwirkungen: Damit sind Themen angesprochen, denen nicht auf der Grundlage einer vordergründigen Phänomenologie nachgegangen werden kann, die vielmehr nur bearbeitet werden können auf der Basis einer kommunalen Aktenüberlieferung, unter Einschluß empirischer Methoden, in enger Kooperation mit der Kunstgeschichte. Ein, diese Defizite in den Blick nehmendes, Forschungsprogramm „Geschichte und Öffentlichkeit" sollte in der Lage sein, über triviale Zeitgeist-Befunde und platte Politisierungs-Mechanismen hinauszugelangen!

In der Beschränkung auf die Denkmäler für die Opfer von Verfolgung und Holocaust kann deren Stellenwert im Kontext der öffentlichen Erinnerung an die Zeit des Nationalsozialismus diskutiert werden, wenn man sich die strukturellen Bedingungen solcher Denkmäler vergegenwärtigt.

1. Man kann die deutsche Denkmalpolitik nach 1945 nicht isoliert betrachten, da es sich hier um ein internationales Phänomen handelt, in dessen Struktur dann auch die deutschen oder die bayerischen Verhältnisse einzuordnen sind. Die Liste der diesbezüglichen ausländischen Denkmäler reicht von Yad Vashem über das Anne-Frank-Haus in Amsterdam bis zum Denkmal für den Warschauer Aufstand von 1944.[22] Entscheidend ist in diesem Zusammenhang, daß der Blick auf die Opfer in den verschiedenen Staaten und Gesellschaften ganz unterschiedliche Funktionen hatte und hat, was sich in Gestaltung und Intention der Denkmäler ausdrückt: In Deutschland erkennen wir in ihnen die traumatische Belastung des nationalen Selbstverständnisses, wobei sich diese Belastung mit Formen eines rituellen Schuldbekenntnisses verbindet, dem gleichzeitig eine latente Verdrängungsgefahr innewohnt; in Israel besitzt die Erinnerung an den Holocaust zentrale Bedeutung für den Akt der Staatsgründung, als Endpunkt einer jüdischen Leidensgeschichte und als Medium der nationalen Identität; in den Vereinigten Staaten steht die Rolle der USA als Befreier der Konzentrationslager und als Zufluchtsort für Flüchtlinge und Einwanderer im Zentrum; und in der vormaligen Sowjetunion dominierte eine Sehweise, in der die Erinnerung an den „Großen Vaterländischen Krieg" und an den Kampf gegen die nationalsozialistische Unterdrückung des internationalen Kommunismus den rassenideologischen Aspekt völlig in den Hintergrund drängte.[23]

2. Diese intentionalen Unterschiedlichkeiten spiegeln sich in den formalen Dimensionen wider. Vorrangig als Folge des Verdikts über die NS-Kunst und angesichts des alliierten Kontrollrats-Beschlusses vom Mai 1946 über die Schleifung aller Denkmäler kriegsverherrlichender Art wurde in Westdeutschland nach 1945 jegliche Monumentalität der Denkmalgestaltung vermieden. Demgegenüber bemühte man sich andernorts, von Buchenwald bis New York, gerade um solche Monumentalität. Ganz abgesehen von der grundsätzlichen Frage, in welchem Umfang demokratisch-republikanische Systeme ihre Schwierigkeiten mit der Repräsentation großen Stils haben, und unabhängig von dem Lamento bezüglich einer fehlenden öffentlichen Festkultur in der Bundesrepublik

war in Westdeutschland eine Reihe von Denkmalvarianten, nicht zuletzt angesichts der nationalsozialistischen Nekrophilie, in einer Weise diskreditiert, daß sich ihre Wiederaufnahme von selbst verbot. In den öffentlichen Debatten um die künstlerische Gestaltung von Denkmälern spielten demgemäß in der Bundesrepublik die Kategorien der Unvorstellbarkeit und der Nichtdarstellbarkeit von Elend und Grauen, auch die Kategorie der Sprachlosigkeit als der angemessensten Form des Erinnerns eine wesentliche Rolle, und wurde stets kritisch auf die Gefahr der Ästhetisierung des Schreckens aufmerksam gemacht. Als Grunddilemma machte man die Frage aus: Wie kann man etwas Abscheuliches so zeigen, daß es abscheulich bleibt? So verwundert es nicht, daß in der westdeutschen Diskussion das Wort vom „Anti-Denkmal" die Runde machte, daß schließlich Denkmäler gesetzt wurden, die ihr eigenes Verschwinden thematisierten, um sich einer Wirklichkeit anzunähern, die nur in der Reflexion einzuholen ist, gerade weil die klassische, auf Glorifizierung und Triumph abzielende Funktionszuweisung an ein Denkmal nicht wieder aufgegriffen werden konnte. Und auf diesem Hintergrund verwundert es auch nicht, daß christliche Sinngebungs-Varianten eine besondere Anziehungskraft entfalteten: die Kreuz- und Auferstehungssymbolik in den KZ-Gedenkstätten, die Sühne- und Versöhnungskirchen, das religiös motivierte Bekenntnis zu einer besseren Zukunft.[24]

3. Neuerdings wird die öffentliche Denkmaldebatte, wiederum angesichts des Streits um das Berliner Holocaust-Denkmal, von der Alternative zwischen den Denkmälern an den Orten des Schreckens und den räumlich davon losgelösten Gedenkstätten bestimmt. Das Plädoyer für die Erinnerung in den Konzentrationslagern selbst, in den Gefängnissen und den erhalten gebliebenen Folterstätten denunziert jene Denkmalinitiativen, die auf diese örtliche Anbindung verzichten, mit dem Vorwurf der, wie formuliert wurde, „wattierten" Erinnerung. Die Favorisierung einer Gedenkstättenkultur in den vormaligen Konzentrationslagern wird man auch als eine Folge des Umstandes zu verstehen haben, daß die Generation der Häftlinge ausstirbt, daß deren verbaler Erinnerungsappell durch die Begegnung mit der Realität dieser Orte des Schreckens ersetzt werden soll.[25]

4. Älter ist die Diskussion um die Problematik des Opfer-Begriffs, der solchen Denkmälern zugrundezulegen ist, obwohl auch hier jüngst, aus Anlaß der Auseinandersetzungen um die Bundesgedenkstätte in Schinkels Neuer Wache in Berlin und im Zusammenhang mit der Neugestaltung von Buchenwald, eine Verschärfung der Debatte eingetreten ist. Besteht eine historisch-moralische Verpflichtung zum isolierten Gedenken an die Opfer des jüdischen Holocaust, wie das im Blick auf das Berliner Holocaust-Denkmal gefordert wird? Oder kann ein Gedenken Legitimität beanspruchen, das die Juden neben die Sinti und Roma und Zwangsarbeiter, neben Homosexuelle, die Zeugen Jehovas und politische KZ-Häftlinge deutscher oder nicht-deutscher Nationalität, neben die Opfer des Widerstandes, der Euthanasie, ja neben die Opfer der alliierten Bombenangriffe und selbst die der Vertreibung aus den deutschen Ostgebieten stellt? Die Schärfe dieses Streits ist nicht zuletzt eine Folge davon, daß er im Kontext einer Täter-Opfer-Kontroverse angesiedelt ist, angesichts derer die über Jahrzehnte favorisierte Formel von den „Opfern von Krieg und Gewalt" an Konsensfähigkeit eingebüßt hat.[26]

5. Im Zusammenhang einer breit angelegten und anderweitig angestoßenen Musealisierungs-Debatte wird erörtert, inwieweit Leiden und Elend in Gedenkstätten, in Ausstellungen und Museen überhaupt darstellbar sind, inwieweit der Schrecken durch die Präsentation seine dramatische Qualität verliert, inwieweit er, gleichsam durch seine Beschriftung, zum Lernstoff mutiert und inwieweit schließlich die Visualisierung vielleicht zwangsläufig zur Trivialisierung und Profanierung führt. Die Einbindung der Denkmaldebatte in die allgemeinere Musealisierungsdebatte ist insofern verständlich, weil das Gedenken an die Opfer der nationalsozialistischen Herrschaft häufig Mischformen produziert, die Denkmal, Gedenkstätte und Museum miteinander kombinieren, weil darüber hinaus eine unübersehbare Tendenz zur Gedenkstätten-Pädagogik zu beobachten ist, die die Denkmäler und Gedenkstätten vorrangig als Lehr- und Lernorte versteht, in denen nach eigenem Bekunden ein dreifaches Ziel erreicht werden soll: Erinnerung an die Opfer, Provokation von Betroffenheit und sachliche Aufklärung.[27]

6. Jenseits solcher Problematisierungen ist seit den 80er Jahren eine unübersehbare Belebung der Denkmalbewegung zu beobachten, die ihrerseits zu einer Diskussion über die Wurzeln und Motive dieser neuerlichen Intensivierung geführt hat. Argumentiert wird dabei mit der wachsenden zeitlichen und generationsmäßigen Entfernung von den Geschehnissen des 3. Reiches und der daraus resultierenden Notwendigkeit, Objekte der nachträglichen Anschauung zu produzieren, ferner mit der größeren Unbefangenheit einer jungen Generation, sich mit den Verbrechen der nationalsozialistischen Herrschaft auseinanderzusetzen. Zu registrieren ferner ist die enorme Bedeutung diverser lokalgeschichtlicher, auch stadtteilbezogener Initiativen und deren öffentliche Wirkung. – Schwieriger erscheint ein Deutungszusammenhang, der mit den Verhältnissen nach der Wiedervereinigung in Verbindung gebracht wird und der von den Rückwirkungen einer Enttabuisierungswelle in den mittel- und osteuropäischen Staaten ausgeht, während die Abwehr von Fremdenfeindlichkeit und die Sorge vor einem rassistischen Rechtsradikalismus unstrittig als Motive gelten mögen. – Und schließlich verweist eine Erklärung darauf, daß die neue Denkmalwelle offensichtlich als Kompensation der ansonsten dominierenden Medienvermittlung mit ihrer inkonsistenten Schnellebigkeit zu verstehen sei: Während Kritiker von narzißtischer Betroffenheitskultur reden, auch davon, daß ein vordergründiger Aktionismus in eine Denkmal-Inflation einmünde, wird hier argumentiert, daß dauerhafte Erinnerung und öffentliches Gedächtnis gerade der bleibenden Form bedürften.[28]

7. Tatsächlich ist aus dieser öffentlichen Erinnerungsarbeit ein politisches Handlungsfeld geworden, in dem Profilierung, Selbstdarstellung und eben auch Aktionismus eine nicht unerhebliche Rolle spielen. Wichtiger als ein solcher Befund erscheint indes die grundsätzliche Frage, wie sich Denkmalsetzung und pluralistische Gesellschaftsordnung miteinander vertragen, ja ob sie sich miteinander überhaupt vertragen können. Jede Denkmalsetzung ist ein Akt selektiver Erinnerung, schärfer formuliert, ein Akt der politisch motivierten Einseitigkeit im Umgang mit der Geschichte. Denkmäler eig-

nen sich nicht als Medium enzyklopädischer Ausgewogenheit und historiographischer Differenzierungsanstrengungen. Wenn dem aber so ist, und die Geschichte des Denkmals seit dem 19. Jahrhundert[29] scheint dies zu bestätigen, dann stellt sich erst recht die Frage, wie es sich mit Denkmalstiftungen in einer demokratisch-pluralistischen Ordnung verhält. Dem Denkmal die Funktion eines konsensfähigen Orientierungswertes zuzuordnen, mag ein erstrebenswertes politisches und gesellschaftliches Ziel sein. Unklar muß in diesem Zusammenhang allerdings bleiben, was bei der Entwicklung eines Denkmalkonzepts mit dem demokratischen Schlüsselbegriff „Kompromiß" gemeint sein kann.

Blickt man auf den gesamten Komplex unseres Umgangs mit der jüngsten deutschen Vergangenheit zurück, so erweist sich, daß man mit den Denkmälern und Gedenkstätten, mit den Mahnmalen und den überkommenen Relikten der nationalsozialistischen Zeit zentrale Elemente der öffentlichen Erinnerung greift. Gleichwohl hat man sich davor zu hüten, diese Manifestationen der öffentlichen Erinnerung isoliert wahrzunehmen, vornehmlich auch dann, wenn sie in manchmal inflationärer Weise in ein Begriffsfeld von Trauer- und Erinnerungsarbeit, von Betroffenheit und Vergangenheitsbewältigung eingebunden erscheinen. Ergriffenheit und emotional-moralisches Engagement können angesichts der nationalsozialistischen Vergangenheit nicht die rationalen und diskursiven Strategien des Umgangs mit der Geschichte ersetzen.

Versucht man sich an einer Bilanzierung, so könnte man von der Frage ausgehen „Wieviel Erinnerung braucht das Land?" – die bessere Frage scheint allerdings zu sein: „Welche Erinnerung braucht das Land?" Der, um den Begriff doch noch einmal zu verwenden, „Vergangenheitsbewältigung" im Denkmal sind enge Grenzen gesetzt. Man darf die Rhetorik eines Denkmals mit dem Wesen der Ereignisse, an die es erinnert, nicht verwechseln; man hat sich der ästhetisch-expressiven Dimension einer jeden Denkmalsinszenierung bewußt zu sein; man wird die seit dem 19. Jahrhundert überlieferte Denkmalkritik ernst nehmen, die darin gipfelt, daß jedes Denkmal die Tendenz hat, über kurz oder lang unsichtbar zu werden.[30]

Ein den Namen verdienender Geschichtsunterricht in allen Schularten, die differenzierende Präsentation des Themas in der Literatur und in den Medien und vor allem die geschichtswissenschaftliche Professionalität besitzen von daher und angesichts der skizzierten Strukturbedingungen nicht nur eine je spezifische Legitimität im Blick auf die nationalsozialistische Vergangenheit, mehr noch: Ohne diese Instanzen und ihre Wirksamkeit gerät unsere Auseinandersetzung mit der Vergangenheit – auch mit der des Nationalsozialismus – rasch in den Bereich politischer und moralischer Beliebigkeit.

Anmerkungen

1 Vgl. dazu: HERMANN LÜBBE, *Der Nationalsozialismus im politischen Bewußtsein der Gegenwart*, in: Martin Broszat u. a. (Hrsg.), Deutschlands Weg in die Diktatur, Berlin 1983, S. 329-349. – GRETE KLINGENSTEIN, *Über Herkunft und Verwendung des Wortes „Vergangenheitsbewältigung"*, in: Geschichte und Gegenwart, 4, 1988, S. 301-312. – GOTTFRIED KORFF, *Bemerkungen zur öffentlichen Erinnerungskultur*, in: Brigitte Bönisch-Brednich u. a. (Hrsg.), Erinnern und Vergessen. Vorträge des 27. Deutschen Volkskundekongresses Göttingen 1989, Göttingen 1991, S. 165-176. – MANFRED KITTEL, *Die Legende von der „Zweiten Schuld". Vergangenheitsbewältigung in der Ära Adenauer*, Berlin, Frankfurt a. M. 1993. – ARNO PLACK, *Hitlers langer Schatten*, München 1993. – IAN BURUMA, *Erbschaft und Schuld. Vergangenheitsbewältigung in Deutschland und Japan*, München/Wien 1994. – HANS-ULRICH WEHLER, *Gedenktage und Geschichtsbewußtsein*, in: Ders., Die Gegenwart als Geschichte. Essays, München 1995, S. 215-232. – ERNST NOLTE, *Die Deutschen und ihre Vergangenheiten. Erinnerung und Vergessen von der Reichsgründung Bismarcks bis heute*, Berlin/Frankfurt a. M. 1995. – PETER DUDEK, *„Der Rückblick auf die Vergangenheit wird sich nicht vermeiden lassen". Zur pädagogischen Verarbeitung des Nationalsozialismus in Deutschland (1945-1990)*, Opladen 1995. – FRISO WIELENGA, *Schatten deutscher Geschichte. Der Umgang mit dem Nationalsozialismus und der DDR-Vergangenheit in der Bundesrepublik*, Vierow 1995. – NORBERT FREI, *Vergangenheitspolitik. Die Anfänge der Bundesrepublik und die NS-Vergangenheit*, München 1996 (Lit.!).

2 Vgl. M. RAINER LEPSIUS, *Das Erbe des Nationalsozialismus und die politische Kultur der Nachfolgestaaten des „Großdeutschen Reiches"*, in: Ders., Demokratie in Deutschland. Soziologisch-historische Konstellationsanalysen. Ausgewählte Aufsätze, Göttingen 1993, S. 229-245.

3 Vgl. etwa MARTIN BROSZAT/SAUL FRIEDLÄNDER, *Um die „Historisierung des Nationalsozialismus". Ein Briefwechsel*, in: Vierteljahrshefte für Zeitgeschichte, 36, 1988, S. 339-372.

4 Vgl. STEFAN MELNIK, *Annotierte ausgewählte Bibliographie zur Historikerdebatte*, in: liberal. Vierteljahreshefte für Politik und Kultur, 29/2, 1987, S. 85-95. – BEATRICE HEUSER: *The Historikerstreit: Uniqueness and Comparability of the Holocaust*, in: German History, 6, 1988, S. 69-78. – MARTIN GRESCHAT, *Der „Historikerstreit" in der geistig-politischen Situation unserer Zeit*, in: Ders., Protestanten in der Zeit. Kirche und Gesellschaft vom Kaiserreich bis zur Gegenwart, Stuttgart u. a. 1994, S. 218-227.

5 Vgl. etwa AARON HASS, *In the Shadow of the Holocaust. The Second Generation*, London 1991. – AARON HASS, *The Aftermath. Living with the Holocaust*, Cambridge 1995.

6 Vgl. ULRIKE PUVOGEL, *Gedenkstätten für die Opfer des Nationalsozialismus. Eine Dokumentation*, Bonn 1987. – ISRAEL SCHWIERZ, *Steinerne Zeugnisse jüdischen Lebens in Bayern. Eine Dokumentation*, München 2. Aufl. 1992. – HILDEGARD VIEREGG, *„Menschen seid wachsam". Mahnmale und Gedenkstätten für die Opfer der NS-Gewaltherrschaft 1933-1945*, München 1993. – KATHARINA BLOHM, *Gedenkstätten*, in: Winfried Nerdinger (Hrsg.), Bauen im Nationalsozialismus. Bayern 1933-1945, München 1993, S. 539-565. – ULRIKE PUVOGEL/MARTIN STANKOWSKI (Hrsg.), *Gedenkstätten für die Opfer des Nationalsozialismus. Eine Dokumentation*. Bd. 1, Bonn 2. Aufl. 1995, S. 109-202.

7 Vgl. HANS-PETER RASP, *Eine Stadt für tausend Jahre. München – Bauten und Projekte für die Stadt der Bewegung*, München 1981. – WINFRIED NERDINGER (Hrsg.), *Bauen im Nationalsozialismus. Bayern 1933-1945*, München 1993. – HILDEGARD VIEREGG, *Wächst Gras darüber? München: Hochburg des Nationalsozialismus und Zentrum des Widerstands*, München 1993. – IRIS LAUTERBACH u. a. (Hrsg.), *Bürokratie und Kult. Das Parteizentrum der NSDAP am Königsplatz in München. Geschichte und Rezeption*, München/Berlin 1995.

8 Vgl. *Kulissen der Gewalt. Das Reichsparteitagsgelände in Nürnberg*, hrsg. vom CENTRUM INDUSTRIEKULTUR NÜRNBERG, München 1992.

9 Vgl. ERNST HANISCH, *Der Obersalzberg, das Kehlsteinhaus und Adolf Hitler*, Berchtesgaden 1995. – ULRICH CHAUSSY, *Nachbar Hitler. Führerkult und Heimaterziehung am Obersalzberg*, Berlin 1995.

10 Vgl. MEINHOLD LURZ, *Kriegerdenkmäler in Deutschland.* Bd. 6: Bundesrepublik, Heidelberg 1987. – MICHAEL HÜTT u. a. (Hrsg.), *Unglücklich das Land, das Helden nötig hat. Leiden und Sterben in den Kriegerdenkmälern des 1. und 2. Weltkrieges,* Marburg 1990. – REINHOLD GÄRTNER/SIEGLINDE ROSENBERGER, *Kriegerdenkmäler. Vergangenheit in der Gegenwart,* Innsbruck 1991. – REINHART KOSELLECK/MICHAEL JEISMANN (Hrsg.), *Der politische Totenkult, Kriegerdenkmäler in der Moderne,* München 1994.
11 Vgl. PETER STEINBACH, *Widerstandsdiskussion und Widerstandsforschung im Spannungsfeld politischer Entwicklungen,* in: Kirchliche Zeitgeschichte, 1, 1988, S. 29-50. –VIEREGG (wie Anm. 6), S. 21-35 („Weiße Rose"), S. 51-56 (Pater Rupert Mayer), S. 91-99 („Freiheitsaktion Bayern"). – GERHARD RINGSHAUSEN (Hrsg.), *Perspektiven des Widerstands. Der Widerstand im Dritten Reich und seine didaktische Erschließung,* Pfaffenweiler 1994. – PETER STEINBACH, *Widerstand im Widerstreit. Der Widerstand gegen den Nationalsozialismus in der Erinnerung der Deutschen. Ausgewählte Studien,* Paderborn u. a. 1994. – PETER STEINBACH /JOHANNES TUCHEL (Hrsg.), *Widerstand gegen den Nationalsozialismus,* Bonn 1994.
12 Vgl. PUVOGEL/STANKOWSKI (wie Anm. 6).
13 Vgl. SCHWIERZ (wie Anm. 6), S. 142, 321 – VIEREGG (wie Anm. 6), S. 46-50.
14 Vgl. SCHWIERZ (wie Anm. 6), S. 167, 144.
15 Vgl. VIEREGG (wie Anm. 6), S. 36ff.
16 Vgl. ERICH KASBERGER, *„...zur Erinnerung und als Mahnung". Die Errichtung eines Mahnmals in München – Berg am Laim,* in: Didaktische Arbeit in KZ-Gedenkstätten. Erfahrungen und Perspektiven, hrsg. von der Bayerischen Landeszentrale für politische Bildungsarbeit, München 1993, S. 37-42.
17 Vgl. VIEREGG (wie Anm. 6), S. 63-67.
18 Vgl. STEFAN SCHWARZ, *Die jüdische Gedenkstätte in Dachau,* München 1972. – VIEREGG (wie Anm. 6), S. 71-81. – BARBARA DISTEL/WOLFGANG BENZ, *Das Konzentrationslager Dachau 1933-1945. Geschichte und Bedeutung,* Berlin 1995. – *Das Unbegreifliche begreifen. Rundgang durch die KZ-Gedenkstätte Dachau,* hrsg. vom MUSEUMSPÄDAGOGISCHEN ZENTRUM MÜNCHEN, München 1995.
19 Vgl. PETER HEIGL, *Konzentrationslager Flossenbürg in Geschichte und Gegenwart,* Regensburg 1989. – VIEREGG (wie Anm. 6), S. 82-90. – *Erinnern statt Vergessen. Rundgang durch die KZ-Grab- und Gedenkstätte Flossenbürg,* hrsg. vom MUSEUMPÄDAGOGISCHEN ZENTRUM MÜNCHEN, München 1995
20 Vgl. VIEREGG (wie Anm. 6), S. 16-20. – PUVOGEL/STANKOWSKI (wie Anm. 6), S. 168.
21 Vgl. GEORG FRIEDRICH KOCH, *Die Postmoderne und das Denkmal,* in: Ekkehard Mai/Gisela Schmirber (Hrsg.): Denkmal, Zeichen, Monument. Skulptur und öffentlicher Raum heute, München 1989, S. 115-124.
22 Vgl. ADOLF RIETH, *Den Opfern der Gewalt. KZ-Opfermale der europäischen Völker,* Tübingen 1968. – JAMES E. YOUNG (Hrsg.), *Mahnmale des Holocaust. Motive, Rituale und Stätten des Gedenkens,* München 1994.
23 Vgl. die Beiträge in YOUNG (wie Anm. 23).
24 Vgl. WOLFGANG KRÜGER, *Auferstehung aus Krieg und KZ in der bildenden Kunst der Gegenwart,* Kassel 1986. – EKKEHARD MAI/GISELA SCHMIRBER (Hrsg.), *Denkmal, Zeichen, Monument. Skulptur und öffentlicher Raum heute,* München 1989.
25 Vgl. CORNELIA BRINK, *Visualisierte Geschichte. Zu Ausstellungen an Orten nationalsozialistischer Konzentrationslager,* in: Brigitte Bönisch-Brednich u. a. (Hrsg.): Erinnern und Vergessen. Vorträge der 27. Deutschen Volkskundekongresses Göttingen 1989, Göttingen 1991, S. 581-588. – WOLFGANG BENZ, *Braucht Deutschland ein Holocaust-Museum? Gedenkstätten und öffentliche Erinnerung,* in: Dachauer Hefte, 11, 1995, S. 3-10.
26 Vgl. die Beiträge in CHRISTOPH STÖLZL (Hrsg.), *Die Neue Wache unter den Linden. Ein deutsches Denkmal im Wandel der Geschichte,* Berlin 1993.
27 Vgl. *Didaktische Arbeit in KZ-Gedenkstätten. Erfahrungen und Perspektiven,* hrsg. von der BAYERISCHEN LANDESZENTRALE FÜR POLITISCHE BILDUNGSARBEIT, München 1993. – ANNEGRET EHMANN u.a. (Hrsg.), *Praxis der Gedenkstättenpädagogik. Erfahrungen und Perspektiven,* Opladen 1995.
28 Vgl. etwa SIGRID BARINGHORST, *Die Macht der Zeichen – zur Aufwertung des Symbolischen in der Politik des Medienzeitalters. Eine Einführung,* in: Dies. u.a. (Hrsg.), Macht der Zeichen, Zeichen der Macht. Neue Strategien politischer Kommunikation, Frankfurt a. M. u. a. 1995, S. 9-21.
29 Vgl. allg. HANS-MICHAEL KÖRNER, *Staat und Geschichte im Königreich Bayern,* München 1992.
30 Vgl. zur Denkmaldebatte allg. THOMAS NIPPERDEY, *Nationalidee und Nationaldenkmal in Deutschland seit dem 19. Jahrhundert,* in: Historische Zeitschrift, 206, 1968, S. 529-585. – HANS-ERNST MITTIG/VOLKER PLAGEMANN (Hrsg.), *Denkmäler im 19. Jahrhundert. Deutung und Kritik,* München 1972. – HARTMUT BOOCKMANN, *Denkmäler. Eine Utopie des 19. Jahrhunderts,* in: Geschichte in Wissenschaft und Unterricht, 28, 1977, S. 160-173. – HARTMUT BOOCKMANN, *Denkmäler und ihre Bedeutung für das Geschichtsbewußtsein,* in: Oswald Hauser (Hrsg.): Geschichte und Geschichtsbewußtsein, Göttingen/Zürich 1981, S. 231-245. – WILFRIED LIPP, *Natur, Geschichte, Denkmal. Zur Entstehung des Denkmalbewußtseins der bürgerlichen Gesellschaft,* Frankfurt a. M./New York 1987. – GERT MATTENKLOTT (Hrsg.), *Deutsche Nationaldenkmale 1790-1990,* Bielefeld 1993. – Vgl. bes.: HAROLD MARCUSE u. a., *Steine des Anstoßes. Nationalsozialismus und Zweiter Weltkrieg in Denkmalen 1945-1985,* Hamburg 1985. – MARTIN STANKOWSKI, *Grenzen der Erinnerung. Die Gedenkstätten für die Opfer des Nationalsozialismus in der Bundesrepublik Deutschland,* in: Historische Denkmäler. Vergangenheit im Dienste der Gegenwart? Bensberger Protokolle, 81, Bergisch Gladbach 1994, S. 37-54. – PETER REICHEL, *Politik mit der Erinnerung. Gedächtnisorte im Streit um die nationalsozialistische Vergangenheit,* München/Wien 1995.

Heinrich Magirius

Theoretische Implikationen und die Praxis der Denkmalpflege heute

Meine Überlegungen nehmen einen Gedanken von Wilfried Lipp und Michael Petzet auf, niedergelegt im Vorwort der Passauer Tagung des Bayerischen Landesamtes für Denkmalpflege von 1993: „Betrachtet man die Denkmalpflege seit 1900, so zeigt sich, daß es trotz einer breiten und höchst differenzierten Ausgangslage und trotz der ständigen ‚Erweiterung' des Denkmalbegriffs zu einer Verengung des Horizonts in Richtung Materialisierung, Technisierung und Juristifizierung gekommen ist und daß dabei wesentliche Kategorien der Denkmalerfahrung, wie etwa jene der positivistisch schwer zu definierenden Stimmungs- und Gefühlswerte des Denkmals, verloren gingen."[1]

Um die derzeitige Situation zu verstehen, scheint es wichtig, daran zu erinnern, daß die Bewußtseinslage von der Profession Denkmalpflege in Deutschland in West und Ost in den fünfziger Jahren unseres Jahrhunderts so verschieden nicht war, zumal uns damals noch Tagungen zur Inventarisation und die Jahrestagung der Vereinigung zusammenführten, die letzte 1963 mit einer Fahrt durch Sachsen-Anhalt.[2] Das theoretische Gepäck der damals führenden Denkmalpfleger war relativ leicht. Man suchte die „Botschaft" der im Zweiten Weltkrieg zerstörten Baudenkmäler weiterzugeben und kam dabei zu relativ unterschiedlichen Ergebnissen. Vorbildlich in unseren Augen war der Zug zur „Verwissenschaftlichung", bei der das Münchner Amt nicht zuletzt durch den unvergessenen Johannes Taubert eine entscheidende Rolle spielte.[3] Neben den damals neuen Methoden der Restauratoren zur Erforschung aller „Schichten" der Denkmale, eröffnete die Bauarchäologie Einblicke in das Werden der Bauwerke, wobei dem „Original" die ungeteilte Aufmerksamkeit galt; waren doch die in der Denkmalpflege maßgebenden Kunsthistoriker – aber auch viele Architekten – der Überzeugung, daß der Rückgriff auf das „Urbild" nicht nur ästhetische Qualität, sondern auch moralische Gesundung verspräche. Daß diesen später in Westdeutschland oft negativ als „restaurativ" verdächtigten Zielen großartige Ergebnisse zu verdanken sind, wird sicher der nächsten Denkmalpfleger-Generation wieder bewußt werden.[4] Als Beispiel für das Bemühen jener Jahre, „Wissenschaftlichkeit" gegen die damals noch immer übliche „schöpferische" Denkmalpflege durchzusetzen, sei an die Restaurierung des Innenraums der Thomaskirche in Leipzig (1961-1964) erinnert.[5] Die Erhaltung der qualitätvollen historischen Ausgestaltung von Konstantin Lipsius aus den Jahren 1872-1889 stand für den Architekten Fritz Steudtner nicht zur Debatte, der die Architekturglieder steinsichtig herstellen und weitgehend originalen Wand- und Gewölbeputz beseitigen wollte (Abb. 1). Aber auch uns lag dieser Gedanke fern: Wir glaubten an die „Hierarchie der Werte", als wir den spätgotischen Zustand des Raumes als den „dominanten" erkannten und diesen nach der Freilegung teils konservierten – so die Ausmalung mit Ranken und Flammen, – teils rekonstruierten – so das innenarchitektonische Gliederungssystem (Abb. 2). Unterdrückt wurde die Erscheinung späterer Zutaten: Die Renaissanceemporen wurden farbig zurückgedrückt und die Ausstattung des 19. Jahrhunderts reduziert, ältere Bauzustände des 13. und 14. Jahrhunderts didaktisch hervorgekehrt.

Allerdings war die Konzentration der damaligen Denkmalpflege auf die bedeutenden Objekte insofern bedenklich, als die vielgestaltige Denkmalwelt und deren Ordnungen in urbanistischen und kulturräumlichen Gefügen noch kaum in den Blick genommen wurden. Diese Defizite der Denkmalpflege wurden schon um 1960/65 auch dem Institut für Denkmalpflege in der DDR, insbesondere Wolf Schubert, der damals nach französischem Vorbild eine Liste der „Monuments classés" einführte und damit die spätere Kategorisierung der Denkmale einleitete, zum Vorwurf gemacht. Sein Credo war allerdings wohlbegründet: Er sah die in den sechziger Jahren kulminierende Denkmalfeindlichkeit der herrschenden Ideologie als so gravierend an, daß er damit wenigstens die wichtigsten Baudenkmäler zu retten hoffte.[6] Es wird einer wissenschaftlich zu erarbeitenden Geschichte der Denkmalpflege in der DDR vorbehalten bleiben müssen zu überprüfen, ob die später bis zur haarspalterischen Lächerlichkeit betriebene Kategorisierung nicht doch bis zu einem bestimmten Grade zur geistigen und materiellen Erhaltung von Denkmalen beigetragen hat. Aus jenen Jahren der serienweisen ideologisch begründeten Vernichtung von Denkmalen in der DDR, der anderslautenden Interpretationen zum Trotz in Westdeutschland nichts auch nur annähernd Vergleichbares entsprach, entstammt unser „verinnerlichtes" Bewußtsein von Gefährdung der gesamten Denkmalwelt.

Unsere Konzentration auf einige wenige Objekte hatte mit dieser gesellschaftlichen Situation der sechziger Jahre zu tun. Es sei an die Goldene Pforte am Freiberger Dom (1966-1971), an die Umsetzung des Chemnitzer Schloßkirchenportals (1977-1979) und an den Wechselburger Lettner (1971/72) erinnert. Bei der Goldenen Pforte ging es um vorrangig konservatorische Probleme (Abb. 3). Die Zementergänzungen von 1862 und der Gersheimsche Kitt von 1896 gefährdeten die Steinsubstanz, erstere waren zu „hart" – nicht dampfdurchlässig –, letztere hygroskopisch. Im Zuge eines breit angelegten kunsthistorischen Forschungsprogramms und mit höchster Vorsicht gegenüber den damals propagierten Steinkonservierungsmitteln wurden die schädlichen Zutaten entfernt und noch überlieferte originale Steine, die im 19. Jahrhundert ausgewechselt worden waren, wieder eingefügt.[7] Als Ergänzungsmaterial wurde ein Kalkstuck mit Kaseinzusatz und unterschiedlich farbiges Sandsteinmehl verwendet, also auf historische Materialien zurückgegriffen. Rekonstruktive Absichten verbanden sich mit den vorherrschend konservatorischen.

Abb. 1. Leipzig, Thomaskirche; Innenraum nach Osten, Zustand 1961: am östlichen Pfeiler der nördlichen Reihe Abnahme des Putzes, um nach dem Ideal des Architekten die nie vorhanden gewesene Steinsichtigkeit freizulegen

Dieselbe Reserve gegenüber langzeitig unerprobten Steinkonservierungsmitteln leitete uns bei der Umsetzung des Nordportals der Schloßkirche in Chemnitz in den Innenraum, eine radikale Lösung, über deren Mut man sich noch nachträglich wundern kann (Abb. 4). Hier blieb der im 19. Jahrhundert mit Zement stark ergänzte Bestand als solcher unangetastet, das Objekt ist am neuen Standort allseits isoliert (Abb. 5).[8] Im Falle des Wechselburger Lettners ging es um eine Wiederaufrichtung eines der bedeutendsten Kunstwerke des 13. Jahrhunderts am originalen Standort, allerdings unter Konzessionen an die Nutzung der romanischen Basilika als Wallfahrtskirche.[9] Der Hauptgesichtspunkt war der einer „Rekonstruktion" eines seit dem 17. Jahrhundert immer wieder veränderten Zustands, der zuletzt – seit den fünfziger Jahren – ästhetisch außerordentlich unbefriedigend war. Der Aspekt der Reversibilität ist dabei schon voll berücksichtigt (Abb. 6). Auch bei der Wiederherstellung von Innenräumen folgten wir seit den siebziger Jahren recht unterschiedlichen Methoden: Den Wiederaufbau der Wolfgangskirche in Schneeberg (Abb. 7, 8) haben wir 1956 bis 1996 seiner kunsthistorischen Bedeutung wegen als konsequente architektonische Rekonstruktion betrieben, bei der Restaurierung der Annenkirche in Annaberg (1975-1985) sind unterschiedliche Methoden – solche der Konservierung, der Restaurierung, aber auch der Rekonstruktion – in den Dienst der Aufgabe gestellt, einen der samt seiner Ausstattung am besten erhaltene Innenräume der deutschen Spätgotik wieder als solchen erlebbar zu machen (Abb. 9).[10] Mit dem allen waren wir uns sicher, in Geist und Buchstaben den Auftrag zu erfüllen, den die Charta von Venedig von 1964 den Denkmalpflegern als internationale Verpflichtung auferlegt hatte.[11] Selbst mit dem Extremfall des Wiederaufbaus der Dresdner Oper (1977-1985) einschließlich der Wiederherstellung auch des Innenraums, den wir zunächst gar nicht gefordert hatten, glaubten wir uns im Bereich des theoretisch Erlaubten in der Denkmalpflege zu bewegen.[12]

Gleichzeitig wurde in den achtziger Jahren die Gefährdung insbesondere für die größeren alten Städte, die mehr und mehr dem Abbruch und einem notdürftigen Ersatz durch industriell gefertigte Bauten anheimfielen, bewußt. Die Verurteilung zur Untätigkeit angesichts eines katastrophalen Niedergangs lähmte schließlich alle geistigen Kräfte.[13] Selbst einer Erfassung und Inventarisation des Bestandes stellten sich vehement ideologische Schwierigkeiten entgegen. Ein Ausweichen in die Geschichte der Denkmalpflege erschien naheliegend.[14] Die nie abgerissenen Kontakte zu den Kollegen in Westdeutschland und die sporadischen Besuche vermittelten kein klares Bild von alternativen Möglichkeiten. Der viel besprochene, 1981 abgeschlossene Wiederaufbau der Frankfurter Oper, den ich offiziell studieren durfte, schien als Alternative zu unserer Aufgabe in Dresden nicht nachahmenswert.[15]

Abb. 2. Leipzig, Thomaskirche; Langhaus nach Westen, Zustand um 1968: nach Befund die Pfeiler wieder verputzt und die Farbigkeit des Raumes – weiß und rot – rekonstruiert, die Reste der „Blumen", der Flammen und Strahlen an den Rippenkreuzungen lediglich freigelegt und konserviert

Auffällig erschien uns, daß kein Denkmalpfleger mehr zu dem „stand", was da geschah. Immer waren Kräfte für die Ergebnisse verantwortlich, die jenseits der Macht der eigentlichen Denkmalpflege wirksam gewesen waren. (Nachträglich versteht man – nachdem man die Stärken und Schwächen der Rechtsstaatlichkeit kennt – einige dieser Schwierigkeiten besser). Trotzdem: Die theoretisch unentwegt reflektierende Denkmalpflege in der „BRD" erschien uns mit den Wünschen und Zielen der Gesellschaft nicht mehr einig, während das in der DDR zunehmend der Fall war, wo das Wirken der Denkmalpfleger stets als eine bestimmte Form des Widerstands gegen die Staatsdoktrin verstanden und von Gruppen von Bürgerrechtlern, die sich der Rettung von Städten verschrieben hatten, sogar aufs Schild gehoben wurde. Einen besonders irritierenden Eindruck hinterließ die Tagung der Vereinigung der Denkmalpfleger in Fulda 1988. Nicht die so geistvolle wie zielsichere Attacke von Reinhard Bentmann gegen die Denkmalpfleger als „Fälscherzunft" verunsicherte,[16] sondern die sichtliche Erheiterung der Zunft ob der Entlarvung, die sie nichts mehr anzugehen schien, weil man sich theoretisch längst über derartige Schwächen erhoben hatte oder erhaben fühlte. Kein Streit mehr um die Innenerneuerung des Fuldaer Doms, wie das zu Heinrich Kreisels und Werner Bornheims, genannt Schilling, Zeiten der Fall gewesen war und kein Zweifel an den Erläuterungen der Forscher unterschiedlicher Provenienz am Zisterzienserinnenkloster Heydau, deren aufwendige, aber widersprüchliche Ergebnisse offenbar von keinem leitenden Kopf mehr getragen schienen.

Einen wichtigen Ansatz zur Gemeinsamkeit im Handeln bildeten nach der „Wende" die Wartburgthesen vom 2. März 1990, denen zufolge die Vertreter der noch existierenden DDR dem formalistischen System der Kategorisierung der Denkmale endgültig abschworen.[17] Vor allem auf dem Gebiet der breit angelegten Schnellerfassung der Denkmale erschien uns zu diesem Zeitpunkt ein Nachholbedarf zu sein, da nach dem bis dahin geltenden Denkmalpflegegesetz dem Institut eine fachliche Möglichkeit nie gegeben gewesen war. Eine unerwartet scharfe Verurteilung erfuhr der „Ruf aus Dresden", in dem am 13. Februar 1990 mit der Unterschrift Dresdner Denkmalpfleger für den Wiederaufbau der Dresdner Frauenkirche geworben wurde.[18] Die Vereinigung der Landesdenkmalpfleger fühlte sich dadurch – allerdings ohne ausdrückliche Nennung des Gegenstandes – veranlaßt, auf der Tagung in Potsdam 1991 eine Erklärung zu beschließen.[19] Sie empfand „Grundfragen des Denkmalverständnisses in der Öffentlichkeit" berührt und stellte fest: „Die Bedeutung der Baudenkmale als Zeugnisse großer Leistungen der Vergangenheit liegt nicht allein in den künstlerischen Ideen, die sie verkörpern, sondern wesentlich in ihrer zeitbedingten materiellen baulichen und künstlerischen Gestalt mit allen Schicksalsspuren. Die überlieferte materielle Gestalt ist als Geschichtszeugnis unwiederholbar wie die Geschichte selbst." In diesem Text ist wohl etwas durcheinander geraten, was an einem Baudenkmal Idee, Material, Gestalt und „Schicksalsspur" ist, gemeint ist aber eindeutig, daß das Materielle am Denkmal einschließlich seiner Schicksalsspuren den eigentlichen Denkmalwert ausmachen. Die Erklärung schließt: „Denkmalpfleger sind einzig den nicht reproduzierten Geschichtszeugnissen verpflichtet und haben zu warnen, wenn die Möglichkeit der Erinnerung im öffentlichen Raum aufgehoben zu werden droht." Diese Konsequenz wäre höchst mißverständlich, wenn dabei nicht vorrangig an den Trümmerberg der Dresdner Frauenkirche gedacht worden wäre, den die deutschen Denkmalpfleger in ihrer Mehrheit gern als Schicksalsspur der selbstverschuldeten deutschen Katastrophe von 1945 öffentlich „erinnert" sehen wollten. Und als der archäologische Wiederaufbau der Dresdner Frauenkirche schon beschlossene Sache war, nämlich 1993, sah sich der Kunsthistoriker Hanno-Walter Kruft verpflichtet, die Dresdner Denkmalpfleger, die sich an dem Wiederaufbau der Frauenkirche beteiligten, anzugreifen: „Das Erstaunliche und Ärgerliche an dieser Entwicklung ist, daß es Historiker, Denkmalpfleger und Kunsthistoriker gibt, die diese Entscheidung mit angeblich wissenschaftlichen Argumenten unterfüttern, so daß in der Öffentlichkeit der Eindruck entstehen muß, daß sich solche Rekonstruktionen legitimieren lassen. Man kann die kollektiven Verdrängungsmechanismen bedauern, ihre willentliche Unterstützung durch eine Instrumentalisierung wissenschaftlicher Argumentation liegt außerhalb jeder Anstandsgrenze und markiert lediglich den Standort derer, die sich dafür hergeben. Falls sie an ihre Argumente glauben, wäre das schlimm." Und weiter: „Der Wissenschaftler stellt sich an der Identifikation mit einem kollektiven Identifikationsbedürfnis hinter eine Rekonstruktion, deren objektive Bedenk-

Abb. 3. Freiberg, Dom; Goldene Pforte, Zustand 1994: Zemente und Kitte sowie skulpierte Ergänzungen des 19. Jahrhunderts wurden entfernt, überlieferte originale Teile, z. B. der Säule links, wieder eingefügt; Ergänzung und Verfugung mit Kalkstuck

Abb. 4. Chemnitz, Schloßkirche; Nordportal, Zustand 1871

Abb. 5. Chemnitz, Schloßkirche; ehemaliges Nordportal nach der Versetzung an die Südseite des Langhauses, die Zementergänzungen des 19. Jahrhunderts wurden beibehalten, Zustand 1996

lichkeit er sieht, die er aber optimal durchzuführen sucht. Im Falle der Semperoper, bei der von einer erheblichen Substanz ausgegangen werden konnte, ist dieser Kompromiß nachvollziehbar. Die Grenze wird jedoch überschritten, wenn sich der gleiche Denkmalpfleger zum Wortführer für den Aufbau der Frauenkirche macht.[20] Aus solchen Attacken spricht nicht abwägendes Urteil, sondern eine emotionale Befremdung gegenüber andersartigen Erfahrungshorizonten. Auf einem Symposium in Hamburg 1992, das dem Umgang mit kirchlichen Ruinen gewidmet war, standen einige Kollegen nicht an, im Wiederaufbau der Frauenkirche in Dresden den Geist des Totalitarismus der ehemaligen DDR wirksam zu sehen, der die Demokratie des Westens ideell untergrabe.[21] Erst nachdem sich die deutschen Denkmalpfleger auf ihrer Tagung 1994 von der Sorgfalt der archäologischen Enttrümmerung der Frauenkirche überzeugt hatten, wurde es stiller um das Problem. Um mehr Verständnis bemüht zeigte man sich schon auf einer Tagung in Bern 1993 mit dem Thema „Denkmalpflege heute".[22]

Erst nachträglich wurde uns deutlich, daß die vehementen Stimmen, die sich um 1989/90 gegen Wiederherstellungen wendeten, von einigen herausragenden und viel umstrittenen Beispielen von praktischen „Rekonstruktionen" der achtziger Jahre herausgefordert worden waren, dem Wiederaufbau der Fassade des Leibnizhauses in Hannover an anderer Stelle 1981/83, der „Römerzeile" in Frankfurt 1983/84, der Rekonstruktion des Innenraumes der Stuttgarter Oper 1983/84 und dem Wiederaufbau des Knochenhauer Amtshauses und anderer Gebäude am Markt in Hildesheim 1980-1989, denkmalpflegerisch unterschiedlich zu bewertenden Leistungen, mindestens so unterschiedlich wie der gleichzeitige Wiederaufbau des Berliner Schauspielhauses 1979-1984 und der Dresdner Oper 1977-1985.[23] Georg Mörschs Einschätzung des Leibnizhauses als „postmodernes Architekturzitat" wird man beistimmen können.[24] Eine Architekturphantasie schlecht verstandenen Klassizismus' ist das Berliner Schauspielhaus, während man doch den Wiederherstellungen der Opern in Dresden und Stuttgart denkmalpflegerischen Ernst nicht wird absprechen können. Hang zur urbanistischen Geborgenheit führte nicht ohne Erfolg zu den Platzfassaden in Frankfurt und Hildesheim, bei denen ein fader Nachgeschmack bleibt. Wenn man aber daran die Elle der Theorie der Denkmalpflege nicht allzu streng anlegt und sich bewußt macht, daß große Teile der Bevölkerung sich nicht nur in Frankreich oder Italien, sondern auch daheim zu Hause fühlen wollen, besitzen solche ausnahmsweise erzielten Lösungen doch eher verständliche, weniger verabscheuungswürdige Züge.[25]

Mit Georg Mörschs „aufgeklärtem Widerstand, das Denkmal als Frage und Aufgabe" von 1989 wird aber mit theoretischen Kanonen auf derartige Erscheinungen geschossen, wobei die Argumente in ihrem Wahrheitsgehalt Insidern seit 100 Jahren zwar wohlbekannt, dem Publikum in der Einseitigkeit und Penetranz ihrer Forderungen doch eher verstiegen als aufgeklärt erscheinen müssen.[26] Eine ganze Phalanx von Verteidigern der Ehre der Denkmalpflege fand sich in der ebenfalls 1989 erschienenen Festgabe für August Gebeßler: „Die Denkmalpflege als Plage und Frage" zusammen.[27] Hier wird die Denkmalpflege endgültig in den elfenbeinernen Turm der „Geschichtlichkeit" gesperrt, so daß man sich fragt, ob die Kollegen als Praktiker nicht wüßten, daß auch bei ihnen selbst das Leben bunter ist, anders läuft, als sie feierlich proklamieren, katechisieren und unbußfertigen Sündern einreden wollen. Einige der Beiträge steigern sich zu einer Art denkmalpflegerischem Ikonoklasmus in ihrer Sorge um die Idee der Historizität der materiellen Substanz und der Verdammung alles dessen, was gefällt.[28] In all diese theoretische Plage fällt als plötzlich erhellender Lichtstrahl der Aufsatz von Albert Knoepfli: „Miszellaneen zur einäugigen Denkmalpflege", in dem auf die liebenswürdigste Weise vor dem „starren Blick" in der Denkmalpflege gewarnt wird.[29] Ohne praktische Wirkung waren die Warner vor der Denkmalpflege als „Disneyland" in den neunziger Jahren wohl dennoch nicht. Jeder Baubeamte weiß nun ganz genau, wie Denkmalpflege richtig gemacht werden muß: Die verordnete Behutsamkeit wird im Bewußtsein der von Denkmalschulen Gebildeten und Halbgebildeten oft zur Selbstentschuldigung der eigenen Hilflosigkeit und Tatenlosigkeit. Intellektuelles Räsonnieren ersetzt pragmatisches Handeln und mündet oft in Weiterleitung von Verantwortung in den Bereich des technisch zu Überprüfenden, zu Erforschenden und Dokumentierenden ohne klare Ziele. Die Politiker mißverstehen Denkmalpflege zunehmend als die berüchtigte „Käseglocke", unter der der materiellen Substanz nichts angetan werden darf. Ihre Konsequenz heißt: eine möglichst kleine Auswahl von Denkmalen, Novellierung von Denkmalschutzgesetzen zum Schutz der Eigentümer vor den Denkmalpflegern, Verlagerung der Verantwortung in die Behörden von Landkreisen und Kommunen, um die Kompetenzen besser „im Griff" zu haben, Verkürzung der Fristen für Baugenehmigungen und so weiter. Die Öffentlichkeit reagiert enttäuscht. Ihr sind die Haarspaltereien der Fachleute nicht recht verständlich. Soweit sie an der Denkmalpflege interessiert ist, überwiegt die Ablehnung von Prinzipien, die sich gegen Erscheinungsbilder richten, die man in sich zu haben glaubt. Starke gefühlsmäßige Bindungen lassen sich ohnehin schwer „aufklären"; sie lösen sich auf, wenn ihnen Stärke fehlt. Rechnet der „aufgeklärte Widerstand" bereits mit der Emotionslosigkeit und dem überwiegenden Desinteresse der Menschen in der westlichen Zivilisation? Gewinner sind die Architekten. Als solche der „Moderne" meinen sie, sich in Anlehnung an ihre klassischen Vorbilder der einstigen Avantgarde auch mit den Denkmalen auseinandersetzen zu müssen. Schwächeren fällt das schwer. Ihre innere Maßstabslosigkeit ist nicht besser als die von ihnen angeprangerte Anpassungsarchitektur der Postmoderne. Stärkere fühlen sich ermutigt, die von der „Moderne" nie geschätzte Vergangenheit beiseite zu schieben. Vielen an sich begabten Architekten sind die Denkmale, die ihnen zugewendete Aufmerksamkeit und die in ihnen erkennbare kulturelle Alternative zum heutigen Bauen zutiefst verhaßt. Diesen Haß konzentrieren sie zwar gern auf die Denkmalpfleger, die sie bezichtigen, vom Geist der Werke nichts zu verstehen, aber im Grunde genommen opponieren sie doch gegen jeden Maßstab, der nicht von ihnen selbst gesetzt wird, meist mit dem selbst für die Geschichte der Denkmalpflege nicht zutreffenden Argument, zu allen Zeiten hätten Architekten entschieden, was bleiben darf, was ersetzt werden muß und wie man mit Denkmalen umgeht. Damit soll nicht gesagt sein, daß nicht auch in jüngster Zeit neue Architektur Denkmalen – auch kontrastierend – in äußerst sensibler Weise zu antworten vermag, wie man zum Beispiel am Stadthaus in Ulm von Richard Meier (1992/93) beobachten kann.[30]

Wenden wir uns schließlich den Praktikern der Denkmalpflege zu. Ist für sie die Theorie von der Unantastbarkeit der „materiellen Substanz" als historisch Gewordenem wirklich der objektive Rettungsanker in der Sturmflut widerstreitender Tendenzen in der Gegenwart? Befremden löst schon die Verkehrung des Begriffs „Substanz" aus, der doch jahrhundertelang mit der Idee von einer Sache verbunden wurde und nicht mit seiner akzidentiellen Materie. Aber unabhängig davon verwundert die Sorglosigkeit, mit der von der Geschichte der Denkmalpflege Abstand genommen wird. Ihre nicht ganz zu Unrecht beschworene Tendenz zur historischen „Aufklärung" eigentlich abgerissener Traditionen wurde ergänzt von Erfahrungen der Romantik und Historismus, Epochen, die Georg Dehio doch wohl nicht ganz zu Unrecht für „Großväter" und „Väter" moderner Denkmalpflege hielt.[31] Die von Alois Riegl erhoffte Loslösung der Denkmalbegriffe von vorbildhafter Geschichtlichkeit und ihr Aufgehen in

Abb. 6. Wechselburg, ehem. Stiftskirche; Lettner nach der Wiederaufrichtung unter Verwendung aller originalen Teile am historischen Standort. Die Reversibilität ist dadurch gewährleistet, daß das konstruktive System vom historischen Material getrennt entwickelt wurde und alle an das Original angrenzenden neuen Teile in Kalkstuck ausgeführt wurden. Zustand um 1975

Abb. 7. Schneeberg, St. Wolfgangskirche; Langhaus nach Osten vom Turm. Durch Tiefflieger 1945 in Brand geschossen, stürzten noch im Sommer die Gewölbe und Pfeiler ein. Die umlaufenden Emporen wurden vom Architekten aus gestalterischen Gründen im Zusammenhang der Beräumung entfernt, dadurch die Gefahr des Einsturzes erhöht, Zustand 1948

Abb. 8. Schneeberg, St. Wolfgangskirche; Langhaus nach Osten nach der Rekonstruktion der umlaufenden Empore, der Pfeiler und Gewölbe. Die konsequente Rekonstruktion des Innenraumes erfolgte zwischen 1956 und 1996. 1996 Aufstellung des geretteten Altares von Lucas Cranach d. Ä., Zustand 1997

einem neuen, reinen „Alterswert" ist dem 20. Jahrhundert nicht gelungen.[32] Die Denkmale sind zwar keine Vorbilder mehr, eher historische Gegenbilder, aber gerade in ihrer Gestalthaftigkeit faszinieren die historischen Denkmale uns und unsere Zeitgenossen nicht weniger als die Menschen des 19. Jahrhunderts. Die Denkmalschutzgesetze geben diesem Bewußtsein juristisch Ausdruck. Angelehnt an Formulierungen der Gesetze möchte ich folgende theoretische Überlegungen anstellen:

Denkmale sind von Menschen geschaffene Sachen oder Spuren von denselben, die in unmittelbarer Anschauung und anschließender wissenschaftlicher Reflexion als nicht zeitgenössisch, sondern geschichtlich, aber gerade darin als kulturell wichtig erkannt und erhalten werden. Mit dieser Definition wird vor allem der reflexive Charakter der Denkmalerfassung und -pflege betont. Denkmale werden von Individuen oder Gruppen von Menschen gesetzt, die in der Erscheinung von historischen Gegenständen Bestätigungen von Teilen ihres Selbstbewußtseins, die ihnen die eigene Zeit nicht oder nur ungenügend vermitteln kann, erfahren. Diese Definition von Denkmalerfassung- und pflege lehnt die Theorie ab, daß Denkmale in „historischer Substanz" schlechthin gegenwärtig sind. Erst der Akt der Erkenntnis, der sich nie auf die Totalität des Geschichtlichen, sondern immer nur auf bestimmte anschauliche Merkmale beziehen kann, erhebt das Objekt zum Denkmal. Anders als in der schriftlichen Überlieferung, in der fest umrissene Inhalte tradiert werden, wirkt das als Denkmal erkannte Objekt durch gestalthafte Züge oder Eigenarten, die bestimmte Assoziationen erwecken. Nur in diesen scheint Geschichtliches auf. In einem konsolidierten Rechtsstaat kann es so scheinen, als seien die durch Gesetze verankerten Schutzgüter fest umgrenzte und umgrenzbare Quantitäten und Qualitäten. Das ist – wie wir aus unseren Erfahrungen aus der DDR wissen – prinzipiell nicht so, da sie dort der jeweiligen politischen Nutzbarkeit anheimgegeben oder einfach für unnütz erklärt wurden. Aber auch der Rechtsstaat, der für seine Politik Prioritäten setzt, wird den Denkmalen nur den Raum geben, den Individuen oder Gruppen von Menschen für ihn erkämpfen, d. h. das wichtigste Merkmal eines Denkmals war schon immer und bleibt seine Gefährdung.[33] Allerdings: „Wo Gefahr ist, wächst das Rettende auch." Denkmalpflege ist in der heutigen Form eine „moderne" historische Erscheinung, die sich aus dem Bewußtsein der Gefährdung menschlicher Kultur in Europa seit dem endenden 18. Jahrhundert ergeben hat. Der seither anhaltende und in den letzten 50 Jahren globale „Denkmalkultus" ist als kulturelles Gegengewicht zur Zivilisation der Moderne zu verstehen, die kulturell defizitäre Züge aufweist. Die Tendenz zur Denkmalpflege wird durch die erst seit einigen Jahrzehnten bewußt gewordene Möglichkeit verstärkt, daß es der gegenwärtigen Zivilisation möglich ist, auf alle ge-

Abb. 9. Annaberg, St. Annenkirche; der 1996 am westlichen Pfeiler der südlichen Reihe aufgestellte restaurierte Bäckeraltar mit Blick in das Langhaus nach Osten. Sämtliche Oberflächen des Innenraumes wurden mechanisch freigelegt, die Farbigkeit der Wände und Architekturglieder, Pfeiler und Rippen rekonstruiert, die freigelegten „Blumen" an den Rippenkreuzungen lediglich ergänzt, Zustand 1997

Abb. 10. Dresden, Platz zwischen Schloß, Taschenbergpalais und Gemäldegalerie mit Eingangsgebäude zum Schloßmuseum als viergeschossiger, transparenter Glasbaukörper nach Vorschlag von Michael Wilford; Ergebnis des Kolloquiums „Museumskomplex Dresdener Schloß" 1996

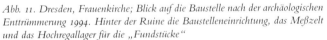

Abb. 11. Dresden, Frauenkirche; Blick auf die Baustelle nach der archäologischen Enttrümmerung 1994. Hinter der Ruine die Baustelleneinrichtung, das Meßzelt und das Hochregallager für die „Fundstücke"

schichtlichen Zeugnisse des Menschen samt den zu seinem Leben wichtigen natürlichen Ressourcen zu verzichten. Seither hat sich in der Denkmalkunde auch die Einsicht durchgesetzt, daß die geomorphologischen und topographischen Zusammenhänge, in denen Denkmale anzutreffen sind, für deren Erscheinung von großer Bedeutung sind. Schutz und Pflege von Natur kann nicht mehr losgelöst von Schutz und Pflege historischer Kultur erfolgen.[34]

Hält man eine derartige theoretische Implikation der Denkmalpflege für akzeptabel, so erscheinen heute in der Denkmalpflege übliche Praktiken teils verständlicher, teils aber noch weniger entschuldbar, als das bisher der Fall war. Zunächst: Es gibt in der Arbeit mit Werken der Vergangenheit nicht nur einen Verrat an deren materieller Seite, sondern auch an deren ideeller, obwohl sie meist eng miteinander verbunden sind. Würde ein Schloß wie das Dresdner als Bürohaus wiederaufgebaut, würden zwar die Ruinenreste unter Dach und Fach kommen, aber das Monument als Erinnerung an eine vielhundertjährige Geschichte ginge verloren. Aber selbst wenn das Schloß als Museum für die Schätze der Kunstsammlungen bestimmt wäre und der Architekt hätte nur die zukünftige Funktion der Besucherströme und deren Kunstrezeption im Auge, nicht aber die Biographie des Objekts, würde dem Schloß geschadet, so belegbar durch einige der 1996 von Architekturgutachtern vorgeschlagene Lösungen (Abb. 10).[35] Der Wiederaufbau der Dresdner Frauenkirche ist nicht nur ein Erfordernis des zu reparierenden Stadtbildes, das man nur irgendwie und sei es durch eine Replik aus Beton – etwa auf Stelzen, wie das 1994 vorgeschlagen wurde – schließen könnte. Verantwortbar in unserem Sinne ist lediglich ein „archäologischer" Wiederaufbau unter Verwendung historischen Materials und nach Möglichkeit nach den baulichen Grundsätzen George Bährs (Abb. 11-13).[36] Aber darüber hinaus erfordert der Wiederaufbau der Kirche auch Rücksichtnahme auf den „historischen Ort", der Bau erlangt seine kulturelle Strahlkraft nur durch ein angemessenes Umfeld, die Wiederherstellung der umgebenden Platz- und Straßenräume, nach Möglichkeit unter Beachtung der Parzellenstruktur und der Wiederherstellung von mehr oder weniger gut erhaltenem Material von Leitbauten (Abb. 14).[37]

Ein heiß diskutiertes Thema ist die teilweise Umnutzung des Leipziger Hauptbahnhofs als riesiges Geschäftshaus und Parkhaus, die nicht nur Schäden am baulich Überlieferten, sondern auch am Verständnis seiner ursprünglichen Bestimmung nach sich zieht. Zur Zeit herrscht in der im Zweiten Weltkrieg wenig zerstörten Innenstadt von Leipzig ein nachträglicher Vernichtungskrieg, hervorgerufen durch Abrißbirnen, die reihenweise mit den Bürgerhäusern die Tradition Leipzigs als alte Handelsstadt auslöschen. Nachdem mit dem Fregehaus, Katharinenstraße 11, und dem Bosehaus, Thomaskirchhof 16, in der Zeit der DDR unter großen Mühen zwei alte Kaufmannshöfe weitgehend unter Wahrung ihrer alten Substanz und Struktur wiederhergestellt worden sind, bleibt jetzt im besten Fall – wie bei Barthels Hof oder beim Zentral-Messepalast, Ecke Grimmaische/Reichsstraße – die Fassade stehen (Abb. 15-20).[38] Die Kultur der Patrizier, die in großer Dichte in diesen Häusern vorhanden war, die Treppenhäuser, Stuckdecken, Holzdecken, Malereien, Tapeten wurden bestenfalls noch einmal dokumentiert oder ver-

Theoretische Implikationen und die Praxis der Denkmalpflege heute 119

Abb. 12. Dresden, Frauenkirche; Altarraum und Altar nach der Freilegung 1994. Etwa 3000 geborgene Einzelteile können wieder am gesicherten Altaraufbau angebracht werden

Abb. 13. Dresden, Frauenkirche; steingerechtes Aufmaß der Nordseite mit Darstellung der originalen Partien und der zum Wiedereinbau vorgesehenen „Fundstücke", Plan von 1995

schwanden gleich ungesehen. In diesem Zusammenhang ist ein kritisches Wort zum Thema Archäologie zu sagen. Selbstverständlich ist es wichtig, die Bau- und Siedlungsgeschichte im Fall von Eingriffen in den Boden und Siedlungshorizonte zu erforschen und zu dokumentieren. Aber ein Alibi für diese Zerstörungen darf sich der Verursacher auch dann nicht erkaufen dürfen, wenn sein Geld die Forschungen erst ermöglicht. In keinem Computer, in dem unendliche Datenmengen zu archäologischen Fakten eingegeben werden, können Denkmale wieder lebendig werden. Ja, es ist oft zu fragen, ob – wenn nicht ganz bestimmte Fragestellungen leitend sind – archäologische Forschungen überhaupt kulturellen Sinn haben. Diese Sinnfrage steht aber nicht für die Archäologie allein, sie ist hier nur besonders fragwürdig. Sie betrifft das gesamte Handeln der Denkmalpflege, sowohl die Erfassung und Inventarisation der Objekte als auch die daran zu knüpfenden Pflege- und Wiederherstellungsmaßnahmen. Die Gratwanderung von Denkmalkunde und Denkmalpflege beginnt mit der Auswahl des Denkmalfähigen und Denkmalwerten aus der Masse des historisch Überlieferten. Anders als bei Schriftzeugnissen ist bei Denkmalen der Zeugniswert an anschauliche Elemente oder an den Ort, den Topos, gebunden. Meist trifft beides zusammen. Die Dichte und Prägnanz anschaulicher Elemente oder die Wichtigkeit der Erinnerung an einen Ort entscheiden über den Denkmalwert. Sicher ist nicht das Gestalthafte oder Schöne allein von Bedeutung, aber auch nicht die Historizität des materiell Überlieferten allein. Subjektiv Erkanntes und objektiv Aufgewiesenes bilden im

Abb. 14. Dresden, Plan zur Gestaltung des Neumarktgebietes; Ergebnis einer Planungsgruppe von 1994/95. Im Original gelb (hier hellgrau): Begrenzung der Straßen und Platzräume. Rot: Baufluchten und Leitbauten. Blau: Innenhöfe, Zeichnung von K. Lässig

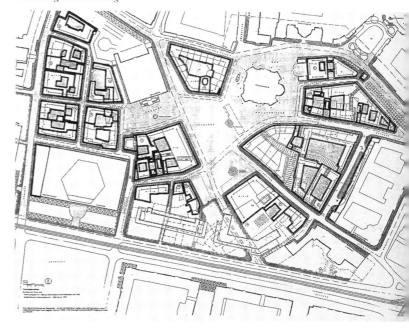

Abb. 15. Leipzig, Hainstraße 8, 6 und 4. Beim Abbruch des konstruktiv gefährdeten Hauses Hainstraße 6 (Mitte) wurde der historisch bedeutende Hof des Hauses Nr. 8 (links) mit abgerissen. Auch der Hof des Hauses Hainstraße 4 (rechts) ist in Gefahr, abgerissen zu werden; Zustand 1997

Abb. 17. Leipzig, Zentralmessepalast Grimmaische Straße Ecke Neumarkt nach der Auskernung 1997

Abb. 16. Leipzig, Hainstraße 12, 14 nach dem Abbruch, das Haus Nr. 16 ist bereits ausgekernt, nur die Fassade bleibt stehen; Zustand 1997

Abb. 18. Leipzig, Nordseite des Marktes, das Eckhaus zur Hainstraße nach der Auskernung 1997

Abb. 19. Leipzig, Barthels Hof nach der „Sanierung". Erhalten blieben nur die Außenmauern. Die gesamte innere Struktur einschließlich der Dachkonstruktion neu; Zustand 1997

Abb. 20. Leipzig, Häuser an der Südseite des Brühl mit den Häusern 6, 8 und 10; Die Häuser 6 und 8 Neubauten anstelle abgebrochener Altbauten, Nr. 10 (links) Neubau anstelle eines Hauses aus dem 16. und 17. Jahrhundert im Gange; Zustand 1997

Abb. 21. Freiberg, Dom; Tulpenkanzel nach der Konservierung und Restaurierung 1992-1994; Zustand 1996

dieser Hand entscheidet sich unserer Einsicht nach die richtige ikonographische Aussage des Denkmals (Abb. 21, 22). Natürlich haben wir hier die Forderung nach Reversibilität strikt befolgt. Nicht immer aber ist das möglich. Die Figurengruppe „Zeit raubt die Schönheit", eine barocke Marmorplastik im Großen Garten in Dresden, war nur durch eine Vakuum-Volltränkung mit Acrylharz zu retten; sie ist irreversibel keine Marmorskulptur mehr (Abb. 23).[40] Der angeblich lediglich konservierte Altar der Dresdner Dreikönigskirche enthält unzählige Edelstahlanker, die sein Sandsteinmaterial zusammenhalten; er wurde als Ruine gestalterisch interpretiert (Abb. 24).[41] Und die „Substanzänderung" trifft für die Gefüge unzähliger Baudenkmale zu, deren statische Kraftflüsse verändert, deren Mauerwerk oder Dachstühle ganz oder teilweise ausgetauscht und die fast immer einiger historischer Schichten ihres Werdens beraubt werden. Bereits die naturwissenschaftlich-technische Prospektion, aber erst recht die archäologische Forschung mindert historische Substanz, noch vielmehr die Denkmalpflege. Kein Rückzug

Abb. 23. Dresden, Großer Garten, Figurengruppe „Zeit raubt die Schönheit" von Pietro Balestra 1. V. 18. Jahrhundert; die aus weißem Marmor gearbeitete Plastik wurde mit Acrylharz unter Vakuum vollgetränkt. Im Hintergrund das wiederaufgebaute Palais mit rekonstruiertem Dach; Zustand 1997

Abb. 22. Freiberg, Dom; lauschender Mann an der Tulpenkanzel mit der reversiblen Ergänzung der rechten Hand von 1994; Zustand 1996

Denkmal eine Einheit. So werden Denkmale „erklärt", und der Denkmalpfleger glaubt, mit seinen Begründungen endlich sein Schäfchen im Trockenen zu haben. Wenn jedoch der Öffentlichkeit oder bestimmten Gruppen diese Einsicht der Fachleute abgeht, findet sie allemal Wege, die Denkmalwürdigkeit zu bestreiten, ja außer Kraft zu setzen oder einzuschränken. Auch im Handeln der professionellen Denkmalpfleger läßt sich Richtiges vom Falschen durch Kernsprüche wie „Konservieren, nicht Restaurieren!", „Erhaltet den geschichtlich gewordenen Zustand!", „Reversibilität!" nicht einfach trennen, so wichtig solche Forderungen auch immer sein mögen.

Für die Unmöglichkeit, zu konservieren ohne nicht auch zu restaurieren und zu rekonstruieren, könnte fast jede denkmalpflegerische Maßnahme der Gegenwart ins Feld geführt werden. Ich wähle eine, bei der der zukünftige Nutzen, der meist zu rekonstruktiven Eingriffen zwingt, gar keine Rolle spielt: die Wiederherstellung der Tulpenkanzel im Freiberger Dom.[39] Die Komplexität der durch unterschiedliche Einflüsse geschädigten Steinmaterie ermöglichte an der Kanzel selbst rein konservatorisches Vorgehen, an der Treppe aber erzwang sich ein Abbau und die Entnahme von Eisen und Ergänzungsmassen und schließlich haben wir dem Lauschenden am Fuße der Kanzel aufgrund von archäologischen Spuren seine rechte Hand mit dem Rosenkranz rekonstruiert, denn an

auf das bloß Materielle als das einzig Zeugnishafte im Denkmal kann die Denkmalpflege moralisch entlasten, nicht einmal des Denkmals Sterben und sein Tod.[42] Aber auch nicht der Wahn, Denkmalpflege diene mit ihrem Handeln der Entmythologisierung, der ideologischen „Aufklärung" der Vergangenheit allein. Gewiß ist die Denkmalpflege vom Vorwurf der „Beschönigung", ja der Mythisierung der Vergangenheit auch unter mehr oder weniger bewußten ideologischen Vorurteilen nicht freizusprechen. Das enthebt sie aber nicht der Verantwortung, Werte auch als geistige und künstlerische Zeichen zur Anschauung zu bringen. Wenn die professionelle Denkmalpflege sich als dazu unfähig erweist, werden das Künstler tun. Christos enthüllende Verhüllung des Reichstags in Berlin 1995 folgt nun die totale Entkernung des Bauwerkes, zwei sich ergänzende Extreme des heutigen Handelns am Denkmal, aber solche, die jenseits der Verantwortung durch Denkmalpfleger liegen. Diese sind dazu berufen, die Denkmale als Werke der Vergangenheit zu werten, zu erhalten und darzustellen. Nicht zuletzt darauf, auf ihrer trotz aller manchmal fragwürdigen zeitgenössischen Nähe doch alternativen Bedeutung beruhte schon stets die kulturelle Strahlkraft der Denkmale. Sie ist unvermindert wichtig in einer Zeit, die sich ihrer Grenzen mehr und mehr bewußt wird.

Abb. 24. Dresden, Dreikönigskirche; Altar von Johann Benjamin Thomae 1738. Durch Vernadelungen 1993/94 im Bestand gesichert und um der ikonographischen Aussage willen teilergänzt; Zustand 1997

ANMERKUNGEN

1 WILFRIED LIPP/MICHAEL PETZET (Hrsg.), *Vom modernen zum postmodernen Denkmalkultus? Denkmalpflege am Ende des 20. Jahrhunderts*, 7. Jahrestagung der Bayerischen Denkmalpflege. Passau, 14.-16. Okober 1993, Arbeitshefte des Bayerischen Landesamtes für Denkmalpflege, Bd. 69, München 1994, S. 5.
2 ELISABETH HÜTTER/HEINRICH MAGIRIUS, *Zum Verständnis der Denkmalpflege in der DDR*, in: Zeitschrift für Kunstgeschichte, 55, 1990, S. 397-407; vgl. auch in: WILFRIED LIPP (Hrsg.), *Denkmal-Werte-Gesellschaft. Zur Pluralität des Denkmalbegriffs*. Frankfurt a. M./New York 1993, S. 292-314.
3 JOHANNES TAUBERT, *Farbige Skulpturen. Bedeutung, Fassung, Restaurierung*, München 1978.
4 Den zwei Bänden: *Schicksale deutscher Baudenkmale im Zweiten Weltkrieg: eine Dokumentation der Schäden und Totalverluste auf dem Gebiet der Deutschen Demokratischen Republik*, hrsg. und redakt. bearbeitet von GÖTZ ECKARDT, Berlin 1978 folgten erst 1988 zwei Bände von HARTWIG BESELER/NIELS GUTSCHOW, *Kriegsschicksale deutscher Architektur. Verluste-Schäden-Wiederaufbau. Eine Dokumentation für das Gebiet der Bundesrepublik Deutschland*, Neumünster 1988.
5 HEINRICH MAGIRIUS, *Denkmalpflege an Kirchenbauten der obersächsischen Spätgotik*, in: Denkmale in Sachsen. Ihre Erhaltung und Pflege in den Bezirken Dresden, Karl-Marx-Stadt, Leipzig und Cottbus, Weimar 1978, S. 160-209.
6 Wie Anm. 2.
7 HEINRICH MAGIRIUS, *Der Freiberger Dom: Forschungen und Denkmalpflege*, Weimar 1972, bes. S. 243-249.
8 Die bedeutsame Rettung, die insbesondere dem Bildhauer Egmar Ponndorf zu verdanken ist, wurde bisher noch nicht ausführlich beschrieben, vgl. den Kurzbericht in dem Band *Denkmale in Sachsen* (wie Anm. 5), S. 397-398 und S. 454.
9 ELISABETH HÜTTER/HEINRICH MAGIRIUS, *Der Wechselburger Lettner: Forschungen und Denkmalpflege*, Weimar 1983.
10 HEINRICH MAGIRIUS, *St. Annen zu Annaberg*, München/Zürich 1991.- DERS., *Schneeberg, St. Wolfgang*, Passau 1996.
11 ICOMOS. *Charta von Venedig. Internationale Charta über die Konservierung und Restaurierung von Denkmälern und Ensembles (Denkmalberichte)*, in: Denkmalschutz. Texte zum Denkmalschutz und zur Denkmalpflege, Schriftenreihe des Deutschen Nationalkomitees für Denkmalschutz, Bd. 52, Bonn 1996, S. 55-56.
12 HEINRICH MAGIRIUS, *Gottfried Sempers zweites Hoftheater*, Leipzig 1985, S. 271-292
13 HENRICH MAGIRIUS, *Zum Schicksal der Bau- und Kunstdenkmäler in der DDR*, in: Kunstchronik, 43, 1990, S. 237-248. – DERS. *Zur Geschichte der Denkmalpflege in der früheren DDR*, in: Denkmalschutz und Denkmalpflege: 10 Jahre Denkmalschutzgesetz Nordrhein-Westfalen, hrsg. von Reinhard Grätz/Helmut Lange/Hermannjosef Beu, Köln/Bonn 1991, S. 285-289.
14 Einer Idee von Hans Nadler folgend, sollte die Geschichte der Denkmalpflege in den Ländern, die in der DDR aufgegangen waren, dargestellt werden. Erschienen sind nur zwei Bände: HEINRICH MAGIRIUS, *Geschichte der Denkmalpflege. Sachsen*, Berlin 1989 und PETER FINDEISEN, *Geschichte der Denkmalpflege. Sachsen-Anhalt*, Berlin 1990.
15 WILFRIED EHRLICH, *Alte Oper. Neues Haus. Bericht über ein Frankfurter Ereignis*, Stuttgart 1981.
16 REINHARD BENTMANN, *Die Fälscherzunft – Das Bild des Denkmalpflegers*, in: Deutsche Kunst- und Denkmalpflege, 46, 1988, H. 2, S. 155-169 und in: LIPP (wie Anm. 2), S. 203-246.
17 *Vereinigung der Landesdenkmalpfleger in der Bundesrepublik Deutschland: Thesen der Denkmalpflege*. Wartburg, 2. März 1990, in: Denkmalschutz. Texte zum Denkmalschutz und zur Denkmalpflege, Bd. 52, Bonn 1996, S. 209-210.
18 FRITZ LÖFFLER, *Frauenkirche Dresden*, mit einer Ergänzung von Heinrich Magirius, Schnell Kunstführer Nr. 1858, München/Zürich 1991, S. 21-22; vgl. auch *Meinungsstreit. Wiederaufbau der Dresdner Frauenkirche oder Ruine als Denkmal*, in: Deutsche Kunst- und Denkmalpflege, 49, 1991, S. 79-82.
19 *Vereinigung der Landesdenkmalpfleger in der Bundesrepublik Deutschland: Rekonstruktion von Baudenkmalen. Potsdam, Juni 1991*, in: Denkmalschutz. Texte zum Denkmalschutz und zur Denkmalpflege, Bd. 52, Bonn 1996, S. 222.
20 HANNO-WALTER KRUFT, *Rekonstruktion als Restauration? Zum Wiederaufbau zerstörter Architektur*, in: Neue Zürcher Zeitung. Literatur und Kunst, 3./4. Juli 1993, Nr. 151.
21 *Frauenkirche in Dresden – Ruine oder Wiederaufbau?*, in: Vom Umgang mit kirchlichen Ruinen: Symposium und Ausstellung, Hamburg 1992.
22 ULRIKE WENDLAND, *Bericht von der Jahrestagung der Vereinigung der Landesdenkmalpfleger in Meißen, 26. Juni bis 1. Juli 1994*, in: Die Denkmalpflege, 52, H. 2, 1994, S. 107-122. Der Dokumentationsband der Berner Tagung ist unter dem Titel: Denkmalpflege heute, Neue Berner Schriften zur Kunst, Bern 1996 erschienen.
23 Zusammenfassend sind diese Leistungen m. W. noch nie beschrieben worden; dagegen sind die nebenher ausgesprochenen Verdikte der professionellen Denkmalpfleger recht zahlreich. Zur „Römerzeile" vgl. *Frankfurt, die Römerberg-Bebauung*, in: Baumeister 1984, H. 1, S. 11. – Zum Theater in Stuttgart vgl. *Das Große Haus des Württembergischen Staatstheaters Stuttgart. Die Restaurierung 1983-84*, Stuttgart 1984. – Zum Marktplatz in Hildesheim vgl. JÜRGEN PAUL, *Der Streit um das Knochenhaueramtshaus in Hildesheim*, in: Deutsche Kunst und Denkmalpflege, 38, 1980, S. 64-76; *Der Marktplatz zu Hildesheim. Dokumentation des Wiederaufbaus*, Hildesheim 1989. Zum Wiederaufbau des Berliner Schauspielhauses vgl. *Das Schauspielhaus am Platz der Akademie in Berlin*, in: Architektur der DDR 3, 1985, S. 137-147. – Zum Wiederaufbau der Dresdner Oper vgl. Anm. 12 und WOLFGANG HÄNSCH, *Die Semperoper. Geschichte und Wiederaufbau der Dresdner Staatsoper*, Berlin 1986.
24 *Hannovers neues Leibnizhaus. Denkmalpflege oder postmodernes Architekturzitat?*, in: GEORG MÖRSCH, Aufgeklärter Widerstand. Das Denkmal als Frage und Aufgabe, Basel/Boston/Berlin 1989, S. 109-114.
25 So das Urteil von MICHAEL PETZET, *Der neue Denkmalkultus am Ende des 20. Jahrhunderts*, in: LIPP/PETZET (wie Anm. 1), S. 13-20.
26 Die Einführung des Begriffs der „Aufklärung" in die Theorie der Denkmalpflege geht wohl auf den „Aufklärungskongreß" 1987 in Frankfurt zurück; vgl. GOTTFRIED KORFF, *Von der Leidenschaft des Bewahrens*, in: Lit. Anm. 1, S. 64-68; hier auch der Hinweis auf WILLIBALD SAUERLÄNDER, *Aufklären als kulturelle Aufgabe heute*, in: Die Zukunft der Aufklärung, Frankfurt/M. 1988, S. 69-72.
27 GEORG MÖRSCH/RICHARD STROBEL (Hrsg.), *Die Denkmalpflege als Plage und Frage. Festgabe für August Gebeßler*, München/Berlin 1989.
28 Als eigentlicher Feind der Denkmalpflege wird der Hedonismus einer Gesellschaft gegeißelt, dem die Denkmalpfleger als treue Wächter düster-dräuender Geschichtswahrheit gegenüberstehen, „widerstehen", so z. B. NORBERT HUSE, *Unbequeme Denkmale*, in: MÖRSCH/STROBEL (wie Anm. 27), S. 96-101.
29 ALBERT KNÖPFLI, *Miszellaneen zur einäugigen Denkmalpflege*, in: MÖRSCH/STROBEL (wie Anm. 27), S. 121-132.
30 ALEXANDER WETZIG, *Neue Architektur in Ulm*, in: Baumeister, 1995, H. 6. – „Exkursion" und Wieder ganz in Weiß, in: deutsche bauzeitung, H. 12, 1993, S. 122.
31 Vgl. EVA-MARIA HÖHLE, *Das Gefühl in der Denkmalpflege*, in: LIPP/PETZET (wie Anm. 1), S. 71-73.
32 Alois Riegl, *Der moderne Denkmalkultus, sein Wesen und seine Entstehung*, Wien/Leipzig 1903, neuerdings wieder herausgegeben und kommentiert von ERNST BACHER, Kunstwerk oder Denkmal? Alois Riegls Schriften zur Denkmalpflege, Wien/Köln/Weimar 1995.
33 Diese meine Erfahrungen als Denkmalpfleger legte ich meiner Geschichte der Denkmalpflege (wie Anm. 14), S. 8, zugrunde.
34 Dieser Aspekt der Kulturlandschaft wurde auf der Tagung der Vereinigung der Landesdenkmalpfleger in Kiel im Juni 1996 ausführlich diskutiert.
35 Abschlußbericht der Gutachterkommission zum Kolloquium „Museumskonzeption Dresden – Wiederaufbau des Dresdner Schlosses", insbesondere die „Notate" von Jo Coenen, Axel Fickert, Ivano Gianola und Michael Wilford, Dresden 1996.
36 HEINRICH MAGIRIUS, *Der archäologische Wiederaufbau der Dresdner Frauenkirche. Eine wissenschaftstheoretische Grundlegung*, in: Die Dresdner Frauenkirche. Jahrbuch zu ihrer Geschichte und zu ihrem archäologischen Wiederaufbau, 1, Weimar 1995, S. 81-83.
37 DIETER SCHÖLZEL/WALTER KÖCKERITZ, *Zur künftigen Gestaltung des Neumarktes in Dresden*, in: Die Dresdner Frauenkirche. Jahrbuch zu

ihrer Geschichte und zu ihrem archäologischen Wiederaufbau, 2, Weimar 1996, S. 181-196.
38 Widerstand gegen die neue Leipziger Barbarei rührt sich kaum, eine Ausnahme bildet die KULTURSTIFTUNG LEIPZIG mit dem Artikel: *Behutsamkeit statt Denkmalschutz*, in: Leipziger Blätter, 29, 1996, S. 41.
39 ARNDT KIESEWETTER/HEINER SIEDEL/MICHAEL STUHR, *Die Tulpenkanzel im Dom zu Freiberg*, Arbeitshefte des Landesamtes für Denkmalpflege Sachsen, Bd. 2, Dresden 1995.
40 HEINRICH MAGIRIUS, *Vom Nutzen der Kunstgeschichte für die Denkmalpflege*, in: Denkmalpflege in Sachsen. Mitteilungen des Landesamtes für Denkmalpflege, 1995, S. 117-131.
41 HEINRICH MAGIRIUS, *Der Wiederaufbau der Dreikönigskirche in Dresden* sowie Berichte über die Untersuchungen und Konservierung des Altars von WOLFGANG BENNDORF/HENDRIK HEIDELMANN erscheinen im Band: 100 Jahre Denkmalpflege in Sachsen im Jahre 1997.
42 Besonders betroffen macht der „Todeskult" im Kommentar von REINHARD BENTMANN zu seiner Rede über die Fälscherzunft von 1993; vgl. in: LIPP (wie Anm. 2), S. 236-246.

ABBILDUNGSNACHWEIS

BETTINA SCHÖNER, Dresden: *Abb. 11*. – Alle anderen Neuaufnahmen oder Reproduktionen des Landesamtes für Denkmalpflege Sachsen (Waltraud Rabich)

Stefan Scherg

25 Jahre Bayerisches Denkmalschutzgesetz – eine Zwischenbilanz

I. Vorbemerkung

Das Bayerische Denkmalschutzgesetz wird 1998 25 Jahre alt.[1] Als Rechtsmaterie noch vergleichsweise jung, nähert es sich damit immerhin dem zeitlichen Abstand von der Gegenwart, der nach seinen eigenen Kriterien für ein Produkt „aus vergangener Zeit" zu fordern und damit als eine Grundvoraussetzung der Denkmalwürdigkeit anzusehen ist. Doch stellt sich das Denkmalrecht deshalb schon als Relikt einer abgeschlossenen historischen Epoche dar, das heute in dieser Form wohl kaum mehr verabschiedet würde und daher ebensogut der Rechtsgeschichte überantwortet werden könnte?

Zwar unterscheidet sich unsere Befindlichkeit am Ende des Jahrhunderts in verschiedener Hinsicht von den Rahmenbedingungen der frühen siebziger Jahre. Die „Grenzen des Wachstums", damals als These des Club of Rome in bezug auf die Endlichkeit unserer natürlichen Ressourcen in aller Munde, sind zumindest im Hinblick auf die Leistungsfähigkeit des Wohlfahrtsstaates mit umfassendem Regelungsanspruch und sich ständig ausweitenden öffentlichen Leistungen längst erreicht. Auch die Euphorie und Aufbruchstimmung des vom Europarat ausgerufenen Europäischen Denkmalschutzjahres 1975 ist einer insgesamt nüchterneren Stimmungslage gewichen: Im Vordergrund der öffentlichen Diskussion stehen heute andere Themen, insbesondere die Sorge um den Erhalt von Arbeitsplätzen und die Sicherung des Wirtschaftsstandorts Deutschland.

Gleichwohl kann von einer Krise des Denkmalschutzes und der Denkmalpflege sowie ihrer rechtlichen Grundlagen keine Rede sein. Erst recht besteht kein Anlaß für eine „Fin-de siècle-Stimmung", wie sie sich als Entzugserscheinung und Reaktion auf den Abschied von ständigen Zuwachsraten mitunter auszubreiten scheint. Das Gesamtbild 25 Jahre nach Erlaß des Bayerischen Denkmalschutzgesetzes erlaubt vielmehr eine erstaunlich positive Bilanz. Paradoxerweise erkennt man wirklich nachhaltigen Erfolg am ehesten daran, daß Errungenschaften kaum noch wahrgenommen werden, weil sie längst schon zur Selbstverständlichkeit geworden sind. Denn auch wenn Denkmalschutz und Denkmalpflege eine Daueraufgabe bleiben werden, müssen selbst Skeptiker einräumen, daß die Ziele, die sich die Väter des Denkmalschutzgesetzes vor einem Vierteljahrhundert gesetzt hatten, heute in Bayern im wesentlichen erreicht sind: Das kulturelle Erbe befindet sich insgesamt in gutem Zustand, die große Mehrheit der Bevölkerung steht hinter den Anliegen von Denkmalschutz und Denkmalpflege, im Städtebau, in der Dorferneuerung und bei raumbedeutsamen Vorhaben spielen denkmalpflegerische Belange in den Abwägungsprozessen eine ernstzunehmende Rolle.

Selbstverständlich ist dies alles freilich nicht. Gewiß wird jede intakte Gesellschaft bemüht sein, die großen Monumente der Kunst und der Geschichte, die zugleich Ausdruck ihrer nationalen Identität sind, im Rahmen ihrer Möglichkeiten zu pflegen und zu erhalten – dementsprechend war die Zerstörung bedeutsamer Kulturgüter auch schon vor Erlaß des Denkmalschutzgesetzes nicht nur sozial verpönt, sondern auch strafrechtlich sanktioniert.[2] Die große innovative Leistung des Denkmalschutzgesetzes liegt daher darin, daß es über die traditionellen Objekte der Denkmalpflege wie Schlösser, Burgen, Kirchen und Klöster hinaus weitere Kategorien geschichtlicher Zeugnisse in den Schutz einbezogen und vor allem das rechtliche Instrumentarium geschaffen hat, um diesem Erhaltungsanliegen auch in der Praxis zu einem angemessenen Gewicht zu verhelfen. Die damit verbundene Ausweitung des als schutzwürdig anerkannten Denkmalbestands ist in der Tat spektakulär. Mit über 110 000 Einzelbaudenkmälern und rund 900 Denkmalensembles in Bayern ist dem Denkmalschutz längst eine flächenbezogene Komponente zugewachsen. Mit allen Vorbehalten einer derart pauschalierenden Betrachtung kann man davon ausgehen, daß sich der erfaßte Denkmalbestand in Bayern heute im wesentlichen deckt mit der überkommenen historischen Bausubstanz, die in besonderem Maße als charakteristisch und prägend für Bayern und für die bayerische Kulturlandschaft empfunden wird – von erhaltenen Ortskernen über landschaftstypische historische Gehöfte, Scheunen und Stadel bis hin zu Bildstöcken, Wegkreuzen und Grenzsteinen.

Die wesentliche Aufgabe des Denkmalschutzgesetzes bestand und besteht darin, für dieses ehrgeizige und weitgesteckte Erhaltungsanliegen – letztlich geht es ja darum, in einer Zeit atemberaubenden Wandels die Quintessenz unserer geschichtlichen Erinnerung und damit unsere kulturelle Identität zu bewahren – einen tragfähigen Rahmen und vor allem ein schnell greifendes Instrumentarium zur Verfügung zu stellen. Aus dieser Aufgabenstellung erklärt sich die Struktur des Gesetzes: In Anbetracht der Heterogenität der zu regelnden Sachverhalte – sie reichen von Welterbestätten wie der Wieskirche, der Würzburger Residenz und der Bamberger Altstadt bis hin zu historisch interessanten Almhütten, Industriegebäuden oder Verkehrsanlagen – kann das Denkmalrecht schon aus der Natur der Sache heraus nur Rahmenregelungen treffen und muß auf Detailnormierungen verzichten. Es ist daher auch mehr als andere Materien angewiesen auf flankierende Unterstützung aus anderen Rechtsgebieten wie dem Baurecht, der Raumordnung und Landesplanung, dem Steuer- und Stiftungsrecht. Es ist ferner angewiesen auf ein gesellschaftliches und politisches Umfeld, das auch bereit ist, die zur Erfüllung des gesetzgeberischen Auftrags erforderlichen Ressourcen zur Verfügung zu stellen. Schließlich bleibt es vor allem auch angewiesen auf eine maßvolle, ja maßgeschneiderte Umsetzung und Ausfüllung der durch diesen weiten Rahmen eröffneten Handlungsspielräume im Einzelfall. Ohne diese einzelfallbezogene Umsetzung und Ausfüllung muß der durch das Denkmalschutzgesetz eröffnete

Aktionsrahmen notgedrungen eine für konkrete Problemlösungen unbrauchbare leere Hülse bleiben. Ohne den „Transmissionsriemen" ergänzender Finanzierungshilfen und ohne den Flankenschutz verwandter Rechtsgebiete werden die durch das Denkmalschutzgesetz eröffneten Befugnisse zwangsläufig rechtlich und tatsächlich leerlaufen. Andererseits bietet das Bayerische Denkmalschutzgesetz aber auch, wie die Entwicklung der letzten 25 Jahre zeigt, ein hocheffizientes, flexibles und zeitgemäßes Instrumentarium zur Umsetzung kulturpolitischer Zielsetzungen, sofern und solange es auf diese notwendige Rückendeckung bauen kann.

Doch was bedeutet dies konkret, was ist der spezifische Beitrag des Denkmalschutzgesetzes zur Umsetzung der politischen Ziele der Denkmalpflege in Bayern? Hierzu ein kurzer Blick auf einige grundlegende Charakteristika des Denkmalrechts in Bayern:

II. Grundstrukturen des Denkmalrechts in Bayern

1. Denkmalbegriff

Ausgangspunkt und Grundlage des Bayerischen Denkmalschutzgesetzes (DSchG) ist die Legaldefinition in Art. 1 Abs. 1 Satz 1: „Denkmäler sind von Menschen geschaffene Sachen oder Teile davon aus vergangener Zeit, deren Erhaltung wegen ihrer geschichtlichen, künstlerischen, städtebaulichen, wissenschaftlichen oder volkskundlichen Bedeutung im Interesse der Allgemeinheit liegt." Diese Legaldefinition ist im Zusammenhang zu sehen mit der Regelung in Art. 2 Abs. 1 Satz 1 DSchG: „Die Baudenkmäler und die Bodendenkmäler sollen nachrichtlich in ein Verzeichnis (Denkmalliste) eingetragen werden."

Was sich zunächst so harmlos anhört, ist tatsächlich eine kühne Rechtskonstruktion, die in der Praxis eine Fülle von Fragen aufwirft. Entscheidend ist zunächst, daß sich Bayern für das sogenannte ipso-iure-System entschieden hat: Für die rechtliche Denkmaleigenschaft, d.h. für die Anwendbarkeit des Denkmalschutzgesetzes mit allen sich daraus ergebenden rechtlichen Konsequenzen, kommt es nach bayerischem Recht ausschließlich darauf an, ob ein Objekt die Kriterien des Art. 1 DSchG erfüllt oder nicht. Die Eintragung in die Denkmalliste wird hierfür im Gegensatz zu den Regelungen in verschiedenen anderen Bundesländern rechtlich nicht vorausgesetzt; ihr kommt somit nur „nachrichtliche", also nicht rechtsbegründende Bedeutung zu.

Es liegt auf der Hand, daß diese Konstruktion vor allem in den ersten Jahren nach Erlaß des Denkmalschutzgesetzes große Bedeutung und segensreiche Auswirkungen hatte – erlaubte sie doch, im Bedarfsfall denkmalpflegerische Anforderungen sofort und ohne langwierige Klärung rechtlicher Vorfragen auch schon in einer Phase durchzusetzen, in der an eine kohärente landesweite Erfassung des Denkmalbestands in Denkmallisten noch nicht zu denken war. Auch nachdem 1985/86 – über ein Jahrzehnt nach Inkrafttreten des Denkmalschutzgesetzes – schließlich die Denkmallisten für alle bayerischen Regierungsbezirke veröffentlicht waren,[3] hat sich der nach bayerischem Recht nur deklaratorische Charakter der Denkmalliste immer wieder als hilfreich erwiesen: Offensichtliche Lücken und Irrtümer der vom Landesamt für Denkmalpflege fortzuschreibenden Denkmalliste[4] können im ipso-iure-System leichter korrigiert, auf überraschende Entdeckungen kann flexibler reagiert werden als in einem System, das für die Anwendbarkeit denkmalrechtlicher Schutzbestimmungen die Eintragung in die Denkmalliste voraussetzt und das infolgedessen notwendigerweise schon gegen die Listenerfassung, nicht erst gegen konkrete denkmalpflegerische Auflagen den Rechtsweg eröffnen muß.[5]

Andererseits ist aber auch klar, daß die äußerst weiten Spielräume, die das Bayerische Denkmalschutzgesetz mit dem ipso-iure-System eröffnet, rechtlich nur dann unbedenklich sein können, wenn von ihnen in besonders verantwortungsvoller Weise Gebrauch gemacht wird. Dies gilt in doppelter Hinsicht. Es gilt selbstverständlich in bezug auf die später zu behandelnde Frage, in welcher Weise im Einzelfall angemessen mit einem Objekt umzugehen ist, sobald dessen Denkmaleigenschaft feststeht. Es gilt aber auch hinsichtlich der zunächst interessierenden Vorfrage, ob einem Objekt überhaupt Denkmaleigenschaft im Sinne des Art. 1 Abs. 1 DSchG zugesprochen werden kann.

Der Denkmalbegriff des Art. 1 DSchG enthält mit seinen rechtlichen Voraussetzungen „geschichtliche, künstlerische, städtebauliche, wissenschaftliche oder volkskundliche Bedeutung", Sachen „aus vergangener Zeit" und Erhaltung, die „im Interesse der Allgemeinheit liegt", eine Fülle von Tatbestandsmerkmalen, die der wertenden Ausfüllung bedürfen.[6] Diese wertende Ausfüllung ist Aufgabe des Landesamtes für Denkmalpflege als der „staatlichen Fachbehörde für alle Frage des Denkmalschutzes und der Denkmalpflege"[7]. Zwar kann darüber, was danach als denkmalwürdig im Sinne des Denkmalschutzgesetzes einzustufen ist, nicht eine statistisch erfaßbare Mittelmeinung in der Bevölkerung oder eine Mehrheitsmeinung in einem Gremium wie dem Stadtrat oder dem Pfarrgemeinderat ausschlaggebend sein; ebensowenig kann es hierfür auf das Interesse des Betroffenen, das dem Allgemeininteresse oft entgegengesetzt sein wird, ankommen. Andererseits läßt sich die Beurteilung aber auch nicht auf Kriterien einengen, die nur für Experten und Spezialisten von Interesse sind.[8] Im Einzelfall wird vielmehr immer auch zu prüfen und abzuwägen sein, ob das fachliche Interesse an einem Objekt als so gewichtig anzusehen ist, daß seine Bedeutung es nicht nur für enge Fachkreise, sondern auch nach den Beurteilungsmaßstäben des „für die Geschichte des Landes aufgeschlossenen Teils der Bevölkerung"[9] rechtfertigen kann, hierauf die Schutzbestimmungen des Denkmalschutzgesetzes mit den sich daraus zwangsläufig ergebenden Einschränkungen der Eigentümerbefugnisse für anwendbar zu erklären.

Das Vorliegen der Denkmaleigenschaft als Ergebnis eines entsprechenden Beurteilungs- und Abwägungsprozesses unterliegt als Vorfrage für mögliche Einzelfestlegungen aufgrund des Denkmalschutzgesetzes folgerichtig auch der richterlichen Inzidentkontrolle bei Rechtsstreitigkeiten über denkmalpflegerische Auflagen,[10] ohne daß die Gerichte dabei an das fachliche Votum des Landesamtes für Denkmalpflege gebunden wären.[11] Ebenso ist auch das Staatsministerium für Unterricht, Kultus, Wissenschaft und Kunst als dem Landesamt für Denkmalpflege vorgesetzte Oberste Denkmalschutzbehörde befugt, zur Ausfüllung der konkretisierungsbedürftigen Tatbestandsmerkmale des Art. 1 DSchG norminterpretierende Direktiven zu geben, die gegebenenfalls auch über rein fachspezifische Erwägungen hinausgehende Kriterien mitumfassen können.¹² Ein besonders gewichtiger, allgemeingültiger Aspekt ist hierbei das aus dem Rechtsstaatsprinzip abgeleitete Gebot der Rechtssicherheit: Hängt die Anwendbarkeit eines Gesetzes, das Gebote und Verbote für den einzelnen begründet, ohne weitere Umsetzungsentscheidung ausschließlich von Vorfragen einer Spezialdisziplin ab, so müssen diese Anwendungsvoraussetzungen auch für den Nichtfachmann als Adressaten des Gesetzes jederzeit eindeutig bestimmbar, voraussehbar und rechtlich nachvollziehbar sein.¹³ Dies gilt in besonderem Maße dann, wenn in der fachlichen Diskussion im Laufe der Zeit ein Bewertungswandel festzustellen ist. Die rechtliche Festschreibung eines derartigen Bewertungswandels erscheint im ipso-iure-System schon aus Gründen der Rechtssicherheit und Rechtsklarheit erst dann vertretbar, wenn sich die geänderte fachliche Bewertung zweifelsfrei und allgemein durchgesetzt hat. Ebenso läßt sich aus dem Rechtsstaatsprinzip die generelle Aussage ableiten, daß die Anwendbarkeit des Bayerischen Denkmalschutzgesetzes im Einzelfall rechtlich solange ausgeschlossen bleiben muß, als fachliche Zweifel an der denkmalpflegerischen Bedeutung eines Objekts fortbestehen.

Die genannten Einschränkungen sind insofern von Bedeutung, als in der Praxis die Versuchung für eine Fachbehörde groß sein kann, den Kreis der zu betreuenden Objekte und damit letztlich auch den eigenen Aufgaben- und Einflußbereich betont weit zu ziehen. Kristallisieren sich in der fachlichen Diskussion neue Bereiche möglicher Denkmalwürdigkeit wie etwa Zeugnisse der Industriekultur, Bauten der Nachkriegszeit, Objekte mit vorgefertigter Bauweise oder Denkmallandschaften heraus, kann im fachlichen Wettstreit der Landesdenkmalämter der Versuch verlockend erscheinen, eine „Vorreiterrolle" mit einer möglichst großen Zahl entsprechender Betreuungsobjekte zu übernehmen. Derartigen Ambitionen sind im ipso-iure-System, das dem Betroffenen Rechtsschutz nicht schon gegen die Feststellung der Denkmaleigenschaft, sondern erst gegen konkrete denkmalpflegerische Auflagen eröffnet, indessen schon aus der Natur der Sache heraus enge Grenzen gesetzt. Entsprechendes gilt auch bei der „Neubewertung" eines Objekts, das bei der Erstellung der Denkmalliste bereits überprüft und als nicht denkmalwürdig eingestuft worden ist und anläßlich konkreter Veränderungsabsichten von interessierter Seite erneut als mögliches Denkmal im Sinne des Art. 1 Abs. 1 DSchG ins Gespräch gebracht wird. Bereits vorgenommene fachliche Einschätzungen und Festlegungen können in derartigen Fällen, soweit sie sich im Rahmen der durch Art. 1 Abs. 1 DSchG eröffneten Beurteilungsspielräume bewegen, schon aus Vertrauensschutzgesichtspunkten nicht ohne weiteres abgeändert werden;¹⁴ erweist sich eine Korrektur gleichwohl als unverzichtbar, stellt sich die Frage der Entschädigung für im Vertrauen auf die bisherige Bewertung getätigte Dispositionen.

2. Erhaltungsauftrag im Interessenkonflikt

Steht die Denkmaleigenschaft eines Objekts – also seine grundsätzliche Erhaltungswürdigkeit im Interesse einer für Belange des Denkmalschutzes aufgeschlossenen Öffentlichkeit – fest, ist der Anwendungsbereich des Denkmalschutzgesetzes eröffnet.

Die wesentliche sich daraus ergebende materielle Rechtsfolge ist in Art. 4 DSchG normiert: Die Eigentümer von Denkmälern oder die in sonstiger Weise für Denkmäler Verantwortlichen „haben ihre Baudenkmäler instandzuhalten, instandzusetzen, sachgemäß zu behandeln und vor Gefährdung zu schützen, soweit ihnen das zuzumuten ist".

Mit dieser lapidaren Grundaussage ist bereits der wesentliche Regelungsgehalt des bayerischen Denkmalrechts in prägnanter und infolge seiner Allgemeinheit auch in zeitloser Weise zum Ausdruck gebracht: Wer Inhaber eines Kulturguts ist, kann mit diesem nicht beliebig verfahren, sondern ist zu seinem Schutz und seiner Pflege im Interesse der Allgemeinheit und insbesondere der nachfolgenden Generationen verpflichtet. Diese Verpflichtung besteht aber nicht uneingeschränkt und absolut, sondern nur im Rahmen des „Zumutbaren", also im Rahmen der wirtschaftlichen Leistungsfähigkeit des für das Kulturgut Verantwortlichen.¹⁵ Übersteigen die Erhaltungslasten für ein Kulturgut das Leistungsvermögen des einzelnen, so würde dies die Grenzen der Sozialgebundenheit des Eigentums sprengen; der betroffene Denkmaleigentümer hätte in diesem Fall einen Anspruch auf Enteignungsentschädigung nach Art. 20 DSchG. Doch auch schon vor dieser äußersten Grenze der Belastbarkeit des privaten Denkmaleigentümers ist die das Allgemeininteresse repräsentierende öffentliche Hand, sind also der Staat, die Gemeinden und die Körperschaften des öffentlichen Rechts aufgerufen, auch ihrerseits am Schutz und an der Pflege der Denkmäler mitzuwirken und sich in angemessener Weise an den Kosten der Denkmalpflege zu beteiligen.¹⁶

Denkmalschutz und Denkmalpflege liegen im Gemeinschaftsinteresse; sie sind damit auch eine echte Gemeinschaftsaufgabe. Dem Staat kommt bei der Erfüllung dieser Gemeinschaftsaufgabe eine Vorreiter- und Vorbildfunktion zu. Er ist einerseits Koordinator, da er durch das unmittelbar dem Staatsministerium für Unterricht, Kultus, Wissenschaft und Kunst nachgeordnete Landesamt für Denkmalpflege die fachlichen Grundsätze der Denkmalpflege bestimmt.¹⁷ Durch die als Untere Denkmalschutzbehörden ebenfalls dem Kultusministerium unterstellten Landratsämter, Städte und Gemeinden zeichnet er ferner für den Vollzug des Denkmalschutzgesetzes verantwortlich; insofern ist es seine Aufgabe, die Erhaltungspflichten nichtstaatlicher Denkmaleigentümer im Einzelfall zu konkretisieren. Er ist andererseits aber auch Beteiligter, da er als Grundeigentümer und Baulastpflichtiger für den Unterhalt einer Vielzahl von Kulturdenkmälern in öffentlicher Verwaltung aufzukommen hat, die weit über den Betreuungsbereich der Bayerischen Verwaltung der staatlichen Schlösser, Gärten und Seen hinausreicht.¹⁸ Insofern muß er sein eigenes Verhalten an den Maßstäben messen lassen, die er selbst für die Erhaltung von Baudenkmälern in nichtstaatlicher Trägerschaft aufgestellt hat. Vor allem aber obliegt es ihm als Haushaltsgesetzgeber bei der Festlegung der für staatliche Bau- und Bauunterhaltsmaßnahmen sowie für staatliche Fördermaßnahmen im Bereich der Denkmalpflege zur Verfügung stehenden Haushaltsansätze, eine der jeweiligen wirtschaftlichen Gesamtsituation angemessene Präzisierung der finanziellen Rahmenbedingungen vorzunehmen, unter denen die aus dem Kulturstaatsprinzip abgeleitete Erhaltungsforderung für Kulturdenkmäler beim praktischen Gesetzesvollzug umzusetzen ist.

Im Ergebnis nicht weniger wichtige Rahmendaten für den Gesetzesvollzug setzen aber auch die Gemeinden. Sie haben insbesondere über die Bauleitplanung,[19] den Erhalt und die Pflege der in ihrer Obhut stehenden Kulturgüter sowie die Festlegung ihrer Beiträge für kommunale Denkmalförderprogramme sowie für den gemeinsam mit dem Freistaat Bayern zu tragenden Entschädigungsfonds für Entschädigungsleistungen im Bereich der Denkmalpflege wesentlichen Anteil an der praktischen Umsetzbarkeit des Denkmalschutzgesetzes. Nicht zu übersehen ist schließlich, daß durch allgemeine Deregulierungen im Bereich des Verfahrensrechts[20] sowie durch die Verlagerung von Entscheidungszuständigkeiten auf kommunale Ebene[21] die Rechtsstellung der Gemeinden insgesamt gestärkt wurde. Vollziehen Gemeinden die Aufgaben der Denkmalschutzbehörden, so werden sie zwar im übertragenen Wirkungskreis tätig,[22] gemäß Art. 109 Abs. 2 der Gemeindeordnung sind hier aber aufsichtliche Eingriffe in das Verwaltungsermessen nur unter engen rechtlichen Voraussetzungen möglich.

In bezug auf die Art und Weise, wie den Gemeinschaftsanliegen des Denkmalschutzgesetzes und der Denkmalpflege im Einzelfall am besten Rechnung zu tragen ist, müssen daher im Dreiecksverhältnis zwischen Denkmaleigentümer, Staat und Gemeinde immer wieder gegenläufige Interessen zum Ausgleich gebracht und für alle Beteiligten konsensfähige Lösungen gefunden werden. Während in diesem Spannungsverhältnis der Eigentümer in aller Regel seine individuellen Nutzungswünsche betonen und für möglichst geringe Einschränkungen seiner Eigentümerbefugnisse eintreten wird, wird das von Staat und Gemeinde vertretene öffentliche Interesse nicht immer in die gleiche Richtung zielen: Die Erfahrung zeigt, daß die von der Gemeinde vertretene Bewertung durch die engere örtliche Gemeinschaft im Einzelfall durchaus von der Einschätzung durch die staatlichen Dienststellen abweichen kann, die eher übergeordnete Beurteilungskriterien im Auge haben werden.

3. Verfahrensrecht

Der Gesetzgeber des Bayerischen Denkmalschutzgesetzes hat gut daran getan, zur Auflösung dieser potentiellen Interessenskonflikte nur die generelle Vorgabe zu machen, daß die jeweiligen Denkmaleigentümer zwar zur Erhaltung ihrer Kulturdenkmäler verpflichtet sind, diese Verpflichtung im Einzelfall aber nur soweit reicht, als ihnen die Erhaltung auch wirtschaftlich zumutbar ist. Er war insbesondere auch gut beraten, für den dazu notwendigen Abwägungsprozeß einen in der Praxis überaus effizienten Verfahrensweg vorzusehen. Dieser „bayerische Weg" wird von folgenden Charakteristika gekennzeichnet:

— Anders als dies zum Teil andere Landesgesetze vorsehen,[23] differenziert das Bayerische Denkmalschutzgesetz rechtlich nicht nach der Wertigkeit der einzelnen Denkmäler.[24] Es gibt daher rechtlich keine Denkmäler erster, zweiter oder dritter Klasse – vielmehr gilt zunächst für alle Denkmäler von der gotischen Kathedrale bis hin zum bescheidenen Wegkreuz gleichermaßen das grundsätzliche Erhaltungsgebot des Art. 4 DSchG. Diese rechtliche Gleichstellung hat den Vorteil, daß es nicht möglich ist, einzelne Denkmäler außerhalb des förmlichen Abwägungsverfahrens aufgrund einer Klassifizierung bereits von vornherein als weniger bedeutsam einzustufen und dadurch letztlich auch Vorfestlegungen für ihre leichtere Beseitigung zu treffen. Welches Gewicht den durch eine geplante Veränderung betroffenen denkmalpflegerischen Belangen konkret zukommt, wird vielmehr immer erst im förmlichen Abwägungsverfahren aufgrund eines detaillierten Fachgutachtens des Landesamts für Denkmalpflege festgestellt.

— Nach Art. 6 Abs. 1 DSchG bedarf nicht nur die Beseitigung und Transferierung, sondern auch jede noch so kleine Veränderung an Baudenkmälern der denkmalrechtlichen Erlaubnis.[25] Daß man an dieser umfassenden Erlaubnispflicht trotz aller Bemühungen um Verwaltungsvereinfachung und Deregulierung festgehalten hat, hat einen tieferen Sinn: Die Bandbreite der geschützten Baudenkmäler ist so groß, daß sich übergeordnete Fallgruppen für unbedenkliche Eingriffe nicht bilden lassen. Selbst scheinbar völlig unproblematische Veränderungen wie das Einschlagen von Nägeln, das Verlegen elektrischer Leitungen oder der Einbau von Installationen können im Einzelfall zu wesentlichen Beeinträchtigungen des Denkmalwerts besonders empfindlicher Objekte führen. Zum Wesen jedes Denkmals gehört es, daß es in seiner konkreten Ausgestaltung einmalig ist und sich dadurch jeder standardisierenden Betrachtungsweise entzieht. Der Einmaligkeit und Individualität der geschützten Kulturgüter trägt das Bayerische Denkmalschutzgesetz dadurch Rechnung, daß die Denkmalverträglichkeit jeder Veränderung an einem geschützten Objekt oder in seinem näheren Umgriff[26] in einem denkmalrechtlichen Erlaubnisverfahren unter Beteiligung des Landesamtes für Denkmalpflege[27] überprüft werden muß.

Diese extrem weit gefaßte formelle Erlaubnispflicht findet ihr notwendiges Korrektiv in einem sehr eigentümerfreundlichen Rahmen für die zu treffende Erlaubnisentscheidung. Nach Art. 6 Abs. 2 DSchG kann die notwendige denkmalrechtliche Erlaubnis für eine Veränderung an einem Baudenkmal nur versagt werden, „soweit gewichtige Gründe des Denkmalschutzes für eine unveränderte Beibehaltung des bisherigen Zustands sprechen".

Dies bedeutet zunächst, daß vom Eigentümer gewünschte Veränderungen in jedem Fall zugestanden werden müssen, sofern nicht wirklich gewichtige Gründe des Denkmalschutzes dagegen sprechen. Der immer wieder zu hörenden Befürchtung, die Denkmaleigenschaft eines Anwesens würde dort jede Veränderung unmöglich machen und das Objekt gleichsam zu einem Museum verwandeln, ist schon dadurch jegliche Grundlage entzogen. In Verbindung mit Art. 6 Abs. 2 Satz 1 DSchG bedeutet die Erhaltungsverpflichtung aus Art. 4 DSchG nämlich nicht etwa, daß ein Gebäude in einem bestimmten historischen Zustand „eingefroren" werden müßte oder sollte, sondern gibt dem Denkmaleigentümer nur auf, für grundsätzlich als zulässig angesehene Anpassungen seines

Baudenkmals an neue Nutzungsbedingungen nach möglichst denkmalverträglichen Wegen zu suchen.

Erst wenn die Vorprüfung ergeben hat, daß eine geplante Veränderung gewichtige Gründe des Denkmalschutzes berührt, hat die entscheidungsbefugte Behörde die Möglichkeit, je nach Lage des Einzelfalls aufgrund einer Abwägungsentscheidung dem denkmalpflegerischen Erhaltungsinteresse oder möglichen gegenläufigen Interessen an einer Veränderung den Vorzug zu geben.[28] Auch in diesem Fall besagt die Denkmaleigenschaft eines Gebäudes also nicht, daß Veränderungen oder gegebenenfalls sogar ein Abbruch rechtlich ausgeschlossen wären. Allerdings werden vor dem Hintergrund des Art. 4 DSchG Abbrüche sanierungsfähiger Denkmäler grundsätzlich nur in Betracht kommen können, wenn dem Denkmalschutz übergeordnete gewichtige sonstige öffentliche Interessen einer Erhaltung entgegenstehen.[29]

Dieser durch das Bayerische Denkmalschutzgesetz abgesteckte rechtliche Rahmen verpflichtet den Denkmaleigentümer zwar, vor allen Veränderungen an seinem Denkmal den Kontakt mit seinem Landratsamt, seiner Stadt oder seiner Gemeinde und dem Landesamt für Denkmalpflege zu suchen. Er rechtfertigt aber auch die Erwartung, daß sich der Denkmalschutz Änderungswünschen, für die sich einleuchtende Begründungen anführen lassen, in aller Regel nicht verschließen wird und auch nicht verschließen kann. Letztlich geht es daher im Regelfall nicht um die Grundsatzfrage der Erhaltung oder Nichterhaltung eines Denkmals, sondern um die Art und Weise, wie ein bestehender Änderungswunsch am denkmalverträglichsten realisiert werden kann – also um eine Abwägungsentscheidung und Kompromißlösung zum Ausgleich der unterschiedlichen berührten Interessen.

Für das Landesamt für Denkmalpflege bietet das geschilderte Verfahrensrecht umgekehrt den unschätzbaren Vorteil, daß es über alle anstehenden Veränderungen an Baudenkmälern informiert werden muß. Erst dadurch wird es in die Lage versetzt, seinen denkmalpflegerischen Beratungsaufgaben[30] bestmöglich nachzukommen. Die strikte rechtliche Trennung zwischen der Beratungszuständigkeit des Landesamtes für Denkmalpflege als Denkmalfachbehörde und der Entscheidungskompetenz von Landratsamt, Stadt oder Gemeinde als Denkmalschutzbehörden bietet für den Bürger jedoch die Gewähr, daß diese rechtlichen Informationspflichten und Überwachungsmöglichkeiten in der Praxis nicht zu überzogenen Auflagen und zu kleinlicher Gängelei führen werden. Das Landesamt für Denkmalpflege muß im zu entscheidenden Einzelfall vielmehr ebenso wie der betroffene Denkmaleigentümer für seine Sicht der Dinge werben und seine Beweggründe plausibel machen, denn die abschließende Entscheidung über die rechtliche Zulässigkeit von Veränderungen trifft nicht der Fachreferent des Landesamtes für Denkmalpflege, sondern der Verwaltungsbeamte des zuständigen Landratsamtes, der zuständigen Stadt oder der zuständigen Gemeinde. In diese Abwägungsentscheidung fließen alle berührten Gesichtspunkte mit ein – die fachlichen Aspekte der Denkmalpflege ebenso wie die Interessen des Eigentümers, die Finanzierungs- und Fördermöglichkeiten und nicht zuletzt auch die Wertungen des Landrats oder Bürgermeisters, der die getroffene Entscheidung politisch zu vertreten hat.

III. ZWISCHENBILANZ

Das hier bewußt nur in seinen wesentlichsten Grundzügen skizzierte System des Ausgleichs zwischen Allgemein- und Individualinteresse mit seiner ausgewogenen Differenzierung zwischen Informationspflichten, Rechtfertigungsobliegenheiten und Entscheidungskompetenzen und der Kombination aus Eingriffsmöglichkeiten und Ausgleichsverpflichtungen hat sich bisher in der Praxis als äußerst leistungsfähig bewiesen. Es hat seine Bewährungsprobe insbesondere in den letzten Jahren bestanden, in denen die Denkmalpflege – wie fast alle anderen Bereiche auch – deutliche Einschränkungen ihrer finanziellen und personellen Ressourcen hinnehmen mußte. Die mit dem Denkmalschutzgesetz von 1973 vorgenommene kühne Ausweitung des Schutzumfangs über die herausragenden Kunstdenkmäler hinaus auch auf die vielen weniger spektakulären Kultur- und Geschichtszeugnisse vergangener Epochen ist kein Schönwetterexperiment geblieben, sondern ist mittlerweile fest im Bewußtsein einer überwältigenden Mehrheit in der Bevölkerung verankert. Diese „demokratische Verwurzelung" der Anliegen von Denkmalschutz und Denkmalpflege bietet mehr noch als die faszinierenden Fortschritte der Fachwelt die Gewähr dafür, daß die Erhaltung und der Schutz unseres baulichen Erbes auch in wirtschaftlich schwierigeren Zeiten nicht als beliebig verfügbare Dispositionsmasse angesehen werden.

Maßgeblichen Anteil hieran hat auch das Bayerische Denkmalschutzgesetz von 1973, das der Denkmalpflege aufgrund des ipso-iure-Systems zwar wirksame Einflußmöglichkeiten eröffnet, gleichzeitig aber sicherstellt, daß von diesen Möglichkeiten nur mit Augenmaß Gebrauch gemacht werden kann. Nur durch diesen dem Allgemeininteresse, nicht aber isolierten Einzelinteressen oder spezifischen Fachinteressen verpflichteten Weg ist es letztlich gelungen, die Anliegen des Denkmalschutzes und der Denkmalpflege in der Bevölkerung konsensfähig zu machen und konsensfähig zu erhalten. Zum Ende des Jahrhunderts gilt daher dem bayerischen Denkmalrecht ebenso wie dem Denkmalbestand in Bayern der Wunsch: Ad multos annos – mögen zwar nötige Anpassungen möglich bleiben, die wesentlichen Kernbereiche dabei aber nicht angetastet werden!

ANMERKUNGEN

1 Gesetz zum Schutz und zur Pflege der Denkmäler (Denkmalschutzgesetz –DSchG) vom 25. Juni 1973 (Bayerische Rechtssammlung 2242-1-K), in Kraft getreten am 1. Oktober 1973.
2 Vgl. § 304 StGB (gemeinschädliche Sachbeschädigung).
3 *Denkmäler in Bayern,* hrsg. von MICHAEL PETZET, München 1985/86, 8 Bände.
4 Art. 12 Abs. 2 Nr. 3 DSchG.
5 RUDOLF KLEEBERG/WOLFGANG EBERL, *Kulturgüter in Privatbesitz. Handbuch für das Denkmal- und Steuerrecht,* Verlag Recht und Wirtschaft, Heidelberg 1990, Rdnr. 79 ff. mit weiteren Nachweisen.
6 Vgl. zum Denkmalbegriff im einzelnen WALTER ORTMEIER, *Veränderungen an Baudenkmälern – rechtliche Probleme,* in: Bayerische Verwaltungsblätter 1990, S. 225 ff.
7 Art. 12 Abs. 1 Satz 1 DSchG.
8 WOLFGANG EBERL/DIETER MARTIN/MICHAEL PETZET, *Bayerisches Denkmalschutzgesetz. Kommentar unter Berücksichtigung finanz- und steuerrechtlicher Aspekte,* 4. Aufl., Deutscher Gemeindeverlag München 1991, Erläuterungen zu Art. 1, Rdnr. 9 ff. mit weiteren Nachweisen.
9 So der Verwaltungsgerichtshof Baden-Württemberg (VGH BW) im Urteil vom 10. Oktober 1977 Nr. I 2022/77, in: Denkmalschutz-Informationen, hrsg. v. Deutschen Nationalkomitee für Denkmalschutz (5) 1981, vgl. auch EBERL/MARTIN/PETZET (wie Anm. 8), Erläuterungen zu Art. 1, Rdnr. 11.
10 Vgl. zu den Möglichkeiten der gerichtlichen Klärung der Denkmaleigenschaft im einzelnen FRANK NIEBAUM/JÜRGEN ESCHENBACH, *Von der Angst, ein Denkmal zu besitzen – Der Widerstreit zwischen effektivem Denkmalschutz und effektivem Rechtsschutz bei der Unterschutzstellung von Kulturdenkmälern,* in: Die öffentliche Verwaltung 1994, S. 12 und 21.
11 Vgl. VGH BW, Urteil vom 10. Mai 1988, in: Deutsche Verwaltungsblätter 1988, S. 1219 f. Das Gericht kann sich zur sachgerechten Beurteilung von Denkmalfähigkeit und Denkmalwürdigkeit zwar der Stellungnahme des Landesdenkmalamts als eines behördlichen Sachverständigengutachtens bedienen, aber auch ergänzend Sachverständige heranziehen. Ebenso Bayerisches Oberstes Landesgericht (BayObLG), Beschluß vom 9. April 1992, in: Bayerische Verwaltungsblätter 1992, S. 634 und 637, und BayObLG, Beschluß vom 25. März 1993, in: Bayerische Verwaltungsblätter 1993, S. 539 f. (Feststellung ggf. durch Sachverständigengutachten). – Differenzierend EBERL/MARTIN/PETZET (wie Anm. 8), Erläuterungen zu Art. 12, Rdnr. 33 (im Verwaltungsverfahren keine Rechtfertigung, in bezug auf denkmalpflegerische Fachfragen sind außenstehende Sachverständige heranzuziehen; im gerichtlichen Verfahren Möglichkeit des Gerichts, sich auf Gutachten des Landesamtes für Denkmalpflege zu stützen, wenn keine Anhaltspunkte für Befangenheit vorliegen). – Anderer Ansicht ist zu Unrecht DIETER MARTIN, *Denkmalkunde und Wissenschaftsfreiheit,* in: Beiträge zur Denkmalkunde. Tilmann Breuer zum 60. Geburtstag, Arbeitshefte des Bayerischen Landesamtes für Denkmalpflege, Bd. 56, München 1991, S. 122 und 125 mit Anm. 29.
12 So auch EBERL/MARTIN/PETZET (wie Anm. 8), Erläuterungen zu Art. 12, Rdnr. 14; anderer Ansicht ist zu Unrecht MARTIN (wie Anm. 11), S. 122 und 126.
13 Vgl. zu den gesteigerten Bestimmtheitsanforderungen bei Einschlägigkeit des Art. 103 Abs. 2 GG NIEBAUM/ESCHENBACH (wie Anm. 10), S. 12 und 17.
14 Ähnlich EBERL/MARTIN/PETZET (wie Anm. 8), Erläuterungen zu Art. 12, Rdnr. 34.
15 Vgl. zur Zumutbarkeit der Erhaltung eines Baudenkmals Bayerischer Verwaltungsgerichtshof (BayVGH), Urteil vom 8. November 1985, in: Bayerische Verwaltungsblätter 1987, S. 368 ff.
16 Vgl. Art. 141 Abs. 2 der Bayerischen Verfassung sowie Art. 3 Abs. 2, Art. 21 und Art. 22 DSchG.
17 Art. 12 DSchG.
18 Vgl. hierzu etwa SIEGFRIED ZÄNGL, *Staatliche Baulast an Kultusgebäuden im Rechtskreis des gemeinen Rechts,* in: Bayerische Verwaltungsblätter 1988, S. 609 ff. und 649 ff.
19 Vgl. hierzu BayVGH, Urteil vom 9. November 1981, in: Bayerische Verwaltungsblätter 1982, S. 497 ff., WOLFGANG EBERL, *Möglichkeiten zum Schutz von Baudenkmälern in Bayern nach geltendem Recht,* in: Bayerische Verwaltungsblätter 1972, S. 537 ff., und DERS., *Denkmalschutz und örtliche Bauvorschriften,* in: Bayerische Verwaltungsblätter 1987, S. 353 ff.
20 Hier insbesondere durch Abschaffung des sog. Dissensverfahrens bei Meinungsverschiedenheiten zwischen Landesamt für Denkmalpflege und Unterer Denkmalschutzbehörde mit Aufhebung von Art. 15 Abs. 2 Satz 2 DSchG im Rahmen der Baurechtsnovelle vom 1. Juni 1994.
21 Hier etwa durch die schrittweise Ausweitung des Kreises der kreisangehörigen Gemeinden, denen nach § 5 der Zuständigkeitsverordnung im Bauwesen (ZuStVBau) die Aufgaben der Unteren Denkmalschutzbehörden zugewiesen wurden.
22 Art. 11 Abs. 2, 2. Halbsatz DSchG.
23 Vgl. KLEEBERG/EBERL (wie Anm. 5), Rdnr. 64.
24 EBERL/MARTIN/PETZET (wie Anm. 8), Erläuterungen zu Art. 2, Rdnr. 7.
25 EBERL/MARTIN/PETZET (wie Anm. 8), Erläuterungen zu Art. 6, Rdnr. 21 f.; vgl. insoweit auch BayObLG, Beschluß vom 9. August 1993, in: Bayerische Verwaltungsblätter 1994, S. 157 (Erlaubnispflicht auch für die mit der gleichen Farbe wiederholte Tünchung der Außenfassade eines Baudenkmals).
26 Art. 6 Abs. 1 Satz 2 DSchG.
27 Art. 15 Abs. 2 DSchG.
28 Vgl. zur Interessenabwägung KLEEBERG/EBERL (wie Anm. 5), Rdnr. 146 und 152.
29 EBERL/MARTIN/PETZET (wie Anm. 8), Erläuterungen zu Art. 6, Rdnr. 45, 56.
30 Art. 12 Abs. 2 Nr. 5 DSchG.

Dagmar Dietrich

Anmerkungen zur Denkmalforschung in Bayern

zwischen Tradition und Neubeginn[1]

> Als bayerische Zukunftsperspektive kann aus meiner Sicht nur die Rückkehr zur traditionellen Inventarisierung gelten, denn nur sie liefert die wissenschaftliche Begründung der Denkmaleigenschaft, auf die in den Denkmallisten hingewiesen wird (Michael Petzet)[2]

Das einem Vortrag von 1982 über die „Zukunftsperspektiven der Bayerischen Denkmalpflege" entnommene Zitat Michael Petzets stammt aus jener Zeit, als das Bayerische Landesamt für Denkmalpflege zum zweitenmal innerhalb seiner Geschichte für einen längeren Zeitraum auf die Publikation von Denkmalinventaren der Reihe „Die Kunstdenkmäler von Bayern" verzichten mußte. An der stattlichen Reihe der sogenannten Großen Inventare wurde und wird in Bayern seit der Entschließung des kgl. Staatsministeriums des Inneren für Kirchen und Schulangelegenheiten vom 12. Juni 1887 kontinuierlich gearbeitet – bis auf die oben erwähnten beiden längeren Unterbrechungen, die in der sonst sehr regelmäßigen Jahresfolge der Bucherscheinungen sichtbar werden. So konnte – bedingt durch Zweiten Weltkrieg und Nachkriegszeit – zwischen 1940 und 1951 kein Inventarband publiziert werden, ebenso klafft eine Veröffentlichungslücke zwischen den Jahren 1972 und 1990. Diese mit 18 Jahren bisher längste Unterbrechung im bayerischen Inventarisationsunternehmen wurde auch durch die Pflichten verursacht, die zur rechtlichen Durchsetzung des 1973 in Kraft getretenen Denkmalschutzgesetzes auf die staatliche Denkmalpflege zukamen. Als Grundlage zum Vollzug dieses Gesetzes war vom Bayerischen Landesamt für Denkmalpflege eine knapp gehaltene Erfassung sämtlicher Bau- und Kunstdenkmale des Freistaates Bayern gefordert, wofür die bisher zur Denkmalinventarisation eingesetzen Kräfte der staatlichen Denkmalpflege vorrangig in Anspruch genommen wurden.[3] 1976 konnte die bayernweite Erfassungsarbeit vorläufig abgeschlossen werden, zehn Jahre später wurden die teilweise nochmals überarbeiteten und ergänzten „Denkmallisten" als die vom Gesetz geforderten nachrichtlichen Verzeichnisse des bayerischen Denkmalbestandes in Buchform herausgegeben.[4] Bayern war damit das erste Land der alten Bundesrepublik, das einen Überblick über seinen schützenswerten Denkmalbestand vorlegte und damit zugleich die eindrucksvolle Dokumentation eines im Laufe der vorangegangenen Jahrzehnte kontinuierlich gewandelten und gewachsenen allgemeinen Denkmalverständnisses präsentieren konnte. Die landesweite Sichtung des gesamten Denkmalbestandes mit der Benennung von mehr als 100 000 Einzelobjekten und baulichen Anlagen, die nach den im Art. 1 des Bayerischen Denkmalschutzgesetzes geforderten Kriterien „geschichtlicher, künstlerischer, städtebaulicher, wissenschaftlicher oder volkskundlicher" Bedeutung als Denkmale definiert werden konnten,[5] war statistisch eindrucksvoll. Neben den bereits in den seit 1895 vorgelegten Großen Inventaren und den Kurzinventaren benannten und beschriebenen Denkmalen wurden nun ausführlich neue Denkmalkategorien erfaßt, so bäuerliche und bürgerliche Bauten in den historischen Dörfern und Stadtkernen, die ausgedehnten großstädtischen Wohnquartiere des 19. und 20. Jahrhunderts, Arbeitersiedlungen und Industriearchitektur, handwerks- und verkehrsgeschichtliche Zeugnisse bis hin zu den Flurdenkmalen als Zeugnissen der Volksfrömmigkeit. – Besondere Denkmaldichte zeichnet die mehr als 900 festgestellten historischen Ortsensembles in Bayern aus.

Noch während an der flächendeckenden Denkmalerfassung gearbeitet wurde, brachte Bayern 1978 zwei Landkreisbände in der von Michael Petzet begründeten topographischen Reihe der „Baudenkmäler in Bayern" heraus, die als bebilderte und textlich erweiterte Denkmallisten wesentliche Pilotfunktion für die 1981 bundesweit als neues Erfassungsinstrument beschlossene Reihe der „Denkmaltopographien" hatten.[6] In diese Publikationsreihe mündete denn auch das bayerische Topographie-Unternehmen, wobei allerdings mit den „Bilderlisten" auch weiterhin eine verknappte bayerische Variante erarbeitet wurde. Bisher liegen 16 Publikationen dieser Reihe zu bayerischen Städten und Landkreisen vor, etwa ebenso viele sind derzeit in Arbeit oder in Vorbereitung.

Wie ernst Petzets oben angeführte Äußerung von 1982 bezüglich einer „Rückkehr zur traditionellen Inventarisierung" gemeint war, konnte er kurz darauf unter Beweis stellen. Denn unverzüglich nach der Publikation der Denkmallisten im Jahr 1986 nahm man in Bayern die lediglich „auf kleinster Sparflamme" neben der Listenerfassung weitergeführten Arbeiten am traditionellen Großen Inventar wieder auf und widmete sich damit wieder verstärkt dem wissenschaftlichen Auftrag des Denkmalschutzgesetzes, das in seinem Art. 12 die Aufgabe zur „Erstellung und Fortführung der Inventare" noch vor dem Auftrag zur Erarbeitung der Denkmallisten benennt.[7] Zur Wiederaufnahme einer vertieften Denkmalforschung setzte die Bayerische Denkmalpflege auch dadurch ein deutliches Zeichen, daß sie ihre Jahrestagung 1987 unter das Thema „Denkmalinventarisation – Denkmalerfassung als Grundlage des Denkmalschutzes" stellte und damit zugleich an die damals hundertjährige Tradition der Inventarisation in Bayern erinnerte. In einem breiten Themenspektrum wurde über die verschiedenen Formen der Denkmalerfassung und die Situation des Inventars zwischen „Tradition und Neubeginn" reflektiert.[8]

1990 konnte in Bayern mit dem Band „Bamberg – Innere Inselstadt"[9] erstmals wieder ein bayerisches Großes Inventar vorgelegt und damit die durch die Erarbeitung der Denkmallisten entstandenen Publikationspause beendet werden. Bis

1997 folgten sechs weitere Große Inventare,[10] die erstmals ausführlich über eine Fülle von Denkmalkategorien informieren, denen in den früheren Inventaren keine oder nur geringe Beachtung geschenkt worden war. Auch dokumentieren die Bände den heutigen Stand der Denkmalforschung und daraus resultierende Denkmalerkenntnisse. Weitere Inventarbände sind in Arbeit, so daß auch in den kommenden Jahren mit der Publikation je eines Bandes pro Jahr gerechnet werden kann.[11] Diese durchaus positive Bilanz könnte den Schluß nahelegen, daß die Denkmalforschung in Bayern unbeirrt an Inventaren arbeitend und Buchrücken an Buchrücken reihend, sich aller Probleme ledig in das nächste Jahrhundert fortschreiben werde, daß sie von einer existentiellen Krise des Inventarisationsgeschäftes – wie sie bereits seit Jahrzehnten in der Denkmalpflegerzunft konstatiert wird – unberührt bliebe. Nachdenklichkeiten gibt es jedoch auch in Bayern – und Fragen danach, welche Aufgaben eine intensive, vertiefte Denkmaluntersuchung innerhalb des Gesamtspektrums heutiger denkmalpflegerischer Forschungen übernehmen solle, und vor allem auch, was sie konkret leisten kann und wo ihre Grenzen sind.

DAS GROSSE INVENTAR IN DER KRISE

Die vielfältigen Probleme der im späteren 19. Jahrhundert zugleich als Organ der Denkmalerfassung wie auch der Denkmalerforschung begründeten wissenschaftlichen Großunternehmens, das stillschweigend die „Schlagkraft einer scheinbar in unaufhaltsamem Vormarsch begriffenen Wissenschaft" voraussetzte,[12] wurden in den letzten Jahrzehnten in zahlreichen Publikationen behandelt. Die Gründe, die das umfassend angelegte Werk zum Stocken und in den meisten Bundesländern bereits ganz zum Erliegen gebracht haben, sind bekannt, doch seien sie hier zur Verdeutlichung der gegenwärtigen Situation nochmals referiert und ergänzt.

Eine zunehmende Skepsis gegenüber der einst vornehmsten und zudem in den ersten Jahrzehnten der Denkmalpflege auch überaus erfolggekrönten Arbeit an Denkmalinventaren fällt bereits in die frühen dreißiger Jahre. Sie verstärkte sich in der Nachkriegszeit, als sich angesichts der verheerenden Denkmalverluste des Zweiten Weltkrieges ein neues, geschärftes Bewußtsein für eine vielgestaltige, nicht nur auf die kunstgeschichtlich bedeutenden Werke der Hochkunst beschränkte Denkmalwelt herausbildete. In dem Maße, wie sich die Denkmalpflege für einen immer umfassender werdenden Denkmalbestand engagierte, wuchs die Kritik vor allem an der Langwierigkeit der wissenschaftlich vertieften Inventarbearbeitungen. Denn das Inventar, das als offizielles Instrument staatlicher Denkmalfeststellung und Denkmalerforschung (vor allen anderen Verzeichnissen und Auflistungen von Denkmalen) die sich neu entwickelnden Interessen der Denkmalpflege zu artikulieren und zu begründen hatte, wurde vor zunehmend komplexere und damit in der herkömmlichen Arbeitsweise an sich nicht mehr zu leistende Aufgaben gestellt.[13]

Von der Sorge getragen, daß die herkömmliche Inventarisation den Anforderungen einer möglichst raschen flächendeckenden Registrierung „der von Jahr zu Jahr stärker gefährdeten Denkmale" nicht mehr gerecht werden könne,[14] setzte Heinrich Kreisel seit 1957 in Bayern auf eine neue, schnellere Form der Denkmalerfassung durch sogenannten Kurzinventare, die zwar weiterhin wissenschaftlich fundiert, jedoch knapper im Text und unbebildert in rascher Folge erscheinen sollten; aus vergleichbaren Erwägungen wurde auch im Rheinland und in Schleswig-Holstein mit der Bearbeitung von Kurzinventaren begonnen und damit eine erste, allerdings temporär begrenzte Abkehr vom Großen Inventar vollzogen.[15]

Die Kritik am Großen Inventar richtete sich jedoch nicht allein gegen das langsame Voranschreiten der Flächenerfassung, die natürlich angesichts der Bearbeitung immer umfangreicher werdender Denkmalbereiche zwangsläufig auch immer schleppender werden mußte. Mit Skepsis und Kritik begegnete man darüber hinaus auch der formalen und inhaltlichen Stagnation des Inventars und forderte ein flexibleres Reagieren auf neu entdeckte Denkmalkategorien und neu ins Blickfeld genommene Denkmalzusammenhänge. Die Kritik gipfelte schließlich 1970 in Roland Günters Philippica „Vom Glanz und Elend der Inventarisation",[16] als der Autor sein Mißtrauen gegenüber dem Inventar klassischer Prägung vor allem mit den dort weitgehend unreflektiert aus dem 19. Jahrhundert mitgeschleppten Wertevorstellungen und Regularien begründete und den beamteten Inventarisatoren mangelnde Fähigkeiten vorwarf, auf das sich schnell verändernde und erweiternde Denkmalverständnis zu reagieren. Viele der in Günters bissiger Analyse angesprochenen Vorwürfe des Byzantinismus der amtlichen Inventarisation, eines rückwärtsgewandten Kunstbegriffs und des Festhaltens an der Werteskala einer „längst überholten normativen Ästhetik",[17] der Reserviertheit gegenüber den Forschungsmethoden und Forschungsergebnissen der Nachbardisziplinen wie Archäologie, Architektur usw. sind inzwischen weitgehend obsolet, andere sind durchaus auch heute noch ebenso relevant wie vor dreißig Jahren. So wird die Güntersche Kritik am Verharren in althergebrachten Denkmustern und kanonischen Ordnungssystemen (erst Sakral, dann Schloß, dann Bürgerbau usw.) auch noch in jüngerer Zeit wiederholt.[18] Die von Günter angemahnten und 1987 von Richard Strobel nochmals wiederholten Forderungen nach neuen Strategien und einer zeitgemäßen Neuorganisation denkmalkundlicher Arbeit blieben weitgehend unbeachtet.[19]

Trotz deutlichen Reformwillens wurden jedoch auch von Günter weiter positivistisch-wissenschaftsgläubige, aus der Tradition des Historismus stammende Vorstellungen gepflegt, wenn er – seine hochgespannten Erwartungen an das Große Inventar artikulierend – von diesem erschöpfende Auskunft über Historie, Substanz, Bewertung und topographisch-sozialgeschichtlichen Kontext eines explosionsartig vermehrten und immer vielfältiger werdenden Denkmalbestandes erwartete. Eine ähnlich ambivalente Haltung kennzeichnet auch andere Kritiken, die eine Eignung des traditionellen, mit heterogenen Vorstellungen überladenen und dadurch unbeweglich langsam gewordenen Großen Inventars als noch praktikables Instrument zeitgemäßer Denkmalerfassung und -erforschung anzweifelten, zugleich aber weitere neue Wunschvorstellungen an das Inventar herantrugen.[20] Vom Inventar als kunst- und geschichtswissenschaftlichem Universalkompendium wurde verlangt, daß es möglichst allumfassend allen alles bieten sollte.

Oder – wie dies Richard Strobel nicht ohne ironischen Unterton aus der eigenen Inventarisationserfahrung heraus formuliert – solle das herkömmliche Inventar nicht nur durch präzise und ausführliche Denkmalvermittlung als geschliffenes Instrument der Denkmalerhaltung wirksam werden, es solle ebenso als denkmalkundlich und kunstgeschichtlich erschöpfend berichtendes Nachschlagewerk dienen, aus dem sich die kunsthistorische Fachwelt anschickt, „Honig zu saugen". Weiterhin solle es als Quellensammlung und umfassendes Instrument der Quellensicherung bereit stehen und letztendlich müsse es auch als leicht verständliche Informationsquelle den interessierten Laien ansprechen.[21] – Es nimmt sicher nicht Wunder, daß diese aus den Reihen der Denkmalpfleger wie auch von den wissenschaftlichen Benutzern an das Inventar herangetragene Erwartungshaltung nach tiefschürfender Denkmalerkenntnis in flächendeckender Breite – und selbstverständlich bei rascher Erscheinungsfolge der Inventarbände offenbar bundesweit zu gewissen Lähmungserscheinungen bei denjenigen führte, die von Amts wegen die Inventarisation zu verantworten hatten bzw. als Bearbeiter zur praktischen Lösung dieser wahrhaft herkulischen Aufgaben verpflichtet wurden.

Zu den formal-inhaltlichen Problemen kam in den siebziger Jahren schließlich ein weiterer Aspekt, der die Krisensituation des Inventars verschärfte: Mit Inkrafttreten der Denkmalschutzgesetze verlor das Inventar seine bisherige Schlüsselstellung und den fest angestammten Ort im Gesamtrahmen staatlicher Denkmalpflege. Bis zur Gesetzesverabschiedung hatten die Inventare mit der Feststellung von Denkmalen nicht nur einen informativen, gesellschaftspolitisch relevanten Auftrag zu erfüllen: Als offizielle Denkmalverzeichnisse nahmen sie auch wichtige administrative Informationspflichten gegenüber den Bauverwaltungen der Gebietskörperschaften wahr.[22] Die Bearbeitung der Inventare war daher vorrangige Aufgabe und zugleich Privileg der Denkmalämter, ihr hoher Stellenwert unter den amtlichen Dienstaufgaben gesichert. Diese weitgehend unangefochtene Position verlor das Inventar, als für den ordnungsgemäßen Vollzug der Denkmalschutzgesetze eine möglichst rasche flächendeckende Übersicht über den gesamten Denkmalbestand gefordert wurde und mit den Denkmallisten ein neues Instrument der Denkmalerfassung entstand. Als Grundlage für den Gesetzesvollzug übernahmen die Listen die bisherigen administrativen Aufgaben des Inventars, so daß sich – denkmalrechtlich gesehen – das Gewicht vom alten Inventar hin zu den neuen Denkmallisten verlagerte. Zwar wird die traditionelle Inventarisation als gründliche Erforschung der aufgelisteten Denkmale in den meisten bundesdeutschen Denkmalschutzgesetzen als Aufgabenfeld staatlicher Denkmalpflege angesprochen,[23] doch ist damit kein für den Gesetzesvollzug unabdingbarer Auftrag definiert. Innerhalb der denkmalkundlichen Arbeit der Ämter konnte die klassische Inventarisation wohl auch daher nicht jenen Aufschwung nehmen wie die übrigen, unmittelbar in den Vollzug der Denkmalschutzgesetze eingebundenen Fachleistungen staatlicher Denkmalpflege. Die Entlassung aus der bisherigen administrativen Funktion entzog der vertieften Denkmalforschung vielmehr ihr bisher gesichert geglaubtes Terrain. Hieran konnten die wiederholten Appelle der Denkmalpfleger einzelner Ämter offenbar ebenso wenig ändern wie eine gemeinsame Resolution aller bundesdeutschen Denkmalämter, mit der man 1992 in der Fachöffentlichkeit nachdrücklich für eine Intensivierung der klassischen Inventarisationsarbeit eintrat und das Inventar als unabdingbare Voraussetzung für jede effektive und seriöse Denkmalpflege und Denkmalerhaltung einforderte.[24] Auch dieser geradezu beschwörende Aufruf blieb – bisher jedenfalls – weithin ohne erkennbare Resonanz.

Aus dem traditionellen, bis zur Zeit der Denkmalschutzgesetze unangefochtenen Status heraus ist zudem wohl jene Entwicklung zu erklären, die die klassische Denkmalinventarisation in der Zeit einer gesetzlich geregelten Denkmalpflege nahm bzw. – anders gesagt – verabsäumte. Nach Verabschiedung der Denkmalschutzgesetze, als sich die Denkmalpflege insgesamt vor eine Fülle neuer Aufgaben gestellt sah, zwang die Not zu handeln die „praktische" Denkmalpflege dazu, ihre Arbeitsleistung bei der Begutachtung und Beratung von Bau- und Restaurierungsmaßnahmen durch den konsequent betriebenen Aufbau eines Stabes von Multiplikatoren und Zuarbeitern außerhalb der Behörde zu vervielfachen, um so den mit dem Denkmalschutzgesetz verbundenen Erhaltungsauftrag wahrnehmen zu können. Die Referenten der Baudenkmalpflege arbeiten seither mit routinierten und zumeist auch durchaus motivierten Bauverwaltungen der Städte und Landkreise zusammen. Bei großen Instandsetzungsmaßnahmen und Restaurierungen treten heute sanierungserfahrene Architekten – Planer und Bauleiter –, Statiker, Kirchenmaler, Restauratoren und auch Naturwissenschaftler an, interdisziplinäre Teams also, die die eigentliche praktische Arbeit der Denkmalpflege am Objekt leisten. Die für ihre vielfältigen Aufgaben personell ebenfalls ungenügend ausgestattete Archäologie des Bayerischen Denkmalamtes konnte beispielsweise nur dadurch handlungsfähig werden, daß sie (gestützt auf einen entsprechenden Etat) bei der Feldarbeit ehrenamtlich bzw. freiberuflich tätige Archäologen, Grabungsleiter und Techniker beiziehen kann. Auch die Orts- und Stadtplaner des Bayerischen Landesamtes für Denkmalpflege, die amtlichen Restaurierungswerkstätten und die Bauforschung haben viele Energien auf die Beiziehung und Schulung von freiberuflich tätigen Fachkräften verwendet und hierdurch ihre Effizienz erheblich steigern können.

Demgegenüber verhielt sich die althergebrachte amtliche Inventarisation auffallend zurückhaltend, sowohl bei der systematischen Beiziehung von externen Mitarbeitern und Helfern, als auch beim Aufbau eines entsprechenden Etats zur Fremdvergabe von denkmalkundlichen Forschungsarbeiten – auch in Zeiten, als die Denkmalpflege noch über mehr Geldmittel verfügte als heute.[25]

Es bleibt dahingestellt, inwieweit es hier Berührungsängste einer in der Denkmalpflege tätigen Kunsthistorikerschaft gab, die sich seit Alois Riegls Verdikt der Unwissenschaftlichkeit ihres Tuns deklassiert fühlte und sich von den Berufskollegen anderer Fachbereiche wie auch von Fachleuten benachbarter Disziplinen fernhielt. Die vor allem in den ersten Jahren der Denkmalschutzgesetze gegebene reale Chance zum Aufbau einer interdisziplinären Zusammenarbeit mit außeramtlichen Fachleuten und -disziplinen jedenfalls blieb weitgehend ungenutzt. Konkrete fachliche oder rechtliche Gründe sind hierfür nicht erkennbar. Denn der Akt einer formellen Denkmalfeststellung, der früher mit der Aufnahme eines Objektes in ein Denkmalinventar verbunden war und die Inventarisation als „hoheitliche" Aufgabe auswies, ist – wie erwähnt – inzwischen auf die Denkmallisten übergegangen. Deren Erstellung ist auch weiterhin gesetzlich festgelegter Auftrag der staatlichen Denkmalämter und kann nicht delegiert werden. Daß jedoch eine wissenschaftliche Erforschung der festgestellten Denkmale ebenfalls alleinige Aufgabe der Denkmalfachbehörden sei, ist dagegen nirgends festgeschrieben. Mögliche Befürchtungen, mit einer Delegation von Forschungsleistungen könnten wichtige Kompetenzen aus der Hand der staatlichen Denkmalpflege gegeben werden, erscheinen daher unbegründet; dies um so mehr, als Denkmalforschung ohnehin schon immer auch außerhalb der Ämter in großer Vielfalt betrieben wurde und wird. So an den Universitäten, wenn sich Lehrende und Lernende mit regionalen denkmalgeschützten Bauten und ihrer Ausstattung befassen, so bei den vielfältigen Corpus-Werken zu Glas- und Deckenmalereien, Glocken, Orgeln, Bahnhöfen, Fördertürmen usw; so von Volkskundlern, Haus- und Heimatforschern, wenn sie Materialien zu Fachwerkbauten, Almen oder Steinkreuzen sammeln. Auch sind die Kirchen der beiden großen Konfessionen mit der Aufnahme ihres sakralen Ausstattungsgutes beschäftigt. Inventarisiert wird also allenthalben, und dies nicht selten mit großem Aufwand an Zeit und Energie und entsprechendem Erfolg.[26]

DAS INVENTAR AUF DEM PRÜFSTAND

Daß es unter diesen hier angesprochenen, weit gefächerten denkmalkundlichen Aktivitäten auch für die historisch-topographisch ausgerichtete vertiefte Inventarisation innerhalb eines Denkmalamtes nutzbares Kräftepotential gibt, konnte in Bayern inzwischen anhand einiger Projekte erprobt werden. Eines dieser Beispiele ist die inzwischen weitgehend abgeschlossene Denkmalforschung in der oberbayerischen Stadt Landsberg am Lech, deren umfangreicher Denkmalbestand einer umfassenden Untersuchung unterzogen werden konnte.[27] Dank einer finanziellen Grundausstattung u. a. aus Mitteln der Städtebauförderung war es möglich, das bei dem Projekt anfallende Arbeitspensum mit freiberuflichen Kräften verschiedener Fachdisziplinen, mit einigen ehrenamtlich tätigen örtlichen Helfern und auch mit universitärer Unterstützung zu leisten, wobei das Bayerische Landesamt für Denkmalpflege die Hauptautorenschaft sowie die wissenschaftliche und organisatorische Leitung des personenreichen Teams übernahm. Die konkreten Erfahrungen bei dieser experimentell angelegten Inventarisationsarbeit zeigen, daß eine vertiefte Denkmalforschung, die nicht nur das breit gefächerte Spektrum heutigen Denkmalverständnisses, sondern auch die Fülle ständig wachsender Denkmalerkenntnisse in einem zeitaufwendigen Prozeß zusammenzutragen und zu verarbeiten hat, fachgerecht – d. h. unter den vielfältigen Aspekten des heutigen wissenschaftlichen Standards – und termingerecht – d. h. in absehbaren Zeiträumen – in Zukunft wohl nur in interdisziplinärer Arbeit und verteilt auf viele Schultern geleistet werden kann.

Beim Aufbau einer über die Ämter hinausgreifenden Arbeitsorganisation täte die Inventarisation sicher nicht schlecht daran, sich ihrer durchaus auch positiven Traditionen zu erinnern und die bereits 1876 von Franz Xaver Kraus[28] im Inventar Unterelsaß oder 1885 von Rudolf Bergau im Inventar Brandenburg[29] geforderten Kontakte zu den örtlichen Geschichtsvereinen und zur lokalen Geschichtsforschung wieder zu intensivieren, um so Geschichtswissenschaftler und Archivare verstärkt zur Mitarbeit zu gewinnen. Vor allem aber ist wohl in einer engeren Kooperation mit den Fachkollegen anderer kunst- und geschichtswissenschaftlicher Institutionen eine neue Chance für die Denkmalforschung und insbesondere für die Bearbeitung Großer Inventare zu sehen. So könnte vor allen auch die kunstwissenschaftliche Arbeit an den Hochschulen und die der Denkmalämter als „Pole eines produktiv aufgeladenen Spannungsfeldes" wirksam werden,[30] wenn von beiden Seiten ernsthaft nach Wegen einer produktiven Zusammenarbeit gesucht wird.

In beiderlei Hinsicht waren bei der Inventarisation in Landsberg positive Erfahrungen zu machen, da dort wesentliche Zuarbeit von örtlichen, historisch gebildeten Fachkräften geleistet wurde[31] und insgesamt 12 Diplom- und Magisterarbeiten zu Landsberger Themen aus den Fachbereichen Archäologie, Kunstgeschichte, Theologie, Volkskunde und Technikgeschichte entstanden – teils als kleinere Werkmonographien direkt auf die Inventarisation bezogen, teils als begleitende Untersuchungen. Daneben wurden einige Aufgaben auch als Semesterarbeiten angegangen.

Erwähnt sei hier, daß auch die „Denkmaltopographie" als jüngstes Instrument denkmalkundlicher Bestandsaufnahme und -analyse nicht nur in Bayern von „außeramtlicher" Denkmalforschung profitiert.[32] Mit den Topographien der Städte Forchheim und Regensburg ließ sich die Zusammenarbeit mit einer Universität in Bayern bereits erfolgreich erproben,[33] weitere vergleichbare Projekte sind in Vorbereitung.

Eng mit den Überlegungen zu einer Erweiterung der im Inventarisationsgeschäft benötigten, über die Kräfte der staatlichen Denkmalpflege hinausgehenden Arbeitskapazität ist natürlich die Frage verbunden, wie die für eine breiter angelegte Denkmalforschung erwarteten externen Leistungen honoriert werden könnten. Es stellt sich also schlicht die Frage nach der notwendigen finanziellen Ausstattung der staatlichen Denkmalforschung. Eine Frage, die zu Zeiten leerer öffentlicher Kassen auf den ersten Blick vielleicht ungebührlich wirken mag, zumal es für Investitionen in die Denkmalforschung – zumindest vordergründig gesehen – nur wenig Rechtfertigung zu geben scheint.

Als eine für die breite Öffentlichkeit bestimmte Informationsarbeit entfaltet die Denkmalforschung und eine darauf aufbauende Denkmalvermittlung wesentliche denkmalerhaltende und denkmalschützende Wirkung. Diese Wirkung ist allerdings zu den sogenannten „weichen Faktoren" im Prozeß denkmalpflegerischer Aktivitäten zu rechnen, deren Ergebnisse sich nicht in konkret meßbaren Daten und Statistiken niederschlagen. Bei der Bilanz denkmalpflegerischen Handelns wird der Anteil denkmalkundlicher Informationsarbeit am Erhaltungsauftrag daher selbst in der eigenen Zunft nicht selten aus den Augen verloren. Daß aber gerade solche „weichen Faktoren" zum Beispiel im Zuge moderner Marketingstrategien immer mehr Beachtung finden, könnte der institutionalisierten Denkmalpflege Anlaß zu selbstkritischem Nachdenken geben.

Bekanntlich wird derzeit durch die wiederholten Änderungen von Baugesetzen und Verordnungen und auch durch das „Aushöhlen" der Denkmalschutzgesetze die konkrete Einflußnahme der praktischen Denkmalpflege auf das aktuelle Baugeschehen allenthalben beschnitten. Auf diese Entwicklung kann die staatliche Denkmalpflege mit Resignation reagieren – oder auch mit Zweckoptimismus. Sie könnte die Situation allerdings auch zu einer Standortbestimmung und Überprüfung der eigenen Arbeitsökonomie nutzen und sich fragen, inwieweit sie angesichts einer sich ändernden Rechtslage ihre Verpflichtungen gegenüber dem Denkmalbestand vermehrt auch dadurch wahrnehmen kann, daß sie sich noch intensiver auf ihre Mittlerrolle zwischen Denkmal und Gesellschaft besinnt. Sie könnte verstärkt ebendieser Gesellschaft und ihren Entscheidungsträgern bereits im Vorfeld von möglichen Konflikten und Krisensituationen durch entsprechende Untersuchungen Denkmalkenntnisse und Denkmalwerte vermitteln und somit zugleich auch größere Planungssicherheit anbieten. – Werden solche Überlegungen zugelassen, so mag es sein, daß die „heutigen schlechten Zeiten" für eine wissenschaftlich fundierte Denkmalforschung, die sich als zeitgemäße Dienstleistung für die Öffentlichkeit versteht, so aussichtslos nun auch wieder nicht sind.

Auch eine verstärkte Förderung durch Sponsoren oder mäzenatische Unterstützung der Denkmalforschung, wie sie zum Beispiel bereits von der „Deutschen Stiftung Denkmalschutz" in Lübeck geleistet[34] oder von der Denkmalstiftung Baden-Württemberg angeboten wird,[35] könnte wichtige Impulse zu vertiefter Forschung innerhalb der durch die Denkmallisten ausgewiesenen Denkmalvielfalt geben.

DENKMALLISTE – DENKMALTOPOGRAPHIE – INVENTAR

Daß die herkömmlichen Großen Inventare nach Einführung der Denkmallisten nicht mehr dieselben sein konnten wie in der Zeit zuvor, vor allem, wenn sie sich der von dort kommenden Herausforderung stellen, ist bereits festgestellt worden.[36] Auch jene Veränderungen sind zur Kenntnis zu nehmen, die sich für die klassische Inventarisation durch die in immer breiterem Rahmen vorangetriebene Bearbeitung von Denkmaltopographien ergeben haben. Anfänglich als reines Kartenwerk mit lediglich kartographischer Verzeichnung der Denkmale und Denkmalvernetzungen geplant, sind die Topographien inzwischen zu eigenständigen, durchaus wirksamen denkmalkundlichen Kompendien geworden, die breite Akzeptanz in der Öffentlichkeit finden. In den meisten bundesdeutschen Denkmalämtern beanspruchen sie Geldmittel und Personal, die damit für die Arbeit an Großen Inventaren nicht mehr zur Verfügung stehen. Gleichwohl müssen die neueren Erfassungsinstrumente nicht a priori zu gefährlichen Konkurrenten des Großen Inventars werden. Vielmehr fordert die Vielfalt der zur Erforschung anstehenden Denkmalkategorien zu flexibler Reaktion und dem wohl überlegten Einsatz der unterschiedlichen denkmalkundlichen Erfassungsmethoden heraus.

Die praktischen Erfahrungen mit den seit 1990 publizierten bayerischen Inventarbänden zeigen, daß ebenso wie in den wenigen anderen Bundesländern, in denen noch vertiefte Denkmalforschung betrieben wird, die Bearbeitungseinheiten räumlich gesehen immer kleiner werden: Mit dem bayerischen Inventarband über den „Dom zu Augsburg" ist bereits die Grenze zur Monographie erreicht. Stadtteile wie die „Inselstadt" oder die „Bürgerliche Bergstadt" Bambergs füllen starke, kaum noch manuell transportierbare Doppelbände des ursprünglich auf insgesamt acht Bände angelegten Bamberg-Inventars. Das Landsberger Inventar erscheint in vier Bänden, wobei hier mit einer bisher in der bayerischen Denkmalpflege nicht üblichen finanziellen und personellen Ausstattung die Arbeit in relativ kurzer Zeit erledigt werden konnte. Dennoch zeigt auch dieses somit unter sehr positiven äußeren Voraussetzungen durchgeführte Unternehmen, daß angesichts der Relation von zeitlichem und personellem Aufwand zu tatsächlicher „Flächenbewältigung" eine vertiefte flächendeckende Denkmalerfassung – also zum Beispiel ganzer Regierungsbezirke – im Großen Inventar unter Wahrung eines zeitlich absehbaren Rahmens in den Bereich der Utopie zu verweisen ist; wird doch selbst eine flächendeckende Denkmaldarstellung in den ohne umfänglichen wissenschaftlichen Apparat, d. h. wesentlich rascher herzustellenden Denkmaltopographien sicher zu Recht in Zweifel gezogen.[38] Diese Feststellung ist nicht neu; sie wird seit Jahrzehnten in den meisten theoretischen Äußerungen zum Großen Inventar mehr oder weniger deutlich ausgesprochen. Angesichts der Dynamik, die aus der legitimen Weiterentwicklung des Geschichtsverständnisses von Generation zu Generation resultiert und damit auch die „Identifikation stiftenden Denkmalwerte" (Breuer) betrifft, wird jedes zu langfristig angelegte Unternehmen zum Scheitern verurteilt sein.

Die Diskrepanz zwischen den hoch gesteckten, im 19. Jahrhundert formulierten Zielen und Grundsätzen der herkömmlichen Inventarisation und einer tatsächlichen Realisierbarkeit beschränkt sich jedoch nicht nur auf deren flächengreifenden Anspruch. Auch das im ausführlich angelegten und detailgenau beobachtenden Großen Inventar alter Prägung geübte methodische Vorgehen, das seit dem letzten Jahrhundert vor allem an den Werken der Hochkunst entwickelt wurde, ist mit seinem Anspruch und seiner Aufwendigkeit für viele der Denkmalkategorien, mit denen sich die Denkmalforschung heute – zumindest zahlenmäßig – wohl am meisten zu beschäftigen hat, nicht oder nur sehr bedingt geeignet. So zum Beispiel bei der Erfassung schlichtester Bürgerhäuser in den Vorstädten, jüngerer bäuerlicher Anwesen eines sich in einer Region ständig wiederholenden Haustyps oder gründerzeitlicher Großstadtarchitektur mit ihren meist vorgefertigten Zier- und Ausbauteilen. Für deren denkmalkundliche Analyse sind – wie dies u. a. Ernst Badstübner in seinen konzeptionellen Überlegungen zu einem Inventar des Berliner Stadtbezirks Prenzlauer Berg gefordert hat[39] – wohl andere Instrumente und Ordnungskriterien zu entwickeln, als sie das klassische Inventar bisher bereithält. Inwieweit hier zum Beispiel mit den in Hamburg vorangetriebenen „Gattungsinventaren" oder mit den Denkmaltopographien die geeigneten Instrumente bereits zur Hand sind, kann in diesem Rahmen nicht weiter ausgelotet werden.[40] Zahlreiche bereits vorliegende Topographien lassen jedoch erkennbar werden, daß die dort übliche Erläuterung des historisch-topographischen Zusammenhangs und eine knappe, durch eine Photographie ergänzte charakterisierende Beschreibung für eine ganze Anzahl von einfachen oder seriell auftretenden Baudenkmalen bereits die wesentlichen Informationen enthält. Bei der Darstellung komplexerer Situationen stiften die stark verkürzten Auskünfte der Topographie dagegen eher Verwirrung und lassen eine vertiefte Beschäftigung mit dem Denkmal oder Denkmalzusammenhang als dringendes Desiderat aufscheinen. Bei der Beschäftigung mit einer Topographie wird rasch deutlich, daß diese Erfassungsmethode, die den Vorteil der schnelleren Handhabung aufweist, in ihrer zwangsläufigen „Oberflächlichkeit" das Große Inventar und seine Grundlagenarbeit nicht zu ersetzen vermag, ihm aber konkrete neue Wege eröffnen könnte.[41] Daher sollten auch Überlegungen bzw. Experimente zugelassen sein, die verschiedenen, bis heute entwickelten Methoden der Denkmalerfassung und -publikation – sich gegenseitig befruchtend und beschleunigend – miteinander zu verknüpfen.

Die „Neue Folge" der Bayerischen Inventare

Das klassische Große Inventar, das – wie dargestellt – durch die Einführung der Denkmallisten von seinen administrativen Pflichten entbunden wurde und den Denkmaltopographien in gewissem Umfang die Darstellung größerer topographischer Zusammenhänge und der Vernetzung von Baudenkmalen überlassen kann, hat nun die Chance, die dadurch gewonnenen Freiheiten in neuer Weise zu nutzen. Dies hat sich die 1995 von Michael Petzet begründete „Neue Folge" der „Kunstdenkmäler von Bayern" zur Aufgabe gestellt, die sich als flexibles und damit gezielt einsetzbares Instrument exemplarischer vertiefter Denkmalforschung versteht. Indem sie – den bisherigen Reihentitel beibehaltend – mit geändertem Format und Layout erscheint, signalisiert die Neue Folge einen Neubeginn aus der Tradition heraus, wobei sie (wie übrigens auch die jüngsten Inventare Baden-Württembergs)[42] dem inhaltlich längst vollzogenen Wandel vom Kunstführer-Handbuch hin zum ausführlichen, reich bebilderten Lese- und Nachschlagwerk auch äußerlich Rechnung trägt. Auch in ihrem methodischen Ansatz geht die Neue Folge weiterhin vom bisher bewährten Prinzip historisch-topographischer Denkmalforschung aus und erhebt Anspruch auf vollständige Erfassung des jeweils gewählten Untersuchungsbereiches. Mit dem Ziel, der vertieften Beschäftigung mit dem Denkmalbestand neue Gewichtung zu verleihen und sie gleichzeitig zu aktualisieren,[43] versteht sich die neue Reihe auch als ein Versuch, das Große Inventar dort aus seinen Traditionen zu emanzipieren, wo sich diese als überholt und hemmend erweisen. – Dies geschieht zum einen, indem die Neue Folge die bisherigen Bindungen des Inventars an die heutigen, zumeist unhistorischen politischen Grenzen der Gebietskörperschaften überwindet,[44] die häufig „mit den ursprünglich für die Denkmalwelt einmal prägenden Ordnungen nichts mehr zu tun haben",[45] und sich ihre Bearbeitungsfelder nach historisch-topographischen Gesichtspunkten und Zusammenhängen zu wählen sucht.[46] Auch die Ordnung des Stoffs im Inventar wird jeweils neu zu überdenken und dem Untersuchungsgegenstand entsprechend zu wählen sein.

Zum anderen wird sich das Große Inventar als zeitintensive und aufwendigste Form der Denkmalforschung künftig auf die Untersuchung von Denkmalobjekten oder -bereichen zu konzentrieren haben, die durch Denkmalbedeutung, Denkmaldichte bzw. akute Denkmalgefährdung diesen Aufwand rechtfertigen. Hierzu gehören weiterhin denkmalreiche Altstadtensembles oder ländliche Räume, ebenso aber auch kleinere topographische Einheiten mit entsprechend großem Denkmalgewicht. So kann zum Beispiel der Komplex eines wichtigen Sakralbaus,[47] eines jüdischen Großfriedhofes[48] oder eines historischen Industriequartiers mit allen zugehörenden Anlagen und Einrichtungen Thema eines Inventarbandes der Neuen Folge werden; ebenso aber auch so ausgedehnte Flächendenkmale wie Eisenbahnlinien, Kanäle oder orts-, gemeinde- und landkreisübergreifende Denkmal- und Kulturlandschaften.

Inventarisationsunternehmen der Neuen Folge werden vorwiegend gezielt dort anzusiedeln sein, wo „entschiedene Forderungen gestellt, wo ein breites Bedarfsspektrum aufscheint und [das Große Inventar] Dringlichkeitscharakter bekommt". Dabei wird auch die „sog. Macht des Faktischen, das Korsett des Machbaren weitgehend die Überlegungen bestimmen, die zu einer neuen Konzeption des Großen Inventars führen".[49] Mit sorgfältig ausgewählten und zudem auch gründlich auf ihre konkreten fachlichen, personellen, zeitlichen und finanziellen Realisierungsmöglichkeiten hin geprüften Arbeitsbeispielen ist die bayerische Denkmalpflege in ihrer Neuen Folge mit dem Anspruch angetreten, auch weiterhin ausführliche Grundlagenarbeit zu leisten, um damit nicht nur die fachliche Qualifikation der Fachbehörde nachzuweisen, sondern zugleich auch deren wissenschaftliche Legitimation auf Dauer unter Beweis zu stellen. Um hierbei angesichts einer Materialfülle und -vielschichtigkeit, wie sie dem breit angelegten Denkmalverständnis unserer Zeit entspricht, konkrete Ergebnisse vorweisen zu können, wird man ohne Zweifel verstärkt auf die Hilfe von Personen oder Institutionen außerhalb der Fachbehörde angewiesen sein.[50] Daß das Inventarisieren in interdisziplinärer Zusammenarbeit erfolgversprechend erscheint, hat nicht nur das in der bayerischen Neuen Folge publizierte Inventar der Stadt Landsberg belegt; auch das 1995 erschienene voluminöse Inventar der Leipziger Sakralbauten entstand unter Beteiligung zahlreicher Autoren.[51] Es wird zudem nicht ausgeschlossen, daß auch solche Projekte in der neuen bayerischen Inventarreihe Platz finden können, die außerhalb der Fachbehörde, jedoch nach den Richtlinien und unter der wissenschaftlichen Leitung des Amtes erarbeitet werden.

Bei der Neuorganisation der Inventarisationsarbeit wird man – einem Prozeß des „learning by doing" folgend – in Kauf nehmen müssen, daß die entstehenden Publikationen – wie übrigens auch alle anderen Inventare aus jüngster Zeit – durchaus den „Charakter von Fallstudien in Sachen Inventarisation"[52] tragen.

Gerade angesichts der latenten Verlagerung denkmalkundlicher Aktivitäten in den Denkmalämtern hin zu den obligatorischen administrativen Arbeiten an den Denkmallisten und den schnellere „Erfolge" versprechenden Denkmaltopographien erscheint es vorrangig, alle Möglichkeiten auszuschöpfen, um auch die wissenschaftlich vertiefte Denkmalforschung innerhalb der Fachbehörde konsequent weiter betreiben zu können.

Auch beim Inventarisieren gibt es – wie in jedem anderen Handwerk – Traditionen, die gepflegt und an Jüngere weitergereicht werden müssen, sollen sie nicht verloren gehen. Wie zum Beispiel amtliche Restaurierungswerkstätten neben der beratenden Tätigkeit auch die eigenen handwerklichen und technologischen Methoden anhand exemplarischer Objektrestaurierungen zu pflegen und weiterzuentwickeln haben, geht es in der klassischen Inventarisation in ähnlicher Weise um die modellhafte Fortschreibung und Aktualisierung der eigenen wissenschaftlichen Untersuchungsmethoden. Ihre Ergebnisse kommen letztlich auch dem gesamten übrigen Spektrum der denkmalkundlichen Forschung – der zwangsläufig oberflächlich bleibenden Listenerfassung bzw. Topographiebearbeitung, der vorwiegend monographisch-deskriptiv arbeitenden Bauforschung wie auch der naturwissenschaftlich-technischen Materialforschung in den Werkstätten und Labors zugute – und damit letztlich einer vertieften Denkmalkenntnis, die vom Gesetzgeber als „eine der wichtigsten Voraussetzungen für alle denkmalpflegerischen Maßnahmen an Baudenkmälern"[53] eingefordert wird.

ANMERKUNGEN

1 Siehe TILMANN BREUER, *Das bayerische Denkmalinventar – Tradition und Neubeginn*, in: Denkmalpflege Informationen des Bayerischen Landesamtes für Denkmalpflege, Ausgabe A, Nr. 60 /30. März 1987, S. 2-6.
2 MICHAEL PETZET, *Zukunftsperspektiven der Bayerischen Denkmalpflege*, Vortrag anläßlich der Jahrestagung der Bayerischen Denkmalpflege 1982, in: Jahrbuch der Bayerischen Denkmalpflege, 36, 1982, München 1984, S. 18.
3 Lediglich in der Reihe der Bayerischen Kunstdenkmale (der sog. „Kurzinventare") wurden bis 1977 einige weitere Bände publiziert.
4 *Denkmäler in Bayern* (8 Bände), hrsg. von MICHAEL PETZET, München 1986.
5 EBERL/MARTIN/PETZET, *Bayerisches Denkmalschutzgesetz*, 4. Auflage, München 1992, Art. 1, Abs. 1.
6 Siehe *Berichte der Arbeitsgruppen der Vereinigung der Landesdenkmalpfleger in der Bundesrepublik Deutschland. Richtlinien der Vereinigung der Landesdenkmalpfleger in der Bundesrepublik Deutschland zur Erstellung einer Denkmaltopographie Bundesrepublik Deutschland*, in: Deutsche Kunst und Denkmalpflege, H.1, 39, 1991, S. 69.
7 *Bayerisches Denkmalschutzgesetz* (wie Anm. 5), Art. 12.; s. auch Kommentar zu Art. 12, Abs. 2, Nr. 3: „Inventarisation ... ist eine der wichtigsten Voraussetzungen für alle Maßnahmen an Baudenkmälern"; vgl. auch „*Grundsätze für die Inventarisation der Kunst- und Geschichtsdenkmäler Bayerns*". Bekanntmachung des Bayerischen Staatsministeriums für Wissenschaft und Kunst vom 6. September 1990, Nr. D/4 – K 4603 – 7c/ 34872, S. 324-328.
8 Als Publikationen zu dieser Tagung erschienen *Berichte zur Inventarisation der Bau- und Kunstdenkmale in Bayern*, in: Denkmalpflege Informationen des Bayerischen Landesamtes für Denkmalpflege, Ausgabe A, Nr. 60 /30. März 1987 (s. dort BREUER (wie Anm. 1), S. 2-6), sowie: *Denkmalinventarisation – Denkmalerfassung als Grundlage des Denkmalschutzes*. Arbeitsheft 38 des Bayerischen Landesamtes für Denkmalpflege, München 1989.
9 TILMANN BREUER/REINHARD GUTBIER, *Stadt Bamberg, Bd. 5: Innere Inselstadt*. Die Kunstdenkmäler von Bayern. Regierungsbezirk Oberfranken VII, hrsg. von Michael Petzet und Tilmann Breuer, München 1990.
10 KLAUS KRAFT, *Landkreis Günzburg 1/Stadt Günzburg*, Die Kunstdenkmäler von Bayern, Regierungsbezirk Schwaben IX, hrsg. von Michael Petzet und Tilmann Breuer, München 1993. – DENIS A. CHEVALLEY, *Der Dom zu Augsburg*, Die Kunstdenkmäler von Bayern, Neue Folge Bd. 1, hrsg. von Michael Petzet und Tilmann Breuer, München 1995. – DAGMAR DIETRICH, *Landsberg, Bd. 1 – Einführung, Bauten in öffentlicher Hand*, Die Kunstdenkmäler von Bayern, Neue Folge Bd. 2, hrsg. von Michael Petzet und Tilmann Breuer, München/Berlin 1995. – DAGMAR DIETRICH/HEIDE WEISSHAAR-KIEM, *Landsberg, Bd. 2, Sakralbauten der Altstadt*, Die Kunstdenkmäler von Bayern, Neue Folge Bd. 3, hrsg. von Michael Petzet, München/Berlin 1997. – DAGMAR DIETRICH, Die Kunstdenkmäler von Bayern, Neue Folge Bd. 4, *Landsberg, Bd. 3, Bürgerbauten der Altstadt*, hrsg. von Michael Petzet, München/Berlin 1996. – TILMANN BREUER/REINHARD GUTBIER, *Stadt Bamberg, Bd. 4, Bürgerliche Bergstadt*, Die Kunstdenkmäler von Bayern, Regierungsbezirk Oberfranken VII, Bamberg 1997.
11 In Vorbereitung: DAGMAR DIETRICH u. a., *Landsberg, Bd. 4, Vorstädte und eingemeindete Dörfer*, Die Kunstdenkmäler von Bayern, Neue Folge Bd. 5, hrsg. von Michael Petzet, München/Berlin (erscheint 1998). – In Vorbereitung: KARIN BERG u. a., *Die Vorstadtbereiche Eichstätts*, Die Kunstdenkmäler von Bayern, Neue Folge Bd. 6. – REINHARD GUTBIER/CHRISTINE KIPPES u. a., *Stadt Bamberg, Bd. 3, Immunitäten der Bergstadt*, Die Kunstdenkmäler von Bayern, Regierungsbezirk Oberfranken VII. – PETER KUHN u. a., Die Kunstdenkmäler von Bayern, Neue Folge Bd. 7, *Jüdischer Friedhof Georgensgmünd*. – MICHAEL PETZET u. a., Die Kunstdenkmäler von Bayern, Neue Folge Bd. 8, *Schloß Seehof* (Arbeitstitel).
12 NORBERT HUSE, *Unbequeme Baudenkmale – Entsorgen? Schützen? Pflegen?* München 1997, S. 19.
13 Vgl. HERBERT DELLWING, *Inventarisation. Geschichte und Praxis einer öffentlichen Aufgabe*, in: Denkmalpflege in Rheinland-Pfalz, Jahresberichte 1979-1981, Worms 1982, S. 104.
14 HEINRICH KREISEL, *Vorwort*, in: Die bayerischen Kunstdenkmale. Stadt und Landkreis Forchheim, München 1961. – Als erster Band der Reihe erschien TILMANN BREUER, *Stadt Augsburg*. Bayerische Kunstdenkmale Bd. 1, München 1958.
15 Bayern brachte ab 1958 in relativ kurzer Zeit 32 Kurzinventare heraus, ehe die Reihe mit einer letzten Publikation im Jahr 1977 eingestellt wurde. Schleswig-Holstein gelang es, seinen gesamten damaligen Denkmalbestand zu publizieren.
16 ROLAND GÜNTER, *Glanz und Elend der Inventarisation*, in: Deutsche Kunst und Denkmalpflege, H. 1-2, 1970, S. 109-117.
17 Ebd., S. 111.
18 TILMANN BREUER, *Grundsätze der Inventarisation von Kunst- und Geschichtsdenkmalen in Bayern. Ein Entwurf*, in: Denkmalinventarisation in Bayern, Arbeitshefte des Bayerischen Landesamtes für Denkmalpflege, Bd. 8, München 1981, S. 90. – Vgl. auch NORBERT HUSE, *Kunstwissenschaft und Inventarisation*, in: Denkmalinventarisation, in:

Denkmalerfassung als Grundlage des Denkmalschutzes, Arbeitshefte des Bayerischen Landesamtes für Denkmalpflege, Bd. 38, München 1989, S. 13; nochmals wiederholt bei HUSE (wie Anm. 12), S. 19.

19 GÜNTER (wie Anm. 16), S. 113 f. bzw. RICHARD STROBEL, *Das Große Inventar – cui bono?* in: Deutsche Kunst und Denkmalpflege, 45, H. 1, 1987, S. 98-105.

20 So u. a. PETER HAHN, *Bau- und Kunstdenkmäler von Westfahlen: Stadt Lemgo* (Rezension), in: Deutsche Kunst und Denkmalpflege, 45, H. 1, 1987, S. 94-97; dgl. ULF-DIETRICH KORN, *Die Kunstdenkmäler von Bayern, Regierungsbezirk Oberfranken VII, Stadt Bamberg, Bd. 5: Innere Inselstadt* (Rezension), in: Deutsche Kunst und Denkmalpflege, 49, H. 2, (1992), S. 163-172; vgl. auch HUSE (wie Anm. 18), S. 12 ff.

21 STROBEL (wie Anm. 19), S. 102 ff.

22 GUSTAV VON BEZOLD/BERTHOLD RIEHL, *Die Kunstdenkmale des Regierungsbezirkes Oberbayern*, Die Kunstdenkmale des Königreichs Bayern, Bd. 1, 1. Theil, München 1895, S. 1 (Einleitung): „Es sollte den mit der Pflege der Kunstdenkmale betrauten Behörden durch dieses Unternehmen eine Übersicht der ihrer Verwaltung unterstehenden Gegenstände geliefert ... werden". – Siehe STROBEL (wie Anm. 19), S. 101.

23 Zur bayerischen Definition vgl. Anm. 5, 7.

24 *Stellungnahme der Vereinigung der Landesdenkmalpfleger in der Bundesrepublik Deutschland. Das Inventar – Notwendigkeit und Verwirklichung*, in: Deutsche Kunst und Denkmalpflege, 49, H. 1, 1992, S. 65-66.

25 S. DAGMAR DIETRICH, *Inventarisation oder: Der Utopie eine Chance*, in: Denkmalpflege Informationen des Bayerischen Landesamtes für Denkmalpflege, Ausgabe A, Nr. 60 /30. März 1987, S. 7 ff.

26 Vgl. STROBEL (wie Anm. 19), S. 104.

27 Inventar *Stadt Landsberg*, Bd. 1-4, München/Berlin 1995-1998 (wie Anm. 10, 11).

28 FRANZ XAVER KRAUS, *Kunst und Alterthum im Unterelsaß*, 1876, S. X.

29 RUDOLF BERGAU, *Inventar der Bau- und Kunstdenkmäler in der Provinz Brandenburg*, Berlin 1885, S. IX.

30 HUSE (wie Anm. 18), S. 11.

31 In Landsberg am Lech übernahmen u. a. der Vorsitzende des Historischen Vereins, Studiendirektor Klaus Münzer und der örtliche Kreisheimatpfleger Landeskonservator i. R. Wilhelm Neu den Löwenanteil der erforderlichen archivalischen Forschungen.

32 MATTHIAS METZLER u. a., Denkmaltopographie Bundesrepublik Deutschland. *Denkmale in Brandenburg, Lkr. Ostprignitz-Ruppin, Stadt Neuruppin*, Worms 1996; die Topographie wurde laut Vorwort von Landeskonservator DETLEF KARG in beispielhafter Weise „in enger Kooperation" mit Studierenden des Fachs Kunstgeschichte an der Humboldt-Universität Berlin erarbeitet.

33 KATHARINA SITZMANN, *Stadt Forchheim*, Denkmäler in Bayern, Bd. IV. 53/1, München/Zürich 1989. Erarbeitet im Rahmen des Forschungsprojektes „Denkmaltopographie Oberfranken" der Otto-Friedrich-Universität Bamberg unter Leitung von Achim Hubel und Robert Suckale. – Dgl. ANKE BORGMEYER/ACHIM HUBEL/ ANDREAS TILLMANN/ANGELIKA WELLNHOFER, *Stadt Regensburg*, Denkmäler in Bayern, Bd. III. 37, Regensburg 1997. Erarbeitet im Rahmen eines Forschungsprojektes der Otto-Friedrich-Universität Bamberg unter Leitung von Achim Hubel.

34 Seit 1993 wird z. B. beim „Weltkulturerbe Lübeck" die Bürgerhausforschung in der Altstadt unter Leitung des staatlichen Denkmalamtes von freien Architekturbüros geleistet, die aus Mitteln der Deutschen Stiftung Denkmalschutz finanziert werden.

35 Laut Satzung erkennt diese Stiftung auch „wissenschaftliche Arbeiten auf dem Gebiet der Denkmalpflege" als förderungswürdig an; s. *Informationen der Denkmalstiftung*, Nr. 5, September 1997.

36 Vgl. auch BREUER (wie Anm. 1), S. 2 ff., HUSE (wie Anm. 12), S. 21.

37 STROBEL (wie Anm. 19), S. 103.

38 WALTER WULF, *Denkmaltopographie Bundesrepublik Deutschland*, in: Inventarisation in Deutschland, Berichte zu Forschung und Praxis der Denkmalpflege, H 1, Hannover 1990, S 29.

39 ERNST BADSTÜBNER, *Konzeptionelle Überlegungen zu einem Inventar des Berliner Stadtbezirks Prenzlauer Berg*, in: Inventarisation in Deutschland, Berichte zu Forschung und Praxis der Denkmalpflege in Deutschland, H. 1, Hannover 1990, S. 49. – Vgl. auch WOLFGANG BRÖNNER, *Schicksal und Zukunft des Großinventars in der Bundesrepublik Deutschland*, ebd., S. 36.

40 S. hierzu JOHANNES HABIG, *Chancen und Grenzen der Fundamentalinventarisation und der Denkmaltopographie*, in: Deutsche Kunst und Denkmalpflege, H. 1, 40, 1982, S. 57.

41 Vgl. HUSE (wie Anm. 12), S. 21.

42 RICHARD STROBEL, *Die Kunstdenkmäler der Stadt Schwäbisch Gmünd*. Die Kunstdenkmäler in Baden-Württemberg, hrsg. vom Landesdenkmalamt Baden-Württemberg, Bd. II und III, München/Berlin 1995.

43 MICHAEL PETZET/TILMANN BREUER, *Vorwort*, in: DIETRICH (wie Anm. 10, *Landsberg*, Bd. 1), München/Berlin 1995, S. VII.

44 S. *Grundsätze für die Inventarisation der Kunst- und Geschichtsdenkmäler Bayerns* (wie Anm. 7), S. 325 (Abs. 2, Anordnung des Stoffs): „Grundeinheit der Darstellung ist jeweils der durch seine Geschichte identifizierte Ort". – Vgl. BREUER (wie Anm. 18), S. 90; ebenso auch TILMANN BREUER, *Landschaft, Kulturlandschaft, Denkmallandschaft als Gegenstände der Denkmalkunde*, in: Die Denkmalpflege, 55, H. 1, 1997, S. 17.

45 HUSE (wie Anm. 18), S. 13.

46 Die „Neue Folge" verzichtet auf die bisherige Gliederung der Reihe nach Regierungsbezirken, Landkreisen oder Kommunen. Das Inventar zum Augsburger Dom (wie Anm. 10), mit dem Bayern die „Neue Folge" 1994 eröffnete, wurde – in bewußter Einschätzung der vorhandenen Kräfte und Möglichkeiten – ohne eine zwangsläufige Anbindung an ein anschließend zu erarbeitendes Inventar der gesamten Stadt Augsburg konzipiert; s. DENIS A. CHEVALLEY, *Der Dom zu Augsburg*, in: Bayerisches Landesamt für Denkmalpflege, Denkmalpflege Informationen, Ausgabe A, Nr. 60 /30. März 1987, S. 15. – Auch weitere, derzeit geplante Projekte sind aus triftigem Grund ohne Bindungen an politischer Gebietsgrenzen angelegt; vgl. Anm. 11.

47 S. Band 1 der Neuen Folge, CHEVALLEY (wie Anm. 10).

48 S. Anm. 10.

49 STROBEL (wie Anm. 19), S. 103 bzw. 105.

50 Ein konkretes Vorhaben, bei dem die Annäherung zwischen Hochschule und Bayerischem Denkmalamt weitergeführt werden soll, ist z. B. die Fortsetzung des Großen Inventars der Stadt Bamberg, die ohne eine intensive Beteiligung externer Kräfte auch über den Kreis der Universität hinaus kaum zu realisieren sein dürfte.

51 HEINRICH MAGIRIUS/HARTMUT MAI/THOMAS TRAJKOVITS/WINFRIED WERNER, *Stadt Leipzig. Die Sakralbauten*, Die Bau- und Kunstdenkmäler von Sachsen, München/Berlin 1995 (mit Beiträgen sechs weiterer Autoren).

52 BRÖNNER (wie Anm. 39), S. 36.

53 Vgl. Anm. 7.

Manfred Mosel

STÄDTEBAULICHE DENKMALPFLEGE IN BAYERN

Rückblick

Erst 1975 nach dem Europäischen Denkmalschutzjahr, als die Welle öffentlicher Zustimmung zum Denkmalschutz der praktischen Denkmalpflege deutlich mehr Aktionsraum verschaffte, entwickelten sich konzeptionelle Ansätze einer städtebaulichen Denkmalpflege. Die neuen Denkmalschutzgesetze, die zwischen 1972 und 1980 in neun Bundesländern erlassen wurden, boten durch die Einführung des Ensembleschutzes, des geschützten Nähebereiches von Baudenkmälern und der städtebaulichen Bedeutung als denkmalstiftende Bedeutungskategorie die Voraussetzung, sich mit gleichem Anspruch wie vorher fast nur den Einzelobjekten, nun auch räumlichen Themen in der Denkmalpflege zuzuwenden. Die Entwicklung verlief langsam und blieb anfangs darauf beschränkt, in einer Art Arbeitsteilung innerhalb der Baudenkmalpflege die Bauleitverfahren und die vor allem seit 1976 große Zahl an vorbereitenden Untersuchungen zur Stadtsanierung gutachterlich zu betreuen. Im Rückblick fällt auf, daß die Forderung, städtebauliche Erhaltungsziele in den öffentlichen Planungen zu berücksichtigen, als Anspruch nicht aus der Denkmalpflege, sondern aus der Vollzugspraxis des Bau- und Planungsrechts kam. Dort hatten historisch-städtebauliche Strukturen als Bindungen für die Neuordnungsentwürfe zunehmend Bedeutung gewonnen. Zuerst hatten Juristen und Politiker durch entsprechende Ausgestaltung des Baurechts und des Denkmalschutzrechts Erhaltungsansprüche für räumliche Überlieferungen legitimiert und damit die Zuständigkeit für die Denkmalpflege geschaffen. Erst dann wurde, dem Bedarf zeitlich nachhinkend, in der Denkmalpflege die notwendige Fachkompetenz allmählich aufgebaut.

Das Referat für städtebauliche Denkmalpflege wurde 1976 im Anschluß an die organisatorischen Änderungen, die mit der neu geschaffenen Außenstelle im Schloß Seehof bei Bamberg zusammenhingen, eingerichtet. Ursprünglich waren drei Referenten mit den Themenschwerpunkten historisch-städtebauliche Gutachten, kommunale Bauleitplanung und Städtebauförderung vorgesehen. Realisiert wurden nur zwei Referate mit einer eher fließenden Aufgabenteilung. In der Praxis bildete sich dann doch eine Arbeitsteilung heraus, die sich aus der beruflichen Erfahrung der beiden Referenten ergab: Dipl.-Ing. Gregor von Martin stellte die vorbereitenden Untersuchungen nach Städtebauförderungsgesetz – in den siebziger Jahren ein Schwerpunkt der öffentlichen und fachlichen Diskussion über aktuelle Stadtentwicklung – in den Mittelpunkt seiner Tätigkeit; planungsmethodische Beratung und die Vermittlung von denkmalverträglichen Planungszielen in der städtebaulichen Neuordnung umschreiben seine Querschnittsaufgaben. Der zweite Referent (Autor dieses Aufsatzes) war von 1971 an Gebietsreferent im Regierungsbezirk Unterfranken und setzte seine Erfahrung ganz pragmatisch in der Weise ein, daß das Prinzip der praktischen Denkmalpflege, vor Ort zu beraten und gutachterlich die konkreten Probleme der Denkmalerhaltung zu benennen, auf städtebauliche Themen übertragen wurde.

Die organisatorische Zugehörigkeit zur Abteilung Praktische Baudenkmalpflege erlaubte folgende Regelung für den Arbeitseinsatz: Die Bearbeitung von Grundsatzthemen ergab sich aus der aktuellen Diskussion in der praktischen Denkmalpflege. Die Beteiligung an Projekten und die Auswahl der zu begutachtenden Planungen erfolgte auf Weisung des Abteilungsleiters oder auf Bitten der einzelnen Gebietsreferenten. Nach einer nicht sehr langen Übergangszeit wurde die zweite Form der Beteiligung zur Regel. Diese Form des Arbeitseinsatzes hatte den Vorteil, daß gezielt gearbeitet werden konnte. Sie diente auch der Entwicklung von Arbeitstechniken und der fachlichen Profilierung der städtebaulichen Denkmalpflege auf einem Arbeitsfeld, für das es weder eine fachliche Tradition, noch arbeitstechnische und methodische Erfahrungen gab. Dagegen stand der Nachteil, daß landesweit eine sehr unausgeglichene Präsenz der städtebaulichen Denkmalpflege entstand und daß die Bearbeitung von Grundsatzfragen nicht so intensiv war, daß der Mangel an flächenhafter Präsenz ausgeglichen werden konnte. Im Rückblick erscheint dieser Nachteil fast unerheblich. Denn solange sich die städtebauliche Denkmalpflege in Theorie und Praxis allein als praktische Baudenkmalpflege, lediglich statt auf Gebäude nun auf planerische Vorgänge bezogen verstand, waren die Folgen eher statistischer Art. Das Maß der flächendeckenden Planungsbetreuung war eher von der Arbeitsweise der Gebietsreferenten der Baudenkmalpflege als von der der städtebaulichen Denkmalpflege abhängig. Spätestens mit dem Ausscheiden des Kollegen Gregor von Martin im Jahre 1981 aus dem Amt, war dann ohnehin jegliche Idee einer flächenhaften Betreuung durch das Querschnittsreferat aufzugeben.

Das Europäische Denkmalschutzjahr hat in der öffentlichen Diskussion städtebauliche Themen, wie die Erhaltung der kleinen denkmalreichen Landstädte, die Gestaltung der Altstadtkerne in den Großstädten oder das neue Bauen in alter Umgebung nachhaltig gefördert. Den daraus resultierenden Anforderungen an Beratungsleistungen durch die städtebauliche Denkmalpflege war diese, wie auch die Baudenkmalpflege angesichts der explosionsartig steigenden Zahl von Beteiligungen durch die Einbindung in die baurechtlichen Verfahren nicht gewachsen. Die Folgen sind bis heute zu spüren. Es ist der Denkmalpflege in der Bundesrepublik Deutschland – das kann man durchaus verallgemeinernd feststellen – nicht gelungen, auf die öffentliche Zuwendung zu ihren Themen mit einer nachhaltig wirksamen Vermittlung ihrer Ziele zu antworten. Geschichtlichkeit als Qualität der Gegenwart anzuerkennen, die Bereitschaft, sich mit Geschichte in allen ihren Erscheinungsformen auch individuell und nicht nur behördlich organisiert auseinanderzusetzen, historische Güter per se als wertvoll und deshalb als schutzwürdig anzusehen, also anzuerkennen, daß der Umgang mit Geschichte eine der Grundvoraussetzungen für den Bestand einer Kulturnation ist, das wären die Oberziele denkmalpflegerischer Arbeit für die Gesellschaft gewesen, deren Vermittlung schließlich nur sehr begrenzt gelang. Die dagegen wirklich große Zahl praktischer Erfolge der Denkmalpflege droht nun, angesichts der aktuellen Bestrebungen zum Abbau von Staatsaufgaben, zu einer lediglich statistischen Größe zu werden. Wir Denkmalpfleger müssen heute erleben, daß sich aus der Öffentlichkeit, die sich nach den Meinungsumfragen zu über 90 % zu den Aufgaben der Denkmalpflege bekennt, keine Stimme für uns erhebt, die wir uns doch als Anwälte der Denkmäler empfinden, die alle so gerne erhalten wissen wollen.

Die wirtschaftliche Entwicklung in der zweiten Hälfte der siebziger Jahre bot die besten Voraussetzungen, die praktische Denkmalpflege fachlich weiterzuentwickeln und ihre Ziele in Verwaltung und Gesellschaft zu verankern. Ölpreisschocks, Arbeitslosigkeit, Investitionsprogramme, die Entwicklung des Baurechts, vor allem der Städtebauförderung, das Steuerrecht – alles dies hat die Hektik der vorherigen Entwicklung gebremst. Slogans wie „small is beautiful" standen nun den hypertrophen Stadtentwicklungsmodellen der frühen siebziger Jahre gegenüber. Maßstäblichkeit, Einfügung und Behutsamkeit wurden gefordert. Das waren fast ideale Rahmenbedingungen für die Denkmalpflege, die jedoch in ihrem Tagesgeschäft alle Kräfte daransetzte, der auch von der öffentlichen Zustimmung zum Denkmalschutz ausgelösten Masse der Beratungsfälle gerecht zu werden. Besonders für die Baudenkmalpflege wirkte sich die in Gesetzen und Verfahren, bei der Förderung und im Steuerrecht geschaffenen Begünstigungen durch ihre Anbindung an den Vollzug der Baugesetze zu einer Art „lebenslangen Arbeitshaft durch Verfahrensbeteiligungen" aus. Ein Übriges bewirkte die beispielhafte Leistung, in etwa vier Jahren für ganz Bayern von 1973 bis 1977 flächendeckend eine Denkmalliste zu erarbeiten, die in Verbindung mit den regelmäßigen Sprechtagen an den Unteren Denkmalschutzbehörden den Leistungsdruck bis heute zuverlässig fortsetzt.

Die städtebauliche Denkmalpflege als Querschnittsaufgabe konnte die „goldenen Programmjahre" bis 1977 und die Jahre der Depression und der Besinnung bis 1983 nutzen. Immer mehr auf exemplarisches Arbeiten verwiesen, auf die Notwendigkeit multiplikatorisch wirken zu müssen, profilierte sie sich in der Fortbildung und, die Verfahren zur räumlichen Planung nutzend, auf Behördenterminen bei der Beteiligung als Träger öffentlicher Belange wie auch als denkmalpflegerischer Sprecher für diese Themen in den Geschäftsbereichen anderer Ministerien. Fachübergreifende Ansätze in der Stadt- und Landesplanung, im Umweltschutz, in der Landwirtschaft und eine gewisse Zeit auch intensiv im Schulwesen wurden genutzt, wo immer sich ein entsprechendes Forum anbot.

Als Bayern 1980 nach Auslauf des Bundesförderungsprogrammes („ZIP-Programm") ein eigenes, in der Zielsetzung und in der Ausstattung sehr viel umfassender angelegtes Dorferneuerungsprogramm auflegte, bot sich durch die systematisch aufgebaute interdisziplinäre Präsenz der städtebaulichen Denkmalpflege zum ersten Mal nicht nur in der Arbeitstechnik, sondern auch methodisch und in der fachlichen Zielsetzung die Gelegenheit, Neues in Gang zu setzen. Da die Dorferneuerung in der Flurbereinigungsverwaltung ressortierte, wo zwar sehr gute Erfahrung in der Bürgerberatung und in der Steuerung von planerischen Gemeinschaftsaufgaben, dagegen überhaupt keine fachliche Kompetenz in der Ortsplanung bestanden, wuchs die städtebauliche Denkmalpflege in Bayern durch ihre Planungsberatung für die Dorferneuerung in eine ganz zentrale Rolle hinein. Im bayerischen Dorferneuerungsprogramm war schon von Anfang an der Schutz des kulturellen Erbes ein wichtiges Mittel, dörflich kulturelle Identität zu fördern, um aus der bewußten Eigenständigkeit Impulse für die Erneuerung zu entwickeln. Das gängige Schlagwort der Städtebauförderung hieß „endogene Potentiale nutzen". Griffiger und politisch programmatisch einsetzbar hieß es dann in der Dorferneuerung „Hilfe zur Selbsthilfe". Mit der Einrichtung der Dorferneuerungsgruppe im Landesamt gelang es allmählich, ein echtes Dienstleistungssystem der städtebaulichen Denkmalpflege für die Dorferneuerung zu entwickeln. Der denkmalpflegerische Erhebungsbogen für die Dorferneuerungsplanung wurde ein großer Erfolg.

Äußerlich zeigte sich das in der öffentlichen Anerkennung der denkmalpflegerischen Planungsberatung, in dem stetig zunehmenden Umfang von Forderungen nach Berücksichtigung denkmalpflegerischer Belange, in den Fassungen der Dorferneuerungsrichtlinien und natürlich in der Bewilligung von zwei weiteren Planstellen für das Referat Städtebauliche Denkmalpflege.

Auch wenn die für den denkmalpflegerischen Erhebungsbogen gefundenen Methoden inzwischen für zahlreiche andere öffentliche Planungsaufgaben angewandt werden, bildet die Arbeit für die Dorferneuerung quantitativ immer noch den umfänglichsten Arbeitsanteil im Referat. Angesichts der Forderung nach einer Weiterentwicklung der Denkmalpflege ist aus dieser Arbeit aber auch die Bestätigung erwachsen, daß städtebauliche Denkmalpflege neue und eigenständige Arbeitsweisen entwickeln kann, die nicht einfach eine Fortsetzung der praktischen Baudenkmalpflege sind, sondern die einen eigenen, nicht weniger notwendigen Ansatz der Denkmalpflege darstellen. Die Baudenkmalpflege reagiert mit ihrer Beratung auf Anforderungen, wie Nutzungsansprüche oder technische Zustände, die aus dem Baudenkmal heraus gestellt werden. Die städtebauliche Denkmalpflege richtet dagegen ihren Blick von außen auf das Baudenkmal, indem es seine durch äußere Einflüsse bestimmten Existenzbedingungen positiv zu beeinflussen sucht. Die Arbeitsszenarien in der Planungswerkstatt und im gemeindlichen Bauausschuß sowie auf der Baustelle sind sich notwendig ergänzende Teile der praktischen Denkmalpflege. Wie ein roter Faden zieht sich bis heute das Prinzip der Aufklärung durch die Arbeit der städtebaulichen Denkmalpflege. In der konzentriertesten Form ist das an den Fachgutachten zur Dorferneuerung (zu den denkmalpflegerischen Erhebungsbögen siehe die Ausführungen von Dr. Gerhard Ongyerth in diesem Heft) und an den Fortbildungsprogrammen abzulesen.

POSITIONEN

Die Arbeit für die städtebauliche Denkmalpflege ist im Aufgabenspektrum des Denkmalamtes zwischen der Inventarisation und der Baudenkmalpflege angesiedelt. Die Nähe zur Inventarisation ergibt sich aus der Bedeutung, die Bestandserhebungen und ihre denkmalkundliche Vermittlung bei der Bearbeitung von Planungsentwürfen haben. Die Nähe zur Baudenkmalpflege besteht im Maßnahmenbezug der Arbeit und in der Bindung an das Baurecht. In Analogie zur Bezeichnung des Flächennutzungsplanes könnte man die städtebauliche Denkmalpflege auch als „vorbereitende Baudenkmalpflege" bezeichnen. Für ihre Adressaten hat sie eine Brückenfunktion, weil sie zwischen dem gesetzlichen Anspruch auf Denkmalschutz und den politischen Aufgaben der Gemeinden zur Daseinsvorsorge, wie sie sich in der kommunalen Bauleitplanung ausdrückt, eine Verbindung herstellt. Die Form ihrer gutachterlichen Äußerung hat einen engen Bezug zur Arbeitstechnik der städtebaulichen Planung. Die Denkmalvermittlung bezieht sich auf konkrete Planungsaufgaben, sie ist deshalb anwendungsorientiert und bietet Arbeitshilfen.

Städtebauliche Denkmalpflege nutzt den Planungsvorlauf zukünftiger Veränderungen, um frühzeitig Denkmalschutz einzufordern. Sie praktiziert einen Arbeitsansatz, der zu einer bewußten Teilnahme an Veränderungen führt und deshalb in Kauf nehmen muß, in gewissem Umfang einvernommen zu werden. Vermeidbar ist das nicht, denn die gesetzlichen Regelungen zur Beteiligung der Träger öffentlicher Belange fordern die fachliche Stellungnahme zu raumwirksamen Planungen ein. Es bleibt dem jeweiligen Fachvertreter überlassen – diese Regelungen gelten schließlich für den Denkmalschutz ebenso wie für den Naturschutz, Brandschutz und die große Zahl von bis zu über 50 anderen Trägern öffentlicher Belange –, ob er eher nur reagierend eine Abwehrhaltung einnimmt oder ob er bewußt agierend auf die Verwirklichung seiner Ziele drängt. Diese Feststellung ist natürlich nur rhetorisch gemeint. Ein bloßes Reagieren ist schon deshalb unproduktiv, weil die öffentliche Planung prozeßhaft ist und eine Beschränkung auf die Mitteilung der zu vertretenden Belange sowie auf die formulierte Abwehr gegen bestimmte Planungsziele keine Teilnahme am Planungsfortschritt erlaubt. Aktiv im Planungsprozeß zu agieren bedeutet nicht, selbst zu planen, sondern steuernd auf den Planungsprozeß Einfluß zu nehmen. Da das nicht isoliert in bezug auf einzelne Fachaufgaben zu erreichen ist, treten sehr schnell Probleme mit der Abgrenzung von Zuständigkeiten auf.

Fragen der Zuständigkeit der städtebaulichen Denkmalpflege gibt es in gegenständlicher Hinsicht. Strukturelle Überlieferungen, unbebaute Flächen und Freiräume sind, wenn sie gestalteter und funktionaler Teil z. B. einer denkmalgeschützten Siedlung oder eines Klosters sind, durch die gesetzliche Definition in den Denkmalschutz einbezogen. Es gibt aber auch strukturelle, räumliche Überlieferungen aus der Geschichte, die sich nicht ohne weiteres an Denkmäler anbinden lassen. Die historische Kulturlandschaft mit ihren schützenswerten, durch menschliches Wirken geschaffenen oder entstandenen Elementen genießt keinen Denkmalschutz, obwohl sich zahlreiche Überlieferungen dieser Art durchaus mit den Bedeutungskategorien im Art. 1 des Bayerischen Denkmalschutzgesetzes beschreiben ließen. Diese Feststellung gilt für das Bayerische Denkmalschutzgesetz und die Mehrheit der Denkmalschutzgesetze der anderen Bundesländer. Anders ist dies bei den jungen Denkmalschutzgesetzen für die Bundesländer Brandenburg und Sachsen sowie für die Novelle zum Denkmalschutzgesetz des Landes Schleswig-Holstein von 1996, in denen die Kulturlandschaft bzw. die die Kulturlandschaft prägenden Werte in den Denkmalschutz einbezogen sind.

Da die historische Kulturlandschaft und ihre Elemente in Bayern auch durch kein anderes Fachgesetz geschützt werden und von keiner Fachstelle deshalb Berücksichtigung erfahren, ist es nur folgerichtig, daß sich im Rahmen der Beteiligung der Träger öffentlicher Belange die Denkmalpflege ihrer annimmt. Bei den städtebaulichen Themen ist der Anspruch der Denkmalpflege, sich für die Erhaltung von Ortsteilen, Straßen und Plätzen von geschichtlicher, künstlerischer oder städtebaulicher Bedeutung einzusetzen, unmittelbar über das Baugesetzbuch Art. 1, Abs. 5,5 zu legitimieren. Für die Kulturlandschaft und ihre Elemente gibt es auch dort keine vergleichbare Rechtsgrundlage. Unerbittlich greift im Sinne des Kommentars zum Bayerischen Denkmalschutzgesetz, 4. Auflage von Eberl/Martin/Petzet, S. 216, Erl. Art. 12 Nr. 7 die Feststellung: „Gegenstand von Denkmalschutz und Denkmalpflege sind die vom Denkmalschutzgesetz erfaßten Denkmäler".

Nun wird es jedem Einsichtigen nicht schwerfallen zuzustimmen, daß erkannte Schutzwerte, auch wenn sie in den geltenden Gesetzen expressis verbis nicht genannt werden, im Interesse der Allgemeinheit zumindest bei raumwirksamen Planungen berücksichtigt werden sollten. Hier besitzt die Denkmalpflege keine gegenständliche, aber offensichtlich eine inhaltliche Zuständigkeit. Die Analyse der Siedlungslandschaft, die Beschreibung der historischen Spuren der Landwirtschaft, des Wege- und des Wasserbaues, der Rohstoffwirtschaft, der sakralen und der Rechtsgeschichte in der Landschaft haben als wichtige Arbeitsthemen in der Denkmalinventarisation eine lange Tradition. Abgesehen von den oben genannten drei Bundesländern, wo auf der Grundlage von in diesem Zusammenhang besonders fortschrittlichen Gesetzen konkrete Erhaltungsforderungen für die Kulturlandschaft bzw. für Kulturlandschaftselemente gestellt werden können, muß sich die städtebauliche Denkmalpflege in Bayern lediglich auf die Darstellung dieser Schutzwerte beschränken. Diese bekommt aber erst dann wirkliches Gewicht, wenn sie sich mit Denkmalüberlieferungen, wie sie im Art. 1 des Bayerischen Denkmalschutzgesetzes definiert sind, verbinden lassen. Meistens wird es sich um den Schutz von Denkmälern mit starkem Landschaftsbezug handeln, die von einer raumwirksamen Planung berührt werden.

Die Notwendigkeit der denkmalfachlichen Beschreibung einer Kulturlandschaft samt ihrer Elemente kann sich, ohne daß der Schutz eines Baudenkmales oder seiner Umgebung angesprochen ist allerdings dann ergeben, wenn es um den Fachbeitrag zu einer raumwirksamen Projektplanung, z. B. als Teil der Umweltverträglichkeitsprüfung oder um die Bearbeitung eines Flächennutzungsplanes geht. Besonders dieser letztere Anlaß ist geeignet, durch die geschichtskundige Würdigung des gesamten Gemeindegebietes den Rahmen aufzuzeigen, in dem sich auch eine denkmalverträgliche, das kulturelle Erbe umfassend würdigende Gemeindeentwicklung vollziehen sollte. Wenn auch die geltenden Gesetze in Bayern diesen fachlichen Äußerungen lediglich informelle bzw. nachrichtliche Bedeutung zumessen, so bleibt es den Protagonisten in den Planungsverfahren vorbehalten, durch Berufung auf die Ziele der Regionalplanung dem Schutz des kulturellen Erbes auch dort Gewicht zu verschaffen, wo Fachgesetze dies nicht besonders berücksichtigen. Bei diesem Beispiel schließt sich ein Kreis: Die Schutzansprüche stehen im Regionalplan nur, wenn die jeweiligen Fachstellen, also auch die Denkmalpflege, zur Abgabe ihres Fachbeitrages aufgefordert werden, diesen angemessen einbringen und dieser dann auch von der federführenden Stelle akzeptiert wird.

Die meisten deutschen Denkmalschutzgesetze enthalten den Begriff der „städtebaulichen Bedeutung" als denkmalpflegerisches Bedeutungskriterium. Nur die Denkmalschutzgesetze der Stadtstaaten Hamburg und Bremen verzichten auf dieses Bedeutungskriterium, enthalten aber umschreibende Formulierungen, die eine sinngemäße Deutung erlauben.

Städtebauliche Bedeutung im Bayerischen Denkmalschutzgesetz kann sich auf einzelne Baudenkmäler, auf Ensembles und auf den Näherbereich beziehen. Eine für die städtebauliche Denkmalpflege bedeutsame Merkwürdigkeit enthält die im Gesetz enthaltene Ensembledefinition, die sich auf den Schutz des Orts-, Platz- oder Straßen*bildes* richtet. Denn ein ähnlicher Schutzanspruch wird im Baugesetzbuch erhoben, wo in Art. 1, Abs. 5,5 gefordert wird, die Belange des Denkmalschutzes und der Denkmalpflege sowie die erhaltenswerten Ortsteile, Straßen und Plätze von *geschichtlicher*, künstlerischer oder städtebaulicher Bedeutung zu berücksichtigen. Diese merkwürdige Umkehrung der Verhältnisse – das Denkmalschutzgesetz schützt das *Bild*, das Baugesetz die *historische Substanz* – spiegelt sich in den Ensemblevorschlägen der Frühzeit der Denkmalerfassung im bayerischen Denkmalamt. Für zahlreiche, im Grundriß und im Aufriß sowie in der historisch städtebaulichen Struktur, gut überlieferte Altstädte wurden mehrere Straßen- und Platzbilder als einzelne Ensembles festgestellt, so daß in der Statistik von 1977 für Bayern über 1000 Ensembles erscheinen, 20 Jahre später jedoch, nach nicht unerheblichen weiteren Ensemblefeststellungen, nur noch 900 Ensembles gezählt werden. Die nur allmähliche Verinnerlichung der „historisch-städtebaulichen Bedeutung", die als historische Struktur ensemblestiftend sein kann, hat zwar zur statistischen Verringerung der Ensemblezahl durch Zusammenfassung von einzelnen Ensembles zu einem großen, die gesamte Fläche einer historischen Stadtgestalt umfassenden Ensembles geführt. Doch der statistisch geringeren Zahl an Ensembles steht die Einbeziehung eines sehr viel größeren Baubestandes in den Altstädten in den Ensembleschutz gegenüber.

Weniger ist mehr! Aufgrund dieser Entwicklung ist es in vielen Fällen erst möglich, die Stadterhaltung als denkmalpflegerischen Belang auf der Grundlage des Denkmalschutzgesetzes einzufordern. Außerdem ist der im Sinne der geschichtlichen Bedeutung für jede Denkmalüberlieferung einzufordernde Schutz eben viel mehr als der für ein Bild, das vergleichsweise „oberflächlich" an die historische Substanz gebunden ist.

So selbstverständlich diese Feststellung einer eigenständigen und denkmalstiftenden historisch-städtebaulichen Bedeutung heute auch sein mag, der Weg dahin war langwierig. Von der Denkmalfeststellung bis hin zur Auseinandersetzung über denkmalpflegerische Themen in Planungsvorhaben ist die Dominanz der Denkmalbedeutung, die an das einzelne Bauwerk oder an eine gebaute Gesamtheit gebunden ist, für die Vorstellung von Denkmaleigenschaft bis heute absolut vorrangig. Die junge Geschichte der städtebaulichen Denkmalpflege ist deshalb fast leichter in Parallelität zur Entwicklung des Baurechts darzustellen als in bezug zu der der praktischen Denkmalpflege. Dieser Eindruck stellt sich vor allem ein, wenn man im Rückblick auf die denkmalpflegerische Beteiligung an den Planungen zur Stadtsanierung und Dorferneuerung feststellt, daß sich die Argumentation in den Fachgutachten der städtebaulichen Denkmalpflege von den Bestandsaufnahmen bis hin zu Äußerungen über die Neuordnungskonzepte fast ausschließlich auf das Baugesetzbuch Art. 1, Abs. 5, Satz 5 abstützt.

Trotz dieser pragmatischen Instrumentalisierung des Baugesetzbuches bzw. einzelner Aussagen für die städtebauliche Denkmalpflege ist ihr gutachterlicher und beratender Auftrag eindeutig auf die Erhaltung der schützenswerten geschichtlichen Überlieferung ausgerichtet. Kein noch so gutes Stadtentwicklungskonzept und kein noch so gutes Projekt zur Stadtgestaltung kann die Forderung nach denkmalpflegerischer Stadterhaltung relativieren. Es gehört zur Erfahrung der Denkmalpfleger, daß vor allem Architekten, aber auch Vertreter der Bauverwaltungen die Qualität eines Entwurfs so sehr in den Vordergrund rücken, daß die geschichtliche Bedeutung als Schutzwert und Anlaß zur Erhaltung nur noch als Ärgernis empfunden wird. Ist die Auseinandersetzung über eine Sanierungs- oder Entwicklungsplanung so weit gelangt, daß Erhalten oder Neugestalten zu Entscheidungsalternativen zu werden drohen, dann steht es schlecht um die Durchsetzung denkmalpflegerischer Erhaltungsziele. Die Position des Denkmalpflegers wird an den Rand gedrängt.

Da diese Situation in der Baudenkmalpflege und in der städtebaulichen Denkmalpflege doch häufiger auftritt, sollen einige Anmerkungen über die Position des Denkmalpflegers als Gutachter in bezug zur Öffentlichkeit gemacht werden. Eine durch sorgfältige Untersuchung festgestellte Denkmaleigenschaft ist in keinem Fall für andere Belange oder Interessen, seien sie auch noch so gewichtig, durch Rücknahme dieser Feststellung aufzuheben. Nur objektiv fachliche und mit wissenschaftlichen Methoden gewonnene neue Erkenntnisse dürfen den Anlaß für einen solchen Vorgang geben. Dies ist keine Aufforderung zur Sturheit oder gar zur gutachterlichen Gewalttätigkeit. Denkmalpfleger sind auch in ihrer beruflichen Tätigkeit Mitglieder der Gesellschaft und als Staatsdiener angehalten, andere, auch gegenläufige Interessen zu respektieren. Die eindeutige gutachterliche Haltung ist existentiell für den Bestand und die Kompetenz einer Gutachterbehörde. Außerdem gibt es ein öffentliches Interesse daran, daß die Abwägungen, denen bei öffentlich rechtlichen Entscheidungen auch die denkmalpflegerischen Belange unterworfen werden, auf der Grundlage auch eindeutiger Sachverhalte getroffen werden können und nicht durch vorab in die Gutachten eingeflossene Vorbehalte z. B. über die Zumutbarkeit fachliche Positionen verunklärt werden. Dem staatlichen Zugriff auf das Privateigentum und auf die Planungshoheit der Gemeinden muß der Respekt vor den vom Denkmalschutz Betroffenen, gerade der einzelnen Menschen mit ihren individuellen Lebensumständen beiseite gestellt werden. Die Vermittlung von Denkmaleigenschaft und die Werbung für die Ziele der Denkmalpflege sind für einen erfolgreichen Denkmalschutz mindestens so wichtig wie die Rechtsinstrumente und die finanzielle Förderung. Eine noch so begründete, aber nicht verständliche Forderung löst keine Zustimmung aus. Und besonders dort, wo sich die Denkmalpflege direkt an den Bürger wendet, sollte es in einer Weise geschehen, daß zugleich auch ein Beitrag zur Öffentlichkeitsarbeit entsteht.

Den Wunsch nach öffentlicher Zustimmung zu den Aufgaben und Zielen der Denkmalpflege kann diese nicht einfach an die Öffentlichkeit richten; sie muß diesen Zustand erzeugen. Mit jedem denkmalpflegerischen Vorgang sollte auch eine aufklärerische Wirkung angestrebt werden. Da Denkmalpflege immer auch ein Umgang mit Konflikten, zumindest ein Handeln im Spannungsfeld unterschiedlicher Interessen ist, wiegt diese Forderung um so schwerer. Wir Denkmalpfleger wissen, daß wir nicht über den Gegenstand verfügen, den wir betreuen und daß jede unserer Forderungen unter dem Vorbehalt der Abwägung steht. Dennoch dürfen wir dem Anspruch an Aufklärung nicht ausweichen. Weiterhin sollte nicht vergessen werden, daß trotz des Privilegs, in Fachfragen das Interesse der Allgemeinheit zu formulieren, also Denkmaleigenschaft bei der Erfassung und Denkmalverträglichkeit im Gesetzesvollzug festzustellen, wir in einer Legitimierungspflicht gegenüber der gegenwärtigen und keiner anderen, vielleicht besseren Gesellschaft stehen.

Es wäre allerdings völlig falsch, mit dem Blick auf das Machbare den hier geforderten Gegenwartsbezug herzustellen. Das Gegenteil ist richtig. Der Denkmalpfleger ist aufgerufen, unter Kenntnis der gegenwärtigen Verhältnisse die fachlich gebotenen Forderungen präzise und schließlich das denkmalpflegerische Erhaltungskonzept für die Adressaten verständlich und umsetzbar zu artikulieren. Für die Durchsetzung denkmalpflegerischer Erhaltungsziele in der Praxis ist es daher entscheidend, daß die Betroffenen und die für das Genehmigungsverfahren Verantwortlichen zumindest gut informiert sind. Sie sollten die Konflikte zwischen Planungsziel und Denkmalschutz erkennen – und wenn es besonders gut ist – die Erhaltungsziele als gleichrangig mit denen der Nutzung und der Wirtschaftlichkeit anerkennen. Je mehr die Entwicklung zum Abbau der öffentlich rechtlichen Verfahren führt und die Entscheidungen über die fachlichen Belange auf informelle Beteiligungen und Beratungen abstellt, desto bedeutsamer wird die Forderung nach Aufklärung.

AUSBLICK

Für die Referatsgruppe Städtebauliche Denkmalpflege ist die 1996 erfolgte organisatorische Einbindung in die Abteilung für Denkmalerfassung und Denkmalforschung mehr als ein äußeres Zeichen der Nähe zum denkmalkundlichen Arbeiten. Die städtebauliche Bedeutung als denkmalstiftendes Kriterium in der Abteilung dem oben geschilderten Selbstverständnis entsprechend zu vertreten und das methodische Potential aus der Erfahrung von Bestandserfassungen für städtebauliche Projekte sowie bestimmte Arbeitstechniken, z.B. der Einsatz der Datentechnik in die traditionellen Aufgaben der Inventarisation einzubringen, bieten echte Chancen, die denkmalkundlichen Ziele der Inventarisation und der städtebaulichen Denkmalpflege koordiniert weiterzuführen.

Von der Datentechnik wird in erster Linie die zentrale Aufgabe der Führung der Denkmalliste profitieren. Der Zugewinn an Dienstleistungsfähigkeit gegenüber Kommunen und Unteren Denkmalschutzbehörden wird groß sein. Ihre Förderung hat Vorrang. In einem weiteren Stadium des Aufbaus der Denkmaldatei wird es durch Vernetzung möglich werden, die Trennung zwischen der Inventarisation und der praktischen Denkmalpflege dahingehend zu überwinden, daß durch den Gebietsreferenten der praktischen Denkmalpflege Informationen, die weit über die Feststellung der bloßen Denkmaleigenschaft hinausgehen, für alle Beteiligten abgerufen werden können. Auch wenn der Aufbau einer umfassenden Denkmaldatei noch viele Jahre in Anspruch nehmen wird: Heute muß er begonnen werden, damit er morgen zur Verfügung steht. Das gleiche gilt für die Auswirkungen der aktuellen Vorgänge zum Abbau von Staatsaufgaben auf die Denkmalpflege. Soll das Verfassungsziel (Bayerische Verfassung Art. 141 Abs. 2), „Staat, Gemeinden und Körperschaften des öffentlichen Rechts haben die Aufgabe, die Denkmäler der Kunst (und) der Geschichte ... zu schützen und zu pflegen", nicht ausgehöhlt werden, so müssen heute große Anstrengungen unternommen werden, um zukünftig noch diese Ziele nach Umfang und Qualität ungeschmälert weiterverfolgen zu können.

Die klassische Inventarisation hat bereits bewiesen, daß sie sich ohne Einschränkung ihres wissenschaftlichen Anspruchs konzeptionell auf aktuelle Entwicklungen einzustellen vermag. Die Möglichkeit, Inventarisation in unterschiedlichen Organisationsformen, wie in Landsberg mit freien Mitarbeitern und auf die Bedürfnisse der Kommune ebenso wie auf die Projekte der Stadtsanierung eingehend, zu leisten, ist ein großartiger Zugewinn für die Kompetenz in der wissenschaftlichen Inventarisation der bayerischen Denkmalpflege.

Das sich an die breite Öffentlichkeit wendende denkmalkundliche Publikationsprojekt „Denkmäler in Bayern", eine topographische Denkmalvermittlung in engster Anlehnung an die Denkmalliste, hat trotz der bisher wenigen publizierten Bände – es sind 15 von über 100 projektierten Bänden bisher erschienen – eine enorme öffentliche Zustimmung erfahren. Zur Zeit sind weitere 18 Bände begonnen bzw. in Planung, von denen in den nächsten drei Jahren die Mehrheit publikationsreif sein wird. Viele dieser Bände entstehen in Zusammenarbeit mit, einige sogar als ganze Leistung von freien Mitarbeitern. Da diese Denkmaltopographien bei externer Bearbeitung nur in zuverlässiger Abstimmung mit der Führung der Denkmalliste entstehen können und die in ihnen enthaltenen denkmalkundlichen Texte für die in der Liste erfaßten Denkmäler auf anschauliche Weise den geschichtlich-topographischen Zusammenhang präsentieren sollen, bedarf es eines wie für die Inventarisation von Landsberg praktizierten kooperativen Arbeitssystems unter der Leitung des Landesamtes. Gerade weil eine aufgeschlossene, aber auch in fachlichen Themen der Denkmalpflege ungeschulte Öffentlichkeit mit diesem denkmalkundlichen Medium erreicht werden soll, müssen die vermittelten Inhalte gleichermaßen anschaulich wie exakt in der Wiedergabe unseres denkmalpflegerischen Wissens sein. Bei der Bearbeitung der Topographien muß dadurch kein höherer Zeitaufwand entstehen. Eine gut organisierte, fachliche und persönliche Betreuung der freien Mitarbeiter und eine Effizienz fördernde Vertragsgestaltung durch die auftragvergebenden Gebietskörperschaften sind die richtigen Ansätze, um Qualität mit zügiger Projektabwicklung zu verbinden.

Die Topographien in der Reihe „Denkmäler in Bayern" stellen den Denkmalbestand eines Landkreises oder einer Stadt vor. Die denkmalpflegerisch-städtebaulichen Fachgutachten, wie z.B. die Erhebungen zur Dorferneuerungsplanung sind projektbezogen angelegt. Sie erfassen also immer nur den Ausschnitt eines Gemeindegebietes. Das ist einerseits die Voraussetzung für ihren schnellen Einsatz – die reine Bearbeitungszeit liegt in der Regel wesentlich unter vier Wochen – und die Vielzahl der möglichen Anwendungsfälle. Andererseits bleibt durch diese Projektbezogenheit eine wichtige Lücke in der Reihe der denkmalkundlichen Instrumente des Landesamtes bestehen. Angesichts der zunehmenden Übertragung öffentlicher Aufgaben auf die Gemeinden fehlt ein denkmalkundliches Instrument, das auf informelle Weise dort ansetzt, wo der politische Wille zur Entwicklung der Gemeinden festgelegt wird, nämlich im Rahmen der kommunalen Planungshoheit.

Das Bayerische Landesamt für Denkmalpflege wird als Träger öffentlicher Belange an der vorbereitenden Bauleitplanung der Gemeinde, also an der Erarbeitung des Flächennutzungsplanes beteiligt. Bei jeder dieser Beteiligungen beginnt unter dem Druck der gesetzten Verfahrensfristen und weil man sich nicht mit der nachrichtlichen Übermittlung der Denkmalliste begnügen sollte, eine fast hoffnungslose, immer aber notwendig kursorische Erarbeitung einer Stellungnahme, in der die Denkmalüberlieferung des Gemeindegebietes gewürdigt und der Zusammenhang mit der Flächennutzung dargestellt wird. Das müßte nicht so sein, wenn wir in ähnlicher Weise wie bei den denkmalpflegerischen Erhebungen verfahren würden. Wegen der von der Planung erfaßten Kulturlandschaft im Gemeindegebiet müßten die Erhebungen entsprechend ausgedehnt werden. Zur Darstellung des Denkmalbestandes mit Text und Abbildungen, zur Beschreibung der Ortsentwicklung mit der Darstellung der das Ortsbild prägenden Bauten und Räume in einem Katalog mit Photodokumentation müßte dann eine methodisch vergleichbare Kulturlandschaftsinventarisation mit textlicher Erläuterung und einem Katalog der Kulturlandschaftselemente hinzukommen.

Vier Modelluntersuchungen zur Kulturlandschaftsinventarisation, die im Auftrag des Landwirtschaftsministeriums von freien Planern unter der wissenschaftlichen Leitung von Dr. Thomas Gunzelmann, Referent im Referat für städtebauliche Denkmalpflege, in der Außenstelle Schloß Seehof durchgeführt wurden, haben die Praktikabilität solcher Erhebungen erwiesen. Das Referat für Städtebauliche Denkmalpflege kann die fachliche Betreuung einer solchen externen Bearbeitung von Gutachten leisten, wenn die Gemeinden Aufträge dieser Art vergeben und unter Einschluß der möglichen öffentlichen Zuschüsse finanzieren würden. Die Leistungen sind zeitlich und hinsichtlich der Kosten kalkulierbar.

Der Gewinn für die Gemeinden und natürlich für den Denkmalschutz liegt auf der Hand. Die Gemeinden erhalten ein konzentriertes, fachlich abgesichertes Planwerk, das für den Flächennutzungsplan, aber auch für alle anderen zukünftigen flächenwirksamen Planungen der Gemeinde als informelle Grundlage eingesetzt werden kann. Die Vorteile für die Gemeinde, die an nun schon mehr als 400 denkmalpflegerischen Erhebungsbögen erwiesen wurden, lassen sich auf das gesamte Gemeindegebiet anwenden. Der Vorteil für den Denkmalschutz ist nicht minder groß. Die Darstellung der Denkmalüberlieferung in ihrem historisch-topographischen Zusammenhang für ein ganzes Gemeindegebiet schafft eine informelle denkmalkundliche Grundlage, auf der sich die Beteiligung des Landesamtes für Denkmalpflege als Träger öffentlicher Belange und bei Einzelprojekten sehr viel gezielter entfalten kann, als wenn stets von neuem und unter Zeitdruck mit Erhebungen und Begründungen begonnen werden muß.

Die hier vorgeschlagene Form einer historischen Gemeindetopographie knüpft an Konstruktionen an, wie sie in den Denkmalschutzgesetzen von Brandenburg (Art. 7), von Nordrhein-Westfalen (Art. 25) und von Thüringen (Art. 3) als Denkmalpflegepläne verankert sind. Die Idee der historischen Gemeindetopographie ist darüber hinaus eine Reaktion auf die Entwicklung des Bauordnungs- und des Planungsrechts, die mit einer wesentlichen Stärkung der kommunalen Entscheidungsebene verbunden ist. Zwischen der Publikationsreihe „Denkmäler in Bayern", die den Denkmalbestand im Zuständigkeitsbereich einer Unteren Denkmalschutzbehörde darstellt, und den denkmalpflegerischen Erhebungen für begrenzte Geltungsbereiche öffentlicher Planungen in den Gemeinden klafft eine Lücke der denkmalkundlichen Darstellung, die sich auf die Einheit eines ganzen Gemeindegebietes bezieht und sich damit unmittelbar an die Planungshoheit der Gemeinde wendet. Im Vordergrund stehen der Flächennutzungsplan und andere vorbereitende, nicht rechtsverbindliche Planwerke. In den letzten vier Jahren wurden im Fortbildungsprogramm des Referates Städtebauliche Denkmalpflege so viele Ortsplaner, historische Geographen, Historiker und weitere Fachleute, die sich für die Ortsentwicklung einsetzen, für entsprechende denkmalpflegerische Erhebungen ausgebildet, daß es realistisch ist, noch in diesem Jahr modellhaft die ersten historischen Gemeindetopographien in Auftrag zu geben.

Gerhard Ongyerth

Vorbereitende Denkmalpflege

Neue Partnerschaften und das „Wagnis des anderen Weges": Städtebauliche Denkmalpflege und Planungsberatung in Bayern

Die Referatsgruppe Städtebauliche Denkmalpflege und Planungsberatung wird dort tätig, wo das Bayerische Landesamt für Denkmalpflege als Träger öffentlicher Belange Gutachten zu den großen staatlichen Förderprogrammen der Stadtsanierung[1] und der Dorferneuerung[2] sowie zu den anderen öffentlichen Flächen- und Projektplanungen vorzulegen hat. Dazu gehören die Regionalplanung, die Raumplanung, die Fachplanungen auf der Ebene der Landkreise und der Kommunen und in denkmalpflegerisch herausragenden Fällen auch die Bauleitplanung.[3] Es ist die Aufgabe der Referatsgruppe, die Ergebnisse der Denkmalerfassung und der Denkmalforschung z. B. durch weitere Daten aus der Siedlungs-, Bau- und Agrargeschichte eines Planungsgebietes frühzeitig zu ergänzen, so daß die Denkmäler im Planungsgebiet als eine der Grundlagen der konkreten Planungsaufgabe berücksichtigt und in ein denkmalverträgliches Planungskonzept integriert werden können. Die Darstellungsweise des Denkmalbestands für ein Planungsgebiet durch Texte, Karten und Photos nähert sich dabei bewußt der Arbeitstechnik der städtebaulichen Planung im Bereich der Erhebungs- und Bewertungsphase. Die in Fachgutachten vermittelten Inhalte sind jedoch rein denkmalpflegerisch-fachlicher Art.[4]

Aus dieser, vor allem in Hinblick auf Maßnahmen, frühzeitigen denkmalpflegerischen Tätigkeit und vorbereitenden planungsbezogenen Arbeitsweise ergab sich Anfang der siebziger Jahre mit dem Wirksamwerden des Denkmalschutzgesetzes, des Städtebauförderungsgesetzes, der Dorferneuerungsprogramme nach dem Zukunftsinvestitionsprogramm und schließlich nach dem Flurbereinigungsgesetz die Entwicklung und Anwendung von technischen Erhebungsinstrumenten zur Erfassung, Auswertung und Darstellung denkmalpflegerisch-städtebaulicher Belange, die Mitwirkung an Aus- und Fortbildungsprogrammen sowie ein offenes Angebot der Beratung an Planer und kommunale Verwaltungen. Die Aus- und Fortbildungstätigkeit der Referatsgruppe umfaßt gegenwärtig an der Obersten Baubehörde in München: Teile der Referendarsausbildung Hoch- und Städtebau, an den Direktionen für Ländliche Entwicklung bzw. in der Flurbereinigungs- und Landwirtschaftsverwaltung: Teile der Aus- und Fortbildung der Mitarbeiter im mittleren technischen und höheren Dienst, an allen drei bayerischen Dorferneuerungsschulen: ein- und mehrtägige Fachseminare und Kurse für Bürgermeister, Planer, Flurbereinigungsingenieure und Fachberater sowie an der Universität Bamberg und an der Technischen Universität München: Lehraufträge für Erhebungsmethoden zur Siedlungs- und Baugeschichte (Ortsanalyse und Kulturlandschaftsinventarisation) für höhere Semester.

Die Anwendung technischer Erhebungsinstrumente sowie die Aus- und Fortbildungstätigkeit führt zu neuen Partnerschaften in der denkmalpflegerischen Praxis und beinhaltet das „Wagnis des anderen Weges": Das Bayerische Landesamt für Denkmalpflege vermittelt hierbei im Entscheidungsvorlauf, vor dem Entstehen und Verfestigen konkreter Planungs- und Investitionsziele vorbereitend auf den Umgang mit Baudenkmälern bezogene Ansätze, Überlegungen und Argumente an Planungsträger, Planer und Nutznießer der Planung. Es benennt die Merkmale der individuellen Stadt-, Dorf- oder Objektgeschichte und bezeichnet schutzwürdige Überlieferungen. Es überläßt den Beteiligten und den Verantwortlichen zuerst einmal die Verantwortung, wie mit diesen Überlieferungen aus der Geschichte im Planungsprozeß umgegangen werden soll. So lassen sich frühzeitig Wertigkeiten und mögliche Konflikte erkennen. Schwierige Auseinandersetzungen, z. B. weil beschlossene Planungsziele in Frage gestellt werden oder weil durch Umplanungen viel Zeit vergeht, können auf diese Weise vermieden werden. Daß sich so auch Strategien der „Gegenseite" zur einseitigen Auslegung und zum bewußten Entstehen von Konflikten frühzeitig entwickeln lassen, muß im Hinblick auf die beabsichtigte allgemeine Stärkung der Planungshoheit und Eigenverantwortung der Kommunen sowie aller Planungspartner in Kauf genommen werden. Das „Wagnis des anderen Weges" denkmalpflegerischer Tätigkeit stellt keine leichtfertige Kompetenzabgabe einer Fachbehörde dar, sondern vielmehr eine gesellschaftlich notwendige Realisierung des aktiven Umgangs mit Geschichte durch eine aktive und agierende Denkmalpflege. Das „Wagnis des anderen Weges" schließt die Chance ein, eigenen Anliegen in der Vermittlung und Interpretation Gestalt zu geben, sich selbstbewußt der Kritik zu öffnen, eigene Anliegen und die Fachaufgabe Denkmalpflege im gesellschaftlichen Kontext zu legitimieren.

Denkmalpflegerischer Erhebungsbogen zur Dorferneuerungsplanung

Ein Schwerpunkt der Tätigkeit der Referatsgruppe Städtebauliche Denkmalpflege und Planungsberatung ist die frühzeitige Beteiligung an der Dorferneuerungsplanung in Bayern über die Erstellung des sogenannten denkmalpflegerischen Erhebungsbogens zur Dorferneuerungsplanung (DEB) und eine die Planung vorbereitende Vermittlung seiner Inhalte sowie Bearbeitungstechnik an alle an der Planung beteiligten und von der Planung betroffenen Personen und Stellen (Abb. 1). Das Konzept und die Anwendung dieses technischen Instruments wurde über die Beteiligung an der Dorferneuerungsplanung[5] entwickelt, gilt aber prinzipiell für alle denkmalpflegerischen Themen und Handlungsebenen bei der Planungsbeteiligung des Denkmalamtes als Träger öffentlicher Belange.[6]

Der denkmalpflegerische Erhebungsbogens wird in standardisierter Form, wie ein technisches Instrument, vom Bayerischen Landesamt für Denkmalpflege im Vorlauf jeder neuen Dorferneuerungsplanung in den fränkischen Regierungsbe-

Abb. 1. *Bearbeitergruppe eines denkmalpflegerischen Erhebungsbogens vor dem Burgstall in Immeldorf (Markt Lichtenau, Lkr. Ansbach). Der Burgstall einer Wasserburg ist das älteste erhaltene Zeugnis der Siedlungsgeschichte von Immeldorf; im Hintergrund die Pfarrkirche St. Georg, das Pfarrhaus und die Pfarrscheune*

zirken Unter-, Mittel- und Oberfranken sowie in Bayerisch-Schwaben auf der Ebene ländlicher Siedlungseinheiten eingesetzt. Gegenwärtig liegen 430 denkmalpflegerische Erhebungsbögen zur Dorferneuerungsplanung in Bayern vor.

Der denkmalpflegerische Erhebungsbogen enthält die Zusammenstellung der wichtigsten Daten eines Dorfes aus der Siedlungs- und Baugeschichte sowie eine Beschreibung der Ortsbildentwicklung bis in die Gegenwart. Durch die Darstellung mit einem knapp beschreibenden Text, einem Kartenteil und einer Photodokumentation wird dieser Fachbeitrag der Denkmalpflege zu einer unmittelbaren Arbeitshilfe für die kommunale Verwaltung und für den Planer. Die Ortsbürger, die Mitglieder der Arbeitskreise der Startphase und die Teilnehmergemeinschaft erhalten durch den denkmalpflegerischen Erhebungsbogen frühzeitig wichtige Informationen über die historische Entwicklung des Ortes und über die Spuren der Geschichte, die noch heute im Ortsbild zu finden sind.[7]

Das Hauptziel des denkmalpflegerischen Erhebungsbogens ist die Förderung einer denkmalverträglichen und den kulturgeschichtlichen Überlieferungen verpflichtete dörfliche Entwicklungsplanung. Dieses Ziel wird erreicht durch die Ermittlung der historischen Strukturen des Dorfes und das Festmachen dieser Strukturen am heutigen Bestand. Damit soll die Ablesbarkeit von Geschichte an der Siedlungsstruktur und an dem Baubestand sowie deren Erlebbarkeit für den heutigen Bewohner erleichtert werden. Der denkmalpflegerische Erhebungsbogen macht keine Aussagen zu konkreten Planungsvorhaben, er ist lediglich eine auf die kulturgeschichtliche Überlieferung des jeweiligen Dorfes bezogene Bestandsaufnahme.[8]

Jeder denkmalpflegerische Erhebungsbogen besteht aus dem Deckblatt mit Grunddaten, fünf bis fünfzehn Seiten Text, der Überprüfung der Denkmalliste, einem Satz Plankopien und thematischer Karten und einer Photodokumentation mit neuen Schwarzweißaufnahmen des Dorfes. Die Erstellung des denkmalpflegerischen Erhebungsbogens erfolgt einem verbindlichen Leistungsverzeichnis folgend arbeitsmethodisch in drei Schritten: Archiv-, Quellen- und Literaturarbeit; Bestandsaufnahme vor Ort (Ortsbegehung); textliche, kartographische und photodokumentarische Aufbereitung. Die textliche und kartographische Aufbereitung ergibt fünf Textkapitel.[9]

Im Kapitel „Naturraum und Lage" werden naturräumliche und historisch-topographische Lagebedingungen des Dorfes untersucht. Dadurch können Aussagen zum Zeitpunkt der Siedlungsgründung, zur Siedlungsform, die geomorphologischen Oberflächenformen folgt, sowie zur Verfügbarkeit natürlicher Baustoffe in historischer Zeit getroffen werden.[10] Im Kapitel „Siedlungsgeschichte" wird das für die Siedlungsentwicklung bedeutsame historisch-politische Umfeld untersucht, einschließlich der Faktoren, die Gründung und Gestalt des Dorfes beeinflußt und bestimmt haben. Der Einfluß historischer, territorialer sowie kirchlicher Zugehörigkeiten und historischer Einzelereignisse auf Ortsgrundriß, Silhouette, Struktur und Erscheinungsbild wird über retrospektiv ausgewertete Quellen, Sekundärliteratur und statistische Daten erfaßt.[11] Im Kapitel „Historische Dorfstruktur" werden historische Raumstrukturen sowie historische Wirtschafts- und Sozialstrukturen untersucht. Insbesondere der historische Ortsgrundriß, die Parzellenstruktur und Sonderbauten wie Kirche, Burg oder Mühle können bis in die siedlungsgeschichtlichen Anfänge des Dorfes zurückweisen und die Interpretation der Dorfentwicklung erleichtern. Die Darstellung im Erhebungsbogen stützt sich vorrangig auf die bayernweit im einheitlichen Maßstab 1:5000 vorhandenen Uraufnahme- bzw. Extraditionspläne, die Ortblätter 1:2500 und zugehörige Grundsteuerkataster des frühen 19. Jahrhunderts.[12] Das Kapitel „Gegenwärtige Dorfstruktur" beschreibt Veränderungen des historischen Ortsgrundrisses und die Anbindung von Neubaugebieten sowie Schwerpunktverlagerungen innerhalb der Siedlung.[13] Im zusammenfassenden Kapitel „Das historische Ortsbild prägende Bauten und Räume" werden einzelne Gebäude und Raumstrukturen beschrieben und in ordnende Beziehung zum umgebenden Naturraum, zur Siedlungsgeschichte und historischen Dorfstruktur gebracht. Hierzu erfolgt eine Ortsbegehung und die kartographische sowie photographische Erfassung und Dokumentation der historischen Raumstrukturen, Denkmäler und ortsbildprägenden Bauten im gegenwärtigen Ortsbild. Die Darstellung im Erhebungsbogen schließt die Beschreibung und positive Wertung von Platz-, Straßen- und Grünräumen,

Ortsrändern und Dorffußwegen aus denkmalpflegerischer Sicht ein sowie der ausgewiesenen Denkmäler, ortsbildprägenden Bauten und der angetroffenen Haus- und Hofformen.[14]

AUFBAU NEUER PARTNERSCHAFTEN DURCH FORTBILDUNG

Angesichts der Personalsituation innerhalb der dreiköpfigen Referatsgruppe und der Notwendigkeit, die Dienstleistung denkmalpflegerischer Erhebungsbogen in allen bayerischen Regierungsbezirken zur Verfügung zu stellen, wurden 1990 die ersten Aufträge an freie Gutachter zur amtsexternen Erstellung von Erhebungsbögen vergeben. Die Betreuung und fachliche Überprüfung liegt nach wie vor beim Denkmalamt. Voraussetzung der Auftragsvergabe wurde die Schulung geeigneter freier Gutachter und Mitarbeiter von besonders qualifizierten Planungsbüros in der Bearbeitungstechnik des Erhebungsbogens und vorbereitend: die Aufzeichnung und schulungsgerechte Aufbereitung der Bearbeitungstechnik, Arbeitsschritt für Arbeitsschritt, Arbeitsmittel für Arbeitsmittel, Methode für Methode. Es zeigte sich dabei sehr schnell, daß technische Erfassungsmethoden[15] der Siedlungsforschung und der historischen Geographie im Umfeld so dehnbarer Begriffe wie „historisches Ortsbild", „ortsbildprägende Bauten und Räume" oder „Bereich denkmalpflegerischer Interessen" ohne fachliches Hintergrundwissen der Gutachter aus der Siedlungs-, Bau- und Agrargeschichte sowie bekanntermaßen hohe Ansprüche und Maßstäbe der Denkmalpflege in einem vernünftigen Zeit- und Honorarrahmen nicht ohne weiteres zielgerecht angewendet werden können. Es mußte also eine qualifizierende Fortbildung der Gutachter über Bildungsträger wie die Dorferneuerungsschulen in Bayern, auf der Grundlage universitärer Lehraufträge oder im individuellen Rahmen angeboten werden, es mußten neue Partnerschaften durch Fortbildung aufgebaut werden.

VERMITTLUNG DER INSTRUMENTE VORBEREITENDER DENKMALPFLEGE AN DEN DORFERNEUERUNGSSCHULEN IN BAYERN

Die Bayerischen Dorferneuerungsrichtlinien verdeutlichen einen lange vor ihrer Neuauflage im Jahre 1993 einsetzenden konzeptionellen und inhaltlichen Wandel der Dorferneuerung in Bayern, von einem stark maßnahmebezogenen und agrarstrukturellen zu einem „ganzheitlichen", städtebaulichen, sozialen und ökologischen Ansatz. Das Ziel der Erhaltung des eigenständigen Charakters ländlicher Siedlungen und der Kulturlandschaft wird darin explizit als Förderungszweck genannt und öffnete der Denkmalpflege eine breite Mitwirkungsmöglichkeit.[16] Die Richtlinien beziehen den Dorfbewohner in den Förderungszweck mit ein, er soll Motor und Träger des Wandels werden und für eine „Nach-

Abb. 2. Luftansicht der Marktgemeinde Thierhaupten (Lkr. Augsburg); links im Bild das ehemalige Benediktinerkloster Thierhaupten, Sitz der Schule für Dorf- und Landentwicklung Thierhaupten e.V., des Bayerischen Bauarchivs im Bayerischen Landesamt für Denkmalpflege und der Außenstelle Schwaben der Abteilung für Vor- und Frühgeschichte des Bayerischen Landesamtes für Denkmalpflege

haltigkeit" der Initialförderung sorgen. Vor die eigentliche Dorferneuerungsplanung wurde die Startphase gestellt, ein Orientierungsjahr zur Förderung der Bereitschaft der Bürger hinsichtlich ihrer Mitwirkung und Eigenleistung. Herzstücke der Startphase sind lokale Arbeitskreise der Ortsbewohner zu allen relevanten Themen der Dorfentwicklung und die Teilnahme an Grund- sowie Fachseminaren an den bayerischen Dorferneuerungsschulen:

- Schule für Dorf- und Landentwicklung Thierhaupten (Lkr. Augsburg), seit 1991
- Schule der Dorferneuerung Abtei Plankstetten (Lkr. Neumarkt in der Oberpfalz), seit 1992
- Schule für Dorf- und Flurentwicklung Klosterlangheim (Lkr. Lichtenfels), seit 1994

Abb. 3. *Bearbeitergruppe des denkmalpflegerischen Erhebungsbogens zur Dorferneuerungsplanung in Immeldorf (Markt Lichtenau, Lkr. Ansbach)*

Das Bildungsziel und den Auftrag der Dorferneuerungsschulen umschreiben die Schlagworte „Mitdenken – Mitreden – Mitgestalten". Der Bürger soll zum Partner von Planern und Behörden werden. Er soll in den Seminaren der Schulen informiert und vor allem motiviert werden. Er soll den Kontakt zu Fachleuten finden und sich stärker als Experte für das eigene Dorf verstehen.[17] Die Vereinssatzung der Schule für Dorf- und Landentwicklung in Thierhaupten (Abb. 2) nennt das umfangreiche Spektrum der Bildungsaufgabe: Entwicklung ländlicher Orte, durch die Aus- und Fortbildung aller mit Fragen der Dorf- und Landentwicklung befaßten Personen unter besonderer Berücksichtigung der Denkmalpflege, der Kulturpflege, des Umweltschutzes und der Handwerkstradition.[18] Die Dorferneuerungsschulen wurden wegen dieser Bildungsaufgabe zum idealen Partner der städtebaulichen Denkmalpflege.

Die Beteiligung der Referatsgruppe Städtebauliche Denkmalpflege und Planungsberatung am Fortbildungsprogramm der Dorferneuerungsschulen war zunächst auf die Sicherung des Systems der denkmalpflegerischen Erhebungen als Standard für das bayerische Dorfentwicklungsprogramm ausgerichtet. Die ersten Eintagesseminare dienten der Einführung interessierter Verantwortlicher in den Kommunen, freier Orts- und Landschaftsplaner sowie Fachleuten anderer einschlägiger Disziplinen, Behördenvertreter und Fachberater in die Sinnhaftigkeit, Methoden und Arbeitstechniken der denkmalpflegerischen Erhebung. Dann wurde das Fortbildungsangebot stärker auf einzelne Zielgruppen und denkmalpflegerische Themen ausgerichtet und schließlich zu mehrtägigen Kursen mit nachfolgenden Vertiefungsangeboten ausgebaut. Das jährlich ausgeschriebene Fortbildungsangebot baut auf didaktisch aufbereiteten Materialien, mehrfach überarbeiteten Diavorträgen und einer gewissen Routine der Seminarleiter auf. Es setzt sich zusammen aus eintägigen Fachseminaren und einem mehrtägigen Fachkurs. Die Unterschiede ergeben sich aus der Zielsetzung, Zielgruppe und Intensität.

Zielgruppe der eintägigen Fachseminare sind Bürgermeister, Ortsplaner, Grün- und Landschaftsplaner sowie weitere an der Planung beteiligte und von der Planung betroffene Personen und Stellen, wie Sachbearbeiter in den Kommunal- und Bauverwaltungen, Flurbereinigungsingenieure, Berater der Landwirtschaftsämter, Heimatpfleger, Arbeitskreismitarbeiter, Ortsbewohner und allgemein Multiplikatoren, die auf das Baugeschehen sowie auf die Aufgaben der Landschafts- und Ortsbildpflege im Rahmen der Dorferneuerung Einfluß nehmen.

Das eintägige Fachseminar „Denkmalpflegerischer Erhebungsbogen, Einführung" dient der Information über Quellen und methodische Möglichkeiten der Erfassung, Auswertung und Darstellung des eigenständigen Charakters einer ländlichen Siedlung durch die Erforschung ihrer Siedlungs-, Bau- und Agrargeschichte sowie deren heute noch sichtbaren oder erschließbaren Relikte. Es sollen Einsichten über die Notwendigkeit denkmalpflegerischer Erhebungen und Bereitschaft für die praktische Anwendung des denkmalpflegerischen Erhebungsbogens als Instrument für unterschiedlichste Ebenen der Planung geweckt werden. In Diavorträgen werden die Vielfalt ländlicher Siedlungen und ihrer Elemente sowie die Bearbeitungstechnik des denkmalpflegerischen Erhebungsbogens erläutert. Daran schließen sich ausführliche Diskussionsrunden an. Ein wesentlicher Aspekt ist die Vermittlung der denkmalpflegerisch-städtebaulichen Sichtweise an Fachleute und Bürger, um das Verständnis für das Einbringen entsprechender öffentlicher Belange in der Planung zu stärken. Angesprochen werden insbesondere Vertreter, Betreuer und Planer von jungen und künftigen Dorferneuerungsgemeinden.

Das eintägige Fachseminar „Denkmalpflegerischer Erhebungsbogen, Anwendung" dient dem vertiefenden Erfahrungsaustausch über die Erstellung und Anwendung des denkmalpflegerischen Erhebungsbogens sowie der Überprüfung der Wirksamkeit des Fachbeitrags für die Leitbilddiskussion in den Arbeitskreisen und in der Teilnehmergemeinschaft. In Diavorträgen, Kurzreferaten und bei Dorfrundgängen berichten Bearbeiter von Erhebungsbögen, Bürgermeister, Vorsitzende der Teilnehmergemeinschaft Dorferneuerung, Leiter von Arbeitskreisen der Startphase und Ortsplaner aus ihrer Praxis über Erfahrungen und Probleme im Umgang mit dem denkmalpflegerischen Erhebungsbogen. Hier sucht das Denkmalamt das Gespräch vor

Ort. Wesentlicher Aspekt dabei ist die Erörterung aller Fragen der Anwendung und Umsetzung des denkmalpflegerischen Erhebungsbogens in der Dorferneuerungsplanung. Angesprochen werden Vertreter, Betreuer und Planer von Dorferneuerungsgemeinden, die an einem Fachseminar teilgenommen haben, insbesondere Planer, die denkmalpflegerische Erhebungsbögen erstellt haben oder damit in der Planungsphase arbeiten.

Bei dem eintägigen Fachseminar „Planung und Praxis der Ortsgestaltung" stehen Fragen der Ortsgestaltung im Zusammenhang mit den denkmalpflegerischen Zielen der Erhaltung der historischen Ortsbildqualitäten im Mittelpunkt. Dabei wird besonderes Gewicht auf die Berücksichtigung historischer Grün- und Freiflächen in der Dorferneuerung gelegt. Ein wesentlicher Aspekt ist die Erörterung denkmalpflegerischer Positionen zur Ortsgestaltung mit Lichtbildern. Kurzreferate (wie im Fachseminar „Anwender") und Dorfrundgänge bereiten die Diskussion über verbesserte Möglichkeiten der fachlichen Abstimmung vor. Auch hier sucht das Denkmalamt das Gespräch vor Ort. Das Ziel des Seminars ist es, Gemeinsamkeiten in der Fachaufgabe Beratung zur Ortsgestaltung herauszuarbeiten, um zu einer Stärkung geschichtsbewußter Ortsgestaltung, vielleicht sogar zu einer „Neuen Partnerschaft" in der Beratung bei der Dorferneuerung zu gelangen. Angesprochen werden insbesondere amtliche und ehrenamtliche Berater, die sich für das Thema „Erhaltung und Gestaltung des dörflichen Grüns" in der Dorferneuerung einsetzen.

Das eintägige Fachseminar „Dorfgeschichte und Identität" richtet sich an die Sprecher der Arbeitskreise während der Startphase und interessierte Dorfbewohner, die in die Lage versetzt werden sollen, einfache Schritte zur Erforschung des eigenen Dorfes zu tun. Materielle Träger von Identität sind u. a. die historische Siedlungsstruktur, die regionale Baukultur oder die traditionelle, naturraumbedingte Einbindung in die Landschaft. Ebenso bedeutsam sind bestimmte Ereignisse aus der Ortsgeschichte, lokalgeschichtlich bedeutsame Personen und jahrhundertelange wirtschaftlich dominierende Ausrichtungen. Wesentlicher Aspekt dabei ist die Herausarbeitung

Abb. 4. Diskussionsrunde während des Fachkurses „Denkmalpflegerischer Erhebungsbogen/Mittelfranken"

Abb. 5. Bearbeitergruppe des denkmalpflegerischen Erhebungsbogens zur Dorferneuerungsplanung in Bertholdsdorf (Stadt Windsbach, Lkr. Ansbach) vor der Pfarrkirche St. Georg, auf terrassenförmig übereinandergelegten Stützmauern einer ehemaligen Burganlage; um das 1957 gebaute kleine Milchhaus befinden sich Kellerzugänge mit Sandsteingewänden

der vorhandenen aber vielleicht unbewußt „verschütteten" dörflichen Identität durch die Beschäftigung mit der Ortsgeschichte, mit Originalquellen und durch forscherisches Tun.[19]

Zielgruppe des mehrtägigen Fachkurses „Denkmalpflegerischer Erhebungsbogen" sind freie Gutachter, Planer und Flurbereinigungsingenieure. Im Rahmen des Kurses wird unter der fachlichen Anleitung des Bayerischen Landesamts für Denkmalpflege die praxisnahe Erstellung des denkmalpflegerischen Erhebungsbogens eingeübt (Abb. 3–5). Nach der Teilnahme an dem Kurs können die Gutachter und Planer feststellen, ob und zu welchen Kosten sie die Leistungen zur Erstellung des denkmalpflegerischen Erhebungsbogens erfüllen können. Der Fachkurs soll Ortsplaner, Fachleute einschlägiger benachbarter Disziplinen und Mitarbeiter aus den Direktionen für Ländliche Entwicklung zur Erarbeitung und Beurteilung des denkmalpflegerischen Erhebungsbogens nach dem Leistungsbild des Denkmalamtes befähigen. In einer Mischung von theoretischen und praktischen Fortbildungsabschnitten werden Kenntnisse vermittelt und bei der Erarbeitung an konkreten Beispielen umgesetzt. Der Kurs sieht Arbeiten und Übungen vor Ort, in Archiven, Bibliotheken und im Seminarraum vor. Er wird in drei Abschnitten durchgeführt. Am Ende des Kurses liegen weitgehend fertiggestellte Erhebungsbögen auf dem Tisch. Im ersten Abschnitt, einer zweitägigen theoretischen Einführung, werden wie beim Fachseminar „Einführung" theoretische Grundlagen vermittelt, Materialien wie Urkatasterpläne oder Luftbilder konkret ausgewählter Dörfer diskutiert und diese im nachfolgenden Teil zu bearbeitenden Dörfer besucht. Im zweiten Abschnitt, einer mehrmonatigen praktischen Arbeitsphase, bearbeiten die Kursteilnehmer in Arbeitsteams jeweils den Erhebungsbogen für eines der ausgewählten Dörfer in freier Terminfestlegung unter fachlicher Betreuung durch das Bayerische Landesamt für Denkmalpflege. Es finden Ortsbegehungen und Archivbesuche statt, es werden Texte und Karten entworfen und besprochen. Im dritten Abschnitt schließlich, einer zweitägigen abschließenden Auswertung, werden die Ergebnisse der einzelnen Gruppen vorgestellt, diskutiert und vor Ort gemeinsam überprüft. Wesentlicher Aspekt dabei ist die praxisnahe gemeinsame Arbeit an den Erhebungsbögen bis zum vollständigen ersten Entwurf, der sich in der Qualität, im Inhalt und in der Form dem vom Bayerischen Landesamt für Denkmalpflege vorgegebenen Standard annähert, wie er dann auch von jedem frei erstellten Erhebungsbogen verlangt wird.

Praxis denkmalpflegerischer Fortbildung

Das von der Wirksamkeit her bislang ergiebigste Fortbildungsangebot der Referatsgruppe Städtebauliche Denkmalpflege wurde als Fachkurs „Denkmalpflegerischer Erhebungsbogen" in Zusammenarbeit mit der Schule für Dorf- und Landentwicklung Thierhaupten im Jahre 1993 in Mittelfranken durchgeführt. Die Einladung zum Fortbildungskurs war an alle mit mittelfränkischen Dorferneuerungsplanungen befaßte Planungsbüros, an die Direktion für Ländliche Entwicklung in Ansbach, die Ortsplanungsstelle bei der Regierung von Mittelfranken, Ämter für Landwirtschaft und Ernährung, den Regionalen Planungsverband Westmittelfranken und das Landratsamt in Ansbach verschickt worden. Am Kurs nahmen zehn Planungsbüros mit zwölf Personen, die Direktion für Ländliche Entwicklung in Ansbach mit neun Personen, ein Vertreter des Landratsamts Ansbach und das ausrichtende Bayerische Landesamt für Denkmalpflege mit zwei Personen teil. Am dreimonatigen Praxisteil des Kurses beteiligten sich acht Planungsbüros mit zehn Personen und die Direktion für Ländliche Entwicklung in Ansbach mit drei Personen.

Die Hälfte der Planungsbüros hat an den Kurs anschließend im Auftrag des Verbands für Ländliche Entwicklung in Ansbach und in Ausnahmefällen auch im Auftrag des Denkmalamtes denkmalpflegerische Erhebungsbögen auf der Grundlage des Leistungsverzeichnisses des Denkmalamtes bearbeitet. Auch wenn die Erstellung des denkmalpflegerischen Erhebungsbogens für die Planungsbüros und freien Gutachter nur einen Randbereich ihrer Tätigkeit darstellen kann, konnten einige Erwartungen auf Beauftragung erfüllt werden. Das Respektieren der Geschichtlichkeit eines jeden Dorfes und die eingeübte Fähigkeit über bestimmte Methoden wesentliche Merkmale des historischen Ortsbildes eines Dorfes besser erfassen und darstellen zu können, wirkt darüber hinaus in das Gesamtspektrum der planerischen Tätigkeit der Büros hinein. Dafür muß in Kauf genommen werden, daß an der Fortbildung zumeist jüngere Planungsbüromitarbeiter und freie Gutachter teilnahmen: Deren Fähigkeiten gehen dem Büro bei einem Stellenwechsel ebenso verloren wie dem Ausrichter des mehrmonatigen Fachkurses ein eingearbeiteter Partner.

Die Beispielorte des Kurses, Immeldorf (Markt Lichtenau), Aich (Gde. Neuendettelsau) und Bertholdsdorf (Stadt Windsbach) liegen benachbart im mittelfränkischen Landkreis Ansbach (Abb. 6-8). An den Seminartagen zur Kurseinführung wurden vom Denkmalamt Übersichtsvorträge zur ländlichen Siedlungs- und Baugeschichte, Bearbeitungstechnik des denkmalpflegerischen Erhebungsbogens und zur geschichtlichen Prägung der „Übungsdörfer" gehalten. Dabei wurde das Leistungsverzeichnis zur Erstellung der Erhebungsbögen als Bestandteil späterer Werkverträge vorgestellt und erläutert und eine umfangreiche Handreichung zur Bearbeitungstechnik verteilt.[20] Diese vermittelt handbuchartig in 32 Arbeitsschritten die Vorgehensweise und fachlichen Hintergründe, die Arbeitsmethoden und erforderlichen Arbeitsmittel des denkmalpflegerischen Erhebungsbogens. Bei einer Begehung der Übungsdörfer wurde bereits mit historischen Karten und Unterlagen aus einer ausgehändigten Materialmappe vor Ort gearbeitet und die Bildung der Bearbeiterteams der Dörfer festgelegt. Bis zur Auswertung der Gruppenarbeiten, drei Monate später, legten die Bearbeiterteams das Tempo und die Intensität ihrer Bearbeitung auf der Grundlage einer Mindesterwartung des Denkmalamtes selber fest. Es fanden Besprechungen im Denkmalamt in München, im Staatsarchiv in Nürnberg und ganztägige Ortsbegehungen in den Orten statt. Es wurden anschließend umfangreiche Texte, thematische Karten und Photodokumentationen erstellt und diese vom Denkmalamt mit Anmerkungen zur Überarbeitung an die Bearbeiter zurückgeschickt.

Die zeitaufwendige Betreuung und Begleitung der Arbeiten erfolgte durch die Referatsgruppe Städtebauliche Denkmalpflege des Denkmalamtes. Dabei war allen bewußt, daß auch das Denkmalamt von den „pragmatischen" Flurbereinigern und von den „umsetzungsorientierten" Planern zu lernen hat. In vielen Gesprächen mußte mit alten Mißverständnissen aufgeräumt und Vertrauen gefaßt werden: Wie sich die Zielcharakteristik der Flurbereinigung der sechziger und siebziger Jahre von der „zweiten Schöpfung Gottes" zur „ganzheitlichen Entwicklung in Dorf und Flur" gewandelt hat, sieht der Kerngedanke des Denkmalschutzgesetzes keinen „Totalschutz" des Denkmals vor, sondern qualifizierte Beratung und Hilfestellung bei der Erhaltung des Baudenkmals. Der Umgang mit dem Baudenkmal ist eine gesellschaftliche Aufgabe, die eine verstehbare Vermittlung der Schützwürdigkeit erfordert. Die denkmalpflegerische Sicht der Dinge konkretisiert sich sehr deutlich an der Bestimmung ortsbildprägender Gebäude und Räume aus denkmalpflegerisch-städtebaulicher Perspektive. Diese Diskussion war in den „Übungsdörfern" in der Regel Haus für Haus zu führen. Theoretische Vorstellungen mußten Argument für Argument in der Praxis und vor Ort vermittelt werden. Die denkmalpflegerische Sicht der Dinge konkretisiert sich auch in den Anmerkungen zu den Text- und Kartenentwürfen der Bearbeiter. Sie waren nicht „falsch", sie entsprachen teilweise nur nicht den vom Denkmalamt nach der Erstellung mehrerer hundert Erhebungsbögen gesetzten Standards der Erfassung, Auswertung und Darstellung. In den Anmerkungen des betreuenden Denkmalpflegers durfte kein Zweifel über die Kompetenz der Bearbeiter aufkommen, er wäre ungerechtfertigt gewesen. Es mußte vielmehr jede Anmerkung begründet, die darin enthaltene denkmalpflegerische Sicht vermittelt und auf kollegiale Weise um teilweise aufwendige Überarbeitung gebeten werden, dazu wurden Formulierungs- und Zeichnungsvorschläge beigetragen. Erst hieran anschließend wurde ein deutlicher Lerneffekt sichtbar. Über die Auseinandersetzung mit den Anmerkungen entstanden neue Entwürfe der Texte und Karten, die dem vorgegebenen Standard sehr nahe kamen. Als hohe Hürde bei der Bearbeitung der Erhebungsbögen stellte sich neben der Anwendung fachfremder Methoden

Abb. 6. Luftansicht von Immeldorf (Markt Lichtenau, Lkr. Ansbach). Das Dorf entwickelte sich an einer ehemaligen Reichsgeleitstraße zwischen Nürnberg und Ansbach. Um den zentralen Kirchvorplatz gruppieren sich die Pfarrkirche St. Georg, das Pfarrhaus mit Scheune und die ehemalige Schule. Ein Wassergraben westlich der Kirche schützte die Wasserburg der „Herren vom See". Der erhaltene Burgstall zeichnet sich nordwestlich der Pfarrkirche St. Georg als baumbestandene flache Erhebung ab. Große Satteldachscheunen umgeben am westlichen Bildrand die Mühle, auf einer Insel zwischen der Fränkischen Rezat und der „Pferdetränke". Der Kernbau der ehemaligen Mühle dürfte um 1877 aufgestockt worden sein. Ein Wappenstein trägt die Datierung 1756. Die Kunstmühle wurde bis zum Jahre 1956 betrieben

Abb. 7. Luftansicht von Aich (Gde. Neuendettelsau, Lkr. Ansbach). Das Dorf Aich liegt in Nestlage im Hangbereich oberhalb des nach Süden eingebrochenen Tals der Aurach (rechter Bildrand). Die Gründung des zunächst waldweidlich orientierten Rodeortes dürfte unter Einflußnahme des nahen Klosters Heilsbronn erfolgt sein. Die Siedlungslage führte zu einer ungleichförmigen Bebauung, da Mulden, Quellaustritte und ein Abwechsln von flachen und geneigten Abschnitten auf der Geländeterrasse ein ungleiches Platzangebot für die Anwesen darstellte. Den Dreißigjährigen Krieg überdauerten nur sieben Anwesen, fünf brannten ab, 16 verfielen und „verödeten". Um 1900 wurde die Ortskapelle (rechter Bildrand an der Wegekreuzung) auf einer erst in der 2. Hälfte des 19. Jahrhunderts verfüllten Talrinne des Seitentals der Aurach erbaut. Das nordwestlich der Kapelle stehende Eckanwesen soll im Kern um 1863 auf Eichenpfählen errichtet worden sein

Abb. 8. Luftansicht von Bertholdsdorf (Stadt Windsbach, Lkr. Ansbach). Das Pfarrdorf Bertholdsdorf verfügt über eine sehr kompakte Ortslage mit wenig Zubauten nach dem Krieg. Die besonders exponierte Ortstopographie auf einem Geländesporn zwischen Aurach und Watzendorfer Bach erlaubte den talraumbeherrschenden Bau zweier Burganlagen mit terrassenförmig übereinandergelegten Stützmauern und Brunnen, der Pfarrkirche, des Pfarrhauses und später auch der Schule an seiner höchsten Stelle. Unterhalb der Burg bot der Sporn nur wenig Platz für kleinere landwirtschaftlich-gewerblich orientierte Anwesen der Burgmannensiedlung, für eine Brauereigastwirtschaft, die Schmiede und eine Reihe von Kelleranlagen

und Begriffe die wissenschaftlich-redaktionelle Aufbereitung der bewußt knapp zu haltenden Texte heraus. Das betrifft die Weiterverwendbarkeit der Verweise auf die herangezogene Literatur, die Genauigkeit und Anschaulichkeit der Sprache und insbesondere die Gewichtung und Verdichtung der Aussagen. Diese Fähigkeit, aus der Fülle von Informationen treffsicher die Aussagen auszuwählen, die für die Individualität des Dorfes entscheidend sind, ist nicht allein von der Kompetenz des Bearbeites abhängig, sondern von seiner durch Übung erworbenen Professionalität. Es ist davon auszugehen, daß erst die Erfahrung aus der selbständigen Erarbeitung von bis zu fünf Erhebungsbögen die Professionalität und Ergebnisse bewirkt, daß sich ein solcher Bearbeitungsauftrag wirtschaftlich über das jeweils festgelegte Pauschalhonorar hinaus bezahlt macht.

An den Seminartagen zur Auswertung der Arbeitsergebnisse stellten die Bearbeiterteams ihre Ergebnisse im Kursraum sowie zur Überprüfung auch vor Ort vor. Die Arbeiten kamen den Dorferneuerungsplanungen in den „Übungsdörfern" zugute. Daher war es möglich, die Nebenkosten des beträchtlichen Arbeitsaufwands je Büro pauschal aus Dorferneuerungsmitteln zu entschädigen. Zieht man die in Kauf zu nehmenden Einarbeitungskosten der Teilnehmer ab, war am Ende des Kurses jedes Planungsbüro in der Lage, exakt seine zeitliche Aufwendung und Honorarvorstellung für künftige freie Bearbeitungen aufzustellen. Zu Vergleichszwecken stellte das Denkmalamt eine interne Berechnung der Aufwendungen vor, die sich im Laufe der Jahre als praxisnah erwiesen hat. Eine Honorarregelung entsprechend der HOAI bleibt selbstverständlich Sache der Vertragspartner. Das Leistungsverzeichnis als Vertragsgrundlage und der Autorisierungsvorbehalt des Denkmalamtes gelten weiterhin auch bei jedem frei erstellten denkmalpflegerischen Erhebungsbogen.

Ein Resümee, das Mut macht

Ein Resümee der Anwendung technischer Erhebungsinstrumenten der Referatsgruppe sowie der exemplarisch dargestellten Aus- und Fortbildungstätigkeit zu Themen der städtebaulichen Denkmalpflege in Bayern zeichnet sich ab: Das „Wagnis des anderen Weges" ist in der denkmalpflegerischen Praxis notwendig und lohnend. Es kann über neue Partnerschaften eine andere Qualität der Betreuung und Regelungen in den Verfahren erreicht werden.

Durch die Fortbildungsangebote sowie durch sich daraus ergebende Kontakte, Diskussionen, Einsichten und schließlich Legitimierung hat das Denkmalamt neue Partner in der Landwirtschaftsverwaltung, bei den Direktionen für Ländliche Entwicklung, den Kommunen, Planungsbüros und freien Gutachtern gewonnen oder zumindest Einsichten erzeugen können, daß und wie mit den denkmalpflegerischen Erhebungen umgegangen werden kann. Die Überzeugungsarbeit und neue denkmalpflegerische Tätigkeit des frühzeitigen Agierens hat eine hohe Akzeptanz und Resonanz insbesondere von außen gefunden. Sie zeigt sich in dem Wunsch einzelner Bürgermeister und Ortsvereine denkmalpflegerische Erhebungsbögen über Gemeindeorte außerhalb staatlicher Förderprogramme und öffentlicher Fachplanungen zu bekommen. Sie zeigt sich in der Offenheit und Genauigkeit der Fachgespräche über denkmalpflegerische Belange im weiteren Planungsverfahren. Sie zeigt sich in der Teilnahme der Mitarbeiter des höheren Dienstes aus der Flurbereinigungsverwaltung an denkmalpflegerischen Veranstaltungen, die deutlich macht, daß es bei den Seminaren und Kursen nicht nur um die Fortbildung von freien Planern für denkmalpflegerische Belange geht, sondern um eine Qualifizierung der Dorferneuerungsplanung zugunsten der Beachtung denkmalpflegerischer Aufgaben, für die im Interesse der Dörfer viele Verantwortliche tätig sind.

Gerade das Konzept und der Ablauf des Fachkurses „Denkmalpflegerischer Erhebungsbogen" zeigt den Umfang der anfangs erforderlichen persönlichen Betreuung der Kursteilnehmer durch das Denkmalamt bis zur Erstellung eines ersten vollständigen Erhebungsbogens. Diese Qualität der Betreuung ist einer der Schlüssel für den Erfolg des Fortbildungskonzeptes und sie schafft die Voraussetzung für eine weiterführende partnerschaftliche Zusammenarbeit, die über das Verfahren der Einleitung und Durchführung der Planungsvorhaben gelenkt werden muß. Die Ergebnisse eines Agierens vor Einleitung der Verfahren zeigte sich insbesondere seit dem Erlaß der Bayerischen Dorferneuerungsrichtlinien von 1993. Der Erlaß brachte verbesserte Förderungsbedingungen für die Vorbereitung der Dorferneuerung, die Möglichkeit, noch vor Anordnung der Dorferneuerung Leistungsverträge zur Erstellung des denkmalpflegerischen Erhebungsbogens planmäßig abzuschließen und diese zum größten Teil aus Dorferneuerungsmitteln zu finanzieren. An den bisherigen Fachkursen in Bayern nahmen rund 40 Mitarbeiter aus Planungsbüros, darunter Architekten, Bauingenieure, Landschaftsplaner, Landespfleger, Historiker, Archäologen und Geographen teil. Zusammen mit weiteren freien Gutachtern sind in Bayern nahezu 60 Fachleute auf die amtsexterne Erstellung der denkmalpflegerischen Erhebungsbögen vorbereitet. Sie stehen allen Planungspartnern, dem Bayerischen Landesamt für Denkmalpflege und insbesondere den Direktionen für Ländliche Entwicklung auf Honorarbasis zur Verfügung. Aus personellen Gründen kann das Bayerische Landesamt für Denkmalpflege nur einen kleinen Teil der Erstellung denkmalpflegerischer Erhebungsbögen selbst leisten. Knapp ein Viertel der vorliegenden 430 denkmalpflegerischen Erhebungsbögen wurde jetzt schon von freien Gutachtern in beratender Zusammenarbeit mit dem Denkmalamt erstellt.

Der denkmalpflegerische Erhebungsbogen, angesiedelt an der Nahtstelle zwischen Denkmalerfassung und Denkmalforschung einerseits und der praktischen Denkmalpflege andererseits, fördert die Idee, die informelle Ebene für die Vermittlung denkmalpflegerischer Ziele zu nutzen. Der wohl wichtigste neue Anwendungsbereich des denkmalpflegerischen Erhebungsbogens wird der der kommunalen Planung, vor allem der Flächennutzungsplanung sein, gegebenenfalls als „Denkmalpflegerischer Erhebungsbogen zur Bauleitplanung". Jetzt schon nutzen einige Gemeinden den Informationswert bestehender Erhebungsbögen in der Bauleitplanung.[21] Die ausgereifte Arbeitsmethode des technischen Erhebungsinstruments ist auf weitere Bereiche der städtebaulichen Denkmalpflege übertragbar, wenn die Denkmalpflege Gelegenheit zu entsprechend frühzeitigem Agieren als Träger öffentlicher Belange im geregelten Verfahren erhält: Die als topographische Methode zu bezeichnende Arbeitsweise der Denkmalpflege wurde in einer Reihe von Städten im Rahmen der vorbereitenden Untersuchungen,[22] für einen Industriepark,[23] für einige große Freizeitprojekte,[24] für einzelne Verkehrsprojekte des Programms deutscher Einheit, für die Landschaftsplanung im Rahmen der Flurbereinigung[25] und für Fachbeiträge zur Kulturlandschaftsgeschichte[26] angewandt.

Die dabei entstandenen Leistungsverzeichnisse für die Erstellung eines „Denkmalpflegerischen Erhebungsbogens zur Stadtsanierung im Rahmen der vorbereitenden Untersuchungen" sowie das „Leistungsbild für eine Bestandsaufnahme der historischen Kulturlandschaft im Rahmen der Landschaftsplanung für die Flurbereinigung" bilden die Basis künftiger denkmalpflegerischer Tätigkeit, Fortbildungsangebote und neuer Partnerschaften der Referatsgruppe.

ANMERKUNGEN

1 Beteiligung nach dem Städtebauförderungsgesetz und dem Baugesetzbuch.
2 Beteiligung nach dem Flurbereinigungsgesetz und dem Bayerischen Dorfentwicklungsprogramm.
3 Nach dem Baugesetzbuch und im Bereich der örtlichen Bauvorschriften nach der Bayerischen Bauordnung.
4 BAYERISCHES LANDESAMT FÜR DENKMALPFLEGE (Hrsg.), *Bayerisches Landesamt für Denkmalpflege – Aufgaben, Organisation, Hinweise*, Denkmalpflege Informationen, Ausgabe D, Nr. 21, 25. Oktober 1996, München 1996, S. 15.
5 Gemeinsame Bekanntmachung der Bayerischen Staatsministerien des Innern, für Unterricht und Kultus sowie für Ernährung, Landwirtschaft und Forsten vom 6. Juni 1978 in LMBl. Nr. 11/1978, S. 204-207.
6 Strategie, Konzepte und methodischen Ansätze des denkmalpflegerischen Erhebungsbogens zur Dorferneuerungsplanung wurden im Bayerischen Landesamt für Denkmalpflege von Dr. Manfred Mosel bereits Anfang der achtziger Jahre entwickelt und kontinuierlich mit der von ihm aufgebauten und geleiteten Referatsgruppe Städtebauliche Denkmalpflege in Bayern umgesetzt.
7 VEREINIGUNG DER LANDESDENKMALPFLEGER IN DER BUNDESREPUBLIK DEUTSCHLAND (Hrsg.), *Denkmäler und kulturelles Erbe im ländlichen Raum*, Hannover 1988 (Stellungnahme der Arbeitsgruppe „Städtebauliche Denkmalpflege"); THOMAS GUNZELMANN, *Das Zeilendorf Reicholdsgrün im Fichtelgebirge. Historisch-geographische Ortsanalyse als Grundlage für Denkmalpflege und Dorferneuerung*, in: Wolfgang Thiem/Thomas Gunzelmann, Historische Dorfstrukturen im Fichtelgebirge, Bamberg 1991, S. 161-196; STADT STAFFELSTEIN/OBST- UND GARTENBAUVEREIN HORSDORF-LOFFELD/BAYERISCHES LANDESAMT FÜR DENKMALPFLEGE (Hrsg.), *Horsdorf – Denkmalpflegerischer Erhebungsbogen*, Horsdorf 1995; GERHARD ONGYERTH, *Denkmalpflege und Geographie. Zur Neubewertung geographischer Methoden*, in: Berichte zur deutschen Landeskunde, Heft 1, 1996, S. 122-125.
8 BAYERISCHES LANDESAMT FÜR DENKMALPFLEGE, *Entwurf für ein Leistungsverzeichnis zur Erstellung des denkmalpflegerischen Erhebungsbogens zur Dorferneuerungsplanung*.
9 Mit Beispielen und methodischen Anleitungen: RICHARD STROBEL/FELICITAS BUCH, *Ortsanalyse*, Arbeitshefte des Landesdenkmalamtes Baden-Württemberg, Bd. 1, Stuttgart 1986; MANFRED MOSEL, *Altes Dorf, neues Dorf*, in: Schriftenreihe des Deutschen Nationalkomitees für Denkmalschutz, 35, 1988; GUNZELMANN (wie Anm. 7); GERHARD ONGYERTH, *Der denkmalpflegerische Erhebungsbogen zur Dorferneuerungsplanung – Bearbeitungstechnik und methodische Anleitung*, Ms., Bayerisches Landesamt für Denkmalpflege, München (prosp. Arbeitsheft des Bayerischen Landesamtes für Denkmalpflege, Bd. 93: Denkmalpflege und Dorferneuerung).
10 Literatur und Materialien: Handbuch der naturräumlichen Gliederung Deutschlands, Werke der „vergleichenden" Landeskunde und Landeskunde, Topographischer Atlas von Bayern, Geologische Karte von Bayern 1:500000 und 1:25000 mit Begleitheft, Topographische Karte 1:25000 mit Begleitheft, neues Luftbild in Schrägaufnahme, Topographischer Atlas vom Königreich Bayern, Handbuch zu Naturwerksteinen und Bausteinen. – Methoden: Karteninterpretation, Luftbildanalyse.
11 Literatur: Historisches Ortsnamenbuch von Bayern bzw. Ortsnamentypologien, Historischer Atlas von Bayern, Geographisch-Statistische Handbücher des 18. und 19. Jahrhunderts (WILHELM VOLKERT, *Topographische Nachschlagewerke für Bayern*, in: Mitteilungen für die Archivpflege in Bayern, Sonderheft 7, München 1971), Gemeindestatistik des 19. und 20. Jahrhunderts, siedlungs- sowie lokalgeschichtliche Literatur (Landeskunden, Ortschroniken, Landkreisbuch, heimat- und ortskundliche Aufsätze), Kunsttopographie, Denkmalinventare und Denkmalliste. – Methoden: Literaturauswertung, chronologisch-topographische Ordnung der Fakten.
12 Literatur und Materialien: Uraufnahme- bzw. Extraditionspläne, aktuelle Flurkarte, Grundsteuerkataster der Gemeinde, Interpretationsanleitungen für historische Vermessungs- und Steuerunterlagen (JOSEF HEIDER, *Das bayerische Kataster. Geschichte, Inhalt und Auswertung der rentamtlichen Kataster, Lager- und Grundbücher in Bayern sowie der zugehörigen Flurkarten*, Bayerische Heimatforschung, Bd. 8, München 1954). – Methoden: Auswertung der Grundsteuerkataster (nach historischen Haus- und Hofbezeichnungen, Besitzstand, Sozialgruppe), Auswertung der Extraditionspläne (Typologie und Terminologie der Siedlungsstruktur nach MARTIN BORN, *Geographie der ländlichen Siedlungen*, Stuttgart 1977) nach der Fluranalyse, der Korrespondenzmethode, der Rückschreibungsmethode und der Flurbildanalyse (ANNELIESE KRENZLIN, *Die Aussage der Flurkarten zu den Flurformen des Mittelalters*, in: H. Beck/D. Denecke/H. Jankuhn [Hrsg.], Untersuchungen zur eisenzeitlichen und frühmittelalterlichen Flur in Mitteleuropa und ihrer Nutzung, Abh. der Akademie der Wissenschaften Göttingen, Phil.-hist. Klasse, III. Folge, Nr. 115, Göttingen 1979, S. 376-409).
13 Methoden: Übertrag Extraditionsplan – Flurkarte (Deckblattmethode), Auswertung aktueller Luftbilder.
14 Vorbereitende Literatur: Werke der Hausforschung und Volkskunde (BAYERISCHES STAATSMINISTERIUM FÜR ERNÄHRUNG, LANDWIRTSCHAFT UND FORSTEN/BAYERISCHER LANDESVEREIN FÜR HEIMATPFLEGE (Hrsg.), *Bauernhäuser in Bayern*, München 1994 ff.), Führer der bayerischen Freilicht- und Bauernhofmuseen, Fach- und Regionalliteratur (HANS FREI, *Haus, Hof und Dorf und ihre Beziehung zu den natürlichen Gegebenheiten am Beispiel von Bayerisch-Schwaben*, Regensburger Geographische Schriften, 19/20, Regensburg 1984). – Erfaßte Objekte und Raumsituationen: Gesamtansicht und „Dachlandschaft", Einfahrten, städtebauliche Dominanten, im historischen Sinne wichtige Straßenverläufe sowie Straßen- und Platzräume, im historischen Sinne bedeutende Grün- und Freiflächen, Denkmäler entsprechend der Denkmalliste, ortsbildprägende Gebäude, ortstypische historische Gestaltungselemente. – Methoden: Ortsbegehung, Kartierung, Photodokumentation.
15 Eine Übersicht hierzu findet sich in: GERHARD ONGYERTH, *Kulturlandschaft Würmtal. Modellversuch „Landschaftsmuseum" zur Erfassung und Erhaltung historischer Kulturlandschaftselemente im oberen Würmtal*, Arbeitshefte des Bayerischen Landesamtes für Denkmalpflege, Bd. 74, München 1995, S. 39-50.

16 Bayerisches Dorfentwicklungsprogramm. Dorferneuerungsrichtlinien (DorfErnR). Bekanntmachung des Bayerischen Staatsministeriums für Ernährung, Landwirtschaft und Forsten vom 9. Juni 1993 Nr. E3/B 4-7516-1500; hervorgegangen aus: Bayerisches Dorfentwicklungsprogramm. Dorferneuerungsrichtlinien (DorfErnR). Bekanntmachung des Bayerischen Staatsministeriums für Ernährung, Landwirtschaft und Forsten vom 1. Juni 1986 Nr. N3/B4 – 7516-250. – Eine Neufassung der Dorferneuerungsrichtlinien ist in Vorbereitung. Zum Umfang des Bayerischen Dorferneuerungsprogramms: BAYERISCHES STAATSMINISTERIUM FÜR LANDESENTWICKLUNG UND UMWELTFRAGEN (Hrsg.), *10. Raumordnungsbericht*, München 1990, S. 117 f. (RB-Nr. 14/04/90); JOSEF ATTENBERGER/HOLGER MAGEL, *Das bayerische Dorferneuerungsprogramm. Für die Zukunft unserer Dörfer*, Kommunalpolitischer Leitfaden, Nr. 9, München 1990; HOLGER MAGEL, *Perspektiven der ländlichen Neuordnung 2000 am Beispiel Bayern*, in: Zeitschrift für Kulturtechnik und Landentwicklung, 34, 1993, S. 111-117.

17 THOMAS GUNZELMANN, *Das neue Konzept der Dorferneuerungsschulen in Bayern*, in: Kulturlandschaft – Zeitschrift für Angewandte Historische Geographie, 2/1995, S. 81-85.

18 GEORG SIMNACHER, *Zum Beispiel Thierhaupten: Ein neuer Lernort. Die bayerischen Schulen der Dorferneuerung und Landentwicklung*, in: Eckart Frahm/Holger Magel/Klaus Schüttler (Hrsg.), Kultur – ein Entwicklungsfaktor für den ländlichen Raum, München 1994, S. 184-191.

19 GUNZELMANN (wie Anm. 17), S. 85.

20 ONGYERTH (wie Anm. 9).

21 So hat die Gemeinde Weihenzell im mittelfränkischen Landkreis Ansbach im Jahr 1993 in den Erläuterungsbericht zum Flächennutzungsplan mit Landschaftsplan zu allen 22 Siedlungseinheiten der Gemeinde Informationen aus den entsprechenden denkmalpflegerischen Erhebungsbögen nachrichtlich aufgenommen.

22 Als Beispiel für die planungsbezogene geographische Bearbeitung des historischen Teils einer Stadtbildanalyse: THOMAS GUNZELMANN unter Mitarbeit von MICHAELA HANISCH, *Stadtentwicklung und historische Stadtstruktur*, in: Stadt Würzburg, Baureferat (Hrsg.), Stadtbild Würzburg. Eine Analyse zur Stadtsanierung, Würzburg 1997, S. 16-79.

23 GERHARD ONGYERTH, *Denkmalpflegerisches Interessengebiet Knoblauchsland. Zur Planung eines „Gemeinsamen Gewerbeparks Nürnberg, Fürth, Erlangen" durch die Städte Nürnberg, Fürth, Erlangen* (unveröffentlichtes Gutachten des Bayerischen Landesamtes für Denkmalpflege), München 1991.

24 WINFRIED SCHENK/WOLFGANG THIEM, *Fachliche Stellungnahme zur denkmalpflegerischen Bedeutung des Planungsgebietes „Golfplatz" im Bereich des Rindhofes bei Maria Bildhausen* (unveröffentlichtes Gutachten im Auftrag des Bayerischen Landesamtes für Denkmalpflege), Würzburg/Bamberg 1992; GERHARD ONGYERTH, *Denkmalpflegerische Stellungnahme zum Raumordnungsverfahren „Erlebniswelt" in Hohenaschau im Chiemgau, Lkr. Rosenheim* (unveröffentlichtes Gutachten des Bayerischen Landesamtes für Denkmalpflege), München 1990.

25 Projekt Kulturlandschaftsinventarisation in der Ländlichen Entwicklung in Bayern, im Auftrag des Bereichs Zentrale Aufgaben der Bayerischen Verwaltung für Ländliche Entwicklung an der Direktion für Ländliche Entwicklung München 1995-1997.

26 GERHARD ONGYERTH, *Erholungslandschaft zwischen Würm und Isar. Vorstudie zur Erfassung denkmalpflegerischer Belange* (unveröffentlichtes Gutachten des Bayerischen Landesamtes für Denkmalpflege für den Planungsverband Äußerer Wirtschaftsraum München), München 1995; LANDSCHAFTSBÜRO PIRKL-RIEDEL-THEURER (Hrsg.), Kulturlandschaftsgeschichte des Donaurieds. Fachbeitrag zum Gesamtökologischen Gutachten Donauried, Landshut 1997 (unveröffentlichter Fachbeitrag im Auftrag des Bayerischen Landesamtes für Umweltschutz, aufgrund des Entwurfs für ein Leistungsbild zur Erfassung der historischen Kulturlandschaft Donauried im Rahmen der zusätzlichen Erhebungen in der Phase II des Bayerischen Landesamtes für Denkmalpflege vom 22. September 1995).

ABBILDUNGSNACHWEIS

BAYERISCHES LANDESAMT FÜR DENKMALPFLEGE, Luftbildarchäologie, Archiv-Nr. 7530/200; SW 6384-3, Aufnahme: Klaus Leidorf, Aufnahme-Datum 1.4.1993: *Abb. 2, Abb. 6:* Archiv-Nr. 6730/025, Aufnahme-Datum 27.3.1994, *Abb. 7:* Archiv-Nr. 6730/083, Aufnahme-Datum 27.3.1994, *Abb. 8:* Archiv-Nr. 6730/44, Aufnahme-Datum 27.3.1994; Manfred Mosel: *Abb. 4;* alle übrigen Aufnahmen vom Verfasser.

Manfred Schuller

Missachtet, Vergessen, Vernichtet ...

Historische Bautechnik und die Qualität des Details

„Die Einheit von künstlerischer Gestaltungsleistung und technischer Realisationsleistung verleiht dem Bauwerk Größe." Diese scharfsichtige Definition von Tilmann Breuer[1] gilt für eine mittelalterliche Kathedrale ebenso wie für ein Brückenbauwerk etwa von Calatrava aus der Gegenwart. Die Idee, der Entwurf allein reicht also nicht, um gute Architektur zu begründen, wie so oft behauptet.[2] Während die künstlerische Gestaltungsleistung seit jeher im Zentrum des Forschungsinteresses steht, hinkt der Kenntnisstand über die technische Realisationsleistung hoffnungslos hinterher. Zumindest, seit sich die Architekten aus der objektbezogenen Erforschung historischer Architektur im Laufe unseres Jahrhunderts zurückgezogen und dieses Feld fast ganz dem „kunst"-bezogenen Kunsthistoriker überlassen haben. Ausnahmen bestätigen wie immer die Regel.[3] Kein Wunder also, wenn unsere Kenntnis über die unabdingbar wichtige Realisierungspraxis bei einem Phänomen wie etwa der gotischen Kathedrale mit wenigen rühmlichen Ausnahmen[4] auf dem Stand etwa der Zeit des Ersten Weltkrieges stagniert. Gleiches ließe sich für die großen Bauten der Barockzeit oder des Klassizismus sagen.

Wer könnte etwa behaupten, alle Geheimnisse der Treppenhausarchitektur des Schlosses Weißenstein in Pommersfelden zu kennen? Über die Bedeutung dieses zentralen Werkes wurde viel geschrieben.[5] Doch die Konstruktion, die die Rahmenbedingung für die Umsetzung der Ideen von Bauherr und Architekten stellte, war bislang nie Thema. So existiert keine auch nur annähernd verläßliche Querschnittzeichnung durch dieses für die Architekturgeschichte so zentrale Werk.[6] Wie es dann verstehen? Die dem Besucher unsichtbaren Bereiche der mit dem Treppenhaus verbundenen Konstruktionen, wie der den Raum abschließenden Decken- und der darüberliegenden Dachkonstruktion, entziehen sich einer direkten Beurteilung. Gerade hier aber liegt der Schlüssel für die Realisierbarkeit eines solch ungewöhnlich monumental proportionierten Raumes durch den ausführenden Baumeister und damit für uns moderne Betrachter auch ein Schlüssel zum Verständnis der Gesamtarchitektur.

Bereits die aus dem Ehrenhof in steiler Untersicht kaum wahrnehmbaren riesigen Dimensionen dieses ersten großen Mansarddaches in Franken[7], das in der Fernsicht die Baukörpermassive des Schlosses entscheidend prägt, müßte größte Aufmerksamkeit erheischen. Tatsächlich verbirgt sich unter der Dachhaut ein komplett erhaltenes technisches Wunderwerk des 18. Jahrhunderts (Abb. 1), das neben dem Treppenhaus zugleich die Dimensionen des Festsaales mit einer Breite von frei gespannten 22 Metern bestimmt und beide Raumteile verklammert. Der Bezug Konstruktion zu Form ist bei beiden Räumen unlösbar, da die in der Untersicht massiv erscheinenden Gewölbe aus unmittelbar am Dachwerk befestigten Lattenkonstruktionen bestehen. Der Dachquerschnitt aus zwei übereinander angeordneten liegenden Stuhlkonstruktionen ist mit riesigen Hängewerken für die Deckenkonstruktionen kombiniert (Abb. 2 a). Die horizontale Zerrbalkenlage, die zugleich die Deckenbalkenlage des Treppenhauses und des Festsaales bildet, übernimmt die Schubkräfte aus den schrägen Sparren und den Stuhlsäulen. Die muldenförmigen Randbereiche der Gewölbespiegel wurden durch angenagelte Spanten mit Bohlendeckung erreicht. An Größe und Innovation übertrifft der Pommersfeldener Dachstuhl alle zeitgleichen Beispiele in Franken, selbst auf dem Gebiet des Kirchenbaus (Abb. 2 b, c).[8] Ohne ein Meistern der enormen technischen Probleme wären weder Treppenhaus noch Kaisersaal in ihrer künstlerischen Gestalt möglich gewesen. Dennoch, bisher hat man nie über diesen Punkt nachgedacht, in meinen Augen daher bis heute zumindest keinen vollständigen Zugang zum Verständnis dieser für das 18. Jahrhundert so wichtigen Architektur gefunden. Eine solche untrennbare Verbindung von Kunst und Technik, oder in anderen Worten Form und Konstruktion historischer Architektur herauszuarbeiten, gehört zu den Aufgaben der Bauforschung, die damit einen unmittelbaren Beitrag zur Bau- und Architekturgeschichte leistet. Am Beispiel des angeführten Treppenhauses in Pommersfelden wird dies demnächst unser Mitarbeiter Philip Caston versuchen, von dem bereits die abgebildete Querschnittzeichnung stammt.[9]

Die Vernachlässigung der Konstruktion bei der Beurteilung historischer Architektur ist ein moderner Wesenszug. Daß es durchaus ganzheitliche Ansätze nicht nur im 19. Jahrhundert gab, zeigt etwa die Monographie zur Würzburger Residenz aus dem Jahre 1923 in der klassischen interdisziplinären Arbeitsteilung von Kunsthistoriker und Architekt.[10] In einem eigenen Kapitel „Das Bautechnische" werden hier für das Architekturverständnis so wichtige Dinge wie die Dachwerke oder die Fensterfüllungen angesprochen und in Wort und Bild dokumentiert[11]. Gerade die Dokumentation der im Zweiten Weltkrieg vernichteten Dachwerke ermöglicht dem geschulten Betrachter, die Leistung Balthasar Neumanns am hochgepriesenen Treppenhaus weiter zu fassen, als dies üblicherweise geschieht. Berühmt in der Kunstgeschichte ist dort das Riesenfresko Giovanni Battista Tiepolos, berühmt in der Baugeschichte das 19 x 32,6 Meter stützenfrei gespannte, im Gegensatz zu Pommersfelden massiv ausgeführte Muldengewölbe Balthasar Neumanns, das Voraussetzung für das Gemälde war. Immer, bereits zu Lebzeiten Neumanns, wurde das von unten sichtbare Gewölbe bewundert, nie außer bei Sedlmaier/Pfister hat man sich meines Wissens aber gefragt, was sich denn über dem Gewölbe befindet. Vom Ehrenhof fällt höchstens unbewußt die Dachfläche im Spiel der Baumassen auf. Daß sich darunter eine tragende Großkonstruktion verbirgt, wird nicht bewußt, da diese ja unter der Dachhaut nicht wahrgenommen wird. Das frei gespannte Gewölbe setzt jedoch ein ebenso frei gespanntes, stützenloses Dachwerk voraus (Abb. 2d). Fast 19 Meter Spannweite sind selbst heute

Abb. 1. Pommersfelden, Schloß Weißenstein, Dachwerk über Treppenhaus und Festsaal

noch eine respektable Marke für Holzkonstruktionen, doch die eigentliche Leistung erschließt sich erst dem, der historische Dachwerke versteht.[12] Auch in Würzburg liegt wie in Pommersfelden dem Querschnitt die übliche barocke Konstruktion des liegenden Stuhls zugrunde. Anders als bei dem 30 Jahre älteren Dachwerk von Pommersfelden konnte Balthasar Neumann hier allerdings die Zugkräfte aus den geneigten Stuhlsäulen und Sparren keinen horizontal von Traufe zu Traufe durchlaufenden Zerrbalken übertragen. Sein von unten durch die Malerei Tiepolos so flach wirkendes Gewölbe ragte segmentbogenförmig weit bis zur ersten Kehlbalkenlage in den Dachstuhl hinein und verhinderte so eine Balkenlage in Höhe der Traufe. Weder konnte aus naheliegenden Gründen ein sichtbares Zugband etwa aus Eisen durch das Gewölbe hindurchgefädelt werden, noch durfte sich der Dachstuhl auf dieses absetzen. Neumann besann sich auf Lösungen aus dem Mittelalter, setzte in den Binderebenen eine Scherenkonstruktion ein, die das Dachwerk verklammerte und die Fußpunkte gegen ein Auseinanderdriften sicherte (Abb. 2d★). Die Scherenzange bestand wegen ihrer hoch angenommenen Belastung im Gegensatz zu dem sonst üblichen Nadelholz aus Eiche und war mit ebenfalls aus mittelalterlichen Konstruktionen übernommenen Hackenblättern zugfest angeschlossen. Eine zweite, steilere Scherenkonstruktion hatten die Zimmerer über Eisenschlaudern in die Mauerkrone verlängert und dort durch Quersplinte gesichert (Abb. 2c★★). Die Eisenteile müssen bereits beim Hochziehen der Traufwände eingemauert worden sein, ein Beleg dafür, wie frühzeitig und genau die Planung des Dachwerks festlag.[13] Diese zweite Schere sollte die Schubkräfte aus dem massiven Treppenhausgewölbe aufnehmen und über den Umweg durch das Dachwerk gegenseitig neutralisieren. Daß diese Gewölbesicherung über das Dachwerk, der im 18. Jahrhundert noch keine statische Berechnung zugrunde liegen konnte, eine „Angstkonstruktion", also für die Standsicherheit nicht unbedingt notwendig war, zeigte die Zerstörung des Dachwerkes am Ende des Zweiten Weltkrieges: Das Gewölbe war so solide gebaut und durch die Verwendung leichter Tuffsteine im Scheitelpunkt auf einen möglichst geringen Seitenschub hin ausgelegt, daß es nicht nur ohne die Zugsicherung aus dem Dachwerk hielt, sondern auch noch die Brandlast der herabstürzenden Holzkonstruktion aufnehmen konnte. Das berühmte Fresko entging nur deshalb dem Ruin.[14]

Abb. 2. a) Querschnitt durch das Dachwerk über Treppenhaus und Festsaal in Pommersfelden, 1715

b) Querschnitt durch das Dachwerk über dem Kaisersaal der fürstbischöflichen Residenz in Bamberg, um 1700

c) Querschnitt durch das Dachwerk von St. Martin, der ehem. Jesuitenkirche in Bamberg, 1689

d) Querschnitt durch das Dachwerk über dem Treppenhaus der Würzburger Residenz, 1739, (1945 zerstört)

e) Zum Vergleich: Dachwerk über dem Saal des Großen Rats im Dogenpalast zu Venedig, 1578 nach Brand des mittelalterlichen Vorgängerdaches

f) Wien, St. Stephan (1945 zerstört)

g) Pantheon, Rom

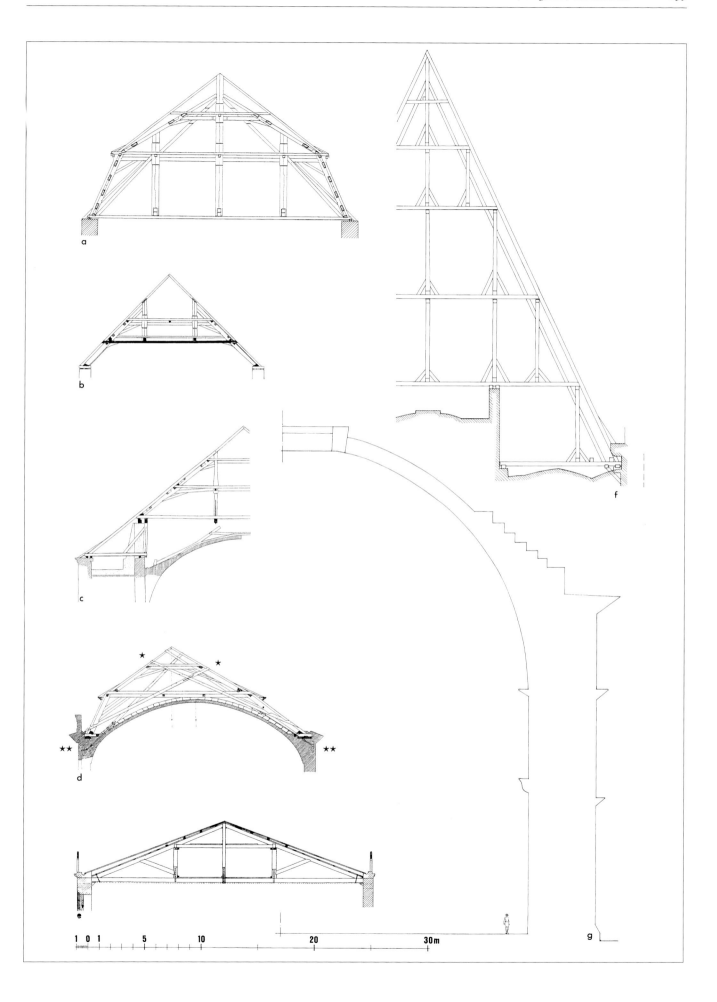

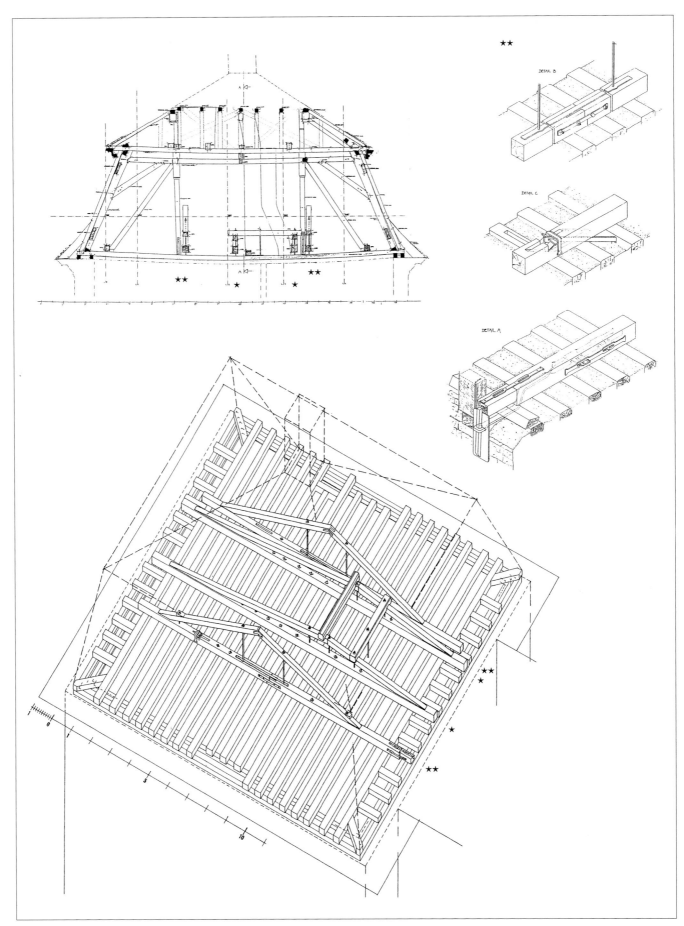

Abb. 3. Pommersfelden, Schloß Weißenstein, Dachwerk über dem südöstlichen Ehrenhofpavillon mit historischen Sicherungskonstruktionen

Die Bedeutung dieser Dachkonstruktion, die zudem aus gestalterischen Gründen im Querschnitt asymmetrisch Richtung Ehrenhof verschoben war, was erhebliche zusätzliche Probleme mit sich brachte, geht weit über das für den Laien entlegene Spezialfeld der Dachwerkforschung hinaus. Sie erhellt die Gesamtleistung des Treppenhausentwurfes. Der entwerfende Architekt war eben nicht völlig frei in seiner Inventionskraft! Ohne die Fähigkeit, eine Dachkonstruktion stützenfrei über den Treppenhausschacht zu schlagen, wäre auch das freigespannte Gewölbe nicht ausführbar gewesen. Tiepolo hätte von vorneherein keine Chance zu seinem gewaltigen Fresko erhalten.

Die Einheit Außenform und -proportion der Ehrenhoffassade, räumliche Situation des Treppenhauses, Gewölbe und Dachwerk bezeugt bei beiden fränkischen Schloßbeispielen, wie untrennbar die Verbindung von künstlerischer und technischer Planung ist. Sie belegt zugleich die hohe Qualität der Architektur und den Rang ihrer Architekten.

Ein solches Verständnis der Baukonstruktion kann nicht nur für die theoretisch orientierte Baugeschichte, sondern auch für die Praxis der Denkmalpflege interessant und wichtig sein. Wieder am Beispiel Pommersfelden zeigen dies zwei Abschlußarbeiten des Bamberger Aufbaustudiums Denkmalpflege, die sich mit den seitlichen Pavillonbauten des Schlosses beschäftigt haben.[15] Angeregt wurden die Arbeiten durch die zuständige Referentin des Bayerischen Landesamtes für Denkmalpflege, Frau Dr. Annette Faber. Die Ergebnisse bestätigen, wie fruchtbar eine solche Zusammenarbeit zwischen Universität und Landesamt sein kann. Die Ehrenhofpavillons sind von vertikalen Rissen durchzogen, die Außenfluchten der Traufgesimse bauchen bis zu 15 Zentimeter aus und die Außenwände drohen auseinanderzuklaffen. Die größten Schäden sind am südöstlichen Pavillon zu konstatieren, der bereits 1713 als erster Baukörper des Schlosses fertiggestellt worden war. Die barocke Baueile zwang zu einem ungewöhnlichen Arbeitsgang, der zu Ausführungsmängeln führte, aus denen noch heute Bauschäden resultieren. Zuerst wurden die Außenwände, die Decken und das abschließende Dachwerk errichtet und erst deutlich später die Fachwerkbinnenwände und Hauptkamine nachgezogen. Die Folge war, daß die auf eine freie Spannweite nicht berechnete Deckenbalkenlage des Daches durchhing. Bereits 1715 versuchte man nach den dendrochronologischen Ergebnissen[16], durch zwei flache Hängewerke über der Deckenbalkenlage weitere Durchbiegungen zu vermeiden (Abb. 3*). Beim Bau des spiegelbildlichen Südwestpavillons 1716 begegnete man den nun bekannten Problemen durch Konstruktionsänderungen im Deckenbereich bereits vorab.[17] Der für die fränkischen Zimmerer zu Beginn des 18. Jahrhunderts noch ungewohnte, ja unbekannte Mansarddachquerschnitt mit einem steilen Unterdach und einem extrem flachen Oberdach, noch dazu bei einem Vollwalm, führte im Laufe der Zeit in beiden Pavillons zu seitlichem Schub auf die durch die umfangreiche Durchfensterung geschwächten Außenwände und damit zu einer deutlichen horizontalen Verformung. 1798/99 wurden daraufhin im östlichen Pavillon zwei weitere, steilere Sprengwerke eingebaut, die über große, tief in das Mauerwerk eingreifende Eisenschlaudern die zunehmend auseinanderdriftenden Außenwände zusammenbinden sollten (Abb. 3**).

Im 19. und frühen 20. Jahrhundert folgten weitere Zusatzkonstruktionen, die zeigen, daß die Probleme damit noch nicht gestoppt waren. Heute besteht bereits wieder dringender Handlungsbedarf, so daß sehr wahrscheinlich auch das ausgehende 20. Jahrhundert die Reihe der Sicherungskonstruktionen fortsetzen wird.[18] Nicht allein das unabdingbare, verformungsgerechte Bauaufmaß bildet in diesem Fall die Grundlage für die Arbeit des modernen Statikers, sondern ganz entscheidend die über Bauforschung und begleitende Dendrochronologie Schritt für Schritt nachvollziehbare Baugeschichte. Erst sie ermöglicht eine genaue Analyse der Schadensursache und des Schadensverlaufes.

Zu einem anderen Thema, dem Detail: Die Fassaden der ehemals fürstbischöflichen Bamberger Neuen Residenz werden durch die Säulenordnungen in einer strengen vertikalen Staffelung dorisch, ionisch, korinthisch geprägt.[19] Während die zur Stadt auf Fernsicht ausgerichtete Fassade nur eine Sparversion mit aufgemalter Architekturgliederung erhielt, herrscht an den Residenzplatzfassaden zum Dom hin eine Werksteinarchitektur höchsten Anspruches vor. Die drei Geschosse sind scharf voneinander getrennt durch horizontale Gesimse in Form antiker Geisa. Die Höhengliederung der Pilaster unterwirft sich klar dieser Einteilung, nirgends wird die Geschoßeinteilung gesprengt. In akademisch strenger Superposition folgt auf die untere dorische Ordnung die ionische, die korinthische und am Eckpavillon die komposite. Jedes der achsial angeordneten Fenster wird von zwei Pilastern eingerahmt, so auch bei der „Dorica" der Erdgeschoßzone (Abb. 4, 5). Die glatten, mit einer deutlichen Entasis versehenen Pilasterschäfte stehen auf Basen mit einem einfachen Wulst, der in die Wandschicht zurückkröpft und als Sockelprofil das gesamte Gebäude umzieht. Das einfache Kapitell mit Halsring, viertelstabförmigem Echinus und flachem Abakus trägt den in den Pilasterachsen vorkröpfenden Architrav mit zwei Faszien. Die Regulae mit den kanonischen sechs Guttae und der Triglyphen-Metopenfries kennzeichnen die Ordnung eindeutig als „dorisch". Über dem Fries schließt ein glattes, auch über den Pilastern unverkröpftes Geison mit bekrönender Sima die Ordnung und gleichzeitig das Erdgeschoß ab. Die jeder fünften Triglyphenachse axial zugeordneten Pilaster rahmen hochrechteckige Fenster.

Die Wand wird durch den in gleicher Ebene anschließenden Wandarchitrav und den Triglyphenfries bekrönt. Das vorspringende Geison faßt abschließend Pilaster- und Wandebene in einer Flucht zusammen.

Die hochrechteckigen Fensteröffnungen in den Jochfeldern werden durch faszierte Gewände und einen ebenfalls faszierten Balkensturz eingefaßt, in dessen Mitte ein gestaffelter Keilstein selbst die darüberliegende glatte Frieszone sprengt. Neben den Laibungen stehen leicht zurückspringend, aber deutlich von der eigentlichen Wand abgesetzt, schmale Bänder, über denen dorisierende Stützvoluten die vorkragende Fensterverdachung tragen. Die gesamte Rahmenarchitektur der Fenster fußt auf einem hinter den Pilastern über die gesamte Gebäudelänge durchlaufenden schmalen Gesimsband, das im Bereich der Fenster als Brüstung vorkröpft. Unter dem Brüstungsbereich tritt eine ebenso verkröpfte „Schürze" leicht aus der Wand.

Die beschriebenen Einzelglieder sind deutlich in Zonen geschichtet und dadurch unterschiedlich bewertet: Die vorderste und wichtigste ist die der Pilaster mit dem vorkröpfenden Gebälkstück. Dahinter folgt unter dem bekrönenden Abschluß des Wandarchitravs und des Triglyphons zurückgesetzt die Wand, in die die eigenständige Fensterarchitektur als Zwischenschicht eingestellt ist.

Auf der Abbildung 5 sind diese Gliederungen gut nachzuvollziehen. Doch werden darüberhinaus die formalen Eigenschaften durch technische Details verstärkt, die unseren modernen, ungeschulten Augen in aller Regel entgehen. Die gesamte Fassadenarchitektur besteht aus Sandstein. Ein mit geringem Aufwand herzustellendes, hammergerechtes Bruchsteinmaterial bildet die verputzte Innenschale der Wand. Die Außenschale in aufwendiger, ohne Fassung steinsichtiger Werksteinarchitektur verwendet bei den Fensterpartien feinen Schilfsandstein, bei den übrigen Bereichen den gröberen Burgsandstein. Steinschnitt und Steinbearbeitung bekräftigen und untermalen dabei die formale Gestalt des gerade geschilderten Fassadenausschnittes (Abb. 4). Besonders

Abb. 4. Bamberg, Residenz, 1700-1705, Ausschnitt des dorischen Erdgeschosses der Ehrenhoffassade mit Steinschnitt

deutlich wird dies neben feinen Variationen unterschiedlicher Oberflächenbearbeitung bei dem unterschiedlichen Steinschnitt der Pilaster und der Wandflächen. Die Wand setzt sich aus etwa einheitlich hohen Quaderlagen zusammen. Die nur wenige Zentimeter vorkragenden Pilaster sind nicht in dieses scheibenartig aufgebaute Wandsystem integriert, was durch verkröpft angearbeitete Wandvorlagen an den einzelnen Wandquadern leicht und sparsam möglich gewesen wäre. Sie werden vielmehr durch technisch separat gearbeitete, großdimensionierte und damit aufwendig herzustellende Einzelglieder gebildet. Zwar waren monolithe Werkstücke über die gesamte Höhe der Pilasterschäfte anscheinend nicht verfügbar, doch sprechen zwei hohe Einzelblöcke auch so eine deutliche Sprache: Die Pilaster sind eigenständige Glieder, die der Wand übergeordnet sind. Diese recht aufwendige technische Kunstsprache unterstreicht die formale Absicht der Wandschichtung, die zusätzlich durch feine Unterschiede in der Oberflächenbearbeitung bestärkt wird.

Wie wenig Wert in der modernen Architekturforschung auf Details gelegt wird, zeigt der Kenntnisstand selbst bei hochbedeutenden Beispielen: Bramantes Tempietto bei San Pietro in Montorio zu Rom fehlt in keiner Architekturgeschichte und ist in ungezählten gelehrten Darstellungen behandelt worden. Stets war die Frage nach den Proportionen dieser kleinen Inkunabel der Baugeschichte aktuell. Doch selbst in den herausragenden Werken der neueren Architekturgeschichtsforschung fehlt eine Analyse, die sich auf eine wirklich genaue Bestandserfassung stützen könnte.[20] Noch immer sind die für ihre Zeit phantastischen Bauaufnahmen Paul Letarouillys in den „Édifices de Rome moderne" von 1857 Grundlage der meisten Arbeiten.[21] So erstaunlich genau seine Werte am Beispiel des Tempietto in den Gesamtmaßen sind, so stark idealisiert er die Darstellungen der architektonischen Einzelelemente, was noch niemandem aufgefallen ist.[22] In den Zeichnungen Letarouillys stehen, wie sich dies für einen an der Antike orientierten Bau gehört und wie dies selbst an der barocken dorischen Ordnung der trotz ihrer Größe weniger anspruchsvollen Bamberger Residenz der Fall ist, die Achsen der Säulen und Pilaster stets exakt axial unter den Regulae und den Triglyphen. Am Tempietto ist jedoch eher das Gegenteil der Fall. Hier herrscht eine geradezu chaotische Unordnung in der dorischen Ordnung (Abb. 6). Höchstens zufällig steht eine Triglyphe axial über einer Regula oder gar axial über der zugeordneten Säule. Ähnliches gilt für den Steinschnitt. Die Länge der Friesblöcke ist nicht vernünftigerweise nach Triglyphenabständen berechnet, sondern wurde anscheinend beliebig nach Steinlängen in mittelalterlicher Gewohnheit bestimmt. Nicht einmal die Architravblöcke treffen sich in einem achsbezogenen Fugenschnitt mittig über den Kapitelldeckplatten. Einem antiken Architekten wären die Friese des Tempietto ein Greuel! Überragende Entwurfsleistung und teilweise bescheidene Ausführungsqualität treffen hier besonders kraß aufeinander und lassen die verschiedensten Interpretationsspielräume zu, denen wir in unserem laufenden Forschungsprojekt zusammen mit der Bibliotheca Hertziana noch nachgehen wollen.[23] Sicher scheint allerdings schon jetzt zu sein, daß bei dieser Hochrenaissancearchitektur tatsächlich die Idee überwiegt, der „Stararchitekt" Bramante sich anscheinend reichlich wenig um

Abb. 5. Bamberg, Residenz, 1700-1705, dorische Ordnung des Erdgeschosses

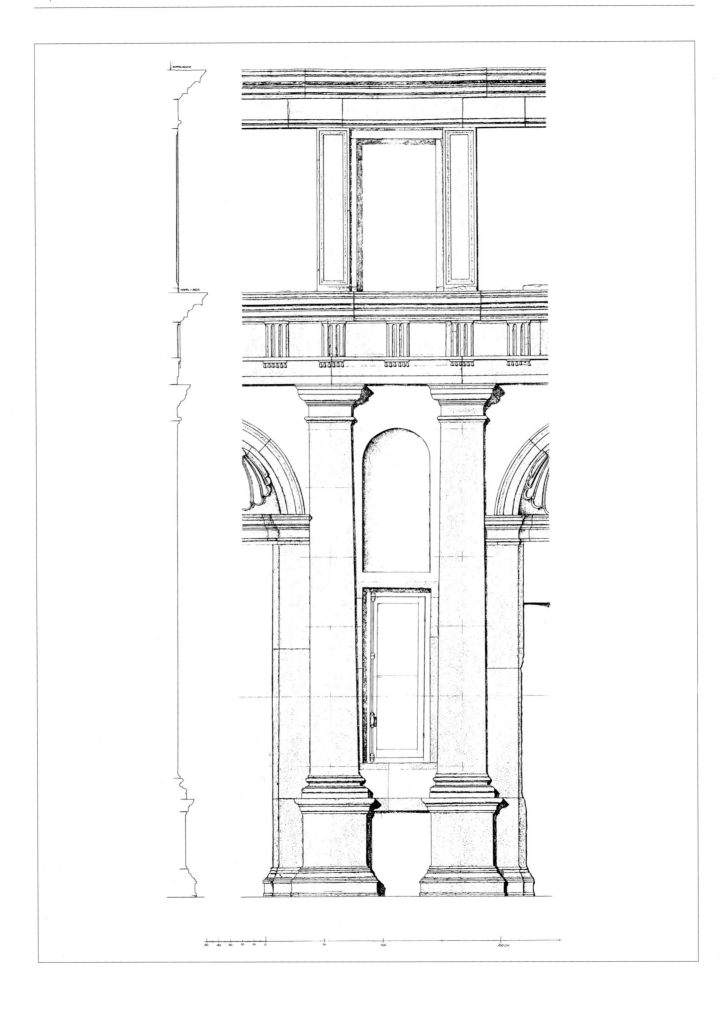

eine exakte Ausführung kümmerte, die Handwerker andererseits mit den für sie vollkommen neuen Bauformen – erstmals seit der Antike wieder „dorisch" zu bauen – auch reichlich wenig anzufangen wußten.

Kaum einem der heutigen Betrachter, selbst wenn er die die Baugeschichte über Jahrhunderte prägenden Säulenordnungen verstehen sollte, fallen solche scheinbar kleinen, im Fall der Bamberger Residenz bewußt eingesetzten Feinheiten, im Fall des Tempietto wohl unbewußten Nachlässigkeiten auf. Zunächst bedeutet ein solches „Übersehen" höchstens ein Versäumnis in der Gesamtbeurteilung der Architektur, die dadurch in einem anderen Licht erscheinen könnte. Gerade die Details, die man nicht erkannt oder die man nicht verstanden hat, stehen allerdings auch in besonderer Gefahr, bei „Sanierungen" übersehen zu werden. Dies betrifft in gleichem Maße die Holzverbindungen eines bäuerlichen Anwesens, den farbigen Putzbefund eines mittelalterlichen Bürgerhauses, wie den Steinschnitt der bischöflichen Bauten auf dem Domberg in Bamberg.

So rätselt der Laie, aber auch der moderne Architekt, dem allzu oft ohne besondere Vorbildung die Pflege historischer Bausubstanz übertragen ist, über einen merkwürdigen horizontalen Schlitz unter den monolithen Fensterbrüstungen der Bamberger Residenz. Bei den Fenstern des ersten und des zweiten Obergeschosses erscheinen solche knapp einen Zentimeter hohen Schlitze auch über den Fensterstürzen (Abb. 7). Hier sind sie noch eher verständlich. Da Natursteine zwar extrem hoch druckbelastbar sind, insbesondere schlank proportionierte Werkstücke wie eben Fensterstürze, aber auf Biegbelastungen sehr empfindlich reagieren, ließen die barocken Baumeister eine hohle Fuge zwischen der Wandschale und dem empfindlichen Sturz. Bei kleinen Setzungserscheinungen der durch flache Segmentbögen oder durch Keilsteinschnitte selbsttragend errichteten Wand über den Fensteröffnungen wurde so verhindert, daß eine Kraftübertragung stattfand und der Sturz brach. Selbst eine Mörtelfuge wäre hier gefährlich. Ähnlichen Sinn macht die Fuge unter der Fensterbrüstung. Die beiden Fensterpfosten üben einen hohen Druck auf Anfang und Ende des schlanken Werkstücks aus und leiten die Kräfte direkt in die Wandbereiche darunter. Eine Mörtelfuge unter dem gesamten Werkstück könnte zu einem unkontrollierbaren Auflager in der Mitte und damit zu Biegebelastung und Bruchgefahr führen. Leider werden solche hochentwickelten Feinheiten häufig als „Fehler" interpretiert und „folgerichtig" eliminiert, wie bei dem gleichen Detail an Baltasar Neumanns Domkapitelhaus in Sichtweite der Residenz. Obwohl selbst in der modernen VOB (Verdingungsordnung für Bauleistungen) für „der Gefahr des Brechens ausgesetzte Werksteine, wie z. B. Stürze, äußere Fensterbänke ..." noch richtig ein „hohlfugiger" Versatz vorgeschrieben ist,[24] hat man dort die offene Entlastungsfuge feinsäuberlich verfugt.

Abb. 7. Bamberg Residenz, Hohlfugen an den Werksteingewänden über Sturz und unter Brüstung

Anderen Fugen geht es im umgekehrten Sinne an den Kragen. Leider ist es auch heute noch in vielen Steinmetzbetrieben, ja selbst in Dombauhütten üblich, die Fugen der Werksteinarchitektur ungeprüft auszukratzen und neu zu verfugen. Besonders betrüblich ist es für den Bauforscher, wenn dann noch wie in Abbildung 8 an einer Herrn Petzet zur Beruhigung außerbayerischen Hütte die Fugen sogenannt „VOB-gerecht" auf eine Mindesthöhe und -breite von weit mehr als den bereits vorgeschriebenen 5 Millimeter aufgestemmt werden.[25] Dann kann man sich sicher sein, daß hier wohlüberlegte mittelalterliche Bautechnik, die ohne Probleme eine Standzeit von 500 Jahren nachgewiesen hat, nicht verstanden wurde. Die im Mittelalter mit sogenannten Preßfugen versetzten Quader erreichen nämlich im Inneren der Lager- und Stoßfugen sehr wohl die notwendige Mörtelüberdeckung, nur die Außenseite an der sichtbaren Fuge reduziert sich auf Werte von oft nur einem Millimeter und schützt dadurch den weichen Kalkmörtel in den Fugen vor Bewitterung.

Abb. 6. Rom, Bramantes „Tempietto", 1502, Ausschnitt der Innenordnung

Abb. 8. Zur „Sanierung" aufgestemmte Fuge an einer gotischen Werksteinarchitektur

Solch mikroskopische Nahsicht mag nun befremden, der Zustand von kleinteiligen Werksteinfugen wenn überhaupt, allenfalls für die Denkmalpfleger von einigem Wert, für das Verständnis eines ganzen Bauwerks aber unerheblich sein. Dennoch können solche „Nebensächlichkeiten" eine über die Detailsituation weit hinausgehende Bedeutung erlangen. 1995 war die Westfassade des Regensburger Domes im Rahmen der Gesamtreinigung der Außenflächen eingerüstet. Die Westfassade zeichnet sich durch eine äußerst komplizierte Baugeschichte aus, die mittlerweile weitgehend entschlüsselt werden konnte.[26] Zu den bereits dem Laien nach der Reinigung auf den ersten Blick auffallenden Besonderheiten zählt, daß an der Fassade zwei unterschiedliche Baumaterialien verwendet wurden: weißer Kalkstein und grüner Sandstein. Der Südturm ist dabei bis zum Ansatz des Polygons, also in seinem gesamten mittelalterlichen Bestand, aus Kalkstein errichtet. Die Kalksteinlagen ziehen sich in den unteren Schichten horizontal durch die gesamte Westfassade bis in den Nordturm hinein, brechen aber nach oben ab. Der gesamte übrige Bereich war in Grünsandstein ausgeführt und traf in einer scharf akzentuierten vertikalen Fuge auf die Kalksteinlagen des Südturms. Die merkwürdig unterschiedliche Materialwahl ist unter anderem eine Folge der Baugeschichte. Der Südturm war bereits 1380 in allen drei mittelalterlichen Geschossen errichtet. Erst nach 1380 gelang es, die Stiftskirche St. Johann abzureißen, die bis dahin den für den Mittelbereich der Westfassade und den Nordturm vorgesehenen Bauplatz blockierte.[27] Die ersten Lagen der neuen Bauphase konnten noch bis etwa 1415 mit dem härteren Kalkstein errichtet werden, bis die Steinbrüche endgültig erschöpft waren und man ausschließlich auf den weicheren Grünsandstein zurückgreifen mußte. Alle heute in weißem Kalkstein erscheinenden Oberflächen der Nordturmobergeschosse sind Ergebnis der Auswechslungsarbeiten unseres Jahrhunderts, sie bestanden vordem ebenfalls aus Grünsandstein. Nach der Reinigung von der vereinheitlichenden schwarzen Kruste 1995 treffen die grünen und die weißen Flächen für den modernen Geschmack sehr abrupt aufeinander. Von den Innenflächen des Domes wußten wir, daß vereinzelt in die vorherrschenden Kalksteinflächen eingestreute Grünsandsteine im Mittelalter weiß retuschiert waren und so das Bild des weißen, weitgehend steinsichtigen Domes nicht störten. Wie gestaltete sich die Westfassade? Dem Absolventen unseres Bamberger Aufbaustudiums Peter Dresen ist es zu verdanken, daß wir inzwischen Aussagen über diesen Punkt treffen können.[28] Bei der zeichnerischen Aufnahme der noch weitgehend von Auswechslungen verschonten Mittelzone der Westfassade stellte er fest, daß die Grünsandsteinblöcke wie üblich mit einem weißen Fugenmörtel versetzt wurden (Abb. 9). Da im Gegensatz zu den frühen Kalksteinbauphasen die Fugen der Grünsandsteinquader nicht mehr mit der Kelle vorbereitet, sondern vergossen wurden, mußten sie nachgefugt werden, sobald die Dichtmasse – üblicherweise Hanfstricke – entfernt war. Der dabei verwendete, außen sichtbare Deckmörtel war so stark mit zerriebenem Grünsandsteinmehl versetzt, daß sich die Fugenfarbe der Quaderfärbung anpaßte. Dieses Verfahren wurde bei der gesamten Grünsandsteinfläche der Westfassade einheitlich angewandt und konnte von Peter Dresen gesichert in die Erbauungszeit datiert werden. Man hatte also im 15. Jahrhundert vermieden, daß ein weißes Fugenbild die grüne Fläche durchbrach. Andererseits störte man sich nicht daran, daß die kompakte grüne Fläche abrupt an die weißen Kalksteinbereiche der älteren Bauphasen anschloß. Der für sich genommen winzige Mörtelbefund der Fugen hat also Bedeutung für das Aussehen der gesamten Fassade und zeigt, wie wichtig solche originalen Befunde für unsere Kenntnis mittelalterlicher Architektur sind.

Abb. 9. Regensburg, Dom, Westfassade, Detail der Grünsandsteinverfugung. Weißer Setz- und Fugenmörtel im Inneren, grün eingefärbter Deckmörtel gotischer Zeit nahe der Oberfläche

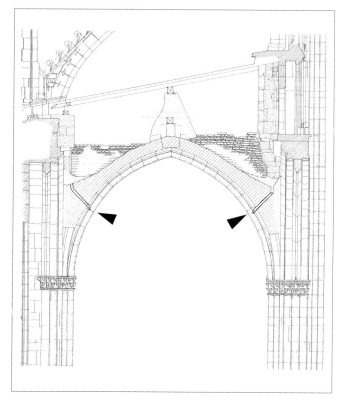

Abb. 10. Regensburg, Dom, Lage der Ziegelhalbschale im Gewölbequerschnitt

Die Unkenntnis solcher Details führt in der Praxis zu täglichen unwiederbringlichen Verlusten, die nicht nur materiell zu Buche schlagen, sondern auch unser Streben nach Wissen beschneiden. Ein zerstörter Befund ist nicht mehr zu erforschen. Ein kleiner, aber besonders unnötiger Verlust sei hier angefügt: Während der ansonsten geradezu exemplarisch behutsamen Innenrestaurierung des Regensburger Domes von 1985 bis 1989 schlug man alle unverständlich und damit „störend" aus den Gewölbetrichtern ins Dominnere hineinragenden Hohlziegel (Abb. 11) sorgfältig ab. Die Situation war ästhetisch bereinigt, ein sehr schönes und für die mittelalterlichen Gewölbe sehr bezeichnendes Baudetail vernichtet. Ein einziges Exemplar konnte gerettet werden, nachdem es gelang, den Sinn dieser „unnützen" Ziegel zu erklären. Die Kreuzrippengewölbe zeigen von oben im Bereich der Jochgrenzen tiefe Trichter, die an ihrem Grund runde Öffnungen bis ins Kircheninnere aufweisen.[29] Als Lüftungsöffnungen werden diese Löcher üblicherweise erklärt. Ursprünglich bestanden sie aus eingemauerten, durchbohrten Rundhölzern, die mit einem Holzpfropf verschlossen werden konnten. Bei der letzten Sanierung ersetzte man den Holzpfropf, der ja anscheinend die Durchlüftung verhinderte, durch hohe Metallhülsen mit einer Gitteröffnung. Der ursprüngliche Zweck war ein ganz anderer. Alle Regensburger Gewölbe aus Backsteinen sind an ihrer Oberseite mit einer sorgfältig geglätteten Mörtelschicht überzogen, die auch in die tiefen Trichter hinabreicht und dort ein kleines Becken bildet. Im tiefsten Punkt sitzen die runden Öffnungen, die von den Ziegelhalbschalen verlängert werden (Abb. 10). Bei unvermeidbarem Anfall von Feuchtigkeit unter dem Dach, sei es wegen Undichtigkeiten der Dachhaut, bei Auftauen von feinem Flugschnee oder durch Kondenswasserbildung bei starken Temparaturschwankungen in Herbst und Frühjahr, verhinderte der Mörtelüberzug ein Eindringen von Feuchtigkeit in das Gewölbe. Sich in den Trichtern sammelndes Wasser konnte durch die Löcher am Grund abfließen und über die Ziegelhalbschalen ins Kircheninnere abtropfen, ohne an den weißen Gewölbesegeln hinabzurinnen, was zwangsweise zu Verschmutzungen an unzugänglicher Stelle in großer Höhe geführt hätte. Die ungefährliche Pfütze in der Kirche nahm man in Kauf.

Moderne Unkenntnis hatte also ein kleines, aber nichtsdestoweniger interessantes Baudetail aus dem Mittelalter vernichtet, die wohlüberlegte Möglichkeit zur Wasserableitung für die Zukunft eliminiert und noch dazu unnötige Kosten verursacht.

Nur Erkenntnis kann vor solchen unbewußten Freveltaten schützen.

Für das Erkennen solch oft unbedeutend erscheinender architektonischer Details ist der Bauforscher zuständig. Leider wird allerdings in einer Welt, in der das Spektakuläre zählt, das Detail allzuoft als unwichtig, ja banal erachtet. Wer interessiert sich denn beispielsweise ernsthaft für historische Dachdeckungen außer ein paar wenigen Spezialisten und einigen Romantikern? Und doch prägen die Dächer das Bild historischer Gebäude und ganzer Städte entscheidend mit. Prägten,

Abb. 11. Regensburg, Dom, Ziegelhalbschale in einem Gewölbezwickel

muß man wohl sagen, wenn man bedenkt, wieviele Dachdeckungen ohne jegliche Überprüfung in den letzten Jahrzehnten ausgetauscht wurden. Tatsächlich geht kaum ein architekturhistorisches Lexikon auf den Bereich der Dachdeckung näher ein, die bei gotischen Bürgerhäusern immerhin bis zu 40% und bei einer Kathedrale wie dem Regensburger Dom ohne Türme fast 30% der sichtbaren Außenfläche ausmacht. Das Forschungsniveau ist erstaunlich gering.[30] Dachziegel zu datieren fällt selbst Fachleuten nach wie vor schwer. Aus eher schlechten Erfahrungen mit unseren modernen Ziegeln neigt man dazu, erhaltene Dachdeckungen eher jung einzuschätzen. Auch die Mittelalterarchäologie hat sich mit diesem Nebengebiet nur beiläufig beschäftigt, so daß man über die Entwicklung der Dachdeckungen in der Antike besser Bescheid weiß als über die des Mittelalters.[31] Entsprechend war vor kurzem die Ausgangsposition an der weit über regionale Grenzen für die Baugeschichte wichtigen Zisterzienserkirche von Salem am Bodensee. Die ehemalige Klosterkirche trägt auf ihrem über 60 Grad steilen Dach noch einen hohen Bestand an sichtlich alten Dachziegeln (Abb. 13). Dem auf dem Gebiet der Bauforschung tätigen Kunsthistoriker Ulrich Knapp ist es zu verdanken, daß diese Ziegel in ihrer Bedeutung überhaupt erkannt wurden.[32] Es handelt sich um einen erstaunlich hohen Bestand an mittelalterlichen Dachziegeln aus der Erbauungszeit der Kirche um 1300, was einer kleinen Sensation gleichkommt! Darüber hinaus hängen die Ziegel aller Wahrscheinlichkeit nach noch an den alten Dachlatten des ursprünglichen Dachwerks. Bei einer Routinemaßnahme war 1996 geplant, die Dachhaut wegen Undichtigkeitsproblemen, die an einigen Stellen auftraten, weit-

Abb. 13. Salem, ehem. Klosterkirche, Ansicht von Südwesten auf Lang- und Querhaus im Zustand Juli 1997. Mittlerweile sind die großteils gut erhaltenen, teilweise noch aus der Erbauungszeit um 1300 stammenden Dachziegel des Langhauses komplett durch moderne Nachbildungen ersetzt, die abgenommenen alten teilweise zerstört (s. Abb. 12).

Abb. 12. Salem, ehem. Klosterkirche, durch unsachgemäße Lagerung gerissene Dachziegel aus der Zeit um 1300

gehend auszutauschen. Neuziegel waren bereits in einem dem alten angeglichenen aber nicht identischen Format bestellt, das es notwendig gemacht hätte, die gesamte Dachlattung zu erneuern und damit alle historischen Ziegel abzunehmen. Immerhin hatte die Dachlattung mit ihrer scharfkantigen Nagelung bei dem für die Zeit um 1300 typischen, ohne eigene Längsaussteifung konstruierten Dach über fast 700 Jahre ohne Schäden eben die Längsaussteifung garantiert.[33] Der Nachweis des Alters der Salemer Ziegel über die technische Zusammensetzung der Glasuren und insbesondere eine gut zu datierende Inschrift vor dem Brennprozeß[34] waren der erste Schritt zu ihrer Erhaltung, die die Leitung des Denkmalamtes in Baden-Württemberg nach anfänglichem Zögern der Fachwelt zugesichert hat.[35] Bemerkenswert ist der erstaunlich gute Erhaltungszustand der meisten dieser Ziegel nach fast 700 Jahren. Die bei modernen Ziegeln unbekannte Schadensresistenz dürfte auch für die weitere Zukunft den Bestand dieses in Umfang, Alter und Qualität nördlich der Alpen einmaligen Fundes vor Ort gewährleisten. Es bleibt zu hoffen, daß bei der geplanten Sanierung auch die Einheit von unberührtem Dachwerk einschließlich der Dachlattung mit der Dachhaut respektiert wird (Abb. 12).

Der Erkenntnisprozeß eines scheinbar nebensächlichen Bauteils hat in Salem die Denkmalpflege – so steht zu hoffen – vor einem herben Verlust bewahrt[36]. Die Baugeschichte wird das Salemer Dach noch weitergehender beschäftigen. Ein Teil der erhaltenen hochmittelalterlichen Ziegel ist mit einer goldgelben Glasur überzogen. Die so behandelten Ziegel konzentrieren sich auf die südlichen Dachflächen, die auf weite und mittlere Fernsicht die Schauseite des Münsters bilden. Ulrich Knapp fragt zu Recht, ob hier nicht eine klare gestalterische Absicht dahintersteckt, nämlich eine in der Sonne golden spiegelnde Dachfläche, die weit in die Landschaft wirkt.[37] Dies gäbe der Interpretation der Zisterzienserarchitektur um 1300 einen ungeahnt neuen Aspekt, der die entgegen den ursprünglichen Idealen höchst anspruchsvolle und aufwendige Architektursprache des Ordens weiter untermalen könnte.

Selbst ein vordergründig nur technischen Belangen dienender schlichter Dachziegel kann also eine weit über seinen eigentlichen Zweck hinausgreifende Bedeutung in sich bergen, die erst nach nüchterner Analyse herauszuschälen und zu erkennen ist.

Originale Details und originale Konstruktionen sind unerläßliche Voraussetzungen für die Arbeit des Bauforschers, wobei original selbstverständlich auch, ja in der Regel, die Summe verschiedener historischer Schichten bedeutet. Deshalb kann der Bauforscher inhaltlich nichts mit den gerade in letzter Zeit wieder zum Thema geratenen Rekonstruktionen anfangen, da bei rekonstruierten Bauwerken im besten Falle die große äußere Form gewahrt bleibt, die für eine Zeit typischen Details und bautechnischen Eigenschaften aber in aller Regel durch vielleicht angepaßte, aber eben untrüglich von den historischen Lösungen unterschiedliche Lösungen ersetzt sind.[38] Jeder Wiederaufbau ist eine Leistung der eigenen Zeit, immer, sei er noch so gut und verständlich begründet, wie etwa das berühmte Beispiel des neuen Campanile von Venedig nach dem Einsturz von 1902.[39] Ein so – zu Recht – entstandenes 1:1 Modell mag zwar die äußere Form wiederauferstehen lassen, die Vielfalt der originalen Inhalte aber nicht annähernd wiedergeben. Wie könnte ein selbst auf den Millimeter maßgenau nachempfundener neuer Dachziegel den originalen Salemer Biberschwanz ersetzen? Weder technisch, noch wissenschaftlich, ja wahrscheinlich noch nicht einmal ästhetisch wäre er von einigem Wert.

Zwar ist dies den meisten Bauforschern bewußt, doch auf der anderen Seite benötigt man für Rekonstruktionen mit höherem Anspruchsniveau fast unabdingbar Ergebnisse aus dem weiteren Feld der Bauforschung. Dies gilt für die laufenden Anastylosisarbeiten am Parthenon ebenso wie für den sogenannten „archäologischen" Wiederaufbau der Dresdener Frauenkirche, ein mittelalterliches Bauernhaus im Freilandmuseum oder die Kaskade von Schloß Seehof. Ohne die Forschungsergebnisse des Spezialisten, der seinen Ehrgeiz und sein wissenschaftliches Potential einsetzt, um möglichst genau nach Indizien zwischen Baubefunden und archivalischen Quellen die historischen Zustände faßbar, das heißt in der Regel in Plänen lesbar zu machen, bleibt das als Ruine in Teilen erhaltene Bauwerk eine unbekannte Größe. Der Bauforscher kann somit zum wichtigen Komplizen oft wider Willen einer Rekonstruktion werden. Ohne seine Vorarbeiten ist bei vielen Vorhaben an eine praktische Umsetzung nicht zu denken. Auch noch so gesicherte Rekonstruktionszeichnungen sind allerdings keine Baupläne, sondern möglichst genau idealisierte Darstellungen vergangener Zustände, die immer wieder Brücken schlagen von Bekanntem zu Unbekanntem und damit vorhandene Lücken schließen. Leider, zumindest aus der Sicht des Bauforschers, werden sie aber immer wieder mit direkt in die Realität umsetzbaren Bauplänen verwechselt, da dem modernen Auge in der Regel nurmehr die flüchtig erfaßte Großform gilt. Das Detail oder gar die authentische Bautechnik werden vernachlässigt, obwohl sie in der Summe der vielen Einzelleistungen auch die Großform wesentlich mitbeeinflussen, wie wir oben an einigen Beispielen zeigen wollten. Kein Wunder, wenn dann durch den Glauben an das „Ersetzbare", jederzeit „Mach- und Wiederholbare" das Gefühl für historische Qualität endgültig verloren geht. Die Warnungen derer, die durch ihre Forschungen am engsten mit dem Bauwerk verbunden sind, verhallen leider nur allzu oft ungehört oder werden bewußt aus „höheren Beweggründen" übergangen. Enttäuschungen sind neben möglichem Schaden am Restdenkmal damit vorprogrammiert.

Wie hilflos man gerade dem historischen Detail und der Bautechnik selbst dann noch gegenübersteht, wenn man sich nach aufwendigen Voruntersuchungen für eine Rekonstruktion entschlossen hat, mag eine Nebensächlichkeit an der vor wenigen Jahren mit höchstem Aufwand und mit großem Qualitätsanspruch rekonstruierten Seehofer Kaskade verdeutlichen.[40] Abgesehen davon, daß die acht Wassersprünge auf der zweiten Zwischenebene im 18. Jahrhundert nie vorhanden waren[41], sondern moderner Wasserlust entspringen, erschrecken die Nirostadüsen moderner Wasserkunst durch ihre Massivität (Abb. 14). Wie einfach und wirkungsvoll waren dagegen doch die „billigen" Barockdüsen, die in alten Abbildungen an anderen Anlagen aus ähnlicher Zeit sehr gut überliefert sind!

Abb. 14. Schloß Seehof, Kaskade, moderne Düse der rekonstruierten Wasserspiele

Abb. 15. Schloß Seehof, Kaskade, geborgener Mittelbereich der originalen Wassertreppe in der Orangerie

Die wertvollsten Teile – neben den in situ verbliebenen Teilen der Treppenläufe und der Herkulesgruppe – der Kaskade im Schloßpark von Seehof stehen daher für den Bauforscher heute in der dortigen Orangerie. Es handelt sich um den schwerbeschädigten Mittelbereich der eigentlichen Wassertreppe, der mit viel Mühe und Sorgfalt geborgen und wieder zusammengesetzt wurde (Abb. 15). Dieses Bergen der originalen, zunächst scheinbar unattraktiven Teile gewährleistet selbst dem Laien ein Einschätzen der originalen Architektur von Ferdinand Tietz bis ins Detail der Bearbeitungsspuren. Eine solche Einschätzung ist bei der am alten, originalen Standort rekonstruierten Replik nur mit Einschränkung möglich, da trotz aller Sorgfalt die vom saloppen 18. Jahrhundert abweichenden Steinschnitte, die Fugentechnik und die Oberflächenbearbeitung unseres 20. Jahrhunderts gerade im Vergleich mit dem Original in der Orangerie nicht wiederholbar waren. Dies gilt für die mikroskopische Nahsicht. Dies gilt aber auch für die distanzierte Fernsicht aus der Vogelschau! Könnte man sich in die Lüfte erheben und das heutige gebaute Rekonstruktionsprodukt mit unserem zeichnerischen Rekonstruktionsversuch der Anlage in der Zeit um 1778, den Maren Zerbes nach meinen Angaben als Geburtstagsgabe eigens angefertigt hat (Abb. 16), vergleichen, so wäre schnell klar: die großartige Gesamtwirkung der alten Gartenanlage mit dem Herzstück der Kaskade ist bei dem realisierten 1:1 Großmodell nicht annähernd erreicht. Es fehlt die Einbindung in den ehemals so feinsinnig verwobenen Gartenzusammenhang mit den Broderieparterren und Boulingreens zu Seiten des oberen Beckens, die Integration in einen übergeordneten Zusammenhang der Wasserspiele auf den Ebenen oberhalb und unterhalb der Kaskade, die Anbindung der unteren Treppenarme an die seitlichen Berceaus mit den Nischen der verschollenen Skulpturen und und und ... Gerade die Skulpturen und mit ihnen auch entscheidende ikonographische Inhalte wie etwa das Programm der Treppenläufe (Abb. 17) sind unwiederbringlich verloren. Die rekonstruierten modernen Wasserspiele, dem Laien sicherlich eine kleine Lust, können in meinen Augen die Fehlstellen nur vordergründig übertönen.

Abb. 16. Vogelschau der südlichen Gartenachse von Schloß Seehof mit dem „Herzstück" Kaskade, Zustand etwa 1770

Mißachtet, Vergessen, Vernichtet… 171

Abb. 17. Schloß Seehof, „moderner Putto" auf den Figurensockeln der Kaskade

Diese Sichtweise gilt für den Bauforscher, dürfte aber auch dem Denkmalpfleger nicht völlig fremd sein. Für den Baugeschichtler ist die Seehofer Kaskade ein Paradebeispiel der Kombination von künstlerischer Gestaltung und technischer Realisierung. Ohne die sieben Kilometer lange Wasserleitung und den eigens durch einen Berg getriebenen Tunnel hätte das Wasser, die Seele der Anlage, im 18. Jahrhundert auf dem trockenen Seehofer Gartenterrain nicht gesprudelt. Das honorierten noch die Reisenden der Zeit um 1800[42] und das muß auch der Bauhistoriker des 20. Jahrhunderts – sei er Architekt oder Kunsthistoriker – in seine Einschätzung der Architektur mit einbeziehen.

Historische Bautechnik und die Qualität des Details gehören – dies sollten die Beispiele zeigen – ebenso unabdingbar zu den Merkmalen historischer Architektur wie die künstlerische Großform. Sie zeichnen demnach auch den Wert von Baudenkmälern aus. Das unsanierte, äußerlich sichtlich vergammelte Gärtnerhaus in der Mittelstraße 72 in Bamberg (Abb. 18) ist damit für den Bauforscher reicher und denkmalwürdiger als etwa das mit höchstem Aufwand rekonstruierte Augsburger Rathaus. Im unscheinbaren kleinen Haus in Bamberg kann man noch heute anschaulich die Lebensbedingungen der Kleingärtner im ausgehenden 15. Jahrhundert studieren.[43] Bohlenstube, Teile der Feuerstellenanlage bis hin zur Bautechnik des zu etwa 70% erhaltenen Holzgerüstes und der Wandgefache ergeben ein dichtes Bild. Das riesige Rathaus mit seinem hohen Geschichts- und ebenso hohen städtebaulichen Wert, also ein nach wie vor wichtiges Denkmal, ist im Innern auf ein Abbild des alten Glanzes mit Mitteln und Methoden des 20. Jahrhunderts reduziert. Der Bauforscher findet hier wenig Interessantes, der Baugeschichtler allerdings freut sich: Neben der Wirkung als passables Anschauungsmodell für die Zeit um 1600 verrät der Wiederaufbau des Goldenen Saales unisono mit den marmorschillernden Banktürmen der Innenstädte und den portikusbestückten Einfamilienhäusern unserer Dorfränder vieles über die Einstellung und die Sehnsüchte des ausgehenden 20. Jahrhunderts.

Baudenkmäler mit vergleichbar hoher Denkmaldichte, angefangen bei der topographischen Lage, über Gesamtform, Bautechnik bis zum Detail wie das Bamberger Gärtnerhaus, sind heute bereits selten im deutschen Sprachgebiet und zudem äußerst gefährdet. Gefährdet paradoxerweise nicht in vorderster Linie von Zerfall oder Abriß, hier haben die Denkmalschutzgesetze tatsächlich (?) Wirkung gezeigt, sondern von Sanierungen mit modernen Nutzungsanforderungen. Unser ausgehendes Jahrhundert neigt dazu, alles lösen zu müssen. Nur ein genutztes Denkmal ist ein gutes Denkmal, heißt die Devise. Das Schloß Wetzhausen in Unterfranken (Abb. 19) müßte demzufolge ein schlechtes Denkmal sein. Seit nunmehr zwei Jahrzehnten ist es ein Sorgenkind der bayerischen Denkmalpflege, das nur mit knapper Not dem drohenden Abriß Ende der siebziger Jahre entging.[44] Nach mehreren gescheiterten Anläufen ist heute keine Nutzung in Sicht. Das Schloß ist mittlerweile allerdings statisch saniert, mit neuem Dach und neuen Fenstern versehen, so daß sein Bestand bei einem Minimum an Wartung weiter gesichert ist. Im Innern birgt es trotz der hohen Verluste durch die jahrzehntelange Vernachlässigung noch eine Fülle unverdorbener Details aus unterschiedlichsten Zeiten, angefangen bei Renaissancemalereien im Rittersaal. Für den Bauforscher ist es daher ein gutes Denkmal, das nebenbei dem Aufbaustudium Denkmalpflege in Bamberg seit nunmehr zehn Jahren als Übungs- und Studienobjekt dient. Eine falsche, unüberlegte oder nur kurzfristig funktionierende Nutzung könnte für die von uns so beschworenen funktionalen und bautechnischen Details die weitgehende Zerstörung bedeuten. Wären das Schloß Wetzhausen, das Bamberger Gärtnerhaus und viele derzeit mit keiner vernünftigen Nutzung zu füllenden Denkmäler in den neuen Bundesländern nicht wert, für die nächsten Generationen mit vielleicht besseren Möglichkeiten mit wirklich geeigneter Nutzung freigehalten zu werden? Ein Wartungsvertrag könnte bei geringem Aufwand den Bestand mit allen wertvollen Eigenschaften sichern. Ein Scheitern von durch kurzfristig wirtschaftliche Interessen bestimmten Nutzungen dürfte auch finanziell teurer als ein solches Einmotten kommen. Und wer weiß, ob die mit originaler Bautechnik und originalen Details in das kommende Jahrtausend geretteten Bauten dann nicht eine besonders hohe Wertschätzung erfahren, mehr vielleicht als wie manch eine heute so glänzend dastehende Rekonstruktion?

Abb. 18. Bamberg, Gärtnerhaus in der Mittelstraße, dendrochronologisch datiert 1464-67

Mißachtet, Vergessen, Vernichtet...

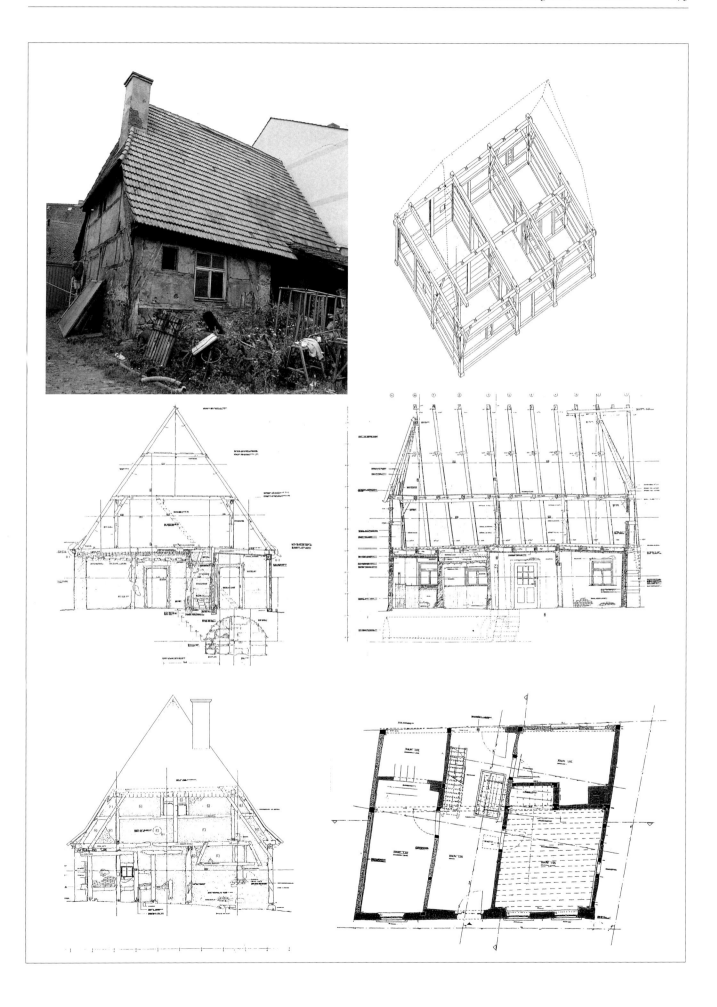

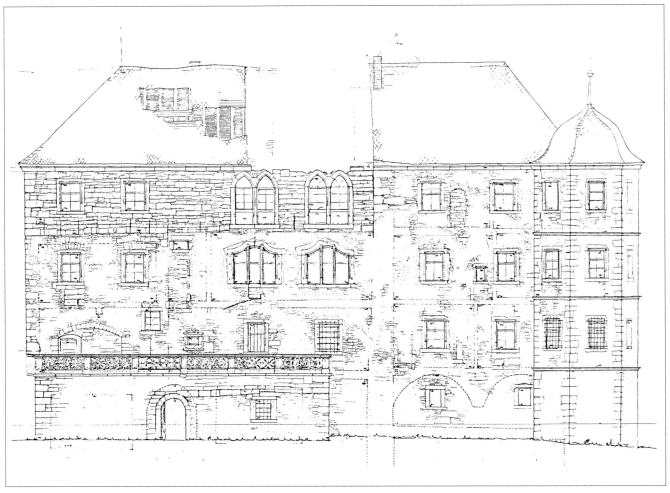

Abb. 19. Schloß Wetzhausen, Südfassade im Zustand der Bauaufnahme von 1978 mit eingefallenem Dach und bis zum Keller durchgebrochenen Geschoßdecken

Anmerkungen

1 Tilmann Breuer, *Bauforschung und Denkmalkunde*, in: architectura, 24, 1994; Das Bauwerk als Quelle, Walter Haas zum 65. Geburtstag, S. 51.

2 Besonders kraß bei Jörg Traeger, *Zehn Thesen zum Wiederaufbau zerstörter Architektur*, in: Kunstchronik, 45, 1992, S.630, wo gefolgert wird: „Die Arbeit der ausführenden Organe ist unter diesem Gesichtspunkt austauschbar und gegebenenfalls wiederholbar." Georg Mörsch hat völlig zu Recht entsprechend drastisch widersprochen, ebd. S. 636.

3 Insbesondere sind hier die Arbeiten zum Speyerer Dom zu erwähnen: Hans Erich Kubach/Walter Haas, *Der Dom zu Speyer*, München 1972.

4 Dieter Kimpel, *Die Entfaltung der gotischen Baubetriebe. Ihre sozio-ökonomischen Grundlagen und ihre ästhetisch-künstlerischen Auswirkungen*, in: Architektur des Mittelalters – Funktion und Gestalt, Weimar 1984, S. 246 f.; siehe auch: Dieter Kimpel/Robert Suckale, *Die Gotische Architektur in Frankreich 1130-1270*, München 1985.

5 Die gültigen Monographien: Heinrich Kreisel, *Das Schloß zu Pommersfelden*, München 1953 und Walter Jürgen Hofmann, *Schloß Pommersfelden – Geschichte seiner Entstehung*, Nürnberg 1968.

6 Die 1728 publizierten Schnitte im Stichwerk Salomon Kleiners dienten nur zur Darstellung der Raumform, sie enthalten keine Angaben zur Konstruktion.

7 Das doppelt geschweifte Vollwalmdach des „Vierzehnheiligenpavillons" der Bamberger Residenz aus dem Jahre 1702 ist von der Konstruktion her ein unmittelbarer Vorläufer, doch ist das Oberdach nur geringfügig flacher geneigt als das Unterdach, siehe Manfred Schuller, *Bamberger Dachwerke von 1350 bis 1800*, in: Haus Hof Landschaft, hrsg. von Kilian Kreilinger und Georg Waldemer, Hof 1994, S. 134.

8 Die größten Spannweiten historischer Dachtragwerke finden bei etwa 25 Metern ihre Grenze. Damit sind gleichzeitig die maximalen Raumweiten ohne Zwischenstützen umrissen. s. etwa die nicht mehr erhaltenen, aber überlieferten Dachwerke in Alt St. Peter und S. Paolo fuori le mura in Rom mit jeweils etwa 24,5 Metern Spannweite (siehe Friedrich Ostendorf, *Die Geschichte des Dachwerks*, Leipzig und Berlin 1908) oder das Dachwerk über der Sala del Maggior Consiglio im Dogenpalast Venedigs, das 1578 nach dem großen Brand errichtet wurde, aber bereits einen Vorgänger des 14. Jhs. mit der gleichen Spannweite von 23,5 Metern besaß (siehe Manfred Schuller, *Die mittelalterlichen Palastfassaden des Dogenpalastes*, erscheint Herbst 1998). Das Tragwerk über dem Pommersfeldener Festsaal bleibt also nur knapp unter diesen Maximalwerten und ist in Franken in dieser Dimension ohne unmittelbaren Vorläufer (Schuller [wie Anm. 7], S. 122 f.). Das riesige Dachwerk über der ehemaligen Jesuitenkirche in Bamberg mit einer Traufweite von 28 Metern stützt sich auf Wandpfeiler ab, so daß die freie Spannweite auf etwa 17 Meter reduziert ist (Schuller [wie Anm. 7], S. 131 f.; Philip S. C. Caston, *Das Dachwerk zu St. Martin*, in: 300 Jahre Jesuitenkirche/ St. Martin Bamberg 1693-1993, Bamberg 1993). Interessant wäre in diesem Zusammenhang der eventuelle Einfluß von Dachwerken aus dem kaiserlichen Wien dieser Zeit.

9 Abb. 2a. Philip Caston wird ab Sommer 1997 das konstruktive Raumgefüge des Pommersfeldener Mittelbaus mit Schwerpunkt Dachkonstruktion in Verbindung mit den weitgespannten Decken der Haupträume im Rahmen seines Postgraduiertenstipendiums am Graduiertenkolleg „Kunstwissenschaft-Bauforschung-Denkmalpflege" der Universität Bamberg und der TU Berlin untersuchen.
10 RICHARD SEDLMAIER/RUDOLF PFISTER, *Die fürstbischöfliche Residenz zu Würzburg*, München 1923.
11 Ebd., S. 63 f.
12 Zu barocken Dachwerken siehe: HANS REUTHER, *Barocke Dachwerke in Mainfranken*, in: Deutsche Kunst- und Denkmalpflege, 1, 1955, S. 44 f.; FRANZL LUDWIG, *Balthasar Neumann, Dachwerke seiner Landkirchen*, Diss. Berlin 1982; HANS-JOACHIM SACHSE, *Barocke Dachwerke, Decken und Gewölbe*, Berlin 1975.
13 Eine genaue Vorplanung unter Einbezug der Dachtragwerke bestätigen die erhaltenen Zeichnungen aus dem Baubüro Neumanns, in der die Konstruktionen teilweise minutiös aufgeführt sind (siehe die Zeichnungen aus der Sammlung Eckert/Würzburg). Besonders herausragend der von Neumanns Sohn Franz Ignaz Michael ausgeführte Konstruktionsriß für die Einheit Wölbung und Dachwerk für die Abteikirche Neresheim von 1755. Franz Ignaz wendet hier eine direkt von den Dachwerken der Würzburger Residenz abgeleitete Lösung an, die den Gewölbeschub ebenfalls über Scheren im Dachwerk abzuleiten versucht. Bekannt ist auch, daß Balthasar Neumann beste Beziehungen zu begabten Zimmerern unterhielt, was durch die Widmung des großen barocken Dachwerktraktats des JOHANN JACOB SCHÜBLER, *Nützliche Anweisung zur unentbehrlichen Zimmermannskunst* von 1731 an Balthasar Neumann bestätigt wird.
14 Wie wenig Wert in der bisherigen Forschung auf genaue Unterlagen und das Einbeziehen aller Randbedingungen zur Beurteilung historischer Zustände etwa den Wölbkonstruktionen gelegt wurde, zeigen die spärliche Literaturlage andererseits, andererseits Werke wie MAREN HOLST, *Studien zu Balthasar Neumanns Wölbformen*, Mittenwald 1981, die vollkommen abstrakt über Gewölbeformen meditieren. Erst in jüngerer Vergangenheit setzt wenigstens die Erforschung des tatsächlichen Tragverhaltens mittelalterlicher Gewölbe auf ingenieurwissenschaftlicher Basis ein. So etwa: RAINER BARTHEL, *Tragverhalten gemauerter Kreuzgewölbe*, in: Aus Forschung und Lehre, Institut für Tragkonstruktionen, Universität Karlsruhe (TH), H. 26, 1993.
15 ASTRID FISCHER/SILKE MANN/BIRGIT RÜHRNSCHOPF/UTE STEGER, *Bauuntersuchung der beiden Ehrenhofpavillons des Schlosses Weißenstein in Pommersfelden mit Vergleich der konstruktiven Probleme*, Bamberg 1996 und MATTHIAS RÖHL, *Bauuntersuchung des Dachwerks im Nordostpavillon von Schloß Weißenstein in Pommersfelden*, Bamberg 1996. Die beiden ungedruckten Prüfungsarbeiten mit umfangreichem Plan- und Textmaterial liegen im Archiv der Professur für Bauforschung und Baugeschichte an der Universität Bamberg.
16 Die dendrochronologischen Untersuchungen sind dem Dipl.-Holzwirt Thomas Eißing der Abteilung Dendrochronologie und Gefügekunde an der Professur für Bau- und Siedlungsgeschichte der Universität Bamberg zu verdanken. Ein Nebenergebnis der Holzuntersuchung war, daß es sich in aller Regel um Fichtenholz handelt. Entgegen der üblichen Meinung müssen also bereits um 1700 größere Fichtenwälder in der Umgebung bestanden haben, zumal sich an den verbauten Balken keine Flößereispuren nachweisen lassen.
17 Hier setzte man eine bewährte ältere Konstruktion, eine sogenannte „Mann an Mann"-Decke, ein, bei der Balken an Balken liegt, die untereinander mit Holznägeln horizontal verbunden sind, so daß eine einheitlich tragende Plattenscheibe entsteht. Solche extrem holzaufwendigen Konstruktionen wurden z. B. an der Deckenkonstruktion des Festsaals der Bamberger Residenz ausgeführt (siehe SCHULLER [wie Anm. 7], S. 131 f.).
18 Historische Sicherungskonstruktionen sind bisher kaum untersucht und publiziert, obwohl es sich in der Regel um hochinteressante Zeugnisse des technischen Verständnisses der jeweiligen Epoche handelt. Am Bamberger Aufbaustudium haben wir mittlerweile mit einer Sammlung solcher Konstruktionen begonnen.
19 Nach wie vor bildet HEINRICH MAYER, *Bamberger Residenzen, Eine Kunstgeschichte der Alten Hofhaltung, des Schlosses Geyerswörth, der Neuen Hofhaltung und der Neuen Residenz zu Bamberg*, München 1951, die Standardliteratur. Zur Zeit bearbeitet CHRISTIAN DÜMLER in einer Dissertation im Rahmen des Bamberger Graduiertenkollegs „Kunstwissenschaft – Bauforschung – Denkmalpflege" die Baugeschichte der Neuen Residenz.
20 Siehe OTTO H. FÖRSTER, *Bramante*, München 1956; ARNALDO BRUSCHI, *Bramante architetto*, Roma/Bari 1969; HUBERTUS GÜNTHER, *Bramantes Tempietto*, Bonn 1973 (ungedr. Diss.); FRANCO BORSI, *Bramante*, Mailand 1989;
21 PAUL-MARIE LETAROUILLY, *Édifices de Rome moderne*, Paris 1857, pl. 103-105, 322, 323.
22 Selbst in der einzigen modernen monographischen Bearbeitung des Tempietto bei GÜNTHER (wie Anm. 20) ist dies nicht bemerkt, obwohl diese leider ungedruckte Dissertation bis heute die mit Abstand beste Bearbeitung des Baus darstellt.
23 1995 konnten wir in Zusammenarbeit mit Christoph Luitpold Frommel unterstützt durch eine Sachbeihilfe der Deutschen Forschungsgemeinschaft den Tempietto genau untersuchen. An der steingerechten Bauaufnahme vor Ort im Maßstab 1:20, zu der der Tempietto eigens eingerüstet werden konnte, waren die in unserem Aufbaustudium ausgebildeten Architekten Katarina Papajanni und Tillman Kohnert unterstützt zeitweise durch Sabine Gress und den Praktikanten Michael Hässler vor Ort tätig. Das interdisziplinär zwischen Kunstgeschichte und Bauforschung angelegte Projekt soll als Pilotprojekt auf dem Gebiet der Renaissanceforschung 1997 weiter ausgeführt werden und in der Schriftenreihe der Bibliotheca Hertziana publiziert werden.
24 VOB 1973, DIN 18 332 § 3.2.
25 VOB 1973, DIN 18 322 § 3.6.1.
26 Zuletzt eine erste Zusammenfassung des großen interdisziplinären Forschungsprojektes über den Regensburger Dom an der Universität Bamberg, das insbesondere durch die DFG und das Bayerische Landesamt für Denkmalpflege unterstützt wurde: ACHIM HUBEL/MANFRED SCHULLER, *Der Dom zu Regensburg*, Regensburg 1995. Die neuen Ergebnisse an der Westfassade sind hier noch nicht berücksichtigt. Die Endpublikation in mehreren Bänden ist derzeit in Bearbeitung. Sie soll in der Reihe der Bayerischen Kunstdenkmälerinventare erscheinen.
27 Wie heute galt im Mittelalter: Großbauvorhaben verteuern unabdingbar notwendigen Baugrund!
28 PETER DRESEN, *Bauforschung an Teilen der Westfassade des Regensburger Doms*, Bamberg 1995, ungedr. Abschlußarbeit Universität Bamberg.
29 Siehe hierzu: MANFRED SCHULLER, *Zu den Gewölben des Regensburger Domes*, in: Wölbkonstruktionen der Gotik 1, Konzepte Sonderforschungsbereich 230 „Natürliche Konstruktionen", H. 28, Stuttgart 1990, S. 69 f.
30 Am ausführlichsten mit immerhin 15 Spalten abgehandelt im *Reallexikon zur Deutschen Kunstgeschichte*, Bd. III, Stuttgart 1954, Sp. 944 f. (Bearbeitet von Hans Vogts). Dort ist die Ziegeldeckung aber nur mit vier Halbspalten vertreten ohne Hinweise auf eine Datierung. Selbst die sonst so ausführlichen Handbücher der Architektur aus der Zeit um die Jahrhundertwende bleiben hier relativ sparsam. Zwar gibt es einen eigenen Band über Dachdeckungen (HUGO KOCH, *Handbuch der Architektur*, Bde. III, II 5, Stuttgart 1899), doch wird nur der technische Bereich ohne historische Ableitung behandelt. In den bauhistorischen Bänden dieses Handbuchs werden die Dachdeckungen nur im Bereich des Wohnbaus ausführlich auf 11 Seiten gewürdigt (OTTO STIEHL, *Die romanische und die gotische Baukunst. Der Wohnbau des Mittelalters*, in: Handbuch der Architektur, Bde II, IV 2, Leipzig 1908, S. 291 f.). Natürlich auch bei VIOLLET LE DUC, *Dictionnaire Raisonné de l'architecture Française du XI au XVI siècle*, Paris 1858-1868, unter den Stichworten: ardoise, bardeau, dallage, tuile. Eine rühmliche Ausnahme bilden die regelmäßig erscheinenden Publikationen des Schweizer Ziegeleimuseums, *Mitteilungen der Stiftung Ziegelei-Museum*.
31 Siehe hierzu z.B. AENNE OHNESORG, *Inselionische Marmordächer*, Berlin/New York 1993.
32 ULRICH KNAPP, *Brennprozesse entscheiden über Qualität*, in: Zeitschrift des Deutschen Dachdeckerhandwerks, 19, 1996, S. 14 f.; DERS., *Dachziegel – (k)ein Fall für die Kunstgeschichte? Die „goldenen" Dächer von Salem und Konstanz*, in: Kunstchronik, 49, 1996, S. 513 f.
33 In diesem Zusammenhang erstaunt die Stellungnahme des Landesdenkmalamtes Baden-Württemberg zu den geplanten Sanierungsar-

beiten am Salemer Münster in: Kunstchronik, 49, 1996, S. 525 f., wo es heißt: „ ... die falsch und unzureichend konstruierte Längsaussteifung des Hauptdaches – eine Hilfskonstruktion des 19. Jhs. – wird durch eine denkmalgerechte und statisch angemessene Längsaussteifung ersetzt." Die bisherige Längsaussteifung über die Dachlatten hat ihre Sicherheit über die lange Standzeit nachgewiesen, so daß ein Eingriff in dieses Gleichgewicht als äußerst problematisch anzusehen wäre.

34 KNAPP (wie Anm. 32), S. 518 f.

35 Nach Bekanntwerden der geplanten Arbeiten haben sich eine ganze Reihe von Fachkollegen besorgt an das Landesdenkmalamt gewandt. In den Antwortschreiben des Amtes wurde ein „denkmalgerechter" und behutsamer Umgang mit der originalen Dachhaut versichert.

36 Erst nach der Drucklegung dieses Beitrages wurde mir bekannt, daß in Salem trotz aller – auch schriftlich fixierter – Beteuerungen und Zusicherungen das Langhausdach vollständig abgedeckt und die großflächig erhaltene mittelalterliche Dachdeckung durch eine Neudeckung ersetzt wurde (s. Abb. 12). Ein erheblicher Prozentsatz der unbeschädigten Altziegel ging dabei durch unsachgemäße Lagerung zu Bruch.

37 KNAPP (wie Anm. 32), S. 519.

38 Eine Ausnahme in der Theorie bilden allenfalls antike Quaderbauten ohne Mörtel und Innenputze, die tatsächlich wie Bausteine eines Baukastens wieder zusammensetzbar sind. Aber auch hier ergeben sich durch Beschädigungen und Fehlstellen in der Praxis zumeist unüberwindbare Hindernisse. S. hierzu GOTTFRIED GRUBEN, *Tempel und Touristen. Über Anastilose und Rekonstruktionen,* in: Kunstchronik, 50, 1997, S. 657 f.

39 Dies gilt selbstverständlich auch für den so leidenschaftlich umstrittenen Wiederaufbau der Dresdener Frauenkirche. Es hilft auch nicht, wenn so renommierte Fachleute wie der Statiker FRITZ WENZEL ihre positive Einstellung zum Wiederaufbau damit begründen wollen, daß „ ... nicht nur ein bedeutendes Werk der Architektur, sondern auch der Ingenieurbaukunst des Dresdener Barock wieder aufgebaut" wird *(Der Wiederaufbau der Frauenkirche zu Dresden,* in: Gemauerte Kuppelbauten und der Wiederaufbau der Frauenkirche, Wissenschaftliche Zeitschrift der TU Dresden, 45, 1996, S.48 f.). Das feinfühlig aussondierte Projekt des führenden Denkmalstatikers Wenzels in einer dem 18. Jahrhundert angenäherten Lastabtragung belegt gerade durch die raffinierten statischen Abänderungen den hohen statischen Wissensstand des ausgehenden 20. Jahrhunderts und ist damit ein auch qualitativ hervorragendes Beispiel der Ingenieurbaukunst des 20. und nicht der des 18. Jahrhunderts.

40 Voruntersuchungen angeregt und begonnen durch GERT MADER, weitergeführt durch den Verfasser: MANFRED SCHULLER, *Die Kaskade von Seehof, Bauforschung und Dokumentation,* Arbeitshefte des Bayerischen Landesamtes für Denkmalpflege, Bd. 29, München 1986; die Entscheidung zur Rekonstruktion der Anlage einschließlich funktionierender Wasserspiele fiel ausschließlich in der Leitung des Landesamtes (siehe MICHAEL PETZET, *Die Kaskade von Seehof – zur Restaurierung eines Hauptwerks von Ferdinand Dietz,* in: Aufsätze zur Kunstgeschichte – Festschrift für Hermann Bauer zum 60. Geburtstag, hrsg. von Karl Möseneder und Andreas Prater, Hildesheim/Zürich/New York 1991, S.257 f. und DERS., *Die Restaurierung der Kaskade im Park von Schloß Seehof bei Bamberg,* in: Denkmalpflege Informationen des Bayerischen Landesamtes für Denkmalpflege, 102, 1995, S. 2 f.). Die sorgfältige technische und handwerkliche Durchführung dieser sich über Jahre hinziehenden Rekonstruktion führte die Bamberger Firma Monolith unter der Leitung von Dipl. Ing. Karl Schöppner unter der technischen Aufsicht des Bamberger Landbauamtes durch. Höchste Priorität wurde der Schonung der originalen Substanz eingeräumt, so blieben z. B. die Treppenläufe bis in die alten Fundamente hinein erhalten.

41 SCHULLER (wie Anm. 40), S. 66 f. und S. 105, die originalen Wasserspiele dieser Zwischenebene sind mit hoher Wahrscheinlichkeit durch Reisebeschreibungen mit Skizzen des ausgehenden 18. Jahrhunderts nachgewiesen („... Aus zwei Löchern kam das Wasser in Gestalt eines zusammenhängenden runden, kristallenen Bechers von dieser Form hervor -Skizze-; von Kugeln strömte es in Gestalt einer Hemisphäre herab, auf diese Art -Skizze"). Wassersprünge in der massiven Form der heutigen Rekonstruktion wären auch in den erhaltenen Gartenplänen des 18. Jahrhunderts und in dem Schnitt durch das Gartengelände von Johann Michael Fischer verzeichnet gewesen (ebd., S.42 f.).

42 Ebd., S. 104.

43 FRIEDERIKE BURKERT/DOERTE FRIESE/PETRA HÜTTINGER, *Das Bamberger Gärtnerhaus mit besonderer Berücksichtigung der Gebäude Tocklergasse 1 und Mittelstraße 72,* ungedr. Abschlußarbeit des Aufbaustudiums Denkmalpflege 1996.

44 Es ist dem persönlichen Anstoß des Generalkonservators und dem darauf erfolgten Einsatz des mittlerweile verstorbenen Crafft Truchseß von Wetzhausen zu verdanken, daß das Schloß nicht das Schicksal des wenige Kilometer entfernten Schlosses von Schweinshaupten teilte, das Ende der 60er Jahre kurzerhand gesprengt wurde, da es leer und zudem einer Straßenbegradigung im Wege stand. Am Schloß Wetzhausen machte der Verfasser als Architekturstudent seine ersten praktischen Erfahrungen in der Bauforschung und kam erstmals mit dem Bayerischen Landesamt für Denkmalpflege, mit Gert Mader, dem damaligen Gebietsreferenten, in Kontakt. Wie sich die Zeiten ändern, zeigt sich am Beispiel Schweinshaupten, wo 1997 an ungefährer, weil nicht mehr exakt bekannter Position des gesprengten Schlosses ein „Schloßdenkmal" aus einigen zusammengelesenen „Originalquadern" unter reger Anteilnahme der Bevölkerung eingeweiht wurde.

ABBILDUNGSNACHWEIS

UWE GAASCH: *Abb. 1, 15;* PHILIP CASTON: *Abb. 2 a, b;* MAREN ZERBES: *Abb. 16* (nach Vorlagen SCHULLER); *Abb.2 d* nach Sedlmaier/Pfister (s. Anm. 10); *Abb. 3* nach: ASTRID FISCHER, SILKE MANN, BIRGIT RÜHRNSCHOPF, UTE STEGER (s. Anm. 15); alle anderen Abb.: BAUFORSCHUNG UND BAUGESCHICHTE DER UNIVERSITÄT BAMBERG (Kristian Kaffenberger): *Abb. 6,* (Jutta Etzel/Ulrich Petzold): *Abb. 5*

Bernhard Bach

Kirchliches Bauen und Denkmalpflege
Zur Geschichte von 50 Jahren Evangelischer Kirchbautagungen

Kirchliches Bauen hat es sowohl mit der Schaffung neuer Bauwerke als auch mit der Bewahrung und Erhaltung alter Gebäude zu tun. Insoweit unterscheidet sich Kirche von Bauherren anderer Art, als sie als Auftraggeberin in einer Traditionsreihe der Architektur- und Baugeschichte steht. Kirchliches Bauen weist aber zwei Besonderheiten auf: Einmal entstanden und entstehen Bauwerke an vielen, je verschiedenen Orten und in unterschiedlichen Situationen, zum anderen sind die Gebäude für eine Vielzahl von Nutzern, aber für den jeweils gleichen Nutzungszweck bestimmt, und beide Besonderheiten gelten in gleicher Weise für Neubauten als auch für vorhandene Gebäude.

Die Aufgaben kirchlichen Bauens beinhalten eine besondere Verantwortung. Kirchliches Bauen geschieht in der Öffentlichkeit für die Öffentlichkeit. Kirchlicher Auftrag ist öffentliche Wortverkündigung und Sakramentsverwaltung. Um der Verantwortung der kirchlichen Bauaufgaben gerecht zu werden, haben sich Pfarrer und Architekten, Laien und Vertreter aus Kirchenbauämtern zusammengetan, um die Aufgaben, Fragen und Probleme kirchlichen Bauens zu bedenken, über Planungen Erfahrungen auszutauschen, spezielle Themen zu behandeln, neue Lösungen aufzuzeigen und sich mit den überkommenen Bauwerken auseinanderzusetzen.

Die Lebendigkeit dieser Auseinandersetzung, das Ringen nach überzeugenden Lösungen von architektonischen Aufgaben, sowohl bei der Erstellung neuer als auch bei der Renovierung alter, unter Denkmalschutz stehender Bauten, zeichnet die Evangelischen Kirchbautage aus.

Unmittelbar nach dem Zweiten Weltkrieg begannen die Evangelischen Kirchbautagungen in Hannover (1946) aus dem Entschluß, auf „die brennenden Nöte einer erbarmungslos zerschlagenen Stadt, von deren 37 evangelischen Kirchen 13 völlig zerstört und nicht eine einzige unbeschädigt war"¹, zu reagieren. Zunächst ging es um die Trümmerbeseitigung, das Herrichten von Notunterkünften für den Gottesdienst und die Neuplanung der zerstörten Orte und Städte. Der nächste Kirchbautag in Bielefeld (1947) befaßte sich dann speziell mit dem Programm der Notkirchen von Otto Bartning, die Geschichte gemacht haben. Von den 48 Bartningschen Notkirchen stehen die verbliebenen Ausführungen unter Denkmalschutz. Aber bereits auf dem Kirchbautag 1948 in Berlin erschienen neben dem Thema: „Stadtplanung und Kirchbauplanung" auch spezifisch kirchliche, ja kultisch-liturgische Themen wie „das theologische Problem des kultischen Raumes", „die Forderungen der liturgischen Erweckungsbewegung an den Kirchenbau" oder ein praktisch gemeindlich-gottesdienstliches Thema wie „die Stellung von Altar, Kanzel, Taufe und Orgel im Kirchenbau".

Doch die Probleme des Wiederaufbaus in der Nachkriegszeit waren die beherrschenden Themen der ersten Kirchbautagungen in Hannover (1946), in Bielefeld (1947) und Berlin (1948). Nach der Währungsreform kam der Kirchbautag in Lübeck (1949) zu einer spontanen Gründung und Festschreibung. Am Ende der Lübecker Tagung über „Kirchenbau in der Gegenwart" und „Wiederherstellung zerstörter Kirchenbauten" wurde auf Vorschlag von Professor D. Otto Bartning der Evangelische Kirchbautag offiziell begründet. Der Lübecker Kirchbautag eröffnete mit seiner doppelten Themenstellung nicht nur eine breite Diskussion gemäß einem aktuellen Bedürfnis, sondern bewies mit der Behandlung des Denkmalthemas „Sicherung und Wiederherstellung kirchlicher Baudenkmale" aus der Sicht des Hannoveraner Landeskonservators Professor Deckert, daß die Problemstellung nicht nur in kirchlich-theologischer, sondern gerade auch in architektonisch-denkmalpflegerischer Sicht ausgelotet werden mußte.² Dabei sprach er zu den Theologen aus der Sicht aktueller Denkmalpflege davon, daß sie nicht daran denke, das Alte zu erhalten und zu pflegen, weil es alt ist, auch wenn er sich des verwickelten Zusammenhangs zwischen dem Alter eines Bauwerks und seinem Denkmalwert sehr wohl bewußt war. Vielmehr schütze nicht das Alter die Denkmalpflege, sondern die Werte, und zwar nicht die Werte von gestern, sondern all das, was uns heute wertvoll ist und von dem wir wissen, daß es auch noch unseren Kindern und Enkeln unentbehrlich ist.³ Diese zu Beginn der Zeit der Neubauten und des Wiederaufbaus programmatisch gesprochenen Worte zeugen von einem Ethos der Denkmalpfleger, die eine kongeniale Ergänzung zum Anspruch und zum Bemühen der Kirchbauarchitekten darstellen.

In der Folgezeit konstituierten sich die Kirchbautagungen. Dabei wurden gerade auch die denkmalpflegerischen Probleme mitbedacht. So wurden die Fragen des Wiederaufbaus der denkmalwerten Kirchen besonders auf dem Kirchbautag in Köln 1953 behandelt. Dort spielte die „Restauration als geistiges Problem" ebenso eine Rolle wie die „Wiederherstellung oder Erneuerung zerstörter Kirchen". Die Sicht auf die Bewältigung der aktuellen Aufgaben verstellte aber nicht den Blick auf die Zukunftsperspektive. So beschäftigte sich der Kirchbautag in Rummelsberg bei Nürnberg 1951 angesichts der zahllosen neuen Kirchenbauten auch mit der Warnung vor dem Geist der Konjunktur und der Mahnung zur Mäßigung im Tempo des Wiederaufbaus. Dies mündete ein in den Hinweis: „Was wirklich wachsen soll, braucht Zeit".

Ergebnis des Innehaltens und der Besinnung waren die vom Arbeitsausschuß des Evangelischen Kirchbautages erarbeiteten „Grundsätze für die Gestaltung des gottesdienstlichen Raumes der evangelischen Kirchen". Diese Grundsätze stehen übrigens in der Tradition der Kirchbaurichtlinien – oder Grundsätze –, wie sie im vorigen Jahrhundert begonnen wurden. So fanden im 19. Jahrhundert die Bemühungen um die rechte Gottesdienstform und den rechten Gottesdienstraum Ausdruck auf der „Eisenacher Konferenz deutscher evangelischer Kirchenregierungen" im sogenannten Eisenacher Regulativ aus dem Jahre 1861. Es beinhaltet das Festhalten an der Kreuzgestalt des Grundrisses und forderte den Anschluß an die geschichtlichen Baustile.

Eine Generation später erfolgte als Gegenstück zu diesen, inzwischen als restaurativ aufgefaßten Grundsätzen das sogenannte Wiesbadener Programm von 1891. Danach sollte die Kirche im allgemeinen das Gepräge eines Versammlungshauses der feiernden Gemeinde, nicht dasjenige eines Gotteshauses im katholischen Sinn an sich haben. Nach dem Ersten Weltkrieg wurden dem evangelischen Kirchenbau durch die Architekten Otto Schönhagen, Otto Bartning, Gerhard Langmaack und German Bestelmeyer neue Impulse verliehen, etwa durch Otto Bartnings Schrift „Vom neuen Kirchbau" von 1919.

Während sich der Kirchbautag in Rummelsberg schwerpunktmäßig noch mit dem „Kirchenbau der letzten 30 Jahre nach seinen geistlichen und architektonischen Grundlagen" beschäftigt hatte, ging es auf dem Kölner Kirchbautag 1953 um den „Wiederaufbau oder schöpferische Neugestaltung zerstörter Kirchen". „Denkmalpflege im kirchlichen Raum" prägte den Erfurter Kirchbautag 1954. Es stand die Lage des Kirchenbaus in der DDR im Mittelpunkt, dabei besonders die Wiederherstellung der zerstörten denkmalwerten Kirchen in der DDR. Gerade die Ausführungen des Landeskonservators Schubert aus Halle zeigten eindrücklich auf, wie die staatliche Denkmalpflege mit den kostbaren kirchlichen Denkmalobjekten in politisch wie wirtschaftlich schwieriger Zeit umging. Die Aufeinanderfolge der Kölner und der Erfurter Kirchbautagung mit dem Generalthema des Wiederaufbaus denkmalwerter Kirchen umfaßte in den frühen fünfziger Jahren eine gesamtdeutsche Behandlung dieser Problematik, die übrigens von den Teilnehmern auch immer gesamtdeutsch empfunden wurde.

Mit dem Karlsruher Kirchbautag 1956 kam ein neuer Schwerpunkt innerhalb des kirchlichen Bauens und der kirchlichen Denkmalpflege zum Tragen, den man mit den Worten Kunst und Kirche zusammenfassen kann. Schließlich heißt die inzwischen ökumenische Zeitschrift für Architektur und Kunst, die evangelischerseits vom Arbeitsausschuß des evangelischen Kirchbautages mit herausgegeben wird, „Kunst und Kirche". In Karlsruhe wurden die kirchlichen Themen und künstlerischen Fragen des Kirchenraums behandelt unter dem Gesichtspunkt des Altarraums im neuen Kirchenbau oder der Zuordnung von Taufe, Kanzel und Altar im gottesdienstlichen Raum. Neben der mehr architektonisch-denkmalpflegerischen Thematik kam „Das theologische Problem des Bildes, des Zeichens, des Symbols und der Allegorie" zur Sprache oder „Die altchristlichen Symbole, ihre Eigenart und ihre Bedeutung für die Gegenwart", „Die Bilderfrage in der Geschichte und Theologie der reformierten Kirche" oder die „Verwendung von Bild, Zeichen und Symbol im Kirchenraum". Mit der „Ausgestaltung des Kirchenraumes als gemeinsame Aufgabe für Architekt, Künstler und Gemeinde" wurde das fächerübergreifende Zusammenwirken hervorgehoben, das kirchliches Bauen und kirchliche Denkmalpflege bestimmt.

Der Berliner (1957) und der Stuttgarter (1959) Kirchbautag beschäftigten sich dann mit den Problemen der zu Ende gehenden Nachkriegszeit und der Situation des Wiederaufbaus und des sich abzeichnenden Wirtschaftswunders. „Der Kirchenbau in der Stadt der Zukunft", so das Thema der Berliner Tagung, handelte nicht mehr nur „Vom neuen Kirchenbau", einem Vermächtnis von Otto Bartning, und vom „Kirchenbau in der Stadt der Zukunft", sondern es wurden auch die Gesellschaft und die Gemeinde in den Blickpunkt genommen. In Stuttgart wurde das Thema noch mehr verdichtet auf die „Planung der Wohnstadt" oder „Kirchliches Bauen in der Wohnstadt".

Die sechziger Jahre setzten neue Akzente mit den Kirchbautagungen. In Hamburg 1961 lenkte man mit dem Thema „Kirchenbau und Ökumene" den Blick über die konfessionelle Grenze. Dieses beinhaltete über die konfessionelle Engführung hinweg die „geistige und geistliche Auseinandersetzung mit den Fragen des christlichen Kirchenbaues innerhalb der Kunst, der Theologie und innerhalb architektonisch/theologischer Aussagekraft". Daneben wurden aber auch die Leistungen des Kirchenbaues in der DDR gewürdigt durch „die Wiederherstellung der großen denkmalswerten Kirchen als eines wesentlichen Bestandteils des ‚nationalen Kulturerbes', insbesondere als Leistung der staatlichen Denkmalpflege"[4]. Die Ökumene wurde vorgestellt am Kirchenbau in Amerika, England, Holland, dem Kirchenbau in den jungen Kirchen und auf den Missionsfeldern sowie dem Kirchenbau im Heiligen Land.

Der Kirchbautag in Essen 1963 nahm das Stuttgarter Thema in abgewandelter Form auf, indem er den „Kirchenbau in der Zivilisationslandschaft" thematisierte. Dabei war mit einem Schwerpunktthema wieder ein Denkmalschützer, Landeskonservator Professor Rudolf Wesenberg, vertreten, der „Sinn und Aufgaben kirchlicher Denkmalpflege in der Industrielandschaft" grundsätzlich und in Beispielen einbrachte. Dabei konnte er feststellen, daß „das Festhalten an alten, überkommenen Mittelpunkten ... sicher nicht nur ein denkmalpflegerisches, sondern auch ein kirchliches Anliegen" wäre. Im Blick auf die Zivilisationslandschaft im Industriegebiet von Rhein und Ruhr faßte er die Spannung des Denkmalschutzes in die (nach wie vor aktuellen) Sätze zusammen:

> Es geht nicht an, eine ganze Kulturlandschaft ohne entsprechende finanzielle Sicherungen durch Maßnahmen zu gefährden, für deren Durchführung es in der ganzen Welt noch keine Erfahrungswerte gibt, und die sich daher durchaus noch im Stadium des Experiments befinden. Die Denkmalpflege würde ihren Sinn verlieren, wenn sie sich nicht zum Anwalt jener gefährdeten Bau- und Kunstdenkmäler machte, sie würde aber auch ihre Glaubwürdigkeit einbüßen, wenn sie etwa versuchen wollte, unabwendbare und notwendige Entwicklungen mit alle Tatsachen negierenden Argumenten aufzuhalten.[5]

Die Auffassung des Denkmalpflegers kommt deshalb so ausführlich zu Wort, weil es sich nicht nur um eine Kulturlandschaft handelt, die vom Strukturwandel mit Blick auf die Denkmäler besonders betroffen ist, sondern auch inhaltlich wegen der Abgewogenheit und des Einsatzes für das zum Schutz anbefohlene Kunst- und Kulturgut, das die Äußerungen vom Ethos her in die Nähe zu kirchlichen Auffassungen rückt.

Eine Schnittstelle zwischen alt und neu brachte die Kirchbautagung in Hannover 1966 mit dem Thema „Tradition und Aufbruch im evangelischen Kirchenbau". In dieser Tagung kam in besonderer Weise zum Ausdruck, was die Evangelischen Kirchbautagungen von Anfang an mitbestimmt: nämlich die Wiederbegegnung zwischen Kirche und Architektur, zwischen Kirche und bildender Kunst.

So nimmt es denn auch nicht Wunder, daß zum Generalthema der Tagung der Hannoversche Landesbischof Hanns Lilje das Grundsatzreferat hielt. Aber auch die Frage „nach einem gemeinsamen Typus des evangelischen Kirchenbaus" oder „Die reformatorische Konstante im evangelischen Kirchenbau" waren ebenso Thema wie „Die evangelischen Klöster Niedersachsens" (vorgetragen vom Landeskonservator Niedersachsens) oder „Möglichkeiten und Grenzen des christlichen Bildes im 20. Jahrhundert". Mit diesen Themen sollte auf neue Konstellationen eingegangen werden in einer „Neubesinnung darauf, wie wir den uns aus der Geschichte überkommenen Auftrag des Kirchenbaus unter den gewandelten Zeichen einer anders gewordenen Zeit gerecht werden können"[6].

Zukunftsweisend war dann auch das Thema des nächsten Kirchbautages in Darmstadt 1969 unter dem Motto „Bauen für die Gemeinde von morgen", wenn auch die Rückbesinnung auf die Äußerungen des Reformators Martin Luther zu Kirche und Kirchenbau nicht fehlten.

Die siebziger Jahre wandten sich aktuellen, aber auch historischen Themen zu. Während der Dortmunder Kirchbautag 1973 in „Kirche und Stadt" eine Herausforderung sah, bei der aber auch über den alten Bau als Last oder Chance für die Gemeinde diskutiert wurde, wandte sich der Kirchbautag in Kassel 1976 mit dem Thema: „Umgang mit Raum" in der Nachfolge des Europäischen Denkmalschutzjahres 1975 Erfahrungen bei der Umgestaltung von alten Räumen zu.

Ganz dem „Bauen mit Geschichte" widmete sich der Kirchbautag in Lübeck 1979, der nicht nur im Zeichen von 30 Jahren Evangelischer Kirchbautage und der Kirchenbaugeschichte nach 1945 stand, sondern – wie schon der vorangegangene Kirchbautag in der Kasseler Brüderkirche – im Lübecker Dom und in der St.-Marienkirche stattfand. Einbezogen wurden aber auch die Kirchen St. Aegidien, St. Jakobi und St. Petri.

Selbst bei der Nürnberger Kirchbautagung 1983 mit dem Thema „Die Kunst und die Kirchen" ging es bei dem „Streit um die Bilder heute" auch um geschichtliche und denkmalpflegerische Probleme. „Die Bilderwelt der Kunst als Herausforderung der Kirche" oder „Die reformatorischen Kirchen und das Bild" gehörten ebenso zum Tagungsthema wie „Die Kirche und ihre Bilder" oder „Luther und die Folgen für die Kunst". Der Nürnberger Kirchbautag versuchte aber nicht nur „den Herausforderungscharakter der zeitgenössischen Kunst deutlich zu machen", sondern auch „jene geschichtlichen Etappen aufzuzeigen, die zum heutigen Verhältnis von Kunst und Kirche geführt haben"[7]. Wie schon in Kassel und Lübeck waren die Nürnberger Tagungsorte eindrucksvoll: die Kirchen St. Lorenz, St. Sebald und St. Aegidien. Abgerundet wurde das Thema mit der Ausstellung: „Imago, das künstlerische Credo", die sich mit ihren zeitgenössischen Kunstwerken in den altehrwürdigen Kirchenräumen behaupten mußte.

Mit den speziellen Problemen des kirchlichen Bauens und der kirchlichen Denkmalpflege befaßte sich der Kirchbautag in Landau/Pfalz 1986 unter dem Thema: „Bauen im ländlichen Raum". Dabei wurde deutlich, daß die Probleme – ähnlich den Herausforderungen von Kirche und Stadt auf früheren Kirchbautagungen – im Einzelfall zu beantworten sind und gelöst werden müssen. Als Vorgabe wurde mit dem Untertitel „Maß und Wagnis" die dem protestantischen Kirchenbau abverlangte Bescheidenheit und Offenheit hervorgehoben.

Der 20. Evangelische Kirchbautag in Wolfenbüttel 1989 knüpfte unter dem Generalthema „Evangelium und Kultur" unmittelbar an die Geistesgeschichte der Stadt an. Die historischen Spuren der Stadt, ihrer Institutionen, Bauten und Persönlichkeiten wie Leibniz und Lessing forderten dazu heraus, das Verhältnis der evangelischen Kirche zur Kultur heute neu zu überdenken. Dabei spielte „Das Bild im Frühprotestantismus" ebenso eine Rolle wie „Die Selbstentäußerung der Kirche von den Bildern" oder „Demokratie und Kultur". Beratungsthemen waren auch zeitgemäße Empfehlungen zum Kirchenbau, welche die „Grundsätze für die Gestaltung des gottesdienstlichen Raumes der evangelischen Kirchen" von 1951 ablösen sollten.

Zu einem genuin kirchlichen Thema fand der Kirchbautag in Köln 1993 zurück, indem er sich mit der Beziehung von „Raum und Ritual" auseinandersetzte. Das Spannungsverhältnis zwischen gottesdienstlichen Bedürfnissen, wie sie im Ritual oder auch in der Liturgie ihren konzentrierten Ausdruck finden, und den Belangen der Denkmalpflege wurde angesprochen anhand von Umgestaltungen der Kirchenräume. Ritual, d. h. die gottesdienstliche Grundform, wurde als Schlüssel angesehen für die Frage, wie denn die Kirche mit ihrer Tradition, d. h. mit dem, was ihr anvertraut ist, konstruktiv und kreativ umgeht. Mehr als Forderung denn als Feststellung wurde eine neue Gestaltung der Kirchen vorgeschlagen. Die von den Gemeinden nicht mehr ausreichend benutzten Kirchen müßten „revitalisiert" werden, weil es fast keine überflüssige Kirche gebe.

Der bisher letzte Kirchbautag in Magdeburg und Zerbst 1996 hatte den Denkmalschutz als zentrales Thema. Mit der Aussage und Frage „Denkmal Kirche?" wurde dem Erbe, dem Zeichen und der Vision nachgespürt. Die Kirchengebäude als wesentliche Bestandteile der abendländischen Bau- und Kulturgeschichte standen im Mittelpunkt. Angesichts der dramatischen Gefährdung der Bauten in Ostdeutschland, vor allem der Dorfkirchen, wurde die Gesamtverantwortung der Gesellschaft für das gemeinsame Erbe eingefordert. Den mit ihren Kirchen meist überforderten Gemeinden wurde Mut zugesprochen, ihre Gebäude als Chance zu erkennen und zu gebrauchen. Das Sichtbarmachen des Zusammenhangs von kirchlichem Auftrag und gesellschaftlicher Verantwortung kam auch in der Präsentation konkreter Nutzungs- und Finanzierungsmodelle zum Ausdruck. Wie in der Kasseler Brüderkirche begonnen und auf allen weiteren Kirchbautagen fortgeführt, fand die Tagung im Dom zu Magdeburg und in der spätgotischen Wallonerkirche statt und bot wiederum im konkreten Fall ein gelungenes Beispiel für die variable Nutzung von denkmalgeschützten Sakralräumen.

Die Beteiligung der örtlichen Denkmalpflege, die in den Jahren nach dem Krieg Vorbildliches gerade auch für die Kirchen des Kirchenbundes in der damaligen DDR geleistet hatte, kam in dem Beitrag des Landeskonservators von Halle über „Die Zukunft der Kirchen in Sachsen-Anhalt" zum Ausdruck. Am Beispiel der Kirchenprovinz Sachsen wurden die „Kirchen als Teil der Kultur in den neuen Bundesländern" vorgestellt. „Geist und Geld für alte Kirchen" war ebenso eine Auseinandersetzung mit der Kultur wie die „Gratwanderung im Umgang mit vorhandener Architektur".

Man darf gespannt den noch nicht erschienenen Berichtsband erwarten, der auch Auskunft gibt über „Kulturrelikt-Reservat-Grenzzeichen: Kirchen in einer offenen Gesellschaft" und „Raum und Spiritualität der Kirche von morgen". „Die gesellschaftliche Verantwortung für den Kirchenbau" fand schlußendlich Ausdruck in den Ausführungen von Ministerpräsident Höppner über „Kulturerbe und Glaubenszeugnis". Die Beratungen und Diskussionen führten das Problem der Nutzung der Kirchen und ihre finanzielle (Denkmal-)Last wie in einem Brennspiegel vor Augen. Auf Grund der besonderen Situation wurde einmütig die Auffassung vertreten, die Kirchengemeinden hätten andere Aufgaben als die, Denkmalhüter der Nation zu sein. Kirchen seien Seele und Gedächtnis des Gemeinwesens. Eine Gesellschaft, die ihre Kirchen vergißt, vergißt ihre Geschichte und ihre Seele.[8]

In dem Bewußtsein, daß sechs Jahre nach der Wiedervereinigung Deutschlands trotz großer Anstrengungen vieler Menschen und Institutionen in unvorstellbarem Maße bedeutende kirchliche Kulturgüter verfallen und in den nächsten Jahren Hunderte von historisch wertvollen Kirchbauten, Identifikationspunkte von Städten und Dörfern, verschwinden werden, wurde im Magdeburger Manifest „Rettet die Kirchengebäude in unserem Land" an die Verantwortlichen in Öffentlichkeit von Politik, Kirche und Wirtschaft appelliert, das Kulturerbe Kirche als eine gemeinsame Aufgabe der politisch, religiös, kulturell und wirtschaftlich Verantwortlichen zu begreifen.[9]

Dieser Überblick über die Entwicklung kirchlichen Bauens und kirchlicher Denkmalpflege auf den evangelischen Kirchbautagungen soll erinnern an die Aufgaben und Themen der Besinnung und Neubesinnung, der Behandlung von grundsätzlichen Fragen und Problemen. Sie hatten die geistigen und theologischen Grundlagen und Voraussetzungen zum Inhalt und verstanden sich sowohl als Anregung und Vergewisserung für die tägliche Arbeit der kirchlichen Bauämter als auch als Hilfe für die Gemeinden in ihrer Bauherreneigenschaft. Die Übersicht kann die Aufarbeitung und Auseinandersetzung mit der Geschichte von 50 Jahren Evangelischer Kirchbautagungen nicht ersetzen. Das Motto des Magdeburger Kirchbautages „Denkmal Kirche?" weist mit dem Dreiklang „Erbe, Zeichen, Vision" im besten denkmalpflegerischen Sinne von der Vergangenheit über die Gegenwart in die Zukunft des nächsten Jahrzehnts, Jahrhunderts, Jahrtausends.

Die nachfolgende Aufstellung der Evangelischen Kirchbautage stellt zugleich die Liste der entsprechenden Berichtsbände dar, die vom Arbeitsausschuß des Evangelischen Kirchbautages herausgegeben wurden:

1. Hannover 1946 – Evangelischer Kirchenbau vor neuen Aufgaben
2. Bielefeld 1947 – Die Notkirchen von Otto Bartning
3. Berlin 1948 – Der kultische Raum/Stadtplanung und Kirchbauplanung
4. Lübeck 1949 – Voraussetzungen und die gegenwärtigen Aufgaben des evangelischen Kirchbaus
5. Rummelsberg b. Nürnberg 1951 – Der Kirchenbau der letzten 30 Jahre nach seinen geistlichen und architektonischen Grundlagen
6. Köln 1953 – Wiederaufbau denkmalwerter Kirchen
7. Erfurt 1954 – Denkmalpflege im kirchlichen Raum
8. Karlsruhe 1956 – Der Altarraum im neuen Kirchenbau
9. Berlin 1957 – Kirchenbau in der Stadt der Zukunft
10. Stuttgart 1959 – Planung der Wohnstadt
11. Hamburg 1961 – Kirchenbau und Ökumene
12. Essen 1963 – Kirchenbau in der Zivilisationslandschaft
13. Hannover 1966 – Tradition und Aufbruch im evangelischen Kirchenbau
14. Darmstadt 1969 – Bauen für die Gemeinde von morgen
15. Dortmund 1973 – Kirche und Stadt; eine Herausforderung
16. Kassel 1976 – Umgang mit Raum
17. Lübeck 1979 – Bauen mit Geschichte
18. Nürnberg 1983 – Die Kunst und die Kirchen
19. Landau/Pfalz 1986 – Bauen im ländlichen Raum – Maß und Wagnis
20. Wolfenbüttel 1989 – Evangelium und Kultur
21. Köln 1993 – Raum und Ritual
22. Magdeburg 1996 – Denkmal Kirche?

Literatur (Auswahl)

Bernhard Bach, *Kirche und Denkmalschutz*, in: Schutz und Pflege von Baudenkmälern in der Bundesrepublik Deutschland, Ein Handbuch, hrsg. v. Gebeßler/Eberl, Stuttgart 1980

Bernhard Bach, *Kirchen als Museen und Baudenkmäler – in der Polarität von Tradition und Moderne*, in: Museum und Denkmalpflege, hrsg. von Hermann Auer, Deutsches Nationalkomitee des Internationalen Museumsrates ICOM, München 1992

Otto Bartning, *Vom neuen Kirchenbau*, Berlin 1919

Otto Bartning, *Vom christlichen Kirchenbau*, Köln 1928

Evangelische Kirche in Bayern, Neubau und Wiederaufbau seit 1945, hrsg. vom Evangelisch-Lutherischen Landeskirchenrat, München 1959

Kirchenbau in der Diskussion, Ausstellungskatalog und Dokumentation zum 80jährigen Bestehen der Deutschen Gesellschaft für christliche Kunst, hrsg. von der Deutschen Gesellschaft für christliche Kunst e. V., München 1973

Gerhard Langmaack, *Das Problem des evangelischen Kirchbaus*, Hamburg 1928

Gerhard Langmaack, *Kirchenbau heute. Grundlagen zum Wiederaufbau und Neuschaffen*, Hamburg 1949

Gerhard Matzig, *Kirchen in Not*, hrsg. vom Deutschen Nationalkomitee für Denkmalschutz, Bd. 56, Bonn 1997

Peter Poscharsky, *Die Problematik des modernen Kirchbaus*, Marburg 1960

Peter Poscharsyk, *Kirchen von Olaf Andreas Gulbransson*, München 1966

P. Pie Regamey O. P., *Kirche im XX. Jahrhundert* (Paris 1953), Köln 1954

Revolution nicht Restauration. Zum Umgang mit Bauten, Bildern und Bekenntnissen, hrsg. von Rainer Volp und Horst Schwebel, Institut für Kirchenbau und kirchliche Kunst der Gegenwart an der Philipps-Universität Marburg, Kassel 1974

Rudolf Schwarz, *Vom Bau der Kirche*, Heidelberg 1949

Rudolf Schwarz, *Kirchenbau (Welt vor der Schwelle)*, Heidelberg 1960

Hugo Schnell, *Der Kirchenbau des 20. Jahrhunderts in Deutschland*, München 1973

Lothar Schreyer, *Christliche Kunst des XX. Jahrhunderts in der katholischen und protestantischen Welt*, Hamburg 1959

Oskar Söhngen, *Kirchenbau in der Großstadt heute*, Göttingen 1934

Gestalt und Glaube: Festschrift für Oskar Söhngen zum 60. Geburtstag 1960, Witten/Berlin 1960

Rainer Volp, *Das Kunstwerk als Symbol (ein theologischer Beitrag zur bildenden Kunst)*, Gütersloh, 1966

Erich Widder, *Alte Kirchen für neue Liturgie*, Wien 1968

Anmerkungen

1 Oskar Söhngen, *Zwanzig Jahre Evangelischer Kirchenbautag*, in: Tradition und Aufbruch im evangelischen Kirchenbau, 13. Evangelischer Kirchenbautag Hannover 1996, Hamburg 1967, S. 7.

2 Deckert, *Sicherung und Wiederherstellung kirchlicher Baudenkmale*, in: Kirchenbautagung Lübeck 1949, S. 43 ff.

3 Deckert (wie Anm. 2), S. 48.

4 Oskar Söhngen, *Ansprache zur Eröffnung der Elften Tagung für evangelischen Kirchenbau* in Hamburg am 9. Juni 1961, in: Kirchenbau und Ökumene, Hamburg 1962, S. 8.

5 Landeskonservator Rudolf Wesenberg, *Sinn und Aufgaben der kirchlichen Denkmalpflege in der Industrielandschaft*, in: Kirche in der Industrielandschaft, Hamburg 1965, S. 103.

6 Oskar Söhngen, *Zwanzig Jahre Evangelischer Kirchenbautag*, in: Tradition und Aufbruch im evangelischen Kirchenbau, Hamburg 1967, S. 10.

7 Rainer Beck/Rainer Volp/Gisela Schmirber (Hrsg.), *Die Kunst und die Kirchen. Der Streit um Bilder heute*, München 1984, S. 8.

8 Gernot Preuss, *Magdeburger Bericht über den Kirchenbautag*, in: Kunst und Kirche, 4, 1996, S. 282.

9 Das Magdeburger Manifest ist dokumentiert in: Kunst und Kirche, 4, 1996, S. 283.

ENNO BURMEISTER

WIEDERAUFBAU UND REKONSTRUKTION

MARGINALIE ZUR BAUTÄTIGKEIT IN MÜNCHEN NACH 1945

Wie auch in anderen deutschen Städten, ist in München durch die Zerstörungen des Zweiten Weltkriegs die historische Altstadt weitgehend ausgelöscht worden. „Schmerzerfüllt stehen wir vor den Trümmern unserer Altstadt. ... Die Stadt aus dem 14. Jahrhundert, die Schöpfung Kaiser Ludwigs des Bayern ... ist nicht mehr."[1] Eine Zerstörung der Stadt in diesem Umfang hatte es seit 1327 nicht mehr gegeben. Damals brannte etwa ein Drittel des Baubestands der Stadt ab. Zwar waren auch später Münchens Monumentalbauten vor Bränden nicht gänzlich gefeit und noch in der Neuzeit brannte die Münchner Residenz mehrmals mit unterschiedlicher Auswirkung auf die übrige Stadt: 1674 brannte in der Residenz der Witwenstock, im Rahmen des Wiederaufbaus entstanden mit dem Vierschimmelsaal die bedeutenden Raumschöpfungen des Barock. Als 1729 der Flügel am Grottenhof ausbrannte, wurde umgehend der Wiederaufbau befohlen und Cuvilliés schuf die Reichen Zimmer, die bedeutendsten Schöpfungen des deutschen Rokoko. Als 1750 die noch verbliebenen Bauten der Neuveste und mit ihnen der St. Georgssaal brannte, erhielt Cuvilliés den Auftrag, als Ersatz für den verlorenen Theatersaal – allerdings an anderer Stelle – einen Theaterbau zu errichten, das Residenztheater. In den genannten Fällen ist als Maßnahme zum Wiederaufbau nicht rekonstruiert worden, sondern neue, herausragende Architektur entstanden.

Mit dem Begriff „Wiederaufbau" sind in allen Fällen Maßnahmen bezeichnet, die unmittelbar nach der Katastrophe, die zum Verlust geführt hat, für eine angemessene Schließung der baulichen Wunde sorgten und im weitesten Sinne die verlorene Nutzung wiederbrachten. In diesem Zusammenhang wurde in der Regel also nicht der verlorene Zustand rekonstruiert, sondern im jeweils herrschenden Zeitgeist gestaltet.

Seit dem 19. Jahrhundert konnten durch die stetige Verbesserung der Brandbekämpfung weiterhin katastrophale Auswirkungen auf das Erscheinungsbild der Stadt verhindert werden. Damit war das Erscheinungsbild der Stadt nur sehr begrenzten, überschaubaren und kalkulierten Veränderungen ausgesetzt. Die Silhouette konnte zur vertrauten und tradierten Gestalt werden. Dazu hat allerdings auch wesentlich beigetragen, daß die stadtbildprägenden Monumentalbauten seit dem ausgehenden Barock Bestand hatten und Ergänzungen nur zurückhaltend und wohlkalkuliert vorgenommen wurden.

Das änderte sich 1945 ganz entscheidend. Die Zerstörungen waren in Teilbereichen so vollkommen, daß man sogar daran dachte, den historisch gewachsenen Stadtgrundriß zu verlassen, sich von der über Jahrhunderte tradierten mittelalterlichen Enge zu verabschieden im Interesse einer zeitgerechten verkehrsmäßigen Erschließung. Die historische Altstadt sollte von Magistralen durchzogen werden ohne Rücksicht auf die gewachsenen Strukturen oder gar an anderer Stelle neu entstehen. Solche Überlegungen zu einer autogerechten Stadt, die sich auf lange Sicht als erfolglos und in ihren Ansätzen als fatal auswirken sollten, hätten das vertraute Bild der Stadt aufgegeben.

Es war keineswegs nur simples konservatives Verharren in überlieferten Denkkategorien oder der unbedingte und unkritische Wunsch nach Wiederbringung der historischen Stadt, die dazu führten, daß die Stadt unter weitgehender Beibehaltung der historischen Strukturen wiedererstand. Es war der erklärte Wille, sich mit der Geschichte zu identifizieren und sich zu ihr zu bekennen. Natürlich hat dazu auch beigetragen, daß die Einrichtungen des städtischen Tiefbaus in weit höherem Maße erhalten und weiterverwendungsfähig waren, als an den oberirdischen Spuren der Zerstörung erkennbar. Wesenlich dürfte aber auch gewesen sein, daß die beschädigte und zerstörte Bausubstanz noch einen wirtschaftlichen Restwert darstellte, auf den man nicht verzichten konnte und wollte. Diese Gesichtspunkte waren in ihrer Summe abgedeckt durch den Begriff „Wiederaufbau".

Die Art und der Grad der Zerstörung der baulichen Substanz war sehr unterschiedlich je nach der Art der Mittel, die zur Zerstörung geführt hatten: Spreng- oder Brandwirkung oder beide zusammen. Insofern konnte auch die visuelle Erscheinung der Baureste trügerisch sein: Aufrecht stehendes Mauerwerk ausgebrannter Ruinen konnte instabil und nicht mehr sanierungsfähig sein, geborstene Mauern aber reparaturfähig. Der Grad der Zerstörung, auch bei vergleichbarem Erscheinungsbild der verbliebenen Substanz, war sehr unterschiedlich. Er umfaßte eine Spannweite, die von der vergleichsweise geringfügigen Zerstörung von Fenstern und Türen und dem Abheben bzw. Einbruch der Dachhaut über die Unbrauchbarmachung ganzer Stockwerke bis zur Vernichtung der vollständigen Substanz reichte.

Bereits 1946 war durch die entscheidenden Gremien der Stadt der Wille postuliert und publiziert worden, in gemeinsamer Anstrengung die Stadt wieder aufzubauen. Die dazu erforderlichen Maßnahmen wurden in ihrer Summe als „Wiederaufbau" bezeichnet. Auf die verbliebene Bausubstanz bezogen kann man dabei entsprechend dem Grad der erforderlichen Eingriffe grob drei Kategorien von grundsätzlichen Maßnahmen unterscheiden, die unter der Bezeichnung „Wiederaufbau" subsumiert wurden.

Da gab es zunächst die nur geringfügig betroffenen Häuser, bei denen Reparaturen und Ergänzungen besonders an Dach und Fassade erforderlich waren, um den Gebrauchswert wiederherzustellen. Das traf besonders zu für die vielen Wohnbauten, die durch die Ereignisse in Mitleidenschaft gezogen wurden und sowohl zügig als auch kostengünstig in der überlieferten Struktur ohne nennenswerte Veränderungen im

München, Odeonsplatz, Westseite, Odeon und Palais Leuchtenberg, 1946

Grundriß wieder benutzbar gemacht werden konnten. Gelegentlich kam es dabei bei Gebäuden aus der zweiten Hälfte des vorigen Jahrhunderts allerdings auch zu Purifizierungen dekorierter Fassaden. Von dieser Maßnahme versprach man sich auch eine Aufwertung, eine Prämisse, die sich nicht erfüllte.

Bei den stärker betroffenen Gebäuden war der Umfang, horizontal wie vertikal, der wiederaufzubauenden Teilbereiche gravierender: Ganze Stockwerke waren durch Zerstörung unbenutzbar geworden, Teile der Umfassungsmauern waren gebäudehoch eingestürzt oder Flügelbauten waren vernichtet. Im Rahmen des Wiederaufbaus wurden die fehlenden Teile rekonstruiert, häufiger aber nach Grund- und Aufriß in nachempfundener oder rationalistischer Form ergänzt. Dazu gehören sowohl Wohngebäude wie auch diejenigen öffentlichen Bauten, die deutliche Beschädigungen ertragen mußten, so daß die ursprünglichen Volumina erst wieder geschaffen werden mußten. Das konnte durchaus mit Abweichungen von der überlieferten Struktur, also mit veränderten Grundrissen, gelegentlich sogar auch mit Abweichungen vom ehemaligen Aufriß, also mit veränderten Stockwerkshöhen geschehen, mit allen Konsequenzen, die daraus entstanden, wie Änderung der Fensteröffnungen und damit einer völlig veränderten Fassadengestalt. Damit blieb die Tatsache der Beschädigung und der Grad der Eingriffe im Zusammenhang mit dem Wiederaufbau für spätere Beobachter in der Regel nicht mehr ablesbar, das geschichtliche Ereignis und seine Folgen unreflektiert. Eine beachtenswerte Ausnahme ist für diesen Fall des Wiederaufbaus die Alte Pinakothek, an deren Fassaden mit zeitgenössischen Mitteln die Wunde, die der Krieg gerissen hat, geschlossen wurde ohne sie unsichtbar zu machen.

In Ausnahmefällen wird unter „Wiederaufbau" auch der vollständige Aufbau von Gebäuden verstanden, die durch die Kriegseinwirkungen weitgehend zerstört und deren restliche Bausubstanz auch mit Substruktionen unbrauchbar blieb. Sofern der städtebauliche Kontext erhalten war, wurde die wiederaufgebaute Bauform bei Einhaltung der wirksamen Gestaltungsmerkmale aber Abweichung von der ehemaligen Struktur des Grundrisses in diesen Kontext eingefügt. Das trifft besonders zu für die Monumentalbauten, die sowohl für die Orientierung als auch das Erlebnis des Stadtraumes von entscheidender Bedeutung waren und das unverwechselbare Gesicht der Stadt mitbestimmt haben. Ein typisches Beispiel ist das Palais Leuchtenberg, das sowohl für die Ludwigstraße, den Odeonsplatz und das Palais Ludwig Ferdinand von entscheidender städtebaulicher Bedeutung ist.

Einen Zeitpunkt für das Auslaufen der Maßnahmen zum Wiederaufbau der Stadt läßt sich verständlicherweise nicht angeben. Sowohl Überlegungen zur Erfüllung noch nicht bekannter zukünftiger Bedürfnisse als auch erhebliche baurechtliche Probleme bei einer Wiederbebauung von Grundstücken, die seit dem Krieg ungenutzt oder nur provisorisch genutzt werden, haben in manchen Fällen bis heute einen Wiederaufbau zurückgestellt oder verhindert. Diese heute noch vorhandenen Lücken können nach Ablauf von mehr als einem halben Jahrhundert nach dem katastrophalen Ereignis nicht mehr den Anspruch erheben, als „Wiederaufbau" eingestuft zu werden. Hier müssen die jetzt geltenden Termini – und damit auch die Vorstellungen – aus Stadtplanung, Stadtbildpflege und Denkmalpflege verwendet werden. Die Spannweite dieser bisher aus ganz unterschiedlichen Gründen nicht ausgeführten Maßnahmen zum Wiederaufbau reichen von dem ehemaligen dicht bebauten Stadtquartier hinter dem Rathaus, dem sogenannten Marienhof über die Nordseite der Maximilianstraße auf Höhe des Marstallplatzes (Süd) bis hin zu vereinzelten Lücken in der Straßenrandbebauung von historischen Ausfallstraßen, wie z. B. der Lindwurmstraße. Die wesentlichen Maßnahmen zur Wiedergewinnung einer intakten und lebensfähigen Stadt waren aber Mitte der 60er Jahre bereits abgeschlossen.

Im Rahmen des 1947 in den Grundzügen festgelegten Wiederaufbaus von München waren aber auch Maßnahmen vorgesehen, bei der weitere, bisher nicht angetastete Bausubstanz zur Disposition gestellt werden mußte. Das betraf die Veränderung von durchgehenden Straßenbeziehungen und vor allen Dingen den Park- und Verkehrsring um die Altstadt, mit dem die nach der Entfestigung nicht aufgegriffene Möglichkeit der Schaffung einer Ringstraße nachgeholt werden sollte. Wesentliche Teile sind als Altstadtring in den folgenden Jahrzehnten ausgeführt worden. Damit entstand auch die Chance, im Rahmen des Wiederaufbaus solchen neuen Straßenzügen baulich ein Gesicht zu geben, das der verbliebenen Bausubstanz zur Fassung diente und gleichzeitig die geschichtliche Entwicklung nachvollziehen ließ.

Ein neuralgischer Punkt für den zunächst als realisierbar angesehenen Teil des Rings war von Anfang an der Durchbruch durch das Maximiliansforum. Diese wichtige städtebauliche Gesamtanlage aus dem vorigen Jahrhundert hatte den Krieg im wesentlichen unbeschadet überstanden. Es gab auf Höhe des Marstallplatzes und am Beginn des Forums auf Höhe der ehemaligen Museumstraße Einbrüche, die ohne große gestalterische wie technische Probleme zu beheben gewesen wären. Die Führung des Ringes machte an dieser Stelle aber einen erheblichen Einbruch erforderlich. Für die Lösung dieses Problems gab es drei Ansätze: man hätte den Ring in einem Tunnel führen können, dabei wären die rampenartigen Anschlüsse bis zur nächsten Kreuzung allerdings sehr steil und die Kosten ganz erheblich gewesen. Weiter hätte man bei erdgleicher Führung des Ringes mit dem Forum die historische Randbebauung so verändern bzw. erneuern können, daß die

München, Odeonsplatz, Westseite, 1995

Randbebauung erhalten und die Fahrspuren in die Baukörper integriert werden konnten. Damit wäre bereits ein Verlust an historischer Substanz an den Baudenkmälern verbunden gewesen, die städtebaulich einheitliche und geschlossene Wirkung des Forums jedoch nur eingeschränkt, aber nicht zerstört worden. Schließlich war angedacht, die Platzwände an der Stelle aufzubrechen und die Straße mit einem ganz erheblichen Anspruch auf eine eigenständige Wirkung erkennbar durch das Forum zu führen.

Trotz entsprechender deutlicher Vorbehalte von verschiedenen Seiten wurde der Lösung mit dem radikalsten Eingriff in das Ensemble der Vorzug gegeben. Als Folge wurde zunächst in diesem Zusammenhang beim südlichen Eintritt des Rings in das Forum eine Situation kopiert, die in dieser Form natürlich nie bestanden hat. Als später auch noch die Kapazität der Fahrbahnen in Frage gestellt wurde und ein Rückbau wenigstens der Straßenbreite am nördlichen Eintritt des Rings in das Forum möglich wurde, wurde auch hier eine städtebauliche Situation geschaffen, die es nie gab und die zur geschlossenen Wirkung des Forums nichts beitragen konnte. Die heute vorhandenen Kopfbauten haben an dieser Stelle keinen historischen Bezug, der wirkliche und ursprüngliche Eindruck ist nicht wiederhergestellt worden. Hier ist nur scheinbar der Eindruck entstanden, daß das Ensemble wieder komplett ist, der Betrachter der Szene kann in Zukunft auch keinen Eindruck mehr gewinnen, daß an dieser wichtigen Stelle der Krieg eine Lücke gerissen hat und um die Schließung hart gerungen wurde mit durchaus wechselnden Vorstellungen über die stadtbildpflegerisch richtige Lösung bei Veränderungen in der Gewichtung und Priorität verkehrstechnischer Ansprüche.

Kann es die Absicht denkmalpflegerischer Bemühungen sein, gravierende Eingriffe in die Substanz einer stadtbildprägenden, historisch bedeutenden Gesamtanlage, die sich über fast ein halbes Jahrhundert hingezogen haben, also nicht mehr als Wiederaufbau bezeichnet werden können, vor Ort nicht nachvollziehbar zu machen? Macht es einen Sinn, einen ahistorischen Zustand herzustellen, der es unmöglich macht, jemals später eine korrekte Rekonstruktion, um die es hier allein gehen kann, ins Auge zu fassen. Leider ist nie ernsthaft darüber diskutiert worden, welchen Wert eine exakte, wenn auch rudimentäre Rekonstruktion der fehlenden Teile bringt unter Verzicht auf solche Teile, die auf Grund der Veränderung der Grundstücksverhältnisse zur Zeit nicht rekonstruierbar sind.

ANMERKUNG

1 KARL MEITINGER, *Das Neue München – Vorschläge zum Wiederaufbau*, München 1946, S. 17.

ABBILDUNGSNACHWEIS

BILDARCHIV PHOTO MARBURG, Archiv Nr. 202.608: *Abb. S. 184*
BAYERISCHES LANDESAMT FÜR DENKMALPFLEGE (Joachim Sowieja): *Abb. S. 185* (Neg. Nr. 9604 03/11)

Otto Meitinger

Bauen in historischer Umgebung

Mit dem gestiegenen Bewußtsein um den Wert unserer geschichtlich gewachsenen Umgebung, der natürlichen und der gebauten, kamen in den letzten Jahrzehnten auch die Probleme des Bauens in historischer Umgebung immer mehr in die Diskussion einer breiten Öffentlichkeit. Auch für Architekten und Denkmalpfleger wurde das „Neue Bauen in alter Umgebung" zu einem Thema, das in zahlreichen Veröffentlichungen, Fachtagungen und Ausstellungen immer wieder aufgegriffen wurde. Dabei hat es ein Bauen in alter Umgebung zu allen Zeiten gegeben, das Thema ist so alt wie das Bauen überhaupt. Warum also wird gerade in unserer Zeit nicht nur der Erhaltung historischer Bauten besondere Bedeutung zugemessen, sondern auch beim Bauen in einer historischen Umgebung besondere Rücksichtnahme gefordert? Ein Blick in die Baugeschichte zeigt, daß in vergangenen Zeiten mit dem jeweils vorgefundenen Baubestand weit unbekümmerter umgegangen wurde. In allen Zeiten wurden historische Bauten im Stile und mit den Mitteln der jeweiligen Epoche umgewandelt, um neuen künstlerischen, geistigen oder religiösen Vorstellungen Rechnung zu tragen. So erhielten romanische Basiliken ein gotisches Gewölbe, und der Barock zögerte nicht, Kirchen früherer Stilepochen in seinem Geiste umzugestalten. Auch die Umnutzung alter Gebäude, also der Umbau für neue Zwecke, ist eine Bauaufgabe, die so alt ist wie die Baugeschichte. Dabei waren es früher meist wirtschaftliche Überlegungen, wenn bei der Anpassung an veränderte Nutzungsanforderungen möglichst viel von der vorhandenen Bausubstanz erhalten werden sollte. Denkmalpflegerische Gesichtspunkte in unserem heutigen Sinne waren bei der Erhaltung eines historischen Baues nur selten maßgebend. Zudem wurde – vereinfacht betrachtet – jeweils nur das geschützt, was der Stilauffassung der Zeit entsprechend geschätzt wurde. So wurden im Klassizismus bedenkenlos Bauten des Rokoko abgebrochen, weil die Zeitgenossen des frühen 19. Jahrhunderts zu den ein knappes Jahrhundert vorher entstandenen, für ihre Begriffe überladenen Bauformen keine Beziehung hatten. Von Klenze ist überliefert, daß er eine Wagenladung mit Plänen von Cuvilliés im Dachauer Moor versenken ließ, weil nachfolgenden Generationen derartige Kunstentgleisungen erspart bleiben sollten. Aus jüngster Vergangenheit wissen wir, daß noch vor wenigen Jahrzehnten ohne Einspruch des Denkmalschutzes der Stuck von Jugendstilfassaden abgeschlagen wurde, von Fassaden, die wir heute als besonders schützenswert ansehen.

Aber auch beim neuen Bauen nahm man in vergangenen Zeiten auf bestehende Baustrukturen offensichtlich wenig Rücksicht. Eine gotische Kathedrale sprengte den Maßstab einer mittelalterlichen Stadt ebenso wie klassizistische Repräsentationsbauten den Charakter eines Ensembles des frühen 19. Jahrhunderts. Neues wurde zum Alten ganz selbstverständlich gefügt in einer Weise, wie uns dies nach unserer heutigen denkmalpflegerischen Auffassung vom Bauen in einem historischen Ensemble oder in der Nachbarschaft eines Baudenkmals nicht tragbar erscheint.

Was aber sind die Gründe, warum wir heute glauben, bei unseren Neubauten in stärkerem Maße als früher auf eine vorgegebene Baustruktur Rücksicht nehmen zu müssen? Ein Grund ist sicherlich unsere allgemeine Unsicherheit der zeitgenössischen Architektur gegenüber. Abgesehen davon, daß bedeutende Neubauten vergangener Epochen fast ausnahmslos von einem eindeutigen geistigen, religiösen oder ideologischen Impetus getragen wurden, war man auch jeweils von der Gültigkeit der architektonischen Ausdrucksmittel der Zeit völlig überzeugt. Im Klassizismus hatten eben nur die in der klassischen Antike wurzelnden Bauformen Gültigkeit, andere Architekturauffassungen standen nicht zur Diskussion. Heute führen unsere Zweifel an den Architekturaussagen unserer Zeit a priori zu einer kritischen Haltung gegenüber allem Neuen in der Architektur. In der breiten Öffentlichkeit wurde dies verstärkt durch die Unzufriedenheit mit der Masse der in der Nachkriegszeit entstandenen Neubauten. Bis zum Beginn unseres Jahrhunderts hatte sich die Entwicklung in der Architektur kontinuierlich vollzogen. Die bautechnischen Möglichkeiten waren über viele Jahrhunderte hinweg die gleichen, wegen der schwierigen Transportverhältnisse standen nur ortsübliche Baustoffe zur Verfügung, und es gab nur natürliche Baumaterialien. Heute sind beim Bauen die technischen Möglichkeiten fast unbegrenzt, und ebenso unbegrenzt ist die Auswahl an Baumaterialien. Durch unsere Transportmöglichkeiten ist die Wahl natürlicher Baustoffe nicht mehr regional gebunden, vor allem aber stehen heute eine Vielzahl neuer Kunststoffe als Baumaterial zur Verfügung. Während früher also die Erscheinung der Bauten durch herkömmliche Techniken und Materialien bestimmt war, sind heute an jedem Ort alle Techniken und eine unüberschaubare Vielzahl von Materialien möglich. Diese Internationalisierung der Architektur führte mit ihrem Bruch einer in Jahrhunderten gewachsenen Kontinuität beim Bauen nicht nur zu einer Verarmung der Formensprache, sondern sie verhindert meist auch ein gestalterisches Eingehen auf die lokalen Gegebenheiten.

Ein weiterer Grund, beim neuen Bauen auf die historische Umgebung mehr als früher zu achten, ergibt sich aus der Tatsache, daß in früheren Zeiten der Anteil des Neuen, der zum Alten dazugefügt wurde, ungleich geringer war als heute. Das Ausmaß der gegenwärtigen Bautätigkeit ist in der Geschichte ohne Beispiel. Statistiker behaupten, daß vom Beginn der Menschheitsgeschichte bis zum Zweiten Weltkrieg auf unserer Erde weit weniger an Bausubstanz entstanden ist als in der Zeit von 1945 bis heute. Dazu kommt, daß aufgrund der sozialen Verhältnisse früher nur ein kleiner, meist in Traditionen verhafteter Teil der Bevölkerung Bauherr sein konnte, während in unserer Gesellschaft jeder Bauherr werden kann. Bei großen Bauvorhaben sind es zudem meist unpersönliche Verwaltungen oder Gesellschaften, bei denen oft im Konfliktfeld ökonomischer und administrativer Forderungen für eine gestaltete Architektur wenig Chancen bleiben.

Mit dem Problem des Bauens in einer vorgegebenen Baustruktur muß sich heute bei uns jeder Architekt bei nahezu allen Bauaufgaben auseinandersetzen. In unserer dicht besiedelten Kulturlandschaft gibt es fast keinen „Bau auf der grünen Wiese", fast keinen Bau, bei dem nicht auf eine gebaute Umgebung Rücksicht genommen werden muß. Aber auch das Bauen in historischer Umgebung gehört in unserem an erhaltenswerten Altbauten gottlob noch reichen Lande zu den Aufgaben, mit denen ein Architekt immer wieder konfrontiert wird. Solche Aufgaben reichen von der Schließung von Baulücken über Anbauten an einen Altbau bis zum Neubau in einem Ensemble. Bei allen diesen Bauten in historischer Umgebung muß auf den Maßstab und den Charakter geschichtlich gewachsener Baustrukturen oder erhaltenswerter Einzelbauten geantwortet werden. Hierüber sind sich alle Architekten einig. Aber bei der Frage nach der Art dieser Antwort scheiden sich die Geister. Die Spannweite des für richtig oder falsch Gehaltenen reicht vom Einordnen bis zum Unterordnen, vom Anpassen bis zum Anbiedern, von der Übernahme historischer Stilelemente bis zur Aufnahme von Stilzitaten, von der Rekonstruktion bis zum bewußten Kontrast. Und wie immer dann, wenn die Frage nach dem richtigen Weg künstlerische Bereiche berührt, also nicht meßbare und damit zwangsläufig subjektive Beurteilungskriterien angewandt werden müssen, gibt es auch beim Bauen in historischer Umgebung nicht nur einen allein gültigen Weg.

Die Diskussion, wie sich ein Neubau in einem geschichtlichen Kontext zu verhalten hat, ist nicht neu. Ein inzwischen längst klassisch gewordenes Beispiel ist das schöpferische Ringen von Gunnar Asplund um die Gestaltung seines Anbaues an das Rathaus in Göteborg. In der über 15jährigen Planungszeit begann Asplund 1920 mit der Vorstellung, neben dem freistehend konzipierten axialsymmetrischen Rathaus aus der Zeit des Klassizismus einen ebenfalls auf eine Mittelachse bezogenen neoklassizistischen Anbau zu errichten. 1925 wollte er diesen Neubau mit einem Säulenportikus versehen, der dem des historischen Rathauses nachempfunden war. Noch in einem 1934 entstandenen Projekt übernahm er eine klassizistische Gebäudeachse detailgetreu und fügte aus der Addition von sechs solcher Achsen einen Anbau einseitig an das alte Rathaus an. Erst 1937 löste er sich von den historisierenden Stilformen und fand eine „moderne" Formensprache. Die zeitgenössische Architektur seines Neubaues, in der er die Gliederungselemente der alten Fassade – Geschoßaufteilung und Achsmaß – aufnahm, behauptete sich eigenständig neben dem Altbau, läßt aber dessen historische Situation nachvollziehbar. Für uns ist Asplunds Göteborger Rathauserweiterung eine geradezu beispielhafte Lösung für ein neues Bauen in historischer Umgebung.

Was also müssen wir vom Bauen und von Bauten in historischer Umgebung fordern? Mit einem Bekenntnis zu einem allein gültigen Lösungsansatz, ob Anpassung, Zitat oder Kontrast, ist wenig gedient. Selbstverständlich muß eine gute Lösung vor allem den unverzichtbaren Ansprüchen nach architektonischer Qualität genügen und natürlich muß sie aus der jeweils gegebenen Situation entwickelt werden. Sie muß Antworten suchen auf den vorgefundenen Formenkanon, auf den Maßstab und den Charakter der benachbarten Baustrukturen, um mit dem geschichtlich gewachsenen Umfeld zu einer Einheit zusammenwachsen zu können. Dabei sind die möglichen Wege vielfältig. Franz Hart baute in München zwischen der gotischen Salvatorkirche und den Resten der mittelalterlichen Stadtmauer ein Garagengebäude, das er durch die Verwendung von Ziegeln als Fassadenmaterial und der Aufnahme des Motivs von Pfeilervorlagen der benachbarten Kirche anpaßte. Adolf Loos benützte bei seinem schon in die Baugeschichte eingegangenen Haus am Michaelerplatz in Wien historische Architekturelemente der benachbarten Hofburg, die er als Zitate in eine zeitgemäße Formensprache übersetzte. Kammerer und Betz errichteten in Stuttgart ein Bankgebäude in unmittelbarer Nachbarschaft eines Renaissancebaues und einer gotischen Kirche als gläserne Kontrast-Architektur, in dessen verspiegelter Fassade sich die historischen Bauten der Umgebung reflektieren.

Jeder dieser Wege führte zu unbestrittenen Leistungen der modernen Architektur, und ein jeder antwortete auf seine Weise auf die vorgefundene historische Baustruktur. Ein allgemein gültiges Rezept für das neue Bauen in alter Umgebung gibt es also – Gott sei Dank – ebensowenig wie Rezepte für gute Architektur im allgemeinen. Eine allgemein gültige Aussage aber scheint möglich: Eine sinnentleerte Übernahme historischer Bauformen ist nach unserer heutigen Auffassung für ein Bauen in historischer Umgebung mit Sicherheit nicht der richtige Weg. Eine derartig geistlose „Anpassung" im negativen Sinne wird weder Anforderungen an die heutige Architektur noch Zielen einer wohlverstandenen Denkmalpflege gerecht.

Von bemerkenswerter Aktualität ist, was Goethe im Jahre 1815 hierzu sagte: „Je mehr wir das Charakteristische alter Gebäude historisch und kritisch kennenlernen, desto mehr wird alle Lust schwinden, bei der Anlage neuer Gebäude jenen Formen zu folgen, die einer entschwundenen Zeit angehören. Die neuere Neigung dazu ist aus dem falschen Trieb entstanden, der derjenige, was er schätzt, auch unter völlig widersprechenden Bedingungen wieder hervorbringen will." Diese Aussage widerspricht nicht der Erkenntnis, daß es Bauensembles gibt, deren innere Geschlossenheit auf den Einbruch neuer Gestaltungsmittel besonders empfindlich reagieren, wie zum Beispiel einheitlich gestaltete historische Straßen- oder Platzräume von hohem städtebaulichen, architektonischen und damit auch denkmalpflegerischen Wert. Eine avantgardistische Architektur muß sich nicht gerade in solchen in sich geschlossenen Ensembles manifestieren. Wenn sich Neubauten in solchen Fällen dem vorgegebenen Rahmen ein-, ja sogar unterordnen, ist dies eine Anpassungsarchitektur im positiven Sinne, die nichts mit „Anbiederung" zu tun hat.

Im Zusammenhang mit dem Bauen in historischer Umgebung spielen die umstrittenen Gestaltungssatzungen eine Rolle, da solche kommunalen Satzungen sehr häufig für geschichtlich gewachsene Bereiche erlassen werden. Nach unseren allgemeinen Baugesetzen, die weit mehr an Rechtsansprüchen als an gestalterischen Forderungen orientiert sind, muß letztlich jeder Bau genehmigt werden, der nicht gegen Sicherheitsbestimmungen verstößt. Die Versuchung ist deshalb groß, auf die Gestaltung der Bauten auf anderem Wege Einfluß zu nehmen. Eine Möglichkeit bietet der Denkmalschutz. Aber häufig werden dabei unsere Denkmalschutzgesetze mißbraucht, indem mit ihrer Hilfe versucht wird, Gestaltfragen in städtebaulichen Bereichen oder bei Einzelvorhaben zu beeinflussen, die nur mittelbar mit Denkmalpflege zu tun haben. Vorbehalte gegen den Denkmalschutz beruhen – zumindest zum Teil – auf dieser mißbräuchlichen Anwendung von Denkmalschutzgesetzen. Eine andere Möglichkeit, auf die Baugestaltung einzuwirken, bringen die in den Kompetenzbereich der Gemeinden fallenden, immer wieder kontrovers diskutierten Gestaltungssatzungen.

Unbestritten ist, daß gestalterische Qualität nicht quantifizierbar ist und deshalb auch nicht verordnet werden kann. Architektonische Qualität kann also durch eine Verordnung nicht erzwungen werden. Unbestritten ist auch, daß durch zu eng gefaßte und zu sehr ins Detail gehende Vorschriften die Gefahr gegeben ist, gute Architekten in ihrer Kreativität zu behindern und dadurch letztlich architektonisches Mittelmaß zu provozieren. Eine gute Satzung darf also nur die für einen örtlich eng begrenzten Bereich typischen Gestaltmerkmale als nachvollziehbare Leitlinie für die Planung von Bauten festlegen. Sie wird dann auch der Formensprache der zeitgenössischen Architektur den nötigen Freiraum lassen. In einer richtig formulierten Gestaltungssatzung darf also nur das festgeschrieben sein, was jeder verantwortungsbewußte Architekt von sich aus als Planungsvorgabe respektieren und beachten würde. Ihr Nutzen liegt dann in der Chance, mit ihrer Hilfe gestalterische Entgleisungen unqualifizierter Planfertiger zu verhindern. Angesichts der Tatsache, daß in unserem Lande wegen des ungenügend geregelten Planvorlagerechts immer noch die meisten aller Baueingaben von Nichtarchitekten gefertigt werden, erscheint es sinnvoll, die Möglichkeit einer solchen Verunstaltungsabwehr zu nutzen. Dies könnte dazu beitragen, daß auch beim Bauen im historischen Kontext die Forderungen der Allgemeinheit höher bewertet werden als die Interessen einzelner. Gerade hier hat die demokratische Erkenntnis, nach der die Freiheit des einzelnen dort aufhören muß, wo die Freiheit anderer beginnt, besondere Bedeutung. In keinem anderen Bereich stören Freiheitsmißbräuche eines einzelnen die Allgemeinheit so nachhaltig und sichtbar wie beim Bauen.

Überfordert werden die Erwartungen an Bauten in historischer Umgebung auch dann, wenn mit ihnen die Fehler korrigiert werden sollen, die im politischen Vorfeld der Planung begangen wurden. Wenn Nutzungsintensitäten zugelassen werden, die zwangsläufig den Maßstab einer historisch gewachsenen Baustruktur sprengen, zum Beispiel durch die Einfügung großmaßstäblicher Bankgebäude, Kaufhäuser oder Parkhochhäuser in kleinstrukturierte Altstadtquartiere, muß das Nebeneinander von Alt und Neu unbefriedigend bleiben. Gerade die Maßstäblichkeit des Stadtgrundrisses ist aber für das einheitliche Erscheinungsbild eines Ensembles meist wichtiger als die architektonische Ausformung eines Einzelbaues.

Eine wohlverstandene Einordnung eines Neubaues in eine vorgegebene historische Umgebung wird die freie Entfaltung architektonischer Aussagen mit den gestalterischen und konstruktiven Elementen unserer Zeit nicht behindern. Die Antwort auf den genius loci fordert im Gegenteil die Kreativität des Architekten heraus. Das Erscheinungsbild eines historisch gewachsenen Umfeldes darf kein statischer Begriff sein. Unser bauliches Erbe wird immer einem Wandel unterworfen sein. Auch und gerade die Neubauten in historischer Umgebung, die Denkmäler von morgen sein können, sind der Beitrag unserer Generation zum historischen Kontinuum. Ihre Qualität muß sich mit dem Maßstab der historischen Nachbarschaft messen lassen, wenn die neuen Bauten zu einem integrierten Bestandteil der geschichtlich gewachsenen Umgebung werden sollen. Jean Jaurès sagte: „Tradition bedeutet nicht Asche bewahren, sondern eine Flamme am Brennen erhalten."

Abb. 1. Eichstätt, Ostenstraße 24; ehem. Fürstbischöfliche Sommerresidenz von Gabriel de Gabrieli, 1735-37, nach dem Umbau zum Rektorat der Universität

Karljosef Schattner

Ein bauender, aber kein schreibender Architekt

Ausgerechnet ich soll zur Festschrift für Dr. Michael Petzet einen Beitrag liefern, ich, der ich ein bauender, aber kein schreibender Architekt und aus der Sicht der heutigen Denkmalpfleger auch keiner der ihrigen bin. Alles spricht also dagegen, dennoch will ich es versuchen. Dieser Arbeit unterziehe ich mich zum einen auch deshalb, weil ich den Generalkonservator vom ersten Tage seiner Tätigkeit an im Amt erlebt habe und ihm über lange Zeit im Landesdenkmalrat begegnet bin, aber vor allem, weil ich ihn schätzen gelernt habe und wir uns, wie ich glaube, mögen. Unsere Zusammenarbeit war nicht ohne Reiz. Die Probleme, die es automatisch gab, wurden nicht mit tierischem Ernst behandelt, ein Stück Humor war immer dabei. Ihn zeichnet, wie ich meine, eine gewisse Liberalität aus, und dieser Liberalität verdanke ich, daß ich in Eichstätt meine Projekte, meine Ideen realisieren konnte. Anläßlich der Verleihung des „Großen BDA Preises 1990" an mich wurde er in der Sendung „Aspekte" interviewt und hat damals unter anderem folgendes gesagt:

> Was ich besonders an Schattner zu schätzen weiß, ist, daß man sich mit ihm auseinandersetzen kann, man kann sich sehr schön mit ihm streiten, zudem kommt er immer wieder auf neue Ideen, also er nimmt auch Rücksicht. Wir sind auch nach unseren Maßstäben sehr zufrieden. Wir haben hier einen guten Partner gefunden.

Das war ein großes Kompliment, das ich gerne zurückgebe.

So habe ich über die Jahre hinweg meine Erfahrungen mit ihm und der Arbeit an der Stadt Eichstätt gemacht. Dabei habe ich erkannt, daß es sich entgegen der landläufigen Meinung hier nicht um eine Barockstadt handelt, sondern daß das Mittelalter die Struktur bestimmt. Der Barock ist nur eine Schicht, ist in weiten Teilen nur Oberfläche. Im Jahre 1634 wurde Eichstätt von den Schweden zerstört, wenige Elemente – es waren vor allem große Kirchen – überlebten die Katastrophe. Der Wiederaufbau der Stadt nach dem Brand ist ein interessanter Vorgang. Das Ergebnis, das noch heute in weiten Teilen existiert, ist eine Überlagerung aus Mittelalter und Barock. Der Stadtgrundriß ist mittelalterlich, der Barock hat mit neuen Plätzen die sehr enge Stadt aufgeweitet, das alte stadträumliche Gefüge jedoch blieb erhalten. Ich glaube, daß die Struktur einer Stadt von ihren Räumen und nicht von den Oberflächen her bestimmt wird. Außen- und Innenräume und deren Verknüpfung sowie Material und Maßstab sind Elemente der Erinnerung. Schon aus ökonomischen Gründen hat man die Stadt unter Verwendung der zerstörten Architektur aufgebaut. Dieses kann man in Eichstätt immer wieder beobachten.

Der Dom ist ein Beispiel für den Umgang mit historischer Architektur, ein Beispiel dafür, wie die Vergangenheit auch die neuen Interventionen bestimmt hat. Bewußt greife ich dieses Bauwerk heraus. Ausgangspunkt ist im 11. Jahrhundert ein gerichteter Raum, der bald nach Osten und Westen erweitert wird. Die Seitenschiffe werden angehoben, der Westchor verlängert. Bis in die Barockzeit hinein ist der Dom eine zweichörige, gotische Kirche, die vom nördlichen Hauptportal her erschlossen wird. Liturgische und kirchengeschichtliche Entwicklungen führen zu grundsätzlichen Änderungen. Die Eingriffe sind radikal und gleichzeitig behutsam. Ein neues räumliches Konzept entsteht, ohne daß wichtige, historische Elemente aufgegeben werden. Der Westchor wird aufgelöst, die Lettnerwand entfernt und an Stelle des Chores ein monumentales, barockes Westportal (1714-1718) vor das Gebäude gestellt. Im Inneren erhält der zum Eingang gewordene Westchor als Antwort auf die Barockfassade den barocken Willibaldsaltar, der frei zwischen Willibaldschor und Hauptschiff gestellt wird. Mit wenigen neuen Elementen entwickelt sich aus der zweichörigen Anlage ein gerichteter, zusammenhängender Kirchenraum mit einem völlig veränderten Raumeindruck. Zudem wird der Dom auch noch mit einem barocken Hauptaltar ausgestattet: Eingriffe, die heute undenkbar wären.

In den 35 Jahren, in denen ich in Eichstätt gebaut habe, habe ich gerade diesen Umgang mit der Historie erlebt und habe versucht, mit meinen Interventionen ähnlich zu reagieren. An zwei Projekten, die in die Zeit der Tätigkeit von Generalkonservator Petzet fielen, will ich versuchen, meine Handlungsweise darzulegen.

1978 sollte, nachdem ich schon über zwanzig Jahre in der Stadt gebaut hatte, der sogenannte Ulmer Hof zu einer Fachbereichsbibliothek für den Lehrstuhl Katholische Theologie der Universität umgenutzt werden. Wir mußten in der sehr engen historischen Stadt eine kleine Universität unterbringen. Anfang der sechziger Jahre hatte ich am Rande des historischen Ensembles eine Pädagogische Hochschule für 300 Studenten errichtet. Im Anschluß an diese Hochschule sollte nun die Universität entstehen. Dies war nur möglich durch Umnutzung wichtiger, historischer Bauten. Dabei war von Vorteil, daß ich im Vorfeld der Planungen dem Bauherrn Möglichkeiten aufzeigen konnte, die er nicht sah. Wir hatten 1972-1975 die Sommerresidenz (Abb. 1), ein Gebäude aus dem 18. Jahrhundert, unkonventionell für das Rektorat der Hochschule umgebaut.

Der Ulmer Hof war ein Palais aus dem 17. Jahrhundert, das in dominanter Lage in der Mitte der Stadt lag. Nach der Säkularisation hatte man dort das Gymnasium eingerichtet und dabei im 19. Jahrhundert wichtige Elemente der Anlage abgebrochen und beschädigt. Das 19. Jahrhundert ging ja mit der historischen Architektur sehr wenig sorgfältig um. Wunsch der Universität war es, für einen Fachbereich Dozenten- und Seminarräume sowie eine Fachbereichsbibliothek für 80.000 Bände mit Lesesaal in dem Gebäude unterzubringen.

Die Gebäudeanalyse ergab, daß die großzügige Grundrißstruktur es ohne allzu große Eingriffe und Veränderungen des Bestandes zuließ, das geforderte Programm zu verwirklichen. Lediglich die Bibliothek mit Lesesaal war nur mit Hilfe eines Neubaues zu lösen. Es bot sich an, diesen Neubau in den Innenhof des Gebäudes zu stellen. Natürlich wurde dadurch ein wesentlicher Teil der historischen Anlage verändert, und es entstand ein anderer, ein neuer Gesamteindruck. Aus dem Außenraum wurde plötzlich eine große Halle, die das Innere und damit den Gesamteindruck des Gebäudes veränderte (Abb. 2,3). Um verständlich zu machen, was ich meine, ein Beispiel aus der Malerei: Matisse hat einmal gesagt, daß aus dem Grün, dem man ein Rot hinzufügt, ein anderes Grün wird. Auf das Bauen übertragen bedeutet das: Macht man aus einem offenen Innenhof einen Innenraum, so verändert sich der Eindruck, die Atmosphäre des Gesamtgebäudes.

Wenn wir wollen, daß historische Gebäude erhalten bleiben, kommen wir nicht umhin, ihnen neue Nutzungen zuzuweisen. Neue Nutzungen aber bedeuten Veränderung. Erfahrungen mit früheren Projekten haben mich veranlaßt, alle neuen Eingriffe mit meinen Elementen, heutigen Materialien und Konstruktionen vorzunehmen. Mir war es wichtig, daß darüber das Bewußtsein für die Zeitschichten geschärft wurde. So wurde das Bibliotheksgebäude als Stahlbeton- und Stahlkonstruktion ausgeführt. Dort, wo sich historisches Gebäude und neuer Raum begegnen, trennt ein Oberlicht – die Nahtstelle – die Bauten voneinander. Arkaden des historischen Gebäudes zum Innenhof hin waren im 19. Jahrhundert zugemauert worden. Wir haben sie geöffnet. Zwischen historischer und moderner Architektur entstand so ein Spannungsverhältnis, ein Dialog zwischen Alt und Neu. Mein Ziel war, mit den neuen Elementen einen Kontrast zum Alten herzustellen, jedoch zu versuchen, der historischen Qualität in Haltung und Maßstab gerecht zu werden.

Ich glaube, daß über das Detail die große Form begriffen wird, begreifbar im wahrsten Sinne des Wortes. Ob Scarpa, Eiermann, Snozzi oder Bienefeld, Siza oder Zumthor, all ihre Bauten leben von dieser Detailkultur, die in der Vergangenheit, bei der historischen Architektur, eine Selbstverständlichkeit war. Dies läßt sich in jeder historischen Stadt nachweisen. – Ich glaube, daß dies auch heute möglich sein muß. Allerdings müssen Architekten diese Detailarbeit leisten, die früher das Handwerk selbstverständlich übernommen hat. Wir müssen als Architekten eine neue Detailkultur entwickeln. Ich glaube, daß es unsere Aufgabe ist, Materialkombinationen aus industriellen Halbfertigprodukten vorzuschlagen und daraus Details zu entwickeln, die die Qualität der historischen Details haben – und ganz wichtig ist, Details zu erfinden, die bezahlbar sind. Eine Öffentlichkeit, die gerade noch bereit ist, vordergründige Dekorationen zu finanzieren, wird uns das sonst nicht abnehmen; zudem begreift man unser Anliegen nicht, da man nicht in der Lage ist, Qualität zu erkennen und zu beurteilen.

Abb. 2. Eichstätt, Pater-Philipp-Jeningen-Platz 6; ehem. Domherrnhof Ulm um 1625 und 1688 von Jakob Engel, Blick in den zur Bibliothek umgestalteten Innenhof

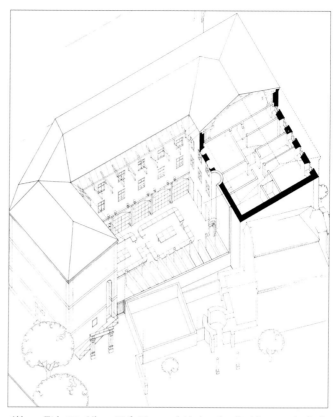

Abb. 3. Eichstätt, Ulmer Hof; Neu- und Umbauplan für Nutzung durch die Universität; isometrische Darstellung (Karl Josef Schattner)

Ein zweites wichtiges Gebäude war das sogenannte Waisenhaus (Abb. 4), das der Barockbaumeister Mauritio Pedetti 1758 über zwei bestehende Bauten aus den Jahren 1695 bzw. 1715 errichtet hatte. Er verband zwei dreigeschossige Häuser durch einen schmalen Gebäudeflügel. So entstand ein annäherndes Rechteck mit einem kleinen Innenhof. Dieses einmalige Denkmal war im Besitz der Stadt, war völlig heruntergekommen, und zudem bestand die Gefahr, daß es abgebrochen werden sollte. Ohne die Hilfe von Generalkonservator Dr. Michael Petzet, von Gebietsreferent Dr. Horst Marschall und von Ministerialrat Dr. Hans Schiedermair wäre dieses wichtige Gebäude der Stadt Eichstätt verloren gegangen. Der Raumbedarf der Universität legte nahe, Vorschläge für die Rettung des Gebäudes zu machen. Der glückliche Umstand, daß die Universität nicht Eigentümerin des Bauwerks war, die Stadt aber als Besitzerin dafür keine Nutzung hatte und die Denkmalpflege auf eine Renovierung drängte, eröffnete mir die Möglichkeit, Bedingungen zu stellen, unter denen ich das Projekt mit all seinen Risiken in Angriff nehmen konnte – Bedingungen, die sonst kein Denkmalpfleger in Deutschland akzeptiert hätte.

Maurizio Pedetti, der Architekt des 18. Jahrhunderts, hatte, wie bereits erwähnt, zwei an einer fünf Meter breiten Gasse liegende Gebäude aus der Zeit um 1700 zu einem Bauwerk verbunden und mit geringen Eingriffen eine geniale Lösung geschaffen. Mir war das Haus seit Jahrzehnten wichtig, besonders, da es von den Bürgern nicht geliebt wurde und man dieses „häßliche" Bauwerk am liebsten abgerissen hätte. Meine Strategie war es nun, aus den Konzepten des späten 17. und des frühen 18. Jahrhunderts ein neues, nämlich eines des 20. Jahrhunderts, zu entwickeln. Die Idee war, die Schichten der jeweiligen Zeit zu zeigen, ja, wenn nötig, zu rekonstruieren. Hinzu kamen Auflagen des Brand- und Katastrophenschutzes, die uns bei öffentlichen Nutzungen zwingen, Fluchttreppen etc. vorzusehen (Abb. 5).

Ausgangspunkt für die Überlegungen war die städtebauliche Bedeutung des Monuments. Mir war bewußt, daß es sich hier um ein Element der Stadt handelte, um einen Eckpfeiler, dessen Verlust den Auftakt der Stadt und die Raumfolge zerstört hätte – ganz abgesehen von seinem Erinnerungswert. Es ist unerläßlich, in jeder Stadt derartige Festpunkte zu erfassen, sich ihrer Bedeutung in der Stadtstruktur klar zu werden und bei allen Planungen und Überlegungen, welche die Stadt betreffen, einzubeziehen. Bevor Eingriffe erfolgen, bevor vor allem daran gedacht wird, Neubauten zu planen, ist zu prüfen, ob diesen wichtigen Elementen der Stadt nicht Funktionen zugewiesen werden können, die ihre Erscheinung sichern und zudem das Leben in der Stadt erhalten.

Abb. 5. Eichstätt, sog. Waisenhaus; Gartenseite, Fluchttreppe

Abb. 6. Eichstätt, sog. Waisenhaus; das „Haus im Haus"

Abb. 7. Eichstätt, sog. Waisenhaus; Wiederherstellung der „Gasse" zwischen zwei „Häusern" des Komplexes

Abb. 4. Eichstätt, Ostenstraße 25; ehem. Waisenhaus von 1758 nach Plänen Mauritio Pedettis, Gartenseite nach Aufrichtung der neuen Fassade

Mit einer Renovierung allein ist es nicht getan. Historische Stadt und Architektur dürfen nicht zur Dekoration, zum Disneyland verkommen. Unser Ziel war es, das Volumen und die Silhouette des Bauwerks zu erhalten. Als zweites stellten wir die Gasse und die rückwärtige Ebene des 17. Jahrhunderts wieder her (Abb. 7). In die Gasse legten wir das Treppenhaus – die Haupterschließung: ein Haus im Haus, ein Glashaus, das nunmehr zwischen den zwei barocken Häusern steht (Abb. 6). Dieses „Haus" mit seinen Stützen nimmt nicht die Ordnung der beiden bestehenden Bauten auf. Das hat eine deutliche Trennung zwischen Altem und Neuem zur Folge. In den historischen Teilen wurden Reste der zwei Treppenhäuser entfernt und an deren Stelle die WC-Kerne durchgesteckt – ein Mittel, das zeigen soll, daß hier ursprünglich die vertikalen Elemente, die Treppen, waren.

Pedetti hatte, um die beiden Bauten zu verbinden, auf der Rückseite eine Wand aufgezogen, die sein neues Walmdach abfing. Diese Wand war bereits um 1900 einmal erneuert worden. Wir mußten aus statischen Gründen eine neue Wand errichten und entschieden uns, dies mit den formalen Mitteln unserer Zeit zu tun. Die Wand, als Scheibe ausgebildet, war für mich die neue Schicht, die unser architektonisches Programm in ihrer Überlagerung zur historischen Architektur nach außen transportieren sollte. Die Vielschichtigkeit des Gebäudes wurde in der Behandlung der Ebenen und Oberflächen deutlich. So wurden Süd-, Ost- und Westfassade im Sinne des barocken Konzepts restauriert, ja, sogar rekonstruiert. Die innen liegenden Ebenen auf der Nord- und auf den Hofseiten bekamen die Dekoration des 17. Jahrhunderts, und die neue Wand im Norden ist ein Signal unserer Zeit. Fassaden schaffen Erwartungen, die es gilt, im Inneren einzulösen – umgekehrt muß an ihnen ablesbar sein, wenn sich im Inneren etwas verändert hat.

Folgende Gedanken sind das Ergebnis meiner Arbeit:
1. In den Diskussionen über die Stadt spricht man immer wieder von Strukturen. Strukturen jedoch werden häufig mit Oberflächen verwechselt. Sicherlich sind Material, Farbe und Ornament ortstypische Elemente. Für mich liegt jedoch die Struktur auf einer anderen Ebene. Ich bin der Meinung, daß die Struktur der Stadt, die Struktur einer Straße stärker von ihrem Inhalt her bestimmt wird. Ich bin weiter davon überzeugt, daß die räumlichen Qualitäten, der Außenraum und der Innenraum sowie deren Verknüpfung, die Struktur beschreiben. Deshalb ist es notwendig, die Fixpunkte einer Stadt – bedeutende Gebäude, Plätze und Straßen – in ihrer räumlichen Eigenheit zu erfassen und in alle Planungen einzubeziehen. Das Ziel ist, diese Stadträume zu erhalten.

2. Architektur war immer Baustoff. Auch die historische Architektur stand in der Vergangenheit zur Disposition und muß auch heute zur Verfügung stehen. Das heißt, daß unabhängig von der ursprünglichen Bestimmung mit ihrem Inhalt die Architektur einer neuen Nutzung zugeführt werden muß. Nur so sind historische Gebäude zu erhalten. Das heißt aber auch, daß sich aus der neuen Nutzung heraus die Notwendigkeit einer Veränderung ergibt. Wichtig ist in diesem Zusammenhang, zuvor die Denkmalverträglichkeit des neuen Konzepts zu prüfen. Hierfür wäre es notwendig, Architekten bereits im Vorfeld der Planung zu beteiligen, denn nur sie sind in der Lage, dem Bauherrn mit ihren Erfahrungen und ihrer räumlichen Phantasie zu helfen, richtige Vorentscheidungen zu treffen und Alternativen anzubieten.
3. Bei notwendig werdenden Eingriffen in die bestehende Architektur sind die Probleme nicht mit Hilfe der Anpassung und der Imitation zu lösen. Die Imitation löst die Probleme in der alten Stadt und in den historischen Gebäuden nicht. Die formalen Faszinationen der Zeit, neue Materialien und Konstruktionen, beeinflussen den Entwurf. Zudem sollten Übergänge nicht verschliffen werden, es ist vielmehr darauf zu achten, das Gestern vom Heute klar zu trennen. Ich glaube, daß die Festlegung „Nahtstelle", die Wahl der Materialien und die räumlichen Neuordnungen über die neue Qualität des Ergebnisses entscheiden. Dabei muß es gelingen, die historischen und neuen Elemente in einen Dialog treten zu lassen (Abb. 8). Es ist darauf zu achten, daß durch unsere Interventionen das Ergebnis nicht Additives bekommt.
4. Bauwerk und Architekturdetail standen und stehen in enger Wechselbeziehung zueinander (Abb. 9). Das Architekturdetail wird aus der großen Form und aus den Faszinationen der Zeit heraus entwickelt. Es ist das Detail, das die Architektur trägt. Architektur wird aus wechselnden Standpunkten erlebt. Das Detail übernimmt es, Architektur in der unmittelbaren Begegnung zu begreifen. Das neue Detail wird auch aus dem heutigen Material und der heutigen Konstruktion entwickelt. Es liegt deshalb nahe, daß das Industriedetail in unsere Bauten Eingang findet. Dasselbe gilt für heutige Materialien, die in neue Zusammenhänge gebracht werden und ähnlich wie bei der Großform in der Überlagerung Spannung und Reiz erzeugen.

Untersucht man Architektur, kann man gegenwärtige und historische Architektur nicht mit unterschiedlichen Maßstäben bewerten. Architektur löst immer die gleichen Probleme: Entwicklung eines Konzepts, Geltendmachen des Materials

Abb. 8, 9. Eichstätt, Kath. Universität, Lehrstuhl für Journalistik; nach dem Bau des Eingangs- und Hörfunkgebäudes

und seiner Struktur, die Anwendung des Rhythmus', der Symmetrie und der Asymmetrie, das Ausnutzen des Lichts und des Schattens, der Tektonik, der Plastizität der architektonischen Massen, ihres Maßstabs und der wechselseitigen Proportionalität der Bauten.

Die Vielgestaltigkeit der historischen Architektur fordert unerstarrte Interpretationslösungen, die sich immer von neuem von alten überkommenen Schematismen befreien müssen. Ich werde immer wieder gefragt, welche Erfahrungen ich mit der Denkmalpflege habe. Die Denkmalpflege schlechthin gibt es aber nicht: Es gibt Denkmalpfleger. Ich kannte Denkmalpfleger der 50er, der 60er, 70er, 80er und 90er Jahre. Das Bild der Denkmalpfleger hat sich in dieser Zeit ständig gewandelt und automatisch damit natürlich auch die Ansichten der Partner. Heute stehen uns Kunsthistoriker gegenüber, die über einen Spezialbereich der Kunstgeschichte promoviert haben. Selten nur treffen wir auf jemanden, der sich mit Architektur auseinandergesetzt hat, da aber auch nur mit historischer Architektur, zur Moderne fehlt häufig der Bezug. Bei den Architekten dagegen ist es umgekehrt: Sie kommen aus der Praxis, können bauen, haben Materialkenntnisse, haben ein Verhältnis zur heutigen Architektur, mit der historischen Architektur dagegen haben sie häufig Probleme. Der Architekt sieht im Denkmal zunächst das Bauwerk, im Gegensatz zum Denkmalpfleger, der im Bauwerk zuerst das Denkmal sieht. Bei all dem wird die Frage nach der Qualität des Denkmals leider nicht gestellt. Allein die Tatsache, daß eine Architektur in die Jahre gekommen ist, genügt heute, sie zum Denkmal zu erheben. Bevor es eine Denkmalpflege gab, kümmerten sich Architekten um die historischen Monumente; Baukompetenz und Denkmalerhaltung lagen also in einer Hand.

Heute treffen zwei Lager aufeinander, und das führt automatisch zu Kompetenzkonflikten. – Wie ist das Problem zu lösen? – Sicher wüßte Michael Petzet einiges zu erwidern, wir würden trefflich miteinander streiten und jeder vielleicht im Stillen denken, daß der andere gar nicht so unrecht hat.

ABBLIDUNGSNACHWEIS

Alle Aufnahmen mit Ausnahme von Abb. 3 ATELIER KINOLD, MÜNCHEN

Gisela Vits

Historismus als Mode?
Zu Sinn und Unsinn der Rückführung kirchlicher Raumfassungen

Mit der Einführung systematischer Befunduntersuchungen zu Beginn der siebziger Jahre wurden dem Denkmalpfleger neue, gleichsam objektivierte Grundlagen für seine Entscheidungen in die Hand gegeben. Es war nun nicht mehr die einfühlend-schöpferische Erfindungsgabe des Konservators, die in der Regel die Renovierungen zuvor geleitet hatte, sondern ein wissenschaftlich begründetes Konzept, das es zu verfechten galt. Dabei war die Rückführung auf den Urzustand zumeist besonders verlockend, da nur dieser als authentisches Gewand des Kunst- oder Bauwerks anzusehen war.

Vor allem die bayerischen Barockkirchen erhielten nun wieder die Fassung des 18. Jahrhunderts, die über das gewohnte Ocker und Weiß hinaus den Außenbauten eine reiche Farbpalette und durch farbliche Differenzierungen, aufgemalte Spiegel oder Beistriche auch eine vergrößerte Formenvielfalt bescherte. Die häufig noch einheitlich erhaltenen Innenräume wurden überwiegend in der entsprechenden Fassung getüncht. Auch bei älteren Kirchen war die Rekonstruktion des bauzeitlichen Zustandes – wie auch schon vor Einführung der verfeinerten Untersuchungsmethoden – zumeist das angestrebte Ziel. Die später eingebrachte barocke oder historische Einrichtung wurde dabei in Kauf genommen oder, wenn auch zunehmend seltener, kurzerhand entfernt. Bei Kirchen des 19. Jahrhunderts dagegen war die meist schon in den dreißiger oder spätestens in den fünfziger und sechziger Jahren übertünchte Erstfassung in der Regel zwar gut dokumentiert, aber ungeliebt. Innenräume aus früheren Jahrhunderten, die im 19. Jahrhundert eine Überformung erhalten hatten, also eine Neugestaltung von Raumschale und Einrichtung, hatten in den frühen siebziger Jahren erst recht kaum eine Chance, ihr einheitliches Erscheinungsbild zurückzuerhalten.

So wurde auch bei einem der frühesten Beispiele für die Rekonstruktion einer historischen Raumfassung, der Katholischen Pfarrkirche St. Arsatius im oberbayerischen *Ilmmünster*, sechs Jahre lang gestritten, bis das vom Bayerischen Landesamt für Denkmalpflege verfochtene Konzept durchgesetzt werden konnte. Die auf das späte 12. Jahrhundert zurückgehende ehemalige Stiftskirche mußte im Laufe ihrer Geschichte eine spätgotische Umgestaltung (1475), zwei Barockisierungen (1676 und 1746), eine Reromanisierung (1875) und eine Purifizierung (1938) über sich ergehen lassen. 1975 schließlich bot sie ein Bild der Trostlosigkeit: Die auf freundliche Helligkeit angelegte Raumschale war verschmutzt, die ehemals stuckierten Stellen zeichneten sich dunkel ab, die neuromanische (grau überfaßte) Einrichtung und die verbliebenen figürlichen Malereien hatten ihren gestalterischen Zusammenhang verloren (Abb. 1). Die sowohl im Barock (durch Stuck) als auch im 19. Jahrhundert (durch Malerei) strukturierte Wölbung trat nur noch durch ihre unproportionierte Gedrungenheit in Erscheinung. Die Absicht, diesen Zustand zu ändern, war somit einvernehmlich, die Zielvorstellung allerdings nicht: Wunsch der Kirchenverwaltung war es, einen der in Bayern so seltenen romanischen Kirchenbauten zurückzuerhalten; dem Konzept des Landesamtes lag die Wiederherstellung des neuromanischen Zustandes zugrunde. Die „romanische" Kirche scheiterte schließlich daran, daß ihr Aussehen durch keinerlei Überlieferung geklärt und auch durch die Bauforschung nicht mehr zu ermitteln war. Der im Modell dargestellte Versuch einer Rekonstruktion (mit flacher Holzdecke im Mittelschiff) ergab denn auch einen Kirchenraum, der mit Romanik wenig zu tun hatte, dagegen aber einer Reihe von Neubauten der zwanziger oder dreißiger Jahre verblüffend ähnlich sah: etwa der 1922/23 errichteten Neuen Katholischen Pfarrkirche St. Martin in München-Moosach oder der 1932-34 erbauten Katholischen Pfarrkirche Bruder Konrad in Haar.

Abb. 1. Ilmmünster, Kath. Pfarrkirche St. Arsatius, 1974

Abb. 2. Ilmmünster, Kath. Pfarrkirche St. Arsatius, Südwand des Mittelschiffs mit 1981/82 rekonstruierter Fassung

Der Gegenvorschlag des Landesamtes überzeugte schließlich, weil die neuromanische Fassung der Raumschale lückenlos dokumentiert, nämlich unter der Übertünchung erhalten war und mit ihrer Rekonstruktion die vollständig vorhandene Einrichtung und die wie Briefmarken an den Wänden verbliebenen figürlichen Malereien wieder in den Gesamtzusammenhang eingebunden werden konnten. Die nun zurückgewonnene künstlerische Qualität der neuromanischen Umgestaltung beweist, daß der – auch finanziell – beträchtliche Aufwand ihrer Wiederherstellung gerechtfertigt war (Abb. 2, 3).

In der Folgezeit nahm der Widerstand gegen die Umsetzung ähnlicher Unternehmungen immer mehr ab. Die Kirche von Ilmmünster leistete dabei als Demonstrationsobjekt wiederholt die beste Schützenhilfe. Im Laufe der achtziger Jahre gewannen die farbenfrohen und phantasievollen historistischen Raumfassungen schließlich eine solche Beliebtheit, daß der Wunsch nach ihrer Wiedergewinnung häufig schon geäußert wurde, bevor einschlägige Untersuchungen über die Machbarkeit vorlagen. Inzwischen sind die Kirchenverwaltungen kaum noch zu bremsen. Unzufrieden über die auf schlichte Klarheit und Helligkeit angelegten, nunmehr aber verschmutzt und damit unansehnlich gewordenen Umgestaltungen der fünfziger und sechziger Jahre, möchten sie den wohnlicheren, weniger nüchternen Kirchenraum zurückerhalten, an den sich die Älteren manchmal noch erinnern und der oft gegen ihren Widerstand von der bauhausgeschulten Generation der Fachleute durchgesetzt worden war.

Dabei beginnen die Grenzen des denkmalpflegerisch Vertretbaren mehr und mehr überschritten zu werden. Mit einer Gratwanderung wurde beispielsweise die 1994 begonnene Innenrenovierung der Katholischen Pfarrkirche St. Margareta in *Wilburgstetten* (bei Dinkelsbühl) zu Ende geführt. Die

Abb. 3. Ilmmünster, Kath. Pfarrkirche St. Arsatius, Blick zum Chor, 1983

Abb. 4. Leutershausen, Evang.-Luth. Stadtpfarrkirche St. Peter, Freilegungsprobe einer neugotischen Schablonenmalerei

1778-80 unter Beibehaltung des mittelalterlichen Sattelturms erneuerte Chorturmkirche war 1899-1903 erweitert, dabei umorientiert und völlig neu gestaltet worden. Da die Raumschale zwar 1948 und 1964 übertüncht wurde, die neuromanische Fassung darunter aber erhalten blieb und auch die neuromanische Einrichtung vollständig vorhanden war (die drei Altäre wurden bereits 1871 für die Kirche angefertigt), lag der Fall ähnlich wie in Ilmmünster: Die Fassungen von Raumschale und mobiler Einrichtung wurden dem Zustand von 1903 entsprechend rekonstruiert. Ebenso wie im Ilmmünster fehlten aber auch hier die ursprünglich vorhandenen (1945 durch Brückensprengung zerstörten) Farbfenster. Da dies wegen der kleineren Öffnungen der Basilika in Oberbayern jedoch kaum augenfällig wird, vor allem aber, weil es keinerlei Belege dafür gab, kam die Diskussion über eine Änderung der Verglasung in Ilmmünster gar nicht erst auf. In Wilburgstetten dagegen zeigt die überraschend starke Farbigkeit der Raumschale, daß bei ihrer Gestaltung mit der Dämpfung durch die farbige Verglasung der hier großen Fenster gerechnet worden ist. Zudem traten die hellen Fensterflächen als Unterbrechung des Wandzusammenhangs störend in Erscheinung. Durch diese Einsichten beflügelt, nahm das Historisieren seinen Lauf: Unscharfe Schwarzweißphotos der Chorfenster bezeugen zwar das Vorhandensein einer Farbverglasung und geben Aufschluß über die Verteilung von figürlicher und ornamentaler Gestaltung – mehr aber auch nicht und dies nur für zwei von insgesamt dreizehn Fenstern! Wer heute die Kirche betritt, trifft auf einen vollkommen einheitlich durchgestalteten neuromanischen Innenraum mit einer von Roger Kausch (Firma Gustav van Treeck, München) geschaffenen Verglasung, deren Entstehungszeit nur der diskret angebrachten Signatur zu entnehmen ist (Abb. 5). Am Rande sei erwähnt, daß das Landesamt für Denkmalpflege die großzügig als „Schließung einer Fehlstelle" deklarierbare Aktion nicht empfohlen, aber auch nicht bekämpft hat.

Im Chor der Evang.-Luth. Stadtpfarrkirche St. Peter von *Leutershausen* (bei Ansbach) steht die Freilegungsprobe einer gut erhaltenen Schablonenmalerei als stumme Anklage in der grau überstrichenen Wand (Abb. 4). Die ab 1432 errichtete und 1630 mit Emporen ausgestattete Basilika hatte 1875/77 neben baulichen Eingriffen eine neugotische Ausstattung erhalten, zu der außer einer Neufassung der Raumschale (einschließlich Holzdecke und Emporen) und neuen Farbfenstern mit Altar, Kanzel, Taufstein, Orgel und Gestühl auch die gesamte Einrichtung gehörte. Die Geschlossenheit dieser Raumgestalt wurde 1952 dem damaligen Zeitstil entsprechend aufgegeben: Mit dem Ziel einer Vereinfachung des als überladen empfundenen Innenraums wurden Altar, Taufstein und Glasgemälde entfernt, Kanzel und Emporen vereinfacht und die Malereien der Raumschale (mit Holzdecke und Emporen) überstrichen bzw. abgelaugt. Die Fenster erhielten leicht farbig getönte, rundverbleite Scheiben. Eingebracht wurden ein neuer Taufstein und ein dominierender Altar, der

Abb. 5. Wilburgstetten, Kath. Pfarrkirche St. Margareta, Farbfenster von Roger Kausch, 1995

Abb. 6. Dinkelsbühl, Evang.-Luth. Stadtpfarrkirche St. Paul, Zustand vor 1955

– eine Kreuzigungsgruppe mit vier Engeln – 1964 von Josef Traxler geschaffen worden ist. Als letztes ist die erst 1989 fertiggestellte Orgel zu nennen.

Durch die aus damaliger Sicht schlüssige, wegen der unwiederbringlichen Verluste jedoch bedauerliche Neugestaltung wurden Weichen gestellt, über die hinwegzusetzen nicht mehr möglich ist. Mit der Auswechslung der Einrichtung und der entsprechenden Gestaltung der Raumschale hat der Innenraum eine neue Dimension erhalten, die nun in die Baugeschichte der Kirche eingeht. An eine Änderung des bestehenden Zustands ist nicht gedacht.

Die in den fünfziger und sechziger Jahren vorgenommenen Eingriffe zu akzeptieren, stößt jedoch zunehmend auf Schwierigkeiten – und zwar gerade dann, wenn die Lösungen besonders konsequent und damit radikal waren (anders also als in Ilmmünster und Wilburgstetten). Waren sie aus Abneigung gegen den Historismus geboren und als Befreiung empfunden worden, so gilt die klare Formenstrenge jetzt als Verarmung, der entgegenzuarbeiten versucht wird. Die in ihren Anfängen oft nur schwer durchsetzbaren Befunduntersuchungen sind dafür ein willkommener Denkanstoß. Sie werden nun bei jeder Instandsetzung fast automatisch vorgenommen und wie ein Musterkatalog vorgestellt. Ist die Rekonstruktion eines historischen Zustands wegen der eingetretenen Verluste nicht mehr möglich, so werden die verfügbaren Reste beliebig vereinnahmt und in Neugestaltungen integriert. Bei der Verteidigung der in der Regel unumkehrbaren Umgestaltung der fünfziger Jahre steht der Denkmalpfleger dabei häufig auf verlorenem Posten.

So war auch der Einsatz für den bestehenden Zustand bei der Inneninstandsetzung der Evang.-Luth. Stadtpfarrkirche St. Paul in *Dinkelsbühl* zum Scheitern verurteilt. Die 1840/43 vom Ansbacher Civilbauinspektor Andreas Schulz in klassizistischen Formen errichtete und vom Bildhauer Franz Herterich ausgestattete Kirche, ein querrechteckiger flachgedeckter Saalbau mit Apsis an der Südseite, war 1955 einschneidend verändert worden (Abb. 6, 7). Damals wurde die zweigeschossige Apsis, die in der Erdgeschoßzone als Sakristei mit vorgestelltem Kanzelaltar zugesetzt war, im Obergeschoß aber Fenster enthielt, gänzlich zugemauert und der Altar durch ein Kruzifix von Karl Hemmeter über einem neuen Altartisch ersetzt. Anstelle der ursprünglich vorhandenen bemalten Kassettendecke wurde eine gegliederte Putzdecke mit figürlichen Motiven eingezogen und der ganze Raum farblich neu gestaltet. Erneuert wurden die Orgel (ohne Prospekt), die Kanzel und die Bekrönung über dem Taufbecken. Von der klassizistischen Ausstattung blieben außer den Emporen nur noch das Gestühl und der Taufstein erhalten.

Auslöser für die 1992/93 durchgeführte Innenrenovierung waren schwere statische Schäden an der Decke und die starke Verschmutzung der Raumschale. Darüber hinaus verwies die Kirchengemeinde auf Probleme beim liturgischen Ablauf und dabei vor allem auf die mangelnde Konzentration der Kirchenbesucher im Raum, die insbesondere mit der Weitläufig-

Historismus als Mode? 205

Abb. 7. Dinkelsbühl, Evang.-Luth. Stadtpfarrkirche St. Paul, Zustand nach 1955

Abb. 8. Dinkelsbühl, Evang.-Luth. Stadtpfarrkirche St. Paul, Zustand 1993

keit des Gestühls und der Stellung des Altars unmittelbar vor der Wand begründet wurde. Nicht zuletzt fielen ästhetische Gesichtspunkte ins Gewicht (Abb. 8).

Bei der Neugestaltung der Kirche, die der Münchner Architekt Theo Steinhauser übernahm, diente jede ihrer Bauphasen als Fundus. Zunächst war sogar daran gedacht, in der vom Vorgängerbau – einer Karmelitenklosterkirche – übernommenen Südwand ein sich abzeichnendes Fenster wieder zu öffnen. Man beschränkte sich jedoch auf die Öffnung der Apsis, die im ursprünglich geschlossenen Erdgeschoß zusätzliche Fenster erhielt. In der Kalotte der Apsis wurde die klassizistische Ausmalung rekonstruiert, allerdings in einer anderen Farbgebung. An die Stelle des Kanzelkorbs von 1955 trat eine klassizistische Kanzel, die aus der Friedhofskirche St. Leonhard stammt. Das noch erhaltene klassizistische Gestühl dagegen wurde bis auf die hinteren Bänke entfernt und durch eine lose Bestuhlung ersetzt. Die erneuerte Orgel erhielt wieder ein Gehäuse. Von der Ausstattung von 1955 überdauerten der jetzt links von der Apsis angebrachte Korpus des ehemaligen Altarkreuzes und die Putzdecke, die aber ihren figürlichen Schmuck bis auf geringe Reste verlor und wie der gesamte (in Rosatönen mit grau, hellblau und weiß gehaltene) Raum eine neue Fassung erhielt. Neu gestaltet wurde vor allem der Altarbereich, zu dem auch die dezent moderne Verglasung der Fenster gehört (Helmut Ulrich, Friedberg).

Nachdem die Weichen zugunsten einer Umgestaltung gestellt waren, zog sich das Landesamt aus der Dinkelsbühler Kirche zurück. Für den gerade in jüngerer Zeit immer freizügigeren Umgang mit den Versatzstücken der Geschichte – und dazu zählen auch die Raumfassungen – ist sie jedoch ein bezeichnendes Beispiel, das Aufmerksamkeit verdient.

ABBILDUNGSNACHWEIS

BAYERISCHES LANDESAMT FÜR DENKMALPFLEGE, Photoarchiv: *Abb. 1-3;* Verfasserin: *Abb. 4;* FIRMA GUSTAV VAN TREECK, MÜNCHEN: *Abb. 5;* Repro nach historischer Aufnahme im Pfarrarchiv: *Abb. 6;* DIPL.-ING. HUBERTUS SCHÜTTE, DINKELSBÜHL: *Abb. 7, 8*

Manfred F. Fischer

"Missgestaltet zur Nachwelt reden?"

Die Entrestaurierung der ehemaligen Klosterkirche in Heilsbronn bei Ansbach

Die mittelalterliche Kirche des Zisterzienserklosters Heilsbronn in Mittelfranken hatte seit der Klosteraufhebung in der Reformation zwar den Großteil ihrer bedeutenden Ausstattungsstücke, Altäre und Grabmäler, erhalten können.[1] Der Raumeindruck ihres Inneren ist jedoch Objekt mehrfacher gründlicher Veränderungen gewesen.[2] Ein- und Umbauten des 18. Jahrhunderts hatten aus dem Kern der langgestreckten Raumfolge eine recht nüchterne Predigtkirche gemacht (Abb. 1). Vor allem aber war auch fast die gesamte Klosteranlage das Opfer rationaler und gewinnbringender Verwertung von Baumaterialien geworden. So war es verständlich, daß mit dem Beginn des historischen Zeitalters der auch als Grablege der Hohenzollern in Franken berühmte Ort Gegenstand restauratorischer Idealvorstellungen wurde, in durchaus ambivalent konkurrierender Zuwendung seitens des neuen Territorialherren Bayern und der alttradierten dynastischen Verbindung zu Preußen. Der Verfasser dieses kleinen Beitrages gesteht, daß ihn mit dem Fortgang des eigenen Berufsweges die verschiedenen Phasen der späteren Schicksale der alten Zisterzienserabtei, Gegenstand der ersten eigenen wissenschaftlichen Bemühungen, immer wieder gelockt haben, z. B. bei der Darlegung der ersten durchgreifenden Restaurierung nach Ideen Friedrich von Gärtners.[3] Daher sei hier dem Jubilar und Berufskollegen eine weitere Phase denkmalpflegerischer Entscheidungen in Heilsbronn dargebracht, eine Phase, die schon in die hohe Zeit der wissenschaftlich fundierten staatlichen bayerischen Denkmalpflege fällt.

Die sogenannte „Gärtner-Fassung" großer Teile der Münsterkirche, vor allem des Inneren, war der Reflex auf erste Vorschläge des Ritters von Lang 1822 gewesen. Erste Pläne hatte damals Alexander von Heideloff gemacht, die leider verschollen sind. Am 11. April 1845 erhielt Friedrich von Gärtner von König Ludwig I. den Auftrag zur Erstellung von Restaurierungsplänen, die als Zeichnungen komplett erhalten sind. Die Ausführung geschah aber dann erst nach modifizierten Plänen von Voit (1854) und Forsthuber bis 1866 (Abb. 2). Diese historische Neugestaltung war von einigen weiteren gravierenden Veränderungen begleitet gewesen. So war z. B. das berühmte spätromanische Schmuckportal am ehemaligen Refektorium schon vor 1832 von dem in Berlin wirkenden, aus Süddeutschland stammenden bekannten Ofen- und Tonwaren-Fabrikanten Tobias Christoph Feilner abgeformt worden.[4] Das Originalportal war 1884 als Gabe von Kaiser Wilhelm I. durch Vermittlung des bayerischen Hofes in das Germanische Nationalmuseum nach Nürnberg verbracht worden,[5] wo es jedoch am 5. April 1945 zerstört wurde,[6] ein Schicksal, das ihm beim Verbleiben an Ort und Stelle sicher erspart geblieben wäre.

Auch nach der grundlegenden Neugestaltung des Kircheninneren waren immer wieder Einzelmaßnahmen, Reparaturen und Einbringung neuer Kunstwerke erfolgt. Von langer Dauer war freilich die Akzeptanz der neuen Erscheinung des Inneren nicht. Die umfangreiche Korrespondenz der zuständigen kirchlichen Dienststellen, z. B. und vor allem mit dem Generalkonservatorium in München, zeigt frühe Kritik und Wünsche zur Beseitigung der auf Friedrich von Gärtner zurückgehenden Innengestaltung des Raumes. Diese schlagen sich vor allem im vollständig erhaltenen Heilsbronner Pfarrarchiv und in den Akten des Landesamtes für Denkmalpflege in München nieder. 1895 wurde das filigrane Sakramentshäuschen im gotischen Chor restauriert. In den Jahren 1900-1902 wurde nach einem 1899 gefertigten Entwurf der Firma Albert Leibold, Nürnberg, ein gotisierender Kronleuchter für die Vierung geplant. Die Ausführung geschah dann bis 1902 nach einem Entwurf des Nürnberger Architekten Theodor Eyrich, und zwar in romanisierenden Formen, wohl nach dem Vorbild des berühmten Komburger Leuchterrades.

1909 wurden einige Grabmäler restauriert. 1909-1914 geschah dann die umfassende Erneuerung des Dachreiters. Das Generalkonservatorium stellte sich anfangs gegen das Konzept des Nürnberger Steinmetzmeisters Johann Göschel, das im wesentlichen auf einen Abbruch und eine formenreichere Kopie hinauslief. Schließlich einigte man sich auf ein Konzept von Professor Josef Schmitz, Nürnberg, der die Vorschläge Göschels relativierte. 1909 entdeckte man einen gotischen Türbogen in der Wand des Ostchores, dessen Freilegung vom Generalkonservatorium genehmigt wurde.[7]

Um diese Zeit schlägt sich erstmals, aber nachhaltig Kritik seitens der Gemeinde und ihres Pfarrers Sperl an der Raumfassung des Inneren nieder. Und es beginnt ein listenreiches Verhandeln mit den zuständigen Denkmalpflegern, in dem vor allem der Pfarrherr die Argumente zu bringen weiß, die um diese Zeit in den Fachkreisen der Denkmalpflege allgemein gegen das Restaurierungswesen des 19. Jahrhunderts diskutiert wurden. Auslöser war die Behörde selbst. Anläßlich der notwendigen Restaurierung des großen Kruzifixes über dem Kreuzaltar schrieb das Generalkonservatorium (Bearbeiter: Konservator Alois Müller) am 5. November 1909 an die Regierung von Mittelfranken nach Ansbach und erwähnte die Stuckierung der Innenwände von 1854-1866, „die einen recht unerfreulichen Gegensatz zu den verschiedenen schönen Grabdenkmälern des Mittelschiffes und der Seitenschiffe bietet"[8]. Im Chor sei bereits einiges abgeschlagen und „der ursprüngliche Charakter des Quadermauerwerks hergestellt: Es wäre im Interesse des Gesamteindruckes dieser künstlerisch und kunstgeschichtlich hoch bedeutsamen Kirche sehr zu wünschen, daß auch in den drei Schiffen der ursprüngliche Zustand der Wände wiederhergestellt würde". Es wurde empfohlen, Proben zu machen.

Abb 1. Heilsbronn, Münster; Innenansicht des Langhauses vor der Restaurierung des 19. Jahrhunderts, Radierung (Germanisches Nationalmuseum Nürnberg)

Ganz selbstverständlich wird hier bereits die Stuckierung, also die Behandlung des Mauerwerks im 19. Jahrhundert, so subjektiv sie im Detail auch gewesen war, grundsätzlich als falsch und ihr gegenüber die Steinsichtigkeit, also Ursprünglichkeit, als höherwertig im Sinne eines historischen Dokumentes angesehen.

Vorerst blieb es bei diesen ersten Maßnahmen und Einschätzungen. Am 12. April 1911 hatte der bayerische Generalkonservator Dr. Georg Hager selbst resümierend festgestellt, im Inneren seien lediglich die Wände zu reinigen.[9] Der Erste Weltkrieg und die spätere Inflation ließen weitere Aktivitäten nicht zu.

Einen neuen Anstoß erhielt die Sache erst anläßlich der 800-Jahr-Feier der Gründung des Klosters im Jahre 1932.[10] Der Festgottesdienst fand am 3. Juli 1932 statt. Dieses Ereignis hat wohl wieder neuen Auftrieb gegeben. Den Vorreiter machte nun nicht die Gemeinde, sondern die kirchliche Aufsichtsbehörde. Nach der Änderung der politischen Verhältnisse 1933 schien eine solche Sondage auch diplomatischer zu sein. Am 1. Oktober 1937 wandte sich der Evangelisch-Lutherische Landeskirchenrat an das Landesamt für Denkmalpflege. Aus dem Pfarramt Heilsbronn werde immer wieder berichtet, daß viele Besucher das Ausbleiben einer Restaurierung des Innenraumes monierten. Die letzte Renovierung 1857-1866 sei „mit der größten Verständnislosigkeit durchgeführt". Der romanische Teil sei durch den Stuck und die Zierraten verdorben. Auch die Kanzel passe nicht zum Baustil. Deutlich nimmt man Bezug auf Besucher während des Reichsparteitages der NSDAP im nahen Nürnberg, besonders auf solche, „die höhere Stellen in Staat und Partei bekleiden"[11]. Es folgte Stillschweigen seitens der Münchener Behörde. Auch eine erneute Anfrage vom 17. Januar 1938 brachte in den Münchener Akten lediglich die Randnotiz, die Sache sei durch einen Brief an den Pfarrer sowie telefonisch erledigt. Nunmehr wandte sich der neue Pfarrer Simon am 10. April 1938 direkt an das Münchener Amt. Er erinnerte an eine erbetene gutachterliche Stellungnahme und an die staatliche Baupflicht. Die Kirche sei „so bedeutsam, daß sie nicht mißgestaltet zur Nachwelt reden solle". Auch hierauf folgten nur Aktenvermerke. Die Sache war in München offenbar lästig.

Angesichts dieser Sachlage erinnerte sich der Heilsbronner Pfarrer der Bedeutung der Kirche für die Geschichte des

Hauses Hohenzollern. Am 25. Juli 1938 richtete er ein Schreiben an den ehemaligen Deutschen Kaiser Wilhelm II. in seinem Exil in Doorn. Er weiß seine Argumente sehr gut vorzubringen: „Außerdem beanstandet jeder Kunstverständige, der unsere Münsterkirche besichtigt, die Art und Weise, wie die Kirche bei der letzten Renovierung ... in verständnisloser Weise verunstaltet wurde. Der schöne romanische Teil wurde damals hellblau angestrichen und mit geschmacklosen Stuckverzierungen versehen. Das häßlich angestrichene Gestühl, die stilwidrige Kanzel usw. passen absolut nicht zu unserer sonst so prachtvollen, an alten Kunstschätzen so reichen Kirche, der von jeher die Hohenzollern ihr Augenmerk zugewendet haben. Eine verständnisvolle Renovierung unseres altehrwürdigen Münsters im ehemaligen Stil würde nach der Aussage eines sachverständigen Restaurators einen Kostenaufwand von ca. 50.000,– RM erfordern".

Trotz der bittenden Schlußformel hat Pfarrer Simon keinen Erfolg bei seinem Versuch, alte Hohenzollern-Anhänglichkeiten zu aktivieren. Das Antwortschreiben der „Generalverwaltung des vorm. regierenden Preußischen Königshauses" vom 8. September 1938 ist zwar äußerst freundlich und verbindlich, ist aber dennoch mit Hinweis auf die knappen Mittel eine bestimmte Absage.[12]

Die Wende brachte erst der Beginn des Zweiten Weltkrieges bzw. die ersten negativen Folgen. Am 12. November 1939 wendet sich Pfarrer Simon erneut an das Landesamt für Denkmalpflege. Er verweist auf eine Gedächtnisspende der Nürnberger Familie Loesch zum Gedenken an deren verstorbenen Sohn, den Studienrat Max Loesch aus Ansbach. Es solle eine Steinkanzel gespendet werden, ähnlich der im nahen Neuendettelsau. Simon erbittet eine Stellungnahme und schließt sein Schreiben diesmal mit der offiziellen im Dritten Reich gebrauchten Grußformel. Dieses Mal wird die Sache in München als dringlich behandelt. Schon am 14. November erbittet der zuständige Referent Hoferer Lichtbilder, auch solche von der Kanzel in Neuendettelsau.[13] Sie liegen der Akte bei.

Das Landesamt ist mit einer neuen Kanzel einverstanden. Generalkonservator Dr. Georg Lill fordert aber erste Fachkräfte.[14] Nunmehr ist der Pfarrer offenbar zufrieden mit dem Erfolg. Sein Brief vom 12. März 1940 ist rein geschäftlich, mit peinlich genauer Angabe aller Aktenzeichen. Er bittet um Namensvorschläge. Er will nunmehr keine Fehler mehr machen, weiß er doch allein, welch weitergestecktes Ziel er damit verspielen würde. Aus München kommt am 27. März 1940 der Vorschlag, den Geheimrat Professor German Bestelmeyer für die Architektur, Professor Heinlein, beide Technische Hochschule München, für den bildhauerischen Teil zu beauftragen. Am 8. April 1940 erläutert dann der Pfarrer in einem Brief an Bestelmeyer sein Anliegen und den Anlaß. Noch im gleichen Monat erhält Bestelmeyer die erforderlichen Photounterlagen, und schon am 16. bzw. 20. Mai erhalten das Landesamt bzw. die Gemeinde von ihm die Zeichnungen und Erläuterungen für die geplante neue Kanzel.[15] Angesichts der Fülle an historischen Ausstattungsstücken könne ein „Werk aus unserer Zeit keinerlei Interesse erregen". Das Neue solle also nur eines, nämlich nicht verunstalten. Da die alte Holzkanzel schon durch ihre achteckige Form gestört habe, schlägt er die neue in der „einfachen Form der

Ambonen" vor, ohne Schalldeckel, am besten aus Crailsheimer Muschelkalk. Zusätzlich schlägt er einen neuen Altar vor, nur mit dem bestehenden Kruzifix als Schmuck, da der alte Hochaltar im gotischen Chor bestehen bleibe. Ein passendes Antependium könne in den Werkstätten von Neuendettelsau gefertigt werden. Beim Abbruch der alten Kanzel seien die gotischen Apostelfiguren zu bergen.[16] Am 26. Mai erklärt Konservator R. Hoferer sein Einverständnis und bittet außerdem, die von Bestelmeyer gemachten Vorschläge zur farblichen Verbesserung der Holzdecke im Kirchenschiff für später festzuhalten.

Zwar befürchtet der Pfarrer bei der viereckigen Kanzelform anfangs Sprechprobleme, an der alten habe er sich immer diagonal orientiert, doch werden diese akustischen Probleme ausgeräumt. Da der Stifter aber nur die Kosten für die Kanzel tragen konnte, übernahm Bestelmeyer die für den Altar selbst, unter Hinweis auf seinen eigenen, vor acht Jahren verstorbenen Sohn.[17] Am 4. Juli 1940 erfolgt dann der offizielle Kirchenverwaltungsbeschluß unter Vorsitz von Pfarrer Simon, und zwar für die Kanzel und den Altar, und Simon dankt Bestelmeyer für dessen finanzielle Hilfe. Anschließend werden das Regierungspräsidium, die Landeskirchenstelle und das Kultusministerium in Kenntnis gesetzt.

Abb 2. Heilsbronn, Münster; Innenansicht des Langhauses vor der Freilegung nach dem Zweiten Weltkrieg

Abb. 3. Heilsbronn, Münster, Innenansicht des Langhauses nach der Freilegung

Im Januar 1941 sind die Gipsmodelle Heinleins fertig. Man klagt über kriegsbedingten Leutemangel. 1942 bleiben die Dinge erst einmal liegen, da Bestelmeyer erkrankt ist. Ab 1941 hatte der neue Heilsbronner Pfarrer Theodor Schmidt sein Amt angetreten, er verfolgt die Arbeit wie sein Vorgänger mit großem Interesse. Die fertigen Werkstücke liegen eingelagert in einer Münchener Werkstatt. So geht der Krieg zu Ende.

Für die Kirche arbeitet jetzt als Beauftragter der Regierungsbaumeister Eberhard Braun in Erlangen. Nunmehr – Kanzel und Altar sind noch immer nicht eingebaut – beginnen weitere Arbeiten. Das Landesamt in München (Referat Blatner) fragt bei Braun an wegen der Freilegung von Tonnengewölben. Man klopfe in Heilsbronn Putz ab, finde aber auch alte Putzspuren. Blatner vermerkt am 25. Mai 1946 Zweifel, ob die Tonnen der romanischen Chorhälse ursprünglich ohne Putz gewesen seien.

Am 16. Juni 1946 berichtet der Pfarrer dem Spender, daß die Arbeiten noch nicht abgeschlossen seien.[18] In der Kirche seien aber die romanischen Tonnengewölbe freigelegt worden. Auch ein Tor im „Hirsauer Stil" sei gefunden worden. Man führe dies weiter.

Am 25. Juli 1946 berichtet Braun dem Landesamt für Denkmalpflege in München, die Tonnengewölbe seien nunmehr vom Putz befreit und es komme schönes Steinmaterial zum Vorschein. Auch sei die Kanzel inzwischen entfernt. Der 13. Oktober 1946 sei als Weihe der fertigen Arbeit angedacht, also der 810. Kirchweihtag. Landesbischof Meiser werde zur Altarweihe erwartet.[19] Erst in einem Brief an das Landesamt für Denkmalpflege gesteht Pfarrer Schmidt ein, daß er bei dem Besuch des Regierungspräsidenten gerügt worden sei, er habe die staatsaufsichtliche Genehmigung für die weiterführenden Arbeiten nicht eingeholt. Er brauche nun ein Fachgutachten des Landesamtes und gibt zu, deswegen eine „wohl fällige starke Nase" erhalten zu haben. Vieles sei ja mit der Kanzel etc. schon genehmigt gewesen. Das Landesamt möge doch bitte bestätigen, daß vieles weitere wegen der Kriegsschäden ohnehin nötig gewesen sei. Es ist ein exkulpatorischer Brief, der dem Adressaten die erbetenen Argumente bereits mundgerecht vorlegt. Die Antwort aus München kommt am 10. Januar 1947. Generalkonservator Dr. Lill verwendet die ihm dargelegten Argumente diplomatisch,[20] bei der Bewertung der „Gärtner-Fassung" beruft er sich auf Dehios Äußerung: „Trostlos unverständig".

So geht im folgenden die Arbeit der Freilegung weiter, auch in den Querarmen des romanischen Baus. Kunsthistorische Probleme, ob z. B. eine ausgeschiedene Vierung gerechtfertigt sei, kommen ins Spiel. Braun, der immer mehr dominiert, kommt zu zahlreichen Analogieschlüssen, so auch zu manchen freien Entwürfen. Zwar möchte man in München gern eine begleitende Kommission einsetzen, aber da ist fast alles schon gemacht. Als Georg Lill am 1. Dezember 1947 dann selbst vor Ort ist,[21] stellt er fest, die Freilegungen seien „zu wenig zielmäßig und zu voreilig" begonnen, aber nicht mehr zu ändern. Man könne aber sehen, daß das jetzt sichtbare freie Quadermauerwerk früher verputzt gewesen sein müsse.

Regierungsbaumeister Eberhard Braun liquidiert dann am 5. Mai 1953 seine Architektenkosten bei der Gemeinde. Damit endet die jahrzehntelange Bemühung der Pfarrherren vor Ort, sich und die Gemeinde bzw. die alte Klosterkirche von ihrer Innenraumgestaltung des 19. Jahrhunderts wieder zu befreien. Und alle Besucher der Kirche danach werden nicht einen Moment daran gezweifelt haben, hier originales Mittelalter um sich zu sehen (Abb. 3).

Soweit der Gang der Ereignisse, die zwar bisweilen auf Umwegen, aber doch zielstrebig verfolgt zur Beseitigung der sogenannten Gärtnerschen Raumfassung geführt haben. Will man das Ergebnis bewerten, dann ist zuerst festzuhalten, daß die wiedergewonnene Steinsichtigkeit des Mittelalters eine Fiktion ist. Denn deutlich sind dabei Details eben dieser Fassung des 19. Jahrhunderts weiterhin mit im Spiel: Dies ist besonders im romanischen Langhaus mit seinen stämmigen Säulen zu bemerken. Hier war im Zuge der Restaurierung des 19. Jahrhunderts die hölzerne Flachdecke um etwa drei Steinlagen höhergelegt worden. Diese historische Zutat mit ihrer akademisch regelmäßigen Steinschichtung hebt sich merklich besonders am großen Vierungsbogen von den Mauerteilen des 12. Jahrhunderts und ihrer Unregelmäßigkeit ab. Hinzu kommen auch Helligkeit und Lichtführung: Bei der Neugestaltung ab 1855 waren im Obergaden des Langhauses die wesentlich kleineren Rundbogenfenster des 12. Jahrhunderts vermauert und durch größere in abweichender Reihung ersetzt worden. Deren Laibung ist nun steinsichtig freigelegt worden, und die vermauerten Originale sind als Teile der Wandfläche sichtbar. „Zur Nachwelt redet" also ein architektonisches Palimpsest aus zwei gänzlich verschiedenen Epochen der Heilsbronner Baugeschichte.

Auf der Habenseite sind die durch die Freilegung möglich gewordenen neuen baugeschichtlichen Erkenntnisse. Erst jetzt sind die realen Maße des mittelalterlichen Langhauses klar definierbar geworden. Vor allem aber sind jene beiden durch die im 19. Jahrhundert aufgebrachte stuckierte Pfeilerstellung verunklärten langen Mauerzungen zwischen Vierung und Säulen durch den realen Befund nachweisbar. Die in der älteren Zisterzienserforschung stets geäußerte Vermutung ihrer Existenz[22] wird als eine seltene Form eines massiven „Chorus minor" bestätigt, vergleichbar etwa mit Schulpforta bei Naumburg. Da die Freilegung sich auf den Innenraum beschränkte, verdeckt der am Außenbau belassene Putz möglicherweise weitere baugeschichtliche Befunde, vor allem im Westbereich der Münsterkirche.

Der Vorgang der Entrestaurierung selbst reiht sich ein in eine größere Zahl vergleichbarer denkmalpflegerischer Entscheidungen, vor allem der frühen fünfziger Jahre, von denen die meisten freilich im Zuge von Wiederherstellungen und Restaurierungen von Kriegsschäden getroffen wurden. In manchen Fällen war erst der Zwang zum Handeln auch Anlaß zur Beseitigung der durchweg ungeliebten Maßnahmen des 19. Jahrhunderts an den mittelalterlichen Baudenkmalen. Das bisher wenig beachtete Heilsbronner Beispiel zeigt, wie beharrlich man sich seit Beginn der „Reformbewegung", seit dem Werkbund und seit der Neuorientierung der Denkmalpflege um 1900 von der „Mißgestalt" einer historischen Raumfassung zu befreien trachtete. Der Kontinuität dieses Willens setzte die ebenso zeitgebundene amtliche Denkmalpflege wenig Grundsätzliches entgegen, diskutierte sie doch noch 1957/59 die Denkmalschutzwürdigkeit des späteren 19. Jahrhunderts überhaupt. Hans-Christoph Hoffmann hat

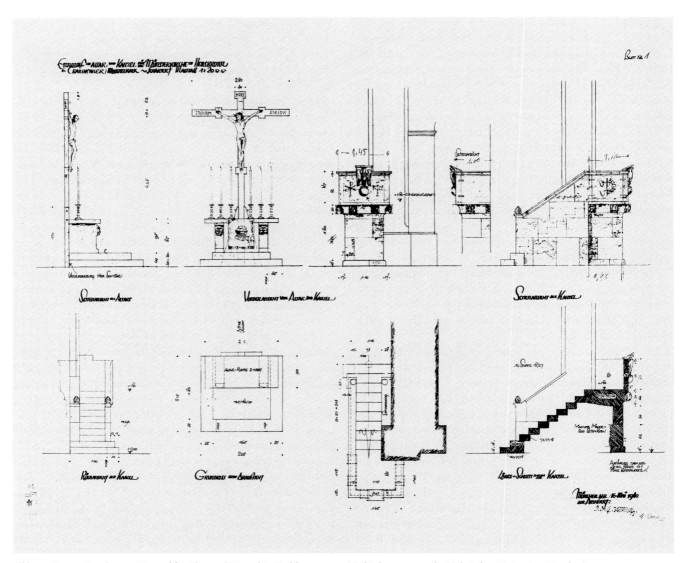

Abb. 4. German Bestelmeyer, Entwurf für Altar und Kanzel in Heilsbronn, 1940 (Architekturmuseum der Technischen Universität München)

dies in einer Zusammenschau unter dem Begriff der „schöpferischen Denkmalpflege" subsumiert und mit Zitaten damals agierender Denkmalpfleger untermauert.[23] Die eigentlichen Beweggründe aber waren einerseits die bis in eine moralisierende Sprache gehende Ablehnung der Kunst des 19. Jahrhunderts als unschöpferischer Irrweg und zum anderen das bereits aus der historismusinternen Diskussion des 19. Jahrhunderts erwachsene Ideal des „wahren, ehrlichen Materials", also der Steinsichtigkeit.[24] Unter solchen Prämissen mußte auch unter gebildeten Laien wie in Heilsbronn die Heilung des „Mißgestalteten" zum beharrlich verfolgten Ziel werden. So konnte dieser Wille unbeschadet durch gesellschaftliche und politische Systeme über vierzig Jahre hinweg virulent bleiben. Die Betonung von Ehrlichkeit, Einfachheit, Materialgerechtigkeit, was auch immer man darunter verstand, war in der metaphorischen Sprache der Architekturkritik des 20. Jahrhunderts oft das einzige, was so unterschiedlichen Bewegungen wie Heimatstil, traditionsgebundenem Bauen und Neuem Bauen gemeinsam war. Es fand seinen Eingang in die Architekturideologie des Dritten Reiches und war wirksam beim Neubeginn unmittelbar nach dem Ende des Zweiten Weltkrieges. Johannes Habich hat dies in einer kleinen Studie zum Wiederaufbau von St. Marien zu Lübeck jüngst treffend formuliert: „So erklärt sich die große Bedeutung der romanischen und gotischen Kunst vor allem für die nachnationalsozialistische kirchliche Erneuerung, die sich nicht nur in denkmalpflegerischen Entscheidungen – man denke an den Wiederaufbau von Sankt Michael in Hildesheim oder der Kölner Kirchen und bei uns an die Restaurierung des Ratzeburger Domes und der Eutiner Stadtkirche –, sondern ebenso auf die neue kirchliche Kunst und das Kunstgewerbe im kirchlichen Raum auswirkte"[25]. Man kann den von Habich genannten Beispielen die Entscheidungen beim Wiederaufbau des Würzburger Domes hinzufügen wie auch die Marktkirche in Hannover, wo der Architekt Dieter Oesterlen 1952 „entsprechend unserem Materialempfinden"[26] nicht nur die notwendigen neuen Gewölbe ungeschlämmt ließ, sondern auch den zum Teil noch vorhandenen Putz von den Wänden und Pfeilern entfernen ließ, so daß der gesamte Innenraum heute in einer historisch nicht belegbaren Weise backsteinsichtig ist. Meist fielen solche Entscheidungen zu Lasten von Raumfassungen des 19. Jahrhunderts wie z. B. bei der grundlegenden Restaurierung der Stiftskirche von Freckenhorst in Westfalen 1955-1962, wo der zuständige Konservator befriedigt festhielt, daß die „Vergrößerung der Fenster, Zerstörung wertvoller Bauzier, Ausstattung mit überladenen Pseudo-Kunstwerken und Ausmalung mit einem monströsen Bilderzyklus" beseitigt worden sei.[27] Am Ende dieser Kette steht dann die spektakuläre, während der Durchführung immer umstrittener gewordene Restaurierung des Domes von Speyer 1957-1972, die aber auch die Peripetie brachte. Beim Dom von Bremen, wo sich anfangs ähnliche Tendenzen zeigten, wurde schließlich bei der Innenraumrestaurierung die 1901 fertiggestellte Ausmalung von Hermann Schaper als verbindlich respektiert.[28] Alles dies ist inzwischen in die Annalen der Kunstgeschichte und der Denkmalpflege eingegangen. Die Vorgänge um die Münsterkirche von Heilsbronn sind darin ein sehr frühes Kapitel.

Ein durchaus stimmiger Teil der neuen steinsichtigen Innenraumwirkung in Heilsbronn sind die beiden neuen Prinzipalstücke der Kirche, der Altar und die Kanzel von Bestelmeyer und Heinlein (Abb. 4). Mit ihrer auf äußerst knappen Umriß reduzierten Form und dem hellen Material des Muschelkalk heben sie sich deutlich vom rötlichen Sandsteinmauerwerk ab (Abb. 5). Der Vorschlag, mit der Neugestaltung Bestelmeyer zu beauftragen, konnte auf das Vertrauen und die Zustimmung der Evangelischen-Lutherischen Landeskirche in Bayern und vor allem auch der Kirchenleitung in Franken aufbauen. Bestelmeyer hatte Ende der zwanziger Jahre bereits die Erweiterung der Kirche in der Heilsbronn benachbarten Diakonissenanstalt Neuendettelsau erbaut (1928/29), sodann die ebenfalls in der Nähe liegende kleine Kirche in Waldheim (1928), aber auch die großen neuen evangelischen Stadtkirchen in München-Westend (1930/32) und Bamberg (Erlöserkirche 1934). Die strenge, für sein Spätwerk typische Sprache in unverputztem Steinmaterial entsprach der in Heilsbronn gestellten Aufgabe. In allen genannten Kirchen hatte Bestelmeyer für die Kanzel die einfache schwere Ambonenform variiert.[29] Die Heilsbronner Ausstattung war eines seiner letzten Werke. Seine zurückhaltende Absicht, die neuen Zutaten zur alten Kirche sollten vor allem „nicht verunstalten", erweist sich doch als zu bescheiden. Die neue Ausstattung und die Ergebnisse der steinsichtigen Restaurierung ergänzen einander als Werk ein und derselben Zeitstufe.

ANMERKUNGEN

1 TH. SCHMIDT, *Münster zu Heilsbronn. Kirchenführer*, Evang.-Luth. Pfarramt Heilsbronn (Hrsg.), Neuendettelsau o. J.; GÜNTER P. FEHRING (Bearb.), *Stadt und Landkreis Ansbach*, Bayerische Kunstdenkmale (Kurzinventar), München 1958, S. 100-112.

2 Siehe MANFRED F. FISCHER, *Das ehemalige Zisterzienser-Kloster Heilsbronn bei Ansbach. Baugeschichte 1132 – 1284*, in : Jahrbuch für fränkische Landesforschung, 1964, S. 21-109 (gekürzte Fassung der Diss. phil. Göttingen 1962).

3 Siehe MANFRED F. FISCHER, *Die Restaurierungspläne von Friedrich von Gärtner für die ehem. Klosterkirche Heilsbronn bei Ansbach. Ein Beitrag zur Geschichte der Denkmalpflege im 19. Jahrhundert*, in: Deutsche Kunst und Denkmalpflege, 1966, H. 1, S. 63-73 und DERS., *„Creator et conservator". Friedrich von Gärtner als Denkmalpfleger*, in: Friedrich von Gärtner. Ein Architektenleben 1791-1847, Ausst. Kat. der Technischen Hochschule München im Stadtmuseum, Winfried Nerdinger (Hrsg.), München 1992, S. 169 ff.

4 Einzelteile dieses Bravourstückes der Feilnerschen Abformung in Terrakotta sah bereits Sulpiz Boisserée bei seinem Besuch in Berlin 1832 im Garten des Feilnerschen Hauses, siehe: HANS-J. WEITZ (Bearb. u. Hrsg.), *Sulpiz Boisserée. Tagebücher 1808-1854*, Band II: 1823 – 1834, Darmstadt 1981, S. 667 (27. Mai 1832). Das gesamte Portal in der Terrakotta-Abformung wurde 1863 unter Wilhelm I. beim Eingang in den Marlygarten bei der Friedenskirche in Potsdam eingemauert, wo es heute noch steht. Siehe hierzu: FRIEDRICH BACKSCHAT, *Das Heilsbronner Portal bei der Friedenskirche. Die Geschichte einer Nachbildung*, in: Mitteilungen des Vereins für die Geschichte Potsdams, N. F. Bd. 7, 1935, S. 143-146. Zu Feilners Berliner Firma siehe HEINRICH WEBER, *Wegweiser durch die wichtigsten technischen Werkstätten der Residenz Berlin*, 2 Bde., Bd. 2, Berlin/Leipzig 1820, S. 111-151.

Abb. 5. Heilsbronn, Münster; Altar und Kanzel von 1940

5 Siehe: *Das Germanische Nationalmuseum Nürnberg 1852 – 1977, Beiträge zu seiner Geschichte*, im Auftrage des Museums hrsg. von BERNWARD DENEKE und RAINER KAHSNITZ, München/Berlin 1978, S. 423 u. passim.
6 Aus dem Trümmerschutt geborgene Reste von Säulen und Bogenprofilen hat der Verfasser 1960 vor Ort photographieren können.
7 Evang.-Luth. Pfarramt Heilsbronn, Pfarrarchiv, sowie Bayerisches Landesamt für Denkmalpflege, München, Registratur, Ortsakt.
8 Bayerisches Landesamt für Denkmalpflege, Ortsakt.
9 Pfarrarchiv, das Duplikat fehlt im Münchner Ortsakt.
10 Pfarrarchiv, Fasc. 97, dort auch die offiziellen Dokumente und das Festprogramm des Jubiläums.
11 Ortsakt Bayerisches Landesamt für Denkmalpflege.
12 Korrespondenz im Pfarrarchiv, Fasc. 98.
13 Bayerisches Landesamt für Denkmalpflege, Ortsakt.
14 Ebd., 19. Februar 1940.
15 Die Entwürfe befinden sich in beiden o. a. Archivbeständen sowie beim zeichnerischen Nachlaß Bestelmeyers im Architekturmuseum der TU München.
16 Die mittelalterlichen Apostelfiguren (um 1500), die einst die oktogonale Holzkanzel schmückten, befinden sich in der sogenannten Alten Abtei, heute Katechetisches Amt der Landeskirche, durch einen Diebstahl Ende der siebziger Jahre dezimiert.
17 Pfarrarchiv.
18 Ebd.
19 Ebd. und Bayerisches Landesamt für Denkmalpflege, Ortsakt.
20 Bayerisches Landesamt für Denkmalpflege, Ortsakt, Aktennotiz von Dr. Georg Lill, Direktor 1929-1950.
21 Siehe FISCHER (wie Anm. 2), S. 34 f.
22 Siehe HEINRICH KREISEL, *Die Beurteilung der Kunst der letzten hundert Jahre und die Denkmalpflege*, in: Deutsche Kunst und Denkmalpflege, 15, 1957, S. 82 ff. sowie PETER HIRSCHFELD, *Wie weit ist das 19. Jahrhundert denkmalschutzwürdig?*, in: Deutsche Kunst und Denkmalpflege, 17, 1959, S. 75 ff., mit einer Erwiderung von Heinrich Kreisel, S. 77.
23 HANS-CHRISTOPH HOFFMANN, *Der schöpferische Umgang mit dem Denkmal – Gedanken zur Praxis der 50er Jahre*, in: Architektur und Städtebau der Fünfziger Jahre, Ergebnisse einer Fachtagung in Hannover 2.-4. Februar 1990, Schriftenreihe des Deutschen Nationalkomitees für Denkmalschutz, Bd. 41, Bonn 1990, S. 122-133.
24 KLAUS DÖHMER, *„In welchem Style sollen wir bauen?" Architekturtheorie zwischen Klassizismus und Jugendstil*, Studien zur Kunst des Neunzehnten Jahrhunderts, Bd. 36, München 1976.
25 JOHANNES HABICH, *Ist der Wiederaufbau der Lübecker Marienkirche abgeschlossen? Gedanken zum Denkmalwert der Raumgestaltung der 1950er Jahre*, in: Lübeckesche Blätter, 3, 1995, S. 53-58. – Vgl. auch HARTWIG BESELER, *Baudenkmale, Zeugnisse architektonischer Überlieferung im Umbruch*, in: Ders. u. Niels Gutschow, Kriegsschicksale deutscher Architektur, Bd. I, Neumünster 1988, S. XIV ff.
26 Siehe HOFFMANN (wie Anm. 23), S. 127.
27 HANS THÜMMLER, *Die Stiftskirche in Freckenhorst*, Große Baudenkmale, H. 172, München/Berlin 1965, S. 2 sowie DERS., *Die Stiftskirche in Freckenhorst und ihre Wiederherstellung*, in: Das Münster, 16, 1963, S. 161-174.
28 HANS-CHRISTOPH HOFFMANN, *Die Restaurierung des St. Petri-Domes in Bremen*, in: Deutsche Kunst und Denkmalpflege, 39, 1981, H. 2, S. 125-148.
29 HEINZ THIERSCH, *German Bestelmeyer. Sein Leben und Wirken für die Baukunst*, München 1961.

ABBILDUNGSNACHWEIS

ARCHITEKTURMUSEUM DER TECHNISCHEN UNIVERSITÄT MÜNCHEN: *Abb. 4* (Sig.: 156.1); BAYERISCHES LANDESAMT FÜR DENKMALPFLEGE MÜNCHEN: *Abb. 2*; GERMANISCHES NATIONALMUSEUM NÜRNBERG: *Abb. 1* (Bibl. Kg 4815 g); ZENTRALINSTITUT FÜR KUNSTGESCHICHTE, MÜNCHEN: *Abb. 3* (Aufn. Dr. Schlegel; 068085), *Abb. 5* (Aufn. Dr. Schlegel; 074862)

Christian Baur

„Grau, Teurer Freund, ist alle Theorie"

Zur Innenrestaurierung der Stiftskirche Berchtesgaden

Man hatte die Restaurierung der Stiftskirche Berchtesgaden wie üblich vorbereitet: Ein Restaurator wurde um die Ausführung einer Befunduntersuchung an den Gewölben und Wänden gebeten. Man ließ in dem 1460/70 errichteten Hallenbau des Schiffes ein kleines Untersuchungsgerüst aufstellen und verzichtete aus Kostengründen zunächst auf ein ebensolches Gerüst im höheren und älteren, um 1290 entstandenen Hochchor. Auch das Ergebnis der Befunduntersuchung schien zunächst nichts Ungewöhnliches auszusagen: ockergelbe Säulen und Rippen mit schwarzen Begleitern vor naturputzfarbenen Gewölben und Wänden als Erstfassung der Halle (1460/70), darüber die Graufassung der Frühbarockzeit (1616), die auch zum Zeitpunkt des Einbaus der Rotmarmoraltäre (1660) noch bestand, dann die Weißfassung des 18. Jahrhunderts und die Fragmente der 1964 völlig beseitigten neugotischen Ausgestaltungen von 1882 und 1904, schließlich die letzte Fassung von 1964, die jenseits von Befunden einen allgemeinen Begriff von gotischer Raumstimmung mit rötlichen Rippen vor sandfarbenem Grund zu verwirklichen suchte (Abb. 1). Soweit so gut!

Im Anschluß an die Untersuchung wurden alternative Muster gesetzt, einmal auf die Graufassung von 1616/60 bezogen, die ästhetisch zu den Rotmarmoraltären gehört, zum anderen die gotische Farbgebung von 1460/70 betreffend. Bei der Wahl des Restaurierungskonzepts für den Raum plädierte die Kirchengemeinde für die Rekonstruktion der spätgotischen Fassung. Dem mochten das Kunstreferat des Erzbischöflichen Ordinariats und das Landesamt für Denkmalpflege nicht widersprechen, obwohl beiden Institutionen wohl bewußt war, daß dies eine letztlich unorthodoxe Entscheidung bedeutete, eine Rückrestaurierung gegen die „Zeitlogik" der Entstehung von Architektur und Ausstattung. Und sollte man nicht versuchen, dies einmal in die Tat umzusetzen?

Die eigentliche Ausführung der Arbeiten wurde im Hochchor begonnen, in dem die Stiftskirche prägenden Raumabschnitt, der charakterisiert ist durch ein „weites Kreuzrippengewölbe auf Diensten, die fast bis zum Boden reichen, die Kapitelle wechselnd mit Knospen und Köpfen ... In der Apsis tiefgeschnittenes Stichkappengewölbe, die schlanken Maßwerkfenster aus der Bauzeit vor 1300 ..."[1]

Es konnte durch eine erweiterte Befunduntersuchung nachgewiesen werden, daß in diesem Hochchor die Wände ursprünglich natursteinsichtig belassen worden waren, mit geglätteten Fugen, wobei man nur die Dienste putzte bzw. farbig absetzte – die genaue Farbigkeit ist nicht bekannt. Die Verhältnisse des Tuff-Gips-Gewölbes waren noch weniger zu klären, da der Gewölbeputz 1616 erneuert worden war.

Wenn man glaubte, im Zuge der Befunderhebung auch im Hochchor eine zur Halle von 1460/70 gehörige Zweitfassung – etwa ockergelbe Dienste und Rippen – ermitteln zu können, sah man sich getäuscht. Hingegen traf man im Chor nur auf rotroséfarbene Rippen, weiße Dienste und naturputzfarbene Wände. Keine Spur von Ockergelb! Direkt über dieser Fassung, also auf den roten Rippen, konnte das Grau von 1616 nachgewiesen werden.[2] Dies war ein schlüssiger Beweis dafür, daß zum Zeitpunkt der Errichtung des relativ niedrigen spätgotischen Hallenbaus im Westen die Farbigkeit des Hochchores unangetastet gelassen worden war, aus welchen Gründen auch immer. Jedenfalls sah man damals kein Problem darin, das durch Gelbocker dominierte Schiff gegen den durch den Roséton beherrschten Chor zu setzen!

Um den Rotroséton der Rippen näher bestimmen zu können, wurde eine naturwissenschaftliche Analyse veranlaßt, die als Pigment Hämatit, also Blutstein, ermittelte. Dieses Hämatit läßt sich unweit der Stiftskirche, in der Berchtesgadener Ache, noch heute finden.

Abb. 1. Berchtesgaden, Stiftskirche, Blick in den Hochchor, Zustand nach der Renovierung von 1964

Abb. 2. Berchtesgaden, Stiftskirche, alternative Musterachse im Hochchor 1996: links die Rekonstruktion der Fassung des frühen 14. Jahrhunderts, rechts das Muster für die Farbigkeit seit 1616

Es gibt Parallelen für den scheinbar ungewöhnlichen Rippenton, die dessen erstes Auftreten in die Nähe der Bauzeit, allenfalls ins frühe 14. Jahrhundert rückt. Ein früheres Datum würde sich im Hinblick auf das Beispiel der Rotfassung in der Elisabethkirche zu Marburg ergeben. Es handelt sich um die bereits 1848/49 durch Friedrich Lange beschriebene und neuerdings durch Befund nachgewiesene Erstfassung der Kirche.[3] Diese in den Flächen (!) beobachtete Farbgebung wird einmal als „Hellbraunrot", dann wieder als „Rosa"[4] bezeichnet und zeitlich mit „vor 1283" angegeben. Der Marburger Befund zeigt überdies die Besonderheit, daß zu den rosafarbenen, mit weißen Quaderlinien strukturierten Flächen eine ockerfarbene Fassung der Gewölbeglieder (!) gehörte, „wobei die begleitenden Rundstäbe der Gurt- und Scheidebogenprofile weiß abgesetzt waren."[5]

Eine dem Berchtesgadener Befund vom Hochchor direkt vergleichbare Farbfassung ist im Südchor des Regensburger Doms nachweisbar, wo gegen 1300 die Gurtbögen und Diagonalrippen der Gewölbe kräftig rot bemalt waren und gegen weiße Segel standen.[6] Zweifellos sind diese Parallelen dazu geeignet, die Situation im Hochchor der Stiftskirche in ihrer großen Bedeutung einschätzen zu können.

Nach der Klärung der in der Stiftskirche aufgefundenen Farbfassungen war nochmals die Frage zu beantworten, ob das Konzept der Wiederherstellung der spätgotischen Raumfassung – die die gotische Chorfassung integriert – wirklich umgesetzt werden sollte. Da bestand nicht nur die Schwierigkeit einer zweifarbigen Kirche, die durch das Ockergelb im Schiff und das Hämatitrot im Chor definiert war, es mußte auch bedacht werden, wie die hämatitroten Rippen, die sich in der Apsis hinter dem Hochaltar aus Rotmarmor bündeln, eben zu dem Rot des Marmors stehen würden. Es wurde nun doch ins Auge gefaßt, die Graufassung des 17. Jahrhunderts wiederherzustellen. Wieder konnte sich die Kirchengemeinde ein solches Konzept nicht vorstellen, wieder waren Ordinariat und Denkmalpflege gefragt, ihre Auffassung darzulegen (Abb. 2).

Natürlich erinnerte man sich damals daran, was denkmalpflegerisches Allgemeingut ist, was etwa Gottfried Kiesow in seiner „Einführung in die Denkmalpflege" schreibt:

> So hat die Denkmalpflege bei der Ludgerikirche in Norden (Ostfriesland) schweren Herzens, aber konsequent auf die Freilegung der interessanten, reichen gotischen Raumfassung verzichtet, weil die barocke Ausstattung in ihrem dunklen Naturholzton auf den Kontrast zu den seit der Reformation weißen Wänden berechnet ist. Man hat an der abgewandten Seite eines Pfeilers den Originalbefund für den Fachmann sichtbar gemacht.[7]

Landauf, landab ist dies Standard, wenn auch gelegentlich „schweren Herzens". Auch Michael Petzet spricht in den „Grundsätzen der Denkmalpflege" über die Selbstverständlichkeit, daß das Restaurierungskonzept sich an der „historischen und ästhetischen Einheit des Denkmals"[8] orientiere.

Doch es war damals eigenartig, es bildete sich bald eine Koalition von Wagemutigen heraus, die dazu bereit war, altbewährte Grundsätze der Denkmalpflege zu verleugnen. Reflektierte man vielleicht darauf, den Satz von Beat Wyss zu bestätigen, der sagt:

> Das Authentischste am Denkmal ist die Handschrift des Denkmalpflegers. Seine Perspektive auf das Vergangene ist unausweichlich von jetzt.[9]

Wie auch immer. Als man sich darauf verständigte, das Wagnis einzugehen, die Zweifarbigkeit von Chor und Schiff ebenso zu realisieren, wie den zu erwartenden Konflikt von Raumfarbigkeit und Ausstattung im Chor auf sich zukommen zu lassen, wurde das Gutachten so formuliert, um gegebenenfalls Mißverständnisse zu vermeiden: Darin ist von der Entscheidung für eine „Neufassung der Kirche" gesprochen worden, von einer Neufassung, die allerdings die gotischen und spätgotischen Befunde berücksichtigen wollte.

Diese Formulierung half später, als sich dann Schwierigkeiten zeigten, wenig. Was war passiert? Man hatte sich bei der Umsetzung des Befunds im Hochchor alle erdenkliche Mühe gegeben. Als Bindemittel für das Hämatit der Rippen verwendete man Heißkalk (die Ausführung des Rottons ist leider etwas zu hell ausgefallen).[10] Um den Naturputzton der Wände über einem vorhandenen, mehrfach überfaßten Altputz imitieren zu können, mischte man Sand aus der Ache in den Kalk, um auf diese Weise nicht die Farbe, sondern das Material des Zuschlagstoffes zur Wirkung zu bringen. Als der Hochchor dann fertig und ausgerüstet war, fand er, von den nach Befund gefaßten Schlußsteinen und Kapitellen abgesehen, einhellige Zustimmung.

Auch die Integration der überwiegend weiß gefaßten Oratorien von 1740/75 in der Südwand konnte nicht als Problem verstanden werden. Eine gewisse farbliche Spannung stellte sich allerdings zwischen den hämatitroten Rippen und der Farbe des gereinigten, mit einem leichten Glanz versehenen Rotmarmoraltars ein (möglicherweise hatte dieser bereits im 17. Jahrhundert einen Wachsüberzug gehabt – exakte Analysen sind hier nicht veranlaßt worden). Als dramatisch wurde die Wirkung dieser genannten Farbigkeit jedoch nicht empfunden.

Danach wurde die Neufassung des Langhauses nach dem Befund von 1460/70 ausgeführt. Es gab hier zwar einige Probleme, den genauen Ockerton der Rippen zu treffen[11] sowie die Farbigkeit und Zeichnung der Schlußsteine – von den Wappen waren nur drei bekannt – zweifelsfrei wiederherzustellen, doch kam es zu keinen grundsätzlichen Schwierigkeiten bei der Umsetzung der Befunde. Als nun das Gerüst der Hallenkirche fiel und sich der gesamte Kirchenraum – mit seinem Chor – überblicken ließ, zeigten sich viele der Betrachter sehr befremdet (Abb. 3)! Es ist fast selbstverständlich, daß es zunächst die Laien waren, die ihrer Bestürzung Ausdruck verliehen. Die Fachleute, der Autor dieser Zeilen eingeschlossen, versuchten zunächst, den fremdartigen Eindruck, den der gesamte Raum bot, zu rationalisieren. Zu sehr hatte man sich bei der Restaurierung engagiert, zu oft hatte man sich Mut zugesprochen, um jetzt auf einmal festzustellen, daß das Ergebnis keinesfalls adäquat sein konnte. Doch, was war die Ursache dieses Mißerfolgs?

Nicht die Wirkung der Rotmarmoraltäre erwies sich als das grundsätzliche Problem, sondern allein die Abfolge der ockergelben Rippen in der Halle und die hämatitroten Rippen im Hochchor mit ihren zugehörigen Farbreflexen in den Gewölben. Denn das Schiff erscheint nicht nur in farblicher Hinsicht zurückhaltender, „braver", sondern, bedingt durch seine wesentlich schwächere Belichtung, ja Verschattung, ereignet sich an der Schwelle des Triumphbogens eine Licht- und Farbexplosion, die den Hochchor in extremsten Kontrast stellt. Der Betrachter erlebt das rötliche Reflexlicht im Gewölbe des Chors, je nach subjektiver Stimmung, entweder als aggressiv oder als süßlich.

Da nun das Kind in den Brunnen gefallen war, boten sich Erklärungen an, warum. War man denn überhaupt nicht auf die Idee gekommen, eine mittelalterliche, jetzt nicht mehr vorhandene Farbverglasung in ihrer Wirkung auf die Raumfarbigkeit zu bedenken? Hatte man gar nicht berücksichtigt, welche Verschmutzung der Chor ca. 150 Jahre nach seiner ersten Farbfassung, also zum Zeitpunkt des Hallenbaus, gehabt haben mußte? Man hatte sich mit diesen Fragen vorher nicht im gebotenen Umfang auseinandergesetzt. Wobei dahingestellt bleiben muß, ob die Farbharmonie um 1460/70 in vollem Umfang vorhanden gewesen war, oder ob man damals mit dem Gedanken spielte, den Hochchor abzubrechen und durch den erweiterten Hallenbau zu ersetzen! Es wäre müßig, eine solche Spekulation in eine bestimmte Richtung treiben zu wollen. Und doch ist anzumerken, daß hinter der jetzt stattfindenden Auseinandersetzung um das Restaurierungsergebnis in der Stiftskirche auch die Frage der Kirchengemeinde steht, ob denn die Fachleute mit ihrer Auffassung recht hätten, immer dem Ergebnis einer Befunduntersuchung zu folgen, so, als wäre die Geschichte unfehlbar.

Abb. 3. Berchtesgaden, Stiftskirche, Blick vom Langhaus in den Hochchor, Zustand 1997, vor der Korrektur der Rippenfarbe im Chor

Hier könnte man anmerken, der Denkmalpfleger habe oft genug mit Geschichtszeugnissen zu tun, die nicht schön, aber zeittypisch und charakteristisch sind. Insofern wäre das „unbefriedigende Ergebnis" unter Umständen „historisch" zu rechtfertigen. Doch bei Kirchenräumen kann nicht allein das „Historische" als Maßstab gelten. Der Wunsch der Gläubigen, einen in sich stimmigen Raum zu haben, ist, wie die Erfordernisse der Liturgie, gleichrangig mit historischen Gesichtspunkten zu sehen. Wohl auch deshalb ist es bei denkmalpflegerischen Konzepten für die Kirchen zum Allgemeingut geworden, in sich ästhetisch stimmige Räume zu schaffen. Und in der Regel hat es sich herausgestellt, daß nicht nur der Denkmalpfleger, sondern auch die Kirchengemeinden davon profitieren, wenn über den historischen Befund gestalterische Anleihen bei der Geschichte gemacht werden. Wenn nur einigermaßen die Kunst beherrscht wird, Befunde zu interpretieren, zu aktualisieren, dann dürfte das Ergebnis für alle Beteiligten zufriedenstellend sein. Ist der Fall Berchtesgaden die Ausnahme, die diese Regel bestätigt?

Die Notwendigkeit der Interpretation von Befunden relativiert nur bis zu einem gewissen Grade die Frage nach der „historischen Wahrheit". Diese muß immer wieder gestellt werden, obwohl die Antwort mühsam zu gewinnen ist. Wobei wohl nur derjenige einige Chancen hat, eine Antwort zu finden, der sich dessen bewußt ist, daß die Fragestellung notwendig subjektiv und zeitbezogen sein muß. In diesem Zusammenhang sei nochmals Beat Wyss zitiert. Er drückt seine Überzeugung aus, die

> objektive Beschäftigung mit der Vergangenheit beruhe letztlich auf einer Illusion. Jene ist, streng genommen, gar nicht möglich: Der Anspruch, objektiv zu sein, wäre Flucht aus der Verantwortung, ein Gegenwartsinteresse auszudrücken. Eine Beschäftigung mit der Vergangenheit zum reinen Selbstzweck drückte sich um die Hauptaufgabe von Geschichtsschreibung und Denkmalpflege: der Gegenwart einen Sinn zu geben, indem deren Interessen im Spiegel überlieferter Zeugnisse reflektiert werden. Im Gegenwartsinteresse an der Vergangenheit sind wir also unentrinnbar verstrickt. Wir können es nur verantwortlich mitgestalten; angebliche Objektivität erläge dem Interesse einfach ungewollt, in passiver Komplizenschaft.[12]

Vielleicht überließ man sich in Berchtesgaden zu bedingungslos den scheinbar objektiven Ergebnissen von historischen Untersuchungen, denn jetzt, wo das „Gegenwartsinteresse" durchgesetzt, wo die Farbigkeit des Chors korrigiert wird, muß man feststellen, daß selbst die zu wenig beachteten Faktoren einer mittelalterlichen Verglasung oder einer Raumverschmutzung nicht ausreichen würden, um jetzt, bei entsprechender Gegensteuerung, stimmige Verhältnisse zwischen Chor und Schiff zu erzielen.

Jetzt, wo neue Farbversuche unternommen werden, um den Rotton bezüglich der starken Durchlichtung des Chors und der Rotmarmorfarbe zu korrigieren, hat man alle Mühe – das Problem voll vor Augen – den richtigen Weg zu finden. Die Schwierigkeiten, die sich nun trotz des Überblicks über beide fertigen Räume einstellen, hätte man gedanklich nur unzureichend simulieren können. Obwohl die Vorstellung äußerst unangenehm ist, nach den ausgeführten Arbeiten nochmals Geld für korrigierende Maßnahmen ausgeben zu müssen – hier springt dankenswerterweise das Erzbischöfliche Ordinariat in die Bresche – liegt ein Teil der aufgetretenen Probleme ganz einfach in der einmaligen Disposition einer zweiräumigen Kirche beschlossen, die nicht nur aus unterschiedlichen Bauphasen stammt, sondern vor allem über eine extrem gegensätzliche Belichtung verfügt.

Natürlich könnte man jetzt, angesichts eines fachlichen Debakels, sagen, hätte man doch ... die Graufassung des 17. Jahrhunderts oder die Weißfassung des 18. Jahrhunderts wiederhergestellt ..., aber dieses Hätte bringt im Nachhinein wenig. Überdies wäre die einmalige Chance versäumt worden, eine letztlich großartige Farbigkeit umzusetzen. Denn schon jetzt, in der nun sichtbaren Fassung – dies deuten die Photos, die die Kontraste mildern, bereits an – läßt sich die hervorragende Qualität der Architektur, ihrer Ausstattung und der gotischen und zugleich modernen Farbgebung erkennen.

So kann die Stiftskirche zum farblich dominierten Pendant der Salzburger Franziskanerkirche werden. Auch dort ist eine ähnlich „dramatische" Zweiräumigkeit zu beobachten. Wenn der Besucher von Westen her die dreischiffige, schwach belichtete spätromanische Basilika des frühen 13. Jahrhunderts betritt und zum durchlichteten, die Breite des gesamten Schiffes übertreffenden Hallenchor der ersten Hälfte des 15. Jahrhunderts geführt wird, ist er von dem stattfindenden Wechsel stark beeindruckt. Dieser wird an der Schwelle des Hallenchors weniger farblich als räumlich bestimmt, auch durch die gegebene Lichtfülle, die untrennbar zur kühnen Architektur des Hans von Burghausen gehört.

Wenn in der Franziskanerkirche der Blick gleichsam vom „dunklen Mittelalter" in die „fortschrittlichere", bürgernahe Zeit der Spätgotik führt, verhält es sich in Berchtesgaden umgekehrt: Es ist ein Rückblick vom späten 15. Jahrhundert, das hier weniger modern als zurückgenommen und verhalten erscheint, in eine Zeit hinein, die dem heutigen Menschen hohe Achtung und Respekt vor ihren Leistungen abverlangt und erkennen läßt, welch fragwürdiger Gedanke der des historischen Fortschritts ist.

Die Perspektive auf das späte 15. und das frühe 14. Jahrhundert, das heißt auf Architektur und Farbe, wird angesichts der demnächst abgeschlossenen Restaurierung zu unserer eigenen Sicht werden. Dazu gehört auch selbstverständlich die Ausstattung, angefangen mit dem Chorgestühl des 14./15. Jahrhunderts über die Rotmarmoraltäre (mit Altarblättern und Figuren) bis hin zu dem silbernen Antependium von 1735 oder zu den neugotischen Glasgemälden (nur die Wappen der Fürstpröpste sind erhalten), um nur einige wichtige Beispiele zu nennen. Natürlich muß die Gesamtrestaurierung auch vom Laien als gelungen empfunden werden können, denn es ergäbe keinen Sinn, das Ungewöhnliche, aber nicht Nachvollziehbare etwa durch Texte erläutern und damit einer bloß intellektuellen Akzeptanz anempfehlen zu wollen. Die Schwierigkeiten der Konzeptfindung und der Interpretation dürfen am Ende nicht mehr spürbar sein. Dann müssen alle Fragen, etwa der Rippenfassung im Hochchor oder der Farbigkeit der Kapitelle und Schlußsteine mit ihrem Ocker (Gold?[13]), Weiß, Smalte und Mennigerot, gelöst sein, denn die einzelnen Farben und die dadurch gewonnene Gesamtstimmung interpretieren den Raum als Kirchenraum, nicht die noch so ausführlichen Kommentare des Denkmalpflegers.

ANMERKUNGEN

1 ALEXANDER RAUCH, *Kath. Stiftskirche, ehem. Augustinerchorherrnkirche St. Peter und Johannes d. Täufer*, in: Georg Dehio, Handbuch der Deutschen Kunstdenkmäler, Bayern IV: München und Oberbayern, München 1990, S. 111.
2 Vgl. Ergebnisse der Befunduntersuchung von Restaurator Wolfgang Lauber; zum Zeitpunkt der Manuskripterstellung noch nicht veröffentlicht.
3 Vgl. JÜRGEN MICHLER, *Die Elisabethkirche zu Marburg in ihrer ursprünglichen Farbigkeit*, Marburg 1984, S. 43 ff. – freundlicher Hinweis von Ltd. Restaurator Erwin Emmerling.
4 Ebd.
5 Ebd., S. 49.
6 Freundlicher Hinweis von Dr. Hans Ramisch auf die Ausführungen von ACHIM HUBEL und MANFRED SCHULLER in: *Der Dom zu Regensburg – vom Bauen und Gestalten einer gotischen Kathedrale*, Regensburg 1995, S. 30 f.
7 GOTTFRIED KIESOW, *Einführung in die Denkmalpflege*, Darmstadt 1982, S. 137.
8 MICHAEL PETZET, *Grundsätze der Denkmalpflege*, in: Denkmalpflege Informationen, hrsg. vom Bayerischen Landesamt für Denkmalpflege, Ausgabe A, Nr. 76 vom 30. Oktober 1992, S. 10.
9 BEAT WYSS, *Die Erfindung der Vergangenheit*, in: Grundlagen für die Restaurierung, hrsg. vom Bundesamt für Kultur, Bern 1995, S. 18.
10 Dieser Fehler unterlief der ausführenden Firma, nicht Restaurator W. Lauber.
11 Wie Anm. 10; das Ockerpigment hätte nach Befund etwas grünlicher sein sollen – eine Korrektur schien hinsichtlich der Kosten nicht zumutbar zu sein.
12 WYSS (wie Anm. 9).
13 Laut Befund handelt es sich um einen Ockerton; da jedoch nur geringe Farbpartikel auffindbar waren, kann es sich auch um ein ockerfarbenes Poliment gehandelt haben (Vermutung von Dr. Hans Ramisch).

ABBILDUNGSNACHWEIS

STAATLICHES HOCHBAUAMT TRAUNSTEIN: *Abb. 1*
Restaurator WOLFGANG LAUBER, BAD ENDORF: *Abb. 2, 3*

Abb. 1. Blick auf Schloß Seehof durch das westliche Tor mit nachgepflanzter Lindenallee

Alfred Schelter

Instandsetzung und Restaurierung der Parkanlage von Schloss Seehof

Endlich, 1771[1], waren für Fürstbischof Adam Friedrich von Seinsheim die Wasserprobleme in Seehof gelöst. Dabei scheute er keinen auch noch so großen Aufwand, um die für seinen neu gestalteten Park und die dort eingerichteten Wasserspiele, von denen sicher die Kaskade mit der Hauptstiege die aufwendigsten darstellte, die benötigten Wassermassen herbeizuschaffen. Die ergiebigen Quellen am Stammberg ließ er fassen. Und weil sich zwischen Stammberg und dem auf einem leichten Hügel liegenden Schloßpark der Schammelsberg als Barriere schob, holte er kurzerhand seine Bergleute aus dem Frankenwald, um in bergmännischer Manier einen Stollen durch den Berg treiben zu lassen – einen Stollen, durch den übrigens heute noch ein Teil des Memmelsdorfer Trinkwassers fließt. Und noch heute kann man gelegentlich bei Baugrubenaushüben Holzröhren mit Metallmuffen der einstigen Druckwasserleitung finden. Alle metallenen Leitungen aber, die zum Betreiben der Wasserspiele notwendig waren, wurden leider in den Jahren der Säkularisation „versilbert".

Das unter Seinsheim so aufwendig gelöste Wasserproblem stellt heute wieder ein Problem dar. Zwar ist Seehof, wie auch die Gemeinde Memmelsdorf, längst an ein Fernwassernetz angeschlossen und damit auch die Wasserversorgung der 1995 wieder in Betrieb genommenen Wasserspiele der Kaskade. Doch erscheint es in der heutigen Zeit fragwürdig, ob diese von weit her geholtem Trinkwasser gespeist werden sollen, selbst wenn sie jetzt durch Umwälzpumpen und nicht mehr wie einst durch das Druckgefälle zwischen Reservat und Düse betrieben werden. Mittlerweile ist zwar ein Brunnen gebohrt, doch allein der Anschluß an die Kaskade läßt noch auf sich warten.

Zwischen den beiden Daten 1771, dem Jahr, das den Höhepunkt in der Gartenkunst von Schloß Seehof darstellt, und dem 22. Juni 1995, als die Kaskade wieder eröffnet wurde, liegen nicht nur 224 Jahre, sondern auch – zumindest bis 1975 – Jahre eines permanent schleichenden Verfalls der Gartenanlage. Als das Bayerische Landesamt für Denkmalpflege 1975 das Schloß übernahm, waren nicht nur die Gebäude in einem teilweise ruinösen Zustand; auch die Gartenanlagen hatten weitgehend ihren barocken Charakter verloren. Ein Drittel der Gartenanlage war bereits 1864 landwirtschaftlicher Nutzung zugeschlagen worden. Das Osttor mit den beiden Remisen war abgetragen und nur in reduzierter Form, zurückversetzt auf das innere Parkgelände, wieder aufgebaut worden. Von den nördlichen Nebengebäuden mit dem Franckensteinschlößchen war nur noch ein Teil der Außenmauern erhalten.

Die landwirtschaftliche Nutzung aber beschränkte sich nicht auf das nun außerhalb der Mauern liegende Ostquartier, sondern erstreckte sich auch auf große Teile der inneren Parkanlage. Einstige Hecken, Berçeaus und Lindensäle waren vollkommen durchgewachsen, auf dem Schloßparterre standen Solitärbäume, im früheren Orangeriequartier Obstbäume, und der einst freie Blick auf das Jagdquartier, heute Truppenübungsplatz der US-Streitkräfte, wurde durch eine Eichenbaumreihe aus dem frühen 19. Jahrhundert verstellt. Viele Aussämlinge gesellten sich zu den gepflanzten Bäumen. Erstaunlich eigentlich, daß die Grundstruktur der Barockanlage, bestimmt durch die bereits unter Fürstbischof Lothar Franz von Schönborn schon im ausgehenden 17. Jahrhundert angelegten Terrassen, bis auf geringfügig verschleifte Böschungen doch noch erhalten war.

Im Jahr 1928 mußte sich der Garten noch in einem wesentlich besseren Erhaltungszustand befunden haben, bezeichnet ihn doch Dr. Franz Hallbaum in seinem Vortrag anläßlich des Tages für Denkmalpflege- und Heimatschutz 1928 in Frankfurt am Main als einen erhaltenswerten Barockgarten. Doch bereits 1954[2] und 1971 wurde mit großer Sorge der Verfall des Parkes und der gleichzeitig einhergehende Gartenskulpturenverkauf in der Fachliteratur angeprangert.[3] Man kann sicher verstehen, daß der Erhaltungszustand einer nahezu 21 ha großen Anlage allein durch privates Engagement in den Nachkriegsjahren nicht zu verbessern war. Auf jeden Fall war das Bayerische Landesamt für Denkmalpflege gefordert, sich zusammen mit dem Landbauamt Bamberg um die hochrangige Denkmalanlage zu kümmern. Neben der Wiederherstellung des Schlosses als Außenstelle des Amtes ging es darum, auch den Park in einen Zustand zu versetzen, der es erlaubte, ihn der Allgemeinheit gefahrlos zugänglich zu machen und ihn, wie ähnliche Anlagen der Bayerischen Verwaltung der staatlichen Schlösser, Gärten und Seen, als Gartendenkmal zu präsentieren.

Voraussetzungen für eine schonende Instandsetzung waren vorerst eine sorgfältige Bestandsaufnahme, die Auswertung vorhandener Planunterlagen und die Überprüfung der durch archäologische Grabungen gewonnenen Erkenntnisse. Die Zusammenarbeit mit der Schlösserverwaltung war deshalb naheliegend. In enger Abstimmung wurden die Grundlagen einer Parkrestaurierung erarbeitet, die 1977 in ein Planungskonzept von Dr. Max Müller mündeten. Im Mai 1977 wurde das vorliegende Werk in einem Symposium, zu dem unter anderem auch Mitglieder des Arbeitskreises Historischer Gärten im DGGL geladen waren,[4] diskutiert und detaillierte Maßnahmen besprochen, die, bis zur Empfehlung der zu verwendenden Lindenart[5], für zukünftige Alleenachpflanzungen reichten.

Eine rasche Umsetzung der Symposiumsergebnisse scheiterte jedoch an der Finanzierung, bis die Gemeinde Memmelsdorf als Trägerin der Parkinstandsetzungsmaßnahmen gewonnen und 1980 eine „ABM-Dokumentation" ins Leben gerufen werden konnte. Die Auswertung aller verfügbaren

Abb. 2. Schloß Seehof, 1980

Abb. 3. Schloß Seehof, 1985

Abb. 4. Schloß Seehof, 1997

Abb. 5. Schloß Seehof, ehemaliges Gartentheater, 1997

Quellen und archäologischen Grabungen wurde vorangetrieben. Gleichzeitig konnten die völlig ausgewachsenen Kronen der Lindensäle zurückgeschnitten werden. Hier war besondere Eile vonnöten, war doch zu befürchten, daß jeder größere Windstoß verheerende Schäden anrichten konnte.

Der Memmelsdorfer Gemeinderat stieg mit großem Engagement in die Instandsetzung der Parkanlage ein. Zukünftiger Tourismusmagnet sollte die Anlage werden. Insbesondere nach einer gemeinsamen Fahrt mit der zwischenzeitlich unter Vertrag genommenen Landschafts- und Gartenarchitektin Adelheid Gräfin von Schönborn nach Het Loo in Holland, dessen englischer Landschaftspark in einen Barockgarten zurückverwandelt worden war, herrschte große Euphorie über eine Wiederherstellung der Schloßanlage in der Heimatgemeinde. Grundlage für die Rekonstruktion des Parks war der „Frankfurter Plan" von 1772. Auch in einem 1984 in Schloß Seehof stattfindendem Symposium von Prof. Dr. Jörg Gamer wurde die Empfehlung ausgesprochen, den Garten nach dem „Frankfurter Plan" wiederherzustellen. Unter der Beratung der Gartenabteilung der Schlösserverwaltung entstand unter der Federführung von Gräfin Schönborn ein Instandsetzungskonzept, das die vorhandene Grundstruktur des Parks zurückgewinnen ließ. Daß dabei die Wege innerhalb des Westquartiers 1984/85 wieder ihre Weißbuchenhecke und die Lindenalleen bekamen und zu beiden Seiten des völlig durchgewachsenen Heckentheaters auch die Obstwiesen mit ihrer kleinteiligen Heckenwegestruktur rekonstruierend wiederhergestellt werden konnten, lag in der guten Quellenlage für diese Teilbereiche begründet.[6]

Bereits während des Symposiums 1984 wurde aber deutlich, daß die zu diesem Zeitpunkt erforschten Grundlagen für eine barocke Nachschöpfung nicht ausreichten. Doch einige Quartiere sollten auf jeden Fall wiedergewonnen werden:
– die Lindensäle (d. h. Erneuern) mit Berceaus und zentralen Boulingrins,
– das Obstparterre in Kombination von Zier- und Nutzgärten,
– die vier Broderien auf der Schloßterrasse,
– das Parterre über der Kaskade mit zwei Fontänenbecken in doppelt abgestuften Boulingrins.

Geplant wurde auch ein Abbruch der Remise und eine Erweiterung des Parks auf seine ursprüngliche Größe. Der noch vorhandene überalterte Pflanzenbestand aus dem 18. Jahrhundert sollte weitgehend durch Neupflanzungen ersetzt werden, wobei auch die Frage erörtert wurde, in wie weit der Pflanzenbestand respektiert werden konnte.

Es blieb nicht bei den theoretischen Betrachtungen. Die Wege- und Pflanzarbeiten gingen rasch voran, gleichzeitig wurde die seit dem 19. Jahrhundert verschüttete und nach dem Zweiten Weltkrieg teilweise in einen Swimmingpool umgewandelte Kaskade in spektakulären Grabungen durch Manfred Schuller erforscht. Finanziert wurde die Untersuchung aus Mitteln der Messerschmitt Stiftung. Die Ergebnisse dieser Bauforschung waren so gut,[7] daß das Bayerische Landesamt für Denkmalpflege die Restaurierung der Kaskade – wieder zuerst unter der Trägerschaft der Gemeinde Memmelsdorf[8] – begann. Der denkmalpflegerische Streit, ob die Kaskade trocken konserviert oder naß restauriert werden sollte, fiel zugunsten der Wasserspiele aus. In einer denkwürdigen Feier konnte die Kaskade nach über achtjähriger Arbeit am 22. Juni 1995 mit der Wassermusik von Händel, gespielt von den Bamberger Symphonikern unter Leitung des Chefdirigenten Horst Stein, im strömenden Regen in Betrieb genommen werden.

Bereits einige Jahre zuvor aber, noch vor dem Fall der „großen Mauer", fiel die das Ostquartier trennende Mauer von Schloß Seehof, und 1989 wurde der Grundstein für die neue Einfriedung des Ostquartiers gelegt. Die Seemauer erhielt einen Staketenzaun, die Mauerpfeiler wurden von Meisterschülern des Bildhauer- und Steinmetzgewerbes mit frei gestalteten Kugelaufsätzen versehen. Nach der Fertigstellung des Wegenetzes und der begleitenden Bepflanzung im Ostquartier war die Forderung, den Park in seiner ursprünglichen Größe wiederherzustellen, erfüllt – nicht aber die Forderung nach der Erneuerung des alten Pflanzenbestands. Die Konservatoren des Landesamtes setzten nun auch in der Gartendenkmalpflege Maßstäbe. Nicht mehr die Rodung und darauf folgende Neupflanzungen wurden das Prinzip der Gartendenkmalpflege in Seehof, sondern der Versuch, den alten Zustand durch geeignete Schneidmaßnahmen so zu verändern, daß die Pflanzen im Laufe einiger Jahre in ihre ursprünglich gedachte barocke Form zu zwingen waren. Nachpflanzungen sollten zu große Lücken schließen. Seit Jahren „pilgern" Gartendenkmalpfleger nach Seehof, um den Erfolg oder Mißerfolg dieser Maßnahmen zu beobachten. Mit jedem Jahr werden, vor allem in der Vegetationsperiode, die Unterschiede zwischen Zurückgeschnittenem und Neugepflanztem geringer, so daß auch die meisten Skeptiker unter den Fachleuten längst die Möglichkeit einer solch behutsamen Pflege des originalen Bestandes als einen, vielleicht den nach heutigen Erkenntnissen wertvollsten, Weg innerhalb der Gartendenkmalpflege respektieren.

Daß inzwischen viele Abgüsse der originalen, weiß gefaßten Seehofer Gartenplastik[9] in den Park Eingang gefunden haben – die wenigen Originale und die originalen Reste der Kaskade sind in der westlichen Orangerie, im Ferdinand-Tietz-Museum untergebracht –, bereichert die Anlage ungemein und läßt den Besucher erahnen, welche Pracht dieser Park einst besaß.

Die Grundstruktur der Parkanlage verunklärt allerdings noch immer die nach 1864 aus zwei Remisen zusammengesetzte, heute auf dem Schloßparterre stehende Stallung der Freiherrn von Zandt. Die Frage, ob der jetzige Bau ein zu erhaltenes Baudenkmal sei oder als bauliche Fehlentwicklung des 19. Jahrhunderts zu werten ist, wurde zugunsten des Gartendenkmals entschieden. Bereits mit dem Parkpflegekonzept von 1984 ist der Abbruch dieses Gemäuers beschlossen und genehmigt worden. Allerdings fehlen derzeit die Mittel, um die einstigen Remisen aus dem vorhandenen Material an ursprünglicher Stelle zu beiden Seiten des Osttores wieder erstehen zu lassen. Mit einem einfachen Abbruch aber ist es nicht getan; denn selbst die baufällige Hülle wird noch als Lager- und Einstellraum für Gerät, Kutsche und auch Dienstauto benötigt.

Schon haben wir, die Denkmalpfleger der Außenstelle, mit dem Staatlichen Hochbauamt und einem von diesem beauftragten freien Architekten die noch erhaltenen Außenmauern der nördlichen Gewächshäuser genutzt, um durch Anfügen

Abb. 6, 7. Lindensaal 1976 (oben) und Hainbuchenhecke beim Zurückschneiden (unten)

einer modernen Glas-Stahl-Beton-Mauerkonstruktion ein Café entstehen zu lassen. Im Schatten der Sonnenschirme darf darüber nachgedacht werden, welche Mittel und Wege nötig sind, um auch das Schloßparterre in seiner Gänze und die beiden Remisen wiederzugewinnen. Die Kastanienallee auf jeden Fall, die bis zur Schweizerei reichte, ist schon gepflanzt! Im ehemaligen Jagdquartier[10] jedoch, im Hauptsmoorwald, üben noch immer die GI's.

Anmerkungen

1 Arbeitsbeginn 1768, die Arbeiten zogen sich aber bis 1771 hin und konnten erst 1778 beendet werden.
2 HEINRICH KREISEL, *Der Untergang der Garten- und Raumausstattung des Schlosses Seehof*, in: Schönere Heimat, 48, H. 1/2, 1954.
3 KLAUS MERTEN, *Schloß und Garten Seehof. Zwischenbilanz einer Liquidation*, in: Kunstchronik, H. 8, 1971, S. 217-221.
4 Teilnehmer waren Prof. Dr. Hennebo, TU Hannover; Dr. Hoffmann, Hessische Schlösserverwaltung Bad Homburg; Gärten-Dir. a. D. Klaus, München; Ltd. Reg.-Dir. Meyer, München; Dipl-Ing. Dr. Müller, Memmelsdorf; Graf von und zu Egloffstein; Generalkonservator Dr. Petzet; Dr. Ramisch, Leiter der Außenstelle Seehof; Dipl.-Ing. Körner, stellvertr. Außenstellenleiter; Dipl.-Ing. Mader, Landesamt für Denkmalpflege München, Bauforschung.
5 „Tilia intermedia", um ein möglichst rasches Wachstum zu fördern. Heute muß deshalb jährlich ein aufwendiger Kronenschnitt durchgeführt werden, um die Linden einigermaßen „barock" aussehen zu lassen.
6 Von Salomon Kleiners Plan bis zum Seinsheim-Plan sind diese Wegefiguren und die Lindenalleen durchgängig nachvollziehbar.
7 MANFRED SCHULLER, *Die Kaskade von Schloß Seehof. Bauforschung und Dokumentation*, Arbeitshefte des Bayerischen Landesamts für Denkmalpflege, Nr. 29, München 1986.
8 Ab dem Jahr 1988 im Staatshaushalt.
9 Die Figuren entstanden unter den Fürstbischöfen Johann Philipp Anton von Franckenstein (1746-1753) und Adam Friedrich von Seinsheim (1757-1779), geschaffen vom Hofbildhauer Ferdinand Tietz (1708-1777).
10 Siehe das berühmte Fest des Fürstbischofs Adam Friedrich von Seinsheim anläßlich des Besuches von Markgraf Christian Friedrich Carl Alexander von Ansbach-Bayreuth und seiner Gemahlin Markgräfin Friederike Caroline von Sachsen Coburg im Mai 1773.

Abbildungsnachweis

BAYERISCHES LANDESAMT FÜR DENKMALPFLEGE, Photoarchiv: *Abb. 1* (Eberhard Lantz, Neg. Nr. 9308 02/3); *Abb. 6* (Joachim Sowieja, R1976/Nr. 353/Neg. Nr. 2); *Abb. 7;* Luftbildarchäologie: *Abb. 2* (Otto Braasch, Aufnahmedatum 14.8.1980, Archivnr. 6130/009; 934-19), *Abb. 3* (Otto Braasch, Aufnahmedatum 14.5.1985, Archivnr. 6130/009; 948-17), *Abb. 4* (Klaus Leidorf, Aufnahmedatum 16.5.1997, Archivnr. 6130/009; 7698-33), *Abb. 5* (Klaus Leidorf, Aufnahmedatum 16.5.1997, Archivnr. 6130/009; 7698-36)

Bernd Vollmar

ARCHITECTVRA RECREATIONIS

ZUR FRESKALEN AUSSTATTUNG ZWEIER UNBEKANNTER BAROCKER GARTENSÄLE IN AUGSBURG

I.

ARCHITECTVRA RECREATIONIS – so nennt Joseph Furttenbach d. Ä. seine 1640 in Augsburg erschienene Abhandlung über Architektur zur „widerbringung ... frölichen Gemüts"[1]. Gemeint sind damit Gebäude, die der ‚Belustigung' und Unterhaltung, mithin der Erholung und Entspannung des Körpers und des Geistes dienen. Furttenbach fordert, wenn nicht ein irdisches Paradies, so doch ein Refugium, das – zumindest zeitweise, eben zur ‚recreatio' – ein unbeschwertes, sorgenfreies Leben ermöglicht. Obgleich er in der Tradition eines seit der Antike gültigen Ideals, des ‚Landlebens', steht,[2] kann das Leben in der Natur – bemerkenswerterweise – hier auch im urbanen Kontext, im städtischen Garten realisiert werden. Mehrfach äußert der Autor, daß „Frewd und erlustigung bringende Gebäw ... so in Stätten/ so auch auff dem Land" notwendig seien.

Wie bereits bei Montaigne (1580) vermerken Augsburgs betreffende historische Reisebeschreibungen immer wieder den umfänglichen Bestand an Gartengütern: die Stadt „... ist von einer weit ausgedehnten und sehr fruchtbaren Ebne umgeben, in welcher ... viele Lusthäuser und Landsitze aufs anmuthigste abwechseln (Vitale, 1779) ... oder ... Die vielen Gärten, die innert der Stadtmauer liegen, tragen vieles zur Vergrößerung bei" (Hautinger, 1784).[3] Mit dem letztangeführten Zitat wird der hohe Anteil an innerstädtischen Gartenflächen veranschaulicht, der durch die im späten Mittelalter großzügig angelegte Stadtbefestigung ermöglicht war. Die spezifische Augsburger stadttopographische Situation, wie sie beispielsweise auf dem Vogelschauplan des Wolfgang Kilian von 1626 eindrucksvoll nachvollziehbar ist, wird noch auf den amtlichen Vermessungsplänen des 19. Jahrhunderts deutlich: Die Parzellen der Gartengüter reihen sich nicht nur feldseitig entlang den Stadtmauern bzw. entlang der Ausfallstraßen, sondern – großflächig und mit Gartenhäusern bestückt – auch im Bereich der Innenstadt, namentlich nördlich des Domes und in der Jakober Vorstadt (Abb. 1, 2).

‚Landwohnungen' im Umfeld, im eingeschränkten Maß auch innerhalb der Stadtmauern, waren auch bei anderen Reichsstädten üblich. Zum einen dienten sie, als Adelssitze, seit dem ausgehenden Mittelalter zur agrarwirtschaftlichen und verwaltungsmäßigen Erschließung der reichsstädtischen Territorien; zum anderen dem gehobenen Bürgertum, mit mehr oder weniger ausgedehnten Gartenanlagen, als ‚ville suburbane', als ‚Lusthäuser'. Sind die Grenzen zwischen beiden Bauaufgaben im allgemeinen fließend,[4] sind sie in Augsburg eindeutig definiert: Sie gehören eben zu jener „architectura recreationis", zu den „Erfrewlichen Civilischen Gebäwen" im Furttenbachschen Sinn.

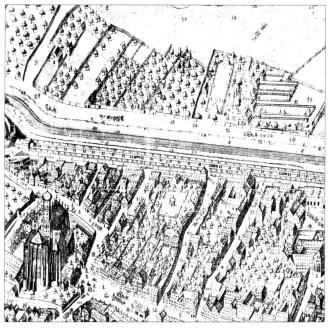

Abb. 1. Wolfgang Kilian, Vogelschau der Stadt Augsburg, 1626; Ausschnitt Bereich Schießgraben mit St. Ulrich und Afra

Abb. 2. Wolfgang Kilian, Vogelschau der Stadt Augsburg, 1626; Ausschnitt Bereich Kohlergasse mit Domkirche

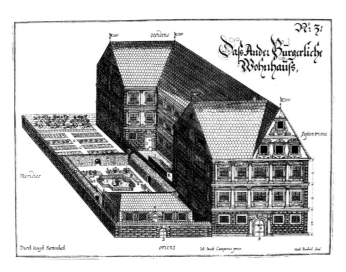

Abb. 3. „Daß Ander Bürgerliche Wohnhaüss", aus: Joseph Furttenbach, Architectura Recreationis, Augsburg 1640, Taf. 3.

Wie – in der Architekturtheorie – solche „Burgerlichen WohnHäusern/ sambt deroselben Lustgärten" und der dazugehörigen Gebäude konzipiert sind, illustriert Furttenbach im ersten Teil seines Traktates (Abb. 3).[5] Zur Funktion des Gartenhauses, mit seinem ‚saloto' oder ‚Saal', wird vermerkt „... so (es) gar ein fein holdseeliges Gebäwlin ist [6] ... dann (kann man) gar erfrewlich/ Sommerszeit sich darinnen auff zuhalten/ von dahr auß aber den Augenlust deß Gartens ... genießen."[7] Zur Ausstattung eines Gartensaales vermerkt der Autor, daß ein solcher „mit einer weissen gipsen Decken geziert"[8] sei. Je nach den örtlichen Gegebenheiten könne ein Gartensaal auch im eigentlichen Bürgerhauskomplex eingerichtet werden und zwar als ‚Studiosum' oder ‚Museum'[9], auf jeden Fall in einem dem Garten oder Hof zugewandten Raum.

Anders als im Regelfall architekturtheoretischer Schriften reflektieren Furttenbachs Vorstellungen offensichtlich die Architekturrealität. Denn solche ‚recreations'-Räume, solche ‚place de repos', lassen sich im überlieferten Augsburger Denkmälerbestand mehrfach nachweisen: entweder als Einzelbauten oder eingefügt in die hier typischen ‚Abseiten', die hofseitigen Seitenflügel. Das Spektrum reicht zum einen vom klassischen Gartenanwesen des 16. Jahrhunderts wie der Baugruppe „Im Sack 3a", dort im 1. Obergeschoß des Seitenflügels mit dem für Augsburg ehemals typischen Laubengang und dem anschließenden, mit einer hölzernen Kassettendecke ausgestatteten kleinen Gartensaal,[10] bis zum Gartenpavillon am „Hohen Weg 30" mit einem Matthäus Günther zugeschriebenen Deckenbild aus der Zeit um 1755,[11] zum anderen von den um 1725 stuckierten Abseiten-Räumen im Haus „Ludwigstr. 32"[12] bis hin zu regelrechten kleinen Festsälen wie in der „Maximilianstr. 81", wo neben einer Stuckierung des 17. Jahrhunderts eine Rokoko-Wandmalerei erhalten ist.[13] Ein weiteres prominentes Beispiel der Bauaufgabe ist das vormalige Gartenpalais der Freiherrn von Schaezler (Schaezlerstr. 9)[14], und im weiteren Sinn ist dazu auch der 1767 fertiggestellte Festsaal des jetzigen Schaezlerpalais (Maximilianstr. 46)[15] zu zählen, das einst für den Bankier von Liebert errichtet worden ist. Die vormals dazugehörenden Gartenanlagen sind etwa in den im frühen 18. Jahrhundert entstandenen Stichserien des Karl Remshard eindrucksvoll illustriert (Abb. 4).[16]

Die Kenntnis um die Kultur dieser Bauaufgabe in Augsburg konnte in den letzten Jahren durch zwei Neuentdeckungen erweitert werden. Der besondere Stellenwert ist dabei in der malerischen Raumausstattung der jeweiligen Gartensäle begründet. Beide Objekte wiesen Zeugnisse der großen Tradition der Augsburger Wand- und Deckenmalerei des Barock auf. Mit dem bislang unerkannten ehemaligen Gartenanwesen „Kohlergasse 8a" wurde ein Beispiel vom Anfang der Epoche, aus der Zeit um 1630, bekannt; im sogenannten Hößlin'schen Gartenpalais, „Schießgraben 20", ist mit der wiederhergestellten Raumdekoration ein Dokument vom Ausklang dieser Kunstübung in der Zeit um 1800 gewonnen.

II.

Verbunden mit Künstlern wie Bergmüller, Christ, Goetz, Günther, Holzer, Huber, Scheffler oder Steidl, um nur einige Namen zu nennen, war Augsburg im 18. Jahrhundert ein europäisches Zentrum der Wand- und Deckenmalerei. Dies zeigt sich nicht zuletzt in den ausgeprägten Wechselbeziehungen innerhalb des Kunstbetriebes. Augsburger Freskanten erfüllten Aufträge im gesamten süddeutschen Raum und darüber hinaus; auswärtige Künstler arbeiteten in der Stadt. Einflußreich und mit prominenten Direktoren besetzt, war die von Joachim von Sandrart gegründete, seit 1710 reichsstädtische Kunstakademie und selbst die spätere, kommerziell-dubiose Konkurrenzinstitution, die Kaiserlich-Francisische Akademie, konnte Joachim Winckelmann als Mitglied gewinnen. Im weiteren besaß das Medium der Vorlageblätter, mit den in Augsburg in unübersehbarer Fülle produzierten Stichfolgen, die auch projektierte oder ausgeführte Wand- und Deckenmalereien vervielfältigten, eine nicht zu unterschätzende Breitenwirkung.[17]

Der ursprüngliche Augsburger Freskenbestand ist heute erheblich reduziert. Die Gründe sind naheliegend. An erster Stelle steht die Vergänglichkeit von Wandmalerei, namentlich die der Fassadendekoration. Auch maltechnische Unzulänglichkeiten spielen eine Rolle, so bei dem als ‚Wunder' titulierten ‚Bauerntanz' von Johann Evangelist Holzer. Diese um 1736 entstandene Fassadendekoration wurde zum Inbegriff der Augsburger Rokokomalerei. Vermochte das Fresko noch 1790 Goethe zu begeistern, so war es bereits zu Beginn des 19. Jahrhunderts kaum mehr erkennbar.[18] Im weiteren brachte die Zerstörung der historischen Augsburger Altstadt im Zweiten Weltkrieg[19] unermeßliche Bestandsverluste für die Wand- und Deckenmalerei.[20] Dazu gehört bis auf wenige Fragmentflächen auch die unter der Regie Matthias Kagers entstandene – bisweilen unterbewertete – malerische Ausstattung des Goldenen Saales im Hollschen Rathaus aus der Zeit um 1620 oder das 1772 entstandene Deckenfresko des Johann Joseph Anton Huber in der Friedhofskirche St. Michael.[21]

Ein dritter Faktor für die Dezimierung des Denkmälerbestandes ist der Veränderungswille. Abhängig vom Zeitgeschmack, als altmodisch angesehen, sind malerische Raum- und Fassadengestaltungen immer wieder unter Tünchen oder Verkleidungen und damit in Vergessenheit geraten. Die Denkmalpflege, damit auch die Kunstgeschichte und vor allem die interessierte Öffentlichkeit, gelangt dadurch nicht selten zu überraschenden Neufunden. Letztlich führte dies zu einer breiten Akzeptanz denkmalpflegerischer Methoden, etwa einer frühzeitigen, systematischen Objektuntersuchung durch Kirchenmaler, Restauratoren bzw. Bauforscher oder der Sichtung archivalischer Quellen.

Naturgemäß ist die Funddichte in einer hinreichend bedeutenden historischen Stadt wie Augsburg überdurchschnittlich. So konnte beispielsweise anhand des Bürgerhauses „Ulrichsplatz 1" die Abfolge von fünf unterschiedlich geprägten Fassadenredaktionen aufgezeigt[22] oder erst jüngst die Existenz von Deckenbildern über dem Langhaus der katholischen Pfarrkirche „St. Georg" in Augsburg-Haunstetten nachgewiesen werden.[23] Wenn auch ohne Einfluß auf den Erhalt, war für die Fassaden der (inzwischen abgegangenen) Seitenflügel der ehemaligen „Schüle'schen Kattunmanufaktur" eine anspruchsvolle Architekturmalerei zu belegen; in Fortschreibung der lokalen Tradition und um 1770 entstanden, verfügte dieses frühe Zeugnis der Augsburger Industriekultur, zur schloßähnlichen Baukörperdisposition und zu den plastischen Fassaden des Hauptflügels analog, über eine freskierte Lisenen- und Faschendekoration.[24] Bisweilen gibt es Zufallsfunde, wie die im Bürgerhaus „Maximilianstr. 58" bei Reinigungsarbeiten aufgedeckte Plafondmalerei mit einer ‚Emmaus-Szene', datiert 1769 und signiert vom Bergmüller-Schüler Christian Erhard, oder die Darstellung eines ‚Bauerntanzes', einem Wandbild aus der Zeit um 1520 im Anwesen „Ludwigstr. 13".[25] Nicht nur das letztgenannte Beispiel erweitert die Sicht auf die lange Tradition der vorbarocken Wandmalerei in Augsburg.[26] Als frühestes Beispiel einer malerischen Fassadendekoration in Augsburg wurde ein in die Zeit um 1200 datierbarer Befund am Turm der katholischen „Heilig-Kreuz-Kirche" erhoben.[27] Aus bildlichen Darstellungen bekannte geometrische Fassadenbemalungen des späten Mittelalters und der frühen Neuzeit[28] waren ursprüngliche Gestaltungsmerkmale am „Roten Torturm" oder am Bürgerhaus „Unter dem Bogen 1".[29]

Abb. 4. Augsburg, „Prospect des Gartens...Herrn Johann Balthas. Michel...", mit der Rückfront der Bürgerhausbebauung entlang der Kohler-/Jesuitengasse, Kupferstich von Karl Remshard, frühes 18. Jh.

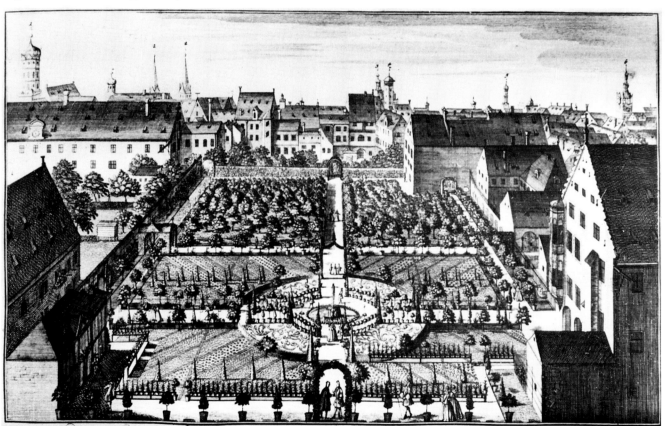

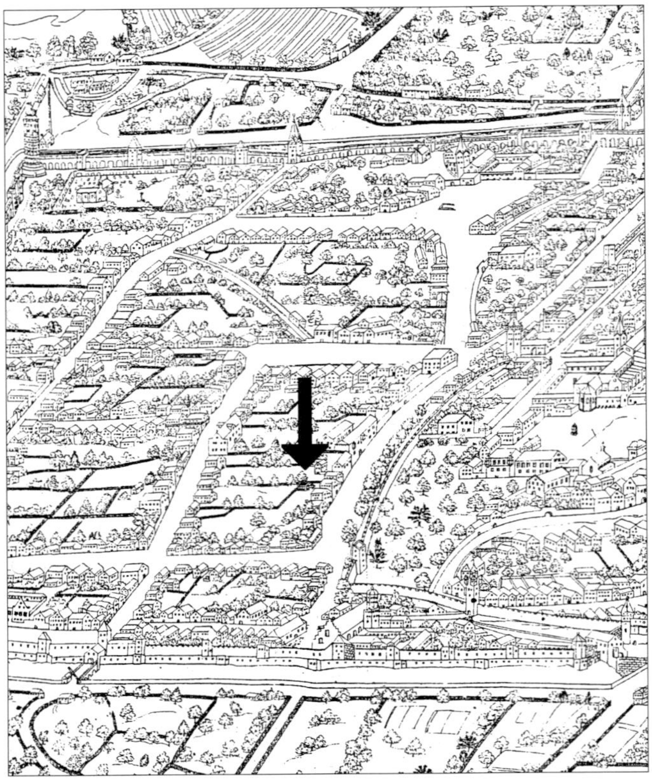

III.

Das ehem. Gartenhaus „Kohlergasse 8a" gehört zu einer Gruppe von Nebengebäuden hinter der straßenbegleitenden Bürgerhausbebauung. Anders als bei den westlich benachbarten historischen Anwesen, wurde das dazugehörige Vorderhaus 1944 zerstört (Abb. 6). Daß noch die Stadtpläne des späten 19. Jahrhundert in direkter Umgebung großflächige Gartenanlagen aufzeigen, die bereits im Stadtplan des Jörg Seld von 1521 erkennbar sind (Abb. 5), entzieht sich der Vorstellungskraft des heutigen Betrachters. Die in den letzten Jahrzehnten ‚nachverdichtete' städtebauliche Situation gereicht dem eher unscheinbaren Erscheinungsbild des zweigeschossigen, nur etwa 6 m breiten und etwa 12 m langen Anwesens zum Nachteil (Abb. 7). Die Grundrißdisposition besteht im Obergeschoß lediglich aus einem längsrechteckigen Raum von ursprünglich vier zu zwei Fensterachsen, dem südlich die Treppenerschließung mit einem kleinen Nebenraum vorgelagert ist. Veranlaßt durch ein Abbruchbegehren wurden 1992 im Rahmen einer Objektbegehung Deckengestaltungen der Zeit um 1600 festgestellt. Solche geometrisch angelegten Stuckdekorationen, die hier auch die Untersichten der Treppenläufe zieren, sind in Augsburg mehrfach überliefert und gehören zu den frühen Zeugnissen ihrer Art innerhalb der bürgerlichen Wohnkultur Bayerns.[30] Aufgrund des

Abb. 5. Jörg Seld, Vogelschau der Stadt Augsburg, 1521; Ausschnitt Bereich Kohlergasse mit Vorgängerbau des Gartenanwesens Nr. 8a

Abb. 6. Augsburg, Kohlergasse 8, ehemaliges Bürgerhaus, zerstört 1944

Abb. 7. Augsburg, Kohlergasse 8a; ehemaliges Gartenhaus mit freskiertem Saal im ersten Obergeschoß, vor der Instandsetzung

Architectura Recreationis 231

Abb. 8, 9. Augsburg, Kohlergasse 8a; Südwand, Groteskenfries, Fundzustand

Bedeutungsgrades wurde die Ausstattung in die Denkmalliste nachgetragen.[31] Aus der für ein Nebengebäude eher gehobenen Stuckausstattung oder den an der Westfassade erkennbaren (zugesetzten) Arkaden, ferner aus den stadttopographischen Quellen wurde als ehemalige Bestimmung ein Gartenhaus abgeleitet.

Unter veränderten Eigentümerverhältnissen wurde dann im Frühjahr 1994 ein Nutzungs- und Instandsetzungskonzept zu Wohnzwecken abgestimmt.[32] Im Zuge der Ausführungsarbeiten mußte – zur Wiederherstellung der Standfestigkeit des Gebäudes – die Deckenkonstruktion über dem ersten Obergeschoß geöffnet werden und dabei zeigte sich ein etwa 60 cm hoher Zwischenbodenbereich, der, wie sich später erweisen sollte, durch eine im 18. Jahrhundert entstandene Deckenabhängung entstanden war. An den Wandflanken dieses Fehlbodens waren hochrangige frühbarocke Malereien zu erkennen. In Grisailletechnik zeigte sich eine Architekturmalerei mit grotesken Fratzen und Masken im Wechsel mit Blüten-Festons und anderen vegetabilen Motiven (Abb. 8, 9). War der Erhaltungszustand im allgemeinen als überdurchschnittlich gut anzusehen, wies eine ockertonige Wappenkartusche an der nördlichen Schmalwand erhebliche Schäden auf (Abb. 10).

Abb. 10. Augsburg, Kohlergasse 8a; Blick auf die Nordwand, nach Beseitigung der Zwischendecke

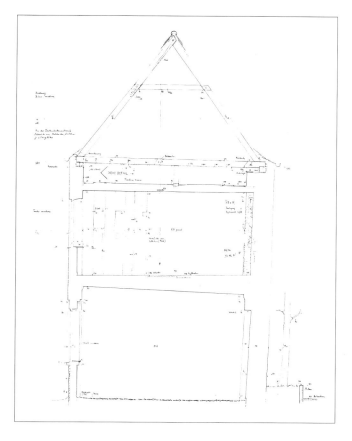

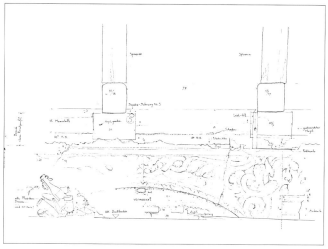

Abb. 11. Augsburg, Kohlergasse 8a; Querschnitt und Detail Zwischenboden (Zeichnung: Heinz Strehler)

Die weiteren Untersuchungen konnten zunächst als Serviceleistung des Bayerischen Landesamtes für Denkmalpflege angeboten werden. Eine erste bauhistorische Sichtung mit zeichnerischer Dokumentation (Abb. 11) führte zu Erkenntnissen über den ursprünglichen, zum entdeckten malerischen Wandfries gehörenden Deckenanschluß. Die Befunde wie Nagellöcher, geschmiedete Nägel an den Untersichten der Zerrbalken, im weiteren fragmentarische Holzkonstruktionen im Bereich der Mauerlatten im direkten Anschluß an die Malputze, sprechen für eine ehemalige hölzerne Kassettendecke.[33] Die restauratorische Befunduntersuchung zeigte auf, daß die umlaufende Frieszone des Fehlbodens den oberen Abschluß eines geschlossenen malerischen Raumdekorationssystems darstellte; unter Überputzungen des späteren 18. und 19. Jahrhunderts und unter modernen Wandverkleidungen, wie Schaumstoffen und Tapeten, traten gleichfalls in Grisailletechnik aufgetragene Wandfelderungen mit Blattleisten und Linierungen zu Tage.[34] Bei den dann von freiberuflichen Restauratoren fortgeführten Freilegungsarbeiten wurde schließlich hinter modernen Vormauerungen ein weiterer hochwertiger Bestand entdeckt: Brüstungsdekorationen in Form von ockertonigen emblematischen Darstellungen, die kartuschenförmig von weiteren Grisaillegrotesken gerahmt und zum Teil mit Schriftzügen der jeweiligen Motti versehen waren (Abb. 12).[35] Wenngleich nur fragmentarisch überliefert und stark verschmutzt, mußte auch bei den neuerlich aufgedeckten allegorischen und grotesken Malereien von einer hohen künstlerischen und maltechnischen[36] Qualität ausgegangen werden.

Das ursprüngliche System der Raumdekoration des ehemaligen Gartensaales läßt sich anhand der Befundlage wie folgt rekonstruieren:

– *Westwand*: vier Fensterachsen, Grisaillefelderungen, oben Groteskenfries, vier (kaum mehr erkennbare bzw. stark gestörte) Brüstungsembleme.
– *Nordwand*: zwei (heute zugesetzte) Fensterachsen, sonst wie vor; von den beiden Brüstungsemblemen ist das rechte vorzüglich erhalten; zusätzlich gibt es wandmittig, als Kapitell ausgebildet, eine (später hinzugefügte) Wappenkartusche mit einem Motto.[37]
– *Ostwand*: nördlich zwei (heute zugesetzte) Fensterachsen, sonst wie vor; das Brüstungsemblem links ist fragmentarisch überliefert, rechts vorzüglich erhalten; südlich gestörte Arkadensituation mit Figurennische, flankiert von ockertonigen Putti.
– *Südwand*: eine (veränderte) Türachse, oben Groteskenfries, abweichend vom übrigen System (Schein-)Architekturmalerei, ebenfalls in Grisailletechnik, stark fragmentarischer Überlieferungszustand.[38]

Die stilistisch vorgeschlagene Einordnung der Malereien in das frühere 17. Jahrhundert konnte zunächst durch die dendrochronologische Bestimmung der am Bau verwendeten Hölzer präzisiert werden.[39] Danach belegen die Hölzer des Dachwerkes bzw. der Deckenlage eine Entstehungszeit der Baukonstruktion kurz nach dem Winter 1600/1601. Die bereits erwähnten Montagehölzer der ehemaligen Zierdecke, die aufgrund der Beobachtungen mit der Aufbringung des Freskoputzes installiert worden waren, erbrachten Fälldaten vom Winter 1630/1631. Bringt man im weiteren die Ergebnisse der Dendrochronologie mit archivalischen Quellen, mit den Besitzerlisten zur Deckung, ergibt sich folgendes: Um 1601, zur Zeit der Erbauung des Gartenhauses bzw. seiner Erneuerung[40] ist als Eigentümer der „Handelsmann" Bartholomäus Weißhaupt, Sohn des gleichnamigen Kunstschreiners, nachgewiesen.[41] Von ihm ging der Besitz am 8. April 1633 an Abraham Thelott über; der „Handelsmann" kauft „drei Behausungen, Hofsache, Gefäß, Abseite und Garten, die alle zu einem Garten gemacht und in ein Haus geschlagen werden".[42] Thelott, der aus einer im späten 16. Jahrhundert aus Dijon zugewanderten Künstlerfamilie stammte, kann demnach als Auftraggeber der Fresken angesehen werden.[43]

Das bereits angesprochene Wappen an der Nordwand wurde in Secco-Technik nachträglich aufgebracht und ist Johann Jakob Gutermann zuzuweisen. Gleichfalls von Beruf „Handelsmann", war er zwischen 1704 und 1722 Eigentümer des Anwesens.[44] Danach ging das Anwesen in den Besitz von Künstlerfamilien über: Nachdem es für wenige Jahre dem kaiserlichen Hofkupferstecher und Kunstverleger Johann Andreas Pfeffel gehörte, gelangte es 1727 an den für die Augsburger Kunstgeschichte bedeutenden Maler und Graphiker Georg Philipp Rugendas d. Ä., in dessen Familie das Gartenanwesen bis 1824 verblieb.[45] Überhaupt lebten in der Barockzeit entlang der Kohlergasse und der östlichen Fortführung des Straßenzuges, in der heutigen Jesuitengasse, namhafte Künstlerpersönlichkeiten; in der ersten Hälfte des 17. Jahrhunderts sind neben dem Maler Johann Rottenhammer, der 1611 das Haus Nr. 5 bewohnte, in der Nachbarschaft mehrere Goldschmiede nachzuweisen. Im Kontext mit dem Gartenhaus und seinem freskierten Saal scheint von Bedeutung, daß die Stecher- und Verlegerfamilie Kilian seit 1630 das Nebenhaus, heute Kohlergasse 4/6, besaß[46] – und am Ende der Gasse, im Bereich der heutigen Jesuitengasse 6, lebte bis zu seinem Tod im Jahr 1634, der bis 1628 als Augsburger „Stadtmaler" amtierende Matthias Kager.[47]

Mit der Witwe des Stammvaters der Künstlerdynastie Kilian, des Goldschmiedes Bartholomäus (gest. 1583), war seit 1584 der in Antwerpen gebürtige Stecher und Verleger Dominicus Custos verheiratet.[48] Dessen leiblicher Sohn Raphael Custos veröffentlichte 1622 und 1631 in zwei Teilen die lateinisch-deutsche Version eines niederländischen Emblembuches.[49] Die darin enthaltenen Illustrationen lassen sich als Stichvorlagen für die emblematischen Brüstungsbilder im ehemaligen Gartenanwesen „Kohlergasse 8a" benennen.

Von den nachweisbaren, ursprünglichen acht Emblemata sind sieben identifizierbar (von links nach rechts):

Westwand:
1. Fensterachse: nur mehr Farbspuren erkennbar.
2. Fensterachse: „Die Liebe durchdringt alles". Dargestellt ist Amor, der seine Pfeile auf einen Brustpanzer abschießt (Abb. 13, 14).[50]
3. Fensterachse: „Die Eifersucht ist der Liebe Schatten ..." Dargestellt ist Amor, dessen Schatten eine Medusenform annimmt (Abb. 15, 16).[51]
4. Fensterachse: „Wer Unmut nährt, löscht die Liebe". Die stark fragmentarische Darstellung zeigte wohl Amor, der eine Fackel nach unten hält, mit einem Pfeil in der Brust.[52]

Nordwand:
1. Fensterachse: „Die Liebe wird durch Geld vereint". Dargestellt waren zwei Putti bei der Übergabe eines Geldkorbes.[53]
2. Fensterachse: „Die Liebe will allein sein". Dargestellt ist eine auf dem Bett sitzende Frauengestalt und Amor, der Jupiter vertreibt. Das zum Emblem gehörende Motto „Amor, e signoria non vuol compagnia" ist erhalten (Abb. 17, 18).[54]

Ostwand:
1. Fensterachse: „Die Liebe zweifelt nicht". Dargestellt ist Amor mit dem Lot (Abb. 12, 19, 20).[55]
2. Fensterachse: „Keine Liebe ohne Schmerz". Dargestellt ist Amor, der eine Dornenrose pflückt. Zusammen mit dem rechten Emblem der Nordwand ist hier mit „Nulle rose sans espines" das zweite ursprüngliche Motto überliefert (Abb. 21-23).[56]

Wie eng sich der Maler der Wandbilder an dieser Stichserie orientierte, läßt sich am Beispiel der nahezu vollständig ablesbaren Brüstungsfelder verdeutlichen. Die Darstellung „Lot in der Hand Amors" (Ostwand, links), das die „Unbeirrbarkeit der Liebe" verdeutlicht, zeigt im Zentrum, auf einem Zirkelschlag stehend, den geflügelten Liebesgott; er hält eine Stellage mit dem Senkblei, dem Lot. Stich und Wandbild zeigen die Szene nicht nur in der Komposition, sondern auch im Detail identisch, vom Baum am linken Bildrand bis hin zu den Architekturen im Hintergrund.[57] Beim rechten Brüstungsfeld der Ostwand, das auf „Freude und Leid der Liebe" hinweist, ist das Bildthema des Rosen pflückenden Amors im Wandbild zwar maßstäblich vergrößert, doch demonstrieren Darstellungsmodus und Beiwerk, wiederum Baum und Hintergrundarchitektur, deutlich die Abhängigkeit zur Vorlage.[58] Dies veranschaulicht dann vor allem die dreifigurige Amor-Jupiter-Szene (Nordwand, rechts).

Soweit dies von den beiden – überlieferten – Schriftzügen abgeleitet werden kann, reicht die enge Bindung an das Emblembuch bis hin zu den Sinnsprüchen. Die ansonsten durch Fehlstellen des historischen Putzes verlorenen Motti sind in italienischer bzw. französischer Sprache verfaßt und von Vaenius übernommen.[59] Daraus folgend ist anzunehmen, daß auch lateinischsprachige Zitate vorhanden waren. Die Auswahl der jeweiligen Motto-Sprache mag – bei analogem Sinngehalt – mit den unterschiedlichen Formulierungen zusammenhängen.[60]

Die Zusammenstellung der Sinnbilder in der Kohlergasse läßt auf ein eigenständiges Ausstattungsprogramm schließen, das mit allegorischen Mitteln an die Vorzüge und Gefahren der Liebe erinnert. Inwieweit der „verblümte Sinn" zu dieser Zeit, bekanntlich nicht nur in der bildenden Kunst, sondern auch in der Literatur eine wesentliche Rolle spielt, muß an dieser Stelle nicht näher erläutert werden.[61]

Die – unabhängig vom Emblembuch entstandenen – Groteskendarstellungen (Abb. 24) liefern wichtige Anhaltspunkte für eine Zuschreibung der Wandmalereien: Zunächst ist daran zu erinnern, daß Raphael Custos zusammen mit seinem Halbbruder Lukas Kilian wichtige Beiträge zu den um 1600, namentlich auch in Augsburg und Nürnberg, publizierten „Groteskenbüchlein" geliefert hat.[62] Aus diesem Vorlagenschatz schöpfte auch der bereits erwähnte Matthias Kager, der auch selbst – wiederum von Raphael Custos in Kupferstiche umgesetzt – solche Ornamentformen entwarf.[63] Als Kagers

Abb. 12. Augsburg, Kohlergasse 8a; Ostwand, Ausschnitt, während der Restaurierung

13

14

15

16

17

18

19

20

Abb. 13. „Die Liebe durchdringt alles", aus: Raphael Custos, Emblemata Amoris, Augsburg 1622 nach Vaenius

Abb. 14. Kohlergasse 8a; Westwand, linke Fensterbrüstung, Emblem „Die Liebe durchdringt alles", Zustand nach der Restaurierung

Abb. 15. „Die Eifersucht ist der Liebe Schatten", aus: Otho Vaenius, Amorum Emblemata, Antwerpen 1608

Abb. 16. Augsburg Kohlergasse 8a; Westwand, rechte Fensterbrüstung, Emblem „Die Eifersucht ist der Liebe Schatten", Zustand nach der Restaurierung

Abb. 17. „Die Liebe will allein sein", aus: Otho Vaenius, Amorum Emblemata, Antwerpen 1608

Abb. 18. Kohlergasse 8a; Nordwand, rechte Fensterbrüstung, Emblem „Die Liebe will allein sein", Zustand nach der Restaurierung

Abb. 19. „Die Liebe zweifelt nicht", aus: Otho Vaenius, Amorum Emblemata, Antwerpen 1608

Abb. 20. Augsburg Kohlergasse 8a; Ostwand, linke Fensterbrüstung, Emblem „Die Liebe zweifelt nicht", Zustand nach der Restaurierung

Abb. 21. „Keine Liebe ohne Schmerz", aus: Otho Vaenius, Amorum Emblemata, Antwerpen 1608

Abb. 22. Augsburg Kohlergasse 8a; Ostwand, rechte Fensterbrüstung, Emblem „Keine Liebe ohne Schmerz", Zustand nach der Restaurierung

21

22

Abb. 23. Augsburg, Kohlergasse 8a; Ostwand, rechte Fensterbrüstung; Emblem „Keine Liebe ohne Schmerz", Ausschnitt; Vorzustand mit Reinigungsmuster

Abb. 24. Augsburg Kohlergasse 8a; Nordwand, rechte Fensterbrüstung; Groteskenmalerei, Ausschnitt und Dokumentation der Rötel-Vorzeichnung

wandmalerisches Hauptwerk können die in ‚mezzofresco'-Technik zwischen 1619 und 1622 ausgeführten Wanddekorationen des „Goldenen Saales" im Augsburger Rathaus gelten; auch dort spielen groteske Motive eine wesentliche Rolle.[64]

Vergleicht man die in der Kohlergasse gegebene künstlerische Qualität, namentlich die der Groteskenbereiche, den Malstil und die Gestaltungsprinzipien von Grisaillen und die Ton-in-Ton-Technik der bildlichen Darstellungen mit dem „Goldenen Saal",[65] bietet sich eine Zuschreibung für Matthias Kager an. Abgesehen davon gelangt man bei der Suche nach einer Künstlerpersönlichkeit, die zu dieser Zeit in der Lage gewesen wäre, auf dem Gebiet der Wandmalerei Vergleichbares zu leisten, zwangsläufig auf diesen Namen. Unter den einheimischen Malern, und nur ein solcher kommt angesichts der – privaten – Auftragslage und der geschilderten nachbarschaftlichen Beziehungen in Frage, war einzig Kager in der Lage diesen Qualitätsstandard, auch in maltechnischer Hinsicht, zu leisten.[66] Schließlich ist, etwa anhand der Darstellung des ‚rosenpflückenden Amors', ein weiteres, stilistisches Indiz anzuführen: Stellt man die Stichvorlage der malerischen Umsetzung gegenüber, so ist bei letzterer – insgesamt und besonders beim Rosenstock und bei der Körpermodellierung Amors – ein eher ‚dichter', ‚fülliger', mithin ‚barocker' Darstellungsmodus festzustellen (Abb. 23). Hier wird der in der Literatur immer wieder angeführte „Rubens'sche Einfluß"[67] im Spätwerk des Matthias Kager überdeutlich.

Die malerische Ausstattung des ehemaligen Gartensaales in der Kohlergasse kann als Spätwerk des Matthias Kager beansprucht werden. Geht man von Abraham Thelott als Auftraggeber aus, müßten die Malereien zwischen April 1633 (Erwerb) und dem unbekannten Zeitpunkt des Todes Kagers[68] im Jahr 1634 entstanden sein.

IV.

Gartengüter entlang der gesamten westlichen Befestigungslinie, des „Schießgrabens", lassen sich bereits auf den frühesten kartographischen Zeugnissen von Augsburg belegen, so auch das heutige Anwesen „Schießgrabenstr. 20" (Abb. 25). Die gebräuchliche Bezeichnung „Hößlin'sches Gartenpalais" geht auf die Besitzerfamilie des 19. Jahrhunderts zurück. Im – hier relevanten – 18. Jahrhundert, kam der Besitz 1740 an

Abb. 25. Augsburg, Schießgrabenstr. 20; Ostfassade; Zustand nach der Instandsetzung

Leopold Anton Imhof, 1778 erwarb das Gartengut kein Geringerer als Paul von Stetten d. J. (1731-1808), der wie der Vorbesitzer das Amt eines augsburgischen Stadtoberen, eines ‚Stadtpflegers', innehatte.[69] Stetten, gleichzeitig auch ‚Historiograph' und Schriftsteller hat für die Kunstgeschichte u. a. mit seiner „Kunst- Gewerbe- und Handwerksgeschichte der Reichs=Statt Augsburg" Bedeutung erlangt.[70]

Das ursprüngliche Areal des barocken Gartengutes, das bereits durch die Stadterweiterung des mittleren 19. Jahrhunderts dezimiert war, ist durch moderne Bebauung gänzlich verschwunden. Einzig ein Geländeversatz deutet das ehemalige ‚Gartenparterre' an. Das überlieferte Erscheinungsbild des Gartenpalais', dessen (erneuerte) Flankenbauten die ursprüngliche Parzellenbreite markieren, mit giebelbekröntem Mittelrisalit zur östlichen Straßenseite und spätklassizistischer Fassadengestaltung stammt aus dem mittleren 19. Jahrhundert; zu dieser Zeit wurde das im 18. Jahrhundert entstandene, bis dahin zweigeschossige Anwesen um ein Geschoß erhöht.[71]

Inwieweit von Stetten einen Vorgängerbau erneuern oder lediglich neu ausstatten ließ, ist ungeklärt. Wesentlich bleibt, daß die zu seiner Zeit ausgeführten wandfesten Raumgestaltungen erhalten sind. Erste Hinweise zur Existenz dieser Befunde sind bereits in einem Gutachten des Bayerischen Landesamtes für Denkmalpflege aus dem Jahr 1966 zu finden: „... nach Aussagen der Hausbewohner, unter den Tapeten verborgene Wandmalereien"[72]. Der Nachweis gelang dann bei Untersuchungen im Rahmen einer zwischen 1973 und 1977 geführten Abbruchdiskussion. Unter den besagten Tapeten und unter einer Leimfarbentünche trat im ersten Obergeschoß, nach Beseitigung moderner Trennwände, ein vollständig ausgemalter ehemaliger Festsaal zu Tage.

Der Festsaal von ca. 8 m zu 10 m erstreckt sich mittelachsig über die Gebäudetiefe, wird nach Westen, zum ehemaligen Garten hin, und nach Osten, zur Stadtseite, von je drei Fensterachsen bestimmt (Abb. 26). In der Nord- und Südwand gibt es je zwei seitlich angelegte, doppelflügelige Türöffnungen; die südöstliche führt zum Treppenhaus, die übrigen zu Seitenkabinetten (Abb. 27) Insgesamt sind die Wände durch freskale Malereien, zentralperspektivisch angelegte Scheinarchitekturen, in Form einer ‚Täferung', gegliedert. Das malerische Wandsystem der Fenster- und Türwände alterniert. Zunächst verfügen Fenster über illusionistische, profilierte Rahmungen mit volutenbesetzten Segmentbögen, während die Türen mit realen Profilgewänden mit geradem Sturz ausgestattet sind. Im weiteren werden die Türen, mit – gemalten – Pilastern, verkröpftem triglyphenbestücktem Gebälk und

Abb. 26, 27. Augsburg, Schießgrabenstr. 20; Festsaal 1.Obergeschoß; Ostwand (oben) und Nordwand (unten); Zustand nach der Restaurierung

Supraporte, als regelrechte Portale aufgefaßt.[73] Zwischen einem gemeinsamen Gebälk, das von einem Konsolgesims, von ‚Kälberzähnen', geprägt wird und einer einheitlichen Sockelzone, sind ferner die Hauptpanneaus der Türwände, mit zusätzlichen im oberen Teil aufgesetzten Felderungen, aufwendiger gestaltet. Einheitlich sind die schmalen Eckpanneaus durch ‚Scheiben' geteilt.[74]

Stilistisch folgt das Wandsystem dem „Modern=Antikengeschmack", wie die klassizistischen Gestaltungsprinzipien von Zeitgenossen genannt wurden.[75] Dementsprechend sind auch die übrigen Dekorationen ausgelegt. Neben den für die Zeit charakteristischen Akanthusblüten sind Festons ein Hauptmotiv, die wiederum nach Vorschrift der Kunsttheorie angeordnet sind und in ihren unterschiedlichen (gemalten) Materialien, wie Tuch, Lorbeerblätter oder Blüten, einer kanonischen Ordnung folgen.[76] Einen weiteren gängigen ‚Zierath' stellen beispielsweise Vasenmotive dar (Abb. 28). Diese folgen gleichfalls den Anforderungen des Zeitgeistes, sind „nach alt römischen Geschmacke, und einer erlaubten Modernen Art zusammen gesetzt ..." und vermeiden „... Schnirkenverwirrungen mit Eckel und Wiederwillen".[77] Die alternativ vorkommenden Blumenkörbe können als Anspielung auf die Bestimmung des Raumes als Festsaal eines Gartengutes angesehen werden.

Die Farbigkeit der Raumschale wird von Grau-, Grün- und Violett- bzw. Rosatönen bestimmt; hinzu kommen ockertonige Dekorationsteile wie Vasen, Festons oder Blindkartuschen. Mit malerischen Mitteln sind Aussagen zur – gemeinten – Materialität getroffen, so weisen etwa die violettonigen Pilaster der Portale oder auch Felderungen der Süd- und Nordwand ‚Marmorierungen' auf.

Die Deckengestaltung des Festsaales zeigt in den Randbereichen gleichfalls eine Rahmenarchitektur. Im Deckenzentrum wird die ideale Außenwelt des (ehemaligen) Gartengutes mit dem Innenraum verwoben. In der Binnenfläche eines Profilrahmens öffnet sich ein – illusionistischer – Himmel. Das in bester barocker Tradition stehende Deckenbild stellt die ikonographischen Bezüge zur Bauaufgabe und zur Zweckbestimmung des Saales her: Hinter einer angeschnittenen Balustrade erhebt sich in perspektivischer Verkürzung ein orangerieähnliches Gebäude und ein Ziergarten. Darüber schweben in einer Wolkenformation mythologische Figuren: vorne mit dem Blütenkorb Flora, dahinter mit dem Fruchtkorb Ceres und Bacchus, unter den Assistenzputti ist mit Gießgefäß der libellengeflügelte Amber, die Personifikation des Morgentaus, zu erkennen (Abb. 29).

Entspricht die Wandgestaltung, wie gezeigt, durchwegs dem „Modern= Antikengeschmack", der bemüht ist, alles

Abb. 28. Augsburg, Schießgrabenstr. 20; Festsaal 1. Obergeschoß; Wanddekoration; Ausschnitt, Zustand nach Freilegung vor der Restaurierung

Architectura Recreationis 243

Abb. 29. Augsburg, Schießgrabenstr. 20; Festsaal 1. Obergeschoß; Deckenbild; Ausschnitt, Zustand nach der Restaurierung

„... auf das Antike zu gründen ..." und „... dagegen das Gothische und nach ihnen schmeckende barockische Verzierungen auszumerzen"[78], widerspricht dem das Deckenbild. Denn, so der Traktat von 1783, Decken müßten „ganz weiß ... mit artigen Feldern, so aus geraden und krummen Linien zusammen gesetzt (= profilierter Rahmenstuck)... sein; Man malet auch nicht mehr Geschichte und dergleichen, weilen sie die Zimmer dunkel machen".[79] Mit anderen Worten, die große Augsburger Tradition der Deckenmalerei, namentlich die des Rokoko galt zu diesem Zeitpunkt als allgemein altmodisch, mehr noch, war verpönt.[80]

Bei weiteren Befunduntersuchungen zeigte sich im zentralen gartenseitigen Raum (ca. 7 m zu 3,5 m) des Erdgeschosses eine weitere freskale Raumgestaltung, die zum ehemaligen Gartensaal gehörte. Auch in der Farbigkeit dem Hauptsaal des Obergeschosses entsprechend, gibt es auch hier gemalte Wand- und Deckendekoration in Form von Täferungen und Profilrahmen. Als Supraporten sind Grisaille-Medallons überliefert, die Putti bei diversen Gartenarbeiten zeigen und gleichzeitig einen allegorischen Hinweis auf die Jahreszeiten liefern (Abb. 30). Im Zentrum steht auch in diesem Raum ein Deckenbild; dargestellt sind mit Blumen spielende Putti.[81]

Stilistisch und maltechnisch sind die beiden Freskenräume gleichzeitig entstanden und von gleicher Hand. Mittels archivalischer Belege ist der Maler nicht greifbar. Aus der Kenntnis von Teilfreilegungen im Festsaal hat Bruno Bushart die Malereien für den letzten (katholischen) Direktor der reichsstädtischen Kunstakademie, für Johann Joseph Anton Huber beansprucht.[82] Diese Zuschreibung ist nun in der Gesamtschau des Bestandes zu bestätigen.

Huber (1737-1815), dessen wand- und deckenmalerisches Werk bislang nicht umfassend gewürdigt ist, kann als der letzte Vertreter der Augsburger Freskomalerei gelten.[83] Von ihm stammt der Ausklang dieser Kunstübung, die 1810 ausgeführte malerische Ausstattung der Pfarrkirche in Baindlkirch/ Lkr. Aichach-Friedberg. Wie dort hat Huber auch in den Kirchen in Augsburg-Bergheim (1790) oder Täfertingen (1791) und Schlipsheim (1793), beides Lkr. Augsburg, anlog zum Gartengut am Schießgraben immer wieder „gemalte Quadrator und Stuccator Arbeit"[84] ausgeführt. Eindeutig sind ferner die Parallelen in Figuration, Malstil und Colorit. Zudem lassen sich enge biographische Bezüge zwischen Huber und dem Eigentümer des Gartengutes, Paul von Stetten, aufzeigen. So wurde Huber, nachdem er ein Jahr vorher unentgeltlich den Plafond des Zeichensaales bemalt hatte,[85] 1784 Direktor der reichsstädtischen Kunstakademie. Vorher hatte von Stetten die Reform dieser Institution „im Geiste des doktrinären Klassizismus" betrieben.[86]

Im Vergleich mit den genannten sakralen Wandgestaltungen Hubers, beispielsweise in der Farbigkeit und Detailausbildung in Augsburg-Bergheim, und auch stilkritisch bietet sich zunächst eine Datierung des Augsburger Festsaales in den 1790er Jahren an. Berücksichtigt man die mit 1810 signierte Ausmalung von Baindlkirch – Huber war zu diesem Zeitpunkt über siebzigjährig –, wird die traditonsgebundene Haltung seiner Malerei deutlich. Es ist deshalb nicht unwahrscheinlich, daß das Stetten'sche, heute Hößlin'sche Gartenpalais erst um 1804 ausgemalt wurde. Anlaß war ein Hochzeitsjubiläum der Familie von Stetten, „das Jubelfest ihres fünfzigjährigen Ehestandes" im Jahr 1805.[87]

V.

Der Erhalt, die Instandsetzung oder Veränderung von Baudenkmälern setzt eine intensive Klärung des jeweils spezifischen Überlieferungsbestandes voraus. Möglich wird dies im Zusammenwirken verschiedenster wissenschaftlicher Methoden,[88] die von der Sichtung der archivalischen Quellen bis hin zu chemischen Analysen und von der zeichnerischen Bestandsaufnahme bis hin zur Stratigraphie von Oberflächenfassungen reichen. Die moderne Denkmalpflege kann hier, neben den Zielsetzungen zum Fortbestand und der zeitgemäßen Nutzung eines Objektes, interdisziplinäre Beiträge zur Bau- und Kunstgeschichte, zur Sozial- und Kulturgeschichte liefern. Die beiden Augsburger Gartenanwesen sind dafür beredtes Beispiel.

Abb. 30. Augsburg, Schießgrabenstr. 20; Gartensaal, Erdgeschoß, Supraporte

ANMERKUNGEN

1 JOSEPH FURTTENBACH, *Architectura Recreationis*, Augsburg 1640 (Nachdruck Berlin 1988, hrsg. von Detlef Karg), S. 1; vgl. auch HANNO-WALTER KRUFT, *Geschichte der Architekturtheorie*, München 1985, S. 194 f.
2 Vgl. dazu BERNHARD RUPPRECHT, *Villa. Zur Geschichte eines Ideals*, in: Probleme der Kunstwissenschaft, Bd. II, Berlin 1966, S. 210 ff.; auch REINHARD BENTMANN/MICHAEL MÜLLER, *Die Villa als Herrschaftsarchitektur*, Frankfurt/Main 1970.
3 MICHEL DE MONTAIGNE, *Tagebuch einer Reise durch Italien, die Schweiz und Deutschland in den Jahren 1580 und 1581*, Ausgabe Frankfurt/Main 1988, S. 64; JOHANN NEPOMUK HAUTINGER, *Reise durch Schwaben und Bayern im Jahre 1784*, Ausgabe Weißenhorn 1964, S. 96. – FRANZ VITALE, *Reisebeschreibungen*, in: Journal von und für Deutschland, 1784 (zitiert nach KLAUS-JÖRG RUHL, *Augsburg in alten und neuen Reisebeschreibungen*, Düsseldorf 1992, S. 112).
4 Vgl. BERND VOLLMAR, *Die deutsche Palladio-Ausgabe des Georg Andreas Böckler und die Bauaufgabe Landwohnung in der zweiten Hälfte des 17. Jh.*, in: G. A. Böckler, Die Baumeisterin Pallas ... , Nördlingen 1991 (Einführung zum Faksimile-Neudruck der Ausgabe Nürnberg 1698), hier S. 9 ff. Daß solche ‚Lusthäuser' nicht nur beim Patriziat historischer Großstädte wie Augsburg oder Nürnberg üblich waren, sondern auch in kleineren Reichsstädten, belegt das Beispiel Nördlingen, hier das innerstädtische, in der überlieferten Form 1634 entstandene Gartenhaus beim „Mötzel'schen Haus", Polizeigasse 20, oder das vor den Mauern gelegene „Ziegesar'sche Gartengut" (sogenannte Schlößle) aus der Zeit um 1725. Das Spektrum der „architectura recreationis" reicht bis in den klösterlichen Baubetrieb, so wird die Kaisheimische Sommerresidenz Leitheim (Lkr. Donau-Ries) als ‚Recreationsort' bezeichnet; vgl. WERNER SCHIEDERMAIR (Hrsg.), *850 Jahre Leitheim*, Kaisheim 1997, S. 80.
5 FURTTENBACH (wie Anm. 1), S. 6 ff., Taf. 3, 4.
6 Ebd., S. 7.
7 Ebd., S. 9.
8 Ebd., S. 18.
9 Ebd., S. 4 f.
10 BERNT VON HAGEN/ANGELIKA WEGENER-HÜSSEN, *Stadt Augsburg*, Denkmäler in Bayern, Bd. VII.83, Schwaben, Landkreise und kreisfreie Städte, München 1994 , S. 259; analog dazu das Anwesen Kappeneck 17 (ebd., S. 270 f.).
11 Ebd., S. 248 f.; vgl. auch *Matthäus Günther*, Ausst. Kat., München 1988, S. 244 f.
12 Ebd., S. 303 f.
13 Ebd., S. 318; vgl. auch BERND VOLLMAR, *Das Augsburger Bürgerhaus, Anmerkungen zu einer Bauaufgabe*, in: v. HAGEN (wie Anm. 10), S. XLI.
14 v. HAGEN (wie Anm. 10), S. 392 f.
15 Ebd., S. 310 f.
16 Vgl. auch L. HEERWAGEN, *Gartenbau und Gartenkunst in der Stadt Augsburg*, Augsburg 1916 und GUSTAV GUISEZ, *Auf den Spuren von Gartengütern und Lustgärten*, in: Willy Schweinberger (Hrsg.), 2000 Jahre Augsburg, Augsburg 1984, S. 168 ff.
17 Eine umfassende Darstellung zum Thema liegt bislang nicht vor. Als Überblick noch gültig ERNST WELISCH, *Augsburger Malerei im 18. Jahrhundert*, Augsburg 1901 und HANS TINTELNOT, *Die barocke Freskomalerei in Deutschland*, München 1951; ferner *Deutsche Barockgalerie, Katalog der Gemälde*, bearb. von GODE KRÄMER, Augsburg 1984; ferner ROLF BIEDERMANN, *Meisterzeichnungen des Deutschen Barock*, Ausst. Kat. Augsburg 1987. Zu Teilaspekten vgl. DORIS HASCHER, *Fassadenmalerei in Augsburg vom 16. bis zum 18. Jahrhundert*, Schwäbische Geschichtsquellen und Forschungen, Bd. 16, Augsburg 1996; FRANZ MATSCHE, *Künstlerische Beziehungen zwischen Schwaben und Tirol im Barockzeitalter*, in: Schwaben/Tirol, Ausst. Kat., Rosenheim 1989, S. 335 ff. Zu einzelnen Objekten vgl. v. HAGEN (wie Anm. 10). Zu den Akademien vgl. E. BÄUML, *Geschichte der Reichsstädtischen Akademie von Augsburg*, Diss. masch. München 1948 und FELIX FREUDE, *Die Kaiserlich Franciscische Akademie der freien Künste und Wissenschaften in Augsburg*, in: Zeitschrift des Historischen Vereins für Schwaben, 34, 1908, S. 1 ff.
18 TINTELNOT (wie Anm. 17), S. 144. – v. HAGEN (wie Anm.10), S. 94. – Johann Wolfgang von Goethe: „Der Teufel hole den Geschmack, der ernst und traurig ist. Augsburg dagegen ist Sonnenschein", zitiert nach BIEDERMANN (wie Anm. 17), S. 296. – HASCHER (wie Anm. 17), S. 261 ff. Eine 1984 an der Fassade des Hauses „Bauerntanzgäßchen 1" durchgeführte Befunduntersuchung hat nachgewiesen, daß die Malputze in der zweiten Hälfte des 19. Jahrhunderts beseitigt wurden.
19 KARLHEINZ HEMMETER, *Bayerische Baudenkmäler im Zweiten Weltkrieg*, Arbeitshefte des Bayerischen Landesamtes für Denkmalpflege, Bd. 77, München 1995, S. 21ff.
20 Ein Großteil des verlorenen Bestandes ist durch Aquarelle von August Brandes, um 1905 und vor allem von Karl Nikolai aus den dreißiger und vierziger Jahren dokumentiert (Städt. Kunstsammlungen Augsburg); vgl. HASCHER (wie Anm. 17), passim.
21 Vgl. BERND VOLLMAR, *Zur Restaurierung der Wandmalerei-Fragmente*, in: Hermann Kießling, Der Goldene Saal und die Fürstenzimmer im Augsburger Rathaus, München 1997, S. 349 ff.; Zu St. Michael vgl. v. HAGEN (wie Anm. 10) S. 234 ff.
22 Vgl. Schaubild bei VOLLMAR (wie Anm. 13), XXXV.
23 Neben Bildfeldern des späten 19. Jahrhunderts, ist das Deckenfresko über dem ersten östlichen Joch der Zeit um 1730 zuzuordnen, als Maler kommt Johann Georg Wolcker in Frage.
24 Vgl. HASCHER (wie Anm. 17), S. 282 ff.
25 Vgl. BERND VOLLMAR, *Bauerntanz – ein neuentdecktes Wandbild in Augsburg*, in: Denkmalpflege Informationen, Ausgabe B, Nr. 98, München 1992, S. 3 (eine ausführliche Abhandlung dazu ist im Jahrbuch der Bayerischen Denkmalpflege vorgesehen).
26 Vgl. JOHANNES WILHELM, *Augsburger Wandmalerei 1368-1530*, Abhandlungen zur Geschichte der Stadt Augsburg, Bd. 22, Augsburg 1983; auch HASCHER (wie Anm. 17).
27 Vgl. BERND VOLLMAR, *Sehgewohnheiten – Anmerkungen zu Fassadenbefunden*, in: Musis et Litteris, Festschrift für Bernhard Rupprecht, München 1993, S. 457 ff.
28 Zum Beispiel auf den im frühen 16. Jahrhundert in Augsburg entstandenen Zyklus von Monatsbildern (Bild IV, Oktober, November, Dezember; heute Deutsches Historisches Museum Berlin), vgl. *Kurzweil viel ohn' Maß' und Ziel*, Ausst. Kat. München 1994, S. 150 ff.
29 Ein weiteres Beispiel bei WILHELM (wie Anm. 26), S. 345 f.
30 Weitere Beispiele: Augsburg, Ludwigstr. 32 oder Kapuzinergasse 6, vgl. VOLLMAR (wie Anm. 13), S. XLII.
31 Bayerisches Landesamt für Denkmalpflege, Objektakt, Aktenvormerkung vom 18. August 1992 (Erstbegehung), Schreiben vom 3. September 1992 (Listennachtrag).
32 An dieser Stelle sei zunächst Herrn Dr. Dunkel und Herrn Tinschert für die konstruktive Zusammenarbeit gedankt; ferner dem jetzigen Eigentümer, Herrn Schulz.
33 Bayerisches Landesamt für Denkmalpflege, Objektakt, Bericht der Abteilung Bauforschung vom 29. August 1994; dem Kollegen Heinz Strehler sei für einen seiner kurzfristig vorgenommenen Einsätze gedankt. Solche Deckengestaltungen sind beispielsweise in den Augsburger Gartenanwesen „Kappeneck 17" oder „Im Sack 3a" noch erhalten.
34 Ebd., Bericht der Abteilung Wandrestaurierung vom 31. August 1994; dem Kollegen Bernd Symank sei für sein vielfältiges Engagement gedankt.
35 Ebd., Bericht der Fa. Niederhauser, Streitschuster und Streicher, Egling/Paar vom Januar 1995.
36 Bei der Maltechnik handelt es sich, wie sich im Lauf der Bearbeitung zeigen sollte, um kein klassisches ‚fresco buono', sondern eine ‚mezzofresco (-secco)'-Technik. Dabei wurde in den frisch aufgetragenen Wandputz eine (freskale) Kalktünche aufgebracht, auf dieser dann die Ritzungen für die Bildfeldbegrenzungen, Symmetrieachsen und Hauptlinien der Architekturmalereien und die (Rötel-)Vorzeichnung, schließlich die endgültige Malerei. Dabei unterscheiden sich die in Grisailletechnik ausgeführten Bereiche von denen der emblematischen Darstellungen: Gibt es im ersten Fall einen direkten Auftrag der grobpigmentigen bzw. mit Sandkorn angereicherten Kalklasuren, so im anderen Fall eine (noch) freskal gebundene zweite – ockertonige – Grundierung, auf die dann mit Kalksinterwasser und Kasein angereicherten, unterschiedlichen Ockerfarben weitergemalt wurde; vgl. ebd., Arbeitsbericht *Beschreibung der Maltechnik*, April 1997. Eine analoge Beobachtung konnte bei der bereits erwähnten

37 „Alzeit beflissen auß gueten gewissen"; zur Entstehungszeit s. u.
38 Das Instandsetzungskonzept des Saales ging von einer Konservierung des überlieferten Bestandes und einer fragmentarischen Präsentation der Malereien aus. Fehlstellen der Putze wurden ergänzt und allenfalls farblich eingestimmt.
39 Bayerisches Landesamt für Denkmalpflege, Objektakt, Bericht Büro Hölzl, Wörthsee (Auswertung Bleyer, Metzingen) vom August 1994; dem Kollegen Dr.-Ing. Gert Th. Mader sei an dieser Stelle für seine Hilfestellung gedankt.
40 Ein Gartengut an gleicher Stelle ist bereits auf der Vogelschau der Stadt Augsburg des Jörg Seld von 1521 belegt.
41 Stadtarchiv Augsburg, Bestand Zinslistenumschreibehefte des 19. Jahrhunderts (Lit. F 393, 395, 395 1/2) und ANTON WERNER, Augsburger Häusergeschichte, Typoskript 1977 (Städt. Kunstsammlungen), S. 180.
42 Stadtarchiv Augsburg (wie Anm. 41); mit dem allgemein für Nebengebäude stehenden Begriff Abseite dürfte das Gartenhaus, das heutige Anwesen Kohlergasse 8a, gemeint sein.
43 Abraham war wohl der Bruder des Goldschmiedes Israel Thelott, dessen Sohn Johann Andreas Thelott zu den bedeutendsten Künstlern seiner Zunft im Augsburg des späten 17. Jahrhunderts gehörte, vgl. LORENZ SEELIG, Silber und Gold. Augsburger Goldschmiedekunst für die Höfe Europas, Ausst. Kat. München 1994, S. 379 ff.
44 Stadtarchiv Augsburg (wie Anm. 41); vgl. auch EDUARD ZIMMERMANN, Augsburger Zeichen und Wappen, Augsburg 1970, Nr. 6992-6994.
45 Stadtarchiv Augsburg (wie Anm. 41); danach wurden mit der Eigentumsübertragung an die Rugendas die umliegenden Gartenparzellen offensichtlich neu aufgeteilt.
46 WERNER (wie Anm. 41), S.179 f.
47 Ebd., S. 179 (Lit. F 415 und 417) und SUSANNE NETZER, Johann Matthias Kager, Stadtmaler von Augsburg (1575-1634), Neue Schriftenreihe des Stadtarchivs München, Bd. 113, München 1980, S. 17.
48 Custos war nicht nur Stiefvater, sondern auch Lehrer von Lukas Kilian (geb. 1579), einem der bedeutendsten Kupferstecher seiner Zeit und von Wolfgang Kilian (geb. 1581), der mit seiner Vogelschau auf Augsburg ein Meisterwerk der Kartographie schuf; vgl. Augsburger Stadtlexikon, Augsburg 1985, S. 201.
49 RAPHAEL CUSTOS, EMBLEMATA AMORIS, Augsburg 1622 und 1631, mit lateinischen und deutschen Texten, Auswahl von 73 der 124 Embleme aus: OTHO VAENIUS (OTTO VAN VEEN), AMORVM EMBLEMATA, Antwerpen 1608, mit lateinischen, italienischen und französischen Texten nach Ovid u.a.; vgl. ARTHUR HENKEL/ALBRECHT SCHÖNE (Hrsg.), Emblemata, Handbuch der Sinnbildkunst des XVI. und XVII. Jh., Stuttgart 1967, S. LV, LXVII. Raphael Custos wurde – wie seine Stiefbrüder Lukas und Wolfgang Kilian – von Dominicus Custos ausgebildet; Stadtlexikon (wie Anm. 48), S. 73.
50 VAENIUS (wie Anm. 49), S. 23; Die Motti bei VAENIUS lauten: NIHIL TAM DVRVM ET FERREVM, QVOD NON AMORIS TELIS PERFRINGTVR; Trapassa il tutto und Amour passe tout. Seitengleich bei CUSTOS I (wie Anm. 49), S. 12.
51 VAENIUS (wie Anm. 49), S. 51; Motti: AMORIS VMBRA INVIDIA; Inuidia è ombra d'Amore und Enuie ombra d'Amour.
52 VAENIUS (wie Anm. 49), S. 191; Motti: QVOD NUTRIT, EXSTINGVIT, Que' che nutre, estingue und Ce que me nourrit, m'estuint.
53 VAENIUS (wie Anm. 49), S. 129; Motti: AVRO CONCILIATVR AMOR; A Donna dona und Amour fait mout, argent fait tout.
54 VAENIUS (wie Anm. 49), S. 181; Motti: NEC REGNA SOCIVM FERRE, NEC TAEDAE SINVNT;
55 VAENIUS (wie Anm. 49), S. 77; Motti: AD AMVSSIM; Ne quà, ne là und Ny ca, ny là.
56 VAENIUS (wie Anm. 49), S. 161; Motti: ARMAT SPINA ROSAS, MELLA TEGVNT APES; Non è gioia senza noia.
57 HENKEL/SCHÖNE (wie Anm. 49), Sp. 1423.
58 Ebd., Sp. 299.
59 Vgl. Anm. 50, 55 und 57.
60 Vgl. etwa VAENIUS (wie Anm. 53 und 56); auch dürfte der unterschiedliche Umfang der einzelnen Motti eine Rolle spielen, da aus gestalterischen Gründen lediglich kurze Texte möglich waren.

61 Grundlegend dazu: WALTER BENJAMIN, Der Ursprung des deutschen Trauerspiels, Ausgabe Frankfurt/Main 1972 (erste Ausgabe 1925); vgl. auch MARIO PRAZ, Der Garten der Sinne, Frankfurt/Main 1988. Einmal mehr nehmen auch hier OVIDS Metamorphosen eine wichtige Rolle ein; die Wertstellung wird nicht zuletzt durch die Aufnahme in JOACHIM VON SANDRARTS Teutsche Academie, Bd. 3., deutlich: P. OVIDII NAS. METAMORPHOSIS oder: Des Verblümten Sinns der Ovidianischen Wandlungs = Gedichte gründliche Auslegung, Nürnberg 1679, vgl. JOCHEN BECKER, Die ikonographischen Schriften Sandrarts und ihre Quellen, in: Teutsche Academie, Einleitung zum Neudruck, Nördlingen 1995.
62 Vgl. RUDOLF BERLINER/GERHART EGGER, Ornamentale Vorlageblätter, Bd. I, München 1981, S. 78 ff.
63 Ebd., S. 80; vgl. auch NETZER (wie Anm. 47), S. 130 (D7); dort, S. 132 (D18), auch Nachweis einer Zusammenarbeit Kagers mit Wolfgang Kilian.
64 Vgl. VOLLMAR (wie Anm. 21), S. 349 ff.
65 Angesprochen ist hier namentlich der Vergleich zwischen den Brüstungsemblemen mit den Brüstungsdarstellungen der ‚heidnischen Heldinnen' im ersten Obergeschoß des Rathaussaales; vgl. Elias Holl und das Augsburger Rathaus, Ausst. Kat., Regensburg 1985, Tafel XXIII f.
66 Neben der Ausstattung des Rathauses hatte Kager beispielsweise die Fassadenmalereien am Frauentorturm oder am Zunfthaus der Weber ausgeführt; vgl. HASCHER (wie Anm. 17), S. 179 ff.
67 Vgl. etwa Augsburger Barock, Ausst. Kat., Augsburg 1968, S. 52.
68 Vgl. NETZER (wie Anm. 47), S. 18. Weitere ‚termini postquem' liefern die Dendrochronologie der Konstruktionshölzer der ehem. Decke (1630/1631) und möglicherweise durch das Erscheinungsdatum des zweiten Teiles des Custos'schen Emblembuches (1631).
69 Zu den Besitzverhältnissen vgl. WERNER (wie Anm. 41), S. 204; zu den Stadtpflegern vgl. Stadtlexikon (wie Anm. 48), S. 358 f.; auch INGRID BATORI, Paul von Stetten der Jüngere, in: Zeitschrift des Historischen Vereins für Schwaben, Bd. 77., 1983, S. 103 ff.
70 Zwei Bände, Augsburg 1779 und 1788.
71 v. HAGEN (wie Anm. 10), S. 398 f.
72 Bayerisches Landesamt für Denkmalpflege, Objektakt, Schreiben vom 12. August 1966.
73 Die Pilaster sind, der Bauaufgabe angemessen und in kanonischer Tradition der klassischen Architekturlehre, mit ionischen Kapitellen versehen.
74 Das Restaurierungskonzept ging angesichts des dichten Überlieferungsbestandes von einer Retuschierung der Fehlstellen in ‚trateggio'-Technik aus. Ausführung der Arbeiten: Fa. Severin Walter (Mitarbeiter: Franz Debold). Die Instandsetzung unter der Trägerschaft der „Kassenärztlichen Vereinigung Bayerns" wurde 1987 abgeschlossen. Das Gebäude wird heute gewerblich bzw. im Festsaalbereich zu repräsentativen Zwecken genutzt. Herrn Architekt Sendlinger sei an dieser Stelle für die Zusammenarbeit gedankt.
75 Als erste diesbezügliche, für das bürgerliche Bauen bestimmte Abhandlung gilt LUKAS VOCH, Etwas von Bauzierathen, nach Modern= Antikengeschmack, Augsburg 1783; vgl. SUSANNE KÜHNLEIN, Die Schriften zur Architektur des Lukas Voch (1728-1783), Magisterarbeit, Augsburg 1985, S. 27 ff. Die Aktualität der Vochschen Schrift zeigt ein Vergleich z.B. mit PIERRE MICHEL D'IXNARD, Recuiel d'Architecture, Straßburg 1791(Nachdruck in: ERICH FRANZ, Pierre Michel d'Ixnard, Weißenhorn 1985), der analoge Dekorationen für gehobene Bauaufgaben propagiert; vgl. auch HANS JAKOB WÖRNER, Architektur des Frühklassizismus in Süddeutschland, München 1979.
76 Vgl. VOCH (wie Anm. 75), S. 32 f: „.... Gehenken und Fruchtschnuren ... haben ihre Stellen an denen Pfeilern, Thüren, Fenstern, Kaminen ec" und folgen einer kanonischen Ordnung „... bey der toßkanischen nur bloße Tücher, bey der dorischen ... Lorbeerblätter ... die jonische Ordnung (zeichnet sich aus durch) Oelbaumblätter mit einzelnen Blumen, bey der römischen aber gebraucht man wenig Blumen, hingegen desto mehrere Früchte ... In der korinthischen Ordnung aber werden lauter Blumen mit Blättern gebraucht".
77 VOCH (wie Anm. 75), S. 58.
78 Ebd., Vorbericht, S. 1.
79 Ebd., S. 31.
80 Die Kritik beginnt spätestens mit WINCKELMANN, der 1758 von den „Augsburger Fratzenmalern" spricht, mündet in HEINSES negativer

Einschätzung der „erbärmlichen Mahlereyen" 1783 und gipfelt in der Gleichsetzung von schlechtem Geschmack mit „Augsburger Geschmack" bei JUNKER 1797; vgl. dazu BRUNO BUSHART, *Augsburg und die Wende zur deutschen Kunst um 1750*, in: Amici amico, Festschrift Werner Gross, München 1968, S. 261.

81 Die Oberflächen zeigen Spickspuren der Überputzung des 19. Jahrhunderts, auf deren Schließung verzichtet wurde.

82 Bayerisches Landesamt für Denkmalpflege, Objektakt, Schreiben vom 19.05.1981.

83 Vgl. WELISCH (wie Anm. 17), S. 82 ff.; zuletzt PETER SPRANDEL, *Ölbilder und Graphik des letzten Augsburger Akademiedirektors J. J. A. Huber*, Magisterarbeit, München 1985 und KARL KOSEL, *Das Schlußkapitel Augsburger Freskomalerei: J. J. A. Huber*, in: Manfred Nozar/Walter Pötzl, Neusäß, Neusäß 1988, S. 392 ff.

84 Pfarrarchiv Augsburg-Bergheim, Bestand *Bau Rechnung 1789-1792* (Quittung vom 25.11.1790, unterzeichnet von J. J. A. Huber; freundlicher Hinweis von Hans Blöchl, Augsburg). Vergleichbare gemalte Raumausstattungen dieser Zeit sind durch Befunderhebungen in profanen Bauten bekannt geworden in den Augsburger Anwesen Wintergasse 7, Maximilianstr. 33 und 83.

85 Vgl. WELISCH (wie Anm. 17), S. 83. Die Malerei in der Hollschen Stadtmetzg ist nicht erhalten.

86 BUSHART (wie Anm. 80), S. 292. Zeichen eines „doktrinären Klassizimus" ist selbstverständlich auch eine Publikation wie die von VOCH (wie Anm. 75).

87 Vgl. V. HAGEN (wie Anm. 10), S. 398 f.

88 Vgl. MICHAEL PETZET/GERT MADER, *Praktische Denkmalpflege*, Stuttgart 1993.

ABBILDUNGSNACHWEIS

ARCHIV DES VERFASSERS, Reproduktion nach Wolfgang Kilian: *Abb. 1, 2*
BAYERISCHES LANDESAMT FÜR DENKMALPFLEGE
    Photoarchiv: *Abb. 4* (Repro Dieter Komma)
    Bernhard Symank: *Abb. 7, 8, 9*
    Eberhard Lantz: *Abb. 26, 27, 29*
    Joachim Sowieja: *Abb. 25*
    Heinz Strehler (Zeichnung): *Abb. 11*
STÄDTISCHE KUNSTSAMMLUNGEN AUGSBURG: *Abb. 6*
FA. NIEDERHÄUSER, STREITSCHUSTER UND STREICHER: *Abb. 10, 12, 23, 24*
G. HUBER: *Abb. 13, 15, 17, 19, 21* (Reproduktionen)
STREICHER: *Abb. 14, 16, 18, 20, 22*
BLAICH: *Abb. 30*
S. WALTER: *Abb. 28*
Reproduktion nach: JOSEPH FURTTENBACH, *Architectura Recreationis*, Augsburg 1640, Taf. 3: *Abb. 3*
Reproduktion nach: *Augsburg in kunstgeschichtlicher, baulicher und hygienischer Beziehung. Festschrift den Teilnehmern an der 15. Wanderversammlung des Verbandes Deutscher Architekten- und Ingenieur-Vereine*, Augsburg 1902: *Abb. 5*

Johann Georg Prinz von Hohenzollern

Die Alte Pinakothek — eine ewige Baustelle?

Am 5. April 1994 schloß die Alte Pinakothek für voraussichtlich drei Jahre, wie es vorsichtig hieß, ihre Pforten. Tatsächlich werden es bis zur Wiedereröffnung im Juli 1998 über vier Jahre sein. Diese nach 1977-79 erneute Schließung der weltberühmten Gemäldegalerie bei den vorgesetzten Behörden durchzusetzen und der Öffentlichkeit begreiflich zu machen, war äußerst schwierig. Ursachen hierfür, wie im einzelnen noch ausgeführt werden wird, sind die aus der Wiederaufbauzeit stammenden, mittlerweile irreparablen Heizungs- und Belüftungsanlagen, die veraltete und defekte Elektroanlage, die im Jahr zuvor in Ausstellungsräumen des Obergeschosses zu zwei kleineren Schwelbränden geführt hat, die Modernisierung der Alarmanlage, der Einbau von Verschattungsanlagen im Oberlichtbereich, Asbestentsorgung in den Leitungsschächten, die Erneuerung der Fenster im Obergeschoß und eine verstärkte Sicherheitsverglasung im Erdgeschoß. Auch eine Teilschließung wurde erwogen, jedoch aus Zeit- und Sicherheitsgründen wieder verworfen. Zum einen wäre die Alte Pinakothek eine Dauerbaustelle für mindestens acht Jahre geworden und die verbleibenden Gemälde in den Ausstellungsräumen neben einer Großbaustelle vor Erschütterungen und Staubeinwirkung nicht zu schützen gewesen.

1986, im Jahr des hundertfünfzigjährigen Bestehens, ahnte man zwar, daß irgendwann eine Erneuerung der technischen Anlagen nötig sein würde, verschob jedoch allein schon aus Kostengründen diese Maßnahmen auf einen späteren Zeitpunkt. Erschwerend für den Entschluß einer schnellen Generalsanierung war wohl auch die bereits oben erwähnte Schließung Ende der siebziger Jahre.

Um dies besser erklärlich zu machen, ist ein Rückblick auf die Baugeschichte dieses exemplarischen Museumsbaus aus dem 19. Jahrhundert unumgänglich.

Die Festschrift zum Jubiläumsjahr 1986 trägt die Überschrift: „Ihm welcher der Andacht Tempel baut." Der Festredner bei der Grundsteinlegung dieses Museums am 7. April 1826 fährt fort: „... Ihm werden späte Jahrhunderte Stimmen des Dankes, der Liebe und Ehrfurcht gleich uns ehren, die wir mit begeistertem Herzen rufen: Heil unserm König Ludwig!"[1] Ludwig I. hatte ganz dezidierte Vorstellungen von der Lage, der Fassadengestaltung und der Raumabfolge des Gebäudes, die der Architekt Leo von Klenze und der erste Direktor der Sammlungen, der Maler Johann Georg von Dillis, umsetzen und verwirklichen mußten.

Mit seiner Lage außerhalb der Stadt in der heutigen Maxvorstadt war die Alte Pinakothek zu diesem Zeitpunkt die erste selbständige Gemäldegalerie Deutschlands außerhalb des fürstlichen Residenzbereiches.

Trotz der vom Bauherrn gewünschten Umsetzung italienischer Palastfassaden, vornehmlich der Loggien Raffaels im Vatikan, des Palazzo della Cancelleria in Rom oder des Palazzo Pitti in Florenz für die äußere Gestaltung hat Klenze ein beispielhaftes Galeriegebäude erstellt (Abb. 2, 4). Auch der Innenraum mit dem großen Rubenssaal in der Mitte ist eine Reminiszenz an fürstliche Palastanlagen, wie jener dem 1789 durch Ch. A. Guillaumot veränderten Salon Carré des Louvre mit der ersten Oberlichtkonstruktion verpflichtet ist (Abb. 3). Ein Jahr später entwarf Hubert Robert für die Grande Galerie des Louvre erstmals Oberlicht für einen längsgestreckten Saal.[2] Im 1817-21 für den Herzog von Leuchtenberg in München erbauten Palais – dem heutigen Finanzministerium – konnte Klenze an einem Galerieraum mit Oberlicht die Lichtführung durch Laternenkonstruktionen erproben, die er später in verbesserter Form für die Alte Pinakothek wieder verwendete.[3] Die Raumfolge mit den begleitenden Kabinetten, die seitliches Nordlicht erhielten, und die Folge der von Peter von Cornelius ausgemalten Loggien im Süden wurde in ihrem Variationsreichtum in Zusammenarbeit zwischen Architekt und Galeriedirektor entwickelt (Abb. 1). Leider wurden die Loggien im Zweiten Weltkrieg durch Spreng- und Brandbombeneinwirkung, durch den langsamen Verfall der ungeschützten Ruine in der Nachkriegszeit und durch den Wiederaufbau eliminiert (Abb. 6). Auch die Fresken sind bis auf einen geringfügigen Rest verschwunden.

Die Alte Pinakothek wurde vor allem im 19. Jahrhundert zum Vorbild für zahlreiche Galeriebauten im In- und Ausland, so z. B. für die Eremitage in St. Petersburg, die Neue Pinakothek, die Galerie an der Schönen Aussicht in Kassel, das Herzogliche Museum in Braunschweig, die Gemäldegalerie in Dresden, das Städelsche Kunstinstitut in Frankfurt u. a. Plagemann sieht im Bau der Alten Pinakothek einen Bruch mit den bisherigen Museumsvorstellungen „... sie steht an einem Wendepunkt des Museumsbaus, der Entwicklung der Konstruktionslehre und der Geschichte der Architektur ... Die äußere Gestalt des Baus erwuchs aus der Disposition des Inneren."[4]

Die von Klenze entwickelten Raumkonzeptionen, insbesondere das Verhältnis von Raumgröße zu den Vouten und den dadurch gewonnenen optimalen Lichteinfall auf die Saalwände, wirkten auch noch in neuerer Zeit inspirierend auf Alexander von Brancas Bau der Neuen Pinakothek (1981) oder auf die in diesem Jahr fertiggestellte Gemäldegalerie Alter Meister von Hilmer und Sattler am Kemperplatz in Berlin.

1943 erhielt der Mittelbau der Alten Pinakothek die ersten Bombentreffer. Das anschließend errichtete Notdach brannte 1944 bei verschiedenen Angriffen wieder ab. Am 17. Dezember 1944 und im Januar 1945 hinterließen Brandbomben und

Abb. 1. Alte Pinakothek, Loggien im Obergeschoß; Aufn. um 1935

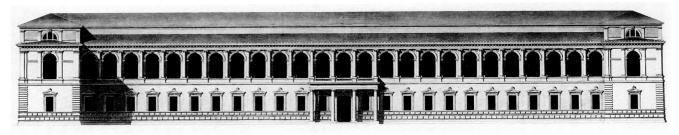

Abb. 2. Leo von Klenze, Entwurf für die Südfassade der Alten Pinakothek

Abb. 5. Alte Pinakothek, „Holländersaal"; Aufn. vor der Kriegszerstörung ▷

Abb. 3. Alte Pinakothek, Querschnitt durch den Mittelsaal ▽

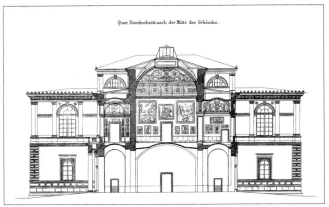

Abb. 4. Alte Pinakothek, Südseite; Aufn. vor der Kriegszerstörung

Volltreffer von Sprengbomben von diesem einstigen Juwel unter den europäischen Museumsbauten nur noch eine ausgebrannte Ruine (Abb. 9). Die Gemäldebestände wurden zu Beginn des Zweiten Weltkriegs auf Veranlassung des damaligen Generaldirektors Ernst Buchner rechtzeitig aus München ausgelagert, so daß kein einziges Gemälde zerstört wurde oder verloren ging.

Wilhelm Hausenstein schrieb am 19. Januar 1945 folgende erschütternde Zeilen nieder:

> Die Füße trugen mich von selbst zwischen den Pinakotheken hin die Theresienstraße hinaus. Ich stand eine Weile vor dem Loch, das die Stelle bezeichnet, wo ehedem – im Parterre der Neuen Pinakothek gegen Süden – der Arbeitsplatz des Graphischen Kabinetts gewesen ist: dort habe ich um die Weihnacht 1908 die ersten Vorbereitungen zu meinem Buch über Brueghel getroffen. Ich suchte mir zu vergegenwärtigen, was an Bildern vordem die Stelle besiedelt hielt, die jetzt durch eine Sprengbombe aus der Alten Pinakothek herausgeschlagen ist und als wüste Bresche klafft: vielleicht die Medici-Skizzen des Rubens, die mir immer viel köstlicher waren als die ausgeführten großen Bilder aus dem Luxembourg im Louvre.[5]

Wie zahlreiche andere zerbombte Bauten Münchens verfiel auch die Alte Pinakothek in der Nachkriegszeit zusehends durch Witterungseinflüsse. Plünderer raubten Eisenbleche, Kupfer, zinkene Baluster, Steine und auch die Reste der Steinfiguren, die einst das Dachgesims schmückten (Abb. 7).

Abb. 6. Alte Pinakothek, Loggien nach Kriegsende ▷

Abb. 7. Alte Pinakothek, Steinfiguren auf dem Dach von Schwanthaler ▽

Abb. 8. Schuttberg vor der Alten Pinakothek; Aufn. von 1946

1946 wurde schließlich der Abbruch erwogen (Abb. 8). Robert Vorhoelzer legte Ende der vierziger Jahre eine Neuplanung für das Viertel der Maxvorstadt vor, nach der die Technische Universität sich über das gesamte Gelände der Alten und Neuen Pinakothek und zusätzlich noch über das der ehemaligen Türkenkaserne ausbreiten sollte. Die Pinakotheken sollten dafür Neubauten auf dem Gelände zwischen Gabelsbergerstraße und dem Führerbau erhalten.[6] Einem Abbruch pflichtete schließlich auch der Nachfolger Buchners als Generaldirektor, Eberhard Hanfstaengl, bei. Die heftig ausgetragene Kontroverse über Abbruch oder Wiederaufbau, die in Aufrufen zur Rettung der Alten Pinakothek 1949 durch Ernst Buchner und dem Architekten Hans Döllgast 1951 gipfelten, sind bereits ausführlich publiziert worden.[7]

Abb. 9. Alte Pinakothek; Aufn. von 1945

1952 wurden schließlich durch den Bayerischen Landtag Mittel zur Sicherung der Ruine und in der Folgezeit auch für den Wiederaufbau bewilligt (Abb. 10). Den Bauauftrag erhielt Hans Döllgast (Abb. 11). Sein Konzept sah von Anfang an eine Umfunktionierung des gesamten Baus, vor allem aber keine wörtliche Rekonstruktion im Sinne Klenzes vor. Der Eingang an der Ostseite, der heutigen Besucherströmen und anderen Anforderungen wie Garderoben, Museumsläden u. a. nicht mehr genügen würde, wurde anfangs in die Mittelachse der Südfassade, später in die der Nordfassade verlegt. Das Treppenhaus, das nach Döllgasts Plänen ursprünglich einläufig entlang der Südfassade in einen Teilbereich der Loggien im Obergeschoß führen sollte, wurde auf Betreiben des Architekten und Präsidenten der Bayerischen Verwaltung der Schlösser, Gärten und Seen, Rudolf Esterer, zur heutigen doppelläufigen Anlage ausgebaut. Wie schon erwähnt, gingen dadurch die Loggien im südlichen Obergeschoß bis auf wenige Kompartimente verloren. Die große Lücke in der Südfassade wie auch die anderen im Osten und an den Kopfbauten wurden äußerst schlicht durch unverputztes Ziegelwerk geschlossen. Hierzu verwendete Döllgast Trümmerziegel von abgebrochenen Gebäudeteilen der ehemaligen Türkenkaserne, auf deren Gelände bekanntlich der endlich in Angriff genommene Neubau der dritten Pinakothek für die Staatsgalerie moderner Kunst, die Neue Sammlung, das Architekturmuseum der Technischen Universität und die Staatliche Graphische Sammlung entsteht. Die Kämpfe des Architekten während des Aufbaus der Alten Pinakothek um jedes Detail, vor allem mit der eigens hierfür eingesetzten Gutachterkommission werden bei Altenhöfer ausführlich geschildert.[8]

Döllgast hat die von Klenze verwendeten Walmdächer über dem Längsbau und den beiden Kopfbauten in Satteldächer verwandelt. „An Stelle der früheren punktuell angeordneten Oberlichtaufbauten wurde das Dach, dem Firstverlauf folgend über die gesamte Länge des Mittelbaus hin mit einem flachen Glasdach ausgestattet".⁹ Die Kopfbauten erhalten im Gegensatz zu Klenze kein erkennbares Dach mehr, sind also niedriger als der nun herausragende Mittelbau.

Vor allem bei der Museumsleitung konnte Hans Döllgast sein in einem Mustersaal vorgeführtes Tonnengewölbe in Rabitzkonstruktion unter Verzicht auf Klenzes Muldengewölbe und ein das Gewölbe vom Bereich der Gemälde trennendes, stark akzentuiertes Gesims nicht durchsetzen. Aufgrund der allgemeinen Ablehnung eines derartigen Ausbaus der Innenräume der Alten Pinakothek wurde die schon erwähnte Gutachterkommission an Döllgasts Seite gestellt, deren Zustimmung zukünftig in allen Entscheidungen einzuholen war. In einem zweiten Musterraum korrigierte Döllgast sein ursprünglich durch alle Säle des Mitteltrakts durchgehendes Tonnengewölbe zugunsten des früheren Muldengewölbes. Er setzte jedoch das Gesims niedriger an als Klenze, auf das er die indirekte Beleuchtung anbrachte. Als ein Kuriosum erscheint es heute, daß die von der Museumsleitung zur Stabilisierung des Raumklimas geforderte Wandverkleidung aus Holz gegen Ende der siebziger Jahre aus Brandschutzgründen wieder entfernt werden mußte und durch Rigipswände, die ähnliche Eigenschaften besitzen, ersetzt wurden. Als Wandbespannung wurde unifarbener Samt verwendet.

Eine weitere Neuerung gegenüber der Klenzeschen Alten Pinakothek war, daß wohl aufgrund eines Vorschlags der Gutachter die Seitenfenster der Kopfbauten zur Gewinnung einer gleichmäßigeren Raumbelichtung zugemauert wurden. Im östlichen Kopfbau blieben lediglich die beiden Seitenfenster der Zwischenkabinette (I a und III a) offen, im westlichen wurden auch diese zugemauert, wodurch ein langgestreckter Saal (XII) entstand, in dem bis zur Umhängung Ende der siebziger Jahre die Venezianer der Renaissancezeit ausgestellt waren. Allerdings mußten hierfür die Dächer der beiden Mittelsäle (II und XII) erhöht werden.

> Nach dem Vorschlag von Döllgast wurden die vorhandenen Binder ca. 3,75 Meter höher wieder eingebaut, der flache, terrassenartige Dachrand überragte nur geringfügig das von einem Geländer gesicherte Attikagesims. Deutlich trat dagegen der zeltartige Glasdachaufbau in Erscheinung.¹⁰

Schon damals war allen Beteiligten klar, daß es sich bei der letztlich unbefriedigenden Lösung nur um ein Provisorium handeln könne. Ein großer Gewinn gegenüber früher ist bis heute, daß neben einer besseren Ausleuchtung vor allem

Abb. 10. Wiederaufbau der Alten Pinakothek zwischen 1953-1957

Abb. 11. Hans Döllgast während der Anbringung einer griechischen Inschrift

mehr Hängefläche gewonnen wurde. Die Gutachterkommission kümmerte sich um alle Details, die Döllgast für die Alte Pinakothek entworfen hatte, um die Fensterformen, die im Erdgeschoß und an der Nordfassade im Klenzeschen Sinne gestaltet wurden, um die Wandgesimse und Lüftungsgitter und um die Türstöcke in den großen Sälen. Bei letzteren genehmigten die Gutachter eine „geringfügig vor die Wand vorspringende Rahmung mit überhöhtem Sturz, die mit dem Sockel in einer Ebene lag."" Da drei Türrahmungen erhalten waren, bestand Ernst Buchner auf einer Rekonstruktion aller übrigen.

> Jahrelang [so warf er ein] wurde beim Wiederaufbau der Alten Pinakothek der Geist Klenzes beschworen. Heute erwiderte mir Herr Döllgast auf diesen Hinweis: ‚Wir sind 100 Jahre weiter und meine Profile sind besser als die von Klenze. Wir haben versucht ein Profil von Klenze zu rekonstruieren, aber nicht übers Herz gebracht, es durchzuführen, weil es so schlecht war.' Bei dieser Einstellung von Döllgast halte ich eine weitere fruchtbare Zusammenarbeit aufs Höchste gefährdet.[12]

Heftig diskutiert wurde auch die Umgestaltung des großen Portals zwischen Rubenssaal (VII) und dem nördlichen großen Kabinett durch Döllgast. Das in seiner Gesamtform erhaltene Portal wurde schließlich auf Intervention von Rudolf Esterer wieder im Sinne Klenzes restauriert. Am 7. Juni 1957 war die Eröffnung, wobei auf den unfertigen Zustand hingewiesen und die Forderung nach Vollendung vor allem der Fassaden laut wurde.

Zu diesem Zeitpunkt befand sich das gesamte Erdgeschoß mit Ausnahme der Eingangshalle und eines Ganges zum Lift noch völlig im Rohbau. Buchners Nachfolger als Generaldirektor der Bayerischen Staatsgemäldesammlungen, Kurt Martin, trieb den Ausbau dieser sogenannten Sekundärgalerie im Erdgeschoß energisch voran, wobei für den Westtrakt Teile der ohnehin im Obergeschoß zu dicht präsentierten oder deponierten altdeutschen Meister und für den östlichen Teil die Malerei des Manierismus vorgesehen waren. Buchner hingegen wollte im Erdgeschoß die Verwaltung, Bibliothek, das Doernerinstitut und die Werkstätten unterbringen. Für diese Bereiche sah Martin einen Neubau bzw. einen vorläufigen Verbleib in der Arcisstraße 10 (der späteren Meiserstraße 10) vor.

Vor allem mußten nach Ansicht Kurt Martins Depoträume für die über 6000 Gemälde der Alten Pinakothek geschaffen werden. Vorgesehen waren hierfür die großen Mittelräume zwischen der Eingangshalle und dem östlichen und westlichen Quertrakt. Um die Höhe auszunützen, sollten Balkons eingezogen werden, von denen man in weitere kleine Depots an der Nordseite gelangte. Die Gemälde sind bis heute in diesen Bereichen deponiert und hängen an ausziehbaren Schiebewänden, die vorbildlich für viele späteren entsprechenden Einbauten in Gemäldegalerien wurden.

1958 wurde dieser dritte Bauabschnitt der Alten Pinakothek durch das Bayerische Kultusministerium genehmigt. Die Kosten hierfür wurden auf DM 2,8 Mio. festgelegt.

1961 konnte die Manieristenabteilung im Westflügel und im November 1963 die altdeutsche Galerie im Ostflügel des Erdgeschosses eröffnet werden.

Aufgrund der großen Erfolge und Besucherströme aus aller Welt wurden immer mehr Stimmen laut, die eine Wiederherstellung im Klenzeschen Sinne verlangten. Gravierend war jedoch, daß der Abbacher Grünsandstein, der von Klenze für die Sockel, die Fenstergesimse und andere Teile der Fassade verwendet wurde, durch Umwelteinflüsse zentimetertief verrottet war. Wie es in der Zeitschrift des Bundes der Architekten damals (Ende 1969) hieß, läßt sich die „fast antike Großartigkeit des jetzigen Zustandes" mit der Hand herunterwischen.[12] Teile der Sandsteingesimse unter dem Dach fanden sich als Sandhaufen auf dem Rasen wieder. Daß die Fassaden restauriert und die größtenteils aus Holz bestehenden Dachkonstruktionen durch Träger aus Eisenbeton ersetzt werden müssen, wie es schon seit vielen Jahren von der Brandschutzdirektion gefordert wird, wurde unabweisbar. Gerade hier setzt aber zu dieser Zeit erneut die Diskussion einer Erneuerung des Außenbaus im Klenzeschen Sinne ein.

Wichtigster Punkt bleibt bei allen Diskussionen, daß schnellstens der Sandstein saniert und imprägniert bzw. teilweise auch durch neue Steine ersetzt wird, auch wenn Döllgast in einem Gutachten feststellt, daß „wenn man dem Stein gut zuredet, wird er schon noch 50 Jahre halten".

Die Diskussionen in den siebziger Jahren über eine Rekonstruktion der Fassaden der Alten Pinakothek im Sinne von Klenze zwischen dem Landesbaukunstausschuß, dem Bayerischen Landesamt für Denkmalpflege, der Obersten Baubehörde und dem Nutzer endeten letztendlich einvernehmlich dahingehend, daß die Fassaden umfassend saniert, wo nötig Gesimse und andere Gebäudeteile aus Sandstein ergänzt, die Döllgastschen Lösungen aber beibehalten werden sollten.

Abb. 12. Neue Heizungs- und Klimaanlage; 1996

Seit Jahren hat die Branddirektion gefordert, die Stahlkonstruktionen der Dächer, die Döllgast teilweise in Holz hat ausführen lassen, feuersicher zu umkleiden und die Holzkonstruktionen auszuwechseln. Im Herbst 1977 wurde mit diesen Baumaßnahmen begonnen und die genannten Holzkonstruktionen durch Stahlbetonträger ersetzt. Die verbliebenen Holzträger im Mitteltrakt jedoch werden durch die Branddirektion toleriert.

Seit der Wiedereröffnung der Alten Pinakothek 1957 wurde von seiten der Nutzer beanstandet, daß die waagrechten Stuckdecken im östlichen und westlichen Kopfbau schwere Nachteile für die Belichtung der Säle I-III und XI-XIII bringen. Die lichtstreuende Glasebene der Staubdecke liegt in zu geringer Höhe. Ferner fehlt die Reflexionswirkung der Voute bereits bei Tageslicht und umso mehr bei eingeschalteter künstlicher Beleuchtung. Bei Tageslicht verursachen die Schattenzonen der waagrechten Stuckdecke und der oberen Abschnitte der Bilderhängewände eine sichtbare Verschlechterung der Belichtung der Ausstellungsobjekte im Vergleich zu den optimalen Verhältnissen in den Sälen des Mitteltrakts. Die Satteldächer der Kopfbauten sollen jedoch beibehalten werden. Ein weiterer Punkt, den die Branddirektion beanstandet hat, sind die hölzernen Verschalungen der Wände in den Ausstellungssälen, die durch nicht brennbare Materialien ersetzt werden sollten. Hierfür wurde Gipskarton mit Unterkonstruktionen aus serienmäßigen Metallprofilen verwendet. Die Brandlast im Ausstellungsbereich wurde dadurch auf die imprägnierte Textilbespannung der Hängewände, in den großen Sälen teilweise aus Samt, in den Kabinetten aus Seide, und auf die Bilder beschränkt.

Die Gips-Karton-Wände tragen, wie Untersuchungen ergaben, in vergleichbarem Maße zur Stabilisierung des Klimas bei. Diese umfassenden Baumaßnahmen, vor allem aber die Erneuerung der Bilderwände und ihrer Bespannung führte zu einer Totalschließung vom 14. November 1977 bis zum 10. April 1979, an dem die Ostsäle wieder für das Publikum zugänglich waren. Am 30. Juni 1979 folgten die Säle im Westteil. Die Gesamtbaukosten betrugen DM 10.290.000.

Durch das stete Anwachsen der Sammlung der Bayerischen Hypotheken- und Wechsel-Bank mit Gemälden aus dem französischen und italienischen 18. Jahrhundert, die als Dauerleihgaben in die Alte Pinakothek gelangten, wurde eine weitgehende Umhängung erforderlich. Die frühere Hängung mit den nördlichen Schulen im Osten und den südlichen im Westen wurde dahingehend geändert, daß im östlichen Flügel nun nach den Frühen Niederländern die Altdeutschen, danach die Frühen Italiener, die Venezianer, im Mitteltrakt van Dyck und Rubens und im westlichen Teil die Holländer, die barocken Italiener, die Franzosen und Spanier folgten.

Anfang der achtziger Jahre, genau von 1984-88 wurden die Fassaden von Osten über den Südteil nach Westen und dann entlang der Nordseite bestandserhaltend saniert. Poröse Teile an der Oberfläche wurden abgenommen, gefestigt und teilweise erneuert. Um einen weiteren Verfall durch Umwelteinflüsse zu verhindern, wurde der Sandstein außerdem mit chemischen Mitteln behandelt. In den Jahren 1989 und 1990 wurde in den Dachbereichen eine Asbestentsorgung vorgenommen.

Abb. 13. Erneuerung der Fenster im Treppenhaus; 1996

Als sich in der Folgezeit herausstellte, daß die 1957 eingebaute Niederdruckdampfheizung sowie die Luftheizung mit Befeuchtungsanlage bei einem Defekt nicht mehr reparabel[14] und die elektrischen Anlagenteile äußerst brandgefährdet sind, haben die Bayerischen Staatsgemäldesammlungen und das Landbauamt den Antrag für eine Generalsanierung gestellt. Um eine Totalschließung der Alten Pinakothek zu vermeiden, wurde eine Teilsanierung einzelner Gebäudeabschnitte diskutiert, jedoch aus folgenden Gründen ausgeschlossen: Während der Bauarbeiten können die für die kostbaren Gemälde konservatorisch unerläßlichen konstanten Temperatur- und Feuchtigkeitswerte nicht gewährleistet werden. Die Gemälde wären ferner hohen Risiken ausgesetzt, da sich die Feuer- und Einbruchsicherheit sowie die Verhinderung von Staubeinwirkung bei einer Großbaustelle kaum aufrechterhalten lassen. Bei einer Teilsanierung in Abschnitten wäre eine mehrfache Umlagerung der Gemälde unumgänglich gewesen, ganz abgesehen davon, daß eine einigermaßen sinnvolle Führungslinie für die Besucher nicht zu verwirklichen gewesen wäre. Weitere Gründe für eine Totalschließung sind eine Verkürzung der Bauzeit um die Hälfte und eine bessere Kostenkontrolle, wenn nicht sogar Reduzierung. Die zuständigen Ministerien und die Regierung von Oberbayern haben der unpopulären Maßnahme einer totalen Schließung dieses weltberühmten Museums letztendlich zugestimmt und der Bayerische Landtag die veranschlagten Baukosten in Höhe von DM 47,8 Millionen genehmigt.

Die Alte Pinakothek wurde am 5. April geschlossen. In einer von der Restaurierungsabteilung der Bayerischen Staatsgemäldesammlungen minutiös geplanten Umzugsaktion wurden ca. 5000 Gemälde aus den Depots, ca. 800 aus den Ausstellungsräumen sowie das gesamte Mobiliar in die Depots der Neuen Pinakothek, der Staatsgalerie moderner Kunst und in Kellerräume des Hauses der Kunst umgelagert. Etwa 300 Meisterwerke waren bis Anfang Februar 1998 in den Sälen 1-13 der Neuen Pinakothek ausgestellt. Ein kleiner, aber doch anregender Ersatz für das Entgangene dürfte sein, daß in diesen Jahren die Entwicklung der europäischen Malerei von ihren Anfängen bis um 1910 an ausgewählten Beispielen aus den berühmten Sammlungsbeständen der Alten und Neuen Pinakothek in einem Haus vergleichend betrachtet werden konnten.

Die Schwerpunkte dieser Sanierung, die im Herbst 1997 abgeschlossen war, waren die Erneuerung der gesamten Elektroleitungen, der Einbau einer Klimaanlage (Abb. 12) – die Alte Pinakothek hatte bislang, wie oben dargelegt lediglich eine Luftumwälzanlage, wodurch an warmen Sommertagen im Obergeschoß Raumtemperaturen bis über 30 Grad entstanden –, von Verschattungs- und Verdunklungsanlagen in den Oberlichtbereichen sowie die Modernisierung der Sicherheitsanlagen. Die verheerenden Säureattentate auf Gemälde von Rubens und Dürer in den vergangenen Jahren und Jahrzehnten haben bis auf die Großformate zu einer systematischen Verglasung aller Bilder in den Galerien der Bayerischen Staatsgemäldesammlungen geführt. Außerdem wurde seitens des Nutzers auf einer entschiedenen Verbesserung der bisherigen Alarmanlage bestanden. Zum Einbau kamen in der Alten Pinakothek nun ein sogenanntes „Kapazitives" Alarmsystem, das unsichtbar hinter der Bespannung bzw. den Gipskartonwänden angebracht ist und eine völlig neuartige Kameraüberwachungsanlage in allen Ausstellungsräumen. Um sogenannte Blitzeinbrüche, wie etwa vor einiger Zeit im Nationalmuseum in Oslo oder in Amsterdam, zu verhindern, wurde eine konsequente Außenhautsicherung des gesamten Museums durchgeführt. Hierzu sind eine möglichst schnelle Alarmierung der Sicherheitszentrale im Gebäude sowie widerstandsfähige, einbruchsichere Fenster erforderlich. Beim Auswechseln der Scheiben im Erd- und Obergeschoß wurde festgestellt, daß auch sämtliche Fensterstöcke morsch waren und ebenso erneuert werden mußten (Abb. 13).

Das Doerner-Institut hat die Anforderungen an die Klimaanlage und an die Verschattungsanlagen vorgegeben. Bekanntlich muß für Gemälde ein Raumklima mit nur mäßig schwankenden Temperaturen und konstanter Luftfeuchtigkeit gewährleistet werden. Der Einbau dieser Anlagen gehörte zu den aufwendigsten Arbeiten. Die Querschnitte der bestehenden Lüftungskanäle mußten in vielen Bereichen vergrößert werden, was ein Aufbrechen der Wände in allen Räumen zur Folge hatte. Hierbei wurden auch die in den Flanschen der Lüftungskanäle verwendeten Asbestdichtungen entfernt. Um schädliche Strahlen des sichtbaren und unsichtbaren Lichts für die Gemälde zu verringern, wurden oberhalb der Staubdecke Verschattungsanlagen eingebaut. Mit diesen Anlagen kann nun der Lichteinfall in allen Sälen der Alten Pinakothek reguliert werden. Außerdem ist außerhalb der Öffnungszeiten der Galerie eine völlige Verdunklung möglich. Schädliche Einwirkungen durch das Licht, dessen Stärke und Beleuchtungsdauer auf die wertvollen Gemälde können nun stark reduziert werden.

Darüber hinaus wurden die Heizungsanlagen von Dampf auf Warmwasser umgestellt, neue Personen- und Lastenaufzüge eingebaut, die sanitären Anlagen modernisiert sowie die notwendigen Brandschutzmaßnahmen durchgeführt. Außerdem ist die Alte Pinakothek, was bislang als großes Manko gegolten hat, nunmehr in allen Ausstellungsbereichen behindertengerecht erschlossen.

Die Besucher der westlichen Galerie des Erdgeschosses, in der bisher die manieristische Malerei und die berühmte Brueghel-Sammlung zu sehen war, mußten nach Besichtigung der Kabinette wieder durch alle Räume zur Eingangshalle zurückgehen. Von nun an ist ein Rundgang möglich, der außerdem zusätzlich zwei Kabinette erbracht hat. Sämtliche Ausstellungsräume mußten auf Grund der Wandaufbrüche neu bespannt werden. Wie bisher wurden für die Säle im Obergeschoß mit Ausnahme des Franzosensaals (XII) Samtbespannungen in verschiedenen grauen, roten, beigen und grünen Tönen verwendet. Saal XII und die Kabinette erhielten Bespannung in Seide. Das gesamte Erdgeschoß wurde mit Stoffen aus Faille in verschiedenen Grauschattierungen versehen.

Die Cafeteria im Erdgeschoß erhielt eine neue Theke und neue Bestuhlung. Eine Gruppe von privaten Investoren betreibt von der Wiedereröffnung an einen völlig neu konzipierten Museumsshop im südlichen Gangbereich, der zur Galerie im westlichen Erdgeschoß führt. Er löst den früher in der Eingangshalle schon immer als störend empfundenen Bücherstand ab. Zu guter Letzt sei noch erwähnt, daß in der Eingangshalle nun auch ein neuer Kassen- und Informationstresen aufgestellt und die Garderobe umfassend modernisiert wurde.

Nach Abschluß dieser Baumaßnahmen wird der Besucher zwar von den schwerwiegenden baulichen Veränderungen kaum etwas bemerken, das Äußere, Halle, Treppenhaus und die Säle sind unverändert geblieben; der nach dem Krieg von Hans Döllgast mit sparsamen Mitteln behutsam wieder aufgebaute und bewußt die Kriegsschäden aufzeigende Klenzebau verfügt am Ende des 20. Jahrhunderts über die modernsten klima- und sicherheitstechnischen Anlagen.[15] Es bleibt zu hoffen, daß diese Gemäldegalerie nun für viele Jahre, besser Jahrzehnte, immerfort für die Besucher aus aller Welt zugänglich bleibt.

ANMERKUNGEN

1 „Ihm, welcher der Andacht Tempel baut ..." Ludwig I. und die Alte Pinakothek. Festschrift zum Jubiläumsjahr 1986, München 1986, S. 7. – Das Zitat stammt aus der Festrede zur Grundsteinlegung am 7. April 1826.
2 R. AN DER HEIDEN, in: Festschrift 1986 (wie Anm. 1), S. 184 f.
3 Ebd., S. 190.
4 VOLKER PLAGEMANN, Das deutsche Kunstmuseum 1790-1870. Lage, Baukörper, Raumorganisation, Bildprogramm, München 1967, S. 88 f.
5 WILHELM HAUSENSTEIN, Der Anfang der Zerstörung Münchens, in: Wilhelm Hausenstein, Liebe zu München, München 1956, S. 98-100.
6 Das Gelände der ehemaligen Türkenkaserne zwischen Gabelsberger-, Theresien- und Barer Straße, auf dem derzeit die Pinakothek der Moderne entsteht, war bis zur Entscheidung des Bayerischen Ministerrats 1990 für diesen Museumsneubau für Institutsbauten der Technischen Universität vorgesehen.
7 E. ALTENHÖFER, Die Alte Pinakothek in den Nachkriegsjahren, in: Festschrift (wie Anm. 1).
8 Ebd., S. 205 ff.
9 Ebd., S. 217.
10 Ebd., S. 227.
11 Ebd., S. 228.
12 Ebd., S. 228.
13 Zitiert in Münchner Merkur vom 27. Mai 1970.
14 Die damalige Heizungsanlage der Alten Pinakothek wurde mit Hochdruck-Ferndampf des Heizkraftwerkes der Technischen Hochschule versorgt. In einer neu angelegten Umformerstation mit mechanischer Kondensatrückführung im Kellergeschoß wird der Dampf umgeformt. Sie bestand aus einer Niederdruckdampfheizung für das Treppenhaus, die Südloggia und die Südseite des Erdgeschosses, aus einer Warmwasserheizung für die Depoträume und aus einer Luftheizung mit Befeuchtungsanlage für sämtliche Ausstellungsräume. Die Anlage wurde im Baukastensystem gebaut. Die bereits von Klenze stammenden 14 Heizkammern sind zu Klimakammern umgebaut und größtenteils erweitert worden. Die Anlage wurde mit Umluft betrieben. Es bestand aber die Möglichkeit 15% Frischluft zuzusetzen. Die Befeuchtung der Luft erfolgte durch Aerosolturbinen. Vollentsalztes Wasser wurde mechanisch zerstäubt und mittels Trockenfaserschichtfilter die Raumluft gereinigt.
15 Von 1977 bis zur Wiedereröffnung wird die Sanierung der Alten Pinakothek etwas über 72 Millionen DM kosten.

ABBILDUNGSNACHWEIS

BAYERISCHE STAATSGEMÄLDESAMMLUNGEN, ARCHIV: Abb. 1, 3, 4, 5, 6, 7, 8, 12, 13
BILDARCHIV FOTO MARBURG: Abb. 9 (Archivnr. 202576)
GRAPHISCHE SAMMLUNG MÜNCHEN: Abb. 2 (Inv. Nr. 26471, Pl. Nr. 3477)
OTTO PACHMAYR: Abb. 10, 11

München, Prinzregententheater, Blick auf die Bühne mit hochgefahrenem Orchestergraben, 1997

August Everding

Theaterbetrieb und Denkmalpflege

Zur Wiederherstellung und Bespielung des Münchner Prinzregententheaters

Alle Kunst will Ewigkeit, aber nur wenigen ist sie gegeben. Städte, und Tempel, Festungen und Kirchen sind im Laufe der Zeit zerfallen wie Reiche und Herrschaften – lange ein natürlicher Vorgang. Dagegen setzte die Bayerische Staatsregierung das Landesamt für Denkmalpflege. Durch Bewahren leistet es seinen Beitrag zur Kultur.

Das Prinzregententheater in München ist nicht nur Theater, sondern auch ein Kulturdenkmal. Seine Entstehungsgeschichte geht auf das Theater revolutionierende Pläne Richard Wagners und Ludwigs II. zurück. Weiterhin bildet es als erster und heute einziger Nachfolger des Bayreuther Festspielhauses einen wichtigen Meilenstein in der Architekturgeschichte des deutschen Theaterbaus. Auch im künstlerischen Bereich steht es für einmalige Höhepunkte. Pfitzners „Palestrina", Hofmannsthals „Der Turm" oder Egks „Abraxas" wurden hier uraufgeführt. Ein in allen Belangen höchst geschichtsträchtiges Haus.

Als das Theater nach langer Schließzeit und ebenso langen Bemühungen um eine Wiedereröffnung in zwei Schritten renoviert werden sollte, mußten die Anforderungen der Denkmalpflege mit den Bedürfnissen eines modernen Spielbetriebes in Übereinstimmung gebracht werden. Nicht jede Lösung machte uns Theaterleute, nicht jede die Denkmalpfleger glücklich. Doch letztlich haben wir das gemeinsame Ziel, ein für die Münchner so wichtiges Gebäude zu erhalten und seiner Bestimmung zuzuführen, erreicht.

Seit der Einweihung 1901 bis zur Schließung 1963 hatten Nutzung und Zeitgeschmäcker ihre Spuren im Prinzregententheater hinterlassen – selten zum Vorteil des Hauses. Dekormalereien wurden übertüncht, Stuck abgeschlagen, und die Bomben des Zweiten Weltkrieges zerstörten den Restaurationstrakt mit dem schönen Gartensaal. Akustische Experimente führten mehrfach zur Umgestaltung des Zuschauerraums und der Portalzone. Neben den Veränderungen in den öffentlichen Bereichen gab es auch weniger sichtbare auf der Bühne. Karl Lautenschläger hatte seinerzeit als Maschinendirektor der Münchner Hoftheater eine moderne und effiziente Bühnentechnik für das Prinzregententheater entwickelt. Diese war noch stark an den Möglichkeiten des Nationaltheaters ausgerichtet, da Bühnenbilder von dort übernommen werden sollten. 1909 wurde lediglich ein Rundhorizont hinzugefügt und in den fünfziger Jahren der Bühnenboden horizontal gelegt. Damit war die Unterbühne nicht mehr zu verwenden, jedoch weiterhin vorhanden. Die Flugwerke der Obermaschinerie für Walküren und Rheintöchter wurden schon bald demontiert. Dennoch, es blieb einiges der historischen Substanz im Bühnenbereich erhalten.

Die von Lautenschläger speziell für das Prinzregententheater konstruierte Beleuchtungsanlage, vor allem das Stellwerk, war zwar durch den (elektro-)technischen Fortschritt schon frühzeitig nicht mehr in Verwendung, aber zum Teil noch vorhanden. Mit der Beendigung der Interimsbespielung durch die Bayerische Staatsoper wurde das Haus als baufällig erklärt und für den Publikumsverkehr gesperrt. So stellte sich die Situation Ende 1963 dar.

Zwar wurde in den Proberäumen eifrig weiter geprobt und musiziert, in den Werkstätten gehämmert und gesägt. Ein Theater ohne Publikum aber ist kein Theater. Ein leerstehendes Theater – das ist wie ein Musikinstrument, auf dem niemand mehr spielt – ein unerträglicher Anblick!

So gab es bald erste Überlegungen, wie das Haus wieder belebt werden könnte. Doch seitens der Staatstheater war zunächst kein Nutzungsbedarf vorhanden. Und auch die enormen Kosten einer Renovierung schreckten ab. Die anstehende Renovierung des Staatsschauspieles und die Suche nach einer Interimsunterkunft sowie eine Erbschaft forcierten 1983 die Entscheidung zugunsten einer „kleinen Lösung". Diese bestand in der originalgetreuen Wiederherstellung des Zuschauerbereiches und der Erstellung einer provisorischen Spielplattform über Vorbühne und Orchestergraben.

Hier nun begannen die ersten antagonistischen Berührungen mit den Denkmalschutzbehörden. Der Grundgedanke des Denkmalschutzes muß das Bewahren sein. Das war und ist legitim und richtig. Dagegen standen die Notwendigkeiten einer modernen, zeitgemäßen theatralen Nutzung des Prinzregententheaters. Sehr bald war klar, daß man auf beiden Seiten Kompromisse würde machen müssen. Einer Wiederherstellung der Foyers im Stile der Erbauerzeit stand nichts entgegen. Außer vielleicht, daß Überlegungen in Gange waren, den im Zeitgeschmack der fünfziger Jahre wiedererrichteten Gartensaal so zu erhalten. Dank großzügiger Privatspenden konnte der Gartensaal mit seinen luftigen Jugendstil-Deckenmalereien weitgehend rekonstruiert werden.

Es gäbe drei Wege, klug zu handeln, meinte der weise Konfuzius. Das erste und edelste Verfahren sei nachzudenken. Das zweite und einfachste das Nachahmen. Erfahrung jedoch sei der bitterste Weg zu klugem Handeln. Alle drei Wege wurden bei der Wiederherstellung des Prinzregententheaters beschritten – doch letztlich ward klug dabei gehandelt.

Schwierigkeiten stellten sich im Zuschauerhaus ein. Theater auf der Vorbühne benötigt Scheinwerfer im oder über dem Zuschauerraum. Aber genau da will sie natürlich niemand gerne sehen. Bayreuth behalf sich aus dem Dilemma, indem durch eine vom Publikum nicht einsehbare schräge Deckenöffnung Licht auf die Bühne geschickt werden konnte. Diese Lösung wurde in der ersten Umbauphase 1988 für das Prinzregententheater kategorisch abgelehnt, da das Erscheinungsbild der Decke empfindlichst gestört würde. So mußten häßliche Beleuchtungszüge im Zuschauerraum und eine noch häßlichere, wenngleich provisorische Beleuch-

Theaterbetrieb und Denkmalpflege 263

Kulissenwägen der Unterbühne

Bau des Orchestergrabens 1996

Versenkungstisch Unterbühne

tungsbrücke über der Spielplattform akzeptiert werden. Ein weiterer Dorn im Auge des Denkmalschutzes war die nötige Umfunktionierung der Prinzenlogen in technische Betriebslogen für Beleuchtung und Ton – beides für den Spielbetrieb unabdingbare Voraussetzungen. Dafür wurde die Bestuhlung aufwendig überholt und im Originalzustand, also hart und knarzend, wieder eingebaut.

Ein lästiges Handikap in der Bespielung des Prinzregententheaters waren und sind fehlende Magazinräume. Da das Haus als Festspieltheater konzipiert war, wurden bei der Planung die Anfordernisse eines Repertoirebetriebes weitgehend außer acht gelassen. Anbauten an den denkmalgeschützten Baukörper schieden von vornherein aus. So mußte und muß man sich mit aufwendigen Auslagerungen und den damit verbundenen Transporten behelfen.

Letztlich wurde in dieser ersten Renovierungsphase mehr hinzugefügt, als weggenommen. Die Annexe waren zwar auch vom Publikum oft moniert, aber notwendig. Mit der Renovierung der Hauptbühne 1996 konnten wenigstens die störendsten Eingriffe im Zuschauerraum wieder rückgängig gemacht werden. Aber auch in diesem zweiten Umbauabschnitt entstand eine Reihe von Situationen, in denen denkmalpflegerische Überlegungen und Betriebsanforderungen abgewogen werden mußten.

Karl Lautenschlägers Bühnenmaschinerie war in großen Teilen noch erhalten. Vor allem die Unterbühne präsentierte sich in weitgehend original-historischem Zustand. Kulissenwägen und riesige Versenkungstische zeigten eindrucksvoll die bühnentechnischen Möglichkeiten der Jahrhundertwende. Flugs wurden sie unter Denkmalschutz gestellt. So schön es war, eine historische Unterbühne unter sich zu wissen, so brachten der Bayerische TÜV und die Brandschutzvorschriften dem doch wenig Verständnis entgegen. Eine Benutzung der Unterbühne wurde untersagt und eine Brandabschottung verlangt. So blieb uns nichts anderes übrig, als einen neuen Bühnenboden über die alte Maschinerie zu legen und Don Giovanni im letzten Akt seitlich zur Hölle zu schicken.

Die Obermaschinerie im Schnürboden, also Tragseile, Umlenkrollen und Bedienungsseile, wurde erhalten und um einige Elekrozüge ergänzt, Reste der wertvollen Lautenschlägerschen Einrichtungen dabei aus den Galerien entfernt. Größere Eingriffe erfuhr die Portalzone mit ihrer Beleuchtungsbrücke. Hier machte der Denkmalschutz wohl die größten Zugeständnisse. Die alte Brücke wurde aus statischen Überlegungen heraus gänzlich entfernt und durch eine hochmoderne ersetzt. Dieser Amputation fiel leider auch unsere einmalige Bühnenorgel, die in einen seitlichen Brückenturm eingebaut war, zum Opfer. Sie wurde schweren Herzens an ein Orgelmuseum zur Restaurierung weggegeben. Für uns tröstlich konnte der alte Bühnendonner seinen Platz behalten. Die unscheinbare Holzröhre reicht vom Schnürboden bis zur Unterbühne und entwickelt, so man sie mit Eisenkugeln füttert, einen erheblichen Radau, der wohlwollend als Donner gedeutet werden kann. Da derartige Einrichtungen überall der Elektroakustik zum Opfer gefallen sind, haben wir es hier wohl mit einem Unikum zu tun.

Um zu versuchen, neue Lösungen für die kulturellen Bedürfnisse von heute und morgen zu finden, muß man sich fragen, welcher Art die Kontinuität und Tradierung der künstlerischen Werte sind, auf die sich unsere Kultur stützt. Eine rein konservatorische Übertragung ohne Inhalte wäre sinnlos. Theater jedenfalls ist ein wesentliches Transportmittel der Kulturvermittlung. Daher war und ist es mir ein so großes Anliegen, möglichst viele Theater für die Nachwelt zu erhalten und auch in der tiefsten Provinz ein Aufwachsen mit Kunst und Kultur zu ermöglichen. In München fand die Idee, das Prinzregententheater wiederzubeleben, eine enorme Resonanz bei Bevölkerung und Wirtschaft. Mit öffentlichen und privaten Mitteln konnte so ein Theaterjuwel der Jahrhundertwende restauriert und die Bühne wieder bespielbar gemacht werden. Und der neue Orchestergraben ermöglicht wieder lang vermißte Hör- (und Seh-)genüsse. Das bewahrende Element in der Kultur wurde dabei vom Landesamt für Denkmalpflege sachkundig und, wenn nötig, auch nachdrücklich vertreten. So bekam München nicht noch ein Theater, sondern es bekam sein Prinzregententheater wieder und leuchtet dadurch wieder ein bißchen mehr. Die Bausubstanz ist bewahrt. Jetzt geht es darum, das Haus wieder mit Leben zu füllen. Wie sagte schon Karl Valentin so treffend: „Kunst ist schön, macht aber viel Arbeit."

ABBILDUNGSNACHWEIS

PRINZREGENTENTHEATER, MÜNCHEN: S. 258, 260, 261
GIGLER & MASMANN, MÜNCHEN: S. 262, 263

Jörg Haspel

Denkmalpflege nach dem Mauerfall – das Beispiel Berlin

Für eine Art Zwischenbilanz der Leistungen und Herausforderungen der Denkmalpflege nach dem Mauerfall kommt dem Denkmalort Berlin, also der generationenlang geteilten und seit 1990 wiedervereinigten deutschen Hauptstadt, exemplarischer Charakter zu. Anlaß zu diesem „Hauptstadt-Zentrismus" ist nicht zuletzt auch die Überzeugung, daß das, was in Berlin seit der Einheit passiert oder nicht passiert, im Guten wie im Schlechten alle Bundesbürgerinnen und -bürger angeht oder zumindest angehen sollte.

Als am 9. November 1989 die Mauer aufging, in den folgenden Tagen und Wochen die ersten Trabis über die Grenze fuhren und nach der Einheit vom 3. Oktober in nur wenigen Monaten der „antifaschistische Schutzwall" gänzlich fiel, kamen in Berlin zwei völlig unvergleichliche Stadthälften wieder zusammen. Dies galt nicht zuletzt für den Denkmalbestand, der zwar eine gemeinsame historische Ausgangslage besaß, in den letzten 40 Jahren aber eine sehr unterschiedliche, stellenweise sogar gegensätzliche Entwicklung genommen hatte. Die historische Mitte von Berlin oder was von diesem Altstadtkern übriggeblieben war und die historische City-West in Charlottenburg, die ebenfalls mehr neu- als wiederaufgebaut war, bezeichnen zwei der stadträumlichen Pole, die mit ihrem Denkmalbestand nun wieder in eine vereinheitlichende Entwicklung einbezogen werden sollten. Als „größte Baustelle Europas" und als „Werkstatt der Einheit" sorgte vor allem der zentrale Bereich beiderseits der ehemaligen Sektorengrenze für bundesweites Aufsehen.

Eines der ersten grenzüberschneidenden Denkmalpflegeprojekte zum Zusammenwachsen der Hauptstadt war die gartendenkmalpflegerische Wiederherstellung der Grünanlagen beiderseits des Brandenburger Tores, also des Platzes vor dem Brandenburger Tor im Westen und des Pariser Platzes im Osten. Ein anderes, mit großer Aufmerksamkeit registriertes Vorhaben waren die Instandsetzung und Wiederherstellung der Oberbaumbrücke, die nach fünfjähriger Planungs- und Bauzeit (1991-1995) zwischen Kreuzberg und Friedrichshain dem Verkehr übergeben werden konnte (Abb. 1, 2). Wenn nicht schon die in solchen Denkmalen vergegenwärtigte Tradition der deutschen Kapitale für den Hauptstadtbeschluß des deutschen Bundestags sprächen, dann wäre er auf jeden Fall durch die Rolle Berlins als Hauptschauplatz der deutschen Spaltung und Vereinigung gerechtfertigt. Nirgendwo in der neuen erweiterten Bundesrepublik liegen die Kontraste der teilungsbedingten Lasten der Nachkriegszeit und der einigungsbedingten Herausforderungen in einer auch nur annähernd vergleichbaren Dichte beisammen wie in Berlin.

Abb. 1. Berlin, Oberbaumbrücke, Verkehrsdenkmal und Wahrzeichen der Vereinigung: erbaut 1894-96

Abb. 2. Oberbaumbrücke, wiederaufgebaut 1991-95, die historische Auto-, Hochbahn- und Fußgängerbrücke, die im Krieg schwer beschädigt worden war, verbindet über die Spree hinweg die Bezirke Friedrichshain und Kreuzberg und diente seit dem Mauerbau 1961 als Grenzübergang für den Fußgängerverkehr. Die Ergänzung der beiden an märkisch mittelalterliche Stadttore erinnernden Brückentürme und die moderne Schließung des Mittelfeldes für den Straßen- und Schienenverkehr erfolgte nach dem Fall der Mauer im Zuge der Wiederherstellung des Berliner Verkehrsnetzes

1. Denkmalförderung des Bundes

Denkmalschutz und Denkmalpflege sind nach dem Grundgesetz insbesondere Aufgaben der Länder und im weiteren auch der Kommunen. Die föderative Struktur und die Kulturhoheit der Länder schließen eine zentralstaatliche Zuständigkeit des Bundes für Kultur im Inland grundsätzlich aus. Demgemäß regelte der Einigungsvertrag von 1990 den Übergang zentraler Kultureinrichtungen der DDR, wie des Instituts für Denkmalpflege der DDR, in die Trägerschaft der neugegründeten Länder und der Gemeinden, sofern eine privatrechtliche Lösung ausgeschlossen schien. Andererseits war zum Zeitpunkt der staatlichen Einheit aufgrund fehlender Eigenmittel und des geringen Steueraufkommens eine völlige Schieflage in der Ausstattung und Leistungsfähigkeit der öffentlichen Kultureinrichtungen zwischen Ost und West erkennbar, deren Korrektur eine bundespolitische Aufgabe zur Herstellung gleicher Lebensverhältnisse darstellte. Betroffen von dieser Situation waren nicht nur die Denkmalbehörden, die sich entsprechend der neuen Verwaltungsstruktur in den östlichen Bundesländern umbildeten, sondern dies galt vor allem für die rund 250.000 denkmalwerten Bauten und Anlagen oder historischen Großensembles, darunter über 80 bedeutende Altstadtkerne, deren Sicherung und Wiederherstellung auf der Tagesordnung standen und stehen.

Denkmalspezifische Instrumente und Finanzhilfen zur Angleichung der Lebensverhältnisse zwischen Ost und West entwickelten auf gesamtstaatlicher Ebene vor allem das Bundesministerium des Innern im Rahmen der Kulturförderung für die neuen Länder sowie das Bundesministerium für Raumordnung, Bauwesen und Städtebau im Rahmen der Städtebauförderung zur Stadt- und Dorferneuerung. Daneben bestanden oder entstanden unzählige Förderstrategien auf nationaler und internationaler Ebene, wie das Denkmaluntersuchungsprogramm des Bundesministeriums für Bildung, Wissenschaft, Forschung und Technologie (70 Mio.) oder die finanzielle Unterstützung von Pilotvorhaben zur Erhaltung des architektonischen Erbes durch die Europäische Gemeinschaft. Letztere förderte beispielsweise in Berlin die Pilotprojekte zur Wiederherstellung des Pergolengartens an der Karl-Marx-Allee (1993; Abb. 5) oder Restaurierungsarbeiten am Tympanon-Relief des Schauspielhauses auf dem Gendarmenmarkt (1994) sowie Instandsetzungsmaßnahmen am Filmkunsthaus Babylon von Hans Poelzig (1994). Im Hinblick auf die Quantität und Spezifik der rechtlichen und finanziellen Förderinstrumente kam und kommt den baupolitischen und innenpolitischen Initiativen des Bundes größte Bedeutung für Denkmalpflege und Denkmalschutz in den neuen Ländern zu. Für den Denkmalbestand von Berlin stellen zudem die Bauvorhaben der Verfassungsorgane im Rahmen des Hauptstadtumzuges eine nicht zu überschätzende Denkmalinvestition dar.

1.1. Denkmalpflege und Kulturförderung

Artikel 35 des Einigungsvertrages unterstrich die Bedeutung von Kunst und Kultur für den Fortbestand der Einheit der Nation und mündete in die Verpflichtung, daß die kulturelle Substanz im Beitrittsgebiet keinen Schaden nehmen dürfe. Unter Wahrung der Kulturhoheit der Länder sollte eine vorübergehende Mitfinanzierung des Bundes von Kulturprogrammen zur Überwindung teilungsbedingter Folgen ermöglicht werden. Bereits wenige Wochen nach Wiedererlangung der staatlichen Einheit beschloß das Bundeskabinett im November 1990 und Februar 1991 eine „Übergangsfinanzierung Kultur" für die fünf neuen Länder und den ehemaligen Ostteil Berlins. Diese einigungsbedingten Kulturförderprogramme des Bundes, die sich zwischen 1991 bis 1993 auf knapp 3 Milliarden DM beliefen, haben mittelbar in vielfältiger Weise zur Sicherung und Wiederherrichtung von Denkmalen beigetragen, namentlich von historisch wertvollen Kulturbauten, wie Theatern, Museen, Konzerthäusern und Bibliotheken, aber auch Mahn- und Gedenkstätten sowie Baumaßnahmen an Sakralbauten und kirchlichen Einrichtungen. In Berlin kam dieses weit gefächerte Kulturförderprogramm des Bundes nicht nur national und international bedeutenden Einrichtungen und deren historischen Bauwerken wie den Denkmalen im Besitz der Stiftung Preußischer Kulturbesitz zugute, sondern beispielsweise auch der Fortführung der Wiederauf-

Abb. 3. Invalidenfriedhof mit Restabschnitten der Berliner Mauer und restituierten Grabstellen im ehemaligen Todesstreifen

baumaßnahmen am Berliner Dom (1893-1905) sowie an der kriegsbeschädigten Neuen Synagoge (1859-66) in der Spandauer Vorstadt, die als Centrum Judaicum eine langfristige Nutzungs- und Erhaltungsperspektive erhielt.

Ausschließlich konservatorischen Kriterien folgte ein spezielles einigungsbedingtes Denkmalförderprogramm, das das Bundesinnenministerium im Rahmen der Kulturförderung für die neuen Länder installierte. Knapp 190 Mio. DM flossen 1991-93 aus diesem Programm vor allem in Sicherungs- und Instandsetzungsmaßnahmen an gefährdeten Bau- und Kunstdenkmalen sowie in Restaurierungsarbeiten an unbeweglichen Kulturdenkmalen. Ergänzt durch das Regelprogramm des Bundesinnenministeriums zur Förderung national bedeutsamer Kulturdenkmale, dessen Schwergewicht sich nach 1990 ebenfalls in die östlichen Bundesländer verlagerte, stellte das Bundesministerium des Innern insgesamt bis 1994 fast 340 Mio. DM für Denkmalpflegemaßnahmen an Einzelbauwerken zur Verfügung. Allein aus dem Sonderprogramm für die neuen Länder wurden mehr als 1.500 Maßnahmen bezuschußt. Außerdem erhielt die Deutsche Stiftung Denkmalschutz fast 40 Mio. DM als Anschubfinanzierung für die neuen Bundesländer. Neben der Finanzierung aktueller Rettungsaktionen für gefährdete Monumente zielte das Programm auf längerfristige Wirkungen im Sinne der Ermittlung und Vermittlung von Denkmalkenntnissen.

Zu den Besonderheiten dieses Programmes zählte, daß auch die Erfassung und Bestandsaufnahme denkmalwerter Objekte sowie Aus- und Weiterbildungsmaßnahmen auf dem Gebiet von Denkmalschutz und Denkmalpflege förderfähig waren. Gerade die Bundesförderung der flächendeckenden Denkmalerfassung, die von der VW-Stiftung durch ein Programm zur EDV-gestützten Inventarisation in den neuen Bundesländern ergänzt wurde, schuf eine Hauptvoraussetzung für den Vollzug der neuen Denkmalschutzgesetze in den östlichen Ländern. Schließlich unterlagen zum Zeitpunkt des Mauerfalls für das gesamte Gebiet der ehemaligen DDR weniger denkmalwürdige Objekte einem gesetzlichen Schutz als etwa alleine in Bayern oder Baden-Württemberg in die jeweilige Denkmalliste eines Bundeslandes eingetragen waren. Die Aktualisierung und Konkretisierung der Denkmallisten erfüllten also gerade angesichts der gewünschten Bauinvestitionen eine unerläßliche vorbereitende Aufgabe, wenn kulturhistorisch wertvolle Bau-, Boden- und Gartendenkmale nicht unnötig gefährdet werden sollten.

In Berlin wurden 1991-93 Sicherungs- und Instandsetzungsarbeiten an 13 namhaften Bau- und Kunstdenkmalen aus dem Sonderprogramm für das Beitrittsgebiet gefördert. Einen Förderschwerpunkt bildeten mit sechs Stadtkirchen und zahlreichen Grabmälern oder Mausoleen die seit Kriegsende nicht zuletzt aus ideologischen Gründen stark vernachlässigten, teilweise geradezu ruinierten Sakralbauten sowie die Sepulkralkultur auf den innerstädtischen Begräbnisplätzen und jüdischen Friedhöfen. Neben der mittelalterlichen Ev. Pfarrkirche St. Marien und der barocken Ev. Parochialkirche in der Berliner Altstadt standen vor allem kriegsbeschädigte historische Sakralbauten des 19. Jahrhunderts in Bezirk Mitte (Ruine der Kath. Pfarrkirche St. Michael, 1851-56 [Abb. 4]; Ev. Zions-Kirche, 1866-73) und in den Stadterweiterungsgebieten von Friedrichshain (Ev. Auferstehungskirche, 1892-95; Ev. Samari-

Abb. 4. Michaelkirche, Katholische Garnisonskirche, erbaut 1851/56 nach Entwurf von August Soller, 1944/45 schwer beschädigt, Umfassungswände des Schiffes als Ruine erhalten, Sicherungsmaßnahmen 1993

terkirche, 1892-94) auf der Prioritätenliste. Aber auch überregional bedeutende Denkmale der Großstadttechnik, wie das Wasserwerk Friedrichshagen (1889-93; 1904-06) oder herausragende Bauzeugnisse der sozialen Infrastruktur aus der Kaiserzeit, wie die Neobarock-Schule (1910/11) an der Zeppelinstraße (Fridtjof-Jansen-Oberschule, Köpenick) oder der imposante Neorenaissance-Schulkomplex (1909/10) an der Görschstraße (Pankow) sowie das Stadtbad Prenzlauer Berg (1899-1902) an der Oderberger Straße (Abb. 6), konnten mit Bundesmitteln und ergänzenden Landesmitteln in ersten Teilbereichen gesichert und restauriert werden. Die Reparatur und Wiederaufstellung des Spindlerbrunnens (1891) am

Abb. 5. Karl-Marx-Allee, Pergolengarten nach Abschluß EG-Förderprojektes zur gartendenkmalpflegerischen Wiederherstellung (1994)

Abb. 6. Stadtbad Oderberger Straße, erbaut 1899-1902 mit der benachbarten Gemeindedoppelschule nach Entwurf von Ludwig Hoffmann; außer Betrieb und geschlossen seit 1995

der Regel kaum mehr Eigenmittel der Kirchengemeinden oder Friedhofsträger zur Verfügung stehen, unter den auf halber Strecke unterbrochenen Sicherungs- und Instandsetzungsmaßnahmen.

Ein 1996 erstmals vom Deutschen Bundestag wieder ausschließlich für die neuen Bundesländer bewilligtes Denkmalschutzergänzungsprogramm „Dach und Fach", das auf fünf Jahre mit je 5 Mio. DM ausgelegt ist, soll helfen, aktuell gefährdete Bau- und Kunstdenkmale vor weiteren Schäden und Zerfall zu bewahren. Es kann in gewissem Umfang eine Grundsanierung von Objekten, etwa Beseitigung von Witterungsschäden, Dacheindeckung, Fundamentsicherung, Bekämpfung von Schädlings- und Insektenbefall ermöglichen und eine Vollsanierung durch andere öffentliche oder private Mittel vorbereiten helfen. Schwerpunkt dieser Fördermittel bildeten in Berlin 1996 die Sicherung von sechs Mausoleen und Grabmälern auf dem Jüdischen Friedhof Weißensee, dem größten jüdischen Friedhof des 19. Jahrhunderts in Deutschland, sowie Dach- und Turmreparaturen an vier Dorfkirchen (Mahlsdorf, Rahnsdorf, Blankenfelde, Schloßkirche Buch), deren Entstehung teilweise auf die mittelalterliche Siedlungstätigkeit im Umland der Residenz zurückgeht und denen ein besonderer Alterswert im Denkmalprofil der Hauptstadt zukommt (Abb. 7). Mit einem Volumen von ca. 0,5 Mio. DM jährlich für Berlin macht dieses Sicherungsprogramm freilich gerade etwa ein Zehntel des Vorgängerprogramms der Jahre 1991-94 aus.

Abb. 7. Abnahme der Dachfiguren von der Schloß- und Dorfkirche Buch, erbaut 1731-36 nach Plänen von Friedrich Wilhelm Dieterichs, 1943 ausgebrannt, 1950-53 Wiederherstellung unter Verzicht auf den geschweiften Turmhelm; seit 1993 Sicherungsmaßnahmen

Spittelmarkt und Instandsetzungsmaßnahmen am Berolina-Haus (1930-32) von Peter Behrens auf dem Alexanderplatz hatten zudem als symbolische Zeichen für einen denkmalpflegerischen Neubeginn im Ostteil Berlins einen wichtigen Signalcharakter. Als Frucht der 1992 mit Mitteln des Bundes und der VW-Stiftung aufgenommenen Denkmalerfassung kann an dieser Stelle schließlich auch die 1997 erschienene „Denkmaltopographie Friedrichshain" angeführt werden, die erstmals für einen ehemaligen Ostbezirk der Hauptstadt den vollständigen Bau-, Boden- und Gartendenkmalbestand in Wort, Bild und Karten vorstellt.

Mit dem Auslaufen dieses einigungsbedingten Denkmalschutzsonderprogrammes des Bundesinnenministeriums ab 1994 waren die neuen Länder auf das ungleich bescheidener ausgestattete allgemeine Denkmalschutzprogramm „Erhaltung und Wiederaufbau von unbeweglichen Kulturdenkmälern mit besonderer nationaler Bedeutung" angewiesen, wie es auch den westlichen Bundesländern zur Verfügung steht. Der Wegfall der einigungsbedingten Fördermittel konnte nur zum allergeringsten Teil durch Zuschußmittel der Länder oder anderer Einrichtungen und Stiftungen ausgeglichen werden und wird bis heute schmerzlich vermißt. In Berlin leiden namentlich die jahrzehntelang vernachlässigten historischen Sakralbauten und Zeugnisse der Sepulkralkultur (Friedhöfe), für deren Erhaltung und Wiederherstellung in

1.2. Denkmalpflege und Städtebauförderung

Insgesamt flossen zwischen 1991 und 1995 über 3,8 Mrd. DM als Bundesfinanzhilfen für die Städtebauförderung in die neuen Länder. Unter Hinzurechung der Komplementärmittel der Länder und Gemeinden stellten die öffentlichen Haushalte in diesem Zeitraum knapp 10 Mrd. DM für Stadterneuerungs- und Stadtentwicklungsmaßnahmen zur Verfügung. Neben dem indirekten Mitnahmeeffekt, den die Städtebauförderung generell zur Erhaltung, Revitalisierung und mittelfristigen Sicherung von Denkmalen in den betroffenen Gebieten leisten kann, liegt vor allem das Teilprogramm „Städtebaulicher Denkmalschutz" im unmittelbaren konservatorischen Interesse. Mit annähernd 970 Mio. DM entfiel 1991 bis 1995 fast ein Drittel der Bundesfinanzhilfen zur Städtebauförderung auf das Programm „Städtebaulicher Denkmalschutz". Länder und Gemeinden steuerten außerdem über 1,2 Mrd. DM bei, so daß seit dem Mauerfall mehr als 2,2 Mrd. DM öffentlicher Gelder Maßnahmen des „Städtebaulichen Denkmalschutzes" zugute kamen.

Von der kulturellen Denkmalförderung des Bundes in den neuen Ländern unterscheidet sich das Programm „Städtebaulicher Denkmalschutz" nicht nur der Höhe nach, sondern auch durch seine Laufzeit, die nicht den Befristungen des Einigungsvertrages unterliegt. Vielmehr gilt städtebauliche Denkmalpflege wie auch andere Aufgaben der Stadt- und Dorferneuerung als Generationenaufgabe, und das Programm blieb folgerichtig über 1993 finanziell abgesichert. Zum anderen bündelt das Programm städtebauliche und denkmalpflegerische Instrumente, sowohl im finanziellen Förderbereich als auch im Rechtsbereich. Die rund 120 Fördergebiete sind in der Regel als Denkmalschutzzonen (Denkmalbereiche, Ensembles, Gesamtanlagen, Flächendenkmale) ausgewiesen oder sie besitzen eine sehr hohe Dichte rechtsverbindlich geschützter Denkmale/Denkmalgruppen, und sie sind zugleich durch eine Erhaltungssatzung nach dem Bundesbaugesetz (§ 172) planungsrechtlich gesichert. In Kombination mit weiteren planungsrechtlichen oder bauordnungsrechtlichen Festlegungen wie Gestaltungssatzungen und flankiert durch andere Förderprogramme ist hier eine gezielte Steuerung der Mittel und Maßnahmen zur Denkmalerhaltung und Stadterneuerung gewährleistet.

Die Berliner Auswahlgebiete des Förderprogramms städtebaulicher Denkmalschutz liegen im Bezirk Mitte und im Bezirk Köpenick. Die förderfähigen Kosten wurden seit 1991 bis zu höchstens 50 % vom Bund, der Rest vom Land Berlin übernommen. Die Festlegung der Auswahlgebiete, die Prioritätenliste der Förderobjekte und der Fördermaßnahmen erfolgten in enger Abstimmung mit der Denkmalpflege. Als Fördergebiete bislang festgesetzt sind im Bezirk Mitte die sog. Spandauer Vorstadt und im Bezirk Köpenick die Altstadt Köpenick mit der ehemaligen Fischersiedlung Kietz sowie der Denkmalbereich Bölschestraße in Friedrichshagen. Zur Neuaufnahme in das Programm ist die sog. Viktoriastadt, ein gründerzeitliches Mietshaus- und Fabrikquartier im Bezirk Lichtenberg, vorgeschlagen.

Abb. 8, 9. Spandauer Vorstadt, Volkskaffeehaus an der Neuen Schönhauser Straße, erbaut 1890/91 nach Plänen von Alfred Messel, seit 1996 in Sanierung (Straßenfassade um 1900 und 1996)

Abb. 10. Kietz Köpenick, eingeschössige Putztraufenhäuser aus der Zeit um 1800 prägen noch das Straßenbild der ehemaligen Fischersiedlung

Spandauer Vorstadt

Die großstädtische Verdichtung Berlins erreichte im ausgehenden 19. Jahrhundert auch den südlichen Bereich der Spandauer Vorstadt, die hier an die historische City grenzte. Wichtigste Beispiele dieser ausgreifenden City-Entwicklung sind die unter Beteiligung von August Endell entstandenen „Hackeschen Höfe" (1906/07) mit den farbigen Jugendstilfassaden im Eingangshof und die Pfeilerarchitektur des ehemaligen Kaufhauses Wertheim (1903) von Alfred Messel. Im Unterschied zu anderen innerstädtischen Gebieten vollzog sich die städtebauliche Verdichtung in der Spandauer Vorstadt jedoch nicht flächendeckend, so daß sich bis heute – besonders eindrucksvoll im Bereich Hackescher Markt und entlang der Neuen Schönhauser Straße erlebbar – neben den fünfgeschossigen Wohn- und Geschäftsbauten zwei-, drei- und viergeschossige Gebäude des ausgehenden 18. und frühen 19. Jahrhunderts erhalten haben (Abb. 8, 9). Als Denkmal der Großstadtkultur des 20. Jahrhunderts genießen die Volksbühne (1913-15, Oskar Kaufmann) und das Filmtheater Babylon (1918, Hans Poelzig), die im Zuge einer Flächensanierung des ehemaligen Scheunenviertels am Rosa-Luxemburg-Platz entstanden, einen besonderen Ruf.

Im Rahmen des Förderprogramms „Städtebaulicher Denkmalschutz" wurden zwischen 1991 und 1995 von Bund und Land anteilig Sicherungs-, Instandsetzungs-, Modernisierungs- und Denkmalpflegemaßnahmen in Höhe von 130 Mio. DM gefördert. In einem bundesweiten Wettbewerb erhielt die Spandauer Vorstadt 1995 vom Bundesbauministerium wegen vorbildlicher Erhaltungs- und Denkmalpflegemaßnahmen eine Goldmedaille als Auszeichnung. Sehr anschaulich werden die Erfolge des Programms heute schon entlang der Auguststraße und Gipsstraße, wo über ein Dutzend Häuser gesichert und instandgesetzt werden konnten, die sich stellenweise zu ansehnlichen Bau-Ensembles im Straßenbild zusammenschließen.

Altstadt Köpenick und Kietz

Die beiden mittelalterlichen Siedlungskerne Altstadt und Kietz Köpenick sind ebenfalls als Flächendenkmal und planungsrechtlich als Erhaltungsgebiet ausgewiesen. Eine slawische Wohnburg auf der heutigen Schloßinsel bildete den Ausgangspunkt für die nach den deutschen Eroberungen gegen Ende des 12. Jahrhunderts einsetzende Besiedlung der Altstadtinsel, zuerst als unbefestigte Einstraßenanlage im Verlauf der Schloßstraße (Alt-Köpenick). Im Gegensatz zum benachbarten Berlin oder anderen Städten wie Bernau oder Spandau vollzog sich die Entwicklung nicht im kolonialen Rasterschema, sondern beschränkte sich zunächst auf die durch die Verkehrswege über die Altstadtinsel vorgegebenen Wegeachsen. Erst seit dem Ende des 17. Jahrhunderts setzte eine städtisch zu nennende Entwicklung ein. Die Schloßstraße wurde begradigt, als Sichtachse auf das Schloß bezogen und der Stadtgrundriß planmäßig mit der Anlage der Freiheit, des (heutigen) Futranplatzes (bis 1811 Friedhof) und des Katzengrabens, erweitert. Im Zuge eines allgemeinen wirtschaftlichen Aufschwunges ersetzten im ausgehenden 19. Jahrhundert zahlrei-

Abb. 11. Wie Abb. 10, nach Sicherungsmaßnahmen 1990-1991 erfolgte abschnittsweise die Instandsetzung der Straße im Rahmen des Förderprogrammes „Städtebaulicher Denkmalschutz"

che vielgeschossige Wohn- und Geschäftshäuser die ältere Vorgängerbebauung unter Wahrung des historischen Stadtgrundrisses. Die Altstadt Köpenick ist bis heute ein geschlossener Stadtorganismus mit einem umfangreichen Bestand an historischer Bausubstanz, der nur selten durch maßstabs- und grundrißsprengende Neubauten gestört ist. Die im 18. Jahrhundert ausgeprägte Form des Stadtgrundrisses ist im wesentlichen unverändert überliefert, allerdings stellenweise durch Baulücken („Altstadtbrachen") bisher noch nicht vollständig geschlossen und durch eine unglückliche Verkehrsplanung empfindlich beeinträchtigt.

Der Altstadt und Schloßinsel benachbart liegt der Köpenicker Kietz. Der Kietz geht zurück auf eine eigenständige, erst 1898 nach Köpenick eingemeindete Siedlung, die bereits im 13. Jahrhundert als slawisches Fischerdorf entstand. Zu beiden Seiten des ursprünglichen Straßenzuges reihen sich die ehemals 31 Hausstellen, an die das Fischereirecht geknüpft war. In unregelmäßigen Abständen führen schmale Wege zwischen den Parzellen zum Wasser, um allen Bewohnern den Zugang zum Ufer zu ermöglichen und die Löschwasserentnahme zu erleichtern. Die Eigenart der Parzellierung ist bis heute unverändert erhalten. Im Laufe des 19. Jahrhunderts entstand an der Rückseite der westlichen Grundstücke ein Weg – heute Gartenstraße – mit weiteren bebauten Grundstücken. Die charakteristische Bebauung besteht aus eingeschossigen, in der Regel fünfachsigen Traufenhäusern mit Mitteleingang, die im 19. Jahrhundert aus älteren Fachwerkhäusern mit Weichdeckung durch Um- oder Neubau hervorgegangen sind. Der Kietz bildet ein einheitliches historisches Siedlungsensemble, dessen Struktur über Jahrhunderte nicht verändert worden ist. Die Geschlossenheit des Ensembles ist von besonderem Reiz und macht die Eigenständigkeit gegenüber der Stadt Köpenick sichtbar (Abb. 10, 11).

Über das Förderprogramm „Städtebaulicher Denkmalschutz" des Bundesbauministeriums war es möglich, zahlreiche Gebäude unter konservatorischen Aspekten instandzusetzen und dabei auch den größtmöglichen Substanzerhalt zu erreichen. Ein Hauptaugenmerk liegt bei den geförderten Instandsetzungen auf dem Substanzerhalt und der Bewahrung authentischer Merkmale der Gebäude im Altstadtgefüge, d.h., daß nicht nur die Fassaden saniert wurden, sondern zugleich Grundriß, exemplarische Ausbauteile wie Türen, Fenster, Treppen sowie historische Raumfassungen erhalten blieben. Großer Wert kommt auch der charakteristischen Hofsituation und der Instandsetzung von Nebengebäuden zu. In dem Fördergebiet Köpenick des Programms „Städtebaulicher Denkmalschutz" wurden 1991-95 Baumaßnahmen in Höhe von 94 Mio. DM anteilig aus Bundes- und Landesmitteln der Stadterneuerung gefördert. Außerdem flossen Zuschüsse des Landesdenkmalamtes Berlin 1991-1996 in Höhe von 800,– DM bis 80.000,– DM überwiegend für Restaurierungsmaßnahmen an sieben Baudenkmalen in das Gebiet.

2. BAUVORHABEN DES BUNDES IM DENKMALBESTAND

Nicht nur mittelbar finden Entscheidungen des Bundes freilich in Berlin ihren denkmalpflegerischen Niederschlag, wo der

Abb. 12. *Ehemaliges Staatsratsgebäude der DDR mit dem als „Liebknecht-Balkon" integrierten Lustgartenportal des 1950/51 abgebrochenen Stadtschlosses, erbaut 1962-64 nach Plänen von Roland Korn und Erich Bogatzky, seit 1995 Sitz des Umzugsbeauftragten der Bundesregierung*

Bund als Bauherr und Denkmaleigentümer selbst in Erscheinung tritt. Das ist der Fall allenthalben in den alten und neuen Ländern, wo Dienststellen des Bundes oder eben die „Demokratie als Bauherr" im Denkmalbestand tätig werden. Von geradezu nationalem Interesse ist diese Bautätigkeit dort, wo die Verfassungsorgane des Bundes auf den Plan treten. In der Hauptstadt sind dies vor allem die Planungen für Bundestag

Abb. 13. *Ausschnitt des Treppenhausfensters im ehem. Staatsratsgebäude von Walter Womacka, den Weg der deutschen Arbeiterbewegung von der Novemberrevolution 1918 bis zum Aufbau des Sozialismus in der DDR darstellend*

und Bundesministerien sowie das Bundespräsidialamt und das Bundeskanzleramt. Schloß Bellevue (1785-91), das seit 1959 als Berliner Amtssitz des Bundespräsidenten fungiert, und das Reichstagsgebäude (1884-94) als Berliner Sitzungsort von Bundesgremien hatten in den Nachkriegsjahrzehnten bereits den Hauptstadtanspruch der Bundesrepublik für Berlin reklamiert.

Der Umzugsbeschluß für Parlament und Regierung und die ersten Statements Bonner Politikerinnen und Politiker zur Umzugsplanung versetzten die alte neue Hauptstadt in eine gewisse Aufregung. Vorbereitung und Ergebnis des Reichstagswettbewerbs, der als Sitz des Bundestags umgebaut werden und seine von Transparenz und Leichtigkeit geprägte Innenarchitektur der Wiederaufbaujahre (1961-71, Paul Baumgarten) einschließlich der modernen Kunst am Bau einbüßen soll, ließen nichts Gutes ahnen. Heftige Abrißdiskussionen, die selbst erhaltenswerte Baudenkmale, wie das ehemalige Reichsluftfahrtministerium, das ehemalige Reichsbankgebäude oder das DDR-Staatsratsgebäude (Abb. 12, 13) nicht aussparten, weckten schlimme Erwartungen. Drohten doch neben funktionalen, technischen oder wirtschaftlichen Erhaltungsproblemen auch ausgesprochen politisch-ideologische Argumente den Ausschlag zu geben, um durch Beseitigung nazistischer oder sozialistischer Bauten einer neuen demokratisch verstandenen Architektur zur Durchsetzung zu verhelfen. Sollten nun auch die Planungen für die Verfassungsorgane des Bundes in den Sog der emotionalisierten Diskussionen um den Abriß der Berliner Mauer oder der Personendenkmäler für Lenin, Marx, Engels und Thälmann geraten?

Seit Ende 1994 haben sich die politischen Vorzeichen für den Umzug und das Umzugskonzept erfreulicherweise allmählich gewandelt. Der Bundesminister für Raumordnung, Bauwesen und Städtebau, Klaus Töpfer, hat in seiner Eigenschaft als Umzugsbeauftragter das DDR-Staatsratsgebäude (1961-63) bezogen und das vormalige Abbruchhaus zu einem offenen Haus der Diskussion um die Hauptstadtplanung gemacht. Seitdem können sich interessierte Besucher auch selbst ein Bild davon machen, mit welchen architektonischen und künstlerischen Mitteln die DDR nach dem Mauerbau (1961) ihr höchstes Staatsorgan inszenierte. Der aktuelle Beschluß, bis zur Fertigstellung des neuen Kanzleramtes am Spreebogen den Berlin-Sitz für den Bundeskanzler ebenfalls im Staatsratsgebäude unterzubringen, ist vielleicht das auffälligste Zeichen für die Versachlichung der Diskussion um ein schwieriges Erbe. Jedenfalls scheint die Vorstellung, der freiheitlich-demokratischen Grundordnung mit der Abrißbirne zum Sieg über ihre totalitäre Vorgeschichte verhelfen zu können, nicht mehr zu überzeugen.

Das bereits in Planung und Bau befindliche aktuelle Umzugskonzept verzichtet mit Ausnahme des Bundeskanzleramts gänzlich oder für weite Teile auf Neubaumaßnahmen. Rund 80 % aller erforderlichen Flächen werden in historischen öffentlichen Gebäuden und durchweg an denkmalrelevanten Standorten untergebracht. Ein Großteil der Aufgabe des Bundes besteht daher in der Altbau- und Denkmalsanierung, worin auch garten- und bodendenkmalpflegerische Maßnahmen inbegriffen sind. Mit den 1995 unter dem Titel „Hauptstadtplanung und Denkmalpflege" zusammengefaßten und veröffentlichten Standortuntersuchungen der Berliner Denkmalpflege konnten konservatorische und archäologische Interessen frühzeitig in die Planungen einfließen. Mittlerweile sind für alle Standorte vertiefende denkmalpflegerische Voruntersuchungen und Erhaltungskonzepte erarbeitet bzw. in Arbeit. Unnötige Denkmalkonflikte oder denkmalschädliche Weichenstellungen der Planungen konnten dank der frühzeitigen und umfassenden Einbeziehung des Landesdenkmalamtes von Anfang an vermieden oder rechtzeitig ausgeräumt werden. Dies gilt auch für die denkmalverträgliche Einbindung von Erweiterungs- und Ergänzungsbauten, wie sie etwa für das Bundespräsidialamt im Schloßpark Bellevue, für das Bundesverkehrsministerium an der Invalidenstraße, für das Außenministerium am Werderschen Markt oder für den Bundestag in den Dorotheenblöcken (Abb. 14, 15) erforderlich sind. Im Falle der Neubauten für das Bundespräsidialamt in Tiergarten und für das Auswärtige Amt in Mitte haben die Projekte bereits umfangreiche archäologische Rettungsgrabungen ausgelöst, die nach dem Verursacherprinzip vom Bund finanziert werden.

Hauptstadtplanung und Denkmalpflege

Die Bedeutung des bestandsorientierten Unterbringungskonzeptes der Bundesregierung für die Hauptstadtdenkmalpflege kann nicht hoch genug eingeschätzt werden. Auch wenn man das Selbstlob des Bundesbauministers, der von einem „Stück Mäzenatenarbeit" des Bundes für Berlin sprach, gerne dahingehend relativieren würde, daß der Bund nur seiner Denkmalverantwortung wie jeder andere Denkmaleigentümer nachkomme, bleibt die besondere Vorbildrolle, die das Umzugskonzept auf das Bau- und Denkmalgeschehen in der Hauptstadt ausübt. Gegenwärtig ist der Bund einer der wichtigsten, wenn nicht sogar der größte Denkmalinvestor in

Abb. 14, 15. Denkmalgeschützter Altbau in dem Bundestagskomplex der Dorotheenblöcke hinter dem Reichstag; das Wohnhaus Dorotheenstraße 105 in klassizistischer Tradition um 1855 erbaut, der Seitenflügel mit repräsentativem Treppenhaus um 1910 für eine Hypothekenbank entstanden

Abb. 16, 17. Ehemaliges Reichsmarineamt am Reichpietschufer, nach 1935 auch Sitz des Oberkommandos der Wehrmacht, künftig Sitz des Bundesverteidigungsministeriums; Hauptbau von 1911-14 nach Entwurf von Reinhardt & Süßengut, 1938 Erweiterung nach Norden um den sogenannten Bendlerblock, in dessen Hof (Abb. 17) 1944 Widerstandskämpfer um Graf Schenck von Stauffenberg den Tod fanden und 1955 ein Ehrenmal von Richard Scheibe für die Opfer des 20. Juli 1944 enthüllt wurde

Berlin. Daß er sich im Laufe der Umzugsplanung vom „enfant terrible" zum „Musterknaben" in Sachen Stadterhaltung gemausert und deshalb schlechthin zu einem Modellpartner der Hauptstadtdenkmalpflege entwickelt hat, macht seine Projekte auch als Qualitätsmaßstab für private und andere öffentliche Bauvorhaben im Denkmalbestand so wertvoll.

Das Bekenntnis des Bundes zur Denkmalerhaltung und Denkmalnutzung ist aber nicht nur wegen seines Umfanges und der damit verbundenen Sanierungs- und Restaurierungsarbeiten beispielgebend. Auch für den Umgang mit Zeugnissen einer Geschichte, die wir lieber ungeschehen wüßten, aber nicht ungeschehen machen können, kommt den Bundessanierungsvorhaben eine Art Leitbildfunktion zu. Mit dem ehemaligem Reichsluftfahrtministerium (1936-38, Ernst Sagebiel; später Haus der Ministerien, heute Detlev-Rohwedder-Haus), der Machtzentrale von Hermann Göring und dem Gründungsort der DDR, in das das Bundesfinanzministerium ziehen soll oder mit Goebbels „Ministerium für Volksaufklärung und Propaganda" (1936-49, Karl Reichle), das als künftiger Sitz des Arbeits- und Sozialministeriums vorgesehen ist, und schließlich mit dem NS-Großprojekt der Reichsbankerweiterung (1934-40, Heinrich Wolff), zuletzt Sitz des Zentralkomitees der SED und jetzt für das Auswärtige Amt im Umbau, stellen sich die Verfassungsorgane der Bundesrepublik Deutschland bewußt dem schwierigen Erbe der deutschen Diktaturen im 20. Jahrhundert. Selten erleichtern starke demokratische Traditionslinien, wie sie vom Sitz des Oberkommandos der Wehrmacht (Bendlerblock) als Zentrum des Widerstandes vom 20. Juli 1944 ausgingen, einen Neubeginn, wie im Falle des Bundesverteidigungsministeriums, in dessen Hof das Mahnmal Richard Scheibes (1954) an die dort hingerichteten Opfer des NS-Regimes erinnert. Das konservatorische Ziel, die Bau- und Altersschichten einer totalitären Vergangenheit in den Ministeriumsbauten nicht zu eliminieren, sondern die NS- oder SED-Vergangenheit anzunehmen, um vor diesem sichtbaren historischen Hintergrund einen demokratischen Neuanfang in den erforderlichen Umbauten und Umnutzungen zu dokumentieren, stellt für alle Beteiligten eine hohe Herausforderung dar.

Diese historische Hypothek wiegt um so schwerer, als der angesprochene Denkmalbestand häufig wenig gestalterischen Freiraum zur architektonischen oder künstlerischen „Entnazifizierung" oder „Entstalinisierung" läßt. Dokumentationszellen, die über die Architekturgeschichte und politische Geschichte der

Abb. 18, 19. Detlev-Rohwedder-Haus an der Leipziger Straße, ehemaliges Reichsluftfahrtministerium, später Haus der Ministerien der DDR, künftig Sitz des Bundesfinanzministeriums; erbaut 1934-36 nach Entwurf von Ernst Sagebiel: hier war die Machtzentrale von Hermann Göring und hier wurde 1945 die DDR gegründet: ein „Soldatenrelief" (1941, Arno Waldschmidt) in der äußeren Pfeilerhalle zum Vorplatz ersetzte 1952 Max Lingner durch ein Keramikwandbild über den Neuanfang in der DDR (Abb. 19), vor dem der Aufstand am 17. Juni 1953 einen Hauptkundgebungsplatz finden sollte

Bauwerke informieren und authentische Ausstattungsobjekte aufnehmen sollen, könnten vor Ort einen gewissen Aufklärungsbeitrag leisten. Vor allem aber dem Kunst-am-Bau-Programm für die Vorhaben der Verfassungsorgane dürfte häufig auch die wichtige Aufgabe zufallen, die Vorgeschichte dieser Bauwerke und dieser Republik zu thematisieren, um einen kritischen Filter oder eine aufklärerische Bildstörung in unserer Architektur- und Geschichtswahrnehmung zu verursachen, ohne den historischen Zeugniswert der Altbauten zu zerstören. Demokratie zeichnet sich auf dem Gebiet der Denkmalpflege ja vielleicht gerade dadurch aus, daß sie auch die Begegnung mit Facetten einer unerwünschten Vergangenheit aushalten können muß, um daraus ihren Widerstandsgeist immer wieder aufs Neue zu schärfen und ihre Legitimation zu beziehen. Jedenfalls sollten Parallelen zu totalitären Zeiten, als Geschichtsklitterung oder Geschichtsbeschönigung und die Eliminierung ungeliebter Geschichtszeugnisse in der Hauptstadt Instrumente einer konfliktfreien Traditionspflege waren, kritisch hinterfragt werden.

Anlässe und Orte für eine künstlerische Entgegnung der Denkmalaussage der Ministeriumsbauten gibt es zur Genüge, nicht zuletzt etwa in den Höfen und im Umfeld des ehemaligen Reichsluftfahrt- und künftigen Bundesfinanzministeriums. Im historischen Regierungsviertel an der Wilhelmstraße entstanden, liegt es heute in unmittelbarer Nachbarschaft zu dem Gelände der „Topographie des Terrors", die an die Opfer der Gestapo-Zentrale erinnert, und zu einem Restabschnitt der Berliner Mauer an der Niederkirchner Straße. Die Pfeilerhalle am Eingangshof zeigt ein programmatisches DDR-Wandbild von Max Lingner, mit dem die SED 1952/53 ihren Regierungssitz anstelle eines monumentalen NS-Soldatenreliefs (1941) von Arno Waldschmidt schmücken ließ. Wenige Monate nach seiner Übergabe war der Vorplatz an dem Wandbild einer der Hauptkundgebungsorte der Demonstranten vom 17. Juni 1953. Nicht nur hier markiert der Standort eines Verfassungsorgans einen wichtigen historischen Ort, an dem die demokratische Bundesrepublik ihr politisches Selbstverständnis gegenüber den deutschen Diktaturen des 20. Jahrhunderts definieren und demonstrieren muß.

3. Aktuelle Herausforderungen

In der Zusammenschau der Denkmalkonflikte und Denkmallösungen der letzen Jahre läßt sich für die vereinigte Hauptstadt eine überwiegend positive Bilanz ziehen. Die

politische Wende bedeutete für viele gefährdete Schützlinge der Berliner Denkmalpflege auch eine Wende zum Positiven, zu neuen Erhaltungs- und Nutzungsmöglichkeiten. Dies gilt zunächst für geförderte Modellvorhaben der Denkmalrestaurierung oder von der Öffentlichkeit besonders aufmerksam verfolgte Großstadtprojekte des Regierungsumzugs und privater Großinvestoren.

Zugleich profitierten zahllose Denkmale des sozialen Wohnungsbaus, wie die Reihenhäuser der Waldsiedlung Karlshorst (1919/20) von Peter Behrens oder die sog. Tuschkastensiedlung der Gartenstadt Falkenberg (1913-15) von Bruno Taut und namhafte Großsiedlungen der Zwischenkriegsmoderne (Wohnstadt Carl Legien; Wohnanlage Trierer Straße), von den verbesserten finanziellen Rahmenbedingungen. In Pilotprojekten zur Instandsetzung und Fassadensanierung der Wohnblocks an der Karl-Marx-Allee (1952-58) konnten bisher dank geschickter Förder- und Finanzierungsstrategien (Denkmalfonds) modellhafte Pflegekonzepte entwickelt und erprobt werden.

Überwiegend positive Ansätze zeichnen sich auch bei der Entwicklung der traditionsreichen Industriestandorte in Berlin ab. Deren Umstrukturierung erforderte zwar gelegentlich konservatorische Zugeständnisse, eröffnete für den Kernbestand ausgedehnter Industriedenkmalensembles aber immer auch eine mittelfristig wirtschaftliche Nutzungsperspektive. Mit der Denkmalschutzkonzeption Siemensstadt (1994/95) konnte für die wichtigsten historischen Produktions- und Wohnstandorte dieses Berliner Traditionsunternehmens eine großräumige Erhaltungs- und Entwicklungsvereinbarung zwischen den Beteiligten abgeschlossen werden. Eine ähnliche Zielvereinbarung liegt seit 1994 für den Westhafen vor. Das in Verbindung mit namhaften Unternehmer- und Architektenpersönlichkeiten wie Emil Rathenau und Peter Behrens seit 1889 aufgebaute Industriegebiet Oberschöneweide, eines der bedeutendsten gründerzeitlichen Fabrikensembles auf dem Kontinent, wird als Gewerbe- und Dienstleistungsstandort behutsam entwickelt, wobei allerdings die technikhistorisch bemerkenswerte Maschinenausstattung ernste Erhaltungsprobleme aufwerfen dürfte. Positive Mitnahmeeffekte für den Industriedenkmalbestand zeitigte die Umstrukturierung des auf Entwürfe von Alfred Grenander zurückgehenden Stammwerkes der sogenannten Knorr-Bremse AG (Friedrichshain, Lichtenberg) zum Bürokomplex, des NARVA-Geländes (ehem. Osram) und des Osthafens in Friedrichshain zum Dienstleistungszentrum „Oberbaum-City" oder die Revitalisierung des Borsig-Geländes in Tegel als Einzelhandelszentrum.

Wenn konservatorische Sorgen für die Zukunft die Genugtuung über das Erreichte dennoch überwiegen, ist dies nicht verwunderlich, sofern man sich die bei der Wiedervereinigung kaum vorstellbare Größe der Aufgabe und des Förderbedarfes klar macht. Die seit einiger Zeit zu beobachtenden Kürzungen und Streichungen der bundesweiten Förderprogramme, der teilweise drastische Rückgang der Zuschußmittel der Landesdenkmalämter und die sinkenden Bauinvestitionen der öffentlichen Hände für Denkmale im Kommunal- und Staatsbesitz erzwingen nicht bloß eine Streckung dringendst notwendiger Konservierungsmaßnahmen, sondern gefährden womöglich auch wertvolle Denkmalsubstanz. In Berlin beläuft sich der Zuschußetat des Landesdenkmalamts für 1997 auf sieben Millionen DM. Das ist für die ganze Stadt weniger als die Hälfte dessen, was ein Jahrzehnt früher alleine für den Westteil der Stadt zur Verfügung stand. Und weitere drastische Einschnitte auf vier Millionen sind angekündigt. Für den Aufbau eines qualifizierten Handwerks auf dem Gebiet der Stadtsanierung und Denkmalpflege zeichnen sich in den neuen Bundesländern erste Einbrüche ab.

Katastrophale Auswirkungen aber müßte die Denkmalpflege befürchten, wenn die Steuerreformdiskussion tatsächlich in einen Wegfall denkmalbedingter Steuererleichterungen münden sollte. Im Grunde sind ja die Steuerabschreibungsmöglichkeiten für Maßnahmen zur Erhaltung und sinnvollen Nutzung von Denkmalen in den allermeisten Fällen der einzige materielle Anreiz für private Denkmalinvestitionen, während öffentliche Zuschüsse nur einer repräsentativen Auswahl von Denkmalpflegemaßnahmen zugute kommen können. Angesichts des immensen Investitionsbedarfes, der überhaupt nur durch die Mobilisierung privaten Kapitals zu decken sein und mit der Reduzierung öffentlicher Zuschußmittel weiter ansteigen wird, erscheint ein Wegfall der Steuerpräferenzen für Denkmalinvestitionen aus konservatorischer Sicht unvorstellbar und auch denkmalpolitisch unverantwortbar. Das öffentliche Interesse an der Denkmalerhaltung droht in dem Maße unglaubwürdig zu werden, wie es im Namen der Sozialbindung dem privaten Denkmaleigentümer sämtliche Erhaltungspflichten ausgleichslos aufbürdet.

Beseitigung von Kriegsschäden

Konkret auf Berlin bezogen mögen einige Beispiele das Spektrum gegenwärtiger Herausforderungen charakterisieren, denen sich die Denkmalpflege gegenüber sieht. Da ist zunächst und wohl noch auf Jahre hinaus als vornehmste konservatorische Aufgabe die Wiederherstellung des einzigartigen Denkmalensembles auf der Museumsinsel. Seine Anmeldung auf der bundesdeutschen Vorschlagsliste zum Weltkulturerbe erfolgte in den Wendemonaten und ist seitdem wenig vorangekommen oder vorangetrieben worden. Vor allem die Kontroversen um den Wiederaufbau des als Kriegsruine gesicherten Neuen Museums von Friedrich August Stüler und um einen zusätzlichen Museumsneubau auf der Insel sorgten in den letzten Jahren für Negativschlagzeilen. Auch wenn überzogene Museumsplanungen sich allmählich auf die finanziellen und konservatorischen Gegebenheiten einstellen sollten, bleibt der Handlungsbedarf gewaltig.

Die mittelfristig von allen Beteiligten angestrebte Wiederherrichtung des Alten Museums (1824-1828) von Karl Friedrich Schinkel, dessen offene Treppenhalle seit 1991 eine Glaswand verunziert, ist finanziell ebensowenig abgesichert wie die Wiederherstellung der Kolonnaden und der Grünfläche vor der Nationalgalerie (1866-76) von Friedrich August Stüler und Johann Heinrich Strack. Beide Vorhaben wären aber eine Hauptvoraussetzung, um die Eingangssituation zur Museumsinsel in der historischen Mitte von Berlin wieder zu dem zu machen, was sie einmal war: die kulturelle Visitenkarte im Stadtbild der deutschen Kapitale. Die ergänzende Wiederherstellung des Neuen Museums (1843-46 bzw. 1856) von Friedrich August Stüler, das im Innern noch eine geahnte Fülle historischer Raumfassungs- und Ausstattungs-

Abb. 20, 21. Museumsinsel, Neues Museum, Hauptfassade und sogenannter Niobidensaal; erbaut 1843-46 nach Plänen von Friedrich August Stüler, 1856 eröffnet, 1945 schwer beschädigt, als Kriegsruine gesichert; seit 1985 Wiederaufbau geplant

Abb. 22. Innenraum der Parochialkirche, begonnen 1695, Weihe 1703, Turmaufbau (Glockenspiel) 1713-14; 1944 bis auf Umfassungsmauern ausgebrannt, 1950/51 Reparatur- und Sicherungsmaßnahmen; seit 1991 Instandsetzungsarbeiten

merkmale birgt, steht seit Kriegsende aus und bleibt von höchster Priorität für die Denkmalpflege und Museumslandschaft der Hauptstadt (Abb. 20, 21).

Eine zweite schwere Wunde im Denkmalbestand rührt gleichfalls noch aus den Bombennächten des Zweiten Weltkriegs her und ist seitdem in über fünf Jahrzehnten nicht verheilt. Gemeint ist die Kriegsruine der barocken Parochialkirche (1695-1703), die nahe den Resten des ehemaligen Franziskanerklosters und der Stadtmauer gelegen zu den großartigsten Zentralraumschöpfungen der Kulturlandschaft Berlin-Brandenburg zählt (Abb. 22). Die brennende Turmpyramide stürzte 1944 in den Kirchenraum, der ebenfalls ausbrannte. Anfang der 50er Jahre erhielten Turm und Schiff ein Dach und überdauerten bis 1990 als „überdachte Ruine". Zum Evangelischen Kirchentag im Juli 1961 in Berlin (West) schuf Fritz Kühn das sogenannte „Schrott-Kreuz", ein Hängekreuz in Stahlrohrbündelung, das seitdem dem roh belassenen Backsteininnenraum seine schlichte Würde verleiht. Mit dem Mauerbau im August 1961 lebte nur noch der kleinere Teil der Gemeinde im Ostsektor der Stadt.

Die 1991 nach dem Auszug eines Möbellagers aufgenommenen Sicherungs- und Instandsetzungsarbeiten am Turm und am Außenbau des Kirchenschiffs kommen seit dem Wegfall des einigungsbedingten Sonderprogrammes des Bundesinnenministeriums nur noch in kleinen Schritten voran, zumal Eigenmittel der Kirchengemeinde und der Landeskirche immer weniger aufzubringen sind und seit 1997 ganz auszufallen drohen. Eine geplante Wiederherstellung und ein Ausbau des Kircheninneren als Auditorium Maximum der Theologischen Fakultät der Humboldt-Universität und damit eine angemessene Nutzung für den Großraum ist aufgrund der Haushaltsentwicklung ebenfalls wieder in größere Ferne gerückt. Auf dem Gebiet der sakralen Denkmalpflege stellen Sicherung und Instandsetzung der Parochialkirche sicher das drängendste Denkmalproblem in der Hauptstadt dar. Und manchmal würde man dieser kriegsversehrten Kirche etwas von der kirchlichen und politischen Zuwendung wünschen, der sich der Berliner Dom bisher ohne Unterlaß erfreuen durfte.

Nationaldenkmäler

Ebenfalls nur in Verbindung mit einem längerfristigen Sanierungs-, Finanzierungs- und Nutzungskonzept sinnvoll und erfolgversprechend erscheinen die eingeleiteten Maßnahmen zur Sanierung des „Nationaldenkmals zur Erinnerung an die Freiheitskriege 1813-15" auf dem Kreuzberg (1818-21; Abb. 23). Das patriotische Gußeisenmonument nach einem neugotischen Entwurf von Karl Friedrich Schinkel und unter Beteiligung namhafter Vertreter der klassizistischen Berliner Bildhauerschule ist durch Korrosions- und Konstruktionsschäden extrem gefährdet, ebenso sein nach der Reichsgründung entstandener massiver Sockelunterbau, der seit einigen

Abb. 23. Nationaldenkmal für die Befreiungskriege (Kreuzbergdenkmal) 1817-21 von Karl Friedrich Schinkel, 1875-78 hydraulische Anhebung um 8 m auf einen wehrhaften Unterbau von Johann Heinrich Strack, 1893 Anlegung des umgebenden Victoriaparks (Photo um 1900): Die Finanzierung der Sanierung und baulichen Unterhaltung soll durch eine Denkmalstiftung erfolgen

Jahren als Spolien-Depot dient (Münzfries von Schadow; Fassade Palais Thiele-Winkler). Von den geschätzten Sanierungskosten in Höhe von 6,5 Mio. DM konnten in den letzten Jahren nur erste Teilbeträge für kleinere Reparaturmaßnahmen aus dem Förderprogramm „Kulturdenkmäler von besonderer nationaler Bedeutung" des Bundesinnenministeriums und aus Bauunterhaltsmitteln des Landes Berlin zusammengebracht werden. Unterstützung verspricht das Projekt einer treuhänderischen Stiftung, wie es dieser Tage dankenswerter Weise von der Deutschen Stiftung Denkmalschutz initiiert und von Berlins Regierendem Bürgermeister aufgegriffen wurde. Das Stiftungsvorhaben zielt auf die denkmalgerechte Restaurierung des Nationalmonuments und langfristig auf eine denkmalverträgliche Nutzung seines Unterbaus als Studiensammlung für geborgene architekturplastische Teile.

Vor dem Hintergrund der schwierigen Haushaltslage der öffentlichen Hand fehlt es nicht an ernstgemeinten bezirks- und finanzpolitischen Vorstößen, Kosten für Denkmalpflegemaßnahmen und Bauunterhaltung an Nationalmonumenten wie in Kreuzberg oder an der Siegessäule (1864-73; Joh. Heinr. Strack; Friedrich Drake) im Tiergarten durch eine Verpachtung und einträglichere kommerzielle Nutzung der Denkmale – als Gastronomie- und Ausstellungsbetriebe – zu erwirtschaften. Obwohl dem spätromantischen Schinkelbau auf dem Kreuzberg eine einzigartige historische und künstlerische Bedeutung zukommt, finden seine Erhaltung und angemessene Nutzung heute gelegentlich weniger Interesse und Unterstützung in der Öffentlichkeit als Projekte zum Nachbau zerstörter und verlorener Werke von Karl Friedrich Schinkel (Bauakademie, Feilnerhaus, Neues Tor etc.).

Denkmale der Nachkriegszeit

Berlin verdankt seine städtebauliche Physiognomie in großen Ausschnitten auch den Planungen und Bauten der Nachkriegsgeneration. Als eine der meist zerstörten deutschen Städte und als Hauptschauplatz des Kalten Krieges in Deutschland, dem hüben wie drüben eine Schaufensterfunktion im Wettstreit der Systeme und zu architekturpolitischen Demonstrationen zukam, besitzt die Stadt eine Fülle überregional bedeutender Bauzeugnisse der deutsch-deutschen Nachkriegsgeschichte. Stalinallee und Hansaviertel, die beiden Kongreßhallen, Egon Eiermanns Kaiser-Wilhelm-Gedächtniskirche in der City-West oder der Fernsehturm am Alex mögen hier als Stichworte genügen. Viele Bauten der Nachkriegsära, die mit dem Fall der Mauer und der deutschen Vereinigung zu Ende ging und nunmehr als eine Art geschlossene Kulturepoche zur kritischen Sichtung durch die Denkmalpflege anliegt, stehen auf der aktuellen Liste der Abrißkandidaten ganz oben. Mahnende Stimmen oder gar Fürsprecher für eine Überlebenshilfe sind selten, insbesondere für die Moderne der 1960/70er Jahre, deren industrielle Ästhetik heute eher als unansprechend empfunden wird.

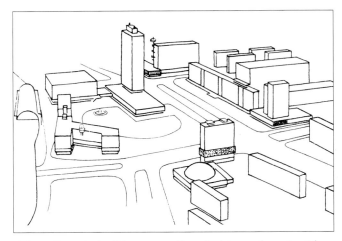

Abb. 24. Isometrie der Bebauung am Alexanderplatz aus den 1960er Jahren, akzentuiert vom „Haus des Lehrers" mit Kuppelbau der Kongreßhalle (im Vordergrund), „Haus des Reisens" (rechts im Bild) und dem überragenden Hotelhochhaus „Stadt Berlin" (im Hintergrund)

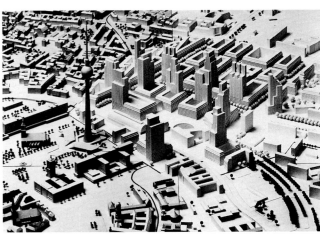

Abb. 25. Modellaufnahme der geplanten Hochhausbebauung nach dem Wettbewerb Alexanderplatz (1993)

Der „Rückbau" genannte Abbruch der Hochhausscheibe des DDR-Außenministeriums (1964-66) von Josef Kaiser war vielleicht das medienwirksamste Opfer dieser Stimmung, in die gerade bei prominenteren Vertretern im Ostteil Berlins auch politästhetische Vorbehalte einfließen mögen. Diese Verlustbilanz verzeichnet auch bereits erste Denkmaleinbußen, so die Börse und das Vereinshaus der Berliner Kaufleute und Industriellen (1954/55) in Charlottenburg, die Mitte der 50er Jahre die Nähe zum Nachkriegssitz der Industrie- und Handelskammer in der City-West gesucht hatten, oder das ehemalige Interhotel Berolina (1959/61), ein Pilotprojekt für den modernen Großhotelbau der DDR und ebenfalls von Josef Kaiser. Es ist also neben dem zahlenmäßigen Umfang der Gefährdungsbilanz auch der Umstand besorgniserregend, daß eine ganze Reihe von Schlüsselbauwerken betroffen sind, die zu ihrer Entstehungszeit in der Fachpresse und interessierten Öffentlichkeit Anerkennung fanden. Am Alexanderplatz droht aufgrund eines Wettbewerbs und Bebauungsplanverfahrens der Totalverlust eines Wiederaufbauschwerpunkts der 60er Jahre (Abb. 24, 25). Gleiches gilt für das Wiederaufbauergebnis der Botschafts-, Ministeriums- und Handelsbauten im West-abschnitt Unter den Linden, die einer Gestaltungssatzung zur Rekonstruktion des Vorkriegszustandes im Wege stehen. In der Charlottenburger City-West sind prominente Nachkriegsbauten wie „Schimmelpfeng-Haus" oder „Bikini-Haus" (1955-57) auf die Gefährdungsliste geraten. Nimmt man den Gefährdungsgrad zum Kriterium für Erhaltungsbemühungen, dann bedürfte gerade das Kapitel der Gesamtberliner Nachkriegsarchitektur verstärkter konservatorischer Aufklärungsarbeit und öffentlicher Anteilnahme.

Das vermutlich meist bekannte und völlig zu Recht meist gehaßte Berliner Bauwerk dieser Nachkriegszeit, das weltweit zu einem Symbol des Kalten Krieges und der geteilten Stadt werden sollte, war die Berliner Mauer. Sie fiel nach dem 9. November 1989 innerhalb weniger Monate bis auf einige Reste. Die vier wichtigsten verbliebenen Mauerabschnitte (Bernauer Straße, Niederkirchner Straße, Invalidenfriedhof, Mühlenstraße) und zwei Wachtürme (Kieler Straße, Schlesischer Busch) stehen heute als Zeugnis der deutschen Teilung unter Denkmalschutz. Sie sind gegenwärtig durch Korrosions- und Witterungsschäden, durch mechanische Beschädigungen der sogenannten „Mauerspechte", aber auch durch

Abb. 26. Marx-Engels-Forum (eingeweiht 1986) vor dem ehemaligen Palast der Republik (eröffnet 1976); umstrittenes Erbe des sozialistischen deutschen Nachkriegsstaates

Abb. 27. Mauer-Denkmal Bernauer Straße, erhalten ist zwischen der Grenzmauer und Teilen der sogenannten Hinterlandsmauer der Todesstreifen mit Kolonnenweg und Lampenmasten, geplant ist die Anlegung einer Mauergedenkstätte

übergeordnete Planungs- und Investitionsvorhaben für die Mauergrundstücke und fehlende Sanierungs- bzw. Finanzierungskonzepte hochgradig gefährdet (Abb. 27).

Öffnung und Fall der Mauer und des Eisernen Vorhanges haben die deutsche Einheit gebracht und uns Reste der innerdeutschen Grenze als schwieriges Erbe vermacht. Die Berliner Mauer, sie ist überwunden und über weite Strecken von der Erdoberfläche verschwunden. Ihre denkmalgeschützten Restabschnitte aber bieten eine wichtige Gedächtnisstütze für das kollektive Gedächtnis der deutschen Hauptstadt. Spätere Generationen werden die Nachwendezeit und ihre Denkmalverantwortung auch daran messen, wie es ihr gelungen ist, den radikalen politischen, gesellschaftlichen und kulturellen Bruch zu dokumentieren, den die Wende für die Menschen in den beiden deutschen Nachkriegsstaaten bedeutete. Mauer-Denkmalpflege hält eine unerläßliche Begegnungsmöglichkeit mit authentischen Zeugnissen der deutschen Teilung vor und bildet somit einen wichtigen Hintergrund zur Würdigung der Maueropfer und zum Verständnis der friedlichen Revolution von 1989/90. Der unglaublich anmutende Vorgang eines Mauerbaus quer durch eine Großstadt bedarf glaubwürdiger Erinnerungsstücke vor Ort. Und der vielgeforderte Abriß der Mauer im Kopf setzt ja nicht den Abbruch der letzten Berliner Mauerstücke voraus. Es darf fast im Gegenteil angenommen werden, daß die verbliebenen authentischen Reste dieses Irrsinnsbauwerks uns am besten gegen jeden mentalen Ansatz einer Wiederkehr wappnen. Der Fall der Mauer hat die Mauer selbst in Berlin zu einem bedeutenden Schutzgegenstand der Denkmalpflege gemacht.

ABBILDUNGSNACHWEIS

LANDESDENKMALAMT BERLIN:
 Franziska Schmidt: *Abb. 1, 5-7, 18, 27*
 Wolfgang Reuss: *Abb. 2, 4, 8, 9, 15, 16, 20, 21, 26, 30*
 Wolfgang Bittner: *Abb. 3, 10, 14, 17, 19, 22*
 Knud Peter Petersen: *Abb. 23*
Alle übrigen Abbildungen Archiv

Abb. 1. Michael Petzet mit Dr. Derer und Dr. von Srbik in der Kirche von Draas

Christoph Machat

Das Deutsche Nationalkomitee von ICOMOS und die Denkmalpflege in Rumänien

Als im Oktober 1987 während der Generalversammlung von ICOMOS in Washington D.C. Delegierte aus Mexiko, den Niederlanden und der Bundesrepublik Deutschland eine Resolution gegen die Systematisierungspolitik des Ceușescu-Regimes in Rumänien einbringen wollten, scheiterten sie an der bürokratischen Regelung, diese nicht rechtzeitig in die zuständige Kommission (für Resolutionen) eingebracht zu haben. Unabhängig davon, ob eine solche Resolution jemals die begonnene Dorfzerstörung oder den voranschreitenden Abbruch bedeutender Baudenkmäler in Rumänien hätte stoppen können, mußten sich all die Skeptiker und Kritiker (von außerhalb) darin bestätigt fühlen, in ICOMOS nicht viel mehr als einen „elitären" Klub von Reisekadern zu sehen, der als „Nicht-Regierungsorganisation" (NGO) kaum etwas bewirken kann und sich in seinen Aktivitäten auf nationale und internationale Tagungen und den Erfahrungsaustausch unter Kollegen beschränkt. Letzteres war und ist nach wie vor ein vorrangiges Ziel des 1965 in Krakau gegründeten Internationalen Rates für Denkmalpflege und ist durchaus positiv zu sehen, war doch beispielsweise ICOMOS bis zu den schicksalhaften Ereignissen von 1989/90 in Europa für die meisten Kollegen jenseits des Eisernen Vorhangs die einzige Möglichkeit, den fachlichen Austausch mit den Kollegen diesseits zu pflegen. Daß trotz aller bürokratischer Regelungen einer demokratisch strukturierten, auf Länderebene in Nationalkomitees konstituierten, internationalen Organisation eine effektive fachliche Zusammenarbeit mit beachtlichen, konkreten Ergebnissen möglich ist, will der nachfolgende Bericht über das Engagement des Deutschen Nationalkomitees von ICOMOS unter der Präsidentschaft von Michael Petzet in Rumänien aufzeigen.

War der erste Anlauf in Washington D.C. wohl auch wegen mangelhafter Vorbereitung gescheitert, so konnte gelegentlich eines von deutscher Seite ausgerichteten Treffens der „ICOMOS North-West Group" (Arbeitsgruppe der nordwesteuropäischen Nationalkomitees) im Oktober 1988 in München eine Resolution gegen die Denkmalzerstörung in Rumänien formuliert, verabschiedet und veröffentlicht werden. Bereits im September hatte sich der damalige Präsident von ICOMOS, Roberto di Stefano, in einer Presseerklärung mit dem gleichen Anliegen an die Öffentlichkeit gewandt. Diese wie auch andere Initiativen und Bemühungen sollten schließlich zu dem Beschluß des Konsultativkomitees von ICOMOS führen, 1989 beim Sitz des Internationalen Sekretariats in Paris eine Photoausstellung zu organisieren, um die internationale Fachwelt auf den bedeutenden Denkmälerbestand Rumäniens und seine Gefährdung und Zerstörung durch die Systematisierungspolitik des Diktators Ceușescu aufmerksam zu machen. Lastete die Hauptverantwortung für die inhaltliche Gestaltung der Ausstellung einschließlich der außerordentlich schwierigen Beschaffung aktueller Photomaterials auf den Schultern des damaligen ICOMOS-Direktors Colin Kaiser und des aus Siebenbürgen/Rumänien stammenden Verfassers dieser Zeilen, wurde für die technische Umsetzung und damit die Finanzierung der größte Anteil vom Deutschen Nationalkomitee erwartet (wohl auch wegen des großen Bestandes an gefährdetem deutschen Kulturerbe in Rumänien), und ohne die erfolgreichen Bemühungen Michael Petzets, Mittel der Messerschmitt Stiftung München zu beschaffen, wäre die Ausstellung wohl kaum zustande gekommen. Im Mai 1989 mit einer stark frequentierten Pressekonferenz in Paris eröffnet, konnte „ICOMOS Pro Romania" im Herbst 1989 in den Räumen des Bayerischen Landesamtes für Denkmalpflege in München und anschließend in London, Budapest, Kopenhagen und Stockholm (1989/1990) gezeigt werden. Mit dem rechtzeitig zur Ausstellungseröffnung in München fertiggestellten, wiederum mit Mitteln der Messerschmitt Stiftung finanzierten Katalog gleichen Namens ist gleichzeitig die Reihe der inzwischen weltweit bekannten und auf über 20 Bände angewachsenen „ICOMOS – Hefte des Deutschen Nationalkomitees" eröffnet worden.[1]

Ob und inwieweit all diese Aktivitäten eine Auswirkung auf die Situation in Rumänien gehabt haben, ist heute schwer abzuschätzen, die Ausstellung und ihr Echo sind jedenfalls von den Fachleuten in Rumänien zwar mit verständlicher Skepsis registriert, jedoch als ermutigende Geste verstanden worden. Die Ereignisse vom Dezember 1989 waren damals weder zu erwarten noch abzusehen, sie sollten jedoch die Tore zur Normalität auch in der Denkmalpflege weit öffnen. Bereits zwei Monate nach dem Sturz des Diktators wurde im Februar 1990 die Rumänische Nationalkommission für Denkmalpflege neu einberufen, ein traditionsreiches Gremium von ehrenamtlich (in der Art eines Denkmalrates) tätigen Fachleuten, mit dessen Gründung 1892 die Denkmalpflege in Rumänien ihren Anfang genommen hatte. Im März 1990 folgte die Einrichtung der „Direktion für Denkmäler, Ensembles und historische Stätten" DMASI als dem Kulturministerium untergeordnete Behörde und Nachfolgerin des schon 1977 von Ceușescu aufgelösten staatlichen Denkmalamtes. Um den Bedarf an fachlicher Unterstützung und Möglichkeiten einer konkreten Hilfe seitens ICOMOS für den Wiederaufbau von Denkmalschutz und -pflege in Rumänien zu eruieren, entsandte der Präsident von ICOMOS, Roland Silva, im November 1990 eine Delegation nach Bukarest, die aus Sherban Cantacuzino (damals Vorsitzender von ICOMOS Großbritannien) und dem Verfasser dieser Zeilen bestand. Während des einwöchigen Aufenthaltes konnten sehr konstruktive Gespräche u.a. mit dem damaligen Kulturminister Dr. Andrei Pleșu, dem Vorsitzenden der Nationalkommission für Denkmalpflege Prof. Dr. Grigore Ionescu (†), dem Präsidenten des Rumänischen Nationalkomitees von ICOMOS Prof. Dr. Radu Popa (†) und dem Direktor des Denkmalamtes Dr. Peter Derer geführt und die Weichen für die zukünftige Zusammenarbeit gestellt werden. Besonders aufschlußreich war der intensive Erfahrungsaustausch mit den Kollegen des Denkmalamtes, die nach 13jähriger Zwangspause und fehlenden Kontakten zur europäischen Denkmalpflege einen ungeheuren Nachholbedarf in allen Bereichen, vor allem in methodischer und technischer Hinsicht zu beklagen hatten und zum damaligen Zeitpunkt dort neu begannen, wo sie 1977 hatten aufhören müssen. Am Ende der Gespräche war ein umfangreicher Bedarfskatalog zu Papier gebracht, der in Form eines Berichtes an das Exekutivkomitee von ICOMOS weitergeleitet wurde.

Einigkeit bestand bei den Gesprächspartnern darüber, daß die Gewährung konkreter fachlicher Hilfe langfristig nur auf der Grundlage eines offiziellen Abkommens durchführbar sei. Da vor dem Hintergrund der 1990 begonnenen massiven Auswanderung der deutschen Bevölkerung aus Rumänien der Siebenbürgisch-sächsische Kulturrat e.V. Heidelberg (ein Zusammenschluß der wichtigsten in Deutschland tätigen Organisationen der Siebenbürger Sachsen) ein Projekt zur Dokumentation des siebenbürgisch-sächsischen Kulturgutes ausgearbeitet hatte und etwa zeitgleich mit dem Kulturministerium und dem Denkmalamt in Bukarest über Modalitäten seiner Durchführung verhandelte, signalisierten die Vertreter von ICOMOS, der Nationalkommission und des Denkmalamtes ihr Interesse an einem Partnerschaftsabkommen mit dem Deutschen Nationalkomitee von ICOMOS. Ein solches Abkommen biete nicht allein die Grundlage für einen intensiven fachlichen Austausch, sondern auch den von den rumänischen Behörden anerkannten fachlichen Rahmen für jede Art von Projekten zur Sicherung des deutschen Kulturerbes in Rumänien. Der Vorschlag wurde von Michael Petzet und dem Büro des Deutschen Nationalkomitees bereitwillig aufgegriffen, und am 2. Oktober 1991 konnte beim Sitz des Denkmalamtes in Bukarest ein „Protokoll zur Zusammenarbeit zwischen der Direktion für Denkmäler, Ensembles und historische Stätten (über das Rumänische Nationalkomitee von ICOMOS) und dem Deutschen Nationalkomitee von ICOMOS" in Anwesenheit des Deutschen Botschafters in Rumänien, Dr. Klaus Terfloth, feierlich unterzeichnet werden. Die deutsche Seite war durch den Generalsekretär Dr. Werner von Trützschler vertreten, nachdem der Präsident verhindert war und das Protokoll bereits am 19. September in München unterzeichnet hatte.

Das Protokoll baut auf der erklärten Intention auf, die Tätigkeit der rumänischen Denkmalpflege an europäische Maßstäbe heranzuführen und zu diesem Zweck eine langfristige Zusammenarbeit in allen Bereichen von Denkmalschutz und Denkmalpflege einzugehen: Erfahrungsaustausch in Fragen der organisatorischen Struktur, Gesetzgebung und Durchführungsmodalitäten, Methoden der Denkmälererfassung, der praktischen Denkmalpflege und Baustellenbetreuung; technische und wissenschaftliche Zusammenarbeit durch gemeinsame Forschungs- und Restaurierungsprojekte, gemeinsame Tagungen, Austausch und Ausbildung von Fachleuten (Hospitationen, Seminare, Tagungen), Schriftenaustausch. Ein wichtiger Punkt behandelt die moralische und materielle Unterstützung des rumänischen Denkmalamtes zur Erreichung eines internationalen Niveaus durch Informationen über den aktuellen Wissensstand in allen Bereichen, neueste Methoden und Techniken und die technische Ausstattung für Denkmälerarchiv, Inventarisation, Konservierungs- und Restaurierungsmaßnahmen sowie die Einrichtung von gemischten Arbeitsgruppen.

In einer abschließenden Klausel wird festgehalten, daß sämtliche im Rahmen dieser Vereinbarungen anstehenden konkreten Projekte kurzfristig durch Zusatzprotokolle abgestimmt und durchgeführt werden können. So wurde neben dem Protokoll auch ein erstes Zusatzabkommen über die ersten gemeinsamen Projekte vorbereitet und unterzeichnet. Vorrangig waren zu jenem Zeitpunkt Probleme der Denkmalschutzgesetzgebung, organisatorische Strukturen und Durchführungsmodalitäten, war doch sofort nach der Revolution das Gesetz des Nationalen Kulturgutes aus der Ceușescu-Ära (1973) außer Kraft gesetzt worden und ein Denkmalschutzgesetz in Vorbereitung. Bereits während des Aufenthaltes im Oktober 1991 in Bukarest konnte unter der Gesprächsleitung von Dr. Werner von Trützschler ein systematischer Erfahrungsaustausch in größerem Kreise stattfinden und damit konkrete Hilfestellung zur Ausarbeitung einer Gesetzesvorlage geleistet werden.[2]

Sehr ausführlich wird in dem Zusatzprotokoll auf das bereits erwähnte Projekt „Dokumentation siebenbürgisch-sächsischer Kulturgüter" eingegangen, dessen Konzeption und Ausstattung zum einen die direkte Mitarbeit der rumänischen Fachleute und Behörden erforderte, zum anderen aber die im Protokoll festgehaltene moralische und materielle Ausstattung des Denkmalamtes zumindest im Bereich von Denkmälererfassung und -archivierung gewährleisten konnte. Vom Siebenbürgisch-sächsischen Kulturrat 1990 ausgearbeitet und seitens des Bundesministers des Innern zum 1. Juli 1991 für eine Laufzeit bis Ende 1995 genehmigt, umfaßte es eine möglichst flächendeckende Bestandsaufnahme des gesamten Kulturerbes der ehemals deutschen Siedlungsgebiete Siebenbürgens, d. h. der Bau- und Kunstdenkmäler ebenso wie aller Zeugnisse der Geschichte (Urkunden, Archive), Sprache (Dialekte), Volkskunst/Kunsthandwerk und Brauchtum (Trachten, ortsspezifische Bräuche, Gepflogenheiten, Sitten, Feste), deren Kenntnis durch die massive Auswanderung vom Verlust bedroht ist. Für die Erfassung der Bau- und Kunstdenkmale war die methodische Konzeption vom Verfasser nach dem Vorbild der Denkmälererfassung im Rheinland ausgearbeitet worden, die Dokumentation und Archivierung der Ergebnisse (Kartierung in Karten 1:5000, Photos, Karteikarten und deren EDV-mäßige Archivierung) samt der erforderlichen technischen Ausstattung eingeschlossen. Neu war die Erstellung einer Ortskartei für jeden Ort, die vornehmlich die jeweils prägenden und bestimmenden Kulturlandschaftselemente erfaßt und von Luftbild-Schrägaufnahmen und Videofilmen ergänzt wird. Auch sollten alle (247) Orte in der Gesamtheit ihrer historischen Entwicklung dokumentiert werden, d. h. nicht allein der ursprüngliche deutsche Siedlungskern, sondern auch die später entstandenen, meist nahtlos anschließenden rumänischen oder (nach Siedlungsgebiet) ungarischen Ortsteile und ggf. das Viertel der Roma am Ortsrand. Von den wichtigsten Bauten eines Ortes – Kirchenburg und Kirche, Pfarrhaus, öffentliche Bauten, typische Hofanlagen usw. – sollten Bauaufmaße angefertigt werden. Eine Veröffentlichung der Ergebnisse in der Form einer „Denkmaltopographie Siebenbürgen" war langfristig ebenfalls vorgesehen.

Ein solch ehrgeiziges und aufwendiges Programm wäre ohne die Übernahme der fachlichen Begleitung durch das Deutsche Nationalkomitee von ICOMOS und seine Verankerung innerhalb des Zusatzprotokolls wohl kaum durchführbar gewesen. Als Partner und zuständige rumänische Fachbehörde hat das Denkmalamt (Amtsleiter Dr. Derer und der wissenschaftliche Direktor, Frau Dr. Cezara Mucenic und danach Frau Prof. Dr. Corina Popa) die Koordination und wissenschaftliche Betreuung des Projektes in Rumänien übernommen, auf deutscher Seite lag und liegt sie beim Verfasser. Eine gemischte deutsch-rumänische Arbeitsgruppe hat bereits im Herbst 1991 die Arbeit aufgenommen. Für eine termingerechte Bewältigung des großen Arbeitsvolumens waren neben den Inventarisatoren des Amtes weitere wissenschaftliche Mitarbeiter einschlägiger Fachinstitute erforderlich, die als Partner gewonnen werden konnten: die Kunstakademie (Institut für Kunstgeschichte) und die Architekturhochschule „Ion Mincu" in Bukarest, das Institut für Archäologie und Kunstgeschichte in Klausenburg (Cluj Napoca) und das Forschungsinstitut für sozio-humanistische Studien in Hermannstadt (Sibiu), beide Institute der Rumänischen Akademie der Wissenschaften, für volkskundliche Erhebungen das Volkskundemuseum in Kronstadt (Brașov)[3]. Die Archivierung sämtlicher erfaßter Daten sollte in Rumänien zentral innerhalb des Denkmälerarchivs des Denkmalamtes in Bukarest und in Deutschland beim Dokumentationszentrum des Siebenbürgisch-sächsischen Kulturrates in Gundelsheim/-Neckar erfolgen. Die EDV-mäßige Archivierung mit der im Rheinischen Amt für Denkmalpflege erprobten Erfassungssoftware LARS (vom Hersteller kostenlos für Rumänien zur Verfügung gestellt) war auch deshalb gewählt worden, um den Datentransfer zwischen Rumänien und Deutschland zu erleichtern.

Die größten Schwierigkeiten bei der Umsetzung des Projektes lagen darin, daß den rumänischen Kollegen die Erfassungsmethode fremd war, das nötige Kartenmaterial fehlte und keine EDV-erfahrenen Mitarbeiter zur Verfügung standen.[4] Während die Karten 1:5000 für die betroffenen Ortschaften beim rumänischen Landesvermessungsamt erworben und im Denkmalamt Bukarest ein EDV-Fachmann eingestellt werden konnte, mußte die Schulung der Mitarbeiter in mehreren Etappen durchgeführt werden. Bereits im Winter 1991/92 hospitierten sechs Kolleginnen und Kollegen im Rheinischen Amt für Denkmalpflege Brauweiler und anschließend im Bayerischen Landesamt für Denkmalpflege in München, und in den nächsten beiden Jahren sollten weitere Hospitanten in den beiden Ämtern folgen. Zwei Architekten des rumänischen Denkmalamtes wurden in Brauweiler in die Handhabung des elektronischen Tachymeters ELTA 5 eingewiesen. Auf eine erste, im Frühsommer 1992 anberaumte Schulungswoche mit allen rumänischen Mitarbeitern in dem Dorf Michelsberg (Cizn̦ădioara) in Siebenbürgen folgten 1993-1995 weitere vorbereitende Wochen (Auswahl und Vorkartierung der zu erfassenden Bauten) für die jeweilige Erfassungskampagne, die von Thomas Hohn und Dr. Matthias Kitschenberg vom Rheinischen Amt für Denkmalpflege gemeinsam mit dem Verfasser dieser Zeilen bestritten wurden.[5]

Zur Schulung und Weiterbildung der Mitarbeiter waren im Rahmen des Projektes auch jährliche wissenschaftliche Herbstkolloquien nach Abschluß der Geländearbeit vorgesehen, um Ergebnisse und Probleme der Dokumentationsarbeit zu präsentieren und aufzubereiten. Gemeinsam mit den rumänischen Partnerinstitutionen organisiert, sollten sie sich einer regen nationalen und auch internationalen Beteiligung erfreuen, nachdem das Projekt 1992 in das Arbeitsprogramm des Internationalen Komitees für ländliche Architektur CIAV von ICOMOS aufgenommen worden war. Eine Veröffentlichung der teils sehr interessanten Ergebnisse bleibt bis heute ein Desiderat der Tagungen: 1992 in Bukarest (aus Anlaß des hundertjährigen Jubiläums der Rumänischen Denkmalpflege), 1993 in Klausenburg, 1994 in Kronstadt und 1995 zum Abschluß des Projektes in Hermannstadt. Hier konnte der Verfasser dieser Zeilen bei der Eröffnung berichten, daß trotz aufgetretener Probleme und Veränderungen – u. a. war das Denkmalamt im November 1994 wieder aufgelöst worden – die Erfassung sämtlicher 232 Dörfer abgeschlossen werden konnte und nach zwei sehr aufwendigen Kampagnen 1994 und 1995 auch die Luftbilddokumentation aller ehemals deutschen Ortschaften vorläge.[6] Ein Höhepunkt der Tagung war die Vorstellung von zwei gemeinsamen Buchproduktionen: Der Pilot-Band der „Denkmaltopographie Siebenbürgen" (Topografia monumentelor din Transilvania) war ein absolutes Novum für die Denkmalpflege bzw. die Inventarisation in Rumänien, die im Laufe ihrer hundertjährigen Geschichte keinerlei Inventare erarbeitet oder veröffentlicht hat. Ebenfalls nach rheinischem Vorbild, allerdings zweisprachig konzipiert, stellt der unter 3.3 geführte Band der 24bändigen Reihe den Denkmälerbestand von zehn Dörfern im westlichen Bereich des Kreises Kronstadt vor.[7] Für Aufsehen in Presse und Fernsehen sollte auch das Buch „Denkmäler in Rumänien. Monuments en Roumanie" sorgen, als Band XIV der Reihe ICOMOS – Hefte des Deutschen Nationalkomitees auf der Grundlage des Partnerschaftsabkommens von rumänischen und deutschen Fachkollegen gemeinsam erarbeitet. Es stellt die bedeutendsten Kulturdenkmäler des Landes vor, die von der Rumänischen Nationalkommission für die Aufnahme in die Welterbeliste der UNESCO ausgewählt wurden.[8]

Als Folge der ausgezeichneten Ergebnisse des Dokumentationsprojektes hat das Bundesministerium des Innern im Mai 1996 Projektmittel für die flächendeckende Erfassung des denkmalwerten Kulturgutes auch in den siebenbürgisch-sächsischen Marktflecken und Städten bewilligt, die von den bereits erfahrenen rumänischen Kollegen nach der gleichen Methode und unter der fachlichen Betreuung des Deutschen Nationalkomitees von ICOMOS durchgeführt und bis Ende 1998 abgeschlossen sein wird.

Angesichts des nach 1990 zusehends fortschreitenden Verfalls der Denkmalsubstanz in den entvölkerten siebenbürgisch-sächsischen Dörfern – von den mittelalterlichen Kirchen mit ihren Befestigungsanlagen bis zu den verlassenen Bauernhöfen – sind solche Erfolgsmeldungen über ihre Erfassung und (begonnene) Veröffentlichung freilich nur ein schwacher Trost, wie auch die Maßgabe, bei der Erfassung innerhalb des Projektes auch den jeweiligen Erhaltungszustand genau zu doku-

Abb. 2. Die Bergkirche in Schäßburg von Süden, Herbst 1994

mentieren, um den rumänischen Denkmalschutzbehörden als Grundlage künftiger Erhaltungsmaßnahmen zu dienen. Dem rumänischen Staat wie auch der Evang.-luth. Landeskirche A. B. in Siebenbürgen fehlten (und fehlen) die Mittel für die nach 13jähriger Zwangspause dringend erforderlichen Notsicherungsmaßnahmen an den bedeutenden Baudenkmälern des Landes, dem Denkmalamt die Erfahrung, Fachleute, -firmen und Handwerker mit dem nötigen Know-how zu ihrer Durchführung. Umso bedeutsamer sollte es sein, als nach der einsetzenden Stabilisierung der Verhältnisse in Rumänien der Geschäftsführer der Messerschmitt Stiftung, Dr. Hans Heinrich von Srbik, in einem Gespräch mit Prof. Dr. Michael Petzet und dem Verfasser dieser Zeilen im Winter 1990/91 seine Bereitschaft und Absicht bekundete, als konsequente Fortsetzung der bereits 1989 für „ICOMOS Pro Romania" gewährten Unterstützung Mittel der Stiftung für die Instandsetzung eines bedeutenden kirchlichen Baudenkmals in Siebenbürgen zur Verfügung zu stellen. Auf Vorschlag des Verfassers wurde die Bergkirche in seiner Heimatstadt Schäßburg (Sighişoara) ins Auge gefaßt, eine der bedeutendsten Hallenkirchen des 15. Jahrhunderts mit wertvoller Ausstattung, Wandgemälden und Skulpturenschmuck. Auf dem höchsten Punkt der vollständig erhaltenen mittelalterlichen Oberstadt gelegen, ist sie ein weithin sichtbares Wahrzeichen der Stadt. Lagebedingt stark erdbebengefährdet, war sie zu jenem Zeitpunkt dringend sicherungsbedürftig (Abb. 2).

Mit der Unterzeichnung des Partnerschaftsabkommens im Herbst 1991 waren die Voraussetzungen auch für die Durchführung eines solchen Projektes unter der fachlichen Betreuung von ICOMOS gegeben. Nach vorbereitenden Gesprächen mit den rumänischen Fachbehörden konnte schließlich Ende Oktober 1992 ein dreitägiger Besuch von Prof. Dr. Petzet, Dr. von Srbik und dem Verfasser in Rumänien stattfinden, der in Anbetracht seiner Ergebnisse und Folgen durchaus als historisch zu bezeichnen ist. Während in Bukarest der Vorstand der Nationalkommission für Denkmalpflege unter der Leitung von Prof. Dr. Aurelian Trişcu von den Absichten der Messerschmitt Stiftung unterrichtet wurde und seine volle Unterstützung zusagte, konnte in Schäßburg in Begleitung von Dr. Derer, Direktor des Denkmalamtes DMASI, mit Bischof D Dr. Christoph Klein, dem Stadtpfarrer von Schäßburg, Vertretern der Kirchengemeinde und den beiden Bürgermeistern nach Besichtigung der Bergkirche und der Altstadt eine Übereinkunft über die Durchführung des Projektes erzielt werden (Abb. 3). In das Förderprogramm der Stiftung wurde neben der Bergkirche auch die statische Sicherung des ebenfalls erdbebengefährdeten fünfeckigen Zinngießerturms der mittelalterlichen Stadtbefestigung einbezogen und nach einem Abstecher zu der bedeutenden, stark gefährdeten Kirchenburg von Draas (Drăuşeni) auch substanzerhaltende Maßnahmen an der dortigen Kirche (Abb. 1). Die Einzelheiten zur Einrichtung der Baustellen, ihre gemeinsame fachliche Betreuung und die Durchführung der Arbeiten sind in einem zweiten, im Frühjahr 1993 mit dem rumänischen Denkmalamt unterzeichneten Zusatzprotokoll festgehalten.[9]

Mit der Einrichtung der Baustelle Bergkirche in Schäßburg im Frühsommer 1993 sollte ein Denkmalpflegeprojekt internationaler Zusammenarbeit unter der fachlichen Betreuung des Deutschen Nationalkomitees von ICOMOS seinen Anfang nehmen, das dank der großzügigen Förderung seitens der Messerschmitt Stiftung München in mehrfacher Hinsicht als modellhaft bezeichnet werden kann: für Rumänien modellhafte Baustelleneinrichtung und Führung, Vermittlung denkmalpflegerischer Erfahrungen und Konzeptionen der deutschen Denkmalpflege, Anwendung neuester, in Rumänien bislang unbekannter Technologien der statischen Sicherung, Einsatz international bekannter Fachleute und auch Fachfirmen aus Deutschland und Ungarn, Durchführung der Arbeiten mit rumänischen, ungarischen und deutschen Handwerkern, Schulung und Fortbildung von Handwerkern und Restauratoren, konkrete Entwicklungshilfe also für die rumänische Denkmalpflege, gleichzeitig aber auch Wirtschaftshilfe für die Stadt Schäßburg durch die Schaffung von zahlreichen Arbeitsplätzen auf der Baustelle und Aufträge für die Zulieferindustrie erforderlicher Baumaterialien.

Die Instandsetzungsarbeiten an der Bergkirche waren während des Besuches in Schäßburg entsprechend ihrer Dringlichkeit auf folgende Abschnitte begrenzt worden: statische Untersuchung des Bauwerks und Durchführung der notwendigen Sicherungsmaßnahmen; zimmermannsmäßige Instandsetzung des Dachstuhls und Umdeckung der Dachhaut; steinmetzmäßige Überarbeitung und Sicherung des Chormauerwerks einschließlich Strebepfeiler, Konservierung der Bauplastik; Konservierung der Wandgemälde; Befunduntersuchung nach ursprünglicher Farbigkeit und Neufassung des Innenraums. Mit der Projektplanung, Durchführung und Bauleitung an Bergkirche und Zinngießerturm wurde das Architekturbüro „Atelier M" aus Sf. Gheorghe unter der Leitung von Dipl.-Ing. Sandor Benczedi beauftragt, mit der Ausführung der Arbeiten der ortsansässige Bauunternehmer Horst Zickeli. Auf Vorschlag von Prof. Petzet weilte Dr. Gert Mader, Leiter der Abteilung Bauforschung im Bayerischen Landesamt für Denkmalpflege München, im Sommer 1993 vier Wochen in Schäßburg und Siebenbürgen, um Bergkirche, Zinngießerturm und die Kirche in Draas zu untersuchen, die vorhandenen Planungsunterlagen, wie Bauaufmaße und Projekte zur statischen Sicherung, zu überprüfen und gemeinsam mit mir eine Rahmenkonzeption für die erforderlichen Sicherungsmaßnahmen zu erstellen. Für den Zinngießerturm lag bereits ein im Auftrag des Denkmalamtes vom anerkannten Bukarester Statiker Constantin Pavelescu erarbeitetes Projekt vor, das ausschließlich eine Sanierung mittels großer Mengen an Beton vorsah und das fragile, dünne Mauerwerk der Turmobergeschosse über Gebühr belastet hätte. Das von Dr. Mader alternativ vorgeschlagene Vorspannverfahren und die entsprechende Projektberechnung zur Ausführung durch die Firma Wolfsholz in München fand nicht die Zustimmung der technischen Kommission innerhalb der Nationalkommission für Denkmalpflege, vor allem, weil das Verfahren in Rumänien unbekannt war. Vergleichbares sollte sich mit dem von Dipl.-Ing. Pavelescu für die Bergkirche im Sommer 1993 ausgearbeiteten Projekt wiederholen, wobei hier neben den vielen Betonankern auch Fundamentunterfangungen und eine Überbetonierung der Gewölbe vorgesehen waren. Für die Sicherungsmaßnahmen an der Kirche in Draas hatten die Planer des rumänischen Denkmalamtes[10] neben Betonringankern in der Mauerkrone zur Reparatur des Dachstuhles seine vollständige Abtragung vorgeschlagen, womit der Verlust der historisch äußerst wertvollen Holzkonstruktion vorprogrammiert war.

Zur Lösung all dieser technisch-handwerklichen und konzeptionellen Probleme wurde daraufhin überlegt, Fachleute aus Deutschland (Holz, Stein, Statik) einzuladen, um gemeinsam mit den rumänischen Kollegen die Projekte zu überarbeiten und ihre Durchführung zu überwachen. Auf Vorschlag von Dr. Mader konnte für die Erdbebenproblematik und statische Sicherung Dr. Jürgen Haller vom Büro für Baukonstruktionen in Karlsruhe gewonnen werden. Seiner langjährigen internationalen Erfahrung und seinem persönlichem Einfühlungsvermögen ist es zu verdanken, daß noch im Sommer 1994 ein in Kooperation mit Dipl.-Ing. Pavelescu erarbeitetes Projekt zur statischen Sicherung der Bergkirche von der technischen Kommission in Bukarest genehmigt wurde. Bereits im Herbst 1994 wurde mit den Arbeiten begonnen, nachdem das erforderliche, in Schäßburg nicht vorhandene und von der Messerschmitt Stiftung für die Dauer der Arbeiten zur Verfügung gestellte schwere Gerüst in Schäßburg eingetroffen und montiert worden war. Die Bohrarbeiten für das Vorspannverfahren am aufgehenden Bruchsteinmauerwerk der Kirche wurden von Fachleuten der Firma Wolfsholz/München in drei Einsätzen Herbst 1994, Sommer 1995 und Frühjahr 1996 ausgeführt. Die seitens Dipl.-Ing. Pavelescu zusätzlich geforderte aussteifende Metallkonstruktion oberhalb der Gewölbe wurde vom örtlichen Bauunternehmer Zickeli in Angriff genommen und sollte für die zimmermannsmäßigen Reparaturarbeiten am Dachstuhl willkommene Hilfestellung leisten. Auf die Schwierigkeiten bei der Beschaffung entsprechender Eichenholzbalken soll

Abb. 3. Michael Petzet mit Bischof D. Dr. Christoph Klein in der Bergkirche zu Schäßburg

hier nicht weiter eingegangen werden. Bei der angestrebten Umdeckung der Dachhaut stellte sich heraus, daß sehr unterschiedliche Ziegelformate vorhanden waren und der größte Teil der Ziegel nicht mehr zu gebrauchen war. Nach der Entscheidung zur Neudeckung mit Schwalbenschwanzziegeln bedurfte es mehrerer Anläufe und Probebrennungen bei der traditionsreichen ortsansässigen Ziegelfabrik, bis die gewünschte Qualität gewährleistet war. (Diese Dachziegel sind inzwischen sehr begehrt und werden in ganz Siebenbürgen verwendet.)

Vor Durchführung der Bohrarbeiten waren in den Partien des Innenraums mit Wandgemälden vorbereitende Sicherungsmaßnahmen der Malschicht erforderlich, ebenso die laufende Überwachung während der Arbeitsabläufe durch einen erfahrenen Restaurator (wie auch die anschließende Konservierung der Gemälde und die farbliche Neugestaltung des Innenraums nach Befund). Nach langer vergeblicher Suche – geschulte Fachkräfte für die konservatorische Behandlung der zahlreichen Wandgemäldezyklen mitteleuropäischer Tradition in den Kirchen Siebenbürgens waren kaum vorhanden – erklärte sich schließlich Prof. Dan Mohanu, Inhaber des Lehrstuhls für Wandgemälderestaurierung der Kunstakademie Bukarest, bereit, die Vorsicherungen durchzuführen. Aus diesem Notstand erwuchs der Gedanke, eine Schulung für Wandgemälderestauratoren in Rumänien zu organisieren. Dank der aktiven Kooperation von ICCROM unter der Leitung von Marc Laenen (1991 auch Mitglied der ICOMOS Delegation in Rumänien) konnte im Sommer 1995 mit Unterstützung der UNESCO, des Deutschen Nationalkomitees von ICOMOS, der Messerschmitt Stiftung und des rumänischen Kulturministeriums ein dreimonatiger internationaler ICCROM-Wandgemäldekurs (MPC 95) in der Bergkirche in Schäßburg stattfinden. Unter der Leitung von Werner Schmid/ICCROM, assistiert von Dan Mohanu, sind unter den 20 Teilnehmern aus 15 Ländern (u. a. auch aus Deutschland und Österreich) sechs junge rumänische Restauratoren für künftige Konservierungsmaßnahmen an siebenbürgischen Baudenkmälern ausgebildet worden. Als Ergebnis für die Bergkirche lag eine komplette Befunduntersuchung des Innenraums, die Stratigraphie der Malschichten, Probekonservierungen und -reinigungen für die endgültige konservatorische Behandlung des Innenraums vor.

Die Instandsetzungsarbeiten an der Bergkirche sind inzwischen weit fortgeschritten. Gesamtkonzeption und Details der Durchführung sind im März 1997 einem internationalen Fachpublikum während der Denkmalpflegetagung in Tușnad/Rumänien vorgestellt worden, einem inzwischen traditionsreichen, seit Jahren in Kooperation der ICOMOS-Nationalkomitees von Rumänien, Ungarn und Deutschland regelmäßig veranstalteten Fachforum für Denkmalpflege in Südosteuropa. Im Jahre 1997 wurden die Steinkonservierungsarbeiten von einer ungarischen Restauratorenfirma aus Budapest ausgeführt, die Reparatur von Dachstuhl und Dachdeckung am Hallenlanghaus abgeschlossen, die Putzarbeiten an Chor und Westbau sowie die Konservierung der Wandgemälde und die Farbfassung des Innenraums unter der Leitung von Prof. Mohanu weitergeführt. Die feierliche Wiedereinweihung der Kirche und Übergabe an die evang.-luth. Kirchengemeinde Schäßburg soll im Oktober 1998 stattfinden.

Gelegentlich eines Besuches in Schäßburg im Herbst 1993 war Dr. von Srbik vom Schäßburger Bürgermeister Stefănescu auf das „Haus mit dem Hirschgeweih" (Abb. 4) angesprochen worden, eines der bedeutendsten Patrizierhäuser (mit Wandgemälden des 17. Jahrhunderts) der Burg, seit Ende der achtziger Jahre leerstehend und wegen fehlender Mittel und mangels konkreter Nutzungskonzepte zur „ewigen Baustelle" verurteilt. Dr. von Srbik zeigte sich sofort interessiert, das Haus für die Messerschmitt Stiftung zu erwerben, instandzusetzen und einer öffentlichen Nutzung als Kulturzentrum für Ausstellungen, Konzerte, Seminare, Schulungen, Kolloquien usw. zuzuführen. Nach einer entsprechenden, mit dem Stadtrat getroffenen Vereinbarung sollte ein dreijähriger Verhandlungsmarathon mit dem Kulturministerium in Bukarest ausgelöst werden, in dessen Verwaltung das nach Kriegsende nationalisierte Haus übergegangen war. Mehrere sich abwechselnde Staatssekretäre und Minister sollten ihre Bereitschaft bekunden, Mittel und Wege zu finden, das Haus der Stiftung zur Verfügung zu stellen, nachdem gemäß rumänischer Verfassung auf der Denkmalliste befindliche Häuser nationales Kulturgut darstellen und unveräußerlich sind. Voraussetzung war die Anerkennung der Stiftung in Rumänien oder die Gründung eines gemeinnützigen Vereins, in dessen Trägerschaft das Haus verwaltet werden sollte. Bemühungen des Bürgermeisters, das Haus wieder in eigene Verwaltung zu übernehmen, scheiterten am Widerstand der Nationalkommission für Denkmalpflege, und der Konflikt wurde öffentlich in Fernsehen und Presse ausgetragen. Auch nach der Gründung des gemeinnützigen Vereins „Restauro-Messerschmitt" im Dezember 1995 – unter den Gründungsmitgliedern figurieren neben Dr. von Srbik auch Prof. Petzet – und seine Eintragung in das Vereinsregister des Kreises Mureș waren vorerst keine Fortschritte in Sicht. Erst dank der Einsicht des für die Bewirtschaftung der staatlichen Liegenschaften (einer Art Schlösserverwaltung) zuständigen Generaldirektors im Kulturministerium konnte im Sommer 1996 ein Übernahmevertrag aufgesetzt und mit der Planung zur Instandsetzung des Hauses begonnen werden.

Die Arbeiten am „Haus mit dem Hirschgeweih" sind inzwischen auf der Grundlage eines völlig neuartigen, ebenfalls vom „Atelier M" Sf. Gheorghe ausgearbeiteten Projektes in der Ausführung des Bauunternehmers Zickeli angelaufen. Die statische Sicherung des Zinngießerturms wird voraussichtlich im nächsten Jahr zur Durchführung gelangen, während für die Sicherungsarbeiten an der Kirche von Draas seitens der rumänischen Kollegen noch kein konsensfähiges Projekt vorgelegt worden ist. Die nach dem Wahlsieg der bürgerlichen Parteien im Herbst 1996 neu berufene Führungsspitze im rumänischen Kulturministerium hat sich während mehrerer konstruktiver Gespräche gegenüber dem bisher Erreichten beeindruckt und sehr aufgeschlossen gezeigt: Die Ergebnisse und Erfahrungen der deutsch-rumänischen Kooperation sind u. a. in die Gesetzesvorlage zur Neustrukturierung der rumänischen Denkmalpflege einschließlich Aufbau des Denkmalamtes mit eingeflossen, und es besteht der erklärte Wille, die Zusammenarbeit fortzusetzen, zu vertiefen und auf der Grundlage eines ergänzenden Kooperationsabkommens mit dem Deutschen Nationalkomitee von ICOMOS langfristig abzusichern.

Abb. 4. Das „Haus mit dem Hirschgeweih" in Schäßburg mit Blick auf die Bergkirche im Sommer 1995

ANMERKUNGEN

1 ICOMOS PRO ROMANIA, Exposition/Exhibition/Ausstellung Paris, London, München, Budapest, Kopenhagen, Stockholm 1989/1990, ICOMOS – Hefte des Deutschen Nationalkomitees, Bd. 1, München 1989.

2 Ein Denkmalschutzgesetz ist bedauerlicherweise bis heute nicht verabschiedet worden, eine überarbeitete Variante der damals erörterten Vorlagen ist vor kurzem bei der zuständigen Parlamentskommission eingereicht worden.

3 Seit 1993 besteht ein Partnerschaftsabkommen zwischen dem Volkskundemuseum in Kronstadt und dem Siebenbürgischen Museum in Gundelsheim/Neckar (Mitglied im Siebenbürgisch-sächsischen Kulturrat), in dessen Rahmen in jedem Sommer gemeinsame volkskundliche Erhebungen in den siebenbürgisch-sächsischen Dörfern durchgeführt werden.

4 Eine EDV-Anlage nebst Photo- und Videoausrüstungen, Photolabor, Kopiergeräte, Büro- und Filmmaterial für die gesamte Laufzeit des Projektes, ein elektronisches Tachymeter ELTA 5 und zwei VW-Busse waren den Partnern in Rumänien aus Projektmitteln zur Verfügung gestellt worden.

5 Vgl. auch den Bericht von CHRISTOPH MACHAT, *Siebenbürgen. Entvölkerte Dörfer vom Verfall bedroht! Zur Erfassung des deutschen Kulturerbes in Rumänien*, in: Denkmalpflege im Rheinland, 10, H. 3, 1993, S. 110-113.

6 Eine Auswahl der vom bekannten Schweizer Luftbildphotographen Dr. Georg Gerster (Zürich) gemachten Luftaufnahmen in der Koordination des damaligen Projektkoordinators Martin Rill liegt inzwischen als Buchveröffentlichung vor: GEORG GERSTER/MARTIN RILL, *Siebenbürgen im Flug*, München 1997.

7 CHRISTOPH MACHAT (Hrsg.), *Denkmaltopographie Siebenbürgen, Bd. 3.3: Kreis Kronstadt: Großschenk, Tarteln, Stein, Seiburg, Leblang, Bekokten, Felmern, Rohrbach, Seligstadt, Scharosch*, bearb. v. Gheorghe Andron, Paul Niedermaier, Corina Popa, Iosefina Postăvaru, Martin Rill, Adriana und Aurelian Stroe, Kulturdenkmäler Siebenbürgens, Bd. 4, Thaur bei Innsbruck 1995.

8 CHRISTOPH MACHAT (Hrsg.), *Denkmäler in Rumänien – Monuments en Roumanie*, ICOMOS – Hefte des Deutschen Nationalkomitees, Bd. 14, München 1995. Von den 15 Vorschlägen sind inzwischen drei – die Klöster der Moldau, Kloster Hurezi und die Wehrkirche von Birthälm – 1993 in die Welterbeliste aufgenommen worden.

9 Von den Projekten anderer in Rumänien tätiger Stiftungen (u. a. die „Stiftung deutsches Kulturerbe in Rumänien") sind die seitens der „Siebenbürgisch-sächsischen Stiftung", München, finanzierten Instandsetzungsmaßnahmen an der Kirchenburg Tartlau (Prejmer) ebenfalls in das Zusatzprotokoll aufgenommen worden.

10 Bei der Neugründung des rumänischen Denkmalamtes 1990 war neben den Abteilungen Praktische Denkmalpflege, Inventarisation und Restaurierungswerkstätten auch die bis 1977 wie in allen sozialistischen Ländern vorhandene Abteilung für Denkmalpflegeprojekte wieder eingerichtet worden. Ihre Tätigkeit sollte schließlich wegen angeblich falscher Mittelbewirtschaftung zur Auflösung des Amtes im November 1994 führen. Die Kompetenzen der Denkmalpflege wurden in eine Abteilung des Kulturministeriums verlagert, die Projektabteilung zu einem eigenständigen Entwurfsbüro für die Denkmalpflege umgewandelt. Ein durch Regierungsbeschluß zu gründendes Institut für Denkmalpflege konnte bis Ende 1997 nicht eingerichtet werden.

ABBILDUNGSNACHWEIS

VERFASSER: *Abb. 1, 2;* M. RILL *Abb. 3;* A. STROE: *Abb. 4*

Abb. 1. Ortseinsicht vom Dar al-Hajar, Wadi Dahr, aus

Wolf Koenigs

Arabia felix – Bavaria

Der Generalkonservator des Bayerischen Landesamtes für Denkmalpflege bei der Aufnahme eines Raumbuches am Rande des Suq von Sana'a, der Hauptstadt des Jemen, der „Arabia felix" der Alten, oder derselbe, auf dem Boden einer „mafraj" (Salon) im obersten Geschoß eines Wohnturms kauernd, bei einem arabischen Festessen (1988) – der stellvertretende Ministerpräsident des Jemen, S. E. Dr. Mohammed Said Al-Attar, im Arkadenhof der Münze (1988) – der Bundespräsident Dr. Richard von Weizsäcker besichtigt die Restaurierungsbaustelle der Samsarat al Mansurah in Sana'a (1992) – Architekten und Handwerker aus Sana'a auf der Internationalen Handwerksmesse in München (1997) – das sind sicher ungewöhnliche Szenen aus der bayerischen Denkmalpflege. Man könnte sie lediglich als Ausdruck der Freude des Jubilars an einer Ubiquität bayerischer Denkmalpflege auch außerhalb Europas sehen: Auch andere denkmalpflegerische Unternehmen des Amtes bezeugen diesen Trend: so u. a. die Erarbeitung eines Restaurierungskonzeptes für die Ruine der frühchristlichen St.-Kyprians-Basilika in Karthago (4./5. Jh. n. Chr.), Tunesien (1986, Abb. 2), die „verformungsgerechte" Aufnahme der Memnonskolosse (14. Jh. v. Chr.) in Ägypten (1992),[1] die Betreuung eines Musterprojektes zur Steinrestaurierung einer Felsgrabfassade in Petra, Jordanien (ab 1995), um nur die Projekte im Nahen Osten zu nennen. Die glanzvolle Tätigkeit Michael Petzets als Präsident des Deutschen Nationalkomitees von ICOMOS, die ihn in weitere Zentren der Pflege des Weltkulturerbes von Japan, Sri Lanka bis Bulgarien geführt haben, sind andere Beispiele. Doch sind dies nicht allein Neigungen des Chefs einer Landesbehörde, sondern Teil seiner Pflichten. Kulturelle Aktivitäten der Bundesländer im Ausland ergeben sich als normale Konsequenz der Struktur des Föderalismus' der Bundesrepublik, deren Regierung – anders als z. B. Frankreich – keine offizielle Kulturpolitik im Ausland betreibt. Fragen befreundeter Länder nach entsprechender Expertenhilfe oder Angebote gemeinsamer Projekte auf kulturellem Gebiet werden vom Auswärtigen Amt in Bonn entweder an nichtstaatliche Organisationen oder an Fachbehörden der Bundesländer weitergereicht. So ist im Falle des Jemen und Jordaniens eine erfolgreiche Zusammenarbeit des Bayerischen Landesamtes für Denkmalpflege zunächst mit dem Auswärtigen Amt und dann mit den Behörden der Gastländer auf dem Gebiet der Denkmalpflege zustande gekommen. Diese Tätigkeit des Bayerischen Landesamtes für Denkmalpflege ist, nüchtern betrachtet, Amtshilfe Bayerns gegenüber dem Bund, sie ist aber auch ein Teil eigener bayerischer Außenpolitik, die allerdings auf dem Gebiet der Wirtschaft meist deutlicher in Erscheinung tritt als auf dem der Kultur.

Wichtiger jedoch als der Aspekt staatlicher Amtshilfe ist für die Ausführenden der vielfältige Gewinn, den beide Seiten von solchen Projekten haben, selbst wenn man einmal vom politischen und finanziellen Vorteil für das Gastland, der den ersten Anstoß gegeben haben mag, absieht und nur die fachliche Seite betrachtet: Die Kenntnis von Baudenkmälern anderer Kulturen erweitert den Horizont auf den Gebieten Architektur, alter Bautechnik und zeitgemäßer Sanierungsmethoden. Man gewinnt neue Aspekte der Bewertung und Nutzung von Baudenkmälern unter anderen historischen und kulturellen Voraussetzungen und anderen wirtschaftlichen und politischen Bedingungen der Gegenwart. Grundsätzliche Fragen der Denkmalpflege stellen sich neu, z. B. die Frage der Authentizität der materiellen Substanz von Bauten, die – wie die der Lehmarchitektur – laufend erneuert werden oder Fragen der Definition des Denkmals, des Verhältnisses von Einzelbau zum Denkmalensemble, wenn ganze Siedlungen, ganze Landstriche Denkmaleigenschaften haben.

Im Bayerischen Denkmalschutzgesetz ist zwar auch die „volkskundliche Bedeutung" als Eigenschaft eines Denkmals genannt, doch ist hierzulande die Zahl der Denkmäler dieser Kategorie neben der Menge der historisch oder künstlerisch definierbaren Denkmäler gering. In einem Land wie dem Jemen ist das Verhältnis umgekehrt: Trotz einer auch dort weit zurückreichenden schriftlichen Überlieferung ist die Zahl der Denkmäler, die man eindeutig einer bestimmten Epoche zuordnen kann, gering. Die Mehrzahl der Bauten sowie der dörflichen und städtischen Ensembles repräsentiert fast ungestört eine Baukultur, deren Formen und Techniken seit Jahrhunderten ausgeprägt und überliefert wurden. Nicht das unbestimmbare Alter des einzelnen Gegenstandes oder Bauwerks, sondern die traditionelle Form und Ausführung und sein Anteil am Gesamtbild der Kultur begründen die Denkmaleigenschaft.

In Sana'a und mehr noch in der nördlichen Stadt Sa'da, wo den Bauten durch den als Mörtel, bzw. als einzigen Baustoff verwendeten Lehm von vornherein eine leichtere Vergänglichkeit eignet, scheint ein Grundprinzip der Denkmalpflege, das der Authentizität durch Bewahrung der originalen Bausubstanz, in Frage zu stehen. Diese Frage wurde dem Landesamt übrigens zum ersten Mal von einem Künstler gestellt, Hannsjörg Voth, dessen 1985-87 aus Stampflehm am Nordrand der marokkanischen Sahara errichtete „Himmelstreppe"[2] durch nächtliche Taufeuchtigkeit angegriffen wurde und der sich nach Möglichkeiten zur Bewahrung der Form seines Kunstwerkes erkundigte. Die Antwort lautete damals (1988): Bauten aus ungebranntem Lehm bedürfen wie Bauten aus jedem anderen Material der ständigen Pflege durch den Menschen, beim Lehmbau sind lediglich kürzere zeitliche Abstände erforderlich. Daß die Bausubstanz, jedenfalls des Äußeren der Lehmbauten, auf diese Weise nicht durch alle Zeiten die gleiche bleibt wie zur Erbauungszeit, ist unvermeidlich und findet in Ländern einer ungebrochenen Bautradition eben in dieser Tradition ihren Ausgleich. ICOMOS hat sich mit diesem scheinbaren Widerspruch der Denkmaltheorie zur Charta von Venedig in einer Tagung in Japan auseinandergesetzt, an der Michael Petzet mit einem Grundsatzreferat beteiligt war.[3] Eine weitere Differenzierung der Denkmaltheorie wird die Charta über „Vernacular Architecture" enthalten, die bei der Generalversammlung von ICOMOS in Mexico 1998 verabschiedet werden soll.

Für den Konservator aus Bayern, dessen Alltag auf dem Lande primär in der Verhinderung des Abbruchs von Bauernhäusern, letzten Zeugnissen ländlicher Bautradition im Umfeld kleinstädtischer Einfamilienhaussiedlungen, gelegentlich in deren Umnutzung zum gutbürgerlichen Wohnsitz und als Höchstes in der fachgerechten Neuausmalung barocker Kirchen besteht, ist der Blick über den Rand der Gebirge, das Messen der eigenen Arbeit im internationalen Vergleich ein Ansporn, die eigene Position neu zu bestimmen und oft eine methodische Herausforderung, die allerdings mit erheblicher zusätzlicher Arbeit erkauft werden muß. Die Tätigkeit im Land eines anderen Kulturkreises schärft den Blick für die Unterschiede, aber auch für die Qualitäten der eigenen Volkskunst im Verhältnis zu Geschichte und Kunst und ebenso für die Notwendigkeit und die Möglichkeit, einerseits allgemeine Grundsätze der Denkmalpflege zu entwickeln und andererseits deren Differenzierung für die Anwendung im speziellen Fall zu erarbeiten, ohne in einen Relativismus zu verfallen, der alles in Frage stellt.

Für die Partner des Gastlandes, hier z. B. des Jemen, die über handwerkliche Fertigkeiten von hohem Niveau verfügten, ist vor allem die Ermutigung wichtig, die eigene örtliche Tradition der „Vernacular architecture" ernstzunehmen, und zwar nicht nur die „märchenhaften", u. a. im Film verherrlichten Fassaden der Altstadthäuser in Sana'a, sondern jede ihrer technischen und formalen Einzelheiten. Umso wichtiger war daher die Anerkennung, die gerade die Handwerker, die an der Samsarat al-Mansurah unter Betreuung bayerischer Denkmalpfleger gearbeitet hatten, auf der Internationalen Handwerksmesse in München erfuhren.[4] Mit großem Interesse wurden ferner im Jemen methodische, planerische und naturwissenschaftliche Verfahren zur Vorbereitung und Durchführung der Sanierung in der Denkmalpflege aufgenommen und angewendet. Sicherlich ist Sana'a bisher der südlichste Ort, in dem ein denkmalpflegerisches Raumbuch entstand. Das Restaurierungsprojekt Samsarat al-Mansurah in Sana'a hat Michael Petzet als Amtschef nicht nur vom Münchner Schreibtisch aus geleitet, er war vielmehr in allen Phasen persönlich beteiligt, so daß es in dieser Festschrift als typisches Beispiel seiner internationalen Aktivität nicht fehlen darf. Da es ausführlich publiziert ist[5] – auch dies ein wichtiger Faktor für das Weiterwirken des Einsatzes im Gastland –, soll hier nur eine Zusammenfassung mit Hervorhebung spezieller Aspekte der Denkmalpflege stehen.

Der Jemen hatte bereits kurz vor dem Beginn dieses Projektes mit einer großen Ausstellung im Museum für Völkerkunde (1987) auf sich aufmerksam gemacht,[6] deren Zentrum die realistische Montage einer Gasse im zentralen Suq von Sana'a bildete mit der typischen Mischung von Produkten der Volkskunst und der Plastikindustrie, seinen farblichen und sogar geruchlichen Eindrücken. Damals wurde übrigens auch das Ergebnis einer Zusammenarbeit des Jemen mit einem anderen Bundesland gezeigt: die Restaurierung zweier antiker Bronzestatuen durch das Römisch-Germanische Zentralmuseum in Mainz, die einige Jahre zuvor durch das Deutsche Archäologische Institut in Berlin vermittelt worden war.[7] Mit der Restaurierung eines großen sabäischen Bronzekessels (wohl 1. Jh. v. Chr.) in den Werkstätten des Bayerischen Landesamtes für Denkmalpflege wird auch auf diesem Gebiet die internationale Zusammenarbeit fortgesetzt.

Die Restaurierung eines Handelshauses, der Samsarat al-Mansurah am zentralen Suq von Sana'a, stand im Rahmen einer 1984 von der UNESCO ausgerufenen Kampagne zur Rettung der Altstadt von Sana'a,[8] an der sich verschiedene Staaten, darunter auch die Bundesrepublik Deutschland, beteiligt haben. Das Auswärtige Amt in Bonn wandte sich 1988 an das Bayerische Landesamt für Denkmalpflege mit der Bitte, eine exemplarische Maßnahme im Rahmen dieser Kampagne fachlich zu betreuen. Die wesentlichen Leistungen des Amtes waren vier Gutachterreisen, die Feststellung und Definition des Denkmalwertes des Gebäudes, Aufstellung eines Restaurierungskonzeptes, Empfehlung eines auf dem Gebiet der Denkmalpflege in arabischen Ländern bereits ausgewiesenen Architekturbüros, gemeinsame Festlegung der Sanierungsschritte und schließlich die Publikation der Maßnahme in einem Arbeitsheft. Die Grundlagen des denkmalpflegerischen Konzepts wurden auf der ersten Gutachterreise im Juli 1988 gelegt, die Michael Petzet zusammen mit dem Verfasser unternahm, um das Baudenkmal, seine Umgebung, seine Stellung in der traditionellen Architektur des Landes und außerdem die örtlichen Institutionen für Sanierung und Denkmalpflege kennenzulernen.

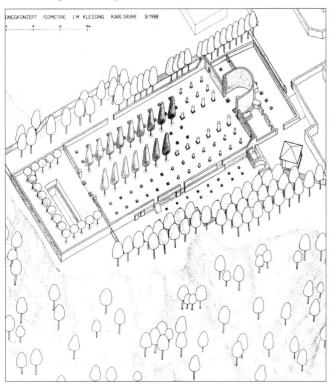

Abb. 2. S. Kypriansbasilika, Karthago; Konzept zur Restaurierung und Präsentation von J. M. Klessing

Die ummauerte Altstadt von Sana'a mit ihren charakteristischen vier bis acht Stockwerke (15-30 m) hohen, mit textilen Ziegel und Putzmustern verzierten Turmhäusern an engen Gassen ist in einer jahrhundertelangen Entwicklung entstanden, die sich fast bis in die Gegenwart im wesentlichen mit den alten Techniken und Materialien vollzogen hat, so daß die gesamte Altstadt heute ein Ensemble von hoher formaler Qualität und Dichte darstellt (Abb. 3) in dem ca. 40 000 Menschen leben. Ein Befestigungsring aus turmbewehrten Lehmmauern umgibt die Altstadt, deren bauliche Dichte durch einige größere Gartenflächen im Zusammenhang mit Moscheen aufgelockert wird. Im Zentrum der Stadt liegt der Suq mit durchgehend eingeschossiger Bebauung. Diese städtebauliche Dichte und die traditionelle jemenitische „Hochhausarchitektur" in der Altstadt steht in Kontrast zu dem Meer von niedrigeren, eher horizontal ausgebreiteten Neubauten, das heute die ganze umgebende Hochebene (2.200 m ü. M.) bis hin zu den kahlen Bergen ausfüllt. Es ist erst in den vergangenen 30 Jahren entstanden und beherbergt die ca. 350.000 Einwohner, die in dieser Zeit nach Sana'a zugezogen sind, bzw. solche, die ihr „unbequemes" Altstadthaus verlassen haben. Diese Neustadt wird erschlossen durch breite, autogerechte Straßen, angelegt in rechtwinkligen Rastern, die sich jeweils an der nächsten alten Landstraße orientieren.[9] Mit ihren staubigen Eukalyptusbäumen und der gelben Neonbeleuchtung unterscheiden sie sich nicht von den Straßen in anderen Großstädten des Vorderen Orients. Wir besuchten das neue Wohnhaus einer wohlhabenden Familie in dieser Neustadt. Es steht in einer ummauerten, grünen Gartenoase, besteht auch aus einem Stahlbetonskelett, dessen Ausfachung dann wieder traditionelle Elemente jemenitischer Architektur wie etwa die Fenster aufweist. Die Einrichtung ist eine Mischung aus Orient (Teppiche, chinesische und japanische Stoffdrucke) und Okzident: eine Sitzgruppe in „Gelsenkirchener Barock" steht unbenützt in der Eingangshalle, während die Gäste in einem, im Vergleich zu den Altstadthäusern weitläufigen Salon (mafraj) mit teppichbelegtem Fußboden und traditionellen, niedrigen Sitzpolstern an den Wänden empfangen werden.

Hier wird ein Haupthindernis für die Erhaltung und Nutzung der Altstadt sichtbar, das mutatis mutandis natürlich auch in Europa existiert: die Überbewertung des Neuen und die abnehmende Wertschätzung der traditionellen Lebensweise und der dafür entwickelten Bauformen durch die Bewohner, denen in den alten Bauten der Verzicht auf manchen Komfort zugemutet wird, den sie vor allem in den in Ägypten produzierten Fernsehfilmen und dann vielleicht bei Freunden und Verwandten in der Neustadt kennenlernen: Autozufahrt am Haus, Rasenflächen im Vorgarten, Sitzmöbel europäischen Stils. Gerade hier, bei den Sitzgarnituren, die zwar angeschafft, aber nicht benutzt werden, zeigt sich, daß die Leidenschaft, der Mode zu folgen, eine noch größere Rolle spielt, als die – gewiß ebenfalls wichtigen – technischen und ökonomischen Gründe, die dem Leben in den Altstadtbauten zunächst entgegenstehen. Noch ist die Bedeutung des zentralen Marktes, des Suq von Sana'a, für den Einzelhandel mit Gegenständen des täglichen Gebrauchs vom Krummdolch bis zum Kochgeschirr ungeschmälert, doch auch hier gibt es Tendenzen vor allem bezüglich des Handels mit Werkzeugen, Maschinen, Unter-

Abb. 3. Dar al Jadid, Sana'a; Sitz der Denkmalbehörde

haltungselektronik und ähnlichen Waren, in die Straßen unmittelbar vor den Toren der Altstadt zu gehen, wobei aber immer noch am Bazarsystem, also der Häufung gleichartiger Geschäfte, festgehalten wird.[10] Am Rande der ummauerten Altstadt liegen auch Neubauten der Regierung und große Hotels wie etwa das „Taj Sheba", in dem die Delegation des Landesamtes untergebracht war. Die Herkunft des Managements und des Personals dieses Hotels aus Indien erinnerte an die alten Handelsverbindungen, die seit der Antike vom Mittelmeer über den Jemen dorthin bestehen. Heute liefert Indien auch die typischen bunten Kopftücher der Frauen von Sana'a, während die weißen Baumwollkopftücher der Männer aus China stammen und in Japan maschinell mit dem charakteristischen schwarzen oder roten Muster bestickt werden.

Die Haupttätigkeit während der ersten Reise war in Sana'a selbst die detaillierte Beschreibung des zur Instandsetzung vorgesehenen Baudenkmals, der Samsarat al-Mansurah, im Bau selbst und anhand von Plänen, die das örtliche Sanierungsbüro angefertigt hatte. Sie diente als Grundlage des Raumbuches, das die Maßnahme bis zum Schluß begleitete. Als Vorlage für die photogrammetrisch erzeugte Zeichnung der Fassade, die in diesem Falle aus Zeitgründen das Handaufmaß ersetzen mußte, wurden von fünf Standpunkten aus im dichten Getümmel des Basars Photos gemacht. Da diese Standpunkte auch eingemessen werden mußten, galt es, das Maßband durch den dichten Menschenstrom und zwischen

Abb. 4. Samsarat al-Mansurah, Sana'a; Ostfassade nach der Restaurierung (Zeichnung J. Knütter, 1993)

den Autos hindurchzuziehen, möglichst ohne daß es dabei in den aufgeweichten und von Kehricht durchsetzten Lehm der Straße fiel und durch Betreten oder Befahren geknickt wurde. Welche Ruhe herrschte demgegenüber bei den Photostandpunkten auf den Dächern der gegenüberliegenden Läden! Störend war hier allenfalls die dicke Schicht trockenen Mülls, der im Laufe der Zeit hinaufgeworfen worden war. – Im Altstadtbüro, einem umgewidmeten stattlichen Wohnhaus, wurde ein Kolloquium für die Mitarbeiter des Executive Office for the Preservation of the Old City of Sana'a (EOPOCS) organisiert, bei dem Michael Petzet über Denkmalpflege in Bayern und denkmalpflegerische Grundsätze und der Verfasser über Probleme alter und neuer Bindemittel im Mörtel sprachen. Da die traditionellen Bindemittel der jemenitischen Bauten Lehm, Gips und nur für den wasserfesten Estrich (Qadath) hydraulischer Kalk sind, kann die Verwendung von Zement im Sanierungsbereich zu erheblichen chemischen (Etringitbildung) und physikalischen Problemen (unterschiedliche Elastizität) führen. – Ferner wurden bei der ersten Reise noch weitere ähnliche Handelshäuser sowie einige Wohnhäuser besichtigt, um den Stellenwert der Samsarat al-Mansurah in der Architektur des Jemen zu bestimmen.

Das freistehende Turmhaus, über relativ kleiner Grundfläche zu markanter Höhe von vier bis acht Stockwerken aufragend, stellt in den Städten wie auch in den Dörfern des nordjemenitischen Hochlandes den meist gebauten Typus des Hauses für eine Großfamilie dar. Diese hohen Häuser, die meistens frei stehen und nur bei starker städtischer Verdichtung wie in einigen Straßen von Sana'a aneinander gebaut werden, geben auch kleinen Dörfern in unseren Augen ein städtisches Gepräge und setzen sie damit, meist noch verstärkt durch die exponierte Lage der Siedlungen, wie Kristallgruppen in Kontrast zu der umgebenden Landschaft. Die Turmhäuser werden in Größe und Dekor variiert und aus dem am jeweiligen Ort am leichtesten erhältlichen Material, also aus Kalkstein, Lavabasalt, gebrannten oder ungebrannten Ziegeln oder ganz aus Stampflehm errichtet. Die jemenitischen Turmhäuser sind grundsätzlich Häuser für je eine Großfamilie; zwar enthalten die Erdgeschosse Ställe und Lagerräume, diese dienen aber nur dem Eigenbedarf der Familie, während sich der Handel im Suq konzentriert, der in Sana'a im Zentrum der Altstadt liegt. Dessen Bauten sind einräumige, an engen Gassen aufgereihte Läden ohne Obergeschosse, die typologisch wohl auf ephemere Verkaufsstände zurückgehen, die einst den zentralen Marktplatz einnahmen, wie sie es jetzt noch in den kleineren Städten des Jemen tun.

Am Rande dieses zentralen Marktes stehen vielräumige, oft mehrgeschossige Handelshäuser (samasir, sing. samsara/t), die unterschiedlichen Zwecken des Großhandels dienten: Lagerung und Verzollung von Waren, Unterkunft reisender Händler, ihres Gefolges und ihrer Tiere. Drei Grundtypen von samasir sind zu unterscheiden: einfache, ebenerdige Hallen, deren Dach von Stützen oder Bogenreihen getragen wird; ferner Hofanlagen, die von Arkaden und zweigeschossigen Raumzeilen umgeben sind. Die stattlichsten samasir sind schließlich große, mehrgeschossige Anlagen, deren Räume sich um eine oder mehrere innenliegende Hallen ordnen. Die Samsarat al-Mansurah, dem letzteren Typus zugehörig, ist mit ihrer Fassadenbreite von 12,30 m zwar nur von mittlerer Größe, bildet aber zusammen mit dem Nachbarbau, der Samsarat al Majja, eine eindrucksvolle 16 m hohe Platzwand.

Die nur von außen zugänglichen einzelnen Ladenräume im Erdgeschoß, das große, hochgelegene Portal und die im Vergleich zur Höhe relativ große Breite, die durch die zentrale Halle im Inneren verursacht ist, beruhen auf der Funktion des Gebäudes als Handelshaus. Im übrigen entsprechen aber die Bauweise mit zahlreichen technischen und formalen Details des Innen- und des Außenbaus, der Stockwerksaufbau und, sieht man von der Vergrößerung der zentralen Erschließungshalle ab, auch die Grundrißaufteilung und Raumgrößen dem im ganzen nördlichen Jemen verbreiteten Typus des Turmhauses. Die Samsarat al-Mansurah ist daher als Baudenkmal und Restaurierungsgegenstand von exemplarischer Bedeutung. Erfahrungen bei ihrer Restaurierung werden sich bei anderen Bauten anwenden lassen, und die restaurierte Samsara stellt für Einheimische und Fremde im Äußeren wie im Inneren ein typisches und anschauliches Beispiel traditioneller und jemenitischer Architektur dar.

Die Samsarat al-Mansurah erhebt sich mit vier Geschossen über einem Sockelgeschoß (Abb. 4). Die Hauptfassade des Gebäudes ist nach Osten dem Suq zugewandt, sie ist deutlich in vier Zonen gegliedert: der in Quadern aus schwarzer Basaltlava ausgeführten Sockel- und Erdgeschoßzone, dem in hellem vulkanischem Tuff ausgeführten 1. Obergeschoß und zwei weiteren in Ziegeln errichteten und mit Ziegelornamentik verzierten Geschossen (2. und 3. Obergeschoß). Den hochgelegenen Haupteingang etwa in der Mitte der Fassade markiert ein kreisförmiger Blendbogen aus Keilsteinen. Die abweisende Quaderfassade ist lediglich von einer Reihe ungleichmäßig verteilter kleiner Lüftungsöffnungen durchbrochen. – Darüber folgt das 1. Obergeschoß aus hellen Quadern vulkanischen Tuffs. Der untere Streifen dieser Zone zeigt fünf, in etwa symmetrisch angeordnete, größere Lüftungsöffnungen mit bündig in der Fassade liegenden Gipsgittern

Abb. 5. Jemenitische Ziegelfassade; Zeichnung des Maurers Abdullah al-Raudi für die Internationale Handwerksmesse, München 1997

ohne Verglasung. Darüber sind – nicht ganz regelmäßig – zehn schmälere Lichtöffnungen verteilt. – Der Brüstungsbereich des 2. Obergeschosses ist nach außen durch ein weißverputztes Ziegelornamentband aus übereck gestellten Quadraten verziert. Darüber öffnen sich sieben ungefähr quadratische Fenster mit innen liegenden Klappläden. Diese Fenster haben mit Gips überputzte Holzstürze, über denen je ein rundbogiges Gipsgitterfenster (qamariya) in einer Blendnische liegt. Zwischen den mittleren Fensterpaaren liegt außerdem je eine schmale Lüftungsöffnung mit spitzbogigem Abschluß. Diese Gruppe aus zu öffnendem großen Mittelfenster unter einem festverglasten, häufig mit farbigen Gläsern ausgeführtem Oberfenster und danebenliegenden schmalen Lüftungsöffnungen stellt eine Abwandlung der für den Wohnbereich jemenitischer Häuser allgemein üblichen Fenstergruppe dar. – Im 3. Obergeschoß wiederholt sich, leicht abgewandelt und mit anderen Achsen, die gleiche Gliederung. Außerdem kragt – auch dies ein typisches Element des Wohnbaus – ein kleiner Erker (shubaq) aus durchbrochenem Ziegelwerk zum Kühlhalten von Speisen und zur Beobachtung des Eingangs heraus. – Auch die Fassade der Samsarat al-Mansurah entspricht in der Gliederung und in den Details denen der jemenitischen Wohntürme: das weitgehend geschlossene Erdgeschoß, die Zunahme der Zahl der Fenster nach oben, die Baugruppe der Fenster, die allerdings bei Wohnbauten meist wesentlich größer sind (vgl. Abb. 1, 3), dann die Ornamentbänder im Bereich der niedrigen Brüstungen mit vorgezogenen Ziegeln und weißen Putzstreifen. Auch der Ansatz der Ornamentik an konstruktiven oder funktionalen Elementen des Baus ist eine Grundregel dieser Baukunst (Abb. 5).

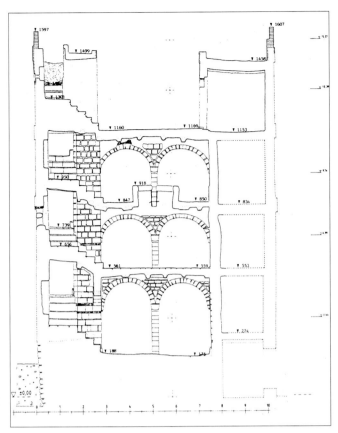

Abb. 7. Samsarat al-Mansurah; Querschnitt (J. Knütter, Büro Klessing, 1990)

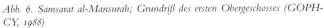

Abb. 6. Samsarat al-Mansurah; Grundriß des ersten Obergeschosses (GOPHCY, 1988)

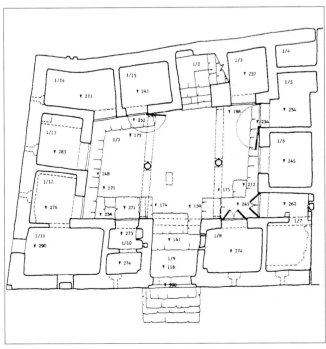

Durch den Haupteingang in der Mitte der Westfassade gelangt man in eine zentrale Halle, die sich auf jedem Stockwerk wiederholt und an deren Nordwestecke die dreiläufige, um einen dicken Pfeiler angeordnete, steile Treppe liegt (Abb. 6-8). Um diese Mittelhalle sind an allen vier Seiten die kleinen Räume des Hauses aufgereiht, deren Breite hier ca. 2 m beträgt. Während die Böden der Halle mit Steinplatten belegt sind, bestehen sie in den Räumen aus Gipsestrich, auf den in der Regel dann Strohmatten und Textilien gelegt werden. Die Wände im Inneren sind aus gebrannten Ziegeln in Lehmmörtel errichtet und mit einem freihändig aufgetragenen Gipsputz versehen, der auch die Decken aus unregelmäßigen Rundhölzern überzieht. Während das Erdgeschoß relativ dunkle und niedrige, lediglich belüftete Lagerräume enthält, zeichnen sich das 2. und 3. Obergeschoß durch größere Raumhöhen und zahlreiche Fenster in den Zimmern aus. In diesen Geschossen sind Wohn- und Schlafräume für die durchreisenden Händler anzunehmen. Im 3. Obergeschoß mit seinem offenen Innenhof anstelle der zentralen Halle befinden sich einerseits Nebenräume wie die Küche mit fest eingebautem Herd, der Waschraum und Abort, andererseits die vergleichsweise größten Wohnräume (mafraj), auch sie mit der normalen jemenitischen Fensteranordnung an den Außenfassaden, wo diese Zone durch reichere Ornamentik zusätzlich ausgezeichnet ist. Die gesamte ebene Dachfläche, die in der Höhe geringfügig differenziert und nach außen durch Brüstungen, nach innen durch knapp über die Fläche hochgezogene Wände begrenzt wird, ist in einem speziellen Estrich (qadath) aus Kalkmörtel mit Zuschlägen von Lavamehl überzogen (Abb. 8).

Abb. 8. Samsarat al-Mansurah; wiederhergestellter Qadath des Dachbereichs

Die Samsarat al-Mansurah ist also in ihrer städtebaulichen Lage, ihrer Baugestalt und ihrer Technik ein beispielhaftes Zeugnis für die traditionelle Architektur des Jemen. Zwar konnten genaue historische Daten der Hausarchitektur bisher nicht eindeutig festgestellt werden, aber schon nach literarischen Beschreibungen etwa bei Carsten Niebuhr und an Hand von Stadtmauerinschriften in Thula[11] (1123 A. H.) läßt sich die Bautradition über 250 Jahre zurückverfolgen. Doch bestimmt ja nicht allein das Alter, das sich in diesem Falle nicht eindeutig ermitteln läßt, die Bedeutung der Samsara als Baudenkmal, dazu kommen hier die städtebauliche und volkskundliche Bedeutung der Stadt Sana'a als Ganzes ebenso wie die zahlreicher anderer Städte und Dörfer im Jemen, die für jeden Betrachter offensichtlich sind.

Mit der gründlichen Kenntnis dieses zur Restaurierung vorgesehenen Baus und vor dem Hintergrund der Reiseeindrücke anderer Städte des Jemen wurde 1988 noch am Ort das Restaurierungskonzept erarbeitet, dessen Entwurf in der Handschrift Michael Petzets vorliegt. Eine günstige Voraussetzung für die Bewahrung des Denkmals war die vorgesehene Nutzung als Galerie und Künstlertreffpunkt, für die nur geringe Eingriffe in die Grundrißstruktur erforderlich waren und die dem Projekt auch später eine gewisse Publizität verschaffen würde. Auch die Finanzierung der Baukosten durch

Abb. 9. Samsarat al-Mansurah; Halle im ersten Obergeschoß

*Abb. 10. Ortseinsicht in Rad da, Jemen;
Prof. Dr. Michael Petzet, Ali Oshaish*

Mittel, die aus älteren Entwicklungsprojekten gewonnen wurden, dem sog. „counter-values-fund", war gesichert, während die aus Deutschland entsandten Experten vom Auswärtigen Amt bezahlt wurden. – Das Gastland, der Jemen, hatte – unterstützt von europäischen Ländern – bis 1988, dem Zeitpunkt der ersten Gutachterreise, bereits ein beachtliches Programm zur Verbesserung der Wohnqualität in der Altstadt aufgestellt und teilweise durchgeführt[12]. Die bereits erwähnte Sanierungsbehörde für die Altstadt von Sana'a (EOPOCS) war gegründet worden, die direkt dem Premierminister des Landes unterstand und die auch die Restaurierung der Samsarat al-Mansurah durchgeführt hat. Sie hat ihren Sitz in einem großen, einst der Herrscherfamilie des Jemen gehörenden Wohnhaus in der Altstadt selbst (Abb. 3). Die bisherigen Maßnahmen hatten Wasserversorgung, Kanalisation und die Pflasterung der bisher nur aus Lehmboden bestehenden Gassen, jedoch erst wenige Einzelsanierungen, umfaßt. Am Ende der ersten Reise wurde mit der Sanierungsbehörde eine Vereinbarung in englischer Sprache getroffen, die unter dem jemenitischen Staatswappen die Unterschriften der Chefs des Bayerischen Landesamtes für Denkmalpflege und des Sanierungsbüros für die Altstadt von Sana'a (EOPOCS), des tatkräftigen Dr. Abdul Rahman al-Haddad, trägt. Sie enthält neben der Berufung auf internationale Prinzipien der Denkmalpflege (Charta von Venedig) als Neuerungen für die jemenitische Sanierungspraxis u. a.: den Grundsatz der Substanzerhaltung möglichst auch der alten Oberflächen; die Verpflichtung, wo immer möglich, traditionelle Handwerkstechnik anzuwenden und die Maßnahme in allen Phasen aufzuzeichnen mit der ausdrücklichen Erwähnung des „Raumbuches" und des gemeinsamen „Arbeitsheftes".

Als wichtigster „entsandter Experte" wurde für die nun folgende Phase von Planung, Ausschreibung und Baudurchführung ein Architekt mit besonderer Qualifikation in der Denkmalpflege und womöglich mit Auslandserfahrung gesucht. Auf Empfehlung des Deutschen Archäologischen Instituts in Rom wurde der Architekt Jan Martin Klessing mit seinem Mitarbeiter Jörg Knütter beauftragt, die diese Voraussetzungen bestens erfüllten. Ihnen ist es gelungen, das Restaurierungskonzept des Landesamtes genauestens umzusetzen und mit den Kollegen im Jemen zu einer sehr erfolgreichen und harmonischen Zusammenarbeit zu kommen, was der Partnerarchitekt des Denkmalpflegebüros Abdul Hakim al-Sayaghi mit den dichterischen Worten umschrieb: „Der Architekt war der Dirigent eines Orchesters, das unter deutscher Leitung orientalische Musik spielte." Damit sind die Verhältnisse recht gut gekennzeichnet: Die Aufgabe des Architekten lag in der methodischen Planung, der Ausschreibung und in der Koordination der handwerklichen Vorgänge. Seine Arbeit wurde erschwert durch den Widerspruch zwischen der staatlichen Forderung nach einer modernen Ausschreibung mit Angeboten durch Generalunternehmer und der Tatsache, daß die Handwerker, die dort noch in alten Techniken arbeiten, familiär, aber nicht als Unternehmen organisiert sind. Er wurde gelöst, indem der Generalunternehmer verpflichtet wurde, alle Gewerke an nachweisbar entsprechend qualifizierte Handwerker zu vergeben. Dazu wurden im voraus detaillierte Leistungsverzeichnisse mit eingehender Darstellung aller Handwerkstechniken angefertigt, die auf diese Weise erstmals genau beschrieben wurden. Die dazu erforderlichen Kenntnisse brachten die jemenitischen Kollegen ein. – Die Beschreibung der Maßnahme, die vom Herbst 1991 bis April 1993 dauerte, soll hier nicht wiederholt werden. Sie war von genauen Aufzeichnungen aller Schritte durch den Architekten begleitet; in mehreren Gesprächen in München und bei einer weiteren Ortsbesichtigung während der Bauarbeiten im Dezember 1991 wurden konservatorische Fragen geklärt. Den Abschluß bildete ein gemeinsam verfaßtes, 1995 erschienenes dreisprachiges Arbeitsheft, das die Maßnahme selbst sowie ihre denkmalpflegerischen und technischen Aspekte und Prinzipien auch im Jemen bekannt machen wird.[13]

Schon während des Bauvorgangs zeigte sich als positiver Effekt, daß einige Handwerker, deren inzwischen selten gewordene Fähigkeiten allmählich sogar ihnen selbst als obsolet erschienen, neuen Mut faßten, weil sie an so zentraler Stelle der Hauptstadt und mit großer Publizität erneut zur Geltung kamen. Es ist zu hoffen, daß auch die internationale Aufmerksamkeit, die das jemenitische Bauhandwerk 1997 auf der Handwerksmesse in München erfuhr, diesen Effekt verstärken wird (Abb. 5)[14]. Mit der Restaurierung der Samsarat al-Mansurah in Sana'a wurde über die Erhaltung eines Baudenkmals hinaus der Wert und die heutige Anwendbarkeit traditioneller Handwerksverfahren demonstriert. In Sana'a ist das Altstadtsanierungsbüro, das zunächst nur für Sana'a gegründet worden war, unter dem neuen Namen „General Office for the Preservation of Historic Cities of Yemen (GOPHCY)" jetzt für das ganze Land zuständig, so daß die Hoffnung berechtigt ist, daß Prinzipien und Erfahrungen der Denkmalpflege des Bayerischen Landesamtes sich von Sana'a aus weiter in der Arabia felix verbreiten werden.

Anmerkungen

1 Heinz Strehler, *Die Vermessung der sogenannten Memnonskolosse von Theben (West)*, in: Jahrbuch der Bayerischen Denkmalpflege, 1990, München 1995, S. 186-200.
2 Heinz Voth, *Zeichen der Erinnerung*, 1986, S. 268 ff.
3 *Charta von Venedig 1964*, abgedruckt in: Michael Petzet, Grundsätze der Denkmalpflege, ICOMOS, Hefte des Deutschen Nationalkomitees, X, 1992, S. 45. – Michael Petzet, *The test of authenticity ...*, in: K. E. Larsen (Hrsg.), Nara Conference on Authenticity, 1994, ICCROM u. ICOMOS (1995), S. 85 ff. – Ders., *„Nicht nur historische Dokumente konservieren, sondern Monumente pflegen"*, in: U. Rempert u. a. (Hrsg.), Festschrift Magirius, 1985, S. 541 ff. – Document of Nara: ICOMOS-News 1994, S. 17 ff.
4 Siehe Katalog „Exempla 1997", Peter. Nickl (Hrsg.), Bayerische Handwerkskammer, S. 10-21.
5 Michael Petzet/W. Koenigs (Hrsg.), *Sana'a. Die Restaurierung der Samsarat al-Mansurah*, ICOMOS, Hefte des Deutschen Nationalkomitees, XV und Arbeitshefte des Bayerischen Landesamtes für Denkmalpflege, Bd. 70, München 1995.
6 W. Daum (Hrsg.), *Jemen*, Ausstellungskatalog 1987.
7 K. Weidemann, *Könige aus dem Jemen*, Mainz 1983.
8 M. B. Laue, *Sana'a. Pilot restauration projects*, hrsg. von GOPHCY. UNDP-UNESCO YEM/88/006, 1991.
9 H. Kopp/E. Wirth, *Tübinger Atlas des Vorderen Orients*, Blatt A IX 9.7. „Sana'a", 1986.
10 H. Kopp/E. Wirth, *Beiträge zur Stadtgeographie von Sana'a*, 1990. – V. Höhfeld, *Städte und Städtewachstum im Vorderen Orient*, 1984.
11 J. Golvin/M. C. Fromont, *Thula*, Paris 1984.
12 Laue (wie Anm. 8).
13 Petzet/Koenigs (wie Anm. 5).
14 Nickl (wie Anm. 4).

Weitere Literatur

F. Varanda, *Art of Building in Yemen*, Cambridge, Mass. 1982
R. B. Serjeant/R. Lewcock (Hrsg.), *Sana'a, an Arabian Islamic City*, London 1983
R. Lewcock, *The old walled city of Sana'a*, UNESCO (Hrsg.), 1986
W. Lingenau, *Die Erhaltung des Altstadtmarktes von Sana'a*, Diplomarbeit an der Technischen Universität Hamburg-Harburg, 1990

Abbildungsnachweis

W. Lingenau: *Abb. 1, 3* (1988)
J. M. Klessing: *Abb. 2* (1993), *Abb. 8* (1993)
J. Knütter: *Abb. 4* (1993, nach Meßphoto Verfasser 1988)
Abdullah al Raudi: *Abb. 5*
Gophcy: *Abb. 6* (1988)
J. Knütter, Büro Klessing: *Abb. 7* (1990)
Verfasser: *Abb. 9, 10* (1988)

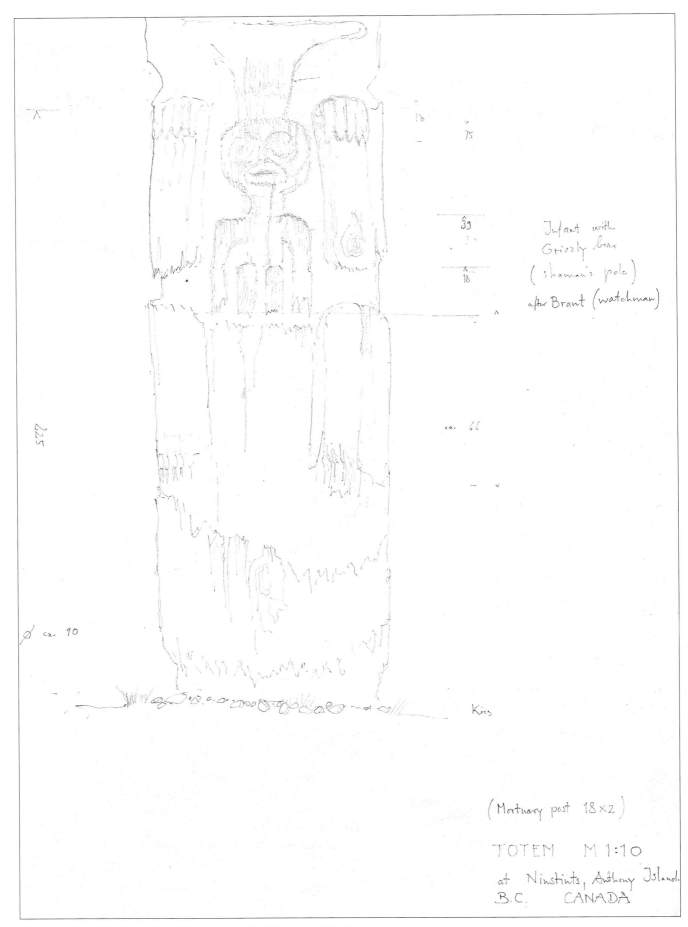

Abb. 1. Bucht von Ninstints, Anthony Island; Totem 18X2 (Zeichnung H. Strehler)

Heinz Strehler
Totems – ein Besuch bei Nr. 5 der „World-Heritage-Liste"
Bauforschung als Erlebnis

Der Arbeitstag eines Bauforschers des Bayerischen Landesamtes für Denkmalpflege beginnt häufig im Dunkeln. Irgendwo in Bayern, z. B. in der Stadt Eichstätt, plant der Besitzer eines großen Bürgerhauses die Erweiterung seiner Geschäftsräume. Er hat das seit vielen Jahren leerstehende, angrenzende und denkmalgeschützte Nachbarhaus erworben und will es in die Neunutzung mit einbeziehen. Der zuständige Gebietsreferent informiert den Bauforscher, in diesem Haus werden alte Kelleranlagen vermutet. Der Weg dorthin ist, das stellt sich bei einem ersten Ortstermin heraus, nicht leicht. Meterhohe Stapel von Paletten mit Lagerbeständen, alte, nicht mehr genutzte Regale und Möbel blockieren den Kellerabgang. Mit zwei Kabeltrommeln muß über 50 m weit vom Hauptgebäude her der Anschluß für Licht gelegt werden, eine brüchige Holztreppe führt steil hinab in zwei große dunkle Kellerräume. Jetzt, im Licht des Scheinwerfers, erkennt man in den Seitenwänden alte Lichtnischen, das Tonnengewölbe aus hellen Kalksteinquadern besitzt noch die Schalungsabdrücke aus der Zeit der Einwölbung. Die beiden durch einen niedrigen Quergang verbundenen Keller mit fast sakralem Raumcharakter lassen sich unschwer in das 15., vielleicht noch 14. Jahrhundert datieren. In wenigen Tagen muß diese bisher nahezu unveränderte Situation exakt dokumentiert werden: Nach dem Umbau befinden sich hier fast klinisch saubere Neben- und Heizungsräume des neuen Geschäftshauses.

Die Nachricht, daß in Kürze der Chor einer Pfarrkirche, z. B. in Geisenfeld, Lkr. Pfaffenhofen a. d. Ilm, für eine Dachsanierung eingerüstet wird, zwingt den Bauforscher für ein paar Tage auf ein zugiges Gerüst. Bisher unzugängliche Teile der Traufe und der Maßwerkfenster lassen sich jetzt zeichnerisch festhalten, die Fußpunkte des gotischen Dachwerks können vor einer meist sehr gründlichen Erneuerung in ihrem ursprünglichen Bestand noch einmal dokumentiert werden.

Die meist schnell fortlaufenden Sanierungs- und Umbauarbeiten an einem großen ehemaligen Schloß, z. B. in Sulzbach-Rosenberg in der Oberpfalz, erfordern auch immer wieder neue begleitende Einsätze eines Bauforschers. Hinter dicken Putzschichten jüngerer Umbauten zeugen – seit einigen Tagen teilweise freiliegende – Fachwerkwände mit alten Bemalungsresten von längst vergangenen Raumnutzungen früherer Jahrhunderte. Auch hier bleiben nur wenige Tage Zeit, um wenigstens diese Fragmente im Maßstab 1:25 zeichnerisch zu erfassen: Alltag für einen Bauforscher, er müßte überall gleichzeitig sein. Dieser Alltag ist kräftezehrend, aufreibend für Körper und Geist, verlangt nach Regeneration.

In einem Land, das im Norden begrenzt wird von den stürmischen Regionen der Beaufort-See, im Osten von den unendlichen Weiten der Northwest Territories, im Süden von den zerklüfteten Gebirgsregionen der Coast-Range und im Westen von den unendlichen Wäldern Alaskas, liegt das Yukon Territory, Kanadas rauheste Gegend. Eine Region, wo ein Bauforscher endlich wieder tief Luft holen kann, auf einsamen Urwaldflüssen, begleitet von Grizzly-Spuren am Ufer, lautlos kreisenden Adlern und dem nächtlichen Geheul von scheuen Wölfen. Leider bleiben hier, wie immer, nur wenige Tage zur Verfügung, um Körper und Geist wieder fit zu machen für feuchte Keller und zugige Kirchtürme im fernen Bayern. Dieses Land ist ein Eldorado, etwas „Vergoldetes" für Menschen, die hier eine Natur er- und begreifen wollen, wie sie anderswo auf der Erde fast nicht mehr vorhanden ist. Wer selbst einmal an den Ufern der glasklaren Pelly-Lakes mit unberührten Bergketten im Hintergrund stand, weiß, was gemeint ist.

Für Bauforscher gibt es hier nichts oder fast nichts zu holen. Die Ureinwohner dieses Landes, Indianer von den Stämmen der Kutchin, Hare und Tutchone, haben so gut wie keine gebaute Kultur hinterlassen, wenige Bodenfunde von einfachen Werkzeugen, Schmuckstücken usw. werden von den kanadischen Archäologen in die Zeit um ca. 10 000 v. Chr. datiert. In diesem Land mit endlosen Wäldern haben frühere Bewohner ihre Siedlungen und Kultstätten überwiegend aus Holz gebaut, die rauhe Natur hat davon so gut wie nichts übriggelassen. Die jetzigen Einwohner dieser nördlichen Regionen, meist Nachfahren von Abenteurern, die um 1898/99 der berühmte Goldrausch in das Land gespült hat, bevorzugen aus praktischen Gründen eine Baukultur, wie sie überall im nördlichen Amerika zu finden ist: eine bunte Mischung aus „cabins" im Fast-Food-Look und überdimensionale Werbe- und Werkzeugkisten, aufgereiht an parallelen First-, Second- oder Third-Streets. Hier gibt es nichts zu entdecken für einen Bauforscher.

Neben dem großen, modernen Gebäude der Regierung des Yukon-Territory in Whitehorse, der Hauptstadt, steht einer hoher, bunt bemalter Holzstamm (Abb. 1): „It's a totem pole", sagt mir mein kanadischer Freund. Er ist genauso bunt wie alle diese großen Reklameschilder der Umgebung, hinter denen sich die Läden, Büros, Souvenirshops verstecken. Was ist ein Totem? Abends kommen dann Kindheitserinnerungen, Karl-May-Geschichten, Marterpfähle, Totempfähle. Irgendwo findet auch hier ein Bauforscher ein Stück Papier, ein Meßgerät: Der Totem muß wenige Tage vor der Rückreise auf's Papier, das Interesse ist geweckt. Es ist jetzt schon ziemlich kalt, an einem der letzten Septembertage, das Zeichnen mit klammen Fingern bringt unerwartete, ungewohnte Schwierigkeiten. Alles ist rund an diesem Totem, es gibt so gut wie keine geraden Kanten, an diesen großen Augen, Fratzen und rätselhaften Tiersymbolen. Was bedeuten sie? Zuhause, wieder in verwinkelten, kleinen Bürgerhäusern in Augsburg, in oberbayerischen Pfarrkirchen mit teilweise freigelegten Vorgängerbauten oder in Resten von verlassenen Bauernhäusern, denen sich bedrohlich moderne Neubauten nähern, kreisen die Gedanken wieder um Totems. Der Bauforscher will jetzt mehr wissen. Es folgen langwierige Recherchen über den gezeichneten Totem. Die Spur zu dem Künstler, der ihn angefertigt hat, führt nach Beaver-Creek, einem kleinen Dorf an der Ostgrenze Alaskas. Dann wartet auf den Bauforscher eine herbe, unerwartete Enttäuschung. Erst jetzt erfährt er, daß dieser Totem nur ein Geschenk des Künstlers an die Regierung ist, die damit Touristen neugierig machen und anlocken will. Hier, im Landesinnern, gab es nie solche Totems. Das Ursprungsgebiet dieser Kultfiguren liegt an der regnerischen, sturmgepeitschten Küste Westkanadas und des südlichen Alaskas.

Der eigentliche Begriff „Totem"[1] wird urspünglich als Handzeichen nordamerikanischer Häuptlinge erklärt, ein Handzeichen als Ersatz einer Unterschrift, da diese Stämme und Völker keine eigene Schrift entwickelten und all ihre Tradition nur mündlich überlieferten. Erst später wird diese Bezeichnung auf die großen Kultfiguren übertragen. Es würde in diesem kurzen Beitrag zu weit führen, alle Ursprünge und Zusammenhänge der nordamerikanischen Religionen mit ihren bildhaften Ausdrucksformen beschreiben zu wollen. Ein Totem bezeichnet im nordwestlichen Amerika im weitesten Sinn die geistig-mystische Verwandschaft eines einzelnen Stammes oder Clans mit einem als Gott verehrten Tier, z. B. dem Adler, dem Raben oder dem mächtigen Killerwal. Diese Beziehung hat ihre Wurzeln schon in den jeweiligen Stammesahnen und findet ihren bildhaften Ausdruck in einem großen geschnitzten und bemalten Holzpfahl, ähnlich einem europäischen Stammeswappen. Das Totemtier darf nicht gejagt oder gegessen werden, nach dem Tod kann man dessen Kraft, Stärke oder Weisheit erwerben und unsterblich werden.

Die frühesten Berichte von religiös verehrten Kultfiguren aus Stein oder Holz brachten die ersten Entdecker und Weltumsegler des 15./16. Jahrhunderts mit. Erste genauere Nachrichten darüber erschienen im 18. Jahrhundert. Der englische Kapitän James Cook war wohl mit der erste Europäer, der auf seiner dritten Entdeckungsreise, die er zwischen 1776 und 1779 im Auftrag der englischen Krone unternahm, auch die Ureinwohner an der nordamerikanischen Westküste besuchte und in seinen Tagebüchern folgende Notiz hinterließ: „Große Bildnisse: am oberen Ende eines großen Teils jener Wohnstätten ragen zwei oder drei große Statuen, welche im Abstand von drei oder vier Fuß nebeneinander aufgestellt waren. Sie zeigten eine gewisse Ähnlichkeit mit einer menschlichen Figur, waren aber dabei von monströser Größe. Sie nannten sie ‚Acwecks', welches soviel bedeutet wie Oberster oder Häuptling."[2]

Bei seinen Nachforschungen fiel dem Autor eine Postkarte in die Hand (Abb. 2). Sie zeigt viele Totems, die, von der harten Natur, von Sonne, Regen und Stürmen, angegriffen, am Ufer einer Bucht stehen, geneigt, wankend, wie übriggebliebene Soldaten nach einer verlorenen Schlacht. Die Karte nennt einen Ort namens Ninstints[3] auf den Queen-

Abb. 2. Canada, British Columbia, Queen Charlotte Islands; Bucht von Ninstints auf Anthony Island mit Ensemble von Totems

Abb. 3. Bucht von Ninstints auf Anthony Island; Totem 6M

Charlotte-Inseln; die Totems sind als „world-heritage" bezeichnet. Als Mitglied des International Council on Monuments and sites (ICOMOS) findet der Bauforscher den Ort auf der ICOMOS-Karte „The World-Heritage" als Nr. 5: Anthony Island (Can).[4] Die Insel gehört zu einer fernen Inselgruppe westlich von British-Columbia und südlich von Alaska. Es gibt jetzt kein Zurück mehr, der Bauforscher muß dorthin, ein Jahresurlaub wird verplant. Es folgen endlos lange Vorbereitungen, Telefonate, Briefe, selbst der kanadische Freund weiß so gut wie nichts über diese Inseln und ihre Totems. Eines steht bald fest, die Reise dorthin wird schwierig und sehr teuer.

Nach der Ankunft in Vancouver lassen sich die weiteren Schritte konkretisieren. Ninstints liegt auf der südlichsten Insel, etwa 300 km südlich von Queen-Charlotte-City, der Hauptstadt dieser Inselgruppe. Diese Insel ist nur mit dem Schiff erreichbar, aber es gibt keinerlei regelmäßige Verkehrsverbindungen; es soll in der Nähe eine verlassene ehemalige Walfangstation geben. Nach zwei Tagen Fahrt, Tag und Nacht quer durch British-Columbia sind wir in Prince-Rupert an der Küste. Eine Fähre bringt unser Auto, zwei Seekajaks und uns nach Queen-Charlotte-City. Von hier starten normalerweise die Besucher von Ninstints und kämpfen sich mit dem Kajak die windgeschützte Ostküste entlang, wenn das Wetter gut ist, in etwa zehn Tagen. Soviel Zeit haben wir leider nicht. Ein eigens gechartertes Wasserflugzeug bringt uns in zwei Stunden nach Rose Harbour, der verlassenen Walfangstation. Dreimal versuchen wir von hier aus die schmalste Stelle zur Insel, ca. 5 km offenen Pazifik, zu überwinden, aber Regen, stürmische Winde und eine bis zu drei Meter hohe Dünung machen jeden Versuch zu einem lebensgefährlichen Ausflug. Müssen wir enttäuscht aufgeben, fünf Kilometer vor dem Ziel? Doch wir schaffen es noch: Ein Motorboot bringt uns hinüber. Bei hohem Wellengang und eisigem Wind jagen wir, angeseilt und in Schwimmwesten vermummt, nach Ninstints. Ein kleiner, ca. 4 km langer und 2 km breiter Fels im Meer: Das ist Anthony Island, die Westseite seit Jahrtausenden von Brechern angegriffen und zerklüftet. In einer wunderschönen, sich nach Südosten öffnenden Bucht mit feinem Kiesstrand steht sie, die wankende Geisterarmee der Totems von Ninstints, auf parkartigem Grasboden; im Hintergrund undurchdringlicher Urwald, die Äste vom Wind zerzaust und dicht mit Flechten behangen: ein wahrhaft gespenstischer Ort. Die unheimliche Stille wird nur gelegentlich durch die Schreie großer, schwarzer Raben (sea-ravens) unterbrochen. Ebenso lautlos tauchen aus dem Wald zwei große, schlanke Männer auf, modern gekleidet. Es sind die „watchmen", Nachfahren der einst hier heimischen Haida-Indianer, die den Ort (im Sommer) eher symbolisch bewachen. Bedingt durch die eher isolierte Lage ihres Lebensraumes, ist die Kultur der Haida in verschiedener Hinsicht außergewöhnlich. Sie stellt eine markante Ausformung der Kultur der Nordwestküsten-Indianer dar. So galten die Haida als die besten Kanubauer (Abb. 7, 12), und ihre Totempfähle waren in der spezifischen Form ihrer Bestattungspfähle einzigartig.[5]

Abb. 4. Bucht von Ninstints auf Anthony Island; Totem 9M1

Abb. 5. Bucht von Ninstints auf Anthony Island; Totem 14 X 2

Von Süden her jagen wieder dunkle Wolken heran, der Bootsführer gewährt uns eine Stunde, dann müssen wir zurück, im Sturm ist auch im Schlauchboot die Überfahrt ein Risiko. Der Eindruck dieses verlassenen Ortes ist so überwältigend und rätselhaft, der vorgegebene Zeitdruck aber zwingt den Bauforscher ohne Vorbereitung zum sofortigen Zeichenbeginn: Jede Sekunde ist kostbar. Die Zeichengeräte werden durch die notwendige Verpackung in einem kleinen, wasserdichten Seesack auf einen Meterstab, Lot und eine DIN A 3-Metallunterlage reduziert. Als erstes Blatt entsteht Totem Nr. 6 M (Abb. 3, 8)[6], ein memorial-pole, einer der beiden großen Hauptgruppen von Totems. Er zeugt vom Schicksal ertrunkener Haida-Krieger, erklärt ein watchman. Der untere Teil besitzt einen Durchmesser von ca. 85 cm, man kann noch ein menschliches Gesicht mit einer heraushängenden Zunge erahnen, die linke Totemseite ist von einem angewachsenen Baum, der über dem Totemkopf abgesägt wurde, wieder befestigt, der eigentliche Totem ist stark verwittert und zerfressen, der obere Teil abgefault. Totem Nr. 9 M 1 (Abb. 4, 9) ist ebenfalls ein „memorial-pole", dieser ist an der Rückseite durch ein hohes, schlankes Aluminiumrohr abgestützt. Über dem noch erkennbaren Kopfende ist an der linken Körperseite die Fluke eines Killerwales erkennbar, das eigentliche Gesicht „may be a grizzly", erklärt der watchman. Totem Nr. 14 X 2 (Abb. 5, 10) zeigt fragmentarisch einen Adler mit dem Gesicht eines Häuptlings, im Sockel ist unterhalb des Adlers ein weiteres Gesicht erkennbar. Totem 18 X 2 (Abb. 1) ist ein sogenannter mortuary-pole, die andere große Hauptgruppe. Er soll an besonders verdienstvolle Häuptlinge oder Stammesmitglieder erinnern. Sein Basisdurchmesser beträgt ca. 90 cm, ca. 2,20 m über dem Boden kann man die hockende Figur eines Kindes erkennen, rechts und links von den Tatzen eines Grizzlys flankiert. An wenigen wettergeschützten Partien des Totems ist zu erkennen, daß die figürlichen Darstellungen auf dem Holz mit einem sehr scharfen Gegenstand vorgeritzt (?) wurden; die Begrenzungslinien sind dünn wie Menschenhaar und sehr exakt. Farbspuren oder Bemalungsreste waren an den vom Boden aus einsehbaren Bereichen nicht (mehr) vorhanden. Daß einige Totems aufwendiger als andere geschnitzt sind, zeugt vom Reichtum der auftraggebenden Familie, denn die Schnitzer mußten für ihre Arbeit ausreichend bezahlt werden. An anderen Orten ist auch zusätzlicher Schmuck durch getriebene, aufgenagelte Kupferplatten nachgewiesen. Interessant ist dabei, daß Totems mit Grizzly-Darstellungen von eingewanderten Festland-Indianern geschaffen worden sein müssen, auf den Queen-Charlotte-Inseln hat es angeblich nie Bären gegeben.

Die Totems von Ninstints sind heute die letzten Relikte eines früheren, größeren Dorfes. Annähernd halbkreisförmig angeordnet, öffneten sich die Wohnstätten zur wind- und

Abb. 7. Kunghit Island, Rose Harbour; unvollendetes Kanu

Abb. 6. Bucht von Ninstints auf Anthony Island; Eckpfosten des Montain House Nr. 12

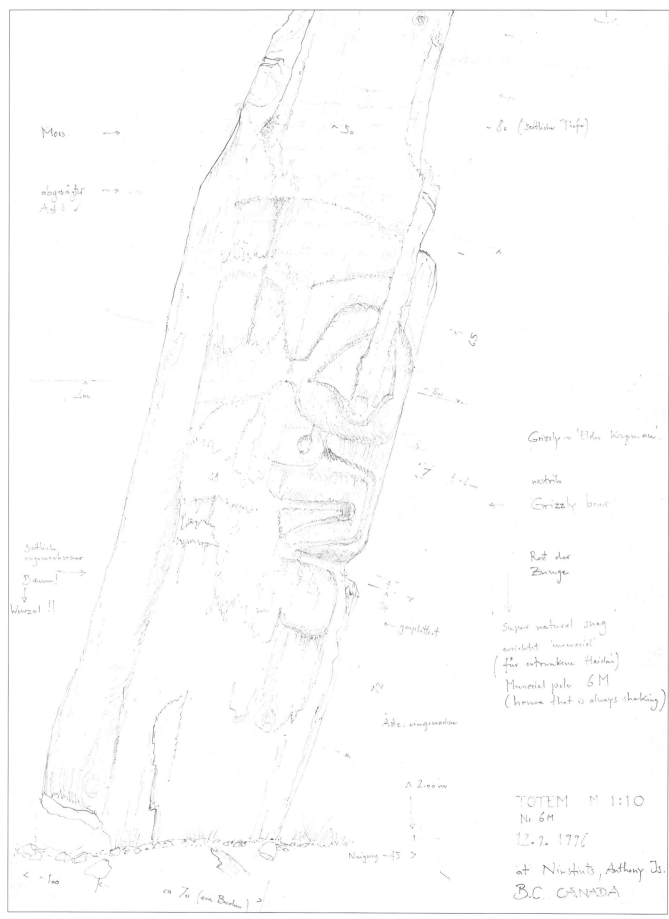

Abb. 8. Bucht von Ninstints auf Anthony Island; Totem 6M (Zeichnung H. Strehler)

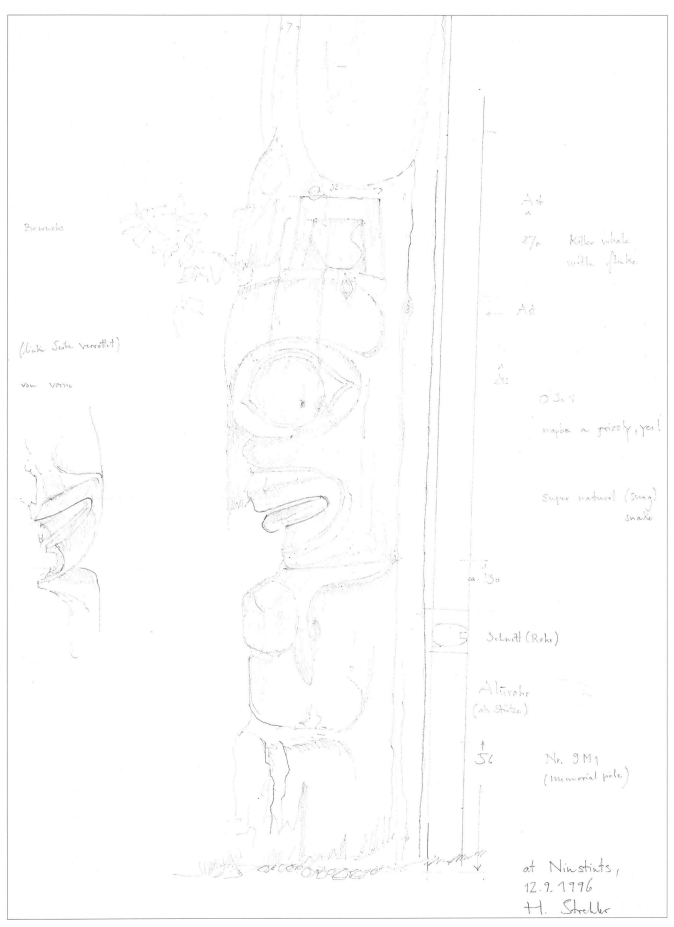

Abb. 9. Bucht von Ninstints auf Anthony Island; Totem 9 M1 (Zeichnung H. Strehler)

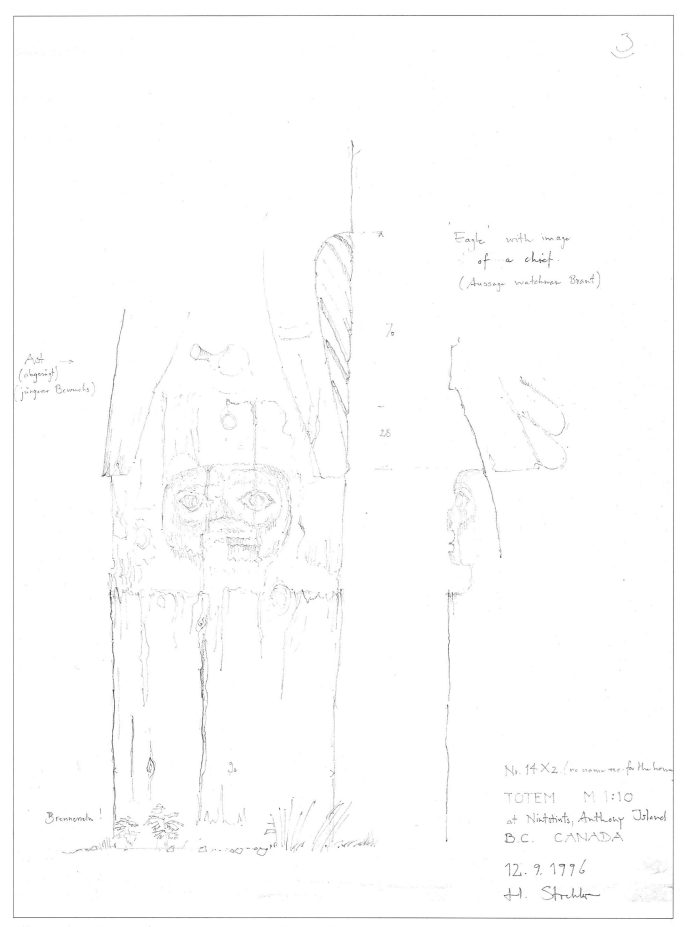

Abb. 10. Bucht von Ninstints auf Anthony Island; Totem 14 X 2 (Zeichnung H. Strehler)

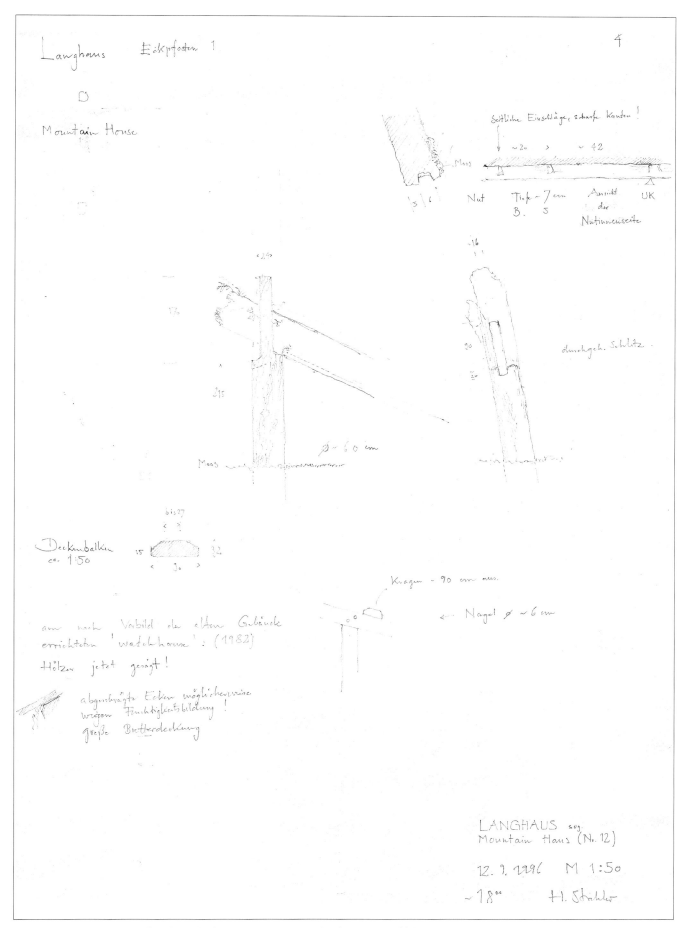

Abb. 11. Bucht von Ninstints auf Anthony Island; Montain House Nr. 12 (Zeichnung H. Strehler)

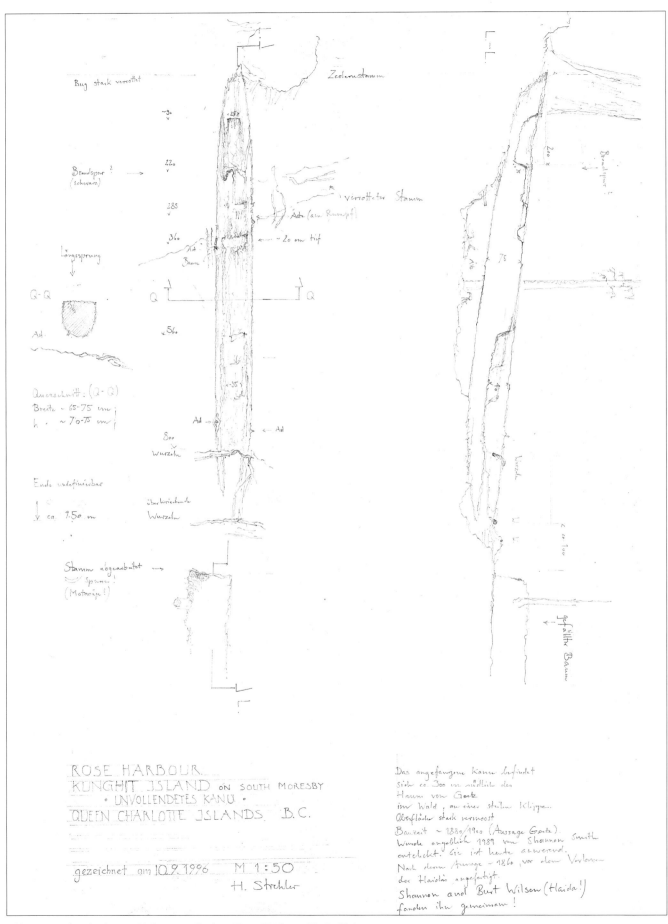

Abb. 12. Kunghit Island, Rose Harbour; unvollendetes Kanu (Zeichnung H. Strehler)

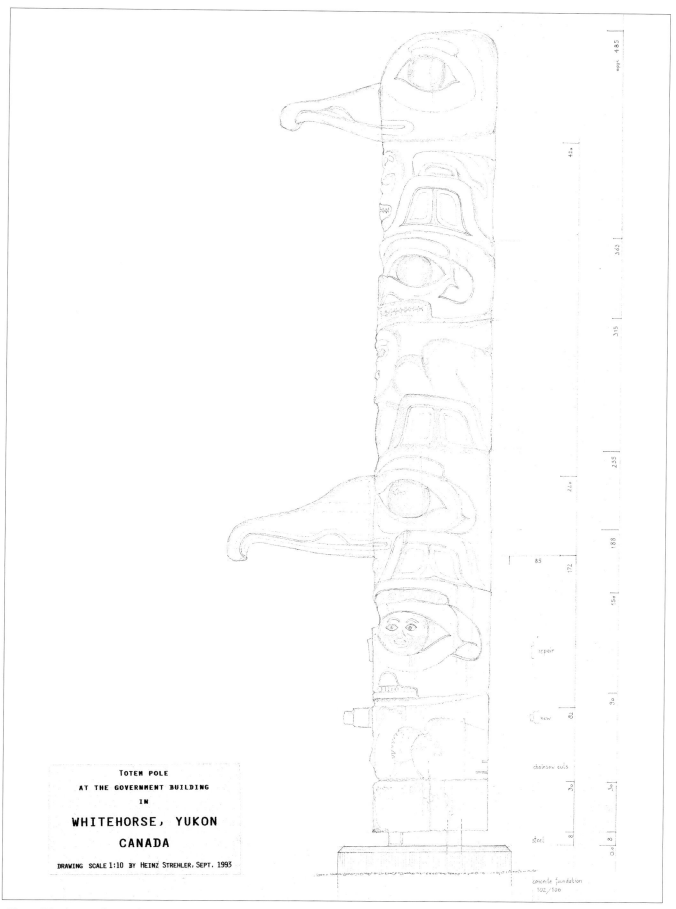

Abb. 13. Whitehorse, Yukon; moderner Totem in traditioneller Formensprache, von oben nach unten: Donnervogel (thunderbird), Wolf (wolf), Rabe (raven); 1973 von Stan Peters, einem „native artist" geschnitzt (Zeichnung H. Strehler)

wettergeschützten Bucht hin. Die Indianer der Nordwestküste waren längst seßhaft geworden und bewohnten in Großfamilien sehr massiv gebaute Holzhäuser mit meist rechteckigen Grundrissen von bis zu 12 m Seitenlänge. Ein Hausfragment auf Ninstints, Haus Nr. 12 (Abb. 6, 11), das sog. „mountain house", erlaubt eine konstruktive Beschreibung dieser einstigen Wohnbauten. Vier runde Eckpfosten von bis zu 60 cm Durchmesser bildeten das Grundgerüst. Als Holz wurde nur die einheimische Zeder, ein Baum aus der Zypressenfamilie verwendet. Diese Eckpfosten waren etwa 2,50 m über dem Gelände rechteckig zugebeilt mit einem hier eingearbeiteten hohen, etwa 16 cm breiten und bis zu 90 cm hohen Längsschlitz, der von Ecke zu Ecke einen durchgehenden Giebelträger aufnahm. In der Giebelmitte steckten diese hochrechteckigen Hölzer in einem „frontal pole", der auf der Eingangsseite reich geschnitzt war und die Symbole der hier wohnenden Familie zeigte; er überragte das eigentliche Wohnhaus um viele Meter. Die Seitenwände aus breiten, vertikal angeordneten Brettern steckten in einer durchgehenden Nut von ca. 6/6 cm Querschnitt an der Unterseite des oberen Randbalkens bzw. der Giebelträger. Auf diesen Holzträgern lagerten von Giebel zu Giebel durchlaufend weitere Balken mit den beachtlichen Querschnitten von ca. 32/90 cm auf, die die eigentliche Dachdeckung, einfache Bretter[7], trugen. Von diesem Dorf auf Anthony Island ist so gut wie nichts übriggeblieben, die wenigen noch erkennbaren Hausfragmente kann man nur im Zusammenhang mit Rekonstruktionszeichnungen verstehen.

Die Totems von Ninstints werden dasselbe Schicksal erfahren, wenn sie nicht vor Wind und Wetter geschützt oder anderweitig konserviert werden. Erste Schutzabdeckungen wurden von den Haida-Nachfahren wieder entfernt. „Sie werden vergehen", sagte ein watchman dem Bauforscher aus Bayern, der mit mückenzerstochenen Händen ein paar Zeichnungen von Ninstints in den wasserdichten Seesack und in die Erinnerung packt.

Anmerkungen

1 *Meyers Großes Konservationslexikon*, Leipzig/Wien 1908, Bd. 19, S. 634.
2 *Captain James Cook, Entdeckungsfahrten im Pazifik. Die Logbücher der Reisen 1768-1779*, Erdmann Verlag, 1971, S. 336 (betrifft Dienstag, den 22. April 1778).
3 Ninstints von Nan stin', He, Who is two, ehem. Häuptling.
4 Seit dem 27. November 1981 in die Liste der World Heritage eingetragen.
5 Vgl. M. Bruggmann/P. Gerber, *Indianer der Nordwestküste*, 1987.
6 Numerierung nach einem Gesamtgrundriß der Anlage.
7 Zahlreiche Details dieser „ehem." Dörfer können an den sehr detailliert gebauten Modellen im „Royal Museum of British Columbia" in Victoria betrachtet werden.

Abbildungsnachweis

Jerry Kobalenko, Natural Color Productions New Westminster, B.C.: *Abb. 1*; alle übrigen Photos und Zeichnungen vom Verfasser.

Michael Kühlenthal

Die Restaurierung der Restaurierungen

Die Tatsache, daß ein Generalkonservator, der ein Vierteljahrhundert lang der bayerischen Denkmalpflege vorgestanden und sie in entscheidendem Maße geprägt hat, im Begriff ist, in Ruhestand zu treten und dieses Ereignis fast noch mit einer Jahrtausendwende zusammenfällt, fordert geradezu auf, darüber nachzudenken, was sich in diesem Zeitraum auf dem Gebiet der Restaurierung abgespielt hat: Wie sich der heutige Standort beschreiben läßt; ob es Unterschiede zu den siebziger Jahren gibt und worin sie möglicherweise bestehen; ob Fortschritte erzielt worden sind; ob wir uns über die Entwicklung freuen können oder nicht. Es ist schwierig, einen Zeitraum zu beschreiben, der am Anfang und Ende offen, durch keine einschneidenden historischen Fakten begrenzt ist. So sucht man nach Zielvorstellungen, die das restauratorische Geschehen in diesem letzten Jahrhundertviertel bestimmt haben könnten und vorher vielleicht weniger wichtig gewesen sind. Man stößt auf Begriffe wie „historische Substanz", die im amtlichen Sprachgebrauch immer intensiver verwendet wurden. Es traten Forderungen nach Befunduntersuchung und Dokumentation auf, die viel Ärger verursacht haben und in der Zeit vor und nach dem Zweiten Weltkrieg nicht in dem Maße erhoben worden sind. Man hat sich über Authentizität Gedanken gemacht oder Reversibilität gefordert und gleichzeitig überlegt, ob dies überhaupt möglich ist. Die Naturwissenschaften haben bei der Vorbereitung und Durchführung von Restaurierungen eine immer größere Rolle gespielt. Man hat neue Techniken entwickelt und alte Methoden verteufelt, neue Materialien verwendet und andere verworfen. Vor allem aber ist es ein Gebot gewesen – „konservieren, nicht restaurieren" –, welches Georg Dehio am Anfang unseres Jahrhunderts 1905 in seiner oft zitierten Rede zu Kaisers Geburtstag formuliert hat[1] und das nun im letzten Jahrhundertviertel erst wieder aufgegriffen und, aus seinem ursprünglichen Sinnzusammenhang gelöst, zu einem „Schlachtruf" der Denkmalpflege hochstilisiert worden ist, obwohl sich schon Gegenstimmen gemeldet hatten, welche die generelle Anwendung „beneidenswert einfältig" fanden.[2] Dehio hat wortwörtlich eine Forderung Camillo Boitos „conservare, non restaurare"[3] übernommen und sich damit unter anderem auch französischen und englischen Vordenkern wie Viktor Hugo, A. N. Didron, J. B. Lassus, John Ruskin und William Morris angeschlossen,[4] welche den schöpferischen Umgang mit historischen Gebäuden ablehnten und in der Bewahrung des geschichtlichen Zeugnisses die Hauptaufgabe sahen. Seine Rede handelte „Von Denkmalschutz und Denkmalpflege im 19. Jahrhundert"[5]. Er wandte sich – um das nochmals in Erinnerung zu rufen – gegen das Restaurationswesen, das „Restaurierungswesen" des 19. Jahrhunderts im Sinne von „Erneuerung schadhafter und der Ergänzung zerstörter Bauteile", einer „gründlichen Stilreinigung und Stilverbesserung",[6] kurz der irreversiblen Purifikation eines Baudenkmals und damit der Zerstörung seiner vielfältigen historischen Dimensionen. Nur so ist seine Äußerung in derselben Rede verständlich: „Die Kunstwissenschaft ist heute darin einig, das Restaurieren grundsätzlich zu verwerfen"[7], eine Äußerung, die heute ohne diesen Hintergrund absolut unverständlich wäre. Trotzdem hat Dehios als Gebot formulierter Satz nach der Zeit des Wiederaufbaus, des Baubooms, des Wirtschaftswunders, der Verherrlichung des „neuen Glanzes" in den Jahrzehnten nach dem Zweiten Weltkrieg das Denken zumindest wieder in eine andere Richtung gelenkt: nämlich sich mehr auf den Erhaltungsauftrag der Denkmalpflege zu besinnen, als Veränderung zu betreiben.

Der Forderung Dehios ist es allerdings so wie anderen Zielvorstellungen in der Theorie der Denkmalpflege des letzten Jahrhundertviertels auch gegangen: Sie hat in die richtige Richtung gewiesen, ohne aber in der restauratorischen Praxis vollinhaltlich umsetzbar zu sein. Konservatorische und restauratorische Maßnahmen im heutigen Wortsinn lassen sich begrifflich, aber nicht praktisch ohne weiteres voneinander trennen, und außerdem erscheint es bei dem auf uns überkommenen Zustand vieler Kunstwerke oft fraglich, ob – ganz bewußt provokant formuliert – eine Konservierung überhaupt vertretbar ist.

Das Bemühen um die Bedeutung und begriffliche Festlegung von Konservierung, Restaurierung und Renovierung[8] hat dazu geführt, daß oft nur mehr von Konservierung/Restaurierung die Rede gewesen ist. Dies trifft zwar fachlich den Kern der Sache, ist aber umständlich und nicht unbedingt nötig. Eine begriffliche Unterscheidung braucht zu keinen Spitzfindigkeiten zu führen. Es genügt, den überwiegenden Charakter einer Maßnahme mit einem Wort – allerdings dem richtigen Wort – zu umschreiben. Und restauratorische Maßnahmen schließen ohnehin in den allermeisten Fällen eine Konservierung durch Reinigung oder Stabilisierung mit ein.

In der Diskussion wurde jedoch häufig übersehen, daß – was viel wichtiger ist – Architekturoberflächen und Innenräume genauso wie Ausstattungsstücke und Skulpturen, die heute zur Restaurierung anstehen oder in den letzten Jahrzehnten restauriert worden sind, nur mehr selten in ihrem ursprünglichen Zustand oder einer späteren überzeugenden historischen Redaktion überliefert sind. Häufig tragen sie – Kirchenräume stets – Fassungen unseres Jahrhunderts, die ihrerseits schon die zweite oder dritte Überarbeitung sind. Der Veränderungsdruck, der vom jeweiligen Zeitgeschmack und Stilwollen auf die Kunstwerke ausging, die willkürlichen Veränderungen, Modernisierungen, Stilanpassungen, Aktualisierungen, Überarbeitungen, Renovierungen, „Verschönerungen", haben in der Regel die Oberflächengestaltung betroffen und die ursprüngliche Erscheinungsweise mehr oder weniger reduziert, in jedem Fall negativ beeinflußt. Die Beeinträchtigung bemißt sich danach, welche Technik angewendet und wie gründlich gearbeitet worden ist.

Gravierender allerdings sind die Auswirkungen restauratorischer Eingriffe meist unseres Jahrhunderts: oft gut gemeint und mit bestem Wissen und Gewissen die Materialen und Methoden einsetzend, die nach dem jeweiligen Stand der Kenntnis gerade zur Verfügung gestanden haben;[9] oft naiv in ihrer Fortschrittsgläubigkeit moderne und unerprobte Materialien verwendend, menschlich im Glauben, den Stein der Weisen gefunden zu haben, aber ärgerlich in der Unreflektiertheit und traurig im Hinblick auf die damit ausgelösten Nachfolgeschäden; oft auch durch Eitelkeit bestimmt und Selbstüberschätzung in der Beherrschung scheinbar alles möglich machender Technologien. Es gibt zahllose Maßnahmen, die Schäden an den Kunstwerken oder Beeinträchtigungen nach sich gezogen haben. Zu erinnern wäre zum Beispiel an die Euphorie der fünfziger und sechziger Jahre im Einsatz von Dispersionsanstrichen, die sauber, glatt und wasserabweisend waren, aber auch kaum diffusionsfähig und so zur rapiden Zerstörung der darunterliegenden Putze geführt und sich zudem nach einiger Zeit abgeschält haben wie die Haut eines Mallorca-Urlaubers, der fünf Tage ununterbrochen in der Sonne gelegen hat. Ganz ähnlich verhielt es sich mit der Verwendung von Zementputzen, die nur mehr unter Beschädigung des Mauerwerks mit dem Boschhammer zu entfernen sind. Und welcher Wandrestaurator kennt nicht die Probleme, welche die Festigungsaktionen von Wandmalereien mit Wasserglas oder Kasein nach sich gezogen haben, die Freilegungen von historischen Fassungen oder mittelalterlichen Wandmalereien, die ohne die notwendige Kenntnis und Akribie unter Teilverlust der historischen Oberflächen vorgenommen worden sind. Wie viele Ruinen freigelegter, d. h. besser „abgedeckter" Wandgemälde legen davon Zeugnis ab, die als übermalte Schemen in unseren Kirchen dahinvegetieren! Wer kennt nicht die Übertragungen der Malschicht von Leinwand- oder Wandgemälden auf andere Bildträger, die lange Zeit als besonderes Kunststück galten, wie vor allem die Marouflage, das heißt die Übertragung auf starre Sperrholz-, Span- oder Holzfaserplatten, die unverändert bleiben, wodurch die Gemälde ihren Charakter und ihre Oberflächenstruktur für immer verloren haben und oft auch zu Dauerpatienten geworden sind, da dieses Vorgehen regelmäßig ein sekundäres Schadensbild an der Malerei zur Folge hat. Wie viele Wachs-Harz-Doublierungen sind durchgeführt worden, bei denen Leinwände, Grundierungen und Farbschichten irreversibel von den Doubliermitteln durchdrungen und zudem unter Veränderung des Bildcharakters verpreßt worden sind. Und wie oft begegnet man noch den Resultaten riskanter Begradigungsmethoden von altersbedingt gekrümmten, einseitig bemalten Holztafelgemälden. Zu erinnern ist auch an die Euphorie Kunstharze in Firnissen einzusetzen, die nicht nachdunkelten, nicht krakelierten, aber nach gewisser Zeit irreversibel waren und gefährliche Oberflächenspannungen erzeugten, oder auch an die Konsolidierung historischer Glasfenster durch Kunstharzverklebung mit neuen Scheiben, die ebenfalls irreversibel sind.

Auf diese Weise sind Dauerrekonvaleszenzen[10] geschaffen, sind Zeitbomben gelegt worden, welche die Restauratoren von heute und morgen nicht brotlos werden lassen. Zahlreiche Übermalungen und Beschichtungen, vor allem aber Fixierungs- und Konservierungsmittel haben „Altlasten" geschaffen, mit denen wesentlich schwerer umzugehen ist als mit dem ungestört erhaltenen, gealterten Original. Der natürliche Verfall der Materialien, das heißt die Alterung des Materialverbundes, aus welchem ein Kunstwerk besteht, schreitet in der Regel sehr langsam voran. Das solide handwerkliche Können der Künstler hat die Kunstwerke in den meisten Fällen sehr haltbar und widerstandsfähig gemacht. Wenn Schädigungen eingetreten sind, dann meist durch Umwelteinwirkungen oder nachteilige Veränderung des Umfeldes der Kunstwerke, die wiederum häufig durch Nachlässigkeit oder Gedankenlosigkeit des Menschen verursacht wurden (Wassereinbrüche im Gewölbe, direkte Sonneneinstrahlung auf Gemälde, Klimaveränderung durch Heizung, Durchfeuchtung von Mauerwerk etc.). „Bei den wenigen Leinwandbildern zum Beispiel in bayerischen Kirchen, die nachweislich noch nicht restauriert wurden ... sind in aller Regel keine nennenswerten konservatorischen oder restauratorischen Schwierigkeiten zu erwarten", faßt Erwin Emmerling seine langjährigen Erfahrungen in der bayerischen Denkmalpflege zusammen und fährt fort: „Ähnlich verhält es sich mit gefaßten Bildwerken: In den Fällen, wo tatsächlich noch die ursprüngliche Fassung erhalten ist, stehen meist keine komplizierteren Aufgaben an ..."[11] Viele der noch nicht störend auffallenden Altrestaurierungen, so vermutet Jürgen Pursche, befinden sich möglicherweise in einem Zustand der „Schadensinkubation", die erst später zur vollen Auswirkung kommen wird.[12] Dazu kommt die gründliche Bearbeitung, welche den Baudenkmälern und Kunstwerken durch „Abarbeiten von Wandfassungen bis auf den tragfähigen Grund", Stuckfreilegung bis auf „Stuckschärfe" oder Ablaugen von Figuren und Ausstattungsgegenständen widerfahren ist, nicht zu vergessen die zahllosen qualitätslosen Anstriche, auch unter handwerklichen Gesichtspunkten nicht sauber ausgeführt, welche Räume, Ausstattungsstücke und Kunstwerke entstellen. „... e potrà sempre più convincersi che la mano dell'uomo più che il tempo è stato il più acerrimo distruttore dei documenti storici, e dei monumenti della nostra città"[13], hat schon Vincenzo Forcella im Jahre 1874 in bezug auf die Denkmäler der Stadt Rom beklagt. Und auch Dehio kommt dreißig Jahre später zu dem Schluß: „Die Ärzte sind gefährlicher geworden als die Krankheit selbst."[14]

„Konservieren, nicht restaurieren" also auch heute noch und unter diesen Umständen? Festschreiben des letzten überlieferten, vielleicht auch des letzten zufälligen Zustands wie auch immer? Ist das tatsächlich noch vorbehaltlos zu vertreten? Eine Konservierung ist durchaus nicht immer – wie oft fälschlich angenommen wird – die harmlose Aktion. Wenn man verlangt, daß ein schadhafter, pulvriger oder abplatzender Anstrich des 20. Jahrhunderts, mit anderen Worten die letzte Redaktion eines Raumes, eines Altarretabels oder einer Figur erhalten werden soll, dann muß man vorher unbedingt sicherstellen, daß die letzte Fassung durch die zur Anwendung kommenden Konservierungsmittel nicht irreversibel auf die früheren, aussagekräftigen Schichten oder gar Reste der Originalfassung fixiert werden.[15] Dann würde nämlich die auf den ersten Blick harmlose Aktion zu einer irreversiblen Beeinträchtigung des Kunstwerks bzw. des Baudenkmals führen und man möchte lieber sagen „restaurieren, nicht konservieren"! Die berühmt berüchtigten Wachs-Harz-Doublierungen auf dem Heiztisch, bei denen die Gemälde mit den erhitzten Wachs-Harz-Mischungen regelrecht durchtränkt, auf die Doublierleinwand gepreßt und die krakelierten oder pastosen Bildoberflächen dabei regelrecht verpreßt worden sind, sind konservatorische Maßnahmen gewesen und haben die Gemälde irreversibel verändert. Jeder Wandrestaurator, der die Nachfolgeschäden von Festigungen mit Wasserglas zu behandeln hat, wünscht sich, daß diese Konservierungsmaßnahmen nie vorgenommen worden wären. Mittel, die in der Vergangenheit zum Schutz und zur Festigung, d. h. zur Konservierung von Holz eingesetzt wurden, gefährden heute Mensch und Umwelt. Hochtoxische Wirkstoffe von Holzschutzmitteln gasen und blühen aus, so daß Forschungen zur Erarbeitung von Verfahren gefördert werden müssen, die auf eine mögliche Extraktion schädlicher Stoffe abzielen.[16]

„Konservieren nicht Restaurieren" ist als Slogan gut und wirksam, wenn er als Aufforderung zur Zurückhaltung verstanden wird und die Gedanken grundsätzlich mehr auf das Bewahren als auf das Verändern von Kunstwerken und Denkmälern lenkt. Für die heutige restauratorische Praxis ist er meist nur als grundsätzliche Denkanleitung brauchbar. Hier gilt vielmehr was schon Goethe gesagt hat: „Das Was bedenke, mehr bedenke Wie!" Und diese Aufforderung gilt für konservatorische wie auch für restauratorische Aktionen. Dies, so hat die Vergangenheit gelehrt, muß die viel wichtigere Zielrichtung restauratorischer Überlegungen sein. Bevor falsch konserviert wird, ist es oft besser gar nichts zu tun. Gerade das „non toccare" hat uns immerhin in einigen Fällen über die Zeiten hinweg noch Kunstwerke in ihrem ursprünglichen Zustand und damit von hohem Dokumentationswert erhalten. Gerade solche Werke wie die Innenräume der Wieskirche, der ehemaligen Klosterkirche in Ebrach, der Nikolauskapelle im ehemaligen Kloster Seeon und des Asamsaals in Schloß Alteglofsheim oder die Altarretabel der ehemaligen Abteikirche in Rott am Inn und von Hl. Kreuz in Landsberg a. Lech zeigen uns, wie gut die Künstler und Kunsthandwerker ihr Metier beherrschten. Ohne die solide materialtechnische Verarbeitung hätten die Werke die Behandlung, die ihnen im Lauf der Zeit widerfahren ist und die Eingriffe, die ihnen zugemutet wurden, nicht so relativ gut überstehen können.

Die meisten Kunstwerke und Baudenkmäler sind aber nun leider nicht unverändert erhalten. Unsere heutige Auffassung von Geschichtlichkeit erlaubt es dem Denkmalpfleger, sich auf den Schutz der „historischen Substanz", das heißt auf die Authentizität der Veränderungen aller abgeschlossenen Geschichtsepochen bis hin zum Ende des Zweiten Weltkriegs, also immerhin bis fast zur Mitte unseres Jahrhunderts, zu berufen und zu verlangen, daß nichts verändert werden darf. „Wer viel tut, macht viele Fehler, wer wenig tut, macht wenig Fehler und wer nichts tut, macht keine Fehler". Ein solches Verhalten ist aus denkmalpflegerischer Sicht somit theoretisch auch vertretbar und berechtigt, wenn keine akuten Schäden vorhanden oder zu erwarten sind, auch wenn der überlieferte Zustand ästhetisch nicht befriedigend sein sollte. Da eine solche Entscheidung historisch begründbar ist, darf man sie auch als wertfrei bezeichnen, frei von ästhetischen Kriterien und somit auch frei von ästhetischem Anspruch. Leider kann man es sich aber nicht immer so einfach machen, denn häufig sind durch frühere Eingriffe Schadenspotentiale eingebaut worden, denen entgegengewirkt werden muß. So entsteht Handlungszwang aufgrund des technischen Erhaltungszustands.

Schiller sieht die Aufgabe des Künstlers in der Vernichtung des Stoffes durch die Form und sagt damit, daß es nicht auf den Wert des Stoffes ankommt, sondern auf den Wert der Gestalt, der Gestaltung. Wenn dieser Gestaltwert drastisch herabgesetzt ist, das Kunstwerk aufgrund der erlittenen Veränderungen oder auch Verfälschungen seine Aussage eingebüßt hat oder auch schlichtweg nicht mehr akzeptiert wird, kann ebenfalls Handlungsbedarf entstehen, der auch anzuerkennen ist, zumindest wenn man die „aus ästhetischen und historischen Merkmalen gemischte Doppelnatur des Objektes" anerkennt.[17] Dann stellt sich nämlich die Frage, ob auch die Irrtümer der Vergangenheit, die Fehlinterpretationen, die Mißverständnisse oder Fehlleistungen früherer Denkmalpfleger, Kirchenmaler und Restauratoren erhalten werden müssen, ob sie überhaupt konserviert werden dürfen, weil ihre Konservierung eine Beeinträchtigung des Originals bedeuten würde, ja ob die vorgefundenen Restaurierungsergebnisse oder -folgen zum Wohle des Kunstwerks nicht so weit als möglich wieder eliminiert werden müssen.

Die Restaurierung von Restaurierungen oder auch „Entrestaurierung" bedeutet meist Wiedergutmachung, Begrenzung früherer Restaurierungsschäden, Entsorgen, Entschärfen, wieder in einen akzeptablen Zustand versetzen.

Entscheidungen, die in solchen Fällen getroffen werden müssen, kommen ohne gewissenhafte Abwägung, welche der Redaktionen eines Kunstwerks höher zu bewerten oder aufgrund ihres Erhaltungszustandes zu wählen sei, welche der Fassungen im Gesamtzusammenhang eines Raumes oder Ensembles stimmiger ist, nicht aus. Sie kommen aber auch nicht ohne Berücksichtigung der materialtechnischen Gegebenheiten, der Zusammensetzung, Haftung, der Trennbarkeit von Schichten aus. Macht man jedenfalls die technischen Gegebenheiten mit zum Gradmesser der denkmalpflegerischen Entscheidung, entscheidet man auch wertfrei und in jedem Fall für das Kunstwerk – vorausgesetzt die Qualität der Bearbeitung ist gewährleistet.

Wer glaubt, daß dieses Bild zu düster gezeichnet sei, mag sich die Kunstwerke nur einmal aus der Nähe betrachten.[18] Ihr Zustand ist vielfach beklagenswert und unverständlich. Aber es ist hier nicht zu untersuchen, welche Gesichtspunkte eine Zeit geleitet haben oder was in den Köpfen der Menschen vorgegangen ist, die die Kunstwerke so traktiert und verunstaltet oder ihre Verunstaltung auch nur akzeptiert haben.

Wenn heute eine „Ent- oder Rückrestaurierung" durchgeführt wird – und das kommt sehr häufig vor – dann bedeutet dies stets, daß Gegenmaßnahmen gegen die Auswirkungen einer früheren Restaurierung getroffen werden müssen, im besten Fall deren Korrektur, wenn dies möglich ist. Natürlich ist auch die Überzeugung damit verbunden, daß die heutige Restaurierung besser ist als diejenige der vergangenen Zeit, daß sie nach den in der inzwischen stark angewachsenen Literatur immer wieder beschworenen Standards der modernen Restaurierung durchgeführt wird. Heinz Althöfer hat der

Frage „Gibt es eine moderne Restaurierung?" eine ganze Abhandlung gewidmet und im zweiten Satz seiner Einlassungen gleich positiv beantwortet: „Es ist die Restaurierung, die auf dem technischen und intellektuellen Höchststand der Zeit arbeitet".[19] In diesem Sinne hat es natürlich zu jeder Zeit eine „moderne" Restaurierung gegeben. Die Frage ist nur, ob die „modernen Restaurierungen" früherer Jahrzehnte nun veraltet sind, weil sie durch bessere oder zumindest andere Methoden ersetzt sind und ob unsere Methoden solcher Art sind, daß sie auch in absehbarer Zeit veraltet sein werden.[20] So stellt sich viel weniger die Frage nach der „Modernität", sondern vielmehr nach der „Qualität" der heutigen Restaurierungen, und deren Maßstab ist, so möchte ich einmal formulieren, die Objektverträglichkeit. Wenn man aber etwas über die Qualität der heutigen Restaurierung wissen will, muß man feststellen, mit welchen Ideen sie operiert, mit welchen Methoden sie arbeitet, welche Materialien und vielleicht auch welche Hilfsmittel sie benutzt.

In der Rückschau zeichnen sich namentlich in den siebziger Jahren Tendenzen und Entwicklungen ab, die zu Veränderungen geführt haben. 1973 ist das Bayerische Denkmalschutzgesetz in Kraft getreten. Es hat der bayerischen Denkmalpflege mehr Einfluß als je zuvor gebracht. Das Denkmalschutzjahr 1975 war nach den Jahrzehnten des rasanten Wiederaufbaus, der Erneuerung und der damit verbundenen Verluste der Stärkung des Denkmalbewußtseins gewidmet, und auch in der Restaurierung scheint in vieler Hinsicht ein Umdenken und eine Neuorientierung eingesetzt zu haben. Die Erkenntnis der Folgeschäden von Doublierungen zum Beispiel hat zu Beginn der siebziger Jahre zur sogenannten „Doublierkrise" und auf der ICOM-Konferenz 1975 in Venedig zur Forderung geführt, sämtliche Doublierungen für einen Zeitraum von mindestens drei Jahren aufzuschieben. 1976 haben die Restaurierungswerkstätten des Bayerischen Landesamtes für Denkmalpflege mit der Herausgabe von graphisch gestalteten Befundblättern eine einheitliche Dokumentation von Architekturfassungen in ganz Bayern eingeführt und damit gleichzeitig ihre Forderung nach vorbereitender Untersuchung vor einer Maßnahme nachdrücklich unterstrichen. Es folgten die ersten Kurse als Anleitung zur Befunduntersuchung für Kirchenmaler und dann auch für Referenten des Amtes, und 1979 ist in Arbeitsheft 6 des Bayerischen Landesamtes für Denkmalpflege, „Konservierung, Restaurierung, Renovierung", der sachgerechte Ablauf einer Restaurierungsmaßnahme dargestellt und begründet, sowie der Aufbau einer Dokumentation festgelegt worden. Gleichzeitig wurde der Versuch unternommen, manche im allgemeinen Sprachgebrauch befindliche Fachbegriffe, wie eben „Konservierung", „Restaurierung" oder „Renovierung", zu klären und gegeneinander abzugrenzen, um die Basis für eine gegenseitige Verständigung zu schaffen. Diese Definitionen haben mit der Zeit immerhin dazu geführt, daß sich Restauratoren und Denkmalpfleger ihres eigenen Tuns – zumindest verbal – bewußter geworden sind, und es ist immer weniger von einer Restaurierung gesprochen worden, wenn im Rahmen einer Generalinstandsetzung – andernorts sagt man dazu „radical restoration" – eine vollkommene Erneuerung vorgenommen wurde. So ist die Schärfung des Bewußtseins durchaus als Leistung des letzten Jahrhundertviertels zu betrachten. Die 1979 formulierten Gesichtspunkte sind im wesentlichen bis heute gültig geblieben und 1992 von Michael Petzet nochmals zusammengefaßt worden.[21]

Dasselbe gilt für die Voruntersuchung und Dokumentation. Das Bewußtsein des eigenen gestaltenden Eingreifens bei jeder Instandsetzung führte dazu, eine anstehende Restaurierung gedanklich genauer vorzubereiten und zumindest die festgestellten Befunde für die Nachwelt zu dokumentieren. Der rapide Schwund nicht nur der Baudenkmäler, sondern auch der ihre Erscheinungsweise einst bestimmenden Oberflächen – die meist radikal entfernt worden sind –, die willkürlichen Veränderungen von Bildwerken durch neue Fassungen – wobei häufig die historischen Schichten durch Ablaugen eliminiert wurden –, kurzum die Dezimierung von Spuren der Geschichte, hat der von den Restaurierungswerkstätten des Bayerischen Landesamtes für Denkmalpflege vorgetragenen Forderungen, eine Instandsetzungsmaßnahme durch Voruntersuchungen vorzubereiten, um den historischen Bestand, an den man Hand anlegt, umfassend kennenzulernen und durch eine Dokumentation zu begleiten, um über das eigene Tun Rechenschaft abzulegen, langsam zum Durchbruch verholfen: eine für die Ausführenden und Auftraggeber, oft auch für viele Denkmalpfleger, zunächst nur lästige Pflichtübung und kaum verstandene oder nur zähneknirschend hingenommene Auflage. Doch ist mit der Zeit die Einsicht gewachsen, daß die Voruntersuchung nicht nur eine Klärung des Materialgefüges oder die Suche nach Schadensfaktoren, sondern vor allem auch die Suche nach historischen Befunden, der historischen Evidenz, die nur das Baudenkmal bzw. das Kunstwerk selbst liefern kann, ist. Es ist das Verständnis dafür gewachsen, daß die Untersuchung auch eine Erforschung ist, ein Aufblättern der Geschichte eines Baues oder Bildwerks, die Feststellung der Erscheinungsweisen, die ihm im Laufe seiner Existenz in den verschiedenen Stilepochen gegeben worden sind. Die Untersuchung bedeutete Beschäftigung mit der materiellen Eigenart, mit der Geschichte eines Kunstwerks und Konfrontation mit historischen Realitäten, die oftmals noch nicht bekannt gewesen sind. Diese wissenschaftliche Denkmalpflege, die nach historischen Gesichtspunkten ausgerichtet ist, die ihre Chronistenpflicht ernst nahm und vor die Veränderung die Untersuchung stellte, sah sich plötzlich auf vorgeschobenem Posten und fand in den Universitäten, deren Vertreter nicht geneigt waren, aus Bibliotheken, Lehrsälen und Photoarchiven herauszukommen, um an der Objektforschung teilzunehmen, eigenartigerweise keine interessierten Partner. Anfangs mag der Grund in einer gewissen Arroganz gegenüber den Praktikern gelegen haben, die mit der Zeit aber wohl eher in Berührungsangst umgeschlagen ist oder als Sorge zu verstehen war, das Privileg der Objektferne aufgeben zu müssen.

Die Situation war nicht einfach, weil die Kapazitäten nicht ausreichten, neben der Maßnahmenbetreuung auch eine komplette Forschung mitzuliefern. Außerdem fiel das Unterfangen, den handwerklich orientierten Kirchenmalern, welche aus Mangel an Restauratoren den Großteil der restauratorischen Aufgaben abwickelten, nun auch die restauratorischen Prinzipien der Untersuchung und Dokumentation zu vermitteln, in eine Zeit hektischer Tätigkeit. Jedes Jahr wurden in Bayern Hunderte von Kirchen renoviert. Für die

Handwerker war es kompliziert, so schnell umzudenken und die neuen Forderungen in die Praxis umzusetzen. Das gleiche galt für die Architekten und auch für viele Denkmalpfleger, denn die Bemühung um ein fast neues Fachgebiet erforderte einen zusätzlichen Aufwand an Zeit und Energie. Vielfach war es auch eine Generationenfrage. So kam es, daß viele Untersuchungsergebnisse nicht verläßlich sind. Man konnte auch oft genug den Eindruck gewinnen, daß die Vorlage einer Untersuchung ein willkommenes Alibi war, sich um den historischen Bestand gekümmert zu haben, welches das Gewissen beruhigte, bevor wieder eine gründliche Renovierung begann. Besser ist die Situation in den Fällen, in denen Primärdokumente zur Archivierung entnommen wurden. Sie können auch heute noch nachuntersucht werden, um auf diese Weise die Befunddokumentation auf ihre Stichhaltigkeit hin überprüfen zu können. Das ist sehr zeitaufwendig, aber meist die einzige Möglichkeit, noch zu gesicherten Ergebnissen zu kommen. Die mangelnde Ernsthaftigkeit, oft auch die mangelnde Fähigkeit in der Ausführung der Untersuchungen und die Gründlichkeit der Renovierungen haben dazu geführt, daß wir heute nur ein sehr lückenhaftes Bild der Architekturfassungen, das heißt also der ursprünglichen Außenerscheinung der Bauten vergangener Zeiten, haben. Von Johann Schmuzer zum Beispiel – um nur ein Beispiel zu nennen – gibt es nur für zwei Bauten gesicherte Ergebnisse. Bei allen übrigen Arbeiten wird sich das ursprüngliche Aussehen wohl nie mehr feststellen lassen. Bei anderen bedeutenden Architekten des Barock ist die Situation nicht besser. Diese Erkenntnis macht die Diskrepanz in der heutigen Situation besonders schmerzlich bewußt, denn heute ist die Bereitschaft, Instandsetzungen durch gründliche Voruntersuchungen vorzubereiten, so groß wie nie zuvor und auch die Möglichkeit, durch erfahrene Experten verläßliche Ergebnisse zu bekommen, größer denn je, aber es gibt nur noch relativ wenige Bauten, deren überlieferter Bestand ausreichende Ergebnisse erwarten läßt. Trotzdem: die Bemühungen um die historischen Architekturfassungen sind eine Leistung des letzten Jahrhundertviertels und die Erkenntnisse, die wir auf diesem Gebiet gewonnen haben, stammen alle aus den letzten 25 Jahren. Auf diesem Gebiet der historischen Fassungen – nicht nur von Architektur, sondern auch von Ausstattungen und Skulpturen aus den verschiedensten Materialien – bildet die Denkmalpflege heute die Avantgarde und stellt in ihren Publikationen neues Material für die Forschung zur Verfügung.

Das Interesse für Oberflächengestaltung in der Architektur hat sich nicht allein auf die Farbigkeit bezogen, sondern auch auf die Putze in ihrer doppelten Funktion als schützende Haut und Gestaltungsträger. Durch die Untersuchung historischer Putzstrukturen ist ein weites facettenreiches Feld vielfältiger Gestaltungsmöglichkeiten bekannt geworden, das unser Bild der Erscheinungsweise historischer Architektur in ganz wesentlichem Maße bereichert hat. Dasselbe gilt für die Oberflächen von Ausstattungsgegenständen aller Art, denen nie zuvor besondere Aufmerksamkeit geschenkt wurde. Erst in den letzten beiden Jahrzehnten ist die Aufmerksamkeit auf ehemals vorhandene Lack- und Firnisüberzüge holzsichtigen und gefaßten Mobiliars gelenkt und durch die Zusammenarbeit zwischen dem Fachbereich Möbel der Restaurierungswerkstätten des Bayerischen Landesamtes für Denkmalpflege und dem Dörner-Institut zahlreiche neue Informationen erarbeitet worden. Die Ergebnisse solcher gemeinsamer Forschungen haben in der Denkmalpflege die Forderung nach einer Respektierung von Oberflächenstrukturen in entscheidendem Maße unterstützt. Überhaupt hat sich die Erkenntnis, daß es sich bei Mobiliar – ganz besonders bei Kirchenmobiliar, beispielsweise Beichtstühlen oder Laiengestühlen aus Massivholz – um Kunstwerke eigener Prägung handelt, die ebenfalls einer Behandlung nach restauratorischen Gesichtspunkten bedürfen, erst im Laufe des letzten Jahrhundertviertels durchgesetzt. Und so ist auch der Behandlung von furnierten Oberflächen erneute Aufmerksamkeit zugewendet worden. Alle auf diesem Gebiet gewonnenen neuen Erkenntnisse haben zwangsläufig zu einer Sensibilisierung in der Behandlung von Oberflächen geführt. Es ist die vollkommen neue Erkenntnis gewachsen, daß nicht die Form oder ihre Farbgebung allein, sondern in besonderem Maße auch das „finish" – matt, glänzend, eingefärbt, poliert etc. – für die Wirkung der einzelnen Kunstwerke von eminenter Bedeutung war und damit die Gesamtwirkung von Räumen mit ihrer Ausstattung unglaublich viel differenzierter gesehen werden mußte als bisher. Und nicht nur die Möbelrestaurierung, auch die Textilrestaurierung und die Metallrestaurierung sind Fachgebiete, welche erst im letzten Jahrhundertviertel konsequent entwickelt und auf eine wissenschaftliche Basis gestellt worden sind.

Die Spezialisierung der restauratorischen Fachbereiche hat in zunehmenden Maße die Einbeziehung der Naturwissenschaften nach sich gezogen. Je spezieller die Fragestellungen waren, desto genauere Informationen über Materialien und Materialgefüge waren erforderlich. Der Restaurator, der die Kunstwerke zu behandeln hatte, mußte über ihr Materialgefüge genauestens Bescheid wissen, um seine eigenen Maßnahmen gezielt und objektverträglich einsetzen zu können und suchte somit die Zusammenarbeit mit dem Naturwissenschaftler. Und so ist an die Stelle des Herumtastens und Ausprobierens, der Empirie, immer mehr fundiertes naturwissenschaftliches und kunsttechnologisches Wissen getreten. In manchen Fachbereichen, wie zum Beispiel der Steinkonservierung, waren durch die fortschreitenden Schadensprozesse und die Wirkungslosigkeit oder die Nachfolgeschäden früherer Konservierungsversuche Fortschritte nur durch anwendungsorientierte Forschung möglich, eine Erkenntnis, die 1977 am Bayerischen Landesamt für Denkmalpflege zur Gründung des Zentrallabors geführt hat. So ist durch naturwissenschaftliche Forschung, durch Analysen und Testreihen, das Verständnis von Materialstrukturen, Schadens- und Alterungsprozessen gewachsen, und es konnten in enger Zusammenarbeit zwischen Restauratoren und Naturwissenschaftlern deutliche Fortschritte erzielt werden.

Die Naturwissenchaften legten den Grund für das Wissen um kompatible und nicht kompatible Materialien und ermöglichten so eine schonendere Behandlung, sie stellten andererseits neue Stoffe zur Verfügung, mit denen Schäden behebbar waren, die bisher nicht behandelt werden konnten. Durch die Anwendung von Ammoniumkarbonatkompressen an den Deckengemälden von Cosmas Damian Asam im Dom zu Freising zum Beispiel ist heute die Behandlung von Schäden durch Vergipsung möglich, die bei der letzten Restaurierung 1919 bis 1929 lediglich durch Übermalung weniger sichtbar gemacht werden konnten.

Die Entwicklung neuer Technologien und neuer Konservierungsstoffe hat auf der anderen Seite aber auch schon zur Warnung verantwortungsbewußter Konservatoren geführt, daß nicht alles, was möglich ist, auch angewendet werden muß und vor allem nicht, bevor ausreichend Erfahrungen mit den neu entwickelten Materialien gesammelt worden sind. Damit ist vor allem ein ethischer Aspekt der Restaurierung angesprochen, denn „Beherrschung der Mittel bedeutet immer vor allem Beherrschung der Möglichkeiten". Aber „nicht die Grenzen des Möglichen sind anzuvisieren, sondern die Auswahl und souveräne Beschränkung"[22]. Mehr Wissen hat somit auch zu mehr Sensibilisierung und Zurückhaltung geführt und nicht zuletzt auch eine Neubewertung und Rückwendung zu historischen Techniken und Materialien bewirkt. So hat der Umgang mit früheren Restaurierungen, die leidvolle Erfahrung mit Nachfolgeschäden unerprobter und unreflektiert eingesetzter Materialien, kurzum das Wissen um die Altlasten durch frühere Restaurierungen, zur Forderung nach Reversibilität der heutigen Eingriffe und Materialien geführt.

Mit der Forderung nach Reversibilität verhält es sich allerdings ähnlich wie mit Dehios Forderung „Konservieren, nicht restaurieren". Der aus der Naturwissenschaft stammende Begriff[23] hat bei der Übernahme in den restauratorisch-denkmalpflegerischen Sprachgebrauch einen Bedeutungswandel durchgemacht,[24] hat als Denkansatz grundsätzlich in die richtige Richtung gewiesen, ist praktisch aber nur in sehr bedingtem Maß realisierbar gewesen. Das Prinzip der Reversibilität ist zumindest seit dem 1968 vom IIC (International Institute for Conservation of Historic and Artistic Works) herausgegebenen Code of Ethics for Artconservators[25] für die Arbeit der Restauratoren als Forderung erhoben worden und hat in den siebziger und achziger Jahren Eingang in die allgemeine denkmalpflegerische Diskussion gefunden. Es ist wiederum die Zeit nach dem europäischen Denkmalschutzjahr, in welcher die Unantastbarkeit des historischen Originals trotz aller Instandsetzungs- und Restaurierungsmaßnahmen als Ideal postuliert wurde. Für den Deutschen Restauratorenverband war das Thema zwanzig Jahre nach dem Code of Ethics bereits ausdiskutiert, wenn es in dem „Ehrenkodex für Restauratoren" von 1988 klipp und klar heißt: „Restauratorische Eingriffe sind irreversibel"[26]. Die denkmalpflegerische Diskussion jedoch war damit nicht beendet, wurde aber bei einer Tagung des Deutschen Nationalkomitees von ICOMOS 1991 einer gewissen Klärung zugeführt.[27]

Der Denkmalpfleger war geneigt, mit dem Begriff „Reversibilität" eine Hoffnung, ein Wunschbild zu verbinden, das jedoch eher einem Trugbild ähnlich war, daß nämlich eine Manipulation an einem Denkmal bzw. einem Kunstwerk ohne Schaden zu verursachen oder Spuren zu hinterlassen, wieder rückgängig gemacht werden könne – eine Vorstellung, die zugegebenermaßen etwas sehr Tröstliches an sich hatte. Der Glaube daran war jedoch nicht ungefährlich, weil Entscheidungen leichter und beruhigteren Gewissens getroffen werden konnten, wenn man nur die Forderung nach „weitestgehender Reversibilität" damit verband. Diese Gefahr wurde nun erkannt, der Glaube an Reversibilität relativiert und Be-

griffe eingeführt, die wesentlich griffiger und auch richtiger waren. Jürgen Julier hat in seinem Tagungsbeitrag Reversibilität eher als „eine nützliche Meßlatte für die Denkmalverträglichkeit handwerklich-künstlerischer Techniken" gesehen.[28] Michael Petzet definierte Reversibilität zunächst als „Option auf uneingeschränkte Wiederherstellbarkeit des Vorzustands bei denkmalpflegerischen Maßnahmen"[29], schränkte dann die Option auf Reversibilität im wesentlichen auf „die Erhaltung der Reparaturfähigkeit (Wiederreparierbarkeit)" ein und fragte schließlich, ob man, „statt sich an eine – mehr oder weniger – hypothetische ‚Reversibilität' zu halten, nicht lieber von unterschiedlich zu bewertender ‚Kompatibilität' sprechen solle". Damit wäre der Begriff der Reversibilität aus der Diskussion genommen und durch sachlich richtige und vor allem praktikablere Begriffe ersetzt gewesen.

Dennoch muß man den nun einmal eingeführten Gedanken der Reversibilität im denkmalpflegerischen Sinne nicht ganz über Bord werfen. Alle Hinzufügungen bzw. Ergänzungen sind, wenn sie fachgerecht und nach restauratorischen Gesichtspunkten durchgeführt wurden, in denkmalpflegerischem Sinne „reversibel", d. h. wieder entfernbar, abnehmbar, ohne Spuren am Original zu hinterlassen – ob es sich nun um Ergänzungen an Ausstattungsgegenständen und Skulpturen[30], oder um Kittungen und Retuschen in Fehlstellen handelt. Auch Anbauten sind wieder entfernbar, wenn ihre Entfernung auch nicht ohne Spuren am Original zu hinterlassen durchgeführt werden kann. Hinzufügungen und Ergänzungen sind deswegen entfernbar, weil sie dem Original appliziert und nicht integriert sind. Alle Maßnahmen, die ein Material in ein anderes bzw. in einen bestehenden historischen Materialverband einbringen, sind grundsätzlich „irreversibel", ob es sich nun um die Festigung einer Holzskulptur, um Putzfestigung oder die Wachsharzdoublierung eines Leinwandgemäldes handelt. Dabei spielt es keine Rolle, ob die bei der Tränkung eingebrachten Materialien kompatibel sind oder nicht. Darüber hinaus gibt es Maßnahmen, die, je nach der Beschaffenheit der verwendeten Materialien, „mehr oder weniger" bzw. „bedingt" rückführbar sind. Dazu gehören Klebungen, also Verbindungen zweier separater Teile, die je nach Art des verwendeten Klebers und der Porosität der zu verbindenden Teile wieder auflösbar sind. Bedingt läßt sich dies noch von Beschichtungen, also Anstrichen, Firnissen oder Lackierungen sagen, wenn der Untergrund nicht porös oder krakeliert ist.

Hier kommt es aber ohnehin schon zur Kollision zweier wichtiger denkmalpflegerischer Forderungen: nach Reversibilität und nach Verwendung historischer Materialien und Techniken. Die Verwendung der vorhandenen historischen Materialien ist nur bedingt „reversibel", wenn es sich zum Beispiel um Kalk auf einem Kalkanstrich handelt, aber überhaupt nicht mehr rückgängig zu machen, wenn es sich zum Beispiel um Leim auf Leim oder Öl auf Öl handelt. Materialien, die nicht dem vorgefundenen Bestand entsprechen, wie beispielsweise Leim auf versintertem Kalk, sind wesentlich leichter wieder abnehmbar. Dasselbe trifft auf Firnisse und Lackierungen zu. Ölhaltige Lacke lassen sich von harzigen trennen, Copal von Weichharzen ebenso, aber zum Beispiel nicht Sandarak von Sandarak. Durch den Einsatz von Materialien, die dem historischen Bestand entsprechen, werden also innige, verträgliche Verbindungen geschaffen, die aber nicht „reversibel" sind.

Auch auf einen anderen Widerspruch muß noch aufmerksam gemacht werden. Ergänzungen und Retuschen sind restauratorische Maßnahmen und ohne Schaden für das Original wieder entfernbar. Tränkungen bzw. Festigungen sind konservatorische Maßnahmen und irreversibel. Kann man, wenn man das weiß, noch gedankenlos die Formulierung Dehios, „Konservieren, nicht restaurieren", nachbeten? Aus diesem Dilemma führt kein Weg ins Freie, ohne anzuecken. Wenn über die bloße Reinigung hinaus die Konservierung, also Festigung einer Wandmalerei, einer Stein- oder Holzskulptur notwendig ist, kann man sich nicht gleichzeitig für eine „reversible" Maßnahme, sondern höchstens für kompatible Materialien, also etwa für Kieselsäureester bei Stein und Putz oder Leim bei Holz, anstatt in beiden Fällen für Kunstharze entscheiden. Der Sinn einer Konservierung müßte beispielsweise auch dann zum Beispiel hinterfragt werden, wenn dadurch eine bei der letzten Restaurierung aufgebrachte Beschichtung irreversibel auf Reste des darunter befindlichen Originals gefestigt werden würde. Grundsätze gelten, wie das Wort schon besagt, eben nur grundsätzlich. Im Einzelfall muß meistens, den vorgefundenen Materialien, Schäden und Umständen entsprechend, doch individuell, dem einen oder anderen Grundsatz folgend, entschieden werden. Es ist sicher „denkmalverträglicher", wenn denkmalpflegerische und restauratorische Entscheidungen im vollen Bewußtsein der Folgen des eigenen Eingriffs und aufgrund profunder Sachkenntnis, anstatt von Wunschvorstellungen geleitet, getroffen werden.

Der Gedanke der Unantastbarkeit des Kunstwerks hat nach den leidvollen Erfahrungen mit nicht mehr korrigierbaren Maßnahmen und nicht mehr eliminierbaren Materialien ganz grundsätzlich die Entwicklung neuer restauratorischer Methoden im letzten Jahrhundertviertel geleitet, wenn dies als Alternative möglich war. Leinwandgemälde zum Beispiel werden nicht mehr mit Wachs-Harz-Mischungen doubliert, sondern nur mit einer auf der Rückseite oberflächlich haftenden Stützleinwand, die jederzeit wieder abgenommen werden kann, stabilisiert (BEVA-Klebung). Stützgewebe für brüchige Textilien werden nicht mehr vernäht oder verklebt, sondern lediglich hinterfüttert. Bei Ergänzungen an Ausstattungsstücken und Skulpturen wird nicht mehr das Original beschnitten um eine glatte Fläche für die Anstückung zu erhalten, sondern ergänzt und die Schnittstelle zur Verklebung mit dem neuen Stück im neuem Material geschaffen. Oberflächen, die der Bewitterung ausgesetzt sind, werden, wenn möglich, durch Opferschichten geschützt –Oberflächen aus Stein zum Beispiel mit Kalkanstrichen, Oberflächen aus Holz zum Beispiel mit Ölanstrichen –, die, wenn sie abgebaut sind, wieder erneuert werden können und somit eine Schädigung der originalen Oberfläche verhindern. Bei der Konservierung von Bronzebildwerken wird – zumindest hierzulande – eine kurzlebigere Wachsbeschichtung, die wieder entfernbar ist und sich auch selber wieder abbaut, einer Beschichtung mit Kunstharz vorgezogen, die langlebiger, aber nicht mehr abnehmbar ist. Dieses Vorgehen, d. h. die schonendere, harmlosere, verträglichere Lösung zu wählen, wenn dies möglich ist, bzw. „reversible" Restaurierungsmethoden zu entwickeln, ist erst eine neuere Tendenz, die eindeutig als Fortschritt des letzten Jahrhundertviertels gewertet werden darf.

Der Philosophie der Unversehrbarkeit entspricht auch die ganzheitliche Sicht des Kunstwerks, die sich ebenfalls im Laufe des letzten Jahrhundertviertels durchgesetzt hat. Gemeint ist die Erkenntnis, daß der Bildträger – ob Holz, Textil oder Putz – nicht auswechselbar, sondern integraler Bestandteil des Kunstwerks, wesentliches Gestaltungselement der Malerei ist, daß Bildträger und Malschicht als authentische Ganzheit akzeptiert worden sind. Damit gehörte – und wieder muß man sagen zumindest hierzulande – das Zersägen von beidseitig bemalten Holztafeln und die Übertragung von Malschichten auf andere Bildträger der Vergangenheit an. Eine ganzheitliche Sicht löste die rein technische Behandlungsweise ab.[31] Dies galt auch für die Bewertung des einzelnen Kunstwerks im größeren Zusammenhang seines Umfelds, womit eine Abkehr von dem früheren Auseinanderrestaurieren, dem Auseinanderdividieren von Einzelteilen eines künstlerischen Ensembles deutlich wurde.

In den letzten fünfundzwanzig Jahren hat sich in Bayern auf dem Gebiet der Restaurierung auch dadurch ein Wandel vollzogen, daß neben den Kirchenmalern in zunehmendem Maße auch Restauratoren in das Restaurierungsgeschehen eingegriffen haben und mit der Durchführung von Restaurierungen in den jeweiligen Fachbereichen betraut werden konnten. Das Angebot an fachspezifischer Ausbildung ist gestiegen und für manche Fachbereiche überhaupt zum ersten Mal eingerichtet worden. Die Kirchenmaler sind dadurch keineswegs entbehrlich geworden, weil sie in ihrer eigenen Domäne durch die Restauratoren keine Konkurrenz bekommen haben. Es sind lediglich Kunstwerke gewisser Fachbereiche, wie Tafel- und Leinwandgemälde, Skulpturen oder Wandgemälde, wieder in die Hände zurückgekommen, in die sie von Anfang an gehört hätten, denn die handwerkliche Ausbildung der Kirchenmaler hat diese Fachbereiche nicht einbezogen.

Die Forderungen des Bayerischen Landesamtes für Denkmalpflege konnten durch die zunehmende Zahl von Restauratoren in adäquaterem Maße umgesetzt werden, wodurch wiederum die Standards der Restaurierung eklatant gestiegen sind. Restauratorische Prinzipien wurden mehr und mehr auch dem Handwerk vermittelt. Historische Fenster und Türen wurden nicht mehr grundsätzlich ausgewechselt, sondern auch einmal repariert, historische Verputze nicht immer erneuert, sondern gelegentlich auch fachgerecht ausgebessert. Es konnte in zunehmendem Maße durchgesetzt werden, daß Architektur- und Stuckfassungen nicht bis auf den Untergrund, sondern unter Bewahrung des Originals nur auf bestimmte Leitschichten abgenommen, daß Vergoldungen niedergelegt und gefestigt werden und Altarretabel auch zu reinigen und nicht nur neu zu fassen sind. Viele Handwerker haben sich auf die geänderten Anforderungen eingestellt. Manche Kirchenmaler haben sich in der Erfassung historischer Zustände sogar eine Sicherheit erworben, die von vielen Diplomrestauratoren noch nicht erreicht worden ist. All diese Bemühungen haben immerhin dazu geführt, daß viele Firmen nun wesentlich besser gerüstet sind, mit ihren eigenen Renovierungen oder denjenigen der ehemaligen Konkurrenten umzugehen. Ihre Qualität wird unter anderem daran gemessen werden können, ob das, was sie früher entfernt haben, nachvollziehbar dokumentiert worden ist, denn die etwa vorhandenen Reste der früheren künstlerischen Erscheinungsweise historischer Räume werden nach den Renovierungen unseres Jahrhunderts noch schwerer zu finden sein als zuvor. Die Anforderungen einer wissenschaftlich-historisch ausgerichteten Denkmalpflege werden an die Ausführenden also noch erhöhte Anforderungen hinsichtlich der Untersuchung stellen. Und es werden hoffentlich auch erhöhte Anforderungen an das ästhetische Empfinden und Stilgefühl der Ausführenden gestellt werden können.

In der Restauratorenausbildung ist mit guten Gründen großer Wert auf die Naturwissenschaften gelegt worden. Diese mit der Zeit schon etwas einseitige Betonung hat Stephan Wülfert anläßlich eines Vortrags bei der zweiten Internationalen Fachmesse für Museumswesen und Ausstellungstechnik 1997[32] Anlaß gegeben, sich zu fragen, ob das Restaurierungsatelier in Zukunft durch ein „Konservierungslabor", der Fachrestaurator also durch einen „Konservierungsingenieur" oder Chemotechniker ersetzt werden würde. Natürlich ist dies eine rhetorische Frage. „Durch den Einsatz neuer Produkte und Geräte ist der Gesamtzustand der Kunstwerke nicht besser geworden",[33] wie schon Heinz Althöfer festgestellt hat. Und der Beruf des Restaurators besteht nicht nur aus einer wissenschaftlichen, sondern auch aus einer manuellen und einer – bisher leider sehr vernachlässigten – künstlerischen Komponente. Ein Bildwerk kann nun einmal nicht nur als Materialverband, sondern muß in wesentlich stärkerem Maße auch wieder als Kunstwerk gesehen werden. Und dazu gehört vor allem anderen ein gut entwickeltes Stil- und Qualitätsgefühl, ein Gefühl für Farbharmonie, für das richtige Einpassen von Kittungen, für die Textur von Oberflächen, die Glanzgrade, die Dichte und Härte von Farbaufträgen, das Erkennen der Handschrift des Künstlers bei der Ausführung von Fassungen und Vergoldungen, die Fähigkeit Patina, Alterswert und Schmutz zu unterscheiden, ein Kunstwerk in ein bestehendes Ensemble richtig einzustimmen und den richtigen Duktus bei Retuschen zu treffen, aber auch die Kenntnis von Imprimituren, Pastositäten, der Funktion – nicht nur der Machart – des Goldgrundes, der Ikonographie des Materials und vieles mehr. Das alles – und das meiste läßt sich unter dem Oberbegriff Ästhetik zusammenfassen – gehört ebenso zur Restaurierung wie Kenntnisse in Chemie und Physik. Diese Fähigkeiten und Kenntnisse sind jetzt und in Zukunft in besonderem Maße beim Umgang mit den vergangenen Restaurierungen und Veränderungen gefragt. Wir haben es nicht mehr so leicht, unverfälschte Originale vorsichtig konservieren zu dürfen. In vielen Fällen muß nicht nur die materielle Substanz gesichert, sondern der künstlerische Wert von Bildwerken, müssen gestörte Zusammenhänge und Aussagen wiederhergestellt werden. Alle restauratorischen Maßnahmen haben einen direkten Einfluß auf die ästhetische Wirkung eines Kunstwerks, ob es sich nun um Abnahme krepierter, vergilbter und störender Überzüge und Schichten, um die Entfernung entstellender Eingriffe und Veränderungen oder um Ergänzungen und Retuschen handelt. Viele bedeutende Kunstwerke wie – um nur einige zu nennen – die monumentale gotische Skulptur des hl. Christophorus aus der Münchner Frauenkirche, die berühmte Schutzengelgruppe von Ignaz Günther oder besonders die große frühgotische Salmdorfer Pietà, welche in die Amtswerkstätten übernommen worden sind, haben zerstörte Oberflächen, die aus einem Pasticcio von unterschiedlich freigelegten Schichten und Übermalungen bestehen. Die Figuren wirken noch durch die gestaltete Form, haben aber ein wesentliches Element ihrer Aussage, den Charakter der farbigen Erscheinung, verloren. Die Erwartung, die in allen diesen Fällen an die Restaurierung gestellt wird, ist es, den Kunstwerken wieder zu einer akzeptablen künstlerischen Wirkung zu verhelfen, die ihrem Charakter und Stil entspricht, zumindest aber nicht widerspricht. Wie sollen Restauratoren solchen Erwartungen aber entsprechen können, wenn sie nicht über kunsthistorische Kenntnisse, ein ausreichend entwickeltes Stilgefühl und ästhetisches Empfinden verfügen? Wenn die Kunstwerke bei jeder Veränderung schon immer in die Hände von wirklichen Künstlern oder in ästhetischer Hinsicht ausgebildeten Restauratoren gelangt wären, würden sie sich nicht in dem jetzigen beklagenswerten Zustand befinden. Es ist zu viel restauriert worden, das entrestauriert werden muß, viel verrestauriert worden, das nicht konserviert werden darf und vieles konserviert worden, was dekontaminiert werden muß. Der Umgang mit all diesen Restaurierungsergebnissen ist eine Herausforderung, die hohen Ansprüchen gerecht werden muß, wenn weiterhin Kunstwerke und nicht nur Ergebnisse von Überarbeitungen überliefert werden sollen.

Neben der Bewältigung von Herausforderungen aber wäre nun auch die konsequente Verwirklichung einer Forderung angesagt, die schon 1963 von Cesare Brandi erhoben, aber erst im letzten Jahrzehnt intensiver in die Diskussion gebracht worden ist: die Forderung nach Pflege, Wartung und Prävention, „[il] restauro preventivo, come tutela, remozione di pericoli, assicurazione di condizioni favorevoli"[34]. Damit ist die Pflege von Kunstwerken gemeint, die noch in einem gutem Zustand oder auch erst restauriert worden sind, die umsichtige Vermeidung möglicher Gefahren und die Sicherung günstiger Existenzbedingungen, um keine Schäden mehr entstehen zu lassen. Das bedeutet, daß Kunstwerke nicht erst dann unsere Zuwendung verdienen, wenn sie geschädigt oder entstellt sind. Dürers Aufforderung an den Frankfurter Kaufmann Heller in bezug auf das für ihn gemalte Tafelbild „geht vorsichtig damit um"[35] ist zeitlos und damit auch modern und „postmodern". „Nahezu jeder heute notwendig gewordene, akute Restaurierungsfall birgt in sich den Vorwurf an uns alle, daß es an ausreichender Sorgfalt gefehlt hat"[36]. Ein Kunstwerk kommt schließlich dann erst in ein Restaurierungsatelier, wenn Schadensprozesse unübersehbar oder gar störend geworden sind, wie auch ein Mensch dann erst in die Klinik kommt, wenn ein Schadens- sprich Krankheitsfall eingetreten ist. Eine Restaurierung setzt Schäden voraus, die es unter günstigen Bedingungen nicht hätte geben müssen. In China wurden früher Ärzte dafür bezahlt, daß sie die Angehörigen einer Familie, von der sie bezahlt wurden, bei guter Gesundheit hielten, das heißt nicht krank werden ließen. Ein wahrlich nachahmenswertes Beispiel zum Wohle unserer Kunstwerke!

Die in das nächste Jahrhundert und gleichzeitig Jahrtausend führende Zielvorstellung wäre, zumindest für das Gebiet der

Restaurierung, also weniger die „Reparaturgesellschaft"[37], sondern viel eher die „Pflegegesellschaft", die nicht ausbessert, flickt, wieder gebrauchstüchtig macht, schadhaftes auswechselt wie ein Automechaniker, sondern pflegt und damit bewahrt. Wobei Pflege nicht als „Einhaltung von Reparaturintervallen"[38], sondern als regelmäßige Inspektion und Wartung verstanden wird. Auch bei einem Auto bedeutet Wartung die „Erhaltung" der Funktionstüchtigkeit und nicht Reparatur, die „Ausbesserung", den Eingriff. Denn es darf ruhig einmal – auch anhand vorhandener Beispiele – darüber nachgedacht werden, wieviele Restaurierungen ein Kunstwerk verträgt, bevor es zum Schatten seiner selbst, und wieviel Konservierung es aushält, bevor es zum unlösbaren Problemfall wird.

Gewiß, es ist ein hoher Standard wissenschaftlich-historisch ausgerichteter Restaurierung erreicht. Es wurden Untersuchungsmethoden entwickelt, deren Ergebnisse auch der Kunstwissenschaft neues Material an die Hand geben, die so akribisch sind, daß auch noch kleinste Reste als Beleg genutzt werden können. Es sind neue Restaurierungstechniken als Antwort auf die Konfrontation mit ungewöhnlichen Erhaltungsproblemen entwickelt worden. Es kam zu einer Sensibilisierung, die den Boden für Schonung und Pflege der Kunstwerke bereiten kann. So gerüstet könnte man an und für sich ganz guten Gewissens in das neue Jahrhundert gehen: im Bewußtsein der Fehler, der Einsichten und der Errungenschaften der vergangenen Zeit; in interdisziplinärer Zusammenarbeit, der Fortentwicklung in der Naturwissenschaft gewiß, und dabei ausgestattet mit einem gesunden Vorbehalt gegenüber vorschneller Anwendung neuer Entwicklungen; vor allem aber eingedenk der Tatsache, daß die zu behandelnden „Objekte" eigentlich Kunstwerke sind.

ANMERKUNGEN

1 GEORG DEHIO, Denkmalschutz und Denkmalpflege im 19. Jahrhundert, Straßburg 1905, S. 24.
2 MICHAEL PETZET, Der neue Denkmalkultus am Ende des 20. Jahrhunderts, in: Vom modernen zum postmodernen Denkmalkultus?, Arbeitshefte des Bayerischen Landesamtes für Denkmalpflege, Bd. 69, München 1994, S. 15.
3 CAMILLO BOITO, I Restauratori, Conferenza tenuta all' Esposizione di Torino il 7.7.1884, Firenze 1884, S. 17-18.
4 Literaturangaben bei DEREK LINSTRUM, Authentizität. Auffassungswandel in Vergangenheit und Gegenwart, in: Wilfried Lipp (Hrsg.), Denkmal-Werte-Gesellschaft, Frankfurt/New York 1993, S. 247-259.
5 DEHIO (wie Anm. 1), S. 4.
6 Ebd., S. 19.
7 Ebd., S. 17.
8 Konservierung, Restaurierung, Renovierung, Arbeitshefte des Bayerischen Landesamtes für Denkmalpflege, Bd. 6, München 1979. – Grundsätze der Denkmalpflege, ICOMOS – Hefte des Deutschen Nationalkomitees, Bd. 10, München 1992, S. 7 ff.
9 Die Gewändefiguren des Fürstenportals am Bamberger Dom wurden 1903/04 mit Fluorsilikaten imprägniert, 1953/54 mit Kalksinterwasser und 1973 mit hydrophobierendem Kieselsäureester behandelt. Der Schadensprozeß konnte dadurch nicht aufgehalten werden, eher wurde eine ungünstige Verdichtung der obersten Gesteinsschicht erreicht.
10 HEINZ ALTHÖFER, Gibt es eine moderne Restaurierung?, in: Beiträge zur Erhaltung von Kunstwerken, 5, hrsg. vom Restauratorenverband e.V., Berlin 1993, S. 4.
11 ERWIN EMMERLING, Restaurieren zwischen Ethik und Ästhetik, in: Vom modernen zum postmodernen Denkmalkultus? (wie Anm. 2), S. 78.
12 JÜRGEN PURSCHE, Die „Entsorgung" restauratorischer Eingriffe an Wandmalereien. Zum Problem der Entrestaurierung, in: Das Denkmal als Altlast?, ICOMOS – Hefte des Deutschen Nationalkomitees, Bd. 21, München 1996, S. 82.
13 „... und man wird sich immer mehr davon überzeugen, daß die historischen Dokumente und Monumente unserer Stadt durch die Hand des Menschen mehr als durch die Zeit zerstört worden sind." VINCENZO FORCELLA, Iscrizioni delle chiese e d'altri edifizi di Roma, Vol. V, Roma 1874, S. 3.
14 DEHIO (wie Anm. 1), S. 22.
15 Das wäre zum Beispiel bei der Konservierung der Wandfassung von 1935/36 in der Alten Kapelle zu Unserer Lieben Frau in Regensburg der Fall gewesen.
16 RUDOLF GÖBEL, Bericht über die MUTEC 1997, in: DRV Mitteilungen 2, 1997, S. 25 f.
17 DEHIO (wie Anm. 1), S. 4.
18 Zum Beispiel die Wandfassung des Kreuzgangs in der Karthause Buxheim.
19 ALTHÖFER (wie Anm. 10), S. 4.
20 Im Sinne der 7. Jahrestagung der Bayerischen Denkmalpflege in Passau 1993 „Vom modernen zum postmodernen Denkmalkultus?" (zum Tagungsbericht vgl. Anm. 2) müßte man in diesem Zusammenhang wohl auch der Frage nachgehen, was eine „postmoderne" Restaurierung wäre. Da dies hier zu weit führen würde, entziehe ich mich dieser Frage, indem ich den Ausdruck wörtlich nehme, die „nachmoderne" Restaurierung von morgen und übermorgen damit bezeichne und das Problem vorläufig ad acta lege.
21 MICHAEL PETZET, Grundsätze der Denkmalpflege (wie Anm. 8).
22 HEINZ ALTHÖFER, Historische und ethische Prinzipien der Restaurierung, in: Problems of Completion, Ethics and Scientific Investigation in the Restoration. Drittes internationales Seminar für Restauratoren in Veszprem, Institute of Conservation and Methodology of Museums, Budapest 1982, S. 155.

23 In der Naturwissenschaft bedeutet Reversibilität die Umkehrbarkeit chemischer Prozesse.
24 In die Denkmalpflege wurde der Begriff im Sinne der Wiederherstellbarkeit eines Vorzustands, der Rücknehmbarkeit einer Maßnahme, ohne am betroffenen Baudenkmal oder Kunstwerk nennenswerte Spuren zu hinterlassen, eingeführt.
25 *Code of Ethics for Art Conservators*, hrsg. vom IIC, American Group 1968.
26 *Ehrenkodex für Restauratoren*, Eigendruck des DRV, Februar 1988.
27 *Reversibilität. Das Feigenblatt in der Denkmalpflege?* ICOMOS – Hefte des Deutschen Nationalkomitees, Bd. 8, München 1992.
28 JÜRGEN JULIER, *Ist Vergangenheit reproduzierbar? Reversibilität aus der Sicht der Denkmalpflege*, in: Reversibilität (wie Anm. 27), S. 19.
29 MICHAEL PETZET, *Reversibilität. Das Feigenblatt in der Denkmalpflege?*, in: Reversibilität (wie Anm. 27), S. 11.
30 Wenn es sich nicht um das Verleimen zweier originaler Stücke, sondern das Anfügen einer Ergänzung handelt, wird die Bruchstelle ausgespänt und die Schnittstelle zur Verleimung mit der Ergänzung im neuen, zur Ausspänung verwendeten Material, geschaffen.
31 Siehe auch ULRICH SCHIESSL, *Über die „Spurlosigkeit" von Konservierungsbehandlungen an Kunstwerken*, in: Aufsätze zur Kunstgeschichte. Festschrift für Hermann Bauer zum 60. Geburtstag, Hildesheim/Zürich/New York 1991, S. 374, 376.
32 Resumée in *DRV Mitteilungen*, 2, 1997, S. 24.
33 ALTHÖFER (wie Anm. 10), S. 4.
34 CESARE BRANDI, *Teoria del Restauro*, Roma 1963, S. 82.
35 Zitiert nach EIKE OELLERMANN, *Restaurieren zwischen Anspruch und Wirklichkeit*, in: Zeitschrift für Kunsttechnologie und Konservierung, Jg. 2, 1988, H. 2, S. 331.
36 Ebd.
37 WILFRIED LIPP, *Vom modernen zum postmodernen Denkmalkultus? Aspekte zur Reparaturgesellschaft*, in: Vom modernen zum postmodernen Denkmalkultus? (wie Anm. 2), S. 6 ff.
38 WILFRIED LIPP, *Rettung von Geschichte für die Reparaturgesellschaft im 21. Jahrhundert*, in: Das Denkmal als Altlast? (wie Anm. 12), S. 147.

Rolf Snethlage, Hannelore Marschner, Martin Mach

Arbeitsschwerpunkte des Zentrallabors des Bayerischen Landesamtes für Denkmalpflege

Einleitung

Das Bayerische Landesamt für Denkmalpflege wird von allen anderen Denkmalämtern um sein naturwissenschaftliches Laboratorium beneidet. Im Jahre 1979 konnte es aufgrund einer großzügigen Anschubfinanzierung durch die Stiftung Volkswagenwerk zeitgleich mit dem Zollern Institut beim Deutschen Bergbaumuseum in Bochum ins Leben gerufen werden. Danach hat es einige Jahre gedauert, bis andere Denkmalämter mit ähnlichen Einrichtungen nachziehen konnten, aber trotz intensiver Bemühungen ist es bis heute nicht gelungen, in allen Bundesländern die naturwissenschaftliche Forschung an Denkmalämtern zu etablieren. Beim Institut für Denkmalpflege in Hannover wurde ein Labor für naturwissenschaftliche Untersuchung und Beratung eingerichtet. In Wiesbaden versorgt das Institut für Steinkonservierung (IfS) seit 1990 die Länder Hessen, Rheinland-Pfalz und Saarland, von denen es gemeinsam finanziell getragen wird. In Sachsen und Sachsen-Anhalt gibt es das länderübergreifende Institut für Diagnostik und Konservierung von Denkmalen, welches aus der ehemaligen Leitstelle des BMBF-Verbundprojektes hervorgegangen und bei den betreffenden Denkmalämtern angesiedelt ist. In Stuttgart wurde zur Sicherstellung der naturwissenschaftlichen Beratung eine Vereinbarung des Landesdenkmalamtes mit der FMPA geschlossen, die zu diesem Zweck eine eigene Abteilung „Denkmalschutz" eingerichtet hat.

Zieht man einen Vergleich, so ist das Zentrallabor beim Bayerischen Denkmalamt, gemessen an seiner personellen und gerätetechnischen Ausstattung, doch in gewisser Weise einzigartig geblieben, was ohne Frage auch der umsichtigen Förderung durch den Generalkonservator zu verdanken ist.

Denkt man zurück an das Jahr 1977, so wurde damals der erste Grundstein für die Gründung des Zentrallabors gelegt, indem beim Bayerischen Landesamt für Denkmalpflege der erste Naturwissenschaftler bei einem Denkmalamt in Deutschland eingestellt wurde. Dieser vorausschauende Schritt entsprang der Erkenntnis, daß die Referenten sich bei ihrer alltäglichen Beratungspraxis in zunehmendem Maße mit Entscheidungen in Materialfragen auseinanderzusetzen hatten, was den Wunsch nach einer unabhängigen Beratung durch einen Naturwissenschaftler in den eigenen Reihen immer stärker werden ließ.

Es ist nun das Verdienst von Generalkonservator Professor Michael Petzet gewesen, eine sich im darauffolgenden Jahr anbietende, einmalig günstige Konstellation zu ergreifen und die Bestrebungen nach der Gründung eines eigenen naturwissenschaftlichen Labors energisch voranzutreiben. Bei der Stiftung Volkswagenwerk hatte Frau Dr. Marie-Luise Zarnitz die Idee entwickelt, im Rahmen des Förderschwerpunkts Archäometrie die Einrichtung von naturwissenschaftlichen Laboratorien bei Landesämtern im Rahmen einer Starthilfe finanziell zu fördern. Gleiche Ideen wurden auch in Bayern von Professor H. J. Oel vom Institut für Werkstoffwissenschaften in Erlangen und von Herrn Professor D. D. Klemm vom Institut für Geologie der Universität München vertreten, beides Forscher, welche sich seit geraumer Zeit mit eigenen Forschungen dem Gebiet der Archäometrie verschrieben hatten. In mehreren Verhandlungen zwischen Frau Dr. Zarnitz und Herrn Generalkonservator Professor Petzet konnten die bestehenden Pläne konkretisiert werden, so daß es dann nach einem gewissenhaften Prüfungsverfahren durch einen hochkarätigen Gutachterausschuß im Jahre 1979 zur Gründung des Labors kommen konnte. Hierbei spielte ein weiterer günstiger Umstand eine nicht zu unterschätzende, entscheidende Rolle, daß sich nämlich Professor Klemm vom Institut für Geologie der Universität München bereit erklärte, dem neugegründeten Zentrallabor für die Startphase in seinen Laborräumen gewissermaßen ein Gastrecht einzuräumen, da das Bayerische Landesamt für Denkmalpflege zu dieser Zeit noch nicht über geeignete Räumlichkeiten verfügte.

Im Rückblick kann die Weitsicht, mit welcher Generalkonservator Professor Petzet die Eingliederung der Naturwissenschaften in sein Denkmalamt gegen zahlreiche Bedenken vorangetrieben hat, nur mit größter Bewunderung anerkannt werden. So markiert das Jahr 1979 gewissermaßen ein neues Kapitel im Dienstleistungsspektrum des Bayerischen Landesamtes für Denkmalpflege, das sich von nun an auf eine eigene naturwissenschaftliche Forschung und Beratung stützen kann.

Das Zentrallabor begann zunächst mit dem Forschungsschwerpunkt Natursteinkonservierung und erweiterte dann nach etwa 1 1/2 Jahren sein Aufgabenspektrum zunächst um den Bereich Glaskonservierung und dann im Jahre 1986 um den weiteren Schwerpunkt Metallkonservierung. Begonnen werden konnte mit einer personellen Grundausstattung von fünf Personen, zwei Naturwissenschaftlern, zwei Chemotechnikern und einer Sekretärin. Dieser Personalbestand hat sich, was die Planstellen anbetrifft, nur geringfügig verändert, da bedauerlicherweise nur noch eine zusätzliche Wissenschaftlerstelle für einen Chemiker geschaffen werden konnte. Dagegen konnte das Zentrallabor durch die Beteiligung an zahlreichen Forschungsprojekten seinen Personalbestand durch Drittmittelstellen laufend ausbauen, so daß gegenwärtig ca. zwanzig Personen in den neuen Räumen der Alten Münze im Hofgraben beschäftigt sind.

Obwohl der Übergangszustand der gastweisen Unterbringung im Geologischen Institut der Universität München bis 1990 länger als erwartet dauerte, war es wiederum der Generalkonservator, der mit Geschick und Durchsetzungsvermögen im Zuge des Umbaus der Alten Münze für das Zentrallabor recht ansehnliche Labor- und Büroräume einrichten ließ, die bis heute trotz der gestiegenen Anzahl von Geräten und Mitarbeitern den Anforderungen genügen.

Abb. 1. Schalenbildung an einem Strebepfeiler der Klosterkirche Birkenfeld (Südfassade)

Die folgenden Ausführungen sollen einen Einblick in die Fortschritte in der Stein-, Glas- und Metallkonservierung im Verlauf der letzten zwanzig Jahre geben, an denen das Zentrallabor mit seinen Forschungen aktiv beteiligt war und die den Denkmälern in Bayern unmittelbar zugute gekommen sind.

STEINKONSERVIERUNG

Natursteinverwitterung

Ohne Verständnis der Verwitterungsvorgänge ist keine planvolle Konservierung möglich, die die Ursachen bekämpft und nicht nur an den Symptomen kuriert. So verschieden die Eigenschaften der Gesteine sind, so vielfältig sind auch die Schadensphänomene, die bereits mit dem bloßen Auge für uns erkennbar sind. Klimafaktoren und Umweltbelastung beschleunigen den Gang der natürlichen Verwitterung, so daß nicht nur die von Natur aus weniger verwitterungsbeständigen Gesteinstypen gefährdet sind. Auch verwitterungsresistente Gesteine bedürfen der vorausschauenden Pflege, um zu verhindern, daß sich latente Schadensprozesse zu bedrohlichen Zerstörungen entwickeln können.

Obwohl alle Schadensformen den Bestand von Denkmälern gefährden, gibt es doch bestimmte Schadenstypen, die aufgrund ihrer Verbreitung und Intensität besondere Probleme aufwerfen. Zu diesen gehört ohne Frage die Schalenbildung, welche auf dem in ganz Franken als Bildhauersandstein verwendeten Schilfsandstein häufig anzutreffen ist. Bei diesem Schadensphänomen fällt auf, daß sich die Schalen nicht an der geologisch vorgeprägten Schichtung des Gesteins orientieren, sondern unabhängig davon allein den Umrissen des Werkstücks oder der Skulptur folgen. Man spricht im englischen Sprachgebrauch deshalb auch von „contour scaling". Ein illustratives Beispiel ist in Abbildung 1 gezeigt. Es ist zu erkennen, daß unter einer relativ stabilen Schale zunächst eine Mürbzone liegt, bevor der unverwitterte Kern im Inneren des Gesteins beginnt. Dieser Befund an sich legt bereits die Vermutung nahe, daß der Schaden eng an die umgebenden Klimafaktoren gekoppelt ist. Darüber hinaus erhebt sich die Frage, ob sich die vielfältigen Schadenstypen nicht vielleicht doch einem gemeinsamen Schadensmechanismus zuordnen lassen.

Ein Ansatz zur Beantwortung dieser Frage ergibt sich aus der Feuchteverteilung, die im Verlauf von Beregnung und Trocknung bestimmten Gesetzmäßigkeiten folgen muß. Einflußfaktoren sind die Feuchteleitkoeffizienten der Gesteine und die Trocknungsbedingungen, welche z. B. durch die Lage am Bauwerk bestimmt werden. Abbildung 2 zeigt das Resultat einer Simulationsrechnung, mit deren Hilfe der Verlauf der Feuchteänderungen während drei Feucht-Trockenzyklen an drei verschiedenen Gesteinen berechnet wurden (für nähere Informationen siehe WENDLER et al. (1991) und SNETHLAGE et al., 1996a, 1997). Dargestellt ist die Kurve der durchschnittlichen Feuchteverteilung über den gesamten Zeitverlauf in Abhängigkeit von der Tiefe. Man erkennt sofort, daß sich das Maximum der Kurven nicht an der Gesteinsoberfläche, sondern in einer bestimmten Tiefe befindet. Im Mittel ist es also an der Gesteinsoberfläche trockener als im Be-

Abb. 2. Berechnungen der mittleren Feuchteverteilung an drei Modellgesteinen (aus SNETHLAGE/WENDLER, 1996b)

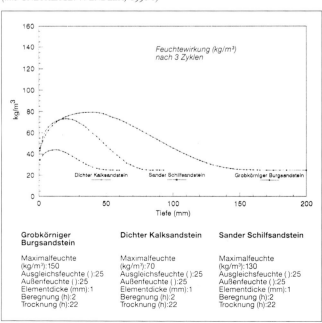

reich des Kurvenmaximums. Die Oberfläche wird zwar, z. B. im Fall eines Regens, sehr schnell vollständig durchfeuchtet, trocknet aber wesentlich schneller aus als das Gesteinsinnere, dessen Austrocknung deutlich verzögert ist. Dieses Ergebnis findet sich auch durch experimentelle und rechnerische Untersuchungsmethoden von KÜNZEL et al. (1995 a, b) bestätigt.

Die Bedeutung dieses Maximums für die Gesteinsverwitterung läßt sich folgendermaßen beschreiben. In die Zone des mittleren Feuchtemaximums ziehen sich im Verlauf der Trocknung die letzten, mit löslichen Substanzen angereicherten Porenlösungen zurück, bevor sie dort weiter konzentriert werden und letztlich verdampfen, so daß der Lösungsinhalt als Salzgemisch auskristallisiert. In dieser Zone treten deshalb infolge der hohen Salinität der Lösungen und der Auskristallisation von Salzen beträchtliche Kontraktionen und Dilatationen des Gefüges auf. Die Lage des mittleren Feuchtemaximums bestimmt deshalb den Ort, an dem Schäden auftreten. Liegt nun dieses Feuchtemaximum, bestimmt durch die Feuchtetransporteigenschaften des Gesteins und die umgebenden Klimafaktoren, unterhalb der Oberfläche, so wird als Schadenstyp Schalenbildung eintreten. In Abbildung 2 ergibt sich für die drei Modellgesteine, daß sich im Fall des Gesteins mit dem geringsten Wasseraufnahmekoeffizienten nur eine dünne Schale bilden wird, deren darunterliegende Mürbzone, wie bereits gesagt, mit dem Maximum der Feuchteverteilungskurve übereinstimmt. Im Falle des Gesteins mit dem mittleren Wasseraufnahmekoeffizienten wird sich eine Schale von 2-3 cm Dicke bilden, während das sehr saugfähige, grobporige Gestein ein sehr breites Maximum aufweist und deshalb nicht zur Schalenbildung neigt, ein Befund, der sich vollständig mit der Beobachtung an Gebäuden deckt.

Schalenbildung tritt in der Natur an den Stellen auf, an denen schnelle und extreme Feucht-Trockenwechsel entstehen, was an exponierten Gebäudeteilen wie Strebepfeilern, Pilastern, Säulen etc. der Fall ist. Die Trocknung der Oberfläche erfolgt sehr rasch, so daß das Feuchtemaximum im Inneren des Gesteins zu liegen kommt. Unter Gesimsen und in Mauernischen dagegen ist die Trocknung verlangsamt, die letzten Porenlösungen verdampfen an der Oberfläche. Das mittlere Feuchtemaximum befindet sich direkt an der Gesteinsoberfläche. Der in diesem Fall eintretende Schaden wird Absanden sein. Abblättern und Schuppenbildung sowie Übergangsformen sind die Folge von Bedingungen, welche zwischen den genannten Extremen der Schalenbildung und des Absandens liegen. Das Feuchtemaximum liegt in so geringer Tiefe, daß sich darüber keine stabile Schale bilden kann.

Faßt man die Ergebnisse zusammen, so kann man sagen, daß mit dem Maximum der mittleren Feuchteverteilung, die sich in einem Gestein im Verlaufe seiner Lebensdauer einstellt, der entscheidende Parameter gefunden werden konnte, welcher die Art und den Ort des eintretenden Schadens bestimmt. Damit ist auch eine gemeinsame Ursache für alle unterschiedlichen Schadenstypen gefunden, deren Erscheinungsbild letztlich nur von der Lage des Feuchtemaximums relativ zur Gesteinsoberfläche bestimmt wird.

Auch für die Gesteinskonservierung beinhaltet die Lage des mittleren Feuchtemaximums wichtige Schlußfolgerungen. Die Lage des Maximums definiert nämlich auch die Mindesteindringtiefe für Steinschutzstoffe, da gefordert werden muß, daß der Ort der Schadensbildung zu überbrücken ist. SNETHLAGE/WENDLER (1996b) und SASSE/SNETHLAGE haben hierfür Anforderungskriterien in Abhängigkeit vom Wasseraufnahmekoeffizienten abgeleitet.

Aus dem Einfluß der Feuchte- und Salzbelastung leitet sich auch die zentrale Bedeutung der Feuchtedehnung auf die Gesteinszerstörung ab. Auch kleine Beträge der Feuchtedehnung können langfristig aufgrund einer fortschreitenden Materialermüdung zu Schäden führen. Ein neues Konzept der Gesteinskonservierung sieht deshalb die Unterdrückung der Feuchtedehnung durch grenzflächenaktive Stoffe vor, welches insbesondere bei tonhaltigen Gesteinen erfolgversprechend wirken kann. Ausführlich sind der wissenschaftliche Ansatz und die ersten Erfahrungen mit diesen Mitteln in SNETHLAGE et al. (1996a) erläutert. Die Grundsätze des Wirkungsmechanismus der grenzflächenaktiven Stoffe ist in Abbildung 3 gezeigt. Es handelt sich um bifunktionelle Alkyl-Ammoniumverbindungen, welche die Eigenschaft besitzen, die negativen Ladungszentren auf Mineraloberflächen, in Besonderheit jedoch auf Tonmineraloberflächen zu blockieren und die ehemals bindenden Kationen zu verdrängen. Auf diese Weise sind die benachbarten Tonmineralblättchen gleichsam wie mit einem Band miteinander verbunden, so daß ins Porengefüge eindringendes Wasser keine hygrische Quellung mehr verursachen kann. Die bisher erzielten Ergebnisse sind insoweit vielversprechend, als sich die Feuchtedehnung von Sander Schilfsandstein, einem besonders feuchtempfindlichen Gestein, auf ca. 30 % des Ausgangswertes reduzieren läßt, obwohl die Wasseraufnahme des Gesteins nicht behindert ist. Das Gestein quillt und schrumpft also weit weniger als im unbehandelten Zustand, obwohl es nach wie vor in der gleichen Weise Wasser aufnimmt und abgibt. Weitere Mes-

Abb. 3. Modell für die Einlagerung von bifunktionellen Alkyl-Ammoniumverbindungen in Tonmineralzwischenschichten

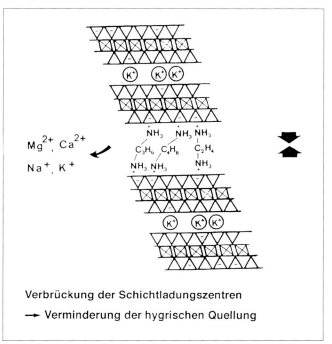

sungen sind jedoch erforderlich, die verschiedenen zur Verfügung stehenden Tenside auf die jeweiligen Gesteinsarten hin zu optimieren. Grenzflächenaktive Verbindungen wurden auch mit Erfolg getestet, um die Anbindung von siliciumorganischen Steinschutzstoffen auf problematischen Mineraloberflächen zu verbessern und damit ihre Wirksamkeit und Dauerhaftigkeit zu steigern.

Dauerhaftigkeit von Steinfestigungen

Im Zentrallabor im Rahmen des vom BMBF (vormals BMFT) geförderten Projekts „Steinzerfall – Steinkonservierung" durchgeführte Untersuchungen erbrachten auch die ersten meßtechnisch gesicherten Ergebnisse über die Wirksamkeit von Steinfestigungen mit Kieselsäureestern an Gebäuden (siehe SATTLER, 1992 und SATTLER/SNETHLAGE, 1996). Von großer praktischer Bedeutung ist der Befund, daß sich das aus Kieselsäureester gebildete Kieselgel zunächst immer erst in den engen Poren und Korngrenzbereichen absetzt, wo es voll zur Erhöhung der Gesteinsfestigkeit beiträgt. Aus diesem Grund ist die erste Tränkung eines verwitterten Gesteins mit Kieselsäureester auch die wirksamste. Labor- und Objektmessungen sind erforderlich, um die Notwendigkeit weiterer Tränkungen zu bestätigen, da ansonsten die Gefahr besteht, daß kostspielige Behandlungen vorgenommen werden, die nicht zur weiteren Verbesserung des Festigkeitsprofils beitragen. Langdauernde, zeitraffende Klimawechselbelastungen von gefestigten Sandsteinen im Labor haben keinerlei Hinweis auf eine nachlassende Festigungswirkung des Kieselgels gebracht. Auch an den wenigen, gut dokumentierten Objektbehandlungen zwischen 1971 und 1987, welche beprobt und untersucht werden konnten, ergaben sich keine Hinweise auf eine nachlassende Wirksamkeit. Verbreiteter war dagegen der Befund, daß sich aufgrund von ungenügender Tränkung und Eindringtiefe gegenüber einem unbehandelten Gestein überhaupt kein Festigungseffekt nachweisen ließ. Aus den Ergebnissen kann geschlossen werden, daß bei Abwesenheit kritischer Salzbelastungen die Dauerhaftigkeit von Steinfestigungen mit Kieselsäureester mit Sicherheit den bislang überblickbaren Zeitraum von 20 Jahren übersteigt.

Dauerhaftigkeit von Hydrophobierungen

Mit besonderer Intensität konnte im Rahmen des BMBF-Projekts auch die Dauerhaftigkeit von Hydrophobierungen auf Natursteingebäuden untersucht werden (WENDLER/SNETHLAGE, 1988 und SNETHLAGE et al., 1996 c). Dabei erwies sich vor allem die Verwendung des in Vergessenheit geratenen Karsten'schen Prüfröhrchens als ein zerstörungsfreies, einfaches und zuverlässiges Meßsystem als vorteilhaft, konnte doch auf die Entnahme von Proben weitestgehend verzichtet werden (WENDLER/SNETHLAGE, 1989). Die Ergebnisse zeigten z. T. eine erschreckende Streuung der hydrophoben Wirkung auch bei frischen Behandlungen, was nur mit einer zu großen Sorglosigkeit bei der Anwendung der Mittel zu erklären ist. Die Untersuchung von etwa 40 Gebäuden, verteilt über ganz Deutschland, erbrachte als übereinstimmendes Ergebnis, daß die Wirksamkeit einer Hydrophobierung in einem Zeitraum von nur ca. 15 Jahren so stark abnimmt, daß eine Wiederbehandlung nötig wird. Dies ist immer dann der Fall, wenn der Wasseraufnahmekoeffizient w an der ganzen Fassade den Grenzwert von 0,5 kg/m^2 $\sqrt{h}$ übersteigt, auf den die Bezeichnung „wasserabweisend" festgelegt ist. Weiterhin wurde beobachtet, daß an einer bewitterten Fassade die Hydrophobierung nicht an allen Stellen gleichmäßig abnimmt. Es entstehen vielmehr Flecken mit stark verminderter Wasserabweisung, bei denen Regenwasser auch in das Gesteinsinnere eindringen kann. Da aber die Verdunstung infolge der ansonsten noch intakten Hydrophobierung verzögert ist, neigen nur noch teilhydrophobierte Gesteine zu einer verlängerten und verstärkten Durchfeuchtung. Auch diesem Phänomen des partiellen Wirksamkeitsabbaus gilt es durch rechtzeitige Wiederbehandlungen vorzubeugen. An der Alten Pinakothek konnte durch Wiederholungsmessungen die Geschwindigkeit des Wirksamkeitsabbaus einer Hydrophobierung verfolgt werden (SNETHLAGE et al., 1996 c). Die zwischen 1986-1989 und 1992 durchgeführten Messungen zeigen deutlich den in der Zwischenzeit erfolgten Anstieg des Wasseraufnahmekoeffizienten w (Abb. 4). Dieser hat zwar noch nicht den Grenzwert von 0,5 kg/m^2 $\sqrt{h}$ erreicht, seine zunehmende Streuung und das Anwachsen des Mittelwertes sind aber unverkennbar. Die Alte Pinakothek wird deshalb auch in Zunkunft ein Objekt der regelmäßigen Nachkontrolle der Hydrophobierung sein. Da die Meßpunkte exakt festgehalten sind, wird es möglich sein, die Kontrollmessungen an genau den gleichen Stellen vorzunehmen, so daß ein Überblick über die Langzeitwirkung der Hydrophobierung gewährleistet ist. Da auch über die Wirksamkeit der Festigungsmaßnahmen ein vergleichbar dichtes Datennetz vorhanden ist, stellt die Alte Pinakothek unter dem Gesichtspunkt der Dauerhaftigkeit das wohl weltweit am besten dokumentierte Gebäude dar.

Qualitätskriterien für die Steinkonservierung

In Zusammenarbeit mit dem Institut für Bauforschung der RWTH Aachen hat das Zentrallabor für die verschiedenen Maßnahmen der Steinkonservierung, angefangen von der Reinigung bis zur abschließenden Hydrophobierung, Kriterien entwickelt, nach denen die Qualität einer Konservierung bewertet werden kann (SNETHLAGE/WENDLER, 1996 b und SASSE/SNETHLAGE, 1997). Am Beispiel der Natursteinfestigung sei aufgezeigt, mit welchen Parametern Folgeschäden vermieden und eine möglichst gute Dauerhaftigkeit erreicht werden kann.

Die Eindringtiefe soll größer sein als die Lage des Feuchtemaximums (siehe Abschnitt Natursteinverwitterung).

Die Festigkeit soll ein möglichst ausgeglichenes Tiefenprofil aufweisen und die Ausgangsfestigkeit des unverwitterten Gesteins nicht wesentlich übertreffen.

Auch das Profil des E-Moduls mit der Gesteinstiefe soll ausgeglichen sein; insbesondere nahe dem Oberflächenbereich darf der E-Modul nicht sprunghaft ansteigen, da andernfalls eine Schalenbildung nicht ausgeschlossen werden kann.

Die hier nur qualitativ angesprochenen Kriterien sind in der zitierten Literatur mit quantitativen Angaben versehen. Abbildung 5 gibt ein Beispiel für die kombinierte Bewertung von biaxialer Biegezugfestigkeit und E-Modul eines Gesteins

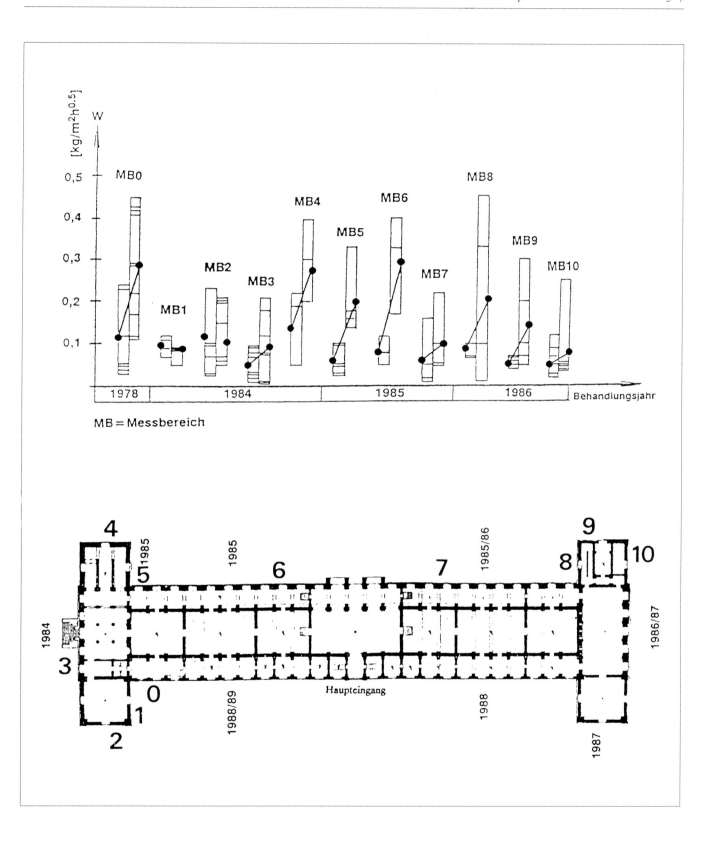

Abb. 4. Wiederholungsmessung zur Bestimmung der Dauerhaftigkeit der Hydrophobierung an 11 Meßbereichen der Alten Pinakothek. Erstmessungen 1986-1989, Wiederholungsmessungen 1992. Lage der Meßbereiche am Gebäude

vor und nach der Festigung mit verschiedenen Steinfestigerprodukten. Das maßgebende Kriterium für den hier beschriebenen Fall lautet, daß Biegezugfestigkeit und E-Modul nur in dem konstanten Verhältnis zunehmen dürfen, wie sie im unverwitterten Gestein vorliegen. Diese Bedingung ist mit der durchgehenden Linie in Abbildung 5 gekennzeichnet (SASSE/SNETHLAGE, 1997). Man erkennt, daß nach der Behandlung die Zustandpunkte für jedes der Mittel oberhalb der Linie liegen, was bedeutet, daß der E-Modul etwas stärker zugenommen hat als die Biegezugfestigkeit. Wünschenswert wäre im idealen Fall, wenn alle Punkte auf der durchgezogenen Linie liegen würden. Da aber das genannte Kriterium nicht als absolut strenger Maßstab gesehen werden darf, können die nahe der Linie gelegenen Mittel durchaus für eine Behandlung in der Praxis verwendet werden.

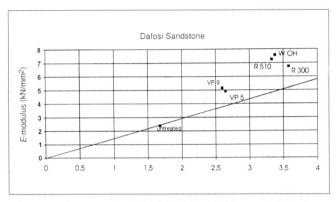

Abb. 5. Korrelation zwischen E-Modul und biaxialer Biegezugfestigkeit für unbehandelten (unverwitterten) und behandelten Sandstein aus Dafosi. Die durchgezogene Linie zeigt ein konstantes Verhältnis E/β des unbehandelten Gesteins

Anwendungsbeispiel Kloster Birkenfeld

Die Beschäftigung des Zentrallabors mit dem Nonnenchor der ehemaligen Klosterkirche von Birkenfeld beginnt im Jahr 1988, in dem gemäß dem Stand des Wissens ein Konzept für die Konservierung der Südfassade entworfen wird. Dieses Konzept kann auf der Grundlage neuerer Erkenntnisse zur Hinterfüllung und Fixierung von losen Schalen im Jahr 1989 derart verfeinert werden, daß trotz gravierender Schäden an der gesamten Fassade nur ein einziger, fehlender Stein ersetzt zu werden braucht (SNETHLAGE et al., 1996d). In den Folgejahren wird das Konzept in modifizierter Form auch auf den extrem gefährdeten Westgiebel und den Sockel der Südfassade übertragen. Gearbeitet wird vornehmlich mit kieselsolgebundenen Steinersatzmörteln und Schlämmen. Kloster Birkenfeld ist das erste Beispiel für eine Konservierung, bei der die Anforderungen an die Erhaltung von Originalsubstanz, die bis dahin nur für die Konservierung von wertvollen Skulpturen gestellt und eingehalten werden konnten, mit Erfolg auch auf ein Gebäude im Freien übertragen wurden. Als Beispiel für die Konservierungsmaßnahme ist der Zustand eines Strebepfeilerkopfes von der Südseite vor und nach der Maßnahme gezeigt (Abb. 6).

Ausblick für die Gesteinskonservierung

Da seit Bestehen des Zentrallabors runde zwanzig Jahre vergangen sind, ist der Zeitpunkt erreicht, an dem manche Denkmäler einer erneuten Behandlung bedürfen. Die heute noch weitgehend unbekannten Probleme der Wiederbehandlung von Natursteinen werden deshalb mit Sicherheit den Untersuchungsschwerpunkt der kommenden Jahre in der Steinkonservierung darstellen.

METALLKONSERVIERUNG

Der Forschungsbereich Metallkonservierung wurde 1986 mit Unterstützung der Stiftung Volkswagenwerk gegründet. Die unmittelbare Nachbarschaft von Zentrallabor und Restaurierungsbereichen erlaubt es, Fragestellungen aus der Restaurierung direkt in analytische Arbeit umzusetzen. Die Mitarbeiterinnen und Mitarbeiter des Labors sind bei wichtigen Ortsterminen beteiligt. Sehr häufig ergibt sich gerade bei diesen Gelegenheiten die Chance, durch eine gezielte Probenahme grundsätzliche Fragen der Metallkonservierung auf unbürokratische Weise anzugehen. Die Arbeitsmöglichkeiten des Metallforschungsbereichs konnten durch Drittmittelprojekte erheblich verbessert werden. Dank der Unterstützung von Stiftung Volkswagenwerk, Umweltbundesamt und Deutscher Bundesstiftung Umwelt arbeiten 1997 insgesamt zehn Mitarbeiter im Metallforschungsbereich, von denen neun aus Fördermitteln Dritter, d.h. nicht vom Freistaat Bayern, bezahlt werden. Folgende, durch Drittmittel finanzierte Vorhaben werden derzeit bearbeitet:

– „Konservierung von Denkmälern aus Blei, Zink und Zinn" (Deutsche Bundesstiftung Umwelt)
– Internationales UN/ECE Forschungsprogramm zur Bewitterung von Materialien (Umweltbundesamt)
– „Konservierung von Bronze und Galvanoplastik" (Deutsche Bundesstiftung Umwelt)

Im Folgenden wird mit Hilfe von Anwendungsbeispielen gezeigt, wie sich der Arbeitsschwerpunkt dank der Einbindung in das Landesamt für Denkmalpflege und der Unterstützung durch die Direktion entwickeln konnte.

Entwicklung der Metallanalytik im Zentrallabor

Grundsätzlich ist das Korrosionsverhalten unterschiedlicher Bronzelegierungen aus der Fachliteratur bekannt. Da sich jedoch die Denkmäler aus Bronze im Freien nicht nur in der chemischen Zusammensetzung der Legierung, sondern auch nach Alter, Restaurierungsgeschichte, Standort und weiteren Einflußfaktoren unterscheiden, ist es nicht einfach, für historische Bronzen den Einfluß der unterschiedlichen Legierungen, losgelöst von den übrigen Faktoren zu untersuchen und darzustellen.

Beim Christoph-von-Schmid-Denkmal in Dinkelsbühl (1859, von M. Widnmann, Abb. 7a) ergab sich eine einfache Möglichkeit, die Spannweite des durch die unterschiedlichen Legierungen bedingten Patinierungsverhaltens zu analysieren und plastisch zu veranschaulichen: Beim Ortstermin fiel auf,

Abb. 6. Zustand eines Strebepfeilers der Südseite der Klosterkirche Birkenfeld vor und nach der Konservierung im Jahre 1989

daß sich das Aussehen der Unterarme der Bronzefigur des Märchenerzählers deutlich vom Rest der Figur unterscheidet. Es war aufgrund der Vorgeschichte klar, daß die hell patinierten Unterarme sowie der sehr dunkel patinierte Rest Originalteile aus der Miller'schen Gießerei in München sein mußten, d.h. gleichzeitig entstanden waren.

Hätte man diesen Sachverhalt 1986 im Zentrallabor untersuchen wollen, wären eine Probenmenge von ca. 100 mg von der Legierung und ein hoher Zeitaufwand für eine klassische, chemische Analyse erforderlich gewesen: Bei der chemischen Analyse wird zur quantitativen Analyse des Zinns in der Bronze die Probe in Salpetersäure gelöst, der Rückstand (hydratisierte Zinnsäure) filtriert, gewaschen, im Ofen getrocknet und gewogen. Auch die weiteren Haupt- und Nebenbestandteile Kupfer, Zink und Blei hätten in ähnlich zeitaufwendigen Arbeitsschritten einzeln bestimmt werden müssen.

Die zwischenzeitlich eingeführte Atomabsorptionsanalyse (AAS) reduziert die erforderliche Probenmenge etwa um den Faktor 10, d.h. es ist nur noch eine Probe von ca. 10 mg, gleichbedeutend mit einer kleinen Bohrung von 1 oder 1,5 mm Durchmesser erforderlich. Mit Hilfe der Atomabsorptionsanalyse können alle wichtigen chemischen Elemente der Bronze quantitativ bestimmt werden.

Bei Einsatz der im Zentrallabor ebenfalls vorhandenen energiedispersiven Analytik im Rasterelektronenmikroskop (REM/EDX) läßt sich die Probenmenge nochmals mindestens um Faktor 100 verkleinern. Eine Probe in der Größe eines i-Punkts hier im Text ist völlig ausreichend. Eine derartige Probe kann beispielsweise mit einem schmalen Sägeblatt gewonnen werden, mit dem man vorsichtig über eine Kante des Denkmals streicht. Die Beschädigung durch diese Art der Probenahme ist auch bei kritischer Betrachtung vernachlässigbar klein und die gewonnene Aussage für die hier im Beispiel erläuterte Fragestellung völlig ausreichend.

Abbildung 7 b zeigt die REM/EDX-Analysenkurven. Es wird deutlich, daß beim Christoph-von-Schmid-Denkmal zwei sehr unterschiedliche Legierungen verwendet wurden: Die hell patinierten Unterarme bestehen aus einer Zinnbronze (Kupfer-Zinn-Legierung), während der dunkel patinierte Rest der Figur aus einer Kupfer-Zink-Legierung (einem niedriglegierten Messing) besteht. Da die oben genannten Einflüsse wie Alter, Standort und Vorgeschichte offensichtlich gleich sind, muß der sehr große Unterschied im Aussehen den unterschiedlichen Legierungen zugerechnet werden. Die hellere Farbe der Patina auf der Kupfer-Zinn-Legierung ist übrigens auch anschaulich durch die weiße Farbe der Korrosionsprodukte des Zinns zu erklären.

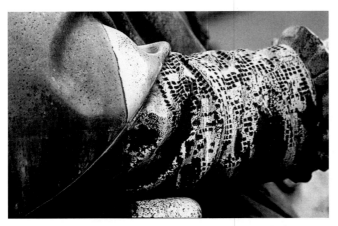

Abb. 7a. Christoph-von-Schmid-Denkmal, Dinkelsbühl; Detailaufnahme mit dunkelgrüner (links) und hellgrüner Patina (rechts)

Möglichkeiten der Analyse von Wachsen für die Bronzekonservierung

Langjährige Erfahrungen aus der Restaurierungspraxis (ROIDL, 1987) haben gezeigt, daß eine Wachskonservierung, wenn sie regelmäßig angewendet wird, Bronzen im Freien hervorragend schützt. In Römpps Chemielexikon (9. A.) findet man zum Begriff „Wachse" die folgende Definition:

> ... eine Reihe natürlicher oder künstlich gewonnener Stoffe, die in der Regel folgende Eigenschaften aufweisen: Bei 20° knetbar, fest bis brüchig hart, grob bis feinkristallin, durchscheinend bis opak, jedoch nicht glasartig; über 40° ohne Zersetzung schmelzend, schon wenig oberhalb des Schmelzpunktes verhältnismäßig niedrigviskos und nicht fadenziehend, stark temperaturabhängige Konsistenz und Löslichkeit, unter leichtem Druck polierbar. Wachse unterscheiden sich von ähnlichen synthetischen oder natürlichen Produkten (z.B. Harzen, plastischen Massen, Metallseifen usw.) hauptsächlich darin, daß sie in der Regel etwa zwischen 50 und 90°, in Ausnahmefällen auch bis zu etwa 200°, in den schmelzflüssigen, niedrigviskosen Zustand übergehen und praktisch frei von aschebildenden Verbindungen sind ...

Abb. 7b. Christoph-von-Schmid-Denkmal, Dinkelsbühl; REM/EDX-Analysenkurven von der hellgrünen und dunkelgrünen Patina

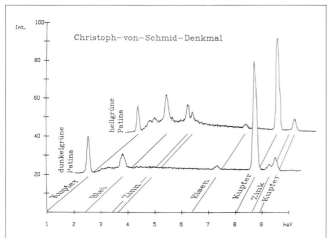

Die rein phänomenologische Definition ist erforderlich, weil eine chemische Charakterisierung nicht gegeben werden kann. Auch die oben ersichtliche, „negative" Definition auf dem Wege über die Abgrenzung zu weiteren Stoffgruppen zeigt, wie sehr sich Wachse einer präzisen chemischen Definition entziehen.

Für den Restaurator gibt es im allgemeinen keine Möglichkeit, die chemische Zusammensetzung eines Konservierungswachses auch nur grob zu beurteilen. Die Datenblätter der Hersteller enthalten hierzu so gut wie keine Informationen, in günstigen Fällen sind immerhin physikalisch-chemische Eckwerte wie z. B. Erstarrungsbereich, Viskosität und Säurezahl aufgeführt. Für die Praxis wichtig sind jedoch Eigenschaften wie Versprödungsanfälligkeit, Glanzveränderung und Verarbeitbarkeit, die in den Datenblättern nicht enthalten sind. Diese können sehr unterschiedlich sein und beruhen in erster Linie auf der chemischen Zusammensetzung des jeweiligen Wachses, d. h. es ist für ein besseres Verständnis der Eigenschaften hilfreich, die chemische Zusammensetzung zu kennen.

In vielen Fällen gilt es auch mit Hilfe von Analysen zu klären, welche Wachse bei früheren Restaurierungen verwendet wurden, weil die bis in die 80er Jahre häufig für die Konservierung von Bronzen verwendeten Wachse wie z.B. Bienenwachs oder Carnaubawachs Säureanteile in Form von Estern oder auch als Freie Säuren enthalten. Die Analyse der Wachse ist jedoch sehr aufwendig und ohne teure physikalisch-chemische Analysengeräte nicht möglich.

Mit dem im Zentrallabor 1980 angeschafften Infrarotspektrometer waren zunächst nur einfache analytische Differenzierungen, wie z. B. die Unterscheidung von Bienenwachs und Paraffinwachs, möglich. Das 1986 mit Mitteln des Umweltbundesamtes erworbene Fourier-Transform-Infrarot-Spektrometer verbesserte in erster Linie die Empfindlichkeit der Methode, so daß auch kleinere Proben untersucht werden konnten. In einigen Fällen halfen mit vergleichsweise einfachen Mitteln ausgeführte dünnschichtchromatographische Untersuchungen weiter. Die routinemäßige Bestimmung chemischer Einzelsubstanzen in den Wachsen lag jedoch in weiter Ferne. 1996 ergab sich die Möglichkeit, ein sogenanntes GC-MS, d. h. einen Gaschromatographen mit massenspektroskopischer Detektion, zu beschaffen. Mit Hilfe dieses Gerätes lassen sich auch einander ähnliche Wachse einer Gruppe, wie z. B. bestimmte mikrokristalline Wachse unterscheiden und nach Art und Massenanteil ihrer chemischen Bestandteile genauer beurteilen (Abb. 8), so daß auch auf diesem Gebiet die Leistungsfähigkeit des Labors deutlich gesteigert werden konnte.

Verbesserung der Rauhigkeitsmessung

Die Beurteilung der Gestalt von Oberflächen ist für viele Restaurierungsanwendungen von enormer Wichtigkeit. Eine dreidimensionale Rauhigkeitsmessung an Metalloberflächen eignet sich sehr gut zur Quantifizierung von Korrosionsschäden. Im Gegensatz zur üblichen (mikro)photographischen Dokumentation erhält man Zahlenangaben, die den Grad der Aufrauhung der Oberfläche und die Volumina etwaiger Korrosionsgruben quantitativ wiedergeben.

Weiterhin läßt sich mit Hilfe der dreidimensionalen Rauhigkeitsmessung die Auswirkung unterschiedlicher Restaurierungsmethoden an Probenkörpern zu untersuchen. Falls das interessierende Objekt ortsfest oder sehr groß ist, läßt es sich über Abdrücke indirekt vermessen. Als das Zentrallabor 1979 gegründet wurde, war zunächst nur eine Rauhigkeitsmessung an Oberflächen mit Hilfe von Einzelprofilen möglich. Hierzu wurde ein Tastkopf, der dem Tonabnehmer eines Schallplattenspielers ähnelte, in gerader Linie über die Oberfläche geführt, wobei man eben nur jeweils ein einziges Tiefenprofil erhielt. Diese Technik liefert zwar durchaus brauchbare Rauhigkeitsmeßwerte, hat jedoch den Nachteil, daß Vergleiche eines Vor- und Nachzustandes in der Praxis so gut wie unmöglich sind, weil die zu Beginn gefahrene Meßstrecke (der Vorzustand) später nicht mehr genau wiedergefunden werden kann. Mit finanzieller Unterstützung durch das Umweltbundesamt wurde deshalb 1992 ein sogenannter 3D-Topographiemeßplatz beschafft, mit Hilfe dessen sich eine weitgehend automatisierte vollautomatische, dreidimensionale und berührungslose Vermessung durchführen läßt.

Vermessung von Korrosionsschäden

Wie oben bereits angedeutet, muß bei größeren Objekten, wie z. B. Denkmälern aus Bronze, ein Oberflächenabdruck von der korrodierten Oberfläche angefertigt werden. Handelsübliche Alginat-Abformmassen haben gegenüber den gebräuchlichen Siliconen den Vorteil, daß sie so gut wie keine Spuren auf der Oberfläche des Originals hinterlassen und sehr präzise abformen. Bei der 3D-Rauhigkeitsmessung erhält man plakativ-anschaulich Ergebnisse (siehe Abb. 9), aber auch präzise Zahlenangaben, weil sich maximale Korrosionstiefen sowie die Volumina der Korrosionslöcher ohne Probleme vermessen lassen.

Anschaulicher Vergleich der Wirkung unterschiedlicher Strahlmittel auf Zinkguß

Im Rahmen des Forschungsprojekts „Konservierung von Denkmälern aus Zink, Zinn und Blei" sollten Probenplättchen aus neu gegossenem Zinkguß mit unterschiedlichen Strahlmitteln bei verschiedenen Anwendungsdrücken gestrahlt werden. Ziel war es, die Wirkungen der unterschiedlichen Strahlmittel zu veranschaulichen und untereinander zu vergleichen. Folgende Strahlmittel wurden eingesetzt:

– „Glas": Glaskugeln, 10-50 μ
– „Glas II": Glaskugeln, 40-70 μ
– „KS": Kunststoffstrahlmittel, „DRY STRIP©, Typ 2"
– „QV280": Edelkorund QV 280, Körnung 280
– „QV600": Edelkorund QV 600, Körnung 600

Als Strahlgerät wurde ein „Sandmaster FG 1-93" verwendet. Die Dosierungseinstellung stand konstant auf dem Wert „4". Der Düsendurchmesser betrug 1,2 mm. Es wurde unter einem Winkel von 45° nacheinander gegen beide Schmalseiten der Versuchsfelder gestrahlt, die Einwirkungsdauer betrug jeweils 30 Sekunden (2 mal 30 Sekunden).

Die Rauheitskennwerte wurden nach DIN 4762 (entspricht ISO 4287/1) berechnet.

Die Messung des jeweils abgetragenen Volumens bezieht sich auf eine Meßfläche von 3 x 2,8 mm. Die Volumenwerte geben ein gutes Maß für die Wirkung des Strahlmittels, weil sie sich auf ein verhältnismäßig großes und genau vermessenes Volumen beziehen. Wie die Übersichtsabbildungen zeigen, ist in einigen Fällen das abgetragene Volumen so gering, daß es wegen der Welligkeit des Probenkörpers nicht mehr erfaßt werden kann. Beim Strahlmittel „Glas" findet eine plastische Verformung statt, bei der einige Volumenanteile des Metalls sogar über die ursprüngliche Oberfläche hinaus angehoben werden. Auch in diesem Fall erscheint die Angabe eines Abtragungsvolumens nicht mehr sinnvoll.

Das Balkendiagramm (Abb. 10) zeigt die Meßergebnisse zu den verschiedenen Strahlmitteln in Abhängigkeit vom jeweiligen Anwendungsdruck und im Vergleich zum Vorzustand. Zu den Abkürzungen in Abb. 10: „Gl 1B" bedeutet z. B. Strahlgut „Glas" bei einem Anwendungsdruck von 1 bar. „Ra" und „Rz" sind zwei etwas unterschiedlich definierte Rauheitsparameter, die dem subjektiven visuellen Eindruck der Rauhigkeit nahekommen und ganz einfach die Rauhigkeit in Zahlenwerte umsetzen. „v * 100 [mm³]" gibt den mit 100 multiplizierten Volumenabtrag in Kubikmillimetern an.

Abb. 8. Gaschromatographie-Spektren zweier Konservierungswachse

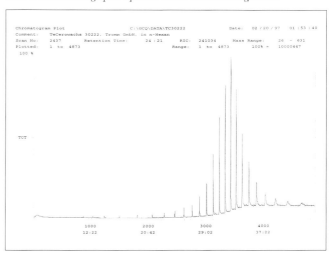

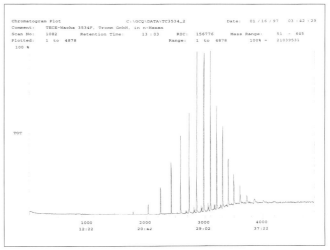

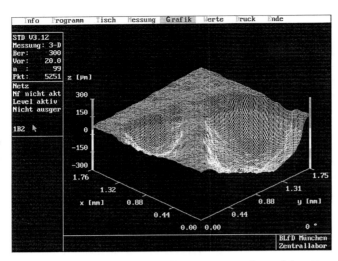

Abb. 9. 3 D-Rauhigkeitsmessung mit dem Laser-Topographie-Meßplatz: Darstellung des Korrosionsschadens an einem Denkmal aus Zinkguß

Die Ergebnisse lassen sich wie folgt zusammenfassen:
Die Strahlmittel aus Glas führen zur stärksten Aufrauhung, Strahlmittel „Glas" wirkt in dieser Hinsicht noch stärker als Strahlmittel „Glas II". Bei den Strahlmitteln aus Glas sind starke plastische Verformungen, insbesondere in den Randbereichen der Meßfelder zu beobachten (Abb. 11 a). Der Volumenabtrag ist vergleichsweise gering. Es leuchtet ein, daß eine derartig behandelte Oberfläche gute Verzahnungsmöglichkeiten für Beschichtungen bietet.

Die Strahlmittel aus Korund führen zum stärksten Volumenabtrag. Der Volumenabtrag von „QV 280" kann bei extrem hohem Druck bis zu 10 mal größer sein als bei „QV 600". Bei „QV 280" nimmt er mit steigendem Druck stark zu, während er bei „QV 600" bis 2 bar ansteigt, dann aber bei noch höherem Druck nicht mehr weiter zunimmt. Wie die Abbildungen zeigen, gleicht die Wirkungsweise des Korunds der eines scharfen Messers, welches Volumen abträgt, aber im übrigen keine Aufrauhung der Oberfläche verursacht (Abb. 11 b).

Beim Kunststoffstrahlmittel konnten nur sehr geringfügige Veränderungen an der Oberfläche festgestellt werden, die sich z.T. nur noch an den Rauheitskennwerten, nicht aber an den Abbildungen erkennen lassen. Eine Druckabhängigkeit der Wirkung des Kunststoffstrahlmittels konnte nicht nachgewiesen werden (Abb. 11 c). Anschaulich läßt sich die Wirkungsweise wohl am besten über die Modellvorstellung eines Bombardements mit Gummibällen verstehen: Nur lose Teilchen werden entfernt, feste Substanz bleibt erhalten.

Abb. 10. Tabelle: 3 D-Rauhigkeitsmessung mit dem Laser-Topographie-Meßplatz an Zinkgußproben

Ausblick für die Metallkonservierung

Die Arbeitsschwerpunkte des Metallabors für die kommenden Jahre reichen von der reinen Korrosions-Grundlagenforschung über anwendungsorientierte Forschungsvorhaben bis hin zur Unterstützung konkreter Einzelmaßnahmen: Das Metallabor wird im internationalen UN/ECE Materialbewitterungsprogramm weiterhin eine tragende Rolle übernehmen und aus diesem Grundlagenforschungsprojekt auch in Zukunft für die Praxis verwertbare Erkenntnisse zum Korrosionsverhalten von Bronze und Kupfer gewinnen. Durch die Genehmigung des Forschungsvorhabens zur Konservierung von Galvanoplastik besteht erstmals die Möglichkeit, einer lange Zeit nur gering geachteten Technik in angemessener Weise gerecht zu werden und das öffentliche Interesse an den Galvanoplastiken zu steigern. Gemeinsame Vorhaben mit den Landesdenkmalämtern von Sachsen und Sachsen-Anhalt sowie mit der Stiftung Preußische Schlösser und Gärten Potsdam-Sanssouci werden die Zusammenarbeit innerhalb Deutschlands im Bereich Metallrestaurierung intensivieren. Nicht zuletzt werden auch restaurierungsbegleitende Untersuchungen in Bayern, z. B. am Augsburger Augustusbrunnen, dem Nürnberger Tugend-Brunnen und der Münchner Mariensäule einen breiten Raum einnehmen.

Glaskonservierung

Die kulturhistorisch wertvollen Glasmalereien des Mittelalters sind in den letzten Jahrzehnten verstärkt von Verwitterungsvorgängen betroffen. Aufgrund ihrer chemischen Zusammensetzung sind diese Gläser von Luftfeuchte, insbesondere in Kombination mit den Luftschadstoffen SO_2 und NO_x leicht angreifbar. Die Auslaugung der Alkali- und Erdalkaliionen der äußeren Glasschicht bringt eine Umwandlung und Schwächung der Glasstruktur unter Bildung einer Gelglasschicht mit sich (Scholze, 1985). Es folgt ein fortschreitender Verlust der Glassubstanz und der Malschichten, der Schwarzlotkonturen oder lasierenden Bemalungen. Weiterhin leiden das optische Erscheinungsbild und die Lesbarkeit des Kunstwerks infolge einer Transparenzminderung durch den sogenannten Wetterstein, eine aufliegende Kruste von kristallinen, sekundären Korrosionsprodukten, und durch eine Opakisierung der obersten Glasschicht, verbunden mit Verbräunung, bei der die Glasbestandteile Eisen und Mangan oxidiert werden (siehe Abb. 12). Die Korrosionsvorgänge sind ausführlich beschrieben, so z. B. von Newton/Davidson (1989), Marschner (1985) und Marschner et al. (1995).

Die Verschiedenheit der Schadensbilder ist beträchtlich und erfordert unterschiedlichste Maßnahmen zu ihrer Behebung. Restaurierungsmaßnahmen sollen stets auch eine konservierende, d. h. den zukünftigen Schadensfortschritt verlangsamende Wirkung haben. In den Jahren 1990-1996 hat das Zentrallabor in koordinierender Funktion das vom Bundesministerium für Bildung, Wissenschaft, Forschung und Technologie (BMBF, vormals BMFT) geförderte Verbundprojekt „Konservierung und Restaurierung historischer Glas-

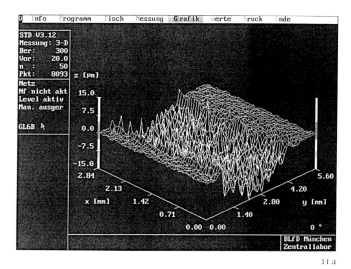

11 a

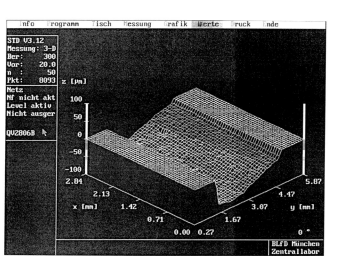

11 b

11 c

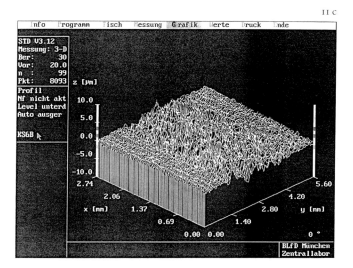

Abb. 11 a, b, c. 3 D-Rauhigkeitsmessung: Darstellung der Oberfläche von mit Glas, Korund und Kunststoff gestrahlten Zinkguß-Probenkörpern

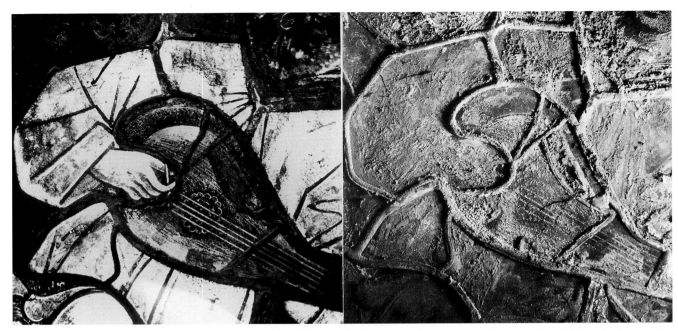

Abb. 12. Innenseite einer Glasscheibe um 1470 mit Lautenengel (Ausschnitt) aus dem Regensburger Dom (Fenster n XII, 7). Links: Aufnahme im durchfallenden Licht; rechts: im auffallenden Licht wird die Glaszerstörung ("Wetterstein") sichtbar

malereien" in wesentlichen Inhalten mitbestimmt und dabei durch eigene Forschungen wichtige, insbesondere für die restauratorische Praxis wichtige Ergebnisse erzielt. In den genannten Untersuchungen wurden zahlreiche Materialien, die für die Glasrestaurierung geeignet erschienen, zeitraffend geprüft und vergleichend bewertet (siehe MARSCHNER et al., 1996 a und b). Folgende Anwendungsaspekte wurden berücksichtigt:

– Klebung von Sprüngen im Glas
– Festigung lockerer Malschichten
– Prophylaktische Konservierung.

Klebung von Sprüngen im Glas

Unter den werkstattgebräuchlichen Restaurierungsmaterialien werden für die Anwendung als Sprungkleber Epoxidharze, UV-reaktive Acrylharze, Siliconkautschuk und sogenannte Schnellkleber untersucht. Am häufigsten werden Epoxidharze verwendet. Ihr Vorteil liegt in der starken Glashaftung und Haftbeständigkeit. Bei allen Vertretern dieser Produktklasse tritt durch UV-Bestrahlung eine mehr oder weniger starke Vergilbung auf. Diese ist bei kleinen Spaltabständen nur ein geringfügiger Nachteil. Der Epoxidharzklebstoff Araldit XW396/XW397 bestätigt seine Vorzüge immerhalb einer Reihe von untersuchten Aradittypen. Seine niedrige Viskosität kann durch Zugabe von hochdisperser Kieselsäure (HDK) in erforderlicher Weise erhöht werden.

UV-reaktive Harze zeigen ebenfalls eine mehr oder minder starke Neigung zur Vergilbung. Aktivatoren können diese Tendenz verstärken. Siliconkautschuke erweisen sich als bewitterungsstabil. Ihre optischen und mechanischen Eigenschaften sind ungünstig für die Sprungklebung, da sie hochviskos, trübe und zu weich sind. Die fehlende chemische Wiederauflösbarkeit ist ein zusätzlicher Nachteil bei einer Verwendung an historischem Glas. Schnellkleber, meist Cyanacrylate, sind ebenfalls vergilbungsfrei; ihre Glashaftung ist jedoch sehr unbeständig.

Neben den gebräuchlichen wurden auch alternative Sprungkleber getestet. Das Epoxidharz HXTAL NYL-I, hauptsächlich in den USA und in England verwendet, ergab die geringste Gilbungsneigung in den zeitraffenden Beständigkeitsprüfungen. Unter den UV-reaktiven Klebstoffen hat Conloc UV 651 die beste Gesamtbeurteilung. Neuentwicklungen sind VIS-reaktive Klebstoffe. Sie härten im Bereich des sichtbaren Lichts. Im derzeitigen Entwicklungsstadium sind jedoch ihre Adhäsions- und Kohäsionseigenschaften für die dauerhafte Sprungklebung von Glas noch ungenügend.

Malschichtfestiger

Für die Malschichtfestigung wurden und werden Wachse, Acrylharze und in geringerem Umfang siliciumorganische Materialien eingesetzt. Die Eigenschaften der Wachse sind stark von der Temperatur abhängig. Bei niedrigen Temperaturen spröde und rißanfällig, erweichen sie bei höheren Temperaturen, so daß sich Risse wieder schließen können. Gleichzeitig kriechen sie jedoch über größere Flächenbereiche, die in der Folge Staub binden und verschmutzen. Sie sind nicht farbfrei; Vergilbungen konnten unter den angewandten Testbedingungen aber nicht festgestellt werden.

Unter den Polyacrylaten ist Paraloid B 72 am weitesten verbreitet. 1979 wurde es aufgrund von Laborarbeiten am Bayerischen Landesamt für Denkmalpflege in die Glasrestaurierungspraxis eingeführt. Es bestätigt in den Versuchen seine hervorragende Bewitterungsbeständigkeit. Allerdings wird unter feuchten Bedingungen die Haftung zur Glasoberfäche herabgesetzt. Siliciumorganische Materialien, wie das versuchsweise in die Restaurierungspraxis eingeführte SZA, zeigen ungenügende Haftfestigkeit, die bei Temperaturwechseln zur vollständigen Ablösung führt.

Einen breiten Raum nahm die Untersuchung alternativer Malschichtfestiger ein, wobei als Ziel angestrebt wurde, die Eigenschaften des gebräuchlichsten Malschichtfestigers Paraloid B 72 zu übertreffen. Im Einzelnen wurden Eigenschaften wie Farbe, Transparenz, Glanz, Haftung, Fehlstellen- und Rißfreiheit und die Dauerhaftigkeit dieser Eigenschaften bei Beständigkeitsprüfungen bewertet. Ferner dienten als Kriterien für die Schutzwirkung die Verminderung von Schädigungen der Glasoberfläche, die verminderte Bildung von Korrosionsprodukten und die verminderte Auslaugung von Glasbestandteilen im Verlauf zeitraffender Korrosionsversuche. Hierfür wurde eigens das sogenannte Standardkorrosionsverfahren (siehe MARSCHNER et al., 1996 a) entwickelt. Die aus dem Modellglas ausgelaugten Mengen an Kalium und Calcium, bezogen auf eine nicht geschützte Referenzprobe, bilden ein quantitatives Maß für die Schutzwirkung. Dieses Prüfverfahren bedeutet eine sehr harte Korrosionsbeanspruchung für die Beschichtungen. Vergleichsweise mildere Korrosionsbedingungen, welche etwa die doppelte Zeit benötigen, weist dagegen die Bewitterung in einem Klimaschrank mit Schadgaszufuhr auf.

Materialien aus folgenden Produktklassen wurden in die Untersuchungen einbezogen: Schutzmittel auf der Basis von Polysiloxanen und Polyurethanen, Klarlacke auf der Basis von Polyurethanen und Alkyden, sowie Kunstharze auf Acryl- und Epoxidharzbasis. Die Ergebnisse lassen sich folgendermaßen zusammenfassen:

Aus der Selektion der Formulierungen, die in den einzelenen Prüfungsabschnitten durchgeführt wurden, ist ersichtlich, daß unter den geprüften Materialien nur solche aus den Produktklassen der Polyurethanlacke und der Acrylharze für die Malschichtsicherung in Frage kommen. Die Modifizierung der Glasoberfläche mit dem Haftvermittler γ-Aminopropyltriethoxysilan (Ha) zeigt stets eine deutliche Erhöhung der Haftung und Haftbeständigkeit der Überzüge (Abb. 13). Die hydrophobierende Komponente Silres SY201, ein Polysiloxan der Firma Wacker, erweist sich zu den Polyurethanen kompatibel, zusammen mit dem Polyacrylat Paraloid B 72 zeigt sich jedoch eine leichte Unverträglichkeit in den Beständigkeitsprüfungen. Der Vorteil der Hydrophobie und die Reduzierung der Kontaktdauer von schadstoffhaltigem Kondenswasser verbessern die Schutzwirkung unter den genannten Prüfbedingungen nicht merklich.

Gemäß dem optischen Eindruck, der Haftung, den Beständigkeitseigenschaften und dem Schutzvermögen sind die Polyurethanformulierungen vorzuziehen. Die Irreversibilität des 2-komponentigen, vernetzten Polyurethans ist jedoch ein nicht zu übersehender Nachteil. Die Formulierungen von Paraloid B 72, auch die mit Silres SY 201, sind in organischen Lösungsmitteln wieder auflösbar. Durch Anlösen können gehärtete Paraloidfestigungen wieder regeneriert werden.

Die Festigungswirkung von Siloxanen ist kritisch zu bewerten. Wegen der chemischen Verwandtschaft wird eine gute Haftung erwartet. Jedoch zeigt diese Verbindungsklasse aufgrund ihrer Sprödigkeit bei größeren Schichtdicken oft Krakelierungen. Dagegen sind Polysiloxane als hydrophobierende Formulierungszusätze anwendbar.

Abb. 13. Anwendung des Haftvermittlers γ-Aminopropylsilan als Primer auf Modellglas. Die Zahl der blasenförmigen Ablösungen in der Desmophen A 160/Desmodur N 75 Beschichtung wird stark vermindert. Linkes Bild: ohne Haftvermittler, rechtes Bild: mit Haftvermittler

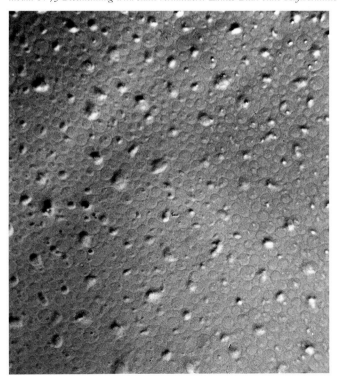
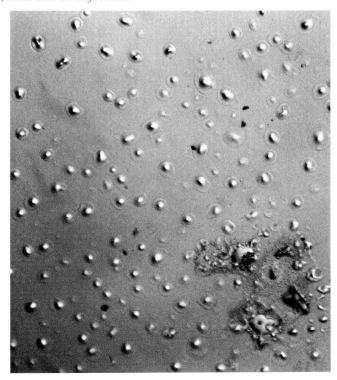

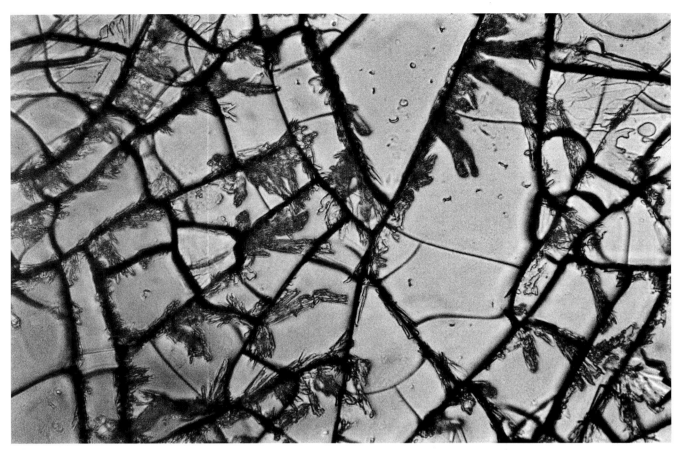

Abb. 14. Siliconalkyd A 1283 auf vorkorrodiertem Modellglas 18. Entlang der schlecht gefüllten Risse erfolgt eine vermehrte Bildung von kristallinen Korrosionsprodukten

Vor einer eventuellen Einführung der alternativen Malschichtfestiger müssen jedoch Funktionseignung, Handhabbarkeit und Beständigkeit in Pilotversuchen unter Werkstattbedingungen und Freiluftbewitterung getestet werden. Die im Labor durchgeführten zeitraffenden Bewitterungsprüfungen geben nur den relativen Vergleich von laborgefertigten Proben. Die daraus gewonnenen Aussagen können nicht ohne weiteres auf das Verwitterungsverhalten unter Objektbedingungen übertragen werden.

Konservierungsmaterialien

Materialien zur Konservierung von korrosionsempfindlichen Glasoberflächen werden in drei prinzipiell verschiedene Typen unterteilt: Dickere, lackähnliche Beschichtungen, solche in Form von hydrophobierenden Dünnstbeschichtungen und Diffusionsbarrieren in Form von Folien.

Beschichtungen vom lackähnlichen Typ wurden für die Anwendung als Malschichtfestiger geprüft. Die Ergebnisse können wie folgt bewertet werden: Die Materialien Paraloid B 72, Ha/Paraloid B 72 und Ha/Paraloid B 72/Silres SY 201 sowie Desmophen A 160/Desmodur N 75, Ha/Desmophen A 160/Desmodur N 75 und Ha/Desmophen A 160/Desmodur N 75/Silres SY 201 erlangen die besten Bewertungen. Da diese Verbindungen zur Festigung von Malschichten gut geeignet sind, ist auch eine Eignung zur Stabilisierung von verwitterten, rauhen, mit mechanisch instabilen Gelschichten überzogenen Glasoberflächen zu erwarten. Die festgestellte Schutzwirkung, ausgedrückt als verminderte Auslaugung, muß infolge der Bildung von sekundären Korrosionsprodukten zwischen der Glasoberfläche und der Beschichtung relativiert werden. Die Korrosionsprodukte stellen auch potentielle Schadfaktoren für den Überzug und die Glasoberfläche dar, welche belegen, daß die Korrosion unter den Überzügen weiterhin fortschreitet, wenn auch in geringerem Maße (Abb. 14). Eine Verstärkung der Korrosion wird jedoch nicht beobachtet. Aufgrund der zu vermutenden negativen Spätfolgen ist eine generelle Konservierung von Glasoberflächen mit lackähnlichen Beschichtungen nicht zu empfehlen.

Die Modifizierung der Glasoberfläche mit einer Dünnstbeschichtung aus Siloxanen erhöht deutlich die Hydrophobie. Die Belegung der Glasoberfläche mit diesen Materialien ist sowohl vor als auch nach den zeitraffenden Bewitterungen nicht sichtbar und fleckenfrei. Die Auslaugung wird auf durchschnittlich 70 % verringert, Korrosionsschäden der Glasoberfläche werden ebenfalls reduziert. Sekundäre Korrosionsprodukte kristallisieren nur an wenigen Stellen aus, vor allem nicht unter der Beschichtung wie bei den lackähnlichen Typen. Aufgrund der geringen Substanzmengen sind keine

Folgeschäden infolge der nicht auszuschließenden Abwitterung zu erwarten. Unter den geprüften Materialien erhielt das Produkt Glasclad 18 die beste Bewertung. Der wesentlichste Nachteil dieser Glasmodifizierung wird in der anschließend beeinträchtigten Anwendbarkeit anderer Restaurierungsmaterialien gesehen.

Der Konservierungstyp Schutzschichten mit diffusionssperrender Wirkung wurde durch Laminierung von dünnen, perfluorierten Polymerfolien überprüft. Die Problematik der mangelnden Haftung und Haftbeständigkeit der verwendeten Klebstoffe mit den Folien und das unbefriedigende optische Erscheinungsbild konnte in den wenigen ausgeführten Versuchen nicht behoben werden. Die Proben, die bei der Durchführung des Standardkorrosionsverfahrens intakt blieben, zeigen zwar eine ausgezeichnete Schutzwirkung, aus den genannten Problemen läßt sich jedoch folgern, daß ein dauerhafter Schutzüberzug dieser Art derzeit nicht herzustellen ist.

Ausblick für die Glaskonservierung

Die im Rahmen des Projekts durchgeführten Untersuchungen haben bestätigt, daß viele der heute als Standard in der Glasrestaurierung eingesetzten Materialien die zeitraffenden Bewitterungsprüfungen mit gutem Ergebnis bestanden haben. Darüberhinaus ergaben sich eine Vielzahl von Anregungen für die Weiterentwicklung von erfolgversprechenden Rezepturen, insbesondere im Bereich der Malschichtkonservierung und der Schutzüberzüge. Vor einer generellen Empfehlung für die restauratorische Praxis wird es jedoch als unverzichtbar erachtet, diese Materialien weiterführenden Anwendungstests unter Objektbedingungen zu unterziehen. Da die Glaskorrosion auch in Innenräumen langfristig den Bestand historischer Glasgemälde bedroht, sind Maßnahmen der Konservierung und des prophylaktischen Schutzes trotz der Sicherung durch Außenschutzverglasungen nach wie vor erforderlich.

LITERATURVERZEICHNIS

KÜNZEL, H. M./KIESSL, K./KRUS, M. (1995 a), *Feuchtemigration und langfristige Feuchteverteilung in exponierten Natursteinmauern*, in: International Journal of Restoration of Buildings and Monuments, 1(4), 1995, S. 267-280.

KÜNZEL, H. M./KRUS, M. (1995 b), *Beurteilung des Feuchteverhaltens von Natursteinfassaden durch Kombination von rechnerischen und experimentellen Untersuchungsmethoden*, in: International Journal of Restoration of Buildings and Monuments, 1(1), 1995, S. 5-20.

MARSCHNER, H. (1985), *Untersuchungen zur Verwitterung und Konservierung mittelalterlicher Glasmalerei*, in: Glaskonservierung. Historische Glasfenster und ihre Erhaltung. Intern. Kolloquium München/Nürnberg 1984, Arbeitshefte des Bayerischen Landesamtes für Denkmalpflege, Bd. 32, München 1985, S. 123 ff.

MARSCHNER, H./BERTELMANN, R./TILENSCHI, C. (1995), *Untersuchungen zur Beständigkeit mittelalterlicher Fenstergläser anhand von Modellgläsern*, in: R. Snethlage (Hrsg.), Jahresbericht Steinzerfall – Steinkonservierung, Band 5 (1993), Berlin 1995, S. 221-233.

MARSCHNER, H./BERTELMANN, R./TILENSCHI, C./KOCI, T./SCHANZ-ZEPECK, B. (1996 a), *Beständigkeitsuntersuchungen an Modellgläsern mittelalterlicher Zusammensetzung und Entwicklung eines einfachen Bewitterungs-Simulations-Verfahrens*, BMBF-Forschungsbericht Glas 1, Bayerisches Landesamt für Denkmalpflege, München 1996.

MARSCHNER, H./BERTELMANN, R./TILENSCHI, C./KOCI, T./SCHANZ-ZEPECK, B. (1996 b), *Untersuchungen zu Restaurierungs- und Konservierungsmaterialien für historische Glasfenster*, BMBF-Forschungsbericht Glas 2, Bayerisches Landesamt für Denkmalpflege, München 1996.

NEWTON, R./DAVIDSON, S. (1989), *Conservation of Glass*, London 1989.

ROIDL, E. (1987), *Restaurierungs- und Konservierungsmethoden bei Bronzen im Freien*, in: Restauro 4, 1987, S. 9-28.

SASSE, H. R./SNETHLAGE, R. (1997), *Methods for the Evaluation of Stone Conservation Treatments*, in: N. S. Baer/R. Snethlage (Hrsg.), Saving Our Architectural Heritage. The Conservation of Historic Stone Structures, Chichester u.a. 1997, S. 223- 243.

SATTLER, L. (1992), *Untersuchungen zu Wirkung und Dauerhaftigkeit von Sandsteinfestigungen mit Kieselsäureester*, Diss. LMU München, Bayerisches Landesamt für Denkmalpflege, Zentrallabor, Forschungsbericht 9, München 1992.

SATTLER, L./SNETHLAGE, R. (1996), *Der Einsatz von Kieselsäureester zur Sandsteinfestigung*, in: R. Snethlage (Hrsg.), Denkmalpflege und Naturwissenschaft. Natursteinkonservierung I, Berlin 1996, S. 89-104.

SCHOLZE, H. (1985), *Bedeutung der ausgelaugten Schicht für die chemische Beständigkeit: Untersuchungen an Kalk-Natronsilicatglas*, in: Glastechnische Berichte, 58, 1985, S. 116.

SNETHLAGE, R./WENDLER, E./KLEMM, D. D. (1996 a), *Tenside im Gesteinsschutz – bisherige Erfahrungen mit einem neuen Konzept zur Erhaltung von Denkmälern aus Naturstein*, in: R. Snethlage (Hrsg.), Denkmalpflege und Naturwissenschaft. Natursteinkonservierung I, Berlin 1996, S. 127-146.

SNETHLAGE, R./WENDLER, E. (1996 b), *Methoden der Steinkonservierung – Anforderungen und Bewertungskriterien*, in: R. Snethlage (Hrsg.), Denkmalpflege und Naturwissenschaft. Natursteinkonservierung I, Berlin 1996, S. 3-40.

SNETHLAGE, R./AURAS, M./LEISEN, H./SATTLER, L./WENDLER, E. (1996 c), *Alte Pinakothek München*, in: R. Snethlage (Hrsg.), Denkmalpflege und Naturwissenschaft. Natursteinkonservierung I, Berlin 1996, S. 153-194.

SNETHLAGE, R./AURAS, M./LEISEN, H. (1996 d), *Kloster Birkenfeld*, in: R. Snethlage (Hrsg.), Denkmalpflege und Naturwissenschaft. Natursteinkonservierung I, Berlin 1996, S. 279-339.

SNETHLAGE, R./WENDLER, E. (1997), *Moisture Cycles and Sandstone Degradation*, in: N. S. Baer/R. Snethlage (Hrsg.), Saving Our Architectural Heritage. The Conservation of Historic Stone Structures, Chichester u.a. 1997, S. 7-24.

WENDLER, E./SNETHLAGE, R. (1988), *Durability of Hydrophobing Treatments of Natural Stone Buildings*, in: P. G. Marinos/G. C. Koukis (Hrsg.), The Engineering Geology of Ancient Works, Monuments and Historical Sites, Preservation and Protection, Proceedings of the International Symposium of the Geological Society, 19.-23. Sept. 1988, Athen, Rotterdam 1988, S. 945-952.

WENDLER E./SNETHLAGE, R. (1989), *Der Wassereindringprüfer nach Karsten – Anwendung und Interpretation der Meßwerte*, in: Bautenschutz & Bausanierung, 12, 1989, S. 110-115.

WENDLER, E./KLEMM, D. D./SNETHLAGE, R. (1991), *Contour Scaling on Building Facades – Dependence on Stone Type and Environmental Conditions*, Materials Research Society, Symposium Proceedings Vol. 185: Materials Issues in Art and Archaeology II, Pittsburgh 1991, S. 265-272.

ABBILDUNGSNACHWEIS

Alle Abbildungen von den Verfassern

Abb. 1. Nördlingen, St. Georg, Hochaltar von Friedrich Herlin, 1462, Kruzifix, ursprüngliche Fassung von 1462, freigelegt 1971/72

Fritz Buchenrieder

Aus der Tätigkeit der Restaurierungswerkstätten des Bayerischen Landesamtes für Denkmalpflege

1998 feiert Generalkonservator Prof. Dr. Michael Petzet seinen 65. Geburtstag. Das Bayerische Landesamt für Denkmalpflege, dem der Jubilar seit 1974 als Generalkonservator vorsteht, besteht zu diesem Zeitpunkt 90 Jahre. Die Geschichte des Amtes wurde bereits 1983 in Arbeitsheft 18 „Denkmalpflege in Bayern – 75 Jahre Bayerisches Landesamt für Denkmalpflege" eingehend beschrieben. Über die Entwicklung und Tätigkeit der Restaurierungswerkstätten, die sich unter Petzets Amtsführung zum vorrangigen Institut dieser Art entwickelt haben, soll hier berichtet werden.

Ohne das Bayerische Landesamt für Denkmalpflege wäre es heute um die Bau- und Kunstdenkmäler des Kulturstaates Bayern schlecht bestellt. Die oftmals mit Sakralbildwerken bedeutender Künstler ausgestatteten bayerischen Kirchen sind Zeugnisse des Glaubens unserer Vorfahren und Andachtsstätten unserer Zeit, deren Restaurierung nicht allein nach kunstwissenschaftlichen bzw. musealen Gesichtspunkten erfolgen kann. So konnten zum Beispiel auch Auswirkungen des Zweiten Vatikanischen Konzils auf Kircheninneneinrichtungen positiv beeinflußt werden.[1] Die Restaurierungsabteilung des Amtes hat mit der pfleglichen Betreuung von Kircheninneneinrichtungen eine wichtige Aufgabe.

Jüngere Publikationen lassen es sinnvoll erscheinen, auf die Aufgaben und Leistungen der Restaurierungswerkstätten des Bayerischen Landesamtes für Denkmalpflege in der ersten Jahrhunderthälfte und die fast drei Jahrzehnte, die ich in den Amtswerkstätten nach dem Krieg gearbeitet habe, hinzuweisen.[2]

Bis Mitte der fünfziger Jahre wurden die restauratorischen Maßnahmen von der Amtsführung und dem jeweiligen Werkstättenleiter bestimmt, die Aufgabe der Restauratoren beschränkte sich auf die Ausführung. Restaurierungsberichte wurden zwar erstellt, jedoch nur gelegentlich, zumeist in den Jahresberichten des Landesamtes veröffentlicht.[3] Zur Photodokumentation benutzte man Schwarzweißplatten im Format 9 x 12 cm und 13 x 18 cm. Die Abzüge wurden gelegentlich koloriert, da die Farbphotographie noch in den Anfängen steckte.[4] Die Aufgabe der Werkstätten umfaßte unter Leitung und zum Teil persönlicher Mitwirkung von Reinhard Lischka und Josef Schmuderer die Restaurierung ganzer Altäre, Skulpturen, Gemälde und Wandmalereien.[5]

Diese Tradition bestand noch bei der Werkstattübernahme durch Johannes Taubert 1956.[6] Der Personalstand jedoch veränderte sich. Restaurator Otto Elberskirch war 1952 von Theodor Müller an das Bayerische Nationalmuseum berufen worden. Josef Auer, ab 1956 in leitender Funktion mit der Restaurierung des Münchner Cuvilliéstheaters bis zu dessen Eröffnung (14. Juni 1958) befaßt, starb im Herbst 1958. Mitte der fünfziger Jahre fand ein Generationswechsel statt: Die Künstler wurden bei Neueinstellungen durch Wissenschaftler ersetzt, nach wie vor waren jedoch künstlerische Fähigkeiten gefordert.[7]

Die Restaurierung von Wandmalereien wurde bis 1973 von der allgemeinen Restaurierungsabteilung betreut und beraten. Bei Wandmalereien ging es zu jener Zeit vor allem um die Sicherung der Substanz und um die Verhinderung zerstörerischer Eingriffe. Der nicht nur in Laienkreisen vorherrschenden Ansicht, man könne Wandmalereien problemlos abnehmen und versetzen, war in Anbetracht der damit verbundenen Eingriffe (Fixierung, Beklebung etc.) entgegenzuwirken. So wurde sogar bei den Fresken im Dachboden des Klosters Frauenchiemsee eine Abnahme in Erwägung gezogen, wobei die erforderliche Beklebung der organisch gebundenen Lapislazuli-Hintergründe deren Zerstörung bedeutet hätte. Im Kloster Ettal war 1962 ein Umbau des Bibliothekssaales mit Einzug einer Betondecke geplant. Unter dem Argument von Brandschutzmaßnahmen sollte das völlig intakte Deckenfresko Johann Jakob Zeilers abgenommen und versetzt werden.[8]

Gravierende Eingriffe in die Fundamente mittelalterlicher Bauten erforderten neuentwickelte Methoden zur Trockenlegung. Zur Unterbindung der aufsteigenden Bodenfeuchte wurde dazu die historische Bausubstanz mit ca. 2 m langen Stoßbohrern perforiert, um durch Einspritzungen eine Horizontalsperre zu erzielen.[9] Zusätzlich mußte der Putz am aufsteigenden Mauerwerk zum Auftrag der Vanntexmasse bis in ca. 2 m Höhe abgeschlagen werden. In der Krypta von St. Emmeram in Regensburg, mit Wandmalereien des 9. Jahrhunderts, ging es darum, zerstörerischen Eingriffen vorzubeugen und Wandmalereien vor Salzausblühungen zu bewahren. Im Kloster Niedernburg in Passau sollte auf die Vorhalle der ehemaligen romanischen Kirche ein Schulgebäude aufgestockt werden. Auf Anweisung des Statikers mußte das mittelalterliche Gewölbe mit Beton verfüllt werden. Das hatte eine Sicherung der Gewölbemalereien und die Verschalung ausgebrochener Partien zur Voraussetzung. Die nach der Betonhärtung erfolgte Restaurierung bestand in der sachgerechten Hinterspritzung loser Putzstellen und der Neutralretusche von Fehlstellen sowie der Restaurierung der in früherer Zeit, zur Erstellung einer Dissertation, nur gröblich freigekratzten romanischen Malereien.

Bei der Restaurierung des Passauer Stadttheaters ging es um die Erhaltung der historischen Logenarchitektur, deren Entfernung vom Intendanten und Architekten zur Sichtverbesserung angestrebt worden war. Die Erhaltung der Logenverkleidung von 1783 wurde vom Bestand der ursprünglichen Bemalung abhängig gemacht. Trotz der Widerstände wurde das Theater ein Juwel der Stadt.[10]

Auch im kirchlichen Bereich fand die Freilegung des Originalzustandes nicht immer die Zustimmung der Pfarrer, vor

Abb. 2. Frauenchiemsee, Dachbodenfresken, Sanktuarium, Tasche N 3 (Ezechiel-Vision, Gesamtansicht); Einzeichnung des „inneren Schärfekreises" mit Ausrichtung der Bildachse auf den Zirkeleinstich in der Christusdarstellung; Weitwinkelaufnahme mit Plattenkamera 9 x 12 cm (Ausschnitt)

allem bei der Restaurierung von Kirchenräumen der zweiten Hälfte des 19. Jahrhunderts und des Jugendstils waren Einwände keine Seltenheit.

Der wirtschaftliche Aufschwung löste in den sechziger und siebziger Jahren einen Restaurierungsboom aus, der eine Vergrößerung des Landesamtes erforderlich machte. Zur Bewältigung der anfallenden Aufgaben wurden Spezialabteilungen für Gemälde-, Wandmalereien-, Skulpturen-, Möbel-, Stein-, Textil- und Metallrestaurierung jeweils unter Führung eines leitenden Restaurators geschaffen.

Die Restaurierungswerkstätten des Landesamtes als Forschungsinstitut für Skulpturenfassungen

Mit dem Studium von Skulpturenfassungen beschäftigten sich bereits die Werkstätten des Landesamtes unter Lischka und Schmuderer. Zu systematischen Forschungen kam es zuerst unter Johannes Taubert in München und bei Ernst Willemsen[11] in Bonn. Taubert, der bereits bei seinem Amtsantritt 1956 über ein beachtliches Studienmaterial zur Polychromie mittelalterlicher Skulpturen aus seiner Studienzeit bei Corremans in Brüssel und bei Hübner in Freiburg verfügte, nutzte die Gelegenheit zum Studium der Fassungen von Rokokofiguren, die sich durch die Ausstellung „Europäisches Rokoko" 1958 in der Münchner Residenz bot.[12] In den folgenden Jahren studierte er Skulpturenfassungen an Restaurierungsobjekten der Werkstätten. Die Publikation der dabei gewonnenen Erkenntnisse wirkte sich richtungsweisend auf die Entwicklung der modernen Restaurierung aus. Zur vorgesehenen Publikation einer „Geschichte der Polychromie" kam es durch seinen frühen Tod 1975 nicht mehr.

Als Anfang der siebziger Jahre erstmals naturwissenschaftliche Untersuchungen von Skulpturenfassungen vorgenommen wurden, meinte Taubert, „ein Buch über die Fassungen könnte ich mit meinem Material nicht machen, da mir dazu die naturwissenschaftlichen Untersuchungen fehlen". Er sah in den Probenentnahmen – unter den damaligen Bedingungen – noch Eingriffe in die unantastbare Substanz des Werkes. Über ein Operationsmikroskop (Zeiss OPM/I) verfügten die Werkstätten erst ab Ende der sechziger Jahre, erst damit wurde die Entnahme mikroskopisch kleiner Proben möglich. Für kostspielige Laboruntersuchungen standen damals keine Geldmittel zur Verfügung.

Ab Mitte der siebziger Jahre konnten mit Zustimmung des neuen Werkstättenleiters Dr. Karl-Ludwig Dasser bei Fassungsuntersuchungen systematisch Proben entnommen werden. Die Pigment- und Bindemittelanalysen sowie Querschnittsuntersuchungen führte das Münchner Doerner-Institut unter Frank Preußer in Amtshilfe aus. Damit wurde Material zusammengetragen, das Richtlinien für die Weiterentwicklung der Skulpturenrestaurierung schuf.[13]

Zur Photodokumentation durch den Restaurator

Die Tätigkeit des Restaurators besteht in der Veränderung unerwünschter Zustände. Die Dokumentation des Vorzustandes und des Restaurierungsablaufs (der Zwischenzustände) ist von großer Bedeutung, da bei Freilegungsmaßnahmen Befunde, die für spätere Forschungen von Interesse sein könnten, unwiederbringlich vernichtet werden. Die verbindliche Bilddokumentation sind die Photographie und die graphische Erfassung technischer Details. Der oftmals langwierige Restaurierungsprozeß gestattet nicht die ständige Gegenwart eines Fachphotographen, die photographische Dokumentation gehört deshalb zum Aufgabengebiet des Restaurators. Bei der Schwarzweißphotographie, der ältesten Art dieser Bilddokumentation, ist die Grauwertumsetzung der Farben zu berücksichtigen.[14]

Zu den Farbaufnahmen der Fresken von Frauenchiemsee wurde ein Kodak-Planfilm 9 x 12 cm (Dias) verwendet; zu den Schwarzweißaufnahmen Orthopan Platten 9 x 12 cm. Als Plattenkamera erwies sich damals das alte Modell der „Perka" wegen der leichteren Bauart geeigneter als die moderne Linhof Technika. Die Kamera mußte mit der optischen Achse präzise auf den Zirkeleinstich des Nimbus' im Christusporträt (Abb. 2) ausgerichtet sein.[15] Die Aufnahmen erfolgten mit Stativ, vereinzelt wurde die Kamera waagrecht auf das Gewölbe aufgesetzt oder in die Gewölbeauffüllung eingegraben (Abb. 3). Die Schärfeeinstellung auf der Mattscheibe erfolgte dabei über einen Planspiegel. Zur Einstellung wurden die Gemälde vermessen und im Maßstab 1:20 mit Fettstift auf die Mattscheibe aufgezeichnet.

Vorzustandsaufnahmen sind oft der einzige Beleg eines veränderten Zustandes. Die Originalaufnahmen sollten daher sorgsam verwahrt und nur Kopien als Arbeitsunterlagen benutzt werden.[16] Ab 1977 wurden Maßnahmen zur Konservierung und sachgerechten Verwahrung des Altnegativarchives des Bayerischen Landesamtes für Denkmalpflege durchgeführt.[17]

Abb. 3. Frauenchiemsee, Dachbodenfresken, Sanktuarium, Tasche S 4; Vorbereitung einer Aufnahme M 1:20 mit Plattenkamera 9 x 12 cm

Die restauratorische Pflege von Sakralbildwerken

Kruzifixe gibt es in sehr unterschiedlicher Qualität, vom volkstümlichen Kreuz im Hergottswinkel bis zum verehrungswürdigen Gnadenbild in der Wallfahrtskirche. In den vorwiegend mit der Restaurierung von Sakralbildwerken befaßten Werkstätten des Bayerischen Landesamtes für Denkmalpflege wurde der Restaurierung von Kruzifixen von jeher besondere Sorgfalt gewidmet. Georg Lill, von 1929 bis 1950 Direktor des Landesamtes, verfügte, daß die Restaurierung romanischer Kruzifixe Bayerns den Werkstätten des Landesamtes vorbehalten sei. Auschlaggebend dafür mag die Wertschätzung der romanischen Kunst gewesen sein, besonderes Interesse wurde jedoch zu allen Zeiten der Freilegung überfaßter gotischer Kruzifixe entgegengebracht, bei denen die oftmals sehr ausgeprägten Wunden und Leidensmerkmale in späterer Zeit überarbeitet worden waren. Für den Restaurator eines Kruzifixes bedeutet die Untersuchung und Freilegung der Fassung die intime Annäherung an das ausdrucksvollste Kultbild der Christenheit (Abb. 1, 4, 5).

Früher bestand die Auffassung, daß polychrome Sakralbildwerke ihre volle Aussage nur mit der Originalfassung besäßen.[18]

Bis Mitte der fünfziger Jahre wurden nur Kunstwerke restauriert, die bis zum Ausgang des 18. Jahrhunderts entstanden waren.[19] Die ablehnende Haltung gegenüber der Kunst des 19. Jahrhunderts prägte noch Lills Bemerkungen zur Restaurierung des Moosburger Hochaltares[20] in den Jahren 1937 bis 1939. Zur Wiederherstellung des ursprünglichen Zustandes wurden dabei die (gesondert aufbewahrten) Flügelreliefs der Castuluslegende aufs Holz freigelegt.[21] Beim Altaraufbau und den Figuren entschloß man sich wegen technischer Schwierigkeiten, die spätere Farbfassung der Mayerschen Kunstanstalt von 1862 zu belassen, „jedoch die häßlichen Ornamente zu entfernen und die Farben besser zusammenzustimmen".

In ähnlicher Weise „verbessert" wurde bereits 1933 die Überfassung von 1878 des Neufahrner Gnadenbildes (Abb. 9), die hl. Kümmernis, bei der „an den Fleischteilen eine Fassung des 17. Jahrhunderts freigelegt und die störende Fassung des Gewandes aus dem 19. Jahrhundert zurückgestimmt wurde."[22] Die Untersuchung im Diözesanmuseum Freising anläßlich der Ausstellung 1989 zeigte, daß die barocke Gewandfassung mit einem Blattrosettenmuster nach Schablonenmanier in versetzter Reihung versehen war, eine Musterung, die bei der Gewandfassung des 19. Jahrhunderts mit typischen Kreuzblattrosetten dieser Stilepoche in historistischer Nachempfindung einer Gewandfassung des 13. Jahrhunderts wiederholt worden war (Abb. 10).[23]

Vom Bestreben nach einer Purifizierung gotischer Altäre zeugen die unter Toni Roth 1934 restaurierten Nebenaltäre des Augsburger Domes.[24]

Der in den Nachkriegsjahren ausgebrochenen Zerstörungswelle neugotischer Kirchenausstattungen konnte erst in den siebziger Jahren mit Hilfe des Denkmalschutzgesetzes Einhalt geboten werden.[25]

Neben der Restaurierung von Christusdarstellungen wurde der Restaurierung von Mariendarstellungen die größte Sorgfalt gewidmet. Eine der ältesten im Landesamt restaurierten Marienfiguren ist die um 1230 datierte Ruhpoldinger Sitzmadonna vom Typ der Hodegetria (Abb. 6). Dieses bereits bei

Abb. 4. Nördlingen, Hochaltar von Friedrich Herlin, 1462; Kruzifix, Gesichtspartie mit Überfassung von 1683

Abb. 5. Nördlingen, Hochaltar von Friedrich Herlin, 1462; Kruzifix, Gesichtspartie, ursprüngliche Fassung von 1462, freigelegt 1971/72

Abb. 6. Ruhpolding, Kath. Pfarrkirche St. Georg; Ruhpoldinger Madonna, um 1230, Freilegungszustand von 1954

Abb. 7. Landsberg am Lech, Stadtpfarrkirche; Madonna von Hans Multscher, 1435/37, Freilegungsergebnis von 1967, nach Abnahme der Überfassung von 1907

einem Freilegungsversuch von Laienhand grob zerkratzte Bildwerk wurde nach sorgfältiger Freilegung 1954 im Bayerischen Nationalmuseum unretuschiert ausgestellt und von Generaldirektor Theodor Müller als Musterbeispiel einer musealen Restaurierung gewertet. Da die Skulptur wieder einer liturgischen Funktion zugeführt werden sollte und eine Retuschierung unbedingt angestrebt wurde, übernahm das Landesamt die Retuschierung in Tratteggiomanier, reversibel mit Aquarellfarbe.

Die unbefleckte Empfängnis Mariens durch den Heiligen Geist zählt zu den größten Mysterien des Christentums. Darstellungen der Immaculata regten daher Künstler aller Zeiten zu höchst schöpferischen Leistungen an. Der Restaurierung von Ignaz Günthers Attler Madonna (Abb. 8), der bei einem Diebstahl 1917 große Schäden zugefügt worden waren, wurde daher im Landesamt größte Sorgfalt gewidmet.[26]

In musealer Weise wurde zu Anfang der sechziger Jahre Multschers Landsberger Madonna freigelegt, bei der am Inkarnat nur die Kreidegrundierung erhalten ist (Abb. 7), während die Originalfassung der Gewandpartien intakt ist.[27] Die im Chor der Landsberger Pfarrkirche aufgestellte Figur besitzt bei günstigem Lichteinfall die volle Aussage eines verehrungswürdigen Marienbildes.

1970/71 wurde unter Tauberts Leitung der Englische Gruß von Veit Stoß in eineinhalbjähriger Arbeit unter Beteiligung von bis zu 17 Restauratoren in Nürnberg restauriert (die Münchner Werkstätten waren zu klein). Das Bildwerk war bereits 1933 im Germanischen Nationalmuseum Nürnberg

Abb. 9. Neufahrn bei Freising, Wallfahrtskirche; Gnadenbild der hl. Kümmernis, Brustpartie, mit reduziertem Gewandmuster, 19. Jh. (Fassung des Gesichts 17. Jh.)

Abb. 8. Attel; Maria Immaculata, von Ignaz Günther, 1760/62, Gesichtspartie mit Originalfassung, nach der Konservierung 1968

Abb. 10. Kreuzblatt-Rosettenmuster der Fassung des 19. Jhs., Pause der Untersuchung von 1989 (l.); Blatt-Rosettenmuster der Fassung des 17. Jhs., Pause nach Freilegungsbefund von 1989 (r.)

im „Schnellverfahren" freigelegt und großzügig retuschiert worden. Dabei waren ganze Gewandpartien mit Kreidegrund beschichtet und neu vergoldet worden, ein Befund, der nur aufwendig zu beseitigen war.

Großen Aufwand erforderte auch die Wiederherstellung von Tilmann Riemenschneiders Volkacher Rosenkranzmadonna, die bei einem Diebstahl in den sechziger Jahren schwer beschädigt worden war. Das monochrome, in der 2. Hälfte des 19. Jahrhunderts farbig gefaßte Bildwerk wurde 1953 unter Schmuderer auf Holz freigelegt und mit Knochenleimwasser beschichtet. Diese Leimschicht erwies sich als Schutzfilm. Teile des Bildwerkes waren von den Dieben mit farbigem Bohnerwachs eingelassen und vergraben worden. Die Leimschicht verhinderte das Eindringen des Farbwachses und ermöglichte ein Ablösen durch Anquellen mit Wasser.

Dieser kurze Einblick in die Arbeitsbereiche der Restaurierungswerkstätten des Landesamtes zeigt, welch wichtige Aufgabe dieses Amt zur Bewahrung und Pflege der Kunstdenkmäler seit seiner Gründung erfüllt.

Anmerkungen

1 Z. B. die Pflege der funktionslos gewordenen Flügelaltäre und die Erhaltung der Chorabschlußbarrieren.
2 PAUL PHILIPPOT, *Restaurierung. Grundsätze und Praxis im Wandel der Zeit*, Vortrag, gehalten am 18. November 1994 im Zentralinstitut für Kunstgeschichte München, dazu: Anm. 6 unten.
3 Z. B. FRANZ DAMBECK, *Die Restaurierung des Kruzifixes von Altenstadt*, in: Bericht des Bayerischen Landesamtes für Denkmalpflege 1938-1951, S. 28-31. – JOSEPH MARIA RITZ, *Aus der Tätigkeit der Werkstätten des Bayerischen Landesamtes für Denkmalpflege 1952*, S. 141.
4 Zu den ältesten Aufnahmen wurde orthochromatisches Material benutzt, was bei modernen Vergleichsaufnahmen zu berücksichtigen ist.
5 Die Maßnahmen bestanden in: Holzkonservierung, Schädlingsbekämpfung, Schreinerarbeiten, Freilegungsmaßnahmen, Bildträgerkonservierungen, Doublierungen, Retuschen, Freskoabnahmen und Freskoübertragungen. – PAUL PHILIPPOT spricht im Vorwort zu: JOHANNES TAUBERT, *Farbige Skulpturen*, München 1978 von einem „primitiven Empirismus", der noch bis Mitte der fünfziger Jahre herrschte.
6 Nachdem Josef Schmuderer 72jährig in Pension ging, übernahm vorübergehend der akad. Kunstmaler Walter Bertram die Werkstättenleitung. – Zu einer wesentlichen Verbesserung der Freilegungsbefunde führte Tauberts Einführung von Chemikalien, die bis dahin nur in der Gemälderestaurierung verwendet wurden.
7 Eine wichtige Aufgabe bestand in der Ausbildung von Volontären, vor allem zur Weiterbildung von Kirchenmalern und Vergoldern. Auch andere Institutionen (die Denkmalämter in Bonn, Münster und Wien) schufen ab Mitte der fünfziger Jahre Ausbildungsmöglichkeiten für Volontäre. Die Ausbildung zum Diplomrestaurator war erst später an der Stuttgarter Akademie bei Prof. Rolf Ernst Straub und an der Wiener Kunstakademie bei Prof. Cordan möglich. Die spezialisierte Ausbildung zum Gemälderestaurator bot das Münchner Doerner-Institut unter Christian Wolters an. Johannes Taubert unterhielt zu sämtlichen Instituten Verbindungen und pflegte den Erfahrungsaustausch.
8 Generalkonservator Dr. Heinrich Kreisel erklärte dem Initiator der Umbaumaßnahmen, Pater Johannes OSB: „Wenn es um Feuerschutzmaßnahmen solcherart ginge, müßte man sämtliche französische Kathedralen abreißen".
9 Eingespritzt wurde „Hermetique Konservans" (Kunststoff) oder „Vanntex" (Zement). Daß ein in Zweitverwendung vermauertes Würfelkapitell eines Vorgängerbaues der Ramwoldskrypta von St. Emmeram, Regensburg, vor dem Anbohren bewahrt wurde, ist das Verdienst des Bauforschers Walter Haas.
10 Am 20. September 1991 fand die Wiedereröffnung des „Theaters im fürstbischöflichen Opernhaus Passau" nach zweijährigem Umbau zur „funktionsgerechten Spielstätte" mit Mozarts Oper „Don Giovanni" statt.
11 GÜNTHER BORCHERS, *In memoriam Ernst Willemsen (gest. 1971)*, in: Jahrbuch der Rheinischen Denkmalpflege, XXVIII, 1971, S. 9.
12 JOHANNES TAUBERT, *Fassungen süddeutscher Rokokofiguren*, in: Deutsche Kunst- und Denkmalpflege, Bd. 18 1960, S. 39-65. – Vgl. dazu PHILIPPOT (wie Anm. 5), S. 109.
13 FRITZ BUCHENRIEDER, *Gefaßte Bildwerke*, Arbeitshefte des Bayerischen Landesamtes für Denkmalpflege, Bd. 40, München 1989.
14 Ein Beispiel hierzu sind die Inventarisationsaufnahmen der Fresken des Karners zu Perschen. Vgl. BUCHENRIEDER (wie Anm. 13), S. 30, ebd. Anm. 79, S. 366, Abb. 45-48.
Zur Rekonstruktion der Jugendstilfarbigkeit des Münchner Schauspielhauses wurden 1970 von Restaurator Ludwig Keilhacker Vergleichsaufnahmen mit Silbereosinmaterial zu den Schwarzweißaufnahmen von 1901 erstellt. Der Sockel erschien dabei auf Grund der Rotunempfindlichkeit des orthochromatischen Materials sehr hell, das Grün der Wand dunkler, die blaue Ranke viel zu hell, ohne wesentlichen Kontrast dazu. NB. Die Wandfarbigkeit des Zuschauerraumes mußte aus beleuchtungstechnischen Gründen auf Verlangen der Bühnentechniker dunkler gestaltet werden. Die farbige Abstimmung mußte im übertragenen Sinn dem ursprünglichen Kontrast entsprechen.
15 Die von Berufsphotographen erstellten Aufnahmen hatten bei der Überprüfung der Nimben mittels Zirkelschlag ovale Verformungen gezeigt.
16 Zur Wiederherstellung der stark kriegsbeschädigten Nürnberger St.-Lorenzkirche wurde 1958 das mit einer Gipsschicht überzogene, während des Zweiten Weltkrieges im unteren Bereich eingemauerte Sakramentshaus Adam Krafts freigelegt. Die zur Dokumentation des Vor- und Nachzustandes der Adam-Kraft-Figur angefertigten 6 x 9-Diapositive waren während einer Wanderausstellung, ohne Wissen des Werkstättenpersonals, an einem Fenster hängend, wochenlang dem Tageslicht ausgesetzt und blichen dadurch völlig aus. So wurden aus Unkenntnis die einzigen Vorzustandsaufnahmen zerstört.
17 Denkmalpflege Informationen des Bayerischen Landesamtes für Denkmalpflege, Ausgabe D, Nr. 3, 2. Juli 1987, *Photographie im Dienste der Denkmalpflege*, S. 7.
18 Zur Wiederherstellung dieses Zustandes wurden auch bei Gnadenbildern Überfassungen entfernt, die den Wallfahrern vertraut waren, was eine Verfremdung des Andachtsbildcharakters bedeutet. Die Entscheidung zur Freilegung der Originalfassung bedarf daher sorgfältiger Überlegung. Vgl. BUCHENRIEDER (wie Anm. 13), S. 33: Annaselbdritt-Gruppe in Landsberg am Lech.
19 *Die Kunstdenkmäler des Königreiches Bayern* beschreiben Denkmäler vom elften bis zum Ende des achtzehnten Jahrhunderts.
20 GEORG LILL, *Hans Leinberger*, München 1942, S. 42 f., dort auch Abb. S. 45.
21 TAUBERT (wie Anm. 5), S. 89 f.: Zur Oberflächenbehandlung der Castulusreliefs von Hans Leinberger.
22 Restaurierungsbericht zur Ausstellung im Bayerischen Nationalmuseum 1933. Eine Abbildung dieses Zustandes im Katalog *Freising Geistliche Stadt*, München 1989, Abb. S. 265.
23 Abb. bei RUDOLF KRISS, *Die Volkskunde der altbayerischen Gnadenstätten*, München 1956, Band III, Abb. 1. Im Vergleich dazu Lendentuchmusterung des Kruzifixes der Melkerhofkirche in Wien, um 1200; Abb. bei BUCHENRIEDER (wie Anm. 13), S. 47 und Mantel der thronenden Madonna von Halberstadt, um 1220, Abb. ebd., Abb. 146.
24 Abb. in: *Denkmalpflege in Bayern*, Arbeitshefte des Bayerischen Landesamtes für Denkmalpflege, Bd. 18, München 1983, S. 15.
25 Taubert setzte sich bereits Anfang der sechziger Jahre für die Erhaltung der historistischen Fassung des 19. Jahrhunderts an der gotischen Christus-Thomasgruppe von Landerzhofen (Lkr. Roth) ein, vorgesehen war eine Neufassung durch eine Kirchenmalerfirma. Beschreibung der Fassung des 19. Jahrhunderts bei BUCHENRIEDER (wie Anm. 13), S. 96. Ein Beispiel hierzu: eine zur Hälfte aufs Holz freigelegte Christus-Johannesgruppe von 1330/40 im Bamberger Saal des Bayerischen Nationalmuseums München (Kat. 10 des BNM S. 14).
26 Es handelt sich bei der Restaurierung 1968 um eine Versäuberung des zu einem unbekannten Zeitpunkt erzielten, anonymen Freilegungsbefundes.
27 Taubert hatte zunächst, dem Wunsch des Pfarrers entsprechend, die Neufassung der Gesichtspartie ins Auge gefaßt.

Abbildungsnachweis

BAYERISCHES LANDESAMT FÜR DENKMALPFLEGE, RESTAURIERUNGSWERKSTÄTTEN: *Abb. 6* (Auer), *Abb. 7* (M. Struve), *Abb. 8*
BAYERISCHES NATIONALMUSEUM MÜNCHEN: *Abb. 1* (Neg. Nr. 1813013/18), *Abb. 4* (Stückmann; Neg. Nr. 1769413/18), *Abb. 5* (Neg. Nr. 1812913/18). Alle übrigen Abb. vom Verfasser.

JÜRGEN PURSCHE

BEOBACHTUNGEN ZUR WERKTECHNIK DES PERSCHENER MEISTERS

Ein willkommener Anlaß, die nun dreißig Jahre zurückliegenden Befunde zur Maltechnik[1] der nach 1160 entstandenen Perschener Karnerausmalung zu vergleichen und zu würdigen, fand sich 1997 in Verbindung mit Zustandsuntersuchungen an den romanischen Malereien. Angesichts der erforderlichen bestandserhaltenden Eingriffe erwies sich die gesamtheitliche und systematische Ordnung des in den sechziger Jahren erarbeiteten vielgestaltigen Materials innerhalb der verfügbaren Zeit als undurchführbar. Für eine abschließende Bearbeitung wird sich wohl erst im Zusammenhang weiterführender Wartungsarbeiten an den Malereien eine Möglichkeit finden. Doch immerhin konnten über zwei wesentliche Ausführungdetails dieser monumentalen Malerei Erkenntnisse festgehalten werden, die hier zu einer vorgezogenen Darstellung kommen sollen.

Seit ihrer Aufdeckung um die Mitte des 19. Jahrhunderts wurden die Perschener Malereien verschiedentlich gewürdigt, umfassend zuletzt von Heidrun Stein.[2] Aber bereits die Publikation Hans Karlingers aus dem Jahr 1920 über die hochromanische Wandmalerei Regensburgs weist ein maltechnisches Kapitel aus restauratorischer Sicht über die „romanischen Wandmalereien des Regensburger Kreises" von Max Doerner auf,[3] der hier wohl erstmals eine detailreiche technische Würdigung dieser bedeutenden Kunstgattung vornimmt. Sicher ließen sich heute etliche Angaben präzisieren, dennoch bietet der Text durchaus eine Vielzahl beachtlicher Informationen, die die Pionierrolle Doerners bestätigen.

Schon Doerner erkannte, daß die Regensburger Wandmalereien „al secco auf Freskounterlage" ausgeführt sind, daß ein großer Teil der Malschicht „beim Aufdecken zugleich mit der Tünche abgehen mußte" und daß das Nebeneinander von „Freskountermalung und Seccoübermalung" innerhalb solchermaßen beschädigter Malereien „leicht zu Mißverständnissen über Art und Reihenfolge ihrer Technik" führen konnte.[4]

Die allgemein gültigen Angaben Doerners treffen auch auf Perschen zu:

1. Auf dem sehr unregelmäßig und uneben aufgetragenen Gewölbeputz liegt zunächst eine weiße Kalktünche mit guter Anbindung zum Putz und darüber eine wenig verschlichtete, unregelmäßig und derb strukturierte zweite Tünche. Zwischen den beiden Kalkschichten stellte sich nur eine mangelhafte Verbindung ein, so daß infolge der Eigenspannung der zweiten, als Grundierung und Malgrund aufgetragenen Kalktünche permanent Ablösungen entstanden, die schon bei der Freilegung der Malereien Mitte des 19. Jahrhunderts zu den sichtbaren Verlusten führten.

Sofort nach dem abschnittweisen (?) Auftragen der teilweise mehrere Millimeter dicken malschichttragenden Kalktünche (Abb. 1, 2, 5) hat der Perschener Maler die Gewölbeoberfläche unter Verwendung von Linealen sowie Stech- und Schnurzirkeln mit einer roten, geometrischen Linienkonstruktion versehen, die sich – von Robert Oertel als

Abb. 1, 2. Perschen, Karner St. Michael; Kopf Christi und Engelskopf; im Streiflicht Putzoberfläche, Texturen der Kalkgrundierung sowie der Malerei; an den Grenzen des Nimbus jeweils die Schnittlinien und Gravuren erkennbar

Abb. 5. Perschen, Karner St. Michael; Pinselstrukturen und Rauhigkeiten der Kalkgrundierung

Abb. 6. Perschen, Karner St. Michael; Säulenbasis im Bereich der Engel und Klugen Jungfrauen (nach H. Stein III, 10), Ausmittelung und Positionsangabe durch eine Kreuzmarke, mit dem Pinsel aufgetragen hier innerhalb der Grundplatte zu erkennen

◁◁ Abb. 3, 4. Perschen, Karner St. Michael; Kuppel Gesamtaufnahme und Ausschnitt „Christus in der Mandorla"; Schema der nachweisbaren geometrischen Hilfslinien;
◁ die Pfeile kennzeichnen mit dem Pinsel aufgetragene Kreuz- oder Strichmarken der Einmessung des Konstruktionssystems; Maßangaben in cm

Abb. 7. Perschen, Karner St. Michael; Christus in der Mandorla; Vorritzung in der frischen Kalkgrundierung mit verquetschten Kanten

Abb. 8. Perschen, Karner St. Michael; Vorzeichnung, Randbeschneidung der Nimbusapplikation, scharfe Randausbildung eines die verlorengegangene Nimbusapplikation überlappenden Pinselstrichs

Abb. 9. Perschen, Karner St. Michael; Randbeschneidung der Nimbusapplikation

Abb. 10. Perschen, Karner St: Michael; Engel (nach H. Stein III, 1), auffällige Fluoreszenz der Nimbusfläche verm. durch Reste organischen Bindemittels; Aufnahme unter UV-Licht

Abb. 11. Perschen, Karner St. Michael; Hl. Jungfrau (nach H. Stein III, 10); Aufnahme im Normallicht

Abb. 12. Perschen, Karner St. Michael; Hl. Jungfrau (nach H. Stein III, 10); auffällige Fluoreszenz der Nimbusfläche verm. durch Reste organischen Bindemittels; Aufnahme unter UV-Licht

Abb. 13. Perschen, Karner St. Michael; Kopf des greisen Apostels (nach H. Stein III, 4); im Streiflicht Auftragsweise der Farbe und malerische Gestaltung des Gesichtes erkennbar

Abb. 14. Perschen, Karner St. Michael; Gesicht Christi, Ausschnitt; Auftragsweise und Verteilung der Hell-Dunkel-Modellierung und am oberen Rand Zirkeleinstich für den Nimbus erkennbar

„Monumentalzeichnung", d. h. originalgroße monumentale Werkzeichnung, und von Swoboda als „geometrische Hilfszeichnung" umschrieben[5] – als lineares Gerüst für die figürliche wie auch architektonische Vorzeichnung bzw. für die Malerei selbst versteht (Abb. 3, 6). Danach legte der Maler die Figur Christi im Binnenbereich der Mandorla durch eine Vorritzung in die frische noch weiche Tünche an (Abb. 7) und zog innerhalb der Arkadenbögen eine Gravur zur Begrenzung der farblichen Gliederung. Die Hilfslinien und Vorzeichnungen sowie die Malerei auf dem frischen Kalkgrund – technisch ausgedrückt, das Zeichnen und Malen – sieht Oertel als zwei unterschiedliche Phasen desselben Vorgangs an und nennt diese Vorgehensweise „einschichtiges Verfahren" – im Gegensatz zum zweischichtigen Verfahren der Malerei des „fresco buono", das über ein Putzsystem mit Tagewerken und Putzportionen realisiert wird.[6] Aus diesem schnellen Bearbeiten des getünchten Untergrundes – unabhängig von der freskalen Bindungsfähigkeit der mehr oder weniger schnell trocknenden Kalktünche – leitet sich eine maltechnische Uneinheitlichkeit ab, die charakterisiert ist durch die Mischung aus freskaler Bindung der konstruktiven Hilfslinien und Vorzeichnungen an einen feuchten, bindungsaktiven Kalkuntergrund und dem sich anschließenden seccoartigen Farbauftrag der Binnenmalerei mit zugesetztem Bin-

demittel. Hierauf dürfte sich die Formulierung Doerners „al secco auf Freskounterlage" beziehen.

Der größte Teil der Hilfslinien und Vorzeichnungen wurde durch die architektonische und figürliche Binnenmalerei überdeckt – wo beispielsweise die Flächen der Säulenschäfte weiß blieben, „retuschierte" der Maler die sichtbaren roten Hilfslinien mit Kalk.

2. Auf einen anderen Befund im Bereich der Nimben – ihr substantieller Verlust ist wohl ebenfalls in der unvorsichtigen, teilweise rüden Vorgehensweise bei der Freilegung der Malereien begründet – wird der Betrachter bei dem Versuch aufmerksam, die ursprüngliche Beschaffenheit und Ausführung dieses Heiligenattributs zu erforschen. Man findet keine Hinweise auf eine mechanische Befestigungstechnik, beispielsweise in Form von Nagellöchern auf der offenliegenden Kalkgrundierung. Vielmehr lassen sich an den Randzonen der Nimbusfläche, am Haupt der Heiligenfigur und an der Außenlinie der Kreisfläche, durchwegs mehrere unkoordiniert nebeneinander verlaufende Schnitte erkennen, die die Kalkgrundierung sowie die roten Vorzeichnungen teilweise beschädigen (Abb. 9, vgl. Abb. 1 und 2). Die Ausbildung der schnittartigen Linien läßt sich nur so erklären, daß beispielsweise eine aufgelegte oder aufgeklebte Zinnfolie – die heute verloren ist – so lange beschnitten wurde, bis sie die markierte Nim-

busfläche befriedigend ausfüllte. Bei der farbigen Fassung der Flächen im Umfeld der Nimben lappte sicherlich an vielen Stellen Farbe über die Ränder der Metallscheibe, worauf die scharfkantige Begrenzung der verbliebenen Farbreste schließen läßt (Abb. 8). Die Behandlung der Folienoberfläche ist vergoldet oder mit einem Goldlack versehen vorstellbar.[7]

Sollten sich diese Überlegungen und Befundinterpretationen als schlüssig erweisen, stellt sich die Frage nach dem Klebemittel für die Metallfolien. Unter normalen Lichtbedingungen waren bisher keine spektakulären Beobachtungen möglich. Die besonders deutlich erkennbare Fluoreszenzanregung durch UV-Licht innerhalb der Nimbusflächen weist aber auf die Spuren eines Klebemittels hin, dessen substantielle Existenz nahezu verlorenging (Abb. 10-12).[8] Eine naturwissenschaftliche Analyse, die diese Frage klären könnte, wird erst im Verlauf weiterführender Arbeiten möglich.

Anmerkungen

1 JOHANNES TAUBERT/FRITZ BUCHENRIEDER, *Untersuchungsbericht und Photodokumentation*; RICHARD HARZENETTER, *Restaurierungs- und Tätigkeitsberichte*; HERMANN KÜHN, *Bindemittel- und Pigmentanalysen zu den Wandmalereien im Karner Perschen 1966-1968*; alle in: Akt Perschen, Bayerisches Landesamt für Denkmalpflege.

2 HEIDRUN STEIN, *Meerstern und Karfunkelstein. Die Malereien im Karner zu Perschen*, mit einem Anhang von Franz Fuchs, in: Jahrbuch des Zentralinstituts für Kunstgeschichte, Bd. 3, 1987, S. 7 ff.

3 MAX DOERNER, *IV. Die Technik*, in: Hans Karlinger, Die hochromanische Wandmalerei in Regensburg, München 1920, S. 75 ff.

4 DOERNER (wie Anm. 3), S. 75.

5 ROBERT OERTEL, *Wandmalerei und Zeichnung in Italien. Die Anfänge der Entwurfszeichnung und ihre monumentalen Vorstufen*, in: Mitteilungen des Kunsthistorischen Institutes in Florenz, Bd. 5, Heft 4, 1940, S. 221. KARL M. SWOBODA, *Geometrische Vorzeichnungen romanischer Wandgemälde*, in: Kunst und Geschichte. Vorträge und Aufsätze, Mitteilungen des Instituts für Österreichische Geschichtsforschung, Ergänzungsband XXII, Wien 1969, S. 56; siehe zu diesem Thema auch: PAUL BUBERL, *Die romanischen Wandmalereien im Kloster Nonnberg in Salzburg*, in: Kunstgeschichtliches Jahrbuch der Zentral Kommission 3, Wien 1909. – Die Sichtbarmachung oder Sichtbarwerdung jener monumentalen Unterzeichnung ist nur um den Preis einer teilweisen oder totalen Zerstörung möglich.

6 OERTEL (wie Anm. 5), S. 219-221: Er führt weiter aus, daß eine Trennung von Zeichnen und Malen in zwei Arbeitsgänge erst nach der Mitte des Quattrocento stattfinde, „dem ersten Zeichnen auf dem ‚arriccio', das der Komposition, Festlegung aller Bildelemente in der Fläche" diene und der „Durchführung der Einzelheiten im zweiten Arbeitsgang"; und S. 218: Unter Berücksichtigung der mittelalterlichen Vorgaben auf Maßhaltigkeit und Proportionen, beispielsweise auch in Form bestimmter Vorlagensammlungen, „die für jede häufiger zu lösende Aufgabe gültige und erprobte ‚exempla' enthielt", mußten der Größenmaßstab, das Verhältnis der Darstellungen zum gebauten Raum auf der Malfläche immer wieder neu gefunden werden. Vgl. dazu u. a. ERWIN PANOFSKY, *Die Entwicklung der Proportionslehre als Abbild der Stilentwicklung*, in: Ders (Hrsg.), Sinn und Deutung in der bildenden Kunst, Köln 1975, S. 68 ff.; auch CHRISTINA THIEME, *Das Heilige Kreuz von Polling*, in: Das Aschaffenburger Tafelbild, Studien zur Tafelmalerei des 13. Jahrhunderts, Arbeitshefte des Bayerischen Landesamtes für Denkmalpflege, Bd. 89, S. 110; PEDER BØLLINGTOFT, *Untersuchungen von Maßen, Maßstabsvorlagen und Konstruktionsmethode in den Monumentalmalereien der Kirchen von Idensen und Vä*, in: Forschungsprojekt Wandmalereischäden, Arbeitshefte zur Denkmalpflege in Niedersachsen, 11, Hannover 1994, S. 54 ff.

7 Vgl. OSCAR EMMENEGGER, *Metallauflagen und Applikationen an Wandmalereien*, Teil 1, in: Zeitschrift für Kunsttechnologie und Konservierung, 3, 1989, S. 149-164; ALBERT KNOEPFLI/OSCAR EMMENEGGER, *Wandmalerei bis zum Ende des Mittelalters*, in: Reclams Handbuch der künstlerischen Techniken, Bd. 2, Stuttgart 1990, S. 111 u. 114.

8 Die von F. Buchenrieder erstellten Abbildungen datieren in die sechziger Jahre, visualisieren aber auf Schwarzweißgrundlage die angesprochenen Befunde in bester Weise.

Abbildungsnachweis

BAYERISCHES LANDESAMT FÜR DENKMALPFLEGE, Restaurierungswerkstätten (Fritz Buchenrieder, 1964): *Abb. 2, 10, 11, 12* (alle 1964); (Achim Bunz): *Abb. 3, 4*; (Verfasser): *Abb. 1, 5, 6, 7, 8, 9, 13, 14*

Abb. 1. Maestro di Città di Castello, Maestà, Città di Castello, Museo Civico; Gesamtansicht nach Abschluß der Restaurierung

Ursula Schädler-Saub

Entwicklungen und Tendenzen der Restaurierungsästhetik in Italien in der 2. Hälfte des 20. Jahrhunderts – dargestellt an toskanischen Beispielen

Die folgenden Betrachtungen befassen sich mit Fragen der Restaurierungsästhetik in Italien. Entwicklungen und Tendenzen in der 2. Hälfte des 20. Jahrhunderts werden an Überlegungen zur Restaurierungsmethodik und an Beispielen der praktischen Umsetzung u.a. mit systematisch aufgebauten Retuschiertechniken dargestellt. Die erwähnten Restaurierungen wurden zumeist durch gravierende konservatorische Probleme ausgelöst. Vorrangig war daher die Lösung konservatorischer Anforderungen, teils unter Entwicklung und Einsatz innovativer Technologien. Die Frage der Präsentation des Kunstwerks, der hier nachgegangen wird, war somit nicht Auslöser, sondern Abschluß umfangreicher Arbeiten, die in diesem Aufsatz nicht berücksichtigt werden können.

> Das Ziel der Restaurierung muß die Wiederherstellung der potentiellen Einheit eines Kunstwerks sein, unter der Voraussetzung, daß dies möglich sei, ohne eine historische oder künstlerische Fälschung zu begehen und ohne die Spuren der Zeit auf dem Kunstwerk zu löschen.[1]

Cesare Brandi will in seiner „Teoria del Restauro" von 1963 restauratorisches Handeln der Willkür subjektiver Entscheidungen entziehen und dafür wissenschaftlich fundierte, eindeutig nachvollziehbare Grundlagen schaffen. Er kritisiert dabei nicht nur die verfälschende und oft zerstörerische Arbeit der Maler-Restauratoren vergangener Jahrhunderte, sondern auch die purifizierenden Tendenzen der in den fünfziger und sechziger Jahren in Italien weit verbreiteten „archäologischen Restaurierung".

Ein berühmtes Florentiner Beispiel dieser Zeit sei hier genannt, die „archäologische Restaurierung" der Wandmalereien Giottos in der Cappella Peruzzi von Santa Croce, ausgeführt von Leonetto Tintori.[2] Die Wandmalereien waren in der Barockzeit übertüncht und ab 1841 im Auftrag der Familie Peruzzi vom Restaurator Antonio Marini und später von dessen Schüler Pietro Pezzati wieder freigelegt worden. Der schlechte Erhaltungszustand der Wandmalereien führte zu umfangreichen Ergänzungen und Übermalungen. Die Kritik an der Restaurierung des 19. Jahrhunderts setzte schon in den zwanziger Jahren ein, so schreibt Friedrich Rintelen 1923: „... müssen wir den schlimmen Zustand erwähnen, daß die Malereien der Peruzzikapelle furchtbar unter den Wiederherstellungen gelitten haben, die man nach ihrer Aufdeckung an ihnen vorgenommen hat."[3] Der Soprintendente Ugo Procacci überlegte bereits 1937, ob man Übermalungen und Ergänzungen entfernen könne, um die authentischen Reste der Malerei Giottos wiederzugewinnen.[4] Die geplante Entrestaurierung konnte erst 1958 beginnen. Die Überarbeitungen aus dem 19. Jahrhundert mit flächigen Übermalungen sowie nachschöpferisch ergänzten Konturen und Binnenzeichnungen wurden dabei vollständig abgenommen. Ebenso entfernte man Vollretuschen in Fehlstellenbereichen und plastisch rekonstruierte Nimben. Nur Reste traten nach dieser Freilegung zu Tage. Procacci sprach von „... geschundenen Malereien, ein Schatten dessen, was das wunderbare Werk Giottos einst gewesen sein muß ...", er erkannte jedoch darin „... das echte Meisterwerk, das nicht ausgelöscht werden kann, wenn es nicht völlig zerstört wird"[5]. Zugunsten der Authentizität des fragmentarisch überlieferten Originals verzichtete man auf jegliche Retusche. Die extrem reduzierte Malschicht wurde als solche gezeigt. Kleine und große Fehlstellen wurden mit hellem Kalkputz geschlossen, im figürlichen Bereich ebenso wie bei Hintergründen, gemalter Architektur und Rahmenwerk. Die leicht rauhe Putzoberfläche erfuhr keine weitere Bearbeitung. Die formale und farbliche Eigenständigkeit dieser keineswegs „neutralen" Fehlstellen, ihre ästhetischen Auswirkungen auf die Malerei Giottos, bedachte man dabei nicht. Ziel der purifizierenden Restaurierung war die objektive, unverfälschte Präsentation der originalen Fragmente, an denen der Betrachter die authentische Handschrift des Künstlers nachvollziehen könne, ohne jeglichen Zweifel über die Echtheit dieser Zeugnisse (Abb. 2-4).

Die rigorose Ablehnung der willkürlichen Ergänzungen vorangegangener Restaurierungen war mehr als berechtigt. Doch der Anspruch der „archäologischen Restaurierung" auf objektives Handeln konnte gar nicht eingelöst werden, da jede Restaurierung Ausdruck der eigenen Zeit und ihrer Ästhetik ist. Cesare Brandi hat mit Nachdruck auf diese Zeitgebundenheit hingewiesen:

> Wenn die Restaurierung sich als legitime Maßnahme darstellen will, darf sie weder von der Reversibilität der Zeit noch von der Abschaffung der Geschichte ausgehen. Aus demselben Grund, den der Respekt vor der historischen Vielschichtigkeit des Kunstwerks mit sich bringt, darf sich das restauratorische Handeln nicht als Geheimnis verstehen und außerhalb der eigenen Zeit ansiedeln, sondern muß sich vielmehr selbst als historisches Ereignis erfassen lassen ... sich eingliedern in den Prozeß der Überlieferung des Kunstwerks an zukünftige Generationen.[6]

Die für die „archäologische Restaurierung" typische Ästhetik des Fragments kritisierte Brandi mit dem Hinweis auf die Rezeption sogenannter „neutraler" Fehlstellen im Sinne der Gestaltpsychologie. Dennach wird die Fehlstelle dank der Kraft ihrer autonomen Form oft zur bildbestimmenden Figur. Das Bild selbst ist durch die Fehlstelle nicht nur beschädigt, es wird zum Hintergrund degradiert und somit insgesamt entwertet.[7]

Die Florentiner Restaurierungsschule hat die ästhetischen Schwächen der „archäologischen Restaurierung" sehr bald erkannt, ohne darauf gleich mit einem konsequent aufgebauten Retuschiersystem zu antworten, wie dies beim römischen Istituto Centrale per il Restauro unter Leitung Cesare Brandis geschah. Seit Ende der sechziger Jahre versuchte man in Florenz bei der Restaurierung von Wandmalereien

Abb. 2. Florenz, Santa Croce, Cappella Peruzzi, Giotto-Fresken; Engel der Verkündigung vor Abnahme der Retuschen und Übermalungen des 19. Jahrhunderts, Detail

Abb. 3. Florenz, Santa Croce, Cappella Peruzzi; Engel der Verkündigung nach der „archäologischen Restaurierung" 1958 ff., Detail

Abb. 4. Florenz, Santa Croce, Cappella Peruzzi, Gewölbe nach der „archäologischen Restaurierung" 1958 ff

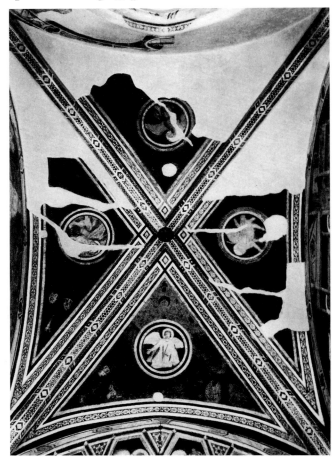

Reduzierungen und Verluste der Malschicht zwar kenntlich zu belassen, die Geschlossenheit und Lesbarkeit des Bildes jedoch durch zurückhaltende Aquarellretuschen zu verbessern. Helle Fehlstellen in der Malschicht wurden dank der „Acqua sporca"-Lasuren, welche die Farbigkeit des angrenzenden Originals nicht imitieren, sondern sich ihm nur „unter Ton" annähern sollen, optisch zurückgedrängt. Größere Fehlstellen von Malschicht und „Intonaco" wurden im allgemeinen unter Niveau der originalen Malschicht mit einem rauheren Putz in der Art eines „Arriccio" geschlossen, um faktisch und optisch die Funktion eines Hintergrundes zu erfüllen. Als Beispiel der Anwendung dieser Restaurierungsmethode sei die von Dino Dini 1967 begonnene Restaurierung der Fresken Beato Angelicos im Kloster von San Marco in Florenz genannt.[8]

Cesare Brandi wollte sich nicht mit empirischen Verbesserungen restauratorischer Arbeit zufriedengeben, er erkannte die Notwendigkeit klarer theoretischer Grundlagen für die wissenschaftlich begründete Restaurierungskunde. In seiner „Postilla teorica al trattamento delle lacune"[9] definiert Brandi die Behandlung von Fehlstellen als gegenwärtiges Handeln, das nicht das Wesen des Kunstwerks betrifft, sondern nur seine Wirkung auf den heutigen Betrachter. Es geht um das Kunstwerk als Phänomen der Gegenwart, um seine Materie und seinen Erhaltungszustand. Vorausgesetzt wird der Respekt vor der Geschichte des Kunstwerks, verbunden mit der Verpflichtung einer vollständigen Erhaltung des überlieferten materiellen Bestandes und dessen Weitergabe an zukünftige Generationen. Für Brandi ist es legitim, die Lesbarkeit dessen, was von einem Kunstwerk erhalten blieb, zu verbessern, wenn dabei jeder Zweifel über die Authentizität irgendeines Teiles ausgeschlossen ist. Brandi erkennt die Subjektivität des Urteils, wenn bei einem fragmentarisch erhaltenen Objekt „verunstaltende Veränderungen und Ergänzungen, die zu keiner neuen Einheit des Kunstwerks führen",[10] durch restauratorische Eingriffe entfernt werden sollen. Er sieht jede Art restauratorischer Ergänzung als einen Vorschlag an, der sich der kritischen Betrachtung des Publikums stellt und somit bereits auf den ersten Blick eindeutig als solcher erkennbar sein muß. Auch die kleinste Ergänzung, die zur potentiellen Einheit des Bildes beitragen will, muß nach Brandi am Objekt selbst leicht identifizierbar sein, ohne dabei Dokumentationen zu Hilfe nehmen zu müssen.[11]

Ausgehend von den Überlegungen Brandis entstand am römischen Istituto Centrale per il Restauro ein methodisch konsequentes Retuschiersystem für Gemälde, das je nach Art der Fehlstelle differenzierte Retuschetechniken einsetzt. Wenn Fehlstellen keine vorrangige künstlerische Bedeutung für das Objekt besitzen bzw. eine begrenzte Größe und ausreichende Anhaltspunkte aufweisen, bezeichnet man sie als rekonstruierbar. Die Rekonstruktion darf jedoch keinen imitativen Charakter besitzen wie die bei älteren Restaurierungen übliche, malerisch ausgeführte Vollretusche. Sie muß sich in der Materie und im Duktus grundsätzlich vom künstlerischen Entstehungsprozeß unterscheiden. Diese Anforderungen werden von der „Rigatino"-Retusche[12] erfüllt, die in Aquarelltechnik ausgeführt wird, nach pointillistischen Prinzipien in möglichst reinen Farben (Abb. 5). Größe und Feinheit der stets vertikalen parallelen Strichlagen sind abhängig vom Format des Bildes und der Betrachterdistanz. Fehlstellen, die in Bereichen von großer künstlerischer Bedeutung liegen oder von erheblicher Größe sind, werden als nicht rekonstruierbar definiert. Ziel der Restaurierung ist es in diesem Fall, die formale Wirkung der Fehlstelle als dominierende Figur zu reduzieren, sie dem Kunstwerk eindeutig unterzuordnen. Verschiedene Möglichkeiten bieten sich hier an, die Paolo und Laura Mora[13] für die Wandmalerei exemplarisch erprobt und dargestellt haben. Die Fehlstelle soll durch ein unterschiedliches Oberflächenniveau räumlich als Hintergrund definiert werden. Eine andere Oberflächenstruktur oder ein geeigneter Farbton sollen diese Wirkung optisch verstärken. Fehlstellen in Malereibereichen von architektonischer Bedeutung können bei einer Neuverputzung unter Niveau mit einer farblich reduzierten Andeutung z. B. von Rahmenwerk oder Architekturmalerei in den malerischen und räumlichen Kontext eingebunden werden. Dieses Retuschiersystem berücksichtigt somit verschiedenste Problemstellungen.[14] Es will Restauratoren dabei helfen, willkürliche, vom individuellen Geschmack geprägte und objektiv nicht nachvollziehbare Ergänzungen zu vermeiden. Das Vorgehen ist vergleichbar mit der Methodik der Philologie. Diese interpretiert Fehlstellen in einem fragmentarisch überlieferten Text durch eindeutig erkennbare Ergänzungen, das Original wird dabei nicht angetastet. Genauso will die Restaurierung nicht

Abb. 5. Beispiel der „Rigatino"- oder Tratteggio-Retusche des Istituto Centrale per il Restauro an einem gotischen Fresko, Detail

nachschöpferisch rekonstruieren, sondern als zeitgebundene Interpretation dem Kunstwerk wieder eine logische Einheit verleihen, die durch externe Faktoren verloren gegangen ist.

Obwohl die vom Istituto Centrale per il Restauro entwickelte Retuschiersystematik teils mit Verspätung rezipiert wurde, hat sie über Italien hinaus wichtige Anregungen für eine wissenschaftlich fundierte Methodik bei der Behandlung von Fehlstellen in der Gemälderestaurierung gegeben. Das Fundament dieser Retuschiersystematik, die „Teoria del Restauro" Brandis, ist heute ein häufig zitierter Klassiker der Restaurierungskunde. Im Sinne Brandis darf man jedoch die zeitgebundenen Aspekte seiner zum Großteil in den fünfziger Jahren formulierten Überlegungen nicht vergessen. Ausgehend von der Ästhetik Benedetto Croces,[15] ist die kunsttheoretische Haltung Brandis idealistisch geprägt. Seine Betrachtungen beschränken sich auf Kunstwerke von anerkannt hohem Rang, primär auf Malerei.[16] Die sogenannten „arti minori" werden nicht in die restaurierungstheoretischen Betrachtungen einbezogen, die Erhaltung „kunsthandwerklicher" Objekte wird weiterhin im Sinne der Tradition, spezialisierten Handwerkern anvertraut. Die kunsttechnologischen Aspekte der Malerei, beispielsweise die konkrete Materialität des Bildträgers und des Farbauftrages, werden von Brandi zugunsten der „Imagine" ebenso in den Hintergrund gedrängt wie die Beziehung des Bildes zum historischen Kontext, z. B. eines sakralen Raumes. Gegenstand der Restaurierung ist nach Brandi zwar die Materie des Kunstwerks, ausgerichtet ist sie jedoch auf das, was der „Epiphanie des Bildes" dient, seiner von der Materie losgelösten Erscheinung.[17] Das von Brandi angestrebte Gleichgewicht zwischen der historischen und der ästhetischen Dimension eines Kunstwerks verlagert sich in der Praxis manchmal zugunsten ästhetischer Überlegungen.

Die Auswirkungen dieser in den fünfziger und sechziger Jahren weit verbreiteten idealistischen Betrachtungsweise auf die Restaurierungsmethodik und -ästhetik zeigen sich auch in einem schwierigen Kapitel jüngster italienischer Restaurierungsgeschichte, das von Antonio Paolucci treffend als „Stagione degli stacchi"[18] bezeichnet wurde. Das Restaurieren von Wandmalereien wurde in dieser Zeit häufig gleichgesetzt mit ihrer Abnahme. Der „Stacco" oder „Strappo",[19] eigentlich das letzte Hilfsmittel zur Rettung stark gefährdeter Wandmalereien, wurde angesichts eines sehr großen, lange Zeit vernachlässigten Freskenbestandes immer häufiger und selbverständlicher praktiziert, wenn es um die Lösung komplexer konservatorischer Probleme ging. Bezeichnend hierfür ist der Einführungstext Ugo Procaccis im Katalog der international erfolgreichen Wanderausstellung abgenommener Fresken aus Florenz, zwei Jahre nach der Flutkatastrophe im November 1966.[20] Procacci erkennt, daß die genaue Kenntnis der Maltechnik grundlegend ist für das Verständnis des Entstehungsprozesses eines Freskos und eine wichtige Hilfe auch bei kunsthistorischen Fragestellungen leistet. Diese damals innovative Bewertung maltechnischer Aspekte verbindet er mit restaurierungstechnischen Betrachtungen, die den „Strappo" als einziges Hilfsmittel bei Fresken mit besonders beschädigter Oberfläche ausweisen. Dabei klingt die Faszination des Kunsthistorikers an, der erstmals die Handschrift des Künstlers an der freigelegten „Sinopia"[21] nach Abnahme der Malschicht studieren kann. Hinzu kommt die Bewunderung restaurierungstechnischer Leistungen, die zum „Strappo" von über 100 m² Fresko in einem Stück führten.[22] Die Wanderausstellung zeigte, daß ein untrennbar mit der Architektur verbundenes Wandgemälde dank der Strappotechnik in ein bewegliches Kunstwerk verwandelt werden konnte. Die in situ auf der Wand übereinanderliegenden Schichten konnten in ihre Komponenten „Sinopia" und Malerei aufgelöst werden. Es boten sich völlig neue Möglichkeiten musealer Verwertung.

Der unwahrscheinliche Erfolg der Wandmalereiabnahmen ist auf die unkritische Übernahme idealistischer Auffassungen in der Restaurierung zurückzuführen. Das Fresko wird von der Schwere des Mauerwerks gelöst, allein die Malschicht wird einer Haut gleich auf einen neuen, leicht transportablen Träger gezogen und somit zum autonomen Bild mit eigenen ästhetischen Gesetzen. Hier sei auf die Überlegungen Brandis verwiesen, der das Erscheinungsbild des Kunstwerks in seiner Ganzheit erhalten will, nicht dessen Struktur.[23] Die Unterscheidung zwischen dem Bild und seiner Materie geht so weit, daß Brandi vorbeugende Wandmalereiabnahmen als wirkungsvolle Maßnahme befürwortet, um das künstlerische Erbe für die Zukunft zu erhalten.[24] Deutlich wird an dieser Position, die Brandi keineswegs allein vertrat, nicht nur eine ästhetische und philosophische Haltung, sondern auch die Ohnmacht engagierter Fachleute gegenüber einer riesigen Anzahl stark gefährdeter Baudenkmäler und ihrer Ausstattung. Wenn aus finanziellen Gründen eine Sanierung der Architektur unerreichbar erschien, wollte man zumindest die Bildwerke retten. Doch wohin mit den abgenommenen Malereien, die immer mehr Depoträume von Museen und Denkmalämtern füllten? Nach der bereits Anfang der siebziger Jahre einsetzenden Kritik an unnötig praktizierten „Strappi",[25] stellt sich für heutige Denkmalpfleger und Restauratoren die Aufgabe, viele Quadratmeter abgenommener Wandmalereien in ihren originalen Kontext zurückzuführen und ihnen den verlorenen Bezug zur Architektur wiederzugeben. Eines der positiven Beispiele hierfür ist das „Chiostro Verde" von Santa Maria Novella in Florenz mit den abgenommenen und seit kurzem wieder in situ angebrachten Fresken Paolo Uccellos und seiner Werkstatt.[26]

Umberto Baldini, langjähriger Leiter der Florentiner Restaurierungswerkstätten der Fortezza da Basso und des Opificio delle Pietre Dure, erkannte an der Restaurierungsmethodik des römischen Istituto Centrale per il Restauro die Notwendigkeit theoretischer Grundlagen für ein restauratorisches Handeln, das nicht von der Eigendynamik der alltäglichen Restaurierungspraxis und der unkritischen Übernahme gängiger Präsentationsmöglichkeiten bestimmt würde. In seiner „Teoria del Restauro", deren erster Band 1978 erschien,[27] kritisiert er die in Florenz in den siebziger Jahren immer noch verbreitete „archäologische Restaurierung". Diese verzichtet im Namen einer angeblich objektiven Präsentation und der Bewahrung dokumentarischer Werte auf den restauratorischen Eingriff, um dem Kunstwerk – nach Baldini – gerade damit eine Interpretation aufzuzwingen, die seine Aussage entstellen kann. Unter der Voraussetzung, daß der Respekt vor dem Original an erster Stelle stehe und jede Imitation vermieden werde, plädiert Baldini vehement für den restauratorischen Eingriff, der allein dem beschädigten Kunstwerk seine Ausstrahlung wiedergeben könne. Er bemüht die Termini „thanatos", „bios" und „eros", um den Weg des fragmentarischen, in seiner Aussage schwer beeinträchtigten Kunstwerks über die Konservierung und Restaurierung zu einer neuen Einheit zu verdeutlichen. In der Fortführung der Überlegungen Brandis fordert Baldini von der Restaurierung, aus einer „Fehlstelle als Unterbrechung" eine „Fehlstelle als Verbindung" zu machen. Dadurch wird nicht der fragmentarische Charakter des Kunstwerks in den Vordergrund gerückt, sondern dessen Geschlossenheit und Lesbarkeit gefördert.

Der innovative Beitrag Baldinis besteht einerseits in der Ausweitung seiner restaurierungstheoretischen Betrachtungen auf bisher wenig beachtete Kulturzeugnisse, andererseits in der praktischen Umsetzung seiner Überlegungen in ein Retuschiersystem, das sich definitiv von der Ästhetik „archäologischer Restaurierungen" distanziert. Baldini betont die historische und ästhetische Verbindung der Malerei mit ihrem architektonischen Kontext. Er erkennt die Bedeutung der originalen Dimensionen von Altarretabeln, die für eine museale Präsentation häufig in Galeriegemälde verwandelt wurden, und der dazugehörigen Rahmung. Die Erhaltung und Ergänzung geschnitzter, meist gefaßter und vergoldeter Rahmen gehört somit zu den Aufgaben der Gemälderestauratoren, nicht zu denen der Handwerker. Auch die in Italien lange Zeit stiefmütterlich behandelte polychrome Holzplastik solle nicht im traditionellen Sinne ausgebessert und neugefaßt, sondern genauso wie die Malerei auf der Grundlage einer wissenschaftlich fundierten Restaurierungsmethodik behandelt werden. In der Praxis erfordert dies Retuschetechniken, die sich ebenso auf der Fläche wie an dreidimensionalen Objekten umsetzen lassen und dabei eine breite Palette historischer Kunsttechnologie berücksichtigen.

Baldini baut ein Retuschiersystem auf, das von der Unterscheidung Brandis in rekonstruierbare und nicht rekonstruierbare Fehlstellen ausgeht. Auch die Prinzipien Brandis, daß Materie und Technik der Retusche sich klar vom Original unterscheiden müssen, werden beibehalten. Bei der Behandlung rekonstruierbarer Fehlstellen jedoch will Baldini über gestalterische Grenzen der „Rigatino"-Retusche hinausgehen. Der Vorwurf, der streng vertikale Duktus des „Rigatinos" eigne sich vor allem für mittelalterliche Bildwerke und wirke bei späteren Malereien manchmal starr und fremd, war schon verschiedentlich geäußert worden.[28] Bei der Farbselektion („Selezione cromatica") müssen die Pinselstriche nicht vertikal verlaufen, sie können sich den Formen des angrenzenden Originals anpassen. Dies ermöglicht eine problemlose Anwendung der Farbselektion auch bei dreidimensionalen Objekten. Abweichend von den pointillistischen Prinzipien der „Rigatino"-Retusche werden für die Farbselektion nach einer „Farblesung" des Kunstwerks mit optischen Filtern u. ä. nur vier reine Farben verwendet.[29]

Bei der Behandlung von Fehlstellen innerhalb der Vergoldung wendet sich Baldini sowohl gegen unüberlegte Neuvergoldungen als auch gegen puristische Methoden, die anstelle des fehlenden Goldes einfach den Bolus oder den Bildträger zeigen. Mit der Goldselektion („Selezione dell'oro"), einer Variante der Farbselektion, soll nicht das verlorene Gold imitiert, sondern vielmehr dessen Farbwert erreicht werden. Die Strichretusche beschränkt sich in diesem Fall auf die Farben

Abb. 6. Beispiel der „Goldselektion" am geschnitzten Rahmen eines toskanischen Altarretabels des 14. Jhs., Detail

gelb, rot und grün. Im Duktus folgt sie der Form des Originals, was gerade bei plastischen Elementen, z. B. bei geschnitzten Rahmen, die Integration der Retusche in die originale Vergoldung erleichtert (Abb. 6). Erfolgreich erprobt wurde die Goldselektion erstmals am geschnitzten und vergoldeten Rahmen eines Polyptychons Giovanni del Biondos aus der Florentiner Galleria dell'Accademia.[30]

Bei der Behandlung nicht rekonstruierbarer Fehlstellen strebt Baldini eine Geschlossenheit der Oberfläche, ihrer chromatischen Werte und ihrer Textur an, die mit der bisher praktizierten Differenzierung von Oberflächenniveaus und Oberflächenstrukturen nicht zu erreichen war. Im Sinne einer konsequenten Retuschiersystematik entwickelt er auch für nicht rekonstruierbare Fehlstellen eine spezifische Technik, die, im Gegensatz zur „Neutralretusche", auf Farbwerte und formale Vorgaben des Originals eingehen kann. Die Farbabstraktion („Astrazione cromatica") ist eine Strichretusche mit überkreuzt angelegten Strichlagen in vier reinen Farben (im allgemeinen gelb/rot/grün/schwarz oder gelb/rot/blau/schwarz), deren Wahl ebenfalls nach einer „Farblesung" des Kunstwerks getroffen wird. Durch Veränderung der Dichte und Richtung der Pinselstriche entsteht nach Baldini eine dynamische Farbvibration, die malerische und plastische Werte des fragmentarischen Originals zur bestmöglichen Wirkung bringen kann.

Abb. 7. Cimabue, Kruzifix aus Santa Croce, Florenz; Detail: Erste Anwendung der „Farbabstraktion" zum Schließen großer Fehlstellen, entstanden durch die Schäden der Flutkatastrophe von 1966

Auslöser für die Entwicklung dieser Retuschiersystematik war der wohl vor 1288 entstandene Kruzifixus Cimabues aus dem Refektorium von Santa Croce in Florenz, das berühmteste Opfer der Überschwemmung von 1966 (Abb. 7). Anfangs sollten die großen Fehlstellen dieser „Croce dipinta" mit „Neutralretuschen" behandeln werden. Man erkannte jedoch bald, daß die erhaltenen Fragmente damit keinen Eindruck der verlorenen Malerei vermittelt hätten und das Erscheinungsbild des Kruzifixes allein durch die Katastrophe von 1966 bestimmt worden wäre. Andererseits war bei einem Werk von so großer kunsthistorischer Bedeutung eine malerische Rekonstruktion der Fehlstellen selbst für Laien unvorstellbar. Mit der Farbabstraktion, auf dem Niveau des Originals ausgeführt, konnte der bildprägende Charakter der Fehlstellen gebrochen und eine Verbindung der erhaltenen Fragmente erreicht werden, ohne mit dem Kunstwerk zu konkurrieren oder es in irgendeiner Form zu imitieren.[31]

Eine erste Anwendung dieser Retuschiersystematik in der Wandmalerei erfolgte Ende der siebziger Jahre bei der Restaurierung der Jacopo del Casentino zugeschriebenen Fresken in der Cappella Velluti von Santa Croce in Florenz (Abb. 8).[32] Fehlstellen im figürlichen Bereich und in den Hintergründen wurden hier mit großer Zurückhaltung als nicht rekonstruierbare Fehlstellen definiert und mittels Farbabstrak-

tion chromatisch in das erhaltene Original eingebunden, ohne dieses zu imitieren oder zu verfälschen. In unmittelbarer Nähe der Kapellen mit den Malereien Giottos und seiner Schule, diesen restaurierungsgeschichtlich exemplarischen Beispielen „archäologischer Restaurierung", wurde eine wissenschaftlich fundierte Alternative zur „neutralen" Behandlung von Fehlstellen aufgezeigt.

Es folgte in den Jahren 1983-90 die Restaurierung der Fresken Masaccios, Masolinos und Filippino Lippis in der Cappella Brancacci der Florentiner Kirche Santa Maria del Carmine (Abb. 9, 10). Zum besseren Verständnis der Restaurierung sei auf die jüngere Geschichte der Kapelle verwiesen: Die Barockisierung der Kapelle 1746/48 führte zur Erneuerung des Altares, über dessen Retabel ein stichbogiges Fenster anstelle des alten Maßwerkfensters geöffnet wurde. Ein neues Gewölbe wurde eingezogen, das Vincenzo Meucci ausmalte. Die Malereien des 15. Jahrhunderts an den Kapellenwänden mit Darstellungen aus dem Leben des hl. Petrus u. a. blieben dabei erhalten. Nach starken Brandschäden 1771 erfolgte um 1780 eine umfassende Instandsetzung der Kapelle, die u. a. einen neuen Fußboden und einen Marmorsockel erhielt, der marmorne Altar wurde überarbeitet. Die Wandmalereien wurden damals vom Maler Giovannni Romei „restauriert".[33]

Bereits 1970 hatte man wegen des prekären Erhaltungszustandes der Fresken, die eine fleckig-bräunliche Oberfläche aufwiesen, mit umfangreichen Untersuchungen begonnen. Diese führten u. a. zum Abbau des barocken Marmorretabels an der Kapellenstirnwand und zur Freilegung der unteren Hälfte des spätgotischen Fensters mit der gefeierten Entdeckung von Wandmalereiresten der Ausmalung des 15. Jahrhunderts in der Fensterlaibung. Diese fragmentarischen Rankenmalereien mit Medaillons, darin Büsten, die Masolino und Masaccio zugeschrieben wurden, bewertete man so hoch, daß man sie sichtbar belassen wollte.[34] Die einheitliche barocke Redaktion des Kapellenraumes, die man ansonsten respektierte, wurde über der Altarmensa zugunsten eines archäologisch-analytisch anmutenden Restaurierungskonzeptes aufgegeben.[35]

Die Reinigung der Fresken führte zur Entdeckung der überraschend hellen, klaren Farbigkeit der Malerei Masaccios und vermittelte somit trotz der teils sehr reduzierten Malschicht ein beeindruckend neues Bild seines Hauptwerkes. Angesichts des unterschiedlichen Erhaltungszustandes der Wandmalereien entschied man sich für eine theoretisch klar nachvollziehbare Retuschiersystematik. Reduzierungen der Malschicht, als positive Altersspuren interpretiert, wurden sichtbar belassen. Die zahlreichen kleineren, rekonstruierbaren Fehlstellen wurden mit Retuschen in Farbselektion geschlossen. Die alten, nun dunkel wirkenden malerischen Ergänzungen des 18. Jahrhunderts, in bildrelevanten Bereichen ausgeführt, wurden abgenommen und durch Retuschen in Farbselektion ersetzt. Die Entscheidung, wichtige figürliche und architektonische Teile der Malerei in Strichretusche detailliert zu rekonstruieren, mag bei der Betrachtung der restaurierten Fresken verwundern.[36] Diese großflächigen Rekonstruktionen in Farbselektion betreffen jedoch nur Bereiche, die einerseits durch die malerischen Ergänzungen des 18. Jahrhunderts überliefert waren, andererseits formal durch die erhaltenen originalen „Sinopie" gesichert sind. Ein ästhetisch leicht irritierender Kontrast kann allenfalls dann entstehen, wenn diese Ergänzungen in ihrer formalen Geschlossenheit unmittelbar an Bereiche mit stark reduzierter Malschicht angrenzen, z. B. in der Szene der „Verteilung der Güter" an der Kapellenstirnwand rechts unten. Die stark beschädigte Vergoldung der Nimben, die vor allem in der Szene der „Tempelsteuer" an der linken Kapellenwand wesentlich zur räumlichen Wirkung der Darstellung beitragen, wurde aufgrund ihrer formalen Bedeutung in Goldselektion retuschiert. Nur die Fehlstellen, die durch den Abbau des Altarretabels an der Kapellenstirnwand zu Tage traten, wurden als nicht rekonstruierbar bezeichnet und mittels Farbabstraktion chromatisch in die Wandmalereien eingebunden. Sieht man von den Freilegungen über der Altarmensa und den damit verbundenen

Abb. 8. Florenz, Santa Croce, Cappella dei Velluti, Fresken von Jacopo del Casentino; Erzengel Michael, Detail mit „Goldselektion" auf dem Nimbus

Abb. 9. Florenz, Chiesa del Carmine, Cappella Brancacci, Fresko von Masaccio, Der Zinsgroschen; Detailansicht des hl.Petrus, mit Retusche der Fehlstellen auf dem Nimbus in „Goldselektion"

Präsentationsproblemen eines fragmentarischen, zeitlich divergierenden Bestandes ab, so bieten die Malereien der Cappella Brancacci nach Abschluß der Restaurierung ein Bild von großer Geschlossenheit. Die Altersspuren bleiben dabei bewahrt, die Retuschen lassen sich trotz ihres feinen Duktus' bei genauem Hinschauen eindeutig identifizieren.

Die restaurierungsästhetische Tendenz, mit differenzierten Strichretuschen ein immer stärker geschlossenes Erscheinungsbild fragmentarisch erhaltener Kunstwerke zu erreichen, zeichnet sich seit den achtziger Jahren auch bei der Restaurierung von Tafelmalereien ab. Als Beispiel sei hier die „Marienkrönung" Sandro Botticellis aus den Florentiner Uffizien genannt, in den achtziger Jahren in den Werkstätten der Fortezza da Basso restauriert (Abb. 11-13).[37] Die um 1490 entstandene „Marienkrönung" hat zahlreiche historische Restaurierungen erfahren, darunter den mit großen Retuschen verbundenen Eingriff des Restaurators Acciai um 1830.[38] Trotzdem war die Malschicht des Tafelgemäldes vor der jüngsten Restaurierung insgesamt gut erhalten, die meisterhafte Feinheit der sehr differenzierten malerischen Ausführung kam noch voll zur Geltung. Um diese Feinheit zu bewahren, wurden nicht nur kleine Fehlstellen in Farbselektion geschlossen, auch die verfärbten malerischen Ergänzungen Acciais, darunter das Gewand eines Engels und die Hand des hl. Eligius, wurden in derselben Retuschetechnik rekonstruierend überarbeitet. Dabei entschied man sich für einen sehr feinen Strichduktus, der nur bei genauem Hinsehen vom Original zu unterscheiden ist. Große Fehlstellen im Hintergrund, vor allem im Wiesenstück, auf dem die vier männlichen Heiligen stehen, wurden wegen ihrer untergeordneten Bedeutung als rekonstruierbar bezeichnet und ebenfalls in Farbselektion ergänzt. Dabei imitierte man bewußt nicht die kleinteilige Form der Grashalme, sondern vollzog den chromatischen Effekt der Malerei in abstrahierter Form mit horizontal geführten Strichlagen nach.[39]

Ein weiteres Beispiel, die Anfang der neunziger Jahre abgeschlossene Restaurierung der „Maestà" von Città di Castello, ein giebelförmiges Retabel des gleichnamigen Meisters[40] aus dem frühen 14. Jahrhundert, zeigt die konsequente Weiterentwicklung der Retuschiersystematik Baldinis (Abb. 1, 14, 15). Im Gegensatz zur „Marienkrönung" Botticellis wies die „Maestà" einen wesentlich schlechteren Erhaltungszustand der Malschicht auf, mit großen Fehlstellen auch in figürlichen Bereichen. Letztere wurden als nicht rekonstruierbare

Fehlstellen definiert und in Farbabstraktion geschlossen. Die Feinheit des Auftrages der überkreuzten Strichlagen, ihre Anpassung an die chromatischen Werte des angrenzenden Originals wurden allerdings gegenüber früheren Beispielen deutlich gesteigert. Auch wenn man den schlechteren Erhaltungszustand der Malerei mit Retuschen nicht beschönigen wollte, so beschränkte man sich bei dem Gemälde nicht auf die Farbabstraktion, sondern führte teils weitgehende Ergänzungen in Goldselektion, Silberselektion[41] und Farbselektion durch. Die Grenzen zwischen rekonstruierbarer und nicht rekonstruierbarer Fehlstelle wurden dabei nicht mehr so streng gezogen wie bei vorangegangenen Restaurierungen.[42]

Die verschiedenen Techniken der Strichretusche gehören heute zum selbverständlichen Rüstzeug der Florentiner Restauratoren, das sie virtuos beherrschen und überzeugend umzusetzen wissen. Mit einer gewissen Eigendynamik führt diese technische Perfektion zu einem immer feineren Retuschierduktus, die mimetische Tendenz wird stärker. Das ästhetische Ziel, wenn auch nicht ausdrücklich formuliert, ist eine größere Vollständigkeit des Erscheinungsbildes. Dies zeigt sich auch in der Materialwahl. So beschränkt man sich bei der Goldselektion teils nicht mehr auf die Farben gelb-rot-grün, um sich in abstrahierter Form dem chromatischen Wert des Originals anzunähern, sondern will dessen Glanzeffekt durch eine zusätzliche Strichlage in Pulvergold erreichen. Bei der vor kurzem abgeschlossenen Goldselektion auf dem geschnitzten und vergoldeten Rahmen einer Standarte mit Darstellung der hl. Agate[43] wurde damit der unterschiedliche Lichteinfall auf das vollplastische Objekt berücksichtigt, matte Stellen wurden vermieden.

Betrachtet man diese und weitere Restaurierungen der Florentiner Werkstätten aus restaurierungsästhetischer Sicht, so ist die undogmatische Weiterentwicklung der inzwischen allgemein anerkannten Retuschiersystematik sicher begrüßenswert. Von klar formulierten Grundlagen ausgehend, will man noch genauer auf die spezifischen Gegebenheiten eines jeden Objektes eingehen, seiner individuellen Ästhetik gerecht werden. Aus restaurierungsmethodischer Sicht ist jedoch auch eine gewisse Skepsis angebracht, wenn Fehlstellen immer weniger in Erscheinung treten und aufgrund immer feinerer Retuschen vom Laien nur noch schwer zu identifizieren sind. Das unversehrte Erscheinungsbild des restaurierten Kunstwerks, das hier vermittelt wird, könnte allgemein zu einer geringeren Akzeptanz fragmentarisch überlieferter Objekte führen.

Eine stärkere Tendenz zur Rekonstruktion mittels feiner Strichretuschen, um trotz aller Altersspuren ein möglichst geschlossenes Erscheinungsbild des Kunstwerks zu erzielen, zeichnet sich übrigens nicht nur in der Toskana ab. Sie zeigt sich auch bei Restaurierungen, die in jüngerer Zeit unter Leitung des Istituto Centrale per il Restauro ausgeführt wurden. Genannt sei hier die 1984-86 erfolgte Restaurierung der Wandmalereien Andrea Mantegnas in der „Camera degli Sposi" im Palazzo Ducale zu Mantua, entstanden in den Jahren 1465-74.[44] Die Definition nicht rekonstruierbarer bzw. rekonstruierbarer Fehlstellen verschiebt sich zugunsten letzterer, um dem Betrachter bei den figürlichen Szenen ein möglichst unversehrtes Bild der Malereien Mantegnas zu vermitteln. In Bereichen von großer künstlerischer Bedeutung, die

eigentlich nur die Handschrift des Künstlers aufzeigen sollten, werden Fehlstellen mit feinen Rigatino-Retuschen geschlossen. Fragmentarisch erhaltene Gesichtspartien, Hände und Arme werden so teilweise rekonstruiert. Die figürlichen Darstellungen vermitteln dadurch insgesamt einen besseren Erhaltungszustand als die dazugehörige dekorative Malerei, deren Fehlstellen auch für das ungeschulte Auge deutlich ablesbar bleiben.

Bei der im vergangenen Jahr abgeschlossenen Restaurierung der um 1500 entstandenen Fresken Luca Signorellis in der Cappella Brizio im Dom von Orvieto,[45] ebenfalls unter Leitung des Istituto Centrale per il Restauro, läßt sich eine Steigerung dieser Rekonstruktionstendenzen beobachten. Bei größeren Fehlstellen in der dekorativen Malerei, z. B. des Sockels, beschränkte man sich nicht auf die Andeutung des Rahmenwerkes, sondern rekonstruierte fehlende Partien mit Groteskenmalerei u. a. im Sinne einer Vollretusche, um sie dann durch ein diagonales Linienraster als Ergänzungen kenntlich zu machen. Fast scheint es so, als wolle man damit vehement jede Erinnerung an die puristische Auffassung „archäologischer Restaurierungen" tilgen und dem 19. Jahrhundert seine Referenz erweisen.

Abb. 10. Florenz, Chiesa del Carmine, Cappella Brancacci, Fresko von Masaccio, Die Verteilung der Güter; Detail; Retusche der Fehlstelle im Gewand der jungen Frau mit Kind in „Farbselektion", Einlasieren der reduzierten Malschicht im Gewand der jungen Frau im Hintergrund mit „Acqua sporca"

Abb. 11. Sandro Botticelli, Marienkrönung, Florenz, Uffizien; Detail der Landschaft im Hintergrund, mit Ergänzung der Fehlstellen in horizontal ausgeführter „Farbselektion"

Im späten 20. Jahrhundert stellt sich in Italien immer häufiger die Frage nach dem Umgang mit „archäologischen Restaurierungen" vorangegangener Generationen. Als aktuelles Beispiel sei die laufende Restaurierung der Wandgemälde Piero della Francescas im Chor von San Francesco in Arezzo genannt.[46] Studiert man die Restaurierungsgeschichte dieser Malereien, so entdeckt man frühe Beispiele der „Neutralretusche".[47] Der Restaurator Gaetano Bianchi, vor allem durch seine verfälschenden malerischen Ergänzungen an den Florentiner Wandmalereien Giottos bekannt,[48] arbeitete 1858 an den stark beschädigten Gemälden Pieros in Arezzo. Unter dem Einfluß des Kunsthistorikers Cavalcaselle wurden die neu verputzten Fehlstellen nur farbig eingestimmt, „um das Auge des Betrachters nicht zu stören".[49] Bei der darauf folgenden Restaurierung Fiscalis, um 1915, wurde noch bewußter auf das Hervorheben des fragmentarischen Originals geachtet, jegliche Nachahmung der Malereien Pieros wollte man vermeiden. Helle Fehlstellen wurden mit Temperafarbe „neutralisiert", um „unangenehme weiße Streifen und Sprünge" in der Malerei zu mindern.[50] Historische Photographien der beiden Restaurierungen zeigen eine Behandlung der Fehlstellen mit Farblasuren, die zumeist „impressionistisch" die verlorenen Formen andeuten.[51] 1964, bei der Restaurierung Tintoris, wurden die Retuschen der Vorgänger zum Großteil mit einem beigen Farbton überfaßt, ohne jegliche Andeutung von Formen und Konturen des angrenzenden Originals. Diese „neutralen" Fehlstellen, auf demselben Niveau der Malereien Pieros, gewinnen eine durchaus eigenständige formale Ausdruckskraft, die damals nur von Cesare Brandi kritisiert wurde.[52]

Die aktuelle Restaurierung stützt sich auf umfassende Untersuchungen des gefährdeten Bauwerks und seiner Ausstattung. Die dringend erforderlichen konservatorischen Maßnahmen führen zwangsläufig auch zur kritischen Auseinandersetzung mit Materialien und Technologien vorangegangener Restaurierungen. Die Beseitigung der inzwischen allgemein abgelehnten „Neutralretuschen" Tintoris ist zunächst aus konservatorischen Gründen erforderlich, da deren Träger, die mit Zement hinterspritzten Kittungen, entfernt werden müssen. Eine Neuverkittung der Fehlstellen führt auch zu restaurierungsästhetischen Überlegungen, deren Ziel nicht die Wiederaufnahme einer wenig überzeugenden puristischen Interpretation sein kann. Die angestrebte Präsentation der Wandmalereien Pieros geht von der erprobten Retuschiermethodik der Florentiner Werkstätten aus. Bei der Definition rekonstruierbarer Fehlstellen und dem daraus folgenden Einsatz der Farbselektion wird Zurückhaltung

Abb. 12. Sandro Botticelli, Marienkrönung, Florenz, Uffizien; Detail der Hand des hl. Eligius, nach Überarbeitung einer historischen Ergänzung in „Farbselektion"

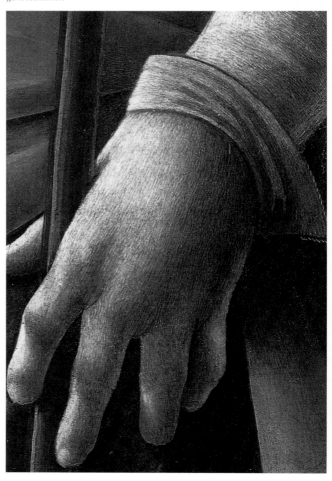

Abb. 13. Sandro Botticelli, Marienkrönung, Florenz, Uffizien; Gesamtansicht nach Abschluß der Restaurierung

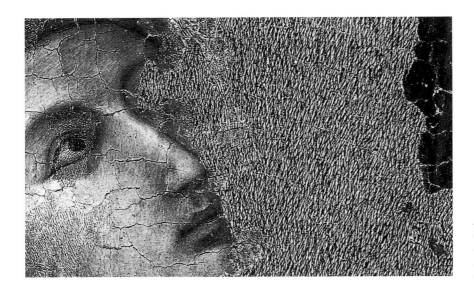

Abb. 14. Maestro di Città di Castello, Maestà, Città di Castello, Museo Civico; Detail eines Engels, mit Ergänzung der Fehlstellen im Bildhintergrund in „Farbabstraktion" und der Fehlstellen im Gesicht des Engels in „Farbselektion"

geübt. Fehlstellen in bildrelevanten Bereichen werden als nicht rekonstruierbar eingestuft und in Farbabstraktion geschlossen. Nach dem vor kurzem erfolgten Abschluß der Arbeiten an der Chornordwand werden sich Fragen zur Restaurierungsästhetik noch deutlicher bei den großen Fehlstellen an der Chorsüdwand stellen. Die Tendenz zu einer verstärkten Rekonstruktion mit den Mitteln der Strichretusche läßt sich in Arezzo bisher nicht feststellen. Die Aufgabe der bildbestimmenden „Neutralretuschen" von 1964 zugunsten verbindender Retuschen in Farbabstraktion wird das gewohnte Bild der Wandmalereien Piero della Francescas jedoch stark verändern.

Läßt man Entwicklungen und Tendenzen der Restaurierungsästhetik in Italien von den fünfziger Jahren bis ins ausgehende 20. Jahrhundert Revue passieren, so fällt auf, wie schnell Restaurierungen Teil der Geschichte eines Kunstwerks und seiner Rezeption werden. Wie schützenswert sind diese historischen Restaurierungen als Zeugnisse eines ständigen Wandels im Umgang und in der Interpretation von Kunstwerken? Viele „archäologische Restaurierungen", die das Bild der italienischen Kunst über Jahrzehnte mitbestimmt haben, wird man bei künftigen Maßnahmen aus konservatorischen Gründen aufgeben müssen. Generell wird die bewußte Präsentation fragmentarisch überlieferter Kunstwerke durch eine verstärkte Hinwendung zur Rekonstruktion auf der methodisch korrekten Grundlage der Strichretusche in Frage gestellt. Der Tendenz, dem Betrachter durch immer umfangreichere Retuschen ein möglichst unversehrtes Bild historischer Kulturzeugnisse zu geben, fallen manchmal nicht nur restaurierungsgeschichtliche Dokumente zum Opfer. Jede Generation wird sich den Kunstwerken der Vergangenheit nicht nur aus historischer Sicht nähern, sondern sie auch im Sinne Brandis als „Phänomen der Gegenwart" erfahren wollen. Dabei wünscht man sich allerdings, daß durchgreifende Restaurierungen, die zwangsläufig zu einer neuen, zeitgemäßen Präsentation des Kunstwerks führen, immer seltener werden in einer Zeit, die sich im Sinne der Originalsubstanz um kontinuierliche Wartung und Pflege bemüht. In einigen Jahrzehnten wird man die Erhaltung wichtiger Zeugnisse „archäologischer Restaurierung" der fünfziger und sechziger Jahre des 20. Jahrhunderts sicher nicht nur aus restaurierungsgeschichtlichen Gründen begrüßen.

Abb. 15. Maestro di Città di Castello, Maestà, Città di Castello, Museo Civico; Detail der unteren rechten Ecke der Pala, mit Ergänzung der Fehlstellen auf dem Rahmen in „Silberselektion" und der Fehlstellen im Bildhintergrund in „Farbabstraktion"

Anmerkungen

1 „Il restauro deve mirare al ristabilimento dell'unità potenziale dell'opera d'arte, purchè ciò sia possibile senza commettere un falso artistico o un falso storico, e senza cancellare ogni traccia del passaggio dell'opera d'arte nel tempo", zitiert aus: CESARE BRANDI, Teoria del Restauro, Torino 1963, S. 8. Die Publikation von 1963 besteht aus einer Reihe von Aufsätzen, die erstmals zum Großteil in den fünfziger Jahren erschienen sind. – Sämtliche Übersetzungen italienischer Zitate stammen von der Autorin.

2 Siehe hierzu: LEONETTO TINTORI/EVE BORSOOK, Giotto. La Cappella Peruzzi, Torino 1965, mit ausführlichem Bericht zur Restaurierungsgeschichte sowie zu den von Tintori ab 1958 ausgeführten Arbeiten, mit Abbildungen der Wandmalereien vor und nach der Restaurierung.

3 FRIEDRICH RINTELEN, Giotto und die Giotto-Apokryphen, Basel 1923, S. 118.

4 Siehe hierzu: UGO PROCACCI, Relazione sui lavori eseguiti agli affreschi di Giotto nelle cappelle Bardi e Peruzzi in Santa Croce, in: Rivista d'Arte, XIX, 1937, S. 377-389.

5 „... poichè se è vero che di sotto all'ampio rifacimento ... sono tornate alla luce solo martoriate pitture, ombre ormai di quello che doveva essere la superba opera giottesca, è pur vero anche, però, che si tratta sempre di inestimabili capolavori, perchè il capolavoro, quando tale sia veramente, non si spenge se non venga distrutto." Zitiert aus dem Vorwort UGO PROCACCIS zur Restaurierung der Cappella Peruzzi (wie Anm. 2), S. 2.

6 „Il restauro, per rappresentare un'operazione legittima, non dovrà presumere nè il tempo come reversibile nè l'abolizione della storia. L'azione del restauro inoltre, e per la medesima esigenza che impone il rispetto della complessità storica dell'opera d'arte, non dovrà porsi come segreta e quasi fuori del tempo, ma dare modo di essere puntualizzata come evento storico qual'essa è, ... e di inserirsi nel processo di trasmissione dell'opera d'arte al futuro." Zitiert aus: BRANDI (wie Anm. 1), S. 26-27.

7 BRANDI (wie Anm. 1), S. 18-20. – Eines der bekanntesten Beispiele der Gestaltpsychologie für die unterschiedliche Rezeption von Bildvordergrund und -hintergrund ist der sog. Kelch von Edgar Rubin, der alternativ als Kelch oder als zwei Köpfe im Profil angesehen werden kann. Siehe hierzu: CHIARA ROSSI-SCARZANELLA, TERESA CIANFANELLI, La percezione visiva dei dipinti e il restauro pittorico, in: Marco Ciatti (Hrsg.), Problemi di restauro. Riflessioni e ricerche. I sessanta anni di attività del laboratorio di restauro dei dipinti 1932-1992, Firenze 1992, S. 185 ff. und Abb. 142.

8 Siehe hierzu: DANIELA DINI (Hrsg.), Gli affreschi del Beato Angelico nel convento di S. Marco a Firenze. Rilettura di un capolavoro attraverso un memorabile restauro, Firenze 1996.

9 CESARE BRANDI, Theoretische Abhandlung über die Behandlung von Fehlstellen, in: BRANDI (wie Anm. 1), S. 71-76.

10 Ebd.

11 Ebd., S. 72: „Poichè il giudizio non può non essere che individuale, l'integrazione proposta dovrà allora contenersi in limiti e modalità tali da essere riconoscibile a prima vista, senza speciali documentazioni, ma proprio come una proposta che si assoggetta al giudizio critico altrui. Perciò ogni eventuale integrazione, anche minima, dovrà essere facilmente identificabile ..."

12 Die „Rigatino"-Retusche besteht, wie der Name sagt, aus feinen Strichen. Sie wird auch „Tratteggio"-Retusche genannt, da die Striche parallel in der Art einer Schraffur aufgetragen werden.

13 Siehe PAOLO und LAURA MORA, PAUL PHILIPPOT, La conservation des peintures murales, Bologna 1977, S. 347 ff.

14 Für eine detailliertere Zusammenfassung dieser Retuschiersystematik sei auf meinen Aufsatz Theorie und Praxis der Restaurierung in Italien, in: Maltechnik Restauro, H. 1, Januar 1986, S. 25-40 verwiesen.

15 Siehe hierzu u. a. PAOLO D'ANGELO, L'estetica di Benedetto Croce, Roma 1982, der auch die Auswirkungen der Ästhetik Croces auf Brandi und weitere Kunstwissenschaftler seiner Generation berücksichtigt.

16 Zur Kritik an der „Teoria del Restauro" Brandis siehe u. a. ALESSANDRO CONTI, Vicende e cultura del restauro, in: Storia dell'Arte Italiana, Parte terza, Situazioni, momenti, indagini, volume terzo, Conservazione, falso, restauro, Torino 1981, S. 104 ff.

17 Wie Anm. 9.

18 Zur „Saison der Wandmalerei-Abnahmen", siehe ANTONIO PAOLUCCI, Per una storia del restauro degli affreschi a Firenze: la stagione degli stacchi, in: La pittura murale. Tecniche, problemi, conservazione, Firenze 1990, S. 11 ff.

19 „Stacco" bezeichnet die Abnahme einer Wandmalerei mit Malschicht und Putzschichten (beim Fresko Intonaco = Feinputz und Arriccio = Rauhputz), „Strappo" dagegen die Abnahme der Malschicht ohne deren Träger.

20 UGO PROCACCI, La tecnica dei dipinti murali e il loro distacco, in: Affreschi da Firenze, Milano 1971, ohne Seitenangaben (Katalog zur Ausstellung im Palazzo Reale di Milano, erstmals erschienen in Florenz 1968; ins Englische übersetzt unter dem Titel The Great Age of Fresco, New York 1968, ins Deutsche unter dem Titel Fresken aus Florenz, München 1969). Einen kürzeren Beitrag zum selben Thema leistete PROCACCI etliche Jahre vor der Florentiner Überschwemmung im Katalog für die zweite große Ausstellung abgenommener Fresken in Forte Belvedere in Florenz 1958. Siehe hierzu UGO PROCACCI, La tecnica degli antichi affreschi e il loro distacco e restauro, Firenze 1958.

21 Die „Sinopia" ist die in roter Erde, genauer in „Terra di Sinope", ausgeführte Vorzeichnung des Freskos auf dem Arriccio. Allgemeine Aufmerksamkeit über die Fachwelt hinaus hatten die „Sinopien" bereits durch eine frühere Veröffentlichung UGO PROCACCIS gefunden: Sinopie e affreschi, erschienen in Florenz 1961.

22 Erwähnt sei hier z. B. der Strappo der Höllendarstellung Nardo di Ciones in der Cappella Strozzi di Mantova in Santa Maria Novella, Florenz, in einem Stück von ca. 110 m² strappiert.

23 „Mantenere integro l'aspetto non già la struttura" in: BRANDI (wie Anm. 1), S. 81-88.

24 Siehe hierzu PAOLUCCI (wie Anm. 18).

25 Siehe hierzu GIORGIO TORRACA, Dipinti murali, in: Giovanni Urbani (Hrsg.), Problemi di conservazione, Bologna 1973, S. 48: „Die Freskenabnahme ist vielleicht das beste Beispiel einer Auffassung von Kulturgut als Konsumgut, das bestimmt ist für eine intensive Ausnutzung ... In der Praxis wird es verwandelt in ein Produkt mit kurzem Verfallsdatum, für den schnellen Verbrauch, das nach einer intensiven Nutzung in den Museen oder den Depots der Denkmalämter vergessen wird." Zitiert nach GIORGIO BONSANTI, La stagione degli stacchi: un'eredità difficile da gestire, in: Geschichte der Restaurierung in Europa/Histoire de la Restauration en Europe, Bd. II, Worms 1993, S. 95 ff.

26 Siehe hierzu BONSANTI (wie Anm. 25).

27 UMBERTO BALDINI, Teoria del restauro e unità di metodologia, Firenze, Bd. 1 (1978), Bd. 2 (1981).

28 Dieser Vorwurf ist nicht nur verschiedentlich außerhalb Italiens geäußert worden, sondern u. a. auch von CONTI (wie Anm. 16).

29 Zur detaillierteren Beschreibung der Florentiner Retuschetechniken siehe meinen Aufsatz in Maltechnik Restauro (wie Anm. 14).

30 Siehe hierzu ORNELLA CASAZZA, Il restauro pittorico nell'unità metodologica, Firenze 1981.

31 Siehe hierzu UMBERTO BALDINI, ORNELLA CASAZZA, Das Kruzifix von Cimabue, München 1983.

32 Siehe hierzu ORNELLA CASAZZA, Gli affreschi della cappella Velluti, in: Il complesso monumentale di Santa Croce. La Basilica, le cappelle, i chiostri, il museo, Firenze 1983, S. 123 ff. Die Fresken sind wohl um 1310 entstanden.

33 Die Geschichte der Kapelle und ihrer Ausstattung mit den historischen Veränderungen und Restaurierungen ist ausführlich dargestellt in: UMBERTO BALDINI/ORNELLA CASAZZA, La Cappella Brancacci, Milano 1990, S. 306 ff.

34 Diese Entscheidung wurde nicht von der Florentiner Denkmalpflege allein getroffen, sondern von der auf nationaler Ebene übergeordneten Instanz, dem Consiglio Centrale.

35 Die Stirnwand der Kapelle nach der Restaurierung ist in der in Anm. 30 genannten Publikation von UMBERTO BALDINI und ORNELLA CASAZZA, leider nicht insgesamt, sondern nur in Ausschnitten abgebildet. UMBERTO BALDINI hat sich in derselben Publikation, S. 301-302, vehement gegen die Kritik an dieser Freilegung gewehrt und den „leichten und bequemen Standpunkt sogenannter Geschichtlichkeit" gerügt.

36 Man betrachte z. B. die kniende männliche Figur vor der Cattedra des hl. Petrus an der linken Kapellenwand, deren untere Gewandhälfte und Fuß fehlten und in Farbselektion geschlossen ergänzt wurden.
37 Siehe hierzu MARCO CIATTI (Hrsg.), „L'Incoronazione della Vergine" del Botticelli: restauro e ricerche, Firenze 1990.
38 Zur Restaurierungsgeschichte und zur jüngsten Restaurierung siehe ROBERTO BELLUCCI/CHIARA ROSSI SCARZANELLA u.a., Storia di un restauro, in: CIATTI (wie Anm. 37), S. 63 ff.
39 Die Retuschen wurden mit feinsten Ölfarben und Farblacken ausgeführt, sie nähern sich also auch in der Materialwahl dem Original.
40 Siehe hierzu CIATTI (wie Anm. 37), S. 171, 176-178.
41 Diese Abwandlung der Goldselektion für Fehlstellen bei Versilberungen wurde in der Restaurierungspraxis der achtziger Jahre in Fortführung der Retuschiersystematik Baldinis entwickelt.
42 So wurde ein Auge des linken unteren Engels nahezu vollständig in Farbselektion rekonstruiert.
43 Die Restaurierung des „Stendardo con Sant' Agata" wurde in den Werkstätten der Fortezza da Basso vor kurzem abgeschlossen, sie ist noch nicht publiziert. Das Objekt konnte von der Autorin in den Werkstätten besichtigt werden, die Informationen beruhen auf mündlichen Auskünften der Restauratorin Dr. Chiara Rossi Scarzanella.
44 Siehe hierzu MICHELE CORDARO (Hrsg.), Mantegna. La Camera degli Sposi, Milano 1992. Mit ausführlichen Beiträgen verschiedener Autoren zu Kunstgeschichte, Maltechnik, Restaurierungsgeschichte und Erhaltungszustand. Die Restaurierung der Wandmalereien erfolgte unter der Leitung von Paolo und Laura Mora.
45 Eine Publikation hierzu ist bei Hirmer, München, für den Herbst 1997 angekündigt.
46 Siehe hierzu: Un progetto per Piero della Francesca. Indagini diagnostico-conoscitive per la conservazione della „Legenda della Vera Croce" e della „Madonna del Parto", Firenze 1989, mit Beiträgen verschiedener Autoren.
47 Zur Restaurierungsgeschichte der „Legenda della Vera Croce" siehe CONTI (wie Anm. 16), S. 86 ff., und vor allem GIUSEPPE CENTAURO, Ricerca Storica, in: Un progetto per Piero della Francesca (wie Anm. 46), S. 79 ff.
48 Siehe S. 1-2 und Anm. 2-5.
49 „Nuovo intonaco si fece nelle parti mancanti dandogli un colore da offendere meno l'occhio del riguardante", kommentiert Cavalcaselle. Zitiert nach CONTI (wie Anm. 16), S. 87, aus Cavalcaselle-Crowe, A New History ..., in der italienischen Übersetzung, Bd. VIII, S. 214.
50 „Il Fiscali ... dove ... il colore manca, neutralizza il bianco con un colore a tempera. Non con l'intenzione, dunque, di rifare o di aiutare Piero della Francesca; ma appena col desiderio di evitare a chi guarda da giù l'impressione sgradevole di strisce e di salti bianchi, in mezzo alla pittura" in: La Nazione vom 29. November 1915.
51 Siehe Abb. 60, S. 69, in: Un progetto per Piero della Francesca (wie Anm. 46).
52 Siehe hierzu das Protokoll der Sitzung des Consiglio Superiore, in: CENTAURO (wie Anm. 47), S. 139.

ABBILDUNGSNACHWEIS

GABINETTO FOTOGRAFICO DELLA SOPRINTENDENZA ALLE GALLERIE, FLORENZ: Abb. 2-4
ISTITUTO CENTRALE PER IL RESTAURO, ROM: Abb. 5
LABORATORI DI RESTAURO DELLA FORTEZZA DA BASSO E DELL'OPIFICIO DELLE PIETRE DURE, FLORENZ: Abb. 1, 6-15

Eike Oellermann

Einst entbehrlich – heute geschätzt

Auch wenn es in der Öffentlichkeit häufig den Anschein haben mag, als würde der in der Denkmalpflege tätige Restaurator natürlich nur danach trachten, den Kunstdenkmälern ihre Schönheit zu bewahren und alle seine Bestrebungen dem Anliegen dienen, diese nun auch durch sorgfältiges Herauspräparieren besonders deutlich hervortreten zu lassen, so ist die Tagesarbeit heute doch vornehmlich von unermüdlichen Anstrengungen gekennzeichnet, der Sorge um die schadensfreie Erhaltung den Vorrang vor restaurativen Maßnahmen zu geben.[1] Leider ist diese primäre Aufgabe denkmalpflegerischen Handelns wenig spektakulär, sie muß deshalb im Stillen geleistet werden und findet nur selten die notwendige Aufmerksamkeit und Anerkennung.

Niemals zuvor sind Zeugnisse der Vergangenheit derart geschätzt worden wie gegenwärtig, allein die Vielzahl der Trödelmärkte und dem offensichtlichen Interesse daran, Erhaltenswertes selbst erstehen zu können, ist beredtes Zeugnis für diese Einstellung. Es wird mehr vor dem totalen Verlust bewahrt als einst, doch geht mit dieser Einsicht auch der Anspruch einer unbegrenzten Verfügbarkeit einher und eines allgemein gerechtfertigt betrachteten Zugriffs auf das, was eigentlich permanenten Schutz und einer gewissenhaften Pflege bedarf, um die Chance gewahrt zu wissen, den bestmöglichen Zustand der Werke in nachfolgende Zeiten hinüberzuretten. Die vielfältigen Bemühungen eines sinnvollen Denkmalschutzes genügen nicht mehr, wenn es nur darum geht, das Bewußtsein für die reine Konservierung der Kunstdenkmäler zu intensivieren, vielmehr muß die Frage im Vordergrund stehen, wie das, was uns Wert ist erhalten zu bleiben, am vorteilhaftesten und möglichst über längere Zeiträume hinweg vor neuer Gefährdung und drohender Aufgabe geschützt werden kann. So geht es heute erfreulicherweise kaum mehr darum, ob etwas der Nachwelt bewahrt bleiben darf, sondern vielmehr um die stets lebendige Diskussion, in welchem Zustand und in welcher Gestalt dem jeweiligen Anspruch und der als akzeptabel geltenden Ansichten angemessenen Erscheinung dem totalen Verlust vorgebeugt wird.

Ein bemerkenswertes Beispiel für die aktuellen Ansichten von Wertschätzung der Zeugnisse der Vergangenheit bieten die zufälligerweise erhalten gebliebenen Reste des ehemaligen spätgotischen Choraltares der St.-Veit-Kirche in Ottensoos (Mittelfranken) und deren Geschichte mit geradezu anekdotenhaften Zügen.[2] Gleichzeitig spiegelt sich darin aber auch die Opferbereitschaft einer Kirchengemeinde und ihres engagierten Pfarrers wider, die gemeinsam ein für sie als Laien nicht konkret kalkulierbares Wagnis aufnahmen, da ihnen das angestrebte Ergebnis aller Mühen nicht vorstellbar sein konnte und sie auf die Überzeugungskraft der von ihrem Restaurator vorgetragenen Argumente und auf dessen Zuverlässigkeit vertrauen mußten, dann doch an der schwierigen und kostspieligen Aufgabe festzuhalten.[3] Oftmals sind alle guten Vorsätze denkmalpflegerischer Bemühungen vergeblich, wenn das Resultat danach nicht von vielen mitgetragen wird, besser noch eine Begeisterung weckt, die Ansporn sein kann, auch künftig mit Sorge über die weitere Erhaltung zu wachen. Nur das sichert den Schutz und den pfleglichen Umgang mit dem soeben gemeinsam geretteten Werk, wenn der wiedererlangte Zustand nicht nur den sogenannten Experten genügt, sondern auch von Laien verstanden und gerechtfertigt wird, ohne jedoch Grundsätze denkmalpflegerischer Praxis aufgeben zu müssen.[4]

Im Verlauf des ersten Markgrafenkrieges brannte am 3. Juni 1450 nicht nur das ganze Dorf Ottensoos ab, sondern auch die Kirche mitsamt dem Turm.[5] Mit dem Wiederaufbau begann man zwar sofort nach der Katastrophe, doch zog er sich bis 1471 hin, woran das an der Ostseite des Turmes in die Wand eingelassene Pfalz-Bayerische Wappen erinnert.[6] Obwohl der Chor erst im Jahr 1518 eine durch Urkunden belegte Ausmalung erfuhr, müßte die Errichtung des neuen Hauptaltares gut zwanzig Jahre zuvor erfolgt sein. Das Retabel war dem Patron der Kirche, dem hl. Veit, geweiht.

Eine reichere künstlerische Ausstattung erhielt die Kirche erst im zweiten Jahrzehnt des 16. Jahrhunderts. Um hierfür benötigten Raum zu schaffen, erweiterte man das Gotteshaus um ein zweites, an die Nordseite angefügtes Seitenschiff.[7] 1522 erfolgte die Errichtung eines neben dem Choreingang plazierten steinernen Sakramentshauses, welches sich in seinem Stil an den von Adam Kraft geschaffenen Typus anlehnt, wie dies auch die vergleichbaren Werke in Kalchreuth oder Katzwang verraten. Aus einer 1507 gegründeten Pestbruderschaft, nach den Heiligen Anna und Sebastian benannt, entwickelte sich ein reges kirchliches Leben, von dem u. a. die heute noch zahlreich vorhandenen vasa sacra Zeugnis geben. Dieses fand 1525 ein jähes Ende, als die Stadt Nürnberg, nachdem das Pfalzgrafenamt Lauf infolge des Landshuter Erbfolgekrieges (1504/05) nürnbergisch geworden war, die Einführung der Reformation auch in Ottensoos veranlaßte.

Zwar hatte man 1629 in einer ehrgeizigen Unternehmung noch versucht, durch den Ausbau der Kirchenburg deren Wehrhaftigkeit zu verbessern, bot sie den im dreißigjährigen Krieg anrückenden kaiserlich-bayerischen Truppen dann doch nur wenig Widerstand.[8] Abermals brannten der Ort und die Kirche nieder, das ganze Gemeinwesen drohte daraufhin allmählich zu veröden. Nur zögerlich kehrte das Leben zurück. Die Kirchenrechnungen künden von den Schwierigkeiten des Wiederaufbaus der Kirchenanlage. Mit den geringen finanziellen Mitteln wurde zuerst versucht, die gottesdienstliche Nutzung zu sichern. 1650 mußte sich ein Maler, für seine Mühe den Altar zu renovieren, mit 1 fl. begnügen.[9] Wie dieses Retabel die Gefährdungen der Zeit überdauert haben kann, wird wohl ungeklärt bleiben. Die Instandsetzung

Abb. 1. Ev.-Luth. Kirche Ottensoos, Choraltar von 1696, Zustand bis 1903

war damit im wesentlichen abgeschlossen, die gewiß allein darauf abgezielt hatte, die Spuren der Zerstörung zu beseitigen, ohne eine zeitgemäße neue architektonische Gestaltung anzustreben.

Es sollten aber bald bessere Zeiten folgen, welche zumindest eine Erneuerung des Hauptaltares im aktuellen Zeitgeschmack des ausgehenden 17. Jahrhunderts ermöglichte. Für diesen Plan konnte man den in Lauf in der Burggasse wohnenden Balthasar Götz gewinnen, der dort in der Lukasgasse eine Werkstatt für Kunstschreinerei betrieb.[10] Doch verstarb der Meister im Dezember 1694, wohl noch während der Arbeit an diesem Auftrag. Man möchte meinen in der in vielem merkwürdig anmutenden Reminiszenz an den gotischen Vorgängeraltar eine vielleicht durch den plötzlichen Tod des Meisters herbeigeführte Planänderung wiedererkennen zu müssen. Einer in sich schlüssigen Konzeption eines viersäuligen Entwurfs sind, Altarflügeln ähnlich, seitlich zwei Tafeln angehängt, auf denen sich die gotischen Reliefs mit den Darstellungen der Zieheltern des hl. Veits wiederfinden, während in der Mittelnische des Altares zwei Engel ihren Platz zurückerhielten, den sie bereits vorher schon einnahmen, denen jedoch nun eine neu angefertigte Holzskulptur, welche einen sitzenden hl. Veit abbildete, hinzugefügt wurde, im Volksmund fortan als der „junge" Veit benannt (Abb. 1.).[11] Auch der gotische Schmerzensmann im Giebel erlaubt, hier plaziert, an seine Aufstellung im Gesprenge des ehem. Retabels zu denken. 1698 wurden für die Leistungen des Schreiners 140 fl. abgerechnet, wobei die Materialkosten für das verwendete Holz ausdrücklich darin eingeschlossen waren. Die Faßmalerarbeiten sind an den aus Auerbach stammenden Maler Georg Wild vergeben worden, der für 90 fl. und 40 kr. das preisgünstigste Angebot abgegeben hatte.[12] Vier Büchlein reinen Blattgoldes wurden ihm außer der Endsumme zur Verfügung gestellt.

Der ehemalige Choraltar, der die wechselvollen Zeitenläufe und Gefährdungen zwei Jahrhunderte lang überdauert hatte, ist in wesentlichen Zügen im neuen Werk, welches man sich nun leisten konnte, integriert worden. Es vermittelt den Eindruck, als wäre beabsichtigt gewesen, die Erinnerung an das gotische Retabel nicht vollends auslöschen zu wollen.

Aber auch diejenigen Teile, welche nun entbehrlich schienen, blieben immer noch für verschiedene Zwecke verwendbar, boten sich doch in den vier Tafeln der ehemaligen Altarflügel vier solide Bretter, mit denen sich u. a. die steinernen Platten der drei Mensen abdecken ließen, um die darüber ausgebreiteten Tücher vor der rauhen Oberfläche der Steine zu schonen. Also sägte man nicht willkürlich, sondern jeweils von beiden Seiten einen Streifen paßgerecht ab und rundete sorgfältig die verbliebenen Kanten, damit die Textilien sich hier nicht durch- oder abwetzten. Für den Hauptaltar mußten aus dem ehemaligen rechten Standflügel des gotischen Retabels, dem Grundriß der Bodenfläche des neuen Werkes folgend, entsprechende Stücke herausgeschnitten werden. Wiederum diente der ehemals linke Standflügel fortan mit zwei aufgenagelten Bandeisen versehen als Tür, welche Öffnung damit versperrt war, wissen wir jedoch nicht. Der „alte" Veit gelangte auf den Dachboden, wo er, so muß vermutet werden, mutwilligen Beschädigungen, welche vor allem sein Gesicht und die Hände betrafen, ausgesetzt war.[13] Nun hatte

Abb. 2. Außenseite des linken Retabelflügels, Zustand 1986

man zwar ein neues Altarwerk aufgestellt, die Spuren des soeben demontierten, vernichteten Retabels blieben dennoch in der Kirche verteilt nachweisbar.

Im Laufe der Jahre erfuhren die Malschichten der aufgegebenen Gemälde allmählich eine Abnutzung, wenn u. a. bei Reinigungs- oder Renovierungsarbeiten, die an den Altären immer wieder einmal vorzunehmen waren, die Altartische betreten werden mußten (Abb. 2). Das Wasser, das aus dem hier abgestellten Blumenschmuck hindurchsickerte, weichte natürlich die Grundierungsschichten an. Die Sandkörner der rauhen Steinoberfläche gruben sich nach und nach tiefer in die Farbschichten der beidseitig bemalten Tafeln ein. Es ist nicht zu erkennen, woran es gelegen haben mag, die eigentlich noch gut erhaltenen Gemälde als entbehrlich zu bewerten und es zu wagen, ihren Totalverlust in Kauf zu nehmen, war doch ihr Erhaltungszustand im Jahr 1696 keineswegs

Abb. 3. Detail der rechten Standflügelinnenseite, Zustand 1986, Reinigungs- und Freilegungsprobe

so unansehnlich oder ihre Darstellungen durch einen kräftig gebräunten Firnis derart unkenntlich, wodurch der Verzicht auf ihre Wiederverwendung erklärt werden könnte. Den Ausschlag wird wohl die Tatsache verursacht haben, daß die Konzeption der barocken Stiftung keine Malereien benötigte, die Skulpturen jedoch hier eine sinnvolle Aufstellung erlaubten. Merkwürdigerweise haben sich die recht sperrigen Bretter der Vorder- und Rückseite der ehemalige Predella erhalten, nachdem man sie vom Dach- bzw. Bodenbrett abgetrennt hatte, so daß ihre Einlagerung möglich wurde. Nur zu deutlich wird darin eine unentschlossene Haltung offenbar, wie man mit den Zeugnissen aus alter Zeit umzugehen hätte, wobei sich hier vielleicht abermals ein besonders ausgeprägter fränkischer Charakterzug zeigt, sich nur ungern von etwas trennen zu wollen und der endgültigen Entscheidung ein wenig Aufschub gönnen zu müssen.[14]

Anläßlich einer umfassenden Kirchenrenovierung in den Jahren 1902/03 ist man auf die ehemaligen Altarflügel aufmerksam geworden, hat sie als Reste des gotischen Retabels wiederentdeckt und seitdem in der sogenannten Schatzkammer, einer so bezeichneten separaten, über der Sakristei gelegenen Kammer, eingelagert. Aus dieser entnahm man dafür ein kleines spätgotisches Relief mit der Darstellung der Beweinung Christi und fügte dieses statt des „jungen" Veit und den ihn flankierenden Engeln in die Mittelnische des barocken Retabels ein.[15] Wer den Austausch empfohlen hat, ist kaum mehr festzustellen. Vielleicht war es der Pfarrer, der eine Christusdarstellung in einem Hauptaltar einer evangelischen Kirche für angemessener betrachtete als das Bild eines Heiligen, es könnte jedoch auch so gewesen sein, daß sich vielleicht die Denkmalpfleger an der bisherigen Zusammenstellung gestört hatten. Richtig ist aber, daß die Entscheidung in Ottensoos auf Widerspruch stieß. Die Kritiker der Entfernung des Namenspatrons der Kirche aus seinem Hauptaltar sahen sich dann auch bestätigt, als in der Nacht vor der Feier zum Abschluß der Renovierung im nahen St. Veits-Wäldchen ein Sturm mehrere alte Bäume niederwarf, was als mahnendes Zeichen des Nothelfers angesehen werden mußte.[16] Daraus dürfen wir schließen, daß sich die Unmutsäußerungen des hl. Veit, wenn wir sie als solche anerkennen wollen, keinesfalls gegen den Denkmalpfleger gerichtet haben, denn sonst müßten wir wohl des öfteren von vergleichbaren Mirakeln Kenntnis haben, wenn die Heiligen gegen scheinbar mißverständliche denkmalpflegerische Entscheidungen opponierten, aber wer weiß schon von derartigen Erscheinungen zu berichten.

Spätestens bei einer erneuten Restaurierung des Choraltares im Jahre 1956 hätte abermals ein Waldschaden befürchtet werden müssen, denn nun wurde versucht, den barocken Altar in seinem Stil künstlich zu bereinigen, indem die seitlich befestigten Tafeln, auf denen bisher die beiden Reliefs des gotischen Retabels angebracht waren, mit diesen entfernt wurden. Duplizität der Ereignisse, denn auch die Bretter einschließlich ihrer Rahmungen gelangten nicht in den Ofen, sondern wiederum in die sogenannte Schatzkammer und warten noch heute darauf, wieder ihrer ursprünglichen Funktion entsprechend zurückgeführt zu werden. Zu allem Unglück ist an den Reliefs mit den Darstellungen des hl. Modestus und der hl. Krescentia die originale Polychromie unter den Neufassungen von 1696 und 1903 entdeckt worden, was zur Folge hatte, daß man sie mehr schlecht als recht freizulegen versuchte. Nun hängen beide Bildwerke, bislang mit Namen versehen, heute anonym an der Südwand der Kirche zwischen zwei Fenstern und es wird dem unkundigen Betrachter kaum mehr verständlich, in welchem Zusammenhang ihre Anwesenheit im Gotteshaus zu erkennen wäre.

Die Reste der gotischen Altarflügel gerieten 1956 kurzzeitig in Gefahr, für die Ottensooser Kirche vollends verloren zu gehen, als ihre Veräußerung an einen daran interessierten Kirchenmaler erwogen wurde, der den Wert mit seinen zu erbringenden Leistungen zu verrechnen gedachte. Doch auch jetzt noch, obwohl die Malerei nur wenig von ihrer Qualität erahnen ließ und die Aussicht bestand, etwas dafür erlösen zu können, beharrte man auf dem Verbleib der Tafeln, die weiterhin in der Schatzkammer ein zwar behütetes, doch kaum beachtetes Dasein fristen mußten.[17]

Erst ein um die Sorge der ihm anvertrauten Kulturgüter bewußter Pfarrer, den – wie er sicher eingestehen wird – auch eine gewisse Portion Neugier dazu trieb, wollte prüfen lassen, wieviel sich an den Gemälden tatsächlich erhalten hat und wie wertvoll ihr Besitz heute noch einzustufen wäre. Bezeichnenderweise wandte er sich im Jahre 1985 mit seinem

Anliegen nicht an das Landesamt für Denkmalpflege, sondern an das Germanische Nationalmuseum in Nürnberg, wo in der dortigen Restaurierungswerkstatt an einem Malbrett mit dem flächigsten Bestand an erhaltenswerter Substanz und hier wiederum in den besterhaltensten Partien Reinigungsproben vorgenommen wurden, wohl mit dem Ziel so ausgewählt, den größtmöglichen Eindruck und Effekt zu vermitteln. Sie haben ihre Wirkung dann auch keinesfalls verfehlt, denn die Aufdeckung der etwa 500 Jahre alten Malerei schien realisierbar, nur bot diese Erkenntnis noch keine Grundlage für ein schlüssiges Restaurierungskonzept.

Es muß daran erinnert werden, daß sich lediglich vier beidseitig bemalte Tafeln mit einer maximalen Breite von 75 cm fanden, die jedoch eine unterschiedliche Länge aufwiesen, welche zwischen 147 und 171 cm schwankte. Der ehemalige linke Standflügel, von dem ohnehin nur die linke Hälfte überkommen ist, war bereits in drei Bretter zerfallen. Der Umfang der Malerei, unter dicken Schmutzkrusten, Farbspritzern und -tropfen dicht verborgen, ließ den Erhaltungszustand der Oberfläche der Malschichten kaum beurteilen, trotz Anwendung gebräuchlicher Untersuchungsmethoden.

Um sicherzustellen, daß nach Abnahme der Schmutzschichten nicht nur ein Schimmer der ursprünglichen Farbigkeit an das Tageslicht gefördert wurde, denn allzuoft begnügt sich der Laie allein schon damit, wenn ältere Farben, aber nicht deren in der Oberfläche intakte äußere Haut der Malschichten, hervortreten, mußte nun an allen Tafeln der Erhaltungszustand getestet werden, waren sie doch im Laufe der Zeiten unterschiedlich stark strapaziert worden (Abb. 3). Erst die systematische Analyse bestätigte, daß es sich hierbei um eine nahezu unrestaurierte Malerei handelte, lediglich die azuritblauen, mit Preßbrokatapplikationen und vergoldeten Papiersternen geschmückten Hintergründe der beiden Altarflügelinnenseiten, die einst Reliefs trugen, waren mit einem wasserlöslichen Material hellblau überfaßt sowie mit weißer matter Farbe die Rückseiten der beiden Standflügel.[18] Diese hatte man, wie oftmals an gotischen Retabeln anzutreffen, in einer wasservermalbaren Technik gestaltet, die bis auf den heutigen Tag ungefirnißt blieb und so den signifikanten Duktus ihrer Ausführung behalten hat.[19] Ältere großflächige Freilegungsversuche mechanischer Art hinterließen leider deutliche Schabspuren mit Substanzminderung.[20]

Auf den Gemälden der Werktagsseite, die wohl ohne vorhergehende Reinigungsaktionen und ohne Retuschen vorgefunden wurden, war sogar in größeren Bereichen der originale Firnis bewahrt, der obwohl etwa 500 Jahre alt, wider Erwarten eine relativ geringe Verbräunung aufwies.[21] Die Zinnfolie der Preßbrokatapplikationen ist dagegen in den

Abb. 4. Rekonstruktionsversuch der Feiertagsseite des ehem. gotischen Veitsretabels

Flächen, welche mit mittlerweile nahezu vollständig abgefallenem Blattgold belegt war, allmählich, wie auch sonst zu beobachten, silbergrau oxydiert. Die plastische Struktur reicht dagegen noch für die Dokumentation der abgebildeten Muster aus. Merkwürdigerweise erwies sich die Malerei auf der Predellenvorderseite, im Gegensatz zu ihrer Rückseite maltechnisch für einen Firnisauftrag geeignet, ohne einen entsprechenden Überzug.

Die Chance, daß die fragmentarisch erhaltenen Malereien nach ihrer Aufdeckung auch ohne eine vollständige farbige Ergänzung einen eigenständigen hohen Anschauungswert besitzen werden, überzeugte Laien wie Denkmalpfleger. Dennoch ergab sich das Problem, wie die höchst unterschiedlichen Formate sinnvoll, d. h. allein ohne beigefügte Erläuterungen, aufgestellt werden konnten.[22] Glücklicherweise ließen sich trotz der Beschneidungen mehrfach

Abb. 5. Außenseiten des beweglichen Flügelpaares, Zustand nach der Restaurierung 1990

Reste der originalen Malkanten nachweisen, so daß die Abmessungen der bemalten Flächen der ehemaligen Altarflügel daraus ermittelt werden konnten. Es errechneten sich aus den werktechnischen Befunden eine Höhe von 174 cm und eine Breite von 74 cm. Eine Rahmenleiste, von Retabeln vergleichbarer Dimension übernommen, ergab eine Proportion des Schreingehäuses von 188,5 cm zu 165,0 cm. Bei geöffneten Flügeln betrug die Breite des Retabels demnach stattliche 3,30 m.

Nun konnte der Vorschlag erwogen werden, die vier Altarflügel in ihren alten Formaten wiederherzustellen, um mit der dazugehörigen Predella versehen, über die Rettung der Reste des gotischen Retabels hinaus, eine Ahnung von der ehemaligen Form und Konzeption des Werkes anschaulich werden zu lassen. Der Gedanke einer darüber hinausreichenden Rekonstruktion, eventuell mit der Integration der Bildwerke, mußte verworfen werden, da sich diese in sehr unterschiedlichem Zustand ihrer Oberflächenerscheinung befinden, holzsichtig, mit dürftig freigelegter Originalfassung oder mit einer Neufassung von 1956.[23] Daran hätte natürlich die Frage nach der Ergänzung der architektonischen Gliederung der Details und der Gestaltung des die Räume füllenden Zierrats angeknüpft. In der mit Kunstwerken reich ausgestatteten Kirche war eine Wiederverwendung als Altar nicht realisierbar, so bildet die dokumentarische Aufbereitung der Altarflügel als großflächige Bilderwand, dem Zustand der Werktagsseite ähnlich, und mit der Möglichkeit des Schwenkens der Flügel, eine auch denkmalpflegerisch akzeptable Präsentation, ohne sich den Anschein einer musealen Installation zu geben, auch wenn an einem beigefügten kleinen hölzernen Modell das einstige Aussehen und die Funktion des gotischen Retabels demonstriert werden kann.

Während der kirchlichen Feiertage zeigte der geöffnete Altar im Schrein die gut lebensgroße Sitzfigur des hl. Veit, der von zwei stehenden Engeln flankiert wird, welche hinter seinem Rücken einen Vorhang emporhielten (Abb. 4). Auf dem linken Flügel war das Relief mit der Darstellung des hl. Modestus angebracht, dessen Umriß in dem mit Preßbrokaten geschmückten Hintergrund ausgespart ist, womit seine Position auf dieser Tafel als gesichert gelten darf. Analog dazu findet die hl. Krescentia auf dem Flügel rechts ihren Platz. Schließt man den Altar, bildete er werktags auf den beiden beweglichen Flügeln Christus als Schmerzensmann ab und diesem gegenüber den hl. Veit (Abb. 5). Auf den beiden Standflügeln sind jeweils zwei Szenen aus dem Leben des Patrons der Kirche wiedergegeben (Abb. 7). Die Leseabfolge beginnt oben links mit der Darstellung, welche den hl. Veit zeigt, der genötigt werden soll, ein Götzenbild zu verehren, und setzt sich dann oben rechts fort mit der Auspeitschung des Heiligen, da er von seinem christlichen Glauben nicht ablassen will.[24] Von den weiteren Martyrien, die er danach gemeinsam mit seinen Zieheltern erleiden muß, berichten die beiden nächsten Gemälde. Umschritt man den Altar, folgten auf der Rückseite der Standflügel abermals vier Episoden aus dem Heiligenleben, jedoch in einer ungewöhnlichen Abfolge der Geschehnisse (Abb. 8). Oben links heilt der hl. Veit einen Besessenen, auf dem Gemälde darunter besteht er die Gefährnisse in einer Löwen-

Abb. 6. Preßbrokatapplikation auf der Außenseite des beweglichen Flügelpaares, Mustertyp I

grube. Es schließt sich die Darstellung an, welche die vergeblichen Versuche zeigt, ihn zu einem weltlichen Leben zu verführen. Darüber ist das Hinscheiden des Märtyrers mit seinen beiden Gefährten zu betrachten, deren Seelen von einem Adler bewacht werden.[25] Es muß wohl auch davon ausgegangen werden, daß die Schreinrückseite ebenfalls mit einem Bild verziert war. Auf der Rückseite der Predella, in der rechts ein Türchen eingelassen ist, an deren Öffnung noch Spuren der Scharniere festzustellen sind, finden sich Reste der Darstellung des Schweißtuches der hl. Veronika, welches zwei Engel aufspannen. Auf der Vorderseite sind die Vierzehn Nothelfer in Form von Brustbildern wiedergegeben, in deren Mitte sich die Madonna befindet.[26]

Nachdem eine Vorstellung vom ehemaligen Choraltar der Ottensooser Kirche zurückgewonnen werden konnte, wartet das Werk auf eine wissenschaftliche Würdigung seiner künstlerischen Bedeutung, auf die Klärung der Provenienz der Urheber und auf die Zuschreibung der Gemälde an eine Malerwerkstatt, denn sie konnten, was selten geschieht, dem Bestand an spätmittelalterlichen Tafelbildern erstmals hinzugefügt werden.

Die Errichtung des Retabels mit der von den Brüdern Martin und Alexander von Wildenstein 1480 gestifteten Frühmesse in Verbindung zu bringen, erscheint zulässig, vielleicht ist sie aber auch erst 1492 erfolgt, als der Eichstätter Bischof diese bestätigte.[27] Das würde der bisherigen zeitlichen Einordnung der Bildwerke annähernd entsprechen. Einer Zuschreibung an eine in Nürnberg beheimatete Werkstatt, wie bisher vermutet, stehen jedoch berechtigte Zweifel entgegen.

Zur Ausschmückung der Gemälde, um sie besonders kostbar und prächtig wirken zu lassen, hat der Maler aus dem in seiner Werkstatt gebräuchlichen Fundus an Preßbrokatmodeln drei Flächenmuster ausgewählt und daraus die Textilimitationen abgeformt (s. Abb. 6).[28] Die in ihrem Rapport ungewöhnlichen großen Mustertypen lassen sich in der Nürnberger Malerei nirgends wiederfinden. Ihre Herkunft weist dagegen wohl auf einen in Ulm ansässigen Maler.[29] Ohne die Pause identifiziert oder denselben Model konkret

Abb. 7. Innenseiten der beiden Standflügel, Zustand nach der Restaurierung 1995

bestimmt zu haben, begegnen wir den Mustervorlagen auf Werken im schwäbischen Raum mehrfach.[30] Erst einmal auf diesen Umstand aufmerksam geworden, bereitet es vielleicht weniger Mühe, auch stilistische Bezüge in dortigen Malwerken wiederzuerkennen.

In die Altarstiftung scheint auch ein hölzernes und polychromiertes Armreliquiar eingeschlossen gewesen zu sein, welches heute in der Sakramentsnische des Chores aufbewahrt wird. Es ist nicht bekannt, welche verehrungswürdigen Partikel in der kleinen, ehemals verglasten viereckigen Öffnung ausgestellt waren (Abb. 9).[31] Die Vermutung, daß das Reliquiar mit dem Veitsaltar hergestellt wurde, beruht auf der Tatsache eines gemeinsamen kunsttechnologischen Befundes. In der Standfläche der Skulptur des hl. Veit wie auch in dem Reliquiar befindet sich derselbe Abdruck einer Werkbankbefestigung. Dieser ist mit drei Einschlägen, die kreisförmig zueinander geordnet sind, äußerst ungewöhnlich und bisher an Skulpturen aus Nürnberger Produktion nicht nachgewie-

Abb. 8. Rückseiten der beiden Standflügel, Zustand nach der Restaurierung 1995

sen worden, womit die Herkunft des Ottensooser Retabels aus weiterer Ferne abermals eine Bestätigung finden könnte.[32] Vielleicht führen die werktechnischen Fakten des Retabels zu einer erfolgversprechenden Spur in eine der Werkstätten der beteiligten Meister, wofür die aufbereitete Dokumentation eine zuverlässige Basis bilden kann.[33]

Man wird natürlich kritisch einwenden, was die Stifter des Ottensooser Altares bewogen haben mag, das Werk „importieren" zu müssen, boten sich doch im nahen Nürnberg zahlreiche qualifizierte Meister für diesen Auftrag an. Antworten darauf sollen hier nur kurz angedeutet werden. Der Ort Ottensoos kam erst 1504, wie auch andere Gemeinden des Umlandes, unter die Verwaltung Nürnbergs und stand bis dahin unter dem Schutz der sogenannten Ganerben von Rothenberg.[34] Die Familie von Wildenstein, in denen wir die Stifter des Retabels wiederfinden wollen, stammte aus dem Altmühltal, waren also keine hier beheimatete Adeligen. Sie könnten sich daher, vielleicht aus politisch motivierten Gründen, für die Vergabe ihres Auftrages nach Ulm gewandt haben. Die Empfehlung einer derartigen Werkstatt läßt auch eine Vermittlung durch den Bischof aus Eichstätt vermuten. Dagegen entstammen die nach 1504 in die Ottensooser Kirche gestifteten Kunstwerke der Nürnberger Kunstproduktion.[35]

In den Einsatz für die Rettung der gotischen Flügel des ehemaligen Choraltares setzte man nicht nur die Erwartung, damit Anerkennung für eine gelungene denkmalpflegerische Leistung zu erwerben, vielmehr erhoffte man sich natürlich insgeheim kostbare Malereien von bedeutendem Wert gewonnen zu haben, die dann noch mehr beeindrucken könnten, wenn ihre Schöpfer genauer oder besser noch, namentlich zu bestimmen wären. Zwar besitzen Spekulationen über Künstlerpersönlichkeiten ihren eigenen Reiz, es wäre dennoch verlockend, den Schleier, der im tatsächlichen Sinn nun von den Gemälden entfernt worden ist, ebenfalls von ihrer Entstehungsgeschichte weichen zu lassen. Der Forschung ist es also vorbehalten, nachdem sie auf die Neuentdeckungen aufmerksam geworden ist, wozu dieser Beitrag einen bescheidenen Anteil leisten soll, mit einer wissenschaftlich fundierten Würdigung den neuen Tafeln zu einem Platz in dem Katalog spätmittelalterlicher Malerei Süddeutschlands zu verhelfen. Wenige Kenner wissen ja aus eigener Erfahrung, wieviel an innovativer Anregung und an breit gefächertem Material die mit wacher Aufmerksamkeit für Fragestellungen und mit

Abb. 9. Ottensoos, Ev.-Luth. Kirche, Armreliquiar

Akribie geleistete Tagesarbeit der Denkmalpflege für die kunstwissenschaftliche Forschung bereithalten kann, ob davon stets in ausreichendem Maß Gebrauch gemacht wird, wollen wir hier nicht diskutieren.

ANMERKUNGEN

1 EIKE OELLERMANN, *Restaurieren, zwischen Anspruch und Wirklichkeit*, in: Zeitschrift für Kunsttechnologie und Konservierung, Jg. 2/1988, H. 2, S. 329-335.
2 WERNER MEYER/WILHELM SCHWEMMER, Die Kunstdenkmäler von Bayern, Regierungsbezirk Mittelfranken, XI: *Landkreis Lauf an der Pegnitz,* hrsg. v. Torsten Gebhard, München 1966, S. 352-372.
3 Herrn Pfarrer Arnulf Elhardt gebührt das große Verdienst, die Tafeln der ehemaligen Altarflügel aus ihrem verborgenen Dasein befreit zu haben. Zugleich ist ihm für seine Geduld zu danken, schließlich zogen sich die Maßnahmen von 1986-1996 hin. Vom Bayerischen Landesamt für Denkmalpflege wurde das Vorhaben von den zuständigen Referenten Dr. Christian Baur, Dr. Ursula Schädler-Saub und zuletzt von Dr. Matthias Exner betreut.
4 Der Denkmalpfleger erliegt leider oft der Versuchung, im Bemühen, für seine Anliegen Verständnis zu finden, ein wissenschaftlich schlüssiges Konzept in Fragen der Details zu verlassen, was dann als allgemein konsensfähiger Kompromiß ausgegeben wird. Die Erkenntnis, daß diese Einstellung zum Nachteil des Objekts gerät, wird dabei verdrängt. Zudem lehrt die Erfahrung, wie gering die Zeitspanne ist, in welcher derartig erzielte Ergebnisse erträglich bleiben. Rasch

folgende neue Restaurierungsmaßnahmen sind oft schon in den Resultaten vorprogrammiert, die darauf zurückzuführen sind, möglichst allen damit „gefallen" zu wollen.

5 WILHELM SCHWEMMER, *Ottensoos, Aus der Geschichte eines Dorfes im Nürnberger Land*, in: Altnürnberger Landschaft e.V. Nürnberg, Mitteilungen, 32. Jg., Sonderh. 1983/I, S. 11.
6 MEYER/SCHWEMMER (wie Anm. 2), S. 354.
7 Ebd.
8 SCHWEMMER (wie Anm. 5), S. 25.
9 Kirchenrechnungen von Ottensoos 1617-1656, Pg. 400r.
10 MEYER/SCHWEMMER (wie Anm. 2), S. 175, 256 und 263.
11 ARNULF ELHARDT, *Der ehemalige Hochaltar der Kirche St. Veit in Ottensoos*, in: Altnürnberger Landschaft e.V. Nürnberg, Mitteilungen, 45 Jg., H. 2, Dez./1996, S. 79ff.
12 ULRICH THIEME/FELIX BECKER, *Allgemeines Lexikon der bildenden Künstler von der Antike bis zur Gegenwart*, Bd. 35, Leipzig 1942, S. 557.
13 ELHARDT (wie Anm. 11), S. 79.
14 EIKE OELLERMANN, *„derhalben si verneuung und besserung notdürftig sein ...",* in: St. Lorenz. Pro Deo-Denk mal Kunstgut Stiftung und Erhalt in Krieg und Frieden, Verein zur Erhaltung der St. Lorenzkirche in Nürnberg, hrsg. v. Gerhard Althaus und Georg Stolz, NF 40, Juli 1995, S. 72.
15 MEYER/SCHWEMMER (wie Anm. 2), S. 369.
16 SCHWEMMER (wie Anm. 5), S. 26.
17 Freundliche Mitteilung von Herrn Pfarrer Arnulf Elhardt.
18 Ausbesserungen, die wohl mit der 1650 belegten Renovierung des Choraltares erfolgt sind.
19 EIKE OELLERMANN, *Die Schnitzaltäre Friedrich Herlins im Vergleich der Erkenntnisse neuerer kunsttechnologischer Untersuchungen*, in: Jahrbuch der Berliner Museen, NF 33, 1991, S. 213-238.
20 Es spricht viel dafür, daß 1956 diese „Proben" vorgenommen wurden.
21 Für die analytische Untersuchung von Materialproben durch Herrn Prof. Ludwig Richter und Frau Härlin, Staatliche Akademie der Bildenden Künste Stuttgart, Gutachten vom 18. November 1991, sei hier herzlich gedankt. Ergebnis: „Eine eindeutige Aussage ist bei dem stark gealterten Material nicht möglich. Dem mikrochemischen Verhalten zufolge handelt es sich nicht um einen Öl- bzw. Ölharzfirnis. Der Überzug enthält ggf. Eiweiß oder Pflanzengummi". Auf den beiden Gemälden mit den Darstellungen des Schmerzensmann und des hl. Veit ist jeweils im Bereich der Fußbodenfläche eine größere Primärdokumentation belassen.
22 Ein Restaurierungsergebnis, von dem man glaubt, daß es vielleicht vom Betrachter nicht richtig verstanden werden kann und dessen Kritik auslösen dürfte, wird häufig durch eine beigefügte Information (Kirchenführer usw.) erklärt, als müsse man sich für den Zustand entschuldigen. Wie vortrefflich hat dagegen Veit Stoß die vergleichbare Situation beurteilt, als er die Wirkung des von seinem soeben aufgestellten Retabel für die Nürnberger Karmeliterkirche (heute im Dom zu Bamberg) allein auf das Werk selbst bezog, indem er meinte: „es lobt sych und schend sych selbs". – Entweder der Anblick überzeugt von selbst oder es mißfällt weiterhin, auch wenn verbale Hilfestellung geleistet wird, was auf das Resultat denkmalpflegerischer Leistungen ebenfalls anwendbar wäre.
23 Hl. Veit mit abgelaugter Fassung, die beiden Engel mit einer Neufassung von 1956 und die zwei Reliefs mit schlecht freigelegter originaler Fassung.
24 JACOBUS DE VORAGINE, *Legenda Aurea*, Auswahl und Übers. von Jacques Laager, Zürich 1982, S. 187.
25 Vergleichbare Bildfolgen mit Darstellungen aus dem Leben des Heiligen zeigen der ehemalige sogenannte Augustineraltar, heute im Germanischen Nationalmuseum in Nürnberg, siehe PETER STRIEDER, *Tafelmalerei in Nürnberg 1350-1550*, hrsg. v. Germanischen Nationalmuseum, Königstein im Taunus 1993, S. 221-227. – Der Veitsaltar in der Bischöflichen Privatkapelle in Eichstätt, einst in die Kirche in Kottingwörth gestiftet, siehe FELIX MADER, *Der Meister des Kottingwörther Altars*, in: Die Christliche Kunst, 12, 1915/16, S. 97-109.
26 Zu identifizieren sind von links hl. Christophorus, unbek. Hl., hl. Pantaleon, hl. Erasmus, hl. Leonhard, hl. Nikolaus, Papst Sixtus, Madonna, hl. Katharina, hl. Achatius, hl. Barbara, hl. Egidius, hl. Margareta, unbek. Hl., unbek. Hl.
27 SCHWEMMER (wie Anm. 5), S. 22.
28 Muster I: Modelgröße 28,1 x 18,1 cm, Musterkontur umrandet, Riefung: Verlauf waagerecht, senkrecht und diagonal. Appliziert auf den Außenseiten des beweglichen Flügelpaares: Vorhang hinter Schmerzensmann und hl. Veit. Muster II: Modelgröße 38,5 x 14,6 cm, Riefung: senkrecht und diagonal. Appliziert auf den Innenseiten des beweglichen Flügelpaares: Vorhang hinter den Reliefs mit hl. Modestus und hl. Krescentia. Muster III: Modelgröße 20 x 12 cm, Riefung: senkrecht, sowie Stiftpunze und Hakenpunze. Muster nicht vollständig rekonstruierbar. Appliziert auf den Standflügelinnenseiten. Alle Preßbrokatapplikationen mittels Zinnfolie abgeformt. Siehe Materialanalysen von Prof. Ludwig Richter, Schreiben vom 18. 11. 1991.
29 *Graviert. Gemalt. Gepreßt. Spätgotische Retabelverzierungen in Schwaben*, Württembergisches Landesmuseum Stuttgart, bearb. von HANS WESTHOFF u. a., m. Beitr. von ANKE KOCH u. HERIBERT MEURER, Stuttgart 1996.
30 WESTHOFF (wie Anm. 29). Muster I entsprechend in der Modelgröße und in wesentlichen Elementen der Ausrichtungen der Riefungen Nr. 7.42, Muster II vergleichbar dem Typ 8.3, Muster III glauben wir in Nr. 1.15 wiederzuerkennen. Jedoch wird das Motiv seitenverkehrt abgebildet, was evtl. der Kopierfreudigkeit Jörg Stockers zuzuschreiben wäre.
31 Das Reliquiar, dargestellt die linke Hand, ist aus Lindenholz geschnitzt und trägt heute noch Reste der originalen Polychromie. Gewand des Armes polimentversilbert, Reliquiennische innen zinnoberrotfarben, Rahmen glanzvergoldet und der Falz azuritblaufarben. Höhe mit achteckigem Sockel: 47,5 cm.
32 Werkbankbefestigungsspuren in der Standfläche am Bildwerk und Reliquiar identisch, Durchmesser 5,6 cm. Eine vergleichbare Werkbankbefestigung wurde für die Skulptur der hl. Scholastika des Blaubeurener Choraltares verwendet. Der Durchmesser beträgt hier 6,2 cm. Freundliche Mitteilung von Frau Restauratorin Elisabeth Krebs, Württembergisches Landesmuseum Stuttgart.
33 Je ein Exemplar der detaillierten Dokumentation wird archiviert beim Bayerischen Landesamt für Denkmalpflege, im Pfarramt Ottensoos und im Restaurierungsatelier Karin und Eike Oellermann, Heroldsberg.
34 LISELOTTE KREUZER, *Die Herrschaft Rothenberg im Widerstreit zwischen Kurbayern und Nürnberg*, Schriftenreihe der Altnürnberger Landschaft, hrsg. v. Fritz Schnelböl, Band XXIII, Nürnberg 1975, S. 7.
35 JOSEF DETTENTHALER, *Der Maler des ehemaligen Fürther Hochaltars*, Fürther Beiträge zur Geschichts- und Heimatkunde, H. 5, hrsg. v. Verein für Heimatforschung „Alt Fürth", Fürth 1978.

ABBILDUNGSNACHWEIS

AUFNAHMEN EIKE OELLERMANN, HEROLDSBERG: *Abb. 2-9*
EV.-LUTH. KIRCHE OTTENSOOS: *Abb. 1 (Repro)*

Abb. 1. Kloster Niederaltaich, Hausaltärchen; Gesamtansicht

Verena Fuchss

Das wandelbare Hausaltärchen aus dem Kloster Niederaltaich – ein geistliches Miniaturtheater des Frühbarock

Einleitung

„Altariolum pulcherrimum (!) ex argento artificiosissime compositum varijs ac plurimis bonis lapidibu[s] ac figuris ex coralis affabre elaboratis decoratum", so wird in einer Chronik des Klosters Niederaltaich ein Hausaltärchen beschrieben, welches im Sommer 1995 aufgrund seines besorgniserregenden Zustandes aus dem Kloster in die Restaurierungswerkstätten des Bayerischen Landesamtes für Denkmalpflege gebracht wurde. Eine gründliche Voruntersuchung der Schäden sollte die Grundlagen für die späteren konservatorischen und restauratorischen Maßnahmen liefern, eine eingehendere kunstwissenschaftliche Bearbeitung Fragen zu Datierung, Herkunftsort, Ikonographie und typologischer Einordnung klären.[1] Die kunsthistorische Analyse war von besonderer Bedeutung, da die einzige Literatur zu dem hochinteressanten Altärchen aus einer knappen Beschreibung in der ungedruckten Dissertation von Winfried Baer bestand.[2] Als weitaus ergiebiger erwies sich dagegen die Quellenlage, da der oben zitierte Text nur ein kleiner Abschnitt am Anfang einer recht ausführlichen Beschreibung in der Klosterchronik des Abtes Marian Pusch (Amtszeit 1739-1746)[3] war.[4]

Beschreibung des architektonischen Aufbaues und der Ikonographie

Die Architektur des Altärchens

Das Niederaltaicher Hausaltärchen ist ein zweigeschossiges Miniaturretabel[5] über einem hohen Sockel (Abb. 1). Seine relativ konventionelle architektonische Grundform wird durch die Fülle der Schmucksteine und den Reichtum der Bemalung sowie durch die seitlich angesetzten geschwungenen Wangen ins Phantastisch-Prunkvolle umgedeutet. Äußerst ungewöhnlich ist die Ausbildung einer im Grundriß achteckigen tiefenräumlichen Bühne zur Aufstellung vollrunder Figürchen, wobei der Sockelbereich des Hauptgeschosses als polygonal vorspringendes Postament dient.

Der Sockel ruht auf vier achtseitigen Balusterfüßen, die beiden hinteren nach außen versetzt. Er ist in der Tiefe dreifach abgestuft, wobei die unterschiedlichen Breitenausdehnungen sich auf wichtige Abmessungen des Gesamtaltärchens beziehen: Der mittige Vorsprung besitzt die gleiche Breite wie die Bogennische des Hauptgeschosses, die Vorderfront erreicht die Ausdehnung von dessen Abschlußgesims und die hintere Verbreiterung des Sockels dient als Auflager für die Schmuckwangen, die den Sockel mit dem darüberliegenden Aufbau verbinden.

Fast der gesamte vorspringende Mittelteil wird durch eine querrechteckige Schublade gebildet, in der vielleicht die nicht benötigten Altarfigürchen oder eine silbervergoldete Kapsel mit Hostien – daß eine solche in das Altärchen eingelegt war, berichtet Abt Marian Pusch[6] – aufbewahrt wurden. Die Front der Schublade ist mit Volutenformen besetzt, die deren strenges Rechteck zu kaschieren suchen.

Direkt in der Mitte der Sockelpartie wurde oberhalb der Schublade eine offenkundig spätere kreisförmige Aussparung eingeschnitten, in der die Reliquienmonstranz eingesteckt war. Wie die bereits erwähnte historische Beschreibung von Abt Marian Pusch belegt, war das Reliquiar jedoch als Bekrönung oberhalb des Auszuges angebracht, wo sich auch noch Spuren dieser ursprünglichen Befestigung finden lassen. In ihrem heutigen Zustand scheint die Monstranz (Abb. 2), die in ihrer hochovalen, durch einen geschliffenen Bergkristall verschlossenen Kapsel einige von Perlstickerei umrahmte Haare Mariens birgt, aus zwei unterschiedlich zu datierenden Teilen zusammengesetzt. Die silbervergoldete Grundform mit dem geriffelten halbkreisförmigen Fuß, durch einen kleinen Engelskopf geschmückte Ständer sowie die von schwalbenschwanzförmig gezackten Strahlen umgebene Reliquienkapsel scheinen bereits in der ersten Hälfte des 17. Jahrhunderts (um 1620/30) entstanden zu sein. Offenkundig in sehr viel späterer Zeit (1. Hälfte 19. Jahrhundert?) wurde dann auf den Strahlenkranz ein Kranz aus zinnernen Blütenranken und kleinen Füllhörnern gelötet und ein kleines Ornamentstück mit vier Schmucksteinen angenietet. Auf der Rückseite ist ein aus festem Silberstoff bestehendes Päckchen mit Zwirn befestigt, auf dem ein rotes Siegel des Abtes Adalbert Guggemoos haftet.

Das Hauptgeschoß ist gegenüber dem Sockel etwas zurückgesetzt und mit diesem durch eine verschleifende Kehlung verbunden. Es besteht aus einem predellenartigen Postament, auf dem als zentrales Motiv die Kombination eines Bühnenraumes mit einem Triumphbogen aufruht und dem seitlich große ohrenförmige Ziermotive angegliedert sind.

Die achteckige, mit quadratischen Plättchen aus Bein (Perlmutt?) und Schildpatt im Schachbrettmuster belegte Bühne wird zur hinteren Hälfte von der Architektur umfaßt, tritt nach vorne jedoch dreiseitig aus deren Flucht heraus und bedingt eine gleichartige polygonale Vorkragung des Postamentes. In dessen Mitte ist wiederum eine, in diesem Fall jedoch hochrechteckige Schublade eingelassen. Deren Ausfütterung mit dunkelgelbem Seidenstoff und die Reste einer ehemaligen Siegelanbringung weisen darauf hin, daß sie einst wohl Reliquien beinhaltete. Die Eckpartien der „Predella" werden von kleinen, hochrechteckigen Kammern eingenommen, die wohl ebenfalls Überreste von Heiligen aufnehmen sollten, statt dessen wurden kleine aquarellierte Bildchen unter den geschliffenen Gläsern angebracht, die links den Traum Josephs und rechts die Hl. Familie zeigen. In der Bühnenfläche sind vier kleine Holzzapfen eingelassen, von denen nur einer zur Gänze erhalten ist, die anderen sind abgebrochen. Außerdem

Abb. 2. Niederaltaicher Hausaltärchen; Reliquienmonstranz

ist in der hinteren Mitte ein längsrechteckiges kleines Loch hineingeschnitten, in welches man ein metallenes, mit schwarzen Ranken bemaltes Kruzifix mit der korallenen Figur des Gekreuzigten stecken kann. Ein am unteren Kreuzstamm befestigter langer Metallstift ragt dabei in die darunterliegende Schublade hinein und verhindert deren Öffnung.

Die Portalarchitektur des Hauptgeschosses besteht aus einem durch Schrägstellung von Bogenlaibung und Kämpfergesimsen annäherungsweise perspektivisch dargestellten Rundbogen, welcher durch zwei gedrehte, mit korinthischen Kapitellen versehene Säulen aus hellblauen Glasfluß vor Säulenrücklagen flankiert wird. Der Bogen umfaßt das Altarblatt, welches aus einem herausnehmbaren hochrechteckigen Emailtäfelchen besteht,[7] das die Hll. Drei Könige mit ihrem Gefolge zeigt. Die Bogenlaibung ist mit insgesamt vier Emailtäfelchen besetzt: zwei hochrechteckige zu seiten des Altarbildes zeigen die Opferung Isaaks und die Aufrichtung der ehernen Schlange, die beiden Plaketten der Archivolte zwei Engel mit Schriftbändern. Die übrigen Flächen sind reich geschmückt mit Edel- und Halbedelsteinen, die in Blütenformen angeordnet sind. Auch der vorkragende „Schlußstein" des Bogens, der zugleich als Konsole das Gesims abstützt, ist mit großen Steinen ausgezeichnet.

Seitlich der beiden zueinander gegenläufig gewundenen Säulen sind die Ecken des Altarkorpus' abgefast; die dadurch entstandenen abgeschrägten Flächen schmücken eine Reihe großer Edelsteine. Sie leiten über zu den geschwungenen Wangen, die in ihrer Mitte hochovale, durch kleine Türkise eingerahmte Reliquienbehältnisse bergen, deren Inhalt man durch die Bergkristallverschlüsse erkennen kann. Schmale Papierstreifen benennen jeweils die Reliquien: „CAPITEGIO B:V:M: STANS SUB" (Vom Kopftuch der unter [zu ergänzen: dem Kreuz] stehenden Maria) auf der rechten Seite,[8] „DE PANNIS IESU CHRISTI" (Vom Tuch Christi) auf der linken.

Das zweite Geschoß ist eine nur in der Ausbildung des Zentrums deutlich abgewandelte, ansonsten einzig in Details veränderte Version des Hauptgeschosses mit der gleichen vertikalen Abfolge von Postament, säulenflankiertem Mittelteil und verkröpftem Kranzgesims.

Der Übergang von dem ausladenden Gesims des Hauptgeschosses zu dem etwa ein Drittel schmaleren Obergeschoß erfolgt durch eine weiche Kehlung sowie durch seitliche Volutenschwünge. Die mit großen roten Steinen geschmückte Sockelpartie beinhaltet mittig ein queroblonges Bergkristallreliquiar mit Überresten der Kleidung und des Grabes Mariens (Inschrift: „DE VESTIBUS ET SEPULCH[RI]: B:V:[M]"). Seitlich davon und im Achsenbezug zu den Säulen des Hauptgeschosses erheben sich zwei Piedestals, die facettierte große Bergkristallkugeln in einer spitz zulaufenden vergoldeten Fassung tragen – diese Schmuckelemente könnten gleich der Monstranz aus der ersten Hälfte des 17. Jh. stammen.

Das Hauptfeld tritt nicht wie bei dem unteren Geschoß nischenartig zurück, sondern bleibt in einer Ebene mit dem Sockel. Im Zentrum zeigt es ein hochovales Korallenrelief mit der Brustfigur Gottvaters, das von großen Edelsteinen umgeben wird, wobei ein Teil der Gebälkprofilierung T-förmig um den oberen, hellgrünen Stein verkröpft ist. Proportional kleinere, jedoch ansonsten den unteren entsprechende Säulchen rahmen das Mittelfeld ein, seitliche Volutenohren bestimmen die Silhouette auch dieses Geschosses. An einigen von ihnen sind noch kleine Ösen erhalten, an denen ursprünglich wohl Schmuckmotive (Perlchen, Edelsteine, plastische Fruchtgehänge u.ä.) befestigt waren.

Über dem verkröpften Kranzgesims diente ein gestufter, wiederum durch Wangenmotive geschmückter Aufsatz als Podest für die große strahlenförmige Reliquienmonstranz, die heute am Sockel eingelassen ist.

Die Rückseite des Altärchens ist holzsichtig und besitzt keinerlei Schmuck. Einzig zum Schutz und zur Bestätigung der Authentizität der Reliquien sind drei Siegel des Niederaltaicher Abtes Joscio Hamberger (1700-1739) im Bereich der jeweiligen Reliquienbehältnisse angebracht.[9]

Die Ikonographie

Bei Einlieferung des Hausaltärchens in die Werkstätten des Landesamtes war das Kruzifix in der Altarbühne verankert und das Emailtäfelchen mit den Hll. Drei Königen als Altarbild zu sehen. Eine solche Verbindung von Christi Tod und geschenkebringenden Magiern ist theologisch wie ikonographisch ausgeschlossen. Eine Abbildung sowie die Beschreibung bei Winfried Baer belegte dazu, daß ursprünglich auch andere Figuren auf der Miniaturbühne gezeigt wurden, die eine Weihnachtsszene, bestehend aus Korallenfigürchen mit Maria und dem Christuskind, dem hl. Joseph und einem Engel darstellte.[10] Wie durch ein Wunder wurden sie im Lauf unserer Beschäftigung mit dem Altärchen im Nachlaß eines verstorbenen Niederaltaicher Bruders gefunden.

Daneben belegt aber auch der Quellentext, daß ursprünglich mindestens ein weiteres Figurenmotiv, nämlich eine Taufszene, zum Retabel gehörte.

Das Niederaltaicher Hausaltärchen ist somit ein Wandelretabel, das verschiedene Zustände bzw. Ansichten präsentieren konnte. Dabei kamen zu den festen Bestandteilen des Altärchens – vor allen den Emailbildern des Hauptgeschosses und den Aquarellbildchen – auswechselbare Bestandteile – vor allem das Altarbild – hinzu. Heutzutage lassen sich drei verschiedene Szenerien aufgrund von erhaltenen Figürchen bzw. anhand des Quellenhinweises rekonstruieren. Ob es noch mehr gab, ist nicht mehr zu eruieren.

1. Anbetung der Hll. Drei Könige

Bei dieser Ansicht waren auf der Altarbühne die aus Koralle geschnitzten Figürchen von Maria mit dem Christuskind, der hl. Joseph sowie des Engels auf Holzzapfen aufgesteckt (Abb. 3).

Sie knien anbetend um das winzige Christuskind, welches völlig nackt in einem strohgeflochtenen Körbchen liegt, das mit einem Mantelzipfel des weit wallenden Umhanges der Gottesmutter ausgepolstert ist.[11] Dieser Umhang verhüllt auch fast gänzlich die Gestalt Mariens, einzig ihr junges zartes Gesicht, ihre betend aneinander gelegten Hände und der vordere Teil ihres faltenreichen Untergewandes ist zu erkennen. Die Figur des Joseph – traditionell als Greis mit Vollbart dargestellt – ist in einen sich dramatisch um ihn schlingenden Mantel gehüllt. Er hat seine Arme anbetend vor der Brust gekreuzt. Der junge Engel mit gelocktem Haar zeigt im Gegensatz zu

Abb. 3. Niederaltaicher Hausaltärchen, Weihnachtsszenerie (Korallenfiguren von Maria, Joseph, Engel und dem Christuskind)

den untersetzten Proportionen des heiligen Paares überlängte, schlanke Gliedmaßen. Über einem dünnen, eng anliegenden Gewand mit Glockenärmeln trägt er ein bis auf die Mitte der Oberschenkel fallendes, flatterndes Obergewand. Sein Blick richtet sich nach unten auf das Kind, sein rechter Arm ist ausgestreckt. Zu der Weihnachtsszene gehören auch die beiden dem Bogenlauf folgenden Emailbilder mit zwei in den Wolken schwebenden Engeln (Abb. 4, 5). Der rechte blickt in die Höhe und trägt ein Schriftband mit dem Text: „Ehre sey Gott in der höhe, Fridt auf Er[den]". Sein Pendant zur Linken blickt schräg nach unten zur Altarbühne und weist die Inschrift vor: „Vnnd den Menschen ein Wohlgefal[len]". Als weiterer Bestandteil kam noch das glücklicherweise erhaltene Altarblatt, das aus einem hochrechteckigen Emailmalereitäfelchen mit dem Bild der nahenden Heiligen Drei Könige hinzu (Abb. 8). Sie stehen nebeneinander im Vordergrund einer durch Palmen und die Form der Hintergrundgebäude nach als „orientalisch" charakterisierten Landschaft. Der linke ist ein gekrönter Mann mittleren Alters mit Bart und langen braunen Haaren. Er trägt eine dem römischen Soldatenpanzer angenäherte Tracht mit kurzem Rock, darüber einen weiten blauen Mantel. Sein Geschenk besteht aus einem Deckelkelch. Der mittlere der drei ist durch die weißen Haare und den Bart als Greis gekennzeichnet. Auf seinem Turban ist eine Krone befestigt, die Kleidung besteht aus einem bis zum Boden wallenden Mantel mit reichem Hermelinbesatz. In der Hand hält er ein Kästchen mit ungewöhnlicher Deckelform. Der dritte König ist ein turbantragender Schwarzer, der dem Christuskind einen goldenen Olifanten bringt. Zu seinem gleichfalls römischen Militärkostüm gehört ein Lederrock aus bunten Schuppen. Ein über die Schultern geworfener tiefroter Mantel wird von seinem Knappen getragen. In einigem Abstand und in perspektivischer Verkleinerung reitet auf Kamelen das Gefolge der Könige in einer langen, einen Berg herabkommenden Reihe. Über der Szene erscheint zwischen grauen Wolken der hell leuchtende Weihnachtsstern, der einen langen Strahl auf die Könige herabsenkt.

Der Anbetungsszene inhaltlich zuzuordnen sind auch die beiden Bildchen der Predellenzone des Altares, die sich jeweils auf die Farben Grau, Blau, Gelb und Gold beschränken (Abb. 6, 7). Das rechte zeigt den Traum Josephs: Neben dem Bett mit dem schlafenden Heiligen steht ein Engel mit langem Gewand, der auf ihn hinunterblickt und die linke Hand erhoben hält. Das Pendant auf der linken Predellenseite zeigt die Heilige Familie in einer Stube beisammen als trauliches Idyll. Die rechts sitzende Maria näht, während der stehende Joseph arbeitet und das Jesuskind mit einem Besen den Boden kehrt.[12] Somit wird ein Geschehnis vor Weihnachten sowie das Leben der Hl. Familie in späterer Zeit dargestellt.

2. Taufe Christi

In der historischen Beschreibung des Hausaltärchens durch den Abt Marian Pusch wird als einziges Korallenfigürchen ein Johannes der Täufer namentlich benannt: „figura in coralis expressa S. Joannis Ch[ri]stum Baptizantis".[13] Die Wortwahl läßt schließen, daß es sich dabei nicht um den Heiligen allein, sondern um eine Darstellung der Taufszene als solcher han-

Abb. 4. Niederaltaicher Hausaltärchen, Emailplakette mit rechtem Weihnachtsengel   *Abb. 5. Emailplakette mit linkem Weihnachtsengel*

Abb. 6. Aquarellbildchen „Traum Josephs"   *Abb. 7. Aquarellbildchen „Hl. Familie"*

delte. Dies könnte die Anbringung des im Zentrum des zweiten Geschosses stehenden hochovalen Korallenmedaillons (ca. 3,5 cm hoch und 2,5 cm breit) erklären (Abb. 9). Es zeigt die leicht nach links gewandte und in einen weiten Mantel gehüllte Halbfigur Gottvaters mit ausgebreiteten Armen über einer Wolkenbank. Diese Darstellung läßt sich am besten einer Taufszene zuordnen, wobei der Bildtradition entsprechend noch sehr wahrscheinlich eine Heilig-Geist-Taube zu ergänzen ist. Eine solche war vielleicht sogar Bestandteil des heute beschädigten Reliefmedaillons.

Wahrscheinlich gab es zu dieser Darstellung ein weiteres Emailaltarbild mit der Darstellung einer Hintergrundlandschaft, einer Strahlenglorie oder einer Szene aus dem Leben des Johannes.

3. Kreuzigung

Als weitere Szene läßt sich noch eine Kreuzigung rekonstruieren. In eine rechteckige kleine Öffnung des Bühnenbodens kann ein circa 14 cm hohes (ohne Halterung) und 7,5 cm breites Kruzifix eingesteckt werden (Abb. 10). Auf den Armen des silbervergoldeten Kreuzes ist je ein längsovaler Türkis angebracht, während am untern Ende des Längsholzes ein runder Schmuckstein befestigt ist. Das Metall wurde außerdem mit schwarzen zierlichen Akanthusranken bemalt. Die aus Koralle geschnitzte schlanke Christusfigur trägt einen einfachen Lendenschurz, der Blick des Leidenden ist nach oben gerichtet. Die ebenfalls aus Koralle bestehende Inschrifttafel am oberen Kreuzende ist zum Teil abgebrochen und zeigt nur noch die beiden aufgemalten Buchstaben „RI". Zu vermuten ist, daß es vielleicht zusätzlich Figürchen der trauernden Maria und Johannes gab, die neben dem Kreuz aufgestellt werden konnten.

Abb. 9. Korallenrelief; Gottvater

◁ *Abb. 8. Emailmalereitäfelchen; Hll. Drei Könige*

Auch zur Kreuzigung gab es wohl ein eigenes Emailmalereitäfelchen als Hintergrundmotiv, das die Landschaft und eventuell Figuren des Kalvarienberges (vielleicht römische Soldaten, der gläubig gewordene Hauptmann, die trauernden Marien etc.) zeigte.

In ihrer Ikonographie auf die Kreuzigung bezogen sind die beiden hochrechteckigen Rotemailtäfelchen der Triumphbogenlaibung (Abb. 11, 12). Die rechte Plakette zeigt die Opferung Isaaks durch Abraham. Isaak – nur mit einem Lendenschurz bekleidet – kniet mit auf der Brust gekreuzten Armen als Zeichen der Ergebung auf einem gemauerten niedrigen Altar. Der mit einer Art Kaftan und einem Turban bekleidete Abraham steht über ihm, den Arm mit einem langen Säbel zum Todesstreich ausholend. Vor dem Altar steht ein rauchendes Weihrauchgefäß als Sinnbild des Opfers. Ein Engel schwebt über Abraham, ihm mit der Linken Einhalt gebietend.

Die linke Emailtafel zeigt die Aufrichtung der Ehernen Schlange, die das Volk Israel vor der von Gott verhängten tödlichen Krankheit schützt. Moses – er ist der Tradition folgend gehörnt dargestellt – ist mit einer langen Tunika und einem Mantel bekleidet und zeigt mit einem Stab auf die sich um ein hohes T-Kreuz windende Eherne Schlange. Zu deren Füßen und im Hintergrund liegen und knien kranke Israeliten im Todeskampf auf dem Boden, andere eilen herbei.

Abb. 10. *Niederaltaicher Hausaltärchen; Kruzifix*

Die Opferung Isaaks und die Eherne Schlange werden seit frühchristlicher Zeit als alttestamentliche Präfigurationen Golgathas gedeutet und verweisen auf die Erfüllung der alttestamentlichen Voraussagen durch den Messias und auf die heilsgeschichtliche Bedeutung der Passion.

Der Zustand bei Einlieferung in die Restaurierungswerkstätten beruhte somit nur auf der Zusammenstellung des zufällig erhaltenen, nämlich des Dreikönigsbildes mit dem Kruzifix, ursprünglich jedoch konnte der Altar also mindestens drei verschiedene Bildinhalte präsentieren.

Die Gesamtikonographie des Hausaltärchens beruht auf einem durchdachten, sehr wahrscheinlich im Kloster selbst entworfenen Programm, welches in drei Szenen die wichtigsten Lebensabschnitte Christi umfaßt, wobei jeweils fest installierte Bilddarstellungen mit beweglichen Figürchen vervollständigt wurden.[14] Ähnlich einem mittelalterlichen Wandelretabel konnte somit die Thematik des Retabels den unterschiedlichen Phasen des Kirchenjahres angepaßt werden.

Den Beginn von Jesu Erdendasein verkörpert die Weihnachtsszene, die zugleich die erste Anerkennung seiner Göttlichkeit durch die Hll. Drei Könige thematisiert. Den Anfang seines öffentlichen Wirkens zeigt seine Taufe durch Johannes, bei der Gottvater Christus als seinen Sohn bezeugt. Die Kreuzigung zeigt Jesu bitteres Ende, welches aber durch die alttestamentarischen Typen in einen weiten heilsgeschichtlichen Horizont gestellt wird, der das Leiden als glorreiche Erfüllung des göttlichen Heilsplanes zeigt und letztendlich in der Überwindung des Todes gipfelt. So besitzt das Altärchen selbst in der Passionszeit eine triumphale Grundstimmung, die göttliche Natur Christi wird in allen drei Ereignissen betont. Diesem Charakter der Bilddarstellungen entspricht auch der Reichtum der Schmuckelemente und die Fülle der Edelsteine, die das gloriose Gepräge des gesamten Retabels unterstützen und verstärken. Ebenfalls für diesen Ideenzusammenhang wichtig sind die nichtfigürlichen, architektonischen Elemente des Retabels, die ebenfalls eine deutliche Sprache sprechen. So ist der Gesamtaufbau in Gestalt eines Triumphbogens sicher nicht nur aus der Tradition des Barockaltares zu erklären, diese Form scheint vielmehr bewußt eingesetzt, um die Aussage der Bilddarstellungen auch auf der nichtikonischen Ebene zu verdeutlichen. Jedoch versuchte man zugleich, die Architektur weitestgehend zu dematerialisieren: Durch die vollständige Überkleidung mit vergoldetem, glänzenden Metall,[15] durch die Auflösung der Silhouette vermittels der „züngelnden" Wangenornamente sowie durch den Reichtum der Bemalung und die Fülle der Edelsteine wurde aus der massiven Portalarchitektur die „Vision" des Himmelstores. Auch die gedrehten Säulchen aus Glasfluß gehören in diesen Zusammenhang: Blau ist gleich dem Goldglanz der Metallauflage die Farbe des Jenseits,[16] die Blütenranken verweisen direkt auf das Paradies. Demnach besteht die Grundaussage des Hausaltärchens – gleich welches biblische Geschehen es auf seiner Bühne präsentierte – darin, daß die heilsgeschichtlichen Ereignisse die Erlösung des gläubigen Menschen und dessen ewiges Leben im paradiesischen Jenseits garantieren. Das Retabel ist zu interpretieren als „porta coeli", welches in das Himmlische Jerusalem führt, dessen Mauern und Tortürme aus strahlenden Edelsteinen bestehen.

Eingebunden in den skizzierten ikonographischen Kontext sind auch die beiden Reliquienpartikel in den seitlichen Wangenfeldern, die jeweils beides, sowohl Herren- als auch Marienreliquien sind. Durch den Text des Abtes Marian Pusch wird deutlich, daß die nicht näher spezifizierte Reliquienbeschreibung „pannis Jesu Christi", mit der auch sein Lenden- oder Grabtuch hätte gemeint sein können, den Mantel Mariens bezeichnet, mit der diese die Krippe ihres Neugeborenen auskleidete. In der Weihnachtsszene ist genau dieser Gebrauch des Marienmantels im Bild dargestellt. Die zwar „historische", aber eher unscheinbare Mantelreliquie wurde somit im und durch das Bild veranschaulicht und der lebendigen Vorstellung nahegebracht.[17]

Dem Partikel, der sich auf die Geburtsnacht bezieht, steht eine Passionsreliquie gegenüber: ein Teil des Kopftuches der Gottesmutter, welches sie unter dem Kreuz trug und auf das Christi Schweiß- und Blutstropfen fielen. Es ist äußerst wahrscheinlich, daß auch dieses Geschehen szenisch illustriert wurde, es also wirklich ein Korallenfigürchen der trauernden

Abb. 11. Niederaltaicher Hausaltärchen; Rotemailtäfelchen „Opferung Isaaks"

Abb. 12. Niederaltaicher Hausaltärchen; Rotemailtäfelchen „Aufrichtung der Ehernen Schlange"

Maria zur Rechten (die Seite der Passionsreliquie!) des Gekreuzigten gab. So bezeugen die Gewandreste der heiligen Protagonisten die „geschichtliche" Wahrheit und Wirklichkeit des abgebildeten Heilsgeschehens, während wiederum die lebendige Darstellung der biblischen Begebenheiten die Authentizität der Reliquien untermauern.

DIE QUELLENHINWEISE ZUR ANSCHAFFUNG UND AUFSTELLUNG DES HAUSALTÄRCHENS

Der Verfasser der Klosterchronik, Abt Marian Pusch (Amtszeit 1739-1746) berichtet, daß das „altariolum" von einem seiner Vorgänger, Abt Adalbert Guggemoos (Amtzeit 1672-1694), für 1500 Gulden erworben wurde.[18] Bestätigung findet diese Angabe in dem Siegel auf der Rückseite der Reliquienmonstranz, welches das Wappen dieses Abtes zeigt.

Die stilistischen Merkmale des Altärchens sowie etliche Vergleichsbeispiele, die im nächsten Textabschnitt vorgestellt werden, sprechen dafür, daß es nach dessen Amtsantritt wohl etwa in den Jahren 1672 bis spätestens 1680 in Auftrag gegeben wurde. Die Anschaffungssumme ist als äußerst stattlich zu bezeichnen, vor allem wenn man bedenkt, daß das Kloster erst im Jahre 1671 einem verheerenden Großbrand zum Opfer gefallen war, der es fast gänzlich in Asche legte und einen Schaden von circa 300.000 Gulden anrichtete.[19]

Das Altärchen befand sich zur Zeit des Abtes Marian Pusch in der Marienkapelle. Diese hatte eine sehr wechselvolle Geschichte. Der Ursprungsbau war im 16. Jh. von Abt Paulus Gmainer (1550-1585) in einem Abstand von circa neun Metern südlich der Klosterkirche erbaut worden.[20] Sie wurde nach dem Brand 1671 von Abt Guggemoos umgebaut und durch einen Verbindungstrakt mit dem Hauptbau verbunden, um als Notkirche zu dienen, während die ausgebrannte Klosterkirche wiederhergestellt wurde. Abt Herkomer ließ sie 1719 abbrechen und von 1723-25 durch einen völligen Neubau, bei der sie einen ovalen Grundriß erhielt, ersetzen.[21] In der Kapelle befanden sich drei Altäre: Die beiden Seitenaltäre waren zu Ehren der hl. Anna und der Geburt Christi errichtet, der Hauptaltar Maria geweiht. Dort war auch das Gnadenbild der schmerzensreichen Gottesmutter – ein steinernes Vesperbild der Zeit um 1480[22] – unter einem seidenen Baldachin aufgestellt.[23] Das Hausaltärchen war in der Zeit des Abtes Marian Pusch direkt in den Aufbau des Marienaltarretabels eingegliedert:

> Die 3 Altärl stehen in Muschlen der Choraltar hat in obrig[en] blädl gott Vatter und den Hl: Geist in der Mitte stechet in einen mit Rohte Sam[m]et und Goldtporten ausgezichneten muschl d[a]s uhralte aus stain gegosen Vesperbildt mit einen glas vermacht, bey welchen ihmer ein liecht brient, dan neb[en] stechen zwei Engl mit de[nen] Passionsinstrume[n]t. Auf den Altar ist ein Tabernacl mit einer wündt[en], alvo com[m]uniter das Ciboriu[m] asserviert würdt[en]; in der andern wündt aben in eine khostbarn altärl, von dene Hl. hare, schlair und kleidern B.V.Mariä dan von dene wündlen Christi einige particln, mehr einige unversehrte hostien de quibus vide a[nn]o praeterto 1726. Auf diß altar ist die 7. Schmertzen brueder schaft, und deswegen pro confratribus alle Montag privilegiert.

Die Beschreibung kann nur so gedeutet werden, daß es sich um ein Drehtabernakel handelte, wie er in vielen barocken Altären eingebaut war.[24] Eine in das Tabernakelgehäuse eingelassene und um die Vertikalachse drehbare Nischentrommel ermöglichte es, zwei, manchmal auch drei Ansichten darzubieten: In den verschiedenen Öffnungen können neben den zur Kommunion bestimmten Hostien eine Monstranz und/oder das Altarkreuz eingestellt und gezeigt werden. Im Fall von Niederaltaich wurde auf der einen Seite ein Gefäß mit den Hostien aufbewahrt, während nach der Drehung der Trommel das Hausaltärchen in Erscheinung trat. Im 18. Jh. war also das Miniaturretabel, welches verschiedene Szenerien darbieten konnte, seinerseits in einen Altarkontext eingegliedert, in welchem es einen wichtigen Part innerhalb einer drehbühnenartigen Inszenierung des Allerheiligsten spielen durfte. Diese Aufstellung des Altärchens belegt, daß es auf gleiche Stufe mit diesem gestellt war. Offenkundig hängt das mit der Tatsache zusammen, daß es neben den bereits früher inkorporierten Reliquien seit 1726 einige Wunderhostien barg, die als besonders kostbarer Besitz des Klosters angesehen wurden.

Über die Fragen, wo es circa fünfzig Jahre früher unter dem Abt Guggemoos aufgestellt war und welche Funktion es er-

Abb. 13. Prunkplatte von Paulus Grill, 1686; München, Schatzkammer der Residenz

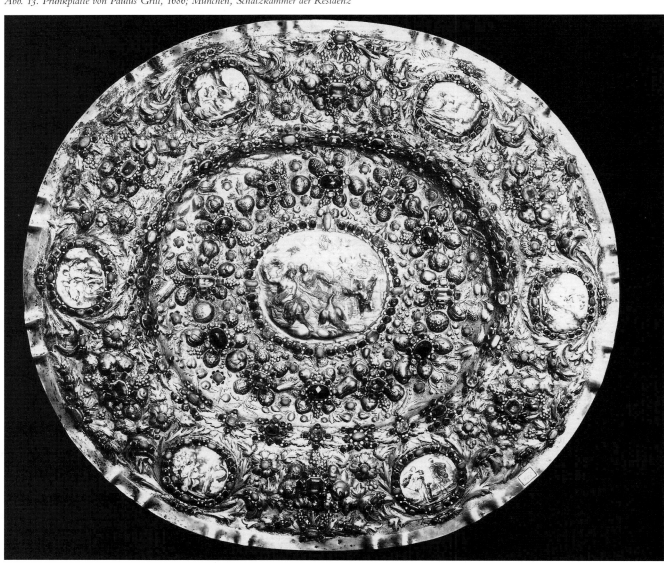

Abb. 14. Uhrgehäuse von Heinrich Mannlich, um 1670/75; München, Schatzkammer der Residenz

füllte, kann nur spekuliert werden – jedoch ist es wahrscheinlich, daß es bereits ursprünglich für die Kapelle gedacht und dort aufgestellt war, da diese als Ersatzgotteshaus für die abgebrannte Klosterkirche diente. Wahrscheinlich hängt die dreifache Wandelbarkeit des Altärchens davon ab, daß es gleichermaßen als Ersatz für ein großes Retabel, welches erst angefertigt werden mußte, dienen sollte.

Vergleichsobjekte und kunsthistorische Einordnung

Vergleichsbeispiele hinsichtlich des architektonischen Aufbaus, der Technik und der Ornamentik

Das Miniaturretabel steht formal noch in der Tradition der Augsburger Hausaltärchen der ersten Hälfte des 17. Jahrhunderts. So lassen sich einige Beispiele mit ähnlich steilen Proportionen und verwandten architektonischen Aufbauten finden, auch die Auflockerung der Silhouette durch volutenartige Wangen ist bereits zu dieser Zeit sehr beliebt.[25] Während die älteren Hausaltärchen aus Ebenholz oder aus einem anderen, dunkel gebeizten Holz und Silberapplikationen bzw. emaillierten Metall hergestellt wurden, zeigt das Altaicher Retabel jedoch einen großen Reichtum an Schmuckelementen der unterschiedlichsten Materialien und Herstellungsweisen, die im Gegensatz zu den strengeren und meist maßvollen früheren Augsburger Produkten bunt und verschwenderisch wirkt.

Aus dem letzten Jahrhundertviertel sind einige Schatzkammerstücke erhalten, die typisch für diese Periode der Augsburger Goldschmiedekunst sind und die weniger durch eine gelungene künstlerische Konzeption als durch den materiellen Aufwand zu überzeugen suchen. Leicht stellt sich durch den Gebrauch sehr vieler unterschiedlicher Materialien, Edel- und Halbedelsteinen, Emailplaketten sowie differierender Goldschmiedetechniken der Eindruck des Überladenen ein. Beispiele sind etwa eine große Prunkplatte von Paulus Grill, die um 1680 datiert wird[26] und die ein fast identisches Pendant besitzt, an dem Johannes Andreas Thelott 1685 mitgearbeitet hat (Abb. 13)[27]. Eine Lavabogarnitur von Hans Jakob Mair (um 1686)[28] zeigt eine vergleichbare Fülle ver-

Abb. 15. Sog. Türkenuhr, Gesamtansicht; Augsburg, Maximilianeum

schiedener Steine, Schmuck- und figürlicher Motive. Ein Schmuckkasten desselben Meisters (um 1680)[29] ist unter anderem mit plastischen Akanthusranken mit rundlichen Blattendigungen geschmückt, die über getriebenen Silberformen opak emailliert sind. Auffällig ist, daß bei den meisten dieser Beispiele – ähnlich dem Niederaltaicher Hausaltärchen – durch den Einsatz von kleinen längsovalen Türkisen, die durch ihre Farbe in der Ornamenfülle herausstechen, optische Zäsuren gesetzt werden. Als direktes Vergleichsbeispiel für die gedrehten Säulen aus opakem Glasfluß fand sich ein Uhrgehäuse von Heinrich Mannlich (Abb. 14; um 1670/75[30]), dessen acht Ecken mit tordierten Säulen besetzt sind. Auch sie bestehen aus einer hellblauen Glasmasse, jedoch sind deren Blütenranken nicht in Schmelzfarben aufgetragen, sondern aus emailliertem Metall. Vergleichsbeispiele für die Art der Emailbemalung mit bunten Blumenmotiven auf hellblauem Fond finden sich an den Goldschmiedefassungen zweier Deckelhumpen Augsburger Provenienz.[31]

Korallenfigürchen von Christus und Gottvater sowie rotmonochrome Emailplaketten mit Szenen aus dem Leben Christi finden sich an einer Sonnenmonstranz, die der Augsburger Goldschmied Hans Franz Fesenmayr um 1670 geschaffen hat.[32]

Bereits diese wenigen Beispiele belegen, daß das Niederaltaicher Altärchen ein Produkt der Augsburger Goldschmiedekunst der Zeit um 1670/80 ist.

Zwei weitere Vergleichsobjekte ermöglichen jedoch eine noch genauere Einordnung, da sie größte Verwandtschaft in der Handwerkstechnik, den Materialien und der Ornamentik, sogar in architektonischen Details aufweisen. Dabei handelt es sich in beiden Fällen um große, prächtig ausgestattete Uhren. Eine davon ist die sogenannte „Türkenuhr" im Augsburger Maximilianmuseum (Abb. 15).[33] Das im Grundriß trapezförmige Hauptgeschoß des Uhrgehäuses erhebt sich auf einem etwas überbreiten, profilierten Sockel mit flachen Kugelfüßen. Das leicht hochrechteckige Zifferblattfeld wird seitlich von zwei metallverkleideten Säulen gerahmt, die von gemalten bzw. plastischen Blumenranken umwunden sind und die toskanische Kapitelle besitzen. Die Abschrägung des Gehäuses ist durch kleine, in Töpfen wachsende Palmbäumchen auf Konsolen geschmückt. Den seitlichen Abschluß der Uhr bilden zwei weitere Säulen, an die sich noch große, mit hochovalen Kameen geschmückte Wangen anschließen, die Vasen aus silbergefaßten großen Edelsteinen (Topase?) tragen. Oberhalb der Verkröpfungen des reich profilierten Kranzgesimses stehen vier weitere Blumenvasen. Die beiden äußeren verdecken fast gänzlich kleine Giebelstücke eines gesprengten Dreiecksgiebels. Den Namen der Uhr rechtfertigt die vollplastische Aufsatzfigur eines an seinem Turban als Türken zu identifizierenden Reiters, der mit einer Lanze einen Drachen niedersticht.[34] Diese Figur trägt die Meistermarke des Augsburger Goldschmieds Samuel Frey.[35] Die Rückseite der Uhr, die über ihrem Sockel um 180° drehbar ist, wurde mit Elfenbein, Ebenholz und Schildpatt eingelegt.

Auf den ersten Blick scheinen das vertikal aufragende Niederaltaicher Miniaturretabel und die breit gelagerte Türkenuhr keine allzu großen Übereinstimmungen hinsichtlich ihres architektonischen Aufbaus aufzuweisen, denn ihre sehr unterschiedliche Funktion läßt eine solche auch gar nicht zu.

Abb. 16. Niederaltaicher Hausaltärchen; Detail der Rankenbemalung

Bei genauerem Hinsehen erkennt man jedoch durchaus Vergleichbares: So zeigen die Proportionierungen der einzelnen Abschnitte von Sockel und Hauptgeschoß bis auf die etwas größere Steilheit des Retabels Analogien. Aber auch Details entsprechen sich. Der Übergang vom Sockel zum Hauptgeschoß ist bei Uhr wie Retabel als langgezogene Kehlung ausgebildet, welche die hohen Säulenpostamente einschließen. Die Profilierungen der schmalen Gesimse sind identisch. Jeweils oberhalb der Säulenstellungen sind Vasen respektive facettierte Bergkristallkugeln aufgesetzt. Auch die Auflockerung der Silhouette durch geschwungene Wangen ist bei beiden zu beobachten, wobei die mittleren, großen Ohren sich auch formal sehr ähneln; statt der Reliquienkapseln finden sich an der Uhr jedoch zwei große Kameen mit den Büsten von Orientalen.

In der Vorderseite des Uhrgehäuses sind drei Schubladen zu öffnen, wobei die unterste wie bei dem Miniaturretabel zwischen den vorderen Füßen angebracht ist und gleich diesem als herabhängende Schmuckform ausgebildet ist.

Die größten Ähnlichkeiten finden sich jedoch hinsichtlich der Herstellungstechnik beider Schatzkammerstücke: Auf den jeweiligen Holzkern wurden Silberbleche mit Leim aufgeklebt, wobei das Metall zusätzlich durch die gestifteten – im übrigen äußerst verwandten, sehr einfachen – Edelsteinfassungen festgehalten wird.[36] Zusätzlich zu dem reichen Schmuck durch Edel- und Halbedelsteine und aufgeklebte opake Glaskügelchen in Weiß und Gelb wurde in beiden Fällen das Metall mit Akanthusranken bemalt, welche offenkundig die plastischen Rankenornamente der Goldschmiedetechnik zu imitieren suchen.[37] Hierzu verwandte man dickflüssige, nach dem Abtrocknen ein leicht erhabenes Relief bildende Farben (Öl ?), wobei man hauptsächlich Weiß und Schwarz benutzte und zum Abschattieren Blau und Rot wählte (Abb. 16, 17). Diese Farbe ist bei beiden Exemplaren in gleicher Weise zu erheblichen Teilen abgeplatzt, so daß der ursprüngliche Glanz der darunterliegenden Metallfolie in Erscheinung tritt.

Zur Erhöhung des Schimmers und zur Vortäuschung von Farbigkeit wurde bei einigen Steinen des Retabels Kupferfolie in die Fassung eingelegt, die ihnen dann einen braunroten Farbton verleiht. Auch dieses Verfahren wurde in einem Fall bei der Uhr angewandt. Unter dem Glasstein direkt oberhalb des großen Zifferblattes ist ein Kupfermetallblättchen eingelegt, so daß der Stein einem Topas ähnelt. Auch das Überziehen der Türkise mit einem Lack, der offenkundig später undurchsichtig wurde, ist beiden Stücken eigen.

Neben den Beobachtungen bezüglich des architektonischen Aufbaues und der technischen Details treten Übereinstimmungen in der Fülle der verwandten Materialien und der Ornamentik auf: Sowohl die Uhr als auch das Hausaltärchen verwenden die gleichen mehr oder weniger kostbaren Materialien: Silberblech, Halbedelsteine (u.a. Lapislazuli, Türkis, Peridot, Granat, Bergkristall), Glasfluß, Koralle, Bein und Schildpatt, wobei die Anordnung der Steine und sonstiger Schmuckelemente völlig vergleichbar ist. Die einzige an der Uhr nicht vertretene Technik ist die Emailmalerei.

Ebenfalls zu vergleichen sind die verschiedenen Arten der Bemalung. Bereits erwähnt wurde die Kaltmalerei auf dem Silberblech, jedoch ist nicht nur deren Technik identisch, sondern auch die formalen Eigenschaften der rundblättrigen Akanthusranken, die sich trotz des beengten Platzes schwungvoll um die Schmucksteine legen. Ein Pendant zu der feinen, nur in Schwarz gehaltenen Rankenmalerei des Ziffernblattfeldes der Uhr findet sich an dem Kruzifix, dessen metallenes Kreuz noch Reste einer ähnlichen Bemalung aufweist.

Da die Reiterfigur das Meisterzeichen des Augsburger Goldschmiedes Samuel Frey trägt, könnte man annehmen, daß sämtliche anderen Metall- und Goldschmiedearbeiten der Uhr auch in seiner Werkstatt getätigt wurden, ja, daß sogar aufgrund der großen technischen Verwandtschaft auch das Niederaltaicher Retabel ihm zuzuschreiben wäre. Die Überprüfung dieser Vermutung anhand Freys einzigem weiteren signierten Werk, einem großen Kruzifix in der Domschatzkammer des Kölner Domes[38] (Abb. 18), ergab jedoch so große Unterschiede, daß eine Autorschaft der übrigen Metallarbeiten der Uhr als auch des Hausaltärchens wohl ausgeschlossen werden kann. Zwar zeigt das Kruzifix durchaus ähnliche Merkmale wie die seitlichen Ohrschwünge sowie verwandte Proportionen und Details der Architektur, die jedoch eher als zeittypische Charakteristika anzusprechen sind. Dagegen spricht die spröde Vereinzelung der applizierten Edelsteine, die nur selten zu Rosettenformen zusammengeschlossen werden und das Fehlen der Vielfalt der Materialien und Techniken doch sehr gegen eine Zuschreibung des Augsburger Uhrenkorpus' und des Niederaltaicher Retabels an Frey.

Abb. 17. Sog. Türkenuhr, Detail der Rankenbemalung

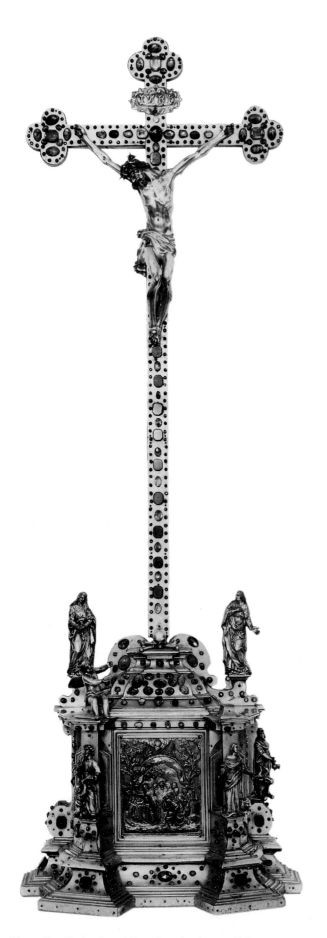

Abb. 18. Kruzifix von Samuel Frey; Domschatzkammer Köln

Die zweite, sogenannte Bubics-Uhr, befindet sich in der Sammlung der Fürsten Esterhazy[39] und ähnelt in ihrem zweistöckigen architektonischen Aufbau mit gedrehten Säulen aus blauem Glasfluß dem Niederaltaicher Altärchen fast noch deutlicher. Sie wurde von dem Augsburger Uhrmacher Johann Ott Halleicher auf der rückwärtigen Platine signiert und ist um 1670/80 zu datieren.

Der Aufbau von hohem Sockel, Hauptgeschoß, welches als besonderen Schmuck zwei gedrehte Glasflußsäulen mit emaillierten Blumenranken besitzt, und zweitem, ebenfalls durch gedrehte Säulchen verzierten Geschoß entspricht bis auf die stärkere Breitenausdehnung in Proportionierung und Details recht genau dem Niederaltaicher Retabel. Auch Formmerkmale wie die seitlichen Ohrenschwünge, die große Anzahl unterschiedlicher Halbedelsteine und die schwarzweiße Malerei der Metallfolie durch Ölfarben stimmen überein, wenn auch die Details in der Ausführung unterschiedlich sind. So zeigt z. B. die Bemalung ein dichteres, sich teilweise auch überschneidendes Akanthusgerank als in Niederaltaich, und die einzelnen Edelsteine sind weniger häufig zu Blütenformen zusammengeschlossen.

Frappierend jedoch ist die Bemalung der unteren Partie der rechteckigen Rahmung der Uhr durch ein sich perspektivisch verjüngendes Schachbrettmuster, welches dem Betrachter eine bühnenartige Vertiefung des Uhrgehäuses vorspiegeln soll. Eine solche Bühne ist bei dem Niederaltaicher Retabel – wenn auch durch das Mittel des polygonalen Vorspringens des Hauptgeschosses – wirklich realisiert.

Ein weiterer Vergleichspunkt ist die Verwendung von Korallenfigürchen. Bei der Bubics-Uhr sind sie seitlich der beiden Hauptgeschosse und als Aufsatzfigur angebracht. Sie sind jedoch im Gegensatz zu den untersetzten Niederaltaicher Altarfigürchen sehr schlank proportioniert und zeigen auch sonst kaum stilistische Ähnlichkeiten zu ihnen. Ebenfalls im Unterschied zu diesen stellen sie antike Themen dar: Rechter Hand trägt Äneas seinen Vater Anchises aus dem brennenden Troja, links ist eine Raptus-Gruppe dargestellt. Im Obergeschoß sitzen zwei kleine Putti auf Jaspiskugeln, und als bekrönende Figur ist ein Bogenschütze (Apoll?) – die Waffe ist jedoch abhanden gekommen – dargestellt.

Typologische Vergleichsbeispiele

Das Niederaltaicher Miniaturretabel kombiniert ein auswechselbares Altarblatt mit einem davor plazierten „Bühnenraum", auf dem unterschiedliche Szenerien aufgebaut werden konnten. Sowohl für die Austauschbarkeit des Altarbildes als auch für Formen bühnenhafter Inszenierungen gibt es ältere und spätere Beispiele, jedoch für die Kombination von beidem konnte kein wirklich überzeugendes Vergleichsobjekt gefunden werden.

Bereits in der Zeit der Spätrenaissance gibt es Retabel, bei denen das Altarbild durch den Einsatz versenkbarer Altarblätter bzw. durch wechselweisen Austausch von Gemälde und Skulpturengruppen oder Gemälde und Reliquien ersetzt werden kann. Zu einem der frühen Beispiele zählt der Hochaltar der Kölner Jesuitenkirche St. Mariae Himmelfahrt von 1628, bei dem das Altargemälde je nach den liturgischen Anlässen des Kirchenjahrs ausgewechselt wurde. In der ehem.

Benediktinerabteikirche Oberaltaich können anstelle der versenkbaren Altargemälde, welche die Kreuzigung Petri und die Enthauptung des Paulus (Oberbild) darstellen, geschnitzte Skulpturengruppen der Schlüsselübergabe und der Marienkrönung eingesetzt werden.[40] Auch das Altarantependium war auswechselbar. Wandelaltäre mit versenkbaren oder auswechselbaren Altarblättern gab es auch in Beuerberg, Elbach (1697), Rottenbuch (1746), Landau, Vilshofen, Sonthofen, Imstadt, Weiler und Münster/Westfalen sowie in einigen Kirchen Österreichs wie etwa in der Benediktinerabteikirche Seitenstetten (1678) oder in Tirol.

Die Wandelmöglichkeit war jedoch nicht nur bei den monumentalen, in der Kirche stehenden Retabeln gegeben, sie wurde auch bei kleineren Kapellenaltären benutzt. So konnte bei dem von unterschiedlichen Augsburger Meistern geschaffenen Hauptaltar der Reichen Kapelle der Residenz in München, an dem noch einige Jahre nach der Weihe der Kapelle im Jahre 1607 gearbeitet wurde, das als Altarblatt dienende Kreuzigungsrelief versenkt werden. Hinter ihm erschien eine Nische, die mit reicher Gold- und Silberstickerei auf rotem Seidensamt ausgekleidet war und in der man eine Monstranz mit Passionsreliquien aussetzen konnte.[41]

Bereits vor der Mitte des 17. Jahrhunderts wurden an manchen Orten im bühnenartig vertieften Retabelinneren mit lebenden Figuren kleine Schaustücke aufgeführt. So ließ der Jesuit Andreas Brunner seit 1642 in der Pfarrkirche St. Jakob in Innsbruck regelmäßig die Altartafel entfernen, um Szenen aus der Heilsgeschichte zu zeigen.[42]

Ausgehend von diesen Inszenierungen und unter dem Einfluß von temporären Heilig-Grab-Kulissen, die in der Karwoche meist vor dem Hochaltar der jeweiligen Kirche aufgestellt wurden und diese überdeckten, entstanden theaterhafte Altarretabel: In etlichen Kirchen wurden regelrechte Hochaltarbühnen realisiert, die eine Inszenierung wichtiger heilsgeschichtlicher Ereignisse im Rahmen der liturgischen Feier ermöglichen. So stellten in Dießen am Ammersee (1738-1740) lebensgroße Marionetten die Szenen der Geburt Christi sowie seiner Kreuzigung, Grabesruhe und Auferstehung dar. In Dillingen an der Donau 1753-56 und in Landsberg am Lech 1751-53 wurden die Altarblätter versenkt, wodurch der Blick in die dahinter liegenden bühnenartig vertieften Retabelräume freiwurde, in dem Plastiken und Kulissenbilder verschiedene Passionsszenen verkörperten.

Bei allen diesen Beispielen dienen die Szenerien als verlebendigtes und dreidimensionales Altarbild, welches aber immer innerhalb der Retabelarchitektur verbleibt und sich nie wie bei dem Niederaltaicher Altärchen dem Betrachter entgegenschiebt. Zwei Gründe könnten dafür genannt werden. Zum einen war eine bühnenartige Vertiefung des Großretabels praktikabler als ein Vorziehen der Bühne, da der Platz vor dem Retabel dem Altartisch gebührte. Das entfällt bei dem kleinen Miniaturretabel ohne Altarstipes. Zum anderen ist das Einstellen von Figuren in dem zurückliegenden Raum unterhalb des Triumphbogens bei der Kleinheit des Hausaltärchens schwieriger zu bewerkstelligen. Das Vorziehen des Bühnenraumes gestattete ein leichteres Auswechseln der Szene. Hinzu kommt noch, daß die Figuren hier viel leichter zu betrachten waren und im Vergleich zum Gesamtaufbau optisch nicht untergingen.

Neben den Großretabeln mit auswechselbarem Altarbild und den Bühnenaltären kann als weiterer typologischer Vorläufer zumindest für die Weihnachtsszene des Niederaltaicher Retabels ein frühbarockes Augsburger Hausaltärchen genannt werden, das in einem strengen architektonischen Gehäuse eine kleine Krippendarstellung[43] birgt.

Auf einem gestuften Ebenholzsockel mit Silberapplikationen erhebt sich eine reich geschmückte Ädikula in Form einer Tempiettofront. Das Gehäuse öffnet sich in einer hohen Arkade, hinter der das einfache Stallgebäude sichtbar wird. Gegenüber der Figur des Joseph kniet Maria vor der Krippe; von vorn nähern sich zwei Hirten. Ein Engel steht halb verdeckt hinter der linken Säule. Die Front wird von einer Balustrade mit Satyrhermen geschmückt, an deren Endigungen Blumenvasen stehen. Über dem Gebälk, auf dem gleichfalls Vasen mit Silberblumen stehen, erhebt sich eine von Säulen getragene Nischenarchitektur, die eine Pietà aufnimmt, darüber erhebt sich der auferstandene Christus als Bekrönung.

Die Krippe ähnelt in ihrem Figurenpersonal bis auf die Hinzufügung der anbetenden Hirten der Weihnachtsdarstellung des Niederaltaicher Retabels. Der Prager Krippenaltar war mit Sicherheit kein singuläres Exemplar, da sich die Silberfiguren einer weiteren, vergleichbaren Weihnachtsszene erhalten haben (Abb. 19), wobei das rahmende und bergende Retabel allerdings verloren ging.[44]

Abb. 19. Silberkrippe von Abraham Lotter; ehem. Besitz des Bayerischen Nationalmuseums

Würdigung

Das Niederaltaicher Retabel wurde in Augsburg beauftragt als das Kloster 1671 durch einen verheerenden Großbrand in eine wirtschaftliche und geistliche Krisensituation geraten war. Mit bewundernswerter Tatkraft übernahm Abt Guggemoos sein Amt aus den Händen seines Vorgängers Abt Placidus Kramer, der sich der kritischen Lage nicht gewachsen fühlte.[45] Bald nach seinem Amtsantritt 1672 ließ er die Kapelle der Gnadenmadonna als Notkirche herrichten und mit neuen Altären ausstatten. Wahrscheinlich bestellte er auch zu dieser Zeit das Miniaturretabel – wohl weil die Anfertigung eines großen Altaraufsatzes in dieser Notlage zu zeitaufwendig war. Nichtsdestotrotz wurde weder an den Kosten noch an programmatischen Überlegungen für dessen Bildinhalte gespart, die genau auf bereits vorhandenen Reliquienbesitz abgestimmt waren. So handelt es sich mit großer Sicherheit nicht um ein beliebiges Produkt Augsburger Goldschmiedekunst, welche zu dieser Zeit schon auf „Halde" hergestellt wurden, es muß in enger Absprache mit dem Programmentwerfer, vielleicht Abt Guggemoos selbst, entstanden sein. Ein prunkvolles Schatzobjekt wurde geschaffen, dessen gold- und edelsteinglänzende Triumphbogenarchitektur die Szenen der Epiphanien Christi und seines Todes überhöht. Den Betrachtern wurden sowohl in auswechselbaren Szenerien als auch dazu passenden Reliquien die heilsgeschichtlichen Ereignisse konkret und lebendig vor Augen geführt, die ihm das Tor zum Paradies öffnen sollen. Das Hausaltärchen stand in unmittelbarer Nähe zu dem verehrten Muttergottesgnadenbild und konnte dort sicher auch von den Laienbesuchern der Kapelle gesehen werden.

Zwar fanden sich für die diversen Materialien und Techniken des Retabels zeitgenössische Vergleichsbeispiele, jedoch ließ sich kein direkt vergleichbares Hausaltärchen hinsichtlich Typus und Wandelbarkeit nachweisen. Ob es sich also um ein schon für damalige Zeit singuläres Exemplar handelt oder dies durch die immensen späteren Verluste und Zerstörungen bedingt ist, kann heute nicht mehr entschieden werden.

Sowohl der beträchtliche Kaufpreis des Hausaltärchens, dessen reiner Materialwert verhältnismäßig gering ist, als auch der hohe ideelle Anspruch seiner Ikonographie und Architektur beweisen, daß es sich bei der verwendeten Technik der bemalten Metallfolie auf Holzkern nicht um einen minderwertigen Ersatz „echter" Goldschmiedearbeiten handelte, sondern um eine vollgültige, hochgeschätzte Alternative. Das bezeugen auch die beiden in Technik und Material ähnlichen Uhrgehäuse.

Mag der steil proportionierte architektonische Aufbau des Retabels als rückwärtsgewandt bezeichnet werden und der Ornament- und Schmuckaufwand in Grundformen wie Details „lediglich" seiner Zeit entsprechen, so ist die Bühnenanlage, auf der wechselnde Figurentableaus aufgestellt werden können, zukunftsträchtig und weist voraus in das folgende Jahrhundert mit seinen theaterhaften Altarinszenierungen. Zugleich stellt das Niederaltaicher Hausaltärchen mit seinem ausgeklügelten Programm aus verschiedenen Bild- und Reliquieninhalten, welche sich in raffinierter Weise gegenseitig durchdringen und erläutern ein äußerst bedeutsames Zeugnis des Denkens und Glaubens seiner Zeit dar.

Anhang: Die Quellentexte

Klosterarchiv Niederaltaich, Kat.Nr. A/MS 23
Abt Marian Pusch, Kurze anmerckhung merckhwurdigeren begebenheiten in= und ausser des Closter Nidernaltaich von anno 1716 biß 1728; fol.201

Aus dem Jahr 1726:
„Haec capella est in parte meridionali ingressum habens ex medio navis maioris Ecclesiae, porta pulchre statuis et ornato ex gipso ornata est. Capella est in forma ovata. Et illa (?) superior cum lucerna ut vocant erat opere quoque gipsato et picturis 7 dolores B.V. ac varia instrumenta Passionis nec in(?)signa congregationem quae hic instituta est, ex hibentia magnifice ornatum est, pavimentum est ex marmore albo. Hoc (?) in eam .3. Altaria artificiose ex ligno p[er]fecta in mod[um] Marmoris picta et copioso auro optimo ornata et elaborato in imo (?) altari dicta miraculosa statua in tabernaculo Holoserico et auro ornato ac vitro obducto videnda est. Super altare minu[s] est tabernaculu[m], in quo ciborium conservat[ur], et altariolu[m] pulcherrimu[m] ex argento artificiosissime compositu[m] varijs ac plurimis bonis lapidibu[s] ac figuris ex coralis affabre elaboratis decoratum q[uo]d altariolum R[everen]dissimu[s] D.D. Adalbertu[s] Abbas pro 1500 f emit. In modo descripto altariolo superiu[s] et quasi in capite in argentea monstranziola quam D[omi]na Elisabeta voglin ex Riedt vidua fieri curavit, asservant[ur] particulae de capillis B.V. Mariae albi coloris, quae ex colonia Agrip: huc allata sunt et ab Abbate ibidem Monasterii S. Pantalionis ubi magna quantitas horum asservant[ur], nobis donata sunt:/ s(?)um[m]o veneratione asservant[ur]. A dextris e[s]t magna Particula cum inscriptione; de capiteio B.V. et aliqua[e] gutta[e] sudoris in eo stillata[e] sub cruce; ha[e]c particula iterum est de integro illo peplo, q[uo]d ad S. Pantalionem colonia[e] venerat[ur]. A sinistris est Particula de Peplo B.V. Maria[e], quo puerum Jesum in praesepio tenit, hanc a[b?] R[everen]dissimq D.D. Abbate Dei Cellensi Guilielmo P. Marianu[s] dono auxit, (...). In medio dicti altarioli sunt varia[e] particula[e] de indusio, co[!]misia et aliis vestime[n]tis B.V. Demum sub figura in coralis expressa S. Joannis Ch[ri]stum Baptizantis hostia[e] qua[e]dam .21. xbris [Dece]m]bris in argentea et deaurata capsula recondita sunt; de quibu[s] sequens testimoniu[m] scriptim dedit P. Oswaldus, q[uo]d e[s]t reconditum asservat[ur] iuxta dictas hostias in descripto ciborio."

Übersetzung:
Diese Kapelle liegt südlich und besitzt Zugang vom Mittelschiff der Hauptkirche. Ihr Portal ist mit schönen Statuen und Ornamenten aus Stuck geschmückt. Die Kapelle zeigt eine ovale Form. Jene [ist] im höheren Bereich (oben) mit einer – wie man sagt – Laterne ausgestattet und ebenfalls mit Stuckarbeiten der sieben Schmerzen der seligsten Jungfrau und verschiedenen Instrumenten der Passion sowie den Insignien der Kongregation, welche hier eingesetzt ist, aus „hibentia" (?) großartig geschmückt. Der Boden ist aus weißem Marmor. In ihr stehen drei Altäre, die kunstvoll aus Holz gefertigt sind und in der Art von Marmor bemalt und reich mit Gold bestens geschmückt und ausgearbeitet sind. Im genannten (Hoch ?-)Altar ist die genannte wundertätige Statue in einem seidenen Baldachin, mit Gold geschmückt und durch Glas bedeckt zu sehen. Über dem Altar ist ein kleineres Tabernakel, in dem das Ziborium aufbewahrt wird, und ein sehr schönes aus Silber äußerst kunstvoll gebildetes Altärchen, daß mit verschiedenen und zahlreichen guten Steinen geziert ist und aus Koralle sorgfältig gearbeitete Figuren besitzt. Dieses Altärchen wurde von dem verehrenswürdigen D.D. Abt Adalbert für 1500 Gulden gekauft. Im oberen Bereich des beschriebenen Altärchens, sozusagen an dessen Haupt, wird in einer silbernen kleinen

Monstranz, welche die Frau Witwe Elisabeth Vöglin aus Riedt herstellen ließ, Partikel der Haare der Allerseeligsten Junfgrau – sie sind von weißer Farbe – aufbewahrt. Diese sind aus Köln und von dort herbeigebracht und sind uns von dem Abt des dortigen Klosters S. Pantaleon, wo eine große Menge aufbewahrt wird, geschenkt worden. Sie werden mit höchster Verehrung aufbewahrt. Zur rechten ist ein großes Partikel mit der Inschrift: von der Kopfbedeckung der seligsten Jungfrau und einige Schweißtropfen, die darauf getropft sind [als sie] unter dem Kreuz [stand]. Dieses Partikel ist wiederum von jenem ganzen Mantel, der in St. Pantaleon zu Köln verehrt wird. Zur Linken ist ein Stückchen des Mantels der seligsten Jungfrau Maria, der den Knaben Jesus in der Krippe einhüllte. Dieses hat der verehrungswürdige Abt von Gotteszell, Wilhelm P. Marianus, zum Geschenk gemacht. (...) In der Mitte des genannten Altärchens sind verschiedene Partikel von Kleidern, Hemden und anderen Bekleidungsstücken der seligsten Jungfrau. Gerade erst sind unter der Korallenfigur, die den Christus taufenden hl. Johannes darstellt, gewisse Hostien, am 21. Dezember in einer silbernen und silbervergoldeten Kapsel eingelegt worden; hierdurch dem geschriebenen Testament, welches P. Oswald aufgesetzt hat, folgend, welches neben den genannten Hostien in dem beschriebenen Ciborium niedergelegt und aufbewahrt wird.

S. 287:
„Nota 16. Die zwei Seitn Capelln welche mit dem Langhaus ein Creutz formieren sind wie schon gemeldet a[b] fundamentis nei erbauet die (Wort unleserlich) Capelln ist wegen mehrern liecht versus meridiem in forma eines oval mit einer Latern so aufgemahlt und mit Stockathor versehen, d[a]s gwölb ist abgetheilt den obere thail ist gladt mit fligen[t]e und ander[e] Engl auch einiger architectur aufgemahlt, die engl haben die Passionsinstrume[n]ta und underschidliche insignia der .7. Schmertzen brued[er] – schafft den andern Thail bis auf d[a]s Haubt gesimps ist von feinen Stockathor in 8. Schildt aufgethailt in welchen erstlich Mater Dolorosa sub cruce, in dene[n] ibrig[en] .7. Schilden aber die 7 haubtschmertzen gemahlt sein. Die Carteln sind eben wie auch die Capitel dan die grosse Rahm[en] ober den[en] Seiten Altärl in welchen zue recht[en] S. Joannes de Nepom: zue link[en] aber S. M. Magdalena paenitens gemahlt, wie auch das oratoriu[m] ober den Eingang, in welches man von den obern Gang durch ein kleines stiegl khombt, seindt von stockathor geziehrt, under dem oratorio ist eines feldt ein Engl mit eine[m] schwartzen scapulier. Die 3 Altärl stehen in Muschlen der Choraltar hat in obrig[en] blädl gott Vater und den Hl: Geist in der Mitte stechet in einen mit Rohte Sam[m]et und Goldtporten ausgezichnten muschl d[a]s uhralte aus stain gogosen Vesperbildt mit einer glas vermacht, bey welchen ihmer ein liecht brient, dan neb[en] stechen zwei Engl mit den[en] Passionsinstrume[n]t. Auf den Altar ist ein Tabernacl mit einer wünd[ten], alvo (S. 288) com[m]uniter das Ciboriu[m] asserviert würdt; in der andern wünd[ten] aben in eine khostbarn altärl, von dene Hl. hare, schlair und kleidern B.V.Mariä dan von dene wündlen Christi einige particln, mehr einige unversehrte hostien de (?) quibus vide a[nn]o praeterto 1726 . Auf diß altar ist die 7. Schmertzen bruederschaft, und deswegen pro confratribus alle Montag privilegiert."

Anmerkungen

1 Das Hausaltärchen wurde am 20. Juli 1995 durch Ltd. Dipl.-Restaurator Erwin Emmerling und Rainer Sgoff aus dem Kloster Niederaltaich in die Restaurierungswerkstätten des Bayerischen Landesamtes für Denkmalpflege gebracht. Unter Leitung von Herrn Emmerling wurden die Pläne (1:1) des Altärchens sowie die Untersuchungen zu Material, Technik und Schäden von den Praktikanten Anke Büttner und Rainer Sgoff erstellt. Da ich zu dieser Zeit als Volontärin in der Restaurierungsabteilung hospitierte, wurde mir die kunsthistorische Bearbeitung übertragen; der vorliegende Text ist eine Zusammenfassung der Ergebnisse. Für sein reges Interesse und seine vielfältige Hilfe ist Pater Ratmund Kulman OSB, Kloster Niederaltaich, sehr herzlich zu danken.
2 WINFRIED BAER, *Die Kunsttopographie der Benediktinerabtei Niederaltaich*, Diss. masch. Innsbruck 1967, S. 235-237.
3 Der vollständige lateinische Text und seine deutsche Übersetzung finden sich im Anhang.
4 Durch die Erwähnung einer „in capite" angebrachten Reliquienmonstranz mit Partikeln der Haare Mariens („quasi in capite in argentea monstranziola ..., asservant[ur] particulae de capillis B.V. Mariae albi coloris (...)" siehe Anhang) ist die Zuordnung dieser Notiz zu dem hier behandelten Hausaltärchen eindeutig.
5 Maße (b x h x t): 390 x 755 x 170 mm.
6 Abt MARIAN PUSCH, *Kurze anmerckhung merckwurdigeren begebenheiten in= und ausser des Closters Nidernaltaich von anno 1716 biß 1728*, fol. 201, Klosterarchiv Niederaltaich, Kat. Nr. A/MS 23: „hostia[e] qua[e]dam .21. xbris [Decembris] in argentea et deaurato capsula recondita sunt". Für letzteres spricht vor allem, daß in den Schubkastenboden ein kreisförmiges Loch gesägt ist.
7 Das Emailtäfelchen wird auf der Rückseite durch ein Holztäfelchen gehalten, welches zusammen mit der rechten Längsseite eines Rahmenprofils in eine Nut der drei anderen Rahmenseiten eingesteckt ist. Somit besteht die Möglichkeit der schnellen und leichten Entfernung, da es nur lose in die Altarbildöffnung eingesetzt ist.
8 Die Angaben zur Position der beschriebenen Details erfolgen wie üblich aus der Sichtweise vom Altar aus.
9 E. ZIMMERMANN, *Bayerische Klosterheraldik*, München, 1930, S. 108/109.
10 BAER (wie Anm. 2), S. 236.
11 Maria und das Christuskind sind aus einem einzigen Stück Koralle geschnitzt, welches jedoch an der Verbindungsstelle durchgebrochen ist.
12 Vergleichsbeispiele siehe HILDEGARD ERLEMANN, *Die heilige Familie. Ein Tugendvorbild der Gegenreformation im Wandel der Zeit, Kult und Ideologie*, Münster 1993, S. 73-78, Abb. 31, 32.
13 Die Figur eines Johannes d. T. wird nicht bei BAER (wie Anm. 2) erwähnt, ein Irrtum des Abtes ist jedoch nur schwer vorstellbar.
14 Die Ergänzung der jeweiligen permanenten Bilddarstellungen durch ephemere Figuren spricht m. E. dafür, daß es insgesamt auch nur drei Szenen gab, da es keine weiteren festinstallierten Bilder mehr gibt, die eines Zusatzes bedürfen.
15 Diese Beobachtung soll auch als Anregung dienen, bei der anstehenden Restaurierung des Hausaltärchens zu versuchen, den ursprünglichen Goldglanz möglichst umfassend wieder herzustellen, da er ikonologisch bedeutsam ist.
16 ANGELIKA SEIFERT, *Westfälische Altarretabel (1650-1720). Ein Beitrag zur Interpretationsmethodik barocker Altarbaukunst*, Bonn 1983, S. 236.
17 Aufgrund dieser genauen Übereinstimmung von Reliquie und Bild ist zu folgern, daß sich die Reliquie, übrigens ein Geschenk des Klosters Gotteszell (siehe Quelle), bereits im Besitz des Klosters befunden hat, bevor das Altärchen in Auftrag gegeben wurde.
18 Chronik des Abtes MARIAN PUSCH (wie Anm. 2) I, S. 201: „... quod altariolum pulcherrimum Rdissimus D.D. Adalbertus Abbas (1672-1694) pro 1500 fl. emit ...", siehe auch Anhang.
19 BAER (wie Anm. 2), S. 54. Allgemeine Informationen zum Kloster und seiner Geschichte siehe J. HEMMERLE, *Die Benediktinerklöster in Bayern*, o.O. 1951 sowie M. HEUWIESER, *Niederaltaich*, in : Josef Oswald, Alte Klöster in Passau und Umgebung, Passau 1954, S. 69-87.
20 BAER (wie Anm. 2), S. 40-41 und S. 142-143. Eine Ansicht des Klosters von Pavr aus dem Jahre 1707 zeigt die Kapelle in ihrer ursprünglichen Gestalt des 16. Jahrhunderts, siehe GEORG STADTMÜLLER/BONIFAZ PFISTER OSB, *Geschichte der Abtei Niederaltaich 731-1986*, ²1986, Abb. S. 357 unten.
21 BAER (wie Anm. 2), S. 77, 87, 90.
22 Eine Abbildung der Skulptur findet sich bei STADTMÜLLER/PFISTER (wie Anm. 20), gegenüber S. 178.
23 BAER (wie Anm. 2), S. 56.
24 JOSEPH BRAUN, *Der Christliche Altar, II*, München 1924, S. 644/645. – JOSEF ANSELM GRAF ADELMANN, *Der Barockaltar als Bedeutungsträger von Theologie und Frömmigkeit*, in: A. Knoepfli, R.Zürcher u.a., Der Altar des 18. Jhs., Forschungen und Berichte der Bau- und

Kunstdenkmalpflege in Baden-Württemberg, Bd. V, München 1978, bes. S. 102 sowie Abb. 7 und 16.

25 Die Hausaltärchen von Matthias Walbaum bei REGINA LÖWE, *Die Augsburger Goldschmiedewerkstatt des Matthias Walbaum*, Berlin 1975, Kat. Nr. 1-3, 36-40 v.; zeigen im Hauptgeschoß meist ein gerahmtes Altarbild ohne Säuleneinfassung, dem Seitenpartien angegliedert wurden. Siehe auch den Hausaltar von Jeremias II Flicker und Tobias Zeiler, um 1620-30 bei HELMUT SELING, *Die Kunst der Augsburger Goldschmiede 1529-1868*, Bd. I-III und Supplementband, München 1980, Bd. II, Abb.45.

26 *Silber und Gold, Augsburger Goldschmiedekunst für die Höfe Europas*, Ausstellungskatalog Bayr. Nationalmuseum München, München 1994, Bd.I./II., Nr. 57, S. 253/4.

27 SELING (wie Anm. 25), Bd. I, Taf. XII.

28 Ebd., Bd. I, Abb. XI, S. 104.

29 Ebd., Bd. I, Abb. XV, S. 134.

30 Kat. *Silber und Gold* (wie Anm. 26), Bd. I/II. Nr. 58, S. 254.

31 SABINE BAUMGÄRTNER, *Der Gastwirt als Kunstagent, Augsburger Steinschnittarbeiten für den Württemberger Hof*, in: Weltkunst, Jg. 65, Nr. 13, S. 1809-1811. Diese Arbeiten stammen aus der Werkstatt des Goldschmiedes Johann Daniel Mayer und datieren um 1660-65. Emailmalereien ähnlicher Blüten- und Blattformen finden sich auch an Arbeiten des Nürnberger Goldschmiedes und Emailleurs Johannes Heel (1637-1709), siehe W.B. HONEY, *Johann Heel: some newly identified works*, in: Burlington Magazin 66, 1935, S. 266-271. Ich verdanke den Hinweis auf diese Arbeiten Frau U. Weinhold, München.

32 *Passavia Sacra. Alte Kunst und Frömmigkeit in Passau*, Ausstellungskatalog Passau 1975, Kat. Nr. 193, Abb. 57 und Farbtaf. I, Passauer Domschatz. – WERNER SCHNELL, *Kirchenschätze in Deutschland und Österreich*, Augsburg 1991, S. 126 (Farbbild). – SELING (wie Anm. 25) I, S. 96/97, Kat.Nr. 300. Strahlenmonstranz Silber gegossen, getrieben, vergoldet, Email, Halbedelsteine, Koralle, H: 105 cm.

33 *Augsburger Barock*, Ausstellungskatalog, Augsburg ²1968, S. 396, Nr. 577, Abb. 322. – KLAUS MAURICE, *Die deutsche Räderuhr I/II*, München 1976, Nr. 673. – SELING (wie Anm. 25) I, S. 134 und II, Abb. 610. Tischuhr, Holz, Silberblech, Email, Glasflüsse, Kameen, Perlen, Halbedelsteine; Silberstatuette feuervergoldet, H: 88 cm, B: 77,5 cm, T: 29 cm. Uhrplatine signiert „Davidt Busch Mann Augusta", Augsburger Beschau ähnlich R3 191.

34 Das Vorbild dieses feuervergoldeten, mit Granaten geschmückte Reiters könnte ursprünglich ein hl. Georg gewesen sein, den man durch das Aufsetzen eines Turbans in einen Türken verwandelte. Es existieren noch mehrere Uhren mit der Darstellung eines Orientalen, diese datieren aber aus früherer Zeit, siehe Maurice, Nr. 272-274 (Türken mit Hunden auf der Jagd; Ende 16. Jh., 1.Viertel 17. Jh.), Nr. 364-367 (stehende Türken).

35 SELING (wie Anm. 25) III, Nr. 1688 a, geb. um 1630, Meister um 1668, gestorben 1703.

36 Die Türkenuhr ist zwar stärker verschmutzt als das Niederaltaicher Retabel, jedoch zeigt es bei weitem nicht so schwerwiegende Schäden, so hat sich das Metall nur an wenigen Stellen vom Holzgrund abgelöst. Umfassendere Störungen zeigen sich hauptsächlich bei der sehr dünnen Metallfolie der Säulen, die – wahrscheinlich bedingt durch ein Aufquellen des Holzes – an vielen Stellen Risse zeigt.

37 Etwa die Blattranken der bereits genannten Tischuhr von H. Mannlich, München, Schatzkammer oder weiteren dort aufbewahrten Goldschmiedewerken wie den Nr. 513-515, 707, 717 bei H.THOMA, *Katalog der Schatzkammer der Residenz München*, München 1958.

38 Altarkreuz, Gesamthöhe 114 cm; Silber vergoldet mit Edelsteinbesatz und gegossenen vergoldeten Silberfiguren der vier Evangelisten. Das in den Sockel eingelassene Relief der Grablegung Christi stammt von dem Kölner Meister Joh. Rohr d. Ä. (gest. 1756) und ist eine spätere Hinzufügung. Siehe PAUL CLEMEN, *Rheinische Kunstdenkmäler, Der Dom zu Köln*, Düsseldorf 1937, S. 365, Nr. 70 (89) und WALTER SCHULTEN, *Neue Erkenntnisse zu Werken in der Domschatzkammer und Domsakristei*, in: Kölner Domblatt, Bd. 33/34, 1971, S. 242-244 bes. S. 243, Nr. 8: mit falscher Zuschreibung des älteren Meisterzeichens an Samuel Freudenberger.

39 *Die Fürsten Esterhazy. Magnaten, Diplomaten und Mäzene*, Burgenländische Forschungen, Sonderband XVI, Ausstellungskatalog Eisenstadt 1995, Nr. VIII/2, S. 285-287. Doppelseitige Tischuhr, sog. Bubics-Uhr, Inv.Nr. 1936/6030; Höhe: 70 cm; Breite: 37 cm; Tiefe: 23 cm; Gehäuse: Korpus hauptsächlich aus Weichholz und Nußbaumholz; Holz vergoldet; Schauseite: Messingblech, Silberblech, feuervergoldetes Silberblech mit weiß-schwarzer Ölfarbenbemalung, Email, Marmor z.T. bemalt, Bergkristall, Figuren aus Koralle geschnitten, Achate, Perlmutter geschnitzt, Achat-Kameen, Karneol-Gemmen, Türkise, Granaten, Amethyste, Smaragde, Karneole, Olivine, mit Folie unterlegte Quarze, Glassteine; Rückseite: Schildpatt, Silberfolie, Silber schwarz gefaßt, Spiegel. Siehe auch MAURICE (wie Anm. 33), Abb. 671.

40 Die 1730 geschaffene Reliefgruppe der Schlüsselübergabe von Joh. Schmid ersetzte eine plastische Gruppe des Abschiedes der Apostelfürsten von Jakob Franz, 1693; die Altargemälde stammen von Joh. Georg Knappich.

41 Katalog *Silber und Gold* (wie Anm.26) I, S. 94-95. – *Kirchliche Schätze aus bayerischen Schlössern. Liturgische Gewänder und Geräte des 16.-19. Jahrhunderts*, Ausstellung in der Residenz München, München 1984, bearb. v. LORENZ SEELIG, München 1984, Nr. 192 und 193.

42 „Es sind jetzt sieben Jahre, seitdem ich begonnen, an Sonn- und Festtagen der Fastenzeit nach der Erzählung eines Beispiels am Abend ein kurzes Drama aufzuführen, wür haissens Bauernspil. Wir entfernen die Altartafel und errichten ein kleines, schönes Theater mit deutschen Personen, welche die Ohren des schaulustigen Volkes fesseln". Zit. nach BERNHARD DUHR, *Geschichte der Jesuiten in den Ländern deutscher Zunge*, Bd. I-IV, Freiburg i. Br. 1907-28, Bd. II, 2, 738 f.

43 Ebenholz, Silber vergoldet, H: 89 cm, Sockel Br.: 43 cm, T.: 24,5 cm. Mit zwei Stifterwappen, Abraham Lotter, um 1625. - Prag Maria Loreto am Hradschin, Inv.Nr. P 41 siehe SELING (wie Anm. 25) II, Kat.Nr. 53 sowie THEODOR MÜLLER, *Ein Augsburger Silberaltärchen in Prag*, in: Opuscula in honorem C. Hernmarck, Stockholm 1966, S. 159-166, Abb. 1.

44 Krippe von Abraham Lotter, Höhe: 19,3 cm, bis zu seinem Diebstahl während der Weltausstellung in Montreal 1967 im Besitz des Bayerischen Nationalmuseums, München, siehe MÜLLER, Abb.3, Literaturangaben in Fußnote 7.

45 BAER (wie Anm. 2), S. 55.

ABBILDUNGSNACHWEIS

BAYERISCHES LANDESAMT FÜR DENKMALPFLEGE, Restaurierungswerkstätten: *Abb. 1* (Melzl), *Abb. 2, 9* (Büttner), *Abb. 3-8, 10-12, 15-17* (Sgoff)

BAYERISCHE VERWALTUNG DER STAATLICHEN SCHLÖSSER, GÄRTEN UND SEEN: *Abb. 13, 14*

RHEINISCHES BILDARCHIV: *Abb. 18*

BAYERISCHES NATIONALMUSEUM: *Abb. 19*

Katharina Walch

Zum Umgang mit barocken Kirchengestühlen

Ende der siebziger Jahre wurde in den seit 1908 bestehenden Restaurierungswerkstätten des Landesamtes erstmals eine Möbelrestauratorenstelle eingerichtet.[1] Zweifler mochten sich an dem Begriff „Möbel"-restaurierung stören, dem nicht auf Anhieb zu entnehmen ist, welch umfangreiches Fachgebiet sich hinter diesem Wort verbirgt: In der täglichen Praxis geht es um die Vorbereitung und Betreuung von Restaurierungen an Holzdecken und -böden, Wandvertäfelungen, Türen, Treppen, Fenstern bis hin zum klassischen Möbel, es geht aber auch um holzsichtige Sakralausstattungen, wozu Kirchengestühle, furnierte Kanzeln, Altäre und Sakristeiausstattungen gehören. Trotz der großen Zahl betreuter Arbeiten bedarf es noch ständiger Aufklärung über den Unterschied zwischen einer „schreinermäßigen Instandsetzung" und der Restaurierung eines sogenannten Möbels.

Selbstverständlich umfaßt der Begriff „Möbel" hier auch von der Ausführung her eine erhebliche Bandbreite, angefangen vom reinen, unverzierten Gebrauchsmöbel bis hin zum künstlerisch gestalteten Ausstattungsstück. Die Kunstgeschichte hat sich auf Grund ihrer Entwicklung im 19. Jahrhundert bis in unsere Zeit hinein mit Vorliebe dem unmittelbar von Künstlerhand Geschaffenen gewidmet. Deshalb wurden Kistler- und Schreinerarbeiten unterbewertet, selbst wenn es sich um gekonnte Umsetzungen von Entwürfen bekannter Architekten oder Bildhauer handelt. Erst im Lauf der letzten Jahre hat sich hier allmählich eine Wandlung vollzogen, Wertschätzung und Interesse nehmen langsam zu.[2] Fragt man sich nach der Ursache für diesen Mangel an Aufmerksamkeit gegenüber solchen Kunstgegenständen, so scheint der Begriff des Kunsthandwerks hier eine Antwort zu bieten. Noch Goethe unterschied zwischen strengen und freien Künsten, was keine Wertung erkennen läßt. Der Begriff des Kunsthandwerks oder des Kunstgewerbes entstand erst in den sechziger Jahren des 19. Jahrhunderts.[3] Seit dieser Zeit entwickelte die Kunstgeschichte den Unterschied zwischen Kunst und Kunsthandwerk und prägte damit zwei Kategorien von Objekten – was bis heute unterschiedliche Maßstäbe im Umgang mit ihnen zur Folge hat. Paradoxerweise betrifft dies auch all jene Kunstwerke, die in Epochen entstanden, in denen man zwischen Kunst und Kunsthandwerk noch nicht unterschied.

So werden holzsichtige Ausstattungen in Kirchen oder im Profanbereich zum puren Gebrauchsgegenstand erklärt und in Hinblick auf eine uneingeschränkte Nutzbarkeit repariert, verändert oder aus noch bestehenden Ensembles herausgelöst. Gerade in Sakralräumen gehört es noch heute zum Alltag, andere Erhaltungsmaßstäbe für Altäre zu setzen als für Gestühle, selbst wenn beides nachweislich vom selben Künstler stammt. Man denke nur an das um 1730 entstandene Gestühl der Schwarzspanierkirche in Wien, das von Johann Baptist Straub (1704-1784) geschaffen wurde, oder an Chor- und Laiengestühle in der Benediktinerabteikirche Rohr, die Egid Quirin Asam (1692-1750) zusammen mit dem berühmten Hochaltar entwarf (Abb. 1, 2).

Im Alltag wird der Restaurator neben substanzerhaltenden, konstruktiven Sicherungsmaßnahmen immer wieder mit dem Wunsch nach gravierenden Veränderungen konfrontiert. Gerade bei Gestühlen besteht noch immer die Vorstellung, es genüge der bloße Erhalt der Seitendocken, während Podest, Sitzflächen, Brüstungen etc. als weniger wertvolle Bestandteile in beliebigem Maße austauschbar seien. Die Beispiele derartiger Verstümmelungen sind zahllos.

Stellvertretend für die beschriebene Verfahrensweise soll ein Auszug aus einem Leistungsverzeichnis von 1975 zitiert werden, wobei schon die Wortwahl die geringe Wertschätzung zeigt, die dem betroffenen Gestühl entgegen gebracht wurde:

> Ca. 105 lfdm. Kirchenbänke abmontieren u. aus dem Kirchenraum schaffen. Es ist gedacht, daß die vorhandenen Docken eine Wiederverwendung finden, jedoch die Sitzflächen und Banklehnen auf jeden Fall eine Veränderung erhalten müssen, da die Sitzflächen sehr schmal und die Banklehnen sehr steil sind und außerdem bei den Banklehnen das verhältnismäßig weit vorspringende Buchbrett sehr störend und kantig wirkt. Mithin sind die Bänke an einen noch zu bestimmenden Ort einzulagern und zur Umarbeitung und Wiederverwendung aufzubewahren. – 40 lfdm. Bänke desgl. wie vor von den beiden Emporen abzubauen u. sonst genau wie vor zu behandeln. – 70 qm vorhandene Holzpodeste unterhalb der jetzigen Bankflächen im Kirchenschiff vollständig zu beseitigen u. das anfallende Abbruchmaterial abzutransportieren, da eine Wiederverwendung aufgrund des baul. Zustandes nicht gegeben erscheint. – 105 lfdm. Kirchenbänke im Kirchenschiff unter Verwendung der Docken u. evtl. sonstigem Brettermaterial in Weichholz kpl. zu liefern nach Zeichnung u. Angabe, sowie eine Lasur nach Probe u. Muster mit Lackierung aufzubringen.[4]

Um die Maßnahmen in diesem Sinne auch preiswert durchführen zu können, fällt bei der Auftragsvergabe die Wahl nicht selten auf einen in Restaurierungsfragen wenig erfahrenen Schreiner oder Zimmerer. Großzügige Holzergänzungen, die zu Lasten der Originalsubstanz gehen, werden häufig bedenkenlos zur vermeintlichen Kostensenkung vorgenommen. Dabei schneidet man das Originalholz einfach gerade, um das Ergänzungsholz leichter anpassen zu können. Oft ist zu beobachten, daß dem Ausführenden schon die Auswahl passenden Ergänzungsholzes Mühe bereitet oder daß die Richtung der Maserung nicht berücksichtigt wird. Darüber hinaus geht es bei Laiengestühlen oft um die Herstellung einer bequemeren Sitzgelegenheit, da sich die Andachtshaltung gegenüber dem 18. Jahrhundert verändert hat. Hierzu werden Gebetbuchablagen abgesägt bzw. erneuert, Sitzlehnen von den Docken abgetrennt und – falls wiederverwendet – gern schräg gestellt und Sitzflächenbretter zur Erlangung anderer Höhen und Tiefen ausgetauscht. Der oben zitierte Ausschrei-

Abb. 1. Rohr, Lkr. Kelheim, Benediktinerklosterkirche Mariä Himmelfahrt; Hochaltar und Chorgestühl, 1717-1725 von Egid Quirin Asam; zu sehen ist der Retabelaufbau und die Sockelzone, wozu der Altar (Mensa mit Tabernakel), die Chorschranken und das Chorgestühl gehören. Die hier noch abgebildeten Chorschranken sind heute bedauerlicherweise verschollen (Archivaufnahme aus den fünfziger Jahren)

bungstext plant die Verwirklichung all dieser Veränderungswünsche mit ein. Nach einer solchen Tortur kleben die Dockenreste oft nur noch wie Briefmarken an dem erneuerten und nunmehr bequemen Gestühl (Abb. 3). Ästhetisch unpassend erfolgt in vielen Fällen eine vom beseitigten Original völlig gelöste Auswahl neuer Holzarten.

Auch wenn es heute schwer zu erreichen ist, die im 17. oder 18. Jahrhundert meist extra breit ausgewählten Holzbohlen zu erhalten, zeigen positiv ausgeführte Beispiele notwendig gewordener Ergänzungen, daß dies, zusammen mit einer angemessenen Oberflächenbearbeitung, trotzdem möglich ist. Gelegentlich stellt sich auch bei den Entwurfsarbeiten zur Neugestaltung gern eine gewisse Eigendynamik ein, wie am Beispiel der Kath. Filialkirche Mariä Himmelfahrt in Hadersbach zu sehen ist: Die geschnitzten barocken Eichenholzdocken wurden in den siebziger Jahren längs geteilt und auf Mahagoniholz aufgedoppelt. Anschließend sägte man die Docken ohne Rücksicht auf ihre formale Gestaltung im unteren Bereich um ca. 15 cm ab, um eine niedrigere Sitzhöhe zu erlangen. Die originalen Sitzbänke und Rückenlehnen wurden gleichfalls entfernt. Das ersatzweise verwendete massive Mahagoniholz fand im 18. Jahrhundert für Gestühle keine Verwendung, womit es schon elementar der ursprünglichen Materialwahl von Laiengestühlen widerspricht. Auch

das Podest wurde nicht erhalten, sondern durch ein modernes längslaufendes Parkett ersetzt. Abschließend entfernte man die Oberfläche der geschnitzten Docken und strich das Gestühl mit einem hochglänzenden Kunstharzlack (Abb. 4).

In einigen Fällen ist die zum Umbau führende Intention der Eigentümer nicht mehr nachzuvollziehen. So wurde ebenfalls in den siebziger Jahren das außergewöhnlich große und daher auch besonders dominierende Gestühl der Stadtpfarrkirche in Mühldorf bearbeitet. Auch hier blieb kaum mehr als die aus dem 18. Jahrhundert stammenden Docken übrig. Man entschloß sich sogar, die geschnitzten Brüstungsfelder und sämtliche Lehnen durch Sperrholz zu ersetzen (Abb. 6). Wie so häufig wurden die Kniebänke durch massive, jedoch hochklappbare Bretter ausgetauscht, die durch eine Polsterung in hellbraunem Kunstleder noch betont werden. Etwa 30 Zentimeter hohe Konvektorenheizungen wurden in jede Reihe sichtbar zwischen Kniebank und Sperrholzlehne montiert, die Zuleitungsrohre bohrte man gangseitig durch die Docken (Abb. 5). Anläßlich der erneut anstehenden Restaurierung fällt die Beratung zum Umgang dieses nur noch sehr rudimentär erhaltenen Gestühls schwer. Das Beispiel zeigt aber auch, daß man in diesem Fall schon nach etwa zwanzig Jahren dieser Art von „Gestaltung" überdrüssig ist. Bedauerlicherweise läßt sich dieses Argument von seiten des Bayerischen Landesamtes für Denkmalpflege nicht verwenden, wenn beinahe wöchentlich anderenorts ein neues Ansinnen nach Umgestaltung diskutiert werden muß.

Neben dem Umbau von Gestühlen taucht vor allem im Zuge von Gesamtrestaurierungen in Kirchen ein weiteres Problem auf. Oft ist das Gestühl das letzte Glied in einer Kette von Maßnahmen an verschiedenen Ausstattungsbereichen,

Abb. 2. Rohr, Benediktinerklosterkirche; südöstlicher Ausschnitt des Chorgestühls im Psallierchor mit kunstvoller Marketeriearbeit und Schnitzerei, in etwas vereinfachter Form wiederholt sich diese Gestaltungsform am Laiengestühl

Abb. 3. Unterdietfurt, Lkr. Rottal-Inn, Kath. Pfarrkirche Mariä Heimsuchung; infolge der letzten Bearbeitung des Laiengestühls wurden beinahe alle Teilstücke und das Podest beseitigt. Die geschnitzten Docken wurden beim Wiedereinbau entgegen ihrer ursprünglichen Anordnung und Gestaltungsform verkehrt herum eingesetzt

Abb. 5. Mühldorf, Kath. Stadtpfarrkirche; Detail des Laiengestühls, das nicht nur die unpassend erneuerte Kniebank und die Sperrholzlehne zeigt, sondern auch – in besonders drastischer Art –, wie ästhetisch uneinfühlsam hier die Konvektorenbankheizung eingebaut wurde

Abb. 4. Hadersbach, Lkr. Straubing-Bogen, Kath. Filialkirche Mariä Himmelfahrt; Eichenholzdocke des Laiengestühls, die zur Veränderung der Sitzhöhe ohne Rücksicht auf formale Gesichtspunkte im unteren Bereich und rückseitig abgesägt und aufgedoppelt wurde. Zur Erlangung einer bequemeren Sitzhaltung entfernte man darüber hinaus alle originalen Sitzbretter und Rückenlehnen und ersetzte sie stilistisch unpassend in Mahagoniholz. Das ebenfalls ausgewechselte Podest folgt in seiner Randprofilierung und der anstelle der historischen Dielung eingefügten Riemchenparkettierung einer neuzeitlichen Materialidee

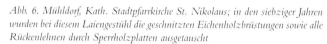

Abb. 6. Mühldorf, Kath. Stadtpfarrkirche St. Nikolaus; in den siebziger Jahren wurden bei diesem Laiengestühl die geschnitzten Eichenholzbrüstungen sowie alle Rückenlehnen durch Sperrholzplatten ausgetauscht

Abb. 7. Landshut, Kath. Pfarrkirche St. Jodok; Detail einer Docke des Laiengestühls; die besonders qualitätvoll geschnitzten barocken Eichenholzdocken wurden mit Spitzhacken vom Podest losgeschlagen, die Schäden sind immens

Unterseite zertrümmert wurden (Abb. 7). Auch wenn dies ein besonders krasses Beispiel ist, so wäre es ein Irrtum zu glauben, daß intakte Konstruktionsverbindungen durch eine sensiblere Vorgehensweise ohne nachhaltige Schäden zu lösen seien. Nach dem Ausbau erfolgt dann gewöhnlich die Auslagerung und der damit verbundene Transport, der ebenfalls kaum ohne Beschädigung auszuführen ist. Bedenkt man, daß die meterlangen Sitzbretter und Rückenlehnen links und rechts nur durch relativ schmale Nut-Grat-Verbindungen in die Docken münden, so ist vorstellbar, daß beim Tragen der meist sehr schweren Bänke schnell eine Verkantung erfolgt und so die einzige Konstruktionsverbindung beschädigt wird. Der häufige Transport des Laiengestühls von St. Jodok schon innerhalb der Kirche führte außerdem zum Durchbrechen von einigen Sitz- und Rückenlehnenbrettern (Abb. 8). Schließlich findet sich zur Auslagerung meist kein geeignet großer Raum, der auch klimatisch passend ist. In der Regel wählen die Eigentümer ausgediente Werkhallen oder Scheunen, die genug Raum für die platzgreifenden Möbel bieten. Jahrelang lagern hier die Bankreihen, oft in verdrehter Position, was den späteren Wiedereinbau erschwert. Eine zureichende Abdeckung ist selten, so daß mechanische Beschädigungen, Schmutz und Taubenkot umfangreiche Restaurierungsaufgaben verursachen (Abb. 9). Für die Wiederaufstellung sind Planzeichnungen erforderlich, die den ursprünglichen Podestaufbau, die Konstruktionsverbindungen, Bankanordnung etc. maßstabsgetreu wiedergeben. In der häufig gebotenen Eile des Ausbaus werden diese eigentlich grundlegenden Arbeiten meist vernachlässigt. Durch die weitverbreitete Tendenz zur sogenannten „Entsorgung" des Podestes – das angeblich wegen mechanischer Belastung und Feuchtigkeitsschäden nicht wiederverwendbar sein soll – fehlen ohne Bauaufmaß jegliche Anhaltspunkte zur sachgerechten Wiederaufstellung.

wodurch es auch von erfahrenen Architekten bei der Planung von Untersuchungs- oder Restaurierungsbedarf immer wieder vernachlässigt wird. Während man bei der Inneneinrüstung von Kirchen beinahe selbstverständlich auf die Altäre Rücksicht nimmt, werden oft Beichtstühle, Chor- oder Laiengestühl entfernt, um die Einrüstung bequemer handhaben zu können. Fast immer vergibt man den Gestühlsabbau dann noch an Bauarbeiter, Schreiner- oder Zimmererfirmen, weil sie an den Umgang mit derartig schweren Gegenständen gewöhnt sind. Dabei wäre es ausgesprochen sinnvoll, einen erfahrenen Restaurator federführend zur Vorbereitung, Anleitung und Mitarbeit zu beauftragen. Diese Forderung trifft häufig auf Unverständnis. Erstaunlicherweise überzeugt die Auftraggeber auch die Tatsache wenig, daß die zwangsläufig durch den Ausbau entstehenden Beschädigungen am Ende erhebliche Mehrkosten verursachen.

Die Schäden, die so entstehen, können mehrere Ursachen haben: Der Abbau bedeutet zumeist Demontage der historischen Konstruktionsverbindungen zwischen Bank und Podest. Es gibt kaum einen Fall, wo dies problemlos zu bewerkstelligen ist. In der Kath. Pfarrkirche St. Jodok in Landshut griff man daher zur Spitzhacke, was zur Folge hatte, daß beinahe jede der außergewöhnlich aufwendig geschnitzten Eichenholzdocken des Laiengestühls aus dem 18. Jahrhundert an der

Abb. 8. Landshut, St. Jodok; eine durch Ausbau, Transport und Lagerung konstruktiv zerstörte Bank des Laiengestühls

Abb. 9. Blick in einen Stadel, in dem jahrelang das (1754 von Carl Heinrich und Johann Baptist Dürr geschaffene) Gestühl der Alten Kapelle Regensburg unter schlechtesten Bedingungen gelagert wurde

Abb. 10. Kaisheim, Lkr. Donauwörth, ehem. Zisterzienserklosterkirche; Detail des bedeutenden Chorgestühls mit selten erhaltenen Fußspuren auf dem Podest vor den einzelnen Stallen, die von der intensiven Nutzung des Gestühls zeugen

Infolge der Beratungstätigkeit der Amtswerkstätten und einer langsam wachsenden allgemeinen Aufmerksamkeit gegenüber solchen Problemen, gelang es in den letzten Jahren mehrmals, einen zunächst geplanten kompletten Austausch der Gestühlspodien zu verhindern. Das ist besonders aus ästhetischen Gründen von Bedeutung. Abgesehen von der oft erlesenen Holzauswahl historischer Podeste sind schließlich auch deren Gebrauchsspuren Zeugnis der Geschichte des Kirchenraumes (Abb. 10). Selbstverständlich geht es dabei nicht um die Erhaltung von Gefahrenstellen oder von stark feuchtigkeits- oder anobiengeschädigtem Holz. Im Einzelfall sollte jedoch bei jedem Brett sorgfältig über Austausch oder Erhalt entschieden werden. Die Ergänzung von unterseitig pilzgeschädigten Chorantrittschwellen in der Schutzengelkirche in Straubing beispielsweise zeigt, daß zumindest eine teilweise Erhaltung möglich ist. Moderne Holzfestigungstechniken[5] und die individuelle Holzergänzung wurden zur Stabilisierung der Unterseite eingesetzt. Nach dem Wiedereinbau sind diese Ergänzungen kaum noch wahrnehmbar, das historische Erscheinungsbild der Eichenholzschwellen konnte erhalten werden. Das zuständige staatliche Hochbauamt entschied sich für die Umsetzung des von den Amtswerkstätten angeregten Konzepts, weil bei der vorangegangenen Ausschreibung die Kosten der zunächst beabsichtigten Neuanfertigung der Schwellen von den Anbietern höher kalkuliert worden waren als die Reparatur.

Wichtiger noch sind Anstrengungen, die den Ausbau von vornherein verhindern. Wenn Gestühle der Einrüstung einfach nur im Weg sind, können in der Regel Überbrückungen geschaffen werden. In Fällen, in denen konstruktive Arbeiten am Podest auszuführen sind, kann oft eine partielle Schadensbehebung in situ erfolgen. Beispiele der letzten Jahre zeigen, daß das immer wieder möglich ist. In der Kath. Wallfahrtskirche St. Anton in Garmisch-Partenkirchen gelang es sogar, eine Fußbodenheizung mit entsprechend großräumigen Ausschachtungsarbeiten zu installieren, ohne das Gestühl zu demontieren. In Zusammenarbeit einer Möbelrestaurierungswerkstatt mit einer Schreinerfirma und dem Technischen Hilfswerk konnten andere Wege verwirklicht werden, die sich überdies finanziell auszahlten: Der Hauptgestühlsblock wurde hier nach der Einrüstung mit Seilwinden am Gerüst ca. 2.50 m nach oben gezogen und auf stabile Holzlager gesetzt. Während der Bodenarbeiten entstand so keine Störung (Abb. 11). Selbst in dieser Position ließen sich einige Arbeiten am Gestühl ausführen. Die Restaurierung des Podests vom Laiengestühl der Kath. Pfarrkirche in Föching (Lkr. Miesbach) läßt sich bewerkstelligen, indem das Gestühl stehen bleibt und der Boden darunter partiell seitlich ausgehoben wird. Das ermöglicht die Festigung und Ergänzung der Lager- und Rahmenbalken. Der Erdaushub wird anschließend durch eine geeignete Isolierungsschüttung ersetzt. Diese Beispiele zeigen, daß sich innovative Überlegungen lohnen; es bleibt zu hoffen, daß derartige unkonventionelle Ideen Schule machen (Abb. 12).

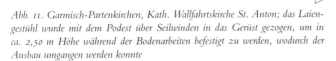

Abb. 11. Garmisch-Partenkirchen, Kath. Wallfahrtskirche St. Anton; das Laiengestühl wurde mit dem Podest über Seilwinden in das Gerüst gezogen, um in ca. 2,50 m Höhe während der Bodenarbeiten befestigt zu werden, wodurch der Ausbau umgangen werden konnte

Oberfläche

Betrachtet man den Umgang mit Gestühlsoberflächen seit dem 19. Jahrhundert, so lassen sich bestimmte charakteristische Behandlungsweisen feststellen. Diese sind zum einen durch den wechselnden Geschmack, zum andern durch die sich ständig verändernden technischen und materialbedingten Möglichkeiten der entsprechenden Zeit geprägt. Bis zur Mitte des 19. Jahrhunderts zeigen Beicht-, Chor- und Laiengestühle die gesamte Palette der Faßtechniken früherer Jahrhunderte. Sie wurden farbig deckend oder lasierend gefaßt, durch klare oder gefärbte transparente Lacke veredelt. Das Holzbild – so man seine Sichtbarkeit anstrebte – wurde bisweilen auch aufgewertet, indem man malerisch Holzadern hinzufügte oder nichtdeckende Maserierungen auftrug. Besonders aufwendig gestaltete Gestühle wurden furniert oder marketiert und abschließend lackiert.

Abb. 12. Föching, Lkr. Miesbach, Kath. Pfarrkirche; Teilstück des Gestühlpodestes; die fälligen Holzfestigungs- und Ergänzungsarbeiten am Randbalken des Podestes werden durch den schrittweisen Erdaushub in situ möglich, der ohnehin zur Einbringung einer Isolierschüttung geplant war

Mit dem Aufkommen der Leinöl-Standöllacke im 19. Jahrhundert ist eine erste Wandlung der lackierten Oberflächen zu erkennen. Häufig wurden solche Öllacke, die von sich aus eine gelbe bis braune Eigenfarbe besitzen, zusätzlich dunkelbraun pigmentiert und auf die bestehenden Überzüge aufgetragen. In vielen Fällen bilden sie charakteristische Runzeln aus. Während der oft langewährenden Trocknung bindet der Lack Staub und Schmutz, was im Lauf der Zeit seiner ursprünglichen Transparenz entgegen wirkt. Dieser Lacktypus ist durch sein markantes Oberflächenbild heute an Kirchengestühlen häufig zu finden.

Ab der Mitte des 19. Jahrhunderts bildet sich eine neue, bis dahin nicht dagewesene Umgangsweise mit Gestühlsoberflächen heraus. Die Mode der Materialsichtigkeit, das Zeigen von der puren Holzoberfläche ohne Fassung, führte maßgeblich zur Beseitigung vieler historischer Fassungen. Möbeloberflächen wurden nun auf „natürliche" Holzsichtigkeit mit mattem Aussehen getrimmt. Die historischen Überzüge wurden dafür mit aggressiven, das Holz schädigenden Mitteln entfernt: Durch die Behandlung mit Säuren und Laugen wurde es regelrecht gebleicht. So behandeltes Holz wird nach der Abtrocknung nicht nur rauh und ausgelaugt, sondern bekommt auch oft eine grauweißfarbige Oberfläche. In der Regel verwendete man bei der Abnahme der historischen Lacke Kratz- und Schabewerkzeuge, mit denen besonders die weichen Jahresringe von Nadelholzgestühlen grobe Beschädigungen erlitten.

Nicht selten wurden Gestühle Jahrzehnte oder Jahrhunderte nach ihrer Entstehung, beispielsweise im Zuge großer barocker Umgestaltungen ganzer Kirchenräume verändert und überfaßt. An solchen Ausstattungsstücken ist des öfteren zu beobachten, daß man diese späten Überfassungen im 19. und 20. Jahrhundert konzeptionslos wieder entfernte und damit die Oberfläche in einen nie dagewesenen Zustand versetzte, der auch keinerlei Bezug zur übrigen Raumgestaltung hat. Beispiele hierfür sind die berühmten Chorgestühle des Freisinger Doms, der Stiftskirche in Berchtesgaden oder der ehemaligen Klosterkirche in Baumburg. Das Chorgestühl Baumburgs ist im Dorsalbereich durch Intarsien der Renaissancezeit verziert. Um 1760 applizierte man darauf Schnitzereien und fügte ein dem Zeitgeschmack entsprechendes neues Gesprenge hinzu, eine Fassung in Weiß und Gold wurde auf sämtliche Flächen aufgetragen. 1956 entdeckte man die Intarsien wieder und entschloß sich zu deren Freilegung, beließ jedoch die später applizierten Schnitzereien mit ihrer Fassung. Damit wurde die Oberfläche des Gestühls in einen fragmentarischen Zustand versetzt (Abb. 13). Zeitgleich mit der Umgestaltung des Chorgestühls in der Mitte des 18. Jahrhunderts wurden für die Klosterkirche neue Beichtstühle aus Nadelholz geschaffen. Anläßlich der Restaurierung der fünfziger Jahre entfernte man auch hier die ursprüngliche Weiß-Gold-Fassung, um einen holzsichtigen Charakter zu erreichen. Das somit erstmals sichtbare Nadelholz des Korpus' wurde unansehnlich bräunlich matt

Abb. 13. Baumburg, Lkr. Traunstein, ehem. Klosterkirche; südliches Chorgestühl; Dorsalfeld, das im 18. Jahrhundert mit zeitgemäßen Schnitzereien versehen und anschließend komplett weiß-golden gefaßt worden war; anläßlich der Restaurierung 1956 entfernte man die Rokokofassung von den Renaissanceintarsien und restaurierte so die Oberflächen auseinander

Abb. 14. Baumburg, ehem. Klosterkirche; nördlicher Beichtstuhl; im Zuge der Restaurierung der fünfziger Jahre wurde auch die originale Weißfassung der Beichtstühle fast vollständig entfernt; das hierdurch erstmalig sichtbare Nadelholz der Korpusse erwies sich nach dieser Behandlung vermutlich als so unansehnlich, daß man anschließend einen brauntonigen Anstrich aufbrachte

lasiert. Einige Schnitzapplikationen strich man weiß, wohl um einen Zusammenhang mit dem Chorgestühl zu schaffen (Abb. 14).

An Hand von Handwerkerrechnungen, kunsthistorischen Gutachten oder Ausschreibungstexten kann man erkennen, welcher Holzcharakter mit solchen Maßnahmen angestrebt wurde. In einem Bericht der Regierung von Niederbayern von 1893 heißt es zu den aus der zweiten Hälfte des 18. Jahrhunderts stammenden Chorgestühlen der ehemaligen Dominikanerkirche in Landshut:

> Diese Chorgestühle scheinen vor nicht sehr langer Zeit von unkundiger Hand gefirnißt worden zu sein, sie sind gut erhalten, zeigen aber an verschiedenen Stellen die Zerstörung des Holzwurmes, die erfahrungsgemäß an stark gefirnißten Gegenständen rascher fortschreitet.[6] Auch hier wäre eine Behandlung mit Salzsäure, die Entfernung der Firnisschicht, das Abziehen und Oelen der fournierten Flächen sehr zu empfehlen ...[7]

Der heutige Zustand des Chorgestühls zeigt die Folgen dieser Behandlung: Die frühere Farbigkeit der Marketerien ist kaum noch zu ahnen, die ursprüngliche, künstliche Färbung einiger Holzflächen ist nahezu verschwunden. Die Gravuren sind durch das Schleifen weitgehend entfernt. Aufgeleimte Profilleisten und Furniere verloren durch die Behandlung ihre Haftung auf dem Blindholz. Durch das Abziehen wurden zahlreiche Löcher in die dünnen Hobelfurniere der Brüstung gerissen (Abb. 15). Die laut Rechnung geölte Oberfläche wirkt stumpf, grau und aufgerauht.

Die geschilderte Bearbeitung von Möbeloberflächen erreichte ihren traurigen Höhepunkt in den fünfziger und sechziger Jahren unseres Jahrhunderts. Bedauerlicherweise kann diese Zeit aber noch nicht als Endpunkt angesehen werden. Bis heute wird von einigen Bauherrn die Abnahme der Lackoberflächen gefordert, wozu Abbeizer und Laugen Verwendung finden. Immer wieder werden Leistungsverzeichnisse herausgegeben, bei denen man nicht vor solchen Maßnahmen zurückschreckt oder in denen man das An- oder Abschleifen sogar fordert. So führt beispielsweise der Ausschreibungstext zur Bearbeitung des aus dem 18. Jahrhundert stammenden Laiengestühls mit reich geschnitzten Docken der Pfarrkirche St. Kilian in Hallstadt 1995 aus:

> Kirchenbänke im Schiff und Empore komplett wie folgt behandeln: abbauen, ins Freie tragen, anschleifen und auskitten, reinigen und gegen Anobien bekämpfend behandeln, Zwischenanstrich, Lasur 2x seidenmatt (z.B. Einhorn) bzw. offenporige Lasur und zwischenschleifen, Anstrich, danach nochmals schleifen, Schlußanstrich.[8]

Auch wenn die Kirchenbänke hier „nur" geschliffen werden sollten, so muß man bedenken, daß es bei Gestühlen immer um sehr große Flächen geht, deren Bearbeitung daher aus Effektivitätsgründen zumeist mit Maschinen und gröberem Schleifpapier erfolgt, was immer Oberflächenverluste mit sich bringt.

Schon mit dem Beginn der Freilegungswelle im 19. Jahrhundert, die auch vor gefaßten Gestühlen keinen Halt machte, war das Ziel derartiger Behandlungen der matte, möglichst offenporige Holzcharakter. Diesen erreichte man, indem man das freigelegte Holz im Rohzustand beließ, also ohne jeglichen Überzug, was zuvor nicht üblich war. In den seltensten Fällen wurden die verwendeten Säuren und Laugen nach dem Gebrauch wieder richtig aus dem Holz entfernt, d. h. neutralisiert, mit der Folge, daß ein weißer Schleier entsteht, der dem Holz ein für solche Methoden typisches Aussehen verleiht. Seit den fünfziger Jahren imitierte man diesen Grauschleier sogar noch, der eigentlich nur Zeichen der Zerstörung ist, durch Kalken oder den Auftrag weißer Lasuren. Der Idee der matten Oberfläche folgend, begann man auch mehr und mehr Wachsüberzüge zu verwenden. Die Ansicht, Wachs hätte für historische holzsichtige Ausstattungen eine wichtige Rolle gespielt, ist weit verbreitet. Daß dem nicht so ist, geht aus zeitgenössischen Quellen hervor und wird darüber hinaus von naturwissenschaftlichen Analysen bestätigt.[9] Ungeachtet dieser eindeutigen Tatsachen wurden und werden noch immer in erheblichem Umfang matte Überzüge vornehmlich mit Wachs, aber auch mit Leim, Öl oder sog. Schellackmattierung auf Holzoberflächen aufgetragen. Dies läßt sich durch viele Gutachten und Rechnungen belegen, in denen die Forderung nach solchen Oberflächen formuliert ist:

> ... Die abgelaugten Holzoberflächen sollten an Stelle von einem Lacküberzug leicht eingewachst (Bienenwachs mit Terpentinöl verdünnt) und frottiert werden.[10]

Oder:

> Gestühl, Chorgestühl, Kommuniongitter und Beichtstühle sind mit Salmiakwasser zu reinigen und leicht einzuwachsen. Die Emporensäulen sollen abgelaugt und im Naturholzton nur mit Wachs eingelassen werden.[11]

Oder:

> Die reich geschnitzten Sakristeischränke ... wurden vollständig abgelaugt und von Grund auf mit Ballenmattierung behandelt.[12]

Sicher wird Wachs immer wieder empfohlen, weil es in vielen Fällen eine leicht aufzutragende, billige und daher willkommene Verlegenheitslösung in Ermangelung original erhaltener Vorbilder und fachgerechter restauratorischer Voruntersuchung ist. Die Erfahrung in der Denkmalpflege und im musealen Bereich zeigt, wie weitverbreitet diese Methode heute leider noch immer ist. Neben ästhetischen Gesichtspunkten sprechen besonders die konservatorischen Nachteile gegen Wachsüberzüge.

Die in immer größerem Umfang einsetzende technische Entwicklung von Kunstharzlacken hatte natürlich auch Einfluß auf den Umgang mit Gestühlsoberflächen. Ihre Verwendung entspringt rein praktischen bzw. modischen Erwägungen, ihr Aussehen hat nichts mit den ursprünglichen Naturharzlacken historischer Gestühle gemein.

In der Praxis ist die Abnahme von Kunstharzüberzügen mit vielfältigen Schwierigkeiten verbunden, die zur Entfernung erforderlichen Lösemittel schädigen leicht die Holzoberfläche. Nach der Abnahme solcher Überzüge finden Naturharzlacke schlechter Halt auf der Holzoberfläche. Die sachgerechte Entsorgung der Abfälle bietet Probleme, zudem wird durch die verwendeten Lösemittel die Gesundheit der Ausführenden gefährdet. Schwerwiegend ist auch die Tatsache, daß Bestandteile der Kunstharzlacke in eventuell noch darunter liegende ältere Überzüge diffundieren bzw. sie unterwandern und deshalb eine spätere Trennung der Schichten, wenn überhaupt, nur eingeschränkt möglich ist. Solche Nachteile können auch bei der Anwendung handelsüblicher Produkte, beispielsweise von Schellackpolituren oder von sogenannten Möbelpolituren auftreten, die gern zur „Auffrischung" bestehender Lacke angewendet werden, denn einige dieser Mittel enthalten heute Kunstharzbeimischungen. Es erstaunt immer wieder, daß die erwähnten Nachteile noch immer zu wenig bekannt sind beziehungsweise anerkannt werden.

Der hier nur kurz umrissene Umgang mit historischen Fassungen und Lacken führte in Bayern zum Verlust fast aller originaler barocker Gestühlsoberflächen. Das bedeutet, daß ein wesentlicher Schwerpunkt in der Arbeit der Amtswerkstätten die Erhaltung und die fachgerechte Restaurierung der noch vorhandenen Oberflächen ist. Andererseits ist es wichtig, praktikable Konzepte für die vielen abgelaugten bzw. abgebeizten Gestühle zu entwickeln. Am Anfang steht immer die Suche nach letzten historischen Oberflächenresten und deren mikroskopische und naturwissenschaftliche Analyse. Sie bringt in den meisten Fällen in Ergänzung zur Archivforschung wesentliche Aufschlüsse über die früheren Fassungen und Überzüge des jeweiligen Möbels. Solche Untersuchungen sind meist sehr mühsam; sie sind aber die unerläßliche Grundlage für die Erarbeitung eines soliden Konzeptes zur Restaurierung bzw. zur Rekonstruktion der verlorenen Oberfläche. Leider wird die Notwendigkeit solcher Voruntersuchungen heute noch zu oft von den Verantwortlichen unterschätzt oder „vergessen". Gerne verlangt die Bauherrschaft erst zwischen dem Abschluß der Gesamtrestaurierung und der bevorstehenden Einweihungsfeier kurzfristig „Hinweise" zur Behandlung des abgelaugten Gestühls, die in der dann gebotenen Eile oder in Anbetracht eines noch ausgelagerten, in der Scheune aufgestapelten Gestühls nicht geliefert werden können. Bei rechtzeitiger Vorbereitung und der Einsicht in die Notwendigkeit der Voruntersuchung können sichere Grundlagen für Ausschreibungstexte bzw. für die Restaurierung erarbeitet und so im Endeffekt Kosten gesenkt werden. Die Laiengestühle der Wieskirche, der Kath. Pfarrkirche in Böbing (beide Lkr. Weilheim-Schongau) oder der ehemaligen Augustinerklosterkirche in Lauingen (Lkr. Dillingen) belegen dies eindrucksvoll. In diesen Fällen erschließt sich durch die fachgerechte Rekonstruktion der für die jeweiligen Gestühle nachgewiesenen Lacküberzüge für den Betrachter nunmehr wieder das ursprüngliche Bild des gesamten Kirchenraums.

Prinzipiell setzt eine fachgerechte Restaurierung nicht nur die Aufmerksamkeit von seiten der praktischen Denkmalpflege, sondern zunächst auch schon von seiten der Inventarisierung voraus. Das Bayerische Landesamt für Denkmalpflege ist in der guten Situation über eine Möbelrestaurierungswerkstatt zu verfügen, was im Vergleich zu anderen deutschen Denkmalämtern als eine Seltenheit bezeichnet werden kann. Dies bietet auch in Zukunft die Gelegenheit einer immer intensiveren Beschäftigung mit diesem Thema, das durch die Zusammenarbeit aller Verantwortlichen geprägt sein wird. Es bleibt zu hoffen, daß die Bedeutung von Gestühlen als fester Bestandteil des Kirchenraums mehr als bisher anerkannt wird. Eine angemessenere Wertschätzung hätte zur Folge, daß auch diesen Ausstattungsstücken endlich eine Behandlung zuteil wird, die sie schon längst in größerem Umfang verdient gehabt hätten.

Abb. 15. Landshut, ehem. Dominikanerklosterkirche; Brüstungsdetail des nördlichen Chorgestühls. Die Bearbeitung der Oberfläche wurde bei diesem hochwertigen Gestühl des späten 18. Jahrhunderts nicht nur chemisch, sondern auch mechanisch ausgeführt, dabei schliff und riß man Hunderte von Löcher in die dünnen Hobelfurniere der geschweiften Brüstung

Anmerkungen

1 Die Stelle wurde 1977 zum BAT VII ausgeschrieben.
2 Dagmar Dietrich, *Historisches Kirchengestühl,* Denkmalpflege Informationen des Bayerischen Landesamtes für Denkmalpflege, Ausg. D Nr. 1, 12. Febr. 1986.
3 Barbara Mundt, *Die deutschen Kunstgewerbemuseen im 19. Jahrhundert,* München 1974, S. 14-16.
4 Ortsakt Höchheim (Lkr. Rhön Grabfeld), Evang.- luth. Kirche, Ausschreibungstext zur Restaurierung des barocken Laiengestühls aus dem Jahr 1975. Altregistratur des Bayerischen Landesamtes für Denkmalpflege, Schloß Seehof.
5 Zur Festigung des pilzbefallenen Holzes wurden Araldit BY 158 mit dem Härter HY 2996 von der Firma Ciba-Geigy verwendet.
6 Der Anobienbefall wird durch Lacke (im Gegensatz zu rohen Leinölüberzügen) nicht gefördert.
7 Bericht der Regierung von Niederbayern vom 18. September 1893, Staatsarchiv Landshut, Rep. 158/1 Fasz. 40 Nr. 752. Siebzig Jahre später wurde durch das zuständige Landbauamt wiederum angewiesen: „Speisegitter, 2 große Chorstühle vor dem Tabernakelaltar, 3 Sakristeischränke, 96 Stuhlwangen, 2 zweiflügelige Türen im Chor und 9 Beichtstühle. Ausführung: Die vorhandenen und stark gebräunten Farb- und Lackschichten sind sorgfältig durch Lösungsmittel zu entfernen. Die Holzteile sollen aufgebleicht werden. Soweit erforderlich zusammenstimmen und behandeln mit Kaseinlasuren. Nachbehandlung durch wachsen und frottieren." Brief des Landbauamts Landshut an den Kirchenmale Ludwig Vogel, Regensburg, vom 29. Mai 1962. Archiv des Staatlichen Hochbauamtes Landshut.
8 Leistungsverzeichnis zur Restaurierung der Kath. Pfarrkirche St. Kilian in Hallstadt (Lkr. Bamberg) von 1995, Archiv des Bayerischen Landesamtes für Denkmalpflege, Schloß Seehof, Ortsakt. Die Ausschreibung konnte durch das Bayerische Landesamt für Denkmalpflege gestoppt werden.
9 Johann Koller/Ursula Baumer/Emilia Schmid, *Transparente Lacke auf Holzoberflächen des Barock und Rokoko. I. Eine naturwissenschaftliche Analyse,* und Katharina Walch, *Transparente Lacke auf Holzoberflächen des Barock und Rokoko. II. Rekonstruktion historischer Möbeloberflächen auf Grund quellenkundlicher Studien und restauratorischer Untersuchungen,* beide in: Lacke des Barock und Rokoko, Arbeitshefte des Bayerischen Landesamtes für Denkmalpflege, Bd. 81, München 1997, S. 160-196 und 197-250.
10 Aktenvermerk des Bayerischen Landesamtes für Denkmalpflege anläßlich der Restaurierung der Evang.-luth. Pfarrkirche Sulzdorf (Lkr. Rhön-Grabfeld) vom 20. Mai 1954, Altregistratur des Bayerischen Landesamtes für Denkmalpflege, Schloß Seehof, Ortsakt.
11 Aktenvermerk des Bayerischen Landesamts für Denkmalpflege anläßlich der Restaurierung der Wallfahrtskirche St. Maria in Lohwinden (Lkr. Pfaffenhofen) vom 30. November 1962, Ortsakt.
12 Rechnung des Ausführenden Josef Lutz, Leutkirchen, vom 23. September 1964 über die Arbeiten in der Abteikirche Ottobeuren. Archiv des Bayerischen Landesamtes für Denkmalpflege, München.

Abbildungsnachweis

Bayerisches Landesamt für Denkmalpflege, Photoarchiv: *Abb. 1* (Hamacher);
Restaurierungswerkstätten: *Abb. 2, 3, 5, 6, 9, 10, 12-14* (Verfasserin); *Abb. 7, 8* (Ursel Gaßner); *Abb. 15* (Christine Ramsl); *Abb. 4, 11* (Johann v. Miller)

Abb. 1. Schloß Seehof, Druckmuster Nr. 1 auf dem Behang eines Baldachins

Hannelore Herrmann

Hinweise zur Technologie und Provenienz von „Zitz-Tapeten" des 18. Jahrhunderts aus Schloss Seehof, der ehemaligen Sommerresidenz der bamberger Fürstbischöfe

Als während der Befundsicherung in Schloß Seehof 1978 Fragmente von bedruckten Stofftapeten aufgefunden wurden, konnten sie eindeutig der Ausstattung der fürstbischöflichen Prunkräume mit „Zitz-Tapeten" zugeordnet werden.[1]

Außer den Spuren der Originalmontage fanden sich zuverlässige Quellen in Ämterrechnungen und im Inventar von 1774.[2] Neben der Raumausstattung mit Möbeln und Bildern wird jeweils die Tapezierung mit Zitz-Tapeten ausdrücklich erwähnt. Da die Entwicklung und Ausstattung von Schloß Seehof mit dem Tod des Fürstbischofs Adam Friedrich von Seinsheim 1779 einen Endpunkt erreicht hatte, verblieben auch die Zitz-Tapeten in den meisten Räumen bis 1935, wie es noch auf Archivaufnahmen von Gundermann aus Würzburg zu erkennen ist.

Die erste Erwähnung von bedruckten oder bemalten Tapeten für die fürstbischöflichen Schlösser ist in einem Briefwechsel vom 26. Januar 1715 zwischen Friedrich Karl von Schönborn an Lothar Franz von Schönborn zur Ausstattung von Schloß Pommersfelden zu finden. Hier heißt es unter anderem:

> Zum Beschluß nur dieses hinzusetzen muß, dass der hier von mir angefrimte spalier oder Parterrzeuch admirable reussirt. Er ist breidher als Damast, jedoch wohlfeiler ... dieser zeuch in ein schlaffzimmer das gustos- und angenehmiste meuble in der welth sein, zumalen in einem sommerhauss auf dem land, worzu das cabinet von denen Hollendischen oder Indianischen Zeuchen, deren muster mir zugeschickt worden, die ehlen von 9 bis 25 holl. gulden, sehr breid ...[3]

Von einer Neuausstattung der Zimmer im Obergeschoß von Schloß Seehof wird erst ab 1736 berichtet.[4] In der Ämterrechnung von 1749 wird aufgeführt, daß 284 Ellen feiner Zitz von Leonard Kratzer gekauft und Näherinnen Vorhänge von Zitz für zwei neutapezierte Zimmer angefertigt haben.[5] Auch 1751 werden nochmals Zitztapeten gekauft. So kann die Zeitspanne für die Ausstattung mit Zitztapeten im Schloß in der Zeit von ca. 1736 bis zur Abfassung des Inventars von 1774 angenommen werden. Es sind acht unterschiedliche Muster an Wänden, Baldachinen und Möbeln gefunden worden. Sie zeigen im wesentlichen den gleichen Stil von Blüten, Früchten und Blattranken, die in lockerer zügiger Art gezeichnet sind. Auch die Farbgebung, rot, violett und blau in zwei bis drei Helligkeitsstufen mit wenig Grün und Braungelb, konturiert mit Schwarzbraun und Dunkelrot, ist bei allen Mustern sehr ähnlich (Abb. 1-3). In der Flächenaufteilung finden sich jedoch Unterschiede. So haben vier Muster florale Motive in diagonal aufsteigenden Blätterranken und Blüten als Zickzackband. Bei zwei Mustern sind große Blütenbouquets mit Früchten versetzt angeordnet, während der Druckstoff aus dem ehemaligen Vorzimmer des Fürstbischofs ein sehr reiches „Bandelwerk" mit Blüten und schwingenden Ranken besitzt. Ein zeitlich später datiertes Muster zeigt Längsstreifen mit verflochtenen Blattgirlanden; die Zwischenflächen sind mit Flammenkrönchen besetzt. Die Originalfarbigkeit konnte von allen Seehofer Druckstoffen an schmalen Umbugkanten oder Nähten sowie auf der Innenseite einer Tapetentür, die

Abb. 2. Ausschnittvergrößerung des Druckmusters Nr. 1

Gebrauch sowohl für die Kleidung als auch für Tapeten und Möbelbezüge immer größerer Beliebtheit erfreute.[8] Das Verbot, diese Stoffe einzuführen und zu verarbeiten, hat sicherlich zusätzlich zu einer gewissen Exklusivität beigetragen.

Die Kattundrucke, auch unter der Bezeichnung „Indiennes", „Perses", „Sitz", „Chintz", „Calicos", „Calancas"[9] zu finden, waren in einem in Europa bisher unbekannten Verfahren des Beizendrucks[10] hergestellt. Man konnte zwar auf Garn oder Gewebe mit Krapp im Färbebad „Türkischrot" erhalten, hierzu benötigte man Fettsäuren, Tonerde und Kalk.[11] Für den Kattundruck waren jedoch spezielle Kenntnisse der Farbmusterung erforderlich. Der wesentliche Unterschied zum Zeugdruck besteht darin, das Muster mit Mordants, einer Mischung aus Leim, Gummiarabikum, Mehl, Tragant und einer entsprechenden Beize auf den Stoff zu drucken und die Farbfixierung durch die zugesetzte Beize auf dem Gewebe im Färbebad zu ermöglichen. Nach Vorbehandlungen der Baumwollgewebe in heißen Bädern, durch Klopfen, Bleichen und gründlichem Spülen im Fluß, Stärken, Trocknen und Mangeln begann erst der Druckvorgang. Zuerst soll die schwarzbraune Kontur gedruckt worden sein, danach wurden die Muster in Rot, Violett und Braun, die mit Krapp gefärbt werden konnten, aufgedruckt.[12] Die Beize für die Rottöne war Alaun, für die violetten Farbtöne wurden Eisensalze verwandt, und um in Braun zu drucken, kamen Gerbstoffe dazu. Den Farben entsprechend wurden die Mordants in mehreren Arbeitsgängen mit Modeln aufgedruckt. Nach dem Trocknen und gründlichen Entfernen der aufliegenden Schicht folgten Ölbäder, Kuhmistbäder und Spülen im fließenden Wasser eines Flusses. Erst danach entstanden die gewünschten Farbtöne im kochenden Färbebad aus

auch vor Tageslicht geschützt war, noch nach über 200 Jahren festgestellt werden (Abb. 5–8). Vergleichsweise ähnliche Blüten und Ranken findet man auf kostbaren Seidengeweben. Die Muster wurden jedoch in komplizierter Webtechnik am Webstuhl eingewebt und broschiert.

Zur Herstellungstechnik von Druckstoffen ist bekannt, daß seit dem Mittelalter in Europa Zeugdrucke hergestellt wurden. Sie wurden mit Holzmodeln im Direktdruck oder als Reservedruck auf Gewebe aus Leinen, Wolle und Barchent (Leinen-Baumwollgewebe) in Rapporten aufgedruckt. Auch Einzelstücke als Behänge und Antependien mit großen Modeln bedruckt, sind erhalten geblieben.[6] Die Technik dieses Druckverfahrens ist im Malereitraktat von Cennino Cennini in „Il libro dell'Arte", Italien 1400, sowie im „Nürnberger Kunstbuch" aus dem 15. Jahrhundert sehr genau überliefert. Anders als die Zeugdrucke,[7] die auf festen, gröberen Leinengeweben oder Barchent gedruckt wurden, waren die im 17. Jahrhundert durch die „Ostindien Company" trotz Einfuhrverbots nach Europa verbrachten buntbedruckten Stoffe aus außerordentlich feiner Baumwolle. Wenn der Zeugdruck als Imitation von kostbareren Seidengeweben und Stickereien Verwendung fand, ist der Kattundruck als eine gänzlich neuartige, bisher unbekannte Stoffqualität zu sehen, die sich mit ihrer leuchtenden Farbigkeit und den unkomplizierten Eigenschaften der Baumwolle in der Verarbeitung und im

Abb. 3. Originalfragment des Druckmusters Nr. 6

Technologie und Provenienz von „Zitz-Tapeten" 407

Abb. 4, 5. Ausschnittvergrößerung vom Druckmuster Nr. 2; Farbstufungen in rot und violett

Abb. 6, 7. Ausschnittvergrößerung vom Druckmuster Nr. 4; die Farben blau und gelb

kalkhaltigem Wasser und Krapprot. So konnten in den meisten Mustern drei Farbstufen in Rot (Abb. 4), zwei Stufen in Violett (Abb. 5) und eine Stufe oder zwei Stufen in Braun in einem Bad gefärbt werden, da die Farbe nur an den mit der entsprechenden Beize bedruckten Stellen einwirkte. Es entstand eine wasserfeste, waschechte Farbigkeit. Die Blüten und Blätter in Blautönen (Abb. 6 u. 7) wurden entweder in einem zweiten Druckvorgang aufgebracht, oder es wurde wie bei gelben und grünen Tönen „eingeschildert", d. h. die Farben wurden von „Schildermädchen" mit dem Pinsel auf den Stoff gemalt.

An den Seehofer Zitz-Tapeten ist an den ausgeblichenen Blautönen der Blüten und Blätter noch der helle Violettfarbton zu erkennen, der als dunkle Unterfarbe, als zweite Farbstufe, zur Schattierung der Blüten und Blätter diente (Abb. 5). Auch Rot- und Violettöne sind übereinandergedruckt. Mit Nachbehandlungen wie Trocknen, Kleiebädern, Bleichen der Rückseiten der bedruckten Stoffe, gründliches Spülen, Stärken und Glätten bekam der Kattundruck eine leicht glänzende Oberfläche. Die Herstellung großer Musterrapporte und leuchtender Farbigkeit erforderten ein sehr spezielles Wissen und Arbeitsteilung,[13] so daß Manufakturen mit einer größeren Anzahl von Mitarbeitern entstanden. So arbeiteten „Desseiner", Formschneider, Drucker, Färber, Coleurmachermeister, Bleicher und Klopfer.

Abb. 9. Kopie des Druckmusters Nr. 2, Bouquets mit Blüten und Früchten

Das Drucken nach der „ostindischen Manier" wurde zunächst in Frankreich,[14] England und Holland unter Geheimhaltung der Herstellungstechniken schon im 17. Jahrhundert erprobt. Infolge der Edikte, die von den Regierungen in Frankreich, England und Preußen im Interesse der Seiden- und Leinenweber erlassen wurden, keine Kattundrucke einzuführen und herzustellen, ging dort die Herstellung zu Beginn des 18. Jahrhunderts stark zurück. Ein Kupferstich aus

Abb. 8. Oberes Bild: Die früheste bekannte Darstellung einer Kattundruckerei, rechts und Mitte: Modeldrucker und Streicherjungen; links: Schildermädchen.
Unteres Bild: Stückfärben mit Krapp (aus: „A New and Universal Dictionary of Arts and Sciences" von John Barrow, London 1754)

Abb. 10. Ansicht von Hamburg mit Alsterwehr, auf den Wasserbäumen Personen beim Spülen der Kattunbahnen (Staatsarchiv Hamburg)

England von 1750 zeigt den Ablauf des Druckvorgangs. Auf den Stoffbahnen sind große Blumenbouquets zu erkennen (Abb. 8). Zwei Muster der Seehofer Zitz-Tapeten haben ähnliche Bouquets. Es ist nicht auszuschließen, daß sie in England hergestellt wurden.[15]

Es fanden sich aber verschiedenste Hinweise, daß die Stofftapeten in Hamburg gedruckt wurden. In den freien Hansestädten Bremen und Hamburg, die nicht durch Verbote eingeschränkt, durch den Seehandel jedoch begünstigt waren, konnten sich Kattundruckereien in der ersten Hälfte des 18. Jahrhunderts entwickeln. Die sehr feinen Baumwollstoffe als Druckgrund wurden über die Ost-Indien-Companie aus Indien importiert, da in Europa feine Gewebe mit Baumwolle in Kette und Schuß erst gegen Ende des 18./Anfang des 19. Jahrhunderts nach der Erfindung von Spinnmaschinen in England gewebt werden konnten.

Auch das Wissen um die Drucktechniken soll durch holländische Kattundrucker von Indien nach Hamburg gelangt sein. So wird Hamburg einer der ersten Orte[16] in Deutschland gewesen sein, an dem sich im 18. Jahrhundert ein Zentrum der Kattundruckerei entwickelte.[17] Günstig wirkten sich hier fließende Gewässer und große Rasenflächen für die Bleiche aus. Noch heute weisen Straßennamen wie „Große Bleichen" und „Bleichstraße" darauf hin (Abb. 10). In der Zeit von 1730-58 soll es 16 Manufakturen gegeben haben, 1784 zusammen mit den Orten Altona und Wandsbeck sogar 32. Hier sollen bis zum Ende des 18. Jahrhunderts die besonders feinen, weißgrundigen Zitze gedruckt worden sein.[18]

Ein direkter Hinweis auf den Herkunftsort Hamburg für die Zitz-Tapeten von Schloß Seehof findet sich in den Ämterrechnungen des Schlosses. In der Eintragung vom 29. Oktober 1751 wird berichtet, daß der Bamberger Händler Leon-

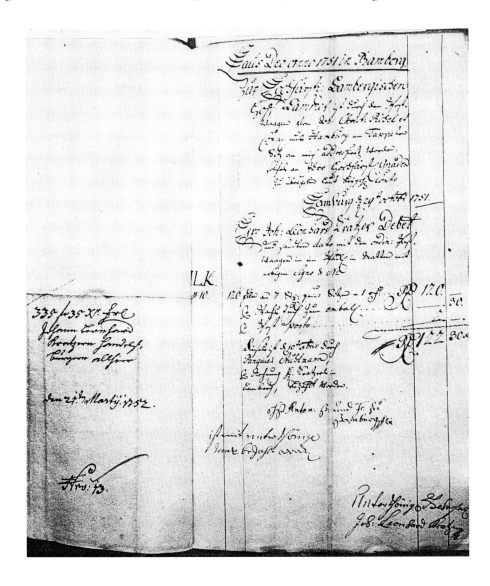

Abb. 11. Ämterrechnung von Schloß Seehof

12

13

14

15

16

17

hard Kratzer 120 Ellen an 7 Stück feine Zitz-Tapeten von Johann Christian Pichel & Comp. aus Hamburg in Rechnung gestellt und durch ein Bamberger Bankhaus bezahlt erhielt (Abb. 11).[19] Ein Handelshaus Johann Christian Pichel & Comp. wird in Hamburg seit 1728 geführt.[20] Beispiele des Hamburger Kattundruckes konnten in einer Mappe mit Tapetenentwürfen mit der Aufschrift „Munster Buch von Musick & Remmers, Anno 1747" zum Vergleich herangezogen werden (Abb. 12 u. 13).[21] Diese Sammlung kam 1829 in den Besitz des Bamberger Kunstsammlers Martin Joh. von Reiden, der sie 1920 dem Museum für Hamburgische Geschichte übergab. Hinrich Musick war Kattundrucker und Abraham Remmers Kaufmann, beide in Hamburg um 1747 ansässig. Die Musterentwürfe auf Karton zeigen im gleichen Stil wie die Zitztapeten von Schloß Seehof großblumige Blütenranken (Abb. 14 u. 15). Auch die Detailzeichnungen mit eingerollten Blattmotiven und aufbrechenden Früchten sind den Seehofer Mustern sehr ähnlich, aber nicht identisch.

Die in den Ämterrechnungen von Schloß Seehof erwähnte Firma Joh. Pichel & Comp. war ein Handelshaus. Der „Sozius & Comgangnon" Paul Dankert wurde vom Vater Christian Pichel, der 1728 starb, für seinen unmündigen Sohn testamentarisch zur Führung der Handlung bestimmt. Nach dem Tod Paul Dankerts, 1757, führte seine Witwe eine Kattundruckerei unter dem Namen „Sel. Paul Dankert Wwe. et Comp." weiter. Demnach wird es eine Kattundruckerei Paul Dankert gegeben haben. Eine Kattundruckerei des Joh. Christian Pichel ist erst 1762 in Wandsbeck urkundlich belegt.

Auf zwei Druckstoffen von Schloß Seehof befinden sich Signaturen und Stempel (Abb. 18). Am Anfangsstreifen des Musters Nr. 7 sind vier unterschiedliche Markenzeichen aufgedruckt. Die schwarz umrandeten Buchstaben -D C P- können mit großer Wahrscheinlichkeit als Firmenzeichen von Dankert als Kattundrucker und Christian Pichel als Handelshaus gedeutet werden.[22] Das herzförmige Zeichen rechts daneben kann mit dem Handelshaus der Grundware im Zusammenhang stehen.[23] Zum Zeichen 1/3 Guin finden sich in Schedels Warenlexikon folgende Angaben: „Guinees sind baumwollene Gewebe, Kattune, auch weiße Kattune, die von der ostindischen, asiatischen Gesellschaft nach Europa gebracht werden, so 1 Elle und 3/6 bis 1 Elle und 7/10 breit, 46-47 Ellen lang."[24] Zu den Zeichen auf dem Muster Nr. 1 (Abb. 16), den Buchstaben -S R A- und an anderer Stelle -W:M-, sind leider keine eindeutigen Erklärungen zu geben. In den Nachforschungen von Martin Knorr sind über 40 Firmennamen als Kattundrucker für Hamburg aufgeführt, die auf die Initialen hin überprüft wurden.[25] Obwohl eine Zuordnung aus einer bestimmten Kattundruckerei durch wechselnde Verbindungen der Handelshäuser und Kattundrucker erschwert ist, können nach den bisher verfügbaren Quellen und stilistischen Merkmalen die Zitz-Tapeten in Hamburger Manufakturen des 18. Jahrhunderts hergestellt worden sein.

Abb. 18. Stempelaufdrucke, Zitz-Tapete Muster Nr. 7

Abb. 12, 13. Musterblätter aus der Mustermappe von Musick und Remmers

Abb. 14. Detail der Blüten- und Blattformen des Muster Nr. 8 aus Schloß Seehof

Abb. 15. Detail der Blütenranken des Musters Nr. 1 aus Schloß Seehof

Abb. 16. Stempelaufdrucke, Zitz-Tapete Muster Nr. 1

Abb. 17. Kopie der Zitz-Tapete Muster Nr. 7

ANMERKUNGEN

1 HANNELORE HERRMANN, *Dokumentation zur Rekonstruktion der bedruckten Stofftapeten in Schloß Seehof*, in: Jahrbuch der Bayerischen Denkmalpflege, Bd. 33, 1979, München 1983, S. 137-148.
2 Staatsarchiv Bamberg, Bestand: Bamberger Hofkammer Rep.: B 54, Nr. 756.
3 Aus: *Quellen zur Geschichte des Barocks in Franken unter dem Einfluß des Hauses Schönborn*, bearb. von MAX V. FREEDEN, Veröffentlichung der Gesellschaft für Fränkische Geschichte, Würzburg 1955, S. 348.
4 YORK LANGENSTEIN/MICHAEL PETZET, *Geschichte und Baugeschichte der ehemaligen fürstbischöflich-bambergischen Sommerresidenz*, in: Denkmalpflege Informationen: Seehof, Baugeschichte und Restaurierung von Schloß und Park, Ausg. A Nr. 53/2. August 1985, S. 1-19, hier S. 8 ff.
5 Staatsarchiv Bamberg, A 231 I Nr. 2331 I und A 231 I, Nr. 2330 I, Hofkostgeldliste vom 28. Dezember 1749-3. Juni 1750.
6 LEONIE VON WILCKENS, *Die textilen Künste von der Spätantike bis um 1500*, München 1991.
7 JUTTA ZANDER-SEIDEL, *„So wird es gut erhaben, gleich als der Sammet". Textile Gewebeimitationen des späten Mittelalters und der frühen Neuzeit*, in: Anzeiger des Germanischen Nationalmuseums, 1995.
8 RUTH SCHILLINGER, *Die wirtschaftliche Entwicklung des Stoffdruckes*, Köln/Obladen 1964.
9 CLAUDIA SELHEIM, *Das textile Angebot eines ländlichen Warenlagers in Süddeutschland 1778-1824*, Bd. I, Würzburg 1994.
10 K. U. A. BÜHLER OPPENHEIM, *Textilsammlung F. J.-H. im Museum für Völkerkunde*, Basel 1948, S. 249.
11 R. HALLER, *Zum Chemismus und zur Technik der Türkischrotfärberei*, in: Ciba-Rundschau, 47, Basel 1940.
12 JUDITH H. HOFENK DE GRAAFF, *De Techniek van Sits en Katoendruk*, in: SITS, Ost-West Relaties in Textil, Rijksmuseum voor Volkunde Arnheim.
13 JOHANNES HUGO KOCH, *Mit Model Krapp und Indigo, vom Alten Handdruck auf Kattun und Leinwand*, Hamburg 1984.
14 A. JUVET-MICHEL, *Der französische Zeugdruck im 18. Jahrhundert*, Ciba-Rundschau, Nr. 28, Basel 1938.
15 PETER FLOUD, *Der britische Zeugdruck von 1676 bis 1840*, Ciba-Rundschau 1961/1.
16 In dem Werk von R. FORRER, *Die Kunst des Zeugdrucks*, Straßburg 1898, findet sich folgende Angabe zur Kattundruckerei in Augsburg: Die Firma Schüle hat erst um 1770 eine größere Zahl von Beschäftigten. Schüle hielt sich längere Zeit in Hamburg auf, um den Kattundruck zu erlernen. Eine Musterzeichnerin mit dem Namen Friedrich wurde mit 1000 Dukaten Gehalt eingestellt, die 1792 wieder zurück nach Hamburg ging und mit der Firma Schöppler und Hartmann zusammenarbeitete.
17 MARTIN KNORR, *Mit Druckform, Krapp und Indigo. Die Geschichte der Hamburger Zitzkattun- und Blaudruckerei vom Ende des 17. bis zur Mitte des 19. Jahrhunderts*, 4 Bände maschinengeschriebenes Manuskript, 1978: Hamburger Staatsarchiv, Handschriftensammlung Nr. 987, 520 Seiten. – Ältere Nachrichten: JONAS V. HESS, *Hamburg, topografisch, politisch und historisch beschrieben*, Hamburg 1789.
18 CHRISTIAN LUDWIG VON GRIESHEIM, *Die Stadt Hamburg in ihrem politischen, ökonomischen und sittlichen Zustand*, Hamburg 1759 und 1760.
19 Staatsarchiv Bamberg: Rep. A. 231 I. Nr. 2332 II, Woche vom 19.-25.III.1752.
20 Für die Angaben danke ich Herrn Archivdirektor Dr. Gabrielsson, Staatsarchiv der Freien und Hansestadt Hamburg.
21 „Historismus", Katalog des Museums für Kunst und Gewerbe, Hamburg 1977.
22 Die Folge der Firmennamen-DCP-, zuerst Dankert und danach das Zeichen von Christian Pichel, entspricht der auf der Mustermappe von Musick und Remmers: Zuerst steht der Name des Kattundruckers und danach der Name des Handelshauses.
23 JOHN IRWIN/KATHARINE B. BRETT, *Origins of Chintz*, London and Her Majesty's Stationary Office, Buttler and Tanner, Ltd., Frome/London 1970.
24 JOHANN CHRISTIAN SCHEDELS *Warenlexikon von 1797*, Offenbach am Mayn 1800, S. 597-599. – KRÜNITZ, *Oecon. Encyklopädie*, 1788, S. 315-316; für die bestätigende Auskunft danke ich Frau Dr. Jutta Zander-Seidel.
25 Für das Zeichen-W:M- könnte das Handelshaus Joh. Wilhelm Möller Hamburg ab 1728 stehen. – MONIQUE DROSSON, *Les inscriptions des Toiles Imprimées*, in: Bulletin de Liaison CIETA, Nr. 63/64, Lyon

ABBILDUNGSNACHWEIS

BAYERISCHES LANDESAMT FÜR DENKMALPFLEGE, AUSSENSTELLE SCHLOSS SEEHOF, Restaurierungswerkstätten: *Abb. 1-7, 9, 12-18*
STAATSARCHIV BAMBERG: *Abb. 11*
STAATSARCHIV HAMBURG: *Abb. 10*
Repro aus JOHN BARROW, A NEW AND UNIVERSAL DICTIONARY OF ARTS AND SCIENCES, LONDON 1754: *Abb. 8*

Bernhard Symank

Die Freilegung und Restaurierung der „Grünen Hirsche" von Franz Marc auf der Staffelalm/Jachenau

Als am 17. Juli 1992 ein Besuch der Staffelalm, gemeinsam mit dem Eigentümer und stellvertretenden Bürgermeister der Gemeinde Jachenau, Herrn Orterer, dem damaligen Gebietsreferenten des Bayerischen Landesamtes für Denkmalpflege, Herrn Baudirektor Krösser, sowie Herrn Dr. Schatz, damals Volontär am Landesamt, und mir stattfand, war noch nicht zu erwarten, daß sich daraus vor Ort eine über 100 Tage (und Nächte) dauernde Restaurierung entwickeln könnte. Die von mir an diesem Tag durchgeführten rasterförmigen Befundöffnungen an allen Wänden des Wohnraumes belegten zwar eine Vielzahl von zum Teil farbigen Fassungen, konnten aber noch nicht das Vorhandensein einer Malerei beweisen. Insgesamt wurden bis zu zwanzig übereinanderliegende Kalkanstriche auf dem verputzten Natursteinmauerwerk gefunden. Eine Ausnahme bildete hier der bereits bekannte und Franz Marc zugeschriebene „Kuhkopf" in Frontalansicht an der östlichen Wohnraumwand über dem südlichen Fenster: Hier waren offensichtlich vor Ausführung der Malerei alle alten Kalkanstriche mitsamt dem Putzuntergrund entfernt und dann durch Putzneuaufbau ein neuer Malgrund geschaffen worden.

Die von Generalkonservator Prof. Dr. Petzet geforderte Weiterführung der Befunduntersuchung führte dann zum Ziel: Mündliche Überlieferungen innerhalb der Familie Orterer bezeichneten richtig die Lage von nicht genauer bezeichneten „Malereien" an der nördlichen Hälfte der Westwand des Wohnraums über dem Treppenabgang zum Keller (Abb. 1, 2). Nach partieller Abnahme von ca. 10 Anstrichschichten im Bereich einer der oben genannten Rasteröffnungen zeigte sich bald ein Ausschnitt figuraler Malerei, die weitere Ausschnittsvergrößerung führte zur Freilegung des Kopfes einer Hirschkuh. Diese Malerei war im Gegensatz zu oben genanntem Kuhkopf ohne jede Untergrundvorbereitung auf vorhandene Altanstriche aufgetragen. Bei den nun folgenden Befundöffnungen im engeren Umfeld konnte immer wieder diese Leitschicht als Bestand festgestellt werden, so daß einer weiteren Freilegung nichts im Weg stand. Ein Belassen der Malerei im mehrfach überstrichenen Zustand kam nicht in Frage, da das gesamte „Fassungspaket" mit etwa mittig liegender Malereischicht von großen instabilen Bereichen zwischen den unterschiedlichen Anstrichslagen gekennzeichnet war. Sicherungsmaßnahmen in diesem Zustand hätten zudem irreversible Verbindungen auch mit der Malerei zur Folge haben können.

Die Freilegung mittels Skalpell gestaltete sich äußerst schwierig: Unterschiedliche Härtegrade der einzelnen Fassungsschichten über und unter der Malerei (einer der Gründe für die teilweise Abtrennung der Lagen untereinander) zwangen zu kleinstteiligen Arbeitsschritten, immer begleitet von Festigungsmaßnahmen der darunterliegenden Anstrichschichten durch Injektagen (Primal AC 33). Tägliche Freilegefelder von maximal 1-2 qcm waren so keine Seltenheit.

Abb. 1. Staffelalm/Jachenau, „Grüne Hirsche", nach der Restaurierung, 1996

Der von den vier kleinen Fenstern nur spärlich ausgeleuchtete Wohnraum und die auf einer Alm natürlich nicht vorhandene Stromversorgung erleichterten das akribische Arbeiten unter permanenter Verwendung der Lupenbrille nicht gerade. Die bis zum heutigen Tag währende Sorge des Eigentümers, Herrn Orterer, vor Einbruch und Vandalismus an diesem abgelegenen Gebäude erzwang zudem möglichst unauffällige Arbeitsaufenthalte und verbat natürlich die Aufstellung von Dieselgeneratoren etc. Unabhängig von der Wetterlage mußte neben der Verwendung von Gaslampen auch die Hüttentür als Lichtquelle dienen und ständig geöffnet bleiben. Das Vorhandensein einer typischen Moor- und Sumpfvegetation u.a. mit Knabenkraut in der Umgebung der eigentlich an einem Südhang gelegenen Almhütte (bedingt durch die Staulage des Rabenkopfes), die immer wiederkehrenden Behinderungen durch Murenabgänge „auf dem Weg zur Arbeit" sowie ab und zu auch das Schmelzen von Schnee zur Erzeugung des Brauchwassers aufgrund der eingefrorenen, sonst durch Quellwasser gespeisten Wasserleitung, mögen hier als kurzes klimatisches Schlaglicht zu den Arbeitsbedingungen zwischen Mai und November in 1340 Metern Höhe genügen (Abb. 4).

Nach der Freilegung eröffnete sich dem Betrachter eine ungewöhnliche Szene: In exakter Seitenansicht ist ein röhrender Hirsch dargestellt, dem eine Hirschkuh folgt (Abb. 1). Als Hintergrund ist eine Landschaft angedeutet, den „Boden" bilden große stilisierte Pflanzen. Allein die Reihenfolge der Tiere stieß bei Förstern und Waldarbeitern, die durch häufige Besuche den Fortgang der Arbeit interessiert verfolgten, auf Verwunderung: Ihren Beobachtungen in der freien Wildbahn entsprechend folgt der Hirsch in der Brunftzeit der Hirschkuh. Die dargestellten Pflanzen wurden von diesem Personenkreis eindeutig als „Gemswurz" bzw. „Weißer Germer" erkannt. Eine Signatur des Malers konnte nicht gefunden werden, der Kuhkopf an der Ostwand ist allerdings ebenfalls nicht signiert.

Die Malerei bedeckt eine Fläche von ca. 56 x 123 cm, besitzt kein rahmendes Beiwerk und liegt mit ihrem unteren Abschluß nur 80 cm oberhalb des Bodenniveaus. Kein Wunder also, daß die Befundöffnungen am 17. Juli 1992 kein Ergebnis brachten, wurde doch in der Höhenausrichtung der zu suchenden Malerei eine zumindest ähnliche Lage angenommen wie beim Kuhkopf. Die Bildebene „hängt" aus der Waagerechten leicht nach rechts unten. Franz Marc dürfte also bei der Ausführung der Malerei auf einer der Stufen der Kellerstiege gestanden haben; die Körpergröße des Malers sowie genügender Abstand zur Bildebene für die Pinselführung ermöglichen diese Schlußfolgerung. Die Malerei ist zum Teil mit bleistiftartigen Strichen vorgezeichnet, entsprechende Linien lassen sich am Kopf der Hirschkuh und an ihren Vorderläufen feststellen. Dann erfolgte die Ausführung der Hirsche in kräftigen grünen Farbtönen, die zum Teil in transparente grüne Lasuren eingebettet sind. Die Malerei hält sich dabei sehr genau an die oben genannte Vorzeichnung, die Verwendung eines sehr feinen Pinsels für die Pflanzen-, vor allem aber für die Tierdarstellungen, ist der Grund für den fast skizzenhaft zu nennenden Charakter des Bildes. Ein kleiner Einschnitt im sonst geradlinigen Verlauf des Hirschrückens kennzeichnet eine malerische Korrektur, die Franz Marc be-

Abb. 2. Staffelalm, Wandmalerei über der Kellerstiege, 1993

reits während der Ausführung vorgenommen hat: Der bereits ausgeführte Schwanz des Hirsches, noch gut zu erkennen, geht im Zug der Korrektur über in die Vorderkante des linken Schenkels, der Körper wurde um dessen Breite auf das jetzige Maß verlängert. Lasierende braune Striche bilden die Konturlinien der Hirsche. Zuletzt wurden die Pflanzen (Grün) sowie die Andeutung der Landschaft (in lasierendem Braunton), unter teilweiser Abdeckung der oben genannten grünen Hintergrundlasuren ausgeführt. Unterhalb der Pflanzen läßt sich ein heller, grau erscheinender Lasurauftrag erkennen, eventuell ein reiner Bindemittelauftrag zur Egalisierung der Saugfähigkeit des Malgrundes vor Ausführung der Malerei. Als Bindemittel fand eine Öl-Tempera Verwendung. Die Retuschen der auch bei dieser Freilegung zwangsläufig aufgetretenen Fehlstellen wurden im letzten Arbeitsgang in Aquarelltechnik unter Zuhilfenahme der Lupenbrille ausgeführt.

Die Lage der Malerei an der Trennwand vom Wohnraum zum Stall bewahrte sie vor zerstörerischen Einflüssen durch Feuchtigkeit und Salz, wie sie z.T. an den Außenwänden in Erscheinung treten. Allerdings war unterhalb der Bildebene, von der Kellerwand herauf, aufsteigende Feuchtigkeit mit entsprechenden Schäden festzustellen. Durch Einbau einer Horizontalsperre in Fußbodenhöhe des Wohnraums wurde versucht, dieser Feuchtigkeitswanderung Einhalt zu gebieten. Für das Verlegen der Horizontalsperren, bestehend aus ca. 12 cm breiten und 2 mm starken Edelstahlstreifen, wurden von der Stall- wie Wohnraumseite aus mittels Hammer und Meißel Fugen des Bruchsteinmauerwerks geöffnet. Die Sperren folgen also dem sehr unregelmäßigen Fugenverlauf eines solchen Mauerwerks.

Die Almhütte ist mit Ausnahme des kleinen Kellergewölbes auf den vorhandenen Geländestrukturen (z.T. Fels) gegründet. Da die oben genannte malereitragende Innenwand in die nördliche Außenmauer einbindet, schien es notwendig, hier den äußeren Sockelbereich zu untersuchen. Nach dem Freilegen (Ausgraben) des Mauerfußes auf ca. 4 Meter Länge konnten zwei größere Löcher festgestellt werden, die mit unterschiedlich großen Klaubsteinen aus der Umgebung zugesetzt waren. Meine verzweifelten Versuche, den aufgegrabenen Sockel während eines Gewittersturmes mit Folien vor dem Zufluten zu bewahren, gehören zu den nachdrücklichsten Erinnerungen. Auch das Schicksal der Sennerin Corona Müller, die während eines Almsommers im letzten Jahrhundert vom Blitz erschlagen wurde und an die ein Steintäfelchen im Wohnraum der Alm erinnert, hat mich damals kaum beruhigt.

Gesteigertes öffentliches Interesse an der neuaufgedeckten Malerei Franz Marcs, nicht zuletzt auch aufgrund entsprechender Zeitungsartikel und einer Fernsehsendung, steht im Widerspruch zu den Möglichkeiten des Eigentümers, die Alm einem interessierten Publikum zu öffnen. Zudem häuften sich in meinen Notizen im Restaurierungszeitraum Bemerkungen über allzu rabiates Auftreten von Wanderern unter dem Motto: Alles im Gebirge gehört der Allgemeinheit. Ausgenommen seien hier die Einheimischen, die immer zu den gern gesehenen Besuchern zählten und von den angewandten „Abwehrmaßnahmen" wußten. So steht zum Almaufenthalt im Juni 1993 in meinen Notizen geschrieben: „Habe Wäsche auf eine Leine vor die Tür gehängt (u.a. lange Unterhosen) – abschreckende Wirkung überzeugend." Zur Umlenkung des Besucherverkehrs in das Franz Marc Museum in Kochel habe ich im Anschluß an die Freilegung und Restaurierung vor Ort in den Wintermonaten eine Kopie der Malerei angefertigt, in Nachahmung des Originalzustandes auf einer Platte mit künstlich erzeugter Putzoberfläche als

Abb. 3. Staffelalm, Kuhkopf nach der Restaurierung, 1996

Malschichtträger, in der Ausführung allerdings etwas farbkräftiger, die nun – übrigens als einzige Kopie des Museums – dort ausgestellt ist.

Ein „Nebenprodukt" der Almaufenthalte war die Reinigung des zuvor genannten Kuhkopfes (Abb. 3). Nach Abnahme der Verschmutzung zeigte sich hier, daß die Grundanlage der Malerei in dunklen Grüntönen bestand, die Konturierungen dann in erdigen Braun- und Ockertönen ausgeführt waren. Die Malerei wies hier einige Durchriebstellen der Malschicht auf: das Ergebnis einer etwas unsanften Oberflächenreinigung in der Vergangenheit. Der Malschichtträger war aus den anfangs genannten Gründen in einem guten Zustand. Auch hier wurden die Fehlstellen mit Aquarellfarben geschlossen.

ABBILDUNGSNACHWEIS: Alle Abbildungen vom Verfasser

Abb. 4. Staffelalm, während der Freilegung und Restaurierung, 1994

Hans Stölzl

Mitarbeiter der Abteilung Bodendenkmalpflege
im Bayerischen Landesamt für Denkmalpflege
und freischaffender Graphiker

"Bilder einer Ausstellung"

aus der Ausstellung "Die Römer in Schwaben"
in Augsburg, veranstaltet vom Bayerischen Landesamt
für Denkmalpflege und der Stadt Augsburg,
Mai – November 1985

Leitung: Prof. Dr. Michael Petzet
Graphische Gestaltung: Hans Stölzl
Photographische Aufnahmen: Joachim Sowieja

Michael Petzet, Hans Stölzl, Erwin Keller, Wolfgang Czysz (liegend); Aufnahme 1985

Erwin Keller

25 Jahre archäologische Denkmalpflege unter Michael Petzet

Michael Petzet war gerade Generalkonservator des Bayerischen Landesamtes für Denkmalpflege geworden, als er sich zur Äußerung verleiten ließ, mit der archäologischen Abteilung wisse er nichts anzufangen. Diese Bemerkung verbreitete sich unter den Betroffenen wie ein Lauffeuer und schien für die Zukunft nichts Gutes zu verheißen. Dabei reagierte der oberste Denkmalschützer Bayerns lediglich etwas ratlos auf die Tatsache, daß sich seine fachliche Zuständigkeit per Ernennungsurkunde rund 150 000 Jahre in eine Vergangenheit ausgedehnt hatte, aus der weder Schriftzeugnisse, geschweige denn Bau- und Kunstwerke überliefert sind. 1989 gab sich Michael Petzet schon wesentlich gelassener, als sich das Arbeitsgebiet der archäologischen Denkmalpflege durch Steinwerkzeuge des Homo Heidelbergensis, die in Attenfeld bei Neuburg a. d. Donau[1] gefunden wurden, auf eine halbe Million Jahre in die Zeittiefe ausweitete.

Unter dem neuen Chef setzte ein zügiger Personalausbau ein, und auch finanziell ging es mit der archäologischen Denkmalpflege aufwärts. Standen 1974 Haushaltsmittel in Höhe von DM 400 000,– und 32 Planstellen zur Verfügung,[2] so hatte sich bis 1993 die Stellenzahl mehr als verdreifacht, und die finanzielle Ausstattung übertraf jene des Jahres 1974 um das Zwanzigfache. 1993 war einerseits das Jahr der höchsten Ausbaustände, andererseits aber auch das Jahr der Wende, weil sich die Wirtschaft in der tiefsten Rezession seit Kriegsende befand und im „schlanken Staat" das Heilmittel zur Sanierung der Öffentlichen Haushalte gesehen wurde. Paßte sich die Fiskalpolitik früher der jeweiligen wirtschaftlichen Gesamtlage an, so will sie nun auf Dauer, d. h. auch in Zeiten des konjunkturellen Aufschwungs, auf Sparkurs bleiben. In der Praxis läuft das darauf hinaus, daß sich der Staat auf die Kernbereiche hoheitlicher Aufgaben zurückzieht und abstößt, was sich an die private Wirtschaft delegieren läßt.

Diese Zielsetzung hat natürlich gravierende Auswirkungen auf sämtliche Arbeitsbereiche der archäologischen Denkmalpflege insofern, als außer den im Bayerischen Denkmalschutzgesetz festgelegten Pflichtaufgaben alles auf den Prüfstand kommt. Man kann also nur hoffen, daß von der archäologischen Denkmalpflege im „schlanken Staat" mehr übrigbleibt als ein reines Verwaltungs- und Kontrollinstrument.

In den folgenden Kapiteln werden Themen angesprochen, die in den vergangenen 25 Jahren die Arbeit der archäologischen Denkmalpflege maßgeblich bestimmten. Dabei geht es u.a. um Veränderungen im Grabungswesen, die Inventarisation der Bodendenkmäler, die Einführung naturwissenschaftlicher Datierungs-, Prospektions- und Analyseverfahren in die Praxis sowie um Programme zur Verbesserung des Schutzes von Bodendenkmälern bzw. zur Bildung von Geschichtsbewußtsein in der Bevölkerung. Angesprochen werden aber auch gescheiterte Vorhaben, wie die Einführung des „Schatzregals" in das Bayerische Denkmalschutzgesetz oder die Eindämmung der illegalen „Schatzsuche" mit Metallsonden.

Verlust des Grabungsmonopols an private Firmen

Ende 1974, also nur wenige Monate nach dem Amtsantritt von Michael Petzet, nahm Rainer Christlein (†) in den Resten des spätantiken Kastells Boiotro (Passau-Innstadt) Ausgrabungen auf,[3] die nicht nur fachlich für Aufsehen sorgten, sondern auch eine mittlerweile schon fast 25 Jahre alte Partnerschaft mit der Bundesanstalt für Arbeit begründeten. Seit 1974 kamen Arbeitsbeschaffungsmaßnahmen auch der archäologischen Denkmalpflege zugute und lösten einen Grabungsboom aus, der alles Dagewesene in den Schatten stellte. 1989 wurde der Boom durch arbeitsrechtliche Probleme bei Personaleinstellungen gebremst und 1993 brach er in sich zusammen, weil die Bundesanstalt für Arbeit sparen mußte. Das war die Geburtsstunde privater Grabungsunternehmen, von denen es in Bayern mittlerweile 13 gibt.[4]

Glaubte man früher, daß sich aus den Ergebnissen vieler kleiner Ausgrabungen überregional gültige Geschichtsbilder entwickeln ließen, so hat man jetzt die möglichst umfassende Freilegung einer Fundstelle im Auge, weil jeder Platz eine individuelle Geschichte hat, die sich anderswo nicht gleichartig wiederholt.

Die erste Flächengrabung in Bayern führte Werner Krämer 1952 in Burgheim bei Neuburg a. d. Donau durch, wo er auf einem Areal von nicht einmal 1500 qm die Reste einer frühmittelalterlichen Siedlung freilegte.[5] In wirtschaftlichen Ballungsräumen, wie den Regionen München oder Ingolstadt, sind die zu untersuchenden Flächen im Lauf der Zeit größer und größer geworden und haben in einigen Fällen bereits den Quadratkilometer überschritten.

Bis einschließlich 1992 war die archäologische Denkmalpflege mit Hilfe der Bundesanstalt für Arbeit in der Lage, die durch Baumaßnahmen verursachten Notgrabungen selbst durchzuführen. Dann ließ die Förderung archäologischer Vorhaben durch die Arbeitsverwaltung so stark nach, daß die staatliche Denkmalpflege den Rückzug aus dem Grabungswesen antreten und privaten Firmen, die im Auftrag und auf Rechnung von Bauherren arbeiten, das Feld überlassen mußte.[6] 1995 beschleunigte eine gravierende Haushaltskürzung den skizzierten Prozeß.[7] Ein Leidtragender dieser Entwicklung ist der Staat, weil er in der Mehrheit der Fälle kein Eigentum mehr an Ausgrabungsfunden erwerben kann, gehören diese nach geltendem Recht doch jeweils zur Hälfte den Eigentümern von Ausgrabungsgrundstücken und den grabungsfinanzierenden Bauherren. Es ist also vorprogrammiert, daß archäologische Geschichtszeugnisse künftig in großem Umfang in private Hände gelangen und sich die Museen schwertun werden, ihre Sammlungen auf dem laufenden zu halten. Aber auch die Bauherren haben Grund zur Klage, müssen sie doch wegen der dem Staat verordneten Schlankheitskur Ausgrabungen nach Maßgabe ihrer wirtschaftlichen Kraft mitfinanzieren.[8]

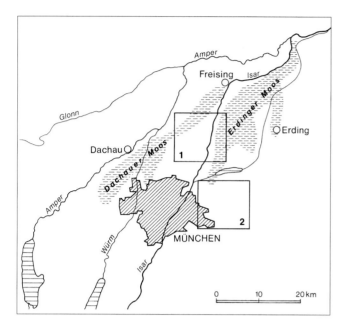

Abb. 1. *Umgebung von München mit Lage der in den Abb. 2 und 3 wiedergegebenen Kartenausschnitte. 1 Nordrand des Dachauer Mooses im Bereich der Gemeinde Eching, Lkr. Freising; 2 Südrand des Erdinger Mooses im Bereich der Gemeinde Kirchheim b. München*

Bis jetzt ist es in Bayern möglich gewesen, eine flächendeckende Bodendenkmalpflege zu betreiben, obwohl im Ausgrabungswesen mittlerweile private Firmen den Ton angeben. Aber auch die Bäume der „privaten Archäologie" werden nicht in den Himmel wachsen, weil das an allen Ecken und Enden fehlende Geld die staatlichen wie die privaten Bauherren zu entschiedenen Gegnern der teuren Grabungsfirmen machte.

Mittlerweile mehren sich die Anzeichen dafür, daß den privaten Firmen eine Auftragsflaute bevorsteht und alle Projekte, die mit der Deutschen Bahn AG oder dem Bundesstraßen- und Autobahnbau zusammenhängen, entweder auf die lange Bank geschoben oder gar nicht mehr verwirklicht werden. Es kann also über kurz oder lang der Fall eintreten, daß sich weder die archäologische Denkmalpflege noch private Firmen aus Mangel an Geld oder Aufträgen in der Lage sehen werden, Ausgrabungen durchzuführen.

INVENTARISATION DER BODENDENKMÄLER

In den letzten Jahren sind mehrere Arbeiten erschienen, die auf den Sinn und Zweck der Erfassung von Bodendenkmälern sowie auf die Methoden eingehen, mit denen man in Bayern archäologische Funde und Fundplätze inventarisiert.[9] Insofern könnte man auf diese Publikationen verweisen und die Feststellung anfügen, daß es in Bayern noch immer nicht gelungen ist, ein Verzeichnis der Bodendenkmäler herzustellen, obwohl das Landesamt für Denkmalpflege schon 90 Jahre lang inventarisiert.

Am 6. September 1908 gab Prinzregent Luitpold die Gründung des Generalkonservatoriums der Kunstdenkmale und Altertümer Bayerns bekannt, das 1917 in Landesamt für Denkmalpflege umbenannt wurde. Unter den 1908 übertragenen Aufgaben stand die Erfassung der „prähistorischen und historischen Denkmale" an erster Stelle, weil ein wirksamer Denkmalschutz und eine sachgerechte Denkmalpflege nur dann möglich sind, wenn man die Dinge kennt, die man schützen will.[10]

Paul Reinecke und Georg Hock, die 1908 als Archäologen an die neu geschaffene Behörde berufen wurden und von München bzw. von Würzburg aus jeweils etwa die Hälfte Bayerns betreuten, konnten den Inventarisationsauftrag nicht erfüllen, weil die gegebene Mittel- und Personalausstattung hierfür nicht ausreichte. Dabei wären tragfähige Fundamente zum Weiterbauen vorhanden gewesen, denn Friedrich Ohlenschlager hatte von 1879 bis 1891 die „Prähistorische Karte von Bayern" vorgelegt,[11] und Franz Weber gab 1909 in der Reihe „Die vorgeschichtlichen Denkmale des Königreiches Bayern" den Band Oberbayern heraus.[12] Außerdem sind im ganzen Land entsprechende Inventare auf Bezirksebene vorbereitet worden.[13]

Auch die zweite Referentengeneration, die eine archäologische Landesaufnahme durchführen wollte, brachte die Inventarisation nicht entscheidend voran, weil die Tagesgeschäfte andere Prioritäten setzten. Dann kam der Zweite Weltkrieg dazwischen, der alle Pläne und Hoffnungen auf bessere Zeiten zunichte machte. Erst in den frühen fünfziger Jahren hatten sich die Verhältnisse wieder soweit konsolidiert, daß man an eine Fortsetzung der Inventarisation denken und die Aufnahme der archäologischen Geländedenkmäler ins Auge fassen konnte. Klaus Schwarz machte damit 1952 in Oberfranken den Anfang.[14] Aber auch dieses Unternehmen, das nach und nach auf ganz Bayern ausgeweitet wurde, blieb kurz vor dem Abschluß auf der Strecke, weil die Bundesanstalt für Arbeit ab der Mitte der siebziger Jahre archäologische Vorhaben mit Millionenbeträgen förderte. Das führte dazu, daß die Erfassung der Bodendenkmäler fast zum Erliegen kam und ein beispielloser Grabungsboom einsetzte.[15]

Den bisher letzten Anlauf zu einer Gesamtinventarisation der Bodendenkmäler hat das Landesamt für Denkmalpflege am 1. Juli 1987 unternommen und zur Erstellung einer Liste der Bodendenkmäler sieben Fachkräfte befristet eingestellt.[16] Geländebegehungen waren zunächst nur in begrenztem Umfang vorgesehen, um den auf drei Jahre festgelegten Zeitrahmen der Inventarisation nicht zu sprengen. Durch die Festanstellung der Inventarisatorengruppe zum Jahresbeginn 1991 konnten die an den Außenstellen, im Landschaftsreferat Oberbayern sowie im Referat „Archäologische Prospektion und Luftbildarchäologie" beschäftigten Fachkräfte ihre Tätigkeit nun auch auf Flurkontrollen ausdehnen.

Das laufende Inventarisationsvorhaben ist zwar primär auf die Herstellung der gesetzlich vorgeschriebenen Liste der Bodendenkmäler ausgerichtet, doch kommen wissenschaftliche Gesichtspunkte insofern nicht zu kurz, als neben den auf

Stichworte verkürzten Listentexten ausführlichere Beschreibungen angefertigt werden. Gleichzeitig mit der Denkmalliste entsteht also ein Kurzinventar.

Sind in Ober- und Unterfranken sowie in Schwaben die Grunddaten mittlerweile aufgenommen, so dürften die anderen Regierungsbezirke diesen Stand in etwa zwei Jahren erreicht haben. Es sieht also ganz danach aus, als könnte die Inventarisation der Bodendenkmäler gut 90 Jahre nach der Gründung des Landesamts für Denkmalpflege endlich erfolgreich abgeschlossen werden. Immerhin ist man in Schwaben bereits dabei, das Benehmen mit den Gemeinden herzustellen.

EINFÜHRUNG NEUER PROSPEKTIONSMETHODEN ZUR ERKUNDUNG VON BODENDENKMÄLERN

Es zeugt von der Weitsicht, aber auch vom Verständnis Michael Petzets für die Belange der Bodendenkmalpflege, daß er 1980 und 1982 grünes Licht für die Einführung der Luftbildarchäologie bzw. der magnetischen Prospektion gab. Über die theoretischen Grundlagen der sich ergänzenden Verfahren und die Anwendungsbereiche in der Praxis ist kürzlich alles Wesentliche geschrieben worden,[17] so daß es schwerfällt, dem Thema neue Facetten abzugewinnen. Gleichwohl möchte der Verfasser, der bis 1982 Gebietsreferent in Oberbayern war, über das Debüt der Luftbildarchäologie auf der Münchner Schotterebene berichten, weil der Einsatz dieses Prospektionsinstruments von heute auf morgen Forschungsmöglichkeiten eröffnete, die einmalig waren.

Fachkreise vertraten bis in die frühen siebziger Jahre die Meinung, die Münchner Schotterebene habe dem Menschen in vor- und frühgeschichtlicher Zeit nur dort reelle Überlebenschancen geboten, wo Oberflächenwasser vorhanden war. Diesen Eindruck vermittelte die 1958 von Friedrich Wagner veröffentlichte archäologische Karte von München und seiner Umgebung, auf der sich die damals bekannten Bodendenkmäler ganz offensichtlich an Würm, Isar und Hachinger Bach

Abb. 2. Aus der Luft festgestellte archäologische Befundflächen im Bereich der Gemeinde Kirchheim b. München, Lkr München. Befundflächen: schraffiert; untersuchte Flächen: schwarz. Kartengrundlage: TK 1:25 000 (verkleinert auf M. 1:75 000), Blatt 7836. Wiedergabe mit Genehmigung des Bayerischen Landesvermessungsamtes München, 1920/97

orientierten.[18] Das Grundwasser, das es überall, wenn auch in unterschiedlichen Tiefen, gab, schien hingegen kein siedlungsbildender Faktor gewesen zu sein.

Heute weiß man, daß jene Zonen der Schotterebene, in denen das Grundwasser in weniger als 5 m Tiefe floß, attraktive und gern aufgesuchte Lebensräume waren. Zu diesen Einsichten verhalf in erster Linie die 1980 eingeführte Luftbildarchäologie, die dafür sorgte, daß die archäologische Denkmalpflege nicht mehr zur Ruhe kam, weil sich durch die Ausweisung von Baugebieten im Vorfeld des Wirtschaftszentrums München Ausgrabungsmöglichkeiten boten, die alle gewohnten Maßstäbe sprengten. 1980 wurden in Kirchheim b. München und in Unterhaching 4,5 bzw. 7 ha große Areale untersucht. 1986 waren auf dem sog. Siemensgelände in Poing bereits 20 ha freizulegen, und 1989 stand im Baugebiet Poing „Am Bergfeld" erstmals eine quadratkilometergroße Fläche für Feldforschungen zur Verfügung. Wo immer in Bayern Siedlungsarchäologie betrieben werden konnte, bessere Voraussetzungen als im Norden und Osten Münchens findet sie nirgends, und wenn Siedlungsarchäologie die Erforschung von Siedlungsgesamtheiten und die Darstellung von Siedlungsvorgängen bedeutet, dann sind z.B. Kirchheim b. München und Eching im Landkreis Freising hierfür prädestinierte Orte (Abb. 1).

Die Gemarkungen Kirchheim b. München und Heimstetten, die im Zuge der Gebietsreform zur Gemeinde Kirchheim b. München zusammenwuchsen, wiesen bis 1969 keine einzige Fundstelle auf. Zehn Jahre später waren es nach einer kräftigen Zunahme der Bautätigkeit bereits 18, und zu diesen kamen durch die Prospektion aus der Luft bis 1982 24 weitere.

Vom ausgehenden Neolithikum bis ins frühe Mittelalter sind inzwischen fast alle Perioden mit Siedlungsresten und Gräberfeldern nachgewiesen, und lenkt man den Blick über die Gemeindegrenzen hinaus, so sieht man, daß sich am Südrand des Erdinger Mooses, in Gebieten geringer Grundwassertiefe, Bodendenkmal an Bodendenkmal reiht (Abb. 2).

Ähnlich verhält es sich auf dem Gemeindegebiet von Eching im Landkreis Freising, von dem bis zur Einführung der Luftbildarchäologie im Jahr 1980 nur einige Grabhügelgruppen bekannt waren. Mittlerweile sind am Nordrand des Dachauer Mooses, dort, wo Brunnen das Grundwasser erreichen konnten, zahlreiche abgegangene Siedlungen und Gräberfelder aus der Luft festgestellt und teilweise ausgegraben worden (Abb. 3).

Gründung des Referats „Feuchtbodenarchäologie"

Die Feuchtbodenarchäologie beschäftigt sich mit den Resten von Siedlungen, die in die Zeit zwischen etwa 4000 und 800 v. Chr. gehören und bei unterschiedlichen Bauweisen in allen eiszeitlich vergletscherten Voralpenländern nachgewiesen sind. An Seeufern, Moorrändern, auf Inseln und nassen Talböden gelegen, kommt diesen Plätzen eine besondere Bedeutung zu, weil sich unter Abschluß vom Sauerstoff der Luft auch organische Materialien wie Holz, Pflanzenreste, Textilien, Leder und Nahrungsmittel vorzüglich erhalten haben. Wertet man diese Substanzen mit Methoden aus, die von bestimmten Naturwissenschaften zur Altersbestimmung sowie zur Rekonstruktion der Wirtschafts- und Umweltgeschichte entwickelt wurden, so lassen sich von den Lebensbedingungen im Neolithikum und in den älteren Metallzeiten überraschend deutliche Bilder zeichnen. Die Erfassung, Sicherung und Bewahrung dieser Denkmälergattung muß also ein vordringliches Anliegen der archäologischen Denkmalpflege sein.

Obwohl das „Pfahlbaufieber" in der Mitte des letzten Jahrhunderts von der Schweiz auch auf Bayern übergriff und 1863 bei der Roseninsel im Starnberger See jungsteinzeitliche Siedlungsreste freigelegt wurden, blieb diese Entdeckung jahrzehntelang singulär. Selbst die 1934 in Pestenacker, Lkr. Landsberg a. Lech, im Tal des Verlorenen Baches auf Moor festgestellten Siedlungsreste fanden in der Fachwelt nur wenig Resonanz, ja, man ging bis in die frühen achtziger Jahre davon aus, daß es in Bayern keine spezifischen Pfahlbaukulturen gegeben habe und schlug deshalb das Angebot aus, sich an dem von der Deutschen Forschungsgemeinschaft seit 1983 geförderten Schwerpunktprogramm „Siedlungsarchäologische Forschungen im Alpenvorland" zu beteiligen.

Aufgrund von Neuentdeckungen in den achtziger Jahren setzte sich mittlerweile jedoch die Überzeugung durch, daß ein unzureichender Forschungsstand die tatsächlichen Verhältnisse verschleiern und eine systematische Erkundung der Feuchtbodendenkmäler, vor allem in nassen Talgründen, zu einer beträchtlichen Vermehrung der Fundstellen führen könnte.[19] Der Einstieg in die professionell betriebene Feuchtbodenarchäologie fand jedoch erst 1988 mit der Aufnahme Bayerns in das schon genannte Schwerpunktprogramm der Deutschen Forschungsgemeinschaft und dem Beginn von Ausgrabungen in den jungsteinzeitlichen Siedlungsresten von Pestenacker statt.[20]

Seit dem 1. August 1993 gibt es am Landesamt für Denkmalpflege das Referat „Feuchtbodenarchäologie", in dem fünf Personen arbeiten.[21] Dieses kleine Team soll einerseits die in Pestenacker durchgeführten Plangrabungen fortsetzen und so rasch wie möglich abschließen. Andererseits sind dem Referat mit der Gründung auch Aufgaben im Denkmalschutz und in der Denkmalpflege zugewachsen, weil die Erkundung feuchtsituierter Fundplätze zwischen Alpenrand und Donau zu den im Bayerischen Denkmalschutzgesetz festgelegten Pflichten gehört. Eine entsprechende Bestandserhebung ist dringend erforderlich, hat doch der Rückgang an Feuchtgebieten durch die verschiedenartigsten Nutzungsansprüche an Grund und Boden nach 1945 zur Zerstörung und Gefährdung vieler Fundplätze geführt. Eine wichtige Aufgabe des Referats ist ferner die Rekonstruktion der Waldgeschichte, weshalb ihm ein Labor zur Altersbestimmung von Hölzern angegliedert ist.[22] Alles in allem wurde durch die Einrichtung eines Referats „Feuchtbodenarchäologie" im Landesamt für Denkmalpflege die Erforschung des Neolithikums und der älteren Metallzeiten auf eine neue Grundlage gestellt und ein Fachzweig etabliert, der sich mit Mensch und Umwelt gleichermaßen beschäftigt.

„Archäologische Schutzzonen" in den Landwirtschaftsflächen

Nach vorsichtigen Schätzungen gehen in den Ackerfluren durch Pflug und Erosion zwischen 5 000 und 10 000 Boden-

Abb. 3. Aus der Luft festgestellte archäologische Befundflächen im Bereich der Gemeinde Eching, Lkr. Freising. Befundflächen: schraffiert; untersuchte Flächen: schwarz. Kartengrundlage: TK 1:25 000 (verkleinert auf M. 1:75 000), Blatt 7835, 7836, 7735, 7736. Wiedergabe mit Genehmigung des Bayerischen Landesvermessungsamtes München, 1920/97

denkmäler langsam aber sicher zugrunde, weil sich die archäologische Denkmalpflege nicht imstande sieht, die gefährdeten Fundplätze nach und nach auszugraben.

Obwohl das Bayerische Denkmalschutzgesetz die Möglichkeit böte, für einen bedingungslosen Objektschutz einzutreten, so würden sich entsprechende Forderungen doch politisch nicht durchsetzen lassen. Und bevor man ihn zu Ende gedacht hat, sollte man auch den Gedanken verwerfen, den Landwirten nach dem Verursacherprinzip die Kosten für Tausende von Ausgrabungen aufzubürden. Im Rahmen eines Alternativprogramms versucht das Landesamt für Denkmalpflege deshalb seit 1986, den Objektschutz vor Ort zu verbessern und wissenschaftlich wie landesgeschichtlich bedeutende Bodendenkmäler in „archäologische Schutzzonen" einzubinden.[23] Dabei arbeitet das Landesamt für Denkmalpflege eng mit dem Bayerischen Landesamt für Umweltschutz zusammen, das prüft, ob sich archäologische Fundplätze in Natur- und Landschaftsschutzgebiete oder in Biotopflächen einbeziehen lassen. Es geht aber auch darum, Landwirte zum Tausch oder Verkauf von Grundstücken zu bewegen und Maßnahmeträger zu finden, die zusammen mit dem Staat den Landerwerb finanzieren sowie die Flächenpflege als Folgelast übernehmen. Wegen der hohen Kosten für Grundstücksankäufe können jedoch nur wenige Denkmäler in „Schutzzonen" integriert werden. Trotzdem ist es einigen Gemeinden und Landkreisen gelungen, „archäologische Schutzzonen" auszuweisen, wobei das Interesse an der Geschichte der eigenen Heimat eine maßgebliche Rolle spielte. Allerdings sei nicht verschwiegen, daß das Programm zusehends an Schwung verliert, weil die Gemeinden und Gebietskörperschaften aus Geldmangel kaum noch Möglichkeiten sehen, die Ausweisung von „archäologischen Schutzzonen" mitzufinanzieren. Die Tatsache, daß selbst in besseren Zeiten nur jeweils ein Bodendenkmal pro Jahr angekauft werden konnte, zeigt, daß dem Objektschutz vor Ort immer enge Grenzen gesetzt waren.

Abb. 4. Teilrekonstruierter Apollo-Grannus-Tempel in Faimingen, Stadt Lauingen (Donau), Lkr. Dillingen a. d. Donau. Bayerisches Landesamt für Denkmalpflege Luftbildarchäologie, Aufnahmedatum 11. 6. 1987, Fotograf O. Braasch, Archivnr. 75/428-4, SW 4375-24

Archäologische Parkanlagen

Das Landesamt für Denkmalpflege weiß, daß die Bevölkerung zum Begreifen von Geschichte Anschauungsmaterial braucht, und es weiß auch, daß sich antike Baubefunde zur Vergegenwärtigung von Geschichte besonders gut eignen. Aus diesem Grund sind im Gelände bereits zahlreiche Besichtigungsobjekte entstanden, die insbesondere die konservierten und restaurierten Grundmauern von Gebäuden zeigen. Relativ selten hat man sich bisher an die Rekonstruktion von Teilen des Aufgehenden gewagt und an den vollständigen Wiederaufbau von Gebäuden nur dann, wenn eine museale Nutzung angestrebt wurde.

Beim Rekonstruieren von antiken Gebäuden wird selbstverständlich größter Wert auf eine möglichst genaue Übereinstimmung mit den Originalen gelegt. Das aber ist leichter gesagt als getan, weil sich in unseren Breiten meist nur Fundamente, aber keine architektonischen Details von antiken Bauwerken erhalten haben. Um glaubhaft zu wirken, bleibt häufig nichts anderes übrig, als sich an Vorbildern in fernen Ländern zu orientieren, was aber die Gefahr in sich birgt, daß man von Voraussetzungen ausgeht, die gar nicht zutreffen. Es empfiehlt sich deshalb, in archäologischen Rekonstruktionen lediglich Modelle zu sehen, die schwer lesbare Ausgrabungsbefunde durch die Umsetzung in räumliche Architektur für den Laien verständlich machen sollen.

Mit der Konservierung und Restaurierung vornehmlich römischer Baubestände hat man in Bayern schon im letzten Jahrhundert begonnen, im niederbayerischen Kastell Eining z.B., in dem die ersten Ausgrabungen zwischen 1879 und 1883 stattfanden.[24] 1887 wurde in Regensburg die Porta praetoria des Legionslagers Castra Regina freigestellt, die übrigens das älteste Baudenkmal Bayerns ist.[25] Als Beispiele neueren Datums sind zu nennen der 1987 in Faimingen, Lkr. Dillingen a. d. Donau, der Öffentlichkeit zugänglich gemachte Apollo-Grannus-Tempel (Abb. 4)[26] und der im gleichen Jahr bautenweise im Maßstab 1:1 von der Stadt Kempten (Allgäu) wiedererrichtete gallorömische Tempelbezirk des antiken Cambodunum (Abb. 5)[27]. Angefügt seien Torrekonstruktionen in den Kastellen von Pfünz im oberbayerischen Landkreis Eichstätt[28] und von Weißenburg i. Bay. im mittelfränkischen Landkreis Weißenburg-Gunzenhausen[29].

Wer sich mit dem Gedanken trägt, antike Bausubstanz sichtbar zu erhalten, hat immer nach Kompromissen zwischen den Belangen der Denkmalpflege, dem wissenschaftlich Vertretbaren und den Wünschen der Allgemeinheit zu suchen. In jedem Einzelfall muß auch ein zwingender Anlaß zur Durchführung von Ausgrabungen gegeben sein, weil die archäologische Denkmalpflege angesichts eines überall schwindenden Denkmälerbestands nicht Ausgrabungen vornehmen oder befürworten kann, die nur auf die Gewinnung von Touristenattraktionen abzielen.

Raubgrabungen mit der Metallsonde

Zu einem Problem besonderer Art hat sich die illegale „Schatzsuche" mit Metallsonden entwickelt, die sich auch in Bayern wie eine Seuche ausbreitete und Anfang der neunziger Jahre einen vorläufigen Höhepunkt erreichte. Viele Fundplätze sind seit 1970 so ausgeplündert worden, daß sich dort Ausgrabungen mit wissenschaftlichen Zielsetzungen nicht mehr lohnen.[30]

Als die Ortungsreichweiten der Metalldetektoren noch gering waren und innerhalb der Stärke des Oberflächenerdreichs blieben, brauchte man nicht zu befürchten, daß intakte archäologische Schichten in nennenswertem Umfang gestört würden. Durch die gesteigerte Empfindlichkeit der Geräte hat sich die Situation jedoch grundlegend geändert. Da mittlerweile markstückgroße Objekte auch unter der Humusdecke festgestellt werden können, bleiben letztendlich nur noch die vormetallzeitlichen Fundplätze vor der Ausraubung verschont.

Das Bayerische Denkmalschutzgesetz bietet insofern gewisse Möglichkeiten, die „Schatzsuche" zu kontrollieren, als Bodeneingriffe aufgrund von Detektoranzeigen dem Charakter nach Ausgrabungen darstellen. Diejenigen, die Ortungsgeräte im Gelände einsetzen wollen, haben also die amtliche Erlaubnis nach Art. 7 Abs. 1 Denkmalschutzgesetz einzuholen. Tun sie dies nicht und entziehen sie sich der Fundmeldepflicht, so müssen sie mit der Einleitung von Bußgeldverfahren rechnen. Zur legalen Ausübung der „Schatzsuche" mit Metallsonden ist aber auch die Erlaubnis des Grundeigentümers erforderlich. Liegt diese nicht vor, macht sich derjenige der Unterschlagung schuldig, der Gegenstände freilegt, birgt und sich aneignet. Werden die zutage gekommenen Objekte verkauft oder auf andere Weise veräußert, so ist möglicherweise auch Hehlerei im Spiel.[31]

In der Praxis haben sich die genannten Vorschriften nicht bewährt, weil es nahezu unmöglich ist, Sondengänger auf frischer Tat zu ertappen oder auf andere Weise zu überführen. Schließlich können die Denkmalschutzbehörden die archäologischen Fundplätze nicht rund um die Uhr überwachen.

Es hat auch auf anderen Ebenen Bestrebungen gegeben, die illegale Sondengängerei in den Griff zu bekommen. Unter anderem ist die Einführung einer Meldepflicht für Metallsonden erwogen worden sowie die Reduzierung des Verkaufs auf bestimmte Personengruppen, die entsprechende Geräte zur Berufsausübung benötigen, wie etwa die Polizei zur Spurensicherung oder Archäologen zur Lagebestimmung von Metallgegenständen auf regulären Ausgrabungen.

Den Gedanken, den Verkauf von Metallsonden an eine Registrierungspflicht zu koppeln, hat das Landesamt für Denkmalpflege schon 1983 auf einer Sitzung der Arbeitsgruppe für Recht und Steuerfragen des Deutschen Nationalkomitees für Denkmalschutz vorgetragen und zur Diskussion gestellt. Eine rechtliche Prüfung gab dem Vorhaben damals jedoch keine Chance auf Erfolg, weil der Einsatz von Metallsonden auf archäologischen Fundplätzen keine Gefahr für die öffentliche Sicherheit und Ordnung bedeute. Es kam deshalb etwas überraschend, daß das Deutsche Nationalkomitee für Denkmalschutz 1992 einen Vorstoß mit dem Ziel unternahm, die Abgabe von Metalldetektoren aller Art auf Personen einzugrenzen, die Gewähr für einen nach Denkmal- und Zivilrecht nicht zu beanstandenden Einsatz der Geräte bieten. Offensichtlich ist dieser Vorstoß aber fehlgeschlagen, denn man hat nichts mehr von ihm gehört.

Durch die illegal betriebene Sondengängerei geht der Forschung wichtiges Urkundenmaterial verloren, wenn die mit dem Detektor georteten Funde aus der angestammten Umgebung, d. h. aus den Grab- und Schichtenzusammenhängen, entfernt werden. Dadurch büßen sie ihren authentischen Quellenwert ein und sind für die Geschichtsschreibung nur noch bedingt verwertbar, weil aus Urkunden Antiquitäten geworden sind. Hinzu kommt, daß die mit Hilfe der Metallsonde ausgeplünderten Plätze bei späteren Ausgrabungen Fundbilder und Befundzustände bieten, die zwangsläufig zu falschen historischen Schlußfolgerungen führen. Mit anderen

Abb. 5. Zentrum des wiederaufgebauten gallorömischen Tempelbezirks in Kempten (Allgäu)

Worten: Die Rekonstruktion geschichtlicher Vorgänge wird erschwert oder vereitelt.

Abschließend sei festgehalten, daß die illegale „Schatzsuche" kein spezifisch bayerisches, sondern ein internationales Problem ist, das sicher schon gelöst worden wäre, wenn es einfach in die Praxis umsetzbare Lösungsmöglichkeiten gäbe. Es entspricht leider den Tatsachen, daß kein europäisches Denkmalschutzgesetz wirksame Handhaben zur Eindämmung oder Unterbindung des Unwesens bietet. Gesetzgeberische Maßnahmen, wie die Einführung des sog. Schatzregals, könnten sicher manches zum Besseren wenden. Viel wichtiger ist es aber, in der Bevölkerung ein Bewußtsein dafür zu erzeugen, daß die Quellen der Archäologie Geschichtsurkunden, d. h. mit Rohstoffen vergleichbare Güter sind, die uns zu schonendem Umgang und nicht zur schrankenlosen Ausbeutung anvertraut wurden.

1992 hat die Justiz zwei Urteile mit abschreckender Wirkung gefällt, die möglicherweise zu einer Beruhigung der Lage beitrugen.[32] Jedenfalls sind dem Landesamt für Denkmalpflege aus der Sondengängerszene fortan keine besonderen Vorkommnisse mehr gemeldet worden. Dabei hatte sich innerhalb der Gruppe der Sondengänger ein harter Kern gebildet, der vor Betrug, Unterschlagung und Körperverletzung nicht zurückschreckte.

Einführung des Schatzregals in das Bayerische Denkmalschutzgesetz

Das Schatzregal war ursprünglich dazu da, der Krone das Eigentum an solchen Wertobjekten zu sichern, die tiefer lagen als ein Pflug geht. Unter der Geltung des Bürgerlichen Gesetzbuches vom 18. August 1896 verstehen Rechtsprechung und Literatur das Schatzregal als Sonderrecht für Kulturgüter, das dem Staat Alleineigentum an einer Fundsache zuspricht. Das Schatzregal weicht somit von der Vorschrift des § 984 BGB ab, nach dem herrenlose Funde jeweils zur Hälfte dem Grundeigentümer und dem Entdecker gehören.

Noch ist die Meinung weitverbreitet, das Schatzregal käme einer Enteignung durch die Hintertür gleich und sei deshalb eine dubiose Sache. Das ist nicht der Fall, denn das Bundesverfassungsgericht hat im Beschluß vom 18. Mai 1988 die Rechtmäßigkeit des Schatzregals ausdrücklich bestätigt.[33]

Mit Ausnahme von Bayern, Hessen und Nordrhein-Westfalen sind in allen Ländern der Bundesrepublik Deutschland Schatzregale unterschiedlicher Ausprägung üblich, wobei man – vereinfacht ausgedrückt – zwischen „großen" und „kleinen" unterscheiden kann. „Kleine" Schatzregale sichern dem Staat Alleineigentum an allen Funden, die er selbst ausgräbt. Die „großen" räumen dem Staat außerdem Eigentumsrechte an Funden von besonderer wissenschaftlicher Bedeutung ein, auch wenn diese nicht aus staatlichen Nachforschungen stammen. Einige „große" Schatzregale greifen über den Bereich der Archäologie hinaus und erfassen zudem Denkmäler der Erd-, Pflanzen- und Tiergeschichte.

Der Freistaat Bayern könnte sich also am Beispiel anderer Länder orientieren und, gestützt auf den Beschluß des Bundesverfassungsgerichts, von der Regelfolge des § 984 BGB abweichende Bestimmungen erlassen, d. h. das Schatzregal einführen.

In früheren Veröffentlichungen und Stellungnahmen hat das Landesamt für Denkmalpflege das archäologische Schatzregal vor allem als Mittel zur Eindämmung der illegalen Sondengängerei angesehen, immer aber auch darauf hingewiesen, daß dieses Instrument in rechtlicher Hinsicht zwar für klare Verhältnisse sorgen, in der Praxis aber nicht allzuviel zur Lösung des Problems beitragen könne.

Anfang der neunziger Jahre stellte das Landesamt für Denkmalpflege auf Weisung des Bayerischen Staatsministeriums für Unterricht, Kultus, Wissenschaft und Kunst Argumente zusammen, die für und gegen die Einführung des Schatzregals in das Bayerische Denkmalschutzgesetz sprechen. Im Zusammenhang damit machte das Landesamt für Denkmalpflege geltend, daß Bayern von den Schatzregalländern Baden-Württemberg, Thüringen und Sachsen umgeben sei, in denen alle geschichtlich und wissenschaftlich bedeutenden Funde von vornherein dem Staat gehörten. In der Praxis wirke sich das so aus, daß Metallgegenstände, die z.B. in Baden-Württemberg auf gesetzwidrige Weise geborgen würden, sich dort nur unter der Hand absetzen ließen, weil sie im Eigentum des Landes stünden. Versehe man sie jedoch mit bayerischen Fundortangaben, so tue man sich beim Verkauf leichter, weil der Freistaat keine Eigentumsansprüche auf sie anmelden könne.

Im behandelten Fall wäre das Schatzregal also ein Mittel zur Eindämmung des „Fundtourismus" von den Schatzregalländern Baden-Württemberg, Thüringen und Sachsen nach Bayern gewesen.

Ein weiterer Grund, aus dem das Landesamt für Denkmalpflege für die Übernahme des Schatzregals plädierte, war der Paragraph 984 BGB, der archäologische Funde jeweils zur Hälfte den Entdeckern und den Eigentümern jener Grundstücke zuspricht, aus denen sie stammen. Diese Regelung fördert die Abwanderung von Funden in Privatsammlungen und in den Kunsthandel immer dann, wenn sich die öffentliche Hand nicht in der Lage sieht, die marktüblichen Preise zu bezahlen. In diesem Spiel ist der Staat insofern erpreßbar, als Grabinventare, Horte oder Siedlungskomplexe der Forschung geschlossen, d. h. in allen Teilen zugänglich bleiben müssen. Abwenden ließen sich Fundteilungen durch ein Schatzregal, das dem Staat exklusive Eigentumsrechte an beweglichen Bodendenkmälern sichern würde.

Mittlerweile sind die Argumente, mit denen das Landesamt für Denkmalpflege die Einführung eines bayerischen Schatzregals untermauerte, wenn schon nicht gegenstandslos, so doch nebensächlich geworden, weil die archäologische Denkmalpflege das „Grabungsmonopol" an private Firmen verloren hat. Das heißt: Das Landesamt für Denkmalpflege kann größere Grabungen nicht mehr in eigener Regie durchführen und deshalb kaum noch Eigentum an Ausgrabungsfunden erwerben. Damit sind die Voraussetzungen für das „kleine" Schatzregal entfallen, das dem Staat umfassende Eigentumsrechte an allen Funden sichert, die er selbst ausgräbt. Es wäre also unfair, den Bauherren Grabungskosten aufzubürden und obendrein die entschädigungslose Abgabe der Funde an den Staat zu verlangen. Aus diesem Grund wird das Landesamt für Denkmalpflege die Einführung des Schatzregals in das Bayerische Denkmalschutzgesetz nicht weiterverfolgen.

RÜCKBLICK UND AUSBLICK

Es ist zwar nicht so, daß kein Stein auf dem anderen geblieben wäre, trotzdem hat sich einiges in den letzten 25 Jahren verändert, was fest gefügt und unwandelbar schien. Wer hätte gedacht, daß das Landesamt für Denkmalpflege das jahrzehntelang ausgeübte Grabungsmonopol an marktwirtschaftlich orientierte Unternehmen verlieren könnte. Und doch ist dies geschehen, weil das Landesamt für Denkmalpflege aus Mangel an Geld und Personal den Rückzug aus dem Grabungswesen antreten mußte. Einschließlich der Einmannbetriebe gibt es in Bayern mittlerweile 13 Firmen, von denen allein sieben im Großraum München ansässig sind. Ob der Markt das verträgt, wird sich zeigen, denn offensichtlich verlagert sich das wirtschaftliche Geschehen vom teuren Ballungszentrum München in die billigeren Regionen.

Die Ausweisung archäologischer Schutzzonen und die Einrichtung archäologischer Parkanlagen kommen nicht mehr voran, weil weder die archäologische Denkmalpflege noch die Kommunen und Gebietskörperschaften in der Lage sind, hierfür Mittel aufzubringen. Wahrscheinlich ist es auch nur noch eine Frage der Zeit, bis die Flugprospektion aus dem gleichen Grund eingestellt werden muß. Dabei handelt es sich bei ihr um eine zentrale Einrichtung mit überregionalen Aufgaben auf dem Gebiet der Inventarisation von Bodendenkmälern. Diesem Thema hat sich auch das Referat „Feuchtbodenarchäologie" verschrieben, das sich mit den an Seeufern, auf Inseln und in nassen Talböden gelegenen Siedlungsresten aus der Zeit zwischen etwa 4000 und 800 v. Chr. beschäftigt und diese Plätze mit speziellen Methoden erkundet. Obwohl die Erfassung der Bodendenkmäler seit der Gründung des Landesamts für Denkmalpflege im Jahr 1908 unter keinem guten Stern stand, dürfte die 1987 gestartete Gesamtinventarisation in einigen Jahren zum Abschluß kommen, weil für diese Aufgabe seit 1991 festangestelltes Personal zur Verfügung steht.

Für die Einführung eines archäologischen „Schatzregals" sind dem Landesamt für Denkmalpflege die Argumente ausgegangen, weil der Staat kaum noch Eigentum an Ausgrabungsfunden erwerben kann und sich deshalb nicht an den grabungsfinanzierenden Bauherren schadlos halten sollte. Auch die illegale „Schatzsuche" mit Metallsonden war nicht in den Griff zu bekommen. Wenn es auch so aussieht, als sei eine Beruhigung der Lage eingetreten, so sind hierfür sicher nicht die eindringlichen Apelle der archäologischen Denkmalpflege verantwortlich, sondern eher wohl die Tatsache, daß sich weitere Suchaktionen an vielen ausgeplünderten Fundplätzen nicht mehr lohnen.

Zu den größten Enttäuschungen, die Michael Petzet beruflich erlebte, gehörte der 1982 von Rainer Christlein (†) unternommene Versuch, die archäologische Abteilung aus dem Landesamt für Denkmalpflege herauszubrechen, sie der Prähistorischen Staatssammlung anzugliedern und die Leitung beider Einrichtungen zu übernehmen. Gelegentlich sind auch schon früher entsprechende Pläne geschmiedet, aber jedes Mal wieder verworfen worden, weil fachlich keine Verbesserungen zu erwarten waren oder sie sich nicht finanzieren ließen.[14] Im Rückblick zeigt sich, daß die archäologische Denkmalpflege im Verbund mit der Bau- und Kunstdenkmalpflege so gut gefahren ist, daß heute niemand mehr an Trennung denkt. Im Grunde genommen kommt es auch gar nicht auf die Organisationsformen an, in denen man arbeitet, sondern darauf, daß man sich versteht, und das ist der Fall.

Vom Aufschwung, den die Denkmalpflege unter Michael Petzet nahm, profitierte auch die Archäologie, die flächendeckend arbeiten und das Ausgrabungswesen in einem nicht für möglich gehaltenen Maß ausweiten konnte. Die Folge waren so erstaunliche Zugewinne an Geschichtskenntnis, daß nun auch in den vorchristlichen Perioden die Leitlinien des historischen Geschehens klar hervortreten.

Die archäologische Denkmalpflege hat somit allen Grund, Michael Petzet zu danken und ihm alles Gute für den weiteren Lebensweg zu wünschen.

ANMERKUNGEN

1 KARL HEINZ RIEDER, *Artefakte des Altpaläolithikums von Attenfeld, Gemeinde Bergheim, Landkreis Neuburg-Schrobenhausen, Oberbayern,* in: Das Archäologische Jahr in Bayern 1989, Bayerisches Landesamt für Denkmalpflege/Gesellschaft für Archäologie in Bayern (Hrsg.), Stuttgart 1990, S. 24 f. – DERS., *Spuren des frühen Menschen im Donautal,* in: Karl Heinz Rieder/Andreas Tillmann (Hrsg.), Archäologie um Ingolstadt. Die archäologischen Untersuchungen beim Bau der B 16 und der Bahnverlegung, 1995, S. 21.

2 *Schätze aus Bayerns Erde. 75 Jahre archäologische Denkmalpflege in Bayern,* Arbeitshefte des Bayerischen Landesamtes für Denkmalpflege, Bd. 17, Michael Petzet (Hrsg.), München 1983, S. 13. – Jahrbuch der Bayerischen Denkmalpflege, Bd. 29 (1972-74), München 1975, S. 218 f.

3 RAINER CHRISTLEIN, *Ausgrabungen im spätrömischen Kastell Boiotro zu Passau-Innstadt,* in: Ostbairische Grenzmarken, 18, 1976, S. 30 mit Anm. 22.

4 ERWIN KELLER, *Vorwort,* in: Das Archäologische Jahr in Bayern, 1993, Bayerisches Landesamt für Denkmalpflege/Gesellschaft für Archäologie in Bayern (Hrsg.), Stuttgart 1994, S. 11 f.

5 Bayerische Vorgeschichtsblätter, 18/19, 1951/52, S. 200 ff.

6 ERWIN KELLER (wie Anm. 4).

7 ERWIN KELLER, *Vorwort,* in: Das Archäologische Jahr in Bayern, 1994, Bayerisches Landesamt für Denkmalpflege/Gesellschaft für Archäologie in Bayern (Hrsg.), Stuttgart 1995, S. 9.

8 Ebd. – ERWIN KELLER, *Vorwort,* in: Das Archäologische Jahr in Bayern, 1995, Bayerisches Landesamt für Denkmalpflege/Gesellschaft für Archäologie in Bayern (Hrsg.), Stuttgart 1996, S. 9.

9 ERWIN KELLER, *Inventarisation vor- und frühgeschichtlicher Denkmale,* in: Denkmalinventarisation, Denkmalerfassung als Grundlage des Denkmalschutzes, Arbeitshefte des Bayerischen Landesamtes für Denkmalpflege, Bd. 38, München 1989, S. 70 ff. – DERS., *Inventarisation der*

Bodendenkmäler und „archäologische Schutzzonen" in den Landwirtschaftsflächen, in: Archäologische Prospektion. Luftbildarchäologie und Geophysik, Arbeitshefte des Bayerischen Landesamtes für Denkmalpflege, Bd. 59, Michael Petzet (Hrsg.), München 1996, S. 9 ff.

10 *Schätze aus Bayerns Erde* (wie Anm. 2), S. 22.

11 FRIEDRICH OHLENSCHLAGER, *Prähistorische Karte von Bayern. 15 Karten mit tabellarischer Übersicht der Fundorte,* 1879-1891.

12 FRANZ WEBER, *Die vorgeschichtlichen Denkmale des Königreiches Bayern I. Oberbayern,* 1909.

13 KLAUS SCHWARZ, *Vom Werden der Landesarchäologie,* in: Bericht der Bayerischen Bodendenkmalpflege, 13/14, 1972/73 (1977), S. 224.

14 KLAUS SCHWARZ, *Die vor- und frühgeschichtlichen Geländedenkmäler Oberfrankens,* Materialhefte zur Bayerischen Vorgeschichte, 5, 1955.

15 ERWIN KELLER 1989 (wie Anm. 9), S. 70.

16 Ebd.

17 *Archäologische Prospektion. Luftbildarchäologie und Geophysik,* Arbeitshefte des Bayerischen Landesamtes für Denkmalpflege, Bd. 59, Michael Petzet (Hrsg.), München 1996.

18 FRIEDRICH WAGNER, *Denkmäler und Fundstätten der Vorzeit Münchens und seiner Umgebung,* Kataloge der Prähistorischen Staatssammlung München, 1958.

19 ERWIN KELLER, *Vorwort,* in: Das Archäologische Jahr in Bayern, 1984, Bayerisches Landesamt für Denkmalpflege/Gesellschaft für Archäologie in Bayern (Hrsg.), Stuttgart 1985, S. 11 ff. – DERS., *Feuchtbodensiedlungen in Bayern,* in: Landsberger Geschichtsblätter, 87/88, 1988/89, S. 3.

20 GUNTRAM SCHÖNFELD, *Ausgrabungsbeginn in der Feuchtbodensiedlung von Pestenacker, Gemeinde Weil, Landkreis Landsberg a. Lech, Oberbayern,* in: Das Archäologische Jahr in Bayern, 1988, Bayerisches Landesamt für Denkmalpflege/Gesellschaft für Archäologie in Bayern (Hrsg.), Stuttgart 1989, S. 34 ff.

21 ERWIN KELLER (wie Anm. 4), S. 11.

22 SYBILLE BAUER, *Das Labor für Dendroarchäologie des Bayerischen Landesamts für Denkmalpflege,* in: Das Archäologische Jahr in Bayern 1988, Bayerisches Landesamt für Denkmalpflege/Gesellschaft für Archäologie in Bayern (Hrsg.), Stuttgart 1988, S. 175 f.

23 ERWIN KELLER, *„Archäologische Reservate" in den landwirtschaftlich genutzten Flächen,* in: Denkmalpflege Informationen, B Nr. 84 vom 1. Dezember 1987, Bayerisches Landesamt für Denkmalpflege (Hrsg.). – DERS., *Archäologische Schutzzonen in den Landwirtschaftsflächen,* in: Denkmalpflege Informationen, B Nr. 96 vom 17. September 1991, Bayerisches Landesamt für Denkmalpflege (Hrsg.), S. 2 f. – DERS., *„Archäologische Reservate" in Bayern,* in: Kölner Jahrbuch, 23, 1990, S. 655 ff. – DERS., *„Archäologische Reservate" in den Landwirtschaftsflächen,* in: Jahrbuch der Bayerischen Denkmalpflege, 43, 1989 (1995), S. 13 ff.

24 THOMAS FISCHER/KONRAD SPINDLER, *Das römische Grenzkastell Abusina-Eining,* Führer zu archäologischen Denkmälern in Bayern, Niederbayern, 1, 1984.

25 KARLHEINZ DIETZ/THOMAS FISCHER, *Die Römer in Regensburg,* 1996, S. 89 ff.

26 WOLFGANG CZYSZ/KARLHEINZ DIETZ/THOMAS FISCHER/HANS-JÖRG KELLNER, *Die Römer in Bayern,* 1995, S. 441 ff. mit Abb. 138.

27 GERHARD WEBER, *APC, Archäologischer Park Cambodunum. Der gallo-römische Tempelbezirk, Stadt Kempten (Allgäu), Schwaben,* in: Das Archäologische Jahr in Bayern, 1987, Bayerisches Landesamt für Denkmalpflege/Gesellschaft für Archäologie in Bayern (Hrsg.), Stuttgart 1988, S. 200 f.

28 ERWIN KELLER, *Rekonstruktionen am Kastell Pfünz-Vetoniana, Gemeinde Walting, Landkreis Eichstätt, Oberbayern,* in: Das Archäologische Jahr in Bayern, 1994, Bayerisches Landesamt für Denkmalpflege/Gesellschaft für Archäologie in Bayern (Hrsg.), Stuttgart 1995, S. 194 ff.

29 EVELINE GRÖNKE/EDGAR WEINLICH, *Kastell Weißenburg,* 1990.

30 ERWIN KELLER, *Archäologische Raubgrabungen mit der Metallsonde,* in: Denkmalpflege Informationen, B Nr. 64 vom 21. Februar 1983, Bayerisches Landesamt für Denkmalpflege (Hrsg.), S. 1 ff.

31 ERWIN KELLER, *Raubgrabungen mit der Metallsonde – zur Situation in Bayern,* in: Mitteilungsblatt der Gesellschaft für Archäologie in Bayern e.V., 1991, S. 6 ff. – DERS., in: Denkmalpflege Informationen, B Nr. 97 vom 5. März 1992, Bayerisches Landesamt für Denkmalpflege (Hrsg.), S. 2 ff.

32 ERWIN KELLER, *Vorwort,* in: Das Archäologische Jahr in Bayern, 1992, Bayerisches Landesamt für Denkmalpflege/Gesellschaft für Archäologie in Bayern (Hrsg.), Stuttgart 1993, S. 9.

33 Bayerisches Verwaltungsblatt, H. 18, 1988, S. 561 ff. – ERWIN KELLER, *Überlegungen zur Einführung des Schatzregals in das Bayerische Denkmalschutzgesetz,* in: Denkmalpflege Informationen, B Nr. 99 vom 15. November 1993, Bayerisches Landesamt für Denkmalpflege (Hrsg.), S. 7 ff.

34 HERMANN DANNHEIMER, *90 Jahre Prähistorische Staatssammlung München. Aus der Geschichte des Museums und seiner Vorläufer,* in: Bayerische Vorgeschichtsblätter, 40, 1975, S. 22.

ABBILDUNGSNACHWEIS:

BAYERISCHES LANDESAMT FÜR DENKMALPFLEGE, *Abb. 1-3* (Zeichnungen Erich Lindenberg); *Abb. 4* (Aufn. Otto Braasch)
STADTARCHÄOLOGIE KEMPTEN: *Abb. 5*

Stefan Winghart

Bodendenkmalpflege und Wissenschaft – Versuch einer Standortbestimmung

Wie so manche Wissenschaft entstand die Ur- und Frühgeschichte aus praktischer Betätigung von Laien, aus nationalbegeisterter Beschäftigung gelehrter Vereinigungen mit „vaterländischen Altertümern"[1], und alsbald entbrannte ein Streit der etablierten altertumskundlichen Fächer darüber, wohin denn der neue Sproß am alten Baume gehören solle. Konnte sich Theodor Mommsen Prähistorie, Ur- und Frühgeschichte nur als Randbereich der Altertumswissenschaft, als Marginalie der historischen Beschäftigung mit mediterraner Hochkultur vorstellen, was in dem Satz gipfelte, die Vorgeschichtsforschung sei ein Gebiet für „Landpastoren und pensionierte Offiziere"[2], schien sie Rudolf Virchow nur als naturwissenschaftliche Disziplin existenzberechtigt, als gleichbedeutend vor allen Dingen mit Anthropologie und Ethnologie.[3] Die Auseinandersetzung, die mit erheblicher Verbissenheit geführt wurde, verhinderte über längere Zeit die Etablierung der Ur- und Frühgeschichte im Lehr- und Forschungsbetrieb der Universität, so daß erst 1928 der erste ordentliche Lehrstuhl in Marburg eingerichtet wurde.

Zu diesem Zeitpunkt freilich war wie überall in Deutschland auch in Bayern die Ur- und Frühgeschichte als praktisch betriebene Wissenschaft längst existent und hatte mit der Prähistorischen Staatssammlung[4] und dem Königlichen Generalkonservatorium[5] einen festen, von hauptamtlich bestallten Wissenschaftlern wahrgenommenen institutionellen Rahmen. Namentlich das Generalkonservatorium verfügte mit Paul Reinecke über den überragenden Fachgelehrten seiner Zeit, auf den das gesamte, in seinen Grundzügen heute noch gültige Chronologiesystem der Vorgeschichte in Mitteleuropa zurückgeht.[6] Reinecke, der, da Urgeschichte als Universitätsfach noch nicht existierte, in Anthropologie bei Johannes von Ranke promoviert hatte, begründete seit 1908 in zahllosen programmatischen Schriften eine auf der Erfassung von F. Weber[7] basierende und durch unermüdliche Geländetätigkeit erarbeitete Denkmälerkunde Bayerns. Die Einrichtung von Lehrstühlen erfolgte erst wesentlich später.[8]

Seitdem sind etliche Jahrzehnte vergangen, und die Verhältnisse haben sich nachhaltig geändert. Stand die Universitätsforschung des Faches Ur- und Frühgeschichte noch bis in die Zeit nach dem Zweiten Weltkrieg vielfach unter dem Patronat der praktisch ausgeübten, im Gelände forschenden Landesarchäologie, so emanzipierte sie sich seitdem so nachhaltig davon, daß es fast scheinen mag, als habe sie innerhalb des Faches ein Monopol auf Wissenschaftlichkeit erworben.[9] So forderte beispielsweise jüngst der Freiburger Ordinarius Heiko Steuer, alle denkmalpflegerischen Projekte sollten vor ihrer Realisierung erst einem universitären Gremium zur Beurteilung vorgelegt werden.[10] Der dabei verwendete Begriff der „Archäologischen Feldforschung" für Denkmalpflege dürfte damit eher als ein Euphemismus für Grabungstechnik zu verstehen sein. Hier scheint eine bemerkenswerte Begriffsverlagerung stattzufinden: Der wissenschaftlichen Sparte, die einst die Grundlagen der Ur- und Frühgeschichte als Wissenschaft legte, wird in toto der wissenschaftliche Charakter abgesprochen; sie wird als behördlicher Apparat mit lediglich administrativen und grabungstechnischen Kompetenzen gesehen, der der Kontrolle und Leitung durch die eigentliche Wissenschaft bedarf. Wiewohl es sich hier um eine Extremmeinung handeln dürfte, scheint sich dabei doch eine Entwicklung anzudeuten, die auch im Verständnis des bayerischen Fachministeriums Wurzeln geschlagen hat: Dies läßt zumindest die Mitte der achtziger Jahre sang- und klanglos erfolgte Umbenennung der altehrwürdigen „Abteilung für Vor- und Frühgeschichte" des Bayerischen Landesamtes für Denkmalpflege in eine „Abteilung Bodendenkmalpflege" vermuten. Handelt es sich wirklich nur um einen semantischen Systematismus ohne weiteren Hintergrund oder steht auch hier unausgesprochen die (administrative) Meinung im Raum, Denkmalpflege sei eine Tätigkeit, Vor- und Frühgeschichte dagegen eine Wissenschaft, deren Ausübung einer Behörde nicht zukomme?

Außerhalb des engen Kreises der Bodendenkmalpfleger herrscht also anscheinend begriffliche Unklarheit darüber, ob es sich bei Bodendenkmalpflege um einen Teilbereich der altertumskundlichen, historischen oder kunsthistorischen Wissenschaft, eine Hilfswissenschaft etwa im Sinne von Realienkunde, um eine Methode zur Sicherung von Quellen oder lediglich um die Verwaltung von Denkmälern einer fernen Vergangenheit handelt. Gerade in einer Zeit, in der sich die Landesarchäologie mehr und mehr auf Finanz- und Krisenmanagement zurückgedrängt sieht, kann es aber generell nicht schaden, sich ungeachtet des Tagesgeschäftes mit der Frage zu befassen, was denn in dieser Umbruchsituation letztlich der eigentliche Berufsinhalt des Landesarchäologen sein sollte.

Es scheint manchmal im öffentlichen Bewußtsein in Vergessenheit zu geraten, daß archäologische Denkmalpflege einen Sinn hat, der jenseits der administrativen Erfüllung liegt. Der Vollzug des Denkmalschutzgesetzes kann nicht Selbstzweck sein. Bodendenkmälern eignet prinzipiell eine historische Dimension, was Georg Hager bereits in seiner Denkschrift zur Neuorganisation des Kgl. Generalkonservatoriums der Kunstdenkmale und Altertümer Bayerns 1907 überaus treffend zum Ausdruck gebracht hat:

> So verschiedenartig die Objekte der organisierten Denkmalpflege sind, so ist ihnen allen doch eine Eigenschaft gemeinsam: Sie sind Zeugen vergangener Perioden und Urkunden der Geschichte. In der Beziehung zur Vergangenheit unterscheiden sie sich nur insofern, als die einen einer näheren, die anderen einer ferneren Vergangenheit angehören. Die Denkmäler jener Perioden der fernen

Vergangenheit, die durch schriftliche Quellen nicht oder nicht genügend aufgehellt werden, nennen wir prähistorische, die durch schriftliche Quellen in mehr oder minder helles Licht gesetzten historische.[11]

Bodendenkmäler werden also bereits in den Anfängen der staatlichen Denkmalpflege in Bayern als Geschichtszeugnisse angesehen, womit ihnen der Charakter von Objekten der wissenschaftlichen Erkenntnis zugesprochen wird. Das Bayerische Denkmalschutzgesetz von 1973 trägt dem in selbstverständlicher Weise dadurch Rechnung, als es bei der Definition der Aufgaben der Denkmalpflege generaliter die Pflege und die Erforschung der Denkmäler nennt. Die Wissenschaftlichkeit der archäologischen Denkmalpflege ist damit im Landesgesetz ebenso verankert[12] wie in internationalen Vertragswerken[13].

Nun ist es freilich kein Geheimnis, sondern eine oft beklagte Tatsache, daß sich in der täglichen Arbeit des Landesarchäologen angesichts einer ständig steigenden Flut administrativer und rechtlicher Regularien der Akzent mehr und mehr zu dem Komplex Pflege von Denkmälern und weg von der Erforschung bewegt. Bodendenkmalpflege wird dabei von seiten der Denkmalschutzbehörden gerne auf die Grabungstätigkeit als eine Art historischer Altlastenbeseitigung reduziert, deren Zweck bereits dann erfüllt ist, wenn ein störendes archäologisches Denkmal möglichst schnell, billig und elegant beseitigt wurde. Daß die eigentliche zeit- und kostenaufwendige Arbeit mit Konservierung, Restaurierung, zeichnerischer und photographischer Dokumentation, Katalogisierung, Inventarisierung, wissenschaftlicher Bearbeitung und Publikation erst danach beginnt, wird dann gerne unter Hinweisen auf Prioritäten, die eben zu setzen wären, oder die Zuständigkeit verdrängt. Aus dieser verengten Sicht der Dinge heraus gelangt dann der fachwissenschaftlich im allgemeinen nicht ausgebildete Vertreter einer Denkmalschutzbehörde zwangsläufig zu der Frage, ob nicht der administrative Auftrag des Erhaltens, Bewahrens und Sicherns für eine Behörde mehr als genug sei und die Erforschung nicht besser den dafür zuständigen Universitäten überlassen werden sollte. Dabei schwingt einerseits mangelndes Zutrauen zur fachlichen Kompetenz von Behörden, und seien sie auch Fachbehörden, mit, andererseits ein unbegrenztes Vertrauen in die Omnipotenz universitärer Forschung.

Angesichts dessen erscheint es nötig, kurz zu skizzieren, welche Art von Befähigung die deutsche Universität im Fache Ur- und Frühgeschichte vermitteln kann und welche speziellen Anforderungen die Landesarchäologie in den Vordergrund stellt. Die deutsche Universität ist nach wie vor am Ordinarius orientiert. Für die Forschung in kleinen geisteswissenschaftlichen Fächern bedeutet dies, daß sie sich notwendigerweise an der Spezialrichtung des Lehrstuhlinhabers ausrichtet. Üblicherweise sind dabei die Institute in altertumswissenschaftlichen oder gesellschaftswissenschaftlichen Fachbereichen oder Fakultäten organisiert, was Austausch und interdisziplinäre Zusammenarbeit mit anderen, auch naturwissenschaftlichen Fächern organisatorisch nicht unbedingt erleichtert. Bei aller Spezialisierung der einzelnen Lehrenden und Forschenden bestehen Anspruch und Notwendigkeit, den Studierenden einen möglichst breiten Überblick über die europäische Vor- und Frühgeschichte zu vermitteln.

Die Lehrausrichtung muß also universell, die Forschungsausrichtung spezialisiert sein. Daß dabei eine Berufsqualifikation im engeren Sinne nicht gegeben sein kann, versteht sich: Die geisteswissenschaftliche Universität im Humboldtschen Sinne will, kann und darf sich nicht als Berufsausbildungsstätte definieren.

Im Idealfalle vermittelt eine universitäre Ausbildung im Fach Vor- und Frühgeschichte den Studierenden fundierte Kenntnisse in Typologie, Chronologie, Chorologie und Geschichtsabläufen und die Fähigkeit, diese sauber zueinander in Beziehung zu setzen und selbständig anzuwenden, also wissenschaftliche Methodik.

Was will dagegen Landesarchäologie? Wie jede Wissenschaft ist auch jede Wissenschaftsrichtung durch ihren Gegenstand bestimmt. In radikaler Weise hat dies Hans-Georg Gadamer formuliert:

> Offenbar kann man nicht im selben Sinne von einem identischen Gegenstand der Erforschung in den Geisteswissenschaften sprechen, wie das in den Naturwissenschaften der Fall ist, wo die Forschung immer tiefer in die Natur eindringt. Bei den Geisteswissenschaften ist vielmehr das Forschungsinteresse, das sich der Überlieferung zuwendet, durch die jeweilige Gegenwart und ihre Interessen in besonderer Weise motiviert. Erst durch die Motivation der Fragestellung konstituiert sich überhaupt Thema und Gegenstand der Forschung.[14]

Bodendenkmalpflegerische Forschung besitzt im Gegensatz zu den universitären oder den musealen Forschungszweigen klar umrissene Motivationen und damit Themen und Gegenstände: Eine erste Markierung findet bereits durch ihren Zuständigkeitsbereich statt. Die föderale Struktur der Bundesrepublik Deutschland und die Kulturhoheit der Länder begrenzen zum ersten den Gegenstand geographisch. Bodendenkmalpflege ist von vornherein nicht universelle oder auch nur europäische Archäologie, sie ist immer Landesarchäologie, was freilich nicht bedeutet, daß sie in jedem Falle an den heutigen Grenzen haltzumachen hätte und auf historische Verflechtungen, die auf die Zeit vor der Konstituierung der Bundesländer zurückgehen, keine Rücksicht nehmen dürfte.

Ihr Gegenstand ist weiterhin die Gesamtheit aller Bodendenkmäler. Dies ergibt sich im Falle Bayerns in aller wünschenswerten Klarheit aus dem oben zitierten Programmsatz Georg Hagers, und auch das Bayerische Denkmalschutzgesetz folgt dieser Maxime konsequent, indem es Bodendenkmäler als bewegliche oder unbewegliche Denkmäler, die sich im Boden befinden und in der Regel aus vor- und frühgeschichtlicher Zeit stammen, definiert. Zusammen mit der in den letzten zwei Jahrzehnten erfolgten Begriffserweiterung in Richtung Mittelalter und Neuzeitarchäologie, der der neueste Kommentar zum Denkmalschutzgesetz Rechnung trägt,[15] ist damit klar zum Ausdruck gebracht, daß eine Schwerpunktsetzung oder Spezialisierung innerhalb der Bodendenkmalpflege nicht stattfinden kann. Sie hat immer alle Zeugnisse der schriftlosen Vergangenheit eines Landes als ihr Thema zu begreifen.

Auch die Ausrichtung, das Ziel der bodendenkmalpflegerischen Erkenntnis, ist bereits bei Georg Hager vorgegeben: Bodendenkmäler werden als Urkunden der Geschichte bezeichnet, also ist auch die Geschichte Gegenstand landesarchäologischer Forschung. Die Unterscheidung zwischen

Urgeschichte und Geschichte beruht dabei lediglich auf dem Erkenntnisinteresse bzw. der Erkenntnismöglichkeit der Gegenwart.[16] Die Quellenlage der prähistorischen Archäologie unterscheidet sich von derjenigen der Historie nur dadurch, daß die eine auf einen statischen Aspekt beschränkt bleibt, während die andere die Dynamik des Geschehens zu erfassen vermag. Die Fragestellung der Landesarchäologie gilt immer der Erkundung des Werdens menschlicher Gesellschaften, ihrer Struktur und ihres Umfeldes, und selbst die Prägung der Landschaft ist für sie nur insoweit zentraler Fragepunkt, als sie mittelbar oder unmittelbar von Menschen geprägt ist. Während universitärer oder musealer Forschung ein kunstwissenschaftlicher Erkenntnisansatz offensteht, ist ein solcher der landesarchäologischen Forschung verschlossen. Landesarchäologische Forschung ist per definitionem immer historische und, da sie sich auf einen bestimmten geographischen Raum zu konzentrieren hat, landesgeschichtliche Forschung.

Die Notwendigkeit der Wissenschaftlichkeit in der Bodendenkmalpflege begründet sich allerdings nicht allein durch ihren Auftrag, sie besitzt zusätzlich eine moralische Dimension. Als einzige der archäologischen Fachsparten greift Bodendenkmalpflege direkt in den unmittelbaren Lebens- und Eigentumsbereich unbeteiligter Bürger ein. Dabei ist es unbestritten, daß die fachliche Festsetzung des Denkmalcharakters eines Bodendenkmals die Sozialpflicht des Eigentums im Einzelfall erheblich zu strapazieren in der Lage ist und durchaus mit beträchtlichem finanziellen Engagement verbunden sein kann. Die fachwissenschaftliche Beurteilung der Wertigkeit eines Denkmals zeitigt damit generell Konsequenzen, die mit universitären oder musealen Beurteilungen nur in Einzelfällen verbunden sind.

Archäologische Denkmalpflege ist angewandte Wissenschaft. Sie nimmt auf der Basis des Denkmalschutzgesetzes hoheitliche Aufgaben wahr und und bewegt sich damit in einem besonderen Spannungsfeld zwischen öffentlichem und privatem Interesse. Aus diesem Grunde ist auch eine besondere Ethik nicht nur in dem Sinne nötig, mit dem jede Wissenschaft betrieben werden sollte, also mit Redlichkeit, Wahrhaftigkeit, Genauigkeit gegenüber dem nicht persönlich berührten Rezipienten, es ist vielmehr so, daß sich die Qualität der Erkenntnis bis in die unmittelbare Sphäre des Betroffenen niederschlagen kann. Nur dann, wenn Bodendenkmalpflege keine vorwiegend administrative, sondern eine im Wesen wissenschaftliche Tätigkeit ist, hat sie die Rechtfertigung, Zeugnisse der Ur- und Frühgeschichte als kulturelles Erbe anzusprechen und unter Beeinträchtigung anderer Rechtsgüter wie etwa dem Schutz des Eigentums ihre Erhaltung oder Bergung zu fordern.

Grundvoraussetzung und Rechtfertigung des Schutzes ist unbestritten die genaue Kenntnis der Denkmäler. Dieser Zweck bestimmt nicht nur die Arbeitsweise, er stellt vielmehr die Motivation der grundsätzlichen Fragestellung dar, aus der sich nach Gadamer erst Gegenstand und Thema der Forschung konstituiert (s. o.). Diese ureigene Motivation jeder bodendenkmalpflegerischen Tätigkeit geht der universitären oder musealen Forschung zwar nicht grundsätzlich ab, bestimmt aber nicht ihr Wesen. Es kann also gefolgert werden, daß Bodendenkmalpflege durch ihre besondere Fragestellung ein besonderes Forschungsthema hat, also nicht bloße Berufsausübung, angewandte Vor- und Frühgeschichtsforschung ist, sondern eine eigene, gleichberechtigte Wissenschaftssparte.

Ihr Spezifikum liegt in der Vielfältigkeit der dafür notwendigen Fertigkeiten und Spezialkenntnisse sowie in der innigen Verzahnung dieser zu einer Zielsetzung, nämlich der Kenntnis und als deren Funktion der Bewahrung und dem Schutz von kulturellem Erbe (Abb. 1).

Der Schlüssel zur wissenschaftlichen Bodendenkmalpflege ist dabei die Inventarisation, denn allein aus ihr und ihrer wissenschaftlichen Qualität kann bodendenkmalpflegerisches Handeln in der Praxis begründet werden. Inventarisierung bedeutet mehr als dürre, buchhalterische Erfassung von antiquarischem Material, sie bedeutet Definition und ist damit Denkmalkunde. Ihr Ziel ist nicht nur die Erfassung des archäologischen Objektes im typologischen, chronologischen, chorologischen Bezug, sondern zum einen die Erfassung der Kriterien einer Denkmälergattung und zum anderen die Erfassung der historischen Dimension im landesgeschichtlichen Bezug.

Dies bedingt eine eigene Arbeitsweise, deren Säulen zusätzlich zu den Anforderungen der universitären Wissenschaft die Entwicklung einer ganzen Anzahl wissenschaftlicher Fragestellungen und Techniken bilden. Gerade diese sind es, die in den letzten Jahrzehnten zunehmend das Bild der Bodendenkmalpflege als eigenem Wissenschaftszweig geprägt haben.

Die Landesarchäologie bedient sich dabei einer Fülle von Neben-, Hilfs- und Nachbarwissenschaften, die in ihrer Wertigkeit für sie unterschiedlich anzusetzen sind. Zum ersten werden wie in jeder anderen Wissenschaft die Ergebnisse anderer, eigenständiger Disziplinen herangezogen, soweit sie für spezielle Fragestellungen von Relevanz sind. Die Liste ist lang und reicht von thematisch eng verwandten Fächern wie der Geschichtswissenschaft oder der klassischen, vorderasiatischen oder christlichen Archäologie, der historischen Geographie über Geologie, Ethnologie, Soziologie, Religionswissenschaften bis hin zu einer Fülle von naturwissenschaftlichen Spezialfächern, die aufzulisten hier müßig wäre.[17] Eine zweite Gruppe von Wissenschaften verfolgt zwar prinzipiell weiter eigene, von der Urgeschichtswissenschaft unabhängige Ziele, hat jedoch Spezialdisziplinen herausgebildet, die in einem enklitischen Verhältnis zur Vor- und Frühgeschichte stehen: Hier sind die historische Anthropologie, die Paläoanatomie und Domestikationsforschung sowie die Archäometallurgie zu nennen.

Alle diese Fächer stehen in einem engen funktionalen Zusammenhang mit dem gesamten prähistorischen Fach und können ebensogut von der Universität wie von der Bodendenkmalpflege oder einem Museum in Anspruch genommen werden. Anders verhält es sich bei einer Gruppe von Wissenschaften oder Wissenschaftstechniken, die sich erst in enger Verbindung mit der Landesarchäologie zur Blüte entwickeln konnten. Es handelt sich dabei vor allen Dingen um jene Disziplinen, die mit der originären Aufgabe der wissenschaftlichen Bodendenkmalpflege, der Inventarisation zusammenhängen. In erster Linie sind die Prospektionsfächer, nämlich Luftbildarchäologie und Geophysik,[18] die die Denkmalkunde in den letzten beiden Jahrzehnten revolutioniert haben, zu

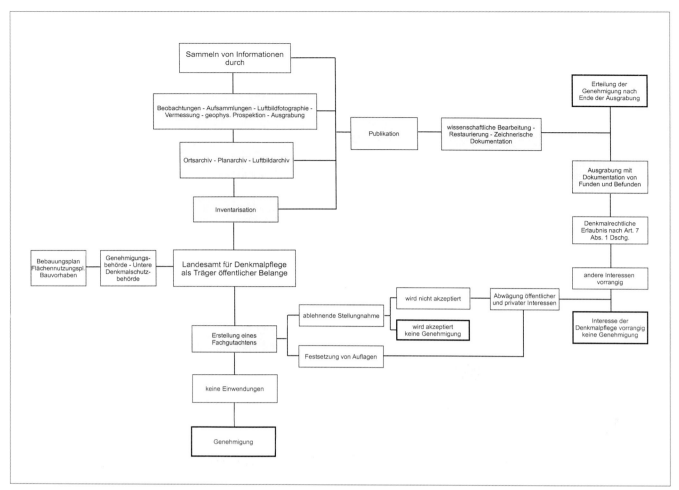

Abb. 1. *Organisationsschema zu Quellenerschließung und Arbeitsweise in der archäologischen Denkmalpflege in Bayern; die Bereiche, für die spezifisch denkmalkundliche, wissenschaftliche Fragestellungen erforderlich sind, sind grau gerastert dargestellt, Endpunkte des Verfahrens sind fett umrandet*

nennen; als nicht minder bedeutsam haben sich aber auch die Dendrochronologie und die Paläobotanik erwiesen.[19] Von eminenter Bedeutung wäre die wissenschaftliche Weiterentwicklung der Vorgeschichtsrestaurierung zu einem eigenen Fach, wie sich dies in der Kunstgeschichte unter der maßgeblichen Beteiligung des in dieser Festschrift geehrten Michael Petzet soeben vollzieht. Wiewohl der technische Fortschritt ein gewaltiger ist, dürfte hier das theoretische Potential noch kaum angekratzt sein: Das Schwergewicht wird dabei allerdings wohl nicht in der Wiederherstellung von Objekten liegen – dies wird sicherlich eine museale Domäne bleiben –, sondern in der Bergungs- und Erhaltungstechnik, in der Definition von Lager- und Erhaltungsbedingungen im Boden, in der Analyse von Korrosionsprozessen, in der Materialanalytik und -metrik und auch in der antiken Technik- und Handwerksgeschichte, die entsprechend der historischen Ausrichtung der Landesarchäologie ein eigenes, noch zu wenig ausgeschöpftes Quellenreservoir bildet.

Die Entwicklung dieser Disziplinen und Techniken aus praktischer Erprobung hin zur Wissenschaftlichkeit ist in der Programmatik der Bodendenkmalpflege angelegt und nicht nur eine willkommene Erweiterung des Spektrums wissenschaftlicher Möglichkeiten. Sie stellt in der Landesarchäologie keine bloße Erweiterung der wissenschaftlichen Fragestellung dar, sie ist vielmehr wesensimmanent und wird seit der Konstituierung von Denkmalpflegeämtern und Landesmuseen mit bodendenkmalpflegerischem Auftrag entsprechend den technischen Möglichkeiten der Zeit vorangetrieben. So spektakulär die Erfolge durch den rasanten technischen Fortschritt der jüngsten Zeit aber auch sein mögen, der vielfach entstandene Eindruck, Landesarchäologie sei zu einer Funktion naturwissenschaftlicher Spezialdisziplinen abgesunken, trügt.[20] Die konsequente Weiterentwicklung der zur Erfüllung des wissenschaftlichen Auftrages nötigen Möglichkeiten entspricht vielmehr den besonderen Implikationen der anwendungsorientierten Forschung, sie stellt für diese eine conditio sine qua non dar.

Diese Problemstellung bedingt dabei in besonderer Weise die Fragestellung, die nicht in erster Linie eine antiquarische oder kunsthistorische sein kann, sondern vielmehr eine definitorische, topographische und historische. Bereits Paul Reinecke hat in zahlreichen Schriften denkmalkundliche Definitionen getroffen[21] und seine Nachfolger haben es ihm gleichgetan.[22] Es liegt im Wesen der Wissenschaft begründet, daß diese Definitionen nicht endgültige Wissenszustände darstellen, sondern durch das Fortschreiten landesarchäologischer Forschung ergänzt, erweitert und gegebenenfalls korrigiert werden. So konnte durch ein Zusammenwirken von Luftbildarchäologie, Geophysik und Vor- und Frühgeschichte mit den mittel- bis jungneolithischen Kreisgrabenanlagen eine bis dahin nur rudimentär erschlossene Denkmälergattung erkundet (Abb. 2)[23] oder eine auf herkömmliche Weise erschlossene und erkundete Denkmälergattung wie die spätkeltischen Viereckschanzen durch die systematische Erforschung spezieller, im Luftbild sichtbarer Merkmale erheblich ergänzt und im historischen Kontext weitgehend neu interpretiert werden (Abb. 3)[24]. Die konsequente Fortführung des Prinzips der historischen Erschließung der Ur- und Frühgeschichtsdenkmäler führte dabei zur Entdeckung bisher unbekannter Siedlungsräume und damit zur Neubewertung siedlungsgeschichtlicher Abläufe mit direkten Auswirkungen bis in die Jetztzeit.[25]

Die eigentliche Domäne der archäologischen Denkmalpflege ist dabei die Erschließung, Ordnung, Definition, landesgeschichtliche Bewertung und kritische Edition der Quellen, eine Aufgabe, die die universitäre Forschung von vorn-

Abb. 2. Mittelneolithische Kreisgrabenanlage Gneiding-Oberpöring, Lkr. Deggendorf, 5. Jahrtausend v. Chr.; Ausschnitt aus dem Magnetogramm in digitaler Bilddarstellung

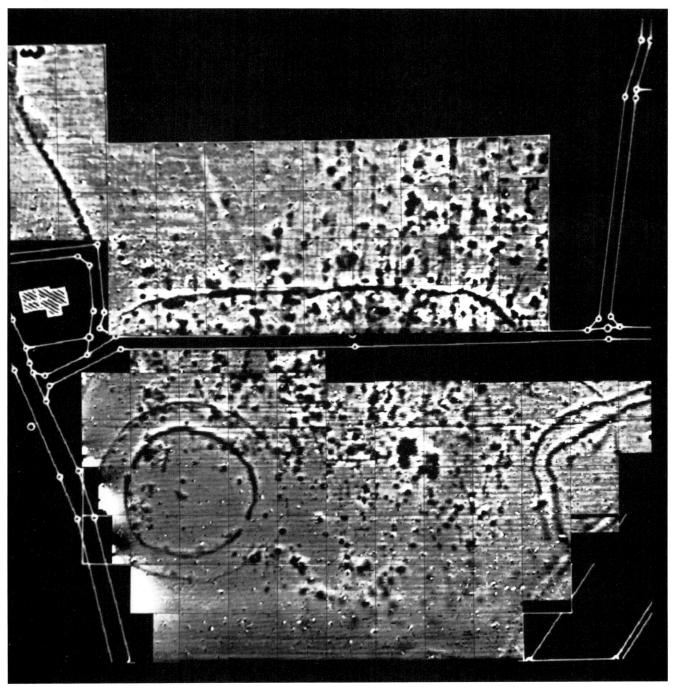

Abb. 3. Verebnete spätkeltische Viereckschanze bei Pattendorf, Lkr. Landshut; ein schwach ausgebildetes helles Band markiert die kaum mehr sichtbaren Seiten der Schanze, bei den dunklen Stellen im Innenraum handelt es sich um Bereiche mit einer stärkeren Humusdecke

herein nicht zu leisten berufen ist und die auch die Museumswissenschaft, die notwendig objektbezogen zu denken hat, nicht erfüllen kann. Bodendenkmalpflege als Wissenschaft nimmt dabei im Spektrum der Ur- und Frühgeschichtswissenschaft eine Rolle ein, die in mancher Hinsicht derjenigen der Monumenta Germaniae Historica in der Historie gleicht, wobei die Begriffsgleichheit „Monumentum" – „Denkmal" sicherlich kein Zufall ist, sondern auf die Gleichartigkeit der wissenschaftlichen Zielsetzung zurückgeht. Es darf unterstellt werden, daß Georg Hager bei der Formulierung der oben zitierten Programmatik eben jene Institution im Sinn hatte.

Der archäologischen Denkmalpflege als historischer Archäologie kommt damit im Gefüge des Faches eine zentrale Rolle zu, eine Rolle, die in ihrer Gewichtung von außen vielfach nicht entsprechend wahrgenommen wird. Ihr Image steht zuweilen geradezu in einem umgekehrt proportionalen Verhältnis zu ihrer Bedeutung. Der Grund dafür ist wohl darin zu suchen, daß der spezielle denkmalkundliche Ansatz der Landesarchäologie bislang nur autodidaktisch erworben werden konnte und damit in teilweise eher zufälliger Weise aus der speziellen Situation des in der Denkmalpflege tätigen Universitätsabsolventen resultierte. Dadurch, daß aus universitärer Sicht Bodendenkmalpflege nicht in hinreichender Weise als Wissenschaftssparte, sondern als be-

rufliche Tätigkeit, für die die wissenschaftliche Ausbildung nicht zuständig sein kann, begriffen wird und andererseits durch die kontraproduktive, allseits zu Recht beklagte Trennung von Grundlagen- und anwendungsorientierter Forschung die Bodendenkmalpflege im allgemeinen noch nicht in der Lage ist, ihre speziellen Wissenschaftsinhalte in das Lehr- und Forschungsprogramm der Universitäten einzubringen, ist ein circulus vitiosus entstanden, den es aufzubrechen gilt.

Im allgemeinen sind Kenntnis und Weiterentwicklung der Fragestellungen, Fertigkeiten und Techniken der bodendenkmalpflegerischen Arbeit in der universitären Forschung nicht präsent und können demzufolge in der Ausbildung nur rudimentär vermittelt werden. Darüber sollte auch die Durchführung von Lehrgrabungen zur Vermittlung von praktischen Fertigkeiten nicht hinwegtäuschen: Dabei kann das Handwerk, nicht hingegen der wissenschaftliche Inhalt der Landesarchäologie vermittelt werden.[26]

Damit ist keineswegs Kritik an der zum Teil auf höchstem internationalen Niveau stehenden universitären Forschung und Lehre beabsichtigt. Das Problem liegt vielmehr in der systembedingten starren Trennung der wissenschaftlichen Sphären. Wie sollte akademisches Lehrpersonal, dessen wissenschaftlicher Werdegang im allgemeinen durchgängig strikt auf universitätswissenschaftliche Inhalte ausgerichtet war und dessen Verständnis der wissenschaftlichen Motivation und Methodik der Landesarchäologie demzufolge nicht ausgeprägt sein kann, die spezielle Ausrichtung des bodendenkmalpflegerischen Wissenschaftansatzes vermitteln?

Nun ist aber archäologische Denkmalpflege, wie ich versucht habe darzulegen, nicht bloß Ausübung der theoretischen Wissenschaft, sondern hat eigene Fragestellungen, Arbeitstechniken, Methoden und Aufgaben. Es ist also hoch an der Zeit, sie generell in das Lehrangebot der Universitäten zu integrieren und als Bodendenkmalkunde von der an den Lehrstühlen etablierten Wissenschaftpraxis zu emanzipieren (Bodendenkmalkunde ist freilich ein Unwort, weshalb dann die schon weitgehend etablierte Bezeichnung „Landesarchäologie" vorzuziehen wäre). Die Möglichkeiten sind dabei mannigfach: Denkbar wäre beispielsweise die gezielte Besetzung eines freigewordenen Lehrstuhles, denkbar auch ein Aufbaustudium Landesarchäologie an jeweils einer Universität eines Bundeslandes. Weitgehend kostenneutral könnte das anvisierte Ziel durch eine institutionalisierte Einbeziehung von Bodendenkmalpflegern in das Veranstaltungsprogramm in Form von außerordentlichen Professuren sein, ein Weg, der in mehreren Bundesländern inzwischen offensichtlich erfolgreich beschritten wurde. Denkmalamtsinterne Ausbildungen, etwa vergleichbar mit der Ausbildung zum wissenschaftlichen Bibliothekar oder Archivar, dürften demgegenüber, da kostenintensiv, kaum Chancen der Realisierung haben. Die vielfach geforderte und teilweise bereits praktizierte, verpflichtende Einführung eines Volontariates auch in der archäologischen Denkmalpflege, so wünschenswert sie sein mag, reicht zu diesem Zwecke nicht aus: Das Volontariat soll Berufsqualifikation vermitteln und wirkt zwar auf die Qualität der Bodendenkmalpflege selber, bedingt aber keine Rückwirkung landesarchäologischer Forschungsergebnisse auf die Ausbildung.

Diese Rückwirkung aber wird für eine Bodendenkmalpflege im nächsten Jahrhundert von essentieller Bedeutung sein, und es kann kein Zweifel bestehen, daß der Weg, den Michael Petzet bei der Verwissenschaftlichung der Restaurierung im Bereich der Bau- und Kunstdenkmalpflege gewiesen hat, ein Weg, der in nächster Zukunft die Trennung von universitärer und angewandter Wissenschaft überwinden wird, auch für die Landesarchäologie und die Vor- und Frühgeschichtswissenschaft der richtige sein wird. Archäologische Denkmalpflege in ihrem besonderen Spannungsfeld zwischen wissenschaftlichem und öffentlichem Interesse kann nur reüssieren, wenn ihre Entscheidungen nachvollziehbar sind, wenn sie in der Bevölkerung Akzeptanz finden. Dies werden sie in der Regel dann tun, wenn sie gut, d. h. wissenschaftlich unanfechtbar begründet sind. Dazu wiederum bedarf es der Forschung, einer Forschung, deren Inhalte speziell die der archäologischen Denkmalpflege zu sein haben und dazu ist eine entsprechende Ausbildung nötig. In diesem Sinne muß sich die Reduzierung der Fachbehörde auf administrative Aufgaben als fatale Sackgasse erweisen. Sie würde die Trennung von theoretischer und angewandter Wissenschaft zementieren und damit nicht nur die Zeichen der Zeit verkennen: Sie würde auch den Denkmalgedanken des Bayerischen Denkmalschutzes konterkarieren, da wissenschaftlich mangelhaft begründete, lediglich auf dem Buchstaben des Gesetzes basierende Entscheidungen nicht dazu geeignet sind, das Verständnis und die Verantwortung des Bürgers für den Schutz und die Pflege des kulturellen Erbes zu wecken.

Anmerkungen

1 Hans Gummel, *Forschungsgeschichte in Deutschland, Bd. 1: Die Urgeschichtsforschung*, Berlin 1938, S. 195 ff.
2 Ernst Wahle, *Deutsche Vorgeschichtsforschung und klassische Altertumswissenschaft*, in: Deutsches Bildungswesen, 10, 1935, S. 5.
3 Christian Andree, *Rudolf Virchow als Prähistoriker*, 1976. – Ausführlich, wenngleich unkritisch zur Rolle Virchows, nach wie vor: Gummel (wie Anm. 1), S. 209 ff. – Werner Krämer, *Das Römisch-Germanische Zentralmuseum und die deutsche Vorgeschichtsforschung um die Jahrhundertwende*, in: Jahrbuch des Römisch-Germanischen Zentralmuseums Mainz, 25, 1978, S. 49 ff.
4 Hermann Dannheimer, *90 Jahre Prähistorische Staatssammlung. Aus der Geschichte des Museums und seiner Vorläufer*, in: Bayerische Vorgeschichtsblätter, 40, 1975, S. 1 ff.
5 Erwin Keller, *Bodendenkmalpflege*, in: Denkmalpflege in Bayern. 75 Jahre Bayerisches Landesamt für Denkmalpflege, Arbeitshefte des Bayerischen Landesamtes für Denkmalpflege, Bd. 18, München 1983, S. 70 ff.
6 Biographische Daten: *Nachrichtenblatt für Deutsche Vorzeit*, 18, 1942, S. 127 f.; Friedrich Wagner, *Paul Reinecke zum Gedächtnis*, in: Bayerische Vorgeschichtsblätter, 23, 1958, V. – Schriftenverzeichnis: Friedrich Wagner, in: Paul Reinecke, Mainzer Aufsätze zur Chronologie der Bronze- und Eisenzeit, 1965, S. 145 ff.
7 Franz Weber, *Die vorgeschichtlichen Denkmale des Königreichs Bayern, I. Bd.: Oberbayern*, München 1909.
8 Gummel (wie Anm. 1), S. 383 ff.
9 Zu diesem Thema fand 1992 in Weimar ein Kolloquium des Landesarchäologenverbandes statt: *Archäologische Denkmalpflege und Forschung*, Thüringisches Landesamt für archäologische Denkmalpflege, Weimar 1993. Darin insbesondere zum hier behandelten Thema: J. Reichstein, *Forschung: Ziel der archäologischen Denkmalpflege*, ebd., S. 15 ff.
10 Heiko Steuer, *Bodendenkmalpflege und archäologische Feldforschung aus der Sicht der Universität*, ebd., S. 28 ff.

11 GEORG HAGER, *Neuorganisation des Kgl. Generalkonservatoriums der Kunstdenkmale und Altertümer Bayerns (29. Juni 1907)*, zitiert aus: Denkmalpflege in Bayern. 75 Jahre Bayerisches Landesamt für Denkmalpflege, Arbeitshefte des Bayerischen Landesamtes für Denkmalpflege, Bd. 18, München 1983, S. 41.
12 Vgl. hierzu WOLFGANG EBERL/DIETER MARTIN/MICHAEL PETZET, *Bayerisches Denkmalschutzgesetz*, 4. Aufl., München 1991, Fachliche Einführung, S. 25 f.
13 Charta von Venedig, Art. 16. Alle Arbeiten der Konservierung, Restaurierung und archäologischen Ausgrabungen müssen immer vor der Erstellung einer genauen Dokumentation in Form analytischer und kritischer Berichte, Zeichnungen und Photographien begleitet sein. Alle Arbeitsphasen sind hier zu verzeichnen: Freilegung, Bestandssicherung, Wiederherstellung und Integration sowie alle im Zuge der Arbeiten festgestellten technischen und formalen Elemente. Diese Dokumentation ist im Archiv einer öffentlichen Institution zu hinterlegen und der Wissenschaft zugänglich zu machen. Eine Veröffentlichung wird empfohlen. Zitiert nach: *Grundsätze der Denkmalpflege*, ICOMOS Hefte des Deutschen Nationalkommitees, Bd. X, München 1992.
14 HANS-GEORG GADAMER, *Wahrheit und Methode. Grundzüge einer philosophischen Hermeneutik*, 2. Aufl., Tübingen 1965, S. 268 f.
15 EBERL/MARTIN/PETZET (wie Anm. 12), Erläuterungen zu Art. 1, Rdnr. 63.
16 STEFAN WINGHART, *Wann beginnt Geschichte? Oder die Ur- und Frühgeschichte als das „nächste Fremde" des Historikers*, in: A. Fößel/Chr. Kampmann (Hrsg.), Wozu Historie heute. Beiträge zu einer Standortbestimmung im fachübergreifenden Gespräch, Bayreuther Historische Kolloquien, 10, Köln/Weimar/Wien 1996, S. 1 ff.
17 Als Beispiele zu einer überaus komplexen Thematik sollen hier einführend zwei mehr oder minder zufällig ausgewählte Titel angeführt werden: BARTHEL HROUDA (Hrsg.), *Methoden der Archäologie. Eine Einführung in ihre naturwissenschaftlichen Techniken*, München 1978; BARBARA S. OTTAWAY, *Prähistorische Archäometallurgie*, Espelkamp 1994.
18 *Archäologische Prospektion. Luftbildarchäologie und Geophysik*, Arbeitshefte des Bayerischen Landesamtes für Denkmalpflege, Bd. 59, München 1996.
19 *Siedlungsarchäologische Untersuchungen im Alpenvorland. 5. Kolloquium der deutschen Forschungsgemeinschaft vom 29.-30. März 1990 in Gaienhofen-Hemmenhofen*, Bericht der Römisch-Germanischen Kommission, 71, 1990, S. 23 ff.
20 STEFAN WINGHART, *Luftbild und Geophysik in der archäologischen Denkmalpflege*, in: Archäologische Prospektion (wie Anm. 18), S. 29 ff.
21 Diese Zielsetzung durchzieht das immense Œuvre Reineckes wie ein roter Faden: vgl. Anm. 5.
22 Als prominentes Beispiel aus einer Vielzahl von Entsprechungen: KLAUS SCHWARZ, *Spätkeltische Viereckschanzen. Ergebnisse der Vermessung und der Ausgrabungen 1957-59*, in: Jahresbericht der Bayerischen Bodendenkmalpflege, 1960, S. 7 ff.; DERS., *Atlas der spätkeltischen Viereckschanzen Bayerns*, München 1959.
23 HELMUT BECKER, *Kultplätze, Sonnentempel und Kalenderbauten aus dem 5. Jahrtausend v. Chr. – Die mittelneolithischen Kreisgrabenanlagen in Niederbayern*, in: Archäologische Prospektion (wie Anm. 18), S. 101 ff.
24 WALTER IRLINGER, *Die keltischen Viereckschanzen. Erkennungsmöglichkeiten verebneter Anlagen im Luftbild*, ebd., S. 183ff. – DERS., *Viereckschanzen und Siedlung – Überlegungen zu einem forschungsgeschichtlichen Problem anhand ausgewählter südbayerischer Fundorte*, in: Marburger Studien zur Vor- u. Frühgeschichte, Festschrift Otto-Herman Frey, Marburg 1994, S. 285 ff.
25 Ansätze in dieser Richtung sind noch spärlich und werden, wie ein jüngst von der Volkswagen-Stiftung abgelehnter Schwerpunkt zeigt, in Deutschland im Gegensatz etwa zu den Niederlanden und den skandinavischen Ländern noch kaum verfolgt: JENS LÜNING, *Landschaftsarchäologie in Deutschland – ein Programm*, in: Archäologisches Nachrichtenblatt 2, 3/1997, S. 277 ff. – Anders ist dies im Bereich der Bau- und Kunstdenkmalpflege: GERHARD ONGYERTH, *Kulturlandschaft Würmtal. Modellversuch „Landschaftsmuseum zur Erfassung und Erhaltung historischer Kulturlandschaftselemente im oberen Würmtal"*, Arbeitshefte des Bayerischen Landesamtes für Denkmalpflege, Bd. 74, München 1995. – Für den vom Verfasser bearbeiteten Raum Oberbayern als Beispiel: STEFAN WINGHART, *Bemerkungen zu Genese und Struktur frühmittelalterlicher Siedlung im Münchner Raum*, in: L. Kolmer/P. Segl (Hrsg.), Regensburg, Bayern und Europa, Festschrift Kurt Reindel, Regensburg 1995, S. 7 ff.
26 Vgl. R. DIETRICH, *Praxisbezug in der vor- und frühgeschichtlichen Ausbildung*, in: Arch. Inf. 17, 1994, S. 203 ff. – In der Diskussion wird der vielfach angemahnte Praxisbezug freilich immer noch weitgehend auf die Ableistung von „Praktika", worunter im allgemeinen Grabungsteilnahme gemeint ist, reduziert: HERMANN AMENT, *Berufspraktische Elemente in den Studiengängen der Ur- bzw. Vor- und Frühgeschichte und verwandter Fächer. Zugleich ein Bericht über ein Rundgespräch unter Professorinnen und Professoren am 30. September 1996 in Leipzig*, in: Archäologisches Nachrichtenblatt 2, 3/1997, S. 294 ff.

ABBILDUNGSNACHWEIS

BAYERISCHES LANDESAMT FÜR DENKMALPFLEGE, ABT. BODENDENKMALPFLEGE: *Abb. 1, 2*; Luftbildarchäologie, Aufnahmedatum 17.11.1989, Photograph K. Leidorf, Archivnr. 7338/106-1, SW 5554-1: *Abb. 3*

Dieter Planck

Denkmalpflegerischer Umgang mit den Ruinen römischer Villen in Baden-Württemberg

Der westliche Teil des heutigen Baden-Württemberg gehörte in römischer Zeit (1. bis 3. nachchristliches Jahrhundert) zur Provinz Obergermanien (germania superior), der östliche Teil zur Provinz Raetien (raetia). In den fruchtbaren Landesteilen, insbesondere dem Oberrheingebiet, dem Neckarland mit den lößbedeckten Höhen östlich und westlich des Neckars, aber auch im oberen Neckargebiet und in Oberschwaben sind durch intensive archäologische Forschungen in den letzten anderthalb Jahrhunderten eine große Zahl römischer Villen durch Oberflächenfunde und neuerdings auch durch die Luftbildarchäologie und die geomagnetische Prospektion bekannt geworden.[1] In vielen Fällen folgten großflächige sowie archäologische Untersuchungen. Die Lößböden am mittleren Neckar hatten zahlreiche Ansiedler angezogen. Ihre Gutsbetriebe besaßen zum Teil fast domänenartigen Charakter.

Besonders in den letzten zwei Jahrzehnten mußte eine Vielzahl akut gefährdeter Villen, oftmals in großangelegten Maßnahmen archäologisch untersucht werden, bevor Bauvorhaben oder intensive landwirtschaftliche Nutzung die letzten Reste dieser teilweise weit ausgedehnten Anlagen unwiederbringlich vernichteten. Als Folge dieser Ausgrabungen wurde zunehmend die Forderung laut, Teile dieser Villen oder einzelne Gebäude zukünftig für die Öffentlichkeit zugänglich zu machen. Im folgenden soll eine kleine Auswahl solcher Villen, aber auch die damit verbundene Problematik der Erhaltung römischer Baureste angesprochen werden.

In Baden-Württemberg kennen wir insgesamt heute weit über 2 000 römische Gutsanlagen, oftmals liegen genauere Informationen über ihre Ausdehnung dank der modernen Luftbildarchäologie vor.[2]

Mehr als 35 sind teilweise restauriert und für die Öffentlichkeit erschlossen. In vielen Fällen hat man die Grundmauern der Gebäude konserviert, die im Freien als gesamtes Ensemble besichtigt werden können. Bei außergewöhnlich gutem Erhaltungszustand entschloß man sich zu einer Sicherung der Ruine durch Schutzdächer oder gar geschlossene Schutzbauten.

Betrachten wir zunächst einmal Anlagen, die im Freien restauriert und allgemein zugänglich sind, um die für solche Erhaltungsmaßnahmen notwendigen Konsequenzen zu beleuchten.

Westlich des Ortsteils Zimmerhof auf Gemarkung „Bad Rappenau" konnte 1971 bei Flurbereinigungsarbeiten durch Geländeverschiebungen ein bisher unbekannter römischer Gutshof erfaßt werden.[3] Das Gebäude gehört mit seinen um einen rechteckigen Hof angelegten vier Flügeln zum Typ der Peristylvillen (Abb. 1). Durch die starke Hanglage war das Gebäude terrassenartig angelegt und insbesondere in den tieferliegenden Bereichen gut erhalten. Neben Estrichböden ist besonders ein fast vollständiger Keller mit Zugang sowie Räume mit Fußbodenheizung nachgewiesen worden.

Im Rahmen der Flurbereinigung war es nicht möglich, die gesamte originale Ruine zu sichern, lediglich der Nord- und der Westtrakt wurden restauriert. Die originalen Fundamentmauern sind noch erhalten. Sie wurden zur besseren Kenntlichmachung überdeckt und teilweise ergänzt, die Estrichböden der Räume sind erneuert. Der Mauerverlauf im Süd- und Ostrakt sowie in den Anbauten ist mit Steinplatten angegeben, so daß der Gesamtgrundriß des Gebäudes verständlich wird. Die gesamte Anlage ist heute in einen Erholungspark des Kurortes Bad Rappenau mit einbezogen.

Durch Oberflächenfunde war schon lange im Gewann „Obere Sitt" in Laufenburg, Kreis Waldshut, eine ausgedehnte römische Villa bekannt (Abb. 2),[4] die 1936 unter Leitung von H. Dragendorff und E. Samesreuther untersucht wurde.

Abb. 1. Bad Rappenau-Zimmerhof, Landkreis Heilbronn; römische Villa nach der Restaurierung

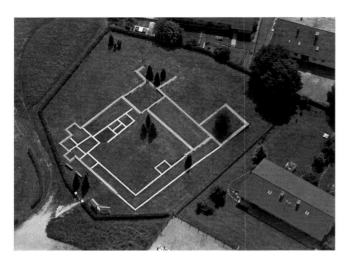

Abb. 2. Laufenburg, Landkreis Waldshut; Blick auf den markierten Villengrundriß

1940 wurden diese Grabungen zunächst eingestellt. Erst 1970 erfolgten Nachuntersuchungen durch A. Eckerle und anschließend die Restaurierung der Bausubstanz. Nach den Ergebnissen der baugeschichtlichen Untersuchung und nach Aussage des Fundmaterials gehört Laufenburg zu den wenigen römischen Villen in unserem Lande, die während der gesamten Dauer der römischen Besetzung Südwestdeutschlands in Benutzung waren. Aus den vierziger Jahren des ersten nachchristlichen Jahrhunderts stammen die ältesten Funde. Sie markieren den Beginn dieser Anlage. Spätestens in den Jahren um 260 n. Chr. verließen die letzten Bewohner den Platz. Wegen des starken Zerfalls der ursprünglich gut erhaltenen Mauern mußte 1970/71 auf die Wiederherstellung des sichtbaren antiken Mauerwerks verzichtet werden. Stattdessen wurden wesentliche Teile, vor allem die großen Eckrisalite des Westtraktes, neu aufgesetzt und der Verlauf der übrigen Mauern durch Platten im Rasen markiert. Dadurch wird dem Besucher zumindest zweidimensional Umfang und Grundriß dieser einst so prächtigen römischen Villa am Nordufer des Rheins vermittelt. Gerade an diesem Beispiel wird deutlich, was unzulängliches Restaurieren römischer Grundmauern innerhalb weniger Jahrzehnte für Folgen nach sich zieht. Der ursprünglich gut erhaltene originale Baubefund hat durch Witterungseinflüsse innerhalb von 30 Jahren so stark gelitten, daß die alten Mauern selbst nicht mehr erhalten werden konnten. Man mußte sich mit den bereits geschilderten Hilfsmaßnahmen begnügen.

Anläßlich der Rebflurbereinigung konnte im Gewann „Brunnenäcker", etwa 2 km östlich von Lauffen am Neckar, eine bisher unbekannte römische Villa angeschnitten und vollständig flächenhaft untersucht werden.[5] Die Ausgrabungen ergaben einen ca. 0,9 ha großen Hofbereich mit Steingebäuden, einem Hauptwohngebäude mit Eckrisaliten, einer angebauten kleinen Badeanlage mit Latrine sowie einem kleinen älteren Wohngebäude und zwei Wirtschaftsbauten (Abb. 3). Durch die gute Zusammenarbeit zwischen der Stadt Lauffen, dem damaligen Landesamt für Flurbereinigung und Siedlung sowie dem Landesdenkmalamt Baden-Württemberg gelang es, das gesamte Hofareal aus der Flurbereinigung herauszunehmen und die wohlerhaltenen Ruinen im Freien zu konservieren und zu restaurieren. In großen Zügen konnte das in sich noch sehr gut gefestigte Mauerwerk gesichert werden. Von einer erhöhten Plattform aus erhält der Besucher einen Gesamtüberblick. Erläuterungstafeln und ein Bronzemodell machen dem Besucher die Geschichte und die Bedeutung dieser Gutsanlage im mittleren Neckarland vertraut. Wenn auch die Lauffener Anlage mit 0,9 ha sicherlich zu den kleineren Varianten zählt, gibt dennoch das gesamte Ensemble mit einfach gegliederten Grundrissen einen guten Eindruck vom Aussehen römischer Villen im 2. und frühen 3. Jahrhundert.

Im Umfeld der römischen Stadt LOPODVNVM, dem Vorort der civitas ulpia sueborum nicrensium im Neckarmündungsgebiet, konnte in den Jahren 1984 bis 1987 unter Leitung von E. Schallmayer und A. Hagendorn eine große römische Villa auf der Gemarkung Großsachsen untersucht werden.[6] Die intensive landwirtschaftliche Nutzung hatte die Fundamente dieser Villa stark in Mitleidenschaft gezogen, so daß eine flächenhafte Ausgrabung unerläßlich war. Die Grabung erbrachte ein repräsentatives Hauptgebäude mit großem Wasserbecken, ein Badehaus sowie zwei quadratische Bauten, die wir wohl mit hoher Wahrscheinlichkeit als Tempel ansprechen dürfen (Abb. 4). Auch hier äußerte die Öffentlichkeit den Wunsch, diese Anlage wenigstens in Teilen zu erhalten. Das Hauptgebäude, Teile des Wasserbeckens und die beiden Kultgebäude wurden restauriert, so daß sie heute, in

Abb. 3. Lauffen am Neckar, Landkreis Heilbronn; römischer Gutshof nach Abschluß der Restaurierung

einer Grünanlage gelegen, viele Besucher aus nah und fern anziehen. Somit ist stellvertretend wenigstens eines der Landgüter aus dem Umfeld der römischen Stadt LOPODVNVM für die Öffentlichkeit zugänglich.

Ende 1991 konnte im Stadtgebiet von Karlsruhe-Durlach beim Bau der neuen Gewerbeschule von H. Rosmanitz ein bisher nicht bekannter römischer Gutshof nachgewiesen werden. Eine vom Landesdenkmalamt Baden-Württemberg unter Leitung von R. H. Behrends durchgeführte Rettungsgrabung erbrachte Teile einer römischen Villa mit Umfassungsmauer (Abb. 5).[7] Diese Porticusvilla besitzt zwei Eckrisalite und zwei Keller. Allerdings wurden durch die bereits laufenden Bauarbeiten empfindliche Zerstörungen am originalen Baubefund verursacht.

Unter dem westlichen Eckrisalit kam ein Keller mit sechs Wandnischen und ursprünglich bemalten Nischenbögen zum Vorschein. Wie die Befunde zeigen, ist das Gebäude ausgebrannt, in römischer Zeit verfüllt und mit einem Mörtelestrich überdeckt worden. Der Keller enthielt ursprünglich polychrombemalte Keilsteine über den Nischen. Ähnliche Befunde konnten in jüngerer Zeit bei verschiedenen Ausgrabungen, so in Wimpfen und Mundelsheim, ebenfalls nachgewiesen werden. Trotz der begonnenen Bauarbeiten wurde die Erhaltung wenigstens eines Teils des Hauptgebäudes mit Keller durch die Initiative örtlich Interessierter mit Unterstützung des Landesdenkmalamtes durchgesetzt. Der geplante Schulhausbau mußte dafür um ca. 40 m nach Nordosten ver-

Abb. 5. Karlsruhe-Durlach; Luftbild der restaurierten Anlage (Sommer 1995)

Abb. 4. Hirschberg-Großsachsen, Neckar-Odenwald-Kreis; Hauptgebäude der restaurierten römischen Villa rustica

setzt werden. Heute ist der Keller für die Öffentlichkeit zugänglich, als einziges sichtbares Zeugnis der römischen Besiedlung innerhalb des Stadtgebietes von Karlsruhe.

Im südlichen Oberrheingebiet konnten an verschiedenen Orten in jüngerer Zeit Teile römischer Gutsanlagen restauriert werden. Beispielsweise in Hohberg-Niederschopfheim (Ortenaukreis) wurde im Steinackerfeld eine Villa Anfang der achtziger Jahre freigelegt,[8] die sich in mehrere Bauphasen gliedern läßt. Zunächst hat das Gebäude einen rechteckigen Grundriß mit 44 x 34 m. Um einen offenen oder überdachten Innenhof gruppieren sich längsrechteckige Räume. Aufgrund der Funde scheint dieses erste Gebäude bereits um die Mitte des 1. nachchristlichen Jahrhunderts errichtet worden zu sein. In der zweiten Hälfte des 2. Jahrhunderts wurde es vollständig durch Brand vernichtet und in kleineren Dimensionen in Fachwerkbauweise wieder errichtet. Der Grundriß ist jetzt U-förmig, die Räume gruppieren sich um einen offenen Innenhof. Das Ende der Anlage scheint mit den Alamanneneinfällen der Jahre um 260 n. Chr. zusammenzuhängen. Die Deutung, ob es sich hierbei um ein landwirtschaftliches Anwesen oder um eine römische Straßenstation handelt, muß noch offen bleiben. Die Anlage wurde teilweise konserviert und rekonstruiert. Sie ist heute im Rahmen eines kleinen Parkmuseums für die Öffentlichkeit zugänglich.

Schließlich wurde durch die Flurbereinigung in den Jahren 1977 bis 1983 eine ausgedehnte römische Villa bei Büßlingen, Stadt Tengen, freigelegt.[9] Diese Hofanlage mit stolzen 5,4 ha wurde etwa zu einem Sechstel flächig untersucht. Die Büßlinger Gutsanlage gehört bislang zu den größten ihrer Art in Baden-Württemberg. Zentral im Hofareal lag das über 1000 qm große Hauptgebäude, insgesamt zehn Räume sowie ein großer teilüberdachter Innenhof (Abb. 6).

Von den acht weiteren Gebäuden sind vor allen Dingen ein Tempel, das Badehaus mit einer Grundfläche von über 200 qm sowie Wirtschaftsgebäude zu erwähnen. Die Steingebäude wurden in ihren Grundmauern wieder aufgemauert und bilden innerhalb eines archäologischen Freilichtmuseums ein Dokument für einen großen landwirtschaftlichen Betrieb aus römischer Zeit im 2. und 3. Jahrhundert n. Chr. Das

Hauptgebäude, ein schlichter Rechteckbau mit zehn Räumen, von denen zwei hypokaustiert waren, nimmt die Mitte der Gutsanlage ein. Kreisförmig gruppieren sich um den Hauptbau der Tempel mit Kultraum und Vorhalle, das Bad mit Kalt- und zwei Warmbaderäumen und einem Heizraum sowie die Remisen und andere Bauten. Damit ist der Gutshof von Büßlingen, Stadt Tengen, bisher die größte restaurierte römische Gutsanlage in Baden-Württemberg.

Aus den unterschiedlichen Erfahrungen mit den hier aufgezeigten, im Freien restaurierten römischen Gutsanlagen können nach etwa zwei Jahrzehnten wichtige Folgerungen für zukünftige Restaurierungen gezogen werden. Oftmals sind die römischen Ruinen direkt nach der Ausgrabung optisch in einem ungewöhnlich guten Zustand und können restauriert werden. Doch die Witterungseinflüsse, Frost im Winter, Hitze und Trockenheit im Sommer, verursachen oftmals innerhalb weniger Jahre so gravierende Schäden, daß eine ständige Kontrolle und Nachrestaurierung erforderlich wird. Restaurierungsmaßnahmen sind meist mit hohem persönlichen und öffentlichen Engagement in den örtlichen Gremien durchgesetzt und realisiert worden. Oftmals unterstützen Bürgerinitiativen und historische Vereinigungen solche Maßnahmen, doch die weitergehende ständige Betreuung und Pflege solcher Anlagen, insbesondere die Sorge um den Erhalt des Mauerwerks, lassen nicht selten zu wünschen übrig. Gleichermaßen ist eine ausführliche Beschilderung und Information vor Ort für den Besucher wichtig. Ohne Erläuterungen erhält der Besucher oftmals nur einen unzulänglichen und wenig attraktiven Einblick in die Geschichte und das Leben auf einem römischen Gutshof im 2. und 3. Jahrhundert.

Aus der Erkenntnis der notwendigen Sicherung originaler Befunde hat man schon früh damit begonnen, römische Baubefunde in Baden-Württemberg mit Schutzbauten zu versehen. Das im Jahre 1906 von A. Schliz in Weinsberg freigelegte römische Badegebäude, das – wie wir durch Grabungen des Jahres 1977 wissen – zu einer ausgedehnten römischen Gutsanlage gehörte, wurde mit einem dem Grundriß angepaßten hölzernen Schutzdach gesichert (Abb. 7).[10] Zu besichtigen ist das Kaltbad mit Badebecken, ein Warmraum, die Warmbäder mit Badebecken und Schwitzraum, ferner ein Teil des Heizraumes und die durch einen Abwasserkanal gespülte Latrine. Diese Anlage ist heute noch wohlerhalten. Das Schutzhaus wurde 1977 saniert und gehört heute zu einer städtischen Parkanlage am Fuße der Burgruine Weibertreu.

Ebenfalls im Neckartal, auf der Ottmarsheimer Höhe oberhalb der Gemeinde Mundelsheim, Landkreis Ludwigsburg, konnten 1988/89 vom Landesdenkmalamt Baden-Württemberg im Rahmen der Erschließung eines Industriegebietes umfangreiche Teile einer römischen Ansiedlung, wahrscheinlich einer großen Gutsanlage, freigelegt werden. Jüngere Grabungen erbrachten weitere umfangreiche Siedlungsreste, deren wissenschaftliche Auswertung noch aussteht. Bei den Grabungen der Jahre 1988/89 kamen Teile des Hauptgebäudes mit einem vorzüglich erhaltenen Keller, weitere Mauerzüge, ein Brunnenhaus, das in dieser Art bisher zu den großen Seltenheiten bei römischen Gutsanlagen gehört, und schließlich ein Mithrasheiligtum zutage.[11] Der Keller und das Mithrasheiligtum liegen am Rand des Industriegebietes, so daß ihre Erhaltung und Konservierung möglich war. Der 3,7 auf 5,5 m große und 2,5 m tiefe Keller mit zwei Lichtschächten

Abb. 6. Tengen-Büßlingen, Landkreis Konstanz; restaurierte römische Villa

Abb. 7. Weinsberg, Landkreis Heilbronn; römisches Bad nach der Restaurierung 1977

und jeweils zwei Halbrundnischen in zwei Wänden mit bemalten Nischenbögen spricht für einen hohen Qualitätsstandard dieses Bauwerkes. Einer älteren farblichen Fassung mit rotem Fugenstrich folgte eine jüngere Bemalung der Nischenbögen, wobei die Keilsteine samt Umrahmung zunächst vollflächig verputzt wurden. Die 14 Keilsteine mit Rahmung wurden jetzt mit roten Linien bemalt und ihre Innenflächen alternierend in Rot, Grün, Gelb und Weiß ausgemalt. Um diesen ungewöhnlichen Befund zu sichern, wurde ein Schutzdach mit zwei geschlossenen Wänden an der Wetterseite errichtet, um so das Mauerwerk und die Farbreste gegen Wind, Regen und Schnee abzuschirmen. Lediglich die Mauerkronen des Kellers wurden durch Aufmauerung und ein Geländer gesichert. Der einstige Kellerzugang erhielt eine moderne Holztreppe, so daß jeder Besucher heute hinabsteigen und die originalen Farbreste an den Nischen besichtigen kann. Ausführliche Erläuterungstafeln geben einen Überblick über die Geschichte dieser ausgedehnten römischen Siedlung. Auf einer beherrschenden Höhe gelegen, mit Fernblick nach Süden bis zur Schwäbischen Alb, nach Osten bis zum Schwäbischen Wald, nach Norden bis zum Odenwald; in Richtung Westen lassen sich bei klaren Tagen die Ränder des Schwarzwaldes erkennen.

Etwa 150 m südwestlich dieses Kellers wurde beim Verlegen einer Fernwasserleitung im Jahre 1989 das Mundelsheimer Mithrasheiligtum durchschnitten, ausgegraben und anschließend konserviert (Abb. 8). Die vom Bagger herausgerissenen Türschwellen wurden wieder in das originale Mauerwerk eingesetzt, die ursprünglichen Begehungsniveaus wiederhergestellt und die Mauern gesichert, so daß die Ruine des einzigen Mithrasheiligtums östlich des Schwarzwaldes, im Hinterland des obergermanischen und rätischen Limes, heute im Freien zugänglich ist. Die Außenmauern sind nur soweit aufgemauert, daß sich das Gebäude leicht von der Umgebung abhebt. Der Besucher kann den einstigen Kultraum über die originalen Türschwellen betreten. Von den zahlreichen im Mittelgang des Kultraumes geborgenen Funden wurden Kunststeinabgüsse der Altäre des Gottes Sol sowie der Göttin Luna am ursprünglichen Ort wieder aufgestellt.

Nördlich der Altstadt von Rosenfeld (Zollernalbkreis) wurde im Jahre 1973 bei Erschließungsarbeiten in einem Neubaugebiet ein 31,5 auf 42 m großes Gebäude mit zwei knapp 20 m langen Flügelbauten entdeckt.[12] Durch eine gegen Südosten offene Säulenhalle (porticus) und einen Gang gelangte man zum Innenhof. Um diesen Hof gruppierten sich Wohn- und sonstige Räume. An die Südwestseite war ein kleines Bad mit Auskleideraum, Kalt- und Warmbad sowie halbrunder Wanne (piscina) und Schwitzbad angebaut. Die Ruine war ungewöhnlich gut erhalten. Durch Umplanungen konnte erreicht werden, daß der Westteil dieser römischen Gutsanlage, etwa ein Drittel des Hauptgebäudes, innerhalb des Baugebietes als Parkanlage erhalten blieb. Zur besseren Sicherung des Badetrakts wurde ein Schutzdach errichtet, das gleichzeitig für die Anbringung der Erläuterungstafeln dient. Die übrigen Bauteile konnten im Freien durch Konservierungs- und Restaurierungsmaßnahmen auf Dauer bewahrt werden.

Schon im Jahre 1897 wurde von Oberförster Rot aus Villingen an einem Südwestabhang auf dem Gewann „Bubenholz" südwestlich von Fischbach, Gemeinde Niedereschach, eine römische Badeanlage ausgegraben.[13] Sie war – wie wir den alten Unterlagen entnehmen können – in gutem Zustand, wurde aber in der Folgezeit ungeschützt der Witterung und dem Verfall überlassen.

Als 1985 durch das Landesdenkmalamt unter Leitung von G. Fingerlin auf der Kuppe des Höhenrückens erneut drei Gebäude entdeckt wurden, bezog man die Gesamtanlage in weitergehende Überlegungen ein. Die als Wirtschaftsgebäude gedeuteten Häuser wurden im Anschluß an die Grabung restauriert, wobei man sich im wesentlichen auf die Fundamente konzentrierte. Eine 1988/89 durch das Landesdenkmalamt Baden-Württemberg unter Leitung von P. Jakobs durchgeführte Nachuntersuchung des Bades ergab ein rechteckiges Badegebäude mit Kaltbad, Laubad, Warmbad und Heizraum, das nach Süden einen Anbau erhielt. Nach Abschluß dieser Untersuchungen wurde auch das Badegebäude durch die Staatliche Hochbauverwaltung restauriert und mit einem den gesamten Bau frei überspannenden Schutzdach auf Dauer gesichert (Abb. 9).

Abb. 8. Mundelsheim, Landkreis Ludwigsburg; restauriertes Mithrasheiligtum

Abb. 9. Niedereschach-Fischbach, Schwarzwald-Baar-Kreis; römisches Bad mit Schutzdach

In den Jahren 1977/78 wurde bei Ausgrabungen des Landesdenkmalamtes unter Leitung von G. Fingerlin an der Straße von Merdingen nach Wasenweiler eine ausgedehnte römische Villa entdeckt und teilweise untersucht.[14] Von der aus mehreren Gebäuden bestehenden Anlage im Gewann „Hagenmatte" konnten das Bad, das Hauptgebäude und ein kleiner Speicher archäologisch untersucht werden. Das Hauptgebäude wurde im 1. Jahrhundert n. Chr. zunächst in Holzbauweise errichtet und im 2. Jahrhundert in Stein ausgebaut. Das Bad bestand ursprünglich aus vier Räumen und einer aus der Bauflucht rechteckig vorspringenden Kaltwasserwanne (piscina). Durch einen jüngeren Anbau wurde das Raumangebot zu einem späteren Zeitpunkt vergrößert und damit der Badekomfort verbessert. Im jüngsten Zustand bestanden ein Warmbad (caldarium), ein Laubad (tepidarium), ein Kaltbad (frigidarium) mit Durchgang zur Wannennische (piscina) und schließlich ein Eingangs- und Auskleideraum (apodyterium). Die Beheizung erfolgte von einem hölzernen Vorbau aus. Um bei Merdingen ein Denkmal der reichen römischen Vergangenheit dieser Region zugänglich zu machen, wurde das in den Grundmauern gut erhaltene Bad durch ein Schutzdach gesichert.

Insgesamt wird nach langjähriger Erfahrung deutlich, daß die dauerhafte Sicherung originaler Baubefunde nur durch geschickt angelegte Schutzdächer möglich ist. Schutzdächer mit teilweiser Verkleidung an den Wetterseiten haben sich – wie das Beispiel des römischen Kellers von Mundelsheim zeigt – als besonders geeignet erwiesen. Durch diese Schutzdächer wird die Ruine wohl trockengelegt, da sie jedoch in der Regel ständig zugänglich ist, bleiben Schäden durch Vandalismus nicht aus.

In manchen Fällen hat man in der Vergangenheit neben Schutzdächern auch auf geschlossene Schutzbauten zurückgegriffen. So konnte schon 1958 der gut erhaltene Keller einer römischen Gutsanlage in Oberriexingen durch die Einbeziehung in einen Neubau optimal erhalten werden.[15] Allerdings hat sich im Laufe der Jahre gezeigt, daß Feuchtigkeit auf der mit rotem Fugenstrich verzierten Kellerwand zu umfangreichen Ausblühungen führte, so daß eine Nachrestaurierung des gesamten Kellerraumes notwendig wurde.

Im Vorfeld der römischen Stadt Augst konnten auf der nördlichen Rheinseite in Grenzach-Wyhlen in der schon seit 1936/37 bekannten großen römischen Villa neuere Grabungen durchgeführt werden.[16] Das nur teilweise freigelegte Hauptgebäude mit Eckrisaliten, Säulenhalle und Peristylhof war ungewöhnlich aufwendig ausgestattet. Fenster- und Türumrahmungen bestanden aus weißem Marmor, zahlreiche Mosaiksteinchen verweisen auf Mosaikfußböden. Darüber hinaus besitzen wir zahlreiche Fragmente überaus qualitätvoller Freskomalerei. Südlich des Herrenhauses konnte ein großes Schwimmbecken (natatio) freigelegt werden. Durch die örtliche Initiative war es in Zusammenarbeit mit dem Landesdenkmalamt möglich, über diesem Becken ein Schutzgebäude zu errichten, so daß der Originalbefund erhalten werden konnte. Der Besucher kann bei einem Rundgang über Stege sowohl den originalen Baubefund, als auch zahlreiche Fundstücke in Vitrinen besichtigen und erhält einen Eindruck vom ursprünglichen Aussehen dieses römischen Landsitzes im Vorfeld der großen römischen Stadt Augst.

Es wird immer deutlicher, daß originale Baubefunde auf Dauer nur dann optimal gesichert werden können, wenn ein geschlossener Schutzbau errichtet wird. Unter dieser Bedingung überdauern nicht nur Mauerbefunde, sondern auch Estrichböden und Wandverputz. Das Denkmal behält seine Originalität, was bei anderen Konservierungs- und Restaurierungsmaßnahmen, insbesondere im Freien, auf Dauer nicht möglich ist. Eine umfassende, gut funktionierende Entwässerung und Drainierung des Schutzhauses und damit der durch das Schutzhaus gesicherten Baubefunde ist, wie das Beispiel von Oberriexingen mit aller Deutlichkeit zeigt, eine dringende Notwendigkeit. Nur so wird gewährleistet, daß die Mauern langsam austrocknen und sich in ihrer Substanz festigen.

Neben der Konservierung und Restaurierung römischer Gutsanlagen bildet die Rekonstruktion römischer Bauteile im Maßstab 1:1 eine weitere Möglichkeit, die Bedeutung und Funktion römischer Gutsanlagen in unserem Lande der Öffentlichkeit zu vermitteln. In den meisten Fällen sind nur die Grundmauern erhalten. Des öfteren lassen sich originale Kellerräume begehen, oftmals aber fehlt die dritte Dimension, um dem Besucher das räumliche Erlebnis zu vermitteln. Die Rekonstruktion, das heißt ein Modell im Maßstab 1:1 bietet dafür eine Möglichkeit. Jedoch ist hier eine gewisse Vorsicht geboten, da Rekonstruktionen immer nur eine Möglichkeit von vielen veranschaulichen und viele bauliche Details nur aus archäologischen Befunden abzuleiten sind, die zumeist gar nicht oder nur unzulänglich dokumentiert und gesichert werden konnten. Stellvertretend möchte ich vor allen Dingen die Frage der Raumhöhen, der Geschoßanzahl, der Dach- und Ausbaudetails wie auch der Innenausstattung benennen. Meist liefern uns die Grabungen hierzu nur geringe Hinweise. Es ist deshalb mehr als verständlich, daß trotz der zahlreichen neueren Grabungen noch kein römischer Gutshof vollständig rekonstruiert wurde. Gerade die jüngsten archäologischen Befunde der römischen Gutsanlage von Oberndorf-Bochingen, Landkreis Rottweil, nach außen gestürzte Mauern eines Nebengebäudes, bezeugen die vielen offenen Fragen der Rekonstruktion römischer landwirtschaftlicher Anwesen.

Als im Jahre 1972 von G. Schollian im Wald Tufelbach, etwa 600 m nordwestlich von Stein, Stadt Hechingen, Zollernalbkreis, an einem nach Süden ins Starzeltal abfallenden Hang eine ausgedehnte römische Villa entdeckt wurde und von 1977 bis 1981 durch das Landesdenkmalamt unter Leitung von H. Reim ausgegraben wurde, beschloß die örtliche Initiative eine Teilrekonstruktion des Hauptgebäudes (Abb. 10).[17] Neben dem bisher restaurierten und teilrekonstruierten Hauptgebäude mit angebautem Badehaus verweisen zahlreiche Schutthügel auf die Überreste von mindestens 6 weiteren Gebäuden. Vor allen Dingen im westlichen Bereich konnten im Jahre 1995/96 ein Tempelbezirk und weitere Wirtschaftsgebäude in Teilen freigelegt werden.[18] Die römische Villa rustica von Hechingen-Stein zählt somit zu den größten und repräsentativsten Anlagen im südwestdeutschen Raum. Mehrere Bauphasen sind nachgewiesen. In der letzten Bauphase waren Haupt- und Badegebäude durch eine Porticus verbunden. Die überaus repräsentative Ausstattung bezeugt den Luxus und den Wohlstand der hier ansässigen Gutsfamilie. Der aufwendige Gebäudegrundriß, zahlreiche Um- und Neubauten belegen die reiche und lange Geschichte dieses Bauwerks. Die Baubefunde wurden nach Abschluß der Grabungen restauriert. Der relativ schlecht erhaltene östliche Risalit und die anschließenden Teile der Porticus wurden im Maßstab 1:1 rekonstruiert. Die Teilrekonstruktion von Hechingen-Stein zeigt die Gesamtproblematik einer solchen Maßnahme und begründet die denkmalpflegerische Intention, originale Baubefunde im Freien zu restaurieren. Andererseits ist der Wunsch der Initiatoren, Teile zu rekonstruieren, berechtigt, so daß heute das gesamte Bauwerk dem Besucher ruinenhaft vor Augen tritt. Die Teilrekonstruktion vermittelt ungewöhnliche Einblicke und hervorragende Teilbereiche vom ursprünglichen Aussehen der römischen Villa von Hechingen-Stein. Andererseits läßt sie eigentlich erwarten, daß die Rekonstruktion vollends durchgeführt wird. Besonders deutlich wird dies bei der Porticus, die an der großen zentralen, in die hangabwärts angesiedelten Bereiche von Garten und Bad führenden Treppe abrupt abbricht. Ich denke, daß man durchaus den Mut haben muß, an einem solchen Beispiel einmal eine volle Rekonstruktion durchzuführen, die dann stellvertretend und beispielhaft im Lande Baden-Württemberg das Aussehen reicher römischer Gutsanlagen im Hinterland des obergermanischen und rätischen Limes verdeutlicht. Andererseits macht aber der Befund auch deutlich, daß man Rekonstruktionen sehr behutsam und vorsichtig durchführen muß. In erster Linie zählt der denkmalpflegerische Auftrag, Originalbefunde zu erhalten, zum einen für die Öffentlichkeit, zum anderen aber auch für spätere Generationen, um an herausragenden Beispielen die römische Bautechnik in Obergermanien und Raetien studieren zu können.

Abb. 10. Hechingen-Stein, Zollernalbkreis; konserviertes und teilrekonstruiertes Hauptwohngebäude der römischen Villa

Die hier angesprochenen Maßnahmen der Restaurierung und Sicherung durch Schutzdächer und Schutzbauten sowie die Rekonstruktion im Maßstab 1:1 lassen die vielfältigen Möglichkeiten denkmalpflegerischer Maßnahmen an römischen landwirtschaftlichen Anwesen in Südwestdeutschland deutlich erkennen. Ich denke, daß die mehr als zwanzigjährige Erfahrung auf diesem Gebiet gerade in Baden-Württemberg zeigt, daß man nur in seltenen Fällen Restaurierungen im Freien durchführen sollte. Schutzdächer, am besten Schutzbauten sind jedoch Garanten für eine langfristige Erhaltung originaler römischer Befunde. Sie bieten gleichzeitig eine ideale Möglichkeit für die dikatische Aufbereitung. Im einen oder anderen Fall eignen sich die Schutzhäuser gleichzeitig als Informations- und museale Plattform. Die Verbindung zwischen originalem Baubefund und der Präsentation archäologischer Funde aus dem jeweiligen Befund bietet meines Erachtens die ideale Voraussetzung dafür, die interessierte Öffentlichkeit umfassend zu informieren. Teilrekonstruktionen, wie zum Beispiel Hechingen-Stein, sollten äußerst behutsam und nur ausnahmsweise realisiert werden.

ANMERKUNGEN

1 C. S. SOMMER, *Die römischen Zivilsiedlungen in Südwestdeutschland*, in: Archäologie in Württemberg, Stuttgart 1988, S. 281 ff. – DIETER PLANCK, *Zivile römische Besiedlung*, in: Historischer Atlas von Baden-Württemberg, Beiwort zur Karte III, 4, September 1980.
2 D. PLANCK/O. BRAASCH/J. OEXLE/H. SCHLICHTHERLE, *Unterirdisches Baden-Württemberg*, Stuttgart 1994, S. 44 ff.
3 G. WAMSER, *Ein römischer Gutshof bei Bad Rappenau*, in: Fundberichte aus Baden-Württemberg, 3, 1976, S. 474 ff.
4 R. ROTHKEGEL, *Der römische Gutshof von Laufenburg*, in: Forschungen und Berichte zur Vor- und Frühgeschichte in Baden-Württemberg, 43, 1994, S. 11 ff.
5 T. SPITZING, *Die Villa Rustica von Lauffen am Neckar*, in: Materialhefte zur Vor- und Frühgeschichte in Baden-Württemberg, 12, 1988, S. 12 ff.
6 E. SCHALLMAYER, *Ein römisches Landgut an der Bergstraße*, in: Archäologie in Deutschland, 7, 1991, S. 38 f.
7 R.-H. BEHRENDS/P. KNÖTZELE, *Der römische Gutshof von Karlsruhe-Durlach*, in: Archäologische Informationen aus Baden-Württemberg, 32, 1995, S. 7 ff.

8 W. STRUCK, in: Die Römer in Baden-Württemberg, 3. Aufl., 1986, S. 335 f.
9 K. HEILIGMANN-BATSCH, *Der römische Gutshof bei Büßlingen*, in: Forschungen und Berichte ... (wie Anm. 4), 65, 1997.
10 D. PLANCK, in: Die Römer ... (wie Anm. 8), S. 610 f.
11 DERS., in: Archäologische Ausgrabungen in Baden-Württemberg, 1988, S. 183 ff. – DERS., in: ebd., 1989, S. 177 ff.
12 S. SCHIECK, in: Die Römer ... (wie Anm. 8), S. 509 f.
13 PETER H.-F. JAKOBS, *Der römische Gutshof von Fischbach*, in: Führer zu archäologischen Denkmälern in Württemberg, 17, 1992, S. 26 ff. und 37 ff.
14 F. FINGERLIN, in: Die Römer ... (wie Anm. 8), S. 441 f.
15 P. H. FILTZINGER, in: Die Römer ... (wie Anm. 8), S. 461 f.
16 FINGERLIN (wie Anm. 14), S. 300 ff. – DERS., in.: Archäol. Ausgrabungen ... (wie Anm. 11), 1996, S. 158 ff.
17 H. REIM, in: Die Römer ... (wie Anm. 8), S. 307 ff.
18 S. SCHMIDT-LAWRENZ, in: Archäologische Ausgrabungen ... (wie Anm. 11), 1996, S. 161 ff.

ABBILDUNGSNACHWEIS

LANDESDENKMALAMT BADEN-WÜRTTEMBERG, STUTTGART, LUFTBILDARCHIV: *Abb. 1* (Nr. L6720/002-01; 1282/12; 30.04.1990; Aufn. OTTO BRAASCH), *2* (Nr. L8514/021-01; 2/17; 31.05.1985; Aufn. OTTO BRAASCH), *4* (Nr. 6516/025-2), *5*, *6* (Nr. L8318/011-01; 984/35; 01.07.1989; Aufn. OTTO BRAASCH), *8* (Nr. 6920/023; D 1989/30; 07.02.92), *10* (Nr. 7718/014-01; 2429/32; 20.04.1993; Aufn. OTTO BRAASCH); BILDARCHIV: *Abb. 9*
LUFTBILD ALBRECHT BRUGGER, STUTTGART: *Abb. 3* (freigegeben vom Reg. Präsidium Stuttgart Nr. 2/49821)
STADTARCHIV WEINSBERG: *Abb. 7* (Aufn. vom 24.07.1979)

Silvia Codreanu-Windauer und Stefan Ebeling

Die mittelalterliche Synagoge Regensburgs

1995 bis 1997 fand in Regensburg die bislang flächenmäßig ausgedehnteste Stadtkerngrabung statt, die, ausgelöst durch die Neugestaltung des Neupfarrplatzes, ca. 3000 qm im Herzen der Altstadt umfaßte. Das Ausgrabungsgebiet liegt im Westen des römischen Legionslagers, dessen Befestigung die Entwicklung Regensburgs zur Herzogs- und Bischofsstadt entscheidend geprägt hat.[1]

Über das Areal des heutigen Neupfarrplatzes ist bekannt, daß dort bis 1519 das mittelalterliche Judenviertel stand. Seine Anfänge liegen im dunkeln, doch wird bereits um 1010/1020 mit der urkundlichen Nennung der *habitacula Judeorum* eine jüdische Ansiedlung belegt.[2] Die Lage dieses Wohnviertels im Schutze der Römermauer und nahe des Westtores – der *porta principalis sinistra* – läßt darauf schließen, daß seine Geschichte weiter zurückreicht, mit großer Wahrscheinlichkeit bis in die Zeit vor der ersten Stadterweiterung Regensburgs unter Herzog Arnulf um 920.[3] Damit dürfte die Regensburger Judengemeinde eine der ältesten im süddeutschen Raum sein.[4]

Im Gegensatz zu den bekannten großen mittelalterlichen Gemeinden des Rheinlandes können die Regensburger Juden auf eine ungebrochene Kontinuität ihrer Ansiedlung am heutigen Neupfarrplatz bis zu ihrer Vertreibung 1519 zurückblicken: Abgesehen von ihrer Zwangstaufe im Zuge des ersten Kreuzzuges 1096 blieben die Juden von den Pogromen verschont, die wellenartig das jüdische Leben in den rheinischen und Oberpfälzer Städten zum Erliegen brachten.[5] Im 15. Jahrhundert, zu einer Zeit als die meisten jüdischen Stadtgemeinden bereits ausgelöscht waren, besaß Regensburg die größte Judengemeinde Süddeutschlands, und noch 1519 umfaßte sie 500 Einwohner nebst 80 Talmudschülern.[6]

Ihre Blütezeit dürften die Regensburger Juden im 11.-13. Jahrhundert erlebt haben. Geschützt durch den Kaiser und ausgestattet mit weitreichenden Handelsprivilegien waren sie besonders im Fernhandel mit Sklaven, Pelzen, kostbaren Stoffen und Edelmetallen im Donauraum bis hin nach Byzanz und Kiew tätig. Mit der wirtschaftlichen Bedeutung ging auch Regensburgs Ruf als Zentrum jüdischer Gelehrsamkeit einher. So war die Talmudschule Sitz berühmter Rabbinen, von denen Jehuda ben Samuel he-Chassid (der Fromme) (1140-1217)[7] aufgrund seiner pietistischen Schriften und sein Zeitgenosse Rabbi Petachjah, bekannt durch die Beschreibung seiner Reise in den Orient,[8] weltweiten Ruhm erlangten (Abb. 1).

Das Regensburger Judenviertel umfaßte etwa 39 Häuser nebst Einrichtungen des öffentlichen Lebens, allen voran die Synagoge mit ihrem Synagogenhof, die Mikwe (sog. Ritualbad), ein jüdisches Badehaus, ein Hospital, ein Gemeindehaus, aber auch eine Bäckerei und Metzgerei.[9] Die Topographie des Judenviertels läßt sich seit den archivalischen Forschungen Adolf Schmetzers[10] wie folgt grob umreißen

(Abb. 3): Im Süden grenzte es an die Straße, die, von der heutigen Gesandtenstraße kommend, den Vitusbach (Bachgasse) mit der *Judenbrukke* überquerte, um dann durch das ehemals römische Stadttor *(porta principalis sinistra)* zur ältesten Pfarrkirche Regensburgs, St. Kassian, zu führen. Während die jüdischen Wohnungen gegen Westen und Nordwesten an die Häuser christlicher Kaufleute in der Wahlenstraße und der Tändlergasse angrenzten, lagen sie im Norden und Osten in der Nachbarschaft kirchlicher Anwesen (Dompropstei, Rohrer Hof).

Bis zu Beginn der Ausgrabung wußte man, daß sich an vereinzelten Stellen unter dem heutigen Neupfarrplatz Keller befinden und es galt als gesichert, daß die Synagoge unter der heutigen Neupfarrkirche zu lokalisieren sei.[11] Ferner war be-

Abb. 1. Darstellung eines jüdischen Lehrers im Kreise seiner Schüler; Regensburg, um 1450 (München, Bayerische Staatsbibliothek, Cod hebr. 107, fol. 3v)

Abb. 2. Luftbild des Neupfarrplatzes, August 1996; Grabungsareal der Synagoge links im Bild; oberhalb der Neupfarrkirche Reste mittelalterlicher Häuser

kannt, daß 1939/40 im Westen der heutigen Neupfarrkirche eine große unterirdische Löschwasserzisterne und im Norden des Platzes ein weitläufiger Ringbunker errichtet wurde. Daß beim Bau dieser tief in den Boden eingreifenden Anlagen keine Rücksicht auf archäologische Substanz, erst recht nicht auf Reste des jüdischen Viertels genommen wurde, lag auf der Hand. Bis auf wenige Photos und einen skizzenhaften Plan mit schwer zu deutenden Mauerzügen ist von diesen gewaltigen Störungen nichts mehr an Informationen überliefert.[12]

Die erste im Sommer 1995 durchgeführte archäologische Sondage, die der Standortermittlung einer unterirdischen Trafostation galt, erbrachte dann eine überraschende Befundlage: Im sogenannten Bunkerauge, dem vom Ringbunker umschlossenen Areal, das man wegen der zu erwartenden Störungen für den Bau der Trafoanlage vorgesehen hatte, kamen stattliche Reste von Kelleranlagen ans Tageslicht. Ihre Gewölbescheitel reichten bis knapp unter das Hirschlinger Pflaster des Neupfarrplatzes. Damit wurde klar, daß trotz aller Zerstörungen und Bodeneingriffe der letzten Zeit Bausubstanz des mittelalterlichen Judenviertels im Untergrund des Neupfarrplatzes erhalten geblieben war, die nun mit neuen Baumaßnahmen – flächige Verlegung eines neuen Platzbelages und der notwendigen unterirdischen Infrastruktur für die Marktnutzung – angeschnitten und zerstört werden würde (Abb. 2).[13]

Auslöser einer regulären Ausgrabung wurde der Einbau von sogenannten Senkelektranten, deren Baugruben als vier mal vier Meter große und zwei Meter tiefe Abgrabungen vorgesehen waren. Bereits mit dem ersten Elektranten hatte man aber einen gewölbten Raum angeschnitten: während die östliche Längswand dieser unkontrollierten Abtiefung zum Opfer fiel, blieb die nördliche Stirnwand mit dem Abdruck eines Gewölbeansatzes bis knapp unter das Pflasterniveau erhalten. Westlich davon war eine äußerst massive Mauer eines daran angesetzten Gebäudes erkennbar (Abb. 5).

Damit nicht noch weitere Baubefunde durch die Bauarbeiten verloren gingen, wurde im Einvernehmen mit dem Tiefbauamt der Stadt Regensburg beschlossen, im Vorgriff größere Areale des Platzes flächig auf ca. 1,50 m Tiefe freizulegen, um sie archäologisch und bauhistorisch zu untersuchen. Im Oktober 1995 begannen die systematischen Arbeiten der Grabungsfirma Faustus und des Regensburger Architekturbüros Stefan Ebeling mit personeller Unterstützung und unter fachlicher Leitung der Abteilungen Bodendenkmalpflege und Bauforschung des Bayerischen Landesamtes für Denkmalpflege.

Es mag ein Zufall sein, daß bereits mit der ersten planmäßig gegrabenen Fläche der wichtigste Baubefund zum Vorschein kam: die mittelalterliche Synagoge![14]

Beschreibung des Befundes

Die ergrabenen Reste des Synagogenkomplexes stellen sich zunächst als äußerst verwirrend dar (Abb. 4, 6), da sie in großem Umfang bereits stark durch neuzeitliche und moderne Einbauten (Leitungen, Löschwasserzisterne) gestört und daher sehr bruchstückhaft angetroffen wurden. Um das Verständnis des Gesamtbefundes zu erleichtern, werden zunächst die erhaltenen Reste des eigentlichen Synagogenraums, danach die Befunde an der Südseite von Westen nach Osten kurz beschrieben.

Wie bereits erwähnt, traf man im Westen der Ausgrabungsfläche eine 1,50 m breite, also ungewöhnlich massive Bruchsteinmauer (M 6) an, die leicht schräg von Norden nach Süden verlief, wo sie nach Osten im Verband abwinkelte (M 4 West).[15] Trotz der massiven Störung durch einen Elektranteneinbau zeichnete sich an der Südseite bzw. am Nordprofil ab, daß sich das tiefreichende Fundament knapp unter dem heutigen Pflaster auf eine aufgehende Mauerstärke von 0,80 m verjüngte. Im Westen und Osten stieß es stumpf gegen den Außenputz älterer Gebäude, wobei es nur die östlich davon liegende Wand (M 8) überbaute. Letztere verlief in einem lichten Abstand von 3,80 m annähernd parallel zur jüngeren Westwand (M 6) und bildete einen Eckverband mit einer Südwand (M 4 Ost), die wiederum mit der jüngeren Mauer (M 4 West) fluchtete. Die zweiperiodige Südwand (M 4) konnte während der Ausgrabung auf 18 m Länge verfolgt werden, wobei 13,20 m auf den älteren, östlichen Teil

Abb. 3. Die Lage des Judenviertels (gerastert) innerhalb des ehemaligen Legionslagers; Plan mit Eintragung der Stadterweiterung Herzog Arnulfs, um 920, und der wichtigsten Kirchen mit der jeweiligen Erstnennung

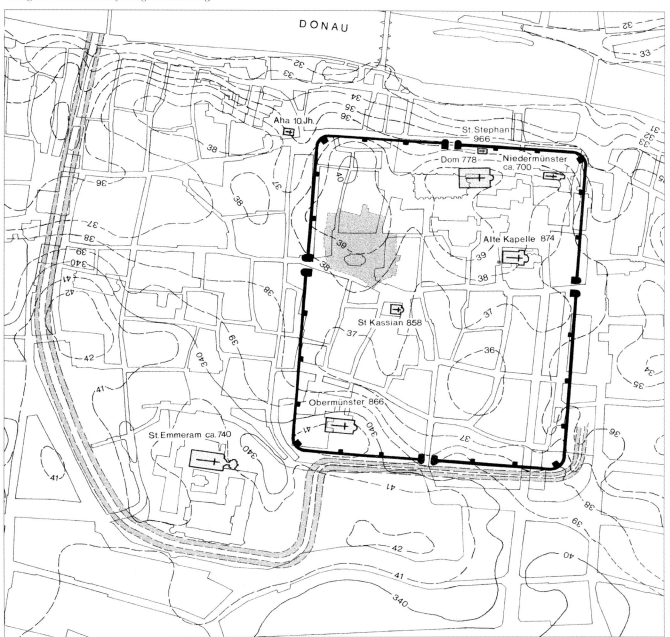

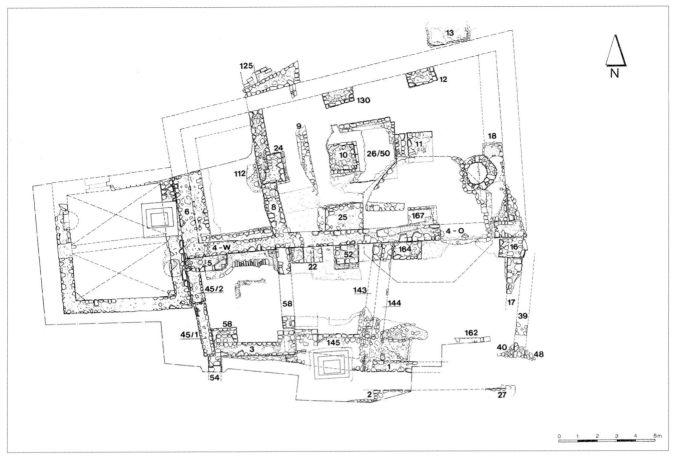

Abb. 4. Gesamtplan der Mauerbefunde im Synagogenareal

entfallen. Seine Südostecke war gerade noch 0,80 m erhalten; der Rest der Ostwand war dem Einbau der Löschwasserzisterne 1939 zum Opfer gefallen.

Sechs Meter westlich dieser Außenecke wies die Südwand (M 4) zwei Baufugen in einem Abstand von 2,40 m Abstand auf, die auf eine zugesetzte Eingangssituation hindeuten. Weitere Öffnungen im bodennahen Bereich konnten nicht festgestellt werden.

Abb. 5. Blick auf die Stirnwand des gewölbten Raumes im Westen der Synagoge bei der Entdeckung im September 1995

Im Innenraum des von der Südwand M 4 und der Westwand M 6 erschlossenen Gebäudes wurden drei rechteckige Mauerblöcke angetroffen. Der westlichste (M 24) saß zur Hälfte auf und zur anderen Hälfte vor der älteren Westwand (M 8). Eine dicke Erdschicht auf der Oberkante der Mauer (M 8) deutete darauf hin, daß jene schon vor dem Einbau dieses Fundaments bis auf die überbaute Höhe abgerissen worden war. In ca. vier Metern Achsabstand fand sich weiter östlich der nächste Mauerpfeiler (M 10), der sowohl einen älteren Estrich als auch ein höhergelegenes, mit Estrich versehenes Podest durchschlug. Zwei Lagen seines aufgehenden Mauerwerks waren im Ansatz noch erhalten. Sie gehörten zu einem quadratischen Sockel von 1,25 m Seitenlänge. Ein dritter, längsrechteckiger Mauerpfeiler (M 11) war im gleichen Achsabstand an die Ostseite des gemauerten Podestes angebaut worden. Weitere Fundamente, die sich sowohl aufgrund der Mauertechnik und des verwendeten Steinmaterials[16] als auch von der Mörtelbeschaffenheit[17] her entsprechen, wurden entlang der verputzten Innenseite der Südwand (M 4 Ost) und an der nördlichen Grabungsgrenze freigelegt: der 2,50 m lange Fundamentblock (M 25) und der kleinere Mauerblock (M 167) stehen den freistehenden Mauerpfeilern (M 10 bzw. M 11) gegenüber. Ihnen entsprechen an der Nordseite die Fundamentblöcke M 130 und M 12. Letztere wiesen an ihrer Nordseite die Negativabdrücke einer Wand auf, die einem neuzeitlichen Abwasserkanal zum Opfer gefallen war. Sie konnte nördlich von M 12 nur noch in den untersten Fundamentlagen festgestellt werden. Im Westen ließen sich an der Schnittstelle mehrerer neuzeitlicher Kanalmauern geringe Reste dieser Mauer mit dem Abdruck eines Schwellsteines nachweisen. Sie deuten darauf hin, daß unmittelbar östlich der älteren Westwand (M 8) eine Türe nach Norden führte, die ebenerdig in einen Raum führte, von dem noch geringe Estrich- bzw. Mauerreste (M 125) erfaßt werden konnten.

Südlich der vollständig erfaßten und oben beschriebenen Längsmauer (M 4) zeigten sich weitere Baubefunde: In der Flucht der Westwand (M 6), aber durch eine Baunaht eindeutig an jene angesetzt, lag die Mauer (M 45). Sie bildete im Norden eine nach Osten gerichtete Vorlage (M 5), die mit einer profilierten Werksteinbasis endete (Abb. 7). Gegen Süden stieß diese Westwand an ein älteres Mauerstück (M 45/1), das Spuren starker Brandeinwirkung aufwies. An letzteres war dann wiederum ein Mauerpfeiler (M 54) südlich angesetzt, zu dem zwei Schwellen, die untere auf Niveau 336,10 m NN, die obere ca. 0,55 m höher, gehörten. Überbaut wurde dieser Türpfeiler durch einen sich nach Osten ziehenden Mauerzug (M 3), der zwei vorspringende Mauerzungen aufwies. Im weiteren Verlauf war diese Mauer tiefgründig durch Leitungen gestört, so daß nur noch die untersten Lagen des sehr breiten, unregelmäßig verlaufenden Fundaments (M 145) angetroffen wurden. Nur noch in einem letzten Rest war ein Teilstück der Mauernordkante (M 162) und -südkante (M 40)

als Aufgehendes anzutreffen. Letzteres fluchtet mit einem weiter nördlich freigelegten Mauerstück (M 17), das stumpf an einen Mauerblock (M 16) stößt, der gegen die verputzte Südwand (M 4 Ost) gesetzt ist. Gegen Osten wurde diese Mauer (M 17) offensichtlich auch an eine ältere Wand angebaut, die etwas schräg in Nord-Süd-Richtung verlief. Ihr Abdruck an M 17 fluchtet mit einem kleinen Mauerrest (M 39), der von M 40 überbaut wurde und sich damit als älter erweist.

Spuren von Mauerwerk, welches aufgrund von Baunähten und Überlagerungen bzw. der stratigraphischen Anschlüsse als älter einzuordnen ist, wurden an vielen Stellen angetroffen: Das breite Fundament (M 145) füllte die verputzte Innenkante eines Mauerecks (M 1/M 144) aus, welches die westliche Begrenzung eines Raumes bildete, der an die Mauer M 4 Ost angebaut war. Die Mauer M 144 setzt dabei stumpf an die Zusetzung der oben genannten Eingangssituation an. Ein schmaler Mauerzug (M 143), der außen an M 144 angebaut war, gehörte zu einem Raum, der sich daran westlich anschloß. Seine Südostecke sowie die von M 3 überbaute bzw. gestörte Südwestecke sind ergraben, ebenso der Anschluß seiner Westwand (M 58) an die Mauer M 4 Ost. Hier wurde das Mauerwerk gegen den ersten Außenputz der Wand (M 58) gesetzt. Unmittelbar östlich dieses Anschlusses blieb ein längsrechteckiger Mauerblock erhalten (M 49). Ein Mörtelestrich zog sich beidseitig soweit über ihn, daß nur ein Mauerpfeiler von 0,85 m Länge und 0,55 m Breite aus dem Fußboden heraus-

Abb. 6. Überblick über das Grabungsareal der Synagoge vom Turm der Neupfarrkirche aus, Herbst 1996; im Vordergrund das massive Fundament des inzwischen transferierten Neupfarrplatzbrunnens

ragte. Bereits in einem Abstand von 0,70 m weiter östlich war der nächste Mauerblock (M 52) anzutreffen, der im Aufgehenden als 1 m x 1,20 m messendes Bauteil erschien, während in einer Entfernung von weiteren 1,20 m ein längsrechteckiges gemauertes Podium (M 164), das Teile der älteren M 144 miteinbezog, die M 4 Ost begleitete. An diese Mauerblöcke strich ein Mörtelestrich an, der starke humose Verschmutzungen, insbesondere im südlichen Bereich, aufwies. Auf dem Estrich lagen massive Schuttpakete, die im westlichen Teil durch den angetrampelten Abbruchmörtel verfestigt und laufhorizontartig planiert erschienen. Ein älterer Estrich, der aufgrund der Anschlüsse zu den beiden Räumen westlich/östlich der Mauern M 143/144 gehörte, lag 1,10/1,20 m tiefer, auf ca. 335,60/335,70 m NN.

Außerhalb der geschilderten Baubefunde, am Südrand der Untersuchungsfläche, kam noch ein weiterer ost-west-gerichteter Mauerzug (M 2) ans Tageslicht, dessen stark durch Leitungen gestörte Südostecke (M 27) mit den erfaßten Mauerpartien M 40 und M 17 fluchtete.

Ohne einer endgültigen wissenschaftlichen Bearbeitung vorgreifen zu wollen, lassen sich die vorgestellten Bauteile anhand ihrer baulichen und stratigraphischen Befundsituation sowie mit Hilfe der vergleichenden Mörtelanalyse[18] zu verschiedenen Räumlichkeiten ordnen, die im folgenden vorgestellt werden sollen.

Die Romanische Synagoge

Anhand der geschilderten Befundsituation steht am Anfang der Bauabfolge im Untersuchungsbereich ein leicht trapezförmig verzogenes Gebäude von 13,20 m Länge an der Süd- bzw. 14,45 m Länge an der Nordseite bei einer Gebäudebreite von 8,40 m im Westen und 11,20 m im Osten (Abb. 9). Das zweischalige Mauerwerk mit einer Stärke von 0,80 m war auf Sicht gearbeitet und bestand aus sauber geschichteten Handquadern, die mit Kellenfugenstrich verbandelt waren. Sowohl die Außen- wie auch die Innenseiten trugen einen gekalkten Glattputz. Der 95 qm große Innenraum dieses Gebäudes besaß einen hellen unverzierten Kalkmörtelestrich, der auf ca. 336,20 m NN (also 1,90 m unter dem heutigen Platzniveau) lag.

Inmitten dieses Saales befand sich ein Mauerpodest von 3,50 m Länge und 3,25 m Breite. Seine erhaltene Nordostecke ließ erkennen, daß Vierkantstützen aus Holz in die Ecken eingestellt waren, die man gleichzeitig mit dem flächigen Verputzen der Seitenflächen – wohl als Träger einer hölzernen Brüstung – aufstellte. Der Zugang zu diesem Podium könnte in der Südwestecke gelegen haben, denn dort ist der Fußbodenestrich weiträumiger gestört. Auch die etwas aus der Achse nach Norden gerückte Lage des Podiums[19] böte an dieser Stelle mehr Platz für eine Treppe, die man sich aufgrund der zu bewältigenden Höhe von 0,70 m als drei- bis vierstufig vorstellen muß.

Der Innenausstattung zugehörig ist auch ein indirekt durch einen Mörtelabdruck erschließbares, der Ostwand vorgelagertes Mauerstück. Seine ehemaligen Ausmaße lassen sich unter der Voraussetzung angestrebter Axialität als Block von etwa einem Quadratmeter Fläche rekonstruieren.

Ein Zugang zu diesem Raum lag in der Nordwestecke. Man muß ihn sich als unmittelbar an die Westwand gerückte Türe vorstellen, die ebenerdig in einen benachbarten Innenraum führte. Einen zweiten Zugang zeigen die beiden Baufugen in der Südwand (M 4 Ost) an. Seine Zusetzung auf einer Breite von 2,40 m läßt die Rekonstruktion eines ursprünglich großen, repräsentativen Eingangs an dieser Stelle zu.

Das beschriebene Gebäude muß aufgrund seiner spezifischen Elemente – geosteter Saalbau, beherrschendes Podium in Raummitte und Mauerblock im Osten – sowie letztendlich mangels ähnlicher architektonischer Strukturen im mittelalterlichen Profanbau als Sakralraum oder öffentliches Gebäude angesprochen werden. Beide Funktionen treffen für Synagogen ganz allgemein zu, denn sie sind nicht nur Orte des religiösen Handelns, sondern auch Versammlungsräume für alle rechtlichen Angelegenheiten und für den Lehrbetrieb.[20] Die liturgische Nutzung ist aber diejenige, die sich architektonisch niederschlägt: Die vorgeschriebene Ausrichtung des Thoraschreines (Aron hakodesch) nach Jerusalem (Kiblah) bedingt die Ostung der Synagogen, während das wichtigste liturgische Moment, die Lesung aus den Thora-Rollen, in der Einrichtung des Bimas (Almemor) seinen Niederschlag findet.[21] Damit ist die Ansprache des archäologisch erfaßten Gebäudes als Synagoge gesichert. Die vorgefundene Mauerwerkstechnik mit Handquadermauerwerk und dem typischen Kellenfugenstrich verweisen das Gebäude eindeutig in die romanische Bauepoche.[22]

Im Vergleich mit den wenigen bekannten mittelalterlichen Synagogen auf deutschem Gebiet[23] steht die Regensburger dem Kölner Befund am nächsten.[24] Dort wurde als erster Synagogenbau ein Saalbau von 14,50 m Länge und 9,20 m Breite festgestellt „mit breitem eindrucksvollem Eingang"[25] an der Westseite, dessen Bima zum Teil noch als Mauerrest eines Podestes erhalten war. Vom Aron hakodesch waren keine architekonischen Reste nachzuweisen; in der Nordwestecke befand sich ein stattlicher Brunnen. Dieser Synagogenbau (I) wurde im Zuge der Judenverfolgungen, die mit dem ersten Kreuzzug 1096 in Verbindung standen, zerstört. Beim Wiederaufbau (Synagoge II) wurde der Zugang an die Nordseite verlegt, der Boden und das Bima erneuert und ein gemauerter Sockel von 2,50 m Länge und 1,40 m Tiefe vor die Ostwand gesetzt, der die Stufen und den hölzernen Thoraschrein

Abb. 7. Erhaltene Werksteinbasis vom gotischen Synagogenanbau

Abb. 8. Rekonstruktion eines romanischen Biforiums anhand der ergrabenen Spolie

aufnahm. Dieser Bau wurde dann im 13. Jahrhundert nochmals umgestaltet (Synagoge III) und blieb bis zu seiner Zerstörung 1349 in seiner Form als Saalbau bestehen.[26]

Ebenfalls als Saalbau von 17,40 m Länge und 10,60 m Breite wird die romanische Synagoge von Speyer angesprochen.[27] Von dem nach 1096 errichteten Gebäude steht nach dem Abbruch der Westteile 1899 heute nur noch die Ostwand. Während die Innenfläche der Synagoge der archäologischen Erforschung harrt, haben Grabungen 1965/67 außen an der Ostwand den Nachweis einer kleinen rechteckigen Apside erbracht, die zu einem späteren Zeitpunkt erweitert wurde. Sie diente der Aufnahme des Aron hakodesch.[28] Einer detaillierten Beschreibung aus dem Jahre 1759 zufolge[29] befand sich ein 2,60 m breites und 3,75 m hohes Portal in der Mitte der Nordwand. An den beiden Schmalseiten erreichte der Giebel eine Höhe von 14,50 m. Ein kleiner mittig angebrachter Oculus flankiert von je zwei Rundbogenfenstern, geteilt durch eine Säule mit Würfelkapitell, gliederten sowohl die Ost- als auch die Westwand des romanischen, wohl flachgedeckten Saalbaus.[30]

Einen letzten analogen Bau findet man in den 1874 erfaßten Fundamenten der Frankfurter Synagoge. Das südlich des Domes gelegene jüdische Gotteshaus läßt sich als Saal von 17 m Länge und 8,50 m Breite rekonstruieren. Der Aron hakodesch war, wie in Speyer, in einer kleinen Apside an der Ostseite untergebracht. Aus historischen Überlegungen wird die Entstehung dieser Synagoge im Laufe des 12. Jahrhunderts in Erwägung gezogen.[31]

Mit den oben angeführten Bauten sind die bekannten zeitgleichen Vergleichsbeispiele zum Regensburger Saalbau bereits erschöpft.[32] Den neu ergrabenen Baubefunden vom Neupfarrplatz kommt damit für die Erforschung des romanischen Synagogenbaues im ashkenasischen Raum eine überregionale Bedeutung zu. Dies war der Anlaß, zusätzlich zur wissenschaftlichen Bearbeitung des reinen Grabungsbefundes auch Überlegungen zu den Rekonstruktionsmöglichkeiten dieses ersten Synagogenbaues (Romanik I) anzustellen (Abb. 13, 16).

Der Grundriß der Synagoge ist mit dem in der Mitte befindlichen Bima mit hölzerner Brüstung, dem vor der Ostwand befindlichen Aron hakodesch, dem großen, repräsentativen Eingang von Süden und einer kleineren Türe in der Nordwestecke festgelegt. Da das aufgehende Mauerwerk nur ca. 1 m hoch erhalten war, muß sich die Höhenentwicklung des Saalbaus an anderen Bauten orientieren, in diesem Fall an erforschten romanischen Gebäuden aus der Region[33] bzw. an den Proportionen und Baudetails der romanischen Synagoge aus Speyer und dem zweiten Synagogenbau aus Worms[34]. Bei der Rekonstruktion der Fassade kam der Fund einer romanischen Halbsäule im Synagogenbereich, die mit ihrer Basis mit Eckknospen wohl als Laibungsgliederung eines romanischen Biforiums aus der zweiten Hälfte des 12. Jahrhunderts einzuordnen ist, zu Hilfe (Abb. 8).[35]

Die Befensterung des Synagogenraumes, besonders die der Westwand, ist für den jüdischen Ritus von entscheidender Bedeutung, war doch die Beobachtung der Abenddämmerung für die Bestimmung des jüdischen Tagesanfangs und damit für das Ende der Fest- und Sabbattage ein wichtiger Bestandteil des religiösen Lebens.[36] Gerade das zentrale Rundfenster, der Oculus, ist nicht nur in der Ost- und Westfassade der Speyerer, sondern auch für die Westwand der spätromanischen Wormser Synagoge nachgewiesen.[37] Sein Vorhandensein am romanischen Synagogenbau in Regensburg ist sehr wahrscheinlich, zumal die Form der Oculifenster nach Ausweis der Altdorferradierung (Abb. 12) auch im gotischen Nachfolgebau an der Ostwand belegt ist. Die als Spolie aufgedeckte mutmaßliche Fensterlaibung mit Halbsäule (Abb. 8) verleitet dazu, auch für die Giebelwände der Regensburger Synagoge, analog der Ost- und Westfassade des Speyerer Vergleichsbaues, jeweils zwei Biforien mit freistehender Säule sowie Halbsäulen in der Laibungsgliederung zu rekonstruieren (Abb. 16).

Die Dachneigung des Baus orientiert sich an Vergleichsbauten[38] und beträgt im Falle einer Rekonstruktion an der breitesten Stelle 45 Grad. Das rekonstruierte Portal der Südfassade wurde mit seiner Bauplastik dem Portal der Bischofskapelle St. Stefan, das ins späte 11. Jahrhundert datiert wird, entlehnt.[39] Mit seiner Belichtung über rundbogige Obergadenfenster[40] entsteht so ein relativ schlichter Bau mit rundbogig gestuftem Portal nach Süden sowie je zwei Biforien nach Osten und Westen mit dazwischenliegendem Oculus. Dieser Rekonstruktionsversuch zeigt analog zu vergleichenden Synagogenbauten eine schlichte Erscheinung des Gebäudes nach außen hin. Es ist anzunehmen, daß eine repräsentative Ausstattung eher im Innenbereich, wie für mittelalterliche Synagogenräume üblich,[41] zu suchen ist, von der das gemauerte Podest des romanischen Bimas mit seinen Mörtelabdrücken der hölzernen Brüstung nur eine vage Vorstellung vermittelt.

Beim jetzigen Stand der wissenschaftlichen Auswertung erscheint es als wahrscheinlich, daß der oben geschilderte Synagogenbau zum Zeitpunkt seiner Erbauung bzw. kurz danach nur im Norden einen Vorbau besaß, über den ebenerdig durch die erwähnte Türe in der Nordwestecke der Zugang zum Hauptraum erfolgte. Möglicherweise hatte er die Funktion einer Eingangshalle, denn er lag dem Judenviertel zugewandt, während das Synagogenportal an der Südseite zur Hauptstraße, die das Judenviertel vom Christenviertel trennte, hin orientiert war. Erstaunlicherweise wird aber gerade dieser größere und wohl auch repräsentativere Eingang noch in der Romanik zugesetzt und durch Schaffung weiterer Räume im Süden verbaut (Abb. 4).

Zunächst entstand ein annähernd quadratischer Raum von ca. 44 m² Fläche entlang der Südseite der Synagoge (Romanik II), dessen Estrich um 0,60 m tiefer lag als der Boden des Synagogenhauptraumes. Seine Ostwand ragte leicht schräg aus der Flucht der Synagogenostwand hervor und könnte an der Nordostecke einen kleinen Durchlaß besessen haben. Eine Verbindung zum eigentlichen Synagogenraum in Form einer Türe gab es nicht, und auch das Vorhandensein von einem Fenster o. ä. kann man bis auf 1,60 m Höhe der aufgehenden Wand mit Sicherheit ausschließen.

An diesen bereits verputzten Gebäudeteil wurde zu einem späteren Zeitpunkt ein zweiter, kleinerer Raum angebaut (Romanik III), dessen Westwand in etwa die Flucht der westlichen Synagogenwand aufnahm. Seine Zugänglichkeit bleibt unbekannt, sicher ist jedoch, daß er ebenso wie der östliche Anbau keine Verbindungstüre zur Synagoge besaß. Die Funktion dieser Räume ist noch unklar, man darf sie sich aber als eher niedrige Vorbauten, die mit einem Pultdach an die Synagoge anschlossen, vorstellen.

Diese Nebenräume scheinen nach Ausweis der Stratigraphie von einem offenen Außenbereich, einem Hof oder Garten, umgeben gewesen zu sein. Seine westliche Begrenzung wurde zunächst nur durch ein benachbartes, ebenfalls romanisches Haus gebildet. An dessen Südostecke wurde aber dann eine wohl übermannshohe Mauer angebaut, die in zwei Abschnitten den freien Bereich einhegte. Eine Türe, deren nördliche Laibung mit der dazugehörigen Schwelle ergraben werden konnte, führte aus diesem Hof nach Westen auf die Hauptstraße außerhalb des Judenviertels (Abb. 3).

Die eben beschriebenen Baumaßnahmen belegen die stetige Erweiterung der gemeinschaftlich genutzten Räume im Synagogenareal – eine Bautätigkeit, die sowohl in Zusammenhang mit dem Anwachsen der jüdischen Bevölkerung stehen kann als auch mit der Diversifikation gemeinschaftlicher Aufgaben, die Räume verschiedenster Funktionen benötigten. Andererseits veranschaulicht die Zusetzung des repräsentativen Südportals und die sukzessive Ummauerung des Hofbereiches die zunehmende Abschottung des jüdischen Gemeindezentrums gegenüber einer unberechenbaren, zum Teil feindseligen christlichen Nachbarschaft. Ohne daß beim jetzigen Stand der wissenschaftlichen Auswertung eine direkte Verbindung des Baubefundes zu der historischen Überlieferung herzustellen wäre, scheinen diese Baumaßnahmen die negativen Erfahrungen der Zwangstaufe der Regensburger Judenschaft anläßlich des ersten Kreuzzuges von 1096 widerzuspiegeln.[42]

Die gotische Synagoge

Der Umbau des romanischen Synagogenkomplexes fand in mehreren Bauetappen statt, die sich im archäologischen Befund deutlich abzeichnen (Abb. 10). Zunächst wurde das Gebäude nach Westen erweitert. Die romanische Synagogenwestwand wurde dabei niedergelegt und in einem Abstand von 4,80 m durch die massiven Mauern (M 6 und M 4) im Westen ersetzt. Diese geringfügig erscheinende Erweiterung rührt daher, daß der Neubau nur den einstigen Hof zwischen der alten Synagogenwestwand und dem westlich davon liegenden Nachbargebäude überbauen konnte. Seine neue Giebelwand wurde nun direkt an das ältere Haus im Westen angebaut. Die Verlängerung der Südwand dieser westlichen Erweiterung springt jedoch wenige Zentimeter vor die Flucht der älteren Synagogensüdwand. Dieser Fehler rührt daher, daß die Fortsetzung der Mauerflucht falsch berechnet wurde, da die romanischen Vorbauten im Süden noch standen. Diese Vorbauten wurden erst nach Fertigstellung des gesamten Synagogenhauptbaus mit seinen Stützenstellungen und Strebepfeilern entfernt und durch einen einheitlichen Anbau über die ganze Synagogenlänge ersetzt. Sehr wahrscheinlich wurden die romanischen Vorbauten während der Bauzeit als provisorischer Synagogenraum genutzt.[43]

Parallel zu der geschilderten Westerweiterung wurde der gesamte romanische Synagogeninnenraum mit verschiedenem Material – teils mit humus-lehmigem fundreichen Erdreich aus den älteren Siedlungsschichten, teils mit steril wirkendem sandigen Lehm – ca. einen Meter hoch aufgefüllt. Es dürfte aus dem Aushub weiterer Fundamente stammen, die nun direkt an die verputzte romanische Wand gesetzt wurden: Der Mauerzug M 18 schuf ein durchgehendes Fundament von einem Meter Breite vor der Ostwand, während die annähernd rechteckigen Klötze M 130/M 12 an der Nord- bzw. M 25 und M 167 an der Südwand als Fundierung von Wandpfeilern bzw. Diensten fungieren. Ohne auf die ältere Bausubstanz Rücksicht zu nehmen, setzte man daraufhin in der Mittelachse des bereits aufgefüllten Raumes drei mächtige Mauerblöcke, die als punktförmige Fundamente für Stützen dienten. Es entstand somit ein zweischiffiger Raum von 16,20 m lichter Länge, der die alten trapezförmigen Ostteile der Synagoge weiterbenutzte, was im Westen zu einer extrem schmalen Raumbreite führte.[44]

Wohl noch im Zuge der Umbaumaßnahmen in der Synagoge fanden auch die ersten baulichen Eingriffe im Bereich der Anbauten statt: Die Fundamente M 52/M 164 und M 16 an der Südseite und ein weiterer, nur durch einen Negativabdruck an M 13 erschließbarer Mauerblock an der Nordseite wurden eingebracht. Sie dienten zum Teil als Strebepfeiler des über Stützen gewölbten Synagogenneubaues. Der Umbau fand seinen Abschluß durch den Abriß der inzwischen recht schadhaften Bausubstanz der südlichen Vorbauten und der Errichtung eines einheitlich 5 m breiten ostwestorientierten Raumes, der die ganze Südseite der neuen Synagoge begleitete und an diese wohl auch pultdachförmig angebaut war. Nur im Westen war dieser Vorbau aufgrund der bereits vor-

Die mittelalterliche Synagoge Regensburgs 457

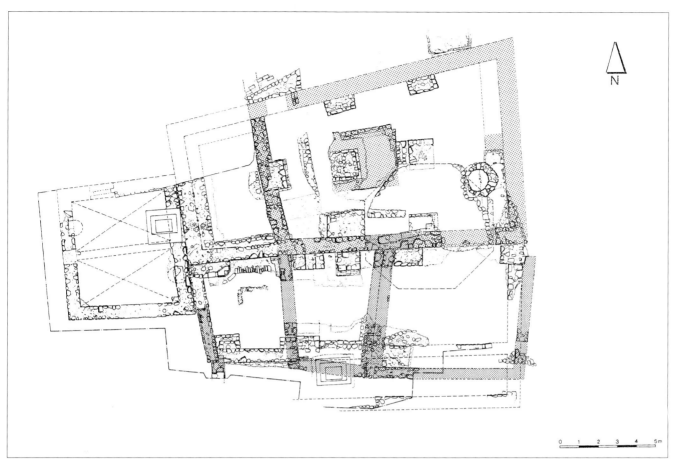

△ Abb. 9. Grundriß der romanischen Bauphasen, Maßstab 1:200

Abb. 10. Grundriß der gotischen Bauphasen, Maßstab 1:200 ▽

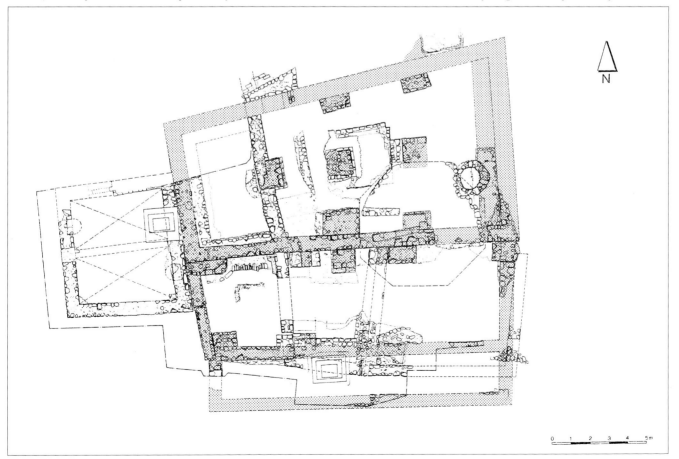

Abb. 11. Darstellung der Synagogenvorhalle. Radierung von Albrecht Altdorfer, 1519 (Berlin, Staatliche Museen Preußischer Kulturbesitz, Kupferstichkabinett)

Die massiven Störungen der Bausubstanz in den östlich anschließenden Bereichen lassen Fragen nach weiteren Raumgliederungen und der Zugangssituation zu diesem Synagogenvorbau offen. Lediglich die Stärke der auf dem Estrich angetrampelten Schmutzschicht kann als Hinweis auf einen Eingang an der Südseite gelten – eine Lage, die angesichts des beim Umbau beibehaltenen Hofzugangs als sehr wahrscheinlich erscheint.

Aufgrund der beschriebenen Befundsituation ist an diesem grundlegenden Umbau des Synagogenkomplexes zunächst die Änderung des Raumkonzeptes bemerkenswert, denn die neue Synagoge wird nicht als Saalbau, sondern als zweischiffiger Raum mit drei Mittelstützen konzipiert und ausgeführt. Die liturgischen Elemente des Bimas sowie des Aron hakodesch bleiben an ihrem Ort, werden jedoch grundsätzlich reicher ausgestattet.[45] Damit deckt sich der Befund im Großen und Ganzen mit der berühmten Radierung Albrecht Altdorfers, die die Synagoge nach ihrer Räumung im Februar 1519 zeigt (Abb. 12). Ihr zur Seite steht die Darstellung der Synagogenvorhalle, als *porticus sinagogae* bezeichnet (Abb. 11).[46]

handenen und in den Neubau miteinbezogenen romanischen Hofmauer etwas schiefwinklig angelegt. Ansonsten belegt die Mauerführung eine bewußte Bemühung zur Schaffung eines architektonisch geordneten Raumes. Seine Ostwand, die nun in einer Flucht mit der Synagoge lag, wurde als Hofmauer nach Süden weitergeführt. Unter Weiterverwendung der westlichen Hoftüre – nun mit einer 0,55 m höher liegenden Schwelle – wurde der Hof erneuert. Allerdings ist er mit seiner Breite von nur zwei Metern wesentlich enger ausgefallen als sein romanischer Vorgänger.

Der südliche Vorbau besaß einen Mörtelstrich, der auf der vollen Länge an die Synagogensüdwand angestrichen war. Der Zugang zum Synagogeninnenraum war von hier aus, wie auch bei seinem Vorgänger, nicht möglich. Trotz der Durchgängigkeit des Baukörpers blieb die Struktur der Zweiteilung der romanischen Vorbauten erhalten. Im westlichen Teil ist durch Mauervorlagen ein etwa quadratischer Raum ausgewiesen, der an der Westwand eine 1,50 m tiefe Nische besaß. Die oben beschriebene, in situ erhaltene Basis (M 5) in der Nordwestecke (Abb. 7) gehörte wohl zu einer reichen Nischengliederung, wobei hier eine einfach gestufte Nischenrahmung mit eingestellter Dreiviertelsäule und rundbogigem Tympanon die Nischenwand nach Westen abschließend gegliedert haben mag. Verstürzte Gewölbekonstruktionen auf dem Mörtelstrich in diesem Bereich zeigen, daß dieser Gebäudeteil mit einer Kreuzgratwölbung ausgestattet war.

Abb. 12. Darstellung der Regensburger Synagoge; Radierung von Albrecht Altdorfer, 1519 (Historisches Museum der Stadt Regensburg)

Diesen Radierungen ist es zu verdanken, daß die Regensburger Synagoge in der Fachliteratur große Beachtung gefunden hat, besonders hinsichtlich ihrer Grundrißdisposition als zweischiffiger Raum. Richard Krautheimer hat sich speziell mit der Raumstruktur der zweischiffigen Halle befaßt und den Regensburger Bau in die Nachfolge der zweiten, um 1174/75 vollendeten Wormser Synagoge eingeordnet.[47] Die anhand der Altdorferdarstellung bereits von Krautheimer in die erste Hälfte des 13. Jahrhunderts datierte Regensburger Synagoge weist zwar im Vergleich zu Worms drei Mittelstützen auf, sie scheint jedoch bei der Vermittlung des zweischiffigen Synagogenraumes für die Prager Altneuschul Pate gestanden zu haben.[48] Auch die jüngsten Ausgrabungen am Judenplatz in Wien haben einen zweischiffigen Synagogenbau zum Vorschein gebracht, der allerdings bislang nur allgemein als spätmittelalterlich angesprochen werden kann.[49] Damit liegt jener im gleichen Zeitrahmen wie die 1375 zu einem zweischiffigen, von einem Rundpfeiler unterteilten Raum umgebaute Synagoge von Eger[50] sowie dem um 1400 entstandenen zweischiffigen jüdischen Gotteshaus von Krakau-Kazimierz, welches zwei Säulen in der Mittelachse aufwies.[51] Zu nennen wäre auch die ursprünglich als Saalbau errichtete, aber offensichtlich nach 1353 als zweischiffiges Gebäude an anderer Stelle erneuerte Synagoge in Erfurt.[52] Aus dieser Reihe bekannter zweischiffiger Synagogen fällt Regensburg wegen seiner drei Stützen eine Sonderrolle zu.

Schon Krautheimer hat versucht, anhand der Altdorferdarstellungen die Synagoge mit ihrer Vorhalle zu rekonstruieren, wobei er auf die Schwierigkeiten stieß, bei einem Dreistützenraum eine sinnvolle Anordnung des Bimas zu finden.[53] Ohne auf die unterschiedlichen späteren Rekonstruktionsversuche[54] näher eingehen zu wollen, ist bemerkenswert, daß in der gesamten Literatur zu den Regensburger Synagogen- und Vorhallenradierungen davon ausgegangen wird, daß Albrecht Altdorfer die von ihm dargestellte Architektur in allen Details realitätsgetreu wiedergegeben hat.[55] Als Mitglied des äußeren Rates der Stadt Regensburg, als Maler und Architekt war er Zeitgenosse und im gewissen Maße Beteiligter bei der Vertreibung der Juden aus Regensburg. Er hatte die Synagoge nach deren Räumung selbst betreten, vermessen und gezeichnet, so daß man seinen Architekturdarstellungen auch in Hinblick auf seine Funktion als Architekt einen hohen Wahrheitsgehalt in der Dokumentation des vorgefundenen Zustandes beimessen muß. Gerade in der Darstellung der Vorhalle (Abb. 11) zeigt Altdorfer, wie sich verschiedene Bauzusammenhänge überschneiden. Hier sieht man zur Linken ein reichgegliedertes, gestuftes Portal, daneben einen Strebepfeiler, der auf einen Gurtbogen mit Gewölbekonstruktion

Abb. 13. Schnitt durch die rekonstruierte romanische Synagoge, Maßstab 1:200   Abb. 14. Schnitt durch die rekonstruierte gotische Synagoge, Maßstab 1:200

Abb. 15. *Säule und Gesimsfragment aus der gotischen Synagoge, Höhe der Säule 1,07 m (Historisches Museum der Stadt Regensburg)*

auf der Rückseite der Wand hindeutet. Diese Situation wird überschnitten durch einen spitzbogigen Gurtbogen, der den Bereich vor dem Portal von einem dahinterliegenden Bereich mit zweijochiger Kreuzgratwölbung trennt.

Beim Synagogenhauptraum, der in der Radierung im Maßstab etwas kleiner gewählt wurde (Abb. 12), sind die drei Rundpfeiler der Mittelstützenreihe, die dazugehörigen Dienstbündel mit den Gewölben, das Bima, das etwas aus der Achse gerückt ist, sowie – im Hintergrund etwas undeutlich zu erkennen – die Blendarkadengliederung vor der Ostwand mit dem giebelbekrönten Aron hakodesch in der Mitte zu sehen.[56] Er besaß zwei Schiffe mit acht Jochen Kreuzgratwölbung mit dazwischenliegenden Gurten, eine sehr hoch sitzende Obergadenbelichtung über kleine spitzbogige Fenster sowie große spitzbogige Lichtöffnungen an der Ost- (und wohl auch an der Westwand), die wiederum für das Ost- und Westlicht in bezug auf die Liturgie innerhalb der Synagoge notwendig waren.

Es ist davon auszugehen, daß die beiden Innenraumperspektiven aufgrund von Maßermittlungen vor Ort und anschließender Erstellung eines Grundrisses von Altdorfer perspektivisch konstruiert wurden. Jetzt da die Grundrißstruktur durch den ergrabenen Befund festgelegt ist, lag der Versuch einer erneuten Rekonstruktion des Synagogenhauptraumes nahe (Abb. 14, 17). Dabei muß man von einer mittleren Synagogenbreite von acht Metern sowie einem quadratischen Sockel für die Säulen mit ca. 1,25 m Seitenlänge ausgehen. Mit Hilfe dieser kontrollierbaren Maße wurde die Perspektive, bezogen auf eine Bildebene mit Horizonten, Fluchtpunkt und Standlinie im Aufriß konstruiert (Abb. 14). Die Dachneigung und -konstruktion wurde analog zu Bauten aus dem 13. Jahrhundert[57] in Form eines stehenden Stuhles mit großen Schwertungen über den Kehlbalkenebenen bis zum Sparren rekonstruiert.

Das Ergebnis der Rekonstruktion der Höhenentwicklung der Synagoge nach Altdorfers Perspektive war erstaunlich, denn es zeigte sich, daß der im Grundriß nur um wenige Meter erweiterte gotische Synagogenraum deutlich höher als die rekonstruierte romanische Synagoge gewesen sein muß. Dieser Höhenzuwachs wurde verstärkt durch die archäologisch nachgewiesene Aufstockung des Laufniveaus, so daß der Giebel der gotischen Synagoge etwa fünf Meter höher aus der mittelalterlichen Dachlandschaft hervorragte als wenige Jahre zuvor sein romanischer Vorgängerbau (Abb. 13, 14). Ob die gotische Synagoge damit auch tatsächlich das höchste Gebäude in der Judenstadt war, so wie es den jüdischen Vorschriften entsprach, mag dahingestellt bleiben.[58] Abgesehen von der Höhe war die äußere Erscheinung dieses Neubaues sicherlich schlicht gehalten und aufgrund der archäologisch nachgewiesenen Anbauten ohne repräsentative Außenwirkung. Er dürfte sich, wenn auch als etwas größerer Bau, in die mittelalterliche Hausstruktur des Judenviertels mit Steinkernen, Anbauten und Hofanlagen harmonisch eingegliedert haben.

Nur bei der Rekonstruktion der Eingangssituation zum Synagogenhauptraum konnte vom Befund her keine Übereinstimmung mit den beiden Radierungen Albrecht Altdorfers erzielt werden: Bei der Suche nach dem im Süden befindlichen Portal, das in der Altdorferradierung des Hauptraumes (Abb. 12) zwischen den Diensten der ersten und zweiten

Stützenstellung von Westen in Form einer Stufe zu erkennen ist, konnte trotz intensiver Suche am aufgehenden Mauerwerk keinerlei Hinweis auf einen Zugang gefunden werden. Ganz im Gegenteil: An der südlichen Außenwand standen im besagten Bereich mehrere Wandvorlagen und der in bezug zum Synagogenlaufniveau tieferliegende durchgehende Estrich des Südanbaues schloß ohne Störung an die Außenwand an (Abb. 10). Die Rekonstruktion eines südlichen Zugangs zur Synagoge ist damit aufgrund des Befundes nicht möglich.

Nun liegt genau gegenüber der Schwelle auf Altdorfers Radierung (Abb. 12) die Stelle, an der die beschriebene Eingangssituation der romanischen Synagoge in Form eines Schwellabdruckes ergraben wurde (Abb. 9). Der Gedanke liegt deshalb nahe, daß beim gotischen Umbau möglicherweise die alte Zugangssituation beibehalten wurde, zumal der Eingang von Norden auch derjenige ist, der dem Judenviertel zugewandt war. Betrachtet man nämlich die Radierungen Altdorfers seitenverkehrt, entsteht genau die Situation, die dem Befund vor Ort entspricht. An der Position des Aron hakodesch ändert sich dabei nichts und nur beim genauen Betrachten fällt die geringfügige Achsenverschiebung des Bimas in die andere Richtung, also nach Süden, auf. Der Zugang zum Synagogenhauptraum erfolgt dann von Norden her im zweiten Joch von Westen. Für die Vorhallendarstellung (Abb. 11) hat dies vorerst keine Konsequenzen, wenngleich auch hier die Wahrscheinlichkeit sehr groß ist, daß die Spiegelung der Radierung im Zusammenhang mit der Befundsituation und den noch beibehaltenen Grundstücksgrenzen eine schlüssigere Rekonstruktion ergeben. Dann würde nämlich der Zugang zur Vorhalle von Osten her – also aus der Richtung des Judenviertels – erfolgen, von wo aus man durch das von Altdorfer dargestellte, reich gegliederte, gestufte und mit Dreiviertelsäulen geschmückte Portal in den Synagogenhauptraum von Norden her eintreten konnte (Abb. 17). Für die oben versuchte Rekonstruktion des Synagogenzuganges von Norden her spricht letztendlich der Gesamtbefund, dem als wissenschaftliche Grundlage der Vorrang eingeräumt wurde. Alle weiteren hier geäußerten Gedanken verhaften bis auf weitere Untersuchungen und näherer Prüfung im Stadium der Hypothese – als Gedankenanstoß, um auch bei der Bewertung von Altdorfers Graphik neue Wege einzuschlagen.

Freilich ist der Wahrheitsgehalt von Altdorfers Architekturdarstellungen prinzipiell nicht in Frage zu stellen. Gerade die intensive Beschäftigung mit den Rekonstruktionsmöglichkeiten dieses Gebäudes hat zur Inneneinrichtung der gotischen Synagoge, die im Befund bis auf das Fundament der Blendarkatur des Aron hakodesch nicht mehr vorhanden war, neue Erkenntnisse erbracht. Die Position des Bimas, so wie sie Krautheimer angenommen hatte – also als eingestelltes Podium zwischen dem ersten und zweiten Rundpfeiler von Westen her – konnte nicht stimmen. Die aufwendige qualitätvolle Steinarchitektur, deren maßstabsgerechter Aufriß nun anhand der Altdorferradierung (Abb. 12) konstruiert werden konnte, war in dem ergrabenen Grundriß bei dem doch recht knappen Pfeilerabstand nicht unterzubringen. Untersucht man die Synagogendarstellung genau, so ist eindeutig ablesbar, daß das Podium die mittlere Raumstütze umschließt.[59] Inwieweit die Radierung auch in den Details der Bauplastik mit der Wirklichkeit übereinstimmt,[60] läßt sich zum jetzigen Zeitpunkt noch nicht beurteilen, denn die zahlreichen Spolien, die insbesonders bei der Abtragung des Fundamentes unter dem Neupfarrplatzbrunnen geborgen wurden, sind noch nicht bearbeitet. Neben den schon bekannten Spolien, einer Säule mit Knospenkapitell und attischer Basis und einem Ge-

Abb. 16. Blick auf das Modell der romanische Synagoge von Norden her

Abb. 17. Blick auf das Modell der gotischen Synagoge von Norden her

simsfragment mit Zackenband, Bögen, Maßwerkgliederung und Rosetten (Abb. 15),[61] kamen bei der Ausgrabung die Reste einer ebenso reich gegliederten Steinmetzarbeit zum Vorschein. Aufgrund der Ähnlichkeit mit der oben genannten Bauplastik dürfte dieses Architekturfragment mit einem sich überkreuzenden Zackenband um einen Rundstab gelegt, über einer Blendbogengliederung mit Rosetten, ebenfalls zu der sehr hochwertigen Innenausstattung der Synagoge gehören. Als stilistischer Vergleich kann das Portal im Kreuzgang von St. Emmeram herangezogen werden, das ein ähnliches Zackenband um einen Rundstab aufzeigt. Dieser Bau wird zwischen 1220 und 1235 datiert.[62] In der Rekonstruktion der Einrichtungsgegenstände der Synagoge können diese Steinmetzarbeiten wohl den beiden Haupteinrichtungen der Synagoge, dem Bima sowie dem Aron hakodesch, zugeordnet werden.

Die Aufarbeitung des sehr umfangreichen Befund- und Fundmaterials, sowohl der Synagoge als auch der in diesem Rahmen unberücksichtigt gebliebenen ergrabenen Profanarchitektur, stellt für Archäologen und Bauforscher noch eine große Herausforderung dar. Gemeinsam mit der dringend notwendigen Bearbeitung der Archivalien und des jüdischen Quellenmaterials besteht die einzigartige Chance, die 700 bis 800 Jahre währende Geschichte der Regensburger Juden weiter zu erforschen und in vielen Punkten – auch hinsichtlich ihrer Synagoge – neu zu schreiben.

Anmerkungen

1 ANDREAS BOOS/SILVIA CODREANU-WINDAUER/ELEONORE WINTERGERST, *Regensburg zwischen Antike und Mittelalter*, in: Martin Angerer/Heinrich Wanderwitz (Hrsg.), Regensburg im Mittelalter, Bd. 1: Beiträge zur Stadtgeschichte vom frühen Mittelalter bis zum Beginn der Neuzeit, Regensburg 1995, S. 35 ff.

2 JOSEPH WIDEMANN (Hrsg.), *Die Traditionen des Hochstiftes Regensburg und des Klosters St. Emmeram*, Quellen und Erörterungen NF 8, München 1943, S. 8, Nr. 42. Es ist die älteste bekannte Erwähnung eines gesonderten Judenviertels in Deutschland: JULIUS ARONIUS, *Regesten zur Geschichte der Juden im fränkischen und deutschen Reiche bis zum Jahre 1273*, Berlin 1902, Nachdr. Hildesheim/New York 1970, S. 64, Nr. 150.

3 Es ist davon auszugehen, daß eine jüdischen Ansiedlung nach 920 oder kurz davor in der neuen Westvorstadt erfolgt wäre. Diese *urbs nova* war aus Platzmangel außerhalb der sicheren Legionslagerbefestigung im Laufe der Zeit (wohl 9./10. Jahrhundert) entstanden. Die Stadtbefestigung Herzog Arnulfs – ein mächtiges Doppelgrabensystem – schloß neben der Westvorstadt auch das Kloster St. Emmeram, vormals vor der Stadtmauer gelegen, in den Befestigungsring mit ein. Sie gehört zu den frühesten Stadterweiterungen im ostfränkischen Reich. Siehe dazu: SILVIA CODREANU-WINDAUER, *Neue Ergebnisse zur frühen Stadtbefestigung Regensburgs*, in: Festschrift Walter Sage (im Druck); zusammenfassend: BOOS/CODREANU-WINDAUER/WINTERGERST (wie Anm. 1), S. 37 ff.

4 Die Synode von Reisbach 798 und die Raffelstetter Zollordnung (903/06) bezeugt die Existenz von Juden in Bayern bereits in karolingischer Zeit: SIEGFRIED WITTMER, *Juden in der Oberpfalz von den Anfängen bis 1918*, in: Verhandlungen des Historischen Vereins für Oberpfalz und Regensburg, Bd. 132, 1992, S. 28; *Germania Judaica I*, Tübingen 1963, S. 285 f.

5 *Germania Judaica II*, Tübingen 1968, S. 679 f.; ALFRED WOLFSTEINER, *Judenverfolgung und Pest in Regensburg und der Oberpfalz im Spätmittelalter*, in: „Stadt und Mutter in Israel", Ausstellungskataloge zur Regensburger Geschichte, Bd. 2, Regensburg 1989, S. 173 ff.

6 Im 15. Jahrhundert wohnten im Judenviertel um die 300 Personen. Ihr Anteil an der Regensburger Gesamtbevölkerung dürfte ca. 3-4% betragen haben: *Germania Judaica III*, Tübingen 1995, S. 1179 f.

7 CHRISTOPH DAXELMÜLLER, *Rabbi Juda he-chasid von Regensburg*, in: Gelehrtes Regensburg – Stadt der Wissenschaft, Regensburg 1995, S. 105 ff.

8 ANDREAS ANGERSDORFER, *Die Orientreise des R. Petachjah aus Regensburg*, in: „Stadt und Mutter in Israel" (wie Anm. 5), S. 154 ff.

9 *Germania Judaica I* (wie Anm. 4), S. 287 ff.; *Germania Judaica II* (wie Anm. 5), S. 686; *Germania Judaica III* (wie Anm. 6), S. 1179 f.; „*Stadt und Mutter in Israel*" (wie Anm. 5), S. 17 ff.

10 ADOLF SCHMETZER, *Die Regensburger Judenstadt*, in: Zeitschrift für die Geschichte der Juden in Deutschland, 3, 1931, S. 18 ff. Eine Überarbeitung der Ergebnisse Schmetzers ist noch ein wichtiges Desiderat zukünftiger historischer Forschungen.

11 „*Stadt und Mutter in Israel*" (wie Anm. 5), S. 31 ff.; *Germania Judaica III* (wie Anm. 6), S. 1179.

12 Photos des Historischen Museums der Stadt Regensburg; Ortsakten Bayerisches Landesamt für Denkmalpflege, Regensburg.

13 Bis zum Sommer 1995 betrafen die Umgestaltungsmaßnahmen die Randbereiche des Neupfarrplatzes, die im Vergleich zum Platzzentrum ein niedrigeres Niveau hatten. Ihr Untergrund war wegen der jahrhundertelangen Nutzung als Fahrbahn stark durch Leitungsführungen gestört. Vereinzelt auftauchende Mauerreste wurden baubegleitend von der Denkmalschutzbehörde der Stadt Regensburg (L. M. Dallmeier und K. Schnieringer) dokumentiert. Der neue Platzbelag hat einen Aufbau von ca. einen Meter Stärke; die großflächige Beeinträchtigung archäologischer Substanz im Kernbereich des Platzes war damit vorauszusehen.

14 Erste Vorberichte: SILVIA CODREANU-WINDAUER, *Wiederentdeckung der Synagoge in Regensburg*, in: Denkmalpflege Informationen, Bayerisches Landesamt für Denkmalpflege, Ausgabe B 103, 21. Dezember 1995, S. 4 f.; DIES., *Die wiederentdeckte Synagoge von Regensburg – erste Grabungsergebnisse*, in: Das archäologische Jahr in Bayern 1995, 1996,

S. 164 ff.; DIES., *Die Ausgrabungen im Regensburger Judenviertel*, in: Regensburger Almanach 1997, Regensburg 1997, S. 14 ff.; DIES., *Die Regensburger jüdische Gemeinde und ihre Synagoge im Mittelalter*, Sonderbeilage zur Ausstellung „MAPPOT. Das Band jüdischer Tradition seit der Spätantike", Prähistorische Staatssammlung München, München 1997.

15 Trotz der Störung der Ecksituation durch den Einbau des Elektranten war der Mauerverband von M 4 und M 6 eindeutig nachzuweisen.

16 Es handelt sich um mehrschaliges, in Schichten gesetztes Mauerwerk, das zum Teil aus kalzinierten Bruchsteinen in sekundärer Verwendung, zum anderen Teil aus Grünsandstein besteht.

17 Setzmörtel als Kalkmörtel mit geringem Anteil von Kalkspatzen, heller grauer Farbe mit mittlerem Abrieb und kiesigem Überkornanteil bis 2 cm.

18 Dazu kommen noch Baudetails wie Mauerstruktur, Kalzinierungsspuren usw., deren Behandlung den Rahmen dieses Aufsatzes sprengen würde. Hilfreich für das Verständnis der Baustruktur war auch ein 1939 beim Bau der Löschwasserzisterne angefertigter Plan, auf dem die Synagogenostwand in vollständiger Länge und mit Höhenangaben versehen eingetragen ist.

19 Zwischen Podium und Nordwand war ein zwei Meter breiter Zwischenraum; der Abstand zwischen Podium und Südwand beträgt 2,50 m.

20 Deshalb werden die Synagogen auch als Judenschule bezeichnet, z. B. die Prager Altneuschul.

21 RICHARD KRAUTHEIMER, *Mittelalterliche Synagogen*, Berlin 1927, S. 11 ff. bes. S. 87 ff.

22 Zu den frühesten Nachweisen von Kellenfugenstrich gehört der Westchor von St. Emmeram, dessen Weihe im Jahre 1052 archivalisch überliefert ist: GOTTHARD MONTGELAS/ELEONORE WINTERGERST, *Eine Westapsis an der Wolfgangskrypta von St. Emmeram in Regensburg*, in: Das archäologische Jahr in Bayern 1993, 1994, S. 145 f.; DIES., *Zur Entdeckung einer Westapsis an der Wolfgangskrypta von St. Emmeram*, in: Denkmalpflege in Regensburg, 4, 1993, S. 69 ff. – Späte Beispiele von Kellenfugenstrich z. B. an der letzten Phase des Domatriums um 1210/1220: KARL SCHNIERINGER, *Die Ausgrabung vor dem Einbau einer Bischofsgruft im Regensburger Dom*, in: Jahrbuch der Bayerischen Denkmalpflege, Bd. 40, 1986, München/Berlin 1989, S. 169 ff. – Allgemein dazu: JÜRGEN PURSCHE, *Mittelalterliche Putze in Regensburg. Farbige Architektur. Regensburger Häuser – Bauforschung und Dokumentation*, Arbeitshefte des Bayerischen Landesamtes für Denkmalpflege, Bd. 21, München 1984, S. 10 ff.

23 Letzte Zusammenstellung: HANNELORE KÜNZEL, *Der Synagogenbau im Mittelalter*, in: Hans-Peter Schwarz (Hrsg.), Die Architektur der Synagoge, Ausst. Kat. Deutsches Architekturmuseum Frankfurt a. Main, Frankfurt a. Main 1988, S. 61 ff.

24 OTTO DOPPELFELD, *Die Ausgrabungen im Kölner Judenviertel*, in: Zvi Asaria, Die Juden in Köln, Köln 1959, S. 71 ff., bes. S. 106 ff.

25 Ebd., S. 120.

26 DOPPELFELD, ebd., S. 121, zieht für die erste Bauphase, die er noch bis ins 9. Jahrhundert zurückdatieren möchte, auch eine dreischiffige Unterteilung des Raumes durch Holzstützen in Betracht, doch erscheint m. E. diese Hypothese wenig wahrscheinlich.

27 KRAUTHEIMER (wie Anm. 21), S. 145 ff.

28 GÜNTER STEIN, *Der mittelalterliche Judenhof und seine Bauten*, in: Geschichte der Juden in Speyer, Beiträge zur Speyerer Stadtgeschichte, Bd. 6, Speyer 1981, S. 48 ff.

29 GEORG LITZEL, *Beschreibung der alten Jüdischen Synagog zu Speyer*, Speyer 1759, passim; zitiert nach KRAUTHEIMER (wie Anm. 21), S. 146.

30 Die Fenster der Westfassade befinden sich im Historischen Museum der Pfalz; der romanische Oculus der Westwand ist auf alten Photos belegt und an der Ostwand sichtbar. Beim gotischen Umbau nach dem Pogrom 1354 wurde im Zuge der Giebelaufstockung ein gotisches Rundfenster über den Oculus gebaut; die romanischen Zwillingsfenster der Ostwand sind durch größere gotische ersetzt worden. KRAUTHEIMER (wie Anm. 21), S. 146 f.; STEIN (wie Anm. 28), S. 48 ff.

31 KRAUTHEIMER (wie Anm. 21), S. 226 f.; SALOMON KORN, *Synagogen und Betstuben in Frankfurt am Main*, in: Schwarz (wie Anm. 23), S. 349 f.

32 Das Aussehen der ersten Wormser Synagoge, 1034 erbaut, ist weitgehend unbekannt. Zu den geringen ergrabenen Mauerresten und Rekonstruktionsüberlegungen: OTTO BÖCHER, *Die Alte Synagoge zu Worms*, in: Festschrift zur Wiedereinweihung der Alten Synagoge zu Worms, Frankfurt a. M. 1961, S. 23-28.

33 So z. B. an der romanischen Kirche St. Andreas in Prüfening: HANS KARLINGER/GEORG HAGER/GEORG LILL, *Die Kunstdenkmäler von Oberpfalz und Regensburg, Heft 20: Bezirksamt Stadtamhof*, München 1914, S. 236 f. mit Abb. 163, 164 – oder die im Kern romanische Kirche St. Nikolaus aus Thalmassing, Lkr. Regensburg: SILVIA CODREANU-WINDAUER/STEFAN EBELING/HARALD GIESS/KARL SCHNIERINGER, *Die Kirche St. Nikolaus in Thalmassing*, in: 1200 Jahre Thalmassing, Thalmassing 1995, S. 34 ff. mit Abb. 4; dazu auch Ortsakten Bayerisches Landesamt für Denkmalpflege München – sowie an der Pfarrkirche St. Dionysius in Neunkirchen b. Weiden: *Jahrbuch der Bayerischen Denkmalpflege*, Bd. 38, 1984, München/Berlin 1987, S. 457; dazu auch Ortsakten Bayerisches Landesamt für Denkmalpflege München.

34 Zum zweiten, 1175 errichteten Synagogenneubau von Worms: KRAUTHEIMER (wie Anm. 21), S. 151 ff.; BÖCHER (wie Anm. 32), S. 28 ff.

35 Vgl. RICHARD STROBEL, *Mittelalterliche Bauplastik am Bürgerhaus in Regensburg*, Tübingen 1981, S. 14 ff., F10-14.

36 BÖCHER (wie Anm. 32), S. 36 f.

37 Ebd., S. 35 f.

38 Vgl. z.B. das 45 Grad geneigte Dach der Regensburger Schottenkirche: FELIX MADER, *Die Kunstdenkmäler von Oberpfalz und Regensburg, Heft 22: Stadt Regensburg II*, München 1933, Nachdruck 1981, S. 297 ff. mit Abb. 234, 235, 237, die Dachneigung von 46 Grad an der St.-Nikolaus-Kirche in Thalmassing (wie Anm. 33) sowie diejenige von ca. 45 Grad an der romanischen Kirche St. Dionysius in Neunkirchen b. Weiden (wie Anm. 33). – FRIEDRICH OSTENDORF, *Die Geschichte des Dachwerks*, Leipzig 1908, S. 13 ff. – ANITA WIEDENAU, *Katalog der romanischen Wohnbauten in westdeutschen Städten und Siedlungen*, Tübingen 1983, passim.

39 RICHARD STROBEL, *Romanische Architektur in Regensburg*, Erlanger Beiträge zur Sprach- und Kunstwissenschaft, Bd. 20, Nürnberg 1965, S. 56 ff.

40 Zu den Obergadenfenstern vgl. St. Stefan, spätes 11. Jahrhundert: WALTER HAAS, *Die Stefanskapelle in Regensburg und ihre Restaurierung*, in: 22. Bericht des Bayerischen Landesamtes für Denkmalpflege, 1963, München 1964, S. 103 ff. sowie die Nordseite der Klosterkirche Prüll, 1. Hälfte 12. Jahrhundert: BRUNO FELDMANN/GOTTHARD und KAROLINE MONTGELAS/SILVIA CODREANU-WINDAUER, *Die Zelle B der Kartause Prüll – Geschichte, Bauforschung, Archäologie*, in: 1000 Jahre Kultur in Karthaus-Prüll, Regensburg 1997, S. 114 ff.

41 Vgl. dazu die Beschreibung der privaten Synagoge des Hochmeisters Samuel Balassar in der Chronik Anselms von Parengar (15. Jahrhundert), zitiert in: „Stadt und Mutter in Israel" (wie Anm. 5), S. 27 f.

42 Ebd., S. 14 f.

43 BÖCHER (wie Anm. 32), S. 28, 32 f., verweist auf die diesbezüglichen Talmudvorschriften, wonach der Gottesdienst auch während der Bauzeit einer neuen Synagoge weitergehen muß.

44 Lichte Weite im Westen 6,30 m, im Osten 9,20 m.

45 Siehe weiter unten. Im Befund ist nur die Verstärkung des Fundamentes im Osten (M 18) nachweisbar, die zum Zwecke der architektonisch aufwendigeren Gestaltung des Aron hakodesch eingebaut wurde.

46 Dazu zuletzt (mit älterer Literatur): HANS MIELKE, *Albrecht Altdorfer. Zeichnungen, Deckfarbenmalerei, Druckgraphik*, Berlin 1988, S. 224 mit Abb. 116, 117.

47 KRAUTHEIMER (wie Anm. 21), S. 100 ff. Zu Worms ausführlich BÖCHER (wie Anm. 32), S. 28 ff.

48 Zur Prager Altneuschul zuletzt KÜNZEL (wie Anm. 23), S. 63 ff., bes. S. 81 ff.

49 *Wenn Steine sprechen ... Archäologie des Judenplatzes*, Wien 1997, S. 24 f., bes. S. 38 ff.

50 KRAUTHEIMER (wie Anm. 21), S. 214 ff.

51 KÜNZEL (wie Anm. 23), S. 84.

52 KRAUTHEIMER (wie Anm. 21), S. 196 f. – Zur ersten Erfurter Synagoge: ELMAR ALTWASSER, *Die Alte Synagoge zu Erfurt. Ihre Bauge-

schichte bis zur Mitte des 14. Jahrhunderts, in: Synagogen im Alten Erfurt, Kleine Schriften des Vereins für die Geschichte und Altertumskunde von Erfurt, 1, 1995, S. 19 ff.

53 KRAUTHEIMER (wie Anm. 21), S. 177 ff., hat als erster versucht, den Grundriß zu rekonstruieren. Das Bima setzte er zwischen den zweiten und dritten Rundpfeiler von Osten. Seine Rekonstruktion ist immer wieder in der Fachliteratur vertreten, zuletzt bei KÜNZEL (wie Anm. 23), S. 80.

54 Eine weitere Rekonstruktion hat Adolf Schmetzer erarbeitet: SCHMETZER (wie Anm. 10), S. 22 f. sowie: DERS., *Neue Aufschlüsse über die i. J. 1519 zerstörte Regensburger Synagoge*, Historischer Verein für Oberpfalz und Regensburg, Ms.R 2140 b.3. – Die Ergebnisse der Ausgrabung von 1929: KARL ZAHN, *Die Ausgrabung in der Neupfarrkirche zu Regensburg*, in: Verhandlungen des Historischen Vereins für Oberpfalz und Regensburg, Bd. 80, 1930, S. 101 ff., brachte Andreas Angersdorfer mit dem rekonstruierten Grundriß Krautheimers in Einklang. Es entstand eine dritte Rekonstruktion: ANDREAS ANGERSDORFER, *Ghetto und Synagogenarchäologie*, in: „Stadt und Mutter in Israel" (wie Anm. 5), S. 31 ff.

55 „Schließlich sind Altdorfers Synagogenradierungen erklärte Bauaufnahmen, sonst nichts ...": MIELKE (wie Anm. 46), S. 224.

56 Eine genaue Baubeschreibung der Synagoge anhand dieser Radierung lieferte bereits KRAUTHEIMER (wie Anm. 21), S. 177 f.

57 OSTENDORF (wie Anm. 38), S. 22 ff.

58 KRAUTHEIMER (wie Anm. 21), S. 98. Er weist auch darauf hin, daß in Fällen, in denen diese Vorschrift nicht eingehalten werden konnte, eine Stange über dem Giebel der Synagoge angebracht wurde, um die Dächer aller Häuser der Judenstadt zu überragen.

59 U. a. ist dies erkenntlich an den Säulen der Bimabrüstung rechts im Bild, die ihre Schatten auf den Rundpfeiler werfen, sowie an der Länge des oberen Brüstungsgesimses an der rechten Bimaseite.

60 Diese Problematik kommt bei der kunsthistorischen Einordnung des Bimas gut zum Ausdruck, z. B. in der Kombination von Renaissanceformen und frühgotischen Säulen mit Knospenkapitell: KRAUTHEIMER (wie Anm. 21), S. 122 f.

61 Zuletzt behandelt in: MARTIN ANGERER (Hrsg.), *Regensburg im Mittelalter*, Bd. 2, Katalog der Abteilung Mittelalter im Museum der Stadt Regensburg, Regensburg 1995, S. 130, Nr. 15.2.

62 STROBEL (wie Anm. 39), S. 184 ff. mit Abb. 46.

ABBILDUNGSNACHWEIS

BAYERISCHE STAATSBIBLIOTHEK MÜNCHEN: *Abb. 1*
BAYERISCHES LANDESAMT FÜR DENKMALPFLEGE, LUFTBILDARCHÄOLOGIE: *Abb. 2* (Aufn. KLAUS LEIDORF; Archiv-Nr. 6938/001; SW 7143-32a; Aufn.-Datum 18. 8. 96)
BAYERISCHES LANDESAMT FÜR DENKMALPFLEGE REGENSBURG: *Abb. 3, 4, 9, 10* (Zeichnungen R. RÖHRL)
J. BAUER: *Abb. 5*
STEFAN EBELING, REGENSBURG: *Abb. 8, 13, 14*
PHOTO FAUSTUS: *Abb. 6, 7*
STADT REGENSBURG, PRESSE- UND INFORMATIONSSTELLE (BILDDOKUMENTATION): *Abb. 11, 12, 15* (Aufn. PETER FERSTL; Negativ-Nr. 4894-74/76); *Abb. 16, 17* (Negativ-Nr. 12696-8/12)

Egon Johannes Greipl

Wege zur Erinnerung. Denkmalpflege, Kunst und politischer Konsens

Bemerkungen zur Neugestaltung des Neupfarrplatzes in Regensburg

Der Neupfarrplatz ist längst nicht der schönste, aber einer der markantesten Plätze in Regensburg. Er entstand, als die Bürgerschaft im Jahre 1519 die Juden vertrieb, die Judenstadt dem Erdboden gleichmachte, in der Mitte der gewaltsam gewonnenen Freifläche eine Kirche errichtete und den Platz zu Marktzwecken nutzte.

Die frühe Geschichte der Judenstadt von Regensburg bleibt im Dunkel verborgen. Wahrscheinlich liegen ihre Anfänge im 9./10. Jahrhundert, als sich in den politischen Zentren des karolingischen und ottonischen Reiches jüdische Ansiedler, womöglich auf Einladung aus Italien oder Südfrankreich kommend, dauerhaft niederließen.[1] Den ersten urkundlichen Beleg für die Anwesenheit von Juden in Regensburg bildet eine Kaufurkunde des Klosters St. Emmeram aus dem Jahr 981. Zu Beginn des 11. Jahrhunderts ist erstmals von „habitacula Judaeorum" die Rede, dem jüdischen Wohnbezirk, der zu diesem Zeitpunkt sicherlich schon „voll durchstrukturierten jüdischen Gemeinde". Jahrhundertelang lebte diese jüdische Gemeinde von Regensburg in einem symbiotischen, überwiegend friedvollen Verhältnis zur Christenstadt. Die Rabbinen des Hochmittelalters führten die Regensburger Talmudschule zu europäischer Bedeutung. Das Gewaltjahr 1519 schnitt dann einen wesentlichen Entwicklungsstrang der Regensburger Geschichte brutal ab.[2]

Die Neugestaltung des Neupfarrplatzes seit 1994

Knapp fünfhundert Jahre nach der Vertreibung der Juden und der Zerstörung der Judenstadt beschloß der Stadtrat eine grundlegende Neugestaltung des Platzes.[3] Nach der Vorstellung der Stadtplanung und des beauftragten Architekturbüros sollte der einheitliche Belag von Granitplatten ein Gestaltungsmotiv der italienischen Piazza aufgreifen. Das Pflaster besitzt einen Unterbau von erheblicher Stärke, der zum Zwecke der Marktbeschickung auch das Befahren durch schwere Lastwagen ermöglicht. Der Marktfunktion entsprechen ferner zahlreiche, metertief in den Boden eingebrachte Betonkästen, sogenannte Hydranten und Elektranten, und die zugehörigen Strom-, Wasser- und Abwasserleitungen. In die Planung zu integrieren waren ein Ringbunker nördlich und eine Löschwasserzisterne westlich der Neupfarrkirche, beides mächtige unterirdische Betonbauwerke aus der Zeit des Zweiten Weltkriegs.

Schon frühzeitig wies das Bayerische Landesamt für Denkmalpflege darauf hin, daß die geplanten Eingriffe mit größter Wahrscheinlichkeit Reste der Judenstadt zutage fördern würden, hatte doch, spätestens seit dem 18. Jahrhundert, fast jede Baumaßnahme im Bereich des Neupfarrplatzes zu derartigen Funden geführt.[4] Trotzdem wurden im Rahmen der Baukosten für die Dokumentation und Sicherung von Bodenfunden zunächst keine Haushaltsmittel eingestellt.

Neugestaltung und Erinnerung durch Kunst

Daß man den Neupfarrplatz mit großem Aufwand neugestaltete, ohne in bleibender Form an seine bedeutende und teilweise schmerzliche Vergangenheit zu erinnern, trat erst spät ins Bewußtsein. Ein Ansatz für „Kunst und Bauen" war bei den Baukosten ebensowenig vorgesehen wie der Ansatz „Archäologie". Erst anläßlich eines Besuches des Künstlers Jochen Gerz in Regensburg Ende Mai 1994 forderten die Stadträtin Elke Wollenschläger (FDP), der Stadtrat Dr. Klaus Schulz (CSU) und der Regensburger Künstler Walter Zacharias eine gestalterische Auseinandersetzung mit der Vergangenheit des Platzes.[5] Das Engagement von Dr. Schulz führte übrigens zu einem heftigen Streit innerhalb der CSU-Fraktion des Stadtrates, der damit endete, daß Dr. Schulz sein Amt als kulturpolitischer Sprecher niederlegte. Die SPD-Fraktion schloß sich dem Anliegen „Erinnerung" sofort an und stellte im Kulturausschuß am 20. Juli 1994 den Antrag, „im Rahmen der Neugestaltung des Neupfarrplatzes ... die für diesen Ort ab dem Jahr 1519 geschichtlich bedeutsamen Ereignisse in künstlerisch angemessener Form" darzustellen.[6] Der Kulturbeirat der Stadt, ein Gremium, in dem kulturschaffende Vereine und Institutionen vertreten sind, befaßte sich am 18. Juli 1994 mit dem Neupfarrplatz und sprach sich einstimmig für einen derartigen „künstlerischen Beitrag" aus.

Die Sitzung des Kulturausschusses am 20. Juli 1994 verlief, unter Vorsitz von Bürgermeister Walter Annuß, in einer anerkennenswert sachlichen und kooperativen Atmosphäre. In meinem Sachvortrag[7] führte ich damals aus, daß es notwendig und richtig sei, „im Zusammenhang mit der Neugestaltung des Platzes an geschichtliche Ereignisse und Verhältnisse zu erinnern, die mit diesem Platz verknüpft sind." Ich hielt jedoch eine Beschränkung auf die Zeit nach 1519 für nicht vertretbar und meinte:

> Es wäre zu erinnern an den Platz in der Topographie des römischen Regensburg (via principalis und porta principalis sinistra), an die mittelalterliche Judenstadt, die Bedeutung der Juden für Regensburg und Regensburgs für die Juden, an den Synagogenbau, an das Pogrom von 1519, an die Wallfahrt zur „Schönen Maria" mitsamt ihren Auswüchsen, an die Reformation in Regensburg und die Neupfarrkirche, an die Bücherverbrennung von 1933, an die Bunkeranlagen von 1938/39, an den Bombenkrieg und an die Verhaftung der regimekritischen „Neupfarrplatzgruppe". Es könnten Gedanken eine Rolle spielen wie die Gründung der Stadt durch Fremde, 2000jährige Kontinuität, Christentum und Urbanität als Import. Im Zusammenhang mit der Neupfarrkirche und der Synagoge könnte herausgestellt werden, daß auf diesem Platz in verschiedener Weise die Begegnung mit Gott gesucht wurde, daß Gemeinde sich versammelte

und hier ein identitätsstiftendes Zentrum fand. Die Verfolgung der Juden und ihre Austreibung muß den Zusammenhang zwischen Ideologie und Gewalt, Raffgier und Religion deutlich machen. Die Bücherverbrennung von 1933 rührt an Themen wie Intoleranz, Fanatismus und Ideologie, Vorstufe zum Städte- und Menschenverbrennen. Man könnte erinnern, daß man Bücher verbrennen kann, Gedanken aber nicht brennbar sind. Die Erinnerung an die Bunkeranlage von 1938/39 würde den Krieg und den Bombenkrieg als Folge der nationalsozialistischen Ideologie begreifen.

Ausdrücklich empfahl ich Erinnerung durch ein als Ergebnis eines großzügigen überregionalen Wettbewerbs entstandenes Kunstwerk. Von Erinnerung durch museale Dokumentation, etwa in den ehemaligen Bunkerräumen, riet ich dem Kulturausschuß ausdrücklich ab.

Der Stadtrat beschloß dann, für einen „künstlerischen Beitrag auf dem Neupfarrplatz" 200 000 Mark zur Verfügung zu stellen. Nach einem sorgfältigen Auswahlverfahren, in das Stadtrat, Verwaltung, Evangelische Kirche, Jüdische Gemeinde, der Berufsverband Bildender Künstler und örtliche Galeristen eingebunden waren, wurde ein beschränkter Wettbewerb ausgeschrieben. Es nahmen teil: Marie-Jo Lafontaine (Brüssel), Manfred Mayerle (München), Alexander Rogl (Regensburg), Andreas Sobeck (Winzer), Günther Uecker (Düsseldorf) und Franz Erhard Walther (Hamburg). Nach dem ausführlichen Kolloquium am 20. Februar reichten die Künstler Ende April 1995 ihre Entwürfe ein. Am 26. Mai 1995 tagte unter Vorsitz von Oberbürgermeisterin Christa Meier die Jury. Ihr gehörten die Stadtratsmitglieder Klaus Caspers, Helmut Kruczek, Elke Wollenschläger, der Bau- und Planungsreferent Dr. Günter Stöberl, der Kulturreferent Dr. Egon Johannes Greipl, der Leiter der Städtischen Galerie, Dr. Herbert Schneidler, der Bildhauer Helmut Langhammer, die Architektin Lydia Lehner, der Vorsitzende des Berufsverbandes Bildender Künstler (Niederbayern/Oberpfalz), Alfred Böschl, sowie die Professoren Jochen Gerz und Manfred Schneckenburger an.

Die Debatte der Jury verlief kontrovers und führte dazu, daß keiner der eingereichten Entwürfe realisiert oder wenigstens zur Weiterentwicklung empfohlen wurde:

> Ein Teil der Vorschläge geht an der Aufgabe, an die Geschichte des Neupfarrplatzes zu erinnern, vorbei. Ein anderer Teil faßt diese Aufgabe symbolisch auf, bleibt jedoch, und trotz guter gedanklicher Ansätze, vordergründig und plakativ. Das schwierige Vorhaben, auf einem stark vorgeprägten Platz Erinnerung sichtbar zu machen und zu erhalten, erfordert offenkundig ein anderes Verfahren als den Wettbewerb. Statt der Finalität, die im Wesen jedes Wettbewerbs eingeschlossen ist, empfiehlt die Jury deshalb ein Verfahren, das auf einen intensiven Dialog zwischen Künstlern und Stadt beruht.

Man riet zu einem Einzelauftrag.[8] Trotz eines tröstlichen Briefs von Manfred Schneckenburger[9] war das Ergebnis für mich deprimierend. Ich hätte es für besser gehalten, einen der Entwürfe durch den Künstler weiterentwickeln zu lassen. So aber waren wir mit dem Projekt „Erinnerung auf dem Neupfarrplatz" wieder auf dem Nullpunkt, und die Gegner von „Kunst im öffentlichen Raum", die es immer gibt, hatten Argumente erhalten. Daß es 1997 doch noch zum Auftrag an einen Künstler kam, war nicht mehr ein Resultat des Wettbewerbs von 1994/95.

Es kehrte nämlich, was den „künstlerischen Beitrag" auf dem Platz betraf, zunächst eine Denkpause ein. Mein nach der Kommunalwahl vom Mai 1996 unterbreiteter Vorschlag, mit Franz Erhard Walther doch noch über eine Weiterentwicklung seines Wettbewerbsbeitrags zu reden, hatte keinen Erfolg, da sich insbesondere die jüdische Gemeinde und ihre Berater mit dem Waltherschen Ansatz, beschriftete Stahlplatten an verschiedenen Stellen in die Platzoberfläche einzulassen, nicht befreunden mochten. Hingegen wurde im November 1996 überraschend der Name von Dani Karavan ins Spiel gebracht.[10] Am 19. März 1997 kam der Künstler auf Einladung des Oberbürgermeisters nach Regensburg und verschaffte sich einen ersten Eindruck von den mit einem künstlerischen Beitrag auf dem Neupfarrplatz zusammenhängenden Problemen. Wenig später erklärte er sein Interesse am Regensburger Projekt. Im Juli 1997 erhielt Karavan von der Stadt den Auftrag, für das über den wiederentdeckten Resten der Synagogen (s. u.) liegende Areal eine künstlerische Gestaltung vorzuschlagen.

Unfreiwillige Archäologie

Wir sind den Ereignissen weit vorausgeeilt, denn die beabsichtigte „Denkpause" nach dem ergebnislos verlaufenen Kunstwettbewerb hatte kaum begonnen, als die Debatte um die künstlerische Gestaltung verstummte und sich auf archäologische Fragen, vor allem auf das Thema „Umgang mit Bodendenkmälern" verlegte. Die „Mittelbayerische Zeitung" vom 3. August 1995 konstatierte: „Wende in der Neupfarrplatzdebatte? Nach dem Kunstwettbewerb könnten sich die Grabungsfunde als Glücksfall erweisen." Den Anlaß bildete das Vorhaben, nördlich der Neupfarrkirche die Grube für eine unterirdische Trafostation auszuheben. Prompt stießen die vorsondierenden Archäologen am 24. Juli 1995 auf mittelalterliche Mauern, die zweifelsfrei als Reste der 1519 zerstörten Judenstadt zu interpretieren waren. Jetzt war allen endgültig klar, daß sich unter dem Neupfarrplatz Bodendenkmäler in erheblichem Umfang erhalten hatten und bis dicht unter die Platzoberfläche reichten.

Jetzt war aber auch klar, daß Richtung und Geschwindigkeit der Platzgestaltung durch die Bodendenkmalpflege maßgeblich definiert waren, wobei sich deren Interesse nie auf eine komplette und systematische wissenschaftliche Ausgrabung konzentrierte. Es ging ausschließlich um die archäologische Begleitung der Baumaßnahme. Ziel war, zutage getretene Funde zu dokumentieren, zu konservieren und Vorschläge für denkmalschonende Varianten der unterirdischen Leitungstrassen und anderer unterirdischer technischer Einrichtungen zu entwickeln.

Die „baubegleitende Archäologie" führte zu zwei sensationellen Entdeckungen. Die eine war die überraschende Lokalisierung der Überreste der gotischen Synagoge und ihres romanischen Vorgängerbaus westlich der Neupfarrkirche im Herbst 1995.[11] Die andere Sensation war der Fund eines zweiteiligen Schatzes von Goldmünzen im Sommer 1996.[12]

„Zuschütten" oder „Im Boden bergen"

Seit der Entdeckung der ersten Kellermauern im Juli 1995 lief eine teilweise sehr leidenschaftliche, gelegentlich unsachliche öffentliche Debatte über den Umgang mit diesen Bodenfunden. Sie entwickelte sich zwischen zwei Extrempositionen:

Hier die Forderung, die Reste der Judenstadt komplett auszugraben, dauerhaft sichtbar und zugänglich zu erhalten und auf sämtliche andere Nutzungen des Neupfarrplatzes zu verzichten; dort der dringende Rat, aus konservatorischen Gründen die Ausgrabungen auf das bauseits nötige Maß zu beschränken und sämtliche Bodenfunde nach ihrer Dokumentation zu sichern und wieder „im Boden zu bergen". Die Stimmen, die von dem „alten G'lump" gar nichts wissen wollten, gab es; sie blieben im Hinter- und Untergrund.

Obgleich das Bayerische Landesamt für Denkmalpflege und die städtischen Denkmalpfleger mit Führungen, Diskussionen und Presseaktionen eine vorbildliche PR-Arbeit betrieben, war es außerordentlich schwierig, beinahe unmöglich, der Öffentlichkeit zu vermitteln, daß es dem Erhalt von Bodendenkmälern am meisten nützt, wenn sie im Boden verbleiben oder wieder „im Boden geborgen" werden. Diese fachlich korrekte und dem internationalen Standard entsprechende Auffassung geriet gelegentlich in den Verdacht, nur vorgeschoben zu sein, um in Wirklichkeit zugleich mit den archäologischen Resten auch Erinnerung „zuzuschütten". „Zuschütten" entwickelte sich zum negativ besetzten Schlagwort in der ganzen Debatte und spielte in einer mitunter tendenziösen Berichterstattung eine große Rolle.

Dafür zwei Beispiele: Am 28. Juni 1996 publizierte Otto Köhler in der „Zeit" den Artikel „Zuschütten. Wie die Stadt Regensburg ihre jüdische Vergangenheit bewältigt".[13] Köhler hatte wenige Tage zuvor bei mir angerufen und gefragt, warum die Stadt Regensburg die Neupfarrplatzfunde nicht der breiten Öffentlichkeit mitteile. Ich verwies darauf, daß regelmäßige Pressekonferenzen und Führungen von den städtischen Archäologen stattfänden und wollte ihm die umfangreiche Pressedokumentation, damals schon ein ganzer Leitzordner, zusenden. Herr Köhler verzichtete auf dieses Angebot, da er, wie er freimütig gestand, seinen Artikel schon fertig habe.

Noch problematischer war ein Beitrag in der „Allgemeinen jüdischen Wochenzeitung" vom 25. Juli 1996. Die Regensburger Journalistin Margit Freilinger hatte auf Bitten dieser Zeitung ein Manuskript von viereinhalb Seiten über die Neupfarrplatz-Archäologie verfaßt und nach ausführlichen Recherchen die didaktische und konservatorische Problematik der Präsentation archäologischer Befunde nicht ausgespart. Einigermaßen überrascht war die Autorin, als sie dann den mit ihrem Namen gezeichneten Artikel las. Ohne Rückfrage waren ganze Passagen des Manuskripts gestrichen, andere eingefügt und, das war das Entscheidende: Das Anliegen und die Zielrichtung des Textes waren völlig verändert.[14]

Die Sorge, die Stadt Regensburg würde durch Verfüllen des Neupfarrplatzareals Vergangenheit verdrängen und ihre Reste beseitigen wollen („obliterate"), klang auch in einem Schreiben des Simon Wiesenthal Center an.[15] In Regensburg griff die „Regensburger Aktion für eine gemeinsame Zukunft" in die Debatte ein und veröffentlichte einen von weit über 100 Personen unterzeichneten Appell „Neupfarrplatz – Europäisches Kulturgut. Deshalb Geschichte jetzt nicht vorschnell zuschütten, Herr Oberbürgermeister! Der Neupfarrplatz braucht jetzt Offenheit!"[16]

DER STANDORT DES NEUPFARRPLATZBRUNNENS

Als die Synagogensituation festgestellt war, entwickelte sich die Lage des im Zuge der Baumaßnahme bis auf den mächtigen Sockel abgetragenen Neupfarrplatzbrunnens zu einem Problem: Der Brunnen stand unmittelbar über den Resten der Synagoge. Nicht nur von seiten der jüdischen Gemeinde kam die Anregung, den Sockel abzubrechen und den Brunnen an anderer Stelle wiederzuerrichten, um das Synagogenareal von Störungen freizuhalten. Ins Feld geführt wurde unter anderem, daß der Brunnen im 16. Jahrhundert, sozusagen als Triumphzeichen, absichtlich an der Stelle der zerstörten Synagoge errichtet worden sei.

Wie Helmut-Eberhard Paulus gezeigt hat, ist diese These nicht haltbar.[17] Der Brunnen ist erstmals 1551, also 32 Jahre nach der Vernichtung der Judenstadt, erwähnt und steht im Zusammenhang mit der Fertigstellung der ersten städtischen Wasserleitung. Es handelte sich damals um einen hölzernen Röhrenkasten, der ausschließlich der Wasserversorgung diente und keinerlei repräsentative oder ideologische Funktion hatte. Dieser hölzerne Brunnen wurde 1567 in Stein ausgeführt, und erst 1720/21 erhielt er eine Dekoration, die man politisch im Sinne reichsstädtischer Herrschaft und Repräsentation deuten kann. Jedoch ist weder in den schriftlichen Quellen noch in der Ikonographie der Brunnendekoration ein religiöser oder antisemitischer Hintergrund, auch nicht in Andeutungen, faßbar. Trotzdem war der Brunnen gerade dadurch, daß er auf dem Synagogenareal stand, indirekt eine unübersehbare Erinnerung an die Ereignisse von 1519. Konsequent lehnten deshalb Denkmalpfleger und Heimatpfleger eine Versetzung des Brunnens ab, da sie einen historischen Zusammenhang zerstörte und außerdem zum Verlust des hervorragend erhaltenen Brunnensockels führte.[18]

Nach ausführlichen Gesprächen mit den Vertretern der Jüdischen Gemeinde entschied die Verwaltung jedoch, dem Stadtrat die Versetzung des Brunnens zu empfehlen. (Im Zusammenhang mit den Überlegungen zu einem durch Dani Karavan gestalteten Kunstwerk auf der Platzoberfläche wurde wenig später, allerdings vergeblich, der Wunsch vorgetragen, den Brunnenstandort nochmals zu verlegen.)

In der Frage des Brunnenstandorts hatten sich die Argumente der Historiker und der Denkmalpfleger nicht durchsetzen können; die Frage war nicht fachlich, sondern politisch entschieden worden. In welchem Maße der neue Standort sich städtebaulich bewährt, wird sich erst zeigen, sobald das Kunstwerk von Dani Karavan, das ja zwischen Brunnen und dem Sockel der Neupfarrkirche seinen Platz haben soll, realisiert ist.

DOKUMENTATIONSZENTRUM UND SYNAGOGENAREAL

In einem Kompromiß wurde schließlich die Frage „Offenhalten oder Zuschütten" gelöst. Trotz der Einwände der Denkmalpfleger und der Museumsfachleute entschied der Stadtrat im November 1996, einen Teil der ergrabenen Keller auf der Nordseite des Platzes zu überdeckeln und in den so gewonnenen unterirdischen Räumen ein „Dokumentationszentrum" einzurichten. Die Funktion des Dokumentationszentrums war von Anfang an dadurch eingeschränkt, daß sich

Entwurf eines Erinnerungs-Mals auf dem Neupfarrplatz in Regensburg von Dani Karavan

aus konservatorischen Gründen und aufgrund von Sicherheitsüberlegungen mit Ausnahme der vorhandenen Mauern keine Originalexponate präsentieren ließen und die Größe der Räume nur den Besuch zahlenmäßig kleiner Gruppen gestattete. Zu befürchten war auch, daß in der Aura der Keller bei den durchschnittlich informierten Besuchern falsche Vorstellungen über die jüdische Geschichte der Stadt Regensburg entstünden. Wie sollte in einer „Katakombensituation" deutlich werden, daß diese Geschichte über Jahrhunderte hinweg eine Geschichte friedlicher, kulturell und wirtschaftlich fruchtbarer Symbiose gewesen ist? Mit Recht wurde die Frage gestellt, ob man nicht besser die Sequenz „Jüdische Geschichte" im Historischen Museum der Stadt hätte ausbauen sollen.

Schon bei der Planung der unterirdischen Anlage stellte sich heraus, daß erhebliche Eingriffe in die Bodendenkmäler – Einkürzungen der Mauern, Durchbrüche und Verpressungen – erforderlich sein würden. Gewaltige Bohrpfähle, bis auf den gewachsenen Boden reichend, brauchte es, um den Betondeckel zu tragen. Die Statik des Bauwerks, das u. a. die Denkmäler hätte schützen sollen, hatte den Vorrang vor den denkmalpflegerischen Interessen erhalten.[19]

Hingegen konnten sich in der Frage des Umgangs mit den Resten der Synagogen die von der Denkmalpflege vorgetragenen Argumente durchsetzen. Diese hielt nämlich die Reste selbst für wenig aussagekräftig und konservatorisch stark gefährdet. Forderungen, die darauf abzielten, das Synagogenareal offenzuhalten oder einzuhausen, verstummten allmählich. Die Befunde wurden dokumentiert und wieder im Boden geborgen. Zunächst bestand die Absicht, die Grundrisse der Synagogen im Pflaster abzubilden. Später gab man jedoch der künstlerischen Gestaltung der Fläche über den Synagogen durch Dani Karavan den Vorzug (Abbn.).

Der Vollständigkeit halber, aber auch als Beleg für das breite Interesse am Neupfarrplatz, ist über eine Unzahl von künstlerischen Anregungen zu berichten, die bei der Stadtverwaltung eingereicht wurden. Realitätsferne oder kuriose Vorschläge waren nicht selten: Ein Stadtrat regte an, die Neupfarrkirche „symbolisch" der jüdischen Gemeinde rückzuübereignen,[20] ein Amerikaner meinte, man solle die Neupfarrkirche „Stein für Stein irgendwo anders" aufstellen und einen „gut angelegten Blumengarten, umgeben vom regen Geschäftsleben" auf dem Platz schaffen.[21] Und der in Regensburg als eifriger Leserbriefschreiber bekannte Wendl Sorgend verband seine vernichtende Kritik am neuen Pflasterbelag mit der Anregung, die Judenstadt insgesamt wiederaufzubauen.[22]

Leider keine Alternative

Ungeeignet für einen Konsens erwies sich mein persönlicher Vorschlag, die Mauerreste der Judenstadt komplett wieder im Boden zu bergen, die Neupfarrplatzarchäologie bestmöglich auszuwerten und zu publizieren, an der Stelle der Synagoge mehrsprachige, künstlerisch gestaltete Inschriften anzubringen und ein nach dem berühmtesten Regensburger Rabbi des Mittelalters benanntes „Rabbi Jehuda ben Samuel he-chasid-Stipendium" in Höhe von jährlich 200 000 Mark zu stiften. Es sollte jeweils für zwei Jahre an Wissenschaftler vergeben werden, die sich im Rahmen einer Forschungsarbeit mit der Vergangenheit und Gegenwart der Juden in Deutschland, insbesondere in Regensburg, auseinandersetzten und ihre Ergebnisse im Rahmen eines internationalen Kolloquiums vorstellten.

Diese Form der Erinnerung hätte nach meiner festen Überzeugung nicht Vergangenheit dokumentiert, sondern in die Zukunft gewiesen.

Ergebnisse

Die öffentliche Diskussion der Neupfarrplatzarchäologie hatte sich fast ausschließlich auf die Aspekte „Umfang der Grabungen", „Sichtbarkeit" und „Zugänglichkeit" konzentriert. Von der Notwendigkeit der wissenschaftlichen Auswertung und Publikation – Kostenpunkt etwa eine Million Mark – redete zunächst kaum jemand, obgleich es sich dabei auch um eine Form von „Erinnerung" handelt. Dankenswerterweise faßte jedoch der Kulturausschuß des Stadtrates in seiner Sitzung vom 27. November 1996 den Beschluß, bei der Deutschen Forschungsgemeinschaft einen Projektantrag zu stellen, wobei sich die Stadt Regensburg an der Finanzierung beteiligen wollte. Die Entscheidung über diesen Antrag steht noch aus, und es ist zu hoffen, daß der Neupfarrplatzarchäologie das Schicksal der Niedermünstergrabung erspart bleibt, die, mit all den einen solchen Zeitraum begleitenden Informationsverlusten, seit dreißig Jahren auf ihre Auswertung und Publikation wartet.

Die Neupfarrplatzdiskussion ist nicht abgeschlossen. Am 20. November 1997 hat Dani Karavan seinen Entwurf in Regensburg vorgestellt. Der Künstler verzichtet aus gutem Grund darauf, eingezwängt zwischen Neupfarrkirche und Neupfarrplatzbrunnen (neuer Standort) ein sich in die Höhe entwickelndes Monument zu schaffen. Vielmehr plant er, in blendend weißem Beton oder Kalkstein den vereinfachten Synagogengrundriß aufzunehmen und ihn als „Skulptur" mehrstufig bis einen halben Meter unter das Platzniveau zu entwickeln. Diese „Skulptur" soll begehbar sein; Karavan stellt sich vor, daß dort Leute sitzen und Kinder spielen, daß ein Ort heiterer Kommunikation entsteht. Ungeachtet aller technischen Probleme (Entwässerung) oder der permanent erforderlichen „Wartung" des künftigen Kunstwerks hat Karavan mit seinem Beitrag der Gestaltungsdiskussion eine positive Wendung gegeben.

Denkmalpflegerisch und museologisch skeptisch zu beurteilen, mit Kosten von über vier Millionen Mark finanziell aufwendig und umstritten in ihrem Leistungsvermögen, ist „Erinnerung durch Archäologie" in der Form des Dokumentationszentrums. Leider ist es nicht der „große Wurf", sondern das Prinzip der Addition von Interessen gewesen, das zu dem geschilderten bürgerlichen Konsens führte und eine potentielle Verschärfung oder Vergiftung der Debatte vermied.

Anmerkungen

1. Zur Geschichte des Aschkenasischen Judentums vgl. Art. *Judentum*, in: Lexikon des Mittelalters, Bd. V, 1991, Sp. 782-787; hier auch die neuere Literatur.
2. A. ANGERSTORFER, *Stadt und Mutter in Israel. Jüdische Geschichte und Kultur in Regensburg*, Ausstellungskatalog, Regensburg 1989.
3. Plenumssitzung des Stadtrats vom 21. Juli 1994.
4. Zusammengestellt bei ANGERSTORFER (wie Anm. 2), S. 31-35.
5. Der Besuch von Gerz fand auf Einladung der Galerie Lindinger und Schmidt statt. Vgl. den Bericht von H. WEISS in der Mittelbayerischen Zeitung vom 28./29. Mai 1994 („Ein hervorragend normaler deutscher Platz") und das Interview mit Gerz von H. RAAB in der „Woche" vom 2. Juni 1994. Zu den Wirkungen des Gerz-Besuchs: Mittelbayerische Zeitung vom 15. Juni 1994 und Anfrage der Stadtratsfraktion Freie Wähler/FDP an den Kulturreferenten vom 7. Juni 1994.
6. Schreiben der SPD-Stadtratsfraktion an Oberbürgermeisterin Christa Meier vom 21. Juni 1994. Die Initiative zu diesem Antrag war von Stadtrat Prof. Herbert Brekle ausgegangen.
7. „Vortrag des Kulturreferenten in der Sitzung des Kulturausschusses vom 20. Juli 1994". Anlage zum Ausschußprotokoll.
8. Protokoll über die Jury-Sitzung „Wettbewerb Neupfarrplatz" am 26. Juni 1995 in der Städtischen Galerie „Leerer Beutel".
9. Manfred Schneckenburger gratulierte am 8. Juli 1995 zur „exzellenten Vorbereitung" der Jurysitzung durch die Stadt und sprach von dem ergebnislosen Wettbewerb als notwendigem Lernprozeß.
10. Dani Karavan, geb. 7. Dezember 1930, Tel Aviv, heute vorwiegend in Paris tätig, ist durch zahlreiche Werke „architektonischer Skulptur" ausgewiesen und gilt als Spezialist in der Gestaltung urbaner Räume. In Deutschland schuf er den Museumsplatz „Ma'alot" in Köln und die „Straße der Menschenrechte" beim Germanischen Nationalmuseum in Nürnberg. Den Kontakt zu Karavan stellte auf Bitten des Vorstandsmitglieds der Jüdischen Gemeinde Regensburg, Hans Rosengold, das Germanische Nationalmuseum in Nürnberg her.
11. S. CODREANU-WINDAUER, *Die Regensburger jüdische Gemeinde und ihre Synagoge im Mittelalter*, in: Mitteilungen der Freunde der Bayerischen Vor- und Frühgeschichte, 84, Mai 1997. – Vgl. auch ihren Beitrag in dieser Festschrift.
12. Museen der Stadt Regensburg, *Der Goldschatz vom Neupfarrplatz*, Ausstellungskatalog mit Beiträgen von G. STUMPF, S. CODREANU-WINDAUER, H. WANDERWITZ, Regensburg 1997.
13. Köhler unterstellt: „Doch die Stadt bemüht sich, das, was von der einst heiligen Stadt der Juden übriggeblieben ist, nicht allzu publik zu machen. Die Arbeiten am Platz wurden durch die Grabungen verzögert. Weltweite Publizität der sensationellen Funde würde noch mehr aufhalten ... Es muß alles schnell gehen, schnell, schnell, schnell ... Dann wird alles wieder zugeschüttet."
14. Einige Beispiele: Die Passage „Konsens und Kompromiß lauten die Lösungsworte ..." ist gestrichen, stattdessen wird behauptet, die Priorität liege bei einer schnellen Fertigstellung des Platzes. Ebenfalls gestrichen wurde der Satz: „Es wird ernsthaft darum gerungen, der Bedeutung der archäologischen Funde gerecht zu werden". Das Argument der Denkmalpflege, man wolle durch Bergen der Reste im Boden „späteren Generationen mit besseren Konservierungsmethoden die Chance (zu) lassen, diese Funde auf Dauer zu präsentieren", ist, anders als im Manuskript, in Anführungszeichen gesetzt, um deutlich zu machen, daß man es für unglaubwürdig hält. Eingefügt wird hingegen der Satz „Im Klartext: Die jüdische Geschichte der Stadt soll wieder untergepflügt werden." Das Manuskript zitiert folgendermaßen den Oberbürgermeister: „Ich möchte, daß die Entscheidung, und das kann nur ein Kompromiß sein, möglichst schnell fällt, denn der Neupfarrplatz ist nicht nur historisch wichtig, sondern er ist auch wichtig für die Lebendigkeit der Stadt. Ich will, daß er (der Platz) seiner Wichtigkeit entsprechend präsentiert wird, und dazu gehört auch seine künstlerische Ausgestaltung." Im Artikel ist der letzte Satz gestrichen, und die Äußerung des Oberbürgermeisters wird so interpretiert: „Übersetzt ins Deutsche: Priorität hat die neue Piazza, nicht die alte Geschichte. Lieber flanieren als erinnern."
15. SHIMON SAMUELS, Director for International Liaison an Oberbürgermeister Schaidinger am 17. Juli 1996: „It would be a loss to Regensburg and to Jewish history if this last remnant of a community dating back to the Roman period, were to be obliterated. I look forward to your early response ... "
16. Mittelbayerische Zeitung vom 25. Juli 1996.
17. HELMUT-EBERHARD PAULUS, *Wasser im Dienste reichsstädtischer Repräsentation*, in: Verhandlungen des Historischen Vereins für Oberpfalz und Regensburg, 136, 1996, S. 33-48, insb. 47.
18. Die Argumente wurden ausführlich in der Beschlußvorlage der Verwaltung für die Ausschuß- und Plenumssitzungen des Stadtrats im November 1996 vorgetragen.
19. Aktenvermerk des Amtes für Archiv und Denkmalpflege – Abteilung Denkmalpflege – vom 30. April 1997.
20. Schreiben an Oberbürgermeisterin Christa Meier vom 17. August 1994.
21. W. HECKEL, Deutschlehrer aus Greensburg (Louisiana), an Oberbürgermeister Schaidinger, 6. Juli 1996.
22. Offener Brief an die Regensburger Entscheidungsträger vom Februar 1997 sowie Brief an Oberbürgermeister Schaidinger vom 22. Februar 1997.

Abbildungsnachweis

STADT REGENSBURG, PRESSE- UND INFORMATIONSSTELLE: Aufn. v. 21.11.97 (Neg.-Nr. 12811-1 und 12812-7)

Beiträge zur Kunst-
und Kulturgeschichte

Erich Lindenberg

Freischaffender Maler, München
Mitarbeit im Bayerischen Landesamt für Denkmalpflege

Fragment–Figur–Raum
Michael Petzet gewidmet

6 Blätter, Tusche, laviert
reproduziert in Originalgröße

*Autor der Installation „Zerbrochene Figur", 1996
im Haupttreppenhaus der Alten Münze (Photo Erich Lindenberg)*

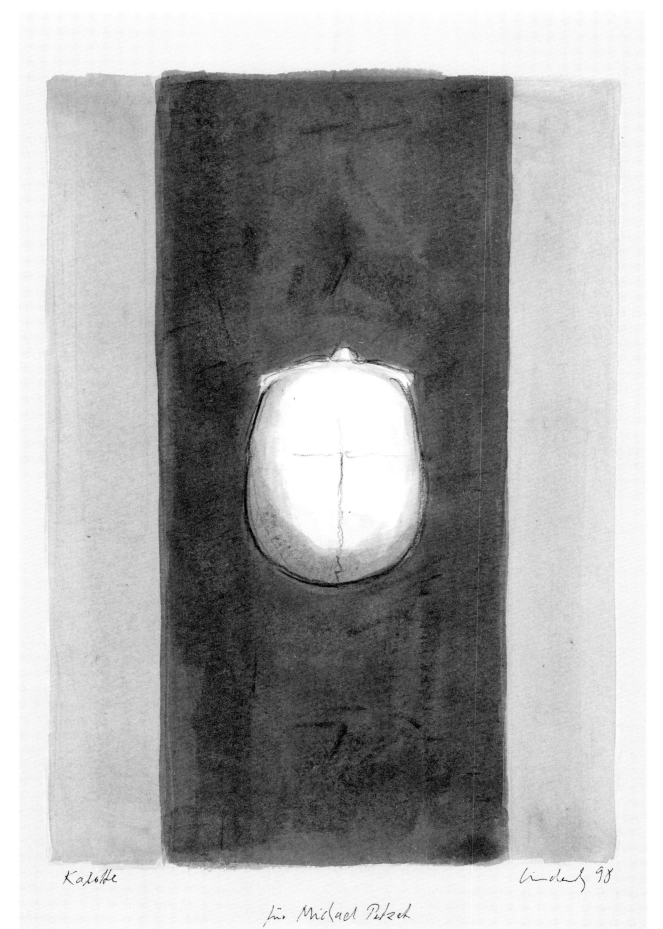

Fragment
Max I. Joseph

für Michael Petzel

Lindberg 98

Gebrochene Säule   Linder 98

für Michael Petzet

Leerer Raum   Lindner 98

für Michael Petzet

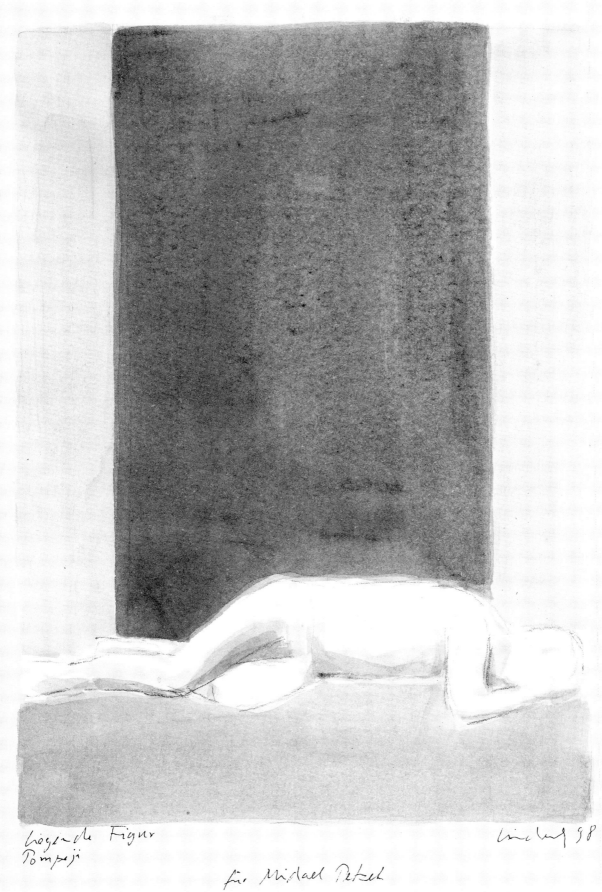

Liegende Figur
Pompeji

für Michael Petzel

Lüpertz 98

Roland Silva

Buddhist Monasteries of Ancient Sri Lanka

Although the concepts of Buddhism, as known to the Sri Lankans, can date back to almost the period of the Buddha,[1] the archaeological remains of monastic Buddhism are only from the time of Elder Mahinda, the son of King Ashoka of India, who formerly introduced the royal leanage of Sri Lanka to Buddhism.[2] A contemporaneous inscription to a period soon after the life of Elder Mahinda, is found at a monastery at Rajagala in Sri Lanka, where it refers to a portion of the ashes of this Arahant being deposited for veneration.[3] The main remains of the Arahant could well have been in the stupa called the Mihinduseya at Mihintale, where the Elder resided.[4]

The ancient phase of monastic Buddhism in Sri Lanka may be referred to the time between Elder Mahinda in the 3rd century B.C. and the period of the first occupation of Sri Lanka by a foreign power for about 75 years, during the 11th century when Hinduism, the religion of the ruling Chola kings, dominated the beliefs of the people.[5]

Mahavihara-Type

The earliest monastery type as set up by Elder Mahinda is referred to as the "Mahavihara-type", as it was the Mahavihara of Anuradhapura that the venerable set up on the ground donated by King Devanampiyatissa (250-210 B.C.). It is said that the king with his elephant drawn golden plough marked the ground to be given to the "Sangha", or the order of monks, thus marking out the "vihara-sima" or monastery-boundary.[6] With the ground identified for the first planned Buddhist Monastery at Anuradhapura, the Elder is said to have divided the area into 32 "Malakas" or courtyards.[7] To each of the courtyards, a definite function was assigned, namely, the construction of a stupa, the planting of the sacred Bo-tree, or other functional units such as the refectory and even the residential-cum-teaching units. In the final design that emerged within the 3rd-2nd century B.C., is a monastic plan of the Mahavihara-type where the central courtyard was focused upon by the colossal stupa and the peripheral courtyards were assigned to the other religious buildings, the communal units and the residential/teaching institutions.[8] The list of the religious, communal and residential buildings discovered at the Mahavihara-type of monastery are listed below without any further details or notes to their usage, but only with the layout plan of the Abhayagiriya Monastery at Anuradhapura given in plate I:

(1) Stupa
(2) Bo-tree Shrine
(3) Chapter House
(4) Image House
(5) Relic House/Preaching Hall
(6) Sanipathasala (Administration Hall)
(7) Refectory
(8) Bathing Pools
(9) Hot Water Baths
(10) Teaching/Residential Units with toilets, etc.

The main monastic remains of the Mahavihara-type of monastery in Sri Lanka are the Mahavihara, Abhayagiriya, Jetavana, Mirisavetiya and Dakkhina at Anuradhapura, Mihintale, Polonnaruva, Rajagala, Maligavela and Tissamaharama. The daily ritual of a monk at these monasteries if considered, could be drawn from two important stone inscriptions, namely, the 9th century record at Mihintale and the 12th century one at Polonnaruva. A synthesis of these two is given below in point form:[9]

(1) All monks should seek sleep at midnight engrossed in thoughts on the forefold discriminations and thereby, should give repose to the body.
(2) They should rise at dawn and pass the morning perambulating and emersed in meditation on the four protective formulae. They should then rehearse a text which they have learnt.
(3) They should, thereafter don the robe, cleanse the teeth, carry out the ablusions, pay respect to the dagabo, the Bo-tree and the temple, recite pirith and attend to the preceptors, the theras, the sick and the places of lodging, common rooms and compound, enter the refectory and partake of the gruel.
(4) They should then consult books, documents or attend to the sewing of robes, dine or distribution of priestly requisites or pass the time in deep meditation.
(5) Midday meal after the alms round.
(6) They should be occupied in obligatory study and introspective meditation.
(7) They should be occupied in religious conversation or noble silence. Those who have congregated for a pious ceremony should not dwell upon worldly talk or sinful thoughts, sensual and the like, which are outside the subjects of religious talk and meditation.
(8) They should spend the first watch of the night in a manner void of emptiness, such as in preaching the doctrine, reading the scriptures, bearing or learning the same by heart, covering religious topics and in introspective meditation.
(9) In the middle watch they should seek sleep engrossed in "discriminative" thoughts.

The administrative responsibilities of this Mahavihara-type of monastery, maintaining thousands of monks and ministering to lay congregations in a single compound, were indeed colossal. While the ultimate responsibility rested on the monks, the day-to-day handling of goods and finances were carried

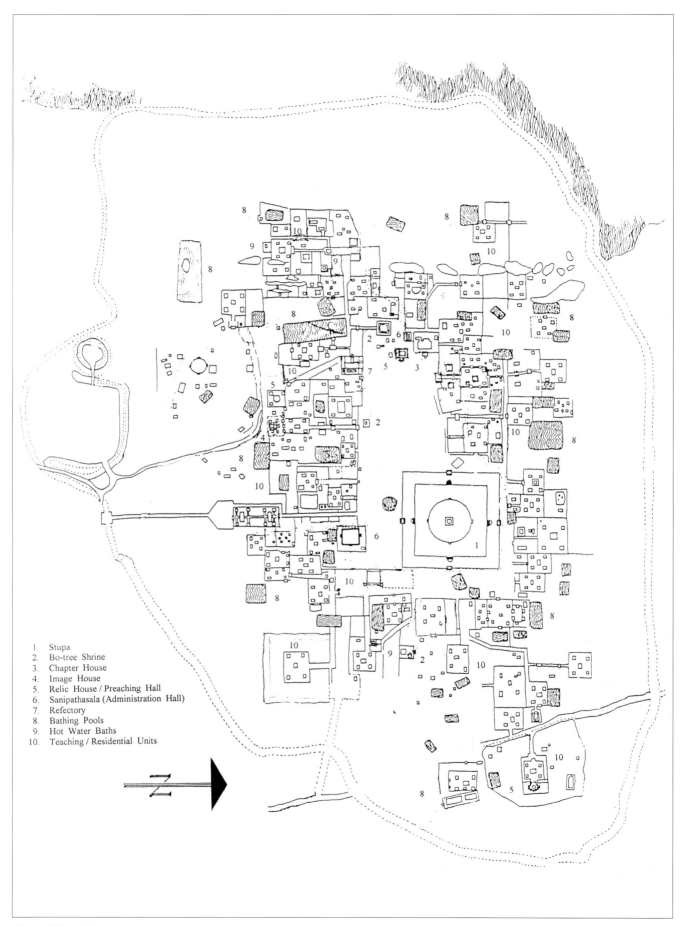

Plate 1. Abhayagiriya monastery

out by a responsible hierachy of lay personnel. According to the 9th century Mahinda IV inscription, there were over 200 serfs and officers of different grades employed at the Mihintale Monastery. Fa-Hsien, the Chinese pilgrim, states that this monastery had 2,000 monks in the 5th century. Fa-Hsien also mentions that the Abhayagiriya Monastery had 5,000 and the Mahavihara 3,000 monks which to some extent indicates the specialized administration required. Initially, the temples needed financial resources. Secondly, they required the machinery to provide day-to-day needs, as well as a continuous organization for the maintenance of the establishments. Finally, financial controls had to be applied and sustained.

The incomes of monasteries were derived from four sources: Land grants, reservoir and channel grants, money and goods held in trust and taxes and fines due to viharas. Thus, the income from these holdings came in the form of either direct payments of cash, goods, or from the lease of reservoir rents, etc. Money was thus collected at the temple treasury and goods were stocked at the vihara stores for resale or barter. Conditions for the lease of lands included provisions for repair and maintenance of temple buildings or for payment for the services of vihara staff.

In the 9th century the day-to-day needs of the monastery at Mihintale were maintained at a high level of efficiency by 200 serfs who were selected from specialized grades. These have been analysed by Müller, a German epigraphist working in Sri Lanka, and include the following. The list contains certain duplications that we have not changed, as these follow the titles according to the pay-roll, and as given in the inscription:[10]

1. Superintendent of the Nikayas (Sects of monks)
2. Preacher of bana (sermons)
3. Eldest of the village
4. Supplier of flowers and white-washer
5. Cook
6. Writer
7. Revenue writer
8. Receiver of revenue
9. Principal attendant
10. Chief workman
11. Watchman
12. Manager of festivals
13. Dispenser of medicine
14. Plasterer
15. Cleaner of dead flowers
16. Workman born on the king's ground
17. One who spreads cloth on ceilings
18. Supplier of clothes for the festivals
19. One who spreads cloth on the walks
20. White-washers
21. Painters
22. Goldsmiths
23. Receiver of revenue
24. Warden of the granery
25. Watchman of the granery
26. "Jetmava" (term to be identified)
27. Superintendent of the dining hall
28. Overseer of servants
29. Servants
30. Workman born on sacred ground
31. Cooking servants
32. Chief cook
33. Firewood supplier and cook
34. Firewood supplier and errant boy
35. Cooks or supplier of firewood
36. Thatchers
37. Potters
38. Pathra (begging bowls) manufacturers
39. Water strainers
40. Physician
41. Surgeon
42. Flower gardener
43. Astrologer
44. Barber
45. Receiver of dues
46. Receiver of the tenantry
47. Receiver of revenue
48. Superintendents of work
49. Suppliers of resin and incence
50. Supply of wicks and oil tags
51. Supply of water lotus and flowers
52. Keeper of lotus flowers
53. Painter
54. Warden of the dage (relic house)
55. Supplier of resin and incence
56. Preacher of bana (sermons)
57. School Master
58. Devotees
59. Supplier of flowers
60. Supplier of resin
61. Official at the shrine
62. Supplier of kamas (term to be identified)
63. Supplier of oil
64. One who strains water
65. Writer of karmasthana (term to be identified)
66. Chief carpenter
67. Master carpenter
68. Stone cutters
69. Braziers
70. Wood cutters
71. Goldsmiths
72. Blacksmiths
73. Lime burners
74. Carters
75. Superintendent of repairs
76. Labourers
77. Warden
78. Warden
79. Warden's guards
80. Washermen

Every specialized branch of activity, be it maintenance of buildings, daily services in the monastery, accounts, etc., was carried out with exceptional efficiency. The ethics of employment were highly respected and the dismissal of staff was handled by a committee. Payments to each serf was specified and the work expected of each was also recorded by statute.

The financial controls, such as those that operated at Mihintale in the 9th century was quite exceptional. These included daily accounts, monthly accounts and the drawing of an annual balance sheet. The accounts had to be submitted each month to the monks for approval, and at the end of each year, a comprehensive statement was presented to the full assembly.

Panchavasa-Type

With the Mahavihara-type of monastery holding sway from the 3rd century B.C. to about the 5th century A.D. and after one begins to notice that a monastery plan that had bearings with the Mahayana form of Buddhist teaching began to appear in Sri Lanka. We had made various attempts to understand this new form of monastic plan as had previous scholars, but we were singularly fortunate in discovering and translating an old ola-leaf manuscript that may have had its beginnings even as early as the 5th century A.D. and its contents relate directly to this "Panchavasa-type" of Buddhist monastery.[11] We were able to trace 47 vihara plans within the text and of these, at least five or more designs have been equated to archaeological remains found in Sri Lanka which belong to the period between the 5th and the 10th century. In a broad comparison, if we associate the former Mahavihara-type with say a body of 5,000 monks these Panchavasa monasteries could house about 500 priests. However, the latter indicates a highly disciplined plan with meticulous religious connotations to the location of each edifice. At the same time, the scale of constuction is most modest. If the Mahavihara-type had stupas that were 400 feet in height these retained such an edifice at a 10th of the former height.

The formal plan of a Panchavasa monastery as given in plate 2 indicates the 9th century Puliyankulama monastery and records the raised central platform with the five (four only here) sacred buildings of the Sabha (assembly hall) positioned generally in the middle, the image-house in a plot on the next set of squares surrounding the centre and the stupa, the Bo-tree and the chapter house in the outer plotting of squares of this 25 pada (square) area of the sacred ground. This holy platform is surrounded by the residential cells of the monks at a lower level, which are generally stored and are located in one, two or three concentric squares one beyond the other in the monastic plan. This area of the sacred platform and the ground with the residences are enclosed by a moat and with axial entrances to the four cardinal directions. The whole complex is further surrounded by a monastery wall with a strict formal main entrance and with the refectory and the hot-water-bath placed on either side of this gateway. It is facinating to note that a strict symmetry has been attempted in the total planning process, whether it be with the buildings or with the enclosures, but in the holy-of-holies, this symmetry seems to break down at first sight. However, in our translation of the ancient manuscript, Manjusrivastuvidyasastra, it became quite apparent that very strict spiritual conformity has been followed in the positioning of the edifices in the respective 9 or 25 pada (square) plan of the sacred ground. Each of the 9 or 25 padas are assigned to a deity depending on the direction of the main entrance and the edifices placed accurately in each pada or square plot. Unfortunately, not much of the function of these Panchavasa-type of monastery is known as the written texts of the Mahayana monasteries were destroyed after the reunification of the Buddhist church in the 12th century.

Vanavasa-Type

Not long after the Mahayana beliefs influenced the Panchavasa-type of monastery, one notices a third attempt to establish another type of vihara plan, namely, the "Vanavasa-type". This seems almost like a counter reformation to the hard theological changes seen in the Panchavasa designs where great emphasis is given to image worship and where the relic shrine of the stupa is seen to dwindle in size. The new counter reforms seem to have gone, in one sense, to the very extreme of practiced ritual by eliminating all the shrines that were considered as aids to spiritual upliftment. On the other, this seems to have stepped back to the very origins of a vihara and back to the time of the Buddha and the writing of the "Vinaya" or the discipline for monks, where one lived only to meditate and to disseminate the spiritual knowledge so acquired by their preaching to the leity. In a physical count of numbers, if Abhayagiriya monastery had 5,000 monks and Puliyankulama had 500 monks, then Ritigala, one of the finest of the Vanavasa sites may have had only 50 monks.

The physical layout of these sites were exceptionally different to the other two types of monasteries. The selection of the

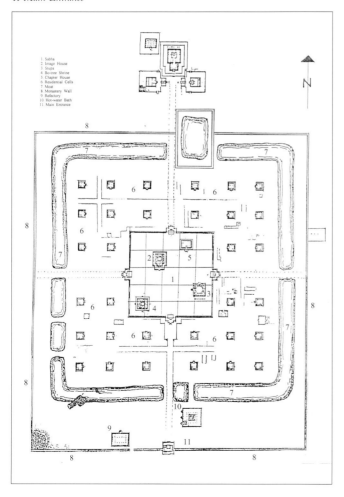

Plate 2. Puliyankulama monastery
1 Sabha, 2 Image House, 3 Stupa, 4 Bo-tree Shrine, 5 Chapter House, 6 Residential Cells, 7 Moat, 8 Monastery Wall, 9 Refectory 10 Hot-water Bath 11 Main Entrance

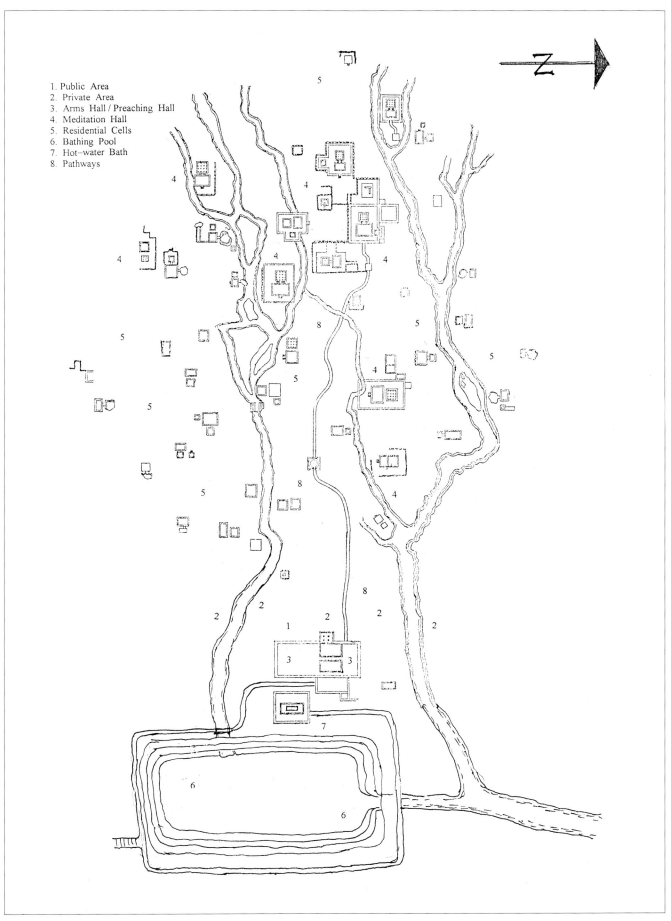

Plate 3. Ritigala monastery

site seems most important, in that it must be spiritually conducive with a forest-like environment. At the same time, the site had to be within reach of human habitations, as the sustenance of the religious community, depended solely on this requirements. The basic exchanges between man and monk was the provision of "dana" or alms from man to monk and the "dharma-dana" or the spiritual alms transferred by monk to man when the two communities met on common ground before midday in the public area of the monastery.

If one looked at a plan of a typical Vanavasa-type of monastery as found in Ritigala, Manakanda, Arankele, Veherabendigala, etc., the whole site can be divided into two definite enclosures. The public enclosure where the men meet the monks for the material and spiritual exchanged of "alms" and "spiritual-alms", and the strict inner sanctuary, meant only for the hermit monks. In the public enclosure is the hall for monks where the alms are received and after this performance of the formal transfer of food, the monks preach to the assembled and impart spiritual sustenance in an extended sermon. This transaction when concluded, the monks would retire to their cells to consume the midday meal. The pathways most carefully laid out and the designs of the cells amidst the meditation halls and meditation walks follow a parallel design. Both the Padhanagaras or meditation halls and the cells are constructed as two separate platforms connected by a firm stone bridge. The roofed inner platform is for meditation or living and the outer open platform is for meditation and for performing the different kasinas or spiritual exercises of meditation. The difference between the meditation hall and the cell is simply that the former is for selected long meditation of even upto a fortnight, and the latter is for the daily meditative acts as a hermit monk is expected to practice on a regular basis. The meditation walks are attached to the enclosed and high-walled Padhanagharas where these are used in suitable combinations for the appropriate occasion and exercise. The standard 32 kasinas or meditations are explained in the 5th century work called the "Visudhimaga".[12] In the Ritigala plan given in plate 3, the area beyond to the west of the public hall no. 2, the hot water bath and the bathing pond, is the strict inner sanctuary and up the mountain are the larger clusters being the meditation halls and walks and the smaller units being the cells, all joined by the fine layout of neat and well paved pathways.

An important consideration of the architecture of these forest monasteries is that there is not a stick of decoration. However, there was one place that they even overdecorated and these were the toilet slabs and urinal slabs. By this act, they pronounced, indeed, a serious and forceful statement of deep belief and feeling that these hermit monks felt. It was to state to each and all, that these monks were not incapable of art and ornamentation, but this was how they would treat such riches.

In concluding this note, on the Buddhist Monasteries of Ancient Sri Lanka, it might be worth to record that human psychology and behaviour is not too drastically different in different parts of the world. If one analyzed in a general way the services performed by the religions in an Asian/Buddhist context as in Sri Lanka to those of an European/Christian context, then we may note that the character and style of the Mahavihara-type could have close parallels to those of the Benedictine Order, those of the Vanavasa-type may see resemblances to a Carthusian monastery and at the middle level would be the Panchavasa-type, compared to the Cistercians.

FOOTNOTES

1 "On the further side of Jotiya's house and on this side of the Gamani-tank he likewise built a monastery for wandering medicant monks ..." *Mahavamsa*, tr. W. Geiger, Colombo 1950, ch. 10, v. 101.
2 "Showing them honour the king led the theras into the palace. There, according to their rank, they took their seat on chairs covered with stuffs. The king himself served them with rice-soup and with foods hard and soft. And when the meal was finished, he himself sat down at their feet and sent for Anula [queen], the consort of his younger brother, the sub-king Mahanaga, who dwelt in the royal palace. When Anula had come with five hundred women and had bowed down and made offerings to the theras, she stepped to one side. The thera preached the Petavatthu, the Vimanavatthu and the Sacca-samyutta. The women attained to the first stage of Sanctification." *Mahavamsa* (see footnote 1), ch. 14, vv. 54-58.
3 "This is the stupa of the elder Idika and the elder Mahinda, who came to this Island by its foremost good fortune." S. PARANAVITANA, *Inscriptions of Ceylon*, vol. 1, Colombo 1970, p. 35.
4 "Inside this reliquary was found, in addition to coral, pearls and other small objects, a flower made of gold foil, and placed on this was a soldered tube of gold foil in which was the sacred object, the enshrinement of which was the purpose of the elaborate arrangement of the chamber." S. PARANAVITANA, *Archaeological Survey of Ceylon. Annual Report*, 1952, p. 20.
5 ROLAND SILVA, *Religious Architecture in Early and Medieval Sri Lanka*, Meppel 1988, p. 1.
6 "When he [king] had here sought out the theras and paid his respects to those to whom respect was due, he ploughed a furrow in a circle, making it to begin near the ford on the Kadamba river, and end it when he [again] reached the river." *Mahavamsa* (see footnote 1), ch. 15, v. 191.
7 "... the king had ploughed and had assigned the boundaries for thirty-two malakas and for the Thuparama, the great thera of lofty wisdom, then fixed the inner boundary – marks ..." *Mahavamsa* (see footnote 1), ch. 15, v. 192 f.
8 S. BANDARANAYAKE, *Sinhalese Monastic Architecture*, Leiden 1974, p. 48.
9 DE ZILVA WICKREMASINGHE, *Epigraphia Zeylanica*, vol. 2, 1928, p. 279 f.
10 DE ZILVA WICKREMASINGHE (s. footnote 9), vol. 1, 1912, pp. 98-113.
11 M. H. S. JAYASURIYA/LEELANANDA PREMATILLEKE/ROLAND SILVA, *Manjusri Vastuvidyasastra. Romanized Transcript with a Tentative Edition, English Translation and Studies*, 1995.
12 Bhadantacariya Buddhaghosa, *Visuddimagga. The Path of Purification*, tr. Nanamoli, Colombo, 1956.

PHOTO CREDITS

All plans by the author

Gerhard Sailer

Festung Neustadt

Essay zu einem Stadtdenkmal

Altstädte mit ihren durch Jahrhunderte dominanten Ordnungskomponenten und mit ihrer prägnanten Silhouettenbildung sind mehr als nur die quantitative Summe von Gebäuden, Straßenräumen und überkommenen Befestigungen. Ihr eigentlicher Wert liegt für den Denkmalpfleger in der Qualität ihrer Ganzheit, die zum Begriff des „Stadtdenkmals" geführt hat und vieles am Gefüge der Stadt verständlicher erscheinen läßt. Das Denkmal-Thema ist jedoch nicht nur topographisch, sondern vor allem historisch interessant: Die Geschichte der Strukturen wird unvermeidlich zum Bericht über die Konfrontationen der alten Stadt mit der Weltgeschichte.

Die historische Dimension ist das bestimmende Element im städtischen Bereich bis heute geblieben und macht damit wesentlich den Denkmalcharakter aus. Monumentale Relikte wie Reste der Befestigung, Stadtburg, mächtige Sakralanlagen lassen den alten Stadtraum auf den ersten Blick als Denkmal erkennen; Gassenzüge, Platzanlagen zeichnen die ursprünglichen Raumordnungen immer noch nach. Vieles ist unverstellt und unverändert erhalten, vieles ist zerstört, verbaut und wird erst durch die denkmalpflegerische, bauhistorische Spezialforschung wieder deutlich und überhaupt erkennbar.

Das konkret eine Stadtanlage südlich von Wien behandelnde Thema dieses Aufsatzes kann – den Begriff „Festung" beinhaltend – durchaus in mehrfacher Hinsicht interpretiert werden: Soll hier die Festung, die Festungsstadt Neustadt, als militärarchitektonische, als macht- oder regionalpolitische Einrichtung verstanden werden? Soll erinnert werden, daß eine große Anzahl früher Residenzen in den Festungsstädten ihren Sitz fanden? Oder ist in der Festung ein geistiges oder auch kulturelles Bollwerk der Landesverteidigung zu sehen, und wenn ja, welcher Art ist dann diese Festung Neustadt? Letztlich erinnert man sich noch der städtebaulichen Zusammenhänge, die uns innerhalb von Festungsstädten entgegentreten. Oder soll gar hier an dieser Stelle die Festung Neustadt als Hintergrund kriegerischen Bühnengeschehens angesprochen werden, wie sie uns in der Oper „Der Turm von Neustadt" von Nicola de Dalayrac (1753 – 1809) mit der Hauptpartie des ungarischen Magnaten Rákóczy entgegentritt? Eine solche Auslegung des Themas Festung Neustadt würde dieser Stadt mit dem Beinamen der „Allzeit Getreuen" wohl musikhistorisch gerecht werden. Doch das ist sicherlich bei der Themenwahl nicht gemeint.

Angesichts der Interpretationsvielfalt der Thematik erscheint es mir reizvoll, Betrachtungen über die einzelnen aufgezeigten Möglichkeiten anzustellen.

Die Einleitung solcher Betrachtungen mit dem Festungsbegriff in wehr- und territorialpolitischer Hinsicht ergibt sich folgerichtig aus jenem Einleitungsakkord, jener Ouvertüre, mit der die nova civitas im Hochmittelalter in das Geschichtsbild der damaligen Welt tritt, um als Babenbergerburg alsbald sinnfälliges Zeichen für Fürstenmacht zu werden. Babenbergerburg – der Jurist in mir sucht sogleich nach der rechtlichen Legitimation für diesen Einleitungsakkord, für diese Stadtgründung, gehört doch das Gebiet des sogenannten „Steinfeldes" bis in die 90er Jahre des 12. Jahrhunderts zur Grafschaft Pitten und damit zur steirischen Mark, deren nördliche nahe Grenze gegen das babenbergische Österreich das enge waldreiche Tal des Flusses Piesting darstellt. Der Jurist findet die rechtliche Grundlage in jenem Vertrag, der 1186 in der Burg Georgenberg in Enns abgeschlossen wurde und als Georgenberger Handfeste die älteste verfassungs- und verwaltungsrechtliche Urkunde Österreichs bildet. Ihr Gegenstand ist an sich nur die Erbfolge der Babenberger nach den steirischen, den Traungauer Ottokaren: Die besondere Wichtigkeit hingegen für die Entwicklung des erst jüngst (1156) von Bayern abgetrennten babenbergischen Herzogtums manifestiert die an den Ufern der Enns – Schicksalsfluß auch in sehr viel späteren Tagen – geschlossene Vereinbarung als Grundstein für eine Aufwertung der Gebietsherrschaft gegenüber dem Heiligen Römischen Reich Deutscher Nation und als Vorbereitung der Selbständigkeit der österreichischen Landesherren.

Ich sehe die Anlage von Neustadt als unmittelbare Auswirkung der Georgenberger Handfeste an, die sich von früheren Formen fürstlicher Stadtpolitik dadurch deutlich abhebt, als sie als „echte", da planmäßige Gründung auf freiem Feld erfolgte und nicht durch den wachsenden Ausbau einer schon bestehenden Siedlungsform. Die in der Geschichte schemenhaft genannte Fischersiedlung mit einer Niklaskapelle inmitten eines ausgetrockneten Sumpfsees, dem „Gräzl" späterer Tage, kann sicher nicht als eine ausbaufähige Keimzelle angesprochen werden.

Eine befestigte Stadt als Bekrönung der umgebenden Kulturlandschaft ist in ihrer Art eine geomorphe, folgt also – ähnlich der Bauweise ältester antiker griechischer Städte – den Bodenformen, der topographischen Situation. Ursache für eine solche Anlage einer Burgstadt ist die Überschaubarkeit des Geländes und die Verteidigungsmöglichkeiten. Je höher die Erhebung, auf die die Stadtburg liegt, um so mehr wird die Verteidigungsanlage Selbstzweck, um so mehr wird die Stadt zu einer erweiterten Burganlage. Je weiter den Alpen zu, um so stärker prägt sich der Verteidigungscharakter der – naturgemäß kleineren – Bergstadt mit ihren Mauern aus.

Die Tallage einer befestigten Stadt wieder (wie bei Neustadt) ist genetisch im wesentlichen durch den Versuch bedingt, den Handelsverkehr zu konzentrieren, vor allem aber auch die von den Alpenpässen kommenden Handelsstraßen zu nutzen. Besonders bei den Städten in der Ebene folgen die Stadtmauern dem – geometrischen – Prinzip, bei möglichst kleinem Umfang eine möglichst große Fläche einzuschließen. Kreis und Quadrat sind deshalb auch die bevorzugten Grundformen des Mauergürtels befestigter Städte in den Ebenen oder in Talkesseln.

Die staatsmännische Weitsicht des Babenbergers Leopold V. lenkte wohl gleich beim Abschluß des – wie wir heute sagen würden – Staatsvertrages von Georgenberg die Aufmerksamkeit des kranken Traungauers Ottokars auf eine entscheidende Notwendigkeit: die Sicherung der Senke zwischen dem Rosalien- und dem Leithagebirge, bequemes Einfallstor für Magyarenstürme, durch eine feste Anlage. Die große Festung, die Leopold in Auge faßte, als er schon ein Jahr nach Vertragsabschluß das Steinfeld visitierte, sah unzweifelhaft den Bedarf größerer Wassermengen vor, nicht nur für den Stadtgraben, sondern auch für das Leben in der Anlage selbst.

So erscheint es nicht verwunderlich, wenn der Ort, den Ottokar von Steiermark – vom Babenberger beraten – für eine neue Feste aussuchte, in einem Landstrich voll kleiner Flüsse lag, deren jeder das Anstürmen feindlicher Scharen erschwerte, deren Wasser sich freilich auch in das Innere der Bastion leiten ließ.

Die Frage, warum nicht des von den steirischen, den Traungauer Grafen bisher stark geförderten Marktes Fischau als die notwendige Festung gedacht wurde, was naheliegend gewesen wäre, beantwortet sich leicht: Abgesehen von der Lage Fischaus am Fuß eines Gebirges, von dem aus eine Bedrohung in besonders gefährlicher Weise möglich erschien, gehörte der Ort nicht zum unmittelbaren Einflußbereich der beiden domini terrae, der Landesfürsten, sondern zu einem Lehensmann, gehörte zur Herrschaft Starhemberg.

Als Leopold V. im Herbst 1194 jenes Landestaiding, jene Gerichts- und Ratsversammlung, mit seinen Ministerialen zu Fischau abhielt, die sicher letzte in diesem Markt, wurde – wie eine mönchische Quelle, der Traditionskodex des bayerischen Klosters Formbach (Vornbach) berichtet – „de nove sue civitatis edificatione", über die Erbauung SEINER neuen Stadt verhandelt. Diese Archivstelle (pag. 115; heute im Bayerischen Hauptstaatsarchiv, München) läßt Herzog Leopold V., mit dem Beinamen ‚Der Tugendhafte', eindeutig als Gründer der Stadt erscheinen und belehrt uns, daß der kranke Ottokar über das Planen wohl nicht hinausgekommen war. Belehrt uns aber auch über das Interesse der Babenberger an der wirtschaftlichen Förderung der Neustadt, wenn es im Rahmen der Fischauer Ministerialversammlung, sicher von juristischen Räten begleitet, in erster Linie um die Übertragung des Marktrechtes von Neunkirchen in die Neugründung und die Ersatzleistung an die bisherigen Marktherrn, die Formbacher Mönche, ging. Daß die Ersatzleistung an die bayerischen Mönche aus dem westlich von Wien gelegenen Markt Herzogenburg samt Weinbergen bestand, sei am Rande erwähnt (zumal dort etwa 800 Jahre später der bayerische Generalkonservator einen denkmalgeschützten Weinkeller auch in seiner Originalnutzung visitierte).

Der Name nova civitas blieb der Stadt natürlich zunächst ohne die Beifügung „Wiener" schon deshalb, weil das umliegende Gebiet wie schon erwähnt zur Steiermark und nicht zum Wiener Hof gehörte. Erst 1358 scheint im Siegel einer Urkunde des Habsburger Herzogs Albrecht II. des Lahmen (der in der Kartause Gaming ruht) die Bezeichnung „SIGILLUM CIVITATIS VINDOBONENSIS NOVAE CIVITATIS" auf, doch scheint dies lediglich eine vereinzelte Bezeichnung gewesen zu sein. Denn erst seit der Mitte des 17. Jahrhunderts beginnt sich die Namensform „Wiener Neustadt" als Unterscheidung zu vielen „Neustädten" in Böhmen und Ungarn einzubürgern.

Bleiben wir also bei Neustadt. Die beträchtlichen Kosten einer planmäßigen Gründung mit der Schaffung einer entsprechenden Infrastruktur wären von den Babenbergern wohl kaum aufzubringen gewesen, wenn sie nicht damals am Lösegeld für den zwei Jahre vorher in Erdberg bei Wien gefangen genommenen englischen König Richard I. Plantagenet, besser bekannt als Richard Löwenherz, hätten partizipieren können, quasi als Ergreiferprämie. Die – sagen wir es englisch – "story is wellknown" und muß nicht weiter erläutert werden.

Daß jedoch nicht, wie oft fälschlich berichtet wird, Herzog Leopold V. das Lösegeld vom englischen König gefordert hatte, sondern der Staufer Heinrich VI., der deutsche König und römische Kaiser, sei ausdrücklich festgehalten. Leopold V. verlangte seinen Anteil, immerhin fünfzig Prozent der mit 100 000 Mark Silber im sogenannten Kölner Gewicht festgesetzten Summe (in heutiger Kaufkraft etwa 6,9 Milliarden D-Mark). Politisch ließ Richard I. Löwenherz die Sache als eine familiäre Angelegenheit zwischen befreundeten Häusern darstellen, nämlich als Bezahlung einer Mitgift seiner Nichte Eleonore, die Friedrich, einen Sohn Leopolds V. von Österreich, heiraten sollte, allerdings aber einige Jahre später König Alfons von Kastilien ehelichte.

Bei der nun geplanten, gewinnorientierten Geldanlage der „Ergreiferprämie" war des Herzogs Leopold V. Absicht sicher nicht allein darauf gerichtet, mit Neustadt lediglich eine Grenzfeste zu schaffen, um so Hainburg an der Donau als Posten nördlich des Leithagebirges durch eine starke Wehranlage in der Senke südwestlich des Leithagebirges zu ergänzen. Der „tugendsame" Landesherr hatte dabei mit Sicherheit noch andere Perspektiven im Auge, denn der hohe Stellenwert, den man den Städten in der Landespolitik dieser Tage bereits zumaß, läuft letztlich mit dem Ziel der ständigen Vermehrung der einzelnen Fürstenmacht parallel.

In der Städtepolitik der Babenberger war daher neben der strategischen auch die wirtschaftliche, die fiskalpolitische Motivation mit im Spiel. Auch die Antike kennt eine Stadtgründung ähnlichen Charakters, die Gründung einer ebenfalls „Neustadt" benannten Siedlung mit strategisch-ökonomischer Bedeutung: Die 2000 Jahre vor der nova civitas am Mittelmeer planmäßig angelegte Stadt Kart Hadachat, das heißt „neue Stadt", die uns in vielen Schulstunden nahegebracht wurde als das berühmte Karthago der Phönizier.

Schon in ihrer baulichen Ausgestaltung zeigt sich die neue Stadt im Steinfeld mit dem Ineinanderwirken beider Gründungsüberlegungen – der militärischen und der wirtschaftlichen – als Prototyp der wehrhaften hochmittelalterlichen Stadt. Für die Grenzlage gegen Ungarn hätte, das wurde schon angedeutet, ein einfaches Kastell genügt. Weshalb also eine ganze Stadt in soldatisch durchgeplanter Form? Der Schutz des wohl gleichzeitig durch Leopold V. veranlaßten und von italienischen (wohl friaulischen) Straßenbaumeistern ausgeführten Handelsweges nach Venedig zu sein, das war wohl die eigentliche Zweckbestimmung der Festung Neustadt, eines Handelsweges, der damals binnen kürzester Zeit den seit alters bestehenden Gebirgssaumpfad in den Hintergrund drängte.

Damit lag man nicht im Trend der Zeit. Denn das Wirtschaftsleben der österreichischen Landstädte hat sich während des Mittelalters und noch in der frühen Neuzeit überwiegend im Nahverkehr abgespielt. Weshalb also die Hinwendung zum internationalen Fernverkehr? Der Donauhandel war infolge Zollschikanen so gut wie zusammengebrochen. Allein zwischen Linz und Wien mußten die Schiffer an siebenundsiebzig Mautstationen anlegen und Abgaben bezahlen. Die Wirtschaftsbeziehungen mit dem bereits mächtig und wohlhabend gewordenen Venedig sollten daher erheblich intensiviert werden, mit jenem Venedig, in dem alsbald der Fondaco dei Tedeschi, der Umschlagplatz auch für den österreichischen Handel entsteht, und der in eben diesen Jahren für die Entwicklung von Neustadt zu einem Knotenpunkt des mittelalterlichen Verkehrs- und Transportwesens große Bedeutung erlangte.

Daß man hier im Steinfeld schon 10 Jahre nach ihrer Gründung eine blühende Einkaufs- und Handwerkerstadt vorfindet, also die gezielten wirtschaftlichen Ansiedlungsmaßnahmen für die Entwicklung der Festung Neustadt sofort griffen, beweist eine Rechnung vom April 1204 über den Ankauf von Reiseproviant, Pferdefutter und Reitadjustierung durch den Bischof Wolfger aus Passau und sein Gefolge „apud Novam Civitatem".

Bedingung für die Stadterhebung einer Anlage war ihre Ummauerung. Die Burgstädte des 12. Jahrhunderts waren von einfachen Mauern umgeben und besaßen keine Eck- und Flankierungstürme. Erst seit dem Ende des 12. Jahrhunderts (nach den orientalischen Erfahrungen mit Araberburgen während des 3. Kreuzzuges) begann man Stadtmauern mit Türmen zu verstärken (wie auch in Wiener Neustadt). Neben den Recktürmen, meist an der Ecke der Stadtbefestigung stehend (Wiener Neustadt: quadratischer Grundriß, übereck gestellt) zählten vor allem die Stadttore zu den wichtigsten Architekturproblemen bei den Stadtbefestigungen. Mußte man doch in erster Linie das Augenmerk darauf richten, die Stadtmauern ohne wesentliche Lücke stark und verteidigungsfähig zu gestalten, durfte man aber doch auch die Verkehrsfrage keineswegs außer acht lassen: eine diffizile Aufgabe, deren Ergebnisse hohen historischen Dokumentationswert für das Leben im Mittelalter bedeuten. Gleiches gilt für die Stadtmauern selbst: Dicke und Höhe der Mauer zum Beispiel werden nicht nur vom Baumaterial, sondern auch vom Finanzaufkommen der Burgstadt bestimmt und lassen daher wirtschaftsgeschichtliche Rückschlüsse zu.

Die Beziehungen der Babenberger zu Italien, die sich so eindringlich für die nova civitas auswirkten, hatten sich vor allem im Rahmen der staufischen Italienpolitik intensiviert: wirtschaftliche wie auch verwandtschaftliche Beziehungen. Diese italienischen Verbindungen sind auch für die technische Umsetzung des Gründungsaktes von Wert. Vor allem nach einer architekturgeschichtlichen Untersuchung der Neustädter Stadtmauer kann man mit ziemlicher Sicherheit auf das Engagement italienischer Meister beim Bau der Stadt schließen: Die Turmanlagen haben lombardische Vorbilder, der rechteckige Grundriß der Stadt die der antiken römischen Lager, die Stadtmauer das Vorbild des „opus spicatum", des Ähren- und Fischgrätmusters von römischem Mauerwerk.

Der Humanist Johannes Spießhaymer, genannt Cuspinian, der gelehrte Berater und Diplomat von Kaiser Maximilian, oft in Neustadt, weiß allerdings noch eine legendenhafte zusätzliche Bedeutung der italienischen Festungsbauer für die nova civitas zu berichten. Der Sohn des Stadtgründers und nach dessen Tod im Gründungsjahr der Realisator des Projekts, Leopold VI. der Glorreiche, hatte einen Konkurrenten für den Bau einer Grenzfeste im Steinfeld: den Ungarnkönig Imre. Die beiden Fürsten hätten sich dahin geeinigt, daß derjenige von ihnen seine Gründung rechtens behalten sollte, der seine Stadt zuerst vollendet habe. Der österreichische Herzog habe gesiegt, weil Imre keine Italiener bei seiner ungarischen Stadtgründung hatte.

Weniger legendenhaft und sehr realistisch kann man also zusammenfassen, daß die Gründung der Festung Neustadt als machtpolitischer Faktor im engsten Zusammenhang mit einer Veränderung der nationalen und internationalen Wirtschaftsszenerie zu sehen ist. Ihre wehrhafte Struktur diente zwei Aspekten: dem Schutz des Handels und dem der Grenze gegen Ungarn. Der Erfolg der Gründung war vorprogrammiert.

Der Erfolg der Bastion Neustadt zeigt sich nicht zuletzt in der Tatsache, daß sie im Lauf ihrer mehr als 800jährigen Geschichte die Stadttore nur ein einziges Mal einem Belagerer öffnen mußte – 1487 dem Ungarnkönig Matthias Corvinus.

Die Festung Neustadt widerstand 1236 den kaiserlichen Truppen, als der Babenberger Friedrich II. der Streitbare in Reichsacht war (der Bürger Lohn war eine längere Steuerbefreiung) ...

Die Festung Neustadt widerstand zehn Jahre später dem Magyarensturm unter Bela IV. (wenn auch Friedrich dabei im Gebiet seiner Geburtsstadt Neustadt fiel und mit ihm die Babenberger enden) ...

Die kaiserliche Festung Neustadt widerstand 1452 unter Andreas Baumkirchner den österreichischen Landständen ... und 1529 den Türken ...

53 000 Fliegerbomben des Zweiten Weltkrieges blieb es vorbehalten, die „allzeit getreue" Festung, die zur militärischen Ausbildungsstätte, die zu einem Zentrum der Rüstungsindustrie, die zur Wiege der österreichischen Luftfahrt geworden war ..., 53 000 Bomben also blieb es vorbehalten, 1943/44 die Festung Neustadt 750 Jahre nach ihrer Gründung zu schleifen, so gründlich zu schleifen, daß nur ein riesiges Trümmerfeld und kaum mehr als 800 Menschen zurückblieben. Mozarts Requiem, 1793 in Wiener Neustadt uraufgeführt, war von der Geschichte eingeholt worden. Doch eine echte, eine erfolgsprogrammierte Festung überdauert die Zeit ...

Ein Exkurs in die Literatur sei mir an dieser Stelle gestattet. Wir kennen alle Viktor Hugos Roman über den „Glöckner von Notre Dame". Viktor Hugo baute in seine spannungsreiche Handlung, so nebenbei, auch immer Sätze mit Ansichten, Äußerungen über die Architektur, über die Geschichtswissenschaft, über die Denkmalpflege ein. Ein solcher Satz lautet: „Geschichtsschreibung gab es nur mit Stein", ein Satz, der zwar eine Unrichtigkeit enthält – tatsächlich gab es Geschichtsschreibung auch auf Papyrus und Pergament –, ein Satz, der aber gleichzeitig richtig ist, denn ...

... Denn der Dokumentarwert einer Altstadt als Geschichtsdenkmal ist zweifach in Stein gesetzt: zum einen in der historischen Erscheinungsweise, der kennzeichnenden Stadtgestalt und zum anderen in der andauernden Originalität, das heißt in der Tatsache der vorhandenen historischen Substanz, die es uns überhaupt erst erlaubt, von „Altstadt" zu reden. Kein Papyrusbericht, kein Werk der mittelalterlichen Buchmalerei kann die geschichtliche Botschaft eines intakten Stadtraumes ersetzen.

Auch wir suchen – wie Generationen vor uns – nach der „Geschichte in Stein" für unsere kulturelle Identität. Zahlreich und vielfältig sind im Hochmittelalter Festungen und Festungsstädte entstanden, als Zeugen einer klar gefügten Gesellschaftsordnung, als Zentren größerer oder kleinerer staatlicher Gewalten. Wirkliche Residenzen waren die wenigsten; die Neustadt im Steinfeld war eine und sogar die eines römisch-deutschen Kaisers. Es war die goldene Zeit der Festung Neustadt, als der Habsburger Friedrich III. sie zu seiner Residenz machte, sie, in deren Mauern er seine Jugend verlebte, sie, die ihm als Mittelpunkt seiner Dynastie, des „Hauses Österreich", wohl mehr galt als das Reich, das er möglichst mied: „es koste nur Geld und bringe nichts".

Schon der Vater, der steirische Herzog Ernst der Eiserne, hatte hier seit 1412 die Hofhaltung etabliert. Nach seinem Tod 1424 weilte auch sein Bruder als Regent und Vormund von Ernstens Kindern oft in dieser Stadt. Wir kennen den Bruder, den Tiroler Herzog, der 1415 am Konzil von Konstanz für viel politische Verwirrung sorgte, gut als jenen Friedl mit der leeren Tasche, der gar nicht so arm war und das Goldene Dachl zu Innsbruck bauen konnte. Und dann Friedrich, seit 1440 des deutschen Reiches Kaiser, als solcher Träger eines stolzen Titels und doch einer der ärmsten Herrscher in der Fürstenrunde seiner Zeit.

Ich nannte Friedrich einen Herrscher. War der Sohn eines besonders starken Ehepaares – von der polnischen Mutter, Zimburgis von Masowien, soll im übrigen vielleicht die berühmte Habsburgerlippe der folgenden Generationen herrühren – wirklich ein Herrscher oder war er seinem Spitznamen gemäß „die Erzschlafmütze des Reiches"; war er ein zögernder Geizkragen, ein Träumer, ein skurriler und der Mystik verbundener Phantast oder erlitt er unverstanden wie viele nur ein österreichisches Schicksal? Wohl alles zusammen wird der Wirklichkeit nahe kommen, der Wirklichkeit einer der interessantesten historischen Gestalten in ihrer politischen wie menschlichen Dimension.

Im Jahre 1452 hatte sich Friedrich III. mit der portugiesischen Königstochter Eleonore aus dem Hause Avis vermählt, mit der er sich zeitlebens nur lateinisch verständigen konnte: Friedrich sprach kein Portugiesisch, die Nichte Heinrichs des Seefahrers, des Begründers der portugiesischen Seemacht, lernte im Laufe der Zeit kaum Deutsch. Um der kaiserlichen Familie eine entsprechende Unterkunft zu bieten, wurden an der Neustädter Burg erhebliche bauliche Veränderungen vorgenommen, „... pei steiermark in dy newenstat, da der kaiser sein wunung hat" (wie der zeitgenössische schwäbische Autor und Meistersinger Michael Beheim formuliert).

Durch die erhöhte politische Bedeutung, die der in den Rang einer kaiserlichen Residenz aufgestiegenen Neustadt zukam, mußte auf ihre Wehrbauten noch größeres Augenmerk gerichtet werden als bisher. Dem Fortschritt der Kriegstechnik vor allem Rechnung zu tragen, die Stadt auch gegen Artillerieangriffe der neuen Feuerwerker standhaft zu machen, galt es als erstes. Nicht nur im ungewöhnlich wehrhaften Aussehen, auch sonst konnte das Neustadt der Mitte des 15. Jahrhunderts mit Recht zu den stärksten und am besten gesicherten Festungen der damaligen Zeit gerechnet werden.

Die Bevölkerungszahl der Festungsresidenz, schon vorher nach einer mittelalterlichen Größenklassifikation eine große Mittelstadt, nahm sprunghaft zu und sollte in ihrem Höchststand 18.000 Seelen betragen haben. Damit trat Neustadt für kurze Zeit in die Reihen der damaligen Großstädte unseres Kontinents. Die Versorgung des Hofstaates kam den Bürgern der Stadt zugute. Auch die vielen Fremden, die die Residenz aufzusuchen gezwungen waren – etwa um dem Kaiser Bitten und Anliegen vorzutragen oder als Mitglieder diplomatischer Delegationen aus ganz Europa –, brachten Geld und Wohlstand. Weltliche Honoratioren, der Adel und die hohe Geistlichkeit, sie alle suchten in Neustadt mit ihren Familien Hausbesitz zu erwerben, was zu einer regen Bautätigkeit führte. Nahe der Burg, vor allem in der heutigen Neunkirchner Straße, entstanden sogenannte Freihäuser: steuer- und lastenfreier Besitz auf herzoglichem Grund.

Bestehende städtische Einrichtungen werden ausgebaut, so z. B. das Stadthaus am Kornmarkt (dem heutigen Hauptplatz), bestehende kirchliche Einrichtungen durch die Frömmigkeit des Kaisers zahlreich ergänzt, wie z. B. durch das Neukloster. Neustadts Liebfrauenkirche wird zur Kathedrale erhoben und prächtig ausgebaut, als Folge der von Friedrich initiierten Errichtung des Neustädter Bistums, das die Festungsstadt nun für rund 300 Jahre auch zur geistlichen Residenz werden läßt.

Den „Ritter Georg", den Drachentöter in der bildenden Kunst, die sagenumwobene Gestalt eines römischen Offiziers und Märtyrers unter Diokletian – den „Ritter Georg", den Patron der mittelalterlichen Ritterschaft, den hervorragenden Schutzheiligen des im 15. Jahrhundert aufgekommenen 14-Nothelfer-Kults –, hatte schon Friedrichs Vater verehrt. Der vom Kaiser frühzeitig gestiftete St.-Georgs-Ritterorden wurde alsbald in die Neustädter Burg transferiert und findet sich in der dort nunmehr eingefügten St.-Georgs-Kirche, jener gotischen Hallenkirche, deren Westfassade die berühmte Wappenwand schmückt.

Groß ist auch die Zahl der Künstler, die sich in Erwartung kaiserlicher Aufträge in der unmittelbaren Umgebung des Hofes niederließen. Der große Kunstsinn des Kaisers zeigte auch bei der Bevölkerung Wirkung und bewog zur Nachahmung. So wandelte sich das Stadtbild von der rauhen Festung Neustadt zur vornehmen altdeutschen Residenzstadt. Des Kaisers Kanzler und Secretarius Enea Silvio Piccolomini – Dichter, bedeutender Humanist und nachmaliger Papst Pius II. – verherrlicht diese Residenzstadt in schönen Kanzonen. Der Ruhm der nova civitas dringt weit hinaus in ferne Lande.

Ich fragte, Sie erinnern sich, war Friedrich wirklich ein Herrscher? Das bisher Gesagte erscheint an positiver Beantwortung genug; auch einem Politiker unserer Tage würde das aufgeführte Leistungsverzeichnis zur Ehre gereichen. Wieso aber dann das Spottwort von der Erzschlafmütze des Reiches? Friedrichs Interessen nur an einem eigen-dynastischen Engagement wurde erwähnt, Angelegenheiten des Reiches – Gebietsverluste, Hussitenkriege, Türkengefahr mit der Eroberung Konstantinopels 1453, Stände- und Städtewirren – ließ er nicht an sich heran, sammelte lieber Bücher über

Magie und Okkultismus, befragte die Sterne und befolgte ihren Rat, wollte vor allem keine Kriege führen. „Bella gerant alii" (Laßt andere Kriege führen ... da sie ja Geld kosten) – diesen Teil eines bekannten Distichons aus Humanistenkreisen, vom Sohn Maximilians weiterentwickelt, darf man getrost als Anspielung auf den mangelnden gesamtstaatlichen Unternehmungsgeist des Kaisers werten.

Friedrichs mangelnder Unternehmungsgeist, eine Sparsamkeit, die mit zunehmendem Alter zum Geiz wurde, waren nicht nur in den deutschen Landen zu spüren. Auch hier in der Festung Neustadt! Es sei daran erinnert, daß Neustadt für die Erhaltung der Stadt- und Burgbefestigungen vom Kaiser eine jährliche Beihilfe von 100 Pfund Pfennig, alsbald jedoch nur mehr von 70 Pfund Pfennig bekam: Budgetkürzungen und „Sparpakete" sind in Österreich offenbar schon immer modern gewesen. Doch auch der Piccolomini verzeichnet in seinem Tagebuch über des Kaisers Hof zu Neustadt: „Nur der Unkundige meint, daß man hier in Freuden lebe. Die Mahlzeiten sind ebenso schlecht wie der Wein, der in Holzkannen gereicht wird, die nur einmal im Jahr geputzt werden. Mehrere müssen zusammen schlafen. Den Sold erhalten die Beamten nie rechtzeitig und nie vollständig."

Der mangelnde Unternehmungsgeist war wohl auch habitueller Art, hatte der Kaiser zeitgenössischen Berichten zufolge doch die schlechte Angewohnheit, Türen der Bequemlichkeit halber mit dem Fuß aufzumachen, wenn er seinen Träumen nachhing, Träumen von dynastischer Größe, Träumen in denen er einen besonderen Wahlspruch ersann und in allem, was er besaß oder schuf, einmeißeln, einritzen, einkerben ließ: an Bauten der Festungsresidenz Neustadt, an der Ruprechtskirche zu Wien, am Grazer Dom, an der Bürgerspitalskirche in Krems, auf zahllosen Pokalen, Schwertern ...: Friedrichs Anagramm AEIOU ist weltberühmt geworden.

Die Forschung rätselt heute noch an diesen fünf Zeichen herum. Symbolische Buchstabenfolgen kannte man schon in der Antike, auch die Fünfzahl der Vokale hatte schon ihren Kult im Orient. Vielleicht lernte Friedrich diese Symbolistik bei seiner Jerusalemreise von 1436 kennen. Es gibt über 300 teils gelehrte, teils vergnügliche, griechische, lateinische oder deutsche Deutungen. Friedrich benutzte das fünfstellige Zeichen konsequent und sicher abergläubisch bis an sein Lebensende. In einem kaiserlichen Notizbuch findet man neben der Jahreszahl 1437 (dem Jahr der Rückkehr aus Jerusalem) offensichtlich später dazugeschrieben: „Als Erdreich ist Oesterreich underthan", „Austria est imperare orbi universo". Daß Friedrich selbst seinen Symbolbuchstaben irgendeine der zahlreichen ‚Österreichsinnsprüchen' zugrunde gelegt oder daraus entwickelt hat, ist nicht zu belegen. Die Verwendung des Symbols entsprach wohl seinen mystisch-magischen Versuchen, doch die Pläne – Träume – für eine österreichische Weltherrschaft seiner Dynastie mögen Pate gestanden sein. Hier im Steinfeld erhofft, wird das Unwahrscheinliche im Urenkel Karl V. Wirklichkeit: In des Habsburgers Weltreich ging bekanntlich die Sonne nie unter.

Eine Auslegung, da sie von der Burg zu Neustadt ausging und daher zum Thema paßt, will ich nicht vorenthalten: „**A**erarisches **E**ssen **I**st **O**ft **U**ngenießbar" – ein Witzwort der Wiener Neustädter Militärakademiker zwischen 1911 und 1914.

In der Festungsresidenz Neustadt wurde 1463, als Jurist muß ich das wohl erwähnen, eine Vertragsurkunde ratifiziert, die die unruhigen beutelüsternen Magyaren des Ungarnkönigs Matthias Húnyadi, nach dem Wappentier seines Hauses, einem Raben, lateinisch Corvinus genannt, befrieden sollte. Kaiser Friedrich nimmt darin den Corvinus als Sohn an, und Matthias sollte ihn Vater nennen; auch Erbvereinbarungen scheinen auf. Wie so oft bei internationalen Verträgen, war auch dieser das Papier nicht wert, auf dem er geschrieben war: Ähnliches erleben wir in unseren Tagen unentwegt. Die militärischen Operationen von Matthias Corvinus endeten, nachdem die anderen österreichischen Angriffsziele und Wien kapituliert hatten, mit einer mehr als einjährigen Belagerung vor den Mauern der Festung Neustadt, die – allzeit getreu – die Partei des Kaisers nicht aufgab. Neustadt war nicht sturmreif zu schießen, sie mußte – 1487 – ausgehungert werden. Der der Bürgerschaft gewidmete berühmte Corvinusbecher ist ein Zeichen der Achtung des Ungarnkönigs vor der Stadt.

Der Kaiser selbst war schon in Linz, und kehrte auch nach des Corvinus plötzlichem Tod nicht mehr in die Festungsresidenz am Steinfeld zurück. Mit seinem Tod 1493 sinkt auch das europäische Mittelalter mit ins Grab. Eine Zeitenwende kündigt sich an, Neustadt wird nicht mehr Residenz sein. Den Sohn Friedrichs, den hier geborenen Maximilan I., den „letzten Ritter" und ersten deutschen Renaissancefürsten, zieht es nach Tirol. Er kehrt in seine Geburtsstadt auf Dauer erst im Tod wieder.

Als Kaiser Karl VI. seine 18jährige Tochter Maria Theresia im Gloriett, im Tiergarten der Neustädter Burg, 1735 mit ihrem Vetter Franz Stephan von Lothringen, Herzog der Toskana, verlobte, war dies ein freundlicheres, ruhigeres Ereignis für die Festung Neustadt als jene, die die vorangegangenen Jahrhunderte der Stadt geboten hatten: Türkeneinfälle und Glaubensspaltung, Pestepidemie und Gegenreformation unter Melchior Klesl als Administrator des hiesigen Bistums, das Ende der ungarischen Magnatenverschwörung des Peter Graf Zrinyi 1671 in einem Turm der Festung Neustadt, dreißig Jahre später die abenteuerliche Flucht seines Enkels Franz II. Rákóczy, der Frankreichs Unterstützung für eine ungarische Erhebung gegen das Erzhaus zu gewinnen suchte, aus eben demselben Turm der Neustädter Burg (die damit späteren Opernstoff lieferte) und die folgenden Kurruzzenstürme.

Mit Maria Theresia erhält die Festung Neustadt, obwohl die alten Befestigungsanlagen der Stadt Stück für Stück demoliert wurden, eine neue Funktion, die sie bis heute ausübt: Die Festung wandelt sich von der militärischen Bastion an der Frontlinie zur militärischen Ausbildungsstätte in der Etappe für die Verteidigung der weit vorgeschobenen Reichsgrenzen.

Der Jurist in mir sucht wieder einmal die rechtliche Basis, den dazugehörigen Aktenvorgang. „Wir Maria Theresia von gottes gnaden Römische Kaiserin in Germanien ...", so beginnt die Allerhöchste Entschließung vom 14. Dezember 1751, mit der Ihre Majestät geruhte, aus Rücksicht für die allgemeine Wohlfahrt und insbesondere zum Besten der dürftigen adeligen Jugend und der Offizierssöhne, welchen die Gelegenheit zur standesgemäßen Erziehung mangelte, eine eigene Militärakademie auf Staatskosten zu errichten und hiezu die landesfürstliche Burg zu Neustadt – oder wie es jetzt schon wörtlich zitiert heißt „in der Wiener Neustadt" – einzuräumen.

Die Idee zu einer militärischen Erziehungsanstalt für junge Offiziere hatte schon der kaiserliche Generalissimus Wallenstein, hatte schon der Feldherr dreier Kaiser, Prinz Eugen von Savoyen. Eine militärische Ziehstätte für Führungskräfte, deren Lehrpläne auf den jeweils jüngsten Kriegserfahrungen und den technischen Fortschritten aufgebaut sind, erscheint für die Sicherheitspolitik eines Staates eine nicht weiter zu diskutierende Selbtverständlichkeit. Doch erst unter Maria Theresia nimmt die Selbstverständlichkeit Gestalt an, unter einer Frau von Kultur und Bildung, die den Krieg – wie sie 1778 an ihren Sohn Joseph II. schreibt – haßt als ein häßliches Gewerbe gegen die Menschlichkeit und gegen das Glück. Gerade deshalb ist der subtile Auftrag der Kaiserin an ihren General-Feldzeugmeister, den Grafen Daun, von Interesse: „Mach er Mir tüchtige Officirs und rechtschaffene Männer darauß". Dieser historische Auftrag enthält nicht nur die berufliche Zielsetzung für die Kadetten, dieser historische Auftrag umfaßt auch eine allgemein menschliche Komponente, der Maria Theresia als auf festgefügte Ordnungen und sittlichen Anstand bedachte Frau im Grunde den Vorzug gab: die Rechtschaffenheit über die militärische Dimension hinaus, die Rechtschaffenheit als Grundwert der Gesellschaftsordnung.

Viele Namen geben Zeugnis davon, daß die Akademie gerade auch diesem Auftrag der Stifterin nachgekommen ist, daß die Träger dieser Namen das vorgelebt haben, was wir heute die „Geistige Landesverteidigung" nennen, mitgeholfen haben, die Geschichts- und Kulturlandschaft Österreich zu schützen, zu bewahren und zu pflegen: Schriftsteller wie Torresani, Conte Corti, Huna, Eichthal und Henz, Forscher wie der Entdecker des Franz-Josephs-Landes Payer und der große Geograph Fligely, Techniker wie der Konstrukteur der ersten Semmering-Lokomotiven Freisauff, Kulturstrategen wie der Salzburger Festspielpräsident Puthon usw.

So steht die Festung Neustadt mit ihrer ehrwürdigen Bildungseinrichtung heute auch für jene Wertvorstellungen, die für den Österreicher mit dem historischen Erbe seiner Heimat verbunden sind, ohne die kulturelle Identität mit der neu aufgekommenen Krankheit unserer Tage, dem nationalistischen Pathos, zu überfrachten.

In einem Fall allerdings ging der Wunsch der Apostolischen Majestät nach einem rechtschaffenen Mann nicht in Erfüllung, im Fall des „Franz" Scanagatta aus Mailand, der eigentlich eine Francesca war und die sich statt im Internat der Salesianerinnen zu Wien in der Militärakademie in Neustadt meldete. Die Täuschung über das Geschlecht des Zöglings war so perfekt, daß das Mädchen 1797 als Fähnrich zum Truppendienst ausgemustert wurde. Erst vier Jahre später, als die Sache durch ihre Familie nach einer Verwundung Francescas ans Licht kam, wurde sie mit einer Leutnantspension von 200 Gulden jährlich in den vorzeitigen Ruhestand versetzt, heiratete und wurde Mutter von vier Kindern. Auch die Signora war also rechtschaffen im maria-theresianischen Sinn. – Zur 100-Jahr-Feier der Alma mater Theresiana entschuldigte sich die nun schon 76jährige, aber – so schrieb sie – „der unterzeichnete Leutnant Franz Scanagatta, Major Spinis Witwe, bittet untertänigst, gnädig die Wünsche aufnehmen zu wollen, die da sind, daß die Militärakademie immerdar dauere und auch in Zukunft, wie sie bis nun getan, tüchtige berühmte Offiziere bilde".

Ab April 1998 läßt das österreichische Bundesheer ganz offiziell Soldatinnen in seinen Reihen finden: Es steht zu hoffen, daß sie den Wünschen Francescas gerecht werden.

Das Gedächtnis eines Volkes ist seine Geschichte, Denkmale sind die Gedächtnisstützen. Stadtdenkmale wieder sind historische Lebensräume, in denen sich die Gesamtheit der Geschichtsabläufe, die Gesamtheit aller Ereignisse, die Gesamtheit allen Gebauten widerspiegelt: Wiener Neustadt zeigt vielfältig unmittelbare Parallelen zu den wechselhaften Schicksalen gesamtösterreichischer Historie. Wiener Neustadt – ein geschichtliches Stadtdenkmal, eine Stadt der Auseinandersetzungen, wo die Geschichte tiefe Kerben und Spuren hinterlassen hat.

Der Bürger als zoon politikon, als Teil einer Stadt, braucht das Sichtbarsein der Geschichtlichkeit. Geschichtslose Städte bilden keine Heimat, geschichtslose Städte vermitteln kein Gefühl, verwurzelt zu sein. Auch wenn die schon angesprochenen Zerstörungen im Zweiten Weltkrieg Wiener Neustadt viel von seiner Originalsubstanz haben verlieren lassen, auch in der heutigen Erscheinungsform schimmert das ursprüngliche Stadtgebilde und seine primäre Raumkunst durch. Wiener Neustadt – auch ein architektonisches Stadtdenkmal. Denn die alten Stadtplaner, die oftmals zugleich Kirchen- und Dombaumeister, Brückenbauer und Betreuer der Brunnen- und Wehranlagen waren, hatten auch bei der Aufführung von Einzelobjekten immer das Ganze im Auge, immer die bauliche Geschlossenheit.

Geblieben ist in der Grundkonzeption der mächtige Hauptplatz mit seinen gotischen Laubengängen, geblieben sind die Ensembles der Kesslergasse, der Friedrichgasse, des Brüderviertels. Geblieben ist ein Reichtum an Einzelbauwerken, die das Antlitz von Wiener Neustadt prägen und wesentlich zu der Kraft beitragen, die die urbane Gestaltung der „Allzeit Getreuen" noch immer unverwechselbar macht: Dom, Bürgerspital, Neuklosterkirche, Burg, Spinnerin am Kreuz, Karmeliterkloster, Gebäude entlang der Neunkirchner Straße ...

Johann Gottfried Herder, der Jugendfreund Goethes, bezeichnet die Städte als „stehende Heerlager der Kultur", womit wir wieder beim Festungsbegriff angelangt sind. Hat der Betrachter den Wiener Neustädter Kultur-Parcours absolviert, so bestätigt sich ihm die Aussage Herders.

Ich fürchte, wir sind zwar sehr aktiv im Erhalten, aber noch sehr passiv im Erklären. In einer Zeit vorzüglich nur des Verhaltens und nicht der Haltung müssen wir die Haltung gegenüber den historischen Städten, die Haltung zu den technischen Möglichkeiten immer wieder erklären: vor allem den Kulturpolitikern und den Finanzpolitikern. Erklären müssen wir dabei nicht nur historische Inhalte und gesellschaftliche Funktionen als Schlüsselphänomene für das Heute, erklären müssen wir dabei nicht nur den ganzen Fragenkomplex verzahnter Problematiken, widerstreitender Interessenzwänge, Entwicklungen, bereits verlorene Zustände usw., erklären müssen wir dabei auch den wichtigen Zeitfaktor für das gegenwärtig notwendige Handeln.

Einen ganz anderen Zeitfaktor haben wir auch für uns selbst zu überdenken. Ein Aufenthalt Walthers von der Vogelweide, der am Hof der Babenbergerherzöge „Singen und Sagen gelernt" hat, ist zwischen 5. Feber und 15. Mai anno domini 1217 in Wiener Neustadt nachgewiesen. Er hinterließ uns Zeilen, die für jedes Denkmal und für jeden Denkmalpfleger gleichermaßen gelten sollten:

„O weh, wo sind verschwunden alle meine Jahr'.
Ist mir mein Leben geträumet, oder ist es wahr?"

Abb. 1. Passau von Osten

Mathias Ueblacker

Die Fürstbischöflichen Feuerordnungen für Passau: Brandschutzauflagen ändern die Stadtansicht

Passau im Jahr 1506:

Die Stadt Passau ist ein außerordentlich lieblicher Ort am Zusammenfluß dreier Flüsse, ein ganz und gar ungewöhnlicher Platz, beschützt von zwei prachtvollen Burgen. Wer könnte ob seiner Lage und ob seiner Schönheit nicht in Staunen versetzt sein? Die Kathedralkirche, wo viel, ja unzählig viel an Wunderbarem zu sehen ist, gewährt der Stadt, obgleich sie noch nicht vollendet ist, eine bewundernswürdige Zier. Man sagt, daß sie ein „Ewigkeitsbau" sei und ich glaube daher, daß ihre einstige Vollendung Gott allein bekannt ist ...
... Bewundernswert und preiswürdig sind auch die vielen schönen Häuser der Stadt, von denen die ausgezeichnetsten den wie Grafen und Barone wohnenden Passauer Domherrn oder den reichen Bürgern, die ihre Handelsgeschäfte sogar mit Venedig betreiben, zu eigenen sind.[1] (Abb. 2)

Passavii de dato 1. may 1662:

Ich kann Deroselben aus wehemüethigen Herzen nicht bergen, welcher gestalten den verwichenen Donerstag als den 27. Aprilis vmb 2 Uhr durch Gottes Verhängnuss muethmasslich in dem Burgerspitall[2] ... ein Feuer ausgestossen.
Den Jammer zu beschreiben ist diesmal vnmöglich, welches auch einen Stein zum Mitleyden bewegen sollte. Denen Burgern so am Orth genennet wohnhaft, als si zum Spitall hinausgelauffen in der Meynung, zu retten, seyndt deren Häuser und Güter, bevor si wieder anheim komen, in der Asche gelegen. Die schöne Pfarrkirch zu St. Paul wie auch die daran stossenden Domherrnhäuser auf dem sogenannten Pfaffenhof, nebst der fürtrefflichen Domkirch ... ist alles durchgebrannt vnd zerschmolzen. ...
Die hochfürstliche Residenz ist durchaus verbrannd vnd über einem Hauffen liegend, so das dazwischen und dem Dom wegen grossen angeschütteten Steinhauffen niemand kommen kann zu sehen. Die Kramläden vmb den Dom, Markt vnd grossen Platz herum, wie auch der grosse Kasten vnd sogenannte Eisgrube, alles ist durchgebrannt vnd eingefallen.
Das grosse Alumnatshaus, das grosse, schön gebaute Posthaus, das alte, wohl vnd herrlich gebaute Rathhaus sambt den grossen Thurn am Fischmarkt, die hochfürstliche Mauth vnd Fleischergasse. Alles ist eingeäschert. ...
... Bey diesem ist es noch nicht verblieben, sondern Abends die Flammen durch starken Wind über den grossen Innfluss gleichsam geflogen, haben die Innstadt ebenmässig angezündet. ...
... Das unersättliche Feuer hatte noch nicht genug, sondern lieffe in der Nacht die Stiege hinauf, die über 250 Staffel hoch, an dem heil. Berg, Mariahilf genannt, führte, verzehrte das obere Capuzinerkloster.
Unter währendem Jammer, als beyde Städte lichterloh brannten, seyndt viele Menschen über die Innbrücke in grossen Aengsten hin und hergelauffen: das Feuer aber hat daselbst die beyden gegen einander stehenden Thöre, ingleichen die Innbrücke an denen beyden Enden ergriffen, also dass diese Leuthe auf ermeldter Brücke in keine deren beyden Städten mehr haben kommen können. ...
... Was für Menschen in währendem Brand verlohren worden vnd vmbgekommen seyen, ist noch nit wissentlich.
... Diejenigen so nach der Zeit einander begegnen, fallen einander mit Weinen vmb den Hals, bejammern vnd beseufzen die unaussprechliche Angst vnd Noth nebenst ihren grossen Verlust, doch noch Gott dankende, das sie das Leben erhalten haben.[3]

Dies sind, ausreichend charakterisierend, die Beschreibung Passaus im Jahr 1506 durch den Abt des Klosters Vornbach, Angelus Rumpler, und Auszüge aus dem Bericht eines Unbekannten über den Stadtbrand in Passau am 27. April 1662.

Die Stadt Passau, ob ihrer Schönheit schon im Mittelalter vielfach gerühmt, wurde ihre ganze Geschichte hindurch wie ein Spielball zwischen den Elementen Feuer und Wasser hin- und hergeworfen. Bis zum zitierten Loblied des Abtes zählt die Chronik schon zwölf Stadtbrände, bis zum Ende des 19. Jahrhunderts werden es 17 sein. Die Brände und die 19 verheerenden Hochwässer der noch ungebändigten Flüsse Donau, Inn und Ilz führten den Menschen ihre Ohnmacht gegenüber den Naturgewalten vor Augen. Heute noch finden sich in der Stadt Zeugnisse der großen Naturkatastrophen. Die Hochwasserstände sind überall markiert, Spuren der Flammen offenbart·bei genauer Untersuchung nahezu jedes Altstadthaus in seinem Mauerwerk und in den rosa gefärbten kalzinierten Putzen. Die Not der jeweiligen Wiederaufbauzeit, in der man auf den verkohlten Resten weiterbaute, um schnell wieder ein Dach über dem Kopf zu haben, wird anschaulich in den unsäglich geflickten Substanzen und zusammengeschusterten mageren Dachwerken. Dennoch, weder Obrigkeit noch Bürgerschaft hatten sich entmutigen lassen. Immer wieder erstanden die Häuser aus Schutt und Asche oder befreiten sich aus dem Schlamm der Überschwemmungen, immer wieder belebten sich die Gassen neu.

Feuer und Wasser haben als katastrophale Gefahren letztlich aber gestaltgebend auf das innere Gefüge der Altstadt eingewirkt (Abb. 3). Freilich geschah die Umformung nicht zufällig und ohne bindende Vorgabe. Auch für Passau gelten obrigkeitliche Vorschriften – wer über heutige Bauauflagen stöhnt, möge nur die detaillierten kaiserlichen und fürstbischöflichen Erlasse, Bau- und Feuerordnungen näher ansehen.[4]

Die Feuerordnungen haben Passaus architektonische Erscheinung in einem Maß gewandelt, wie es kaum eine Vorschrift unserer Tage zu leisten imstande wäre. In der Geschichte der Stadt folgten den Bränden immer detailliertere Feuerschutzordnungen. Sie waren neben den Bränden selbst Auslöser des Wandels der gotischen Stadt hin zu den großzügigeren barocken Formen, die bis heute prägend geblieben sind. Der architektonische Stilwandel zur „Innstadtbauweise" – sie erst gibt den barocken Formen Entfaltungsraum – vollzieht sich also auch vor dem Hintergrund des baulichen Brandschutzes.[5] „Innstadtbauweise" umschreibt die für die Städte des Inn- und Salzachgebietes bezeichnende Erscheinung giebelständiger Baukörper mit maskenartig vorgestellter „Vorschußmauer", hinter der sich das Dach in seiner tatsächlichen eigentlichen Form verbirgt. Die Vorschußmauer und die nach rückwärts anschließenden, auf gleiche Höhe hoch-

Abb. 2. Ansicht von Passau, Kupferstich von A. F. Raynold (?), um 1685 in Anlehnung an die Passauer Stadtansicht von Matthäus Merian vor dem Stadtbrand von 1662

Abb. 3. Passau, Kupferstich von Friedrich Bernhard Werner, um 1730

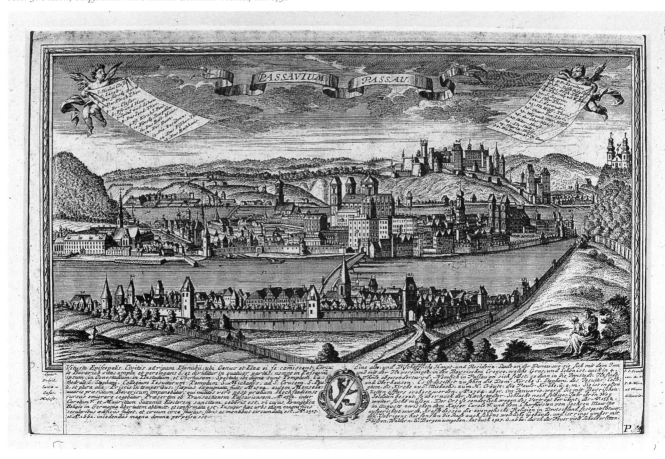

gezogenen Kommunmauern zwischen den Gebäuden verhindern Dachüberstände, es entsteht das zu den Traufen hin abgeschlossene, dem Blick entzogene „Grabendach".[6] Die Fassaden erhalten damit einen großzügig-flächigen Charakter, sie lassen die Baukörper kubisch erscheinen, „italienisch", wie es oft genannt wird. Bei mehreren nebeneinanderliegenden Häusern bilden deren Satteldächer zwischen sich Gräben, aber auch über einem einzelnen Haus kann das Dachwerk in mehrere parallele Satteldächer aufgelöst werden, zwischen denen die entwässernden Gräben liegen. Dies dann, wenn der Dachfirst über einem breiten Haus die Oberkante der Vorschußmauer vorschriftswidrig weit überstiege.[7] Die Dachform läßt sich aber auch hinter der Vorschußmauer erkennen, an den Rinnkästen, die den Traufpunkt, d.h. die Dachrinne, markieren und auch an der Anordnung der Fenster des Speichergeschosses (Abb. 4). Häufig sind die Durchtrittsöffnungen für die Rinnen von den Hauskanten zur Fassadenmitte hin versetzt, weil die Grabenrinnen nicht direkt an die hochgezogene Kommunwand gelegt, sondern von ihr durch ein kleines Pultdach mit Gegengefälle zur Hauptdachfläche abgerückt sind. Die ursprünglich hölzernen Dachrinnen und die schindelgedeckten Dachflächen hielten wohl dem durchschnittlichen Regen stand, bei Gewittern, Schnee oder Eis liefen sie jedoch über und mußten von innen durch Unterstellen von Eimern gesichert werden. Gleichzeitig waren durch das Hereinrücken der Rinnen auch die Kommunmauern vor Durchnässung geschützt, undichte Stellen waren schneller zu erkennen und, je weiter die Rinnen zur Hausmitte hinrückten, desto niedriger konnte das mittlere Satteldach gehalten werden.[8]

Diese „Innstadtbauweise" beschränkt sich nicht auf Passau oder gar nur auf den Passauer Stadtteil „Innstadt", wo sie übrigens kaum vorkommt. Das Kerngebiet dieses markanten Baustils umfaßt das Inn- und Salzachgebiet mit den Hauptorten Innsbruck, Salzburg und Passau.[9] Aber auch in Südtirol finden sich Straßenzeilen und Plätze mit durchlaufenden, waagerecht abschließenden Vorschußmauern, und donauabwärts sind nicht nur die Uferstädte Linz oder Krems, sondern auch weiter abgelegene Orte wie Wels, Steier oder Freistadt im Mühlviertel Beispiele für die Innstadtbauweise. Wie entstand diese, ein so weites Gebiet übergreifende, architektonisch markante Bauform?

Die mittelalterliche Stadtstruktur von Passau unterscheidet sich wesentlich von dem heutigen Erscheinungsbild: In dem um 1493 entstandenen Stich der Schedelschen Weltchronik erscheinen die Häuser im südwestlichen Stadtviertel zwischen Domfreiheit und Stadtmauer des Neumarkts bäuerlich, mit flach geneigten, mutmaßlich legschindelgedeckten Satteldächern. Die Art der Zeichnung läßt auf Blockbauten schließen (Abb. 5).[10] Der Kupferstich von Leonhard Abent bildet die Stadt im Jahr 1576 ab, rund 90 Jahre vor den großen Bränden des 17. Jahrhunderts (Abb. 6). Er zeigt zwar immer noch flach geneigte Dächer, das steilere Satteldach ist aber weit verbreitet, es ist mit Scharschindeln und vereinzelt wohl auch schon mit Ziegeln gedeckt. Vor allem in dem seit dem 10. Jahrhundert in den Stadtbereich einbezogenen Neumarkt, aber auch zwischen Dom und Ort stehen die Häuser dicht gedrängt, regelmäßig mit den Giebeln zu den Gassen. Die Fassaden bilden die Dachform ab, das Satteldach herrscht vor,

Abb. 4. Passau, Michaeligasse 12

ab und zu mit Schopfwalmen. Eine Art Dachmaske zeichnet sich als sehr zurückhaltender Ansatz nur bei den Gebäuden am Westrand der Domfreiheit ab, etwa beim Kapitelhof. Nur noch 18 Jahre vor dem Stadtbrand ist 1644 die Nordansicht der Stadt von Merian in der Topographia Bavariae erfaßt (Abb. 7). Auch hier Satteldächer; Schopfwalme scheinen eine herausragende Funktion einzelner Gebäude, zum Beispiel des Salzstadels im Ort zu bezeichnen.

Auch die Gegend um den heutigen Rathausplatz, damals Fischmarkt, weicht offensichtlich nicht von der üblichen Baustruktur ab. Für diesen Bereich geben die Untersuchungen der letzten Jahre einen zwar noch nicht vollständigen, aber doch aufschlußreichen Einblick in das mittelalterliche Baugefüge. Zeigen die Grundrißbilder in den Obergeschossen der Gebäude heute nach vielerlei Umbauten einen eher verwirrenden und kaum in einzelne Bauphasen unterscheidbaren Zustand, so beschreiben die Erdgeschosse noch die ursprünglichen Grundstrukturen. Hier wird die sogenannte Feuergasse (Bauwich, enge Reihe, Traufgasse) als ein Grundelement des mittelalterlichen Gassennetzes ablesbar. Nebeneinander stehende Häuser berühren sich vielfach nicht, sondern sind durch schmale Gassen voneinander getrennt. Diese auch „Schupf" genannten Zwischenräume dienten einmal als Abzugskanäle für sämtliche Arten von Abwasser, sie ermöglichten jedem Haus aber auch eine eigene Traufe und den Zugang dazu (Traufrecht) und ließen doch ein wenig Licht zu den kleinen Fenstern vordringen. Vor allem aber waren sie als Fluchtwege im Brandfall gedacht.

Zwei umfangreichere Sanierungsprojekte, Höllgasse 2, 4, 6 und 8 („Neues Rathaus") und Höllgasse 1, Schrottgasse 2 und 4 (Glasmuseum und Hotel „Wilder Mann"), gaben während der Bauuntersuchungen Aufschluß über die mittelalterliche

Abb. 5. Passau, Holzschnitt von Michael Wohlgemuth aus Hartmann Schedels Weltchronik, Nürnberg 1493

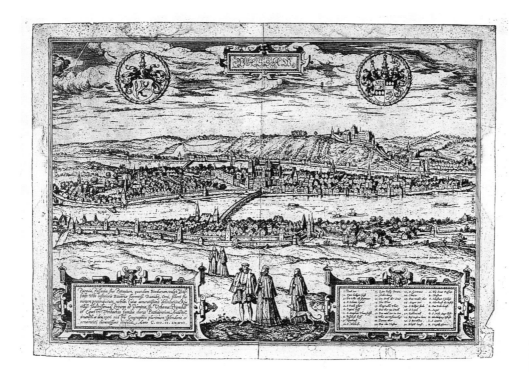

Abb. 6. Passau, Kupferstich von Leonhard Abent aus: Braun-Hogenberg, 1576

Abb. 7. Passau, Kupferstich von Matthäus Merian (nach Wenzel Hollar) aus der Topographia Bavariae, 1644

Die Fürstbischöflichen Feuerordnungen für Passau 499

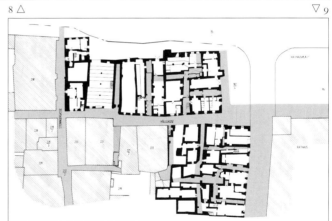

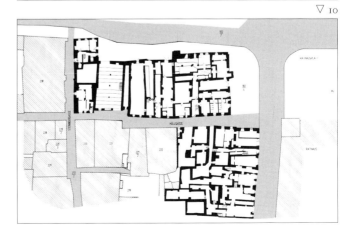

Abb. 8. Passau, Höllgasse 1, Schrottgasse 2 und 4, Bauaufmaß
Abb. 9. Höllgasse 2, 4, 6 und 8, Grundriß EG vor Stadtbränden
Abb. 10. Wie Abb. 9, gegenwärtiger Zustand

Struktur in diesem Bereich, der heute von großflächigen Fassaden geprägt und nur noch von Höllgasse und Schrottgasse durchzogen ist (Abb. 8).[11] Mit den Eigenheiten der Passauer Baugeschichte Vertraute finden aber schon in diesen Fassaden einige Indizien für überformte frühere Zustände, etwa den einachsigen fünfgeschossigen Fassadenstreifen zwischen den Gebäuden Schrottgasse 2 und Höllgasse 1 (Nordfassade), der eine zugesetzte, im Obergeschoß von Schrottgasse 2 überbaute, ansonsten aber noch bis tief in die heutige Gebäudesubstanz vordringende ehemalige Feuergasse markiert. Geht man derartigen Gassenrelikten innerhalb der umliegenden Gebäude nach, so ergibt sich ein überraschend vielfältiges Bild kleinteiliger Baustruktur (Abb. 9, 10). Ein dichtes Netz solcher Feuergäßchen durchzog die Altstadt. Bis auf weniger als zwei Meter standen sich die mehrgeschossigen Fassaden gegenüber, eingeengt waren sie noch durch die Abtrittserker, kleine, oft nur schachtartige Innenhöfe brachten etwas Licht in das enge Halbdunkel. In der heutigen Struktur des Neuen Rathauses sind diese Gassen, durch ein behutsames Umbaukonzept freigehalten, noch erlebbar, wenn auch teilweise nur in den Erdgeschossen oder inzwischen überdacht (Abb. 11). Der gotische Arkadenhof – schon vor Beginn der Gebäudesanierung überdeckt – gibt eine lebendige Vorstellung von den alten Zuständen. Die blauen, den Himmel vorstellenden Flächen zwischen den geritzten Balustern auf den Umgangsbrüstungen sind verständlich, wenn man sich den Hof nach oben geöffnet denkt (Abb. 12).

Die bei den Bränden herabstürzenden Teile der teilweise weit über den Baukörper vorstehenden Dächer ließen die Feuergassen aber zu tödlichen Fallen werden, machten die ohnehin geringen Löschmöglichkeiten vollends zunichte,[12] so daß diese Gassen wohl auch aus diesem Grund nach und nach aufgegeben und als willkommene Flächenvergrößerung in die Häuser mit einbezogen wurden. So sind sie oberflächlich verschwunden, zugesetzt oder überbaut durch neue Obergeschosse. Die Mauerwerkstrukturen in den Erd- und 1. Obergeschossen aber blieben auch nach den Stadtbränden – schon aus wirtschaftlichen Gründen – weitgehend erhalten und mit ihnen letztlich auch das mittelalterliche Erschließungssystem.[13]

Vor den großen Stadtbränden des 17. Jahrhunderts war das uns heute für das Bauernhaus typisch erscheinende Dach mit Giebel- und Traufüberstand die Regel. Eine Vorstellung davon kann das Bauernhaus in Obersölden oberhalb der Ilzstadt mit seinem ursprünglich schindelgedeckten Doppelsatteldach geben (Abb. 13).[14] Vor allem giebelseitig weit überstehende Dächer schützten die Häuserfronten vor der Witterung und hielten die Vorgelege entlang den damals noch unbefestigten Straßen trocken und begehbar. Im Brandfall aber zogen sich die Flammen den Vordächern entlang wie an einer Zündschnur, die engen Gassen glichen Feueröfen und wurden unpassierbar, brennende Balken stürzten herab, das Anlegen von Leitern war unmöglich, Fluchtwege waren abgeschnitten.

Dächer mit Überstand gab es durchwegs, auch in München. Hier sorgt schon die Ratsverordnung von 1370 dafür, daß die überstehenden Holzteile beseitigt werden: „... daz man ab sol prechen all die paw, die hie ze München unordentlich geschechen sind ..."[15] Ein erster Schritt also zu grundlegenden Änderung im Erscheinungsbild der städtischen Häuser! Vorspringende Bauteile verschwinden nach und nach, Baulinien werden gezogen, es entstehen glatte Fassadenscheiben ohne Dachabschluß. Die obrigkeitliche Vorschrift also stellt Regelmäßigkeit her, die architektonische Ausformung ist der zweite Schritt.

Was in München galt, darf auch für Passau vorausgesetzt werden. Die hier gültigen frühesten Brandordnungen sind allerdings – verbrannt. Die relative Chronologie innerhalb der durch Befunduntersuchungen erfaßten Fassaden im Bereich des Höllgassenviertels liefert uns in den Häusern Höllgasse 19-23 aber den Nachweis, daß schon vor der mutmaßlich ersten Feuerordnung unter Bischof Wigileus im frühen 16. Jahrhundert Vorschußmauern bekannt waren. Die genannten Gebäude waren schon in gotischer Zeit viergeschossig,[16] ihre Attika trug eine gotische Maßwerkbemalung. Die neue Bauweise setzte sich allerdings nur sehr langsam durch, das Stadtbild verharrte im Althergebrachten. Für das Beibehalten überkommener Bauweisen war auch die Nähe des Bayerischen Waldes verantwortlich; hier gab es das billige Material für die Holzschindeldeckungen. Damit blieben aber auch die Dachneigungen unverändert. Schindelgedeckte Dächer finden sich in Passau bis in das 20. Jahrhundert; sie verschwinden erst nach und nach durch die Verwendung von Ziegeln und Blech als Deckungsmaterial oder bei Aufstockungen.[17]

Die eng aneinandergereihten Häuser und die tiefen Gassenschluchten, z. T. – zumindest in den Obergeschossen – auch noch Blockbauten, Schindeldächer, Holzdecken in allen Geschossen (die vorgeschriebenen gemauerten Gewölbe für Küchen und sonstige Feuerstellen erhalten viele Häuser erst nach den Stadtbränden) begünstigten die Ausbreitung von Bränden. Ziemlich haarsträubende Zustände im Inneren der Gebäude, die ja häufig auch noch landwirtschaftlich genutzt waren und Ställe besaßen, kamen hinzu. Das erhaltene Protokoll der Feuerstättenbeschau von 1606[18] gibt uns einen recht lebendigen Einblick; der zuständige Mann hatte seine liebe Not mit der Durchsetzung der Vorschriften:

- in der Frauen Stürzin Behausung ist auf der Thyle Hoy und Stro zu nahendt beim Rauchfang. Auch ist der Ofen daselb gar zu nichtig, also das Feuer gar in die Stuben schlecht
- bei Christophen Mayr, Schöpfer vil schaiten gar by dem herdt
- Herr Schepperl, fürstbischöfl. Rat und Jägermeister, läßt oben auf in einer Khuchel, so gar nit versichert noch gewölbt Prandtwein außprennen, dabei gefahr zu besorgen
- Der Jung Tascherer hat im obern Stüberl ganz Holzwerch umb den Ofen
- beim Träxler ist das Pundwerk in der Khuchel sowohl auch das Holz auf dem Ofen abzuschaffen

Hölzerne Ofentür werden moniert, in den Rauchfängen stecken hölzerne Stangen, einer lagert „Kholen gleich hinter der Stiegen", die Dielen sind nicht vorschriftsmäßig gepfla-

Abb. 11. Höllgasse 2, Blick in die ehemalige Feuergasse

stert, es fehlen die Leitern zu den Dachschupffen (Ausstiege zum Löschen).

Die Antworten und Ausreden bei Bürgern wie Hofleuten sind eh und je gleich: Maister Caspar Messerschmidt rechtfertigt ein „groß Loch im Rauchfang gleich an den Tach" damit, daß es schon 40 Jahre so sei und bei Ulrichen Widtmann, Hofglaser, ist „die ober Kuchel nit versichert [er] melt gleichwohl sie werde nit gebraucht".

Detaillierte obrigkeitliche Vorschriften zur Vermeidung von Bränden mit der Androhung empfindlicher Strafen entstehen schon früh. Nach den Feuersbrünsten von 1508 und 1512 wird in Passau durch Bischof Wigileus die erste Feuerordnung für die Stadt erlassen.[19] Ihren Inhalt kennen wir nur andeutungsweise aus den Protokollen der Feuerstättenbeschau, sie hatte aber – nach den Passauer Stadtansichten des 16. Jahrhunderts zu schließen – noch nicht die architekturgeschichtlich bemerkenswerte Stilwandlung zur „Innstadt-Bauweise" ausgelöst. Während Kempf[20] diese gegenüber dem mittelalterlichen Stadtbild völlig veränderte Erscheinung dem italienischen Einfluß zuschreibt, der schon in der Monumentalbaukunst, gefördert durch die Fürstbischöfe, Fuß gefaßt habe und sich dann auch auf die Gestalt der Bürgerhäuser auswirke, kommt Schuster[21] dem Zusammenhang zwischen der Innstadtbauweise und den obrigkeitlichen Verordnungen auf die Spur. Er weist schlüssig – anscheinend aber noch zu wenig beachtet – die Verordnung als Quelle des baulichen (nicht unbedingt auch des baukünstlerischen) Gestaltwandels nach. In Innsbruck nach „Intalischer Gewohnheit" Häuser „mit zynnen auf (zu) fuhren" verordnet Kaiser Maximilian schon im Jahr 1500. „Ynsprugherisch pawen" ist der Terminus, der in einem Reversbrief von Freistadt im Mühlviertel an den Kaiser auftaucht und der später auch für Klagenfurt und Linz eine Bauweise mit zinnenbekrönten Vorschußmauern und „verporgen dächern" beschreibt.

Passau, im selben geographischen Raum gelegen, und im geschichtlichen Geschehen mit den anderen Städten verbunden, den selben Gefährdungen ausgesetzt wie andere mittelalterliche Orte, machte im Rahmen der kaiserlichen Auflagen keine Ausnahme von der hoheitlich verordneten Brandverhütung und Brandbekämpfung. Deshalb darf man voraussetzen, daß die frühen Passauer Feuerordnungen auch Bauvorschriften enthalten, daß diese sich aber – solange der Altbestand unversehrt war – vorerst nur auf Neubauten auswirken.

Rund vierzig Jahre vor dem großen Brand von 1662 erscheint auf Anordnung von Fürstbischof Erzherzog Leopold die „Fewr Ordnung der Statt Paßaw, Renoviert im Jahr 1620".[22] Sie hat also Vorgänger und nennt als Begründung: „etliche Brünsten oder Fewer in kurtz verruckter Zeit thails aus Unfleiß übel verwarter Rauchfäng und Fewrstätt allhie auffgangen".

Eine unter „erstlich" vorangestellte allgemeine Vorschrift „erinnert und ermant die Bürger und Inwohner (Mieter) „alle vorhabende Gebew als vil müglich vor Fewersgefahr nutzlich zu bawen auch die zuvor schon gebaut mit der zeyt zur besserung bringen ..." – Den Feuerwächtern wird auferlegt „.... alßbaldt ein Fewer vorhanden oder vermerckt, dasselb und in welcher Gassen es brinne unverzögerlich mit heller stimm beschreyen ..." – Genau geregelt ist, wo Löscheimer bereitzuhalten sind und daß sie „vol wassers sein, doch alle Sambstag widerum umbgeschüt, außgeseubert und alsbald

Abb. 12. Höllgasse 2, Lichthof

wider vol angeschöpft sollen werden." – Jedem Handwerk werden berufsbezogene Aufgaben zugewiesen „.... Item alle Schöpfer von den Bädern sollen den nächsten bey dem Fewer gelegenen Schöpfbrunnen ... zu lauffen, dapffer schöpffen, das Wasser in geschirr oder auf die Gassen schütten ... Derhalb man dann denen, welche sich wohlhalten auß der Statkammer nach gelegenheit ein verehrung thun solle." – Aber wehe den Säumigen: „.... die sollen und werden durch die haimlichen Auffseher, deren dann etliche bestellt, so die Leuth allenthalb wol kennen, der Obersten auch zu verdienter straff anfügen ..." – Die Obrigkeit kennt auch die Schwachstellen. Daher heißt es in der Instrucktion der Fewermaister: „.... Item auf die Wacht, so schon ist oder künftig werden mag: daß sie fleissig werde verricht, zimlich guet auffmerckung zu haben, und nit die gantze Nacht in den Kotzen zu schnarchen." – Unter der Rubrik „Aines ersamen Stat Rathes samendlich Instruction auff die gestelt Fewerordnung" sind die Bauvorschriften zusammengefaßt:

... und seind beyleuffig die nutzen Gebew für fewer diese: Schiedmeur zwischen der Tächer, Käpfer auf der Tillen,[23] Rauchfäng die zimmlich weith und gueter massen ober das Tach (gehen) ... Item für Rinntächer, Schar- oder Ziegeltächer, die doch in dem Fürst, sonderlich über das Winckelmaß nit gefürt, sonder darunter item gewölbte unn gepflasterte Kucheln oder fewerstet etc.

Abb. 13. Obersölden, Stadt Passau, Haus Nr. 14

> Entgegen aber die bösen Gebew seind angeferlich die schiedmauer oder kapfer nit gedulden Rinntächer für schartächer[24] (d. h. schindelgedeckte Dächer dürfen keine Überstände und außenliegende Rinnen haben) oder die Tächer ober das Winckelmaß[25] in die hoehe oder mit schupffen ober die Heuser hinaußzuführen, an den Heusern vor den Fenstern grossen anhangende Tächer zumachen und dergleichen ...

Einige Zeilen nur in der umfangreichen Feuerordnung beziehen sich also auf Brandmauern, Vorschußmauern, Dachüberstände. Noch ist nur der Keim der Baureform erkennbar, im Jahr 1620. Nur sehr langsam konkretisieren sich die Vorschriften in reale Baumaßnahmen. Wie immer sträuben sich die Hauseigentümer, suchen nach Ausflüchten und schieben die notwendigen Verbesserungen vor sich her.

Am 27. April 1662 geht Passau in Flammen auf. Die noch im selben Jahr vom Fürstbischof erlassene Feuerordnung fordert nun präzise, daß die Häuser nach „den Salzburger oder Lünzerischen Formb mechten in denen Tachungen geführt und vor künftiger Feuersgefahr um so vil ehnder versichert werden".[26]

Jetzt, nachdem alles Holz verbrannt ist und die Häuser der Witterung ausgesetzt sind, wo kaum noch ein Stein auf dem anderen steht, greift die Verordnung. Nur etwa 1/4 der Stadt hat den Brand unbeschadet überstanden,[27] im übrigen Bereich beginnt der Wiederaufbau. Vordächer oder Traufüberstände sind nicht mehr zugelassen; die Dächer müssen mit Vorschußmauern zu den Gassen und Plätzen hin abgeschlossen sein, untereinander sind sie durch Feuermauern zu trennen; Grabendächer werden vorherrschend und geben der Dachlandschaft ein neues Gepräge. Hatte sich bisher das Mittelalter in den engen verwinkelten Gassen festgesetzt, so eröffnet der durch die Feuerordnung geregelte Wiederaufbau barocke Gestaltungsmöglichkeiten auch beim Bürgerhaus; die großflächigen, nach oben gerade abschließenden Fassaden bieten ideale Bedingungen. Letztlich also verhilft die Brandkatastrophe zur konsequent-rigorosen Durchsetzung der Brandvorschrift, die einem neuen Baustil den Weg bereitet. Der Wiederaufbau ändert Gestalt und Erscheinung der Stadt, überformt die kleinteiligen Hausstrukturen und faßt sie in großzügigen Hauseinheiten zusammen; er kleidet die Stadt in ein neues, barockes Gewand, das sie im wesentlichen bis heute bewahrt hat.

Im Jahre 1677 zählt ein Reisebericht Passau wieder „zu den 10 anmercklichsten Städten, die man von Ulm biß Belgrado, an dem Donauzustrom liegend, zelen kann" und erwähnt, daß nach der Feuersbrunst „schon allbereits wiederum ein guter Theil der Häuser auf italänische Manier aus der Maßen herrlich aufgezimmert" sei.[28] Schon ist vieles wieder aufgebaut, im Dom ist man bereits bei der farblichen Ausgestaltung des Innenraums. Da wird das Erreichte am 29. Juli 1680 durch einen neuerlichen Brand zunichte gemacht, der im Kloster Niedernburg „durch der Nonnen laborieren und wasserbrennen auskommen" (Abb. 14).

Schon nach dem ersten Brand waren alle verfügbaren Mittel auf den Wiederaufbau verwendet worden, nachdem nun aber sowohl die geistliche wie die weltliche Stadt noch schwerer heimgesucht werden, verlieren viele ihre Existenz, und es dauert diesmal Jahrzehnte, bis sich Passau einigermaßen von den schlimmen Folgen erholt.

Eine weitere fürstbischöfliche Verordnung präzisiert 1681 daß „die Tachungen nicht höher als 10 Werkschuh sein sollten und daß nebenhin Feuermäntel aufgeführt werden möchten".[29]

Die fürstbischöflichen Bestimmungen, die Häuser nach der „Salzburger- und linzerischen Form" aufzuführen, die Dächer nicht höher als 10 Werkschuh zu halten und nebenhin Feuermäntel aufzuführen, haben gestaltgebende Auswirkungen. Die zwischen den Hausdächern hochgezogenen Feuermäntel, Schiedmauern oder – modern – Brandmauern, beeinflussen zwar nicht das äußere Erscheinungsbild der Häuser, werden aber zu einem bis heute bestimmenden Charakteristikum der Passauer Dachlandschaft. Vorschußmauer und Grabendach sind die gestalterischen Grundelemente, die sich die barocke Passauer Architektur zu eigen macht. Hinterläßt die Renaissance im Inneren der Häuser kaum nachweisbare Spuren, so ist dem Barock durch die Stadtbrände und die darauffolgenden Bauvorschriften wahrlich der Boden bereitet. Während mittelalterliches Bauen einzelne Häuser, getrennt von Höfen und engen Reihen nebeneinander setzt, ergreift die neue Architektur den Raum, faßt die Fassaden zu einheitlichen Straßenfluchten zusammen und schafft Plätze. Dies zeigt sich am deutlichsten am Residenzplatz, der mit seinem herrschaftlichen Anspruch an die Stelle des alten Kramplatzes tritt, dessen kleinteilige Bebauung und Enge verdrängt. Konsequenterweise gleichen sich die Bürgerhäuser, insbesondere in der Umgebung der neuen fürstbischöflichen Residenz[30] dem neuen höfischen Stil an. Der Residenzplatz gewinnt eine einheitliche Gestalt; die jetzt nahezu höhengleichen Fassaden verleihen ihm eine geschlossene Raumwirkung. Dabei unterliegt die Nutzung dem Gestaltwillen: Als östlicher Platzabschluß – Residenzplatz 5 – entsteht ein Gebäude gleichsam als erweiterte Fassade mit sieben Fensterachsen zum Platz gegen nur eine an der Schmalseite, die auch der Gebäudetiefe entspricht.

Die Feuerordnung wird 1689 und 1701 abermals revidiert; „Rinndächer", d. h. mit Überstand und offenen Traufen sind endgültig untersagt. Fast alle Bürgerhäuser erhalten nun Vorschußmauern mit einer Attika oder einem schweren Gesims als Abschluß, hinter denen sich die flachgeneigten Dächer verbergen. Regelmäßigen Fassadenaufteilungen zuliebe werden Fensteranordnungen korrigiert und neue Gliederungen

Abb. 14. Passau, Stadtbrand von 1680

hergestellt. Wie in allen Innstädten dominiert das mit der Außenwand bündige, nach außen aufschlagende Fenster. Indem es der Fassade optisch die Tiefendimension nimmt – es fehlen die ablesbaren Fensterleibungen – unterstreicht es ihre flächige Großzügigkeit und erhöht die Spannung innerhalb der verbliebenen beiden Dimensionen.[31]

Nach und nach schließen sich die Brandwunden und die Stadt erhält im gewandelten Kleid ihre Anziehungskraft zurück. Im Jahr 1783, hundert Jahre nach dem zweiten Brand, beschreibt Friedrich Nikolai die Häuser als „sämtlich Steinen und fast alle weiß und neu angestrichen, was der Stadt ein munteres Aussehen gibt".[32]

Einheitliche Straßen- und Platzbilder sind in der Altstadt an die Stelle mittelalterlicher Kleinteiligkeit getreten. Gleichzeitig wurden die Gebäude selbst größer: Die völlige Veränderung der Besitz- und baulichen Strukturen durch die Stadtbrände führt zur Neuordnung auch in der Parzellierung der Grundstücke. Bisher kleine Häuser bleiben nur selten bestehen; die meisten gehen in größeren auf, werden zu großen, repräsentativen Einheiten zusammengefaßt, die auch die ehemaligen Feuergassen einschließen, die gewohnte Enge weitet sich in großzügige Hausstrukturen. Der Wegfall der Vordächer läßt flächig-straffe Fassaden entstehen, die von barocker Architekturauffassung ergriffen werden. Die Aneinanderreihung gleichartiger, auch in ihrer Höhe einander angeglichener Fassaden ohne trennende Feuergassen bindet die individuell gestaltete Fassade in einen Gesamtzusammenhang ein, es entsteht der großzügige Charakter geschlossener Platz- und Straßenwände. Gleichzeitig erhält das Sonnenlicht eine neue Qualität: Es taucht die Fassaden nicht mehr in die Schatten überstehender Dächer, sondern erfaßt die ganze Wandfläche, die Gassen werden licht, sie erscheinen weiter.

Mit den Stadtbränden verläßt das „dunkle Mittelalter" die Gassen und Plätze. Bis heute verbirgt sich aber hinter den Fassadenmasken noch weit mehr ursprüngliche mittelalterliche Bausubstanz als dies bei oberflächlicher Betrachtung anzunehmen wäre. Dennoch haben letztlich die beiden großen Brände die Stadt an die architekturgeschichtliche Entwicklung angeschlossen. Die fürstbischöflichen Feuerordnungen, erlassen zunächst zur Verhinderung neuer Brände, schaffen dem Barock die Entfaltungsgrundlage. Italienische Baumeister und im 18. Jahrhundert dann der Einfluß der Kaiserstadt Wien nützen dies für eine mancherorts perfekte Handhabung der zeitgenössischen Architektur. Passau wird eine Perle des Barock, in der aber als Kern der Restbestand der mittelalterlichen Stadt weiter lebt (Abb. 1). Auch das formt die lebendige Vielfalt dieser Stadt, über die Wilhelm Hausenstein schreibt:

> Aber ob es auch zuviel wäre, behaupten zu wollen, von Innbrücke und Innstadt her sei das Bild des inneren und eigentlichen Passau am glorreichsten, so darf ich doch berichten, daß mir am Wesen der über die Maßen bewegenden, der wahrhaft hinreißenden, wie ihr eigener Triumphzug begeisternden Stadt von diesem Standpunkt her das eigentümlich-allgemeinste am meisten aufgegangen ist: ihre schöpferische Fülle.[33]

Anmerkungen

1 GOTTFRIED SCHÄFFER, *Begegnungen mit Passau*, Regensburg 1979, S. 25 f.
2 Gemeint ist das heute noch bestehende Hl.-Geist-Spital in der Hl.-Geist-Gasse am westlichen Rand der Altstadt.
3 SCHÄFFER (wie Anm. 1), S. 39.
4 Zu den Feuerordnungen der Stadt Passau: AUGUST SCHMIDT in *Ostbairische Grenzmarken*, Jahrgang 11, 1969, S. 361 ff.
5 JULIUS KEMPF, *Altpassauer Architektur*, München 1912, S. 25, führt Dachform und geraden Fassadenabschluß dagegen auf den „italienischen Geschmack" zurück.
6 Hierzu: MAX EBERHARD SCHUSTER, *Das Bürgerhaus im Inn- und Salzachgebiet*, Tübingen 1964, S. 39 f. – GUIDO FRIEDL, *Das Grabendach. Bauformen der Salzburger Altstadt*, Salzburg 1993.
7 SCHMIDT (wie Anm. 4), S. 367, Sp. 2 Abs. 1: „... nit gedulen Rinntächer für schartächer oder die Tächer ober das Winckelmaß in die Höche ... ober die Heuser hinaußzuführen ..."
8 Auf die Problematik des Dachaufbaus beim Grabendach weist MAX EBERHARD SCHUSTER, *Innstädte*, München 1951, S. 29, hin. Damit sieht er voraus, mit welchen Schwierigkeiten es zu kämpfen gilt, seit der Ausbau von Dachräumen zur Schaffung von Wohnraum propagiert wird.
9 SCHUSTER (wie Anm. 6), S. 8.
10 Belege für Blockbauten fanden sich in der Passauer Altstadt bisher nicht, die Stadtbrände haben wohl alle Spuren ausgelöscht. Sie dürfen aber ebenso vorausgesetzt werden, wie sie sich etwa heute noch in Landshut finden (z.B. Kramergasse 553).
11 Aufmaß Höllgasse 2-8: Arch.-Büro H. E. Wörlen, Passau; Befunduntersuchungen Michael Bengler, Dingolfing, und Siegfried Mühlbauer, Regensburg; Bauforschung durch das Landesamt für Denkmalpflege: Heike Fastje.
12 Vgl. SCHMIDT (wie Anm. 4), S. 364, Sp. 1.
13 Kaum ein Haus wurde nach den Stadtbränden vollständig neu errichtet. Die archivalischen Aussagen wie etwa „von Grund auf erneuert" sind als gründlich, von unten bis oben instandgesetzt zu interpretieren.
14 Bis zu den beiden großen Stadtbränden erschien die Stadt offenbar weit weniger einheitlich als es heute anzunehmen ist. Die Bauuntersuchungen wiesen für die Zeit der Gotik in der Höllgasse zweigeschossige Gebäude mit Satteldach (Südostecke Höllgasse 2) ebenso nach wie viergeschossige Häuser mit gerader Vorschußmauer (Höllgasse 19). An der Südwestecke Höllgasse/Steiningergasse hat sich als letzter Hinweis auf niedrige Bauhöhen eine Gruppe von drei zweigeschossigen Satteldachhäusern erhalten.
15 SCHUSTER, (wie Anm. 6), S. 26.

16 Entgegen WOLFGANG MARIA SCHMID, *Illustrierte Geschichte der Stadt Passau*, Passau 1927, S. 353, waren etwa die Häuser Höllgasse 19, 21, 23 schon in gotischer Zeit viergeschossig.
17 Z. B. Angerstraße 37. In dem Bauantrag vom 28. Nov. 1874 wird die Umwandlung der Schindel- in eine Ziegeldeckung beantragt, Stadtarchiv Passau.
18 Stadtarchiv Passau, Feuerbeschauprotokolle.
19 SCHMIDT (wie Anm. 4), S. 362.
20 KEMPF (wie Anm. 5), S. 25.
21 SCHUSTER (wie Anm. 6), S. 54 ff.
22 SCHMIDT (wie Anm. 4), S. 362.
23 D. h. wohl gemauerte oder steinerne Auflager.
24 D. h. schindelgedeckte Dächer dürfen keine Überstände und außenliegende Rinnen haben.
25 D. h. über den rechten Winkel hinaus.
26 SCHUSTER (wie Anm. 6), S. 59.
27 Vom Brand verschont blieben anscheinend Häuser im Ort. Der Deckenbestand des Gasthofs zum Hirschen, Ort 6, geht lt. Dendrochronologie in das 15. und 16. Jahrhundert zurück.
28 SCHÄFFER (wie Anm. 1), S. 43.
29 SCHUSTER (wie Anm. 6), S. 59.
30 Hierzu SIBYLLE PUHL, *Die Neue Fürstbischöfliche Residenz in Passau*, in: Jahrbuch der Bayerischen Denkmalpflege. Forschungen und Berichte, Band 44 (für das Jahr 1990), München, 1995, S. 110-122.
31 Die außen aufgesetzten Winterfenster kommen erst nach den Stadtbränden des 17. Jahrhunderts nach Passau. Die bislang durch Befund nachgewiesenen älteren Fenstergewände aus Naturstein gaben keine Hinweise – etwa Fälze – auf außen aufgesetzte Holzrahmen. Die nach außen aufschlagenden Winterfenster haben keinen hohen gestalterischen Anspruch. Zunächst haben sie – wie auch bei den Bauernhäusern – die Aufgabe, vor der Kälte zu schützen; im Sommer werden sie durch Fensterläden ersetzt. Das eigentlich gestaltete und geschmückte Fenster ist immer das innenliegende, in die Leibung zurückgesetzte.
32 SCHÄFFER (wie Anm. 1), S. 61. – Zu den sonstigen Reizen von Passau ebenda, S. 78: „Noch muß ich von Passau bemerken, was alle Reisenden von dieser Stadt anmerken, daß die weibliche Bildung hier vorzüglich schön, die Farbe gesund, Wuchs und Bildung sehr gut sind. Die vielen jungen, schönen Frauenzimmer, die hier sind, und die in einer geistlichen Stadt nicht alle mit Liebhabern oder wenigstens nicht alle mit Ehemännern versehen werden können, scheinen ein stillschweigendes, aber sehr starkes Motiv für die endliche Aufhebung des Zölibates zu seyn."
33 Ebd., S. 135.

ABBILDUNGSNACHWEIS

BAYERISCHES LANDESAMT FÜR DENKMALPFLEGE: LUFTBILDARCHÄOLOGIE (Aufn. Otto Braasch, Archiv-Nr. 7546/006, Film-Nr. 2714-38, Aufn.-Datum 18. 1. 93) *Abb. 1*
OBERHAUSMUSEUM PASSAU: *Abb. 2* (Inv.-Nr. 4868), *3* (Inv.-Nr. 2194), *5* (Inv.-Nr. 4871), *6* (Inv.-Nr. 1530), *7* (Inv.-Nr. 958 a), *14* (Inv.-Nr. 263 6 II, 2)
ARCHITEKTURBÜRO H. E. WÖLEN: *Abb. 8-10*
Alle übrigen Abbildungen vom Verfasser

Abb. 1. Stadtplan von Tobias Volckmer, 1613 (Ausschnitt); Norden = links oben

Heinrich Habel

„Die Sentlinger Gasse ... zu fabelhafter Unzeit"

Betrachtungen zu einem Münchner Altstadtbereich

Münchens Sendlinger Straße, wichtiger Bestandteil der 1983 offiziell zum Ensemble gemäß dem Bayerischen Denkmalschutzgesetz erklärten Altstadt[1], soll hier für diese stellvertretend in ihrer historischen Eigenart und denkmalpflegerischen Problematik etwas näher betrachtet und auch mit anderen kriegszerstörten oder besser erhaltenen Stadtkernen verglichen werden. Die Schriftquellen zur mittelalterlichen Stadtentstehung und Entwicklung – so auch zu der im Bereich westlich der Sendlinger Straße vermuteten präurbanen (erst 1369 erwähnten) Siedlung Altheim[2] – sind spärlich, unvollständig und gaben seit jeher Anlaß zu vielfach widersprüchlichen Interpretationen und Spekulationen, auf die hier nicht eingegangen werden soll.

München ist in der glücklichen Lage, zwei Quellen ganz anderer und dazu anschaulicher Art zu besitzen, deren genauer Analyse Aspekte der Entstehungsgeschichte abzugewinnen sind, nämlich Jakob Sandtners hölzernes Stadtmodell[3] (Maßstab 1:616) von 1570 im Bayerischen Nationalmuseum sowie – unter den zahlreichen Stadtplänen – den durch besondere Zuverlässigkeit und Detailtreue ausgezeichneten Altstadtplan im Maßstab 1:1666 aus dem Jahre 1806 (Abb. 2), den der „Ingenieur-Geographe Oberlieutenant" Joseph Consoni aufgenommen hat (gezeichnet von T. Green, gestochen von J. Carl Schleich).[4] Er verzeichnet u.a. sogar Erdgeschoßarkaden, wichtigere Durchfahrten, steinerne und hölzerne Pfeiler (Poller) vor den Häusern, Lauf- und Pumpbrunnen (auch im Inneren von Privathäusern) sowie die von 1789 bis 1813 geltenden Hausnummern, eine wichtige Quelle der Identifizierung.

Der drei Jahre vor dem sog. Urkataster entstandene Consoni-Plan gibt die altstädtische Parzellenteilung und Bebauung im Zustand vor den biedermeier- und gründerzeitlichen Veränderungen wieder, die das sich in der Folge von Bayerns Erhebung zum Königreich gerade im Bearbeitungsjahr 1806 zunehmend beschleunigende Wachstum der Haupt- und Residenzstadt widerspiegeln. Klarer als andere macht der Plan von 1806 bei betrachtender Analyse der Baulinien, der Grundstücksgrenzen und der zweifellos seit Jahrhunderten im wesentlichen konstanten, nur mitunter zusammengelegten und in verschiedenen Graden ausgewechselten Bebauung der Parzellen mehrere interessante Grundzüge der Stadtentwicklung anschaulich. Vor allem wird die einheitliche Geschlossenheit und Dichte der Bebauung entlang dieser südwestlichen Ausfallstraße deutlich, die sich von den beiderseits angrenzenden Bereichen abhebt (Abb. 1).[5] Im Zusammenhang damit fällt auf, daß diese kompakte Bebauung von keinen markanten Querverbindungen unterbrochen wird. Die auf Consonis Plan noch zwischen dem „Ruffini Thurm" – dem 1808 abgebrochenen inneren Sendlinger Tor – und dem in Resten noch heute existierenden äußeren Sendlinger Tor eingespannte, ca. 460 m lange Straße verläuft ziemlich gerade mit leicht geschwungenen, durch die geschlossene Bebauung gebildeten Straßenwänden auf einer Fortsetzung der sog. Altstadtterrasse nach Südwesten in die Richtung des nächstgelegenen Ortes Sendling. Diese Terrasse findet, nach Nordosten umbiegend, ihre Fortsetzung zwischen Rindermarkt und Rosental; weiter nördlich erheben sich auf ihr die Peterskirche, der Alte Hof und (seit dem späten 14. Jahrhundert) die Neuveste sanft über die von einem System gewerblich genutzter Stadtbäche durchzogene hochwassergefährdete Niederung links der Isar. Nur drei kurze abfallende, ursprünglich sehr schmale Quergassen verbinden bis heute die Sendlinger Straße mit dem von (heute meist unsichtbaren) Wasserläufen durchzogenen Bereich um den Oberen und Unteren Anger, der auf dem Plan von 1806 eine deutlich andersartige, einerseits auf die natürlichen Vorgaben bezogene, andererseits lockerer und unregelmäßiger gefügte, gleichsam gewachsene Struktur aufweist. Mittel- und wohl auch Ausgangspunkt der Besiedelung dieses südlichsten Altstadtbereiches (des späteren sog. Angerviertels), mit dem einstigen Angertor im äußersten Scheitel, war das im mittleren 13. Jahrhundert bei einer bereits vorhandenen Wallfahrtskapelle entstandene Franziskanerkloster St. Jakob am Anger.[6] Dieser Bereich um die beiden in etwa parallelen Angergassen war im weiteren Zusammenhang der Stadtstruktur mit der Sendlinger Straße oberhalb der Hangkante durch die gleiche Ausrichtung verzahnt, die durch natürliche Vorgaben bedingt war, in einem engeren Sinn überdies durch die tiefe, schmale Parzellenbildung, die mit ihren Rückgebäuden z.T. bis herab an den Oberen Anger bzw. die sehr schmale einstige Raspstraße (bei Consoni „auf dem Gänsbühel") reichte, die sich im Südwesten zwischen Sendlinger Straße und Oberanger einschob und den Kriegszerstörungen sowie vor allem den strukturellen Veränderungen nach dem Zweiten Weltkrieg völlig zum Opfer fiel – der Anlage und dem Durchbruch des erweiterten neuen Oberangers, der die Sendlinger Straße seitdem vom Durchgangsverkehr entlastet (und dabei eines wesentlichen Teils ihrer ursprünglichen Funktion entfremdet).

Das Angerviertel mit dem zweiten Platz der Altstadt – Angerplatz bei Consoni, heute St. Jakobs- und Sebastiansplatz –, der dank den hier im Mittelalter veranstalteten Dulten, den Verkaufsmessen der auswärtigen Kaufleute, von hoher, später ständig schwindender Bedeutung war, besaß einerseits zwar ein eigenes Stadttor, das Angertor am Ende des Unteren Angers (der Angerbachgasse bei Consoni; etwa an der Stelle des heutigen Marionettentheaters beim städtischen Hochhaus), das architektonisch den vier sog. Haupttoren vergleichbar ausgebildet war (zweifellos ein Bedeutungsindiz), andererseits bestand aber vom Anger keine direkte Verkehrsverbindung zum älteren, inneren Altstadtkern des 12. Jahrhunderts – der Durchbruch zum dadurch seiner Geschlossenheit verlustig gegangenen, einst gebogenen Rindermarkt südwestlich von St. Peter erfolgte erst um 1960. Vielmehr wurde innerhalb der auch rechtlich und sozial immer vor der äußeren bevorzugten inneren, älteren Stadt, deren Vorrang auch architektonisch an der stattlicheren Bauart der dortigen vielfach als patrizisch zu bezeichnenden Bürgerhäuser ablesbar war (wie das Sandtner-Modell anschaulich zeigt), der Verkehr vom Hauptmarkt (Schrannen-, seit 1854 Marienplatz) einerseits über den Rindermarkt, andererseits über die Rosengasse an der Innenseite des alten inneren Sendlinger Tores zusammengefaßt und durch dieses in die Sendlinger Straße, welche die äußere Stadt durchschneidet, hinausgeleitet.[7]

Die dichte Bebauung auf hier besonders tiefen Parzellen an der stadtauswärts rechten (nordwestlichen) Seite der Sendlinger Straße hebt sich bei Consoni sehr klar von der Bebauungs- und Verkehrsstruktur des westlich anschließenden Hackenviertels ab, mit welcher – vom Färbergraben am Außenrand des alten inneren Befestigungsringes abgesehen – nur eine einzige, einst sehr schmale Querverbindung durch das Hackergäßchen, die heutige Hackenstraße, besteht. Auffallend sind die hier im rückwärtigen Bereich zahlreich eingestreuten Gärten, deren vielfach noch barockzeitlich regelmäßige, teils bereits modisch anglisierte Strukturen (z.B. im Rechberggarten) Consoni sehr detailgetreu wiedergibt. Hier werden unterschiedliche Entwicklungsstrukturen und Phasen deutlich. Im stadtkernnäheren Bereich ist mit dem erwähnten vieldiskutierten präurbanen „Altheim" um das heutige Altheimer Eck zu rechnen bzw. mit einer ländlichen Ansiedlung oder einem Gutshof um die unregelmäßige, sackgassenartige „Hofstatt" südlich des Färbergrabens. Jenseits der durch solche älteren Vorbebauungen bedingten, unregelmäßig strukturierten Zone wurde dann der westlich und südwestlich anschließende Restbereich bis zur neuen, die äußere Stadt seit dem späteren 13. Jahrhundert umgreifenden Befestigung (hier an der heutigen Herzog-Wilhelm-Straße) durch einen auffallend regelmäßigen Straßenraster ausgefüllt, der nur mittels doppelten Abknickungen – dem genannten „Altheimer Eck" sowie der von der Brunngasse zum Hackergäßchen (Hackenstraße) vermittelnden „Hundskugel" – an den Färbergraben bzw. die Sendlinger Straße angebunden werden konnte,[8] deren langgereihte Bebauung an dieser stadtauswärts rechten Seite nur an dieser einzigen Stelle unterbrochen wird. Von hier bis zur Stadtmauer beim äußeren Sendlinger Tor ergab sich eine innerhalb der Altstadt ungewöhnlich lange, zusammenhängende Bebauung auf nicht weniger als 30 Parzellen.

Innerhalb des südlich-südwestlichen Quadranten der Äußeren Stadt, zwischen der heutigen Blumenstraße und der Neuhauser Straße, zeichnen sich somit vier verschiedene Entwicklungsbereiche ab, die wohl auch verschiedene Zeitphasen und Intensitätsgrade von mehr oder weniger planmäßigen Erschließungs- und Besiedlungsvorgängen vermuten lassen, letzteres am deutlichsten bei dem Rastersystem im Westteil des Kreuzviertels ablesbar, in eingeschränkter Weise doch gewiß auch im Falle der Sendlinger Straße, deren beiderseitig dichte, geschlossene Bebauung gleichsam zielgerichtet entlang der Ausfallstraße nach Südwesten ausgreift. Man darf hier eine in sich einheitliche, von den beiderseitigen rückwärtigen Nachbarbereichen gesondert verlaufende Entwicklung des 13. Jahrhunderts vermuten, der nicht unbedingt eine bewußte einmalige Planung zugrunde liegen muß. Man könnte vielleicht sogar zwei stadtauswärts gerichtete Entwicklungsphasen oder -schübe in Erwägung ziehen oder diskutieren.

Consoni stellt die Baulinien noch vor sämtlichen partiellen Begradigungen und Straßenverbreiterungen des 19. und 20. Jahrhunderts dar. Im Falle der Sendlinger Straße fällt auf seinem Plan besonders die starke Einschnürung im Mittelteil auf, an deren einer Seite der Asamsche Kirchen- und Hauskomplex der Spätbarockzeit liegt. Diese Einengung, die um drei auf mindestens 14 m auszuweiten der von Theodor Fischer bearbeitete Generallinienplan von 1895 vorsah,[9] wurde nur sukzessive und bis heute nicht vollständig beseitigt. Sie teilte die Gesamtstraße in zwei breitere Abschnitte, deren zentrumsnäherer mit südlich zum Mittelteil hin leicht vorschwingender Baulinie Assoziationen an einen der verbreiteten Straßenmärkte des Voralpenlandes erweckt, ohne jedoch diesen Typus so deutlich zu repräsentieren wie das später (im 14. Jahrhundert) östlich der Altstadt in zwei Abschnittsphasen angelegte Tal, das mit seiner beiderseitigen kompakten, nur von äußerst schmalen Quergassen unterbrochenen Bebauung den Strukturen an der älteren Sendlinger Straße in mancher Hinsicht verwandt erscheint. Deren stadtauswärts gelegene Hälfte weitet sich zum äußeren Sendlinger Tor hin leicht trichterförmig auf, vergleichbar der Neuhauser Straße in Richtung zum gleichnamigen Tor (dem heutigen Karlstor).

Völlig verändert ist die Situation am innerstädtischen Beginn der Sendlinger Straße. Hier wurde das innere Sendlinger Tor – der Ruffiniturm – von einer Bürgerhausbebauung flankiert, die eine stark verengte, nicht axiale sondern leicht nach Südosten versetzte Verkehrsverbindung von der inneren zur äußeren Stadt bildete; dazu gehörte die dem Torturm vorgelegte Brücke über den Stadtgraben. Diese Verbindung – ursprünglich gar nicht Teil der Sendlinger Straße bzw. nicht zu ihr gerechnet – wurde dieser erst nach Abbruch des Turmes 1808 und nach starker Zurücknahme der an dessen Nordwestseite angrenzenden Bebauung auch optisch zugeschlagen und dadurch das Straßenbild um einen ganzen Block stadteinwärts verlängert. An der Stelle der abgebrochenen mehrteiligen, malerisch unregelmäßigen Bürgerhausbebauung entstand hier das heute mit Veränderungen noch existierende klassizistische Bürgerhaus Sendlinger Straße 2 (siehe unten), östlich gegenüber nach Abbruch des um mehrere kleine Höfe gruppierten, gewachsenen und veränderten Häuserkomplexes, der im 18. Jahrhundert der geadelten Kaufmannsfamilie von Ruffin(i) gehörte, 1904 ebenfalls mit zurückgesetzter Baulinie die von Gabriel von Seidl absichtsvoll vielgestaltig-malerisch konzipierte, scheinbar gewachsene Häusergruppe der bis heute sogenannten Ruffinihäuser (Sendlinger Straße 1, siehe unten). Durch diese beiderseitige Aufweitung des Auftaktes wurde das gerundete, stuckierte Eckhaus Fürstenfelder Straße 13, um 1731 wohl von Johann Baptist Gunetzrhainer für den Kaufmann Lechner erbaut, zum nördlichen Point de vue der Sendlinger Straße, hinter dem überdies höchst wirkungsvoll der Turm des neugotischen Rathauses aufragt.[10]

In seinem Bestand reduziert wurde auch der auswärtige Abschluß der Sendlinger Straße, indem der eigentliche Torturm des äußeren Tores 1808 aus Verkehrsgründen abgebrochen und der Restteil mit den Zwingermauern und den beiden polygonalen Vortürmen in der Folge noch im Sinne weiterer Durchlässigkeit (eines bis heute aktuellen Fetischbegrif-

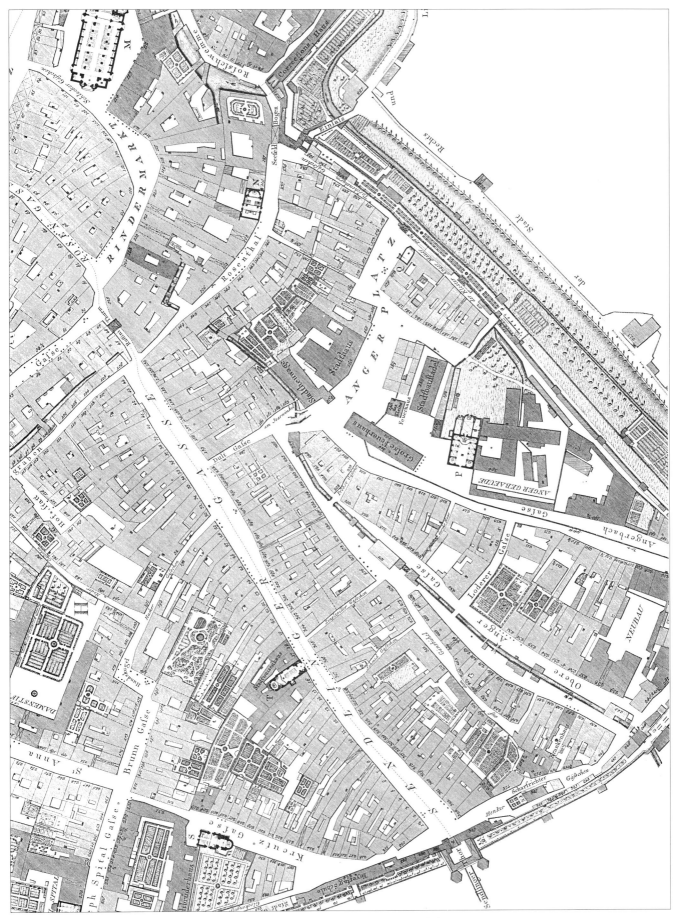

Abb. 2. Stadtplan von Joseph Consoni, 1806 (Ausschnitt; der Abb. 1 vergleichbar orientiert, Norden = links)

fes modernen Bauens) verändert wurde. Ab 1892 verkehrte, beginnend am Färbergraben, durch Sendlinger Straße und -Tor die Straßenbahn (zunächst als Pferdebahn), die im Norden 1905/07 über den Marienplatz bis zum Odeonsplatz verlängert wurde (1944 Betrieb eingestellt; Gleise 1951/52 entfernt).[11] Dies bedingte – nach früheren Durchbrüchen schon 1860 – den Ausbruch des noch bestehenden großen Bogens in der Schildmauer des Torgebäudes im Jahre 1906, zugleich mit Fußgängerdurchgängen in den sie flankierenden polygonalen Flankentürmen des 15. Jahrhunderts.

Was die Parzellenstruktur betrifft, so ist der nach Südwesten sich zuspitzende, stadtauswärts rechtsseitige zweite (und letzte) Block zwischen der Sendlinger und der mit ihr konvergierenden Kreuzstraße, der Nordsüdachse des erwähnten Rasterschemas im Kreuzviertel, von besonderem Interesse, weil die sich hier verzahnenden beiden Stadterweiterungssysteme leicht gebogene, parallele Grundstücksformate veranlaßten, die zwischen den nicht parallel gelegenen Fronten der meist zusammengehörigen Vordergebäude an der Sendlinger Straße und der Rückgebäude an der Kreuzstraße überleitend vermittelten – am unmittelbarsten nachzuvollziehen an den durch lange Passagensysteme erschlossenen Anwesen Sendlinger Straße 46 (Oberottl) und 50/52 (Leistbräu; siehe unten).

Nach diesen Betrachtungen zum stellenweise begradigten und veränderten Straßengrundriß ist die Frage nach Umfang und Art der erhaltenen historischen Bausubstanz zu stellen. Gleich zu Beginn kann die Feststellung ernüchternd wirken, daß – vom überregional bedeutenden Dreierkomplex der

Abb. 4. Asamkirche mit Nachkriegs-Behelfsbauten (Aufn. um 1970)

Abb. 3. Sendlinger Straße, Mittelabschnitt gegen Süden mit Asamkirche (Aufn. der 1930er Jahre)

Asamkirche mit den flankierenden Häusern abgesehen (Abb. 3, 4), den ein unberechenbares Geschick im Bombenkrieg weitgehend verschonte – aus der eigentlich mit dem Begriff Altstadt zu verbindenden Periode, d.h. vor der Entstehung von unter völlig veränderten, neuartigen Voraussetzungen erfolgenden Stadterweiterungen nach 1800, nur noch ein einziges Bürgerhaus an der Sendlinger Straße als Ganzes (leidlich) erhalten ist, nämlich Nr. 11 (Abb. 5) mit einer 1731 datierten Marienbüste an der Ecke und mit einer frühklassizistischen Putzgliederung in der Art der 1780er Jahre, die – wie ein Vergleich mit älteren Abbildungen zeigt – leider (in durchaus typischer Weise) achtlos um einige Details reduziert worden ist. Somit fehlt es der Sendlinger Straße, von der genannten barocken Baugruppe außerordentlichen künstlerischen Ranges abgesehen, fast vollständig an Bebauung, die ein altstädtisches Fluidum ausstrahlen könnte. Das schmale, zeitlos schlichte fünfgeschossige Bürgerhaus Nr. 36 links neben dem Asamhaus wurde 1977 durch einen äußerlich annähernd kopierenden Neubau ersetzt, der sogar verlorene Gestaltungsstrukturen wiederherstellte[12] – eine damals in München mehrfach geübte Methode vermeintlicher Altstadterhaltung, ein bezeichnendes Beispiel für die hier nach 1945 bis fast in die jüngste Gegenwart mangelnde Akzeptanz schlichter, nicht durch besonderen künstlerischen Aufwand ausgezeichneter Bausubstanz, die in der Regel als „baufällig", unsanierbar und grundrißmäßig unverwertbar bis unzumutbar erklärt wurde.

Abb. 5. Sendlinger Straße 11, Zustand um 1900

ze oder Jean-Baptiste Métivier entwickelten, eine sich kaum oder gar nicht mehr an historische (außer etwa sich aus Grundstücksformaten ergebende) Vorgaben oder wesentlich spätere Begriffe wie Anpassung oder Einfügung gebunden fühlende Bauweise einzubürgern. So entstand 1829-31 auf drei Parzellen der markante Eckbau des Alten Hackerhauses (Nr. 14), das auch mit seiner neben dem Nachbarhaus Nr. 10 ablesbaren gesteigerten Geschoß- und Traufhöhe sowie mit der höchst aufwendigen, anspruchsvollen klassizistischen Gliederung (deren entwerfender Architekt bisher nicht ermittelt ist) neue Maßstäbe in der Altstadtumgebung setzte (Abb. 7, 8).[13] Im Bereich des einstigen inneren Sendlinger Tores bzw. Ruffiniturmes folgte 1831 der Neubau des sog. Schlosserecks durch Joseph Höchl im Klenze-Stil (Abb. 9); das urbane, elegante Erscheinungsbild dieses (1876 etwas nach Süden erweiterten) Wohn- und Geschäftshausblocks (Nr. 2) hat freilich durch den als Verunstaltung und Verarmung zu wertenden Verlust der originalen Erdgeschoßgestaltung mit Rustika und Schaufensterarkaden stark gelitten. Eine etwas einfachere, jedoch geschoßweise feinfühlig abgestufte Fassadengestaltung gleicher stilistischer Provenienz zeigt das 1834 datierte Leistbräuanwesen (Nr. 50/52; 1912/13 aufgestockt).[14]

Trotz derart markanten, doch vorerst noch punktuellen Totalauswechslungen konzentrierte sich die bauliche Entwicklung noch jahrzehntelang auf andere, vor allem neuangelegte Stadtbereiche. Erst mit der sog. Gründerzeit setzt eine bis zum Ersten Weltkrieg anhaltende vehemente Altstadterneuerung mit eigenartig widersprüchlichen Kennzeichen ein.

Gemäß dieser Einstellung wurde um 1970 die unansehnlich gewordene, vernachlässigte Häusergruppe Nr. 36 und 37-40 aufgegeben zugunsten einer die alte Parzellenteilung andeutenden, gestalterisch für ensemblegerecht gehaltenen Neubebauung (heute Nr. 37-39). Der 1983 vollendete „Asamhof"-Komplex hingegen erschloß das Innere des Blockes nördlich der Asamkirche ausgehend von einer Kriegslückenschließung (heute Nr. 26/28).

Die klassizistisch-biedermeierliche Zeit verhielt sich zur überkommenen Altstadtstruktur und -substanz ambivalent. Einerseits wurden Altbauten aus Erhaltungs- und Nutzungsgründen gleichsam fortschreibend saniert und dabei selbstverständlich gestalterisch modernisiert. Ein (fragmentarisches) Beispiel ist das Doppelhaus Nr. 10 (früher Nr. 76 und 77) mit einer Putzfassaden-Neugestaltung vom Anfang des 19. Jahrhunderts (Abb. 6) – im Inneren freilich als Bürohaus der „Abendzeitung" völlig erneuert, der auch das gleichartige Nachbarhaus rechts (alt Nr. 78) 1967/68 zugunsten eines bewußt kontrastierenden Neubaus von Carl F. Raue geopfert wurde.

Das Haus Nr. 35 mit seiner zeittypisch kargen Fassade von etwa 1800, ein weitgehender Um- oder Neubau, kann mit seiner noch dem traditionellen Bürgerhaustyp verpflichteten Grundrißbildung als Beispiel einer Übergangsphase gelten. – In der Folge beginnt sich mit der Übertragung des in den Münchner Stadterweiterungen der Ludwigszeit ausgeprägten, vom Palastbau abgeleiteten Stils, wie ihn etwa Leo von Klen-

Abb. 6. Sendlinger Straße 77 und 78 (heute Nr. 10, Aufn. um 1950)

Abb. 7. Sendlinger Straße/Hackenstraße, Baugruppe des Alten Hackerhauses frei nach Sandtners Stadtmodell von 1570 (Darstellung von Max Luber, um 1900)

Stilistisch bemerkenswert war das fünfgeschossige Ebenböck-Haus an der Ecke zum Rosental als Frühbeispiel einer reichen Neurokokofassade (1877 von Peter Berger, schon 1926 vereinfacht und umgebaut als Teil von Nr. 3, der späteren Fa. Konen). Am Beginn einer förmlichen Welle von Neubauten steht 1884-86, geradezu städtebaulich symbolisch situiert, das in dieser Umgebung neuartig monumentale, bewußt zeitgemäß-großstädtische Geschäfts- und Mietshaus Nr. 62

auf zwei Parzellen am Altstadteingang links vom Sendlinger Tor (Abb. 10), mit enorm gesteigerter Geschoß- und Traufhöhe in dem Wiener Ringstraßenstil verwandten internationalen Neurenaissanceformen. Die Eckabschrägung war früher noch durch einen Zwerchgiebel betont. Trotz gleichzeitig begradigter Baulinienfestsetzung links davon blieb hier bis heute in einem extremen typologischen Kontrast eine Kleinhausgruppe erhalten – Herzog-Wilhelm-Straße 29-31, Kreuzstraße 27 –, die für die sozial mindere, periphere Lage an der einstigen Stadtmauer charakteristisch ist.

Dem Maßstab, den Nr. 62 als Auftakt setzen wollte, entsprachen die Neubauten der Folgezeit trotz genereller Fünfgeschossigkeit wegen eines etwas reduzierten Moduls nicht ganz, wie die im weniger kriegszerstörten äußeren Straßenabschnitt erhaltenen, gestalterisch eher mittelmäßigen Neurenaissancehäuser bezeugen – Nr. 54 von 1884, Nr. 43 von 1884/85, Nr. 33a von 1889, Nr. 41 (auf Doppelparzelle) von 1890/91 und Nr. 60 von 1896/97; dazu das zerstörte Pendant von Nr. 62, das Eckhaus Blumenstraße 48 von 1885.

Gegen diese laufenden, architektonisch-künstlerisch zu Recht als nicht gerade niveauvoll empfundenen Auswechslungen trat um die Jahrhundertwende eine für die damalige „Kunststadt" München bezeichnende, bewußte Gegenbewegung auf, die sich aber nicht etwa die Vermeidung weiterer Abbrüche bzw. die Restaurierung wertvoller Substanz zum Ziele setzte, die man an der Sendlinger Straße – abgesehen von der erst um diese Zeit wieder gewürdigten Qualität der barocken Asamschen Baugruppe – offenbar nirgends feststellen konnte, da bloßes Alter als historisches Dokument damals noch kein Wertmaßstab war. Der geschichtlichen Dimension suchte man eher durch Anbringen von Gedenktafeln mit z.T. unzuverlässigen und sagenhaften Angaben in einer vor allem vom Stadtarchivar und Konservator Ernst von Destouches geförderten Aktion gerecht zu werden; u.a. war man dabei bestrebt, herkömmliche Hausnamen und Eckhausbezeichnungen wiederzubeleben, etwa am sog. Rappeneck (heute Nr. 4, siehe unten).

Vielmehr formierte sich – um die Architekten Gabriel von Seidl und Hans Grässel als Zentralfiguren – eine sich selbst als münchnerisch begreifende Strömung, die im Sinne einer konservativen Reform nicht nur – erfolgreich – der verbreiteten künstlerischen Mediokrität entgegentrat, sondern auch dem international-großstädtischen, von Paris bis Wien und Budapest gültigen Stil, wie er auch in München bereits seit den 1870er Jahren in markanten Beispielen vertreten war – in der Altstadt z.B. durch Albert Schmidts leider nicht erhaltenen Börsenbazar, eine homogene Baugruppe an der Südseite der Maffeistraße. In die nicht selten bemüht altertümliche, mißverstanden heimattümelnde Richtung, die in einer reformbedürftigen, pluralistischen Krisen- und Übergangssituation der Architektur nur eine der Facetten darstellte, floß teilweise auch das vor allem durch den Allroundkünstler Lorenz Gedon geförderte Revival der sog. Deutschen Renaissance ein, mit nach der Reichsgründung von 1871 nationalem Beigeschmack.[15] Diese vielleicht am kürzesten als neuromantisch

Abb. 8. Sendlinger Straße 14, Altes Hackerhaus (1829-31), ursprünglicher Zustand

zu charakterisierende Richtung nahm erheblichen, wenn auch nur punktuell prägenden Einfluß auf Münchens Altstadt, die damals im Gegensatz zu anderen deutschen Großstadtkernen wie Nürnberg, Frankfurt, Kassel, Hannover oder Braunschweig baulich bereits weitgehend erneuert war und nun mit malerisch-historisierenden, fingiert altstädtischen Neubauten an der Stelle meist schlichter, aber real historischer Substanz durchsetzt und auffällig akzentuiert wurde (als Großbeispiele seien die Neugestaltung von Platzl und Pfistergasse, die Stadtsparkasse und Theodor Fischers Polizeipräsidium genannt, auch der extrem malerische letzte Bauabschnitt des Neuen Rathauses). Doch war das verwendete Formenrepertoire alles andere als wirklich altmünchnerisch, das Sandtnermodell als Vorbild für die intendierte anspruchsvolle „Aufwertung" des Stadtbildes gänzlich unergiebig. Somit wurden Anleihen des Altnürnberger Stils genommen (der dortselbst als „Neu-Nürnberger Stil" dominierend wiederauflebte), aus dem Augsburg der Zeit Elias Holls, aus der mitteldeutschen, der hanseatischen und der Weser-Renaissance und, als einziger potentiell heimatlicher Bezug, aus dem süddeutschen Barock, Rokoko und Frühklassizismus. Eine vor der Haustür sprudelnde Quelle der Inspiration war im übrigen das als altertümlich wie volkstümlich empfundene Tirol. Die von den Münchner Neuromantikern unleugbar virtuoser, geist- und gemütvoller wie auch geschmackvoller als andernorts

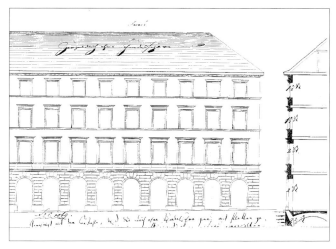

Abb. 9. Joseph Höchl, Sendlinger Straße 2 (Schlossereck), Ostseite, Plan von 1831

ausgeübte Inszenierungskunst war zwar auch auswärts anerkannt und hatte Aufträge in ganz Mitteleuropa (und z. T. darüber hinaus) zur Folge, sollte sich jedoch (was den Beteiligten noch nicht klar sein konnte) als entwicklungsgeschichtliche Sackgasse erweisen (und somit vielleicht als ein Münchner Spezifikum).

Abb. 10. Sendlinger Straße von Süden (links Nr. 62, rechts Nr. 45; Aufn. 1995)

Nach diesem Exkurs werden einige – stilistisch vordergründig durchaus verschiedene – Neubauten der Jahrhundertwende an der Sendlinger Straße in ihrer künstlerischen Eigenart und gesteigert malerischen Wirkung verständlich. Nach Hans Grässels Entwurf entstand 1897/98 auf der um 3 m zurückverlegten Baulinie im Mittelabschnitt der Straße auf fünf Altparzellen der vierflügelige Geschäfts- und Wohnkomplex Nr. 29/31, typischerweise in Anknüpfung an einen alten Hausnamen „Singelspielerhaus" genannt und durch entsprechende Wandmalereien geschichtliches Bewußtsein demonstrierend. Der auf gekonnt geschmackvolle, zurückhaltende Weise in deutsche Renaissanceformen gekleidete Block gegenüber der Asamkirche ist keineswegs – wie hier heute erwartet würde – in der Höhe reduziert, vielmehr mit seinen Volutengiebeln malerisch gesteigert; überhaupt entsprach er in Funktion, Organisation und Geschoßhöhen damaligem großstädtischen Standard und wurde hinsichtlich Gestaltung wie Nutzung von den Zeitgenossen als gelungene Aufwertung der Situation empfunden. – Gleiches gilt für das nach Plänen von Hans Volbehr kurz vor dem äußeren Ende der Straße 1898/99 erbaute Geschäfts- und Wohnhaus Nr. 45 (Doppelparzelle) in äußerlich gotisierenden, an Altnürnberg erinnernden Formen, das sich mit seiner Geschoß-, Trauf- und Firsthöhe anspruchsvoll über die flankierenden Neurenaissancehäuser vom durchschnittlichen Typus erhebt und vor dem Luftkrieg noch durch eine besonders malerische Steildachzone samt Giebel und Erkerturm vertikal bereichert war (Abb. 12).

Mit dem 1899 erbauten Wohn- und Geschäftshaus Krafft schräg gegenüber (Nr. 56) ist an der Sendlinger Straße auch eines der extrem malerischen, sich geradezu exzentrisch altdeutsch gebärdenden Bauwerke von Max Ostenrieder vertreten, mit schmaler, einer tief bebauten Altparzelle vorgesetzter, ursprünglich auch farbig reich differenzierter Fassade, deren Prunkstück der in reduzierter Form vom Innsbrucker Goldenen Dachl abgeleitete Natursteinerker ist. Ostenrieder greift mit Vorliebe auf die ausgefallenen Formen der Astwerkgotik zurück – hier bei Fensterbekrönungen – und verwendet kraß naturalistische Elemente wie an dem (nicht erhaltenen) Pfeiler zwischen den Erdgeschoßarkaden, der als knorriger Baum mit Geäst ausgebildet war (vgl. Kreuzstraße 1, Baumplastik an der Ecke).

Gleichzeitig als Straßenerweiterung im Bereich des einstigen inneren Sendlinger Tores bzw. Ruffiniturmes wie als bis heute noch wirksame „Aufwertung" an Stelle altgewachsener, unansehnlich gewordener Substanz – immerhin eines im Kern mittelalterlichen Patrizierhauskomplexes, von dem der Name „Ruffinihäuser" (oder -block, nach Besitzern im 18. und frühen 19. Jahrhundert) auf den aufwendig historisierenden Neubau übertragen wurde – war der freistehende Dreierblock städtischer Wohn- und Geschäftshäuser konzipiert, der 1903-05 am Beginn der Sendlinger Straße (Nr. 1, mit Rindermarkt 10 und Rosental 1) realisiert wurde (Abb. 13). Es handelt sich zweifellos um eine der signifikantesten Schöpfungen Gabriel von Seidls, drei viergeschossige Häuser auf unregelmäßig begrenztem, annähernd dreieckigem, leicht abfallendem Grundstück, mit barockisierenden, höchst abwechslungsreich gestalteten Fassaden und Dachzonen, nicht zuletzt dank ihrer Polychromie bis heute einer der auffälligsten und populärsten Bestandteile des Altstadtbildes – nur eben (inzwischen längst historisch gewordene) fingierte Geschichtlichkeit, gleichsam ein ideales Bild von Alt-München. Der Gestaltungsreichtum als unauflösbare Synthese verschiedener Altmünchner, mehr noch tirolischer, österreichischer und italianisierender Motive aus dem 16.-18. Jahrhundert übertrifft bewußt den vor 1800 an Münchner Bürgerhäusern üblichen und möglichen Aufwand. Nach dem (etwas reduzierten) Wiederaufbau durch Erwin Schleich lenken die Ruffinihäuser in der veränderten Nachkriegsumgebung bis vom Marienplatz her verstärkt die Aufmerksamkeit auf sich.

Hatten im Lauf des 19. Jahrhunderts die alteingesessenen Produktionsstätten mehrerer Brauereien ihre längst zu eng gewordenen Stammsitze, z.T. auch im Zusammenhang mit Fusionen, aufgegeben, so griff andererseits zu Beginn des neuen Jahrhunderts die Citybildung auf den zentrumsnahen Bereich der Sendlinger Straße über, wo mehrere Parzellen zusammenfassende Neubauten großer Unternehmungen entstanden. In geradezu extremem Gegensatz zu dem historisierenden Altstadt-Interpretationsmodell in der Art von Seidls und Grässels stand der Neubau des Bekleidungshauses Isidor Bach (heute Nr. 3 – Fa. Konen), den 1903-05 das auf niveauvolle kommerzielle Bauten spezialisierte Architekturbüro Hönig und Söldner auf (zunächst) zwei Parzellen aufführte (Abb. 11). Die fünfgeschossige Fassade des Eisenbetonbaues war für Münchner Verhältnisse schier revolutionär einmal als in verglaste

Abb. 11. Sendlinger Straße 3, Geschäftshaus Isidor Bach (heute Konen) 1903-05 von Hönig & Söldner, erster Zustand

Abb. 12. Sendlinger Straße 41, 43 und 45 (von links, rechts ehem. Eckhaus Blumenstraße 48), Zustand vor 1939, Zeichnung von Gustav Schneider

Flächen aufgelöste Skelettkonstruktion und zum anderen durch die ahistorische, exuberant jugendstilige dekorative Behandlung dieses Gerüstes, die – in sich widersprüchlich und schon nach wenigen Jahren geschmacklich überholt – denn auch schon 1910/13 bei der Erweiterung einer zeitgemäß neuklassizistisch angehauchten Gesamtredaktion in sachlich-ruhigen Formen weichen mußte (die nach reduziertem Wiederaufbau in den Grundzügen noch erhalten ist). Modern war auch das die beiden Bauphasen (von denselben Architekten) prägende Motiv der die Geschosse vertikal zusammenfassenden, übergreifenden Arkaden.

Im Gegensatz dazu waren zwei Neubauten auf der anderen Straßenseite bestrebt, das Bekenntnis zur den Historismus überwindenden Architekturreform bei qualitätvoller Gestal-

Abb. 13. Gabriel von Seidl, Ruffinihäuser, Nordwestseite (links Rindermarkt 10, rechts Sendlinger Straße 1), 1903

tung mit einer harmonischen Einfügung in die Umgebung zu verbinden; das Ergebnis fand bereits die Anerkennung der Zeitgenossen. Das sich über fünf Parzellen erstreckende Gebäude der Münchner Neuesten Nachrichten bzw. des Verlages Knorr und Hirth (Nr. 8, heute SZ), der bereits weitere Anwesen im Umkreis und Rückbereich nutzte, 1905/06 nach Plänen von Max Littmann erstellt (Abb. 14), gehört dank der im Detail freien Abwandlung von Elementen der Deutschen Renaissance und des Neuklassizismus an der 65 m breiten, sowohl um Repräsentation wie um Einbindung bemühten Natursteinfassade, die dem funktionsgerechten Eisenbetonbau vorgeschaltet ist, zu den bemerkenswerten Geschäftshäusern dieser Übergangsphase (die Fassade ist, leider um die originale reiche Bauplastik reduziert, in den Grundzügen erhalten). – Vergleichbare Grundsätze leiteten 1911 die Architekten Hönig und Söldner beim Geschäftshaus Nr. 4, genannt Rappeneck, am Färbergraben, mit abgeschrägter Ecke und einer vornehm zurückhaltenden, dem Neuklassizismus nahestehenden, auf Ornamente bereits verzichtenden Formensprache (heute Sporthaus Scheck); typisch auch bei diesem Neubau waren die hausgeschichtlichen Hinweise samt Abbildung der überaus „malerischen" Vorbebauung der drei alten Parzellen.

Die Folgen des verlorenen Ersten Weltkriegs bremsten den Bauboom gründlich. In der Zwischenkriegszeit entstanden lediglich das (schon vor 1914 geplante) Bürohaus Nr. 27 auf der zurückgesetzten Baulinie im Mittelteil der Sendlinger Straße, ausgeführt 1924/25 von Hans Atzenbeck, mit seiner reichen Art-deco-Bauplastik eine ziemliche Rarität, und 1929/30 das nach Vorgängern sogenannte Oberottl-Haus (Nr. 46) von Heinrich Maurer, mit sachlich einfacher, heute durch Verlust der Fensterteilungen völlig trivialisierter Lochfassade, hingegen mit einer kürzlich restaurierten, nur wegen ihrer Lage abseits des Geschäftszentrums wenig gewürdigten Passage, die zu den seltenen nennenswerten Leistungen der Neuen Sachlichkeit in München zählt.

Angesichts der Zerstörungen im Zweiten Weltkrieg, dem etwa die Hälfte der Substanz an der Sendlinger Straße gänzlich zum Opfer fiel, erwiesen sich die von Gustav Schneider gezeichneten Fassadenabwicklungen im Stichjahr 1939 – veröffentlicht 1960 ff. im Häuserbuch der Stadt München – als Dokumente von unschätzbarem Wert.[16] Sie zeigen, daß die verlorene Bebauung äußerlich überwiegend klassizistisch-biedermeierliche Merkmale aufwies, von wenigen barockzeitlichen Resten an später z.T. umgebauten Fassaden abgesehen. Einen älteren Steildachtypus stellte das nur zweigeschossige Traufhaus Nr. 23 dar, das ehem. Bernrieder Klosterhaus, in dem 1799 der dreizehnjährige Carl Maria von Weber wohnte (am Neubau von 1951 eine Gedenktafel). Besonders gravierend ist der Verlust des barocken, dreigeschossigen Benediktbeurer Klosterhauses mit Mittelerker (ehem. Nr. 57, heute 42). Nr. 70 (jetzt 18) und das (laut Häuserbuch 1875 neuerbaute) Haus Hackenstraße 1 mit Eckkuppel hoben sich als stattliche Wohn- und Geschäftshäuser in Neubarockformen heraus.

Der Wiederaufbau nach 1945 erfolgte, wie überwiegend in der Münchner Altstadt, nicht auf der Grundlage einer einheitlichen, geänderten Gesamtplanung, sondern sukzessive und individuell auf weitgehend alten Baulinien und mit in etwa eingehaltener Traufhöhe, formal im allgemeinen zurückhaltend innerhalb des zeitgenössischen Spektrums an Gestaltungsmöglichkeiten, also im einzelnen variiert und kaum koordiniert; manche Neubauten wurden inzwischen in einer zweiten Phase modernisiert in der Absicht, sie gestalterisch wie renditemäßig aufzuwerten.[17] Wenn sich auch unter den Neubauten nach derzeitiger Einschätzung kaum ein zukünftiges Baudenkmal gemäß den Kriterien des Denkmalschutzgesetzes abzuzeichnen scheint, so wurde doch insgesamt ein für die Verhältnisse einer großenteils kriegszerstörten Altstadt abwechslungsreiches, gleichsam fortgeschriebenes Straßenbild bewahrt, das durch eine genügende Anzahl eingestreuter Baudenkmäler einen Ensemblecharakter gerade noch erlebbar und nachvollziehbar macht.

Eine darüber aufkeimende Genugtuung trübt hinwieder die Feststellung, daß von den auf Sandtners Stadtmodell von 1570 minuziös dargestellten Häusern kein einziges mehr existiert. Sandtner im Verein mit der im Häuserbuch der Stadt München aufgelisteten Besitzgeschichte sämtlicher Anwesen (denen die Fassadenabwicklungen nach Sandtner und von 1939 beigefügt sind) ermöglicht uns, eine anschauliche wie sozialgeschichtliche Vorstellung von der im 16. Jahrhundert noch im wesentlichen mittelalterlichen Bebauung zu gewinnen. Demnach ist sie im großen im Vergleich zur inneren Altstadt des 12. Jahrhunderts (die durch den einflußreichen Inneren Rat vertreten wurde) im Durchschnitt niedriger, an Volumen in Zentrumsnähe – etwa zwischen Rosental und Dultstraße – noch ziemlich stattlich, sonst aber gegen das äußere Sendlinger Tor hin zunehmend einfacher, meist nur zweigeschossig bei merklicher, durch das Überwiegen des Traufdachtyps bedingter Beruhigung der charakteristisch vielgestaltigen Münchner Dachlandschaft, in der sich traufständige Satteldächer samt ein oder zwei halbgiebeligen Aufzugsgauben (sog. Ohrwascheln) mit Giebel-, Halbgiebel- (bzw. Pult-) und Grabendächern, mit Vorschußmauern und Zinnenabschlüssen in buntem Wechsel mischten, der Lage im Schnittpunkt mehrerer Hauslandschaften entsprechend.

Zu den stattlicheren Anwesen gehörte nach Sandtner das Eckhaus mit der früheren Nr. 11 (jetzt 7), genannt zum Sterneck, mit zinnenbesetztem Halbgiebel und zur Dultstraße geneigtem Pultdach, bemerkenswert auch als um 1710 für den Neubau der Dreifaltigkeitskirche zunächst in Erwägung gezogener Bauplatz. Aus seiner Umgebung hebt sich bei Sandtner auch das Eckhaus Nr. 27 (früher 26) an der Singlspielerstraße heraus, das einstige Brauereianwesen zum Unterottl. Das stadtauswärts nächste Eckhaus Nr. 30 an der Schmidgasse (heute Teil von Nr. 31) war bemerkenswert durch die seitlich 1745/46 angebaute, nach dem Bauherrn Franz Joseph Knöbel, Mitglied des Äußeren Rates, benannte Knöbelkapelle (abgebrochen 1882), eine private Stiftung gleich der benachbarten Asamkirche von 1733-46, die demnach keineswegs als völlig isoliertes Phänomen anzusehen ist. Auf der anderen Straßenseite fällt – auch auf Volckmers Stadtplan von 1613 – das vielteilige Patrizierhaus mit der späteren Nr. 70 (heute 18, s. oben) auf wegen des Zwiebelturms an seinem dem Garten (dem heutigen Rechberggarten) zugewendeten Rückgebäude.

Geschichtlichkeit, die komplexe Fülle von Lebensläufen und Ereignissen durch die Jahrhunderte, in besser erhaltenen Altstadt-Ensembles gleichsam atmosphärisch – mitunter sogar

Abb. 14. Sendlinger Straße 8, Münchner Neueste Nachrichten (jetzt SZ), 1905/06 von Max Littmann, ursprünglicher Zustand

übermächtig – spürbar und anschaulich, ist an der Sendlinger Straße nur noch verdünnt wahrzunehmen (Abb. 15). Außerordentliches hat sich an der Hauptachse der weniger vornehmen, von der Residenz abgelegenen Südhälfte der Altstadt kaum ereignet, sie bewahrte ihr bürgerliches Gepräge durchaus ablesbar bis heute; sie war ehemals bevorzugter Sitz von Brauereien mit Gaststätten in ihrem Gefolge, wovon heute noch eindrucksvoll das Alte Hackerhaus (Nr. 14) zeugt, sie war im 18. Jahrhundert auch mehrfach Wohnsitz namhafter Künstler wie des Bildhauers Egid Quirin Asam in dem mit seinen flächenüberziehenden Stuckreliefs nach religiös komplexem Programm einzigartigen „Asamhaus" (Nr. 34), des Goldschmieds Ignaz Franzowitz (Nr. 6, heute Teil von Nr. 3), des Baumeisters Franz Anton Kirchgrabner (heute Teil von Nr. 29/31) oder des Malers Nikolaus Gottfried Stuber (Nr. 41). Nichts Anschauliches erinnert an den theatergeschichtlich bedeutsamen, von Wandertruppen genutzten einstigen Saal des Faberbräu (Nr. 76, jetzt Teil von Nr. 10), in dem Schillers revolutionäre Frühwerke – 1784 „Die Räuber" und 1788 „Kabale und Liebe" – erstmals in München gespielt wurden, nachdem sie zuvor in Mannheim ihre epochale Uraufführung erlebt hatten – im dortigen Nationaltheater, der Stiftung des in seiner Pfälzer Regierungszeit in vieler Hinsicht fortschrittlichen Kurfürsten Karl Theodor, dessen Reformbestrebungen sich die Münchner Bürger unter Berufung auf alte bürgerliche Freiheiten verweigerten.

Neben solchen realhistorischen, aber nicht mehr in Denkmalsubstanz greifbaren Qualitäten kann ein Ensemble auch gleichsam immaterielle, aber geistesgeschichtlich höchst wirkungsmächtige beinhalten. Es kann in besonderen Fällen sogar Schauplatz von Weltliteratur und Bühnenwerken oder mit einem Mythos behaftet sein. Die Sentlinger Gasse zu München „am Sonnwendtage ... zu fabelhafter Unzeit" ist Schauplatz der Oper „Feuersnot" des 1864 am nahen Altheimer Eck geborenen Komponisten Richard Strauss; sein Vater war ein auch als Solist berühmter Waldhornist des Hoforchesters und Professor, die Mutter stammte aus der Bierbrauer-Dynastie Pschorr, die u.a. an der Sendlinger Straße ansässig war (Nr. 14, Altes Hackerhaus). In dem einaktigen „Singgedicht" geht der Komponist überaus selbstbewußt und kritisch mit den Bürgern seiner Vaterstadt ins Gericht, die wie seinerzeit Richard Wagner so jetzt auch ihn aus der Stadt hinausgetrieben hätten; der Münchner Mißerfolg seines z.T. unleugbar wagnerisch-eklektischen „Guntram" (1895) ist vom heutigen Standpunkt gesehen freilich nicht ganz unverständlich. Das Bühnenbild zur „Feuersnot" soll laut Regieanweisung die Sentlinger Gasse „mit dem Blick auf das Thor" darstellen: „Die Architektur muß ganz früh mittelalterlich sein, womöglich in's

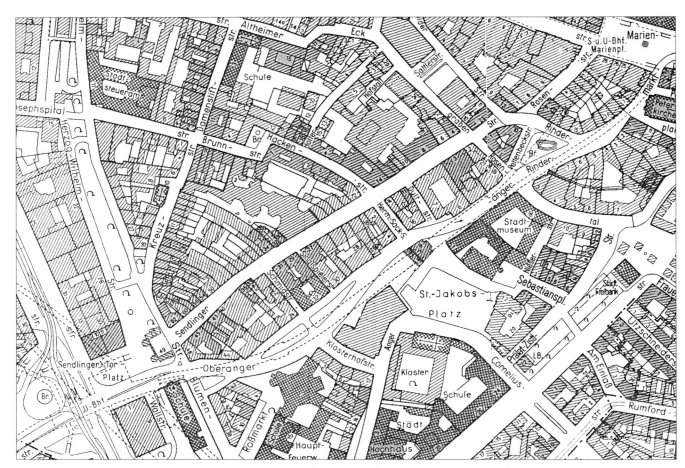

Abb. 15. *Ensemble Altstadt München, Ausschnitt (Einzelbaudenkmäler dunkel); Grundlage Flurkarte 1:5000, 1993 (verkleinert)*

Groteske übertrieben, ebenso auch die Kostüme (Grundcharakter 12. Jahrhundert)." Ist die Datierung, wie Strauss und sein Librettist, der Satiriker Ernst von Wolzogen, sie annehmen, auch historisch denkbar unkorrekt,[18] so ist die topographische Angabe, die sogar Färbergraben und Rosenthal als Seitengassen anführt, umso genauer. Bei dem intendierten Bühnenbild denkt man natürlich in erster Linie an die malerische Hauslandschaft und Dachformenvielfalt auf dem Sandtnermodell, wie sie um die Jahrhundertwende der Maler Max Luber darzustellen liebte, u.a. in einem (ehem.) Wandbild am Haus Nr. 4 (Zum Rappeneck).[19] Wie eine Rache der Münchner an ihrem schwierigen Sohn mutet der unverzeihliche Abbruch seines Geburtshauses am Altheimer Eck 2 im Jahre 1960 an, „gerechtfertigt" durch das Argument, er habe hier nur kurz gelebt und keine Werke geschaffen.[20]

Man kann den Erhaltungszustand der Sendlinger Straße in etwa als repräsentativ für die Münchner Altstadt insgesamt ansehen. Sucht sie jemand als historischen Ort auf, wird er sie in voller Länge als von herkömmlich hoher, kleinteiliger Bebauung eingeschlossenen Straßenraum finden. Dergleichen ist in vielen deutschen Großstadtzentren, etwa in Dresden, Frankfurt, Hamburg oder Berlin, kaum mehr möglich. An Alt-Berlin erinnert spürbar absichtsvoll nur noch das teils originale, teils historisierend ergänzte Nikolaiviertel. Frankfurt errichtete mit der denkmalpflegerisch heiß umstrittenen Römerberg-Ostzeile seiner untergegangenen Altstadt ein Denkmal. Von Amerika aus gesehen ist Münchens Altstadt natürlich sehr altertümlich und kleinmaßstäblich. Ganz anders ist der Eindruck im Vergleich mit Regensburg, Salzburg oder Bamberg oder auch mit anderen Millionenstädten wie Prag oder Wien. Auf die Frage, ob München noch eine wirkliche Altstadt besitzt, wird die Antwort demnach „jein" lauten müssen, was ebenso zwiespältig und unbefriedigend ist wie die Realität. Nichtsdestoweniger müssen die Münchner mit ihrer Altstadt leben, sie hochachten und schützen, wenn auch in dem Bewußtsein, daß die internationale Geltung ihrer Stadt überwiegend auf den Strukturen und Leistungen des 19. und frühen 20. Jahrhunderts beruht.

Matthias Exner

Ein neu entdecktes Wandbild des hl. Christophorus in Altenstadt bei Schongau

Anmerkungen zur frühen Christophorus-Ikonographie

Im Zuge einer Innenrestaurierung der romanischen Basilika in Altenstadt bei Schongau wurden an der Westwand unter einer großflächig hohlliegenden jüngeren Putzschicht Partien eines mittelalterlichen Wandbildes festgestellt, in denen man die großformatige Darstellung des hl. Christophorus erkannte.* Angesichts der hohen Qualität und des guten Erhaltungszustands entschloß man sich zu einer Freilegung, da andernfalls die erforderliche Festigung der Überputzungen die Malerei geschädigt hätte (Abb. 2). Zutage kam eine weit überlebensgroße Darstellung des noch jugendlichen bärtigen Heiligen, der mit der erhobenen Linken die vergleichsweise kleine Gestalt Christi, in der Rechten einen Palmbaum hält. Christus ist hier noch nicht in der später geläufigen kindlichen Gestalt, sondern im Typus des frontal thronenden bärtigen Weltenrichters wiedergegeben, die rechte Hand vor der Brust im Segensgestus erhoben.

Die Malerei ist weitgehend freskal angelegt und schon aus technischen Gründen kaum wesentlich von der Bauzeit der Kirche abzurücken, bei deren Datierung nunmehr auch dendrochronologische Untersuchungsergebnisse zu berücksichtigen sind. Wenn unsere Überlegungen zutreffen, ist die Wandmalerei noch dem beginnenden 13. Jahrhundert zuzuweisen. Ihr kommt damit als einem der frühesten bekannten Beispiele dieses Bildtyps der Christophorus-Ikonographie und als – soweit bekannt – ältester monumentaler Christophorus-Darstellung in Bayern besondere Bedeutung zu.[1]

Historische Überlieferung und Baugeschichte

Die Datierung der Altenstädter Basilika, zu deren Baugeschichte keine unmittelbaren Quellen bekannt sind, ist umstritten. Eine durchgehende Wölbung und das für Altbayern singuläre Motiv des auf Italien verweisenden Vierpaßpfeilers sichern ihr eine Sonderstellung innerhalb der romanischen Architektur Bayerns,[2] die den Stilvergleich mit bautypologisch verwandten Anlagen wie St. Peter in Straubing erschwert,[3] während die oft behandelten Abhängigkeiten der Bauplastik von älteren oberitalienischen Vorbildern für die absolute Chronologie letztlich nur von relativem Gewicht bleiben.[4] Ein am Bau selbst sekundär überliefertes Datum, die inschriftliche Bezeichnung „1220" über dem nördlichen Seitenportal unter dem das Traufgesims begleitenden Rundbogenfries, könnte theoretisch eine richtige ältere Tradition wiedergeben;[5] allerdings sprechen historische Überlegungen eher für einen früheren Ansatz. Der zwischen 1070 und 1080 erstmals als „Scongoe" urkundlich erwähnte Ort hatte im Verlauf des 12. Jahrhunderts unter einem von den Welfen eingesetzten Ministerialengeschlecht als „Stapel- und Umschlageplatz" an der Handelsstraße von Augsburg nach Italien erhebliche Bedeutung erlangt,[6] diente Welf VI. letztmalig 1189 als Gerichtsort[7] und fiel mit dessen Tod 1191 an die Hohenstaufen.[8] Wohl in der Folge dieses Besitzwechsels wurde der Altort (das heutige Altenstadt) zugunsten einer höhergelegenen und befestigten neuen Siedlung aufgegeben, die bereits 1225 „oppidum Scongew" genannt wird und das heutige Schongau bezeichnet.[9] 1224 amtierte hier ein staufischer „(Stadt)vogt",[10] spätestens um 1240 war die Verlegung des Markts von Altenstadt in die neue staufische Stadt offenbar abgeschlossen.[11] Zwar wäre Altenstadt keineswegs der einzige Fall eines gegen die Ansprüche der Neugründung gerichteten Kirchenbaus an der Stelle der alten, außerhalb der neuen Stadt gelegenen Pfarrkirche, wie Walter Haas jüngst gezeigt hat,[12] doch bleibt fraglich, ob ein so großes, repräsentatives Bauprojekt in Altenstadt angesichts der staufischen Neugründung noch hätte realisiert werden können. Wer allerdings im engeren Sinn als Bauherr anzusprechen ist, wer beispielsweise den Pfarrer einsetzte und wie lange etwa die Bürger des neuen Schongau noch die außerhalb der befestigten Stadt gelegene Kirche nutzen mußten, konnte von der historischen Forschung bisher nicht geklärt werden.[13] Für Welf VI. ließe sich immerhin anführen, daß er über intensive Beziehungen nach Italien verfügte und nach dem frühen Tod seines einzigen Sohnes, Welfs VII. (1167), erhebliche Teile seines Vermögens in fromme Stiftungen investierte.[14] So mag man aus den bislang bekannten Fakten zur historischen Situation den Schluß ziehen, daß der Bau zum Zeitpunkt des Machtwechsels um 1191 zumindest so weit gediehen war, daß der Standort durch die Stadtgründungspolitik der Staufer nicht mehr in Frage gestellt wurde.

Diese Vermutung wird durch die Ergebnisse einer dendrochronologischen Datierung gestützt, die für den Eichenbalken eines Zugankers im südlichen Seitenschiff das Fälldatum 1171 (± 6) ermittelte.[15] Falls man nicht eine Zweitverwendung der als Wölbungsanker verbauten Hölzer annehmen will,[16] wäre eine Bauzeit in den beiden letzten Jahrzehnten des 12. Jahrhunderts damit sehr wahrscheinlich geworden.

Bestand und Maltechnik

Der Bildträger besteht aus einem Mischmauerwerk von Kalksintertuff- und Sandsteinquadern, dessen verbandelte Oberfläche eine erste handwerkliche Gestaltung durch den Kellenschnitt erfuhr.[17] In dem für die Wandmalerei vorgesehenen Bereich südlich des Westfensters, begrenzt durch den Ansatz der südlichen Seitenschiffswand und die – später vergrößerte – Fensterlaibung, wurde sodann eine dünne Kalkmörtelschicht aufgetragen, die den eigentlichen Malschichtträger darstellt und in Teilbereichen noch die originale Bildkante zeigt.[18] Schmutzablagerungen zwischen Mauerwerk und Putzschicht oder sonstige Hinweise auf eine nennens-

Abb. 2. Altenstadt; Wandgemälde mit Darstellung des hl. Christophorus, Ausschnitt (Freilegungszustand)

werte zeitliche Trennung zwischen der Bauzeit und der Anlage des Christophorusbildes konnten nicht beobachtet werden.[19] Auf der wohl mit der Kelle geglätteten Oberfläche zeugen Ritzungen zur Markierung des Rahmenstreifens sowie von Mittelachse, Kontur und Binnenzeichnung des Christophoruskopfes vom Herstellungsprozeß (Abb. 4).[20]

Direkt auf diesen Putz, also ohne weiteren Auftrag von Tünchen oder Schlämmen, wurden die Untermalungen in gelbem (für Nimbus und Inkarnate) und rotem Ocker sowie Pflanzenschwarz (als Grundierung für blaue Flächen) aufgebracht, wobei die naturwissenschaftlichen Analysen jeweils auch (von aufliegenden Secco-Schichten eingewanderte?) Proteine im Bindemittel nachwiesen.[21] Für die geringen Flächen des Hintergrunds, die neben dem das Bildfeld weitgehend füllenden Heiligen und hinter seinem Kopf sichtbar werden, wurde auf die freskale schwarze Grundierung – offenbar in Secco-Bindung – ein kräftiges Azurit aufgelegt,[22] das nur das durch das Bildthema nahegelegte Wasser des Flusses meinen kann, auch wenn sich keine konkret gegenständliche Begrenzung seiner Oberfläche erkennen läßt. Die beiden Gesichter zeigen rosafarbenes Inkarnat über einer Grundierung in hellem Ocker, mit schwarzen Schatten und weißen Lichtern, im Fall des Christophorus zusätzlich mit braunen Abschattierungen wie sie auch auf dem rechten Handrücken noch erkennbar sind. Das knapp nackenlange, in wellige Locken gelegte Haupthaar des Heiligen, sein in feinen Strähnen zum Wangenkontur hin sich verdichtender Schnauz-, Kinn- und Backenbart sowie die Haare und der kurze, leicht gekräuselte Bart Christi wurden ebenfalls mit Braun modelliert, einer Mischung aus (überwiegend) rotem und gelbem Ocker und Pflanzenschwarz,[23] während die Nimben im hellen Gelbockerton der Untermalung stehenblieben (der Kreuznimbus Christi zusätzlich mit roten Kreuzbalken).

Deutlich ist die Differenzierung zwischen dem kostbar und ausgesprochen modisch gekleideten Christophorus und dem antikisierend gewandeten, augenscheinlich einem traditionellen Vorbild verpflichteten Typus Christi. Der Heilige trägt als Untergewand eine Art Tunicella, ein knöchellanges Hemd mit langen, eng anliegenden Ärmeln, dessen Farbigkeit im Bereich der Ärmel grünlich-grau erscheint, was offenbar durch die Ausmischung von gelbem Ocker mit Pflanzenschwarz erreicht wird.[24] An beiden Handgelenken sind die Ärmel durch breite, gelb untermalte Bordüren gefaßt, auf deren schwarzen (nur am linken Arm noch erkennbaren) Konturstrich in Weiß kleine runde Perlen aufgesetzt wurden. In der durch eine Fehlstelle stark verunklärten Saumlinie sind noch zwei kleine Tütenfalten auszumachen. Der taillierte und gegürtete Leibrock des Heiligen hat halblange, betont weit geschnittene Ärmel, deren linker unter dem Mantel verdeckt

Abb. 3. Altenstadt; Wandgemälde mit Darstellung des hl. Christophorus, Detail: rechter Arm des Heiligen (1997)

Abb. 4. Altenstadt; Wandgemälde mit Darstellung des hl. Christophorus, Kartierung der Vorritzungen (E. Wiegerling)

Abb. 5. Altenstadt; Wandgemälde mit Darstellung des hl. Christophorus, Detail: Kopf des Christophorus und Pelzkragen des Mantels (1997)

ist, während der rechte eine breite, gelb grundierte Saumborte erkennen läßt (Abb. 3). Am Halsausschnitt sowie am unteren Gewandsaum ist diese Borte aufwendiger und dreifarbig gestaltet, mit der Streifenfolge rot – weiß (?) bzw. gelb – rot, unten zudem deutlich breiter und durch ca. 6 cm lange wellige Fransen ausgezeichnet (Abb. 7). Das großflächig und offenbar faltenfrei sichtbare Stoffmuster mit seiner prächtigen Gitterstruktur bestimmt ganz wesentlich die Bildwirkung. Über grauem Lokalton ist das Rautengittermuster in rötlichem Ocker aufgelegt, wobei die Kreuzungspunkte der Rauten mit kleinen weißen Kreuzchen verziert sind, deren Endungen tropfenförmig verstärkt wurden. Die annähernd quadratischen Rautenfelder sind mit aufgelegten weißen Blütenmotiven in der Art fünfblättriger Kleeblätter gefüllt. Auch der modisch lang herabhängende Gürtel ist ungewöhnlich reich geziert, wobei die in Secco weiß aufgelegte Prägung oder Stickerei teilweise nur noch als dunkles Negativ ablesbar, die eigentliche Oberfläche bereits vielfach verloren ist. Besser erhaltene Partien, insbesondere zwischen der Schnalle und dem Stab, zeigen auf rotem Grund zwischen weißen Ablinierungen ein wiederkehrendes Motiv aus Kringeln und gegenständigen verklammerten Bögen (Abb. 6). Die trapezförmige Gürtelschnalle verweist durch hellgelbe Grundierung auf eine ehemals wohl goldfarbene Oberfläche, ebenso die annähernd rechteckige Riemenzunge des Gürtelendes, das nahezu bis zum Gewandsaum herabhängt. Der rote Mantel mit spärlichen Resten roter und schwarzer Faltenzeichnung wird mittig vor der Brust durch eine hellgelb grundierte, offenbar gleichfalls metallisch zu denkende kreisrunde Fibel gehalten

Abb. 6. Altenstadt; Wandgemälde mit Darstellung des hl. Christophorus, Detail: Gürtelschnalle (1997)

Abb. 7. Altenstadt; Wandgemälde mit Darstellung des hl. Christophorus, Detail: Saumborte des Leibrocks (1997)

und fällt links vor der Brust und über den linken Arm, rechts über die rechte Schulter herab. Von seinem Futterstoff ist im Bereich von Taille und rechter Schulter nur noch eine reduzierte weißliche Oberfläche zu erkennen, am Halsausschnitt sowie beidseits bis in halbe Brusthöhe herab wird jedoch als Saumverbrämung ein dunkler Pelz sichtbar, dessen fein gestupfte Struktur mit Pflanzenschwarz in Seccotechnik aufgetragen ist (Abb. 5).[25] Ob die weiße Farbigkeit darauf verweist, daß außer dem Kragen auch das Futter des Mantels als Pelz wiedergegeben war, muß offenbleiben.[26] Der durch die oben palmblattartig gestaltete Verbreitung als Stamm eines Palmbaums charakterisierte Stab in der Rechten des Heiligen weist wellige Blattzeichnung in Schwarz und Weiß über ockergelber Grundierung auf.

Die Gewandung Christi ist demgegenüber von zeitlos-antikischem Charakter (Abb. 8). Eine gelbe Tunika mit roter und weißer Faltenmodellierung zeigt lange weite Ärmel mit Zierbortenbesatz an der Saumlinie, der gleichfalls bortengesäumte Mantel liegt über beiden Schultern, ohne vor der Brust zusammengehalten zu werden, wobei die linke Stoffbahn vor dem Körper über Brust und Arm herabfällt, während die rechte korrekt hinter dem Körper herab- und unter dem rechten Arm wieder nach vorne geführt wird. Das Sitzmotiv mit dem ausgestreckten linken und dem abgewinkelten und untergeschobenen rechten Bein ist wohl aus ande-

Abb. 8. Altenstadt; Wandgemälde mit Darstellung des hl. Christophorus, Detail: Christus (1997)

Abb. 9. Galliano (Como), San Vincenzo, Langhaus, Südwand; Wandgemälde mit Darstellung des hl. Christophorus

rem Zusammenhang übernommen und wird hier mit der stützend abgewinkelten offenen Handfläche des Christophorus verbunden, indem die Finger von dessen linker Hand den linken Oberschenkel Christi umfassen. Christus ist barfuß wiedergegeben, mit kräftiger schwarzer und weißer Modellierung der Füße, die linke Hand in den Schoß gelegt, die rechte vor der Brust im Segensgestus erhoben.

Freilegung und Konservierung

Das Wandbild ist insgesamt vergleichsweise gut und in Teilbereichen noch relativ vollständig erhalten. Daß die Darstellung in ihrer etwa acht Meter umfassenden Höhe nicht zusammenhängend erlebbar und schon gar nicht photographierbar ist, liegt an der jüngeren Orgelempore, deren Fußboden im Bereich der Wandmalerei nach deren Entdeckung zwar ausgeschnitten wurde, die aber doch die ursprüngliche Raumwirkung des monumentalen Bildes erheblich verunklärt. Mit dem Einbau der barocken, unter Friedrich von Gärtner nochmals veränderten Empore von 1687 ging offenbar auch die Vergrößerung des Westfensters einher, die das Bildfeld rechts oben beschneidet.[27] Wohl erst ein Jahrzehnt zuvor, im Rahmen einer für 1677 überlieferten Austünchung der Kirche, war das Wandbild überputzt

Anmerkungen zur ikonographischen Tradition

Das Altenstädter Wandbild folgt mit der Darstellung des riesenhaften Christusträgers dem geläufigsten und populärsten Typus in der Geschichte der Christophorus-Ikonographie.[33] Die Genese dieses Bildtyps läßt sich bisher allerdings nicht vor das spätere 12. Jahrhundert zurückverfolgen, so daß dem neu entdeckten Wandbild schon aus chronologisch-ikonographischen Gründen besonderer Zeugniswert zukommt. Das Motiv wurde zunächst wohl aus der wörtlichen Illustration der griechischen wie lateinischen (Offerus/Christoferus) Namensform abgeleitet und erst in einem zweiten Schritt mit den in verschiedenen Legendenfassungen überlieferten Inhalten gefüllt.[34] Demnach wäre der riesenhafte Christophorus, der seine Kräfte nur in den Dienst des mächtigsten Herrn der Welt stellen wollte und deshalb den Teufel verließ, als dieser an einem Wegkreuz, dem er auszuweichen suchte, die Überlegenheit Gottes zugeben mußte, von einem Eremiten zu einer Art Fährmannsdienst für fromme Pilger angehalten worden, die der Riese durch einen reißenden Fluß trug, um damit Gott zu dienen. Christus hätte den Einsatz schließlich belohnt, indem er selbst den Fährdienst in Anspruch nahm, sich in der Mitte des Flusses dem unter der Last fast Zusammenbrechenden als Schöpfer und Herr der Welt zu erkennen gab, an Christophorus die Taufe vollzog und zur Bestätigung

Abb. 10. Castel Appiano/Hocheppan (Südtirol), Burgkapelle, Nordwand (Außenseite); Wandgemälde mit Darstellung des hl. Christophorus

Abb. 11. Tubre/Taufers (Südtirol), St. Johann, Außenwand; Wandgemälde mit Darstellung des hl. Christophorus

worden.[28] 1994, bei Beginn der jüngsten Restaurierungsmaßnahmen, lag dieser barocke Putz an der Westwand großflächig hohl, so daß man sich zwischen Festigung und Abnahme entscheiden mußte. Als Sondagen gut erhaltene Partien einer figürlichen Wandmalerei erkennen ließen, entschloß man sich zunächst zu größeren Öffnungen und angesichts der Qualität der Malerei und ihres Erhaltungszustands schließlich zur vollständigen Freilegung.[29] Während sich der ohnehin weitgehend hohlliegende barocke Putz relativ gut von der mittelalterlichen Malschicht trennte, gab es in der nördlichen oberen Ecke (von der linken Hälfte des Christophoruskopfes an) sowie unterhalb der Fenstersohlbank jüngere Reparaturmörtel, für deren Aufbringung die Malerei mit Hacklöchern sowie mit einer dünnen, fest haftenden Kalkschlämme überzogen worden war (Abb. 2). In diesen Bereichen waren aufwendigere Freilegungen mit dem Skalpell sowie die mittels Kompressen und mechanischer Nachreinigung erreichte Abnahme von Kalkschleiern erforderlich.[30] Randsicherungen mittels Anböschungen sowie Hinterspritzungen hohl liegender Putzschollen wurden mit Kalkmörtel ausgeführt, die Fehlstellen mit einem der Umgebung farblich angepaßten Kalkmörtel gekittet.[31] Die bei größeren Fehlstellen in Tratteggio-Technik vorgenommenen Retuschen erfolgten mit Aquarellfarben.[32]

dessen Stab ergrünen ließ. Dies ist der Moment, der auch in Altenstadt dargestellt ist.

Als älteste erhaltene Wiedergabe dieses Typs gilt das Wandbild, das auf der Burg Hocheppan im Etschtal die äußere Eingangswand der Kapelle schmückt (Abb. 10). Seine Datierung schwankt, je nachdem ob die im Bestand erheblich reduzierte Malerei als der um 1200 angesetzten Ausmalung des Inneren der Kapelle vorangehend (Rasmo) oder mit dieser zusammengehörig angesehen wird (Demus), zwischen mittlerem und ausgehendem 12. Jahrhundert.[35] Die wenigen erhaltenen Bildzeugnisse der Christophorus-Verehrung aus dem 10. und 11. Jahrhundert, an erster Stelle Wandbilder im Atrium von S. Maria Antiqua in Rom[36] und im Langhaus von San Vincenzo in Galliano,[37] zeigen den Heiligen noch ohne die Figur Christi auf Arm oder Schulter (Abb. 9). Irgendwann zwischen Galliano, der ersten bekannten Darstellung des Riesen in „natürlicher" Größe, und Hocheppan, also zwischen dem frühen 11. und späteren 12. Jahrhundert, muß es zur bildlichen Umsetzung des Christusträger-Motivs gekommen sein.

Die frömmigkeitsgeschichtlichen Aspekte, die für die Genese des neuen Bildtyps wie für seine rasche Verbreitung in ganz Mitteleuropa wohl ausschlaggebend waren, sind in ihren Grundzügen erforscht.[38] Demnach ist es nicht eigentlich das Bild des Heiligen, dem die bekannte und oft zitierte Wirkung eines Schutzes vor „schlimmem" – also unversehenem – Tod zugeschrieben wurde, sondern das mit ihr verbundene frontale Bildnis Christi, dessen Anblick offenbar mit der Schau der erhobenen Hostie in der Eucharistie gleichgesetzt wurde.[39] Wenn diese Erklärung richtig ist, so spricht der Hinweis auf das im Verlauf des 12. Jahrhunderts zunehmende „Schauverlangen" der Gläubigen dafür,[40] den Typus der Christusträger-Darstellung als Schaubild nicht für wesentlich älter zu halten als dies die ältesten Bildbelege überliefern.[41]

In der Folge vermischten sich wohl Anlaß und Wirkung der übergroßen Wiedergabe der Christophorusbilder. Trug die den Maßstab der übrigen Wandbilder in der Regel sprengende Größe zunächst zweifellos der legendär überlieferten Riesengestalt des Heiligen Rechnung (Beleg ist die – noch christuslose – Darstellung des riesenhaften Heiligen in Galliano: Abb. 9), so war späterhin sicher auch die der Verbindung mit dem Christusbild zugeschriebene Schutz-Wirkung Anlaß, die Christophorus-Darstellungen so groß wie möglich und meist in der Nähe der Eingänge anzubringen: Wer beim Betreten oder Verlassen der Kirche des frontal erhobenen Bildes Christi ansichtig wurde, galt als für den Rest des Tages vor „unseligem" Tod (gemeint ist ein Tod ohne vorherigen Empfang der Sterbesakramente) gefeit.[42] In diesem Zusammenhang sei betont, daß der Blick Christi in Altenstadt nach links, also in etwa auf den das Westportal benutzenden Gläubigen ausgerichtet ist (Abb. 1).

Ergebnisse

Die maltechnische Situation läßt kaum einen nennenswerten zeitlichen Abstand des Wandbildes zum Bau der Altenstädter Basilika erwarten, deren Abschluß man aus historischen Erwägungen bereits um 1200 annehmen darf. Auch ikonographische Kriterien wie die Beachtung der sehr kleinen, dem Sitzmotiv nach erkennbar einem anderen Zusammenhang entlehnten Figur Christi verweisen eher auf ein Datum aus der Frühzeit des noch neuen Bildtyps, nicht zu weit nach der Jahrhundertwende, da die offenbar rasch angewachsene Zahl von Darstellungen des 13. Jahrhunderts mit einer vergleichsweise größeren, sicher auf der Schulter sitzenden und nach und nach jugendlicher werdenden Gestalt Christi bereits andere Tendenzen und Entwicklungen erkennen läßt.[43] Relativ nah an Altenstadt kommt allenfalls der Christophorus von Taufers heran,[44] den nicht nur Typus und Sitzmotiv Christi sowie dessen vom linken Arm des Christophorus gestützte Plazierung vor der Brust mit dem älteren Beispiel verbinden, sondern auch der runde Kopftyp des Heiligen und einige generelle Aspekte der Körperauffassung (Abb. 11). Allerdings verweist die Verwendung einer mit Früchten behangenen Dattelpalme als Stab auf eine Entwicklung, die sonst nur jüngere Beispiele zeigen,[45] und manch andere, für den Vergleich wesentliche Details sind durch den schlechten Erhaltungszustand der im Außenbereich angebrachten und nur fragmentarisch überlieferten Figur von Taufers nicht mehr verifizierbar. Die naheliegende Vermutung, daß das Wandbild von Altenstadt wie die dortige Architektur und Bauplastik gleichfalls auf oberitalienisch-alpenländische Einflüsse zurückgeht, ist zwar

Abb. 12. Altenstadt; Wandgemälde mit Darstellung der Kreuzigung, Detail: Maria (1997)

Abb. 13. Altenstadt, Lkr. Weilheim Schongau, Kath. Pfarrkirche St. Michael, südliches Seitenschiff; Wandgemälde mit Darstellung der Kreuzigung (1997)

grundsätzlich zu bestätigen, läßt sich bisher aber nicht durch den Hinweis auf konkrete Vorbilder erhärten.[46]

Stilistische Überlegungen helfen in der Datierungsfrage insofern kaum weiter, als die aus Bayern bisher bekanntgewordenen Beispiele annähernd gleichzeitiger Wandmalerei offensichtlich ganz anderen Traditionen und Einflüssen verpflichtet sind.[47] Ein in Altenstadt selbst, im südlichen Seitenschiff erhaltenes Wandbild des 13. Jahrhunderts mit der Darstellung der Kreuzigung Christi zwischen Maria, Johannes und Stephanus ist erkennbar jünger als das Christophorusbild, durch die figürlichen Ergänzungen einer früheren Restaurierung jedoch so verunklärt, daß es für den Stilvergleich nur noch bedingt herangezogen werden kann (Abb. 13).[48] – Vor diesem Hintergrund fällt den realienkundlichen Details in der Datierungsfrage eine besondere Rolle zu. Es wurde bereits in der Beschreibung dargelegt, daß die Gewandung des Christophorus der eines vermögenden, wohl adeligen Zeitgenossen entspricht und durch einige ausgesprochen modische Details ausgezeichnet ist. Die jüngsten dieser Elemente dürften für die zeitliche Einordnung des Wandbildes den Ausschlag geben.

Die kostbare ganzflächige Musterung des knöchellangen Leibrocks, die wohl einen schweren Brokatstoff vorstellen soll, ist ein vergleichsweise langlebiges Motiv, das in das 12. Jahrhundert zurückreicht und durch die Verwendung desselben Rapports für das Gewand der Maria auf dem Altenstädter Kreuzigungsfresko noch für das mittlere 13. Jahrhundert gesichert ist (Abb. 12). Den in der Mitte geschlossenen, pelz(?)gefütterten Mantel mit dem dunkel abgesetzten Zobel(?)–Kragen trägt in ähnlicher Weise bereits Heinrich der Löwe im Widmungsbild des nach ihm benannten Evangeliars.[49] Die trapezförmige Gürtelschnalle bleibt im 13. Jahrhundert über einen längeren Zeitraum üblich.[50] Am schwersten fällt der Nachweis des bis zum Rocksaum herabhängenden Gürtels: Formal sehr nahestehende Beispiele wie das Grabmal Herzog Heinrichs VI. in Löwen oder das des Grafen Kurzbold in Limburg datieren erst aus den dreißiger Jahren des 13. Jahrhunderts.[51] Einen nahezu saumlangen Gürtel weist jedoch auch das Steinrelief im Kreuzgang von St. Zeno in Reichenhall auf, das inschriftlich als Darstellung Kaiser Friedrich Barbarossas gesichert ist.[52] Falls die heute geläufige Datierung des – offenbar nicht mehr zeitgenössischen – Bildnisses in das frühe 13. Jahrhundert zutrifft, wäre ein Nachweis erbracht, der eine Datierung zu Beginn des ersten Drittels des 13. Jahrhunderts auch für den Christophorus von Altenstadt möglich macht.[53]

Das Altenstädter Wandbild ist damit sicher älter als das weitgehend fragmentierte und offenbar stark stilisierte Christophorusbild im Augsburger Dom,[54] es darf nach dem heutigen Kenntnisstand wohl als die älteste bekannte Wiedergabe des Themas in Bayern gelten. Qualität und Anspruch dieser Darstellung sowie ihr zumindest in Teilbereichen noch ganz vorzüglicher Erhaltungszustand machen das Wandbild sicher zu einem der bedeutendsten Wandmalereifunde in der Amtszeit des Jubilars, in dessen Inhalt man auch einen guten Weggefährten sehen darf.

ANMERKUNGEN

* Hilfreichen Rat und Unterstützung bei der Beschaffung von Abbildungsvorlagen verdanke ich Wolfgang Augustyn, München, Hans-Peter Autenrieth, Krailling, Stefan Hundbiß, Gaißach, Renate Kroos, München, Regine Sonntag und Gertrud Thoma, München, sowie Friederike Tschochner, Krailling.
1 Vgl. Gutachten des Bayerischen Landesamtes für Denkmalpflege vom 9. August 1994 (Verf. MATTHIAS EXNER); s. auch RICHARD STROBEL/MARKUS WEIS, Romanik in Altbayern, Würzburg 1994, S. 311; WALTER HAAS, Überlegungen zu St. Michael in Altenstadt bei Schongau, in: Der Welf. Jahrbuch des Historischen Vereins Schongau 1994, S. 1–15, hier: S. 14 f.; KARL PÖRNBACHER, Pfarrkirche – Päpstliche Basilika Altenstadt, München/Zürich 11. Aufl. 1995, S. 16, Abb. S. 22.
2 RICHARD STROBEL, Vorromanische und romanische Architektur, in: Bayern Kunst und Kultur, Ausstellungskatalog, München 1972, S. 42; zu italienischen Vergleichsbeispielen in Mailand und Piacenza vgl. HAAS (wie Anm. 1), S. 8 f., 11; s. auch STROBEL/WEIS (wie Anm. 1), S. 32, 196 f., 291–314, hier: S. 313 f. (mit der älteren Lit.).
3 Der ungewölbte Bau von St. Peter in Straubing teilt mit Altenstadt neben allgemeineren Übereinstimmungen vor allem Thematik und Disposition der figürlichen Bauzier (Westtympanon), läßt jedoch gleichfalls keine sicheren Anhaltspunkte für die Datierung erkennen und wird wohl zu Recht gewöhnlich etwas später als Altenstadt angesetzt: HAAS (wie Anm. 1), S. 12 f.; „unmittelbar nach 1200": STROBEL/WEIS (wie Anm. 1), S. 196.
4 Insbesondere deshalb, weil die in Frage kommenden italienischen Beispiele wie S. Ambrogio in Mailand oder S. Pietro in Ciel d'Oro und S. Michele in Pavia durchwegs wesentlich älter sind und zumeist noch in die 1. Hälfte des 12. Jh. zurückreichen: ERWIN KLUCKHOHN, *Die Bedeutung Italiens für die romanische Baukunst und Bauornamentik in*

Deutschland, in: Marburger Jahrbuch für Kunstwissenschaft, 16, 1955, S. 1-120, hier: S. 56 ff.; zuletzt: HAAS (wie Anm. 1), S. 9, 11.

5 OTTMAR SCHUBERTH, *Romanische Basilika „St. Michael" in Altenstadt bei Schongau*, in: 22. Bericht des Bayerischen Landesamts für Denkmalpflege, München 1963, S. 74-83, hier: S. 74; PÖRNBACHER (wie Anm. 1), S. 2; vgl. GEORG DEHIO, *Handbuch der deutschen Kunstdenkmäler, Bayern, Bd. IV: München und Oberbayern*, München/Berlin 1990, S. 17 f.

6 „Seit der Mitte des 12. Jahrhunderts sitzen Ministerialen der Welfen zu Schongau, wo sich auch Welf VI. und Heinrich der Löwe ... aufgehalten haben": PANKRAZ FRIED, *Landgericht, Hochgericht und Landkreis Schongau*, in: Historischer Atlas von Bayern, Teil Altbayern, 22/23, München 1971, S. 232; siehe auch PÖRNBACHER (wie Anm. 1), S. 2 ff.

7 Der am 14. Juli 1189 in Schongau („Schongowi") abgehaltene Gerichtstag gilt als „letzte bekannte größere Handlung Welfs VI.": KARIN FELDMANN, *Herzog Welf VI. und sein Sohn. Das Ende des süddeutschen Welfenhauses*, Diss. Tübingen 1971, S. 94 mit Regest Nr. 188.

8 Bereits 1185 urkundete Herzog Friedrich V. von Schwaben in Schongau (ERICH KEYSER/HEINZ STOOB [Hrsg.], *Deutsches Städtebuch, Bd. V: Bayern*, Teil 2, Stuttgart u. a. 1974, S. 624), das 1191 mit den welfischen Gütern als vererblicher Besitz an König Heinrich VI. fiel: FELDMANN (wie Anm. 7), S. 95.

9 *Monumenta Boica*, Bd. VI, S. 515; der Ausdruck „oppidum" ist nach Fried auf eine befestigte Stadt zu beziehen, was Altenstadt „vermutlich nie gewesen ist": FRIED (wie Anm. 6), S. 233.

10 KEYSER/STOOB (wie Anm. 8), S. 623.

11 Ebd., S. 624; „1241 steuerten die ‚cives' dem Reich 30 Mark": ebd., S. 623.

12 HAAS (wie Anm. 1), S. 5 f.

13 Die Vorstellung, daß die „zu erheblichem Wohlstand" gelangten Bürger von Schongau die eigentliche Bauherrschaft darstellten (so PÖRNBACHER, wie Anm. 1, S. 2), ist für diese Zeit jedenfalls abwegig. – Einen Propst von Schongau für die Zeit Welfs VI. nennt eine Urkunde Kg. Heinrichs VII. von 1223 (Durch die Hand Welfs VI. übergibt „R. prepositus de Schonengow" dem Stift St. Maria und Verena zu Rot einen Hof in Memmingen: Wirtembergisches Urkundenbuch Bd. 3, Stuttgart 1871, S. 145 f. Nr. 668; FELDMANN, wie Anm. 7, Regest Nr. 196).

14 Zu Welfs VI. Resignation bezüglich seiner italienischen Ansprüche infolge des tragischen Verlusts des einzigen direkten Erben vgl. FELDMANN (wie Anm. 7), S. 73 ff.; zu seiner Person vgl. zuletzt: RAINER JEHL (Hrsg.), *Welf VI. Wissenschaftliches Kolloquium zum 800. Todesjahr. Irsee 1991*, Irseer Schriften, Bd. 3, Sigmaringen 1995.

15 FRANZ HÖLZL, *Dendrochronologische Datierung von Zugankern in der Basilika St. Michael in Altenstadt*, Ms. masch. 1994 (Bayerisches Landesamt für Denkmalpflege). Weitere Proben, insbesondere vom Lettnerbalken des Triumphbogens, erbrachten leider keine eindeutigen Datierungsergebnisse (Gutachten des Planungsbüros Tisje, Neu-Isenburg).

16 Die Möglichkeit einer Zweitverwendung älterer Abbruchmaterialien für die Wölbungsanker erwogen bei HAAS (wie Anm. 1, S. 13), doch müßte eine Datierung nach 1200 auch für die Bauzier von St. Peter in Straubing Konsequenzen haben, das mit einer Bauzeit „unmittelbar nach 1200" (s. Anm. 3) gut an den hier vorgeschlagenen Ansatz für Altenstadt anschließen würde.

17 Diese und die folgenden Angaben zur maltechnischen Situation basieren auf der Dokumentation der Firma ERWIN WIEGERLING, *Altenstadt, Basilika St. Michael. Untersuchungs- und Schlußbericht zur Freilegung und Konservierung des Christophorusgemäldes an der Westwand*, 1994-1995, Ms. masch. 1996 (Bearbeitung: STEFAN HUNDBISS).

18 Schichtstärke des nach Farbigkeit und Struktur vom Setzmörtel deutlich unterschiedenen Bildträgers durchschnittlich 5 mm (ebd., S. 2). Das Bildfeld ist rechts oben durch die nachträgliche Vergrößerung des Fensters beschnitten, unterhalb des Fensters ist die nördliche Putzkante jedoch partiell noch erhalten (Breite insgesamt ca. 2,80 m). Antragsgrenzen im Sinn von Tagewerken waren offenbar nicht nachweisbar (ebd., S. 3).

19 Ebd., S. 2 (nachgewiesen durch Mikroschliff); die stabile Verbindung der Putzschicht zum Setzmörtel der Fugen und der offensichtlich langsame Abbindevorgang, der den guten Erhaltungszustand der Malerei begründen dürfte, lassen den Restaurator sogar eine zum Zeitpunkt der Aufbringung noch vorhandene Restfeuchte im Mauerwerk vermuten (mündliche Mitteilung Stefan Hundbiß vom 5. August 1997).

20 Bei der Christusfigur wurden überraschenderweise einige Gewanddetails vorgeritzt und nicht etwa der Nimbus (ebenda, S. 3; vgl. Abb. 4).

21 Untersuchungsbericht HERMANN KÜHNS vom 24. November 1994 (Bestandteil der Dokumentation, siehe Anm. 17); bei anderen Proben auch Ruß- oder Beinschwarz nachgewiesen: ebd., S. 4.

22 Eine „im Farbton reine und intensive Azuritsorte ..., die sehr grobkörnig verwendet worden ist": ebd., S. 2 f.

23 „Der Anteil an abgebundenem Kalk und der halbtransparente Charakter der Schicht weisen auf eine freskoartige Bindung hin": ebd., S. 6.

24 Vgl. Untersuchungsbericht des Labors H. P. und M. Schramm vom 28. November 1997 (Nachtrag zum Untersuchungsbericht WIEGERLING s. Anm. 17).

25 KÜHN vermutet Kasein als Bindemittel: ebd., S. 7.

26 RENATE KROOS machte mich freundlicherweise darauf aufmerksam, daß die Kombination von weißem Hermelin als Futterpelz mit dem dunklen (und noch teureren) Zobel für den Kragen nicht ungewöhnlich war. Die für Hermelin charakteristische Zeichnung ist in Altenstadt allerdings nicht nachweisbar.

27 „1687 wurden über dem Hauptportal ein großes Fenster ausgebrochen und eine Empore für Orgel und Chor eingezogen": PÖRNBACHER (wie Anm. 1), S. 20.

28 Msgr. JOSEF OTT, *Chronik der Bauveränderungen*, Ms. masch. um 1962 (Pfarrarchiv Altenstadt); vgl. ERWIN WIEGERLING, *Altenstadt, Pfarrkirche St. Michael. Unterlagen zur Bau- und Ausstattungsgeschichte und zum Befund der bauzeitlichen Raumschale*, Ms. masch. 1994 (Bayerisches Landesamt für Denkmalpflege), S. 2, 7. Ein Beleg für die späte Verputzung ist auch die noch nicht vollständig gelesene Kritzelei „Hic fuit ..." in der Mitte des Bildfeldes.

29 Bei Festigung und Hinterspritzung des barocken Putzes hätten sich irreversible Schäden an der Wandmalerei nicht ausschließen lassen, vgl. die Schlußdokumentation von E. WIEGERLING (wie Anm. 17), S. 2.

30 „Nach der Gesamtfreilegung wurden die Oberflächen trocken und anschließend mit einem Lösungsmittelgemisch aus Azeton und Alkohol gereinigt. Partiell mußten Schleier mittels Kompressen angeweicht und anschließend mechanisch entfernt werden": ebd., S. 7.

31 „Die Mörtel sind in der Zusammensetzung und Farbigkeit, mit farbigen Marmorsanden und -mehlen eingefärbt, dem originalen Mörtel des Malputzes angeglichen": ebd.

32 Ebd., S. 8.

33 Vgl. HANS-FRIEDRICH ROSENFELD, *Der hl. Christophorus. Seine Verehrung und seine Legende. Eine Untersuchung zur Kultgeographie und Legendenbildung des Mittelalters*, Leipzig 1937; BIRGIT HAHN-WOERNLE, *Christophorus in der Schweiz. Seine Verehrung in bildlichen und kultischen Zeugnissen*, Schriften der Schweizerischen Gesellschaft für Volkskunde, Bd. 53, Basel 1972; FRIEDERIKE WERNER, *Christophorus*, in: Lexikon der christlichen Ikonographie, Bd. 5, Rom/Freiburg/Basel/Wien 1973, Sp. 496-508 (mit Lit.); J. SZÖVÉRFFY, in: Lexikon des Mittelalters, Bd. II, München/Zürich 1983, Sp. 1938-40.

34 WERNER (wie Anm. 33), Sp. 497.

35 Castel Appiano/Hocheppan (Südtirol), Burgkapelle, Außenwand neben dem Eingang, 2. Hälfte 12. Jh.: NICOLO RASMO, *Hocheppan*, Bozen 1968, hier: S. 8; OTTO DEMUS, *Romanische Wandmalerei*, München 1968, S. 14 f., 131 f.

36 GEORGE KAFTAL, *Iconography of the Saints in Central and South Italian Schools of painting*, Saints in Italian Art, Bd. 2, Florenz 1965, Sp. 281-284 mit Fig. 310 (mit der älteren Lit.); vgl. PIETRO ROMANELLI/PER JONAS NORDHAGEN, *S. Maria Antiqua*, Rom 1964, S. 38 f.; JOHN OSBORNE, *The Atrium of S. Maria Antiqua, Rome: A History in Art*, in: Papers of the British School at Rome, Bd. 55, 1987, S. 186-223.

37 GIULIO R. ANSALDI, *Gli affreschi della basilica di S. Vincenzo a Galliano*, Mailand 1949, Taf. XXXVf.; vgl. PAOLA TAMBORINI, *Pittura d'età ottoniana e romanica*, in: Giovanni Anzani u.a. (Hrsg.), L'arte dall'età romana al Rinascimento, Storia di Monza e della Brianza, Bd. IV,2, Mailand 1984, S. 177-254, hier: S. 186-196; ANNA SEGAGNI MALACART, *Affreschi milanesi dall' XI al XIII secolo*, in: Carlo Bertelli (Hrsg.),

Il millennio ambrosiano. La città del vescovo dai Carolingi al Barbarossa, Mailand 1988, S. 196-221. – Von Galliano abhängig die inschriftlich bezeichnete, gleichfalls noch der 1. Hälfte des 11. Jh. angehörige Darstellung des Heiligen in der Kirche SS. Giacomo e Filippo in Spurano di Ossuccio am Comer See, noch ohne Christus, aber mit Dattelpalme: *Pittura a Como e nel Canton Ticino dal Mille al Settecento,* hrsg. v. MINA GREGORI, Mailand 1994, Taf. 1.

38 Vgl. zuletzt HORST FUHRMANN, *Vom „schlimmen Tod" oder wie das Mittelalter einen „guten Tod" herbeiwünschte,* in: DERS., *Überall ist Mittelalter. Von der Gegenwart einer vergangenen Zeit,* München 1996, S. 205-224, hier: S. 208 ff.

39 Ebd., S. 210; dem entspricht, daß Radulfus Ardens (1215) in der Elevation der Hostie die Erhöhung Christi am Kreuz dargestellt sah (Homil. 47: ed. Migne, Patr. Lat. 155, Sp. 1836 B): JOSEF ANDREAS JUNGMANN S.J., *Missarum Sollemnia,* Bd. II, Wien 1948, S. 250 Anm. 24; Peter Browe S.J., *Die Verehrung der Eucharistie im Mittelalter,* München 1933, S. 30 mit Anm. 20.

40 JUNGMANN (wie Anm. 39), S. 250-56 (4. Aufl. 1958, S. 256-262); demnach nahm das Bedürfnis der Gläubigen, die Hostie zu sehen, um sie verehren zu können, gegen Ende des 12. Jahrhunderts offenbar in dem Maße zu, in dem die Häufigkeit des Kommunionempfangs abnahm. „Das hatte im Bereich der lateinischen Liturgie die gegen Ende des 12. Jahrhunderts allmählich nachweisbare Einführung der (zweiten, „großen") Elevation der Hostie während des Kanons zur Folge, die bald, im ersten Viertel des 13. Jahrhunderts, weithin üblich war" (freundliche Mitteilung WOLFGANG AUGUSTYN, München); zur zeitlichen Fixierung sowie zu den theologischen und frömmigkeitsgeschichtlichen Voraussetzungen vgl. BROWE (wie Anm. 39), S. 28-39.

41 Wohl nicht zufällig werden gerade für das ausgehende 12. Jh. Visionen berichtet, denenzufolge im Moment der Elevation in der Hand des Priesters ein kleines Kind geschaut wurde: JUNGMANN (wie Anm. 39), S. 250 mit Anm. 27; BROWE (wie Anm. 39), S. 30 mit Anm. 21.

42 FUHRMANN (wie Anm. 38), S. 211-216 (mit entsprechenden Nachweisen).

43 Quarona, S. Giovanni, 1. H. 13. Jh.: GEORGE KAFTAL, *Iconography of the Saints in the Painting of North West Italy,* Saints in Italian Art, Bd. 4, Florenz 1985, Sp. 197 f. Abb. 273; Bominaco, S. Pellegrino, um 1263: KAFTAL, Bd. 2 (wie Anm. 36), Sp. 283 f. Abb. 311; Mantua, Palazzo della Ragione, um Mitte 13. Jh.: ALDO CICINELLI u.a. (Hrsg.), *Matilde, Mantova e i palazzi del Borgo. I ritrovati affreschi del Palazzo della Ragione e del Palazzetto dell'Abate,* Mantua 1995, S. 89 f. Abb. 63 f. – Ohne zuverlässige Datierung im 13. Jahrhundert ist eine stark restaurierte Darstellung in San Zeno Maggiore in Verona, die sich nicht in stilistischer Hinsicht, wohl aber in bezug auf die Kleinheit der Christusfigur sowie hinsichtlich der reichen Pelzzier am Mantelsaum des Christophorus vergleichen läßt: FRANCESCO BUTTURINI, *La pittura frescale dell'anno mille nella diocesi di Verona,* Verona 1987, S. 159, Abb. 224. Für weitere, jüngere Belege vgl. die in Anm. 33 zitierte Lit.

44 Taufers, St. Johann, Vorhalle, Nordwand, um 1230: DEMUS (wie Anm. 35), S. 132 zu Taf. 69 f.

45 Ein frühes Beispiel ist das Wandbild von S. Zeno, Verona: Anm. 43; vgl. auch Modena, Dom, 1. H. 13. Jh.: ARTURO CARLO QUINTAVALLE, *La Cattedrale die Modena,* Modena 1964/65, Bd. II, Abb. 502.

46 Der oberitalienischen Vorlagenschicht, die hinter dem anspruchsvollen Wandbild von Altenstadt stehen dürfte, soll zu einem späteren Zeitpunkt gesondert nachgegangen werden.

47 Perschen bei Nabburg, Friedhofskapelle, um 1165-70: DEMUS (wie Anm. 35), S. 190 mit Taf. LXXXVIII, Abb. 207-209; vgl. HEIDRUN STEIN, *Meerstern und Karfunkelstein. Die Malereien im Karner zu Perschen,* in: Jahrbuch des Zentralinstituts für Kunstgeschichte, 3, 1987, S. 7-38; Regensburg, ehem. Kartause Prüll, 1.V. 13. Jh.: DEMUS (wie Anm. 35), S. 191 mit Abb. 210 f.

48 Freilegung und Ergänzung im Zuge einer 1936-40 durchgeführten Inneninstandsetzung; abwegig die Datierung ins 14. Jh. bei MARINA FREIIN VON BIBRA, *Wandmalereien in Oberbayern 1320-1570,* Miscellanea Bavarica Monacensia, Bd. 25, München 1970, S. 52; siehe auch PÖRNBACHER (wie Anm. 1), S. 16 f., Farbabb. S. 19.

49 Wolfenbüttel, Herzog August Bibliothek, Cod. Guelf. 105 Noviss. 2° (zugleich München, Bayerische Staatsbibliothek, Clm 30055), Helmarshausen, wohl zwischen 1185 und 1188, fol. 19^r: *Das Evangeliar Heinrichs des Löwen,* Faksimile-Edition, Frankfurt a.M. 1988-89; vgl. ELISABETH KLEMM, *Das Evangeliar Heinrichs des Löwen,* Frankfurt a.M. 1988, S. 83 mit Taf. 5; Kat. *Heinrich der Löwe und seine Zeit,* Ausstellung Braunschweig 1995, München 1995, S. 206-210 (Kat. Nr. D 31).

50 Für die Gürtelformen des ausgehenden 12. und beginnenden 13. Jhs. fehlt zwar eine systematische Untersuchung, doch kann der Monographie über die jüngere Entwicklung immerhin der Hinweis entnommen werden, daß die aus der 1. Hälfte des 13. Jhs. bekannte trapezförmige Schließe zunehmend durch andere Formen ersetzt wird: ILSE FINGERLIN, *Gürtel des hohen und späten Mittelalters,* Kunstwissenschaftliche Studien, Bd. 46, München/Berlin 1971, hier besonders S. 385 zu Nr. 216.

51 Löwen, St. Peter, Grabmal Herzog Heinrichs VI. von Brabant († 1235): KURT BAUCH, *Das mittelalterliche Grabbild,* Berlin/New York 1976, Abb. 133; Limburg a.d. Lahn, Dom, Grabmal Graf Konrad Kurzbolds, um 1235/40: RAINER BUDDE, *Deutsche Romanische Skulptur 1050-1250,* München 1979, Abb. 224.

52 Reichenhall, St. Zeno, Kreuzgang: PERCY ERNST SCHRAMM, *Die deutschen Kaiser und Könige in Bildern ihrer Zeit 751-1190,* Neuauflage, hrsg. v. Florentine Mütherich, München 1983, S. 269, Nr. 219 (mit der älteren Lit.).

53 Ein gleichfalls bis zur Saumborte herabhängender, formal und funktional jedoch ganz anders gearbeiteter Gürtel findet sich an der weltlichen Stifterfigur am Chorbogen der Johanneskapelle in Pürgg (Steiermark), worauf mich URSULA NILGEN, München, freundlicherweise aufmerksam machte: DEMUS (wie Anm. 35), S. 208 f. mit Abb. 233. Die von der Tracht des Altenstädter Christophorus abweichenden Details scheinen jedoch durch die 1939-48 wieder abgenommenen Übermalungen von 1893/94 so verunklärt, daß die vielleicht noch bis in die sechziger Jahre des 12. Jahrhunderts zurückreichende Malerei hier nicht weiter berücksichtigt wird.

54 Vgl. DENIS A. CHEVALLEY, *Der Dom zu Augsburg,* Die Kunstdenkmäler von Bayern, N.F. Bd. 1, München 1995, S. 156 f. mit Abb. 260. Interessant ist immerhin, daß auch die für Altenstadt zuständige Bischofskirche bereits ein frühes Christophorusbild aufwies, auch wenn hierfür offenbar andere Vorlagen und eine andere Formensprache wirksam wurden.

ABBILDUNGSNACHWEIS

BAYERISCHES LANDESAMT FÜR DENKMALPFLEGE, MÜNCHEN: *Abb. 1, 2, 4* (Aufn. E. WIEGERLING, GAISSACH), *Abb. 3, 5-8, 12, 13* (Aufn. GASTON ALVAREZ-ANFOSSI)
HANS-PETER AUTENRIETH, KRAILLING: *Abb. 9*
BILDSTELLE DES LANDESDENKMALAMTES BOZEN: *Abb. 10* (Aufn. H. WALDER), *Abb. 11* (Aufn. FRASNELLI-KEITSCH)

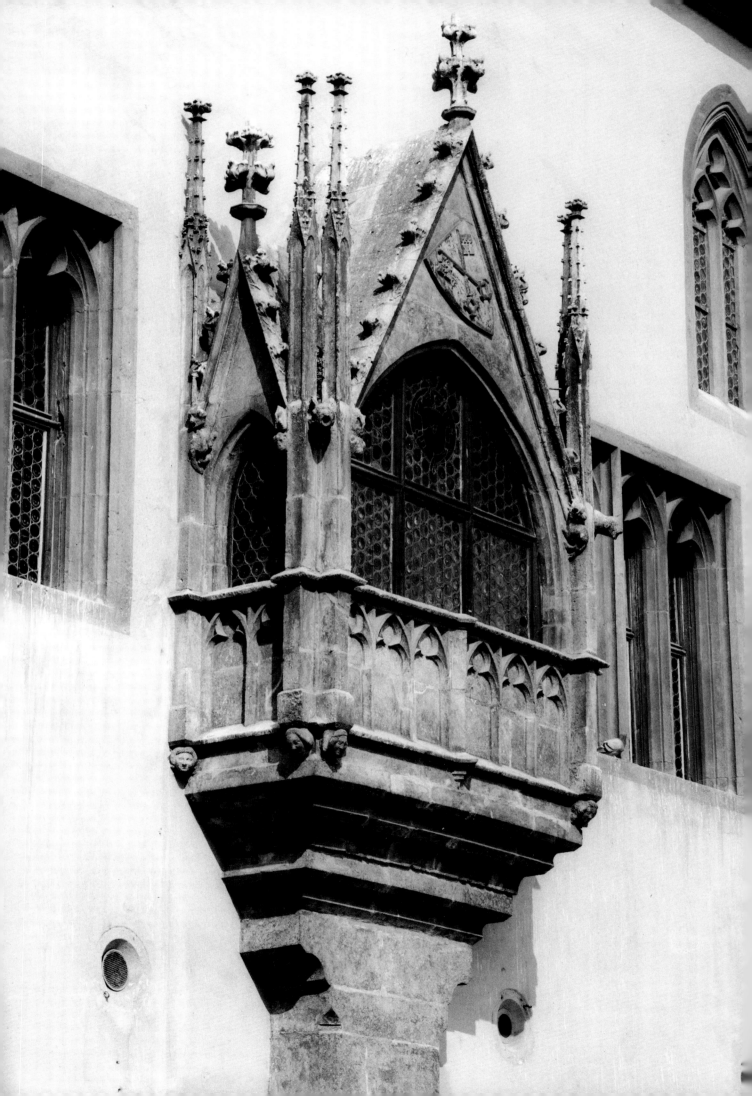

Achim Hubel

Studien zum Reichssaalbau des Alten Rathauses in Regensburg

Die systematische Erforschung des Regensburger Domes, die der Verfasser seit 1985 zusammen mit Manfred Schuller und unter Mitarbeit vieler Fachkollegen betreibt, hat mittlerweile viele Fragen zur Bau- und Ausstattungsgeschichte der Kathedrale klären können. Die wichtigsten Ergebnisse haben wir zusammenfassend jüngst publiziert.[1] Die genauen Untersuchungen zum Bauablauf und zur Konstruktion ließen in Verbindung mit stilgeschichtlichen Vergleichen, archivalischen Überlieferungen und naturwissenschaftlichen Ergebnissen (z. B. Dendrochronologie) die zeitliche Abfolge und die Datierung der Bauphasen erstaunlich präzise festlegen. Der so gewonnene, belegbare Einblick in die Entwicklung der Bauformen und der zugehörigen Bauplastik führt konsequenterweise dazu, daß so manches weitere Bauwerk Regensburgs in einem anderen Licht erscheint. Die Dombauhütte war mit ihren Fachkräften, die in ständigem, auch personellem Austausch mit den anderen mitteleuropäischen Bauhütten standen, das führende, weithin stilbildende Kunstzentrum der Region. Waren im sakralen wie im geistlichen Bereich anspruchsvolle Bauaufgaben zu lösen oder brauchte man qualitätvolle Steinskulpturen, wandte man sich verständlicherweise an die Dombauhütte. So finden sich in ganz Regensburg und darüber hinaus Bau- und Kunstdenkmäler, die deutlich von der Leistungsfähigkeit der Dombauhütte profitierten. Die systematische Auswertung all dieser Zusammenhänge wird noch einige Zeit brauchen. In diesem Beitrag sei die Aufmerksamkeit dem Reichssaalbau des Alten Rathauses gewidmet, der – um dies vorwegzunehmen – in allen Bauphasen des 14. und 15. Jahrhunderts von Mitgliedern der Dombauhütte gestaltet wurde. Die engen Zusammenhänge und die guten Vergleichsmöglichkeiten werden dabei die bisherige Chronologie teilweise verschieben, aber auch deutlicher differenzieren.

Bekanntlich gelang es der Stadt Regensburg im Jahre 1245, von Kaiser Friedrich II. das Recht der Selbstverwaltung zu erlangen und einen eigenen Stadtrat einzusetzen; damit war Regensburg de facto eine Freie Reichsstadt geworden.[2] Die neuen Aufgaben verlangten nach entsprechenden Baulichkeiten für die Verwaltung wie für die Repräsentation. So entstand unmittelbar darauf, um die Mitte des 13. Jahrhunderts, der bis heute stadtbildprägende, achtgeschossige Rathausturm zusammen mit dem westlich anschließenden sog. Mittelbau. Um diesen Kern herum entwickelte sich im Lauf der Jahrhunderte der vielgestaltige Komplex des Alten Rathauses. Die älteste Baugruppe entspricht in ihrer Gestalt den damals für die Stadt typischen Patrizierburgen, die auf einer verhältnismäßig schmalen Parzelle straßenseitig einen hohen Turm mit einem seitlichen Anbau verbanden, dessen erstes Obergeschoß einen Festsaal barg.[3] Der große Raum des sog. Kurfürstlichen Kollegiums kann mit seinen drei Fensterachsen zum Rathausplatz und seiner beachtlichen Dimension als Nachfolger des mittelalterlichen Festsaales bezeichnet werden. Auch das unmittelbar östlich anschließende sog. Kurfürstliche Nebenzimmer im 1. Obergeschoß des Turmes besaß einen repräsentativen mittelalterlichen Vorgänger, der mit einem großen – heute vermauerten – Loggiabogen zum Platz hin geöffnet war. Ein archivalisch überlieferter Brand im Jahre 1360 scheint die oberen Teile des Turms beschädigt zu haben;[4] jedenfalls erhielten sie bei der bis 1363 erfolgten Wiederherstellung im 6. Obergeschoß neue große, dreibahnige Maßwerkfenster.

Der in einigem Abstand westlich neben dem Kernbau stehende sog. Reichssaalbau (Abb. 3) ist ein zum Rathausplatz hin traufständiges Gebäude von beträchtlichem Volumen, dessen hohes Satteldach zwei Treppengiebel im Süden und Norden einfaßt. Es beherbergte im Obergeschoß den Tanz- und Festsaal der Stadt, wie dies auch von vielen anderen Rathäusern vergleichbarer Städte bekannt ist. Im Erdgeschoß befanden sich zum Platz hin Läden, dahinter Fragstatt und

Abb. 1. Regensburg, Altes Rathaus; Reichssaalbau, Standerker vor der Ostwand

Abb. 2. Regensburg, Altes Rathaus; Schwibbogen mit der Kapelle St. Simon und Juda, südlich des Reichssaalbaus (1611 abgebrochen); Rekonstruktionszeichnung von Karl Schmid

Folterkammer, die in Verbindung mit den hier abgehaltenen Gerichtsverhandlungen gesehen werden müssen. Bei den in Regensburg stattfindenden Reichstagen diente der Festsaal selbstverständlich als Versammlungsraum, der zunehmend für diese Funktion gebraucht wurde, bis mit der Einrichtung des Immerwährenden Reichstags 1663 die ausschließliche Nutzung als Parlamentssaal erfolgte. In der bisherigen Literatur zum Rathaus wird der Neubau der Anlage stets mit dem erwähnten Brand von 1360 in Verbindung gebracht und in die Jahre zwischen 1360 und 1363 – der für den Turm überlieferten Erneuerung – datiert.[5] Allerdings gibt es keinen archivalischen Nachweis, daß der Brand auf die Westseite übergegriffen und einen Neubau erforderlich gemacht habe. Zweifellos hatte es an der Stelle des Reichssaalbaus einen Vorgänger gegeben, dessen Größe, Gestalt und Funktion jedoch völlig unbekannt sind.[6] Zumindest muß im südwestlichen Bereich seit dem 11. Jahrhundert ein massives und hohes Gebäude existiert haben, da sich hier nach Süden die Kapelle St. Simon und Juda anschloß, die bereits 1052 geweiht worden war. Sie stand erhöht – noch über dem Niveau des heutigen Obergeschosses – auf einem Schwibbogen, über den man vom Vorgängerbau in das gegenüberliegende sog. Gumprechtsche Haus (Neue-Waag-Gasse 1) gehen konnte und der eine enge Toröffnung zwischen der Platzfolge Rathausplatz – Haidplatz bildete.[7] Auf dem Fassadenentwurf von Hans Bocksberger d. J. für den älteren Teil des Regensburger Rathauses, dessen reiche Bemalung sein Vetter Melchior Bocksberger in den Jahren 1573/74 ausführte, ist die Ostfront des Schwibbogens einschließlich Übergang und Kapellenfassade mit abgebildet, da sie in die malerische Gesamtdekoration einbezogen waren.[8] Die Identifizierung dieses auf dem Entwurf ganz links dargestellten und bisher nicht genügend beachteten Gebäudeteils als Schwibbogen und Kapelle gelang dem Regensburger Architekten Karl Schmid, der danach eine überzeugende Rekonstruktionszeichnung (Abb. 2) anfertigte.[9] Die Anlage wurde bereits im Jahre 1611 abgerissen. Im Reichssaalgebäude selbst geben nur zwei kleine romanische Rundbogenfenster in der Südwestecke des Saales sichtbares Zeugnis von dem Vorgängerbau; weitere Befunde sind sicherlich noch unter den Verputzen außen wie innen verborgen.

Der bauplastische Schmuck des Reichssaalbaus konzentriert sich außen auf die Ostfassade mit dem im Obergeschoß durchlaufenden Fensterband, das mittig einen tabernakelartigen Erker einfaßt, der sich auf einer breiten, pfeilerförmigen Wandvorlage erhebt. Innen ist, da das Erdgeschoß mehrfach umgebaut wurde, auf den monumentalen Festsaal zu verweisen, der mit einer Fläche von 16 : 22,5 m das ganze Obergeschoß einnimmt. Hier haben sich aus der Bauzeit vier Kon-

Abb. 3. Regensburg, Altes Rathaus; Reichssaalbau von Südosten

Abb. 4. Regensburg, Altes Rathaus; Reichssaal, Gewölbe des Erkers vor der Ostwand; Schlußstein mit Christushaupt

Abb. 5. Regensburg, Dom; nördliches Seitenschiff, Heinrich- und Kunigunden-Altar; Medaillon mit Kopf des Stifters (?), um 1320 (Aufnahme um 1920)

solen in den Ecken und je zwei Konsolen an den Längsseiten erhalten; sie tragen die aufwendige hölzerne Flachdecke des Saals. Außerdem besitzt der Erker ein Kreuzrippengewölbe mit einem Christuskopf als Schlußstein. Auf spätere Zufügungen wie das prächtige Portal vor der Nordostecke außen und zusätzliche Konsolen innen wird weiter unten eingegangen.

Schon ein erster Blick auf den in Werkstein gearbeiteten Standerker läßt Zweifel an der bisherigen Datierung um 1360/63 aufkommen; deshalb seien bereits früher geäußerte Vermutungen des Verfassers[10] präzisiert und durch stilkritische Vergleiche bekräftigt. Der über seinem Standfuß mehrfach auskragende Erker (Abb. 1) besitzt auf rechteckigem Grundriß geschlossene Brüstungsfelder, die mit aufgeblendeten genasten Spitzbögen belegt sind. An den Ecken steigen schlanke Fialen hoch, die spitzbogige Fenster einfassen. Die breite Fläche der Hauptöffnung ohne Maßwerkgliederung läßt auf die Funktion eines ursprünglich offenen, unverglasten Balkons schließen, von dem aus sich hohe Gäste zeigen konnten oder wichtige Mitteilungen verkündet wurden. Darüber schließen Wimperge, deren Schenkel mit Krabben besetzt sind und die in einer Kreuzblume enden, den Erker ab; die Dachschrägen hinter den Wimpergen bestehen aus sich durchdringenden steinernen Flächen in unterschiedlicher Firsthöhe. Aus ganz ähnlichen Architekturgliedern setzen sich die beiden ältesten Baldachinaltäre im Regensburger Dom zusammen, nämlich der Heinrich- und Kunigunden-Altar aus der Zeit um 1320 im nördlichen Seitenschiff und der um 1330/35 entstandene Verkündigungsaltar im südlichen Seitenschiff.[11] Zum Vergleich unmittelbar heranzuziehen ist auch die um 1325/30 zu datierende dreiteilige Baldachinanlage über dem Grab des hl. Erhard im nördlichen Seitenschiff der Regensburger Niedermünsterkirche.[12] Typisch für alle diese Beispiele sind klare, sorgfältig differenzierte Formen mit geradlinig durchgezogenen Ecken und Kanten sowie scharf geschnittenen Profilen, wie sie etwa die Innenseiten der Wimpergschenkel ausbilden. Im Großformat kennzeichnet die Verbindung von Fenster und Wimperg in ganz ähnlichen Formen die Außenfronten der Obergadenzone des Regensburger Domes, die mit dem Hochführen des Hauptchorpolygons um 1310 definiert war.[13] Ab der Zeit um 1340/50 wandeln sich dagegen diese Gestaltungsprinzipien zugunsten einer geschmeidigeren, nun auch Kielbögen verwendenden Formensprache, die zudem Wert auf feinteiligeres Maßwerk legt; bezeichnende Beispiele hierfür sind etwa das südliche Westportal des Domes (um 1340/45) oder die – nachträglich mit einem Kielbogen überhöhte – Pforte im dritten Joch von Osten des südlichen Seitenschiffs. Auch die vielen Maßwerkgalerien am Dom geben nach dem zweiten Joch des Langhauses (um 1335) ihre schlichten Formen auf und zeigen immer reicheren ornamentalen Dekor.

Den durch die Architekturformen gewonnenen zeitlichen Ansatz bestätigt der Vergleich der skulptierten Teile des Rathauserkers. Dabei fällt ein sehr phantasievoller Umgang mit figürlicher Bauplastik auf, der vor allem den Heinrich- und Kunigunden-Altar des Domes mit dem Rathauserker verbindet. Den Erker schmücken das Wappen der Stadt Regensburg in der Zwickelfläche des vorderen Wimpergs, skurrile Fabelwesen am Ansatz der Wimpergschenkel, kleine Wasserspeier in Gestalt von Tieren zwischen den Eckfialen und Kopfkonsolen unter der Maßwerkbrüstung. Die ungewöhnlichen Kopfkonsolen, die direkt aus der Architektur heraus-

Abb. 6. Regensburg, Dom; nördliches Seitenschiff, Heinrich- und Kunigunden-Altar; Medaillon mit Kopf der Stifterin (?), um 1320 (Aufnahme um 1920)

Abb. 7. Regensburg, Altes Rathaus; Standerker, Kopfkonsolen unter der Erkerbrüstung; südlicher Kopf der Ostseite

wachsen und die über ihnen hochsteigenden eckigen Fialenfüße tragen, erinnern an die in ähnlicher Funktion eingesetzten Kopfkonsolen an der südlichen Querhausfassade des Regensburger Domes, an dem um 1310/15 entstandenen Obergeschoß, oberhalb des großen Maßwerkfensters und unter dem Laufgang des Dreiecksgiebels.[14] Die Köpfe und Fabelwesen des Erkers sind zudem so qualitätvoll und mit Beispielen am und im Dom so unmittelbar zu vergleichen, daß die Werksteinteile des Reichssaalbaus zweifellos von Mitarbeitern der Dombauhütte geschaffen wurden. Dem Schlußstein mit dem Kopf Christi im Gewölbe des Erkers (Abb. 4) gleicht unmittelbar die Rundscheibe mit der Reliefdarstellung eines Stifterkopfes (?) am Heinrich- und Kunigunden-Altar (Abb. 5), der sich im Zwickel zwischen dem Wimperg der Frontseite und der Figur des hl. Heinrich befindet. Ebenso findet sich das Gesicht des zugehörigen weiblichen Kopfes, der am Altar neben der hl. Kunigunde erscheint (Abb. 6), in unmittelbar verwandten Varianten bei den Kopfkonsolen am Rathauserker wieder (Abb. 7). Die noch etwas liebenswürdiger und jugendlicher charakterisierten Kopfkonsolen lassen gegenüber dem um 1320 entstandenen Altar eine etwas spätere Datierung vermuten. Dies bestätigen die zahlreichen Übereinstimmungen, die sich mit einer anderen Werkgruppe ergeben, nämlich den Skulpturen, die stilistisch zu der zwischen 1322 und 1326 entstandenen Grabplatte des Domdekans Ulrich von Au gehören, beispielsweise der Reiterfigur des hl. Georg (um 1325/30) an der inneren Westwand des Domes, südlich des Hauptportals (Abb. 8).[15] Der Kopf des Georg läßt sich direkt mit einem Jünglingskopf vom Rathauserker (Abb. 10) vergleichen; dazu paßt auch bestens eine Kopfkonsole vom Dom, die sich außen am Obergaden der nördlichen Mittelschiffwand befindet, und zwar im zweiten Joch von Osten, am Ansatz des westlichen Strebebogens (Abb. 9) und die von der Bauabfolge her um oder kurz nach 1330 zu datieren ist. In die gleiche Zeit gehört ein Fabeltier mit Fledermausflügeln, das sich an der Südseite des Domes befindet, wiederum am Obergaden, im ersten Joch von Osten und am Ansatz des westlichen Wimpergschenkels (Abb. 14). Es hat ein Gegenstück bei den Konsolen unter der Holzdecke des Reichssaales, und zwar in der südwestlichen Ecke (Abb. 13). Dazu erscheint in der südöstlichen Ecke eine Konsole mit den Halbfiguren eines jugendlichen Liebespaares,[16] während die beiden nördlichen Eckkonsolen mit Blattwerk bzw. Blumen verziert sind. In den gleichen stilistischen Zusammenhang gehören die Konsolfiguren an den Längsseiten des Saales, von denen eine an der Westwand mit der Darstellung einer Sirene abgebildet sei (Abb. 11). Die köstliche Skulptur mit Vogelleib, Schwimmhäuten zwischen den Zehen und bekleidetem Oberkörper besitzt den gleichen Kopf eines jungen Mädchens wie die südliche der beiden Frauen (Abb. 15), welche die Konsole für die genannte Reiterfigur des hl. Georg im Dom tragen (innere Westwand, um 1325/30). Die übrigen drei Konsolen zeigen an der Westwand noch einen Löwen, an der Ostwand einen Drachen und einen Zwerg, der mit einer Keule ein Fabeltier bekämpft.

Während die Holzdecke des Reichssaales (Abb. 16) – wie sich noch zeigen wird – im 15. Jahrhundert erneuert wurde, hat sich am mittleren Unterzug ein in Zweitverwendung angebrachtes Holzrelief erhalten, das offensichtlich zur Erstausstattung gehört und vielleicht von der früheren Holzdecke stammt: ein farbig gefaßtes Medaillon mit der Darstellung des auf der Kathedra thronenden hl. Petrus, des Schutzpatrons der Stadt (Abb. 12). Das Motiv diente mindestens seit dem frühen 13. Jahrhundert als Siegel der Stadt und wurde hier im Innenraum gezeigt; dagegen war das seit etwa 1300 angenommene Stadtwappen mit den zwei gekreuzten Schlüsseln, die ja ebenfalls auf St. Petrus Bezug nehmen, am Rathauserker außen vorgeführt.[17] Der mit pontifikalen Gewändern bekleidete Apostel trägt – analog dem Siegel – in den Händen einen Schlüssel und ein Evangelienbuch. Auf dem Haupt trägt er

Abb. 9. Regensburg, Dom; Nordwand des Mittelschiffs außen, Obergadenzone; Kopfkonsole am Ansatz des Strebebogens zwischen dem 2. und 3. Joch von Osten, Ostseite; um oder kurz nach 1330 (Aufnahme um 1920)

◁ Abb. 8. Regensburg, Dom; innere Westwand des Mittelschiffs, Reiterfigur des hl. Georg; Ausschnitt, um 1325/30

Abb. 10. Regensburg, Altes Rathaus; Standerker, Kopfkonsolen unter der Erkerbrüstung; nördlicher Kopf der Ostseite

die Tiara in der älteren Form des Phrygiums, eines Kegelhuts, der noch nicht durch drei Kronreifen bereichert ist.[18] Mit der gleichen Kopfbedeckung ist Petrus auch auf einem Regensburger Stadtsiegel dargestellt, das 1323 zum ersten Mal nachgewiesen werden kann.[19] Wenn das Holzrelief auch in der Qualität eher bescheiden wirkt (die Übermalungen erschweren eine Beurteilung), gehört es doch eindeutig in die gleiche Zeit wie die große steinerne Petrusfigur am nordöstlichen Vierungspfeiler des Domes, die um 1320 anzusetzen ist.[20] Dies bestätigt auch der Vergleich mit anderen Holzbildwerken thronender Figuren, beispielsweise mit der um 1320 zu datierenden Madonna aus Kapfelberg bei Regensburg, die sich im Bayerischen Nationalmuseum München befindet.[21] Typisch sind die Proportionen der Figur mit dem großen Haupt und den schmalen Schultern, die Faltenformen, die zwischen den Knien V-förmig einsinken, sonst aber in wenigen, kräftigen

Abb. 11. Regensburg, Altes Rathaus; Reichssaal, Westwand; Konsole mit Darstellung einer Sirene

Abb. 13. Regensburg, Altes Rathaus; Reichssaal, Südwestecke; Konsole mit Fabelwesen

Abb. 12. Regensburg, Altes Rathaus; Reichssaal, Holzdecke; Medaillon mit Holzrelief des hl. Petrus

Bahnen nach unten führen, und die leicht schräg gestellten, unter dem geschwungenen Gewandsaum vorkommenden Füße. Auch die Physiognomie des Petrus entspricht den übrigen Bildwerken des Reichssaales; so zeigt etwa der Zwerg der Steinkonsole an der Ostwand eine ganz ähnliche Gestaltung von Gesicht und Bart. Das Petrusmedaillon darf also – entgegen der bisherigen Literatur[22] – ebenfalls um 1320/30 angesetzt werden.

Zusammenfassend kann man die Bauplastik des Rathauserkers wie die Konsolfiguren des Reichssaales weitgehend mit Skulpturen des Domes in Verbindung bringen, die in der Zeit um 1320/30, spätestens bis 1335 entstanden sind. Da die Architekturformen des Erkers auf die gleiche Zeit weisen, dürfte damit die Bauzeit des Reichssaalbaus recht genau definiert sein. Das Gebäude muß also um einiges früher angesetzt werden als bisher. Es rückt in die Regierungszeit Kaiser Ludwigs des Bayern (reg. 1314-1347) und in die Zeit vor dem Regensburger Aueraufstand von 1334, also in die glänzendsten Jahre der Freien Reichsstadt. In diesen ersten Jahren seiner Regierung weilte Kaiser Ludwig häufig in Regensburg, beispielsweise 1322, als er mit dem eben besiegten und gefangengenommenen Gegenkönig Friedrich dem Schönen ankam und dabei Quartier im Haus des Bürgermeisters Gumprecht – gegenüber dem Reichssaalbau – nahm. 1324 zeigte er in einer prächtigen Reliquienschau die Reichskleinodien, die er endlich an sich gebracht hatte. Er hielt Hof- und Reichstage ab und pflegte erst recht die engen Beziehungen zu Regensburg, als 1330 der mit ihm befreundete Friedrich von Au Bürgermeister geworden war. So bestätigte er der Stadt mit einer Goldbulle von 1331 großzügig alle Privilegien. Auch politisch

Reichssaalbau des Alten Rathauses in Regensburg 537

Abb. 14. Regensburg, Dom; Südwand des Mittelschiffs außen, Obergadenzone, 1. Joch von Osten; Fabelwesen als Konsolfigur am Ansatz des westlichen Wimpergschenkels; um oder kurz nach 1330

Abb. 15. Regensburg, Dom; innere Westwand des Mittelschiffs; Tragekonsole unter der Reiterfigur des hl. Georg, südliche Konsolfigur, Ausschnitt; um 1325/30

Abb. 16. Regensburg, Altes Rathaus; Reichssaal, Innenraum, Blick nach Südosten

Abb. 17. Regensburg, Altes Rathaus; Rathausportal, Ausschnitt

kann man sich für den Bau des Festsaalgebäudes keine Zeit besser vorstellen als den stilkritisch erschlossenen Zeitraum, zumal sich nach der Vertreibung der Auer 1334 und der erfolglosen Belagerung der Stadt durch den Kaiser 1337 die Situation drastisch verschlechtert hatte und der Kaiser riesige Geldsummen von der Stadt erpreßte, z. B. 1339 und 1343 die gewaltigen Beträge von jeweils 5000 Pfund Pfennigen.[23]

Auch wenn es keine direkten Quellen zur Errichtung des Reichssaalbaus gibt, kann neben den stilkritischen Argumenten doch der eine oder andere archivalische Hinweis verwertet werden. So fällt auf, daß im Jahre 1318 das Areal vor dem Rathaus neu arrondiert und erweitert wurde. In einem Tausch mit dem Spital bei St. Oswald erhielt dieses ein neu errichtetes, in der Nähe des Spitals befindliches Gebäude aus städtischem Besitz, während die Stadt dafür ein Grundstück neben dem Rathaus bekam, wie der Bürgermeister Weigand von Trausnitz beurkundete: „... und dawider hat man uns von desselben Spitals wegen ein ander Hofstatt gegeben der gelegen ist under dem Häuslein ze nebst an vnser Gemeynhaus vor Purch. Und der haben wir haizzen abraumen durch den Weit des Marchts der da sein soll"[24]. Auf dem größer gewordenen Platz richtete der Rat am 5. November 1318 einen neuen Markt ein, der alle anderen Märkte ersetzen sollte, vor allem den herzoglichen Markt neben dem Herzogshof.[25] Wie Johann Schmuck betonte, diente die Verlegung und Konzentration unmittelbar beim Rathaus sicher zur besseren Kon-

trolle des lokalen Handels.[26] Da das Erdgeschoß des Reichssaalbaus ebenfalls dem Handel diente, könnte die Verlegung des Marktes – in Verbindung mit dem Erwerb des Grundstücks – ein Indiz für den geplanten Neubau darstellen. Außerdem wies Schmuck darauf hin, daß im Jahre 1328 zum ersten Mal eine neue Bezeichnung für den Rat der Stadt auftauchte, der sich fortan „rat auf dem haus" nannte.[27] Dies könnte zwar wegen der erforderlichen Abgrenzung gegenüber dem Rat in der Hanse erforderlich gewesen sein, ließe sich vielleicht aber auch mit dem Stolz auf das neu errichtete Festsaalgebäude erklären.

Die hier vorgeschlagene Datierung des Regensburger Reichssaalbaus dürfte auch deshalb Interesse verdienen, weil sich damit die zeitliche Abfolge im Vergleich zum Saalbau des Nürnberger Rathauses umkehren würde, der bekanntlich in den Jahren 1332 bis 1340 errichtet wurde. Betrachtet man die wenigen Reste der ursprünglich reichen plastischen Ausstattung des Nürnberger Rathauses,[28] vor allem die Reliefdarstellung des thronenden Kaisers Ludwig des Bayern, die zwischen 1338 und 1340 entstanden sein muß,[29] wird die spätere Stilstufe deutlich. In Regensburg hat sich aus dieser Zeit das Steinrelief einer thronenden Muttergottes erhalten, das von einem Haus aus dem ehemaligen Besitz des adeligen Damenstifts Obermünster stammt und heute im Diözesanmuseum St. Ulrich aufbewahrt wird.[30] Das Bildwerk gehört zwar nicht in den Umkreis der Regensburger Dombauhütte, vermittelt

Abb. 18. Regensburg, Altes Rathaus; Rathausportal, Steinmetzzeichen (Typnummern aus der Domliste)

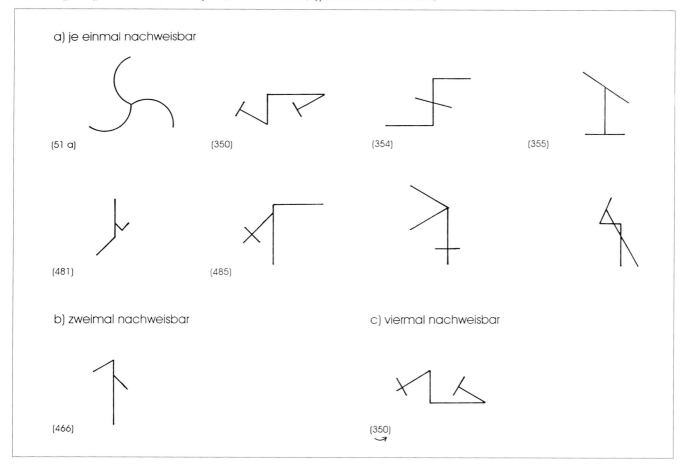

Abb. 19. Regensburg, Altes Rathaus; Rathausportal; Drache am Ansatz des südlichen Wimpergschenkels

Abb. 21. Regensburg, Dom; Westfassade, Nordturm, Stirnwand des nördlichen Strebepfeilers; Drache nördlich des Reliefs mit der Darstellung des Tanzes um das Goldene Kalb; um 1410

aber gut die typischen Stilformen der Zeit um 1335/40. Die Gesichter sind durch eine weiche, etwas verschwommen wirkende Oberfläche charakterisiert und individuell gestaltet, die ornamentale Symmetrie – etwa der Haarlocken – wird reduziert, die betonte Schönheitlichkeit zugunsten einer differenzierten Charakterisierung aufgegeben. Am Dom findet man Skulpturen dieser gewandelten Vorstellungen am ersten Obergeschoß des Südturms (um 1350/60) und an der Stirnwand zwischen dem Turmerdgeschoß und dem mittleren Westportal, wo ebenfalls um 1350/60 die ersten Hauptportalfiguren entstanden (Verkündigung und Heimsuchung), nach einem damals noch mariologischen Programm.[31] Die Festsaalbauten spiegeln sicherlich auch die Konkurrenz der beiden Städte wider: Nachdem in Regensburg das Gebäude emporwuchs und mit einer Saalfläche von 360 qm das Repräsentationsbedürfnis der Reichsstadt demonstrierte, antwortete man in Nürnberg mit einem noch größeren Saalbau (39 : 11,5 m), der mit einer Grundfläche von fast 450 qm das Regensburger Vorbild deutlich übertraf.

Die nächste uns bekannte Veränderung am Reichssaalbau in Regensburg betraf die Eingangssituation. Ursprünglich hatte es wohl nur eine eher schlichte Außentreppe als Zugang

Abb. 20. Regensburg, Dom; innere Westwand des Mittelschiffs; Konsolfigur nördlich des Hauptportals, um 1410

für den Festsaal gegeben; die verhältnismäßig kleine, heute vermauerte Türöffnung in der Ostwand des Saales, nördlich des Fensterbandes kann dies bis heute verdeutlichen. Erst später fügte man nordöstlich den repräsentativen Torbau hinzu, der an der Ostseite über breit ausladende Stufen zu betreten ist und im Innern eine aufwendige steinerne Treppe mit Maßwerkbrüstung birgt. Wichtigster Schmuck dieses Anbaus ist das zweiflügelige Eingangsportal, das in Werkstein reich dekoriert ist (Abb. 17). Sein fein profiliertes Gewände mit den leicht spitzbogigen Archivolten wird von schlanken, fialenbekrönten Wandpfeilern eingefaßt. Von ihnen aus steigt ein mit ausgesprochen kräftigen Krabben besetzter Wimperg hoch, der in einer prächtigen Kreuzblume endet. Darüber schließt ein kräftiges, waagrechtes Gesims in der Funktion eines Wasserschlags die Anlage ab. Bekannt geworden ist das Portal durch den ungewöhnlichen figürlichen Schmuck, der die Wandflächen zwischen dem Wimperg und den flankierenden Fialen füllt: Links und rechts findet sich als quadratisches Relief ein mit dem Regensburger Stadtwappen gefülltes Maßwerkfeld, das offenbar die Funktion einer Brüstung haben soll; denn darüber erscheint jeweils – vor eingetieften Nischen – die fast vollplastisch ausgearbeitete Halbfigur eines Wächters, der sich in voller Rüstung drohend herabbeugt. Der rechte trägt einen Eisenhut mit Helmbrünne und daran ansetzenden, aufgerollten Puffärmeln sowie darunter offenbar einen Harnisch, von dem Armzeug und Fausthandschuh sichtbar sind. In der rechten Hand hält er einen Steinbrocken, den er wurfbereit hochhält. Die linke Figur ist ganz ähnlich bekleidet, hält aber in der Rechten eine Streitaxt und besitzt einen Eisenhut mit nach vorn spitz zulaufender Krempe. Die beiden Figuren, die unter der Bezeichnung „Schutz und Trutz" firmieren, sollten wohl – ähnlich wie die Fabeltiere am Wimpergansatz und über dem Gesims – in apotropäischer Funktion ungebetene Gäste aller Art fernhalten. Reiche Spuren einer aufwendigen Renaissancefassung aus der zweiten Hälfte des 16. Jahrhunderts dürften im Zusammenhang mit der Bemalung der Rathausfassaden durch Melchior Bocksberger in den Jahren 1573/74 zu sehen sein. Sicherlich war die Anlage auch ursprünglich in bunten Farben dekoriert.

Die übliche Datierung des Portals auf das Jahr 1408 bezieht sich auf die Jahreszahl, die auf dem Spruchband einer Konsole im Reichssaal aufgemalt ist (Abb. 25). Wir werden noch sehen, daß diese in keiner Weise als verbindlich angesehen werden kann. Auch der Hinweis von Heinisch auf Bauarbeiten am Rathaus im Jahre 1407 kann nicht selbstverständlich mit dem Torbau in Verbindung gebracht werden. Ein Baumeister Leutwein erhielt damals drei Pfund Pfennige;[32] dies entsprach dem Lohn des Regensburger Dombaumeisters (ohne Zusatzhonorare) für etwa neun Wochen,[33] so daß eine Anlage von der Größe des Torbaus nicht annähernd gemeint gewesen sein kann. Allerdings gehört das Portal dem Stil nach tatsächlich in den Zeitraum um 1400/1410. Typisch ist allein schon die Gewandung der Wächter; sie zeigt die Mischrüstung des „Schönen Stils" aus Eisen, Stoff und Ringelpanzer, wie sie bis in die 1420er Jahre in Deutschland beliebt war.[34] Noch deutlichere Hinweise geben die zahlreichen Steinmetzzeichen, die an den Werksteinen des Portals zu finden sind – im Gegensatz übrigens zum Rathauserker, an dem kein Zeichen zu entdecken war. Soweit die Zeichen ohne Gerüst zu

Abb. 22. Regensburg, Altes Rathaus; Reichssaalbau, Dachwerk; 1446

Abb. 23. Regensburg, Dom; Dachwerk über dem Hauptchor, Blick nach Osten; 1449

Abb. 24. Regensburg, Altes Rathaus; Reichssaal, Südwand; Konsole mit dem Stadtwappen und zwei Engeln

Abb. 25. Regensburg, Altes Rathaus; Reichssaal, Nordwand; Konsole mit Adler und Spruchband

identifizieren waren, seien sie hier vorgestellt (Abb. 18). Den Vergleich mit den Steinmetzzeichen am Dom verdanke ich Friedrich Fuchs, der auch die laufende Nummer nach dem Kartierungssystem der Domzeichen beigefügt hat.[35] Bis auf zwei Zeichen lassen sich alle am Regensburger Dom nachweisen, und zwar nahezu ausschließlich im unteren Bereich des Nordturm-Erdgeschosses, teilweise auch im zweiten Obergeschoß des Südturms, im vierten Joch von Osten des nördlichen Seitenschiffs und im oberen Bereich der Hauptportalwand, also in einem eng beieinanderliegenden und auch zeitlich zusammengehörigen Bereich, der beim Südturm etwa um 1380 beginnt, mit der größten Zahl der Zeichen jedoch auf eine Entstehungszeit um oder kurz nach 1400 verweist. Die direkte Identität der Zeichen liefert den Nachweis, daß die Dombauhütte auch außerhalb des Dombereichs tätig war und für anspruchsvolle Tätigkeiten beauftragt werden konnte. Da wir durch die Dombaurechnung von 1459 wissen, daß die Dombauhütte damals und auch in späteren Jahren nur aus dem Dombaumeister, zehn Gesellen und einem Lehrling bestand,[36] legt die Anzahl der zehn Zeichen die Beteiligung eines großen Teils der Hüttenmitglieder am Rathausportal nahe. Das Portal dürfte jedenfalls in einem Zuge entstanden sein; und die verschiedenen Zeichen deuten auf eine leistungsfähige, eingespielte Werkstatt hin, die einen solchen Auftrag zügig und in einheitlicher Formensprache durchführen konnte.

Die über die Zeichen nachgewiesene Identität der Bildhauer wird durch den stilistischen Vergleich voll bestätigt. Beispielsweise finden sich die kleinen, mit liebevoll abwechselndem Blattwerk geschmückten Kapitelle in der Kämpferzone des Portalgewändes wieder am nördlichen Westportal des Domes, und zwar ebenfalls am Gewände, unterhalb der Figurenkonsolen. Das fein aufgeblendete, in stilisierten Lilien endende Maßwerk innerhalb des Wimpergs am Rathausportal besitzt ein Gegenstück an der Westfassade des Dom-Nordturms, und zwar über dem Relief mit der Darstellung des Tanzes um das Goldene Kalb an der Stirnwand des nördlichen Strebepfeilers.[37] Hier wie dort besetzen Fabelwesen den Ansatz der Wimpergschenkel, wobei der am Rathausportal links erscheinende Drache (Abb. 19) in dem Drachen nördlich des genannten Strebepfeilerreliefs (Abb. 21) geradezu einen Zwillingsbruder hat. Von besonderem Interesse sind natürlich die beiden bewaffneten Wächterfiguren in ihrer ungewöhnlichen künstlerischen Qualität. Hier fällt die minutiöse Detailgestaltung des Bildhauers auf, der auch alle Nieten, Schnallen und Riemen der Rüstung genauestens wiedergibt und in der Differenzierung der Gesichter bis zur Einzeichnung feinster Faltenlinien geht. Individuelle Züge verschmelzen dabei in bezeichnender Weise mit einer die Individualität wieder zurücknehmenden, dekorativen Vereinheitlichung. Eine ganz ähnliche, detaillierte Formensprache zeigen die beiden Konsolfiguren an der inneren Westwand des Domes nördlich des Hauptportals (Abb. 20). Die vorzüglichen, ebenfalls im Zeitraum zwischen 1400 und spätestens 1410 entstandenen Bildwerke können in vielem verglichen werden, vor allem in der Zeichnung der Gesichter mit den subtil durchmodellierten Einzelheiten, bis hin zu der gefurchten Stirn und den sorgsam eingezeichneten Falten. Das Bemühen um eine eindringliche, fast psychologisch zu nennende Studie über die intellektuelle Befindlichkeit der Dargestellten verlieh den Konsolfiguren zwar eine andere Sensibilität als den polternden Rathauswächtern, aber dieser Unterschied erklärt sich wohl mit der konträren Aufgabenstellung. Sonst scheint es durchaus naheliegend, die beiden Figurengruppen demselben Bildhauer der Dombauhütte zuzuschreiben.

Gegen Mitte des 15. Jahrhunderts erfuhr der Reichssaalbau schließlich eine eindrucksvolle architektonische Veränderung, deren Ursache in bemerkenswerten technischen Verbesserungen liegt. Die Kenntnis der konstruktiven Besonderheiten und der damit verbundenen Konsequenzen verdanken wir Barbara Fischer-Kohnert, die in ihrer Dissertation über mittelalterliche Dachwerke Regensburger Monumentalbauten erstaunliche Zusammenhänge nachweisen konnte.[38] Sie stellte fest, daß die drei spätgotischen Dachstühle über dem Langhaus und dem Hauptchor des Regensburger Domes sowie über dem Reichssaalbau des Rathauses nicht nur alle in dem kurzen Zeitraum zwischen 1442 und 1449 entstanden sind, sondern daß sie offensichtlich von denselben Zimmerleuten angefertigt wurden (Abb. 22 und 23). Die Besonderheit der jeweils sehr ähnlichen, gewaltigen Dachwerke liegt in ihrer Fähigkeit, große Weiten eines darunterliegenden Raumes ohne zusätzliche Stützen überspannen zu können. Zum ersten Mal findet sich diese Konstruktion beim Langhausdach des Domes, das dendrochronologisch auf das Jahr 1442 festgelegt werden konnte (Fälldatum der Bäume: Winter 1441/42). Über einem stehenden Stuhl wurden in dichter Reihe je zwei Leer- und ein Bindergespärre errichtet, wobei die Binder abwechselnd die Stuhlkonstruktion bzw. ein Hängewerk aufzunehmen hatten. Das Hängewerk besteht aus zwei Hängesäulen, die einen in der Mitte durchlaufenden Längsbalken einfassen, wobei dieser mit Hilfe eines durchgebohrten Eisenbolzens angehängt ist. Diese bequemen und stabilen Eisenverbindungen scheinen eine besondere Innovation der ausführenden Werkstatt gewesen zu sein; zumindest sind bisher keine älteren Konstruktionen dieser Art bekannt geworden.[39] Das Dachwerk über dem Domlanghaus bewährte sich

Abb. 27. Regensburg, Altes Rathaus; Reichssaal, Südwand; Konsole mit der Figur eines musizierenden Engels

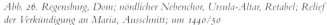

Abb. 26. Regensburg, Dom; nördlicher Nebenchor, Ursula-Altar, Retabel; Relief der Verkündigung an Maria, Ausschnitt; um 1440/50

so, daß bald darauf – um 1446 – der gleiche Trupp von Zimmerleuten für den Reichssaalbau engagiert wurde, wo er ein neues Dachwerk errichtete (Fälldatum der Bäume: Winter 1445/46). Es gleicht bis in Einzelheiten der am Dom erprobten Konstruktion, wobei sich Leer- und Bindergespärre abwechseln und jedes zweite Bindergespärre wieder ein Hängewerk besitzt.[40] Mit einer Spannweite von 16,78 m übertrifft das Rathausdach die Spannweite des Domdachstuhls von 13,56 m beträchtlich. Im Jahre 1449 (Fälldatum der Bäume: Winter 1448/49) folgte schließlich das Dachwerk über dem Hauptchor des Domes, wiederum in der gleichen Technik.

Wenn man sich fragt, warum das Dachwerk des Reichssaalbaus überhaupt ausgewechselt wurde, zumal es offensichtlich keinen Brand des früheren Dachstuhls gegeben hatte, dürfte der Hauptgrund sicherlich in der neuartigen Konstruktion zu suchen sein. Sie ermöglichte nämlich eine frei gespannte Holzdecke, während der Festsaal vorher mit größter Wahrscheinlichkeit durch eine Reihe von Stützen unterteilt war, welche die Holzdecke und das Dachwerk zu tragen hatten.[41] Auch im Erdgeschoß des Reichssaalbaus befand sich früher eine zweischiffige Halle mit einer Reihe von vier hölzernen Stützen, welche die Balkenlage des Festsaales darüber trugen.[42]

War somit das Dachwerk über dem Reichssaalbau eindeutig datiert, nahm zuletzt Helmut-Eberhard Paulus an, daß – unabhängig vom jüngeren Dachwerk – wenigstens die im Festsaal sichtbare Flachdecke älter sei und vielleicht aus der

Abb. 28. Regensburg, Dom; nördlicher Nebenchor, Ursula-Altar; Rückseite des Retabels mit der Darstellung des Schweißtuchs der Veronika; um 1440/50

Entstehungszeit, zumindest aber von einer Reparatur im Jahre 1408 stamme.[43] Hier lieferte ebenfalls Barbara Fischer-Kohnert stichhaltige Nachweise: Zum einen stimmt die Nagelung der Deckenbretter mit dem Abstand der Gespärre des Dachwerks überein; da andere Nagelspuren nicht vorhanden sind, gehört die Flachdecke ziemlich sicher zur Konstruktion von 1446.[44] Auch zeigen sich nicht die geringsten Abdrücke von Sattelhölzern oder Hinweise auf vorher vorhandene Stützen, welche die Decke ja mit einigem Aufwand hätten tragen müssen. Zum anderen sind die Konsolen an den beiden Schmalseiten des Festsaales genauer zu untersuchen. Es handelt sich um zwei große, mittig angebrachte Konsolen mit dem Regensburger Stadtwappen, das von zwei Engeln (Südwand) bzw. von einem Löwen und einem Vogelgreif (Nordwand) gehalten wird (Abb. 24). Sie tragen den mächtigen Unterzugbalken der Holzdecke, der jeweils in die Aussparung der aus dem Wappen herauswachsenden Blattkonsole eingepaßt ist; Holzdecke und Konsolen gehören also exakt zueinander. Dazu kommen noch vier kleinere Konsolen: zwei an der Südwand (Engel mit Musikinstrumenten, Abb. 27)[45] sowie zwei an der Nordwand, die einen Bären mit einem Hund bzw. einen Adler mit einem Spruchband zeigen (Abb. 25).

Alle sechs Konsolen unterscheiden sich, wie man schon immer gesehen hat, deutlich von den älteren, um 1320/30 entstandenen Konsolen an den Längsseiten und in den Ecken; sie müssen später entstanden sein. Maßgeblich für die bisherige Datierung war die Inschrift, die auf dem Spruchband der Konsole mit dem Adler (Abb. 25) erscheint: „So tet got wol A. D. 1408". Da dieses Datum sowohl für das Rathausportal wie für die Holzdecke und die jüngeren Konsolen als verbindlich galt, muß seine Glaubwürdigkeit überprüft werden. Vom Befund her ist die Inschrift nicht in die steinerne Konsole eingemeißelt, sondern lediglich aufgemalt. In ihrer heutigen Schreibweise ist sie sicher das Ergebnis einer Erneuerung, vielleicht anläßlich der Restaurierung des Saales in den Jahren 1908/10. Damals „traten nach Ablösung einer dicken Kruste von Tünche und Staub die Farben und das Gold der alten Fassung überraschend wohlerhalten zutage, so daß es hier nur geringer Nachhilfe bedurfte"[46]. Bekanntlich waren die damaligen Freilegungsmethoden weit vom gegenwärtigen restauratorischen Standard entfernt. Man muß deshalb von erheblichen Retuschen und Übermalungen ausgehen, die bis heute die Oberflächen der Konsolen prägen. Auch die Inschrift auf dem Spruchband (Abb. 25) ist sichtlich übergangen worden. Zu Recht machte Barbara Fischer-Kohnert darauf aufmerksam, daß die Zahl 0 relativ leicht aus der spätgotischen Schreibweise der Zahl 4 entstehen kann, wenn man die unteren beiden Enden übersieht oder diese vielleicht nicht mehr gut erhalten waren.[47] So wäre eine Lesung der Jahreszahl als 1448 durchaus wahrscheinlich. Sie würde gut zum dendrochronologisch erschlossenen Datum des Dachwerks (1446) passen und könnte dann den Abschluß der gesamten Umbauarbeiten am Rathaus markieren.

Außerdem spricht der stilistische Befund eindeutig für einen späteren Ansatz, zumal die Konsolen für die Frühzeit des 15. Jahrhunderts gar nicht denkbar sind. Die Engelsfiguren an der Südwand (Abb. 24 und 27) mit ihren knitterig gefalteten Gewändern und den kompakten rundlichen Köpfen haben mit dem „Schönen Stil" nichts mehr zu tun. Ihr Typus dürfte im französisch-südniederländischen Kunstkreis entstanden sein; beispielsweise sei auf das schöne Relief der Marienkrönung vom Schloß La Ferté-Milon verwiesen, das nach 1400 entstand und dessen Auftraggeber Louis von Orléans der Bruder des französischen Königs war. Es zeigt am unteren Rand drei Engel in weiten, fülligen Gewändern als Wappenhalter sowie zwei Engel mit Weihrauchfässern in den oberen Zwickeln.[48] Als eine der vielfach übernommenen Varianten seien die Konsolfiguren des spätgotischen Chores von St. Andreas in Köln genannt, die dem Bildhauer des Saarwerden-Grabmals im Kölner Dom zugeschrieben und um 1420/25 datiert werden.[49] Sehr ähnliche Konsolen mit knienden, musizierenden Engeln besitzt der Chor der Kirche St. Peter in Partenheim/Rheinhessen, der kurz nach 1435 begonnen wurde und gegen 1450 fertiggestellt war.[50] Gut vergleichbar ist mit diesen Beispielen auch die Grabplatte des Erzbischofs Konrad von Daun († 1434) im Mainzer Dom; hier flankieren kniende Engel mit Weihrauchfässern das Haupt des Erzbischofs.[51] In Regensburg verkörpert diesen Stil das Steinretabel des sog. Ursula-Altares im nördlichen Nebenchor des Domes, das wohl nach dem Tod des Stifters Wolfhard Wölfel entstand und um 1440/50 anzusetzen ist.[52] Der Engel der Verkündigungsgruppe auf der Vorderseite des Retabels oder die das Schweißtuch der Veronika haltenden Engel von der Rückseite (Abb. 28) sind den Engelskonsolen im Rathaus aufs nächste verwandt. Vergleicht man den Kopf des Engels der westlichen Konsole (Abb. 27) mit dem Gesicht Mariens vom Verkündigungsrelief des Retabels (Abb. 26), wiederholen sich die rundliche, geradezu kugelige Kopf-form, der breite, weich mit dem Kinn verschliffene Hals, die kräftigen Nasen und die wulstigen Lippen derart übereinstimmend, daß man ein Werk desselben Bildhauers annehmen kann. Dies bestätigt auch der Blick auf weitere Einzelheiten wie die eigenartig knochenlosen Hände, deren röllchenförmige Finger keine Gelenke zu kennen scheinen, oder die kurzen, wie in dünnes Blech eingedellt wirkenden Knitterfalten. Den zeitlichen Ansatz beglaubigen schließlich die aus der Mitte des 15. Jahrhunderts stammenden Skulpturen an den Langhauspfeilern des Wiener Stephansdoms,[53] die mit den genannten Regensburger Beispielen direkt vergleichbar sind.

So dürfte kein Zweifel mehr an der Tatsache bestehen, daß das Dachwerk über dem Reichssaalbau, die Holzdecke des Reichssaales und die sechs Konsolen an dessen Schmalseiten gleichzeitig entstanden sind und zu einem einheitlichen Bauabschnitt gehören, der wohl in den Jahren 1446-48 durchgeführt wurde. Das Ziel der umfangreichen Maßnahme war ein stützenloser Festsaal, wofür der mit einem neuartigen Hängewerk erprobte Dachstuhl über dem Langhaus des Regensburger Domes die technische Voraussetzung bildete. Er wurde sicher von den gleichen Zimmerleuten wie am Dom ausgeführt. Da sich auch der Bildhauer der Konsolen an einem Altarretabel im Dom nachweisen läßt, scheinen noch einmal die führenden Bauleute und Bildhauer vom Dom zum Rathaus geholt worden zu sein. Auch vorher war offensichtlich der Auftrag an die erfahrenen Werkleute der Dombauhütte die Regel, wenn man – wie beim Rathaus – vorzügliche Leistungen brauchte. Am Rathausportal ließ sich nicht nur am Stil, sondern auch anhand der Steinmetzzeichen die direkte Tätigkeit der Mitarbeiter der Dombauhütte beweisen und mit der Bauphase um 1400/1410 am Dom in Verbindung bringen. Schließlich war es möglich, den Reichssaalbau selbst in seiner ersten Bauphase mit dem Dom zu verbinden. Die Stilformen des Standerkers außen sowie der bauplastische Dekor außen (Konsolköpfe) und innen (Schlußstein und Konsolen) lassen sich eindeutig von am Dom tätigen Bildhauern herleiten, deren Werke um 1320/30 entstanden sind. Insgesamt konnte somit der Reichssaalbau des Regensburger Rathauses in allen Bauphasen auf die Leistungen und Kenntnisse der Dombauhütte zurückgeführt werden – ein bemerkenswertes Ergebnis für die Verflechtung des Dombaus mit den sonstigen repräsentativen, selbst profanen Bauaufgaben in einer mittelalterlichen Großstadt.

ANMERKUNGEN

1 ACHIM HUBEL/ MANFRED SCHULLER, *Der Dom zu Regensburg. Vom Bauen und Gestalten einer gotischen Kathedrale*, unter Mitarb. v. FRIEDRICH FUCHS u. RENATE KROOS, Regensburg 1995.
2 Vgl. zu den komplizierten politischen Voraussetzungen hierfür ALOIS SCHMID, *Regensburg. Reichsstadt – Fürstbischof – Reichsstifte – Herzogshof*, Historischer Atlas von Bayern, Teil Altbayern, H. 60, München 1995, S. 78-120, mit Angabe der älteren Literatur.
3 Vgl. zum Typus KARL SCHNIERINGER, *Das mittelalterliche Bürgerhaus in Regensburg*, in: Denkmäler in Bayern, Bd. III. 37, Stadt Regensburg. Baudenkmäler – Archäologische Denkmäler – Ensembles, bearb. v. Anke Borgmeyer, Achim Hubel, Andreas Tillmann und Angelika Wellnhofer, Regensburg 1997, S. LXXXVIII-CXII, hier S. XCVI-XCVIII, mit Angabe der älteren Literatur.
4 CARL THEODOR GEMEINER, *Reichsstadt Regensburgische Chronik* Bd. 2, Regensburg 1803 (Nachdruck München 1971), S. 118; – CHRISTIAN GOTTLIEB GUMPELZHAIMER, *Regensburg's Geschichte, Sagen und Merkwürdigkeiten*, Bd. 1, Regensburg 1830 (Nachdruck Regensburg 1984), S. 361. Beide Chronisten beziehen den Brand aber nicht auf den Rathausturm, sondern auf den östlich davon stehenden Marktturm, der 1706 nochmals (?) abbrannte und dann abgetragen wurde. Eine Verwechslung ist jedoch nicht auszuschließen; möglicherweise hat der Brand des Marktturms zusätzlich die Obergeschosse des Rathausturms betroffen. In der Literatur wird häufig auch die Jahreszahl 1356 für den Brand genannt. Sie geht zurück auf: *Ratisbona monastica. Clösterliches Regenspurg. Erster Theil. Oder Mausoleum, herrliches Grab des bayrischen Apostels und Blut-Zeugens St. Emmerami, nebst der Histori von Ursprung etc. dieses Closters und fürstlichen Stiftes etc. mit verschidenen Begebenheiten, so sich bis 1650. dann in und um Regenspurg zugetragen, vermenget etc. verfasset Anno 1680 von* COELESTINI *Abbten etc. Nunmehro vermehrt, und biß auf das Jahr 1752 fortgesetzet durch* JOHANNEM BAPTISTAM, *des Heil. Römischen Reiches Fürsten und Abbten allda Ord. S. Benedicti*, Regensburg 1752, S. 336.
5 Literatur zum Alten Rathaus: HANS HEINISCH, *Zur Baugeschichte des Regensburger Rathauses*, in: Verhandlungen des Historischen Vereins von Oberpfalz und Regensburg, Bd. 56, 1904, S. 265-319. – DERS., *Baugeschichte des Regensburger Rathauses*, in: Das Rathaus zu Regensburg. Festschrift zum 100jährigen Jubiläum der Zugehörigkeit Regensburgs zum Königreich Bayern, hrsg. von der Stadt Regensburg, Regensburg 1910, S. 35-60. Heinisch läßt die Entstehungszeit zwischen dem Brand 1356/60 und dem frühen 15. Jahrhundert offen (S. 40f.). – Die Kunstdenkmäler von Bayern II: Oberpfalz, Band XXII, *Stadt Regensburg*, bearb. v. FELIX MADER, Band III, München 1933, S. 83-109, hier S. 84 (Datierung nach 1356/60, von den späteren Autoren übernommen). – WALTER BOLL, *Reichstagsmuseum. Sammlungen der Stadt Regensburg*, H. 9, 4. Aufl. Regensburg 1973, S. 9f., 21f., 27-29. – KARL BAUER, *Regensburg. Aus Kunst-, Kultur- und Sittengeschichte*, 4. Aufl. Regensburg 1988, S. 229-233. – GEORG DEHIO, Handbuch der Deutschen Kunstdenkmäler, Bayern Bd. V: *Regensburg und die Oberpfalz*, bearb. v. JOLANDA DREXLER und ACHIM HUBEL unter Mitarb. v. ASTRID DEBOLD-KRITTER u.a., München/Berlin 1991, S. 554-561. – MARTIN ANGERER/KONRAD M. FÄRBER/HELMUT-EBERHARD PAULUS, *Rathausführer. Altes Rathaus und Reichstagsmuseum*, Regensburger Taschenbücher Nr. 1, Regensburg 1992, S. 10, 14-16, 31-40. – Denkmäler in Bayern (wie Anm. 3), S. 478-487.
6 Es könnte sich jedoch durchaus um ein Gebäude mit öffentlicher Nutzung gehandelt haben, das etwa als Kaufhaus für den Warenumschlag diente. Einen derartigen Vorgängerbau – das sog. Brothaus des Klosters Heilsbronn – konnte Walter Haas im Untergeschoß des Nürnberger Rathauses nachweisen; ähnliche Verkaufsgebäude sind für zahlreiche Städte bekannt, mit oder ohne Verbindung mit dem Rathaus. Vgl. WALTER HAAS, *Ein Kaufhaus des 13. Jahrhunderts unter dem gotischen Rathaus in Nürnberg*, in: architectura, Bd. 20, 1990, S. 37-64. – Zum Kaufhaus allgemein siehe G. NAGEL, *Das mittelalterliche Kaufhaus und seine Stellung in der Stadt*, Berlin 1971.
7 Anläßlich der genauen Baudokumentation des Gumprechtschen Hauses konnten die Spuren dieses Schwibbogens noch nachgewiesen werden; vgl. KAROLINE BAUER, *Neue-Waag-Gasse 1, sogen. Gumprechtsches Haus*, in: Denkmalpflege in Regensburg. Beiträge zur Denkmalpflege in Regensburg mit Jahresberichten der Denkmalschutzbehörde der Stadt Regensburg, Bd. 2, Regensburg 1991, S. 105-107. – HARALD GIESS/HELMUT-EBERHARD PAULUS, *Neue-Waag-Gasse 1, sogen. Gumprechtsches Haus*, in: Denkmalpflege in Regensburg, hrsg. von Helmut-Eberhard Paulus, Bd. 3, Regensburg 1993, S. 97-100.
8 URSULA SCHÄDLER-SAUB, *Die Regensburger Entwürfe der Bocksberger – Italienische Einflüsse auf die Fassadenmalerei der Renaissance in Süddeutschland*, in: Farbige Architektur. Regensburger Häuser – Bauforschung und Dokumentation, Arbeitshefte des Bayerischen Landesamts für Denkmalpflege, Bd. 21, München 1984, S. 39-64, hier S. 48-52, Abb. 64; siehe auch S. 138f. Nr. 42.
9 Siehe ANDREAS INSINGER (Hrsg.), *Das Gumprecht'sche Haus zu Regensburg, seit 1052 bis zur Sanierung 1992*, Regensburg 1992, S. 65-73 (Abb. S. 71, farbige Abbildung des Fassadenentwurfs von Bocksberger S. 73).
10 DEHIO (wie Anm. 5), S. 554, 557f. – Denkmäler in Bayern (wie Anm. 3), S. 480-482.
11 Zu den Altären siehe ACHIM HUBEL, *Studien zu einer Chronologie der Regensburger Steinplastik im 14. Jahrhundert*, in: Anzeiger des Germanischen Nationalmuseums Nürnberg, 1977, S. 23-26, 28-30. – ACHIM HUBEL/PETER KURMANN, *Der Regensburger Dom. Architektur – Plastik – Ausstattung – Glasfenster*, Große Kunstführer Nr. 165, München/Zürich 1989, S. 69-71. – HUBEL/SCHULLER (wie Anm. 1), S. 61f., 68, 71.
12 Vgl. hierzu ACHIM HUBEL, in: Denkmäler in Bayern (wie Anm. 3), S. 412f.
13 HUBEL/SCHULLER (wie Anm. 1), S. 34, Abb. 30 und 31.
14 HUBEL/SCHULLER (wie Anm. 1), S. 44-49, Abb. 40 und 42.
15 Zu dieser Skulpturengruppe vgl. HUBEL/SCHULLER (wie Anm. 1), S. 68-70, Abb. 58, 61-66.
16 Die Gesichter des Paares mit den ausgeprägt dargestellten Augenbrauen, den schärferen Konturierungen und der strengen Mimik zeigen sich beeinflußt von den Steinfiguren des hl. Christophorus (Dom außen, südliches Seitenschiff, zweites Joch von Osten, um 1325/30) und der hl. Petronella (Dom innen, südliches Querhausportal, Trumeaufigur, um 1330).
17 Zu den Siegeln und Wappen Regensburgs siehe OTTO HUPP, *Kunstschätze des Regensburger Rathauses*, in: Das Rathaus zu Regensburg (wie Anm. 5), S. 121-124. – JOSEF ANTON ENDRES, *Die alten Siegel und das Wappen der Stadt Regensburg*, in: Ders., Beiträge zur Kunst- und Kulturgeschichte des mittelalterlichen Regensburgs, Regensburg 1925, S. 205-209. – SCHMID (wie Anm. 2), S. 135.
18 Zur Bedeutung der Petrusdarstellungen mit Phrygium bzw. Tiara vgl. ROBERT SUCKALE, *Die Hofkunst Kaiser Ludwigs des Bayern*, München 1993, S. 89-93.
19 HUPP (wie Anm. 17), S. 123. – ENDRES (wie Anm. 17), S. 206f.
20 HUBEL/SCHULLER (wie Anm. 1), S. 64-67, Abb. 57.
21 ACHIM HUBEL, *Die Kapfelberger Muttergottes*, in: Der Zwiebelturm. Monatsschrift für das bayerische Volk und seine Freunde, 23, 1968, S. 120-128.
22 PETER MORSBACH, *TU ES PETRUS. Mittelalterliche Darstellungen des Apostelfürsten im Bistum Regensburg*, in: 1250 Jahre Kunst und Kultur im Bistum Regensburg. Berichte und Forschungen, München/Zürich 1989, S. 288 (Datierung 1408, entsprechend der bisherigen Literatur).
23 Zu den politischen Ereignissen vgl. WALTER ZIEGLER, *Das späte Mittelalter und die Zeit der Reformation*, in: Regensburg. Geschichte in Bilddokumenten, hrsg. von Andreas Kraus und Wolfgang Pfeiffer, München 1979, S. 65-67. – SUCKALE (wie Anm. 18), S. 114. – SCHMID (wie Anm. 2), S. 178.
24 CARL THEODOR GEMEINER, *Reichsstadt Regensburgische Chronik*, Bd. 1, Regensburg 1800 (Nachdruck München 1971), S. 544.
25 Ebd., S. 503.
26 JOHANN SCHMUCK, *Ludwig der Bayer und die Reichsstadt Regensburg. Der Kampf um die Stadtherrschaft im späten Mittelalter*, Regensburger Studien und Quellen zur Kulturgeschichte, Bd. 4, Regensburg 1997, S. 245.
27 Ebd., S. 77.
28 WALTER HAAS, *Neue Forschungen am Alten Rathaus in Nürnberg*, in: Jahrbuch der Bayerischen Denkmalpflege, Bd. 35 für das Jahr 1981, S. 49-82.

29 SUCKALE (wie Anm. 18), S. 111 f., 257-259, Abb. 93.
30 SUCKALE (wie Anm. 18), S. 262 f., Abb. 198.
31 HUBEL/KURMANN (wie Anm. 11), S. 53 f.
32 HEINISCH 1910 (wie Anm. 5), S. 45.
33 Vgl. ACHIM HUBEL, *La fabrique de Ratisbonne*, in: Ausstellungskatalog „Les Bâtisseurs des Cathédrales gothiques", Strasbourg 1989, p. 165-177, hier p. 170.
34 PETER KRENN, *Die Kriegsrüstung im europäischen Mittelalter*, in: Bildwörterbuch der Kleidung und Rüstung, hrsg. von Harry Kühnel, Kröners Taschenausgabe Band 453, Stuttgart 1992, S. LXXVIII.
35 Im Rahmen des Forschungsprojektes zum Regensburger Dom hat Herr Dr. Fuchs die Steinmetzzeichen des Domes weitgehend vollständig erfaßt (insgesamt etwa 10.000 Zeichen) und systematisch kartiert. Gegenwärtig bereitet er die Auswertung der Zeichen mit Hilfe eines EDV-Programms vor. Die am Rathausportal festgestellten Zeichen finden sich am Dom in folgenden Bereichen wieder:
Typ 51 a: Erdgeschoß des Nordturms, unterer Bereich (Zone des nördlichen Westportals bis zur Sohlbank des darüberliegenden Fensters und dem zugehörigen, umlaufenden Gesims); 2. Obergeschoß des Südturms.
Typ 350: Erdgeschoßzone des Nordturms, unterer Bereich (wie Typ 51 a); vereinzelt auch in der oberen Zone des Turm-Erdgeschosses; einmal im oberen Bereich der Wand des mittleren Westportals.
Typ 354: Erdgeschoß des Nordturms, gesamter Bereich; südliches Gewände des mittleren Westportals; 2. Obergeschoß des Südturms; südliches Seitenschiff, 2. Joch von Osten, Oculus über den beiden Maßwerkfenstern (nachträglich eingebrochen).
Typ 355: Erdgeschoß des Nordturms, unterer Bereich (wie Typ 51 a).
Typ 466: Erdgeschoß des Nordturms, unterer Bereich (wie Typ 51 a); nördliches Seitenschiff, 4. Joch von Osten, untere Zone.
Typ 481: Erdgeschoß des Nordturms, unterer Bereich (wie Typ 51 a); mittleres Westportal, untere Zone.
Typ 485: Erdgeschoß des Nordturms, unterer Bereich (wie Typ 51 a). Zur Untersuchung der Steinmetzzeichen des Domes vgl. FRIEDRICH FUCHS, *Über die Steinmetzzeichen*, in: Ausstellungskatalog „Der Dom zu Regensburg. Ausgrabung – Restaurierung – Forschung", Kunstsammlungen des Bistums Regensburg, Kataloge und Schriften Band 8, München/Zürich 1989, S. 287-290. – DERS., *Überlegungen zur Bedeutung der mittelalterlichen Steinmetzzeichen am Beispiel des Regensburger Doms*, in: Beiträge zur Geschichte des Bistums Regensburg, Bd. 31, 1997, S. 55-66.
36 HUBEL (wie Anm. 33), p. 169 f. – HUBEL/SCHULLER (wie Anm. 1), S. 135 f.
37 FRIEDRICH FUCHS, *Das Hauptportal des Regensburger Domes. Portal – Vorhalle – Skulptur*, Kunstsammlungen des Bistums Regensburg, Kataloge und Schrifte Bd. 9, München/Zürich 1990, S. 65 f., Abb 128.
38 BARBARA FISCHER-KOHNERT, *Studien zu mittelalterlichen Dachwerken über Regensburger Monumentalbauten, mit einem einleitenden Kapitel über Friedrich Ostendorf*, Diss. masch., Berlin 1992.
39 FISCHER-KOHNERT (wie Anm. 38), S. 96-129. – HUBEL/SCHULLER (wie Anm. 1), S. 124-128.

40 FISCHER-KOHNERT (wie Anm. 38), S. 111-116.
41 Siehe die vergleichende Untersuchung von monumentalen Dachwerken im mittelalterlichen Profanbau bei FISCHER-KOHNERT (wie Anm. 38), S. 116-119. Von den großen Profanräumen des 14. Jahrhunderts scheinen nur der Nürnberger Rathaussaal und der Lübecker Hansesaal stützenlos gewesen zu sein, allerdings bei erheblich geringerer Breite (11,25 bzw. 10,20 m) und unter Verwendung eines Kreuzstrebendachwerks, an das eine hölzerne Tonne montiert war. Erst im 15. Jahrhundert kommen allmählich stützenlose Flachdecken mit Hängesäulen im Dachstuhl auf, etwa bei den Rathaussälen von München und Rothenburg ob d. T.
42 BOLL (wie Anm. 5), S. 10.
43 ANGERER/FÄRBER/PAULUS (wie Anm. 5), S. 16.
44 FISCHER-KOHNERT (wie Anm. 38), S. 119.
45 Die Engelkonsolen befinden sich oben im östlichen Zwickel des östlichen sowie im westlichen Zwickel des westlichen Spitzbogenfensters der Südwand und tragen den Streichbalken, dessen Schiffskehle für die Konsolen jeweils unterbrochen ist. Zwei weitere Konsolengel sind als Ergänzung der Fensterdekoration nur aufgemalt.
46 ADOLF SCHMETZER, *Die Restaurierung des Reichssaales und seiner Nebenräume*, in: Das Rathaus zu Regensburg 1910 (wie Anm. 5), S. 66.
47 FISCHER-KOHNERT (wie Anm. 38), S. 122 f.
48 MICHAEL VIKTOR SCHWARZ, *Höfische Skulptur im 14. Jahrhundert. Entwicklungsphasen und Vermittlungswege im Vorfeld des Weichen Stils*, Manuskripte zur Kunstwissenschaft, Band 6, Worms 1986, S. 215 f., Abb. 82.
49 WALTER PAATZ, *Prolegomena zu einer Geschichte der deutschen spätgotischen Skulptur im 15. Jahrhundert*, Abhandlungen der Heidelberger Akademie der Wissenschaften, Philosophisch-historische Klasse, Heidelberg 1956, S. 68 f. – BARBARA u. ULRICH KAHLE, *St. Andreas*, in: Köln: Die Romanischen Kirchen. Von den Anfängen bis zum Zweiten Weltkrieg, hrsg. von Hiltrud Kier u. Ulrich Krings, Stadtspuren. Denkmäler in Köln, Bd. 1, Köln 1984, S. 166-168. – Abbildung in: HILTRUD KIER/ULRICH KRINGS (Hrsg.), *Köln: Die Romanischen Kirchen im Bild*, Stadtspuren, Denkmäler in Köln, Bd. 3, Köln 1984, Abb. 96 und 114.
50 FRIEDHELM WILHELM FISCHER, *Die spätgotische Kirchenbaukunst am Mittelrhein 1410-1520*, Heidelberger Kunstgeschichtliche Abhandlungen, NF Band 7, Heidelberg 1962, S. 101-104, Tafel XIX Abb. 44.
51 FRITZ ARENS, *Der Dom zu Mainz*, Darmstadt 1982, S. 99, Abb. 35.
52 ACHIM HUBEL, *Die gotischen Baldachinaltäre in den Nebenchören des Regensburger Domes*, in: Jahrbuch des Vereins für Christliche Kunst in München e.V., Band XVI, 1987, S. 39-55, hier S. 50 f., Abb. 25. – HUBEL/KURMANN (wie Anm. 11), S. 74, Abb. 67.
53 Es handelt sich vor allem um die Schutzmantelmadonna an der Südseite des vierten südlichen Mittelschiffpfeilers von Osten oder die Passionsszenen am Wandpfeiler zwischen dem zweiten und dritten Joch von Osten des südlichen Seitenschiffs; vgl. RUPERT FEUCHTMÜLLER, *Der Wiener Stephansdom*, Wien 1978, S. 173 f., Abb. S. 201 und 202.

ABBILDUNGSNACHWEIS

ACHIM HUBEL: *Abb. 1, 3, 4, 7, 8, 10, 14, 15, 19, 20, 23, 26, 28*
ARCHIV DES FORSCHUNGSPROJEKTES „REGENSBURGER DOM" AN DER UNIVERSITÄT BAMBERG: *Abb. 5, 6, 9, 21*
BILDSTELLE DER STADT REGENSBURG (Peter Ferstl): *Abb. 11-13, 16, 17, 22, 24, 25, 27*
DOMBAUHÜTTE REGENSBURG: *Abb. 21*

Abb. 1. Deckstein der Tumba für Kaiser Ludwig den Bayern; Aufnahme von Karl Gröber während der Umsetzung des Kaiserkenotaphs 1933

Hans Ramisch

Die spätgotische Tumba für Kaiser Ludwig den Bayern aus dem Jahre 1468, ein Werk des Münchner Bildhauers Hans Haldner

Mit einem Katalogteil, bearbeitet von Markus Hundemer

Anlass und Zeitpunkt des Auftrages

Die Baugeschichte der Münchner Frauenkirche war bis zu der 1994 publizierten grundlegenden Übersicht von Lothar Altmann[1] recht unklar geblieben. Die jetzt vorliegenden Forschungsergebnisse ermöglichen es, auch die Datierung des Tumbadecksteins Albrechts IV. mit dem Bild Kaiser Ludwigs des Bayern neu abzuleiten:

Der Neubau der Münchner Frauenkirche ging nach der Grundsteinlegung am 9. Februar 1468 durch den Inhaber des Patronatsrechtes, Herzog Sigismund von Bayern (1461-1467), so schnell voran, daß der kleinere Altbau, der innerhalb der Baustelle funktionstüchtig erhalten worden war, noch vor der Wölbung des Neubaues 1484-1487 abgebrochen und die Sepultur des Hauses Wittelsbach aus dem alten Kirchenchor in den neuen verlegt werden mußte, da beide Bauten in den Achsen und in der Höhenlage[2] beträchtlich voneinander abwichen.

Da der neue Hochaltar bereits 1473 benutzt werden konnte,[3] muß vorher die Laufschicht des Chorraumes fertiggestellt und die Umbettung der Wittelsbacher, die seit Königin Beatrix, d. h. seit 1322, unter der Tumba im alten Chor beigesetzt wurden, abgeschlossen gewesen sein.[4]

Es ist deshalb mehr als wahrscheinlich, daß das sichtbare äußere Zeichen des neuen Beisetzungsortes der Wittelsbacher in der Kirche, die über den Chorfußboden herausragende Tumba und deren Deckstein, zu diesem Zeitpunkt vollendet war (Abb. 1).

Mit diesen aus der Baugeschichte der Frauenkirche abgeleiteten Überlegungen ergibt sich aus äußeren Gründen ein wesentlich früherer zeitlicher Ansatz für den Tumbadeckstein als er bisher von der Mehrheit der Fachleute, einschließlich des Verfassers, angenommen worden war. Dies erfordert eine erneute kunstgeschichtliche Untersuchung zur stilkritischen Einordnung und zur Diskussion der Meisterfrage.

Die Inschriften auf dem Tumbadeckstein

1. Auf der Schräge der Grabplatte:

/ Anno . d(omi)ni . m . ccc . xlvii . an (dem) . dritt(e)n . tag . nach //. dionisy . starb . der . allerdurchleuchtigst . Romisch . Kayser . Ludwig . zu . alln . zeit(e)n . mer(er) . Reichs . pfaltzg(ra)f // bei . Rein . hertzog . in . Bair(e)n . et . c(etera) . Hie . begrabn . mit // den . nachgn(ann)t(e)n . fu(er)ste(n) . h(er)zog . Joha(nne)s . Ernst . Wilham . Adolf . Albrecht . d(er) . jung(er) . all . fu(er)st(e)n . vo(n) . Bairen . /

2. Auf dem umlaufend eingerollten Schriftband:

/Anno. /.dni.m./ / / / /
ebde.stan/÷
/.und. au/ / /durch./den.dur/chleuch/
tigenn./hochge/pornen/fursten./. ⊃⊃⊃⊃
/herren./Albrech/ten.den./jungen./÷
/pfaltzgf./pey.re// /ern.und./nydern./payrn/÷
/mutech.// porn.vo/fraw.an/na.von/
.prawn/schwig./der.auch// /gt.und./starb./
/ / /÷

Der Text kann folgendermaßen gelesen werden:[5]

/Anno./domini.m./cccc./lxviii./ist.gestift./der begr/ebde.stain./÷
und.au/sge./macht./durch./den.dur/.chleuch./tigenn./hochge./pornen./fursten./herren./herren./Albrech./ten.den./jungen./÷
pfaltzgraf./pey.re./in.herzog./in.ob./ern.und./nydern./payrn./÷
mutech./allzeit./porn.von./fraw.an./na.von./prawn./schwig./der.auch./hie.begra./ben.lie./gt.und./starb./mdviii /die.xviii./mensis.martii.//

Die bildnerische Darstellung der Tumba

Der Inhalt der Darstellung auf dem Deckstein der Tumba Albrechts IV. für Kaiser Ludwig den Bayern ist schon in der älteren Literatur[6] zutreffend geschildert worden: Es handelt sich um die Versöhnung zwischen Herzog Ernst (1397-1438) und seinem Sohn Herzog Albrecht III. (1438-1460), dem Vater des Auftraggebers, vor dem Majestätsbild Kaiser Ludwigs nach der Ermordung der morganatischen Frau Albrechts III., Agnes Bernauer (gest. 1435), auf Befehl Herzog Ernsts.

Es ist bisher allerdings mehr über den politisch-moralischen Aspekt der Darstellung nachgedacht worden, als darüber, wie Albrecht IV. sie inszenieren ließ: Das Bild ist zweigschossig angelegt, wobei das untere Bildgeschoß eine irdische Szene (Abb. 4, 6, 7), das obere den in die himmlische Sphäre erhobenen kaiserlichen „Stammvater" zeigt (Abb. 3, 5). Innerhalb des Rahmens, der optisch von dem gerollten, umlaufenden Inschriftenband beherrscht wird, ist der Bildgrund auf drei Seiten mittels einer stabgefaßten Kehle eingetieft, während er sich vom unteren Bildrand her als schräggestellte Bühnenstandfläche für die hier agierenden beiden Herzöge und den zwischen sie gestellten, bei Albrecht fürbittenden bayerischen

Abb. 2. Teilansicht des Tumbadecksteins nach dem Gipsabguß im Bayerischen Nationalmuseum München

Wappenlöwen (Abb. 7) darstellt. Der Übergang zwischen diesem Bühnenstreifen und dem Bildgrund wird durch einen brokatiert dargestellten Vorhang verborgen. Hinter der in Schulterhöhe der beiden Herzöge angebrachten Vorhangstange bietet sich dem Betrachter ein Streifen dieses Bildgrundes als ornamentreliefverzierte Fläche dar. Über den Köpfen der Herzöge kragt eine sechsseitige Konsole mit profiliert unterschnittener Podiumsplatte und drei Wappenschilden stark in den Bildraum vor. Sie trägt das im Vergleich zu den Herzögen größere Kaiserbild. Die Thronbank des Kaisers, analog zu denen auf den Kaisersiegeln gebildet, wird von einem brokatierten Vorhang hinterfangen, der auch hier den Bildgrund fast völlig abdeckt. Dieser Vorhang wird von zwei Engeln gehalten.

Der mit Relieffliesen gestaltete Fußboden, der Vorhang hinter den Herzögen, der mit Rankenrelief belegte Bildgrund und der brokatierte Vorhang hinter dem Kaiserthron bilden, wie bei zeitgenössischen Tafelbildern, einen als Einheit wirkenden Hintergrund, dessen einzelne Elemente jedoch nach Bedeutungsebenen differenziert gestaltet sind: Der kostbare Fußboden stellt die Versöhnungsszene in einen zwar irdischen, aber doch außergewöhnlichen Bildraum. Der brokatierte, an einer Stange aufgehängte Vorhang hinter den beiden Herzögen assoziierte beim zeitgenössischen Betrachter die himmlische Sphäre von Heiligen, wie sie auf Flügelbildern von Retabelschreinen in analogen Bildanordnungen dargestellt sind,[7] und hebt die Versöhnungsszene aus dem Profanbereich in jene schon im Diesseits in den guten Werken der Menschen aufscheinende Heilsrealität, der die Heiligen ihre Sonderstellung verdanken.

Der Konsolsockel für das Majestätsbild schafft für dieses eine Auszeichnung, die der eines architekturgebundenen Bildwerks an einem Kirchenbau entspricht. Er stellt ein weiteres sakralisierendes Bildrequisit dar, das darüber hinaus die Historizität des Dargestellten impliziert. Seine sakrale kaiserliche Würde wird durch den Krönungsornat zum Ausdruck gebracht: Albe, gekreuzte Stola und Pluviale zeigen das geistliche, die Mitrenkrone das geistliche und das weltliche Amt, der Reichsapfel und das mit der Rechten der Figur verlorengegangene Szepter die weltliche Würde des Kaisers. Weiteres sakrales Bildrequisit ist der von den beiden Engeln hinter dem Haupt des Kaisers gehaltene Vorhang, seit der Antike ein Abbild des Himmels.[8]

Die Historizität des Kaisers wird durch die wappenbelegte Konsole betont, die nicht nur die irdische Szene von der himmlischen Sphäre, sondern auch die jüngere, noch aktiv nachwirkende von der abgeschlossenen Vergangenheit des vor mehr als hundert Jahren verstorbenen Kaisers trennt.

Dieser Bildaufbau war den Zeitgenossen aus dem Stifterbild geläufig und half, dessen Inhalt zusätzlich in die Darstellung zu transportieren. Damit verstärkte sich noch einmal die Sakralität des Kaiserbildes.

Die Zweigeschossigkeit eines Bildes war um 1470 ein selten gebrauchtes Darstellungsmittel. In dem 1466 datierten Stich des oberrheinischen Meisters ES mit der beliebten Einsiedeler Madonna[9] hatte es zeitgenössische Verbreitung gefunden. Dieses „exemplum" dürfte auch nicht ohne Wirkung auf unsere Bilderfindung geblieben sein.

DIE STILISTISCHE STELLUNG DES KAISERSTEINS

Die bisherige Einordnung des Tumbadecksteins[10] war von Beurteilungsgrundlagen ausgegangen, die der ungehindert zugängliche Gipsabguß im Bayerischen Nationalmuseum (Abb. 2) und die nach diesem gefertigten Photos geliefert hatten.

Anhand dieser den Eindruck sehr pauschalisierenden Erscheinungsweise erschien es glaubhaft, der zweigeschossige Bildaufbau und der Stil des Bildwerks folgten jenem des 1482 datierten und von Erasmus Grasser signierten Grabsteins des Dekans Ulrich Aresinger in der Münchner Pfarrkirche St. Peter, dessen Abhängigkeit von modernen oberrheinischen Prägungen man erkannt hatte.[11] Der Meister der Kaisertumba wurde in der Nachfolge des Erasmus Grasser gesucht und das Werk um 1480 bis 1490 datiert.[12]

Erst als es Karl Gröber 1933 möglich war, anläßlich der Umsetzung des Kaisermausoleums innerhalb der Frauenkirche den kurzfristig zugänglichen Tumbadeckstein eingehend zu studieren und zu photographieren, ergab sich ein neuer, viel früherer Datierungsvorschlag, der von Gröber zwar publiziert,[13] von der Forschung aber nicht rezipiert wurde: die Zeit um 1470.

Jetzt, nach der Klärung der baugeschichtlichen Fragen, die die Entstehung des Denkmals bestimmt hatten und die ebenfalls, gemeinsam mit einer neuen Bewertung der Inschriften, eine Datierung um 1470 nahelegen, erscheint es nötig, eine Revision der bisherigen, mehrheitlich akzeptierten stilistischen Einordnung in die bairische bzw. Münchner Kunst vorzunehmen:

△ 3 △ 5 6▽

Abb. 3-7. Detailaufnahmen des Tumbadecksteines nach der Restaurierung 1994:
3, 5. *Bildnis Kaiser Ludwigs des Bayern im Krönungsornat*
4. *Herzog Ernst*
6. *Reichswappen Kaiser Ludwigs des Bayern*
7. *Der bayerische Löwe zu Füßen Herzog Albrechts III.*

▽ 4 7▽

Im Bereich der Rotmarmorskulptur bietet die in Straubing lokalisierte Gruppe von figurativen Reliefs des Meisters Erhart, zwischen 1464 und etwa 1475 entstanden, Vergleichsmaterial, das durchaus verwandte Züge aufweist:[14] Das Bildnis des 1464 datierten Steins des Kaspar Zeller steht in seiner eingehenden Individualisierung und in der Oberflächengespanntheit seiner Gesichtszüge den Bildnissen des Kaisersteines sehr nahe. Auch die geknitterte Faltendraperierung der Gewandärmel begegnet in weiterentwickelter Form an der Figur Herzog Ernsts auf dem Kaiserstein. Der Faltenstil der Grabsteine des Bischofs Johann III. von Eych, gest. 1464, in St. Walburg in Eichstätt, und des Bischofs Heinrich von Absberg, wohl um 1465 entstanden, im Dom zu Regensburg, weist jene eckig gebrochenen Formen auf, die, aus dem Westen kommend, damals in Bayern übernommen wurden und in wohl direkter Abhängigkeit von den gemeinsamen Vorbildern beim Kaiserstein ebenfalls vorhanden sind:

Lassen sich bereits in der bairischen Kunst der sechziger Jahre stilistische Parallelen ermitteln, so ist der Vergleich mit weiter westlich entstandenen Objekten, in geographischer Nähe zu den modernen niederländischen und oberrheinischen Vorbildern, noch fruchtbarer:

In Stil und Rang mit dem Kaiserstein durchaus vergleichbar erweisen sich die 1469-1474 entstandenen Büsten vom Ulmer Chorgestühl. Größte Ähnlichkeit mit dem Kaiserhaupt in der gespannten und bedeutsamen Haltung zeigen die Büsten des Ptolemäus, des Secundus und des Quintilian.[15] Die Faltenformen der Ärmel wiederholen sich unter den Knien des Kaisers und an den Ärmeln des Herzogs Ernst. Auch das Reliefornament an den Stallen unterhalb der Büsten ist dem vom Bildgrund des Kaisersteines nahe verwandt.

Wendet sich der vergleichende Blick noch weiter nach Westen, so findet sich in dem Anbetungsrelief aus Molsheim im Straßburger Musée de l'Œuvre Notre-Dame[16] ein lokaler Reflex auf verlorene Bildwerke des Nikolaus Gerhaert aus der Zeit um 1465, die für den Kaiserstein vorbildlich gewesen sein müssen.[17] Der von dem bahnbrechenden Meister 1469 begonnene Grabstein Kaiser Friedrichs III. – heute im Wiener Stephansdom[18] – führt in seiner tief aufgewühlten Raumhaltigkeit auf neue, vom Kaiserstein in München nicht mehr rezipierte Wege.

Auch die Kostüme der beiden Herzöge Ernst und Albrecht III., für die man bisher eine spätere Einordnung vorgenommen hat, finden sich auf zeitgenössischen Darstellungen der sechziger Jahre. So ähnelt der Harnisch Herzog Albrechts dem des rechten Schergen auf der Gefangennahme Papst Sixtus' auf Michael Pachers 1460-1465 entstandenen Bildern des Altares aus Sankt Lorenzen in der Münchner Alten Pinakothek,[19] und auch die eng um den Kopf geschlungene turbanartige Kopfbedeckung Herzog Ernsts findet ihre stilistischen Parallelen auf den Bildern dieses Altares. Pachers Altar für Sankt Lorenzen bietet aber nicht nur für kostümgeschichtliche Vergleiche Gelegenheit, sondern weist in seiner an Ort und Stelle erhaltenen Schreinmadonna[20] auch sehr enge stilistische Verwandtschaft zur Ludwigsfigur des Kaisergrabes auf, die allerdings bei aller Ähnlichkeit der gespannten Oberflächen bereits im ganzen bewegter wirkt. Die ab 1471 entstandenen Schreinbildwerke des Grieser Altares[21] von Michael Pacher wirken dem Münchner Kaiserstein dann so verwandt, daß man dessen Kenntnis bei Pacher voraussetzen möchte.

Die genannten Beispiele aus den sechziger Jahren des 15. Jahrhunderts dürften genügen, um die Datierung des Münchner Kaisersteines in das Jahr 1468 auch stilkritisch evident zu machen.

DER KAISERSTEIN, EIN WERK DES MÜNCHNER STEINMETZEN UND BILDHAUERS HANS HALDNER

Aus der Inschrift der Kaisertumba geht die alleinige Auftraggeberschaft des regierenden Herzogs Albrecht IV. hervor.

Seine nach dem Tode Albrechts III. von 1460-1463 regierenden älteren Brüder hatten 1460 für ihren Vater und dessen noch lebende Ehefrau Anna von Braunschweig von dem

Abb. 8. Stifterstein der Klosterkirche Tegernsee; Hans Haldner, 1457

Münchner Steinmetzen Hans Haldner ein bilderreiches Hochgrab aus Rotmarmor aushauen und im Chor der Benediktinerkirche in Andechs aufstellen lassen. Dieser Auftrag wird durch zwei Rechnungseinträge des Kammerschreibers Matthäus Prätzl aus dem Jahre 1467 belegt, in denen die Begleichung einer sieben Jahre alten Restschuld Herzog Albrechts IV. bei Hans Haldner für den Grabstein in Andechs endlich abgerechnet wird.[22] Diese Zahlung in zwei Raten erfolgte sicher, um mit dem Bildhauer über einen neuen Auftrag, wohl diesmal für das Kaiserkenotaph, verhandeln zu können. Die Andechser Tumba wurde beim Brand der Kirche 1669 vom herabstürzenden Gewölbe zertrümmert und steht als Vergleichswerk nicht mehr zur Verfügung. Die Nachricht von der Urheberschaft Hans Haldners ist deshalb von großem Wert, da sie einen der Kaisertumba vorausgehenden bedeutenden Auftrag des Herzogshauses an den Hauptmeister der Münchner Bildhauerkunst des 15. Jahrhunderts nachweist und die Urheberschaft Hans Haldners auch für die Kaisertumba selbst wahrscheinlich macht. Dazu fügt sich eine heute als Quelle nicht mehr greifbare Überlieferung, die im 19. Jahrhundert festgehalten worden war: „Maister Hanns der Steinmeiszel hat daz Kayser pilt gemacht 1438"[23]. Fehler bei der Lesung mittelalterlicher archivalischer Texte sind bis zur Entwicklung einer modernen Paläographie häufig, so daß „1438" anstelle von „1468" als Lesart durchaus möglich erscheint und nicht, wie früher angenommen, auf ein verlorengegangenes Werk von 1438 bezogen werden muß. Hans Haldner wird in zeitgenössischen Quellen meist „Hans Steinmetz" genannt. Aus heutiger Kenntnis muß die verlorengegangene Quelle als zutreffende Überlieferung angesehen werden.

Ausgangspunkt einer stilkritisch begründeten Zuschreibung kann allerdings nur ein erhaltenes, archivalisch für Hans Haldner gesichertes Werk sein. Es ist dies das Stiftergrab der Benediktinerkirche in Tegernsee aus dem Jahre 1457 (Abb. 8).[24] Der Tumbadeckel und einige Seitenreliefs sind erhalten und ermöglichen es, den Stil des Meisters in jener Zeit zu erfassen: Vergleicht man das Werk mit vorangehenden Rotmarmorskulpturen, so zeichnet es sich diesen gegenüber durch seine überraschende Tiefenräumlichkeit aus, die vor allem in der architektonischen Rahmung, in den Figurensockeln und dem Zwillingsbaldachin zu Häupten der beiden Gründerpersönlichkeiten ablesbar ist.

Eine Parallele findet sich in überraschender formaler Übereinstimmung in der Mittelnische der Wappenwand Kaiser Friedrichs III. an der Fassade der Georgskirche zu Wiener Neustadt, die kurz vor 1452 entstanden ist.[25] Wäre um die Mitte des 15. Jahrhunderts ein direktes westliches Vorbild aus dem Bereich der niederländisch-burgundischen Hofkunst zu erwarten, so bieten in diesem Falle die Beziehungen des Auftraggebers zu Wien, an dessen Universität zahlreiche Mitglieder seines Konventes studierten, sowie zu Freising und dessen mit Wien ebenfalls eng verbundenem Bischof Nicodemus della Scala (1422-1443) eine Erklärung für die beobachteten Zusammenhänge. Dieser hatte von dem Wiener Maler Jakob Kaschauer ein Hochaltarretabel für seine Kathedrale anfertigen lassen,[26] das 1443 aufgestellt wurde und dessen Schreinfiguren erhalten sind. Auch sie zeigen deutliche Abhängigkeit von westlichen Einflüssen.[27] Hans Haldner, der laut erhaltener Rechnungseinträge nachweislich von 1448 bis 1482 im Freisinger Dom arbeitete,[28] mußte das Werk kennen. Die Faltenorganisation am Tegernseer Stifterstein legt dafür Zeugnis ab.

Direkt aus dem Westen übernommene Motive waren vorbildlich für die Konzeption des Tegernseer Stiftersteines: Der Abt trägt ein Pluviale, dessen reich gestickte, hier in Relief wiedergegebene Saumborten Heiligenfiguren unter Baldachinen zeigen. Zum ersten Male findet sich diese Pluvialeverzierung vor 1432 am Genter Altar der Brüder Hubert und Jan van Eyck[29] und 1436 an Jan van Eycks Altar des Kanonikus van der Paele in Brügge. In der deutschen Malerei begegnet sie 1451 in der Verkündigung des Jos Amman aus Ravensburg[30] in S. Maria di Castello in Genua; in der Skulptur wird sie außerhalb des Werkes von Haldner erst wieder nach 1471 von Michael Pacher am St.-Wolfgangsaltar[31] aufgegriffen. Da

Abb. 9. Tumbadeckstein des Bischofs Johann III. Grünwalder; Freising, Dom; Hans Haldner zugeschrieben, vor 1451

das Motiv auch nicht durch Stiche verbreitet zu sein scheint, gibt es einen ersten Hinweis auf unmittelbare Kenntnis westlicher Vorbilder durch Hans Haldner.

Und noch ein weiteres Motiv des Tegernseer Stiftersteins erweist sich als Übernahme aus dem Bereich der niederländischen Kunst: Der in Relief ornamentierte Bildgrund, hier in Form von „Brokat". Es ist bisher nicht beachtet worden, daß die bairische Rotmarmorplastik vor Hans Haldner keine reliefverzierten Bildgründe verwendet. Auch in seiner Nachfolge setzen sie sich nur zögernd durch, bilden jedoch ein wichtiges Gestaltungselement seiner Grabsteine. In der Sepulkralplastik der Niederlande war das Motiv als Übernahme aus der Tafelmalerei, bei der es seit dem Meister von Flémalle und Rogier van der Weyden eine wichtige Rolle spielte, geläufig. Mit Exportwerken, wie dem Grabmal Herzog Friedrichs des Streitbaren, Kurfürst von Sachsen, im Dom zu Meißen[32] gelangten um 1440-1450 derartige Exempla auch nach Deutschland. Da es aber offensichtlich keine unmittelbare Nachfolge außer im Werk Hans Haldners gibt, ist es eher wahrscheinlich, daß sich dieser die Anregung unmittelbar im Herkunftsland Burgund beziehungsweise in den südniederländischen Städten geholt hat.

Auch hinsichtlich der künstlerischen Qualität ist der Tegernseer Stifterstein von hohem Rang. Sein Auftraggeber, Abt Kaspar Aindorfer, war 1426 im Zuge einer von Herzog Albrecht III. veranlaßten Klosterreform durch den Freisinger Generalvikar Johann Grünwalder eingesetzt worden. Er gehörte zu den Vertrauensmännern des Herzogs und besie-

Abb. 10. Grabstein des Propstes Petrus Fries von Rohr; Regensburg, Städtisches Museum; Hans Haldner zugeschrieben, datiert 1455

Abb. 11. Tumbadeckstein des Bischofs Johann IV. Tulbeck in der Münchner Frauenkirche; Hans Haldner zugeschrieben, zwischen 1473 und 1476

delte mit seinen Reformmönchen das Kloster Andechs, den Begräbnisort seines Förderers. Bereits hier zeichnet sich ab, was durch zahlreiche Archivalien belegt ist: Es bestand ein enges Klientelverhältnis zwischen Hans Haldner und dem Personenkreis, der gemeinsam mit dem Herzog die Kirchenreform betrieb. Weitere wichtige Namen in diesem Zusammenhang sind: Petrus Fries, Propst von Rohr, und Johannes Tulbeck, Bischof von Freising. Von den genannten Personen haben sich figurierte Rotmarmorgrabsteine erhalten, die nun mit dem Tegernseer Stifterstein verglichen werden sollen.

Die früheste Erwähnung besteht für den Grabstein des Bischofs Johannes Grünwalder, der im Freisinger Dom in der Kirchenachse vor dem Kreuzaltar aufgestellt worden war (Abb. 9). Das Domkapitel klagte dagegen beim Erzbischof von Salzburg, war doch dieser Platz herkömmlich Stiftern vorbehalten. Der Erzbischof gab dem Kapitel am 11. Februar 1451 recht,[33] so daß die Tumba in die Thomaskapelle verlegt werden mußte. Heute befindet sich der Deckstein in der Vorhalle des Domes. Seine Umschrift nennt nachgetragen das Todesjahr 1452.

Der Verstorbene ist auf einem Konsolsims stehend dargestellt, das über den umlaufenden Plattenrand des Grabsteines vorkragt und die Reliefhöhe des Bischofsbildes bestimmt. Derartige Dispositionen sind aufwendiger als die üblichen, bei denen der Plattenrand zugleich die obere Bildebene abgibt. Wieder, wie beim Tegernseer Stifterstein, bestimmt ein gestalteter Reliefgrund das Gesamtbild. Ihm korrespondieren die hier auf die bischöflichen Gewänder und das Kopfkissen konzentrierten fünf verschiedenen Reliefbrokate. Neu ist dagegen die Ausbildung des Reliefgrundes als geflochtene Matte. Auch dieses Motiv findet sich in der niederländischen Skulptur 1425 am Grabmal des Bruders Jehan Fiefvés aus Tournai, dort allerdings noch nicht als abstrahierend hinterspannter Bildgrund, sondern als Abbild einer realen Leichenmatte, auf der der Tote aufgebahrt ist.[34] Die frühere Zuschreibung des Grünwaldersteines an Jakob Kaschauer muß aufgrund der archivalischen Nennungen Hans Haldners in den Rechnungen des Freisinger Domes seit 1449 und seiner jahrzehntelangen Klientelstellung dort zugunsten des Münchner Meisters aufgegeben werden.[35] Dies um so mehr, als das Werk auch stilistisch dem Tegernseer Stifterstein Hans Haldners nahe verwandt erscheint. Zu verweisen ist hier etwa auf das Überspielen eines von Parallelfalten eng überformten Figurengerüsts durch weich und flächig schlingende Übergewandfalten sowie die Porträthaftigkeit der Gesichtszüge.

Ganz ähnliche stilistische Züge bestimmen den Grabstein des Propstes Peter Fries von Rohr (Abb. 10), dessen Randumschrift den Tod des Dargestellten im Jahre 1455 überliefert. Propst Fries von Rohr gehörte zu den wichtigsten kirchlichen Reformern des 15. Jahrhunderts in Bayern und hatte sowohl mit Kaspar Aindorfer von Tegernsee als auch mit den Generalvikaren bzw. späteren Bischöfen von Freising, Johann Grünwalder und Johannes Tulbeck, vielfache gemeinsame Reformaufgaben zu lösen. Das Werk ist gegenüber dem Freisinger Bischofsstein zurückhaltender instrumentiert als Ausdruck der hierarchisch bescheideneren Stellung seines Inhabers, die Brokatierung beschränkt sich auf das Kissen. Der in den Rahmen hinein angeschrägte Relieffliesenboden erscheint jedoch als Vorgriff auf den des Kaisersteins. Im übrigen

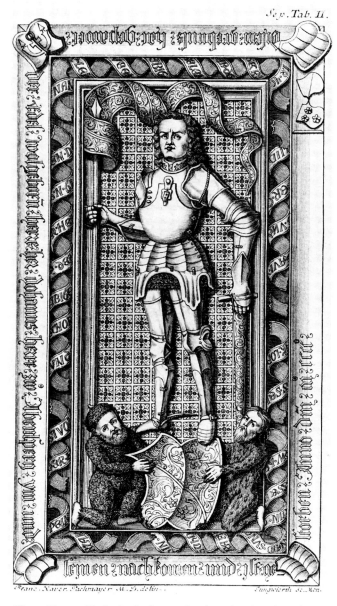

Abb. 12. Zerstörte Tumba der Grafen von Abensberg, ehemals in der Stiftskirche Rohr, Hans Haldner, datiert 1456; Kupferstich von Franz Xaver Jungwierth

entsprechen Figurenaufbau und Faltengestaltung denen des Grünwalderepitaphs und des Tegernseer Stifttersteins.

Auch gibt es für Rohr die Überlieferung von einem signierten und 1456 datierten weiteren Grabstein Hans Haldners, der, heute verloren, die Zuschreibung des Propstgrabsteines an den Meister entscheidend stützt: Im 18. Jahrhundert hat ein gelehrter Chorherr des Stiftes den damals noch vorhandenen Grabstein der Grafen von Abensberg in der Rohrer Kirche genau beschrieben und in Zeichnungen abbilden lassen,[36] so daß er anschaulich überliefert ist (Abb. 12).

Auch hier ist das Figurenrelief über den Plattenrand erhaben und liegt auf einer reliefierten Hintergrundfläche, die eine Fliesenmusterung zeigt. In den breiten Rand ist eine à jour gearbeitete Steinrolle eingetieft, deren Inschrift durch die Abschrift des 18. Jahrhunderts und die Abbildung überliefert ist. Sie enthält am Ende der Rolle die Datierung und die Signatur Hans Haldners:

Her gib den Selen die ebige Ruen
der Leichnam hie modern duen
gib in Herr den ebigen Schein
und hiet si vor der Helln Pein
Erzaig nit dein grechde Sdraflichaid
sund dein grosse Wparmherzichaid
Es sei dir Lob zw ieder Zaid
Hie auf Erd und in der Ebichaid Amen 1456 Hans Haidn[37].

Der Name von „Haldn(er)" ist in „Haidn" verlesen. Über die Identität beider mag aber kaum ein Zweifel aufkommen.

Der dritte in Zusammenhang mit den Klientelverhältnissen Hans Haldners genannte geistliche Würdenträger ist der Pfarrer der Münchner Frauenkirche, Propst von St. Andrä in Freising, Generalvikar Bischof Grünwalders und spätere

Abb. 13. Tumbadeckstein der Gräfin Anna von Fraunberg; Filialkirche Wenig; Hans Haldner zugeschrieben, datiert 1472

Abb. 14. Porträt des Maurermeisters Jörg von Halspach aus der Münchner Frauenkirche; Freising, Diözesanmuseum; Hans Haldner zugeschrieben, um 1470

Bischof Johannes Tulbeck, der nach seiner Resignation auf den Freisinger Bischofsstuhl 1473 in München bis 1476 als Pfründner seiner Familienkapelle in der Frauenkirche lebte und sich vor deren Altar in einem Tumbagrab beisetzen ließ.[38] Sein Grabstein vereint alle stilistischen Züge, die für die früheren Grabsteine Hans Haldners, auch für den Kaiserstein, vorgestellt worden sind, auf einer etwas späteren Entwicklungsstufe und in härter gewordenen Formen (Abb. 11).

Ebenfalls nach der Arbeit am Kaiserstein um 1468 entstand der Tumbadeckstein der Anna Fraunberger zu Haag, geborene Gräfin von Pappenheim, und ihres Mannes in der von der Dame gestifteten Kirche in Weng in der Nähe von Freising (Abb. 13).[39] Der hochgemute Plan, hier ein Chorherrenstift zu installieren, scheiterte an widrigen Umständen. Der Tumbastein, auf dem die Dame sich als Stifterin heraldisch rechts von ihrem früher verstorbenen Mann abbilden ließ, gibt von hohem Anspruch Zeugnis. Er wurde laut Inschrift am „S. Georgen-Tag MCCCCLXXII", d. h. am 23. April 1472 aufgestellt, ist aber für Hans Haldner weder archivalisch noch durch ein Klientelverhältnis zum Auftraggeber belegt.

Das qualitätvolle Werk steht aber den bisher behandelten Werken Hans Haldners stilistisch sehr nahe. Wieder begegnet das Gegenüber von Reliefmattengrund und Brokatierung von Tuchflächen. Neu dagegen, und wichtiges zeitgleiches Beispiel zum analog gestalteten Kaiserstein, ist die Zweigeschossigkeit des Bildaufbaus. Unter Berücksichtigung des hierarchisch bescheideneren Standes der Auftraggeberin ist die Gestaltung der Bildfiguren denen des Kaisergrabsteins nicht nur im Rang, sondern auch im Stil so nahe, daß sie ein gutes stilkritisches Argument für dessen Datierung um 1468 liefert.

So erweist sich nach äußeren und inneren Kriterien der Kaiserstein in der Münchner Frauenkirche als Werk des Münchner Bildhauers Hans Haldner aus der Zeit kurz nach 1468. Er stellt nach Auftraggeber und Auftragsort dessen bedeutendste Schöpfung dar, der im künstlerischen Rang allerdings das gleichzeitig entstandene Bildnis des Baumeisters der Frauenkirche, Jörg von Halsbach,[40] ebenbürtig ist (Abb. 14).

KATALOG

Material

Die spätgotische Grabplatte des ehemaligen Hochgrabes[41] besteht aus einem Block Adneter Rotmarmor, einem roten Kalkstein mit besonders schönen Einschlüssen aus helleren Tonadern.[42] Auch die hohl unterarbeiteten, originalen Schriftrollen sind aus diesem Block herausgearbeitet, also nicht angestückt und damit versetzbar, wie verschiedentlich in der Literatur behauptet wurde.[43]

Ein Kupferstich von 1779 zeigt, daß schon damals von vierundvierzig Rollen zwölf fehlten, zwei werden ohne Inschrift gezeigt (Abb. 15). Der Bestand von insgesamt vierzehn verlorenen beschrifteten Originalrollen war der gleiche wie heute, es gingen also seither keine weiteren Teile verloren.[44] Die fehlenden Rollen wurden zuerst im späten 18. Jahrhundert, im Laufe des 19. Jahrhunderts sowie zuletzt im Rahmen der jetzigen Restaurierung in Rotmarmor beziehungsweise in Stuckmarmor erneuert.[45]

Abb. 15. Tumbadeckstein; Kupferstich aus: ANTON JOHANN LIPOWSKY, Neue Historische Abhandlungen der baierischen Akademie der Wissenschaften, Bd. 1, München 1779

Abb. 16. Grabstein Kaiser Ludwigs des Bayern; Lithographie von F. Hohbach, Kaufbeuren, aus: JOACHIM SIGHART, Die Frauenkirche zu München. Ihre Geschichte und Schilderung, Landshut 1853

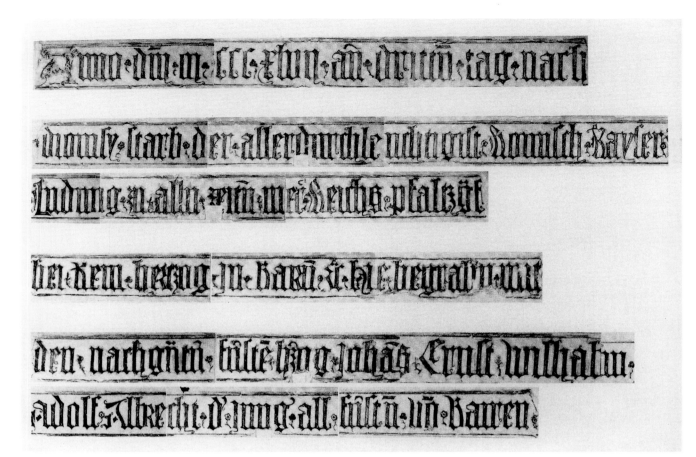

Abb. 17. Inschrift auf der Schrägseite des Plattenrandes des Tumbadecksteins Kaiser Ludwigs des Bayern

Technik

Die Steinoberfläche ist teilweise durch Tremulierschlag künstlich aufgerauht, teils rauh belassen beziehungsweise poliert, wodurch sich differenzierte Oberflächenwirkungen ergeben. Starke Unterschneidungen und Durchbrüche ergeben eine annähernd vollplastische Wirkung. Verstärkt wird diese noch dadurch, daß das Relief nicht nur vom Rand her in den Block eingetieft ist, sondern zugleich auch den Rand überragt. So erhebt sich die obere Kante der Konsole, auf welcher Kaiser Ludwig thront, knapp fünf Zentimeter über die Höhe des Rollenbandes, und der Kopf Kaiser Ludwigs reicht ca. 2,9 Zentimeter über die Randhöhe.

Maße

(Die Angabe der Himmelsrichtung entspricht der derzeitigen Aufstellung in der Frauenkirche.)
Die Seitenmaße der Grabplatte differieren leicht, die Länge an der Ostseite beträgt 311,6 cm, an der Westseite 310,2 cm[46], die Breite an der Nordseite 155,5 cm, an der Südseite 155,2 cm.

Die Höhe der Grabplatte konnte nicht vermessen werden, da sie in den Tumbensockel eingelassen ist. Maße von einer Vermessung während des letzten Abbaues waren nicht aufzufinden. In der Literatur werden die Maße des Abgusses im Bayerischen Nationalmuseum genannt, welcher, ohne Schriftschräge und Rollenband ausgeführt, kleiner ist als das Original (288 cm x 126 cm).[47]

Inschriften

Die kontroverse Diskussion über die Grabplatte, insbesondere ihre Inschriften, reicht bis ins 18. Jahrhundert zurück. Jeder Skribent bot eine eigene Lesung.[48] Diese Leseversuche werden hier referiert und kritisch gewürdigt.

Eine vom Verfasser unter Mithilfe von Herrn Albert Stabl ausgeführte Abreibung der Inschriften ermöglicht erstmals eine exakte Wiedergabe derselben.[49] Die auf Papier angefertigten Abreibungen der auf unterschnittenen Rundflächen stehenden Rolleninschriften wurden zum Zweck der Lesbarkeit leicht rund gebogen aufgenommen, leichte Verzerrungen der Inschriftenränder konnten dabei nicht vermieden werden. Die Abreibungen wurden nicht retuschiert, es wird der aktuelle Schriftbestand mit allen Fehlern und Ausbrüchen wiedergegeben. Die Linien oben und unten stellen die Abreibung der jeweiligen Begrenzung des Schriftfeldes dar.

In der die Schriftabreibungen wiedergebenden folgenden Lesart wurden die Abbreviaturen in Klammern aufgelöst, nicht sicher deutbare Zeichen stehen <u>unterstrichen</u>, Anfang und Ende eines Schriftfeldes sind jeweils durch einen Schrägstrich gekennzeichnet.

1. Die Inschrift auf der Schrägfläche des Plattenrandes

Schrifttyp

Die Inschrift (Abb. 17) ist in gotischer Minuskel erhaben aus der Fläche ausgegründet. Die Schriftfeldhöhe schwankt etwas, sie beträgt etwa 11 cm, auch die Buchstabenhöhe variiert um ein Mittel von 8 cm.

(Die Angabe der Himmelsrichtung entspricht der derzeitigen Aufstellung in der Frauenkirche)

Südseite
»/ Anno. d(omi)ni. m. ccc. xlvii. an (dem). dritt(e)n. tag. nach/

Ostseite
/. dionisy. starb. der. allerdurchleuchtigst. Romisch. Kayser. Ludwig. zu. alln. zeit(e)n. mer(er). Reichs. pfaltzg(ra)f/

Nordseite
/ bei. Rein. hertzog. in. Bair(e)n. et[50] c(etera). Hie. begrabn. mit/

Westseite
/ den. nachgn(ann)t(e)n. fu(er)ste(n)[51]. h(er)zog. Joha(nne)s. Ernst. Wilhalm. Adolf. Albrecht. d(er). jung(er). all. fu(er)st(e)n. vo(n). Bairen. /«

Zur Schriftgestaltung

Die Kalligraphie der Inschrift ist sorgfältig ausgewählt und, einem Kaisergrab angemessen, äußerst prachtvoll gearbeitet. Nicht nur das besonders reich mit Ranken geschmückte „A" des Textbeginns zeigt dies, sondern auch die elegant geformten Versalien der Inschrift. Die Trennungspunkte zwischen den einzelnen Worten sind als Lilien, Efeublätter, Rosetten oder Glockenblumen gestaltet.

Sucht man ein datiertes Vergleichsbeispiel der Kalligraphie der verwendeten gotischen Minuskel, so findet es sich außen an der Südseite der Frauenkirche in der Nähe des östlichen Portals. In die Westwand seines Vorhauses ist ein Inschriftstein eingelassen, der an den Baubeginn der Frauenkirche am 9. Februar 1468 erinnert (Abb. 19). Auf ihm ist die gleiche gotische Minuskel wie auf der Grabplatte des Kaisergrabes verwendet. Üblicherweise wurde und wird eine Inschrift zur Grundsteinlegung möglichst vor oder wenigstens so kurz wie möglich nach dem angegebenen Datum verfertigt. Die Art und Weise der Schriftgestaltung, auch die der gotischen Minuskel, unterliegt stilistischen Veränderungen, die sowohl durch die Anforderungen an die Repräsentanz der Inschrift, wie auch durch deren Zeitstellung bedingt sind. Vergleicht man nun die Kalligraphie der Bauinschrift mit der Inschrift auf dem Tulbeckgrabmal (entstanden wohl kurz vor 1476) in der nördlichen Turmkapelle der

Abb. 18. Schriftband des Tumbadecksteins Kaiser Ludwigs des Bayern; hier aufgewickelt und auseinandergezogen dargestellt

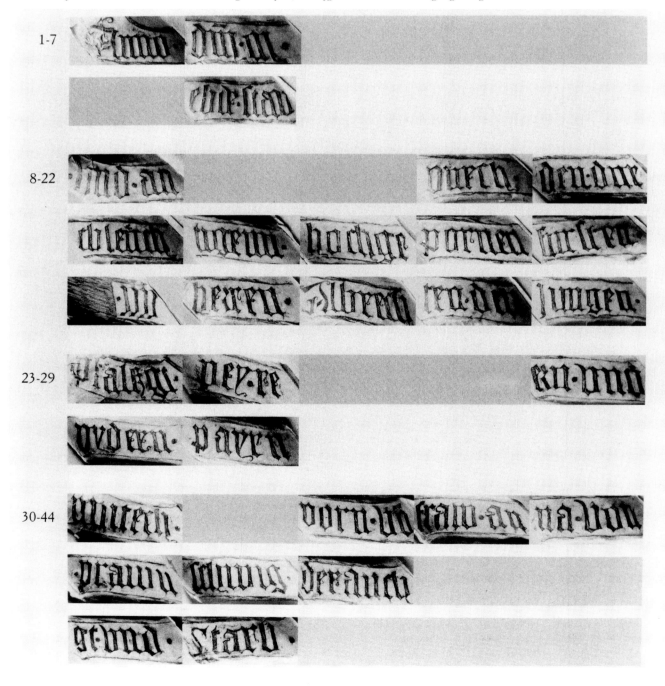

Frauenkirche, so läßt sich feststellen, daß die Aufstriche in ihrem Duktus bereits schmäler sind und die Proportionen insgesamt ein klein wenig schlanker wirken. Die Bauinschrift der Frauenkirche gibt mit ihrer dem Kaisergrabstein so ähnlichen Schriftgestaltung einen Hinweis auf dessen Entstehungszeit.[52]

Zur Diskussion der Lesarten

Sighart las 1853 den Text folgendermaßen: „Anno domini MCCCXL-VII an. driten. tag. Dionysy. starb. der. allerdurchleuchtigst. Romisch. Kayser. Ludwig. zu. alln. zeitn. mer. Reichs. pfalz. gf. bei. Rein. herzog in Bairn. A. hie begrabn. mit den. nachgntn. fuste. hzg. Johan. Ernst. Wilhalm. Adolf. Albrecht d. jung. all fustn vo. Bairn."[53]

Kloos liest auf der Westseite zweimal „fustn" anstelle von einmal „fuste" und einmal „fustn". Im Falle von „in" und „jung" liest Kloos den ersten Buchstaben als Versalie.[54]

Bei Schlegel wird der Text folgendermaßen ergänzt: „Anno domini 1347 am dritten Tag nach Dionysius (also am 12. Okt.) starb der allerdurchlauchtigste römische Kaiser Ludwig, zu allen Zeiten Mehrer des Reichs, Pfalzgraf bei Rhein, Herzog in Bayern, ist hier begraben mit den nachgenannten Fürsten Herzog Johann, Ernst, Wilhelm, Adolf, Albrecht dem Jungen, alle Fürsten von Bayern."[55]

Liedke führt in seinem Werk über die Haldner und das Münchner Kaisergrab den Text folgendermaßen an (hier ohne die Abbreviaturstriche wiedergegeben): „Anno. dni. m. ccc. xlvij. an. drittn. tag. nach/ dionisy. starb. der. allerdurchleuchtigst. Romisch. Kayser. Ludwig. zu alln. zeitn. mer'. Reichs. Pfalzgf./ bei. Rein. hertzog. In. Bairn. ec. Hie. begrabn. mit. / den nachgntn. fu'stn. h'zog. Johas. Ernst. wilhalm. Adolf. Albrecht. d'Jung'. all. fu'stn. vo. Baiern".[56]

2. Die Inschrift auf dem umlaufend eingerollten Schriftband

Schrifttyp

Die Inschrift ist in gotischer Minuskel erhaben aus der Fläche ausgegründet.

Die Schriftfeldhöhe beträgt etwa 5 cm, auch die Buchstabenhöhe variiert um ein Mittel von 4 cm.

Die Länge der Schriftfelder (Rollenoberfläche) beträgt ca. 23 cm. (Die Angabe der Himmelsrichtung entspricht der derzeitigen Aufstellung in der Frauenkirche.)

Das Schriftband ist aufgewickelt und auseinandergezogen dargestellt (Abb. 18). Hierbei bildet es Rollen von etwa fünf Zentimetern Durchmesser, welche als Rahmen um die Grabplatte laufen. Auf den nach oben gerichteten Rollenflächen wurde die Inschrift erhaben ausgegründet. Die Lesung beginnt (nach heutiger Aufstellung) auf der Südseite, rechts oberhalb des thronenden Kaisers.

Alle Rollen, die nicht ausdrücklich als Ergänzung bezeichnet werden, sind unmittelbar aus dem Stein herausgearbeitet und damit nicht – wie zuletzt bei Liedke angenommen – abnehmbar und in ihrer Reihenfolge vertauschbar.[57] Die älteren Ergänzungen aus Rotmarmor sind an den Stein z. T. nur grob angepaßt und angedübelt, keine davon ist jedoch spätgotisch – auch nicht die Rolle 18 mit der auf dem Kopf stehenden Inschrift „.))))". Die Ergänzungen aus Stuckmarmor wurden 1994 geschaffen.

Für die nachfolgend wiedergegebene Lesung der Rolleninschriften werden die vierundvierzig einzelnen Rollen durchnumeriert:

Südseite

1: »/   Anno. /
2: / . d(omi)ni. m. /
3: /   / (leere Ergänzung aus Rotmarmor)
4: /   / (leere Ergänzung aus Stuckmarmor)
5: /   / (leere Ergänzung aus Rotmarmor)
6: /   / (leere Ergänzung aus Rotmarmor)
7: / ebde. sta<u>n</u>/[58]

Ostseite

8: /. und. a<u>n</u>/[59]
9: /   / (leere Ergänzug aus Rotmarmor)
10: /   / (leere Ergänzung aus Rotmarmor)
11: / durch. / (oben beim d und u Ergänzung aus Stuckmarmor)
12: / den. dur/
13: / chleuch/
14: / tigenn. /
15: / hochge/
16: / pornen/ (unterer Rand unter der Schrift Ergänzung in Stuckmarmor)
17: / fursten. /
18: / .))))/ (Ergänzung in Rotmarmor, nur zum Teil ausgegründet, gröbere Tremulierung des Grundes, gegen die Leserichtung auf dem Kopf eingefügt)
19: / herren. /
20: / Albrech/
21: / ten. den/
22: / jungen. /

Nordseite

23: / pfaltzg(ra)f. /
24: / pey . re/
25: /   / (leere Ergänzung aus Rotmarmor)
26: / /   (leere Ergänzung aus Stuckmarmor)
27: / ern. und/
28: / nydern. /
29: / payrn/

Westseite

30: <u>mutech</u>. /
31: /   / (leere Ergänzung Stuckmarmor)
32: / porn. vo(n)/
33: / fraw. an/
34: / na. von/
35: ./ prawn/
36: / schwig. /
37: / der. auch/
38: /   / (leere Ergänzung Rotmarmor)
39: /   / (leere Ergänzung Stuckmarmor)
40: / gt. und. /
41: / starb. /
42: /   / (leere Ergänzung aus Stuckmarmor)
43: /   / (leere Ergänzung aus Rotmarmor)
44: /   / (leere Ergänzung aus Rotmarmor)

Zum schon häufig unternommenen Versuch einer Vervollständigung der Inschrift sei gesagt, daß dies mit absoluter Gewißheit wohl nicht mehr zu leisten ist, da keine Urkunde oder sonstige Quelle bekannt ist, die den ursprünglichen Text authentisch wiedergibt. Dies hat bereits 1782 Hofbibliothekar Steigenberger bei seinen im Auftrag Kurfürst Carl Theodors durchgeführten Forschungen festgestellt.[60]

Aus der Kenntnis der Inhalte anderer Grabinschriften der Zeit kann jedoch mit hinreichender Sicherheit der Sinn rekonstruiert werden. Der Beginn des Textes nennt eine erste Jahreszahl, welche sich auf die Stiftung bzw. Aufrichtung dieses Grabsteines als wittelsbachische Familienmemoria bezieht. Denn liest man Rolle 11 als „durch", so wird ausgesagt, daß eben durch den nachgenannten Albrecht den Jungen das zuvor Genannte in eben jenem Jahr geschehen ist. Gegen Ende der Titulatur könnte dann die Devise Albrechts IV. oder eine Tugendvergewisserung stehen, wie etwa „mutig alle Zeit" oder auch eine Beteuerung religiöser Art.[61] Nach der dem Auftraggeber offensichtlich so wichtigen Nennung seiner Mutter Anna von Braunschweig kann aus der Formulierung „der auch" geschlossen werden, daß sich der folgende Text ebenfalls auf Albrecht IV. bezieht, d.h. als Beschluß die Beteuerung kam, daß hier auch Albrecht der Junge begraben liegt. Die folgenden letzten Rollen Nr. 42-44 blieben wohl wie üblich leer und waren für den Nachtrag des Todesdatums (1508) vorgesehen.

Der Text kann also sinngemäß ergänzt werden:[62]

„Im Jahr des Herrn 1468 (?) ist gestiftet worden dieser Begräbnisstein und aufgerichtet durch den durchleuchtigen hochgebornen Fürsten Herren Herren Albrecht den Jungen Pfalzgraf bei Rhein Herzog in Ober- und Niederbayern mutig alle Zeit Geboren von Frau Anna von Braunschweig der auch hier begraben liegt und starb im Jahr des Herrn 1508."[63]

Zur Diskussion der Lesarten

Schlegel, S. 209, zitiert die Lesart von Mayer und Sighart: „Anno domini 1438 dieser Stain ward angefangen durch den durchleuchtigsten hochgeborenen Fürsten und Herrn Albrecht den Jungen, Pfalzgraf bei Rhein, mit der hochgeborenen Frau Anna vor. Braunschweig – – – der auch hier liegt und starb anno – – – ." Mayer und Sighart gehen also davon aus, daß hier Albrecht III., der Gatte Annas von Braunschweig gemeint ist, welcher auf der Grabplatte in Rüstung dargestellt ist.

Schlegel, S. 210, zitiert auch die Lesart Georg Hagers, „Anno dni m (cccc....) ist aufgericht wordn diser grebde stan und anher gesetzt durch den durchleuchtigen hochgepornen fürsten und herren Albrechten den jungen, pfalzgraf pey rein, herzogen in obern und nyderpayrn, mutech porn (= mütterlicherseits geboren) von fraw Anna von prawnschwig, der auch hie begrabn ligt und starb anno dni...". Hager geht davon aus, daß mit „Albrecht der Junge" Albrecht IV. gemeint ist, der Sohn Annas von Braunschweig. Bei der Lesart der Rollen 30 und 32 als „mutech porn von", d. h. als „mütterlicherseits geboren von", würde allerdings die dazwischenliegende Rolle 31 leer bleiben, was – außer bei später einzutragenden Sterbedaten – nicht üblich war. Albrecht III. und seine Gemahlin Anna von Braunschweig wurden in Andechs unter einem heute verschollenen, aber archivalisch für Hans Halčner gesicherten Grabstein begraben.

Liedke hingegen liest (hier ohne Abbreviaturstriche zitiert): „ / Anno. / dni. m. / (leer) / (fehlt) / (leer) / (leer) / ebde. stan/ vnd. an/ (fehlt) / (leer) / durch. / den. dur/ chleuch/ tigenn. / hochge/ pornen/ fursten. /)))). / herren. / Albrech/ ten. den/ jungen. / pfalczgf. / pey. re/ (leer) / (fehlt) / ern. vnd/ nydern. / payrn/ mutech. / (leer) / porn. vo/ fraw. an/ na. von/ prawn/ schwig. / der. auch/ (leer) / (leer) / gt. vnd. / Starb. / (leer) / (leer) / (leer) / ".

Er übernimmt hier die Lesart von Kloos und ergänzt – unter der irrigen Annahme einer möglichen Austauschbarkeit aller Rollen – die Inschrift folgendermaßen (hier ohne Abbreviaturstriche zitiert): „ Anno. / dni. m. / cccc. / lxxxx. / ist. der. / begr/ ebde. stan/ ausg/ macht. / wordn. / durch. / den. dur/ chleuch/ tigenn. / hochge/ pornen/ fursten. / herren. / herren. / Albrech/ ten. den/ jungen. / pfalczgf/ pey. re/ in. h'/ in. ob/ ern. vnd/ nydern. payrn vnd. an/ mutech/ porn. vo/ fraw. an/ na. von/ prawn/ schwig. / der. auch/ hie. begr/ abn. li/ gt. vnd. / Starb. / Anno. / dni. / 1508".

Abb. 19. Gedenkstein zum Baubeginn der Frauenkirche am 9.2.1468, Südseite der Frauenkirche, Gewände des östlichen Portals

3. Die Inschriften auf der Platte:

In der unteren Reihe der Champlevéerelief-Fliesen des Fußbodens, auf dem die Fürsten Ernst und Albrecht stehen, sind drei erhabene Tartschen mit ebenfalls erhaben aufgesetzten Halbunzialisbuchstaben »E«, »L« und »A« eingefügt, die die dargestellten Personen Herzog Ernst, Kaiser Ludwig und Herzog Albrecht III. bezeichnen.

Herzog Ernst trägt auf der Vorderseite seiner Haube eine Agraffe, auf der ein Genius ein „e" als gotische Minuskel trägt. Auch die Knöpfe seiner Bekleidung sind zum Teil durch ein „e" gekennzeichnet.

Anmerkungen

Der Beitrag ist erstmals erschienen in: Hans Ramisch (Hrsg.), *Das Grabmahl Kaiser Ludwigs des Bayern in der Münchner Frauenkirche*, Regensburg 1997, S. 41-49 und 91-97.

1 Lothar Altmann, *Die spätgotische Bauphase der Frauenkirche 1468-1525*, in: Monachium Sacrum. Festschrift zur 500-Jahr-Feier der Metropolitankirche Zu Unserer Lieben Frau in München, Bd. II, München 1994, S.1-20.
2 Adam Horn, *Die Ausgrabungen in der Frauenkirche zu München*, in: Deutsche Kunst und Denkmalpflege, 1952, S. 53-72, hier S. 61, Abb. 35, gibt die Lage der Tumba der Königin Beatrix mit 85 cm unter dem Langhausniveau des bestehenden Baues an. Das spätgotische Chorniveau mit der Aufstellungsfläche der Tumba Albrechts IV. erhob sich weitere sechs Stufen, also ca. 90 cm über dieses, so daß die gesamte Höhendifferenz etwa 175 cm betrug (vgl. den Längsschnitt der Frauenkirche von Ludwig Voltz: Kornelius Otto, *Das Chorgestühl der Frauenkirche im Wandel der Zeit,* in: Monachium Sacrum, Bd. 2, hrsg. v. Hans Ramisch, München 1994, S. 315, Abb. Nr. 12a).
3 Ratsprotokolle im Stadtarchiv München 1473: Besuch Kaiser Friedrichs III. und des Erzbischofs von Mainz in München am 23. April: „Man gieng ... auch ... in Unser lieben Frauen pfarrkirchen für den kor altar": Otto Hartig, *Münchner Künstler und Kunstsachen,* in: Münchner Jahrbuch der bildenden Kunst, N. F. III, 1926, S. 273-370, Nr. 238.
4 Die Grabungsergebnisse von Adam Horn und ihre bezüglich der Höhenlage der beiden Grabkammern hier vorgenommene Auswertung bestätigen die schon vor zweihundert Jahren von Vacchiery geäußerte Vermutung, Herzog Sigismund habe selbst die Transferierung der Gebeine seiner Vorfahren von der alten in die neue Gruft veranlaßt: Karl Albrecht Vacchiery, *Abhandlung über die Grabstätte und Grabschriften einiger Herzoge aus Baiern,* in: Neue historische Abhandlungen der kurbaierischen Akademie der Wissenschaften, München 1779, Bd. I, S. 351-382, hier S. 355, 370.
5 Vergleiche die textkritische Diskussion weiter unten.
6 Arthur Schlegel, *Das Grabmal Ludwigs des Bayern in der Münchner Frauenkirche und Porträts der bayerischen Herzöge der Renaissance*, in: Oberbayerisches Archiv, 93, 1971, S. 207-222, hier S. 208.
7 Hans Ramisch, *Das Pötschneraltärchen von 1477 in St. Peter in München,* in: Jahrbuch des Vereins für christliche Kunst in München e. V., Bd. XX, 1998.
8 Ernst H. Kantorowicz, *Die zwei Körper des Königs. Eine Studie zur politischen Theologie des Mittelalters,* München 1942, S. 81-97.
9 Horst Appuhn, *Meister E. S. Alle 320 Kupferstiche,* Dortmund 1989, Abb. 78 (L.81).
10 Schlegel (wie Anm. 6), S. 208-211. – Volker Liedke, *Die Haldner und das Kaisergrabmal in der Frauenkirche zu München,* München 1975, S.141-146 (mit ausführlichen Referenzen der früher geäußerten Meinungen).
11 Philipp Maria Halm, *Erasmus Grasser,* Augsburg 1928, S. 20-24, Taf. XII-XV.
12 Noch zuletzt durch Liedke (wie Anm. 10).
13 Karl Gröber, *Die Grabplatte Kaiser Ludwigs des Bayern in der Frauenkirche in München*, in: Pantheon, 11, 1933, S. 92-95.
14 Philipp Maria Halm, *Die spätgotische Grabplastik Straubings und ihre Beziehung zu Salzburg*, in: Studien zur süddeutschen Plastik, I. Band, Augsburg 1926, S. 46-101, Abb. 82-85.

15 Wilhelm Vöge, *Jörg Syrlin der Ältere und seine Bildwerke*, II. Bd.: *Stoffkreis und Gestaltung*, Berlin 1950, Taf. 14-20, 28, 29.
16 Theodor Müller, *Sculpture in the Netherlands, Germany, France and Spain 1400 to 1500*, Harmondsworth 1966, Taf. 115 (A).
17 Walter Paatz, *Süddeutsche Schnitzaltäre der Spätgotik*, Heidelberg 1963, S.19-21.
18 Friedrich Wimmer/Ernst Klebel, *Das Grabmal Friedrichs des Dritten im Wiener Stephansdom*, Wien 1924. – Otto Wertheimer, *Nicolaus Gerhaert. Seine Kunst und seine Wirkung*, Berlin 1929, S. 48-51, Taf. 22-25. – Lilli Fischel, *Nicolaus Gerhaert und die Bildhauer der deutschen Spätgotik*, München 1944, S. 98-108. – Alois Kieslinger, *Das Grabmal Friedrichs III.*, in: Friedrich III. Kaiserresidenz Wiener Neustadt, Ausst. Kat., Wien 1966, S. 192-196.
19 Nicolo Rasmo, *Michael Pacher*, München 1969, S. 24-32, Taf. 10-14.
20 Rasmo (wie Anm. 19), Taf. 6, 7.
21 Rasmo (wie Anm. 19), S. 57-68, Taf. 25, 39-41.
22 Bayerische Staatsbibliothek München cgm 2222, fol. 74 – Volker Liedke, *Die Haldner und das Kaisergrabmal in der Frauenkirche zu München*, München 1975, S.141-146, hier S. 60-62.
23 G. Nagler, *Beiträge zur älteren Topographie der Stadt München*, in: Oberbayerisches Archiv für vaterländische Geschichte, Bd. 12, 1850-1852, S. 234-261, hier S. 251 identifiziert den Bildhauer des Kaisersteins bereits mit dem des Tegernseer Stiftergrabes. – Hans Haldner wird in den meisten archivalischen Nachrichten „Hans steinmetz" genannt: Hartig (wie Anm. 3), Nr. 186, 187, 191a, 192, 201, 205, 207, 211, 227, 231, 234, 248, 257, 263, 266, 286, 304.
24 Die Datierung 1457 überliefert der Nekrolog des Abtes Caspar Aindorffer (Bayerische Staatsbibliothek, clm 1072, fol 41 r), für den Auftrag an Hans Haldner gibt es einen Quittbrief (Hauptstaatsarchiv München. KU Tegernsee Nr. 3310) vom 8. Juni 1460.
25 Müller (wie Anm. 16), Taf. 89 B.
26 Ebd., Taf. 88.
27 Hans Ramisch, in: Gotik in Österreich, Ausst. Kat., Krems 1967, S.211, Kat. Nr. 167.
28 Hans Ramisch (Hrsg.), *Die Freisinger Dom-Custos-Rechnungen 1447-1500*, München 1998, Item Nr. 1063 und 8300.
29 Erwin Panofsky, *Early Netherlandish Painting*, Cambridge Mass. 1966, Bd. 2, Taf. 121, 150.
30 Friedrich Winkler, *Jos Ammann von Ravensburg*, in: Jahrbuch der Berliner Museen, N. F. 1. Bd., 1959, S. 54, Abb. 2.
31 Müller (wie Anm.16), Taf. 132.
32 Müller (wie Anm. 16), S. 69, 70, Taf. 82(A).
33 Bayerisches Hauptstaatsarchiv München, Hochstift Freising, Lit. Nr. 369. – Sigmund Benker, *Zum Werk Jakob Kaschauers*, in: Aufsätze zur Kunstgeschichte und Prinzipienlehre, Herrn Professor Hans Sedlmayr gewidmet zum Geburtstag am 18. Januar 1956 (unveröffentlichtes Manuskript). – August Königer, *Johann III. Grünwalder, Bischof von Freising*, in: Programm des K. Wittelsbacher-Gymnasiums in München für das Schuljahr 1913/14, München 1914, S. 3-79.
34 Brüssel, Musée du Cinquantenaire. – Müller (wie Anm. 16), Taf. 68.
35 Benker (wie Anm. 33).
36 Patritius Dalhammer, *Canonia Rohrensis documentis, monumentis et observationibus historico-criticis illustrata*, Regensburg 1784, S. 121-125.
37 „In isto lapide parerga lateralia, instar fasciae in se involuta, aeui vitio hinc inde disrupta, haec quoque nobis enunciant".
38 Hans Ramisch, *Grabstein des Bischofs Johann IV. Tulbeck von Freising (1453-1473)*, in: Hans Ramisch/Peter Steiner, Die Münchner Frauenkirche, Restaurierung und Rückkehr ihrer Bildwerke zum 500. Jahrestag der Weihe am 14. April 1994, München 1994, S. 72, Abb. S. 74 und 75.
39 Die Fraunberger hatten ihr Erbbegräbnis in der Freisinger Stiftskirche Weihenstephan und standen so mit der Bischofsstadt in enger Verbindung – Wiguläus Hund, *Bayrisch Stammen Buch*, 2. Teil, Ingolstadt 1598, S. 70.
40 Peter Pfister/Hans Ramisch, *Die Frauenkirche in München, Geschichte, Baugeschichte, Ausstattung*, München 1983, S. 130, 131, Abb. 59, 60, S. 231. – Sigmund Benker/Peter Steiner, *Bildwerke der Münchner Frauenkirche*, Diözesanmuseum Freising, Bildheft 2, München 1976. – Zur Datierung um 1470: Altmann (wie Anm.1), S. 6.

41 Vergleiche den Stich von Nikolaus Solis 1568 mit der Innenansicht des Chorraumes der Frauenkirche.
42 JOACHIM SIGHART, *Die Frauenkirche zu München. Ihre Geschichte und Schilderung*, Landshut 1853, S. 33, identifizierte den Stein als „Schlehdorfer Marmor". – GEORG HAGER, *Das mittelalterliche Grabmal des Kaisers Ludwig des Bayern in der Liebfrauenkirche zu München*, in: Monatsschrift des historischen Vereins von Oberbayern, 3, 1894, S.70-73 und S. 90-99, hier S. 71 nennt das Material „Untersberger Marmor".
43 RUDOLF M. KLOOS, *Die Inschriften der Stadt und des Landkreises München*, Stuttgart 1958, S. 67. – LIEDKE (wie Anm. 10), S. 134.
44 ANTON LIPOWSKY, *Historische Prüfung der Frage, ob Kaiser Ludwig IV. mit seinem Gegenkaiser Friedrich dem Schönen von Oesterreich das deutsche Reich gemeinschaftlich beherrschet habe*, in: Neue historische Abhandlungen der Bayerischen Akademie der Wissenschaften, Bd. 1, 1779, S. 267-349 hier S. 349. Der hier wiedergegebene Kupferstich des Kaisergrabsteins zeigt am Textanfang fünf ausgebrochene Rollen – ein offensichtlicher Fehler, da nur vier Fehlstellen vorhanden sind. Weiters zeigt er Rolle 18 ausgebrochen als Fehlstelle, die heute auf dem Kopf stehende Beschriftung dieser Rolle „..))))" ist also eine spätere Ergänzung. Diese Rolle ist nicht vertauscht worden, wie LIEDKE (wie Anm.10), S. 140, annimmt. Auch die andersartige Tremulierung des Hintergrundes und die flachere Austiefung der Zahlen weisen sie als nicht original aus.
45 Siehe hierzu HAGER (wie Anm. 42), S. 94. Der Münchner Steinmetzmeister Johann Michael Matheo war 1783 beauftragt worden, die fehlenden Rollen zu ersetzen – jedoch ohne Schriftzeichen „... um dem Grabstain sain Autenticität nicht zu benehmen". Siehe dazu den Akt zur Restaurierung des Kaisergrabmals in der Bayerischen Staatsbibliothek München, Cod. germ. 2717.
46 Die Vermessungsarbeiten wurden vom Autor in Zusammenarbeit mit Frau Cornelia Harrer im Juli 1997 durchgeführt.
47 LIEDKE (wie Anm. 10), S. 128.
48 Vergleiche Bayerische Staatsbibliothek München, Cod. germ. 2717, fol. 4, 5, – SIGHART (wie Anm. 42), S. 34 ff. – HAGER (wie Anm. 42), S. 93 f. – KLOOS (wie Anm. 43), S. 65 f. – LIEDKE (wie Anm. 10), S. 130-141.
49 Die Abreibungen wurden vom Autor in Zusammenarbeit mit Herrn Albert Stabl im Juni 1996 durchgeführt. Die Anführung der Inschriften folgt der Lesart von Hans Ramisch hier in diesem Aufsatz.
50 „et"-Kürzel.
51 Vergleiche zum „er"-Kürzel die Abbreviatur beim nachfolgenden „h(er)zog".
52 KLOOS (wie Anm. 43), S. 22 – Liedke (wie Anm. 10), S. 98 f.
53 SIGHART (wie Anm. 42), S. 34 f.
54 KLOOS (wie Anm. 43), S. 65.
55 SCHLEGEL (wie Anm. 6), S. 209.
56 LIEDKE (wie Anm. 10), S. 130. Die Abbreviaturen sind bei Liedke durch Querbalken über den entsprechenden Buchstaben vermerkt.
57 LIEDKE (wie Anm.10), S. 134 f.
58 Es ist die Lesevariante „stai(n)" möglich, wobei das Rollenende den Buchstaben „n" halbiert.
59 Der letzte Buchstabe „n" kann auch als „u" gelesen werden.
60 Bayerische Staatsbibliothek, München: Cod. germ. 2717 fol.2.
61 Alle Herren und Fürsten legten sich in dieser Zeit eine programmatische Devise zu, die häufig auch in der Titulatur geführt wurde. Die zunächst noch in deutscher Sprache abgefaßten Devisen wurden erst später nur mehr lateinisch geführt. So lautete die Devise Sigmunds (1439-1501), des älteren Bruders Albrechts IV. „Von Tag zu Tag" und die Devise der Pfälzer Wittelsbacher zu dieser Zeit: Philipp (gest. 1476) „Nicht unversucht", die des Kurfürsten Ludwig IV. von der Pfalz (gest. 1449): „Tugend überwindet Gewalt". Erstaunlicherweise konnte die Devise Albrechts IV. nicht ausfindig gemacht werden. Auch S. F. DIELITZ, *Die Wahl- und Denksprüche*, o. O., 1884, führt sie nicht an.
62 Lesart nach Hans Ramisch. Bei allen Ergänzungsversuchen muß beachtet werden, daß pro Rolle wohl eine bestimmte Mindest- und Höchstzahl von Zeichen untergebracht war. Rollen mit nur zwei Zeichen können also ausgeschlossen werden. Die Problematik der freien Orthographie und der recht freien Möglichkeit von Abbreviaturen und Kürzeln, läßt durchaus auch andere Wörter ähnlichen Inhalts zu. Auf keinen Fall können jedoch, wie bei früheren Leseversuchen – etwa bei LIEDKE (wie Anm. 10), S. 134 – geschehen, einfach die Rollen in ihrer Reihenfolge getauscht und andere dazwischen stillschweigend als „leer" angenommen werden.
63 LIEDKE (wie Anm. 10), S. 132 und S. 141 – KLOOS (Anm. 43), S. 66.

ABBILDUNGSNACHWEIS

BAYERISCHES LANDESAMT FÜR DENKMALPFLEGE, PHOTOSAMMLUNG. *Abb. 1* (Arch.-Nr. 7489); *Abb. 2* (Arch.-Nr. 7493)
ERZBISCHÖFLICHES ORDINARIAT MÜNCHEN, KUNSTREFERAT: *Abb. 3-8, 10, 11, 14, 19* (Aufn. Wolf-Christian von der Mülbe); *Abb. 12; Abb. 16-18* (Aufn. Markus Hundemer, München)
WOLF-CHRISTIAN VON DER MÜLBE, Dachau: *Abb. 9, 13*
BAYERISCHE STAATSBIBLIOTHEK, HANDSCHRIFTENABTEILUNG: *Abb. 15* (4 Bavar 23-1, S. 348-349)

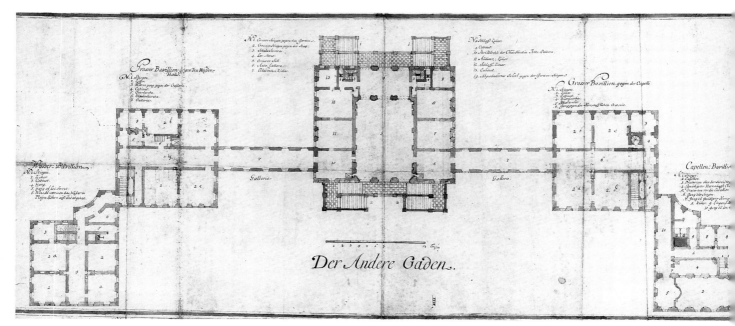

Abb. 1. Grundriß der Nymphenburger Schloßanlage, Hauptgeschoß

Abb. 2. Grundriß der Nymphenburger Schloßanlage, Erdgeschoß

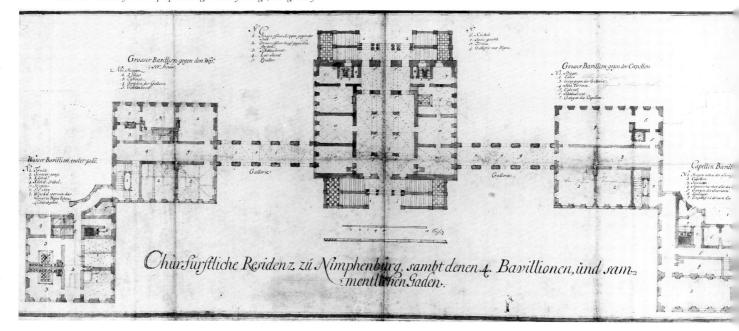

Anna Bauer-Wild

Ergänzungen zur Baugeschichte Nymphenburgs unter Max Emanuel 1701-04[1]

Mit der Rückkehr Max Emanuels aus den Niederlanden im Frühjahr 1701 begann die zweite Bauphase an Schloß Nymphenburg. Bis dahin hatte sich der junge Kurfürst nicht im geringsten für diesen Bau und Garten seiner Mutter Henriette Adelaide von Savoyen interessiert. Sein Oberhofbaumeister Henrico Zuccalli war mit Bauten und Planungen zur großen Schloßanlage Schleißheim beschäftigt. Schwaigverwalter in Nymphenburg war Christoph Packenreither; er betreute den verlassenen Schloßbau und kümmerte sich um unumgängliche Reparaturen, die von Max Emanuel nur zögernd genehmigt wurden.[2]

Alt-Nymphenburg 1664-80

Aus den Baurechnungen 1664/79 ist der Zustand von Schloß Nymphenburg bei der Baueinstellung 1679 gut zu erschließen. Er stimmt in wesentlichen Punkten nicht mit dem Bild überein, das uns Wening 1701 überliefert hat.[3] Der freistehende kubische Bau, dessen geringe Eignung als Residenz- und Lustschloß ins Auge springt, war von Anfang an nicht in dieser Form geplant, sondern war der bereits veränderte Mittelpavillon einer größeren dreiteiligen Schloßanlage mit zwei Seitenpavillons und verbindenden Galerien, die zum Teil in der ersten Bauphase schon ausgeführt worden waren. Bei der Baueinstellung 1679 stand von den beiden Seitenpavillons einer im Rohbau und war bereits überdacht, vom zweiten existierten die Grundmauern und aufgehende Mauern zumindest des Erdgeschosses.

Rekapitulieren wir kurz die Baugeschichte Alt-Nymphenburgs:[4] Der Bau wurde von Agostino Barelli 1668 begonnen. Unter ihm wurde der Mittelbau aufgeführt. Am 1. November 1672 wurde Henrico Zuccalli rückwirkend zum Hofbaumeister ernannt. 1673 ist der „welsche Paumaister Zugali den 17. September befelcht worden, beim Churfürstl. Pau Nimphenburg zuezesehen" (= nach dem Rechten zu sehen). In diesem Jahr schloß man das Gewölbe im großen Saal und erbaute ein Brunnhaus mit Brunnwerk, Arbeiten, wofür mit Sicherheit noch Barelli verantwortlich war. Nach Barellis Weggang aus München im Mai 1674 wurde Zucalli leitender Architekt in Nymphenburg. Unter ihm wurde im gleichen Jahr das Innere des Mittelbaus verputzt und der Bau des südlichen Seitenpavillons begonnen: „... die völlige Grundtföst zur neuen Pavillon völlig ausgemauert und ein Theil der Maur ober dem Grundt aufgeführt." War bisher der Bau langsam fortgeschritten (Bausumme jährlich ca. 3.000.– bis 4.500.–), forcierte Zuccalli im folgenden Jahr 1675 das Bautempo (Bausumme 11.806.–) und nahm eingreifende Änderungen an Barellis Bau vor. „Nach Anordtnung des Paumaisters Zugali" wurden in der Ziegelei von Eisenhofen „auf einer besonderen Formb 4500 grosse Gesimbsstain verförttiget", sehr große Steine[5], die schließen lassen, daß Zuccalli ein kräftiges Kranzgesims machte. Außerdem wurden durch die Maurer „die Thieren aufm Sahl, und das Gewölb, sambt den Fensteren alda verändert". Bei der Gewölbeveränderung handelte es sich um den Abbruch des Ostteils der gemauerten Wölbung, die, weil sie an dieser Seite kein Widerlager hatte, einen zu großen Druck auf die Ostfassade ausübte. Sie wurde durch eine Holzkonstruktion ersetzt. Am 29. Juli 1675 begann die Stuckierung der Saaldecke wohl unter Prospero Brenni,[6] die 1676 vollendet wurde. Für die große stadtseitige Freitreppe wurde ein Modell angefertigt und Tuffstein im Mühltal bei Weyarn gekauft. Außerdem wurde der 1674 begonnene südliche Seitenpavillon im Rohbau fertiggestellt und überdacht, samt einer „daranstehenden Kuchl". Für einen zweiten Seitenpavillon im Norden wurde das Fundament ausgemauert. Die erheblichen Mehrausgaben dieses Jahres gingen im wesentlichen auf das Konto der Arbeiten an den beiden Seitenpavillons.

Im Todesjahr der Kurfürstin Henriette Adelaide (gest. 18. März 1676) arbeiteten zunächst nur die Stukkatoren und Kistler. Von September bis November aber wurde am zweiten Seitenpavillon weitergebaut. Für den ersten Pavillon wurden Fensterstöcke gemacht. In der Steinmetzhütte begann man an den Werkstücken für die stadtseitige Freitreppe zu arbeiten (bis 1678). 1677 machten die Kistler weiter Fensterstöcke für den ersten, im Rohbau schon fertigen Seitenpavillon: „... bey der Pavillon Nimphenburg im mittern Gaden, und den Gang daran 33 grosse aichene Fensterstöckh" (= für das Hauptgeschoß und die Verbindungsgalerie zum Mittelbau).

Noch einmal, 1678, griff Zuccalli verändernd in den Mittelbau Barellis ein. Er ließ die ‚Frontispize' auf dem Dach abbrechen, wofür erhebliche Zimmerarbeiten nötig waren.[7] Damit entstand der kubusförmige Bau, den wir von Wening kennen. Die Freitreppe an der Ostseite wurde aufgesetzt und die stadtseitige Fassade fertiggestellt. Die Kistler machten Fensterstöcke auch für den zweiten, noch im Bau befindlichen Pavillon und dessen Verbindungsgalerie zum Mittelbau.

Bei der Baueinstellung 1679 stand der erste, südliche Seitenpavillon im Rohbau, samt einem zweistöckigen Küchenbau, der mit dem Pavillon durch einen Gang verbunden war, und einem Brunnhaus, das mit dem Küchenbau in nicht mehr zu klärendem baulichen Zusammenhang stand. Der Pavillon war unverputzt. Die Fenster, die sämtlich schon gemacht waren, wurden in den oberen Geschossen nicht mehr eingesetzt. Die Fenster für das Erdgeschoß aber waren eingesetzt, beschlagen und vergittert. Auch im anschließenden kleinen Küchenbau waren die Fenster eingesetzt. Der zweite Pavillon war kaum über das Fundament herausgekommen. Im Mittelbau war das südliche Appartement bewohnbar, alle Räume des Hauptgeschosses waren mit schweren, geschnitzten und vergoldeten Decken versehen, die Malereien für die Deckenfelder waren zum großen Teil fertig. Der große Mittelsaal, der spätere Steinerne Saal, stand noch eingerüstet und unvollendet;[8] letzte Arbeiten erfolgten an der östlichen Freitreppe.

Daß der Plan, den Mittelbau durch seitliche Pavillons zu erweitern, erst von Zuccalli 1673/74 stammen könnte, ist immerhin denkbar, aber eher unwahrscheinlich. Eine der Hauptforderungen Henriette Adelaides für ihr neues Schloß war gewesen, es solle vier große fürstliche Appartements und dazu Galerien enthalten,[9] was im Mittelbau allein nicht möglich gewesen wäre. Es müssen Seitenbauten von Anfang an geplant gewesen sein. Die Form des Daches aber mit dem kräftigen Kranzgesims und die Form der Freitreppe stammten von Zuccalli, ebenso wie die architektonischen Details der Seitenpavillons und der Verbindungsgänge (Abb. 3).

Umgestaltung und Erweiterung des Schlossbaus 1701-04

So war das Nymphenburg von 1701 eigentlich Zuccallis alte Baustelle, wenn auch in ziemlich ramponierter Form, denn die Seitenpavillons waren 1684 zum größten Teil abgebrochen und deren Steine zum Bau von Lustheim verwendet worden;[10] und Zuccalli war es, der 1701 die Weiterarbeit in Nymphenburg forcierte.

Noch im April 1701, kurz nach seiner Rückkehr aus den Niederlanden, hat Max Emanuel „mündlich gdist befolchen, in den Nymphenburgischen Zimmern ain: und anders, auch waß sonst aldort erforderlich, fördersamb zue: unnd vorrichten zulassen"[11] – d. h. er befahl, die Nymphenburger Appartements bewohnbar zu machen, nicht mehr. Am 25. April wurde mit der Arbeit begonnen, und Zuccalli meldete dem Kurfürsten, es seien „bereits ainige Werkh: unnd Arbeithsleuth angestellt" worden. Der Schwaigverwalter Packhenreiter klagte am Ende der ersten Arbeitswoche am 30. April, er habe von dem Bau und „dessen Bestöll: Bezall: und Verrechnung nicht die mündiste Nachricht" erhalten, habe aber trotzdem auf eigene Kosten die Arbeiter ausbezahlt. Er riet, Zuccalli aufzufordern, einen Überschlag für die Arbeiten in Nymphenburg zu verfassen. Der Kurfürst war von dem Ausmaß der Arbeiten offenbar überrascht. Er forderte Zuccalli auf (2. Mai), zu berichten, „in weme diser vorhabente Pau allenthalben aigentlich bestehe?" und „einen zuverlässigen Yberschlag aller erforderlichen Uncossten, und Paumaterialien" einzusenden, „damit wür alsdan gestalten Dingen nach die vernere Notturfft beobachten lassen können".

Anfang Juni hatte der Schwaigverwalter immer noch weder eine Nachricht, um was es sich bei den Bauarbeiten im Schloß handle, noch Geld zur Bezahlung der Arbeiter erhalten. Er bat den Kurfürsten am 1. Juni, „obbemelten Pau sambt der Bezall: und Verrechnung dero Hofpauambt zuelegen zlassen". Am gleichen Tag noch forderte Max Emanuel Zuccalli von neuem auf, über den Bau Genaueres zu berichten. Doch mußte Packhenreiter die Lieferanten und Arbeiter noch bis zum 16. Juli „interim, unnd bis auf ervolgt weitere Verordnung" bezahlen.[12]

In dieser Zeit, vom 26. April bis 16. Juli, reparierten die Arbeiter das Dach, trugen im Saal das Gerüst ab, das von der ersten Bauzeit her noch stand, verputzten die Saalwände, strichen sie blau und legten einen Holzfußboden. Der an den Saal nach Westen anschließende Raum, die Galerie, die die beiden seitlichen Appartements verband, wurde gepflastert. In den Appartements wurden die schweren geschnitzten und vergoldeten Decken mit den eingelassenen Ölbildern wieder eingebaut. Sie waren während der langen Zeit der Baueinstellung auf der Schwaige verwahrt worden.[13] Der Marmorator Wilhelm Langenbuecher brach in drei Zimmern die Stuckmarmorportale ab, änderte sie und setzte sie wieder auf.

Nach dem 16. Juli 1701 wurden die Arbeiten im Schloß unter Leitung des Hofbauamts durchgeführt, wobei Zucalli als Oberhofbaumeister weiterhin die Leitung hatte. Diese Arbeiten sind durch verschiedene Handwerker- und Lieferantenrechnungen überliefert, die von Zucalli bzw. Trubillio unterzeichnet sind und in denen auch eingangs oft gesagt wird, die Arbeit sei auf Befehl Zuccallis geschehen.[14] Zwischen dem 12. Juli und dem Jahresende besuchte Zuccalli mit Trubillio mindestens 22 Mal das Schloß, mit Kutsche und Vorreiter, um die Arbeiten zu überwachen. In dieser Zeit arbeitete der Kistler Franz Ötschmann weiterhin am Aufmachen der Decken und der ebenfalls geschnitzten und vergoldeten Gesimse in den beiden seitlichen Appartements. Von Oktober an sind wieder Maurer- und Zimmererarbeiten aufgelistet, unter Hofmaurermeister Philipp Zwerger und Zimmermeister Wolf Schäffler aus der Au.[15] Die Zimmerleute schlugen im Saal ein dreifaches Gerüst auf, Maurer verputzten „für die Maller". Der Hofmaler Johann Anton Gumpp freskierte in den Bildfeldern der Stuckdecke aus der Erbauungszeit.[16] Auch in den seitlichen Appartements wurden Gerüste für die Maler aufgeschlagen, wohl zu Ergänzungs- und Ausbesserungsarbeiten. Gumpp malte auch die Nebenbilder im Vorsaal des nördlichen Appartements.[17]

Die Maurer haben außerdem „in Gschloß herumb die Fensterstöckh außbrochen und tiefer eingesözt (niderer gesözt)". Daran arbeiteten durchschnittlich fünf Maurer und vier Tagwerker mehrere Wochen. In Zusammenhang mit dieser Arbeit ist wohl die Angabe des Kistlers Ötschmann zu sehen, er habe „an alle Fenster in den underen Zimmern von aichnen Holz Gesimbsbrötter gemacht, dann die Fensterstöck eingelassen, und sauber ausgebessert, in alle 9 Zimmer ein Brusttafferl gemacht, mit eingefassten Tafflen"[18]. Es handelt sich dabei wohl um Arbeiten im Hauptgeschoß. Der Ausdruck ‚untere Zimmer' läßt zwar an das Erdgeschoß denken, wo gleichzeitig Küchen, Sommelierzimmer und Zehrgaden eingerichtet wurden; die Zahl der Räume (neun), die Bezeichnung ‚Zimmer' und die Verwendung von Eichenholz für die Fensterbretter, auch die saubere Vertäfelung sprechen aber für das Hauptgeschoß. Außerdem wurden die Kamine auf dem Dach erhöht und an welschen Kaminen in den Zimmern gearbeitet. Im Schlafzimmer des Kurfürsten, dessen Appartement sich auf der Nordseite befand, wurden für zwei Fenster neue Fensterläden gemacht und große Türen beschlagen. Weiterhin erfolgten Beschlagarbeiten auch an den großen Türen im Saal sowie das Setzen von Kachelöfen, auch im Erdgeschoß.

Ende 1701 wies noch nichts auf ein Anwachsen der Baumaßnahmen hin. Max Emanuel schrieb am 14. Oktober 1701 an seine Geliebte Agnes Lelouchier, Gräfin von Arco:

Abb. 3. Rekonstruktion des geplanten Schloßbaus ab 1668 vor den Veränderungen des Dachs durch Zuccalli 1678; Freitreppe von Zuccalli; die Form der „Frontispize" am Mittelbau ist nicht sicher zu rekonstruieren

Je prend la liberté Ma cher anfan de te donner une Commission pour meubler Ninfenbourg et te suplie de t'en charger, i'espére ty voir sans cela aucune Maison du Monde me peut faire plaisir c'est pourquoy i'espere que tu voulez bien prendre ce soin: Je tenvoy la liste cy, iointe de ce que ie voudrois avec les meubles et tout ce qui en depend come ce n'est qu'une maison de Campagne ie ne voudrois pas y faire de grande dépanse ie voudrois des estoffes de soye et méme ie ne scay si les estoffes de demie Soye ne sufisoyent pas pour les antichambres, enfin ie te prie qu'il y aye un air de propreté avec le plus d'esconomie qu'il soit possible.[19]

Die Liste der Möbel[20] nennt zwei völlig gleiche Appartements zu je zwei Vorzimmern, Schlafzimmer und Kabinett, bei denen es sich mit Sicherheit um die beiden seitlichen Appartements am Saal in Nymphenburg handelte. Im November befand sich die Gräfin Arco in Turin und beschäftigte sich dort mit dem Aussuchen von Möbeln und Stoffen, wie aus Max Emanuels Briefen hervorgeht. In einem Schreiben vom 9. November 1701 befaßte sich der Kurfürst eingehend mit der Einrichtung dieser beiden Appartements,[21] versicherte, er habe eigenhändig die Maße für die Stoffe genommen („... je tenvoy icy les mesures des tapisseries que i'ay toutte prises moy Mésme ..."), war einverstanden, Möbel und Stoffe in Turin zu kaufen („... je suis daccord qu'on face tout le meuble a Turin cela sera beaucoup mieux ..."), fand die Kosten nicht übertrieben („... je ne trouve pas la Somme exorbitante ..."), kümmerte sich um Details („... les rideaux peuvent estre de damas blanc. Les lits a la Duchesse seront mieux ..."), stellte die prompte Zahlung in Aussicht („... marque moy positivement ladresse ou ie dois envoyer largant. Ie le feray remetre par lettre de change a Turin ...") und mahnte zur Eile („... je te prie de les faire hater car ie serois ravy d'avoyr la maison meublée au printons ..."). In Nymphenburg selbst, berichtete er, gehe es rasch voran („... les plafons lambris et pintures a quoy on travaille a force ...").

Nach einem Vergleich der ausgeführten Appartements[22] mit den in den Briefen besprochenen Details kann man mit ziemlicher Sicherheit annehmen, daß die Möbel und Stoffe tatsächlich in Turin gekauft, nach München geschickt und in Nymphenburg verwendet wurden. Es hat den Anschein, als habe zu dieser Zeit Max Emanuel die Absicht gehabt, Nymphenburg als Landhaus für sich und seine Mätresse, die Gräfin von Arco, einzurichten – es ist undenkbar, daß er bei der gegenseitigen leidenschaftlichen Eifersucht der beiden Frauen, von der in den Briefen immer wieder die Rede ist, die Geliebte gebeten hätte, die Zimmer der Gemahlin auszustatten – sie war auch ausschließlich mit den beiden Appartements in Nymphenburg befaßt. Im Frühling/Frühsommer des Jahres 1701 schrieb Max Emanuel an die Gräfin Arco noch von der politischen Notwendigkeit ihrer Trennung und verbot ihr, nach Bayern zu kommen. Die Vernunft, die Angst vor einem Skandal, der seine hochfliegenden politischen Pläne beeinträchtigen und „le dessin" seines Lebens zerstören könnte, war stärker als Liebe und Sehnsucht – er war der Meinung, für ein Wiedersehen müsse man eine bessere politische Konstellation abwarten. Mit Schrecken dachte er noch daran zurück, wie seine erste Gemahlin zu ihrem Vater nach Wien zurückkehrte: „.... le Scandale et lesclat que tout cela a fait, est encore en horreur en ce pais icy et dans ma propre Memoire."[23] Im Spätherbst 1701 aber, nach einem heimlichen Besuch der Gräfin in München, war von solchen Bedenken kaum mehr die Rede. Von Rangerhöhung und Machterweiterung, die ihm nach ersten politischen Erfolgen greifbar schienen, erhoffte er sich mehr Spielraum für sein persönliches Leben und damit offenbar die Möglichkeit, Agnes als „Maitresse en titre" bei sich haben zu können, wobei ihm die Lebensführung Ludwigs XIV. vorgeschwebt haben dürfte, der nicht dem moralischen Druck von außen ausgesetzt war wie ein Reichsfürst mit weitergehenden Ambitionen.

Zu Beginn des Jahres 1702 finden wir den Hofmaler Johann Anton Gumpp im großen Saal von Nymphenburg noch an der Arbeit,[24] die Zimmerleute beim Versetzen des großen Gerüsts für die Freskierung und beim Legen von Böden in den Appartements. Zuccalli beschloß eine Modernisierung der schweren Decken: „... auß Befelch deß Churfrtl: Hofcammerrhat, und Oberarchitetto Herrn von Zucalli" hat der Kistler Ötschmann „in acht Zimmern die Frieß abgebrochen, und niderer gemacht, warbey in ieden Zimmer 2 Gsöllen 5 Täg zuthuen gehabt"[25]. Diese Friese waren ursprünglich sehr breit und hatten aufgeschraubte Kartuschen mit Bildern wie

Abb. 4. Ansicht des Nymphenburger Schlosses, Planungsstufe 1701-1702; Bibliothèque de l'Institut de France, MS 1039 fol. 25

im ehemaligen Appartement Henriette Adelaides in der Residenz.[26] Außerdem täfelte Ötschmann das Zimmer gegen den Garten aus, also die westliche Verbindungsgalerie. Ein Maurer und ein Tagwerker waren bis zum 18. Februar 1702 beschäftigt. Diese Arbeiten wurden wie die der zweiten Jahreshälfte 1701 unter der Leitung Zuccallis durchgeführt.[27]

In die Zeit, in der Zuccalli mit Schloß Nymphenburg befaßt war, also vom Frühsommer 1701 bis März 1702, sind zwei Pläne zu datieren, die Zuccalli zugeordnet werden. Es handelt sich um eine Ansicht der Fünf-Pavillon-Anlage und um einen Grundriß dieser Anlage mit einer südlichen Erweiterung durch eine mehrstöckige Prunkhof-Architektur (Abb. 4, 5). Diese Pläne wurden von Michael Petzet 1972 publiziert und Zuccalli zugeordnet.[28] Die Pariser Ansicht[29] zeigt das Schloß von Osten. Der Mittelbau hat die durch zwei übereinander angeordnete Bogenstellungen im Saalbereich geöffnete Fassade, vergleichbar mit der ausgeführten Fassade, aber je vier Fenster- bzw. Blindfensterachsen zu seiten der Bogenstellungen. Er wird oben abgeschlossen durch das kräftige umlaufende Kranzgesims, das unter Zuccalli 1674 hergestellt worden war. Alle fünf Pavillons sind durch einfache Lisenen gegliedert, wie das bei den Seitenpavillons heute noch der Fall ist. Die Form der vier Seitenpavillons ist der Form der ausgeführten Bauten sehr nahe. Unstimmigkeiten bestehen bei der Zahl der Fensterachsen und bei der Lage der Eingänge. Außerdem haben die beiden äußeren Pavillons (heute Knabenbau und Kirchenbau) nicht die hochgezogenen Fenster im Hauptgeschoß wie beim heutigen Bau, wo die geschwungenen ‚Oberlichter' erst ein Mezzanin als zusätzliches Geschoß ermöglichen; sie sollten erst ab 1714 entstehen.

Die Pariser Ansicht dokumentiert die entscheidende Phase bei der Planung der Nymphenburger Schloßanlage (Abb. 4). Zuccalli griff Idee und Form der unter Henriette Adelaide geplanten und von 1674 bis 1679 teilweise ausgeführten Drei-Pavillon-Anlage wieder auf und vervollständigte sie durch zwei weitere Pavillons. Wahrscheinlich bestand von Anfang an der Gedanke, im zweiten südlichen Pavillon Küche und Brunnwerk unterzubringen und im zweiten nördlichen die Schloßkapelle. Da Küche und Brunnwerk bei der alten Nymphenburger Anlage in kleinen Nebenbauten südlich vom ersten Seitenpavillon untergebracht waren und an der Stelle, wo Zuccalli den zweiten nördlichen Pavillon plante, die alte Magdalenenkirche stand, ist Zuccallis Erweiterungsplan nichts anderes als die architektonische Systematisierung des alten Raum- und Nutzungsprogramms, der erste Schritt vom fast idyllischen Landschloß zur großflächig achsensymmetrisch geordneten Schloßanlage. Von den Veränderungen am Hauptbau abgesehen, übernahm Zuccalli bei der Planung die

Abb. 5. Grundriß des Nymphenburger Schlosses mit südlicher Hofanlage, Planungsstufe 1701-1702; Bibliothèque de l'Institut de France, MS 1039 fol. 11

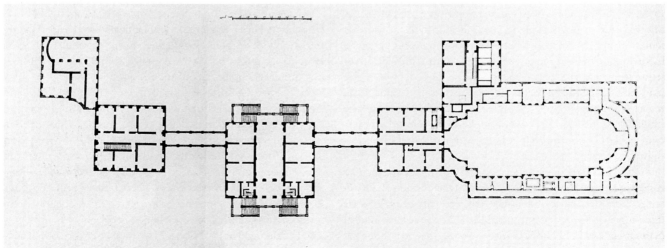

mittlere Baugruppe ziemlich unverändert vom Adelaidenbau, denn die Größe der inneren Seitenpavillons stimmt mit der Größe der alten Pavillons in etwa überein. Übereinstimmungen finden sich auch in deren Dreistöckigkeit sowie in der Lage, Form und Länge der Galeriebauten.[30]

Der Pariser Grundriß mit südlicher Hofanlage[31] gehört der gleichen Planungsphase an, unterscheidet sich aber bei den äußeren Pavillons in der Zahl der Fensterachsen; die Fensterachsen der beiden inneren Pavillons stimmen mit denen des ausgeführten Baus bis auf kleine Abweichungen überein (Abb. 5). Der Mittelbau hat neben den Bogenstellungen wieder je vier seitliche Fensterachsen. Außer der schon bestehenden Freitreppe im Osten ist eine weitere Freitreppe an der Westseite projektiert. Zwischen den beiden nördlichen Pavillons gibt es keinen Verbindungsgang, zwischen den beiden südlichen liegt er im Bereich der Hofarchitektur und hat, von der Führung der Hoffassade bedingt, die eingerundete Form, wie sie später von Viscardi für die Übergangsbauten übernommen werden sollte. Im ersten nördlichen Pavillon verbindet eine gerade Stiege die Stockwerke statt des später ausgeführten Treppenhauses, wie es heute noch existiert. Im ersten südlichen Pavillon ist ein vierseitiges Treppenhaus geplant, wie es 1702/03 auch ausgeführt, aber 1731 wieder abgebrochen wurde.[32] Dieser Plan ist, was die Form der seitlichen Pavillons betrifft, der Ausführung etwas näher als die Pariser Ansicht. Hier ist auch die zukünftige Widmung des zweiten nördlichen Pavillons als Platz für die Schloßkapelle dokumentiert. Aus dem Grundriß des zweiten südlichen Pavillons geht nicht hervor, ob dieser für Küche und Brunnhaus vorgesehen war. Die Idee der prunkvollen Hofanlage, die im Bautyp eine gewisse Ähnlichkeit mit Festplatzarchitekturen wie etwa dem Dresdener Zwinger hat, wurde im Verlauf der Planung nicht weiter verfolgt. Es geht daraus aber hervor, daß damals bereits Überlegungen angestellt wurden, in welcher Form man Ställe und andere Nebengebäude in die Schloßanlage integrieren könnte.

Spätestens im März 1702 wurde der Nymphenburger Schloßbau unter völliger Ausschaltung des Hofbauamts (d. h. Zuccallis) direkt der Hofkammer und damit dem Oberstkämmerer Ferdinand Maria Franz Freiherr von Neuhaus unterstellt.[33] Als Baumeister fungierte ab jetzt Giovanni Antonio Viscardi.[34] Doch war dieser nicht eigentlich verantwortlicher Baumeister, denn es wurde von der Hofkammer mit ihm über jeden einzelnen Bauabschnitt jeweils ein Vertrag geschlossen, so daß Eigenmächtigkeiten, wie man sie bei dem schwierigen und eigenwilligen Zuccalli zu fürchten gelernt hatte, ausgeschlossen waren. Viscardi beschäftigte seine eigenen Leute (er hatte eine große Werkstatt mit mehreren Palieren, von denen sein Vetter Antonio Andreota als Palier in Nymphenburg genannt ist).[35] Zuccalli konnte sich zunächst mit der Entmachtung nicht abfinden: ein Befehl an das Hofbauamt, sich aller Eingriffe in Viscardis Obliegenheiten in Nymphenburg zu enthalten, wurde „mit einem aigenen Pothen dem H. Zuccally nach Schleissheimb zuschickhen" befohlen und die Drohung beigesetzt, auf den „Fahl selbiges [das Hofbauamt, d. i. Zuccalli] etwann in ein oder anderer Arbeith [in Nymphenburg] hete greiffen lassen, solche sogleich einzustöllen, und Ihro Cfl: Dl: nit dopplete Uncosten zuverursachen, massen man dan auch hierauf nichts bezallen wurdte"[36]. Kurz darauf, am 26. Juni 1702, wurde Viscardi wieder als Hofbaumeister aufgenommen, „damit ihme von dero Oberarchitetto Zuccaly in denen ihm sonderbar anvertrauten Verrichtungen die Handt nit gebunden sei"[37]. Finanzierung und Abrechnung der Arbeiten in Nymphenburg erfolgten ab jetzt nicht mehr über das Hofbauamt, sondern direkt über die Hofkammer. Das Geld kam aus der Geheimen Commissions-Kassa.

In das Frühjahr oder den Frühsommer des Jahres 1702, nach der Übernahme des Baus durch Viscardi, ist ein Satz von vier Plänen im Bauamt der Bayerischen Verwaltung der staatlichen Schlösser, Gärten und Seen zu datieren (Abb. 1, 2).[38] Auf allen Plänen des Satzes findet sich über der zugehörigen bayrischen Maßskala von anderer Hand eine französische Maßskala eingezeichnet (Maßeinheit ist der französische Klafter = toise). Auf den Rückseiten sind teilweise französische Beschriftungen angebracht.[39] Dieser Plansatz ist wohl identisch mit den Plänen, die dem Kurfürsten 1714 nach St. Cloud geschickt wurden.[40]

Die Pläne stimmen im Bereich der Bauteile, die Viscardi 1702/04 ausführte, mit diesen überein, dürften von Viscardi oder aus seiner Werkstatt stammen und unmittelbar vor Beginn der Arbeiten angefertigt worden sein. Der Plansatz zeigt die Freitreppe im Westen (Ausführung 1703), den großen Saal mit den ausgebrochenen Bögen und den nach Westen und zum Saal hin geöffneten Gartensaal, die ehemalige Galerie. An der Ost- und an der Westfront sind auch hier noch die vier seitlichen Fensterachsen des Adelaidenbaus zu sehen, zum Teil als Blindfenster. Die beiden inneren Seitenpavillons sind wie ausgeführt dargestellt, samt den beiden Treppenhäusern, ebenso die eingerundeten Übergänge zu den äußeren Pavillons. Beim zweiten südlichen Pavillon, dem „Wasser Bavillion", sind in der Nordwestecke die Rohre des Brunnwerks eingezeichnet: „Winckel worin das Wasser in pleyen Rohren auf und ab gehet." Im Erdgeschoß nennt der Plan „Tirniz, Kuchel und Kuchel-Stübel".

Der äußere nördliche Pavillon, der „Capellen Bavillion", zeigt auf den drei Plänen von Erdgeschoß, Hauptgeschoß und Obergeschoß jeweils die Kapelle. Auf dem Obergeschoß-Plan hat er eine Tektur mit dem Grundriß des vierten Stocks und der dort befindlichen großen Wohnung (später die Wohnung des jeweiligen Schloßverwalters). Auch die Beschriftung nennt hier vier Stockwerke. Mehrere Stellen in Schreiben von Max Emanuel und Baron Neuhaus aus dem Jahr 1714 lassen vermuten, daß erst damals der Beschluß gefaßt wurde, den Kapellenpavillon nicht wie geplant dreistöckig, sondern mit überhöhten Fenstern und vierstöckig auszubauen,[41] wodurch ein Mezzanin an der Gartenseite zwischen dem mittleren und dem oberen Geschoß sowie im Obergeschoß eine große Wohnung entstand. Man könnte deshalb versucht sein, die Pläne ins Jahr 1714 zu datieren, denn die Tektur auf dem Kapellenpavillon ist von der gleichen Hand wie die Pläne selbst. Doch das ist sehr unwahrscheinlich – wer hätte 1714 Nymphenburg ausmessen, die Pläne zeichnen oder auch nur vorhandene alte Pläne kopieren sollen? Neuhaus hatte schon große Schwierigkeiten, von Zuccalli Pläne von Schleißheim zu erlangen, die man nach St. Cloud senden konnte. Mit Nymphenburg wollte Max Emanuel Zuccalli nicht befassen:

> ... der Zugalli, wie ich selbsten kenne, würdt vor Nümpfenburg nit taugen, dan selbiges Hauß nicht zu seinem Gusto ware, weilen andere die Handt darzue angeleget, und er würdte alles verändern wollen, welches meine Intention nit ist.

Viscardi war tot, das Bauamt war noch kaiserliche Behörde, der Nachfolger Viscardis in der Münchner Maurergerechtigkeit, Philipp Köglsperger, führte 1714 zwar die Maurerarbeiten in Nymphenburg aus, aber Neuhaus hielt ihn nicht für „einen habilen Paumaister". Alles spricht dafür, daß der vierstöckige Ausbau des Kapellenpavillons von Anfang an geplant war und Neuhaus mit Max Emanuel 1714 nur über die Art der Realisierung korrespondierte.

Viscardi hatte von 1702-04 alle Bau- und viele Ausbauarbeiten an Schloß Nymphenburg im Geding, wobei er schrittweise mit Baron Neuhaus akkordierte. Viele Arbeiten sind deshalb in den Nymphenburger Baurechnungen 1702/04 nicht einzeln und ausführlich aufgelistet, sondern nur pauschal genannt. Durch Viscardi wurde im Jahr 1702 der Mittelbau entscheidend verändert. Er hat

> ... an dem Saal zu Nimphenburg die Pögen außzubröchen: und mehr andere Arbeith zuverförttigen yber sich genommen, die zwey Saletl mit Stukhator Arbeith außmachen [heute Gartensaal und Musikempore]: die Fenster glasen: und mit gestrickhten Eisengättern versehen lassen, und all hirzu bedürfftige Materialien verschaffen miessen ... [f: 4 157.–][42]

In einem ersten Bauabschnitt wurde damit die Ost- und Westwand des Mittelbaus in dreifachen Bogenstellungen durchfenstert – in der Breite des Saals bzw. der beiden zum Garten hin gelegenen Galerien. Die Trennmauer zwischen Saal und Galerien wurde abgebrochen, so daß der Raum in seiner heutigen Form entstand, mit den offenen Bögen zu den übereinander liegenden westlichen Räumen hin, dem sogenannten Gartensaal und der sogenannten Musikempore. Diese beiden Räume ließ Viscardi stuckieren; als Stukkator ist Appiani anzunehmen.[43] An der Saaldecke mit dem schweren Stuck aus der Bauzeit wurde nichts geändert. Die Wände des Saals wurden durch die heute noch bestehende Kolossalpilasterordnung gegliedert: der entsprechende Plan im Bauamt-Plansatz zeigt sie bereits in ähnlicher Form. Nicht zuzustimmen ist der Ansicht Vierls[44], es seien zunächst nur die Bögen an der Ostseite des Saals ausgebrochen worden: die Stuckierung der beiden Saletl weist darauf hin, daß diese übereinander an der Westseite des Saals liegenden Räume damals schon mit dem Saal verbunden und ihm und seiner Stuckierung angeglichen wurden;[45] Hand in Hand mit der Stuckierung ging mit Sicherheit die Öffnung zum Garten hin. Außerdem zeigen die Pläne von Hauptgeschoß und erstem Obergeschoß im Bauamt-Plansatz die großen Ausbrüche an der Ost- und Westfront wie auch zwischen Saal und den beiden kleinen Sälen. Das obere Saletl wurde zum großen Saal hin durch ein eisernes Brustgitter abgesichert.[46]

Aus den Veränderungen der ersten Bauphase des Jahres 1702 ergab sich die Notwendigkeit weiterer Bauarbeiten:

> Alß nun hinnach auch die unumbgengliche Notturfft erfordert, daß das ganze Schloß außwendig verpuzet: und ein andere Facciada gemacht, inwendig aller Ohrten verweist: die Camin abgebrochen: und auf ein andere Manier aufgeführt, die Tachung mit Kupferrinen und anderen versehen, nit weniger auch daß Schloß auf der Erden also gericht werde, daß man mit Gutschen durchfahren khöne, mithin solches außgraben, und beederseits Stafflen angeleget: gegen den Gartten 3 Pögen außgebrochen: und mehr anderes sambt der Pferdtstallung gemacht werden miessen ... [f: 3 429.–]

Die Kamine wurden neu aufgeführt: Man sieht auf der Pariser Ansicht mehrere Kamine in Traufnähe, die eine Beheizung durch offene Kamine an den Fensterwänden erlaubten, wie sie auf dem Hauptgeschoßplan des Bauamt-Plansatzes eingezeichnet sind. Bei Wening findet sich nur ein hoher Kamin nahe dem Dachfirst.

Ein wichtiger Punkt des zweiten Bauabschnitts 1702 waren die Arbeiten im Erdgeschoß. Hier mußte das Terrain in der Hauptachse des Baus abgesenkt werden, um die notwendige lichte Höhe für die Durchfahrt von Kutschen zu erreichen. In der pfeilergetragenen Halle wurden das Mittelschiff abgegraben und in der ganzen Länge des Raums die seitlichen Stufen zu den Nebenschiffen gebaut, die heute noch das alte Niveau zeigen. An der Ostseite mußten die drei Antrittstufen zur Freitreppe abgetragen werden; zum Ausgleich wurden an den seitlichen Treppenläufen Stufen angefügt.[47] Zur Gartenseite hin, wo noch keine Freitreppe existierte, brach Viscardi im Erdgeschoß die dreifache Bogenstellung aus.

Im gleichen Jahr noch führte Viscardi den Rohbau des ersten südlichen Pavillons (Königsbau, bis 1726 Prinzenpavillon, im weiteren 18. Jahrhundert kurfürstlicher Wohnpavillon) auf:

> Gleiche Beschaffenheit hat es mit denen Uncosten, welche anheur [1702] auf den aufgefiehrten Bavillion an Maurer= Zimmerleuth= item Tagwercher Taglohn, dan umb beygeschaffte Materialien, und andern mit Einschluß der vorernandten Herrn Hofpaumaisters [Viscardis] Gebür /:die er der Clafter nach, und zwar vor ieder 50 x: sambt der Verpuzung aufrechnet, diss Jahr aber darumben nur 25 x: als die Helffte angesezt würdt, indeme die Verpuzung nit beschechen ist :/ ergangen ... [f: 5 408.–]

Vom ersten südlichen Pavillon (heute Königsbau) stand also Ende 1702 der überdachte, aber nur halb verputzte Rohbau. Die Fenster waren bereits verglast. Bei der Endabrechnung der Arbeiten Viscardis 1704/05 wird gesagt,

> ... das der ersste ... Bavillon auf der Schwaigseithen der vorgenommenen ordentlichen Abmessung nach, yber Abzug der 77 Clafter welche vorhin schon gestanden, unnd nit unnder das Geding zerechnen sein, in: unnd ausser Fundaments 3125 Clafter haltet.

Dieser Passus weist auf Mauerteile, wohl Fundamente hin, die noch von dem abgerissenen Pavillonbau der Jahre 1674-76 stammten.

Die Nymphenburger Baurechnung 1702 nennt auch einige Handwerkerarbeiten, die nicht unter Viscardis Geding fielen, vor allem die Herstellung einfacher Möbel für nichtfürstliche Räume. In den seitlichen Appartements am Saal wurden die Wände mit Stoffen bespannt[48] und mit den Möbeln eingerichtet, die von der Gräfin Arco besorgt worden waren. Die noch aus der ersten Bauzeit vorhandenen Stuckmarmorportale wurden durch den Marmorator Langenbuecher ausgebessert.

In einer eigenen Rubrik „Außgab auf Herrn Johann Franz Beich Mallern"[49] listet die Baurechnung von 1702 f: 200.– Deputat für Beich in den Monaten März bis Juni 1702 auf, eine Ausgabe von f: 96.– für einen Spaliermacher wegen „24 Ellen zu 6 1/3 breithe Spallier zur Mallerei", f: 17.– für den Farbenreiber, der „an ainem Stuckh 72 Ellen Leinwath gegründet und 8 Tag Farben geriben" hat „für Herrn Beich" und f: 21.– für den Zimmermeister Kiening „umb ein Werckh zu Aufziechung der Mallerey". Ein Vergleich der Leinwandgrößen ergibt, daß es sich hier um die beiden großen Schlachtenbilder

Abb. 6. Joachim Beich, Kleinwildjagd in Nymphenburg, 1702/03; Ausschnitt (Bayerische Staatsgemäldesammlungen, München)

im Saal von Schleißheim handeln könnte.[50] Man kann sich fragen, ob diese Leinwände – mit anderen Darstellungen – ursprünglich für den Saal in Nymphenburg bestimmt waren, denn die Nymphenburger und die Schleißheimer Baurechnungen wurden streng getrennt geführt.

Aus der Baurechnung 1702 geht nicht hervor, welche Veränderungen an der Fassade vorgenommen wurden, sondern nur, daß sie durch das Ausbrechen der Bögen notwendig geworden waren. Die entscheidenden Änderungen an der Ost- und Westfassade nach der geänderten Durchfensterung des Saals waren die Reduzierung der jeweils seitlichen Fensterachsen von vier auf drei, die Vertikalgliederung durch die Kolossalpilaster und der Bau der Mittelgiebel. Diese Arbeiten könnten alle bereits 1702 vorgenommen worden sein, möglich ist aber auch, daß ein Teil davon erst ab 1715 durch Effner durchgeführt wurde.[51]

Ein Bild von Joachim Beich[52] zeigt das Schloß Nymphenburg von Osten im Hintergrund einer weiten Landschaft mit Jägern und Hunden (Abb. 6). Es hat in etwa die Maße der Bilder, die Beich ab 1717 für die beiden Galerien malte, muß aber vor der endgültigen Umgestaltung der Ostfassade entstanden sein. Beich war 1702/03 für Nymphenburg beschäftigt. Wahrscheinlich war die Serie der Schloßansichten für die Galerien schon ab 1702/03 geplant und das Bild stellt ein frühes, 1717 überholtes Exemplar daraus dar.

Die Ostfassade des Mittelpavillons zeigt auf diesem Bild zwar die dreifache Bogenstellung, aber – abweichend vom Barnant-Plansatz – nur im Hauptgeschoß. Im zweiten und dritten Obergeschoß hat sie querrechteckige Fenster. Ein Giebel über dem ‚Mittelrisalit' überragt den Dachansatz, der von einer Balustrade gekrönt ist. Seitlich der mittleren Bogenstellung hat die Fassade je drei Fensterachsen.

Auch von der Westfassade haben wir eine Ansicht, die zeigt, wie sie nach den Veränderungen 1702 ausgesehen haben könnte, einen Alternativplan für den Bau der gartenseitigen Treppe,[53] der Viscardi zugeordnet werden muß und Ende 1702 zu datieren ist (Abb. 7). Vor dem Bau der Freitreppe 1703 war nach diesem Plan der Bau von geschlossenen seitlichen Treppenhäusern im Gespräch, die den zweiten Stock, der wegen des einzigen Zugangs über die beiden engen Wendeltreppen für fürstliche Wohnungen unbrauchbar war, aufgewertet hätten. Der Plan zeigt rechts eine Freitreppe mit Balustraden und Statuen auf Postamenten, links als Alternativvorschlag das den drei seitlichen Fensterachsen bis zur Höhe des zweiten Stockwerks vorgelegte Treppenhaus. Ausgeführt wurde 1703 die Freitreppe (s. u.). Beich zeigt sie auf seiner Ansicht Nymphenburgs von der Gartenseite, die sich in der nördlichen Galerie befindet und um 1718 datiert wird. Sie stimmt mit der auf dem Plan gezeigten Treppe überein, nur die Medaillons in den Zwickelflächen zwischen den Bögen fehlen. Auch die Statuen auf der Treppe hat es niemals gegeben.[54]

Auf diesem Plan ist keine Vertikalgliederung im Mittelteil der Fassade angedeutet; das Kranzgesims ist durchgehend – also ohne Giebel – gezeichnet. Neben den mittleren Bogenstellungen sind je drei Fensterachsen zu sehen. Die Reduzierung der seitlichen Fensterachsen von vier auf drei an der Ost- und Westfassade hat also aller Wahrscheinlichkeit nach 1702 stattgefunden. Auf den entsprechenden Plänen des Bauamt-Plansatzes finden sich noch die vier Fensterachsen: Es hat also nach der Öffnung der großen Bogenfenster eine Planänderung stattgefunden, was einleuchtet, denn die Durchfensterung des alten Baus, die viele nur gemalte Blindfenster hatte, wobei die inneren der jeweils vier Seitenfenster an der Ostfront noch dazu nach der Öffnung der Bögen als Blindfenster ganz nahe an den neuen großen Bögen gelegen wären, war ästhetisch eine Fatalität, von der man gern glaubt, daß „die unumbgengliche Notturfft" erfordert hat, sie abzuändern.

Es scheint also, daß Ost- und Westfassade 1702/03 ganz verschieden gestaltet wurden: beide zwar mit je drei seitlichen Fensterachsen, die Westfassade aber mit den übereinanderliegenden Bogenstellungen, die Gartensaal und Musikempore belichteten und vielleicht ohne Giebel; die Ostfassade dagegen mit den Bogenöffnungen nur im Hauptgeschoß, aber mit Giebel. Die Gliederung durch die Kolossalpilaster an Ost- wie Westfassade ist wohl erst 1715 entstanden (1716 wurden die Kapitelle stuckiert).

Das Bild Beichs zeigt vor dem Schloß den breiten stadtseitigen Kanal in der Mittelachse mit den typischen Ausbuchtungen im Bereich des Schloßplatzes; es zeigt außerdem die beiden seitlichen Hofgevierte. Weder Kanal noch Hofgevierte entstanden in der Bauphase 1702-04, doch gehörten sie zur Planung der großen Schloßanlage, die allen Indizien nach in diese frühe Bauphase zu datieren ist.

Für das Jahr 1703 sind im Mittelbau nur noch kleinere Veränderungen verzeichnet: Für den Saal verfertigte der Marmorator Langenbuecher vier neue Stuckmarmorportale und reparierte ein weiteres, das vom Regen stark beschädigt war (= das östliche Mittelportal im Hauptgeschoß); der Kistler Ötschmann arbeitete im Kabinett des Kurfürsten an Fenstern mit französischen Läden.[55]

An der Gartenseite des Schlosses gab es bis 1703 keine Freitreppe. Sie wurde erst jetzt durch Viscardi errichtet.[56] Am 18. Juni begann man den Grund zur Treppe zu graben, im August waren die Maurerarbeiten soweit gediehen, daß der Hofsteinmetzmeister Johann Michael Remele mit dem Legen der roten Lenggrieser Marmorplatten auf den Treppenabsätzen beginnen konnte. Die Treppenstufen und Baluster waren von Holz, das steinfarben angestrichen wurde. Sie sollten, oft erneuert, bis zum Bau der marmornen Freitreppe 1770 auch aus Holz bleiben.

Die Baurechnung 1703 berichtet von Ausbauarbeiten an der Galerie zwischen Mittelbau und erstem südlichen Pavillon: der Fußboden wurde gelegt, Francesco Appiani stuckierte die Decke.[57] Der Marmorator Langenbuecher „hat auf die Gallerie ein neues Portal verförttiget"; der Steinmetz „Wolf Wallner und sein Gehilf haben die Solpannckh zu der Porthen auf der Galleria verförttiget".

Abb. 7. Aufriß der Westfassade des Nymphenburger Mittelpavillons von 1702 mit Grundriß für das Projekt einer neuen Treppenanlage

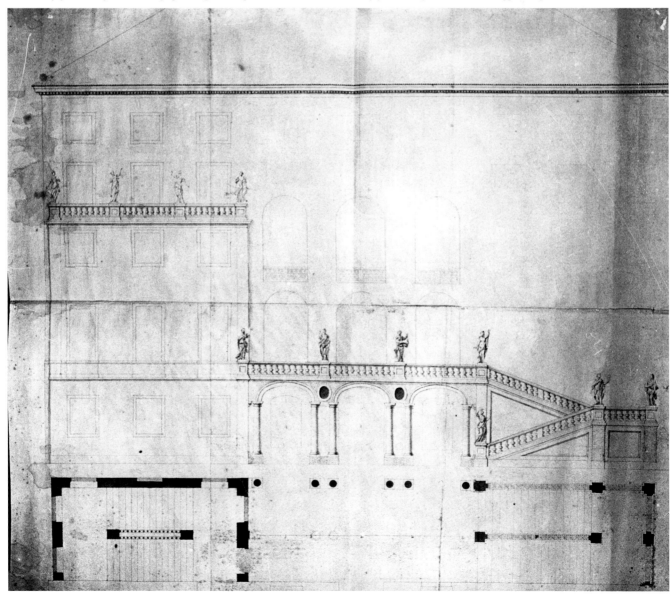

Auf dem Dach der ersten (südlichen) Galerie wurden Postamente aufgemauert. Sie hatten Abdeckplatten aus Eichenholz. Der Passus, es wurden „im Schloß und auf der Galleria die Postamenta aufgesezt", weist darauf hin, daß damals schon die Balustrade auf dem Dach des Mittelbaus entstand, die, mit irdenen, weißgestrichenen Ziervasen besetzt, das Bild des Schlosses bis 1739, als sie abgetragen wurde,[58] wesentlich mitbestimmen sollte.

Der Bau der Galerien selbst ist weder in der Bauzeit 1674-1679 noch 1702-04 erwähnt. 1677 und 1678 wurden Fensterstöcke für die Gänge zwischen Mittelpavillon und Seitenpavillons gemacht, was aber nicht unbedingt heißt, daß die Galerien damals schon gebaut waren: für den zweiten Seitenpavillon wurden 1678 Fensterstöcke gemacht, obwohl er damals noch kaum über die Grundmauern hinausgekommen war. Nach den Kistlerrechnungen der ersten Bauzeit sollten die Galerien jeweils zehn Fenster haben, waren also (zumindest in der Planung) fünf Fensterachsen lang, eine breit und von Osten und Westen belichtet. Für das Erdgeschoß waren keine Fenster gemacht worden. Sie sind damit schon damals nur als offene Bogenstellungen denkbar. Die Galerien der ersten Bauzeit sahen wohl fast genauso aus wie die der Bauzeit 1702-04.

Am ersten südlichen Pavillon wurde 1703 unter Viscardis Leitung der Verputz vollendet und das Dach fertig eingedeckt.[59] Türen und innere Fensterläden wurden eingebaut, Fußböden gelegt und Öfen gesetzt. Kistler arbeiteten an der Möblierung, Tapeziererarbeiten werden erwähnt. Francesco Appiani begann zu stuckieren:

> Mit Herrn Francesco Apiano Stuckhator, hat man dahin accordirt, daß selbiger in mittern und undern Gaden zechen Zimmer mit Döckhen: dan fünff mit glatter Arbeith, und drei Geng verförttigen solle, ist Ihme für ain Zimmer 40: dan die mit glatter Arbeith 15: und für einem Gang 30: in allem aber, nach vollendeter Arbeith, bezalt worden 565 f:—

Pietro Francesco Appiani stuckierte also im Erdgeschoß und Hauptgeschoß des ersten südlichen Pavillons je fünf Decken; dabei handelte es sich – von Gang, zweitem kleinen Kabinett, Garderobe bzw. Retirade und dem erst später abgebrochenen Treppenhaus abgesehen – um sämtliche Räume, denn an der Westseite befanden sich Vorzimmer, Schlafzimmer und Kabinett, an der Ostseite nur zwei große Zimmer. Im zweiten Geschoß machte Appiani glatte weiße Decken und in den breiten Mittelgängen der drei Stockwerke ebenfalls glatte weiße Decken.[60]

Im August begann Viscardi mit dem Bau des ersten nördlichen Pavillons (Kronprinzenbau, im 18. Jahrhundert Spiegelpavillon), der im gleichen Jahr noch unter Dach kam:

> Dan hat Herr Viscardi ... wegen des in disem Jahr auf der Kürchen Seithen under das Tach gebrachten Pavillon von 3225 Clafter einen Conto pr. 2687 f: 30 x: ybergeben, weillen aber hiran nichts bezalt worden, würdt es nur pro memoria vorgemörckht.

Am 24. November wurde der Dachstuhl für den neuen Pavillon nach Nymphenburg gebracht, aufgesetzt und vor dem Winter noch provisorisch eingedeckt.

Zu Beginn des Jahres 1704 befand sich Max Emanuel in bedrängter Lage: Kaiserliche Truppen standen auf bayrischem Boden, die bayrischen Truppen waren in jämmerlichem Zustand, des Kurfürsten Teilerfolge waren ohne strategischen Wert. Der Adel, ja selbst die Kurfürstin drängten ihn, sich mit dem Kaiser auszusöhnen. Für sie war das Ende bereits abzusehen. Trotzdem befahl Max Emanuel, „das diser angefangene Residenz Pau, mit allem Ernst unnd Nachtruckh fortgesezt werden solle"[61]. Da der Ausstoß an Ziegeln bei den Ziegelöfen von München und Umgebung nicht reichte, veranlaßte Neuhaus, „bey den sonst nacher Schleisshamb gewidmeten Zieglstadl zu Vedldüng, das Zigl prennen um eine merckhliches verstörckhen". Auch die bisher verfügbaren Kalköfen reichten nicht mehr aus, da „bey so starckher Vorthsezung dises Pauwesens eine mehrere Quantitet Kalch erforderlich gewest", und es mußte der Lenggrieser Kalkofen in Anspruch genommen werden, „der zu dem auch Churfrtl: Neuen Residenz-Pau Schleisshamb gewidmet" war. Der Kistler Ötschmann fertigte „von dem Nimphenburgischen Residenz Pau, genedigst anbefolchenermassen ain Modell".

Der Gedanke liegt nahe, daß Neuhaus 1703 nach dem Bau der ersten beiden Seitenpavillons angesichts der hoffnungslosen politischen Lage[62] einen Abschluß der Arbeiten in Nymphenburg ins Auge faßte – Max Emanuel war in diesem Jahr meist von München abwesend im Feldlager. 1703 sind nicht nur beträchtliche Arbeiten im alten Brunnhaus durchgeführt worden, das beim Bau der Fünf-Pavillon-Anlage durch den zweiten südlichen Pavillon, den „Wasser Bavillion", ersetzt werden sollte, sondern es war auch – mit ziemlichen Kosten – eine Turmuhr für die alte Magdalenenkirche gemacht worden.[63] Brunnhaus wie Kirche mußten aber 1704 dem Bau der beiden äußeren Pavillons weichen – es ist kaum anzunehmen, daß man Brunnwerk wie Turmuhr für zum Abbruch bestimmte Gebäude beschafft hätte. Max Emanuel aber verbat sich vehement nicht nur diese kleine Lösung einer dreiteiligen Schloßanlage: Die Verwendung von Materialien, die für Schleißheim eingeplant waren, und die Anfertigung eines neuen Baumodells sprechen für eine weitergehende Planung. Damals dürfte bereits der Gedanke an die seitlichen Hofgevierte entstanden sein.[64]

Das Gewölbe unter der stadtseitigen Freitreppe, die aus Tuffstein erbaut war, wurde erneuert: Im August wurde „die hervordere Schlos Stiegen abgetragen, eingewölbt, und wieder zuegemacht", im September wurden „bey der Residenz Stiegen die alten Platen eingericht", im Oktober „das Gewölb abgeworffen, unnd herabgeputz" sowie „das Pflaster, unnd die Postamenter sambt den Stiegen Stäffeln ausgebessert".

Im Mittelbau werden Johann Anton Gumpp und Giovanni Trubillio mit Vergolderarbeiten und Dekorationsmalerei genannt.[65] Auf der ersten (südlichen) Galerie am Mittelbau wurden zwischen den gemauerten Postamenten die hölzernen Baluster aufgesetzt.[66] Sie wurden steingrau angestrichen und im Laufe des 18. Jahrhunderts mehrfach erneuert. Auf den Postamenten wurden später irdene, gebrannte Ziervasen aufgestellt, die weiß angestrichen waren. Erst 1771/72 sollte die Holzbalustrade durch eine Marmorbalustrade ersetzt werden. Die Galerie wurde mit Kupfer gedeckt.

Im ersten südlichen Pavillon wurden Änderungen vorgenommen:

> ... hat mann beim Ersten Bavillon in Ihro Drtl: der Churfürstin Zimmern, mit dem herundern Cabinet, dann selbiger Stiegen in die obern Zimmer eine Verenderung vornemmen müessen ..., abgeprochen, unnd den Urpau ausgeraumbt, dann die Zimmerpöden aufgehebt, unnd die Thirn abgeprochen ...

An der Treppe zwischen den beiden kleinen Kabinetten im Erdgeschoß und ersten Stock wurde mehrere Wochen gearbeitet, dann wurden Decken und Fußböden wieder gerichtet, ein Kamin aufgemauert und neue Türen gesetzt. Diese Arbeiten leitete der italienische Maurerpalier Domenico Regnerin.

Der erste südliche Pavillon war jetzt für die Kurfürstin bestimmt. Damit war die Raumverteilung, die noch aus der Zeit Henriette Adelaides stammte – für die Kurfürstin das südliche, für den Kurfürst das nördliche Appartement am Saal[67] – aufgegeben zugunsten einer repräsentativeren künftigen Raumverteilung – für den Kurfürst der Nordpavillon, für die Kurfürstin der Südpavillon. Max Emanuel bewohnte denn auch nach umfangreichen Ausstattungsarbeiten später Hauptgeschoß und Obergeschoß des ersten nördlichen Pavillons. Der erste südliche Pavillon aber wurde nach 1715 zum Prinzenpavillon, weil die Entfremdung zwischen Max Emanuel und Therese Kunigunde nach dem Exil so tief war, daß diese nach 1715 nie mehr in Nymphenburg wohnte.[68] Im Bereich der Umbauten – zweites Kabinett und Garderobe – wurde im Hauptgeschoß anschließend von Francesco Appiani stuckiert:

> Ingleichen hat gedachter Appiani in disem 1704ten Jahr bey gedachtem Bavillon im obristen Gaden 2 Zimer Töckhen, dan im müttern Gaden das Cabinet, unnd Quardaroba, auch im underisten Gaden 2 Zimer alles von Laubwerch französischer Manier, unnd 5 welsche Camin verertiget ... f: 147.-

Im Jahr 1704 stuckierte Appiani also im ersten südlichen Pavillon zwei Decken im zweiten Stock, zwei Zimmer im Erdgeschoß (diese sind nicht leicht einzuordnen, da dort ja alle fünf Zimmer schon stuckiert waren – möglicherweise gab es damals Zimmerunterteilungen, von denen nichts mehr bekannt ist) und eine Decke im zweiten Kabinett des Hauptgeschosses: dies ist die einzige Appianidecke, die in Nymphenburg erhalten ist.[69] Auch im ersten nördlichen Pavillon begann Francesco Appiani zu stuckieren.[70] Es wurden Stiegen gemacht, Türstöcke eingemauert, die Fensteröffnungen nachträglich erhöht, die zum Mittelbau hin führende Galerie ausgeweißt. Dieser Pavillon wurde allerdings nicht mehr verglast.[71]

1704 begann man mit den Arbeiten an den beiden äußeren Pavillons. Dazu mußte zuerst im Norden die alte Magdalenenkirche abgebrochen werden,[72] im Süden die alte Küche und ein Teil des Brunnhauses aus der ersten Bauzeit.[73] Beim zweiten nördlichen Pavillon (Kapellenbau) wurden die Umfassungs- und Hauptmauern aufgeführt und im Oktober der Dachstuhl aufgesetzt. Der zweite südliche Pavillon, der „Prunhauß Bavillon" oder Wasserpavillon (heute Knabenbau), in dessen Keller sich bereits das Wasserwerk befand, wurde nur in den Mittelmauern über das Erdgeschoß hinaus geführt.

Diese beiden Pavillons haben auf der Pariser Ansicht nur je fünf Fensterachsen im Süden bzw. Norden. In dieser Form begann man den Wasserpavillon 1704 auch zu bauen: zwischen der ersten und zweiten Fensterachse von Westen ist eine Baunaht. Beim späteren Weiterbau wurde das halbrunde Verbindungsglied zum anschließenden ersten südlichen Pavillon mitgebaut; in den oberen Stockwerken findet sich die Baunaht nicht mehr.[74] Der Kapellenpavillon dagegen zeigt keine Baunaht. Er wurde von Anfang an mit dem Verbindungsgang zum Schloß hin gebaut.

Im Oktober 1704 wurde der Bau eingestellt. Die Baustellen wurden mit Brettern abgedeckt, die Fensteröffnungen verschlagen.

GARTENANLAGEN UND KANALBAU 1701-04

Am 26. Juli 1701 begann man mit der Arbeit an dem „zu Pässing von der Würmb angestochenen: von dorth zum Churfrtl: Residenz Schloß nach Nymphenburg und verners gegen den Schwaig Geörgen hereingeführten neyen Wasser Canal"[75]. Dieser bog in Pipping nach Nymphenburg ab, in der Mittelachse des Schlosses – die schon zu Zeiten Henriette Adelaides betont gewesen war, in Form einer Schneise mit Blick auf Pipping –, bevor er wahrscheinlich nahe der alten Gartenmauer um das Schloß und schräg zur Georgenschwaige geführt wurde. Die oberste Direktion der Arbeiten hatte Baron Neuhaus, die Bauleitung Zuccalli. Die Vorarbeiten wie Landvermessung, Erstellen der Pläne und Ausstecken des Kanals besorgte der Geometer Matthias Pauer[76], der die Arbeiten auch beaufsichtigte. Der Kanal wurde von Soldaten gegraben. Er sollte Nymphenburg an das weitausgreifende Kanalnetz anschließen, das die Residenz mit den Schlössern in Schleißheim und Dachau verband und schon 1687-92 angelegt, aber nicht fertiggestellt worden war. Neu war die Anbindung von Nymphenburg und damit das Anschließen des von der Isar gespeisten Kanalsystems an die Würm. Max Emanuel schrieb am 8. Oktober 1701 aus Schleißheim an die Gräfin Arco:

> ... le 9 ie feray la reveu, et c'est le jour que i'armeray a Munich en faveur de ce camp ie feray un ouvrage considerable au quel toutte l'infanterie travaller qui est un Canal qui ira tout droit du Palais de Munic a celuy que je batis icy; et je pousseray le jardin de la court jusques au palais on ira dune porte de la maison a lautre en droite ligne et celuy de Ninfenbourg cy joindra ... a St. George.[77]

Im folgenden Jahr 1702 wurden diese Arbeiten fortgeführt, wobei es sich fast nur um die Erweiterung und Vertiefung schon bestehender Wasserwege handelte, um Uferbefestigungen und Aufschütten von Dämmen. Die Arbeit an den Kanälen, die Nymphenburg an das Kanalsystem anbinden sollten, wurde forciert.

Zu Beginn des Jahres 1702 dachte Max Emanuel offenbar noch nicht an eine völlig neue Gartenanlage in Nymphenburg. Er ließ westlich außerhalb der alten Gartenmauer eine Allee und eine Maille-Bahn (Palamay) anlegen, in Erweiterung der Mittelachse, denn zwischen Allee und Palamay verlief der 1701 gegrabene, zunächst noch ziemlich schmale Kanal. Die Arbeit begann im März, der Platz wurde gerodet – es war ein lichter Wald, hauptsächlich mit Eichen bestanden – und 600 Linden gepflanzt. Die Palamay hat man sich ähnlich wie die Lustheimer vorzustellen, eine lange, rasenbedeckte Bahn, beschattet durch zwei Reihen von Linden. Ab Juni wurde der Kanal „neben der Pallamey und Allée ausserhalb des Schlossgarttens" erweitert, eine Arbeit, die sich bis Juli hinzog und bis zu 700 Arbeiter erforderte.

Im September 1702 entschloß sich der Kurfürst, die alte Gartenanlage seiner Mutter aufzugeben und einen neuen großen Garten anzulegen:

> Nachdeme ... Herr Baron von Neuhauß die Churfürstl: gdiste Intention eingeholt, daß man zu Nimphenburg einen neuen Gartten anlegen solle, seint gleich den 11. 7bris der Petter Hüttenpöckh als

des Herrn Gartten Ingenieurs Carbelli Manuensis, und Hannß Georg Understainer als Ybersteher neben andern 42 Persohnen angestelt worden.[78]

Mit Sicherheit verbirgt sich hinter dem falsch geschriebenen Namen Carbelli der Garteningenieur Charles Carbonet.[79] An ihn erging Anfang September 1702 der Auftrag, die neue Nymphenburger Gartenanlage zu planen. Für die Ausführung wurde ihm ein Assistent (amanuensis) beigegeben. Als Gärtner für die Neuanlage wurde Hans Georg Lilgensteiner angestellt.[80]

In „dem alten Gartten" wurden „die Pämb umbgeworffen". Die westlich im Halbrund geschlossene Gartenmauer wurde abgebrochen. Ab Ende September arbeiteten bis zu 250 Mann an der Neuanlage. Sie gruben „den Canal umb den Gartten aus", planierten und legten Hecken an. Damals wurde, von den im Karree geführten Kanälen umgeben, der engere Gartenbereich westlich des Schlosses in der Form angelegt, die wir aus Bildern und Stichen des 18. Jh. kennen: mit dem breiten Parterre, dem mittleren Springbrunnen, den seitlich das Parterre flankierenden breiten baumbestandenen Kieswegen und den seitlichen Boskets.

1703 wurden im „neu angelegten Kunst: und Plumbgartten zu Nimphenburg"[81], worunter man das Parterre und die anschließenden Boskete verstehen muß, die niedrigen ornamentalen Buchsbaumhecken im Parterre gepflanzt und in den von Buchsbaum umgebenen Beeten Blumen, große Mengen von Tulpen, Kaiserkronen, Hyazinthen, Veilchen, Schwertlilien und Centifolien-Rosen. Roter und schwarzer Sand wurde „in die Partairs zu dennen Austhaillungen aufgebracht, welcher auf der Hofgibs Mühl an der Lenndt zu München, aus alten Ziegl: unnd Tachzeugtrümmern, dann von den Hammer: und Schmidtschlaggen gestossen worden". Die Heckenpflanzung wurde fortgesetzt; erwähnt werden Arbeiten an einer neuen Allee (die baumbestandenen Wege seitlich vom Parterre?) und im „Puolagran" (= „Boulingrin", Bowling Green): es wurde also das erste der vier Boskete angelegt.[82] Hans Georg Lilgensteiner zeichnete einen Plan des Gartens.

Die Arbeiten im Garten begannen im April und hatten im Juni mit 208 Beschäftigten ihren Höhepunkt. Dann flauten sie rasch ab, von Mitte Juni an waren sehr viel weniger Arbeiter angestellt. Wie beim Bau läßt sich 1703 auch beim Garten ein nur noch halbherziges Verfolgen der großen Ziele beobachten.

Am großen Kanal-Carree um Schloß Nymphenburg wurde weitergearbeitet. Der Ausbau der Kanalverbindung von München nach Nymphenburg wurde fortgesetzt, auch noch im Jahr 1704. Der Transport der Baumaterialien erfolgte bereits zu Schiff.

Im Jahr 1704[83] setzten wie beim Bau auch beim Garten die Arbeiten mit neuem Elan ein.[84] Monatelange Arbeiten „beim Lindtenpaumb ausgraben, unnd versezen" werden genannt. Bereits größere Bäume wurden vermittels eines „Instrument des Paumbausreissens" verpflanzt: es handelte sich wohl um Veränderungen im Bereich des Mittelkanals, wo die Lindenreihen schon vor der Verpflichtung Carbonets gepflanzt worden waren, der Kanal seitdem aber bedeutend verbreitert worden war. Der Stukkator Marazzi übernahm im Geding das weitere Verbreitern und Egalisieren dieses Kanals und das Aufschütten seitlicher Terrassen.[85] Auch die Boskete werden erwähnt: Hainbuchen, junge Birken und „Stauden von allerhandt Gewäx" wurden in die „Pousquisen" gesetzt und Hecken gepflanzt.[86] In diesem Jahr entstanden – nach Vorarbeiten 1703 – die beiden runden Bassins auf dem Schloßplatz und in der Mitte des Parterres: die Rede ist vom „herinnern ... und heraussern Passin". Besonders am „Zwerch Canal, bey Ausgrab: und Aufthambung desselben, dann im grossen Wasserstuckh" wurde wochenlang gearbeitet; es war das in Nord-Südrichtung im Garten verlaufende Stück des Kanal-Carrees mit dem großen Wasserbecken zwischen Parterre und weitem Kanal. Am 12. Juli 1704 wurden die Arbeiten eingestellt. Das Garten-Schanzzeug (Werkzeuge für Garten- und Kanalarbeit) wurde in das Münchner Zeughaus gebracht.

Man muß sich an dieser Stelle fragen, was am barocken Nymphenburger Park, wie wir ihn von dem sogenannten Girard-Plan[87] her kennen, schon 1702-04 unter Carbonet angelegt bzw. geplant wurde. Das Parterre der ersten Hälfte des 18. Jahrhunderts[88] blieb so, wie Carbonet es geplant hatte. Max Emanuel schrieb 1714:

> Die Parterre miessen renovieret, der Puchspaum beschnitten, und neu eingesezt werdten, den Dessein aber mues man nicht verändern, er ist guett.[89]

Das mittlere Bassin mit dem großen Sprung, wo später die Florafontäne entstehen sollte, war auch bereits vorhanden. Außer dieser Fontäne gab es weitere springende Wasser, von denen nichts Näheres bekannt ist. Damals schon flankierten breite, baumbestandene Wege zum Fahren und Reiten im Norden und Süden das Parterre.[90] Der große Mittelkanal, der weite Kanal mit den terrassenähnlichen Seitenalleen aus Linden war fertig wie auch die Kanäle, die im Viereck um das Schloß führen, mit den „Wasserstuckh" zu Ende des Parterres und auf dem Schloßplatz. Die Boskete waren mit den umgebenden Hecken angelegt, aber nur das nordöstliche, das sogenannte Boulingrin, war eingerichtet und hatte zwei kleine Wasserspiele, „grosse Spritz Trachter, so einen grossen Wasser Strauß Buschen praesentiert haben"[91]; sie wurden ab 1714 verändert. Ganz allgemein hielt man 1714 die Wasserspiele von 1702-04 für veraltet. Neuhaus meinte, daß ihre Form ihn seines „Erachtens nichts mehr neues zu seyn dunckhet".

Von den langen, radial geführten Achsen im Park jenseits des Kanalgeviertes ist 1702-04 nicht die Rede. Arbeiten daran können unter den summarischen Erwähnungen von Arbeiten an Hecken und Alleen aber verborgen sein.

BRUNNHAUS UND WASSERWERKE 1701-04

1701 existierte noch das alte Brunnhaus der Adelaiden-Anlage südlich vom ersten Seitenpavillon, wo ein Brunnwerk aus dem Jahr 1673 vorhanden war,[92] das die vier Springbrunnen im Garten betrieben hatte. Der Freisinger Brunnmeister Hans Georg Hohenberger machte 1701 ein Modell für ein neues Brunnwerk. In den Baurechnungen und Quellen der Jahre 1701-03 weist nichts auf einen Brunnhaus-Neubau hin – es dürfte sich bei allen Arbeiten um Reparaturen des alten Brunnhauses handeln. Wie der Bauamt-Plansatz zeigt, war von 1702 an geplant, das Brunnwerk in den Keller des zweiten südlichen Pavillon zu verlegen, dort das Wasser in Bleirohren in die Höhe zu führen zu einer Reserva, von wo aus dann der Wasserdruck eine Fontäne betreiben konnte.

Mitte September 1702 schon war als Abwasserkanal „der Wassergang under der Erden völlig außbeschlachtet worden ..." 309 Läden waren „zu Verpölzung des Prungrabens durch den Schloßhof" verbraucht worden. Bei diesem Wassergang handelt es sich um den heute noch existierenden, jetzt aber gemauerten unterirdischen Kanal, der von dem südlichen Kanalarm in der Höhe des heutigen Kabinettgärtchens abzweigt, unter dem Knabenbau durch und dann quer unter dem Schloßhof verläuft – ein weiterer Beweis dafür, daß das alte Brunnhaus etwa an der Stelle des zweiten südlichen Pavillons stand. 1702/03 wurde mit ziemlichem Aufwand ein neues Brunnwerk verfertigt.[93] Aber erst 1704, mit dem Bau des zweiten südlichen Pavillons, erhielt es seinen Platz im Keller dieses „Wasser Bavillions". Von ihm aus wurde der Sprung im Bassin in der Mitte des Parterres betrieben.[94] Die Metallteile des Brunnwerks wurden im August 1704 „wegen Feindtgefahr" ausgebaut und in Sicherheit gebracht, im März 1705 aber in Nymphenburg wieder eingerichtet.

Im Juni 1705 besetzten kaiserliche Truppen nach den übrigen drei Rentämtern auch das Rentamt München. Die Zeit der kaiserlichen Administration begann und damit für Nymphenburg der zweite Dornröschenschlaf.

Anmerkungen

1 In seinem 1972 erschienenen Aufsatz über die Pläne für Schloß Nymphenburg (siehe Anm. 29) mahnte Michael Petzet eine Bearbeitung der Quellen zu Nymphenburg einschließlich der bis 1997 im Bauamt der Bayerischen Verwaltung der staatlichen Schlösser, Gärten und Seen (SV) befindlichen Baumanuale an. Diese Arbeit konnte für das 18. Jh. inzwischen geleistet werden. An dieser Stelle bedanke ich mich herzlich bei Ernst Götz, der das Unternehmen initiierte und betreute, und bei Lothar Schätzl, der es befürwortete und förderte. Es ist mir eine große Freude, einen ersten kleinen Teil der Arbeit als Geburtstagsgruß für Michael Petzet veröffentlichen zu dürfen.

2 Bayerisches Hauptstaatsarchiv München (BHStA) I, HR I, 201/20a (3), Schloß Nymphenburg. Verschiedene Baulichkeiten 1664-1751 (unfoliert).

3 Michael Wening, *Historico-Topographica Descriptio ..., Teil 1: Rentamt München* (Text von Ferdinand Schönwetter SJ), München 1701, S. 48, Abb. nach S. 48. Wening hat den Mittelbau sorgfältig wiedergegeben, aber die damals wenigstens noch teilweise bestehenden Bauruinen des geplanten größeren Komplexes übergangen, außerdem die Magdalenenkapelle und vor allem das Schwaighaus näher an das Schloß herangezogen.

4 Das Folgende nach den Nymphenburger Baurechnungen 1664-1680, BHStA I, HR II/20, Bde. 176-196. Siehe dazu Anna Bauer-Wild, *Die erste Bau- und Ausstattungsphase des Schlosses Nymphenburg 1663-1680*, Schriften aus dem Institut für Kunstgeschichte der Universität München, Bd. 7, München 1986.

5 Zum Vergleich: das Tausend kostete f: 50.–, das Tausend gewöhnlicher Mauersteine ohne Fuhrlohn dagegen f: 6.–.

6 Siehe Bauer-Wild (wie Anm. 4), S. 83-86. Diese Stuckdecke existierte bis 1755. Vor der Neudekoration durch Johann Baptist Zimmermann wurde sie abgeschlagen; dabei fand man die Holzgewölbekonstruktion der Ostseite völlig verfault vor und erneuerte sie, siehe Tagebuch des Nymphenburger Bauschreibers Balistier, Geheimes Hausarchiv (GHA) Oberstofmeisterstab 1115/3, Eintrag vom Juni 1755.

7 Der Hofzimmermeister Hilger hat „beim Churfrtl. Schloß Nimphenburg die Frontispiz, unnd den Schloßhaubttachstuehl nach der gdist resolvirten Formb verendert". Er bekam für diese Änderungen f: 300.–, während der gesamte große Dachstuhl f: 850.– gekostet hatte. Es entstand die ungegliederte Form des Daches, das Wening – über dem Kranzgesims von 1675 – zeigt. Zu den Frontispizen siehe Bauer-Wild (wie Anm. 4), S. 28 und Rekonstruktionsversuch Abb. 3.

8 Siehe BHStA I, HR I/115, Nr. 89/1, Bericht des Hofstukkators Andreas Römer über die Stuckmarmorportale im großen Saal: „... in dem Sall seint 3 grosse Portall auch schon aufgesezter so ligen noch biß dato 34 Stuckh unaufgesezter."

9 Brief Henriette Adelaides vom 10. August 1663 an ihre Mutter: „... il y và 4 apartement noble et que chaque apartement ayet trois antichambre chambre et cabinet et d'autre petit cabinet et garderobe et les Galeries ..." Am 8. Januar 1664 schreibt sie als Reaktion auf erste Projekte: „... nous n'havons guere de maison de Plaisance, il semble mieux faire un batiment plus perfaict ..."; Archivio dello Stato Turin, Casa di Savoia/Lettere principi diversi, Mazzo 23.

10 Zum Lustheimer Bau wurden 1684, also nur vier Jahre nach der Baueinstellung in Nymphenburg, neben anderen Materialien Ziegel „von dem abgebrochenen Gepeu zu Nimphenburg" gebracht – über 42.000 Mauersteine und 302 große Gesimssteine; siehe die Lustheimer Baurechnungen, Staatsarchiv München (StAM), Rechnungen (Ordnungsnummern) Grau 4519, fol. 10v, 11v, 15v, 21, 25v, 79v, vgl. Bauer-Wild (wie Anm. 4), S. 42 f. Die Steine eines abgebrochenen Baus wiederzuverwenden war üblich.

11 Dieser und die folgenden Briefe siehe BHStA I, HR I, 201/20a (3), mehrere Schreiben von Max Emanuel, Packhenreiter und Zuccalli.

12 BHStA I, HR II/20, Bd. 198, Nymphenburger Baurechnung vom 25. April-16. Juni 1701.

13 Zur ersten Ausmalung in Nymphenburg siehe Hermann Bauer/Bernhard Rupprecht (Hrsg.), *Corpus der barocken Deckenmalerei in Deutschland, Bd. 3: Freistaat Bayern, Regierungsbezirk Oberbayern, Stadt und Landkreis München, Teil 2: Profanbauten*, München 1989, S. 379-383 (Anna Bauer-Wild).

14 BHStA I, HR I, 201/20a (3), zahlreiche „Zettl" (= kleine Rechnungen) über Arbeiten aus der zweiten Jahreshälfte. Eine Baurechnung des Hofbauamts über die Arbeiten im Schloß in der zweiten Jahreshälfte fehlt.

15 Ebd., Maurerzettel vom 10. Oktober – 17. Dezember 1701, Zimmererzettel vom 15. Oktober 1701-15. Februar 1702.

16 Ebd., Zettel über Brennholzlieferungen im Spätherbst und Winter „für den gestrengen Herrn Gumpp Maller, zum Churfürstl: Gschloß Nymphenburg, zu Haizung des Saals und Zimmer". Im Saal wurden zwei einfache Öfen zum Beheizen für die Maler aufgestellt. Arbeiten der Maurer und Zimmerleute für die Maler werden laufend genannt (Gerüstbau, Verputzen). – Felix Andreas Öfele nennt Gumpp als Autor der Fresken im Saal, siehe Bayerische Staatsbibliothek München, Oefeleana 5/VI, fol. 131. – Die Freskierung ist durch Zeichnungen und eine Beschreibung Johann Eustach Kendlbachers überliefert, siehe Liselotte Andersen, *Eine unbekannte Quellenschrift aus der Zeit um 1700*, in: Münchner Jahrbuch der bildenden Kunst, 24, 1973, S. 175-237. –Beschreibung des Bildprogramms auch bei Pierre de Bretagne, *Réjouissances et fêtes magnifiques, qui se sont faites en Bavière l'an 1722*, München 1723, S. 49 f. – Zu dieser Freskierung siehe Bauer/Rupprecht (wie Anm. 13), S. 356-360.

17 Siehe BAUER/RUPPRECHT (wie Anm. 13), S. 380-383.
18 BHStA I, HR I, 201/20a. Mit den neuen Zimmern dürften die beiden Appartements zu je vier Räumen und die westliche Verbindungsgalerie gemeint sein, die damals noch bestand.
19 BHStA I, Kasten schwarz 8291 (Umschlag Schleißheim München 1701 und 1702): „Ich nehme mir die Freiheit, mein liebes Kind, Dir einen Auftrag zu geben bezüglich der Möblierung Nymphenburgs und bitte Dich, ihn auf Dich zu nehmen. Ich hoffe, Dich dort zu sehen: ohne das kann mir kein Haus der Welt Vergnügen machen. Deshalb hoffe ich, daß Du Dir gern die Mühe machen wirst. Ich schicke Dir die Liste, zusammen mit dem, was ich außer den Möbeln noch möchte und mit allem, was damit zusammenhängt. Weil es [Nymphenburg] nicht mehr ist als ein Landhaus, möchte ich keine großen Ausgaben machen. Ich möchte Seidenstoffe und frage mich sogar, ob nicht halbseidene Stoffe für die Antichambres reichen würden. Zuletzt bitte ich Dich, daß das Ganze ein Flair von Nettigkeit und Frischheit haben wird – bei möglichster Sparsamkeit."
20 Publiziert bei RICHARD PAULUS, *Der Baumeister Enrico Zuccalli am Kurbayerischen Hofe zu München. Ein kunstgeschichtlicher Beitrag zur Entwicklung des Münchener Barock und beginnenden Rokoko*, Straßburg 1912, S. 270, Anm. 238 (das Original der Liste konnte noch nicht aufgefunden werden):
„Liste pour l'ameublement de la Maison Nimfenbourg.
Il y a deux appartements a meubler, chaque appartement a deux antichambres, une chambre de lit et un cabinet. Les deux antichambres et de même la chambre de lit ont de hauteur d'une frise à l'autre 12 Pieds de France.
Chaque chambre a de tour 90 Pieds, l'on conte le tour entier prenant portes fenêtres et chemin, e car aussi bien faut-il conter autant pour les rideaux des fenêtres et les portières mesme faut-il quelque autres de plus; car les rideaux sont plus longs et plus amples. Les cabinets sont de mésure hauteur et ont chaqu'un 52 Pieds de tour.
Il faut deux lits, deux canapées, 4 foteulls et 24 plians ou tabourets aves 8 tapits de table c'est à dire la moiti, pour chaque appartement; si vous le trouvez apropos les deux appartements peuvent être meublés de differente couleur.
Mandez moy, je vous prie pour quelle prix tout ce meuble viendra affin que je puisse metre ordre aussitot au payement."
21 BHStA I, Kasten schwarz 8291 (Briefe Juni-Dezember 1701, ohne Umschlag).
22 Inventar 1719: BHStA I, HR I/199, Nr. 11. Die Vorhänge waren von weißem Damast, die Appartements hatten verschiedene Farben – das des Kurfürsten hatte Grün als Grundfarbe, das Damenappartement an der Südseite Rot. In Kabinett und Schlafzimmer waren seidene Stoffe verwendet, im Vorzimmer halbseidene (Brocatel). Innen am Betthimmel des südlichen Schlafzimmers war eine Venus gestickt.
23 Brief vom 7. Juni 1701.
24 Laut Nymphenburger Baurechnung von 1702, BHStA I, HR II/21, Bd. 201, am 20. Mai zum letztenmal bezeugt.
25 BHStA I, HR I, 201/20a (3). Ötschmann wurde am 18. März 1702 bezahlt.
26 Vgl. etwa den Goldenen Saal, BAUER/RUPPRECHT (wie Anm. 13), Abb. S. 221.
27 BHStA I, HR I, 201/20a (3). – Am 16. November 1703 übergab das Hofbauamt die Endabrechnung „yber die bei dero Residenz Schloß Nymphenburg in anno 1701 et 1702 vorgenommene Verenderungen, und Reparationes, als lang wür bei der Sach zuthuen: unnd die Bezallung gehabt haben", nämlich von September 1701 bis März 1702 (von Zuccalli unterzeichnet). Die letzte von Zuccalli signierte Kistlerrechnung ist vom 18. März 1702.
28 MICHAEL PETZET, *Entwürfe für Schloß Nymphenburg*, in: Zwischen Donau und Alpen. Festschrift für Norbert Lieb, Zeitschrift für bayerische Landesgeschichte, 35, Heft 1, 1972, S. 202-212, bes. S. 202-204 und Anm. 7. Siehe auch GERHARD HOJER, *Die Münchner Residenzen des Kurfürsten Max Emanuel*, in: Ausst.-Katalog Max Emanuel, München 1976, Bd. 1, S. 142-69, zu den Plänen bes. S. 159 und Anm. 86.
29 Ansicht der fünf Pavillons in Nymphenburg, Paris, Bibliothèque de l'Institut de France, Ms 1039, fol. 25, Feder laviert, 49 x 143 cm; vgl. PETZET (wie Anm. 28), Abb. 107.
30 Siehe BAUER-WILD (wie Anm. 4), S. 37-39.

31 Grundriß mit Hofanlage im Süden, Paris, Bibliothèque de l'Institut de France, Ms 1039, fol. 11, Feder laviert, 49,3 x 114,5 cm; vgl. PETZET (wie Anm. 28), Abb. 106.
32 Material Manual yber alle beym Curftl: Lustgepeu Nümpfenburg in Empfang gebrachte Pau Materiallien und anders pro 1731, ehemals SV, Bauamt, heute StAM, passim. Siehe auch BHStA I, HR II/25, Bd 253, Lustgebäuderechnung 1731, passim.
33 Ferdinand Maria Franz Freiherr von Neuhaus, geheimer Rat, 1694 Oberstkämmerer, seit Mai 1701 Oberhofmeister der Kurfürstin, † 7. Dezember 1716. Die Kistlermodelle für die Bauten Max Emanuels wurden in seinem Münchner Palais, Prannerstraße 25, verfertigt, wofür er ein Zimmer bereitstellte, siehe BHStA I, HR I, Fasc. 35, Nr. 25. Neuhaus hatte die ‚Oberdirektion in Bausachen' nicht nur in Nymphenburg, sondern auch in Schleißheim und bei anderen Schlössern, doch war nur in Nymphenburg das Hofbauamt und damit Zuccalli als Zwischeninstanz völlig ausgeschaltet.
34 Viscardi war seit 1678 Hofmaurermeister (in der Baurechnung 1678 ist er als Mitarbeiter in Nymphenburg genannt), seit 1685 Hofbaumeister. 1689 wurde er wegen Konflikten mit Zuccalli entlassen. Ein Bittgesuch um Wiederaufnahme wurde auf Zuccallis Betreiben 1695 abgelehnt. Ein neues Bittgesuch vom 6. März 1702 hatte schließlich Erfolg, siehe KARL-LUDWIG LIPPERT, *Giovanni Antonio Viscardi 1645-1713*, Diss. München 1962.
35 BHStA I, HR I, 96/25 (Akt Viscardi): Schreiben der Witwe Viscardis vom 18. August 1719.
36 BHStA I, HR I, 201/20a (3): Befehl an das Hofbauamt vom 5. April 1702.
37 BHStA I, HR I, 96/25 (Akt Viscardi): Bericht der Hofkammer vom 12. August 1702. Damit war aber weniger Nymphenburg gemeint, das Viscardi ja mit seinen eigenen Leuten aufführte, sondern die Bauten über Land, bei denen er sich der Hofbauamts-Angestellten bedienen mußte, denen Zuccalli verboten hatte, Viscardi Folge zu leisten.
38 Vier Grundrisse der Fünf-Pavillon-Anlage: a. Fundamente und unterirdische Bauten, b. Erdgeschoß, c. Hauptgeschoß, d. Obergeschosse (mit drei Tekturen: Mittelbau vierter und fünfter Stock, Kapellenpavillon Oberstock), Feder in Braun, farbig laviert, SV, Plansammlung des Bauamts, Mappe B12. Besonders im Bereich der Seitenpavillons zeigen die Pläne zahlreiche Korrekturen, Radierungen und Nachträge späterer Änderungen. Zu diesen Plänen siehe PETZET (wie Anm. 28), S. 208 f. mit Abb. 115-18, und HOJER (wie Anm. 28), S. 159.
39 Plan des Erdgeschosses: „Plan du Rez de Chaussé du Chateau de Ninfenbourg". Plan des Hauptgeschosses: „Plan du premier Etage du Chateau de Ninfenbourg". Siehe *Kat. Max Emanuel* (wie Anm. 28), Bd. 2, Kat.-Nr. 679, S. 297 f.
40 GHA Korr.-Akt 753, Nr. 50, Baron Neuhauser Act, Bericht vom 10. August 1714: „Mit gegenwärtiger Occasion hab ich auch den Grundt Riss von Nimpfenburg, yber alle 5 Bavillion samt deren Gaden und Logamenten yberschicken ... wollen." – Französische Maßskalen und Beschriftungen wurden vermutlich erst in Frankreich angebracht. Die Numerierung der Räume und die Legenden sind möglicherweise auf Veranlassung des Baron Neuhaus erst 1714 den alten Plänen hinzugefügt worden.
41 GHA Korr.-Akt 753, Nr. 50, Bericht Neuhaus' vom 10. August mit Anmerkungen Max Emanuels. Neuhaus schreibt über den neu geplanten und eingezogenen Mezzaninstock an der Westseite, Max Emanuel registriert „... wenig Apartement aber Mezaninen. ohne Schaden der Faciata. NB Apartement ober der Capellen".
42 BHStA I, HR II/21, Bd. 201, Nymphenburger Baurechnung 1702, auch für das Folgende.
43 Pietro Francesco Antonio Appiani (* 1670 Porto Ceresio † 1724 Stadtamhof) war enger Mitarbeiter Viscardis seit dem Bau und der Stuckierung der Klostergebäude Fürstenfeld 1696-99 und wurde zur Stuckierung in Nymphenburg von ihm herangezogen. 1702 schloß das Geding mit Viscardi die Stuckierung ein, 1703 akkordierte die Hofkammer selbst mit Appiani. – Der Stuck in den beiden kleinen Sälen wurde erst bei der Neuausstattung durch Johann Baptist Zimmermann 1757 abgeschlagen. – Zu Appiani siehe EVA CHRISTINA VOLLMER/LAURENTIUS KOCH, *Die Stuckausstattung von Peter Franz Appiani in der Wallfahrtskirche Mariahilf bei Freystadt*, in: Jahrbuch des Vereins für christliche Kunst, 15, 1985, S. 94-114.

44 PETER VIERL, *Neue Erkenntnisse zur Baugeschichte des Schlosses Nymphenburg*, in: Jahrbuch der Bayerischen Denkmalpflege, Bd. 29, 1972-74, München 1975, S. 97-115.
45 Das Salettl im Hauptgeschoß hatte eine geschnitzte und vergoldete Decke, wahrscheinlich sogar Deckenbilder; der darüber liegende Raum gehörte vor der Öffnung zum Saal hin nicht zum fürstlichen Wohnbereich und war undekoriert.
46 BHStA I, HR II/21, Bd. 203, Nymphenburger Baurechnung 1704: Der Schlosser Franz Xaver Polz machte „ein eiserne Galleri im Saall ..."
47 VIERL (wie Anm. 44), S. 105.
48 BHStA I, HR II/21, Bd. 201, Nymphenburger Baurechnung 1702: „Mr: Hanns Heinrich Sommer Hofgschmeidmacher, hat zu Anhefftung der Tappezierlatten 400 Kopf Schrauffen gemacht ... f: 20.–"
49 BHStA I, HR II/21, Bd. 201, Nymphenburger Baurechnung 1702, fol. 72. Auch im Jahr 1703 finden sich in der Nymphenburger Baurechnung (BHStA I, HR II/21, Bd. 202, fol. 10) Zahlungen für den Maler Beich: „Franz Ötschmann, hat für Herrn Peich Mallern Staffeleyen, Stuedl, und Richtscheider gemacht" [f: 18.–].
50 Bayerische Staatsgemäldesammlungen, Inv.-Nr. 2585 und 2586. Jedes der beiden Schleißheimer Schlachtbilder mißt 5,15 x 9,70 m, also ca. 50 qm. Eine bayerische Elle maß ca. 83 cm. 24 Ellen Leinwand von 6 1/3 Ellen Breite sind ca. 100 qm. – Zu Beichs Arbeiten für Schleißheim siehe HEIDI BÜRKLIN, *Franz Joachim Beich (1665-1748). Ein Landschafts- und Schlachtenmaler am Hofe Max Emanuels*, Miscellanea Bavarica Monacensia, Heft 39, München 1971, S. 40-42.
51 Die Arbeiten der Jahre 1714, 1716, 1719 und 1721 ff. sind ausreichend überliefert, in dieser Zeit gab es keine Veränderungen am Mittelbau. Die Arbeiten der Jahre 1715, 1717/18 und 1720 aber sind quellenmäßig schlecht belegt.
52 Bayerische Staatsgemäldesammlungen, Leinwand, 286 x 178 cm, Inv.-Nr. 3439.
53 BHStA I, Plansammlung Nr. 8302, Feder in Braun, grau laviert, 97,5 x 107,5 cm. Publiziert erstmals durch PETZET (wie Anm. 28), Abb. 112. Die Datierung der Zeichnung ergibt sich zwingend aus dem Datum des Treppenbaus 1703. 1714 wurde diese Freitreppe nur repariert, erst 1770 vollständig erneuert.
54 Erst 1727 machte man Platten auf die Postamente „auf der hintern Stiegen an Schloss gegen den Gartten, worauf die 4 von Pley gegossne Blumenkörb gesezt werden", siehe Baumanual (Handt=Register) 1727, ehemals Bauamt der SV, heute StAM.
55 BHStA I, HR II/21, Bd. 202, Nymphenburger Baurechnung 1703.
56 Viscardi rechnete „wegen der verferttigten grossen Stiegen beim Mittern Residenz=Stockh im Gartten 362 f: ab, siehe Nymphenburger Baurechnung 1704/05, BHStA I, HR II/21, Bd. 203.
57 BHStA I, HR II/21, Bd. 203, Nymphenburger Baurechnung 1704/05, fol. 47v: „Verwichnen 1703ten Jahrs hat Francesco Appiani welscher Stukhator, beim ersten grossen Bavillon auf der Schwaigseithen die Töckhen in der Gallerie, unndt alda 2 Portal ... gemacht."
58 BHStA I, HR II/26, Bd. 263, Lustgebäuderechnung 1739, Ausgaben auf Maurer (fol. 61-66): 11 Maurer, „welche an dem Müttern Schlostach die Palustrata sambt etlichen Camminen abgetragen ..." Von diesem Jahr an ist von einer Balustrade auf dem Dach des Mittelbaus nie mehr die Rede.
59 BHStA I, HR II/21, Bd. 202, Nymphenburger Baurechnung 1703: „Es ist dem Churfrtl: Hofpaumaister gedachten Herrn Viscardi wegen des in Geding gehabten Bavillion von ieder Clafter Maur 50 x: als sein Verdienst pactiert: Weillen aber die Verpuzung selbiges Jahr nit geschehen, so ist Ihme nur die Helffte mit 1067 f: 30 x: angesezt: bezalt und verrechnet worden, indeme nun aber seithero die Verpuzung geschehen, von der Clafter Tachung auch 30 x: mithin ab 3582 Clafter Maur, dan absonderlich 470 Clafter Tachung yber erwendt empfangene 1067 f: 30 x: annoch 2152 f: 30 x: Item wegen Ausbrechung ainicher Thürn, dan Machung der neuen Mundt Kuchen, und andere Arbeith ... in allem ... in Außgab khomen 2601 f:–"
60 Die Räume des Erdgeschosses bis auf das östliche Mittelzimmer wurden 1726 durch Johann Baptist Zimmermann neu stuckiert. Der Deckenstuck im östlichen Mittelzimmer wurde wohl erst im frühen 19. Jh. entfernt. Der Stuck im Hauptgeschoß wurde 1729/31 durch eine Stuckierung Johann Baptist Zimmermanns ersetzt.
61 BHStA I, HR II/21, Bd. 203, Nymphenburger Baurechnung 1704/05, fol. 8.

62 Selbst die Gegend um München war schon unmittelbar bedroht: Im Juli mußten wegen der streifenden kaiserlichen Husaren die Gemälde von Nymphenburg nach München in Sicherheit gebracht werden. – Die Bausummen der Jahre 1702-04 sprechen ebenfalls für eine Drosselung der Arbeiten 1703 und erneute Anstrengungen 1704: Summe aller Ausgaben 1702 f: 38 2861.–, 1703 f: 25 129.–, 1704 f: 46.245.–.
63 BHStA I, HR II/21, Bd. 202, Nymphenburger Baurechnung 1703: „Lorenz Hueber Mahler hat auf dem Kürchen Thurn zu Nimphenburg 2 Uhr Plöder gemacht ... f: 12.–; Christian Glückhseelig hat ... die Uhr nach Nimphenburg verförttigt f: 110.–".
64 GHA Korr.-Akt 753, Nr. 50, erster Bericht von Baron Neuhaus an Max Emanuel in St. Cloud vom 1. Mai 1714 über den Zustand von Bauten und Garten in Nymphenburg und Schleißheim. Zu jedem Punkt Anmerkungen Max Emanuels. Hier schrieb der Kurfürst, als handle es sich um eine längst ins Auge gefaßte Arbeit, von der Verlegung der Schwaige, die Voraussetzung für den Bau des südlichen Hofgeviers war: „... die Transferierung der Schwaig, und Erbauung der Ställen kan noch verschoben werdten."
65 „... haben Johann Antoni Gumpp Churfrtl: Cammerdiener, und Hofmaller, dann Johann Trubilli, miteinander in der Residenz Stockh, die 11 doppelte: von Bilthauerarbeith ausgeschnidtene Thüren vergoltet ..., item an der obern Töckhen mit Floderholz gemahlen, das Laubwerch ins Golt staffiert, dann im müttern Zimmer verschidtene Leisten vergolt" (bei diesen Arbeiten kann es sich auch um Arbeiten aus den Vorjahren handeln, da in der abschließenden Baurechnung 1704/05, BHStA I, HR II/21, Bd. 203, auch ältere Ausstände abgerechnet wurden).
66 BHStA I, HR II/21, Bd. 203, Nymphenburger Baurechnung 1704/05: „Ursula Gottbewahrin Mallerin, hat auf der Gallerie 131 Palustraten 12 Gesimbser ... silberfarb [= steingrau] angestrichen." Der Kupferschmied „hat die Galleri zwischen den ersten Bavilon, unnd mittern Residenzstockh mit Kupfer völlig eingedeckht".
67 Im Herbst und Winter 1701/02 waren die seitlichen Appartements am Saal für Max Emanuel (Nord) und die Gräfin Arco (Süd) vorgesehen.
68 Nach 1715 wohnte Therese Kunigunde während der schönen Jahreszeit in Schloß Menzing (Blutenburg).
69 Heute verbaut und kaum zugänglich.
70 BHStA I, HR II/21, Bd. 203, Nymphenburger Baurechnung 1704/05: „Was ermelter Appiani ... im andterten grossen Bavilon auf der Kürchenseithen verferttiget, das ist albereith under dem, mit vorgemeltem Viscardi getroffenen Gedüng ... begriffen, unnd derowegen ein mehrers nit aufzurechnen, als was (Neuhaus) ihme Appiani wegen 4 gemachter französischer Zimmertöckhen ... genedig verwilliget ... f: 24.–".
71 Ebd.: „... Was aber gedachter Glaser ... zu dem grossen anndterten Bavilon auf der Kürchenseithen von neuem verferttiget, ist dermall nicht wissent, zemallen nach seinem Ableiben in specie die Fensterstöckh bey ihme noch im Haus gewesen, unnd de facto weder geliefert sein, noch auch das Jemand sich mit einem weittern Conto angemelt hette ..."
72 Im Mai wurde „... in der Capellen der Altar abgeprochen, unnd in ein Interims Zimer transferiert ..." (ebd.).
73 Im Mai wurde „die Kuchel abgebrochen", im Juni/Juli hat man „beim Prunhaus die alten Maur, und den Rauchfang abgeprochen" (ebd.).
74 Freundliche Mitteilung von Ernst Götz, München. Siehe auch VIERL (wie Anm. 44), S. 103.
75 BHStA I, HR II/21, Nr. 199 und 200, Nymphenburger Kanalbaurechnungen 1701. Die Arbeiten sind bis zum 9. Oktober 1701 abgerechnet, wurden aber danach noch weitergeführt. Zum Kanalbau 1701-04 siehe auch GABRIELE IMHOF, *Der Schleißheimer Schloßgarten des Kurfürsten Max Emanuel von Bayern. Zur Entwicklung der barocken Gartenkunst am Münchner Hof*, Miscellanea Bavarica Monacensia, Heft 82, München 1979, S. 51-57, und HEIDRUN KURZ, *Barocke Prunk- und Lustschiffe am Kurfürstlichen Hof zu München*, Miscellanea Bavarica Monacensia, Heft 163, München 1993, S. 151-54.
76 Matthias Pauer (Paur) spielte als Landvermesser in der Zeit der großen Garten- und Kanalanlagen Max Emanuels eine große Rolle. Er wurde im September 1703 zur kurfürstlichen Armee einberufen

und auf dem Lechfeld von den Kaiserlichen gefangengenommen. Erst am 2. Januar 1704 finden wir ihn wieder an der Arbeit für Nymphenburg.

77 BHStA I, Kasten schwarz 8289: „Am 9. wird die Parade sein, an diesem Tag werde ich meine Truppen in München versammeln. Bei der günstigen Gelegenheit dieses Heerlagers werde ich ein beträchtliches Werk unternehmen, an welchem die ganze Infanterie arbeiten wird. Es ist ein Kanal, welcher in gerader Linie vom Münchner Palais zu jenem in Bau begriffenen [= Schleißheim] geht; und ich werde den Hofgarten durchstoßen bis zum Palast [= Residenz]. Er wird von der Türe des einen Hauses zur anderen gehen und den Kanal von Nymphenburg bei St. Georg [= Georgenschwaige] treffen." Siehe PAULUS (wie Anm. 20), S. 160 und Anm. 248. – Aus den Rechnungen geht hervor, daß die Truppen, die bis 9. Oktober gearbeitet hatten, von auswärts waren und bezahlt werden mußten, dagegen die Truppen, die ab dem 9. Oktober in München stationiert waren und am Kanal arbeiteten, nicht mehr; ihre Arbeit war offenbar durch den gewöhnlichen Sold abgeglichen.
78 BHStA I, HR II/21, Bd. 201, Nymphenburger Baurechnung 1702, fol. 51.
79 Carbonet wird in der Baurechnung 1704/05, BHStA I, HR II/21, Bd. 203 noch einmal genannt: ein Schreiner hat 1704 „... vor dem Ingenieur Carbonet ain kleinnes Modell verferttiget". Zu Carbonet siehe IMHOF (wie Anm. 75), S. 78. Carbonet erhielt 1704 eine Zahlung von f: 350.– (BHStA I, KB HZA, Bd. 152, fol. 533: „Carl Carbones französisch. Gartten Ingenieur Recompens lauth Ordonanz und Schein f: 350.–"; dazu Dekret Max Emanuels vom 1. März 1704, BHStA I, Fürstensachen 772°, fol. 83); er bekam aus der Nymphenburger Baukasse am 10. Dezember 1704 von der Kurfürstin „die Abferttigung nacher Brissl, ... zu ainem Raiscossten 300 f:", siehe Nymphenburger Baurechnung 1704/05, BHStA I, HR II/21, Bd. 203, fol. 123, und traf im Januar 1705 bei Max Emanuel in Brüssel ein (siehe PETER VOLK, Die bildende Kunst am Hofe Max Emanuels, in: Kat. Max Emanuel [wie Anm. 28], Bd. 1, S. 139, Anm. 63). Im Schreiben vom 4. Januar 1705 an die Gräfin Arco nennt Max Emanuel Carbonet seinen „Intendant des jardins". Ein Plan Carbonets „wegen Anlegung des Schloß und Gartens zu Nymphenburg" (nicht erhalten) befand sich nach dessen Tod in der Wohnung des Hofbaumeisters Lespilliez, siehe IMHOF (wie Anm. 75), S. 79.
80 Lilgensteiner verbirgt sich hinter dem falsch geschriebenen Namen Unterstainer, siehe Nymphenburger Baurechnung 1704/05, BHStA I, HR II/21, Bd. 203, wo es heißt, daß „... der Garttner Hannß Georg Lilgenstainer zu Anlegung solchen Residenz Garttens, nachmassen der: vom französischen Ingenieur Carbonet verferttigten Riß, schon anno 1702 angestelt worden". Lilgensteiner bekam jährlich f: 100.– Bezahlung und wöchentlich f: 3.– Kostgeld. Als zweiter Nymphenburger Gärtner wurde Pongraz Kärglmayr Anfang 1702 angestellt. Noch im Herbst 1701 war die Hofkammer der Meinung gewesen, man brauche keinen Gärtner in Nymphenburg, weil „die vorfallente Verrichtungen ... bishero iederzeit durch ainen Tagwercher, so zugleich Haußmaisster daselbst ist", verrichtet werden konnten, siehe BHStA I, HR I/163/28, Nr. 28.
81 Das Folgende nach BHStA I, HR II/21, Bd. 202, Nymphenburger Baurechnung 1703.
82 Das „Boulingrin" war das nordöstliche Boskett. Es wird auch 1714 von Baron Neuhaus als vorhanden erwähnt. Von den übrigen Bosketten (NW Paßspielfeld, SW Heckentheater, SO Wäldchen, später mit Ringelspiel) ist 1702/04 nicht die Rede. Sie wurden zwar angelegt und mit Hecken umgeben, aber nicht ausgestaltet.
83 Das Folgende nach BHStA I, HR II/21, Bd. 203, Nymphenburger Baurechnung 1704/05.
84 Es arbeiteten von April bis Juli zwischen 300 und 400 Leute.
85 Francesco Marazzi, Mitarbeiter Appianis in Nymphenburg, hat „in der grossen Alleé, wo man die Terrazza gemacht, die vorhin gewesene grosse Sanndtperg hinweckh fiehren: und ermelte Terrazza gleich machen müessen ..." „sowie ... den müttern Canal in der Alleé zu Nimphenburg thails Ohrten umb 12: auch weniger: unnd mehr Schuech wie es die Notturft erfordert, zuerweittern" gehabt. Von der Tätigkeit Marazzis in Nymphenburg wissen wir durch den Bericht Neuhaus' vom 10. August 1714, GHA Korr.-Akt 753, Nr. 50.
86 Max Emanuel schrieb 1714: „Es ist ein Haubtsach vor die Schönheit eines Gartten die Hagenbuechen Höckhen dickh, und gleich zu erhalten. Die Bousqueten von allerhandt wildten Päumen die darinen seint, könen waxen wie sye wollen, wann sye nur dickh, und grien seint." Siehe GHA Korr.-Akt 753, Nr. 50, Bericht Neuhaus' vom 1. Mai 1701 mit Anmerkungen Max Emanuels.
87 BHStA I, Plansammlung Nr. 5875, siehe Kat. Max Emanuel (wie Anm. 28), Bd. 2, S. 307.
88 Das Parterre wurde ab 1755 völlig erneuert, siehe GHA Oberhofmeister-Stab 1115: Tagebuch des Bauschreibers Balistier.
89 GHA Korr.-Akt 753, Nr. 50, Anmerkung zu Punkt 3 des Neuhaus-Berichts vom 1. Mai 1714.
90 BHStA I, Fürstensachen 147 d (Miscellanea Wilhelmi), Bericht Neuhaus' vom 29. August 1714.
91 GHA Korr.-Akt 753, Nr. 50, Bericht vom 10. August 1714.
92 Das Brunnhaus und das Brunnwerk für die vier Springbrunnen im Garten Henriette Adelaides ist in den Nymphenburger Baurechnungen von 1673, 1674 und 1678 (s. o. Anm. 4) genannt.
93 Ab Juli 1702 arbeitete der Zimmermeister Abraham Trost mit bis zu zwanzig Zimmerleuten am neuen Brunnwerk. Verdienst des Stuck- und Glockengießers Matthias Langeneckher ca. f: 590.–. Das Brunnwerk wurde im August 1703 nach Nymphenburg gebracht. Deichen (unterirdische, meist hölzerne Wasserrohre) wurden zu den Brunnenanlagen im Parterre gelegt.
94 GHA Korr.-Akt 753, Nr. 50, Bericht Neuhaus' vom 1. Mai 1714: er spricht vom „Wasser Pavillon under der Erdten" und davon, daß der nur von Holz gemachte unterirdische Kanal stellenweise schon eingebrochen war. Am 10. August 1714 berichtet Neuhaus über Reparaturen am „Wasserwerkh im neuen vertiefften Wasserhauß" und daß von ihm aus „in grossen Passin ein hibscher Sprung 27 Schuech hoch" gehe.

ABBILDUNGSNACHWEIS

BAYERISCHES HAUPTSTAATSARCHIV: Abb. 7 (Inv.-Nr. PLS 8302)
BAYERISCHE VERWALTUNG DER STAATLICHEN SCHLÖSSER, GÄRTEN UND SEEN: Abb. 1 (Neg.-Nr. 20849); Abb. 2 (Neg.-Nr. 20848)
BAYERISCHE STAATSGEMÄLDESAMMLUNGEN: Abb. 6 (Inv.-Nr. 3439)
Repro nach: ZEITSCHRIFT FÜR BAYERISCHE LANDESGESCHICHTE, Bd. 35, Heft 1, 1972, Abb. 106, 107: Abb. 4, 5 (Bibliothèque de l'Institut de France)
ARCHIV DER VERFASSERIN: Abb. 3 (Zeichnung von Architekt Heiner Schubert, München)

Abb. 1. Schloß Ellingen, Luftbild von Süden

HELMUT-EBERHARD PAULUS

DAS „GUTE REGIMENT" DES DEUTSCHEN ORDENS

DIE IKONOLOGIE DER RESIDENZ ELLINGEN ALS AUSDRUCK DER EMANZIPATIONSBESTREBUNGEN DER LANDKOMTURE DER BALLEI FRANKEN

Zum Verständnis barocker Herrschaftsarchitektur leistet die Ikonologie einen wesentlichen Beitrag. Gerade bei Bauwerken aus dem engeren oder weiteren Umkreis geistlicher Bauherrschaft erweisen sich die ikonologischen Programme häufig als maßgeblich für die künstlerische Ausstattung der Architektur und bisweilen als klärender Beitrag in offenen Fragen der Raumdisposition, der Fassadengestaltung und der Architekturgliederung. Lange Zeit stand bei Schloß Ellingen die Baumeisterfrage so deutlich im Vordergrund, daß Fragestellungen nach der Ikonologie dieser um 1720 entstandenen barocken Residenz der Landkomture der Ballei Franken in den Hintergrund traten. Dabei mögen der Verlust eines Teiles der ikonographischen Ausstattung durch spätere Umbauten ebenso eine Rolle gespielt haben wie eine Beschränkung auf herkömmliche Fragestellungen zur Künstler- und Stilgeschichte. So unternahm der Verfasser 1987 einen ersten Versuch, aus der Ausstattung der Fassaden und der Innenräume des Schlosses eine aussagekräftige Ikonologie des Bauwerkes abzuleiten.[1] Die 1994 erschienene Publikation von Bärbel Schäfer[2] zu Residenz und Markt Ellingen kommt zwar teilweise zu ähnlichen Ergebnissen, sucht das ikonologische Programm des Schlosses allerdings weniger als Ganzes zu deuten, sondern für einzelne Räume und ihre Ausstattungsteile zu erklären. In den von Bärbel Schäfer ausgewählten Einzelfällen wird die Ikonographie vorwiegend durch Bezüge zu konkreten historischen Ereignissen oder durch die Hypothese eines im Ansatz gegenreformatorischen Programms erklärt.[3] Die noch immer bestehenden Widersprüche für eine Deutung der Ikonologie des Schlosses Ellingen als thematische Gesamtheit sind hier Anlaß, die Diskussion fortzusetzen.

Schloß Ellingen (Abb. 1) geht auf eine Spitalstiftung des Walter von Ellingen um 1185 zurück, die 1216 von Kaiser Friedrich III. dem Deutschen Orden zum Lehen gegeben wurde. Ellingen wurde zunächst Kommende des Ordens, stieg dann aber im Laufe des 14. Jahrhunderts zur Residenz des Landkomturs der Ballei Franken auf. Als Vorläufer des heutigen Schloßbaues wird eine mittelalterliche Wasserburg aus dem 13. Jahrhundert vermutet, die sich an der gleichen Stelle befand und 1552 im Markgrafenkrieg zerstört wurde.[4] Die heutige, von etwa 1710 bis 1721 errichtete barocke Anlage beherrscht schon durch ihre Größe und Ausdehnung den am westlichen Rand des Städtchens Ellingen gelegenen Talgrund der Schwäbischen Rezat. Besonders beeindruckend ist hierbei die geschlossene Wirkung der Anlage nach außen, ihre landschaftsbeherrschende Ausstrahlung, obwohl ins Auge fallende Zufahrten, etwa in Form konzentrisch zuführender Achsen, vermieden wurden. Statt dessen erfolgt die Erschließung der Anlage seitlich durch die Landstraße von Ellingen nach Ansbach. Bei aller Außenwirkung des Schlosses wird seine burgartige Geschlossenheit durch einen umgebenden Wassergraben und die fast kastellartige Architekturform der Vierflügelanlage noch zusätzlich betont. Dabei ist der Schloßgraben keineswegs ein Relikt vergangener Zeiten, sondern wird noch 1754 bis 1772 erneuert und so bewußt als Teil der barocken Anlage verstanden.

Die Bauarbeiten an der heutigen Schloßanlage beginnt Franz Keller um 1710, jedenfalls vor 1714 an dem der Stadt zugewandten Ostflügel des Schlosses nach Plänen von Wilhelm Heinrich Beringer.[5] Dieser auf zwei Hauptachsen angelegte Bau steht noch deutlich in der fränkischen Renaissancetradition, wohl gleichermaßen geprägt durch eine gewisse Vorbildfunktion des Renaissanceschlosses in Mergentheim, als auch determiniert durch die Wiederverwendung von Teilen des älteren Renaissanceschlosses. Demgegenüber entwickelt sich der nach der Bauinschrift über dem Haupttor in der Zeit von 1718 bis 1720 entstandene Südflügel als Haupttrakt der Schloßanlage zu einem eigenständigen Baukörper und einer eigenwilligen künstlerischen Lösung, die mit der typischen Gliederung in drei Pavillons und zwei zurückgesetzte Verbindungstrakte hochbarocke Vorbilder weiterverarbeitet. Die Entstehung dieses Haupttraktes läuft parallel mit der Regentschaft des neu gewählten Landkomturs Karl Heinrich Freiherr von Hornstein, der ab 1717 zielstrebig den Ausbau Ellingens zur barocken Residenz betreibt. Einer zunächst anstehenden dringlichen Kirchenreparatur an der Schloßkirche folgt schon am 29. Juni 1718 die Grundsteinlegung für diesen sogenannten „neuen Schloßbau".

Es mag hier dahingestellt bleiben, inwieweit die in einem Architekturmodell[6] um 1710 niedergelegten Ideen eines überhöhten Quertraktes im Hof jemals zur Realisierung in Erwägung gezogen wurden. Jedenfalls setzte sich noch unter dem Bauherrn Hornstein das Konzept einer weitgehend regelmäßigen und durch die Axialität zugleich ausgerichteten Vierflügelanlage durch, deren südwärtiger Haupttrakt von drei Pavillons gegliedert wurde und der in seiner Proportionierung zunächst weniger an Schloßfassaden, denn an Stadtpaläste erinnert. Im Kern erweist sich das Bauwerk mit seinen überhöhten Eckpavillons als die Umsetzung architektonischer Ideen, wie sie kurze Zeit früher von Johann Bernhard Fischer von Erlach für das 1712 entworfene Palais Clam-Gallas in Prag umgesetzt wurden und so Eingang in die zeitgenössische Palastbaukunst fanden.[7] So negiert Ellingen auch alle Bezüge zu einer Ehrenhoflösung nach französischem Vorbild und zeigt eine ausgeprägte Innenhofanlage in der Art zeitgleicher Stadtpaläste. Der südliche Vorplatz des Palastes wird zwar später eine Rahmung durch Ökonomiegebäude erhalten, ohne aber zum Ehrenhof zu werden.

Der Nachfolger als Landkomtur, Franz Sigismund Friedrich Graf von Satzenhofen, widmet sich überwiegend der Kirche. So läßt er den schon 1717/18 unter Keller begonne-

Abb. 2. *Wappenwandkalender der Ballei Franken 1769 (Germanisches Nationalmuseum Nürnberg)*

nen Kirchenbau ab 1746 durch Joseph Roth fortsetzen. Doch schon 1749 kommt es zum Wechsel sowohl des Landkomturs als auch des Architekten, so daß erst unter Roths Nachfolger, Matthias Binder, der innere Schloßbau mit der Errichtung des Kirchturmes zum Abschluß kommt. Als Ergänzung des Schloßbaues entstehen ab 1749 die Reitschule und 1751 bis 1762 die südseitig vorgelagerten Ökonomiegebäude, die aufgrund der vorbeiführenden Landstraße nur in beschränktem Umfang einen Vorhofcharakter erzeugen.

Im Innern des Schlosses wurde die ursprüngliche Ausstattung aus der Zeit des Landkomturs Hornstein um 1720 schon zwischen 1765 und 1767 im Rokokostil modifiziert. Für die Bereiche östlich des Mittelpavillons wurde die Erstausstattung dann 1774/1775 sogar völlig gegen eine klassizistische ausgewechselt. Seither enthalten die repräsentativen Räume im Ostteil des Haupttraktes eine Innenausstattung nach Entwürfen von Pierre Michel d'Ixnard. Dieser klassizistischen Überformung im Inneren entsprach in der Außenarchitektur die Errichtung der Hofkolonnaden auf der Ostseite des Innenhofes von 1774 bis 1781.

Zur Ikonographie des Ordens

Das ikonologische Programm des Ellinger Schlosses kündigt sich an der Außenfassade des Haupttraktes an, erfährt dann im Treppenhaus seine deutliche inhaltliche und gestalterische Steigerung und findet im Festsaal des zweiten Obergeschosses seinen Höhepunkt. Das Programm klingt jeweils in den Appartements beiderseits des Tafelzimmers und des Festsaales aus. Der architektonischen Hierarchie von außen nach innen und von unten nach oben entspricht also eine ikonologische. So ist das zweite Obergeschoß als Nobelstock ausgewiesen, das erste Obergeschoß diesem aber unmittelbar nachgeordnet. Diese Geschoßgliederung wird zu Unrecht als altmodisch gedeutet, weil sie in ihrer ikonologischen und höfisch-funktionalen Bedeutung unterschätzt wird.[8] Mit der Geschoßgliederung korrespondiert die eigenwillige, insgesamt dreigeschossige Portalanlage in der Hauptachse des Fassadenmittelrisalits. Das von Säulenpaaren flankierte Portal findet seinen Abschluß erst mit dem Huldigungsbalkon des Piano nobile im zweiten Obergeschoß und bildet so eine doppelgeschossige Ädikula. Auf den verbindenden Voluten stehen die Figuren von Minerva und Mars, deren sinnbildhafte Bedeutung als Allegorien und Gottheiten wie ein roter Faden die gesamte Ikonologie des Schlosses durchziehen wird. Die beiden vollplastischen Figuren aus der Hand des Bildhauers Friedrich Maucher stellen nicht zufällig am Hauptportal die zentralen Allegorien des Deutschen Ordens dar, sondern sie sind Programm: Minerva als Allegorie des Geistes, von Kunst und Wissenschaften, von Krieg und Frieden sowie der Staatskunst; Mars als Allegorie der Kriegskunst, des Schutzes und der Wachsamkeit. Darüber hinaus ist Minerva auch das Sinnbild für „Virtus et Sapientia",[9] also für jene Verbindung von Tugendhaftigkeit bzw. Ritterlichkeit und Weisheit, die wie kein anderes Bedeutungspaar die Ziele des Deutschen Ordens kennzeichnet. Daß Minerva zudem das Synonym für Maria ist, erscheint dabei als interessanter ergänzender Aspekt, weil Maria die oberste geistliche Schutzpatronin des Ordens ist.[10] Mars ist über die mythologischen Bezüge hinaus auch das Sinnbild des gerechten Richters[11] und Abbild des Sinnspruches „Consilium et Prudentia", also die personifizierte Darstellung der Maxime von überlegtem Handeln aus Klugheit.[12] Beide Allegorien des Portals, Minerva und Mars, verbildlichen in der paarweisen Zueinanderordnung die Ambivalenz des Ordensauftrages zwischen geistigem und kriegerischem Kampf, christlicher Mission und Rittertum, Caritas und Dominium, zwischen weltlicher Staatskunst und Tugendideal. Nicht zufällig wird eben diese Ambivalenz in einem bekannten Emblem Rollenhagens dargestellt, das unter der Devise „Arte et Marte" steht.[13] Schließlich werden die vermeintlichen Gegensätze zwischen beiden Allegorien bedeutungsmäßig zusammengefaßt durch die übergeordnete Allegorie der Justitia, deren Aspekte sowohl mit Minerva als auch mit Mars angesprochen werden.[14] In Ellingen wird denn auch anschaulich das Paar aus Mars und Minerva von der Figur der Justitia überhöht, die hoch oben die Giebelmitte des Hauptrisalits bekrönt.[15]

Kaum andere Darstellungen könnten die ikonologischen Hauptstränge der Programmatik des Deutschen Ordens besser zum Ausdruck bringen als die von 1758 bis 1787 herausgebrachten Wappenwandkalender der Ballei Franken. Beispielhaft soll hier auf den 1768 in Augsburg erschienenen Kalender für das Jahr 1769 verwiesen werden (Abb. 2).[16] Der große Wappenwandkalender zeigt eine reich dekorierte Festarchitektur mit einem umfangreichen Bildprogramm, auf das hier nur in den Grundzügen eingegangen werden soll.[17] Tragendes System der Darstellung ist ein altarartiger Aufbau aus vier Pfeilern zu seiten des Almanachs. Ihm zu Füßen liegen zwei grottenartige Einblicke in Vogelschaupläne der Städte Mergentheim und Ellingen (Abb. 3). An oberster Stelle der Darstellung erscheinen im Himmel schwebend die Patrone des Deutschen Ordens: Maria mit dem Kind, St. Georg und St. Elisabeth. Die letzteren Heiligen verbildlichen die beiden Hauptziele des Deutschen Ordens: Kampf gegen den Unglauben (Virtus) und Einsatz im Dienste der christlichen Nächstenliebe (Caritas). Diese Darstellung in den himmlischen Gefilden wird ergänzt durch gegenwartsbezogene Allegorien auf der Architekturstaffage. So erscheinen am Auszug auf den äußeren Pfeilern vier Darstellungen der maßgeblichen Tugendallegorien des Deutschen Ordens, Minerva für Rittertum und Tugendhaftigkeit, Bellona für Kriegskunst und Kampfeskraft, Prudentia für Klugheit und Geist, schließlich Sapientia für die Weisheit, hier in der Sonderform der Erkenntnis und des Gottesglaubens.[18] Die im himmlischen Bereich durch eine sakrale Ikonographie zum Ausdruck gebrachten Ziele der Ritterlichkeit (St. Georg) und der Kampfeskraft sowie der Missionstätigkeit und Mildtätigkeit (St. Elisabeth) werden also hier durch vier weltliche Allegorien in bezug auf den Ordensstaat erneut dargestellt. So erscheint auch in der Mitte des Auszuges die damals aktuelle Ordens- und Balleiführung: Zuoberst die Darstellung des Hoch- und Deutschmeisters Karl Alexander von Lothringen, dessen Portrait hier von seinem Wappen und seiner Titulatur flankiert wird. Als Schildhalter fungieren Adler, die als Wappentiere den Orden selbst, aber auch seinen Obersten Gebietiger verbildlichen.[19] Hierarchisch konsequent erscheint direkt unter dem Portrait des Hoch- und Deutschmeisters das Bildnis des Landkomturs der Ballei Franken, Franz Sigismund Adalbert von Lehrbach. Es wird gehalten von zwei geharnischten Knaben mit Flügeln, die als Zwillinge Castor und Pollux zugleich als die himmlischen Patrone des Ritterstandes gedeutet werden können.[20] Unmittelbar unter dem Portrait erscheint das Wappen des Landkomturs, engstens verbunden mit den Wappen der sechs Ratsgebietiger der Ballei Franken. An den Pfeilern unmittelbar zu seiten des Almanachs erscheinen die Wappen der sechs Komture, an den äußeren Pfeilern schließlich die der Ordensritter. Unter dem von Chronos gehaltenen und von Puttenallegorien der Vier Jahreszeiten flankierten Kalenderblatt folgt die Vogelschau auf

Abb. 3. Ausschnitt aus dem Wappenwandkalender der Ballei Franken: Ansicht des Schlosses und des Ortes Ellingen

Abb. 4. Ansicht Schloß Ellingen, von Osten (Stadtseite)

Mergentheim als Sitz des Hoch- und Deutschmeisters. Unmittelbar darunter in kartuschenartiger Rahmung die Vogelschau des Sitzes der Ballei Franken mit der Überschrift: Ellingen. Die Vogelschau auf Ellingen wird auf beiden Seiten gerahmt durch weibliche Allegorien. Auf der linken Seite sitzt die Allegorie der Ballei Franken[21] unter dem Schutz des doppelköpfigen Reichsadlers, umgeben von Globus, Bannern und dem Bauplan der wichtigen Vogtei Absberg, die als das Reichslehen der Ballei dem Reichsadler hier bildhaft ans Herz gelegt erscheint. Die Allegorie ist gekleidet in den Mantel der Deutschordensritter und hält in der Rechten den Kommandostab. Am unteren Rand des Vogelschauplanes von Ellingen stellen die sechs Flüsse der Ballei Franken, nämlich Wörnitz, Donau, Pegnitz, Neckar, Rhein und Main die Verbindung zur anderen Seite her. Auf der rechten Seite sitzt eine Allegorie in den Gewändern und mit dem physiognomischen Erscheinungsbild der Göttin Minerva als Personifikation des klugen Regimentes.[22] So liegen zu Füßen der Allegorie Triangel und Pfeil als Insignien der Klugheit. In ihrer Linken hält sie den Zirkel als Zeichen der guten Haushaltsführung.[23] Der Allegorie des klugen Regimentes steht Diana, die Göttin der Jagd zur Seite, ein Hinweis auf den Jagdreichtum des Landes und das wohlgeordnete Jagdwesen. Zu Füßen der Allegorie liegt der jugendliche Dionysos[24] als Gottheit der fruchtbaren Vegetation und des Weines mit einem Korb voller Früchte.

Die Darstellungen des Wappenwandkalenders für das Jahr 1769 sind äußerst hilfreich für die Aufschlüsselung des vielschichtigen Programmes von Schloß Ellingen. Zentrale Figur der Darstellung ist auch hier Minerva, teilweise in der Abwandlung einer Allegorie des Guten Regimentes. Neben der göttlichen Weisheit, zugleich Sinnbild des Glaubens und der Klugheit spielt auch das Sinnbild der Kriegskunst eine wichtige Rolle, sei es in der Gestalt des Gottes Mars oder in Gestalt der Göttin Bellona. Selbst die Allegorie der Ballei Franken nimmt Anlehnung an die Gestalt der Bellona, um die Themen von Schutz, Wachsamkeit und militärischer Stärke anzusprechen. Eine weitere wichtige Rolle spielt das Bild des Adlers, nicht nur als Wappenhalter, sondern als ein quasi bis zur Personifikation verselbständigtes Wappentier, das ebenso wie das Ordenskreuz den Orden in seiner Gänze versinnbildlicht. Nach dem Selbstverständnis des Deutschen Ordens wurde der staufische Reichsadler durch Kaiser Friedrich II. dem Ritterorden verliehen und ist seither neben dem schwarzen Kreuz und dem goldenen Jerusalemkreuz Wappenbestandteil.[25] Schließlich wird im Wappenwandkalender das Portrait des Landkomturs von einem Paar geflügelter Putti in Rüstung getragen, wohl eine Anspielung auf die

Dioskuren Castor und Pollux, die als Symbol christlicher Bruderliebe gelten und ritterliche Schirmherren der Menschen im Kampf gegen das Böse sind. Castor und Pollux werden auch im Innern des Schlosses Ellingen einen zentralen Platz einnehmen.

ZUR AUSSENARCHITEKTUR

Die von ca. 1710 bis 1721 entstandene barocke Anlage zeigt sich als geschlossene Vierflügelanlage mit nach Süden ausgerichteter Hauptfassade in Form einer Palastfront aus drei Pavillons und zurückgesetzten Verbindungstrakten (Abb. 5). Anklänge an Ehrenhoflösungen nach französischem Vorbild sind negiert. Vielmehr werden deutliche Bezüge zur barocken Palastarchitektur gesetzt, insbesondere durch die Ausbildung der Südfassade als Straßenfront. Die mit eigenwilligen gedrückten Kuppelhauben geschlossenen Eckpavillons (Abb. 4) werden über dem Sockelgeschoß durch eine unkanonische, zweieinhalbgeschossige Kolossalordnung gegliedert. Die Erhöhung der durch einen Segmentgiebel bekrönten Mitteltravée durchbricht den Proportionskanon der Pilaster, erweckt aber auch die Illusion einer konvex ausschwingenden Mittelfront und verstärkt so die Dominanz des kardinalroten Haubendaches. Der Mittelpavillon mit seinem dagegen schlichten Pyramidendach erfährt seinen Akzent weniger durch den schwach vortretenden dreiachsigen Mittelrisalit, als vielmehr durch die eigenwillig ausgestaltete Portalachse über ganze drei Geschosse (Abb. 6). Im Erdgeschoß erinnert das von schräggestellten Säulenpaaren flankierte Portal an zeitübliche Säulenstellungen an Altären und Portalen. Allerdings schwingen die darauf aufliegenden kräftigen Akanthusvoluten nicht nur empor zum nächsten Geschoß, sondern weiter hinauf bis zum Hauptgeschoß, dem zweiten Obergeschoß. Auf ihnen ruht symbolisch und anschaulich der Huldigungsbalkon des Regenten. Auf den Voluten stehen die mächtigen Figuren von Minerva und Mars, Arbeiten Friedrich Mauchers aus den Jahren 1719/21. Die Voluten des Portals leiten also über zum Hauptgeschoß und zugleich zum kräftigsten baulichen Akzent im Mittelbereich der Fassade. Schon architektonisch auffällig ist hier das dreiteilige Fenster, zugleich Fenstertüre zum vorgesetzten Balkon. Dieses im Vergleich mit allen anderen Fensterformen absolut singuläre Fenster zeigt in den Grundzügen Anklänge an das Würdemotiv der Serliana. In Verbindung mit dem geschwungenen Huldigungsbalkon wird es letztlich zum gestalterischen Zentrum der Fassade schlechthin. In die Verdachung des Fensters ist das Wappen des Bauherrn, des Landkomturs Karl Heinrich Freiherr von Hornstein eingelassen. Auf der Verdachung lagern zwei weibliche Allegorien, die durch eine Akanthuskette mit dem Wappen des Landkomturs verbunden sind. Die Allegorie auf dem linken Verdachungsteil hält eine Augenscheibe als Symbol der Wachsamkeit[26] in der Rechten. Die Allegorie auf der rechten Seite hält einen Lorbeerkranz als Symbol von „Honor" und „Virtus"[27] in ihrer Linken. Der Lorbeerkranz ist Hinweis auf Tugendhaftigkeit und Ritterlichkeit. Die Attribute beider Allegorien nehmen jeweils kreuzweise auf die darunter am Portal stehenden Allegorien der Minerva und des Mars Bezug. Kreuzungspunkt dieser Beziehungsachsen ist das Mittelfenster des Balkons, der Wohn- und Präsentationsort des Gebietigers, also des Landkomturs, der den Hoch- und Deutschmeister vor Ort vertritt. Verfolgt man diese kreuzweisen Beziehungsachsen im Detail so erscheint Minerva als Sinnbild der Virtus und Mars als Sinnbild der Wachsamkeit nochmals betont, der Landkomtur in Ausübung seiner Ämter aber zur Verknüpfung beider Tugenden überhöht. Den Mittelteil der Verdachung über dem Balkon bekrönt eine Vase. In die übrigen Fensterverdachungen des Nobelstocks sind beiderseits der Mittelfenstergruppe jeweils Köpfe eingelassen, in den inneren Fensterachsen Rüstungshelme, in den äußeren Imperatorenköpfe. Sie sind Sinnbilder für Krieg und Frieden.[28] Auch hier sind die Bedeutungsebenen im Wege des Fassadendekors anschaulich verschränkt und vermitteln so ein Bild der paarweisen Zueinandergehörigkeit von Krieg und Frieden als zwei Seiten ein- und derselben Medaille eines Guten Regimentes. Zwischen dem Fenster des ersten Obergeschosses und der Unterseite des Balkons stellen drei Konsolfiguren die Verbindung her. Es sind zwei Affen und in der Mitte ein auf dem Ziegenbock reitender Kobold. Die Affen gelten als Abbild der Arglist und Dummheit[29] und der Ziegenbock als Symbol der Zügellosigkeit[30]. Sie werden hier als Konsolsteine gebändigt präsentiert, also unter das Joch des Balkones gezwungen, der dem Gebietiger des Ordens zugewiesen ist. Arglist, Dummheit und Zügellosigkeit zeigen sich hier somit als vom Gebietiger unterjochte Laster.

Die figurale Ausstattung der Fassade im Bereich der Portal-Fenster-Gruppe wird schließlich architektonisch überhöht durch den großen Dreiecksgiebel über der Attika des

Abb. 5. Schloß Ellingen, Südfassade

Abb. 6. Schloß Ellingen, Mittelrisalit mit Portalanlage

Mittelpavillons. Im Tympanon das Wappen des Hoch- und Deutschmeisters Franz Ludwig Pfalzgraf bei Rhein. Diesem Wappen zugeordnet sind die Figuren auf den großen Giebeln des Mittelpavillons, die die Kardinaltugenden darstellen: auf der Südseite Caritas, Justitia und Fides, auf der Nordseite zum Innenhof Prudentia, Spes und Temperantia. Auf der Südseite werden so die für den Orden wichtigen Tugenden gezeigt, zuoberst die bedeutendste überhaupt: Justitia. Das Programm der Kardinaltugenden wird ergänzt durch die bekrönenden Figuren auf den beiden Eckpavillons. Auf dem Westpavillon erscheint über der Westfassade die siebte der Kardinaltugenden, Fortitudo bzw. Constantia mit dem Attribut der Säule. Alle weiteren Figuren stellen männliche olympische Gottheiten dar. Über der Südfassade des Westpavillons erscheint Aeneas[31], der Sohn der Venus und göttliche Stammvater Roms. Es folgen nach Osten Jupiter mit dem Adler und nach Norden Chronos bzw. Saturn mit der Sense. Auf dem Ostpavillon stehen südwärtig Neptun mit dem Dreizack, nach Osten Apoll[32], nach Norden Herkules und nach Westen Vulkan mit dem Beil.

Die männlichen olympischen Gottheiten scheinen die weiblichen Allegorien der Kardinaltugenden zu einem umfassenden Programm zu ergänzen. Offenbar sollte den Kardinaltugenden der Zyklus olympischer Gottheiten als Hinweis auf tugendhaftes Handeln gegenübergestellt werden. Sind doch die olympischen Götter nach den Vorstellungen von einem dreistufigen Gebäude der Tugenden ein Sinnbild für die höchste Form der Tugend.[33] Zusätzliche in den Götterdarstellungen enthaltene Bedeutungsebenen wie etwa die Vier Elemente oder weitere Tugenden sind nicht ausgeschlossen. So könnten die vier Statuen des Ostpavillons Vulkan, Neptun, Apoll und Herkules auch für Feuer, Wasser, Luft und Erde stehen und Aeneas für die Pietas.

Mit in das Programm der Außenfassade eingebunden sind die beiden Cäsarenfiguren am hofseitigen Portal des Mittelpavillons, die auf die Feldherrentradition des Deutschen Ordens verweisen. Der eine Feldherr hält den Stab, der andere zieht das Schwert, so daß auch diese Figuren ein Abbild der Ambivalenz von Krieg und Frieden als Teil des Guten Regimentes sind.

Bereits hier an der Außenfassade klingt neben der programmatischen Vielschichtigkeit die anschauliche Ambivalenz der Ellinger Ikonologie an, die bisweilen sehr deutlich in Konkurrenz zum Reichtum der künstlerischen Ausstattung tritt. So wird etwa in der Anordnung der Wappen die Hierarchie zwischen dem Hoch- und Deutschmeister einerseits und dem Landkomtur andererseits gewahrt, doch wird das Wappen des Landkomturs deutlich in das künstlerische Zentrum der Fassadengestaltung gerückt und erhält somit in anschaulicher Hinsicht den besseren, gestalterisch ausdrucksstärkeren Platz zugewiesen. Auch ist das Wappen des Landkomturs mit den beiden Hauptallegorien des Deutschen Ordens, Minerva und Mars, enger verflochten und durch die Anordnung über dem Balkon des Nobelgeschosses als Wappen des Residenten ausgewiesen. Ferner werden die Tugendallegorien anschaulich zu Wappenhaltern des Hornsteinwappens. Sein Wappen nimmt hier am Huldigungsbalkon schließlich den Platz ein, der traditionell dem Regenten, also dem Hoch- und Deutschmeister vorbehalten wäre.

ZUR INNEREN DISPOSITION

Der Architekturgliederung und ikonologischen Programmatik des Außenbaus entspricht die Raumdisposition im Innern. So ist dem Mittelpavillon des Süd- und Haupttraktes das Treppenhaus (Abb. 7) mit Vestibül und Durchfahrt zum Hof zugewiesen. Der Treppenanlage in der Nordhälfte des Pavillons entspricht im Südteil des Erdgeschosses die Eingangshalle, an entsprechender Stelle im ersten Obergeschoß das sogenannte Tafelzimmer, im zweiten Obergeschoß der große Festsaal. Die Bereiche der Verbindungsflügel zwischen den Pavillons gliedern sich in eine straßenseitige Raumflucht und einen sehr breiten hofseitigen Korridor, der fast die Breite der Raumflucht erreicht und so bereits grundrißmäßig Vestibülcharakter annimmt. In den Raumfluchten der Obergeschosse befinden sich die vier repräsentativen Appartements, die sich in ihrer Abfolge jeweils vom Mittelsaal bis in die Eckpavillons hinein erstrecken. In den durch Flure erschlossenen Seitenflügeln nördlich der Eckpavillons befinden sich nur noch die untergeordneten Funktions-, Bediensteten- und Gästezimmer. Im Erdgeschoß des Südflügels waren auch südlich der Korridore Wirtschafts- und Verwaltungsräume, insbesondere Kanzlei- und Archivräume untergebracht. Im Westflügel befanden sich schwerpunktmäßig die Küchenräume, im Ostflügel der Marstall. Noch im Visitationsbericht von 1748 wird diese Disposition bestätigt. Erst mit dem klassizistischem Umbau werden weitgehende Änderungen vorgenommen.

Nach der für die Ikonologie maßgeblichen, ursprünglichen Disposition um 1720 sind im ersten Obergeschoß die Landkomturzimmer untergebracht, und zwar links des Saales das repräsentative Wohnappartement des Hausherrn (Westteil) und rechts des Saales dessen repräsentative Gästezimmer (Ostteil). Im zweiten Obergeschoß, dem eigentlichen Hauptgeschoß, liegt links das Appartement des Hoch- und Deutschmeisters (Westteil), rechts wiederum ein besonders hervorgehobenes Gästeappartement, dessen Räume die „Fürstlichen Zimmer" genannt wurden (Ostteil). Mit den „Fürstlichen Zimmern" wird das Pendant zu den „Kurfürstlichen Zimmern" geschaffen, eine Bezeichnung, die für die Zimmer der Hoch- und Deutschmeister gebräuchlich war, weil die obersten Gebietiger des Ordens in der Regel Erzbischöfe mit Kurfürstenwürde waren. Die Innenraumdisposition des Haupttraktes wird also hierarchisch gegliedert durch eine deutliche Rangfolge vom Erdgeschoß bis hinauf zum zweiten Obergeschoß. Ferner gilt für die Abfolge der Räume das Prinzip der Einheit von Funktionalität und Axialität, ausgehend von den zentralen Räumen der Mittelachse und endend mit den Schlafzimmern und Garderobenzimmern der Eckpavillons. Schnittpunkt aller Bedeutungsebenen und Funktionsstränge ist der Festsaal im zweiten Obergeschoß. Er liegt direkt hinter dem gestalterischen Zentrum der Fassade, dem dreiteiligen Fenster mit Bauherrnwappen und geschwungenem Huldigungsbalkon.

Die innere Struktur der Appartements gliedert sich im zweiten Obergeschoß vom Festsaal ausgehend in Vorzimmer, Audienzzimmer, Cabinet und Schlafzimmer. Dem Schlafzimmer folgt schließlich als Verbindung zum Korridor das Garderobenzimmer. Bei den Landkomturzimmern des ersten

Abb. 7. Innenansicht des Treppenhauses vom Absatz zum 2. Obergeschoß gegen Westen

Obergeschosses sind noch innerhalb des Mittelpavillons beiderseits des Tafelzimmers und vor den jeweiligen Vorzimmern zusätzliche kleine Durchgangskabinette eingefügt. Im Westteil ist die alte Raumdisposition um 1720 noch heute nachvollziehbar, während sie im Ostteil aufgrund baulicher Veränderungen und der Neuausstattung um 1774/75 schon verunklärt ist. Im Detail ist sie dort auch nicht mehr rekonstruierbar. Allenfalls läßt der bauliche Bestand mit der besser erhaltenen Raumdisposition des ersten Obergeschosses Rückschlüsse auf eine analoge Raumteilung des zweiten Obergeschosses um 1720 zu. Entspricht die Abfolge innerhalb der Appartements aus Vorzimmer, Audienzzimmer, Cabinet und Schlafzimmer weitgehend dem üblichen Raumkanon fürstlicher Architektur der Zeit um 1720, so zeigt die auf den gesamten Haupttrakt bezogene Gegenüberstellung von Wohnzimmern des Hausherrn auf der einen Seite und Gästezimmern auf der anderen Seite doch eine deutliche Abweichung von der im fürstlichen Wohn- und Residenzbau weltlicher Herrscher üblichen Gegenüberstellung von männlichen und weiblichen Appartements. Schon von der zeitgenössischen Bezeichnung der Räume her, etwa im zweiten Obergeschoß als „Kurfürstliches Appartement" und „Fürstliches Appartement", erinnert die Zueinanderordnung in Ellingen stark an die Raumdisposition in den Schlössern geistlicher Fürsten. So wählte etwa der Reichsvizekanzler und nachmalige Fürstbischof Friedrich Karl von Schönborn für sein Schloß in Göllersdorf die Zueinanderordnung eines kurfürstlichen Appartements zu einem fürstlichen, wobei er das fürstliche Appartement für sich selbst, das kurfürstliche als Gästeappartement für seinen erzbischöflichen Oheim vorsah.[34] So wie in Göllersdorf mit der Ausweisung eines Appartements für den kurfürstlichen Oheim über Widmung und Funktionszuweisung eine Aufwertung der Schloßanlage verbunden war, so darf man entsprechende Intentionen sicher auch für die Landkomturresidenz Ellingen unterstellen. Darüber hinaus war die architektonische Einbindung der Rechte des Hoch- und Deutschmeisters als Hausherr von Ellingen neben den Ansprüchen des Landkomturs auch eine Notwendigkeit, weil die territorialen Hoheitsrechte letztlich beim Hoch- und Deutschmeister lagen und daher angemessen zu respektieren waren.[35] Neben der Ausweisung eines festen Appartements für den Hoch- und Deutschmeister diente auch die Ausweisung der Gästezimmer im Ostteil des Südflügels, der sogenannten „Fürstlichen Zimmer", einer Aufwertung der Residenz Ellingen. Läßt sich die tatsächliche Nutzung dieser Räume um 1720 heute auch nur schwer nachvollziehen, so ist der mit einer derartigen Bezeichnung verbundene Anspruch durch die schriftliche Überlieferung doch unbestritten. Die Residenz des Landkomturs sollte den Charakter und den Anspruch einer kurfürstlichen und fürstlichen Residenz besitzen, auch wenn sie nicht ständiger Wohnsitz dieser Würdenträger war.[36]

Zum Treppenhaus

Bauliche Disposition und Raumfolge gehen mit der ikonologischen Abfolge der Innenräume konform. Das dreischiffige Vestibül des Erdgeschosses mit der Durchfahrt in der Mittelachse führt zum großen repräsentativen Treppenhaus. Die 1719/20 errichtete Treppenanlage zeigt grundrißmäßig die Form eines großen lateinischen E, räumlich die Verbindung zweier gegenläufiger Turmtreppen, deren jeweils dritter Lauf sich in der Mittelachse des Schloßbaues zu einem gemeinsamen vereinigt. Nur im Erdgeschoß sind die Treppenläufe beiderseits der Durchfahrt gegenläufig angeordnet. Sicher war zum Ausgleich der zusätzlichen Höhendifferenz zwischen der tiefergelegenen Durchfahrt und dem Niveau der Erdgeschoßflure die Einfügung zusätzlicher Treppenstufen erforderlich und daher die Anordnung des ersten Treppenlaufs in Analogie zu den Obergeschossen nicht möglich. Vom Raumeindruck her entsteht daher die eindrucksvolle Steigerung innerhalb des Treppenhauses vom engen, gedrungenen Raum des Erdgeschosses zum weiten, offenen und stützenlosen Raum des zweiten Obergeschosses (Abb. 7). Während darüber hinaus im Erdgeschoß und ersten Obergeschoß die Kreuzgratgewölbe den Raum bestimmen, erzeugt im zweiten Obergeschoß die weit gespannte Spiegeldecke mit der Abfolge ihrer Stichkappen den Eindruck eines weit gespannten Zeltdaches, das im Zentrum von einem Deckenbild geöffnet wird und den Blick in himmlische Sphären freigibt. Das 1721 von Johann Anton Pinck erstellte Deckenfresko stellt denn auch den Kampf der olympischen Götter gegen die Titanen dar. Die zentrale Gestalt des Geschehens bildet hier neben Jupiter wiederum die Göttin Minerva, als Göttin der Weisheit, der Künste, der Wissenschaften und der Kriegskunst, zugleich als Sinnbild der Ritterlichkeit (Virtus) und damit – wie schon erwähnt – Hauptallegorie des Deutschen Ordens schlechthin.

Abb. 8. Innenansicht des Treppenhauses im 2. Obergeschoß gegen Osten

In der Regel ist der Kampf der olympischen Götter gegen die Titanen ein Sinnbild für den Sieg der Tugenden über die Laster. Bei Bärbel Schäfer wird diese Darstellung in einem spezifisch gegenreformatorischen Bezug interpretiert,[37] was mangels konkreter sakralikonographischer Bezüge jedoch zumindest zweifelhaft erscheint. Vielmehr zeigt der Raum mit seinen Bezügen zur paganen Mythologie eine ausgesprochen weltliche Ikonographie. Die zentrale Gestalt des Raumes ist nicht nur an der Decke, sondern auch an den Wänden Minerva, sowohl als Gottheit wie als Allegorie. Vom Eingangsportal des Schlosses her kommend wird ihre allegorische Dimension hier in neuen Varianten fortgesponnen und unter verschiedenen Aspekten zum Auftrag und den Zielen des Deutschen Ordens in Bezug gesetzt. In sorgfältig gradueller Abstufung der bildlichen Darstellungsweise wird das himmlische Geschehen im Deckengemälde durch irdisch historische und sinnbildhaft allegorische Bezüge in den Stuckreliefs der Wände ergänzt. Schon an den Schmalseiten der beiden aufsteigenden Treppenläufe wird der Besucher durch jeweils eine vollplastische Figur der Minerva (Abb. 7) darauf hingewiesen, daß er in eine von ihr dominierte Sphäre eintritt.[38] Auf der Westseite trägt Minerva ein Schwert und eine Flöte und verkörpert damit ihre Bezüge zur Kriegskunst und zu den Musen gleichermaßen. Die Darstellung erinnert an den gängigen Sinnspruch „Arte et Marte", der zugleich Motto ritterlicher Lebensauffassung ist und von Rollenhagen zur Devise eines Emblems gewählt wurde, das Minerva und Mars darstellt.[39] Auf der Ostseite erscheint Minerva mit Szepter und Schild, den Symbolen von Herrschaft und Wehrhaftigkeit (Abb. 8). Beide Figuren zusammen sind Aspekte des Guten Regimentes unter dem Einfluß der Minerva. Ergänzt werden diese Allegorien durch vier Raptusgruppen an der Fensterwand des Treppenhauses und an der Eingangswand zum großen Festsaal. An der Fensterwand zeigen die Reliefs links den Raub der Proserpina durch Pluto und rechts die Entführung Alkestes aus der Unterwelt durch Hermes. An der Innenwand zum Festsaal erscheinen links Apollo und Daphne und rechts der Raub der Orithyia durch Boreas. Alle vier Reliefdarstellungen sind mythologische Szenen und dennoch in der Art historischer Ereignisse inszeniert. So sehr das Raptus-Geschehen auch als historisches Ereignis dargestellt ist, so deutlich verweist der übergeordnete Rahmen der olympischen Mythologie auf die göttliche Vorsehung der Ereignisse und den tieferen Sinn eines kriegerischen Handelns, soweit dieses von Klugheit und Stärke getragen wird. „Consilium et Prudentia" ist denn auch der Sinnspruch für Mars.[40] Bei Picinelli wird dieser Sinnspruch ergänzt durch die Ausführungen bei Cicero: „Suscipienda bella sunt, ut sine iniuria in pace vivantur". Über dem Fenster des Treppenabsatzes sind zwei Löwen mit Kriegstrophäen dargestellt. Die Löwen sind hier nicht nur Inbegriff der Fortitudo[41] und der Virtus[42], sondern auch der Prudentia principis[43]. Gerade die paarweise Anordnung deutet auf den Sinnspruch bei Picinelli hin: „Prudentiam et fortitudinem in Principe coniugatus esse debere"[44]. Ferner fügt Picinelli dem Bild des Löwen die Devise „ut sciat regnare" bei und ordnet es so der Ars regnandi zu. Die paarweise angeordneten Löwen an der Fensterwand des Treppenhauses erscheinen so als die übergeordnete Devise der gesamten Wanddarstellungen, die großen Wanddarstellungen selbst aber als lehrreiche Allusionen auf das Gute Regiment.

An der Eingangswand zum Festsaal erscheint über der Türe eine Imperatorenbüste. Das Motiv ist von der Außenfront her schon als Inbegriff des Regimentes bekannt. Es erscheint hier flankiert von Minerva als Göttin der Staats- und Kriegskunst sowie von Fama, der Allegorie des Ruhmes. Überhöht wird das Arrangement durch den Adler in der Stichkappe als Symbol des Deutschen Ordens, dessen ruhmreiches Regiment es hier zu verherrlichen gilt. Mit den Darstellungen über der Türe kündigt sich also der Festsaal als Ruhmestempel an, in dem die Früchte zeitlichen Wirkens des Regimentes des Deutschen Ordens dann unter überhistorischen und überzeitlichen Aspekten gewürdigt werden sollen.

ZUM FESTSAAL

Das im Treppenhaus angeschlagene Programm kulminiert erst im Festsaal (Abb. 9) mit dem Deckengemälde des Guten Regimentes. Erst der anderthalbgeschossige Festsaal im zweiten Obergeschoß bildet so die bauikonologische Konsequenz des vorbereitenden Treppenhauses. Von dem zweigeschossigen Aufbau des Saales geht in seiner heutigen Gestalt nur noch die Emporen- und Deckenzone auf die barocke Konzeption von 1720 zurück. Die Unterzone wurde um 1820 von Fürst von Wrede mit einer ionischen Pilasterordnung in Stuckmarmor ausgekleidet und unterwirft sich nicht mehr dem älteren barocken Raumkonzept. Die bildlichen Darstellungen an Emporen und Decke bilden aber bis heute die programmatische Vollendung des barocken Bildprogrammes im Mittelpavillon. Das 1721 erstellte Deckenfresko des Johann Anton Pinck widmet sich dem Thema des „Guten Regimentes". Dargestellt ist die Personifikation des Guten Regimentes etwas oberhalb des Bildzentrums als männliche Person in Gestalt eines Imperators mit einem Lorbeerzweig als Symbol des Friedens. Dem Guten Regiment steht etwas unterhalb die Allegorie der Potestas mit Schwert und Liktorenbündel zur Seite, eine Allegorie, die auch unter dem Namen Politia als Begleiterin des „Guten Regimentes" bekannt ist und die in ihrer äußeren Erscheinung deutlich an Minerva erinnert.[45] Dem Guten Regiment folgt im Hintergrund die Allegorie der Felicitas oder Fortuna mit Velum und Schale.[46] Die Allegorie des Guten Regimentes wendet sich nach rechts der etwas unterhalb knienden Allegorie der Einsicht zu, einer weiblichen Person mit lodernder Flamme auf dem Haupte.[47] Diese wird flankiert von einem Putto mit dem Ring der Ewigkeit, der auf die überzeitliche Ewigkeitsdimension der göttlichen Einsicht hinweist. Unmittelbar hinter der Allegorie der Einsicht vertreibt ein Putto mit Blitzbündel die in die Tiefe stürzende Invidia, die durch das Schlangenhaupt gekennzeichnete Allegorie des Neides.[48] Die Putti mit Blitzbündel und Ewigkeitsring sind sowohl bildlich als auch sinnbildlich der Einsicht zugeordnet und zeichnen sie mit göttlicher Macht aus. Zu Füßen der Einsicht stürzt Chronos (Saturn) als Allegorie der Zeit und des Zeitlichen in die Tiefe. Durch den anschaulichen Bewegungsablauf wird er hier zum Bild des Endes des Zeitlichen und Vergänglichen. Während also Chronos und Invidia nach rechts in die Tiefe stürzen, steigt von links unten Flora mit dem Blumenkorb empor.

Flora verbildlicht hier zugleich die Morgenröte und die erwachende Natur, aber auch den Anbruch eines neuen Zeitalters.[49] Zu ihr gehören auch die beiden etwas oberhalb auf den Wolken ruhenden engelsgleichen Genien mit einer Fackel. Es handelt sich um Morgenstern und Abendstern, zugleich Castor und Pollux, das Sinnbild christlicher Bruderliebe.[50] Zu den Gestirnen und zur Morgenröte gehört auch der daneben dargestellte Pegasus. So reitet hier Bellerophon auf dem Pferde Pegasus einher, offensichtlich nachdem er die Chimäre überwunden hat und so zum Abbild des Sieges der Tugend über die Laster wurde.[51] Links außen auf den Wolken sind in einer quasi Betrachterposition die vier Elemente als Sinnbild der Schöpfung dargestellt und zwar durch die entsprechenden Gottheiten Vulkan für das Feuer, Neptun für das Wasser, Terra für die Erde und Aer für die Luft. Neptun hält den Dreizack, Vulkan zeigt sich als bärtiger Mann, dessen Attribut, der Hammer, etwas oberhalb von einem Putto getragen wird, Terra wird gezeigt als Mutter Erde mit entblößten Brüsten und die Luft als Jüngling mit aufgeblähtem Gewand.[52] Im Hintergrund des Gesamtbildes verdeckt die Allegorie der Nacht[53] ihre Augen und weicht zurück vor dem großen Licht der zentralen Szene.

Das gesamte Deckengemälde ist inszeniert als ein Kampf des Lichtes gegen den Schatten, des Guten gegen das Böse, der Tugenden gegen die Laster. Dementsprechend weichen nach rechts unten die Mächte der Finsternis und der Laster zurück, während von links oben und links unten die Allegorien des Guten in die Bildmitte eintreten, um die lichtumflutete Begegnung des Guten Regimentes mit der göttlichen Einsicht zu begleiten. Sowohl vom Anschaulichen als auch von den einzelnen sinnbildhaften Bedeutungsebenen her werden die bereits im Treppenhaus und an der Fassade des Schlosses angeschlagenen Sinnbezüge wiederaufgenommen. So erinnert die Gestalt des Guten Regimentes an die mehrfachen Imperatorendarstellungen. Potestas nimmt schon anschaulich die äußere Gestalt der zentralen ikonologischen Figur Minerva wieder auf. Auch indirekte Bezüge werden zu Minerva gesetzt, so durch die in die Mitte eingefügte Figur des Bellerophon, der bekanntlich sein Pferd Pegasus durch Minerva gesattelt bekam, um die lasterhafte Chimäre überwinden zu können. Auch Felicitas unmittelbar hinter der Minerva ist eine Anspielung auf Minerva selbst und ihre Funktion als Begleiterin des Guten Regimentes und Wegbereiterin der Glückseligkeit. Das aufgehende Licht in Verbindung mit Bellerophon und Pegasus neben den Sternen Castor und Pollux läßt die Szene schließlich als Anbruch des Goldenen Zeitalters deuten.

Von besonderem Interesse ist an diesem Deckengemälde, daß es ohne den darin enthaltenen Bewegungsablauf von links nach rechts nur schwer gedeutet werden könnte. Gerade die doppeldeutige Interpretierbarkeit einiger dargestellter Allegorien kann erst durch den Bewegungsablauf aufgelöst werden. Chronos mit der Sense kann nur durch die herabstürzende Bewegung unterhalb der Wolke als das Ende der Zeiten und Beginn der Ewigkeit gedeutet werden. Dieser Vorgang wird ergänzt durch den triumphierend hochgehaltenen Ewigkeitsring. Die im Hintergrund zurückweichende Göttin der Nacht verdeckt ihre Augen vor dem gleißenden Licht, das aus der Begegnung des Guten Regimentes mit der Einsicht ent-

Abb. 9. Innenansicht des Festsaales im 2. Obergeschoß

steht. Mit am deutlichsten wird dieser Bewegungsablauf durch den blitzeschwingenden Putto dargestellt, der fast überdeutlich die intendierte Bewegungsrichtung der Mächte der Finsternis aufzeigt.

Im großen Festsaal wird auch die an der Fassade begonnene zweigleisige Ikonologie aus Minerva und Mars fortgesetzt. Während das Deckengemälde eindeutig nochmals der Minerva zuzuordnen ist und dort die Themen des Friedens und der siegreichen Vollendung des Kampfes der Tugenden gegen die Laster angesprochen sind, werden die Darstellungsinhalte in den Gemälden an den Deckenunterseiten der Emporen der Allegorie des Mars zugeordnet. Allerdings erscheint hier an Stelle von Mars nun Alexander der Große als historische Persönlichkeit und zugleich als Überleitung zu einer historiographischen Bedeutungsebene. Diese historiographische Ebene wird verständlich, wenn man die Kartuschen an den Emporenbrüstungen näher betrachtet. Diese zeigen nämlich die persönlichen Insignien des als Landkomtur herrschenden Bauherrn, Karl Heinrich von Hornstein, auf der Westseite dessen Wappenfigur, ergänzt durch Schwan, Helm und Helmzier, auf der Ostseite ein auf dem Felsen sitzender Löwe mit dem Hornsteinemblem in den Pranken. Die Insignien des Bauherrn werden paraphrasiert durch die beiden Deckengemälde an den Unterseiten der Emporen, die in der Sinnbilddimension des Mars zugleich ein Hinweis sind auf die kriegerische Tradition des Ordens. In einer auf den Bauherrn personenbezogenen Dimension stellen sie diesen als einen zweiten Alexander dar. Schließlich sind die Darstellungen wieder Beispiele eines Guten Regimentes in Krieg und Frieden. Auf der westlichen Seite, die der Minerva an der Fassade entspricht, ist der Frieden dargestellt. Hier empfängt Alexander nach gewonnener Schlacht Brief und Ring der Roxane („Alexander zeigt seine Kriegsbeute"). Auf der östlichen Seite, die an der Fassade Mars zugeordnet ist, wird der Krieg dargestellt unter dem Motto „Alexander bricht zum Feldzug auf". Die Darstellungen von Krieg und Frieden an den Emporen erscheinen als die kontrapunktischen Seiten ein und derselben Medaille. Sie ergänzen sich als zwei historisch verschieden erscheinende Ausprägungen des Guten Regimentes, das mit Weitsicht über das Zeitliche hinaus mit Krieg und Frieden umzugehen weiß. Im Deckengemälde wird daher dieser Gegensatz von Krieg und Frieden aufgehoben und zwar durch die einträchtige Begegnung von Gutem Regiment in Gestalt des Herrschers und göttlicher Einsicht. Hier am Deckengemälde ist der Gegensatz von Krieg und Frieden aufgehoben mit der Überwindung der Laster durch die Tugend, mit dem Anbruch des Goldenen Zeitalters, das insbesondere durch Flora und Felicitas verbildlicht wird, sowie mit der Vollendung zeitlicher Schöpfung im Anbruch der Ewigkeit. Gab es draußen im Treppenhaus noch den Kampf der olympischen Götter gegen die Titanen, so verbildlicht die Deckendarstellung im Festsaal die Vollendung des Kampfes gegen die Laster und den Triumph des Guten Regimentes, dargestellt allerdings nicht als ein historisches Ereignis, sondern als Einblick in eine himmlische, außerirdische Zukunft am Ende der Zeiten, gewissermaßen zeitlos im Lichte der Ewigkeit.

Die im Ellinger Programm und insbesondere im Festsaal konsequent nacherlebbare feinsinnige Trennung zwischen himmlischem Bereich, historiographischen Sinnbildern und gegenwartsbezogenen Insignien macht den Verlust der Wandausstattung im großen Festsaal durch die Umbauten um 1820 um so schmerzlicher. Die feinsinnige Abstimmung der ikonologischen Ebenen, ihr konsequenter Aufbau in bildlicher, gattungsmäßiger und räumlicher Hinsicht hätte eine entsprechend facettenreiche Fortsetzung des Programmes an den Wänden des Saales erwarten lassen, möglicherweise in Form von Stuckreliefs, wie draußen im Treppenhaus, vielleicht aber auch ergänzt durch Gemälde. Die vollständige Veränderung der Wandausstattung läßt daher wenig Raum für hypothetische Fragestellungen. Sehr wohl ist es aber möglich, vom ikonologischen Aufbau des Hauptsaals gewisse Rückschlüsse für die daneben liegenden Appartements zu ziehen. Sicher wird man auch dort die Darstellungen an der Decke als Teil oder Ausfluß einer himmlischen Sphäre interpretieren müssen und dem Sujet olympischer Götterdarstellungen eine entsprechende Bedeutung beimessen müssen. Andererseits wird der Deckenstuck als meist einziger Rest der Ausstattung um 1720 nur den Schlußstein eines umfassenderen Programmes darstellen, also nur als Bruchstück des Gesamtprogrammes erkannt werden können. So läßt schließlich der konsequente räumliche Aufbau der Ikonologie von unten nach oben erwarten, daß die Deckendarstellungen auch in den Appartements die Krönung und Auflösung des jeweiligen ikonologischen Raumprogrammes in sich bergen.

Zu den Hoch- und Deutschmeisterzimmern

Im Westteil des zweiten Obergeschosses, also linkerhand des großen Festsaals, schließt sich das Appartement der Hoch- und Deutschmeister an. Die fünf Zimmer nehmen den gesamten Bereich des Verbindungstraktes einschließlich des Westpavillons in Anspruch. Die sogenannten hoch- und deutschmeisterlichen Zimmer waren für eventuelle Besuche des „Obersten Gebietigers" des Ordens vorgesehen. Sie wurden auch als „Kurfürstliche Zimmer" bezeichnet, weil der Hoch- und Deutschmeister des Ordens in der Regel einer der hohen geistlichen Kurfürsten des Reiches war. In der Abfolge vom Festsaal bis zum Eckpavillon setzt sich das repräsentative Appartement zusammen aus dem Vorzimmer, dem kurfürstlichen Audienzzimmer, dem Cabinet, das hier als Intarsienkabinett ausgestaltet ist, dem kurfürstlichen Schlafzimmer und dem abschließenden Garderobenzimmer im Übergangsbereich zum Korridor. Im Visitationsbericht von 1748 werden die Räume folgendermaßen beschrieben:

> Von dem zweyten in den dritten stockh von der haubtstiegen herauf befindet sich der Saal, linckher hand ein Vorzimmer, ein Audienzzimer ein kleines Cabinet, sodann das Churfürstl.zimer mit der Guarderobe.[54]

Die Ikonologie dieses Appartements muß heute an Hand der einzig verbliebenen stuckierten Deckenbilder entschlüsselt werden. Im Vorzimmer befindet sich die Darstellung von „Pluto und Cerberus", eine Anspielung auf die Funktion des Vorzimmers. Die Darstellung des Höllenhundes Cerberus bedeutet „Wachsamkeit".[55] Damit wird ein Sinnbezug aus der Allegorese des Mars wieder aufgenommen, der schon an der Fassade mit der linken Verdachungsfigur des Balkons angesprochen war. Dem Plafondrelief entsprechen in der Hohlkehle die Vier Jahreszeiten, hier personifiziert durch Puttengruppen, die nach den Himmelsrichtungen ausgerichtet sind: im Osten der Frühling, im Süden der Sommer, im Westen der Herbst und im Norden der Winter.

Im kurfürstlichen Audienzzimmer folgt im Deckenspiegel die Darstellung von „Pluto raubt Proserpina", eine Darstellung mit deutlichem Sinnbezug auf die Funktion des Audienzzimmers: Überwindung der Einsamkeit durch die Zweisamkeit. Der Raub der Proserpina durch Pluto läßt sich bisher emblematisch nicht deuten. Möglich wäre jedoch ein Sinnbezug aus der Mythologie, da der Raub Proserpinas und ihre Vermählung mit Pluto auf Geheiß Jupiters erfolgte. Demnach wäre die Darstellung ein Hinweis auf die „Ergebenheit in die göttliche Fügung".[56] In der Hohlkehle personifizieren hier Putten die Kardinaltugenden, nämlich Mäßigung und Stärke, Glaube und Hoffnung, Liebe und Frömmigkeit sowie Klugheit und Gerechtigkeit. Sie wiederholen die gleichen Tugendallegorien, die vom Dach des Mittelpavillons und Westpavillons her schon bekannt sind.

Die Decke des Cabinets zeigt „Antäus". Er wird hier auf den Wolken liegend und schlafend dargestellt, also vollständig von der ihm Kraft vermittelnden Erde losgelöst. Er zeigt sich hier also durch Herkules besiegt, nachdem dieser ihn, von den Hesperiden kommend, überwunden hat. Die Darstellung ist ein Sinnbild der überwundenen rohen Kulturlosigkeit. Auch hier ist die Mittelszene durch Darstellungen oberhalb der

Deckenkehle umgeben, nämlich von vier Figuren, die in Übereinstimmung mit dem Raumprogramm die Grundlagen der Kultur und den Anbruch des Goldenen Zeitalters symbolisieren: Atlas als Überbringer der Äpfel der Hesperiden und damit Mitbegründer des Goldenen Zeitalters, zugleich die Säule des Abendlandes. Herkules, der Überbringer der Hesperidenäpfel an die Menschheit, zugleich Inbegriff tugendhaften Handelns schlechthin. Prometheus mit dem Adler als Überbringer des Feuers an die Menschheit und damit Begründer der Kultur von Haus und Herd. Orpheus, der Bezwinger der Unterwelt durch seine Kunst und Begründer der Musik. Als Gesamtthema für das sogenannte Intarsienkabinett läßt sich somit die Erringung des Goldenen Zeitalters durch tugendhaftes Handeln benennen.

Dem Cabinet folgt das kurfürstliche Schlafzimmer mit dem Stuckrelief der Diana, hier als Göttin des Mondes und der Jagd sowie abgestimmt auf die Funktion des Raumes sicher auch als Allegorie der Nacht zu verstehen. Dargestellt ist die sitzende nackte Göttin in Beschäftigung mit einem ihrer Jagdhunde, als sich gerade Amor mit Pfeil und Bogen von hinten nähert. Als Emblem bedeutet diese Szene: „Überwindung des Bösen durch Arbeit".[57] In den Ecken der Hohlkehle sind die zu Diana gehörigen Jagdtrophäen dargestellt, in den Mittelachsen der Hohlkehle schlangenfressende Störche als Symbol der Gerechtigkeit und der Wachsamkeit. Sie bilden so die sinnbildliche Ergänzung des Emblems.

Die Ikonologie der Hoch- und Deutschmeisterzimmer widmet sich also an der Decke verschiedenen olympischen Gottheiten und nimmt damit auf den Titanenkampf im Treppenhaus Bezug. Allerdings erreicht hier die Darstellung der Gottheiten nicht den Realitätsgrad wie im Treppenhaus. Vielmehr werden sie fast wie Embleme an der Decke präsentiert, in Grisaillestuck, also nur in Licht und Schatten. Die Darstellungen widmen sich ganz allgemein dem Thema des tugendhaften Handelns: Vigilantia (Wachsamkeit) – Patientia (Ergebenheit) – Virtus (Tugend) – Justitia (Gerechtigkeit).

Zu den Fürstlichen Zimmern

Auf der rechten Seite des zweiten Obergeschosses, also östlich des Festsaales, liegen die sogenannten „Fürstlichen Zimmer", ein Gästeappartement für hochgestellte, insbesondere fürstliche Persönlichkeiten. Dieses Appartement ist seit 1774/75 durch Pierre Michel d'Ixnard vollständig umgestaltet. Nach dem Visitationsbericht von 1748 bestand es aus einem Vorzimmer, dem Audienzzimmer, dem fürstlichen Schlafzimmer und der Garderobe:

> Vom Saal rechter hand ein Vorzimmer, ein Audienz- dann das fürsten zimer, Guarderobe.[58]

Im Visitationsbericht von 1748 wird kein Cabinet genannt, währenddessen der heutige Bestand ein Cabinet zu Ende der Raumflucht zeigt. Es muß hier dahingestellt bleiben, ob schon 1720 ein Cabinet existierte und im Bericht von 1748 nicht erwähnt wurde oder ob es in der heutigen Form erst später, also erst mit dem klassizistischen Umbau, eingefügt wurde. Der architektonische Bestand des ersten Obergeschosses legt die Vermutung nahe, daß das Appartement um 1720 nur aus vier großen Zimmern bestand.[59] Dies würde bedeuten, daß auch in dieser Hinsicht in Ellingen von der zeitüblichen Raumabfolge, insbesondere der gebräuchlichen Zueinanderordnung von Schlafzimmer und Cabinet abgewichen wurde.

Das ikonologische Programm des fürstlichen Appartements um 1720 kann nicht mehr rekonstruiert werden. Aus dieser Zeit blieben lediglich die 1720 erworbenen Gobelins erhalten, die die Erdteile Asien, Afrika und Europa darstellen. Ihr heutiger Platz im Fürstlichen Audienzzimmer ist keineswegs auch für die Zeit um 1720 gesichert. Allerdings dürfte die programmatische Zielsetzung der Westseite, nämlich die Darstellung tugendhaften Handelns als Voraussetzung des Goldenen Zeitalters durch mythische Szenen olympischer Gottheiten, hier auf der Ostseite ein Pendant gefunden haben. Es ist naheliegend, daß der Westseite als Minerva- und Friedens-Seite auf der Ostseite Aspekte des Mars und des kriegerischen Handelns entsprachen. Möglicherweise war im Westteil der Schwerpunkt auf das Thema Wachsamkeit, im Ostteil auf das Thema Tugend gesetzt, was eine Wiederaufnahme der Sinnbezüge der beiden Verdachungsfiguren der Hauptportalachse bedeutet hätte.

Zu den Landkomtur-Zimmern

Nach dem alten Funktionszusammenhang von 1720 waren im ersten Obergeschoß die Landkomturzimmer untergebracht, also die Parade- und Wohnzimmer sowie die Gästezimmer des hier residierenden Landkomturs der Ballei Franken. Gemäß alter Überlieferung befanden sich auf dem Korridor vor diesen Räumlichkeiten die Wappen und Namen der 49 Landkomture und der 69 Hauskomture von Ellingen. Schon im Treppenhaus erweckt das erste Obergeschoß den Eindruck eines Wohngeschosses mit klosterähnlichen Aspekten. Hierzu tragen die langen Korridore und die gewölbten Abschnitte des Treppenhauses bei. Gerade die Gewölbe weisen auch atmosphärisch darauf hin, daß dieses Geschoß das Zwischenglied zu einem übergeordneten, in der Hierarchie noch bedeutenderen Geschoß ist.

Vom Treppenhaus aus betritt man im Mittelpavillon das zentrale Tafelzimmer, das in der Funktion eines Speisesaales mit acht Kaiserportraits ausgestattet war. Vor der jetzigen Ausmalung um 1786 mit einer Scheinarchitektur war hier also die Thematik eines Kaisersaales angesprochen, wenn auch in einer für die Zeit sehr zurückhaltenden Variante. Hätte man doch eher erwartet, daß die Verehrung von Kaiser und Reichsregiment im höherrangigen Nobelgeschoß erfolgt. Die noch für 1753 verbürgten 8 Kaiserportraits und 19 Wandleuchter in diesem Raum, der zugleich Speisesaal des Landkomturs war, deuten darauf hin, daß man der angemessenen Reverenz gegenüber dem Kaiser zwar genüge tun, ihr aber auch keine außerordentliche Bedeutung einräumen wollte. Diese Zielstellung ginge konform mit den Darstellungen auf den Wappenwandkalendern, wo der Reichsadler als Sinnbild des Reiches nur als Beschützer der Ballei Franken, keineswegs aber als Gegenstand der Verherrlichung auftritt.

Für die Raumdisposition im Westteil, dem eigentlichen repräsentativen Wohnappartement des Landkomturs, vermerkt der Visitationsbericht von 1748 ein Cabinet, das Vorzimmer, das Konferenz- oder Audienzzimmer, ein weiteres kleines

Cabinet, das Schlafzimmer des Landkomturs und die Garderobe. Weitere Funktionsräume wie etwa die Gewehrkammer, die Gästezimmer und das Zimmer des Kaplans liegen bereits im nachgeordneten Westflügel. Glücklicherweise haben die Räumlichkeiten im Westteil bis heute noch die originale wandfeste Ausstattung von 1720. Lediglich das ehemalige Landkomturschlafzimmer wurde in späterer Zeit mit Trennwänden versehen. Somit kann für diesen Bereich der Visitationsbericht von 1748 noch heute als Führer dienen:

> ... im haubtbau von den aufgang der stiegen im zweyten stockh ist in der rechten Thire ein gang gerad vorwarts die ordinari Taffelstuben, linckher hand Cabinet, das Vorzimmer, neben disem das Conferenz zimmer, darneben ein kleines Cabinet. Dann das Landcommenthur. Zimer, Guarderobe, gewöhr Camer, und 3 Gastzimer, und darneben das Caplans zimer.[60]

Die Raumabfolge beginnt mit dem linken Durchgangskabinett, unmittelbar nach dem Tafelzimmer. Im 18. Jahrhundert wurde dieser schlichte Raum als Konfektstüblein bezeichnet. Seine Decke enthält keine bildliche Darstellung, sondern nur den zeitüblichen Bandelwerk- und Rahmenstuck.

Das Vorzimmer, das seit 1956 als „Don Quichote-Zimmer" bezeichnet wird, zeigt im Deckenspiegel die Regencestukkaturen um 1720 mit der Darstellung von „Dionysos mit den Weinreben". Der jugendliche Gott ist gerade im Begriff, die Weinrebe zu ergreifen. Ikonographisch nimmt die Darstellung ein Thema auf, das auch auf dem Wappenwandkalender der Ballei Franken von 1769 dargestellt ist. Dort begleitet Dionysos als Gottheit der Vegetation und des Weines die Allegorie des Guten Regimentes. Der jugendliche Sohn des Jupiter wird also als Sinnbild des Lebens und der Fruchtbarkeit verstanden. Ein Emblem des Alciatus zeigt ihn als Partner der Minerva mit dem Sinnspruch „Dionysos erhebt den Geist und trägt ihn auf den Schwingen des Pegasus dahin".[61]

Im dann folgenden Konferenz- oder Audienzzimmer des Landkomturs zeigt sich am Deckenspiegel die Darstellung von „Jupiter auf dem Adler", in der Hohlkehle die Darstellung von Putten mit Musikinstrumenten. Jupiter ist auf dem Adler durch die Lüfte reitend dargestellt und setzt sich mit der Linken die Krone auf das Haupt. Bekanntlich verkündete der Adler dem Jupiter die siegreiche Überwindung der Titanen und wurde so zum Zeichen der guten Vorsehung im Kampf der Tugenden gegen die Laster. Jupiter selbst setzt sich die Krone auf und präsentiert sich als König des Götterhimmels. Ein Emblem der Zeit stellt das gleiche Bild unter die Devise „Der Fürst gewähre niemandem sklavisch sein Ohr". Dieser Sinnbezug würde besonders gut zur Funktion des Raumes als Audienzzimmer passen und das Thema der Wachsamkeit unter einem neuen Aspekt wiederholen.[62]

Dem Audienzzimmer folgt das einachsige Wappenkabinett mit einer größtenteils aus der Zeit um 1720 erhalten gebliebenen Ausstattung. An der Decke wird hier die Göttin „Juno" dargestellt. Dieses Thema bildet offenbar ein weibliches Pendant zur Jupiterdarstellung im vorhergehenden Audienzzimmer. Die Darstellung selbst zeigt die Göttin beim Bedecken ihrer Blöße. Juno ist nicht nur die Schutzherrin Roms und des ganzen Römischen Reiches, sie ist auch die Schutzgöttin des Landes und jeweiligen Herrschers.[63] So ist denn im intarsierten Fußboden das Wappen des Bauherrn selbst dargestellt. Das Wappen von Karl Heinrich Freiherr von Hornstein ist umgeben von Waffen und Trophäen, ferner Figuren aus der Comedia dell'Arte und schließlich den Allegorien der Vier Jahreszeiten. In diesem Cabinet wird also der persönliche Bezug zum Bauherrn deutlich faßbar, sei es in dem trophäengeschmückten Wappen des Fußbodens oder in der Göttin Juno an der Decke, die hier das Thema „Herrschaftsausübung" verbildlicht.[64] In Verbindung mit Minerva, der diese Seite des Schlosses gewidmet ist, bildet Juno die andere Hälfte in dem bekannten Emblem von Guillaume de La Perrière: „Macht bedarf der Weisheit".[65] Die Wahl der Juno als Personifikation von Herrschaft ist durchaus außergewöhnlich. Vielleicht sollte mit dieser Wahl der Schutzgöttin des Landes und ihrer räumlichen Zuordnung zum Wappen des Bauherrn auch in verdeckter Form der Anspruch der Landkomture auf die Landesherrschaft formuliert werden.

Das folgende ehemalige Schlafzimmer des Landkomturs ist heute in drei kleinere Räume unterteilt, die einer Museumsnutzung zugeführt wurden. Von der Stuckausstattung an der Decke des Schlafzimmers hat sich nur noch ein Gesims mit Hohlkehle erhalten. Über die hier einstmals dargestellte Figur kann nur spekuliert werden. Sicherlich dürfte es sich um eine Gestalt aus dem Zyklus der olympischen Gottheiten gehandelt haben, der für das Gesamtappartement prägend ist. Im Geschoß darüber ist die Decke an dieser Stelle der Diana vorbehalten, dem sinnbildlichen Gegenpart zu Minerva. Ausweislich der Portalfiguren an der Fassade des Schlosses befinden wir uns hier auch auf der Minerva-Seite. Im Vorzimmer ist mit Dionysos bereits ein Sohn des Jupiter dargestellt, während im Audienzzimmer Jupiter selbst präsentiert wird. Es wäre also naheliegend, wenn im Schlafzimmer mit Minerva eine Tochter Jupiters dargestellt gewesen wäre. So erschiene die Hypothese nicht ganz unrealistisch, daß die Ikonologie des Landkomturschlafzimmers überhaupt Minerva gewidmet gewesen sein könnte. Dem Schlafzimmer schließt sich wie im zweiten Obergeschoß zum Flur hin wieder das Garderobenzimmer an, das heute als Museumsraum dient.

Die Ikonologie der Landkomturzimmer widmet sich mit der Darstellung olympischer Gottheiten an der Decke also dem Thema der klugen, von Tugend und Weisheit bestimmten Herrschaftsausübung. Minerva mit ihren Sinnbezügen bildet hierbei immer wieder die zentrale Gestalt.

Die Räumlichkeiten östlich des Speisesaales, also auf der rechten Seite des gleichen Geschosses, dienten als Gästezimmer des Landkomturs und zeigen heute nur noch baulich den Bestand um 1720. Auch sie fielen Veränderungen einer Ausstattungsphase im Rokokostil um 1765/67 und schließlich nochmals einer im klassizistischen Stil 1774/75 zum Opfer. Den einzigen Hinweis auf den alten Funktionszusammenhang gibt der Visitationsbericht von 1748:

> Von der Taffelstuben rechter hand 4 Gastzimer.

Die im Visitationsbericht ebenfalls erwähnte Konditorei mit den weiteren Nebenräumen befindet sich bereits im Ostflügel des Schlosses.

Mangels jeglicher Hinweise auf die alte Ausstattung um 1720 ist es äußerst schwierig, auf die Bedeutung dieser Räumlichkeiten der Ostseite innerhalb des ikonologischen Programmes einzugehen. Lediglich im Analogieschluß darf man vermuten, daß auf dieser Seite, die ausweislich der Portalskulptur der Gottheit Mars zugewiesen war, auch im Innern der Räumlichkeiten ein Programm mit Mars als zentraler Figur angesprochen gewesen sein könnte. Wie im Westteil sind für die Decken auch hier Szenen mit olympischen Gottheiten zu vermuten.

Nach den Resten der Ausstattung von 1720 zu schließen, weist das ikonographische Programm des ersten Obergeschosses in seiner Gesamtheit deutliche Bezüge zum Portal der Südfassade auf. Die Bezüge zu Minerva und Mars an der Fassade werden also im Inneren des Schlosses weitergeführt und insbesondere in den Deckenbereichen mit Themen aus dem olympischen Götterleben fortgesponnen. Besonders deutlich werden dabei auch Bezüge zu Jupiter und Juno gesetzt, dem göttlichen Herrscherpaar, das seinen Aufstieg dem erfolgreichen Kampf gegen die Titanen verdankt. Gerade in der Darstellung des vom Adler getragenen Gottes Jupiter im Audienzzimmer werden die Bezüge zum Titanenkampf überdeutlich. Andererseits wird auch hier – ähnlich wie im Geschoß darüber – keineswegs der darstellerische Realitätsgrad dieses Kampfes wie im Treppenhausobergeschoß erreicht, vielmehr beschränken sich die Darstellungen auf den Grad der Allusion und sind damit Emblemen vergleichbar. Erst im Treppenhaus wird der Kampf gegen die Titanen und der Sieg der Tugenden über die Laster anschauliche Realität, wenn auch beschränkt auf die himmlische Zone des Deckengemäldes.

Zugleich bilden die jeweiligen Deckendarstellungen des ersten Obergeschosses schon mythologisch einen Gegenpart zu denen des zweiten Obergeschosses. So tritt an die Stelle von Pluto und Cerberus hier der jugendliche Dionysos, an die Stelle von Pluto hier Jupiter, an die Stelle des erdverbundenen Antäus hier die Landespatronin Juno und an die Stelle von Diana hier Minerva. Auch thematisch setzen sich die Programme der beiden Geschosse voneinander ab. Stehen im zweiten Obergeschoß die Tugenden mehr allgemein im Vordergrund, so sind sie in den Landkomturzimmern des ersten Obergeschosses deutlicher auf die Herrschaftsausübung und insbesondere auf die beiden Hauptallegorien des Ordens, Minerva und Mars, hin akzentuiert. So tritt im ersten Obergeschoß neben die übergeordnete Thematik „Tugend" oder „Virtus" die emblematische Allusion auf die „Weisheit" und ihre Bedeutung für die Herrschaftsausübung.

In einem weiteren Bedeutungsstrang der Ikonographie nimmt die Ausstattung des ersten Obergeschosses auf die Person des Bauherrn persönlich Bezug. Das Wappen des Bauherrn im Fußboden des Intarsienkabinetts ist umgeben von Waffen und Trophäen einerseits und den Figuren der Commedia dell'arte sowie den Allegorien der Vier Jahreszeiten andererseits. Sollen Waffen und Trophäen auf die kriegerischen Aspekte hinweisen, so deuten die Figuren der Commedia dell'arte und die Jahreszeiten auf die Musen, auf Kunst und Wissenschaft sowie auf irdischen und zeitlichen Realitätssinn hin. Die Attribute des bauherrlichen Wappens vereinigen also die Aspekte der Kriegskunst, der Künste und Wissenschaften in einer zeitlichen Dimension und bilden so eine Analogie zur Göttin Minerva. Minerva wird also hier zur persönlichen Allegorie des Bauherrn selbst. Der Bauherr umgibt sich mit ihren Attributen und stellt sich gleich einem Landesherrn unter den Schutz der Göttin Juno.

Ikonologische Grundzüge

Bei der Deutung der Ellinger Ikonologie in baulicher wie darstellerischer Hinsicht stellt Bärbel Schäfer in ihrer Publikation von 1994 zwei Aspekte besonders heraus: Einerseits eine gegenreformatorische Zielrichtung, die sie insbesondere im Titanenkampf des Treppenhauses angesprochen sieht, andererseits eine politische Ausrichtung gegen das benachbarte Fürstentum Ansbach, die sie deshalb in den Gottheiten Diana und Dionysos angespielt sieht, weil ein Teil der Streitigkeiten mit dem benachbarten Fürstentum um Jagdangelegenheiten und Weinfuhren ging. Beide von Schäfer genannten Bezüge mögen in der vielschichtigen Ikonologie des Schlosses Ellingen vielleicht am Rande mit angesprochen sein. Doch stehen diese Bezüge gewiß nicht im Vordergrund, es sei denn, man wollte die Ikonographie gezwungenermaßen auf historische Ereignisse hininterpretieren. Die von Schäfer angesprochene gegenreformatorische Tendenz des Deutschen Ordens im 18. Jahrhundert relativiert sich sehr schnell, wenn man bedenkt, daß dieser Orden drei Konfessionen in sich vereinigte und wie alle Kompromisse des Westfälischen Friedens zumindest im 18. Jahrhundert eher zum Beispiel der Parität wurde. Auch bei den Streitigkeiten mit dem benachbarten Fürstentum Ansbach steht mehr die von der Ballei Franken des Deutschen Ordens avisierte Territorialbildung als der Konfessionsstreit im Vordergrund. Auch die Streitigkeiten um die Weinfuhren und Jagdgerechtigkeiten waren sicher nicht von so vordergründiger Bedeutung, daß sie zum Kern des Selbstverständnisses des Deutschen Ordens und der Ballei geworden wären und damit schließlich würdig, die Kernaussage der Ikonologie zu bilden. Letztlich handelte es sich doch um Nachbarstreitigkeiten, die sich am eigentlichen Kern, nämlich dem Emanzipationsstreben der Ballei und ihrem Territorialanspruch entzündeten. Von großer Bedeutung für das ikonologische Programm des Schlosses Ellingen scheinen aber die beiden weiteren von Bärbel Schäfer angesprochenen Aspekte zu sein: die ritterschaftliche Tradition und die Rivalität zwischen Ellingen und Mergentheim. Die ritterschaftliche Tradition gründet im Selbstverständnis des Deutschen Ordens als Ritterorden und seiner engen Bindung an Ritterwesen und Ritterstand. Das Wesen des Deutschen Ordens als Ritterorden und militärischer Orden bedingt auch die vielen dargestellten Bezüge zu Türkenkriegen, Sklavendarstellungen, Raptusgruppen und Kriegstrophäen und schließlich die grundlegende Ikonologie um die Allegorien der Minerva und des Mars. Die Rivalität zwischen der Ballei Franken und dem in Mergentheim residierenden Hoch- und Deutschmeister wird in mehrfacher Hinsicht, teils verdeckt, teils offen angesprochen. So verarbeitet die Ikonologie von Ellingen diese Rivalität und vor allen Dingen das Emanzipationsbestreben der Ballei Franken auf sehr subtile Weise durch die Kombination architektonischer Ausdrucksmittel mit den Bedeutungsebenen der Ikonologie.

Darüber hinaus muß aber auch festgestellt werden, daß die gesamte Ikonologie nur ganz am Rande Bezüge zum Kaiser als dem Oberhaupt des Reiches enthält, ja insbesondere die prima facie zu erwartenden Bezüge zum katholischen habsburgischen Kaiserhaus weitgehend negiert werden. Gerade die im gegenreformatorischen Bereich gerne anklingende Thematik der Kaisersäle wird in Ellingen auf ein Mindestmaß reduziert, so daß mit dem sogenannten Tafelzimmer gerade noch ausreichend den Erfordernissen von Ehrerbietung und Höflichkeit gegenüber der kaiserlichen Obrigkeit Rechnung getragen wird. Demgegenüber wird das Reich in seiner Gesamtheit mehrfach gewürdigt, sei es durch Aeneas als den Gründer Roms und des Römischen Reiches, durch Juno als dessen Schutzgöttin oder durch die Imperatorenbüsten als Bekenntnis zur traditionsreichen Geschichte dieses Reiches.

Wesentlich für das ikonologische Programm ist die fast ausschließliche Bezugnahme auf Wesen und Zielsetzung des Deutschen Ordens, verbildlicht in den Allegorien von Mars und Minerva. Diese Allegorien sind eingebettet in ein vielschichtiges Sinnbildprogramm, das dem Orden eine herausragende Rolle auf dem Weg zum Goldenen Zeitalter und insbesondere beim Kampf der Tugenden gegen die Laster zuweist. Als Verbindung der geistigen Kräfte (Minerva) mit den militärischen Kräften (Mars) und als Teil des Strebens nach Tugend (Rittertum) wird durch das ikonologische Programm der Deutsche Orden als unverzichtbarer Teil politischer Geschichte und überirdischer Sinngebung dargestellt.

Im Lichte der Ziele des Deutschen Ordens wird auch die Hierarchie in besonderer Weise herausgestellt. Selbstverständlich wird das Geschoß mit dem Appartement des Hoch- und Deutschmeisters als Nobelstock und damit als Hauptgeschoß des Schlosses festgelegt. Andererseits ist das Schloß sehr deutlich als die Residenz des Landkomturs der Ballei Franken ausgewiesen, der im ersten Obergeschoß auch tatsächlich residiert, während das zweite Obergeschoß nur der Funktion nach dem Hoch- und Deutschmeister gewidmet ist. Die Ehre wird zwar dem Amt des Hoch- und Deutschmeisters uneingeschränkt erwiesen, doch ist dieser bei persönlicher Anwesenheit im konkreten Fall nur Gast in Ellingen und bleibt damit anderen fürstlichen Gästen gleichgestellt. Gerade in der besonderen Ehrerbietung und Höflichkeit, die die Architektur dem Hoch- und Deutschmeister erweist, relativiert sie dessen Zuständigkeit für Ellingen und unterstreicht die Bedeutung des gastgebenden Hausherrn. Der Hausherr erweist sich als standesgemäßer Gastgeber für kurfürstliche und fürstliche Gäste und zeigt sich so als Vermittler der angemessenen Architektur diesen Gästen durchaus ebenbürtig. Für den aus der Ritterschaft stammenden Bauherrn Hornstein ist damit ein außergewöhnlicher Anspruch verbunden, auch wenn dieser an keiner Stelle definitiv ausgesprochen wird, sondern sehr subtil in Ikonologie, Architekturgliederung und Raumdisposition zum Ausdruck gebracht wird. Daneben treten gerade in der Ausstattung weitere besondere Bezüge zur Person des Bauherrn selbst, etwa in dem besonders anspruchsvoll ausgestatteten Intarsienkabinett, das zwar nur einen sehr intimen Bereich des Schlosses in Anspruch nimmt, aber um so deutlicher durch eine besonders preziöse Ausstattung hervorgehoben ist. Der Bauherr behält den großen Festsaal der Programmatik des Ordens vor, sich selbst weist er einen programmatisch bescheidenen, künstlerisch um so anspruchsvolleren Platz in den Appartements zu. Die Wohnräume des Hausherrn verkörpern somit emblematisch verdeckt den politischen Emanzipations- und Territorialanspruch gegenüber dem Hoch- und Deutschmeister, etwa durch die Inanspruchnahme der Juno-Ikonographie oder ein Programm, das die kluge Herrschaftsausübung definiert.

Die Regeln der Hierarchie sind damit eingehalten, Architekturformen und ikonographische Themen sind der Hierarchie des Ordens und des Bauherrn entsprechend und damit angemessen umgesetzt. Dennoch werden die künstlerischen Akzente deutlich zugunsten der Person des Bauherrn verschoben und die brisanten politischen Ansprüche auf einer tieferliegenden vielschichtig-emblematischen Ebene bildlich umgesetzt. Gleichzeitig wird die Programmatik im Kern von jeder persönlichen Bindung freigehalten und damit auf den Orden und seine Zielsetzung zugeschnitten. Wie das Deckengemälde im Festsaal ausweist, wird der krönende Zweck des Gebäudes letztlich in den Dienst der Programmatik des Ordens und damit einer intellektuellen Aufgabe gestellt. In der Raumdisposition wird dem Hoch- und Deutschmeister bei aller Ehrerbietung lediglich das Gastrecht zuerkannt, während die Position des Residenten auch architektonisch vom Landkomtur wahrgenommen wird. Die Darstellung der Zielsetzungen des Ritterordens und all die Gesten der Ehrerbietung und Höflichkeit im Rahmen des Gastrechtes bilden so die Nische für ein Programm, das die Emanzipation der Ballei Franken von dem in Mergentheim residierenden Hoch- und Deutschmeister zum Gegenstand hat. Was Hanns Hubert Hofmann in seinem Buch „Der Staat des Deutschmeisters" von 1964 aus der politischen Geschichte für Ellingen resümieren konnte, nämlich daß der Ausbau dieser Residenz eine Demonstration der Eigenständigkeit der Ballei Franken sein sollte,[66] das läßt sich also gleichermaßen auch für die Ikonographie der barocken Innenarchitektur des Schlosses um 1720 festhalten. Es ist ein Stück Ironie der Geschichte, daß die Landkomture der Ballei Franken ihre Emanzipationsbestrebungen um so vehementer artikulierten, je mehr sie gefährdet waren. Über die letzten Jahrzehnte des 18. Jahrhunderts wurde deshalb gerade die Architektur von Ellingen zum Gegenstand massiver Kritik seitens der Hoch- und Deutschmeister.[67] Mit den Mitteln der Architektur und der Kunst konkretisierte sich in Schloß Ellingen das letzte Aufbäumen der Ballei Franken gegen den Hoch- und Deutschmeister. In dem fast das ganze 18. Jahrhundert über andauernden Kampf siegte schließlich der Hoch- und Deutschmeister, denn mit dem Vertrag vom 5. Januar 1789 wurde die Ballei Franken in das Meistertum inkorporiert. Ellingen aber wurde zum architektonischen und bildhaften Denkmal der Emanzipationsansprüche der Ballei Franken und ihres Landkomturs.

LITERATUR

800 Jahre Deutscher Orden. Katalog der Ausstellung des Germanischen Nationalmuseums Nürnberg 30. Juni bis 30. September 1990, hrsg. vom Germanischen Nationalmuseum in Zusammenarbeit mit der Internationalen Historischen Kommission zur Erforschung des Deutschen Ordens, Gütersloh/München 1990

ALCIATUS, ANDREAS, *Emblematum libellus*, Paris 1542 (Übertragung von Wolfgang Hunger, reprint Darmstadt 1967)

BACHMANN, ERICH, *Ein Architekturmodell der ehemaligen Deutschordensresidenz Ellingen*, in: Jahrbuch des Historischen Vereins für Mittelfranken, 80, 1962/63, S. 87-93

DERS., *Residenz Ellingen. Amtlicher Führer*, München 1982
BODENSCHATZ, HARALD/GEISENHOF, JOHANNES, *Der barocke Stadtumbau in Ellingen*, in: Schönere Heimat. Erbe und Auftrag, 77. Jg., Heft 1, 1988, S. 265-272
BOOCKMANN, HARTMUT, *Der Deutsche Orden. Zwölf Kapitel aus seiner Geschichte*, München 1989
CARTARI, *Imagini delli Dei de gl'Antichi*, Venedig 1647
GRILL, RICHARD, *Die Deutschordens-Landkommende Ellingen*, Phil. Diss., Maschr., Erlangen 1958
HARTMANN, HELMUT, *Deutschordensritter in den Kriegen des 17. und 18. Jahrhunderts*, in: Von Akkon bis Wien. Studien zur Deutschordensgeschichte vom 13. bis zum 20. Jahrhundert, Bd. 20, Marburg 1977, S. 228-249
HEDERICH, BENJAMIN, *Gründliches mythologisches Lexikon*, Leipzig 1770
HENKEL, ARTHUR/SCHÖNE, ALBRECHT (Hrsg.), *Emblemata. Handbuch zur Sinnbildkunst des 16. und 17. Jahrhunderts*, Taschenausgabe, Stuttgart/Weimar 1996
HENNZE, JOACHIM, *Kapfenburg – Ellingen – Mergentheim*, in: Die Kapfenburg. Vom Adelssitz zum Deutschordensschloß. Ausstellung anläßlich des 800jährigen Bestehens des Deutschen Ordens, veranstaltet von der Oberfinanzdirektion Stuttgart, vom Staatsarchiv Ludwigsburg und dem Landesdenkmalamt Baden-Württemberg, 28. Juni bis 30. September 1990, Kornwestheim 1990, S. 67-93
HOFMANN, HANNS HUBERT, *Der Staat des Deutschmeisters. Studien zu einer Geschichte des Deutschen Ordens im Heiligen Römischen Reich Deutscher Nation*, Studien zur bayerischen Verfassungs- und Sozialgeschichte, Bd. 3, München 1964
HUBATSCH, WALTER, *Quellen zur Geschichte des Deutschen Ordens*, Göttingen/Frankfurt/Berlin 1954
HUNGER, HERBERT, *Lexikon der griechischen und römischen Mythologie*, Reinbek 1974
KELLER, HARALD, *Das Treppenhaus im deutschen Schloß- und Klosterbau des Barock*, Phil. Diss., Kassel 1929
LAMPE, KARL, *Bibliographie des Deutschen Ordens*, Quellen und Studien zur Geschichte des Deutschen Ordens, Bd. 3, Bonn 1975
LEBEUS-BATILLIUS, DIONYSIUS, *Dionysii Lebei-Batillii Regii Mediomatricum praesidis Emblemata*, Frankfurt am Main 1596
LUDWIG, THOMAS, *Die Dekorationen des Wiener Stukkateurs Franz Joseph Roth von 1719 bis 1721 im Schloß Ellingen/Mfr.*, Magisterarbeit, Maschr., München 1984
MADER, FELIX/GRÖBER, KARL, *Stadt und Bezirksamt Weißenburg in Bayern*, Die Kunstdenkmäler von Bayern, Regierungsbezirk Mittelfranken, Bd. V, München 1932
PAULUS, HELMUT-EBERHARD, *Die Schönbornschlösser in Göllersdorf und Werneck. Ein Beitrag zur süddeutschen Schloß- und Gartenarchitektur des 18. Jahrhunderts*, Erlanger Beiträge zur Sprach- und Kunstwissenschaft, Bd. 69, Nürnberg 1982
DERS., *Zur Ikonologie von Schloß Weißenstein zu Pommersfelden*, in: Ars Bavarica 25/26, 1982, S. 73-100
DERS., *Ellingen. Historischer Stadtkern*, in: Landkreis Weißenburg-Gunzenhausen, Denkmäler und Fundstätten, bearb. von Konrad Spindler, Führer zu archäologischen Denkmälern in Deutschland, Bd. 15, Stuttgart 1987, S. 52-64
PICINELLI, FILIPPO, *Mundus symbolicus*, Köln 1681 bzw. Augsburg 1687
RIPA, CESARE, *Iconologia*, Rom 1603
RIPA-HERTEL: *Cesare Ripa, Baroque and Rococo Pictorial Imagery. The 1758-60 Hertel Edition of Ripa's Iconologia*, bearb. v. Edward A. Maser, New York 1971
ROLLENHAGEN, GABRIEL, *Nucleus Emblematum Selectissimorum*, Utrecht 1611
SCHÄFER, BÄRBEL, *Residenz und Markt Ellingen. Zur Konzeption eines Landkomturensitzes im 18. Jahrhundert*, Mittelfränkische Studien, Bd. 10, Ansbach 1994
SCHLEGEL, ARTHUR, *Ellingen, eine vergessene Residenz des Barockzeitalters*, in: Fränkische Heimat. Zeitschrift für Heimatkunde und Wanderer, 12, 1923, S. 183-188
DERS., *Der Barock in der Deutschordensresidenz Ellingen*, in: Zentralblatt der Bauverwaltung, 43, 1923, S. 565-573
DERS., *Ellingen*, in: Das Bayerland, 36, 1925, S. 65-67
DERS., *Die Deutschordensresidenz Ellingen und ihre Barock-Baumeister*, Marburg/Lahn 1927
DERS., *Zur Lebensgeschichte des Deutschordens-Baumeisters Franz Joseph Roth*, in: Jahrbuch des Historischen Vereins für Mittelfranken, 84, 1967/68, S. 198-201
SCHUB, RUDOLF, *Der Deutsche Orden und sein Wirken in Franken, unter besonderer Berücksichtigung der Comthurei Ellingen*, in: Weißenburger Heimatblätter, 16, 1953, S. 9-22
DERS., *Festlichkeiten anläßlich des 50jährigen Jubiläums von Karl Heinrich Freiherr von Hornstein*, in: Weißenburger Heimatblätter, 16, 1963, S. 75-79
TERVARENT, GUY DE, *Attributs et Symboles dans l'art profane 1450-1600*, Genf 1959
TUMLER, MARIAN, *Der Deutsche Orden*, Wien 1948
VOIGT, JOHANNES, *Geschichte des Deutschen Ritter-Ordens in seinen zwölf Balleien in Deutschland*, 2 Bde., Berlin 1857-59

ANMERKUNGEN

1 HELMUT-EBERHARD PAULUS, *Ellingen*, 1987.
2 BÄRBEL SCHÄFER, *Residenz und Markt Ellingen*, 1994.
3 Vgl. SCHÄFER, insbesondere S. 255.
4 Vgl. SCHÄFER, S. 18 f.
5 Vgl. SCHÄFER, S. 22 f.
6 Vgl. hierzu BACHMANN 1962/63, S. 87-93. – Ferner DERS. 1982, S. 67 f. – In Ellingen befindet sich die schematische Nachbildung eines Entwurfsmodells des Schlosses Ellingen im schlesischen Landesmuseum Tropau (CR), das von Erich Bachmann dem Baumeister Franz Keller zugeschrieben wird.
7 Vgl. HANS SEDLMAYR, *Johann Bernhard Fischer von Erlach*, 2. Auflage, Wien 1976, S. 149 f. und 282 f.
8 Sicher mag die Ausweisung des zweiten Obergeschosses als Piano Nobile auch gewisse konservative Tendenzen des Deutschen Ordens widerspiegeln, doch wäre es im Gegensatz zu SCHÄFER, S. 67, sicher nicht angemessen, diesen Umstand nur baustilistisch zu bewerten oder mit einer regionalen deutschen Tradition zu begründen. Im 18. Jahrhundert ist es längst zur Tradition geworden, mit der Architektursprache auch konkrete politische Ansprüche zu artikulieren. Dementsprechend muß auch die Ellinger Geschoßeinteilung hinterfragt werden.
9 Vgl. HENKEL/SCHÖNE, Sp. 1731-1733 und 1736.
10 Vgl. PICINELLI, S. 163.
11 Analog zu Ares, dem Gott des Krieges und Richter der Gottlosen, vgl. PICINELLI, S. 162.
12 Analog der Devise „Arte et Marte", vgl. ROLLENHAGEN, Nr. 68.
13 Wie Anm. 12.
14 Minerva bedeutet „Sapientia et Justitia" (PICINELLI, S. 163), Mars bedeutet „Justitia" (PICINELLI, S. 162). – Vgl. hierzu PAULUS 1982, Ikonologie, S. 76 f.
15 Bei SCHÄFER, S. 49, ist die Anordnung der Giebelfiguren vertauscht. Tatsächlich steht Justitia in der Mitte. Links neben ihr erscheint Caritas, rechts daneben Fides.
16 Siehe hierzu *800 Jahre Deutscher Orden*, Kat. Nr. III.6.13.
17 Die Publikation von Joseph H. Biller, angekündigt in *800 Jahre Deutscher Orden*, Kat. Nr. III.6.13, lag dem Verfasser nicht vor.
18 Weisheit und Glaube, vgl. hierzu RIPA-HERTEL, Nr. 136: „Sapientia".
19 Zum Adler als Wappentier vgl. *800 Jahre Deutscher Orden*, Kat. Nr. III.6.16 und III.6.18, ferner III.13.2. – Der Adler wird neben dem doppelten Kreuz zum Signum des Ordens in seiner Gesamtheit. Dies wird besonders deutlich im kleinen Wappenkalender der Deutschordensballei Franken von 1765; vgl. hierzu ebd., Kat. Nr. III.6.16.
20 Die Dioskuren Castor und Pollux sind als Zwillingssöhne Jupiters Helfer der Menschheit, insbesondere ritterliche Schirmherren im Kampf, vgl. HUNGER, S. 116. Ferner gelten sie als Sinnbild der christlichen Bruderliebe, vgl. HENKEL/SCHÖNE, Sp. 1675 f.
21 Die Deutung als Allegorie der Ballei Franken liegt wesentlich näher als die von JOSEPH H. BILLER in *800 Jahre Deutscher Orden*, Kat. Nr. III.6.13, gewählte Deutung als „Gute Regierung". Ist die Allegorie doch in den Mantel der Deutschordensritter gehüllt, mit einem Globus versehen, der die Karte der Ballei Franken zeigt und vor den Plan der Vogtei Absberg, das Reichslehen der Ballei Franken, gesetzt.
22 Die Allegorie übernimmt vollständig das Erscheinungsbild der Minerva. Zu ihren Füßen liegen der Pfeil als Symbol der Prudentia

(RIPA-HERTEL, Nr. 179) und die Triangel als Zeichen der Wissenschaften (RIPA-HERTEL, Nr. 188). Es liegt daher nahe, eher die rechte Figur auf dem Kalender als das kluge Regiment zu deuten als die linke.
23 Vgl. hierzu RIPA-HERTEL, Nr. 148.
24 Dionysos oder Bachus gilt nicht nur als Gott des Weines, sondern im weiteren Sinne auch als Gott der Vegetation und Fruchtbarkeit, vgl. HUNGER, S. 111.
25 *800 Jahre Deutscher Orden*, Kat. Nr. III.13.2.
26 Das Auge der Wachsamkeit. Vgl. hierzu Justus von Egmont (1601-1674): Bildnis Ludwig XIV. als Kind, 1643 (abgebildet in: *Emblemata. Zur barocken Symbolsprache*, Stift Göttweig, 26. Ausstellung des Graphischen Kabinetts und der Stiftsbibliothek, Jahresausstellung Stift Göttweig 1977, Nr. 64: „Vigilantia regnat"). Vgl. ferner HENKEL/SCHÖNE, Sp. 1010 f.
27 Vgl. RIPA, S. 1511, ferner HENKEL/SCHÖNE, Sp. 206 und 1565, 1765 (Virtus) sowie 1256 f. Ferner auch TERVARENT, Bd. II, S. 232 f.
28 Zum Rüstungshelm als Symbol der Kriegskunst vgl. HENKEL/SCHÖNE, Sp. 1489 f., insbesondere ALCIATUS, S. 106. – Die Imperatorenbüste ist Hinweis auf das Römische Reich, hier wohl insbesondere auf das Heilige Römische Reich Deutscher Nation und dessen Herrschaftsverfassung, die Frieden, Recht und Ordnung im Herzen der Welt zu gewährleisten hat.
29 Der Affe ist sowohl Sinnbild der Arglist (RIPA-HERTEL, Nr. 37) und Schmeichelei (HENKEL/SCHÖNE, Sp. 396) als auch der Dummheit (HENKEL/SCHÖNE, Sp. 432 f.).
30 Der berittene Ziegenbock als ein Bild der Zügellosigkeit oder Unkeuschheit, vgl. hierzu *Lexikon der christlichen Ikonographie*, Freiburg 1968/94, Bd. 1, S. 314-316 und Bd. 3, S. 123.
31 Die Gestalt der Figur erinnert an die üblichen Darstellungen des vergöttlichten Helden Aeneas, soweit dieser nicht beim Tragen des Vaters dargestellt wird. Vgl. die aufschlußreiche Darstellung „Merkur befiehlt Aeneas, nach Italien weiterzuziehen", Federzeichnung aus der Aeneis-Serie des Matthäus Terwesten (1670-1757), Rijksprintenkabinett Amsterdam RP-T-00-274, abgebildet in: *Götter und Helden für Berlin*. Ausstellung in Schloß Charlottenburg vom 16.12.1995 bis 18.02.1996, Katalog, herausgegeben von der Generaldirektion der Stiftung Preußische Schlösser und Gärten Berlin-Brandenburg, Potsdam 1995, Kat. Nr. 7.19, S. 224. Die Deutung des Aeneas als Stammvater Roms und des römischen Reiches korrespondiert mit der Darstellung der Göttin Juno in den Innenräumen, der Schutzgöttin Roms.
32 Die Figur ist stark angewittert, so daß das Attribut nicht mehr gedeutet werden kann. Nach Körperpose und Erscheinungsbild liegt von den olympischen Göttern Apoll am nächsten.
33 Das Programm der Kardinaltugenden besteht zunächst aus den sieben Kardinaltugenden Justitia, Caritas, Fides, Prudentia, Spes, Temperantia, Fortitudo. Mit Aeneas ist zudem die Tugend der Pietas angesprochen (HENKEL/SCHÖNE, Sp. 1703 f.). Mit Herkules wird „Virtus" ganz allgemein angesprochen (HENKEL/SCHÖNE, Sp. 1641-1643 und 1645), vgl. hierzu auch PAULUS 1982, *Ikonologie*, S. 84 f. Die Gottheiten Jupiter, Saturn, Vulkan, Neptun und Apoll stellen die wichtigsten Vertreter des olympischen Götterhimmels dar.
34 PAULUS 1982, *Schönbornschlösser*, S. 31.
35 In Konkurrenz zum Hoch- und Deutschmeister suchte die Ballei Franken immer wieder ein eigenes Territorium mit eigenen Hoheitsrechten aufzubauen und geriet damit in Konkurrenz zu den Hoheitsrechten des Hoch- und Deutschmeisters, der immerhin den Rang eines Reichsstandes für sich in Anspruch nehmen konnte. Vgl. hierzu BACHMANN 1982, S. 19; SCHÄFER, S. 263-264; GRILL, S. 105 und S. 80.
36 Diese Tatsache war auch wiederholt Gegenstand der Kritik des Hoch- und Deutschmeisters, der den „eines Fürsten wohl würdigen Neubau" mehrfach beanstandete. Vgl. hierzu BACHMANN 1982, S. 25, und GRILL, S. 80.
37 Im Gegensatz zu SCHÄFER, S. 255, wo diese Szene ausschließlich als Kampf gegen den Unglauben interpretiert wird. Der Titanenkampf wird in der Mythologie als die Überwindung der Titanen, der Mächte der Finsternis durch Jupiter, den Gott des Rechtes und der Ordnung verstanden. Mit dem Sieg Jupiters werden die Mächte der Finsternis wieder in den Tartarus verbannt. Vgl. hierzu HEDERICH, S. 1404 f. und S. 2386.

38 Bei BACHMANN 1982, S. 39, und SCHÄFER, S. 249, werden diese beiden Figuren als Allegorien der Stärke und des Friedens gedeutet. Bisher existiert für diese Interpretation kein Beleg. Andererseits werden damit durchaus Aspekte der Minerva angesprochen, deren vielschichtige allegorische Bedeutung damit korrespondiert und die sich vom anschaulichen Bestand hier anbietet.
39 ROLLENHAGEN, Nr. 68. Vgl. auch HENKEL/SCHÖNE, Sp. 1739.
40 Vgl. hierzu PICINELLI, S. 162.
41 Löwe bedeutet Fortitudo. Vgl. HENKEL/SCHÖNE, Sp. 390-392.
42 PICINELLI, S. 401.
43 PICINELLI, S. 396.
44 PICINELLI, S. 392; vgl. ferner HENKEL/SCHÖNE, Sp. 394: Emblem des D. Didacus Saavedra, Nr. 43, auf das Picinelli Bezug nimmt. – Vgl. hierzu das Bedeutungsgeflecht an der Hoffassade von Pommersfelden, bei PAULUS 1982, *Ikonologie*, S. 76 f.
45 Das Liktorenbündel ist Symbol der Potestas, vgl. hierzu RIPA, S. 194 und 411, ferner RIPA-HERTEL, Nr. 199 f.
46 Vgl. RIPA, S. 169, sowie RIPA-HERTEL, Nr. 152 und 161. Ferner HENKEL/SCHÖNE, Sp. 1796 f. und 1802.
47 Vgl. hierzu die aufschlußreiche Deutung bei SCHÄFER, S. 252.
48 Vgl. RIPA, S. 241-243, sowie RIPA-HERTEL, Nr. 57.
49 Flora als Göttin der erwachenden Natur, vgl. hierzu HUNGER, S. 137, sowie HEDERICH, S. 1118.
50 Vgl. HENKEL/SCHÖNE, Sp. 1675.
51 Pegasus und Bellerophon sind ein Bild des Sieges der Tugend; vgl. HENKEL/SCHÖNE, Sp. 1661.
52 Aer wird normalerweise als junges Mädchen mit aufgeblähtem Gewand dargestellt (RIPA, S. 123). Hier scheint jedoch in Form des Zephir die männliche Version gewählt worden zu sein, vgl. HUNGER, S. 426, sowie HEDERICH, S. 2498.
53 Vgl. HEDERICH, S. 17465 (Nox). Auch die kontrapunktische Anordnung zu Flora/Aurora im anschaulichen Bestand bestätigt diese Deutung.
54 Vgl. SCHÄFER, S. 65.
55 Cerberus in der Bedeutung von Wachsamkeit und Vorsicht, siehe HENKEL/SCHÖNE, Sp. 1793.
56 Vgl. HEDERICH, S. 2026-2031: „Pluto".
57 Vgl. HENKEL/SCHÖNE, Sp. 1747: „Labor omnia vincit improbus" (Haechtianus/Zetter, Nr. 12).
58 Vgl. SCHÄFER, S. 66.
59 Das Cabinet der Westseite zeichnet sich mit tragenden Mauern und Trennwänden bereits im ersten Obergeschoß ab und wird analog ins zweite Obergeschoß fortgeführt. Diesen Umstand auf die Ostseite analog umgesetzt würde bedeuten, daß dort in der Raumflucht ursprünglich kein Cabinet vorgesehen war.
60 Vgl. SCHÄFER, S. 63.
61 Dionysos (Bacchus) und Minerva, vgl. HENKEL/SCHÖNE, Sp. 1828 (Alciatus, 1550, S. 29). – Vgl. ferner ALCIATUS, S. 250 f.: „Wein mehret die Weisheit". – Aufschluß über die Bedeutung des Dionysos gibt ferner HENKEL/SCHÖNE, Sp. 1827 (Junius, Nr. 34).
62 Jupiter auf dem Adler, vgl. HENKEL/SCHÖNE, Sp. 1726 (Junius, 1575, Nr. 48): „Der Fürst gewähre niemandem sklavisch sein Ohr".
63 Juno als Schutzgöttin entsprechend Hera, vgl. HUNGER, S. 160 und 202 f.
64 Juno bedeutet Herrschaft und Macht, vgl. HEDERICH, S. 1391-1401. Vgl. auch HENKEL/SCHÖNE, Sp. 1728 und 1731.
65 GUILLAUME DE LA PERRIERE, *La Morosophie*, Lyon 1553, Nr. 18 (HENKEL/SCHÖNE, Sp. 1731).
66 Vgl. HOFMANN, S. 289.
67 Vgl. GRILL, S. 80, und SCHÄFER, S. 262.

ABBILDUNGSNACHWEIS

BAYERISCHES LANDESAMT FÜR DENKMALPFLEGE, MÜNCHEN, LUFTBILDARCHÄOLOGIE: *Abb. 1* (Aufn. Otto Braasch, Arch. Nr. 6930/038; SW 3882-13 vom 2.10.1986); PHOTOARCHIV: *Abb. 8* (Aufn. A. Schlegel, 1960, Neg. Nr. U 1973 312)
GERMANISCHES NATIONALMUSEUM NÜRNBERG: *Abb. 2* (Inv. Nr. K 21527)
Alle übrigen Aufnahmen vom Verfasser

Hermann Bauer

Über barocke Innendekorationen als Illusionsapparate

Im Kupferstich von Franz Joseph Mörl, nach einer Zeichnung von Cosmas Damian Asam gefertigt, ist der festliche Einzug von Fürstbischof Johann Franz Eckher in seinen gerade renovierten Dom von Freising im Jahre 1724 dargestellt. Das Blatt im großen Format von 79 x 53 cm sollte offensichtlich, so wie die feierliche Weihe des erneuerten Doms, triumphal den ganzen Glanz des jetzt wieder neuen Gotteshauses vorstellen. Ulrike Götz vergleicht das Blatt gut begründet mit der entsprechenden Ansicht des Treppenhauses in Schloß Weißenstein ob Pommersfelden von Salomon Kleiner.[1] Beiden Ansichten ist gemeinsam die Art der Repräsentation: Die Frontwand des Raumes ist weggelassen, der Schnitt durch den Aufriß gibt den Bildrand ab, der im Stich nach Asam oben entsprechend der Tonnenwölbung eine Ausbuchtung macht. Der Prospekt ist in mehrfacher Hinsicht theatralisch, ist doch ein Kirchenraum als Schauplatz dargestellt und nicht nach der architektonischen Wirklichkeit. Nicht „wirklichkeitsgetreu" ist in Asams Blatt die Lichtregie. Der Kirchenraum erscheint weniger im Lichte der Fensteröffnungen, der größte Lichteinfall kommt in dieser Darstellung aus den Öffnungen, welche die Deckenmalerei imaginiert. Was in Wirklichkeit keineswegs mit der Intensität eines tatsächlichen Lichteinfalles konkurrieren kann, das ist hier als Himmelsöffnung dargestellt, aus welcher der im Kern mittelalterliche Raum des Freisinger Doms seine fast übernatürliche Helligkeit bezieht. Dem entspricht, daß Asams Scheinkuppel in Schrägansicht, recht genau nach Pozzos Kuppel in San Ignazio (1691), bzw. aus Pozzos Traktat kopiert, in diesem Kupferstich überhaupt nicht als Fiktion zu erkennen ist, obwohl von unserem Betrachterstandpunkt aus die Perspektivkonstruktion keine Augentäuschung zuließe. Durch die Fenster des Tambours der Scheinkuppel scheint Licht einzufallen. Vor allem aber macht die Faktur der Darstellung keine Unterschiede zwischen der Realität, etwa dem Aufzug des fürstbischöflichen Hofstaates in der Kirche und dem überirdischen Geschehen an der Decke, etwa dem Aufstieg des hl. Korbinian in das Licht der Himmelsöffnung.

Der Kupferstich von Asam/Mörl läßt sich aus einer vorwiegend römischen Tradition ableiten, festliche Einrichtungen und Ereignisse in Kirchenräumen in Prospekten festzuhalten. Ein Beispiel dafür sei ein Kupferstich eines anonymen Autors, in welchem die feierliche Kanonisierung Carlo Borromeos am 1. November 1610 in St. Peter festgehalten ist. Im Beitext ist dabei von einem „Teatro" die Rede.[2] Die von Girolamo Rainaldi und Antonio Tempesta entworfene Einrichtung im Chor der Peterskirche mit dem Aufzug der Würdenträger ist von einem hohen Standpunkt aus wiedergegeben, der Bogen von der Vierung gibt die Bildöffnung ab. Ganz ähnlich ist ein Stich des Matteo Greuter angelegt, der im Mittelteil die Kanonisation von mehren Heiligen, darunter Franz Xaver, Filippo Neri, Teresa von Avila und Ignatius von Loyola am 12. März 1622 in St. Peter darstellt.[3] Die Einrichtung stammte von Paolo Guidotti, in einer gleichzeitigen Beschreibung ist ebenfalls von einem „theatro" die Rede.

Die Bildmodalitäten in dem Kupferstich von Asam/Mörl sind aus Wiedergaben von ephemeren Dekorationen abzuleiten, wofür es auch in München schon Beispiele aus dem späten 17. Jahrhundert gibt. So publizierte der jüngere Cuvilliés in seinem „Œuvre" von 1770 zwei Kupferstiche nach Heiliggrabaufbauten, die in der Frauenkirche, bzw. der Theatinerkirche eingerichtet waren. Im ersten Beispiel handelt es sich um eine Maschinerie von Johann Andreas Wolff, 1689 als Vorbau für den Hochaltar gezeichnet.[4] In der Öffnung einer Triumphbogenarchitektur schwebt, von Engeln getragen, das Allerheiligste, darunter sieht man den Leichnam Christi, darüber erscheint Gottvater. Durch die theatralische Beleuchtung erschienen die Inhalte dieses Heiliggrabes sicherlich intensiver und dramatischer als in einem noch so gut ausgeleuchteten Deckenbild. Gleiches gilt für die Einrichtung, die 1691 Johann Anton Gumpp für die Münchner Theatinerkirche besorgte, ebenfalls durch einen Stich Hartwangers überliefert.[5] Ein Unterschied zur Anlage Wolffs besteht allenfalls darin, daß die Erscheinung Gottvaters vor den Scheitel des Triumphbogens und die Erscheinung des Allerheiligsten tief unter die Tonnenwölbung verlegt ist. Unten spielt sich die Opferung Isaaks ab. Der Kupferstich nach Gumpps Heiliggrabeinrichtung macht mit seinen barocken Hell-Dunkel-Effekten und in seiner Lichtregie recht anschaulich, daß der „Erscheinung" (des Überirdischen) größere Wahrscheinlichkeit zugeteilt wird als der Rahmenarchitektur, als gleichsam Kunstwerk von Menschenhand.

Daß von solchen ephemeren Gebilden die Altarbaukunst Egid Quirin Asams inspiriert ist, ist von der Kunstgeschichte schon lange registriert.[6] Der Hochaltar in der Benediktinerabteikirche Weltenburg (nach 1721) bestätigt das. Dort ist die Altararchitektur Rahmen für eine Inszenierung, in der die Kunstfigur des hl. Georg vor der in hellem Glorienlicht erscheinenden Maria Immaculata zu sehen ist. Daß bei den Brüdern Asam Binnenarchitekturen gleichsam als Festdekorationen ephemerer Art gezeichnet und vorgestellt wurden, geht aus der bekannten Zeichnung Egid Quirin Asams, dem Entwurf für eine Rundkapelle, hervor.[7] Wahrscheinlich wurde mit ihr gegen 1725 eine Kapelle neben dem Besitz Cosmas Damian Asams in Thalkirchen projektiert – jedenfalls ist sie etwa gleichzeitig zur Vorzeichnung Cosmas Damian Asams für den Freisinger Kupferstich entstanden. Der Einblick in das Innere der Kapelle, auf der rechten Seite des Blattes im Schnitt zu sehen, macht es uns nicht leicht, die zweigeschossige Anlage in ihrer Konstruktion zu erfassen. Der Grund dafür liegt, paradoxerweise, in der Präzision der Darstellung –

denn diese bedient sich der gleichen Faktur sowohl für die architektonischen Teile, die Skulpturen, die zweidimensionalen Bilder und den Herrn in zeitgenössischer Tracht auf der Treppe. Ob der Bischof, der im Untergeschoß vom Altar wegtritt und dem ein Page in mittelalterlicher Tracht den Vorhang hochrafft, ein Capriccio der Ausstattung ist oder als Figurine gedacht ist, bleibt offen. Die einzelnen Realitäten sind in der Darstellung so verschränkt, daß ein einheitliches Phänomen einer theatralischen Vorstellung entstand.

Den aufwendigsten Prospekt mit einem festlichen Kircheninneren zeigt ein großes Ölbild von Andrea Sacchi und Jan Miel[8], das im Gesù die feierliche Eröffnung des Heiligen Jahres am 27. September 1639 zeigt.[9] Die Eingangsfront der Kirche ist weggelassen, so daß auch noch die auf der Straße vorgefahrenen Kutschen und Pferde zu sehen sind; dann blickt man über die ganze Tiefe des Inneren, sieht über das Gewimmel der Festgäste und Kardinäle bis zum Chor hin, der, wie das Langhaus, zum besonderen Anlaß mit Teppichen behängt ist, darunter auch einer, der nach Rubens die Beschneidung des Herrn zeigt – wie überhaupt die Festdekoration im wesentlichen aus Textilien bestand:

> Correva per la fascia del gran cornicione un ricco fregio di contratagliato d'oro, e damaschi verde, e chermissino. La nave della Chiesa nella pilastrata era adorna di damaschi chermesini, tutti à livrea, con trina e frangia d'oro ...[10]

Der Prospekt von Sacchi und Miel dokumentiert zunächst einmal anschaulich den ursprünglichen Zustand des Gesù, die damals kahle und nackt wie in einer Palladio-Kirche erscheinende Tonnenwölbung sowie die Kalotte der Tribuna. Noch kennt die Festdekoration keine plastischen oder architektonischen ephemeren Einrichtungen, sie beschränkt sich auf flächige Bilder und Behänge.

Das sollte sich bald ändern, waren doch die Jesuiten die Protagonisten eines Barock, in welchem ihre zwei großen Kirchen aus dem 16. und 17. Jahrhundert, Il Gesù und Sant'Ignazio, durch Dekorationen so umgeformt wurden, daß grandiose Schaubühnen entstanden. Was in diesen beiden Kirchen eingerichtet wurde, war, wie man ohne Übertreibung sagen kann, die Grundlage eines kirchlichen Ausstattungsbarock, auf der sich im Norden, etwa im katholischen Österreich, in Süddeutschland oder in Böhmen, eine Ausstattungskunst entwickelte, in der die Grenze zwischen Ausstattung und Architektur fließend war.

Ein Jahrzehnt später, 1650, gab es in der Tribuna des Gesù einen großen ephemeren Apparat, durch welchen die Erscheinung des Kircheninneren erheblich verändert wurde. Die Quarantore-Dekoration vom Februar 1650 wurde von keinem geringeren als Carlo Rainaldi entworfen. Sie ist durch einen Kupferstich, den Rainaldi selbst besorgte, dokumentiert.[11] In der Tribuna des Gesù war ein Schauplatz eingerichtet, in dessen Mitte unten die alttestamentarische Bundeslade stand. Zu beiden Seiten bildeten je vier vorgestellte Säulenpaare die Kulissen einer prächtigen Basilika. Eine zeitgenössische Beschreibung nennt deutlich den Sinn, den der Erfinder der Einrichtung gab:

> Fecero qui ancora una festa straordinaria et più bella del solito, et fecero vedere con Statue di prospettiva parimente con riflesso di lumi nascosti, il Tempio di Salomone con l'historia delli Sagrifici fatti nella sua Dedicatione dal Re Salomone.[12]

Nach dem 1. Buch der Könige (6, 1-38) ist es das Allerheiligste im Tempel, über und über vergoldet. Über diesem Antetypus des Gotteshauses, dort wo das Gewölbe der Tempelarchitektur aufbricht, erscheint, von Engeln getragen, in der Glorie das neue Allerheiligste, hoch in den Wolken segnend Gottvater. Die Widmung des Kupferstichs an Papst Innozenz X. nennt diese Einrichtung ein „Teatro fatto ... nella chiesa del Giesu di Roma". In der Tat war es eine Theater-Maschinerie, welche die Illusion eines Herunterdringens des Himmels in den Tempelraum leistete. Die Jesuiten bedienten sich sehr früh also jener Möglichkeiten der Maschinenoper, die seit den dreißiger Jahren in Venedig und dann erst in Rom und an den Höfen blühte.[13]

Ein Szenenbild aus der Oper „Peleus und Thetis", 1654 von G. Torelli eingerichtet und in einer Radierung von Israel Silvestre wiedergegeben,[14] kann verdeutlichen, was auf der Bühne zu sehen war. Der Schauplatz wird von einer phantastischen und geradezu überirdisch großartigen Architektur begrenzt. Nach oben ist diese offen, aber auch nach den Seiten ist sie durchlässig, so daß die Wolken als „Träger" der Erscheinungen herein und herunter dringen können. Was im Theater von den Maschinen bewerkstelligt wurde, konnte bei einer permanenten Dekoration auch von der illusionistischen Malerei geleistet werden, konnte der „Deus ex machina", Gott, die Dreifaltigkeit, im Fresko fingiert sein. Wie auf der Theaterbühne des Barock nie die reale und aktuelle Welt erschien, sondern Typen einer höheren, heroischen, arkadischen Welt oder der „Königspalast", der „Tempel" etc., so meint die „Schein"-Architektur nicht nur in den Festdekorationen, sondern auch in den Fresken und in der Quadratura einen höheren Bereich. Im Falle von Rainaldis Quarantore-Einrichtung von 1650 im Gesù, wo die sublime Säulenarchitektur den Salomonischen Tempel repräsentierte, ist dies zu belegen. Anschaulich ist eine solche Illusionsarchitektur „eleviert", sie ist fast immer durchlässig, so daß in ihren Öffnungen der Himmel sichtbar wird. Zudem scheinen die Gesetze der Realarchitektur und einer irdischen Tektonik nicht mehr zu gelten, handelt es sich um Steigerungen der architektonischen Phantasie. Wenn Carlo Rainaldi etwas später im Innenraum von Sta. Maria in Campitelli eine Binnenarchitektur schuf, die mit den kulissenartig vorgekröpften und gestaffelten Säulenstellungen Ähnlichkeiten zu seiner Quarantore-Einrichtung von 1650 zeigt, so darf man daraus zumindest den Schluß ziehen, daß etwa seit der Mitte des 17. Jahrhunderts in Rom die Grenzen zwischen ephemerer Einrichtung und Realarchitektur fließend wurden.[15] Rainaldi war übrigens nicht der „Erfinder" eines so gestalteten Apparates. Eine Zeichnung Pietro da Cortonas schlägt für die Quarantore-Feier von 1633 in San Lorenzo in Damaso eine zweigeschossige Kulissenarchitektur vor, aus deren Frontöffnung die himmlischen Wolken hereinquellen und das Allerheiligste sichtbar wird.[16] Auch hier ist das Untergeschoß mit vorgestellten Zwillingssäulen gebildet.

Die Wirkung der Einrichtung Rainaldis von 1650 mag eine Collage veranschaulichen, in welcher der Kupferstich in die Ansicht des Gesù von Sacchi und Miel kopiert ist.[17] Mit dieser Einrichtung wurde der Hochaltar zweigeteilt, in die untere Bundeslade („sub lege") und die im Himmel schwebende Monstranz („sub gratia"). Darüber öffnet sich im Bogen der

Säulenflucht anstelle des Hochaltars der Scheinhimmel, was eben zur „Elevation" des gesamten Raumes beiträgt. Nachträglich ist quasi ein Vorgeschmack auf das hin erzeugt, was einige Jahre später aus dem Gesù für die Architekturhistoriker ein Ärgernis und für die Jesuiten der Zeit ein transzendentales Ereignis machte.

Es scheint der Ordensgeneral selbst, Gian Paolo Oliva, gewesen zu sein, der für diese bedeutendste Kirche der Jesuiten einen permanenten Dekorationsapparat wünschte. Er war von den Fresken, die der noch ziemlich junge Giovanni Battista Gaulli 1672 in der Kirche des Collegio Romano, Sta. Marta, malte, so beeindruckt, daß Gaulli vor Cirro Ferri und sogar Carlo Maratti den Auftrag erhielt.[18] Daß dabei Bernini seine Hand im Spiel hatte, ist mehrfach belegt, wird ihm doch sogar die Konzeption der Ausmalung zugeschrieben. 1672 wurde mit Gaulli der Vertrag für die Ausmalung der Kuppel, der Pendentifs, des Langhauses und der Querhausgewölbe geschlossen. Die Dekoration und die Bildausstattung sollte den Kirchenraum auf spektakuläre Weise verändern; spektakulär war auch die festliche Inauguration der einzelnen Fresken. So schreibt Paolo Ottolini in seinem Tagebuch am 31. Dezember 1679:

> Si cantò la Messa, non vi fu predica, s'erano levati tutti i banchi: chiusa la chiesa si scoprì la volta grande dipinta e indorata da Gio. Ba. Gauli, alias Baciccia; di poi si ammise il popolo, che fu in gran numero, come pure il primo giorno dell'anno, et avendo l'opera havuto gran plauso si tenne la chiesa ornata e parata sino a tutto il lunedì seguente 8 gennaro, perch'in quel giorno tornò un'altra volta la Regina di Svetia a verderla e lodarla molto.[19]

Ist das System von Gaullis Freskierung in der Apsis und der Kuppel, entsprechend den architektonischen Gegebenheiten, traditionell zu nennen, stellt die Lösung der Langhausdekoration und Freskierung eine Revolution dar, die von Bernini ausging. Daß Bernini hinter der Lösung steht, ist nicht nur indirekt belegt, sondern zeigt auch ein Blick auf dessen Dekoration der Cornaro-Kapelle in Sta. Maria della Vittoria, wo die entsprechenden neuen Elemente bereits zu sehen sind. Die Tonnenwölbung im Gesù ist jetzt mit vergoldetem Stuck überzogen, wobei der Zusammenhang von Stuck und großem zentralen Bildrahmen mehrdeutig erscheint. Einmal ist der Ornamentstuck die Einleitung zum Bildrahmen, zum anderen bildet er die Weiterführung der architektonischen Gliederung des Kirchenschiffs. Dazu kommen die in weißem Stuck modellierten großen Engelsfiguren, die, ein vielgebrauchtes Motiv Berninis, den Bildrahmen umfassen und diesen somit wie schwebend zu halten scheinen. Nicht genug damit, daß durch ein Motiv der Künstlichkeit (die stuckweißen Engel) ein natürliches Schweben des Rahmens angetäuscht wird, greift auch das Fresko über den Rahmen aus. Der noch erhaltene modello Gaullis (Rom, Galleria Spada)[20] ist nicht zuletzt deshalb bemerkenswert, weil die den Rahmen übergreifenden Teile des Freskos fast mehr Platz im Rechteck dieses modello einnehmen als das Deckenbild innerhalb des Rahmens. Wenn es dessen Aufgabe war, dem Auftraggeber die vermutliche Wirkung des Deckenbildes zu suggerieren, dann leistet dies das Ölbild sehr gut, indem es etwa die über den Bildrand herunterstürzenden Laster groß betont. In der ausgeführten Dekoration des Gesù gibt es ein Detail, zunächst zu klein, um für das Gesamte etwas zu bedeuten, das aber dennoch so etwas wie eine „kritische Form" (nach Hans Sedlmayr) ist. Auf der Seite des Lastersturzes links, hinter einer der nackten satanischen Gestalten, wird ein weißer, in Stuck modellierter Fuß sichtbar. Wie ein Blick auf die gegenüberliegende Seite des Deckenbildes lehrt, gehört er zu einem der stuckierten Engel, die jeweils an den bilobierten Schmalseiten den Rahmen tragen. Mehr als dieser Fuß und ein kleiner Gewandbausch ist an dieser Stelle von dem Engel nicht mehr sichtbar, über ihn wälzt sich der in Farbe freskierte Sturz der Verdammten. Eine besondere Logik ist hier am Werk. Die durch Stuckierung ornamentierte und somit ausgezeichnete Decke gibt den Rahmen für das Deckenbild ab. Dieses imaginiert himmlischen Raum und von diesem wiederum wird über den Bildrahmen hinweg mit den gleichen Illusionsmitteln in den Realraum herunter „gespielt". Die Verschränkung von illusionärer Malerei und Realarchitektur hat selbst wieder illusionären Charakter. Die Illusion wirkt als Verschränkung der einzelnen Medien, woraus ein besonderer Effekt entsteht. Die Decke im Gesù ist durch diese „Manipulation" nicht mehr Träger eines „illusionären" Bildes, sie ist auch aus den Kategorien der Realarchitektur genommen und Teil eines insgesamt illusionären Kontextes geworden. Mit einfacheren Worten: Die so großartig verzierte Decke im Gesù agiert als Teil einer Bildinszenierung von Himmel mit.

Dieses System, in welchem die Realarchitektur mit ihrer Dekoration hinter das Bild placiert wird, wurde von Bernini in der Cornaro-Kapelle von Sta. Maria della Vittoria in großem Umfang erstmals angewandt. Vom 22. Juli 1652 wird berichtet, Berninis Werk habe bei der Eröffnung „universal concorso, e grand'applauso" erfahren, und einige Tage später schrieb Paolo Giordano Orsini an Königin Christina, sie müsse so schnell als möglich die Kapelle besichtigen.[21] Die Gemäldegalerie in Schwerin besitzt ein Ölbild (168-120 cm), das den Prospekt der Cornaro-Kapelle darstellt und möglicherweise identisch ist mit dem „quadro grande dipinto in tela, che è il modello della Cappella con cornice intagliata indorata ..." aus dem Besitz des Kardinals Cornaro.[22] Mit Lavin darf man feststellen, daß die Ansicht so akkurat ist, daß es sich zweifellos um einen Prospekt handelt, der die Kapelle nach der Fertigstellung wiedergibt. Daß es sich um einen Ausführungsmodello handelt, ist unwahrscheinlich, das Gemälde gibt vielmehr den Prospekt wieder, es ist ein Dokument dafür, wie die gesamte Kapelle als Komplex des Zusammenwirkens von Architektur, Skulptur, Malerei und Ornament gesehen werden wollte. Es handelt sich um eine Abbildung, die – das wäre ein Mißverständnis – nicht alles über einen realistischen Kamm schert, sondern vielmehr das Funktionieren eines illusionistischen Apparates beschreibt und somit den illusionistischen Apparat so wiedergibt, wie er in Erscheinung treten und in dieser Erscheinung festgehalten werden sollte.

Berninis Cornaro-Kapelle ist wohl das beste Beispiel eines „Gesamtkunstwerks". Darunter soll in unserem Zusammenhang nicht mehr gemeint sein als ein Komplex aus Skulptur, Malerei und Ornament, integriert in die Architektur. Irving Lavin hat dies „unity of the visual arts" genannt.[23] Es scheint allerdings Berninis Erfindung gewesen zu sein, aus einer bislang geübten Zuordnung innerhalb eines solchen Zusammenhanges „Handlungselemente" entwickelt zu haben. Was darunter zu verstehen ist, kann, wie es auch schon Lavin tat,[24] an Details der Cornaro-Kapelle verdeutlicht werden. Da greift in der Tonnenwölbung das Deckenbild über eine nur zu Teilen noch sichtbare Stuck-Kassettierung, sind Reliefs in den Kassetten mit den Szenen aus dem Leben der hl. Teresa teilweise vom Deckenbild überdeckt. Lavin hat die Technik, in der für das Fresko auf das Deckenornament eine eigene Unterlage stuckiert werden mußte, zurückverfolgt und gleichzeitig festgestellt, daß hier mit den so über den Stuck gezogenen Fresken Abatinis eine sehr extreme und rigorose Form erreicht ist. Da gibt es u. a. ein Relief mit der Erscheinung Christi vor Teresa, in welchem gerade der Kopf Christi von einer gemalten Wolke überdeckt ist. Der erste Eindruck ist der von einer Deklassierung des Reliefs. Der Blick auf den gesamten Zusammenhang jedoch läßt etwas anderes erkennen. Die stuckierte, skulpturale Dekoration der Kapelle ist ein Bereich, in welchem eine komplexe und, wie erwiesen ist, stringente Ikonologie vorgetragen wird. In toto wird die so durch die Kunst eingerichtete Kapelle durch das besondere Illusionsmittel des auf die vorderste Schicht gemalten Freskos „vom Himmel her akzeptiert". Anhand der vergleichbaren Cappella Pio in Sant'Agostino beschreibt Lavin den Effekt so:

> The Pio chapel vaults thus represent a kind of stepped-up existence level, in which physical reality – the architecture itself – becomes quite literally the basis for an illusion that extents forward rather than back into space.[25]

Zitiert sei auch noch Rudolf Preimesberger:

> Indem der Himmel mit gemalten und plastischen Figuren in die Kapelle hereinbricht, rückt diese in dieselbe Sphäre wie das dargestellte Ereignis. Sie nimmt selbst mimetische Züge an. Gerade sie [die vergoldeten Stuckreliefs, Anm. vom Verf.] lassen, indem sie die materielle Wirklichkeit ihrer Gattung, nämlich wirklicher Reliefschmuck an wirklicher Architektur zu sein, überzeugend betonen, auch die nur dargestellte Wirklichkeit des über sie hereinbrechenden Himmels um so überzeugender erscheinen. In der kunstvoll bewirkten Fiktion, einer einzigen Wirklichkeit anzugehören, lassen sie sie sozusagen am Konkreten der Architektur teilhaben.[26]

In Umkehrung dieser Feststellung könnte man auch sagen, daß auf diese Weise auch das Himmlische, indem es an die Realarchitektur gebunden wird, als ein Reales und nicht nur als Schein ausgegeben werden soll. Von Berninis „System" im Einsatz der verschiedenen Dekorationstechniken und -modalitäten schreibt ein Zeitzeuge, nämlich Passeri, und zwar in Hinblick auf die von Bernini konzipierte und von Guido Ubaldo Abatini freskierte Cappella Pio in Sant'Agostino:

> Nella centina della Cappella ... ha finto una gloria d'Angioli, li quali, in atto d'adorazione, stanno facendo allegrezza di haver acquistato nella loro gloria eterna il prezioso tesoro della Madre di Dio, et havendo occultato alcuni cantoni col ripieno di calce per dare alle nuvole un certo garbo piu operativo, ha usato un artéficio nuovo, che inganna, e con certi piporti di rilievo ha fatto parere vero effettivo quel falso, che è finto.[27]

Ähnliches konstatiert er von der Cappella Cornaro, wo er feststellt, daß die Freskierung Abatinis über den stuckierten Deckenornamenten sitzt, und folgert:

> Nel vano della finestra ha continuato il su capriccio di riportare qualche parte di rilievo unito col dipinto di tre puttini, sopra nuvole, che spargono fiori, e da per tutto si è valuto di quel suo artéficio d'ingannare con l'unire insieme vagamente il finto col vero.[28]

Der permanente Positionwechsel von „vero" und „falso", in dem jedes Kunstmittel zu einem Illusionsmittel wurde, bestimmt Berninis unvergleichliche Einrichtung der Cornaro-Kapelle. Die folgenden Ausstattungen der römischen Jesuitenkirchen, die in ihrem Ausmaß der Veränderung geradezu Neubauten gleichkamen, wären ohne diese Vorleistung nicht denkbar.

Asams Deckendekoration im Langhaus des Doms von Freising ist deutlich von Gaullis Decke im Gesù abhängig.[29] Die Scheinkuppel vor dem Altarraum dagegen stellt eine wenig veränderte Variante von Pozzos Scheinkuppel aus Sant'Ignazio dar. Sicherlich benutzte Cosmas Damian Asam Pozzos Traktat als Vorlage, aber kannte auch dessen auf Leinwand gemalte Scheinkuppel im Original.[30] Für die zweite große Kirche der Jesuiten in Rom, vom Ordensmitglied Orazio Grassi, dem Gegenspieler Galileis, geplant, war 1626 der Grundstein gelegt worden, 1650 konnte sie den Gläubigen geöffnet werden. Da 1684 mit der Dekoration begonnen wurde, könnte man mit dieser Unternehmung einfach eine wenn auch verspätete Fertigstellung des Baues annehmen. Dagegen spricht, daß die Architektur Grassis nach der Jahrhundertmitte und gerade von den Jesuiten wohl als das gesehen wurde, was sie ist, nämlich als konventionell und langweilig. Man hat den Eindruck, die Architektur von Sant'Ignazio sei für die ab 1684 hier tätigen „Dekorateure" nichts anderes gewesen als ein Rohbau ähnlich dem Bühnenhaus eines Theaters, in welchem es nun galt, einen illusionistischen Apparat einzurichten. Wenn Pozzo zunächst mit seiner auf Leinwand gemalten Scheinkuppel einen Ersatz für eine nicht genehmigte und gebaute Kuppel schuf, so mag noch eine triviale necessitas dafür den Anlaß gegeben haben. Mit der ab 1685 erfolgten Freskierung des Chores und bald darauf des Langhauses sowie der Errichtung der großen Maschinen von Hoch- und Seitenaltären wurde in der so gut wie nicht mehr sichtbaren Hülse von Grassis Bau ein illusionistisches Szenarium eingerichtet. Pozzos Langhausfresko von Sant'Ignazio, 1694 abgeschlossen, darf mit Recht als Höhepunkt einer konsequenten Quadraturamalerei gelten. In seinem Traktat läßt Pozzo die Konstruktion nachvollziehen, wobei er nicht nur einen Aufriß der Scheinarchitektur bringt, sondern auf einer anderen Seite auch einen Aufriß der bestehenden Architektur. Man kann beide Risse übereinander montieren und erhält in dieser Collage den geplanten Gesamteindruck von Realarchitektur und Scheinarchitektur.[31] Über der Fensterzone ist ein Arkadengeschoß mit vorgestellten Doppelsäulen und einer hohen Attika aufgestockt, durch deren Öffnungen man genauso wie darüber den Himmel erblickt. Derartige Konstruktionen gab es schon vor Pozzo mehrfach: Ein Beispiel ist die Decke in der Sala II des Palazzo Pitti in Florenz, gemalt 1638 von den Quadraturaspezialisten Colonna und Mitelli.[32] Während in solchen Quadraturalösungen jedoch die Architektur nach oben hin offen ist und im Himmel die Überwelt sichtbar wird und Gestalten, etwa allegorische Personifikationen, als fingierte Skulpturen an der Quadratura auftreten, dringt bei Pozzo der Himmel mit seinen Engeln und Heiligen gleichsam durch die Öffnungen herein und herunter, schweben die himmlischen Gestalten teilweise auf Wolken vor der Scheinarchitektur. Die Unterschiede zur Quarantore-Einrichtung von Rainaldi, vor allem aber zu Gaullis Decke im Gesù sind gering. Wie im Gesù die durch die goldene Dekoration sublimierte Decke sich öffnet, um den Himmel gleichsam einzulassen, so ist in Sant'Ignazio die Kirchenarchitektur in der gemalten Architektur sublimiert und zugleich dem Himmel geöffnet. Da Pozzo in seinem Traktat auch Theatermaschinen eigener Erfindung vorstellte,[33] lag und liegt es auf der Hand, zwischen seinen Dekorationen und dem Theater Verbindungen herzustellen. In der Tat gibt es kaum Unterschiede zwischen Pozzos theatralischen Einrichtungen und etwa seiner Gestaltung der Altarräume in Sant'Ignazio.

Wenn gegen Ende des 17. Jahrhunderts Altaraufbauten mit der architektonischen Dekoration ganzer Binnenräume, Apsiden etc. identisch wurden, wurde dies unter solchen Vorzeichen möglich. Pozzo ging zweifellos von Berninis Vorleistungen, vor allem in der Cornaro-Kappelle aus, aber seine Lösungen für den Chor von Sant'Ignazio und den Ignatius- wie den Gonzagaaltar dort bedeuten deshalb eine Revolution, weil der Altar nicht mehr in die Architektur eingestellt ist, sondern Altar- und Raumarchitektur identisch sind und einen theatralischen, überirdischen Schauplatz bilden. Vielsagend ist Pozzos erstes Projekt für den Chor von Sant'Ignazio, gezeichnet von Dorigny nach Pozzos Erfindung und 1689 datiert.[34] Die Aufgabe bestand zunächst nicht in der Konstruktion eines Altars, sondern in der Gesamtkonzeption einer „macchina", bei welcher die „Kulissenarchitektur" durchlässig ist für die Bilder von der Überwelt, die im Altarbild, aus den seitlichen Öffnungen und von oben her eindringt.

Solche Einrichtungen, in denen die ursprüngliche Kirchenarchitektur „überspielt" wird, sind im Spätbarock nördlich der Alpen mehrfach bereits in die architektonische Konzeption eingegangen. Man denke an das Weltenburg der Brüder Asam oder Dominikus Zimmermanns Wieskirche.

Anmerkungen

1 Ulrike Götz, *Kunst in Freising unter Fürstbischof Johann Franz Eckher. 1696-1727*, 33. Sammelblatt des Historischen Vereins Freising, München/Zürich 1992, S. 152 f.

Maurizio Fagiolo dell'Arco, *La Festa Barocca*, Rom 1997, S. 217.

Ebd., S. 351 f.

Dazu: Andrea Feuchtmayr, *Kulissengräber im Barock. Entstehungsgeschichte und Typologie*, Schriften aus dem Institut für Kunstgeschichte Universität München, Bd. 38, München 1989, S. 44 ff.

..., S. 47 f

... dazu: Herbert Brunner, *Altar- und Raumkunst bei Egid Quirin Asam*, Diss. München 1951, S. 158.

... Staatliche Graphische Sammlung. Siehe dazu: Thomas ..., *Egid Quirin Asam – Die Zeichnung einer Rundkapelle*, Schriften ... Institut für Kunstgeschichte der Universität München, München 1988.

... di Roma, 336 x 247 cm. – Ann Sutherland Harris, *Andrea ... Complete edition of the paintings with a critical catalogue*, Oxford ... No. 63, Abb. 130.

... dell'Arco (wie Anm. 2), S. 310 f., dort weitere Lit.

... Fagiolo dell'Arco/Silvia Carandini, *L'Effimero Barocco ... della festa nella Roma dell' 600*, Bd. 2: Testi, Rom 1978,

... l'Arco (wie Anm. 2), S. 344 f.

... Ann Bauer, *Barock. Kunst einer Epoche*, Berlin 1992,

..., *Zwei unbekannte Zeichnungen zur Planungs- und ... römischen Pestkirche Santa Maria in Campitelli*, in: Rö... der Biblioteca Hertziana, 26, 1990, S. 185-257; in ... ntstehungsgeschichte von Sta. Maria in Campitelli ... warnt, in Rainaldi wegen seines freien Hantierens ... nischen Gegebenheiten den Repräsentanten eines ... Barock zu sehen.

16 Windsor Castle. Vgl. Fagiolo dell'Arco (wie Anm. 2), S. 279 f.

17 *La Festa a Roma dal Rinascimento al 1870*, Ausstellungskatalog, Bd. 2, Rom 1997, S. 85. Die Collage übernommen aus P. Bjurström, *Feast and Theatre in Queen Christina's Rome*, Stockholm 1966.

18 Dazu: Robert Enggass, *The Paintings of Baciccio. Giovanni Battista Gaulli. 1639-1709*, University Park Pennsylvania 1964, S. 31 ff.

19 Zitiert nach Enggass (wie Anm. 18), S. 178.

20 Enggass (wie Anm. 18), Abb. 71.

21 Irving Lavin, *Bernini and the Unity of the Visual Arts*, Bd. 1, New York/London 1980, S. 205 f.

22 Dazu: Lavin (wie Anm. 21), S. 201 und Abb. 197. Das Gemälde trägt die Nr. 881 in F. Schlei, *Beschreibendes Verzeichnis der Werke älterer Meister in der großherzoglichen Gemälde-Galerie zu Schwerin*, Schwerin 1882.

23 Lavin (wie Anm. 21), S. 143-145.

24 Ebd., S. 56 f.

25 Ebd.

26 Rudolf Preimesberger, *Berninis Cappella Cornaro. Eine Bild-Wort-Synthese des siebzehnten Jahrhunderts?*, in: Zeitschrift für Kunstgeschichte, 49, 1986, S. 202.

27 *Die Kunstbiographien von Giovanni Battista Passeri*, ed. Jakob Hess, Leipzig/Wien 1934, S. 273.

28 Ebd., S. 238.

29 Siehe auch: Helene Trottmann, *Cosmas Damian Asam. 1686-1739. Tradition und Invention im malerischen Werk*, Nürnberg 1986, S. 42.

30 Zu Pozzos Scheinkuppeln und zum Traktat: Bernhard Kerber, *Andrea Pozzo*, Berlin/New York 1971.

31 Dazu: Hermann Bauer, *Zum Illusionismus Berninis*, in: Herbert Beck/Sabine Schulze (Hrsg.), Antikenrezeption im Hochbarock, Berlin 1989, S. 131.

32 Die beste Übersicht zur Tradition der Quadratura: Ingrid Sjöström, *Quadratura. Studies in Italian Ceiling Painting*, Stockholm 1978.

33 Etwa in der Ansicht einer „Hochzeit von Kanaa", Traktat, I, 71.

34 Kerber (wie Anm. 30), S. 63 f.

Bei der Vergewisserung der optischen Elemente im Spät- und Alterswerk des Tizian[23] muß am Anfang die Frage des „Lichtes" stehen – dies schon deswegen, weil es in der Literatur nahezu das einzige näher reflektierte optische Moment ist.[24]

Die Verkündigung in S. Salvatore zeigt im oberen Teil des Bildes die Geist-Taube in einer Glorie umgeben von geflügelten Putten und Engeln in Wolken. Im Zentrum der Partie erscheint ein helles, nicht eben gleißendes Gelb mit Beimischung von Grau-Andeutungen, zu den Engeln und Wolken hin tritt eine progressiv dunkler werdende, gleitende Verfärbung gegen Braungelb, Rotgelb, Rotbraun ein, bis schließlich in den Wolken dichtes Braun und Grau überhand nehmen (zu der blauen Stelle rechts oben siehe weiter unten). Es gibt – soweit dem Verfasser bekannt – keine Beschreibung des Bildes, die diesen Teil nicht als „Licht" anspricht – unter Übergehung des koloristischen Sachverhaltes.[25] Tatsächlich gibt es dort keine Stelle, an der Farbe von einer anderen optischen Instanz suspendiert oder gar überwältigt worden wäre, Tizian verbleibt bedingungslos im Bereich der Farbe. Vor Ort hat man für die prinzipielle Koloristik der angesprochenen Partie die Möglichkeit der Überprüfung. Der steinerne Rahmen des Bildes, zeitgenössisches Teil des Altarraumes, begrenzt nicht nur das Gemälde, in Form und Material setzt er sich zur Mensa und den beiden seitlichen „Sockeln" fort.[26] Der vorwiegend hellgelbliche Farbton der *pietra d'Istria* mit leichtem Grauschimmer ist von Tizian exakt in seiner Glorienmalerei aufgenommen worden; diese geht aber auch in der Helligkeit nicht über den Rahmen hinaus, die Malerei bindet sich über die Optik des steinernen Rahmens und Altares in den Kapellenraum ein. Tizians Bildoptik ist nicht auf Transzendierung der für den Betrachter zuhandenen Materialität angelegt.

Ein exzeptionell auf hell und dunkel angelegtes Bild wie die Laurentiusmarter in den Gesuiti ist stets als optische Besonderheit gesehen worden. Vasari spricht von den diversen *lumi* und von dem *lampo* oben im Gewölk, der alle übrigen Lichterscheinungen überwältige. Genaueres Zusehen aber macht deutlich, daß jener Blitz aus unverkennbar gelber Farbe besteht, umgeben von einem hellen Stahlblau; auch wo das Gegenständliche dies nahelegen, ja geradezu fordern würde, begibt sich Tizian nicht außerhalb des Kolorismus.

Die Bedingungen des Koloristischen nicht zu überschreiten und Lichtwirkungen aus den Helligkeiten herzuleiten, die mit der Buntdimension der Farben gegeben ist, bleibt eine Konstante im Œuvre des Tizian. Die ungefähr 50 Jahre vor der Verkündigung in S. Salvatore begonnene Assunta in der Frari-Kirche ist oft, vor allem in den oberen Partien für die Lichtmalerei des Tizian in Anspruch genommen worden – unter Hinweis auf die Goldgründe früherer Epochen, seien es die Mosaiken von S. Marco, seien es die Blattvergoldungen der Tafelmalerei. Auch wenn Tizian in seinem Bild deutlich zwischen terrestrischer und überirdischer Sphäre unterscheidet: alle Eindrücke von Licht und Helligkeit entstehen nur insoweit als die Farbe als solche sie hergibt. „Und je weiter Tizian fortschreitet, desto mehr wird das Licht geradezu eine Eigenschaft der Farbe" (S. 73) formuliert Hetzer lapidar, „... die Farbe ist es, die das Licht ausstrahlt" (S. 174). Wo Tizian lichte, Licht meinende Partien einsetzt, sei es aus ikonographischen Gründen oder solchen der optischen Regie, so arbeitet er nicht mit Licht selbst, er führt nicht Weiß als Position neben oder gar gegen die Farbe ein,[27] sondern er vertraut Lichtwirkungen der Eigenhelligkeit der integer belassenen Buntfarbe an.[28] Feststellungen von „Licht" sind letztlich ikonographischer Art, meinen Bedeutungen und tragen dem optischen Sachverhalt nicht Rechnung.[29] Lediglich John Steer hat zu der gelben Aura um den Oberkörper der Assunta zutreffend festgestellt, daß Gelb nicht als „Licht" erscheint, sondern es darstellt.[30]

Es ist möglich, dies als spitzfindig abzutun. Aber wenn man, wie mitunter geschehen, ohne Bruch eine Traditionslinie von hochmittelalterlichen Goldmosaiken über Goldgrundmalerei zur Glorie der Assunta durchzieht, dann gerät der entscheidende Punkt in der Geschichte der Bildfarbe aus dem Blick. Gold, materiell ins Bild gebracht, entzieht sich in einem strengen Sinn der ästhetischen Disposition im Verhältnis zu den übrigen Elementen des Bildes. In der ununterscheidbaren Fusion von Fläche, Tiefe, Farbe, Lichtglanz bei indifferenter Materialität ist es gegenüber den optischen und gegenständlichen Dimensionen das „ganz Andere" und wird deshalb eben deswegen ins Bild gebracht. Wenn Gold vor allem wegen seiner Eigenschaften von Farbe und Glanz in der Assunta zwar gemeint, aber mittels Farbe dargestellt ist, dann ist es in der Verfügung des Malers, es bekommt eine unmittelbare Funktion im optischen Konstrukt des Bildwerkes.

Die Assunta zeigt eben diese Neuerung. Da Tizian in seiner koloristischen Ölmalerei vor allem den Farbwert des Goldes darstellt, kann, ja muß die Glorie Teil einer das ganze Format bestimmenden koloristischen Disposition werden.[31] Was das Goldmosaik nicht leisten konnte und auch nicht leisten sollte: das Rot und Blau an Maria schließt sich mit der Glorie zur optischen Fundamentalfiguration, zur Trias der Grundfarben zusammen. Und schließlich ist es auch der dem Tizian eigene dichte und materiale Vortrag der Farbstoffe selbst, der den Eindruck des auf Malerfarbe gegründeten Bildes verstärkt.

In der 1520, also unmittelbar nach der Assunta entstandenen Altartafel im Museo Civico in Ancona (Madonna in der Glorie, S. Francesco, S. Alvise und Stifter) hat die Glorie um Maria und Kind nahezu jede Erinnerung an die Herkunft aus Gold verloren. Das Glorien-Gelb schließt koloristisch ebenso selbstverständlich an das Blau-Rot der Marienkleidung an wie die in die Gloriensphäre eingedrungenen Wolken, die nun mit beigemischtem Grau die Eigenhelligkeit der gelben Farbe beeinträchtigen können. Bemerkenswert ist auch die Angleichung der Inkarnate an diese koloristische Konzeption. Mit der Einführung derartiger Bildoptik hat das materielle Gold, das in den Bildwerken vorausgehender Epochen eine unverfügbare Position darstellte, seine Bildmacht an die vom Maler disponierte Farbe übergeben, und es war vor allem Tizian, der diese Kompetenz ein halbes Jahrhundert lang ausbaute.

Sind aber Phänomene der Helligkeit an Farbe gebunden, dann kann nicht von einer spezifischen Licht-Regie die Rede sein, weil das Bedingende eben die Farbe ist. Auch wenn „Lichteinfall", „Lichtführung", „Beleuchtung", „Licht-Schatteneffekte" usw. Lieblingstermini bei der Befassung mit Malerei, auch der des Tizian sind, so gehen sie doch am optischen Sachverhalt vorbei. Schon das frühe Bild des hl. Markus in der Sakristei der Salute läßt jede Konsequenz eines „geführten" Lichts vermissen. Es genüge die schlichte Beobachtung, daß zwar Kopf und linker Oberkörper des thronenden Heiligen in einem nicht näher motivierten „Schatten" liegen, die stehenden Heiligen davor jedoch keine Schatten auf das bunt/unbunte Plattenmuster des Fußbodens werfen. Der „Schatten" auf dem Markus ist eine nicht plausibel zu machende Verfügung des Malers, eine Eindunklung benachbarter Farbwerte. Es könnte gezeigt werden, wie Tizian je länger je weniger sich auch nur um die Fiktion von Lichtführung und Beleuchtung bemüht, was nichts anderes heißt, als daß seine optische Regie gegenüber „natürlichen" Gegebenheiten immer souveräner wird.

Die Pesaro-Madonna, schon wegen der die *sacra conversazione* sprengenden Figurendisposition und der Drehung von Stufen und Thron als Ausgangspunkt der späteren *scena per angolo* von größter historischer Wichtigkeit, bringt auch eine virtuose Ausweitung der koloristischen Möglichkeiten. Schon Hetzer hat notiert, daß Farbe in zweierlei Funktion auftritt. Einmal als mimetische, bestimmte Stofflichkeit imitierende Farbe, wofür das Hauptbeispiel der rote Damast des alten Pesaro ist; zum anderen erscheint Farbe – einer noch älteren Tradition folgend – von aller Sachbezeichnung befreit, sozusagen idealisch an Petrus und der Madonna. Die optische Gestalt des Bildes ebenso bestimmend treten aber noch zwei weitere Farbkreise auf. Der eine ist der mischbunte, vertreten durch die beiden Säulenschäfte in ihrem dunklen, leicht grau getönten Braun (die Kutte des hl. Franziskus schließt sich an), der andere Farbkreis erscheint im Unbunt der Stufen, der Wange des Thrones, des nicht weiter in seiner Funktion geklärten Piedestals beim Kopf des Petrus und der architektonischen Front seitlich der rechten Säule. Die Einführung des (hier dunklen) Mischbunt und des Unbunten als in Ausdehnung und optischer Regie mitentscheidender Bereiche verleiht der Buntfarbe – vor allem der idealischen – auch bei verhältnismäßig geringem Anteil an der Fläche des Formats eine akzentuierende Potenz und eine Intensität, wie sie z. B. das viel buntfarbigere frühe Bild in der Salute-Sakristei nicht aufweist. Zudem zeigt Tizian in der Pesaro-Madonna noch eine für ihn spezifische Erscheinungsweise der Farbe. Die große Fahne bringt in das Bild nicht nur eine dritte Qualität von Rot, sie zeigt vor allem, daß Farbe sich nicht in optischem Schein und Fiktion von Materialien erschöpft – Tizian führt vor, daß Farbe selbst Materie ist und daß er ihre Substanz und ihr Gewicht anschaulich machen kann.

Auf dem Weg zu den für den Spätstil bezeichnenden Werken werden sich die koloristischen Elemente, die für die Pesaro-Madonna konstitutiv sind, verändern, eine Metamorphose durchmachen, zum Teil auch verlorengehen. Das Spätwerk kennt dann nicht mehr die deutliche Distinktion der Farbgruppen reinbunt, mischbunt, unbunt. Die koloristisch keineswegs deckungsgleiche Häufung der Malschichten und der *cromatismo dissociato*[32], der bei pastosem Auftrag in ein und demselben Pinselstrich heterogene Farbqualitäten aufweisen kann, verhindern oft die Benennung einer Einzelfarbe ebenso wie die Distinktion von Farbgruppen. Der mitunter auf kleinen Flächen dichtgedrängte Polychromismus (signifikante Beispiele sind die glühenden Kohlen unter dem Rost des Laurentius in den Gesuiti, die Fackeln des Lüsters der Münchner Dornenkrönung, die Flügel des Verkündigungsengels in S. Salvatore, die Madonna in der National Gallery in London, Tarquinius und Lukretia in der Wiener Akademie, die Lampen auf dem Giebel der Pietà) hat bei Beschreibung des Spätwerkes immer wieder Schwierigkeiten verursacht. Bis in die Gegenwart wird als Aushilfe auf den Terminus „Impressionismus" zurückgegriffen,[33] doch hat schon Hetzer diese Assoziation zurückgewiesen; Tizian ginge es nicht um „Beobachtungen des farbigen Lichtes", sondern um die Farbe selbst als „Urgrund der Malerei" (S. 117).

Ferner beginnen im Spätstil Gegenstand und jeweilige Farbausdehnung – in der Pesaro-Madonna so gut wie deckungsgleich – nicht mehr einander angepaßt zu sein. Man halte die Marienfiguren der Pesaro-Madonna und die Verkündigungsmaria in S. Salvatore nebeneinander, um sich die radikale Veränderung im Verhältnis von Gegenstand und Farbe bewußt zu machen. In den früheren Werken arbeitet die Farbe an der Artikulation des Gegenständlichen konstruktiv mit, die Farbe ist so ausgedehnt wie der Gegenstand selbst, sie leistet seine Begrenzung. Entsprechend kann man formulieren: die Gegenstände sind durchgängig und eindeutig farbig. Der frühe und oft auch noch der reife Tizian „erkannte bestimmte Farben als gegebene Tatsachen an" (Hetzer S. 133). Im Spätwerk erscheinen die bunten und gemischten Farben an Gegenständen, die nicht mehr durchgängig farbig sind. Deutlich ist dies beim Blau der Verkündigungsmaria. Die Gewandung des rechten Beines wird erst nach und nach und nur ungesättigt blau, mit dem Erlöschen dieses Farbwerts gerät die Figur nach rechts rasch ins entgrenzte Ungewisse. Die möglichen Artikulationen und Annullierungen im Verhältnis von Gegenstand und Farbwert zeigt besonders der schemenhaft transparente bräunliche Schleier der Maria.

Nicht mehr an die Erstreckung der Gegenständlichkeit gebunden und auch der Sachklärung ledig, kann die im Spätwerk befreite Farbe weitgehend einer koloristischen Formatregie dienstbar gemacht werden – sie hat sich prinzipiell (nicht immer tatsächlich) aus der Bindung an den Gegenstand emanzipiert. Damit ist die Möglichkeit eröffnet, daß Farbe selbst als Bildgegenstand auftritt, was für die Präsentation der Farbmaterie weitreichende Konsequenzen hat. Ein besonders eindringliches Beispiel stellt die büßende Magdalena in Neapel dar. Neben sachbezogener Farbigkeit an der Heiligen erscheint im Landschaftsausschnitt daneben sowohl die befreite Farbe als „unsachlicher" Buntwert wie auch sich selbst darstellende Materialität. Oft ist es der landschaftliche Bereich, der als (schwache) Motivation für die ungebundene Farbgestaltung dient. Weitere Beispiele dafür sind die Kreuzigung in S. Domenico in Ancona, die Madonna in München, der rotbraune „Himmel" auf dem Bild des S. Jacopo in S. Lio in Venedig,[34] Schäfer und Nymphe in Wien, St. Sebastian in St. Petersburg und die Marsyasschindung in Kroměříž.

Eine weitere, fundamentale Veränderung des optischen Befundes kennzeichnet die für die Spätzeit spezifischen Werke: eine die Formate insgesamt erfassende Eindunklung. Diese ist nicht zu verwechseln mit dem Dunkelgrund der in früheren Schaffensphasen entstandenen Porträts und ebenso nicht mit Schwarz als Farbe, wie sie gerade von Bildnissen oft gefordert war. Das Dunkel des Spätwerks verhüllt nicht nur das Bunte und das Eigenlicht der Farbe, es verhindert in beträchtlichem

Ausmaß und keineswegs nur „am Rande" jegliche gegenständliche Bestimmung der betroffenen Bildpartien. Da diese also weder farbig noch gegenständlich sind, bleiben sie bei Beschreibungen und Analysen meist unerwähnt, obwohl sie am anschaulichen Charakter der Bilder eine entscheidende Mitwirkung haben – wenn sie nicht gar dessen optische Basis bilden.

Wenn, wie gezeigt, Tizian dem Licht keine Gewalt über die Farbe einräumt, und lichte Erscheinungen durch die Eigenhelligkeiten der Farben repräsentiert werden, dann erhebt sich das Problem der Bestimmung des Dunkels, das anders als in der Malerei des 17. Jahrhunderts den Gegenpol des Lichtes an sich nicht hat.

An Versuchen, das Dunkel als selbständige Position neben und gegen die Farbe in die venezianische Malerei des 16. Jahrhunderts einzuführen, hat es nicht gefehlt. Die Voraussetzungen lieferte Giorgione, der in den reinen und gemischten Buntfarben eine über das 15. Jahrhundert und Giovanni Bellini weit hinausgehende Beweglichkeit brachte, und zwar vor allem durch verdunkelnde Beimischungen; das Rot an der Castelfranco-Madonna und an der männlichen Figur in La Tempesta seien als Beispiele erwähnt. Darüber hinaus hat Giorgione auch das Bildklima als Ganzes entscheidend verändert durch den ausgedehnten, die Formate nahezu beherrschenden Zusatz von Grün und Braun. Damit wird nicht nur ein Übergewicht des Koloristischen gegen das Luminöse gesetzt,[35] die Mischfarben Grün und Braun haben auch eine gegen das Dunkel offene Dimension[36].

Aus dieser Koloristik des Giorgione und der von ihr bewirkten Bild-Klimata ließen sich mancherlei Konsequenzen ziehen. Die radikalste zog der junge Sebastiano del Piombo noch zu Lebzeiten des Giorgione, als er noch unter dessen Einfluß stand. Für die Kirche S. Bartolomeo di Rialto malte er an die Orgelflügel vier großfigurige Heilige.[37] Zwei von ihnen plaziert er in Nischen, auf deren Wände die Gestalten schwere Schlagschatten werfen, Schlagschatten, die bei Giorgione wesentlich schwächer ausgeprägt sind. In die Gewandfiguren jedoch dringt ein durch „Lichtführung" nicht erklärliches Dunkel ein, und zwar in einer Intensität, die jeglichen anderen optischen Wert samt Zeichnung überwältigt und annulliert. Die entsprechenden Partien sind so verfinstert und ausgedehnt, daß sie das figürliche Kontinuum unterbrechen – ja zerreißen, besonders am Bartholomäus. Dieses Dunkel nimmt keinen Kontakt zu eingedunkelten reinen Buntfarben oder dunklen Mischbuntwerten auf, es bleibt in seiner sieghaften Farbfeindlichkeit am Anfang des 16. Jahrhunderts ein Unikum in der Malerei Venedigs.

In Tizians Frühzeit vor der Assunta gibt es zwar Dunkelgründe, z. B. bei der Salome in der Galleria Doria Pamphili, doch dienen sie als Fond, vor dem sich die unangreifbaren Buntwerte samt der Inkarnate umso entschiedener behaupten. Für die Dunkelzonen der Spätwerke ist dagegen entscheidend, daß sich das Dunkel aus der auch bei Porträts so häufigen Position des Grundes löst und unmittelbar mit den farbigen und gegenständlichen Bereichen verwoben ist. Aus diesem freien Einsatz des Dunkels über das gesamte Format entsteht eine spezifische Dynamik.

Verwoben bedeutet zunächst, daß keine eindeutigen Begrenzungen zwischen Nicht-Farbe und Farbe, zwischen ungegenständlich und gegenständlich zu ziehen sind. Ein typisches Beispiel dafür ist auf der Münchner Dornenkrönung der Scherge links außen. Der Rücken der Figur taucht ohne Abgrenzung graduell aus dem Dunkel auf und die Körperlichkeit, die nichts anderes ist als die sich verdichtende Konsistenz der Inkarnatfarbe, erreicht in Schulter und Oberarm ihre äußerste Konkretisierung. Die Partie um Hüfte und Oberschenkel ist aus dem Dunkel aber nur andeutungsweise entlassen; das Bordeaux-Rot bleibt eine verfinsterte, ungesättigte Möglichkeit, eine unerfüllte Verheißung der Schönheit des Reinbunten. Farbe und Gegenstand beginnen sich im Dunkel in Übergängen zu formen und werden daraus meist unvollständig entlassen. Die unbezweifelbar vollendete Verkündigung in S. Salvatore – dem Bild ist aufgrund der Untersuchungen und der Restaurierung von 1988/89 eine *sostanziale buona conservazione* zuerkannt worden[38] – ist für diesen Prozeß Kronzeugin. Wo der um Hüften und Beine geschlungene Mantel der Maria links und rechts beginnt, ist nicht auszumachen, erst beim rechten Knie beginnen sich Körpersubstanz und Farbe aus dem umgebenden Dunkel zu befreien – nur rudimentär, weil vom Ultramarin weniger der Bunt- als vielmehr der Dunkelgehalt aktiviert ist. Auch das Rot am Oberkörper wird sozusagen nicht von außen in das Bild eingeführt. Die sich unter der Geist-Taube eindunkelnde Wolke behält trotz der Beimischung von Grau einen Hauch von rötlichem Braun, aus dem der Schleier der Maria „besteht" und aus dem Tizian das Rot des Marienkleides entwickelt, ein Rot, das dann als einzige reine Buntfarbe zu voller Sättigung gelangt. Aber auch dort verhindert das Dunkel das Kontinuum des Gegenständlichen, in der Achsel und unter der Brust halten sich Dunkelpartien, die farbig und gegenständlich nicht zu qualifizieren sind. Die dichteste Gestaltung einer Figur unter Einsatz von Binnendunkel ist die Magdalena der Pietà. Das immer wieder apostrophierte Pathos der Figur beruht nicht nur auf der Gestik, sondern wohl ebenso auf der Auseinandersetzung des farbig dominierenden Grün mit dem Dunkel.

Die Rolle des Braun als Mittler zwischen Dunkel, Buntwerten bis hin zu der Eigenhelligkeit des Weiß führt besonders eindringlich das derzeit in der Accademia ausgestellte, gemeinhin um 1550 datierte[39] Bild des S. Giovanni Elemosinario vor Augen. Unter souveräner Nichtbeachtung jeglicher „natürlicher" Lichtführung entwickelt sich aus einem Basisdunkel die Gestalt des Bettlers – zunächst die Beine in dunkelstem Braun-Inkarnat, dann folgt in der anzunehmenden Mitte der Figur ein „Rückfall" in absolutes Dunkel aus dem dann graduell Schulter, Arm und Hand hervortreten. Mit einem „Sprung" zum helleren Inkarnat der Hand des Bischofs setzen die bunten und eigenhellen Werte des bräunlichen Karmin und des Weiß ein. Bezeichnend ist aber der Umstand, daß auch diese Werte aus dem Dunkel hergeleitet werden bzw. wieder im Dunkel versinken können, wie die *mozzetta* an der linken Schulter des Heiligen oder die fast nur als dunkle Silhoutte gegebene Gestalt des Jungen mit dem Vortragkreuz.

Die Mittlerrolle des Braun beruht einerseits auf dem Dunkelanteil, der das Gleiten aus dem und in das Dunkel ermöglicht, andererseits auf seiner farbigen Offenheit gegen Rot, Gelb und auch Grün. Schon Hetzer hat die zentrale Position des Braun in der Malerei des späten Tizian erkannt.[40]

Es gibt Werke, die in dem Verlauf von Dunkel zu Braun, Braungrün in gemischter Koloristik und stark gedämpfter Farbhelligkeit sozusagen „steckenbleiben" und damit weder zu einer eindeutigen Gegenstandsartikulation noch zu gesättigten Buntwerten gelangen: St. Sebastian in St. Petersburg, Schäfer und Nymphe in Wien, Schindung des Marsyas in Kroměříž. Wenn aber dann einmal die reine Buntfarbe aus Dunkel und Braun gesättigt und in bedeutender Ausdehnung hervortritt wie das Rot in der späteren Grablegung im Prado (No. 440), dann eignet ihr Substanz und Farbmacht, die in der Geschichte der neuzeitlichen Malerei nicht wieder auftreten.

Diana und Aktäon in der National Gallery in London weist über das gesamte Format Brauntöne mit einigen Übergängen zu Grün[41] auf. Drei Eigenschaften dieser vom späten Tizian oft bevorzugten koloristischen Basis zeigt dieses Bild besonders deutlich. Einmal die unendliche Beweglichkeit der braunen Mischfarbigkeit in ihrer ständig fluktuierenden Konsistenz und damit auch Farbhelligkeit; zum anderen die Nähe, ja Angleichung der Inkarnate an die Braunbasis und drittens die Möglichkeit, aus dieser Basis entschiedene, bisweilen reine Buntwerte zu entwickeln – hier ein lachsartiges Rot und in geringerer Ausdehnung auch Gelb. Die Dynamik der Erzählung – Bestrafung des Aktäon – ist wesentlich mehr einer so gestalteten Koloristik als der „Zeichnung" anvertraut. Die Spannweite und Dramatik des Farbganges aus „schwarzvertieften Finsternissen" (Goethe) über Braun, Braun-Grau zu Rot, Rot-Gelb, Gelb, dem in Angleichung an die erreichte Farbhelligkeit auch eine Spur von Himmelblau unterlegt ist, findet sich in den mittleren und oberen Partien der Verkündigung in S. Salvatore. Und mit den aus dem Dunkel sich entwindenden gemischten und schließlich auch reinen Farben[42] entstehen über Andeutungen die Putten und Engel bis zur entschiedenen Körperlichkeit.

Der konstruktive Konnex der Braun-, Grün- und auch Grauwerte zum Dunkel und andererseits deren mögliche Öffnung zu Buntwerten mit ihren Eigenhelligkeiten erlaubt den Versuch, das Dunkel selbst und jene ihm benachbarten „erwachenden" Farbwerte in der Optik der Spätwerke Tizians zu bestimmen. Das Dunkel ist nicht ein selbständiger Gegensatz zu Farbe und deren Eigenhelligkeiten, sondern vielmehr die koloristische Matrix, aus der sowohl die Buntwerte – und das bedeutet bei Tizian auch die Gegenstände – entstehen. Oder besser: entstehen können, denn Tizian zeigt im Spätwerk oft mehr den Vorgang solcher Entstehung denn seine Finalität. Der eigentliche Bildinhalt optisch und sachlich besteht aus Genese. Das Werden der Farben und der Dinge aus Dunkelbereichen stellt Tizian dar, und deswegen entpuppen sich Diskussionen um vollendet oder unvollendet als obsolet.[43]

Festzuhalten bleibt, daß das Dunkel des späten Tizian nicht prinzipiell farbfeindlich auftritt. Es ist entweder das graduelle Verlöschen von Farbe und ihrer mitgeführten Helligkeit oder die Voraussetzung, eben die Matrix, aus der im Bild das Farbige entsteht. Farbe ist nicht durch das Dunkel konditioniert, vielmehr existiert sie darin potentiell. Wollte man ein Paradox wagen, so wäre zu formulieren, daß im Spätwerk des Tizian das Dunkel als Grundfarbe unter Absenz von Bunt und Helligkeit auftritt. Diese Bestimmung legt die spürbare Substanz der Dunkelpartien nahe, die jener der farbigen nicht nachsteht. Bilder, in denen das Dunkel zu herrschen scheint, wie die Laurentiusmarter in den Gesuiti oder die Münchner Dornenkrönung, sind bis zu den Grenzen der Formate durchgestaltet – eben weil Dunkel konstruktiv zu Farbe steht.

Die Bestimmung des Dunkels als konstruktives Element, ja als Basis der Koloristik des späten Tizian bezeichnet eine entschiedene Distanz zur Optik des 17. Jahrhunderts, auch zur Malerei des Rembrandt, mit der die Dunkelbilder Tizians oft verglichen werden. Der Unterschied besteht darin, daß im 17. Jahrhundert die Farbe in der Spannung zwischen den jetzt souveränen optischen Positionen von Licht und Dunkel steht und daß diese Positionen farbverzehrend, ja farbfeindlich auftreten. Da weder dem Licht noch dem Dunkel eine Farbsubstanz zugebilligt wird, sie also nur optisch erscheinen, verlieren auch die farbigen Skalen an optischer Dichte; Farbe wird neben und gegen Licht und Dunkel, selbst wenn sie gesättigt vorgetragen wird, mehr Schein als Substanz. Besonders ausgeprägt ist dies bei der Koloristik des Velazquez, und für Rubens ist solcher Farb-Schein das anschauliche Substrat der Allegorese. Aber auch Rembrandts Farbe, selbst wenn sie materialiter gegeben ist (wie etwa bei der Judenbraut) „scheint" mehr als sie „ist". Beim späten Tizian dagegen, der das Dunkel als Basis der Koloristik setzt und auch keinen Antagonismus zwischen Farbe und Licht kennt, entsteht mit zunehmender Sättigung der Buntwerte Farbe als Substanz an sich, eine Substanz, die dann gegebenenfalls der Dingwelt ihre Realität überträgt. –

Die Röntgenuntersuchung der Verkündigung in S. Salvatore hat einen beachtlichen *pentimento* zutage gefördert.[44] Der von links heranschreitende Engel hatte ursprünglich beide Arme vorgestreckt und vermutlich die Hände gegen Maria erhoben. In der finalen Ausarbeitung erscheinen beide Arme verschränkt vor der Brust des Engels, gegen die Maria ist nur sein linker Flügel entfaltet. Im Zentrum dieses Flügels, auf der Achse zwischen den Gesichtern von Engel und Maria erscheint eine Partie von Malerei, die in dieser ausgeprägten Eigenart in dem großen Format sonst nicht vorkommt. Es ist ein heller Fleck, etwa 25–30 cm hoch, der sich nicht aus dem Gegenstand „Flügel" erklären läßt, auch nicht Licht darstellt und in seiner Chromatik auf weißlicher Grundlage auch nicht auffordert, ihn in den dynamischen Farbgang des Formats einzuordnen. Man kann vermuten, daß Tizian mit dem *pentimento* auch beabsichtigte, diese Partie, die sonst durch die Arme besetzt gewesen wäre, herauszustellen und zu betonen. Die Bildoberfläche dort erscheint wie eine zum Malerhandwerk eben in Gebrauch befindliche Palette, weniger wegen der nicht gezeigten Buntheit, vielmehr wegen der amorphgrieseligen, schrundigen, reliefartigen oder auch glattgestrichen gezeigten Malmaterie. Tizian schiebt hier vor die optische Gestaltung des Formats die Stofflichkeit der Farbe,[45] er zeigt, daß Malerei aus konkreten Materialien besteht, daß „Bild" aus amorpher, nicht homogenisierter Materie gestaltet wird.[46] Unterstützt wird solche im Spätwerk nicht selten auftretende Präsentation der Malmaterie[47] durch die grob strukturierten Leinwände. Dergleichen Partien sind keineswegs an marginale Positionen verwiesen, der Betrachter soll sie auch aus angemessener Distanz nicht übersehen. Solche Bildpartien drängen sich auf, weil das sich selbst darstellende Malmaterial aus den mimetischen, räumlichen und mitunter auch koloristischen Bezügen der Formate weitgehend entlassen ist und sozusagen vor der Bildwelt – im Extremfall reliefartig – zuhanden ist.[48] Eklatante Beispiele sind die Flammen des Lüsters und die meisten Weißhöhungen der Münchner Dornenkrönung.[49] In der Pietà der Accademia zeigt die Farbe bis auf die vertrieben gemalte Architektur über weite Bereich mehr Materie als farbige Optik, einige Partien – das über die Stufe fallende Gewandende des knienden Alten, Brustkorb Christi, Haar und Brusttuch der Magdalena, die Grablichter auf den Giebelschrägen, die beiden Statuen samt ihren Sockeln – treten geradezu vor die optische Ebene des Formats; am Kopf des Moses ist die Malmaterie klumpig belassen. Am meisten jedoch wird die berühmte Nachricht des Marco Boschini über die Maltechnik des späten Tizian[50] von dem Bild Tarquinius und Lukretia in der Wiener Akademie bestätigt.[51] Hier erscheinen die *sfregazzi delle dita, striscio delle dita* unübersehbar, und man glaubt, nachvollziehen zu können, daß der alte Tizian *nei finimenti dipingeva più con le dita che co' pennelli*.

Doch wäre es verfehlt, darin eine – etwa gar von Tizian gewollte – Selbstdarstellung seiner Faktur sehen zu wollen. Denn das anschauliche Resultat ist weniger ein Indiz der Arbeitsweise als vielmehr eine Freisetzung der Malmaterie als bedeutender Bildinhalt. Ein Blick auf Tintorettos 1567 entstandenes Gemälde der Tesorieri vor Madonna und Heiligen (Accademia) zeigt ein grundlegend verschiedenes Verhältnis von Material und Faktur. In dem weißen, eher entfärbten Mantel der Madonna macht sich vor allem in der Gegend des rechten Armes das Malmaterial in einer nicht homogenisierten, grieseligen Form anschaulich. Doch ist es eingebunden in die geistvoll-dynamischen, die Virtuosität des Malers überdeutlich demonstrierenden breiten Pinselstriche. Glaubt man in der Freisetzung des Materials beim späten Tizian eine Art Ehrfurcht vor den Grundstoffen der Malkunst zu spüren, führt Tintoretto an der Farbmaterie hauptsächlich seine Dispositionskompetenz und oft genug auch seine Verfügungsmacht vor. Auch in dieser Hinsicht gelangt er zu Extremen; der Reiterzug der Anbetung der Könige im unteren Saal der Scuola di San Rocco zeigt bei weitgehendem Verlust der Buntwerte nur noch eine entfärbte Materialität, diese aber gehorcht als gefüger Stoff einer genialischen Künstlergewalt, die auch die Gegenstände zu Schemen reduzieren kann.

Natürlich hinterläßt die von Boschini berichtete eigentümliche Arbeitsweise des alten Tizian ihre Spuren, doch gehört die Darstellung der Faktur nicht zu seinen imaginativen Zielen. Geht man in der Accademia von dem erwähnten Bild des Tintoretto die wenigen Schritte zu Tizians Pietà, so wird deutlich, daß weniger das Tun des Künstlers in der Verarbeitung der Farbe erscheint, sondern vielmehr das ihm materiell Gegebene, die Farbsubstanz als solche zur Anschauung gebracht wird.

Während der letzten fünfzehn Jahre seines Schaffens entwickelte Tizian eine Malweise, die in Metamorphosen die Tafelmalerei bis ins 20. Jahrhundert beeinflußt hat. Drei miteinander verwandte und voneinander abhängige Elemente formen sowohl das Bild als Abbild und Thema, sie formen aber auch das Bild der Malerei. Erstens entläßt die koloristische Potenz der Dunkelmatrix die Farbigkeit in einer Weise, daß Farbe im Bild zu entstehen scheint. Es gehört zum Wesen dieser Genese, daß Farbe der Dunkelmatrix mehr oder weniger verhaftet bleiben kann, was sich als differierender Sättigungsgrad darstellt. Auch die gesättigte Farbe, ob unbunt, misch- oder reinbunt, überschreitet nicht die Grenze von *color*, es bleibt ihr die Aufgabe, das als solches nicht eingesetzte Licht darzustellen. Zweitens sind die Formate virtuell durchgängig polychrom, an jeder Stelle ist der ganze Umfang der Farbigkeit möglich und wird oft auch bei und in der Dominanz eines Bunt- oder Mischwerts realisiert. Damit hängt zusammen, daß die gegenständlichen Bereiche unter sich und gegen die ungegenständlichen fließend sind. Die Polychromie hebt Grenzen auf. Der Verkündigungsengel in S. Salvatore ist ein typisches Beispiel. Auf den ersten Blick scheint er mit einem homogen hellgrauen Gewand mit leichter Violettbeimischung angetan. Genaues Zusehen entdeckt aber mehr oder minder deutliche Spuren einer weitgespannten Buntfarbigkeit. Die darin enthaltene Rotdimension wird in den Bändern des Gürtels aktiviert, ohne harte Distinktion tritt Rot aus der Polychromie hervor.

Parallel zur Genese der Farbigkeit findet drittens eine weitere statt: die stufenweise Freisetzung der Farbe als Material, das sich aus Fläche, Raum, mimetischer Gegenständlichkeit – ja selbst Farbigkeit emanzipiert und dem Betrachter als vor allen Gestaltungsebenen existierender Stoff der Malerei entgegentritt.[52]

Weil nach Auskunft des jüngeren Palma der alte Tizian mehr mit den Händen als mit dem Pinsel gemalt haben soll, greift Boschini in seiner grenzenlosen Verehrung zu einem hohen Topos, um den Rang der Spätwerke Tizians zu charakterisieren: *volendo imitare l'operazione del Sommo Creatore, faceva di bisogno osservare che egli pure, nel formar questo corpo umano, lo formò di terra con le mani*. Ob Tizian wirklich im Bewußtsein der *imitatio* des Weltenschöpfers gearbeitet hat? Viel eher scheint er in dem Wissen gemalt zu haben, daß diese Arbeit von dem ihm Vorgegebenen – dem Malmaterial abhängt. Wenn er Farbe als Materie neben anderem zum Bildgegenstand erhob, so wird darin weniger ein Schöpfergestus als vielmehr ein Indiz kreatürlicher Ehrfurcht zu sehen sein.

Anmerkungen

1 *Mostra di Tiziano*, Venezia XXV Aprile – IV Novembre MCMXXXV, Catalogo delle Opere, Officine Grafiche Ferrari, Venezia MCMXXXV. – *Tiziano. Palazzo Ducale Venezia*, National Gallery of Art Washington, (Marsilio Editori s. p. a.) Venezia 1990 (im folgenden zitiert KAV 1990).
2 An erster Stelle in dieser Hinsicht zu nennen: ERWIN PANOFSKY, *Problems in Titian. Mostly iconographic*, New York 1969.
3 Dazu in KAV 1990 eine Reihe bedeutender Beiträge mit Graphiken und farbigen Stratigraphien: GIOVANNA NEPI SCIRÈ, *Recenti restauri di opere di Tiziano a Venezia*, S. 109-131; PAOLO SPEZZANI, *Le indagini non distruttive*, S. 377 f. – LORENZO LAZZARINI, *Note su alcune opere comprese tra il 1510 e il 1542*, S. 378-384. – GIOVANNA BORTOLASO, *Note su alcune opere tra il 1542 e il 1576*, S. 385-387. – VASCO FASSINA/MAURO MATTEINI/ARCANGELO MOLES, *Studio dei leganti pittorici in sette dipinti a Venezia*, S. 388-400.
4 LAZZARINI (wie Anm. 3), S. 380. Zu der Diskussion um die Bildarchitektur vgl. das Resumée im Text zur Pesaro-Madonna, KAV 1990, S. 194-196 von FRANCESCO VALCANOVER.
5 So beim Frühwerk St. Markus mit Heiligen in der Sakristei der Salute, vgl. LAZZARINI (wie Anm. 3), S. 379. Ähnliche gegenständliche Vervollständigungen, die bereits Ausgearbeitetes wie „Grund" benutzen im Zentrum der Pietà, vgl. BORTOLASO (wie Anm. 3), S. 386.
6 MARCO BOSCHINI, *Le ricche minere della pittura veneziana*, Venezia 1674. In dieser zweiten Edition des nach Sestieri geordneten Führers durch die in Venedig befindliche Malerei schaltet Boschini Kapitel über ‚Distinzione di sette maniere‘ ein. Die oft zitierte Passage über die Arbeitsweise des späten Tizian (Wiederabdruck bei DAVID ROSAND, *Painting in Cinquecento Venice: Titian, Veronese, Tintoretto*, New Haven and London, 1982, S. 249 f. Anm. 81) beruht auf einer Mitteilung des Palma il Giovane, der seine in der Werkstatt des Tizian gemachten Beobachtungen dem jungen Boschini, der in die bottega des Palma eingetreten war, erzählt hat. Allerdings war der Lehrling damals noch sehr jung, Boschini ist 1613 geboren, Palma starb 1628.
7 BORTOLASO (wie Anm. 3), S. 385 f.
8 Dazu GIOVANNA NEPI SCIRÈ in: *Ministero per i Beni culturali e ambientali. Quaderni della Soprintendenza ai Beni artistici e storici di Venezia*, 13, Restauri alle Gallerie dell' Accademia, Venezia 1987, S. 31-39 La Pietà. Ferner von derselben Autorin der Text zur Pietà in KAV 1990, S. 373 f.
9 DAVID ALAN BROWN in KAV 1990, S. 302 ff.; das aufschlußreiche Röntgenbild S. 304.
10 SCIRÈ (wie Anm. 8), S. 37: „Tiziano stesso usava dipingere più volte le medesime zone, sia per ottenere determinati effetti cromatici e luministici, sia per veri e propri pentimenti e addirittura in successivi tempi di esecuzione".
11 ROSAND (wie Anm. 6) im Kapitel The Conditions of Painting in Renaissance Venice, in dem auch die Auseinandersetzung mit dem tosco-römischen Begriff des *disegno* dargestellt wird. Die Frage um *colore/colorito* bes. S. 24-26.
12 JOHN STEER, *Titian and venetian Colour*, in: The Genius of Venice 1500-1600, Kat. Ausst. Royal Academy of Arts, London 1983, S. 41-43.
13 Zitat bei ROSAND (wie Anm. 6), S. 251, Anm. 95. Rosand hat diese Skepsis nochmals deutlich und besonders im Hinblick auf Tizian zum Ausdruck gebracht in: *Titian and the Critical Tradition*, in: David Rosand (Hrsg.), Titian. His World and his Legacy, New York 1982, S. 32.
14 THEODOR HETZER, *Tizian. Geschichte seiner Farbe*, Frankfurt a. M. 1935. Alle folgenden Zitate nach der zweiten Auflage 1948. – Man hat Mühe, anzunehmen, daß das harsche Urteil über Hetzers Buch von ROSAND (wie Anm. 13), S. 32 auf eingehendem Studium dieser einzigen ausführlichen Geschichte von Tizians Farbe beruht.
15 Zuletzt wieder in: *Lexikon der Kunst*, Bd. VII, 2. Aufl., Leipzig 1994, S. 348 f., s. v. *Tizian*.
16 Eine bemerkenswerte Ausnahme stellt der kurze, aber substantielle Aufsatz von STEER (wie Anm. 12) dar. Dagegen erfüllt der Aufsatz von PIETRO ZAMPETTI *Qualche considerazione sul colore di Tiziano*, in: Tiziano e il manierismo europeo, a cura di Rodolfo Pallucchini, Firenze 1978, S. 91-97 die vom Titel geweckten Erwartungen nicht.
17 Dazu HANS OST, *Tizian-Studien*, Köln/Weimar/Wien 1992, S. 5-13. Die Kritik von Ost richtet sich zu Recht gegen die häufige Mystifizierung des „Alterswerkes" oder „Spätwerkes" (wie etwa bei A. E. BRINCKMANN, *Spätwerke großer Meister*, Frankfurt a. M. 1925). Sachliche und mehrere Stilkomponenten berücksichtigende Analysen werden jedoch nicht um die Feststellung herumkommen, daß bei Tizian eine Gruppe von Werken im späten Œuvre Gemeinsamkeiten aufweist, die man tunlich unter dem Begriff des Spätstils zusammenfassen sollte.
18 Eine ausführliche Darstellung dieser sich über einen sehr langen Zeitraum hinziehenden Auseinandersetzung gibt OST (wie Anm. 17), S. 13-19.
19 CHARLES HOPE, *Titian*, London 1980, S. 161-166. Die Leugnung eines Altersstiles und die Behauptung, daß die entsprechende Stilhaltung lediglich auf einen unvollendeten Zustand hindeute, bringt Hope bei der schon vor 1566 *in situ* befindlichen Verkündigung in S. Salvatore in Schwierigkeiten. Da ein *non finito* von der Quellenlage her ausgeschlossen ist, behilft er sich unter Berufung auf Vasari mit einer Abqualifizierung als Werkstattbild: „the picture has all the hallmarks of a studio product", „largely executed by assistants" (S. 141 bzw. S. 164). Das Bild wird jedoch in der sonstigen Forschung einhellig für ein eigenhändiges Hauptwerk gehalten.
20 Dazu NORBERT HUSE/WOLFGANG WOLTERS, *Venedig. Die Kunst der Renaissance. Architektur, Skulptur, Malerei 1460-1590*, München 1986, S. 325: „Da er nicht mit Kartons arbeitete, die, einmal fixiert, notfalls auch von anderen hätten übertragen werden können, sondern fast den ganzen Schaffensprozeß auf die Leinwand verlegte, wurden die Grenzen zwischen Entwurfsarbeit und Ausführung immer fließender, bis es schließlich für die letzten Werke überhaupt kaum objektivierbare Kriterien mehr gibt, wann ein Bild fertig ist und wann nicht".
21 DAVID ROSAND in KAV 1990, S. 98 und S. 100: „Sebbene L'incoronazione di spine di Monaco sia evidentemente una tela incompiuta, l'autosufficienza estetica di una espressione pittorica di tale profondità era evidentemente ammirata nel Cinquecento". – Für das Alterswerk Schäfer und Nymphe in Wien hat PANOFSKY (wie Anm. 2), S. 168-171, die Möglichkeit des *non finito* ins Auge gefaßt. – AUGUSTO GENTILI, *Da Tiziano a Tiziano*, Roma 1988, S. 277, weist diese Kategorie als nicht diskutabel zurück, besonders für Tizian sei sie „particolarmente fuori di luogo". Gentilis ausgezeichnete, den poetischen Gehalt des Bildes treffende Interpretation zeigt die Schwierigkeiten auf, die sich für traditionelle Ikonographie beim Spätstil Tizians ergeben können.
22 OST glaubt den für spät gehaltenen „Skizzenstil" hauptsächlich ikonographisch erklären zu können als einen Stil, „der das Geisthafte oder Geisterhafte des Themas zum Ausdruck bringt (wie Anm. 17, S. 87). Die Verkündigung in S. Salvatore wäre dann in einem „scheinbaren ‚Spätstil'" gemalt. Daß gewisse Momente dieses Bildes schon in der Glorie der Assunta bemerkbar sein sollen, das Späte also schon ca. 45-50 Jahre zuvor auftauchen würde (S. 88), beruht auf isolierender Betrachtung von Einzelpartien und völliger Ignorierung der unvergleichbaren optischen Bildklimata.
Daß bei den für Skizzen gehaltenen oder als unvollendet angesprochenen Spätwerken eher ein „*passaggio ad un'altra fase creativa*" vorliegt und dieses „*Kunstwollen ... pienamente raggiunto*" nicht mit „*demi-fait*" zu verwechseln ist, darauf hat RODOLFO PALLUCCHINI hingewiesen: *Per la storia del Manierismo a Venezia – L'ultima svolta die Tiziano*, in: Da Tiziano a El Greco, Kat. Ausst. Venedig 1981, S. 49.
23 Feststellungen zur neuzeitlichen Malerei wegen deren kompliziertem Aufbau können nur an Originalen bei wiederholter Autopsie unter den natürlich sich verändernden Bedingungen der Lichtqualität und -intensität getroffen werden. Auch die beste Farbproduktion gibt nur einen von vielen möglichen Erscheinungszuständen wieder. – Die Gelegenheit wiederholter Betrachtung über jahrelangen Zeitraum hatte Verf. besonders bei den in Venedig in Kirchen und Sammlungen zugänglichen Werken des Tizian sowie den entsprechenden Bildern in der Alten Pinakothek in München.
24 Dazu ROSAND (wie Anm. 6), *Titian's Light as Form and Symbol*, S. 69-75.

25 Für diese Art des Sehens signifikativ PALLUCCHINI (wie Anm. 22), S. 47. Besonders prononciert zur Verkündigung in S. Salvatore ROSAND (wie Anm. 6), S. 73: „... particularly powerful explosion of heavenly light ...".

26 Gerne nimmt man wegen der vorzüglich gearbeiteten Ornamentik, aber auch wegen der architektonischen Entsprechungen von Rahmen und Altar die Attribution dieser Steinmetzarbeit an Sansovino auf. Vgl. dazu BRUCE BOUCHER, *The Sculpture of Jacopo Sansovino*, Bd. 1, London/New Haven 1991, S. 120.

27 Für diesen Sachverhalt bietet wieder die Verkündigung in S. Salvatore ein eindrucksvolles Beispiel. Die hellste Partie des Bildes ist der Gewandärmel am rechten Oberarm des Verkündigungsengels. Dort erscheint aber nicht Licht, sondern die Textilfarbe Weiß. Die Partie des dargestellten Lichtes dagegen – um die Geist-Taube – ist objektiv dunkler, weil sie in der Gelb-Grau-Braun-Koloristik verbleibt.

28 Den Begriff der Eigenhelligkeit hat vor allem ERNST STRAUSS bei Behandlung der Bildfarbe verwendet: *Zur Wesensbestimmung der Bildfarbe*, in: Koloritgeschichtliche Untersuchungen zur Malerei seit Giotto, München/Berlin 1972, S. 19 f. Dieser und der ansonsten von Strauß erarbeiteten Begriffe bieten bislang das beste Instrumentarium zur Erfassung, Beschreibung und Analyse der optischen Dimensionen vor allem neuzeitlicher Malerei. Gegenüber Farbtheoremen hat das Straußsche Instrumentarium den Vorzug, daß es bei gewahrter Begrifflichkeit die anschaulichen Bestände unmittelbar greift.

29 WOLFGANG SCHÖNE, *Über das Licht in der Malerei*, 4. Aufl., Berlin 1977, S. 131, behandelt die Glorie der Assunta im Kapitel „Beleuchtungslicht" ohne auf das Verhältnis zur Farbe einzugehen.

30 STEER (wie Anm. 12), S. 42 zu den festen Gelbpigmenten der Assunta und der Pesaro-Madonna: „stand for light".

31 Eine vergleichbare Integration des Goldes in die Koloristik hat FLORENS DEUCHLER bei der Maestà des Duccio festgestellt: *Duccio: Zum Gold als Farbe*, in: Von Farbe und Farben. Albert Knoepfli zum 70. Geburtstag, Zürich 1980, S. 303-307. „Gold wird zur integrierten Farbe und somit aus dem Abstrakt-Folienhaften gleichberechtigt neben und in die Farben gestellt, eingebettet" (S. 303).

32 GIOVANNA NEPI SCIRÈ in KAV 1990, S. 122.

33 Beispiele: ROBERTO LONGHI, *Viatico per cinque secoli di pittura veneziana*, Firenze 1947, S. 24 „impressionismo magico"; dem folgend FRANCESCO VALCANOVER zu S. Giovanni Elemosinario (derzeit in der Accademia) KAV 1990, S. 288 „magico impressionismo"; CHARLES HOPE zu Kind mit Hunden in Rotterdam (wie Anm. 19), S. 228 „The sketchy impressionistic technique ..."; HOPE zu Schäfer und Nymphe in Wien (wie Anm. 19), S. 164 „... ill defined impressionistic treatment of detail ...". – MARTINA FLEISCHER in KAV 1990, S. 361 zu Tarquinius und Lukretia in der Wiener Akademie „effetti impressionistici".

34 Die Restaurierung 1979 hat das Bild in S. Lio in seiner Bedeutung sichtbar gemacht. Seither ist auch die zuvor ziemlich einhellige Datierung in die Mitte der 1540 Jahre in Diskussion geraten. Es dürften vor allem Farbgebung und Faktur gewesen sein, die SANDRO SPONZA zu einer plausiblen Spätdatierung „alla metà del settimo decennio" (KAV 1990, S. 322), also in die Nähe der Verkündigung in S. Salvatore, veranlaßt haben.

35 Zur luminösen Erscheinungsweise der Farbe vgl. STRAUSS (wie Anm. 28), S. 20 f. – Eine eindrucksvolle Analyse einer auf Luminosität beruhenden Malerei hat EMIL MAURER gegeben: *Zum Kolorit von Pontormos „Deposizione"*, in: Von Farbe und Farben (wie Anm. 31), S. 315-321.

36 Zu Grau, Olivgrün und Braun vgl. ERNST STRAUSS, *Zu den Anfängen des Helldunkels*, in: DERS. (wie Anm. 28), vor allem S. 28 f. Auch wenn das von Strauß beschriebene und definierte Helldunkel der venezianischen Malerei des 16. Jahrhunderts fremd ist, so können seine Feststellungen zu den „Mischwerten" im Verhältnis zum Dunkel vor allem bei Giorgione und Tizian doch Einsichten eröffnen.

37 Ludwig von Toulouse und Sinibaldus in je einer Nische, Sebastian und Bartholomäus zusammen unter einer Arkade; wohl um 1506/07. Die Tafeln sind derzeit (1997) in der Accademia ausgestellt.

38 SCIRÈ in KAV 1990, S. 124-126.

39 Zu den nur geringen Datierungstoleranzen vgl. FRANCESCO VALCANOVER in KAV 1990, S. 286. Die Untersuchungen anläßlich der Restaurierung 1989/90 haben „confermato la buona conservazione del dipinto" und eine „inaspettata integrità"; SCIRÈ in KAV 1990, S. 122.

40 HETZER (wie Anm. 14), S. 176: „Es ist das tiefe bis zum Braunschwarzen sich steigernde Braun, das in dem gesamten Altersstil Tizians eine so große Bedeutung hat ..." Allerdings scheint die optische Dynamik eher umgekehrt zu verlaufen, nämlich aus dem Dunkel zu Braun und von da aus zu den „reineren" Farbwerten. Hier zeigt sich, daß Hetzer sich das Dunkel nicht als Basisposition der Optik des Spätwerkes bewußt gemacht hat.

41 Das in der venezianischen Malerei bevorzugt verwendete Kupferresinatgrün neigt zum Umschlag in Braunwerte. Vgl. dazu THOMAS BRACHERT, *Patina. Von Nutzen und Nachteil der Restaurierung*, München 1985, S. 35 f. Diese mögliche, offensichtlich aber nicht immer eingetretene Verfärbung ist vor allem bei landschaftlichen Partien in Tizians Gemälden bewußt zu halten.

42 STEER (wie Anm. 12), S. 43, beschreibt den gleichen Vorgang für Tarquinius und Lukretia in der Wiener Akademie und die Schindung des Marsyas in Kroměříž: „light and colour seem to emerge only with difficulty out of the surrounding darkness".

43 HETZER (wie Anm. 14), S. 155: „Man hat den ganzen Entstehungsprozeß der Bilder vor sich ... und es mehren sich die Fälle, wo man zweifeln kann, ob ein Bild unvollendet geblieben ist, oder ob es im Sinne Tizians fertig war".

44 SCIRÈ (wie Anm. 3), S. 124-126, Abb. 37 und 38.

45 Auf „materielle Erscheinungsweise der Farbe" in der neuzeitlichen Malerei hat SCHÖNE (wie Anm. 29), S. 117, hingewiesen. Aber vor allem Tizian und Rembrandt in ihren Spätphasen dringen bis zur Darstellung des Malmaterials als solchem vor. Vergleichbare Sachverhalte der Malerei des 19. und 20. Jahrhunderts bleiben hier außer Betracht.

46 SCIRÈ gibt in dem Bericht über die Restaurierung der Pietà in der Accademia (wie Anm. 8), S. 31-39, wichtige Hinweise zum materialen Befund des Bildes, der für das Auge „talvolta i limiti dell'informale" erreicht. – Im Katalog der Tizian-Ausstellung 1935 liest man zum Putto mit der Vase links unten „quasi grumo di materia preziosa" (S. 203).

47 PAOLO ROSSI schreibt in KAV 1990, S. 326, zum Berliner Selbstporträt „la resa della materia pittorica, un impasto di colore steso" und argumentiert mit dieser Darstellung des Materials zu Recht für die Datierung „all'inizio del settimo decennio". Im Ausstellungskatalog 1935 auf Seite 201 heißt es zum Sebastian in St. Petersburg „... tumulto delle masse di torbido colore gettate indistinte e tempestose per tutto il campo del quadro".

48 Außer der Verkündigung in S. Salvatore weisen besonders folgende Spätwerke die Präsentation der Malmaterie auf: Selbstporträt in Berlin; Dornenkrönung in München; Tarquinius und Lukretia in der Wiener Akademie; kreuztragender Christus in Madrid; Sebastian in St. Petersburg; Pietà in Venedig; Marsyasschindung in Kroměříž. Ansätze zur Verselbständigung des Malmaterials finden sich bei S. Giovanni Elemosinario in Venedig; Laurentiusmarter in den Gesuiti; Schäfer und Nymphe in Wien.

49 HUSE (wie Anm. 20), S. 326, hält den seiner Meinung nach unvollendeten Zustand des Bildes für nicht weiter überarbeitet; was er jedoch „Glanzlichter" nennt, nähert sich anschaulich eher der Verselbständigung der Malmaterie, besonders beim Schultertuch Christi und den verschiedenen Weißhöhungen.

50 Hinweis auf Wiederabdruck des Textes vgl. Anm. 6.

51 Gerade weil sich in diesem Werk die Charakteristika des Tizianschen Spätstiles am deutlichsten zeigen, ist die Frage nach Art des Bildes – modello, Skizze, unvollendet, fertiges Bild – besonders eindringlich diskutiert worden. Vgl. dazu das Referat von MARTINA FLEISCHER in KAV 1990, S. 361 f.

52 DAVID ROSAND, *Titian and the critical tradition*, in: ROSAND (wie Anm. 13), S. 24 f., versteht – unter Bezugnahme auf Boschini – die Darstellung des Materials als „visceral quality ..., the sense in which paint seems to transcend its metaphoric or correlative relation to flesh and appears instead a convincing physical substitute for it". Einer solchen Interpretation von Tizians Materialpräsentation als Substitut von „flesh" steht einmal die zum Amorphen drängende Tendenz der entsprechenden Partien entgegen, zum anderen die Tatsache, daß diese Partien zwar auch, aber am wenigsten an Inkarnaten erscheinen.

Alfred A. Schmid
Neues zum Werk des Malers Johann Achert

Der Rottweiler Maler Johann Achert, geboren um 1655 und gestorben 1730, ist ein typischer Vertreter der süddeutschen Malerei des beginnenden Hochbarocks. Er hinterließ ein relativ umfangreiches Werk fast ausschließlich sakraler Thematik, das sich zu einem schönen Teil noch heute in den Kirchen, Klöstern und Kapellen befindet, für die es geschaffen wurde. Um so merkwürdiger erscheint es, daß er im 19. Jahrhundert fast völlig in Vergessenheit geriet. Naglers Künstlerlexikon verzeichnet ihn nicht, und auch im Thieme-Becker sind ihm nur wenige Zeilen gewidmet. Erst die 250. Wiederkehr seines Todestages, Anlaß zur ersten Ausstellung überhaupt, die dem Künstler gewidmet wurde, verhalf ihm wieder zu Beachtung im lokalen und überregionalen Rahmen.[1]

Johann Acherts Leben verlief, soweit wir darüber Bescheid wissen, in bürgerlich-ruhigen Bahnen. Er war Rottweiler Bürger, aber von bescheidener Herkunft. Seine erste (1683) wie seine zweite Heirat (1711) trugen zweifellos zu seinem sozialen Aufstieg bei. Seit 1683 ist er als selbständiger Meister nachweisbar. Seine Aufträge erhielt er hauptsächlich von der Stadt, von kirchlicher Seite – neben den Rottweiler Klöstern sind hier namentlich die nahegelegene Zisterzienserinnen-Abtei Rottenmünster und die Zisterzienserabtei Salem am Bodensee zu nennen – und vom ansässigen Adel. 1711-13 gehörte er als gewählter Meister der Krämerzunft für kurze Zeit dem Rat der Reichsstadt an. In späteren Jahren wurde er offenbar etwas schwierig, und er scheint sich ganz aus dem politischen Leben zurückgezogen zu haben.

Es war seit langem bekannt, daß Achert 1693 die beiden Gemälde für den neuen Hochaltar der Franziskanerkirche in Freiburg i.Ue. geschaffen hat.[2] Das Hauptbild mit der Darstellung der Kreuzauffindung durch die Kaiserin Helena (Abb. 1, 2), signiert und datiert, befindet sich heute in einer Seitenkapelle der Kirche, während das Oberstück mit der Hl. Familie 1937 einem Brand zum Opfer fiel. Neueren Datums ist die Erkenntnis, daß es sich bei diesen beiden Altarblättern nicht um zwei vereinzelte und eher zufällige Werke handelt, die dem Maler möglicherweise anläßlich einer Durchreise in Auftrag gegeben wurden. In ihren unmittelbaren Umkreis gehören vielmehr eine Reihe weiterer Bilder, die in diesem Michael Petzet gewidmeten Band erstmals zusammengestellt seien.

Das Hauptstück des Franziskaner-Hochaltars ist ein Schlüsselwerk im Schaffen Acherts.[3] Schon seine Dimensionen – es ist, nach dem Hochaltarbild der katholischen Stadtpfarrkirche von Weil der Stadt, das zweitgrößte von Achert bekannte Werk überhaupt – sichern ihm einen wichtigen Platz im Œuvre des Malers. Über den Aufbau des zweigeschossigen Retabels, das 1884 durch einen neugotischen Altar ersetzt wurde, sind wir durch eine alte Photographie im Kloster-

Abb. 2. Johann Achert, Kreuzauffindung, Ausschnitt: Kaiserin Helena

archiv unterrichtet: Zwei leicht überlebensgroße Statuen der Apostelfürsten Peter und Paul, zu beiden Seiten der Architektur angeordnet, zeigen ein hochbarockes Pathos von bemerkenswerter Qualität. Sie gelangten seinerzeit in das kantonale Museum für Kunst und Geschichte und können bis jetzt mit keinem damals in Freiburg tätigen Bildschnitzer in Verbindung gebracht werden. Möglicherweise wurden somit auch die plastischen Bestandteile nach auswärts vergeben. Architektur und Fassung waren das Werk des aus dem Würzburger Franziskanerkloster herberufenen Bruders Kilian Stauffer. Die Stifter des Gemäldes sind durch die unten rechts angebrachten Wappen bekannt, Jean-Nicolas de Montenach und seine Gattin Françoise-Elisabeth de Reynold.[4] Halten wir zudem fest, daß ein Angehöriger der gleichen regimentsfähigen Familie, François-Antoine (Klostername Nicolas), 1684 in das Franziskanerkloster Freiburg eintrat und 1692 zum Guardian gewählt wurde. 1696 wurde er Guardian des Klosters Thann im Elsaß, von 1705 bis 1707 war er Provinzial der Provinz Straßburg. Der Konsekrator des neuen Hochaltars, der damalige Bischof von Lausanne, Pierre de Montenach, gehörte derselben Familie an.

Abb. 1. Johann Achert, Kreuzauffindung, 1693; Hauptbild vom ehemaligen Hochaltar der Franziskanerkirche in Freiburg i.Ue.

Abb. 3. Johann Achert, Lactation des hl. Bernhard von Clairvaux; Oberstück des Altars der Kapelle Ste-Apolline bei Posieux, Kanton Freiburg

Abb. 4. Johann Achert, Taufe Christi im Jordan; Hauptbild des Altars der Kapelle Ste-Apolline bei Posieux

Der Maler Johann Achert war damals in Freiburg aber kein Unbekannter mehr. Jahre zuvor hatte er hier bereits Proben seines Könnens abgelegt. 1679 und 1680 schuf er für verschiedene geistliche Auftraggeber Bilder, von denen viele signiert sind. Mehrere wurden für Candide Fivaz, von 1670 bis 1700 Abt des unweit von Freiburg gelegenen Zisterzienserklosters Hauterive (Altenryf) gemalt und mit seinem Wappen versehen. Sie seien im folgenden einzeln aufgeführt:

Abb. 5, 6. Hl. Wilhelm und hl. Apollonia; Flügelbilder des Altars der Kapelle Ste-Apolline bei Posieux

Abb. 7. Johann Achert, Altar der Kapelle Ste-Apolline, 1680; Gesamtansicht

1. Wir beginnen mit einem Altarbild, Öl auf Leinwand, 266:213 cm, das zur barocken Ausstattung der Klosterkirche gehörte und – bisher nicht in seiner Bedeutung erkannt – heute in der Abtei aufbewahrt wird. Es handelt sich um eine Schlüsselübergabe an Petrus, überhöht von Gottvater, der von Putten umgeben ist, und der Taube des Heiligen Geistes. Die Komposition ist in schwungvollen Diagonalzügen aufgebaut. Gottvater rechts oben leitet die Bewegung nach links auf Christus, dessen Geste auf Petrus hinweist, und Petrus nimmt die Schlüssel entgegen. Die Köpfe beider sind ausdrucksvoll, sie bauen sich aus kräftigen Farbakzenten auf. Unten links stehen Schafe; die Szene faßt also die Textstellen Mt. 16, 18-19, und Joh. 21, 15-17, zusammen. Sie ist in nächtliches Dunkel getaucht, aus dem der rote Mantel Christi und der blaue Mantel des Petrus hervorleuchten. Die Gewänder beider und Gottvaters sind im übrigen in einem fahlen Grau mit leichtem Violettstich gehalten. Die obere linke Ecke wird von einer schwarzen, perspektivisch verkürzten Architektur eingenommen. Die Pinselschrift ist energisch, teils flüssig, teils pastos; die Borsten sind in einzelnen Zügen deutlich zu erkennen. Das Bild ist unten in der rechten Ecke voll signiert, das rechts davon angebrachte Wappen des Abtes Fivaz wird von der Jahrzahl 1679 begleitet; die Schlüsselübergabe ist damit das älteste Werk, das wir von Achert kennen[5], so daß es im Gesamtwerk Acherts einen bedeutenden Stellenwert einnimmt.

2. In der Kirche von Hauterive und vermutlich an ihrem ursprünglichen Platz an der südlichen Seitenwand befindet sich eine Darstellung des Falls Christi unter dem Kreuz. Das Bild mißt 94 : 184 cm. Es ist auf Leinwand gemalt, auf 1680 datiert und ebenfalls mit dem infulierten Wappen Fivaz' versehen. Es handelt sich um die Kopie eines 1502 entstandenen Gemäldes des Freiburger Malers Hans Fries, das 1932 von der Gottfried-Keller-Stiftung aus Savoyen erworben und im Kunstmuseum Bern deponiert worden ist. Dieses Andachtsbild muß zu seiner Zeit in Freiburg sehr geschätzt und verehrt worden sein. Es haben sich mehrere alte Kopien davon erhalten. Eine befindet sich in der Heiliggrabkapelle der Kathedrale, wo auch der ursprüngliche Standort des Originals zu vermuten ist – angesichts der Dimensionen ein Indiz dafür, daß Achert seine Kopie in Freiburg gemalt haben muß.[6]

3. Heilige Familie, 121 : 90 cm, Öl auf Leinwand, im originalen Rahmen (Abb. 10). Links unten das Wappen des Abtes Candide Fivaz mit dem Datum 1680. Freiburg, Zisterzienserinnen-Kloster Maigrauge (Magerau). Fivaz war wahrscheinlich seit 1660 und bis zu seiner Abtwahl Prokurator dieses Klosters.

4. Judith und Holophernes, 90 : 180 cm, Öl auf Leinwand. Rechts unten signiert und datiert 1680, wiederum mit dem Wappen des Abtes Candide Fivaz. Freiburg, kantonales Museum für Kunst und Geschichte (Kant 1882).

5. Posieux bei Freiburg, Kapelle der hl. Apollonia (Ste-Apolline), Altarretabel und Antependium.[7] Vierteiliges Polyptychon (Abb. 5):

   a) Hauptbild: Taufe Christi im Jordan, mit zahlreicher Assistenz (Abb. 4). 55 : 69 cm, Öl auf Leinwand. Signiert links

Abb. 8. *Johann Achert, Die Heilige Sippe, um 1680/90. Freiburg i.Ue.; Kantonales Museum für Kunst und Geschichte*

unten: Jo. Achert p. Darüber in Kartusche das Wappen des Abtes Candide Fivaz, bekrönt von Mitra und Stab, getragen von einem Spruchband: „Transplantatum super aquas, non desinet facere fructum ierem 17".

b) Oberstück: Lactation des hl. Bernhard von Clairvaux (Abb. 3). 33 : 44 cm, Öl auf Leinwand.

Abb. 9. *Johann Achert, Die Heilige Sippe, Ausschnitt: Jesuskind*

c) Linker Flügel: Hl. Wilhelm (S. Guillaume) als Ritter, mit dem Kruzifix in der linken Hand (Abb. 5). 43,5 : 20,5 cm, Öl auf Leinwand.

d) Rechter Flügel: Hl. Apollonia (S. Apolonia) mit Zange, Zahn und Märtyrerpalme (Abb. 6). 43,5 : 21 cm. Öl auf Leinwand.

e) Antependium: Flucht nach Ägypten, in der Landschaft von Ste-Apolline mit Brücke über der Glâne und, links, der Kapelle. Datiert rechts unten 1680. 67 : 93,5 cm, Öl auf Tannenholz.

An diese für Hauterive geschaffenen Werke und den Hochaltar der Franziskanerkirche schließen sich fünf, bereits im Œuvrekatalog von 1980 aufgeführte Kreuzwegstationen im einstigen Jesuitenkollegium St. Michael in Freiburg an: Öl auf Leinwand, je 178 : 122 cm. Ölberg, Geißelung, Dornenkrönung, Kreuztragung und Kreuzigung. Ölberg, Dornenkrönung und Kreuztragung sind signiert. Die Bilder befinden sich noch immer im Westflügel des Kollegiums.[8] Ein sechsteiliger Kreuzweg, der 1931 im Freiburger Kunsthandel auftauchte,[9] war hingegen während Jahrzehnten verschollen. Die Stationen im Jesuitenkollegium sind hier um das Auferstehungsbild erweitert, und außer der Kreuztragung sind alle von Achert signiert. Diese Bilder sollen angeblich aus einer Marienkapelle im freiburgischen Farvagny (Favernach) stammen. 1971 wurden im Berner Kunsthandel unerwartet und ohne Provenienzangabe vier dieser Kreuzwegstationen angeboten. Sie zeigen Christus am Ölberg, Kreuztragung, Kreuzigung und Auferstehung. Das erste Bild gelangte damals in Winterthurer Privatbesitz, die drei anderen wurden vom Stadtmuseum Rottweil angekauft.[10]

Einige weitere Bilder, die von Marcel Strub, dem früheren Inventarisator der Kunstdenkmäler des Kantons Freiburg, Achert zugeschrieben und veröffentlicht worden sind, können hier nur kurz erwähnt werden. Gleichfalls im Kollegium St. Michael befindet sich eine Darstellung des hl. Joseph mit dem Jesusknaben.[11] Zwei weitere Kreuzigungen sind im einstigen Bürgerspital,[12] dessen Räume heute von der Stadt genutzt werden. Hingegen sei auf ein noch unpubliziertes Gemälde der Heiligen Sippe verwiesen, das 1988 in den Berner Kunsthandel gelangte und vom kantonalen Museum für Kunst und Geschichte in Freiburg ersteigert werden konnte:

6. Heilige Sippe, Joseph und das Jesuskind, Joachim und Anna, Elisabeth und der Johannesknabe, dazu zwei darüber schwebende Putti (Abb. 8, 9); 125 : 81 cm, Öl auf Leinwand, die auf Tannenholz aufgezogen ist. Signiert unten rechts: Joh: Achert. p.

Das Bild verdient besondere Aufmerksamkeit, weil wir von Johann Achert das gleiche Thema in drei Ausführungen besitzen. Für die 1680-1689 erbaute Jesuitenkirche in Solothurn schuf der Maler vier Gemälde zu den Seitenaltären; die Ausstattung der Kirche setzt 1687 ein und zieht sich bis in die frühen neunziger Jahre hin. Uns interessiert das Bild der Heiligen Sippe, das – im frei sichtbaren Teil gemessen – mit 267:172 cm recht stattliche Ausmaße zeigt. Die Komposition weicht nur in Einzelheiten von der Fassung im Freiburger Museum ab, vor allen in der Hintergrundlandschaft. Die dritte Version begegnet uns auf dem rechten Seitenaltar der katholischen Pfarrkirche von Dormettingen (Zollernalb-

Abb. 10. Johann Achert, Die Heilige Familie, 1680; Freiburg i. Ue., Zisterzienser-Abtei in der Magererau

kreis). Sie ist ebenfalls in Öl auf Leinwand gemalt und mißt 196 : 120 cm. Die Komposition ist hier links außen durch die Gestalt eines Greises erweitert, wohl Zacharias, denn vor ihm ist die hl. Elisabeth dargestellt, die den Johannesknaben Jesus zuführt. Winfried Hecht datiert das Dormettinger Bild mit guten Gründen um 1713,[13] die Freiburger Version, im überzeugenden Aufbau der Komposition am geschlossensten und in der künstlerischen Qualität den beiden andern überlegen, wird man aufgrund der stilistischen Nähe zum Solothurner Bild ohne weiteres in vorletzten Jahrzehnt des 17. Jahrhunderts unterbringen.

Acherts in und für Freiburg geschaffene Werke gehören, soweit ihre Datierung gesichert ist, in die erste Schaffenszeit des Malers. Ihr Stil läßt sich am deutlichsten auf der einleitend besprochenen Schlüsselübergabe und auf dem Franziskaner-Hochaltar aufzeigen. Die Bildfläche ist mit rotem Bolus grundiert, die energische Pinselschrift verrät einen dynamischen Duktus; flüssig gemalte Partien wechseln mit einem pastosen Farbauftrag. Die Figuren tauchen aus dem für Acherts Frühzeit charakteristischen nächtlichen Dunkel auf, und sie sind bei der Kreuzauffindung wie von einem silbernen Licht überflossen. Kühle, gedämpfte Farben herrschen namentlich in der Kreuzauffindung vor, als stärkste farbige Akzente dominieren hier Rot, Schwarz, ein trübes Weiß und ein bräunliches Ocker; gelbe Lichter werden pastos und häufig mit spitzem Pinsel aufgetragen, was zum Beispiel die Gewänder reich und kostbar erscheinen läßt. Mehr als bei der Schlüsselübergabe sind die Inkarnate hier blaß, fahl, grautonig. Heftige Raumkontraste bestimmen das Verhältnis der großen Figuren vorne zu den kleinfigurigen Begleitszenen im Hintergrund. Sie nehmen manieristische Effekte auf, und auch die Komposition als Ganzes verrät eine pretiös-manieristische Eleganz. Einiges erinnert an die französische Malerei des ausgehenden 17. Jahrhunderts, während sich bei der Schlüsselübergabe Anklänge an italienische Barockmalerei finden. Später wird Acherts Malerei konventioneller, die Lokalfarben werden allgemein stärker betont, die Inkarnate sind wieder kräftiger. Die heftige, bis ins Detail fühlbare Dynamik des Duktus' reduziert sich auf eine etwas äußerliche Bewegtheit und Gestik, wie sie oft auch vom Thema her gefordert wird.

Eine letzte Frage stellt sich: Wie fand der Rottweiler Achert den Weg nach Freiburg? Rottweil war seit 1463, als es von den VIII Alten Orten für fünfzehn Jahre ins Burgrecht aufgenommen wurde, mit der Eidgenossenschaft verbündet. 1519 wurde die politische Verbindung enger, und die Reichsstadt nahm fortan als Zugewandter Ort an den Tagsatzungen teil, dem einzigen staatsrechtlichen Organ der jetzt XIII Orte. Das Verhältnis lockerte sich in der Reformation, als die Stadt unter dem Druck von Zürich und Bern zum neuen Glauben übertrat, und durch die kurz darauf erfolgte Rekatholisierung. Die politische Verbindung blieb aber grundsätzlich bestehen bis 1689, als die reformierten Orte einseitig das Erlöschen des Bündnisses erklärten. Es ist nicht ausgeschlossen, daß Achert auf Grund der damals noch bestehenden politischen Verhältnisse seine Wanderschaft um 1680 in die Eidgenossenschaft, Burgund und die Freigrafschaft legte.

In Freiburg läßt sich Achert archivalisch nicht nachweisen, er war nicht Mitglied der Lukasbruderschaft, und da er nicht um das Niederlassungsrecht einkam, wurde er wahrscheinlich von den Klöstern aufgenommen, die ihm – sicher zum Verdruß der eingesessenen Künstler – Aufträge erteilten.[14] Verbindungen könnten über die Jesuiten gelaufen sein, die in Rottweil eine Residenz besaßen und zeitweise bereits im 17. Jahrhundert auch ein Gymnasium führten. Wahrscheinlich waren aber die Zisterzienser die erste Anlaufstelle für unseren Maler. Die Abtei Hauterive wurde 1618 Mitglied der Oberdeutschen Zisterzienser-Kongregation, und rege Verbindungen zu den süddeutschen Klöstern waren schon durch die Provinzkapitel gewährleistet.[15] Die Aufträge, die Achert bereits 1679 vom Abt Candide Fivaz erhielt, deuten auch im Hinblick auf seine späteren Arbeiten für Rottenmünster und Salem in diese Richtung.

Anmerkungen

1 Die Wiederentdeckung Acherts ist hauptsächlich dem Rottweiler Stadtarchivar Winfried Hecht zu verdanken. Er organisierte 1980 die Gedenkausstellung im Stadtmuseum Rottweil, deren von ihm verfaßter Katalog mit den einleitenden Beiträgen einen willkommenen Überblick über Leben und Werk des Künstlers vermittelt. Im neuen Allgemeinen Künstlerlexikon des Verlages Saur, München/Leipzig, das seit 1992 erscheint und den Thieme-Becker ablösen soll, hat der Maler – wiederum dank Winfried Hecht – nun eine angemessene Würdigung erhalten: Bd. 1, 1992, S. 225. Ergänzend dazu: WINFRIED HECHT, *Neues zum Werk des Rottweiler Barockmalers Johann Achert*, in: Heilige Kunst, 23, 1990, S. 30-44.

2 HERIBERT REINERS, *Das malerische alte Freiburg-Schweiz*, Freiburg/Augsburg 1930, S. 60; MARCEL STRUB, *Les Monuments d'Art et d'Histoire du Canton de Fribourg, Tome III: La Ville de Fribourg. Les Monuments religieux*, Deuxième partie, Bâle 1959, S. 39.

3 WINFRIED HECHT, *Johann Achert. Katalog zur Ausstellung aus Anlaß des 250. Todestags des Künstlers*, Rottweil 1980, S. 21 und 29, Kat.Nr. 4; STRUB (wie Anm. 2).

4 Zu den Stiftern: Staatsarchiv Freiburg, Genealogien de Gottrau, Nr. 23 a: Historisch-biographisches Lexikon der Schweiz, Bd. 5, S. 143, Nr. 21. Für freundliche Auskünfte danke ich Frau Dr. Verena Villiger vom Freiburger Museum für Kunst und Geschichte.

5 Das früheste bisher bekannte Werk Acherts ist eine Darstellung des hl. Antonius Eremita, datiert 1682, heute in der katholischen Pfarrkirche in Spessart bei Ettlingen, vgl. HECHT (wie Anm. 3), S. 29, Kat. Nr. 2, Abb. 1.

6 CONRAD VON MANDACH, *Bericht der Gottfried-Keller-Stiftung 1932-1945. Gemälde des 16. Jh.*, Zürich o.J., S. 21-25.

7 Die Kapelle und ihre Ausstattung wurden 1990-1992 restauriert, das Retabel durch Restaurateurs d'art associés 83, Villars-sur-Glâne. Sie unterstand der Abtei Hauterive bis zu deren Auflösung 1848.

8 STRUB (wie Anm. 2), S. 154 f. Siehe HECHT (wie Anm. 3), S. 29 f., Kat.Nr. 5-9, Abb. 2-6.

9 Aufnahmen von Prof. Heribert Reiners, um 1930 angefertigt, im Archiv des kantonalen Kulturgüterdienstes, Inventar der Kunstdenkmäler, Freiburg.

10 HECHT (Anm. 3), S. 30 f., Kat. Nr. 13-16. Herrn Dr. Hermann Schöpfer, Freiburg, bin ich für freundliche Hinweise zu Dank verpflichtet.

11 STRUB (wie Anm. 2), S. 154 f.; HECHT (wie Anm. 3), S. 30, Kat. Nr. 10, Abb. 7.

12 STRUB (wie Anm. 2), S. 382 f.; HECHT (wie Anm. 3), S. 30, Kat. Nr. 11 und 12, Abb. 8 und 9.

13 HECHT (wie Anm. 3), S. 35, Kat. Nr. 34, Abb. 26.

14 Ein analoger Fall kann aus dem Beginn des 17. Jahrhunderts erwähnt werden, als die Brüder Peter und Jakob Spring, die Schöpfer des Hochaltars der Augustinerkirche, mitsamt einem Schreiner von Johann Ulrich Kessler, dem damaligen Prior, bezahlt und während neun Jahren im Konvent untergebracht wurden; vgl. HERIBERT REINERS, *Burgundisch-alemannische Plastik*, Straßburg 1943, S. 184-192, Anm. 227, sowie MARCEL STRUB, *Les Monuments d'Art et d'Histoire du Canton de Fribourg, Tome II: La Ville de Fribourg. Les monuments religieux*, Bâle 1956, S. 272-274.

15 *Helvetia Sacra* Abt. III, Bd. 3, 1. Teil, Bern 1982, S. 232.

Abbildungsnachweis

Kulturgüterdienst, Redaktion Kunstdenkmäler, Archivweg 4, CH-1700 Freiburg: *Abb. 3-5*
Jean Mühlhäuser, Photograph, CH-1700 Freiburg: *Abb. 1, 2, 10*
Archiv des Verfassers: *Abb. 6-9*

Holger Mertens

Giovanni Battista Tiepolos Altarblatt mit dem Martyrium des hl. Sebastian in der ehemaligen Stiftskirche der Augustiner-Chorherren in Diessen am Ammersee

Einleitung

Ungeachtet der Berühmtheit seines Schöpfers und der herausragenden Qualität des Gemäldes innerhalb der aus der ersten Hälfte des 18. Jahrhunderts überlieferten Malerei in Bayern blieb dem Dießener Altarblatt mit dem Martyrium des hl. Sebastian eine monographische Behandlung bisher verwehrt. Ein Grund dafür dürfte in den jüngeren Deckengemälden Tiepolos in der Würzburger Residenz zu suchen sein, welche den Großteil des Interesses der Fachwelt auf sich zogen. Die bisherigen Aussagen zum Bild waren demgemäß verstreut publiziert und zumeist nur von untergeordneter Natur. Anlaß war zumeist die monographische Darstellung des Gesamtwerks von Tiepolo oder die Ausstellung einzelner Skizzen, die dem Dießener Werk als Vorarbeiten zugeordnet werden konnten. Dies gilt auch für die jüngst in Würzburg zusammengetragene Ausstellung, die mir Gelegenheit gab, zwei dieser Skizzen (aus Lviv und Cleveland) in relativer geographischer Nähe zum „Endprodukt" in Augenschein zu nehmen.[1] Fast zeitgleich erschien ein umfangreicher Aufsatz von Thomas Raff, der neue Erkenntnisse zum Dießener Bild sowie seinem von Giovanni Battista Pittoni geschaffenen Pendant innerhalb der Kirche beinhaltet.[2] Raff würdigte die Gemälde vor allem als Teil der Ausstattung der Kirche und ging in dieser Hinsicht auch auf die Anordnung innerhalb des Kirchenraums ein. Darüber hinaus erbrachte seine akribische Quellenarbeit bedeutende Erkenntnisse zu den Feder- und Ölskizzen, deren Funktion im Entstehungsvorgang der Bilder bisher unklar bzw. falsch interpretiert worden war. Eine Würdigung des Altarblattes als Teil des Œuvres von Tiepolo blieb jedoch aus.

Dieser Umstand sowie bisher unpublizierte, bereits 1982 bei der letzten Restaurierung des Bildes gemachte Entdeckungen und weitere, vor den Originalen gewonnene Erkenntnisse auch zu den „vorbereitenden" Sizzen bewegten mich, eine monographische Behandlung des Altarblatts in Angriff zu nehmen. Anlaß war die noch vor dem Erscheinen des jüngsten Aufsatzes begonnene Inventarbearbeitung Dießens und damit auch der ehemaligen Dießener Stiftskirche, an der ich als Volontär des Bayerischen Landesamtes für Denkmalpflege teilnehmen durfte. Auch hierfür bin ich dem Jubilar zu Dank verpflichtet.

Der Sebastiansaltar gehört zur ursprünglichen Ausstattung des 1739 eingeweihten Neubaus der Dießener Stiftskirche. Der Altar befindet sich in der dritten Seitenkapelle des Langhauses von Osten und ist Teil einer Reihe von Retabeln, die bühnenbildartig vor die Ostwände der Kapellen gestellt wurden. Die Altäre konnten auf diese Weise vom westlich die Kirche betretenden Betrachter direkt erfaßt werden. Die einander gegenüberstehenden Altäre bilden Paare in Hinsicht auf die hier verehrten Heiligen und die Retabelarchitektur. Auch das Pendant zum Sebastiansaltar auf der nördlichen Seite des Schiffes ist demgemäß einem Märtyrer geweiht, besitzt ein spiegelsymmetrisch gestaltetes Retabel und wurde darüber hinaus von einem weiteren venezianischen Meister, Giovanni Battista Pittoni, angefertigt.[3]

Das Altarblatt[4] zeigt das Martyrium des hl. Sebastian. Der Märtyrer wurde seiner Rüstung und seiner Waffen beraubt und fast nackt an einen Baumstumpf gefesselt. Seine Arme sind nach oben gestreckt, der Körper ist in sich verdreht und das rechte Bein in extremem Winkel zur Seite gebogen. Hinter dem Baumstumpf schaut eine verschattete Gestalt hervor, welche sich für die Waffen des Heiligen zu interessieren scheint. Zu Füßen des Märtyrers hockt eine zeitgenössisch gekleidete Gestalt, die mit einem Köcher voller Pfeile beschäftigt ist. Am linken Bildrand steht ein in Rückenansicht dargestellter Bogenschütze mit angelegtem Pfeil. Hinter dem Heiligen ist rechts eine Gruppe von drei Männern mit orientalischen Kopfbedeckungen zu erkennen, die das Geschehen beobachten. Links zwischen Rückenfigur und Sebastian staffelt sich eine Figurenreihe in die Tiefe. Im Hintergrund ist eine Ansammlung von Zuschauern zu erkennen, die auf der Krone einer ruinösen Befestigungsmauer steht. Hinter dieser ragen ein Tempelgiebel und zwei Türme auf, die zu einem Stadttor zu gehören scheinen. Aus dem Himmel schweben geflügelte Putten herab und bringen dem hl. Sebastian einen Palmzweig (Abb. 2).

Bereits Josephus dall'Abaco betonte in der um das Jahr 1770 entstandenen Chronik des Dießener Stiftes die hohe Qualität und das besondere Ansehen des von Tiepolo angefertigten Werkes.[5] Fragen zur Entstehungsgeschichte des Gemäldes berührte der Chronist leider nicht. Das gleiche gilt für die etwas ältere „Chronologia quintuplex" von 1768, die sich in der Angabe „S. Sebastian, altar-Blat, diepolo Venetus, 600 fl." erschöpft. Die Daten sind auf einem einzelnen, an die Chronologia angehefteten Blatt festgehalten, welches die Kosten für die Ausstattung auflistet.[6] In der bisherigen Forschung wurde angenommen, daß der Altar und damit auch das Bild Tiepolos sich bei der Einweihung im Herbst 1739[7] in der Kirche befunden habe. Eine 1909 auf dem Bild beobachtete Inschrift mit der Jahreszahl 1739 ist zumindest heute nicht mehr zu erkennen[8] und fand in der jüngeren Literatur keine Erwähnung mehr. An einer Datierung um das Weihejahr 1739 wurde aber weiterhin festgehalten.

Tiepolo und der venezianische Kunstexport über die Alpen

Der Dießener Auftrag war erst der zweite, welcher Tiepolo aus dem Raum nördlich der Alpen erreichte. Ihm voraus ging

Abb. 1. Giovanni Battista Tiepolo, Altarblatt mit dem Martyrium des hl. Sebastian; oberer Bildteil mit Markierung der angestückten Leinwandteile und Rekonstruktion ihres ursprünglichen Platzes in der unveränderten Leinwand (Zeichnung Verfasser)

wohl nur das für die ebenfalls 1739 geweihte Chorfrauenkirche in Nymphenburg geschaffene Bild der „Verehrung der Hl. Dreifaltigkeit durch den hl. Clemens" (jetzt Alte Pinakothek, München). Der 1696 geborene Künstler war zur Zeit der Auftragsvergabe bereits um die 40 Jahre alt. Spätestens seit der Mitte der 1730er Jahre gehörte er zu den erfolgreichsten Künstlern Venedigs.[9] Sebastiano Ricci war bereits 1734 verstorben; Jacopo Amigoni arbeitete seit 1729 in London. Als Konkurrenten in Venedig verblieben nur die deutlich älteren Maler Giovanni Battista Piazzetta und Giovanni Battista Pittoni, die beide ihre Heimatstadt nie verlassen haben.[10] Gleichzeitig neben den großen Freskenaufträgen, welche die Grundlage für Tiepolos Ansehen bildeten, entstanden auch Ölbilder; seit der Zeit um 1730 in großer Zahl auch mit religiösen Inhalten.[11] Die Aufträge kamen in erster Linie vom venezianischen Adel.[12] Aber bereits in den 1730er Jahren drang der Ruf Tiepolos über die Alpen. Vincenzo da Canal berichtete in seiner „Vita di Gregorio Lazzarini" aus dem Jahr 1732, daß Zeichnungen Tiepolos international gehandelt würden.[13] Schon 1736 versuchte der als Agent für den schwedischen König tätige Graf Tessin, Tiepolo als Hofmaler zu gewinnen. Das Vorhaben scheiterte an Tiepolos Gehaltsvorstellungen, die ein guter Beleg für dessen Einschätzung des eigenen Marktwerts sind.[14]

Es kann jedoch kein Zweifel daran bestehen, daß Tiepolo in den 1730er Jahren zu den nördlich der Alpen eher unbekannten Malern gehörte. Der Bekanntheitsgrad Giovanni Battista Piazzettas und Giovanni Battista Pittonis überstieg den seinen noch deutlich. Der Export von Kunst aus Venedig an die Höfe Deutschlands stand damals in voller Blüte und wurde wohl auch als politisches Mittel begriffen.[15] Für venezianische Bilder wurden beachtliche Preise bezahlt.[16] Der Erfolg von Malern wie Giovanni Antonio Pellegrini, Sebastiano Ricci, Federico Bencovich, Jacopo Amigoni, Giovanni Battista Piazzetta und Giovanni Battista Pittoni ebnete letztlich auch Tiepolo den Weg.

Die Auftragsvergabe

Fürstbischof Clemens August

Eine besondere Rolle als Vermittler venezianischer Kunst in Süddeutschland spielte der Wittelsbacher Clemens August, Fürstbischof von Köln, Deutschordensmeister und Bruder des Bayerischen Kurfürsten. Clemens August war ohne Zweifel mit den Werken Jacopo Amigonis in Nymphenburg vertraut und hielt sich insgesamt dreimal selbst in Venedig auf. Mit der dortigen Kunstszene dürfte er gut bekannt gewesen sein.[17] Er beauftragte Tiepolo mit dem bereits oben erwähnten Blatt für den Hauptaltar der Nymphenburger Schloßkirche, welches sich heute in der Alten Pinakothek, München, befindet. Das Bild wird allgemein um 1735/37 und damit früher als das Dießener Altarblatt datiert.[18] Es ist damit der erste Export eines größeren Gemäldes von Tiepolo über die Alpen. Daneben bedachte Clemens August Giovanni Battista Piazzetta und vor allem Giovanni Battista Pittoni mit Aufträgen:[19] 1734 erging der Auftrag für drei Altarblätter für das Deutschordensschloß in Bad Mergentheim an Pittoni, der 1749 ein weiteres Altarbild für St. Clemens in Münster schuf. Um 1735 bestellte Clemens August bei Giovanni Battista Piazzetta ein Bild mit der Himmelfahrt Mariens (Köln).

Propst Herkulan Karg und die Münchener Hofkunst

Die voranstehenden Bemerkungen zeigen, daß der Erwerb venezianischer Kunst an den fürstlichen Höfen Deutschlands und auch am herzoglichen Hof in München durchaus nichts Ungewöhnliches war. Das gleiche gilt allerdings nicht ohne weiteres für die Klöster und Stifte Bayerns. Die Beauftragung Tiepolos und Giovanni Battista Pittonis muß eher verwundern. Daran ändern auch die hohen künstlerischen Ansprüche nichts, die bei der Ausstattung der Dießener Stiftskirche angelegt wurden. Diese dürften wohl mit der Person von Probst Herkulan Karg in Verbindung gebracht werden, der als sein eigener Kunstagent gleich zweimal auf Reisen ging, dabei aber sicher nicht Venedig besucht haben wird.[20] In der Literatur wurde deshalb bereits angedeutet, daß Karg sich möglicherweise von Clemens August habe inspirieren lassen.[21] In diesem Zusammenhang ist der Umstand von besonderer Bedeutung, daß Karg sich 1733 beim Münchener Hof um finanzielle Unterstützung bemühte. Diese erhielt er zwar nicht, jedoch stehen das Eingreifen von François Cuvilliés auf der Baustelle und das verstärkte Auftreten von Künstlern aus dem Umkreis des Münchener Hofes bei der Ausstattung wohl mit Kargs Bitten in Zusammenhang.[22] Die Vermutung, daß der Münchener Hof oder gar Clemens August persönlich den Kontakt mit Tiepolo und Pittoni hergestellt habe, ist also kaum zu weit hergeholt[23] – worauf unten zurückzukommen ist.

Der Entstehungsprozess des Gemäldes

Veränderungen am Bild bei der Aufstellung

Bei der Restaurierung des Altarblatts durch die Restaurierungswerkstatt Rolf-Gerhard Ernst im Jahr 1982 stellte sich heraus, daß an der Leinwand zahlreiche Veränderungen

Abb. 2. Giovanni Battista Tiepolo, Altarblatt mit dem Martyrium des hl. Sebastian; Dießen, Stiftskirche (Zustand vor der Restaurierung von 1982)

durchgeführt worden waren, um diese auf ein für den Rahmen von Straub passendes Maß zu bringen:[24] An den seitlichen Kanten fielen großflächige Kittungen und farbliche Ergänzungen auf. Am oberen bogenförmigen Abschluß hingegen wurde das Bild durch drei „originale" Leinwandstücke mit verschiedenem Fadenverlauf verlängert, die rückseitig mit Leinwand hinterklebt wurden, am Rand des Rahmens glatt abgeschnitten und nicht umgeschlagen sind. Die Länge der angelieferten Leinwand reichte offensichtlich nicht aus. Tatsächlich entspricht der obere Abschluß des Gemäldes ohne Anstückung allen Skizzen und Kopien, die von ihm existieren. Da das Bild aber offensichtlich ein hochrechteckiges Format besaß und bis in die oberen Ecken ausgemalt war, konnten die dort abgeschnittenen Leinwandteile angeflickt werden (vgl. Abb. 1). Weil die Tannen bis in die rechte obere Ecke reichten, war es schwierig, dort genügend blaue Malfläche zu gewinnen: Auf dem kleinsten der drei Leinwandteile befindet sich deshalb noch ein „Stück" Baumstamm, welches überkittet und übermalt werden mußte. Die dunkle Farbfläche wurde bei der Restaurierung freigelegt und neu übermalt.

Aus den genannten Beobachtungen geht hervor, daß Tiepolo weder über die korrekten Maße des Altarretabels noch über den geplanten oberen Abschluß informiert worden war. Möglicherweise weist dies darauf hin, daß die Retabelentwürfe Johann Baptist Straubs eine Planänderung erst nach der Auftragsvergabe an die beiden venezianischen Meister darstellen. Die Vermutung, daß der Rahmen Straubs für Pittonis Pendant mit dem hl. Stephan bereits in Kenntnis des Gemäldeentwurfs entstand, fügt sich gut in diesen Zusammenhang.[25] Daß Pittonis Altarblatt nicht angestückt werden mußte, deutet auf eine ungleichzeitige, wenn nicht gar auf eine spätere, die Planänderung voraussetzende Beauftragung oder zumindest Vollendung des Gemäldes von Pittoni hin.

Zum Entwurfsprozeß des Altarbildes

Die Kenntnis des originalen Formats des von Tiepolo geschaffenen Bildes ist von großer Wichtigkeit für die Beurteilung der in größerer Zahl überlieferten Feder-, Kreide- und Ölskizzen, welche sich dem Altarblatt zuordnen lassen.

Kleinformatige Kompositions- und Farbskizzen gehörten zu den spätestens seit der Barockzeit allgemein üblichen Vorarbeiten für die Herstellung von Gemälden.[26] In Tiepolos Werk ist die Anzahl der vorbereitenden Skizzen normalerweise klein. Vor allem seit den 1730er Jahren wird Tiepolo ein schnelles Ausarbeiten der Komposition unterstellt.[27] Der Entwurfsprozeß begann – gemäß der bisher mit dem Problem befaßten Literatur – gewöhnlich mit der Anfertigung einer Ölskizze, in der die „prima idea" festgelegt wurde.[28] Die Ausarbeitung der Skizzen war zumeist so fein, daß diese nicht als „bozzetto", sondern als „modello" und damit als direkte Vorlage für das „Endprodukt" angesprochen und benutzt werden konnten. Dem „modello" konnten noch der Detailausarbeitung dienende Skizzen in Feder oder Kreide folgen. Wenn der Auftraggeber die Vorlage einer Skizze forderte, wurde diese besonders fein ausgearbeitet. Der „modello" blieb gewöhnlich als „ricordo" für spätere Aufträge in der Werkstatt und wurde dort der Vorlagensammlung hinzugefügt. Darüber hinaus wurden aber in der Werkstatt Kopien hergestellt, die als preisgünstigere Sammlerstücke begehrt waren.

Die funktionale Zuweisung der überlieferten Skizzen zum Dießener Bild fällt nicht leicht und ist bisher durchaus widersprüchlich durchgeführt worden. Als nachträglich für die komplizierte Körperstellung des hl. Sebastian herangezogenes Vorbild aus der werkstatteigenen Sammlung wurde die an einen Baum gefesselte Gestalt des Marsyas auf der lavierten Federzeichnung mit „Apoll und Marsyas" in London genannt, welche bereits zehn Jahre vor dem Dießener Auftrag entstanden sein dürfte.[29] Daß Tiepolo an der spiralförmigen Drehung der Figur interessiert war, beweist eine weitere Zeichnung mit einer an einen Baum gebundenen Figur in Budapest, deren genaue Funktion noch nicht geklärt werden konnte.[30] Der Kopf der Figur ist hier nach rechts gedreht, wie dies auch auf der lavierten Federzeichnung mit der Marter des hl. Sebastian in Lviv (Abb. 3) der Fall ist.[31] Der Zeichnung, die bereits weitgehend den Aufbau des Altarblattes vorstellt, ist – ganz im Gegensatz zu der angenommenen Vorgehensweise Tiepolos – die Funktion einer vorbereitenden Studie zugewiesen worden. Es ist darüber hinaus vermutet worden, daß die Skizze Herkulan Karg vorgelegt worden sei, der diese aber abgelehnt haben soll.[32] Auch eine ehemals in der Sammlung R. Guggenheim in Venedig befindliche lavierte Federzeichnung (Abb. 4) mit derzeit unbekanntem Aufbewahrungsort gilt als Entwurfsskizze.[33] Eine weitere Zeichnung in roter Kreide im Martin von Wagner Museum der Universität Würzburg ähnelt weitgehend der Federzeichnung aus der Sammlung Guggenheim. Sie wurde jüngst als Kopie des Tiepolo-Schülers Georg Anton Urlaub angesprochen.[34] Ganz im Gegensatz zu Tiepolos allgemeinen Gewohnheiten existieren also mindestens zwei vorbereitende Skizzen. Die Ursache dafür wurde bisher kaum hinterfragt.

Mehr Aufmerksamkeit wurde den Ölskizzen geschenkt, allen voran der Leinwand im Cleveland Museum of Art (Abb. 5).[35] Von den insgesamt fünf bekannten Ölskizzen sind drei bisher kaum beachtet worden: Die eine befand sich auf Schloß Holzhausen bei Marburg und ist nur mehr über eine Photographie in der Photothek des Deutschen Kunsthistorischen Instituts in Florenz belegt; eine zweite tauchte 1950 im Kunsthandel auf; die dritte ist in Augsburger Privatbesitz. Bei der letztgenannten handelt es sich um die Kopie eines süddeutschen Malers von geringer Qualität. Bei den ersten beiden ist die Originalität ebenfalls nicht geklärt, wurde aber vermutet.[36] Als Kopie aus der Werkstatt Tiepolos, vielleicht aus der Hand Giovanni Raggis, der dafür bekannt war, Kopien anfertigen zu können, die kaum von der Hand des Meisters zu unterscheiden sind, gilt die Ölskizze in Brescia.[37] Obwohl in der bisherigen Forschung die Frage umstritten war, ob es sich um eine Kopie des „modello" in Cleveland oder des Dießener Altarblatts selbst handelt, ist doch festzuhalten, daß diverse Details zur Darstellung kommen, die auf der Ölskizze nicht wiedergegeben wurden. Die Kopie entstand also als „ricordo", als Übungsstück eines Schülers und/oder für den Verkauf, noch bevor das fertige Altarblatt nach Dießen geschickt wurde.

Die Ölskizze in Cleveland (Abb. 5) wurde bisher allgemein als das der „modello" für das Dießener Gemälde angesehen und galt als verbesserte Weiterentwicklung der ersten mit der

Abb. 3. Giovanni Battista Tiepolo, lavierte Federzeichnung mit dem Martyrium des hl. Sebastian; Lviv, Nationalmuseum der Ukraine

Abb. 4. Giovanni Battista Tiepolo, lavierte Federzeichnug mit dem Martyrium des hl. Sebastian; ehem. Venedig, Sammlung R. Guggenheim

Feder angefertigten Kompositionsideen. Aufgrund der weitgehenden Übereinstimmung in Farbe und Komposition kam man zu der Überzeugung, daß Herkulan Karg die ihm vorgelegte Skizze bedingungslos als „modello" für die Anfertigung des Altarblatts akzeptierte. Die Farbe wurde zwar in der für Ölskizzen üblichen Weise nur dünn und in raschen Pinselstrichen aufgebracht, so daß um die Figuren herum noch die Grundierung sichtbar blieb; die Figur des hl. Sebastian wurde aber ungewöhnlich fein ausformuliert. Diese Beobachtung ging mit der Vorstellung eines „Vertragsmodells" gut überein. Auch die Bestätigung der lange gehegten Vermutung, bei dem „modello" handele es sich um die Ölskizze, die sich bis zum 19. Jahrhundert im Dießener Stift befunden habe, scheint diese Annahme zu bekräftigen:[38] Der „modello" befand sich bis 1803 mit der gleichfalls überlieferten Ölskizze zu Pittonis Stephanus in Dießen und ging dann in den Besitz der Staatsgemäldesammlung über. Im Jahre 1852 wurden beide in München versteigert; der „modello" Tiepolos gelangte über Umwege nach Cleveland. Aus den Inventaren der Staatsgemäldesammlung geht hervor, daß die beiden „modelli" exakt gleich groß waren. Daraus wurde geschlossen, daß die Skizzen als Paar bestellt und daß sie womöglich erst nachträglich als speziell für den Bedarf Kargs als Sammler und Kunstkenner angefertigte Kopien der Altarblätter aus der Hand der Meister hergestellt wurden.[39] Dies würde bedeuten, daß der tatsächliche „modello" bisher unbekannt geblieben ist. Unterstützt wird diese These dadurch, daß die beiden Altarblätter im Gegensatz zu den Ölskizzen nicht das gleiche Format haben und daß die Seitenverhältnisse der Skizze in Cleveland und des Altarbildes in Dießen nicht übereinstimmen. Hinzu kommt, daß das Verhältnis von Höhe zu Breite bei der Skizze exakt dem „Goldenen Schnitt" entspricht. Es wurde also bewußt ein von den hochrechteckigen Altarblättern abweichendes, „angenehmeres" Format gewählt. In der Ölskizze wurden die Bildelemente deshalb deutlich in die Breite gezogen. Als Vorlage für das Altarbild wäre sie deshalb kaum praktikabel gewesen. Daß der eigentliche „modello" in Venedig verblieb, wird darüber hinaus dadurch belegt, daß diverse

Bildelemente noch in weiteren gleichzeitigen und jüngeren Werken wiederaufgenommen wurden. Es dürfte damit gesichert sein, daß Karg sich Kopien der vollendeten Bilder für seinen privaten Gebrauch anfertigen ließ. In den Verzeichnissen der Gemälde des Klosters sind diese vielleicht deshalb nicht verzeichnet.[40]

Im folgenden soll versucht werden, den Entstehungsprozeß des Altarblattes soweit als möglich zu rekonstruieren, wobei schon hier darauf hinzuweisen ist, daß zahlreiche Fragen noch offen bleiben müssen.

An der Tatsache, daß die drei Skizzen in Lviv und Venedig (ehem.) der Anfertigung eines „modello" vorausgingen, kann kein Zweifel bestehen. Am Beispiel des zeitgleich, 1737-39, entstandenen Altarbildes mit den hll. Augustinus, Johannes Ev., Magnus und Ludwig von Toulouse, ehemals in S. Salvador in Venedig, wurde die Abfolge eines ersten, gezeichneten „pensiero", der direkt nach der Auftragsvergabe entstand, und eines definitiven „modello", angefertigt nachdem der genaue Ort in der Kirche und der Bilderrahmen dem Künstler bekannt waren, bereits nachgewiesen.[41] Interessant ist in diesem Zusammenhang die Beobachtung, daß die Federskizze in Lviv (Abb. 3) auffallende Ähnlichkeiten zum „Martyrium des hl. Sebastian" Hans von Aachens aufweist, welches durch einen Stich Jan Mullers (Abb. 6) europaweite Verbreitung fand.[42] Die engsten Zusammenhänge von Skizze und Stich ergeben sich in dem vom Himmel herabschwebenden Engel mit Märtyrerpalme, der seitlichen Gruppe mit Kriegern/Bogenschützen und vor allem der kompliziert verdrehten Gestalt des an einen Baum gefesselten hl. Sebastian. Interessant ist in diesem Zusammenhang, daß sich eine Replik des Bildes von Alessandro Scalzi seit 1588/89 in der Münchener Michaelskirche befindet. Diese wird Herkulan Karg mit größerer Sicherheit gekannt haben. Die Vorstellung, Karg habe Tiepolo mit der Herstellung eines Bildes nach Art des Vorbildes von Scalzi/von Aachen beauftragt, ist verlockend. Vielleicht hatte sich Tiepolo aber schon früher von dem Stich zu einem Entwurf inspirieren lassen, den er dann als Vorlage in der Werkstatt zur Verfügung hatte. Die Federzeichnung enthält bereits wesentliche Kompositionselemente des Dießener Altarblattes, etwa den in der rechten Bildhälfte an einen sich verzweigenden Baumstumpf gefesselten Heiligen, seine am Boden verstreuten Waffen, die drei alten Männer am rechten Bildrand, die Kriegergruppe links des hl. Sebastian, die entfernt und erhöht stehenden Zuschauer, die Engel am Himmel sowie das Stadttor im Hintergrund. Es wäre durchaus denkbar, daß die Budapester Zeichnung als vorbereitende Studie für die Haltung des gefesselten Heiligen entstand, die vor allem auf die Vorlage des Marsyas auf der Londoner Federskizze zurückgehen dürfte.

In der bisherigen Forschung war bereits bemerkt worden, daß sich die ehem. in Venedig befindliche Federskizze dem schließlich realisierten Altarbild noch weiter annähert. Die Figur des Heiligen rückte weiter nach rechts und ist deutlich weniger weit zurückgelehnt. Der Baumstumpf erhielt seine endgültige Form, die Haltung des rechten Armes des hl. Sebastian wurde gleichzeitig korrigiert. Der Kopf ist jetzt nach links zu den Engeln hinaufgewandt. Auch die Drapierung des um die Hüfte des Heiligen geschlungenen Tuches entspricht bereits der auf dem Altarblatt. Die Gruppe der Engel wurde in ihrer Größe reduziert und weiter in den Himmel hinauf verschoben. Die Gruppe der drei alten Männer rechts des Märtyrers hatte jetzt weniger Platz und rückte deshalb ganz an den rechten Bildrand. Die Köpfe wurden neu komponiert, wobei der mittlere jetzt das Gesicht eines jungen Mannes erhielt. Die Figur des rechts im Vordergrund herbeieilenden Köcherträgers in Lviv wurde eliminiert. Der nach dem Schwert Sebastians langende Soldat zu Füßen des Heiligen wurde stattdessen auf die linke Seite gespiegelt und macht sich jetzt nicht mehr an Waffen und Rüstung Sebastians zu schaffen, die in die linke untere Bildecke verschoben wurden, sondern am eigenen Köcher. Über dem Bogenschützen tauchen jetzt erstmals die dann auf das Altarbild übernommenen Bäume als begrenzendes Motiv auf. Auch die Gruppe orientalisch gekleideter Männer im Mittelgrund findet sich jetzt erstmals. Die Zuschauergruppe im Hintergrund wurde deutlich verkleinert. In der Literatur wurde darauf verwiesen, daß die Wendung des Kopfes von Sebastian nach links als Reaktion auf die geplante Aufstellung des Bildes zu deuten sei. Daß Tiepolo sich genaue Informationen über die räumliche Situa-

Abb. 5. Giovanni Battista Tiepolo, Ölskizze mit dem Martyrium des hl. Sebastian; Cleveland, The Cleveland Museum of Art

tion in Dießen erbeten haben könnte und auf diese dann gestalterisch reagierte, ist durchaus wahrscheinlich und wurde auch für andere Werke vermutet.[43] Es ist darüber hinaus schriftlich belegt, daß Clemens August den Architekten Schlaun mit der Herstellung einer Skizze des Innenraumes von St. Clemens in Münster beauftragte, die an den mit der Herstellung eines neuen Altarbildes beauftragten Pittoni zu übersenden war.[44] Auch die Verklammerung der beiden Gemälde Tiepolos und Pittonis durch die Haltung der beiden Heiligen scheint kaum ohne eine Kenntnis der Anordnung der Bilder oder genaue schriftliche Anweisungen Kargs denkbar.[45] Die Zeichnung in Lviv (Abb. 3) wäre dann als „prima pensiero" zu deuten, die direkt nach der Auftragsvergabe entstand und sich vielleicht an der oben genannten Komposition Hans von Aachens (Abb. 6) orientierte, ohne diese ganz zu kopieren. Die Skizze in Venedig (Abb. 4) hingegen könnte dann als eine Umgestaltung gedeutet werden, die entstand, nachdem Tiepolo genauere Informationen über den Ort der Aufstellung übermittelt bekommen hatte. Daß mit der Wendung des Kopfes hinauf zu den herbeischwebenden Engeln auch eine entscheidende kompositorische Weiterentwicklung in Gestalt einer vom links stehenden Bogenschützen ausgehenden Zickzacklinie erreicht wurde, mag die Wertung als über die Skizze in Lviv hinausgehende Entwicklungsstufe zusätzlich unterstützen.

Das Altarblatt in Dießen folgt in den wesentlichen Elementen der ehem. in Venedig befindlichen Federskizze, greift in einigen Elementen allerdings auf die Zeichnung in Lviv zurück: Die Figur des Heiligen rückte im Bildgefüge wieder deutlich nach oben. Die Rüstung des Heiligen kam wieder an ihren alten Ort zu Füßen des Märtyrers, die Gruppe der Zuschauer im Hintergrund gewann erneut an Größe und setzt sich klar gegen den Himmel ab. Die Rückenfigur des herbeieilenden Köcherträgers wurde darüber hinaus in veränderter Form erneut eingebracht und ersetzte den Bogenschützen am linken Bildrand. In dieser Ausgestaltung gehörte sie zu Tiepolos wohl durch Skizzen und „ricordi" in der Werkstatt festgehaltenem „Motivvorrat" und tauchte zum ersten Mal anfang der 1720er Jahre im „Martyrium des hl. Bartholomäus" in S. Stae, Venedig, auf. Durch die gebeugte Körperhaltung und die Ausrichtung des auf den Bogen gespannten Pfeils blieb die Zickzacklinie in der in der venezianischen Zeichnung ausgebildeten Form erhalten. Die weiter nach hinten gestaffelten Soldaten wurden durch die völlig neu eingebrachten Gestalten eines herbeieilenden Bogenschützen und eines köchertragenden Knaben ersetzt. Die in die Tiefe gestaffelte Figurengruppe links des Heiligen wurde also in entscheidendem Maße umgestaltet. Die Engelgruppe wurde zudem weiter in ihrem Umriß reduziert. Gleichzeitig wurde das Bild nach unten erweitert, so daß der am Boden hockende Bogenschütze unter die Figur des Märtyrers verlagert werden konnte. Die Zickzacklinie wurde damit deutlicher als bisher nach unten verlängert.

Fragt man sich nach den Ursachen für die Umstellungen innerhalb des Bildes, so lassen sich diese recht eindeutig in einer Änderung des Formates festmachen. Während Breite und Höhe der Skizzen in Lviv und aus der Sammlung Guggenheim in einem Verhältnis von etwa 1:1,85 stehen, ist beim Dießener Altarblatt ein deutlich steileres Verhältnis von

Abb. 6. Jan Müller, Kupferstich mit dem Martyrium des hl. Sebastian (nach Vorlage Hans von Aachens); Coburg, Kunstsammlungen der Veste Coburg

etwa 1:1,95 (Höhe bis zur Anstückung) festzustellen. Die bisher entwickelten Kompositionsideen mußten also auf ein verändertes Format mit einer ungewöhnlichen Höhenerstreckung umgesetzt werden. In den benachbarten Kapellen des Dießener Schiffes mit Retabelaufbauten von Verhelst verteilt sich diese auf Altarblatt und Auszugsbild. Wie bereits oben angedeutet reagierte Tiepolo auf die spätestens jetzt vorgegebenen oder vielleicht auch nachträglich veränderten Maße in erster Linie mit einer Verlängerung des Bildes nach unten (bei gleichzeitiger leichter Verkürzung im Bereich des Himmels und Verkleinerung der Engelgruppe). Der Prozeß der Formatänderung wird anschaulich, wenn man die Skizze in Lviv genauer untersucht (Abb. 3). Vor allem am linken und am oberen Bildrand sind hier mehrere parallel zur ursprünglichen Rahmung des Bildes geführte Linien auszumachen, die zum größten Teil nur dünn vorgezeichnet wurden. Zwei dieser Linien, beide parallel und innerhalb des linken bzw. oberen Randes laufend, wurden dick nachgezogen. Daß das Verhältnis von Breite zu Höhe des jetzt verkleinerten Bildfeldes mit etwa 1:1,93 recht genau demjenigen des Dießener Altarblatts entspricht, dürfte kaum ein Zufall sein. Aus den Versuchen an der Zeichnung in Lviv dürfte hingegen die Entscheidung hervorgegangen sein, die Heiligenfigur innerhalb des Bildgefüges nach oben zu schieben und dafür den

Bereich des Himmels zu kürzen sowie den unteren Bildabschnitt zu verlängern. Die Skizze in Lviv ist damit ein deutlicher Beleg für die Beschäftigung mit dem Problem des wahrscheinlich neu vermittelten, stark hochrechteckigen Bildformats, welchem die bisher entwickelte Komposition nicht ohne Veränderungen angepaßt werden konnte.

Ob die genannten Veränderungen des Altarblatts im Vergleich zu den Skizzen bereits im „modello" verwirklicht worden waren, kann nicht überprüft werden, da die Ölskizze in Cleveland als „modello" ausscheidet. Bei dieser handelt es sich ohne Zweifel um eine wahrscheinlich eigenhändige Kopie Tiepolos für Herkulan Karg, die das Gemälde in der Angabe der Motive aber auch der Verteilung von Licht und Schatten weitgehend wiederholt. Um das für die kleinen Sammlerstücke gewünschte Format zu erreichen, wurde die Komposition leicht auseinandergezogen sowie unten und oben verkürzt. Die Konturen der Figuren wurden mit dunklen, umbrafarbenen Umrißlinien vorgezeichnet, die an vielen Stellen noch sichtbar sind. Unterschiede in der Farbigkeit gehen in erster Linie auf den dünnen Farbauftrag der Skizze zurück, der vor allem im Bereich des Himmels die Leinwand durchscheinen läßt. An der Existenz eines „modello" ist kaum zu zweifeln, da ein solcher zum festen Bestandteil des Entwurfsprozesses bei Tiepolo gehörte. In diesem Zusammenhang ist darauf hinzuweisen, daß die ehemals in der Sammlung Guggenheim befindliche Zeichnung (Abb. 4) – soweit die Qualität der Abbildung in der Literatur eine Beurteilung zuläßt[46] – in ihrer Qualität deutlich niedriger als die Zeichnung in Lviv anzusetzen ist. Vor allem die recht groben Gesichter lassen Zweifel an der Eigenhändigkeit Tiepolos aufkommen. Die Möglichkeit, daß es sich bei dieser Skizze um eine Kopie des „modello" aus der Werkstatt Tiepolos handelt, soll zumindest erwähnt werden. Am bisher entwickelten Entwurfsprozeß würde sich dadurch nichts ändern. Tiepolo hätte dann allerdings neben den Änderungen im Format auch noch gänzlich neue Figuren bei der Anfertigung des „Endproduktes" eingebracht. Dies wäre für sein Schaffen aber durchaus typisch[47] und kann als weiterer Beleg dafür gelten, daß die Arbeit an der Komposition auch bei Tiepolo im wesentlichen aus dem Verschieben oder Auswechseln von Motiven, Einzelpersonen sowie Gruppen bestand, die durch Skizzen neu erschlossen oder häufig dem bereits in der Werkstatt vorliegenden Motivrepertoire entnommen wurden. Die bekannten Werkstattkopien – bei der Skizze in Brescia haben wir es ohne Zweifel mit einer solchen zu tun, wie die dem Meister deutlich unterlegene Modellierung der Oberflächen und die mißlungene Zeichnung der Gesichter und Köpfe des Heiligen, des herbeilaufenden Bogenschützen sowie des köchertragenden Jungen belegen[48] – können nicht als Beweis für die Existenz eines „modello" herangezogen werden. Die Kopie in Brescia, bei der der gesamte obere Bereich der Komposition weiter ins Bild herabgezogen wurde, deren gedrücktes Format aber vor allem auf eine Kürzung der Leinwand am unteren und oberen Rand zurückgeht, konzentriert sich vor allem auf die Hauptfiguren im Vordergrund. Trotz ihrer groben Malweise zeigt sie aber Details, die auch Tiepolo bei seiner eigenhändigen Replik für Karg nicht wiedergegeben hat, die also wohl nur dem fertiggestellten Altarbild entnommen sein können, bevor dieses nach Dießen geschickt wurde.

FORMALE UND INHALTLICHE ASPEKTE DES ALTARBLATTES

Tiepolo entschied sich bei der Umsetzung des Dießener Auftrags für die am häufigsten ausgewählte Szene der Vita des Heiligen, das Martyrium durch Pfeilbeschuß. Vielleicht entsprach er damit den Vorgaben des Auftraggebers. Die Darstellung des Heiligen selbst folgt dem seit dem 15. bis zum 18. Jahrhundert häufigsten Typus, der ihn als halb entblößten jungen Mann zeigt, der an einen Pfahl, eine Säule (vor allem in Italien) oder einen Baum (vor allem nördlich der Alpen) gebunden und von Pfeilen durchbohrt ist.[49]

Die Ausgestaltung der Szenerie entspricht der um die Mitte des 4. Jahrhunderts verfaßten „passio" des hl. Sebastian, nach der der Märtyrer Offizier der Garde Diokletians war, auf Befehl des Kaisers im Jahre 288 getötet und in den Katakomben beigesetzt wurde:[50] Teile seiner Uniform liegen noch zu seinen Füßen; zudem sind römische Soldaten am Geschehen beteiligt. Die Männer im Mittelgrund, die durch einen großen Folianten als Schriftgelehrte ausgezeichnet werden, können vielleicht als Richter gedeutet werden. Die Architekturzitate im Hintergrund verlegen das Martyrium des Heiligen vor die Mauern Roms und vor die Porta S. Sebastiano, wo sich die Basilika des Heiligen an der Via Appia über seinem Grab erhebt.

Der rasche und flüssige Farbauftrag Tiepolos führte zu einer weichen Modellierung der Oberflächen. Helle und dunkle Flächen wurden naß in naß nebeneinander gesetzt, wodurch es zu einer diffusen Verwaschung der Grenzen kam. Dies gilt im besonderen für die im Detail eher untergeordneten Bildelemente wie etwa die Bäume im Hintergrund. Die dunklen Farbtöne des Bildvordergrundes haben eine eher flächige Erscheinung. Auf ein effektvolles Nebeneinandersetzen von Komplementärfarben wurde insgesamt zugunsten von natürlich und frisch wirkenden Lokalfarben verzichtet, die dem Bild eine warme, sonnendurchflutete Atmosphäre verleihen.

Das Bild verfügt über mehrere raffiniert ineinandergreifende Gliederungssysteme. Die räumliche Aufteilung, die Lichtregie, die Verteilung der Massen sowie lineare Bezüge schaffen ein ausgewogenes Kompositionsgerüst, welches das Bild trotz seiner stark bewegten Figuren und der lebhaften Farbkontraste im Gleichgewicht hält. Die räumliche Aufteilung gliedert sich in drei Zonen: den dunklen Vordergrund, den hellen Mittelgrund mit dem Heiligen und den erneut abgedunkelten Hintergrund. Der Mittelgrund zerfällt in die leicht vorgeschobene Figur des Märtyrers und die in sich gestaffelte Gruppe der Krieger und zuschauenden Männer. Diese bilden eine rahmende Folie für die Gestalt des Gemarterten. Auffällig ist die verunklärte räumliche Staffelung innerhalb der Bildebenen. So lassen sich die Ansichten der beiden Bogenschützen im Vordergrund nur schwer miteinander in Einklang bringen. Bei genauerer Betrachtung des heraneilenden Bogenschützen entsteht zudem der Eindruck, daß dieser eigentlich den knapp hinter ihm stehenden Knaben hätte niederrennen müssen. Die Ursache für die beobachteten Phänomene dürfte darin begründet liegen, daß Tiepolo zumindest teilweise bereits als Studien vorliegende Einzelfiguren und Gruppen bestenfalls leicht variiert in die Komposition übernahm. Die Lichtregie spielt offensichtlich eine bedeutende Rolle bei der Klärung der räumlichen Verhältnisse: Der Mittelgrund ist durch seine Helligkeit klar abgegrenzt und hervorgehoben. Das Licht sorgt darüber hinaus dafür, daß die Engel dem Mittelgrund und damit dem hl. Sebastian klar zugeordnet werden, der Heilige aber noch einmal besonders von der übrigen Szenerie abgesetzt wird. Die Verteilung der Farben, die in den leuchtenden Gewändern einiger Figuren kulminiert, geht mit derjenigen des Lichtes überein. Im Vordergrund tauchen demgemäß ein satter Rot- und ein dunkler Blauton auf, im Mittelgrund hingegen der fast weißliche Ton der Haut des Heiligen und ein warmes, leuchtendes Gelborange. Das Bemühen um ein Inbeziehungsetzen der räumlichen Ebenen wird deutlich in der Einbringung von Figuren, die auf das zentrale Geschehen hindeuten oder -schauen. Hinzu treten der aus der Tiefe herbeilaufende Bogenschütze und die Rückenfigur, die in das Bild hinein gerichtet ist.

Über die illusionistische, räumliche Staffelung hinaus weist die vertikale Gliederung der Bildfläche in eine untere, mittlere und obere Zone. Die Zonen werden miteinander verklammert durch eine Zickzacklinie, die bei dem am Boden hockenden Krieger ansetzt und über die Rückenfigur sowie den emporblickenden Heiligen zu den Engeln am Himmel weitergeführt wird. Die eher schwach ausgebildete Linie bewegt sich innerhalb eines Systems diagonal geführter, einander überkreuzender Achsen, welches zu einer starken Vernetzung der Bildelemente führt. Von links unten nach rechts oben laufende, parallele Achsen ergeben sich in der Figur des Heiligen, dem Baumstumpf, den Bäumen dahinter sowie der Rückenfigur, den Bäumen am linken Bildrand und dem Engel einschließlich des Palmzweiges in seiner Hand. Von rechts unten nach links oben geführte Linien finden sich vor allem im rechten Bein der Rückenfigur, verlängert durch einen Baumstamm darüber, den Armen des Märtyrers sowie den Bäumen hinter ihm.

Die diagonal einander gegenüberstehenden Paare der Rückenfigur und des Heiligen sowie der Engel und des am Boden hockenden Kriegers gewährleisten darüber hinaus eine ausgewogene Gewichtung der Bildhälften.

Abschließend ist auf die feste Einrahmung der Komposition durch an den Bildrändern verteilte Einzelfiguren, Gruppen und Baumkulissen zu verweisen.

DIE STELLUNG DES DIESSENER ALTARBLATTS IM WERK DES KÜNSTLERS

Die Helligkeit des Bildraumes, die klare Farbigkeit, die Dekorativität der Bildelemente, aber auch die Fixierung auf muskulöse Männergestalten sind in der Forschung bereits als typisch für das Schaffen Tiepolos angesprochen worden. Das gleiche gilt für verschiedene kompositorische Details, von denen vor allem der insgesamt tektonische Aufbau, die Zickzacklinie und die Tiefenstaffelung unterschiedlich erleuchteter Raumabschnitte hervorzuheben sind. Eine konkret auf das Dießener Bild bezogene ausführliche Analyse hat jedoch bisher nicht stattgefunden. Um eine solche durchführen zu können, ist auf den Entwicklungsgang der Malerei Tiepolos bis zur Mitte der 1730er Jahre einzugehen.

Stellung innerhalb der allgemeinen stilistischen Entwicklungen im Schaffen Tiepolos (zweites bis viertes Jahrzehnt des 18. Jahrhunderts)

Das Werk Tiepolos bis zum dritten Jahrzehnt des 18. Jahrhunderts ist geprägt vom übermächtigen Einfluß der pathetischen Helldunkelmalerei seiner älteren Kollegen Piazzetta und Bencovich.[51] Bereits Ende des zweiten Jahrzehnts macht sich aber eine Erweiterung der Farbpalette in der Einstreuung großer leuchtender Farbblöcke bemerkbar. Als Vorbild wurde das Werk Veroneses genannt, welches Tiepolo vielleicht durch die zeitgenössischen Maler, etwa Ricci, vermittelt wurde.[52] Den Wandel zugunsten einer Aufhellung der Palette vollzog Tiepolo im Bereich der Freskenmalerei spätestens mit den Wandmalereien in Udine und im Palazzo Archinto in Mailand – also Mitte der 1720er Jahre. Bei den Ölgemälden religiösen Inhalts erfolgte er erst um die Jahre 1733/34, wobei hier als früheste Beispiele auf die Altarblätter für Rovetta und für Nymphenburg hingewiesen wurde.[53] Diese sind darüber hinaus durch eine brilliante Zeichnung der Details, eine kraftvolle und monumentale Komposition von Raum/Innenraum und vor allem im Falle der „Jungfrau in der Glorie mit Aposteln und Heiligen" in Rovetta durch eine deutlich geweitete Tiefe des Bildes charakterisiert. Etwa ab der zweiten Hälfte der 1730er Jahre ging Tiepolo dann endgültig zu einer Modellierung der Bildgegenstände durch Licht und Farbe anstatt durch Licht und Schatten über.[54] Noch das Gemälde mit der „Erziehung der Jungfrau" von 1732 zeigt eine Modellierung in einem dunklen chiaroscuro,[55] aus dem die wenigen kräftigen Farben besonders hervorstechen. Tiepolos Studium der Malerei des 16. Jahrhunderts beschränkte sich aber nicht allein auf das Schaffen Veroneses, von dem auch die antikisierenden Architekturkulissen übernommen sein sollen, die im Werk Tiepolos seit den 1730er Jahren an Bedeutung gewinnen.[56] Als Vermittler der Einflüsse Tintorettos, Tizians, Luca Giordanos und Solimenas, die mit dem Phänomen des Neopalladianismus in der zeitgenössischen Architektur verglichen wurden,[57] gilt Tiepolos Lehrer Lazzarini.[58] Unter anderem wurde die betonte Darstellung des muskulösen männlichen Körpers oder das Auftauchen von Diagonalkompositionen aus diesen Vorbildern abgeleitet.[59] Die Malerei des Manierismus wurde darüber hinaus als Anregung für Tiepolos dynamische, bisweilen elegant gewundene Körperstellungen genannt.[60] Hier wäre auf die Anregung der Dießener Komposition durch eine Vorlage Hans von Aachens hinzuweisen. Das Experimentieren Tiepolos mit verschiedenen Stilen wurde bereits von seinen Zeitgenossen beobachtet.[61] Ein Resultat dieser Versuche war, daß Tiepolo über verschiedene Darstellungsmodi verfügte, die auf den Auftraggeber bzw. den Inhalt des Gemäldes abgestimmt wurden.[62]

Das Dießener Altarblatt läßt sich gut in die oben nachgezeichnete Entwicklungslinie im Werk Tiepolos bis in die 1730er Jahre einreihen. Die im Bild verteilten Farbblöcke sind in ihrer besonders kräftigen Erscheinung typisch für die späten 20er und 30er Jahre. Hier wäre vor allem auf die römischen Historienbilder im Palazzo Dolphin (1726-29) und das Gemälde mit der „Erziehung der hl. Jungfrau" zu verweisen.[63] In der Kombination mit einer fast durchweg hell erleuchteten Szenerie ist bereits die Schwelle zu der Farbigkeit seines späteren Werks erreicht.⁶⁴ Nur in Details wie den Figuren im Vordergrund sind noch Reminiszenzen der Tonigkeit des Frühwerks spürbar.⁶⁵ Noch der „Manna-Regen" von etwa 1740-1743 ist aber in seiner Gesamterscheinung in Hinsicht auf Licht und Farbe fast identisch mit dem Dießener Werk.⁶⁶ Das Prinzip eines verdunkelten Vordergrundes mit Figuren, die den Betrachter in den Bildraum einführen bzw. einbeziehen, zieht sich durch das gesamte Werk Tiepolos. Die in der Forschung postulierte Entwicklung der Komposition in Hinblick auf ein stetig näheres Heranrücken der Protagonisten an die vordere Bildebene entspricht allerdings nicht der Realität.⁶⁷

Stellung innerhalb der religiösen Werke Tiepolos

In der Forschungsliteratur zu Tiepolos Schaffen war das Hauptaugenmerk lange Zeit vor allem auf die Gemälde mit profanen, zumeist mythologischen oder historischen Inhalten gerichtet. In diesen fand man am ehesten den heiteren, gelassenen und exotischen Charakter in der Bildfindung, der als besonders typisch galt. Zurecht wurde aber darauf hingewiesen, daß Tiepolo auch religiöse Werke in großer Zahl geschaffen hat.⁶⁸ Bei diesen folgte er zumeist älteren Traditionen,⁶⁹ so daß seine gerühmte „invenzione" hier weniger leicht ablesbar ist, was häufig zu einer Nichtbeachtung führte.

Altarbilder schuf Tiepolo erst recht spät in seinem Werk, nämlich ab den 1730er Jahren, als er seinen Ruf in Venedig durch zahlreiche auswärtige Aufträge gefestigt hatte. Nach seiner Rückkehr aus Mailand im Jahre 1731 entstand eine dichte Folge an Heiligenbildern. Diese sind gekennzeichnet durch einen schmalen Bühnenraum, der mit wenigen Personen bevölkert ist. Rahmung und Gliederung der Komposition übernehmen in erster Linie Architekturelemente, die vor allem die vertikalen Bildachsen und damit auch die Figur des Heiligen betonen.⁷⁰

Ab der Mitte der 30er Jahre weitete sich die Bühne und erhielt eine größere Lichtfülle. Spätestens jetzt setzte eine im Vergleich zu Piazzetta eher „aristokratische" Kennzeichnung der himmlischen Figuren ohne mystische Ausstrahlung ein.⁷¹ Gleichzeitig wurden die wunderbaren Ereignisse in immer realer greifbare Bildräume versetzt. Ende der 30er Jahre führte Tiepolo antikisierende Tempelfassaden als bestimmendes Hintergrundmotiv ein, die allgemein aus dem Vorbild Veroneses erklärt wurden. An diesen Charakteristika sollte sich in den 1740er Jahren nichts wesentliches ändern, wenn auch der heilige Protagonist häufig deutlicher in den Vordergrund des Bildraumes rückte.⁷²

Daß das Dießener Gemälde innerhalb der Entwicklung der religiösen Bildwerke eher als ein Fremdkörper wirkt, wurde in der Forschung schon mehrfach kommentiert: Die pathetische Bildsprache griffe auf erprobte, eher veraltete Formulierungen zurück;⁷³ die Betonung läge auf dem dramatischen Aspekt;⁷⁴ die Formulierungen lehnten sich bewußt an Pittonis Rokokostil und dessen Süßlichkeit an, von deren Erfolg jenseits der Alpen Tiepolo gewußt habe.⁷⁵ Dabei ist allgemein zuwenig beachtet worden, daß das Dießener Altarblatt – wie oben erwähnt – tatsächlich auf ältere Vorbilder zurückzugehen scheint, womit die bewegte Gesamterscheinung, vor allem aber die ekstatische Gestalt des Märtyrers erklärt werden kann. Übersehen wurde aber vor allem, daß das Gemälde ganz als Historienbild in der Art aufgefaßt ist, die Tiepolo bereits seit den späten 1720er Jahren erprobte. Hier ist der inschriftlich auf das Jahr 1729 datierte „Triumph des Marius" zu nennen, der zu einem Zyklus römischer Historienbilder für den Palazzo Dolphin gehört:⁷⁶ Die Farbigkeit ist weitgehend identisch, der Hintergrund leuchtet in einem lichten Blau, die Körper der Bildfiguren werden durch kräftige Licht-Schatten-Effekte modelliert, einzelne Bildgegenstände treten aufgrund ihrer Lichtfülle noch kräftiger hervor als in Dießen. Weitgehend identisch sind der Bildaufbau und die kompositorischen Mittel der beiden Bilder. Auch der „Triumph des Marius" zeigt eine klare Differenzierung in einen dunklen Vordergrund, einen hell beleuchteten Mittelgrund mit wechselndem Hell-Dunkel und einen in der Lichtfülle wieder reduzierten Hintergrund vor der klaren Folie des Himmels. Auch hier wird der Blick des Betrachters über eine Vordergrundfigur – den Jungen mit Tambourin – eingefangen und dann im Zick-Zack über die Gestalt des Jugurtha zu Marius selbst emporgeführt. Vergleichbar sind auch die muskulösen männlichen Studien im Vordergrund, die Fülle der Figuren im Mittelgrund und die Einbringung von Betrachterfiguren. Die Gestaltung der Komposition durch das Zusammenfügen von Einzelstudien führte auch hier zu einer ungenügenden Klärung der räumlichen Verhältnisse.

Die Auffassung des Martyriums des hl. Sebastian als römisches Historienbild – die mit dem Bildinhalt gut übereingeht – gibt dem Altarblatt innerhalb der religiösen Werke Tiepolos eine gewisse Sonderstellung und ist darüber hinaus ein weiterer Beleg für die große Variabilität seines Schaffens. Offensichtlich wünschte der Auftraggeber Herkulan Karg weder eine exotische Umsetzung des Themas in der Art Veroneses, für die Tiepolo ebenso berühmt war wie für seine besondere „invenzione"⁷⁷, noch eine solche in der Art Piazzettas. Ob Tiepolo deshalb selbst zu dem veralteten und in seinem Charakter eindeutig nordischen Vorbild Hans von Aachens griff und dieses in seiner eigenen Formensprache abgewandelt hat oder ob die Vorgabe von Karg persönlich kam, wird sich nicht abschließend klären lassen; die Wahrscheinlichkeit spricht aber für die zweite Variante. In diesem Zusammenhang ist noch einmal an die Kopie in der Münchener Michaelskirche zu erinnern.

Zur Geschichte einzelner Bildgegenstände

Bereits mehrfach angesprochen wurde, daß ein wesentlicher Bestandteil der Bildfindung bei Tiepolo in der Verarbeitung von Skizzen bestehen konnte, die er in seiner Werkstatt angesammelt hatte. Neben der Komposition gingen auch Einzelfiguren, Gruppen und andere Details aus Fremdvorlagen, eigenen Skizzen oder eigenen älteren Bildern hervor. Zahlreiche im Dießener Altarblatt auffindbare Motive setzte Tiepolo bereits früher oder später noch weitere Male ein. Es sei zunächst auf die Baumkulisse hingewiesen, die auf den Gemälden für S. Lorenzo in Verolanuova und dem Kalvarienberg für S. Alvise wiederkehrt. Zuschauergruppen kommen vor allem bei Martyriendarstellungen immer wieder vor. Die Dreiergruppe am rechten Bildrand findet sich in fast identischer Form beim „Martyrium der hl. Agatha" von 1737 wieder.[78] Die Rückenfigur am linken Bildrand taucht bereits bei der „Marter des hl. Bartholomäus" in S. Stae, Venedig, auf und wurde aus dem Vorbild einer Rückenfigur auf Solimenas „Rebekka am Brunnen" abgeleitet.[79] Anfang der 1740er Jahre kehrte sie in leicht abgewandelter Form auf dem „Manna-Regen" in Verolanuova und dem „Kalvarienberg" für S. Alvise in Venedig zurück.

Das wichtigste und interessanteste Motiv ist die Figur des Heiligen selbst, die wohl auf die Anregung durch ältere eigenhändige Vorlagen zurückgeht,[80] aber speziell für den Dießener Auftrag weiterentwickelt wurde. Offensichtlich war Tiepolo so sehr zufrieden mit der komplexen Haltung der Figur, daß er sie noch zweimal in abgewandelter Form aufnahm: das erste Mal als hl. Ludwig im Gemälde der „Hll. Augustinus, Johannes Ev., Magnus und Ludwig von Toulouse" in S. Salvador, Venedig,[81] das zweite Mal als hl. Oswald auf dem Altarblatt mit den „Hll. Maximus und Oswald" in S. Massimo, Padua, von 1745.[82]

Zur Datierung des Altarblatts

Das Dießener Gemälde wurde in der bisherigen Forschung durchgängig auf die Jahre 1738 oder 1739, d. h. in die Zeit unmittelbar vor der Weihe der Kirche, datiert. Das von Clemens August in Auftrag gegebene Gemälde mit dem hl. Clemens für die seit 1734 im Bau befindliche und 1739 geweihte Liebfrauenkapelle in Nymphenburg wurde häufig mit dem Dießener Bild verglichen und zumeist etwas früher, zwischen 1735 und 1738, angesetzt. Diese Datierung entspricht der Vorstellung, daß der fürstbischöfliche Auftrag demjenigen des Dießener Propstes vorangegangen sein müsse und eine inspirierende Wirkung auf den letztgenannten gehabt habe.[83] Dafür spricht, daß Karg sich 1733 um Hilfe an den Münchener Hof wandte. Es ist darüber hinaus wohl kaum ein Zufall, daß der Nymphenburger Bauherr, Clemens August, Mitte der 30er Jahre neben Tiepolo auch den zweiten in Dießen tätigen Maler, Giovanni Battista Pittoni, unter Vertrag hatte.[84]

Einwände müssen gegen die bisherige Datierung geltend gemacht werden. In bezug auf Farbigkeit und Komposition konnte oben eine zeitliche Stellung (innerhalb der Altarbilder) in der zweiten Hälfte der 30er Jahre glaubhaft gemacht werden. Die Wiederaufnahme von Motiven des Bildes noch in der Zeit um und nach 1740 stützt diesen Ansatz. Als Ableitung eines älteren Historienbildes wäre das Gemälde aber letztlich schon kurz nach 1730 denkbar. In diesem Zusammenhang ist von größter Bedeutung, daß Tiepolo die Figur des hl. Sebastian in einer Ölskizze für das Altarblatt von S. Salvador in Venedig einbrachte. Die Ausbildung der Kopfhaltung und der Gesichtszüge sowie die markante Stellung des Beines sind gut vergleichbar. Der Auftrag für dieses Bild erging 1737; die Fertigstellung datiert wohl noch in das Jahr 1738. Daraus ergibt sich, daß das Dießener Altarblatt oder zumindest der Entwurfsprozeß bereits 1737 abgeschlossen gewesen sein müssen. Die Tatsache, daß die Gruppe zuschauender Männer im 1737 datierten „Martyrium der hl. Agatha" auftaucht, fügt sich gut in diesen Zusammenhang. Die früher als bisher angenommen anzusetzende Fertigstellung des Bildes in Dießen erklärt, warum dieses die falschen Maße besaß: Diese waren offensichtlich noch auf eine ältere Altarplanung abgestimmt, die dem Erscheinen von Straub und seinen per Planwechsel eingeführten, hochmodernen Rahmenaltären vorausging.[85] Es ist deshalb sehr gut möglich, daß der Auftrag für die beiden venezianischen Bilder in Dießen bereits 1735 oder 1736 erteilt wurde. Der Zeitpunkt der Vergabe rückt damit in unmittelbare Nähe zu der Bestellung des Altarblatts für Nymphenburg, mit Sicherheit aber noch vor die Fertigstellung dieses ersten Gemäldes aus der Hand Tiepolos, welches über die Alpen nach Norden gelangte. An einer Vermittlung des venezianischen Meisters nach Dießen durch den Münchener Hof und letztlich durch Clemens August kann deshalb kaum mehr ein Zweifel bestehen.

Pittoni, der noch bis 1736 mit dem Auftrag für Bad Mergentheim beschäftigt war, konnte vielleicht noch rechtzeitig von dem Planwechsel unterrichtet werden, bevor er die Arbeit an der großen Leinwand begonnen hatte. Pittonis Bild wäre dann vielleicht erst 1738/39 entstanden. Die spätere, vielleicht sogar verspätete Fertigstellung des Altarblattes mit dem hl. Stephan mag ein Grund dafür sein, daß auf dem Rechnungsblatt der „Chronologie Quintuplex" der Name Pittonis keinesfalls gleichzeitig – wenn auch von derselben Hand – mit demjenigen Tiepolos eingefügt wurde. Am einheitlichen Format der gesondert bestellten Kleinkopien für Karg änderte sich durch die Neuplanung der Altäre nichts.

Quellen und Literatur

Quellen:

Chronologia Quintuplex: SS. Pontificium, Episcoporum Augustanarum, Imperatorum, Ducum & Electorum Bavariae, Praepositorum Damasianorum, Cum Rebus Memorabilibus in utroque Statu Ecclesiastico & Saeculari, a Saeculo Nono, Fundationis Nostrae Primo, usque ad nostra tempora Succinte deducta 1768, Ordinariatsarchiv Augsburg, Signatur Pf.103 I/35

DALL'ABACO, JOSEPHUS, *Chronik des Dießener Stifts*, Cod. germ. 1770, Bayerische Staatsbibliothek München

RESTAURIERUNGSWERKSTATT ROLF-GERHARD ERNST, *Dießen, ehem. Klosterkirche, Restaurierung der Altargemälde (Dokumentation)*, München 1982

Literatur:

AUER, WILHELM THEODOR, *Geschichte der Augustiner-Pröpste in Dießen*, Dießen 1968

BARCHAM, WILLIAM L., *The religious paintings of Giambattista Tiepolo. Piety and tradition in eighteenth-century Venice*, Oxford 1989

BARCHAM, WILLIAM L., *Giambattista Tiepolo*, New York 1992

BECKER, CHRISTOPH/BURKHARDT, AXEL/RAVE, AUGUST BERNHARD u. a., *The international taste for Venetian art*, in: Martineau/Robinson (s. u.), S. 44-59

BROWN, BEVERLY LOUISE, *Giambattista Tiepolo. Master of the oil sketch*, Ausstellungskatalog Kimbell Art Museum, Fort Worth 1993, Mailand/New York 1993 (zum Thema des Aufsatzes S. 192-195)

BROWN, BEVERLY LOUISE, *In search for the Prima Idea: The oil sketches of Giambattista Tiepolo*, in: Brown, Tiepolo (s. o.), S. 15-21

BRUNEL, GEORGES, *Tiepolo*, Paris 1991, S. 114 f.

COE WIXOM, NANCY, *Martyrdom of S. Sebastian*, in: European paintings of the 16th, 17th and 18th centuries, The Cleveland Museum of Art catalogue of paintings, part 3, Cleveland 1982, S. 425-427

DIETRICH, DAGMAR, *Ehemaliges Augustiner-Chorherren-Stift Dießen am Ammersee. Mit einem Beitrag über die Chorherrengruft und die Beinamen der Pröpste*, 2. Aufl., München/Zürich 1986

DIETRICH, DAGMAR, *Fischer in Dießen*, in: Ausstellungskatalog Johann Michael Fischer, Tübingen 1995, S. 183-204

FRANCIS, HENRY S., *Tiepolos modello for the Martyrium of St. Sebastian in Dießen*, in: Cleveland Museum of Art Bulletin 34, 1947, S. 3 f.

FRÖHLICH-BUM, LILI, *Note on some works by Giovanni Battista Tiepolo*, in: The Burlington Magazine 72, 1938, S. 82-87

GARAS, KLARA, *Venedig und die Malerei in Süddeutschland und Österreich*, in: Venedigs Ruhm im Norden, 1991, S. 81-88

GEMIN, MASSIMO/PEDROCCO, FILIPPO, *Giambattista Tiepolo. I dipinti. Opera completa*, Venedig 1993 (zum Thema des Aufsatzes S. 323 f.)

GEMIN, MASSIMO/PEDROCCO, FILIPPO, *Giambattista Tiepolo: Leben und Werk*, München 1995 (zum Thema des Aufsatzes S. 90)

GOERING, MAX, *Wenig bekannte und neu gefundene Werke von Giovanni Battista Tiepolo*, in: Pantheon 32, 1944, S. 97-110

HEINE, BARBARA, *Tiepolos Dreifaltigkeitsbild in der Klosterkirche zu Nymphenburg*, in: Pantheon 32, 1974, S. 144-152

HUGO, JOSEF ANTON, *Chronik des Marktes und der Pfarrei Diessen nebst kurzgefaßter Geschichte des ehemaligen regulierten Chorherrenstiftes Diessen*, Dießen 1901

KNOX, GEORGE, *Catalogue of the Tiepolo drawings in the Victoria and Albert Museum*, London 1960 (zum Thema des Aufsatzes S. 10 u. 43)

KNOX, GEORGE, *Giambattista and Domenico Tiepolo: A study and catalogue raisonné of the chalk drawings*, 2 Bde., Oxford 1980 (zum Thema des Aufsatzes Bd. 1, S. 153)

KRÜCKMANN, PETER OLUF (Hrsg.), *Der Himmel auf Erden. Tiepolo in Würzburg*, Ausstellung in der Residenz Würzburg 1996, 2 Bde., München/New York 1996 (zum Thema des Aufsatzes Bd. 1, S. 126-128)

KULTZEN, ROLF/REUß, MATTHIAS, *Venezianische Gemälde des 18. Jahrhunderts*, Gemäldekataloge der Bayerischen Staatsgemäldesammlungen X, 2, München 1991 (zum Thema des Aufsatzes S. 92-94)

LEVEY, MICHAEL, *The modello for Tiepolo's altar-piece at Nymphenburg*, in: The Burlington Magazine 99, 1957, S. 256-261

LEVEY, MICHAEL, *Giambattista Tiepolo. His life and art*, New Haven/London 1986

MARIUZ, ADRIANO, *Giambattista Tiepolo*, in: Martineau/Robinson (s. u.), S. 171-217

MARTINEAU, JANE/ROBINSON, ANDREW (Hrsg.), *The glory of Venice. Art in the eighteenth century*, Ausstellungskatalog London/Washington 1994/95, New Haven/London 1994 (zum Thema des Aufsatzes S. 44-59)

MIDDELDORF, ULRICH, *Eine Tiepolo-Ausstellung in Chicago*, in: Pantheon 21, 1938, S. 139-147

MOLMENTI, POMPEO, *G. B. Tiepolo. La sua vita e le sue opere*, Mailand o. J. (1909) (zum Thema des Aufsatzes S. 159 f.)

MOLMENTI, POMPEO, *Tiepolo. La vie et l'oeuvre du peintre*, Paris 1911 (zum Thema des Aufsatzes S. 123 f.)

MORASSI, ANTONIO, *Una mostra del settecento veneziano a Detroit*, in: Arte veneta 7, 1953, S. 49-62

MORASSI, ANTONIO, *A complete catalogue of the paintings of G. B. Tiepolo*, London 1962 (zum Thema des Aufsatzes S. 7, 9 u. 11)

NATIONALMUSEUM DER UKRAINE, LVIV, *Westeuropäische Zeichnungen des 16.-18. Jahrhunderts aus Lemberger Sammlungen*, Ausstellungskatalog, Lviv 1982 (zum Thema des Aufsatzes S. 48 f.)

PALLUCCHINI, ANNA/PIOVENE, GUIDO, *L'opera completa di Giambattista Tiepolo*, Classici dell'arte 25, Mailand 1968 (zum Thema des Aufsatzes S. 104)

PALLUCCHINI, RODOLFO, *I disegni di Giambattista Pittoni*, Padua 1945 (zum Thema des Aufsatzes S. 21)

PALLUCCHINI, RODOLFO, *Die venezianische Malerei des 18. Jahrhunderts*, München 1961

PASSAMANI, BRUNO, *Guida della Pinacoteca Tosio-Martinengo di Brescia*, Brescia 1988 (zum Thema des Aufsatzes S. 107)

RAFF, THOMAS, *Tiepolo und Pittoni. Die zwei venezianischen Altargemälde in der Klosterkirche Dießen*, in: Lech-Isar-Land 1996, S. 24-47

RICH, DANIEL CATTON, *Paintings, drawings and prints by the two Tiepolos: Giambattista and Giandomenico*, Ausstellungskatalog Chicago 1938, Chicago 1938 (zum Thema des Aufsatzes S. 18.)

SACK, EDUARD, *Giambattista und Giandomenico Tiepolo. Ihr Leben und ihre Werke*, 2 Bde., Hamburg 1910 (zum Thema des Aufsatzes S. 77, 187 u. 257)

Venedigs Ruhm im Norden: Die großen venezianischen Maler des 18. Jahrhunderts, ihre Auftraggeber und ihre Sammler, Ausstellungskatalog Hannover/Düsseldorf 1991/1992, Hannover 1991 (zum Thema des Aufsatzes S. 236)

WESCHER, PAUL, *La prima idea: Die Entwicklung der Ölskizze von Tintoretto bis Picasso*, München 1960 (zum Thema des Aufsatzes S. 47-49)

Anmerkungen

1 KRÜCKMANN, *Himmel*, 1996, S. 126-128.
2 RAFF, *Tiepolo*, 1996.
3 Zur Form, zur Aufstellung und zum ikonologischen Programm der Retabel im Zusammenhang des Kirchenraumes siehe: RAFF, *Tiepolo*, 1996, S. 36-42.
4 Öl auf Leinwand, Maße: ca. 413 x 202 cm.
5 DALL'ABACO, *Chronik*, S. 30.
6 In zwei Spalten nebeneinander werden die Kosten für die Altäre und die Altarblätter gesondert aufgeführt. Im Gegensatz zu den meisten der aus der Hand süddeutscher Maler stammenden Gemälde fehlt bei den Altarblättern mit dem hl. Stephan und dem hl. Sebastian der Name des Meisters. Erst nachträglich wurde beim letztgenannten das „diepolo venetus" und von derselben Hand der Name eingefügt. Da dall'Abaco (Chronik) die besondere Hochachtung bezeugt, die das Gemälde Tiepolos genoß, kann die Auflistung nur aus einer Zeit stammen, als der Name Tiepolos dem Schreiber noch unbekannt war – also in der Zeit

während der Entstehung und noch vor der Bezahlung des Bildes. Das Blatt wäre dann bedeutend älter als die Schrift, der es angeheftet wurde.

7 Zum Bau und zur Weihe der Kirche siehe: HUGO, *Chronik*, 1901, S. 63-65; AUER, *Geschichte*, 1968, S. 99-104; DIETRICH, *Augustiner-Chorherren-Stift*, 1986, S. 10 f. u. 16-18, sowie DIES., *Fischer*, 1995, S. 183-195.
8 MOLMENTI, *Tiepolo*, 1909, S. 26 f.
9 In der Literatur wurde Tiepolo spätestens in dieser Zeit die Herausbildung eines weitgehend eigenständigen Stiles zugesprochen, vgl. etwa LEVEY, *Tiepolo*, 1986, S. 75, und GEMIN/PEDROCCO, *Tiepolo*, 1995, S. 65 u. 93 f.; dabei wurde den Werken für Nymphenburg und Dießen häufig besondere Bedeutung zugemessen, vgl. etwa MARIUZ, *Tiepolo*, 1994, S. 188. – Die bedeutendsten bis dahin entstandenen Werke waren vor allem Fresken (z. B. für den Patriarchen Dolfin in Udine, den Palazzo Archinto in Mailand, den Palazzo Dugnati in Casati, die Colleoni-Kapelle in Bergamo, die Villa Loschi und den Palazzo Clerici), vgl.: LEVEY, *Tiepolo*, 1986, S. 29-70; BARCHAM, *Tiepolo*, 1992, S. 15-19; GEMIN/PEDROCCO, *Tiepolo*, 1995, S. 60-70.
10 LEVEY, *Tiepolo*, 1986, S. 75; MARIUZ, *Tiepolo*, 1994, S. 188.
11 BARCHAM, *Paintings*, 1989, S. 9 f.
12 MARIUZ, *Tiepolo*, 1994, S. 172.
13 KNOX, *Catalogue*, 1960, S. 10; GEMIN/PEDROCCO, *Tiepolo*, 1995, S. 90.
14 LEVEY, *Tiepolo*, 1986, S. 72; BARCHAM, *Tiepolo*, 1992, S. 19-21.
15 BECKER u. a., *Taste*, 1994, S. 45-51.
16 Eine Auflistung bei GARAS, *Venedig*, 1991, S. 83, Anm. 11.
17 LEVEY, *Modello*, 1957, S. 257.
18 Vgl.: LEVEY, *Modello*, 1957 ; MORASSI, *Catalogue*, 1962, S. 30; HEINE, *Dreifaltigkeitsbild*, 1974, S. 144-152; KULTZEN/REUSS, *Gemälde*, 1991, S. 92-94; *Venedigs Ruhm*, 1991, S. 236; BARCHAM, *Tiepolo*, 1992, S. 70; GEMIN/PEDROCCO, *Tiepolo*, 1993, S. 323; RAFF, *Tiepolo* 1996, S. 24 47.
19 LEVEY, *Modello*, 1957, S. 257; HEINE, *Dreifaltigkeitsbild*, 1974, S. 144; LEVEY, *Tiepolo*, 1986, S. 75 f.; *Venedigs Ruhm*, 1991, S. 204 u. 210; MARIUZ, *Tiepolo*, 1994, S. 188.
20 DIETRICH, *Augustiner-Chorherren-Stift*, 1986, S. 15-17; DIES., *Fischer*, 1995, S. 183 u. 188; RAFF, *Tiepolo*, 1996, S. 25 f.
21 BROWN, *Tiepolo*, 1993, S. 192; BECKER u. a., *Taste*, 1994, S. 51.
22 DIETRICH, *Augustiner-Chorherren-Stift*, 1986, S. 17 f., und DIES., *Fischer*, 1995, S. 188-195.
23 Mündlicher Hinweis von Dagmar Dietrich, München.
24 Dokumentation im Bayerischen Landesamt für Denkmalpflege. Bei Johann Andreas Wolfs Altarblatt mit der „Büßenden Madonna" war ebenfalls eine Anstückung notwendig (vgl. ebd.).
25 DIETRICH, *Augustiner-Chorherren-Stift*, 1986, S. 37.
26 WESCHER, *Prima idea*, 1960, S. 47-49.
27 BARCHAM, *Tiepolo*, 1992, S. 29.
28 WESCHER, *Prima idea*, 1960, S. 48 f.; BROWN, *Search*, 1993, S. 15-19.
29 Victoria and Albert Museum, London, Maße: 23,5 x 14,4 cm, vgl.: KNOX, *Catalogue*, 1960, S. 10 u. 43; RAFF, *Altarbilder*, 1996, S. 24-47. Die Zeichnung ist eine Studie für ein heute in Castelgomberto befindliches Ölgemälde, vgl. GEMIN/PEDROCCO, *Tiepolo*, 1995, S. 246.
30 Szepművészeti Muzeum, Budapest, vgl.: COE WIXOM, *Martyrdom*, 1982, S. 427; BROWN, *Tiepolo*, 1993, S. 194.
31 Nationalmuseum der Ukraine, Lviv, Inv. Nr. 1799 (ehem. im Besitz des Erzbischofs Graf Szeptycki in Lemberg), Maße des gesamten Blattes: 55 x 33 cm, vgl.: SACK, *Tiepolo*, 1910, S. 257 (Nr. 174); *Westeuropäische Zeichnungen des 16.-18. Jahrhunderts aus Lemberger Sammlungen*, Ausstellungskatalog, Lviv 1982, S. 48 f.; BROWN, *Tiepolo*, 1993, S. 193; KRÜCKMANN, *Himmel*, 1996, S. 128.
32 RAFF, *Tiepolo*, 1996, S. 28.
33 MOLMENTI, *Tiepolo*, 1909, S. 160, Abb. S. 161; BROWN, *Tiepolo*, 1993, S. 193.
34 Inv. Nr. HZ 1914, Maße des Bildfeldes: 25,0 x 13,5 cm (Angabe laut RAFF, *Tiepolo*, 1996, S. 30 und 44, Anm. 12), vgl.: KNOX, *Tiepolo*, 1980, S. 153; BROWN, *Tiepolo*, 1993, S. 193; RAFF, *Tiepolo*, 1996, S. 30 (mit Abb.).
35 Um die Frage des Entstehungsprozesses hat sich jüngst Thomas Raff verdient gemacht: RAFF, *Tiepolo*, 1996, S. 28-32 und 34-36.

– Zur Ölskizze im The Cleveland Museum of Art, Inv. Nr. 1946.277, Maße: 52,5 x 32,5 cm, vgl.: SACK, *Tiepolo*, 1910, S. 187; FRÖHLICH-BUM, *Note*, 1938, S. 82; FRANCIS, *Modello*, 1947, S. 3 f.; MORASSI, *Mostra*, 1953, S. 52 f.; DERS., *Catalogue*, 1962, S. 9; COE WIXOM, *Martyrdom*, 1982, 425-427; BRUNEL, *Tiepolo*, 1991, S. 114; BROWN, *Tiepolo*, 1993, S. 192-195; GEMIN/PEDROCCO, *Tiepolo*, 1993, Nr. 225a; KRÜCKMANN, *Himmel*, 1996, S. 126; RAFF, *Tiepolo*, 1996, S. 32.
36 RAFF, *Tiepolo*, 1996, S. 30-32. – Skizze in Holzhausen: Inv. Nr. der Schwarzweißaufnahme: 62711. – Skizze im Kunsthandel: Abbildung in einer Annonce der Firma Agnew & Sons, in: Art News 48, 1950, S. 7; Maße: 88,9 x 45,7 cm. – Skizze in Augsburg: Privatbesitz, 45,5 x 32,5 cm.
37 Pinacoteca Tosio-Martinengo, Brescia, Inv. Nr. 220, Öl auf Leinwand, Maße: 67 x 42 cm, vgl.: MORASSI, *Mostra*, 1953; DERS., *Catalogue*, 1962, S. 7; COE WIXOM, *Martyrdom*, 1982, S. 427; PASSAMANI, *Guida*, 1988, S. 107; BROWN, *Search*, 1993, S. 18; DERS., *Tiepolo*, 1993, S. 193; RAFF, *Tiepolo*, 1996, S. 30. – Die Skizze ist mit der bei MOLMENTI, *Tiepolo*, 1911, S. 124, genannten identisch. Laut Morassi wurden alle Ölskizzen außer derjenigen in Cleveland von Schülern oder Nachahmern Tiepolos angefertigt.
38 RAFF, *Tiepolo*, 1996, S. 32, 34-36 u. 45, Anm. 18 (mit ausführlicher Literaturangabe).
39 Bereits LEVEY, *Modello*, 1957, S. 258, charakterisierte Karg als Sammler und setzte ihn damit von Clemens August ab.
40 FRANZ SEBASTIAN MEIDINGER, *Historische Beschreibung der kurfürstl. Haupt- und Regierungs-Städte in Niederbaiern, Landshut und Straubing. Mit einer ansehnlichen Gemäldesammlung der Kirchen verschiedener Städte und hohen Prälaturen*, Landshut 1787 (mündlicher Hinweis von Dagmar Dietrich, München).
41 BARCHAM, *Paintings*, 1989, S. 194-202.
42 WALTER L. STRAUSS (Hrsg.), *The illustrated Bartsch*, Bd. 4: *Matham, Saenredam*, New York 1980, S. 463; BROWN, *Tiepolo*, 1993, S. 195.
43 Vgl. das Altarbild für S. Salvador in Venedig mit dem hl. Augustinus und weiteren Heiligen, dazu BARCHAM, *Paintings*, 1989, S. 194-202.
44 *Venedigs Ruhm*, 1991, S. 210.
45 Vgl. etwa BROWN, *Tiepolo*, 1993, S. 193.
46 MOLMENTI, *Tiepolo*, 1909, S. 161.
47 Vgl. die Figur des hl. Oswald im Bild der hll. Maximus und Oswald in S. Massimo in Padua, dazu GEMIN/PEDROCCO, *Tiepolo*, 1993, S. 384 f.
48 Von dem 1745 entstandenen Gemälde mit den hll. Maximus und Oswald existieren gleich mehrere Kopien, vgl.: BARCHAM, *Paintings*, 1989, S. 208-214; GEMIN/PEDROCCO, *Tiepolo*, 1995, S. 384 f.
49 *Lexikon der christlichen Ikonographie*, Bd. 8, S. 318-324.
50 Ebd., S. 318.
51 PALLUCCHINI, *Malerei*, 1961, S. 70-72; BARCHAM, *Paintings*, 1989, S. 18; DERS., *Tiepolo*, 1992, S. 21; GEMIN/PEDROCCO, *Tiepolo*, 1995, S. 25 und 32.
52 PALLUCCHINI, *Malerei*, 1961, S. 72 f. u. 89 f.; LEVEY, *Tiepolo*, 1986, S. 52; BARCHAM, *Paintings*, 1989, S. 55 f. u. 71-74; DERS., *Tiepolo*, 1992, S. 15-17; MARIUZ, *Tiepolo*, 1994, S. 171 u. 184-187; GEMIN/PEDROCCO, *Tiepolo*, 1995, S. 32-34.
53 BARCHAM, *Paintings*, 1989, S. 48-53; DERS., *Tiepolo*, 1992, S. 21 u. 64.
54 MARIUZ, *Tiepolo*, 1994, S. 184 f.
55 BARCHAM, *Tiepolo*, 1992, S. 60.
56 BRUNEL, *Tiepolo*, S. 115.
57 BARCHAM, *Tiepolo*, 1992, S. 17-19.
58 BARCHAM, *Tiepolo*, 1992, S. 8; GEMIN/PEDROCCO, *Tiepolo*, 1995, S. 17-24.
59 Vgl. u. a. BARCHAM, *Paintings*, 1989, S. 19, 31, 43, 48-51 u. 169.
60 GEMIN/PEDROCCO, *Tiepolo*, 1993, S. 52.
61 BARCHAM, *Paintings*, 1989, S. 43-48; GEMIN/PEDROCCO, *Tiepolo*, 1995, S. 53 f.
62 LEVEY, *Tiepolo*, 1986, S. 77 u. 88-90.
63 GEMIN/PEDROCCO, *Tiepolo*, 1995, S. 281.
64 FRÖHLICH-BUM, *Note*, 1938, S. 82; GEMIN/PEDROCCO, *Tiepolo*, 1995, S. 90.
65 Vergleichbar ist etwa die „Vision des hl. Gaetano" von 1732/34, vgl. GEMIN/PEDROCCO, *Tiepolo*, 1995, S. 282.

66 Gemin/Pedrocco, *Tiepolo*, 1995, S. 340 f.
67 So wurden noch in den „modelli" für das Altarblatt mit den hll. Maximus und Oswald (vgl. oben) beide Varianten – mit und ohne Ausbildung eines Vordergrundes – erprobt.
68 Barcham, *Paintings*, 1989, S. 9, 174 und 179 ff.
69 Gemin/Pedrocco, *Tiepolo*, 1995, S. 88.
70 Vgl. die „Unterweisung Mariens", die „Vision des hl. Kajetan" und die „Madonna mit den hll. Antonius von Padua, Franziskus und Ludwig von Toulouse".
71 Daneben entstanden aber auch stark pathetische oder devotionale Darstellungen wie die „Kreuztragung" in S. Alvise, Venedig, und die „Trinität" für den Dom in Udine, vgl.: Levey, *Tiepolo*, 1986, S. 76 f.; Gemin/Pedrocco, *Tiepolo*, 1995 S. 321 u. 330 f.
72 Vgl. das Gemälde mit dem „Hl. Bischof Johannes von Bergamo" in Bergamo, dazu Barcham, *Tiepolo*, 1992, S. 36 f., sowie Gemin/Pedrocco, *Tiepolo*, 1995, S. 382 f.
73 Brunel, *Tiepolo*, 1991, S. 115.
74 Levey, *Tiepolo*, 1986, S. 88.
75 Brown, *Tiepolo*, 1993, S. 195.
76 Gemin/Pedrocco, *Tiepolo*, 1995, S. 258 f.
77 Levey, *Tiepolo*, 1986, S. 78; Mariuz, *Tiepolo*, 1994, S. 172 u. 186 f.
78 Gemin/Pedrocco, *Tiepolo*, 1995, S. 316.
79 Palucchini, *Malerei*, 1961, S. 72; Barcham, *Paintings*, 1989, S. 43.
80 Die weiteren bei Knox, *Catalogue*, 1960, S. 43, genannten Ableitungen der Marsyas-Figur auf der Londoner Federzeichnung wollen hingegen weniger überzeugen; vgl. Gemin/Pedrocco, *Tiepolo*, 1995, S. 246.
81 Das Altarblatt ist zerstört; nur die Ölskizzen sind erhalten, vgl.: Barcham, *Paintings*, 1989, S. 194-202; Gemin/Pedrocco, *Tiepolo*, 1993, S. 322.
82 Barcham, *Paintings*, 1989, S. 208-214; Gemin/Pedrocco, *Tiepolo*, 1995, S. 384 f.
83 Goering, *Werke*, 1944, S. 97-110; Levey, *Modello*, 1957, S. 256-261; Heine, *Dreifaltigkeitsbild*, 1974, S. 144-152; Kultzen/Reuss, *Gemälde*, 1991, S. 92 f.; *Venedigs Ruhm*, 1991, S. 236; Gemin/Pedrocco, *Tiepolo*, 1993, S. 323; Brown, *Tiepolo*, 1993, S. 192.
84 *Venedigs Ruhm*, 1991, S. 204.
85 Zuletzt: Raff, *Tiepolo*, 1996, S. 36.

Abbildungsnachweis

The Cleveland Museum of Art Cleveland, Ohio, Delia E. and L. E. Holden Funds, 1946.277: *Abb. 5*
Kunstsammlungen der Veste Coburg, Coburg: *Abb. 6* (Neg. Nr. 33492)
Nationalmuseum der Ukraine Lviv: *Abb. 3*
Restaurierungswerkstatt Rolf-Gerhard Ernst: *Abb. 2*
Verfasser: *Abb. 1*
Repro nach: Pompeo Molmenti, *G. B. Tiepolo. La sua vita e le sue opere*, Mailand o. J. (1909), S. 161: *Abb. 4*

Florian Fiedler

Das Treppenhausfresko in der Würzburger Residenz

Tagwerksgrenzen, Kartondurchpausungen, Seccoretouchen und die Folgen für die Kreidezeichnungen der Tiepolowerkstatt

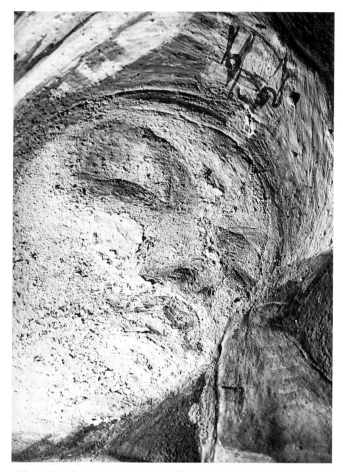

Abb. 1. Würzburger Residenz; Personifikation der Asia im Streiflicht; das in Seccomalerei aufgetragene Inkarnat blättert ab

Der Aufstieg im Treppenhaus der Würzburger Residenz bietet einen sich ständig weitenden Ausschnitt des größten Deckenfreskos der Welt, das jeden Besucher mit wechselnden Perspektiven und ausgeklügelten Fernwirkungen überrascht (Abb. 1). Aber erst auf dem Gerüst, beim Anblick aus unmittelbarer Nähe, offenbaren sich maltechnische Tricks und Details, auch einige kleine Fehler, die dann noch schnell korrigiert wurden. Man erkennt, wie das Werk vermutlich entstanden ist und genießt dabei den Eindruck von Unmittelbarkeit, so als ob man Giambattista Tiepolo bei der Arbeit über die Schulter schauen könnte. Leider zeigt sich auch der besorgniserregende Zustand: Die nicht freskal gebundene Seccoschicht löst sich von der darunterliegenden Freskoschicht und an manchen Stellen pudert sie bereits von der Wand (Abb. 1). Anderseits erkennt man an diesen „Wunden" den sehr interessanten schichtartigen Aufbau der Male-

rei, was Rückschlüsse zuläßt auf die Arbeitsschritte vor mehr als 250 Jahren.[1]

Die zahlreichen unsignierten Kreidezeichnungen, ein wahres Minenfeld für Tiepoloforscher, sind seit Jahrzehnten das strittige Dauerthema. Die neuen Befunde aus Würzburg rücken die in der Stilkritik steckengebliebene Diskussion um die Kreidezeichnungen von Giambattista, Domenico und Lorenzo Tiepolo in ein neues Licht: Erstmals wird klar, welche Rolle den Zeichnungen im kreativen Schaffensprozeß zukam, was wiederum Rückschlüsse auf die Organisation der Tiepolowerkstatt zuläßt. Darüber hinaus kann die Zuschreibungsfrage von Argumenten des subjektiven Ermessens weg zu objektiv nachvollziehbaren Ergebnissen geführt werden.

Aus dem im Sommer 1995 von den Restauratoren Matthias Staschull und Werner Rescher vorgenommenen Befunduntersuchungen[2] läßt sich u.a. folgern, daß im großen und ganzen vier Arbeitsschritte aufeinander folgen: zunächst das Aufbringen eines mehrlagigen Putzes, dann der Karton, dessen Abdruck sich im Mörtel erhalten hat, gefolgt von der Freskomalerei und zum Schluß die Seccoschicht.

Die Tagwerksgrenzen

Die Restauratoren stellten zunächst fest, daß sich das Deckenfresko aus insgesamt 218 Giornaten[3] zusammensetzt (Abb. 3 und 4). Das ergibt bei einer bemalten Fläche von 677 Quadratmetern eine durchschnittliche Tagwerksgröße von mehr als drei Quadratmetern! Diese Leistung ist um so bemerkenswerter, als die Darstellung in einem zweiten Arbeitsgang in Seccomalerei nochmals verfeinert wurde, besonders an den entscheidenden Stellen, an Gesichtern, kompliziert gerafften Stoffen, Weißhöhungen etc. Dies war die letzte Gelegenheit für Korrekturen vor Abbau des Gerüstes. Während der kalten Jahreszeit ruhte die Freskierung wegen der Frostgefahr, weshalb Tiepolo und seine Mitarbeiter in den beiden Sommern 1752 und 1753 wohl unermüdlich an dem Fresko gearbeitet haben. Das tat Giambattista aber auch, wie er in einem Brief von 1734 berichtet, bei einem weitaus weniger umfangreichen Projekt (Ausmalung der Villa Loschi),[4] und wenn man sein riesiges Gesamtwerk in Betracht zieht, kann man sich eigentlich nicht vorstellen, daß er jemals langsam gearbeitet hätte. Dennoch gibt es erhebliche Unterschiede. Etwa genausoviel Zeit wie im Treppenhaus benötigte Tiepolo für die Ausmalung der flächenmäßig viel kleineren Kaisersaalfresken: Dort begannen die Entwurfsarbeiten im Dezember 1750, und die Ausführung war „erst" im Juli 1752 vollendet. Es erhebt sich daher die Frage, wie das unglaubliche Arbeitstempo im Treppenhaus (Präsentation der Ölskizze[5] im April 1752, und schon im November 1753 verläßt die Familie Tiepolo Würzburg) erklärt werden kann und, verbunden damit,

in welchem Umfang der Künstler jeweils seine Gehilfen an der Ausführung beteiligte.

Lorenzo Tiepolo (1736-1776), der bei seiner Ankunft in Würzburg erst vierzehn Jahre alt war, fertigte während seiner dreijährigen Lehrzeit in Franken zwar sehr qualitätvolle Kreidezeichnungen an, vor allem Portraits, z. T. nach Originalzeichnungen von Giambattista, z. T. nach Domenico Tiepolo, aber die Beteiligung an den väterlichen Fresken dürfte sich aufs Farbenanrühren oder bestenfalls auf das Blau des Himmels beschränkt haben.

Viel enger war die Zusammenarbeit mit dem älteren und vielleicht auch begabteren Domenico Tiepolo (1721-1804). Eine Kreidezeichnung mit der Personifikation Afrikas (Abb. 6) läßt erstmals Rückschlüsse auf die Art der Zusammenarbeit zu: George Knox schrieb sie 1980 dem Giambattista zu[6] und hält noch daran fest. Als Begründung verweist er auf das Fehlen einer Draperie um den Arm der Afrika. Da sie in der Entwurfsphase des Freskos noch nicht auftaucht, also weder in der Ölskizze, noch in der vermeintlichen Entwurfszeichnung, dafür aber im Fresko sehr deutlich erkennbar ist (vgl. das Tuch über dem ausgestreckten Oberarm der Afrika, Abb. 8), folgert Knox, daß die Zeichnung nicht eine von Domenicos Nachzeichnungen nach dem fertiggestellten Fresko sein könne. Es müsse sich vielmehr um eine authentische Vorzeichnung, und zwar des Vaters handeln, die darüber hinaus auch noch dem Format einer Giornata entsprechen würde. Beide Behauptungen klingen überzeugend, stehen aber im Widerspruch zu den Befunduntersuchungen am Fresko: Der auf der Zeichnung erkennbare Ausschnitt des Freskos entspricht nicht etwa nur einem, sondern insgesamt fünf Tagwerken, und ganz generell kann mittlerweile behauptet werden, daß die wenigsten Kreidezeichnungen mit den Giornategrenzen in Einklang stehen – interessante Ausnahmen (Abb. 10, 11) werden noch besprochen! Außerdem erwies sich die Draperie bei genauer Betrachtung vom Gerüst aus als Seccoretouche, d. h., sie fehlte in der Erstfassung des Freskos und kam erst ganz zum Schluß, wohl um zwei kleine Unstimmigkeiten zu maskieren: Erstens holt die Draperie den zu weit abgespreizten Arm optisch wieder an den Körper heran (Abb. 8).[7] Zweitens hätte der für diese Stelle vorgesehene Armreif, der in der Zeichnung und in der Ölskizze zu sehen ist und auch freskal zunächst einmal ausgeführt wurde, den Eindruck eines gliederpuppenartig auseinanderdividierten Körpers gemacht – eine für Domenico Tiepolo typische Figurenauffassung: Schmale Hüften und an halbierte Äpfel erinnernde Brüste sitzen weit voneinander entfernt auf einem breitschultrigen, muskulösen Torso. Ganz generell vermißt man bei der Personifizierung Afrikas die für Giambattista Tiepolo typische spätbarocke Anatomie. Die etwas verflachende Malweise Domenicos zeigt sich auch an den etwas zu dünn geratenen Fingern. Weitere Fehler, die bei Domenico immer wieder auftauchen, sind beispielsweise Daumen, die zu weit vom Handteller und Arme, die zu weit vom Oberkörper abgespreizt sind.[8] Betrachtet man ein beliebiges Detail aus den drei großen Fresken des Kaisersaals (nicht den Grisaillen, denn die stammen von Do-

◁ *Abb. 2. Treppenhausfresko der Würzburger Residenz, Giambattista Tiepolo, 1752/53*

menico), z. B. die Venus[9] des Deckenfreskos, dann fallen ihr rubensartiger Körper, das weich modellierte Décolleté und die voluminösen Arme und Hüften auf, wodurch sie sich völlig von der maskulin anmutenden Afrika im Treppenhaus unterscheidet.

Kann es daher sein, daß Giambattista die Freskoausführung im Treppenhaus zumindest in Teilen seinem Sohn überließ? Es überrascht zunächst, daß ihm eine derart prominente Figur wie die Afrika anvertraut wurde, aber zwei Tatsachen relativieren dies wieder: Zunächst einmal läßt die Ölskizze keinen Zweifel daran, daß die Invention vollständig dem Vater zuzuschreiben ist und sich der Sohn an dessen Anweisungen gehalten haben dürfte. Außerdem wurde im letzten Moment in secco korrigiert. Diese Übermalungen könnten, zumindest theoretisch, auch von Domenico stammen. Das ist aber unwahrscheinlich, wenn man bedenkt, daß Domenicos Repertoire fast vollständig der Figurenwelt des Vaters entnommen ist. Auch gibt es Beispiele dafür, daß Giambattista seinem Sohn zu einer überzeugenderen Komposition verhalf, wo dieser, wie z. B. bei den Kaisersaal-Supraporten, eigenständig arbeitete, aber nie umgekehrt. Auch wenn Giambattista dieses riesige Deckenfresko nicht ohne Gehilfen ausführen konnte, so kann dennoch davon ausgegangen werden, daß er für ein Werk, das er 1753 signierte, auch in allen Phasen der Ausführung verantwortlich war. Aus diesem Grund erscheint eine Arbeitsteilung am plausibelsten, die Domenico zumindest teilweise in die Freskoausführung miteinbezieht und die Seccoretouchen dem Vater zuschreibt.

Damit wären wir wieder bei der Figur der Afrika und speziell bei der Draperie um den Arm. Auch andere wichtige Details, beispielsweise die Perlenkette, die goldenen Medaillen und das kräftige grüne Schilf, das Afrika in ihrer Rechten hält, wurden „al secco" aufgetragen und sie erscheinen weder in der Ölskizze noch in den Kartonritzungen im Fresko, aber eben in der Zeichnung. Damit wird endgültig klar, daß es sich hier um eine Nachzeichnung handeln muß. Wäre sie eine Vorzeichnung gewesen, hätte man die schmückenden Accessoires (Perlenkette, Medaillons, Schilfbüschel) von vornherein in „fresco buono" ausgeführt. Bleibt also nur die Möglichkeit einer Nachzeichnung durch Domenico, es handelt sich also um ein sog. „record drawing" zu Übungs- oder Dokumentationszwecken. Warum aber zeigt Domenico auf seiner Zeichnung noch den Armreif und nicht schon die Draperie? Ganz offensichtlich waren diese Secco-Korrekturen nicht gleichzeitig aufgetragen worden: Es muß sich um einen komplexen, längeren Vorgang gehandelt haben, und Domenico gibt auf seiner Zeichnung den vorletzten, nicht aber den endgültigen Zustand des Freskos wieder.

Fassen wir zusammen: Die Zeichnung mit der Afrika tangiert fünf verschiedene Tagwerke, ohne diese allerdings vollständig wiederzugeben, woraus sich schließen läßt, daß sie keine verkleinernde Kopie nach den Kartons ist. Aufgrund der Vorwegnahme des Großteils der Seccoverbesserungen kann sie auch keine Vorzeichnung sein, so daß es sich mit Sicherheit um eine Nachzeichnung nach diesem fast vollendeten Plafondabschnitt handeln muß. Da sich Giambattista nicht mit Nachzeichnungen eigener Werke aufhielt, kommt als Autor dieser Zeichnung eigentlich nur Domenico in Frage.

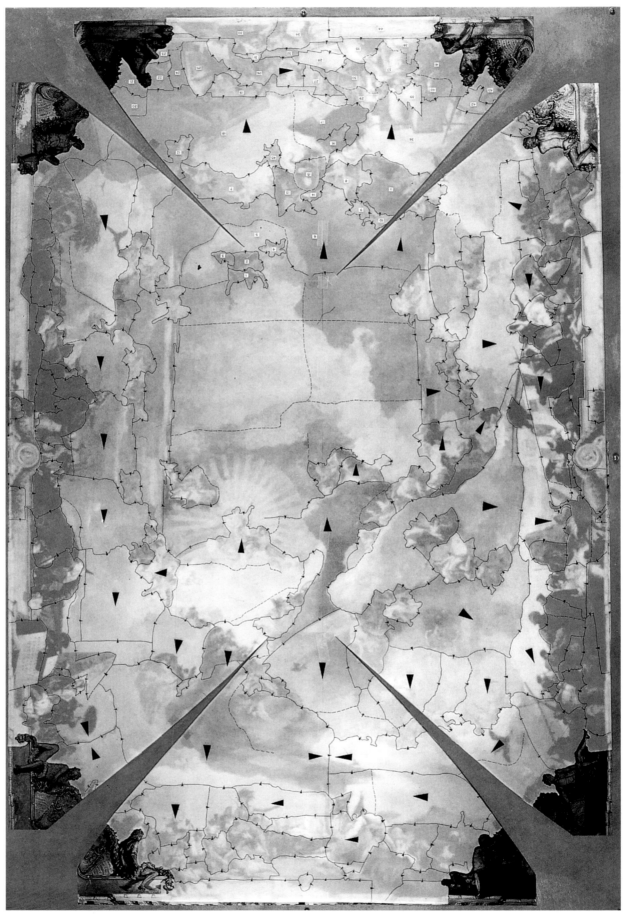

Abb. 3. Würzburger Residenz; Treppenhausfresko mit Giornateplan nach Matthias Staschull

Kehren wir nochmals zur Problematik der Tagwerksgrenzen zurück: Eine Kreidezeichnung aus Stuttgart (Abb. 11) zeigt drei verschiedene Ausschnitte einer einzigen Figurengruppe des Treppenhausfreskos: Am unteren Bildrand erkennt man ein Pferd in rückwärtiger Ansicht und starker Verkürzung, hinter dem eine geflügelte Hore steht; die Trense des Zaumzeuges hält sie in der Hand, um das Pferd an den Sonnenwagen des Apoll anzuschirren (vgl. Abb. 16). Darüber fliegen zwei Putten (vgl. Abb. 15). Das dritte Detail rechts oben auf dem Blatt stellt einen Putto dar, der unter einer Draperie vorschaut (Abb. 14). Betrachtet man diese Gruppe im Zusammenhang des Freskos (Abb. 2), dann wundert es, warum die drei einzelnen Skizzen eher zufällig auf dem Blatt verstreut sind, statt im Kontext des Freskos nebeneinander zu erscheinen. Dazu hätte es genügt, das Blatt ins Querformat zu drehen. Die Lösung des Problems wird erst klar, sobald man die Giornateaufteilung dieser Szene kennt: Die drei Einzelgruppen entsprechen jeweils genau der Größe eines Tagwerks (Abb. 3). Daraus folgt, daß die Stuttgarter Zeichnung eine Zusammenschau von drei verschiedenen Kartons liefert. Handelt es sich um eine Vorzeichnung für die Kartons oder um eine Kopie nach den fertiggestellten Kartons? Dem Zeichner war offenbar der endgültige Zusammenhang unklar, und daher spricht vieles dafür, daß Domenico die drei leider nicht mehr existierenden Kartons des Vaters einzeln nachzeichnete.

Ähnlich dürfte auch eine Rötelzeichnung im Besitz der Staatsgalerie Stuttgart entstanden sein, auf der man einen Vogel Strauß und einen auf die Knie gesunkenen Mann vor der Figur der Afrika erkennen kann (Abb. 10). Diese Zeichnung gibt nicht den endgültigen Zustand wieder, sondern die beiden Kartonvorlagen, denn beide Ausschnitte entsprechen in ihrer Form jeweils einem Tagwerk. Später wurde der Freskoabschnitt in secco korrigiert. Diese Korrekturen sind auf der Zeichnung nicht vorhanden: So vermißt man die dekorative rote Quaste, die später noch um den Hals des Dromedars gehängt wurde (Abb. 12), auch die Pantoffelspitzen des Mannes wurden übermalt, und die beiden Halterungen am Hosenbein wurden um eine dritte Halterung erweitert (Abb. 13). Mit den Kartondurchpausungen sind wir beim zweiten Stichwort aus dem Bereich der Maltechnik, und auch hier konnten die Befunduntersuchungen am Fresko unser Wissen über die Kreidezeichnungen bereichern.

KARTONDURCHPAUSUNGEN

Der Karton stellt den Endpunkt einer Serie vorbereitender Studien dar, vergleichbar einer ins Monumentale gesteigerten Zeichnung. Er bestand im allgemeinen aus großen, zusammengefügten Papierbögen, bedeckt mit der Umrißführung der Figuren und wichtigen Details der Binnenzeichnung. Zu Beginn eines Arbeitstages heftete man ein Stück von der Größe eines Tagwerks an die frisch verputzte Wand und pauste durch. So oder ganz ähnlich muß es sich auch in der Würzburger Residenz zugetragen haben. Eine zeitgenössische Quelle erwähnt, daß Tiepolo gerade mit dem „Durch-

Abb. 4. Würzburger Residenz; Europasektion des Treppenhausfreskos nach Matthias Staschull

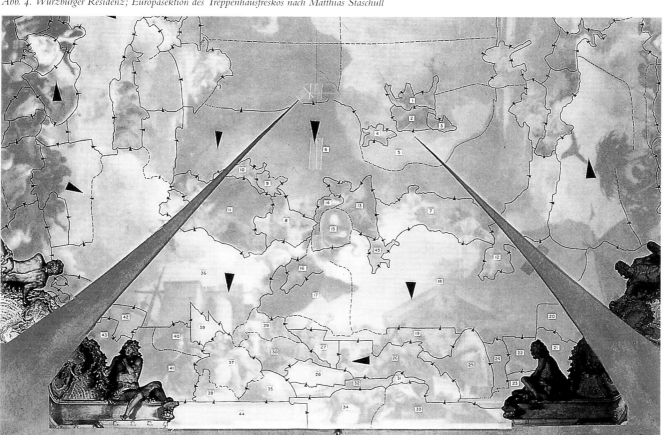

Abb. 5. Würzburger Residenz; Treppenhausfresko; Afrikasektion mit Flußgott Nil (Ausschnitt)

pausen"[8] beschäftigt sei. Noch heute kann man Nagellöcher in der Decke des Würzburger Treppenhauses erkennen, wo vor mehr als 250 Jahren der Kartonabschnitt auf dem sog. intonaco, dem Feinputz, befestigt worden war. Dann fuhr Giambattista Tiepolo oder ein Werkstattmitglied die Konturen mit einem spitzen Gegenstand nach, z. B. einem Griffel oder umgedrehten Pinselstiel, vielleicht auch einem Metallstift. Nicht ganz klar ist, wie groß diese Kartons im noch unzerschnittenen Zustand waren. Zum Teil dürften sie riesige Figurengruppen umfaßt haben mit zahlreichen Giornaten, gelegentlich bestanden sie aus wenigen (vgl. Abb. 3, Tagwerk Nr. 1, 2 und 3) oder nur einem einzigen Tagwerk, wenn es beispielsweise darum ging, einen isolierten Putto auf einer Wolke zu plazieren (vgl. Abb. 3, Tagwerk Nr. 4). Nach Gebrauch waren Kartons in aller Regel so ruiniert, daß sie weggeworfen wurden und daher noch erhaltene Exemplare als Rarität in der Kunstgeschichte gelten. Das gilt auch für die Tiepolowerkstatt, aus der keine Kartons überdauert haben.[11] Heute kann man sich nur durch zwei indirekte Quellen eine Vorstellung bilden: Zum einen hat Domenico einige Kartons kopiert – kleine, minutiöse Zeichnungen (Abb. 10, 11), die in der älteren Literatur für Vorzeichnungen von Giambattista Tiepolo gehalten wurden,[12] zum zweiten sind die feinen Durchpausungen in der Freskooberfläche als maßstabsgetreue Widergabe der Kartons zu betrachten. Schade, daß sie so selten dokumentiert werden, obwohl sie im Streiflicht meist erkannt und photographiert werden könnten. Gelegentlich finden sich auch Abweichungen zwischen den feinen Ritzungen im Mörtel und der tatsächlichen Linienführung des Freskos (z. B. Abb. 9). In solchen Fällen muß sich Giambattista ganz spontan für eine andere Lösung entschieden haben.

Die schuppenartig aneinander stoßenden Giornate beginnen hoch oben im Gewölbe im Bereich des Olymp mit der Figur des Merkur und ziehen sich dann mäanderförmig nach unten in die Europasektion. Dadurch konnte vermieden werden, daß schon fertiggestellte Freskopartien durch die Gerüststangen oder durch Farbkleckse verschmutzt wurden. Dieser Arbeitsablauf von oben nach unten steht im Gegensatz zur üblichen Betrachtungsweise, denn der Blick gleitet bei Plafondmalereien normalerweise von der Fülle der Figuren des unteren Freskorandes nach oben in die locker bevölkerten, lichten Zonen des Götterhimmels. Um diese Gegenläufigkeit zu meistern, mußten von Anfang an die richtigen Abstände gefunden werden, was auf eine sorgfältige Planung schließen läßt: Möglicherweise war der Karton komplett fertiggestellt, noch bevor der erste Pinselstrich erfolgte.

Zum Teil wurden die Ritzungen mit Hilfe eines langen Lineals oder einer Latte gezogen. Beim Flußgott Nil in der Afrikasektion des Würzburger Treppenhausfreskos (Abb. 5) kam es dabei zu kleinen Fehlern während der Vorbereitung, die dann bei der Ausmalung nicht wiederholt wurden: Das Ruder des Nil (Abb. 9) zeigt Unsicherheiten bezüglich der Dicke des Schaftes, und es kam zu Überschneidungen mit den

Abb. 6. Kreidezeichnung der Personifikation Afrikas; Domenico Tiepolo; Rötel, weiß gehöht, auf blauem Papier, 257 x 393 mm (Stuttgart, Staatsgalerie, Graphische Sammlung, Inv. Nr. 1477 recto)

Linien für die gemalten Stufen. Im Zusammenhang mit dieser Figur kann auf eine Rötelzeichnung (Abb. 7) verwiesen werden, bei der das Ruder rechts oben noch einmal separat auftaucht. Nochmals muß der von Knox vertretenen Meinung widersprochen werden, wonach es sich um einen Karton oder um eine Vorbereitung zum Karton handle, denn was man auf dem Blatt sieht, entspricht nicht etwa einem, sondern insgesamt drei Tagwerken. Außerdem zeigt die Zeichnung ein Schilfgebüsch, das die Lenden des alten Mannes bedeckt, und eine Draperie, auf der er es sich bequem macht. Diese Details erscheinen nicht in der Ölskizze, und auf dem Fresko wurden sie, wie man nur aus nächster Nähe erkennen kann, in Seccomalerei aufgetragen. Daraus folgt, daß die Rötelzeichnung keine Vorzeichnung sein kann, weil sie schon der endgültigen Erscheinungsform des Nilgottes entspricht, sondern eine Nachzeichnung ist, höchstwahrscheinlich von Domenico Tiepolo.

Die Korrekturen al secco

Aus der Tiefe des Treppenhauses wirkt alles frisch und wie aus einem Guß. Beide Eindrücke sind trügerisch, denn erstens blättert die entscheidende letzte Farbschicht, von der man annehmen muß, daß sie hauptsächlich von Giambattista stammt, an vielen Stellen ab (Abb. 1), und zweitens muß von einer sehr weitgehenden Arbeitsteilung der am Deckenfresko beschäftigten Künstler ausgegangen werden – mit den schon angedeuteten Folgen für die Zeichnungen, die aus diesem werkstattinternen Zusammenhang heraus in Vor- und Nachzeichnungen eingeteilt werden können.

Balthasar Neumann, den Architekten der Würzburger Residenz, plazierte Tiepolo bewußt ins Zentrum der Europa-Allegorie, denn ohne die Kühnheit seiner stützenfreien Konstruktion wäre das Treppenhausfresko in kleine Kompartimente aufgeteilt worden und hätte nicht diese den ganzen Raum überspannende Großzügigkeit. Zwei Vorstudien zeigen, wie sich Giambattista zunächst mit der lässigen Pose des Dargestellten auf einer leicht angedeuteten Treppenstufe beschäftigte (Abb. 17), um sich dann mit den Details seiner Obristenuniform (Abb. 18) auseinanderzusetzen. Von diesen

Abb. 8. Würzburger Residenz; Treppenhausfresko; Figur der Afrika, Arm mit Draperie (Ausschnitt)

skizzenartigen, mit großer Leichtigkeit, aber gleichzeitiger Sicherheit in der Volumenbehandlung ausgeführten Studien unterscheidet sich eine dritte Zeichnung (Abb. 19): Durch ihre perfekte, fast – so möchte man sagen – handwerkliche Sorgfalt erinnert deren Zeichenstil an die schon besprochene Gruppe von Nachzeichnungen des Domenico. Und dafür spricht auch, daß alle Einzelheiten exakt mit der ausgeführten

Abb. 7. Flußgott Nil; Domenico Tiepolo; Rötel, weiß gehöht, auf blauem Papier, 240 x 370 mm (Stuttgart, Staatsgalerie, Graphische Sammlung, Inv. Nr. 1499)

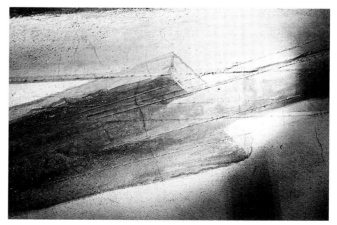

Abb. 9. Würzburger Residenz; Treppenhausfresko; Ruder des Flußgottes Nil (Ausschnitt)

Freskofassung übereinstimmen: Neumanns Haltung auf der Kanone, die Details seines Hutes und auch die kleinen Szenen daneben (rechts oben ein Mann, der zum amerikanischen Kontinent gehört, und links unten eine Figurengruppe, die der Afrikagruppe zugeordnet werden kann). Die ausgesparte Hundeschnauze, die Neumanns Schulter links überschneidet, erhärtet ganz entscheidend die Hypothese, daß es sich um eine Nachzeichnung nach dem schon fertiggestellten Fresko handelt, denn der jetzige Zustand der in secco aufgetragenen Hundeschnauze läßt die darunter befindliche violette Farbschicht der Uniform erkennen. Das bedeutet, daß Giambattista erst während der Ausführung des Hundes auf die Idee kam, die schon fertiggestellte Uniform an Neumanns Schulter zu übermalen – der Beweis dafür, daß es sich bei diesem Blatt um eine Nachzeichnung handelt. Das wirft die Frage auf, von wessen Hand das Blatt stammt. Die hohe Qualität der Zeichnung, der gleichmäßige Duktus, der aber mehr die Fläche als das Volumen betont, all das spricht für eine Zuschreibung an Domenico Tiepolo.[13]

Zurück zur eingangs gestellten Frage, wie man im Bereich der Kreidezeichnungen[14] unterscheiden kann zwischen Giambattistas Vorzeichnungen und Domenicos Nachzeichnungen. Die Untersuchung der Fresken ergibt, daß sowohl Nach-

Abb. 11. Hore mit Sonnenroß und schwebende Putten; Domenico Tiepolo; Rötel, weiß gehöht, auf blauem Papier, 370 x 245 mm (Stuttgart, Staatsgalerie, Graphische Sammlung, Inv. Nr. 1483 recto)

Abb. 10. Kniender Mann und Vogel Strauß; Domenico Tiepolo; Rötel, weiß gehöht, auf blauem Papier, 415 x 257 mm (Stuttgart, Staatsgalerie, Graphische Sammlung, Inv. Nr. 1484 recto)

zeichnungen existieren, die nach dem Karton angefertigt wurden (Abb 10, 11) oder nach der Freskofassung (z.B. Abb. 6, aber nur hinsichtlich des Arms) als auch nach der endgültigen Seccoausführung (Abb. 6, 7, 19). Interessant wird es, wenn diese Fassungen voneinander abweichen und sei es nur in einigen verräterischen Details. Wenn also eine Zeichnung den Zustand der Endfassung in secco wiedergibt, nicht aber den vorherigen Zustand, sei es die darunterliegende Freskofassung vor der Korrektur oder die Entwurfsphase, so wie sie sich im Karton oder den Ritzungen manifestiert, dann wird klar, daß es sich um keine Vorzeichnung von Giambattista, sondern um eine Nachzeichnung von Domenico Tiepolo handelt. Diese Behauptung beruht auf der Erkenntnis, daß Giambattista mit seiner übersprudelnden Innovationskraft weder das Bedürfnis noch die Zeit hatte, Nachzeichnungen nach seinen eigenen Werken anzufertigen. Derartige Nachzeichnungen können – und das läßt sich nun mit relativer Sicherheit behaupten – eigentlich nur von Domenico stammen. Beseelt von dem Wunsch, es seinem Vater gleichzutun, absorbierte er dessen Œuvre durch das Kopieren der väterlichen Meisterwerke. Von Domenicos minutiösen, extrem sorgfältig ausgeführten Kreidezeichnungen haben sich zahlenmäßig mehr Exemplare erhalten als von den Vorzeichnungen Giambattistas, die alle viel freier in der Ausführung sind, obwohl sie einen noch vorläufigen, suchenden Charakter haben.

Abb. 12. Würzburger Residenz; Treppenhausfresko; kniender Mann und Dromedar, Detail des roten Zaumes und einer Quaste

Abb. 13. Würzburger Residenz; Treppenhausfresko; kniender Mann vor dem Dromedar der Afrika

Abb. 14. Würzburger Residenz; Treppenhausfresko; Putto unter einer Draperie (Ausschnitt)

Abb. 16. Würzburger Residenz; Treppenhausfresko; schwebende Putten (Ausschnitt)

Abb. 16. Würzburger Residenz; Treppenhausfresko; Hore mit Sonnenroß (Ausschnitt)

Folgende Faustregel kann gelten: Kreidezeichnungen, die exakt den fertigen Zustand wiedergeben (sei es den Karton-, Fresko- oder Seccozustand), sind nicht vom Vater, sondern vom Sohn nachgezeichnet worden. Die Vorzeichnungen des Vaters hingegen weichen fast immer von der Endfassung ab (Abb. 17, 18). Ausgerüstet mit diesem Wissen, können wir uns nach und nach einen Corpus gesicherter Kreidezeichnungen aufbauen, der es erlaubt, deren stilistische Charakteristika zu erkennen, zusammenzufassen und auf noch anonyme Kreidezeichnungen so anzuwenden, daß künftig auf dieser Basis eine Zuschreibung vorgenommen werden kann. Die Spurensuche

Abb. 17. Studie des Balthasar Neumann; Giambattista Tiepolo; Rötel, weiß gehöht, auf blauem Papier, 165 x 287 mm (Berlin, Staatliche Museen – Preußischer Kulturbesitz, Kupferstichkabinett, KdZ 14 605)

Abb. 18. Balthasar Neumanns Uniform; Giambattista Tiepolo; Rötel auf blauem Papier, 154 x 238 mm (Venedig, Museo Correr, Inv. Nr. 7393)

Abb. 19. Balthasar Neumann und andere Skizzen; Domenico Tiepolo; Rötel, weiß gehöht, auf blauem Papier, 282 x 401 mm (Würzburg, Martin von Wagner-Museum der Universität Würzburg, Inv. Nr. 7910)

am Würzburger Treppenhausfresko hat dazu beigetragen, den komplizierten Prozeß des Entwurfs und der Ausführung dieses Meisterwerks zu erhellen, wodurch sich eher zufällig neue Möglichkeiten der Zuschreibung für die Kreidezeichnungen eröffnet haben.

Über Giambattista Tiepolo wissen wir seit der Dreihundertjahrfeier seiner Geburt erheblich mehr, denn zahlreiche Monographien, Ausstellungen, Artikel und Symposien erweiterten den Kenntnisstand und fügen sich wie ein Puzzle langsam zu einem neuen Verständnis seines Werkes. Dennoch vermißt man zu einer wirklichen Synthese noch die maltechnischen Befunde zu fast allen Fresken und Gemälden. Diese Lücke könnte leicht geschlossen werden, wenn künftig alle größeren Restaurierungsmaßnahmen systematisch dokumentiert würden. Bei den „abgegrasten" Hauptwerken der Kunstgeschichte bringt eine Restaurierung meist wieder frischen Wind in die Diskussion, besonders dann, wenn die Archivalien längst ausgewertet sind und die Stilkritik in Gefahr gerät, sich in ihrer Werkimmanenz und Hermeneutik zu erschöpfen. Neue Erkenntnisse können vor allem im Zuge von Restaurierungsmaßnahmen, bei der Suche nach dem „Wie", nach der eigentlichen Beschaffenheit eines Kunstwerks gewonnen werden.

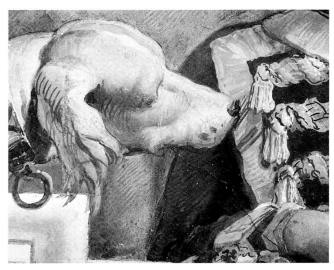

Abb. 20. *Würzburger Residenz; Treppenhausfresko; Ausschnitt mit Balthasar Neumanns Schulter*

Anmerkungen

1 Gedankt sei hier dem Restaurator Matthias Staschull, der mich auf maltechnische Details hingewiesen und freundlicherweise seine Photos zur Verfügung gestellt hat.
2 Veröffentlicht in: Matthias Staschull, *Das Gewölbefresko im Treppenhaus der Würzburger Residenz. Maltechnische Untersuchungen*, in: P. O. Krückmann (Hrsg.) Der Himmel auf Erden. Tiepolo in Würzburg. Ausstellungskatalog Residenz Würzburg, Bd. II, München 1996, S. 128-147. – Erste Hinweise auf diese maltechnischen Besonderheiten enthält das IX. Kapitel von M. H. v. Freeden/C. Lamb, *Das Meisterwerk des Giovanni Battista Tiepolo. Die Fresken der Würzburger Residenz*, München 1956, S. 99-103.
3 Gemäß Giornateplan von Staschull (wie Anm. 2), S. 130 f., Abb. 5 und 6.
4 G. Fogolari, *Lettere inedite di G. B. Tiepolo*, in: Nuova Antologia I, September 1942, S. 32-37.
5 Vgl. Abb. *Kat. Würzburg* (wie Anm. 2), I, S. 99.
6 George Knox, *Giambattista and Domenico Tiepolo. A Study and Catalogue Raisonné of the Chalk Drawings*, Oxford 1980, Kat.-Nr. M.363.
7 George Knox (wie. Anm. 6) meint dazu: „In the fresco it is evident that the figure got badly out of the drawing, and the arm in particular became very ungainly."
8 J. Byam Shaw, *The Drawings of Domenico Tiepolo*, London 1962, S. 16.
9 Vgl. Abb. *Kat. Würzburg* (wie Anm. 2), Tf. 12.
10 Vgl. T. Kossatz, Dokument 17, in: Ausst. Kat. Würzburg (wie Anm. 2), Bd. II, S. 172: „Mahler Diepolo hat heüt angefangen den hauptsaal zu mahlen und durchzupauschen."
11 Die im Besitz des Martin von Wagner-Museums der Universität Würzburg befindliche Zeichnung, die George Knox in seinem Catalogue Raisonné abbildet, kann kein Kartonabschnitt sein, sondern muß eine Kopie der Tiepolowerkstatt sein: Knox (wie Anm. 6), Kat.-Nr. E.70.
12 Vgl. Knox (wie Anm. 6), Kat.-Nr. M.361 und M.369.
13 Florian Fiedler, in: Ausst. Kat. Würzburg (wie Anm. 2), Bd. I., S. 118, Kat. Nr. 47, 48, 49.
14 Zur Problematik der Federzeichnungen vgl.: Florian Fiedler, *Die Tiepolowerkstatt: Richtlinien zur Händescheidung, Teil II: Druckgraphik und Zeichnungen*, in: Weltkunst, 67, Nr. 11, 1. Juni 1997, S. 1154-1156.

Abbildungsnachweis

Matthias Staschull: Abb. 1, 3, 4, 8, 9, 12-16, 20
Repro nach: *Tiepolo in Würzburg: der Himmel auf Erden*, Ausstellungskat. 1996, hrsg. v. Peter O. Krückmann, München, Bd. 1, 2: Abb. 2, 5-7, 10, 11, 17-19

P. Laurentius Koch OSB

Geschichte an Decke und Wand

Zu Stiftungs- und Gründungsdarstellungen in süddeutschen Barockfresken

Wie wird Geschichte vermittelt? Wie wird eine ganz bestimmte Art von Geschichtsbetrachtung vermittelt und das über Chroniken, historische Literatur, Epen und andere Dichtungen hinaus? Es geht im folgenden um die bildliche Umsetzung einer ganz bestimmten Art von „Historie". Die Überlegungen und Betrachtungen beschränken sich räumlich und zeitlich; der Zeitraum umfaßt etwa vier Jahrzehnte.[1]

Dem eigentlichen Thema geht so etwas wie ein „Doppelexkurs" voraus, der einerseits – in knapper Weise – Frühformen von „Geschichtsdenkmälern" im altbayerischen Raum ins Auge faßt, andererseits, den Zeitraum des eigentlichen Themas überspringend, einen Ausblick auf Geschichtszyklen im München des 19. Jahrhunderts vornimmt und damit einen – freilich bei weitem nicht gleich umfänglichen – Kontrapost zum Hauptthema schafft. Die Verklammerung bilden die Begriffe ‚Identität' und ‚Legitimation'. Für das 19. Jahrhundert bezieht sich das auf das „Neuerstandene", also den gesamtbayerischen Nationalstaat seit 1806. Die Gründungsfresken des 18. Jahrhunderts versuchen ‚Identität' und ‚Legitimität' des „seit je", „seit unvordenklichen Zeiten", des seit langem Bestehenden zu vermitteln.

I

Denkmäler zu setzen, sich selbst als machttragender Repräsentant einer Gruppe, einer Gesellschaft, eines Staates Denkmäler zu setzen, dieser Impuls ist so alt wie das Bestehen von Gesellschaften und Staaten. Babylonien und Altägypten stellen ebenso eine Fülle von Zeugnissen bereit, wie wir auch an näherliegende Beispiele denken können, die „Ara Pacis" des Augustus und das Reiterstandbild des Kaisers Marc Aurel, das – glücklicherweise – nur erhalten blieb, weil man in ihm im Mittelalter Kaiser Konstantin und damit einen Heiligen dargestellt sah. Gedacht sei auch an die ravennatischen Mosaiken, bei denen freilich die ‚devotio' eine nicht unerhebliche Rolle spielt, wobei festzuhalten ist, daß sich Selbstdarstellung im „Denkmal" fast immer mit einer überhöhten Idee verbindet, und das bis weit in die Neuzeit hinein. In diesem Sinne vereint auch die Gruppe der Stifterfiguren im Dom zu Naumburg ‚Memoria' und ‚Devotio' mit dem Anspruch der Selbstdarstellung. Das geschieht hier bereits retrospektiv im Abstand von zwei Jahrhunderten. Rückschauend, und zwar in größerem zeitlichen Abstand – in welcher Form auch immer –, das ist offensichtlich eine späte Erscheinung. Vor allem nördlich der Alpen dürfte hier der (Früh-)Humanismus maßgebliche Impulse gegeben haben.[2]

Gewissermaßen wellenartig haben wir es seit dem Spätmittelalter mit einer Erscheinung zu tun, die der bis vor kurzem in Münster als Dogmatiker lehrende Theologe Johann Baptist Metz als ‚anamnetische Kultur' bezeichnet hat.

Für Altbayern ist offensichtlich ein sehr frühes, freilich nicht mehr erhaltenes Zeugnis (Fresken? Tafelbilder an der Wand?), ein Zyklus in der Johannes-(Kapitel-)Kirche in Scheyern überliefert, der „Denkwürdigkeiten" der Wittelsbacher enthielt und im frühen 17. Jahrhundert eine Nachfolgeserie fand.[3] Entstanden war dieser Zyklus zwischen 1377 und 1383 an diesem Ort, der ja die Stammburg und später die erste Begräbnisstätte der Wittelsbacher war. Die Münchner Herzöge Albrecht IV. und Sigmund lassen in ihrer Residenz, heute „Alter Hof" genannt, eine freskierte „Ahnengalerie" (ca. 1465) anbringen, geschaffen wahrscheinlich von Gabriel Mäleskircher und heute im Bayerischen Nationalmuseum aufbewahrt (Abb. 2); die Gestalten erscheinen alle in der Tracht dieser Jahre. Im Verlauf des 15. Jahrhunderts wird in Domen und Klosterkirchen die ‚Memoria' verlebendigt, indem Stiftertumben – selbstverständlich leer – neu errichtet werden. Im ostoberbayerischen Raum hat sich in Ebersberg, Attel, Seeon und Rott am Inn eine in etwa geschlossene Gruppe erhalten; die von Rott am Inn wurde 1485 zur Vierhundertjahrfeier des Klosters errichtet, wobei besondere Feierlichkeiten zu diesem Anlaß nicht nachweisbar sind (Abb. 3). Im Relief sind auf der Deckplatte der Stifter Kuno von Rott und sein Sohn dargestellt.

Im Augsburger Dom wurde eine – bis heute fortgesetzte – Bischofsfolge 1488 begonnen; sie wurde selbstverständlich bis zum ersten Bischof zurückgeführt.

Im späten 16. Jahrhundert entstehen – im Sinne einer „historischen" Neubesinnung – Folgen von Äbtebildnissen, wobei hier auf die Serien von Seeon und Frauenchiemsee hingewiesen sei. Die geschichtlich zurückliegenden Gestalten sehen alle gleich aus und erst mit der Entstehung der Folgen und in den anschließenden Zeiten tragen sie die Bezeichnung „vera effigies".

II

Wenn wir die Zeugnisse eines erneuerten Geschichtsbewußtseins des Frühabsolutismus in München kurz in den Blick nehmen, geraten wir, leicht abweichend, auf ein etwas anderes Feld. Aber hier geht es jedenfalls auch um ‚Identität' und ‚Legitimität' im Sinne einer neu aufkommenden Staatsidee.

Am Anfang stehen hier die Fürstenstatuen an der Fassade der Michaelskirche (Abb. 4), eingebunden in eine „kosmologische Konzeption von St. Michael und seiner Fassade" (H. Schade). Von der Idee 1584 bis zur Fertigstellung 1589 (wahr-

◁ *Abb. 1. Dietramszell, ehem. Augustinerchorherren-Stiftskirche Mariae Himmelfahrt; Deckenfresko des Langhauses: „Gründung des Klosters unter der Schirmherrschaft des hl. Augustinus"; von Johann Baptist Zimmermann, 1741*

Abb. 2. *Wittelsbachische Ahnengalerie aus dem Alten Hof; um 1465, Gabriel Mäleskircher zugeschrieben (Bayerisches Nationalmuseum, München)*

scheinlich durch Jordan Prechenfelder und Hans Erndorfer) entstanden, stellt dieser Zyklus nicht, wie man zunächst meinen möchte, eine genealogische Reihe, also der Wittelsbacher, dar, sondern „... die Regenten der Schauseite dieser Kirche sind Herrscher, die sich der besonderen Verantwortung für ihr Land und für die Religion bewußt gewesen sind" (H. Schade).[4]

Herzog bzw. Kurfürst Maximilian I. wird nun in vitaler und vielfältiger Weise tätig, um „Historisches" im Sinne der erneuerten und dimensionierten Staatsidee bildlich wirksam werden zu lassen. Am Anfang steht die Serie von zehn Bildern für die Frieszone des (Alten) Herkulessaales der Münchner Residenz; nach einem von dem Augsburger Kaufmann und Humanisten Marx Welser (1558-1664) entworfenen Programm stellen sie Begebenheiten aus der Wittelsbacher Geschichte vom 13. bis zum 15. Jahrhundert dar. Geschaffen wurden sie von Hans Werl († 1621/1622, München) unter dem Einfluß von Peter Candid.[5] Gleichzeitig entstanden zwischen 1601 und 1605 für die Erdgeschoßräume an der Residenzstraße (zumeist) ganzfigurige Herrscherdarstellungen, wobei in neun Bildern antike Herrscher bayerischen Regenten gegenübergestellt wurden.[6] 1604 bis 1611 und 1612 bis 1614 entstand die Folge der Teppiche mit den Taten Ottos von Wittelsbach, entworfen von Peter Candid, ausgeführt von Hans van der Biest. Otto von Wittelsbach wurde damit als Gründer der Dynastie verherrlicht, wobei in ihm auch eine Präfiguration für Kurfürst Maximilian gesehen werden sollte.[7] 1615/16 entstanden schließlich am Gewölbe des Theatinerganges 36 gemalte (nicht erhaltene) Büsten von Wittelsbachern, ausgeführt ebenso von Peter Candid und seinen Mitarbeitern.[8] In diesem Zusammenhang ist freilich auch das Kaiser-Ludwig-Mausoleum Hans Krumpers in der Münchner Frauenkirche zu sehen, mit bereits vorgegebenen Bestandteilen entstanden 1624, zu verstehen aber auch insgesamt als Wittelsbacher Denkmal. Ungefähr um diese Zeit, nämlich 1624/25, entsteht auch die sogenannte „Wittelsbacher Genealogie" für die Johanneskapelle in Scheyern (Abb. 5), die an jene ältere des 14. Jahrhunderts anschließt, wie bereits berichtet. Der Meister dieser Gemälde ist unbekannt.[9] Freilich reicht die Folge nunmehr bis in die Zeit Maximilians I. mit der Darstellung seiner Erlangung der Kurwürde. Alles in allem ergibt sich für diese maximilianeische Zeit eine massive bildliche Demonstration des Herrschafts- und Staatsanspruchs, erneuerte Identität, die auch aus der Geschichte gewonnen sein wollte für den damals mächtigsten deutschen Fürsten. Die nachfolgenden Kurfürsten haben dem nichts Vergleichbares an die Seite zu stellen, und erst Karl Albrecht demonstriert mit der 1726 bis 1730 entstandenen Ahnengalerie[10] wieder ein historisch-bildhaftes Interesse. Draußen auf dem Lande hatte das altadelige Geschlecht der Preysing im Festsaal seiner Burg Hohenaschau in den achtziger Jahren des 17. Jahrhunderts Rang, Namen und Würde durch zwölf

Stuckfiguren aufgezeigt; der nicht so ganz altadelige aber reiche Freiherr von Neuhaus in Schloß Zangberg bei Mühldorf im Fürstensaal und im Ahnensaal kurz vor und kurz nach 1700 seinen Anspruch und sein Selbstverständnis bildlich vor Augen geführt. Doch beides blieben beim ja nicht so mit Reichtum und Macht gesegneten altbayerischen Adel Einzelfälle.

III

Das neue Bayern, d. h. das Königreich, der Nationalstaat seit 1806, bedurfte eines neuen bzw. erneuerten Geschichtsbewußtseins und einer identitätsstiftenden Grundlage, nicht zuletzt, um die neubayerischen Teile des Königreichs in den altbayerischen Kernbestand zu integrieren. Unter und mit König Max I. Joseph fehlten dafür Kräfte, Sinn und Mittel, während Kronprinz Ludwig, historisch hochgebildet und getragen von romantischen Impulsen, sich gewissermaßen schon vor der Regierungsübernahme in umfassend kulturellem und kulturpolitischen Sinne bereit hielt. Bereits im Jahr nach dem Herrschaftsantritt, also 1826, ordnete er für die westlichen Arkaden des Hofgartens einen Freskenzyklus zur Geschichte des Hauses Wittelsbach an.[11] Zwei weitere vergleichbare Zyklen, freilich unterschiedlich in den Themen und im Umfang, sollten unter seinem Sohn Maximilian II. folgen; auf sie wird noch einzugehen sein.

Der historische Hofgartenzyklus – zwei weitere mit jeweils anderer Thematik schlossen sich ihm an – wurde von Peter Cornelius entworfen und 1826 bis 1829 von seinen Schülern ausgeführt, die Aufschriften waren von Felix Joseph von Lipowsky und Joseph von Görres entworfen und vom König selbst endredigiert. In zwölf großen und vier kleinen Wandbildern – in gleicher Anzahl kriegerische und Friedensmotive – sollte die Geschichte der Dynastie zugleich die Landesgeschichte vor Augen führen. „Dem Volk zu jeder Zeit und Stunde zugänglich" – etwas, was es so bisher eigentlich nur in Kirchen gab – dürften mehrere Beweggründe der Idee des Zyklus' zugrunde liegen. Da ist einmal das Moment des „dynastisch-politischen Zugriffs zur Geschichte" (H. M. Körner), dann das Moment der Demonstration des königlichen Mäzenatentums in der „Wiedervereinigung von Kunst und Leben" (Ludwig I.); zum dritten ging es dem König um das didaktische Moment, die Bildung des Volkes durch Geschichte und Kunst: „Besitz einer Geschichte als der größte Reichtum eines Volkes" (Ludwig I.). Für Ludwig war die Kunst „nicht ein Traumland der Sehnsucht, sondern Ausdruck höherer Wirklichkeit; Symbol des Eigentlichen; nicht nur holder Glanz, sondern zugleich kategorischer Imperativ; nicht nur „wie schön!", sondern auch „Du sollst dein Leben ändern!"[12] Anzumerken ist, daß diese Wandbilder zum einen fast durchweg nicht von höherer Qualität sind; zum anderen sind nur zwei Darstellungen auf nicht in München regierende Wittelsbacher bezogen. Das „Imperativische": Damit berühren sich die Intentionen mit denen barocker Gründungsfresken, freilich unter geistesgeschichtlich völlig anderen Voraussetzungen (Abb. 7).[13]

Weitgehend bildungspolitische Motive treten in den beiden öffentlichen Zyklen König Max II. noch stärker in den Vordergrund.[14] 1858 bis 1872 entstanden durch Karl von Piloty an der Westfassade des Maximilianeums fünf Wandbilder (1902 durch Mosaikenkopien ersetzt).[15] Die drei mittleren Darstellungen demonstrieren Förderung und Trägerschaft des Königs bzw. der Dynastie von Religion (Gründung des Klosters Ettal), Kunst (Wolfram von Eschenbach beim Sängerkrieg auf der Wartburg) und Wissenschaft (Gründung der Universität Ingolstadt 1472) als Verdeutlichung von „Herrschertugend", freilich dies nun in einer im Sinne des 19. Jahrhunderts erneuerten Weise.[16] Die in die Mitte gesetzte „Gründung Ettals" (Abb. 6) und damit das größte der Bildfelder einnehmend, möchte die persönliche Frömmigkeit des Königs unterstreichen; vielleicht konnten sich damit damals nicht mehr alle Zeitgenossen anfreunden.

Reizvoll ist die Gegenüberstellung zu Johann Jakob Zeillers Ettaler Chorbogenfresko (Abb. 8), das den Gründungsauftrag für Ettal zum Thema hat. (Es wird darauf noch einzugehen

Abb. 3. Rott am Inn, ehem. Benediktiner-Klosterkirche St. Marinus und Anianus; Stiftergrab in der Vorhalle; um 1485

Abb. 4. München, Jesuitenkirche St. Michael, Fassade (historische Aufnahme um 1938)

sein.) Hier barocke „Bühne", die freilich mit Theater kaum etwas zu tun hat und die man sich umgesetzt auch nicht vorstellen könnte. Die Szene bei Piloty wirkt wie ein „lebendes Bild" oder eine festgehaltene Momentaufnahme aus dem Theater, nicht mehr fern von den „Meiningern".[17] Um „historische Echtheit" bemüht, ist diese Darstellung meilenweit entfernt von realen Gegebenheiten des Jahres 1330, was wohl auch nicht beabsichtigt war. Es wird versucht, „Deutung" und „Bedeutung" des Vorganges umzusetzen und das in übersteigerter, pathetischer Form. „Überhöhung" ist beabsichtigt, freilich in ganz anderer Weise als das barocke Darstellungen ähnlicher Begebenheiten versuchen. In noch stärkerem Pathos stellen sich die ursprünglich 143 Wandbilder im (Alten) Nationalmuseum (heute Völkerkundemuseum) dar, von denen sich gut ein Drittel über den Zweiten Weltkrieg hinweggerettet hat.[18] Dieses Nationalmuseum hatte die Doppelfunktion von „nationaler Reliquiensammlung und patriotischer Bildergalerie" (Hubert Glaser). Im Gegensatz zu den Hofgartenfresken trat hier das dynastische Moment zurück, an dem Max II. geringeres Interesse zeigte, und ein enzyklopädisch-bayerisches Bildungsprogramm trat in den Vordergrund. In seiner Umfassendheit – „ganz" Bayern war nunmehr berücksichtigt – und verwirrenden Fülle mochte es seinerzeit vielleicht eher einschüchtern als Akzeptanz finden (Abb. 9).[19]

IV

Wenn wir uns nunmehr unserem eigentlichen Thema zuwenden, der barocken „Geschichte an Decke und Wand", ist einerseits zu berücksichtigen, daß hier die „Decke" eine

Abb. 5. Scheyern, Benediktinerkloster, Johanneskapelle; Wittelsbacher Genealogie, um 1625; Ausschnitt mit Verleihung der Kurwürde an Herzog Maximilian I.

Abb. 6. München, Maximilianeum; Lünette des Mittelrisalits; Mosaik nach Entwurf Karl von Pilotys, 1858 ff.: „Gründung des Klosters Ettal durch Kaiser Ludwig den Bayern"

Abb. 7. München, Hofgartenarkaden; Wandgemälde: „Otto von Wittelsbach wird mit dem Herzogtum Bayern belehnt"; 1826/29, nach Entwurf von Peter Cornelius

Abb. 8. Ettal, Benediktiner-Klosterkirche St. Maria; Fresko über dem Chorbogen: „Die engelhafte Erscheinung eines Mönches überreicht Kaiser Ludwig dem Bayern das Gnadenbild"; von Johann Jakob Zeiller, 1748/50

Als der Fürstbischof von Augsburg, Joseph Landgraf von Hessen-Darmstadt (*1699, reg. 1740-1768) am 28. September 1766 die soeben vollendete Kirche des Reichsstiftes Ottobeuren betrat, um sie zu weihen und zugleich die Feier des Milleniums dieses altehrwürdigen Benediktinerklosters zu eröffnen, konnte er seinen feierlichen Einzug vollziehen, begleitet von seinem Koadiutor Clemens Wenceslaus von Sachsen (1739-1812), dieser bereits Fürstbischof von Freising und Regensburg (beides seit 1765), von den Augsburger und Freisinger Domkapiteln und vom nahezu gesamten oberschwäbischen reichsständischen und landständischen Adel. Sollte der Fürstbischof sofort beim Eintritt in die Kirche seinen Blick zur Decke erhoben haben (Abb. 10), konnte er dort eine noch illustrere Gesellschaft wahrnehmen, die da zu einer repräsentativen Doppelprozession angetreten war, in historischer Ungleichzeitigkeit zwar, aber eben, um im nunmehr eingetretenen historischen Brennpunkt tausend Jahre Geschichte zu repräsentieren und zu feiern und dem Betrachter einen konzentrierten Anspruch zu verdeutlichen. Versammelt sind da die Gründungsstifter, der Gaugraf Silach und seine Gemahlin Erminswit; noch mehr aber fällt der Blick auf Karl den Großen, zum „historischen" Zeitpunkt noch Frankenkönig, gefolgt unter anderem von Otto dem Großen, dieser ahistorisch mit der alten Reichskrone bedeckt, und dem hl. Ulrich, Bischof von Augsburg, in seinem letzten Lebensjahr (972/73) auch (Kommendatar?-) Abt von Ottobeuren. Zusammengefunden hat sich diese so gar nicht steif-zeremoniös wirkende Gruppe im Sinne der „pia memoria" für den Betrachter, darüber hinaus, um den historischen Anspruch des Reichsstifts zu repräsentieren und – warum nicht? – durchaus auch zu fröhlicher Festesfeier. ‚Memoria' und ‚Legitimatio' sind eingebunden in eine deduktive Klimax der Heilsgeschichte, die im Freskenprogramm dieses so bedeutenden Kirchenbaus durch die beiden Zeiller, Johann Jakob (1708-1783) und seinen Vetter Franz Anton (1716-1793), umgesetzt ist, letzterer Schöpfer des „historischen" Freskos. Dieses ist eingebunden in den Ablauf des Heilsplanes, beginnend bei den „Neun Chören der Engel", wobei es – nüchtern ausgedrückt in heu-

dominierende Rolle spielt, vor der die Malfläche „Wand" bei weitem zurücktritt und dies ganz im Gegensatz zum 19. Jahrhundert, wo das Wandbild dominierte. Deckenbilder spielen im 19. Jahrhundert so gut wie nie eine Rolle, da ja auch Illusionsismus verpönt ist. Freskierte Decken und Gewölbe lassen Dekorationsmalerei zu und allenfalls allegorische Darstellungen. Des weiteren kennt die Barockzeit viel weniger Zyklen, außer für Heiligenlegenden (Freising, Regensburg-St. Emmeram). Wie zu sehen sein wird, sind die Fresken in Dießen, Steingaden und Ottobeuren in zyklische Zusammenhänge eingebunden, freilich in Zyklen ganz anderer Art.

> Nun brach der 28te Monatstag an, an welchem die Hauptfeierlichkeit der Einweihung vor sich gieng. Die Chortagzeiten wurden der heiligen Handlung vorangeschickt, und morgens sieben Uhr pünktlich stunden Seine Durchlaucht, der Hochwürdigste Herr Fürstbischof Joseph, mit der Pontifikalkleidung angethan, in Begleitung aller hiezu gewählten Kirchen- und Altardiener an dem Haupteingange des Tempels und eröffneten mit dem feierlichsten Einzuge nach den kanonischen Vorschriften die sehr mühsame, und lange anhaltende Eröffnungszeremonie.[20]

Abb. 9. München, ehem. Bayerisches Nationalmuseum, jetzt Museum für Völkerkunde; Wandgemälde: „Vermählung Kaiser Friedrich Barbarossas mit Beatrix von Burgund zu Würzburg im Jahr 1156"; von Michael Echter, um 1860

tiger Sprache – um die „Akzeptanz" des göttlichen Heilsplanes geht. Dies ist in der Chorkuppel dargestellt. Eingebunden ist in diese Abfolge auch das Hochaltarbild mit Christus als dem Erlöser der Welt; fortschreitend nach Westen folgt die Stiftung der Kirche an Pfingsten, dann die Repräsentatio einer weiteren Stufe von Erlösung und Heil in einem sogenannten „Benediktinerhimmel", also die Versammlung der Benediktinerheiligen und -seligen, und mündend eben in das „Gründungsfresko", das nun im eigentlichen Sinne keine historische Gegebenheit schildert. Entstehung und Wachstum des tausendjährigen Stiftes ist also heilsgeschichtlich verstanden als eine Konkretisierung, eine neben vielen anderen, und Realisierung des göttlichen Heilsplanes. Diese Sichtweise gilt, nachdem und obwohl die süddeutschen Benediktiner nahezu ein halbes Jahrhundert vorher mit der quellenkritischen Geschichtsbetrachtung der Historikerschule der Mauriner bekannt geworden waren, wobei eine Geschichtsbetrachtung gezeitigt wird, die später von den historischen Fakten gerade dieser Ottobeurer Gründung nicht viel übrig lassen wird. Knapp vierzig Jahre später wird diese tausendjährige Herrlichkeit in diesem Selbstverständnis zu Ende gegangen sein. Freilich darf die Benediktinerabtei Ottobeuren bis heute auf eine ungebrochene Tradition zurückschauen, nachdem sie 1834 durch König Ludwig I. in veränderter Form wiedererrichtet wurde und klösterliches Leben dort nie ausgestorben ist.

V

Wurde mit dem Ottobeurer „Gründungs"-Fresko für unser Thema ein typisches und typologisches Präludium gesetzt, so ist zunächst auf die geistesgeschichtlichen Voraussetzungen und Begleiterscheinungen zu derartigen Darstellungen einzugehen. Es soll eingangs auf die gravierende Zäsur hingewiesen werden, die der Dreißigjährige Krieg in jeglicher Hinsicht verursachte. Das Aufblühen der Barockkultur im süddeutsch-österreichischen Raum, einmal im höfischen Bereich, daneben – als besondere Gegebenheit – in den Hochstiften, vollzieht sich vor allem auf dem Boden der reichsständischen und landständischen Klöster, der sogenannten stabilen Ordensgemeinschaften, also der Benediktiner, der Zisterzienser, der Augustiner-Chorherren und der Prämonstratenser. Gewissermaßen „Inkunabeln" des barocken Stiftskirchenbaus sind im süddeutschen Raum St. Lorenz in Kempten, errichtet seit 1652, Stift Haug in Würzburg, errichtet seit 1680, und die Prämonstratenser-Abteikirche Obermarchtal, errichtet seit 1684. Diese Kirchengebäude kennen keine Ausstattung mit Fresken. Solche treten mit den beiden frühesten barocken Stiftskirchen im südlichen Altbayern auf, nämlich Benediktbeuern und Tegernsee; die Ausmalungen erfolgen 1683 bis 1687 bzw. 1688 bis 1694, beide Male geschaffen von Hans Georg Asam (1649-1711), im eigentlichen Sinne auch der „Vater" der barocken, altbayerischen Freskomalerei. In Benediktbeuern ist in der Kirche noch nichts von einem Bezug zu Stiftung und Gründung zu sehen, wohl aber in Tegernsee, wenn auch in recht bescheidener Weise mit zwei Darstellungen der ‚Fundatio' und der ‚Restauratio'.[21] In beiden Darstellungen werden historische Fakten mit „überhistorischen" Gegebenheiten zusammengebracht: Dem ersten Abt im Gründungsfresko wird die Mitra herbeigetragen, die für Äbte in dieser Zeit (8. Jahrhundert) noch keineswegs gebräuchlich

Abb. 10. Ottobeuren, Benediktiner-Klosterkirche St. Theodor und Alexander; Deckenfresko über der Orgelempore: „Das 1000jährige Ottobeuren"; von Franz Anton Zeiller, um 1763

war. Mit der Darstellung Heinrichs II. und Kunigundes wird andererseits imaginiert, daß das Herrscherpaar persönlich in Tegernsee anwesend war, was zwar nicht ausgeschlossen werden kann, jedoch quellenmäßig nicht bezeugt ist.

Mit diesen, wohl frühesten barocken Freskenbeispielen wird, ein Weg beschritten, der Geschichte neu bewußt macht, sie sind der Beginn einer, wie es bereits bezeichnet wurde, aufblühenden neuen ‚anamnetischen Kultur'. Freilich trennt dieses Bewußtsein nicht – und kann das gar nicht trennen – „weltimmanente" Ereignisgeschichte von dem Geschehen, das mit einem theologisch umrissenen Begriff als ‚Heilsgeschichte' zu bezeichnen ist; annäherungsweise wurde das bereits berührt. Sie steht immer unter der Spannung des Heilsvollzugs mit dem Schema ‚Verheißung – Erfüllung'. Gewissermaßen eine Parallelerscheinung ist ja auch, daß Herrscher- und Herrschaftsikonologie der Barockzeit nicht ohne allegorisch-mythologische Überhöhung auskommt. Der Apoll der Kaiserstiege in Stift Göttweig trägt die Züge Kaiser Karls VI.; Kurfürst Max Emanuel ist an der Decke des Fürstensaales in Schloß Zangberg als Mars dargestellt.

Auch die Schule der sogenannten Mauriner, die maßgeblich im kirchlichen Bereich – und nicht nur in diesem – ein neues historisches Bewußtsein zutage fördert, denkt letztlich nicht daran, Profangeschichte bzw. „innerweltliche" Kirchen- und Klostergeschichte von der Heilsgeschichte zu lösen. Auf die Mauriner ist etwas einzugehen. Die französische Benediktinerkongregation von St. Maur mit dem Vorort St.-Germain-des-Prés in Paris, 1628 gegründet in Abspaltung von einer älteren Vorgängerin, setzte sich bewußt monastische

Abb. 11. Dießen am Ammersee, ehem. Augustinerchorherren-Stiftskirche Mariae Himmelfahrt; Deckenfresko des Langhauses, Ausschnitt: „Die Dießener Grafen erwirken bei Papst Innozenz II. die Bestätigung der Klosterrechte"; von Johann Georg Bergmüller, 1736

Gelehrsamkeit neben der regularen benediktinischen Grundhaltung zum Lebensideal und verschrieb sich seit etwa der Mitte des 17. Jahrhunderts der Historie. Protagonist war Dom Jean Mabillon (1632-1707), der vor allem die quellenkritische Methode für seine Zeit abklärte. Große Unternehmungen waren die „Acta Sanctorium Ordinis Sti. Benedicti", erschienen in neun Bänden 1688 bis 1707, und die „Annales Ordinis Sti Benedicti", in sechs Bänden 1703 bis 1739 erschienen. Dom Mabillon schuf selbst mit seiner „De re diplomatica" (1681) das methodische Grundlagenwerk. 1683/84 unternahm Dom Mabillon eine umfängliche Reise in den deutschsprachigen Raum, um in Klöstern und Hochstiften Codices und Urkunden zu erforschen. Vielfach begegnete man ihm mißtrauisch mit der Vermutung, manchen Rechten und Privilegien könnte man durch Quellenkritik in ihrer Schwäche, gelegentlichen Unhaltbarkeit auf die Spur kommen. In Benediktbeuern mußte sich der gelehrte Historiker im Dorf ein Quartier suchen, weil man ihn im Kloster nicht aufnahm, gerade hier, wo kurze Zeit später das Werk des bayerischen Protagonisten der maurinischen Methode, P. Carl Meichlbeck (1669-1734), beginnen sollte.[22] Im zweiten Jahrzehnt des 18. Jahrhunderts wird nun im deutschsprachigen Raum die maurinische Methode rezipiert – Träger sind hier zunächst allein die Benediktiner – vor allem die Brüder Pez (Bernhard 1683-1735; Hieronymus 1685-1762) aus dem Melker Konvent, die 1716/17 selbst eine „Quellen-Reise" durch nahezu dreißig bayerische Klöster unternehmen, dann Gottfried Bessel (1672-1749, seit 1714 Abt) von Göttweig und eben der genannte Carl Meichlbeck, der in den nächsten Jahrzehnten mit seiner „Historia Frisingensis" (zwei Bände 1724-1729) und seinem „Chronicon Benedictoburanum" (zwei Bände posth. 1751-1753) maßgebliche historische Grundlagenwerke schaffen wird. Hier haben wir eine, wenn nicht die wesentliche Voraussetzung für historische Bildthematiken in Kirchen und Klöstern zu sehen. Im Denken der Mauriner sind Quellen nichts anderes als Zeugnisse des Glaubens an das erkennbare Walten Gottes in der Geschichte. Privilegien und auch uralte Rechte können durch quellenkritische Studien ins Wanken geraten, nicht aber die Zeichen und Spuren der göttlichen Lenkung. Geschichte als weltimmanenten Prozeß zu sehen, lag den Maurinern fern. Diesen Schritt wird die Geschichtsforschung seit der zweiten Hälfte des 18. Jahrhunderts vollziehen, ausgehend von Unternehmungen wie etwa den ‚Monumenta Boica' der 1759 gegründeten Bayerischen Akademie der Wissenschaften. Freilich ist derartiges ohne die maurinischen Voraussetzungen nicht denkbar. Bei den Maurinern haben sich jedenfalls quellenmäßige Fakten den Gegebenheiten der Heilsgeschichte unterzuordnen. Wie die noch vielfach erhaltenen Kirchweihpredigten zeigen, wurde die Weihe einer neuen Kirche im 18. Jahrhundert oder die Vollendung eines Umbaus möglichst so gewählt, daß sie – wenn auch immer wieder nur mit Hilfe einer angestrengten Geschichtsklitterung – auf eine Säkularfeier der Gründung fiel. Die neue Kirche wurde dann als die Erfüllung eines schon bei der Gründung gesetzten, göttlichen Gnadenaktes hingestellt. Die Gegenwart ist damit die „Erfüllung der Zeit", die heilsgeschichtlich-historisch verstanden wird.

In Johann Georg Bergmüllers 1736 vollendetem Fresko der Gründung und Bestätigung Dießens (Abb. 11) wird bereits die Fassade Johann Michael Fischers präsentiert – und zwar nach dem Entwurfsmodell von 1729/30[23] – und dies als Zeichen des Ziels und der Erfüllung. „Erfüllte Zeit", das ist das 1732 florierende und jubilierende Stift, was als die „letzte" und damit unüberbietbare Zeit angesehen wird. Nirgendwo, vor allem in den Festpredigten nicht, wird geäußert, daß man noch im Gang der Geschichte, mitten im „Fluß des Geschehens" sei, sein könnte. Der Ort, auf dem die Kirche steht und wie sie nunmehr mit ihrer prächtigen Ausstattung steht, ist zum endgültigen, heilsgeschichtlichen Ort geworden. Auf Grund der Impulse maurinischen Denkens besann man sich nun landauf, landab auf Zentenarien und wenn man Glück hatte, auf Millenarien, so etwa in Tegernsee, Benediktbeuern, Wessobrunn und – wie bereits berührt – Ottobeuren.

Nicht überall fand man den Aufschwung dazu; da und dort hatte man vielleicht nicht die nötigen Mittel für den entsprechend kostspieligen Aufwand, etwa in Ettal. Aber auch in Andechs mit seinen „dürftigen" 300 Jahren wollte man 1755 in der Reihe der Zentenarien mithalten.

1724 feierte der ebenso fromm-pastorale wie gelehrte Fürstbischof von Freising, Johann Franz Freiherr Eckher von Kapfing und Lichtenegg, sein goldenes Priester- und das dreißigjährige Bischofsjubiläum. Dem wurde das tausendjährige Jubiläum des Bistums – später dann auch Hochstifts – Freising adaptiert, nicht ganz ohne eben eine – wie bereits erwähnt – „Geschichtsklitterung". Die Ankunft Korbinians, der als Bistumsgründer angesehen wurde, glaubte P. Carl Meichlbeck, mittlerweile zum Freisinger Hofhistoriker avanciert, aufgrund bestimmter Indizien auf 724 fixieren zu können, ebenso das Martyrium des zweiten Bistumspatrons, des hl. Sigismund, auf 524. So wurde die „24" zur angularen Zahl durch die Jahrhunderte für das Freisinger Bistum. Der Dom, 1723/24 durch die Brüder Asam in opulenter Weise neu dekoriert, erhielt an den Hochwänden eine Freskenfolge mit zwanzig Szenen nach der „Vita Corbiniani", nach 760 durch Bischof Arbeo verfaßt und reichlich mit legendären Zügen durchsetzt, gipfelnd in der „Glorie" des Bistumspatrons als Hauptfresko am Deckengewölbe (Abb. 12). Für das Jahrhundert von e i n e m Jahr 24 zum nächsten waren die markantesten Ereignisse in komprimierten Inschriften ebenfalls an den Hochwänden festgehalten. 1724 sollte unüberbietbar als Ziel und Höhepunkt verstanden werden.

VI

Nachdem nun versucht wurde, die geistigen gedanklichen Voraussetzungen zu klären, sollen nunmehr verstärkt die Bilder selbst in den Blick genommen werden. Wir haben es – wie bereits gesagt – mit einem Zeitraum von vier Jahrzehnten zu tun, von den frühen zwanziger, repräsentiert bereits durch Cosmas Damian Asam, bis in die sechziger Jahre. Das Ottobeurer war bereits das späteste zu demonstrierende Beispiel. Weiterhin haben wir es mit den malenden Repräsentanten Johann Georg Bergmüller und Johann Baptist Zimmermann, aber auch mit Matthäus Günther und den Vettern Johann Jakob und Franz Anton Zeiller zu tun, um für diese Ausführungen eine Auswahl zu treffen.

Zunächst ist folgendes festzuhalten: In den ersten Jahrzehnten der barocken Deckenmalerei im süddeutsch-österreichischen Raum sind die Thematiken ausschließlich auf die Heilsgeschichte – zumeist christologisch – (Beispiele sind Benediktbeuern, Tegernsee, Fürstenfeld) beschränkt. Daneben haben Vita und Verherrlichung eines Ordensgründers breiten Raum, weniger bei den Benediktinern als bei den Zisterziensern mit der Bernhard-Vita (z. B. Aldersbach), Augustiner-Chorherren (Rottenbuch, Neustift bei Brixen) mit der Augustinus-Vita und Prämonstratensern (hl. Norbert, Steingaden). Gewissermaßen ein „Mischprogramm" stellt der Zyklus in Ottobeuren dar. In Fürstenfeld ist ein mariologisches Programm mit einer Szene durchsetzt, die die Gründung in den Blick nimmt.

Seit den dreißiger Jahren drängt die Historie immer mehr nach vorne, so in Dießen 1736 – aber hier kann man Geschichte gleich mit „hauseigenen" Heiligen verbinden – und Steingaden 1741 bis 1744; dann Dietramszell (1741) und Schäftlarn (1754 bis 1756). Mit diesem Vordringen der Ge-

Abb. 12. Freising, Domkirche St. Korbinian; Deckenfresko des Langhauses: „Glorie des hl. Korbinian"; von Cosmas Damian Asam, 1723/24

Abb. 13. Steingaden, ehem. Prämonstratenser-Klosterkirche St. Johannes; Deckenfresko über der Orgelempore: „Errichtung des Klosters durch Herzog Welf VI. im Jahr 1147"; von Johann Georg Bergmüller, 1741/44

Abb. 14. Fürstenfeld (Gde. Fürstenfeldbruck), ehem. Zisterzienser-Klosterkirche Mariae Himmelfahrt; Deckenfresko im Chor: „Gründung des Klosters durch Herzog Ludwig den Strengen im Jahr 1258"; von Cosmas Damian Asam, 1723

schichtsdarstellungen als Schwerpunkt ist, und das kann man für Dietramszell direkt nachweisen, stark der Impuls zur Legitimation verbunden (s. Abb. 1).

Daneben vollzieht sich eine andere Entwicklung: Das Fürstenfelder Deckenbild (1723) zur Gründung (Abb. 14) hat noch sehr stark statisch-denkmalhaften Charakter; das rein historische Moment tritt stark zurück vor dem allegorischen: Ecclesia nimmt die als Huldigungsakt gestaltete Überreichung des Bauplanes – übrigens eines barocken – durch Herzog Ludwig den Strengen (1258) entgegen. Die Darstellung[24] ist inhaltlich überhöht durch die Gestalten der drei „Göttlichen Tugenden" und der Poenitentia, dies als Zeichen dafür, daß Fürstenfeld eine Sühnestiftung war. Das Ganze vollzieht sich in einer – gemalten – Räumlichkeit, die nach Andrea Pozzos Prinzipien die Gegebenheiten des realen Raumes nach oben illusionär fortsetzt, wenn auch hier nicht genau definierbar. Cosmas Damian Asam, aus römischer Schulung kommend, arbeitet durchgehend in dieser Weise. Diese Darstellungsweise ist räumlich logisch. Dies ist aber nicht der Fall, wenn an der Decke eine Szene in freier Natur oder vor einer Architektur erscheint, die ganz selbständig über den Begrenzungen des Bildrahmens aufgebaut ist und mit der realen Kirchenarchitektur nichts zu schaffen hat. Das ist wie ein an die Decke montiertes Bild („quadro riportato"), das eben eine geschichtliche Szene vorstellt, was ja auch beabsichtigt ist. Der Wunsch oder die Verpflichtung, ein geschichtliches Ereignis darzustellen, bringt es mit sich, einen Modus zu finden, durch den an der Decke an Stelle der bisherigen Illusion der Öffnung zum Himmel oder der vertikalen Raumfortsetzung eine Illusion der Geschichte erscheint. Im Verlauf dieser Jahrzehnte wird die geschichtsdarstellende Illusion mehr und mehr dominant. Im späten 18. Jahrhundert wird sie sich einer erheblichen Kritik unterziehen müssen.

VII

Äußere Voraussetzung für großangelegte Szenen ist das Prinzip der Jochverschleifung, also der Schaffung eines Bildfeldes über mehrere Querachsen eines Kirchenraumes hinweg, erstmals wohl angewandt im bayerisch-österreichischen Raum 1716 von Paul Troger in Melk und von Cosmas Damian Asam 1720 in Aldersbach. Die historische „Szene" kann sich nun vor scheinarchitektonischen Bauten vollziehen, die nun wirklich kulissenhaft wirken, wie etwa bei den Bergmüller-Fresken in Dießen und Steingaden. In Dießen ist im Ostteil des Hauptfreskos die Stiftung („Donatio") 1130 und die päpstliche Bestätigung („Confirmatio") 1132 zusammengezogen zu einem Ereignis dargestellt. Der Vorgang wird so aufgefaßt, als habe er sich unter persönlicher Präsenz aller Beteiligten in Rom abgespielt; und in sehr freier, ja phantastischer Weise sollen die Kulissen eine römische Szenerie deutlich machen, in der – wie bereits erwähnt – der geplante Kirchenbau Johann Michael Fischers präsentiert wird. Im wahrsten Sinne des Wortes ist eine Bühne vor Augen geführt, auf der das Geschehen jetzt vor sich geht: Vergangenheit und Gegenwart „changieren" sozusagen ineinander: Erinnerung ist Vergegenwärtigung. Damit wird eine uralte, biblisch-jüdische Haltung aufgegriffen, die – wohl kaum bewußt, da zu dieser Zeit theologisch nicht präsent – das berührt, was im Einleitungsspruch zur Passahfeier gesagt wird: „In jeder Generation soll jeder sich so betrachten, als sei er, wie unsere Vorfahren, selbst aus Ägypten ausgezogen. Darum laßt uns, wie sie, Gott loben und preisen."

Noch deutlicher als 1736 in Dießen tritt – mit einer etwas bescheideneren Szene, bedingt schon durch die geringere zur Verfügung stehende Fläche – die „Bühne" in Steingaden in Erscheinung (Abb. 13). Sie wird durch die Rampe, auf der die Bauleute als Repoussoir-Figuren agieren, optisch vorbereitet und grundgelegt. Hier wird Welf VI. und seinem Sohn Welf VII. durch den ersten Probst Anselm und einen Baumeister eine Ansicht der fertigen Klosteranlage in Vogelschau präsentiert, die den Bestand vor den Barockisierungsmaßnahmen wiedergibt. Die im Entstehen begriffenen, teilweise eingerüsteten Baulichkeiten der Gesamtdarstellung links im Bild deuten zwar auf den Entstehungsvorgang des Stiftes hin, haben aber in keiner Weise irgend etwas mit jemals real Gebautem zu tun. Diese kulissenhaften Architekturen sind Phantasiegebilde, die die Wirkung der Szene unterstreichen sollen. Ganz anders in Ottobeuren, wo im Hintergrund des „Gründungs"-Freskos fast visionär, wie aus der Erde aufgestiegen, die 1766 vollendete, großartige Stiftskirche erscheint. (Hier in Ottobeuren hat man übrigens mit der Millenniumsfeier zwei Jahre gewartet, da die Vollendung des Baus zum eigentlichen Jahr – 1764 – nicht eingehalten werden konnte.) In Steingaden beinhaltet die Abfolge der Deckenbilder von Osten nach Westen die Darstellung einer Gründungsvision des hl. Norbert, mittig die Glorie dieses Heiligen und dann die Gründung von Steingaden. Die Norbert-Vita enthält eine solche vorausschauende Vision künftiger Klöster. Aus Steingadener Sicht betrachtete man diese Vision, wenigstens in einer Realisierung, HIC ET NUNC verwirklicht. Der Freskenfolge ist ein Leitspruch beigegeben: QUOD DIVINABAT NORBERTUS, EXPLEBAT GUELPHUS SEXTUS. In diese Worte ist noch das Chronogramm 1147 hineinverwoben. Mit dem Rückbezug auf den hl. Norbert wird versucht, neben der weltlichen auch eine geistliche Legitimation sichtbar zu machen. (Hier in Steingaden gab es übrigens bildliche Vorgänger für die Deckenfresken in einem Zyklus zur Gründung und Geschichte dieses Prämonstratenserstifts, der kurz vor 1600 entstanden war, heute in der Vorhalle zum Teil wieder aufgedeckt ist, aber vermutlich zur Zeit der Entstehung von Bergmüllers Fresken bereits übertüncht war, vgl. Abb. 15).

Um nochmals auf Ottobeuren zurückzukommen: In dem „historischen" Deckenbild sind mehrere, zeitlich auseinanderliegende Vorgänge komprimiert, was die Schriftbänder deutlich machen mit den Tituli FUNDATIO (1764 durch den Gaugraf Silach und seine Gattin), CONFIRMATIO (angeblich

Abb. 15. Steingaden, ehem. Prämonstratenser-Klosterkirche St. Johannes, Vorhalle; Freskenzyklus mit Genealogie und Geschichte des Welfenhauses bis zu dem in der Klosterkirche bestatteten Welf VI.; um 1600

769 durch Karl d. Gr. in Mainz), DOTATIO (angeblich im selben Jahr durch die Gemahlin Karls d. Gr., Hildegard) und die EXEMPTIO (durch Otto d. Gr., 972). Die Vorgänge, die entweder vor Ort, angeblich oder realiter sonstwo stattgefunden hatten, suggerieren dem Betrachter, die großen historischen Gestalten seien gleichzeitig in Ottobeuren selbst präsent gewesen. Dieser Topos des zeitlichen und optischen Raffers ist auch anderswo zu finden.

Ganze Freskenzyklen zur Geschichte eines Klosters scheinen in einer Kirche kaum geschaffen worden zu sein. Hingewiesen sei nur auf den aus zwölf Bildern bestehenden, in der ehemaligen Benediktinerabteikirche Reichenbach am Regen (Opf.) zwischen 1742 und 1748 von Johann und Otto Gebhardt geschaffenen Zyklus.[25]

VIII

Johann Baptist Zimmermanns Gründungsfresken von Dietramszell (1741), Andechs (1753) und Schäftlarn (1754-1756) spielen sich in „freier Natur" ab, die jeweils freilich überhaupt nichts mit einem „Landschaftsporträt" der betreffenden Örtlichkeit zu tun haben. Schon damals wurden solche Darstellungen „terrestrisch" genannt, ein Begriff, den die neuere, einschlägige Forschung wieder aufgegriffen hat. Diese Landschaften sind durchaus „arkadisch" zu nennen, und man könnte glauben, sie seien aus mythologischen Szenerien herübergenommen, die ja im Werk Zimmermanns vorkommen (Nymphenburg!). Die Forderung nach historisch authentischer Tracht, wie sie im 19. Jahrhundert mit den Anfängen historischer Tendenzen auftrat, bestand in der Barockzeit noch nicht. Meistens ist die Kleidung am ehesten noch der von Spanien her geprägten und dominierten Tracht des 16. Jahrhunderts angenähert: Es soll der Anschein von „in unvordenklichen Zeiten" und damit – die doch auch notwendige – historische Distanz vor Augen geführt werden. „Mittelalterliches" zeigt sich da und dort, wo es angebracht erscheint, in einer Ritterrüstung etwa. Es kann auch bunt durcheinander gehen, wie auf dem Fresko Matthäus Günthers in Hohenpeißenberg, wo Herzog Maximilian I., der spätere Kurfürst, in einer längst vor seiner Zeit getragenen spanischen Hoftracht erscheint, die Begleitpersonen sind jedoch in der Zeit der Entstehung des Freskos, also um 1750, gewandet (Abb. 23). Um einen „Ausflug" aus unserem Raum zu machen: Recht einheitlich in seiner Darstellung historischer Kleidung bleibt Tiepolo bei den Barbarossafresken im Kaisersaal der Würzburger Residenz, wobei er annähernd die höfische Tracht des späten 16. Jahrhunderts wählt, man könnte sagen, angesiedelt zwischen Veronese und van Dyck; die Damen kleiden sich etwa so wie die junge Maria de Medici. In

Abb. 16. Schäftlarn, ehem. Prämonstratenser-Klosterkirche St. Dionysius und Juliana; Deckenfresko des Laienraumes: „Gründung des Klosters durch Bischof Otto von Freising im Jahr 1140"; von Johann Baptist Zimmermann, um 1754/56

Abb. 17. Benediktbeuern, ehem. Benediktinerkloster, Neuer Festsaal; Deckenfresko: „Einkleidung des Klostergründers Lantfried zum Mönch und seine Ernennung zum ersten Abt des neuen Klosters"; von Johann Baptist Zimmermann, 1732

ähnlicher Weise setzten historisierende Darstellungen beim späten Tizian ein und sind etwa auch bei Caravaggio zu sehen, und schon damals wird diese Praxis mit Bezug auf Giorgione „alla Giorgionesca" genannt. Kleriker und Heilige (außer den biblischen) erscheinen immer in der im 18. Jahrhundert üblichen Tracht ihres Standes oder Amtes.

Archaisierend sind zumeist die fürstlichen Gestalten dargestellt, fast immer mit dem Fürsten- oder Herzogshut auf dem Kopf, auch wenn sie den eigentlichen fürstlichen Rang gar nicht besaßen. Bildlich bevorzugt sind Rückbezüge auf die als „heilig" angesehenen Herrscher wie Karl den Großen und Heinrich II.; der im alten Bayern als „Seliger" verehrte letzte Agilolfinger, Tassilo III., war eine Gestalt, auf die, wenn es irgendwie möglich schien, bildlich Bezug genommen wurde. In Schäftlarn erscheint bei der Gründungsdarstellung (1140) neben dem Stifter, Bischof Otto von Freising, sein Bruder, der Babenbergerherzog Leopold IV., in seiner Eigenschaft als Landesherr, was in keiner Weise den historischen Fakten entspricht, schon gar nicht bei einem direkt dem Bischof unterstellten Kloster (Abb. 16).

Die fürstlichen Gestalten sind fast immer der brennpunkthafte Blickfang in diesen Darstellungen. Und das hat seinen guten Grund: Die landständischen Klöster, die sich ebenso als landesherrliche wie kirchliche Institutionen verstehen, sehen darin eine mehr oder weniger deutliche oder, wenn man so will, versteckte Admonitio an den derzeitigen Landesherren: Admonitio an sein Patronat mit den damit verbundenen Verpflichtungen der Obsorge. Ganz deutlich wird das im Deckenbild des Kurfürstensaales in Benediktbeuern – wir beziehen uns damit auf eine Darstellung, die sich nicht in einem Kirchenraum befindet, aber in gewisser Weise in seinen Kontext eingebunden ist –, 1732 von Johann Baptist Zimmermann gemalt (Abb. 17). Wiedergegeben ist die Einkleidung des einen der drei Gründerbrüder aus der frühbaierischen Sippe der Huosi, nämlich Lantfried; er wurde zugleich erster Abt des Klosters, und nach der klösterlichen Tradition wurde 740 neben dieser Einkleidung zum Mönch und der äbtlichen Investitur auch die Weihe der Kirche durch Bonifatius vorgenommen. Bei der Szene, der als Kulisse das prachtvolle Innere einer römischen Barockkirche dient – die berninesken Säulen alludieren darauf –, steht als unübersehbarer Kontrapost zu den beiden Hauptgestalten der Zeremonie eine fürstliche Gestalt, mit der der Bayernherzog Odilo gemeint sein soll. Er trägt jedoch unverkennbar die Züge des damaligen Kurfürsten Carl Albrecht bzw. späteren Kaisers Karl VII. Mehr noch als in der Kirche war in einem solchen Fürstensaal der Ort der Begegnung zwischen weltlicher und geistlicher Macht gegeben; hier definierte das Kloster seine Stellung in der Welt: Ge-

schichtliche Erinnerung und Legitimation dieser Stellung, Erinnerung auch für den Fürsten: So wie Dein Vorgänger damals, so Du jetzt und heute![26]

In ganz anderen Dimensionen erleben wir die gleiche Tendenz im Kaisersaal der Würzburger Residenz, und nochmals sei der Exkurs dorthin gestattet. Mit Tiepolos Fresken von 1751/52, der Hochzeit Kaiser Friedrich Barbarossas mit Beatrix von Burgund (1156) und dem Pendant, das die Belehnung Bischof Herolds mit dem Herzogtum Franken (1165) und die Bestätigung der Würzburger Privilegien (1168) zu einer Darstellung zusammenzieht, ist die Einheit von Kirche und Reich kurz vor dem Ende dieser Verbundenheit auf das Hochgemuteste und Prächtigste demonstriert. Ist auf dem Hochzeitsfresko (Abb. 18) die Kirche die Gebende und das kaiserliche Hochzeitspaar das Empfangende, so sind auf dem Belehnungsfresko (Abb. 19) gewissermaßen die Rollen vertauscht: Der Kaiser gewährt und der Bischof, damit in den Dienst des Reiches genommen, empfängt. In beiden Szenen trägt der Bischof, historisch jeweils verschiedene Persönlichkeiten, die Züge des Fürstbischofs Carl Philipp von Greiffenclau: Auffällig wird damit das ‚damals' und das ‚jetzt' ineinander verspiegelt, die ‚Memoria' wird sinngründig exhortativ: Sollten etwa der Kaiser mit dem Fürstbischof den Kaisersaal betreten, so würden beide an ihre Verbundenheit und Gebundenheit an Kirche und Reich erinnert. So also definierten sich die Abendländische Kirche und das Sacrum Imperium gewissermaßen mit- und ineinander als damals noch untrennbar zu verstehende Einheit; die metaphysische Überhöhung, wenn auch in diesen beiden Fresken nicht durch himmlische Gesten sichtbar gemacht, schwingt selbstredend mit. Im 19. Jahrhundert wird man von Derartigem nichts mehr wissen.

Kehren wir zurück in den engeren regionalen Bereich unserer Betrachtung. Bedingt schon durch die äußeren, kleiner dimensionierten räumlichen Vorgaben erscheint die Darstellung der Quellen Wessobrunns durch Herzog Tassilo III., angeblich 753 und ebenso angeblich in Begleitung der beiden Jäger Wezzo (daher der Name!) und Torro oder Tharingeri, dem legendären Ahnherren der bayerischen Uradelsfamilie der Toerring. Das Fresko befindet sich denn auch an der Decke der Sebastianskapelle in Andechs, der Begräbnisstätte der Grafen Toerring-Seefeld. Das Geschehen ist erstmals in einer Wessobrunner Chronik des XI. Jahrhunderts geschildert und ist auch noch in den MONUMENTA BOICA gleichsam als ältestes Dokument allen anderen Wessobrunner Geschichtsquellen vorangestellt, wobei die historische Faktizität so gut wie keine Grundlage haben dürfte. Die Toerring wurden denn auch seit dem Hochmittelalter als „Mitstifter" Wessobrunns betrachtet bzw. sahen sie sich selbst als solche

Abb. 20. Andechs, Benediktiner-Klosterkirche St. Nikolaus, Elisabeth und Maria, Sebastians- bzw. Toerring-Kapelle; Deckenfresko: „Gründung des Klosters Wessobrunn"; von Johann Baptist Zimmermann, 1753/55

und wurden denn auch zur Wessobrunner Millenniumsfeier 1753 geladen. Das Deckenbild stellt das Mitwirken der Familie Toerring am göttlichen Heilsplan dar, sich gestaltend bei der Gründung Wessobrunns. Es ergibt sich da so etwas wie eine Legitimation „über Kreuz": Die Toerring werden, als eine der ältesten bayerischen Familien heute noch blühend, durch die Gründung Wessobrunns historisch legitimiert, und Wessobrunn wird – gewissermaßen sekundär – durch die Mitwirkung der Toerring bei der Gründung legitimiert (Abb. 20). Künstlerisch mag interessant sein, daß Johann Baptist Zimmermann für gewisse ähnliche Grundsituationen gleichartige Formeln der Verbildlichung gebraucht: Auf einer Zeichnung

Abb. 21. Johann Baptist Zimmermann, Entwurfszeichnung zu einem Fresko zur Gründungslegende des Klosters Ettal: „Das Pferd Kaiser Ludwigs des Bayern geht in die Knie und zeigt so den auserwählten Gnadenort an" (München, Staatliche Graphische Sammlung)

Abb. 18. Würzburg, ehem. Fürstbischöfliche Residenz, Kaisersaal; Fresko an der südlichen Gewölbelünette: „Hochzeit Kaiser Friedrich Barbarossas mit Beatrix von Burgund zu Würzburg im Jahr 1156"; von Giovanni Battista Tiepolo, 1751/52

Abb. 19. Würzburg, ehem. Fürstbischöfliche Residenz, Kaisersaal; Fresko an der nördlichen Gewölbelünette: „Belehnung Bischof Herolds mit dem Herzogtum Franken und Bestätigung der Würzburger Privilegien durch Kaiser Friedrich Barbarossa"; von Giovanni Battista Tiepolo, 1752

zur Gründungslegende Ettals (Abb. 21) – wieder eine jagdliche Situation – sind die „Mitspieler" recht ähnlich angeordnet, teilweise mit übereinstimmender Haltung und Gestik wie beim Andechser Deckenbild. (Man weiß übrigens nicht, ob die Ettaler Szene je gemalt zur Ausführung gekommen oder untergegangen ist.)[27]

„Historische" Szenen erfahren sehr oft metaphysische Überhöhung durch die Hereinnahme der „himmlischen Dimension" über dem Geschehen auf Erden. Wohlgefällig betrachten Schutzpatrone und Hausheilige das Geschehen auf Erden, zentral erscheint etwa Maria, hinterfangen von der Trinität wie auf Matthäus Günthers Hohenpeißenberger Deckenbild (Abb. 23), die Gottheit oft auch symbolhaft als Jahwe-Zeichen im trinitarischen Dreieck oder als Apokalyptisches Lamm. Zwei Dimensionen sind so verbunden, um Schutz und Segen „von oben" sichtbar für den Betrachter zu machen, etwas, was nur ihm sichtbar ist, so gut wie niemals den Gestalten der „historischen Handlung".

Handgreiflich und konkret geht Überirdisch-Metaphysisches und „Historisches" bei Johann Jakob Zeillers Ettaler Triumphbogenfresko mit der Darstellung der Gründungslegende überein: Ein Engel im Mönchsgewand – dazu hatte sich der wohl ursprüngliche zisterziensische Bote im Lauf der Legendenbildung gewandelt – ist, wie in einer Verkündigungsdarstellung, in den Kapellenraum hereingebrochen, um Ludwig dem Bayern den Gründungsauftrag für Ettal zu geben: Mensch und Engel sind direkt konfrontiert, letzterer eben nicht geniusähnlich wohlwollend aus Himmelshöhen herabblickend wie bei den meisten anderen Gründungsfresken, sondern ins irdische Geschehen eingreifend, es gewissermaßen in Bewegung bringend. Als bildliche Legitimation der kaiserlichen Stiftung wird das noch 1752 mit vollem Aplomb dargestellt, als man in der gleichzeitigen Ettaler Literatur die Legende schon längst suspendiert hatte.

Noch 1791 setzt Franz Seraph Zwinck, der sogenannte Lüftlmaler aus Oberammergau, in einer Pfarrkirche, die Ettal inkorporiert war, nämlich in Egling an der Paar (Lkr. Landsberg am Lech), den Zeillerschen Vorwurf ins Volkstümliche um, natürlich ohne die große Attitüde (Abb. 22). Beabsichtigt war damit wohl, die braven Eglinger Dorf- und Pfarrbewohner daran zu erinnern, wohin sie gehörten. Dann und wann wird übrigens Verbindung aufgenommen mit dem Betrachter, um ihn mit in das Geschehen einzubeziehen; ganz deutlich wird das bei der Herzogsgestalt im Benediktbeurer Fresko (Abb. 17). Der Gedanke der Vermittlung wird dadurch noch sinnfälliger. Und neben der legitimierenden Selbstdarstellung ist Vermittlung ein Hauptanliegen dieser Darstellungsweisen. Es geht vor allem um die Vermittlung von Geschichte, von Glaubwürdigkeit und Authentizität als Anknüpfung an die Darstellung der eigenen Identität. Das Darstellen und Absichern des eigenen Standorts, sowohl im eigenen und örtlichen, regionalen und territorialen Raum der gelebten Institution, setzt Erfahrbarkeit bildmäßig umgesetzter, geschichtlicher Zusammenhänge voraus.

* * *

Gegen 1770 zeichnet sich allmählich ein Decrescendo zu einer neuen Haltung und Geistigkeit ab, die sich schon lange latent vorbereitet hatte. Im Zuge einer aufkommenden und fortschreitenden gesellschaftlichen Säkularisierung wird sich das Denken von Geschichte, immanent in der Heilsgeschich-

Abb. 22. Egling a. d. Paar (Lkr. Landsberg a. Lech), Kath. Pfarrkirche St. Vitus; Fresken auf der nördlichen und südlichen Empore zur Gründungslegende des Klosters Ettal (Themen wie Abb. 8 und 21); von Franz Seraph Zwinck, 1791

Abb. 23. Hohenpeißenberg (Lkr. Weilheim-Schongau), Wallfahrtskirche, Gnadenkapelle St. Maria; Deckenfresko des Laienraumes: „Überbringung des Gnadenbildes auf den Hohenpeißenberg im Jahr 1514 und Inkorporation der Wallfahrt in das Kloster Rottenbuch durch Herzog Maximilian im Jahr 1604"; von Matthäus Günther, 1748

te, lösen. Die geistesgeschichtliche Wende vor und um 1800 setzt das Gegenwärtigsetzen von Geschichte, diese eigentümliche ‚anamnetische Kultur' im Nebeneinander von ortsgebundenen Traditionen von Legendenstoffen, von den Anfängen kritischer Geschichtsschreibung und auch allegorischer Sichtweise und theologisch-spiritueller Überhöhung, außer Kraft. Nunmehr wird man sich mehr und mehr bewußt, daß Geschichte nicht wiederholbar ist. Sie wird zum Instrument „vaterländischer Erhebung", zum Instrument von Belehrung und Erziehung, was sie in vielerlei Verwandlungen noch heute ist. Zur geistigen Situation der Barockzeit schreibt der Historiker Hansmartin Schwarzmeier zum Abschluß einer Untersuchung der Ottobeurer Gründungsüberlieferung:

Die kritische Betrachtung der Klostergründung und die Reduzierung der mit ihr verbundenen Begebenheiten auf ein Minimum nackter Tatsachen und Möglichkeiten entbehrt nicht der Ehrfurchtslosigkeit vor der Überlieferung und ist, bis zu einem gewissen Grade, Zerstörung eines in Ottobeuren jahrhundertelang herrschenden Glaubens an die Treue der Überlieferung. Daß dieses Bewußtsein, das Gegründetsein in der Vergangenheit, auch wenn es auf nicht gesicherten Fundamenten ruhte, eine echte historische Realität darstellte, die bei der Betrachtung der weiteren Geschichte der Abtei in Rechnung gestellt werden muß, soll abschließend betont werden. Die historisch faßbare Wirklichkeit, des Mythos und der Legende entkleidet, ist für den mittelalterlichen Menschen zu ärmlich, als daß sie ihm allein ausreichte, sich und seine Zeit in seiner Vergangenheit wiederzuerkennen. Von daher gesehen spiegelt auch die ... kritisch gesehene Überlieferung echtes historisches Leben wider.[28]

LITERATUR

ALTMANN, LOTHAR/MÜLBE, WOLF-CHRISTIAN V. D., *Das Maximilianeum in München*, Regensburg 1993

BAUER, HERMANN, *Zum ikonologischen Stil der süddeutschen Barockkirche*, in: Münchner Jahrbuch der bildenden Kunst, 3. Folge, Bd. 12, 1961, S. 218-240

DERS., *Über einige Gründungs- und Stiftungsbilder des 18. Jahrhunderts in bayerischen Klöstern*, in: Andreas Kraus, Land und Reich, Stamm und Nation – Festgabe für Max Spindler zum 90. Geburtstag, Bd. I, Schriften zur bayerischen Landesgeschichte 79, München 1984, S. 259-272

BAUER, INGOLF, *König Maximilian II., sein Volk und die Gründung des Bayerischen Nationalmuseums*, in: Bayerisches Jahrbuch für Volkskunde, 28, 1988, S. 1-38

CORPUS DER BAROCKEN DECKENMALEREI IN DEUTSCHLAND (CBD), hrsg. von HERMANN BAUER und BERNHARD RUPPRECHT, Bd. I: *Freistaat Bayern – Regierungsbezirk Oberbayern: Die Landkreise Landsberg am Lech – Starnberg – Weilheim-Schongau*, München 1976; Bd. II: *Die Landkreise Bad Tölz-Wolfratshausen – Garmisch-Partenkirchen – Miesbach*, München 1981; Band III,1: *Stadt und Landkreis München: Sakralbauten*, München 1987; Band III,2: *Stadt und Landkreis München: Profanbauten*, München 1989; Band IV: *Landkreis Fürstenfeldbruck*, München 1995

DISCHINGER, GABRIELE, *Katalog der Entwürfe*, in: Gabriele Dischinger/Franz Peter (Hrsg.), Johann Michael Fischer 1692-1766, Bd. I, Tübingen 1995, S. 110-144

FEYERABEND, P. MAURUS, *Des ehemaligen Reichsstiftes Ottenbeuren Benediktiner Ordens in Schwaben Sämmtliche Jahrbücher*, Bd. 4, Ottobeuren 1816, S. 104-105

GLASER, HUBERT, *Die Historischen Galerien Maximilians II. von Bayern*, in: Winfried Nerdinger (Hrsg.), Zwischen Glaspalast und Maximilianeum – Architektur in Bayern zur Zeit Maximilians II. 1848-1864, Ausstellungskataloge des Architekturmuseums der Technischen Universität München und des Münchner Stadtmuseums, Nr. 10, München 1997, S. 20-45

HÄRTL-KASULKE, CLAUDIA, *Karl Theodor Piloty (1826-1886)*, Miscellanea Bavarica Monacensia, Heft 152, München 1991; insbes. Teil B, Katalog XIII. Maximilianeum; insbes. XIII A. Z. Gründung des Klosters Ettal, S. 251-258

KELLER, HARALD, *Das Geschichtsbewußtsein des deutschen Humanismus und die bildende Kunst*, in: Historisches Jahrbuch der Görres-Gesellschaft, 60, 1940, S. 664-684

KOCH, LAURENTIUS, *Zwei Zeichnungen Johann Baptist Zimmermanns zur Ettaler Gründungslegende*, in: Ettaler Mandl, 64, 1985, S. 128-133 m. Abb.

DERS., *Der Typus des „monachus eruditus historicus" der Barockzeit und der Frühaufklärung im süddeutsch-katholischen Raum am Beispiel des Benediktiner-Historikers P. Carl Meichlbeck*, in: R. W. Keck/E. Wiersing/K. Witstadt (Hrsg.), Literaten – Kleriker – Gelehrte. Zur Geschichte der Gebildeten im vormodernen Europa, Beiträge zur historischen Bildungsforschung, 15, Köln/Weimar/Wien 1996

KÖRNER, HANS MICHAEL, *Staat und Geschichte im Königreich Bayern 1806-1918*, Schriftenreihe zur Bayerischen Landesgeschichte, 96, München 1992, insbes. S. 151-164

KRAUS, ANDREAS, *Die benediktinische Geschichtsschreibung im neuzeitlichen Bayern*, in: ders. (Hrsg.), Bayerische Geschichtswissenschaft in drei Jahrhunderten, München 1979, S. 106-148

LORENZ, GÜNTER, *Die Klosterkirche Reichenbach am Regen*, in: 875 Jahre Kloster Reichenbach am Regen 1118-1993, hrsg. von der Gemeinde Reichenbach u. a., S. 52-121

MEUER, MICHAEL, *Die gemalte Wittelsbacher Genealogie der Fürstenkapelle zu Scheyern*, Miscellanea Bavarica Monacensia, Heft 59, München 1975

REIDELBACH, HANS, *Bayerns Geschichte in Bild und Wort nach den Wandgemälden des Bayerischen Alten Nationalmuseums*, München 1906-1908

SCHADE, HERBERT, *Die Monumentalisierung des Gewissens und der Kampf zwischen Licht und Finsternis – Zur Fassade der St. Michaelskirche in München und zur „Genealogie" ihrer Herrscherbilder*, in: K. Wagner/Albert Keller (Hrsg.), St. Michael in München – Festschrift zum 400. Jahrestag der Grundsteinlegung und zum Abschluß des Wiederaufbaus, München 1983, S. 23-80

SCHWARZMAIER, HANSMARTIN, *Gründungs- und Frühgeschichte der Abtei Ottobeuren*, in: Aegidius Kolb und Hermann Tüchle (Hrsg.), Ottobeuren – Festschrift zur 1200-Jahrfeier der Abtei, Augsburg 1964, S. 1-72

SEELIG, LORENZ, *Die Ahnengalerie der Münchner Residenz – Untersuchungen zur malerischen Ausstattung*, in: Hubert Glaser (Hrsg.), Quellen und Studien zur Kunstpolitik der Wittelsbacher vom 16. bis zum 18. Jahrhundert, Mitteilungen des Hauses der Bayerischen Geschichte, I, München 1980, S. 253-327

SEIDL, WOLF, *Bayern in Griechenland*, München 1965

VOLK-KNÜTTEL, BRIGITTE, *Zur Geschichte der Münchner Residenz 1600-1616*, in: Münchner Jahrbuch der bildenden Kunst, 3. Folge, Bd. 18, 1967, S. 187-210

DIES., *Wandteppiche für den Münchner Hof nach Entwürfen von Peter Candid*, Forschungshefte, hrsg. vom Bayerischen Nationalmuseum, 2, München 1976, S. 38-41, 132-137 (Katalog)

WAGNER, MONIKA, *Allegorie und Geschichte – Ausstattungsprogramme öffentlicher Gebäude des 19. Jahrhunderts in Deutschland*, Tübinger Studien zur Archäologie und Kunstgeschichte, 9, Tübingen 1989

WASEM, EVA-MARIA, *Die Münchener Residenz unter Ludwig I. – Bildprogramm und Bildausstattungen in den Neubauten*, Miscellanea Bavarica Monacensia, Heft 101, München 1981

ANMERKUNGEN

1 Die vorliegenden Ausführungen entstanden für einen Vortrag im Rahmen eines „Geschichtsdidaktischen Kolloquiums" des Instituts für Geschichte an der Universität Würzburg in WS 1994/95 am 9. Februar 1995; vor dem Historischen Verein von Oberbayern wurde er wiederholt am 28. Februar 1996. Ohne den grundlegenden Aufsatz von HERMANN BAUER (1984) und die einschlägigen Bände des „Corpus der barocken Deckenmalerei in Deutschland" (CBD) wäre die vorliegende Arbeit nicht denkbar. Der ursprüngliche, ja gesprochene Text wurde für den Druck leicht bearbeitet und geglättet, der erste Teil (19. Jahrhundert) neu erarbeitet, wofür Stadtarchivdirektor Dr. Richard Bauer die Anregung gab. Den ursprünglichen Anstoß zu dieser Arbeit gab Prof. Dr. Hans-Michael Körner, Würzburg/München; beiden Herren meinen herzlichen Dank.

2 KELLER 1940.
3 MEUER 1975, S. 16, 17 u. S. 120.
4 SCHADE, S. 52. – MEUER 1975, S. 67, 17 u. 120.
5 VOLK-KNÜTTEL 1967, S. 188-194.
6 VOLK-KNÜTTEL 1967, S. 194-198. – CBD III,2, S. 120-129.
7 VOLK-KNÜTTEL 1976, S. 38-41, 132-137 (Katalog). Die Kartons zu diesen Wandteppichen wurden dann in den westlichen Hofgarten-Arkaden montiert, wo sie sich bis ins 19. Jahrhundert hinein erhielten und Nachfolge fanden in dem 1826 bis 1829 entstandenen Freskenzyklus zur bayerischen Geschichte, geschaffen durch die Cornelius-Schule (siehe Anm. 11 u. 13). WAGNER 1989, S. 71, Anm. 164, bezweifelt die Existenz der Kartons an dieser Stelle; dafür konnte jedoch Brigitte Volk-Knüttel archivalische Nachweise erbringen (freundliche briefliche Mitteilung 1997).
8 CBD III,2, S. 202-210.
9 MEUER 1975, S. 16, 17 u. 120.
10 SEELIG 1980. Die erste Folge der Porträts erstellte Jacopo Amigoni 1726-1728, eine zweite Georges Desmarées 1730-1736.
11 WAGNER 1989, S. 64-88 (Lit.!).
12 SEIDL 1965, S. 167.
13 Zur Abbildung bringen wir das zweite Bild der Gesamtfolge „Pfalzgraf Otto von Wittelsbachs Belehnung mit dem Herzogthume Bayern 1180" von Clemens von Zimmermann (1788-1869). Die Darstellung wurde ausgewählt, weil hier der Topos „Geben und Empfangen" deutlich zum Ausdruck kommt, wie es Thema der meisten barocken „Gründungsfresken" ist.
14 Dazu vor allem: REIDELBACH 1906-1908; BAUER 1988; HÄRTL-KASULKE 1991; KÖRNER 1992, S. 151-164; ALTMANN 1993, S. 52-63; und jüngst GLASER 1997.
15 ALTMANN 1993, S. 52.
16 KÖRNER 1992, S. 152.
17 HÄRTL-KASULKE 1991, S. 251-258.
18 GLASER 1997.
19 Zur Abbildung kommt hier die „Vermählung Kaiser Friedrich Barbarossas mit der Pfalzgräfin Beatrix von Burgund zu Würzburg in den Pfingstfeiertagen 1156". Das Thema ist im Unterschied zu Tiepolos Würzburger Kaisersaalfresko völlig „säkularisiert". Nichts ist zu sehen von Bischof oder anderen Klerikern; das Kaiserpaar bildet in jeder Beziehung den Mittelpunkt. Zu bedenken ist, daß im 19. Jahrhundert Kaiser Friedrich Barbarossa in etwa einen nationalen Mythos darstellte. – REIDELBACH 1906/08, S. 112.
20 FEYERABEND 1816, S. 104-105.
21 CBD II, Abb. S. 590 u. 591 (W 3 u. W 4).
22 KRAUS 1979; Koch 1996.
23 DISCHINGER 1995, S. 117, Nr. 9. Freundlicher Hinweis von Frau Dr. Gabriele Dischinger, München.
24 CBD IV, Abb. S. 86 (G).
25 LORENZ 1995, S. 85-92.
26 CBD II, Abb. S. 107 (A) u. S. 110 (partiell von dort zitiert).
27 KOCH 1985.
28 SCHWARZMAIER 1964, S. 47.

ABBILDUNGSNACHWEIS

BAYERISCHE VERWALTUNG DER STAATLICHEN SCHLÖSSER, GÄRTEN UND SEEN, MÜNCHEN, MUSEUMSABTEILUNG: *Abb. 7* (Neg. Nr. 5393)

BAYERISCHES NATIONALMUSEUM, MÜNCHEN: *Abb. 2*

BAYERISCHES LANDESAMT FÜR DENKMALPFLEGE, MÜNCHEN, PHOTOSAMMLUNG: *Abb. 15, 16*; Aufn. H. Häusler: *Abb. 3* (Neg. Nr. (19)81 06 46); Aufn. W. Neb: *Abb. 18 u. 19* (Neg. Nr. U 1966 1861 u. 1862); Aufn. E. Lantz: *Abb. 6* (Neg. Nr. (19)97 09 01/8); Aufn. B. Rupprecht: *Abb. 13*; Aufn. A. Schlegel: *Abb. 4* (ca. 1938), *12* (1965; Neg. Nr. U 1973 430), *1* (Neg. Nr. U 1973 290), *22* (1958; Neg. Nr. U 1973 359 u. 356); Aufn. J. Sowieja: *Abb. 5* (Neg. Nr. R 1974 468/16), *8* (Neg. Nr. U 1969 52), *9* (Neg. Nr. 19(93) 01 27/9a), *11* (Neg. Nr. U 1976 38), *14* (Neg. Nr. R 1980 263/2), *17* (Neg. Nr. (19)92 04 02/0a). – RESTAURIERUNGSWERKSTÄTTEN: *Abb. 10* (Neg. Nr. 4357)

CORPUS DER BAROCKEN DECKENMALEREI IN DEUTSCHLAND, MÜNCHEN: *Abb. 20, 23*

STAATLICHE GRAPHISCHE SAMMLUNG, MÜNCHEN: *Abb. 21*

Annette Schommers unter Mitarbeit von Gertrud Voll

„... STIFTEN DIS LAFOR V. KANDLEN IN DIE LIEBE KIRCHEN ZVR H. TAVF FVR REICH VND ARMEN G. G. G. A. 1701 IN KEMPTEN"

Goldschmiedearbeiten aus der evangelischen Kirche St. Mang in Kempten

Der evangelischen Stadtkirche St. Mang in Kempten ist es gelungen, ihren Kirchenschatz aus der Blütezeit Kemptens als schwäbische freie Reichsstadt bis auf den heutigen Tag zu bewahren. In gemeinsamer Verantwortung bemühen sich derzeit kirchliche und staatliche Denkmalpflege um die Erforschung und Restaurierung dieses Bestandes. Das Bayerische Landesamt für Denkmalpflege, das Archiv zur Augsburger Goldschmiedekunst am Bayerischen Nationalmuseum, München, Gold- und Silberschmied Rudolf Engert, Würzburg, und das Evangelische Landeskirchenamt stellen der Kirchengemeinde dafür fachliche und finanzielle Hilfe zur Verfügung.

Stifterwillen von einst nimmt Kirchengemeinden von heute in die Pflicht, Vasa sacra im gottesdienstlichen Leben zu halten, bzw. beschädigte Geräte wieder einzugliedern. Der Kirchenvorstand von St. Mang stellt sich dieser Aufgabe. Ihm sei dafür gedankt, ebenso dem Mesnerehepaar und dem Stadtarchiv Kempten für die unterstützende Zusammenarbeit.

Für die Kunst- und Handwerksgeschichte erbringt die Gegenüberstellung von 18 Edelmetallarbeiten aus der Goldschmiedemetropole Augsburg und ca. 26 Teilen Kemptener (bzw. noch nicht lokalisierbarer) Produktion hauptsächlich aus dem 17. und 18. Jahrhundert einen reizvollen Vergleich. Hinsichtlich der noch zu leistenden theologisch-liturgiewissenschaftlichen Erforschung der sakralen Geräte bietet St. Mang interessante Beispiele, wie etwa zu der typisch protestantischen Sonderform einer Bundeslade als Hostiengefäß.

Das bisherige Ergebnis der Beschäftigung mit den historischen, kunsthistorischen und liturgischen Aspekten des Kirchenschatzes von Kempten, St. Mang, sei Herrn Prof. Dr. Michael Petzet gewidmet. Als Verfasser des Kurzinventars der Stadt und des Landkreises Kempten aus dem Jahre 1959 ist er der Region seit langen Jahren verbunden. Die Vasa-sacra-Inventarisierung und deren Betreuung durch die evangelische Kirche verdankt dem Amtschef Petzet offizielle Förderung und der Person Petzet das persönliche, anspornende Interesse.

Die Geschichte des Kirchenschatzes und seiner Stifter

Die historische Situation der evangelischen Kirche St. Mang ist durch den Umstand geprägt, daß kein Gürtel von Reichsdörfern, wie er etwa die kleine Stadtstaatskirche von Memmingen umgab, Kempten gegen eine rundum katholische Umwelt abpufferte. Die Konfessionsgrenze durchtrennte sogar die Stadt. Bis heute führen Kemptener Protestanten die Herkunft „Streitbares Eck" als Namen eines Wirtshauses darauf zurück, daß an jener Stelle katholische Fürstabtei und evangelische Bürgerstadt aneinandergrenzten. So konzentrierte sich das „Wir-Gefühl" konfessioneller Zusammengehörigkeit in Stiftungen an „ihre liebe" Kirche St. Mang, dem Zentrum des gemeindlichen protestantischen Lebens in der Reichsstadt.

Die Geschichte des Kirchenschatzes ist zugleich die Geschichte seiner Stifter: Ihnen verdankt er seine Entstehung, sie retteten ihn über die Säkularisation. Die gravierten Wappen und Inschriften auf vielen Gerätschaften lassen sozusagen die wichtigsten und einflußreichsten Kemptener Familien Revue passieren – etwa die Mitglieder der großen Handelshäuser der Jenisch, der Neubronner, der Fehr, der Kesel, die auch die Spitzenämter der Reichsstadt besetzten. Ein Blick in die Stammbäume zeigt, wie sie untereinander durch Heirat verbunden waren. Es sind aber auch weniger bekannte Privatpersonen, die durch „ihr" gestiftetes Gerät noch über den Tod hinaus am Gemeindeleben teilhaben wollten. Auch Nicht-Kemptener Bürger dokumentierten ihre Verbundenheit mit der St.-Mang-Kirche: Johann Georg Gesner, Handelsmann aus Nürnberg, der hier 1713 Susanna Margaretha Stattmiller aus Kempten geheiratet hatte, der Augsburger Ordinariatsbote Melchior Windinger, ein Mitglied der Firma Peter Laire & Co. aus Augsburg oder das Fräulein Eusebia Christina Krafft von Dellmensingen aus Ulm. In einigen Fällen erhellen die Ratsprotokolle der Stadt den konkreten Anlaß der Stiftung.

Der Kirchenschatz ist ausnehmend gut dokumentiert, da die alten Inventare ab 1765 in ungebrochener Folge überliefert sind.[1] Das erste erhaltene Inventar datiert vom 11. Juli 1765 und wurde „aus alten und Neuen Büchern und Notizen ... zusammen getragen", wie die verantwortlichen Bearbeiter, Johann Jacob Gebhart und Otto Philipp Stattmiller, beide Pfleger der St.-Mang-Kirche, schreiben. Aufgeführt sind darin die „silbernen, zinnen, und anderen Gerätschaften, so theils von hochen= und schäzbaren Gönnern verehrt; theils käufflich angeschafft worden." Ein Blick auf die ersten 68 Positionen (danach beginnt die chronologische Fortschreibung von August 1765 bis 13. Mai 1777) zeigt bereits deutlich, wie hoch der Anteil der Stiftungen und Vermächtnisse ist. Mit 26 Stücken ist ein Stiftername verbunden, was natürlich in erster Linie die kostspieligen Goldschmiedearbeiten betrifft, deren Wert – bei einigen ist die Höhe des Legats[2], das Silbergewicht[3] oder der Geldwert[4] angegeben – zum Teil 100 fl. übersteigt. Die beiden Inventarbearbeiter haben versucht, die Stücke in etwa chronologisch zusammenzustellen, so daß wir zunächst einen Überblick über den noch aus dem 17. und frühen 18. Jahrhundert stammenden Bestand erhalten. Wir finden u. a. die zinnerne Hostienlade aus dem Jahr 1631 (Abb. 16), die beiden 1634 von Frau Bürgermeister Susanna Mayer (Ehefrau des Johannes Mayer, Bürgermeister 1634/1635) und von der Bruderschaft der ledigen Weberknappen gestifteten silbervergoldeten Hostienschalen (Abb. 14), eine silbervergoldete Hostienbüchse von „Herrn Matthias von Jenisch älter"[5], drei silbervergoldete Kelche, davon zwei im Jahr 1673 von Prediger

Buchholtz und von „Frau Gräfin von Königsek geb. Gräfin von Salm &&" sowie einer – ohne Datum – von dem Augsburger Ordinariatsboten Melchior Windinger gestiftet (Abb. 6), schließlich ein 1699 von Herrn Elias Prombeiß[6] verehrtes silberbeschlagenes Manuale. Zu den „hohen" Gönnern der St. Mang-Kirche zählte sicher Anna Maria Amalia, Reichsgräfin von Königsegg-Rotenfels, geborene Wild- und Rheingräfin zu Salm, dritte Gemahlin von Graf Hugo von Königsegg-Rotenfels, der 1666 als kaiserlicher Kämmerer und Reichshofrat starb.[7] Wie sehr sie mit St. Mang verbunden war, läßt sich daran ablesen, daß sie – „die in der evangelischen Religion bis an ihr seliges Ende beharrte"[8] – sich nach ihrem Tod am 25. Juni 1676 dort bestatten ließ. Das mit einer langen Inschrift versehene und ihr Wappen zeigende Rotmarmorepitaph hat sich hinter dem Hochaltar erhalten; den von ihr bei einem Kemptener Goldschmied in Auftrag gegebenen Kelch (Abb. 7) zieren ebenfalls ihr Wappen, ihre Initialen und das Stiftungsdatum.

Die Inventarauflistung der Goldschmiedearbeiten des 18. Jahrhunderts beginnt mit der silbernen Taufgarnitur von 1701 (Abb. 1, 2).

IOHAN . VLRICH . DAVMILLER . V(nd) . ANNA . MARIA . DAVMILLERIN . STIFTEN . DIS . LAFOR . V(nd) . KANDLEN . IN . DIE . LIEBE . KIRCHEN . ZVR . H(eiligen) . TAVF . FVR . REICH . VND . ARMEN . G(ott) . G(ebe) . G(nad) . A(nno) . 1701 . IN . KEMPTEN

ist in Kapitalis auf den inneren Fahnenrand der aufwendig getriebenen Taufschale graviert; im Spiegel erscheint das Allianzwappen der Eheleute. In diesem Fall sind uns sogar die Umstände der Stiftung überliefert: Aus dem Kemptener Ratsprotokoll vom Montag, dem 29. November 1700, geht hervor, daß der Handelsmann Johann Ulrich Daumiller den Rat um Consens bittet zu seiner geplanten Eheschließung mit Anna Maria Ahnin, Tochter des Memminger Handelsmanns Johann Georg Ahnes, und darum, daß seine zukünftige Ehefrau Bürgerin in Kempten wird.[9] Da man ihm die Gebühr erläßt, sollten er und seine Verlobte eine silberne Taufgarnitur in die Kemptener Kirche stiften. Der darauf erteilte Ratsbescheid genehmigt die Eheschließung in Memmingen und kündigt auch die gebührenfreie Annahme der Ehefrau als Bürgerin in Kempten an, sofern noch vor der Hochzeit Geburts- und Freibrief eingereicht und das Versprechen der Stiftung einer Taufgarnitur eingelöst würden. Herr Daumiller bedankt sich daraufhin, will auch die erforderlichen Papiere liefern, bittet aber, daß die Stiftung der Taufgarnitur bis „kommende Fasten" aufgeschoben wird, da die Zeit sonst allzukurz wäre. Das Beispiel ist ein Zeugnis dafür, daß Stiftungen durchaus über eine ausschließlich private Frömmigkeitsbezeugung hinausgehen konnten.

Als weitere mit einem Stifternamen verbundene Goldschmiedearbeiten finden sich im Inventar: ein silbernes Kruzifix, am 3. Juli 1728 von Herrn Johann Georg Gesner aus Nürnberg gestiftet; zwei silbervergoldete Augsburger Kelche, am 5. März 1730 aus dem Vermächtnis der verstorbenen Jungfer Catharina Maria Wieland erworben; zwei Silberleuchter, samt Lichtputzschere und Tablett, am 9. Oktober 1744 von Handelsmann Jacob Fehr und ein „Hostienkästlein oder Ciborium" vom 7. August desselben Jahres von seiner Ehefrau (Abb. 17); eine silbervergoldete Abendmahlskanne, am 18. Juli 1749 aus dem Legat von 100 fl. der verstorbenen Jungfer Juditha Schmid (Abb. 10); eine silberne Hostienbüchse in einem Futteral, die vom jeweiligen Senior zur Hauskommunion benutzt wurde, am 7. April 1754 von Herrn Johann Adam Kesel verehrt, und schließlich eine weitere silbervergoldete Abendmahlskanne, die am 24. Juni 1763 von einem unbekannten hohen Gönner geschenkt wurde, „mit dem Verlangen bey allen Communionen auf dem Altar zu gebrauchen" (Abb. 11).

Im Zusammenhang mit dem Umbau[10] der St.-Mang-Kirche verdichten sich die Stiftungen. Eine gründliche Renovierung des spätgotischen Baus war von der Gemeinde, die auch nach dem Dreißigjährigen Krieg immer wieder schwere Kriegslasten zu tragen hatte, lange zurückgestellt worden. Die 1767 begonnenen Arbeiten – u.a. wurden die drei in den Jahren 1512 bis 1519 errichteten Seitenkapellen mit dem Schiff vereinigt, der gesamte Innenraum durch den Stadtbaumeister Matthias Wanckmüller stuckiert und das Dach des Langhauses vollständig erneuert – konnten bereits 1768 abgeschlossen werden. Die feierliche Einweihung fand am 23. Oktober statt. Die Gesamtkosten des Umbaus – 31.420 fl. 20 kr. – brachte die Gemeinde über Kollekten auf. Dr. Philipp Jakob Karrer, königlich bayerischer Dekan und Hauptprediger an St. Mang, hat in seiner 1828 erschienenen Schrift „Getreue und vollständige Beschreibung und Geschichte der Altstadt Kempten (...)" die Ergebnisse der am 22. und 23. September 1766 abgehaltenen Kollekten sowie der Sammlung am Einweihungsfest minutiös aufgelistet, wobei jede der von den über 700 namentlich genannten Stiftern gegebene Summe erscheint.[11] Den höchsten Betrag steuerte mit 5000 fl. Bürgermeister Johann Adam Kesel bei, gefolgt von Herrn Felix Fehr mit 3000 fl.; die Kirchenpflege brachte 8632 fl. 18 kr. auf. Daß die Spendenfreudigkeit damit nicht erschöpft war, zeigt sich an den zum Teil direkt folgenden Altargerätstiftungen, durch die nun auch dem neuen Dekorationsstil des späten Rokoko verpflichtete Goldschmiedearbeiten in den Kirchenschatz gelangten: Am 29. Oktober 1766 verehrte der Senator und Handelsmann Johannes Hermann eine silberne Taufgarnitur (Abb. 18, 19); am 14. Oktober 1768 stiftete Johann Jacob Fehr, ehemaliger Contingentsleutnant im Durlachischen Regiment, testamentarisch eine silbervergoldete Abendmahlskanne; am 8. Januar 1769 folgte eine Altarkanne von einem Mitglied der Augsburger Firma Peter Laire & Co.[12], vermittelt durch Herrn Johann Heinrich Wirth; am 12. Mai desselben Jahres weitere zwei Kannen, verehrt von dem „Wohlgebohrnen Fräul. Eusebia Christina Krafftin von Delmensingen aus Ulm, aber hier wohnhafft". Auch hier könnte der Ratsprotokolleintrag vom 8. November 1765 Aufschluß über den Hintergrund der Stiftung geben, obwohl diese erst 3½ Jahre später erfolgte.[13] Die günstige Regelung und prompte Ratifikation des Testaments ihrer im Oktober 1765 verstorbenen Schwester Maria Philippina, Witwe des 1763 verstorbenen Kemptener Bürgermeisters Johann Jakob von Jenisch, sowie die Aufnahme als Beisassin der Reichsstadt Kempten mögen wohl der Anlaß gewesen sein. Eusebia Christina Krafft von Dellmensingen hatte von ihrer Schwester ein „ansehnliches Legat" und ein Haus mit freiem Wohnrecht erhalten, in dem sie fortan auch ansässig war.

In den folgenden Jahren finden wir als weitere Stiftungen im Inventar unter dem 4. März 1771 einen Kelch von Frau Susanna Stattmiller, geborene Wieland, und ihres verstorbe-

Abb. 1. Taufschale; Mindelheim, 1701; Kempten, St. Mang

Abb. 2. Taufkanne; Mindelheim, 1701; Kempten, St. Mang

nen Mannes Otto Philipp Stattmiller, Kirchenpfleger und Gerichtsassessor; am 1. August 1773 zwei Kelche von Johann Jacob Gebhart, Rat und Kirchenpfleger, und seiner Ehefrau Florina Barbara, geborene Schaffenroth (Abb. 8). An Weihnachten 1774 schenkte der Hasenwirt Johannes Pfeiffer ein Altarkreuz mit silbernem Kruzifix.

Das am 10. Oktober 1777 fortgeschriebene neue Inventar – für den zwischenzeitlich verstorbenen Bearbeiter Otto Philipp Stattmiller unterzeichnet jetzt der Kirchenpfleger Johannes Widemann – ist typologisch, nach Material und Aufbewahrungsort sowie innerhalb der Gruppen chronologisch geordnet.[14] An Goldschmiedearbeiten kommen noch hinzu: eine Altarkanne, am 27. Oktober 1778 von Frau Maria Magdalena von Praun, geborene Wieland, auch im Namen ihres verstorbenen Ehemannes, des Mediziners und Stadtphysikus Dr. Jakob von Praun, gestiftet (Abb. 13) und im Februar 1798 durch testamentarische Verfügung der verstorbenen Frau Bürgermeister Kesel (wohl Anna Margaretha, Ehefrau von Johann Adam Kesel) ein silbernes Kruzifix, ein Kommunionkännchen und ein silberner Kelch.

An die Auflistung des Silbergeräts und seiner Stifter, die Karrer bereits im Jahre 1828 publizierte, fügt er am Ende Ursula Bachthaler an:

> Im Jahr 1806 sah sich Ursula Bachthaler, Wittwe des sel. Bachthalers, Verwaltungsrathes Mitglied, aus besonderen Ursachen und damals obwaltenden Umständen bewogen, eine Kanne und einen Kelch auszulösen, um ihn der Kirche nicht zu entziehen und ihr zum ferneren Gebrauch zu überlassen.[15]

Mit den „obwaltenden Umständen" spielte Karrer die die Kirchenwelt materiell grundlegend verändernde Säkularisation herunter. Der Einzug von katholischem Klostergut in den Jahren 1803 bis 1806 beschäftigt Historiker bis heute. Kaum bekannt ist, daß auch die evangelischen Kirchen entbehrliche Kirchenschätze zur Finanzierung der französischen Truppen abzuliefern hatten, das sog. Kriegs-Separat. Vom Königlich Baierischen General-Landeskommissariat in Schwaben erging am 4. August 1806 die Verordnung von Ulm aus: In den reicheren Kirchen hatten königliche Beamte an Ort und Stelle selbst Inventare zu erstellen, in den übrigen die weltliche und die geistliche Verwaltung des Kirchenvermögens gemeinsam; dafür waren ganze acht Tage vorgesehen. Und es mußte durch aller Unterschriften

> ausdrüklich bestätigt seyn, daß darin alles angegeben und beschrieben ist, was nur immer die Kirche an gediehenem Gold, Silber oder Edelgesteinen besitzt. (...) Es ist ihnen zu eröffnen, daß eine pflichtwidrige Verheimlichung, welche sich früh oder spät an Tag legen wird, den Verlust des Amts nach sich zieht...[16]

Das in der Sakristei von St. Mang in Kempten erstellte Inventar datiert vom 13. August und wurde in Anwesenheit des königlich baierischen Stadtkommissairs Wagenseil, des Seniors und Stadtpfarrers Leonhard Friedrich Dürr, des Kirchenpflegers und Stiftungsverwalters Tobias Danheimer sowie des Pfarrmesners Christoph Vogel erstellt. Aufgelistet werden 26 Positionen „silberner und goldener Requisiten", jeweils mit Stifternamen – falls bekannt – und der Gewichtsangabe der Stücke. Sehr aufschlußreich ist das Postscriptum:

> H. Senior Dürr bringt an und bittet zu Protocoll zu nehmen, daß die vorstehenden Requisiten zum hiesigen Gottesdienst unentbehrlich seyen, und daß bey starken Communionen wirklich nichts entbehrt werden könnte, ohne Mangel zu leiden. H. Stiftungsverwalter Danheimer, mit Bekräftigung dieses Anbringens führt weiter an: Es werde aus dem Inventario ersichtlich seyn, daß die Kirchen-Schätze weder vom Städtischen noch Kirchen-Aerario, sondern von Privatpersonen gestiftet und angeschafft worden seyen, deren mehrere noch jetzt leben. Man hoffe nicht, daß diese Schenkungen zu an-

Abb. 3. Porträt von Johannes Bachthaler; Privatbesitz

Abb. 4. Porträt von Ursula Bachthaler; Privatbesitz

derweitigem, als dem bestimmten Gebrauch, werden angewandt werden, indem bereits schon mehrere Stimmen hörbar geworden seyen, daß man eher diese Stiftungen wieder von Familien wegen zurück nehmen, als sie auf angezeigte Art würde verwenden lassen. Stiftungspfleger wollten sich also vor allen widrigen Folgen verwahren und dies um so mehr als das Kirchenvermögen bekanntl. zu gering sey, als daß jemals aus demselben, am allerwenigsten aber von Privatpersonen eine Wieder-Ersetzung erwartet werden könne.

Das Königlich Baierische General-Landeskommissariat reagierte prompt: Am 21. August erging der Ablieferungsbefehl. Folgende Stücke wurden als entbehrlich angesehen: „das kleine Kruzifix mit Johannes und Maria à 1 Mark 4 Loth (da noch andere Kruzifix vorhanden sind)"; „die zwei silber vergoldete Altar-Kelche mit Deckeln, im Inventar Nr. 13 zu 1 Mark 2 Loth (wodurch der Kirche noch 6 Kelche verbleiben)"; „die Altarkanne Nr. 19 silber und vergoldet zu 2 Mark 24 Loth (wodurch der Kirche noch 6 andere Kannen verbleiben)". Neun Tage später kann Wagenseil berichten, daß sich eine „gutthätige Person" gefunden habe, die die genannten Stücke für 200 fl. für sich und ihre Nachkommen kaufe und sie der Kirche – doch ohne Eigentumsrecht – zum weiteren Gebrauch überlasse. Die Einzahlungsquittung über die Summe in die Königlich Bayerische Provinzial Haupt-Kasse datiert vom 13. September 1806.[17] Hinter dem Wohltäter verbirgt sich Ursula Bachthaler, Ehefrau von Johannes Bachthaler, Bäckermeister, Obmann des Bäckerhandwerks und Verwaltungsrat, der damals alle Ämter innegehabt zu haben scheint, die kommunalpolitisch, kirchlich oder ehrenamtlich auszufüllen waren. Er war in der Umbruchsphase nach dem Reichsdeputationshauptschluß und der Integration der Reichsstadt in den bayerischen Staat maßgeblich bei der Neuorganisation Kemptens, d.h. der Vereinigung von Alt- und Neustadt unter einer gemeinsamen Kommunalverwaltung, beteiligt.[18] Zwei kleine, in Familienbesitz befindliche Porträts (Abb. 3, 4) zeigen das Paar, dem die St.-Mang-Kirche die ungebrochene Verfügbarkeit des gesamten Kirchenschatzes verdankt.

Auch in anderen evangelischen Gemeinden waren die seinerzeit an die Gemeindemitglieder ergangenen Aufrufe, sich – und zwar umgehend – finanziell beim Auslösen der zum Einschmelzen in der Münze bestimmten Stiftungen ihres Kirchenerbes zu engagieren, auf fruchtbaren Boden gefallen. In St. Anna in Augsburg war es vor allem Johann Lorenz Freiherr von Schaezler, der die Vasa sacra vor dem Schmelztiegel rettete.[19] In Lindau legten zwölf Personen allein für das Taufbecken zusammen, über dem sie und ihre Vorfahren getauft worden waren. Die Kommission hatte den Wert mit 100 Gulden festgesetzt.[20]

Nach dem Tod der Witwe Bachthaler im Jahr 1826 wandte sich im Oktober 1827 die Erbengemeinschaft, vertreten durch Sohn Heinrich Bachthaler, an die Kirchenstiftung mit der Forderung, „das schon seit zwanzig Jahren geliehene Kirchensilber auszuantworten, damit sie über dasselbe, als ihr rechtmäßiges Eigenthum, nach Willkühr verfügen könne."[21] Es existiert auch eine Empfangsbestätigung Bachthalers über den Erhalt, doch vor allem ein nicht mehr im einzelnen nachzuvollziehender Behördenschriftwechsel bis zu einem abschließenden Votum 1833 zugunsten von St. Mang. Auch Heinrich Bachthaler war 1832 verstorben. Der Bachthalerschen Kirchentreue konnte der unfreundliche Akt nichts anhaben: 1910 vermachte die ledige Privatiere Marie Bachthaler u.a. ein Legat „für meine liebe teuere St. Mangkirche hier".[22]

Und 1975 lieferte eine Bachthaler-Nachfahrin ein bibliophiles, mit nach USA ausgewandertes Exemplar von Karrers Beschreibung der Altstadt Kempten im Dekanat ab. Es war „Johannes Bachthaler, Gerbermeister, Kempten" zugeeignet.

Die 1806 „ausgelösten" Goldschmiedearbeiten bereichern – auch aus kunsthistorischer Sicht – heute noch den Kirchenschatz: Das in der Augsburger Goldschmiedewerkstatt des Johann Baptist I Ernst um 1690-1695 entstandene Altarkreuz besteht aus einem schwarzgebeizten, mit Silberappliken (Akanthus, Blütengehänge, Vera Ikon) verzierten Holzpostament, über dem sich die qualitätvollen, vollplastisch gegossenen silbernen Assistenzfiguren der trauernden Maria und Johannes sowie das schlichte, über einem silbernen Totenschädel aufragende Holzkreuz mit der Silberfigur des Gekreuzigten erheben (Abb. 5).[23] Die auf einer Silberplakette gravierte Inschrift auf der Rückseite erinnert an die Ereignisse von 1806: „A[nn]o 1806. d. 8 7[sep]t[emb]er / Sich Erkaufft Hr. Johan[n]es Bachthaler / Verwaltungs Rath / Fr. Ursula Bachthaler / gebohren Gebhardt". Auch die beiden silbervergoldeten, mit reichem getriebenen Dekor aus Rocaillespangen, Weinranken, Ährenbündel und Blütenranken verzierten Kelche, typische Arbeiten des Kemptener Goldschmieds Christian Zorn, tragen neben dem ersten Stiftungsdatum, dem 28. Juli 1773, und den Stifternamen „Joh. Jacob Gebhart Senator und Kirchen Pfleger" sowie „Florina Barbara Gebhartin gebohrne Schaffenrothin" die zweite Stiftungsinschrift von 1806 (Abb. 8). Möglicherweise handelt es sich hier um Vorfahren der Ursula Bachthaler, geborene Gebhardt, was ihre Entscheidung zum „Erkaufen" erleichtert haben könnte. Das letzte Stück ist eine Abendmahlskanne des Augsburger Meisters Jakob Wilhelm Kolb aus dem Jahr 1778, die seinerzeit von Maria Magdalena von Praun, geborene Wieland, auch im Namen ihres verstorbenen Ehemannes, des Mediziners und Stadtphysikus Dr. Jakob von Praun, auf den Altar verehrt worden war und die als letztes Aufleben des Rokoko das bedeutende Ensemble von Abendmahlskannen zeitlich beschließt (Abb. 13).

ZUR TYPOLOGIE DES PROTESTANTISCHEN ABENDMAHLS- UND TAUFGERÄTS – DIE KÜNSTLERISCHE GESTALTUNG DER VASA SACRA DURCH AUGSBURGER UND KEMPTENER GOLDSCHMIEDE

> Eine Geschichte des evangelischen Altargerätes nach Entwicklungslinien, Typen und kirchengeschichtlichen Hintergründen fehlt noch immer und kann vorerst nicht geschrieben werden, da ihr eine umfassende Bestandsaufnahme vorausgehen muß...

– diese von Karl Bernd Heppe anläßlich der Ausstellung „In beyderley Gestalt. Evangelisches Altargerät von der Reformation bis zur Gegenwart. Unna 1983"[24] formulierte Feststellung und Aufforderung trifft nach wie vor zu, auch wenn in den vergangenen 15 Jahren weitere Ausstellungen zur Kenntnis der erhaltenen Bestände beigetragen haben.[25]

Die Beschäftigung mit dem Kirchenschatz von St. Mang zeigt jedoch, daß vieles nach wie vor im Verborgenen blüht und daß viele Fragen, etwa hinsichtlich bestimmter Gerätetypen, noch unbeantwortet bleiben müssen. Durch die Forschungen von Wolfgang Scheffler über die neuzeitliche Goldschmiedekunst des Ostallgäuer Raums waren zumindest die Arbeiten Kemptener Goldschmiede im Kirchenschatz zusammengestellt worden, obwohl sich auch hier bei näherer Beschäftigung einige Korrekturen und Ergänzungen ergaben.[26] Von dem beeindruckenden Bestand an Abendmahlskannen Augsburger und Kemptener Goldschmiede war bisher allein die durch die Ausstellung in Lindau 1978 publizierte Augsburger Kanne von Jakob Wilhelm Kolb aus dem Jahr 1769 in einer Abbildung bekannt.[27]

Die folgende Zusammenstellung kann und soll keinen umfassenden Überblick bieten, möchte aber anhand der wichtigsten Stücke eine Vorstellung der verschiedenen Gerätetypen und ihrer künstlerischen Umsetzung geben.

Abendmahlskelche

Der Kirchenschatz kann einen Bestand von 13 Abendmahlskelchen verzeichnen. Bei dem frühest datierten Stück handelt es sich um eine Stiftung des Kemptener Baumeisters Johann Hael und seiner Ehefrau Ottilia von Farnbihl aus dem Jahr 1603. Das gravierte Allianzwappen und das Stiftungsdatum im Schriftband auf dem runden, konisch ansteigenden Fuß sind der einzige Schmuck des ansonsten schlichten Kelches mit gedrücktem Kugelknauf und hoher Kuppa. Gearbeitet wurde er von dem aus Bamberg stammenden Goldschmied Hans Miller, der am 14. Mai 1599 Kemptener Bürger wurde.[28] Auch die übrigen aus dem 17. Jahrhundert stammenden Kelche sind durch Zurückhaltung hinsichtlich figürlichem und ornamentalem Schmuck geprägt. Besonders beliebt ist die Form des Abendmahlskelches, die als barockisierter spätgotischer Kelch bezeichnet werden kann. Ein gutes Beispiel bildet der in Augsburg hergestellte, von Melchior Windinger 1661 gestiftete formstrenge Kelch, der gänzlich auf Ornament verzichtet (Abb. 6).[29] Er hat einen sechspassigen, mehrfach abgetreppten Fuß mit Standring. Auf der gewölbten mittleren Stufe befindet sich die gravierte Stifterinschrift. Der steil aufsteigende sechsseitige Fußhals mit abschließendem sternförmigen Zwischenstück führt zum sechsseitigen Balusternodus, der die glatte Kuppa trägt. Einen ähnlichen Typ – noch in gotischen Grundformen, jedoch mit typischem Akanthusdekor bzw. Knorpelwerkmotiven der zweiten Hälfte des 17. Jahrhunderts – vertritt der 1673 im Auftrag der Reichsgräfin von Königsegg-Rotenfels wohl von dem Kemptener Goldschmied Linhard Speckhle ausgeführte Abendmahlskelch (Abb. 7).[30] Daß diese Kelchform noch bis ins 18. Jahrhundert fortlebt, belegen die beiden 1730 gestifteten Augsburger Kelche.[31] Kaum von einem katholischen Kelch der Zeit zu unterscheiden sind die drei von dem Kemptener Goldschmied Christian Zorn geschaffenen Rokoko-Abendmahlskelche von 1771 und 1773 (Abb. 8).[32] Kräftig getriebener Rocailledekor mit Ährenbündel, Wein- und Blütenranke überzieht die Wölbung des fassonierten Fußes, den dreiseitigen Vasenknauf und im Fall des 1771 datierten Stücks auch den Kuppakorb.

Von den bisher genannten Abendmahlskelchen setzt sich deutlich das kleine, 16,5 cm hohe, eher als Pokal zu bezeichnende Gefäß ab (Abb. 9), das sich an Trinkgefäßen des frühen 17. Jahrhunderts orientiert und eigentlich typisch für die zum Abendmahl benutzten Geräte der Reformierten ist.[33] Über einem glatten runden Fuß mit abgetrepptem Standring erhebt sich der Balusterschaft mit diamantiertem Nodus. Der untere Teil der hohen, schlanken, konischen Kuppa ist mit einem

breiten Band aus glatten, erhabenen Zungen auf punziertem Grund verziert und wird von einem plastischen Wellenband begrenzt. Möglicherweise wurde der Pokal ursprünglich für einen profanen Zweck angefertigt und gelangte als Stiftung in den Kirchenschatz. Die Silbermarken weisen ihn als eine Arbeit des Züricher Goldschmieds Hans Heinrich Kitt (Meister 1625, gest. 1667) aus.[34]

Abendmahlskannen

Bei der typologischen Neuschöpfung der Abendmahlskanne, die durch die Austeilung des Abendmahls in beiderlei Gestalt zum Bereithalten und Nachfüllen des Weins während der Abendmahlsfeier erforderlich wurde, entfiel die Auseinandersetzung mit der vorreformatorischen Tradition ebenso wie mit den zeitgenössischen Altargeräteformen der katholischen Kirche. Nahe lag die Anlehnung an profane Gebrauchsgeräte – etwa Wein-, Wasser-, Kaffeekannen oder Humpen – und deren stilistischen, durch unterschiedliche Moden bestimmten Wandel. Da das Abendmahl nur noch wenige Male im Jahr abgehalten wurde und daher die Zahl der teilnehmenden Gemeindemitglieder vor allem in größeren Gemeinden sehr hoch war, benötigte man in der Regel mehrere Kannen. So besitzt etwa St. Anna in Augsburg heute noch sechs Abendmahlskannen, ebenso St. Ulrich in Augsburg, die dortige Gemeinde Zu den Barfüßern sogar acht.[35]

Das beeindruckende Ensemble von sieben silbervergoldeten[36] Abendmahlskannen in der St.-Mang-Kirche, das in seiner Entstehung einen Zeitraum von knapp 30 Jahren umspannt – die älteste Kanne datiert von 1749, die jüngste von 1778 – vertritt den für das 17. und auch noch für das 18. Jahrhundert vor allem in Süddeutschland bestimmenden Typ der bauchigen birnförmigen Kanne. Gegenüber den sehr eng verwandten Rokoko-Kaffeekannen unterscheiden sich die Abendmahlskannen durch einen deutlich abgesetzten, meist auch höheren Fuß, einen breiteren Ausguß und natürlich durch die Gestaltung des Henkels, der bei Kaffeekannen in der Regel aus einem nicht wärmeleitenden Material besteht. Die Nähe zu den profanen Formen verwundert nicht, wenn man bedenkt, daß z. B. der in Kempten allein durch drei Kannen vertretene Augsburger Goldschmied Jakob Wilhelm Kolb Spezialist für Tee- und Kaffeekannen war.[37] Nur durch das plastische, auf dem Deckel befindliche Lamm Gottes mit der Siegesfahne sind die Kannen ikonographisch eindeutig gekennzeichnet.

Abb. 5. Altarkreuz; Johann Baptist I Ernst, Augsburg, um 1690-1695; Kempten, St. Mang

Abb. 6. Abendmahlskelch; Gregor Leider, Augsburg, 1661; Kempten, St. Mang

Abb. 7. Abendmahlskelch; Linhard Speckhle (?), Kempten, 1673; Kempten, St. Mang

Abb. 8. Abendmahlskelch; Christian Zorn, Kempten, 1773; Kempten, St. Mang

Abb. 9. Pokalförmiger Abendmahlskelch; Hans Heinrich Kitt, Zürich, 2. Viertel 17. Jahrhundert; Kempten, St. Mang

"... Stiften dis Lafor ..." 671

6 △ ▽ 7   8 △ ▽ 9

10 △ 11 △ ▽ 12

Den zeitlichen Auftakt in Kempten bildet die 1749 von Juditha Schmid gestiftete und von dem Augsburger Goldschmied Johann III Mittnacht (Meister 1735, gest. 1758) ausgeführte Kanne (Abb. 10).³⁸ Form und Dekor sind gegenüber den späteren Kannen noch relativ streng und die Einzelelemente – wie runder Fuß, birnförmiger Korpus, Schnauze – deutlich voneinander abgesetzt. Fuß, unterer Teil der Wandung, Lippenrand, Ausgußansatz und Deckelwulst sind mit getriebenem und punziertem Rocailledekor verziert. Diese Partien sind zusätzlich vergoldet, so daß sie sich wirkungsvoll von den silberbelassenen glattpolierten Flächen abheben. Unterhalb des tief eingesetzten Ausgusses befindet sich das gravierte Stifterwappen mit Namen und Datum. Die Deckelbekrönung bildet wie bei allen Kemptener Kannen ein gegossenes Lamm Gottes, das im abgewinkelten rechten Vorderbein die Siegesfahne hält. Der Augsburger Meister war, soweit die bekannten Werke Auskunft geben, auf die Anfertigung von Trinkgefäßen (in der Hauptsache Becher bzw. Deckelbecher) spezialisiert.³⁹ Eine weitere, 1740 datierte Abendmahlskanne aus seiner Werkstatt hat sich in der evangelischen Stadtkirche von Schorndorf (Württemberg) erhalten.⁴⁰

Die zeitlich darauffolgenden Kannen von 1763 und 1768 sind offensichtlich als Paar angefertigt. Bei der von einem unbekannten hohen Gönner verehrten Kanne von 1763 (Abb. 11) ist leider auch der Augsburger Goldschmied nicht mehr zu ermitteln, da die auf der Deckelzarge und der Standringunterseite angebrachte dreipassige Meistermarke in beiden Fällen von dem Kemptener Goldschmied Christian Zorn mit seiner aus den Initialen CZ im Vierpaß gebildeten Marke überstempelt wurde. Nicht überstempelt wurde das Augsburger Beschauzeichen.⁴¹ Warum es dazu kam, konnte bislang nicht befriedigend geklärt werden. Sicher wurde Zorn die Augsburger Kanne zur Anfertigung der 1768 aus dem Vermächtnis des Contingentsleutnants Johann Jacob Fehr bezahlten Kanne als Vorlage mitgegeben, denn dessen fünf Jahre später gefertigte Kanne kopiert eindeutig die Augsburger, ist jedoch im Gesamtbild etwas gedrungener und bauchiger sowie in der Detailausführung etwas derber (z. B. Herme am Henkel).⁴² Der leicht passige runde Fuß und der birnförmige Korpus wirken durch die gedrehten Züge bewegter als die Kanne von 1749. Der getriebene, punzierte und vergoldete Dekor ist wiederum auf Fuß- und Deckelwulst, unteren Bereich der Wandung, Lippenrand und Ausgußrahmung beschränkt. Er besteht aus zwei Weinreben und zwei Blütenzweigen, die vom Fuß bis zur Korpusmitte hochranken und das horizontal umlaufende Band aus sehr bewegten Rocaille-

Abb. 13. Abendmahlskanne; Jakob Wilhelm Kolb, Augsburg, 1778; Kempten, St. Mang

Abb. 14. Fußpatene; Meister mit zweigartiger Hausmarke, Kempten, 1634; Kempten, St. Mang

Abb. 10. Abendmahlskanne; Johann III Mittnacht, Augsburg, 1749; Kempten, St. Mang

Abb. 11. Abendmahlskanne; Augsburg und Christian Zorn, Kempten, 1763; Kempten, St. Mang

Abb. 12. Fußpatenen; Johann Leonhard Allmann, Augsburg, 1777-1779; Kempten, St. Mang

spangen durchdringen. Die beiden kräftigen Volutenhenkel mit den weiblichen Hermen wirken etwas altertümlich.

Auf den ersten Blick engstens verwandt ist die im Januar 1769 durch ein Mitglied der Augsburger Firma Peter Laire & Co. nach Kempten verehrte Kanne, die wiederum aus einer Augsburger Werkstatt stammt.[43] Sie ist jedoch in den Proportionen weniger ausgewogen und unterscheidet sich in der Gestaltung des runden Fußes und des geschweiften Henkels, der hier mit einer schneckenförmig aufgerollten Rocaille besetzt ist.

Die drei letzten Abendmahlskannen wurden von dem Augsburger Meister Jakob Wilhelm Kolb gearbeitet, der sich, wie bereits erwähnt, auf die Anfertigung von Tee- und Kaffeekannen spezialisiert hatte. Die äußerst prachtvollen Exemplare bestechen durch die reiche Dekoration aus kräftig getriebenen, punzierten und vergoldeten Rocaillespangen und Weinreben, die das gesamte Gefäß wie ein Gespinst überzieht, ohne allerdings den Grundtyp der Birnkanne aufzugeben. Die Silberarbeit Kolbs scheint schon damals sehr beeindruckt zu haben, denn die 1778 – und damit immerhin neun Jahre später als das 1769 gestiftete Paar – entstandene Kanne, wurde wiederum bei ihm bestellt und wiederholt exakt – vielleicht um den Ensemblecharakter zu wahren – Form und Dekor seiner ersten Lieferung (Abb. 13). Das Beispiel zeigt darüber hinaus, daß besonders repräsentative Aufträge in der Regel in der Goldschmiedemetropole Augsburg, wo im Jahr 1766 201 Meister und 1781 noch immerhin 161 Meister arbeiteten,[44] ausgeführt wurden, obwohl es vor Ort durchaus leistungsfähige Werkstätten, wie etwa die Christian Zorns, gab.

Patenen

Einen sehr seltenen und in Süddeutschland zumindest bislang kaum bekannten Typus des Brottellers – „Hostien Schaale" – besitzt der Kirchenschatz von St. Mang gleich in zwei Paaren. Es handelt sich um Patenen mit einem Durchmesser von 13,7 bzw. 14 cm auf hohem Fuß, die den Typus der profanen Tazza oder Kredenz aufgreifen, welche – oft in ganzen Sätzen angefertigt – auf der höfischen Tafel zur Darreichung von Konfekt oder Obst, manchmal auch als Trinkschalen dienten.[45] Das erste Paar wurde 1634 von der Bürgermeisterin Susanna Mayer und der Bruderschaft der ledigen Weberknappen gestiftet und von einem Kemptener Goldschmied mit zweigartiger Hausmarke ausgeführt:[46] Über einem runden, mehrfach abgetreppten Fuß mit sockelartig hochgezogenem Fußhals erhebt sich der schlanke Balusterschaft, der die flache, weit ausgezogene, innen vergoldete Schale trägt (Abb. 14). Das zweite Paar wurde laut Inventar von 1806 von dem Kemptener Bürgermeister und Handelsherrn Matthäus Philipp Neubronner und seiner Ehefrau verehrt (Abb. 12).[47] Die Patenen ließ man in Augsburg in der Werkstatt des Goldschmieds Johann Leonhard Allmann zwischen 1777 und 1779 ausführen.[48] Üppiger, kräftig getriebener Rocaillendekor überzieht den runden Fuß, den Balusterschaft und die leicht getiefte Schale. Beziehungsreich verweisen die Ährenbündel, die in die geschwungenen Rocaillen eingebunden sind, auf die Funktion des Geräts, mit dem das Brot dargereicht wurde.

Häufiger belegt ist dieser Typus des Brottellers in Siebenbürgen, wo man die Tradition des „Augsburgischen Bekenntnisses" besonders bewußt lebte, als „Ciborium" in Kronstadt, in Hermannstadt, Heltau und Reußmarkt mit Deckel.[49]

Hostiendosen

Bei den Dosen zur Aufbewahrung von Brot bzw. Oblaten gab es von Anfang an ein Nebeneinander verschiedener Geräteformen. Die Regel sind runde und rechteckige Dosen mit gestuftem und gewölbtem Deckel. In St. Mang haben sich zwei kleinere runde Döschen, eines 1673 datiert, und eine größere zylindrische Deckeldose erhalten, die nach Auskunft der Inventare zur Privat- bzw. Haus- oder Krankenkommunion dienten.

Bemerkenswert sind hingegen drei in verschiedenen Materialien überlieferte Varianten der auf die alttestamentarische Ikonographie der Bundeslade weisende Behältnisse. Das früheste Stück ist ein von dem Kemptener Zinngießer Hans Denztel 1631 gefertigter quadratischer Kasten aus teilvergoldetem Zinn auf vier Delphinfüßen (Abb. 16). Die vier Flächen des dachartig abgeschrägten Deckels tragen fein gravierte Darstellungen der Evangelisten mit ihren Symbolen. Das lateinische Kreuz als Deckelbekrönung ersetzt wohl das ursprünglich im Inventar von 1765 erwähnte. Die Stifter der Hostienlade haben sich mit ihren Initialen auf den vier Seitenwandungen sowie auf der Bodenunterseite verewigt:

1631 A[nno]d[omin]j 26. Dezember verEhren die Herrn Almus Pfleger den Herrn bredig Ambt zu einem gutten Jar Vnd zur Gedechtnuß In die Pfarr Kirchen wie hernach folgt: I. [Junker] Feligx Scherrich, Caspar Zickh, Baltuß Mair, Jerg Biecht[e]ler, Thoman Schreyer, Joseff Harer, Martin Zeller.

Die Stiftung steht sicher im Zusammenhang mit den Ereignissen des Dreißigjährigen Krieges. Denkbar wäre, daß die Gabe den protestantischen Status der Reichsstadt in bedrohter Zeit unterstreichen oder als Votivgeschenk vor nahendem Unheil bewahren sollte – am 17. Juni 1631 hatten die kaiserlichen Truppen die Reichsstadt überrumpelt und für den Abfall von Kaiser und Reich eine Strafe von 100.000 Gulden diktiert, im Mai 1632 rückten die Schweden an.[50]

Enger an die bei Exodus (25,10 ff.) geschilderte Truhe für die Gesetzestafeln – nach einer späteren, Hebräer (9,4) aufnehmenden Tradition barg sie ein goldenes Gefäß mit Manna und den Stab Aarons – hält sich das kleine rechteckige hölzerne Deckelkästchen auf Kugelfüßen, das mit geprägter Silberfolie verkleidet ist und auf dessen Deckel zwei silbergetriebene Cherubim mit ausgebreiteten Flügeln einander gegenüberstehen (Abb. 15).[51] Auf der Vorderseite erscheint eine Darstellung des Gotteslamms als Symbol der realen Gegenwart Christi im Sakrament.

Diesen Typus – allerdings in Rokoko-Formen übersetzt – greift auch die silberne Ausführung des „Hostien Kästleins od Ciboriums" auf, das 1749 von Euphrosina Regina Stattmiller, Ehefrau des Handelsmanns Jakob Fehr, gestiftet wurde (Abb. 17). Der Kemptener Goldschmied Christian Zorn[52] hat eine truhenförmige Lade geschaffen, deren an den Schmalseiten abgefaste Ecken in vier Rocaillenfüßen auslaufen. Die silbergetriebene Ummantelung des herausnehmbaren vergoldeten Innenkastens zeigt den für die Arbeiten Zorns typischen, kräftig getriebenen Rocaillendekor mit Blattranken. Auf den

Abb. 15. Hostienlade; Augsburg, 1. Viertel 18. Jahrhundert; Kempten, St. Mang

Abb. 16. Hostienlade; Hans Dentzel, Kempten, 1631; Kempten, St. Mang ▷

Abb. 17. Hostienlade; Christian Zorn, Kempten, 1749; Kempten, St. Mang

Abb. 18. Taufschale; Johann Georg Träger, Augsburg, 1766; Kempten, St. Mang

vier Kastenseiten befinden sich darüber hinaus die getriebenen Darstellungen des Gotteslamms mit Siegesfahne (vordere Längsseite), der auf einem gemauerten Sockel stehenden Bundeslade mit zwei Tragestangen und zwei Cherubsköpfen auf dem Deckel (linke Schmalseite), der Arche Noah auf stürmischer See (rechte Schmalseite) und das gravierte Wappen der Familie Fehr[53] (rückwärtige Längsseite). Der abgeschrägte achteckige Deckel wird von zwei geflügelten vollplastischen Cherubsköpfen bekrönt.

Dieser Typus des Hostiengefäßes nach dem Vorbild des alttestamentarischen Zelt- und Ladeheiligtums ist relativ selten.[54] Auffällig ist jedoch die Konzentration überlieferter Exemplare in Augsburg (St. Anna, um 1660; Barfüßerkirche, um 1674; Hl. Kreuz, um 1675; St. Ulrich, um 1690; St. Jakob, um 1700), die sich zudem besonders durch ausgefallene Formgebung und komplexe theologische Bildprogramme auszeichnen – man denke nur an die von Engeln getragenen Gefäße von Hans Jakob II Baur aus der Barfüßerkirche und von Abraham II Drentwett aus St. Ulrich.[55] Die wiederholt formulierte Annahme, daß es sich um eine augsburgische Erfindung der zweiten Hälfte des 17. Jahrhunderts handelt, drängt sich in der Tat auf, ist allerdings bislang hinsichtlich theologischer, ikonographischer bzw. typengeschichtlicher Quellen noch nicht befriedigend geklärt.

Taufgerät

Zum Schluß sei noch ein Blick auf das Taufgerät geworfen, von dem sich zwei qualitätvolle Silberschmiedearbeiten im Besitz von St. Mang erhalten haben. Die Garnitur von 1701 (Abb. 1, 2), über deren Stiftung bereits ausführlich berichtet wurde, ist eine Mindelheimer Arbeit eines bislang nicht zu identifizierenden Meisters mit den Initialen „IHC" oder „IHE". Die tiefe runde Schale und die dazugehörige konische Kanne mit fächerförmig ausgezogenem Ausguß sind durch horizontale Ornamentbänder, z. T. vor mattpunziertem Grund, streng gegliedert. Als Motive dominieren stark plastische Godronen oder Zungen und Akanthusblätter. Die Wandung der Schale wird durch getriebene Stege in 16 zungenartige Felder unterteilt. Am inneren Fahnenrand befinden sich das von Würfelpunzen gerahmte Band mit der umlaufend gravierten Stifterinschrift und im Spiegel die beiden gravierten Stifterwappen von Johann Ulrich Daumiller und seiner Ehefrau Anna Maria sowie zwei durch eine Schleife verbundene Palmwedel.

Die von dem Augsburger Goldschmied Johann Georg Träger 1766 geschaffene Taufgarnitur führt dagegen ein typisches Beispiel im Rokokostil vor Augen (Abb. 18, 19).[56] Form und Dekor von Schale und Kanne erinnern an die zeitgleichen Lavabo- oder Meßpollengarnituren der katholischen Kirche.[57] Der auf den ersten Blick rein ornamentale Schmuck der längsovalen, passig geschweiften Schale aus zarten Blüten- und Blattranken sowie Rocaillebögen spielt mit den um die Standfläche gruppierten Muschelmotiven, aus denen Wasser fließt und Fontänen aufsteigen, auch auf die Funktion des Gerätes an. Die dazugehörige, S-förmig geschwungene Kanne, deren Fuß, Korpus und Deckel ebenfalls von Blüten- und Blattranken überzogen wird, trägt als Bekrönung auf dem Deckel eine kleine gegossene Statuette Johannes des Täufers mit einem Lamm zu seinen Füßen.

WÜRDIGUNG

Obwohl die evangelische Liturgie in der Verwendung der Vasa sacra ungleich bescheidener war als die durch Prachtentfaltung gekennzeichnete römisch-katholische, stellt der Kirchenschatz von St. Mang in Kempten ein selten geschlossenes, qualitätvolles Ensemble von bemerkenswertem Umfang dar. Es ist nicht nur ein Zeugnis evangelischer Frömmigkeit, sondern durchaus ein solches von zurückhaltender aber gewollter Repräsentation der Führungsschicht im reichsstädtischen Kempten, die nebenbei auch ihre soziale Verpflichtung betont („für Reich und Armen").

Gewiß trug die Konkurrenz innerhalb und außerhalb der Reichsstadt mit der sich zum Teil großspurig gebärdenden Gegenreformation der römisch-katholischen Kirche, die sich in sinnlicher Pracht darstellte, zu dem Bedürfnis der auf Selbstachtung bedachten noblen Stifter bei, „ihre" Kirche ebenfalls repräsentativ auszustatten: „Ad Aulae Gloriam – Zur Ehre des Gotteshauses", wie man die Kürzel „A.A.G." in der Stifterinschrift auf der Hostiendose von 1673 deuten kann.

Diesen „heiligen Reichtum" zu bewahren, zu pflegen und im Bewußtsein der Gläubigen zu verankern, ist sicher auch ein berechtigtes Anliegen der heutigen Zeit.

ANMERKUNGEN

1 Kempten, Stadtarchiv, B 36 a: „Notiz über die der Kirche zu St. Magno zu Kempten gehörigen Geräthschaften, Anno 1765, den 11. July (mit Continuatio von 1769 bis 1777)"; „Notiz über die der Kirchen zu St. Magno zu Kempten gehörigen Instrumenta & Musicalia auch Kästen etcetera auf der Orgel, Anno 1769 den 4 Novembre"; „Verzeichnis von denen der Kirche zu St. Magno zugehörigen angeschafft und gütigst verEhrten Gerätschaften, Kempten, Anno 1777, den 10. Octobre". Weitere Inventare ab 1806 befinden sich im Pfarrarchiv von Kempten, St. Mang: Nr. 88 (Pfarrbeschreibungen 1826-1856); Nr. 89 (Pfarrbeschreibung 1865); Nr. 258 (Inventar des Kirchensilbers 1806-1843, darin u.a. Inventar vom 13. August 1806); Inventar 14. März 1881.
2 Kempten, Stadtarchiv, B 36 a, Inventar St. Mang 1765 ff., Nr. 50: Die seelige Jungfer Juditha Schmidtin vermachte der Kirche 100 fl., von denen am 18. Juli 1749 eine silbervergoldete Altarkanne angeschafft wurde. – 1 Florin (Goldgulden) entsprach 3,5 g Feingold, was knapp zwei Tagelöhnen entsprach.
3 Ebd., Nr. 46: Die zwei am 5. März 1730 von der seeligen Jungfer Maria angeschafften Kelche von Augsburger Prob hatten ein Silbergewicht von 45¼ Loth; ebd., Nr. 47: Die zwei von Jacob Fehr 1744 gestifteten Silberleuchter samt Lichtputzschere und Tablett hatten ein Gewicht von 52 Loth; ebd., Nr. 65: Die 1763 von einem unbekannten hohen Gönner verehrte silbervergoldete Altarkanne wog 5 Mark, 2 Loth. – 1 Mark zu 16 Loth entsprach 233 g Feinsilber.
4 Ebd., Nr. 49: Die 1749 von Frau Fehr gestiftete Hostienlade hatte einen Wert von 116 fl. – Daß alle Gerätschaften mit einer genauen Angabe von Gewicht und Schätzwert versehen wurden, wird erst in den Inventaren des 19. Jahrhunderts üblich, nachdem 1806 eine exakte Schätzung des Kirchenvermögens vorgenommen werden mußte, siehe unten.
5 Matthias Jenisch (1661-1726), erfolgreicher Handelsherr, Stadtamtmann, Bürgermeister in Kempten seit 1713. Von ihm stammt die bedeutende reiche, 1746 geadelte Linie ab. Vgl. GERHARD NEBINGER, *Die Jenisch in Kempten*, in: Allgäuer Geschichtsfreund, Nr. 83/84, 1984, S. 140-255, besonders S. 147, 178-181.
6 Elias Braunbis (Brombeis, Brombiß, Bronbiß) war Zinngießer in Kempten. Vgl. EDUARD ZIMMERMANN, *Kemptener Wappen und Zeichen*, in: Allgäuer Geschichtsfreund, Nr. 60/61, N.F. 1960/61; Nr. 62, N.F. 1962; Nr. 63/64, N.F. 1963/64, S. 34.
7 ZIMMERMANN (wie Anm. 6), S. 66-68, 356, Wappen 1097.
8 PHILIPP JAKOB KARRER, *Getreue und vollständige Beschreibung und Geschichte der Altstadt Kempten seit ihrer Entstehung bis auf den Tod des Königs Maximilian I.*, Kempten 1828, S. 97.

Abb. 19. Taufkanne; Johann Georg Träger, Augsburg, 1766; Kempten, St. Mang

9 Kempten, Stadtarchiv, Ratsprotokolle 1699-1701, fol. 440ʳ: „Montags den 29ten Novembris Ao. 1700 / Burgerrecht / Herr Johann Vlrich Daumül= / ler, Handelsmann, mit Bey= / standt H[er]rn Caspar Daumül= / lers, seines Vatters p[er] H[er]rn Brüschen / gibt Einem E[h]rs[amen] Rhat zu verneh= / men, wasmaßen Er sich durch / sonderbare Göttl[ich]e providenz vnd / Vorsehung mit Jungfrauen / Anna Maria Ahnin, Herrn / Johann Geörg Ahnes, Handels= / manns in Mem[m]ingen Ehrlich[en] / Tochter in Ein Ehrlich Versprech[en] / eingelassen, vnd solches nechst= / ens, in gedachtem Mem[m]min= / en zubestättigen gedencke / mit Bitte hierzu den Obrigkeitl[ichen] / Consens nicht allein zuer= / theilen, sondern auch seine / [fol. 440ᵛ] Liebste zu Einer Burgerin alhier / gegen der gebühr auf vnd anzu= / nem[m]en, vnd da man ihme dise / gebühr aus gnaden nachsehen / wolte, Er dagegen Sich für sich / vnd seine Liebste erbötig ge= / macht haben wolle, in alhie= / sige Kirchen Bey der Heyl. Tauff / Ein Silbern Becken und Kandt[en] / zustifften vnd machen zulass[en] / Beschaidt / Es will vordrist ein Ers: Rhat / zugeben, daß Herr Johann / Vlrich Daumüller sich mit / seiner Liebsten in Mem[m]ing[en] / copuliren lassen möge, / Vnd Wann Vor dise von Vor / der Hochzeit Geburts= vnd / Freybriff eingeben, auch / seinem Versprechen wegen / Stifftung Eines Silbern / Becken vnd Kandt[en] zu d[er] / Heyl. Tauff in die Kirchen / ein genüge Laisten werde, / Als dann Sie Jungfrau / Anna Maria Ahnin zu / Einer Burgerin Alhier / gra= / tis angenom[m]en werd[en] solle, / Wünsch mithin zu obigem vor= / haben alles selbst [ver]langte Wolvers[t]en [?] / [fol. 441ʳ] H[er]r Daumüller Bedanckt sich / dises Beschaidts, will wegen der / Geburts= vund Freybr[ieff] noch vor der / Hochzeit solchem nachkom[m]en, Weg[en] / des anden aber Weilen die Zeit / allzukurz vnd Er noch gar vil / zuthun, derselbe noch Bis kom= / mende Fasten künfftiges Jahre / vmb dilation gebetten. / Weitere Beschaidt / H[er]rn Daumüllern ist die / gebettene dilation zuge= / lass[e]n word[e]n.". Den Hinweis auf diese Eintragung und die Abschrift verdanke ich Herrn Riedel, Stadtarchiv Kempten.

10 Vgl. MICHAEL PETZET, *Stadt und Landkreis Kempten*, München 1959, S. 18-20. – WOLFGANG HABERL, *Die evangelisch-lutherische St. Mang-Kirche in Kempten*, München 1982. – PAUL WARMBRUNN, *Evangelische Kirche und Kultur in der Reichsstadt*, in: Geschichte der Stadt Kempten, hrsg. v. V. Dotterweich u.a., Kempten 1989, S. 276-277.

11 KARRER (wie Anm. 8), S. 77-96.

12 Um wen es sich dabei handelt, ist nicht eindeutig gesichert, weil Peter Laire (geb. in Sobrole 1672) – zunächst ab 1700 im Dienst des Silberhändlers Johann Friedrich Gutermann, später führte er ein eigenes Handelsgeschäft – 1760 verstarb. Siehe „Der Hausknecht rettete das Silberlager", in: Schwäbische Landeszeitung, Nr. 190, 18./19.9.1956.

13 Für den freundlichen Hinweis sei Herrn Riedel, Stadtarchiv Kempten, gedankt. Vgl. zu diesem Vorgang auch NEBINGER (wie Anm. 5), S. 185, 188, Anm. 6.

14 Kempten, Stadtarchiv, B 36 a. Siehe Anm. 1.

15 KARRER (wie Anm. 8), S. 99.

16 Kempten, Pfarrarchiv St. Mang, Nr. 258: Inventar des Kirchensilbers 1806-1843, darin Exemplar der Verordnung, unterzeichnet von Freiherr von Leyden, Königl. Baierisches General-Landeskommissariat in Schwaben, Ulm, 4. August 1806. In diesem Akt befinden sich auch die im folgenden aufgeführten Archivalien, jedoch ohne Folionummern oder Paginierung.

17 Die 200 fl. Bargeld machten ca. 8 % des Gesamterlöses des eingelieferten und eingeschmolzenen sowie des abgelösten Kirchensilbers aus dem Landgericht Kempten aus. Siehe Aufstellung vom 10. August 1821 in Kempten, Pfarrarchiv St. Mang, Nr. 258. Danach wurden in Augsburg die Sendungen des Landgerichts Kempten mit 2227 fl. 2 kr. vor dem Schmelzen und mit 2213 fl. 37 kr. im obersten Münzamt München nach dem Schmelzen geschätzt. In Geld ausgelöst wurden 54 fl. 54 kr. vom k. Landgericht und die Bachtalerschen 200 fl. vom ehemaligen Stadtkommissariat, machte gesamt 2468 fl. 31 kr.

18 Vgl. FRANZ-RASSO BÖCK, *Kempten vom Übergang an Bayern bis 1848*, in: Geschichte der Stadt Kempten, hrsg. v. V. Dotterweich u.a., Kempten 1989, bes. S. 360, 362.

19 Vgl. „*...wider Laster und Sünde". Augsburgs Weg in der Reformation*, hrsg. vom Haus der Bayerischen Geschichte, Ausst. Kat. St. Anna, Augsburg, Köln 1997, Kat. Nr. 94 (Dorothea Band): Die um 1630-1636 entstandene Augsburger Taufgarnitur wurde im Zuge der Säkularisation von der Familie Schaezler erworben und trägt die gravierte Inschrift: „Dieses Taufbecken mit der Kane / ist ein Eigenthum / des Ioh: Lorenz Schäzlers, Banquier / und seiner Familie. / 1806"; auch die dort befindliche Altarvase (ebd. Kat. Nr. 95) bezeichnet den Eigentümer von 1806: „Ietz Eigenthum von Iohannes Calmberg, Banquier, 1806". Vgl. auch die Situation in Augsburg, Heilig Kreuz, siehe dazu GERTRUD VOLL, *Gold und Silber*, in: Die evangelische Heilig-Kreuz-Kirche in Augsburg. Eine Lutherstätte, Augsburg 1981, S. 25.

20 Archivalien im Pfarrarchiv Lindau, St. Stephan.

21 Kempten, Pfarrarchiv St. Mang, Nr. 223: Die von der Witwe Bachthaler der Kirche erhaltenen silbernen Gefäße 1827-1843, ohne Folionummern bzw. Paginierung.

22 Kempten, Pfarrarchiv St. Mang.

23 H. 66,5 cm; Goldschmiedemarken auf den Sockelbeschlägen und dem INRI-Schild; Mz.: Johann Baptist I Ernst (Meister um 1668, gest. 1697), HELMUT SELING, *Die Kunst der Augsburger Goldschmiede 1529-1868*, Bd. 3, München 1980, Nr. 1685; Bz.: Augsburg, um 1690-1695, ebd., Nr. 146.

24 Ausst. Kat. Unna 1983, S. 9.

25 U.a. *Luther und die Kunst in Bayern*, Ausst. Kat., Bonn/München 1988. – DAGMAR THORMANN, *Silber und Zinn aus Windsheim. Kirchliche Zinn- und Goldschmiedearbeiten vom 16. bis 19. Jahrhundert*, Bad Windsheim 1991. – DIES., *Kirchenschätze aus Gunzenhausen und dem Fränkischen Seenland*, Gunzenhausen 1997. – Siehe auch Literaturliste in: „*... wider Laster und Sünde"* (wie Anm. 19), S. 233. – Zum protestantischen Abendmahlgerät des Historismus siehe jüngst MICHAEL KOCH, *Liturgisches Gerät von Theodor Heiden in der Münchner St.-Lukas-Kirche*, in: St. Lukas in München. „Der Dom der Münchner Protestanten". Zum hundertjährigen Kirchweihjubiläum, Arbeitshefte des Bayerischen Landesamtes für Denkmalpflege, Bd. 88, München 1996, S. 31-41.

26 WOLFGANG SCHEFFLER, *Goldschmiede des Ostallgäus (zwischen Iller und Lech). Daten, Werke, Zeichen,* Hannover 1981, zu Kempten, S. 21-37. Die bei Scheffler zusammengestellten Beschauzeichen können aufgrund der Markenuntersuchungen in St. Mang noch stärker differenziert werden. Bei einigen Stücken konnte Schefflers Zuschreibung nicht aufrechterhalten werden, siehe u. a. unten Anm. 28, 29. – Zur Kemptener Goldschmiedekunst des 16. Jahrhunderts siehe jüngst LORENZ SEELIG, *Kunst und Kultur des Trinkens – Ein Kemptener Silberbecher der Renaissance als Spiegelbild bürgerlicher Tafelsitten*. Veröffentlichung vorgesehen im Allgäuer Geschichtsfreund.

27 *450 Jahre Reformation in Lindau*, Ausstellung des Landeskirchlichen Archivs im Städtischen Museum Lindau, Lindau 1978, Kat. Nr. 52. Dort war auch der Abendmahlskelch von Christian Zorn, 1771 von Kirchenpfleger Stattmiller und seiner Frau gestiftet, ausgestellt, Kat. Nr. 66, jedoch ohne Abb.

28 Durch die nicht korrekte Lesweise des Stiftungsdatums – 1663 statt 1603 – schreibt SCHEFFLER (wie Anm. 26), den Abendmahlskelch einem in der zweiten Hälfte des 17. Jahrhunderts tätigen Meister H.M. (Nr. 14c) zu. Das Meisterzeichen H.M. kann aber wohl nur auf Hans Miller (Nr. 12b) zutreffen.

29 Der Kelch trägt auf der Unterseite die – möglicherweise nachträglich vom Kirchenpfleger – eingeritzte Jahreszahl 1661. Das Beschauzeichen auf dem Kelch ist abgerieben. SCHEFFLER (wie Anm. 26), S. 25, Nr. 14, Werke a, schreibt den Kelch mit Vorbehalt dem Kemptener Goldschmied Georg Lutz zu, der aus Augsburg stammte und im Jahr 1629 die Kemptenerin Anna Künle heiratete. Da der Stifter des Kelches Augsburger war, scheint mir eine Zuschreibung an den Augsburger Goldschmied Gregor Leider wahrscheinlicher, zumal das Meisterzeichen mit anderen Werken des Augsburger Meisters übereinstimmt, siehe SELING (wie Anm. 23), Nr. 1399.

30 Bei SCHEFFLER (wie Anm. 26) ist der Kelch unter Meister IZ (S. 26, Nr. 15a, Werke b) aufgeführt, das Meisterzeichen LS im Oval scheint aber eher auf Linhard Speckhle (S. 26, Nr. 15) zuzutreffen. H. des Kelches 22,6 cm, Durchmesser 14 cm (Fuß), 10,7 cm (Kuppa).

31 H. 22 cm; Mz.: Johann Jeremias Busch, SELING (wie Anm. 23), Nr. 2257; Bz.: undeutlich. Da Busch erst 1734 Meister wurde, die Kelche aber aufgrund der Gravierung und des Inventareintrags spätestens 1730 gearbeitet sein müssen, muß die Meistermarkenzuweisung überprüft werden.

32 Zu Zorn, dessen bislang bekannte Werke sich alle in Kempten, St. Mang, befinden, vgl. SCHEFFLER (wie Anm. 26), S. 29-30, Nr. 23 a.

33 Vgl. zu den Abendmahlskelchen der refomierten Gemeinden KARL BERND HEPPE, *In Beiderley Gestalt – Evangelisches Abendmahls- und Taufgerät in Rheinland und Westfalen*, in: In beiderley Gestalt. Evangelisches Altargerät von der Reformation bis zur Gegenwart, Ausst. Kat. des Kreises Unna, Unna 1983, S. 13 ff.

34 Der Pokal trägt als Goldschmiedemarken ein Z im Quadrat und ein Herz im Schild. Siehe EVA-MARIA LÖSEL, *Zürcher Goldschmiedekunst vom 13. bis zum 19. Jahrhundert*, Zürich 1983, Nr. 311. Freundlicher Hinweis von Herrn Prof. Ernst-Ludwig Richter, Stuttgart.

35 Vgl. „... *wider Laster und Sünde*" (wie Anm. 19), S. 167.

36 Neben den silbervergoldeten Kannen gab es noch weitere 11 aus Zinn, davon zwei mit einem Fassungsvermögen von 4 Litern; die Abendmahlskannen wurden zusammen auf einem Zinntablett auf den Altar gestellt. Siehe Kempten, Stadtarchiv, B 36 a, Inventar von 1765 ff., Nr. 2 („Ein zinnblech, auf den Altar die Kannen darauf zu stellen"); Nr. 21 und 22 („Neun zinnene Kannen, zum Communion Wein, Zwey detti jede 4 Maaß haltende"). – Die großen Kannen dienten wohl zur Beschaffung und zum Transport des Weins, der dann in die kleineren Abendmahlskannen umgefüllt wurde. Sehr aufschlußreich in diesem Zusammenhang ist die Mesnerinstruktion aus Lindau, St. Stephan, Pfarrarchiv Nr. 167: „Instruction vor den neu angenommenen Meßner Hr. Marx Amadeus Klefler ... Decretum in Senatu d. 8. Jan. 1753, Canzley der Stadt Lindau". Dort wird unter § 13 festgehalten, daß der Wein unter Vorlage des Communicanten Büchleins, in dem die Zahl der Abendmahlsteilnehmer vermerkt werden soll, Sonntags vor 7 Uhr im Spital zu beschaffen, direkt in die Kirche zu tragen und ohne Vermischung auf den Altar zu stellen sei. Neben dem Wein ist am frühen Morgen auch die Zahl der Hostien, die nur im Mesnerhaus zubereitet werden dürfen, bereitzustellen.

37 Vgl. Auflistung der erhaltenen Kannen bei SYLVIA RATHKE-KÖHL, *Geschichte des Augsburger Goldschmiedegewerbes vom Ende des 17. bis zum Ende des 18. Jahrhunderts*, Schwäbische Geschichtsquellen und Forschungen, Bd. 6, Augsburg 1964, S. 72 und SELING (wie Anm. 23), Nr. 2522.

38 Silber, teilvergoldet, getrieben, gegossen; H. 38 cm; Mz.: SELING (wie Anm. 23), Nr. 2271d; Bz.: Pyr mit H für Augsburg, um 1747-1749, SELING (wie Anm. 23), Nr. 227.

39 Ein Becher mit ähnlichen rautierten Rocaillekartuschenfeldern und gravierter Ansicht von St. Anna in Augsburg befindet sich in den Städtischen Kunstsammlungen Augsburg, Maximilianmuseum, Inv. Nr. 5382, vgl. SELING (wie Anm. 23), Bd. 2, Abb. 1042.

40 Vgl. *Barock in Baden-Württemberg. Vom Ende des Dreißigjährigen Krieges bis zur Französischen Revolution*, Ausst. Kat., Badisches Landesmuseum Karlsruhe in Bruchsal 1981, Kat. Nr. C 57.

41 SELING (wie Anm. 23), Nr. 243, Pyr mit P für Augsburg, um 1761-1763.

42 Silber, teilvergoldet; H. 36 cm; Lötigkeitsangabe 13 und Meisterzeichen Christian Zorn, siehe SCHEFFLER (wie Anm. 26), S. 21, Nr. 12 und S. 29, Nr. 23 a.

43 Das Meisterzeichen ist verschlagen und nicht zu bestimmen; Bz.: Pyr mit S für Augsburg, um 1767-1769, SELING (wie Anm. 23), Nr. 251; H. 34 cm.

44 Siehe SELING (wie Anm. 23), Bd. 1, S. 140.

45 Vgl. *Silber und Gold. Augsburger Goldschmiedekunst für die Höfe Europas*, Ausst. Kat., Bayerisches Nationalmuseum, München 1994, Kat. Nr. 27, S. 188-190 (RALF SCHÜRER).

46 SCHEFFLER (wie Anm. 26), S. 25, Nr. 14 b, Werke a, Mz. Nr. 16. H. der Patenen 11 cm. Am Fuß umlaufend gravierte Stifterinschriften: „Die schal ist von einer ganzen Brüderschaft der ledigen Weber Knapen in die Kirchen gstift Und verert word 1634", dazu in der Hohlkehle des Fußes drei gravierte Weberwerkzeuge (Schiffchen, Bürste, Webstuhl?); „Die schal verert F: Sussana Johannes Mayerin Bürgermeisterin in Kempten Anno 1634".

47 Kempten, Pfarrarchiv St. Mang, Nr. 258, Inventar vom 13. August 1806, Nr. 11.

48 H. 13,8 cm; Mz.: SELING (wie Anm. 23), Nr. 2247; Bz.: Pyr mit Y für Augsburg, um 1777-1779, SELING (wie Anm. 23), Nr. 262. Da Allmann bereits 1775 stirbt, werden die Stücke in der möglicherweise von der Witwe weiterbetriebenen Werkstatt ausgeführt worden sein, was damals in Augsburg durchaus keine Seltenheit war.

49 VICTOR ROTH, *Kunstdenkmäler aus den sächsischen Kirchen Siebenbürgens*, Bd. I, Goldschmiedearbeiten, Hermannstadt 1922, Taf. 157, 159, 160.

50 Freundlicher Hinweis von Herrn Riedel, Stadtarchiv Kempten.

51 Das Kästchen wird zur Zeit in den Restaurierungswerkstätten des Bayerischen Landesamtes für Denkmalpflege eingehend untersucht und restauriert. Die Technik der geprägten Silberfolien in Kombination mit getriebenen Teilen läßt an eine Entstehung des Kästchens in Augsburg denken, wo diese Art der Verzierung Ende des 17. Jahrhunderts/Anfang des 18. Jahrhunderts bei der Herstellung etwa von Schmuck- und Toilettekästchen, Hausaltärchen oder Prunkuhren nachweisbar ist. Vgl. Beitrag von LORENZ SEELIG über die Prunkuhr im Bayerischen Nationalmuseum mit Hinweisen zum Herstellungsverfahren, in: *Silber und Gold* (wie Anm. 45), Kat. Nr. 93, S. 388-392. Das zur Verkleidung des Kästchenbodens verwendete Brokatpapier, Goldprägung auf rotem Papier, deutet ebenfalls auf eine Entstehung in Augsburg hin. Das Papier trägt die Signatur des Augsburger Brokatpapierverlegers Georg Christoph Stoy (um 1703, gest. 1750); vgl. ALBERT HAEMMERLE, *Buntpapier. Herkommen, Geschichte, Techniken, Beziehungen zur Kunst*, München ²1977, S. 128-129, 231-235. – Vgl. zum Typus das ähnlich schlichte Kästchen des Augsburger Goldschmieds Gottlieb Menzel, von 1717-1718, in Düsseldorf, in: *In Beiderley Gestalt* (wie Anm. 33), Kat. Nr. 106, Abb. 62.

52 Die Bundeslade trägt viermal das Kemptener Beschauzeichen, den gekrönten Doppeladler, aber kein Meisterzeichen. Die Initialen „ILB" und „CZ", die sich sowohl auf der Bodenunterseite wie auf den Längsseiten unterhalb des Lammes bzw. des Wappens befinden, wurden als Christian Zorn und dessen Schwiegervater Johann Lucas Bogner gedeutet (1749 heiratete Zorn Anna Susanna Bogner). SCHEFFLER (wie Anm. 26), S. 29, nimmt an, daß es sich um das Meisterstück von Zorn handeln könnte. Noch nicht befriedigend geklärt ist, ob es sich in diesem Fall um eine gemeinschaftliche Stiftung der Familien Fehr, Bogner und Zorn (Christian Zorns Mutter war eine geborene Fehr) handelt.

53 ZIMMERMANN (wie Anm. 6), Nr. 833, S. 104-106.

54 Interessantes Beispiel des 18. Jahrhunderts (Anfang 18. Jahrhundert mit Überarbeitung 1777) in Kaufbeuren, Dreifaltigkeitskirche, vgl. SCHEFFLER (wie Anm. 26), S. 116 mit Abb.

55 „... *wider Laster und Sünde*" (wie Anm. 19), Kat. Nr. 91 und SELING (wie Anm. 23), Bd. 2, Abb. 280-282.

56 L. der Schale 40 cm, B. 27,5 cm; H. der Kanne 28 cm; Mz.: SELING (wie Anm. 23), Nr. 2480; Bz.: Pyr mit R für Augsburg, um 1765-1767, SELING (wie Anm. 23), Nr. 248.

57 Vgl. Meßpollengarnitur von Ignatius Caspar Bertholt und Joseph Antoni Seethaler, Augsburg um 1773-1775, Moosburg, St. Kastulusmünster, vgl. SELING (wie Anm. 23), Nr. 2405f und Nr. 2512b.

ABBILDUNGSNACHWEIS

HAUS DER BAYERISCHEN GESCHICHTE, AUGSBURG (Aufn. Eva und Günter von Voithenberg, München): *Abb. 1, 2, 5, 7, 13, 14, 15, 16, 17, 18, 19*
RUDOLF ENGERT, WÜRZBURG: *Abb. 6, 8, 9, 10, 11, 12*
FOTOATELIER SIENZ, KEMPTEN: *Abb. 3, 4*

Abb. 1. Baunach, rechter Torwächter, Eichenholz, 1710

Annette Faber

Die Hölzernen Männer von Baunach

„... es wäre sehr zu bedauern, wenn dieses bodenständige Altertum dem Denkmalschatze des Landes entgehen sollte ..."

„Unaufhaltsam scheint der Verkauf bayerischer Kunstdenkmäler nach Berlin fortzuschreiten ...", vermeldet seinen Lesern empört das Fränkische Volksblatt am 27. Januar 1909. „... jetzt das bekannte Holztor an einem Privathause in Baunach, ein prächtiger Torumbau aus dem Jahr 1710. Ein Münchner Antiquitätenhändler kaufte das Tor um einen beträchtlichen Preis. – Hoffentlich gelingt es diesmal der Kreis- und Gemeindebehörde den Verkauf rückgängig zu machen und dieses Kunstwerk der Gemeinde zu erhalten."[1]

Es gelang!

Kein geringerer als Bauamtsassessor und Regierungsbaumeister Fritz Fuchsenberger (1876-1945) war es, der wenige Tage vor diesem öffentlichen Hilferuf das Königliche Generalkonservatorium in München telegraphisch über die drohende Abwanderung des Portals informiert hatte und „Himmel und Hölle" in Bewegung setzte,[2] um den Verkauf aufzuhalten. Fuchsenberger hatte sich schon von seinem Schweinfurter Dienstsitz aus um den Erhalt zahlreicher fränkischer Kunstdenkmäler besonders verdient gemacht und betreute im Winter 1908/09 gerade die Restaurierung der Baunacher Kirche, als ihm bei einem Termin in St. Oswald dieser Vorgang zufällig bekannt wurde.[3]

Innerhalb weniger Tage erhält er von vielen Seiten jede denkbare Unterstützung, die fränkische Presse, das Generalkonservatorium, das zuständige Bezirksamt Ebern und die Stadt Baunach bemühen sich in den darauffolgenden Wochen, alles zu tun, um diese „sehr originelle Arbeit"[4] im Lande zu halten. Das Generalkonservatorium, Vorgänger des heutigen Landesamts für Denkmalpflege, schaltet umgehend die Regierung von Unterfranken und Aschaffenburg ein, denn „... es wäre sehr zu bedauern, wenn dieses bodenständige Altertum dem Denkmalschatze des Landes entgehen sollte ..."[5] Den Verkauf von Kunstwerken aufzuhalten, ist den Konservatoren ein besonderes Anliegen, denn „die Verschleuderung der heimischen Kunstdenkmäler nimmt gerade in Franken in erschreckendem Masse täglich mehr überhand."[6] Hier ist bitterer Bezug genommen auf den erst ein Jahr zurückliegenden Verkauf des frühgotischen Portals, das bis Oktober 1908 zur Katharinenkapelle des abgebrochenen Klosters Langheim gehört hatte. Über einen Berliner Kunsthändler war es trotz öffentlicher Proteste an das Kaiser Friedrich-Museum verkauft worden und ist heute noch im Bode-Museum ausgestellt.[7]

Spannend wie ein Krimi liest sich der in den Akten des Landesamts für Denkmalpflege erhalten gebliebene, beinahe tägliche Schriftverkehr der folgenden Wochen, mit dem einzigen Ziel, den Verkauf des hölzernen Hoftores, damals bereits eines der Wahrzeichen von Baunach, aufzuhalten. Dies war gar nicht so einfach, denn schließlich hatte der Münchner Antiquitätenhändler Merkel (oder Märkel) bereits 500 Mark an die Baunacher Familie Russ bezahlt, die ihr Anwesen Haus Nr. 13, später Überkumstr. 46, abreißen und erneuern wollte. Die von den Behörden mißtrauisch beobachteten „Händler haben ein lebhaftes Interesse, dann möglichst geheim und rasch vorzugehen. Die guten Preise, die sie für den Ankauf von Altertümern anlegen, sind zudem so verlockend, daß der Verkäufer sich nicht allzu lange besinnen wird."[8] Die beiden großen bayerischen Museen hingegen, das Bayerische Nationalmuseum in München und das Germanische Nationalmuseum in Nürnberg, zeigten auf Anfrage gar kein Interesse, das volkskundlich bedeutende Tor in ihre Bestände aufzunehmen.

Schließlich schob das Bezirksamt Ebern dem drohenden Verlust kurzerhand einen behördlichen Riegel vor. Es teilte dem Kunsthändler am 31. Januar 1909 telegraphisch mit, daß die Entfernung der „hölzernen Männer" nach distriktspolizeilicher Vorschrift nicht genehmigt wird.[9] Damit ist der Weg für Verhandlungen frei. Eine auf dem Grundstück lastende hohe „Hypothekschuld von mehreren Tausend Mark" bei der örtlichen Kirchenverwaltung sollte es dem Besitzer unmöglich machen, sein Anwesen mit dem Tor ohne deren Zustimmung zu veräußern oder abzureißen.[10] Den mit Merkel abgeschlossenen, nun aber widerrechtlichen Vertrag aufzuheben war leider nicht möglich; das Tor mußte zurückgekauft werden. Nach einem Bericht des Bezirksamtes vom Mai 1909 „... bestehen noch Differenzen wegen des Preises: Märkel verlangte zuerst 700 Mark, jetzt 600 Mark, während das Amt, das den Verkauf vermitteln soll, kaum 500 Mark zur Verfügung hat ..."[11].

Erst am 4. Juni 1909 kommt vom Fränkischen Kurier schließlich Entwarnung: das Tor mit den „hölzernen Männern" konnte für 550 Mark zurückgekauft werden. Distriktsrat, Gemeinde, Historischer Verein Bamberg und Privatpersonen hatten das Geld aufgebracht. Nun stand der Restaurierung und Neuaufstellung des Baunacher Wahrzeichens nichts mehr im Weg.

Das so heftig gegen den Kunsthandel verteidigte Denkmal ist ein mächtiges Holztor aus Eiche, das zum Anwesen Nr. 13, einem zweigeschossigen Bauernhaus gehörte, das vielleicht zu den Verwaltungsgebäuden des Bamberger Fürstbischofs in Baunach gehörte, aber nie selbst als Kastenamt genutzt worden war.[12]

Das zweiflügelige, rundbogige Tor mit einer Öffnung von 308 cm Breite und einer Höhe von 336 cm gehörte zu einer hölzernen Wageneinfahrt, die vom Zimmermann rechteckig umrahmt und mit einem abgewalmten Ziegelkranz überdacht wurde (Abb. 2). Aus zwei mächtigen, circa 60 cm breiten Stämmen sind auf der Straßenseite als Relief die beiden „hölzernen Männer" herausgearbeitet, überlebensgroße bärtige und langhaarige Figuren in Landsknechts- oder Jägertracht

Abb. 2. Die Hölzernen Männer an ihrem ursprünglichen Standort, Baunach, Haus Nr. 13, Aufnahme 1909

auf hohen profilierten Sockeln (Abb. 1, 5). Die linke Figur trägt einen Lorbeerkranz im Haar. Beide haben die Arme eckig verschränkt und tragen in der Art antiker Hermen bauchige Kapitelle, auf denen Gesims und Verdachung ruhen. Im Unterschied zu den meisten Hermendarstellungen laufen die Figuren jedoch nicht nach unten in einem Ornament aus; die beiden trutzigen Gestalten sind bis zu den Schuhen wiedergegeben und wirken durch die angewinkelte Beinstellung besonders lebendig. Die Schmalseiten des Tors sind mit reich profilierten Konsolen verziert, in die der Zimmermann maskenhafte Gesichter eingearbeitet hat. Zwischen den beiden archaisch anmutenden Männergestalten spannt sich der Sturz des Torbogens mit sorgfältig gearbeitetem Palmettenfries und der 1710 datierten Inschrift:

„WER UNDER DISEN DUHR HINEIN GEHD UND IN SEIN SIN ZUM SDEHLEN / SDEHD ES ISD MIIR LIEWER ER BLEIBD DAR AUSEN ICH HAW DARINEN KAZEN DIE SELWR MAUSEN"

Bereits vor dem Verkauf und der dramatischen Rettung als Wahrzeichen der Stadt rankten sich Geschichten um die Herkunft des ungewöhnlichen Tores: Fuchsenberger berichtet 1909 in seinem ersten Schreiben, daß das Tor aus der Ruine Stiefenburg stammen soll, der 1525 im Bauernkrieg und 1553 im Markgräfler Krieg weitgehend zerstörten und gebrandschatzten Burganlage, die im Mittelalter die Grafen von Truhendingen westlich von Baunach auf dem Stiefenberg errichtet hatten.[13]

Allein der Münchner Maler Pius Ferdinand Messerschmidt (1858-1915), im Winter 1909 unter Leitung Fuchsenbergers mit der Ausmalung der Kirche im nahen Mürsbach beschäftigt,[14] bildet sich nach einer Besichtigung zusammen mit dem Architekten ein eigenes Urteil. Er schloß „... aus der falschen Darstellung der Kostüme, dass diese Jahreszahl (1710) richtig ist u. nicht etwa eine spätere Zugabe ..."[15]

Wenig später griff Fritz Fuchsenberger wieder in die Diskussion ein, nachdem er – im Vorgriff auf spätere denkmalpflegerische Arbeitsweisen – eine Befunduntersuchung vorgenommen hatte. Er glaubte unter den eingeschnitzten Zahlen „schnörkelartige Schnitte" zu erkennen, die „aus früherer Zeit stammen", also eine Überarbeitung und Zweitverwendung des demnach vor 1710 entstandenen Tores nahelegen.[16] Leider hat er keine Aussage zur Farbigkeit oder Bemalung des Tors getroffen; es war damals wohl nur noch holzsichtig, was sein vermeintliches Alter noch unterstrich. Vor diesem Hintergrund wird in späteren Meldungen, die sich in der Presse, aber auch den Briefen der beteiligten Behörden häufen, die Herkunft von Burg Stiefenberg oder Stufenburg (auch Stubenberg[17]) mehr oder weniger unkritisch weitergegeben. Offenbar war es nicht nur den Baunachern wichtig, auf diese Weise wenigstens einen Teil der Stiefenburg vor der Zerstörung bewahrt zu sehen.

Der Baunacher Chronist Alois Schenk verfaßte schließlich das historische Gedicht „Die Torasmen zu Baunach", da die hölzernen Männer seine Phantasie zu einer leb- und legendenhaften Nacherzählung vergangener Episoden anregten. Er will das Tor als Hochzeitsgeschenk Kaiser Karls IV. an seinen treuen Gefolgsmann Ritter Kurt von Baunach sehen, der ihn 1346 auf einer Italienreise begleitet und aus schwieriger Lage befreit haben soll.[18] Die Legendenbildung ging schließlich so weit, daß man in den beiden hölzernen Männern „Ritters-hauptleute aus den Geschlechtern der Rothenhan und Lichtenstein", also Vertreter des Ritterkantons Baunach, sehen wollte.[19]

Erst später setzte sich überraschend eine neue Lesart durch, die das Tor als ehemaligen Eingang des Baunacher Amtsschlosses interpretieren will. Der anspruchsvolle zweigeschossige Bau wurde 1689 von Johann Leonhard Dientzenhofer unter Fürstbischof Marquard Schenk von Stauffenberg begonnen und soll die beiden hölzernen Ritter, die mit ihren Häuptern den schweren Gesimsbalken tragen, als Symbol der barocken Gesellschaftsordnung erhalten haben. Erst als Fürstbischof Lothar Franz von Schönborn das Schloß 1717 mit einer neuen Umfassungsmauer vollendete, soll man die hölzerne Toranlage vor das benachbarte Anwesen Haus Nr. 13 gesetzt haben.[20] Der ungewöhnliche Werkstoff „Holz" für ein fürstbischöfliches Verwaltungsgebäude, das Fehlen jeglicher Wappen und gar der dem bäuerlichen Leben entstammende derbe Spruch wurden bei dieser Entstehungsgeschichte nicht in Betracht gezogen, die Deutung nicht hinterfragt. Man wird sie also in das Reich der Legenden verweisen dürfen.

Bei den „hölzernen Männern" handelt es sich wohl – viel einfacher – um eines der in den geschlossenen Hofanlagen Unterfrankens (und Baunach gehörte bis zur Gebietsreform 1972 zu diesem Regierungsbezirk) üblichen Hoftore. Schutz-, Repräsentations- und Segensfunktion erlaubten vielfältige, oft sehr individuelle Ausführungen. Die figürliche Abbildung eines Wächters oder Wächterpaares, manchmal als „wilde Männer" bezeichnet, ist dabei aber nur in Baunach zu finden und auch sonst in unserer Region im architektonischen Zusammenhang recht selten. (Vor allem in der Rhön gibt es diesen Schmuck bisweilen an Eckständern im Fachwerk.)[21]

Dabei ist die Figur eines Gebälk tragenden Menschen an sich schon seit der Antike bekannt. Die an griechischen Tempeln auftauchenden Hermen kommen mit der Renaissance auch in die europäische Architektur, wo wir ihnen an zahlreichen Gebäuden des 16. und 17. Jahrhunderts begegnen. Über die Buchdrucke zur Architekturgeschichte, die diese Erfindung weiterverwandeln, wird der in das Bauwerk eingebundene Mensch schließlich zum Allgemeingut und das Motiv auch für andere Zwecke verwendbar. Die internationalen Ornamentstecher entwarfen dazu ständig neue Variationen. Als wichtiges Beispiel seien die strengen Hermen genannt, die in den Architekturtraktaten des Jocundus 1511 oder Cesarianos 1521 die Baulehre des antiken Architekten Vitruv illustrieren.[22] In vielfacher Abwandlung der Stichvorlagen und eigenen Interpretationen brachten Architekten, Künstler und Handwerker des Manierismus das Motiv der „menschlichen Säule" immer wieder in ihre Aufträge ein, wobei den männlichen Hermen häufig das Aussehen barbarischer Kriegsgefangener gegeben wurde. Den Baunacher Figuren beson-

Abb. 3. Baunach, Sinnspruch im Torbogen, datiert 1710

ders ähnlich ist eine Abbildung der Toskanischen Hermen von Gabriel Krammer, der im Jahr 1600 eine sehr beliebte und über Generationen benutzte, illustrierte „Architectura" herausgegeben hatte (Abb. 6). Bezeichnenderweise hat er sie den Tischlern, Malern und Steinmetzen, also den Kunsthandwerkern, gewidmet.[23] Der eine oder andere Bauherr mag sich dieses beliebte und eigenwillige Wesen auch gewünscht und selbst irgendwo eine passende Vorlage gefunden haben.

Abb. 4. Die Hölzernen Männer an ihrem Standort vor dem Waisenhaus, Aufnahme 1911

Abb. 5. Baunach, linker Torwächter mit Lorbeerkranz, Eichenholz, 1710

Eine Ähnlichkeit mit dem figürlichen Schmuck des Dillig-Hauses drängt sich allerdings nicht auf. Auch erinnert das auf der historischen Photographie von 1910 noch erkennbare Fachwerk des Anwesens, zu dem das Tor einst gehörte, nicht an die bekannten Arbeiten Hoffmanns. Er pflegte die Brüstungsfelder des ersten Obergeschosses vollständig als verzierte Holzplatten zu arbeiten und nicht wie an diesem Haus erkennbar als schräge Riegel. Mit der Kunst des berühmten fränkischen Zimmermanns gemein haben die „hölzernen Männer" allenfalls den auffallenden Rückgriff auf veraltete Architektur- und Schmuckformen, die dem Repertoire der Renaissance entnommen sind.[26] Der große Verlust an alter Bausubstanz auf dem Lande, der in der zweiten Hälfte des 19. Jahrhunderts beginnt, macht es jedoch schwer, ja beinahe unmöglich, vergleichbare Objekte zu finden und Zuschreibungen an bekannte Handwerker vorzunehmen.

Die archaische künstlerische Handschrift, die im Falle der „hölzernen Männer" sogar Datierungen in das 16. Jahrhundert veranlaßt hatte, führte trotz der eindeutig vorhandenen Jahreszahl 1710 zu unterschiedlichen historischen Einschätzungen und allerhand Spekulationen. Das Rätsel um die Entstehung des Tores und seine Hintergedanken wird wohl mit letzter Sicherheit nicht mehr zu lösen sein.

1910 wurde das Tor nach dem Abbruch des Hauses Nr. 13, zwischen dem neuerbauten Kinderheim und dem Flüßchen Lauter am östlichen Ortseingang wieder aufgestellt und dort in die Flucht eines Gartenzauns eingebunden (Abb. 4). Auf die mächtigen Torflügel legte man allerdings keinen Wert, das Tor wird zum Kunstobjekt, Altertum, „Denkmalschatz" und

Abb. 6. Gabriel Krammer, Toskanische Hermen, Holzschnitt; Nürnberg 1600

Das bisher einzige, dafür aber weit bekannte Beispiel für die Umsetzung dieser Vorbilder an einem fränkischen Tor findet sich an der Alten Hofhaltung in Bamberg, deren Portale zum Domplatz hin von Hermen geziert werden (Abb. 7). Im Rahmen des Neubaus schuf Pankraz Wagner um 1570 die steinerne Bauzier mit den drei männlichen Hermen, die den Eingang zur Hofhaltung in der Art antiker römischer Festtore dekorieren.[24]

Ungewöhnlich an der Baunacher Pforte ist aber nicht nur das Motiv, sondern der Werkstoff Holz, denn in Unterfranken mit dem überall zur Verfügung stehenden und leicht zu bearbeitenden Material Sandstein bestehen die wertvoll ausgearbeiteten Toranlagen gewöhnlich nicht aus Eiche. In diesem Werkstoff tat sich indes im barocken Franken zwischen Königsberg und Scheßlitz ein Zimmermann besonders hervor: Jörg Hoffmann (1663-1714). Seine Fachwerkhäuser, wie z. B. das 1692 entstandene Dillig-Haus in Scheßlitz, zeichnen sich durch einen besonders reichen, als flaches Relief geschnitzten Dekor aus. Hier findet der staunende Betrachter Heilige, Fabelwesen, Tiere und verschlungene Ornamente, die Hoffmann eindrucksvoll aus dem Holz herauszuarbeiten wußte. Karl Sitzmann mag dies veranlaßt haben, Jörg Hoffmann als Urheber der „hölzernen Männer" in Baunach zu vermuten,[25] was hier nur zur Diskussion gestellt werden kann.

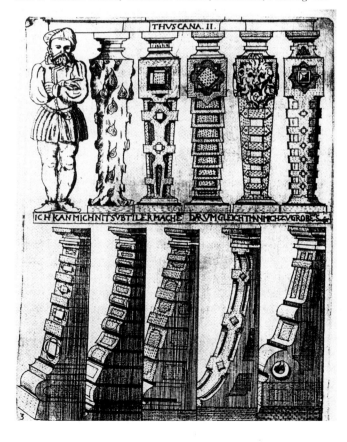

Abb. 7. Bamberg, Tor der alten Hofhaltung zum Domplatz, 1570 von Pankraz Wagner

architektonischen Bogen, seine ursprüngliche Aufgabe als repräsentativer und wirkungsvoller Schutz vor Eindringlingen kaum mehr erkennbar. Ob man nach dem Abbau Restaurierungsarbeiten an dem stark verwitterten Holz durchführte, geht aus den Akten nicht hervor. Als besonderes Kunstdenkmal wird dem Baunacher Tor 1916 Erwähnung und Abbildung im Inventar der Kunstdenkmäler Bayern gewährt.[27]

1936 wendet sich Bürgermeister Karl Mötzinger (1933-1942) an das Landesamt für Denkmalpflege und bittet um Beratung bei der anstehenden Restaurierung des Tores, das „zahlreiche Sprünge und Risse im Holz ...'' zeigt.[28] Das Landesamt empfiehlt, den Bamberger Restaurator Hans Leitherer mit den dringend erforderlichen Arbeiten zu beauftragen. Es sollen nicht nur die Tragpfosten von unten 30-40 cm gesund geschnitten und durch neues Eichenholz ersetzt, sondern auch größere Risse mit Spänen oder flüssigem Holz gefüllt und das gesamte Tor abschließend mit warmem Leinölfirnis eingelassen werden.[29] Die Maßnahme wird mit einem Zuschuß von 350 Mark, also der Übernahme fast aller Kosten, die Leitherer auf 350 bis 400 Mark geschätzt hatte, gefördert. Um das Tor besser vor der Witterung zu schützen, verbreiterte man schließlich den Dachüberstand.

Auch nach dem Zweiten Weltkrieg, den das Tor unbeschadet überstand, machte man sich 1960 in Baunach wieder Sorgen um den Erhalt des städtischen Wahrzeichens. Man möchte das Tor sogar noch einmal versetzen, um es besser vor der Witterung und dem „Zahn der Zeit'' schützen zu können.[30] Zahlreiche Möglichkeiten werden in den nächsten Jahren erörtert und Überlegungen angestellt, wo das Tor am besten aufgehoben wäre. Soll es in die Front des Obley-Hofes am Marktplatz eingegliedert oder gegenüber dem Rathaus aufgestellt werden, will man es gar einem Privatmann überlassen, der es ganz in der Nähe des ursprünglichen Standortes in der Bahnhofstraße vor sein denkmalgeschütztes Anwesen stellen möchte?

Schließlich versetzt man den Torbogen 1971 nach einem Vorschlag des Frankenbundes in den zugeschütteten Bereich des Stadtgrabens am südöstlichen Ortseingang, unweit des Kindergartens.[31] Leider gelang es dabei nicht, die kleine Grünanlage so zu gestalten, daß ein Zugang durch das Tor führt. Es steht nun ohne Beziehung zu einer Hofanlage oder einem Gebäude auf einer kleinen Grünfläche, die Schaufassade mit den beiden Wächtern zur Hauptstraße gerichtet.

Bei der Versetzung an den neuen Standort wurde das Tor erneut, diesmal von dem Münchner Bildhauer Günter Lenz, restauriert. Das mürbe Holz wurde nach dem heute in Vergessenheit geratenen Lemi-San-Verfahren gehärtet. Ein eingefärbtes „Polyesterharz-Holzmehl-Gemisch" verschließt die Risse.[32]

Seit einigen Monaten denken die Stadt Baunach und das Landesamt für Denkmalpflege wieder über eine dringend notwendige Restaurierung nach. Die alten, unschön gewordenen Holzkittungen haben sich gelockert und werden durch eindringendes Regenwasser ausgewaschen oder im Winter durch Frost herausgesprengt. An vielen Stellen ist das alte Eichenholz weich und mürbe geworden, die „hölzernen Männer" verlieren nach fast 300 jährigem Wachdienst zusehends an Kontur. – Ob die jetzt vorbereitete Restaurierung wiederum eine Versetzung mit sich bringen wird, bleibt vorerst offen.[33] Fest steht jedoch, daß durch eine dendrochronologische Untersuchung das Alter des Holzes bestimmt werden konnte: der barocke Zimmermann hat uns nicht getäuscht – „1710" die gut lesbare Datierung im Gesims des Tores (Abb. 3) ist auch der Zeitraum in dem die Eichen für die „hölzernen Männer" geschlagen worden waren.[34] Baunach ist damit zwar um eine Legende ärmer – ein Verlust allerdings, der zu neuen Forschungen anregen könnte.

Anmerkungen

1 Fränkisches Volksblatt vom 27. Januar 1909, S. 3.
2 Bayerisches Landesamt für Denkmalpflege, Außenstelle Schloß Seehof bei Bamberg, Altakt Baunach, „Hölzerne Männer", Telegramm Fritz Fuchsenbergers vom 25. Januar 1909 an das Generalkonservatorium in München, aufgegeben in Baunach.
3 Ute Andorff/ Tillmann Fischbach/ Sabine Konradt, *Die katholische Pfarrkirche St. Oswald zu Baunach*, in: Heimat Bamberger Land, 3, 1996, S. 86. – Alexander Heilmeyer, *Architekt Fritz Fuchsenberger*, in: Die Christliche Kunst, 12. Jg. 1915/16, München 1915, S. 65 ff.
4 Altakt (wie Anm. 2), Schreiben des Generalkonservatoriums an die Regierung von Unterfranken vom 29. Januar 1909.
5 Wie Anm. 4.
6 Altakt (wie Anm. 2), Schreiben des in Würzburg exponierten Konservators des Generalkonservatoriums, Dr. Hork, an seine vorgesetzte Dienststelle in München vom 29. Januar 1909.
7 Vgl. Günter Dippold, *Der Abbruch von Langheimer Klostergebäuden im 19. und 20. Jahrhundert*, in: Kloster Langheim, Arbeitshefte des Bayerischen Landesamtes für Denkmalpflege, Bd. 65, München 1994, S. 147 ff.
8 Altakt (wie Anm. 2), Schreiben des Bezirksamts Ebern an das Generalkonservatorium vom 29. Januar 1909.
9 Altakt (wie Anm. 2), Telegramm des Bezirksamts Ebern an das Generalkonservatorium vom 31. Januar 1909.
10 Dippold 1994 (wie Anm. 7).
11 Altakt (wie Anm. 2), Antwort des Bezirksamts Ebern vom 15. Mai 1909 auf eine Anfrage des K. Generalkonservatoriums vom 12. Mai 1909.
12 Karl Krimm, *Stadt und Amt Baunach*, Hallstadt 1974, S. 43.
13 Altakt (wie Anm. 2), Schreiben Fuchsenbergers an das Generalkonservatorium vom 26. Januar 1909. – Vgl. zur Stiefenburg: Krimm 1974, S. 22 und S. 108 (wie Anm. 12).
14 Annette Faber, *Die katholische Kirche St. Sebastian in Mürsbach*, in: Heimat Bamberger Land, 3 u. 4, 1991, S. 98.
15 Altakt (wie Anm. 2), Schreiben Fuchsenberges an das Generalkonservatorium vom 26. Januar 1909.
16 Altakt (wie Anm. 2), Schreiben Fuchsenbergers an das Generalkonservatorium vom 1. Februar 1909.
17 So wohl falsch übertragen im Oberfränkischen Kurier Helmbrechts vom 4. Februar 1909.
18 Krimm 1974, S. 199 ff (wie Anm. 12).
19 Mainfränkische Zeitung Würzburg vom 23. Oktober 1937.
20 Fränkischer Tag vom 2. September 1971; Zum Amtsschloß siehe Heinrich Mayer, *Die Kunst des Bamberger Umlandes*, Bamberg 1977, S. 23. Vgl. Krimm 1974, S. 201 (wie Anm. 12).
21 Bernhard Schemmel, *Figuren und Reliefs an Haus und Hof in Franken*, Würzburg 1978, S. 44 f.
22 Vitruv, *Baukunst*, Übersetzung von August Rode, Zürich 1987, S. 288.
23 Erik Forssman, *Säule und Ornament*, Stockholm 1956, S. 135 ff.
24 Heinrich Mayer, *Bamberg als Kunststadt*, Bamberg 1984, S. 111 f.
25 Karl Sitzmann, *Künstler und Kunsthandwerker in Ostfranken*, Kulmbach 1971, 2. Ausgabe 1983, S. 260. Die Zuschreibung übernommen von Schemmel 1978, S. 20 (wie Anm. 21). Die gegenüber Sitzmann veränderten Lebensdaten Johann Georg (Jörg) Hoffmanns mit dem Todestag am 15.3.1714 übermittelte Dr. Reinhard Gutbier, Bayerisches Landesamt für Denkmalpflege.
26 Michael Imhof, *Bauen und Wohnen in einer fränkischen Kleinstadt vom 16. bis 19. Jahrhundert am Beispiel von Königsberg in Franken*, Bamberg 1993, S. 108 ff.
27 Karl Karlinger, *Die Kunstdenkmäler des Königreichs Bayern*, Bd. 15 Bezirksamt Ebern, München 1916, S. 40 f.
28 Altakt (wie Anm. 2), Schreiben von Bürgermeister Mötzinger an das Landesamt für Denkmalpflege vom 23. April 1936.
29 Altakt (wie Anm. 2), Schreiben des Landesamts für Denkmalpflege an den Bürgermeister von Baunach vom 29. April 1936 und Kostenanschlag von Hans Leitherer vom 21. Juli 1936.
30 Altakt (wie Anm. 2), Schreiben der Stadt Baunach an das Landesamt für Denkmalpflege vom 9. Juli 1960.
31 Altakt (wie Anm. 2), Schreiben des Frankenbunds E.V. an das Landesamt für Denkmalpflege vom 3. Juli 1962.
32 Altakt (wie Anm. 2), Kostenangebot der Firma Lenz vom 16. März 1970. – G. Lenz, *Lemi-San-Verfahren*. – Prospekt zur Holzfestigung, München ohne Jahr. – *Holzschutz, Holzfestigung, Holzergänzung. Beiträge einer Fortbildungsveranstaltung der Restaurierungswerkstätten des Bayerisches Landesamtes für Denkmalpflege am 4. Mai 1992 in München*, Arbeitshefte des Bayerischen Landesamtes für Denkmalpflege, Bd. 73, München 1995.
33 Die Restaurierung wird von den Amtswerkstätten des Bayerischen Landesamtes für Denkmalpflege, Ltd. Restauratorin Katharina Walch, betreut.
34 Die dendrochronologische Untersuchung führte im Januar 1997 Thomas Eising, Universität Bamberg, am Lehrstuhl für Denkmalpflege durch. Die Auswertung des wissenschaftlichen Ergebnisses befindet sich in den Akten des Bayerischen Landesamtes für Denkmalpflege, Schloß Seehof.

Abbildungsnachweis

Bayerisches Landesamt für Denkmalpflege, Photosammlung: *Abb. 7* (KB 1983 Nr. 4378/50), *1* und *5* (Eberhard Lantz)
Fritz Fuchsberger: *Abb. 2*
Heimatverein Baunach, Archiv: *Abb. 4*
Verfasserin: *Abb. 3*

Gerhard Hojer

Der Festsaalbau der Münchner Residenz

Der Festsaalbau der Münchner Residenz wurde im Auftrag König Ludwigs I. von Bayern nach Entwürfen Leo von Klenzes 1832-1842 erbaut (Abb. 1). Das Gebäude wurde 1944 weitgehend zerstört; die Brandbomben ließen jedoch das aufgehende Mauerwerk zum größten Teil stehen. Insbesondere blieb die Architektur des Thronsaals bis auf die Decke, aber mit den Säulenemporen erhalten, da der Boden auf dem Gewölbe des Baus Kurfürst Maximilians I. von 1616 lag. Durch den Verzicht auf einen Wiederaufbau ist der bedeutendste Festsaal Münchens verloren gegangen. Ebenso verzichtete man 1956 zugunsten eines neuen Kulissengebäudes für die Staatstheater durch den Abriß der Ruine des Festsaalbau-Ostteiles auf den einzig repräsentativen Zugang zur Residenz. Das Problem des Zugangs hat sich bis in unsere Zeit der musealen Nutzung der Münchner Residenz perpetuiert, da die Königsbaufassade gegen den Max-Joseph-Platz keinen direkten zentralen Zugang in die Prunkgemächer des Palastes vorsieht, denn das Mittelportal des Königsbaues öffnet sich in ein geräumiges Vestibül, von dem aus aber die Mitteltreppe nur in das Obergeschoß, nicht in die Folge der Prunkräume führt.

Vorprojekte

Man muß weit zurückgehen, um in der Münchner Residenz überhaupt einen Festsaal und eine Repräsentationstreppe zu finden, nämlich bis in die Zeit Kurfürst Maximilians I. und seines Residenzbaues mit Kaisersaal und Kaisertreppe von 1616, bis auf den heutigen Tag erhalten geblieben im Festsaalbau Leo von Klenzes. Aber dieser westlich gelegene Trakt entlang der Norderstreckung der Residenz blieb insoweit fragmentarisch, als er sich nach Süden nur in Gestalt eines Korridors bis zur alten Neuveste an der Nordostecke der Residenz fortsetzte. Erst als die Neuveste 1750 niederbrannte, war der Zeitpunkt gekommen, über eine Neuplanung an dieser Stelle nachzudenken. Doch es sollte noch bis 1764/67 dauern, daß François Cuvilliés einen neuen Plan für die Residenz samt einem noch heute erhaltenen Holzmodell vorlegte. Erhalten haben sich Cuvilliés' Fassadenpläne im Original, die Grundrisse des Erdgeschosses und des Hauptgeschosses leider nur in Photographien.[1] Die Grundrisse ebenso wie das Modell sahen eine Gesamtbebauung der Nordseite gegen den Hofgarten hin vor

Abb. 1. Fassade des Festsaalbaus der Münchner Residenz; Aufnahme vor 1945

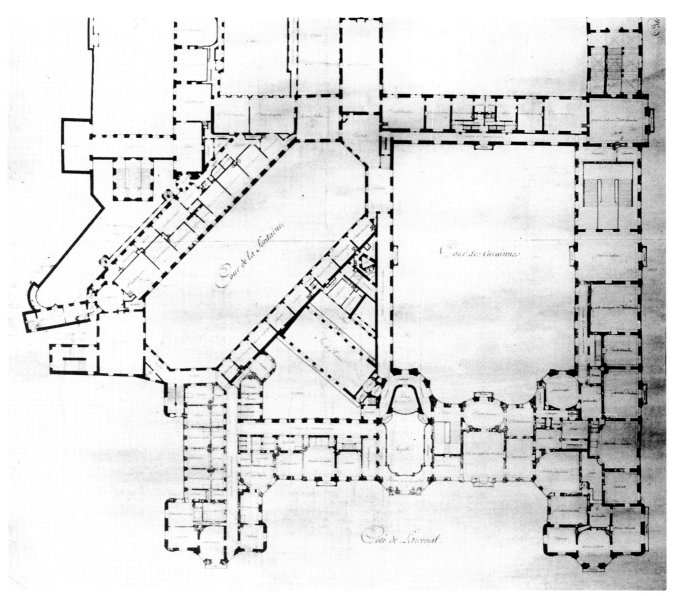

Abb. 2. François Cuvilliés d. Ä., Umbauprojekt für die Münchner Residenz, Hauptgeschoß, 1765; Detail: Trakt zum Marstallplatz

und stimmen damit mit einem der Fassadenrisse überein. Der andere Fassadenriß mit nur halber Bebauung der Nordseite, also lediglich einer Verkleidung des Kaisersaaltraktes mit einer neuen Fassade ist demnach für die Planung nicht verbindlich gewesen. Es war aber nicht nur der Nordtrakt der Residenz, den Cuvilliés erstmals genial zusammenfassend auch im Inneren strukturierte, der Architekt hatte auch als erster die Idee, einen neuen Haupttrakt der Residenz im Osten zu erbauen. Hier erstreckte sich bis dahin ein Gebäudekonglomerat verschiedenster Epochen, aus dem sich nur die Rückfassade des Residenztheaters, ebenfalls von François Cuvilliés, vorteilhaft hervorhob. Der sich nach Osten mit einer Cour d'honneur öffnende Palast sollte im Inneren eine große, durch Emporen als mehrgeschossig ausgewiesene Kirche erhalten (als „chapelle" auf dem Cuvilliés-Plan des Hauptgeschosses bezeichnet). Die von mir bereits früher geäußerte Vermutung,[2] es handele sich um eine Kirche des hl. Georg in Verbindung mit dem Wittelsbacher Hausritterorden gleichen Namens, bestätigt sich durch die handschriftliche Bezeichnung eines Saales auf diesem Grundriß als „Salle a manger des chevaliers". Diese Chevaliers sind die Georgiritter. Der große Saal steht über ein Vorzimmer hinweg in direkter Verbindung mit dem Emporengeschoß der Georgiritterkapelle. Er sollte der Versammlungssaal des Ordens, der Georgirittersaal, werden. Die zahlreichen, mehr oder minder großzügigen Appartements erklären sich als Gastappartements zur Aufnahme der Ordensangehörigen. Cuvilliés' Pläne wurden nicht realisiert. Das Problem der offenen Nord- und Ostseite der Residenz blieb ungelöst, nichtsdestoweniger aber dringend, da der Residenzbrand am 5. März 1750 gerade die Neuveste empfindlich geschädigt, ja großenteils zerstört hatte, darunter insbesondere den alten Georgirittersaal.

Als Kurfürst Max IV. Joseph im Jahre 1799 die Münchner Residenz bezog, bot sie zumindest auf drei Seiten des riesigen Gevierts den Anblick eines Konglomerats von Gebäuden aus verschiedensten Epochen. Selbst die Anfang des 17. Jahrhunderts für Kurfürst Maximilian I. erbaute Schauseite an der

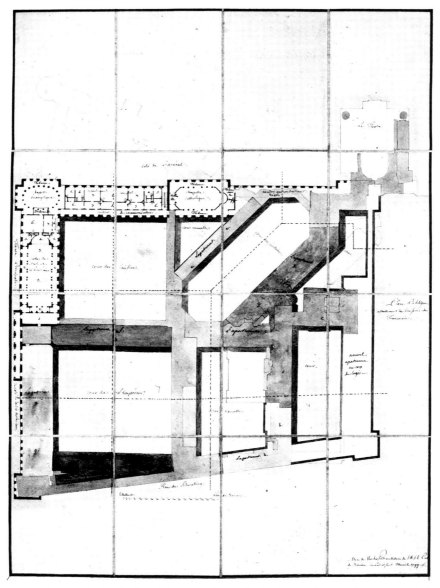

Abb. 3. Maximilian von Verschaffelt, Grundriß eines Umbauprojekts für die Münchner Residenz vom 1. Oktober 1799

Residenzstraße schloß sich, obwohl symmetrisch konzipiert, nicht zum Ganzen, da ihr seitliche Abschlüsse fehlten. Sie wären im übrigen wegen der Länge der Fassade optisch kaum ins Gewicht gefallen. Was also fehlte, waren einheitliche Fassaden, wie sie für im 18. Jahrhundert erbaute Residenzen selbstverständlich waren. Die Fassadenlosigkeit der Münchner Residenz war begründet in der fehlenden baulichen Einheit. Zwar hatte Kurfürst Maximilian I. die Bauten um den Kaiserhof systematisiert, aber in der Folgezeit war außer der unausgeführten Planung François de Cuvilliés' d. Ä. von 1764/67 nichts mehr geschehen (Abb. 2).[3] So hat sich denn Max IV. Joseph bei seinem Regierungsantritt 1799 sogleich durch Maximilian von Verschaffelt einen großen Neubauplan der Residenz vorlegen lassen, der aber gleichfalls nicht realisiert wurde (Abb. 3). Im weiteren Verlauf wandte sich das Planungsinteresse des Kurfürsten nur noch der Nordseite der Residenz gegen den Hofgarten hin zu, unter anderem belegt durch einen nicht signierten, wohl von Andreas Gärtner stammenden Grundrißplan, der zwischen 1799 und 1806 entstanden sein muß (Abb. 20).[4] Auch dieser Plan gelangte nicht zur Ausführung. Der innere Umbau des Hofgartentraktes, insbesondere die Umwandlung des Kaisersaales Kurfürst Maximilians I. in Appartements der Kurfürstin seit 1799 scheint den Ansprüchen Max' IV. Joseph genügt zu haben. Selbst als er 1806 König geworden war, veranlaßte er keine weiteren Baumaßnahmen. Für das Jahr 1821 wissen wir, daß Leo von Klenze dem Kronprinzen Ludwig brieflich mitteilte, eine Neugestaltung des Hofgartentrakts stünde unmittelbar bevor, ein Wunsch, der sich nicht erfüllte, da Max I. das Projekt abbrach.[5] Schließlich beschloß der König: „Klenze, mit dem Neubau des Schlosses ist es nichts, das will ich dem Louis überlassen ..."[6] Der König hatte also nicht nur den alten Kaisersaal aufgegeben, er wollte in seiner Residenz auch keinen neuen Fest- oder Ballsaal, geschweige denn einen königlichen Thronsaal. Damit aber entfiel für ihn der Neubau eines Hofgartentraktes. Diesen betrieb erst Kronprinz Ludwig seit dem Jahre 1821.

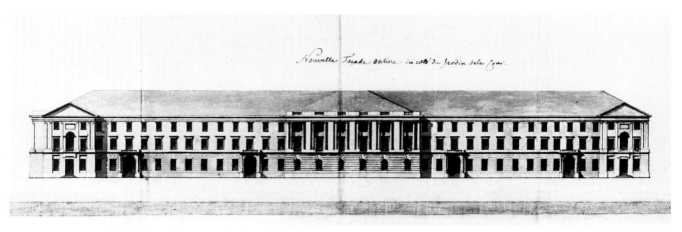

Abb. 4. Maximilian von Verschaffelt, Hofgartenfassade des Umbauprojekts für die Münchner Residenz, 1799; Ausschnitt

Festsaalbau

Die Entstehungsgeschichte und die Prunkappartements des Königsbaues sind bereits in einer Monographie ausführlich behandelt worden.[7] Im folgenden wird der Festsaalbau mit dem Schwerpunkt auf den Innenräumen behandelt. Diese sind 1944 völlig zerstört worden; für ihre Rekonstruktion sind die hier behandelten Entwürfe großenteils die einzige Grundlage.

Im Gegensatz zur Situation am Max-Joseph-Platz, wo nach Abriß des Franziskanerklosters eine leere Fläche zur Bebauung bereitstand, mußte gegen den Hofgarten hin ein bereits existierendes Konglomerat aus Bebauungen des 14. bis 17. Jahrhunderts berücksichtigt werden, im wesentlichen die Neuveste, ein langer Verbindungstrakt und der Kaisersaalbau.

Der ältere Cuvilliés hat die Nordtraktsituation 1764/67 auf Plänen festgehalten und zugleich einen Vorschlag für einen Neubau unterbreitet, der bis zu Klenze allen Planungen insoweit zugrunde lag, als zusammen mit dem Nordtrakt immer ein Osttrakt als Neubau geplant wurde.[8] So verfuhr auch Maximilian von Verschaffelt, als er 1799 sein Umbauprojekt für die Münchner Residenz vorlegte.[9] In der Tat griff sogar Klenze auf Verschaffelts Fassadenentwurf zurück (Abb. 4), als er sowohl die Eckrisalite als auch den durch Säulen betonten Mittelteil zumindest thematisch übernahm (Abb. 6). Cuvilliés hatte in einem seiner Entwürfe die Nordflucht noch in einen Kaisersaaltrakt und in einen niedrigeren Verbindungstrakt zum Ostflügel aufgeteilt, in einem weiteren Vorschlag aber ebenfalls eine lange, jedoch dessen ungeachtet übergreifende Fassade für den Nordtrakt vorgesehen.[10] Außerdem hat auch schon Verschaffelt gegen den späteren Max-Joseph-Platz hin einen neuen Trakt mit geschlossener Fassade geplant. Seine Idee des Hofgartentrakts mit vorgelagertem Portikusrisalit in der Mitte geht ihrerseits auf französische Vorbilder zurück, nicht zuletzt auf Bauten wie Michel d'Ixnards Entwurf für die Rheinfront der Koblenzer Residenz von 1776 (Abb. 5).[11] Freilich verkürzte Verschaffelt gegenüber den bestehenden Bauten den Nordtrakt radikal, so daß der Apothekenhof nahezu quadratisch geworden wäre. Damit aber hätte er den gotischen Christophsturm geopfert, der in Klenzes Festsaalkonzept erhalten blieb, sicher auf Wunsch König Ludwigs, der bereits den Grünen-Galerie-Bau Cuvilliés' vor dem Abriß bewahrt hatte.

Es verstand sich von selbst, daß die Raumfluchten König Max' I., des Vaters König Ludwigs I., nicht angetastet werden konnten. Damit blieb nur noch ein halber Trakt für den Neubau übrig. Diesem vorgegebenen Bauhindernis ist es sicherlich zuzuschreiben, daß der Festsaalneubau um die Ecke herumgezogen wurde und so einen Ostflügel erhielt, der das geräumige und festliche Treppenhaus aufnahm. Leider ist im Zuge des Wiederaufbaues des im Zweiten Weltkrieg vollständig ausgebrannten Hofgartentraktes ebenso wie des Osttraktes der bis dahin immer noch erhaltene Mauerbestand bis auf Reste des Christophsturms endgültig vernichtet worden. Dadurch sind heute die älteren Bauphasen nicht mehr ablesbar. Zudem wurde die Fassade des Nordtrakts gegen den Apothekenhof, also die Hoffassade, durch eine vorgelegte Galerie mit Freitreppe modern verändert.

Die Hofgartenfassade sollte sich auf Geheiß Ludwigs an der des römischen Palazzo Farnese orientieren. Diesen „italienischen" Wunsch erfüllte Klenze dem König zwar in frühen Fassadenentwürfen des Königsbaues,[12] er konnte ihn aber für die Fassade des Festsaalbaues von dem letztlich „französischen" Entwurf überzeugen, wenngleich Einzelformen, wie die halbrunden Erdgeschoßfenster und die Gliederung der Risalite aus der römischen Renaissancearchitektur entnommen sind. Nachdem der König schon im Falle der Königsbaufassade Klenzes Pläne verworfen und auf der schließlich auch gebauten Lösung in Anlehnung an den Florentiner Palazzo Pitti bestanden hatte, scheint sich Klenze mit seiner großen vorgelegten Loggia an der Festsaalbaufassade gegenüber dem König durchgesetzt zu haben. Die Mittelloggia und die Risalitkuben an den Enden greifen nicht (wie immer wieder behauptet wird) auf Palladio zurück, sie sind vielmehr angeregt von Repräsentationsgebärden der Pariser Architektur des späten 18. Jahrhunderts (z. B. J. A. Gabriels Bauten an der Place Royale).[13] Unfranzösisch ist das palladianische Motiv der Mezzaninfenster im Obergeschoß. Es erklärt sich aus der Aufrißvorgabe des zu inkorporierenden Hofgartentrakts König Max' I. Joseph, wahrscheinlich von C. P. Puille.[14] Das Freistellen der zweigeschossigen Mittelloggia ist aber eine großartige Neuinszenierung Klenzes, wohingegen er das konsequent genutete Erdgeschoß schon an der Fassade von 1799 vorfand und in sie nur die Rundbogenfenster der römischen Renaissancepaläste einfügen mußte.

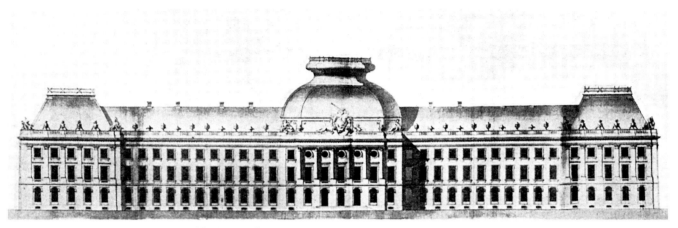

Abb. 5. Michel d'Ixnard (1723-1795), Entwurf für die Rheinfront der Koblenzer Residenz, 1776

Nachdem im Archiv der Bayerischen Verwaltung der staatlichen Schlösser, Gärten und Seen ein Gesamtplan der Neubauten König Ludwigs I. existiert,[15] im wesentlichen mit Königsbau, der Allerheiligen-Hofkirche, Festsaalbau sowie Veränderungen der Fassaden am westlichen Hofgartenpavillon, stellt sich die Frage, inwieweit bereits bei der Grundsteinlegung des Königsbaues 1826 die Gesamtplanung der baulichen Maßnahmen König Ludwigs I. in der Residenz einschließlich Festsaalbau vollständig vorlag. Für diesen Fall wäre der genannte Grundriß (Abb. 7) ein Entwurf, andernfalls eine Dokumentation aus späterer Zeit. Ludwig hat schon im September 1825 bei Klenze angefragt, ob „das Gebäude mit den acht Bildsäulen darauf am Hofgarten aufgeführt" werde.[16] Da also sogar die acht Attikafiguren des Festsaalbau-Mittelportikus' angesprochen werden, wie sie später ausgeführt wurden, muß sich die Anfrage auf einen konkreten, letztlich für die Ausführung verbindlichen Fassadenplan bezogen haben. Dies spricht für eine Datierung des genannten Grundrisses in das Jahr 1825.

Für eine bereits in diesem Jahr für die Bauausführung verbindliche Grundrißdisposition ergibt sich noch ein weiteres Argument. Ein Entwurf in der Staatlichen Graphischen Sammlung München[17] zeigt nämlich den Aufriß des Ballsaales im Festsaalbau mit den der Ausführung zugrundeliegenden Details (Abb. 8). Er ist, was bisher übersehen wurde, auf der Rückseite von Klenzes Hand mit der Jahreszahl 1827 versehen.[18] In der Tat hat Klenze erwogen, bereits 1827 mit dem

Abb. 6. Leo von Klenze, Fassadenentwurf für den Festsaalbau der Münchner Residenz, um 1830

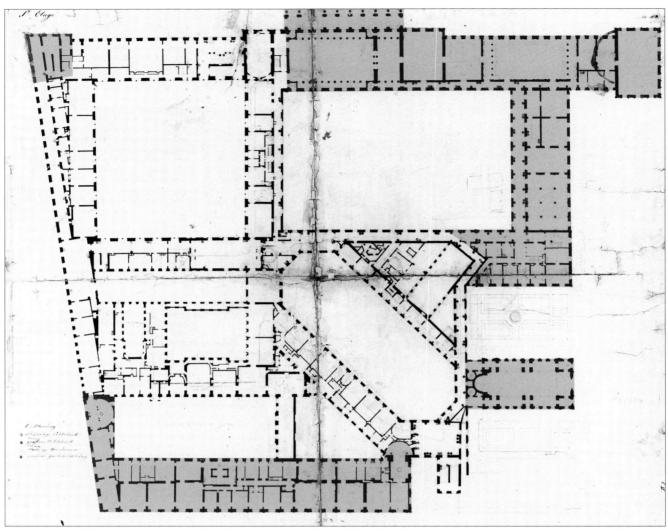

Abb. 7. Leo von Klenze, Grundriß der Münchner Residenz mit eingezeichneten Neubauten, Festsaalbau einschließlich Kopfbau an der Nordwestecke, Allerheiligenhofkirche und Königsbau, um 1825

Nordtrakt anzufangen.[19] Wenn nun in diesem Jahr ein Hauptsaal ausführungsreif entworfen war, erhöht sich die Wahrscheinlichkeit, daß der Grundriß von 1825 der endgültige war. Doch bis zur Grundsteinlegung verging noch Zeit. Am 29. März 1831 lag ein Entwurf Klenzes vor, der Änderungswünsche des Königs gegenüber einem Entwurf des Vorjahrs – Ähnlichkeiten mit der Fassade des Palazzo Farnese in Rom – berücksichtigte. Andere Änderungswünsche des Königs bezogen sich auf die Fassade, auch auf die Ausmalung, nicht aber auf die Grundrißdisposition. Der mittlere Portikusbau war bei der Fassadenänderung als integraler „Triumphportikus vor dem Thronsaale" unangetastet geblieben. Am 18. Oktober 1832, dem gezielt antinapoleonisch gewählten Jahrestag der Völkerschlacht bei Leipzig, wurde der Grundstein zum Festsaalbau gelegt. Der Zeitpunkt war insoweit günstig, als der Königsbau zumindest im Rohbau bereits stand. Zu Beginn des Jahres 1835 forderte der König Schnorr von Carolsfeld auf, zusätzlich zum Königsbau den Auftrag für die Ausmalung der Kaisersäle im Festsaalbau zu übernehmen. Der Maler lehnte ab. Mit guten Grund: Er befürchtete, daß er angesichts einer solchen Doppelbelastung die Nibelungensäle nicht mehr vertragsgemäß bis 1842 vollenden könnte. Und er behielt recht: Ludwig setzte sich zwar durch, doch der letzte Nibelungensaal wurde erst 1867 unter König Ludwig II. von anderer Hand fertiggestellt. Neben Schnorr von Carolsfeld arbeitete, wie schon im Königsbau, der Bildhauer Ludwig Schwanthaler. Er verfertigte in Originalgröße die Gipsmodelle zu den großen Ahnenstatuen im Thronsaal (heute im Neuen Schloß Schleißheim). Sie wurden in den Jahren 1836 bis 1842 von Johann Baptist Stiglmaier in Bronze gegossen. Das Hochzeitsbankett von Kronprinz Maximilian und Prinzessin Marie von Preußen im Saal Karls des Großen am 12. Oktober 1842 war das Signal für die Bezugsfertigkeit des Festsaalbaues. Seine Vollendung zog sich jedoch hin: Die Ausmalung der Kaisersäle war 1844 fertig, die der Odysseesäle im Erdgeschoß gar erst 1863.

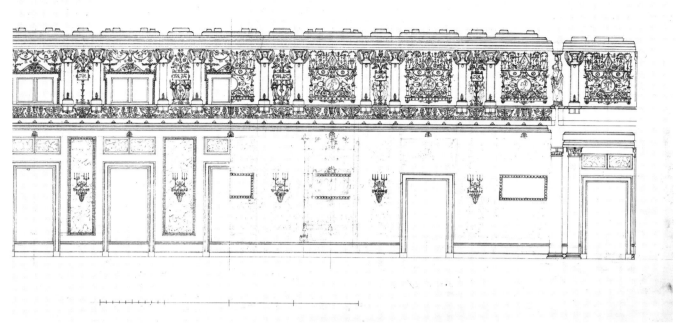

Abb. 8. Leo von Klenze, Alternativentwurf für die Nord- bzw. Südwand des Ballsaals im Festsaalbau, 1827

Abb. 9. Treppenhaus im Osttrakt des Festsaalbaus, Obergeschoß; Aufnahme vor der Zerstörung

Das Innere des Festsaalbaues

Das funktionale Raumkonzept des Festsaalbaues erscheint heterogen und mit der Distribution von Appartements im 18. Jahrhundert nicht vergleichbar. Dennoch hat das Raumkonzept ältere Grundlagen und orientiert sich außerdem an konkreten zeitgenössischen Vorbildern.

In allen Festräumen des Hauptgeschosses muß man sich gefelderte Decken und reich intarsierte Parkettböden vorstellen, die das Raumbild analog zum Königsbau steigerten und vollendeten. Alle Räume sind 1944 nicht nur ausgebrannt, sondern anschließend auch abgerissen worden. Besonders zu beklagen ist der Verlust der Prunktreppe im Osttrakt. Sie war die einzige wirklich monumentale dreiläufige Treppenanlage in der gesamten Residenz, nachdem Cuvilliés' Treppe zur Grünen Galerie, ebenfalls dreiläufig, schon im 18. Jahrhundert wieder abgerissen worden war. Eigenartig ist, daß die Festsaaltreppe vom Erdgeschoß aus mit zwei engen, schachtartig begrenzten Läufen begann, die sich erst zum Hauptgeschoß hin zu einem Lauf vereinigten, der sich anschließend frei zwischen Säulenstellungen entfaltete (Abb. 9).[20] Diese waren von zwölf Pendentifkuppeln überwölbt. Das Treppenhaus wurde von hohen Rechteckfenstern hell erleuchtet. In Erinnerung an die Kaisertreppe Kurfürst Maximilians I. ließ Ludwig I. sechs massive Rotmarmorsäulen einsetzen. Sie entfalteten ihre Wirkung hier noch stärker als bei der Königin-Mutter-Treppe im Königsbau, die gleichfalls das Motiv der vor einem lichten Hintergrund frei stehenden Säulenparade ausspielte. Jedoch: Wie schon im Königsbau, so ist auch hier das Verhältnis von Treppe und den durch sie zu erschließenden Räumen gestört. Die Mitteltreppe im Königsbau führt nicht zu den eigentlichen Appartements, diese werden vielmehr durch seitlich herangeführte Treppen erschlossen, die aus einem im rechten Winkel angebauten Trakt herangeführt sind. Dieselbe Disposition bestimmt auch das Verhältnis von Osttreppenhaus und Festsaalbau. Letztlich aber blieb keine Wahl: Auch die Kaisertreppe, hätte man sie beibehalten wollen, war nicht auf den neuen Thronsaal, sondern auf den damals nicht mehr existenten (heute aber wieder rekonstruierten) Kaisersaal ausgerichtet.

Der mittlere, durch zwei Absätze unterbrochene Treppenlauf der neuen Festsaalbau-Treppe mündete analog zu den beiden Treppen an den Enden des Königsbaues nach Erreichen eines dritten Podestes in ein Vorzimmer (Abb. 10)[21]. Wie bei seinem Gegenstück, dem Ersten Vorzimmer des Königs im Königsbau, waren die Wände nur durch Quaderbemalung und einen Fries darüber gegliedert (Abb. 11). Klenze war sich der Diskrepanz zwischen großartiger Treppe und bescheidener Vorzimmersituation bewußt, als er diesen Eingangsraum zum Hauptgeschoß des Festsaalbaues quer zur ganzen Bautraktbreite legte und so auf die Breite des Treppenhauses brachte. Außerdem betonte der Architekt die Bedeutung des Raums durch den Blick auf drei nebeneinanderliegende Türen. Es entstand ein nobles Entrée. Die Fortsetzung durch mittige Einzeltüren in einer Enfilade in kleinen Räumen blieb dennoch bescheiden. Der mittlere Vorraum suggerierte mit Wappenkartusche und Viktorien sowie großzügig gefelderter, leicht hochgezogener Decke mehr ernste Würde. Er war Empfangssalon für die Offiziere und bezog sich damit auf den Schlachtensaal. Der dritte Vorraum,[22] der Empfangssalon des Königs (Abb. 12, 13), leitete mit seiner pompejanischen Dekoration auf den in gleicher Weise dekorierten Ballsaal über, dem allerdings noch ein durch die Galeriegänge des 17. Jahrhunderts bedingter Restraum vorgelagert war.

Die genannten letzten beiden Empfangssalons lagen zwar in Enfilade, führten aber durch eine schmale Tür von der Seite in den Ballsaal, der somit nicht, wie der Kaisersaal Kurfürst Maximilians I., der krönende Höhepunkt einer Erschließung durch das Treppenhaus sein konnte. Der Ballsaal (Abb. 14, 15) stellte vielmehr eine allerdings monumentale Drehscheibe dar für die zwei wesentlichen Bereiche des Festsaalbautrakts am Apothekenhof: nach Osten hin zu den beiden Räumen der Schönheitengalerie mit dem Charakter von Vorzimmern zum Schlachtensaal und nach Westen zu den drei Kaisersälen mit Vorzimmercharakter zum Thronsaal hin.[23]

Schon der Neubauplan Verschaffelts von 1799 sah im neuen Flügel der Nordseite anschließend an den Kaisersaal-Trakt einen Ballsaal vor. Dieser Ballsaal (Abb. 3) mit seinen Doppelsäulenreihen an den Längsseiten und seiner Apsisrundung lehnte sich deutlich an den Tanzsaal des Redoutenhauses (Abb. 18) in der Prannerstraße an.[24] Dieser Ballsaal ersetzte an anderer Stelle den zu Appartements umgebauten alten Kaisersaal.

Ikonologisch scheint das Bildprogramm im Festsaalbau ähnlich wie schon im Königsbau keinen einheitlichen Sinn zu ergeben. Die Schönheitengalerie, zwei Räume mit Bildnissen schöner Frauen als Vorzimmer zu den monumentalen Gefechtsbildern des Schlachtensaals, bildet zu ihnen einen eher eigenartigen und überraschenden Kontrast, selbst wenn man berücksichtigt, daß sie als Konversations- oder Spielzimmer an den ihnen gemäßeren Ballsaal anschließen (Abb. 16).

Bereits am 19. Mai 1821 wird „Die Sammlung der schönen Köpfe" in einem Brief des Malers Joseph Stieler an den Kronprinzen erwähnt. Seit 1826 ließ König Ludwig I. durch seinen Hofmaler Stieler Portraits schöner Frauen malen.[25] Daß die Bilder von Anbeginn an gleiches Format hatten, deutet auf eine vorgesehene Hängung in Serie hin, analog zur Serie von Hofdamenportraits, gemalt von Pierre Gobert für Kurfürst Max Emanuel.[26] Konkret erwähnt wird die Hängung erstmals am 26. August 1836, ein Jahr nach Bezug des Königsbaus, als Ludwig I. zusammen mit Ludwig Schwanthaler „die zwei Gemächer für die Schönheitengalerie" im Festsaalbau besichtigte, der damals noch ohne Dach war.[27] In den grün bzw. rot marmorierten Wänden mit gemalter Quaderung waren rechteckige Putzfenster für die Bilder ausgespart. Je Raum waren 18 Bilder vorgesehen. Im Jahr der Fertigstellung des Festsaalbaus 1842 waren 26 Bilder der Schönheitengalerie gehängt; erst 1861 war die Zahl 36 vollständig. Die beiden Räume enthielten an ihren Decken eine Allusion auf die liebenswerte Frauenschönheit in Gestalt von vor Tripodien knienden Mädchen und geflügelten Amoretten (Abb. 17).

Programmatischer gibt sich hingegen die Folge der drei Kaisersäle im Blick auf den Thronsaal. Hier nämlich wird das deutsche Kaisertum verherrlicht, auf dessen großen Ahnherrn Karl (Saal Karls des Großen) sich schon die Genealogie des Hauses Wittelsbach in Effners Ahnengalerie des 18. Jahrhunderts berief. Selbst der Saal Friedrich Barbarossas hat durch die Darstellung der Belehnung Ottos von Wittelsbach mit

Der Festsaalbau der Münchner Residenz   695

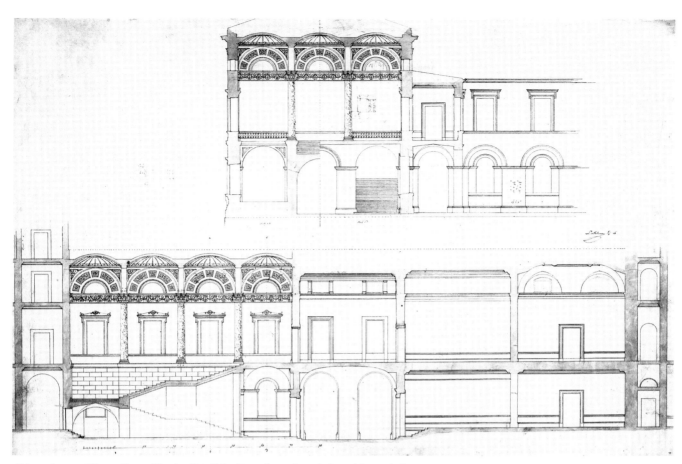

Abb. 10. Leo von Klenze, Entwurf für den Ostteil des Festsaalbaus, Querschnitt und Längsschnitt, um 1830

Abb. 11. Leo von Klenze, Entwurf zum Festsaalbau, Längsschnitt durch den Osttrakt

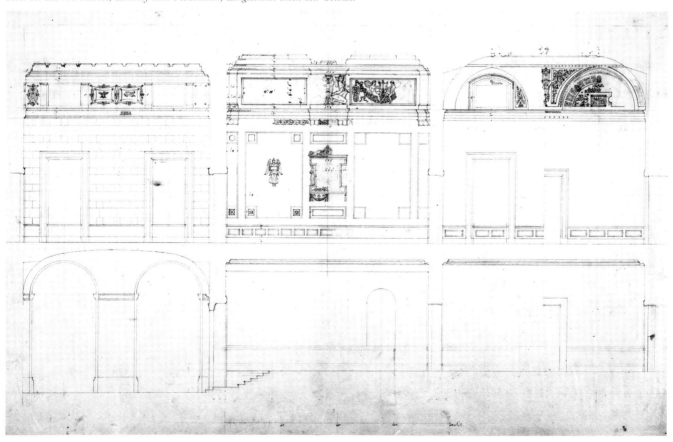

Abb. 12. Leo von Klenze, Entwurf zur Nordwand des Empfangszimmers im Osttrakt des Festsaalbaus, um 1830

Abb. 14. Leo von Klenze, Entwurf für die Ost- oder Westwand des Ballsaals, um 1830

Abb. 15. Ballsaal im Festsaalbau; Aufnahme vor der Zerstörung

13. Nordwand des Empfangszimmers im Osttrakt des Festsaalbaus; Aufnahme vor der Zerstörung

Abb. 16. Schönheitengalerie im Festsaalbau (Erstes Konversationszimmer); Aufnahme vor der Zerstörung

Abb. 17. Schönheitengalerie im Festsaalbau (Erstes Konversationszimmer), Deckenausschnitt; Aufnahme vor der Zerstörung

dem Herzogtum Bayern einen historischen Bezug zur herrschenden Dynastie, und der Wahlspruch des Saales Rudolfs von Habsburg „Melius bene imperare quam imperium amplificare" hat enge Beziehung zur Politik König Ludwigs I. Das Königreich Bayern auf dem Fundament des deutschen Kaiserreichs, so könnte das Programm heißen, denn Ludwig I. sah sich nicht nur als bayerischen König, sondern betrachtete als solcher auch Bayern als Bestandteil eines erwünschten deutschen Reiches.

Wohin die östlichen Vorräume nicht direkt führen, ist der eigentliche Hauptraum des Festsaalbaues, nämlich der Thronsaal (Abb. 19). Seine riesenhaften Ahnenbilder griffen das Thema von Effners Ahnengalerie erneut in monumentaler Form auf. Hier thronte der König inmitten der goldschimmernden Bronzestatuen seiner Wittelsbacher Vorfahren. Der Thronsaal nahm bis auf zwei Achsen die Breite der mittleren Fassadenloggia gegen den Hofgarten ein, die so die Möglichkeit bot, sich, durch große Flügeltüren hinaustretend, dem versammelten Volk zu präsentieren. Die Form des antik-römischen Basilikaraumes mit gravitätischen Säulenreihen über die ganze Länge verlieh dem Saal höchste Würde. Seine Form ist, allerdings unter Verzicht auf einen Apsidenabschluß bei gleichzeitiger Beibehaltung der von Kolonnaden getragenen Balkone und der flachen Decke, ein Echo auf den Ständesaal in der Münchener Prannerstraße, in dem König Max I. Joseph die bayerische Verfassung verkündet und die Stände einberufen hatte.[28] Daß dieser Saal ursprünglich ein Redoutensaal, also ein Ballsaal gewesen war, verminderte offenbar nicht die Bedeutung der Bauform. Immerhin: Verschaffelt hatte 1799 an der Stelle des späteren Thronsaals einen Ballsaal vorgesehen, der mit Doppelsäulen und einer Apsis fast eine Kopie des alten Redoutensaals war (Abb. 3). Demgegenüber ist der etwas spätere Entwurf 1799/1806, vielleicht von Andreas Gärtner (Abb. 20) für eine Neugestaltung des Nordflügels der Residenz[29] aus mehreren Gründen bemerkenswert. Zum einen nimmt er im Anschluß an Verschaffelt für den neuen Nordtrakt die gesamte Breite der Residenz in Anspruch, mit Mittelrisalit und Seitenpavillons, zum anderen setzt er an die Stelle des späteren Thronsaals von Klenze einen riesigen Festsaal („Grande Salle de Festin"). Die drei Kompartimente dieses Saales werden von Kuppeln auf Doppelsäulen überwölbt, zum Hofgarten hin ist ihm eine Säulenloggia vorgelegt, und er springt wie Klenzes Thronsaal als Risalit vor.

Abb. 18. *München, Ständesaal im ehem. Redoutenhaus in der Prannerstraße; Lithographie von Lorenzo Quaglio, 1819*

Abb. 19. *Thronsaal im Festsaalbau; Aufnahme vor der Zerstörung*

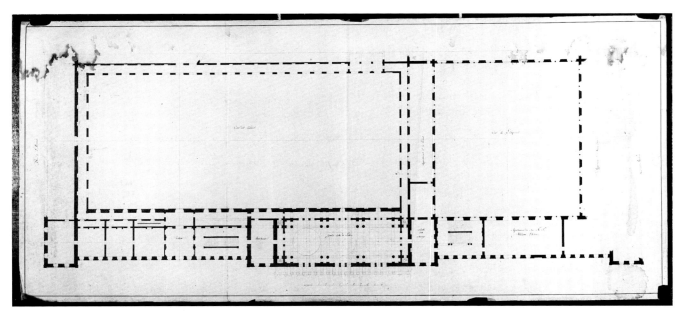

Abb. 20. Andreas Gärtner (?), Grundrißentwurf für einen neuen Hofgartentrakt der Münchner Residenz, um 1800

Die Eckrisalite sind zwar schmäler als diejenigen Klenzes, aber im Prinzip ebenfalls vorhanden und, was das Entscheidende ist, wie schon bei Verschaffelt wird die ganze Nordseite trotz der großen Länge als einheitliche Fassade auf eine Mittelachse bezogen. Der Entwurf läßt im Gegensatz zu Klenze eine dreiläufige Treppe über einen Vorraum (als Pendant zum Speisesaal im Westen) direkt in den Hauptsaal einmünden. Klenze hingegen läßt, nicht zum Vorteil der Anlage, das Treppenhaus weg und verlegt es in den Ostflügel. Doch sind seinem Thronsaal wie bei Gärtner dem Festsaal mehrere Säle vorgelegt, deren Türen allesamt mittig angeordnet sind, so daß vom Ende des Festsaals bis zum Ende des östlichen Risalitraumes eine einzige Mittelachse als Enfilade gezogen werden kann, ein Beweis dafür, daß Klenze den Grundriß von 1799/1806 kannte.

Abb. 21. Saal Karls des Großen im Festsaalbau; Aufnahme vor der Zerstörung

Der Festsaalbau der Münchner Residenz 701

Abb. 22. Leo von Klenze, Entwurf für die Ostwand des Saales Karls des Großen, um 1835

Abb. 23. Saal Friedrich Barbarossas im Festsaalbau; Aufnahme vor der Zerstörung

Natürlich war sich Klenze dessen bewußt, daß die abgelegenen östlichen Vorräume nicht genügten und der Thronsaal vielmehr ein adäquates direktes Entrée erforderte. Diese Funktion erhielten die drei Kaisersäle. Die Thematik ihrer Bilder stand nicht von vornherein fest. Vielmehr mußte Klenze im Winter 1834/35 König Ludwig I. erst von den mittelalterlichen Bildinhalten aus der Zeit der großen deutschen Kaiser überzeugen.[30] Die Kaiserthemen Karl der Große – Friedrich Barbarossa – Rudolf von Habsburg folgen einander chronologisch, doch die Räume selbst sind differenziert und, anders als die Vorräume im Osttrakt, bis hin zu festlichen Funktionen jeder von eigenem Gewicht. So fand das Hochzeitsbankett Kronprinz Maximilians am 12. Oktober 1842 im Saal Kaiser Karls des Großen statt (Abb. 21, 22). Er ist mit vier Fensterachsen gegen den Hofgarten der hellste der Kaisersäle, wenngleich der größte Raum der folgende, derjenige Friedrich Barbarossas ist (Abb. 23). Dieser, nur dreiachsig, gehört schon zum Mittelrisalit mit deutlich höheren Fenstern. Die Karls-Gemälde gerieten wegen der hohen Attika niedriger und konkurrierten zudem mit deren Gemälden. Die Barbarossa-Gemälde wirkten wandfüllender, und ihre Dominanz wurde durch einen umlaufenden Relieffries eher gesteigert. Ein Fußbodenentwurf zum Barbarossa-Saal hat sich erhalten (Abb. 24).

Seine Funktion als Vorraum brachte der dritte Saal, Kaiser Rudolf von Habsburg gewidmet, am deutlichsten zum Ausdruck (Abb. 26). Er war wie schon das erste Vorzimmer im Osttrakt entschieden in die Querachse gelegt (sogar in der gesamten Gebäudebreite unter Einbeziehung der alten Apothekenhofgalerie) und er war nobilitiert durch Säulenstellungen nicht nur an den Schmalseiten, sondern zudem durch tiefgestaffelte Doppelsäulen im Portalkorridor zum Thronsaal. Die am oberen Rand in Segmenten durchhängenden Borten definierten die Wandgemälde als gemalte Tapisserien (Abb. 25).

Wenngleich die Ausmalung von nicht weniger als drei Sälen mit Szenen aus der mittelalterlichen Geschichte Deutschlands zu ihrer Zeit singulär war, ist sie doch nicht ohne Vorläufer. Freiherr von Stein hatte Kronprinz Ludwig schon 1820/21 in Rom für Themen aus der mittelalterlichen deutschen Geschichte begeistert. In der Folge hatte der Freiherr 1823 für sein Cappenberger Schloß mit Peter Cornelius zwecks Ausmalung eines Raumes verhandelt, der diese Thematik zum Inhalt haben sollte. Ausgeführt wurde in Cappenberg 1829-1832 der „Tod des Friedrich Barbarossa" durch Julius Schnorr von Carolsfeld.[31] Das Barbarossa-Thema war in breiterer Form bereits 1825 durch einen Cornelius-Schüler im Schloß Heltorf des Reichsgrafen Franz Joseph Anton von Spee behandelt worden, und so kann Heltorf ebenfalls als Vorläufer der Münchner Kaisersäle gelten.

Am anderen Ende des als neuer Teil des Hofgartentraktes erbauten Festsaalgebäudes lag im östlichen Kopfbau als Pendant zum Thronsaal der Schlachtensaal (Abb. 27). Als Siegessaal sollte er nach Ludwigs eigenem Wunsch[32] denkmalartig die Siege der bayerischen Armee in den Napoleonischen Kriegen verherrlichen. Ihrer sollte in diesem Bankettsaal jährlich mit einer Galatafel für die bayerischen Offiziere gedacht werden.

Der Saal ist verschwunden; erhalten haben sich seine vierzehn Schlachtbilder, heute ausgestellt im Königsbau der Residenz. Ähnlich wie in den Räumen der Schönheitengalerie waren die gleichformatigen Leinwandbilder zwar in

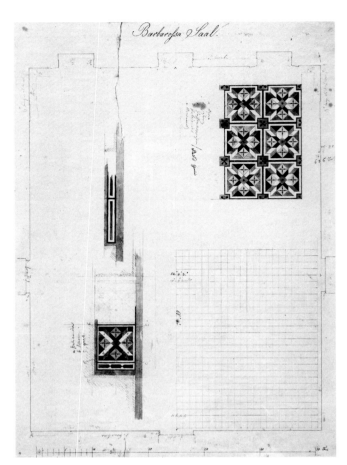

Abb. 24. Leo von Klenze, Fußbodenentwurf für den Barbarossasaal, um 1835

wandfesten Rahmen, jedoch mobil angebracht. Nachdem sich nur ein Schwarzweißphoto des Schlachtensaales erhalten hat, sind die jetzt aufgefundenen Entwürfe in der Graphischen Sammlung München als Dokumente umso wichtiger, insbesondere weil einer von ihnen farbig ist.[33] Diese aquarellierte Zeichnung ist ein Vorentwurf (Abb. 28), da sie entgegen der Ausführung unter den Schlachtenbildern Schrifttafeln in Ornamentfeldern vorsieht und profilierte Rahmenleisten verwendet. Die der Ausführung zugrundeliegenden Entwürfe (Abb. 29) haben hingegen geschuppte, antikische Rahmenleisten und setzen die Schrifttafeln oberhalb der Bilder auf die Wand. Diese ist wie in der Ausführung mit Quadern bemalt und war wie auf dem Aquarell karminrot. Die durch die Einbeziehung des Mezzaningeschosses bedingte Attikazone enthielt Relieffelder mit Trophäen und Vorlagen mit Viktorienreliefs.

Der Schlachtensaal der Münchner Residenz geht typologisch direkt zurück auf die Vorbilder des Großen Saals und insbesondere des Viktoriensaals im Schloß Schleißheim, also auf das frühe 18. Jahrhundert und die Kriege Kurfürst Max Emanuels gegen die Türken. Bereits 1807 hatte Johann Georg Dillis formuliert, er hoffe, noch einen Viktoriensaal zu erleben, größer als jener in Schleißheim.[34] So hatte Ludwig bereits als Kronprinz im Jahr 1809 zwölf gleichformatige Bilder mit Schlachtendarstellungen aus den napoleonischen Kriegen zur Verherrlichung der bayerischen Armee bei Wilhelm von Kobell in Auftrag gegeben, von denen bis 1815 sechs fertiggestellt waren. Sowohl die Zwölfzahl als auch die gleichen Formate

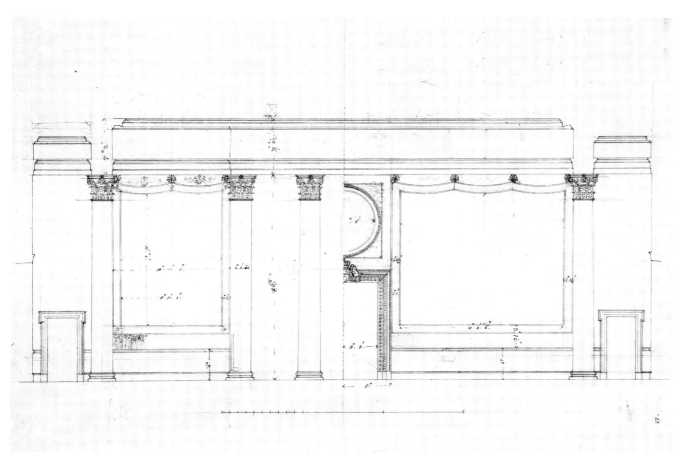

Abb. 25. Leo von Klenze, Alternativentwurf für die West- bzw. Ostwand des Saales Rudolfs von Habsburg

Abb. 26. Saal Rudolfs von Habsburg im Festsaalbau, Nordwand; Aufnahme vor der Zerstörung

deuten darauf hin, daß der Kronprinz schon damals an eine feste Installation in einem großen Saal dachte. Am 26. Juli 1830 schrieb schließlich König Ludwig I. an Klenze: „... der Entwurf des Siegessaals ... muß denkmalartig werden ..."[35] Schon 1829 hatte Ludwig I. eine Vorstellung dieses Saals, als er Peter Heß den Auftrag für die Schlacht von Bodenbühl gab und damit den zweiten Teil der Serie initiierte. Die inzwischen auf 14 Bilder erweiterte Gemäldereihe war 1838 abgeschlossen; der zweite Teil wurde ohne Beteiligung von Wilhelm von Kobell von Peter Heß, Albrecht Adam u. a. gemalt.[36]

Der Schlachtensaal hat, von der Anregung durch das Vorbild in Schleißheim abgesehen, einen aktuellen Bezug zur Zeitgeschichte insofern, als er mit der repräsentativen Zeremonialarchitektur am Hof Kaiser Napoleon Bonapartes in Paris zu verbinden ist. Wie schon im Königsbau erfolgte die Vermittlung erneut durch die Architekten Percier und Fontaine, denen im Pariser Tuilerienpalast 1800-1815 der Umbau der für das neue Hofzeremoniell Napoleons erforderlichen Räume oblag.[37] König Ludwig I. kannte ebenso wie sein in Paris ausgebildeter Architekt Klenze den dortigen Palast aus eigener Anschauung. In ihm befand sich ein Salon des Maréchaux de France, der in groben Zügen dem Münchner Schlachtensaal entspricht. Auch er wurde wie dieser als Empfangsraum genutzt.

Kronprinz Ludwig mag, als er im Tuilerienpalast wohnte, auch das 1808 von François Gérard vollendete Gemälde der Schlacht von Austerlitz mit dem siegreichen Napoleon gesehen haben, das in der Salle du Conseil d'Etat hing. Es

Abb. 27. *Schlachtensaal im Festsaalbau; Aufnahme vor der Zerstörung*

könnte ihn zu seiner ersten Schlachtenserie angeregt haben. Später hing Gérards Gemälde dann in König Louis Philippes seit 1833 projektierter Galerie Historique im Schloß Versailles von Nepveu.[38] Bereits am 19. Juli 1834 wurden die Bilder der napoleonischen Feldzüge dort provisorisch gezeigt. Als die Galerie dann 1837 feierlich eröffnet wurde, enthielt sie 38 Bataillen, die fest in die Wandvertäfelung eingelassen waren. Inwieweit König Ludwig I. bereits vor 1833 von dem Versailler Projekt wußte, läßt sich nicht feststellen. Jedenfalls verlief die Ausführung des Münchner Schlachtensaales und der Versailler Galerie parallel.

Räume im Erdgeschoss

Gemäß Ludwigs Wunsch sollte auch das Erdgeschoß analog zum Königsbau eine durch ihre Wandbilder bedeutende Raumflucht erhalten. Die Bilder der sechs in Enfilade liegenden Räume illustrierten Homers Odyssee. Diese Odysseesäle waren ursprünglich für das Obergeschoß des Königsbaues vorgesehen, ein Projekt, das bereits 1826 aufgegeben wurde. 1831 wurde das Programm auf das Erdgeschoß des Festsaalbaues übertragen.[39] Ludwig Schwanthaler lieferte 1832-1837 die in der Staatlichen Graphischen Sammlung München erhaltenen schönen Entwürfe, Johann Georg Hiltensperger führte die Bilder seit 1838 aus; 25 Jahre später waren sie fertig. Noch am 10. Juli 1852 mahnt Ludwig I. Klenze, man möge endlich die Fußböden verlegen, da die Odysseesäle auch Hochzeitsgästen Logis bieten sollten. Dennoch wurden die Ausgaben im Sommer 1852 gestrichen, und die intarsierten Fußböden blieben unverlegt.[40]

Die Odysseesäle sind vollständig zerstört. Bisher wurde keine photographische oder andere Abbildung bekannt, so daß ein Ruinenphoto des Königsbaues den einzigen Einblick gewährt (Abb. 30). Auf einem Grundriß vom Ende des 19. Jahrhunderts[41] (Abb. 31) heißt es, daß die Räume „z. Zeit durch die Kgl. Silberkammer in Benützung" sind. Sie waren nicht öffentlich zugänglich und gerieten in Vergessenheit.

Von den 1833 entstandenen Entwürfen Klenzes und seiner Werkstatt für diese Räume hat sich, bisher nicht bekannt, wenigstens ein Teil erhalten.[42] Ein Aufriß der Staatlichen Graphischen Sammlung München von der Hand Klenzes zeigt die Südwand des noch im Mittelrisalit gelegenen größten (zweiten) der Odysseesäle (fälschlich mit Bleistift bezeichnet „Empfangssalon") (Abb. 32). Er stimmt im wesentlichen mit einem Aufriß in einer Münchner Privatsammlung überein (Werkstatt Ludwig Schwanthaler) (Abb. 33). Der oben genannte Erdgeschoßgrundriß vom Ende des 19. Jahrhunderts (siehe Anm. 41) enthält den Raum als einzigen mit der ihn definierenden Ecknische. Die Mitteltüre führt auf den Korridor und den Apothekenhof nach Süden. Über ihr war offenbar eine Odyssee-Landschaft vorgesehen; sie gehörte wohl zu den achtzehn Szenen des Odysseus-Mythos selbst. Aufgrund der Nische und der Verteilung der Kassettenfelder läßt sich ein Deckenentwurf in der Staatlichen Graphischen

Der Festsaalbau der Münchner Residenz 705

Abb. 28. Leo von Klenze, aquarellierter Vorentwurf für die Süd- (oder Nord-)wand des Schlachtensaales

Ab. 29. Leo von Klenze, Entwurf für die Süd- (oder Nord-)wand des Schlachtensaales, um 1835

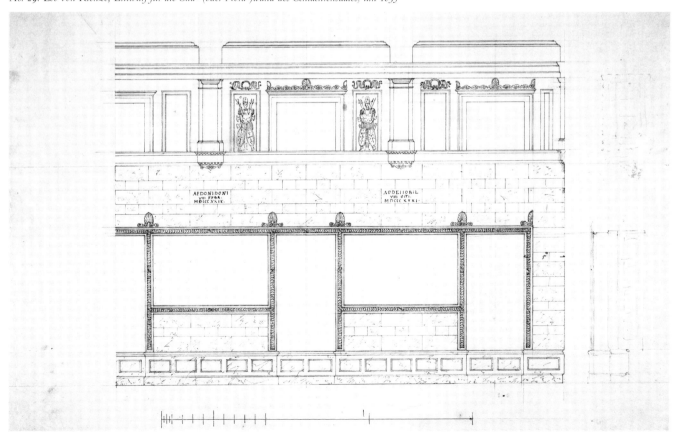

Abb. 30. *Ruine des Festsaalbaus, um 1950, mit Blick in den Ballsaal gegen Nordwesten, darunter der vierte Odysseesaal*

Sammlung München (Abb. 34) dem Projekt zuordnen (ein zweiter zeigt die halbe Decke),[43] so daß wir über das Aussehen des Raums gut informiert sind. Die Ecknische enthält einen, wahrscheinlich für die Ausführung in Bronze vorgesehenen Kandelaber. Gemäß dem Grundriß des späten 19. Jahrhunderts befand sich in der anderen, der Westecke, eine symmetrische Nische.

Schlussbetrachtung

Es ist nicht nur die Hofgartenfassade, die insbesondere durch ihre Risalite und die zentrale Säulenloggia auf Pariser Vorbilder der zweiten Hälfte des 18. Jahrhunderts zurückverweist. Auch die Festsäle sind ihrer Raumarchitektur nach französisch beeinflußt, insbesondere im Hinblick auf die basilikalen Raumformen des Thron- und des Ballsaales. Sogar die Anordnung der Säle läßt sich, wenigstens partiell, auf ein direktes Vorbild zurückführen, den für Napoleon durch Percier und Fontaine umgebauten Tuilerienpalast in Paris. Dem dortigen Saal der Marschälle, der als Vorbild für den Schlachtensaal diente, folgten ein Premier Salon und ein Second Salon, die der Salle du Trône vorgelagert waren. Ein Analogon zum Tanzsaal Ludwigs I. gibt es freilich nicht; die übrige Raumabfolge ist aber vergleichbar, wobei die Einfügung der beiden Räume der Schönheitengalerie (als Konversations- oder Spielzimmer) in München einen ähnlichen Zweck erfüllt haben dürfte wie die beiden Salons in Paris, nämlich „Cercles" zu halten, ein lockeres Zusammentreffen auf Einladung des Regenten, bei dem man sich an Spieltischen unterhielt.[44]

Abb. 31. *Grundriß des Festsaalbaus, um 1900; Ausschnitt*

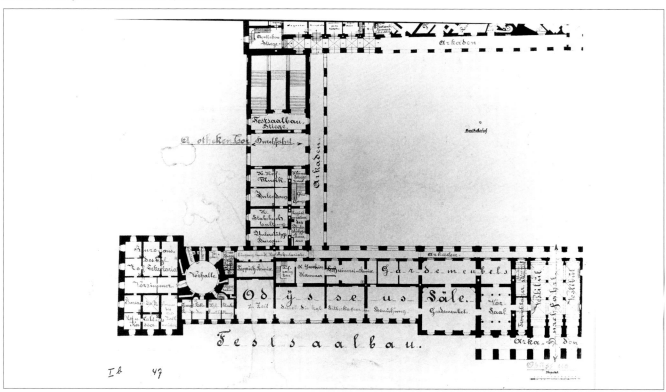

Der Festsaalbau der Münchner Residenz 707

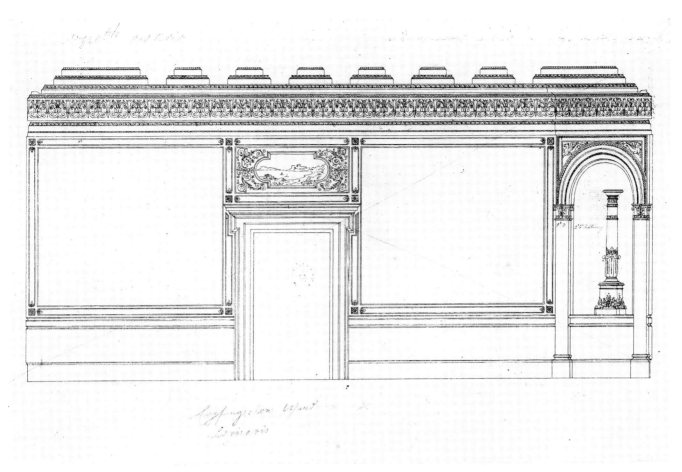

Abb. 32. Leo von Klenze, Entwurf zur Südwand des zweiten Odysseesaales, um 1832

Abb. 33. Ludwig Schwanthaler (?), Entwurf für die Südwand des zweiten Odysseesaales, um 1832

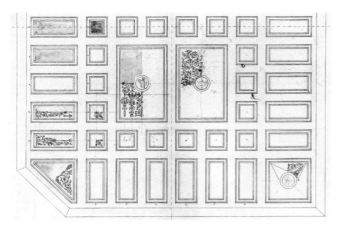

Abb. 34. Leo von Klenze, Deckenentwurf für den zweiten Odysseesaal, um 1832

Wenn auf Abbildungen des Münchner Thronsaals wechselweise ein Thron oder deren zwei erscheinen, so deutet dies darauf hin, daß Ludwig I. auch zusammen mit seiner Gemahlin Gäste empfing. Auch dies hat eine Parallele im napoleonischen Zeremoniell, wenn der Kaiser, etwa bei Geburtstagen und Hochzeiten zusammen mit seiner Gemahlin die Gäste begrüßte.

Wenn der Königsbau der Münchner Residenz die italienische Renaissance in Bauformen, Dekoration und Malerei im Gewande des 19. Jahrhunderts nach München versetzte, so verkörpert der Festsaalbau die französische Architektur. Von der Funktion her gesehen ist das auffallendste Merkmal der Palastneubauten Ludwigs I. die Verteilung von Wohn- und Repräsentationsfunktion auf getrennte Gebäude. Sie ist zunächst ohne Parallele zu anderen großen Residenzneubauten der ersten Hälfte des 19. Jahrhunderts. Inwieweit eine solche Trennung in der Architekturtheorie vorgebildet war, wobei vor allem an Publikationen Perciers und Fontaines zu denken wäre, ist noch zu untersuchen.

Königsbau und Festsaalbau schlossen den in Jahrhunderten gewachsenen Gesamtkomplex der Münchner Residenz ab, vollendeten ihr Gefüge und ihre äußere Erscheinung zum Ganzen. Das dritte große Bauvorhaben Ludwigs I. war die Allerheiligen-Hofkirche im Raumtypus der byzantinischen Kreuzkuppelkirche mit einer an den Formen oberitalienischer Romanik orientierten Fassade. Hier, auf der Ostseite der Residenz, lag der Hauptzugang nicht nur zum Festsaalbau, sondern zur Residenz schlechthin. Der Marstallplatz bildete den großen Vorhof, die Cour d'honneur im Sinne des 18. Jahrhunderts, die große Festsaalbautreppe war d i e repräsentative Treppe der Residenz. Der Königsbau hatte keine solche Treppe, und die alte Kaisertreppe im Hofgartentrakt war durch die Umbauten Max' IV. Joseph funktionslos geworden. Um so tragischer ist es, daß gerade der Festsaalbautrakt und insbesondere sein Ostteil nach der Zerstörung 1944 nicht mehr aufgebaut wurde. Der östliche Eingangstrakt verlor dadurch seine Funktion. Der heutige Neubau des Kulissengebäudes für die Staatstheater riegelt die Fassade der Allerheiligen-Hofkirche und den Hof daneben ab und nimmt damit dem Marstallplatz die Möglichkeit des Ausatmens gegen die Residenz hin. Umgekehrt blickt diese jetzt nicht mehr hinüber zum Reitschulgebäude, einer wahrhaft klassischen Architektur Klenzes. Der im Entstehen begriffene Neubau des Gebäudes für die Max-Planck-Gesellschaft wird die Residenz vollends vom einst urban belebten Marstallplatz abriegeln. Die Ostseite des Münchener Residenzbaues, die noch François Cuvilliés zur vornehmsten Fassade der Residenz überhaupt ausbauen wollte, ist so in der zweiten Hälfte unseres Jahrhunderts zum Bestandteil eines isolierten, gesichtslosen Hinterhofes herabgewürdigt worden (Abb. 35).

Anmerkungen

1 Bayerische Verwaltung der staatlichen Schlösser, Gärten und Seen, München, Museumsabteilung. Abb. in GERHARD HOJER, *Die Amalienburg*, München/Zürich 1986, S. 67 (Grundriß des Hauptgeschosses), S. 73 (Entwurf der Westfassade und Holzmodell Ostfassade) und WOLFGANG BRAUNFELS, *François Cuvilliés*, München 1986, Abb. 127 (Entwurf Gesamtfassade Nord neu), Abb. 128 (Entwurf der Nordfassade mit neuem Fassadenteil links), Abb. 126 (Entwurf Erdgeschoß).

2 GERHARD HOJER, *Die Amalienburg. Rokokojuwel im Nymphenburger Schloßpark*, Aus Bayerns Schlössern, München 1986, S. 73 und Anm. 122.

3 GERHARD HOJER, *Die Münchner Residenz um 1800. Projekte für Kurfürst Max IV. Joseph*, in: Weltkunst, 50. Jg., Heft 8, April 1980, S. 690-694. – Der Umbauplan der Residenz Maximilians I. von Verschaffelt, 1799, liegt im Geheimen Hausarchiv, München, Mscr. Nr. 64.

4 Der Andreas Gärtner zugeschriebene Plan liegt im Planarchiv der Bayerischen Verwaltung der staatlichen Schlösser, Gärten und Seen, München, Schloß Nymphenburg. Vgl. GERHARD HOJER, *Revolution der Architektur. Andreas Gärtners Entwürfe für die Münchner Residenz zwischen 1804 und 1806*, in: Weltkunst, 51. Jg., Heft 20, Oktober 1981, S. 2979-2981, Abb. 1. Der Plan ist im Bereich des alten Kaisersaales bezeichnet „Apartemens de Son A.S. Madame l'Electrice", ist also nach dem Regierungsantritt Max IV. Josephs als Kurfürst 1799 und vor 1806 zu datieren, als er König wurde.

5 EVA MARIA WASEM, *Die Münchener Residenz unter Ludwig I. Bildprogramme und Bildausstattungen in den Neubauten*, Miscellanea Bavarica Monacensia, Heft 101, München 1981, S. 9.

6 Ebd., S. 10.

7 GERHARD HOJER, *Die Prunkappartements König Ludwigs I. im Königsbau der Münchner Residenz. Architektur und Dekoration*, Bayerische Verwaltung der staatlichen Schlösser, Gärten und Seen, Forschungen zur Kunst- und Kulturgeschichte, Bd. II, München 1992. – Neuerdings auch GERHARD HOJER/H. OTTOMEYER (Hrsg.), *Die Möbel der Residenz München*, Bd. III, bearb. von B. Langer, H. Ottomeyer und A. Herzog von Württemberg, Bayerische Verwaltung der staatlichen Schlösser, Gärten und Seen, Kataloge der Kunstsammlungen, hrsg. von G. Hojer, München 1997, darin insbes. S. 20 f.; G. Hojer, Die Residenz König Ludwigs I., 48-59; A. Herzog von Württemberg, Die Möblierung des Festsaalbaus.

Abb. 35. München, Ostseite der Residenz mit Marstallplatz; Lithographie von G. Kraus, um 1840

8 Vgl. GERHARD HOJER, in: Ausstellungskatalog „Bayern, Kunst und Kultur", München 1972, Kat. Nr. 979, sowie DERS. (wie Anm. 1), S. 67 und 73.
9 HOJER (wie Anm. 3), S. 690-694.
10 Ebd., Abb. 5.
11 Ebd., S. 692, Abb. 3
12 Entwurfsansicht des Königsbaus außen: München, Staatliche Graphische Sammlung, Inv. Nr. 27003; Feder, grau laviert, H. 58,9 cm, B. 96,6 cm. Vgl. auch Anm. 7. In der dort genannten Publikation ist ein ähnlicher Entwurf abgebildet und behandelt. – Entwurfsansicht des Festsaalbaues außen: Staatliche Graphische Sammlung München, Inv. Nr. 26564; Feder über Bleistift, aquarelliert, H. 39,8 cm, B. 92,5 cm.
13 Gemeint ist vor allem das Motiv der Kolonnade über dem Arkadengeschoß in Rustika, wie sie J. A. Gabriel seit 1757 für die Palais der Place Louis XV. (heute Place de la Concorde) anwandte. Vgl. Abb. 308 und 309 in M. FLEURY U.A., Paris, München 1974, S. 276.
14 HOJER (wie Anm. 3), S. 692.
15 Veröffentlicht bei HOJER (wie Anm. 7), S. 8. Ein weiteres Exemplar des Grundrisses in Potsdam, Plansammlung der Stiftung preußische Schlösser und Gärten, Berlin-Brandenburg. Diese Version ist besonders wichtig, da sie die Raumbenennungen enthält.
16 WASEM (wie Anm. 5), S. 165.
17 Alternativentwurf Süd- und Nordwand des Ballsaales im Festsaalbau: Staatliche Graphische Sammlung, München, Inv. Nr. 26592; Feder über Blei, H. 33,7 cm, B. 56,5 cm.
18 Rückseite des Blattes von Anm. 17. Bez. „Petrarka's (sic) Grabmal in Arqua 1827".
19 WASEM (wie Anm. 5), S. 165.
20 Vgl. hierzu Quer- und Längsschnitt durch den Ostteil des Festsaalbaues mit dem Treppenhaus: Staatliche Graphische Sammlung, München, Inv. Nr. 26561; Schwarze Feder, die Mauerschnitte rosa laviert, H. 20,1 cm, B. 54,0 cm. – Inv. Nr. 27392 zeigt die Stirnwand des Treppenhauses gegen Süden und ist rückseitig eigenhändig mit „Klenze" bezeichnet. Sockel grau, Wand grün, Säulen rot und blau, Lunettenzentren rot, Lunettenringe blau, H. 38,2 cm, B. 52,5 cm.
21 Entwurf Klenzes, Schnitt durch den Osttrakt von Süd nach Nord: Staatliche Graphische Sammlung, München, Inv. Nr. 26560; Feder über Blei, farbig aquarelliert, Sockel und Türrahmen türkis, erstes Vorzimmer gelblich und rötlich gebändert, die drei Reliefs im Mittelraum, dem zweiten Vorzimmer auf blaßblauem Grund, H. 46,9 cm, B. 84,5 cm. – Ein weiterer Schnitt durch Erd- und Obergeschoß des Osttraktes: Ebd., Inv. Nr. 26567; Feder über Bleistift, H. 54,0 cm, B. 84,5 cm.
22 Staatliche Graphische Sammlung, München, Inv. Nr. 26545 ist ein Entwurf für Wände des dritten Vorraums, des Empfangszimmers (Feder über Blei) und zeigt im unteren Teil die Nordwand mit pompejanischer Dekoration; H. 60,6 cm, B. 44 cm. – Ebd., Inv. Nr. 26523 ist ein „L v Kl[enze]" bezeichneter Deckenentwurf des Empfangszimmers (Feder über Blei, mit Farbangaben).
23 In der Staatlichen Graphischen Sammlung, München, liegt der Entwurf Klenzes für eine Schmalseite (Ost- oder Westwand) des Ballsaales: Inv. Nr. 26535; Feder über Blei, farbig aquarelliert, Sockel ziegelrot, Säulen violett vor grauem Grund, Umgang bläulich und ockrig, H. 40,2 cm, B. 61,3 cm.
24 GERHARD HOJER, Vom Redoutenhaus zum Ständesaal. Das erste bayerische Parlamentsgebäude, in: Weltkunst, 50. Jg., Heft 8, April 1980, S. 1014-1016.
25 Hierzu und zum folgenden GERHARD HOJER, Die Schönheitsgalerie König Ludwigs I., München 1979, S. 9 und S. 13 ff.
26 Ebd., S. 25.
27 Ebd., S. 9.
28 HOJER (wie Anm. 24), S. 1014 ff.
29 Plan im Planarchiv der Bayerischen Verwaltung der staatlichen Schlösser, Gärten und Seen, München. Publiziert in HOJER (wie Anm. 4), Abb. 1, S. 2979.
30 WASEM (wie Anm. 5), S. 181 ff. Die Plansammlung der Stiftung preußischer Schlösser und Gärten Berlin-Brandenburg in Potsdam enthält einen Grundriß der Residenz München als Federlithographie, auf dem die späteren Kaisersäle noch als „Zwischen Säle" bezeichnet sind. Der Grundriß ist bez. „1842 2 te Auflage", repräsentiert aber einen älteren Status, da 1842 die Kaisersäle bereits eröffnet waren. Auf dem in Anm. 15 zitierten Potsdamer Grundriß sind die Räume als 1., 2. und 3. Vorsaal bezeichnet.
Der Entwurf Klenzes für die Ostwand des Saals Karls des Großen ist in der Staatlichen Graphischen Sammlung, München, Inv. Nr. 26533; Feder über Bleistift, H. 47,0 cm, B. 63,9 cm. Auf dem Wandfeld ist bereits eingezeichnet die Szene des Sieges über die Sachsen bei Fritzlar. Parallel zu diesem Entwurf ist in derselben Sammlung eine Vorzeichnung für die Westwand des Karlssaales, Inv. Nr. 2652, außerdem eine für die Nordwand mit Skizzen zu den Figuren Alkuins, Arnos und Eginhards, Inv. Nr. 26597 (Feder über Blei). – Zum Barbarossa-Saal gibt es ebd. einen Fußbodenentwurf, Inv. Nr. 26543; Feder über Blei, farbig aquarelliert, H. 56,5 cm, B. 41,3 cm. – An derselben Stelle ein Entwurf Klenzes für den Saal Rudolfs von Habsburg, alternativ für die Westwand und die Ostwand, Inv. Nr. 26525; Feder über Blei, H. 26 cm, B. 44,4 cm.
31 WASEM (wie Anm. 5), S. 182 f.
32 Briefe an Klenze am 28. Juni 1830, nach WASEM (wie Anm. 5), S. 176. Der Name „Siegessaal" auch auf dem Grundriß von 1842 (wie Anm. 15).
33 Entwurf für die Süd- oder Nordwand: Staatliche Graphische Sammlung, München, Inv. Nr. 26539; Feder über Blei, farbig aquarelliert, Bodenleiste dunkelgrau, Sockel violett marmoriert, Fenster-, Bilderrahmen und Bildersockel gelb, Wand karminfarben marmoriert, Mezzaninzone gelber Grund, graue Reliefs, H. 40,5 cm, B. 55,2 cm. – Am selben Ort sind zwei weitere Entwürfe für die Westwand (Inv. Nr. 26547 und 26566) sowie der Entwurf für die Ausführung der Süd- oder Nordwand (Inv. Nr. 26546), alle Feder über Blei. Letzterer hier abgebildeter Entwurf hat die Maße H. 40,6 cm, B. 54,2 cm.
34 Zit. nach WASEM (wie Anm. 5), S. 176.
35 Wie Anm. 34.
36 WASEM (wie Anm. 5), S. 324-326, gibt eine Liste der Schlachtenbilder.
37 J. HAASSENGIER, Das Palais du Roi, Frankfurt/Bern 1983, S. 134 f. Ich danke H. Ottomeyer für die Überlassung dieser Arbeit.
38 Vgl. THOMAS W. GAEHTGENS, Versailles. De la Residence Royale au Musée Historique, Paris 1984, S. 89 ff.
39 WASEM (wie Anm. 5), S. 208, Anm. 2.
40 Ebd., S. 214.
41 Der Grundriß vom Ende des 19. Jh. liegt im Planarchiv der Bayerischen Verwaltung der staatlichen Schlösser, Gärten und Seen, München.
42 Klenzes Entwurf für den Aufriß der Südwand des zweiten Odyssee-Saales ist aufbewahrt in der Staatlichen Graphischen Sammlung, München, Inv. Nr. 26524; Feder über Blei, H. 28,4 cm, B. 43,9 cm. – Das entsprechende Blatt in einer Münchner Privatsammlung (Feder über Bleistift) zeigt Vorzeichnungen für die Bildfelder (Odysseus und Kalypso).
43 Staatliche Graphische Sammlung, München, Inv. Nr. 26526; Feder über Blei, vier Felder aquarelliert, H. 32,9 cm, B. 41,3 cm). Ein weiterer Entwurf für die halbe Decke hat die Inv. Nr. 26536.
44 Auf dem in Anm. 21 zitierten Grundriß in Potsdam sind die Räume der Schönheitengalerie als Spielzimmer bezeichnet. Auf der Potsdamer Federlithographie sind sie ohne Bezeichnung.

ABBILDUNGSNACHWEIS

BAYERISCHE VERWALTUNG DER STAATLICHEN SCHLÖSSER, GÄRTEN UND SEEN, MÜNCHEN, MUSEUMSABTEILUNG: *Abb. 1* (Neg. Nr. 4319), *2, 3, 4, 7* (Neg. Nr. 23012), *9, 13, 14, 16, 17, 19* (Neg. Nr. 6.494), *18* (Neg. Nr. 9459), *20* (Neg. Nr. 18 275), *23, 26* (Neg. Nr. 6.514), *27, 31, 33, 35*
BILDARCHIV FOTO MARBURG: *Abb. 30* (Nr. LA 957/16)
STAATLICHE GRAPHISCHE SAMMLUNG, MÜNCHEN: *Abb. 6* (Neg. Nr. 83/357), *8* (Neg. Nr. 85/270), *10* (Neg. Nr. 87/288), *11* (Neg. Nr. 85/260), *12* (Neg. Nr. 85/249), *15* (Neg. Nr. 97/269), *22* (Neg. Nr. 85/251), *24* (Neg. Nr. 86/17), *25* (Neg. Nr. 85/242), *28* (Neg. Nr. 85/235), *29* (Neg. Nr. 85/258), *32* (Neg. Nr. 97/407), *34* (Neg. Nr. 97/406)
KARL LOHMEYER, JOHANNES SEIZ 1717-1779, HEIDELBERG 1914: *Abb. 5* (S. 132, Abb. 52)
HANS REIDELBACH, KÖNIG LUDWIG I. VON BAYERN UND SEINE KUNSTSCHÖPFUNGEN, MÜNCHEN 1888: *Abb. 21* (Tafel XVI zw. S. 192/193)

Abb. 1. Grabmal für Eugène Beauharnais, Herzog von Leuchtenberg; St. Michael in München, von Bertel Thorvaldsen, Pietro Tenerani und Leo von Klenze, 1824-30

Karlheinz Hemmeter

Thorvaldsen kontra Klenze: Formschaffen nach der Kunsttheorie

Das Leuchtenberg-Grabmal in München, Ergebnis eines künstlerischen Positionsstreites und Sieg des Plastikers über den Architekten

I

> Die von Hrn. v. Kl. gemachte Zeichnung hat hier keinen Beifall gefunden, sondern ist so zu sagen zum Gespött der römischen Künstlerschaft geworden. Ich habe solche erst jetzt zu sehen bekommen und muss gestehen, dass man nicht unrecht hat. Sie kann weder dem Hrn. v. Kl. noch der Stadt München, noch dem Hrn. v. Th. zu einiger Ehre gereichen.[1]

So urteilte der Kunstintendant des Kronprinzen und nachmaligen Königs Ludwig I. von Bayern, der Bildhauer Martin v. Wagner, in einem seiner Berichte zum Kunstschaffen in Rom am 16. September 1824 über den Entwurf Leo von Klenzes („v. Kl.") zu einem Grabmal des eben verstorbenen Eugène Beauharnais, Herzog von Leuchtenberg (Abb. 3)[2]. Der bayerische Hofarchitekt Klenze, seit 1818 Hofbauintendant und Oberbaurat beim Ministerium des Inneren und in besonderer Vertrauensposition beim Kronprinzen, war von dessen Schwester Prinzessin Auguste Amalie, der Witwe des Verstorbenen, beauftragt worden, ihrem Gatten in der Michaelskirche ein Grabmal zu errichten.[3] Wie auch für das Max-Joseph-Denkmal vor dem Nationaltheater hatte Klenze ein durchdachtes Konzept für das Monument entworfen, eine detaillierte Skizze angefertigt und sie mit der Bitte – in diesem Fall – an den in Rom lebenden dänischen Bildhauer Bertel Thorvaldsen („v. Th.") gesandt, den projektierten Skulpturenteil zu übernehmen.[4] Thorvaldsen stand seit langem mit dem bayerischen Kronprinzen in Verbindung, hatte für ihn bereits einige Aufträge ausgeführt und ihn bei Ludwigs Romreisen persönlich kennengelernt.[5] Thorvaldsen für diese Arbeit hinzuzuziehen, war also nicht abwegig. Doch von den eigenen Fähigkeiten zu sehr überzeugt, hatte Klenze anscheinend völlig vergessen, daß er es ebenfalls mit einem bildenden Künstler zu tun hatte – von immerhin schon 54 Jahren –, einem der bedeutendsten der damaligen Kunstszene, von Aufträgen überhäuft, absolut sein eigener Herr als freier Bildhauer in Rom und mit seinem ansehnlichen Werkstattbetrieb daran gewöhnt, selbst zu organisieren, einzuteilen, anzuordnen.[6]

Thorvaldsen war nach dem Tode Antonio Canovas im Jahre 1822 zum führenden Bildhauer Europas avanciert und konnte sich die Aufträge aussuchen. Gerade erst von einem einjährigen Aufenthalt in seiner Geburtsstadt Kopenhagen zurückgekehrt,[7] hatte er sich an die Bewältigung zahlreicher monumentaler Aufgaben, die man ihm auf der An- und Rückreise angetragen hatte, gemacht: ein Reiterstandbild für den polnischen Nationalhelden Fürst Józef Poniatowski[8], das ein patriotisches Komitee für Warschau in Auftrag gegeben hatte, ein Grabmal für den Offizier Włodzimierz Potocki[9] in Krakau, ein Monument für den österreichischen Feldherrn der Befreiungskriege, Fürst Karl Philipp von Schwarzenberg[10], das in Wien zur Aufstellung kommen sollte, und ein Grabrelief für den verstorbenen Mailänder Maler Andrea Appiani[11]. Dazu hatte er seiner Heimatstadt zahlreiche Arbeiten, darunter die gesamte Skulpturenausstattung der neu erbauten Frauenkirche mit mehreren Relieffriesen,[12] den Standbildern der zwölf Apostel[13] und dem später so berühmt gewordenen Christus[14] zugesagt. Im Jahr davor war auch noch Papst Pius VII. gestorben, und Thorvaldsen war – als erstem protestantischen Künstler – die Ehre zuteil geworden, dessen Grabmal für den Petersdom, die zentrale Kirche der katholischen Welt, anzufertigen.[15] Dieser Thorvaldsen führte natürlich nicht einfach einen Entwurf aus, den man ihm vorlegte – obendrein einen Entwurf, über den angeblich sogar das Volk auf den billigen Plätzen lachte – „che fa ridere le gallerie" –, wie Wagner seinem Freund Friedrich Gärtner nach München schrieb.[16]

Eugène de Beauharnais, der ehemalige Feldherr und Stiefsohn Napoleons, war am 21. Februar 1824 in München verstorben. Nach mehreren siegreichen Schlachten von seinem Stiefvater zum Vizekönig von Italien ernannt, hatte er sich diesem gegenüber bis zum endgültigen Untergang loyal verhalten und damit großes Ansehen in Europa erworben. Mit der Tochter des bayerischen Königs Max I. Joseph verheiratet, erhielt er danach in Bayern, seiner neuen Heimat, den Titel eines Herzogs von Leuchtenberg und Fürsten von Eichstätt. In Eichstätt residierte er auch kurze Zeit, ließ sich aber 1816-1821 in München ein Stadtpalais erbauen, das im Zweiten Weltkrieg ausgebrannte und danach abgebrochene Leuchtenberg-Palais am Odeonsplatz.[17] Äußerst fromm soll er in seinen letzten Jahren gewesen sein, als ob er seinen frühen Tod, der ihn im Alter von nur 42 Jahren ereilte, vorausgeahnt habe. Diese Gläubigkeit machte Klenze zu einer Grundidee seiner Darstellungskonzeption für die Grabmalskulpturen.

Der Biograph Bertel Thorvaldsens, Just Mathias Thiele,[18] und Jørgen Birkedal Hartmann[19] haben den zeitlichen Ablauf der Entstehung des Monuments durch reiche Quellenpublikationen einigermaßen geklärt und auf die Schwierigkeiten der beteiligten Künstler untereinander, des Entwerfers Klenze und des Bildhauers Thorvaldsen sowie zwischen Thorvaldsen und dem mitausführenden Pietro Tenerani, hingewiesen. Hartmann hat in seinem Beitrag besonders das Zerwürfnis Thorvaldsens mit Tenerani behandelt. Altmann und Thomas[20] haben besonders den Anteil Klenzes am Werk und dabei vor allem das Verhältnis der Grabmalarchitektur zum gleichzeitigen Walhalla-Projekt untersucht. Eine Reihe wichtiger Entwürfe wurde publiziert.[21] Zur Beurteilung klassizistischer Positionen ist es von Interesse, die unterschied-

Abb. 2. *Leo von Klenze, Vorstudie zum Leuchtenberg-Grabmal in St. Michael, wohl 1824 (Staatliche Graphische Sammlung München, Inv.Nr. 27134)*

chen war: Jahrelang hatte man auf den bestellten Gipsabguß seines berühmten Alexanderfrieses für einen Salon des Leuchtenberg-Palais' warten müssen.[23] Die Furcht, wieder in solche Verhältnisse zu geraten, war, wie sich später herausstellen sollte, nicht unberechtigt. Klenze fügte der Skizze des projektierten Monuments (Abb. 3) eine ausführliche Erklärung seiner Idee bei: Der Herzog

> steht vor der geöffneten Thüre seines Grabmals, abgelegt hat er alle Zeichen seiner irdischen Größe und irdischen Ruhmes; Krone, Schwerdt, Marschallstab und Waffenrüstung liegen in einer Trophäe vereiniget zu seinen Füßen, und noch ein leichtes Untergewand und ein zurückfallender Mantel bekleiden ihn. Mit einem Fuße die Stufen zum Eingange hinanschreitend, nimmt er, die rechte Hand auf's Herz, mit der linken das letzte Zeichen seiner irdischen Größe: des Ruhmes Lorbeerkranz, vom Haupte, um ihn der danebensitzenden Muße oder Göttin der Geschichte zu übergeben, auf deren Tafel schon sein Wahlspruch: Ehre und Treue, eingegraben steht. Statt dieses irdischen Kranzes aber reichen ihm zwei über dem Eingange schwebende Engel den Sternenkranz der Unsterblichkeit.[24]

Solche ausführlichen, narrativen Konzepte für künstlerische Aufträge waren nun nichts Außergewöhnliches; schon mehrmals hatte Thorvaldsen mit ähnlichen Aufgaben zu tun gehabt und die thematischen Vorgaben plastisch umgesetzt. Man denke beispielsweise an das Grabrelief für die junge Auguste Böhmer, die ihre an Ruhr erkrankte Mutter pflegte und dann selbst an der Krankheit starb. Als feinfühlige An-

Abb. 3. *Leo von Klenze, Erster Entwurf für das Leuchtenberg-Grabmal, wohl 1824 (ThMus. Zchn. D 1538)*

lichen Vorstellungen der Künstler Klenze und Thorvaldsen in bezug auf das Grabmal zu erforschen, wobei naturgemäß Aussehen und Funktion der figürlichen Teile in einem solchen Werk eine entscheidende Bedeutung zukommt. Wichtige Aussagen sind über die Bestimmung des spezifischen Anteils der beiden Künstler am Werk und Werkprozeß zu gewinnen, auch die Kunsttheorie der Zeit und die Rezeption des Werkes liefern Informationen. Die Komplexität der Entstehungsgeschichte und die Menge erhaltener Quellen machen ein erneutes Darlegen des Materials unumgänglich: Über eine Zuordnung von Text- und Bildquellen lassen sich das Wachsen und Verändern künstlerischer Ideen verdeutlichen, die Reaktionen der Beteiligten nachvollziehen und so künstlerische Standpunkte gegeneinander abwägen.

Klenzes Brief an Thorvaldsen vom 24. April 1824 mit der Bitte um Mitarbeit an dem Werk ging mit ausdrücklicher Anordnung der Witwe des Verstorbenen nach Rom ab. Klenze hatte es in den zwei Monaten seit dem Tod des Herzogs verstanden, die Witwe für seine Grabmalidee einzunehmen und gegen die Konkurrenz des ebenfalls ins Spiel gebrachten italienischen Bildhauers Pietro Tenerani[22] gar für Thorvaldsen zu erwärmen, obwohl sie auf diesen nicht allzu gut zu spre-

spielung auf das Geschehen wird das seine Mutter betreuende Mädchen auf dem Relief von einer Schlange gebissen.[25] Oder an das Relieftryptichon für den nach einer Heldentat verstorbenen jungen Bankierssohn Johann Philipp von Bethmann-Hollweg aus Frankfurt, dem im Sterben der Lorbeerkranz gereicht wird.[26] Eine Verwirklichung der Vorstellungen Klenzes aber, die auch noch detailliert zeichnerisch fixiert waren, hätte kaum noch Spielraum für eigene künstlerische Kreativität gelassen. Dennoch lehnte Thorvaldsen den lohnenden Auftrag nicht ab – einen Auftrag immerhin für die Schwester des bayerischen Kronprinzen, der seit fast zwei Jahrzehnten ein treuer Verehrer seiner Kunst und ein solventer Auftraggeber war!

Vor Klenze hatte bereits die Schwester des Herzogs, die Gräfin Hortense de St. Leu, Exkönigin von Holland, Thorvaldsen einen eigenen Entwurf für ein Grabmal zukommen lassen, das ihren verstorbenen Bruder vor einer Pyramide stehend zeigt.[27] Einen Gegenvorschlag wohl des Bildhauers, „ein Relief worauf die Frau Herzogin selbst mit ihren Kindern gruppirt dargestellt seÿn sollte", hatte diese jedoch als „durchaus zuwider"[28] abgelehnt: Er war ihr wohl nicht repräsentativ genug. Auf dem Gebiet des Reliefs hatte Thorvaldsen selbst seinem großen Konkurrenten in Rom, Antonio Canova, den Rang abgelaufen: Als „Patriarchen des Basreliefs"[29] feierte man ihn in der Presse. Über 300 solcher Werke entstanden im Laufe seines Lebens unter seinen Händen und mit zu den bedeutendsten zählen gerade einige Arbeiten für Grabmonumente. Vielleicht war deshalb die schroffe Reaktion der Herzogin mit ein Grund für Thorvaldsens zögerliches Aufgreifen des Auftrages? Wenn aber hier schon Freiplastiken zur Ausführung kommen sollten, dann mußten sie anders als in Klenzes Entwurf behandelt sein: der Hauptgegenstand, die Figur des Herzogs, natürlich in der Mitte zwischen gleichgewichtigen Skulpturen angeordnet; die „Trophäe" der abgelegten Waffen erschien Thorvaldsen als kompositorisches Gegengewicht zu einer Figur der Klio, der Personifikation der Geschichte, nicht ausreichend.[30] Erste flüchtige Skizzen des Bildhauers – wohl kurz nach Erhalt von Klenzes Zeichnung entstanden –, wie es seine Art war, auf irgendein gerade zur Verfügung stehendes Blatt Papier hingeworfen, belegen, daß er sich durchaus ernsthaft mit der gewünschten Komposition beschäftigt hat: so Blatt C 729v (Abb. 5)[31], das Klenzes Bildgegenstände aufgreift, Herzog, Klio und Trophäe, das Schreitmotiv und – hier besonders ausgeprägt – das Niederreichen des Lorbeerkranzes. Auf Blatt C 323 (Abb. 6)[32] aber ist das unruhige Schreitmotiv in zwei Skizzen durch ein ruhiges Stehen und die indifferente Gliederung des Monuments durch eigene Postamente für jede Einzelfigur ersetzt – ein Gedanke, der auch in der Endausführung durch schmale Einzelplinthen noch zum Tragen kommt. Die Seitenfiguren sind hier bereits gleichgewichtig positioniert. Auch die Skizze auf Blatt 322 (Abb. 8)[33], die bereits das endgültige Motiv des Kranzhaltens aufweist, gehört in diesen Zusammenhang; doch wird hier noch einmal mit dem Schreitmotiv der Hauptfigur experimentiert. Konkreter ausgeführte Überlegungen zur Anordnung der Seitenfiguren finden sich auf Blatt C 323 (Abb. 6) sowie Blatt C 324 (Abb. 7)[34]. Der jeweils mit dem Rücken zum Herzog sitzenden Klio, einmal rechts, einmal links neben die Hauptfigur plaziert, entspricht, ebenfalls nach außen ge-

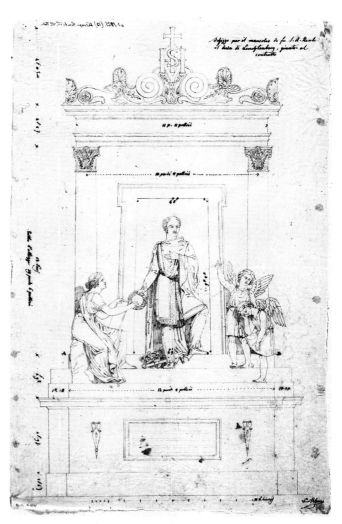

Abb. 4. Leo von Klenze, Zweiter Entwurf für das Leuchtenberg-Grabmal, wohl 1825 (ThMus. Zchn. D 1541)

wandt, ein geflügelter Genius – denkt man an die ähnlichen Kompositionen der Grabreliefs für Bethmann-Hollweg und Böhmer, ein Todesgenius oder „Thanatos", der die Fackel am Boden löscht. Entsprechend der Sitzanordnung der Seitenfiguren ist auch das Standmotiv des Herzogs spiegelverkehrt angeordnet, jeweils die Hand mit dem Kranz auf der Seite der Klio. Auch der ganz anders geartete Grabmalentwurf auf Blatt C 729r (Abb. 9), rechte Skizze, könnte mit diesen Überlegungen in Zusammenhang stehen, weist er doch ebenfalls eine schreibende und eine geflügelte Gestalt als Seitenfiguren auf, diesmal aber nach innen gewandt. Interessant ist hier der Aufbau des Monuments mit einem vielleicht sarkophagartigen, stark erhöhten Mittelteil, auf dem eine Gestalt ruhig steht.[35] Alle diese Arbeiten können schon im April/Mai 1824 entstanden sein, bevor Thorvaldsen über den Architekten Johann Gottfried Gutensohn Änderungswünsche an Klenze vorbringen ließ. Klenze allerdings verwarf in seinem Antwortschreiben an den Bildhauer am 29. Mai 1824 dessen Vorschlag, die Trophäe durch eine zweite Figur zu ersetzen und schlug statt dessen eine Verstärkung der Waffengruppe durch ein Postament oder ähnliches vor.[36] Wegen der dicht aufeinander folgenden Briefe, die sich ständig auf dem Postweg kreuzten und wohl nicht geringe Irritationen auslösten,[37]

Abb. 5. Bertel Thorvaldsen, Skizze zum Leuchtenberg-Grabmal, wohl 1824 (ThMus. Zchn. C 729v)

Abb. 6. Bertel Thorvaldsen, zwei Entwürfe zum Leuchtenberg-Grabmal, wohl 1824 (ThMus. Zchn. C 323)

scheint Thorvaldsen am 22. Mai 1824 selbst die Feder ergriffen zu haben, um Klenze ein „neues" Angebot zu machen: Umwandlung des Engelreliefs über der Tür in eine plastische Gruppe, die an Stelle der Waffentrophäe das Gegengewicht zur „Geschichte" bilden sollte – nun aber „passender" in Form der Genien von Leben und Tod.[38] Keine der vorhandenen Skizzen Thorvaldsens zur Geniengruppe scheint jedoch dieser Zeit anzugehören. Und v. Wagner übermittelte Kronprinz Ludwig am 22. Juli 1824 gar einen weiteren Vorschlag des Bildhauers, nämlich den Verstorbenen nur als Einzelfigur darzustellen.[39]

Als Graf Re(chberg), der Intendant der italienischen Besitztümer der Herzogin, schließlich noch mit einem eigenen Entwurf bei Thorvaldsen vorstellig wurde, begann sich das Karussell der Intrigen erst richtig zu drehen. Der Graf war bei Thorvaldsen nicht gut angekommen, nachdem ihn Klenze dort – durchaus hinterlistig – als „großen Verehrer Canova's und seiner Schule"[40] angekündigt hatte. Das eigenhändige Schreiben der Herzogin vom 9. Oktober 1824, in dem sie den Grafen selbst bei Thorvaldsen einführte,[41] ist als Initiative zu sehen, den schleppenden Fortgang der Verhandlungen Klenzes mit Thorvaldsen zu forcieren, läßt aber auch einige Zweifel über Klenzes Stellung als ihres Bevollmächtigten aufkommen und verstärkt den Eindruck, daß dessen häufiges Verweisen auf den ausdrücklichen Willen der Herzogin im Briefwechsel mit dem Bildhauer wie mit dem Kronprinzen oft gar nicht gedeckt war und vielleicht eher der Erfüllung der eigenen Wünsche diente. Wieder zu Hause, intrigierte Graf Re(chberg) nun seinerseits energisch bei der Herzogin gegen Thorvaldsen und berichtete, dieser wollte den Verstorbenen in „französischem Militärcostüme und ganz in einen Mantel gehüllt darstellen, um sich Mühe und Arbeit zu ersparen und ... für eine leicht gefertigte Statue bezahlen zu lassen." So jedenfalls erfahren wir aus Klenzes Schreiben vom 15. September 1824 an den Kronprinzen,[42] der nun auch, nach der massiven Kritik von verschiedenen Seiten, an dem Grabmalentwurf seines Architekten unsicher geworden war.

Auf welche Information Graf Re hier zurückgreift, läßt sich nicht erschließen; über entsprechende Gespräche in Rom, über solche Pläne und Überlegungen von Thorvaldsen oder anderer Seite gibt es keine Nachrichten. Die bisher besprochenen Skizzen des Bildhauers zum Grabmal zeigen die Figur des Herzogs eher in einer an Klenzes Entwurf orientierten, antikisch anmutenden Gewandung. Sollten zwei Skizzen Thorvaldsens auf Blatt C 730v (Abb. 10)[43], die tatsächlich einen militärisch gekleideten stehenden Mann in großem Umhang, eine Hand aufs Schwert gestützt, den Helm am Boden, zeigen, sich auf das Leuchtenberg-Monument beziehen, zu dem Zeitpunkt schon existiert haben und auch noch dem Grafen zu Gesicht gekommen sein? – eine eher unwahrscheinliche Vorstellung! Allerdings wurde im Briefwechsel die billigere Möglichkeit einer Einzelfigur des Herzogs angesprochen. Berichtet wird auch, daß Thorvaldsen im Laufe des Sommers Tenerani einen „bozzetto" des Herzogs übergeben habe, zu dem dieser die Seitenfiguren entwerfen sollte.[44] Schließlich existiert im Museo Tenerani in Rom ein Gipsbozzetto zur Figur des Herzogs – nach Hartmann „una variante del primo bozzetto thorvaldseniano"[45]. Eine Standfigur

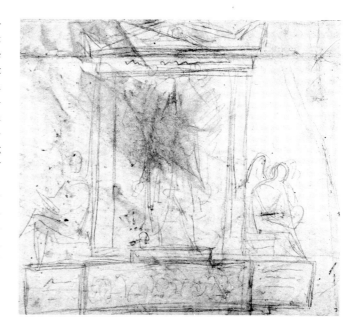

Abb. 7 und 8. Bertel Thorvaldsen, zwei Entwürfe zum Leuchtenberg-Grabmal, wohl 1824 (oben ThMus. Zchn. C 324, unten ThMus. Zchn. C 322)

Abb. 9. Bertel Thorvaldsen, links Entwurf zur „Storia" des Leuchtenberg-Grabmals, rechts Entwurf zum Gesamtmonument, ca. 1824 (ThMus. Zchn. C 729r)

in Militärkleidung, in einen Mantel gehüllt, wäre übrigens für die Zeit äußerst modern gewesen – denken wir nur an die in den frühen zwanziger Jahren entstandenen Feldherrndenkmäler Christian Daniel Rauchs in Berlin: für Bülow (um 1820), für Scharnhorst (1819-22) und für Blücher (1823-26). Auch die von Rauch 1825-35 geschaffene Sitzfigur von Ludwigs Vater, König Max I. Joseph, in München ist in zeitgenössischer Kleidung mit umhüllendem Mantel wiedergegeben.[46]

Ludwig war durch seinen Sonderbeauftragten, den schon erwähnten Martin v. Wagner, über die künstlerischen Ereignisse in Rom wohl informiert.[47] Über ihn ließ sich gewissermaßen hinter die Kulissen schauen, ein Wunsch unter der Hand vermitteln – oder auch direkt eingreifen. Umgekehrt bediente sich beispielsweise auch Thorvaldsen dieses Weges,[48] um die Angelegenheit in seine Richtung zu beeinflussen und vor allem Klenzes Vorschlag zu Fall zu bringen.[49] Er legte dabei eine gehörige Portion „Bauernschläue" an den Tag, die dem Hofkünstler Klenze in nichts nachstand. Klenze hatte sich bisher vehement – auch unter Berufung auf die Wünsche der Auftraggeberin – gegen eine Abänderung seines Entwurfes gewehrt, teils wegen einer Vermehrung der Kosten sowie, und das war sicherlich der wirkliche Grund, „weil dadurch in die jetzige Einfachheit und dramatische Klarheit der Idee etwas Fremdes eingeführt"[50] würde. Wagners Bericht an Kronprinz Ludwig vom 22. Juli 1824 über ein Zusammentreffen mit dem Bildhauer verrät uns, wie gut Thorvaldsen den Kronprinzen kannte und wie gut er es verstand, auf diesem Instrument zu spielen: Wagner schrieb, der Bildhauer habe ihm ganz verdrießlich erklärt, daß er gar nicht mehr wisse, an welchen der vielen Vorschläge er sich denn nun halten solle. Man möge ihm doch bei der Konzipierung des Monuments freie Hand lassen, da es ja auch einmal „unter seinem Namen vor der Welt ausgestellt werden solle". Mit einem geschickten Schachzug brachte Thorvaldsen auch den Gedanken mit den abgelegten Waffen des Herzogs, die er gerne durch jene Geniengruppe ersetzt hätte, ins Wanken: Die Waffengruppe, im Brief Klenzes vom 24. April 1824 alternierend auch als „Trophäe" bezeichnet,[51] wollte er nun – sicher wissentlich – partout als erbeutete Waffen überwundener Völker mißverstehen. Sollten denn diesem ehemaligen Befehlshaber französischer Truppen nun deutsche Beutewaffen zu Füßen gelegt werden? Damit hatte er Ludwig an einem empfindlichen Nerv getroffen und erhielt auch prompt die Aufforderung übermittelt, einen eigenen Vorschlag zu unterbreiten – und mit der Trophäe sollte er machen, was er für gut hielt, solange nur keine deutschen Waffen darunter wären.[52] Die allgemeine Verwirrung mußte so groß gewesen sein, daß Klenze anscheinend gar nicht auf den Gedanken einer Richtigstellung kam.

Die Irritationen steigerten sich noch im September 1824, nachdem es Klenze gelungen war, die Umtriebe des Grafen Re beim Kronprinzen anzuschwärzen[53] und von der Herzogin zum Alleinbevollmächtigten für die Verhandlungen mit Thorvaldsen eingesetzt zu werden: Einer Zusage Thorvaldsens, durch Tenerani übermittelt, nun doch den Auftrag nach Klenzes Komposition zu übernehmen,[54] folgte kurz darauf die Einschränkung, daß er zwar die Arbeiten von seinen Schülern ausführen ließe, sich aber um die weitere „Aufstellung und Anordnung", also auch die Komposition, nicht mehr kümmern wollte[55] – was den Kronprinzen, der ständig auf Arbeiten des Bildhauers von eigener Hand aus war, verständlicherweise verdroß. Schließlich bewirkte aber ein Schreiben der Herzogin vom 9. Oktober 1824, in dem sie zwar weiterhin auf der Realisierung der Klenzeschen Komposition bestand, daß sich Thorvaldsen doch wieder mit der Sache beschäftigte, und schließlich im Februar 1825 ein Vertrag abgeschlossen werden konnte.[56]

Zwar hat sich eine Reihe weiterer Skizzen Thorvaldsens zu den Grabmalfiguren erhalten, verschollen ist aber anscheinend sein Brief vom 29. Dezember 1824 an die Herzogin und eine mitgeschickte Zeichnung.[57] Dieser uns unbekannte Entwurf – aus Thorvaldsens Sicht wohl als die Grundlage der weiteren Arbeiten anzusehen – mußte jedenfalls wieder statt der Waffengruppe die Genien aufgewiesen haben, aber auch den Herzog bereits in ruhigerer Position, weil Klenze im Vertrag und im Begleitschreiben diese und weitere Änderungen eigens zurückwies. Dem Vertrag lag Klenzes zweite Zeichnung (Abb. 4) zugrunde, auf deren Details der Unterzeichnete festgelegt werden sollte. Dabei hatte Klenze Thorvaldsens Vorschlag übernommen, die beiden schwebenden Engel über der Tür zu entfernen und statt dessen als plastische Gruppe der „Genien von Leben und Tod" der Klio gegenüberzustellen, wenn auch formal – und ohne Attribute (!) – eher als christliche Kindengel denn als Genien im klassisch-antiken Sinn.[58] Hingewiesen sei hier auf die Punkte des Vertrages, an die sich Thorvaldsen später nicht halten sollte und in denen die unterschiedlichen Vorstellungen der Künstler vom plastischen Gestalten sichtbar werden:

> La statua dell' Eroe sul punto di entrare nella tomba ... Colla mano destra presenterà la corona d'allori, che si è cavata della fronte, al genio della Storia ... La figura della Storia ... e ricevendo la corona che le viene presentata ... Un gruppo di due genii, cioè quello della vita in una posizione esprimente il dolore, e quello della morte, facendole vedere il cielo ed i cenni della gloria celeste ed eterna.[59]

Die Motive der direkten Kranzüberreichung und das Schreiten ins Grab hat Thorvaldsen – mit Ausnahme in der wohl frühen Skizze (Abb. 5) – überhaupt nicht mehr ins Kalkül gezogen:[60] Alle weiteren erhaltenen Entwürfe zur Herzogsfigur zeigen diese in einem ruhigen Standmotiv, den Kranz in der gesenkten Hand, einen Gewandbausch oder Teil des Umhangs und wohl auch das Schwert über dem anderen Arm (Abb. 11-13)[61]. Das Motiv der schreibenden Klio auf den Blättern C 323 (Abb. 6), C 324 (Abb. 7), C 729r (Abb. 9) und C 333 (Abb. 14)[62] wurde bereits sehr früh festgelegt. Die Gruppe der Genien schließlich veränderte er mehrmals im Laufe des Entstehungsprozesses, ohne sich um die geforderten Details des Vertrages je zu kümmern.[63] Die erhaltenen fünf Zeichnungen und die Bozzetti im Thorvaldsen-Museum und im Museo Tenerani belegen sein ernsthaftes Interesse an der Gruppe, wobei keine der rasch hingeworfenen Skizzen die endgültige Version wiedergibt. Auch hier vertauschte Thorvaldsen versuchsweise die Position der Genien von Leben und Tod; zweimal steht der Todesgenius mit der gesenkten Fackel links: C 330 (Abb. 15), C 331 (Abb. 16), dreimal rechts, hier mit geneigtem Haupt, die Hand Halt suchend auf die Schulter des größeren (!) Lebensgenius' gelegt: C 335 (Abb. 17), C 333 (Abb. 14), C 329 (Abb. 18). Dessen Stehmotiv mit dem Gewicht auf dem linken Standbein wird schließlich zur Grundform für die endgültige Gestaltung des links stehenden Jünglings. Umgekehrt findet sich auf Blatt C 331 (Abb. 16) das Standmotiv der rechten Figur, des hier zum Lebensgenius mutierten Thanatos, nun mit erhobener Fackel, während der neue Todesengel nun das Lebenslicht am Boden löscht. Ähnlich wie auf diesem Blatt und schließlich auch in der Endausführung findet sich die hingelehnte trauernde Gestalt des Lebensgenius' auch auf Blatt C 332 (Abb. 19), hier allerdings als Todesgenius mit Klio. Eine Reihenfolge der Entstehung der Skizzen ist an Hand der Motive schwer festzulegen. Wie Entwurfsreihen zu anderen Objekten belegen – beispielsweise zu den Reliefs des Bethmann-Hollweg-Grabmals –, hat der Bildhauer mit den Motiven in wechselnden Zusammenstellungen experimentiert: ein Arbeiten in Kreisen sozusagen – ein Umkreisen des Themas! – oder in Spiralen, wobei die einzelnen Motive, die am Ende als Lösungen angenommen

Abb. 10. Bertel Thorvaldsen, zwei Entwürfe zu einem Standbild für einen militärisch gekleideten Mann (Eugène Beauharnais?), 1824? (ThMus. Zchn. 730v)

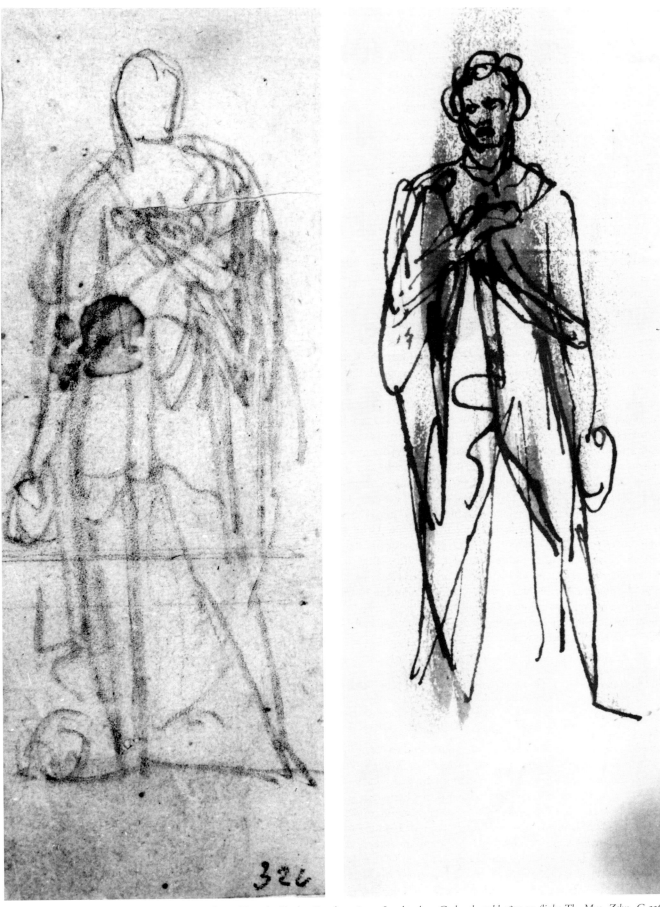

Abb. 11 und 12. Bertel Thorvaldsen, zwei Entwürfe zur Figur des Eugène Beauharnais am Leuchtenberg-Grabmal, wohl 1825-27 (links Th. Mus. Zchn. C 326, rechts ThMus. Zchn. C 327)

werden, an verschiedenen Stellen des Entwurfsprozesses auftauchen, zur Seite gelegt und wieder aufgegriffen werden. Jedenfalls lassen die Skizzen einen solchen Ablauf vermuten. Man kann höchstens versuchen, bestimmte Entwicklungsstränge von Motiven zu verfolgen und gewissermaßen eine konsequente Erfindungs- und Findungsstrategie zu unterstellen: also Motiv eins gefunden, nun zur Entwicklung von Motiv zwei – ein sicherlich nur partiell richtiges Denkmodell! Fest steht wohl, daß die Reihe von Entwürfen, auf denen der kleine Todesgenius rechts dargestellt ist, vor allem die Blätter C 333 (Abb. 14) und C 329 (Abb. 18), den Stand des Entwurfsprozesses wiedergibt, als Thorvaldsen seinen Tonbozzetto, als Gipsabguß A 157 (Abb. 20) im Thorvaldsen-Museum erhalten, geschaffen und wohl als Entwurf für den Aufbau der Großform vorgesehen hat. Sein künstlerischer Kampf um Form und Aussage ist aber nicht nur an der großen Anzahl vorhandener zeichnerischer Entwürfe abzulesen: Bereits der Gips im Museo Tenerani in Rom, vielleicht auf Anordnung Thorvaldsens als Alternativentwurf von Tenerani geschaffen, gibt die Gruppe wiederum verändert, ikonographisch vertauscht, wieder – die Attribute der beiden Genien ausgewechselt. Sie zeigt den nun links stehenden Todesgenius mit der dem Bruder zugeneigten Kopfhaltung. Und selbst noch bei der Arbeit an der von Tenerani aufgebauten, für die Übertragung in Marmor vorgesehenen originalgroßen Tonform nahm Thorvaldsen gravierende Änderungen vor. Oberkörper und Kopfhaltung des Lebensgenius' wurden erneut verändert. Hier ist Thorvaldsen wohl auf die bereits früher gefundene ähnliche Lösung mit dem sozusagen seufzend nach oben blickenden Genius des Lebens bei seinem kleinen plastischen Entwurf „Todes- und Lebensgenius mit Meta" von 1815-19 im Thorvaldsen-Museum (A 158) zurückgekommen. Die letztlich zur Ausführung am Leuchtenberg-Grabmal gekommene Lösung ist ikonographisch interessant, wird doch hier der schwächer wirkende Jüngling zum Lebensgenius, der sich trauernd auf den gefaßt agierenden, zumindest mental stärkeren Bruder stützt (Abb. 1), während bei der jüngeren Meta-Gruppe wie auch in Zeichnung C 330 (Abb. 15) von gleichstarken Figuren ausgegangen wird. Die wesentlich einsichtigere Darstellung der trauernden „Vita" neben dem schon ob seiner Natur wesentlich weniger empfindsamen „Mors" ist als Resultat einer langen Bildfindung zu werten und könnte Anlaß zu Spekulationen über die persönliche „Vita" des nunmehr 56- bis 57jährigen Künstlers oder die zeitgenössische Empfindsamkeit geben. Unleugbar ist jedoch, daß dieses anrührige Motiv auf ungleich sensiblere Weise die persönliche Rezeption des Monuments anregt als das distanzierte „Zeichen"-Spiel Klenzes.[64]

In dem am 8. Februar 1825 unterzeichneten Vertrag verpflichtete sich Thorvaldsen, die Figuren in hellem Carrara-Marmor auszuführen und innerhalb von drei Jahren zu liefern.[65] Daß es ihm nicht möglich sein würde, die Frist einzuhalten, war vorauszusehen – dazu hatte er zu viel unter der Hand! Zwar beschränkte sich Thorvaldsen, wie viele andere Werkstättenleiter vor und nach ihm, immer mehr auf die Herstellung der Entwürfe und die Überwachung der weiteren Arbeitsschritte und erweiterte auch ständig seinen Werkstattbetrieb, so daß er zeitweilig bis an die 40 Mitarbeiter beschäftigte, seinen zahlreichen Verpflichtungen konnte er denn noch kaum nachkommen.[66] Die im frühen 19. Jahrhundert üblichen Zahlungsmodalitäten verteilten das Geschäftsrisiko auf die beteiligten Seiten: Der Auftraggeber mußte bei Vertragsabschluß eine Anzahlung (hier waren es beispielsweise laut Vertrag, Punkt 9, 2.000 Römische Scudi) leisten. Sie ermöglichten dem Künstler, vor allem dem weniger bemittelten, die Anschaffung der benötigten Arbeitsmaterialien für die Herstellung der Modelle. Eine weitere Teilzahlung nach deren Fertigstellung (hier 6.000 sc. rom) entschädigte für die aufgewandte Zeit und für Gehilfenkosten und stellte die Mittel für den Ankauf des teuren Marmors zur Verfügung. Erst die Restzahlung nach Beendigung des Werkes (hier noch einmal 8.000 sc. rom) erbrachte in der Regel den Gewinn. Sprang der Auftraggeber aus irgendwelchen Gründen vor Abschluß der Arbeiten ab, war der Künstler für seine Unkosten entschädigt. Andererseits hatte der Auftraggeber durch das System der Ratenzahlung die Möglichkeit, immer wieder

Abb. 13. Bertel Thorvaldsen, Entwurf zur Figur des Eugène Beauharnais zum Leuchtenberg-Grabmal, ca. 1825-27 (ThMus. Zchn. C 328)

Abb. 14. Bertel Thorvaldsen, Entwürfe zum Leuchtenberg-Grabmal, links zur „Storia", rechts zur Geniengruppe, ca. 1826/27 (ThMus. Zchn. C 333)

Nachweise über den Fortschritt der Arbeit zu verlangen. Die stattliche Summe von 16.000 Scudi, die Thorvaldsen für die drei Figuren forderte, entsprach etwa den Preisen, die auch sein großer Rivale Canova auf dem Höhepunkt seines Ruhmes verlangt hatte, beispielsweise die 50.000 Franc (ca. 10.000 sc. rom) für das Stuart-Grabmal in St. Peter in Rom (1819).[67] Was war dieses Geld wert? Aus den Rechnungsbüchern Thorvaldsens erfahren wir, daß er einen Steinmetzen, der die Bossierungsarbeiten besorgte, mit etwa 1,5 sc. rom pro Tag entlohnte.[68] So kam dieser Arbeiter bei einer 6-Tage-Woche auf etwa 36 sc. rom im Monat. Mit einem Stipendium von etwa 25 sc. rom pro Monat quälte sich der dänische Maler Christoffer W. Eckersberg in den Jahren 1813-1816 in Rom mehr schlecht als recht über die Runden. Sein Tagebuch enthält ein paar – naturgemäß zufällige – Zahlen über die Lebenshaltungskosten: So zahlte er 6 Scudi Monatsmiete, 3 Scudi kosteten ein Paar Halbschuhe, 2 Scudi ein Hemd; für 2 paoli (= 0,2 sc. rom) kam man ins Theater, etwas mehr kostete ein Friseurbesuch. Für einen Besuch in der Sixtinischen Kapelle mußte man 1 paolo (= 0,1 sc. rom) bezahlen – die gleiche Summe, die ein Aktmodell für eine Sitzungsstunde erhielt! Das Modell verdiente damit noch gut ein Drittel weniger als der Steinmetz. Die Summe von 16.000 sc.

rom dürfte damit nach heutiger Kaufkraft irgendwo im Bereich mehrerer hunderttausend DM gelegen haben – eine enorme Summe, wenn Thorvaldsen als Unternehmer auch den gesamten Werkstattbetrieb mit allen Risiken unterhalten mußte, und Aufträge diesen Umfangs natürlich mehrere Mitarbeiter über Jahre hinweg beschäftigten.

Die Entstehung des Grabmals verzögerte sich aber wegen der Schwierigkeiten zwischen Thorvaldsen und seinem ehemaligen Schüler Tenerani weiter, welcher inzwischen eine eigene Werkstatt aufgemacht hatte. Er, wie auch deutsche Schüler Thorvaldsens, waren von Anfang an ins Spiel gebracht worden, um das Projekt preisgünstiger zu machen.[69] Interne Schwierigkeiten bei der Aufteilung der Kompetenzen, künstlerische Eitelkeiten, Fragen der Vorfinanzierung, vor allem wohl Thorvaldsens Halsstarrigkeit führten zum Bruch zwischen den beiden.[70] Im Januar 1828, kurz vor Ablauf des vereinbarten Liefertermins, war das Werk jedenfalls noch nicht übermäßig weit gediehen: Die Figuren des „Herzogs" und der „Geschichte" waren gerade „aus dem Groben" gehauen, wie v. Wagner nach München berichtete, die Genien gar erst in einem Modell angelegt.[71] Nach Teneranis Worten lag die Schuld am langsamen Fortschritt der Arbeit bei Thorvaldsen. Dieser habe sich zu selten und zu spät

Abb. 15. Bertel Thorvaldsen, Skizze zur Geniengruppe (ThMus. Zchn. C 330)

Abb. 16. Bertel Thorvaldsen, Skizze zur Geniengruppe (ThMus. Zchn. C 331)

um die Korrektur der von ihm gefertigten Bozzetti gekümmert, nicht genügend Geld für den Ankauf von Marmorblöcken zur Verfügung gestellt und letztlich auch nicht klar bestimmt, für welchen Teil der Arbeit Tenerani verantwortlich zeichnen sollte.[72] Der Italiener hatte auch gehofft, daß sein Name gleichberechtigt neben dem des Meisters am fertigen Werk stehen würde, eine Forderung, die gänzlich Thorvaldsens Praxis widersprach, der immer eine ganze Schar von Mitarbeitern nach seinem Entwurf arbeiten ließ, Korrekturen vornahm und das Werk unter seinem Namen lieferte. So kündigte Tenerani im November 1827 die Zusammenarbeit unter diesen Bedingungen auf, und erst nach einem gerichtlichen Vergleich zwischen den beiden Bildhauern ging die Arbeit an dem Werk im Frühsommer 1828 weiter. In München wurden inzwischen die architektonischen Teile fertiggestellt, und in der Korrespondenz zwischen Klenze und Thorvaldsen kommt die Genugtuung über die Übereinstimmung der Maße zum Ausdruck. Erst im Oktober 1829 schließlich hören wir von der glücklichen Ankunft der Kisten mit den Figuren in München, und im Januar des folgenden Jahres kam Thorvaldsen selbst zur vertragsgemäßen Aufstellung des Monuments. Die Hereinnahme dieser Klausel in den Vertrag ist übrigens ein Unikum in Thorvaldsens Künstlerpraxis. Deshalb wurde der etwa zweimonatige Aufenthalt des großen Bildhauers in der Stadt auch von den Würdenträgern und der Künstlerschaft entsprechend gefeiert. Die geplante Aufdeckung des Grabmals am Todestag des Verstorbenen mußte

Abb. 17. Bertel Thorvaldsen, Skizze zur Geniengruppe (ThMus. Zchn. C 335)

jedoch erneut verschoben werden, da Thorvaldsen mit der Anordnung der Skulpturen innerhalb der Architektur nicht zufrieden war. Die Figur des Herzogs erschien ihm nicht genügend herausgehoben, so daß für sie ein höherer Sockel angefertigt werden mußte. Die Aufdeckung des Monuments erfolgte schließlich am 12. März 1830.

II

Kritik hatte es von Anfang an gegeben: Klenzes Entwurf war nicht so verwirklicht worden, wie von ihm gewünscht – und noch heute existiert die Meinung, die Grabmalkomposition leide auch genau an jenen Mängeln, die Klenze früher beim König selbst angeprangert hatte: am Fehlen eindeutiger gestischer und inhaltlicher Bezugnahme der Figuren aufeinander und damit an Zusammenhangslosigkeit untereinander. Der Herzog überreicht also nicht – wie im Vertrag festgeschrieben – den Kranz an die neben ihm sitzende Muse der Geschichte, sondern hält ihn nur, wie in Gedanken versunken, seitlich von sich ab. Das Schwert, das ihm Thorvaldsen über den Arm gehängt hat, wohl um auf den Kriegshelden anzuspielen, widerspricht nicht nur den vertraglichen Vereinbarungen, sondern zerstört auch die von Klenze gewünschte inhaltliche Aussage: Alles Irdische sollte der Verstorbene ja abgelegt haben, um ganz unbelastet in die Unsterblichkeit einzugehen! Die Genien, Ersatz für die schwebenden Engel, geben keinerlei Hinweis auf den christlichen Lohn seiner Lebensführung. Und auch die Muse, die Tenerani nach Thorvaldsens Skizze in Ton aufgebaut und in Marmor gehauen hat, stellt den gewünschten Handlungszusammenhang nicht her. Sie greift nicht nach dem Kranz, ja sieht den Herzog nicht einmal. Fast unberührt vom Geschehen blickt sie auf ihre Schreibtafel. Von Klenzes „Idee" ist nicht viel geblieben!

Wert ist es sicherlich, der Frage nachzugehen, warum Thorvaldsen Klenzes Entwurf nicht einfach übernommen und entsprechend künstlerisch umgesetzt hat. Sich bei monumentalen Anlagen als Bildhauer ausschließlich auf die Ausführung des bildnerischen Teils einer solchen Aufgabe zu beschränken, war in der Zeit durchaus üblich und entsprach den Gepflogenheiten Thorvaldsens – und auch den Auftraggebern war dieser Sachverhalt selbstverständlich: Für das Grabmal von Vaccà Berlinghieri im Camposanto in Pisa ließ man Thorvaldsen zwischen mehreren Entwürfen eines einheimischen Architekten wählen, während er den Auftrag zum Relief erhielt; auch die Familie Bethmann-Hollweg wußte bis zum Erhalt der Relieftafeln nicht, wie der architektonische Rahmen dazu aussehen sollte. Bereits sehr früh ließ sich Thorvaldsen beim Entwurf architektonischer Denkmalteile helfen: Ein dänischer Architekturstipendiat entwarf ihm vermutlich die Taufvase für die Schloßkapelle von Brahetrolleborg, Schinkel lieferte Entwürfe für das Grabmal von Papst Pius VII. in St. Peter, für den Sockel des Maximilian-Denkmals auf dem Wittelsbacherplatz in München gab er Klenze nur die gewünschte Höhe an. Auch Rauch ließ sich bei den architektonischen Entwürfen gelegentlich von Schinkel helfen. Klenzes Angebot an Thorvaldsen hatte also an sich nichts Ehrenrühriges für den Bildhauer. Kronprinz Ludwig sprach diese Aufgabenverteilung in einem Schreiben an Klenze, wenn auch aus Sicht des Bildhauers, deutlich an: „... es ist kei-

Abb. 18. Bertel Thorvaldsen, Skizze zur Geniengruppe des Leuchtenberg-Grabmals, ca. 1825, typisch für den Bildhauer auf der unbeschriebenen Stelle eines Schriftstücks (ThMus. Zchn. C 329)

ne Schande, wenn ein großer Architekt einem großen Bildhauer im Plastischen freye Hand läßt ..."[73] Trafen hier also zwei unterschiedliche Vorstellungen aufeinander – oder handelte es sich schlichtweg um pure Eitelkeiten?

1. Der Auftraggeber (Prinzessin Auguste Amalie/Leo von Klenze) legte hier eine ausführliche „Idee" vor, einen Darstellungsgegenstand in Form eines vielschichtigen ikonographischen Gedanken- und Gegenstandskomplexes.

Solche erzählerischen Darstellungsthemen wie Klenzes Grabmalsidee bearbeitete Thorvaldsen ansonsten nur im Relief: symbolische Szenen, die auf eine persönliche Lebensgeschichte anspielten, kunstvoll erdacht und mit viel allegorischem Beiwerk, die aber nur dem Eingeweihten nachvollziehbar waren – wie beispielsweise die Reliefdarstellungen auf den Grabmälern Bethmann-Hollweg (1813/14) oder Auguste Böhmer (1811/12); die Geschichte des biblischen Tobias, der seinen Vater mit der Fischleber heilt, als Anspielung auf die Arbeit des Augenarztes Vaccà Berlinghieri (1827/28) oder die Allegorie der Wahrheit – Umdeutung einer Darstellung bei Cesare Ripa[74] –, die der Lüge die Maske vom Gesicht reißt, als Allusion auf den Lebenswandel des Lord High Commissioners der unter englischer Verwaltung stehenden Ionischen Inseln, Sir Thomas Maitland[75]; Szenen, die klagende Angehörige am Bett ihrer Verstorbenen zeigen (Grabrelief für Baronin Jacoba Elisabeth Schubart)[76] oder beim Anblick der ins Überirdische entschwebenden Toten, wie auf dem Grabrelief für die Kinder der polnischen Fürstin Ponińska[77]. Daneben entstanden zahlreiche Reliefs, die Szenen aus der Ilias u. a. illustrieren – eine beliebte Übung im Sinne der Propyläenaufgaben Goethes, um die Kunstfertigkeit zu demonstrieren, den besten Augenblick einer Handlung in die dafür geeignete Komposition umzusetzen. Und Thorvaldsen verfertigte Reihen von kleinen Reliefs mit Amor-Darstellungen nach den Metamorphosen des Ovid, nach Sinnsprüchen und sinnreichen Gedanken.

Das Relief war – neben der Malerei natürlich – ein möglicher künstlerischer Ort für die „erzählerische" Darstellung, von der großen Historienmalerei bis zur anekdotischen Volksdarstellung oder formelhaften Allegorie. So lehrten es die Kunstliteraten um die Jahrhundertwende, als Thorvaldsen seine künstlerische Prägung erhielt: Herder, Goethe, Schelling, August Wilhelm Schlegel, Fernow.[78] Nach dieser Theorie zwischen den Kunstformen der Malerei und der Plastik stehend, letzterer aber zugehörig, wurden dem Relief ent-

Abb. 19. Bertel Thorvaldsen, zwei Skizzen für eine Gruppe der „Storia" mit Todesgenius (ThMus. Zchn. C 332)

sprechende gattungsspezifische Eigenarten beider Darstellungsformen zuerkannt, allerdings thematisch und formal spezifiziert – beispielsweise Beschränkung der Figurenanzahl und der Raumdarstellung sowie Beschränkung der Bewegungsmotive und spezielle Ausbildung einer Körperperspektive.[79] Daß Thorvaldsen solche Zusammenhänge bewußt waren, wird deutlich, wenn er selbst von den Gesetzen des Reliefs spricht: An einem Fremdentwurf für das Maitland-Denkmal wollte er „qualche cambiamento per uniformasi alle leggi del Basso-rilievo"[80] vornehmen. Diese Darstellungsprinzipien wurden von Thorvaldsen und den zeitgenössischen Bildhauern praktisch perfektioniert und liegen dem klassizistischen Relief als Gestaltungsprinzipien zu Grunde.[81] Thorvaldsen blieb sein Leben lang seinen im ersten Jahrzehnt des 19. Jahrhunderts in Rom gemachten Erfahrungen treu und prägte über ein riesiges Schülerheer, eine äußerst glückliche Auftragslage, seinen Fleiß und sein Geschick als Werkstattleiter über Jahrzehnte hinweg weite Teile der künstlerischen Landschaft Europas auf dem Gebiet von Skulptur und Relief. Ein vergleichbarer Enthusiasmus, wie ihn König Ludwig I. seinen Arbeiten entgegenbrachte, war in der Regel auch den zahlreichen Auftraggebern aus Rom und London, Krakau, Wien und Kopenhagen, Luzern, Warschau, Mailand, Stuttgart, Worms u. v. a. eigen.

2. Der Bildhauer bekam nun hier eine künstlerisch ausgearbeitete Skizze vorgelegt, die in der Darstellung, in der Gesamtkomposition und den Einzelmotiven, so festgelegt war, daß jede Veränderung die Deformierung der „Idee" bedeutete.

Selbstverständlich äußert der Auftraggeber dem Künstler gegenüber seine Wünsche, die gemäß den Gegebenheiten des Auftrages und gemäß der künstlerischen Vorbildung und Phantasie ganz unterschiedlich detailliert ausfallen können – von den rein materiellen Bedingungen des Auftrags einmal abgesehen. Den Künstler durch detaillierte Vorstellungen zu inspirieren, ihn zu einer dem Auftrag adäquaten Formulierung anzuregen, ist ebenso selbstverständlich. Seit sich der Künstler jedoch nicht mehr als bloß ausführender Handwerker versteht, gehört die Erfindung zum Wesen des Künstlertums, in besonderem Maße im Zeitalter der Genieerschaffung und Genieverehrung, im 19. Jahrhundert. Spätestens seit seinem für den Quirinalspalast 1812 anläßlich des bevorstehenden Rombesuchs Napoleons geschaffenen Alexanderfries wird auch Thorvaldsen im europäischen Kunstleben als „Genie" gehandelt.[82] Bis zu seinem Tod 1844 werden ihm aus ganz Europa die jungen Studenten der Bildhauerei zugesandt, kann er sich die Aufträge nach Lust und Opportunität aussuchen, werden ihm allerorts mündliche und schriftliche Ehrungen zuteil. Dennoch ist Thorvaldsen mit den Wünschen seiner Auftraggeber ganz unterschiedlich umgegangen: Er hat in der Regel ihre Vorstellungen bildlich umgesetzt, dann aber mit und ohne ihr Wissen bearbeitet, graphisch und plastisch, und dabei häufig formal und inhaltlich verändert. Meist erfuhr er nur Zustimmung – das Denkmal für den polnischen Fürsten Józef Poniatowski ausgenommen, dessen national gesonnene Auftraggeber sich mit dem „römischen Feldherrn" auf dem Podest wenig identifizieren konnten: ein Denkmal, dessen Herstellung Thorvaldsen wegen künstlerischer Skrupel und in einem langjährigen Schöpfungsprozeß so lange ver-

Abb. 20. Bertel Thorvaldsen, Bozzetto für die Gruppe der Genien des Leuchtenberg-Grabmals; Gipsabguß einer Tonarbeit, h = 41,4 cm; ca. 1825/26 (ThMus. A 157)

schleppte, bis der Guß der Reiterstatue mit dem polnischen Aufstand von 1830/31 zusammenfiel und der Zar die Aufstellung des Monuments danach nicht mehr zuließ. Dabei zeigt sich nicht etwa, daß Thorvaldsen mit zunehmendem Alter freier, unabhängiger vom Auftraggeber wurde, andere Gründe scheinen für das jeweils spezifische Bearbeiten der Auftraggebervorstellungen verantwortlich zu sein: der persönliche Aufenthalt des Bestellers in Rom zum Beispiel und häufige Werkstattbesuche,[83] aber auch künstlerische Gründe, mitunter ein wohl profundes Interesse des Bildhauers an der Aufgabe. Ein Beispiel für die intensive Beschäftigung mit einer Idee, das verbissene Arbeiten daran über zahlreiche Vorstudien bis zu seiner endgültigen Fassung – hier letztendlich über die explizit geäußerten Wünsche der Auftraggeber hinweg – stellen die Grabreliefs für Philipp Bethmann-Hollweg dar. Thorvaldsen versuchte zwar, einen engen Bezug zu den Vorstellungen der Auftraggeberin zu halten, deren Worte formal umzusetzen, Anstoß und Reaktion sind an den erhaltenen Skizzen nachprüfbar.[84] Er entwickelte jedoch die Komposition selbständig und anders weiter, wenn ihm Details unangemessen erschienen – vielleicht nicht der Relieftheorie entsprechend, vielleicht kompositorisch nicht befriedigend umsetzbar. Eigene Bilderfindungen, erarbeitete Lösungen blieben mitunter unumstößlich erhalten, vertieften eine Aussage – wie beispielsweise ein Genius der Malerei auf dem als Grazienrelief gewünschten Grabmal für Andrea Appiani[85] –, Ergänzungen verdeutlichten eine schlichte Allusion: so die Seitenreliefs am Bethmann-Hollweg-Grabmal, in denen, sozusagen entfernt vom zentralen Geschehen, die klagende Familie bzw. ein Flußgott und eine Schicksalsgöttin weitere Informationen und Denk- oder Gefühlsanstöße vermitteln. Ähnlich verhält es sich mit den Figuren des Thanatos und der Nemesis auf den Seitentafeln des Grabmals für Auguste Böhmer. Solche Veränderungen an der Ursprungsidee stellen grundlegend eine schöpferische Leistung dar, belegen kompositorische Fähigkeiten, mythologische Kenntnisse und künstlerische Intentionen – eine schöpferische Leistung, die vom Auftraggeber erwartet, ja gefordert wird. Mag man die Darstellung der Bildhauer Canova und Thorvaldsen als krasse Antipoden bei Fred Licht[86] auch für überzogen halten, so ist sicher richtig, daß Thorvaldsen der Entwurfsarbeit – und ich meine allerdings auch und gerade der zeichnerischen Phase – größte Bedeutung zumaß. Nicht zu vertreten ist aber, daß ihm die „Konzeption der Idee" über „ihre materielle Ausführung" ging,[87] sonst hätte er wohl den Skizzen, die die „Konzeption" festhielten, mehr Aufmerksamkeit gewidmet. Er benutzte sie als „Werkzeug", war jedoch die „Idee" geboren, so warf er sie achtlos beiseite – wie wir wissen, in ein Faß im Keller. Was blieb, war das ausgeführte Werk, das aber, wie noch zu zeigen sein wird, Träger einer „kunstphilosophischen" Konzeption ist. Wie die zahlreichen Blätter zum Leuchtenberg-Denkmal belegen – also die künstlerische Feinarbeit –, ist Thorvaldsen durchaus von den Vorstellungen Klenzes ausgegangen, hat versucht, das Schreiten der Herzogsfigur, die Geniengruppe, das Überreichen des Kranzes zu formulieren – und hat sie schließlich verworfen. Zwar versicherte Klenze Thorvaldsen mehrmals in seinen Briefen, „daß es aber Ihnen freÿ steht damit zu machen, was ihnen gefällt versteht sich von selbst"[88] oder „al rimanente ne fara tutto come lo vuole il genio suo"[89], immer aber war diese „Freistellung" nicht nur thematisch, sondern auch motivisch äußerst eng gebunden. Ein ganzer Abschnitt des von Klenze formulierten Vertrages beschäftigte sich gar mit diesem Punkt: «All' eccezione di questi dati generali per il modo di esprimere l'idea di già accennata per la scultura, egli dipenderà dal Cavaliere Thorwaldsen di far questa scultura a voglia sua ...»[90] Im vorangehenden Abschnitt jedoch bestimmen diese „dati generali" minutiös die Stellung der Figuren, eine Reihe von Gesten, die Kleidung, die Attribute. Klenze wollte nichts offen lassen. Wie sehr hat er die Einflußnahme Ludwigs, der ihn „stets unterdrückt und in eine falsche Bahn gezwungen"[91] habe, beklagt! So steht man etwas fassungslos Klenzes fast halsstarrigem Festhalten an der einmal gefundenen Idee gegenüber und seinem verbissenen Intrigieren einem Künstlerkollegen gegenüber, der auch nichts anderes wollte als er selbst – und zwar auf einem Gebiet, auf dem dieser nun Spezialist war! So übermittelt v. Wagner in seinem Brief an Ludwig vom 22. Februar 1825 sicherlich Thorvaldsens eigene Worte: „dass er zwar nicht gewohnt sei, nach Entwürfen anderer zu arbeiten"[92], und eine andere zeitgenössische Quelle, eine Kopenhagener Zeitung von 1818 formuliert: „Han ønsker intet heller end at kunne arbeide efter frit Valg og uden Bestillinger"[93].

3. Die Gesamtkomposition in Klenzes Entwurf für das Leuchtenberg-Grabmal war in einer Weise angelegt, die den künstlerischen Vorstellungen Thorvaldsens weder in der formalen Bildung der figürlichen Partien des Monuments noch in ihrem Verhältnis zum architektonischen Teil entsprach.

Klenzes Komposition scheint Thorvaldsen nicht gefallen zu haben. Das eingangs erwähnte Zitat Martin v. Wagners gibt sicherlich in gewisser Weise Thorvaldsens Meinung wieder.[94] Konkrete Kritik findet sich in mehreren Briefen, die Klenze erreichten und in denen die fehlende Ausgewogenheit in der Gewichtung der Skulpturenteile beklagt wird.[95] Bereits im Schreiben vom 21. Mai 1824 sah sich der Architekt deshalb gezwungen, die Schrägstellung der rahmenden Säulen, deren Neigung er an der sich nach oben verjüngenden etruskischen Grabmaltür angelehnt hatte und mit der er wohl selbst nicht recht zufrieden war, zurückzunehmen:

> Was nun die Bemerkungen welche sie mir wegen der Säulen hinter der Seitenfigur haben machen laßen anbelangt, so bin ich ganz bereit ihnen hierin zu willfahren und glaube daß man vielleicht um noch größerer Ruhe des Grundes zu erhalten die Kanelirungen der Säulen hinwegLaßen könnte.[96]

Sein dem Vertrag beigelegter Entwurf löscht diesen tektonisch unmöglichen Zustand auch und stellt die zu unkannelierten Pilastern retardierten Seitenabschlüsse gerade (Abb. 4). Klenze mußte auch akzeptieren, daß die Tür als verschlossene Pforte gestaltet und wie der Rest des Grabmals aus weißem Marmor gebildet wurde – also nicht wie gewünscht, als „Grabesöffnung" aus schwarzem Marmor. Hiermit verlor der Grabeseingang seine ikonographische Eindeutigkeit – was später auch zu Kritik führen sollte –, vor allem aber die „verschlossene" Tür zerstörte einen geradezu fundamentalen Bestandteil von Klenzes „Idee".[97] Schließlich griff Thorvaldsen auch das Motiv des Rückwärtsschreitens der Hauptfigur an, das in dieser Darstellung unverständlich wäre und keineswegs an ein Hineingehen ins Grab denken ließe:

> La Statua principale che si vorrebbe mostrare in atto d'entrare nella tomba sarà impossibile in farlo; perchè per esprimer questo momento, bisognerebbe quasi voltarla di schiena, il che produrrebbe un effetto alquanto stravagante, e lontano dai buoni principi. Il collocarla nella guisa che trovo indicato nel disegno produce piuttosto l' effetto contrario ed in questo caso converrebbe spiegare che quello non è il suo sepolcro, ma invece una scena che succede alla porta del suo Palazzo.[98]

Schritt für Schritt – durch Zerstörung aller Details und Veränderung aller Bewegungsmotive – wurde so Klenzes Gesamtkonzept über den Haufen geworfen. Dieses Konzept entsprach nämlich keineswegs Thorvaldsens künstlerischer Vorstellung von Skulptur! Wie er bei den Reliefs das von den Kunstliteraten zu Anfang des neuen Jahrhunderts formulierte „klassizistische" Einmaleins der Komposition verinnerlicht, ja, wie wir wissen, Zug um Zug ihre Forderungen umgesetzt, in der Praxis überprüft und zu einer formalen Lösung geführt hatte,[99] so machte er auch deren „gattungsspezifische" Forderungen zur Vollplastik zu seinem künstlerischen Credo. Schellings „Philosophie der Kunst", 1802/03 an der Universität Jena, 1804/05 in Würzburg als Vorlesung gehalten, definiert in ihren Aussagen zur Plastik/Skulptur diese „gattungsspezifische" Struktur:

§. 122. Die Plastik κατ' εξοχήν ist die Skulptur, sofern sie ihre Ideen durch organische und von allen Seiten unabhängige, also absolute Gegenstände darstellt.
– Denn durch das erste unterscheidet sie sich von der Architektur, durch das andere von dem Basrelief, welches seine Gegenstände im Zusammenhang mit irgend einem Grunde darstellt.
– Zusatz 1. Das plastische Werk als solches ist ein Bild des Universums, welches seinen Raum in sich selbst und keinen außer sich hat.
– Zusatz 2. In der Plastik fällt alle Beschränkung auf einen gewissen Gesichtspunkt hinweg, und das plastische Werk erhebt sich dadurch zu einer Selbständigkeit, die dem malerischen Werke fehlt.
§. 123. Die Plastik, als der unmittelbare Ausdruck der Vernunft, drückt ihre Ideen vorzugsweise durch die menschliche Gestalt aus.[100]

Kunsttheoretische Vorstellungen wie diese müssen Thorvaldsen durch seine zahlreichen in Rom weilenden Künstler- und Gelehrtenfreunde oder Bekannten übermittelt worden sein. So hat Carl Ludwig Fernow von 1794 bis 1803 in Rom gelebt, 1795 dort Vorlesungen gehalten und sich in seinem äußerst kritischen Aufsatz „Über den Bildhauer Canova und dessen Werke" (1806/08) mehrmals positiv über Thorvaldsens Jason von 1803 ausgesprochen. Fernows Vorstellungen zum Relief lesen sich nahezu wie ein Leitfaden zu Thorvaldsens frühen Arbeiten – und Fernow gehörte zu den ersten Bekanntschaften Thorvaldsens in Rom! Auch August Wilhelm Schlegels Vorlesung von 1801/02, „Die Kunstlehre", deckt sich in großen Zügen mit den Vorstellungen seiner Kollegen Schelling und Fernow. Die direkte Vermittlung solcher Gedanken zum Kunstschaffen hat wahrscheinlich der gebildete dänische Archäologe Georg Zoëga, der Thorvaldsens geistig-künstlerische „Ausbildung" in Rom übernahm, geleistet. Beide verkehrten bei dem dänischen Diplomaten Baron Herman Schubart, der dem noch wenig bekannten Künstler auch einen ersten Auftrag vermitteln konnte. Schließlich lernte Thorvaldsen in Rom zahlreiche für seine eigene Entwicklung wichtige Künstler kennen wie den früh verstorbenen Asmus Jakob Carstens, Joseph Anton Koch oder Johann Christian Reinhart.[101]

In Schellings System existieren nur drei Kunstformen: Musik, Malerei und Plastik, wobei die Architektur als Teil der Plastik gesehen wird, „da sie ihre Gegenstände durch körperliche Dinge darstellt"[102]. Hier gilt sie als deren niederste, „anorganische" Stufe, die mit „Werken der höheren Plastik", Basreliefs oder Statuen an Eingängen oder in Giebeln, verziert werden kann.[103] Was Schelling philosophisch in ein System bringt, basiert auf Winckelmanns grundlegenden Gedanken zum Kunstschaffen[104], auf Herders „Plastik"[105] von 1770 und auf Goethes[106] sowie Meyers[107] Schriften um 1800, die letztlich in der Erhebung der Plastik zur höchsten Kunstgattung gipfelten: Plastik als einzige „dargestellte, tastbare Wahrheit" (Herder), die Bildhauerkunst als „das eigentliche Fundament aller bildenden Kunst" (Goethe), „eine Statue steht ganz da, unter freiem Himmel" (Herder), „der Mensch ist der höchste, ja der eigentliche Gegenstand bildender Kunst" (Winckelmann/Goethe) und die menschliche Skulptur weise „die Grundbuchstaben und das Alphabet alles dessen, was Stellung, Handlung, Charakter ist und wodurch diese nur möglich werden" (Herder), auf.[108] Man ist in der Zeit also der Meinung, daß eine Skulptur im szenischen Zusammenhang eigentlich fehlt am Platz ist. Wenn sich eine Skulptur aus mehreren Figuren zusammensetzt, so handelt es sich um die plastische Umsetzung von Begriffen, um mythologische oder historische Gruppen, die nur in der Mehrzahl oder in der Zusammenstellung einen Sinn ergeben und dabei eine Einheit bilden, eine Aussage, eine Bedeutung, eine Allegorie. Es sind dies beispielsweise die „Drei Grazien" – von Thorvaldsen und Canova gebildet,[109] „Amor und Psyche", von Canova zu einer nahezu artistisch agierenden Gruppe komponiert,[110] „Venus und Adonis"[111] oder Canovas „Herkules und Lichas"[112], „Achilles und Penthesilea"[113], „Dädalus und Ikarus"[114], „Theseus und Minotaurus"[115]. Dabei handelt es sich immer um ikonographisch zusammengehörige Figurengruppen, um eng im Kampf oder in Liebe verschlungene Paare. Als Canova mit seinen „Creugante" (Faustkämpfern) von diesem Prinzip abweicht und einen Entwurf mit einer „verschlungenen" Kämpfergruppe – weil thematisch unpassend – verwirft, schafft er zwei kompositorisch aufeinander Bezug nehmende Einzelfiguren auf separaten Plinthen, die aber nur wieder in der Zusammenschau eindeutig anzusprechen sind.[116] Seine allegorischen Figuren am Grabmal für Papst Clemens XIII. von 1783-92 stehen ebenso isoliert und ohne gestische Beziehung nebeneinander wie die Figuren an Thorvaldsens Grabmal für Papst Pius VII. (1831).[117] Ganz andere Qualitäten vermittelt selbstverständlich Canovas Grabmal für Maria Christina von Österreich in der Augustinerkirche in Wien[118] (1798-1805), bei der ein ganzer Zug solcher allegorischer Figuren ins offene Grab schreitet, ein Rückgriff auf einen Grabmalentwurf für Tizian. Die bühnenhafte, szenische Gesamtanordnung entspricht nicht der hehren Lehre der deutschen Theoretiker. Der ältere Bildhauer, Canova, der noch der Zeit des Rokoko entwachsen ist, experimentiert mit einem weit weniger ideologisch belasteten Hintergrund. Thorvaldsen mußte diese Art von Kunstschaffen auf der Grundlage seiner Ausbildung ablehnen. Man vergleiche dazu Schelling:

§. 133. Man kann also behaupten, daß eben in der Absolutheit der Plastik der Grund liegt, warum sie sich nicht auf zusammengesetztere Compositionen ausdehnt, indem in Einem oder in Wenigem ihre ganze Größe beschlossen liegt, die nicht auf der Ausdehnung im Raum, sondern allein auf der inneren Vollendung und Beschlossenheit des Gegenstandes beruht, demnach eine Größe ist, die nicht empirisch, sondern der Idee nach geschätzt wird. Wie die Natur zur Vollendung jedes einzelnen ihrer organischen Werke dadurch gelangt, daß sie Länge und Breite aufhebt, und alles concentrisch aufstellt, so schließt auch die bildende Kunst in der Plastik als ihrer Blüthe sich dadurch, daß sie alles gegen den Mittelpunkt zusammenzieht und s c h e i n b a r sich beschränkend sich zur Totalität erweitert.[119]

Auch August Wilhelm Schlegel hat in seinen Vorlesungen zur „Kunstlehre", auf der Basis von Gattungsunterschieden argumentierend, vielfigurige, der Malerei zugehörige Kompositionen für die Skulptur weitgehend abgelehnt:

Das Bestreben, kompliciertere Handlungen darzustellen, vielfach und reich zu gruppiren, bringt ... den Bildhauer dahin, sich eines großen Theils der Mittel seiner Kunst verlustig zu machen ... Wir sehen ..., daß die Sculptur auf alle Weise von diesem Felde zurückgedrängt wird, daß die bescheidne Gruppirung weniger Figuren schon ihre letzte Gränze, die Darstellung und Bildung der einzelnen aber ihr eigentliches Gebiet ist.[120]

Fernow, von ähnlichen Vorstellungen geprägt, nimmt das Grabmal der Maria Christina beispielhaft zum Anlaß, gegen schlechte zeitgenössische Skulptur zu wettern, gegen „malerische Zwitterwerke der Plastik"[121]:

Die Erfindung, das Ganze als plastische Darstellung, wird sich nie vor der Kritik rechtfertigen können; ja wolte sie auch das Mögliche thun, und die malerische Komposition, die allenfals für ein Werk erhobener Arbeit [Relief] passend gewesen wäre, in runder Plastik gelten lassen, so mus sie doch den Gedanken verwerfen, den keine Beschönigung oder sinreiche Erklärung richtig, verständlich und ästhetisch zwekmässig machen wird.[122]

Klenzes Entwurf macht die einzelnen Skulpturen zu untergeordneten Fragmenten in einem Szenarium, in dem jeder Fingerzeig, jedes Detail auf etwas anderes – von sich weg – verweist, in der ersten wie in der zweiten Fassung: der Kranz auf die Muse der Geschichte, diese auf die Engel über dem Architrav, sie schließlich wieder auf das Kruzifix in der Architekturbekrönung; noch deutlicher in der Fassung von 1825, in der eine Figur der Engelsgruppe sogar bildlich – mit erhobenem Zeigefinger – nach oben verweist. Daß sich Klenze durchaus bewußt war, etwas anderes – vor allem auch anderes als Thorvaldsen – entworfen zu haben, geht aus seinem Schreiben vom 15. September 1824 hervor, in dem er sich dem Kronprinzen gegenüber wortreich gegen den Vorwurf der Arroganz verteidigt und dagegen, Schuld an einem eventuellen Rückzug Thorvaldsens von dem Unternehmen zu tragen:

> ... alles berechtigte mich zu glauben, daß es mir, indem ich in dieser Composition den Weg der claßischen Antike und der schönen Zeit der Wiedergeburt [...] cinquecento's, durch Einschließen einer bestimmten und klaren plastischen Idee in eine bedeutende Architektur, befolgte, gelungen sey etwas Beßeres hervorzurufen als der moderne höchst unbedeutende Typus der Sanct. Peter Grabmale, wo stets nur die Hauptfigur von ein paar banalen Tugenden begleitet ist, welche karakterlos und unbestimmt wie alle moderne Allegorie nur durch Zügel und Spiegel und Kreutz und ähnlichen Plunder zu etwas gestempelt werden. Ich gestehe Ew. Königlichen Hoheit selbst daß ich in Rom schon von vielen Klagen gegen Thorvaldsen hörte daß er demselben modernen Typus bey dem Grabmale Pius VII folgte, daß ich ihn aber bey mir selbst völlig damit entschuldigte daß er hier dem einmal eingeführten Gebrauche folgen müßte der ihm von Consalvi [Kardinal Ercole Consalvi, der Stifter und Auftraggeber des Papstgrabmales] vorgezeichnet war. Da dieses aber hier nicht der Fall war, so schien es mir gar nicht unwahrscheinlich, daß er eben so gern ja noch lieber nach einer guten Idee der Frau Herzogin, als nach einer sehr gewöhnlichen des Cardinals arbeiten würde, und daß dieses der Fall wirklich war, schien mir das große Lob, seines Briefes, und besonders das ganz wichtige Anerkennen des Style greco zu bewähren. ... und auch aus dem Briefe Thorvaldsens nicht hervorging wie D e r S c h l a f [im Original unterstrichen] mit der angegebenen Idee in Zusammenhang kommen sollte.[123]

Bemerkenswert im Gedankengang und in der Wortwahl ist besonders die Passage über den Zusammenhang seiner Skulpturen mit der Architektur! Die handlungsmäßige Verknüpfung der plastisch ausgebildeten Figuren mit den szenenhaft aufgestellten Baukörpern widerspricht nämlich eklatant dem Selbstverständnis von Skulptur, wie es die angesprochene Kunstästhetik verkündet – und unterwirft sie der Architektur: symptomatisch dafür Klenzes Vokabel „Einschließung"! Es sei dahingestellt, ob Klenze die Theorien des sogenannten Jenaer Kreises kannte – Fernows Schriften waren immerhin seit 1808 veröffentlicht –, er hat sich zumindest nicht nach ihnen gerichtet. Doch war auch Skulptur nicht sein eigentliches Schaffensfeld. Es ist auch in hohem Maße anzuzweifeln, daß die „fortschrittlichen" Richtlinien der deutschen Kunstästheten überhaupt „Allgemeingut" waren und „man", also der Kunstrezipient, diese Theorien in Thorvaldsens Schöpfungen wiederentdeckt hätte. Ein Teil der frühen Rom-Arbeiten des Bildhauers können wohl als Gegenentwürfe zu „altertümlicheren" Werken Canovas gesehen werden – wer aber außer den feinsinnig argumentierenden Ästheten und einigen auch theoretisch sehr gebildeten oder belehrten Künstlern wußte überhaupt, worum es ging?[124] Gerade zwei Jahre waren seit Canovas Tod, 1822, vergangen: Sein Werk war weithin bekannt. Sowohl Klenzes Entwurf für das Grabmal als auch die Zeichnung der Gräfin Saint Leu basierten auf dem berühmten Wiener Monument – und die Herzogin von Leuchtenberg hätte Canova als ausführenden Künstler vorgezogen.[125] Thorvaldsen aber entfernte konsequent alle sprechenden Gesten und szenischen Verweise, damit „einen gewissen Gesichtspunkt", also Betrachterstandpunkt für das Ganze und damit wiederum den engen Zusammenhang mit der Architektur. Er isolierte die Figuren (Abb. 21) – „erhebt [sie] ... dadurch zu einer Selbständigkeit" –, zwar immer noch mit ikonographischer Bedeutung im Gesamtkomplex, aber wesentlich als Einzelskulpturen zu betrachten und als solche mit „Raum in sich selbst und keinen außer sich".[126]

Beispielsweise mußten auch die spezifischen Wünsche des Komitees, das die Errichtung eines Nationaldenkmals für seinen gefallenen Anführer Fürst Poniatowski wünschte, an diesen klassizistischen Maximen zur Skulptur scheitern – wie die schrittweisen Veränderungen beim Entwurf- und Herstellungsprozeß belegen. Die Rückübersetzung des naturalistischen Ansatzes: ein emotional-romantisch anmutendes Reitermonument, ein polnisch gekleideter Soldat, gerade im Begriff, sich mit seinem sich aufbäumenden Roß in den Fluß Elster zu stürzen – ein zumindest geistig räumliches und narratives Szenarium also –, die Rückübersetzung zur klassizistischen Norm der in sich ruhenden Skulptur sah den Fürsten in der antiken Ausformung zuletzt als „Marc Aurel". Zu erinnern ist hier an Winckelmanns Forderung, daß Kunst „den wahren Charakter der Seele zu schildern" habe, und zwar die „große und gesetzte Seele"[127], nicht Leidenschaft. Auch Schelling beruft sich auf dieses proklamierte ästhetische Axiom, wenn er mit Winckelmann die Laokoon-Gruppe „ein vollkommenes Beispiel der Verbindung der hohen und geistigen Schönheit" nennt, „in welcher keine Leidenschaft, sondern nur Größe der Seele erscheint"[128]. Und wie bei der Vielfigurigkeit beruft sich A. W. Schlegel auch bei seiner Ablehnung der Darstellung von Leidenschaft in der Skulptur auf „gattungsspezifische" Eigenschaften:

> Der Grund liegt ... im Wesen der Bildhauerey. Leidenschaft ist momentan. ... Je bewegter und leidenschaftlicher der Ausdruck ist, desto mehr liegt darin immer noch etwas fremdes und außer der Figur befindliches.[129]

Die Darstellung gar von Schrecklichem – wie der hier verlangte heldenhafte Selbstmord – ist bereits seit Winckelmann verpönt:

> Lieblich sollen die Bilder sein, dem Endzwecke der Kunst gemäß, welche zu ergötzen und zu belustigen sucht. Die Lieblichkeit aber besteht in der Wahl solcher Bilder, die nichts Unanständiges, Häßliches und Fürchterliches haben ...[130],

und was die Bedingtheiten des Nationalen – auch Religiös-Mystischen oder Poetischen – betrifft, da hat die Plastik

> den Menschen von allem, was ihm nicht wesentlich ist entblößt[131].

Auch die Rückführung des naturalistischen Entwurfes des Poniatowski-Pferdes zum antik-klassisch geprägten Typus[132] hat seine Grundlage bei Schelling, wenn er nämlich dem Tier einen individuellen Charakter ab- und ausschließlich einen Gattungscharakter zuspricht.[133] Während Thorvaldsen mit den Vorstellungen des Poniatowski-Komitees auf ein ganz neues, mit seinen Mitteln kaum einzulösendes Kunstverständnis stieß,[134] mußte er den – im Sinne der Skulptur höchster Ordnung – unplastischen Entwurf Klenzes nur umarbeiten und von „gattungsunspezifischen" Anteilen „reinigen".

Klenzes Entwurf ist der Entwurf eines Architekten, für den die Skulptur Zierde am Bau ist. Seine erste Skizze (Abb. 3) verdeutlicht, wie sich die zarte, miteinander agierende plastische Gruppe der mächtigen rahmenden Architektur unterordnet. Sie kommt kaum stärker zur Geltung als die plastischen architektonischen Teile wie kannelierte Halbsäulen, Kapitelle, der Akroter und auch das Engelsrelief. Im Vertragsentwurf Klenzes (Abb. 4), der auf die mannigfaltige Kritik reagiert, indem die Höhe der Architektur verringert und ihr dominierendes Schmucksystem durch den Wegfall der Kanneluren und des schwarzen Marmors stark zurückgenommen wird, ist jedoch der szenische Zusammenhang der Skulpturen noch verstärkt. Erst Thorvaldsens isolierende Ausformung macht sie gegenüber der Architektur dominant: Diese verkommt zwar, der szenenhaften Einbeziehung der Skulpturen und der zu durchschreitenden schwarzen Tür beraubt, nicht ausschließlich zur schmückenden Folie, auch wenn dem Türrahmen und den sich darüber aufbauenden Zierformen kaum mehr als die Funktion von Würdeformen für die Hauptfigur verbleibt. Inhaltlich wenig genau definiert, wird sie jedoch zu einem adäquaten Partner für die ebenfalls zurückhaltend sprechende Skulptur. Diese Zurückdrängung des architektonischen Teils und des Zusammenhangs zwischen den Figuren und der Architektur wurde von Thorvaldsen anscheinend zielgerichtet verfolgt, wozu u. a. auch die Plazierung der Skulpturen auf eigenen niedrigen Sockeln – ein weiteres, bewußt eingesetztes isolierendes Moment für Skulpturen! – gehört: alles Punkte, die von der aktuellen Forschung nicht positiv gesehen werden.[135] Dabei hat Klenze dieses künstlerische Problem Thorvaldsens durchaus erkannt – wenn auch nur zähneknirschend akzeptiert – und bereits mit einer Verringerung der Dominanz der Architektur in seinem zweiten Entwurf reagiert.[136] Auch in Kopenhagens Frauenkirche verhinderte Thorvaldsen, daß seine zwölf Apostelfiguren in vorbereitete Nischen gestellt werden konnten – und so der Architektur untergeordnet wurden. Bei der Ankunft der Skulpturen aus Rom erwies sich, daß sie „versehentlich" zu hoch geraten waren; überliefert ist aber auch seine Meinung dazu: Er wollte sie nicht wie Soldaten in Schilderhäuschen gestellt sehen.[137] Und zum Thema „eigener Sockel" finden sich wieder bei den zeitgenössischen Kunsttheoretikern eindeutige Gestaltungshinweise, deren Kenntnis Thorvaldsen unterstellt werden darf. Schlegel argumentiert dazu folgendermaßen: Im Gemälde sei zwischen den Figuren gemalte Luft, nicht aber bei Skulpturen,

> ... wenn sie [die Skulpturen] sich nicht unmittelbar berühren so kann sie nur der Boden, worauf sie stehen in Verbindung setzen. [Allerdings werde dieser dabei] ... zu einem steinernen Schlachtfelde ... Es ist also wohl die Auskunft getroffen, die zusammen gehörenden Figuren auf verschiedne Piedestals zu stellen, und etwa an einer Wand herum oder in Nischen zu ordnen. ... Das Piedestal ist gleichsam der Rahmen der Statue, dasjenige, was außer ihrer eigenen Umgrenzung noch dient, sie gänzlich von der umgebenden Wirkung abzusondern.[138]

Klenzes „Idee" ist somit nur noch in Fragmenten vorhanden, die kein Gesamtkonzept mehr ergeben. Vor uns steht nun der in Gedanken versunkene Herzog – er schreitet nicht irgendwohin, er handelt nicht –: die linke Hand auf dem Herzen, den Kranz in der Rechten leicht von sich gestreckt – erstarrt, den Blick gesenkt, nach innen gerichtet, sinnierend: über den Sinn des Ruhmes im Augenblick des Todes? Die Insignien seiner Würde, Helm und Harnisch, liegen zu seinen Füßen, doch noch weist ihn das am Arm baumelnde Schwert als Krieger aus! Die Muse der Geschichte schreibt bereits auf ihrer Tafel, ähnlich teilnahmslos und vom „Geschehen" abgewandt wie die in ähnlicher Funktion auftretende Nemesis auf den Grabreliefs von Bethmann-Hollweg und Auguste Böhmer oder die für ein Napoleon-Denkmal entworfene Viktoria[139]: Sie greift nicht nach dem Kranz, sie schaut gar nicht auf den Herzog. Die Darstellung verweigert uns sogar die Deutung einer bevorstehenden Kranzübergabe, was Klenzes „Idee" noch am nächsten käme. Ein Ablegen des Ruhmeskranzes in der Todesstunde und seine Übergabe an den „Nachruhm", also die „Geschichte", ergäbe zwar den gewünschten Sinn, in Thorvaldsens plastischer Formulierung ist diese Vorstellung jedoch nicht direkt ausgedrückt! Er hat jeglichen szenischen Zusammenhang ausgeschlossen. Erst die Gruppe der Genien von Leben und Tod definiert den Moment der Darstellung: Der starke Thanatos löscht die Lebensfackel, sein Bruder, das Leben versinnbildlichend, stützt sich, den Blick trauernd nach oben gerichtet, auf ihn. Der ernste Blick des Todesgenius' gilt dem Bruder, nicht dem Verstorbenen – auch hier kein gestischer Bezug zu den anderen Figuren. Daß es sich hier nicht um die eher gewaltsame Zusammenstellung nicht zusammenpassender und den Streitereien der Künstler fast willkürlich entwachsener Figuren handelt, somit um eine notdürftig und wenig durchdachte Gesamtkomposition, sondern um eine von Thorvaldsen ganz bewußt erarbeitete und in ihrer Wirkung so gewollte Fassung, wird – wie wir gesehen haben – schon aus seinen ersten zeichnerisch festgehaltenen Überlegungen deutlich: Sie entsprechen in den Grundzügen bereits dem ausgeführten Monument! Das Ausmerzen oder Verändern der von Klenze angelegten Verweisungsmotive ist eine klare ikonographische Umdeutung der Einzelmotive und der Gesamtaussage. Und auch bei seinen wenigen Versuchen, Klenze sozusagen freundschaftlich auf die Drei-Gruppen-Komposition umzustimmen, ging Thorvaldsen erst gar nicht auf dessen Gesamtidee ein. Er zerstörte sie vielmehr, indem er dem Entwurf seine eigenen, inhaltlich zum Teil abweichenden Motive unterschob. Dies wird besonders augenfällig bei seinem „Angebot", das als Relief zu bildende Engelpaar in eine „plastische Version" zu überführen: schlug er doch sofort als bessere „Variante" statt der christlichen Engel die etymologisch und ikonographisch ganz anders gearteten Genien von Leben und Tod vor – die unterschiedlich sprechende Gestik gar nicht erwähnt! Noch zuletzt, bereits am Aufstellungsort in der Michaelskirche, ließ er die für den Todestag des Herzogs geplante Enthüllungsfeier platzen, weil ihm die Anordnung noch nicht gefiel, um schließlich mit den drei separaten Plinthen für die Figuren mehr oder weniger in Klenzes ganz eigene Domäne, den Entwurf des architektonischen Teils, einzugreifen: ein letzter „Schachzug", um die Figuren endgültig voneinander zu isolieren – und, erinnern wir uns an Schlegel, der Theorie gemäß als Einzelobjekte zu „rahmen". Ohne anscheinend den kunstphilosophischen Hintergrund zu ahnen, dem Thorvaldsens Werke entwachsen waren, charakterisierte Thiele das Ergebnis in seiner unprätentiösen Art vollkommen richtig:

> Sammenholdt man Værket, Billedhuggeren her havde leveret, med den Tanke, man saa gientagende havde forlangt udtalt, saa viste det sig unægteligt, at Thorvaldsen kun havde rettet sig saavidt efter Fordringerne, som han selv fandt det passende med den Kunst, hvori han var Mesteren ...[140]

4. Schließlich scheint sich Thorvaldsens spezifische Denkmalvorstellung mit den Rezeptionswünschen weiter Kreise der zeitgenössischen Kunstinteressenten in Europa zu decken.

Angesichts der wenigen überlieferten Worte des Bildhauers ist immer wieder auf seine Zurückweisung der Kritik an seinem Poniatowski-Denkmal wegen mangelnder Ähnlichkeit hinzuweisen, weil sie den Kern seiner Denkmalvorstellung enthält, die auch hier auf die gewünschte Rezeptionsweise hindeutet:

> Hvad man kan lade passere i malerkunsten, er utilladeligt i billedhuggerkunsten, thi en skulptur er et monument, og ligesom hensigten med et monument ikke alene kan bestå i gengivelsen af den faktiske begivenhed, men i genkaldelsen af denne begivenhed i folkets bevidsthed, således kan en statue nå det mål uden at give ligheden i trækkene.[141]

Ein Denkmal müsse also mehr wiedergeben als Gesichtszüge und Gestalt einer Person oder bloße Ereignisse. Es muß – hier übertragen – einen Menschen und sein Werk in das Bewußtsein des Volkes – hier der Hinterbliebenen – zurückrufen. Nun gut, Aufgabe des Monuments ist es nun einmal, zu erinnern und auch zu ermahnen! Die Frage ist nun, welche künstlerischen Formen Thorvaldsen dafür einsetzen wollte. Es ging ihm anscheinend nicht um die Auflösung eines „Bilderrätsels" oder die Gestaltung eines „lebenden Bildes" – was Klenzes Gesamtkomposition mehr oder weniger fordert, sondern wohl eher um – modern ausgedrückt – das Auslösen eines Denkanstoßes.[142] Diese Aufforderung zur Reflexion gibt hier die Figur des Herzogs durch das Sinnieren augenscheinlich selbst. Die „erhabene", inhaltlich und formal hervorgehobene Gestalt, Hauptmotiv des Denkmals und überdeutliche Metapher für das „monere", wird durch das sie bestimmende Motiv über das bloße Dasein eines Objekts der Betrachtung in eine aktive Rolle hinausgehoben. Die Attribute – Kranz, Schwert, abgelegte Brünne und Helm – und die Beifiguren erläutern den vorgestellten Gedankenkomplex und weisen der Reflexion des Betrachters die Richtung. Dies aber auf einer abstrahierten – von einer szenischen Darstellung abgehobenen – Ebene, nicht narrativ definiert, sondern durch Zeichen, Symbole, Gesten, Ausdrucksmittel, die in ihrer fragmenthaften Konsumierung ein offenes Strömen von Erinnerungen, Gedanken, Gefühlen und Empfindungen ermöglichen.[143] Zwei Prämissen klassizistischer Kunst, aufgestellt von den erwähnten kunsttheoretischen Protagonisten, finden hier in der Anwendung solch einfacher symbolischer Zeichen und Allegorien und ihrer Wirkung auf Geist und Gefühl einen – vielleicht so gar nicht erschauten – Höhepunkt in der Allgemeingültigkeit. Rupprecht hat in anderem Zusammenhang darauf hingewiesen: Winckelmanns Forderungen für die Darstellung von Allegorie, „die Einfalt, die Deutlichkeit und die Lieblichkeit". Allegorie ist für diesen eine „Andeutung der Begriffe durch Bilder, und also eine allgemeine Sprache"[144], wobei allein die Worte, mit denen er seine Forderungen stellt, eine ganz deutliche Sprache sprechen: Einfalt, also Unkompliziertheit der Darstellung, Deutlichkeit, also sofortige Ablesbarkeit, und Lieblichkeit – selbst wenn Tod oder Schrecken Darstellungsthemen sind –, aber auch die „Andeutung" und die „allgemeine Sprache" der verwandten Bilder erwarten sowohl Verhaltenheit in der formalen Ausbildung wie Offenheit und allgemeine Verständlichkeit. Das zweite ist die Goethe bereits 1770 bewußt gewordene Erkenntnis – angesichts des gedankenlosen Einsatzes barocker Dekorationskunst –, daß Kunst auch eine emotional zu reflektierende Wirkung hat:

> Giebt es denn ... keinen Menschen, der begreift, daß Bilder auf Sinn und Gefühl wirken, daß sie Eindrücke machen, daß sie Ahnungen erregen![145]

Und Sulzer konstatiert einen ähnlichen Sachverhalt zur gleichen Zeit, aber explizit auf das Monument bezogen:

> Da der vornehmste Zweck der schönen Künste, in einer lebhaften und auf Erwekung tugendhafter Empfindungen abzielenden Rührung der Gemüther besteht; so gehören die Denkmäler unter die wichtigsten Werke ...[146]

Viele von Thorvaldsen geschaffene Denkmäler haben einen äußerst schlichten Aufbau – mit einer formal herausgehobenen Hauptfigur auf dem Sockel und Allegorien, häufig Reliefdarstellungen, am Sockel des Monuments, die in der Regel so allgemein gehalten sind, daß sich ihre Aussage leicht zur Denkmalfigur in Beziehung setzen läßt: Ein geflügelter Jüngling mit Buchrolle oder Lyra wird so zum Genius der Poesie, ein anderer mit Ruder zum Genius der Staatslenkung, ein Mädchen mit Palmwedel zur Victoria. Konsequent ist das Darstellungsrepertoire in der Regel auf eine Figur reduziert, die im jeweiligen Kontext und mit dem nötigen Attribut versehen, die gewünschte Aussage vermittelt. Das Anliegen der Allegorie ist es, in einfacher Form über sich selbst hinaus auf etwas anderes zu verweisen: Gedanken können das sein von großer Tragweite oder auch bloß schwingende Emotionen. Während Asmus Jakob Carstens' radikale Verweigerung, wie es Schoch formuliert, zu einer „Instrumentalisierung", sprich Verwertbarkeit, seiner Kunst, zur „linearen Abstraktion und zur Entsinnlichung, zur reinen Gedankenkunst"[147] führte – ein Moment, das einem Teil der zeitgenössischen Kunsttheorie tendenziell zugrundeliegt –, setzte Thorvaldsen solche Aspekte in seiner Arbeit gelehrig zwar, aber doch pragmatisch um: in lineare Formgebung, reduzierte Sinnlichkeit der Materialität und Darstellungsinhalte mit auffordernden Charakter zu einer assoziativen Rezeption. Die häufig zurückhaltenden Bewegungsmotive seiner Skulptur verlangen vom Betrachter eine aktive Vergegenwärtigung, fordern zu eigener

"Deutung", zu eigenem Nachdenken auf.[148] Mit jenem berühmten Christus in der Frauenkirche in Kopenhagen ist ihm ein Meisterwerk dieser Art gelungen: Hundert Jahre lang galt der nazarenisch wirkende Heiland mit den ausgebreiteten Armen als die ideale, trostspendende Grabmalfigur – obwohl für einen Kirchenraum geschaffen, mit einem wenig spezifizierten Empfangsgestus –, auf Psyche und Geist der Eintretenden wie der Hinterbliebenen gleichermaßen einwirkend. Die seitlichen Figuren am Leuchtenberg-Grabmal sind wie viele Reliefdarstellungen an anderen Denkmälern bloße Allegorien, die in ihrer gestischen Bezugslosigkeit zur Hauptperson den Charakter unpersönlicher Schicksalsmächte annehmen. Wie das Auslöschen der Fackel für den Gebildeten den Augenblick des Sterbens manifestiert und damit das Handeln der Mittelfigur „erklärt", so wirkt in dem gleichermaßen distanziertem Nebeneinander von Ruhmeskranz und Muse der Geschichte der somit wiederum „erklärte" Zusammenhang. Das Trauermotiv des Lebensgenius' ist damit auch nicht als persönliche Anteilnahme zu deuten, sondern als verallgemeinerter Ausdruck des Schmerzes – als abstraktes Zeichen – mit der Absicht, hier für den besonderen Fall Anteilnahme zu erwecken. Hierin findet sich wohl auch eine dem zeitgenössischen Kunstgeschmack allgemein innewohnende Tendenz verwirklicht. So wird beispielsweise der zu ehrende Mensch gerne in einer eher unverbindlichen Stellung auf den Denkmalsockeln wiedergegeben, die eine offene, ambivalente Rezeption ermöglicht – ein Kunstgeschmack, den Thorvaldsen durch seine zahlreichen Schöpfungen vielleicht selbst mitprägte. Nur so ist der ungeheure Erfolg gerade seines Denkmaltypus' zu erklären, dessen eine Grundlage die von der Kunsttheorie des Jahrhundertanfangs geprägte Bildung der Skulptur ist:

Abb. 21. Mittelteil des Leuchtenberg-Grabmals; Aufnahme aus den späten vierziger Jahren, als das kriegszerstörte Gewölbe der Michaelskirche noch nicht wieder eingezogen war; der ungewohnte starke Lichteinfall von oben verdeutlicht die räumlichen Verhältnisse zwischen Architektur und Skulpturen und verstärkt bei diesen die isolierende Wirkung

Die bedeutendsten menschlichen Handlungen setzen eine Beziehung auf andre Personen voraus. Diese kann zuweilen von der Art seyn, daß sie leicht hinzugedacht wird, und dann kann die Handlung auch bey der Hinweisung auf etwas nicht mit abgebildetes vollkommen verständlich seyn. In den meisten Fällen wird aber damit dieß erreicht werde, die einzelne Figur nicht eigentlich handeln, sondern nur Ausdruck haben können.[149]

Dyveke Helsted griff mit ihrer jüngsten Werkkritik nur Gedanken auf, die schon kurz nach der Errichtung des Monuments geäußert wurden und seit damals tradiert werden:

La statua terminata divenne una bella figura singola, ma il monumento nel suo insieme manca di quell' armonia compositiva che altre volte si ritrova nelle opere di Thorvaldsen. Non c'è da meravigliarsi, se si tiene conto delle molte e diverse voci cui bisognava prestare ascolto per la composizione del complesso scultoreo, non solo quella del committente ma anche quelle dell'architetto e dell'allievo.[150]

Einer der führenden deutschen Kunstschriftsteller der Zeit, Ludwig Schorn, diskutierte die „Fehler" des Monuments kurz nach seiner Aufdeckung im „Kunstblatt". Interessant ist dabei, daß es genau jene Punkte sind, die ständig zwischen Thorvaldsen und Klenze strittig waren:

Konnte es der Anlage des Werkes nach plastisch ausgedrückt werden, daß der Herzog im Begriff sey, in die Grabespforte einzugehen? rückwärts schreitend konnte ihn der Bildner nicht darstellen ...[151]

So jedenfalls sei weder das Grabmal als solches eindeutig zu erkennen, noch die Bewegung des Verstorbenen dorthin. Man betrachte dazu im Vergleich das klare Schreiten der Figuren an Canovas Grabmal für Prinzessin Christina in Wien (allerdings seine Kritik dazu: Rückenansicht der Hauptfiguren), und hervorragend gelöst sei auch das Hinabsteigen des verstorbenen Marschalls Moritz von Sachsen in die Gruft an seinem Grabmal in Straßburg.[152] Auch das Problem einer fehlenden Kontaktaufnahme zwischen Klio und dem Herzog spricht er an und hält es für „unstatthaft ... die beiden Figuren in Handlung zu setzen", um mögliche Fehldeutungen zu vermeiden.

Er [der Herzog] trägt den Kranz in seiner Hand zur Versinnbildlichung dessen, was die neben ihm Sitzende aufzeichnet, und der Begriff der Geschichte erscheint uns größer und edler, wenn wir sie unabhängig, nur der eigenen Eingebung folgen sehen.[153]

Schorn wandte sich somit gegen eine Inszenierung im Sinne Klenzes, würdigte die Isolierung der Figuren und deutete den allegorischen Zusammenhang der Gruppen richtig und ohne erfindungsreiche Phantastereien. Hätte die beiden linken Skulpturen, also den Herzog und die Muse, die Kranzübergabe, also eine Handlung, verbunden, so wäre es seiner Meinung nach nötig gewesen, auch die Geniengruppe wegen des inneren Gleichgewichts der Darstellung in diese Handlung miteinzubeziehen.[154] Im übrigen hätte er, einer Vorstellung folgend, die auch Schadows und Rauchs Denkmäler beförderte, allerdings eine andere Komposition vorgezogen: den Herzog auf einem erhöhten Sockel als Feldherrn wiedergegeben,[155] mit dem Lorbeer des Ruhmes bekränzt, die Seitenfiguren erheblich tiefer gesetzt und ohne das Grabmal im Hintergrund:

Die Gestalt des Herzogs hätte keinen anderen Anspruch gemacht, als den, ein Abbild der vollen Kraft und Würde seines Lebens der Nachwelt zu bewahren; das Uebrige wäre gegen ihn mehr untergeordnet geschienen und hätte angedeutet, daß die Geschichte in dem Augenblick seinen Ruhm zu verzeichnen beginne, da die Genien seines Lebens und Todes sich umarmen.[156]

Da der Tenor seiner gesamten Kritik sich überwiegend gegen das der Komposition zugrunde liegende Darstellungsthema richtet, er allerdings die bildhauerische Ausführung der Skulpturen über alle Maßen lobt, ist die Schrift letztlich – ohne, wie er schreibt, Namen nennen zu wollen – als Verurteilung von Klenzes „Idee" zu werten. Auch sein Urteil steht auf dem Boden der kunstästhetischen Diskussion der Zeit. Schon Schorns Wertschätzung für isolierte, wenig mehr als eine Idee verkörpernde Figuren spricht ebenso dafür wie die Ablehnung schwer zu erfassender, im Sinne der Theorie unplastischer Handlungszusammenhänge: eine Stimme für die Monumentalisierung auch der Grabmalskulptur. Entgegen der szenisch komponierten Skulpturengruppe in Klenzes Entwurf mit ihrer Vermischung der Realitätsebenen zieht Schorn eine gegenständliche, thematische und ikonographische Isolierung der Figuren vor, die Seitengruppen zu reinen Allegorien reduziert, die der glänzend gedachten, zentral angeordneten Hauptfigur – schon durch eine tiefere Positionierung – nicht Konkurrenz machen. Darstellungen wie die der Klio oder der Genien sind anscheinend für ihn – und hier trifft er sich mit Thorvaldsen – wohl im Sinne des Verfassers der ungemein populären, erstmals 1791 veröffentlichten „Götterlehre oder mythologische Dichtungen der Alten", Karl Philipp Moritz, als „zeitlos gültige Verkörperungen von menschlichen Eigenschaften, Handlungen und Existenzformen"[157] einzusetzen.

Die in Schorns Artikel kritisch angesprochenen Punkte sind als solche eigentlich nur verständlich, wenn ihm Klenzes Grabmalentwurf bekannt war – und sie sind somit als Antwort auf diesen und wohl auch auf hinter der Hand geäußerte Kritik an Thorvaldsens Arbeit zu sehen.[158] So schreibt er auch in bezug auf das „Hineinschreiten ins Grab":

... daß viele, welchen die Idee nicht bekannt ist, vermeinen in dem Portal, worüber die goldnen Worte Honneur et fidélité stehen, etwa die Pforte oder den Tempel der Ehre und Treue zu sehen, woraus der Herzog soeben herausgetreten sey

– eine nahezu wortwörtlich übernommene Wendung aus einem kritischen Brief Thorvaldsens zu Klenzes Entwurf.[159] Nun war Klenzes „Streit" mit Thorvaldsen um die Komposition des Grabmals in den betroffenen Künstler-, Adels- und Kunstkritikerkreisen durch Mundpropaganda wohl allgemein bekannt, Klenze hat anscheinend aber auch selbst dafür gesorgt, daß seine „Idee" bekannt wurde: So erschien kaum zwei Wochen nach Aufdeckung des Monuments und bereits zwei Wochen vor Schorns Kritik ein zwar vor allem die Bedeutung des Verstorbenen würdigender Beitrag zu dem Grabmal im Tagblatt „Das Inland". Der Text gibt aber auch geradezu die Termini aus Klenzes Briefen wieder:

Entkleidet von allen Zeichen des alten Glanzes tritt uns der Fürst entgegen ... Die rechte Hand des „Ritters der Ehr' und Treue" ist ausgestreckt, um den Lorbeer des Feldherrnruhmes ... in den Schooß der Geschichte niederzulegen. ... der alles Schmuckes baare Held ... [und zum Genius des Todes:] Es ist nicht der Tod des Heidenthumes ... es ist der Tod des Christen, dem „Sterben Gewinn ist", dem über dem verwesenden Leibe die Herrlichkeit einer Zukunft aufgeht ...[160]

Trotz der bekanntermaßen regen Phantasie, die zeitgenössische Kunstkritiker bei der Betrachtung von Kunstwerken an den Tag legten, scheint hier nicht mehr allein das Gesehene interpretiert, vielmehr Vorwissen oder Erzähltes wiedergegeben zu sein. Kam hier vielleicht die Verdrossenheit derjenigen, die Thorvaldsens Willkür am meisten ärgern mußte, wenn auch nicht offen, so doch durch die Hintertür zu Wort?[161] Sollte hier das Werk unter einem Schwall von Lobesworten – vielleicht vom Autor der Zeilen unbewußt, aber durch die gezielte Übermittlung einer eigentlich unrichtigen Werkaussage indoktriniert – „Lügen gestraft", der stümperhaften Ausführung angeklagt werden? War nicht Klenze genötigt gewesen, nach dem Erhalt der Kisten aus Rom mit den fertigen Skulpturen – wider besseren Wissens! – Thorvaldsens Werk zu loben?:

> Ich hoffe daß Sie mit der Wirkung Concepcion, und Stellung des Ganzen so zufrieden sein werden wie ich es mit Ihrer herrlichen unübertrefflichen Sculptur war.[162]

Der König wollte den „nordischen Pheidias" ja unbedingt zur Werkaufdeckung in München haben! Einen Affront gegen den von Ludwig so geschätzten Meister, noch dazu nach Ablieferung des Werkes, konnte sich Klenze nicht leisten. Aber war er nicht weiterhin davon überzeugt, den besseren Entwurf geliefert zu haben?

III

Die leise Melancholie, die über den Figuren liegt, gepaart mit der weichen Anmut der Körperformen und einer auch nach heutigem Empfinden dem Grabdenkmal zukommenden Distanziertheit der Ausstrahlung spricht den Beschauer selbst bei völliger Unkenntnis der Inhalte noch nach 170 Jahren an (Abb. 1, 21 und 22). Hier sind wir immer noch Kinder jener Geisteshaltung, die den Tod schon seit dem 15. Jahrhundert mit elegisch-melancholischer Stimmung in Verbindung brachte und die ihre mit dem Grabmal untrennbar verbundene Ausprägung gerade im Zeitalter der Empfindsamkeit erhielt. Kein memento mori, keine schreiende Trauer oder laut dozierte Erlösungsikonographie beinhaltet das Monument, sondern leise Melancholie in bewußt zurückhaltender Form-

Abb. 22. Geniengruppe am Leuchtenberg-Grabmal in St. Michael

gebung. Die geäußerte Kritik, die einen mangelnden szenischen Zusammenhang und die Isoliertheit der Figuren beanstandet, übersieht, daß gerade diese Darstellungsweise als Thorvaldsens künstlerische Intention zu analysieren ist und daß es ihm trotz der extrem komplizierten Entwurfs-, Vertrags- und Entstehungssituation gelungen ist, sein Ziel zu erreichen, den beredten Klenzeschen Entwurf durch relativ geringfügige Änderungen in eine eigene, subtilere Sprache zu überführen und dabei seine ganz anders gearteten, geradezu puristischen künstlerischen Vorstellungen, hinter denen ein wohldurchdachtes kunstphilosophisches System steckt, zu vermitteln: Die Skulptur

> sucht der Bildhauer ... möglichst zu isolieren, die ganze Aufmerksamkeit darauf zu concentriren. Es ist also dieser möcht' ich sagen, contemplativen Kunst am natürlichsten daß sie sogleich einen ewigen Moment wählt, also den ruhigen und selbstgenügsamen Ausdruck, der nichts ist als das eigenthümlichste Daseyn des durch seine Formen charakterisirten Wesens. Daher ist in der Sculptur die majestätische Ruhe zu Hause.[163]

ANMERKUNGEN

Abkürzungen: ThMus. = Thorvaldsen-Museum, Kopenhagen
ThMus. Brf. Ar. = Thorvaldsen-Museum, Briefarchiv
ThMus. Zchn. = Thorvaldsen-Museum, Zeichnungen

Alle Übersetzungen stammen vom Autor.
Für die Durchsicht des Manuskripts danke ich Herrn Dr. Heinrich Habel.

1 Martin von Wagner an Kronprinz Ludwig von Bayern, 16. September 1824, nach LUDWIG VON URLICHS, *Thorvaldsen in Rom. Aus Wagner's Papieren. Zwanzigstes Programm zur Stiftungsfeier des von Wagner'schen Kunstinstituts für 1887*, Würzburg 1887, S. 15.

2 Abb. 3: Nach Leo von Klenze, (erster) Entwurf zum Leuchtenberg-Monument, undatiert, ca. 1824, Thorvaldsen-Museum Kopenhagen D1538, Bleistift und schwarze Tinte auf Kohlepapier, 58,7x40,2/40,0 cm. – Abbildung u.a. bei JØRGEN BIRKEDAL HARTMANN, *La Nascità di un Monumento neoclassico eseguito a Roma ed eretto a Monaco di Baviera*, in: L'Urbe, Jg. XIX, N. S. Nr. 1 (Jan.–Febr. 1956), S. 1-8, Nr. 2 (März–Apr. 1956), S. 1-8, Nr. 3 (Mai–Juni 1956), S. 1-6, Nr. 5 (Sept.–Okt. 1956), S. 1-10, m. 36 Abbn., hier Abb. 11. – Auch publ. in DERS. *Thorvaldsen a Roma. Documenti inediti*, Roma 1959. – Eine Vorstudie dazu mit motivischen Unterschieden (Abb. 2) befindet sich in der Staatlichen Graphischen Sammlung, München, Inv. Nr. 27134, veröffentlicht in LOTHAR ALTMANN/CHRISTINE THOMAS, *Leo von Klenze und die Münchener Michaelskirche. Beitrag zum 200. Geburtstag des*

Architekten und zum 400. Jahrestag der Grundsteinlegung der Kirche, in: Jahrbuch des Vereins für christliche Kunst, XIV. Bd., München 1984, S. 142 – 155, mit Abb. 79 auf S. 232. – Vgl. auch *Künstlerleben in Rom. Bertel Thorvaldsen (1770-1844). Der dänische Bildhauer und seine deutschen Freunde*, Eine Ausstellung des Germanischen Nationalmuseums, Nürnberg, in Zusammenarbeit mit dem Schleswig-Holsteinischen Landesmuseum Schloß Gottorf, Schleswig, und dem Thorvaldsen-Museum, Kopenhagen, hrsg. von GERHARD BOTT und HEINZ SPIELMANN, Nürnberg 1991, S. 667 ff. Kat. 8.16.

3 Von Leo v. Klenze in seinen Briefen an Thorvaldsen, z. B. am 24. April 1824 (ThMus. Brf. Ar. M.9, 1824, Nr. 33), und an Kronprinz Ludwig, z. B. am 2. Mai 1824 und 15. Sept. 1824 (Geheimes Hausarchiv München, NL Ludwig I., I.A., 36/II Nr. 202 und 216), mehrmals so dargestellt. – Vgl. auch BJARNE JORNÆS, *Billedhuggeren Bertel Thorvaldsens liv og værk*, København 1993, S. 176-180.

4 Leo von Klenze an Thorvaldsen, 24. April 1824 (ThMus. Brf. Ar. M.9, 1824, Nr. 33), tw. veröffentlicht in JUST MATHIAS THIELE, *Thorvaldsens Biographi. Efter den afdøde Kunstners Brevvexlinger, egenhændige Optegnelser og andre efterladte Papirer*, 4 Bd., Kiøbenhavn 1851-1856, hier Bd. III (*Thorvaldsen i Rom II, 1819-1839*), S. 206-210. – Hingewiesen sei hier auf den parallelen Fall des Denkmals für Max I. Joseph in München, für den Klenze ebenfalls, hier in Zusammenarbeit mit Martin von Wagner, Entwürfe anfertigte und dann mit Christian Daniel Rauch Kontakte zur Ausführung aufnehmen mußte. Auch hier nahm der Bildhauer entscheidende Veränderungen vor, die aber keinen so großen Niederschlag im Briefwechsel fanden, da Rauch mehrmals in München weilte. Vgl.: BARBARA ESCHENBURG, *Das Denkmal König Maximilians I. Joseph in München, 1820-1835*, Inauguraldissertation zur Erlangung des Doktorgrades der Philosophischen Fakultät der Ludwig-Maximilians-Universität zu München, 1970, veröffentlicht München 1977. – KARLHEINZ HEMMETER, *Das Denkmal für König Max I. Joseph in München von Christian Daniel Rauch. Entstehungsgeschichte – Zeitgenössische Kunstliteratur – Zur Genese des Max-Joseph-Platzes*, in: König Max I. Joseph. Modell und Monument. Zu einer Installation von Erich Lindenberg in der Alten Münze in München, Arbeitshefte des Bayerischen Landesamtes für Denkmalpflege, Bd. 86, München 1996, S. 35-85.

5 Nach FRIEDRICH NOACK, *Das deutsche Rom*, Rom 1912, S. 120 ff., besuchte Kronprinz Ludwig/König Ludwig I. Rom 1805 (12. Jan. bis Ende Mai), 1818 (21. Jan. bis 29. April), im Winter 1820/21, im Frühjahr 1824 und im Mai 1827, wo er auch am 14. April 1827 von dem schwedischen Bildhauer Johan Niklas Byström die Villa Malta und zwei weitere Häuser an der Via Sistina, unweit von Thorvaldsens Wohnung gelegen, erwarb. Bis 1867 war Ludwig noch zwölfmal in Rom. – Kontakte mit Thorvaldsen gab es wohl seit 1808 über Dritte: Kronprinz Ludwig erwog angeblich 1808 einen für den Bankier Torlonia entworfenen Mars in Marmor ausführen zu lassen, wählte dann aber den heute in München befindlichen Adonis, ausgeführt 1809-32: THIELE (wie Anm. 4), II, S. 96-98 u.a. sowie BJARNE JORNÆS, *Thorvaldsens „klassische" Periode 1803-1819*, in: Bertel Thorvaldsen. Untersuchungen zu seinem Werk und zur Kunst seiner Zeit, Kölner Berichte zur Kunstgeschichte. Begleithefte zum Wallraf-Richartz-Jahrbuch 1977, Köln 1977, S. 59 und 80, Kat. 34 und 35. – Nach 1812 wurden Verhandlungen über einen Fries für eine geplante Apostelkirche aufgenommen, zu dem Thorvaldsen zeichnerische Entwürfe anfertigte sowie zwei später von ihm selbst zerstörte Reliefs von 1817 (JORNÆS, w. o., S. 91, Kat. 114) und 1819 (ebd., S. 93, Kat. 155). – 1816/17 ergänzte Thorvaldsen die Ägineten. Dazu: CHRISTIANE GRUNWALD, *Die Aegineten Ergänzungen*, in: Bertel Thorvaldsen. Skulpturen, Modelle, Bozzetti, Handzeichnungen. Gemälde aus Thorvaldsens Sammlungen, Eine Ausstellung des Wallraf-Richartz-Museums in der Kunsthalle Köln vom 5. Februar bis 3. April 1977, Köln 1977, Nr. 92 S. 243-260 sowie DIES., *Zu den Aegineten-Ergänzungen*, in: Thorvaldsen-Untersuchungen 1977 (w.o.), S. 305-341. – Mindestens seit 1809 war Thorvaldsen auch als Berater für Ludwigs Einkäufe anderer antiker Skulpturen tätig. Dazu: THIELE (wie Anm. 4), S. 126 ff.; RAIMUND WÜNSCHE, *„Perikles" sucht „Pheidias". Ludwig I. und Thorvaldsen*, in: NÜRNBERG KAT. 1991 (wie Anm. 2), S. 307-326. – Bei einem Aufenthalt Ludwigs in Rom 1818 modellierte Thorvaldsen eine Büste des Kronprinzen (JORNÆS, w.o., Kat. 144), wohl 1821/22 erstmals in Marmor übertragen.

6 Vgl. hierzu vor allem folgende Beiträge in NÜRNBERG KAT. 1991 (wie Anm. 2): RAINER SCHOCH, *Rom 1797 – Fluchtpunkt der Freiheit*, S. 17-23. – HERMANN MILDENBERGER, *Bertel Thorvaldsen und der Kult um Künstler und Genie*, S. 189-201. – PETER SPRINGER, *Thorvaldsen zwischen Markt und Museum*, S. 211-221. – HARALD C. TESAN, *Vom häßlichen Entlein zum umworbenen Schwan: Ein dänischer Künstlerunternehmer in Rom*, S. 223-240 sowie im Katalogteil die Kapitel III. *Gesellschaftliche Spielräume*, S. 411-505; IV. *Das Ideal des Künstlers – Der freie, schöpferische Mensch*, S. 507-549 und V. *Thorvaldsen als Künstler und Unternehmer*, S. 551-604.

7 Aufenthalt in Kopenhagen: 3. Oktober 1819 bis 11. August 1820, nach THIELE (wie Anm. 4), S. 13-70.

8 ThMus. A 123-A 126. – Zur Geschichte des Reiterdenkmals: THIELE (wie Anm. 4), S. 79 ff. – ELSE KAI SASS, *Thorvaldsens forbindelse med Polen*, in: Meddelelser fra Thorvaldsens Museum. Udgivne i anledning af Poniatowski-Statuens genrejsning i Warszawa 1952, København 1952, S. 9-14 sowie DIES., *Rytterstatuen af Józef Poniatowski*, in: ebd., S. 15-81. – KARLHEINZ HEMMETER, *Studien zu Reliefs von Thorvaldsen. Auftraggeber – Künstler – Werkgenese: Idee und Ausführung*, Inauguraldissertation zur Erlangung des Doktorgrades der Philosophischen Fakultät der Ludwig-Maximilians-Universität zu München, 1983, veröffentlicht München 1984, S. 253-263. – *Thorvaldsen w Polsce*, Katalog wystawy, 17 października 1994-22 stycznia 1995, Warszawie 1994, S. 90 ff. und kurz zusammengefaßt: HANNA KOTKOWSKA-BAREJA, *Thorvaldsen w Polsce*, in: ebd., S. 24 ff., hier S. 28-31.

9 ThMus. A 155, A 361, A 362, A 626, A 627, B 446. – Zur Geschichte des Grabmals: THIELE (wie Anm. 4) S. 86 ff. – ELSE KAI SASS, *Włodzimierz Potocki's Gravmonument*, in: Meddelelser fra Thorvaldsens Musem 1956, København 1956, S. 27-60. – HEMMETER (wie Anm. 8). – WARSCHAU KAT. 1994 (wie Anm. 8), S. 122 ff. und kurz zusammengefaßt: KOTKOWSKA-BAREJA (wie Anm. 8), S. 34-36.

10 ThMus. A 120, A 121, A 122, A 236, A 725. – Zur Geschichte des Auftrages: THIELE (wie Anm. 4), S. 87 ff. – Kurz zusammengefaßt: KATHARINA BOTT, *Wechselbeziehungen zwischen Thorvaldsen und seinen deutschen Auftraggebern*, in: NÜRNBERG KAT. 1991 (wie Anm. 2), S. 327-339, hier S. 335 mit Abb. 8.

11 ThMus. A 601, A 602. – Zur Geschichte des Auftrages: THIELE (wie Anm. 4), S. 4 ff. – HEMMETER (wie Anm. 8), S. 199-208.

12 THIELE (wie Anm. 4), S. 43 ff. u.a.

13 ThMus. A 86-A 109. – THIELE (wie Anm. 4), S. 52 ff. u.a.

14 ThMus. A 82, A 83 A 84, A 85. – THIELE (wie Anm. 4), S. 52 ff. u.a. – SIEGFRIED GOHR, *Die Christusstatue von Bertel Thorvaldsen in der Frauenkirche zu Kopenhagen*, in: Thorvaldsen-Untersuchungen 1977 (wie Anm. 5), S. 343-365.

15 ThMus. A 142-149, A 270. – THIELE (wie Anm. 4). S. 188 ff. – KÖLN KAT. 1977 (wie Anm. 5), S. 200-202. Kat. Nr. 61. – EIGIL H. BRÜNNICHE, *Schinkel og Thorvaldsen. Et Bidrag til Pavemonumentets Historie*, in: Meddelelser fra Thorvaldsens Museum, Kjøbenhavn 1938, S. 95-108. – NÜRNBERG KAT. 1991 (wie Anm. 2), S. 532 f. Kat. 4.26 und 4.27.

16 Nachweis in Brief Friedrich Gärtners an v. Wagner, 27. Oktober 1824, nach URLICHS (wie Anm. 1), S. 16, Anm. 1. – Dazu auch der Brief v. Wagners an Kronprinz Ludwig, 25. Mai 1824: „Dass Th. diesen Antrag annehmen werde, daran ist kein Zweifel. Nur ist er nicht ganz mit dem ihm vorgeschlagenen Entwurf, noch weniger mit der ihm gesetzten Zeitfrist (2 Jahre) einverstanden." Nach URLICHS (wie Anm. 1), S. 13.

17 Leuchtenberg-Palais: 1817-21 durch Leo v. Klenze erbaut, 1943 und 1945 bei Luftangriffen ausgebrannt, nach Totalabbruch 1962 Neuaufbau 1963-66 als Stahlbetonskelettbau mit vorgeblendeter rekonstruierter Backsteinfassade und Steingußgliederung.

18 THIELE (wie Anm. 4).

19 HARTMANN 1956 (wie Anm. 2).

20 ALTMANN/THOMAS (wie Anm. 2).

21 U.a.: (Erster) Entwurf v. Klenzes zum Leuchtenberg-Denkmal: Abb. bei HARTMANN (wie Anm. 2), Abb. 11 (hier Abb. 2), dort auch der Entwurf von Gräfin Hortensia de St. Leu (Abb. 13), der zweite Entwurf v. Klenzes, Abb. 12 (hier Abb. 3), weitere Zeichnungen und plastische Bozzetti. – Vorstudie für den ersten Entwurf v. Klenzes bei ALTMANN/THOMAS (wie Anm. 2). – *Thorvaldsen. Drawings and Bozzetti*, Ausst. Kat. 30. Okt.-14. Dez. 1973 in der Heim Gallery, Lon-

don, Kat. Nr. 18, London 1973, Kat. 51, 52 (Zeichnungen), 82, 90 (Bozzetti). – Der zweite Entwurf v. Klenzes in NÜRNBERG KAT. 1991 (wie Anm. 2), S. 668.
22 Leo von Klenze, Memorabilien, Bd. I, S. 200, Bayerische Staatsbibliothek München, Klenziana I/1; danach sei Tenerani von Graf Rechberg als Bildhauer für das Grabmal empfohlen worden. Nach ALTMANN/THOMAS (wie Anm. 2), S. 149 und Anm. 35, sei ein Vorschlag Teneranis, welcher „in einem großen weinerlichen Basrelief bestehen sollte", abgelehnt worden.
23 Der „Alexanderfries" im Leuchtenberg-Palais ist ein Gipsabguß von 1819 nach dem Originalgipsrelief von 1812 im Quirinalspalast in Rom; nach Kriegsschäden und Abbruch des Palais' heute im Vestibül des Herkulessaales in München. – THIELE (wie Anm. 4), Bd. II, S. 413 f. – HEMMETER (wie Anm. 8), S. 94-135. – v. Klenze an Kronprinz Ludwig, 15. September 1824 (Geh. Hausarchiv München, NL Ludwig I. I.A. 36/II Nr. 216): „Überdem wüßte Sie aus anderer und eigener Erfahrung daß Thorvaldsen so unzuverläßig in Erfüllung seiner Versprechungen wäre, und daß sie, wo er 3 Jahre über die bedungene Zeit gezaudert habe um die Gypsabgüße des Alexanderzuges abzuliefern, vielleicht ein so großes Denkmal nie beendiget sehen würde."
24 v. Klenze an Thorvaldsen, 24. April 1824 (ThMus. Brf. Ar. M.9, 1824, Nr.33); die Skizze wohl ehemals Beilage zum Brief. – Zur Vorstudie, hier Abb. 2: Der Vermutung von ALTMANN/THOMAS (wie Anm. 2), S. 152, daß sich Klenze bei dem bühnenartigen Gesamtaufbau seines Entwurfes an Canovas Grabmal von 1805 für die Kaisertochter Maria Christina in der Augustinerkirche in Wien orientiert hat, ist zuzustimmen. Der Griff des Herzogs mit der rechten Hand an den Türpfosten, der das Eintretenwollen anschaulich macht, findet sich ähnlich auch dort. Die Geste ersetzte v. Klenze dann in seiner nach Rom gesandten Skizze (hier Abb. 3) durch das Legen der rechten Hand auf das Herz. Auch die Haltung der Muse der Geschichte – aufrecht und mit erhobener rechter Hand, um den Kranz entgegen zu nehmen – sowie der Blickbezug zwischen den beiden Figuren illustrieren in der Vorstudie Klenzes „Idee" noch stärker als die abgesandte Version, bei der die Klio nur noch im Moment des Aufschauens gezeigt ist. Kleinere Veränderungen weisen auch die Waffentrophäe, die schwebenden Engel und die Höhe der Architektur auf.
25 Böhmer-Grabmal: ThMus. A 614, A 700-703. – THIELE (wie Anm. 4) II, S. 185-190 und 258 f. – ELSE KAI SASS, *Auguste Böhmer-Monumentets Historie*, in: Meddelelser fra Thorvaldsens Museum 1938, København 1938, S. 109-125. – DIES., *Thorvaldsens Portrætbuster*, 3 Bde., København 1963-1965, Bd. I, S. 205-210. – JORNÆS (wie Anm. 5), hier S. 84 Kat. 59, Abb. ebd. S. 196 (Reliefs), Büste in KÖLN KAT. 1977 (wie Anm. 5), S. 119. – HEMMETER (wie Anm. 8), S. 140-150.
26 Bethmann-Hollweg-Grabmal: ThMus. A 615, A 734. – THIELE (wie Anm. 4), Bd. II, S. 233 ff. – KÖLN KAT. 1977 (wie Anm. 5), S. 197ff. Kat. 60 mit Abb. S. 197 Gesamtabbildung in der Familiengruft. – BARBARA BOTT, *Das Epitaph für Johann Philipp Bethmann-Hollweg in Frankfurt am Main*, in: Thorvaldsen-Untersuchungen (wie Anm. 5), S. 449-468. – HEMMETER (wie Anm. 8), S. 151-198.
27 HARTMANN 1956 (wie Anm. 2), I, S. 2 f. mit Anm. 9 und Abb. 13.
28 v. Klenze an Kronprinz Ludwig, 15. September 1824 (Geh. Hausarchiv München, NL Ludwig. I. I.A. 36/II Nr. 216); vgl. dazu auch ALTMANN/THOMAS (wie Anm. 2), S. 149. Anm.35.
29 *Korrespondenz-Nachrichten* (Autor: CARL GRASS), in: Morgenblatt für gebildete Stände, Jg. 6, 1812, Nr. 254, zit. nach JÜRGEN WITTSTOCK, *Thorvaldsen und die Deutschen. Ein Beitrag zur frühen Rezeption seiner Kunst*, in: NÜRNBERG KAT. 1991 (wie Anm. 2), S. 203-209, hier S. 207.
30 Vgl. v. Wagner an Kronprinz Ludwig, 22. Juli 1824: „Die Ursache, warum er den Vorschlag mit 2 Figuren nicht billigen könne, sei, weil, wenn die Bildsäule des Fürsten wie billig in die Mitte zu setzen (sei), so erfodere die Geschichte, welche Herr v. Kl. als Beifigur wünsche, notwendigerweise eine Gegenfigur auf der andern Seite. Hr. v. Kl. hatte zu diesem Zwecke Trophäen vorgeschlagen. Allein Th. ist, wie es scheint, mit diesem Hülfsmittel nicht sehr zufrieden." Zit. nach URLICHS (wie Anm. 1), S. 14.
31 Abb. 5: Bertel Thorvaldsen, Entwurf zum Leuchtenberg-Grabmal, ThMus. Zchn. C 729v, Bleistift auf Papier, wohl 1824.
32 Abb. 6: Bertel Thorvaldsen, Zwei Entwürfe zum Leuchtenberg-Grabmal, ThMus. Zchn. C 323, Bleistift auf Papier, wohl 1824. – Bei HARTMANN 1956 (wie Anm. 2) als Abb. 26 nur die rechte Blatthälfte abgebildet.
33 Abb. 8: Bertel Thorvaldsen, Entwurf zum Leuchtenberg-Grabmal, ThMus. Zchn. C 322, Bleistift auf Papier (Brief), 14,6×10,3.cm, wohl 1824.
34 Abb. 7: Bertel Thorvaldsen, Entwurf zum Leuchtenberg-Grabmal, ThMus. Zchn. C 324, Bleistift auf Papier, wohl 1824.
35 Abb. 9: Bertel Thorvaldsen, Entwurf zum Leuchtenberg-Grabmal, ThMus. Zchn. C 729r, rechte Skizze, und Entwurf zur Klio des Grabmals, linke Skizze oben, Bleistift auf Papier, wohl 1824. – Veröffentlicht bei HARTMANN 1956 (wie Anm. 2), als Abb. 25. – Der Entwurf greift vielleicht Kompositionsüberlegungen für das nicht ausgeführte Grabmal für General Karl Philipp von Schwarzenberg auf, das über Vorarbeiten nicht hinausgekommen ist: vgl. den plastischen Entwurf ThMus. A 120 von 1821, Gips, abgebildet in NÜRNBERG KAT. 1991 (wie Anm. 2), S. 335, Abb. 8.
36 v. Klenze an Thorvaldsen, 29. Mai 1824 (ThMus. Brf. Ar. M. 9, 1824, Nr. 42), z. T. abgedruckt bei THIELE (wie Anm. 4), III, S. 211 f.
37 v. Klenze an Thorvaldsen, 24. April 1824 / v. Klenze an Kronprinz Ludwig, 2. Mai 1824 / Gutensohn an v. Klenze, Mai 1824 / Thorvaldsen an v. Klenze, 22. Mai 1824 / v. Wagner an Kronprinz Ludwig, 25. Mai 1824 / v. Klenze an Thorvaldsen, 29. Mai 1824 / v. Klenze an Thorvaldsen, 2. Juni 1824.
38 Vgl. THIELE (wie Anm. 4), III, S. 212.
39 v. Wagner an Kronprinz Ludwig, 22. Juli 1824: „Nämlich entweder durch 3 Figuren, den Fürsten in der Mitte, mit 2 allegorischen Figuren zu beiden Seiten ... Oder dass das Ganze aus einer einzigen Bildsäule, nämlich des Fürsten von Leuchtenberg, bestehe ..." Zit. nach URLICHS (wie Anm. 1), S. 14.
40 v. Klenze an Thorvaldsen, 29. Mai 1824 (ThMus. Brf. Ar. M. 9, 1824, Nr. 42).
41 Herzogin Auguste Amalie an Thorvaldsen, 9. Oktober 1824, abgedruckt bei THIELE (wie Anm. 4), III, S. 214-216, vgl. z. B. S. 214: «L'extrême attachement du Comte Ré pour feu le Prince, et son dévouement pour moi, m'avaient fait penser, que personne n'était plus capable que lui d'entrer dans mes idées et de les expliquer clairement.» Durch sein diplomatisches Geschick ist es Klenze zumindest gelungen, der Herzogin seine „Idee" – und davon ist wohl auszugehen – als ihre eigene unterzuschieben.
42 v. Klenze an Kronprinz Ludwig, 15. September 1824 (Geh. Hausarchiv München, NL Ludwig I., I.A. 36/II, Fasc. 1, Nr. 216).
43 Abb. 10: Bertel Thorvaldsen, Zwei Denkmalentwürfe eines bekleideten jungen Kriegers, wohl für Eugène Beauharnais, ThMus. Zchn. C 730v, Bleistift auf Papier, um 1824 (?).
44 Tenerani an Thorvaldsen, November 1827 (sog. Narrazione), vgl. HARTMANN 1956 (wie Anm. 2), Anm. 94.
45 HARTMANN 1956 (wie Anm. 2), Nr. 5, S. 5 mit Abb. 24. Hartmann weist auf motivische Übereinstimmungen des Gipsentwurfs Teneranis mit v. Klenzes Zeichnung zum Grabmal von 1825 hin. Der Bozzetto ist anscheinend erst nach Ankunft dieser Zeichnung v. Klenzes in Rom entstanden.
46 Vgl. HEMMETER (wie Anm. 8), S. 309-352 und DERS. (wie Anm. 4), S. 62-66.
47 URLICHS (wie Anm. 1).
48 v. Wagner an Kronprinz Ludwig, 22. Juli 1824: „Das war beiläufig der Inhalt seiner Klage, die, wie ich wol merkte, er geflissentlich bei mir vorbrachte, damit ich solche E. K. H. mitteilen möchte." Nach URLICHS (wie Anm. 1), S. 14, Auszug aus dem Schreiben v. Wagners, in dem er Kronprinz Ludwig die große Anzahl von Klagen Thorvaldsens zu den verschiedenen Vorschlägen übermittelt.
49 Nachdem Thorvaldsen zur Überraschung v. Wagners nach seinen zahlreichen Unmutsäußerungen im Juli plötzlich durch Tenerani seine Zustimmung an Klenze übermitteln ließ, meinte v. Wagner sich beim Kronprinzen rechtfertigen zu müssen, daß er – sozusagen in Thorvaldsens Namen – v. Klenzes Halsstarrigkeit angegriffen habe: „Hr. v. Th. kam nämlich zu mir, wie ich in meinem früheren Schreiben E. K. H. alleruntertänigst mitgeteilt habe, um mich zu ersuchen, die Lage, in welcher er sich damals befand, (zu berichten), in der Hoffnung, durch E. K. H. den Knoten auf die von ihm gewünschte

50 Weise gelöst zu sehen. Ich tat, was er mir auftrug." Aus Brief v. Wagners an Kronprinz Ludwig, 22. Februar 1825, nach URLICHS (wie Anm. 1), S. 15.

50 v. Klenze an Thorvaldsen, 2. Juni 1824 (ThMus. Brf. Ar. M. 9, 1824, Nr. 49), tw. abgedruckt bei THIELE (wie Anm. 4), III, S. 212.

51 v. Klenze an Thorvaldsen, 24. April 1824 (ThMus. Brf. Ar. M. 9, 1824, Nr. 33): „Was nun die Figuren, nämlich die des Herzogs, der Geschichte und die Waffengruppe anbelangt ..." und vgl. Zit. Anm. 24.

52 Kronprinz Ludwig an v. Wagner, 26. August 1824: „Es wird am besten seyn, wenn Thorwaldsen einen Entwurf seinen eigenen Gedanken gemäss zum Denkmal des Herzogs von Leuchtenberg meiner Schwester unmittelbar schickt, gegen Postschein. Das sagen Sie ihm, desgleichen von mir, dass ich gänzlich derselben Meinung bin, dass keine Teutschen Trophäen dabey sein dürfen ..." Nach URLICHS (wie Anm. 1), S. 14.

53 v. Klenze an Ludwig, 15. September 1924 (Geheimes Hausarchiv München, Fasc.1, Nr.216); veröffentlicht bei HARTMANN (wie Anm. 2), I, S. 4 ff. in italienischer Sprache.

54 Ebd.

55 v. Wagner an Kronprinz Ludwig, 16. September 1824: „Th. liess Hrn. v. Kl. durch Tenerani antworten, dass er der Sache überdrüssig sich nicht weiter darum bekümmere, wie das Ganze angeordnet werde, und dass er zwar die Figuren machen wolle, so wie solche ihm gutdünken werden, sich aber um die weitere Aufstellung und Anordnung nicht bekümmern wolle ... bei solcher Verfahrensweise weder eine Einheit des Gedankens noch Uebereinstimmung der Teile hervorgehen kann. Umsomehr da, wie es scheint, Th. dieses Werk nicht selbst zu machen, sondern blos unter seiner Leitung seinen Schülern zu übergeben gedenkt." Nach URLICHS (wie Anm. 1), S. 15.

56 So schildert Pietro Tenerani in seiner „Narrazione" (Brief Teneranis an Thorvaldsen, November 1827), er habe im Oktober 1824 von Thorvaldsen den „bozzetto" des Herzogs erhalten und sollte dazu die Modelle der anderen Figuren anfertigen. Nach HARTMANN (wie Anm. 2), II, S. 4-8 und III, S. 1-4, hier II, S. 4. – Der Vertrag vom 8. Februar 1825 ist abgedruckt bei THIELE (wie Anm. 4), III, S. 229-232.

57 HARTMANN (wie Anm. 2), II, S. 1.

58 ThMus. Zchn. D 1541, Leo von Klenze, zweiter Vorschlag zum Leuchtenberg-Grabmal, sign. „LvKlenze", undatiert, aber Anfang 1825, Bleistift auf Kohlepapier, 53,0x34,4 cm. Veröffentlicht bei HARTMANN (wie Anm. 2), Abb. 12 und NÜRNBERG KAT. 1991 (wie Anm. 2), S. 668. Im Vertrag heißt es ausdrücklich: «1. L'idea convenuta dell' insieme del monumento, tale che si trova espressa nello schizzo giunto al presente conttrato, sarà seguita senz' alterazione in quanto all'insieme della composizione al numero delle figure ed alle misure architettoniche.» Zit nach THIELE (wie Anm. 4), III, S. 229 f. – Klenzes Bestehen auf der christlichen Engelsgruppe, die er im Vertrag nur formal als Genien von Leben und Tod bezeichnete, ist aus seinem Entwurf heraus verständlich, der in dem Verweis auf das ewige Leben im Zeichen des Kreuzes gipfelt. Thorvaldsens „heidnische" Genien konnten diesem Zweck mit ihrem ganz anderen ikonographischen Hintergrund nicht gut gerecht werden. – Nur verwiesen sei hier auf FLORIAN HUFNAGL, Beobachtungen zu Komposition und historischen Perspektiven in Klenzes Bildkunst, in: Norbert Lieb/Florian Hufnagl, Leo von Klenze. Gemälde und Zeichnungen, München 1979, S. 63-70, hier S. 64 f. mit seinem Hinweis auf Klenzes aufklärerische Prägung, die „das Christentum als siegreichen und legitimen Nachfolger antiker Philosophie betrachtete". – Verwiesen sei auch auf die allgemeinen Bestrebungen der Zeit, die antike Form auf christliche Inhalte zu übertragen. Vgl. z. B. die Kritik Das Denkmal des Herzogs von Leuchtenberg (Verfasser: Lll), in: Das Inland. Ein Tagblatt für das öffentliche Leben in Deutschland, mit vorzüglicher Rücksicht auf Bayern, Num. 90, 31.März 1830, S. 357 ff., hier S. 358: „Wenn so Thorwaldsen die dem Alterthum entliehene Dichtung des Todes auf das glücklichste in eine christliche Symbolik übertragen hat ..." Was nun Thorvaldsen tatsächlich nicht gemacht hat!

59 Vertrag vom 8. Februar 1825, zit. nach THIELE (wie Anm. 4), III, S. 230. – Nicht erwähnt ist die Kleidung des Herzogs. Thorvaldsen hat die letzte Version Klenzes, die dem Vertrag beigelegt wurde (Abb. 4), anscheinend völlig ignoriert.

60 Nachdem im ersten Vertrag eine falsche Vertragssumme angegeben war, folgte das richtige Exemplar mit altem Datum am 24. März 1825. Im Begleitschreiben v. Klenzes an Thorvaldsen (ThMus. Brf. Ar. M. 10, 1825, Nr. 35) akzeptiert Klenze eine ruhigere Stellung der Hauptfigur, besteht aber nach wie vor auf dem Motiv der Kranzübergabe an die Muse der Geschichte: «Mi sottometto all'osservazioni che lei fa sopra il movimento quieto a dare alla figura dell'Eroe, sono per S. A. R. e per me parole de Thorwalsen [sic.] ma io devo per ordine di detta S. A. insistera che l'idea della storia, che stende d'un modo o d'un altro la mano riceve la corona che il defunte lascia cascare colle altre cenni della sua gloria terestre.» – Noch am 5. Oktober 1827 fordert die Herzogin bei Thorvaldsen über einen ihrer Kavaliere, Planat de la Faye, die Einhaltung jener Passage des Vertrages: «Il Lui [der Herzogin] a paru d'après le dessin, que le bras droit de la figure du Prince devrait avoir un peu plus de developpement, afin qu'à l'aspect du groupe, chacun pût deviner l'intention principale, savoir: ‹que le Prince Eugène dépouillé de toutes ses grandeurs, remet à l'histoire sa couronne de lauriers, la seule qui lui reste et que personne n'a pu lui ravir›. Son Altesse Royale désire que cette idée dominante, soit clairement exprimée, de manière que par le geste et l'attitude des deux figures, on ne puisse douter ‹que le Prince remet à l'histoire sa couronne de lauriers, et que l'histoire la reçoit de sa main.›» Nach THIELE (wie Anm. 4), III, S. 321.

61 Abb. 11: Bertel Thorvaldsen, Skizze zur Figur des Herzogs am Leuchtenberg-Grabmal, ThMus. Zchn. C 326, Bleistift auf Papier, 1824-1827: noch mit dem leichten Ausfallschritt nach hinten, wie bei v. Klenze vorgegeben, aber die rechte Hand mit dem Kranz nach unten gesenkt. – Abb. 12: Bertel Thorvaldsen, Skizze zur Figur des Herzogs am Leuchtenberg-Grabmal, ThMus. Zchn. C 327, Feder auf Papier, 1824-1827: das Standmotiv der Herzogsfigur annähernd wie in der Ausführung, jedoch die Armhaltung vertauscht, die rechte Hand auf dem Herzen und die linke mit dem Kranz schlaff nach unten hängend. – Abb. 13: Bertel Thorvaldsen, Skizze zur Figur des Herzogs am Leuchtenberg-Grabmal, ThMus. Zchn. C 328, Bleistift auf Papier, 27,6 x 19,4 cm, 1824-1827: hier ein Übergabemotiv durch die vorgestreckte rechte Hand der Figur am deutlichsten, Stand- und Spielbein jedoch gegenüber der Ausführung vertauscht. Veröffentlicht bei HARTMANN (wie Anm. 2), Abb. 29; HEIM KAT. 1973 (wie Anm. 21), S. 35 f. Kat. 51 mit Abb.; KÖLN KAT. 1977 (wie Anm. 5), S. 300 B47; ROM KAT. 1989 (wie Anm. 101), S. 234.

62 Abb. 14: Bertel Thorvaldsen, Zwei Entwürfe zu Skulpturen des Leuchtenberg-Grabmals, links zur Klio, rechts zur Geniengruppe, ThMus. Zchn. C 333, Bleistift auf Papier, 19/19,4 x 26,9/27 cm; wohl 1824-1827.

63 Vgl. v. Klenzes detaillierte Beschreibung seiner „Geniengruppe" im Schreiben vom 12. Februar 1825 an Thorvaldsen (ThMus. Brf. Ar. M. 10, 1825, Nr. 16): «In vece di dere [=dare] dell'atributi à questi genij, se ne fara quello della vita e quello della morte, l'uno piagendo l'inaspettata fine dell'eroe, l'altro consolandato, mostrando il cielo e i cenni dell'immortalita e della gloria celeste. Nelle altre figure ho cercato die conservare afatto quello che da lei stesso era ideato nell abozzo mio mandato alla Principessa, e al rimanente ne fara tutto come lo vuole il genio suo, solamente Sua Altezza mi ha detto che desiderasse, se questo farsi potesse, che un piede sia d[e]gia posto nella porta della tomba, e che il movimento del braccio sinistro indich[è] chiaramente che la mano si posi sopra il cuore» oder den Text im Vertrag (vgl. Anm. 59).

64 Abb. 15: Bertel Thorvaldsen, Entwurf zur Geniengruppe des Leuchtenberg-Denkmals, ThMus. Zchn. C 330, Bleistift auf Papier, wohl 1824-1828. – Abb. 16: Bertel Thorvaldsen, Entwurf zur Geniengruppe des Leuchtenberg-Denkmals, ThMus. Zchn. C 331, Bleistift auf Papier, wohl 1824-1828 (HARTMANN, wie Anm. 2, Abb. 31). – Abb. 17: Bertel Thorvaldsen, Entwurf zur Geniengruppe des Leuchtenberg-Denkmals, ThMus. Zchn. C 335, Bleistift auf Papier, wohl 1824-1828 (HEIM KAT. 1973, wie Anm. 21, S. 36 Kat. 52 mit Abb. 52; KÖLN KAT. 1977, wie Anm. 5, S. 302 f. B48) – Abb. 14 (wie Anm. 62): C 333 rechte Skizze (HARTMANN, wie Anm. 2, Abb. 32). – Abb. 18: Bertel Thorvaldsen, Entwurf zur Geniengruppe des Leuchtenberg-Denkmals, ThMus. Zchn. C 329, Bleistift auf Papier, wohl 1825. – Die Zeichnung der Geniengruppe, Klenzenachlaß (Privatbesitz), abgebildet bei ALTMANN/THOMAS (wie Anm. 2), Abb. 77, eine wohl für die Publikation gedachte Umrißzeichnung, entspricht der

von Tenerani aufgebauten Gruppe, bevor Thorvaldsen den Lebensgenius in der endgültigen Version aufrichtete. – Zu Abb. 20: Bertel Thorvaldsen, plastischer Entwurf zur Geniengruppe des Leuchtenberg-Denkmals (Die Genien von Leben und Tod), ThMus. A 157, Gips, h = 41,4 cm, veröffentlicht u.a. in HEIM KAT. 1973 (wie Anm. 21), S. 52 Nr. 90 mit Abb. sowie bei HARTMANN (wie Anm. 2), Abb. 34 und 35 im Vergleich zur der Skulptur Teneranis in Rom, Abb. 33 und 36. – ThMus. A 158: Bertel Thorvaldsen, Gruppe der Genien von Leben und Tod mit Meta, um 1815-19, Gips, h = 82,5 cm. – Inwieweit die Zeichnungen ThMus. C 332 mit zwei Entwürfen der schreibenden Klio und eines geflügelten Genius', Bertel Thorvaldsen, Bleistift auf Papier, vielleicht 1824 (Abb. 19) mit dem Grabmal in Beziehung stehen, ist ungeklärt. Aus dem Brief Teneranis an Thorvaldsen, November 1827 (sog. Narrazione), abgedr. bei HARTMANN (wie Anm. 2), II, S. 4, erfahren wir, daß der italienische „compagno" Thorvaldsens nach dessen Entwurf seit August 1824 an den Seitenfiguren des Monuments arbeitete, „rappresentare la Storia e il Sonno, ambedue sedenti". Angeblich auf Wunsch der Auftraggeber, die nun nur noch die Figur des Herzogs und eine schreibende Storia wünschten, habe ihm Thorvaldsen aufgetragen, nunmehr die Figur der Geschichte kniend aufzubauen. Vielleicht sind diese Zeichnungen Thorvaldsens in diesem Zusammenhang zu sehen und gehören demnach einer Entwurfsphase an, in der der dänische Bildhauer mit dem Gedanken einer solchen Doppelgruppe experimentierte, die sich ansonsten aber nicht im Briefwechsel niedergeschlagen hat. – THIELE (wie Anm. 4), III, S. 225 f., hat auch die Zeichnungsserie ThMus. Zchn. C 315-318, C 325, C 326r, C 326v und C 337 als Entwürfe Thorvaldsens für das Leuchtenberg-Grabmal in Erwägung gezogen, die sich aber als nicht ausgeführte Entwürfe für das Potocki-Grabmal in Krakau herausgestellt haben. Vgl. dazu auch LICHT (wie Anm. 135), S. 179. – Vergleiche zum Arbeitsprozeß Thorvaldsens die zeichnerische Entwurfsphase beim Bethmann-Hollweg-Grabmal: HEMMETER (wie Anm. 8), S. 151-198, wobei hier die Reihenfolge der Entwürfe an Hand der Motivstränge angeordnet ist.
65 Vgl. THIELE (wie Anm. 4), III, S. 231 Punkt 7.
66 v. Wagner an Kronprinz Ludwig, 22. Febr. 1825: „Th. hat den bösen Grundsatz, alle nur möglichen Anträge anzunehmen. Hat er aber einmal den Kontrakt geschlossen und die erste Hälfte (?) der Zalung erhalten, so denkt er nicht weiter daran, dieselben zu vollenden. So geht es mit allen seinen Arbeiten, denn wenn er auch noch 50 Jahre leben sollte, so ist er niemals im stande, alle die Arbeiten zu vollenden, die er vertragsmässig übernommen, und auf die er die Zalung teils ganz teils zum teil schon erhalten hat." Nach URLICHS (wie Anm. 1), S. 16.
67 MARIO PRAZ/GIUSEPPE PAVANELLO, L'opera completa del Canova, Classici dell' Arte, 85, Milano 1976, S. 127f. Kat. 294.
68 DYVEKE HELSTED/EVA HENSCHEN/BJARNE JORNÆS (Hrsg.), C. W. Eckersberg i Rom 1813-16, København 1983, S. 12-28 (Eckersbergs dagbog 1813-16).
69 v. Klenze an Thorvaldsen, 24. April 1824: „Da nun, wie gesagt, die mit der Würde des Gegenstandes zu vereinbarende Ersparung der Kosten mir vorgeschrieben ward ... Was nun die Figuren, nämlich die des Herzogs, der Geschichte und die Waffengruppe, anbelangt, so läßt Sie, mein hochgeschätzter Freund, die Frau Herzogin durch mich ersuchen, es zu übernehmen, dieselben wenigstens nach ihren Skizzen und unter ihrer Leitung von ihren Schülern modellieren und in karrarischem Marmor erster Qualität ... ausführen zu lassen. ... Es bleibt Ihnen, werthester Freund, nun zwar ganz überlassen, welchen von ihren Schülern Sie diese Arbeiten und ihre Ausführung übertragen wollen, jedoch würde es der Frau Herzogin angenehm seyn, wenn die bayrischen Bildhauer in Rom dabey beschäftigt würden. Ich bin so frey, ihnen nebst Tenerani auch Leeb und Meyer (für die Trophäe vielleicht) zu nennen." Nach THIELE (wie Anm. 4), III, S. 208 f.
70 Vgl. HARTMANN 1956 (wie Anm. 2).
71 v. Wagner an König Ludwig I., 15. Januar 1828: „Die Bildsäule des Herzogs sowohl als die der Geschichte sind bereits aus dem Groben und mit dem Zahneisen überarbeitet. Was aber die Gruppe der beiden Genien, welche Tenerani zu machen (hat), anbelangt, so ist das Modell derselben erst zu Ende des Monats November in Gyps gegossen worden. ... Unterdessen ist, was diese Gruppe der Genien betrifft, noch keine Anstalt zur Ausführung in Marmor gemacht worden." Nach URLICHS (wie Anm. 1), S. 19.

72 Vgl. die „Narrazione" des Tenerani (wie Anm. 56).
73 Kronprinz Ludwig an v. Klenze, 30. September 1824, Bayerische Staatsbibliothek München, Klenzeana XIV/1. Zit. nach ALTMANN/THOMAS (wie Anm. 2), S. 151. – Zu Schinkel und Thorvaldsen vgl. BRÜNNICHE (wie Anm. 15). – Zum Maximiliandenkmal in München: Thorvaldsen an König Ludwig I., 29. Juli 1837 (ThMus. Brf. Ar. A, 1837, Nr. 20): „Da ich die Einrichtung genannten Fußgestells im Contrakte übernommen, habe ich eher zu viel als zu wenig thun wollen – ich beschränke mich daher jetzt blos auf die Bitte, daß solches eine gleiche Höhe erhalten möge wie daßjenige der capitolinischen Reiterstatue des Marc Aurel angegeben von Michel Angelo ..." – Zu Rauch: vgl. ESCHENBURG (wie Anm. 6) und HEMMETER (wie Anm. 4).
74 CESARE RIPA, Iconologia. Overe descrittione dell' imagini, universali cavate dell' antichità e da altri luoghi, Roma 1593. – Thorvaldsen hat die allegorischen Figuren der Wahrheit und der Lüge weitgehend ohne Attribute dargestellt, die Wahrheit als nackte Frau, die Lüge als – im Rahmen der klassizistischen Möglichkeiten – häßliche Frau, die entschleiert wird. Die Figuren verlieren durch solche Vereinfachungen natürlich ihre absolute Eindeutigkeit; innerhalb der Skulptur des 19. Jahrhunderts sind Darstellungen wie bei Ripa, die Lüge mit Holzbein oder die Wahrheit mit Sonne in der Hand, schlechterdings nicht mehr wiederzugeben. Vgl. dazu HEMMETER (wie Anm. 8), S. 248-253.
75 Ausführliche Darstellung zum Auftrag: SASS 1963 (wie Anm. 25), I, 414-423. Dort auch Abbildung des Denkmals (S. 421) und der Büste. Abb. des Reliefs in KÖLN KAT. 1977 (wie Anm. 5), S. 237 Kat. Nr. 86.
76 Relief „Baron Herman Schubart ved sin hustrus dødsleje" (Baron Herman Schubart am Totenbett seiner Gemahlin), ThMus. A 618 (Gipsmodell, 1814) und A 704 (Marmorausführung, 1814, Abb. in Thorvaldsen-Untersuchungen 1977, wie Anm. 5, S. 222).
77 Relief „To søskende forlader deres moder på jorden" (Zwei Geschwister verlassen ihre Mutter, die auf der Erde zurückbleibt), ThMus. A 616 (Gipsmodell, 1835), A 617 (Gipsmodell, 1834), eine weitere Gipsausführung wurde neuerdings erworben; Abb. in Thorvaldsen-Untersuchungen 1977 (wie Anm. 5), S. 120 Abb. 8 (dort falsch bezeichnet als Monument Chaudoir). – Zum Auftrag: Sass 1963 (wie Anm. 25), II, S. 345-349 und Hemmeter (wie Anm. 8), S. 228-241. – WARSCHAU KAT. 1994 (wie Anm. 8), S. 147 ff. und HANNA KOTKOWSKA-BAREJA (wie Anm. 8), S. 37. – H. W. JANSON, Thorvaldsen and England, in: Thorvaldsen-Untersuchungen (wie Anm. 5), S. 107-128, hier S. 109 und 111, weist auf den Zusammenhang der Darstellung mit Vorstellungen, wie sie der schwedische Okkultist E. Swedenborg publiziert hat, hin.
78 FRIEDRICH WILHELM JOSEPH SCHELLING, Philosophie der Kunst, Unveränd. reprograph. Nachdr. d. Ausg. von 1859, Darmstadt 1980. – AUGUST WILHELM SCHLEGEL, Vorlesungen über schöne Litteratur und Kunst. Drei Teile. Erster Teil: Die Kunstlehre (1801/02), hrsg. v. BERNHARD SEUFFERT, Deutsche Litteraturdenkmale des 18. und 19. Jahrhunderts, Heilbronn 1884. – CARL LUDWIG FERNOW, Römische Studien, Erster und Zweiter Theil, Zürich 1806, Dritter Theil, Zürich 1808. – Vgl. dazu auch HEMMETER (wie Anm. 8) und DERS. (wie Anm. 4), S. 51 ff.
79 JÜRGEN WITTSTOCK, Zur Voraussetzung und zur Entwicklung des Reliefstils bei Thorvaldsen, in: Thorvaldsen-Untersuchungen 1977 (wie Anm. 5), S. 39-47. – HEMMETER (wie Anm. 4 und Anm. 8).
80 Aus einem Antwortbrief von Dionizio Bulzo (ionischer Deputierter in London) an Thorvaldsen, 7. April 1818 (ThMus. Brf. Ar. M. 5, 1818, Nr. 22), zu erschließen. – Vgl. dazu HEMMETER (wie Anm. 8) S. 248 ff.
81 Vgl. HEMMETER (wie Anm. 8) und DERS. (wie Anm. 4), S. 51 ff.
82 Vgl. MILDENBERGER (wie Anm. 6).
83 Vgl. die Entstehungsgeschichte des Reliefs Ponińska: Lit. wie Anm. 77. – Fürstin Helena Ponińska, die sich 1834/35 in Rom aufhielt und bei Thorvaldsen ein Grabrelief für ihre beiden verstorbenen Kinder bestellte, gelang es anscheinend, durch Werkstattbesuche und zahlreiche Briefe dem Künstler ihre ganz eigene Vorstellung bezüglich der Reliefdarstellung aufzudrängen. Thorvaldsen verwarf schließlich seine wesentlich antiker wirkenden zeichnerischen und plastischen Entwürfe zugunsten einer von der Aufftraggeberin im Briefwechsel explizit dargelegten, mehr christlichen Darstellung.

84 HEMMETER (wie Anm. 8), S. 151-198.
85 Ebd., S. 199-208.
86 FRED LICHT, Canova und Thorvaldsen, in: NÜRNBERG KAT. 1991 (wie Anm. 2), S. 44-51.
87 Ebd., S. 49.
88 v. Klenze an Thorvaldsen, 24. April 1824 (ThMus. Brf. Ar. M.9, 1824, Nr. 33), zit. nach THIELE (wie Anm. 4), S. 209, nach dem Original korrigiert.
89 v. Klenze an Thorvaldsen, 12. Februar 1825 (ThMus. Brf. Ar. M.10, 1825, Nr.16).
90 Vertrag vom 8. Februar 1825, zit. nach THIELE (wie Anm. 4), S. 229-232, hier S. 230.
91 FRIEDRICH PECHT, Deutsche Künstler des 19. Jahrhunderts, Bd. IV, Nördlingen 1885, S. 34 ff., nach ADRIAN VON BUTTLAR, Es gibt nur eine Baukunst? Leo von Klenze zwischen Widerstand und Anpassung, in: Romantik und Restauration. Architektur in Bayern zur Zeit Ludwigs I. 1825-1848, München 1987, S. 105-115, hier S. 114 bei Anm. 71.
92 v. Wagner an Kronprinz Ludwig, 22. Febr. 1825, zit. nach URLICHS (wie Anm. 1), S. 15.
93 Nyeste Skilderie af Kjøbenhavn, hrsg. v. S. SOLDIN, 15. Jg., Nr. 8, 27. Jan. 1818, S. 120 (Übers.: „Er wünscht nichts lieber, als nach freier Wahl und ohne Bestellungen arbeiten zu können."). – Vgl. dazu auch Mildenberger (wie Anm. 6).
94 Wie Anm. 1. – Vgl. auch v. Wagner an Kronprinz Ludwig, 22. Febr. 1825: „Dies geschah wenige Wochen, nachdem er sich bei mir über Kl.'s Plan, den er mir selbst aufzeichnete und alle die darin vorkommenden Ungereimtheiten nach der Länge und Breite vordemonstriert hatte und sich bitterlich darüber beklagt hatte, däss [sic] man ihn nötigen wolle, nach einem so ungereimten Plane zu arbeiten." Zit. nach URLICHS (wie Anm. 1), S. 15. – v. Wagner an Kronprinz Ludwig, 22. Juli 1824: „Da er mit keinem von diesen dreien [Grabmalvorschlägen von Graf Re, Herzogin S. Leu, v. Klenze] vollkommen einverstanden sei, so sehe er sich in eine unangenehme Lage versetzt. Etwas machen, was gegen seine Ueberzeugung sei, könne er, wenn einmal dieses Monument unter seinem Namen vor der Welt ausgestellt werden solle, deswegen nicht, weil das Lob oder der Tadel ihn allein treffe." Zit. nach URLICHS (wie Anm. 1), S. 14.
95 Nach THIELE (wie Anm. 4), III, S. 211 f., schrieben Gutensohn im Frühjahr 1824 sowie Thorvaldsen selbst am 22. Mai 1824 an v. Klenze, in denen sie Änderungswünsche vortrugen. – Vgl. auch v. Wagner an Kronprinz Ludwig, 22. Juli 1824 (wie Anm. 30).
96 v. Klenze an Thorvaldsen, 29. Mai 1824 (ThMus. Brf. Ar. M. 9, 1824, Nr. 42).
97 v. Klenze an Thorvaldsen, 24. April 1824 (ThMus. Brf. Ar. M. 9, 1824, Nr. 33): „Der Untere Absatz des Denkmals würde aus schönem hellbraunen, alles Übrige aus weißem oder hellgrau geadertem Tyroler Marmor gemacht; das Feld der Thür woran die Hauptfigur steht, würde schwarzer Marmor werden." Zit. nach THIELE (wie Anm. 4), III, S. 209, nach dem Original verbessert. – In der Endausführung ist auf den schwarzen Marmor, der ja eine Grabesöffnung darstellen soll, verzichtet.
98 Thorvaldsen an v. Klenze, 10. März 1825, zit. nach HARTMANN 1956 (wie Anm. 2), II, S. 3. – Vgl. dazu auch LICHT in Anm. 135.
99 Vgl. HEMMETER (wie Anm. 8), bes. S. 7-93 und DERS. (wie Anm. 4), S. 51 ff.
100 SCHELLING (wie Anm. 78).
101 Zur Situation in Rom zur Zeit von Thorvaldsens Studienjahren 1797-1803 vgl. SCHOCH (wie Anm. 6), S. 17-23 sowie MARKUS NEUWIRTH, Thorvaldsen im Spannungsfeld mythischer Bildfindungen um 1800, in: NÜRNBERG KAT. 1991 (wie Anm. 2), S. 53-66. – Zum Auftrag „Brahetrolleborger Taufstein" von 1804-07 vgl. HEMMETER (wie Anm. 8), S. 7-93. Dort wird ein Vergleich seiner frühen Reliefs mit zeitgenössischer Kunsttheorie – SCHLEGEL (wie Anm. 78) und FERNOW (wie Anm. 78). – Zu Fernow auch: ANTONELLA SBRILLI, Carl Ludwig Fernow: lo spirito teoretico del neoclassicismo, in: Bertel Thorvaldsen 1770-1844 scultore danese a Roma, Roma, Galleria Nazionale d'Arte Moderna, 31 ottobre 1989-28 gennaio 1990, hrsg. v. Elena di Majo, Bjarne Jørnæs und Stefano Susinno, Roma 1989, S. 75-79. – Über Zoëga siehe den kurzen Hinweis in NÜRNBERG KAT. 1991 (wie Anm. 2), S. 377 Nr.2.10 mit Literaturangaben.
102 SCHELLING (wie Anm. 78), S. 216 in § 107.
103 Ebd., S. 242 in § 118.
104 JOHANN JOACHIM WINCKELMANN, Gedanken über die Nachahmung der Griechischen Wercke in der Mahlerey und Bildhauer-Kunst, o. O. 1755.
105 JOHANN GOTTFRIED HERDER, Plastik. Einige Wahrnehmungen über Form und Gestalt aus Pygmalions Bildendem Traume, hrsg. v. L. Schneider und P. Bachem, Köln 1969 (1. Ausg. Leipzig 1797).
106 JOHANN WOLFGANG VON GOETHE, Über Laokoon, in: Propyläen, Tübingen 1798, Bd. I, erstes Stück.
107 HEINRICH MEYER, Über die Gegenstände der bildenden Kunst, in: Propyläen, Tübingen 1798, Bd. I, erstes Stück.
108 Alle Zitate vgl. BERNHARD RUPPRECHT, Plastisches Ideal und Symbol im Bilderstreit der Goethezeit, in: Probleme der Kunstwissenschaft, Zweiter Bd., Kunstgeschichte und Theorie im 19. Jahrhundert, Berlin 1963, S. 195-230, hier S. 203-205.
109 Thorvaldsen: Die Grazien und Amor, ThMus. A 29 (1817-19); A 32 (1842); A 894.
Canova: Die Grazien, vgl. PRAZ/PAVANELLO (wie Anm. 67), Kat. 270 (1812-16); 271 (1813); 272 (1815-17).
110 Canova: vgl. PRAZ/PAVANELLO (wie Anm. 67), Kat. 65 (1787-93); 101 (1796-1800); 102 (1800-03).
Thorvaldsen: ThMus. A 28 (angeblich 1807).
111 Canova: vgl. PRAZ/PAVANELLO (wie Anm. 67), Kat. 69 (1789-94).
112 PRAZ/PAVANELLO (wie Anm. 67), Kat. 131 (1795-1817), 132 (1795/96).
113 Ebd., Kat. 113 (1798/99); 114 (1798/99).
114 Ebd., Kat. 14 (1777-79).
115 Ebd., Kat. 22 (1781-83).
116 Ebd., Kat. 126 -130 mit Entwürfen.
117 Canova: Ebd., Kat. 39 (1783-92).
Thorvaldsen: ThMus. Kat. A 142-A 149 (1825-1831).
118 Canova: PRAZ/PAVANELLO (wie Anm. 67), Kat. 134 -136 (Maria Christina, 1798-1805); 72-79 (Tizian, 1790-95).
119 SCHELLING (wie Anm. 78), S. 271.
120 SCHLEGEL (wie Anm. 78), S. 139 f.
121 FERNOW (wie Anm. 78), I, S. 177.
122 Ebd., S. 165.– Den gleichen Tenor bestimmt auch seine Verurteilung von Canovas Grabmal für den venezianischen Admiral Emo (PRAZ/PAVANELLO, wie Anm. 67, Kat. 81, 1792-95, Kat. 82, 1792/93): „Dieses Monument, bestimmt an der Wand eines Sales aufgestellt zu werden, ist eine Zusammensetzung von runder und erhobener Arbeit, die wir, auch wenn die Figuren in einem besseren Stile gebildet wären, doch nicht als musterhaft empfehlen würden, weil solche Zusammensetzungen dem Geiste der Plastik zuwider sind, die dadurch ihren eigenthümlichen Karakter ein büst, und zu einer auf malerische Wirkung abzweckenden Scenerei gemisbraucht wird." Nach FERNOW (wie Anm. 78), I, S. 111.
123 v. Klenze an Kronprinz Ludwig, 15. September 1824 (Staatsarchiv München, Geh. Hausarchiv, Nr. 216).
124 Literatur, die Thorvaldsen und Canova im Vergleich behandelt (Auswahl): JØRGEN BIRKEDAL HARTMANN, Canova e Thorvaldsen, in: Sodalizio tra Studiosi dell'arte. Colloqui dal Sodalizio II (dal 1951-1952 al 1953-1954), Roma 1956, S. 71-89 m. Tf.IX-XVI. – EMMA SALLING, Canova og Thorvaldsen, in: Antonio Canova. Tegninger fra museet i Bassano, Katalog der Ausstellung in Thorvaldsens Museum København 8.10.-9.11.1969, København 1969, S. 14-22. – DIES., Canova and Thorvaldsen. A study in contrasts, in: Apollo, 90, 1972, S. 214-219. – LICHT (wie Anm. 86).
125 Vgl. hierzu Briefzitat in Anm. 23.
126 SCHELLING (wie Anm. 78), S. 246. – Auch ALTMANN/THOMAS (wie Anm. 2), S. 154 f., haben den Unterschied der künstlerischen Auffassungen u.a. am Verhältnis von Skulptur und Architektur festgemacht. Sie ließen danach Klenze mit seinem Entwurf „einer übergeordneten historischen Theorie" folgen, während Thorvaldsen die „historische Dimension" „neutralisierte" und „die Darstellung auf eine übersinnliche Ebene, unabhängig von Ort und Zeit", hob.
127 Zit. nach RUPPRECHT (wie Anm. 108), S. 198.
128 SCHELLING (wie Anm. 78), S. 257 (§. 124).

129 SCHLEGEL (wie Anm. 78), S. 140f.
130 JOHANN JOACHIM WINCKELMANN, *Versuch einer Allegorie, besonders für die Kunst*, Dresden 1766, Schlußteil *Drei Erinnerungen*.
131 JOHANN WOLFGANG VON GOETHE, zit. nach RUPPRECHT (wie Anm. 108), S. 207. Vgl. auch dessen Bemerkungen dazu S. 207ff. – Über die Kontroverse zwischen Goethe und Johann Gottfried Schadow über das Nationale, sprich Historische in der Darstellung, vgl. u. a. HEMMETER (wie Anm. 8), S. 309-327 und DERS. (wie Anm. 4), S. 62ff.
132 Vgl. die verschiedenen plastischen Entwürfe für das Monument: ThMus. A 123-A 126 sowie die Literatur, hier Anm. 8.
133 SCHELLING (wie Anm. 78), S. 247 (§. 123): „Wenn daher die Plastik Thiergestalten bildet, so ist es nur in folgenden Rücksichten: ... als die allgemeinste kann die angesehen werden, daß obgleich das Thier keinen individuellen Charakter hat, doch die Gattung selbst hier das Individuum ist. Alle verschiedenen Charaktere der Thiere, welche immer ganzen Gattungen gemein sind, sind Negationen oder Beschränkungen des absoluten Charakters der Erde; sie erscheinen als besondere eben deßwegen, weil sie nicht die Totalität ausdrücken, welche nur im Menschen erscheint. Jede Gattung ist also hier Individuum ..."
134 Im Œuvre Thorvaldsens finden sich durchaus auch Beispiele, bei denen er eine historische Tracht dargestellt hat: z. B. am Reiterstandbild für Kurfürst Maximilian I. in München (ThMus. A 127, 1830-32; A 128, 1833-35; A 129, 1832/33; A 530; A 531, 1837); am Denkmal für Johann Gutenberg in Mainz (A 114-A 118, 1833/34); am Denkmal für Friedrich Schiller in Stuttgart (ThMus. A 135-137, 1835/37; A 138, 1835; A 526, 1835; A 707; A 708, 1835; 770, 1837); an der Grabmalfigur König Christians IV. in Roskilde (ThMus. A 152, 1840) u. a.
135 FRED LICHT, *Thorvaldsen and Continental Tombs of the Neoclassic Period*, in: Thorvaldsen-Untersuchungen 1977 (wie Anm. 5), S. 173-202, hier S. 179: "... this monument also documents Thorvaldsen's extraordinary difficulties in dealing with architects and architecture. ... The antagonism between the two artists ultimately became an integral part of the monument. The architecture and the sculptures, instead of abetting one another's expressive power, dissociate themselves and lend the final monument a curiously hesitant air. The distance between the figures, instead of being clearly determined by a logical relationship with the major accents of the architecture, are without any clearly visible logic ... This impression is emphasized by the fact that each figure stands on its own base. There is no unified ground between them and one is tempted to shift the base to experiment with new effects." – Vgl. dazu auch das Zitat bei Anm. 138.
136 Vgl. Anm. 96 (v. Klenze an Thorvaldsen, 29. Mai 1824).
137 Thorvaldsen hat die Übergröße der Figuren auf die Übermittlung fehlerhafter Maße geschoben, fährt aber in einem Brief vom 5. Februar 1829 an die Kommission der Frauenkirche fort: „Men det fornøier mig, at denne Forandring er nu blevet nødvendig, som er upaatvivlelig en fordeelagtig, at man seer Figurerne fra alle Sider, som ved Ansigter af flere Punkter udgiør en betydeligere Dekoration for Kirken." Nach THIELE (wie Anm. 4), III, S. 360-362, hier 361. (Übers.: „Aber es freut mich, daß diese Veränderung nun notwendig geworden ist, da es unzweifelhaft von Vorteil ist, die Figuren von allen Seiten zu sehen, indem sie für die Kirche eine bedeutendere Dekoration darstellen, wenn sie von mehreren Standorten aus eine Ansicht bieten.") – Und THIELE (wie Anm. 4), III, S. 345, kommentiert das Geschehen an anderer Stelle, wobei er sich ausdrücklich auf den Bildhauer beruft: „Vi ville her ikke lægge Skiul paa, at det var den almindelige Mening, baade i Rom og i Kiøbenhavn, at denne Uovereensstemmelse var forsætlig. At stille gode Sculpturværker i Nicher, var efter hvad Thorvaldsen oftere, og især i denne Anledning, yttrede, aldeles forkasteligt. Nicherne vare, efter hans Erklæring, en Opfindelse i Architecternes Interesse, for at de saaledes kunde anvende Statuer, der ikke kunne taale at sees fra alle Sider, og til blot architektonisk Prydelse havde han ikke giort sine Apostle af vel kunde taale at sees frit." (Übers.: „Wir wollen hier nicht verhehlen, daß man in Rom wie in Kopenhagen allgemein davon überzeugt war, daß die mangelnde Übereinstimmung absichtlich erzeugt war. Thorvaldsen äußerte oft und besonders in dieser Angelegenheit, daß es absolut verwerflich sei, gute Skulpturen in Nischen zu stellen. Wie er erklärte, waren Nischen eine Erfindung im Interesse der Architekten, damit sie Statuen verwenden konnten, die nicht von allen Seiten erträglich anzuschauen waren – und nur als architektonischen Schmuck hatte er seine Apostel, die man sehr gut freistehend ertragen konnte, nicht gemacht.")
138 SCHLEGEL (wie Anm. 78), S. 140.
139 Daß die Muse von Tenerani modelliert und in Marmor gehauen wurde, spielt keine Rolle für die Zuweisung der Idee – das Nicht-Zusammenagieren mit den anderen Figuren – an Thorvaldsen, da dieser die Zeichnung dafür lieferte. – Relief mit schreibender Viktoria für den Sockel des konzipierten Napoleon-Denkmals: ThMus. A 360, um 1830 (Abb. in Thorvaldsen-Untersuchungen 1977, wie Anm. 5, S. 302 Abb. 19).
140 THIELE (wie Anm. 4), III, S. 401. (Übers.: „Vergleicht man das Werk, das der Bildhauer hier abgeliefert hat, mit dem so häufig angemahnten Gedanken, welcher darzustellen war, so ist nicht zu leugnen, daß sich Thorvaldsen nur so weit nach den Forderungen gerichtet hat, wie diese seiner Meinung nach mit der Kunst, in der er Meister war, in Übereinstimmung zu bringen waren ...")
141 Zit. nach SASS 1952 (wie Anm. 8), S. 56 (Übers.: „Was man in der Malerkunst durchlassen kann, ist in der Bildhauerkunst unzulässig, denn eine Skulptur ist ein Monument, und wie der Zweck eines Monuments nicht allein in der Wiedergabe eines tatsächlichen Ereignisses, sondern im Zurückrufen jenes Ereignisses in das Bewußtsein des Volkes, bestehen kann, so kann eine Statue dieses Ziel erreichen, ohne Ähnlichkeit in den Zügen zu geben.").
142 ALTMANN/THOMAS (wie Anm. 2), S. 152, die anscheinend zu einer ähnlichen Deutung gekommen sind, haben diese Wirkung eher negativ interpretiert: „Die enge Anlehnung der Figuren an antike Prototypen unterstreicht ihre Wirkung als Versatzstücke im wörtlichen Sinne. Auch gibt es keine zwingende kompositionelle Verbindung der Figuren untereinander. Jede ist für sich konzipiert und ohne Pathos, in sich ruhend komponiert; die inhaltliche Beziehung wird assoziativ ausgedrückt und erst durch den reflektierenden Betrachter geknüpft."
143 Vgl. dazu ANDREA M. KLUXEN, *Transformierte Antike*, in: NÜRNBERG KAT. 1991 (wie Anm. 2), S. 279-285, hier S. 284: „Thorvaldsen hat sich von der aristokratischen Kunst, die die Plastik bisher war, entfernt und den Weg bereitet zum bürgerlichen Spätklassizismus und der bürgerlichen Massenproduktion von Plastik, d.h. zu einer Skulptur, die nach Katalog ausgesucht werden kann, die ortsunabhängig und den Originalgrößenverhältnissen gegenüber gleichgültig ist sowie dem Betrachter nur im Gefühl, der rein subjektiven Intuition eine Rezeptionsmöglichkeit gibt, die keine ikonographische Verbindlichkeit besitzt." – LICHT (wie Anm. 135), S. 180, deutet die durch die kunsttheoretische Diskussion beeinflußte Abkehr Thorvaldsens von Grabanlagen mit szenisch agierenden Figuren als Flucht vor den Schwierigkeiten: "And now Thorvaldsen does what is so extremely characteristic for the vast majoritiy of modern tombs from his day to ours: he begs the question of the tomb and of death altogether and settles for a neutral 'explanation'".
144 Beide nach RUPPRECHT (wie Anm. 108), S. 200-202.
145 JOHANN WOLFGANG VON GOETHE, *Aus Dichtung und Wahrheit: Goethe und die Bildende Kunst*, in: Aufsätze und Vorträge, Bd. 2, Leipzig 1957, 193ff., zit. nach Rupprecht (wie Anm. 108), S. 202.
146 JOHANN GEORG SULZER, *Denkmal (Zeichnende Künste)*, 1773, zit. nach Kunsttheorie und Kunstgeschichte des 19. Jahrhunderts in Deutschland. Texte und Dokumente. Band III: Skulptur und Plastik, hrsg. v. Ulrich Bischoff, Stuttgart 1985, S. 12.
147 SCHOCH (wie Anm. 6), S. 21.
148 Nach LICHT (wie Anm. 86), S. 48, wenn auch auf ganz anderer Grundlage, verlangten die „Skulpturen Thorvaldsens nach ihrer Vollendung durch die Empfindungs- und Denkfähigkeit, sowie durch das Gefühl des individuellen Kunstbetrachters".
149 SCHLEGEL (wie Anm. 78), S. 140.
150 DYVEKE HELSTED, *Katalogbeitrag zu Nr.59*, Eugenio di Beauharnais (bozzetto, 1824), Museo di Roma di Palazzo Braschi (Gipsoteca Tenerani, inv. AM 3972), in: ROM KAT. 1989 (wie Anm. 101). S. 235. – Zaghafte Kritik brachte schon THIELE (wie Anm. 4), III, S. 401,

vor, obwohl er auf Thorvaldsens anderes Kunstverständnis hingewiesen hatte: „... og paa den anden Side sporedes ikke destomindre, at han ikke havde arbeidet med den fulde Frihed." (Übers.: „... und trotzdem spürte man andererseits, daß er nicht völlig frei arbeiten hatte können.") – MARTINUS LUDVIG GALSCHIØT, *Thorvaldsens Museum*, København 1895, S. 42: „Det samler sig ikke til en smukt grupperet Helhed, men falder fra hinanden i enkelte Stykker ..." (Übers.: „Es vereinigt sich nicht zu einer schön gruppierten Ganzheit, sondern zerfällt in einzelne Stücke ...") – THEODOR OPPERMANN, *Thorvaldsen*, 3 Bde., Kjøbenhavn 1924-1930, hier Bd. 3: *Thorvaldsen i Rom og i Kjøbenhavn 1819-1844*, S. 97f.: „Iøvrigt bekræfter Monumentet den gamle Regel, at mange Kokke fordærver Maden. Dets enkelte Led slutter sig ikke sammen til en Helhed." (Übers.: „Im übrigen bestätigt das Monument die alte Regel, daß viele Köche den Brei verderben. Seine einzelnen Glieder schließen sich nicht zur Ganzheit zusammen.") – Von den jüngeren Arbeiten vgl. LICHT (wie Anm. 135).

151 *Kunst-Blatt* (Hrsg.: LUDWIG SCHORN), Elfter Jahrgang 1830, No. 30, Donnerstag 15. April 1830, S. 117-120, hier S. 119.
152 Ebd.
153 Ebd.
154 Ebd.
155 Ebd. – Hier trifft sich Schorns Vorstellung von einem schicklichen Denkmal für einen bedeutenden Feldherrn mit der von RUDOLPH EICKEMEYER, der wenig zuvor, 1820, in seinem Aufsatz *Ueber den Sittlichen- und Kunstwerth öffentlicher Denkmäler* schreibt: „Wenn dem im Stillen gewirkten Verdienste, wenn dem Weisen und Gelehrten, dem Wohlthäter der Menschheit ein schön geformter Stein, höchstens eine Büste genügt; so müssen kühne Thaten, glänzende Unternehmungen durch prächtige Denkmäler geehrt werden. Nichts weniger als eine Bildsäule schickt sich für den berühmt gewordenen Feldherrn ..." Zit. nach *Kunsttheorie* (wie Anm. 146), S. 20.
156 *Kunst-Blatt* (wie Anm. 151).
157 KARL PHILIPP MORITZ, *Götterlehre oder mythologische Dichtungen der Alten*, 1791. – Vgl. dazu NÜRNBERG KAT. 1991 (wie Anm. 2), S. 380f., Zitat nach S. 381. – Thorvaldsen besaß in seiner Bibliothek ein Exemplar der „Götterlehre" von 1791, nach JORNÆS (wie Anm. 5), S. 50 mit Anm. 7.
158 Dazu THIELE (wie Anm. 4), III, S. 401: „Imod de Yttringer af hin Utilfredshed, for saavidt de kom til Orde, har Dr. Schorn paa en værdig Maade taget til Gienmæle."(Übers.: „Dr. Schorn hat auf Äußerungen von Unzufriedenheit, soweit sie verlauteten, auf würdige Weise eine Entgegnung gefunden.")
159 *Kunst-Blatt* (wie Anm. 151). – Vgl. Thorvaldsen an v. Klenze, 10. März 1825; der entsprechende Ausschnitt hier zitiert bei Anm. 98.
160 *Das Denkmal des Herzogs von Leuchtenberg* (wie Anm. 58), S. 357f.
161 Dazu THIELE (wie Anm. 4), III, S. 401: „Kom Fortrydeligheden herover end ikke lydeligt til Orde fra deres Side, hvem disse Vilkaarligheder stærkest berørte, saa sporedes der dog nogen Misfornøielse." (Übers.: „Wenn auch Verdrossenheit darüber von seiten derjenigen, die jene Willkürhandlungen am stärksten berührte, nicht laut vernehmbar war, so spürte man doch eine gewisse Verstimmtheit.")
162 v. Klenze an Thorvaldsen, 26. Januar 1830 (ThMus. Brf. Ar.M. 15, 1830, Nr. 11).
163 SCHLEGEL (wie Anm. 78), S. 141.

ABBILDUNGSNACHWEIS

BAYERISCHES LANDESAMT FÜR DENKMALPFLEGE, PHOTOABTEILUNG: *Abb. 1* (U 1965/2384, Joachim Sowieja), *21*, *22* (96 10 06/27, J. Sowieja)
STAATLICHE GRAPHISCHE SAMMLUNG, MÜNCHEN, *Abb. 2* (Inv.Nr. 27134)
THORVALDSENS MUSEUM, KOPENHAGEN: *Abb. 3* (D 1538), *4* (D 1541), *5* (C 729v), *6* (C 323), *7* (C 322), *8* (C 324), *9* (C 729r), *10* (C 730v), *11* (C 326), *12* (C 327), *13* (C 328), *14* (C 333), *15* (C 330), *16* (C 331), *17* (c 335), *18* (C 329), *19* (3323), *20* (A 157). – Mein besonderer Dank gilt dem Thorvaldsen-Museum in Kopenhagen und Herrn Direktor Dr. Stig Miss, die mir freundlicherweise eine Reihe bisher unveröffentlichter Zeichnungen Thorvaldsens zur Verfügung gestellt haben.

Hubert Glaser
Ein Bildungserlebnis des Kronprinzen Maximilian

I.

Über seinen Plan, den kommenden Sommer zu verbringen, schrieb Kronprinz Maximilian am 16. Mai 1846 aus Berlin an seinen Vater, König Ludwig I. von Bayern:

> Was mich betrifft, so soll ich unter ärztlicher Behandlung hier eine Vorkur brauchen, vor ich eine Badekur antrete. Zwei Seebäder sind mir vorgeschlagen, in erster Reihe Dieppe und in zweiter die Insel Rügen. Ersteres als Nordseebad soll wirksamer sein, was aber mit ein Grund ist, weshalb es mir empfohlen wurde, ist, daß Dieppe ein angenehmer, belebter, heiterer Ort sein soll, was man von den anderen Bädern gerade nicht behaupten kann, und darauf wird bei meiner Art von Leiden vorzügliches Gewicht gelegt. Um aufrichtig zu sein, will ich gleich jetzt dabei mit einer Bitte kommen; wenn Sie mir nämlich gestatten, Dieppe zu gebrauchen, so werde ich, wenn Sie nicht anders befehlen, wohl nicht umhin können, als den König Louis-Philippe in dem ganz nahen Eu zu besuchen. In Paris wird nach vollendetem Gebrauch des Seebades der Hof nicht sein; ein lang gehegter Wunsch ist es nun, einmal diese so merkwürdige Stadt besuchen zu können; wegen der Nichtanwesenheit des Hofes könnte ich in Inkognito dieses tun, umso leichter, wenn ich vorher demselben in Eu meinen Besuch gemacht hätte. – Sollten Sie mir diesen Wunsch erfüllen können, lieber Vater, so würde es mir viele Freude machen; ein Aufenthalt von beiläufig 14 Tagen würde hinreichen, mir wenigstens einen Überblick dieser Stadt zu verschaffen.[1]

Der bayerische Kronprinz hielt sich, als er diese Bitte seinem Vater vortrug, bereits seit mehr als elf Wochen in der preußischen Hauptstadt auf. Er hatte die Kronprinzessin Marie bei sich; Erbprinz Ludwig, damals neun Monate alt, hatte auf Befehl des Großvaters zuhause bleiben müssen; der amtierende bayerische Geschäftsträger am preußischen Hof, Baron Pergler von Perglar, der den abwesenden Gesandten vertrat, hielt diese königliche Entscheidung für richtig: In Berlin grassierten die Röteln; der Frühjahrsstaub, die Feuchtigkeit und die Zugluft im Schloß an der Spree hätten dem Säugling nicht gut getan.[2]

Anlaß des Besuches des bayerischen Thronfolgerpaares am Hof König Friedrich Wilhelms IV. war, daß Kronprinzessin Marie ihre Mutter, die Prinzessin Wilhelm von Preußen, eine Tochter des Landgrafen Friedrich V. von Hessen-Homburg, die seit langem erkrankt war, noch einmal sehen wollte.[3] Nachrichten über den besorgniserregenden Zustand der Schwiegermutter füllten die Briefe Maximilians an seinen Vater. Am 14. April 1846 ging der Leidensweg der 61jährigen Prinzessin zu Ende; sie war bis zum letzten Augenblick bei Bewußtsein und hatte in ihrer Todesstunde ihren Mann, ihre Kinder und ihre Schwiegersöhne um sich versammelt. Die Funerallien fanden eine Woche später im Berliner Dom statt; der preußische König und seine bayerische Gemahlin, Königin Elisabeth, eine Tante Maximilians, der ganze Hof und das Diplomatische Korps nahmen an der Beisetzung teil. Mitten in die Trauerwoche platzte die Nachricht, daß im Wald von Fontainebleau auf Louis-Philippe, den König der Franzosen, ein Attentat verübt worden war; wiederum, wie bei den Anschlägen in den Jahren 1840 und 1841, war der Monarch unverletzt geblieben.

Nach der Beisetzung der Prinzessin Wilhelm verlängerten Maximilian und Marie ihren Berliner Aufenthalt bis in den Juni. Der bayerische Kronprinz besuchte die Berliner Künstler, die schon für seinen Vater gearbeitet hatten, vor allem Christian Daniel Rauch und den alten Johann Gottfried Schadow. Er erschien bei Galadiners, Bällen und Soireen und exerzierte mit den preußischen Truppen in Berlin und Potsdam. Für diesen Einsatz wurde er schließlich von dem König besonders gelobt; Friedrich Wilhelm IV. äußerte zu Graf Lerchenfeld, dem mittlerweile wieder amtierenden bayerischen Gesandten – ohne Frage, damit es dieser nach München weiterberichte –, daß Kronprinz Maximilian in Berlin gefallen und seinen Aufenthalt gut genützt habe, um eifrig und kenntnisreich an militärischen Übungen teilzunehmen:

> „J'en charmé", me disait le Roi, „parceque cela parait Lui avoir donné le goût de l'art militaire, de son coté utile et pratique, et que le Prince S'y est vraiment interessé et appliqué."[4]

Ähnlich äußerten sich die Offiziere, die Maximilian begleiteten und beobachteten,

> que son Altesse Royal a fait des progrès rapides dans le commandement et que les impressions, qu'Elle a laissées, ici étaient de plus favorables.

Am 29. Mai gewährte Ludwig I. – von den Eindrücken, die er unter der Herrschaft Napoleons gewonnen hatte, geprägt, die politischen Aspekte abwägend und demgemäß widerstrebend und skeptisch – seinem Sohn die Reise nach Frankreich:

> Gewähre Deinen Wunsch, Erlaubnis erteilend, in Dieppe das Seebad zu gebrauchen, obgleich nicht gerne. Der Du selbst äußerst, daß ein nordisches zuträglicher sein würde, nicht gerne, denn da gerade eine Änderung in der Leitung des Ministeriums des Äußern stattfindet, so könnten die Höfe von Berlin, Wien und St. Petersburg eine Änderung im politischen System darin sehen, obgleich mit Unrecht. Teutsch bin ich, durch und durch teutsch, und du wirst hoffentlich auch teutsch bleiben in Eu, wo Du gleich anfangs von Dieppe aus Dich zu Louis-Philippe zu begeben hast, denn gar nicht oder später würde einen Verschmach abgeben, und ihm meinen Dank für seine Otto günstigen Gesinnungen ausdrücken. Daß der Kronprinz von Bayern sehr ausgezeichnet werde, daß ihm schöngetan werde von französischer Seite, ist sehr wahrscheinlich, und gemäß französischer Politik, darum aber bleibe teutsch auch in Paris, wohin ich Dir zu reisen gestatte, aber nicht als Kronprinz, sondern unter dem Namen eines Grafen, desgleichen unter der Bedingung, die Wohnung in keinem königlichen, in keinem staatlichen Gebäude anzunehmen. Bewahre auch in Frankreichs Hauptstadt (in dem neuen Babylon) die Treue der lieblichen Marie.[5]

Vier Tage später antwortete ihm Maximilian, alles werde nach seiner Weisung gehalten werden:

> ... bezüglich der Fortdauer meiner grunddeutschen Gesinnung, die mein ganzes Wesen durchdringt, sowie über einen gewissen anderen Punkt dürfen Sie, lieber Vater, wahrlich außer Sorge sein.

Mittlerweile hatte sich allerdings – neben der Badereise – ein zweites Ziel, dem der Kronprinz näher kommen wollte, in den Vordergrund geschoben, nämlich der Wunsch, in den Manövern der bayerischen Armee, die Anfang September 1846 bei Augsburg abgehalten werden sollten, ein Kommando zu übernehmen,

> ... da ich die Gelegenheit nicht versäumen möchte, mich militärisch auszubilden. Sie wissen, lieber Vater, daß ich mich seit Jahren mit Liebe und Eifer in diesem Fache beschäftigt habe.

Einigermaßen gewunden versuchte Maximilian noch von Berlin aus, zwei Tage vor der Abreise, seinen Vater von der Wohlüberlegtheit und Vereinbarkeit seiner Pläne zu überzeugen und ihm die Zustimmung abzuringen:

> Soeben komme ich von einem Manöver, dem ich noch zu guter Letzt beiwohnte; keine Gelegenheit dieser Art ließ ich unbenützt vorüber gehen. Mein schon lange im Herzen getragener Wunsch und meine Bitte geht nun dahin, daß mir auch im nächsten Lager zu Augsburg eine Gelegenheit gegeben werde, mich praktisch auszubilden; um nun gewiß nicht unbescheiden zu sein und gewiß nur das eigentlich Praktische und Lehrreiche zu verlangen, so bitte ich um die Vergünstigung, den Generalleutnant Isenburg ad latus, der schon bei der vorigjährigen Inspizierung mein Unterweiser gewesen, die Feldmanöver der ersten Division leiten zu dürfen. – Das erste Feldmanöver wird am 1. September stattfinden, ich würde in diesem Falle dann suchen, den 30. August abends in Augsburg einzutreffen. Da mir auf diese Weise kein stehendes, bindendes Kommando übertragen würde, so hätte diese Einrichtung auch das Gute, daß ich Ihrer mir gütigst erteilten Erlaubnis gemäß nicht genötigt wäre, bei dem Lager zu erscheinen, ohne daß dadurch die geringste Störung verursacht würde; nur im äußersten Falle aber würde ich von dieser Erlaubnis Gebrauch machen, wenn ich wirklich bis zum genannten 30. August die interessantesten Gegenstände in Paris nicht hätte sehen können. Dieser Fall scheint mir aber unwahrscheinlich, wie gesagt, ich möchte das nächste Lager gern zu meiner militärischen Ausbildung benützen; ... früher würde es aber nicht möglich sein, wenn ich ohne Hetze auch nur das Wichtigste in jener Stadt werde sehen wollen. ... Meinen Weg werde ich über Weimar und die Wartburg nehmen, dort die Restaurationen zu besichtigen, und dann in Köln mit der Eisenbahn nach Paris fahren, dort unverzüglich dem Könige Louis-Philippe meinen Besuch in Neuilly abstatten, dann gleich nach Dieppe gehen; der Eisenbahnverbindung wegen muß ich schon auf dem Hinweg über Paris gehen. Den Großherzoglich Weimarischen Hof werde ich in Philippstal in der Nähe der Wartburg besuchen und beiläufig zwischen dem 3. und 6. in Paris eintreffen.[6]

Mag sein, daß König Ludwig dem militärischen Eifer seines ältesten Sohnes und dessen diesbezüglichen Talenten mißtraute. Jedenfalls ließ er Maximilian sechs Wochen lang auf einen Bescheid warten und teilte ihm dann – in einem Brief vom 12. August 1846 nach Paris – einigermaßen lakonisch die „Nichtgewährung" von dessen Bitte mit. Es sei ungebräuchlich, eine Division mit einem Divisionär ad latus zu führen in einem Lager:

> Wenn ein Prinz der preußischen oder der österreichischen Armee eine Division kommandiert, so geschieht dieses allein nur durch ihn selbst, nachdem er in unterem Grade bereits gedient hat und angestellt ist. Drei Feldzüge habe ich mitgemacht, fand aber ganz natürlich, nur als Zuschauer, da ich Kronprinz war, den Lagern beizuwohnen, weil ich damals nicht angestellt war.

Maximilian kapitulierte sofort. Er begrub seine Hoffnungen, indem er postwendend an Ludwig I. zurückschrieb:

> Es ist wahr, es tut mir leid, daß der lang gehegte Wunsch, ein Kommando im Lager zu erhalten, nicht erfüllt wird; meine Absicht war eine reine, ich wollte nichts Unbescheidenes verlangen, ich hatte mich redlich darauf vorbereitet, ja sogar hier in Paris diesem Zweck kostbare Stunden geweiht. Ich bin aber überzeugt, lieber Vater, daß Sie es gut mit mir meinen, daß ich keinen besseren Freund auf der Welt haben kann wie Sie, und füge mich daher gern und kindlich Ihrem Willen.[7]

Die Abreise des Kronprinzen nach Paris wurde auf den 28. Juni terminiert. Kronprinzessin Marie hatte Potsdam bereits am 16. Juni verlassen, um ihren Vater in Fischbach aufzusuchen, in dem Schloß in Schlesien, in dem sie einen Teil ihrer Jugend verbracht hatte und das Prinz Wilhelm erst kürzlich im neugotischen Stil hatte umbauen lassen. Maximilian wurde von Friedrich Wilhelm IV. nach Charlottenhof zum Diner geladen; in Berlin gab er selbst ein Abschiedsessen für zwölf Personen; unter ihnen wurde der Philosoph Schelling, den Maximilian von München her kannte, besonders geehrt. Der König von Preußen zeichnete die Suiten des bayerischen Kronprinzen aus; Graf Vaublanc, Oberhofmeister der Kronprinzessin, erhielt den Roten Adler Orden 2. Klasse, der Adjutant Ludwig von der Tann mußte sich mit der 4. Klasse begnügen. Programmgemäß fuhr Maximilian über Eisenach; den Weimarischen Hof scheint er, wie verabredet, getroffen zu haben. Von Koblenz aus ging es über Köln nach Belgien; allerdings hat es Maximilian offenbar unterlassen, sich dem König zu präsentieren; Ludwig I. entschuldigte sich, als er es erfuhr, in Brüssel und erteilte seinem Sohn eine Rüge. Am 4. Juli, nachts kurz vor 10 Uhr, kam der Kronprinz in der französischen Hauptstadt an. Das erste, was ihn überraschte, war die Größe des Gare du Nord. Er staunte über die beleuchteten Boulevards, stieg, wie es die bayerische Gesandtschaft vorbereitet hatte, im Hotel Bristol an der Place Vendôme ab, aß bei Torlosi ein Gefrorenes und besah sich im Mondschein die schönen Plätze und historischen Bauten.[8]

Schon Maximilians Besuch in Berlin, so privat er sich ausnahm, war nicht ganz ohne politische Substanz gewesen. Auch während Karl von Abel die bayerische Politik beherrschte, bemühte sich Ludwig I. um auskömmliche Beziehungen zu Preußen. Der Zollverein gehörte zu den stabilen, tragenden Pfeilern der ökonomischen Existenz des Königreichs; der 1844 geschlossene Handelsvertrag mit Belgien, vom bayerischen König ausdrücklich begrüßt, diente nicht nur dem preußischen, sondern auch dem bayerischen Interesse.[9] In der Konfessionspolitik lag der Eklat von 1837 mittlerweile fast zehn Jahre zurück und beide Seiten waren darauf bedacht, ihre konfessionelle Profilierung so moderat zu halten, daß sie unterhalb der Reizschwelle des jeweiligen Partners beziehungsweise Gegenspielers blieb. Auch um der Balance gegenüber Österreich willen war es wichtig, das Vertrauen des Berliner Hofes zu genießen. Wenn Ludwig I. die von ihm ohne sonderliche Begeisterung aufgenommene Brautwahl seines Sohnes und also die Ehe des bayerischen Thronerben mit einer – dynastisch durchaus im zweiten Glied stehenden – preußischen Prinzessin hinnahm und später dem Kronprinzen, der an der Berliner Universität studiert hatte, sogar den Ausbau seiner norddeutschen Beziehungen erlaubte, dann ging es dabei auch immer um die Festigung der bayerischen Position innerhalb des Deutschen Bundes, sozusagen um eine vorweggenommene Triaspolitik.

Brisanter war das Verhältnis Bayerns zu dem orléanistischen Frankreich. Ludwigs Voreingenommenheit gegenüber der Großmacht im Westen, die direkt an die Rheinpfalz angrenzte, wurzelte tief in seiner Jugendgeschichte. Die Julirevolution 1830 hatte dieser Haltung neue Nahrung gegeben, und noch 1840 hatten die ägyptische Krise und der Staatsstreichversuch Louis Napoleons die konservativen europäischen Mächte gegenüber Frankreich in eine geschlossene Frontlinie gestellt. Die Herkunft Louis-Philippes, seine Thronbesteigung nach dem Sturz Karls X. und seine neue verfassungsmäßige Stellung waren zunächst nicht geeignet gewesen, die Vorurteile des bayerischen Monarchen abzubauen. Als von Paris aus eine Ehe des Kronprinzen Maximilian mit einer Tochter des Bürgerkönigs ventiliert wurde, stieß dieses Angebot in München auf taube Ohren. Andererseits aber gehörte Frankreich zu den griechischen Schutzmächten; die labile Situation von Ludwigs zweitem Sohn in Athen war während der Unruhen vom September 1843, in deren Gefolge Otto seinem Land eine Verfassung zugestehen mußte, offenkundig geworden. Außerdem sorgte die britische Regierung mit finanziellen Forderungen für eine permanente Krise. In dieser Situation war Rücksicht auf das den englischen Ambitionen auf allen Ebenen entgegentretende Frankreich für die bayerische Politik dringend geboten. Die Bereitstellung von einer Million Drachmen aus der französischen Griechenlandanleihe mußte am bayerischen Hof als ein Beitrag zur Stabilisierung der Herrschaft des Königs Otto über Hellas angesehen werden.[10] Andererseits hielt es auch die Pariser Regierung für geraten, angesichts der österreichischen und auch preußischen Reserven gegenüber der Julimonarchie ihre Stützpunkte in der bayerischen Politik, als deren wichtigster Fürst Ludwig Öttingen-Wallerstein galt und zu denen womöglich eines Tages auch der von diesem beeinflußte Kronprinz Maximilian gerechnet werden konnte, in aller Form zu pflegen. Ludwigs Schreiben vom 29. Mai 1846, in dem er seinem ältesten Sohn das politische Panorama kurz skizzierte, erweist sich in dieser Hinsicht ebensosehr als dezidiertes Bekenntnis wie als hellsichtige Prognose.

Sobald die Absichten des bayerischen Kronprinzen in Paris mitgeteilt worden waren, setzten lebhafte diplomatische Aktivitäten ein. François Guizot, der Außenminister Louis-Philippes und de facto der Leiter der französischen Politik, depeschierte an den französischen Gesandten in München, Paul de Bourgoing,

> ... que Monseigneur le Prince Royal de Bavière se proposait, en allant prendre les bains de mer, de faire sa cour au Roi, soit à Paris, soit à Eu.

Graf Bray, der mittlerweile bei der Kabinettsumbildung vom Juni 1846 in München das Ministerium des Königlichen Hauses und des Äußern übernommen hatte, berichtete seinem Monarchen, daß der König der Franzosen die Reisepläne Maximilians mit Befriedigung aufgenommen habe und daß Bourgoing in offiziellem Auftrag versichert habe, der bayerische Thronfolger werde mit jener Rücksicht, die seinem hohen Rang und den freundnachbarlichen Beziehungen entspreche, vom französischen Hof aufgenommen werden. Unter dem Datum „Aschaffenburg, 25. Juni 1846", reskribierte Ludwig, daß sein Sohn nicht als Kronprinz, sondern unter dem Namen eines Grafen reise und daß kein Empfang, keine Feierlichkeiten gewünscht werden:

> Dieses ist der französischen Gesandtschaft wissen zu lassen, gleich. Bemerken, daß den Ausdruck „faire sa cour au Roi", wenn von einem Kronprinzen von Bayern gesprochen, ich zwar recht französisch, aber stark finde, wovon jedoch nichts zu erwähnen: Le Prince Royal fait une visite, mais ne fait pas sa cour au Roi des Français.[11]

Dem bayerischen Gesandten in Paris, Graf Luxburg, oblag es, den politischen Teil der Reise Maximilians vorzubereiten. Er war in diesen Wochen nicht sonderlich gut auf seinen König zu sprechen. Ludwig I. bereitete, nachdem er soeben seinen Außenminister ausgewechselt hatte, ein Revirement im diplomatischen Dienst vor. Fürst Ludwig Öttingen-Wallerstein, bis 1837 Innenminister und dann kaltgestellt, sollte den Pariser Posten übernehmen. Ob Luxburg statt dessen nach Wien geschickt würde, war damals noch nicht entschieden. Die Gründe, die den König von Bayern zu dieser auffälligen Umbesetzung bewogen, lassen sich schwer abschätzen. Die Frage, ob der König den allzu gewandten Fürsten aus München entfernen oder ihn für die in der letzten Kammersession geleisteten Dienste belohnen wollte (immerhin wurden ihm zu seinen 6 000 Gulden Jahresgehalt als Staatsrat noch einmal 28 000 Gulden Repräsentationsgelder geboten), oder ob der Monarch es für nötig hielt, die Schlüsselposition in Paris, die wegen der labilen Situation in Athen für die bayerische Politik immer wichtiger wurde, nach dem unpolitischen Diplomaten Luxburg nun einem erfahrenen Politiker anzuvertrauen, mag hier auf sich beruhen.[12] Jedenfalls sah sich Luxburg veranlaßt, während er mit der Vorbereitung des politischen Teils der Reise Maximilians beschäftigt war, sich vorsorglich in erbittertem Ton in München zu beschweren.

Im übrigen bemühte er sich – schon im Hinblick auf seine erhoffte Wiederverwendung –, den Auftritt Maximilians am Hof des Bürgerkönigs einerseits so glänzend wie möglich erscheinen zu lassen, andererseits den inoffiziellen Charakter der Visite stets im Blick zu behalten. Schon am 2. Juli berichtete er, daß Louis-Philippe den bayerischen Thronfolger bereits am ersten Tag von dessen Parisaufenthalt bei sich zu sehen wünsche. Da die Schließung der Session der Kammern unmittelbar bevorstehe, werde die Einladung wohl in die Tuilerien erfolgen. Außerdem habe er, Luxburg, das angebotene Quartier im Palais d'Elysée Bourbon abgelehnt und sich, wie beauftragt, während der letzten Audienz für den Verbleib des französischen Gesandten Bourgoing in München eingesetzt. Die Depeschen vom 7. und vom 11. Juli schildern die Aufnahme Maximilians am französischen Hof und dessen eigene gesellschaftliche Aktivitäten. Am 5. Juli, es war ein Sonntag, um ein Uhr betrat der Kronprinz die Tuilerien; das Service empfing ihn an der Treppe; der König und seine Familie erwarteten ihn im großen mittleren Salon; der König und die Prinzen trugen Uniform mit angesteckten Orden. Louis-Philippe ging seinem Gast entgegen.

> Nach den ersten Begrüßungen setzten sich die Majestäten und Königlichen Hoheiten an den großen runden Tisch in der Mitte des Salons, der Prinz zwischen König und Königin. Der Empfang von Monseigneur war perfekt.

Anschließend stand offenbar ein kurzer Besuch in Versailles auf dem Programm, um die Wasserspiele zu sehen.

> Keine Zeit war, das Innere zu besehen.[13]

Am folgenden Tag besuchte Maximilian die Herzogin von Orléans, die Schwiegertochter Louis-Philippes, die Witwe des verunglückten Thronfolgers, Prinzessin Helene von Mecklenburg-Schwerin, in Marly; nachmittags empfing er Gäste, abends bat Louis-Philippe zu einem Familiendiner nach Neuilly, nachher promenierte man mit der Kutsche durch den Park. Am Dienstag dinierte Maximilian mit Luxburg und dem Baron Bourgoing in der bayerischen Gesandtschaft, am Mittwoch suchte er zum zweitenmal die Herzogin von Orléans auf, dann fand er sich bei Louis-Philippe in Saint-Cloud ein: Promenade im Park, Kutschenfahrt nach Sèvres und Ville d'Avray, Besichtigung der vom Sultan von Marokko und von Mehmed Ali, dem Statthalter der Hohen Pforte in Ägypten, geschenkten Araber, schließlich großes Familiendiner in Saint-Cloud, Trinkspruch des Königs der Franzosen auf die Königin von Bayern aus Anlaß ihres Geburtstags, Toast Maximilians im Namen seines Vaters, Aufführung einer Komischen Oper, die Maximilian, wie er nach Hause schrieb, eher tragisch vorkam, abschließend der Wunsch einer baldigen Wiederbegegnung:

> S.M. le Roi voulait retenir Msgr. le prince un jour de plus pour lui faire les honneurs de Versailles – les Galéries Historiques, les jardins et les deux Trianon.

Soweit Luxburg. Dazu stimmt Maximilians Resumée:

> Der König und die Königin empfingen mich feierlich; ersterer, dem ich Ihren Dank wegen Griechenland ausdrückte, sprach mit warmem Interesse über Ottos schwierige Stellung.

Die vier Tage vergingen wie im Flug,

> ... von Paris habe ich vielerlei und doch recht eigentlich nichts gesehen; viel Zeit brachte ich bei Hofe und die mir bleibende damit zu, in der großen Stadt herumzufahren, die Plätze und Monumente größtenteils nur von außen zu sehen, von Kirchen betrat ich einige im Fluge, am ausführlichsten, wie mir lieb war, l'hôtel des invalides, dann den Sarg Napoleons in einem provisorisch dazu eingerichteten Raum ...[14]

Maximilians Kuraufenthalt in Dieppe war nicht Gegenstand der diplomatischen Korrespondenz; spärliche Nachrichten finden sich in den Briefen an Ludwig I. Am Anfang steht die Hoffnung, die Seebäder möchten ihm bei dem „seit 11 Jahren währenden Kopfleiden" Erleichterung verschaffen. Das stürmische Meer, erzählt er am 22. Juli, erschwere das Baden; obgleich von einem Seemann gehalten, sei er von einer Welle unsanft auf den Rücken geworfen worden. Die badenden Frauen trügen „eine Art von flanellhaften Bademänteln", die den ganzen Körper verhüllen und ihnen „ein ganz merkwürdiges Aussehen" gäben. Schon damals kündigte sich der Mißerfolg der Kur an:

> ... bisher hatte ich noch keinen ganz schmerzfreien Tag; schwer ist es da, wenn nicht unmöglich, das Gemüt heiter zu stimmen ... Während ich schreibe, höre ich das Brausen des bewegten Meeres. Sein Anblick, der der Unendlichkeit, hat auch etwas Großartiges.

Am 31. Juli trug er weitere Beobachtungen nach:

> Mein Leben hier ist ein ziemlich einförmiges, in der Regel bade ich immer zwischen 10 und 12 Uhr, je nachdem die Flut eintritt, denn während der Ebbe ist es unbequem, das weit zurücktretende Meer zu erreichen; der Wellenschlag ist kräftig, doch so, daß man ohne Gefahr in der Nähe des Ufers schwimmen kann, was angenehm ist; auch Damen versuchen oft zu schwimmen ...

Seine Hoffnungen richteten sich auf Paris:

> Ich freue mich auf neue mannigfaltige Eindrücke, da das Badeleben in der Länge stets etwas Eintöniges hat. Dennoch ist Dieppe noch bei weitem das angenehmste Bad, das ich bisher besucht habe; man kann einige hübsche Spazierfahrten unternehmen und abends ist öfters Theater, das ziemlich gut besetzt; einige vornehme Familien sind hier und einige hübsche Frauen.[15]

Mittlerweile, am 29. Juli, wurde auf Louis-Philippe ein weiteres Attentat verübt; während der Bürgerkönig auf dem Balkon der Tuilerien die Menge grüßte, gab ein Revolutionär namens Joseph Henry zwei Pistolenschüsse auf ihn ab; wiederum blieb der Monarch unverletzt; noch vor der Abreise aus Dieppe besuchte ihn Maximilian in dem benachbarten Eu, um ihm persönlich zu gratulieren.

Der zweite Aufenthalt Maximilians in Paris dauerte vom 4. bis zum 21. August 1846. Über den Verlauf ist den Briefen des Kronprinzen an seinen Vater nur wenig zu entnehmen; im Zentrum stehen – wie bereits oben geschildert – der wiederholt vorgetragene Wunsch nach einem Kommando bei dem bevorstehenden Lager in Augsburg und dann, nachdem der König die Erfüllung der Bitte verweigert hatte, die Versicherung kindlichen Gehorsams.[16] Die Rückreise Maximilians nach Bayern wurde so terminiert, daß der Kronprinz seine Glückwünsche zum Geburts- und Namenstag des Vaters am 25. August in Bad Brückenau persönlich überbringen konnte. Beiläufig fließen in die Korrespondenz verstreute Hofnachrichten ein, etwa über den Besuch bei Louis-Philippe in Eu, währenddessen Königin Marie Amélie sich erinnerte, Ludwig I. in einem besonders originellen Kostüm bei einem Maskenball in Neapel begegnet zu sein, sodann über eine Sitzung des Staatsrats, an der Maximilian inkognito teilnahm, und über die letzten Visiten in Neuilly und Versailles; auch ein Besuch der Sainte Chapelle in Begleitung Leo von Klenzes findet Erwähnung. Aus der diplomatischen Korrespondenz erfährt man, daß der Kronprinz sich entschlossen habe, das Diplomatische Korps auf dessen Wunsch hin insgesamt zu empfangen, und zwar in der bayerischen Gesandtschaft, also, wie Luxburg gegenüber Ludwig I. in der Furcht vor einer Rüge beschwichtigend hinzufügte, „hier ... in Bayern, auf dem Territorium E. M., gewissermaßen in seinem eigenen Haus"; die Botschafter und anderen Missionschefs seien entzückt gewesen von dem Prinzen, seiner Tenue, von seiner „Leichtigkeit, sich in Italienisch, Englisch, Französisch und in seiner Muttersprache auszudrücken". Dann habe Maximilian an der feierlichen Eröffnung der Kammersession teilgenommen, bei herrlichem Sommerwetter, „avec grand apparat militaire", auf geschmückten Tribünen; der Kronprinz und seine Suite hätten auf den für sie reservierten Sitzen zunächst der Königin und der königlichen Familie Platz genommen. Am vorletzten Tag lud Guizot zu einem großen Diner in das Außenministerium, am letzten empfing Louis-Philippe den Gast, dessen Anwesenheit in Paris gegen die königliche Weisung nun doch einen offiziellen Charakter angenommen hatte, abermals in Neuilly und nahm ihn dann über Saint-Cloud nach Versailles mit, um ihm „im Detail alle Galerien des Nationalmuseums zu zeigen", das er in der alten Residenz Ludwigs XIV. eingerichtet hatte. Die Besichtigung habe mehr als vier Stunden gedauert, König Louis-Philippe „immer voraus, immer vergnügt, war weniger ermüdet als die Jüngsten seines Gefolges"[17]. Der Tag wurde mit einem großen Diner d'Adieux in Neuilly beschlossen.

II.

Das Nationalmuseum im Schloß von Versailles war am 11. Juni 1837 eröffnet worden.[18] Das Diner, das König Louis-Philippe damals für 1200 geladene Gäste gegeben hatte, war zugleich als Höhepunkt der Hochzeitsfeierlichkeiten des Thronfolgers, des Herzogs von Orléans, und der Prinzessin Helene von Mecklenburg gestaltet worden; für die Oper, die anschließend aufgeführt wurde – Robert le Diable von Meyerbeer –, hatte Eugène Scribe ein Zwischenspiel verfaßt, in dem Corneille, Racine, Molière und Lully auftraten und das Versailles des Bürgerkönigs zu dem des Sonnenkönigs in Parallele setzten – Beleg für den ideologischen Rang, in den Louis-Philippe seine neue Schöpfung erheben wollte.

Vier Jahre zuvor, am 1. September 1833, hatte der König der Franzosen entschieden, das Schloß insgesamt in ein Museum zu verwandeln, das „à toutes les gloires de la France" gewidmet sein und von den Franzosen als ihr Nationalmuseum schlechthin empfunden werden sollte. Das Ziel war von vornherein ein hochpolitisches gewesen, nämlich die seit 1789 in ständiger Erregung befindliche, in ihrem politischen Denken tief zerklüftete Nation durch die Besinnung auf die gemeinsame Geschichte zu einem neuen Bewußtsein der Zusammengehörigkeit zu führen; Legitimisten und Bonapartisten, Orléanisten und sogar Republikaner sollten sich in den nationalen Erinnerungen wiederfinden und erkennen, daß die Größe Frankreichs auf den gemeinsamen militärischen, politischen und kulturellen Leistungen beruhte.[19] Als Medien der zu verkündenden Botschaft sollten neben gemalten Portraits und Veduten, neben Statuen, Büsten, Reliefs und Medaillen vor allem Werke der Historienmalerei dienen, und zwar solche, die bereits in vergangenen Jahrhunderten oder Jahrzehnten aus anderen Entstehungszusammenhängen heraus geschaffen worden waren, wie vor allem solche, die von vornherein für das Museum zur Komplettierung des Programms und der Themenfolgen in Auftrag gegeben wurden. Um diese Werke angemessen zu präsentieren, wurden zunächst der Nord- und der Südflügel ausgeräumt und umgebaut; weniger radikal, dennoch nachhaltig wurde in die Substanz des Corps Central eingegriffen; zwar wurden dessen Erdgeschoß und Obergeschoß komplett adaptiert; immerhin blieben die Folge der Salons mit der Galérie des Glaces und dem kleinen Appartement der Königin im Corps de Logis erhalten; allerdings wurden auch diese Räume zur Präsentation von Schlachtendarstellungen und anderen Ereignisbildern aus dem Grand Siècle benützt.

Im vorliegenden Zusammenhang genügt es, sich über die thematische und räumliche Disposition, wie sie 1837 bestand, einen knappen Überblick zu verschaffen.[20] Das Erdgeschoß des Nordflügels enthielt damals, vorgestellt durch Originale und Kopien, Gemälde und Skulpturen und eingebunden in ein einheitliches Dekorationssystem, in der Suite auf der Gartenseite einen Durchgang durch die Geschichte des französischen Königtums von den Merowingern bis zu Ludwig XVI.; dahinter erstreckte sich eine – wiederum mit Originalen und vor allem mit Abgüssen bestückte – Statuengalerie. Darüber, im Hauptgeschoß, wurden mit zeitgenössischen Schlachtenbildern die Campagnen der Jahre 1798 bis 1814 illustriert und danach, in kurzen Zügen, das Zeitalter Ludwigs XVIII. und Karls X. und schließlich das Jahr 1830. Im Parterre des Corps Central wurden zunächst weitere Skulpturen aufgestellt, dann folgten, im inneren Rundgang um den Cour de Marbre, Schlachtendarstellungen aus dem 17. bis 19. Jahrhundert, sodann Portraits der Könige und Ansichten von Versailles. Der äußere Rundgang präsentierte Bildnisse der Admiräle, Connetables und Marschälle von Frankreich sowie Hunderte von weiteren Portaits berühmter Kriegshelden. In der Belle Étage wurden die Prunkräume, die dem Ruhm Ludwigs XIV. und Ludwigs XV. vorbehalten blieben, gerahmt von neugestalteten Sälen, in denen auf das Kaisertum Napoleons, auf die Leistungen des Revolutionsheeres im Jahr 1792 und andererseits auf die États Generaux als das ständische Element der französischen Geschichte (also neben der übermächtigen monarchischen Repräsentation auf die Vorform und die Geburtsstunde der Volkssouveränität) verwiesen wurde. Im Südflügel wurde im Erdgeschoß provisorisch noch einmal eine enorme Folge von Ereignisbildern aus der napoleonischen Epoche gezeigt (das Provisorium besteht heute noch), im Hauptgeschoß gewissermaßen als Höhepunkt der nationalen Leistungsschau, die – von Tobliac 476 bis Wagram 1809 reichende – Galérie des Batailles eingerichtet und durch einen Blick auf den Beginn der Herrschaft des Bürgerkönigs im Jahr 1830 ergänzt; in beiden Geschossen führten weitere Statuengalerien in das Corps Central zurück. Auch das Attikageschoß war bereits 1837 in den Rundgang eingezogen; dort waren – gewissermaßen als Nachträge – historische Portraits versammelt, im Nordflügel aus dem 16. bis 18. Jahrhundert, untermischt mit Schlachtenbildern, im Südflügel aus der Revolutionsepoche und den folgenden Jahrzehnten. Der ideologische Faktor des Konzepts scheint hier – gegenüber dem dokumentarischen und antiquarischen – völlig in den Hintergrund getreten zu sein.

Im folgenden Jahrzehnt unternahm es Louis-Philippe, seinem Museum weitere Schwerpunkte anzugliedern, um die intendierte nationalintegrative Wirkung zu vertiefen und zu aktualisieren: vor allem wurden – wiederum zentral mit den Mitteln der Historienmalerei – einerseits die Kreuzzüge, andererseits die neuesten Feldzüge in Algerien thematisiert.[21] Kronprinz Maximilian von Bayern jedenfalls konnte 1846 die Schöpfung Louis-Philippes in deren attraktivstem Zustand besichtigen. Bereits Napoleon III. verzichtete darauf, den Ausbau von Versailles im Sinne seines Vorgängers fortzusetzen; als 1887, in der Dritten Republik, Pierre de Nolhac sein Amt als Konservator von Versailles antrat und seine Losung „Résurrection de Versailles" ausgab und demgemäß den Weg zurück in das 17. und 18. Jahrhundert beschritt, war entschieden, daß das monumentale Versöhnungswerk Louis-Philippes allenfalls in aussagekräftigen Fragmenten, aber nicht als geschlossenes geschichtspolitisches Denkmal überdauern würde.[22]

Abb. 1. Versailles, Nordflügel, Hauptgeschoß; Galéries Historiques, Salle de Constantine

Daß der Duktus der Galéries Historiques keinem idealen Konzept entsprach, sondern Kompromißcharakter trug, war dem Monarchen wie seinen Mitarbeitern, vor allem dem Architekten Charles-Frédéric Nepveu und dem Bibliothekar Vatout, nicht verborgen geblieben. Louis-Philippe ließ – in der anläßlich der Eröffnung erschienenen Notice des Peintures et Sculptures du Palais de Versailles – sogar das Publikum darauf aufmerksam machen[23]:

> C'était déjà un grand travail que de rassembler toutes ces richesses dans un même lieu; mais ce n'était pas tout. Il fallait encore les classer de manière à ce qui l'oeil et la pensée pussent s'y promener sans confusion. L'ordre chronologique, le seul qu'on pût suivre, ne s'accordait que bien difficilement avec la distribution des localités. Malgré les grands travaux faits par le Roi dans l'intérieur du palais, malgré les heureux changements qui ont converti des amas de petits appartements et d'indignes soupentes en de vastes salles et de magnifiques galéries, les divisions primitives du palais ne pouvaient être changées; il y avait nécessité de le prendre tel qu'il était construit. Il consistait en trois corps de bâtiment principaux sans compter ce que l'on peut appeler les pavillons; il était divisé en plusieurs étages et distribué en pièces de différentes grandeurs; rien n'y était disposé pour recevoir des tableaux, et les tableaux eux-mêmes, par la diversité de leurs dimensions, ne pouvaient se prêter à la régularité de l'ordre chronologique. Il fallait donc accepter ce qui était, fait et, tout en respectant la succession historique des événements et des personnages, s'efforcer de la mettre en accord avec la disposition générale des bâtiments et leur distribution intérieure. Il fallait aussi assortir la dimension des tableaux à l'étendue des emplacements destinés à les recevoir.

Um diese Schwierigkeiten zu überwinden, habe man eine Reihe von Dispositionen getroffen. Zum einen stelle der Katalog die chronologische Übersicht, wo sie unterbrochen sei, wieder her; zum anderen habe man, um die Anordnung der Objekte möglichst bequem und vernünftig zu machen, für jeden Saal, jede Galerie, jede Folge von Appartements eine korrespondierende Serie von Fakten und Ereignissen herangezogen, die einen chronologischen Aufbau ermöglichen, soweit die Zahl der Bilder und deren Formate es erlauben. Überdies habe man zum Beispiel die Erinnerungen an die Kreuzzüge, an die Generalstände, an die Jahre 1792 und 1830 in einzelnen Sälen versammelt, die in keinerlei thematischer Beziehung zu den benachbarten Räumen stünden; nach diesem Prinzip könne man später einmal das Museum erweitern, ohne in die bereits geschaffene Ordnung einzugreifen.

Die komplexen politischen, historischen, geschichtspädagogischen und kunstgeschichtlichen Zusammenhänge, in denen die Galéries Historiques von Versailles stehen, sind hier nicht zu erklären. Es ist auch nicht davon auszugehen, daß Kronprinz Maximilian in dieses Wurzelgeflecht Einblick genommen hat. Die deutsche Diskussion über das Nationalmu-

Abb. 2. Versailles, Nordflügel, Erdgeschoß; Galéries Historiques, Salle des Croisades. Rechts ist das eingebaute Portal des Hospitals von Rhodos zu erkennen, das der Sultan dem König Louis-Philippe geschenkt hatte und das in Frankreich restauriert worden war

seum Louis-Philippes fing mit Franz Kuglers „Vorlesung über das Historische Museum zu Versailles und die Darstellung historischer Ereignisse in der Malerei" in eben dem Jahr an, in dem der bayerische Thronfolger die französische Hauptstadt besuchte. Andererseits war Maximilian durch das Kunstmilieu, das sein Vater in München geschaffen hatte, und auch durch seine eigenen, aus den bayerischen Gegebenheiten heraus entstandenen Kunstabsichten, die in Hohenschwangau das erste Betätigungsfeld gesucht und gefunden hatten, auf die Pariser Eindrücke vorbereitet, wie überhaupt die Beziehungen zwischen dem politischen Historismus, den König Ludwig I. pflegte, und der Indienstnahme der bildenden Künste, insbesondere der Geschichtsmalerei, für die Zwecke einer vom Monarchen inaugurierten Nationalerziehung, wie sie der Roi Citoyen in die Wege leitete, mehr Beachtung verdienten, als ihnen bisher geschenkt wurde.

Das populäre Erstlingswerk der die vaterländische Geschichte thematisierenden Historienmalerei in München war der Hofgartenzyklus mit seinen 16 großformatigen Szenen aus der bayerisch-wittelsbachischen Vergangenheit; die Planungen dafür hatten bereits im ersten Regierungsjahr Ludwigs begonnen; die Eröffnung der Bilderfolge beim Oktoberfest 1829 wurde von einer Reihe von Publikationen begleitet, die auf Verbreitung über München und Bayern hinaus angelegt waren und unter denen vor allem der Historiker Joseph Freiherr von Hormayr die ideologischen Prämissen scharf herausarbeitete.[24] Im unmittelbaren Gefolge des Zyklus sind vor allem das Fresko auf dem Münchner Isartor, das den Einzug König Ludwigs des Bayern nach der Schlacht von Mühldorf 1322 vorstellt, und Lindenschmitts Wiedergabe der Mordweihnacht des Jahres 1705 an der Außenwand der Sendlinger Kirche zu sehen. Wiederum kann auf die Vorformen dieser patriotischen Geschichtspropaganda im Zeitalter der Aufklärung und der Französischen Revolution hier nicht eingegangen werden.[25] Kronprinz Maximilian schließlich hatte in denselben Jahren, in denen Louis-Philippe den Umbau von Versailles vorantrieb, die Burg Hohenschwangau erneuern und umgestalten lassen: 1832 hatte er das ruinöse Gemäuer über dem Alpsee erworben und 1833 mit den Baumaßnahmen begonnen; 1834 wurde die neue Raumausstattung festgelegt; das Bildprogramm verarbeitet mythologische, literarische und historische Themen, die insgesamt die Welt des Mittelalters beschwören, dazu – wenig stimmig – persönliche Reiseerinnerungen des Prinzen aus dem Orient. Eine politische Intention ist nicht zu erkennen, dem privaten Ambiente eines Retiro im Gebirge auch nicht angemessen; vielmehr ging es um poetische Verklärung der deutschen Vergangenheit, mit der ein romantischer Erlebnisraum geschaffen und durch dynastische und lokale Verweise angereichert wurde. Die tragenden Elemente, die das Konzept von Louis-Philippes Nationalmuseum bestimmten, die nationale, die monarchische, die militärische Perspektive fehlten vollkommen; nicht die moderne, sondern die frühe Geschichte dominierte. Die Vorbilder von Maximilians erstem Projekt lagen in den Kunstbestrebungen der Nazarener und in der Münchner und Wiener Kunstszene; eine Berührung mit den Tendenzen der französischen Geschichtsmalerei des ausgehenden 18. und frühen 19. Jahrhunderts ist nicht zu erkennen.[26]

Zurück zu der Führung durch das neue Nationalmuseum in Versailles am 20. August 1846. Wie sie im Detail abgelaufen ist, darüber gibt es keine Quellen. Kronprinz Maximilian hat über seine Eindrücke nichts mitgeteilt. Daß der Bürgerkönig auf dem vierstündigen Parcours viel zu erzählen wußte, kann nicht zweifelhaft sein. Die Galéries Historiques waren das Kind seines Geistes; er selbst hatte sich um die Planungen und den Umbau, um die Beschaffung und Aufstellung der Objekte gekümmert. Insgesamt sei er, wie sein Architekt Nepveu berichtet, während seiner Regierungszeit 398mal in Versailles gewesen. Ob er seinem Gast lediglich die Inhalte verdeutlichte oder ob er auf konzeptionelle und museologische Fragen einging, läßt sich nicht ermitteln. Auch wie Maximilian die enormen Raumfolgen wahrnahm, läßt sich nicht direkt belegen. Die einzige Methode, mit deren Hilfe man die Anregungen, die der bayerische Kronprinz damals empfing, wenigstens ansatzweise rekonstruieren kann, besteht in dem Versuch, Maximilians eigene kunst- und museumspolitische Unternehmungen, insbesondere das von ihm errichtete Bayerische Nationalmuseum, mit dem, was er bei seinem Besuch in Paris kennen lernte, zu vergleichen. Daß ihm, nachdem er in der Revolution von 1848 seinem Vater auf dem bayerischen Thron nachgefolgt war, bei seinem weiträumigen Versuch, das bayerische Nationalgefühl zu beleben und mit der monarchischen Herrschaft und den dynastischen Überlieferungen zu verbinden,[27] Louis-Philippes Nationalmuseum eine wichtige Anregung lieferte, ist leicht zu begreifen. Den Beleg dafür liefert das berühmte Reskript vom 27. Juli 1854, in dem er, nunmehr seit sechs Jahren König von Bayern, die Weisung gibt, bei der Anlage des von ihm geplanten Museums „das Augenmerk auch auf alles dem bayerischen Volk zunächst Eigentümliche und aus der Geschichte des Landes Denkwürdige" zu richten, „damit die Sammlung eine wahrhafte Nationalsammlung werde ähnlich der französischen im Schlosse zu Versailles".[28]

Allerdings macht dieser Satz zunächst eine Reihe von Einschränkungen und Relativierungen nötig. Wenn man die Planungen für das bayerische Projekt mit der Realisation des französischen Nationalmuseums vergleicht, dann ist leicht zu erkennen, daß das volkskundliche und volksgeschichtliche Interesse, das den Monarchen in München leitete („alles dem bayerischen Volk zunächst Eigentümliche"), dem Bürgerkönig in Paris völlig abging. Während in Versailles nationale Taten (oder besser: Leistungen, die als nationale Taten interpretiert wurden) und nationale Helden (oder vielmehr Herrscher und Krieger und in letzter Linie Dichter und Gelehrte, die sich als solche stilisieren ließen) den Inhalt des Museums bildeten, spielte in München von vornherein auch das Leben des Volkes, das aus stammesmäßigen und kirchlichen Traditionen gespeist wurde, eine erhebliche Rolle.[29] Daß diese Sichtweise sich direkt aus den politischen Konzepten des Reaktionszeitalters ergab und von wichtigen Beratern Maximilians II. mitgetragen, ja inauguriert wurde, vor allem von Wilhelm Heinrich Riehl, kann hier nur am Rand erwähnt werden.

Ferner ist festzuhalten, daß Max II., als er das Bayerische Nationalmuseum gründete, keineswegs die Galéries Historiques in Versailles kopieren wollte. Wenn man nach Vorbildern sucht, die auf die Münchner Konzeption einwirkten, ist neben Versailles das Pariser Musée Cluny zu nennen, das der Kronprinz ebenfalls im Jahr 1846 besuchte und dessen Katalog sich Karl Maria von Aretin, als er 1855 für den König von Bayern die Objekte zusammentrug, über die bayerische Gesandtschaft aus Frankreich besorgen ließ.[30] Auch das Musée des Souverains muß erwähnt werden, das Louis Napoléon noch als Präsident der Zweiten Republik im Louvre einrichtete – „un Musée spécial destiné à recevoir tous les objets ayant appartenu authentiquement aux Souverains qui ont régné sur la France" – und dessen Konzept, wie aus einer im Jahr 1853 verfaßten Denkschrift hervorgeht, für Aretin eine wichtige Anregung für das von ihm zunächst projektierte Wittelsbacher Museum bedeutete.[31] Schließlich ist auch noch auf den kunstgewerblichen Aspekt zu verweisen, den Max II. bei seinem Besuch der Londoner Weltausstellung von 1851 kennengelernt hatte und der schließlich – vor allem durch den zweiten Direktor Hefner-Alteneck – auch im Bayerischen Nationalmuseum zur Geltung gebracht wurde.[32]

Überdies war es ganz unmöglich, den Nationalgedanken, auf den die Gründung des Bürgerkönigs abgestellt war, nach Bayern zu übertragen. Vielmehr ging es in München darum, dem ethnisch und kulturell ausgerichteten Begriff der Nation, den der Freiherr von Aufseß in seinem Germanischen Nationalmuseum in Nürnberg zur Geltung gebracht hatte, den scharf konturierten, die Dynastie als Integrationsfaktor betonenden Begriff der Staatsnation gegenüberzustellen[33] und die Einheit des Königreichs nicht über wechselnde Verfassungsformen, sondern über regionale und stammesmäßige Differenzierungen hinweg vor Augen zu stellen.

Aber gerade wenn man die Unterschiede in der Ausgangslage und Zielsetzung und in den kunstpolitischen und museumspolitischen Mitteln im Blick behält, kann man beobachten, daß innerhalb der Planungsgeschichte des Bayerischen Nationalmuseums die Vorbildhaftigkeit des „à toutes les gloires de la France" gewidmeten, als Stätte des Nationalruhms adaptierten Schlosses von Versailles immer wieder durchschlägt. Das gilt zunächst schon einmal für die Finanzierung. Das Versailler Schloß gehörte auch nach der Revolution von 1830 der Krone; beim Ausbau machte sich Louis-Philippe von jeder Mitsprache unabhängig, indem er entschied, alle Maßnahmen, auch die in Auftrag gegebenen Historienbilder, aus der Zivilliste zu bezahlen. Denselben Weg beschritt König Max, obwohl er die Thematik seines Museums über die Dynastiegeschichte hinaus fortentwickeln ließ, als er – unter besonders erschwerten Umständen – einen Neubau in seiner Prachtstraße durchsetzte, darin eine vielgliedrige, alle vergleichbaren Unternehmungen seines Vaters in den Schatten stellende historische Galerie einrichtete und speziell für diesen Zweck 200.000 Gulden aus der Zivilliste bereitstellte.[34]

Auch was die Wahl des Ortes betrifft, so führte wenigstens eine Zeitlang eine direkte Linie von Paris nach München. Karl Maria von Aretin baute den von ihm gesammelten Bestand des geplanten Wittelsbacher Museums zunächst in der Münchner Herzog-Max-Burg auf. Dann aber kam das nördlich von München gelegene Schloß Schleißheim ins Spiel. Dort, in dem auf Repräsentation abgestellten Neubau des Kurfürsten Max Emanuel aus dem frühen 18. Jahrhundert, gab es neben den einigermaßen intakten Appartements des Kurfürsten und der Kurfürstin bereits eine wittelsbachische Ahnengalerie. Der Hinweis auf Schleißheim, den König Max II. aufgriff, stammte von Leo von Klenze, der sich bereits einige Jahre zuvor planerisch mit dem Schloß auseinandergesetzt und die monumentale Treppe erneuert hatte.[35] Der König verlangte von Aretin eine Stellungnahme zu der Frage, ob das geplante Museum in zwei Abteilungen, „in eine historische und eine artistische", aufgegliedert werden könne, „wovon die erste in Schleißheim aufzustellen, die zweite hier (d.h. in München, in der Herzog Max Burg) zu belassen wäre". Aretin ahnte sofort, daß ein französisches Muster hinter diesem Denkmodell steckte. Er schrieb an den Kabinettssekretär[36]:

> In Paris besteht allerdings eine solche Abteilung, und zwar nicht nur in zwei, sondern in drei Abteilungen; die Galerie de Versailles und das Musée des Souverains im Louvre vertreten mehr das historische, das Musée de Cluny mehr das artistische Element. Aber gerade in Paris fühlt man das Nachteilige einer solchen Trennung sehr lebhaft, und es sind in öffentlichen Blättern schon öfters Wünsche wenigstens für die Vereinigung des Musée des Souverains und der Sammlung des Hôtel Cluny ausgesprochen worden; es ist kaum zu zweifeln, daß sie in der Folge auch in Eines werden verschmolzen werden. Bei Errichtung eines Museums von vorne herein sich diesem Nachteile auszusetzen, scheint mir nicht ratsam. Der Wert und Nutzen einer solchen Sammlung besteht hauptsächlich in der Vollständigkeit und Reichhaltigkeit derselben. Eine Ausscheidung zwischen Gegenständen, welche mit der Geschichte des Regentenhauses und des Volkes in Zusammenhang stehen, und solchen, welche mehr künstlerischen Wert haben und sich zur Benützung für Künstler eignen, erscheint mir praktisch nicht wohl durchzuführen, indem gerade unter den ersteren Gegenständen sich auch die künstlerisch interessantesten befinden. ... Etwas anderes ist es mit den neuen Bildern aus der Geschichte Bayerns, welche Seine Majestät gesonnen sind malen zu lassen. Diese können sich wohl gut an die von Seiner Majestät gegründete Ahnengalerie zu Schleißheim anschließen, wenn Seine Majestät sich dafür entscheiden würden, das Übrige hier zu belassen. Allein ich würde auch eine solche Trennung im Interesse der Sache bedauern. Wenn das Ganze vereinigt wird, so wird es eine historische Sammlung, wie sie noch nicht existiert, und Seine Majestät setzen sich dadurch ein wahrhaft großartiges Denkmal. Hier in München findet sich kein Gebäude, in welchem dieselbe würdig aufzustellen wäre. Das Schloß von Schleißheim bietet aber hinlänglich und adäquate Räumlichkeiten für eine solche Sammlung. Den Einwand, daß ein im Rokoko-Stil gebautes Schloß sich nicht zur Aufstellung romanischer (byzantinischer) und gotischer Altertümer eigne, kann man füglich dadurch beseitigen, daß die unteren Zimmer des Schlosses, in welchen diese Altertümer aufgestellt werden sollen, sich mit einem mäßigen Kostenaufwande sehr gut im Stile dieser Altertümer derart verändern lassen, daß von dem störenden Zopf-Stile nichts mehr sichtbar bleibt. ... Ich gestehe ... gerne, daß ich mich mit der Verlegung des Museums nach Schleißheim Anfangs nicht recht befreunden konnte ... Seitdem aber Seine Majestät geruht haben, mir den ausführlichen Plan eines umfassenden historischen Museums zu entwickeln, und das Hauptgebäude des Schlosses dafür bestimmten, fühle ich mich durch die Großartigkeit der Idee begeistert – ich fühle, daß etwas hergestellt werden könnte, was die Welt noch nicht gesehen.

Aretin versprach, ein Raumkonzept und für die Galerie eine Themenliste vorzulegen. Für diese allerdings müsse die Auswahl reiflich überlegt werden:

> Auch ist es notwendig, sich über die Malbarkeit der einzelnen Gegenstände zuvor mit gediegenen Künstlern zu beraten. Seine Majestät wollen gewiß, daß wahrhaft historische Bilder geschaffen werden und nicht bloß Theaterbilder wie die in den Arkaden des Hofgartens sind.

Der Brief Aretins an den Kabinettssekretär ist nicht nur deshalb interessant, weil er das Problem der Adaption eines Schlosses aus dem 18. Jahrhundert für ein Geschichtsmuseum des 19. Jahrhunderts erörtert, sondern auch deshalb, weil hier zum erstenmal König Maximilians Plan einer Historischen Galerie für das Bayerische Nationalmuseum aktenkundig wird. Eine Woche später reichte Aretin, wie besprochen, seinen „Plan zur systematischen Aufstellung des Bayerischen Nationalmuseums im Hauptgebäude des Schlosses Schleißheim" ein. Er disponierte in vier Rubriken: „Räumlichkeit", „Jahrhundert", „Kunstperioden" und „Bayerische Geschichtsperioden" und wies das Mittelalter bis zu Herzog Albrecht IV. dem nördlichen, die frühe Neuzeit bis Kurfürst Ferdinand Maria dem südlichen Flügel des Erdgeschosses zu. Im Hauptgeschoß sollten im Südflügel, also im Appartement des Kurfürsten – demgemäß unter Wahrung der originalen Raumdekoration – die Kurfürsten Max Emanuel, Karl Albrecht und Max III. Joseph präsentiert werden, der Nordflügel wurde der Historischen Galerie vorbehalten. Aretin benützte die Gelegenheit, um für die Separierung der Historischen Galerie von der übrigen Objektpräsentation zu werben[37]:

> In der nördlich an die Ahnengalerie stoßenden Reihe von Gemächern – zehn an der Zahl – blieben die Ankleidezimmer Seiner Majestät des Königs, und hier fände sich auch der vorteilhafte Platz für die Bilder aus der bayerischen Geschichte, welche Seine Majestät ausführen zu lassen Willens sind. Ich habe mich hinsichtlich dieser Bilder mit mehreren Sachverständigen besprochen, welche einstimmig der Meinung sind, daß es nicht zweckmäßig wäre, sie mit den Altertümern gemischt aufzustellen, da sie den Altertümern und die Altertümer ihnen Eintrag tun würden. Alles reiflich erwogen, muß ich daher ihre Aufstellung in gesonderten Sälen begutachten, jedoch in unmittelbarer Verbindung mit dem Museum ... Hierdurch wird auch der Vorteil erreicht, daß Seine Majestät vollkommen freie Hand behielten, diese Bilder al fresco, enkaustisch oder in Öl ausführen zu lassen ... so wie andererseits die Aufstellung der Altertümer noch auf längere Zeit verzögert würde, wenn sie von der Ausführung dieser Bilder abhängig wäre.

Die Parallele zu Versailles, wo in den Großen Appartements unter Bewahrung der Raumausstattung die Epoche Ludwigs XIV. mit zeitgenössischen Bildern präsentiert wurde, während zum Beispiel die Appartements der Prinzen der Galerie de Batailles geopfert wurden, ist evident. Auch für die im Hinblick auf Objekte aus dem Mittelalter nötige Umgestaltung einzelner Räume im Erdgeschoß von Schleißheim konnte Versailles mit den Salles de Croisade ein Muster liefern.

Fünf Wochen später lieferte Aretin das zugesagte Verzeichnis der Bildthemen für die Historische Galerie; allerdings hat sich nicht die Liste selbst, sondern nur das Begleitschreiben in den Akten erhalten. Der Projektor benützte die Gelegenheit, dem König den Gesichtspunkt der historischen Treue der Darstellungen „hinsichtlich des Kostüms und der Bewaffnung" dezidiert in Erinnerung zu bringen.[38] Erhalten hat sich

Abb. 3. Versailles, Südflügel, Hauptgeschoß; Galéries Historiques, Salle de 1830

ferner ein undatierter Entwurf des Historikers Söltl, in dem unter anderem 16 „Gegenstände, durch Malerei darzustellen" aufgeführt sowie „verdiente Bayern", die durch Büsten zu ehren sind, benannt werden.[39] Von den dort angesprochenen Bildthemen tauchen mit einer Ausnahme alle später als Historienbilder im Nationalmuseum an der Maximilianstraße wieder auf. Söltls Skizze läßt sich problemlos in die Planungsphase des Frühherbsts 1857 einordnen. In den Monaten August und September dieses Jahres ließ König Max einerseits ein Planungskonzept für Schleißheim erstellen, andererseits spielte er bereits mit dem Gedanken, die Bilderfolge am Maximiliansforum, an einem nicht näher bezeichneten, öffentlich zugänglichen Ort unterzubringen.

Der Meinungsbildungsprozeß der folgenden Monate ist nicht exakt zu rekonstruieren. Immerhin läßt sich wahrscheinlich machen, daß in dem König, nachdem er sich einmal entschlossen hatte, in sein Nationalmuseum als wesentliches Element eine Historische Bildergalerie zu integrieren, die Erinnerung an Versailles immer mächtiger wurde. Bereits am 24. Oktober 1857 notierte der Adjutant des Königs, Ludwig von der Tann, im Jagdhaus Vorderriß als Ergebnis eines Gesprächs, an dem wohl der König selbst beteiligt war, eine Liste von 92 Themen für ein derartiges Vorhaben, bezogen auf eine bereits zwei Monate zuvor skizzierte Epochengliederung und verteilt auf 21 Zimmer oder Raumeinheiten.[40] Diese flüchtige Niederschrift stellt den einzigen bisher bekannten Entwurf der schließlich realisierten Galerie dar; 71 der dort gemachten 92 Vorschläge kehren im endgültigen Bildprogramm wieder; allerdings erhöhte eine abschließende, in den Akten nicht faßbare Durcharbeitung die Zahl der Bildgegenstände auf ca. 150, von denen dann 143 umgesetzt wurden. Offensichtlich konnte ein solches Ensemble von Historienbildern, vor allem, wenn, wie anzunehmen, von vornherein an große Formate gedacht war, nicht mehr im Schloß Schleißheim plaziert werden. Also blieben nur mehr die Aufstockung der Herzog-Max-Burg um ein Geschoß, deren Durchführbarkeit der Architekt Eduard Riedel im Frühjahr 1858 zu prüfen hatte,[41] oder ein monumentaler Neubau an der damals entstehenden Prachtstraße zwischen der Residenz und der Isar. Zu dieser großzügigsten, teuersten, aber die Historische Galerie in der aufwendigsten Form ermöglichenden Lösung rang sich der König im August 1858 durch, obwohl er

Abb. 4. Eduard Riedel, Entwurf für die Raumdekoration der Historischen Galerie im Bayerischen Nationalmuseum (nicht realisiert)

zu diesem Zweck das von Bürklein geplante und gegenüber dem Gebäude der Regierung von Oberbayern bereits fertiggestellte Haus des Taubstummeninstituts – einen Gründungsbau des Maximilianstils –, bevor es ausgerüstet wurde, wieder abreißen lassen mußte.[42] Bereits zwei Monate nach der Mitteilung des Hofsekretariats an die Lokalbaukommission, daß der König den Neubau des Nationalmuseums am Maximiliansforum beabsichtige, also noch bevor das Bürkleinsche Institutsgebäude völlig abgeräumt war, wurde das erste Bildthema an den jungen Münchner Historienmaler Theodor Pixis vergeben.[43]

Der wichtigste Beleg für den prägenden Einfluß der Galéries Historiques auf die museumspolitischen Aktivitäten des bayerischen Königs Maximilian II. ist das 1867 eröffnete Bayerische Nationalmuseum selbst, der monumentale Neubau an der Münchner Maximilianstraße, der heute dem Völkerkundemuseum dient – allerdings in dem Zustand, wie er nach dem Willen des Königs und unter der Direktion des Freiherrn Karl Maria von Aretin nach den Plänen von Eduard Riedel ab 1859 errichtet und ausgestattet wurde. Die Sammlungen, von denen der größte Teil aus dem Besitz des Königshauses stammte, wurde im Erdgeschoß und im Obergeschoß des damaligen Neubaus in historisierend gestalteten Räumen präsentiert; das ganze Hauptgeschoß hingegen blieb der Historischen Galerie vorbehalten – einem monumentalen, begehbaren Bilderbogen aus der bayerischen Geschichte, der in 143 anekdotische Szenen unterteilt und in 30 einheitlich dekorierten Sälen untergebracht war. Wenn man sich das Gebäude in dem Zustand vergegenwärtigt, in dem es sich vor den Eingriffen des zweiten Direktors Hefner-Alteneck darstellte, dann läßt sich der Niederschlag der planerischen Überlegungen, die der König und seine Helfer anstellten, leicht erkennen.[44] Die in Paris vorgenommene Dreiteilung in der Präsentation des historischen Materials sollte vermieden werden. Die „historischen" und die „artistischen" Objekte wurden also nicht getrennt, sondern blieben zusammen. Die Historische Galerie entstand zwar separat, aber, wie es schon für Schleißheim vorgesehen war, im selben Haus, in engster Nachbarschaft zu den Denkmälern. Sie sollte ihren Gegenstand, die bayerische Geschichte, möglichst umfassend abbilden, sowohl in chronologischer wie in regionaler und vor allem in dynastischer Hinsicht, das heißt unter Berücksichtigung der Heterogenität der Landesteile, und dabei sollten die Willkürlichkeiten vermieden werden, die durch die schon vorhandene Schloßarchitektur in Versailles erzwungen worden waren und sich als Wiederholungen, Zergliederungen, Isolierungen auswirkten. Freilich mußte für die damit erreichte Geschlossenheit ein hoher Preis bezahlt werden: Weil der raumorganisatorische Zwang zur Schwerpunktsetzung wegfiel und außerdem staatspolitische Rücksichten gegen scharfe Akzentsetzungen in der Themenfolge sprachen, demgemäß Altbayern und die Pfalz, Franken und Schwaben, Reichsstädte und Hochstifte und sogar die Wittelsbacher in Dänemark und Schweden angemessen zu berücksichtigen waren, ergab sich ein ermüdendes Gleichmaß von Schlachten- und Zeremonienbildern, von Raumgrößen und Bildformaten, das die beabsichtigte nationalpädagogische Wirkung des ganzen Unternehmens konterkarierte. Zu diesem Ergebnis trug auch die Entscheidung des Königs bei, auf die Hereinnahme älterer Historienbilder zu verzichten und den ganzen Zyklus neu malen zu lassen. Da im Vergleich mit Frankreich nur verhältnismäßig bescheidene Mittel zur Verfügung standen und der König außerdem überzeugt war, die patriotische Wirkung von Geschichtsbildern habe nichts mit deren künstlerischer Qualität zu tun[45] und da überdies die Maler sich im Hinblick auf die Bildgestalt vorgegebenen Regeln unterwerfen mußten, blieb das ästhetische Profil der Galerie auf der Strecke; auch die besseren Bilder konnten sich in der nivellierenden Nachbarschaft nicht entfalten. Verstärkt wurde diese Problematik dadurch, daß Maximilian II., einerseits wohl, weil er die auf Cornelius gegründete Münchner Tradition fortführen wollte, andererseits aber auch aus Kostengründen, das ganze Ensemble in Fresco-Technik ausführen ließ; profilierte Einzelleistungen, wie sie in Versailles zum Beispiel Horace Vernet, Delaroche und Delacroix einbrachten und zu denen in München etwa Wilhelm Kaulbach und Karl Theodor Piloty hätten gewonnen werden müssen, kamen infolge der vorgegebenen Rahmenbedingungen nicht zustande.

Hinter dem – französische Muster verarbeitenden, unzulänglich realisierten und in ein anderes, kleineres Bezugssystem versetzten – Konzept Maximilians II. stand das von Ludwig I. ererbte, von Louis-Philippe bekräftigte Vertrauen, daß die narrative Geschichtsmalerei in der Nationalerziehung mehr vermöge als Bücher und Schullehrer. Oder, um es mit den Worten von Hormayr aus dem Jahr 1829 zu sagen: „Die Kunst – und nur sie – verpflanzt die Geschichte aus dem Gedächtnisse in's Herz." Es war – 40 Jahre nach der Entstehung der Hofgartenfresken und 25 Jahre nach der Gründung der Historischen Galerien von Versailles – ein veraltetes Programm, veraltet auch deshalb, weil es in vormärzlicher Weise auf eine Dynastie bezogen und einem klassizistischen Verständnis von Kulturleistungen verpflichtet war. In der Tat sah sich die Historische Galerie König Maximilians von Anfang an einer noch schärferen Kritik ausgesetzt als ihr französisches Vorbild, weil sie auf einem unzeitgemäßen, etatistischen Nationalbegriff basierte, ihre Gegenstände in einer vornationalen Welt suchte, deshalb lokale und regionale, reichspatriotische und staatspatriotische Motive vermengte und lediglich durch die Familiengeschichte des Herrscherhauses verklammerte, während den wichtigsten Sequenzen des Versailler Museums, gleichviel ob sie den Kreuzzügen oder dem Algerienkrieg, den Generalständen oder dem Umbruch von 1830 gewidmet waren, ein geschichtsmächtiger, unbezweifelter und die politischen Parteiungen überwölbender Nationalbegriff zugrundelag. Allerdings hat sich alsbald hier wie dort, in Frankreich wie in Bayern, die Wirkungslosigkeit des gewählten Instrumentariums im Hinblick auf die gesetzten politischen Ziele erwiesen. Die Julimonarchie wurde durch die Galéries Historiques genausowenig gerettet wie die Souveränität der bayerischen Krone durch das Bayerische Nationalmuseum.

Anmerkungen

1 Bayerisches Hauptstaatsarchiv München (BayHStAM), Abt. III GHA 85/2/1. Die folgenden Anmerkungen verweisen auf die Nachlässe Ludwigs I. und Maximilians II. im Geheimen Hausarchiv und auf die Ministerialakten des Bayerischen Hauptstaatsarchivs. Auf Einzelnachweise wird verzichtet, wenn sich die Fundstelle aus dem Zusammenhang ergibt. SKH Herzog Franz von Bayern danke ich für die Erlaubnis, die einschlägigen Bestände des Geheimen Hausarchivs benützen zu dürfen, Herrn Archivdirektor Dr. Puchta für Rat und Hilfe.

2 Pergler von Perglar an Ludwig I., Berlin 19. März 1846: BayHStAM, MA III 2624.

3 Über die Herkunft der Prinzessin Marie von Preußen zuletzt MARTHA SCHAD, *Bayerns Königinnen*, Regensburg 1992, S. 168-175.

4 Lerchenfeld an Ludwig I., Berlin 29. Juni 1846: BayHStAM, MA III 2624. – Eine befriedigende Biographie König Maximilians II. existiert – trotz des zweibändigen Werkes von M. DIRRIGL, *Maximilian II. König von Bayern 1848-1864*, München 1984 – bisher nicht. Der militärische Ehrgeiz, der in der privaten Korrespondenz des Kronprin-

zen mit seinem Vater immer wieder erscheint, wird in den vorliegenden Würdigungen nirgends thematisiert. Allerdings ist unverkennbar, daß bei der Konzeption der Triaspolitik gelegentlich auch militärische Aspekte eine Rolle spielen.

5 BayHStAM, Abt. III GHA 83/1/360.
6 Ebd., 85/2/1. – Zu den Lagern der bayerischen Armee während der Regierungszeit Ludwigs I. vgl. WOLF D. GRUNER, *Das Bayerische Heer 1825-1864*, Boppard 1972, S. 176-197 über Organisaton und Entwicklung des Heeres 1830/31-1848.
7 BayHStAM, Abt. III GHA 360 und 85/2.1. – Für die Jugend Maximilians liefen dessen fragmentarische Memoiren interessantes Beobachtungsmaterial: ACHIM SING (Hrsg.), *Die Memoiren König Maximilians II: von Bayern 1818-1864*, Schriftenreihe zur bayerischen Landesgeschichte, 112, München 1997, Text S. 103-163.
8 Kronprinz Maximilian an Ludwig I., Paris 5. Juli 1846: BayHStAM, Abt. III 85/2/1; vgl. Luxburg an Ludwig I., Paris 2. und 7. Juli 1846: BayHStAM, MA III 2104/2.
9 Zum Kontext vgl. H. GOLLWITZER, *Ludwig I. von Bayern*, München 1985, S. 640-646. – DERS., *Ein Staatsmann des Vormärz: Karl von Abel 1788-1859*, München 1993, S. 470-482 und 489-493.
10 Vgl. H. SCHMIDT, *Die griechische Frage im Spiegel der „Allgemeinen Zeitung" (Augsburg) 1832-1862*, Bern 1988, S. 324-326, 337-340 und 345-358.
11 Vgl. Anm. 4. – Daß Maximilians Aufenthalt in Paris nur inkognito stattfinden dürfe, hatte Ludwig I. auch dem bayerischen Gesandten Graf Luxburg eingeschärft. Eine Abschrift der Note Guizots an Bourgoing vom 18. Juni 1846 liegt bei dem Bericht des Grafen Bray an Ludwig I.: BayHStAM, MA III 2104/2, das Reskript des Königs ebd.
12 Vgl. dazu einerseits KARL-HEINZ ZUBER, *Der „Fürst-Proletarier" Ludwig von Oettingen-Wallerstein (1791-1870)*, München 1978, S. 225-229; anders GOLLWITZER (wie Anm. 9), S. 619 f.
13 Luxburg an Ludwig I., Paris 7. und 11. Juli 1846: BayHStAM, MA III 2104/2. – Kronprinz Maximilian an seinen Vater, Dieppe 13. Juli 1846: BayHStAM, Abt.III GHA, 85/2/1; einziger ausführlicher Bericht Maximilians, auch für das Folgende.
14 Maximilian an Ludwig I., Dieppe 13. Juli 1846, s. o. Anm. 13.
15 Vgl. die Briefe Maximilians an Ludwig I., Dieppe 22. und 31. Juli 1846; die Knappheit der Mitteilungen entschuldigt der Kronprinz mit seinem Gesundheitszustand: „Viel schreiben tut mir nicht gut, ich muß schließen."
16 Vgl. oben S. 32 sowie Anm. 6 und 7.
17 „... le Roi ... toujours debout toujours marrant a été beaucoup moins fatigué que les plus jeunes de sa suite". Luxburg an Ludwig I., Paris 24. August 1846: BayHStAM, MA III 2104/2.
18 CLAIRE CONSTANS, *A propos d'un don récent des amis de Versailles: L'inauguration, en 1837, par Louis-Philippe du musée dédié „à toutes les gloires de la France"*, in: La Revue du Louvre, 4, 1993, S. 54-59, bes. S. 57.
19 Grundlegend THOMAS W. GAEHTGENS, *Versailles als Nationaldenkmal*, Antwerpen 1984, bes. S. 61-84. Der Autor verengt allerdings, nachdem er die Voraussetzungen des ganzen Projekts analysiert hat, den Blickwinkel und richtet im Hauptteil seiner Studie sein Augenmerk ausschließlich auf die Galérie des Batailles. – Vgl. auch CLAIRE CONSTANS, *Versailles. La Galérie des Batailles*, Paris 1984, bes. S. 4-6, wo auch auf das Vorbild des ludovicianischen München hingewiesen wird, und MICHAEL MARRINAN, *Painting Politics for Louis-Philippe. Art and Ideology in Orléanist France 1830-1848*, New Haven 1988.
20 Die Basis dafür liefern die im Zusammenhang mit der Eröffnung erschienenen Publikationen: *Notice des peintures et des sculptures du Palais de Versailles*, Paris 1837. – *Description par salles des tableaux du musée de Versailles avec des notices, ou guide du voyageur*, Paris 1837. – *L'Indicateur des tableaux, portraits et sculptures du musée de Versailles, par salle et par ordre de dates dans chacune d'elles*, o. O. um 1837. – REVEIL/HOSTEIN/L'HUILLIER, *Le musée de Versailles*, Paris 1837. – CH. GAVARD (Hrsg.), *Galéries Historiques de Versailles, dediées à S. M. Reine de France*, 13 Bde., Paris 1838 ff.
21 CLAIRE CONSTANS, *Le style néo-gothique sous Louis-Philippe: deux commandes officielles*, in: L'Information d'Histoire de l'Art, 19, 1974, H. 2, S. 66-73. – Vgl. PIERRE FRANCASTEL, *La création du Musée Historique de Versailles et la transformation du Palais (1832-1848)*, Paris 1930.

22 PAUL DE NOLHAC, *La résurrection de Versailles. Souvenirs d'un conservateur 1887-1920*, Paris 1937. – DERS., *L'art à Versailles*, Paris 1930. – Vgl. GAEHTGENS (wie Anm. 19), S. 39 f.
23 *Notice* ... (wie Anm. 20), S. 9 f. – Die auf die Kreuzzüge bezüglichen Bilder, von denen im Folgenden die Rede ist, waren damals, 1837, noch nicht in den Salles de Croisades im Erdgeschoß des Nordflügels, sondern im Hauptgeschoß des Corps Central, hinter dem Salon d'Hercule, ausgestellt; vgl. CONSTANS (wie Anm. 18), S. 54 mit Anm. 10.
24 JOSEPH FREIHERR VON HORMAYR, *Die geschichtlichen Fresken in den Arkaden des Hofgartens in München*, München 1830, S. 9. – Vgl. WILHELM RÖCKEL, *Beschreibung der Frescogemälde aus der Geschichte Bayerns, welche S. M. König Ludwig I. in den Arkaden des Hofgartens, als Eigentum des Staates, dem öffentlichen Vergnügen weiht*, München 1829. – PETER ELLMER, *Die historischen Fresco Gemälde in den Arcaden des Hofgartens zu München in XVI Bildern*, München 1830 ff. – Zur Interpretation: JOHANNES ERICHSEN, *„Aus dem Gedächtnis ins Herz". Zum Verhältnis von Kunst, Geschichte und Politik unter König Ludwig I.*, in: Johannes Erichsen/Uwe Puschner (Hrsg.), *„Vorwärts, vorwärts sollst du schauen ..." Geschichte, Politik und Kunst unter Ludwig I.*, München 1986, S. 385-417.
25 Für Bayern vgl. die einschlägigen Beiträge im Aufsatzband der Ausstellung von 1986 „Vorwärts, vorwärts sollst du schauen ..." (wie Anm. 24): VIKTORIA STROHBACH, *Geschichtsbewußtsein und vermittelte Geschichtsbilder in Bayern an der Wende vom 18. zum 19. Jahrhundert* (S. 237-251); WILHELM HAEFS, *Traditionalismus und Patriotismus. Lorenz Westenrieder als führender bayerischer Historiker zwischen Aufklärung und Restauration* (S. 235-274); FRANZ MENGES, *Geschichtsforschung an der bayerischen Akademie der Wissenschaften* (S. 275-288).
26 BRIGITTE TROST, *Domenico Quaglio 1787-1838*, München 1973, S. 70-81. – BIRGITT-VERENA KARNAPP, *Hohenschwangau. Zur Geschichte und Ideenwelt eines romantischen Schlosses*, in: Oberbayerisches Archiv, 109, 1984, S. 133-145, bes. 142 ff.
27 MANFRED HANISCH, *Für Fürst und Vaterland. Legitimitätsstiftung in Bayern zwischen Revolution 1848 und deutscher Einheit*, München 1991. – DERS., *Nationalisierung der Dynastien oder Monarchisierung der Nation? Zum Verhältnis von Monarchie und Nation in Deutschland im 19. Jahrhundert*, in: Adolf Birke/Lothar Kettenacker (Hrsg.), *Bürgertum, Adel und Monarchie*, München 1989, S. 71-91. – DERS., *Maximilian II. und die Geschichte: Bayerisches Nationalgefühl durch Geschichtsbewußtsein*, in: Winfried Nerdinger (Hrsg.), *Zwischen Glaspalast und Maximilianeum. Architektur in Bayern zur Zeit Maximilians II. 1848-1864*, München 1997, S. 9-15. – Mit anderer Akzentsetzung HANS-MICHAEL KÖRNER, *Staat und Geschichte im Königreich Bayern*, München 1992, bes. S. 151-164, 196-204 und 272-276. – ACHIM SING, *Die Wissenschaftspolitik Maximilians II. von Bayern (1848-1864)*, Berlin 1996, bes. S. 76-89.
28 Signat vom 6. Juli 1864 auf Antrag ad regem des Ministers des Königlichen Hauses und des Äußern: BayHStAM, MInn 45 377; danach JOSEF HUGGENBERGER, *Die Entstehungsgeschichte des bayerischen Nationalmuseums*, in: Zeitschrift für bayerische Landesgeschichte, 2, 1929, S. 39-64, bes. S. 55 f.
29 INGOLF BAUER, *König Maximilian II., sein Volk und die Gründung des Bayerischen Nationalmuseums*, in: Bayerisches Jahrbuch für Volkskunde, 1988, S. 1-38, bes. S. 3-9.
30 Am 6. Oktober 1855 übersandte der bayerische Gesandte in Paris, Graf Quadt, auf eine Anforderung vom 10. Juli 1855 hin die Kataloge des Musée National des Versailles und des Hôtel de Cluny und merkte an, daß ein Katalog des Musée des Souverains, „wie man mir versichert, im Druck nicht erschienen" sei. Aus einer Mitteilung von der Pfordtens an Aretin geht hervor, daß der Auftrag an den Gesandten auf Ersuchen Aretins erfolgte: BayHStAM, MA 51 563.
31 HENRY BARBET DE JOUY, *Notice des antiquités, objets de moyen age, de la renaissance et des temps modernes composant le Musée des Souverains*, Paris 1866; das Dekret des Präsidenten der Republik, Louis Napoleon, vom 15. Februar 1852 dort, S. V-VI. – Vgl. Aretins Begleitschreiben vom 24. November 1853 zu seiner ersten Denkschrift: HUGGENBERGER (wie Anm. 28), S. 41 nach BayHStAM, Abt. III GHA 78/3/138.
32 JAKOB HEINRICH VON HEFNER-ALTENECK, *Entstehung, Zweck und Einrichtung des Bayerischen Nationalmuseums*, Bamberg 1890, bes. S. 16 und 21 f. – Vgl. DERS., *Lebenserinnerungen*, München 1890, S. 317-353.

33 Grundlegend PETER BURIAN, *Das Germanische Nationalmuseum und die deutsche Nation*, in: Bernward Deneke/Rainer Kahsnitz (Hrsg.), Das Germanische Nationalmuseum Nürnberg 1852-1977, München 1977, S. 127-262. – Vgl. GERHARD BOTT, *Das Germanische Nationalmuseum in Nürnberg – ein nationales Museum?*, in: Marie-Louise von Plessen (Hrsg.), Die Nation und ihre Museen, Frankfurt 1992, S. 169-181. – HUBERT GLASER, *„... ein Bayerisch historisches Museum im wahrsten Sinne des Wortes ..."*, in: ebd., S. 182-190.

34 Vgl. die – undatierte – vergleichende Zusammenstellung der geschätzten Errichtungskosten des Wittelsbacher Museums bzw. Bayerischen Nationalmuseums: BayHStAM, Abt. III GHA 78/3/138; ferner Hauptbuch der Kgl. Kabinettskasse für die Jahre 1858/59 bis 1863/64 ff.

35 HEFNER-ALTENECK (wie Anm. 32), S. 14 f. Dort wird auch mitgeteilt, Ministerialrat von Giehrl habe dem König den Vorschlag gemacht, den Bau des Taubstummeninstituts „nebst dem anstoßenden Raum" zu dem bayerischen Nationalmuseum zu verwenden. Dieser Aussage widerspricht die von CORNELIA HARRER, *Das ältere Bayerische Nationalmuseum an der Maximilianstraße in München*, München 1993, rekonstruierte Baugeschichte, über deren Verlauf und den in diesem Zusammenhang abgerissenen Neubau des von Bürklein errichteten Taubstummeninstituts Hefner-Alteneck genaue Kenntnis haben mußte. Vgl. unten S. 750 f. und Anm. 42.

36 Aretin an Pfistermeister, München 1. August 1857: BayHStAM, Abt. III GHA 78/3/138; auch für das Folgende.

37 Aretin an Pfistermeister, München 8. August 1857: ebd.; anliegend der im Text behandelte „Plan zur systematischen Aufstellung ..." – Das Konzept für Schleißheim ist, weil es nicht realisiert wurde, in der bisherigen Literatur zur Entstehungsgeschichte vernachlässigt worden. HEFNER-ALTENECK (wie Anm. 32), S. 14, nennt den Vorschlag Klenzes „ein die schönen Pläne fast vernichtendes Ereignis". Dazu DERS., *Lebenserinnerungen* (wie Anm. 32), S. 228 f. – Vgl. OSWALD HEDERER, *Leo von Klenze*, München 1964, S. 380.

38 Aretin an Kabinettssekretariat, München 24. September 1857: ebd. Es ist davon auszugehen, daß die Liste Aretins bei der Besprechung in Vorderriß vorlag, deren Ergebnisse Ludwig von der Tann notierte und die unten behandelt wird. Zum Folgenden vgl. HUBERT GLASER, *Die Historischen Galerien Maximilians II. von Bayern*, in: Nerdinger (wie Anm. 27), S. 29-45, bes. 42 ff.

39 Die vierseitige Ausarbeitung trägt den Titel: „Das Wittelsbacher Museum" und ist eingeordnet unter: „Arbeiten des Prof. Dr. Soeltl": BayHStAM, Abt. III GHA 78/2/115.

40 Die sechs Blätter wurden im Kabinettssekretariat mit der Aufschrift versehen: „Vorschläge für die bayerische historische Galerie (Herzog-Max-Burg) Nationalmuseum, Riß, 24. Oktober 1857, von Baron Tann. Dennoch ist es m. E. nicht schlüssig, den Adjutanten des Königs als Verfasser anzusehen. BayHStAM, Abt. III GHA 78/3/138. – Vgl. GLASER (wie Anm. 38), S. 40 f.

41 Riedel an Pfistermeister, München 22. Februar 1858: BayHStAM, Abt. III GHA 75/5/21.

42 Der von HARRER (wie Anm. 35) aufgefundene und S. 34 f. referierte, menschlich anrührende Brief Bürkleins, in dem dieser bittet, das fertiggestellte Taubstummeninstitut endlich von den Gerüsten befreien zu dürfen, um sein Werk „künstlerisch-kritisch" prüfen zu können, ist auf den 10. August 1858 datiert: BayHStAM, Abt. III GHS 75/4/21. Am 15. August berichteten die Münchner Neuesten Nachrichten über die „Vollendung der prachtvollen Facade" und die Aufstellung von acht Statuen um die Taubstummen verdienter Männer.

43 BayHStAM, Abt. III GHA: Hauptbuch der Königlichen Kabinettskasse 1858/59, Position 10.

44 Vgl. den ältesten Katalog des Bayerischen Nationalmuseums und CARL VON SPRUNER, *Die Wandbilder des Bayerischen Nationalmuseums*, 4 Bde., München 1867.

45 Vgl. die um dieses Problem kreisenden Auseinandersetzungen zwischen dem König und Leo von Klenze anläßlich der Zusammenstellung der Historischen Galerie im Münchner Maximilianeum. – Dazu HUBERT GLASER, *Zur Entstehungsgeschichte der Historischen Galerie des Königs Maximilian II. von Bayern im Maximilianeum zu München*, in: Silvia Glaser/Andrea M. Kluxen (Hrsg.), Musis et Litteris, Festschrift Bernhard Rupprecht, München 1993, S. 383-420.

ABBILDUNGSNACHWEIS

BAYERISCHE STAATSBIBLIOTHEK, MÜNCHEN: *Abb. 4* (icon. 207 K/II, S. 131/Abb. 178)

Reproduktionen nach CH. GAVARD (Hrsg.), *Galéries Historiques de Versailles, dediées à S. M. Reine de France*, Paris 1838 ff.: *Abb. 1-3* (Aufn. Bayerische Staatsbibliothek, München)

Abb. 1. Schloß Herrenchiemsee, Westseite vor Abbruch des Nordflügels; um 1897 von Hofphotograph Joseph Albert

Alexander Rauch

Die Kunst Ludwigs II. – „Ein ewig Räthsel ..."?

Ein Grusswort zuvor!

Das Interesse der Forschung an der bis heute umstrittenen Kunst Ludwigs II. von Bayern (1845-1886) hat erst Ende der sechziger Jahre neue Impulse erfahren, und dies durch die damals ebenso mutige wie sensationelle und erfolgreiche Ausstellung „König Ludwig II. und die Kunst" in der Münchner Residenz, 1968, in der Michael Petzet das Wagnis einging, dem lange belächelten Werk Ludwigs II. durch eine neue Sicht zu verdienter Würdigung zu verhelfen.[1] Nicht weniger bedeutend war das umfangreiche Opus „Die Richard-Wagner-Bühne König Ludwigs II." von Detta und Michael Petzet, sogleich 1970 erschienen. Seither ist der Name Petzet auch aufgrund zahlreicher weiterer profunder Publikationen engstens mit diesem Forschungsbereich verknüpft. Gerade neben dem Stimmengewirr, das Ludwigs Kunst immer wieder kommerziell zerredet, zuweilen aus Lagern verdächtig unkritischer Emotion, wurde die ernste, auch von der Kraft des Amtes getragene Stimme des Pragmatikers zur glaubhaftesten Verteidigerin des umstrittenen und nicht selten angegriffenen Themas.

So erscheint es durchaus angemessen, den Jubilar und Doyen der Ludwigsforschung mit einem Beitrag aus diesem Themenkomplex zu ehren, den der Verfasser nur zögerlich in Form von einigen vergilbten aber auch frischen Schnipseln bescheiden auf den Gabentisch zu legen wagt.[2] Auch bekennt der Verfasser gerne, in der damaligen Ludwigs-Ausstellung die Anregung zum eigenen Eintritt in dieses Gebiet bezogen zu haben und gesteht, daß ihn auch nach vielen Odysseen in anderen Gewässern der Kunstgeschichte die Sirenen aus dem Reiche des sogenannten „Märchenkönigs" immer wieder auf das im Mondlicht schillernde Eiland dieser schier unergründlichen und „Räthsel"-haften Kunst gelockt haben.

Ein undankbarer Schüler aber, der nicht bestrebt gewesen wäre, das Werk des Meisters durch Ergebnisse fortzusetzen, die durch weitgehend andere Blickwinkel und Fragen gesehen sind. Und erwartungsgemäß lag dem einst für Neuschwanstein zuständigen Referenten der Schlösserverwaltung, dem Museumsmann und Denkmalpfleger, die pragmatische Sicht der Kunst Ludwigs II., die gediegen-positivistische Bearbeitung vor allem auch des kunsthandwerklichen Aspekts immer näher, als sich – wie dies der Verfasser wagt – auch in die unausgeloteten Tiefen der spekulativ-philosophischen Interpretation zu begeben.[3]

Inzwischen ist die Flut der Literatur über Ludwig II. derart angestiegen, daß auch der Altmeister dieses Forschungsbereichs gesteht, kaum mehr der Lektüre nachkommen, geschweige denn die Spreu vom Weizen trennen zu können. So hofft der Verfasser, daß sich hier neben Spreu vielleicht auch einige Weizenkörner finden, in der Zuversicht, auf diesem Wege das lesende Auge des noch lange antierenden Jubilars für einen Blick der Wiederbegegnung zu gewinnen.

Das „Räthsel"-hafte Erbe Ludwigs II.

Bereits 1877 ließ der König seinen Hofrat Lorenz von Düfflipp wissen: „... Sobald der Bau auf der Herreninsel begonnen hat, soll der Besuch dort verboten werden ..."[4] Dies beunruhigte weniger die ehrfurchtgewohnte Bevölkerung, schon eher die oberen Kreise, in denen ohnehin bereits seit der Thronbesteigung Ludwigs II. wiederholt Gerüchte über seine Absetzung kursierten.[5] So wurden Ludwigs streng abgeschirmte Refugien erst nach seinem Tode zugänglich. Aber damit wurde plötzlich eine Ahnung zur Gewißheit: die Bildersprache dieser Schloßausstattungen galt keineswegs Bayerns Königtum, sie zeigte leider auch nicht die selbstverständlich erwartete Huldigung an das Erbe Wittelsbachs, nicht in einem einzigen der Schlösser, in keinem einzigen der Bilder oder des sonstigen Ausschmückungskanons findet sich irgendein Porträt eines Wittelsbacher Vorfahren oder ein wittelsbachisches Geschichtsereignis. Stattdessen laden die Schlösser ins Gralsrittertum oder nach Versailles ein.

Neuschwanstein konnte ja noch als Ruhmesbau deutscher Sagen oder der Wagnerischen Nationalideale mißdeutet werden, im Arbeitszimmer in Linderhof finden sich zwar die bayerischen Rautenwappen, aber mit dem gewaltigen „neuen Versailles", diesem allem Anschein nach sinn- und nutzlos monströsen Schloßbau auf der Insel Herrenwörth, schien der König vollkommen und endgültig von allen guten deutschen Geistern verlassen gewesen zu sein. Eine derartige Huldigung an den „Erzfeind" Frankreich mußte nach 1871 geradezu als peinlicher Beweis für die Richtigkeit jenes Gutachtens gelten, das Professor Gudden ausgestellt hat.

Eifrig, aber vergebens suchte man nach dem Tod Ludwigs im Zuge der Öffnung für das Publikum nach bayerischen Motiven. Sogleich wurde die bayerische Fahne auf Ludwigs „Versailles" gehißt, noch 1907 wurde der nur im Rohbau fertiggestellte nördliche Seitenflügel abgerissen (Abb. 1), womit die Ähnlichkeit zum „unverständlichen Versailles-Vorbild" wenigstens etwas gemildert werden konnte, die „Salle des Gardes" wurde in „Hartschiersaal" umbenannt und die Fassade mit kräftigem nationalverwandterem „österreichisch Gelb" eingefärbt, als wolle man Ludwigs „französische Verirrung", so gut es ging, schamhaft übertünchen. Letzteres wurde erst vor kurzem durch das Bauamt der Bayerischen Schlösserverwaltung glücklich wieder korrigiert.

So versteht man, daß sich auch die Kunstwissenschaft mit den Bauten Ludwigs II. immer schwer getan hat – und das bis heute! Schon 1886, kurz nach dem Tod des Königs, schrieb Wilhelm Lübke, Autorität seiner Zeit: „Der im Wahnsinn untergegangene König ... hat der Insel Herrenchiemsee durch schreiende Dissonanz ... eine Verunglimpfung zugedacht, in kolossaler Massenhaftigkeit prunkvoll kalter Formen ..."[6] 1890 hieß es in einem Prachtband über die Ludwigsschlösser von Friedrich Lampert: „Merkwürdig und unheimlich ist diese Schwärmerei für ... Louis XIV, diese sklavische Nachahmung ..."[7] Nach dem Ersten Weltkrieg und dem Zusammenbruch der Monarchien in Deutschland waren nun auch weit mutigere Stimmen gegen den „Bauwahn" und die ebenso politik- wie realitätsferne Lebensweise Ludwigs II. zu hören. So ist 1928 in einer Ludwig-Biographie von Fritz Linde zu Herrenchiemsee zu lesen: „Das Schloß steht im Zeichen des Pfaues. Der übermenschlichen Gespreiztheit wird in sinnverrückendem Taumel gehuldigt ... die Gemächer sind große goldene Höhlen, in ihrem Rankendickicht aber hockt der Würgeengel entsetzlicher Einsamkeit."[8]

1970, nachdem die große Ausstellung von Michael Petzet diese Werke soeben ins positive Licht gesetzt hat,[9] kommt Norbert Knopp in einer Analyse der Räume in Schloß Herrenchiemsee erneut zu vernichtender Beurteilung: „Die Wände sind dort gar nicht mehr faßbar, sie werden durch ungeteilte Spiegelflächen weggezaubert, die Architektur wird vollständig überwuchert ... das Auge betäubt von der Fülle des Zierrats." Ludwigs „schwelgerische Phantasie war nicht wirklich schöpferisch, ... seine Bauten lediglich Kulissen zu seiner persönlichen Tragödie, nicht mehr als ein Symptom der Kunstgeschichte."[10]

Wenn Ludwigs Schlösser zwischendurch gewürdigt wurden, dann häufig in einer Weise, wie auch die markanten Buchtitel lauten: „Ludwig II. – und die Kunst". Schon der Titel der ersten profunden Publikation über die Schlösser von Louise von Kobell, 1898, hatte diesen Wortlaut.[11] Also hier der König als Förderer, da die großartigen Leistungen des Kunsthandwerks, das hier an die Spitze Europas gestiegen war. Ludwigs eigene Leistung als Auftraggeber und Künstler sieht man allenfalls im Beweis exzentrischer Phantasie und der Großartigkeit des Machbaren.

1939 wurde erstmals im Bereich der Kunstgeschichte eine Lanze für Ludwigs Kunst gebrochen.[12] Damals unternahm Hans Gerhard Evers den allerdings fragwürdigen Versuch, Herrenchiemsee als „Kopie" zu deuten, und die Kopie an sich als „Kunst" zu würdigen. Doch nach Jahrzehnten einer intensiveren Beschäftigung der Kunstwissenschaft mit der Epoche des ausgehenden 19. Jahrhunderts mußte eingesehen werden, daß es sich bei dem „historistischen" Bau – wenn überhaupt – dann nur in wenigen Aspekten um „Kopie" handeln kann. Weit eher hat man es ja mit Zitaten zu tun. Das 19. Jahrhundert, Glasdach und stilistischer Eigenwille haben hier schließlich die Qualitäten des „echten" Versailles, also das zitierte Vorbild weit verlassen, und der Sängersaal in Neuschwanstein wäre dann ohnehin nur die Kopie einer Kopie, der Wartburg nämlich.

Aber noch 1993 ist festzustellen, daß sich ein Historiker von Rang, Friedrich Prinz, entweder auf das wenig schmeichelhafte Urteil von Kunsthistorikern oder den eigenen Geschmack verläßt, wenn er über Ludwigs Bauten sprachlich gewandt befindet: „... ihre künstlerische Qualität bleibt dennoch zweifelhaft – oder vielfach unzweifelhaft mißglückt."[13]

Und noch etwas wird immer wieder ins Feld geführt: Während Ludwig II. der Musik in Richard Wagner ein Genie „gerettet" hat, wie es heißt, fehlen in den Schlössern wirklich große Künstlernamen. Worin also wäre dann Ludwigs „Kunst" zu sehen? Was an diesen Schlössern ist eigentlich Kunst?

Man darf sich fragen: ist dieses Urteil berechtigt? Ist der Urteilswandel wie so oft eine Generationsfrage, ist nur die Sicht verstellt, etwa angesichts der schier unüberschaubaren und bislang ungedeuteten Bildthemen in diesen Schlössern? Auf den ersten Blick überwältigt ja auch die Fülle an Dekoration, Bildern, Figuren und Mobiliar. Und trotz amtlicher Führungen, die darüber aufklären, wieviel Karat die Vergoldungen haben, wieviel tausend Kerzen in den Lüstern brannten, wieviele Jahre sich die Vorhangstickerinnen die Finger wundgenadelt haben, wieviele Zentner die Meißener Lüster wiegen, bleibt auch für den, der sich mit Ludwigs Schlössern in der üblich kursorischen Weise befaßt hat, der Eindruck überladener Dekorationen zurück. Daneben aber bleiben Fragen offen: etwa nach dem eigentlichen Sinn solcher Schlösser im ausgehenden 19. Jahrhundert. Das ist kein Wunder, denn bis heute fehlt das, was in der Kunstwissenschaft letztlich Voraussetzung ist für die Deutung eines Werkes als Kunst: die Interpretation. Wenigstens einige interpretierbare Aspekte seien hier also zur Diskussion vorgestellt.

Wer auf die „Kunst" Ludwigs II. näher eingeht, den überrascht nicht, daß auch die Absicht, Neuschwanstein oder Herrenchiemsee zu bauen, mit jener Idee begonnen hat, die seit langem Wagner und Ludwig verband, nämlich: die Welt der Vergangenheit erlebbar zu machen. Wagner betrieb dies vermittels einer mystisch beleuchteten „Guckkastenbühne" sinnbetörender Inszenierungen, um dem Zuschauer die reale Wirklichkeit vergessen zu lassen, Ludwig dagegen wollte anstelle des Kulissenzaubers reale Architektur gesetzt wissen. Dabei hat es sich ja bei den Opern Wagners wie bei Ludwigs Schlössern weniger um geschichtliche als vielmehr um eine „sagenhafte" Vergangenheit gehandelt. Ludwig II. hatte sich ja bereits Jahre zuvor im Münchner Hoftheater „Separatvorstellungen" inszenieren lassen. Hier konnte er sich, alleine und in völliger Dunkelheit, realitätsenthoben in andere Welten flüchten. Dutzende von Stücken, vor allem auch über das Hofleben der Bourbonen, entführten ihn für Stunden von der Alltagswelt. Aber die wenigen Stunden einer Aufführung waren ihm wohl zu kurz. Mehr und mehr sollte es gestaltete, ja gebaute Umgebung sein, mit Bildern anderer Welten. So wurden die Räume in Neuschwanstein oder Herrenchiemsee lesbare, ja „begehbare Bilder": dort Bilder einer Gralsburg, hier von Versailles. Seine Schlösser sind also nicht „Architektur" im herkömmlichen Sinne, sondern Vehikel, die, der Idee einer Zeitmaschine vergleichbar, ihn in die von ihm gewünschten Epochen zu versetzen imstande waren. Das Vergessen der Jetztzeit und die Möglichkeit des „Versetzens in andere Welten", wie es Wagner mit

Abb. 3. Linderhof, Speisezimmer; Surportbild „Esther vor Ahasver", von Ludwig Thiersch (nach Jean de Troy)

Abb. 2. Schloß Linderhof, Vestibül; Sèvres-Vase, „Esther vor Ahasver" (nach Jean de Troy)

seiner Opernauffassung gefordert hatte und wie wir es heute vom Dunkelraum des Films kennen, war Ludwigs eigentliches Ziel. Auch schon deshalb dürfen die nur dem äußeren Anschein nach „architektonischen" Werke Ludwigs nicht allein nach architekturgeschichtlichem Maßstab oder nach ästhetischen Kriterien des Vorbild-Stils beurteilt werden, und wo immer dies geschieht, muß das Urteil negativ ausfallen.[14]

In dem bezeichneten Sinne führen Neuschwanstein und Herrenchiemsee als „begehbare Bilder" von Versailles oder einer Gralsburg durch ausgewählte Raumprogramme, in die Themen der Geschichte, Dichtung und Philosophie, der Poesie und des Theaters in hundertfachen Szenen und Symbolen eingewoben sind, allerdings – wie wir sehen werden – oft mit verborgenem, mystischen Sinn. Aber bleiben wir bei Herrenchiemsee. Ludwig, der von sich gesagt hat, „ein ewig Räthsel will Ich bleiben, Mir und anderen", hat auch sein „neues Versailles" verrätselt. Nie wurden die Künstler über seine letztlichen Absichten informiert, nur schrittweise erhielten sie die Anweisungen, noch jahrelang lieferten sie – natürlich vergeblich – Vorschläge für „typisch bayerische Motive". Auch wer noch so genau hinsieht, findet im Schloß keinerlei Hinweise auf Bayern. Ludwig hatte sich ja jegliches bayerische Motiv strikt verbeten. Die voreilig bereits geschnitzten „Rautenwappen tragenden Löwen" an der Bettbalustrade mußten auf „allerhöchsten Befehl" sofort wieder entfernt werden. Dennoch wird Herrenchiemsee bis heute fälschlich als „Bayerisches Königsschloß" bezeichnet.

Hier tauchen einige Fragen auf. Die Beziehung Ludwigs II. zur Welt der Bourbonen ist bekannt: Sein Taufpate war doch der Großvater, Ludwig I. von Bayern, und dessen Taufpate wiederum war der Bourbone Louis XVI von Frankreich. Aber sollte das allein ein Grund gewesen sein, daß der bayerische König sich in seinem Schloß jeglichen Hinweis auf Bayern verbieten mußte?

Abb. 4. Schloß Versailles, Escaliers des Ambassadeurs, Stirnwand mit der Büste Louis XIV; Stich von Sirugue und Chevotet

Für sein „Versailles" erfand Ludwig auch das rätselhafte Anagramm: „Meicost Ettal" oder gelegentlich „Tmeicos Ettal" geschrieben. Wir sind längst darüber aufgeklärt, daß dies die Verschlüsselung der Devise Ludwigs XIV. ist: „L'Etat c'est moi". Aber warum mußte Ludwig den Plan verrätseln? War es nur die politische Peinlichkeit, daß ein „neues Versailles" nach 1871 einer Huldigung an den „Erzfeind" Frankreich gleichkam? Aber vor allem: Was hat Ettal, die einstige Gralsritterkirche des Namensvorfahren, Kaiser Ludwig der Bayer, mit der Devise Ludwigs II. und gar mit Versailles zu tun? Dem ersten Anschein nach liegt eine Antwort bereit: Das „neue Versailles" sollte ja bei Ettal errichtet werden, anfangs noch bescheiden, wie eben heute Linderhof dasteht. Aber Ludwigs Pläne wurden immer raumgreifender. In den Jahren 1868-1875 wuchs in Planprojekten, in 13 sich stets steigernden Entwürfen, schließlich eine Anlage heran, die Versailles in ihrer Ausdehnung überbot und in Linderhof nicht mehr realisierbar war. Erst 1873 wurde ein neuer Bauplatz – eben auf der Chiemseeinsel – gefunden. Und noch spät bedauert Ludwig II. in einem Brief, daß sein geliebtes „Versailles" nicht in Nähe Ettals steht.

„ESTHER IN VERSAILLES"

Die „Schwärmerei" für einen Sonnenkönig, der nach offizieller Geschichtslesung die Bayerische Pfalz verwüsten ließ, forderte die Zeitgenossen ja geradezu heraus, dem König Geschmacksverirrung anzulasten. Dabei war sich Ludwig II. der historischen Wertung des Wirkens Ludwigs XIV. Bayern gegenüber durchaus bewußt. Umso interessanter muß uns Ludwigs II. eigene „Interpretation" dieser Geschichtsära erscheinen, die sich – wie könnte es auch anders sein – wiederum in versteckten Bildern ausspricht:

Im Vestibül von Linderhof[15] steht denkmalhaft eine Sockelsäule mit einer großen königsblauen Sèvres-Vase[16], darauf eine Bildszene (Abb. 2). Gezeigt ist die biblische Geschichte aus dem Buch Esther. Das Porzellanbild ist eine Kopie nach Jean de Troy. Dieselbe Darstellung finden wir noch einmal als Öl-Surportbild im Speisezimmer (Abb. 3). Was soll diese Szene an so herausragenden Stellen – und gleich doppelt – stellt man doch immer wieder fest, daß Bilder und Motive in Ludwigs Schlössern keineswegs ohne Absicht nur dekorativ Verwendung finden? Der Bildsinn verblüfft. Das „Esther"-Thema hat Ludwig in mehreren Separataufführungen inszenieren lassen. In den Programmlisten standen ab 1872 Racines „Esther", dann öfter das gleichnamige Stück, das Grillparzer als Fragment hinterließ und Ludwig durch seinen Hofliteraten Karl von Heigel vollenden ließ. Aber schließlich ließ Ludwig ab 1878 ein weiteres Stück desselben Themas von Heigel verfassen: „Die Aufführung der Esther in St. Cyr" oder auch „... in Versailles" betitelt, ab 1879 aufgeführt.[17] Der Inhalt des Stückes zeigt sich als überraschend: Auf der Bühne wird also vorausgesetzt, daß Racines „Esther"-Stück vor den Schülerinnen von St. Cyr in Versailles aufgeführt wird. Zunächst erinnert man sich an den Inhalt der Bibelgeschichte, wie die schöne Esther, Geliebte des Perserkönigs Ahasveros, diesen ahnungslosen Herrscher davon unterrichtet, daß ihr jüdisches Volk durch den tyrannischen Minister Haman zu Tode gequält wird. Daraufhin überzeugt sich der König davon, zeigt sich als Beschützer der Unterdrückten und läßt Haman bestrafen. Soweit die Bibel. Die Bibelgeschichte ist in Ludwigs Stück aber nur das Gleichnismotiv für seine Sicht der geschichtlichen Rolle des Sonnenkönigs. Lesen wir, was Ludwigs Hofautor Karl von Heigel selbst zu seinem Stück schrieb:

> In „Esther in Versailles" handelte es sich keineswegs um die Aufführung der „Esther", sondern um Triumph und Sturz des „Kriegsministers Ludwigs XIV." Louvios! ... Dieser prahlt mit seiner gnadenlosen Kriegspolitik „gegenüber Charlotte von der Pfalz" und brüstet sich, daß er „alle Städte der Pfalz, Trier, Mannheim, Heidelberg etc. in Händen hat" und alles Land verwüstet ... Im Stück kommt dann der Tag, an dem die Garde zu Louvois in Versailles sagt: man tritt hier nicht ein![18]

Derart gerechtfertigt also konnte Ludwig II. den Sonnenkönig verehren. Hierzu wiederum Ludwigs Stückeschreiber von Heigel:

> ... der Ansicht, daß Ludwig XIV. um die Verwüstung der Pfalz nichts wußte, und als er davon erfuhr, sie nicht billigte, neigte auch kein Geringerer als [der Historiker] Ranke zu.

So ist dieses von Ludwig II. bestellte Stück also der Schlüssel für sein historisch-politisches Verständnis von der Zeit Ludwigs XIV.

Wie bereits erwähnt, ließ Ludwig dieselbe Darstellung auch im Speisezimmer von Linderhof anbringen und als Surport-Pendantbild dazu noch ein weiteres aus dem Themenbereich des Alten Testamentes (ebenfalls nach de Troy): „Die Entthronung der Athalia", das wohl die inneren Ängste Ludwigs reflektiert haben mag. Das entprechende Theaterstück „Athalia", das eng mit der Problematik des Thronanspruches verbunden ist, ließ er seit 1870 aufführen, im Spielplan findet es sich in acht Jahren fünfmal, und zwar in der Übersetzung von Maltitz mit Musik von Mendelssohn-Bartholdy.[19] Eine Analyse dieses Themas im Zusammenhang mit Ludwigs eigener Problematik steht noch aus.

Der Nachtkönig

Erst wenn wir also Ludwigs Interessen und seine Lebensweise etwas näher besehen und die zahllosen Bezüge zur Bilderwelt in den Schlössern nachvollziehen, finden sich Klärungen. In den Jahren, als Herrenchiemsee realisiert wurde, hatte Ludwig seine Lebensrolle längst zu der eines Nachtmenschen kultiviert. Der Politik nur soweit als nötig zugewandt, forderte er seinen Hofsekretär auf, „... nicht mehr von Politik zu reden, bis Majestät um etwas fragen". Die Dienerschaft auf der Insel berichtete: „Seine Majestät geruhen erst gegen 4 Uhr nachmittags aufzustehen und gehen erst bei Morgengrauen zu Bett."[20] Ein „Königreich vor Sonnenaufgang"[21] war also schon seit langem sein Eintauchen in vergangene Welten. Und so sollte sein Herrenchiemsee keine Wiederholung des heiter sonnigen Barock sein, im Gegenteil: Die Welt der nächtlichen Einsamkeit, das Geheimnisvolle im Lichterglanz Tausender Kerzen, das Mystische in den Verspiegelungen kultivierte Ludwig II. auf der Insel. Er schuf eine Welt, die den symbolistischen Dichtungen weit näher lag – wie wir noch sehen werden – als der historischen Kunstauffassung der Zeit.

Nur ganz wenigen bot der König Gelegenheit, dieses Schauspiel zu erleben. Zu ihnen gehörten etwa sein Vetter Ludwig Ferdinand von Bayern und die ihm soeben anvermählte Maria de la Paz. Daß die junge Gemahlin aus dem Hause Bourbon stammte, mag ein Grund für die Einladung ins Schloß gewesen sein. Die Art aber, wie deren Sohn, Prinz Adalbert später die Erinnerung der Eltern wiedergibt, bezeichnet die Wirkung, die auch damals von Ludwigs Schloß (Abb. 1) ausging, treffend:

> Es war etwas Mysteriöses um dieses unfertige Schloß. Am Abend des 23. September (1883) fuhren sie, ... in einem Kahn auf die Insel. ... Sie mußten warten, bis es ganz dunkel war. ... Schon von fern sah man ein Lichtermeer schimmern. ... Sie stiegen eine Treppe hinauf, Hellebarden und prunkvolle, etwas zu reich vergoldete Möbel standen an den Wänden ... Bei Licht konnte man sich mit einiger Phantasie in das Zeitalter hineindenken – und der König lebte hauptsächlich bei Nacht ... Meine Mutter kam sich aber einsam vor in all dieser künstlichen Pracht. ... Jeden Abend brachte man ihr im Auftrag des Königs einen großen Blumenstrauß in ihr Zimmer ... sie war sehr gerührt, aber trotzdem froh, als sie wieder zu Hause war.[22]

Ludwig sah sich nicht nur als Nachtmensch, er spielte auch selbst in seinem „mysteriösen" Herrenchiemsee den „Nachtkönig" und wie sich zeigt, als symbolische Gegenrolle zum „Sonnenkönig" Ludwig XIV. Der Grundrißplan läßt einiges von der Absicht des Bauherrn erkennen: Aus den vielen Epochen und Räumen in Versailles hat Ludwig nur zwei Raumgruppen herausgegriffen und wiederholt: Das „Grande Appartement Louis XIV" und die „Petit Appartements Louis XV". Aber anders, als eine Kopie erwarten ließe, hat Ludwig die Lage vieler dieser Räume neugeordnet, man könnte

Abb. 5. Herrenchiemsee, südliches Treppenhaus; in der oberen Nische Standbild des Apoll, in der Brunnennische Diana

Abb. 6. Versailles, Escaliers des Ambassadeurs; Wandbild in den Seitenfeldern

sagen: er hat den Plan geglättet. Mehr noch als dies überrascht uns bei genauerem Blick auf den Grundriß die Feststellung, daß diese beiden Raumgruppen als zwei voneinander getrennte, ja polhafte Welten eingerichtet und von Ludwig II. in symbolhafter Weise neugedeutet wurden: nämlich als eine „Tag"-Welt des Sonnenkönigs und eine „Nacht"-Welt Ludwigs II. selbst. Es ist nicht ohne symbolischen Sinn, daß die Zimmer des „Sonnenkönigs" Louis XIV im Südflügel, die Wohnräume des Nachtkönigs Ludwigs II. dagegen im Nordflügel liegen.

Der Bayernkönig hätte mit Herrenchiemsee ein Denkmal an den Absolutismus des Sonnenkönigtums errichtet, heißt es gelegentlich. Man sähe dies ja schon an der Kopie der „Gesandtentreppe". Der pazifistisch gesinnte König war allerdings viel zu nüchtern, um alleinherrscherlich zu denken. Auch ging es ihm nicht darum, dem Absolutismus nachzuträumen, sondern vielmehr, die Welt von Versailles künstlerisch zu überhöhen, sie in eine Welt gebauter Poesie zu übersetzen.

Wer den Escalier des Ambassadeurs, der in Versailles schon 1752 abgebrochen wurde und nur noch im Stichwerk überliefert ist, mit der Treppe in Herrenchiemsee vergleicht (Abb. 4, 5), der sieht, daß sich die Änderungen nicht allein auf stilistische oder technische Dinge wie das Glasdach beziehen. Vielmehr tritt uns hier eine völlig neue Bildaussage und damit auch eine grundlegend geänderte Thematik entgegen: Nicht die „politische" Person (und Institution) Ludwig XIV. mit seinem Hofstaat empfängt den Eintretenden, wie dies in Versailles der Fall war (Abb. 6) – der König war eben vertreten durch seine Marmorbüste in der Stirnwandnische, und seitlich blickten aus den illusionistischen Wandbildern zeitgenössische Personen auf den Eintretenden herunter. Sondern hier singen Orpheus und die Musen von den bemalten Wänden herab (Abb. 7), hier steht anstelle des Staatsoberhauptes in der Figurennische Gott Apollo, für Ludwig II. Symbol der Sonne und des Tages, und in der Zone darunter erhebt sich als Brunnenfigur die Göttin Diana mit ihrem Nachtsymbol, dem Monddiadem.

„Im Zeichen der Sonne" und des „Mondes" also und damit in der Symbolik von „Tag" und „Nacht" und vor allem im Zeichen der Kunst steht Herrenchiemsee, und deshalb durften die Symbole dafür auch in der Treppe nicht fehlen.

Abb. 7. Herrenchiemsee, Treppenhaus; Wandmalerei „Orpheus und die Musen"

Abb. 8. Herrenchiemsee, Surportbild „Aufführung des Stückes ‚Acis und Galathea' in Versailles"; oberhalb der Szene Büste der Diana mit dem Monddiadem

Abb. 9. Herrenchiemsee, Chambre de Parade

Abb. 10. Herrenchiemsee, „Blaues Schlafzimmer"

Es wird kaum gesehen, daß der Zugang zu den „Kleinen Appartements" im Nordflügel, die Ludwig II. selbst bewohnt hat, eigentlich über die unvollendet gebliebene große Nordtreppe erfolgen sollte, ein Pendant-Treppenraum zum Escalier des Ambassadeurs.[23] Erst von hier also (und nicht über die Räume des Grand Appartements) erschließen sich die Wohnräume Ludwigs II. Über diesen Weg nämlich gelangt man in den ersten und für Ludwig intimsten Raum im Schloß – den „Ovalsalon". Über dem Eingang dieses Raumes aber wird eine merkwürdige Szene im Surportbild gezeigt – bezeichnenderweise wieder vom Mondsymbol der Diana bekrönt (Abb. 8): Dargestellt ist die Aufführung des Stückes „Acis und Galathea" in Versailles, und zwar in jener „verkehrten" Art, daß als Bühne der wirkliche Park selbst fungiert, dagegen präsentiert sich die Architektur des Zuschauerraumes als ein Kulissenbau. Als Schauspielerin ist Madame de Pompadour dargestellt, höchstpersönlich vor der Hofgesellschaft Ludwigs XV. agierend. Welche Bedeutung kann diese Surportszene haben? Im übertragenen Sinn doch keine andere als die Verkehrung von Bühnenrealität und Zuschauerrealität. Und ge-

Abb. 11. Herrenchiemsee, Chambre de Parade; Deckenbild „Apollo im Olymp der Götter" (Detail), von Eduard Schwoiser

Abb. 12. Nymphenburg, Steinerner Saal; Deckenbild „Apollo im Sonnenwagen", von Joh. Bapt. Zimmermann, 1755/57

rade in diesem Intimkabinett Ludwigs wird dieses Entréebild zum Schlüssel der Deutung des ganzen Schlosses.

Wenn die gesamte Schloßanlage dazu bestimmt war, Erlebnisraum für zeitlich entrückte Wirklichkeit zu sein, sozusagen „erlebbare Geschichte", dann läßt sich Herrenchiemsee als eine megalisierte „Guckkastenbühne" verstehen, die zu durchschreiten den König in die Lage versetzen konnte, in einer permanenten Inszenierung Betrachter und Akteur gleichzeitig zu sein.

Das Vertauschen von Realität und Bühne ist in diesem Surportbild wie auch im ganzen Schloß Herrenchiemsee ähnlich symbolhaft als Vertauschen von Leben und Traum, Kunst und Wahrheit, Realität und Illusion gemeint. Ähnlich thematisiert auch der Titel „Der Traum ein Leben" Grillparzers Drama von 1834 in Umkehrung von Calderons Stück „Das Leben ein Traum" (1635)!

Ludwig, der die Einsamkeit kultivierte, der nachtwandelnd vergoldete, von Kerzenlicht durchflimmerte Raumfluchten durchschritt, der sich in die Rolle des Lohengrin ebenso zu versetzen vermochte wie des Herzogs von Bourbon, zitierte ganze Textpartien auswendig und kannte die Bühnenstücke gut genug, um in der Lage zu sein, Schauspielern, wie Joseph Kainz, im Dialog an einsamer Tafel Dramen von Schiller, Calderon, Shakespeare oder Molière zu deklamieren. Wie eine Uhr auf der Bühne, die die Realzeit einer Aufführung zeigt, natürlich deplaziert ist, so bekommt es in Herrenchiemsee erst seinen Sinn, daß hier so erstaunlich viele Uhren aufgestellt sind, in manchen Räumen gleich mehrere. In der 24stündigen „Aufführung" erlebbarer Geschichte kann ja jeder Gongschlag für ein imaginiertes historisches Ereignis stehen. Ludwig, der König von Bayern, erlebt die Geschichte der Könige Frankreichs.

Gehen wir zu den beiden Zentren in Herrenchiemsee: Ohne Rücksicht auf Farbgebungen in Versailles ließ Ludwig in Herrenchiemsee das Thronschlafzimmer des Sonnenkönigs rot ausstatten. Roter Samt, goldbestickt, überzieht die Wände und hängt schwer vor den Fenstern. Durch zusätzlich vor die Scheiben gespannte rote Seidenvorhänge, heute nur noch in den oberen Lünettenfenstern erhalten, hatte das Sonnenlicht einst diesen Raum des „Tages"- und Sonnenkönigs in Rot getaucht und verklärt (Abb. 9).

Hier ein Blick zurück nach Versailles: Die nach Osten gerichtete Chambre de Parade des Sonnenkönigs bietet aus der Bettachse her, durch das Mittelfenster, den Blick nach Sonnenaufgang. Louis XIV zelebrierte das morgendliche „Lever" also der Sonne gegenüber, im Anblick seines eigenen Symbols.

Dagegen war Ludwigs eigenes Schlafzimmer blau ausgestattet. Auch hier spielen Farbe und Beleuchtung die große Rolle. „Nachts", oder wann immer Ludwig II. seine Nachtwelt zelebrierte, war der Raum nämlich durch ein „Nacht"-licht, in Form einer blauen Glaskugel, in unwirklichen Blauschimmer getaucht gewesen (Abb. 10). Die beiden Schlafzimmer, die Pole des Schlosses, werden also durch die je eigene symbolische Lichtqualität illuminiert: So wird das Zentrum des Sonnenkönigs durch Sonnenlicht erhellt, dagegen erlebt Ludwig seinen eigenen „Schlafraum" nachtwachend im verklärenden Nachtlicht der blauen Glaskugel.

Die Farbe Blau, Ludwigs „persönliche, ihm in die Wiege gelegte" Lieblingsfarbe, hat er zum Farbsymbol der Nacht erhoben. Blau tritt im Schlafzimmer Ludwigs II. immer wieder auf, in der Kaminuhr, in der Toilettgarnitur, vor allem auch in der aus echtem Lapislazuli gefertigten Platte der Spiegelkonsole. Dieses Möbel war nicht ohne Grund das teuerste Ausstattungsobjekt des Schlosses! Denn hier findet auch eine der merkwürdigsten Inszenierungen in Herrenchiemsee statt: Dem Bett des Blauen Schlafzimmers gegenüber befindet sich ja kein Fenster, sondern ein Spiegel. Davor steht diese Konsole mit der blauen Edelsteinplatte, darauf aber eine Büste Ludwigs XV. Und so vermochte Ludwig II., wenn er sich – abends – im Bett erhob, im Spiegel gegenüber nicht sich selbst zu sehen, sondern diese Büste, die sein Spiegelbild ja überdeckte. Wollte sich Ludwig II. in der begehbaren Bühne Versailles in der Rolle des Louis XV sehen?

Hier taucht die Frage nach dem Verhältnis von „geschichtlicher Zeit" zur Realzeit in Herrenchiemsee auf. Indem Ludwig II. in der Sphäre des Louis XV lebt, ist ihm ein scheinbarer, „leibhafter" Zugang in die vergangene Existenz von Versailles möglich. Wie schon die Separataufführungen als eine

Abb. 13. Herrenchiemsee, Salon de l'Œil de Bœuf (Photo Joseph Albert, um 1897)

Abb. 14. Salon de l'Œil de Bœuf; Surportbild „Taufe (Salburg) des Danphins", von Julius Benczur

Abb. 15. Salon de l'Œil de Bœuf; Surportbild „Taufe des Herzogs von Burgund", von Josef Watter

Art „Zeitmaschine" fungieren konnten, sind auch diese Inszenierungen ein Vehikel, in die vergangenen Welten von Louis XIV oder Louis XV einzutauchen. In einem symbolistischen Sinn ereignen sich im „neuen Versailles" auf Herrenchiemsee der Morgen und der Abend, als das geschichtliche „Lever" und das „Coucher", „zeitaufgehoben" und daher nacherlebbar.

Der „Leere Thron"[24], das Paradebett (Abb. 9), bekommt hier erst seinen Sinn: Die Tagwelt des Sonnenkönigs ereignet sich ja gerade, während Ludwig II. schläft – oder diese Welt träumt. Und während Ludwig II. nachts die Räume durchwandelnd die Chambre de Parade „erschaut", vermag er sich in die Zeit nach dem Coucher zu versetzen, denn jetzt „schläft" ja der Sonnenkönig. Die Distanz der Jahrhunderte wird also in dieser Imagination auf die Distanz von Tag und Nacht reduziert. Wie im Theater wird die vergangene Zeit in der Jetztzeit aufgehoben.

Die Fülle des Dekors an diesem Kultort zwingt zu andachtsvoller Kontemplation. Schließlich ist hier auch der Betschemel mit dem Bild des hl. Ludwig aufgestellt, der ja Ludwig IX. von Frankreich war. Louis XIV schläft in Herrenchiemsee nicht den Schlaf der Nacht, sondern den „ewigen Schlaf" eines Toten. Es sei erinnert, daß uns dieses Gedankenbild ja auch in der Sagenwelt begegnet: es sind die ebenfalls im Tode ewig „schlafenden" Kaiser im Bergesinneren – des Kyffhäusers oder des Untersbergs.

Die Beziehung Ludwigs II. zu Bourbon, aber auch Ludwigs eigene Taufe, sind – bis heute ist das nicht gesehen – das zentrale Thema überhaupt in Herrenchiemsee. Ludwig II. sah sich ja über seine Taufpatenfolge mit den Bourbonen „verwandt". Und es wurde schon immer problematisch gesehen, daß Ludwig hier seinen „Tauf-Ahnen" huldigte, keineswegs aber Wittelsbach. Nicht durch die leibliche Abkunft von den durch einen bürgerlichen Napoleon gekrönten bayerischen Königen wollte sich Ludwig als König erhoben wissen, sondern durch die Taufpatenschaft der Ludwige bis hin zu Ludwig dem Heiligen. Wie wichtig dem Bayernkönig dieser Taufbezug war, zeigt die Tatsache, daß das Deckenbild der Chambre de Parade, dem Schloßzentrum, auf ein Vorbild zurückgeht, das mit Ludwigs eigener Taufe eng im Zusammenhang steht: Der Maler Eduard Schwoiser hatte nämlich das Deckenbild aus Nymphenburg von Johann Baptist Zimmermann thematisch zu übernehmen, denn unter dem Deckengemälde im Steinernen Saal wurde Ludwig II. getauft (Abb. 12).[25]

Hier deckt sich eines der wichtigsten Themen in Herrenchiemsee auf: Ludwig wurde geboren – wie Ludwig XIV. – im Sternzeichen der Jungfrau und er wurde getauft unter dem Deckenbild mit Apollo im Sonnenwagen. Dementsprechend erscheint auch in der Chambre de Parade Herrenchiemsees derselbe Apollo in der Sonnengloriole (Abb. 11, 12).

Gehen wir ins Vorzimmer: Kein Raum wurde dem Vorbild gegenüber derart vergrößert wie der „Salon de l'Œil de Bœuf" (Abb. 13). Darin liegt übrigens die Ursache dafür, daß die gesamte Schloßanlage die Ausmaße Versailles übertreffen mußte.[26] Diese Überhöhung hat seinen Grund: In Versailles fungierte dieser Raum einst als der Taufsaal der Prinzen. So wurde der Saal für Ludwig also zum überhöhten Denkmalraum seiner eigenen Taufe. Deshalb auch läßt Ludwig II. hier die Türen weihehaft durch Surportbilder besetzen, die es dort gar nicht gab, die hier aber den Raumsinn illustrieren: „Die Taufe des Dauphins" und „Die Taufe des Herzogs von Burgund" (Abb. 14, 15).

Nicht weniger Bedeutung als die denkmalhafte Vergrößerung des Salon de l'Œil de Bœuf hat auch dessen Deckenbild (Abb. 16). Dem Maler war das Thema aufgegeben: „Aurora entsteigt dem Ozean und bietet ihrem Gemahl, Asträos im blauen Sternenmantel, den Morgenkuß, unter dem er verblaßt (und im Meer versinkt), der Zeitgott Chronos hält mahnend den sich Begegnenden und sogleich wieder Scheidenden die Sanduhr entgegen. Zwischen den Häuptern beider, weiß leuchtend, der Morgenstern." Die symbolische „Begegnung" der so zeitunterschiedlichen Welten der beiden Ludwige – des Sonnenkönigs und Ludwigs II. – hätte kaum poetischer, aber auch kaum geheimnisvoller zum Bild werden können als in diesem Deckengemälde. Die Gewandfarben der beiden Gestalten, Rot und Blau, verraten sich augenblicklich als analog der beiden Farbpole des Schlosses. Es dürfte von Interesse sein, daß Ludwig II. die Anregung zu dieser Gestaltung aus der für ihn so beziehungsreichen ehemaligen Gralskirche Ettal bezog: Johann Jakob Zeilers Ettaler Kuppelfresko zeigt ebenso den „Gnadenstern" zwischen den Armen und über dem Haupt des Engels (Abb. 17).

Abb. 16. Herrenchiemsee; Deckenbild im Salon de l'Œil de Bœuf, von Eduard Schwoiser

„Aurora", als die morgendliche Erscheinungsform der Sonne gemeint, ist Personifizierung der hier „angehimmelten" Aura des Sonnenkönigs. Der Sternenmann Asträos ist zugleich auch die alte Symbolgestalt von Ludwigs Sternzeichen Jungfrau. So werden Louis XIV und Ludwig II. überzeitlich als Personifikationen von „Tag" und „Nacht" symbolisiert. Der Maler hat diese Begegnung subtil dargestellt: eine Berührung erfolgt nur im Blick und in einer zarten Annäherung von Hand und Unterarm. Der flüchtige Augenblick ohne Dauer, in dem Begegnung und Abschied zusammenfallen, wird im Bild festgehalten und für ewig-dauernd beschworen. Weiß leuchtet der Morgenstern zwischen den Häuptern. Dieses Weiß aber deutet sich wiederum als die dritte Farbe in der Sybolik Herrenchiemsees, also Rot-Weiß-Blau: die Farben der Bourbonen.

Abb. 17. Klosterkirche Ettal; Deckenfresko der Kuppel (Detail), von Johann Jakob Zeiler, 1754

Abb. 18. Linderhof, Speisezimmer, Deckenbild; „Amor und Psyche" (Detail), von Eduard Schwoiser

„VENUS UND ADONIS" – „AMOR UND PSYCHE"

Der vorerwähnte Gedanke gewinnt aber noch größere Tragweite, wenn wir uns erinnern, daß es die Unerfülltheit liebender Paare ist, die zentrale Orte in Ludwigs Schlössern besetzen. Es sind Liebende, deren Vereinigung sich letztlich nur in der Trennung und im Tod erfüllt: Thannhäuser und Elisabeth, Tristan und Isolde, Lohengrin und Elsa, und hier auf Herrenchiemsee sind es eben Acis und Galathea sowie Aurora und Asträos. Aber noch ein weiterer Aspekt kommt hinzu: die Tragik der „unerlaubten Liebe". Im besonderen ist dieser Aspekt in dem mythischen Liebespaar „Amor und Psyche" greifbar geworden, das nicht nur in den Schlafzimmern in Linderhof und Herrenchiemsee, sondern vor allem auch in den beiden jeweiligen Speisezimmern auftritt. Und auch das hat seinen tieferen Grund. Wie bei den meisten dieser Sagen handelt es sich um „Verwandlungen", zum Teil sind sie ja aus Ovids „Metamorphosen" bezogen. So eben auch bei jenem „Adonis", der der Sage nach aus der Verbindung der schönen Myrrha mit ihrem eigenen Vater hervorgegangen ist, nachdem sie bemüht war, „... diese verbrecherische Neigung zu unterdrücken, aber doch nachgab ... und in einen Baum verwandelt ward, aus dem der schöne Adonis hervortrat ..." – so die Sage. Nicht von ungefähr findet sich in Herrenchiemsee Adonis in Holz geschnitzt und vergoldet an Ludwigs Bett (Abb. 19).

Neben „Diana und Endymion" ist es vor allem das Liebespaar „Amor und Psyche", dessen mythologische Geschichte man nachlesen muß, um zu verstehen, welchen hohen Entsprechungssinn diese Mythenauswahl mit ihren Beziehungsverflechtungen für Ludwig II. hatte. Auffallend ist auch hier, daß es sich wieder um die „Verwandlung" der Hauptgestalten handelt, wie eben in dem Ballett „Amor und Psyche", das sich Ludwig von August Fresenius „separat" aufführen ließ.[27]

Die antike Geschichte, wie sie Apuleius berichtet, erzählt von einem „goldausgestatteten Zauberschloß", in das die schöne, aber traurig-einsame Psyche von einem für sie Unerkannten, Unsichtbaren entführt wird. Sie hört dort nur „Geisterstimmen", mit denen sie sich unterhält, sie speist mit dem unsichtbaren Geliebten, teilt schließlich mit ihm das Lager. Erst die unerlaubte Neugier (man erinnert sich: bei Lohengrin ist es die unerlaubte Frage nach dem Namen), angestachelt durch den Neid der eigenen Schwestern, denen sie arglos das Schloß zeigt, entdeckt die schöne Psyche den Unbekannten als Gott Amor selbst. Diese Erkenntnis aber stürzt sie ins Verderben.

Die Analogie ist nicht zu übersehen: Hat der ebenfalls schöne Ludwig sich nicht ein ebensolches „Zauberschloß" nach Linderhof und auf die Insel Herrenchiemsee gestellt, streng vor eifersüchtigen Blicken verborgen? Wenn er hier jeweils an seinem „Tischlein-deck-dich" alleine gespeist und sich – wie Psyche – mit einer unsichtbaren, „eingebildeten Gesellschaft" unterhalten hat, wie sein Mundkoch berichtete, so war das ja in der antiken Geschichte der „Psyche" bereits vorgeschildert worden. Kein Zufall also, daß sich das Psyche-Thema im Deckenbild des Linderhof-Speisezimmers findet (Abb. 18) und entsprechend auch als Bildzyklus das Speisezimmer in Herrenchiemsee beherrscht.

„EIN EWIG RÄTHSEL ..."

Die „unerlaubte" Liebe spielt auch in jenem Stück die große Rolle, aus dem Ludwigs Zitat stammt: „Ein ewig Räthsel bleiben will Ich Mir – und andern ..." Im April 1876 ließ Ludwig nämlich der Hofschauspielerin Marie Dahn-Hausmann einen Brief zukommen, in dem sich die besagten Worte finden. Dieser geheimnisträchtige Satz wird immer wieder (meist fälschlich als „Ausspruch" oder „Tagebucheintrag") zitiert, ist er doch Devise geworden, für die in so vielem ungreifbare Gestalt des angeblichen Träumers auf dem bayerischen Thron. Doch die Formulierung „ein ewig Räthsel"

Abb. 19. Herrenchiemsee, Blaues Schlafzimmer; „Adonis", von Philipp Perron

war keineswegs Folge einer Stimmungslaune des königlichen Briefschreibers, vielmehr entstammt das Zitat dem Drama Schillers „Die Braut von Messina". Und Ludwig vermochte diese Worte nur deshalb im Brief so gezielt zu zitieren, weil er mit dem Verständnis der angeschriebenen Schauspielerin auch rechnen konnte.

Schiller legt ebendiese Worte in den Mund der Titelheldin, der tragischen Königstochter Beatrice, die, im Kloster (und wie Ludwig in liebloser Kindheit) aufgewachsen, ihre eigenen Eltern nicht kennt und daher schuldig wird am Tod ihrer beiden Brüder, die sich unwissend in sie verliebt hatten. So läßt Schiller sie – den Bruder und Geliebten erwartend – sagen:

> Nicht kenn' ich sie
> Und will sie nimmer kennen,
> Die sich die Stifter meiner Tage nennen,
> Wenn sie von dir mich,
> Mein Geliebter trennen.
> Ein ewig Räthsel bleiben will ich mir,
> Ich weiß genug, ich lebe dir! ...

Hier muß man sich fragen: Hat Ludwig den ganzen Sinn der Sätze gemeint, wenn er das „Räthsel" auf sich bezog – „Nicht kenn' ich sie ... die sich die Stifter meiner Tage nennen ..."? Es ist des Nachdenkens wert, ob sich in diesem Zitat nicht auch eine Anspielung auf seine Zweifel an der wahren Abkunft von seinem Vater verborgen hält.[28] Oder meinte Ludwig, der ein so gestörtes Verhältnis zu seinen Eltern hatte: „... und will sie nimmer kennen ..."? Dies wird wohl uns „Andern" noch länger ein „Räthsel bleiben".

So läßt sich feststellen, daß es in Ludwigs Bilderwelt im Grunde also stets um zwei Problemkreise geht: Einmal ist es die Qual der Entsagung „verbotener Liebesbeziehung", man denke an Tristan, Lohengrin, Asträos, Adonis oder Acis, der zweite Problemkreis ist die Frage nach der eigenen Identität. Es scheint in der Psyche Ludwigs eine ständige Suche nach der Vaterfigur umgegangen zu sein, zu der er eine so schmerzliche Beziehung hatte. Aus der wiederholten Frage nach der „Herkunft" resultiert ja Ludwigs merkwürdige Konstruktion des Bourbonenbezugs, der ihm das Recht der sakrosankten Krone zu sichern versprach. Auch bei Lohengrin, den Ludwig seiner Verlobten Sophie gegenüber immer „gespielt" hat, ist es das Geheimnis des Namens: „Nicht sollst du mich befragen". Und das Parzival-Gurnemanz-Zwiegespräch lautet: „Wo bist du her?" – „Das weiß ich nicht" – „Wer ist dein Vater?" – „Das weiß ich nicht". Auch für Schillers Beatrice war die Herkunft „ein ewig Räthsel", und auch Grillparzers Esther verschwieg ihre wahre Abkunft, ehe sie den Thron bestieg. Vielleicht erklärt es sich so, daß, wie oben schon gesagt, in keinem der Ludwigsschlösser auch nur ein einziges Mal irgend ein Wittelsbacher Vorfahre oder ein Ereignis der bayerischen Geschichte im Bild gezeigt wird.

„ZARATHUSTRA IN DEN BERGEN"

Ludwig II. und der nur ein Jahr ältere Friedrich Nietzsche weisen verwandte Züge auf. Auch Nietzsche charakterisierte seine poetische Philosophie: „Je weiter ab vom wahrhaft Seienden, um so reiner, schöner, besser ist es. Das Leben im Scheine ist das Ziel ... nur möglich durch künstliche Wahnbilder." Wieviel Ludwig von den Schriften Nietzsches gelesen hat, läßt sich nicht mit Sicherheit bestimmen, wahrscheinlich kannte er sämtliche damals erschienenen Werke. Jedenfalls ließ Wagner im Januar 1872 dem König auch ein Exemplar der „Geburt der Tragödie" zukommen. Interessant ist hier die Gleichzeitigkeit der Themenerfindungen. 1882 erschien der erste Teil von Nietzsches „Zarathustra", und gleichzeitig findet sich auch in Ludwigs Neuschwanstein an den Wandbildern die Gestalt des Zarathustra. Anfang 1882 wurde in Herrenchiemsee das Deckenbild „Aurora und Asträos" fertiggestellt, das in poetischer Weise die Sonnenaufgangs-Thematik illustriert. Nietzsches „Zarathustra", Teil III folgte 1884, mit dem zentralen Kapitel derselben Thematik, wie sie auch Ludwig ins Bild umsetzen ließ: „Vor Sonnenaufgang". Es ist von kulturhistorischem Interesse, festzustellen, wie „Themenbilder" gleichen Inhalts in der Bildenden Kunst wie in der Literatur entstehen, auch ohne direkte gegenseitige Beeinflussung. Wie sehr die Epoche des zuendegehenden 19. Jahrhunderts von gerade dieser Bildidee des Sonnenauf- und -untergangs beeindruckt war, zeigt noch Gerhard Hauptmanns Dramentitel von 1889: „Vor Sonnenaufgang". Nietzsches poetisch-philosophisches „Bild" eines „Vor Sonnenaufgang" wachenden Zarathustra entspricht jedenfalls in vieler Hinsicht der Idee Ludwigs, der sich als ein Nachtwachender in einem nächtlichen „Königreich vor Sonnenaufgang" kultivierte.

Erstaunlich sind einige Entsprechungen der beiden zeitgleichen Werke, Ludwigs „Herrenchiemsee" und Nietzsches „Also sprach Zarathustra". Wie in Herrenchiemsee „Tag" und „Nacht", so sind auch im „Zarathustra" Nietzsches die beiden zentralen Themen „Der große Mittag" und die „Mitternacht". Nicht nur Zarathustra in den Bergen, auch Ludwig II. auf Herrenchiemsee befindet sich, wie Nietzsche sagt: „6000 Fuß jenseits von Mensch und Zeit". Bezeichnenderweise spricht Nietzsche an zentraler Stelle vom „Himmel", und wie leicht läßt sich das poetische Gleichnis auf die im Deckenbild (1881) „angehimmelte" Liebesbeziehung Ludwigs II. zu seinem Idol Louis XIV übertragen:

> ... Vor der Sonne kamst du zu mir, dem Einsamsten.
> Bist du nicht das Licht zu meinem Feuer?
> ... Doch du errötest? Lästerte ich,
> indem ich dich segnen wollte?
> Oder ist es die Scham zu Zweien,
> welche dich erröten machte?
> – Heißest du mich gehn und schweigen,
> weil nun – der Tag kommt? ...
> ... so scheiden wir nun! O Himmel über mir,
> O du mein Glück vor Sonnenaufgang!
> Also sprach Zarathustra.

Prinzessin Pilar von Bayern berichtete, daß Ludwig seine nächtlichen Gespräche mit den wenigen ihm Nahestehenden gewöhnlich mit dem Ausspruch beendete: „Aurora kommt, wir müssen scheiden!"[29]

Die Bilder in Ludwigs Schlössern weisen also ins „Glück" Zarathustras, in Räume, in denen die Zeit aufgehoben sein will. „Zum Raum wird hier die Zeit", erklärt Gurnemanz in Wagners Oper dem jungen Parsifal, während er ihn in den Gralstempel führt. Auch Herrenchiemsee ist für Ludwig II. ein „Gralstempel". Dies bestätigt sich, wenn wir erfahren, daß er sich den Namen „Lohengrin" mit „Sonnenantlitz" übersetzen ließ. Das Sonnenantlitz des Apoll ist in Herrenchiemsee allgegenwärtig. Und als Gralstempel ist auch Herrenchiemsee ein Zwischenreich zwischen Diesseits und Jenseits, Vergangenheit und Gegenwart, zwischen Tod und Leben. Ludwigs Huldigung an Versailles ist eine esoterische Zwiesprache eines einzelnen mit den Toten.

Es ist verständlich, daß Ludwig II. sich bei seinen Programmen nicht in die Karten hat schauen lassen. Auch in Neuschwansteins Wandbildern finden sich ja – was kaum jemand weiß – Gestalten, deren Deutung auch die Kenntnis esoterischer Literatur voraussetzt: ein Hermes Trismegistos zum Beispiel, der ägyptische Gott Thot oder wie gesagt Zarathustra, der ja von Nietzsche auf einsamer Bergesspitze ebenso weltenthoben gezeichnet wird wie Ludwig sich auf Neuschwanstein zu fühlen vermochte. Hyazinth Holland, der als Berater Ludwigs für Neuschwanstein tätig war, berichtete:

> Die Ausschmückung ... entstammt ganz der Idee des Königs; ich mußte ... mit Handgelübde versprechen, daß keine andere Person Einblick erhalte ... des Königs Vorschläge mußten sogleich vernichtet werden.[30]

Für Herrenchiemsee hatte sich Ludwig selbst mit Literatur versorgt, vor allem über die Bourbonen und Frankreichs Geschichte: „Schon die Titel der Bücher ... füllen ganze Bände" berichtete sein Kabinettsekretär Walter von Rummel.[31] Neben den historischen Szenen sind aber auch hier Themen eingeflochten, die Ludwigs Interesse an Astrologie verraten. Im Deckenbild der „Salle du Conseil" etwa erscheinen die Gestalten der „Horoskopsteller", im Deckenbild des „Œil de Bœuf" ein Gott „Asträos", Sinnbild von Ludwigs eigenem Sternbild, und dieses Sternbild „Jungfrau" ist auf dem Himmelsglobus, den Atlas über dem Giebel in Linderhof dem Himmel entgegenstemmt, obenaufgesetzt, gleichsam als Schutz- und Beschwörungsgeste ins All.

Neuschwanstein, Herrenchiemsee und Linderhof sind also keine historistisch-beliebige Ansammlung von Stilräumen, sondern eine durchdachte Bau- und Ausstattungskunst, bei der vieles nur der Bauherr und Inszenator selbst zu lesen verstand. Auch deshalb hatte er nicht die „bedeutenden" Künstler seiner Zeit geholt. Denn die Architekten, wie Dollmann, Hofmann und Stulberger, die Maler, wie Schwoiser, Langenmantel oder Widnmann, die Bildhauer wie Wagmüller oder Perron und wie sie alle heißen, hatten lediglich Vorlagen zu liefern. Dutzendfach mußten sie Entwurfsvariationen zeichnen, aus denen Ludwig seine eigenen, den Künstlern eben nicht immer geoffenbarten Vorstellungen verwirklichte. So sind auch Ludwigs Schlösser nicht weniger bedeutend als die Werke Wagners und wie diese eine Traumwelt von künstlerisch höchstem Rang. Ludwigs Schlösserwelt ist eine in Räumen gebaute Poesie, klang- und tonlos, aber beredt in ihren Bildern.

Ludwigs Symbolismus und die Literatur der Décadence

Ludwigs Schlösser haben bei weitem nicht so viel mit „Historismus" im herkömmlichen Sinn zu tun als vielmehr mit „Symbolismus" – und das ist für diese Zeit zwischen 1870 und 1886 neu und großartig. Es ist überraschend, wieviele Parallelen sich hier zu literarischen Werken des Symbolismus feststellen lassen. Ebenso erstaunlich ist, wie sehr Ludwig II. dem Typus des „Dandy" der Décadence entsprach.[32] Es ist merkwürdig, wieviele Textpassagen der literarischen Werke der Zeit Parallelen zu Ludwig II. und seiner Kunst aufweisen, von Edgar Allan Poe, neben Oskar Wilde einem Lieblingsdichter Ludwigs II.,[33] aber auch von Mallarmé, Barbey d'Aurevilly, vor allem aber des Pariser Literaten Joris Karl Huysmans. In nicht wenigen Textpassagen dieser Dichter finden wir Welten, ja sogar einzelne Raumbeschreibungen, die wir in verblüffender Weise als ideengleich mit denjenigen Ludwigs II. erkennen. Hier nur ein Beispiel:

> Der Prinz besaß einen ausgefallenen Geschmack. Er liebte ... Farbwirkungen, und war ein Feind davon, mit Hilfe billiger Requisiten Effekte zu erzielen. Er trug sich stets mit kühnen, kraftvollen Plänen und seine Gedanken sprühten von einem eigenartig exotischen Geist. Es gab Leute, die ihn für verrückt hielten, seine Anhänger aber wußten, daß das durchaus nicht der Fall war ...

So sehr man das vermuten möchte, diese Zeilen meinen keineswegs Ludwig II. Sie entstammen Edgar Allan Poes Novelle „Die Maske des roten Todes" von 1842. An anderer Stelle dieser Novelle heißt es:

> Das Zimmer am östlichen Ende des Schlosses war in Blau gehalten und so waren auch dessen Fensterscheiben tiefblau gefärbt. Der zweite Saal war mit purpurroten Wandbespannungen ausgeschmückt, infolgedessen waren auch die Scheiben purpurrot ... vor jedem Fenster aber stand ein massiver Dreifuß, in dem ein Feuer loderte ... das eine ... phantastische Beleuchtung [in den Räumen in Rot und Blau] hervorbrachte ...[34]

Es erübrigt sich zu sagen, wie die beiden Zentren von Herrenchiemsee, mit den Lichteffekten in Rot und Blau, diesem literarischen Bild von Poe entsprechen. Man versteht in diesem Zusammenhang, warum Ludwig II. seinen Theatermaschinisten Otto Stoeger eineinhalb Jahre lang an der blauen Dreifuß-Nachtlichtkugel hat experimentieren lassen, um die für ihn so wichtige Wirkung im Schlafzimmer zu erreichen. Es wird Ludwig aber wohl um mehr gegangen sein als nur um theatralische Effekte, diente ihm doch das Schloß als ganzes dazu, sich in andere Zeiträume zu versetzen.

Welche Rolle die Werke E. A. Poes für Ludwig II. gespielt haben, läßt sich aus dem Gespräch ermessen, das der amerikanische Schriftsteller Lew Vanderpoole (geb. 1855) mit dem bayerischen König während seines Aufenthaltes in München geführt hat (erschienen 1886 in Boston). Vanderpoole berichtet:

> [Der König] war gerade im Begriffe sich zu verabschieden, als er plötzlich unter meinen Dokumenten den Probeabzug meines Artikels über Poe entdeckte ... Bis dahin war der König ruhig und freundlich, fast von weichlicher Stimmung gewesen; aber der bloße Anblick von Poes Namen elektrisierte ihn. Seine wunderbaren Augen begannen zu leuchten, seine Züge belebten sich, sein ganzer Ausdruck bekam etwas Strahlendes. „Haben Sie Poe gekannt?" fragte er. „Ach, natürlich nicht: Sie sind ja zu jung, wie schade ... Für mich ist Poe ... der wunderbarste aller Schriftsteller ... einer der größten Menschen, die je geboren wurden ... vielleicht verstehen Sie ... daß ich meinen Thron dafür geben würde, eine Stunde lang mit Edgar Allan Poe sprechen und die einzigartigen seltsamen Gedanken erfahren zu können, die ihn offenbar sein Leben lang beherrschten. ... Ich glaube, daß, aus gewissen Gründen ... eine bestimmte Ähnlichkeit zwischen Poes Natur und der meinen besteht. Poe hatte sowohl Genie wie Persönlichkeit. Mir fehlt beides. ... Wäre ich ein Dichter, so könnte ich vielleicht Lob ernten, wenn ich

Abb. 20. Ludwig II.; Photographie, 1884

diese Dinge in Versen sagte. Aber mir ist die Gabe, mich auszudrücken, nicht gegeben, und so muß ich es leiden, daß ich verlacht, verachtet und verleumdet werde. Man nennt mich verrückt. Vielleicht bin ich es, aber ich zweifle daran." [35]

Nicht weniger verblüffende Übereinstimmungen finden sich in Huysmans Roman „A Rebours" – „Gegen den Strich" – von 1884.[36] Der Roman wurde damals zum Kultbuch. Er ist auch Kernstück der „Décadence", jener literarischen Bewegung in Frankreich und England, die durch die Schilderung des Abwegigen und Künstlichen gekennzeichnet ist, durch die künstlerisch kultivierte Sucht, die Grenzen der Erlebnisfähigkeit zu verrücken, durch erotische Ambivalenz, ja, durch selbstkultivierten Wahn.

Auch hier fällt auf, wie verhaltensgleich die Hauptfigur des Romans dem Bild entspricht, das manche Biographien von Ludwig II. (Abb. 20) gezeichnet haben. Diese Hauptfigur, ein „Herzog Jean Floressas Des Esseintes", ist „... ein letzter Sproß aus altem degeneriertem Adelsgeschlecht. Nervenleidend, überreizt, im Gesicht die Laster eines geschwächten Temperaments, das Überwiegen der Lymphe im Blut ..." Solche Literaturgeschöpfe der Décadence werden nicht selten als genial geschildert, sie bleiben kinderlos, sie enden an Auszehrung des Gehirns. Es ist Symptom der Zeit ersten Ranges, daß die Vorstellung vom „Genie" und seine Nähe zum Wahnsinn nicht zuletzt vom Werk des frühen Psychologen Cesare Lombroso, „Genie und Wahnsinn", geprägt war, 1864 (deutsch 1887).

Die oben genannte, verletzende Biographie Ludwigs II. von Fritz Linde, 1928, behauptet ohne prüfbare Quellen über die letzten Monate des Königs:

> ... Befehle erteilt er meist durch die geschlossene Tür: haben die draußen verstanden, dürfen sie an das Holz kratzen ... Mayr darf ein Jahr lang nur mit einer schwarzen Maske vorm Gesicht erscheinen. Buchner, der sich als begriffsstutzig erwiesen, hat ein Siegellacksiegel vor der Stirn zu tragen, als Sinnbild seiner geistigen Unzulänglichkeit ... [37]

Merkwürdigerweise schildert der Dichter Huysmans den späten Krankheitsverlauf seines Romanhelden fast identisch:

> Er litt ... beim Anblick gewisser Physiognomien, betrachtete die Mienen gewisser Gesichter als Beleidigung und hatte geradezu Lust, die Leute zu ohrfeigen ... [38]

Es darf also angenommen werden, daß jenes fürchterliche Bild, das der Biograph von Ludwig II. zeichnet, weniger aus klaren Quellen als vielmehr von der literarischen Vorstellung der Décadence herrührt, zu sehr verläuft auch die Tragik des bayerischen Königs analog der des Romanhelden.

Dem Herzog Des Esseintes im Roman wie dem bayerischen König waren vor allem der Escapismus gemeinsam, die Flucht in die Einsamkeit. So schreibt Huysmans:

> Denn wenn die Zeit, in der ein talentvoller Mensch leben muß, flach und öde ist, so ist der Künstler, manchmal sogar unbewußt, von einem Heimweh nach einem anderen Jahrhundert besessen. [39]

Und Ludwig folgerte in einem Brief an Wagner:

> ... deßhalb will Ich mich durch die Schaffung solcher Paradiese dafür entschädigen, wo mich kein Erdenleid erreichen soll ...

Als hätte der Romancier Huysmans Ludwig II. vor Augen gehabt, der in den Separataufführungen die Begegnung mit der Öffentlichkeit vermied, beschrieb er seinen Romanhelden folgendermaßen:

> Er hatte nicht den Mut gehabt, sich in dieses Massenbad zu stürzen, um Berlioz oder Wagner zu hören ... so gab es nur die Möglichkeit, zu Hause zu bleiben.[40]
> Er hatte keinen Anteil mehr an der gegenwärtigen Existenz, ... er sehnte sich nach einer subtilen, erlesenen Malerei, die in antiken Träumen, in antiker Verderbtheit sich badet, fern von unseren Sitten, fern unserer Zeit. Zum Ergötzen seines Geistes und zur Augenweide hatte er sich nach suggestiven Werken gesehnt: sie sollten ihn in eine unbekannte Welt schleudern, ihm die Spuren neuer Ahnungen enthüllen, sein Nervensystem durch gelehrte Hysterien, komplizierte Alpträume und lästige und fürchterliche Visionen erschüttern.[41]

Daß auch Ludwig den von der Gesellschaft „Ausgeschlossenen"[42] selbst kultivierte, braucht hier nicht mehr weiter betont zu werden. Dagegen lohnt es sich daran zu erinnern, daß auch er mit Wagners Bayreuth nichts mehr zu tun haben wollte, hatte er sich doch von der sich steigernden Nationalbegeisterung des Komponisten und dessen Antisemitismus[43] entschieden abgewandt. Bei Huysmans jedenfalls heißt es weiter:

> Als Nachttisch richtete Des Esseintes ein ... Betpult ein ... und gegenüber an der Wand stand ein Kirchenstuhl mit einem durchbrochenen Baldachin; in seine Kirchenleuchter steckte er Kerzen aus reinem Wachs ... denn er verabscheute Petroleum, kurz alle modernen Beleuchtungsarten mit ihrem hellen und brutalen Licht.[44]

Diese Passage Huysmans fordert den Vergleich mit Ludwig II. förmlich heraus, denn trotz Verwendung modernster Technik in seinen Schlössern, in der Frage der Beleuchtung der Räume schlug Ludwig ebenfalls alle modernen Alternativen aus und kultivierte die Kerzenillumination.

Auch Des Esseintes verliebt sich in die Welt der Spiegelungen, die in labyrinthischen Laubengängen den Gegenpol des eigenen, undurchschaubaren Ichs im Schauder erleben lassen. Der Doppelspiegel, der das unvertraute Bild vom eigenen Profil zeigt, der die eigenen Bewegungen als die eines „Anderen" wähnen läßt, konnte auch den Intentionen Ludwigs II. nur entsprechen. In der Kultivation des irreal Mystischen war Ludwig II. ein früher Vorreiter der Moderne. Das läßt sich ermessen, wenn wir die Stimmungsgleichung mit Werken der zehn Jahre späteren Literatur feststellen. Der symbolistische Dichter Paul Eluard beschließt ein Gedicht mit den Zeilen:

> Zwischen den Mauern lastet ganz der Schatten
> und ich steige hinab in meinen Spiegel
> wie ein Toter in sein offenes Grab ...

Die geschichtlichen Personen, in deren Rolle Ludwig II. in seinen „Spiegel" (Abb. 21) vom Schlafzimmer aus „hinabsteigt", sind tot. Aber in diesem tiefergelegenen Ankleidezimmer, einem Spiegelraum, der in der Phantasie des Königs die Zeit aufhebt, wechseln sie ihre Kostüme.

Wie Huysmans Romanheld, so ist auch Ludwig II. mit seiner Epoche verstritten, die beiden oberflächlich, banal, vor allem aber vulgär-materialistisch erscheint. Dahinter steht die klare Erkenntnis, daß Materialismus und Positivismus den Menschen auf die Physis reduziert hat.[45] Versailles und Herrenchiemsee, Realität und ästhetische Gegenwelt, verhalten sich wie Tag und Traum. „Orte des Schlafes" sind es, die die Welt Herrenchiemsees besetzen. Louis XIV schläft in der Chambre de Parade auf der Insel nicht den Schlaf der Nacht, sondern einen ewigen Schlaf. Nicht zufällig werden auch einige der Heldinnen Wagners vom Schlaf befallen: auch Brünnhilde, Erda und Kundri sind nicht in den Schlaf der Nacht, sondern in einem divinatorischen Schlaf hindämmernd Versunkene.[46] In dieser Sicht bekommen die unvollendeten, leeren Räume des Schlosses mit ihren rohen Mauern etwas kryptisches, wie schlummernde, noch nicht heraufgeholte Träume.

Angeblich wollte Ludwig II. nach seinem Tod die Schlösser „in die Luft gesprengt" wissen. Er hatte wohl geahnt, wer da alles seine Refugien – wie er sagte – „entweihen und besudeln" sollte. Er hatte vor allem gewußt, daß sie von den durch die Säle geschobenen Massen nicht wirklich verstanden würden. Es drängt sich der Verdacht auf, daß er gar nicht wollte, daß sein Werk verstanden wird, deckt doch die Interpretation gerade das auf, was er verheimlicht hatte, als „ewiges Räthsel, sich und anderen". So erscheint bereits das Unterfangen der vorliegenden Interpretation als Sakrileg. Glücklicherweise ist Ludwigs Wunsch nach Spurenbeseitigung seines Künstlerlebens nicht entsprochen worden, und so haben sich seine Werke erhalten, denn bis der Massentourismus den letzten Goldschnörkel und die letzte Vorhangquaste hat verschwinden lassen, mag es noch ein Weilchen dauern.

Herrenchiemsee oder Neuschwanstein waren für Ludwig II. verwirklichte Träume als „gebautes Glück". Doch dieses „Glück", das Ludwig II. und Zarathustra gemeinsam wähnten, hat somnambulen Charakter: Nur im Traum gibt es Vollkommenheit. Vielleicht sagen gerade darum so viele – wenngleich ohne es zu verstehen, aber mit Recht –, diese Bauten seien „Traumschlösser".

Ist es Zufall, daß im „privatesten" Kabinett Ludwigs, im Ovalsalon, die Szene „Acis und Galathea" dargestellt ist, eine Geschichte, in der die „Verwandlung" in Wasser und damit der Tod im Wasser thematisiert ist? Versinkt nicht auch Asträos am Plafondbild des „Taufzimmers" bläß im Ozean? Ist in diesen Szenen nicht auch Ludwigs eigener Tod im Wasser präfiguriert? War es Zufall, daß der Todestag Ludwigs II., jener 13. Juni 1886, auf einen Pfingstsonntag fiel, ausgerechnet den Tag also, der für die „Todes-Meerfahrt" der Gralssage von so entscheidender Bedeutung ist, wie Helena von Fortenbach ermittelt hat?[47] War es Fügung, daß auch der Tod Ludwigs II. im Element der „Schwanwerdung" – im Wasser des Starnberger Sees – geschah? Oder sah Ludwig, der stets in solchen mystischen Zusammenhängen dachte, an diesem Tag und in diesem Tod die Möglichkeit schlechthin, seinem ausweglosen Leben eine letzte Erfüllung zu geben? Oder ist es diesem Künstlerkönig, der es in genialer Weise verstand, sein Leben selbst als Kunstwerk zu gestalten, trotz der Gewalt der Schergen gelungen, diese zum Vollstreckungswerkzeug seiner letzten Sinnerfüllung zu machen? Widmete Ludwig II. sein Herrenchiemsee überhaupt nur deshalb den Bourbonen, weil er seine leibliche Abkunft vom Hause Wittelsbach gelegentlich anzweifelte[48] und weil er sich daher nur über die Tauflinie zum Hause Bourbon als „sakrosankter" König fühlen durfte? Diese „Räthsel" können und sollen hier nicht gelöst werden.

Es ist von hoher Merkwürdigkeit, daß der „letzte wahre König des Jahrhunderts" (Verlaine) seinen Psychiater mit in den Tod gerissen hat. Als hätte sich die Alte Welt kurz vor

Abb. 21. Herrenchiemsee; Spiegelkabinett als Ankleidezimmer, in das Ludwig II. mittels einer verspiegelten Geheimtüre hinuntersteigen konnte

ihrem Untergang noch an der neuen, wissenschaftlich aufgeklärten Welt gerächt. Die moderne Psychologie hat erst zehn Jahre nach dem Tod Ludwigs ihren Anfang genommen: durch Sigmund Freud mit seinen „Studien über Hysterie" (1897). Ludwig starb mit 41 Jahren zu früh.

Immerhin gelang es diesem Künstlerkönig, seine inneren Leiden Form werden zu lassen, was ja nicht selten Grundlage für hohe Kunst ist. Aber stellen wir uns einmal vor: Der wohl kaum an „Paranoia", sicher aber an Neurosen leidende Ludwig hätte seinen Bauwahn auf der Couch des Psychologen ausgelebt und nicht Gudden hätte ihn eingesperrt, sondern ein Schüler Freuds hätte ihn womöglich geheilt! Aber hätte Ludwig dann noch so gebaut? Seine Schlösser wären nur ungebaute Träume geblieben!

ANMERKUNGEN

1 MICHAEL PETZET u.a., *König Ludwig II. und die Kunst*, Ausst.-Kat., München 1968.
2 Hier konnte ich es mir nicht versagen, die köstliche Formulierung sinngemäß zu wiederholen, die Wilhelm Pinder in seinem Festschriftartikel für Ludwig Klages fand.
3 Der Artikel ist der z.T. gekürzte, aber um neuere Ergebnisse erweiterte Festvortrag, den der Verf. vor dem Historischen Verein von Oberbayern, an der Universität Regensburg, am Münchner Stadtmuseum u.a.O. im Anschluß an das Erscheinen des Buchs *Schloß Herrenchiemsee*, München-Berlin 1995, gehalten hat, jeweils unter dem Titel: „Schloß Herrenchiemsee, Symbolismus und Décadence Ludwigs II."
4 Kabinettsakten Ludwigs II., K 55, L4 Nr. 51, Geheimes Hausarchiv des Hauses Wittelsbach.
5 Diese Tatsache, aus zahlreichen Quellen belegt, ist weitgehend unbekannt. So übte der Erzbischof Scherr durch seinen Wunsch, lieber den Prinzen Luitpold auf dem Thron zu sehen, starken Einfluß aus. Zahlreiche Hinweise auf die immer wiederkehrenden Bestrebungen, Ludwig abzusetzen, sind den Tagebüchern von Cosima Wagner zu entnehmen. Ludwigs „Ruhelosigkeit" bei seinen Bauten erklärt sich also aus der ständigen Besorgnis um sein Verbleiben auf dem Thron. Siehe hierzu: ALEXANDER RAUCH, *Herrenchiemsee, Symbole und Räume*, München/Berlin 1993, bes. S. 33 ff., sowie: DERS., *König Ludwig II. – „Ein ewig Räthsel bleiben will Ich Mir ..."*, München 1997, S. 19 ff.
6 WILHELM LÜBKE, *König Ludwig II. und die Kunst*, in: Kunstwerke und Künstler, 3, Breslau 1886.
7 FRIEDRICH LAMPERT, *Ludwig II., König von Bayern*, München 1890.
8 FRITZ LINDE, *Ich, der König. Der Untergang Ludwigs II.*, München 1928.
9 PETZET (wie Anm. 1).
10 NORBERT KNOPP, *Gestalt und Sinn der Schlösser Ludwigs II.*, in: ARGO, Festschrift für Kurt Badt, Köln 1970, S. 339 ff.
11 LOUISE VON KOBELL, *König Ludwig II. von Bayern und die Kunst*, München 1898 (weitere Ausgaben 1900, 1906).
12 HANS GERHARD EVERS, *Herrenchiemsee*, in: Tod, Macht und Raum als Bereiche der Architektur, München 1939, Neuauflage München 1970. Siehe ebenso: DERS., *Ludwig II. Theaterfürst – König – Bauherr; Gedanken zum Selbstverständnis*, hrsg. von J. A. Schmoll gen. Eisenwerth, bearb. von Klaus Eggert, München 1986.

13 FRIEDRICH PRINZ, *Ludwig II. – ein Doppelleben*, München 1993.
14 Vgl. KNOPP (wie Anm. 10).
15 Siehe ALEXANDER RAUCH, *Schloß Linderhof*, München 1997, S. 10 ff.
16 Angeblich ein Geschenk Napoleons III.
17 Siehe KURT HOMMEL, *Die Separatvorstellungen vor König Ludwig II. von Bayern*, München 1963, S. 78 ff. und 86 ff.
18 Ebd., S. 78 ff.
19 Ebd., S. 76 und 361.
20 Zitate ausführlicher wiedergegeben und quellenmäßig belegt in: RAUCH (wie Anm. 5).
21 ALEXANDER RAUCH, *Königreich vor Sonnenaufgang*, in: Bayern, 6. Jg., Heft 5, 1978, Sonderheft „100 Jahre Herrenchiemsee", S.7 ff.
22 ADALBERT, PRINZ VON BAYERN, *Vier Revolutionen und einiges dazwischen. Siebzig Jahre aus dem Leben der Prinzessin Ludwig Ferdinand von Bayern, Infantin von Spanien. Nach Tagebuchblättern der Prinzessin zusammengestellt von ihrem Sohne*, München 1932.
23 Ludwig ließ sich aber bis zu einer etwaigen Fertigstellung dieses Treppenaufgangs eine eigene kleine „Königstreppe" errichten; sie wird bei Führungen nicht gezeigt.
24 Titel eines Kapitels in: HANS SEDLMAYR, *Verlust der Mitte*, Salzburg 1948.
25 ALEXANDER RAUCH, *Apollo im Olymp der Götter. Zu dem bislang unbekannten Vorentwurf von Eduard Schwoiser für das Deckengemälde „Der Göttermorgen" in der Chambre de Parade im Schloß Herrenchiemsee Ludwigs II.*, in: Ars Bavarica, Band 65/66, München 1991, S. 115-132.
26 Siehe RAUCH, 1993 (wie Anm. 5). Der Buchbesprechungs-Artikel des SPIEGEL anläßlich des Erscheinens von Michael Petzets „Gebaute Träume – Die Schlösser Ludwigs II. von Bayern", München 1995, hätte sich also den folgenden Passus sparen können: „Aber warum der Bayernbau ... während des Kopierens und Rekonstruierens schließlich in allen Details und Raummaßen knapp zehn Prozent größer geworden ist als das echte Versailles, gibt den Konservatoren bis heute Rätsel auf. Diese Vergrößerungsästhetik ist sonst nur der Weltsicht von Kindern und oder Pop-Artisten vorbehalten."
27 HOMMEL (wie Anm. 17), S. 308 ff.
28 In diesem Zusammenhang sei auf das Gerücht verwiesen, Ludwig II. wäre aufgrund der Zeugungsunfähigkeit von Maximilian II. nicht dessen leiblicher Sohn, der Vater wäre stattdessen Freiherr von der Tann. – PHILIPP FÜRST ZU EULENBURG-HERTEFELD schreibt: „Die

Schamlosigkeit des Königs ging so weit, daß er seiner Mutter vorwarf, ihn nicht aus der Ehe mit König Max empfangen zu haben": *Das Ende König Ludwigs II. und andere Erlebnisse*, Leipzig 1934, S. 44. Über die näheren Umstände zu diesem Gerücht, auch über die bekanntermaßen problematische menschliche Beziehung Ludwigs zu seinem Vater siehe eingehender: RAUCH, 1993 (wie Anm. 5), S. 28 ff. und Anm. 93, sowie bes.: DERS., *Schloß Herrenchiemsee*, München/Berlin 1995, Anm. 25.
29 Siehe RAUCH, 1993 (wie Anm. 5), S. 134 und 263.
30 HYAZINTH HOLLAND, *Lebenserinnerungen eines Neunzigjährigen*, München 1921.
31 WALTER VON RUMMEL, *Ludwig II. Der König und sein Kabinettchef*, München 1930, bes. S. 127 ff.
32 Siehe auch: KLAUS EGGERT, *Ludwig und Elisabeth. Zur Metaphysik von Adler und Taube*, in: Hans Keller (Hrsg.), Der König. Beiträge zur Ludwigforschung, München 1967.
33 LEW VANDERPOOLE, *Eine amerikanische Erinnerung an Ludwig von Bayern*, Übersetzung von Wolfgang Christlieb, in: KELLER (wie Anm. 32), S. 122 ff. (erstmalig erschienen in Boston 1886 unter dem Titel: *Ludwig of Bavaria, A Personal Reminiscence*).
34 EDGAR ALLAN POE, *Die Maske des roten Todes,* 1842.
35 VANDERPOOLE (wie Anm. 33).
36 JORIS KARL HUYSMANS, *Gegen den Strich (A Rebours)*, übers. v. Hans Jacob, Neuauflage Zürich 1981. Vgl. hierzu auch besonders: MARIA MOOG-GRÜNEWALD, *Kunst, Kunstkritik und Romanschaffen. Zu ihrer Wechselwirkung bei J. K. Huysmans*, in: Zeitschrift für Ästhetik und allgemeine Kunstwissenschaft, Bd. XXXI/2, 1986, S. 246-263.
37 LINDE (wie Anm. 8), S. 300 ff. Entgegen der Behauptung Lindes, der König habe den genannten Lakaien Mayr dermaßen tätlich angegriffen, daß dieser an den Folgen starb, existieren noch Briefe, die Jahrzente später datieren, sowie ein Schreiben des Sohnes dieses Dieners, der, entsetzt über solche Behauptungen, versichert, sein Vater habe ein hohes Alter erreicht und bis zuletzt nur das Allerbeste über den König zu erinnern gewußt (Brief im Besitz von Herrn Albert Wiedemann, König Ludwig-Verein, Starnberg).
38 HUYSMANS (wie Anm. 36), S. 88.
39 Ebd., S. 308.
40 Ebd., S. 344.
41 Ebd., S. 126.
42 Siehe: JÖRG TRAEGER, *Schlösser für einen Ausgeschlossenen. Über Neuschwanstein und Herrenchiemsee*, in: Karl Möseneder/Andreas Prater (Hrsg.), Aufsätze zur Kunstgeschichte. Festschrift für Hermann Bauer zum 60. Geburtstag, Hildesheim/Zürich/New York 1991, S. 339-350.
43 Dem Dramatiker Karl von Heigel gegenüber äußerte Ludwig sich: „Weiß man denn nicht, daß ich der einzige Fürst bin, der seiner Regierung zugleich bei Beginn der antisemitischen Bewegung die strengsten Maßregeln gegen dieselbe anbefahl?", in: ALBERT WIEDEMANN, *Ludwig II. – heute gesehen*, gedrucktes Vortragsmanuskript, Starnberg 1995, S. 9. Siehe auch: DERS., *Ludwig II. und die Juden*, in: KELLER (wie Anm. 32), S. 79.
44 HUYSMANS (wie Anm. 36), S. 147.
45 Vgl. MOOG-GRÜNEWALD (wie Anm. 36).
46 Die Ethnologie kennt den Begriff der „Schlafenden" (Propheten etc). Vgl. CATHERINE CLÉMENT, *Der Wald, Indien und der Schlaf*, in: Wolfgang Storch (Hrsg.), Die Symbolisten und Richard Wagner, Ausst.-Kat. Akademie der Künste zu Berlin, Berlin 1991, S. 12 ff.
47 HELENA VON FORTENBACH, *Ludwig der Schwanenritter*, in: KELLER (wie Anm. 32), S.67 ff.
48 Siehe Anm. 28.

ABBILDUNGSNACHWEIS

Sämtliche Aufnahmen vom Verfasser oder Archiv des Verfassers

Helmut Stampfer

"... SONDERN ALLENFALLS ZU EINER WÜRDIGEN VOLLENDUNG DER RENOVIERUNG DES STAMMSCHLOSSES VON TIROL BEITRAGEN KÖNNTEN" –

Edmund von Wörndles Entwürfe für die Ausmalung des Südpalas von Schloss Tirol

Schloß Tirol bei Meran verdankt seine Bekanntheit nicht nur der landschaftlichen Schönheit, sondern auch den verschiedenen Bezugsebenen der Kategorie Denkmal, die sich in seiner Gestalt geradezu beispielhaft überlagern und ergänzen.

Am Beginn steht das Denkmal vaterländisch-dynastischer Geschichte, konstituiert durch das provokante Vorgehen des k. bayerischen Rentamtes in Meran, das zuerst die Kapelle plünderte, dann 1807 das Schloß auf Abbruch verkaufte.[1] Die Reaktion ließ nicht lange auf sich warten. 1816 erwarb die Stadt Meran die Burg und schenkte sie im gleichen Jahr anläßlich der Rückkehr Tirols zum Hause Habsburg Kaiser Franz I. Den politischen Symbolwert des Haupt- und Stammschlosses Tirol, dem die gefürstete Grafschaft ihren Namen verdankt, hatte man nach einem ersten Appell von 1802 in der schwierigen französisch-bayerischen Zeit richtig erkannt. Wie weit die 1813 beschlossene Restaurierung der Marienburg in Westpreußen die Entscheidung der Stadtväter von Meran beeinflußt hat, läßt sich nicht nachweisen. Wird die Deutschordensburg an der Nogat als erstes deutsches Nationaldenkmal bezeichnet,[2] so gebührt unserem Schloß ohne Zweifel die Eigenschaft eines Tiroler Nationaldenkmals.

Im Jahre 1828 werden die beiden Portale von Schloß Tirol, als „Denkmähler der Vorzeit schon lange Gegenstände der Bewunderung und gelehrter Forschungen der Verehrer des Alterthums", erstmals veröffentlicht.[3] Das Interesse galt allerdings nicht dem künstlerischen, sondern dem historischen Aspekt und der Deutung der phantastischen Darstellungen, die bis heute immer wieder für neue Interpretationen sorgen. Die 1877 in der Kapelle teilweise freigelegten Wandmalereien aus dem 14. Jahrhundert traten dementsprechend erst später ins Blickfeld der Kunsthistoriker.[4]

Als Denkmal der Burgenkunde erhielt Schloß Tirol in den Publikationen von Piper[5] und Weingartner[6] klare Konturen, es wurde von Rasmo[7] und Trapp[8] eingehender erforscht und hat erst kürzlich aufgrund der Ergebnisse von Martin Bitschnau und Walter Hauser eine neue, ungeahnte Bedeutung erlangt.[9]

Schließlich kommt den seit 1876 in mehreren Abschnitten erfolgten Restaurierungsmaßnahmen vom theoretischen Ansatz wie von der praktischen Durchführung her ein so bedeutender Stellenwert zu, daß man Schloß Tirol auch als Denkmal der Denkmalpflege bezeichnen kann. Die zeitgeschichtlich bedingten politischen und kulturellen Voraussetzungen für den unterschiedlichen Umgang mit dem Bau sind bisher nur kurz skizziert, aber nicht genauer untersucht worden.[10] Einem kleinen Teilbereich, der nicht ausgeführten Ausmalung des Südpalas, ist dieser Beitrag gewidmet.

Eine Ausmalung des Saales durch den Wiener Maler Eduard Gurk war bereits 1838 erwogen worden, der Vorschlag wurde aber nicht weiter verfolgt.[11] Die Referenten der k. k. Central-Commission Rosner und Schaeffer erheben 1902 gegen ein neuerliches Projekt dieser Art im Prinzip keine Einwendung, können aber die vorgelegten Entwürfe nicht empfehlen.[12] Hans Nothdurfter verweist auf nähere Umstände und nennt auch den Maler Eduard (richtig Edmund) von Wörndle.[13]

Der damals 75jährige Maler hatte im Mai 1902 an die k. k. Central-Commission geschrieben:

> Die in nachstehenden Zeilen erörterte Angelegenheit ist gleich der seinerzeitigen Vollendung der Andreas-Hofer-Kapelle in Passeier eine eminent tirolische, berührt also alle Kreise des Landes, – es ist die Frage der endgültigen Renovierung des alten Stammschlosses Tirol bei Meran.
> Es ist thatsächlich für jeden Patrioten tief beschämend, in welch unfertigem Zustande nun schon seit Jahren gerade der noch intakte Theil der berühmten Burg dasteht, zum Spott der Tausenden von Ausländern, welche dieselbe Jahr für Jahr besuchen, und mit verächtlichem Staunen finden, daß die öden Räume eher Kornspeichern oder Lagerräumen als ehemaligen Fürstengemächern gleichen; da ist wohl der Wunsch naheliegend, daß hierin einmal Wandel geschaffen werde.
> Der verstorbene Hofrath Schönherr war bekanntlich in seiner rastlosen Energie bestrebt, die bauliche Renovierung der jetzigen Haupttheile des Schlosses während einer Reihe von Jahren mit bedeutendem Aufwand von ärarischem Gelde durchzuführen. Mit seinem Tode vor 4 Jahren trat nicht nur Stillstand ein, sondern es erhob sich nachgerade sogar eine Opposition gegen Alles bisher Geschaffene. Besonders wurde beanstandet, Schönherr habe 2 Säle geschaffen, und überhaupt zuviel Regelmäßigkeit in den Bau gebracht, das sei in alten Burgen nie gewesen. Allein Schönherr hat doch nur wiederherstellen wollen, was er an Altem gefunden zu haben glaubte. Daß er übrigens mit seinen diesbezüglichen Anschauungen nicht vereinzelt steht, bekräftigen die Publikationen des burgenkundigen Schriftstellers Otto Piper in München, welcher speziell bei alten fürstlichen Burgbauten mehrmals saalartige Räume übereinander, sowie große, gleichmäßige Fensternischen nachweist, so z. B. in den alten Pfalzen zu Gelnhausen, Goslar, auf der Münzenburg, Wartburg, und an anderweitigen Orten.
> Andererseits darf hinsichtlich Schloß Tirol wohl bemerkt werden, daß laut Ansicht von Architekten, z. B. des k. k. Konservators Herrn Regierungsrath Direktor Deininger, Innsbruck, der jetzt noch stehende Haupttheil des Schlosses höchst wahrscheinlich nach der daranstoßenden Kapelle entstanden ist, und also einer späteren Bauperiode angehört. Wenn dies wirklich der Fall ist, dann ist es absolut nicht nöthig, sich bei eventuellen Renovierungen ausschließlich an einen bestimmten, z. B. an den altromanischen Styl zu halten. Schließlich wäre auch die Frage der Erwägung wert, ob man, nachdem nun einmal der renovierte Bau des Hauptgebäudes im Rohen fertig da steht, Alles von Schönher mit bedeutenden Kosten hergestellte, wieder fortreißen soll? Das hieße doch, das Geld zum Fenster hinauswerfen.

Nach dieser Einführung, welche die heftige Diskussion um die Restaurierungstätigkeit unter David von Schönherr aus zeitgenössischer Sicht spiegelt, kommt Wörndle zur Folgerung:

> Das einfachste und natürlichste – und darum vielleicht auch das richtigste – dürfte wohl sein: man vollende das jetzt Vorhandene in entsprechend künstlerisch, dekorativer Weise, so gut es geht, damit das viel besuchte Landeskleinod endlich ein würdiges Aussehen – gewissermaßen ein fürstliches Kleid – bekomme, und die Ausländer sehen, daß man auch in Tirol den ehrwürdigen Überrest einer großen Vergangenheit zu schätzen wisse.
> Allerdings sind auch die Ansichten über die dekorative Ausschmückung des Schlosses sehr divergierend, indessen gibt auch hierin Prof. Piper in seiner „Burgenkunde" willkommene und erschöpfende Direktive. Er betont, daß in der Pfalz zu Gelnhausen schon vor 826 Ludwig der Fromme Saal und Kapelle mit biblischen und geschichtlichen Malereien schmücken ließ; daß „Friedrich der Gebissene" den oberen Saal der Wartburg 1294-1324 mit Darstellungen seiner Kriegstaten zierte u. dgl. m.
> Es wurde aber damals nicht nur stellenweise Bilderzier angewendet, sondern auch Färbelung der Wände, nachgeahmte Mauerfugen, Ranken und Ornamente, Teppichbehänge, usw. wie in Dornsberg an der Etsch, in Reifenstein, Freundsberg, Nürnberg und anderwärts. Auch Holzdecken, Wandvertäfelung, ja selbst Steinplastik wurde bemalt.
> Um nun allen hierzu einschlägigen Kombinationen eine positive Basis zu geben, ist es wohl am Platze, gewisse Hauptgrundsätze über den Charakter des im vorliegenden Falle zulässigen dekorativen Schmuckes festzustellen. Die Glanzperiode der Burg reicht zurück in eine der bedeutendsten Epochen der Landesgeschichte; sie selbst steht aber auch in einer Gegend, welche überreich an hochromantischen Sagen und Legenden ist. Solch glückliches Zusammentreffen wird nicht so bald anderswo gefunden. Es wäre also wohl am naheliegendsten, wenn man hier die Sage und die Geschichte von den Wänden sprechen ließe. Die untere Burghalle mit ihrer ernsten Wucht und tiefen Stimmung, mit ihrem mystischen Kapellenportal, auf dem sich ohnedies schon Lindwürmer und andere Ungeheuer drängen, ist wie geschaffen, die Sagenwelt zur Anschauung zu bringen, sowohl durch Vorführung einzelner Reckengestalten, als auch durch episch behandelte Legendenbilder (vgl. Runkelstein). Mit dem Aufstieg zum oberen freieren lichtvollen Saal tritt der Besucher aus dem Dunkel des Sagenreiches in den Lichtkreis der Geschichte. In diesem Saal, welcher zugleich als Repräsentations (Thron)saal aufzufassen wäre, sollen sich aneinander reihen die Gestalten der Landesfürsten abwechselnd mit Bildern der Geschichte des Schlosses selbst. Durch solche Eintheilung des Bilderschmuckes würde auch das mehrfach getadelte Vorhandensein zweier Säle übereinander eine Art Berechtigung und gewissermaßen eine Sanktion erhalten.
> In dieser Intention, und um diesen Ideen einen konkreten Ausdruck zu geben, entstanden einige Dekorationsentwürfe, welche – wenn auch nicht ganz unanfechtbar – durch den Augenschein darlegen sollen, daß und wie etwa diese Gedanken dem altehrwürdigen Baue gewiß nicht zum Schaden gereichen, sondern allenfalls zu einer würdigen Vollendung der Renovierung des Stammschlosses von Tirol beitragen könnten.[14]

Die zehn Entwürfe, die dem Schreiben beigelegt waren, und einige mehr gelangten nach dem Tod des Künstlers im Jahre 1906 als Geschenk der Familie an das Meraner Stadtmuseum, wo sie in einer bisher unveröffentlichten Mappe verwahrt werden.[15]

Ein Aquarell (10[16]; Abb. 2) von 1892 belegt, daß sich Wörndle bereits damals mit der Ausmalung des Südpalas beschäftigt hat. Das Blatt mit dem oberen Saal nach Südosten zeigt unter der Holzdecke einen schmalen zweifarbigen Fries mit Männern, Tieren und Ornamenten, darunter eine rote Wandfassung und am Sockel eine Holzverkleidung. Oberhalb der dekorativ gerahmten dreiteiligen Rundbogenfenster[17] sind plastisch gearbeitete Tierköpfe angebracht. Den Platz zwischen den Fenstern nehmen zwei Kampfszenen aus der Laurinsage ein: links kämpft der Zwergenkönig mit dem Vorteil der Tarnkappe, rechts wird er nach deren Verlust von seinem Gegner in die Höhe gestemmt. Die 1902 vorgeschlagene Zweiteilung des Bildprogrammes, unten Sage, oben Geschichte, wird hier noch nicht berücksichtigt, wohl aber der Bezug zur näheren Umgebung. Ignaz Vinzenz von Zingerle hatte nämlich 1868 Laurins Rosengarten in Algund angesiedelt.[18] In der Mitte der Ostwand sieht Wörndle zwischen zwei Türen einen großen Kamin vor, dessen Mantel bis zur Decke reicht. Zwei massive Wandbänke und ein Tisch vervollständigen die Dekoration.

Im Entwurf von 1901 (7) wird das Ausmalungssystem für den oberen Saal vereinfacht, die Anzahl der Szenen hingegen verdoppelt. Sie reichen nunmehr bis zur Decke, die untere Hälfte der Wände wird von einem grün gemalten Vorhang bedeckt, der in blaugrünen und roten Fransen ausläuft. Gemalte Säulen rahmen die Fenster, die Flächen darüber zeigen symmetrisch angelegte Fabeltiere, dazwischen anstelle der Tierköpfe von 1892 jeweils ein Wappen in Vier- bzw. Dreipässen. Die Szenen zeigen von Westen nach Osten Bilder aus der Geschichte von Schloß Tirol: die Erstürmung durch germanische Krieger (Abb. 3), den Wiederaufbau der Burg (Abb. 4), einen Trauerzug aus dem Burgtor heraus (Abb. 5) und die von einer Frau, Margarethe Maultasch, geleitete Verteidigung im Jahre 1342 (Abb. 8). Für die Ostwand (2; Abb. 6) sieht der Künstler nunmehr anstelle des Kamins einen Thronsessel, zwei Stufen erhöht, unter dem Tiroler Adler in einer mit Purpur verzierten Rundbogennische vor. Je zwei gemalte Säulen tragen die Scheinarchitektur, deren Zwickel einen Seraphim in Rankendekor zeigen. Zu beiden Seiten der Nische, oben zwei höfische Szenen, jede gerahmt von einer Standfigur, unten der grüne Vorhang. Für die Thronnische liegen weitere drei Varianten vor: einmal (22)

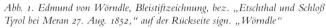
Abb. 1. Edmund von Wörndle, Bleistiftzeichnung, bez. „Etschthal und Schloß Tyrol bei Meran 27. Aug. 1852," auf der Rückseite sign. „Wörndle"

Abb. 2. Edmund von Wörndle; Entwurf für die Ausmalung des oberen Saales, Süd- und Ostwand; Aquarell, 1892

mit gemalten Quadern hinter den Säulen und zwei Wappen anstelle der Seraphim, dann (21) mit schmaler weißer Nische, wobei auf dem Dach der Scheinarchitektur zwei posaunenblasende Engel dargestellt sind, schließlich (31), immer auf weißem Hintergrund, mit zwei Wappen in den Zwickeln.

Zum unteren Saal liegen vier großformatige Entwürfe von 1899 und drei kleinere von 1901 vor. In enger Anlehnung an die Triaden des Sommerhauses von Runkelstein[19] sieht der ältere Entwurf für die Südwand (13; Abb. 7) bemalte Scheinquadern und auf Fensterhöhe 4 Dreiergruppen vor. Von Osten ein Riesenweib und zwei Riesen ('Rütze, Velle, Sigenor'), es folgen 'Dietrich von Bern, König Laurin, König Ortnit', dann 'Hug Dietrich, König Ancius, Wolfdietrich', schließlich die Riesen 'Vasalt, Ecker' und 'Eberroth'. Sitzbänke unter den mittleren Szenen und ein mit Schnitzereien verzierter Balken unter der Decke vervollständigen die Ausstattung.

Zwei Jahre später strafft Wörndle den Entwurf (3). Die Scheinquadern beschränken sich auf den Sockel, die Bilder werden größer und reichen bis zur Decke. In den beiden äußeren stehen die Figuren in dichtem Rankenwerk, im Osten 'König Laurin' zu Pferd zwischen 'Dietrich v. Bern', und 'Wittich' (Abb. 12), im Westen 'Die rauhe Else', 'Wolfdietrich' und 'Siegeminne'. Das Dreipaßmotiv und der berittene Zwergenkönig gehen auf die Darstellung an der nördlichen Stirnseite der Runkelsteiner Triaden zurück. Die Mittelbilder sind etwas freier in bühnenbildartiger Aufstellung gestaltet. 'Ecker, Eberroth' und 'Vasalt' stehen zwischen rahmenden Bäumen, 'Herzog Berchtung von Meran und seine Söhne' (Abb. 9) sind als symmetrische Gruppe aufgebaut. Die Bilder schließen nach unten mit Blattstab und Rundbogenfries, während über den Fenstern in dekorativem Rankenwerk je ein gemalter Tierkopf das Motiv von 1892 wieder aufnimmt.

Die Ostwand von 1899 zeigt als Pendant zum Kapellenportal einen großen Kamin, dazwischen außer der Mittelachse und etwas verloren auf den Scheinquadern Tristans Kampf mit dem Drachen, darunter zwei Steinwerke als Ausstattungsstücke. Acht Wappen unter dem geschnitzten Balken markieren die Mitte.

1901 wird die Szene in die Mitte der Wand gerückt (6; Abb. 14) und mit einer Sockelfüllung bis zum Boden heruntergezogen. Der reicher ausgearbeitete Kamin mit zwei Säulen wird im unteren Teil von gemalten Flechtornamenten eingefaßt. Als Variante legt Wörndle bei gleicher Wandaufteilung nunmehr auch den Drachenkampf von König Ortnit (15; Abb. 13) vor.

Der ältere Entwurf für die Nordwand (12) wird analog zur Südwand von drei Bildern über den Sitzbänken, dem geschnitzten Balken unter der Decke und überdies von einem Holzvorbau mit Dreipaßabschluß neben der Treppe zum oberen Saal bestimmt. Das erste Bild von Westen zeigt in einfacher Rahmung eine Bärenjagd und eine Falkenbeize (Abb. 11), die in seitenverkehrter Wiedergabe genau der Miniatur 'König Konrad der Junge' im Codex Manesse entspricht. Auf dem zweiten Bild in etwas reicherem Rahmen ist Isoldes Vermählung mit König Marke und das Treffen zwischen Isolde und Brangäne dargestellt (Abb. 15). Es folgt im

Abb. 3. Edmund von Wörndle; Entwurf für die Ausmalung des oberen Saales, Südwand (Erstürmung der Burg durch germanische Krieger); 1901

Abb. 4. Edmund von Wörndle; Entwurf für die Ausmalung des oberen Saales, Südwand (Wiederaufbau der Burg); 1901

Abb. 5. Edmund von Wörndle, Entwurf für die Ausmalung des oberen Saales, Südwand (Trauerzug aus dem Burgtor heraus); 1901

Osten das Gottesurteil, dem sich Isolde unterziehen muß, und rechts davon König Marke mit dem Zwerg Melot (Abb. 16). Die Szenen sind bis ins Detail den Tristanbildern in Runkelstein entlehnt. Die Nordwand in der Fassung von 1901 fehlt.

Die Westwand weicht in beiden Fassungen (11 und 5; Abb. 10) nicht voneinander ab. Rechts Holzvorbau und Treppengeländer, anstelle des erst um 1965 wieder geöffneten Dreibogenfensters ein großes Bild in einer Nische, deren verzierter Rundbogen von zwei gemalten Säulen getragen wird. Tristans Tod vor einer Felskulisse und das Turnier rechts folgen wiederum den Runkelsteiner Vorbildern und legen sie zusammen.

Wörndle fährt in seinem Schreiben mit konkreten Vorschlägen zur baulichen Umgestaltung der beiden Säle weiter und schließt mit einer Kostenschätzung:

> Zu beiläufiger Detailierung der vorliegenden Entwürfe übergehend, müßte der untere Saal statt des jetzigen sehr defekten Bretterbodens eine Pflasterung von hart gebrannten Thonplatten erhalten. Darauf fast ringsumlaufend eine Stufe aus festem Holze, auf der die Ruhebänke stehen. Die zum oberen Saal führende sehr primitive Treppe müßte eine reiche romanische Holzverkleidung bekommen. Die Eingangsthüre sollte auch an der Innenseite korrespondierend mit dem alten Außenportal eine romanische Steinarchitektur erhalten. Die Ostwand der Halle müßte als Seitendekoration zum Kapellenportal ein romanischer Kamin schmücken, während der Zwischenraum durch ein großes bedeutsames Wandgemälde auszufüllen wäre.
>
> Die zwei nach Norden gelegenen Doppelfenster müßten mit mattem romanischen Ornament verglast werden. Die Wände bekämen feinen Verputz mit farbigem Mörtel und eingeritzten Mauerfugen, sowie einen Sockel von eingefügten Steinplatten. Anschließend an diesen wesentlich künstlerischen Gedankengang sei es erlaubt, um einer eventuellen faktiven Durchführung desselben näherzutreten, auch die praktische oder genau gesagt, die finanzielle Seite kurz zu berühren.
>
> Da nach den vorliegenden Entwürfen der malerischen Dekoration namentlich im untern Saale noch architektonische Ausgestaltungen beigesellt werden müßten, so wurde von dem k. k. Baurath Baumeister G. Huter in Innsbruck ein dießbezüglicher Aproximativ-Kostenüberschlag verfaßt, welcher im Detail die verschiedenen baukünstlerischen Auslagen auf ca. 10.000 Kronen feststellte. Dazu kämen 5 Bilder, jedes durchschnittlich 5 bis 6 Quadr. Meter groß in Wachsfarbenmalerei auf Gobelin-leinwand mit Sagendarstellungen, das Bild zu 800 Kronen macht 4.000 Kronen. Dann zwischen den südlichen Fenstern 4 große Figurengruppen in Wachsfarbe auf Gobelin, jede Gruppe zu 600 Kronen macht 2.400 Kronen, dazu 4 kleine dekorative Fensterverglasungen zu 100 Kronen zusammen 16.500 Kronen.
>
> Der obere Saal hätte außer den Bildern nur die Dekorationsmalerei und 10 kleine Fensterverglasungen nöthig. Die Wände bieten Raum für 11 Geschichtsbilder, ebenfalls Gobelinmalerei mit Wachsfarbe. Größe der Bilder durchschnittlich je 6 Quadr. M., pro Bild wieder 800 Kronen macht 8.800 Kronen. Dann ca. 8 Einzelfiguren zusammen 1.200 Kronen. Dazu die Dekorationsmalerei laut Kostenvoranschlag mit 1.200 Kronen und die dekorative Fensterverglasung mit 1.000 Kronen macht für den oberen Saal die Summe von 12.000 Kronen, also für beide Säle 28.500 und mit einem Pauschale für die nöthigen Vorarbeiten und Beaufsichtigungen höchstens 30.000 Kronen.
>
> Da aber die Arbeiten nur allmälig fortschreiten können, so würde sich diese Summe naturgemäß auf circa 3 Jahre vertheilen, was die Sache sowohl hinsichtlich Beschaffung der Geldmittel wie im Interesse sorgfältiger Ausführung wesentlich erleichtern würde.

Innsbruck im Mai 1902   Edmund von Wörndle

Abb. 6. Edmund von Wörndle; Entwurf für das Wanddekorationssystem des oberen Saales, Ostwand; 1901

Die k. k. Central-Commission hat zu den Entwürfen zwei verschiedene Gutachten eingeholt. Baurath Rosner bemerkt zum architektonischen Teil der geplanten Wanddekoration, daß die Ornamente der Süd- und Ostseite des oberen Saales, was die Ausmaße betrifft, in keinem richtigen Verhältnis zu den Bildern stehen, daß die Ostseite in drei Teile zerschnitten sei und keinerlei architektonische Verbindung habe, und daß die Verzierungen der Fensterbrüstungen der Südwand einer Laubsägearbeit ähnlich seien. Im unteren Saal vermißt er eine einheitliche architektonische Anordnung und bezeichnet die Bilder der Nord- und Ostwand wie im Rahmen aufgehängt.[20]

Abb. 7. Edmund von Wörndle; Entwurf für den unteren Saal, Südwand; 1899

Abb. 8. Edmund von Wörndle; Entwurf für den oberen Saal (Margarethe Maultasch leitet die Verteidigung der Burg im Jahre 1342); 1901

Abb. 9. Edmund von Wörndle; Entwurf für den unteren Saal, Südwand (Herzog Berchtung von Meran und seine Söhne); 1901

Entwürfe für die Ausmalung von Schloß Tirol   779

Abb. 10. Edmund von Wörndle; Entwurf für den unteren Saal, Westwand (Tristans Tod und Reiterturnier); 1901

Abb. 11. Edmund von Wörndle; Entwurf für den unteren Saal, Nordwand (Bärenjagd und Falkenbeize); 1899

Zu den figuralen Entwürfen äußert sich Reg. Rat August Schaeffer sehr allgemein:

> Jedes sich Anschließenwollen an jene fernen Zeiten, als die Burg noch ihrer Bestimmung gegeben war, hält derselbe für ein gefährliches Unternehmen, das allzeit etwas hinkendes haben wird, auch wären es Steinle oder von Schwind, diese letzten bedeutenden Romantiker unseres Jahrhunderts, die sich damit befassen könnten. Ebensowenig kann ich mir in solchen Räumen etwa einen Secessionisten walten sehen, oder überhaupt „die Moderne", ob welcher der selige Erbauer des Wiener Rathauskellers sich tiefer im Grabe umgedreht haben dürfte.

Im weiteren Verlauf seiner Ausführungen spricht sich Schaeffer doch für eine Ausmalung aus, glaubt aber, daß es sehr schwer sein werde, einen Maler zu finden, der das richtige Maß von Empfinden für diese frühe Zeit hätte, „gar heute, wo wir uns auch nicht mit jener akademischen Romantik der 1. Hälfte des 19. Jahrhunderts zurechtzufinden wissen oder mindestens begnügen wollen". Für eine kritische Stellungnahme zu den einzelnen Skizzen schlägt Schaeffer Prof. Karger vor, von dem aber kein Schriftstück vorhanden ist.

Abb. 12. Edmund von Wörndle; Entwurf für den unteren Saal, Südwand; 1901

Die Antwort der k. k. Central-Commission vom 24. Juni 1902 fällt den Stellungnahmen entsprechend abschlägig aus. Außer den architektonischen Anmerkungen wird ausgesetzt, daß der figurale Teil dem Stile und der Zeit, welcher das Baudenkmal angehört, nicht so tief nachempfunden ist, daß eine in jeder Hinsicht harmonische Wirkung erwartet werden kann. Die Kommission „will sich gewiß der Überzeugung nicht verschließen, daß diese Skizzen mit vielem Eifer und Geschicklichkeit entworfen sind", kann sich aber trotzdem nicht für deren Ausführung aussprechen, „da sie mit Rücksicht auf den ganz außerordentlichen archäologischen Werth des Stammschlosses Tirol sich genöthigt sieht, an Ihre Arbeit einen besonders strengen Maßstab anzulegen".

Damit endet „die eminent tirolische Angelegenheit". Mit Ausnahme eines kleinen Restes von Quadermalerei, das in den sechziger Jahren an der Nordwand des Obergeschosses aufgedeckt worden ist, zeigen die beiden Säle heute noch weiße Wände, wie sie auf zwei Blättern der Entwürfe als gegenwärtiger Zustand wiedergegeben sind. Tatsächlich wirkt das Erscheinungsbild nach wie vor unbefriedigend, umso mehr als die architektonische Gestaltung der Säle auf den ersten Blick das ausgehende 19. Jahrhundert erkennen läßt, während eine adäquate Farbgestaltung fehlt. Wörndles Vorschlag war daher zwar berechtigt, kam aber nach dem Tode David von Schönherrs entschieden zu spät. Die Entwürfe selbst sind ebenfalls gleichsam überlebt und nehmen sich mit ihren wörtlichen Anleihen bei den Runkelsteiner Malereien sehr bescheiden, um nicht zu sagen phantasielos, aus.

Während der Parzifal-Zyklus im Theatersaal des Vinzentinums in Brixen, den Wörndle zusammen mit seinem Bruder August zwischen 1885 und 1888 gemalt hat, als eines der schönsten tirolischen Werke der ausklingenden Romantik bezeichnet wurde,[21] stellt bereits die Ausmalung der Herz-Jesu-Kapelle in St. Leonhard in Passeier 1893-96 einen Rückschritt dar. Zu Recht wurde angemerkt, daß aus den schlichten Figurenbildern die Landschaft ganz verschwunden ist.[22] Dabei stellte die Landschaftsmalerei den Höhepunkt im Schaffen Edmund von Wörndles dar. Der aus einer Tiroler Familie 1827 in Wien geborene Maler war Schüler von Thomas Ender und erzielte mit historischen Landschaften und mit Bildern, die er auf seinen Reisen in Palästina und Italien gemalt hatte, große Erfolge.

Die Entwürfe für Schloß Tirol schließen an die Malereien in St. Leonhard an, verzichten ebenfalls auf die Landschaft und begnügen sich mit etwas klischeehaft anmutender Bühnendekoration. Es verwundert daher nicht, daß das Projekt von der k. k. Central-Commission höflich, aber unmißverständlich abgelehnt worden ist. Ob die Ausmalung für die beiden Säle trotzdem eine Bereicherung gewesen wäre, läßt sich heute nicht beurteilen.

Edmund von Wörndle, der bereits 1852 Schloß Tirol gezeichnet hat (38; Abb. 1), erkennt als Maler das Problem der im Geist des Späthistorismus unter David von Schönherr durchgeführten, aber nicht abgeschlossenen Restaurierung und versucht genau 50 Jahre später, es mit den ihm zur Verfügung stehenden Kräften zu lösen. Seine Ausführungen und die Antwort der k. k. Central-Commission liefern bei aller Zeitgebundenheit einen interessanten Beitrag zur Diskussion denkmalpflegerischer Fragestellungen, die heute noch aktuell sind.

Selbst wenn es zur Ausführung der Entwürfe gekommen wäre, hätte man in der Zwischenkriegszeit, nachdem Schloß Tirol Eigentum des italienischen Staates geworden war, mit hoher Wahrscheinlichkeit die allzu germanisch anmutenden Recken übertünchen lassen. Damals ordnete das Staatsdenkmalamt in Trient die Rückführung der neuromanischen Rundbogenfenster des oberen Saales in Rechteckfenster an und setzte somit einen neuen Markstein in der vielschichtigen Restauriergeschichte. Das Problem der Präsentation der Säle wurde dadurch zwar noch komplizierter, aber keineswegs bewältigt.

Anmerkungen

1 Oswald Trapp, *Tiroler Burgenbuch II. Bd. – Burggrafenamt*, Bozen/Innsbruck/Wien/München 1973, S. 63.
2 *Denkmalpflege – Deutsche Texte aus drei Jahrhunderten*, Norbert Huse (Hrsg.), München 1984, S. 35.
3 Benedikt v. Giovanelli/J. v. Hammer/Alois Primisser, *Ueber drei Portale der Schloßkapellen zu Tirol und zu Zenoberg bei Meran*, in: Beiträge zur Geschichte, Statistik, Naturkunde und Kunst von Tirol und Vorarlberg. Hrsg. v. d. Mitgliedern des Ferdinandeums, von Mersi, von Pfaundler und Röggel, IV. Bd., Innsbruck 1828, S. 153 ff.
4 *Mittheilungen der k. k. Central-Commission*, N. F. III / 1877, S. XII.
5 Otto Piper, *Österreichische Burgen*, I. Bd. Wien 1902, S. 220 ff.
6 Josef Weingartner, *Die Kunstdenkmäler des Etschlandes*, IV. Bd. Wien/Augsburg 1930, S. 203 ff.
7 Nicolò Rasmo, *Schloß Tirol*, Bozen 1970.
8 Trapp (wie Anm. 1), S. 57 ff.
9 Martin Bitschnau/Walter Hauser, *Baugeschichte der Burg Tirol im Hochmittelalter (1077/1100 – 1300)*, in: Tiroler Heimat, 59, 1995, S. 5 ff.
10 Trapp (wie Anm. 1), S. 64. Wünschenswert wäre eine Aufarbeitung, wie sie von Elisabeth Castellani-Zahir 1993 für Schloß Vaduz vorgelegt wurde.
11 Trapp (wie Anm. 1), S. 64.
12 *Mittheilungen der k. k. Central-Commission*, Dritte Folge, I. Bd., Wien 1902, S. 209.
13 Hans Nothdurfter, *Schloß Tirol*, Dorf Tirol 1986, S. 38.
14 Akte Nr. 846 im Faszikel Schloß Tirol, Archiv des Landesdenkmalamtes Bozen.
15 Inv. Nr. 3420. Dem Kustos des Meraner Museums, Herrn Wolfgang Duschek, danke ich für seine Hilfe. Monika Barbara Oberhammer, *Der Landschaftsmaler Edmund von Wörndle (1827 – 1906)*, Diss. Innsbruck 1969 führt die Entwürfe unter den verschollenen Werken Nr. 216, S. 193 an.
16 Die Numerierung bezieht sich auf jene in der Mappe, die einzelnen Blätter werden im Anhang aufgelistet.
17 Der Entwurf muß noch vor der Fertigstellung des Saales entstanden sein, da alle Fenster als Dreibogenelemente gezeichnet werden, während tatsächlich nur das Mittelfenster drei Bögen erhielt.
18 *König Laurin oder der Rosengarten in Tirol*, Ignaz Vinzenz Zingerle (Hrsg.), Innsbruck 1850, S. XXII.
19 Die Triaden übernimmt Wörndle nicht vom Original, sondern von den Lithographien, die Ignaz Seelos angefertigt und 1857 in Innsbruck veröffentlicht hatte.

Abb. 13. Edmund von Wörndle; Entwurf für den unteren Saal, Ostwand (Drachenkampf von König Ortnit); 1901

20 Wie Anm. 14, Schreiben vom 29. 5. 1902.
21 Karl Wolfsgruber, *Kirche und Theatersaal des Vinzentinums – zwei beachtliche Kunstwerke des 19. Jahrhunderts in Tirol*, in: Der Schlern, 47, 1973, S. 280.
22 Monika Barbara Oberhammer (wie Anm. 15), S. 89.

Abbildungsnachweis

Stadtmuseum Meran: *Abb. 1-16* (Inv. Nr. 3420)

Abb. 14. Edmund von Wörndle; Entwurf für den unteren Saal, Ostwand; 1901

Abb. 15. Edmund von Wörndle; Entwurf für den unteren Saal, Nordwand (Isoldes Vermählung und Treffen zwischen Isolde und Brangäne); 1899

Abb. 16. Edmund von Wörndle; Entwurf für den unteren Saal, Nordwand (Isolde unterzieht sich dem Gottesurteil); 1899

Anhang

Meraner Museum, Mappe Inv. Nr. 3420 Entwürfe zu Schloß Tirol und Andreas Hofer Kapelle von Edmund v. Wörndle Innsbruck – Geschenk der Familie v. Wörndle-Adelsfried Innsbruck 1906

3420/2   Aquarell aufgezogen, oben bez. „Decorations-Entwurf für Stammschloß Tirol; oberer Saal, O-Seite", sign. oben rechts Edm. v. Wörndle 1901, 45,5 x 18,4 cm

3420/3   Aquarell ursprünglich aufgezogen, heute abgelöst, unterer Saal, Südwand, auf der Rückseite bez. „Aquarell von Herrn Edmund v. Wörndle, academ. Maler in Innsbruck. Entwurf zur Innendekoration des Stammschlosses Tirol bei Meran. Geschenk der Familie Wörndle v. Adelsfried in Innsbruck an das Museum in Meran (16. Oktober 1906)" 83,4 x 20,5 cm

3420/4   Aquarell aufgezogen, oben bez. „Stammschloß Tirol unterer Saal im gegenwärtigen Zustand", sign. unten rechts E. v. Wörndle 1901, mit roter Tinte daneben „Rittersaal". Auf der Rückseite bez. wie 3430/3, 38,8 x 20,7 cm

3420/5   Aquarell aufgezogen, oben bez. „Decorations-Entwurf für Stammschloß Tirol; unterer Saal, Westseite", sign. unten links Edm. v. Wörndle 1901 12,3 x 29,6 cm

3420/6   Aquarell aufgezogen, oben bez. „Decorations-Entwurf für Stammschloß Tirol; unterer Saal, Ostseite, Eingang zur Kapelle", unten sign. Edm. (dann überklebt vom Mittelbild), 29,6 x 12,3 cm

3420/7   Aquarell aufgezogen, oben bez. „Decorations-Entwurf für Stammschloß Tirol, oberer Saal, Südseite", unten rechts sign. Edm. von Wörndle 1901, 81,3 x 19,3 cm

3420/9   2 Schnitte durch den Südpalas bez. „Stammschloß Tyrol" von Cölestin Recla Baumeister Meran, 23. 2. 1898

3420/10 Aquarell, perspektivische Ansicht des oberen Saales nach Südost. Unten links sign. „W. 25. Juni 92", 70,5 x 42,6 cm. Auf der Rückseite bez. „Entwurf zu einer Innendecoration des Stammschlosses Tirol bei Meran"

3420/11 Aquarell, nicht aufgezogen, bez. „Decorations-Entwurf für den Rittersaal in Schloß Tirol". Unterer Saal, Westwand, rechts unten sign. Edmund von Wörndle, Innsbruck 1899, 82 x 47,7 cm

3420/12 Aquarell, nicht aufgezogen, bez. wie 3420/11, darunter „nördliche Wand", rechts unten gleiche Signatur, 43,9 x 134,5 cm

3420/13 Aquarell, nicht aufgezogen, bez. wie 3420/11, darunter „südliche Wand", rechts unten gleiche Signatur, 44 x 134,5 cm

3420/14 Aquarell, nicht aufgezogen, unten bez. „östliche Stirnwand, Eingang zur Kapelle", rechts unten gleiche Signatur, 34,5 x 81,5 cm

3420/15 Aquarell, nicht aufgezogen, bez. wie 3420/11", darunter „östliche Stirnwand, Eingang zur Kapelle", sign. rechts unten Edmund von Wörndle 1901, 47,4 x 81,2 cm

3420/20 Aquarell, nicht aufgezogen, auf der Rückseite bez. „Portal im Stammschloß Tirol bei Meran", 18,4 x 21,2 cm

3420/21 Aquarell, nicht aufgezogen, Variante zum Thronsessel, auf der Rückseite bez. „Entwurf zur Innendecoration des Stammschlosses Tirol", 16,3 x 23,6 cm

3420/22 Aquarell, nicht aufgezogen, rechts Variante zum Thron, links Wandabwicklung, sign. rechts unten „Entworfen von Edmund v. Wörndle", 20,4 x 50,9 cm

3420/31 Aquarell, Variante zum Thron, 18,8 x 14 cm

3420/32 Kopie von 3420/13, grau laviert, rechts unten sign. „Edm. Wörndle". 13,8 x 58,5 cm. Auf der Rückseite bez. „ Geschenk der Herren Söhne + 9.8.1906"

3420/33 Perspektivische Bleistiftzeichnung, aufgezogen, unterer Saal nach Südost, 23,8 x 35,5 cm

3420/34 Federzeichnung, aufgezogen, bez. „Plan zum oberen Fürstensaal im Stammschloß Tirol bei Meran", 28 x 18,4 cm

3420/35 „Plan zum unteren Rittersaal" (fehlt)

3420/36 Kopie von 3420/12, grau laviert, unter der Tür sig. Edm. v. Wörndle 1901

3420/38 Bleistiftzeichnung, bez. „Etschthal und Schloß Tyrol bei Meran 27. Aug. 1852", auf der Rückseite sign. „Wörndle"

5154   Aquarell in Passepartout, oberer Saal nach Südosten, sign. rechts unten Edmund v. Wörndle 1901. In der Mitte rot bez. „Fürstensaal", 28,8 x 20,6 cm mit Bleistifteinteilung für Szenen

Stefan Hirsch

Heimatstil – die Sehnsucht nach landschaftsgebundenem Bauen im Einfluss des Jugendstils

Radikale Umbrüche architektonischer Formen- und Stilsprachen in der Folge nachhaltig veränderter Lebensbedingungen und zeitbedingter Lebensgefühle sind umso vertrautere Phänomene für die Kunstgeschichte, je länger sie zurückliegen und distanzierter betrachtet werden können. Die Dramatik des abrupten Übergangs vom gründerzeitlichen Historismus zum Jugendstil ist zwar derjenigen beispielsweise des Spätmittelalters zur Renaissance nicht vergleichbar, steht ihr in ihrer formalen wie geistesgeschichtlichen Wucht, wenngleich in ganz anderen und kurzlebigeren Zusammenhängen, aber kaum nach. In ihrer Faszination ist sie eigentlich noch kaum erkannt. Zu sehr werden im Heimatstil vordergründig noch die Zitat-Reminiszenzen aus der Barock- und Biedermeierzeit wahrgenommen, zu wenig wird die eigenständige Kraft der Baukörpergestaltung in ihrem Gleichgewicht zwischen Funktionalität und Verspieltheit der über- und untergeordneten Architekturbestandteile, der bautechnischen Gediegenheit, der differenzierten behäbig-noblen und doch von Leichtigkeit durchdrungenen Dachgestaltung und der filigranen Fensterprofilierungen mit ihrer vertikal nach oben zunehmenden Teilungsdichte erkannt. Dabei sind gerade Denkmäler aus der Zeit des jugendstilig beeinflußten Heimatstils von einer architektonischen, menschlich maßstäblichen und baulichen Qualität, wie sie besonders bei den Großbauten davor oder danach kaum erreicht worden ist: Hohler historischer Prunk, totalitäre Großmannssucht oder technoides Rasterschema-Denken konnten als Leitidee mit derjenigen des konventionelle Einengung sprengenden und neue Lebensgefühle der Phantasie und Unabhängigkeit zulassenden Jugendstils nicht mithalten.

Deshalb ist es reizvoll, an das Phänomen des Heimatstils neben den kunsthistorisch-formalen Analysekriterien seiner Stilausprägung vor allem unter denen der damaligen Lebensgefühlbefindlichkeiten heranzugehen. Dazu ist es erforderlich, die einzelnen Schichten der Wahrnehmungskategorien späterer Generationen abzuheben, um einen unverstellteren Blick auf die Zeitaussage gewinnen zu können. Das beginnt schon damit, daß die Nachkriegsgeneration diese Bauten in der Regel nicht in ihrer intendierten differenzierten Farbgestalt erlebt oder erlebt hat, die für die Zeit der Jahrhundertwende eine wesentliche – auch programmatisch geäußerte – Aufbruchssymbolik verkörperte. Das heutige Erlebnis von Heimatstilarchitektur schwankt im wesentlichen entweder zwischen idyllischer bis muffig heruntergekommener Graumäusigkeit oder überbunt perfekt deckendem Mineralfarben-Restaurierungs-Outfit. So vermitteln sich die zahllosen Villen, Landhäuser, Kirchen, Kapellen, Flurdenkmäler, Feuerwehrhäuser, Schulgebäude, Krankenhäuser, Bankgebäude, Fabriken, Werkstätten, Lager, Kontore, Sägewerke, landwirtschaftlich-genossenschaftlichen Großgebäude, Gaststätten, Ausflugslokale, Saalbauten und Ausstellungsgebäude, Miets- und Geschäftshäuser, Doppelhäuser und Wohnhausgruppen, Kleinanwesen und Garagen der nachhistorischen Zeit um 1900 und der beiden Jahrzehnte danach zwiespältig. Und einer breiteren Öffentlichkeit sind sie mangels eines eingängigen, eindeutigen und über Fachkreise hinausgedrungenen Stilbegriffs ohnehin ziemlich unverständlich und aussagelos.

Als „Heimatstil" oder „sachliche Behaglichkeit" werden die vermeintlich landschaftsgebundenen Architekturströmungen dieser Zeit heute kunsthistorisch oder denkmalpflegerisch eingeordnet. Obwohl fast jeder heutige Bürger irgendwie mit dieser Architektur, sei es als Schüler, Patient, Kirchenbesucher oder „Parteiverkehrender" in Berührung kommt (und dabei aber auf Grund des Anlasses meist wenig „behagliche" Empfindungen entwickelt), hat sich ein in die Alltagssprache übernommener Stilbegriff nicht entwickelt. Darüber hinaus ist die einem neubarock-biedermeierlich zurückgeschnittenen und ins eher Betuliche gewendeten Jugendstil entnommene Formensprache ohne Kenntnis der kunsthistorischen Zusammenhänge nur schwer verständlich. Was man nicht oder nur bedingt versteht, dessen Wert kann man nicht erkennen – und so ist es kein Wunder, daß diese Zeugnisse qualitativ hochwertigster Baukunst aus der Zeit des Jugendstils keine übermäßige Hochschätzung in der Öffentlichkeit genießen und dementsprechend gefährdet sind.

Wie so oft sind es individuelle Erlebnisse, Vorurteile, persönliche Gefühlserfahrungen und Werteassoziationen, die den Umgang der Gesellschaft mit Architektur prägen. Schon der Geruch von Bohnerwachs und Ölfarbe an den Wänden kann Architektur, ihre Aussage und das, was sie als Lebensgefühl vermitteln will, nachhaltig verfremden. Doch auch Zeitgeistströmungen können Spuren und Erfahrungen hinterlassen: Rohrstock, Pedell, Götter in der Robe, in Weiß oder in Uniform, Strukturen vereister Gesellschaftsordnungen: All das hat nicht nur den damaligen Aufbruch des Jugendstils in eine neue Freiheit der Kunst, der Architektur und des Lebensstils konterkariert, sondern auch den zweiten Weltkrieg noch überlebt. Die Nachkriegsgeneration hatte es schwer, zur Architektur des „Heimatstils" einen Bezug zu finden. So muß man zu den Quellen zurück, um dem eigentlichen Geist dieser Architektur gerecht werden zu können.

Zur Zeit des „Heimatstils" war von diesem keine Rede, dagegen von „Heimat-Kunst". „Heimatstil" als Begriff war zwar schon früh bei den schweizerischen Hausforschern, bei Jean-Pierre Anderegg z. B., in Verwendung gewesen, zielte aber keineswegs auf die süddeutsch-bürgerlich-behäbige Jugendstil-Variante, die sich von dessen ausufernder Ornamentik absetzen wollte und mußte, um mit vervielfältigbarer Gebrauchsarchitektur den damaligen Bauboom bewältigen zu können.

In der Tat war der Auslöser für die Entwicklung des „Heimatstils" ein ganz vordergründiger, wirtschaftlicher, materieller: Die Bevölkerungsexplosion und die damit sich beschleunigenden sozialen Vermassungsstrukturen einerseits und die

Kapitalkonzentrationen andererseits, auch als späte Nachwirkung der Reparationsleistungen in der Folge des Siebzigerkrieges, erzeugten in der Zeit vor dem ersten Weltkrieg einen Zwang zu Großbauten und öffentlichen Einrichtungen gerade und besonders auch auf dem Land. So war der „Heimatstil" keineswegs auf die Wohnhäuser „in bevorzugter Lage", die Villenkolonien am Rande der Großstädte und die Landhäuser entlang der oberbayerischen Seeufer und sonstiger „landschaftlich reizvoller Gegenden mit Gebirgsblick" beschränkt, sondern wurde rasch von den Architekten als sehr anpassungsfähiges und gegenüber beschließenden Magistratsgremien leicht durchsetzbares und dementsprechend gewinnbringendes Gestaltungsprinzip der öffentlichen Zweckbauten erkannt. Nachdem sich der Historismus im öffentlichen Bewußtsein bereits totgelaufen hatte und als hohl und unehrlich gewordener Beliebigkeitseklektizismus empfunden wurde, andererseits die Freizügigkeit der neuen Lebensauffassung des Jugenstils ziemliche Reserviertheit gerade im ländlich-kleinstädtisch-bürgerlichen Milieu auslöste, galt es für die Planer und Architekten, wenn sie erfolgreich sein wollten, auf die in sich oft recht widersprüchlichen und diffusen Vorstellungen der Auftraggeber zu reagieren. Da waren vor allem auf dem Land Ansprüche an Modernität um jeden Preis mit den Wünschen der Bedenkenträger althergebrachter Biederkeit zu verbinden: Ein stilistischer Spagat, den die Architekten vor allem bei den Fassadengliederungselementen dadurch lösten, daß sie auf die florale Ornamentik des Jugendstils verzichteten und statt dessen auf den vertrauten Formenkanon der Barockzeit und des Biedermeier zurückgriffen, diesen aber stark vereinfachten und gleichzeitig „jugendstilig" proportionierten. Damit war der gesellschaftliche Kompromiß gefunden und die Angst vor dem „Unvertrauten" in der Landschaft oder im Siedlungsbild genommen, wenngleich gerade die Großbauten des Heimatstils oft empfindlich in Orts- und Städtebilder eingriffen und mit den traditionellen Hauslandschaften in Konflikt kamen. Ein besonders aussagekräftiges Beispiel dafür ist die Bebauung im Umfeld des Bahnhofs von Mittenwald. Auch bei den vielfältigen Walm- und Mansarddachformen des Heimatstils sind die Rückgriffe auf das Barock und das Biedermeier spürbar – und doch sind die nicht selten „wilhelminisch" anmutenden Silhouetten deutlich aus der Zeit heraus aufgefaßt. Friedhofseingänge in Form von Pickelhauben haben so auch Eingang in Bayern gefunden und wurden als positive Beispiele landschaftsgerechten Bauens sogar in den einschlägigen Zeitschriften der damaligen Heimatschutz- und nachmaligen Heimatpflegebewegung in Bayern angepriesen.

Wie dem auch sei, hätte man regionales Bauen auf breiter Basis damals ohnehin kaum realisieren können, da die systematische Bauernhausforschung in Bayern um 1900 noch nicht einmal in den Kinderschuhen steckte und keine Begriffe differenzierterer Hauslandschaften als Grundlage für moderne Planungen zur Verfügung standen. Gleichwohl existierte damals schon unter Rückgriff auf das 19. Jahrhundert das Bayernklischee des „alpenländischen" Hauses mit dem flachgeneigten Pfettendach als regionale Sondererscheinung, auf das der Heimatstil auch von Anfang an einging. Der Umgang mit einem solchen Klischee vollzog sich nicht anders als der vorausgegangene mit dem „Schweizerhaus", das in der Gründerzeit die Funktion des Exotisch-Ländlichen und der Feiertagsidylle erfüllte, oft in Form von Ausflugsgaststätten in der Nähe einer größeren Stadt, wie wir sie bis hinauf zur Ostsee, z. B. bei Rostock, finden können. Und selbst dieses „Schweizerhaus" als Sinnbild für bürgerliches Alltagsfluchtbedürfnis ist im Grunde nichts anderes als die Fortsetzung des „Holländerhauses", das in der Zeit der Aufklärung als feudal-rustikales Rückzugsgehäuse vom steifen Hofzeremoniell diente und in dem Fürstbischöfe, wie etwa Auersperg im Freudenhainer Park bei Passau, zu ihrer Zerstreuung Landleben und bäuerliche Naturverbundenheit spielen konnten. Und doch ist das eigentliche Motiv des Heimatschutzes, der heimischen Bauweise und des „bodenständigen Bauens" um die Jahrhundertwende in Deutschland nicht überwiegend in den zivilisatorischen Sehnsüchten der alten Horaz'schen Stadt-Land Antinomie zu suchen, sondern in einem „deutsch" und „vaterländisch" orientierten Heimatgefühl. Dieses war im Unterschied zur Regionalismus-Heimat-Psyche der vergangenen Jahrzehnte deshalb auch nur wenig differenziert regional ausgerichtet und brauchte es auch gar nicht zu sein. Oder umgekehrt ausgedrückt: Der Jahrhundertwende-Heimatstil – in Schleswig-Holstein, Berlin, Sachsen oder Bayern nach ähnlichem Grundschema umgesetzt – wurde in Darmstadt ebenso wie in Freilassing als „Heimat" und damit auch als zur Landschaft passend aufgefaßt. Insofern ist die Entwicklung des Heimatstils eines von mehreren klassischen Beispielen, daß „Heimat" zuallererst jeweils eine geistige Projektion der Zeitumstände ist, daß Heimat immer wieder neu von den Menschen einer Epoche als Denk- und Gefühlsmuster geschaffen wird. Dieses Gefühl wird bis auf einzelne Architekturdetails übertragen: So gerät beispielsweise in einem 1908 erschienenen Aufsatz über heimische Bauweise in der Zeitschrift „Volkskunst und Volkskunde" der Erker zum „urdeutschen Motiv". Bereits 1905 war ja in den heftigen Auseinandersetzungen um die Einführung von Glasveranden oder Erkern als Aufenthaltsraum für die Sommerfrischler in den expandierenden Fremdenverkehrsorten vehement für den Erker gekämpft worden, z. B. in Partenkirchen. Der Münchener Architekt Franz Xaver Knöpfle, Vereinsmitglied im „Bayerischen Verein für Volkskunst und Volkskunde", war in diese Streitereien verwickelt und votierte damals für den „einfachen, schönen Erker heimischer Art" (ohne die Entwicklung zu unserem heutigen Baumarkt-Kitsch-Erker, genannt „Inntal-Erker", selbstverständlich passend auch für das Altmühltal, vorausahnen zu können). Heimatschutz damals ist also ein Phänomen des Nationalgefühls und zwar auch – das ist wichtig festzuhalten, weil das eine das andere bedingt – in den europäischen Nachbarstaaten.

In der beginnenden Phase des Jugendstils war es bei den Architekten Mode geworden, Architekturzeichnungen und -aquarelle mit einem „Motto" zu versehen. Es handelt sich dabei um mehr oder weniger geistvolle bis einfallslose Sinnsprüche, die aber dennoch viel über die zugrundeliegende Geisteshaltung aussagen. So mischt sich auch unter die zahllosen Betitelungen ein „Motto Heimat" – und dies ausgerechnet in Berlin. Überhaupt wird die „Heimatkunst" dieser Tage nicht im ländlichen Bereich, in Landstrichen mit traditioneller Ordnung und stabilem Brauchtum kreiert, sondern in pulsierenden Stadtorganismen, in Berlin, Leipzig, Dresden und Darmstadt. München reagiert rasch auf den Export von „Heimat" nach Süddeutschland, assimiliert die neuartigen Gestaltungsideen zu einem gemäßigten bürgerlichen Traditionalismus und lenkt dabei auch manche schöpferische Impulse wieder zurück in den Norden, in dem zahlreiche Münchener Architekten ihre Ideen verwirklichen können. „Heimat-Kunst" gilt in Bayern zu dieser Zeit jedenfalls keineswegs als fremdartig oder nicht zu den traditionellen Hauslandschaften passend – im Gegenteil: Als Zeichen des damals eben „vaterländisch" mentalisierten und weniger kleinräumig geographischen Heimatgefühls wird diese zunächst regional weitgehend austauschbare Architektur im Rupertiwinkel wie im Werdenfelser Land und sonstwo als Gewinn von Heimat begrüßt. So bereiten diese frühen Verwirrungen um den Heimatbegriff im Zusammenhang mit Architektur den Boden für den späteren nationalsozialistischen Mißbrauch eines ideologisiert-landschaftsgebundenen Bauens, das leider auch vielfach mit dem unscharfen Begriff „Heimatstil" belegt wird.

Aufschlußreich für die Herausbildung des Heimatstils als Gebrauchsarchitektur in der Auseinandersetzung mit den Nachwehen des gründerzeitlich-eklektizistischen Kunstbetriebs und den neuen Sezessions- und Protestströmungen wie dem Jugendstil sind nicht nur formale Baukörper- und Fassadengestaltungsfragen, sondern auch funktionale Gesichtspunkte: Die heftigen Debatten in Magistraten beispielsweise um die Notwendigkeit moderner Hygieneeinrichtungen und ihrer Auswirkungen auf das „sittliche Betragen" in Knaben- und Mädchenschulen kennzeichnen eine Umbruchzeit, die auf sich wandelnde Wertevorstellungen auch architektonisch zu antworten versucht. Die Meinungskämpfe in der Entstehungszeit der Schule in Deggendorf, heute Museum, belegen beispielsweise, was allerorten zu Spannungen führte. Vollzieht man den Willensbildungsprozeß der öffentlichen Bauherrschaft im Bereich der Zweckarchitektur in den einzelnen Planungsphasen nach, so wird auch klar, warum München als eines der schöpferischsten Zentren des Jugendstils keine besondere Breitenwirkung im eigenen Land erreichte. Zu tief waren die Klüfte zwischen Kunst und Zweck. Die bahnbrechenden Werke befruchteten zunächst einmal die anderen europäischen Kunstzentren und wurden oft erst mit zeitlichen Versetzungen, Umwegen und Verwässerungen hierher zurück popularisiert. Die verbreitetsten Medien für Kunst, Architektur und Kunstgewerbe wurden aber von Berlin, Leipzig, Dresden und Darmstadt aus gesteuert, und so verwundert es nicht, daß die Schöpfungen des populären Heimatstils in Bayern unmittelbar von diesen Vorgaben abhängig sind. Besonders deutlich wird dies an der neugewonnenen Farbigkeit.

Kaum hatte Wilhelm Schölermann aus Weimar seine „Gedanken über bunte Häuser" in der in Darmstadt erschienenen Zeitschrift „Innendekoration" 1907 veröffentlicht, überbieten sich die süddeutschen Architekten in der Folge mit aquarellierten Entwürfen in allen möglichen Farbkombinationen nach der Devise: „Wenn wir im Volke heitere, angenehme Eindrücke wecken, so übt das auf alle Lebensäußerungen, auf Umgangsformen und den Verkehr untereinander einen wohltuenden, einen sittlichen Einfluß aus ..."

Schölermann verlieh gewissermaßen dem Zeitgeist, der die Komplementärtöne von Backstein und Zement aus der Gründerzeit endgültig satt hatte, Worte:

Auf allen Gebieten des öffentlichen wie privaten Lebens scheint die Farbe ihre Herrschaft zu festigen, die Farbe als Freudenbringer. Wir haben ihren Wert als heiteren oder als herben Grundklang und Stimmungsgeber wieder erkannt. Im Kunsthandwerk, im Plakat- und Annoncenwesen, in Kleidung und Buchausstattung wie im Innenraum der Wohnung zogen sie ein, die beiden heitern Zwillingsschwestern: Lichtfreude und Farbenlust. Wie aber sieht es an den Außenwänden unsrer Häuser aus? ... Fertig ist leider das, was wir schon in Masse haben, das Bestehende, das Durchschnittliche: jene älteren und neueren Straßen und Stadtviertel, Winkel- und Wohnkasernen, welche eine rentenhungrige Bauspekulation als Denkmäler unsterblichen Stumpfsinns sich selber errichtet hat. Was fangen wir an mit dieser trostlosen Realität, mit diesem Bleigewicht von Tatsachen aus jenem Kapital, auf das das Wort brutal so sinnvoll reimt? Abdecken und herunterreißen geht nicht ...Wie wäre es, wenn wir es einmal mit dem Farbentopf, mit der einfachen Tünche versuchten? Ich glaube, für weite Schichten der Bevölkerung unserer Städte könnten buntangestrichene Häuser eine erste, primitive Schulung des Auges werden ... Die Fensterkreuze sollten zunächst in frischem Weiß oder Grün erstrahlen, das Nachbarhaus kann als Kontrast mal einen olivgrünen oder perlgrauen Überrock anziehen ... Das dritte mag gelb, das vierte schokoladenbraun, das fünfte blau sein. Ein blaues Haus? Schauderhaft, schreit der Gevatter. Nur gemach, gut Gemüt, das ist gar nicht so schauderhaft. Man braucht ja nicht gleich ein grell gemeines Waschblau zu nehmen. Gibt es sonst gar kein blau, hellgrünlichblau, violett, oder graublau? Wir müssen die Furcht vor der Farbe abstreifen. Sie erinnert an die Furcht vor dem Humor und Witz. Denn ‚Humor' und ‚Kolor' sind Wesensverwandte!

Etwa 20 Jahre später waren gegenüber dem buntfröhlichen Jugendstil in seiner Variante des frühen Heimatstils auch in den Kreisen des Heimatschutzes gewisse Dissoziierungen aufgetreten. Vorbei war die unbekümmerte Heiterkeit seiner Sturm- und Drangzeit, zerronnen die Freiheit des damals viel überständigen Ballast abwerfenden lockeren, jugendhaften Lebensgefühls. Die ungehemmte Freude am Experiment mit dem floralen Dekor war längst in der monumentalen Phase des Jugendstils aufgegangen, wache Zeitgeister ahnten darin bereits präfaschistische Hypertrophien. Die Heimatschutzbewegung der zwanziger Jahre geriet in einen überwiegend generationenbedingten Zwiespalt mit den Jahrhundertwende-Thesen aus dem eigenen Lager. In dem programmatischen Vortrag „Heimatschutz und neue Baugesinnung" setzte sich Rudolf Esterer im Verlauf der österreichischen Bundestagung für Heimatschutz in Bregenz 1929, an dem auch der Deutsche Bund Heimatschutz und die Schweizerische Vereinigung für Heimatschutz beteiligt war, mit der Geschichte des Heimatschutzes auseinander, nicht ohne den polaren Zeitgeist zwischen „Übernationalität" und Gebundenheit an die „jedem Volk eingeborene, eigentümliche Gestaltungskraft" rückzuprojizieren: „In dieser Zeit und gegen diese Entwicklung erstand zu Ende des 19. Jahrhunderts die Heimatschutzbewegung. Sie erkannte wieder den großen künstlerischen Wert des volkstümlichen, erdverbundenen Schaffens und den großen ethischen Wert der Heimat, als der die menschliche Persönlichkeit wesentlich bestimmenden Umwelt. Sie gab damit den ersten Anstoß zur Abkehr von der akademisch-formalen Kunstanschauung des 19. Jahrhunderts und zur Rückkehr der Kunst ins Leben und zum Volk." Als Formel für den späteren Heimatstil ergab sich somit die „lebendige Heimatkunst in der volkhaften Variation des übernationalen Zeitthemas", das „Vaterländische" war also zum „Volkhaften" gewandelt.

Die Enstehungsumstände des „Heimatstils" sind zunächst als eine Art Läuterungsprozeß und Straffung des Späthistorismus' und Späteklektizismus' mit dem Filter des gemäßigten Jugendstils zu verstehen. Ablesbar wird die Ausformung des Heimatstils besonders am gleichzeitigen Rückgang der Stilelemente des „Schweizerhauses", das bis dahin weitgehend die bauliche Verkörperung der ländlichen, naturverbundenen, einfachen und „schönen" Heimatvorstellung des Stadtmenschen seit dem 18. Jahrhundert darstellte. Anfang des 19. Jahrhunderts erlebte nun dieses „Schweizerhaus" eine verniedlichende Vorstadt-Folklorisierung in ein „zweites Dasein", nämlich in das der Kleinvilla am Rande größerer Siedlungszentren, nachdem das schon 1827 von P. F. Robinson publizierte Beispiel eines „Swiss-Cottage" Ausgangspunkt einer künstlichen und dementsprechend auch regional versetzbaren und eher in der Regel ferne heile Welten vermittelnden Heimatvorstellung geworden war.

Ein gutes Beispiel für die Geburt des Heimatstils inmitten der Auflösungserscheinungen des Späthistorismus' sind die beiden ab 1892 angelegten Villenkolonien in München-Pasing. Es sind Areale, die überwiegend mit freistehenden Einfamilien-, aber auch mit Doppel- und Reihenhäusern bebaut sind und ein sehr unterschiedliches Erscheinungsbild zeigen. Dieses war aber nicht zufällig, im Gegenteil: Es war das Gestaltungsprinzip, aus dem weiten Angebot historischer Baustile und lokaler Bautradition zahlreiche einzelne Bauelemente zu entnehmen und immer wieder neu und unkonventionell zusammenzumischen und dabei auch die Gebäude unterschiedlich in den Grundstücken zu plazieren, um den Eindruck einer gemeinsamen Baulinie von vorneherein gar nicht aufkommen zu lassen. Die Philosophie August Exters ist aus seinen Verkaufsprospekten gut nachvollziehbar:

> Nur das frei im Garten stehende Haus, welches sich bisher auch in den strengsten Wintern vorzüglich bewährt hat, findet Pflege; denn es stellt das Ideal des Wohnhauses dar und ist der prägnanteste äußerliche Ausdruck für die persönliche Freiheit ...

Dementsprechend preist Exter auch „die beliebige Entfernung von der Baulinie" an, damit „die ganze Anlage einen ungezwungenen, behaglichen und erfrischenden Eindruck macht ..." Zur äußeren Gestaltung der Häuser bemerkt Exter:

> „Es ist nicht beabsichtigt, städtische Villen zu errichten; ebensowenig, nach einigen Schablonen eine grosse Anzahl Häuser fabrikmässig herzustellen. Jedes Haus soll vielmehr eine besondere Gestalt erhalten. Um dies zu erreichen, ist das Prinzip aufgestellt, den Wünschen des einzelnen Käufers bezüglich der inneren und äusseren Gestaltung möglichst entgegenzukommen.

Da es der Wunsch Exters war, „dass kein Haus dem anderen gleicht, dass jedes vielmehr ein besonderes, charakteristisches Aeusseres zeige", mußte noch voll in die Schrottkiste des Eklektizismus gegriffen werden, um diese gewünschte Vielfalt auch zu erreichen. Dementsprechend wurden fast überall stilistische Anleihen genommen, am mittelalterlichen Wehrbau ebenso wie an Renaissance-Arkaden, an barocken Schweifgiebeln und Mansarddächern, an Rokokoschlößchen mit Mittelrisalit, am Fachwerkbau oder am schon erwähnten Schweizerhaus. Auch exotischere Baudetails wie geschwungene oder gestufte Pagodendächer fanden ihre Verwendung, was der Zeit nach der Hochblüte des Japonismus und kolonialer Fernostbegeisterung im vorigen Jahrhundert durchaus nicht fremd war. So strotzt dieser Mischstil von Türmen, Kuppeln, Schopfwalmen, Erkern, Vorhäuschen, Balkonen, Fachwerk, Giebelverbretterungen, gemusterten Verschindelungen, Putz- und Fassadengliederungen beinahe jeder Art. Der Hauscharakter schwankt zwischen „Schlößchen" und „Bauernhaus". Die süddeutsche Bauzeitung von 1894 gebraucht dabei bereits die ideellen Schlagworte, die dem kurz darauf folgenden Heimatstil erst sehr viel später als kunsthistorisches Einordnungskriterium angeheftet werden: „Sachliche Behaglichkeit". 1894 liest es sich so, daß der Hausbesitzer in der Villenkolonie dem „Getümmel der Großstadt, dem Menschengewühl, dem Wagengerassel, dem Trambahngetön Münchens entronnen" sei und sich in einen „glücklichen, behaglichen Zustand auf der eigenen Scholle" versetzt fühlen könne. Auch würde das eigene Anwesen „ein hohes Maß an persönlicher Freiheit" vermitteln. Dieses angepriesene Lebensgefühl, das mit den Begriffen „Scholle" und „Autarkie" im Dritten Reich eine schreckliche Perversion erfahren sollte, gilt es mit den geistigen Zielrichtungen des Jugendstils zu vergleichen, um nicht vorschnell in „Hautgout"-Urteile zu verfallen: 1906 sind bei den Kommentatoren der Zeitschrift „Deutsche Kunst & Dekoration", die sich über die damalige Kunstgewerbeausstellung in Dresden verbreiteten, bereits deutliche Töne gegen ein zu hohes Maß an persönlicher Freiheit zu hören. Es gäbe da eine „Bewegung", die in eine „gemeinsame Richtung" weisen würde, „die immer klarer das Streben und Wollen der Allgemeinheit bezeichnet", die sich von „Gruppen mit nicht immer klaren Zielen" in „gesunder Weiterentwicklung" absetzen würde. „Empfindsamkeit", „Gemachtheit", „falsche Feierlichkeit" seien nicht mehr gefragt, sondern ein „chemisch reiner Sachstil, in dem Selbsterworbenen wurzelnd". So wünscht Victor Zobel der Heimatkunstbewegung schon damals einen nüchtern-fortschrittlicheren Duktus und ein Überdenken der Altertümelei-Maskerade. Das „Spielerisch-Empfindsame" bei den Entwürfen für dörfliche Bauten und Arbeiterhäuser etwa wurde geradezu als befremdend empfunden und entbehre eines gewissen „sachlichen Ernstes", mit dem man den „wertvollen und nicht unmündigen Volksschichten" der Bauern und Arbeiter, die „unromantisch denken", gegenüberzutreten habe. In gleicher Weise wendet sich Zobel auch gegen eine zu starke Individualisierung der Friedhofsanlagen und geht davon aus, daß man auf einem allgemeinen Friedhof heutzutage kein Recht mehr auf eine Berücksichtigung der „intimen Wirkung auf das Gemüt des Trauernden" haben könne und eine „künstliche Romantik" deshalb fehl am Platze sei. Der „große, einheitliche Gedanke", die „straffe Geschlossenheit, die dem sozialen Empfinden entspricht, wird für die Friedhofsanlagen abseits der Kirche immer das Gegebene und Künstlerische sein ..." Was hatte sich also innerhalb dieser wenigen Jahre ereignet? Im Grunde spiegelt sich darin auch der spannungsgeladene Übergang des Jugendstils von der floralen Phase, des „ästhetischen Subjektivismus", des „Genießerischen", des „Fin-de-siècle-Ausdrucks mit seiner dekadenten Esoterik" (Willi Geismeier im Katalog zur Ausstellung „Stilkunst um 1900 in Deutschland", Berlin 1972) zum Purismus, zur „geometrisierenden Phase". Die dritte, dazu parallel verlaufende Strömung, die der „Heimatkunst" nämlich, apostrophiert Geismeier als „heimatlichen Stimmungslyrismus" und assoziiert dabei „allerlei theosophische Religionsabarten, die Jahre der beginnenden Wandervogelbewegung, der entstehenden Landschulheime und der modischen Begeisterung für Landhäuser und Landsitze, „wo Naturverbundenheit zum Lebenskomfort der wohlhabenden Schichten wurde ..." Doch so einfach ist das „neue Lebensgefühl" der Zeit des Jugendstils nicht auf einen Nenner zu bringen: Zu unterschiedlich sind die Positionen in Büchern wie „Kritik der Moderne" von Hermann Bahr (1890), „Nervosität und Kultur" von Willy Hellpach (1902), „Der Weg der Kunst" von Albert Dresdner (1904) oder „Nervosität und Weltanschauung" von J. Marcinowski (1910) und noch facettenreicher diejenigen in Zeitschriften wie „Jugend", „Die Tat", „Der Kunstwart", „Neues Leben", „Ethische Kultur", „Jungborn", „Der Türmer", „Der Gral", „Hochland", „Grüne Blätter für Kunst und Volkstum", „Volkskunst und Volkskunde", „Deutsche Alpenzeitung", „Innendekoration", „Deutsche Kunst und Dekoration", „Kunst und Handwerk", „Zeitschrift des Kunstgewerbevereins", „Zeitschrift für Innendekoration", „Berliner Architekturwelt" – um nur einige zu nennen und populär-bildende, Alltagskultur bis hin zur heimatstiligen Gebrauchsarchitektur vermittelnde wie den „Lehrmeister im Garten und Kleintierhof" ganz am Rande zu erwähnen. So stand die „Heimatkunst" und mit ihr der „Heimatstil" mitten in einer Fülle miteinander konkurrierender geistiger Strömungen. Unter ihnen mögen auch die Reformbewegungen mit den Zielen einer „naturgemäßen" Lebensweise des Menschen die Herausbildung des Heimatstils als gleichsam reformiert-natürlichen Jugendstil gefördert haben. Sie hatten ihr Sprachrohr in Zeitschriften wie „Kraft und Schönheit", „Reformblätter", „Körper und Geist" oder „Die Lebenskunst" und bauen vielfach auch auf theosophisch-eurhythmischem Gedankengut auf.

Die Wucht dieser vielen neuen Strömungen konnte verständlicherweise nicht ohne Auswirkung auf die Wohnungsbedürfnisse der Menschen bleiben. Die herrschaftliche Stadtvilla verlor plötzlich zugunsten des Landhauses im Grünen an Lebenswert. Den gründerzeitlich-bürgerlichen Lebensformen – umgeben mit Dienern in Galalivrée – wurde ein „naturgemäßer" Wohnungs- und Lebensstil entgegengesetzt. Das englische Cottage-Prinzip wurde von Hermann Muthesius für Deutschland entdeckt, Lichtwark steuerte Anregungen aus heimischen Bauernhausformen bei, Schultze-Naumburg und Mebes favorisierten Rückgriffe auf Bürgerhäuser des ausgehenden 18. und frühen 19. Jahrhunderts – ein neuer Bautyp entstand, nämlich das Landhaus in den Vororten der Städte. Die Repräsentation der ehemaligen „Villa" wich dem gediegenen, biedermeierlich-getönten Einfamilienhaus mit dem Streben nach Hellem, Gesunden und Schlichten. Die sogenannte „Gartenstadtbewegung", ohne die die Entstehung des Heimatstils nicht verständlich wäre, zielt genau in diese Richtung. Die Gartenstadt Hellerau bei Dresden wurde dabei Vorbild für unzählige Siedlungsanlagen in allen Stadtrandgebieten. Der Hang ins Grüne hatte dabei weniger rein gesundheitliche als eher weltanschauliche Gründe eines starken Affekts gegen eine angeblich verweichlichende Großstadtkultur, die deshalb auch nach neuen Gemeinschaftsformen außerhalb des verlogenen Gesellschaftslebens der Zeit suchte.

Der Protest gegen bürgerliche Salonkultur, das Erschleichen von Karrieren, den lauthalsen Hurra-Patriotismus, den stupiden Lernbetrieb in den Schulen und die Auswüchse großstädtischer Vergnügungsangebote formierte sich unter anderem im „Wandervogel" und den vielen späteren romantisierenden Gemeinschaftsformen der „Jugendbewegung". „Heimat" wurde zum Bedürfnis, wurde entdeckt, wirkliche und vermeintliche. Heimat wurde auch „gemacht": Die ab 1900 erscheinende Zeitschrift mit dem Titel „Heimat", zu deren Gründern Georg Heinrich Meyer, Adolf Bartels und Friedrich Lienhard gehörten, ist der publizistische Ausdruck dafür. Das in der Berliner Architektenwelt kreierte „Motto Heimat" fiel jedenfalls auf breiten Boden. Wie schnell sich auch in Bayern der Gedanke des „Heimatstils" durchsetzte, zeigt der Beitrag des Architekten Hermann Buchert für die Architekturausstellung im Münchner Glaspalast von 1908. Er hatte eine Reihe von Modellen von der Villa bis zum Rathaus unter diesem thematischen Gesichtspunkt zusammengestellt. Die Auswahl stellt einen charakteristischen Querschnitt durch den Heimatstil dar. Die Erläuterungen zu diesem Ausstellungsvorhaben sind gleichzeitig eine Art Programm für den Heimatstil. Kernsätze daraus belegen dies:

> Unser oberster Grundsatz bei alledem ist, hiebei nie kleinliche, ungesunde Altertümelei zu treiben, sondern stets den Forderungen unserer Zeit und unseres Kulturstandes in jeder Weise da, wo es tatsächlich erforderlich ist, dann aber in richtiger, angemessener Weise gerecht zu werden ...
> Unter heimischer Bauweise verstehen wir eine Bauweise, die dem Vermögen, dem Charakter, den Sitten und Gebräuchen der Einwohner Rechnung trägt, eine Bauweise, welche sich nicht gewaltsam und unnötig losreißt von dem, was sich seit Jahrhunderten für den betreffenden Ort als zweckmäßig heraus- und durchgebildet hat, eine Bauweise, welche dem Verkehr, unseren sozialen und wirtschaftlichen Verhältnissen, unseren Anforderungen in gesundheitlicher Hinsicht voll und ganz – aber nur in gebührender Weise – Rechnung trägt, eine Bauweise schließlich, welcher in jeder Hinsicht künstlerisches Leben und Gepräge innewohnt ...

Auf welche historische Tiefe Buchert mit dem Topos „seit Jahrhunderten" anspielt, bleibt allerdings angesichts des oft radikalen Bruchs des Heimatstils mit der überlieferten Baukultur unklar.

Der „Heimatstil", jene aus dem Jugendstil heraus geborene neubarock-biedermeierlich-gartenstadtidyllisch und trotzdem „sachliche Behaglichkeit" in der Architektur der Jahrhundertwende, verblieb nicht lange in seiner Kreationsphase, die gleichzeitig bereits seine Vollendung war. Die später nie mehr erreichte Qualität der filigranen Fenstergestaltung zeigt dies deutlich: Die kleinteilige Flächengliederung besonders in den Segment- und Rundbögen, den Oberlichten und Galgen oder im oberen Bereich von Kreuzstockfenstern erreicht eine charakteristische vertikale Spannung mit den häufig großflächigeren Flügeln. Diese eher spielerisch-freie Phase, die auch mit allen anderen Dekorationselementen wie Schweif- und Standgauben, Erkern, Loggien, Türmchen, Vor- und Rücksprüngen, Giebelausbildungen aller Art souverän umging, geriet sehr schnell in ein radikal sich wandelndes Lebensgefühl, in dem individualistisch-konventionsbefreite, nach Natürlich-Jugendlichem (oder was man sich darunter vorstellte) strebende Weltentwürfe immer weniger Platz fanden: Europa begann, in die Katastrophe eines Krieges mit unvorstellbar globalen Dimensionen hineinzuschlittern. Das einzelne Menschenleben zählte nicht mehr – der Hurra-Patriotismus verschlang es in der Masse. Die gerade neu entdeckte menschliche Würde – ausgedrückt auch in sehr differenzierten und keineswegs primitiv-emanzipatorisch bewerteten Bezugssystemen der Generationen- und Geschlechterrollen in der Gesellschaft nach der Überwindung der hohlen gründerzeitlichen Fassadenkultur – stand der Kultivierung neuer Feindbilder im Wege. Anpassen und mitmachen war gefragt. Dies konnte nicht ohne Auswirkung auf das Bauen, auf die Vorstellung von Städtebau und Siedlungsstruktur bleiben. Da „Heimat" durch das Aufeinanderprallen der weltpolitischen Machtkonstellationen unmittelbar verloren zu gehen drohte, setzte eine dramatische Besinnung auf den räumlichen Heimatbegriff ein, der an den jeweiligen regionalen Kulturmerkmalen erfahrbar wurde.

Mithin entstand – und dies ist an der Gründungswelle von Heimatschutzbewegungen in ganz Europa ablesbar – ein breites Bedürfnis nach Heimatverortung, Heimaterforschung, Heimatbewußtsein und Heimatfixierung. Im Bereich der volkskundlichen Sachkultur brach ein wahrer Sammeleifer aus, und seriöse wie weniger seriöse Antiquitätenhändler hatten Mühe, den Wünschen der neu entstehenden Museen und Sammlungen auf die Schnelle nachzukommen. Auch auf dem Gebiet der Baukultur setzte sich ein neues Bedürfnis nach Zuordnung konstruktiver und stilistischer Architekturelemente mit „Heimat" durch. Das „Bauernhaus" – da von allen Baukörpern am deutlichsten regionalgebunden – rückte so zunehmend in das Blickfeld der Kunst- und Bauhistoriker, nicht zuletzt auch deshalb, weil die Forschungsergebnisse im Zuge der Entstehung der Idee des landschaftsgebundenen Bauens eine konkrete gesellschaftliche Umsetzung erfahren konnten, also sozusagen einen (zeitbedingten) Nutz- und Nachfragewert hatten. Die Idee des „landschaftsgebundenen Bauens" beinhaltete drei Komponenten als Möglichkeit, Heimatbewußtsein im Gegensatz zum großtechnischen und industrialisierten Bauen, das ja längst viele Jahrzehnte vorher im 19. Jahrhundert nicht nur machbar, sondern auch bereits unter Ausnutzung aller moderner Baumaterialien gang und gäbe war, zu erzeugen: regionale Stilelemente, aus der Region bezogene Materialien und regionale Handwerkstechnik. Im Unterschied zur jugendstilig-individualistischen Heimatgeborgenheit in einer nicht regional gebundenen geistigen Zeitidee strebt das „landschaftsgebundene Bauen" der Heimatschutzbewegungen in seinen ersten Jahrzehnten jedoch eine deutlich kollektive raumgebundene Heimatgeborgenheit an: Individualität hat dabei die Aufgabe, das einheitlich verstandene „Ganze" (Straßenbild, Ortsbild, Landschaftsbild) zu „beleben", d. h. vor einem zu starren Einheitsschema zu bewahren. Insofern hat der Begriff „Heimatstil" um die Jahrhundertwende eine völlig andere, geradezu gegenteilige Wertigkeit als in den Jahren während und nach dem Ersten Weltkrieg und wieder eine andere in der unseligen Blut- und Bodenära. Im Nachruf auf Professor August Thiersch, dem ersten Vereinsvorsitzenden des Vereins für Volkskunst und Volkskunde, der in seinem Todesjahr 1916 auch den Begriff „Heimatschutz" in den Vereinsnamen integrierte, sind diese Zeitströmungen angedeutet:

> Im Ausschuß für heimische Bauweise war er unermüdlich für die Erhaltung der Schönheit unseres bayerischen Voralpenlandes tätig. Er legte mit einer peinlichen Genauigkeit zahllose alte ländliche Bauten in Skizzen fest, deren Wahrheitstreue dann bei dem Neubau oder dem Umbau alter Bauernhäuser besonders hervortrat. Er versuchte, die im Klima, Baustoff und Volksherkommen begründeten alten Bauformen mit neuzeitlichen Zwecken zu verbinden, und wandte wiederholt viel Mühe darauf, die mit der Elektrizitätsversorgung verbundenen Kleinbauten und Betriebskörper in die ländliche und landschaftliche Umgebung einzufügen. Aufgaben wie der Wiederaufbau von Zirl und zuletzt der Wiederaufbau des Marktes Mittenwald im Jahre 1915 fanden in ihm einen unermüdlichen Mitarbeiter ...

Viele der Entwürfe Thierschs sind auch bezeichnend für den Zusammenhang zwischen „Heimatschutz" und Bildungsbürgertum, dessen ästhetisch-historisierendes Gedankengut vom mehr wirtschaftlich-pragmatischen des „betroffenen" Volkes oft weit entfernt lag. Das „Volk" selbst verstand (und versteht teilweise heute noch) unter „Heimatschutz" wohl etwas gänzlich anderes. So muten die Assoziationen Thierschs zwischen oberbayerischen Einfirsthöfen und antiken klassischen Tempeln heute eher rührend-naiv an, wenngleich sie für Thiersch als Archäologen und Kenner der antiken Stadtbaukunst und der mediterranen Bauweise bis zur Neuzeit naheliegend waren. Unter den vielen Architekten, die sich vor, während und nach dem Zweiten Weltkrieg um das landschaftsgebundene Bauen bemühten, ist für Bayern Regierungsbaumeister Alfred Müller heute von besonderem Interesse, weil er die treibende Kraft beim Wiederaufbau des Unteren Marktes von Mittenwald, der im Dezember 1914 total niederbrannte, war. Er war im „Ausschuß zur Pflege der heimischen Bauweise" des „Bayerischen Vereins für Volkskunst und Volkskunde", der vom Staatsministerium des Inneren wenige Tage nach dem Unglück aufgefordert wurde, die „künstlerische Beratung" bei der Durchführung des Wiederaufbaus zu übernehmen. Die Dokumentation dazu enthält eine Fülle von Aussagen, die als Praxisprogrammatik der Idee des landschaftsgebundenen Bauens gelten können. Müller war kein „Rekonstrukteur". Er betonte von Anfang an, daß er keinen originalgetreuen Wiederaufbau in Mittenwald anstreben würde, sondern daß ihm an einem „Ausgleich zwischen Altem und Neuen" gelegen sei. Freilich, der Anschein des Alten solle gewahrt bleiben: Müller erkannte genau das Verlusterlebnis der Betroffenen, das ein Solidargefühl und damit den Wunsch nach getreuem Wiederaufbau als Überwindung der Katastrophe erzeugte. So analysierte er:

> Der Anblick der gegenüber erhalten gebliebenen Seite des Straßenzuges in seiner geschlossenen Form, das Wechselspiel der an sich typisch wiederkehrenden Einzelhäuser mit den breit die Giebelreihen überschattenden Dachvorsprüngen und den die Flucht quer überschneidenden Dachrinnen, erweckte ... gemeinsam den Wunsch, die zu erstellenden Bauten ... möglichst getreu ... wiedererstehen zu sehen.

Dann aber erkannte Müller die Chance, den Wiederaufbau für Struktur- und technische Verbesserungen zu nutzen. Vor allem sollten die bisher im Herbergssystem geteilten Häuser eine funktionelle Besitzaufteilung erhalten. Daneben galt es, die Durchlüftungs- und Beleuchtungsverhältnisse der langgestreckten Grundrißformen entscheidend zu verbessern und dabei auch Eingriffe in die Dachlandschaft nicht zu scheuen. Besonderes Augenmerk wurde auf die Verbesserung der hygienischen Einrichtungen nach dem damals modernen

Stand gelegt. Auch strengere bau- und feuerpolizeiliche Auflagen mußten erfüllt werden. Müller kam zu dem Schluß, daß die Neuplanung aus diesen Gründen manchen besonderen Reizen des Altgewohnten von vornherein nachstehen mußte,

> sich aber soweit sinnverwandt diesem einzufügen und anzuordnen versprach, daß es nicht als störender Fremdkörper starr und ungefüg dem so vollendet abgeschlossenen, ehrwürdigen Alten sich gegenüberstellte.

Der Ansatz des zeitgemäß Adaptiert-Historischen als Leitidee des landschaftsgebundenen Bauens, anläßlich der Architekturausstellung im Münchner Glaspalast 1908 bereits programmatisch-theoretisch formuliert, wurde nun in Mittenwald mit einem Großprojekt in die Tat umgesetzt. Beachtlich war dabei die „geplante Planlosigkeit" im Detail, die der handwerklichen Improvisation und Schöpfungsgabe wieder Spielraum geben sollte. Den Handwerksmeistern wurde lediglich eine Sammlung von einzelnen Lösungsbeispielen an die Hand gegeben, die aber nicht bindend, sondern lediglich anregend sein sollten.

> Auf diese Weise wurde angestrebt, mit Hilfe des tätigen, gegebenfalls zurechtgeführten, persönlichen Empfindens des einzelnen ein sonst allzu starres, architektonisches System durch den Reiz des zufällig-handwerksmäßig Entstehenden aufzulösen und zu bereichern ...

heißt es in den Erläuterungen der Werkzeichnungen Müllers. Empfanden die ästhetischen Kriterien des Klassizismus noch die Maßhaltigkeit und die größtmögliche Exaktheit der Oberflächengüte – ein Charakteristikum z. B. vieler Klenze-Bauten – als besondere architektonische Qualität, so rückt die Idee des landschaftsgebundenen Bauens von diesen Vorstellungen völlig ab. Das „Handwerk" – da als gewachsen und „bodenständig" aufgefaßt – erhält nun einen besonderen ideellen Eigenwert mit einem demgemäß eigenen ästhetischen Anspruch:

> Daß der Zimmermann wieder lerne, an Stelle der nun lange genug beliebten Laubsägearbeit kräftige, aus dem Baustoff erwachsene Formen anzuwenden und ruhig wieder mit aller urwüchsigen, heiteren Erfindung zu erfüllen

– meint Müller. Ebenso, daß

> der Schlosser wieder verstehe, warum der Wert der Kunstschmiedearbeit nicht in Exaktheit und Schablone liegen kann, sondern rein im Ausdruck der Handarbeit ...

oder

> daß der Schreiner seinen Türen, Fenstern, Möbeln mit rechtem Augenmaß vor allem wieder die rechten Verhältnisse gebe, statt sie mit überflüssigem Zierrat zu überladen ...

Auch dem Maler empfiehlt Müller „Mut zum ausgesprochenen Farbton" und zum „architektonisch-flächigen Fühlen" ohne „kleinlichen Schmuck" und dem Maurer schreibt er ins Stammbuch, „daß seine höchste Kunstfertigkeit nicht in messerscharfer Glätte, Nüchternheit und Schärfe zu suchen sei ..."

Was Müller als sein „Leitmotiv, wo das Neue stimmungsvoll dem mit allen Spuren des Alters und damit aller Reize und Zufälligkeiten gezeichneten Rahmen einzufügen war", bezeichnet, nämlich den Willen, keine „gequälte Altertümelei zu treiben und falsche Volkskünstelei zu züchten, sondern einfach, es den Handwerksmeistern nicht schlechter machen zu lassen, als er es heute wie ehedem vermag ...", fand freilich in der Architektenwelt nicht überall ungeteilte Zustimmung. Das 1916 erschienene Architekturlehrbuch „Das deutsche Haus" von Paul Ehmig schlägt da – neben anerkennenden Worten – auch kritische Töne zum Heimatschutz an: „Man will das Alte ehren und schädigt es durch zahllose Nachahmungen". Inwieweit Ehmigs Traditionsbegriff „Seien wir unsern Alten gegenüber immer so selbständig, wie sie's gegenüber ihren Vorgängern waren!" doppelsinnig oder salomonisch gemeint war, entzieht sich unserer Kenntnis. Ein paar Jahre früher waren die Meinungen noch sehr schroff aufeinandergeprallt: 1908 schrieb E. W. Bredt in der Zeitschrift „Deutsche Kunst und Dekoration":

> Doch was bleibt eigentlich noch vor den Bodenständigkeitssuchern Gutes in unserem deutschen Vaterland bestehen – wenn nach ihren, jetzt so maßgeblichen Gefühlen, für Oberbayern nur das oberbayerische Bauernhaus, für die Stadt nur das Barockpalais des 18. Jahrhunderts landentsprechend sein sollte? Was sind denn dann alle die großen, die größten Schloßherren für gott- und heimatverlassene Subjekte gewesen, die da Schlösser im französischen oder italienischen Stile just über das Pfarrdorf bauten. – Und wie frevelhaft war die Kirche, daß sie je sich traute, fremde Bauherren von weither zu berufen, damit sie in ihrer eigenen Weise ein neues Kunstwerk ins kleine, unbeachtete Dörfchen stellten. Wo kommen wir hin mit unserer Phrase der Bodenständigkeit?

Günzburg, Straßenbild, um 1904 (Ziel des Vereins, Stadtbilder zu erhalten)

Amberg, Schloß und Stadtbefestigung, um 1904 (Abbruch der Stadtbefestigung verhindert)

HANS ROTH

DIE STELLUNG DER DENKMALPFLEGE IN DER HEIMATSCHUTZBEWEGUNG

AM BEISPIEL BAYERN

Der von Ernst Rudorff (1840-1906)[1] in seiner 1897 in Mönchen-Gladbach erschienenen Schrift „Heimatschutz"[2] propagierte Begriff löste eine Bewegung aus, die weithin im Einklang stand mit dem aufkommenden Kulturpessimismus und den von einer bildungsbürgerlichen Schicht vertretenen antimodernistischen Reformen. Die ideologischen Hintergründe dieser Bewegung waren vielschichtig.[3] Die zerstörerischen Auswirkungen der Industrialisierung und die daraus erwachsenen gesellschaftlichen und sozialen Veränderungen während der Gründerzeit, der feststellbare Verlust einer intakten Lebenswelt im ländlichen Raum, die zunehmende Landflucht und das Anwachsen der Großstädte zu Ballungszentren, die Veränderung der Landschaft durch neue Produktionsmethoden, durch Flurbereinigung und das gewohnte Erscheinungsbild der Siedlungen beeinträchtigende maßstabsprengende Neubauten – das alles waren für Ernst Rudorff 1904 die Beweggründe zur Gründung eines Bundes Heimatschutz in Dresden,[4] der wiederum zur Bildung von Landesverbänden und weiterer Unterorganisationen aufrief.

Weniger militant als es der Begriff „Heimatschutz" vermuten ließe, sondern mehr intellektuell und kulturpolitisch motiviert, wurde ein breites Spektrum an Forderungen gestellt mit dem Ziel einer gesamtgesellschaftlichen Sensibilisierung für den Schutz und die Pflege der natürlichen und geschichtlich gewordenen Eigenart der Heimat, die freilich nicht kleinräumig verstanden wurde. Der Bewahrung der Naturlandschaft räumten Rudorff und sein Mitstreiter und erster Vorsitzender des Bundes Heimatschutz, Paul Schultze-Naumburg (1869-1949), Priorität ein, gleichwohl galt nach der Satzung die besondere Aufmerksamkeit auch der bebauten Umwelt, den Dorf- und Städtebildern, den Bau- und Kunstdenkmälern,[5] der Volkskultur und dem neuen Bauen, woraus sich ein für diese Zeit sehr modernes Ensembleverständnis entwickelte: das Erkennen der Wechselwirkung von Naturlandschaft, baulichem Erbe und den überlieferten, gemeinschaftstragenden Lebensformen, also der materiellen und immateriellen Werte und Identitäten einer Kulturlandschaft.

Solche gesellschafts- und kulturkritischen Bewegungen und Reformbestrebungen als Gegengewicht zu negativen Erscheinungen, Veränderungen und Auswirkungen lassen sich in der Regel selten in ihrem Ursprung lokalisieren und personalisieren, sie entstehen unabhängig voneinander, beeinflussen und ergänzen sich gegenseitig, gemäß dem Hölderlin-Vers: „Wo aber Gefahr ist, wächst das Rettende auch"[6].

Dieselben Beweggründe, die Ernst Rudorff leiteten, und die gleichen negativen Entwicklungen, die er aufzeigte, veranlaßten in Bayern schon zwei Jahre vor der Gründung des Bundes Heimatschutz in Dresden verantwortungsbewußte und einflußreiche Persönlichkeiten zu einer Gegenreaktion im gleichen Sinn, nur mit einem viel stärker auf die Baupflege und den Denkmalschutz bezogenen inhaltlichen Schwergewicht.

Am 15. Juni 1902 wurde in München von 18 namhaften Architekten, Künstlern, Wissenschaftlern und Juristen ein Verein initiiert, zunächst als Ortsgruppe des seit 1894 in Würzburg bestehenden und von dem Philologen Oskar Brenner geleiteten „Vereins für bayerische Volkskunde und Mundartforschung". Die Absicht, sich einem ausschließlich volkskundlich orientierten Verein als Ortsgruppe anzuschließen, verwundert angesichts der Gründungsmitglieder, die in ihrer Mehrzahl keine Volkskundler und Philologen waren. Bei der Gründungsversammlung am 2. Juli nahm man bereits wieder Abstand von einer zu bildenden Zweigvereinigung, sondern entschied sich für einen selbständigen, unabhängigen Verband mit Namen „Verein für Volkskunst und Volkskunde e. V." mit Sitz in München.[7] Wenngleich die Vereinsbezeichnung die Volkskunst und Volkskunde als ausschließlichen inhaltlichen Schwerpunkt suggeriert, so scheinen in dem publizierten Aufruf ganz konkrete denkmalschützende Ziele auf, die sich nicht nur auf das Einzeldenkmal beschränken, sondern die „Denkmallandschaft" umfassen und die Erhaltung und Gestaltung der Orts- und Siedlungsbilder einschließen. Es gelte „die Überlieferungen zu sammeln, welche in der Dorfkirche, im Hausbau, in der Einrichtung und Ausschmückung des Hauses noch erhalten sind", der Verein wolle aber auch den Menschen „über das Gute und Schöne seiner überkommenen Bauweise, seiner Dorf- und Marktstraßen, seiner Stadt- und Straßenbilder aufklären und der Zerstörung oder der ungeeigneten Restaurierung alter Baudenkmäler, Mauern und Tore, Kirchen und Kapellen, Bildstöcken usw. entgegentreten"[8].

Nicht ohne Einfluß auf diese Vereinsgründung und wohl auch auf den Vereinsnamen war die im September 1901 gezeigte und vielbeachtete „Ausstellung für Volkskunst und Heimatkunde" anläßlich des Landwirtschaftsfestes in Kaufbeuren,[9] initiiert von dem dortigen Bezirksamtmann Gustav Kahr, dem Münchner Architekten Franz Zell und dem örtlichen Anstaltspfarrer Kurat Christian Frank,[10] der mit seinem 1899 begründeten Publikationsorgan „Deutsche Gaue – Zeitschrift für Heimatforschung, Landes- und Volkskunde" über die Region hinaus das Interesse für das überlieferte Kulturgut und die materiellen Zeugnisse der Vergangenheit zu wecken und zu vertiefen suchte. Diese waren es auch, die sozusagen an der „Wiege" des Vereins standen.

Als 1. Vorsitzender wurde August Thiersch (1843-1916), Professor für Architektur an der Technischen Hochschule, gewählt; führend im „Münchner Architekten- und Ingenieur-Verein"[11] und „Akademischen Architekten-Verein München",[12] unternahm er mit seinen Studenten im Rahmen von Exkursionen die Dokumentation bedeutender Objekte ländlicher Hauslandschaften[13] und gilt durch seine grundlegenden Veröffentlichungen als einer der Begründer der wissenschaftlichen Hausforschung in Bayern. Sein Stellvertreter war der städtische Baurat und Architekt Hans Grässel, der Schöpfer so vieler vorbildlicher Münchner Schul- und Anstaltsgebäude und der neuen städtischen Friedhöfe, insbesondere des Waldfriedhofs. Zum Schriftführer wurde der schon genannte Franz Zell gewählt, Schriftleiter der einflußreichen „Süddeutschen Bauzeitung", die zum Sprachrohr für ein landschaftsgerechtes Bauen wurde, zu seinem Stellvertreter der Kunstmaler Karl Throll. Weiter gehörten dem Vorstand Franz Xaver Zettler als Schatzmeister an, der Inhaber der bekannten Glasmalerei, und als Konservator der Vereinssammlung der Architekt und städtische Ingenieur Georg Zeitler.

Der Beirat setzte sich zusammen aus den Architekten Hofoberbaurat Heinrich Handl und Hochschulprofessor Fritz Jummerspach, zugleich Vorsitzender der Auskunftsstelle für landwirtschaftliches Bauwesen beim „Bayerischen Landwirtschaftsrat"; die Bildende Kunst war durch den Kunstmaler Matthäus Schiestl und die Bildhauer Anton Pruska und Heinrich Waderé vertreten, die Volkskunde durch den Bibliothekar Dr. August Hartmann, den Arzt Dr. Max Höfler und Kurat Christian Frank. Für die verwaltungsrechtliche Umsetzung der Forderungen in die Praxis auf den Gebieten der Bau- und Denkmalpflege sorgten schließlich die Juristen Oberamtsrichter Franz Weber und der Regierungsrat im königlichen Staatsministerium des Innern und spätere Ministerpräsident Gustav Kahr, der dann Jahrzehnte hindurch gestaltend und beratend den Verein begleitete. Kahr sah in diesem „Verein für Volkskunst und Volkskunde"[14] eine kulturpolitische, ja staatspolitische Aufgabe, eine Basis zur Schaffung eines vertieften Heimatbewußtseins und eine Grundlage „zur Wiederbelebung des soliden Handwerks und Bauens".[15]

Die personelle Zusammensetzung und die berufliche Herkunft des Gründungsvorstandes spricht deutlich für die Zielsetzungen und Arbeitsschwerpunkte des Vereins, die in erster Linie der Baugestaltung, der Erhaltung der Orts- und Siedlungsbilder und – jedenfalls in den Anfangsjahren – verstärkt der Denkmalpflege galten. Diese erklärte Absicht spiegelt sich auch in den Mitgliedern, die 1902/03 dem Verein beitraten. Von den 1682 Mitgliedern waren 497, also nahezu 30 % Architekten, Angehörige der staatlichen und kommunalen Bauverwaltung, Bauschaffende und Handwerker, dazu noch Architektenvereine und bautechnische Schulen. Nicht eingeschlossen die vielen Vertreter der Oberbehörden und Bezirksämter, die sich weniger aus volkskundlichem Interesse, sondern wohl mehr aus kulturpolitischen Überlegungen dem Verein anschlossen; der rasche Mitgliederanstieg innerhalb von eineinhalb Jahren ist vergleichbar mit den heutigen ökologischen Bewegungen und Bürgerinitiativen.

Neben zahlreichen Künstlern und Architekten, die durch ihre Arbeiten der Denkmalpflege nahe standen, wie z. B. Gabriel von Seidl und sein Bruder Emanuel oder Theodor Fischer, finden sich bereits Vertreter der denkmalpflegerischen Praxis wie Dr. Georg Hager (1863-1941), damals noch Konservator am Bayerischen Nationalmuseum, ab 1907 Leiter des „Generalkonservatoriums der Kunstdenkmale und Alterthümer Bayerns", ab 1917 Generalkonservator des „Bayerischen Landesamtes für Denkmalpflege" (bis 1929), ebenso der Architekt Jakob Angermair (1869-1945), ab 1900 als „künstlerisch-technischer Hilfsarbeiter" und ab 1902 als Konservator am Generalkonservatorium tätig (bis 1929), und Wolfgang Johannes Schmid, Sekretär am Nationalmuseum, der bereits 1897 eine „Anleitung zur Denkmalpflege im Königreich Bayern" herausgegeben hatte. Schließlich der Maler und Ehrenkonservator Akademieprofessor Rudolf von Seitz (1842-1910), der von 1883-1888 als Konservator wirkte, sich aber auch in der Folge noch restaurierend betätigte und eng mit seinem frühen Wirkungsfeld verbunden blieb.[16] Georg Hager zählte bereits ab 1904 zu den Mitarbeitern der Zeitschrift, und auch Seitz war in Ausschüssen des Vereins aktiv tätig. Philipp Maria Halm (1866-1933) gehörte seit 1893 dem Generalkonservatorium als Kunsthistoriker an, war von 1916-1931 Direktor des Bayerischen Nationalmuseums und von 1926-1933 Vorsitzender des „Bayerischen Landesvereins für Heimatschutz".

Die Denkmalpflege bildete von Anfang an einen Schwerpunkt innerhalb der Aufgabenstellungen des Vereins, und sein Einsatz zur Verwirklichung dieses Ziels erfolgte in engem Schulterschluß mit dem Generalkonservatorium, dessen administrative Forderungen durch das „bürgerschaftliche Element" des Vereins nicht nur eine tatkräftige Unterstützung, sondern durch die Zeitschrift auch eine breite Öffentlichkeit erfuhren. Einen Einblick in die bau- und denkmalpflegerischen Bemühungen geben die bis in das Gründungsjahr zurückreichenden, allerdings oft sehr knappen Ausschußprotokolle des Vereins, vor allem aber die Zeitschrift, die diese Informationstätigkeit im Sinne einer Bewußtseinsbildung für die Notwendigkeit von Denkmalschutz und Denkmalpflege widerspiegelt.

Schon wenige Monate nach der Vereinsgründung, im Oktober 1902, griff der Vorstand einen an ihn herangetragenen „Fall" auf: Es ging dabei um den beabsichtigten Abbruch des im Kern noch mittelalterlichen Riedertors der einstigen Stadtbefestigung von Donauwörth. Grund: Behinderung des Verkehrs. Zwar hatte sich schon das Generalkonservatorium in einem ausführlichen Gutachten vom 20. April 1900 für die Erhaltung des Tores ausgesprochen, und auch die kgl. Kreisregierung von Schwaben entschied gegen das Vorhaben. Dennoch versuchte die Stadtvertretung mit einer Deputation beim zuständigen Staatsministerium die Abbruchgenehmigung zu erwirken, „indem sie die Erneuerung der Brücke außerhalb des Tores als notwendig und unzertrennlich von der Beseitigung des Tores hinstellte." Der Verein wurde daraufhin ebenfalls beim Ministerium vorstellig und erklärte sich bereit, „Pläne für eine bauliche Veränderung des Tores herzustellen, welche das Verkehrsbedürfnis befriedigen ..., ohne das alte Bauwerk zu zerstören oder auch nur zu verunstalten".[17] Die Pläne wurden verwirklicht, das Tor konnte als eines der letzten Wahrzeichen der ehemaligen Wehrhaftigkeit der Stadt gerettet werden.

Durch diesen Erfolg häuften sich in der Folge die denkmalpflegerischen Problemfälle, die an den Verein herangetragen wurden und mit denen sich der Vereinsvorstand zu befassen hatte, denn die im ganzen Königreich verteilten Mitglieder sparten nicht mit Informationen und Hinweisen auf drohende Verluste – lange bevor das Generalkonservatorium auf dem administrativen Weg und oft zu spät Kenntnis davon erhielt.

So waren in den Jahren 1903/04 Teile der Amberger Stadtmauer ernsthaft in Gefahr, abgebrochen zu werden, veranlaßt durch die bewußte Vernachlässigung der Wehrbauten durch die Stadtverwaltung, um den Verfall derselben zu beschleunigen. Julius M. Groeschel führte dazu aus: „Nachdem es gelungen war, das alles so heruntekommen zu lassen, rechnete man damit, daß diesem Zustand gegenüber auch die Freunde der Stadtmauer sich bescheiden müßten, und daß der Abbruch nur eine notwendige Folge sein würde." Schließlich ging es um die Fortsetzung der schon an der Südseite der Stadt geschaffenen Ringstraße. Mit Recht stellte der Verein die Frage, ob man sich derartige Verluste an historischer Bausubstanz überhaupt noch leisten könne angesichts der schon erfolgten Ab- und Durchbrüche, der Auffüllung von Teilen des Stadtgrabens, der Neubauten wie z. B. des der Malteserkirche benachbarten Brauereigebäudes: „Ein reizloses Machwerk ohne alle Empfindung für die Umgebung"[18]. Die Gefahr konnte abgewendet werden.

Ein ähnlicher Fall in Weiden: das Obere Stadttor. Dieses, für den Verkehr zu eng befunden, sollte abgebrochen werden. Auch hierfür wurden überzeugende Vorschläge zur verkehrsmäßigen Verbesserung ausgearbeitet, um so das Wahrzeichen des Marktplatzes zu erhalten.[19] Ebenso fruchteten vom Verein ausgearbeitete Vorschläge, um den Abbruch des Oberen Tores in Nabburg zu verhindern; hier deutete man sogar an, wenn „pekuniäre Rücksichten" die vorgeschlagenen Lösungen erschweren sollten, könnte vielleicht aus staatlichen Mitteln ein Zuschuß zu erlangen sein. Und erfolgreich erwies sich auch der massiv vorgebrachte Einspruch gegen das Vorhaben der Landeshauptstadt, das Sendlinger Tor in München zu beseitigen;[20] gleiche Bemühungen galten auch, ebenfalls in Gemeinschaft mit anderen Interessenvertretern, der Erhaltung der ehemaligen Augustinerkirche in München (heute Jagdmuseum).

Ging es in den genannten Fällen um das Stadtbild als solches, um das historische Erscheinungsbild oder um herausragende Baudenkmäler, so war der Verein auch mit vielen Einzelobjekten befaßt, die weniger öffentliche Aufmerksamkeit fanden, dennoch aber der beratenden Zuwendung bedurften. 1904: Umbau des „Zehetmair"-Hauses in Bad Aibling, wofür ein Plan „zur möglichsten Schonung des Bestehenden" ausgearbeitet wurde, Beratung bei der Planung einer neuen protestantischen Kirche in Bad Steben, bei der Restaurierung eines Privathauses in Donauwörth, bei der Wiederherstellung des Rathauses in Neumarkt in der Oberpfalz, bei der Restaurierung der protestantischen Kirche in Weiboldshausen bei Weißenburg, Vorschläge für die Wiederherstellung eines Fachwerkhauses in Feuchtwangen, zur Führung eines Kamins durch den Rathaussaal in Kallmünz „zur Vermeidung von Schädigungen", Erarbeitung von Plänen zur Wiederherstellung der Kirche in Weisendorf in Oberfranken – um nur einige von vielen Fällen zu nennen, die der Verein von sich aus aufgriff oder wozu er zur Beratung aufgefordert wurde. Besonders war der Rat der Vereinsspitze gefragt bei der Errichtung der Kriegerdenkmäler für die Gefallenen des Deutsch-Französischen Krieges; hier war es in den vergangenen Jahrzehnten mitunter zu schweren gestalterischen Mißgriffen und Fehlplazierungen gekommen, die Dorf- und Marktplätze und die Bereiche um die Kirchen nachteilig beeinträchtigten.

Die Häufung der Anfragen auf den verschiedensten Gebieten des Heimatschutzes führten bereits 1903 zur Bildung von Arbeitsausschüssen, so für Bauernhausforschung und Hausbau (Prof. August Thiersch, Prof. Jummersbach, Franz Zell), für die Pflege heimischer Bauweise (Baurat Grässel, Hofoberbaurat Handl, Architekt Josef Rank, Gabriel von Seidl, Thiersch und Zell), für Denkmalpflege (Dr. Gröschel, die Architekten Steinlein, Blumentritt, Buchert, Ingenieur Zeitler sowie Bildhauer Max Heilmaier). Später kamen noch Ausschüsse für „Baulinien", für „Alt-München" und „Christliche Kunst" hinzu.

Der Ausschuß für „Denkmalpflege" befaßte sich 1905 vom 1. Mai bis Jahresende in 33 Sitzungen mit den eingegangenen Plänen, die begutachtet und überarbeitet wurden. In vielen Fällen wurde sogar eine Ortsbesichtigung vorgenommen und ein umfangreicher Schriftwechsel geführt. Heute kaum mehr nachvollziehbar, daß sich angesehene und vielbeschäftigte Architekten nahezu wöchentlich im „Vereinslokal", der Geschäftsstelle, einfanden, um diese Gutachter- und Beratungstätigkeit ehrenamtlich wahrzunehmen, Tekturen und Skizzen anzufertigen. Je nach Tagesordnung wurden noch Fachleute hinzugeladen wie der Akademieprofessor Ferdinand Wagner, die Architekten German Bestelmeyer und Blößner, die Bildhauer Stader und Syrius Eberle.

Diese Mitarbeit in der „praktischen Denkmalpflege" und im besonderen „bei der Pflege der heimischen Bauweise" entsprach nicht nur den Zielen der Vereinssatzung, sondern zählte zu den übertragenen Aufgaben gemäß der Entschließung des Staatsministeriums des Innern vom 1. Januar 1904. Damit wurden die Distriktsverwaltungsbehörden, Bauämter und Gemeindebehörden angewiesen, daß für die

> monumentalen oder geschichtlich und künstlerisch interessanten Bauten für die Erhaltung und den Schutz dieser Gebäude einschließlich ihres plastischen und malerischen Schmuckes, dann wo reizvolle Stadt-, Straßen- und oder Platz-Bilder vorhanden sind, für deren Erhaltung tunlichst Sorge getragen werde ... der Einsicht der Gemeindebehörden wird vertraut, daß sie in pietätvoller Würdigung des geschichtlichen, künstlerischen und ethischen Wertes der aus der Vorzeit überkommenen Baudenkmäler diesen Meisterwerken der Vorfahren ausgiebigen Schutz zu teil werden lassen. Da den kleineren Städten und den Landgemeinden für die Anfertigung und die Beurteilung einschlägiger Bauprojekte geeignete, künstlerisch geschulte Kräfte zurzeit in der Regel nicht zur Verfügung stehen, wird denselben empfohlen, sich hiewegen gegebenenfalls an die Kreisgesellschaften des bayerischen Architekten- und Ingenieurvereins oder an den Verein für Volkskunde e. V. in München, an letzteren namentlich auch in Fragen der heimischen volkstümlichen Bauweise, unmittelbar oder durch Vermittlung der k. Bezirksämter zu wenden, wo sie, soweit nötig, Rat, Aufschluß und Anregung finden werden. Das erstrebenswerte Ziel dieses Teiles der Heimatpflege soll es auch sein, daß die Baumeister der einzelnen Orte und Gegenden selbst danach trachten, an der möglichsten Erhaltung des örtlichen Gepräges der Architektur unter schonender Rücksichtnahme auf die alten charakteristischen Denkmäler und Bauformen sowie durch passende Eingliederung der Neubauten in den alten Rahmen der Umgebung tatkräftig mitzuarbeiten ...[21]

Diese Empfehlung war der Anlaß für die Einbindung des Vereins in eine Fülle von Verfahren und die Befassung mit Maßnahmen des Denkmalschutzes und der Baupflege, so daß innerhalb von zehn Jahren von den zuständigen Ausschüssen 3000 „Beratungsgegenstände" erledigt werden konnten, wie aus einem Rückblick auf die ersten zehn Jahre der Vereinstätigkeit hervorgeht.

Die enge Zusammenarbeit mit dem Generalkonservatorium war Voraussetzung für die fachliche Beurteilung der einzelnen Bau- und Renovierungsvorhaben; Interessenskonflikte oder unterschiedliche Auffassungen der Konservatoren und Heimatschützer bei denkmalpflegerischen Problemfällen scheinen in den Protokollen nicht auf. Das am 1. November 1908 offiziell vom Bayerischen Nationalmuseum abgetrennte und nun selbständig gewordene Generalkonservatorium war dadurch zwar in seiner Wirkungsmöglichkeit gestärkt worden, die publizistische Unterstützung bei drohenden Gefahren für Denkmäler nahm weiterhin der weisungsungebundene Verein wahr, wenn er z. B. die „Illustrierte Zeitung" und andere Presseorgane über geplante ortsbildschädigende Maßnahmen unterrichtete, um „die Angelegenheit der Öffentlichkeit vor Augen zu führen", abgesehen von seinen eigenen Publikationsorganen, in welchen regelmäßig „drohende Verluste" vorgestellt wurden.

Der gesamtdeutsche Bund Heimatschutz widmete sich zwar primär dem Natur- und Landschaftsschutz, dennoch griff er auf seiner ersten Jahresversammlung in Goslar 1905 einen denkmalpflegerischen Fall auf, den man in den Protokollen des bayerischen Vereins vermißt: Eine Stellungnahme zur Wiederbebauung des Würzburger Domplatzes. Um einen hier ganz unnötigen größeren Platz zu schaffen, hatte man den rechten, an die Neumünsterkirche anschließenden Fassadenbau abgerissen, so daß – wie Paul Schultze-Naumburg berichtete – „das gar nicht zum Freistehen bestimmte Gebäude nun kahl daliegt"[22]. Es wurde der Wunsch geäußert, daß der von dem Architekten Theodor Fischer (Mitglied des bayerischen Vereins) erarbeitete Entwurf für eine Wiederbebauung eine Verwirklichung fände.

Zu den denkmalpflegerischen Herausforderungen und nachwirkenden Leistungen des Vereins zählten z. B. der Erwerb und die Instandsetzung der Schlösser Neuburg am Inn (1908)[23] und Schwindegg (1913)[24] sowie der Wiederaufbau des abgebrannten Unteren Marktes von Mittenwald (1915), wofür der Verein sämtliche Detailpläne erstellte.[25]

Hier sollte nur die Wechselbeziehung von Denkmalschutz und Heimatschutz und der Stellenwert der Denkmalpflege innerhalb der beginnenden Heimatschutzbewegung in Bayern aufgezeigt und näher auf die Tätigkeit des bayerischen Vereins in seinen Anfangsjahren eingegangen werden. Die Sitzungsprotokolle des Ausschusses „Denkmalpflege" reichen bis 1933. Die Begutachtertätigkeit beschränkte sich zuletzt weitgehend auf die Gestaltung von Brunnen, Kriegerdenkmälern, Erinnerungstafeln und Umbaumaßnahmen in historischen Altstädten wie z. B. Rothenburg o. d. Tauber. Die Bauberatung hingegen blieb weiterhin einer der Arbeitsschwerpunkte des Vereins, wofür seit 1930 als eigenes Publikationsorgan das Werkblatt „Der Bauberater" besteht. Denkmalpflegerische Belange werden in der seit 1937 herausgegebenen Zeitschrift „Schönere Heimat" öffentlich wirksam behandelt, um in breiten Kreisen der Bevölkerung das Verständnis für diese Anliegen zu verstärken und zu vertiefen.

Schon in den ersten Jahren der Vereinstätigkeit war – weil man oft machtlos Zerstörungen und Verunstaltungen gegenüberstand – ein wirksames Denkmalschutzgesetz gefordert worden. Ausgelöst durch den Bauboom und die zu beklagenden Verluste an wertvoller historischer Bausubstanz wurde 1968 bei der Heimatpflegertagung in Straubing der Ruf nach einem Denkmalschutzgesetz laut und mit einer Resolution die Bayerische Staatsregierung dringend zu einer entsprechenden Gesetzgebung aufgefordert. Der 1969 im Landesverein für Heimatpflege gebildete „Studienkreis Denkmalschutz" erarbeitete eine ausführliche Stellungnahme zur Frage eines Denkmalschutzgesetzes, die dem Bayerischen Landtag vorgelegt wurde. Zu Beginn der Landtagsberatungen im Jahr 1972 legte der Landesverein zu den Entwürfen eines Denkmalschutzgesetzes der Staatsregierung und den Fraktionen erneut eine vom Studienkreis erarbeitete Stellungnahme vor. Starke Beachtung fanden in einer Sachverständigenanhörung des Kulturpolitischen Ausschusses die praxisnahen Argumente des Landesvereins und wurden im Gesetzestext auch berücksichtigt, so z. B. die Mitwirkung der amtlich bestellten Heimatpfleger beim Vollzug des Denkmalschutzgesetzes (Art. 13).

Es ist müßig zu philosophieren, wie es um die regionale Kulturpflege, den Schutz und die Pflege der materiellen und immateriellen Werte, um das kulturelle Erbe in Bayern stünde, ohne die um die Jahrhundertwende einsetzende Heimatschutzbewegung, ohne eine kontinuierlich seit nunmehr 96 Jahren bestehende Organisation der Heimatpflege, die inzwischen einen hohen kulturpolitischen Stellenwert einnimmt. Gewiß haben sich inzwischen die Gewichte einzelner Arbeitsschwerpunkte des Vereins verlagert, so manche Aufgabenstellungen wurden an andere Institutionen abgegeben, wie etwa die wissenschaftliche Volkskunde, andere kamen neu hinzu, wie z. B. die Mitwirkung bei Dorferneuerungsmaßnahmen, denn die Heimatpflege muß sich immer der Gegenwart und den damit verbundenen gesellschaftlichen, sozialen, wirtschaftlichen und kulturellen Erfordernissen und Bedingungen stellen, sie muß auf den Menschen bezogen sein. Es geht darum, daß sich der Mensch mit seiner Um- und Lebenswelt und dem kulturellen Erbe identifiziert. Denn nur aus dem Bewußtsein um das Prägende und Unverwechselbare werden die Bürgerinnen und Bürger für das kulturelle Erbe auch Sorge tragen und Opfer bringen, die ihnen vielleicht künftig, im Zuge der Sparmaßnahmen und bei der allenthalben feststellbaren schwindenden Lobby für die Anliegen von Denkmalschutz und Denkmalpflege, noch mehr als bisher abverlangt werden müssen.

Anmerkungen

1 Rudorff entstammte einem ausgeprägten bildungsbürgerlichen Milieu und war durch seine familiäre Herkunft geistig stark in der Romantik verankert. Nach theologischen, philosophischen und philologischen Studien beschritt er die Musikerlaufbahn als Pianist (Ausbildung bei Clara Schumann), wurde Professor an der Kgl. Hochschule für Musik in Berlin für Klavierspiel, war Gründer der musikalischen Gesellschaft und begabter Komponist, ohne jedoch in der Wagner- und Brahms-Ära eine größere Bedeutung zu erlangen.

2 ERNST RUDORFF, *Heimatschutz,* hrsg. vom Deutschen Heimatbund Bonn, 1926², St. Goar 1994³, S. 127.

3 Grundlegend dazu ANDREAS KNAUT, *Zurück zur Natur. Landschafts- und Heimatschutz im wilhelminischen Zeitalter,* Diss. München 1992.– Im Druck und im folgenden danach zitiert: *Zurück zur Natur! Die Wurzeln der Ökologiebewegung,* Supplement 1 zum Jahrbuch für Naturschutz und Landschaftspflege, Greven 1993, S. 480.

4 KNAUT 1992 (wie Anm. 3), S. 66 ff.

5 CHRISTIAN BAUR, *Der „Bund Heimatschutz" und die Denkmalpflege,* in: Jahrbuch der Bayerischen Denkmalpflege, Bd. 40, 1986, München 1989, S. 381-386.

6 Gedicht „Patmos"; FRIEDRICH HÖLDERLIN, *Sämtliche Werke,* hrsg. von Friedrich Beißner, Frankfurt/M. 1961, S. 357.

7 Eintragung in das Vereinsregister am 14. August 1902; Archiv des Bayerischen Landesvereins für Heimatpflege e. V. (künftig AL). – Vgl. HANS ROTH, *Aus den Anfängen des Bayerischen Landesvereins für Heimatpflege,* in: Schönere Heimat, 61, 1972, S. 235-238; HANS MICHAEL KÖRNER, *1902: Bayerische Zeitläufe im Gründungsjahr des Bayerischen Landesvereins für Heimatpflege,* in: ebd., 71, 1982, S. 245-254; DERS., *Aus der Gründungszeit des Bayerischen Landesvereins für Heimatpflege,* in: ebd., 71, 1982, S. 516-519.

8 *An unsere Mitglieder und Freunde,* Abdruck in: Volkskunst und Volkskunde, Nr. 1, 1. Jg., 1903.

9 Diese Ausstellung erfuhr eine aufwendige Dokumentation durch FRANZ ZELL (Hrsg.), *Volkskunst im Allgäu. Original-Aufnahmen aus der Ausstellung für Volkskunst und Heimatkunde in Kaufbeuren (im) September 1901,* Kaufbeuren/München/Zürich 1902.

10 GEORG SIMNACHER, *Kurat Christian Frank (1867-1942). Heimatforscher, Heimatpfleger, Heimatbeweger,* in: Schönere Heimat, 81, 1992, S. 178-182.

11 Gegründet 1833; LUDWIG WAMBSGANZ, *Münchener Architekten- und Ingenieur-Verein 1833-1973,* München 1973.

12 Gegründet 1882 von Professoren und Studierenden der Technischen Hochschule München zum Zweck, fachlich anregend auf die Mitglieder einzuwirken; ab 1883 Herausgabe von Architekturstudien, Aufnahmen und Entwürfen (bis 1922). 1904 Gründung eines Passivenverbandes. 1936 erzwungene Auflösung des Aktivenvereins.

13 Bei einer Pfingstexkursion 1898 entstanden unter August Thierschs Leitung die *Aufnahmen von Bauernhäusern in Oberbayern,* in: Architektur-Studien des Akademischen Architekten-Vereins 47/48, München 1899, 14 Blätter, Folio.

14 Änderung des Vereinsnamens: 1904 Bayerischer Verein für Volkskunst und Volkskunde e. V., 1916 Bayerischer Verein für Heimatschutz, 1938 Bayerischer Heimatbund e. V., 1945 Bayerischer Landesverein für Heimatpflege e. V.

15 Die gesetzlichen Grundlagen und Verordnung zum Vollzug der Baugesetze, aber auch des Denkmalschutzes zusammengefaßt in: *Recht und Verwaltung des Heimatschutzes in Bayern,* hrsg. vom BAYERISCHEN VEREIN FÜR VOLKSKUNST UND VOLKSKUNDE, München 1912, S. 172.

16 Dazu BRIGITTE HUBER, *Denkmalpflege zwischen Kunst und Wissenschaft. Ein Beitrag zur Geschichte des Bayerischen Landesamtes für Denkmalpflege,* Arbeitshefte des Bayerischen Landesamtes für Denkmalpflege, Bd. 76, München 1996.

17 AUGUST THIERSCH, *Das Riedertor in Donauwörth,* in: Volkskunst und Volkskunde 1, 1903, S. 10-12.

18 JULIUS M. GROESCHEL, *Aus Amberg,* in: Volkskunst und Volkskunde, 2, 1904, S. 9-16.

19 JULIUS M. GROESCHEL, *Das Obere Tor in Weiden,* in: ebd., S. 60-62.

20 Hier in engem Zusammenwirken mit dem Münchener Architekten- und Ingenieur-Verein.

21 *Recht und Verwaltung* (wie Anm. 15), S. 51-57.

22 *Heimatschutz,* Bericht über die Jahresversammlung des Bundes Heimatschutz in Goslar am 12.-14. Juni 1905, Halle a. d. Saale 1906, S. 14 f.

23 HANS ROTH, *Die Rettung der Neuburg vor dem Verfall. Die erste Instandsetzung der Burg – ein Werk der Heimatschutzbewegung in Bayern,* in: Schönere Heimat, 80, 1991, Sonderheft 8, S. 44-54; DERS., *Schloß Neuburg im Jahre 1908. Aus den Erinnerungen von Gustav von Kahr,* in: Förderkreis Neuburg a. Inn, Jahresschrift 1986, S. 19-23.

24 JULIUS M. GROESCHEL, *Schwindegg,* in: Bayerischer Heimatschutz, 11, 1913, S. 135-143; HANS ROTH, *Nostalgie als Denkmalschutz,* in: Schönere Heimat, 70, 1980, S. 139-140.

25 Dokumentiert in: *Bayerischer Heimatschutz,* 15, 1917, S. 3-56.

Abb. 1. Generalkonservator Prof. Michael Petzet vor dem freigelegten Wandbild „Grünes Hirschpaar" von Franz Marc, Staffelalm, Gemeinde Jachenau (Aufnahme 1993)

Uwe Gerd Schatz

Franz Marc in die Bayerische Denkmalpflege: Seine Wandbilder auf der Staffelalm ob Kochel am See

Damals Volontär bei der Abteilung C (Inventarisation), bekam der Autor im Mai 1992 die Aufgabe, im Zuge der gerade entstehenden Denkmaltopographie des Landkreises Bad Tölz-Wolfratshausen eine erste Liste von Almgebäuden zu erstellen, die für den Eintrag in die Denkmalliste in Frage kämen. Schon die ersten Informanten nannten unter anderen die Berger Staffelalm, zur Jachenau seit alters gehörig, oberhalb Kochel gelegen und als sommerlicher Aufenthaltsort Franz Marcs bei seinen Exegeten erwähnt. Alter Name: Bergstaffel zum Lang in Berg.

Der Autor beschloß, interessiert, einen baldigen Besuch, zunächst außer Dienstzeit, auf dieser Alm. Mit dem zuerst nicht begeisterten Eigentümer („Geht's ihr jetzt auch noch auf die Almen?") kam er am Pfingstsamstag 1992 zum erstenmal da hinauf. Der Eigentümer, Bauer in der Jachenau, sperrte auf, wies hinein und sagte drinnen, auf die Fensterlaibung links neben der Tür zeigend: „Der Kuhkopf ist vom Franz Marc": eine etwas nachgedunkelte Wandmalerei über dem Scheitel der Fensterlaibung, ein frontal gegebener Rinderkopf in etwa ein Drittel Lebensgröße. Während des Gesprächs kam es zu einem gewissen Vertrauen. Von den weiteren Absichten im Gebäude wurde erzählt, vor allem von der völligen Erneuerung der Innenputze, die schadhaft seien. Mit dem Hausschlüssel versehen, inventarisierte dann der Volontär das Gebäude, wie er es unlängst gelernt hatte. Es war, zeitgleich mit dem großen Um- und Ausbau des Bauernhofes in der Jachenau, zu dem es nach wie vor gehört, in den 1860er Jahren an der Stelle eines Vorgängerbaues neu errichtet worden. Auffallend, nämlich zur regionalen Hauslandschaft nicht „passend", ist das steile Dach mit Schopfwalm, wie es dort nur noch einmal, bei der unweit gelegenen Laich-Gapper-Alm, erscheint. Es läßt an die Mitarbeit auswärtiger, saisonal tätiger Bauhandwerker aus dem Österreichischen denken. Der Bauernhof im Tal zeigt diese Sonderform nicht.

In der Aktennotiz der Inventarisierung wurde außer der erklärten Absicht des Eigentümers, bald die Innenputze erneuern zu lassen, auch eine familiäre Überlieferung aufgenommen: Auf der Nordwand der Almstube, über dem Kellerabgang, habe Franz Marc ein weiteres Wandbild gemalt, außer dem „Kuhkopf" über der Fensterlaibung an der Südwand. Der Großvater habe davon erzählt: Franz Marc habe auf die Wand über dem Kellerabgang eine „Hirschkuh mit Jungem" gemalt, die aber bald wieder überstrichen worden sei. Die nachfolgende Generation hatte sie jedenfalls schon nicht mehr gesehen. Die Farbe der Malerei sei wohl grün. Die Aktennotiz scheint umgehend an den Generalkonservator geleitet worden zu sein, denn schon wenige Tage später sprach er den überraschten Volontär in der Sache an, ließ sich noch ein paar Einzelheiten berichten und handelte dann umgehend. Die neu in die Denkmalliste aufgenommene Staffelalm wurde bereits Mitte Juli 1992 vom zuständigen Gebietsreferenten und dem beauftragten Wandrestaurator aufgesucht. Einer ersten Befunduntersuchung folgten weitere – und der Erfolg kam. Die „Hirschkuh mit Jungem" stellte sich als Hirsch mit Hirschkuh heraus, aber sie waren in der Tat grün. Selbstverständlich wurden die Innenputze des Almgebäudes dann nicht mehr in der kurzfristig vorgesehenen Form „erneuert". Der Besitzer hatte Wert und Bedeutung seines Baudenkmales erkannt.

Vielleicht auch durch seine berufliche Vergangenheit bedingt, die ihn den Künstlern des „Blauen Reiter" verbunden hatte, machte Generalkonservator Prof. Dr. Petzet die Staffelalm zu einer Chefsache. Es wurde wohl im Ganzen zu einer denkmalpflegerischen Glückssache. Am 6. Oktober 1993, als das eben freigelegte, neuerschienene Wandbild Franz Marcs auf der Staffelalm der Presse und den geladenen Gästen vorgestellt wurde, sagte der Generalkonservator, das Ganze sei „eines der schönsten Erlebnisse meiner gesamten Dienstzeit". Einige kunsthistorische Aspekte zu Franz Marc und der Staffelalm mögen zur Befestigung dieser frohen Aussage dienen.

Franz Marc auf der Staffelalm

An keinen anderen Ort und keine andere Landschaft banden Franz Marc so viele Erinnerungen und Eindrücke wie an seinen „Schicksalsort" Kochel am See und an das „blaue Land", wie er sie einmal bezeichnet hat. Sein Vater Wilhelm Marc (1839-1907), ein relativ erfolgreicher Genre- und Landschaftsmaler, war wiederholt mit Frau und Kindern zur Sommerfrische in Kochel; zum ersten Mal 1884, als der erste Sohn Franz vier Jahre alt war. Weitere solche Familiensommer verlebten die Marcs in den Jahren 1885, 1890, 1891, 1892 und 1893 in und um Kochel.[1] Schon der Vater hatte diese Aufenthalte auch dazu genutzt, Studien von Landschaft und Ortsbildern zu fertigen, ein wenig auch von Tieren; ganz anders freilich als später beim Sohn lagen die Schwerpunkte. Bei einem akademischen Maler dieser Zeit dienten solche Studien vornehmlich der Sammlung von Motiven für die späteren Gemälde. Bei Franz Marc, der die Sicherheit des akademischen Malens bald verlassen hatte und um Neues rang, wurden Studien, wie auch bei seinen vergleichbaren Generationsgenossen, zum Gegenstand wie zum Ausdruck der künstlerischen Suche; damit bekamen sie im Œuvre hohen Eigenwert. Was allerdings mit keinem zeitgenössischen Maler

Abb. 2. Staffelalm, Gemeinde Jachenau

zu vergleichen ist: die Bedeutung der Natur, speziell der Tiere, in Franz Marcs Kunstwollen und Kunst. Die Wurzeln liegen in der Naturliebe gerade des malenden Vaters, mit dem er sehr wahrscheinlich bereits als Bub die Staffelalm erlebt hatte. Erst im Frühsommer des Jahres 1900 entschließt Franz Marc sich, Maler zu werden. Er geht an die Akademie in München, wo ihn Gabriel Hackl und Wilhelm von Diez unterrichten, letzterer ein sehr bekannter und recht hoch dotierter Münchener akademischer Maler; dementsprechend ist seine Malweise bei bester technischer Fundierung naturnah impressionistisch, der Münchener Schule entsprechend also trotz gängiger Sujets auf der qualitativen Höhe der Malkunst im damaligen Europa. Aus diesem Zusammenhang stammen ersichtlich Franz Marcs Werke der frühen Zeit. 1901 macht er mit seinem jüngeren Bruder Paul, der zu dieser Zeit in Florenz Byzantinistik studiert, eine Reise nach Venedig und in andere oberitalienische Städte; hiervon ist nichts an Graphik oder Malerei überliefert. Die ersten Werke stammen von 1902: Porträts der Eltern, eine Partie aus dem Dachauer Moos, damals schon fast eine traditionelle Gegend für Münchener Maler. Das erste zusammenhängende Konvolut entstand im Sommer 1902 – auf der Staffelalm. Seinen ersten schöpferischen Aufenthalt nahm Marc also an diesem, ihm doch offenbar bereits bekannten Ort. Es entstanden Gemälde und Studien in der akademisch-münchnerischen Tradition seiner Lehrer, wobei aber schon hier die Suche nach selektiver Abstraktion der gelernten impressionistischen Naturabbildung zu merken ist. Die Landschaft spielte schon hier, zu Beginn, bei Franz Marc keine eigenständige Rolle; zunächst noch als quasi Schauplatz einbezogen, wird sie in seinem späteren Werk zunehmend verschwinden. Diese Tatsache betrifft aber nur sein Werk. Marc hat gerade die Besonderheiten seines „blauen Landes", wie schriftlich und mündlich vielfach überliefert, stark und tief empfunden und als eine wesentliche Inspiration zu seinem Schaffen erkannt. Die ihn umgebende Landschaft hatte offenbar, selbst bis in seine späte Schaffenszeit, große Bedeutung für ihn. Die selten vielschichtige Landschaft um die Staffelalm, in den bewaldeten und bewirtschafteten Vorbergen gelegen und nach Süden den Blick in das Hochgebirge freigebend, scheint ihm Heimat gewesen zu sein. Im Sommer 1902 entstanden hier Studien von Tieren und Landschaft, die eine Auseinandersetzung mit der damals schon traditionellen Pleinairmalerei zeigen; zumeist in Ölfarben. Eine Ansicht des Almgebäudes in der Landschaft ist „Staffelalm I" (Lankheit Nr. 9)[2]; ein Stück des Nordgiebels aus der Nähe zeigt „Staffelalm II mit Schafen" (Lankheit Nr. 12), von Marc bezeichnet „Staffelalm/Sept 02"; einen Heuschober in frisch verschneiter Umgebung zeigt „Blick von der Staffelalm" (Lankheit Nr. 15), von Marc bezeichnet: „Meiner einzigen Freundin zugeeignet Herbst 1904 Der Maler" (datiert 1902), womit wohl damals Annette Simon, eine unglückliche Liebe, gemeint war. Auch eine „Hochgebirgslandschaft mit Schafherde" (Lankheit Nr. 14), Herde und Hirt unter dramatisch bewölktem Himmel zeigend, ist der Landschaft um die Staffelalm deutlich zuzuordnen; eine der Tradition der Romantik verbundene Komposition, die im Werk Franz Marcs einzig dasteht. Der Tradition der Genremalerei, also etwa der seines Vaters, entstammen die Gemälde „Hüterbub" (Lankheit Nr. 11), von Marc bezeichnet „Staffelalm 02", und „Senner in der Almhütte" (Lankheit Nr. 13). Aber: aus der Tradition stammen nur die Sujets: Bei „Hüterbub" ist ein Halbwüchsiger in ruhender Seitenlage gezeigt, den einen Arm aufgestützt, im anderen den Hirtenstock; bei „Senner in der Almhütte" schöpft ein Mann, neben einer sonnenbeleuchteten Fensterlaibung stehend, aus einer Futterraufe. Die Darstellung aber ist deutlich abstrahierend, vermeidet im Gegensatz zum Hergebrachten die Darstellung des Individuellen. Sie ist ein Zeugnis für den bei Franz Marc schon zu Beginn seiner Bestrebungen als Maler einsetzenden Drang zum Essentiellen. Das auf der Akademie in München Gelernte wird wohl technisch angewandt, nicht aber mehr als Ziel des eigenen künstlerischen Ausdrucks genommen. Eine solche Übergangsphase findet sich bei allen bildenden Künstlern dieser Generation in Mitteleuropa, sofern sie nach Neuem in ihrer Kunst strebten. Und stets ist sie besonders interessant. Bei Franz Marc setzt sie sich mit Studien auf der Staffelalm fort, die 1905 datiert sind.[3] Zwei Blätter in Farbkreide zeigen naturalistisch Teile von Flechtzäunen an Weiderändern: „Zaun auf der Staffelalm I, II" (Lankheit Nr. 270 und 271). Zwei weitere Blätter in Öl/Tempera sind Ausschnitte von Landschaft. „Nebel zwischen Tannen" (Lankheit Nr. 30), von Marc bezeichnet „Staffelalm VI.05", zeigt in noch impressionistischer Manier Bergwald, in den Nebelschwaden einziehen. Auf der „Kleinen Almstudie" (Lankheit Nr. 31) dagegen ist die Abstrahierung weit vorangetrieben; ein Abhang mit einem Nadelbaum, dahinter Wolken sind wohl noch erkennbar, deutlich liegt aber schon ein Schwerpunkt auf dem Zueinanderordnen von Farb- und Formwerten jenseits einer Naturwiedergabe. Ferner sind mehrere 1905 datierte[4] Studien von Schafen, teils einzeln, teils in Gruppen (Lankheit Nr. 286, 287, 288, 289), meist Kreidezeichnungen, wohl in unmittelbarer Anschauung der Tiere auf der Staffelalm entstanden. Hier hat man anatomisch genaue Wiedergaben vor sich, bis auf Nr. 286, auf dem zwei mit Tuschpinsel geschaffene Kopfstudien vor allem Licht-Schatten-Wirkungen wiedergeben.

Bei seinem ersten schöpferischen Aufenthalt auf der Staffelalm 1902 hatte sich Marc mit dem Senner Johannes Müller angefreundet. „Hans" schrieb ihm am 6. Mai 1903:

Werther Herr Mark! Ich habe heute die Staffelalm bezogen wen Sie Lust und Liebe haben könen Sie mich besuchen auch eine Zeit dableiben nach belieben. Wierde mir sehr lieb sein wen Sie Ihren Aborat[5] mit nehmen wierden um hie und da ein schönes Bild zu machen wen gerade das Vieh schön bei der Alm Hütte steht Sie könten den Abrat ganz gut in Kochel irgendwo einstellen wen Ihnen das Dragen zu viel wird dan könte ihn mein Bub hohlen habe auch gemerkt daß Sie dawaren besten Dank für Zigarren sie sind in Rauch auf gegangen Gut geschmekt. Es grüß Sie freundlichsd auf baldiges fröhliches Wiedersehen Ihre ergebene Freunde Johann Müller, Balthasar Müller huhe auf der Alm.[6]

Vater und Sohn Müller dürften wohl auf den Bildern Lankheit Nr. 11 und 13 verewigt sein. Die Freundschaft mit „Hans" Müller hielt bis an Marcs Lebensende. Noch aus dem Feld hat er ihm geschrieben. 1903 kam Marc nicht auf „seine" Alm, wohl auch 1904 nicht; 1906 hält er sich von Mai bis Oktober in Kochel auf und geht im Herbst auch wieder auf die Alm. Es ist das Jahr, in dem die Verstrickung mit zwei Frauen beginnt: Mit Marie Schnür, die er pro forma heiratet, damit sie ihr Kind zu sich holen kann, und mit Marie Franck, die er liebt. 1907 – das Jahr nannte er „eklig"[7] – war er nicht im Gebirge. Anfang Juni 1908 fährt er – mit der Frau, die er liebt, geschieden von der anderen – für mehrere Monate ins Gebirge. Sie wohnen bei dem Senner „Hans", der nach Lenggries geheiratet hatte. An den in dieser Zeit entstandenen Werken, auch an schriftlichen Zeugnissen, ist unschwer zu erkennen, daß dies die glücklichsten Monate seit langer Zeit für Marc waren. Auch die Staffelalm wird wieder für längere Zeit bezogen. Die beiden Bilder in Mischtechnik „Schafherde I, II" (Lankheit Nr. 290 und 291) dürften dort oben entstanden sein, vor allem aber vieles von den zahlreichen Skizzen, Studien und ausgeführten Kompositionen über Rehe. Dieses Tier beschäftigte Marc erst seit dem Spätjahr 1907; die meisten genannten Blätter sind 1908 datiert.[8] Das Reh wird Marc dann bis zum Tod beschäftigen; später in abstrahierter Gestalt. Die Fülle von Körperhaltungen, die anatomische Genauigkeit in der Detailwiedergabe bei den 1908 datierten Blättern (Lankheit Nr. 354, 357-360, 363-369) belegen deutlich ein Studium aus der Nähe. Die ersten Rehstudien aus dem Spätjahr 1907 sind wesentlich statuarischer, auch ungenauer. Noch heute kann man auf der Staffelalm, die inmitten ungewöhnlich nahrhafter Bergwiesen liegt, erleben, wie nahe morgens und abends

Abb. 3. *Staffelalm, Innenraum mit „Kuhkopf" über der Fensterlaibung*

das Wild beim Äsen kommt. Franz Marc hat das sicher ebenso erlebt.

Die Rehstudien von 1907 sind vor allem eine Gruppenkomposition, die als Vorzeichnung: „Rehe im Walde (Rehfries)" (Lankheit Nr. 361), als Aquarell: „Rehe am Waldesrand" (Lankheit Nr. 362) und als Lithographie gleicher Bezeichnung (Lankheit Nr. 803) überkommen sind. Diese Komposition nahm Marc im Sommer 1908 auf der Staffelalm noch einmal auf: Er bemalte den gemauerten und verputzten Herd der Almstube mit diesem „Rehfries". Ein Entwurf hierzu, es ging um die Breitseite zum Raum hin, hat sich im Skizzenbuch VIII, von 1908, erhalten (Lankheit Nr. 882). Der breit umrahmte „Rehfries" wird rechts durch zwei Motive der Volkskunst, Blumen und Herz, ergänzt. Am 4. September 1908 schrieb Babette Orterer von der Staffelalm nach Lenggries an Franz Marc:

Lieber Herr Marc, jetzt muß ich Ihnen erfreuliches mitteilen, nämlich von meinem schönen Herd. Derselbe wird allgemein bewundert von nobel und unnobel, von Herrschaften und Bauerleute, oft werde ich sogar arg beneidet ob desselben, ich selber habe ja auch eine riesige Freude an ihm und denke so oft ich Feuer mache an den liebenswürdigen Herrn Maler, mancher Flecken ist schon ein bißchen krank u. plessiert u. bräuchte schon wieder einen Herrn Maler Doktor, doch das Herz und der hübsche Blumenstock ist ganz und unversehrt und blüht noch immer ...[9]

Die Staffelalm scheint schon damals vielbesucht gewesen zu sein. Die Eisenbahnstrecke von München nach Kochel bestand seit 1898. Seit damals gibt es im „blauen Land" auch die Tagesausflügler. Der alte, gemauerte Herd auf der Staffelalm wurde in den 1960er Jahren abgetragen. Von Franz Marcs Capriccio wird vermutlich nicht mehr viel erhalten gewesen sein. Schade ist es doch.

Im selben Sommer 1908 sind Marc und seine spätere Frau auch auf der Suche nach einem neuen Domizil: Sie wollen München verlassen. Sie finden das Passende in Sindelsdorf und ziehen 1909 zur Miete dorthin. In der Folgezeit vollzieht sich bei Franz Marc, fast fieberhaft zu nennen, die Entwicklung zur gesuchten neuen Kunst. Diese Vorgänge sind gut belegbar, weil sie, wie bei allen Generationsgenossen im Geiste, mit vielem programmatischen Schrifttum einhergeht. Die Suche nach neuen Wegen und Zielen in der Bildenden Kunst hatte ein gewisses literarisches Übergewicht, was freilich am meisten für Wassili Kandinsky und am wenigsten für Franz Marc zutrifft. In seinem Werk ist Marc seit 1910 stark bestrebt, die Mimesis, das jahrhundertealte Grundprinzip, von sich abzustoßen; bei keinem seiner Künstlergenossen aber wird die Lösung von der „Natur" so fließend vor sich gehen wie bei ihm. Der „Draußenmalerei" längst abgeschworen, wie Helmut Macke, Vetter des Malers, im Oktober 1910 aus Sindelsdorf mitteilte,[10] zu den lange gesuchten, abstrahierenden Formen des bildlichen Ausdruckes gekommen, verliert Marc offenbar nicht den Kontakt zur vertrauten Landschaft. Vermutlich wird auch deshalb seine letzte, rein abstrakte, bildnerische Phase nicht zum puren Konstruktivismus.

In einem erhaltenen Hüttenbuch, das nota bene von einer erstaunlichen bergtouristischen Frequentierung der Staffelalm seit etwa 1910 kündet, haben sich Franz Marc und seine Frau Maria am 18. und 19. Juni 1913 und, letztmals, am 27. und 28. Juni 1914 eingetragen. Sie haben also droben übernachtet, und Franz Marc wird Natur und Tiere nach wie vor als Nahestehender erlebt haben. Und in der Tat ist es im Juni auf der Staffelalm besonders schön: In dieser Zeit blühen dort die Enziane. Der letzte Eintrag lautet: „Franz Marc Ried Kunstmaler". In der dritten Aprilwoche 1914 waren Franz und Maria Marc in ein stattliches Haus in Ried eingezogen, das Marc durch Tausch mit dem Elternhaus in der Villenkolonie Pasing erlangt hatte. Ried, nördlich von Kochel, liegt am Fuß des kürzesten Aufstieges zur Staffelalm.

KUHKOPF UND GRÜNE HIRSCHE

Franz Marc ist mit Wandmalerei bislang, trotz zahlreicher kunsthistorischer Exegeten und vieler Veröffentlichungen, nur durch eine Paradiesdarstellung bekannt, die er im Juni 1911 auf eine Wand von August Mackes Atelier in Bonn zusammen mit ihm gemalt hat. Dieses Wandbild, viel später abgenommen und in ein Museum verbracht, gilt als Singulum. Für August Macke kann das zutreffen; bei Franz Marc gibt es jedenfalls zwei Vorgänger. Beide befinden sich auf „seiner" Alm.

Der Kuhkopf, dem Autor bei der ersten Begehung vorgewiesen, ist über der Laibung des südlichen Fensters der Ostwand gemalt, in nächster Nachbarschaft des alten, von Franz Marc 1908 bemalten Herdes. Er war nie übermalt gewesen; trotzdem existierte er nur noch im Wissen der Almbesitzer und weniger Einheimischer. Auf den ersten Blick war die Au-

Abb. 4. „Kuhkopf" von Franz Marc, um 1905

torschaft Marcs an dem stark verrußten Bild nicht evident. Bei genauer Betrachtung aber war die quasi Handschrift dann deutlich zu erkennen: breite, feste Pinselstriche bei sattem Farbauftrag, dabei aber feine Behandlung und Betonung von Details. Hier fallen die anatomisch genaue Wiedergabe der Ohren, mehr noch der Augen, auf. Speziell sind die gezeigten langen Wimpern eine Besonderheit des damals wie heute in Oberbayern vorherrschenden Höhenfleckviehs, der hellbraun-weiß gefleckten, großen Rinderrasse. Gerade dieses Detail findet sich fein wiedergegeben auf einer Zeichnung, datiert 1905, aus dem Nachlaß Franz Marcs;[11] wohl auf der Staffelalm entstanden. Das Blatt zeigt eine feine, zwar graphisch vereinfachte, aber naturnahe Wiedergabe einer liegenden Kuh. Bei dem Wandbild verweisen der betont breite Pinselduktus mit farbsattem Auftrag, also „modellierend", ein impressionistisches malerisches Ausdrucksmittel, gerade aber auch die naturnah gegebenen Augen auf eine Entstehungszeit um 1905. Ferner spricht für eine solche Datierung auch die naturnahe Farbwahl, wie sie freilich nach der Reinigung durch den Restaurator erst deutlich wurde.[12] Der Vergleich mit zeitgleichen Ölstudien und -bildern Franz Marcs, aus jener schon erwähnten Übergangszeit von den erlernten Möglichkeiten seiner akademischen Lehrer zur gesuchten Abstraktion, macht Zuschreibung und Datierung zudem recht sicher.

Der Malgrund wurde von Marc metiergerecht neu aufgebaut;[13] offenbar hatte er sich über die Technik der Wandmalerei informiert. Die verwendeten Farben entsprachen dann aber nicht dem „Metier", sondern Marcs künstlerischen Gewohnheiten, hier also der Ölmalerei. All dies spricht für einen ersten Versuch, auch wegen Ernst und Festigkeit der Ausführung.

Die Grünen Hirsche, der Darstellung folgend könnte man sie auch „Grünes Hirschpaar" nennen, machen Zuschreibung und Datierung viel einfacher als der Kuhkopf und zwar unter jedem kunstwissenschaftlichen Aspekt. Zunächst erweisen die Erkenntnisse des Restaurators,[14] daß hier nicht, wie beim Kuhkopf, ein neuer Aufputz, wie metiergerecht, gemacht wurde, sondern auf den vorhandenen Kalkbewurf der Wand gemalt wurde. Dies ist wesentlich, weil es den Eindruck einer Skizze, einer Studie, den diese Malerei macht, durch erkannte Fakten wahrscheinlicher werden läßt; wie überhaupt der genaue Blick des Restaurators manch kunstgeschichtliches Faktum ans Licht bringen kann. Die Grünen Hirsche oder das Grüne Hirschpaar waren also wohl einer Eingebung entsprungen. Der Aspekt des Spontanen, schon durch den Befund gezeigt, läßt sich biographisch wie kunsthistorisch erhärten. Gezeigt ist ein röhrender Hirsch im Lauf, der den Nacken leicht überstreckt; direkt hinter ihm, in gleicher Körperhaltung und im Gleichschritt, eine Hirschkuh. Den Vordergrund und den Schauplatz bilden grüne Blattpflanzen von großer Naturnähe. Beide Tiere sind in genauer Seitenansicht gegeben, was in Marcs Œuvre sehr selten vorkommt. Die völlig gleiche Körperhaltung und -bewegung der Tiere entbehrt nicht einer leisen Komik; hierzu paßt auch die Assoziation, die der Restaurator angesichts der genau auf gleicher Höhe liegenden Rückenlinie des Hirsches und Kopflinie der Hirschkuh hatte: dies drücke die Laufgeschwindigkeit der beiden aus.[15] Es gibt im Werk Franz Marcs zwei Darstellungen von Hirschpaaren, die bekannt sind: „Hirschpaar" (Lankheit

Abb. 5. „Grünes Hirschpaar", von Franz Marc, 1908, Zustand nach der Teilfreilegung

Nr. 352), eine Bleistiftskizze, und „Hirschpaar" (Lankheit Nr. 809), eine Lithographie. Beide stammen nach Auskunft von Maria Marc aus dem Spätjahr 1907. Auf beiden Darstellungen liebkosen sich die Tiere. Die Figurenkomposition der Lithographie hat Marc dann 1908 in einer Serie kleiner Exlibris-Entwürfe für den Kunsthändler Emil Hirsch (Lankheit Nr. 857-861) noch einmal aufgenommen, nämlich bei Nr. 858. Die übrigen Entwürfe zeigen, daß Marc bei Herrn Hirsch offenbar einigen Humor voraussetzen durfte. Auf Nr. 861 wirft ein Hirsch mit dem Geweih einen Stapel Bücher durcheinander, auf Nr. 857, 859 und 860 bildet jeweils das Geweih die Initialen „EH" oder, statt der Enden, den gesamten Namen, wobei der Hirsch einmal röhrt, einmal äst, einmal in Seitenansicht nur der überstreckte Kopf gezeigt ist.

Die Darstellungsweise des Grünen Hirschpaares entspricht genau derjenigen der zahlreichen Tierstudien, die Marc 1907 und vor allem 1908 geschaffen hat; es ist die Suche nach Abstrahierung bei noch beibehaltener Naturwiedergabe. Hier betrifft dies gerade auch die Wiedergabe des Felles: graphisch verkürzt, mit lockeren, breiten Pinselstrichen akzentuiert, ist eine gewisse Abstrahierung vollzogen; und doch zeigt das Fell eines Hirsches ähnliche unregelmäßige, breite Streifen, wenn es naß ist.

All dies läßt die Datierung in den Sommer 1908 zu, als Marc, endlich mit der Frau seines Lebens verbunden, seit Jahren zum erstenmal glücklich war und längere Zeit auf der Staffelalm verbrachte. Auch der im Werk Marcs sonst kaum anzutreffende Humor wird Ausdruck dieses unbeschwerten Sommers sein.

Die Bedeutung des Tieres für Franz Marc und seine selbstgewählte Aufgabe in der Kunst, bis hin zu einer durch Kunst zu schaffenden neuen Religion, ist wohlbekannt. Hier, auf der Staffelalm, konnte er jene Unio Mystica-Erlebnisse mit der Natur, vor allem mit dem Wild, haben, die in seinem Werk immer wieder gespiegelt sind. Hier oben haben sich wesentliche Entwicklungen seiner Kunst gebildet und vollzogen. Zwei Zeugnisse birgt das Gebäude hiervon. So ist die Berger Staffelalm ein Baudenkmal in einem Sinn, wie er selten so vielfältig und schön begegnet.

Anmerkungen

1 Bringfriede Baumann, *Der Münchener Maler Wilhelm Marc (1839-1907)*, Diss. München 1986, S. 47f.
2 Klaus Lankheit, *Franz Marc. Katalog der Werke*, Köln 1970, passim.
3 Lankheit (wie Anm. 2), passim.
4 Ebd.
5 Gemeint ist wohl die Staffelei.
6 Rosel Gollek, *Franz Marc. Daten und Dokumente zur Biographie*, in: Franz Marc 1880-1916, Ausst. Kat., München 1980, 1986², S. 16.
7 Ebd., S. 22.
8 Lankheit (wie Anm. 2).
9 Gollek (wie Anm. 6), S. 24f.
10 Ebd., S. 31.
11 Nicht bei Lankheit (wie Anm. 2).– Kat. Nr. 55 in Ausst. Kat. (wie Anm. 6), S. 182.
12 Siehe den Beitrag des Restaurators Bernhard Symank in diesem Band.
13 Ebd.
14 Ebd.
15 Ebd.

Abbildungsnachweis

Verfasser: *Abb. 1, 2, 3*
Bayerisches Landesamt für Denkmalpflege, Restaurierungswerkstätten (Bernhard Symank): *Abb. 4, 5*

1 △

▽ 2

Ulrich Kahle

Pfarrer Josef Riedmann und Matthäus Schiestl – Zur Entstehung des Apsisgemäldes in der ehemaligen Benediktinerabteikirche zu Neustadt am Main

Zu den bedeutendsten Sakralbaudenkmälern Unterfrankens zählt seit jeher die ursprünglich romanische ehemalige Benediktinerabteikirche St. Salvator und St. Maria in Neustadt am Main, wohl kurz nach 1100 unter dem den Hirsauer Reformen aufgeschlossenen Abt Adelger errichtet. Ihre Stellung in der Kunstgeschichte ist in der Vergangenheit vielfach erörtert und beschrieben worden, doch weitgehend unbeachtet blieb bis heute die wechselvolle Geschichte ihrer Ausstattung der Jahrhundertwende, wobei das große Apsisgemälde von Matthäus Schiestl besonders ins Auge fällt. Pfarrer Rudolph Langhans verdanke ich die Kenntnis farbiger Entwurfszeichnungen und eines Skizzenbuches von Schiestl sowie eines zeitgenössischen Berichtes des damaligen Pfarrers Josef Riedmüller, Pfarrer zu Neustadt am Main von 1907-1930, alles verwahrt im Neustädter Pfarrhaus. Auf 92 losen, in spitzer deutscher Schrift engbeschriebenen Seiten enthält das kleine Heft in blauer Pappdecke die Erinnerungen von Pfarrer Josef Riedmann, verfaßt als Ruhestandspfarrer in Wiesenfeld 1946.[1]

In die Zeit seines beruflichen Wirkens fällt der Abschluß der Gesamtinstandsetzung der am 26. Mai 1857 infolge Blitzschlag teilweise bis auf die Grundmauern niedergebrannten ehemaligen Benediktinerabteikirche Neustadt am Main. Patronatsherr Fürst Carl zu Löwenstein-Wertheim-Rosenberg veranlaßte im Herbst 1857 die Hinzuziehung des Großherzoglich-Badischen Baudirektors Heinrich Hübsch[2], der die Pläne für den Wiederaufbau fertigte.[3] Wenn auch die Planungen selbst, für die vor Ort Friedrich Wießler als fürstlicher Baumeister verantwortlich war, nach einigem Hin und Her 1862 abgeschlossen waren, so zog sich jedoch die Ausführung beachtlich in die Länge, und erst im Dezember 1879 konnte der Bau, noch weitgehend ohne Innenausstattung, geweiht werden.

Pfarrer Georg Link, von 1848-1901 Pfarrer zu Neustadt, betrieb die innere Wiederherstellung weiter – ohne hier recht zu reüssieren. Als nun Josef Riedmann 1907 Pfarrer Pius Krimm, der 1930 als Abt und Stadtpfarrer von Ottobeuren starb, ablösen sollte, fehlte immer noch ein entscheidender Teil der liturgischen Ausstattung und er hatte wenig Neigung, diesen „verlorenen Posten"[4] überhaupt zu übernehmen. Ermutigt von seinem Vorgänger fügte er sich in das Unvermeidliche und machte sich mit einer ihm offenkundig zueigenen Pfiffigkeit ans Werk. Trotz der Großzügigkeit und des Wohlwollens des Fürstenhauses litt die kleine Pfarrei unter chronischem Finanzmangel, und so versuchte er mit Erfolg, alte romanische Ausstattungsstücke und Spolien veräußernd, zusätzliche Gelder für die Fertigstellung zu beschaffen – daß solches Tun aus heutiger konservatorischer Sicht gänzlich unakzebtabel ist, braucht nicht eigens betont zu werden; wie aber die Erfahrungen lehren, ist die Veräußerung kirchlichen Kunstbesitzes bis in die Gegenwart hinein immer wieder geübte Praxis.

Pfarrer Riedmanns größter Coup war der Verkauf des alten romanischen Taufsteins an das Luitpold-, heute Mainfränkische Museum in Würzburg, wobei er das zuerst interessierte Kaiser-Wilhelm-Museum in Berlin geschickt gegen die Würzburger ausspielte – beim Lesen seiner Notizen kann man sich der vagen Ahnung nicht erwehren, daß der damalige Referent des Kgl. Bayerischen Generalkonservatoriums in München, Prof. Angermair, hier stillschweigend mitgespielt hatte. Angermair war es auch, der den aus Aschaffenburg gebürtigen und an der Münchner Kunstakademie lehrenden Architekten Anton Bachmann nach Neustadt vermittelte, der den Hochaltar entwarf und die weiterhin noch anstehenden Innenrenovierungsarbeiten leitete.

Als der Würzburger Bischof Ferdinand Schlör im Herbst 1913 Kirche und Altäre unter dem neuen Patrozinium St. Michael und Gertraud weihen konnte, war

> die Kirche in der Hauptsache fertig ... Aber es fehlte noch gar Manches, um das Herz voll zu befriedigen. Hohe und weite leere Flächen gähnten entgegen. Über dem Hochaltar stand die leere weißgetünchte Wölbung, die Conche, u. wirkte wie ein blindes Auge im Körper. Es mußte belebt werden durch ein farbenfrisches Gemälde von erprobter Künstlerhand[5]. (Abb. 4)

Pfarrer Riedmann gelang es durch Vermittlung des ihm immer noch dankbaren Würzburger Museumsdirektors, der wiederum freundschaftliche Beziehungen zum damaligen Generalkonservator Dr. Hager pflegte, für ein solches Apsisgemälde einen außerordentlichen Zuschuß von 4000 Goldmark bewilligt zu bekommen.

Den Auftrag erhielt ein junger, aus Vorarlberg stammender und in München tätiger Kunstmaler namens Franz Reiter[6], der alsbald eine wohl verschollene Entwurfsskizze lieferte.

> Es [stellte] die Anbetung oder Verehrung des göttlichen Herzens Jesu vor; die erhabene Gestalt des Heilands in der Mitte plastisch wirkend, farbenfrisch und lebendig.[7]

Doch der ausbrechende Erste Weltkrieg vereitelte die Ausführung: Franz Reiter wurde zum Österreichischen Heer eingezogen und verstarb 1917 in einem Lazarett in Innsbruck an den Folgen eines im Felde zugezogenen Wundbrandes.

Abb. 1. Apsisgemälde von Matthäus Schiestl in der ehem. Benediktinerabteikirche Neustadt am Main

Abb. 2. Ehem. Benediktinerabteikirche Neustadt am Main, Inneres nach Osten mit Apsisgemälde

Abb. 3. Entwurfsskizze zum Apsisgemälde, von Matthäus Schiestl

Wie alles auf Erden ein Ende nimmt, so fand auch der furchtbare Weltkrieg sein Ende. Nach 4 Jahren hatten sie sich satt getrunken im Blutrausch, die blinden Kriegsscharen; die Menschheit kam wieder zur Besinnung u. Vernunft u. raffte sich allmählich auf zum friedlichen Streben u. Arbeiten u. fruchtbarer Tätigkeit. Auch ich ging wieder an meine Aufgabe, an die Vollendung des Gotteshauses ... Franz Reiter war tot; ich hielt deshalb Umschau nach einem anderen Künstler für unser Apsisgemälde.
Ich hatte schon früher den berühmten, überall bekannten Künstler, Professor Matthäus Schiestl persönlich kennen gelernt.

Abb. 4. Ehem. Benediktiberabteikirche Neustadt am Main; um 1914

Wenngleich sich Riedmann über dieses Kennenlernen in seinen Erinnerungen nicht näher ausläßt, dürfte die räumliche Nähe Neustadts zu Sendelbach, einem Vorort der nahegelegen Stadt Lohr, von Bedeutung sein. Hier wohnte die einzige Schwester von Matthäus, Mathilde, verheiratet mit dem Bildschnitzer Josef Stock, bei der der Vater Matthäus d. Ä. bis zu seinem Tod 1915 seinen Lebensabend verbrachte. Ebenso wie seine beiden Brüder war Matthäus Schiestl hier häufig zu Gast. Schon 1913 hatte Pfarrer Riedmann Matthäus um die Schaffung eines Kreuzweges für die Neustädter Kirche gebeten, für dessen Ausführung dieser ihm dann seinen Schwager Josef Stock empfahl (eigentümlicherweise nicht seinen Bruder Heinz, mit dem er zeitlebens in Zuneigung verbunden war) – er selbst lieferte die Entwürfe nach dem Vorbild des von Moritz von Schwind für die Stadtpfarrkirche in Bad Reichenhall geschaffenen Kreuzweges[8] und beriet gelegentlich Ausführung und Farbigkeit des um 1916/17 fertiggestellten Kreuzweges.

> ... dem Matthaeus schrieb ich u. vertraute ihm mein Anliegen an. Auf meine Anfrage, ob er nicht selbst Lust habe, das Gemälde zu schaffen u. seinen Namen hier zu verewigen, gab er bald seine Zusage. Matthaeus Schiestl hatte sich in den vielen Jahren seiner künstlerischen Tätigkeit nur wenig mit großer monumentaler Malerei befaßt. Bei staatlichen oder kirchlichen Ausschreibungen bewarb er sich grundsätzlich nicht. Das lag ihm nicht. Er war ganz u. gar Romantiker, wollte sich nur frei betätigen u. sich nicht durch Vorschriften u. Raumbegrenzungen binden lassen. Er war in seiner Art ein hochbegabter Künstler, ein Genie...
> Matthäus Schiestl wählte sich ein anderes Thema. Jeder Künstler hat seine eigenen Ideen und seine eigene Technik. Diese Eigenart ist ihm angeboren. Darin liegt der Kernpunkt seines Genies, seiner Originalität, seiner Größe. Bischof Schlör hatte die Kirche zu Ehren des Hl. Erzengel Michael geweiht. Darum wählte er sein Thema zu seinem Kunstwerk aus den Offenbarungen über diesen bekanntesten Himmelsfürsten. Die Worte des Propheten Daniel: „In Tempore autem illo consurget Michael Princeps magnus qui stat pro filiis populi tui" stellte er in seinem großen Gemälde lebendig vor Augen. Er dachte sich den Erzengel Michael in feuriger Jugendkraft auf feuriger Wolke stehend als Heldenjüngling, bekleidet mit feierlichem Festgewand u. farbenreichen mächtigen Schwingen, umgürtet mit dem Schwerte, die Linke auf den Schild gestützt, auf welchem die Worte „Quis ut Deus!" mahnend erstrahlten, die Rechte ausstreckend, mit welcher er ein lichtgoldstrahlendes Kreuz umfaßt u. emporhält als Zeichen der Erlösung u. Tröstung in der schwersten, alles entscheidenden Stunde. Es war die Frage zu entscheiden, ob man seinem Auge einen gütigen gewinnenden Ausdruck geben sollte oder einen ernsten. Ich entschied mich für das letztere angesichts der überaus ernsten Situation. Die übrige Ausstattung des Bildes, die Figuren u. Scenen sind ganz Eigenart Schiestls. Es fehlt nicht der Tod, den Schiestl so lebendig darzustellen vermag, es fehlt nicht das unschuldige Kind, das sich beim Spielen nicht störenläßt durch die großen weltbewegenden Ereignisse u. es fehlen nicht die zuschauenden Menschenmassen im Hintergrunde, die Menschen aller Stände und Zeiten. Es erübrigt sich die Einzelheiten des Bildes zu erklären; ein jeder, der die darauf bezüglichen Worte der Hl. Schrift kennt, wird den Sinn aller Einzelheiten voll verstehen.
> Die ministerielle Gennehmigung Schiestls zur Ausführung des Gemäldes begegnete natürlich keiner Schwierigkeit. Eine so allgemein anerkannte Autorität auf dem Gebiet der Kunstmalerei wurde ohne Weiteres acceptiert. Eine solche Arbeit stellt man nicht her von heute auf morgen. Sie bedarf reichlichen Nachdenkens u. Studiums. Auch Professor Schiestl war lange mit den Vorarbeiten beschäftigt; meines Wissens verging 1 Jahr, (N.B. Neben anderen Bildern, die er gleichzeitig ausführte!) bis er zur Ausführung des Auftrages kam; er mußte alle Figuren entwerfen, Gruppen zusammenstellen, alle Motive ausdenken, die Schablonen anfertigen u. endlich die Farbenharmonie prüfen und erproben. Als alle Vor-

Abb. 5. Entwurfsskizze, farbig laviert, von Matthäus Schiestl

arbeiten vollendet waren und das Werk zur Ausführung reif war, begann Matthaeus Schiestl seine Arbeit; es war im Anfang des August des Jahres 1920.[9]

Einen Einblick in diese Vorarbeiten gestatten nun das im Neustädter Pfarrhaus aufbewahrte Skizzenbuch, ebenso unpubliziert wie verschiedene in Privatbesitz befindliche weitere hier zu Rate gezogene Skizzenbücher, mehrere teilweise farbige Entwurfsskizzen Schiestls sowie ein Gipsmodell der Apsis, welches sich im Lapidarium und Museum befindet, welches Pfarrer Langhans in einem Nebenraum der Neustädter Pfarrkirche eingerichtet hat.[10]

Es ist schwierig, eine Ordnung in die Fülle der sämtlich unbezeichneten Skizzen und Entwürfe zu bringen, die jedoch wohl alle im Zusammenhang mit diesem Auftrag zu sehen sind, hat sich doch Schiestl meines Wissens nur dieses eine Mal mit dem Thema des Erzengels Michael beschäftigt. Interessant ist ein charakteristischer Wechsel in der Darstellung des Himmelsfürsten vom Bannerträger Gottes in kriegerischer Rüstung beim Sieg über den Antichrist (Apok. 12,7) hin zum Erzengel des Jüngsten Gerichts in hellem Gewand, statt des Schwerts nunmehr das Kreuz in der Rechten (Dan. 12,1). Der zunächst noch gänzlich flüchtige Charakter der rasch hingeworfenen Bleistiftzeichnungen (Abb. 3) mag vielleicht die Frucht jener Gespräche mit Pfarrer Riedmann sein, von denen dieser berichtet. Ganz allmählich wechselt die Gestalt des Erzengels, und zwar in dem Maße, in dem sich das Umfeld der Apsisfläche belebt und füllt. Die beiden schon farbig lavierten Studien (Abb. 5, 6) beziehen bereits die ganze für die Darstellung bestimmte Fläche der Apsiskalotte ein und entwickeln sich folgerichtig weiter: in der Mitte der Erzengel als Monumentalfigur, gerahmt von posaunenblasenden Engeln, im Scheitel der Kalotte ein einfaches Kreuz in Wolken – wohl statt eines hier noch auszuformulierenden erweiternden Gottesmotivs – sowie Andeutungen des weiteren umgebenden Geschehens. Gefunden ist bereits die zukünftige Aufteilung oder Gesamtanordnung des Apsisgemäldes, während an Einzelheiten noch zu feilen ist. Der letzte zu-

Abb. 6. Entwurfsskizze, farbig laviert, von Matthäus Schiestl

Abb. 7. Entwurfsskizze, farbig laviert, von Matthäus Schiestl

gängliche Entwurf (Abb. 7, 8) führt nun das Motiv des sich öffnenden Himmels mit dem Lamm Gottes auf dem Buch mit sieben Siegeln in einem ornamentbesetzten Nimbus, umgeben von Posaunenengeln, die Menschenmenge im Hintergrund sowie die Figurengruppen des Vordergrunds weiter aus. Gefestigt hat sich schließlich die Gestalt des Erzengels in monumentaler Frontalität – die definitive Haltung des Kopfes

Abb. 8. Entwurfsskizze, farbig laviert, von Matthäus Schiestl

samt dem von Riedmann beschriebenen Augenausdruck scheint noch nicht entschieden. Den nämlichen Entwurfsstatus zeigt das erwähnte Kalottenmodell (Abb. 9), welches nun ein über den Entwurf gelegtes Linienraster zeigt, wohl als Hilfsmittel zur Übertragung des Entwurfs in die Apsis selbst – die flankierenden Figurengruppen werden bei der Ausführung noch getauscht.

> Zwei Monate lang arbeitete Schiestl [in Kaseintechnik] an seinem Werk ohne jede Beihilfe, rieb die Farben selbst und mischte sie, er hatte darin eine eigene Technik, in die er sich nicht hineinblicken ließ. An den Samstagen nachmittag riß Schiestl sich los von seiner Arbeit, machte Ausflüge in die Umgebung, in die Dörfer und Spessartberge u. Thäler u. kehrte am Sonntag Abend frisch gestärkt, mit neuen Ideen erfüllt an seine Aufgabe zurück. Das Gerüst, auf welchem der Künstler arbeitete, war abgesperrt u. für niemand zugänglich, so daß man den Fortschritt der Arbeit nicht verfolgen konnte bis endlich die Sperrbretter weggenommen wurden. Da zeigte sich das Werk eines großen Künstlers in seiner Schönheit und Pracht, leuchtend in frischer lebendiger Farbenharmonie, eine erhabene Idee in Wucht und Kraft zum Ausdruck gebracht. Noch mußte sich die Stuckumrahmung u. die Fenstermalerei eine kräftige Farben=Nachhilfe u. Korrekturen durch Schiestls Hand gefallen lassen, dann war die ganze Chorausstattung in Einklang gebracht: Das Volk strömte jetzt, von Neugier getrieben, in das Gotteshaus, bewunderte das Gemälde und war ergriffen von der kunstvollen Darstellung des ernstesten Geheimnisses unserer hl. Religion, der Auferweckung der Toten zum jüngsten Gericht durch den Posaunen Schall der Engel. Möge dieses Bild auf lange Dauer eine lebendige Predigt sein für die Kirchenbesucher von Neustadt und heilsame Früchte der Buße

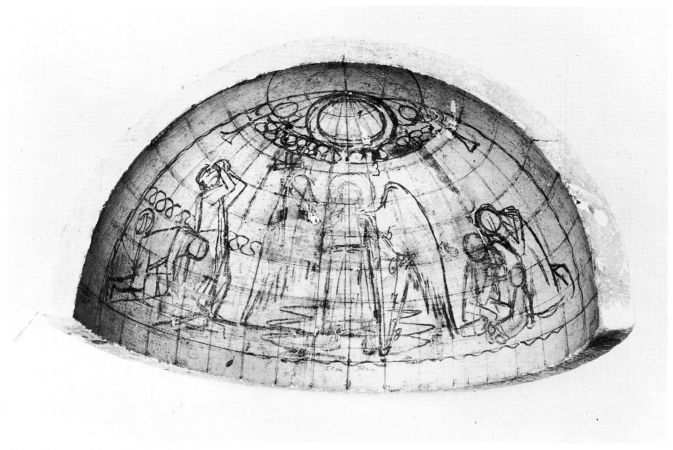

Abb. 9. Kalottenmodell, von Matthäus Schiestl

wirken in den Herzen der Menschen zu ihrem Seelenheil in einer Welt des Leichtsinns u. der Gottlosigkeit. (Abb. 1, 2)
Wie alles von Menschenhand Geschaffene nicht Anspruch erheben kann auf Vollkommenheit, so begegnete auch das Gemälde Schiestls gar mancher Kritik. So kam einmal ein gelehrter Franziskaner Pater und zeigte sich entrüstet über die „knabenhafte" Darstellung des hl. Erzengels Michael. Er stellte sich diesen Himmelshelden ganz anders vor; er dachte vielleicht an die mittelalterlichen Ritter in eiserner Rüstung mit Harnisch u. Rappier oder an einen märchenhaften Recken mit riesigen Fäusten u. herkulischen Armen, das wilde Gesicht umrahmt mit struppigem Bart. Dadurch hätte vielleicht St. Michael dem ewigen Richter imponiert u. ihm ein mildes Urteil abgezwungen!! Aber dem St. Michael des Matthäus Schiestl fehlte all das. Kein Wunder, daß der geistige kunstliebende Sohn des Hl. Franziskus mit Schiestl unzufrieden war u. seinem bedrängten Herzen mit scharfen Ausdrücken Luft machte.
M. Schiestl hatte jedenfalls eine andere Auffassung von dem hohen Himmelsfürsten St. Michael, dem der Schöpfer aller Welten ganz besondere Sendungen anvertraute. Er machte sich los von den vulgären Vorstellungen. Vor seines Geistes Auge stand ein Himmelsfürst in jugendlicher Kraft und Schönheit, ausgerüstet mit übernatürlichen Gaben und Kräften, im jugendlichen Angesicht zwei sprühende Augen, in welchen der starke Glaube und feurige Begeisterung für den Allmächtigen, den alleinigen Gott u. Herrn, hell loderten ...
Als Schiestl sich entschlossen hatte, den Auftrag zur Schaffung dieses Gemäldes zu übernehmen, wählte er sich das Thema selbständig; er studierte ernst die hl. Schriften, welche etwas von St. Michael berichten u. wählte sich den Bericht des Propheten Daniel. Wie lange mag der Künstler gesonnen und nachgedacht haben, bis er endlich im Geist die Gestalt des Erzengels so geformt hatte, wie er sie brauchte. Sicher hat er nicht leichtsinnig gehandelt, sondern alles wohl überlegt u. manche stille Nachtstunde an diesem Gedanken gearbeitet. Wer auch immer vor dem Gemälde steht und es betrachtet, er möge sich bemühen, sich in die Gedankenwelt des Künstlers tief zu versenken u. dann wird ihm sicher gar Manches, was ihm unbegreiflich verfehlt erscheint, verständig werden:"

Hier enden Riedmanns Aufzeichnungen zum Apsisgemälde, die oben verkürzt wiedergegeben sind und einen ungemein suggestiven Einblick in die Zeit geben. Dies rechtfertigt ebenso die Veröffentlichung wie die im Folgenden rasch zu skizzierende Bedeutung des Matthäus Schiestl.

Matthäus Schiestl, 1869 als zweiter Sohn des Zillertaler Holzschnitzers Matthäus d. Ä. geboren und zusammen mit seinen Brüdern Heinz *1867 und Rudolf *1878 in Würzburg aufgewachsen, hatte mit den Brüdern das künstlerische Erbe des Vaters fortgeführt. Alle drei Schiestl gingen zur weiteren Ausbildung nach München auf die Akademie, wo Heinz Bildhauerei, Matthäus und Rudolf Malerei und Graphik studierten. Während Heinz nach der Jahrhundertwende in Würzburg die Werkstatt des Vaters übernahm und Frankens wohl bedeutendster Bildschnitzer im ersten Drittel des 20. Jahrhunderts wurde, blieben die beiden anderen in München und gründeten ein gemeinsames Atelier. Doch immer wieder fanden sie Gelegenheit, in bester Tradition mittelalterlicher Werkstattgemeinschaften an gemeinsamen Aufträgen zusammen zu wirken.[12] Relativ frühe Ausstellungserfolge und die aktive Mitgliedschaft in der Deutschen Gesellschaft für

Christliche Kunst[13] führten rasch zu breiterer Aufmerksamkeit und Anerkennung von Heinz und Matthäus Schiestl – Rudolfs Weg führte wenig später als Lehrer an die Gewerbeschule nach Nürnberg, wo er schon 1930 als erster der drei Brüder starb.

Vor allem Matthäus galt sehr bald als Maler eines spezifisch romantischen, deutschen Gemüts, ein Moment, welches große Teile der Münchner Kunstszene der Jahrhundertwende kennzeichnet und in der Kunstgeschichte bis in die jüngere Gegenwart kaum ernsthaft wahrgenommen wurde. Deren geradezu ausschließliches Interesse galt stets nur jener Entwicklungslinie, die von der großformatigen Münchner Historienmalerei über Kandinsky und den „Blauen Reiter" den Anschluß an die Moderne der zwanziger Jahre des Expressionismus suchte. Erst die große Ausstellung zum 88. Deutschen Katholikentag 1984 in München, „München leuchtete. Karl Caspar und die Erneuerung christlicher Kunst in München um 1900"[14], rückt diesen Strang des Münchner Akademismus in hervorragender Weise in das Interesse der Kunstwissenschaft. Zwei Einzelausstellungen des Spessart-Museums in Lohr am Main, 1989 über Matthäus Schiestl und 1990 über Heinz Schiestl (im Knauf-Museum in Iphofen) fördern diese Entwicklung, die in Busso Diekamps Münsteraner Dissertation „Volkstum und Religion: Matthäus Schiestl (1869-1939) und seine zeitgenössische Rezeption"[15] einen vorläufigen Höhepunkt findet.

Neben jenem Matthäus Schiestl, dessen zahlreiche Gemälde, Graphiken und Zeichnungen nicht nur in zeitgenössischen Publikationen, sondern vor allem über den Münchner Verleger Franz Hanfstaengl in Form der vielen noch bekannten „Schiestl-Bildchen" weiteste Verbreitung fanden, gab es den stillen, eher in sich gekehrten Maler einiger weniger großformatiger Wandbilder in Kirchen, die, wie in der Münchner Bennokirche, dem Krieg, andernorts verschiedentlich dann aber den Purifizierungsbestrebungen im Gefolge der Liturgischen Bewegung nach dem Zweiten Weltkrieg zum Opfer fielen.

Unter den erhaltenen Wandgemälden von Matthäus Schiestl ist das Apsisgemälde in Neustadt das einzige wirkliche Monumentalgemälde, das einzige, welches nicht „bloß" ausstattet, kein erzählendes religiöses Historienbild ist – als Ausstattung samt gemaltem ornamentalen Rahmen auf freie Chor- oder Hochschiffwände plaziert –, sondern bewußt einer gegebenen Architekturform folgt und zugleich eines seiner letzten Wandgemälde überhaupt, wenn man von der Ausstattung des Schiestl-Zimmers gemeinsam mit seinem Bruder Heinz in Haus Clee in Waldniel am Niederrhein[16] und einem Wandbild für das Missionshaus der Steyler Missionare in St. Wendel[17] absieht.

Im Sujet unterscheidet er sich von seinen Zeitgenossen – in der Apsiskalotte findet sich in Anlehnung an mittelalterliche Bildtraditionen um 1900 in der Regel stets Christus als Pantokrator oder Weltenrichter –; er aber stellt mit dem Erzengel Michael, den Patron der Kirche in den Mittelpunkt, der in seiner Eigenschaft als Seelenwäger neben dem Weltenrichter immerhin auch eine der zentralen Figuren der Apokalypse ist und umgibt ihn mit jenen für ihn typischen, eher anrührenden Personengruppen, von denen Pfarrer Riedmann spricht und die sich, anders als die Gestalt des Himmelsfürsten, immer wieder in seinem Œuvre finden. Sie sind so sehr sein Stil, daß es vielleicht etwas ungerecht ist, seinen „Figurenstil mit einer typisierenden, teilweise naiven Gebärdensprache, etwa in dem sitzenden Kind am linken Ende der Halbkuppel, [als] der kühlen, monumentalen Architektur nicht angemessen" zu bezeichnen.[18]

Auch dieser späte Schiestl ist ganz Kind seiner Zeit, eine Zeit, die vierzig Jahre zuvor beginnt und um 1910 mehr und mehr zum Erliegen kommt, geprägt neben Schiestl von dem Piloty-Schüler Rudolf Seitz (St. Anna, München), Karl Wahler und Karl Rickelt (St. Benno, München, mit Matthäus Schiestl), Gabriel Hackl (St. Paul, München), Ludwig Glötzle, Kaspar Schleibner und den beiden Kolmsberger oder Gebhard Fugel, dem Urheber des eigentümlichen Altöttinger Panoramas. Mittelalterliche Bildthematik, Historienbild, nazarenisches Gedankengut werden mit oft virtuoser handwerklicher Technik zu ebenso eindrucksvoller wie emotional bewußt anrührender sakraler Thematik kompiliert. Hier unterscheidet sich diese Stilrichtung ganz deutlich etwa von den Kunsttendenzen der Erzabtei Beuron mit ihren statischen, kargen und statuarischen Figuren und spröder Ornamentik, die, im Gegensatz zu ihrem eigenen Kunstwollen, kaum merklich schon am Übergang zum Expressionismus stehen.

Wie weit der Bogen stilistischer Möglichkeiten zu Beginn der zwanziger Jahre auf dem Sektor sakraler Raumausmalung reichen kann, belegt die fast zeitgleiche Ausmalung der ersten „modernen" Kirche der zwanziger Jahre, Dominikus Böhms Dettinger St.-Peter-und-Pauls-Kirche, die Reinhold Ewald 1922/23 zu einem sehr eigenen expressiven Bildraum ausmalte.

Jene kirchliche Malerei Münchens zwischen 1890 und 1920 von Seitz bis Fugel war nur ein kleines Segment im breiten Spektrum Münchner Malerei zwischen Lenbach und Kandinsky, ist aber dank der publizistischen Breitenwirkung der Deutschen Gesellschaft für Christliche Kunst und ihrer Zeitschrift „Die christliche Kunst" bis zur Übernahme der Schriftleitung durch Georg Lill, der die Zeitschrift ab 1924/25 zwar behutsam dem Expressionismus und der Moderne öffnet, dabei aber weiterhin immer wieder auch Schiestl publiziert, besonders im Kirchenraum tonangebend. Der hier zum Ausdruck kommende breite Stilkonservativismus findet ab der Mitte der zwanziger Jahre zunehmend vehemente Unterstützung durch das immer stärker auf das kirchliche Bauen in München einwirkende Münchner Ordinariat mit Kardinal Faulhaber an der Spitze, der in einer berühmt gewordenen Sylvesterpredigt, bei Peter Steiner im Münchner Katalog 1984[19] in größeren Auszügen nachzulesen, die kirchliche Kunst von der zeitgenössischen bewußt abgrenzt und sich mit dieser rigorosen Haltung in der Deutschen Bischofskonferenz durchsetzt, die schließlich auf der Fuldaer Synode 1932 die Faulhaberschen Gedanken in einem Erlaß über den sakralen Charakter kirchlicher Kunstwerke festschreibt.

Diese vielfachen Verflechtungen, in die auch Matthäus Schiestl eingesponnen war, dürften Pfarrer Riedmann fremd gewesen sein, als er, angetrieben von seinem Elan, die Ausstattung der Neustädter Pfarrkirche endlich zu einem guten Ende zu führen, nach dem herben Rückschlag des Ersten Weltkrieges mit Erfolg versucht hat, Matthäus Schiestl einmal noch für ein kirchliches Monumentalgemälde in Unterfranken zu bewegen.

ANMERKUNGEN

1 *Erinnerungen aus meinem Leben. Niedergeschrieben von Josef Riedmann, ehemals Pfarrer in Neustadt a. Main 1907-1930, in den Jahren seines Ruhestands in Wiesenfeld*, 1946, Hs., im Pfarrhaus Neustadt a. Main.
2 Heinrich Hübsch, geboren 1795 in Weinheim an der Bergstraße, 1813 Studium der Philosophie und Mathematik in Heidelberg, 1815 Wechsel nach Karlsruhe, Architekturstudium bei Friedrich Weinbrenner. 1821 Annahme als Kandidat an der Baudirektion Karlsruhe, 1824 Lehrer an der Bauschule des Städelschen Instituts Frankfurt, 1829 Berufung nach Karlsruhe als Baudirektor als Nachfolger Weinbrenners, nebenher 1832-53 Leiter der Baufachschule des Polytechnischen Instituts Karlsruhe.
3 Siehe hierzu ausführlich FRIEDRICH OSWALD/VOLKER PLAGEMANN, *Die ehem. Benediktinerabteikirche in Neustadt am Main. Zur Baugeschichte und zur Restauration durch Heinrich Hübsch*, in: Würzburger Diözesangeschichtsblätter, 30, 1968, S. 228-250.
4 RIEDMANN (wie Anm. 1), S. 2 ff.
5 Ebd., S. 28 f.
6 Nachforschungen über Franz Reiter blieben bislang leider erfolglos; zwar erzählt Pfarrer Langhans, Reiter sei meinem Vorgänger, Dr. Jürgen Julier (†), ein Begriff gewesen, doch habe ich nirgends Aufzeichnungen oder Notizen von seiner Hand gefunden. Auch Heinrich Habel, einem der großen Kenner der Münchner Kunst um 1900, ist Reiter unbekannt.
7 RIEDMANN (wie Anm. 1), S. 30. Mit Ministerialschreiben 1405 vom 21. Januar 1914 erhält Franz Reiter einen diesbezüglichen Vertrag, der als Thema festschreibt „Der Malerei wird als Thema der Satz des Evangeliums zu Grunde gelegt: Kommet alle zu mir die ihr mühselig und beladen seid; ich will euch erquicken". Eine ausführlichere Diskussion des Entwurfs findet sich in einem Schreiben des Fürsten an Pfr. Riedmann vom 8. Juni 1914 mit einigen maliziösen Anmerkungen, die Fürst Carl bei der Ausführung berücksichtigt zu finden hoffte.
8 Schiestls freie Kopien hiervon finden sich samt einer von ihm neu hinzuentworfenen Station im Pfarrarchiv in Neustadt und zeigen bei aller Anlehnung an das Original eine sehr deutliche und für ihn typische Überarbeitung, hier vor allem die Schaffung eines narrativen Hintergrundes zu den einzelnen Szenen; auch die Physiognomien der Personen sind neu durchgearbeitet.
9 RIEDMANN (wie Anm. 1), S. 32 f.
10 Pfarrer Langhans bin ich zu außerordentlichem Dank für nimmermüde Unterstützung wie der Durchsicht der Vielzahl in Lohrer Privatbesitz befindlichen Skizzenbücher, bereitwilliger Öffnung des Pfarrarchivs und vor allem ausführlicher Diskussion verpflichtet.
11 Riedmann (wie Anm. 1), S. 36 f.
12 Den Auftrag der kath. Kirchenstiftung St. Burkard in Würzburg für einen neuen Schnitzaltar als Hochaltar, anstelle eines barocken Vorgängers, hatte 1895 der Vater erhalten, der die Ausführung seinen beiden Ältesten überließ. Matthäus schuf die Tafelgemälde des Flügelaltares und zwei Wandgemälde im Chor (bis 1897); Ausstattung der neuromanischen kath. Pfarrkirche St. Adalbero in Würzburg zusammen mit Heinz und Rudolf 1904.
13 Die Deutsche Gesellschaft für Christliche Kunst wurde für Matthäus und seinen älteren Bruder Heinz zeitweise geradezu zum Schlüssel ihres Erfolges; einer der herausragenden Architekten im süddeutschen Kirchenbau der Jahrhundertwende und gleichfalls führendes Mitglied der Gesellschaft war der aus dem Rheinland stammende Josef Schmitz, der Anfang der achtziger Jahre in das Büro Hauberrisser in München eingetreten war und von Hauberrisser sehr bald mit der Leitung der Arbeiten an St. Lorenz und St. Sebald in Nürnberg betraut wurde. Schmitz war der am häufigsten in der Zeitschrift „Die christliche Kunst" publizierte Architekt und zog für Ausstattungsarbeiten seiner Kirchen in Unterfranken wiederholt die Brüder Schiestl heran.
14 *„München leuchtete". Karl Caspar und die Erneuerung christlicher Kunst in München*, Ausstellung aus Anlaß des 88. Deutschen Katholikentags München 1984, Haus der Kunst, München 1984. Von besonderem Interesse sind die einführenden Beiträge des Austellungsverantwortlichen PETER-KLAUS SCHUSTER: *München leuchtete. Die Erneuerung christlicher Kunst in München um 1900*, S. 29-46, ferner: CORNELIA STABENOW, *Ende der christlichen Kunst? Die Zeitschrift „Die christliche Kunst" in den zwanziger Jahren*, S. 66-72, und natürlich PETER STEINERs ungemein kenntnisreicher Aufsatz: *Malerei im Kirchenraum – München 1890-1940*, S. 73-89.
15 BUSSO DIEKAMP, *Volkstum und Religion. Matthäus Schiestl (1869-1939) und seine zeitgenössische Rezeption* (Phil. Diss. Münster 1989), Europäische Hochschulschriften, Reihe XXVIII, Kunstgeschichte, Bd. 110, Frankfurt/New York/Paris 1990.
16 1924 erteilt Herman-Josef Kaiser, der Begründer der Firma Kaiser's Kaffee-Geschäft im nahen Viersen am Niederrhein den beiden Schiestl den Auftrag zur Schaffung eines Zimmers, wobei dem Bildschnitzer Heinz das Mobiliar einschließlich Lambrerie, Matthäus die malerische Raumdekoration oblag. Vgl. hierzu ausführlicher DIEKAMP (wie Anm. 15), S. 146-151.
17 1933; hierzu ausführlicher DIEKAMP, ebd., S. 136-140.
18 Ebd., S. 133.
19 PETER STEINER (wie Anm. 14), S. 85-87.

ABBILDUNGSNACHWEIS

BAYERISCHES LANDESAMT FÜR DENKMALPFLEGE, PHOTOSAMMLUNG (Eberhard Lantz): *Abb. 1, 2*
KIRCHENSTIFTUNG DER STADT NEUBURG AM MAIN (Repro: Bayerisches Landesamt für Denkmalpflege, Photosammlung, Eberhard Lantz): *Abb. 5, 6, 8, 9*
PRIVATBESITZ: *Abb. 3, 4, 7*

Abb. 1. Schloß Ringberg, Gesamtanlage von Nordosten

Helga Himen

Schloss Ringberg am Tegernsee – oder: Als die Zeit der Wittelsbacher Märchenschlösser doch schon zu Ende gegangen war

Nicht nur ein Beitrag zum Schlossbau des 20. Jahrhunderts in Bayern, sondern auch zu Friedrich Attenhuber (1877-1947), dem letzten Wittelsbacher Hauskünstler

> Seine Königliche Hoheit Herzog Luitpold in Bayern soll sich, wie uns mitgeteilt wird, mit dem Gedanken tragen, am Ringberg ein herrliches Schloß nach dem Modell von Neuschwanstein erstehen zu lassen ... Der Bau soll bis 1915 fertiggestellt sein und wird im Frühjahr 1912 sofort begonnen.

Mit dieser kurzen Notiz vom 19. Januar 1912 in der Tegernseer Zeitung „See-Geist" erfährt die Öffentlichkeit erstmals von dem Vorhaben des zu diesem Zeitpunkt 22jährigen Herzogs aus der nichtregierenden Linie der Wittelsbacher, das in seiner Realisierung ein Bauwerk hervorbringen wird, das ebenso ungewöhnlich wie auch widersprüchlich ist. Den Bauplatz am Ringberg, nicht nur einer der schönsten Plätze am Tegernsee mit einer hinreißenden Aussicht nach Norden frei über den ganzen See, nach Süden weit hinein in das Kreuther Tal mit Blick auf Wallberg, Setzberg, Hirschberg und die Tiroler Berge, sondern der Sage nach in Bayern auch einer der beliebtesten Treffpunkte für Hexen[1], hatte der junge Herzog auf der Jagd entdeckt.

Über fünfzig Jahre später – und das bedeutet zeitgeschichtlich lange nach dem Ende der Monarchie in Bayern, nach zwei Weltkriegen und kurz vor dem Ausbruch der Studentenbewegung – ist zu dem im Jahre 1912 begonnenen Projekt in einem Nachrichtenmagazin zum Thema „Die Reichen in Deutschland" folgendes nachzulesen:

> Ungestört durch das Volk am Tegernsee baut seit einem Menschenalter der Herzog Luitpold in Bayern am Ringberg, nicht allzuweit vom kleinen Kanzler-Bungalow, ein Märchenschloß, dem die bayerischen Behörden die Denkmalwürdigkeit abgesprochen haben. Das ungewohnte Objekt einer späten Fürstenromantik hat bisher soviel Mittel verschlungen wie ein modernes Krankenhaus, ist aber immer noch nicht reif, vom Volke in Augenschein genommen zu werden. Das Wohlwollen des Volkes freilich ist ihm gewiß.[2]

Dem zum damaligen Zeitpunkt 76jährigen Bauherrn aus dem Hause Wittelsbach wird die Einschätzung des Journalisten, daß ihm das Wohlwollen des Volkes gewiß sei, vermutlich nicht unangenehm gewesen sein. Fraglich ist hingegen, ob ihm daran gelegen war, daß das Volk das „Märchenschloß" (Abb. 1, 4) zu seinen Lebzeiten überhaupt in Augenschein nehmen sollte. Denn auf die Frage eines Zeitgenossen: „Was haben Sie denn eigentlich von dem Schloß? Jetzt haben Sie ihr Leben lang daran gebaut und wohnen nicht einmal darin!" lautete die Antwort des Herzogs Luitpold in Bayern: „Daß es später das bayerische Volk anschaut wie die Schlösser von Ludwig II." Mit „später" war sicherlich gemeint, nicht zu Lebzeiten des Herzogs, aber nach seinem Tod.[3] Gleichzeitig stellte der Bauherr des Ringberg-Schlosses mit dieser Äußerung sehr deutlich eine Beziehung zwischen seiner eigenen Bauleidenschaft und der seines Onkels König Ludwig II. her.

Das bayerische Volk kann im Gegensatz zu den sogenannten Königsschlössern vom Schloß am Ringberg nach wie vor nur wenig sehen. Zwar öffneten sich dort die Schloßtore Anfang der fünfziger Jahre an einigen Wochenenden, aber kaum der interessierten Besucher wegen, sondern im Hinblick auf die erhofften steuerrechtlichen Vorteile, die zu erwarten gewesen wären, sofern ein öffentliches Interesse an der Erhaltung des Schlosses aufgrund dessen Bedeutung für Kunst, Wissenschaft oder Heimatschutz bestanden hätte. 1952 stellte der Herzog die Grundsteuerzahlungen für das Schloß ein, Auftakt für einen jahrzehntelangen Prozeß, den er durch mehrere Instanzen gegen die Gemeinde Kreuth zunächst vergeblich führte.[4] Und mit seinem für die kunstgeschichtliche Bedeutung angeführten Argument, das Schloß müsse als letztes Denkmal der Romantik des 19. Jahrhunderts erhalten bleiben, konnte er sich damals nicht durchsetzen.

Im Jahre 1973, als nach Inkrafttreten des Bayerischen Denkmalschutzgesetzes mit der Erstellung der Denkmallisten für ganz Bayern begonnen wurde, wurde auch das Schloß Ringberg als Baudenkmal in die Denkmalliste des Landkreises Miesbach aufgenommen. Nach dem Tode des Herzogs noch zu Beginn des gleichen Jahres erbte die Max-Planck-Gesellschaft das Schloß und baute es zu einer internationalen Begegnungsstätte für Wissenschaftler aus. Seit diesem Zeitpunkt wird der umfangreiche Baukomplex als „Tagungsstätte Schloß Ringberg" genutzt, so daß das bayerische Volk das Schloß wiederum nur dann besichtigen kann, wenn es zu speziellen Anlässen geöffnet wird.

Dabei gibt es gerade bei diesem Schloß eine sehr spezifische Verbindung zum „bayerischen Volk": Diese Verbindung findet sich in den gemalten und gezeichneten Porträts von Einheimischen aus dem Tegernseer Tal, die in einzelnen Räumen des Schlosses hängen. Der Högg, der Gschwandtner-Bauer, der Schober-Hansl, die Mesner-Anni, die Pointer-Lisi, die Höß-Maria (Abb. 2) und Jakob Kössler, sie alle haben in den zwanziger und dreißiger Jahren dem Hauskünstler des Herzogs Modell gestanden, entweder für diese Porträts oder für Bildkompositionen mythologischen oder allegorischen Inhalts. Dieser Hauskünstler mit dem Namen Friedrich Attenhuber (1877-1947) kommt ebenso wie die von ihm Porträtierten aus dem Volk. Und Schloß Ringberg ist nicht allein das Werk des Bauherren Herzog Luitpold in Bayern, sondern ebenso das Werk seines Hauskünstlers Friedrich Attenhuber, obwohl letzterer in den beiden hier zitierten Zeitungsmeldungen keine Erwähnung gefunden hat. Ähnlich wie bei den Bauschöpfungen König Ludwigs II., bei denen die Namen der für sie tätigen Künstler lange Zeit nicht einmal der Fachwelt bekannt waren, ist auch bei Schloß Ringberg nur der

Bauherr einem begrenzten Kreis geläufig, sein Hauskünstler ist jedoch bisher völlig unbekannt geblieben. Ihm ist deshalb ein längerer Beitrag gewidmet.

Doch zunächst zurück zum Bauherrn selbst und seinem „ungewohnten Objekt einer späten Fürstenromantik". Der Bau, der im Jahre 1912 auf dem Ringberg begonnen wurde und der beim Tod Herzog Luitpolds im Jahre 1973 noch nicht vollendet war, steht zu den sogenannten Königsschlössern in hartem Kontrast. Um ein „Märchenschloß" handelt es sich bei dem umfangreichen Bergschloß wahrlich nicht. Obwohl aus einer zutiefst romantischen Haltung heraus entstanden, ist es kein Ort, an dem sich romantische Gefühle oder Assoziationen unmittelbar einstellen. Die auf einem Bergsporn hoch über dem Tegernsee gelegene, in Formen des mittelalterlichen Wehrbaus, aber auch in Renaissance- und allgemein alpenländischen Bauformen errichtete monumentale Anlage wirkt in ihrer abweisenden Sprödigkeit im Gegensatz zu den repräsentativ konzipierten, pomphaften Schöpfungen Ludwigs II. gleichsam antipathetisch.

Obwohl das Bauwerk so jung ist, erschließt es sich dem Betrachter auch nicht unmittelbar. Erst durch eine baugeschichtliche Analyse läßt sich zurückverfolgen, was am Anfang gemeint war. Dann allerdings kann dem Betrachter bewußt werden, daß der Schloßbau am Ringberg, der äußerlich zunächst als bloßes Kuriosum erscheinen mag, in mehrfacher Hinsicht eine kunst- und kulturgeschichtliche Sonderstellung einnimmt.[5] Dieser Torso gebliebene, in einer Mischform aus Villa, Burg und Schloß errichtete Baukomplex vermittelt nicht nur „angewandte Kunstgeschichte", sondern belegt auch mit seiner durch den Künstler Friedrich Attenhuber geschaffenen und vollständig erhaltenen Innenausstattung des Kernbaus den Stilwandel der ersten Hälfte des 20. Jahrhunderts. Dem Besucher eröffnet sich ein Raumkunstwerk, das in Europa nicht seinesgleichen hat. Der Blick ins Schloß ist auch ein Blick auf die künstlerischen Widersprüchlichkeiten der Epoche zwischen Späthistorismus, Jugendstil, Art Deco, Heimatstil, Neoklassizismus, Moderne und nationalsozialistischem Klassizismus. Darüber hinaus ist der Schloßbau jüngstes und letztes Zeugnis der Wittelsbacher Bautradition. Der Bau, der nach über 60jähriger Baugeschichte auch das Urnengrab des Bauherren aufnahm, kann als Eigendenkmal dieses Wittelsbachers interpretiert werden, mit dem die Nebenlinie der Herzöge in Bayern in direkter Abfolge erloschen ist.

DIE VORAUSSETZUNGEN

Was waren die Voraussetzungen und Bedingungen für den Schloßbau am Ringberg? Herzog Luitpold in Bayern, väterlicherseits[6] der Nebenlinie der regierenden pfälzischen Wittelsbacher zugehörig, mütterlicherseits[7] aus dem Hause Sachsen-Coburg-Gotha stammend, geboren 1890 in München auf Schloß Biederstein,[8] zeigte frühzeitig künstlerische Neigungen und Interessen. Nach Absolvierung seiner Militärzeit in Bamberg entschloß er sich im Jahre 1910 zum Studium der Kunstgeschichte an der Universität München. Sein Studium ergänzte er durch großangelegte Bildungsreisen, mit denen er, wie er selbst schrieb, seinen „Einblick in das Kunst- und Kulturleben Europas und des asiatischen und afrikanischen Mittelmeergebietes zu erweitern" suchte. Gleichzeitig bildete er sich systematisch in der Malerei aus, unterwiesen von dem dreizehn Jahre älteren Kunstmaler Friedrich Attenhuber.

Zum Zeitpunkt des Baubeginns von Schloß Ringberg im Jahre 1912 war Attenhuber nicht nur der Mallehrer des Herzogs, sondern auch sein Reisebegleiter und Freund, der ihn zu Veranstaltungen in der Universität begleitete und mit dem sich der Herzog intensiv, oft auch brieflich, über den geplanten und im Entstehen begriffenen Bau austauschte.

Die Entscheidung für den Bauplatz am Ringberg ist aus Luitpolds Familiengeschichte erklärbar. Er hatte bereits im Alter von vier Jahren beide Elternteile verloren und wurde von der Familie seines Onkels Karl Theodor[9], eines Bruders seines verstorbenen Vaters, aufgenommen. So verbrachte er seine Kindheits- und Jugendjahre im wesentlichen nicht auf Schloß Biederstein, sondern auf den Besitzungen der herzoglichen Nebenlinie in Possenhofen am Starnberger See und vor allem im Tegernseer Tal. Die Besitzungen in diesem Tal hatten die Herzöge in Bayern von der regierenden wittelsbachischen Linie übernommen.[10]

DENKMALLANDSCHAFT TEGERNSEER TAL

Die Ausgestaltung des durch die Benediktiner im 8. Jahrhundert gegründeten Klosters Tegernsee nach der Säkularisation zur königlichen Sommerresidenz durch Max I. Joseph seit 1817, die Anwesenheit des Hofes, von Hofbeamten und -gästen, Künstlern, Adeligen und das romantische Interesse an der Voralpen- und Hochgebirgslandschaft verliehen der Bau-,

Abb. 2. Maria Höß, Ölgemälde von Friedrich Attenhuber aus den Jahren 1945/46; die Rückseite des Gemäldes trägt den handschriftlichen Vermerk von Herzog Luitpold, daß es sich um „Maria Höß (beim Lidl) geb. 8.1.1925 in Scherfen" handelt

Abb. 3. Schloß Ringberg, Ansicht der Anlage von Süden, mit Kapelle (links) und Wohnturm (rechts); Postkarte um 1930

Abb. 4. Schloß Ringberg, Lageplan, 1968

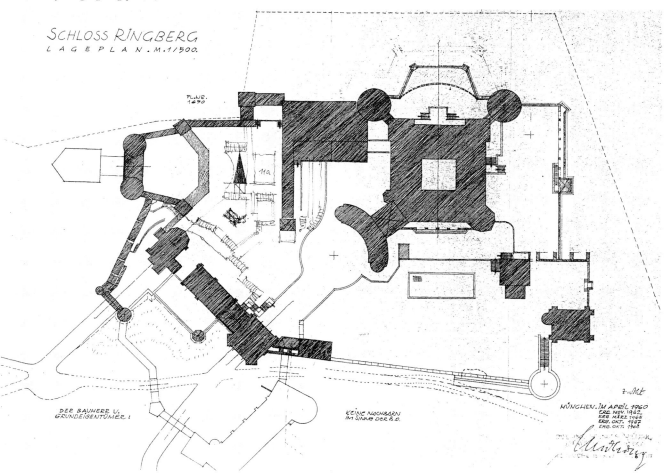

Abb. 5. Treppenhaus im Eingangsturm des Hauptgebäudes mit farbiger Fassung in Art-deco-Motiven; das Wandbild aus dem Jahr 1926 stellt die Herzöge in Bayern, Ludwig Wilhelm (links) und Luitpold (rechts), im Hintergrund den Tegernsee und eine Idealansicht von Schloß Ringberg dar; die monumentale Treppe ist nach dem Vorbild der Freitreppe der Staatsbibliothek in München geschaffen

Kultur- und Sozialgeschichte am See neue Züge. Die ebenfalls benediktinischen Gründungen in Kaltenbrunn und Wildbad Kreuth ließ der König erneuern. Das Kreuther Tal und seine Berge wurden zunehmend von Kur- und Sommergästen besucht, darunter Potentaten und hochgestellte Persönlichkeiten aus ganz Europa. Am Gmunder Tegernseeufer wurde das königliche Mustergut Kaltenbrunn eine der bevorzugten Sehenswürdigkeiten, ein Aussichtspunkt und Motiv der Maler.

In diesem Zusammenhang kommt dem Bauplatz am Ringberg eine besondere Bedeutung zu, eröffnet sich doch von hier aus nach Norden die direkte Aussicht auf Schloß Tegernsee und weiter über den ganzen Tegernsee hinweg bis nach Kaltenbrunn (Abb. 3), und nach Süden geht der Blick weit hinein ins Kreuther Tal. Damit sichert die topographische Lage dem Neubau von Schloß Ringberg eine einmalige architektonische Gelenkfunktion im Bezugssystem einer Denkmallandschaft, die sich aus den bereits vorhandenen historischen Großbauten am See sowie im Kreuther Tal ergibt. Der junge Bauherr Herzog Luitpold in Bayern stellte nunmehr sein Schloß in die Reihe dieser traditionsreichen Bauten, bei denen sich bereits verschiedene historische Bedeutungsschichten überlagern. Deutlich zeichnet sich ein Hauptmotiv für den Schloßbau am Ringberg ab: Gerade Luitpold, der sich, gemessen an Familientraditon und Familienhierarchie an einer unbedeutenden Stelle vorfindet, leistet sich diese betonte Herrschaftsgeste, mit der er sich einerseits ins Zentrum und gleichzeitig über diese wittelsbachischen Besitzungen stellt.

Anzumerken ist, daß sich in den fünfziger Jahren unweit des Musterguts Kaltenbrunn in der Gemeinde Gmund der spätere Kanzler der Bundesrepublik Deutschland, Ludwig Erhard, durch den renommierten Architekten Sep Ruf ein modernes Wohnhaus errichten ließ. Der hier anfangs zitierte Artikel eines Nachrichtenmagazins nimmt darauf Bezug mit der Beobachtung, daß der Herzog ein Märchenschloß „nicht allzuweit vom kleinen Kanzler-Bungalow" erbaue. Die Erweiterung der oben beschriebenen Denkmallandschaft um diesen Bungalow, der inzwischen auch eindeutig Baudenkmaleigenschaft besitzt, bietet sich an.

Das Schloss, die Villa, die Burg

Auf dem Bergsporn am Ringberg, mitten in einer oberbayerischen Landschaft, entstand zunächst eine „florentinische Villenanlage"[11]. Inspiriert durch Ansitze in Tirol und Oberitalien, hatte Herzog Luitpold sich für einen vierflügelig

Abb. 6. Eingangsportal zum Hauptgebäude, Rotmarmor; im Ädikulaaufsatz Wappen der pfälzischen Wittelsbacher, das Gebälk trägt die Inschrift „19 RINGBERG 14"

Abb. 7. Saal im Nordflügel des Hauptgebäudes, mit Marmorpilastern, Kassettendecke und in Fischgrätmuster verlegtem Parkettfußboden; über dem Kamin der Gobelin „Mit der Zeit" von 1923, an der Schmalseite kassettierte Schiebetüren, darüber supraportenartige Stuckfelder mit Wandleuchtern, in der Mitte der Gobelin „Herbst" von 1939

Abb. 8. Blick von der Nornenterrasse nach Osten zum Hauptgebäude in Richtung Wallberg; die Terrassenanlage enstand zu Beginn der sechziger Jahre; mit dem Nornenbrunnen wurde der Bildhauer Hans Vogl (1898-1988), ein Schüler von Bernhard Bleeker, Mitte der sechziger Jahre beauftragt

um einen Innenhof angeordneten Kastelltypus entschieden, mit schräg angesetztem mächtigen Belvedere und einem diesem gleichsam später vorgesetzten konkaven Vorbau. Der zweigeschossige Bau, das Erdgeschoß als Hauptgeschoß ausgebildet, ist nach seiner Südseite zum Garten hin durch eine Loggia geöffnet. Den Bauplänen nach ist er als „Schloß" ausgewiesen, verbindet aber Elemente des Villenbaus mit dem Grundtypus eines vierflügeligen Kastells. Der Belvedereturm nimmt über seine beiden unteren Geschosse das monumentale Haupttreppenhaus auf (Abb. 5).

Das architektonische Konzept suggeriert gebaute Geschichte. Die polygonale Eckausbildung an der Südostecke soll wie der schräg angesetzte Turm Hinweis auf einen älteren Bauteil sein. Der konkave Vorbau mit dem manieristisch-frühbarocken Tor stammt scheinbar aus einer jüngeren Bauzeit. Die offenen Arkaden des annähernd quadratischen Innenhofs ruhen auf toskanischen Säulen. Die Erdgeschoßräume sind der Repräsentation und Geselligkeit vorbehalten, nehmen aber auch das Herzogliche Schlaf- und Arbeitszimmer auf. Im Obergeschoß befinden sich ausschließlich Gästezimmer und ein Salon.

Ausgangsidee für dieses Hauptgebäude war der Typus eines Jagdschlosses. Hinweis darauf sind eine Reihe von Ausstattungsgegenständen, meist Gobelins, vor allem aber das große Wandbild im Haupttreppenhaus (Abb. 5), das Herzog Luitpold zusammen mit seinem Cousin Herzog Ludwig Wilhelm in Jagdkleidung und mit einem Jagdhund zeigt, vorgestellt in dem Moment und genau an der Stelle, als der Bauherr den herrlich gelegenen Bauplatz am Ringberg entdeckt.

Während des Ersten Weltkrieges stand der Herzog im Feld. Aus den zahlreichen Briefen, die er in dieser Zeit an Friedrich Attenhuber schrieb, wird deutlich, wie sehr ihm das Schloß am Ringberg zum geträumten Fluchtort wurde. Im Herbst 1919 setzte er seine Studien an der Universität fort, um 1922 bei Heinrich Wölfflin zu promovieren. Seine kunstwissenschaftliche Dissertation hat die „Fränkische Bildwirkerei" zum Thema. Bis zu seinem Tode ist Herzog Luitpold kontinuierlich ein Bauherr auf dem Ringberg geblieben. In die immer wieder erweiterte Schloßanlage hat er praktisch sein ganzes Vermögen verbaut. Finanzielle Überlastung und Wirtschaftskrisen bewogen ihn schließlich zur Preisgabe des väterlichen Erbes Schloß Biederstein in München-Schwabing sowie auch von Schloß Possenhofen am Starnberger See. 1930 wurde der größte Teil des Biedersteiner Inventars versteigert, 1934 das Neue Schloß abgebrochen. Aber auch im Alten Schloß Biederstein hielt sich der Herzog kaum auf. Ein Hausherr auf Ringberg in dem Sinne, daß das Schloß ihm festen Wohnsitz geboten hätte, ist er trotzdem nie geworden. Ähnlich wie sein Onkel König Ludwig II. hat er sich nie zu einer Ehe entschlossen.

Der Herzog führte das Wappen der pfälzischen Wittelsbacher; es bekrönt in einem Ädikulaaufsatz das Eingangsportal von Schloß Ringberg (Abb. 6). Zur Devise erwählte er sich „Mit der Zeit". Er übernahm damit die gleichlautende Devise des Wittelsbacher Pfalzgrafen und Kurfürsten Ottheinrich (1502-1559). Dieses Motto „Mit der Zeit", wiedergegeben auf einem Gobelin in der repräsentativen Halle von Schloß Ringberg (Abb. 7), verweist auf einen grundsätzlichen Widerspruch des Bauherrn. Während er seinen Hauskünstler nach dem Ersten Weltkrieg immer wieder anwies, „moderner" zu sein, „zeitgemäßer", setzte gleichzeitig der „Verburgungsprozeß" auf dem Ringberg ein. Bei den in der Folge entstehenden Neubauten wurde in die Geschichte, auf mittelalterliche Stilformen, zurückgegriffen. Bis auf den Kapellenbau und eine Remise wurden sämtliche Gebäude zwischen den Weltkriegen in grauem Bruchstein- oder Zyklopenmauerwerk errichtet: der einzeln stehende, sogenannte Wohnturm, das Torhaus mit Nebengebäuden, das Sommerhaus, auch die mächtigen Zinnenmauern mit der anschließenden Bastion.

War bei all diesen Neubauten der Innenausbau bereits vernachlässigt worden, so ließ der Bauherr in der Zeit nach dem Zweiten Weltkrieg in großem Umfang und mit aller Konsequenz nur noch Architekturhüllen entstehen. Zusätzlich wurde das Hauptgebäude aufgestockt, das vormalige Belvedere erhöht und in einen zinnenbekrönten Aussichtsturm verwandelt. In einer Kombination von Gartenanlage und „Campo santo" entstand eine aufwendige Hangarchitektur, die schließlich den Urnenplatz des Herzogs aufnehmen sollte. In der Mitte einer weitläufigen „Schicksalsterrasse" wachen drei Nornen über diesen und die Geschicke von Schloß Ringberg (Abb. 8). Aber diesen letzten Expansionsprozeß der Wehr- und Gartenarchitektur auf dem Ringberg, zu der auch die Projekte eines hohen Bergfrieds und einer umfangreichen Vorburg zu zählen sind, hat Friedrich Attenhuber, von dem im folgenden ausführlicher die Rede sein soll, nicht mehr erlebt.

FRIEDRICH ATTENHUBER – DER LETZTE WITTELSBACHER HAUSKÜNSTLER

Zur Person

Friedrich Attenhuber (Abb. 9) wurde am 19. Februar 1877 in Burghausen an der Salzach geboren. Die Informationen über die Familie bleiben spärlich; über den Vater gibt es zunächst keine Angaben. Die Pfarrmatrikel[12] nennt als Mutter Sofie Rahn, Webersstochter aus Arzberg im Fichtelgebirge, protestantisch; Johann Friedrich wird am Tag seiner Geburt katholisch in St. Jakob getauft. Taufzeugin ist die Ehefrau von Sofie Rahns Bruder, der Gendarm in Burghausen war.

Zwei Jahre später, 1879, ist Sofie Rahn urkundlich in Augsburg vermerkt, als ledige Fabrikarbeiterin aus Arzberg. Im Taufbuch des Evang.-Luth. Pfarramts St. Jakob ist die Geburt des Sohnes Christian vermerkt. Als Vater ist Johann Attenhuber, Feldwebel aus Altenmarkt, Bezirksamt Traunstein, katholisch, ledig, angegeben.

Im Münchner Stadtadreßbuch erscheint der Name Attenhuber zum ersten Mal 1881. Im folgenden Jahr wird die Ehe geschlossen zwischen Johann Attenhuber und Sofie Rahn, die beiden Söhne werden legitimiert; eine Tochter Maria wird später geboren. Die Familie Attenhuber[13] sollte fortan in München bleiben. Friedrich wächst mit seinen zwei jüngeren Geschwistern in der Nähe der Theresienwiese auf, in der Schießstättstraße auf der Schwanthalerhöhe, einem traditionellen Münchner Arbeiterquartier. Kaum mehr als die Todesanzeige von 1928 vermeldet, ist über den Vater von Friedrich Attenhuber greifbar. Dieser, zunächst Stationsdiener, schließlich Zugführer, wird darin als „Veteran von 70/71" gewürdigt.

Als 21jähriger schreibt sich Friedrich Attenhuber im Jahre 1898 an der Bayerischen Akademie der Bildenden Künste im Kunstfach Malerei ein.[14] Eine Fachschule für Lithographie hat er vermutlich zu diesem Zeitpunkt bereits abgeschlossen, denn es ist anzunehmen, daß er durch entsprechende drucktechnische Auftragsarbeiten sein Studium mitfinanziert, wenn nicht sogar ganz aus eigenen Mitteln und Kräften bestritten hat.[15] Eine Unterstützung durch die Familie selbst kann kaum vermutet werden.

Für seine Qualifikation und Eigenständigkeit legen zwei Ereignisse Zeugnis ab, die jeweils mit der Stadt Berlin verknüpft sind: eine Aufforderung zur Beteiligung an der Ausstellung der Berliner Secession im Jahre 1904 und ein Vertrag

Abb. 9. Friedrich Attenhuber; Photographie aus der Zeit um 1910

aus dem Jahr 1907, der seine Mitarbeit an Gemälden für das Reichstagsgebäude bestätigt.

1907 erscheint Friedrich Attenhuber im Münchner Stadtadressbuch zum ersten Mal unter der Berufsbezeichnung Kunstmaler. Zwei Jahre später, 1909, dokumentiert das eigene Atelier unter eigener Adresse in der Mozartstraße eine neugewonnene soziale Mobilität. Dieses Atelier innerhalb des großbürgerlichen und noblen Wohnquartiers östlich der Theresienwiese verweist zeitlich auch schon in einen neuen biographischen Abschnitt des Künstlers. Um das Jahr 1907/08 hat die Bekanntschaft zwischen dem Kunstmaler Friedrich Attenhuber und dem Herzog Luitpold in Bayern bereits bestanden. Etwa in seinem dreißigsten Lebensjahr wurde Attenhuber als angeblicher Meisterschüler[16] seines Akademielehrers Herterich an den Wittelsbacher Herzog als Mallehrer vermittelt.[17]

Vom Tegernsee, von dem Ort, der für Attenhubers ganzes Leben später entscheidend werden sollte, stammt bereits eine Ansichtskarte aus dem Jahre 1906.[18] Der Kontakt zu Herzog Luitpold intensiviert sich um das Jahr 1910, als der Maler den dreizehn Jahre jüngeren Wittelsbacher nicht nur bei seinem Studium der Kunstgeschichte in die Universität München, sondern auch auf mehreren Reisen zu den traditionellen europäischen Kunststätten, wie auch denen des asiatischen und afrikanischen Mittelmeergebietes, begleitet.[19]

Gleichzeitig lernt er als Mallehrer des Herzogs die Besitzungen der Wittelsbacher Nebenlinie am Starnberger See und am Tegernsee kennen, wo dieser aufgewachsen ist.[20] Vor allem ist er auch Gast auf Schloß Biederstein in München-Schwabing, dem Wohnsitz des Herzogs.[21] Für die „florentinische Villenanlage"[22], die seit 1911/12 als „Schloß Ringberg" entstehen soll, stellt der Kunstmaler Attenhuber zum entsprechenden Zeitpunkt die Bauentwürfe her. Obwohl der Erste Weltkrieg eine Zäsur für den Schloßbau und die konkrete Bautätigkeit an dem bei Ausbruch des Krieges im Rohbau erstellten Hauptgebäude bedeutet, arbeitet der Künstler dennoch an den Entwürfen zur Raumausstattung (Abb. 10) weiter, bis er zu Beginn des Jahres 1917 zum Militärdienst eingezogen wird.

Bis dahin bewahrt er sich seine Eigenständigkeit, lebt und arbeitet in München sowie am Chiemsee.[23] Mit dem Herzog verbindet ihn ein intensiver Briefwechsel. Nach einem fast zweijährigen Einsatz als Pionier bei einer Vermessungsabteilung,[24] hauptsächlich in Nordfrankreich, wird Friedrich Attenhuber im Alter von 41 Jahren am 27. November 1918 aus dem Militärdienst mit 50 Mark Entlassungs- und 15 Mark Marschgeld entlassen.

Er nimmt die Zusammenarbeit mit Herzog Luitpold, dem „Freund", wieder auf. Sein Tätigkeitsbereich auf Schloß Ringberg beschränkt sich nun nicht mehr nur auf Entwürfe der Ausstattungsgegenstände; er ist nun auch ausgedehnt auf deren Herstellungsüberwachung und umgreift auch die Funktionen eines Architekten sowie Bauleiters. Wann Attenhuber endgültig auf Schloß Ringberg seinen Wohnsitz nimmt, ist nicht genau feststellbar;[25] 1930 jedenfalls wird das Atelier in München aufgegeben.

Obwohl gerade zu diesem Zeitpunkt die Raumausstattung und die Möblierung im wesentlichen abgeschlossen ist und sich auch starke Spannungen und Unstimmigkeiten zwischen Auftraggeber und Künstler entwickelt haben, war es dem nun auch nicht mehr jungen Maler unmöglich, sich von dem Schloßbau zu lösen. Zu sehr identifiziert er sich mit diesem Schloß als seinem Lebenswerk. Seine Beweglichkeit war aus finanziellen, politischen wie auch aus persönlichen Gründen immer mehr eingeschränkt, so daß er mit zunehmendem Alter sehr unter der Isolierung litt.[26]

Zeitgenossen schildern Friedrich – auch Fritz – Attenhuber widersprüchlich. Einerseits als „scheu" bis „schüchtern", andererseits doch auch als „Herr", als einen feinen Menschen, der sich hat ausnutzen lassen.[27] Photos sowie sein Selbstportrait (Abb. 11) zeigen ihn in jungen Jahren als großen, stattlichen, kräftigen Mann, im Alter erschien er eher als hagere Gestalt, mönchsartig gekleidet.[28] Außer seinem Lebenswerk, dem Schloß, der Ausstattung, den Bildern, Zeichnungen und Photos, die er anfertigte, sind Informationen über ihn kaum greifbar. Er starb am 7. Dezember 1947. Sein Grab auf dem Friedhof in Egern ist inzwischen aufgelassen. Ein Gedenkstein im Wald, außerhalb der Ummauerung von Schloß Ringberg, erinnert an ihn.[29]

Ausbildung und Lehrjahre

Die Malerkarriere des Friedrich Attenhuber, dessen „Anfänge zu den höchsten Erwartungen berechtigten und der statt dessen spurlos verschwand"[30], beginnt im April des Jahres 1898 mit seiner Ausbildung an der Bayerischen Akademie der Bildenden Künste[31] in München. Der 21jährige schreibt sich zunächst für die Malschule von Paul Höcker[32] ein, setzt seine Lehrjahre aber dann im wesentlichen bei Ludwig von Herterich[33] fort; eine Lehrzeit bei Ludwig Schmid-Reutte[34] ging dieser Akademiezeit vermutlich bereits voraus.[35]

Die Fachschule für Lithographie hatte Attenhuber sicherlich schon vor seiner akademischen Lehrzeit absolviert.[36] Die Lehrer, für die sich Attenhuber entscheidet, geben Auskunft über die Grundlagen, Orientierung und Möglichkeiten seines künstlerischen Werdegangs, verweisen auch unmittelbar auf den kunst- und kulturpolitischen Hintergrund seiner Ausbildung, nämlich auf die Münchner Secession.[37]

Abb. 10. Schreibtischstuhl im Arbeitszimmer des Herzogs, massive Eiche, Efeumotiv im Art-deco-Stil in Reliefschnitzerei; Entwurf aus dem Jahre 1916, Ausführung Anfang der zwanziger Jahre

Abb. 11. Friedrich Attenhuber, Selbstporträt als Maler; Ölgemälde um 1915

Paul Höcker beispielsweise ist wesentlich an der Gründung der Münchner Secession im Jahre 1892 beteiligt. Mit seiner eigenen Ausbildung der Tradition der Diez-Schule[38] verpflichtet, zeigt sein Werk, dessen Einfluß allerdings hinter seiner bedeutenden pädagogischen Tätigkeit zurücktritt, die Stilmischungen der Jahrhundertwende: Impressionismus, Symbolismus, Jugendstil.

Ursprünglich durch Genrebilder mit niederländischer Thematik erfolgreich, „die zu den besten ihrer Art gehören"[39], wendet er sich in den neunziger Jahren mehr religiösen Kompositionen symbolistischer Prägung zu, denen Sentimentalität nicht fehlt, verbindet sie mit den Errungenschaften der Freilichtmalerei und zeigt deutlich die Handschrift des Impressionismus.[40] Aus seiner Schule kommen die ersten Mitarbeiter der Zeitschrift „Jugend"[41], vor allem aber viele Mitglieder der „Scholle"[42].

Auch Ludwig von Herterich gehört zu der ersten Generation der Secessionsmitglieder. Wie Paul Höcker ist Herterich Diez-Schüler, einerseits mit der großen Münchner Malkultur vertraut, andererseits bereits ein Maler des Übergangs von der Gründerzeit zu Impressionismus und Jugendstil.[43] Typisch für Herterich ist der Versuch, die Errungenschaften der Freilichtmalerei ins Monumentale zu übertragen. Die Verbindung von realistischer Naturanschauung mit einfacher großzügiger Formbehandlung wird sein eigentliches künstlerisches Ziel. Seine Auffassung, nicht frei von stark romantischen Zügen, verbindet sich in wachsendem Maße mit dekorativen Tendenzen, wobei auch barocke Elemente wieder anklingen können. Bei Wandmalereien vermag er sich zu echter Monumentalität zu steigern.[44] Gleichfalls einem Monumentalstil verpflichtet ist Ludwig Schmid-Reutte. Unter dem Eindruck Ferdinand Hodlers[45] schafft er Kompositionen von hierarchischer Strenge und geradezu kubischer Monumentalität.[46] In seinen häufig religiösen Bildern ist ein Hang zum Feierlichen, Heroischen, Mythischen bis Heiligen bemerkbar. Seine Personen sind meist in einfachen Grundstellungen gegeben, zeigen reines Profil oder reine Rückenansicht, ihre Gestalthaftigkeit tritt hinter einen strengen Linienrhythmus und hinter starker Flächigkeit zurück.

Nach der gutachterlichen Äußerung von Professor Arthur Rümann[47] hat Attenhuber durch Schmid-Reutte „die Grundlagen sicherer Zeichnungen und großgedachter Komposition" erworben, folgt „farbig dann den Lehren seines Meisters Paul Höcker", des Lehrers der Künstlervereinigung die „Scholle". Die Lehrjahre bei Ludwig von Herterich werden in eine psychologisch feiner differenzierte Behandlung der Farbe und in die Auflockerung und Verselbständigung der figuralen Komposition geteilt, „so daß Attenhuber als reifer Könner und eigenwilliger Künstler die Kunstakademie verlassen konnte" (Abb. 12).

In Zusammenhang mit der spezifischen Auswahl seiner Lehrer stehen die Kontakte, die Attenhuber nach Beendigung seiner Akademiezeit zum offiziellen Kunstbetrieb knüpfen kann. Denn nicht lange nach seiner Ausbildungszeit an der Akademie der Bildenden Künste in München tut sich für den jetzt 27jährigen Kunstmaler Friedrich Attenhuber eine wichtige Verbindung nach Berlin auf. Im Februar des Jahres 1904 schreibt Max Liebermann[48] in seiner Eigenschaft als Präsident der Berliner Secession[49] nach München an Attenhuber:

Abb. 12. Friedrich Attenhuber, Frauenakt vor einem Spiegel; Ölgemälde um 1912

Sehr geehrter Herr! Unter höflicher Bezugnahme auf die Unterredung zwischen Ihnen und Herrn Corinth⁵⁰ bitten wir Sie, Ihre Werke „Halbakt", „Verhöhnung Christi", „Aktstudie" ... uns zu unserer Ausstellung zu überlassen.⁵¹

An welchem Ort, ob in München, Berlin, Dachau oder anderswo und in welchem Zusammenhang diese Unterredung zwischen Lovis Corinth und Attenhuber, auf die sich Max Liebermann in seinem Einladungsschreiben bezieht, stattgefunden hat und ob hinter dieser Unterredung ein weitergehender Kontakt anzunehmen ist, bleibt offen; letzteres kann nicht ausgeschlossen werden.⁵² Denn auch Corinth bewegte sich im Umfeld der beiden Zeitschriften „Jugend" und „Simplizissimus"⁵³. In eben diesem Umfeld, auch bei Aufenthalten in der Künstlerkolonie Neu-Dachau⁵⁴ ist ein Kontakt mit Friedrich Attenhuber denkbar. Eine Begegnung könnte genausogut in Berlin stattgefunden haben, wohin Corinth im Jahre 1901 endgültig übersiedelte, nachdem sein Gemälde „Salome mit dem Haupt des Johannes" vom Vorstand der Münchner Secession zurückgewiesen, bei der Ausstellung der Berliner Secession 1899 hingegen mit Erfolg angenommen worden war. 1902 wird Corinth bereits in den dortigen Vorstand gewählt. Präsident ist Max Liebermann.⁵⁵ Die Kontakte zwischen der Münchner und Berliner Secession waren intensiv und grundsätzlich auf Kooperation angelegt, wenn auch nicht konfliktfrei bei der angestrebten Praxis, sich gegenseitig Raum bei den neuen Ausstellungsmodalitäten zu gewähren.⁵⁶ Nachdem „Gottlob wieder geheilten Bruch der beiden Secessionen"⁵⁷ kam es im Jahre 1904 zu einer Ausstellung, die ausschließlich durch die Münchner Secession beschickt wurde.⁵⁸ Eben in dieser Ausstellung, der man „in den kunstfreundlichen Kreisen der Reichshauptstadt mit großer Spannung" entgegensah, ist auch Friedrich Attenhuber mit zwei Arbeiten vertreten, mit einem liegenden männlichen Akt und einem sitzenden Greisenhalbakt.⁵⁹

Der Kunstkritiker Hans Rosenhagen, in Berlin und darüber hinaus eine einflußreiche Instanz, kommentiert die Ausstellung ausführlich in der Zeitschrift „Kunst für Alle". Seine Ausführungen sind deutlich kritisch und von Enttäuschung getragen: Gerade nach der Beendigung des Konflikts zwischen den beiden Secessionen habe man eine volle Machtentfaltung des Münchner Talents erwartet und sei mehr als bereit gewesen, den Künstlern Isarathens zu zeigen, daß man sie in Berlin viel höher schätze, als sie selbst meinen, aber

> ... mit dem größten Bedauern muß man nun konstatieren, daß die Veranstalter der Vorführung im Künstlerhaus entweder nicht den Ehrgeiz gehabt haben, den Berlinern die Überlegenheit der Münchner Kunst ad oculos zu demonstrieren, oder daß sie die Ansprüche des hiesigen Publikums unterschätzten.

Rosenhagen kritisiert besonders, daß von den seiner Meinung nach namhaften Künstlern nur Albert von Keller und Christian Landenberger es der Mühe für Wert gehalten haben, eigens für die Ausstellung zu arbeiten und neue Bilder zu schicken. Nach seinen grundsätzlichen Vorbehalten erörtert er, teils auch durchaus bissig, einzelne Arbeiten ausstellender Künstler.⁶⁰ Auch Ludwig von Herterich wird mit Kritik bedacht. Er habe jene künstlich malerischen Bilder – Tischlerwerkstatt und Schaukelpferd – geschickt, mit denen er schon im letzten Sommer in München Bedenken erregte. Im Anschluß daran schreibt Rosenhagen:

> Ein Schüler von ihm, Friedrich Attenhuber, produziert sich mit einem liegenden männlichen Akt und einem sitzenden Greisenhalbakt, Arbeiten, in denen er mit denselben gesuchten Mitteln, wie sein Lehrer, malerische Wirkungen erstrebt, die mit eigentlicher Malerei nichts zu tun haben und einem gewissenhaften Studium ganz entgegen sind. Es ist unmöglich zu sagen, ob Attenhuber Talent hat.

Bei dieser Kritik ist einmal zu bedenken, daß die Beurteilung von Attenhubers künstlerischer Kompetenz in den Rahmen einer Einschätzung eingebunden ist, die der gesamten künstlerischen Präsentation aus München ablehnend gegenübersteht.⁶¹ Zum anderen ist zu berücksichtigen, daß es sich bei Hans Rosenhagen um den Kritiker handelt, der im Jahre 1901 in der Berliner Tageszeitung „Der Tag" den „Niedergang Münchens als Kunststadt" thematisierte⁶² mit dem Tenor, nach dem Weggang von Corinth und Slevogt gebe es lebendige Kunst nur noch in Berlin, in München dagegen herrsche Stagnation.

Quellenkundlich greifbar, aber bilddokumentarisch genausowenig überliefert wie Attenhubers Beteiligung an der Ausstellung des Jahres 1904 in der Berliner Secession ist die Mitarbeit des Münchner Künstlers an den Gemälden für den Plenarsitzungssaal des Berliner Reichstags. Mit Datum des 23. August 1907 existiert ein Vertrag, handschriftlich aufgesetzt von Angelo Jank⁶³, Königlicher Akademie-Professor, folgenden Wortlauts: „Herr Maler Fritz Attenhuber ist Herrn Professor Angelo Jank bei der Ausführung der Malereien für den Plenarsitzungssaal des Reichstagsgebäudes behilflich ... Die Arbeit begann mit dem 2. Juli 1907."⁶⁴

Die Gemälde, die für die Ausgestaltung des Plenarsitzungssaals im Berliner Reichstag vorgesehen waren, sind als „Affäre Jank" in die Kunstgeschichtsschreibung eingegangen.⁶⁵ Demnach wurden die drei großen Bilder des Secessionisten Angelo Jank im November 1908 an den vorgesehenen Stellen angebracht, von Reichstagsmitgliedern aller Fraktionen aber aus verschiedenen Gründen bekämpft und Anfang 1909 wieder abgehängt.⁶⁶ Im Plenarsitzungssaal, der immerhin das architektonische Zentrum des Reichstagsgebäudes mit der monumentalen Lichtkuppel bildete, sollten – offenbar noch auf Anregung des Architekten Paul Wallot – die drei großen Felder an der Wand hinter der Präsidiumstribüne mit drei Historienbildern gefüllt werden. Die Ausmaße waren enorm, das Mittelfeld, über fünf Meter hoch und neun Meter breit, bot immerhin eine Fläche von mehr als 45 Quadratmetern, die Seitenfelder verfügten über je 22 Quadratmeter.

Wie haben diese Gemälde ausgesehen? Abbildungen sind bislang nicht bekannt.⁶⁷ Eine etwas ausführlichere Beschreibung gibt die „Kunst für Alle"⁶⁸: Das Mittelbild stellt die Huldigung der Truppen vor Kaiser Wilhelm I. am Abend der Schlacht von Sedan dar. Die beiden Seitenbilder haben wie das Mittelbild Hauptmomente aus der deutschen Geschichte zum Gegenstand; links: arabische Gesandte bitten auf dem Reichstag zu Paderborn Karl den Großen um Hilfe gegen den Khalifen Abdur Rahman von Cordova; rechts: die Vertreter der lombardischen Städte unterwerfen sich Friedrich Barbarossa im Jahr 1158.

Das Aufsehen, das die Bilder erregten, und das schließlich zu ihrer Abhängung führte, hatte mehrere Ursachen: Einmal hatten die Bilder nichtparlamentarische Gegenstände zum

Thema, zum anderen empörte sich eine französische Zeitung über die Beleidigung Frankreichs durch das Sedanbild: dort ziehe Kaiser Wilhelms Pferd die französische Trikolore in den Staub. Schließlich empörte sich ein Reichstagsabgeordneter über die mangelnde Qualität der Bilder: Sie seien inakurat gemalt. Ein publiziertes Pamphlet impliziert ungewollt Teile einer Bildbeschreibung, vor allem das Sedanbild betreffend.[69] Die Bilder sind später in den Sitzungssaal des Hauptausschusses gekommen, wo sie vermutlich bis zum Reichstagsbrand hingen.[70] Der Name Attenhuber taucht in den gedruckten Quellen nicht auf, allein in einem Katalog des Bayerischen Kunstgewerbevereins findet sich ein Hinweis auf seine Mitarbeit an den beschriebenen Gemälden.[71] Im übrigen dokumentiert nicht allein die „Affäre Jank" die Probleme, die sich innerhalb der Ausstattung des Berliner Reichstags ergaben, sondern auch die „Affäre Stuck"[72] (Abb. 13).

Künstlerisches Umfeld vor und nach dem Ersten Weltkrieg

München war in den neunziger Jahren des vorigen Jahrhunderts – und in diesem Zeitraum entwickelte sich auch die Künstlerpersönlichkeit von Friedrich Attenhuber – ein Zentrum künstlerischer Erneuerungsbewegung, in dem sich der Aufbruch in Richtung moderner Kunst vollzog. Indiz für die Suche nach geistiger und kultureller Erneuerung sind die in der Folge der Secession von 1892 sich ständig neu formierenden Künstlergruppierungen wie „Freie Vereinigung" (1894), „Luitpold-Gruppe" (1896), „Scholle" (1899), „Phalanx" (1901), „Deutscher Künstlerbund" (1903), „Die Juryfreien" sowie „Neue Künstlervereinigung München" (1909), „Blauer Reiter" (1911) und „Neue Secession" (1913). Sprachrohr der Aufbruchsbewegung waren die seit 1896 erscheinende linksliberale und antihistoristisch eingestellte Zeitschrift „Jugend" sowie die Zeitschrift „Pan".

Das lebendige Ausstellungswesen von Kunsthäusern in München wie Brakl, Thannhauser und Goltz, die der Moderne und Avantgarde, vor allem auch der des Auslands aufgeschlossen und fördernd gegenüberstanden, schuf die Möglichkeit, sich in München über die französische Moderne und Avantgarde, über Neoimpressionisten, Kubisten und Fauvisten, ebenso wie über deutsche progressive Kunst, Impressionisten und Expressionisten, gut zu informieren.

Zu Neugruppierungen kam es auch auf einem anderen Sektor: dem des nichthistoristischen Kunstgewerbes und Ausstattungswesens. Der Glaube, daß schöne Gegenstände – und dazu gehörten auch unter kunsthandwerklich optimalen Bedingungen hergestellte Möbel – die Erziehung zu einem besseren Menschen positiv beeinflussen könnten, kam aus England, fand aber auch auf dem Kontinent Eingang und hier besonders in München. Im Zuge der von William Morris entwickelten reformerischen Ideen, die 1888 zur Gründung der „Arts and Crafts Exhibition Society" führten, ebenso wie der im gleichen Jahr durch den Architekten und Designer Charles Ashbee mit Einrichtung seiner „Guild of Handicraft" realisierten Werkstättenidee hatten sich auch auf dem Kontinent Werkstättenschwerpunkte herausgebildet: in Wien, Dresden und vor allem in München. Im Jahre 1897 wurden in diesen Städten zum ersten Mal auf Ausstellungen kunstge-

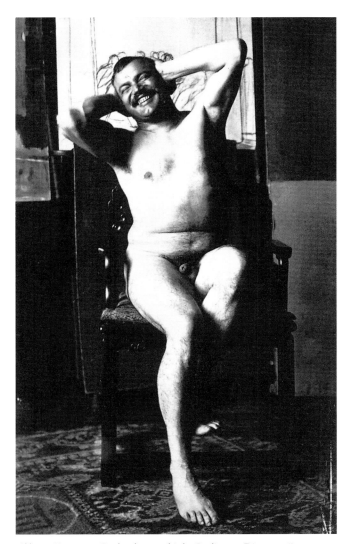

Abb. 13. · Franz von Stuck, photographische Studie zu „Dissonanz", um 1905

werbliche Gegenstände in den neuen Formen gezeigt. Im Münchner Glaspalast standen dem neuen Kunstgewerbe erstmals zwei Räume zur Verfügung („Wiege der Moderne"); sie wurden durch Fritz Erler und Richard Riemerschmid dekoriert und zeigten Exponate von Hans Eduard von Berlepsch-Valendas, Otto Eckmann, Hermann Obrist, August Endell u. a. In München hatten die Maler die Initiative ergriffen, Berlepsch und Obrist die ersten Programme für die Schaffung eines nichthistoristischen Kunstgewerbes formuliert. Es kristallisierte sich ein neuer künstlerischer Berufstyp heraus: der des Maler-Designers, des Maler-Kunstgewerblers, des Maler-Architekten. An der neuen Entwicklung des Kunsthandwerks waren als Maler führend beteiligt: Morris, Henry van de Velde, Obrist, Peter Behrens, Carl Strathmann, Riemerschmid, Franz von Stuck, Eckmann und Bernhard Pankok. Kunstzeitschriften, die sich die Propagierung des neuen Stils zur Aufgabe machten, erschienen: die „Deutsche Kunst und Dekoration", 1896 in Darmstadt, die „Dekorative Kunst", 1897 in München.

1897/98 ließ Großherzog Ernst Ludwig in Hessen im Darmstädter Neuen Palais das Frühstücks- und das Empfangszimmer von Baillie Scott ausstatten. Das war der erste größere Auftrag an einen Künstler der Arts-and-Crafts-Bewegung in Deutschland. Die Ausführung der Möbel erfolgte teils durch die von Ashbee gegründete „Guild and School of Handicraft". Die Publikation der Räume in der Zeitschrift „Innendekoration" (1899) wurde von Nikolaus Pevsner als „der Sieg des neuen Stils in der Innendekoration" bezeichnet.[73]

1898 – in diesem Jahr begann Attenhuber seine Ausbildung an der Akademie der Bildenden Künste – wurden in München die „Vereinigten Werkstätten für Kunst und Handwerk" gegründet. Zu den Mitbegründern und führenden Mitarbeitern der ersten Jahre gehörten Peter Behrens, Hermann Obrist, Bernhard Pankok, Bruno Paul und Richard Riemerschmid. Auch sie waren bestrebt, der Innenraumgestaltung durch die Verbindung künstlerischer Ideen und handwerklicher Fertigkeit Formschönheit zu geben. Anläßlich seines Besuchs beim Prinzregenten im gleichen Jahr schrieb Henry van de Velde in seinen Lebenserinnerungen: „München war damals ein Kunstzentrum, dem in Europa größte Schätzung entgegengebracht wurde. Weder Dresden noch Düsseldorf, geschweige denn Berlin konnten mit München wetteifern."[74]

Mit der Einladung an ihre drei Hauptentwerfer Riemerschmid, Pankok und Paul, auf der Pariser Weltausstellung 1900 je einen Raum in der deutschen Kunstgewerbeabteilung zu gestalten, wurde die Arbeit der Vereinigten Werkstätten besonders aufgewertet. Den eindrucksvollsten Raum, das „Zimmer eines Kunstfreundes", gestaltete Riemerschmid als einheitliches Gesamtkunstwerk. Die Villa Neisser in Breslau, die Fritz Erler 1898/99 nach dem Vorbild des ebenfalls im Sinne eines Gesamtkunstwerkes geschaffenen Empfangszimmers in Darmstadt von Scott ausstattete, gilt als erste deutsche Gesamtgestaltung gemäß der neuen Auffassung. Zahlreiche Künstler des Jugendstils beendeten ihre als Maler begonnene Laufbahn, um sich dem Kunstgewerbe zuzuwenden.[75] Sie sahen die Aufgabe der Zeit nicht mehr im Schaffen des einzelnen großen Kunstwerks, sondern in der künstlerischen Gestalt der gesamten Umwelt des Menschen. In dem Ideal vom Gesamtkunstwerk, das in den neunziger Jahren des vorigen Jahrhunderts mit dem Werkstättengedanken verbunden auftrat, steckten auch Sozialutopien.

Die Künstlergeneration, die zu dieser Zeit den Aufbruch des neuen Wohnens bestimmte, hatte als Leitziel das Streben nach Einheit von Kunst und Leben. Deswegen wurde ein enger Kontakt gesucht zwischen Entwerfer und Handwerker, sollte die Wertigkeit der einzelnen Künste aufgehoben sein, der Unterschied zwischen hoher Kunst und Kunstgewerbe entfallen. Materialgerechtigkeit, technische Wahrhaftigkeit und praktische Benutzbarkeit sind die Grundforderungen, die die Künstler des Jugendstils an die Möbel stellten. Die Vorstellung, Einfachheit verkörpere auch Wahrheit, kennzeichnet die frühen Entwürfe von Riemerschmid (Abb. 14). Auf die weitere Entwicklung im Münchner Kunstgewerbe ist an dieser Stelle nicht einzugehen. Sie ist in der entsprechenden Literatur ausführlich beschrieben.[76]

Festzuhalten ist, daß viele derjenigen Künstler, die den Aufbruch zur Moderne in München mitinitiiert hatten, die Stadt auch bald wieder verließen,[77] obwohl hier 1907 noch die „Deutschen Werkstätten" und der „Deutsche Werkbund" gegründet wurden. Entsprechend der Heterogenität der 1892 in der Secession noch unter dem gemeinsamen Banner der Erneuerung angetretenen Künstler waren in München sehr unterschiedliche Kunstkarrieren möglich. Nicht untypisch ist vielleicht die Entwicklung von Fritz Erler, der, ursprünglich Secessionist und Scholle-Mitglied, noch 1908 mit seinen modernen Fresken im Kurhaus Wiesbaden das Mißfallen Wilhelms II. erregt hatte, dann aber einer zunehmend rassisch volkstümelnden Richtung verfiel und schließlich Repräsentanten des Dritten Reiches porträtierte: neben Adolf Hitler beispielsweise auch einen der führenden Bildhauer, Josef Thorak.

Ganz allgemein standen sich in München nach dem Ersten Weltkrieg in einem lautstarken Kulturkampf zwei Fronten gegenüber: einerseits das offizielle München, dessen ca. 3000 Künstler noch der Malerei des 19. Jahrhunderts verpflichtet waren, in der die impressionistischen und expressionistischen Neuerungen eingepaßt und dekorativ umgeformt wurden; daneben war eine Minderheit von Künstlern und Publizisten daran interessiert, einen Anschluß an die neuen geistig-künstlerischen Strömungen Europas herzustellen. Hier entstand auch eine Tendenz zur „Neuen Sachlichkeit". Sozialkritische Malerei war in München nur durch wenige Außenseiter vertreten.[78]

Abb. 14. Schloß Ringberg, Ecksituation im sog. Frühlingszimmer: gepolstertes Ecksofa mit steiler Rückenlehne, davor Couchtisch mit runder Platte auf sich nach unten verjüngendem Vierkantsockel; die Möbel wurden in den späten zwanziger Jahren hergestellt; Ölgemälde von 1931 mit Wandervogelmotiv

Herzog Luitpold in Bayern: Schüler, Freund und Auftraggeber

Das Verhältnis zwischen Herzog Luitpold in Bayern und dem Künstler Friedrich Attenhuber ist sowohl von den sehr unterschiedlichen gesellschaftlichen Voraussetzungen ihrer Herkunft und Ausbildung, als auch durch unterschiedliche soziale Rollen geprägt.

Der Herzog ist zunächst der Schüler, dreizehn Jahre jünger als sein Privatlehrer Attenhuber. Die Lebensrealität der beiden ist extrem gegensätzlich: der eine ist reich, der andere arm. Der eine ist Mitglied der Hocharistokratie, dem großzügige Bildungsmöglichkeiten offenstehen – der andere, proletarischer Herkunft, unehelich geboren, in kleinbürgerlichen Verhältnissen aufwachsend, mußte sich seine künstlerische Ausbildung mühsam erkämpfen.

Das enorme soziale Gefälle und die eklatanten Gegensätzlichkeiten bleiben vorerst scheinbar bedeutungslos, denn dem siebzehnjährigen Herzog mit Gymnasialabschluß und schöngeistigen Interessen steht der dreißigjährige Kunstmaler mit seiner professionellen Malausbildung gegenüber, fleißig und mit vielversprechendem Talent, mit ersten Ausstellungserfahrungen und Aufträgen. Beide Männer sind gutaussehend. Aus der Rollenverteilung Schüler – Lehrer wird ein freundschaftliches Verhältnis und aus gemeinsamen Interessen und Ideen, angeregt durch gemeinsames Reisen, entsteht das Schloßprojekt am Ringberg. Damit fällt allerdings dem Herzog eine Erweiterung seiner Rolle zu, der des finanzierenden Bauherren und Auftraggebers. Mit Beginn des Ersten Weltkrieges steht das Schloß im Rohbau. Im Laufe der Kriegsjahre, das ist aus den Briefen deutlich zu spüren, gerät der Herzog, eingebunden in die Kriegshandlungen an der Westfront, in eine Art Abhängigkeit von diesem Schloß. Es wird einerseits zum phantasierten Traumbild und Fluchtort, andererseits auch zur realen Perspektive seiner Existenz: „... und nach den Kriegsjahren wird man noch froher sein, um einen ruhigen Platz, der etwas abseits liegt ..." (Brief vom 13. August 1918). Attenhuber wird beneidet, weil er frei ist, sich am Chiemsee aufhalten kann oder auch am Ringberg. Sehnsüchtig, fast bettelnd, teilt der Herzog ihm immer wieder Ideen, Gedanken zum Schloßbau und jetzt vor allem seiner Ausstattung mit, fragt um seine Meinung, kommentiert dessen Vorschläge, bittet um Erledigung kleiner Aufträge auch persönlicher Art. Er scheint Attenhuber gegenüber generös. Angeblich erhielt dieser zu Anfang des Ersten Weltkrieges, als der Herzog zur Front einrückte, eine „überaus hohe Versorgung, für den Fall, daß SKH [Seiner Königlichen Hoheit] etwas zustoßen sollte"[79].

In Sachfragen herrscht jedenfalls in den herzoglichen Briefen ein Ton partnerschaftlichen Respekts. Der Ton ändert sich nach dem Ersten Weltkrieg. Der Herzog erarbeitet sich einen neuen Status: den des promovierten Kunsthistorikers. In seinen Briefen und Notizen wird er bestimmter, selbstbewußter, nüchterner. Er ist Auftraggeber und wünscht möglichst bald auf Schloß Ringberg seinen eigentlichen Wohnsitz zu nehmen. Jetzt scheint es nicht mehr nötig, Attenhuber altersmäßig zu „nivellieren", wie er es noch 1917 tat: „Wenn ich mit ihnen bei oder nach dem Essen zusammensaß, hatte ich das Gefühl von Gleichaltrigkeit" (Brief vom 18. November 1917). Jetzt ist der Herzog eindeutig in der Rolle dessen,

Abb. 15. Herzog Luitpold in Bayern, Sitzporträt vor dem alpenländischen Panorama des Kreuther Tals südlich von Schloß Ringberg; das Ölgemälde, mit breitem, geschnitzten und farbig gefaßten Holzrahmen trägt auf der Inschrifttafel den Text: „Im Frühherbst des Jahres 1944 malte Friedrich Attenhuber dieses Bildnis des Luitpold Herzogs in Bayern"; das Gemälde hängt im ehemaligen Atelier von Friedrich Attenhuber, das in den sechziger Jahren zu einem Bibliotheksraum umgestaltet wurde

der Aufträge erteilt und der vor allem an Attenhubers – früher schon ironisch beklagter – Lethargie rüttelt (Abb. 15). Immer wieder beschuldigt er ihn, absichtlich die Fertigstellung des Hauses zu verzögern, da es ihm hier nur um sein Kunstwerk ginge. Attenhuber dagegen argumentiert, daß er ja nicht nur als Künstler angesprochen wird, sondern sämtliche Bauleitungsarbeiten, also die Handwerkerüberwachung, Materialüberwachung, Auftragsüberwachung auszuführen hat bis hin zu schlichten Hausmeisterdiensten; „Taglöhnerarbeiten" nennt er das Ganze selbst. Der Herzog dagegen kämpft mit Finanzierungsproblemen. Er verkauft das neue Schloß Biederstein, läßt die Möbel versteigern. Auch er ist durch die Folgen der Wirtschaftskrisen betroffen. Attenhuber dagegen formuliert 1931 seinen „Bettelbrief". Und ab dieser Zeit wird seine Situation immer auswegloser. Der Herzog hingegen, ruhelos reisend, ohne konkreten Fixpunkt, einquartiert bei Verwandten, Bekannten oder in Hotels, offenbar durch die veränderte politische Lage im Dritten Reich nicht mehr wirklich an dem Wohnsitz Ringberg interessiert, steuert die weiteren Entwicklungen wie von Ferne durch Aufträge, Nachfragen, Antreiben. Und er sorgt dafür, daß Attenhuber sich vom Gegenstand der einmal mit soviel Einsatz begonnenen Gegenwelt am Ringberg nicht fortbewegen kann.

Dabei hatte für Attenhuber zunächst alles so vielversprechend begonnen. Denn gerade er, der auf Grund seiner Herkunft und seines sozialen Status sich bereits seinen Weg zur Akademie unter bestimmt nicht einfachen Bedingungen hatte erarbeiten müssen, war selbstverständlich auf eine Ver-

Abb. 16. Friedrich Attenhuber, Gobelin „Der Hexenritt am Ringberg", bezeichnet „F. Attenh. 1924", mit Monogramm der Gobelinmanufaktur Nymphenburg; das

dienstmöglichkeit zur Bestreitung seines Lebensunterhaltes besonders angewiesen. Unter dem Gesichtspunkt des notwendigen Broterwerbs muß ihm die Tätigkeit als Mallehrer bei dem Wittelsbacher Herzog äußerst willkommen gewesen sein. Und eröffneten sich über das reine finanzielle Entgelt hinaus noch ganz andere Möglichkeiten: der Zugang zu anderen gesellschaftlichen Kreisen, zu anderen Formen der Weiterbildung, zu größerer Mobilität als Reisebegleiter des Herzogs. Es erschloß sich ihm auch die Möglichkeit zur Partizipation an einem Medium, das damals noch in den Anfängen steckte: die mit Hilfe der tragbaren Kamera nun auch für den Amateur mögliche Reisephotographie. Und dann die Bauaufgabe an sich: das Schloß. Für Attenhuber bedeutete dies eine einmalige Chance und Herausforderung.

Der Herzog eröffnete ihm den Zugang zu seiner Bibliothek auf Schloß Biederstein, die über kunstwissenschaftliche Standardwerke[80] und aktuelle Publikationen zur Kunst genauso verfügte wie über die einschlägigen zeitgenössischen Kunstzeitschriften[81]. Selbstverständlich pflegte der Herzog Kontakte zu den führenden Kunsthäusern Münchens, nachweislich zu dem der Firma Lehman Bernheimer, wo er eine ganze Reihe von Einrichtungsgegenständen, auch Teppiche und Gobelins erwarb, sie später aber wieder zurücknehmen ließ.[82] Im Kunsthaus Brakl stellte der Herzog im Jahre 1913 eine Arbeit mit dem Titel „Sizilianische Küste" aus. Der Galerist Franz Josef Brakl, der sowohl dem „Scholle-Kreis", der „Neuen Künstlervereinigung", dem „Blauen Reiter" wie auch der „Neuen Secession" eng verbunden war, hatte sich am Beethovenplatz durch Emanuel von Seidl einen Neubau[83] errichten lassen und die einzelnen Innenräume durch Originalwerke moderner Künstler ausstatten lassen: das Damen-

zimmer beispielsweise von dem Scholle-Maler Leo Putz. Es ist gut vorstellbar, daß ein Kontakt zwischen Attenhuber und Putz bereits über ihre jeweilige Lehrzeit bei Paul Höcker an der Kunstakademie zustande kam, möglicherweise aber auch über die Vermittlung von Herzog Luitpold; Putz wurde wiederholt in „Brakls Moderner Kunsthandlung" ausgestellt. Er hielt sich auch zu Studienzwecken am Weßlinger See auf, hier u. a. in Schloß Seefeld als Gast des Grafen Hans Veit zu Törring-Jettenbach, zu dem der Herzog einen guten verwandtschaftlichen Kontakt pflegte.[84] In Attenhubers photographischem Nachlaß finden sich Aufnahmen von Schloß Seefeld.

„Käm einmal Wölfflin, nur davon würde ich sprechen, ob Haß oder Liebe mehr Schöpferisches leisten können"

Attenhuber nahm auch Anteil an den kunstwissenschaftlichen Studien des Herzogs an der Münchner Universität. Zu den Vorlesungen Heinrich Wölfflins „fand sich ganz München ein, die Jugend hörte ihm mit atemloser Spannung zu".[85] Auch Attenhuber muß beeindruckt gewesen sein, was eine sehr persönliche Äußerung von ihm überliefert, in der sich die späteren Konflikte mit dem Herzog scharf konturieren: „Käm einmal Wölfflin, nur davon würde ich sprechen, ob Haß oder Liebe mehr Schöpferisches leisten können."[86] Bereits 1912 hatte der Herzog sich für ein kunstwissenschaftliches Studium bei Wölfflin[87] entschieden, das er jedoch erst nach dem Ersten Weltkrieg im Jahre 1922 mit seiner Dissertation über „Die fränkische Bildwirkerei" abschloß. Im Vorwort dieser 1925 erschienenen Arbeit[88] dankt der Herzog auch „Herrn Kunstmaler Attenhuber, der mich aufmerksam mach-

nzimmer, in dem der Gobelin aufgehängt ist, befindet sich im Erdgeschoß des Hauptgebäudes

te auf die Eigenwerte nicht nur deutscher Bildteppiche, sondern der Wirkerei überhaupt". Bei den Bildteppichen, die von Attenhuber in den frühen zwanziger Jahren für Schloß Ringberg entworfen wurden, besonders bei den Hexenteppichen (Abb. 16), ist die Orientierung an mittelalterlichen Bildteppichen unmittelbar ablesbar. Hier, wie auch auf den späteren Gobelins für die Halle, werden die zahlreichen Pflanzendarstellungen sicher auf dem Informationsstand des Herzogs beruhen, dessen Interesse auch stark der Botanik zugewendet war. Die im „Auftragswerk" Schloß Ringberg auftretenden mythologischen Motive dürften generell eher der Gedankenwelt und Bildungsebene des Auftraggebers entsprungen sein.[89]

Dem Herzog lag daran, im Schloßbau am Tegernsee eine Verbindung von Kunst und Natur herzustellen. Die Voraussetzung war seine Liebe zur Kunst und hier lag auch die Freundschaft zu Attenhuber begründet. Diese Freundschaft begann auf einer Kunstreise nach Florenz, auf der auch die Idee zum Schloßbau geboren wurde.[90]

Zwischen den Polen: Großstadt – Natur – Fernweh und vor allem auf dem neuen Bauplatz am Ringberg richtete sich jetzt auch Attenhuber ein. Der Großstadt war er als Zentrum neuer Kunstströmungen und Kunstentwicklungen eng verbunden; Secession, Jugendstil und der Neoimpressionismus der „Scholle" haben seine Ausbildungs- und Lehrjahre geprägt. Gleichzeitig erlebte er, wie diese Kunstströmungen auch stark das Moment von Fluchtbewegungen haben, die zwischen Großstadtfeindschaft und Neuromantik angesiedelt waren. „Überall entwickelte sich eine Fahrtenromantik, die in starkem Gegensatz zu der großstädtischen Genußsucht des Impressionismus stand."[91] Und ganze Künstlergruppen begaben sich aufs Land, um der gefürchteten Zivilisation zu entgehen, z. B. in den Malerkolonien in Dachau und am Chiemsee. Auch Attenhuber ging „auf die Walz" und malte am Chiemsee.

Andererseits entwickelte er auch Züge eines Dandy; in manchen seiner Selbstporträts werden sie deutlich spürbar. Der Dandyismus, eine vom „Jugendstil" aufgegriffene und weiterentwickelte Form des ästhetischen Protestes, sei, so hat es Baudelaire formuliert, die letzte Verwirklichung des Heroismus in Zeiten des Verfalls.[92] Der Dandy spielt gerne mit der aristokratischen Gebärde,[93] der Herzog dagegen ist Aristokrat. Ist er der Großstadt überdrüssig, sucht er Naturnähe, so stehen ihm die Ansitze der Familie auf dem Land offen. Er geht, zumindest in jungen Jahren, gerne auf die Jagd, für ihn ein selbstverständliches, historisch begründetes Privileg. Auf der Jagd findet er auch den Bauplatz für sein Schloß. Jagdmotive spielen dann in der ersten Ausstattungsphase des Baus eine wichtige Rolle. Motive aus der Wandervogelbewegung, von Volksmusik und Volkstanz, finden in der Innenausstattung viel später, erst in den dreißiger Jahren, ihren Niederschlag.

Kann Attenhuber an der Reiselust des Herzogs in der Zeit bis zum Ersten Weltkrieg noch partnerschaftlich und freundschaftlich teilhaben, so z. B. an der großangelegten Studienreise in die Mittelmeerländer, nach Nordafrika und Ägypten im Jahre 1909/10, so bleibt ihm später eher die Rolle des Befehlsempfängers, der die Anregungen aufzugreifen hat, die der Herzog von seinen zahlreichen Reisen vermittelt. „Ein berückend schönes Schloß", schreibt der Herzog auf der Rückseite einer Ansichtskarte von Le Chateau Gruyères in der Schweiz, „bitte die Karte aufzuheben und mir zurückzugeben".

Der Amateurphotograph

Friedrich Attenhuber hat gerne photographiert und dem noch jungen Medium Aufgeschlossenheit und Experimentierfreude entgegengebracht. Aus seinem Nachlaß sind über 800 Negativglasplatten im Format 6 x 4,5 cm erhalten, die mehrheitlich aus der Zeit vor dem Ersten Weltkrieg stammen dürften. Attenhuber hat unterschiedliche Sujets photographiert: sich selbst mit Selbstauslöser, sonst zumeist weibliche Modelle, weiterhin in seiner Eigenschaft als Reisebegleiter des Herzogs oder ganz allgemein Motive, die ihn als Kompositionsvorlage für Gemälde angesprochen haben.

Am interessantesten und auch originellsten sind zweifellos die Aufnahmen, die er von sich mit Selbstauslöser herstellte. Mit diesen Arbeiten reiht er sich in die Tradition der Künstlerphotographie ein.[94] Es existiert beispielsweise eine ganze Bildserie, in der er sich als Christus am Kreuz inszeniert und photographiert (Abb. 17). Zu diesem Zweck hat er in seinem Atelier ein Holzkreuz aufgestellt, an das er sich dadurch anbindet, daß er seine Oberarme in am Querbalken befestigte Schlaufen einhängt, was ihm ermöglicht, die Füße vom Boden anzuheben, um sich näher der Pose eines tatsächlich am Kreuz Hängenden anzunähern.

Spielfreude und Verspieltheit sprechen dagegen aus einer Serie, die Attenhuber in der Pose eines tanzenden Fauns (Abb. 18) wiedergibt, mit großen Sonnenblumenblättern in den beiden Händen. Dieser Photoserie folgt eine Reihe von Skizzen. Eine dritte Serie zeigt ihn in seinem Atelier als Reiter. Er trägt steyrischen Loden und Hut und photographiert sich quasi als Reiter in Rückenansicht; als Ersatzpferd hat er sich einen Aufbau geschaffen, über den malerisch eine Decke herabhängt. Zudem photographiert er sich als dynamisch Schreitender nackt oder auch mit Lendentuch; in Ermangelung eines passenderen Gegenstandes auch mit einem Handfeger in der schwungvoll erhobenen Rechten.

Einen eigenen thematischen Komplex innerhalb des überlieferten Photomaterials stellen die Aufnahmen von der großen Orientreise dar, die Attenhuber als Begleiter von Herzog Luitpold in den Jahren 1908/09 machte. Diesem Material ist zu entnehmen, daß der Herzog und Attenhuber über mindestens zwei Photoapparate verfügten, sonst wären keine Negative von Aufnahmen vorhanden, auf denen der Herzog eine Kamera in der Hand trägt oder von einem Diener tragen läßt. Es scheint sich um eine Holzkastenkamera zu handeln, jedenfalls um eine tragbare Reisekamera. Die erste tragbare Kamera war erst 1888 auf dem Markt gekommen und hatte das Photographieren revolutioniert, in besonderem Maße die Reisephotographie.[95] Gerade auf der Orientreise zeigt sich Attenhuber an bestimmten Personengruppen interessiert, von denen er kleine Serien herstellt. Landschafts- und Kunstmotive weisen nur allgemein auf den Mittelmeerraum bzw. Nordafrika hin; genau zuordnen lassen sich lediglich Motive aus Ägypten.

Bei zahlreichen Aufnahmen ist zunächst nur festzustellen, daß sie aus Mittel- und Südeuropa stammen. Es wechseln Landschaftsmotive mit Architekturmotiven oder auf Kunstgegenstände ausgerichtete Aufnahmen. Wenig ist eindeutig identifizierbar: beispielsweise Venedig und Florenz, eine Landschaft in der Toskana, ein Stierkampf in Spanien oder Südfrankreich und die Alhambra. An oberbayerischen Motiven tauchen auf: Landschaften, Pflanzen, Tiere, Architektur, auch Bilder vom Oktoberfest[96], der Einzug der Trachtengruppen auf der Theresienwiese, ein Tölzer Leonhardizug, Eisstockschießen und ein Freibad am See, wo vor allem Kinder – wieder in kleinen Serien – aufgenommen werden.

Attenhuber liebt unkonventionelle Motive. Er ist bemüht und hat ein gutes Auge. Manche Aufnahme ist sehr gut gelungen und bereits als Photographie ein „Kunstwerk". Das meiste aber bleibt im Laienhaften stecken, die Materie wird nicht systematisch beherrscht. Oft bleiben die Bilder unscharf, die Motive willkürlich beschnitten. Einen eigenen Bereich bilden Aufnahmen der Modelle, die in einem anderen Zusammenhang behandelt werden.

Die freien Arbeiten: Malerei und Photographie

Das malerische und zeichnerische Werk, das Friedrich Attenhuber hinterlassen hat, läßt sich in zwei Komplexe unterteilen: In „freie" Arbeiten, die ohne Auftraggeber auf Initiative des Künstlers selbst entstanden und in solche, die ausschließlich an Schloß Ringberg und den Auftraggeber Herzog Luitpold in Bayern gebunden sind.

Die freien Arbeiten sind von besonderer Bedeutung, weil sie eine Aussage zu Attenhubers Frühwerk ermöglichen. Hier, wo er sich unabhängig von den Weisungen eines Auftraggebers äußerte, läßt sich seine Künstlerpersönlichkeit unmittelbarer fassen als in den Werken, die als Auftrag oder im Wechselspiel der Konstellation Auftraggeber – Künstler entstanden sind.

Da über den Künstler aus seinen Lehrjahren direkte Quellen nur spärlich vorliegen – von beiden Ausstellungen, an denen er sich nachweislich beteiligte und von den unter seiner Mitarbeit entstandenen Gemälden im Reichstag, sind keine Abbildungen nachzuweisen –, stellen die überkommenen freien Arbeiten die wichtigste Quelle zum Werk des „authentischen" Malers Friedrich Attenhuber, dar. Als ergänzendes Quellenmaterial sind die Photographien zu berücksichtigen, die auch zu seiner Hinterlassenschaft gehören sowie ein von seiner Hand geführtes Malbuch.

Außer den 37 Gemälden, die zur Originalausstattung von Schloß Ringberg gehören,[97] sind an Ölbildern von Friedrich Attenhuber zum gegenwärtigen Zeitpunkt rund 200 Arbeiten bekannt.[98] Es handelt sich vorwiegend um Leinwandbilder, nur in geringerem Umfang um skizzenhafte Arbeiten in Öl auf Karton.[99] Die Bilder, meist von durchschnittlichem Größenformat, sind vom Künstler in den allerwenigsten Fällen signiert und noch seltener datiert. Das Hauptkontingent der Bilder stammt aus der Zeit, in der seine Arbeitskraft nicht vorwiegend durch die Tätigkeit für Schloß Ringberg beansprucht wurde, also aus der Zeit seit 1908/09, wo er in seinem eigenen Atelier in der Mozartstraße zu arbeiten begann, bis zum Jahre 1916; 1917 wurde der Künstler noch zum Heeresdienst verpflichtet. Zahlreiche Arbeiten stehen in Zusammenhang mit seinen Aufenthalten auf Schloß Biederstein, am Chiemsee und am Starnberger See. In geringerem Umfange sind Arbeiten den zwanziger, dreißiger oder auch noch vierziger Jahren zuzurechnen. Da Attenhuber nach dem Ersten Weltkrieg seine intensive Tätigkeit für Schloß Ringberg be-

Abb. 17. Friedrich Attenhuber, Aufnahme als Gekreuzigter; Photographie, hergestellt mit Selbstauslöser um 1910 in seinem Atelier

Abb. 18. Friedrich Attenhuber, Bewegungsstudie mit Sonnenblumen; Photographie, hergestellt mit Selbstauslöser um 1920 in seinem Atelier

gann, 1930 auch sein eigenes Atelier in München aufgab, ist davon auszugehen, daß er für eigene malerische Produktion nur noch geringen Spielraum hatte. Auch stammen die Bilder für Schloß Ringberg selbst hauptsächlich aus den dreißiger und vierziger Jahren.

Die Bildwelt des Friedrich Attenhuber, die nicht an Aufträge gebunden ist, läßt sich unmittelbar nur schwer zu der Bildwelt von Schloß Ringberg in Beziehung setzen, ja steht sogar in krassem Gegensatz zu ihr. Aber auch die freien Arbeiten bieten sich nicht als in sich geschlossenes homogenes Werk dar, sondern zeigen Widersprüchliches und Schwankungen hinsichtlich ihrer Qualität. Datierungen sind fast nicht vorhanden. Erst eine gründliche vergleichende Betrachtung der Arbeiten unter – auch assoziativer – Nutzung der nur dürftig vorhandenen Quellen[100], ermöglicht über thematische und stilistische Zuordnungen hinaus auch noch allgemeinere Feststellungen über Bildgruppen vor dem Hintergrund eines gemeinsamen Entstehungszusammenhangs.

Am augenfälligsten ist zunächst die Themenwahl: Weit über die Hälfte der überkommenen Bilder[101] zeigt Frauen. Die meisten sind in Pleinair-Manier vor eine Landschaft, einen Seeausschnitt, ein Gartenstück, in einen Park gestellt, in der für die Scholle-Maler so charakteristischen Ausschnittform: halb- oder dreiviertelfigurig im Vordergrund, dabei vom Bildrand angeschnitten. Dargestellt sind meist eine einzelne weibliche Person, seltener zwei. Zuweilen ist die Porträtform gewählt, aber nur in wenigen Fällen stehen die Dargestellten im Blickkontakt mit dem Betrachter. Von zentralem Interesse ist auch die Aktdarstellung.

Eine ganze Reihe von Attenhuber-Selbstporträts zeigt den Künstler in verschiedensten Altersstufen. Die restlichen Bilder verteilen sich thematisch auf Landschaftsdarstellungen, häufig Seestücke[102] vor einem voralpenländischen Panorama, auf einige Blumen- beziehungsweise Obststilleben, weniger auf Genreszenen.

Unter den klassischen Rubriken der Historienmalerei mit biblischen oder mythologischen Themen läßt sich dem Umfang nach nur wenig ausmachen.[103] Unter den biblischen Themen finden sich – allerdings in nicht vollendetem oder skizzenhaftem Zustand – eine Kreuzigung, ein hl. Sebastian und ein hl. Franz von Assisi. Unter den mythologischen Themen verweisen eine Susanna im Bade, eine Danae im Goldregen sowie Simson und Delila auf – im deutschen Impressionismus in den neunziger Jahren des vorigen Jahrhunderts geläufige – Motive wie sie auch bei Max Liebermann, Max Slevogt und Lovis Corinth nachweisbar sind. Auf ein seinerzeit ebenfalls gängiges Motiv bei Lovis Corinth[104] und Ludwig Herterich[105] verweist ein Selbstporträt Attenhubers in Ritterrüstung. Im deutschen Impressionismus gleichfalls geläufig ist das Genremotiv von den „drei Männern im Segelboot".

In geringerem Umfang existieren Gemälde, auf denen der Herzog dargestellt ist. Einige nicht vollendete Arbeiten zeigen den Wittelsbacher in noch jungen Jahren als etwa 17jährigen, einmal auf einer Porträtskizze, ein andermal im Reiterdreß neben einem Stuhl, auf dem ein Hund sitzt. Um 1920 dürfte ein großformatigeres Gemälde entstanden sein, das den Herzog als Studierenden darstellt. Betrachtet man die zahlreichen Frauenbilder näher, so lassen sich verschiedene bevorzugte Darstellungstypen unterscheiden: die Frau im Boot, die Frau am Landesteg, am Ufer des Wassers, im Schloßgarten oder auf der Bank im Park, in der herbstlichen Parkallee, unter den großen Blättern eines Kastanienbaums, in der hellen Sonne im Badekostüm, im weißen Kleid mit Sonnenschirm. Frauenakte im Freien sind selten, die Akte in den Innenräumen[106] werden gern vor dem Spiegel oder auf dem Sofa sitzend gegeben. Es handelt sich dabei nicht um porträthafte Darstellungen, sondern um die Person als Teil der Landschaft, der sie halb oder dreiviertelfigurig vorangestellt ist, oder als Teil des Interieurs, in das sie einbezogen ist (Abb. 19).

Bei dem von Attenhuber häufig dargestellten Frauentyp handelt es sich nicht um die eleganten, sonntäglich herausgeputzten Städterinnen auf dem Lande, wie sie Leo Putz gerne gemalt hat – zu diesen fehlt offenbar der gesellschaftliche Zugang –, sondern um bäuerliche Mädchen und Frauen in meist auch bäuerlicher Kleidung oder um das Dienstmädchen aus dem Schloß, das sowohl in der Dienstbotenkleidung erscheint als auch in einer Aufwertung durch Kleidung, Pose, Haltung. Die Photos der Modelle geben deutlich zu erkennen, daß der Maler dazu tendiert, eine Überhöhung der Dargestellten vorzunehmen, sei es durch die damenhafte Haltung, das herrschaftliche Ausgehkleid oder durch die Verfeinerung der Gesichtszüge mittels altmeisterlicher Maltechnik.

Die qualitätvollsten Beispiele stehen stilistisch den Scholle-Malern nahe, vor allem ihrem Repräsentanten Leo Putz. Nicht nur zum Hauptthema der Frau in der Landschaft im hellen Sommerlicht, sondern auch zu Komposition, Farbigkeit und Malduktus gibt es Parallelen. Pastos wird in fast fleckiger Manier die Farbe aufgebracht, nach ihrem Eigenwert behandelt und vor allem kräftig eingesetzt. Die Farbintensität und Leuchtkraft der Bilder ist auffällig.

In anderen Gemälden wiederum, Stilleben mit Stoffdrapierungen, scheint etwas von Matisse aufzublitzen oder auch von Slevogt. Eine Gruppe von Darstellungen bäuerlicher Mädchen ist eher von der nordischen Malerei in der Art von Carl Larsson beeinflußt, im Maltechnischen bereits von einer expressionistischen Auffassung geprägt und bestimmt durch eine stumpfe, aber helle Farbigkeit. Vereinzelt nur findet sich altmeisterlicher Malstil, vorwiegend wohl bei Bildern aus der unmittelbaren Akademiezeit, wie beispielsweise im Porträt von Attenhubers Vater, eines Lokomotivführers, der am Feierabend seine Pfeife raucht, ein nüchtern-unsentimentales Gemälde mit sozialkritischen Zügen.

Im malerischen freien und auch im gebundenen Werk ist bei Attenhuber das Verhältnis zwischen Malerei und Photographie ein wichtiger Faktor. Attenhuber hat in großem Umfang photographiert.[107] Im Zusammenhang mit der Bildwelt des Malers, wie sie in den Ölgemälden greifbar wird, interessieren besonders die Photos weiblicher Modelle. Da sowohl Photos wie die dazu korrespondierenden Gemälde überliefert sind, ist konkret nachzuweisen, daß Attenhuber nach Photovorlagen gearbeitet hat. Er läßt sich damit auch in die Tradition der Maler einreihen, die sich dieser Technik bedient haben.[108] Außerdem ist dadurch auch überprüfbar, in welcher Weise sich Attenhuber dieser Technik bedient hat, ob beispielsweise der Photographie Eigenständigkeit als künstlerisches Medium zuzusprechen ist oder ob Aufschlüsse über eine mögliche Wechselwirkung zwischen den beiden Medien Photographie und Malerei zu erhalten sind.

Abb. 19. Friedrich Attenhuber, Sitzende Frau vor einem Wandteppich mit Blumendekor; Ölgemälde, um 1914

Wo photographiert der Maler seine Modelle? Einmal in seinem Atelier, zum anderen im Freien, in der Natur. Teile der Ateliereinrichtung tauchen immer wieder in Ölgemälden auf, z. B. ein bemalter Bauernschrank, ein Kanapee, eine Wandpaneele, ein Paravent, ein Hocker, ein Spiegel. Im Atelier werden auch Aktphotos gemacht. Im Freien werden die Modelle vor Blattwerk oder blühenden Pflanzen photographiert, unter einem Kastanienbaum, an einen Birkenstamm gelehnt, auf einem Alleeweg, auf einer Bank, in einem Boot, vor einer Wiese mit einer Sichel in der Hand. Meist handelt es sich um bäuerliche Mädchen und Frauen, um Dienstmädchen, seltener um eine Frau in städtischer Kleidung und Aufmachung. Sie nehmen keine professionellen Posen ein, sondern wirken eher etwas unbeholfen, verlegen, skeptisch. Unmittelbar auffällig ist die Nobilitierung ihrer Gesichtszüge. Die einfachen Mädchen erscheinen in der Bildumsetzung damenhafter, nobler, ihr Gesichtsausdruck verschönt. Es existieren allerdings auch Photos, auf denen die Modelle mit abgeschnittenem Kopf oder verwackelt wiedergegeben sind, typische Aufnahmen eines Amateurphotographen.[109]

Bei Attenhuber ist der Zusammenhang zwischen einer photographischen Vorlage und dem danach geschaffenen Gemälde sehr eng, man kann bei ihm von einer „gemalten Momentaufnahme" sprechen. Bildausschnitt, Bildinhalt und die jeweilige Haltung der Person werden wörtlich in die Malerei übertragen.

Die Bildwelt des Friedrich Attenhuber – und das betrifft sowohl die photographierte wie die gemalte – ist stark plakativ und relativ statisch. Den Modellen ist eine Blickrichtung verordnet. Der Betrachter ist zwar durch den Anschnitt der Figuren in eine Art Nahsicht hineingenommen, aber in eine Bewegung oder Aktivität ist er nicht einbezogen. Frauen werden in Haltungen beobachtet; sie sind wie schöne Gegenstände in einer schönen Umgebung, aber lebendig erscheinen sie nicht.

Biedersteiner Bilder

Friedrich Attenhuber hat auf Schloß Biederstein gemalt und photographiert. Spätestens seit 1907 war er als privater Mallehrer von Herzog Luitpold Gast, vielleicht sogar in gewisser Weise Familienmitglied auf Schloß Biederstein. Nachweislich hat auch der Herzog photographiert. Das Photographieren war in Adelskreisen begeistert aufgegriffen worden, zahlreiche Mitglieder der Wittelsbacher Familie beschäftigten sich mit dieser Technik; gerne und gut photographierte z. B. die Herzogin Karl Theodor, Luitpolds Tante am Tegernsee.[110] Vielleicht fällt der Zeitpunkt, zu dem Herzog Luitpold über eine Kamera verfügte und Attenhuber als dessen Lehrer ins Haus kam, zusammen.[111] Jedenfalls läßt sich aus dem Bestand der überlieferten Photos und der Bilder, die eindeutig nach solchen Vorlagen gemalt wurden, schließen, daß beide photographiert haben; Luitpold wohl eher die adeligen Mitglieder der Familie, aber auch seinen Mallehrer, dieser wiederum Modelle, nach denen er Gemälde schuf.

Aus den Photos und Gemälden ist abzuleiten, daß Attenhuber nicht nur in seinem Atelier in der Mozartstraße nach dort photographierten Modellen malte, sondern auch im Atelier des Herzogs in Schloß Biederstein. Die Photos, die ihn als „Christus am Kreuz" zeigen[112], sind z. B. im Schloß entstanden, teils mit Selbstauslöser. Ein weiteres Photo zeigt ihn ebenfalls vor dem Kreuz, neben ihm eine Frau in der Pose der Maria, die durch andere Aufnahmen wiederum als Bedienstete des Schlosses zu identifizieren ist. Attenhuber hat auch Luitpold in einem der Salons photographiert und danach ein Gemälde geschaffen. Es zeigt ihn in einem Reiteranzug mit Stiefeln. Belegbar ist, daß Bedienstete von Schloß Biederstein sowohl am Schloß wie auch im Schloßpark photographiert und anschließend gemalt wurden.

Chiemseebilder

Einen in sich geschlossenen Zyklus, der stilistisch den an der Scholle-Malerei orientierten Bildern nahesteht, bilden die Gemälde, die Attenhuber am Chiemsee schuf, wo er sich nachweislich spätestens seit 1912 aufhielt. In Briefen des Herzogs werden in diesem Zusammenhang ein „Herr Lauer" und eine „Veronika" erwähnt. Vermutlich handelt es sich bei „Veronika" um die Frau, die Attenhuber oft photographiert hat, in einem Dirndl oder am Ufer des Chiemsees in einem Boot, in einer Allee oder vor Baumgrün, z. B. vor großen Kastanienblättern. Die Chiemseemotive sind in Gemälde umgesetzt worden. Hier finden sich Übergänge von einer impressionistischen Technik zur Scholle-Maltechnik. Am Chiemsee hat Attenhuber bis 1916 und noch in den frühen zwanziger Jahren gemalt.

Malerei nach dem Ersten Weltkrieg

Aus der Zeit nach dem Ersten Weltkrieg sind an freien Arbeiten nicht mehr viele Bilder überkommen. Attenhuber war in dieser Zeit fast ausschließlich durch die Arbeiten am Ringberg beansprucht. In den zwanziger und dreißiger Jahren wechselt er zu einer stumpffarbigeren, stricheligen und nordisch beeinflußten Malweise. Die Geschlossenheit und Konzentration, die dynamische Komposition seines Frühwerks fehlt diesen Arbeiten.

Zeichnungen

Das zeichnerische Werk Attenhubers befindet sich auf Schloß Ringberg.[113] Es handelt sich zum Teil um großformatige Studienblätter, die zumeist aus der Frühzeit des Künstlers stammen und überwiegend Frauenakte und Frauenporträts zeigen, ferner um Studien zu bestimmten mythologischen Themenkreisen. Ein Teil des zeichnerischen Nachlasses bezieht sich auf die Innenausstattung von Schloß Ringberg, ein anderer Teil kann als freie Arbeiten gelten. Datierungen sind nur ganz vereinzelt vorhanden; aber sie geben Hinweise darauf, daß ein Großteil der Studien aus der Zeit vor und während des Ersten Weltkriegs stammt. Entwürfe für den Ringberg stammen eher aus den zwanziger und dreißiger Jahren. In den Zeichnungen, vor allem in den Skizzenbüchern, tauchen jetzt auch die Themen auf, die innerhalb der Ölgemälde lediglich eine untergeordnete Rolle spielen, nämlich biblische, mythologische und literarische. Neben Themen wie Christus am Kreuz, Auferstehung, Die Heiligen Drei Könige existieren eine Reihe von Entwürfen mit Darstellungen des hl. Martin für die Innenausstattung der Kapelle und des hl. Hubertus für die Gestaltung eines Gobelins im Hauptgebäude. An mythologischen Themen sind u. a. behandelt: Europa und der Stier, Leda, Herkules, Samson und Delila, Echo, Pan, Neptun, Daphne, Urteil des Paris, Eros und Latona. Attenhuber machte auch Entwürfe zu Sentenzen wie „Unfried bleib aus dem Haus", „Der Rebell und sein Weib", „Abschied ist Menschen Los".

Beim Betrachten der Zeichnungen[114] und Skizzenbücher fällt auf, daß sich auch hier der Künstler mit Vorliebe Frauendarstellungen zuwendet; das gilt vor allem für die Studienblätter aus der frühen Zeit, das heißt aus den Jahren zwischen 1908 und 1916. Zahlreich sind die Studien weiblicher Aktdarstellungen oder auch Kopfstudien. In besonders großer Anzahl existieren Studienblätter zu dem Thema „Europa und der Stier", einige Blätter sind mit 1916 datiert. Offensichtlich handelt es sich um Vorentwürfe für ein größeres Innenausstattungsprojekt. Wahrscheinlich war an die Ausschmückung des Musikzimmers mit diesem Motiv gedacht.[115] Eine Reihe von Studienblättern zeigt Selbstdarstellungen von Attenhuber.[116]

Besonders aufschlußreich ist eine Mappe mit Alternativentwürfen zum großen Wandbild im Haupttreppenhaus. Hier existiert eine Allegorie auf die Vier Jahreszeiten in Form von vier Männern in antikischen Gewändern. Außerdem finden sich zwei Entwürfe mit dem Herzog im Mittelpunkt: Der eine zeigt ihn allein auf einem Felsen sitzend mit Blick hinaus ins Land auf seine Burg; der andere stellt ihn unter einem Kruzifix sitzend dar, zu seinen Füßen ein Hirsch lagernd, mit Halsband. Auch dieser Entwurf zeigt bereits den verdorrten Baumstamm.

Abb. 20. Jakob Kössler in der Tracht eines Jägers; Aufnahme von 1935 auf Schloß Ringberg; die Photographie von Friedrich Attenhuber diente als Vorlage für den Gobelin „Herbst" von 1939, der die Westseite des repräsentativen Saales im Nordflügel des Hauptgebäudes schmückt (vgl. Abb. 7 und 21); Jakob Kössler wurde im Jahr 1909 auf Schloß Biederstein geboren, wo seine Eltern die Hausmeisterei innehatten; jahrelang arbeitete er im Steinbruch in Scherfen in der Gemeinde Kreuth, wo auch das Material für den Schloßbau am Ringberg gewonnen wurde

Abb. 21. Friedrich Attenhuber, Gobelin „Herbst" von 1939; zwischen Marmorpilastern aufgehängt an der Westseite des Saales (vgl. Abb. 7); im Zentrum des Wandteppichs die Figur eines Jägers, vor einem Felsen sitzend, geschaffen nach einer photographischen Vorlage (vgl. Abb. 20), weiterhin einheimische Tiere und Pflanzen, unterhalb der oberen Randleiste das Wittelsbacher Wappen

Die Auftragsarbeiten für Schloß Ringberg

Mit Beginn des Neubauvorhabens auf dem Ringberg eröffnete sich dem Kunstmaler Friedrich Attenhuber ein völlig neues und außerordentlich umfangreiches Tätigkeitsfeld, denn mit den Gattungen Architektur, Plastik und Kunstgewerbe besaß er bis dahin keine Erfahrung. Gegenüber dem Herzog wechselte er von seiner bisherigen Rolle als privater Mallehrer in die Position seines Hauskünstlers. Obwohl er bereits kurz vor und während der Rohbauerstellung schwerpunktmäßig für Schloß Ringberg und dessen Ausstattung tätig war, fand er noch viel Zeit für eigene künstlerische Arbeiten. Nach dem Ersten Weltkrieg konzentrierte er seine Tätigkeit immer mehr auf den Bau und schließlich arbeitete er fast nur noch für dieses Projekt.[117] Seit dem Jahre 1922 etwa lebte er auch an dem Ort, wo ihm für seine Arbeit inzwischen zwei Atelierräume zur Verfügung standen.[118]

Attenhuber war Berater seines Auftraggebers in allen künstlerischen Fragen. Während seiner mindestens 35jährigen Tätigkeit als Hauskünstler hat er kontinuierlich Bauskizzen und Entwurfspläne hergestellt.[119] Er hat die vorbereitenden Entwürfe für das Hauptgebäude entwickelt, also Fassaden und Grundrißpläne und auch die Details von Portalgewänden, Portalaufsätzen, Türen usw. gezeichnet, wie auch die Entwurfspläne, die dann durch die Baufirma Heilmann & Littmann zur Genehmigung vorgelegt wurden. Bauentwürfe lieferte er für den Eckturm, der noch in der Planungsphase zum hohen Wohnturm aufgestockt wurde, für die Kapelle, für den Eingangstorbau mit dem anschließenden Nebengebäude (Waschhaus), für das Sommerhaus mit dem anschließenden Wehrgang, für den Südturm, für die Abänderung des Belvedere in einen Aussichtsturm sowie für die erste Aufstockung der Nordtürme des Hauptbaus, für die südliche Zinnenmauer und für die Pergola der Südterrasse. Darüber hinaus lieferte er Skizzen und Bauentwürfe für zahlreiche Projekte, die nicht verwirklicht wurden. Sie fanden zum Teil Niederschlag in einer Postkartenserie, in der er das dort abgebildete Ringbergschloß mit Hilfe von Deckweißübermalungen durch zusätzliche Turmaufbauten und -ausbauten, Mauern und Terrassen architektonisch bereicherte.

Attenhuber hat für das Hauptgebäude die gesamte feste und bewegliche Inneneinrichtung entworfen. Zahlreiche Innenraumentwürfe sowie Entwürfe für einzelne mobile Einrichtungsgegenstände legen von seiner überaus umfassenden künstlerischen Produktion für dessen Auftraggeber Zeugnis ab, vor allem aber die konkret gefertigten Gegenstände, die, nachträglich in einem Inventar erfaßt, mehr als 500 Positionen einnehmen.[120] Der Künstler hatte sich hier zunächst innenarchitektonischen Fragen zu stellen, z. B. der Gestaltung von festen Bauteilen wie Treppenhäusern, Plafonds in Stuck oder Holzbalkendecken, Fußböden in Stein oder Parkett, großangelegten Kaminen oder stark plastisch aufgefaßten Kachelöfen. Mittels Wandabwicklungen waren Raumfassungen in Holz zu gestalten oder die Farbgebung monochrom zu fassender oder mehrfarbig mittels Schablonenmalerei zu gestaltender Räume festzulegen. Die Farben für die dekorative Wandfassung im Haupttreppenhaus hat Attenhuber z. B. selbst gemischt.

Dazu war die Gestaltung der Beleuchtungskörper zu lösen. Unter den textilen Gegenständen nahmen die Gobelins den wichtigsten Platz ein und bedeuteten für den Künstler, der auch die Herstellungsarbeiten in der Manufaktur zu überwachen hatte, sicherlich die größte Herausforderung (Abb. 16, 21). Eher kunstgewerblicher Art waren dagegen die Aufträge, auf das Mobiliar abgestimmte Teppiche, Tischläufer, Zierkissen zu entwerfen bzw. Entscheidungen über deren Stofftyp und Einfärbung zu treffen. Letzteres bezieht sich auch auf Polsterstoffe. Eine eigene Gattung stellten die Keramiken dar: Vasen, Plastiken, Rauchverzehrer, Schalen, Aschenbecher, Lampenfüße. Hier sind nochmals die Kachelöfen zu erwähnen, die teilweise vom Künstler eigenhändig dekoriert wurden. Auch Vasen und Tierplastiken hat er eigenhändig bemalt und selbst gebrannt.

Bildhauerischen Aufträgen hatte er sich in den unterschiedlichsten Materialien zu stellen: in Stein, wie beim Brunnen für den Innenhof, in Bronze und auch in Holz. Auch kunsthandwerkliche Baudetails waren zu berücksichtigen wie Heizungsverkleidungen, Türklinken, Beschläge, geschmiedete Handläufe.

In seinen ursprünglichen Bereich als Kunstmaler führten die Aufträge zu den Wandbildern, für die er oft mehrere Alternativen erarbeitete. Nicht zuletzt hatte er alle Räume mit Ölbildern auszustatten (Abb. 22). Für diese Bilder oder auch für die Gobelins fertigte er zum Teil vorher Photos der Modelle an (Abb. 20, 21).

Bei vielen Gegenständen war seine persönliche Vermittlung den Handwerkern gegenüber notwendig, um seine Detailzeichnungen zu erläutern, auch Materialauswahl, Materialqualität und Ausführung zu überwachen. Nicht zuletzt sind die „kunstfremden" Tätigkeiten zu berücksichtigen: die Rolle des Bauleiters, die Rolle des Vermittlers zwischen Vorstellungen und Wünschen des Herzogs und der die Bauarbeiten durchzuführenden Baufirma, das Einholen von Kostenvoranschlägen, der Vergleich dieser Angebote, das Prüfen der Rechnungen nach durchgeführter Tätigkeit.

Der Herzog übertug ihm auch die Organisation von Möbeltransporten, das Überwachen der Aufstellung der Möbel und aller anderen Gegenstände, die Organisation von größeren Materialtransporten von Stein und Holz, die genaue Prüfung angelieferter Werkstücke und generell die Überwachung baulicher Tätigkeiten.

Abhängigkeiten

Wie für jeden Künstler waren auch für Attenhubers Schaffen seine Herkunft, sein Status, seine Lebensumstände und Abhängigkeiten bestimmend. Von Haus aus erhielt er kaum Unterstützung für Lebensunterhalt und Ausbildung und hatte deswegen seine Existenz selbst aufbauen müssen. Nach Abschluß seiner Ausbildung läßt sich als einziger Auftrag nur die Mitarbeit an Wandgemälden im Berliner Reichstag nachweisen. Ab 1907/08 bestritt er seinen Lebensunterhalt vermutlich im wesentlichen als Mallehrer des Herzogs, wobei er wohl nur unregelmäßig Zuwendungen erhielt.[121] Erst 1921 kam es zu der wichtigen Vereinbarung,[122] die ihn berechtigte, in demselben Jahr 15.000 Mark auf des Herzogs Rechnung auszugeben. Für den Fall eines Verkaufs des Schlosses wurde ihm in Aussicht gestellt, er würde 10 Prozent von der nach Abgabe der Steuern eingenommenen Summe zu beanspruchen haben.[123] Die 15.000 Mark sind in der Inflation zerronnen: Dies war für den Herzog ein Argument, nicht mehr bar zu zahlen, sondern Attenhuber gegen Kost und Logis arbeiten zu lassen. Dadurch bekam dieser nie genug Mittel in die Hand, um sich vom Ringberg jemals wegbewegen zu können. Wie hoffnungslos seine Situation war, bezeugt ein „Bettelbrief" des

Abb. 22. Friedrich Attenhuber, Mädchenakt mit Hirsch vor dem Hintergrund der alpenländischen Gebirgslandschaft südlich des Tegernsees; Ölgemälde, bez. „F. Attenh. 1932". Das Gemälde hängt im sog. Frühlingszimmer im Nordflügel des Obergeschosses von Schloß Ringberg und ist Teil eines Zyklus' von insgesamt drei Gemälden gleicher Stilrichtung

51jährigen vom Mai des Jahres 1931 an den Familienvorstand der Wittelsbacher Nebenlinie, Herzog Ludwig Wilhelm: „Durch das Verhalten von S.K.H. Herzog Luitpolds bin ich zum Bettel gezwungen. Möchte Sie bescheiden bitten, mir durch einige Mark auszuhelfen. Habe seit dem 20. Dez. 1930 bis heute an Geld 55 Mark bekommen." Betreffs „Bürgersteuer" schreibt er im Mai 1937 an das Stadtsteueramt München: „Bareinnahmen von Januar bis November 1936 50 Reichsmark, im Dezember 1936 100 Reichsmark".[124] Eine Aufstellung für 1940 umfaßt die Posten „Küchenrechnungen, Farbenrechnungen mit Malutensilien, Bürgersteuer, Apotheke" und eine Veranschlagung für freie Wohnung und Heizung (300 Mark). Es blieb ihm also kein Bargeld. Auf diese Weise war er zweifach fest angebunden. Das System war lückenlos, denn die Farben dienten für Bilder, die für das Schloß bestimmt waren, und das „freie Wohnen" schloß für Attenhuber jeden Spielraum aus, überhaupt Wohn- und Arbeitsort zu wechseln.

Erst nach endlosen Querelen kam es im Juni 1946 zu der Regelung, daß Attenhuber durch die herzogliche Verwaltung in jedem Monat 100 Mark bar erhielt. Von dieser Regelung profitierte Attenhuber aber nur noch die letzten eineinhalb Jahre seines Lebens. Er starb am 7. Dezember 1947.

Ohne Unterstellung und ohne Übertreibung ist wohl festzustellen, daß sich Friedrich Attenhuber in einer Abhängigkeit von seinem Bauherrn befand, die der Leibeigenschaft nicht fern war. Die Ansprüche des Auftraggebers waren absolut. Heiratsgedanken wurden abgeblockt, Besuche und Modelle durfte Attenhuber nur in der Küche empfangen. Über einen Rechtsanwalt war ihm untersagt, andere Arbeiten irgendwelcher Art und für fremde Auftraggeber auszuführen.[125] Er war isoliert, in seinen Kontakten zu anderen Menschen ebenso wie in möglichen Verbindungen zur Kunst der damaligen Zeit,[126] mit der er sich nur noch auf dem Weg über Zeitschriften auseinandersetzen konnte.[127] Die soziale Lage ist wohl in erster Linie Grund dafür, daß Attenhuber über lange Perioden hinweg eher zögerlich seine Aufträge auf dem Ringberg erfüllte. Gleichwohl hat er ein erstaunliches Werk geschaffen, das ihn als starke Künstlernatur ausweist, als einen respektablen Künstler aus dem Umkreis der secessionistischen Malerei des Münchner Spätimpressionismus[128].

Anmerkungen

1 Paul Ernst Rattelmüller, *Über Hexen und die Walpurgisnacht. Bayerisches Brauchtum im Jahreslauf,* München 1985, S. 154 ff. 156, sowie: Ders., *Mit Dornenkraut und Hufeisen gegen das närrische Hexenvolk,* in: Bayerisches Sonntagsblatt vom 27. April 1986, mit Abbildungen von zwei Gobelins des Hexenzimmers im Schloß Ringberg.
2 Peter Brügge, *Die Reichen in Deutschland,* in: Der Spiegel, 20. Jg., 1966, Nr. 37, S. 53 f.
3 Information nach freundlicher Auskunft von Irmingard von Freyberg als Zeugin dieses Dialogs.
4 Die innerhalb des Verfahrens vorgelegten gutachterlichen Einschätzungen der bau- und kunstgeschichtlichen Bedeutung von Schloß Ringberg, die zu sehr gegensätzlichen Auffassungen gelangten, führten zunächst nicht zur vom Bauherrn angestrebten Anerkennung der Denkmalwürdigkeit, ein komplexerer Aspekt, der in diesem Zusammenhang nicht weiter behandelt wird.
5 Vgl. dazu Helga Himen, *Schloß Ringberg am Tegernsee 1912-1973 von Herzog Luitpold in Bayern und seinem Hauskünstler Friedrich Attenhuber. Monographie und Inventar,* Phil. Diss. TU München 1994. Die Arbeit entstand auf Anregung von Generalkonservator Prof. Dr. Michael Petzet, wofür ich ihm an dieser Stelle noch einmal herzlich danke.
6 Der Vater Max Emanuel, geboren 1849 in Schloß Possenhofen am Starnberger See, war das jüngste der acht Kinder, die aus der Verbindung von Herzog Max in Bayern (1808-1888) mit Ludovika von Bayern (1808-1892) hervorgingen.
7 Die Mutter Amalie, geboren 1848 auf Schloß Ebenthal in Ungarn, war Tochter von Herzog August von Sachsen-Coburg-Gotha (1818-1881) und Clementine von Orléans (1817-1907).
8 Schloß Biederstein in München-Schwabing, in wittelsbachischem Besitz seit 1802. Vom späteren König (seit 1806) Max I. Joseph erworben und seiner Gattin Karoline geschenkt, seit 1825 ihr Witwensitz. Durch ihre Tochter Ludovika, der sie Biederstein 1841 vererbte, kommt das Schloß in den Besitz der Herzöge in Bayern.
9 Karl Theodor (1839-1909) übersiedelte im Jahre 1876 von Schloß Possenhofen am Starnberger See an den Tegernsee, um die dortigen Wittelsbacher Liegenschaften der königlichen Hauptlinie als Erbe seiner Mutter Ludovika nunmehr für die Nebenlinie zu verwalten.
10 Vgl. dazu allgemein: Hermann von Witzleben/Ilka von Vignau, *Die Herzöge in Bayern. Von der Pfalz zum Tegernsee,* München 1976.
11 Formulierung von Irmingard von Freyberg, einer langjährigen Freundin des Herzogs.
12 Matrikel des Stadtpfarramtes St. Jakob in Burghausen, Band IX/37.
13 Johann Attenhuber, 1846 als Sohn eines Dienstknechts in Altenmarkt geboren, stammt nach Auskunft eines Familienangehörigen ebenso wie Sofie Rahn aus dem Fichtelgebirge.
14 Im gleichen Jahr beendet der zwei Jahre jüngere Bruder Christian eine Lehre im Maurerhandwerk, als Bauzeichner erarbeitet er sich später die Position eines technischen Oberinspektors bei der Eisenbahn.
15 Belegbar durch eine schülerhaft wirkende Chromolithographie, „König Ludwig I. und seine Kunstschöpfungen. Unter Benützung W. von Kaulbachscher Fresken ... zs. von F. Attenhuber", undatiert; Privatbesitz.
16 Nach Auskunft von Irmingard von Freyberg.
17 Nach Auskunft von Rudolf Kröber, geb. 10. Dezember 1897, Sohn des Kammerdieners von Herzog Luitpold, hatte Herzog Luitpold in Bamberg, wo er sich 1908 zur Ableistung des Militärdienstes aufhielt, bereits Kontakt mit F. Attenhuber.
18 Geschrieben an den Vater Hans Attenhuber.
19 Aufenthalte 1910 in Sizilien und Ägypten, 1912 in Toledo und Madrid sind belegt durch Ansichtskarten; Privatbesitz; photographische Dokumente der Ägyptenreise, Privatbesitz; Hinweise von Irmingard von Freyberg auf eine Florenzreise und Aufenthalte in Tanger und Tunis.
20 Rudolf Kröber, der Sohn des Kammerdieners von Herzog Luitpold, saß dem Herzog als Kind bei Aufenthalten in Kreuth am Tegernsee und Possenhofen am Starnberger See Modell. Dabei habe Friedrich Attenhuber den Herzog in den Techniken Ölmalerei und Aquarell unterwiesen und korrigiert; es sei auch gezeichnet worden. Der Herzog habe nicht nur in Bamberg, sondern auch in Wildbad Kreuth und in Biederstein über Ateliers verfügt.

21 Wie verschiedenen Briefen des Herzogs zu entnehmen ist, malte Friedrich Attenhuber auch in dessen Abwesenheit auf Schloß Biederstein, auch war ihm die herzogliche Bibliothek zugänglich.
22 Formulierung von Irmingard von Freyberg.
23 Der Chiemsee hat als Anziehungspunkt für Maler Tradition seit den zwanziger Jahren des 19. Jahrhunderts; damals wurde in Frauenchiemsee eine Künstlerkolonie gegründet, die noch bis in die dreißiger Jahre des 20. Jahrhunderts bestand. Attenhuber wohnte in der Villa Lauer.
24 Die Vermessungsabteilung 9 gehörte zur 6. Armee, diese wiederum zur Heeresgruppe Kronprinz Rupprecht, bei der auch der Herzog war; vgl. Bayerisches Hauptstaatsarchiv, Abt. IV, Kriegsstammrolle Nr. 20498/316. In den Vermessungsabteilungen wurden Karten meist auf der Grundlage von Luftaufnahmen maßstäblich umgezeichnet. Nach Auskunft von Jakob Kössler war Attenhuber während seiner Militärzeit auch in Ingolstadt.
25 Der Herzog forderte ihn bereits im November 1915 auf, auf dem Schloß einzuziehen, „wenn das Haus zu bewohnen ist" (Brief vom 18. November 1915).
26 Auskunft von Irmingard von Freyberg sowie Notizen Attenhubers, meist undatiert, Nachlaß Attenhuber, Privatbesitz.
27 Aussagen von Maria Heckelmann, einer langjährigen Freundin des Herzogs, von Irmingard von Freyberg, von A. K. Limmer und Max Berger, letzterer zeitweilig Baumeister am Ringberg.
28 Mitteilung von Irmingard von Freyberg.
29 Das Grab von Friedrich Attenhuber befand sich im neuen Gemeindefriedhof von Egern, es wurde am 10. Dezember 1947 von seiner Schwester Marie Rahn erworben. Der Gedenkstein auf dem Ringberg trägt die Inschrift „Zur Erinnerung an Friedrich Attenhuber. Maler, Bildhauer, Architekt, 1877-1947".
30 Äußerung des Malers Fritz Erler gegenüber Herzog Luitpold, zitiert in dessen Brief vom 21. Januar 1918. Fritz Erler (1868-1940) war Mitglied der Künstlervereinigung „Scholle".
31 Bayerische Akademie der Bildenden Künste, Matrikel Nr. 1826, im Matrikel-Buch 1884-1920, Tag der Aufnahme 27. April 1898.
32 Paul Höcker, 1854 Oberlangenau/Schlesien – 1910 München, 1874-79 Schüler von Wilhelm Diez an der Münchner Akademie, Studienreisen nach Paris und Holland, seit 1891 Professor an der Münchner Akademie, Gründungsmitglied der Münchner Secession.
33 Ludwig von Herterich, 1856 Ansbach – 1932 Etzenhausen b. Dachau, seit 1872 in München, hier Ausbildung bei seinem Bruder Johann, in der Zeichenschule der Akademie und im Atelier von Wilhelm Diez, 1883 Studienreise nach Italien, 1888-96 Hilfslehrer an der Münchner Akademie, 1896-98 Lehrer an der Stuttgarter Kunstschule, seit 1898 Professor an der Münchner Akademie.
34 Ludwig Schmid-Reutte, Lech-Aschau bei Reutte 1862-1909 Illenau, Schüler der Akademie Stuttgart, eigene Malschule für Akt und Anatomie in München, seit 1899 Professor an der Akademie Karlsruhe.
35 Ein Gutachten der Direktion der Städtischen Kunstsammlungen, Städtische Galerie und Lenbachgalerie, Dr. Arthur Rümann, vom 26. Oktober 1953 über Friedrich Attenhuber gibt als Lehrer Schmid-Reutte an sowie den Besuch der Münchner Akademie, zwei Semester bei Paul Höcker und acht Semester bei Ludwig Herterich. Das „Arbeitsbuch" von Friedrich Attenhuber, ausgestellt durch das Arbeitsamt Holzkirchen am 29. April 1941, gibt an: Akademie der Bildenden Künste München (8 Semester), Fachschule (Lithographie).
36 Dafür spricht die bereits in der Biographie erwähnte Chromolithographie „König Ludwig I. und seine Kunstschöpfungen. Unter Benützung von Kaulbachscher Fresken und Gemälde zs. von F. Attenhuber. Ausführung, Druck und Verlag von Piloty und Loehle in München". In Form eines Ereignisbildes sind zwölf Künstler Ludwigs I. vor dem König versammelt; der Hintergrund zeigt kompiliert verschiedene Architekturen Klenzes. Die Wiedergabe wirkt schülerhaft-dilettantisch. Die Arbeit könnte mit dem 25jährigen Todestag Ludwigs I. in Zusammenhang stehen und wäre dann 1893 erschienen. Publiziert als Umschlagsbild von: HANS GRASSL, Monumente bayerischer Geschichte. Sieben Denkmäler von europäischem Rang, Arbeitshefte des Bayerischen Landesamtes für Denkmalpflege, Bd. 35, München 1987; Original 62 x 82,5 cm. Dafür spricht ebenso eine kleinformatige Lithographie (10 x 15 cm), darstellend zwei Knabenköpfe,

bez. l. u. Fr. Attenhuber 98. Diese Arbeit aus dem Jahre 1898 zeigt Könnerschaft und Beherrschung der Technik (Privatbesitz).
37 Secession bezeichnet die separatistische Organisationsform progressiv gesinnter Künstler in Deutschland und Österreich gegen Ende des 19. Jahrhunderts. Zu den Abspaltungen aus den traditionellen Künstlerorganisationen kommt es aus Protest gegen den dort staatlich geförderten Traditionalismus sowie gegen die Akademien. Ziel der neuen Organisationen ist es, sich ein eigenes kunstpolitisches Forum zu schaffen und für die Auswahl zu fördernder Kunst allein objektive Qualitätskriterien als Maßstab anzusetzen. Die Münchner Secession markiert den Auftakt dieser separatistischen Bewegung. Am 4. April 1892 verließen rund 100 Künstler die privilegierte und durch den „Künstlerfürsten" Franz von Lenbach (1836-1904) beherrschte Münchner Künstlergenossenschaft, um selbst den Verein bildender Künstler (Secession) zu gründen. Die Secession versuchte gegen diese marktbeherrschende Organisation ein Gegengewicht zu bilden. Sie propagierte nicht eine Stilrichtung. Ihr Programm war: größtmögliche Freiheit der Stilentscheidung des einzelnen. Die Secession zerfiel schnell in weitere Splittergruppen. Weitere Secessionen bildeten sich 1897 in Wien und 1898 in Berlin, 1919 in Darmstadt. Literatur: Secession – Europäische Kunst um die Jahrhundertwende, Ausst. Katalog, München 1964; Ausst. Katalog Die Münchner Secession und ihre Galerie, bearb. v. R. HEISE, München 1975; EBERHARD RUHMER, Kunst im Zeichen der Secession, in: Ausst. Katalog Die Münchner Schule 1850-1914, München 1979, S. 89-102; HERMANN UHDE-BERNAYS, Die Münchner Malerei im 19. Jh., 2. Teil: 1850-1900, S. 233 ff.; MARKUS HARZENETTER, Zur Münchner Secession, Neue Schriftenreihe des Stadtarchivs Bd. 158, München 1992.
38 Wilhelm von Diez (1839-1907) gilt als fortschrittlichster Lehrer der Münchner Schule in der 2. Hälfte des 19. Jahrhunderts. Seiner Schule wird bescheinigt, daß sie sich durch größere malerische Freiheit und durch einen entschiedenen demokratischen Zug von anderen Schulen absetzt. Gepflegt wird besonders die Sensibilisierung für die Farbe und für die Lichterscheinung. Zu dem Schülerkreis, der sich bald vom Meister ablöst und zum Teil dann der Secession angehört, zählen – neben Paul Höcker – u. a. Bruno Piglhein, Adolf Hölzel, Max Slevogt, Lovis Corinth. Vgl. HORST LUDWIG, Piloty, Diez und Lindenschmit – Münchner Akademielehrer der Gründerzeit, in: Katalog Die Münchner Schule 1850-1914 (wie Anm. 37), S. 61-73.
39 HERMANN UHDE-BERNAYS, Die Münchner Malerei im 19. Jh., 2. Teil, S. 264.
40 Literatur zu Paul Höcker: Katalog Die Münchner Schule 1850-1914 (wie Anm. 37), S. 234-236; Ausst. Katalog „München leuchtete". Karl Caspar und die Erneuerung christlicher Kunst in München um 1900, München 1984, S. 172.
41 Zeitschrift „Jugend" gegründet 1896 durch Georg Hirth; Mitarbeiter an der Zeitschrift aus der Schule Paul Höckers: R. M. Eichler, Max Feldbauer, Adolf Höfer, Adolf Münzer, Walter Georgi, Walter Püttner, Gustav Bechler, F. W. Voigt, Leo Putz. Vgl. BERND DÜRR, Die Münchner Künstlergemeinschaft „Scholle", in: Leo Putz, Katalog Salzburg 1980, S. 23.
42 Künstlergemeinschaft „Scholle", 1899 gegründet; zu den unter Anmerkung 41 genannten Künstlern kommen hinzu Fritz Erler, Erich Erler-Samaden, Robert Weise. Vgl. BERND DÜRR (wie Anm. 41), S. 26.
43 Literatur zu Herterich: THIEME-BECKER, Bd. XVI, S. 556 f.; Katalog Die Münchner Schule 1850-1914 (wie Anm. 37) S. 229-231; Katalog „München leuchtete" (wie Anm. 40), S. 169; kritische Äußerungen bei HERMANN UHDE-BERNAYS (wie Anm. 37), 1983, S. 288.
44 Herterich schuf z. B. die dekorativen Malereien im Hauptrestaurant des Münchner Ausstellungsgebäudes, 1908; zu Deckenmalereien, die für das Deutsche Museum in München bestimmt waren, erarbeitete er Entwürfe; auch erhielt er mehrfach Aufträge zur Ausmalung von Rathaussälen oder wurde zumindest zur Vorentscheidung über Wettbewerbsentwürfe eingeladen, vgl. dazu: WOLFRAM LÜBBEKE, Das kleine Bayerische Rathaus, in: Das Rathaus im Kaiserreich, hrsg. von Ekkehard Mai u.a., Berlin 1982, S. 301-357, besonders S. 325 (Rathaus Kaufbeuren); auch im Bremer Rathaus versuchte Herterich monumentalen Aufgaben gerecht zu werden.
45 Ferdinand Hodler (1853-1918), Schweizer Maler, entwickelte nach Abkehr vom Naturalismus einen expressiven Monumentalstil durch

großflächige Kompositionen symbolischen Inhaltes mit der Linie als Ausdrucksträger.

46 Literatur zu Schmid-Reutte: LOVIS CORINTH, in: Kunst und Künstler, 8. Jg., Berlin 1910, S. 222 f.

47 Gutachten vom 26.Oktober 1953 der Direktion der Städtischen Kunstsammlungen, Städtische Galerie und Lenbachgalerie.

48 Max Liebermann, Berlin 1847-1935 ebd.; Ausbildung in Berlin, Weimar, Paris (1873-78, 1874 in Barbizon); von 1878-84 in München tätig, seitdem in Berlin. Zu Beginn des Münchner Aufenthalts entsteht das Gemälde „Jesus unter den Schriftgelehrten" (1879), dessen derber Realismus im Bayerischen Landtag eine Skandaldebatte heraufbeschwört; Aufenthalte in Dachau und Etzenhausen, Kontakte u. a. mit Wilhelm Leibl, Johann Sperl, Paul Höcker; 1891 große Einzelausstellung im Münchner Kunstverein; in Berlin 1897 Ernennung zum Professor an der Akademie, seit 1899 Präsident der Berliner Secession; Mitgliedschaft auch in der Münchner Secession.

49 Die Berliner Secession wurde am 2. Mai 1898 gegründet.

50 Lovis Corinth, Tapiau 1858-1925 Zandvoort; Ausbildung an der Akademie in Königsberg und von 1880-1884 an der Akademie in München (zunächst bei Franz Defregger, dann bei dem Diez-Schüler Ludwig Löfftz, wesentliche Eindrücke von Wilhelm Trübner und Wilhelm Leibl); 1884-1886 Ausbildung in Paris; 1891-1899 Aufenthalt in München, als freier Maler, Mitglied der Münchner Secession, nach Zwist mit der Secession Gründung der „Freien Vereinigung" (mit H. Obrist, W. Trübner, M. Slevogt, P. Behrens u. a.), 1893 Ausschluß aus der Secession, 1894 Ausstellung in Berlin, seit 1900 Übersiedlung nach Berlin, 1902 Vorstandsmitglied der Berliner Secession, seit 1911 ihr Vorsitzender.

51 Brief vom 24. Februar 1904, adressiert an Herrn Attenhuber, Kunstmaler, München, Akademie; die geplante Ausstellung soll Ende April eröffnet werden. Aus dem Brief ist auch zu entnehmen, daß sich die „Aktstudie" in Privatbesitz befindet; Brief in Privatbesitz.

52 Es war offenbar für Corinth nicht ungewöhnlich, überraschend und ohne Anmeldung bei Künstlern aufzutauchen, um sich über sie und ihre Arbeit zu informieren. Er überraschte z. B. eines Tages Jawlensky in seinem Atelier, schaute sich seine Bilder an und fordert ihn auf, eines zur Berliner Secession einzuschicken, wo es dann auch ausgestellt wurde. Vgl. Ausst. Katalog *Alexej Jawlensky, 1864-1941*, München 1983, S. 127.

53 In größerem Umfang rekrutiert sich der Mitarbeiterstab aus Künstlern, die aus dem Atelier Paul Höckers kommen, wobei von diesen ein bestimmter Kreis wiederum die Scholle gründet. Dem Umkreis der „Scholle" ist Attenhuber, zunächst Höcker-Schüler, auch zuzurechnen.

54 Neu-Dachau entwickelte sich in der Nachfolge ihrer Begründer L. Dill, A. Hölzel und A. Langhammer seit den späten achtziger Jahren des 19. Jahrhunderts bald zur mitgliederreichsten und berühmtesten deutschen Künstlerkolonie. Es arbeiten dort Paul Höcker und Attenhubers Lehrer Ludwig Herterich. Letzterer nahm seinen festen Wohnsitz in Etzenhausen b. Dachau, wo er auch verstarb. Zu einem früheren Zeitpunkt, um 1879, arbeitete auch Max Liebermann in Dachau. Vgl. *Dachau. Ansichten u. Zeugnisse aus zwölf Jahrhunderten*. Gesammelt und herausgegeben von LORENZ JOSEF REITMEIER, Dachau 1976.

55 Der 1898 gegründeten Vereinigung steht von Anfang an als Präsident Max Liebermann vor, den Corinth bereits zum Zeitpunkt dieser Gründung kennengelernt hatte. Liebermann war Mitglied auch der Münchner Secession. Die Situation in München war ihm aus der Zeit seines Aufenthaltes in der Stadt zwischen 1878 und 1884 vertraut.

56 Die Münchner Secession trat als Korporation in Berlin sogar früher auf als in München und zu einem Zeitpunkt, als es die Berliner Secession noch nicht gab; bereits in ihrem Gründungsjahr 1892 beschickte sie die Berliner Kunstausstellung mit Arbeiten. Vgl. HERMANN UHDE-BERNAYS (wie Anm. 37), S. 238. Bereits 1898, bei der ersten durch die Berliner Secession eigenständig durchgeführten Ausstellung im Gebäude an der Kantstraße, war das Bestreben deutlich, einen Überblick über secessionistische Malerei und Plastik in ganz Deutschland anzubieten. Bei der Gesamtzahl von 187 Ausstellern waren die Berliner Künstler selbst eine Minderheit: 46 Maler kamen aus Berlin, 57 aus München, unter ihnen Corinth. 1901 kam es allerdings über den als zu etabliert kritisierten Kurs der Münchner Secession zu einem Zerwürfnis zwischen den Münchnern und den Berlinern, deren Secession unter dem Vorsitz Liebermanns der Anschluß Berlins an die aktuelle Entwicklung in der internationalen Kunstszene gelungen war. Vgl. FRITZ VON OSTINI, *Zum Kunststreite Berlin-München*, in: Deutschland. Monatsschrift für die gesamte Kultur (1902-1903), S. 762-768; auch *Die Kunst für Alle*, Bd. 18 (1902-1903), S. 224. Zur Berliner Secession: WERNER DOEDE, *Die Berliner Secession*, Berlin 1977; PETER PARET, *Die Berliner Secession. Moderne Kunst und ihre Feinde im kaiserlichen Deutschland*, Frankfurt/Berlin/Wien, 1983.

57 HANS ROSENHAGEN, *Aus den Berliner Kunstsalons*, in: Die Kunst für Alle, 19. Jg., 1903-04, München 1904, S. 238-241.

58 1903 hatte trotz des Zerwürfnisses zwischen den Secessionen die Münchner Gruppe „Scholle" in Berlin ausgestellt. PETER PARET (wie Anm. 56), S. 155.

59 Ob die in dem Schreiben Liebermanns ausgeführte und angeforderte „Verhöhnung Christi" von Attenhuber nicht eingesandt oder in der Berliner Ausstellung nicht aufgehängt wurde, ist nicht bekannt.

60 Um den Rahmen der Ausstellung anzugeben, seien die beteiligten Künstler, 22 Maler und zwei Plastiker aufgeführt. Da ein Ausstellungskatalog sich nicht ermitteln ließ, ist nicht feststellbar, ob Rosenhagen innerhalb seiner Kritik lediglich eine Auswahl vornahm. Aufgeführte Maler: Albert von Keller, Christian Landenberger, Fritz von Uhde, Hugo Freiherr von Habermann, Leo Samberger, Ludwig Herterich, Friedrich Attenhuber, Otto Greine, Heinrich von Zügel, Rudolf Schramm-Zittau, Fritz Hegenbart, Hans von Hayek, Adolf Hölzel, Julius Exter, Benno Becker, Paul Crodel, Oppler, Haenisch, Hubert von Heyden, Carl Piepho, Angelo Jank, Julius Diez; Plastiker: Hermann Hahn, Josef Flossmann.

61 Das Resümee Rosenhagens lautet: „Die Enttäuschung über diese Ausstellung ist leider nicht nur auf der Seite der Kritik, die bei allen Einwendungen gegen die Sache immer noch die Vorzüge der Münchner Tradition anerkennen kann – sogar das Publikum, das sonst so nachsichtige Berliner Publikum – das für die Münchner Secession seit ihrem ersten Erscheinen in Berlin die größten Sympathien hegt, findet diese Vertretung der Münchner Kunst schwächlich und ungenügend".

62 HANS ROSENHAGEN, *Münchens Niedergang als Kunststadt I und II*, in: Der Tag, Nr. 143 und Nr. 145, Berlin 1901. Vgl. auch WINFRIED NERDINGER, *Die „Kunststadt" München*, in: Die Zwanziger Jahre in München, Ausst. Katalog, München 1979, S. 93 ff.

63 Angelo Jank, München (1868-1940), Sohn des Münchner Hoftheatermalers Christian Jank; studierte zunächst bei S. Hollosy, dann bis 1896 bei Ludwig Loefftz und Paul Höcker an der Münchner Akademie; seit 1896 Mitarbeiter der Zeitschrift „Jugend" und seit 1899 Mitglied der „Scholle"; von 1899-1907 Lehrer an der Damenakademie München; 1906 Ausmalung des Schwurgerichtssaals des Münchner Justizpalastes mit Fresken zusammen mit Münzner und W. Püttner; seit 1907 Professor der Münchner Akademie.

64 Der Vertrag wurde in München ausgestellt. Es wird darin auch die Bezahlung geregelt: Professor Jank bezahlt Herrn Attenhuber für den Arbeitstag 22 Mark und 22 Pfennige; Privatbesitz.

65 MICHAEL S. CULLEN, *Der Reichstag. Die Geschichte eines Monumentes*, Münsterschwarzach 1983, darin: Die Affaire Jank, S. 303-309.

66 Um 1904 war von der Ausschmückungskommission ein Wettbewerb für die Bilder ausgeschrieben worden, an dem sich Jank, Arthur Kampf, Wilhelm Pape, W. Friedrich und Hugo Vogel beteiligten. An einem weiteren beschränkten Wettbewerb 1907 beteiligte sich nur Jank. Im August 1907 erhielt er den Auftrag, die Wandflächen mit Bildern bis zum 1. Oktober 1908 auszufüllen. Die Bilder wurden tatsächlich in der vorgesehenen Frist vollendet. MICHAEL S. CULLEN (wie Anm. 65), S. 305.

67 MICHAEL S. CULLEN (wie Anm. 65) schreibt, S. 305, Anm. 47: „Leider wissen wir nicht, wie diese Gemälde im einzelnen ausgesehen haben. Abbildungen sind meines Wissens nicht erhalten. Eine Anfrage an die Kunstbibliothek der Staatlichen Museen Preußischer Kulturbesitz in Berlin hatte ebenfalls kein anderes Ergebnis".

68 *Die Kunst für Alle*, 23. Jg., München 1908, S. 24, hier heißt es: „Die Gemälde Angelo Janks für den Plenarsaal des Deutschen Reichstagsgebäudes gehen der Vollendung entgegen".

69 In Auszügen abgedruckt bei MICHAEL S. CULLEN (wie Anm. 65), S. 305 f.: Die Bilder hätten „keine freudigen Gefühle ausgelöst", das Hauptgemälde zeige „von der Siegesstimmung an diesem Tage nicht das Geringste. Die Figur des alten Kaisers wie der Kreis seiner Paladine ist nicht von jener inneren Hoheit getragen, die nach außen sich widerspiegeln muß ... ein düsterer Himmel hängt drohend herab. Die Mäntel der Soldaten und der Mantel des Kaisers, dessen Kragen, welcher an Winterwetter erinnert, sind absolut unhistorisch und kürzen so eine leicht erreichbar gewesene farbenfreudige Stimmung. Auffallend auf dem Gemälde ist die doppelte Windrichtung, die sich dadurch andeutet, daß die Fahnen von rechts nach links flattern, der Rauch des in der Mitte brennenden Gehöfts aber von links nach rechts weht ... Das linke Bein des links herbeilaufenden bayerischen Infanteristen ist direkt verzeichnet. Der Mann scheint mit diesem Bein in einen photographischen Entwickler geraten zu sein." Es handelt sich um das Pamphlet des Regensburger Bibliothekars und Reichstagsabgeordneten Dr. Maximilian Pfeiffer.

70 MICHAEL S. CULLEN (wie Anm. 65), S. 309; Hinweise auf die Verbannung der Gemälde Janks, in: *Die Kunst für Alle*, 26. Jg., München 1911. Unklar bleibt der Hinweis aus der gleichen Zeitschrift auf ein Gemälde Janks aus dem Reichstag, der nach Rom führt. In dem Bericht „Deutschland auf der Internationalen Kunstausstellung in Rom 1911" heißt es: „Im zweiten Saal fesseln die prächtigen Ochsenbilder Zügels und Angelo Janks Ulanen aus dem Reichstag", in: Die Kunst für Alle, 26. Jg., München 1911, S. 534.

71 *125 Jahre Bayerischer Kunstgewerbeverein*, Ausst. Katalog, München (1976), S. 437. Hier heißt es unter dem Stichwort „Angelo Jank": „Siegte 1905 in dem Wettbewerb für die Ausschmückung des Plenarsitzungssaals des Berliner Reichstagsgebäudes (Ausführung 1908 zusammen mit F. Attenhuber)".

72 MICHAEL S. CULLEN (wie Anm. 65), S. 285 ff. sowie Aufsatz vom gleichen Autor *Das Minenfeld des Geschmacks: des Künstlers perfide Politikerfalle Stucks Bild ‚Die Jagd nach dem Glück' im Reichstag Berlin 1899*, in: Franz von Stuck, 1863-1928, Ausst. Katalog, München 1982.

73 HANNO-WALTER KRUFT, *Die Arts-and-Crafts-Bewegung und der deutsche Jugendstil*, in: Gerhard Bott, Von Morris zum Bauhaus, Hanau 1977, S. 29.

74 HENRY VAN DE VELDE, *Geschichte meines Lebens*, München/Zürich 1986 (erweiterte Neuausgabe), S. 145.

75 Otto Eckmann, Henry van de Velde, Richard Riemerschmid u.a.

76 Zum Beispiel bei MARTHA DREESBACH, *Die Münchner Möbel-Werkstätten und ihre Entwerfer*, in: Die Zwanziger Jahre in München, Ausst. Katalog, hrsg. von Christoph Stölzl, München 1979, S. 167-175; *Richard Riemerschmid, Vom Jugendstil zum Werkbund, Werke und Dokumente*, hrsg. von WINFRIED NERDINGER, München 1982, S. 13-26.

77 Es gingen Corinth und Slevogt nach Berlin, ebenso Eckmann, Endell und Schmuz-Baudis, Pankok und Fischer nach Stuttgart, Behrens nach Darmstadt.

78 Katalog *Die Zwanziger Jahre in München* (wie Anm. 76), S. 480 ff.

79 Brief vom 26. Oktober 1959 der herzoglichen Verwaltung an Attenhubers Erben, Privatbesitz.

80 Zum Beispiel: *Die Kunstdenkmäler von Bayern*, 1895.

81 Zum Beispiel: Die Jugend, Kunst für Alle, Der Formenschatz, Das Kupferstichkabinett, Deutsche Kunst und Dekoration, Die christliche Kunst, Ornamentschatz, Zeitschrift des Kunstgewerbevereins München.

82 Die Familien- und Geschäftschronik der Firma Lehman Bernheimer, erschienen in München 1950, berichtet auf S. 101: „Herzog Luitpold von Bayern kaufte sich seine Einrichtung bei Bernheimer. Nach dem Krieg wechselte er seine Geschmacksrichtung und baute sich am Tegernsee ein hypermodernes Schlößchen, das er sich entsprechend einrichtete. Seine früher erworbenen Wertobjekte übernahmen wir später wieder von ihm".

83 Wohnhaus und Galerie, 1909/10 und 1912/13 als Jugendstilbau errichtet. Innenausstattung auch durch den Scholle-Maler Fritz Erler. Heute Lessingstraße 2.

84 Graf Törring hatte 1898 Luitpolds Cousine Sophie geheiratet, eine Tochter von Herzog Karl Theodor. Der Graf stand der künstlerischen Aufbruchsbewegung seiner Zeit aufgeschlossen gegenüber. Im konservativen Reichsrat nahm er die Münchner Secession wiederholt in Schutz. Vgl. AXEL SCHNORBUS, *Wirtschaft und Gesellschaft in Bayern vor dem I. Weltkrieg*, in: Bayern im Umbruch, hrsg. von Karl Bosl, München/Wien 1969, S. 149.

85 Vgl. BENNO REIFENBERG, *Heinrich Wölfflin*, in: Die großen Deutschen, Deutsche Biographie, hrsg. von H. Heimpel, Theodor Heuss, Benno Reifenberg, Berlin 1956, S. 452.

86 Undatierte Notizen, vermutlich aus der Mitte der zwanziger Jahre.

87 Wölfflin notiert in einem Brief vom 10. März 1924: „Allgemeine Zufriedenheit über das Fest vom Sonntag ...etwa 50 Personen, und man blieb bis 3 Uhr ... Es klappte alles vollkommen. Auch den Prinzen Luitpold hatte ich eingeladen, und er kam so gern, daß er sogar eine beabsichtigte Reise um einen Tag verschob ...", in: HEINRICH WÖLFFLIN, *Autobiographie. Tagebücher und Briefe*, hrsg. von Joseph Gantner, Basel/Stuttgart 1982, S. 371.

88 Vom Standpunkt des heutigen kunstwissenschaftlichen Standards wird diese Dissertation als keine besonders wissenschaftliche, vor allem keine kritische Arbeit eingeschätzt. Der Herzog bietet sehr ausführliche Beschreibungen, dann aber wenig Aussagen zur Einordnung. Er behauptet beispielsweise, ein bestimmter Teppich stamme aus Bamberg, begründet das dann aber nicht. Sprachlich handelt es sich um einen trivialisierten Expressionismus.

89 „Daphne" im Speisezimmer, „Narziß und Echo" im Musikzimmer, beides großformatige Ölbilder.

90 Auskunft von Irmingard von Freyberg.

91 RICHARD HAMANN/JOST HERMAND, *Stilkunst um 1900*, Berlin 1967, S. 289.

92 HERMANN GLASER, *„Zu einem schimmernden Sinn verschmolzen". Lebensform im Zeichen des Jugendstils*, in: Peter Behrens und Nürnberg, Ausst. Katalog, München 1980, S. 20.

93 Ein charakteristisches Beispiel ist Heinrich Vogeler, der in seinem Werk das ästhetische Inseldasein und die aristokratische Gebärde im besonderen Maße widerspiegelt, jedoch während des Ersten Weltkrieges die Wendung zum radikalen Sozialismus vollzog. In seinen Erinnerungen heißt es, daß gerade seine Graphik dem Zeitgeist besonders entsprochen habe, einer uferlosen Romantik. Er bezeichnet sie als Flucht vor der häßlichen Wirklichkeit und gerade deswegen als so erfolgreich. Vgl. HERMANN GLASER (wie Anm. 92).

94 *Malerei nach Fotografie*, Ausst. Katalog, München 1970, darin vor allem Einleitung von J. A. SCHMOLL GEN. EISENWERTH sowie die Beispiele von Courbet, Franz von Lenbach, Max Slevogt, Max Liebermann, Franz von Stuck, Edvard Munch. Vom gleichen Autor: *Stuck und die Rolle der photographischen Bildnisstudie. Fotografie und Malerei. Zur doppelten Moral der normativen Ästhetik des 19. Jahrhunderts*, in: Katalog Franz von Stuck 1863-1928 (wie Anm. 72), S. 77 ff.

95 Vgl. dazu allgemein: KLAUS POHL (Hrsg.), *Ansichten der Ferne. Reisephotographie 1850 – heute*, Gießen 1983.

96 Attenhubers Atelier in der Mozartstraße lag sehr nahe bei der Theresienwiese.

97 Vgl. Inventar Schloß Ringberg, erstellt von der Autorin.

98 Das Hauptkontingent der Bilder befindet sich im Eigentum der Max-Planck-Gesellschaft und ist auf Schloß Ringberg untergebracht. Die Mehrzahl der Gemälde stammt aus dem „Nachlaß Attenhuber", über den nach dem Tod des Künstlers im Jahre 1947 die erbberechtigten Nachkommen – direkte gab es nicht – verfügen konnten.

99 Ein Teil der Leinwandbilder ist allerdings ebenfalls im Skizzenhaften und nicht Vollendeten überkommen.

100 Dazu gehören Hinweise aus den Herzog-Briefen, Aussagen des Sohnes des herzoglichen Kammerdieners, vor allem auch Photos.

101 Von rund 200 Bildern etwa 130 Frauendarstellungen.

102 Zuweilen der Tegernsee, häufiger der Chiemsee.

103 Die biblischen und mythologischen Themen sind dem Maler durchaus vertraut, wie sich an den Skizzenbüchern und am Spätwerk ablesen läßt.

104 Darstellung des Florian Geyer.

105 Darstellung des hl. Georg.

106 Zuweilen ist in diesen Gemälden Attenhubers Atelier in der Mozartstraße als realer Bildraum identifizierbar.

107 Es existieren als photographisches Vermächtnis von Attenhuber über 800 Negativglasplatten (Format 6 x 4,5 cm). Sie wurden durch die Verfasserin im Atelier des Wohnturms gefunden und sichergestellt; vgl. Anm. 5.
108 Die Tradition von Aktphotographien für den Künstlerbedarf geht auf die Mitte des 19. Jahrhunderts zurück. Vgl. dazu: J. A. SCHMOLL GEN. EISENWERTH, *Stuck und die Rolle der fotografischen Bildnisstudie*, in: Katalog Franz von Stuck 1863-1928 (wie Anm. 72), S. 78; ebenso: JO-ANNE BIRNIE DANZKER/ULRICH POHLMANN/J. A. SCHMOLL GEN. EISENWERTH, *Franz von Stuck und die Photographie*, München 1996.
109 Vgl. dazu J A. SCHMOLL GEN. EISENWERTH über Edvard Munch in: *Malerei nach Fotografie,* Ausst. Katalog, München 1970, S. 130.
110 HEINZ GEBHARDT, *Königlich bayerische Photographie 1838-1918,* München 1978, S. 293 f.
111 Hinweis darauf könnte ein Photo von Luitpolds Großmutter sein, der im Jahre 1907 verstorbenen Clementine von Sachsen-Coburg.
112 Abbildung bei J. A. SCHMOLL GEN. EISENWERTH, *„Akademien". Fotografische Studien des nackten Körpers von Künstlern für Künstler*, in: Das Aktfoto, Ausst. Katalog, München 1985, S. 96.
113 Erhalten sind über 20 Zeichenmappen und über 30 Skizzenbücher; diese Arbeiten hat der Herzog für den „Nachlaß Attenhuber" nicht freigegeben, wohl auch in der Absicht, Teile davon für weitere Ausstattungen des Schlosses als Vorlage zu verwenden. Die Hinterlassenschaft ist fragmentarisch, da nachweislich Arbeiten, die nicht bedeutend genug erschienen, vernichtet worden sind. Die Mappen sind zum Teil durch Herzog Luitpold beschriftet.
114 Angewandt sind verschiedene Techniken: Bleistift, Kohle, Pastell, Tempera, farbige Kreide, weiße Kreide.
115 Nach dem Tod Attenhubers wurde in den sechziger Jahren nach seinen Entwürfen das Sommerhaus mit dem Thema „Europa und der Stier" gestaltet.
116 Mappe beschriftet „Früher Attenhuber".
117 Der Herzog wachte eifersüchtig darüber, daß Attenhuber außer seinen keine Aufträge annahm. Vermutlich sind trotzdem vereinzelt Bilder in die Hände dritter Personen gelangt.
118 Ein Atelier befindet sich im Treppenturm des Hauptbaus, ein zweites im 1. OG des Wohnturms.
119 Der Planbestand Schloß Ringberg, der nur zum geringsten Teil aus Ausführungsplänen besteht, umfaßt über 1000 Plannummern.
120 Ein Inventar über die Ausstattung des Originalbaus in seinen zwei Geschossen wurde durch die Verfasserin erstellt.

121 Die problematische Lage der Münchner Künstler in der Vorkriegszeit charakterisiert WINFRIED NERDINGER: „Die Vergreisung" der Münchner Kunst, das „Gräberfeld München" mit drei bis viertausend Künstlern, deren wirtschaftliche Lage sich zunehmend verschlechterte, wurde in den Jahren vor dem „Weltkrieg immer offensichtlicher". DERS., *Die „Kunststadt" München*, in: Katalog Die Zwanziger Jahre in München (wie Anm. 76), S. 97.
122 Am 15. Februar 1921, Schloß Biederstein.
123 Am 12. März 1921 folgte ein Nachsatz: „Im Anschluß an meinen letzten diesbezüglichen Brief erkläre ich ausdrücklich, daß Ihre Mitbeteiligung am Verkaufspreis des Ringberg-Schlosses so aufzufassen ist, daß ich zu diesem Verkauf bereit bin, sobald ich Ihren Wünschen nicht mehr entsprechend in jährlichen Raten nachkommen kann." Am 7. Januar 1944 teilte ihm die herzogliche Verwaltung mit, die Zusage vom 15. Februar 1921 binde den Herzog nicht, da Schloß Ringberg nicht verkauft werde und der Brief nur eine unverbindliche Ankündigung oder Meinungsäußerung des Herzogs sei, da der angekündigte Vertrag nicht abgeschlossen wurde. Auf die Zusage hatte sich Attenhuber aber immer fest verlassen: „Habe in dem 10 %-Schreiben vom Verkauf des Schlosses eine Wertangabe für meine Arbeit erblickt und damit die Aussicht, daß mir zum Ende auch ein Verdienst zukommt. Das hat mich aushalten lassen" (Undatierte Notiz).
124 Weiter schreibt er: „Unterkunft, Arbeitsraum und Naturalien für Verköstigung (Selbstzubereitung) sind die lebenserhaltenden Einkünfte des Unterzeichneten, Arbeitsergebnisse muß er dafür abliefern. Versicherungen, Krankenkassenbeiträge werden für den Unterzeichneten keine bezahlt. Das sind die Lebensbedingungen eines alten Malers".
125 Gerd Wolff, ein Freund des Herzogs, berichtet in einem Brief vom 27. Mai 1942, daß sich im Turm die frühen Bilder stapelten – der spätere Nachlaß, der sich nunmehr wieder zum größten Teil im Schloß befindet; eine Auftragsarbeit für Wolff unterband der Herzog.
126 Berichtet wird, der Herzog habe gegenüber einem Handwerker eine Ausstellung der Werke Attenhubers abgelehnt mit den Worten: „Um Himmels Willen, dann wird er ja bekannt".
127 Seine „Modelle" schnitt er sich zum Teil aus Zeitschriften aus.
128 Attenhuber war Mitstudent von Karl Schmoll von Eisenwerth, wie sich bei der Katalogisierung des Gesamtwerks dieses Jugendstilkünstlers erst herausstellte. CLEMENTINE SCHACK VON WITTENAU, *Karl Schmoll von Eisenwerth*, Stuttgart 1995, S.33.

ABBILDUNGSNACHWEIS

BAYERISCHES LANDESAMT FÜR DENKMALPFLEGE, MÜNCHEN, Photoarchiv (alle Aufn. Eberhard Lantz): *Abb. 3, 5-8, 10, 14-16, 21, 22*; Abt. Luftbildarchäologie (Aufn. Otto Braasch): *Abb. 1* (8336/002; SW 2927-29; 20.04.85)
MAX-PLANCK-GESELLSCHAFT ZUR FÖRDERUNG DER WISSENSCHAFTEN E. V., ARCHIV SCHLOSS RINGBERG: *Abb. 2, 4, 9, 11, 12, 17-19*
MUSEUM VILLA STUCK, MÜNCHEN: *Abb. 13*
PRIVATBESITZ: *Abb. 20*

Lothar Schätzl und Gabriele Schickel[1]

Das „Deutsche Jagdmuseum" des Christian Weber im Schloss Nymphenburg

Zur Baugeschichte des Schlosses im Dritten Reich

Man stelle sich folgende Zeitungsmeldung vor: „Herr Stadtrat N. N. fordert als Vorsitzender des „Vereins zur Gründung eines Deutschen Jagdmuseums" die unentgeltliche Überlassung des Schlosses Nymphenburg samt Schloßpark als Eigentum zur Errichtung eines Jagdmuseums, einer Forschungs- und Lehrstätte für Jagdkunde mit 12 Lehrstühlen und eines Wildgeheges im Schloßpark." – Man hielte diese Mitteilung für eine Zeitungsente oder einen Aprilscherz.

Dennoch hätte es im Mai 1935 eine solche oder ähnliche Zeitungsmeldung geben können. Denn in jenem Jahr erhob der Münchner Stadtrat Christian Weber, Mitglied der NSDAP, Anspruch auf die gesamte Schloßanlage Nymphenburg, die seit 1664 von bedeutenden Baumeistern und Künstlern zu einem Monument von europäischem Rang ausgebaut und ausgestattet worden war, um hier eine riesige museale Spezialschau zur Jagd und von Jagdtrophäen aller Art zu präsentieren. Und es gelang dem Parteikarrieristen unter Umgehung bzw. Nichtachtung aller gegen sein Vorhaben gerichteten Widerstände, seine ab 1934 entwickelten Ideen bis zum Ende des Zweiten Weltkrieges zumindest teilweise durchzusetzen und

Abb. 1. Schloß Nymphenburg von Osten gesehen, Luftbild vom 6. August 1937; in der Mitte das Hauptschloß, rechts der Nordflügel mit Orangeriebau und Klosterbauten, vor dem Orangeriebau die Baustelleneinrichtung für den Umbau zum „Deutschen Jagdmuseum"

zu realisieren, so daß das Ergebnis seines Wirkens zu einem Teil der Geschichte von Schloß Nymphenburg geworden und – wenngleich nicht auf den ersten Blick offenkundig – so doch auch heute noch erlebbar ist.

Zahlreiche Akten, Pläne und Photographien in den Münchner Archiven[2] sowie einige Veröffentlichungen in der damaligen Tagespresse und in einschlägigen Zeitschriften und nicht zuletzt die seinerzeit veränderten bzw. neu errichteten Gebäude dokumentieren die kuriose Entstehungsgeschichte und die weitere Entwicklung des ehem. „Deutschen Jagdmuseums" im Schloß Nymphenburg.

Erste Pläne zu einem „Deutschen Jagdmuseum" in München

Hauptakteur und Gründer des Vereins „Deutsches Jagdmuseum e. V." war der am 25. August 1883 in Polsingen im heutigen mittelfränkischen Landkreis Weißenburg-Gunzenhausen geborene Christian Weber, der am 9. November 1923 beim Marsch auf die Münchner Feldherrnhalle mitgemacht und mit Adolf Hitler 1923/24 die Festungshaft in Landsberg am Lech geteilt hatte. Dies hatte ihm Hitlers persönliche Duzfreundschaft eingebracht, eine „Auszeichnung", die ihm a priori Einfluß und Bedeutung und später eine unglaubliche, wenn auch nur regional begrenzte Macht verlieh. Im übrigen zeichnete sich der als vulgär bekannte frühere Pferdeknecht und Viehhändler, der einst auch „Hausdiener einer kleinen Wirtschaft"[3] gewesen sein soll, hauptsächlich durch seine Brutalität, Skrupellosigkeit und Korruptheit aus. In rund 150 Fällen stand er vor 1933 wegen Körperverletzung und Raub im Zusammenhang mit nationalsozialistischen Aktionen vor Gericht.

Über seine engen persönlichen Beziehungen zu Hitler als Alt-Parteigenosse und „Alter Kämpfer" avancierte Weber nach der Machtergreifung in München, der „Hauptstadt der Bewegung", zum bedeutenden Amtsträger, wurde Stadtrat, Fraktionsvorsitzender der NSDAP und Kreistagspräsident von Oberbayern, auch war er u. a. Mitglied des Reichsverkehrsrates und des Deutschen Gemeindetages. Er kontrollierte u. a. das Benzinmonopol und die städtischen Omnibus- und Straßenbahnlinien. Zudem gründete er zahlreiche gemeinnützige Vereine und übernahm deren Vorsitz, um auch auf diese Weise breiten Einfluß zu gewinnen. Hierbei zeigte Weber einen aus seiner Herkunft verständlichen und durch seinen Militärdienst als Freiwilliger bei der Eskadron der Jäger zu Pferde in Nürnberg (1901-1904) gestärkten Hang zu Pferden. Darüber hinaus aber hegte er eine besondere Leidenschaft für die Jagd. Als Vorsitzender der Vereine „Ausstellungspark" und „Deutsches Jagdmuseum" kontrollierte Weber bedeutende Besitzungen, mit dem „Rennverein München-Riem" und dem 1936 gegründeten Pferderennverein „Das Braune Band von Deutschland" leitete er ein Pferdesportimperium, das ihm den Zugriff auf zahlreiche Gestütshöfe mit zugehörigen Ländereien rund um München, so in Riem, Dornach, Leutstetten, Percha, Wangen, Daglfing u. a. ermöglichte.[4] Mit Titeln und Funktionen allein begnügte sich der bauernschlaue Christian Weber (Abb. 2) allerdings nicht. So baute er z. B. auch ein florierendes privates Reise- und Fuhrunternehmen auf. Ganz offensichtlich verstand er es,

Abb. 2. Präsident Christian Weber, Karikatur von 1938

durch vielfältige Aktivitäten seine öffentlichen und ehrenamtlichen Funktionen für die Schaffung eines Millionenvermögens zu nutzen.

Trotz seiner wirtschaftlichen „Erfolge" offenbarte Weber wie viele Emporkömmlinge einen Legitimationszwang, der ihn auch die Nähe hochgestellter und adeliger Kreise suchen ließ. So posierte er bereits 1933 auf einer Photographie in der Fachzeitschrift „Der Deutsche Jäger" als Mitglied im Preisgericht der Bayerischen Jagdausstellung neben dem Erbprinzen Albrecht von Bayern und dem Grafen von und zu Sandizell.[5] Als er 1936 als Vereinspräsident das Galopprennen „Das Braune Band von Deutschland" ausrichtete, konnte er sich in der Gegenwart der Könige von Ägypten, Belgien, Jugoslawien, Norwegen, Schweden und Spanien in Szene setzen. Seine private Adresse war übrigens die Münchener Residenz, wenngleich er dort lediglich zwei einfache, dunkle Zimmer am Kaiserhof bewohnte.[6]

Mit seinem Plan zur Einrichtung eines Jagdmuseums in großem Stil trat Christian Weber erstmals in einer Stadtratssitzung vom 26. April 1934 an die Öffentlichkeit und brachte damit München als Standort einer solchen Institution ein, noch ehe Reichsinnenminister Hermann Göring im Mai des gleichen Jahres in Berlin die „Erste deutsche Jagdausstellung im Zeichen des 3. Reiches"[7] eröffnete. Um seiner Idee Nachdruck zu verleihen, gründete Weber zudem im gleichen Jahr den Verein „Deutsches Jagdmuseum e. V. – Forschungs- und

Lehrstätte für Jagdkunde" und ließ diesen von der Stadt München mit einem Baugrund, einer halben Million Reichsmark als Bauzuschuß und mit einem jährlichen Etat von 60.000 Reichsmark ausstatten.[8] Aufgabe des Jagdmuseums sollte es der Vereinssatzung nach sein, „die Hege und Pflege gesunder, kräftiger und den Erfordernissen der Bodenkultur angepaßter bodenständiger Wildbestände sowie die waidgerechte Jagdausübung zu fördern und überhaupt das Verständnis und die Liebe für Wild und Jagd und damit zur Heimat und zur Natur zu wecken und zu pflegen."[9] Hinter dem Vorhaben stand jedoch noch ein ganz anderer – politischer – Aspekt. Es ging um die Rivalität zwischen München und Berlin. Weber befürchtete, daß München durch die Zentralisierung der Regierungsstellen in der Reichshauptstadt Berlin und den Abbau der Länderkompetenzen ideelle und wirkliche Verluste erleiden könnte und forderte daher, „wenn nach den Ansichten und Absichten des Führers München eine Kunststadt grossen Stils werden soll, so erscheint es doch klar, dass das zu errichtende Jagdmuseum unter den grossen Sehenswürdigkeiten Münchens eingereiht" werden müsse, zumal die Stadt „München mit dem bayerischen, bzw. deutschen Hochgebirge" eng verbunden sei.[10]

Die Münchner Stadtverwaltung handelte daher schnell und erwarb noch im gleichen Jahr die zum ehemaligen Prinz-Leopold-Palais gehörigen Grundstücke an der Leopoldstraße (heute Mensagelände der Münchener Universität) und räumte dem Verein „Deutsches Jagdmuseum e. V." auf diesen Grundstücken ein Erbbaurecht ein. Im August 1934 war im „Deutschen Jäger" zu lesen, daß in München an Stelle des Leopold-Palais ein Neubau mit 20.000 qm Nutzfläche für das „Deutsche Jagdmuseum" errichtet werde. Die Stadt habe für die Museumsausstattung bereits die Geweihsammlung des Grafen Maximilian von Arco-Zinneberg erworben, und die Wittelsbacher Erbprinzen Georg und Konrad von Bayern seien gewillt, für das neue Museum die berühmte Trophäensammlung ihres Vaters, des Prinzen Leopold von Bayern mit 2.000 Rothirschgeweihen, zahlreichen exotischen Gehörnen sowie sieben Jagdgobelins und die Jagdbibliothek von etwa 200 Bänden aus dem Leopold-Palais zu stiften.[11] Den jährlichen Zuschuß der Stadt München wolle man für den Ankauf der Jagdwaffensammlung des Armeemuseums in München – besonders für die Bestände aus der ehemaligen Residenzgewehrkammer – verwenden.[12]

Mit diesen Aktivitäten mußten Weber und sein Verein einem anderen großen „Jagdfreund" der Partei zwangsläufig „ins Gehege" kommen. Denn bereits am 3. Juli 1934 hatte Reichsminister Hermann Göring mit dem Reichsjagdgesetz die Zentralisierung der jagdlichen Belange eingeleitet und damit das gesamte Jagdwesen des Deutschen Reiches seiner Kompetenz als „Reichsjägermeister" unterstellt. Stadtrat Christian Weber hatte Göring zwar die Schirmherrschaft über das geplante Münchner Museum angetragen, ihn dann aber absichtlich nicht mehr über den Fortgang des Projektes informiert, so daß Göring erst im Nachhinein von der offiziellen Museumsgründung in München erfuhr. Über dieses eigenmächtige Handeln empört, legte der Reichsminister daraufhin am 11. November 1934 telegraphisch bei Weber und dem Münchner Oberbürgermeister Reichsleiter Karl Fiehler heftigen Protest dagegen ein, daß ein „Deutsches Jagdmuseum" ohne sein Wissen und ohne seine Genehmigung gegründet worden sei und daß dessen Satzungen obendrein im offenen Gegensatz zum Reichsjagdgesetz stünden. Fiehler versuchte zu beschwichtigen, Göring belehrte ihn jedoch in einem Brief über seine Kompetenzen als Reichsjägermeister und gab zu verstehen, daß er als höchste Reichsstelle für Jagdangelegenheiten „stets die Mittel hätte, [seinen] Willen durchzusetzen ..." Am Schluß des Briefes jedoch lenkte er ein, wohl wissend um die privilegierte Stellung, die Weber im Dunstkreis des „Führers" einnahm, und teilte mit, daß es ihm nur um die Wahrnehmung seiner Rechte in diesem Präzedenzfall gehe, er aber den Münchner Plan weder zerschlagen noch Weber angreifen wolle.[13] Wenige Tage später nahm Göring aufgrund einer Aussprache mit Weber seine Einwände fürs erste zurück. Die Rivalität zwischen beiden war damit jedoch keineswegs beendet. Denn Göring zog sofort, nachdem er von der Münchner Vereinsgründung erfahren hatte, ein Konkurrenzunternehmen in Berlin auf und behauptete, die Vorbereitungen dazu seien bereits seit Monaten im Gange gewesen. Auch errichtete er ein eigenes kostspieliges Jagdimperium im Naturschutzgebiet Schorfheide am Werbellinsee nördlich von Berlin.[14] Der Reichsforst- und Reichsjägermeister glänzte zudem bei der Eröffnung der Berliner Reichsjagdausstellung von 1936 und der ebenfalls in Berlin abgehaltenen Internationalen Jagdausstellung von 1937, der „gewaltigsten jagdlichen Schau aller Zeiten"[15]. Auch untermauerte er seinen Kompetenzbereich ideologisch, indem er in seiner Eigenschaft als Beauftragter für den Vierjahresplan immer wieder die volkswirtschaftliche Bedeutung der Jagd im Hinblick auf die Nahrungs- und Rohstoff-Freiheit Deutschlands hervorhob. Gleichzeitig ging Göring in seinem „masslosen Neid" weiterhin gegen Webers Jagdmuseum in München vor und verbot Ende April 1937 jede Presseveröffentlichung über den Münchner Verein und seine Ziele; „das unglaublich schlechte Einvernehmen dieser beiden Männer" und die „Unstimmigkeiten, die sich oft bis zur Gehässigkeit steigern", prägen den zwischen Göring und Weber geführten Briefwechsel. Weber mußte zum einen befürchten, daß die Münchener Sammlung von Berlin geschluckt werden könnte, zumal dem damaligen Münchner Museumsdirektor Dr. Carl Saelzle verschiedentlich derartige Andeutungen zugetragen wurden.[16] Zum anderen führte Görings Feindschaft zunächst zum Verlust erwarteter Zuschüsse aus Berlin und zu Verzögerungen bei der Realisierung des Museums am Leopoldpark und in der Folge zu einschneidenden Umplanungen.

Gleichzeitig mit Görings Vorgehen gegen die Münchner Museumspläne im Jahr 1934 tauchte der Plan auf, im Leopoldpark für Hitler ein Wohnhaus zu errichten. Göring griff dies sogleich auf, um gegen das geplante Jagdmuseum im Prinz-Leopold-Palais zu opponieren, „weil ich weiss, dass ich damit den Führer in einem vorgefassten Plan behindern würde, und das werde ich niemals tun".[17] Auch Weber ließ sich angeblich vom „Führer" persönlich über dessen Pläne für den Leopoldpark informieren und zog erst unter dem Druck Hitlers seine dortigen Museumsplanungen zurück. Das von der Stadt bereits eingeräumte Erbbaurecht für das Museum mit 550.000 Reichsmark wurde daraufhin wieder abgelöst.

Der Zugriff auf Schloss Nymphenburg

Auf der Suche nach einem neuen Standort für sein Jagdmuseum trat der nunmehr mit dem Titel „Ratsherr der Hauptstadt der Bewegung" versehene Christian Weber am 6. Mai 1935 mit einer neuen Idee auf. Unter Berufung auf Hitler[18] richtete er ein Ersuchen an den Bayerischen Ministerpräsidenten und Finanzminister Ludwig Siebert, man möge „das Schloß Nymphenburg nebst dem Schloßpark und allen Zubehörungen dem „Deutschen Jagdmuseum" unentgeltlich zu Eigentum übertragen."[19] Später ergänzte er noch, daß das Schloß aufgrund seiner Größe die für die Unterbringung des Jagdmuseums erforderlichen Räume habe und für den beabsichtigten Zweck adaptiert werden könne, „ohne daß die Außenseite des Schlosses irgendwie in Mitleidenschaft gezogen werden müßte. Das Innere des Schlosses würde aber durch die Ausgestaltung zum Jagdmuseum sicherlich eine würdigere Verwendung erhalten als dies bisher der Fall war ..."[20] Weber forderte damit einen staatlichen Besitz, der im Mai 1935 durch das Bauamt der Bayerischen Verwaltung der staatlichen Schlösser, Gärten und Seen (ehem. Krongutverwaltung)[21] auf einen ungefähren Sachwert von 11 Millionen Reichsmark geschätzt wurde (Abb. 1).[22] Auch an der Umnutzung anderer einstiger Besitzungen der Krone für Parteizwecke – so Klenzes Reithalle auf dem Marstallgelände der Münchner Residenz sowie Schloß Schleißheim mit Schloß Lustheim – zeigte der umtriebige Christian Weber Interesse.[23]

Auf seine Initiative hin wurde im Juni 1935 eine Besichtigung von Schloß Nymphenburg anberaumt, an der u. a. Oberbürgermeister Karl Fiehler und Stadtbaurat Fritz Beblo sowie Vertreter des Finanzministeriums als Eigentümer der staatlichen Liegenschaft teilnahmen. Man kam dabei immerhin zu dem Schluß, daß der Mittelbereich der barocken Schloßanlage mit seinen künstlerisch hochwertig ausgestatteten Monumentalräumen und Raumfolgen für die geplante Museumsnutzung nicht in Frage käme, „daß an den Stilräumen zwar nichts geändert werden dürfe, daß man diese Räume aber sehr gut zu Repräsentationszwecken verwenden könne"[24]. Die äußeren südlichen und nördlichen Flügelbauten dagegen wurden für das Jagdmuseum prinzipiell als geeignet angesehen. Hinderlich für weitergehende Nutzungsüberlegungen war allerdings, daß es in den verschiedenen Schloßbereichen neben den zu erhaltenden räumlichen Ausstattungen und Kunstwerken auch noch die verschiedensten Einrichtungen der Schlösserverwaltung, darunter auch 120 vermietete Wohnungen gab. Zudem verfügte der Wittelsbacher Ausgleichsfonds als Verwalter des nach dem Ersten Weltkrieg beim Haus Wittelsbach verbliebenen ehemaligen Kronvermögens über ausgedehnte Wohnrechte im Schloß, und dem Orden der Englischen Fräulein war das Dauernutzungsrecht für einen Teil der Bauten des Nordflügels eingeräumt. Allein Weber sah darin keine Schwierigkeiten und erklärte bei der Besichtigung des Schlosses, daß er das Jagdmuseum in Etappen einrichten werde, so daß die Wohnungen nur allmählich freigemacht werden müßten, und der Wittelsbacher Ausgleichsfonds bereite keinerlei Schwierigkeiten (was allerdings später von dieser Seite dementiert wurde). „Auf einen Mietvertrag könne er sich jedoch nicht einlassen, weil das Museum in der Frage seiner Ausdehnung völlige Freiheit haben müsse"[25]. Zudem berief er sich selbstgewiß „wiederholt auf die Zustimmung des Führers", so daß der Eindruck entstand, „daß er die ganze Angelegenheit schon als entschieden betrachte"[26].

Die anschließenden Verhandlungen zwischen dem bayerischen Staat als Eigentümer von Schloß Nymphenburg – vertreten durch das Finanzministerium bzw. durch Ministerpräsident Ludwig Siebert – und Christian Weber als Präsident des Vereins „Deutsches Jagdmuseum" gestalteten sich jedoch ebenso schwierig wie langwierig und drohten zeitweise fast zu scheitern. Überlegt wurde deshalb auch, einen Neubau für das Jagdmuseum im „Hirschgarten", einem von Kurfürst Carl Theodor um 1780 geschaffenen Wild- und Jagdgehege etwas südlich vom Schloß Nymphenburg, zu errichten, da dort ohne Rücksicht auf vorhandene Bausubstanz geplant werden konnte. Dieser neue Aspekt zerschlug sich jedoch, als das Gelände des Hirschgartens im Zuge des von Hitler proklamierten „Ausbaus der Hauptstadt der Bewegung" in die städtebaulichen Gestaltungspläne für einen neuen Hauptbahnhof samt Verkehrsanbindung an die projektierte Stuttgarter Autobahn einbezogen wurde.[27]

Für Weber waren diese Großplanungen um den neuen Hauptbahnhof im westlichen Stadtteil Laim und weitere Großprojekte zur Errichtung eines ausgedehnten Universitätskomplexes im Norden des Neuen Botanischen Gartens und damit des Nymphenburger Schloßparks[28] ein Grund zu weiterer Begeisterung, denn damit – so meinte er – lägen

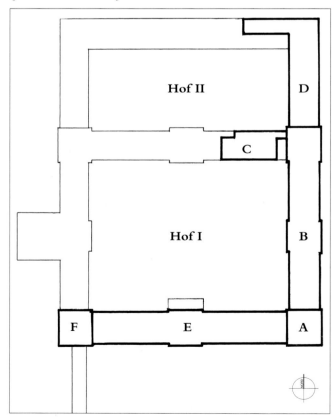

Abb. 3. Übersichtsplan des Nordflügels von Schloß Nymphenburg (Hof I und II) mit Johannis-Brunnhaus-Turm (A), Klosterbau-Osttrakt mit der Klosterkirche (B), Klosterbau-Nordtrakt (sog. „Kinderbau")(C), Klosterbau-Osttrakt (sog. Kapuzinerbau)(D) und Orangeriebau (E) mit Pater-Frank-Turm (F) sowie den späteren Bauteilen des 20. Jhs.

Abb. 4. Schloß Nymphenburg, Nordflügel mit Orangeriebau, Johannis-Brunnhaus-Turm und Klostertrakten von Südosten, Ausschnitt aus der Vedute von Bernardo Bellotto, gen. Canaletto, 1769

Nymphenburg und sein künftiges Jagdmuseum nicht mehr abseits von den großen Verkehrswegen, sondern würden in eines der Zentren der neu auszubauenden „Hauptstadt der Bewegung" rücken.

Aus dem umfangreichen Aktenmaterial zu den fast zweijährigen Verhandlungen vom Sommer 1935 bis Frühjahr 1937 ist ersichtlich, daß sich alle beteiligten staatlichen Stellen intensiv um einen Kompromiß bemühten, der einerseits Weber und seinen Verein zufriedenstellen und dennoch das Schloß Nymphenburg weitgehend unangetastet lassen sollte.[29] Mit zahlreichen Gutachten versuchten Staatsregierung und Schlösserverwaltung die kulturelle Bedeutung von Schloß Nymphenburg hervorzuheben, um einen möglichen größeren Schaden von ihm abzuwenden. Oberregierungsrat Rudolf Esterer, Leiter des Baureferats der Schlösserverwaltung, bemühte sich um so prominente Fürsprecher wie den Präsidenten der Akademie der Bildenden Künste, Professor Dr. German Bestelmeyer, und den Präsidenten der Reichskammer der Bildenden Künste, Professor Eugen Hönig, die sich für den schonenden Umgang mit dem Schloß einsetzen sollten.[30] Unterstützend wirkte auch die staatliche Denkmalpflege, die gegenüber der Schlösserverwaltung allerdings nur eine beratende Position einnehmen konnte. Auch der Landesverein für Heimatschutz meldete sich zu Wort.

Trotz dieser abwehrenden Phalanx aus Politikern und Fachleuten ließ sich Weber in seinem Vorhaben nicht im geringsten beirren und nahm erneut Kontakt zu Hitler auf, denn am 18. November 1935 teilte dessen Adjutant dem bayerischen Ministerpräsidenten Siebert mit, „daß der Führer mit der Verwendung von Schloß Nymphenburg zu einem Jagdmuseum einverstanden sei"[31].

Für den Pferdenarren Weber war das Schloß Nymphenburg mit seinen ausgedehnten historischen Parkanlagen inzwischen noch aus einem anderen Grund zu einem Schwerpunkt seiner Interessen geworden, denn schon 1936 hatte er begonnen, im Anschluß an die Rennveranstaltung um „Das Braune Band von Deutschland" im Schloßpark ausschweifend-schwülstige, historisch verbrämte Feste auszurichten, die auch in den folgenden Jahren bis 1939 stattfanden und als „Nacht der Amazonen" in bestimmter Weise von sich reden machten.[32]

Immerhin konnte man sich im Frühjahr 1937 nach erneutem Tauziehen nun darauf einigen, daß zunächst lediglich der sog. Orangeriebau im Nordflügel von Schloß Nymphenburg für das Jagdmuseum zur Verfügung gestellt wurde, womit sich Weber zunächst zufriedenzugeben schien.

Hier im Norden des Hauptschlosses hatte Hofbaumeister Joseph Effner (1687-1745) im Rahmen seines 1715/16 für Kurfürst Max Emanuel entwickelten Gesamtplanes zur Erweiterung der Nymphenburger Schloßanlage wie auch spiegelbildlich an entsprechender Stelle im Süden jeweils zwei hintereinander geschaltete umbaute Höfe für Nebennutzungen und Wirtschaftszwecke des Schlosses projektiert. Diese Hofareale waren von dem im Pavillonsystem errichteten Hauptschloß nach Norden und Süden deutlich abgesetzt und, gleichzeitig einen weiträumigen Cour d'honneur bildend, nach Osten vorgeschoben (s. Abb. 1). Von den beiden jeweils vierseitig umbaut gedachten Höfen im Norden konnten zur Zeit Effners allerdings nur wenige Bauteile realisiert werden. So hatte man von dem ersten, an den Schloßhof nördlich anschließenden Hofgeviert (s. Abb. 1, 3, 4, Hof I) lediglich den Ostflügel (B) mit dem „Johannis-Brunnhaus-Turm" (A) als südöstlichem Eckrisalit (für das Pumpwerk der Wasserkunst im Schloßrondell) und einen Abschnitt des Nordflügels (C) errichtet (später wurde dieser lediglich neunachsige Teilabschnitt des Nordflügels als „Kinderbau" bezeichnet).[33] Vom zweiten, äußeren Hof der Effner-Planung (Hof II), der sich in seiner Höhenentwicklung und architektonischen Gestalt den Bauten des ersten Hofes deutlich unterordnete, war lediglich der Ostflügel (D) erstellt worden. Diesen Bau, dazu den Ostflügel (B) des ersten Hofes und den sog. „Kinderbau" (C) überließ Kurfürst Max Emanuel 1716 zunächst dem Kapuzinerorden als Kloster. Von 1730 bis zur Säkularisation residierten hier sodann die Stiftsdamen der Luxemburger „Congrégation de Nôtre Dame de Sacre Cœur"; unter Kurfürst Karl Albrecht erhielten sie eine der Hl. Dreifaltigkeit geweihte Kirche, die Joseph Effner zwischen 1734 und 1739 als sechsachsigen Saal in den Klostertrakt einbaute. Der Sakralraum war mit seinem Hochaltar nach Süden orientiert, schmale Galerien begleiteten die Längsseiten im Obergeschoß, die vom Kloster genutzten Emporen waren an den Schmalseiten plaziert (s. Abb. 4, 7). Durch ihre Ausstattung, an der sich u. a. so hervorragende Künstler wie Johann Baptist Zimmermann (Stuck), Andreas Faistenberger und Johann Baptist Straub (Altäre, Bildwerke) sowie Giovanni Battista Tiepolo (Hochaltarbild) beteiligt hatten, zählte die Klosterkirche zu den bedeutendsten Raumschöpfungen des höfischen Rokoko in Bayern.[34] 1835 übergab König Ludwig I. Kloster und Klosterkirche dem Orden der Englischen Fräulein als Wohnung und Ort zur Führung einer Mädchenschule mit Internat.[35]

Erst unter Hofbaumeister Johann Baptist Gunetzrhainer wurde zwischen 1753 und 1758 der Orangeriebau (E) mit seinem westlichen Eckrisalit (dem sog. „Pater-Frank-Turm", F) an den „Johannis-Brunnhaus-Turm" angefügt. Weitere Ausbauarbeiten an den nördlichen Höfen wurden jedoch nicht mehr realisiert, und anstelle der noch fehlenden Bautrakte im Westen und Norden begrenzte man die Hofgevierte im 18. Jahrhundert lediglich mit hohen Mauern (s. Abb. 5).

ERSTER UMBAU DES ORANGERIEBAUS, 1937

Der Orangeriebau (E), den man Christian Weber für sein Jagdmuseum zur Verfügung gestellt hatte, begrenzt den Schloßhof des Nymphenburger Hauptschlosses auf seiner Nordseite (s. Abb. 1, 3, 4). Der mit Mittel- und Eckrisaliten gegliederte Trakt ist Teil einer umfangreichen, sich nach Norden ausdehnenden Hofbebauung, auf die sich die Aktivitäten der Museumsbetreiber auch im weiteren Verlauf des Geschehens konzentrierten.

Der Orangeriebau nahm im Erdgeschoß zu beiden Seiten der in den Mittelrisalit gelegten Tordurchfahrt jeweils lange Orangeriesäle von ca. 5,50 m Höhe mit umlaufenden profilierten Deckenstuckrahmen und einer hohen Rundbogenbefensterung nach Süden auf. Hinter den Sälen war auf der Nordseite – wie bei Gewächshäusern üblich – eine schmale, hier zweigeschossige Raumzone mit Heizgängen im Erdgeschoß sowie betrieblichen Funktions- und Nebenräumen im Obergeschoß untergebracht (s. Abb. 5). Im östlichen Teil des Obergeschosses, das über mehrere schlichte Treppenhäuser erschlossen war, hatte man Gästezimmer eingerichtet und in den Westteil den großen, gebäudebreiten und in neun Achsen auf beiden Längsseiten belichteten „Komödiensaal" gelegt. An den Saal, der im 18. Jahrhundert auch „Langer Saal" oder – wohl wegen der hier des öfteren veranstalteten Jagdgesellschaften – als „Hubertussaal" bezeichnet wurde, schloß sich im westlichen Eckrisalit, dem „Pater-Frank-Turm", ein von dem in Nymphenburg vielfach tätigen Hofmaler Joseph Adam Moelck mit Malereien ausgestattetes Kaffeezimmer an. Der Komödiensaal, an dessen Schmalseiten zwischen zwei Eingangstüren jeweils ein Kamin plaziert war, hatte eine relativ schlichte Grundausstattung. Eine in Brüstungshöhe umlaufende gefelderte Holzverkleidung trug wie die zweiflügeligen Türen, die Fensterrahmungen und die Innenläden ursprünglich eine in einem lichten Weißgrau gehaltene Fassung. Die Wandflächen jedoch waren im 18. Jahrhundert im Saal und auch im anschließenden Kaffeezimmer mit venezianischen Ledertapeten bespannt.[36] Als Kurfürst Max III. Joseph den „Steinernen Saal", den Hauptsaal von Schloß Nymphenburg im Mittelbau, im Jahr 1757 umgestalten ließ, diente der Komödien- oder Hubertussaal auch als Ausweichraum für die Feste des Hofes, später wurde er nur noch selten benutzt. Dennoch ließ König Max I. Joseph den Raum, der wegen eines Fehlers in der Dachwerkskonstruktion von Anfang an gefährdet war, im April 1810 samt Dachwerk instandsetzen und durch den Münchner Hofmaler Johann Harscher im Stil der Zeit neu ausmalen.[37] Seither hatte sich der Orangeriebau nicht mehr wesentlich verändert und im Zustand des 18. bzw. 19. Jahrhunderts erhalten, als Christian Weber ihn für sein „Deutsches Jagdmuseum" in Besitz nahm.

Die Zuständigkeiten für das im Frühjahr 1937 begonnene Museumsprojekt waren offiziell so geregelt, daß der Verein „Deutsches Jagdmuseum e. V." als Bauherr auftrat, während die Bayerische Verwaltung der staatlichen Schlösser, Gärten und Seen als eigentliche Hausherrin lediglich die Interessen des Landes Bayern an der Erhaltung des Schlosses Nymphenburg wahrzunehmen hatte und verpflichtet wurde, die Planvorlagen des Bauherrn zu überprüfen und die anschließende Bauausführung zu überwachen, was „im wesentlichen [nur] nach ihrer künstlerischen Seite hin" geschehen sollte. Die Beratung bei der Vergabe der Arbeiten und die Rechnungsprüfung übertrug man dem Hochbauamt der Stadt München.[38]

Für „Entwurf und künstlerische Leitung" des Projekts, für das im Endausbau etwa 13.000 qm Nutzfläche angesetzt waren, zog der Verein in der Anfangsphase – vermutlich auch aus Gründen der Kostenersparnis – das Bauamt der Schlösserverwaltung unter Leitung von Regierungsbaurat Otto Hertwig heran. Es hatte Projektskizzen und Entwürfe zu liefern, auf deren Grundlage die Bauunternehmung für Hoch-, Tief- und Eisenbetonbau Karl Stöhr, München, im April 1937 die Eingabepläne und Ausführungsunterlagen fertigte (Abb. 6, a, b).[39] Bei seinen Planungen war Hertwig in denkmalpflegerischem Sinne darum bemüht, die historische Bausubstanz so weit als möglich zu schonen. Für den ersten Bauabschnitt, der wegen noch spärlich fließender Geldmittel zunächst einen nur sehr bescheidenen und provisorischen Charakter haben konnte, sah man vor, die größeren Orangeriesäle im Erdgeschoß ohne großen Aufwand als Ausstellungsräume für das Museum zu adaptieren. Auch den Hubertussaal im Obergeschoß wollte man baulich weitgehend unverändert übernehmen und weiterhin als Saal für Veranstaltungen, aber auch als Museumsraum nutzen. Da Christian Weber wegen der historischen Saalausstattung (s. o.) mögliche Einschränkungen für seinen Museumsausbau fürchtete, forderte er das staatliche Denkmalamt über Ministerialrat Friedrich Gablonsky (Innenministerium – Oberste Baubehörde) auf, den Denkmalschutz für die noch vorhandenen Ausstattungen aufzuheben.[40]

Die Wohnungen im Obergeschoß der Orangerie sollten durch Herausnahme von Wänden in Museumsräume verwandelt werden. Stärkere Eingriffe waren nur im Mittelrisalit notwendig, da hier eine angemessene Eingangssituation für das Museum geschaffen werden mußte. Hierfür plante Hertwig anstelle der vorhandenen Hofdurchfahrt im Erdgeschoß eine geräumige dreiachsige Eingangshalle mit Windfang ein. Über der Halle sollte im Obergeschoß ein Vestibül als Vorraum für den Hubertussaal entstehen, den man mit einem neuen repräsentativen Mittelzugang erschließen wollte. Mit seinen Planungen versuchte Hertwig offenbar auch, den von Christian Weber schon von Anfang an beabsichtigten Übergriff auf den Klostertrakt (B) mit der bedeutenden Klosterkirche baulich zu unterbinden oder zumindest zu erschweren und ordnete daher im Obergeschoß des Johannis-Brunnhaus-Turms (A) als trennendes Element vorsorglich Verwaltungsräume für das Museum an. Im übrigen hoffte er, Schaden vom Klostertrakt abwenden zu können, indem er eine hofbildende Museumserweiterung im Sinne des ursprünglichen Gesamtentwurfs von Joseph Effner favorisierte

Abb. 5. Ausschnitt aus einem Gesamtplan zu Schloß Nymphenburg um 1800; Grundrisse des Nordflügels mit Orangeriebau und Klosterbauten; a. Erdgeschoß, b. Obergeschoß (M = 1:1000)

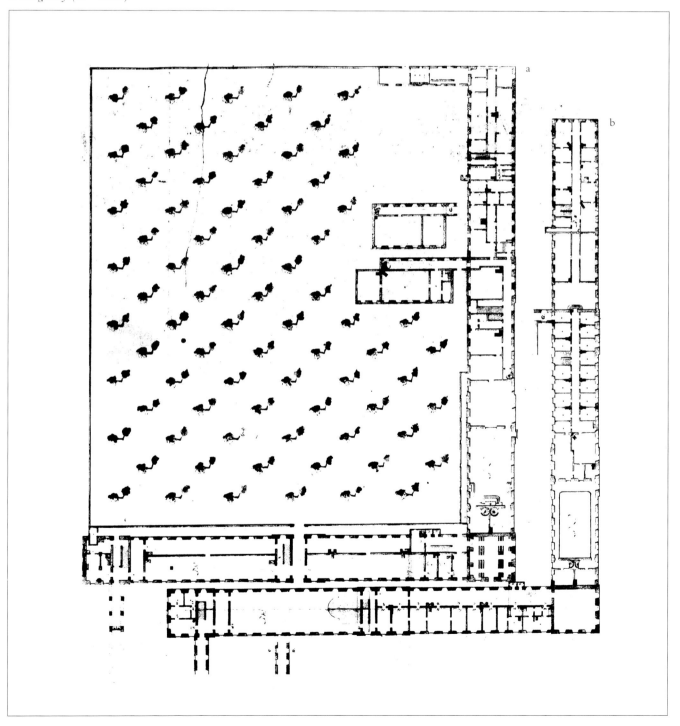

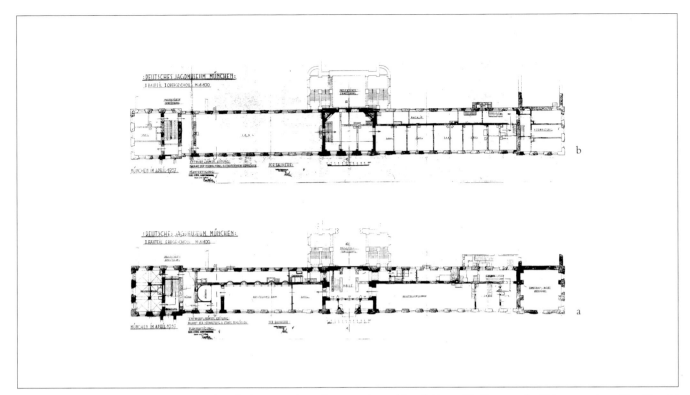

Abb. 6. Eingabepläne zum Umbau des Orangeriebaus für das „Deutsche Jagdmuseum" (Bauteil I) nach Entwurf des Bauamtes der Schlösserverwaltung (Otto Hertwig) vom April 1937; a. Erdgeschoß, b. Obergeschoß. – Im Hof dargestellt die projektierte große Treppenanlage zu einem zukünftigen Festsaal

und für den nächsten Bauabschnitt die Errichtung eines Neubaus auf der noch unbebauten Westseite des ersten Hofes befürwortete.[41]

Der Eingabeplan macht andererseits aber auch deutlich, daß die Museumsplanungen vom Frühjahr 1937 bereits im Ansatz weit über eine vergleichsweise zurückhaltende Umgestaltung und Ergänzung des Bestandes im Sinne des 18. Jahrhunderts hinausgingen. Denn auf der nördlichen, zum Innenhof gerichteten Seite des Mittelrisalits sind bereits die baulichen Anschlüsse für eine monumentale zweiläufige Treppenanlage dargestellt, die zusammen mit einem für später geplanten freistehenden Festsaalgebäude in der Achse des Mittelrisalits in den Hofraum hineingeschoben werden sollte.[42] Bezeichnend für das beschleunigte Vorgehen, mit dem Weber in Nymphenburg möglichst rasch Fakten schaffen wollte, ist es auch, daß der beschriebene Eingabeplan in den April 1937 datiert, während die Umbauarbeiten in der Orangerie bereits im März 1937 begonnen hatten und bis zum Herbst des Jahres zu einem großen Teil ausgeführt waren.[43]

Bis 1945 war der Orangeriebau der einzige offiziell für das Deutsche Jagdmuseum zur Verfügung gestellte Teil des Schlosses. Doch kam hierfür nie ein rechtlich gültiger Mietvertrag zustande. Christian Weber zögerte den Vertragsabschluß immer wieder hinaus, um – wie er sich ausdrückte – für sein Museum stets „vollständige Ellenbogenfreiheit beim Aufbau und bei der Ausgestaltung zu haben ..."[44] und seine immer expansiver werdenden Museumspläne unbehelligt und eigenmächtig durchsetzen zu können. – Das Webersche Jagdmuseum entstand somit auf fremdem Grund und in fremden Räumen.

Übergriff auf den Klostertrakt, Profanierung und Umbau der Klosterkirche zur Hl. Dreifaltigkeit, 1937/1938

Schon bevor die Bauarbeiten am Orangeriebau begonnen hatten, war deutlich geworden, daß Christian Weber seine Absicht, etwas „Großes zu schaffen", unbeirrt verfolgte. So hatte er von Anfang an den festen Willen, auch den angrenzenden Klosterbereich des Schlosses in sein Museum einzubeziehen.[45] Bereits am 1. Februar 1937 hatte er daher den Englischen Fräulein und ihrer Internatsschule die Räumung angekündigt; am 20. Oktober 1937 drohte er in rüdem Ton mit deren Zwangsvollstreckung zum 1. November: „Ich werde ... die Türen und Mauern abbrechen lassen, auch wenn Sie das Gebäude noch bewohnen. Sie haben Zeit genug gehabt, sich umzustellen und umzuziehen, und ich sehe Ihr Verhalten als eine Sabotage unseres Aufbauwerks an. Jede weitere Verhandlung in dieser Angelegenheit lehne ich rundweg ab."[46]

Zwar wurde Webers Räumungsansinnen durch das für den klösterlichen Schulbetrieb allein zuständige Kultusministerium nicht unterstützt, jedoch hatten die Englischen Fräulein im Grunde genommen von Anfang an keine Chance, sich dem gewaltsamen Zugriff Webers zu widersetzen. Noch im Frühjahr 1937 mußten die Klosterfrauen ihr Internat schließen, „weil sich Schwierigkeiten mit dem Bund Deutscher Mädel ergeben hatten"[47]. Auch die Appelle staatlicher und kirchlicher Institutionen zur Schonung und Erhaltung wenigstens der Klosterkirche als herausragendem Kunstdenkmal und als Gotteshaus (Abb. 7) waren vergeblich. So wandte sich das Landesamt für Denkmalpflege, vertreten durch seinen Direktor Dr. Georg Lill, aus Sorge um den Erhalt der Kirche an das Kultusministerium, bewirkte jedoch nichts damit.[48] Am 4. November 1937 ließ Weber unter dem Vorwand, daß der Klostertrakt entfeuchtet werden müsse, zunächst den südlich an die Kirche anschließenden Nonnenchor ausräumen.[49] Am 10. November war bereits der gesamte Bau mit Ausnahme der Kirche ausgeräumt, und Weber schritt nun endgültig zur Inbesitznahme auch des Kirchenraumes. Er teilte mit, er habe hierfür die Zustimmung von Reichsstatthalter Franz Xaver Ritter von Epp und auch von Ministerpräsident Siebert.[50] Damit schien Weber jedoch zu weit gegangen zu sein, denn Epp dementierte, indem er sich u. a. auf eine gegen Weber gerichtete Äußerung des Reichsaußenministers Freiherr von Neurath bezog: „... jedenfalls darf aus der Sache kein Konkordatsfall werden. Das geht denn doch nicht an, daß Sie mit der Spitzhacke in die Kirche dringen"[51]. Auch die Öffentlichkeit wurde durch „verschiedene Organe der Auslandspresse ... davon in Kenntnis [gesetzt], dass die zum Institut der Englischen Fräulein zu Nymphenburg gehörige Kapelle zwecks Abbruch geräumt werden müsse"[52].

Der zuständige Vertreter des Kultusministeriums, Staatssekretär Dr. Boepple, hatte für den Kirchenraum zunächst Polizeischutz angefordert,[53] doch schon am 30. November räumte das Kultusministerium ein, daß aufgrund der rechtlichen Situation den Englischen Fräulein die Benützung des Schlosses (und damit auch der Kirche) jederzeit entzogen werden könne.[54]

Auch von kirchlicher Seite kamen nun vehemente Proteste. So setzte sich der frühere Päpstliche Nuntius in München und Berlin, Kardinalstaatssekretär Eugenio Pacelli (später Papst Pius XII.) gegenüber dem Auswärtigen Amt in Berlin unter Hinweis auf das 1933 geschlossene Reichskonkordat nachdrücklich für die Erhaltung der Kirche ein. In einem Telegramm an Reichsstatthalter Ritter von Epp prangerte zudem der Münchner Erzbischof Dr. Michael Kardinal Faulhaber die Zerstörung der Kirche als einen „Weltskandal für unseren guten deutschen Namen" an.[55] Allerdings öffnete man kirchlicherseits (wohl auch in Kenntnis der eigenen Ohnmacht) zugleich eine Hintertür. Der Kardinal ließ wissen, daß das erzbischöfliche Ordinariat die Profanierung nur vollziehen werde, wenn der Staat als Gegenleistung die ehemalige Jesui-

Abb. 7. Blick zum Hochaltar der 1739 geweihten Klosterkirche zur Hl. Dreifaltigkeit im Schloß Nymphenburg mit Hochaltargemälde von Giovanni Battista Tiepolo und Altarfiguren von Johann Baptist Straub (Aufn. vor der Profanierung von 1937)

tenkirche St. Michael in der Kaufingerstraße an die Gesamtkirchengemeinde München veräußern würde, wofür ein Kaufpreis von einer halben Million Reichsmark offeriert wurde.[56] In einem späteren Schreiben bot Kardinal Faulhaber die Auflassung der Nymphenburger Klosterkirche gegen eine Ersatzkirche an.[57]

Nach langwierigen Verhandlungen stimmte die kirchliche Seite am 22. April 1938 zu, daß die von Weber vorgesehene „Entfeuchtung" der Nymphenburger Klosterkirche durchgeführt und die Grüfte verlegt werden dürften. Weber ließ die Kirche vollständig ausräumen, um hier nach der vorgesehenen Sanierung im Erdgeschoß seine Bibliothek für Jagdliteratur einzurichten. Die seitlichen Emporen des Obergeschosses sollten als Durchgang für die Besucher des Jagdmuseums auf ihrem Museumsrundgang dienen. Photographien belegen, daß im Saalraum bereits Anfang Juni 1938 Bauarbeiten stattfanden.[58] Die Umfassungsmauern wurden wie geplant entfeuchtet und saniert, wozu der Kirchenboden aufgegraben und die zahlreichen Gräber beseitigt wurden,[59] auch entfernte man die angeblich schadhafte Decke der Kirche mit ihren Malereien und dem Stuckdekor des 18. Jahrhunderts samt Unterkonstruktion und ersetzte sie durch eine glatte Putzdecke. Lediglich die reichen Stukkaturen der Wände und Emporenbrüstungen blieben erhalten; sie wurden unter Mitwirkung des Landesamtes für Denkmalpflege instandgesetzt und schließlich weiß übertüncht.

Im Lauf der weiteren Umbaumaßnahmen wurde auch der gesamte übrige Klosterbereich am ersten Hof (Bauteile B, C) ähnlich dem Orangeriebau für das Jagdmuseum umgestaltet und die kleinteiligen Raumstrukturen des 18. Jahrhunderts in beiden Geschossen zugunsten von Museumsräumen beseitigt.

Am 5. September 1938, etwa fünf Wochen vor der Museumseröffnung am 10. Oktober, wurde das Kultusministerium schließlich davon unterrichtet, „dass die Kirche ... schon als Teil des Jagdmuseums benützt wird"[60]. – Das Ministerium stellte daraufhin am 30. November 1938 fest, daß „die Kirche in Nymphenburg nunmehr nicht mehr Gegenstand einer Meinungsverschiedenheit mit der Kirchenverwaltung" sei und traf endgültige Regelungen bezüglich einer Entschädigung des Ordinariats.[61]

Die Besetzung und Profanierung der Nymphenburger Klosterkirche fügt sich in eine Reihe vergleichbarer Maßnahmen des NS-Regimes: Nur kurze Zeit zuvor war z. B. im Juni 1938 auch die Ev.-Luth. Matthäus-Kirche an der Sonnenstraße in München von den Machthabern unter Hinweis auf eine angeblich „vom Führer angeordnete städtebauliche Maßnahme" zwangsweise abgebrochen worden, fast zur gleichen Zeit fiel auch die Hauptsynagoge in der Herzog-Max-Straße. – Beides geschah mit der erzwungenen „Zustimmung" der Betroffenen.[62]

Die beim Ausbau teilweise beschädigte bewegliche Ausstattung der Nymphenburger Klosterkirche, d. h. die Altäre, Kanzel, Bilder und den Figuralschmuck, brachten die Englischen Fräulein notdürftig in einer „Gartenhalle" auf ihrem Grund unter;[63] 1943 wurde dort alles bei einem alliierten Luftangriff durch Feuer vernichtet. Am 4. Oktober 1944 zerstörte ein weiterer Bombentreffer auch jenen Teil des Klosterflügels (B),[64] in dem sich die profanierte und zur Bibliothek des Jagdmuseums umgenutzte Klosterkirche befunden

Abb. 8. Der Klostertrakt mit der zerstörten ehem. Klosterkirche und späteren Bibliothek des „Deutschen Jagdmuseums" von Südosten nach Bombentreffer (Aufn. um 1944/45)

hatte (Abb. 8). Von der gesamten ursprünglichen Kirchenausstattung blieb – soweit bekannt – lediglich das Hochaltargemälde des Giovanni Battista Tiepolo erhalten, da es unmittelbar nach dem Ausbau als einziges Ausstattungsstück zunächst ins Kloster Ettal[65] und später in die Bayerischen Staatsgemäldesammlungen verbracht worden war. Heute befindet es sich in der Alten Pinakothek in München.

Zweiter Umbau des Orangeriebaus, 1938, und Schliessung des ersten nördlichen Hofes durch Neubauten, 1939-1941

Reichsminister Hermann Göring versuchte zwar auch weiterhin mit allen Mitteln und vor allem durch anhaltende finanzielle Restriktionen, das Münchner Konkurrenzunternehmen des Christian Weber zu behindern.[66] Doch dessenungeachtet nahmen die Ausbau- und Erweiterungsplanungen für das „Deutsche Jagdmuseum" immer größere Dimensionen an, und als es Weber schließlich gelang, wiederum mit Adolf Hitler im Hintergrund, den anhaltenden Widerstand aus Berlin endgültig zu brechen, rückte die Realisierung seiner Vorstellungen in greifbare Nähe. Nach einer angeblichen Aussöhnung der beiden Kontrahenten Göring und Weber flossen dem Münchner Museumsprojekt vom Herbst 1937 an erstmals reichliche Geldmittel aus der Kasse der Reichsjägerschaft zu,[67] so daß Weber am 19. November über den „Völkischen Beobachter" mit weiteren umfassenden Ausbauüberlegungen für das Jagdmuseum an die Öffentlichkeit treten konnte. Wie das Parteiorgan ausführte, hielt er die bisher für eine museale Nutzung adaptierten bzw. im Umbau befindlichen historischen Bauten in Nymphenburg bei weitem nicht für ausreichend, um dem Jagdmuseum „den repräsentativen Rahmen zu geben und auch, um all die Schätze unterzubringen, die bereits heute dem „Deutschen Jagdmuseum" gehören."[68] Weber sah vielmehr vor, die übernommenen historischen Schloßtrakte nun zügig durch umfangreiche Neubauten ergänzen zu lassen.

Für dieses nunmehr finanziell abgesicherte und daher von Weber ungeduldig vorangetriebene Vorhaben schien ihm – auch wegen aufgetretener Meinungsverschiedenheiten über

Fragen der Sanierung und technischen Bauausführung – das Bauamt der Schlösserverwaltung nicht mehr der geeignete Partner zu sein; Weber kündigte jedenfalls mit Schreiben vom 27. September 1937 die bisherige Zusammenarbeit mit dem Bauamt auf.[69] Das „Deutsche Jagdmuseum e. V." übernahm jetzt selbst die Oberleitung des Projekts, zu dessen fachlicher Beratung ein Kuratorium gebildet wurde. In dieses Gremium berief man die Architekten Prof. Leonhard Gall (Bürochef im Atelier Troost), Prof. Hermann Reinhard Alker (Stadtbaurat), Prof. Richard Klein (Kunstmaler), Oberregierungsrat Friedrich Gablonsky (Oberste Baubehörde), Oberregierungsrat Rudolf Esterer (Baureferent der Schlösserverwaltung) und den rechtskundigen Stadtrat Schubert, Wirtschaftsreferent der „Hauptstadt der Bewegung". Den Vorsitz übertrug man dem renommierten und überregional bekannten Architekten Prof. Oswald Eduard Bieber, der zugleich auch mit dem Entwurf und der künstlerischen Oberleitung für die weiteren Ausbau- und Neubaumaßnahmen beauftragt wurde.[70]

Wie aus dem erwähnten Zeitungsbericht vom 19. November 1937 hervorgeht, hatte Bieber zu diesem Zeitpunkt bereits mit entsprechenden Planungen begonnen.[71] Schon wenige Monate später legte er seine Entwürfe vor. Am 21. Februar 1938 publizierte der „Völkische Beobachter" zudem ein sorgfältig ausgeführtes Präsentationsmodell,[72] das erstmals die Dimensionen verdeutlicht, die das Projekt des „Deutschen Jagdmuseums" nunmehr annehmen sollte (Abb. 9).

Als Ausgangspunkt und Grundlage für seine Umbauten und Neubauplanungen diente Bieber der bereits erwähnte Effnersche Gesamtentwurf zum Nymphenburger Schloßkomplex von 1715/16. Für einen ersten Erweiterungsabschnitt für das Jagdmuseum sah der Architekt die Schließung des ersten, bereits teilweise umbauten nördlichen Hofgevierts (Hof I) vor, indem er dessen Nordtrakt, den sogenannten Kinderbau (C) komplettierte und zum Schloßpark hin einen neuen Westtrakt hinzufügte. Darüber hinaus war als weiterer Bauabschnitt auch eine Schließung des zweiten nördlichen Hofes (Hof II) vorgesehen. Abweichend von der Effner-Planung und dem bereits nach diesem Plan errichteten Osttrakt (D) sollten die Neubauten des zweiten Hofes allerdings annähernd die gleiche Höhe wie die Bauten des ersten Hofkomplexes erhalten (s. Abb. 9 und 20, a, b).[73] Wie das Präsentationsmodell zeigt, gedachte Bieber, für die nach außen wirkenden Fassaden des zweiten Hofes das historische Vorbild der bestehenden Effnerschen Bauten mit ihrer aufwendigen Putzgliederung in entsprechender Abwandlung zu übernehmen. Die Fassaden beider Innenhöfe sollten dagegen sehr schlicht und ohne flächengliedernde Strukturen bleiben. Den ersten Hof (Hof I) wollte Bieber als Gartenhof mit Brunnen, den schmäleren zweiten (Hof II) als Wirtschaftshof und Parkplatz anlegen.

Die Entwürfe Biebers, die sich damit den historischen Vorgaben innerhalb des Schloßensembles baulich weitestgehend einfügten, fanden allgemeine Zustimmung.

Abb. 9. Präsentationsmodell Oswald E. Biebers für den Umbau des Orangeriebaus und der Klostertrakte sowie für die Neubauten des „Deutschen Jagdmuseums" um den ersten und zweiten nördlichen Hof (Aufn. 1938)

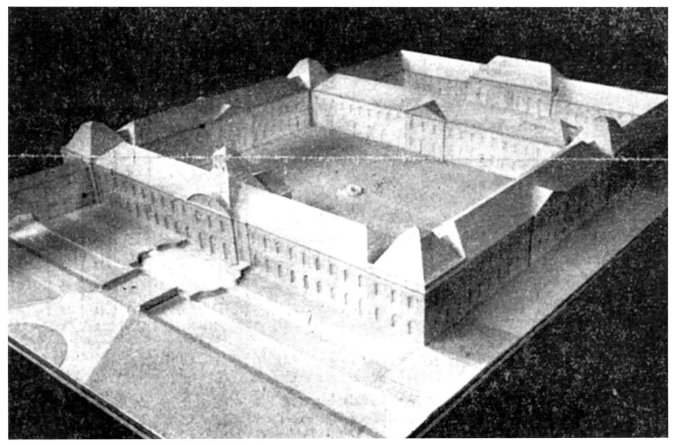

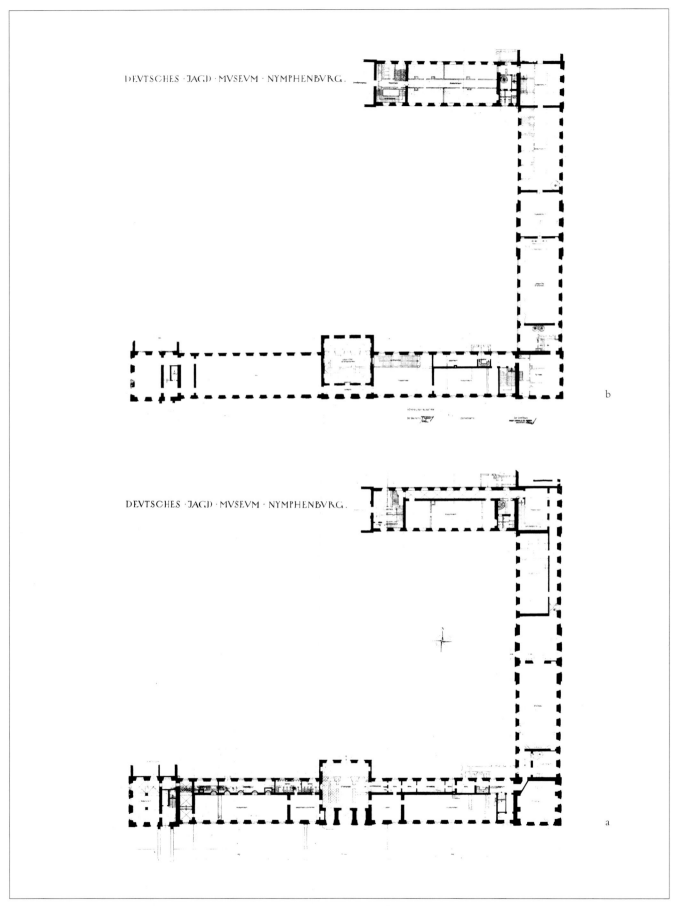

Abb. 10. Eingabepläne Oswald E. Biebers vom 16. Mai 1938 zum Umbau des Orangeriebaus und der Klostertrakte (Bauteile I und II) am ersten nördlichen Hof; a. Erdgeschoß, b. Obergeschoß (M = 1:1000)

Wie Weber verlauten ließ, habe auch Adolf Hitler Ende April 1938 Modell und Pläne „besichtigt, gebilligt und genehmigt".[74]

Für das somit zu beachtlichen Dimensionen angewachsene Museumsprojekt wünschte sich Weber nun auch großzügigere Raumverhältnisse im Inneren – also auch in den historischen Bauteilen – und vor allem eine dem Gesamtbau angemessene repräsentativere Eingangssituation. Daher hatte Bieber im Rahmen seiner Gesamtplanung den nach Plänen des Bauamts der Schlösserverwaltung bereits teilweise umgestalteten Orangeriebau nochmals eingehend zu überarbeiten und auch den Klostertrakt in die Planungen einzubeziehen (Abb. 10, a, b).

Anstelle der vom Bauamt lediglich erdgeschossig geplanten Eingangshalle im Mittelpavillon sah Bieber dort nunmehr eine zweigeschossige und zugleich deutlich vergrößerte Halle vor. Hierfür mußte der Bauteil völlig entkernt und um etwa 4,50 m nach Norden in den Hof hinein erweitert werden (vgl. auch Abb. 20, a, b). Von der Halle aus führte Bieber seitlich einen neuen Treppenaufgang zu einem Foyer, das er in den Ostteil des Obergeschosses legte. Dieser als „Treppenhalle" bezeichnete Saal diente zugleich für Ausstellungszwecke und als Foyer für den Hubertussaal, in dem man ebenfalls Jagdtrophäen ausstellen und Vortrags- bzw. Festveranstaltungen abhalten wollte. Auch in den übrigen Bereichen des Orangeriebaus und auch im Obergeschoß des Johannis-Brunnhaus-Turms wurden nun großzügige Museumssäle eingerichtet. Nachdem erste Überlegungen zur Beseitigung des historischen Pumpwerks aus dem frühen 19. Jh. im Erdgeschoß des Brunnhauses aus technischen und wirtschaftlichen Gründen gescheitert waren,[75] wurde dort lediglich ein schmaler, am Pumpwerk vorbeiführender Durchgang als Verbindung zwischen Orangeriebau und Klosterbau in die Nordwestecke des Pumpwerkraumes gelegt; durch ein Sichtfenster im angrenzenden Ausstellungsraum gab man den Besuchern Gelegenheit, die Pumpen in Betrieb zu beobachten.

Auch die Außenanlagen vor dem neu zu gestaltenden Museumseingang wurden stark verändert, indem Bieber die bestehende schmale Betonbrücke aus der Prinzregentenzeit, die über den nördlichen Schloßkanal auf den Mittelrisalit der Orangerie zuführte, durch eine wesentlich breitere neue Brücke mit einer dem leicht abschüssigen Gelände folgenden großzügigen Freitreppenanlage ersetzte und vor dem Haupteingang einen gepflasterten Vorplatz anlegte.

Wie der Orangeriebau erfuhr auch der ehemalige Klostertrakt nach Biebers Plänen einen entsprechenden Umbau zu Museumsräumen, wobei – wie bereits erwähnt – die ehemalige Klosterkirche zur Jagdbibliothek umgestaltet wurde.

Bis Herbst 1938 konnten die Bauarbeiten in Orangerie und Klosterbereich weitgehend abgeschlossen werden, so daß Christian Weber diese ersten beiden Bauabschnitte seines im Nymphenburger Schloß eingerichteten „Deutschen Jagdmuseums" am 16. Oktober 1938 mit großem Pomp und Zeremoniell ihrer Bestimmung übergeben konnte (Abb. 11 und 12).[76] Die Raumübersicht des Museums (Abb. 13) gibt auch inhaltlich Auskunft über das Museumskonzept.

Die Schlösserverwaltung als Eigentümerin der Bauten hatte zwar durch Prof. Esterer, ihren Vertreter im Kuratorium,

Abb. 11. Feierliche Eröffnung des „Deutschen Jagdmuseums" in Nymphenburg, 16. Oktober 1938; Blick vom Orangeriebau auf den neuen Vorplatz mit Freitreppenanlage und neu gestalteter Kanalbrücke

über die Vorgänge Kenntnis, war jedoch an Planung und Bauausführung nicht mehr offiziell beteiligt worden,[77] und auch mit der Beantragung einer förmlichen Baugenehmigung ließ sich der Verein „Deutsches Jagdmuseum e. V." Zeit. Die auf den 16. Mai 1938 datierten Eingabepläne zu „Bauteil 1" (Umbau der Orangerie) und „Bauteil 2" (Umbau der Klostertrakte) wurden erst am 27. Dezember 1938 bei der „Lokalbaukommission der Hauptstadt der Bewegung" zur Genehmigung vorgelegt, also mehr als zwei Monate, nachdem man das Museum eröffnet hatte.

Gleichzeitig wurden auch die mit 7. Juni 1938 datierten Eingabepläne für die Schließung des ersten Hofes mit „Bauteil 3" (Ergänzung des Nordtraktes) und „Bauteil 4" (Neubau

Abb. 12. Feierliche Eröffnung des „Deutschen Jagdmuseums" in Nymphenburg, 16. Oktober 1938. Vor dem neu geschaffenen dreitorigen Eingang in das Museum die Honoratioren: in der ersten Reihe v. l. n. r. Ministerpräsident und Finanzminister Ludwig Siebert, Präsident Christian Weber, Innenminister und Gauleiter Adolf Wagner und Oberbürgermeister Karl Fiehler

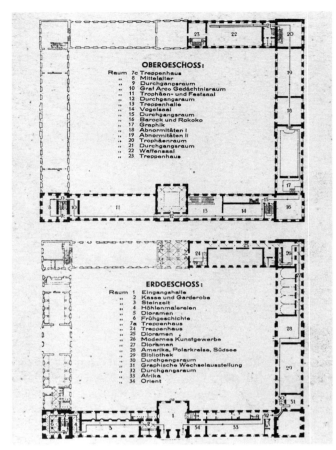

Abb. 14. Bauarbeiten am Nordtrakt (sog. Kinderbau), der mit einem neuen Dachwerk versehen wurde und Arbeiten an der Verlängerung dieses Traktes (Aufn. vom September 1938)

Abb. 13. Raumübersicht (Erdgeschoß und Obergeschoß) der bis Herbst 1938 fertiggestellten Teile des „Deutschen Jagdmuseums" sowie Darstellung der in Planung befindlichen Erweiterungsbauten

Abb. 15. Eingabepläne Oswald E. Biebers zu den Neubauten für das „Deutsche Jagdmuseum" am ersten nördlichen Hof, datiert 7. Juni 1938 (Bauteil III, Nord- und Westtrakt); a. Erdgeschoß. b. Obergeschoß (M = 1:1000)

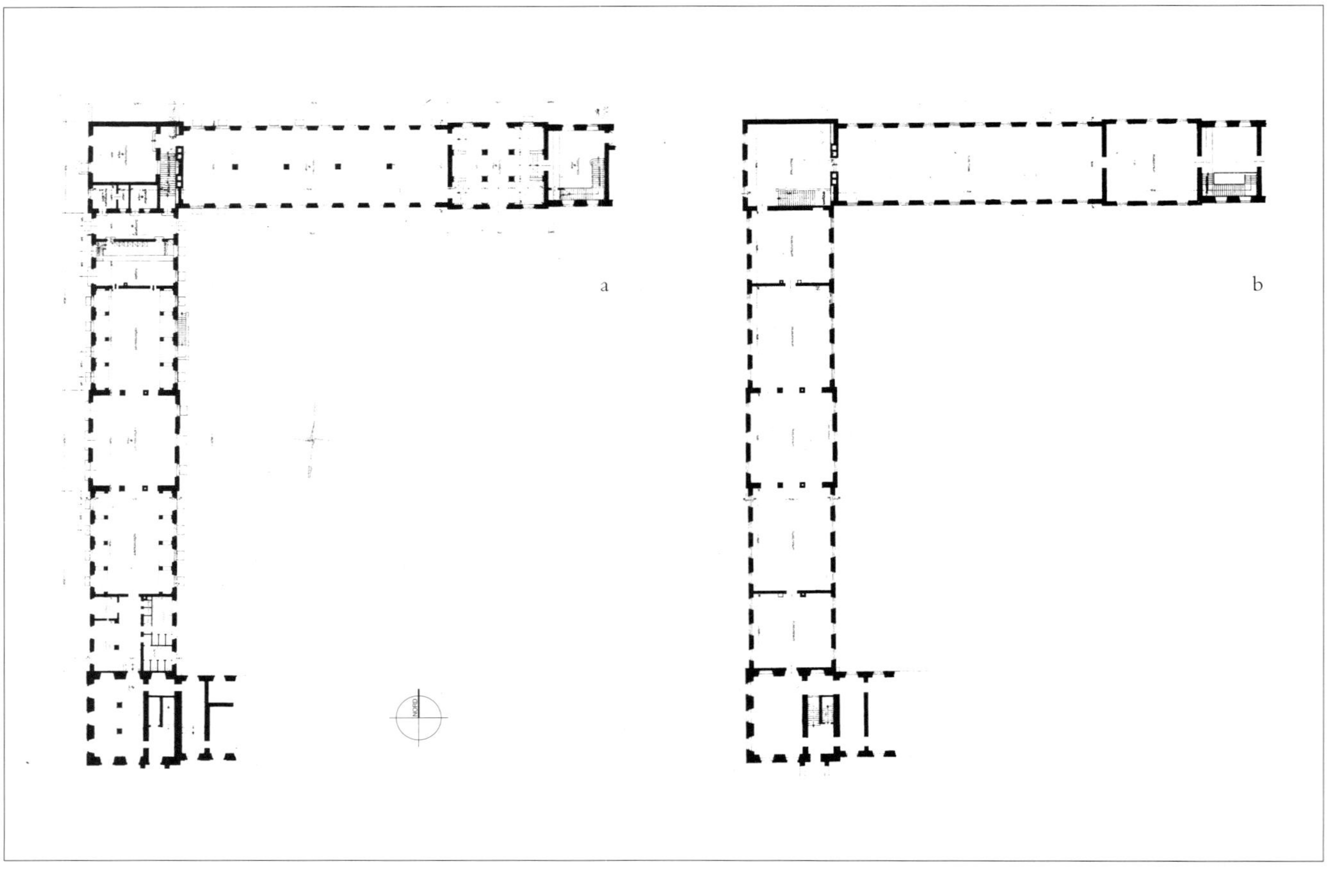

des Westtraktes) eingereicht (Abb. 15 a, b). Im neuen Mittelrisalit des baulich ergänzten Nordtrakts war im Erdgeschoß eine repräsentative Gewölbehalle als Durchgangs- und Verteilerraum vorgesehen, westlich daran schloß sich eine „Wagenhalle" von zehn Achsen an, die auf der Nordseite vier Einfahrtstore erhielt.[78] Im neuen Westtrakt, also zum Schloßgarten hin, plante Bieber im Erdgeschoß drei große Säle für ein „Kaffee-Restaurant" ein, das 500 Personen Platz bieten sollte. Alle übrigen Räume in den Obergeschossen beider Neubauteile sollten Ausstellungszwecken dienen. Die Neubaumaßnahmen begannen im Frühjahr 1939 (Abb. 14),[79] und bereits am 20. Juni 1939 konnte Weber bei einer Mitgliederversammlung des „Vereins Deutsches Jagdmuseum e. V." mitteilen, daß man den ersten Hof (durch Errichtung von „Bauteil 3" und „Bauteil 4") bald geschlossen haben werde und Professor Bieber (Abb. 26) zudem bereits mit der Planung weiterer neuer „Bauten und Museumsräume" beauftragt sei. Für die Baumaßnahmen des laufenden Jahres veranschlagte Präsident Weber etwa 3,5 Millionen Reichsmark. Für die Realisierung des in seinen Dimensionen „dem großen Reich und der Hauptstadt der Bewegung" angepaßten Museumskomplexes allerdings rechnete er mit einer Bauzeit von mindestens noch sechs bis acht weiteren Jahren und wohl auch entsprechenden Geldsummen.[80]

Weitere Planungen zur Museumserweiterung ab 1939

Wie der projektierte Endausbau des „Deutschen Jagdmuseums" nach den Vorstellungen Christian Webers aussehen sollte, ist nur aus einigen indirekten Quellen und einer Lageplankizze mit Baukörperbezeichnung zu erschließen (Abb. 16).[81] Die undatierte, unbezeichnete und nicht maßstäblich gezeichnete Handskizze zeigt, daß über die im Modell dargestellte Umbauung der beiden nördlichen Höfe hinaus nunmehr eine großflächige Überbauung des sogenannten Bischofsgartens im Bereich der Schloßgärtnerei geplant war. Dieses Areal schloß sich im Westen, also zum Schloßpark hin, an die beiden nördlichen Höfe an. Hier wollten die Museumsbetreiber gleichsam zur Verdoppelung des ursprünglichen historischen Schloßplans von Joseph Effner nach Westen zwei weitere, etwa gleich große Hofanlagen in den Schloßgarten hineinschieben, so daß dem Jagdmuseum im Endausbau vier umbaute Höfe zur Verfügung stehen sollten.

Die auf der Skizze eingetragene (römische) Ziffernfolge der einzelnen Bauteile ist sicher als Hinweis auf einen wohl aus taktischen Gründen geänderten zeitlichen Ablauf der Bauabschnitte zu verstehen. Als erstes war nun die Errichtung eines als Bauteil „V" bezeichneten neuen Westtrakts vorgesehen, der – weit in den Garten hineingeschoben – die neue Baugrenze im Westen festschreiben sollte. Hier wollte man das bisher im Bauteil „IV" vorgesehene Kaffee-Restaurant unterbringen. Anschließend sollten die Bauteile „VI" und „VII" den neuen Hof schließen.

Erst nach diesem schwierigsten Schritt, dem Übergriff in den Gartenbereich, dachte man offenbar, die bereits im ursprünglichen Effnerschen Gesamtentwurf vorgesehene und 1937/38 von Oswald E. Bieber entsprechend projektierte Bebauung des zweiten nördlichen Hofes (Hof II) als Bauteil

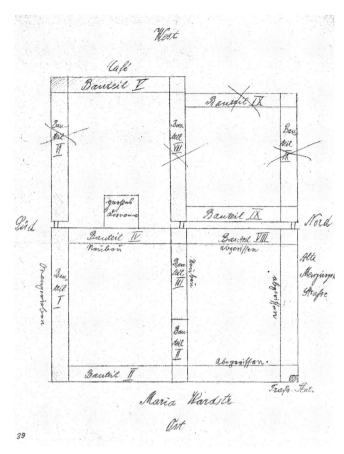

Abb. 16. Undatierte Lageskizze vermutlich von 1939 zur Darstellung des geplanten Endausbaus für das „Deutsche Jagdmuseum" mit Überbauung des „Bischofsgartens" und Numerierung der fertigen und noch vorgesehenen Bauabschnitte: I. Orangeriebau mit Pater-Frank-Turm und Johannis-Brunnhaus-Turm; II. Klosterbau mit der inzwischen profanierten Klosterkirche und dem sog. Kinderbau; III. Bauliche Ergänzung des „Kinderbaus" nach Westen; IV. Neubau des Westtrakts an Hof I mit dem „Großen Dioramenbau"; V. projektierter Westtrakt des in den „Bischofsgarten" hinausgeschobenen neuen Hofes; VI u. VII. projektierter Süd- und Nordtrakt des in den „Bischofsgarten" hinausgeschobenen neuen Hofes; VIII. projektierte Umbauung des zweiten nördlichen Hofes (Hof II); IX. projektierte Umbauung eines weiteren, in den „Bischofsgarten" hinausgeschobenen Hofes

„VIII" zu errichten. Als letzter Bauabschnitt hätte der Bauteil „IX" das Museum zu einem vierhöfigen Großkomplex vollenden sollen.

Westlich an Bauteil „IV" angeschlossen, erscheint auf der Zeichnung zudem ein pavillonartiger Baukörper über quadratischem Grundriß, der dem Museum als „Großes Diorama" dienen sollte. Dieser Baukörper ist auch im Bieberschen Präsentationsmodell wiedergegeben (s. Abb. 20, a, b); allerdings kann er dort erst nachträglich angefügt worden sein, denn bei der ersten öffentlichen Vorstellung des Modells im Februar 1937 fehlte er noch (vgl. Abb. 9).

Die durch die Skizze erschließbaren weitreichenden planerischen Perspektiven und zu erwartenden weitreichenden baulichen und denkmalpflegerischen Konsequenzen lassen die heftigen Reaktionen und fachlichen Einwände der staatlichen Verwaltungen verständlich werden, die sich gegen die

Abb. 17. Von Oswald E. Bieber baulich ergänzter Nordtrakt an Hof I von Süden mit renaissancehaft gestalteter Portalrahmung am Mittelrisalit; links daneben die rundbogigen Fensterelemente der „Wagenhalle", im Vordergrund die in der Hofmitte geschaffene Brunnenanlage (Aufn. 1997)

geplante Überbauung des „Bischofsgartens" in den Akten niederschlagen. Auch das Kuratorium zum Neubau des Jagdmuseums, dem Bieber bei einer Sitzung vom 28. Februar 1939 ein (nicht mehr erhaltenes) „Versuchsmodell" für den geplanten Endausbau vorlegte, verweigerte seine Zustimmung und akzeptierte kompromißhalber lediglich die Errichtung des „Großen Dioramas",[82] obwohl auch dieses die historische Westgrenze der Schloßanlage überschritt. Präsident Christian Weber, der sich ja generell auf die positive Einstellung Adolf Hitlers zu seinem Museumsprojekt stützen konnte,[83] ließ gleich darauf – abermals ohne formelle Beteiligung der Schlösserverwaltung und ohne Baugenehmigung – den Baugrund für das „Dioramenhaus" abstecken, den Aushub vornehmen und mit den Bauarbeiten beginnen.[84]

Bis 1941 konnte in Nymphenburg noch gebaut werden; allerdings wurde auch hier seit Kriegsbeginn lediglich eine sogenannte „Stillhaltebaustelle" betrieben, von der zwar keine Bauarbeiter abgezogen wurden, aber auch keine neuen hinzukamen. Das Finanzministerium, vertreten durch Ministerpräsident Siebert, versuchte damit, die Aktivitäten des Präsidenten Weber einzuschränken. Trotzdem wurde von der im Bieberschen Modell dargestellten Gesamtplanung ein beträchtlicher Teil ausgeführt. Immerhin konnte man den ersten nördlichen Hof vollständig umbauen und das „Dioramenhaus" errichten, das allerdings nur noch als Rohbau entstand. Auch hatte man den im frühen 18. Jahrhundert von Joseph Effner für das ehem. Kapuzinerkloster errichteten Osttrakt des zweiten nördlichen Hofes (s. Abb. 3,5 Hof II, D) für die dort geplanten Neubauten bereits abgebrochen. Allen weiteren Baumaßnahmen – d. h. der Umbauung des zweiten nördlichen Wirtschaftshofes und auch den übrigen geplanten Erweiterungen im Bereich des Bischofsgartens – setzten die Kriegsereignisse ein Ende.

Über die bis dahin entstandenen Baukosten informiert eine Vormerkung des städtischen Werk-und Fiskalreferates vom 19. Dezember 1945: „Orangeriebau: 1937/38 umgebaut und instandgesetzt mit einem Kostenaufwand von 533.800 RM; hinzu kommen die Baukosten für eine Brücke und die umgebende Platzanlage mit 101.000 RM. – Klosterflügel: 1937/39 umgebaut und instandgesetzt mit einem Kostenaufwand von 469.050 RM. – Neubau: Seit 1939 auf fremdem Grund und Boden mit einem Kostenaufwand von 969.550 RM errichtet".[85]

Die Bauten Oswald Eduard Biebers in Nymphenburg

Die unter Bieber entstandenen Neubauten, mit denen der erste Hof des Nordflügels von Schloß Nymphenburg geschlossen wurde, sind als vollständig unterkellerte Massivbauten in Ziegelbauweise mit Eisenbetondecken und Holzdachstühlen mit Biberschwanzdeckung errichtet. Sie schließen in ihrer Baugestalt mit Risalitbildung, Dachform, Achs- und Geschoßgliederung sowie Fensterformen eng an die bestehenden historischen Trakte an,[86] so daß das Schloßensemble in denkmalpflegerischem Sinne eine ausgewogene Ergänzung und Abrundung findet. Im Gegensatz zu den Außenfassaden verzichtete Bieber zum Innenhof hin grundsätzlich auf alle Putzgliederungen. Er legte lediglich unter die Dachtraufen eine seichte Hohlkehle und faßte die Giebeldreiecke der Risalite mit flachen Profilen. Alle Fassaden des Innenhofes erhielten einen schlichten Glattputz. Bieber entfernte hier also die originalen Putze des 18. Jahrhunderts an den historischen Bauteilen, so daß die somit schmucklosen, jedoch gut gegliederten Lochfassaden des Innenhofs eine einheitliche, auch dem Zeitgeschmack der dreißiger Jahre entgegenkommende, blockhaft markante Gestalt erhielten. Lediglich an den Mittelrisaliten von Süd- und Nordtrakt hat Bieber durch steinerne Portalrahmungen neue historisierende Akzente gesetzt, wobei der Eingang im Norden als Gegenüber der im Orangerietrakt eingebauten Eingangshalle besonders hervorgehoben ist. Hier ist das Portal durch eine hohe Rahmung mit streng renaissancehaften Elementen gefaßt (Abb. 17), deren Vorbild ein Portal im Brunnenhof der Münchner Residenz gewesen sein könnte. Wie dort ist der Eingang mit schmalen Pilastern gerahmt, über dem rundbogigen Sturz sitzt eine kräftige Rustika mit steilem bekrönendem Sprenggiebel. – Mit dieser besonderen Schmuckform griff Bieber zugleich auf ein in seiner Zeit auch international geradezu leitmotivisch verwendetes Architekturzitat zurück.

Abb. 18. Dreischiffige Gewölbehalle im Mittelrisalit des Nordtrakts von 1938/39, Blick von Westen (Aufn. 1997)

Abb. 19. Nach Plänen von Oswald E. Bieber errichtetes „Großes Dioramenhaus", mit Putzdekor von 1971/72, Ansicht von Westen (Aufn. 1997)

Eine leichte, jedoch souverän wirkende Abweichung vom einheitlichen Fassadenschema des 18. Jahrhunderts zeigt das Erdgeschoß des neu gebauten Nordtraktes im Bereich der bereits erwähnten „Wagenhalle". Über deutlich größere, halbkreisförmig überfangene Fensterelemente erhält dieser Ausstellungsraum mehr Licht (s. Abb. 17).

Im Mittelrisalit des Nordtrakts befindet sich im Erdgeschoß eine dreiachsige und in drei Joche gegliederte Pfeilerhalle mit Kreuzgewölben, die als Verteilerraum für die zu beiden Seiten anschließenden Ausstellungsräume und als Durchgang zum Hof diente (Abb. 18). Die übrigen Museumssäle in den neuen Flügeln waren ebenso wie im Altbaubereich schlicht ausgestattet. Als Bodenbelag erhielten sie im Erdgeschoß Ziegel- bzw. Natursteinböden (vgl. Abb. 24), in den Obergeschossen wurde durchgehend Eichenparkett in Fischgrätform verlegt.

Der Hoffläche, die schon im 18. Jahrhundert als regelmäßig gegliederter Ziergarten in barockem Sinne angelegt war, gab Bieber eine neue, vereinfachte Gestaltung mit sich kreuzender axialer Wegeführung zwischen Rasenflächen und betonte die Mitte durch einen Springbrunnen mit kreisrundem Becken aus Kalkstein (s. Abb. 17).

Der Westtrakt mit dem zum Garten hin angebauten Dioramenhaus (Abb. 19), das als Pavillon von fünf zu fünf Achsen an die Stelle eines hier an sich dreiachsig zu denkenden Mittelrisalits tritt und als einziger Bauteil der Weberschen Großplanungen jenseits der historischen Baugrenze im „Bischofsgarten" und nur noch als Rohbau realisiert wurde, hatte auffälligerweise keine Geschoßdecke erhalten.[87] Dies läßt darauf schließen, daß das geplante „Große Diorama" über beide Geschosse des Gebäudes reichen sollte. Zwei ausgeführte große Bogenöffnungen in maurischem Stil mit einer mittleren Rundsäule aus gestocktem Beton und Stufenkapitell bilden den Übergang zwischen dem im Westtrakt geplanten sogenannten Afrikasaal[88] und dem „Großen Diorama". Sie sind zweifellos als gestalterischer Bestandteil eines hier geplanten großräumlichen exotischen Szenarios gedacht, das der Tier- und Pflanzenwelt der ehemaligen Kolonie Deutsch-Ostafrika gewidmet werden sollte.

Erst 1972 ließ das Bauamt der Schlösserverwaltung auch die bis dahin unverputzt gebliebene Gartenfassade des Westtrakts und das „Dioramenhaus" entsprechend den historischen Trakten des 18. Jahrhunderts mit reicher Putzgliederung gestalten, als man zur Münchner Olympiade das Nymphenburger Schloß einer umfassenden Außenrenovierung unterzog.

Die originalen historischen Außenfassaden des Orangeriebaus und des Klostertrakts samt der Ecktürme wurden von Bieber nach einer Fundamentsanierung und Abdichtung gegen Feuchtigkeit instandgesetzt und restaurierend ergänzt; die durchfeuchteten Außenputze ließ er bis zur Kämpferhöhe der Erdgeschoßfenster erneuern.[89] Wie schon 1810 (s. o.) erfuhr das barocke Dachwerk über dem Hubertussaal eine abermalige Instandsetzung, ohne daß dadurch die von Anfang an bestehenden konstruktiven Probleme nachhaltig beseitigt werden konnten.

Die Veränderungen, die auf der südlichen Schauseite des Orangeriebaus für die Schaffung des Haupteingangs zum Jagdmuseum erfolgten, waren sehr zurückhaltend: Zu seiten der bereits bestehenden rundbogigen Durchfahrtsöffnung im Mittelrisalit wurden lediglich zwei Fenster durch Herausnahme ihrer Brüstungsfelder zu Nebeneingängen verändert. Alle drei Öffnungen erhielten zweiflügelige Türen, die in den Windfang der Eingangshalle führten. Eine Photographie zur Einweihung des Museums läßt erkennen, daß die gefelderten eichenen Türblätter dunkel eingelassen waren (vgl. Abb. 12); erhalten ist das mittlere, das – inzwischen weißgrau im Stil des 18. Jahrhunderts gestrichen – heute als Haupteingang des Gebäudes dient. Die beiden seitlichen Türen sind seit den sechziger Jahren wieder in Fenster zurückverwandelt, so daß die baulichen Veränderungen der dreißiger Jahre an der Fassade weitgehend getilgt bzw. fast unkenntlich geworden sind.

Dem Museumseingang wurde eine gegenüber dem Gelände um eine Stufe abgesenkte Terrasse vorgelegt (vgl. Abb 11 und 12). Den zwischen Orangeriebau und Kanal angelegten gepflasterten Vorplatz, zunächst barockisierend mit geschweiften seitlichen Balustraden geplant,[90] gestaltete man schließlich als einfaches Rechteck von etwa 21 m Breite und 15 m Tiefe und begrenzte ihn mit Tuffsteinbalustraden, deren Baluster sich formal an die barocke Nymphenburger Parkausstattung anlehnen. Für die Einweihung des ersten Museumsabschnitts am 16. Oktober 1938 war die Terrasse offenbar in aller Eile fertiggestellt und mit einer wohl nur provisorisch gedachten Pflasterung aus verschieden großen Muschelkalk-

Abb. 20. Um das „Dioramenhaus" ergänztes Präsentationsmodell Oswald E. Biebers, a. Blick von Westen (oben), b. Blick von Norden (unten) (Aufn. 1997)

Abb. 21. Von Oswald E. Bieber gestaltete Eingangshalle des „Deutschen Jagdmuseums" im Orangeriebau, Blick nach Südosten (Aufn. 1997) ▷

platten von unregelmäßigem Zuschnitt versehen worden. Der Belag wurde später nicht mehr ausgewechselt und hat sich in z. T. stark beschädigtem Zustand bis heute erhalten. Zu der neuen, in Eisenbeton konstruierten und mit Tuffstein verkleideten neuen Kanalbrücke hin, die eine wesentlich schmalere Betonbrücke aus der Prinzregentenzeit ersetzte,[91] begrenzt eine breite fünfstufige Treppenanlage den Vorplatz. Die mit drei flachen Korbbögen über den Kanal geführte Brücke wird seitlich von massiven, barockisierend gefelderten Steinbrüstungen begleitet, die nach Süden zum Schloßrondell hin seitlich in Viertelkreisform ausgreifen.

Einschneidendere bauliche Veränderungen weist dagegen die zum Hof gerichtete Nordseite des Orangeriebaus auf, da man die hier in den Mittelrisalit gelegte zweigeschossige Eingangshalle um etwa 4,50 m über die bestehende Flucht des Gebäudes in den Hof hinein erweitert hat (vgl. Abb. 20, a, b). Dabei wurde die Grundform des vorhandenen dreiachsig gegliederten Risalits unter einem flachen Giebeldreieck beibehalten; durch das Hinausrücken der Außenwand erhielt der Risalit jedoch eine eigenständige plastische Bauform, die akzentsetzend in das Hofgeviert hineinwirkt.

Die dahinter verborgene monumentale Eingangshalle, die Bieber anstelle der 1937 nach Plänen des Bauamts der Schlösserverwaltung vorgesehenen „kleinen Lösung" schon im darauffolgenden Jahr in den Mittelrisalit einbaute, ist zweifellos das funktionale und gestalterische Herzstück des ehemaligen „Deutschen Jagdmuseums" und beeindruckt durch ihre Dimensionen. Sie nimmt mit ihrem flachen, von Stichkappen angeschnittenen Muldengewölbe die gesamte Höhe des zweigeschossigen Gebäudes ein (Abb. 21). Bei einem Grund-

maß von 12,20 m Breite und 12,20 m Tiefe beträgt die Raumhöhe 10,80 m. Die Unterkonstruktion für das Putzgewölbe besteht aus einem formgebenden Gitternetz aus Rundeisenstäben mit Streckmetall als Putzträger. Die karg wirkenden, ursprünglich mit gelblich-weißer Leimfarbe gefaßten Wände sind zweigeschossig angelegt und jeweils dreiachsig gliedert. Als Eingang ist der Halle eine raumbreite, jedoch lediglich eingeschossige Windfangzone vorgelagert, die sich entsprechend den drei neuen Eingangstüren ebenfalls dreiteilig gliedert und mit drei gleich großen Rundbögen zur Halle öffnet. In den tiefen Bogenlaibungen sitzen zweiflügelige sprossenverglaste Pendeltüren unter breiten Kämpfern mit radial versproßten Oberlichtern. Auch die Öffnungen der gegenüberliegenden Seite zum Gartenhof sind in eine auffallend starke Mauer eingeschnitten, wodurch sich der monumentale Raumeindruck noch verstärkt. Die Seitenwände wiederholen die Dreiergliederung. Die beiden südlichen Türen erschließen die links und rechts der Halle gelegenen Museumsräume, während die beiden nördlichen zwangsläufig funktionslos sind und als Blindtüren lediglich die Heizkörpernischen der Halle verdecken. In der Mittelachse der Ostseite ist eine Rundbogenöffnung zum Treppenaufgang ins Obergeschoß angeordnet, als Gegenüber war mittig eine entsprechend große Rundbogennische in die Mauer eingelassen, in der eine Kopie der von Hubert Gerhard 1595 als „Diana" geschaffenen und 1616 für eine Aufstellung auf dem Mittelpavillon im Münchner Hofgarten als „Tellus Bavarica" überarbeiteten Figur Aufstellung finden sollte.[92] Knapp unterhalb des von Stichkappen angeschnittenen Muldengewölbes ist in jeder der Achsen – mit Ausnahme der Eingangsachse im Süden

Abb. 22. Orangeriebau, Treppenhalle im Obergeschoß mit profilierter, ehem. mit Gemälden jagdbarer Tiere (von Prof. Richard Klein) ausgeschmückter Kassettendecke von 1938 (Aufn. 1997)

– eine kleine oben und unten halbkreisförmig eingezogene Rechtecköffnung eingefügt; lediglich die drei Oculi der Nord- und Südseite sind bzw. waren als Fenster ausgebildet,[93] während die übrigen nur als Scheinfenster in die Wand geschnitten sind. Auffällig ist ein ebenfalls sehr hoch in der Mitte der Eingangsseite angeordneter kleiner Balkon, der über

Abb. 23. Eingangshalle im Orangeriebau, eichene Feldertür mit durchbrochenen Füllungen in massiver Kalksteinrahmung (Aufn. 1997)

geschwungenen Konsolen nur sehr flach vor die Wand tritt; seine aus Kalkstein gefertige Pfeilerbrüstung ist mit einem geschmiedeten barockisierenden Gitter ausgefüllt. Über der sprossenverglasten Zugangstür ist ein liegendes ovales Scheinfenster eingefügt. Ob der Balkon über seine dekorative Form hinaus auch eine Funktion hatte, ist nicht überliefert.

Wesentlichen Anteil an der monumentalen und bei aller Kargheit zugleich feierlich distanzierten Raumwirkung hat auch der Natursteinfußboden, wie er in gleicher oder ähnlicher Form bei zeitgenössischen Repräsentationsbauten bevorzugt verwendet wurde. Er besteht aus 61 zu 61 cm großen, diagonal verlegten Platten aus rotem Ruhpoldinger Marmor und hellem Jurakalkstein. Das Zentrum der Halle bildet ein in rotem Marmor eingelegter kleiner zehnstrahliger Stern in Kreisrahmen von 1,35 m Durchmesser. Darüber hängt als einzige Raumbeleuchtung eine große Ampel aus Schmiedeeisen mit zylindrischem Glaskörper (s. Abb. 21).

Auffallend feinteilig sind die zweiflügeligen eichenen Türen ausgeführt (Abb. 23). Ihre durchbrochenen Türfelder sind klassizisierend mit schirmartigen Rosetten und Rundstäben gefüllt, die durch gedrechselte walzenförmige Zierelemente gehalten und miteinander verbunden sind. Der Beschlag mit sogenannten Posthorn-Drückern und langen Schlüsselschildern ist in Messing gefertigt. Die Türen sitzen in kantigen, geohrten Kalksteingewänden von wuchtiger Erscheinung, die von einem schweren profilierten Gebälk überfangen werden.

Durch die südwestliche Tür gelangt man in den mit hellem Kalksteinpflaster ausgelegten ehemaligen Empfangsbereich, der neben Kasse und Garderobe im Südteil die noch weitgehend unverändert erhaltenen Toiletten und eine Telefonzelle auf der Nordseite aufnimmt. Wiederum beherrschen hier Rundbögen die karge architektonische Gestaltung. Vom kreuzgewölbten Vorraum ist der einstige Garderobenbereich durch zwei Rundbogenarkaden abgetrennt. Heute sind die Öffnungen zur Gewinnung von Büroräumen abgemauert. Rundbogig sind auch die gegenüberliegenden Zugänge zu den Toiletten und der mit einem profilierten Kalksteingewände gefaßte Eingang in die westlich anschließenden Museumsräume.

Auf der Ostseite der Eingangshalle führt mittig eine repräsentative Schachttreppe geradläufig in das ursprünglich als „Treppenhalle" bezeichnete Foyer des Obergeschosses (Abb. 22). Die von einem Zwischenpodest unterbrochenen Stufen des Aufgangs bestehen aus dunklem Rotmarmor und steigen mit 35 cm Tiefe bei lediglich 15 cm Höhe relativ flach an. Geschmiedete Geländerstangen begleiten beidseitig den Lauf. Gegen das Foyer des Obergeschosses ist die Treppenanlage mit einer breiten gemauerten und mit gefelderten Kalksteinplatten verkleideten Brüstung abgegrenzt.

Die Treppenhalle mit ihren vier Fensterachsen ist durch eine heute weiß getünchte flach profilierte Kassettendecke von vier zu sechs Feldern hervorgehoben. Wie Befunduntersuchungen ergaben, war sie ursprünglich mit Rot-, Grün- und Ockertönen lebhaft farbig gestaltet. In den 24 Deckenfeldern waren Gemälde von Prof. Richard Klein mit Darstellungen jagdbarer Tiere (auf Leinwand oder Tafeln) eingelassen.[94] Richard Klein, geboren 1890, war seit 1935 Direktor der Staatsschule für angewandte Kunst in München (Kunstgewer-

Abb. 24. Orangeriebau, Blick in einen der im Erdgeschoß gelegenen Museumssäle (Afrika-Saal) mit typischen Exponaten des „Deutschen Jagdmuseums" (Aufn. 1938)

Abb. 25. Raum mit 1938 von Ferdinand Nockher geschaffenen Darstellungen steinzeitlicher Höhlenmalereien im westlichen Teil des Orangeriebaus, heute Durchgang zum Museum „Mensch und Natur" (Aufn. 1997)

beschule); er befaßte sich mit Malerei und Plastik im Stil der Zeit und schuf u. a. auch zahlreiche Plakate, Medaillen und Abzeichen für viele Einrichtungen und Anlässe der nationalsozialistischen Bewegung.[95] Kleins Nymphenburger Gemälde wurden im letzten Kriegsjahr ausgebaut, um sie vor der Zerstörung durch Luftangriffe zu schützen. Noch 1946 lagerten sie im Erdgeschoß des Orangeriebaus und sollten dann den städtischen Gemäldesammlungen übergeben werden; über ihren weiteren Verbleib ist nichts bekannt.[96] Der Bodenbelag in der Treppenhalle besteht wiederum aus Rotmarmor und Kalkstein, der in quadratischen Platten von 48 zu 48 cm schachbrettartig verlegt ist. Die Wände waren u. a. mit Jagdwaffen aus der Zeit der Renaissance geschmückt.

Eine über die Windfangzone der Eingangshalle gelegte schmale Galerie, ebenfalls mit rot-weißem Natursteinboden, führt von der Treppenhalle aus, also im Obergeschoß, südlich an der Eingangshalle vorbei in den Hubertussaal. Von dieser Galerie aus ist auch der bereits erwähnte kleine Balkon der Halle zu betreten, auch war von hier aus durch die beiden Oculi ein Blick in die Eingangshalle möglich. Den für Veranstaltungen vorgesehenen „Trophäen- und Festsaal" (Hubertussaal) übernahm man baulich weitgehend unverändert. Für den Einbau der bis ins Obergeschoß reichenden Eingangshalle wurde allerdings der nördliche Zugang an der Ostseite des Saals aufgegeben. Gleichzeitig verbreiterte man dort den südlich gelegenen Zugang, so daß die ursprüngliche Symmetrie des Saals seither gestört ist. Des weiteren erhielt der Raum einen neuen Bodenbelag mit Fischgrätparkett in Eiche, einen weißlichen Wand- und Deckenanstrich sowie acht neue schlichte Hängeleuchten.

Die großen ehemaligen Orangeriesäle des Erdgeschosses, in denen man Schauräume für das Museum einrichtete (Abb. 24), sind seit den sechziger Jahren in Büroräume für das Bauamt der Schlösserverwaltung unterteilt. Im großen Orangeriesaal westlich der Eingangshalle, in dem die steinzeitliche Jagd museal präsentiert wurde, liegt der Ziegelboden des Jagdmuseums mit dunkelrot gebrannten großen Steinen im Format von 23 zu 41 cm im Gangbereich noch offen, in den Büroräumen ist er überdeckt. Hinter Wandverschalungen im Gang finden sich noch Reste der hier in die Mauer eingelassenen Dioramennischen. Erhalten geblieben sind die Darstellungen steinzeitlicher Höhlenmalereien – u. a. aus der „Altamira-Höhle" – in einem kreuzgewölbten Raum westlich hinter dem großen Orangeriesaal. Die Rekonstruktionszeichnungen an den Wänden stammen von dem Maler Ferdinand Nockher[97] und sind heute in dem vor wenigen Jahren neu geschaffenen Durchgang zum Museum „Mensch und Natur" öffentlich sichtbar (Abb. 25).

Die Architekur der großen Eingangshalle als funktionales wie auch gestalterisches Kernstück des ehemaligen Deutschen Jagdmuseums ist bis auf die zugesetzte Rundbogennische an der Westseite und die beiden zugesetzten Oculi der Südseite vollständig erhalten. Innerhalb des architektonischen Gesamtkonzepts für das Museum zeigt sich bei der Gestaltung der Eingangshalle wohl am deutlichsten Biebers Vermögen, eine Synthese zwischen dem historischen Baubestand von Schloß Nymphenburg, insbesondere des Orangeriebaus, und dem zeitgenössischen monumentalen Baustil der dreißiger Jahre herzustellen.

Das für die Typologie von Kulturbauten aus der Zeit des Dritten Reichs in Bayern sprechende Architekturdokument ist heute auch in Fachkreisen nicht mehr überall bekannt, denn in der Nachkriegszeit nahm die Schlösserverwaltung den Orangeriebau schrittweise wieder für ihre internen Bedürfnisse in Besitz und entzog ihn damit weitgehend der Öffentlichkeit. Weitgehend vergessen ist auch, daß hier von 1952 bis 1958 wichtige Bestände des zerstörten Münchner Residenzmuseums ausgestellt waren. Seit Anfang der sechziger Jahre wird der Orangeriebau hauptsächlich für Verwaltungszwecke verwendet.

Auch die Englischen Fräulein kehrten nach Beseitigung der Kriegsschäden wieder in ihren früheren Klostertrakt zurück und betreiben seitdem hier eine Grundschule. Die Klosterkirche – unter Christian Weber als Bibliothek des Jagdmuseums profaniert – ist in ihren einstigen Ausmaßen wiederhergestellt und dient seitdem als Schulturnhalle.

Die umfangreichen Sammlungsbestände des am 10. Oktober 1945 durch Verfügung der Militärregierung aufgelösten Deutschen Jagdmuseums wurden an verschiedenen Orten, teilweise auch im Ostflügel des Orangeriebaus, eingelagert, ehe sie am „Hubertustag" (3. November) 1966 in der 1802 säkularisierten Augustinerkirche an der Münchner Neuhauser Straße wiederum als „Deutsches Jagdmuseum" (ab 1982 „Deutsches Jagd- und Fischereimuseum") neu der Öffentlichkeit präsentiert werden konnten. Träger des Museums ist die „Stiftung Deutsches Jagd- und Fischereimuseum", eine Körperschaft des bürgerlichen Rechts. Die Stadt München, vor dem Krieg Mitglied im Verein, ist auch heute wieder Mitglied der Stiftung.

Die unter Bieber neu gebauten Museumstrakte im Nordteil des Nymphenburger Schlosses blieben im weitesten Sinne ein Ort für naturkundliche und naturwissenschaftliche Einrichtungen. So zogen schon 1945 die Zoologischen Staatssammlungen in den Nordtrakt ein und blieben dort bis 1984. Seit 1990 ist in den Gebäuden – gleichsam in Fortsetzung der an Christian Webers Jagdmuseum anknüpfenden musealen Tradition – mit dem staatlichen Museum „Mensch und Natur" eine bedeutende naturwissenschaftliche Schausammlung untergebracht. Sie konnte sich rasch zu einem der meistbesuchten Museen Bayerns entwickeln. Der neue Zugang in dieses Museum führt durch den westlichen Teil des Orangeriebaus zum Hofeingang im Westflügel. Im Durchgang erblickt der Besucher an den Wänden Darstellungen farbiger Höhlenmalereien (vgl. Abb. 25). Kaum jemand weiß jedoch, daß diese Bilder nicht etwa zur Einstimmung auf das neue Museum „Mensch und Natur" geschaffen wurden, sondern in Wirklichkeit die einzigen museal-künstlerischen Relikte von Christian Webers „Deutschem Jagdmuseum" aus den dreißiger Jahren sind, die sich in situ im Schloß Nymphenburg erhalten haben.

Abb. 26. Portraitaufnahme des Architekten Prof. Oswald Eduard Bieber, vor ihm auf dem Zeichentisch Plan zum „Deutschen Jagdmuseum" in Nymphenburg; im Hintergrund Darstellung des „Hauses des Deutschen Rechts", Ludwigstraße München (Aufn. um 1937/38)

Nicht nur in der Nutzung, auch baulich gab es eine weitere Kontinuität: Biebers Idee, den Effnerplan mit der Errichtung eines zweiten nördlichen Hofes zu vollenden, wurde schließlich Mitte der sechziger Jahre wieder aufgegriffen, als das Universitätsbauamt München das Hofgeviert mit deutlich niedrigeren zweigeschossigen Bauten umschloß, um hier das Institut für Genetik der Münchner Ludwig-Maximilians-Universität unterzubringen. So vollenden die schlichten Zweckbauten zwar nicht gerade in baukünstlerischem Sinne, so doch zumindest baukörperlich und in ihrer Gesamtproportion das Konzept Joseph Effners aus dem frühen 18. Jahrhundert.

Jagdgöttin Diana vor Schloß Nymphenburg, Zeichnung von Lutz Ehrenberg, 1938

ANMERKUNGEN

1 Die Schlösserverwaltung plant derzeit die Wiederinbetriebnahme des im Orangeriebau von Schloß Nymphenburg gelegenen Hubertussaales als Mehrzweck- und Konzertsaal. Diese Planung war Anlaß, der Bau- und Veränderungsgeschichte des Orangeriebaus und der angrenzenden Bauten im Nordflügel von Schloß Nymphenburg gründlich nachzugehen. Über die Geschichte des 18. und 19. Jahrhunderts hinaus waren auch die besonderen baulichen Entwicklungen der dreißiger Jahre dieses Jahrhunderts zu untersuchen. Gabriele Schickel bearbeitete daher 1995 im Auftrag des Bauamts der Bayerischen Verwaltung der staatlichen Schlösser, Gärten und Seen die einschlägigen Archivalien und hob die historischen Pläne aus. Ihr fiel damit die aufwendige Grundlagenarbeit zu vorliegendem Aufsatz zu. – Für umfangreiche redaktionelle Arbeiten ist Dagmar Dietrich zu danken.

2 Unterlagen zum ehem. „Deutschen Jagdmuseum" im Schloß Nymphenburg befinden sich in folgenden Archiven und Institutionen: Bayerisches Hauptstaatsarchiv, Staatsarchiv München, Monacensia Bibliothek, Bayerische Verwaltung der staatlichen Schlösser, Gärten und Seen, Lokalbaukommission der Stadtverwaltung München, Stadtarchiv München, Bayerisches Landesamt für Denkmalpflege, Photothek des Zentralinstituts für Kunstgeschichte, Jagd- und Fischereimuseum München, Plansammlung der Hauptabteilung Hochbau der Stadtverwaltung München; den genannten Stellen ist für ihre freundliche Unterstützung zu danken.

3 Bayerisches Hauptstaatsarchiv, Reichsstatthalter 576, Monatsbericht der Geheimen Staatspolizei vom 10. Dezember 1937.

4 München, Stadtarchiv, Christian Weber 428.

5 Der Deutsche Jäger, Nr. 37, 1933, S. VII.

6 München, Stadtarchiv, Bürgermeister und Rat 1939-1940, Schreiben vom 7. April 1952.

7 Der Deutsche Jäger, 17. Mai 1934.

8 München, Stadtarchiv, Bürgermeister und Rat 1865-1870/1937, Dringlichkeitsantrag vom 14. Mai 1934.

9 München, Stadtarchiv, Bürgermeister und Rat 1865-1870/1937, Satzung des Deutschen Jagdmuseums.

10 München, Stadtarchiv, Bürgermeister und Rat 1865-1870/1937, Dringlichkeitsantrag vom 14. Mai 1934.

11 Der Deutsche Jäger, 16. August 1934.

12 München, Stadtarchiv, Bürgermeister und Rat 1865-1870/1937.

13 München, Stadtarchiv, Bürgermeister und Rat 1865-1870/1937, Telegramm Görings vom 11. November 1934; Briefe Görings vom 15. und 19. November 1934: „Es handelt sich hier aber keinesfalls darum, den Plan zu zerschlagen, es handelt sich auch nicht etwa darum, etwas gegen Weber zu unternehmen, den ich selbstverständlich meinethalben auf Lebenszeit zum Präsidenten ernannt haben würde, was er auch genau wusste, sondern es handelt sich darum, von Anfang an mein Recht festzulegen und einen Präzedenzfall zu schaffen".

14 Dort erbaute Göring sein Gut „Carinhall" (Architekten Hermann Tuch und Friedrich Hetzelt) und richtete u. a. auch ein Wisentgehege ein; in der Fachzeitschrift Der Deutsche Jäger erschien der Reichsjägermeister in den Jahren 1935 bis 1940 z. B. bei der Eröffnung des Reichsjägerhofes „Hermann Göring" bei Braunschweig, auf der Pirsch mit seinen Politikerkollegen, vor allem Reichsstatthalter Franz Xaver Ritter von Epp, dem Schirmherrn des bayerischen Waidwerks, sehr häufig mit erlegten Zwanzigendern.

15 Der Deutsche Jäger, 53, 1931 bis 66, 1944/45.

16 München, Stadtarchiv, Bürgermeister und Rat 1939-1940, Schreiben vom 7. April 1952; so äußerte der Wiener Kunsthändler Schedelmann z. B. gegenüber Waffenmeister Rohde vom Zeughaus Berlin: „Verkaufen Sie nur Weber recht viel, das bekommen wir [gemeint war das Reichsjagdmuseum, für welches Rohde einkaufte] alles einmal umsonst".

17 München, Stadtarchiv, Bürgermeister und Rat 1865-1870/1937, Schreiben Görings vom 15. November 1934. – Zur Neugestaltung im Bereich der Leopoldstraße s. Kat. Ausst., Bauen im Nationalsozialismus. Bayern 1933-1945, hrsg. von WINFRIED NERDINGER, München 1993, S. 43.

18 Bayerisches Hauptstaatsarchiv, MF 70 309, Schreiben Webers an Ministerpräsident Siebert vom 7. Juni 1935 über seine Verhandlungen mit Hitler bezüglich des Projektes „Leopoldpark"; hierbei hatte Hitler als Alternativen das Schleißheimer Schloß oder das Nymphenburger Schloß in Vorschlag gebracht und Weber damit auf die beiden staatlichen Liegenschaften aufmerksam gemacht.

19 München, Stadtarchiv, Kulturamt 1081, Schreiben Webers an Ministerpräsident Siebert vom 6. Mai 1935.

20 Bayerisches Hauptstaatsarchiv, MF 70 309, Schreiben Webers an Ministerpräsident Siebert vom 18. April 1936.

21 Offizieller Titel seit 1932 statt bisher: Verwaltung des ehem. Kronguts.

22 Bayerisches Hauptstaatsarchiv, MF 70 309, Schätzung des Bauamts vom 13. Mai 1935.

23 Bayerisches Hauptstaatsarchiv, MF 70 309, Schreiben Rineckers vom 4. Juni 1935; Weber äußerte, daß man die Münchner Hofreitschule wie die Wiener Hofreitbahn gestalten wolle, um dort Turniere und Reiterspiele zu veranstalten; auch Schloß Schleißheim würde wohl künftig für Parteizwecke genützt werden, und man solle „in Schleißheim und Neulustheim nichts mehr unternehmen, denn der neue Besitzer werde das Schloß selbst einrichten."

24 Bayerisches Hauptstaatsarchiv, MF 70 309, Bericht Rineckers vom 4. Juni 1935.

25 Ebd.

26 Ebd.

27 München, Stadtarchiv, Christian Weber 495. – Zur Neugestaltung des Hauptbahnhofs etwa an Stelle des heutigen Laimer Bahnhofs s. Bauen im Nationalsozialismus (wie Anm. 17), S. 41.

28 Ebd., S. 130 f.

29 Zur Einstellung der staatlichen Bayerischen Denkmalpflege s. THOMAS SCHECK, Denkmalpflege und Dikatatur im Deutschen Reich zur Zeit des Nationalsozialismus, Berlin 1995, S. 68, 105.

30 Bayerisches Hauptstaatsarchiv, MF 70 309, Schreiben vom 18. November 1935: „Das Landesamt für Denkmalspflege hat von sich aus – nach einer privaten Vereinbarung der Sachbearbeiter – die anliegende Äußerung abgegeben, worin gegen die Überlassung des gesamten Schloßkomplexes entschieden Stellung genommen wird. Der Verein für Heimatschutz wird von sich aus an den Herrn Ministerpräsidenten mit der Bitte herantreten, Schloß Nymphenburg in seiner jetzigen Gestalt unverändert zu erhalten. Oberregierungsrat Esterer wird versuchen, den Präsidenten der Akademie der bildenden Künste Geheimrat Professor Dr. German Bestelmayer für die Angelegenheit zu interessieren. Er hat inzwischen mit dem Präsidenten der Reichskammer der bildenden Künste, Professor Eugen Hönig, gesprochen; dieser ist bereit sich Herrn Ministerpräsidenten zur Verfügung zu stellen ..."

31 Bayerisches Hauptstaatsarchiv, MF 70 309, Mitteilung des Adjutanten des Führers Hauptmann Wiedemann vom 18. November 1935 an den bayerischen Ministerpräsidenten Siebert.

32 EFFI HORN, Die Nacht der Amazonen. Bericht von galanten Festen im Nymphenburger Park, in: Das Bayerland, 50, H. 12, 1939, S. 369-384. – Einen literarischen Niederschlag fanden Christian Webers Leben und Taten in HERBERT ROSENDORFERS Roman Die Nacht der Amazonen, Köln 1989.

33 So benannt wohl wegen des hier später untergebrachten Internats der Englischen Fräulein.

34 M. DONATILLA ECKARDT, Vom Bau der Institutskirche München-Nymphenburg bis zu ihrer Zerstörung, in: Oberbayerisches Archiv, 101, 1976, S. 383-386.

35 Die Klosterfrauen erhielten die Baulichkeiten als Ersatz für den säkularisierten „Paradeishof" (Alte Polizeidirektion in der Theatinerstraße).

36 Die Tapeten wurden 1757 vom Münchener Kaufmann Philipp Hepp geliefert; sie zeigten zwischen rot eingefaßten Goldzügen bunte Blumen und Früchte auf grünem, im Kaffezimmer auf blauem Grund. Weiterhin gab es zur Beleuchtung acht zwölfarmige Lüster und 20 geschnitzte vergoldete Spiegelblaker. (Angaben aufgrund von Archivrecherchen durch Anna Bauer-Wild, zusammengefaßt in einem bisher unpublizierten Bericht beim Bauamt der Bayerischen Verwaltung der staatlichen Schlösser, Gärten und Seen).

37 Ebd.

38 Bayerisches Hauptstaatsarchiv, MF 70 309, Schreiben der Schlösserverwaltung an den Generalbevollmächtigten für die Eisen- und Stahl-

bewirtschaftung vom 31. August 1937: „Es handelt sich demnach um kein staatliches Bauvorhaben. Das Bauamt der Verwaltung der staatlichen Schlösser, Gärten und Seen in München, dem die bauliche Pflege des Schlosses Nymphenburg obliegt, hat sich lediglich insoweit eingeschaltet, als es die Interessen des Landes Bayern an der Erhaltung des Schlosses Nymphenburg als einzigartiges historisches Bauwerk bedingen. Es hat daher die Plangrundlagen geliefert, nach denen die Fa. Stöhr die Ausführungspläne herstellte, hat diese Pläne überprüft und überwacht die Bauausführung im wesentlichen nach ihrer künstlerischen Seite hin. Bauherr ist der Verein Deutsches Jagdmuseum e. V., der auch die nicht unerheblichen Mittel für den Umbau aufzubringen hat. Die technische Überwachung des Baues, die Beratung bei Vergebung der Arbeiten und die Rechnungsprüfung hat das Hochbauamt der Stadt München übernommen."

39 Bayerisches Hauptstaatsarchiv, MF 70 309, Schreiben der Schlösserverwaltung an den Generalbevollmächtigten für die Eisen- und Stahlbewirtschaftung vom 31. August 1937.

40 Bayerische Verwaltung der staatlichen Schlösser, Gärten und Seen, Akt Zoologische Sammlungen (Fach 140, Nr. I), Schreiben Webers an das Bayerische Landesamt für Denkmalpflege vom 31. August 1937: „In diesem Schlossteil befindet sich der sog. Musiksaal, der schon seit langer Zeit angeblich wegen der Tapeten und der inneren Fensterumrahmungen unter Denkmalschutz stehen soll. Wenn nun dieser Saal dem in Aussicht genommenen Museumszweck zugeführt werden soll, werden die Tapeten sicherlich in Mitleidenschaft gezogen werden. Nachdem ferner ein Teil der Fenster, um Wandflächen zu schaffen, innen verkleidet werden muss, wirken auch die inneren Umrahmungen der Fenster störend ... . Ich beantrage daher, den Denkmalschutz für diesen Saal, wenn ein solcher wirklich vorliegt, fallen zu lassen." – Eine weitere Behandlung dieses Antrags durch die angesprochenen staatlichen Stellen ist nicht erhalten. – Festzuhalten ist, daß die von Weber erwähnten „Tapeten" wohl kaum mehr jene der Erstausstattung sein konnten (s. o., Anm. 37), da der Saal im frühen 19. Jahrhundert neu gestaltet wurde. Die 1937 erwähnten Tapeten sind spurlos verschwunden; erhalten blieben dagegen die Brüstungsverkleidungen, Fenster mit Umrahmungen und Innenläden und zwei der vier Originaltüren.

41 Bayerische Verwaltung der staatlichen Schlösser, Gärten und Seen, Zoologische Sammlungen (Fach 140, Nr. I), Aktennotiz von Otto Hertwig vom 8. April 1946.

42 Bayerisches Hauptstaatsarchiv, MF 70 309, Schreiben der Schlösserverwaltung vom 10. April 1937 an das Staatsministerium der Finanzen.

43 Bayerische Verwaltung der staatlichen Schlösser, Gärten und Seen, Zoologische Sammlungen (Fach 140, Nr. I), Aktennotiz von Otto Hertwig vom 8. April 1946.

44 Bayerisches Hauptstaatsarchiv, MF 70 309, Schreiben Webers an Ministerpräsident Siebert vom 7. Juni 1935.

45 Bestärkt wurde Weber wohl dabei durch Ministerpräsident Siebert, der ihn dazu ermutigte, auch die Räume der Englischen Fräulein im Nordflügel und weitere An- und Neubauten in seine Überlegungen zur Museumserweiterung einzubeziehen; s. Bayerische Verwaltung der staatlichen Schlösser, Gärten und Seen, Zoologische Sammlungen (Fach 140, Nr. I), Schreiben vom 13. Januar 1937.

46 Bayerisches Hauptstaatsarchiv, MF 70 309, Schreiben Webers vom 20. Oktober 1937.

47 Bayerisches Hauptstaatsarchiv. MF 70 309, Schreiben des Kultusministeriums an den Reichsminister für kirchliche Angelegenheiten vom 30. November 1937.

48 München, Stadtarchiv, Christian Weber 481; in seinem Schreiben vom 3. November 1937 an das Kultusministerium betont Lill, daß „die Erhaltung der Kirche ... ganz abgesehen von ihren kultischen Funktionen, schon als hochqualifiziertes Kunstwerk und Dokument einer für die Entwicklung der Münchener und der bayerischen Bau- und Raumkunst so wichtigen Zeit um die Mitte des 18. Jahrhunderts eine unabweisbare Pflicht der Denkmalpflege" sei.

49 Bayerisches Hauptstaatsarchiv, MF 70 309, Vormerkung des Ministerpräsidenten Siebert vom 14. Februar 1938, „offenbar dienen aber die Bauarbeiten nur dem Zwecke, die Räumung der Klosterkirche auf diesem Wege zu erreichen".

50 Bayerisches Hauptstaatsarchiv, Reichsstatthalter 576/3, Deutsches Jagdmuseum.

51 Bayerisches Hauptstaatsarchiv, Reichsstatthalter 576, Schreiben des Reichsstatthalters in Bayern an den Reichsminister des Auswärtigen vom 10. November 1937.

52 Bayerisches Hauptstaatsarchiv, Reichsstatthalter 576, Monatsbericht der Geheimen Staatspolizei vom 10. Dezember 1937: „Verschiedene Organe der Auslandspresse setzten die Öffentlichkeit davon in Kenntnis, dass die zum Institut der englischen Fräulein zu Nymphenburg gehörige Kapelle zwecks Abbruch geräumt werden müsse. Es handle sich hier um eine Verordnung des Christian Weber, gewesener Hausdiener einer kleinen Wirtschaft, der jetzt einflußreicher Amtsträger in München ist".

53 Bayerisches Hauptstaatsarchiv, MF 70 309, Ministerpräsident Siebert in einer Aktennotiz vom 1. November 1937 über ein Gespräch mit Staatssekretär Dr. Boepple, Kultusministerium.

54 Bayerisches Hauptstaatsarchiv, MF 70 309, Schreiben des Kultusministeriums an den Reichsminister für kirchliche Angelegenheiten vom 30. November 1937; man teilte mit, daß die Rechte des Königs, der den Englischen Fräulen einen Trakt von Schloß Nymphenburg zugewiesen hatte, auf den Bayerischen Staat übergegangen seien und daß dieser den Vertrag jederzeit aufheben könne.

55 Bayerisches Hauptstaatsarchiv, Reichsstatthalter 576, Telegramm Kardinal Faulhabers an Ritter von Epp vom 27. November 1937.

56 Bayerisches Hauptstaatsarchiv, Reichsstatthalter 506, Ministerratssitzung vom 16. September 1938.

57 Bayerisches Hauptstaatsarchiv, MF 70 309, Schreiben vom 30. November 1937.

58 München, Stadtarchiv, Photosammlung, Deutsches Jagdmuseum Nymphenburg, Umbauarbeiten (27 kleine Alben).

59 ECKARDT (wie Anm. 34), S. 385.

60 München, Stadtarchiv, Christian Weber 481. Als Informant wird ein Architekt „Schmitz" erwähnt; gemeint ist vermutlich der Leiter des Baubüros des Deutschen Jagdmuseums, Architekt Karl Schmid.

61 München, Stadtarchiv, Christian Weber 481.

62 KURT PREIS, *München unterm Hakenkreuz*, München 1980, S. 132.

63 ECKARDT (wie Anm. 34), S. 385.

64 Der Bombenangriff galt der nahegelegenen Nymphenburger Porzellanmanufaktur im Schloßrondell, in der kriegswichtige Isolatoren aus Porzellan hergestellt wurden.

65 ECKARDT (wie Anm. 34), S. 385.

66 Lokalbaukommission, Akt Nördliches Schloßrondell. Deutsches Jagdmuseum sowie Bayerisches Hauptstaatsarchiv, MF 70 309, Schreiben vom 7. und 31. August 1937. So hatte Göring zunächst u. a. die Zuteilung von Zuschüssen der Reichsjägerschaft für das Münchner Jagdmuseum ausgeschlossen, weiterhin verlangte er im August 1937 in seiner Eigenschaft als Beauftragter für den Vierjahresplan und Generalbevollmächtigter für die Eisen- und Stahlwirtschaft im Reich sowohl die Bauerlaubnis und Unbedenklichkeitsbescheinigung für die Verwendung von Baueisen am Münchner Museumsbau, wohl wissend, daß diese nicht vorlagen. Daraufhin drohte er mit einer sofortigen Baustillegung. Bei einer Besprechung mit Göring konnte sich Weber jedoch trotz seiner Bauverstöße behaupten, die Untersuchungen wurden 1938 eingestellt und Weber baute bis 1941 nahezu ungehindert weiter an seinem Nymphenburger Jagdmuseum.

67 München, Stadtarchiv, Bürgermeister und Rat 1939-1940, Schreiben vom 7. April 1952.

68 *Völkischer Beobachter* vom 19. November 1937.

69 Bayerische Verwaltung der staatlichen Schlösser, Gärten und Seen, Zoologische Sammlungen (Fach 140, Nr. I), Schreiben von Christian Weber an die Schlösserverwaltung vom 27. September 1937.

70 Oswald Eduard Bieber (1876-1955), geb. in Pockau/ Sachsen war seit 1900 in München als Architekt ansässig. Er hinterließ im südbayerischen Raum ein bedeutendes und umfassendes architektonisches Lebenswerk, zu dem u. a. die Münchner Rückversicherung (1911-13), die Wohnanlage „Borstei" in München (1927ff.) und die Kirche St. Johannes in Augsburg (1929-30) gehörten. Die Bautätigkeit z. Zt. des Dritten Reichs nahm hierbei einen vergleichsweise geringen Raum ein; Bieber errichtete neben den Bauten in Nymphenburg u. a. das Rathaus in Garmisch-Partenkirchen (1935) und das „Haus des Deutschen Rechts" in München (1936-39).

71 *Völkischer Beobachter* vom 19. November 1937: „Wie uns von der Leitung des Deutschen Jagdmuseums mit geteilt wird, hat Dr. Bieber bereits seine Arbeiten aufgenommen".

72 Abb. des ersten detaillierten Präsentationsmodells in: „Münchener Beobachter", tägliches Beiblatt zum *Völkischen Beobachter*, 21. Februar 1938. Im Februar 1938 wurde das Modell zudem im Ausstellungsraum des nördlichen Arkadenbaus am Münchner Hofgarten (an der Galeriestraße) der Öffentlichkeit vorgestellt. Das in einer späteren Planungsphase geringfügig veränderte (Rundturm und Risalit im kleineren nördlichen Hof) und durch das „Dioramenhaus" im Westen erweiterte Modell im Maßstab 1:100 ist in Stuckgips ausgeführt und dezent koloriert; es wurde 1994 im Besitz der Verwaltung der staatlichen Schlösser, Gärten und Seen wiederentdeckt, von den Restaurierungswerkstätten des Bauamts gesichert und geringfügig ergänzt. Derzeit wird es im ehem. Orangeriebau des Nymphenburger Schlosses aufbewahrt.

73 Effner hatte das Gesamtschloß als hierarchisch strukturierten Komplex mit nach Norden und Süden abnehmender Höhenstaffelung vom Mittelbau des Hauptschlosses bis hin zu den peripheren äußeren Höfen konzipiert und deshalb für die besagten äußeren, schmaleren Wirtschaftstrakte eine – wenn auch zweigeschossige – so doch deutlich geringere Höhenentwicklung vorgesehen als bei den vorgeschalteten größeren Wirtschaftshöfen.

74 Bayerisches Hauptstaatsarchiv, MF 70309.

75 Um die Museumssäle im Orangeriebau mit denen im Klosterbau zu verbinden, hatte Weber am 16. November 1937 von der Schlösserverwaltung die Auflassung und Verlegung des 1807 von Joseph v. Baader im Johannis-Brunnhaus geschaffenen und vom kgl. Hofbrunnmeister Franz Heß (Höß) 1835 in Gußeisen erneuerten Pumpwerks verlangt, mit dem die große Fontäne im Schloßrondell betrieben wird. Den Zugriff auf dieses „in seiner Wirtschaftlichkeit nicht zu erreichende alte Pumpwerk, das überdies als technisches Meisterwerk wegen seines Denkmalswertes vollen Anspruch auf weitere Erhaltung besitzt", konnte von der Schlösserverwaltung jedoch damit verhindert werden, daß ein Gutachten des Dipl.-Ing. Julius Maetz und Maetz jun. vom 14. Januar 1938 den Ersatz des bestehenden Pumpwerks durch eine neuzeitliche Turbinenanlage als unwirtschaftlich auswies. Man einigte sich daher darauf, im Erdgeschoß lediglich einen schmalen Durchgang in die Nordwestecke des Brunnenhauses zu legen; s. Bayerische Verwaltung der staatlichen Schlösser, Gärten und Seen, Zoologische Sammlungen (Fach 140, Nr. I), Schreiben des Präsidenten Dr. Brand an das Deutsche Jagdmuseum vom 2. Februar 1938, vgl. auch Abb. 13.

76 München, Stadtarchiv, Bürgermeister und Rat 1865-1870/1937 sowie Programmheft: Großdeutsches Volksfest 1938 anläßlich der Eröffnung des Deutschen Jagdmuseums in München, München 16. Oktober 1938. – Für das von Weber befohlene Spektakel stellte die Stadt 140 000 RM überplanmäßig bereit: „Gegen 9 Uhr wird die Auffahrt zur Eröffnung des Deutschen Jagdmuseums beginnen. Die Alleen längs des Nymphenburger Kanals tragen Fahnenschmuck, Hunderte von Dianen bilden Spalier, zahlreiche Kapellen begrüssen die Ankommenden, die zum Teil im Museum selbst, zum Teil auf eigens errichteten Tribünen Platz nehmen. Nach der Begrüssung durch Präsident Christian Weber, dem Schöpfer des Deutschen Jagdmuseums, wird ein Herold die Feier durch einen Vorspruch eröffnen, worauf dann Oberbürgermeister Karl Fiehler und Gauleiter Staatsminister Wagner, der Schirmherr des Deutschen Jagdmuseums sprechen. Die Eröffnung selbst nimmt Ministerpräsident Siebert vor. Zwischen die einzelnen Ansprachen werden Musik- und Gesangsvorträge eingestreut. Trotz des reichen Programms soll die Eröffnung aber nur eine Stunde dauern, weil sich um 11 Uhr schon der Festzug, der in den Strassen zwischen Stiglmairplatz und Nymphenburg Aufstellung nimmt, in Bewegung setzt." Der Festzug endete auf der Theresienwiese, wo Wehrsportschießen, Pferderennen und ein Großfeuerwerk stattfanden.

77 Bayerisches Hauptstaatsarchiv, MF 70 309, Schreiben Rineckers am 5. August 1938. Erst im Juli 1938 setzte man die Schlösserverwaltung von den neuen, „monumentaleren" Ausbauplänen, die den Zugang zum Museum betrafen, durch die Vorlage der Pläne in Kenntnis. Zu diesem Zeitpunkt waren die Bauarbeiten bereits so weit durchgeführt, daß sich die Schlösserverwaltung darauf zurückzog, „keine Erinnerung mehr erheben" zu wollen.

78 Weber plante, hier „alle möglichen Verkehrsmittel vergangener Zeiten" unterzubringen, darunter auch die Kutschensammlung des Marstallmuseums aus der Reithalle der Münchner Residenz, da er diesen Bau in Anlehnung an die Wiener Hofreitschule für große Reitveranstaltungen, Turniere und Reiterspiele freibekommen wollte; s. Bayerische Verwaltung der staatlichen Schlösser, Gärten und Seen, Zoologische Sammlungen (Fach 140, Nr. I), Aktenvermerk des Ministerpräsidenten Siebert über ein Gespräch mit Christian Weber vom 13. November 1936. – Auf Webers Anregung wurde das Marstallmuseum 1939 aus der Residenz nach Nymphenburg verlagert und dort allerdings nicht in der neuen „Wagenhalle", sondern gegenüber dem Jagdmuseum auf der Südseite des Cour d'Honneur in den früheren Pferdestallungen des östlichen und nördlichen Kavalierbaus eingerichtet.

79 Münchner Stadtarchiv, Bürgermeister und Rat 1939-1940, Vormerkung vom 10. Dezember 1945.

80 München, Stadtarchiv. Bürgermeister und Rat 1865-1870/1937, Bericht über die 2. Mitgliederversammlung vom 20. Juni 1939: „So einfach ist es nicht, ein Museum zu errichten. Ich darf wohl hier daran erinnern, daß ich mit einer Bauzeit von mindestens noch sechs bis acht Jahren rechne, bis das Deutsche Jagdmuseum fertig ist. Rom ist auch nicht an einem Tag erbaut worden, ebensowenig der Turm von Babel, warum soll das Jagdmuseum in einem Jahr fertig sein? Wenn es etwas Kleines werden würde, könnte man es ja machen. Aber nachdem der Gedanke von Anfang an sehr groß war und immer noch größer wird, und nachdem es seiner Struktur nach einzigartig ist, soll es auch dem großen Reich und der Hauptstadt der Bewegung angepaßt sein. Auf jeden Fall werden wir in diesem Jahr mit den Bauteilen 3 und 4 fertig. Dadurch wird der erste Hof geschlossen und damit ein Bauplan vollendet, der schon über 200 Jahre alt ist, aber früher aus unbekannten Gründen nicht ausgeführt wurde. Damit haben wir ein erstes Stadium erreicht. Wir müssen aber für die Unterbringung der bisher noch nicht fertigen Abteilungen weiterhin noch neue Bauten und Museumsräume schaffen, mit denen bereits Herr Professor Bieber beauftragt ist. Der Weiterbau für dieses Jahr erfordert ungefähr 3 1/2 Millionen ... Nymphenburg wird, wenn der Hauptbahnhof da draußen gebaut sein wird, ein Zentrum des Verkehrs werden, und nicht weit davon ist dann das Jagdmuseum, das nicht nur jeder deutsche Jäger besuchen wird, sondern jeder, der mit der Natur verbunden ist. Die Mitgliederzahl beträgt 357. Da sollte man noch drei Nullen dranhängen können."

81 Staatliches Jagd- und Fischereimuseum, München, Phototagebuch der Bauleitung des Deutschen Jagdmuseums über den Bauablauf des Jahres 1938. Die unmaßstäbliche, offenbar von einem Laien gefertigte Ideenskizze diente vermutlich internen Planungsüberlegungen des Bauherrn.

82 Bayerisches Hauptstaatsarchiv, MF 70 309, Vormerkung von Ministerialrat Rudolf Esterer zu einer Sitzung des Kuratoriums vom 28. Februar 1939.

83 S. Bayerisches Hauptstaatsarchiv, MF 70 309, Schreiben des Ministerpräsidenten Siebert an Rinecker vom 17. August 1939. Nach anfänglicher Zurückhaltung hatte Hitler im Sommer 1939 das entstehende Münchner Jagdmuseum besichtigt und positiv beurteilt. Infolge der zustimmenden Haltung Hitlers gab auch Reichsjägermeister Göring seinen Widerstand endgültig auf; auch alle übrigen Gegner des Projektes – darunter auch Ministerpräsident Ludwig Siebert – zogen ihre Einwände zurück: „Ich kann den in der Vorlage zutage getretenen Auffassungen nicht so ganz zustimmen. Das deutsche Jagdmuseum ist doch eine recht große Angelegenheit geworden. Meine ursprünglich ablehnende und dann zögernde Haltung habe ich auf Grund des Besuchs des Jagdmuseums, seiner Entwicklung und der Absichten des Präsidenten korrigiert. Inzwischen hat auch der Führer selbst seine sehr starke anfängliche Ablehnung aufgegeben und steht dem Jagdmuseum in seiner vorgesehenen Gestaltung positiv gegenüber. Der Reichsforstmeister Generalfeldmarschall Göring hat ursprünglich die Errichtung des Deutschen Jagdmuseums in München verbieten wollen. Auf Grund eines zweistündigen Besuchs des Museums hat auch er seine Auffassung geändert ... Heute nun ist die Frage die, ob man den Neubau genehmigen kann oder nicht ... Kann also zunächst nicht der Erweiterungsbau genehmigt werden unter Feststellung, daß die Gartenkaffee-Frage zur Voraussetzung hat, daß die Verlegung des

Gärtnereibetriebes vorher beschlossen ist ... ? ... Ich wünsche die Angelegenheit förderlich behandelt zu wissen".

84 Bayerisches Hauptstaatsarchiv, MF 70 309, Vormerkung des Gärtendirektors Diermayer vom 28. Februar 1939 an das Finanzministerium: „Der Bauplatz für den neuen Pavillon ist bereits ausgesteckt ... Der Bauleiter hat von Herrn Präsident Weber den Auftrag erhalten, ohne Rücksicht auf etwaige Einsprüche der staatlichen Verwaltung, sofort mit dem Bau zu beginnen". – Bayerische Verwaltung der staatlichen Schlösser, Gärten und Seen, Zoologische Sammlungen (Fach 140, Nr. I), Schreiben des Ministerpräsidenten Siebert an die Schlösserverwaltung vom 7. März 1939: „Präsident Weber hat seit einiger Zeit den Plan, den größten Teil des Bischofsgartens zu überbauen. Nach den bisherigen Erfahrungen ist damit zu rechnen, daß er diesen Plan nicht aufgeben, sondern ihn stückweise und allmählich verwirklichen wird. Die jetzige Genehmigung [des „Dioramenhauses"] von irgendwelchen Bedingungen in dieser Hinsicht abhängig zu machen, wäre zwecklos. Die Bedingungen werden nicht gehalten".

85 Münchner Stadtarchiv, Bürgermeister und Rat 1939-1940, Vormerkung vom 10. Dezember 1945.

86 Bayerische Verwaltung der staatlichen Schlösser, Gärten und Seen, Zoologische Sammlungen (Fach 140, Nr. I), Schreiben des Bauamts vom 27. Mai 1952.

87 Bayerische Verwaltung der staatlichen Schlösser, Gärten und Seen, Zoologische Sammlungen (Fach 140, Nr. I), Schreiben des Bauamts vom 27. Mai 1952.

88 Bayerische Verwaltung der staatlichen Schlösser, Gärten und Seen, Zoologische Sammlungen (Fach 140, Nr. I), Schreiben des Bauamts vom 10. Juli 1948.

89 Dies belegen Aufnahmen aus dem Phototagebuch des Deutschen Jagdmuseums von 1938 im Archiv des Staatlichen Jagd- und Fischereimuseums München.

90 S. Präsentationsmodell, Abb. 9.

91 Vgl. die noch erhaltene, gleichzeitig entstandene entsprechende südliche Kanalbrücke vor dem heutigen Marstallmuseum.

92 Die Nische wurde in den sechziger Jahren zugesetzt, ihre Kontur zeichnet sich durch Putzrisse in der Wand ab.

93 Die Fenster der Südseite wurden erst um 1950 zugesetzt, als man den Orangeriebau vorübergehend als Ausweichquartier für die Sammlungen der zerstörten Münchner Residenz nutzte.

94 Freundliche Mitteilung vom Sohn des Künstlers, Herrn Johannes Klein, Weßling, in dessen Besitz sich noch einige Skizzen zu den Deckengemälden befinden.

95 S. Ulrich Thieme und Fritz Becker, *Allgemeines Lexicon der bildenden Künstler von der Antike bis zur Gegenwart*, 1-37, Leipzig 1907-1950, Bd. 20, Leipzig 1927, S. 447.

96 Recherchen bei den städtischen und staatlichen Sammlungen in München und bei Stellen, die mit Hinterlassenschaften des Dritten Reichs befaßt sind, waren bisher ohne Ergebnis.

97 S. Vorläufiger Führer durch das Deutsche Jagdmuseum, München 1938.

Abbildungsnachweis

Archiv Peter Bieber/Monika Geiger, München: *Abb. 26*
Bayerisches Landesamt für Denkmalpflege, Photoarchiv: *Abb. 17-23, 25* (Aufn. Eberhard Lantz, 1997)
Bayerische Verwaltung der staatlichen Schlösser, Gärten und Seen, Bauamt: *Abb. 4* (Aufn. Achim Bunz)
Bayerische Verwaltung der staatlichen Schlösser, Gärten und Seen, Bauamt, Plansammlung: *Abb. 5*
Bildarchiv Photo Marburg: *Abb. 8* (Aufn. 1945) Nr. 202 190
Landeshauptstadt München, Lokalbaukommission: *Abb. 6, 10, 15*
Reproduktion nach: *Der Völkische Beobachter* (Münchener Beobachter), 21. Februar 1938: *Abb. 9*
Reproduktion nach: *Großdeutsches Volkfest 1938, anläßlich der Eröffnung des deutschen Jagdmuseums,* München 1938: Schlußvignette
Reproduktion nach: *Münchner Mosaik,* 1. Jg. (1938), Zeichnung „Wiedmann": *Abb. 2*
Reproduktion nach: *Oberbayerisches Archiv,* Bd. 100 (1976), S. 385: *Abb. 7*
Reproduktion nach: *Vorläufiger Führer durch das Deutsche Jagdmuseum,* München 1938: *Abb. 13*
Staatliches Jagd- und Fischereimuseum München: *Abb. 14* (Phototagebuch des „Deutschen Jagdmuseums"), *16* (Photoalbum des „Deutschen Jagdmuseums")
Stadtarchiv München: *Abb. 11, 12, 24* (1938)
Strähle-Luftbild, Schorndorf: *Abb. 1*

ULI WALTER

DIE „MAXBURG" IN MÜNCHEN ALS PARADIGMA DES MODERNEN WIEDERAUFBAUS NACH DEM ZWEITEN WELTKRIEG

Das in den Jahren 1954-1956 nach Entwurf von Sep Ruf und Theo Pabst errichtete Geschäfts- und Verwaltungszentrum mit der Bezeichnung „Maxburg" oder auch „Neue Maxburg" war in den fünfziger Jahren nicht nur Münchens größte, sondern auch umstrittenste Baustelle.[1] Umstritten deshalb, weil die städtebauliche Situierung dieser „Stadt in der Stadt" als zu radikal und die architektonische Formensprache als zu modern empfunden wurde – wohl besonders am Lenbachplatz, dessen Erscheinungsbild auch nach den Zerstörungen des Zweiten Weltkriegs noch wesentlich von den benachbarten Monumentalbauten der Jahrhundertwende wie dem Justizpalast, dem Künstlerhaus, der früheren Börse, dem Bernheimer-Palais oder dem Wittelsbacherbrunnen geprägt wurde.

Andererseits sind zahlreiche Äußerungen von zeitgenössischen Architekten und Planern überliefert, die belegen, wie typisch „Münchnerisch" sie die neue Maxburg empfanden und wie sensibel die Architektur in die alte Stadtstruktur eingefügt sei. Dieser signifikante Widerspruch in der Bewertung ist bis heute nicht ausgeräumt, denn der Gebäudekomplex polarisiert nach wie vor die Meinungen. Eine kunstgeschichtliche Analyse und eine differenzierte Darstellung der Planungs- und Entstehungsgeschichte vor dem Hintergrund der architektonischen und städtebaulichen Ausgangssituation liegt bisher noch nicht in publizierter Form vor.[2] Dies ist umso bedauerlicher, als die Maxburg, wie die folgenden Ausführungen zeigen sollen, beispielhaft für einen programmatischen Ansatz innerhalb der deutschen Nachkriegsarchitektur steht, für den es – wenn überhaupt – nur sehr wenige Vergleichsbeispiele gibt.

DER HISTORISCHE ORT

Die Bezeichnung „Maxburg" greift den Namen des Vorgängerbaus auf, dessen Anfänge ins ausgehende 16. Jahrhundert zurückreichen. Die im Auftrag von Herzog Wilhelm V. errichtete alte Herzog-Max-Burg bildete einen Bestandteil der baulichen Anlage um das Jesuitenkolleg und um die Michaelskirche. Als Architekt und Urheber des Entwurfs werden Friedrich Sustris oder Wendel Dietrich angenommen.[3] Wie die Stadtpläne von Wenzel Hollar und Matthias Merian zeigen, umfaßte der Baukomplex im 17. Jahrhundert mehrere Innenhöfe, teilweise als Renaissancegärten ausgebildet, und eine Kapelle sowie die Karmeliterkirche inkorporierend. Der vier-, später fünfgeschossige Turm prägte die Nordwestecke des umfangreichen Areals. Bauliche Erweiterungen fanden in der zweiten Hälfte des 18. Jahrhunderts statt (Abb. 1). Im Rahmen der Entfestigung Münchens wurde mit der Anlage des Maximiliansplatzes eine neue städtebauliche Situation geschaffen. Der Abbruch der Stadtmauer und der Durchbruch der Pfandhausgasse (heute Pacellistraße) geschah im Jahr 1814.[4]

Um die Mitte des 19. Jahrhunderts stand ein Erweiterungsbau für die königliche Staatsschuldentilgungskommission zur Diskussion. Die erhaltenen Entwürfe von Eduard Riedel, Eduard Metzger und Ludwig Lange (1856-58), die unter anderem auch ein geplantes Wittelsbacher-Museum vorsahen, wurden nicht realisiert, nachdem für diesen Zweck an der Maximilianstraße ein besserer Standort gefunden worden war.[5] Mit dem dortigen Neubau für das erste bayerische Nationalmuseum wurde 1858 Eduard Riedel beauftragt. Trotzdem baute man 1866 die alte Maxburg um und erweiterte sie um den nordwestlichen Flügel. Die wesentlichste Änderung des historischen Erscheinungsbilds bedeutete jedoch die Aufstockung an der Pfandhausgasse auf drei Geschosse in der Zeit um 1895. Der Fassadenriß aus dieser Zeit zeigt eine strenge Gliederung mit Sockelquadern und zweifarbigen Putzfelderungen, sehr linear und graphisch geprägt (Abb. 2). Das Farbspektrum der Fassaden bewegte sich zwischen einem Ockerton und blaugrau abgesetzten Flächen.

ZERSTÖRUNG IM BOMBENKRIEG UND ABBRUCH DER RUINEN

Der Luftangriff vom 24./25. April 1944 traf die alte Herzog-Max-Burg schwer. Sie brannte innen gänzlich aus, lediglich die Fassaden blieben stehen. In den folgenden Jahren wurde sukzessive abgebrochen, nicht zuletzt vor dem Hintergrund, daß das Areal als Zwischenkippe für die Schutträumung der Münchner Altstadt benötigt wurde. 1950 wurde der Bauzustand des Trakts an der Pfandhausgasse als akut einsturzgefährdet bezeichnet, eine Beurteilung, die jedoch nicht von allen Behörden geteilt wurde. Während das Landbauamt München den totalen Abbruch der baulichen Reste favorisierte, forderte das Landesamt für Denkmalpflege den Erhalt des

Abb. 1. Die historische Herzog-Max-Burg im Stadtplan von Joseph Consoni; 1806 (Ausschnitt)

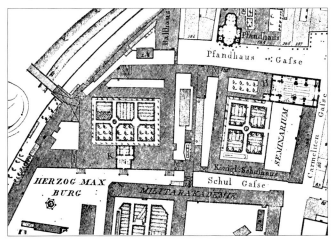

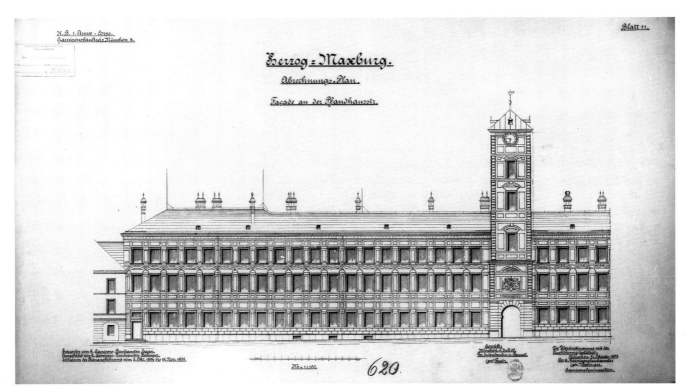

Abb. 2. Herzog-Max-Burg; Fassade an der Pfandhausgasse nach der Aufstockung; Eingabeplan von 1895

Turms und der Fassade entlang der Pfandhausgasse. Dafür waren in erster Linie stadtbildpflegerische Aspekte maßgebend. Ein Ideenwettbewerb sollte klären, inwieweit die baulichen Reste in einen Neubau zu integrieren waren. Eine Restaurierung der stark zerstörten Bausubstanz oder die Möglichkeit des Wiederaufbaus in der historischen Form wurde zu keinem Zeitpunkt erwogen. Doch schließlich führte der Verwertungsdruck des städtebaulich hochkarätigen Grundstücks in Verbindung mit dem desolaten Bauzustand zur weitgehenden Aufgabe der denkmalpflegerischen Forderungen.[6] 1951 erfolgte der Abbruch der Fassaden an der Pfandhausgasse ohne größere Proteste der Öffentlichkeit.

Über die Nachnutzung des freigeräumten Areals bestanden von städtischer und staatlicher Seite zunächst unterschiedliche Vorstellungen. Die Oberste Baubehörde hatte den Auftrag, ein Ministerialgebäude für das Innen- bzw. das Justizministerium zu planen, wobei in der Erdgeschoßzone eine gewerbliche Nutzung, ähnlich Josef Wiedemanns Neubau an Stelle der Alten Akademie in der Neuhauser Straße (1950-55), vorzusehen war. Die kommunale Stadtplanung schlug dagegen vor, an dieser Stelle einen stadteigenen Konzertsaal für die Münchner Philharmoniker inklusive Volkshochschule und Stadtbibliothek zu errichten. Die Kosten für dieses Projekt wurden auf lediglich 4,5 Millionen DM geschätzt.[7] Über die Entwicklungsgeschichte und das letztliche Scheitern dieses Planungsgedankens ist bisher nichts bekannt.

Wettbewerb 1952

Zur Erlangung eines stadträumlich und architektonisch befriedigenden Entwurfs für das freigeräumte Areal lobte die Oberste Baubehörde im Jahr 1952 einen bayernweit ausgeschriebenen Wettbewerb aus.[8] Die Vorgaben bestanden im wesentlichen lediglich darin, die teilzerstörte Karmeliterkirche zu erhalten, während der überlieferte Turm der Maxburg ausdrücklich zur Disposition stand. Allerdings bestand wohl schon zum damaligen Zeitpunkt innerhalb der Baubehörden die feste Vorstellung, daß der Neubau dem Charakter der untergegangenen Maxburg angeglichen und der Turm integriert werden sollte.[9] 153 bayerische Architekten nahmen an dem Wettbewerb teil, darunter Herbert Groethuysen, Franz Hart, Hans und Traudl Maurer, Siegfried Östreicher, Harald und Otto Roth, aber auch Guido Harbers, Ernst Sagebiel oder Erwin Schleich. In Abänderung der Ausschreibung wurden drei erste und drei zweite Preise vergeben. Der Wettbewerbsverlauf wurde aufmerksam zur Kenntnis genommen und fand aus verfahrenstechnischen Gründen teilweise heftige Kritik.[10]

Die drei ersten Preise teilten sich Werner Eichberg (unter Mitarbeit von Nikolai Woita), Franz Josef Miller (unter Mitarbeit von A. Perotti) sowie Theo Pabst. Die zweiten Preise gingen unter anderem an die Architekten Koch/Megele/Baumgartner sowie Sep Ruf.[11] Den Auftrag zur Ausführungsplanung erhielten die beiden Preisträger Theo Pabst und Sep Ruf, wobei die näheren Umstände der Auftragsvergabe bisher noch nicht nachvollzogen werden konnten. Es scheint, daß Theo Pabst aus Darmstadt, der bereits 1950/51 das städtebaulich hervorragend gelöste Kaufhausgebäude für den „Kaufhof" am Stachus errichtet hatte, sich für die Aufgabe am meisten prädestiniert zeigte.[12] Als Ansprechpartner vor Ort empfahl sich Sep Ruf, der kurz vor seiner Berufung zum Architekturprofessor an der Akademie der Bildenden Künste stand. Die örtliche Bauleitung erhielt ebenfalls Sep Ruf zusammen mit dem Architekten Hlawatschek, der seinerseits am Wettbewerb teilgenommen hatte. Die Baukosten wurden auf 12,5 bis 13 Millionen DM geschätzt.

DER NEUBAU

Grundeigentümer war der Freistaat Bayern, planendes Organ die Oberste Baubehörde im Innenministerium. Als Bauherr fungierte das Bauunternehmen Fries & Co., nachdem das bayerische Finanzministerium bereits im Jahr 1953 mit dieser Firma einen Erbbaurechtsvertrag abgeschlossen hatte, welcher vorsah, daß die Gebäude nach Ablauf von lediglich 47 Jahren an den Staat zurückfallen sollten. Nach diesem Finanzierungsmodell war für die Errichtung kein staatliches Kapital und keine Staatsbürgschaften erforderlich, da sich die Amortisierung allein aus der Vermietung der Büro- und Gewerbeeinheiten ermittelte. Nach damaliger Auffassung galt die Kombination von Büronutzung und Geschäftseinheiten als ungewöhnlich. Umso bedeutsamer ist zu werten, daß sowohl im Pacelli- als auch im Maxburgblock die Erdgeschoßzone kommerziellen Zwecken diente. Die ebenerdigen Einbauten für 22 Läden und Geschäfte sollten die Maxburg sogar zu „einem der bedeutendsten Geschäftszentren Münchens" machen.[13] Nur im Bauteil des Erzbischöflichen Ordinariats sowie im Lenbachblock war keine Geschäftsnutzung vorgesehen.

Der Neubau wurde im Jahr 1954 begonnen (Abb. 3). Die Bauausführung lag in Händen der fünf Bauunternehmen Heilmann & Littmann, Sager & Woerner, Leonhard Moll, Karl Stöhr sowie Fries & Co. Die Firmen und Handwerker, die mit dem Innenausbau betraut waren, sind ebenfalls im einzelnen bekannt.[14] Ein Stahlbetonskelett bildete jeweils den Kern der Einzelgebäude, was die weitgehende Freiheit bei der Grundrißentwicklung und größtmögliche Transparenz und Lichtdurchlässigkeit der Fassaden ermöglichte. Die Planung der technischen Infrastruktur, so etwa die eigene Trafostation und die zwei Notstromaggregate, erfolgte nach den modernsten Gesichtspunkten. Integraler Bestandteil der Planung war, damals noch ungewöhnlich, eine Tiefgarage von 3.500 Quadratmetern für 130 Autostellplätze.[15]

Das Ziel der Stadtplanung bildete die Trennung von Fahrverkehr und Fußgängerwegen, wie sie innerhalb der Münchner Altstadt auf verschiedenste Weise gelöst wurde.[16] Stadtbaurat Hans Högg äußerte sich mit dem Planungsergebnis zufrieden: „Es ist ein Musterbeispiel dafür, wie wir die Stadt wiederaufbauen würden, wenn die Grundstücks- und Besitzverhältnisse überall so günstig wären wie hier!"[17] Die „Süddeutsche Zeitung" sprach 1955 von einem „eindrucksvollen Beispiel moderner Bauweise und hohen architektonischen Könnens". Eine kleine Stadt für sich sei entstanden.[18]

Abb. 3. Maxburg; Luftaufnahme der Baustelle, 1954

Der Umbau 1955 und die Behebung bautechnischer Mängel

Während sich die Baustelle bereits in vollem Gang befand, brandete eine öffentlich geführte Diskussion um das künftige Straßenbild auf. In heftiger Debatte um die Erscheinungsweise des Neubaus erklärten sich konservative Kritiker, darunter Senator Bernhard Borst, Konsul Bernheimer, Julius Diez, Theodor Dombart, Georg Gsaenger, Hans Gedon, Guido von Maffei, Hans Friedrich von Pocci, Dr. Rank, Dr. Roeckl, Leo Samberger, Oberbürgermeister a. D. Scharnagl und Max Schottenhamel, offen zu Gegnern des Projekts. Zu den Befürwortern zählten in erster Linie die Interessensverbände der Architekten wie der BDA oder der Deutsche Werkbund Bayern und die Architekten Abel, Döllgast, Esterer, Ingwersen, Leitenstorfer, Vorhoelzer und Werner. Unterstützung kam weiter von Bürgermeister von Miller, Stadtbaurat Hans Högg, Wiederaufbaureferent Fischer, Dr. Seemüller, Dr. Stahl und Hans Eckstein.[19] Mit den ersten Presseberichten kam es auch zu erheblichen Protesten aus der Bevölkerung gegen die als zu modern empfundene Architektur.[20] Die Debatte war gleichzeitig Beginn eines lang anhaltenden Lamentos gegen den Abbruch der alten Maxburg.[21]

Und weiterer Ärger blieb nicht aus: Der Entschluß des bayerischen Ministerrats im Jahr 1955, die gesamte Justizverwaltung in der Maxburg unterzubringen, hatte zur Folge, daß nunmehr mehrere Gerichte sowie die Staatsanwaltschaft München in den angemieteten Räumen der Maxburg residierten. Die Folge waren hohe Mietkosten, welche der Staat für Büroräume auf eigenem Grund zu zahlen hatte. Im Oktober 1956 gelang es dem Freistaat Bayern überraschenderweise, die Maxburg aufzukaufen, nachdem die Fa. Fries & Co. zwischenzeitlich einen Vergleichsantrag hatte stellen müssen. Die näheren Umstände dieser Transaktion sind noch ebensowenig bekannt wie die Tatsache, daß die Bayerische Staatsbank „über Nacht" die Kredite gesperrt und die Rückzahlung verlangt hatte.[22]

Die Unterbringung der gesamten Justizverwaltung erforderte darüber hinaus Umbauarbeiten im Rohbauzustand, was Mehrkosten von rund einer Million DM und eine Bauverzögerung von fünf Monaten nach sich zog. Die Baupläne waren auf ein Geschäftshaus ausgerichtet gewesen; nunmehr mußten zehn zusätzliche Sitzungssäle des Amtsgerichts im ersten Stock des Pacelliblocks untergebracht werden, der eigentlich als Ladenobergeschoß geplant war. Da die Raumhöhe maximal bei 3,20 Metern lag, wurden Entlüftungsanlagen eingebaut. Infolge der Umplanung traten bereits 1955 eine Reihe beträchtlicher Baumängel und Bauschäden auf, deren Behebung bis weit über das Jahr 1957 hinaus andauerte. Die Gewährleistungsfrage mußte gerichtlich geklärt werden.

Im Juli 1955 waren die Fassaden großenteils fertiggestellt, teilweise allerdings noch unverputzt und ohne Natursteinverkleidung. In technischer Hinsicht bildet die plattenverkleidete Rasterfassade des Pacelliblocks eine Vorstufe zum „curtain wall".[23] Die Verkleidung besteht zum einen aus hellen und dunklen Jurakalkplatten, zum anderen aus Kunststein. Die Mauerflächen waren im Großen und Ganzen hell verputzt, lediglich der Lenbachblock zeigte sich in einem violettgrauen Farbspektrum. Großen Verdruß bereiteten die Fen-

Abb. 4. Plattenmosaik über dem westlichen Eingang von Blasius Spreng

sterpfeiler, die nicht richtig verankert worden waren, und die Plattenverkleidung, die wegen zu geringer Dehnungsfugen schon bald Schäden aufwies. Bereits im Jahr 1959 wurde eine neue Verankerung der Platten notwendig, deren Kosten sich auf die Summe von 730.000 DM beliefen. Weiter war das Flachdach ohne Belüftungszwischenraum konstruiert. In einem Presseartikel war sogar von der Maxburg als „Mursksburg" die Rede.[24] In den Jahren 1963/64 mußte der Gesamtkomplex einer ersten Generalrenovierung unterzogen werden. Die bautechnischen Mängel begründen bis heute die geringe Wertschätzung des Gebäudekomplexes seitens der Nutzer und der baubetreuenden Behörden.

Während der Turm gegen Ende des Jahres 1955 enthüllt und der flache BMW-Ausstellungspavillon am Lenbachplatz im Januar 1956 eröffnet werden konnte,[25] zog sich die Errichtung des Verwaltungsgebäudes für das Erzbischöfliche Ordinariat auf dem östlichen Teil des Gesamtareals noch bis 1958 hin. Einen Teil des Grundstücks bebaute man mit einem Wohnhaus mit Garten für die Domherren. In diesen Zusammenhang gehört weiter der Umbau der barocken Klosterkirche der Karmeliter, die im Zweiten Weltkrieg teilweise zerstört worden war. Die Baumaßnahme erfolgte in den Jahren 1955-57 nach einem Entwurf von Sep Ruf, der den Kirchenraum um 1-2 Joche verkürzte und eine Flachdecke einziehen ließ.

Zu den gravierendsten späteren Veränderungen der originalen Konzeption gehört neben den teilweise inadäquaten

Erneuerungen der Fenster und Dächer der Umbau des „BMW-Pavillons", der 1986 – offenbar in Abstimmung mit Sep Ruf – völlig umgestaltet wurde. Die fassadendurchstoßende Wandscheibe wurde entfernt und das Umfeld, das bis dahin als Tankstelle diente, gestalterisch „aufgewertet". Weitere Umbauten, Sanierungen und Bauunterhaltsmaßnahmen betrafen Dächer, Dachaufbauten, Fenster und Grünanlagen. Seit 1997 läuft eine weitere Maßnahme im Lenbachblock, veranlaßt durch eine Asbestsanierung.[26]

KUNST AM BAU

Zum Zeitpunkt der Errichtung wurden für die „Kunst am Bau" rund 2 % der Bausumme aufgewandt. Die Aufträge gingen ausnahmslos an ältere, renommierte Künstler und Kunsthandwerker. Zu den Rezensenten der Werke gehörte auch Wolfgang Petzet mit seinem Beitrag „Moses und der Engel mit der Weltkugel in der Maxburg" im Münchner Merkur vom 5. Mai 1955.[27] In der Sitzung der städtischen Baukunstkommission vom 16. August 1955 waren die Künstler Hiller, Stadler, Spreng, Braun sowie Architekt Ruf geladen, um ihre Entwürfe vorzustellen und inhaltlich zu erläutern. Die meisten der angefertigten Werke befinden sich noch vor Ort.[28] Der „Petrus" aus Rüsternholz von Bildhauer Moroder aus Südtirol, dessen ursprünglicher Standort wohl im Domherrenhof zu suchen ist, befindet sich heute im Eingangsvestibül

Abb. 5. Wandrelief von Karl Knappe aus rotem Sandstein

der Finanzkammer. Der „Christophorus" mit kleinem Wasserbecken von Roland Friederichsen steht an seinem angestammten Platz im Ordinariatsgarten. Das Plattenmosaik am östlichen Eingang zum Schmuckhof von der Maxburgstraße aus stammt von Kunstmaler Wilhelm Braun, das Plattenmosaik über dem westlichen Eingang an der Maxburgstraße fertigte Kunstmaler Blasius Spreng (Abb. 4).

Den Brunnen mit einer Darstellung zum Thema „Moses schlägt Wasser in der Wüste Sin" entwarf Josef Henselmann, der 1946 eine Professur an der Akademie der Bildenden Künste in München erhalten hatte. Der monolithische Stein von 7,5 Metern Höhe trägt die Bronzefigur des Moses. Ruf und Henselmann hatten bis dahin auch bei anderen Projekten zusammengearbeitet. An der westlichen Stirnseite des Maxburgblocks befindet sich ein Wandrelief von Prof. Karl Knappe aus rotem Sandstein, das einen „Engel mit der Erdkugel" darstellt (Abb. 5). Ein weiterer Brunnen mit sitzender Figur nach Entwurf von Anton (Toni) Stadler war an der Maxburgstraße vorgesehen. Er sollte sich ursprünglich hinter der Wand von 2,30 Metern Höhe, die sich aus dem BMW-Pavillon heraus entwickelte, befinden. Das Natursteinbecken wurde wohl ausgeführt, während die wegen ihrer Nacktheit als anstößig empfundene Figur Widerspruch erregte und nicht aufgestellt wurde.[29] Das „Urtier", eine monolithe Steinbank am Lenbachplatz, stammt von Anton Hiller.[30] Im Lichthof des Lenbachblocks befindet sich ein Mosaikbrunnen von Karl Knappe; die Wände tragen das Gemälde zum Thema „Würde und das Recht" von Josef Oberberger.[31]

STILISTISCHE UND KONZEPTIONELLE ASPEKTE

Das Luftbild zeigt die Verteilung der Baumassen in exemplarischer Weise (Abb. 6). Der Baukomplex besteht aus sieben verschieden hohen, kubischen Baukörpern um vier, teilweise begrünte Innenhöfe. In dem Wiederaufgreifen der Hofstruktur darf ein bewußter Rekurs auf die Renaissanceanlage der alten Maxburg gesehen werden. Die Anknüpfung geht aber noch einen entscheidenden Schritt weiter: Sowohl die Abfolge der Höfe als auch die Richtung und Proportion der Binnenräume waren im Grundsatz bereits im Vorgängerbau vorhanden, besonders markant in der Form bis zur Erweiterung des Jahres 1866. Selbst die bis 1944 existierende fußläufige Verbindung wurde durch den Durchgang von der Maxburgstraße zur Pacellistraße entlang des Verwaltungsgebäudes des Erzbischöflichen Ordinariats wieder aufgegriffen. Die Höhenerstreckung und Plazierung der Baukörper ist so gewählt, daß die Sichtbeziehungen zu den Monumentalgebäuden der Umgebung, insbesondere zur Frauenkirche, zu St. Michael und zum Künstlerhaus, annähernd gewahrt bleiben.

Natürlich war damit keine wörtliche, sondern eine modern interpretierende Neufassung der historischen Situation gemeint. Es ist noch unklar, auf wessen Betreiben diese Idee geboren und weiterentwickelt wurde, denn die preisgekönten Entwürfe unter den 153 Wettbewerbsbeiträgen sahen allesamt Lösungen ohne Bezug auf die vormalige Situation vor. Für die Frage, wer auf die Überarbeitung durch Sep Ruf und Theo Pabst Einfluß nahm, ist sicherlich relevant, daß das Projekt mehrfach dem staatlichen und städtischen Baukunstausschuß vorgelegt werden mußte.

In direkt vergleichbarer Weise erweiterte die Fassadenlösung am Pacelliblock die gängigen Wiederaufbaukonzepte um eine prägnante Facette. Die Architekten intendierten eine Neuinterpretation der alten Maxburgfassade in modernen Formen, also ebenfalls eine moderne Umsetzung des historischen Vorgängerbaus. Dies illustriert am besten eine Gegenüberstellung der beiden Gestaltungsansätze. Die Rasterfassade der neungeschossigen Hauptfront an der Pacellistraße greift in ihrer Binnengliederung den Maßstab und die Maßverhältnisse der historischen Maxburg auf (Abb. 7). Die Übernahme läßt sich beispielsweise an den Proportionsverhältnissen der asymmetrisch geteilten Fenster festmachen, deren Format innerhalb der „curtain wall"-Fassade natürlich keine konstruktive oder technische Vorgabe besaß, sondern für die Gestaltung zur Verfügung stand. Auch das Motiv der abgesetzten Brüstungen kehrt durch die Dichte des Fassadenrasters und durch den gewählten Materialkontrast wieder. Interessanterweise wurde dabei wiederum der Zustand vor dem Umbau von 1866 zum Ausgangspunkt der Neugestaltung gemacht.

Wie in anderen Fällen, etwa dem sog. Löwenturm am Rindermarkt, wurde der alte Maxburgturm als historisches „Präparat" erhalten und einer neuen städtebaulichen Bedeutung zugeführt: Der früher in die Gebäudeflucht eingebaute Turm wurde freigestellt, indem man die Baulinie des Pacelliblocks um einige Meter zurückversetzte. Die Fassadengliederung des Turms wurde dabei völlig erneuert und gestalterisch in Anlehnung an den Altbestand weiterentwickelt. Die Farbigkeit (Flächen hell pergamentweiß, Rillen blaugrau) hatte mit dem Vorgängerbau allerdings nichts zu tun. Man strebte 1955 bewußt die städtebauliche Integration des Turms in den Gesamtkomplex an – und nicht etwa umgekehrt.[32]

„Wir wollten keinen konsequent hypermodernen Glashausstil, sondern eine wohltemperierte, abgewogene Lösung, die auch Münchner Atmosphäre besitzt" – vielleicht ist in dieser Aussage Sep Rufs aus dem Jahr 1953 also doch mehr zu erblicken als eine taktisch erforderliche Scheinargumentation.[33] Die eingangs erwähnte Wertschätzung der Maxburg unter den modernen Architekten der fünfziger Jahre scheint in dem Nebeneinander moderner Formen und historischer

Abb. 7. Der fertiggestellte Turm vor der Fassade des Pacelliblocks

Bezüge ihren Ausgangspunkt zu haben. Darin unterscheidet sich das Maxburg-Projekt grundsätzlich von dem Wiederaufbau anderer Monumentalbauten in München wie etwa der Residenz oder den großen Sakralbauten. Grundlegende konzeptionelle Unterschiede sind aber auch zu den zurückhaltenden, materialästhetisch bestimmten Ergänzungen Hans Döllgasts oder zu den weitgehend unabhängigen, keine unmittelbar historischen Bezüge aufgreifenden Neubauten Robert Vorhoelzers festzustellen. Das originäre Konzept der Münchner Maxburg, also die städtebauliche und gestalterische „Übersetzung" eines historischen Vorgängerbaus in die Formensprache der modernen Architektur, scheint auch vor dem Hintergrund des Wiederaufbaus in den anderen zerstörten Städten der jungen Bundesrepublik ohne Beispiel zu sein.

Wo man keine historischen Allusionen für notwendig erachtete, wurden die Fassaden der neuen Maxburg im Hinblick auf größtmögliche Transparenz und Lichtdurchlässigkeit gestaltet.[34] Die Durchblicke zwischen den Höfen, die Höhenstaffelung der Baukörper und die Inszenierung von Blickachsen gehören bundesweit zu den besten Beispielen der Fünfziger-Jahre-Architektur. Im Innern des Lenbachblocks befindet sich als künstlerischer Kernbereich ein mehrgeschossiger Lichthof mit umlaufenden Galerien und verglaster Stirnseite. Das Treppenhaus auf elliptischem Grundriß ist in den Lichthof integriert. In besonders spektakulärer Weise ordneten Sep Ruf und Theo Pabst den großen Sitzungssaal an der Westseite des Gebäudes an. Hier eröffnete sich der direkte Blick auf den Justizpalast, der noch zehn Jahre zuvor Schauplatz der Unrechtsprozesse des sog. Dritten Reiches gewesen war. In der neuen, transparenten Architektur scheint sich auch auf diese Weise eine Auseinandersetzung mit der jüngsten Vergangenheit auszudrücken und gleichzeitig dem neuen Selbstverständnis einer demokratischen Rechtssprechung architektonische Form zu geben.

Abb. 6. Der fertiggestellte Baukomplex der Maxburg; 1958

ANMERKUNGEN

1 Überarbeitete und erweiterte Fassung eines Vortrages im Rahmen des Deutschen Kunsthistorikertags am 14. März 1997.
2 Einführend: BAYERISCHER ARCHITEKTEN- UND INGENIEUR-VERBAND (Hrsg.), *München und seine Bauten nach 1912*, München 1984, S. 450. WINFRIED NERDINGER (Hrsg.), *Aufbauzeit. Planen und Bauen. München 1945-1950*, München 1984, S. 152 (mit Lit.). – HANS WICHMANN, *In memoriam Sep Ruf*, Kat. der Ausstellung München 1985/86, Stuttgart 1985, S. 75-79 (mit Lit.). – BRITTA KERKY, *Die Maxburg von Sep Ruf in München*, unveröff. Magisterarbeit am kunsthistorischen Institut der Ludwig-Maximilians-Universität München 1997, Lehrstuhl Prof. Büttner.
3 Zur Baugeschichte der alten Maxburg vgl. HELGA MARIE ANDRES, *Rekonstruktion der Herzog-Maxburg in München*, Schriften aus dem Institut für Kunstgeschichte der Universität München, Bd. 18, München 1987.
4 HANS LEHMBRUCH, *Ein neues München. Stadtplanung und Stadtentwicklung um 1800 – Forschungen und Dokumente*, München 1987.
5 WINFRIED NERDINGER (Hrsg.), *Zwischen Glaspalast und Maximilianeum. Architekur in Bayern zur Zeit Maximilians II. (1848-1864)*, München 1997, S. 269-271.
6 Bayerisches Landesamt für Denkmalpflege, Objektakt Maxburg.
7 FRIEDRICH W. MERZ, *Zwei Liebhaber für das Maxburg-Gelände*, in: Münchner Merkur vom 19. Februar 1951.
8 *Der Baumeister*, 49, 1952, H. 9, S. 626-631.
9 In der Obersten Baubehörde sind offenbar keine Archivalien zum Wettbewerb mehr vorhanden. Genauere Hinweise bei KERKY (wie Anm. 2).
10 HANS ECKSTEIN, *Neubebauung des Maxburg-Geländes in München*, in: Bauen+Wohnen, 1953, S. 627.
11 *Der Baumeister*, 49, 1952, H. 4, 8 und 9.
12 Zu Theo Pabst vgl. FLORIAN AICHER/UWE DREPPER (Hrsg.), *Robert Vorhoelzer – Ein Architektenleben*, München 1990, S. 178 f.
13 *Süddeutsche Zeitung* vom 21.12.1955, S. 14.
14 Ebd.
15 Ebd.
16 Zu den verschiedenen Passagenlösungen vgl. NERDINGER (wie Anm. 2).
17 *Maxburg – auch eine Oase für Fußgänger*, in: Münchner Merkur vom 12. November 1953.
18 *Süddeutsche Zeitung* vom 21. Dezember 1955, S. 14.
19 A. HAHN, *Wortgefecht um die Maxburg*, in: Süddeutsche Zeitung vom 14. Mai 1954.
20 NERDINGER (wie Anm. 2).
21 Noch ERWIN SCHLEICH polemisierte 1978 in seinem Buch *Die zweite Zerstörung Münchens* (S. 80-83) gegen die Tatsache des Abbruchs.
22 KURT SCHNEIDER, *Die Architektur der „Maxburg"*, in: Peter M. Bode (Hrsg.), München in den 50er Jahren. Architektur des Wiederaufbaus am Beispiel von Hans Fries, München 1992, S. 98-109.
23 FRANZ HART, *Baukonstruktion und Architektur in München 1912-1982*, in: Schönere Heimat, 72, 1983, H. 1, S. 21.
24 WILLI KINNIGKEIT, *Die Maxburg – eine Murksburg*, in: Süddeutsche Zeitung vom 25. Juni 1959.
25 *Süddeutsche Zeitung* vom 27. Januar 1956, S. 10.
26 Seit 1956 ist das Landbauamt München, nunmehr: Staatliches Hochbauamt München I, für den Bauunterhalt zuständig.
27 Vgl. auch E. PFAENDER, *Schmuck für die Maxburg-Bauten*, in: Süddeutsche Zeitung vom 28. Juli 1955.
28 Die Figurengruppe „Mutter und Kind" aus schwarzem Basalt von Bernhard Heiliger (ursprünglich am Eingang zum Ordinariatshof) ist heute nicht mehr auffindbar. Gleiches gilt für einen Brunnen mit einem ovalen, reliefierten Bronzetrog am Durchgang zum „kleinen Schmuckhof" von der Maxburgstraße aus, geschaffen von Prof. Wimmer.
29 Von dem Entwurf existierten vier leicht unterschiedliche Versionen. Ein mit „T. St." signiertes Exemplar befindet sich im Garten des Radspieler-Anwesens, Hackenstraße 7.
30 Zu Henselmann und Hiller vgl. PETER BREUER, *Münchner Künstlerköpfe*, München 1937, S. 82-84 und S. 171-173.
31 Oberberger hatte zwischen 1945 und 1974 eine Professor an der Akademie der Bildenden Künste in München inne.
32 Bayerisches Landesamt für Denkmalpflege, Objektakt Maxburg, Farbmusterabnahme von Walter Bertram am 26. September 1955.
33 Zitiert nach: *Neue Burgherren für die „Maxburg"*, in: Münchner Merkur vom 8./9. August 1953.
34 Das gestalterisch-architektonische Konzept ist thematisiert bei SCHNEIDER (wie Anm. 22).

ABBILDUNGSNACHWEIS

BAYERISCHES HAUPTSTAATSARCHIV, ABT. IV: KRIEGSARCHIV (Pl.Slg. München 660): *Abb. 2*
BAYERISCHES LANDESAMT FÜR DENKMALPFLEGE, PHOTOSAMMLUNG (Aufn. Dieter Komma): *Abb. 4, 5, 7*
Reproduktion nach: KARL ERDMANNSDORFER, *Das Bürgerhaus in München (Anhang)*: *Abb. 1*
Reproduktion nach: HELMUT FISCHER, *München im 10. Nachkriegsjahr*, München 1954, S. 15: *Abb. 3*
Reproduktion nach: *München setzt Stein auf Stein*, München 1958, S. 39: *Abb. 6*

Abb. 1. Ansicht eines Stoffladens. Johann Jakob Dorner d.Ä., 1775. In der an Vorbildern der niederländischen Malerei des 17. Jahrhunderts in Art des Leidener Feinmalers Gerard Dou orientierten Genreszene ist die modisch gekleidete Frau des Malers beim Ausmessen von Stoff dargestellt, während die Verkäuferin im Hintergrund weitere Stoffballen zur Auswahl vorlegt (Bayerische Staatsgemäldesammlungen München)

York Langenstein

Historische Textilproduktion in Bayern

Ein kulturgeschichtlicher Überblick

Wie kommt man auf die Idee, einen kulturgeschichtlichen Überblick über die Textilproduktion in Bayern geben zu wollen? Denn auf den ersten Blick liegt es ja nicht unbedingt nahe, dieses in einem klassischen Agrarland wie Bayern vermeintlich nicht sehr ergiebige Terrain zu beackern. Außerdem bedeutet es immer ein Wagnis, sich als Außenseiter auf ein hierzu berufenen Fachleuten vorbehaltenes Spezialthema einzulassen. Der unmittelbare Anlaß zum Einstieg in die Materie war die Übernahme eines Einführungsvortrags bei einer im September 1996 in Liberec/Reichenberg veranstalteten Tagung bayerischer, böhmischer und sächsischer Museumsfachleute über „Textilien im Museum" im Rahmen der grenzüberschreitenden Zusammenarbeit der Landesstelle für die nichtstaatlichen Museen in Bayern mit den im Bereich der Museumsberatung tätigen Schwesterinstitutionen in Tschechien und Sachsen.[1] Bei der dafür erforderlichen Beschäftigung mit den Standortbedingungen und der Geschichte der Textilproduktion in den Städten und Landschaften Bayerns, die sich auch in den Sammlungen unserer Museen nachvollziehen lassen, stellte sich schnell heraus, wie dicht sich die Erzeugung von Textilien – von handwerklichen Produkten für den täglichen Bedarf bis zu kunsthandwerklichen Spitzenleistungen im Auftrag der Höfe und der Kirchen – belegen läßt.

Im Ergebnis läßt sich ein Gesamtbild mit deutlichen Konturen zeichnen, das allerdings entsprechend der recht unterschiedlichen Quellen- und Forschungslage sicherlich nicht ganz ausgewogen ist und auch blinde Flecken aufweist. Relativ gut bearbeitet ist die Textilherstellung in den sozial- und wirtschaftsgeschichtlichen Beiträgen zur Landeskunde und zur Regionalgeschichte. Die großen kunstgeschichtlichen Monographien, die überwiegend in der Zeit von der Jahrhundertwende bis in die dreißiger Jahre hinein entstanden sind, befassen sich meist mit den einzelnen Gattungen der textilen Erzeugnisse im deutschen und europäischen Rahmen. Auch die von Leonie von Wilckens vorgelegte Geschichte der textilen Künste als der Versuch einer Gesamtdarstellung steht in dieser Tradition und wendet sich primär den stilistischen und technischen Merkmalen der verschiedenartigen Gewebe, Wirk- und Stickarbeiten zu. Leider wird in den bislang erschienenen Arbeiten zur Textilgeschichte nur allzu selten die Brücke von der Kunstgeschichte zur Kultur-, Sozial und Wirtschaftsgeschichte geschlagen, so daß sich die Beobachtungen vielfach in einem mehr oder weniger kennerschaftlichen Rahmen bewegen.

Der Hinweis auf diese Defizite soll nun nicht Erwartungen wecken, die auch der nachfolgende Beitrag nicht einlösen kann. Allerdings ist es ein Anliegen dieses Überblicks über die Geschichte der Textilherstellung in Bayern, auf die Erzeugnisse im Zusammenhang mit den jeweiligen Standort- und Produktionsbedingungen einzugehen. Ausgehend von einem Vortrag kann und will mein Beitrag nicht viel mehr sein als eine tour d'horizon, die keinen Anspruch auf Vollständigkeit erhebt und sich auch nicht auf eine systematische Auswertung der vorliegenden Fachliteratur stützt.

Textilien gehören zu den frühen Errungenschaften der menschlichen Kulturgeschichte. Sie sind heute in einem Maße zum Bestandteil unserer Lebenswelt geworden, daß wir nicht mehr bewußt darüber nachdenken – oder es jedenfalls nicht mehr angemessen würdigen – wie angenehm und menschenwürdig sie uns das Leben machen – uns, diesen nackten und empfindlichen Wesen, die ihr Fell im Lauf der Evolution eingebüßt haben.

Den Wert von Textilien vermögen wir nicht mehr einzuschätzen in einer Welt, in der sie zu Wegwerfprodukten geworden sind. Die praktisch unbegrenzte Verfügbarkeit der natürlichen und künstlichen Rohstoffe und die Automatisierung der Herstellungsprozesse machen Textilien so billig wie noch nie: Das Stopfen von Strümpfen und das Flicken und Ausstücken von Kleidern, wie es in meiner Kinderzeit noch selbstverständlich war, lohnt sich nicht mehr. Denn Zweite und Dritte Welten füllen ja die Regale unserer Kaufhäuser zu Dumping-Preisen jederzeit wieder mit Produkten auf, die am anderen Ende des Erdballs – manchmal unter Raubbau an den Ressourcen und unter Zerstörung der Umwelt – hergestellt worden sind.

Die Welt, die die in unseren Museen verwahrten historischen Textilien hervorgebracht hat, war noch eine andere. Ob sie wirklich besser war, das will ich hier dahingestellt sein lassen. Es bestanden jedenfalls noch keine globalen Handelsbeziehungen und Märkte, die – wie wir es heute gewöhnt sind – den Bezug auch von Gütern des täglichen Bedarfs aus aller Herren Länder ermöglicht hätten. Allerdings gab es auch schon in der Antike und in mittelalterlicher Zeit den Import von Luxusgütern, so etwa auch von Textilien, sowohl aus den europäischen Nachbarländern als auch aus dem Nahen und dem Fernen Osten.[2] Vor allem die Kreuzzüge haben das Abendland mit den gegenüber den einheimischen Erzeugnissen sowohl technisch als auch kunsthandwerklich sehr anspruchsvolleren Textilien des Orients bekanntgemacht. Dementsprechend fällt es selbst den Spezialisten manchmal schwer zu entscheiden, ob eines der wenigen bei uns erhaltenen hochmittelalterlichen höfischen oder liturgischen Prunkgewänder aus Byzanz, aus dem östlichen Mittelmeerraum, aus China, aus dem maurischen Spanien, aus Italien bzw. Sizilien – wo es ebenfalls arabische Kulturkontakte gab – oder gar aus einheimischen Hof- oder Klosterwerkstätten stammen.[3]

Abgesehen von diesen importierten Luxusgütern wurden in früheren Jahrhunderten Textilien jedoch ganz überwiegend im regionalen und im örtlichen Rahmen hergestellt, so nicht zuletzt auch in Bayern.

Die ländliche, städtische und industrielle Textilerzeugung

Wenn man durch unsere Städte geht, finden sich fast überall Haus- und Straßennamen, die auf Textilproduktion in vergangener Zeit hindeuten: Weberhäusl oder – wie es in Bayern oft heißt – „Beim Weber", Färbergasse, Färbergraben, Tuchlauben, Tuchmacherplatz, Wollmarkt, Wollzeile, An der Bleiche[4] – solche topographischen Bezeichnungen sind in unserer zentraleuropäischen Kulturlandschaft fast überall anzutreffen. Die in unseren Museen erhaltenen Zunftaltertümer und Geräte – wie etwa Zunfttruhen und Tuchscheren – bezeugen ebenso wie Altarstiftungen in den Kirchen die Verbreitung und die wirtschaftliche Bedeutung der textilen Berufe. Auch ein Blick in unsere modernen Telefonbücher, wo Namen wie Weber, Färber oder Schneider oft über mehrere Seiten hinweg auftauchen, bestätigen diese wirtschaftsgeschichtlichen Zusammenhänge.[5]

Das gilt nicht nur für das Spätmittelalter, sondern bis in das 19. – in manchen Regionen sogar bis in das frühe 20. – Jahrhundert hinein. Dementsprechend stoßen wir in unseren zahlreichen Heimatmuseen immer wieder auf die stereotype Ausstellung „Vom Hanf zum Leinen", auf Spinnräder, Klöppelkissen und andere Zeugnisse der heimischen Textilherstellung bis in gegenwartsnahe Zeiten hinein.

Tatsächlich war in Bayern – und selbstverständlich nicht nur hier – im städtischen wie im ländlichen Bereich die Herstellung von Textilien bis ins 20. Jahrhundert hinein allgemein verbreitet. Die schlechten Verkehrsverbindungen sowie die Risiken und der Aufwand des Warentransports über größere Distanzen gaben Anlaß dazu, Güter des täglichen Lebens möglichst am Ort oder sogar – wie vor allem auf dem Lande – auch nur für den eigenen Bedarf herzustellen.

Ein vielleicht etwas romantisches Bild dieser früheren Verhältnisse zeichnen die im oberbayerischen Hochzeitsbrauchtum vertretenen „Kammerwagen", auf denen die Aussteuer der Braut zur künftigen Wohnung der Brautleute gefahren wurde. Bei den überlieferten Modellen steht jedenfalls auf diesen Kammerwagen immer ein Schrank mit aufgeschlagenen Türen, wohlgefüllt mit Leinenballen und Flachszöpfen.[6] Dieser Topos, der nicht nur darstellt, was die Braut als Mitgift in die Ehe einbringt, sondern darüber hinaus symbolisiert, daß Textilien zu einem fundierten Hausstand gehören, war auch bis in die Nazi-Malerei hinein beliebt, in der volkstümliche Elemente politisch vereinnahmt wurden: So sitzt die bäuerliche Venus von Sepp Hilz, die ihre Trachtenkleider bis auf das Kropfband abgelegt hat, vor einem geöffneten Bauernschrank voll von Erzeugnissen des Hausfleißes.[7] Und auch in unseren Freilicht- und Bauernhofmuseen stehen immer wieder entsprechend bestückte Schränke, von denen man manchmal nicht so ganz genau weiß, ob sie sich an historischen Vorbildern orientieren oder ob sie einen Mythos früher Folklore weiter tradieren.

Im häuslichen Bereich wurde natürlich auch gestickt, geklöppelt, gehäkelt und gestrickt, und das nicht nur auf dem Lande, sondern ebenso im städtisch-bürgerlichen Milieu. Die

Abb. 2. *Kammerwagen, Aufstellung von 1987 (Bezirksmuseum Dachau)*

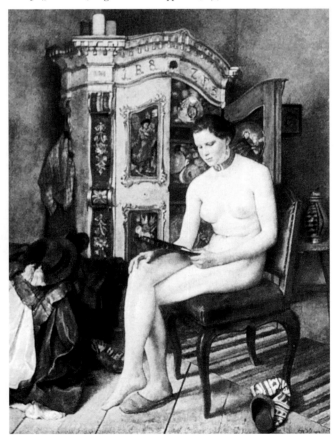

Abb. 3. *„Eitelkeit", Ölgemälde von Sepp Hilz, 1940*

Abb. 4. Kleingewerbliche Textilindustrie in Oberfranken: Mechanische Hausweberei in Röhrsteig bei Leupoldsgrün, um 1920 (Archiv des Oberfränkischen Textilmuseums Helmbrechts)

als „Hausfleiß" bezeichnete, auf die Deckung des Eigenbedarfs gerichtete Textilherstellung auf dem Lande schlägt dort in „Hausindustrie" um, wo die Erzeugnisse zum Verkauf bestimmt sind.[8]

Die zu Erwerbszwecken betriebene Hausweberei war in Bayern „als typisches Handwerk des flachen Landes" allgemein verbreitet.[9] Eine besondere Rolle spielte sie im Allgäu[10], also im südschwäbischen Alpenvorland, aber auch in Oberfranken, wo die Weberei und die Spitzenklöppelei seit dem späten 19. Jahrhundert vor allem auch unter beschäftigungspolitischen Gesichtspunkten eingeführt worden waren.[11]

In den Allgäuer Bergbauernhöfen befindet sich die Weberstube meist im Keller, der wegen der Hanglage der Gehöfte belichtet werden kann. Der Anbau der blau blühenden Flachspflanze für die örtlich betriebene Leineweberei hat dem Allgäu bis in das 19. Jahrhundert den Beinamen „das blaue Allgäu"[12] eingetragen. Doch bereits im ausgehenden 18. Jahrhundert kam es durch die Konkurrenz von Baumwollstoffen[13] zum Niedergang und der Verarmung der Allgäuer Leineweber.[14] Erst um die Mitte des 19. Jahrhunderts sollte sich die Landschaft im Zusammenhang mit der Einführung der Hartkäseproduktion und der damit verbundenen Intensivierung der Viehwirtschaft zum „grünen Allgäu" wandeln. In Landstädten, wie etwa Immenstadt oder Oberstaufen, wurden die in Heimarbeit hergestellten Leinwandballen gesammelt und weiter verhandelt oder auch weiterverarbeitet.[15] So läßt sich beispielsweise in dem noch aus dem 18. Jahrhundert stammenden Färberhaus von Oberstaufen – die Straße davor heißt heute noch Färberweg – nachvollziehen, wie das Färben des Tuchs in einem kleinhandwerklichen Betrieb erfolgte, dessen Inhaber zur Sicherung seines Lebensunterhalts nebenher noch eine kleine Landwirtschaft betreiben mußte.[16]

Diese Situation ist ein Dokument der Sozialgeschichte Bayerns, wo zu Beginn des 19. Jahrhunderts nahezu ein Viertel aller Familien auf dem Lande darauf angewiesen war, einen wesentlichen Teil des Lebensunterhalts durch heimgewerbliche Tätigkeit in Verbindung mit Kleinlandwirtschaft und hauswirtschaftlicher Viehhaltung zu sichern.[17] Ein weiteres Denkmal der vorindustriellen Textilproduktion in Oberstaufen ist das dortige „Strumpfer-Haus", in dem heute das Heimatmuseum untergebracht ist.[18]

Im Allgäu und dem nach Osten hin angrenzenden oberbayerischen Bereich, wo neben der Leinenweberei auch die Strumpfwirkerei beheimatet war,[19] entstand nach dem 2. Weltkrieg eine namhafte Strumpfindustrie – wie etwa die Kunert-Werke in Immenstadt oder die Bellinda-Werke in Schongau und Altenstadt – die von aus Nordböhmen vertriebenen sudetendeutschen Strumpfherstellern aufgebaut wurden und damit die örtlichen Traditionen auf großindustrieller Basis weiterführte.[20]

Abb. 5. Hausweberei in Oberfranken: Familie Seuß beim Kettbäumen, um 1940 (Archiv des Oberfränkischen Textilmuseums Helmbrechts)

Ein noch größeres Gewicht als im Allgäu hatte im 19. und 20. Jahrhundert die berufsmäßige Hausweberei in den Mittelgebirgslandschaften Oberfrankens[21] und der nördlichen Oberpfalz[22], wo sie – wie im Raum Helmbrechts-Münchberg – vereinzelt auch heute noch ausgeübt wird.[23] Die Anfänge reichen auch hier bis ins Mittelalter zurück: Vor allem die Zisterzienser-Klöster der Region führten die Handweberei ein.[24] Die Entwicklung in der frühen Neuzeit wurde beeinflußt durch die Ansiedlung von Barchent-Webern unter Burggraf Johann III. bei Kulmbach. Im Kulmbacher Raum entwickelte sich auch die Weberei von Schleiern oder „Stauchen", die bis zur „Schleierkrise" im 17. Jahrhundert ein begehrtes Kleidungsstück waren. Neben diesen leichten Baumwolltüchern wurden nach dem Dreißigjährigen Krieg die sogenannten „Flöre", also aus Baumwollgespinsten gefertigte schwarze Halsbinden als Attribut der Männerkleidung, hergestellt. Die Schalweberei verlagerte sich von Kulmbach nach Hof, das zum führenden Textilzentrum Oberfrankens aufstieg.[25] Um die Mitte des 18. Jahrhunderts gewann gegenüber dem Florgeschäft die Herstellung der Hofer „Tüchlein" zunehmend an Bedeutung, also von ein- oder mehrfarbigen Baumwolltüchern, die als Schnupftücher und Schürzenstoffe Verwendung fanden. Ein Ausläufer dieser Produktion ist die im Bereich Münchberg-Helmbrechts beheimatete Schalweberei, die im 19. Jahrhundert auch internationale Bedeutung erlangte. Zur Palette der weltweit nachgefragten Produkte gehörten „Schals für die Bäuerinnen des europäischen Ostens, Leibbinden und Turbantücher für Anatolien, Schultertücher für die syrischen, persischen und indischen Frauen, Woll- und Baumwollschals für Ägypten, schwere Kamelhaardecken für die Chinesen, Lenden- und Schamtücher für die Zulus, Fransentücher in allen Farben für die Bolivianerinnen".[26] In Hof selbst entwickelte sich ab der Mitte des 19. Jahrhunderts eine großindustrielle Textilherstellung, nachdem durch den Bahnanschluß der Bezug von Baumwolle als Rohmaterial und der Export der Erzeugnisse wesentlich erleichtert worden waren.[27]

Auch wenn es an dieser Stelle nicht möglich ist, auf die Vielfalt der Produkte und der Produktionsverhältnisse des Textilgewerbes in Oberfranken einzugehen, so sind doch ganz kurz das Spitzenklöppeln vor allem im Raum Nordhalben[28] und die Weißstickerei um Bad Steben[29] anzusprechen. Diese zeitaufwendigen Handarbeiten gehören zur Domäne der hausindustriellen Produktion.

In diesem Bereich spielte die Einrichtung von Gewerbefachschulen eine wichtige Rolle, sei es im Zusammenhang mit der Neueinführung einer Hausindustrie als Arbeitsbeschaffungsmaßnahme wie im Falle des Spitzenklöppelns, sei es zur Förderung und Ausbildung im Bereich bereits ausgeübter Textilgewerbe wie etwa der Stickerei.[30] In Nordhalben gingen der Einrichtung der Klöppelschule, die im Jahre 1906 die staatliche Genehmigung erhielt, seit 1903 Klöppelkurse voraus, die in Kooperation des örtlichen Arbeiter-Beschäftigungs-Comités mit dem Fabrikanten Krantz aus Plauen im sächsischen Vogtland organisiert worden waren. Der Kontakt nach Sachsen war auch für die Einführung der Weißstickerei im Frankenwald seit der Mitte des 19. Jahrhunderts maßgeblich gewesen. „Das Plauisch Nähen" wie die Weißstickerei in ihrer Frühphase genannt wurde, wurde seit 1900 in der Stickereischule in Enchenreuth (heute Stadt Helmbrechts) zunächst in dreimonatigen Kursen vermittelt; nach dem Ersten Weltkrieg wurden die Schülerinnen in drei aufsteigenden Klassen in den in der Industrie gebräuchlichen Weißstick- und Durchbruchtechniken unterwiesen.[31]

Für die Förderung der beruflichen Qualifikation des Textilgewerbes auf breiter Basis war die bereits 1854 gegründete Königliche Webschule in Münchberg noch sehr viel wichtiger, die heute der Textilfachhochschule Coburg als „Abteilung Münchberg – Textiltechnik und Textilgestaltung" eingegliedert ist.[32] Zu den Ausbildungszielen der Anfangsjahre gehörte im Zusammenhang mit der Einführung der großindustriellen Textilherstellung die Vermittlung von Kenntnissen in der Jacquard- und Plüschweberei, aber auch die Qualifikation im hausindustriellen Bereich.[33]

Am Beispiel des Allgäus und vor allem Oberfrankens mit seiner diversifizierten heimindustriellen Produktion[34] sind die Verhältnisse der vor- und frühindustriellen Textilherstellung exemplarisch vorgestellt worden. Doch – wie schon weiter oben angemerkt – war die dezentrale Produktion von Geweben und ihre Vermarktung über Handelsfirmen und Verleger landesweit verbreitet.[35] Der größte Verleger im Bereich der hausindustriellen Textilproduktion war im kurfürstlichen Bayern der zweiten Hälfte des 18. Jahrhunderts die Tuchmanufaktur in der Au, damals noch südlich vor den Stadttoren Münchens. Über Außenstellen im ganzen Lande führte sie bis in das frühe 19. Jahrhundert hinein mit einem Umsatz von über einer Million Gulden pro Jahr den größten Teil der Vermarktung für das Heimtextilgewerbe durch[36]. Die Abrechnung erfolgte meist im Stücklohn, wobei die Verleger, die nicht nur im Bereich der Textilherstellung, sondern auch in der sonstigen Hausindustrie tätig waren, gelegentlich sogar das Rohmaterial stellten.[37]

Neben der bisher vor allem angesprochenen Verarbeitung von Leinen und Baumwolle ist auch noch kurz auf die Herstellung von Wolltuchen einzugehen, die vor dem 18. Jahrhundert für die Ausfuhr die größte Rolle spielten.[38] Die wichtigsten Produktionszentren waren München mit seinem Hinterland sowie der Ingolstädter Raum. Seit dem ausgehenden 16. Jahrhundert verloren die bayerischen Tuchmacher aber gegenüber der europäischen Konkurrenz, die feinere – oder jedenfalls begehrtere – Qualitäten lieferte, zusehends an Boden.[39]

Als sehr viel krisenfester erwies sich über die Zeiten hinweg die Lodenherstellung als weiterer Zweig der Wolltextilien. Vermutlich von Nördlingen aus nach München gelangt, entwickelte sich hier ab dem 14. Jahrhundert ein schnell auch ins Umland verbreitetes Gewerbe.[40] Diese schweren, durch das Verfilzen und Walken hergestellten wasserabweisenden Tuche waren insbesondere im rauhen Klima des bayerischen Oberlands etwa auch als Kleidung der Hirten und später ganz allgemein als Regenkleidung gefragt.[41]

Die Lodenkleidung ist in ihrer Verbürgerlichung um die Jahrhundertwende,[42] in der etwa der bayerische Prinzregent Luitpold als „Trendsetter" – wenn man dieses neudeutsche Wort hier verwenden darf – den sog. „Steireranzug"[43] als Jagd-, aber auch als Salonkleidung trug und ihn damit im wahrsten Sinn des Wortes salonfähig machte, auch als Kleidung der Mittel- und Oberschicht in Mode gekommen. Heute ist die sich von diesem Typus her entwickelnde Lodenkleidung zu einer in allen Landesteilen beliebten, überregionalen „Nationaltracht" geworden, die aber mit der bayerischen Trachtentradition im Grunde genommen kaum mehr etwas zu tun hat.

Das hier angeschnittene, außerordentlich vielfältige Thema der bayerischen Trachten[44] kann leider nicht vertieft werden. So muß es an dieser Stelle bei einigen grundsätzlicheren Anmerkungen verbleiben. Der romantisch geprägte Nationalismus des frühen 19. Jahrhunderts bezog sich auch auf die regionalen Traditionen und Prägungen jener Landschaften, die Bayern in der Phase seiner Erhöhung zum Königreich eingegliedert worden waren. Auch wenn der im Anschluß an die Säkularisierung und Mediatisierung unter König Max I. Joseph entstandene Flächenstaat eine neue, am Vorbild Frankreichs orientierte Verwaltungsstruktur erhielt, die sich über Altbayern sowie über die alten geistlichen und adeligen Territorien Frankens und Schwabens legte,[45] lebte die sich unter anderem auch in der ländlichen Kleidung ausdrückende regionale Landeskultur weiter. So war es eine wesentliche kulturpolitische Zielsetzung des jungen Königreichs, diese regionale Vielfalt in den neuen Nationalstaat einzubinden.[46] Der Identitätsfindung der „Staatsnation" diente auch das erstmals aus Anlaß der Vermählung des bayerischen Kronprinzen Ludwig mit Therese von Sachsen-Hildburghausen am 4. Oktober 1810 gefeierte Zentrallandwirtschaftsfest in München[47]. Auch wenn das seither alljährlich veranstaltete „Oktoberfest" nichts mehr davon ahnen läßt, so hatte es ursprünglich den Charakter eines Nationalfests, bei dem auch die Bevölkerung

Abb. 6. Anzeige der Münchner Lodenfabrik Frey in den „Fliegenden Blättern", 1894

der neu geschaffenen Kreise mit ihren Nationalkostümen vertreten war und im Rahmen eines Festzugs dem König huldigte.[48] Eine Folge von 24 Lithographien von Gustav Kraus hält den Oktoberfestzug von 1835 fest, bei dem etwa 80 Festwagen der einzelnen Landgerichte, fast 1000 berittene Bauern und mehr als zwei Kompanien Gebirgsschützen am Zelt des Königs vorbeidefilierten.[49] Die Verbreitung von Lithographien der bayerischen Trachten durch das von Felix Joseph von Lipowsky[50] herausgegebene Sammelwerk der bayerischen Nationalcostüme[51] sowie durch die Blätter von Kraus[52], Quaglio[53], Mettenleiter[54], Geist[55] und anderen Künstlern[56] leisteten auch ihrerseits einen Beitrag zur Ausprägung und Fixierung der regionalen Varianten.

Wie bei der Vermählung von Ludwig und Therese im Jahre 1810 erfolgte die Feier der Hochzeit seines Sohnes Maximilian II. mit Marie von Preußen im Jahre 1842 wieder im Rahmen des Oktoberfests mit der Huldigung von 35 Trachtenpaaren und dem Vorbeimarsch eines Festzugs mit mehr als 400 Teilnehmern. So verwundert es nicht, daß auch Max II. der Dokumentation und Pflege der Volkstrachten sein besonderes Augenmerk zuwandte.[57]

Trotzdem nahm die Tracht immer Einflüsse der städtischen Mode auf und spiegelt insbesondere die Mode des Empire und des Biedermeier. Auch die jeweils modischen Stoffe fanden bei der Anfertigung von Trachten Verwendung.[58] Dabei sind besonders traditionell wirkende Trachten, wie die prachtvollen „Festtagsmutzen" und Schürzen der Ochsenfurter Bäuerinnen mit ihren Anklängen an die Mode des

Abb. 7, 8. „Sammlung Bayerischer National-Costume", hrsg. v. Felix Joseph von Lipowski, München 1828, Titelseite und Lithographie „Sennerinnen von der Kreutz-Alpe bey Tegernsee"

16. Jahrhunderts, oftmals historisierende Neuschöpfungen auf der Basis der einheimischen Tracht.[59]

Der gesellschaftspolitische Umbruch in der Folge der Französischen Revolution ließ es auch zu, daß wertvolle, bisher den Oberschichten vorbehaltene Materialien wie Seiden, Samte, Brokate und Borten mit Metallfäden in die Festkleidung der Landbevölkerung Einzug hielten.

Die industrielle Textilproduktion in Bayern

Im Rahmen des hier gegebenen knappen Überblicks über die Textilherstellung in Bayern[60] beziehe ich mich – nach der nur kursorischen Nennung der Baumwollindustrie in Hof – als Beispiel für die industrielle Textilproduktion nachfolgend nur auf Augsburg als das bedeutendste Zentrum.[61] Denn hier gab es eigentlich alles – oder fast alles – was mit industrieller Textilherstellung zu tun hat.

In Augsburg stand auch die Wiege des modernen Stoffdrucks in Deutschland. In Augsburg fand die Kattundruckerei nach holländischem und englischem Vorbild ja auch ideale Ausgangsbedingungen durch das dort ansässige Druckergewerbe sowie das sonstige spezialisierte Handwerk und Kunsthandwerk: Zu nennen sind hier etwa die Formenschneider und Kupferstecher.

1689 wurde die erste Stoffdruckerei als Vorläufer des weltweit bekannten Unternehmens der Neuen Augsburger Kattundruckerei[62] begründet, nachdem der Tuchscherer Georg Neuhofer bei Reisen nach England und Holland die Produktionstechniken der dortigen Kattun-Manufakturen ausgekundschaftet hatte.[63] Auf dieser breiten Basis ist es Augsburg gelungen, bis zum Ende des 18. Jahrhunderts zum führenden Ort Europas im Textildruck aufzusteigen.[64] Auch die Herstellung von Kammgarn gehörte im 19. und 20. Jahrhundert zu den wesentlichen textilen Erwerbszweigen in Augsburg. So gab es in Augsburg einen in sich geschlossenen Verbund von Stoffherstellern, Stoffdruck und sonstigen Formen der Veredelung, der Augsburger Textilerzeugnisse zu einem weltweit nachgefragten Artikel machte. Dementsprechend fanden etwa die Erzeugnisse der Neuen Augsburger Kattundruckerei bis in die 90er Jahre unseres Jahrhunderts hinein, insbesondere auch in Amerika, großen Absatz.[65]

Leider haben vor allem die im internationalen Wettbewerb zu hohen Lohnkosten die Textilindustrie in Bayern mit einem trotz der weitgehenden Mechanisierung immer noch erheblichen Anteil an menschlicher Arbeitsleistung in eine äußerst krisenhafte Situation gebracht: So ist etwa der 1995 angemeldete Konkurs der Neuen Augsburger Kattunfabrik, die über

Abb. 9. „Die Zitz-Bleich [Kattunbleiche] des Herrn Mathäus Schüle"; Aquarell von J. M. Frey, Augsburg um 1790 (Städtische Kunstsammlungen Augsburg) ▷

Abb. 10. Stoffmusterbuch aus dem Archiv der Neuen Augsburger Kattunfabrik, Bd. 1833 mit Stoffmustern des Biedermeier (Städtische Kunstsammlungen Augsburg/NAK-Archiv)

Historische Textilproduktion in Bayern 877

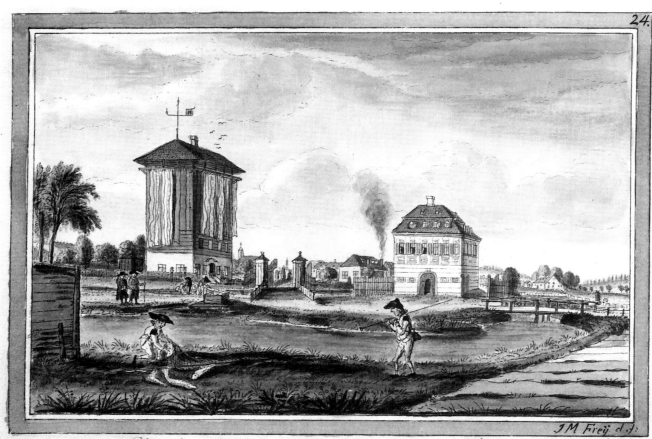

Die Zitz-Bleich des Herrn Mathäus Schüle.

10 ▽ △ 9

Abb. 11. *Gedenkblatt der Mechanischen Spinnerei und Weberei Augsburg zur Gründung der Pensionskasse und des Stiftsgartens, Augsburg 1851 (Stadtarchiv Augsburg; SWA-Archiv)*

drei Jahrhunderte hinweg zu den führenden europäischen Stoffdruckereien zählte, ein Signal für den verbreiteten Niedergang, das wegen der herausragenden wirtschaftlichen und kulturgeschichtlichen Bedeutung dieses Traditionsunternehmens besonders deutlich wahrgenommen worden ist. Doch ist der Verlust der Neuen Augsburger Kattunfabrik nur ein markantes Ereignis innerhalb eines schon in den siebziger Jahren einsetzenden Erosionsprozesses, in dessen Anfangsphase der Zusammenbruch der 1837 gegründeten Spinnerei und Weberei Augsburg,[66] des größten Textilunternehmens der Stadt, fällt und der leider auch mit der kürzlich erfolgten Produktionseinstellung bei der Firma Dierig,[67] einst größter europäischer Hersteller von Jacquard-Geweben, noch nicht zum Abschluß gekommen sein dürfte.

Dieser ebenso tiefgreifende wie verlustreiche Strukturwandel hat Initiativen auf den Plan gerufen, wenigstens die wichtigsten Zeugnisse der Kulturgeschichte der Textilproduktion in musealer Form zu bewahren. So ist es etwa mit großen gemeinsamen Anstrengungen der Stadt Augsburg und des Freistaats Bayern gelungen, den Verbleib des Archivs der Neuen Augsburger Kattunfabrik mit dem Kernbestand der etwa 560 Musterbücher, die mit über 1,3 Millionen Stoffmustern die Textilproduktion der NAK von 1792 bis in die Gegenwart fast lückenlos belegen, in Augsburg zu sichern.[68]

Die trotz solcher Einzelerfolge fortbestehende akute Gefährdung der noch vorhandenen Zeugnisse der Industriegeschichte, und zwar vor allem auch ihrer baulichen Monumente,[69] hat die erschreckende Nachricht offenkundig gemacht, daß vor kurzem von der Dreiflügelanlage der 1772 in Formen des Schloßbaus errichteten Schüleschen Kattunmanufaktur – es handelt sich hier um ein industriegeschichtliches Denkmal von europäischem Rang – gegen den vehementen Einspruch der Denkmalschutzbehörden inzwischen zwei Flügel wegen angeblicher Baufälligkeit abgerissen worden sind.[70] Und auch das Schicksal des 1909/10 als Stahlskelettbau errichteten „Glaspalastes" als weiteres prominentes Dokument der Augsburger Textilgeschichte ist nach wie vor ungewiß.[71]

In einem Überblick über die bayerische Textilgeschichte dürfen auch die Hugenotten nicht vergessen werden, die – unter Ludwig XIV. aus Frankreich vertrieben – in der Markgrafschaft Ansbach im heutigen Mittelfranken angesiedelt wurden.[72] Die toleranten und zugleich merkantilistisch orientierten Landesherren erhofften sich hiervon einen Aufschwung von Industrie und Gewerbe. Die im späten 17. Jahrhundert in der Residenzstadt Erlangen ansässig gewordenen Glaubensflüchtlinge bauten dort eine blühende Strumpfindustrie auf, die zum Wohlstand der Stadt im 18. und auch noch im 19. Jahrhundert wesentlich beitrug. Von der Gobelinwirkerei hugenottischer Einwanderer wird im folgenden Abschnitt noch die Rede sein, denn an dieser Stelle sind wir am Übergang zu den kunsthandwerklichen Textilien angelangt, die als Luxusproduktion für den höfischen Bereich oder für den kirchlichen Gebrauch entstanden sind.

Textiles Kunsthandwerk für den höfischen und den kirchlichen Bereich und kunstgewerbliche Arbeiten des 19./20. Jahrhunderts

Über den Bedarf an Textilien für den Alltag hinaus entstanden in Bayern auch Arbeiten für den höfischen und den kirchlichen Bereich, die zu den Spitzenleistungen der europäischen Textilgeschichte zu rechnen sind. Doch bei allem berechtigten Stolz auf die heimatliche Produktion in klösterlichen und weltlichen Werkstätten kann man nicht übersehen, daß die bedeutenden Arbeiten relativ dünn gesät sind.

Die Produktion hochwertiger Gewebe

Vor allem gab es in Bayern bis zur Industrialisierung keine namhafte Produktion von Geweben für höchste Ansprüche. Deshalb wurden wertvolle Seidenstoffe, Samte und Brokate über alle Jahrhunderte vom Mittelalter bis zum Beginn der Industrialisierung importiert. Dementsprechend stammen die Stoffe der noch erhaltenen hochmittelalterlichen Kaiser- und Bischofsmäntel in der Regel aus Manufakturen des vorderen Orients, des östlichen Mittelmeerraums, aus dem maurischen Spanien und aus Italien. Auch bis in die Zeit des Merkantilismus hinein lieferten italienische Webereien mit den Zentren Lucca, Genua, Venedig und später auch Florenz die Stoffe für bedeutende liturgische und weltliche Gewänder und anspruchsvolle Raumausstattungen. Mit dem Aufbau des Manufakturwesens unter Ludwig XIV. in Frankreich wurde mit staatlicher Förderung der Grund für den Aufstieg der

Seidenwebereien in Paris, Tours und Lyon gelegt. In der Folge sollten die französischen Manufakturen die den europäischen Markt bis dahin dominierenden italienischen Seidenwebereien als die führenden Lieferanten für kostbare Seidenstoffe ablösen.[73]

Von der Aufklärung inspirierte Versuche, als Beitrag zur Ermunterung der vaterländischen Wirtschaft auch in Bayern eine einheimische Seidenindustrie aufzubauen, blieben insgesamt erfolglose und kurzlebige Experimente.[74] Erste Initiativen zur Einführung der inländischen Seidenherstellung sind aus dem 17. Jahrhundert überliefert: Am 1. Januar 1669 bestellte Kurfürst Ferdinand Maria den aus den Niederlanden zugereisten Venezianer Luca van Uffele zum Generaldirektor der bayerischen Seidenkompanie. Durch angeworbene ausländische Fachkräfte sollten die „hierländischen Arbeitsleuth" angelernt werden, doch schon elf Jahre später endete das Unternehmen in einem finanziellen Fiasko.[75] Auch Ferdinand Marias Urenkel, Kurfürst Max III. Joseph, unternahm einen Versuch, die Seidenproduktion in Bayern einzuführen. Von der Mitte des 18. Jahrhunderts an wurden in den neun Hofgärten in München Maulbeerbaumplantagen angelegt, um 1770 entstand am Unteren Hofgarten ein „Filatorium" als kurfürstlich privilegierte Seidenzucht.[76] Doch wegen des zu rauhen Klimas gediehen die Maulbeerbäume nicht richtig und das Unternehmen wurde 1799 wieder aufgegeben.[77] Sein Nachfolger Karl Theodor setzte schon 1781 erneut eine landesherrliche Seidenzuchtdirektion ein und erließ 1789 eine eigene Landesverordnung zur „Beförderung der Seidenzucht etc." 1796 folgte die Errichtung einer Seidenfabrik am Hofgarten durch einen konzessionierten Unternehmer. Weil es nicht gelang, eine wirtschaftliche Produktion aufzuziehen, wurde das Seidenhaus im frühen 19. Jahrhundert in eine Kaserne umgewandelt.[78] Ein erneuter Anlauf unter Kronprinz Ludwig im Jahre 1823 – diesmal unter Einbeziehung der neu gegründeten Frauenvereine – scheiterte ebenfalls binnen weniger Jahre.[79] Über die Versuche, außerhalb Münchens eine Seidenfabrikation aufzuziehen, wie sie etwa in Regensburg oder Passau unternommen wurden, lohnt sich kaum zu berichten: Ihnen war noch weniger Erfolg beschieden als dem Projekt am Münchner Hofgarten.[80]

Die Bildwirkerei

Von größerer Bedeutung sind die einheimischen Leistungen im Bereich der Bildwirkerei.[81] Allerdings vermochte sich auch

Abb. 12. König Ludwig besichtigt am 13. August 1839 die Regensburger Seidenplantage; Lithographie von Hechler (Historisches Museum der Stadt Regensburg)

Abb 13. Dominikanerinnen am Webstuhl; Ausschnitt aus einem Passionsteppich, Bamberg, Ende 15. Jh. (Diözesanmuseum Bamberg)

insoweit keine wirtschaftlich relevante oder gar exportorientierte Produktion zu entwickeln.

In spätmittelalterlicher Zeit waren es vor allem die städtischen Zentren und die klösterlichen Werkstätten, die mit zum Teil sehr beachtlichen Arbeiten hervortraten. Einem Vergleich mit den Tapisserien aus den Hochburgen der Bildwirkerei in Frankreich und in den Niederlanden konnten sie allerdings weder in künstlerischer noch in handwerklicher Hinsicht standhalten.

Als die beiden wichtigsten bayerischen Zentren sind die Reichsstädte Nürnberg[82] und Regensburg[83] anzusprechen. Hier je ein Beispiel: Ein Hauptwerk aus Regensburg ist der monumentale Behang mit dem Kampf der Tugenden und Laster aus dem Alten Rathaus.[84] Als frühe Nürnberger Arbeit läßt sich dem Regensburger Teppich das Rücklaken mit der Darstellung Weiser Männer aus der Lorenzkirche gegenüberstellen.[85] Von den Klöstern, die in dieser Zeit mit Bildteppichen hervortraten, seien das Kloster St. Walburg in Eichstätt sowie das Dominikanerinnenkloster in Bamberg[86] genannt. Die einheimische Bildwirkerei verfiel vom frühen 16. Jahrhundert an in Bedeutungslosigkeit, weil sie mit dem Import „modernerer" und feiner gearbeiteter ausländischer Tapisserien durch die großen Handelshäuser nicht zu konkurrieren vermochte.[87]

In den folgenden Jahrhunderten kam es immer wieder zu örtlichen Versuchen, Teppichmanufakturen einzurichten.

Allen diesen Projekten ist gemeinsam, daß sie sich auf zugewanderte Teppichwirker stützen mußten, nachdem in Bayern entsprechende handwerkliche Traditionen fehlten.

Das bedeutendste Einzelunternehmen dieser Art ist die Einrichtung einer Wandteppich-Manufaktur durch Kurfürst Maximilian I. Der aus Enghien bei Brüssel angeworbene Teppichwirker Hans van der Biest, der die notwendigen Fachkräfte aus den Niederlanden mitbrachte, schuf in den Jahren 1604 bis 1615 drei große Serien von Wandbehängen für die Münchner Residenz. Die Folge mit Szenen aus der Geschichte des Hauses Wittelsbach, mit Darstellungen der Monate bzw. von Tag und Nacht sowie mit Grotesken und Tugendallegorien entstanden nach Entwürfen des Münchner Hofmalers Peter Candid. Die unter intensiver persönlicher Anteilnahme des Kurfürsten auf sechs in der Münchner Residenz aufgestellten Webstühlen entstandenen Tapisserien gehören zu Spitzenleistungen der Zeit und sind den besten Brüsseler Arbeiten ebenbürtig.[88]

Die Aufnahme vertriebener Hugenotten in der Markgrafschaft Ansbach-Bayreuth wurde weiter oben schon kurz gestreift.[89] Unter den französischen Glaubensflüchtlingen befanden sich tüchtige Handwerker und Kunsthandwerker, so auch Teppichwirkerfamilien, die sich in Schwabach und in Erlangen niederließen. Mit Zuschüssen der Landesherrschaft bauten sie Manufakturen auf, die schon bald florierten. Vor allem in der Schwabacher Werkstätte, die 1685 von dem Teppichwirker Michel de Claravaux begründet worden war, sind sehr qualitätvolle, farbenfreudige Tapisserien im Régence-Stil mit Ornament-Bordüren nach Grotesken-Entwürfen von Bérain und Marot hervorgegangen.[90] Nach der anfänglichen Förderung durch die Markgrafen geriet das Unternehmen schon in der Zeit um 1710 wegen des Ausbleibens von Aufträgen des Hofes in erste wirtschaftliche Schwierigkeiten, doch blieb die Manufaktur noch bis zu ihrem Erlöschen vor der Jahrhundertmitte unter sich ständig verschlechternden Bedingungen tätig.

Die in Erlangen seit 1686 aktive Manufaktur de Chazaux scheint langlebiger gewesen zu sein: Vermutlich ist sie erst mit dem Tod von Jean de Chazaux im Jahr 1779 aufgegeben worden.[91] Allerdings blieb die Erlanger Produktion deutlich hinter den Schwabacher Tapisserien zurück: Die Teppiche von de Chazaux sind sehr viel gröber gearbeitet und sie lassen auch die differenzierte und leuchtende Farbigkeit der Schwabacher Arbeiten vermissen.

Die Manufakturen in Schwabach und Erlangen sind hier als Beispiele für die Tapisserienproduktion in Bayern vorgestellt worden. Doch verdienen es noch weitere Werkstätten, wenigstens erwähnt zu werden. Das gilt für das von den baulustigen Fürstbischöfen aus dem Hause Schönborn in Würzburg eingerichtete Atelier[92] ebenso wie für die unter Kurfürst Max Emanuel eingerichtete „Churfürstliche Manufaktur für Hautelisse-Tappeten", die 1718 in der Münchner Vorstadt Au ihren Betrieb aufnahm.[93] Neben der Herstellung neuer Wandteppiche ging es insbesondere auch um die Pflege und Wartung der bereits vorhandenen kurfürstlichen Bestände sowie die Herstellung von textilen Raumausstattungen wie etwa Portieren, Bespannungen für Kaminschirme und Möbelbezüge. Das Unternehmen erlebte bis zu seiner Schließung im Jahre 1799 unter insgesamt vier Kurfürsten und mehreren

Generationen der aus Frankreich angeworbenen Teppichwirker, Höhen und Tiefen. Neben der Fertigung von Bildteppichen von europäischem Rang – wie etwa der Jahreszeitenfolge nach Entwürfen des Hofmalers Christian Wink – war über weite Strecken die Anfertigung von Möbelbespannungen der Brotberuf.

Die Zeitenwende um 1800, also die Phase der Säkularisation und des mit ihr einhergehenden gesellschaftlichen Umbruchs, bedeutete das vorläufige Ende der Teppichwirkerei, die erst mit der Arts and Crafts-Bewegung und dem Kunsthandwerk des Jugendstils wieder größere Bedeutung erlangen sollte.

Stickereien

Unter den für höfische oder liturgische Zwecke bestimmten textilen Arbeiten sind es die Stickereien, die in Bayern auch im europäischen Vergleich die größte Bedeutung erlangt haben. Schon für das hohe Mittelalter liegen mit den Bamberger Kaisermänteln Zeremonialgewänder vor, die zu den wichtigsten Dokumenten der Textilgeschichte zählen. Heute werden die prunkvollen Goldstickereien des Sternenmantels von Kaiser Heinrich II. sowie des Mantels der hl. Kunigunde als Regensburger Arbeiten eingeordnet.[94]

Mit dem Namen Regensburgs verbinden sich auch in den folgenden Jahrhunderten bedeutende Stickereien wie etwa das im 14. Jahrhundert entstandene Rationale, das im Regensburger Domschatz verwahrt wird, oder der monumentale Medaillonteppich aus der Zeit um 1390, eine Arbeit in Klosterstich mit Wollfäden auf Leinengrund.[95]

Nadelarbeiten gehörten vor allem in den bayerischen Frauenklöstern durchgehend vom Mittelalter bis zur Säkularisation zu den wichtigsten kunsthandwerklichen Betätigungen. Zu den bedeutendsten Zeugnissen dieser meist anonymen klösterlichen Kunst zählt der einzigartige Paramentenschatz des Ursulinenklosters in Neuburg a. d. Donau,[96] der hier nur als herausragendes Beispiel für die Fülle weiterer Klosterarbeiten[97] vorgestellt werden soll. Von den in der ersten Hälfte des 18. Jahrhunderts entstandenen Stickarbeiten der Neuburger Ursulinen haben sich sieben Ornate, vierzehn Antependien und zwei Hochaltarbaldachine mit Gold- und Silberstickerei und szenischen Darstellungen in einer hochdifferenzierten „Nadelmalerei" erhalten.[98]

Die Stickerei gehörte auch zu den am Münchner Hofe gepflegten gesellschaftlichen und geselligen Frauenarbeiten.[99] Doch arbeiteten auch Männer als Sticker, wie etwa der unter Kurfürst Karl Albrecht tätige kurfürstliche Hofsticker Jean-François Bassecour und sein Nachfolger Joseph Janssens. Ihrem Œuvre sind außer den Draperien an Paradebetten in der Münchner Residenz etwa auch Stickereien an Uniformen, Schuhen, aber auch an Paramenten und Reliquiengehäusen zuzuweisen.[100]

Im Zusammenhang mit der Paramentenstickerei und der höfischen Stickerei sei ein knapper Exkurs in einen Randbereich der Herstellung von Textilien gestattet, nämlich die Fertigung von Borten, Posamenten und Metallgespinsten, wie sie zur Steigerung der Kostbarkeit des Erscheinungsbilds, aber auch zum Besetzen von Kanten, Säumen und zur Flächengliederung textiler Erzeugnisse eingesetzt wurden.

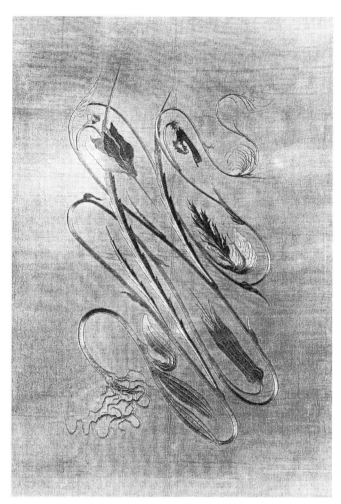

Abb. 14. Wandbehang „Der Peitschenhieb"; Stickerei von Berthe Ruchet nach einem Entwurf von Hermann Obrist, München um 1895 (Münchner Stadtmuseum)

Die Posamenterie oder Bortenschlägerei und die Produktion von Metallgespinsten gehörte zur Palette der differenzierten Handwerke und Gewerbe etwa der Städte Augsburg und Nürnberg mit ihrem Einzugsbereich. Eine besondere Rolle spielte die Erzeugung von Metallgespinsten in Roth bei Nürnberg, wo sich die wirtschaftlich einst so bedeutende und technisch anspruchsvolle Erzeugung sogenannter „leonischer Waren"[101] in Kümmerform erhalten hat: Das Überleben müssen heute auch so triviale Produkte wie aus aufgerollten Metallstrümpfen gefertigte Topfreiniger sichern.

Selbstverständlich fanden Posamenten und Metallgespinste nicht nur bei kostbaren höfischen und kirchlichen Aufträgen Verwendung. Als Modeprodukt waren sie auch in der bürgerlichen Kleidung und vor allem in der Tracht sehr beliebt. Und auch bei der schon kurz angesprochenen, insbesondere auch im bayerischen Raum verbreiteten Fertigung von Klosterarbeiten als Zeugnissen der Volksfrömmigkeit spielten gerade die Metallgespinste eine wichtige Rolle. Besonders bei den sogenannten „Eingerichten" als dreidimensionalen Darstellungen von biblischen Szenen und sonstigen frömmigkeitsgeschichtlichen Themen wurden die Erzeugnisse der sogenannten „leonischen Industrie" vielfach collagehaft eingesetzt und treten zu Stoffen, Papier und Wachs hinzu.[102]

Als letzter Schwerpunkt der Stickerei in München sind die auch international beachteten Arbeiten des Jugendstils anzusprechen. Diese von der Arts and Crafts-Bewegung inspirierte Stilrichtung mit ihren vegetabilen und organischen Formen fand gerade im Medium der Stickerei adäquate Ausdrucksmöglichkeiten. Der „Peitschenhieb" von Hermann Obrist[103] und seine weiteren Stickarbeiten, die nicht nur „den fröhlichen Zauber des ewigen Wechsels des Lebens der Pflanze"[104] ausstrahlen, sondern auch innere Strukturen, Bewegung und Energie verkörpern, gehörten zu den grundlegenden und stilbildenden Manifestationen der neuen Kunstrichtung.[105]

Die etwas kaleidoskopartige Darstellung im Rahmen des hier gebotenen gedrängten Überblicks bringt eine Beschränkung auf markantere Schwerpunkte der Geschichte der Textilherstellung in Bayern mit sich. Nichtsdestoweniger vermittelt die Vielfalt des Materials einen Eindruck von der großen Bandbreite der heimischen Textilkultur. Die in den Vortrag eingearbeiteten Literaturhinweise sollen dazu einladen, einzelne Aspekte zu vertiefen, wenn bei der Beschäftigung mit diesem faszinierenden Gebiet der bayerischen Kulturgeschichte die Neugier geweckt worden sein sollte.

Anmerkungen

1 Die 5. Tagung bayerischer, böhmischer und sächsischer Museumsfachleute zum Thema „Textilien im Museum" wurde in der Zeit vom 18.-20. September 1996 im Severoceske muzeum (Nordböhmisches Gewerbemuseum) in Liberec/Reichenberg veranstaltet. Der Text des dort gehaltenen Einführungsvortrags über historische Textilproduktion und Textilmuseen in Bayern wurde für die Drucklegung überarbeitet und durch Literaturhinweise ergänzt.
Besonderen Dank schulde ich *Frau Beatrix Münzer-Glas M.A.*, Leiterin des Oberfränkischen Textilmuseums in Helmbrechts. Die nachfolgenden Ausführungen zur Geschichte der Textilindustrie in Oberfranken stützen sich weitgehend auf die von ihr gegebenen Hinweise. Darüber hinaus sind die Informationen weiterer Museumskolleginnen in diesen Beitrag eingegangen: *Frau Barbara de Groot*, Leiterin der Textilwerkstätten der Bayerischen Verwaltung der staatlichen Schlösser, Gärten und Seen, hat mich mit Material zur Gobelinherstellung in Mittelfranken versorgt, *Frau Dr. Renate Baumgärtel-Fleischmann*, Leiterin des Diözesanmuseums Bamberg, verdanke ich den Hinweis auf die Entstehung des Sternenmantels Kaiser Heinrichs II. in Regensburg. *Frau Dr. Andrea Kluge* führte mich im Zusammenhang mit der durch die Landesstelle für die nichtstaatlichen Museen unterstützte Erwerbung des Stoffmusterarchivs der Neuen Augsburger Kattunfabrik durch die Stadt Augsburg in die Geschichte der Augsburger Textilindustrie ein. Herrn *Dr. Ulrich Thiele*, Bayerische Verwaltung der staatl. Schlösser, Gärten und Seen, verdanke ich Hinweise zum Seidenhaus am Münchner Hofgarten. *Georg Waldemer* danke ich für die Durchsicht des Manuskripts, für fachliche Anregungen und kollegialen Zuspruch.

2 LEONIE V. WILCKENS, *Die textilen Künste. Von der Antike bis um 1500*, München 1991, S. 9 u. S. 37 mit weiterer Literatur.

3 Jedenfalls gab es auch innerhalb des Gebiets des heutigen Bayern Textilwerkstätten, die für den kaiserlichen Hof und den hohen Klerus tätig waren. Allerdings scheinen in diesen Werkstätten nur Stickereien ausgeführt worden zu sein, während es sich bei den verwendeten seidenen Grundstoffen wohl ausnahmslos um importierte Seidengewebe gehandelt haben dürfte. Bedeutung als textiles Zentrum hatte in hochmittelalterlicher Zeit vor allem die Bischofsstadt und spätere Reichsstadt Regensburg. So werden die Stickereien des Sternenmantels Kaiser Heinrichs II. sowie des Mantels seiner Gemahlin, der hl. Kunigunde, im Bamberger Domschatz Regensburger Werkstätten zugeschrieben. Vgl. V. WILCKENS (wie Anm. 2), S. 178 ff. u. Abb. 200-202; RENATE BAUMGÄRTEL-FLEISCHMANN, *Der Sternenmantel Kaiser Heinrichs II. und seine Inschriften*, in: Epigraphik 1988, Denkschriften der Österreichischen Akademie der Wissenschaften, Philosophisch-Historische Klasse, Wien 1990, S. 105-125 u. Abb. 1-31. Stickarbeiten herausragender Qualität sind in Regensburg auch noch in spätmittelalterlicher Zeit entstanden, so das im frühen 14. Jh. entstandene Rationale im Regensburger Domschatz (vgl. ACHIM HUBEL, *Der Regensburger Domschatz*, München/Zürich 1976, S. 219-229, Kat. Nr. 112 u. Farbt. XV u. Abb. 153-155) oder der um 1390 entstandene sog. Medaillonteppich mit Minneszenen (vgl. *Regensburg im Mittelalter*, Kat. d. Abt. Mittelalter im Museum der Stadt Regensburg, hrsg. v. Martin Angerer, Regensburg 1995, S. 134, Kat. Nr. 16.1. u. Farbt. 51).

4 CLAUS PETER CLASEN, *Die Augsburger Bleichen im 18. Jahrhundert*, in: Kat. d. Ausst. Aufbruch ins Industriezeitalter, München 1985, Bd. 2, S. 184-225.

5 Die textilen Handwerke waren in den bayerischen Städten und auch in ihrem Umland zünftisch organisiert. Einen Aufschwung auf breiterer Basis scheint das textile Gewerbe im 15. Jahrhundert genommen zu haben. Aus dieser Zeit sind beispielsweise aus Nürnberg, Augsburg und Regensburg Tücher und Decken überliefert, die qualitativ und gestalterisch über den reinen Gebrauchszweck hinausgehenden Ansprüchen gerecht zu werden vermochten. Es handelte sich vielfach um Mischgewebe, so um den „Barchent" mit Leinenkette und Baumwollschuß in Köperbindung, wie er beispielsweise in Augsburg hergestellt wurde (vgl. CLAUS-PETER CLASEN, *Die Augsburger Weber. Leistungen und Krisen des Textilgewerbes um 1600*, Abhandlungen zur Geschichte der Stadt Augsburg, Bd. 27, Augsburg 1981 UND LEONIE VON WILCKENS, *Textilien*, in: Ausst. Kat. Welt im Umbruch. Augsburg zwischen Renaisssance und Barock, Augsburg 1981, S. 65-69. Siehe auch WOLFGANG VON STROMER, *Die Gründung der Baumwollindustrie in Mitteleuropa, Wirtschaftspolitik im Spätmittelalter*, Monographien zur Geschichte des Mittelalters, Bd. 17, Stuttgart 1978. Weiterhin waren Gewebe mit Leinenkette und Wollschuß, gelegentlich aber auch mit Seidenschüssen und Metallfäden verbreitet. Als einfacher herzustellendes und damit billigeres Konkurrenzprodukt zu gemusterten Geweben, bei dessen Herstellung sich auch zusätzliche gestalterische Möglichkeiten ergaben, waren schon seit dem Spätmittelalter bedruckte Stoffe auf dem Markt. Als Material für den sogenannten Zeugdruck (ROBERT FORRER, *Die Zeugdrucke der byzantinischen, romanischen, gothischen und spätern Kunstepochen*, Straßburg 1894) standen vor allem Leinen und Barchent zur Verfügung, aber auch Seide und Wollmischgewebe (vgl. V. WILCKENS [wie Anm. 2], S. 161-172), ab dem späten 17. Jh. mit dem Import aus den ostinidischen Kolonien (vgl. FORRER, a. a. O., S. 33 ff.) in zunehmendem Maße reine Baumwollstoffe (Kattun).

6 Zum „Kammerwagenfahren" als Teil des altbayerischen Hochzeitsbrauchtums vgl. GOTTHARD KRAUS, *Altbrucker Bauernhochzeit. Aus den vergilbten Blättern eines ehemaligen Hochzeitsladers*, in: Jubiläums-Festschrift des Historischen Vereins für den Bezirk Fürstenfeldbruck, 1903-1928, Fürstenfeldbruck 1928, S. 17-34, insbes. S. 19 f. – Das Bezirksmuseum Dachau besitzt einen Kammerwagen in originaler Größe mit Mobiliar und Ausstattung des 19. Jahrhunderts, der aus dem Besitz der ortsansässigen Familie Kreitmeir stammt. Das mit dem Kammerwagenfahren verbundene Brauchtum wie das „Herzoagn" und „Sachschauen" sind dargestellt in dem Film „Die Hochzeit" nach Ludwig Thoma; vgl. LUDWIG THOMA, *Hochzeit. Eine Bauerngeschichte. Bilder um Hochzeit und Brauchtum zu dem Film von Kurt Wilhelm*, Dachau 1984. Frdl. Hinweis von Frau Elfriede Kreitmeir, Dachau. Ein besonders schönes Kammerwagen-Modell, bezeichnet als

"Tölzer Hochzeitswagen", besitzt das Bayerische Nationalmuseum München (Inv. Nr. R8270). Es wurde im Jahr 1904 von Bildhauer Krieger aus München angefertigt.

7 Sepp Hilz, „Eitelkeit", ausgestellt im Haus der Kunst, als Postkarte verlegt von Heinrich Hofmann, dem „Leibphotographen" Adolf Hitlers.

8 Das Begriffspaar „Hausfleiß" – Erzeugung zur Deckung des Lebensbedarfs und nicht für Tausch und Handel, also Identität von Produzent und Konsument – und „Hausindustrie" – also Produktion zum Absatz an Dritte – ist von Alois Riegl in die Kulturwissenschaften eingeführt worden (ALOIS RIEGL, Volkskunst, Hausfleiß und Hausindustrie, Berlin 1894). Der Begriff der Hausindustrie gilt in besonderem Maße für Formen der Heimarbeit, bei denen die Erzeugnisse über „Verleger" abgesetzt werden, die oft auch ihrerseits auf die Art der Produktion Einfluß nehmen oder gar Rohmaterialien stellen. Das industrielle Moment tritt dann in besonderer Schärfe hervor, wenn sich die Heimarbeiten nicht auf traditionelle regionaltypische Gewerbe beziehen, sondern aus beschäftigungspolitischen oder merkantilistischen Erwägungen eingeführt wurden und letztlich nichts anderes sind als dezentralisierte Fabrikarbeit (vgl. ebd., S. 64). – OTTO LOHR, Hausindustrie, in: Kat. d. Ausst. Leben und Arbeiten im Industriezeitalter, Germanisches Nationalmuseum Nürnberg 1985, Stuttgart 1985, S. 235-239 mit weiterführender Literatur. – Siehe auch DIETMAR STUTZER, in: Kat. d. Ausst. Wittelsbach und Bayern, Teil 3: Krone und Verfassung – König Max I. Joseph und der neue Staat, München 1980, Bd. 2, S. 416 f.

9 PANKRAZ FRIED, Die innere Sozialentwicklung von Bauerntum und Landvolk bis 1945, in: Max Spindler (Hrsg.), Handbuch der Bayerischen Geschichte, Bd. IV: Das neue Bayern, München 1975, S. 760 ff.: „Als typisches Handwerk des flachen Landes florierte seit dem 18. Jahrhundert in vielen Gegenden die Leineweberei; das Spinnrad stand in so gut wie jedem Sölden- und Tagelöhnerhäuschen." OTTO LOHR, Die Textilindustrie in Bayern 1840-1914, in: Kat. d. Ausst. Leben und Arbeiten im Industriezeitalter (wie Anm. 8), S. 195 ff.

10 Vgl. J. ROTTENKOLBER, Geschichte des Allgäus, München 1951, S. 332 ff.: „Das Hauptgewerbe des Allgäus war die Leineweberei, die nicht nur in den Städten, sondern auch auf dem Lande in Schwung war. Das Garn, das die Weber benötigten, lieferte anfangs das Land selbst, wo alles, Mann und Weib, jung und alt, in der Freizeit am Spinnrocken saß. Später bezog man es aus Unterschwaben, Bayern, Württemberg, ja sogar aus Böhmen. Die fertigen Stücke wurden an Leinwandschauanstalten abgeliefert, wo sie geprüft und, wenn in Güte, Länge und Breite vorschriftsmäßig befunden, mit dem Stadtstempel versehen wurden. Wehe dem Weber aber, der da betrügen wollte. Seine Arbeit wurde ihm zerschnitten zurückgegeben, ja im Wiederholungsfalle wurde er aus dem Handwerk ausgestoßen. ... Erst wenn die Leinwandstücke (in der Leinwandschauanstalt) geprüft und gestempelt waren, durften sie dem ‚Faktor' zum Kauf angeboten werden. Die Faktoren waren von der Obrigkeit ernannt und mußten anerkannt rechtliche und vermögende Leute sein. Sie handelten teils auf eigene Rechnung, teils auf Rechnung fremder Handelsherrn. So blühte der Leinwandhandel, und da die Weber am Stück 6-9 Gulden verdienten, floß viel Geld ins Land. In den Jahren 1776-1785 wurden jährlich fast 200 000 Stück zur Schau gebracht. ... Aus Ungarn, Böhmen und Italien wurden bedeutende Mengen von Schafwolle bezogen, welche die Loderer, Hutmacher und vor allem die Strumpfwirker brauchten. In Kempten erfand der arme Strumpfmacher Kaspar Pfander 1731 die Strumpfstrickmaschine, die es ermöglichte, Wirkwaren nahtlos rundzustricken. Aber durch den Neid seiner Berufsgenossen und durch die Schwäche des Stadtrats wurde er um den Erfolg seiner Erfindung gebracht. Die Strumpfwirkerei war besonders in Obergünzburg zu Hause, wo es 1808 nicht weniger als 32 selbständige Meister gab. Sie lieferten Schafwollstrümpfe an die Verleger in Memmingen und Kempten oder nach Vorarlberg und in die Schweiz, handelten aber auch selbst auf Märkten. Später ging das Gewerbe infolge der hohen Wollpreise zurück. In Kempten blühte das Gewerbe der Tuchmacher; schon 1390 bestand für sie ein eigenes Tuchhaus. Auch Memmingen erzeugte treffliche Tuche aus flämischer Wolle. Begehrt waren die in diesen Städten gefertigten Regentücher, mit denen man sich vor Erfindung des Regenschirms gegen den Regen schützte." Zum Textilhandel S. 344: „Unter den Ausfuhrartikeln [des Allgäus] standen die Erzeugnisse des Webereigewerbes an erster Stelle. Darum gaben sich die städtischen Verwaltungen auch alle Mühe, deren Qualität auf der Höhe zu erhalten, denn eine gute Leinwand ernährte ihren Erzeuger und füllte gleichzeitig durch ein ausgeklügeltes Zoll- und Abgabensystem den Stadtsäckel. Im 16. Jahrhundert gingen allein aus der Stadt Kempten jährlich 200 000 bis 300 000 Stück Leinwand nach Italien, Frankreich, Spanien, in die Niederlande und ins Morgenland. Ferner wurden ausgeführt ... Tuche aller Art und Barchent, ein Mischgewebe aus Flachs und Baumwolle."

11 Vgl. INA WUNDER (unter Mitarbeit von SIGRID DAUM), Internationale Spitzensammlung Nordhalben, München/Regensburg 1987, S. 29: Die Ansiedlung von Hausindustrien in Nordhalben wurde vom sogenannten Arbeiterbeschäftigungskomitee angeregt, das sich auf Anweisung durch das „Königlich-Bayerische Staatsministerium des Handels und der öffentlichen Arbeiten" konstituiert hatte. Auch andernorts erfolgte, vielfach mit Unterstützung von Gewerbevereinen, die Einrichtung neuer Industrien, die von der Königlich-Bayerischen Regierung aus dem „Zentralnebenfonds für Industrie und Kultur" gefördert wurden.

12 ALBRECHT GRIBL, Artikel „Hausweberei" in: Wittelsbach und Bayern (wie Anm. 8), S. 417. – Vgl. auch ECKARDT SCHREMMER, Die Oberschwäbische Textillandschaft, in: Handbuch der Bayerischen Geschichte, Bd. 3: Franken, Schwaben, Oberpfalz bis zum Ausgang des 18. Jahrhunderts, Teilbd. 2: Schwaben, 2. Aufl., München 1979, S. 1074-1080. Schremmer geht auch auf die Rolle der Zünfte bei den Stadt- und den Landwebern ein.

13 Vgl. zur Einführung der Baumwolle: V. STROMER (wie Anm. 5).

14 ROTTENKOLBER (wie Anm. 10), S. 334: „Ganz schlimm wurde es, als ausgangs des 18. Jahrhunderts die Baumwolle die Welt eroberte; nun standen die Stühle der Weber stille, und Verarmung und Hunger drohten vielen Tausenden. Um die gleiche Zeit beschäftigte das Weberhandwerk in der Immenstädter Gegend immer noch einige tausend Hände und zählte über 1000 zünftige Meister. Aber schon ein Menschenalter später arbeiteten in den 80 Ortschaften des Landgerichts Sonthofen nur mehr 113 Weber. 1814 hatte Kaufbeuren 336 Meister, 1836 noch 167 und 1853 nur mehr 53."

15 ROTTENKOLBER (wie Anm. 10), S. 333: Immenstadt war der führende Beschauplatz des Allgäus für Leinwand. Die Leineweberei gehörte – ebenso wie die Wollweberei – zu den zünftigen Handwerken, und zwar auch am Lande, wo sie in Heimarbeit betrieben wurde. Der Export erfolgte über Handelsgesellschaften, in der Regel Familienfirmen, die schon im Spätmittelalter auftreten (DERS., S. 346). – Zum Verlegerwesen siehe unten Anm. 37.

16 THILO LUDEWIG, Das Färberhaus in Oberstaufen, Oberstaufen o. J. (ca. 1988), Typoskript im Gemeindearchiv. Die gleiche Situation galt für andere kleine Handwerksbetriebe am Ort: Vgl. THILO LUDEWIG, Das Strumpferhaus in Oberstaufen, Oberstaufen 1995, Typoskript im Gemeindearchiv.

17 Vgl. STUTZER (wie Anm. 8). Vgl. auch HANS MICHEL, Die hausindustrielle Weberei Deutschlands. Entwicklung, Lage und Zukunft, Jena 1921.

18 Vgl. LUDEWIG (wie Anm. 16).

19 Vgl. ROTTENKOLBER (wie Anm. 10). – Siehe auch MONIKA MAI, Kleidung. Bestandskatalog des Schwäbischen Bauernhofmuseums Illerbeuren, Kronburg/Illerbeuren 1994, S. 30 f.

20 Frdl. Hinweis von Frau Dr. Richter, Sudetendeutsches Archiv. – Materialien hierzu auch im Archiv der Firma „Elbeo" in Schongau (eigentlich Firma Vatter mit den Marken „Elbeo" (früher Augsburg), „Bellinda", „Nur die" und neuerdings auch „Bi" mit Sitz in Lauingen) und dem von ihr eingerichteten Strumpfmuseum in Altenstadt, Lkr. Weilheim-Schongau. Eine Firmenmonographie ist in Vorbereitung: JÖRG BAHNER, Die Marken der Firma Vatter (Arbeitstitel); erscheint voraussichtlich zur Jahreswende 1997/98.

21 Die nachfolgenden Ausführungen zur Hausweberei und Textilindustrie stützen sich insbesondere auf mündliche Hinweise von Beatrix Münzer-Glas, Leiterin des Oberfränkischen Textilmuseums in Helmbrechts, Lkr. Hof. – Siehe auch: C. HOFMANN, Die Hausweberei in Oberfranken, Jena 1927; KLAUS GUTH, Hausweberei im Fichtelgebirge, in: Wittelsbach und Bayern (wie Anm. 8), Bd. 1, S. 300-310.

22 STUTZER (wie Anm. 8): „Das leistungsfähigste Zentrum der Textilheimindustrie war [im frühen 19. Jh.] die Oberpfalz mit etwa 4000

Webstühlen und übergebietlichem Absatz. Hier hatten sich in Waldmünchen, Weiden und Rötz messeähnliche Marktplätze gebildet."

23 Allerdings erscheinen die Tage der Hausweberei gezählt. Vgl. *So war's halt. Leben und Arbeit der oberfränkischen Hausweber,* hrsg. von ARNOLD LASSOTTA und BEATRIX MÜNZER-GLAS im Auftrag des Landschaftsverbandes Westfalen-Lippe, Essen 1994, insbes. S. 48-52: Die Hausweberei heute. Eine endliche Geschichte.

24 OTTO KNOPF, *Wie die Weberei zu uns kam,* in: Oberfränkisches Textilmuseum Helmbrechts, Festschrift und Informationsbroschüre, Helmbrechts 1992, S. 8.

25 GEORG KRAUSS, *Die Oberfränkische Geschichte,* S. 172 ff.

26 HANS SEIFFERT, *Helmbrechts. Die Geschichte einer oberfränkischen Kleinstadt,* Helmbrechts 1956. Von Rektor und Heimatforscher Hans Seiffert ging nicht nur die Initiative zur Einrichtung des Oberfränkischen Textilmuseums in Helmbrechts aus, sondern ihm ist auch der Grundstock der Sammlung zu verdanken.

27 KRAUSS (wie Anm. 25). – Vgl. auch: K. SCHMID, *Die Entwicklung der Hofer Baumwollindustrie 1432-1913,* Wirtschafts- und Verwaltungsstudien mit besonderer Berücksichtigung Bayerns, hrsg. v. Georg Schanz, Bd. IX, Leipzig/Erlangen 1923. – E. DIETLEIN, *Das Textilgewerbe der bayerischen Stadt Hof von 1500-1870,* Phil. Diss. Masch., Erlangen 1921.

28 INA WUNDER (mit Beiträgen von SIGRID DAUM), *Internationale Spitzensammlung Nordhalben,* München 1987; BEATRIX MÜNZER-GLAS (unter Mitarbeit von BEATE AGTEN), *Spitzenkräfte klöppeln in Oberfranken,* Beiträge zur oberfränkischen Textilgeschichte, H. 1, Helmbrechts 1996.

29 BEATRIX MÜNZER-GLAS, *Die Weißstickerei Frankenwälder Art,* Vortragsmanuskript im Archiv des Oberfränkischen Textilmuseums, 1994.

30 WUNDER (wie Anm. 28), S. 29.

31 MÜNZER-GLAS (wie Anm. 29).

32 ARNULF BÜHRLE, *Fachhochschule Coburg,* in: Oberfränkisches Textilmuseum Helmbrechts, Helmbrechts 1992, S. 28. Die Staatliche Fachhochschule wird ergänzt durch das Ausbildungsangebot des Staatlichen Berufsbildungszentrums Textil-Bekleidung Münchberg/Naila (mit der Staatlichen Berufsschule für Textilberufe und der Staatlichen Textilfach- und Technikerschule mit Berufsfachschule für Textil in Münchberg und der Staatlichen Fach- und Berufsfachschule für Bekleidung in Naila).

33 LUDWIG ALWENS, *Leistung durch Nachwuchs – 100 Jahre staatliche höhere Fachschule für Textilindustrie,* Münchberg, 1954.

34 Zur heimindustriellen Produktion in Bayern allgemein: OTTO LOHR (wie Anm. 8), S. 235-238 mit weiterführender Literatur.

35 Zum Verlegerwesen allgemein: ROLAND BETTGER, *Verlagswesen, Handwerk und Heimarbeit,* in: Aufbruch ins Industriezeitalter (wie Anm. 4), S. 175-183. – ECKART SCHREMMER, *Die Wirtschaft Bayerns. Vom hohen Mittelalter bis zum Beginn der Industrialisierung. Bergbau, Gewerbe, Handel,* München 1970, S. 472 f. – DERS., *Der Textilverlag,* in: Handbuch der Bayerischen Geschichte (wie Anm. 12), S. 1083-88. – HANS AUBIN, *Formen und Verbreitung des Verlagssystems in der Altnürnberger Wirtschaft,* in: Beiträge zur Wirtschaftsgeschichte Nürnbergs, 1967, S. 620-668.

36 STUTZER (wie Anm. 8). – JOSEF FREUDENBERGER, *Aus der Geschichte der Au. Die alte Au, nach amtlichen Quellen dargestellt,* München 1927.

37 Siehe Anm. 35.

38 ECKART SCHREMMER, *Textilien,* in: Handbuch der bayerischen Geschichte, Bd. 2: Das alte Bayern. Der Territorialstaat vom Ausgang des 12. Jahrhunderts bis zum Ausgang des 18. Jahrhunderts, 2. Aufl., München 1988, S. 766 ff.

39 Ebd., S. 767.

40 Ebd.

41 Ebd. – siehe auch *„von einem guoten stampfhart": Loden im Wandel der Zeit,* Sonderausstellung Juni-Oktober 1996 im Kärntner Freilichtmuseum Maria Saal, Maria Saal 1996. – Lodenkotzen oder Lodenpelerinen gehörten in Bayern noch bis in die Zeit nach dem 2. Weltkrieg zur typischen Regenkleidung der Schulkinder; vgl. z. B. im Stadtmuseum München: Pelerine mit Kapuze, Firma Loden Frey, München 1903/04, Inv. Nr. T 84/85.

42 Besondere Bekanntheit erlangte die für den städtisch-bürgerlichen Markt gefertigte Münchner Lodenkleidung durch die Erzeugnisse der 1842 gegründeten Firma Loden Frey. Vgl. *Loden Frey München. Die Geschichte des Lodererhandwerks,* München 1978. – THOMAS KULBRODT, *Münchner Freyheiten: 150 Jahre Loden-Frey,* München 1992.

43 Das Tragen steirischer Kleidung zur Jagd gehört nicht erst seit der Prinzregentenzeit, sondern jedenfalls schon seit Max II. zur volksverbundenen Selbstdarstellung des bayerischen Königshauses; vgl. u. a. JOSEF ANTON KÖCHELER, *Die Gebirgstrachten im oberen Allgäu,* Oberstdorf 1991, S. 70. Auch in der Zeit des Nationalsozialismus wurden Steireranzüge und Lederhosen – respektive Dirndl' für die Damen – von den Spitzen der Partei und der Gesellschaft gerade in Verbindung mit jagdlichen Ereignissen und ländlicher Freizeit getragen, um sich in diesen Traditionszusammenhang zu setzen und sich zugleich volksnah zu gebärden.

44 FELIX JOSEPH FREIHERR VON LIPOWSKY, *National-Costüme des Königreichs Bayern,* München 1828, Nachdruck hrsg. v. Paul Ernst Rattelmüller mit einem Geleitwort, München 1971. – PAUL ERNST RATTELMÜLLER, *Volkstrachten in Bayern: Altbayern, Franken und Schwaben,* München 1984. – WALTER HARTINGER, *„... liegt mir gleichwohl die Erhaltung der Volkstrachten sehr am Herzen." Maximilian II. und die Volkstrachten in Bayern,* in: König Maximilian II. von Bayern 1848-1864, Rosenheim 1988, S. 201-211. – NINA GOCKERELL, *Kleidung und Tracht,* in: Wege der Volkskunde in Bayern, München/Würzburg 1987. – MONIKA MAI, *Kleidung. Bestandskatalog des Schwäbischen Bauernhofmuseums Illerbeuren,* Kronburg/Illerbeuren 1994. – Weitere Literatur zu den regionalen Trachten (in Auswahl): NINA GOCKERELL, *Alte Trachten aus Oberbayern und Tirol,* Rosenheim 1976. – JOSEPH VON HAZZI, *Trachten aus Niederbayern. Nach den statistischen Aufschlüssen über das Herzogtum Baiern,* hrsg. v. Paul Ernst Rattelmüller, Passau 1971. – OSKAR V. ZABORSKY-WAHLSTÄTTEN, *Die Tracht in Niederbayern. Eine Trachtenkunde,* Bd. 1, 2. Aufl., Nachdruck München 1979. – DERS., *Die Tracht im Bayerischen und Böhmerwald. Eine Trachtenkunde,* Bd. 2, 2. Aufl., Nachdruck München 1979. – KONRAD BÖHM, *Die Volkstrachten in Oberfranken. Ein Beitrag zur Brauchtumspflege,* Bayreuth 1989. – SIEGLINDE PLANK, *Trachten in Mittelfranken. Eine Bild- und Textdokumentation aus dem Raum Ansbach, Gunzenhausen, Heilsbronn, Schwabach, Roth,* Schriftenreihe des Geschichts-und Heimatvereins Schwabach und Umgebung, Bd. 2, Schwabach 1985. – REINHARD WORSCHECH, *Trachten in Bayern: Unterfranken,* Trachten in Bayern, Bd. 2, hrsg. v. Bezirk Unterfranken in Verbindung mit dem Bayerischen Landesverein für Heimatpflege, Würzburg 1982. – KARIN GENTH, *Trachten in Unterfranken,* Mainfränkische Studien, Bd. 26, Würzburg 1982. – ANGELIKA BISCHOFF-LUITHLEN, *Der Schwabe und sein Häs,* Stuttgart 1982.

45 EBERHARD WEIS, *Das neue Bayern – Max I. Joseph, Montgelas und die Entstehung und Ausgestaltung des Königreichs, 1799-1825,* in: Wittelsbach und Bayern (wie Anm. 8), Bd. 1, S. 49-64, bes. S. 59.

46 HANS OTTOMEYER (Hrsg.) *Biedermeiers Glück und Ende,* Ausst. Kat. Münchner Stadtmuseum, München 1987, S. 14 ff.

47 GERDA MÖHLER, *Zentrallandwirtschaftsfest und Landwirtschaftlicher Verein. Ein Beitrag zur „Landeskultur" unter Maximilian I. Joseph,* in: Wittelbach und Bayern (wie Anm. 8), Bd. 1, S. 317-325. – SYBILLE SPIEGEL, *Der Aufmarsch der Nationalkostüme,* in: Kat. d. Ausst. Das Oktoberfest, Münchner Stadtmuseum, München 1985, S. 226.

48 Ebd., S. 317 f. Felix Joseph v. Lipowsky, der Schöpfer des Werks „Sammlung bayerischer National-Costüme" (wie Anm. 44), war für die Choreographie der dem König huldigenden Bewohner der bayerischen Kreise zuständig.

49 CHRISTINE PRESSLER, *Gustav Kraus 1804-1852. Monographie und kritischer Katalog,* München 1977, S. 258 f.

50 Biographie in: Allgemeine Deutsche Biographie, Bd. 18.

51 Siehe Anm. 44 u. 47. Beteiligt waren Künstler wie Albrecht Adam, Carl Friedrich Heinzmann, Carl Lebschée und Lorenzo Quaglio.

52 PRESSLER (wie Anm. 49).

53 LUISE PALUCH, *Lorenzo Quaglio: 1793-1869,* in: Oberbayerisches Archiv, Bd. 108, München 1983. – LORENZ QUAGLIO, *Oberbayerische Trachten. Genre-Lithographien des Lorenz Quaglio (1815-1819),* Faksimile-Druck, Wuppertal 1976.

54 Johann Michael Mettenleiter, Biographie in: Thieme-Becker, Künstlerlexikon.

55 Zur Trachtengraphik von Peter Geist siehe ANGELIKA MÜLLNER, *Unterfränkische Trachtengrafik,* Würzburg 1982. Vgl. auch Peter Geist,

55 *Trachten aus Franken,* 32 Einzelblätter mit einem Geleitwort von Reinhard Worschech, Würzburg 1982. *Unterfränkische Trachten: 12 Tafeln nach Aquarellen von Peter Geist, 1852, mit einer Einführung von Josef Dünninger,* Würzburg 1969.
56 Vgl. auch IRIS ZEISEL, *Frühe Trachtenbeschreibungen und Trachtenfolgen in Altbayern und Franken,* Zulassungsarbeit Universität Würzburg, 1978. – PAUL ERNST RATTELMÜLLER, *Dirndl, Janker, Lederhosen: Künstler entdecken die oberbayerischen Trachten,* München 1970.
57 WALTER HARTINGER (wie Anm. 44), S. 201 ff. Die Erhaltung der Tracht wurde damals zu einem politischen Programm. Vgl. auch MAI (wie Anm. 44), S. 25 ff.
58 MAI (wie Anm. 44), S. 11-16.
59 ANDREA KLUGE (unter Mitarbeit von INGE WEID und UTE SKLARCZYK), *Trachtenmuseum Ochsenfurt,* Bayerische Museen, Bd. 20, München 1994. – SUSANNE CARELL/WOLFGANG BRÜCKNER, *Tracht als Spätform,* in: Begleitband zur Ausst. Fränkisches Volksleben im 19. Jahrhundert. Wunschbilder und Wirklichkeit, Mainfränkisches Museum, Würzburg 1985, S. 177-181. – ARMIN GRIEBEL, *Tracht und Folklorismus in Franken. Amtliche Berichte und Aktivitäten zwischen 1848 und 1914,* Veröffentlichungen zur Volkskunde und Kulturgeschichte, Bd. 48, Phil. Diss. Würzburg 1991.
60 Vgl. den Überblick von OTTO LOHR, *Die Textilindustrie in Bayern,* in: Leben und Arbeiten im Industriezeitalter (wie Anm. 8), S. 195 ff.
61 Zur vorindustriellen Situation in Augsburg bis zum Beginn des Merkantilismus vgl. ECKART SCHREMMER, *Die Wirtschaftsmetropole Augsburg,* in: Handbuch der Bayerischen Geschichte (wie Anm. 12), S. 1080-1096. – Die Situation ab 1750 und insbesondere die gewerbliche Struktur wird dargestellt bei PETER FASSL, *Von der freien Reichsstadt zur bayerischen Industriestadt. Augsburg 1750-1850 – ein Überblick,* in: Aufbruch ins Industriezeitalter (wie Anm. 4), S. 81-102. – OTTO REUTHER, *Die Entwicklung der Augsburger Textilindustrie,* Heidelberg 1914. – WOLFGANG DEY, *Die Entstehung und Entwicklung der Augsburger Textilindustrie unter besonderer Berücksichtigung der volkswirtschaftlichen Beziehungen, 1688-1914,* Diss. München 1947. – ILSE FISCHER, *Industrialisierung, sozialer Konflikt und politische Willensbildung in der Stadtgemeinde. Ein Beitrag zur Stadtgeschichte Augsburgs 1840-1914,* Abhandlungen zur Geschichte der Stadt Augsburg, Bd. 24, Augsburg 1977.
62 Im Rahmen der Tagung „Textilien im Museum" in Liberec referierte Dr. ANDREA KLUGE über das Stoffmusterarchiv der Neuen Augsburger Kattunfabrik und ging auch auf die Unternehmensgeschichte ein; vgl. den Beitrag: *Der Stoff aus dem die Mode ist. Geschichte und Archiv der Neuen Augsburger Kattunfabrik (NAK),* in: Museum – Bulletin – Muzeum, 5. Tagung bayerischer, böhmischer und sächsischer Museumsfachleute, Reichenberg/Liberec 18.-20. September 1996, Liberec/München 1997, S. 112-121. Weitergehende Informationen enthält die grundlegende Monographie von PETER FASSL, *Konfession, Wirtschaft und Politik. Von der Reichsstadt zur Industriestadt, Augsburg 1750-1850,* Sigmaringen 1988, S. 144-156. – Siehe auch ANDREA KLUGE, *Der Stoff aus dem die Mode ist … Die Stoffsammlung der Neuen Augsburger Kattunfabrik,* Rosenheim 1991.
63 FASSL (wie Anm. 61), S. 144.
64 Ebd., S. 150-153. – Vgl. auch LEONIE V. WILCKENS, *Geschichte der deutschen Textilkunst. Vom späten Mittelalter bis in die Gegenwart,* München 1997, S. 52-57.
65 KLUGE (wie Anm. 62), S.112.
66 *Hundert Jahre mechanische Baumwollspinnerei und -weberei Augsburg,* Augsburg, wohl 1937. – ALFRED KUHLO, *Geschichte der bayerischen Industrie,* München 1926, Abschnitt 7; Übersicht über den gegenwärtigen Stand bayerischer industrieller Werke, S. 274 f. – *Aufbruch ins Industriezeitalter* (wie Anm 4), Bd. 4, Abschn. 5.3: Fabrik und Arbeit, S. 132-140. – FASSL (wie Anm. 61), S. 247-256. – Das Archiv der Spinnerei und Weberei Augsburg wird heute im Stadtarchiv Augsburg verwahrt.
67 KUHLO (wie Anm. 66), S. 276 f. – *Das Werk von fünf Generationen. 150 Jahre Dierig,* hrsg. v. Aktiengesellschaft Christian Dierig, Augsburg o. J. (1955).
68 YORK LANGENSTEIN, *Das Stoffmusterarchiv der Neuen Augsburger Kattunfabrik bleibt Augsburg erhalten,* in: museum heute – Fakten, Tendenzen, Hilfen, H. 13, München 1997, S. 39-42.
69 Zur Architektur der Textilfabriken in Augsburg vgl. SUSANNE FEES, *Die frühen Spinnereien und Webereien in Augsburg. Architektur – Maschine – Arbeit,* in: Aufbruch ins Industriezeitalter (wie Anm. 4), S. 261-268.
70 Vgl. die 14 Jahre nach der Errichtung der Schüleschen Manufaktur verfaßte ausführliche Beschreibung bei FRIEDRICH NICOLAI, *Beschreibung einer Reise durch Deutschland und die Schweiz im Jahre 1781,* Bd. 8, Berlin 1787. – BERNT V. HAGEN/ANGELIKA WEGENER-HÜSSEN, *Stadt Augsburg,* Denkmäler in Bayern, Bd. VII.83, München 1994, S. 158 ff. – Fassl (wie Anm. 61), S. 150-153.
71 LANGENSTEIN (wie Anm. 68); zur Architektur vgl. V. HAGEN/WEGENER-HÜSSEN (wie Anm. 70), S. 346 ff.
72 WILHELM BEULEKE, *Die nach Franken eingewanderten hugenottischen Tapetenweber und Gobelinwirker. Ihre Herkunft und ihr Verbleib,* in: Hugenotten in Franken, hrsg. v. Johannes E. Bischoff u. Mitarbeit von Wilhelm Beuleke, Sickte 1979, S. 42-55. Dort auf S. 56-75 auch abgedruckt der Beitrag von JOHANNES E. BISCHOFF, *Hugenotten-Nachkommen als Teppichwirker in der „Tapisserie" Schwabach und in der Gobelin-Manufaktur Erlangen.* – JOHANNES E. BISCHOFF, *Neue Gewerbe und Manufakturen: Die Strumpfwirkerei,* in: Alfred Wendehorst (Hrsg.), Erlangen. Geschichte der Stadt in Darstellung und Bilddokumenten, München 1984. – JÜRGEN SANDWEG (Hrsg.), *Erlangen. Von der Strumpfer- zur Siemensstadt. Beiträge zur Geschichte Erlangens vom 18. zum 20. Jahrhundert,* 2. korrigierte Auflage 1983. – *300 Jahre Hugenottenstadt Erlangen. Vom Nutzen der Toleranz,* Ausst. Kat. Stadtmuseum Erlangen, Nürnberg 1986.
73 OTTO VON FALKE, *Kunstgeschichte der Seidenweberei,* 2 Bde., Berlin 1913.
74 GEBHARD STREICHER, *Ein Garten für alle und alles – Wandel im Lichte der Aufklärung,* in: Der Münchner Hofgarten. Beiträge zur Spurensicherung, München 1988, S. 81 ff.
75 *Die unerwiderte Liebe zu den Seidenraupen,* in: Karl Spengler, Es geschah in München, München 1971, S. 263 f.
76 Die Ansicht des nach Plänen von Carl Albert von Lespilliez errichteten ersten „Filatoriums" von 1769 ist überliefert in einem Aquarell von Dillis; vgl. KATRIN POLLEMS, *Johann Georg von Dillis 1759-1841,* München 1989, S. 114 (Kat. Nr. 74). Zur Hofgartenrandbebauung allgemein ULRICH THIELE, *Die Randbebauung des Münchner Hofgartens. Baugeschichtliche Entwicklung vom ausgehenden 18. Jahrhundert bis zum 1. Weltkrieg,* in: Denkmäler am Münchner Hofgarten, Arbeitshefte des Bayerischen Landesamtes für Denkmalpflege, Bd. 41, München 1988.
77 SPENGLER (wie Anm. 75), S. 264 f.
78 Ebd.
79 Ebd.
80 Frdl. Hinweise von Dr. Martin Angerer, Regensburg, und Dr. Richard Loibl, Passau. Zur glücklosen Geschichte der ebenfalls von König Ludwig I. initiierten Regensburger Seidenplantage vgl. KARL BAUER, *Regensburg – Kunst-, Kultur- und Alltagsgeschichte,* 5. Aufl., Regensburg 1997, S. 703 ff.
81 BETTY KURTH, *Die deutschen Bildteppiche des Mittelalters,* 3 Bde., Wien 1926. – HEINRICH GÖBEL, *Wandteppiche, III. Teil: Die germanischen und slawischen Länder,* Bd. 1: *Deutschland einschließlich Schweiz und Elsaß (Mittelalter), Süddeutschland (16.-18. Jh.),* Leipzig 1933, S. 138-176. – V. WILCKENS (wie Anm. 2), S. 260-333. – V. WILCKENS (wie Anm. 64), S. 59-90 u. S. 196-206.
82 GÖBEL (wie Anm. 81), S. 138-176. – V. WILCKENS (wie Anm. 2), S. 302-311.
83 V. WILCKENS (wie Anm. 2), S. 334 f.
84 Entstanden um 1400. Heute im Stadtmuseum Regensburg, Inv. Nr. AB 3. Vgl. *Regensburg im Mittelalter* (wie Anm. 3), S. 134 u. Farbt. 1. – Hierzu LEONIE V. WILCKENS, *Die mittelalterlichen Bildteppiche aus dem Regensburger Rathaus,* in: Regensburg im Mittelalter. Beiträge zur Stadtgeschichte vom frühen Mittelalter bis zum Beginn der Neuzeit, Regensburg 1995, S. 445-452.
85 Entstanden um 1380. Heute im Germanischen Nationalmuseum, Inv. Nr. Gew 3721. Hierzu LEONIE V. WILCKENS/ERIKA WEILAND, *Der Nürnberger Prophetenteppich,* in: Anzeiger des Germanischen Nationalmuseums 1977, S. 37-54.
86 V. WILCKENS (wie Anm. 2), S. 311. – RENATE BAUMGÄRTEL-FLEISCHMANN, *Ausgewählte Kunstwerke aus dem Diözesanmuseum Bamberg,* Bamberg 1992, S. 54.
87 V. WILCKENS (wie Anm. 2), S. 311. – GÖBEL (wie Anm. 81), S. 140:

In Nürnberg existierten jedenfalls seit dem späten 14. Jh. Werkstätten in Frauenklöstern. Im 15. Jh. sind auch gewerbliche Teppichwirkereien nachgewiesen. Im 16. Jh. erlebte die örtliche Produktion ihren Niedergang. Verantwortlich waren nicht nur der Import „moderner" Renaissance-Wandteppiche durch die Nürnberger Handelshäuser, sondern auch die Auswirkungen der Reformation.

88 BRIGITTE VOLK-KNÜTTEL, *Wandteppiche für den Münchener Hof nach Entwürfen von Peter Candid*, Bayerisches Nationalmuseum München, Forschungshefte, Bd. 2, München/Berlin 1976. – DIES., *Wandteppich-Manufaktur in München 1604-1615*, in: Kat. d. Ausst. Um Glauben und Reich. Kurfürst Maximilian I., München 1980, S. 208 ff. – V. WILCKENS (wie Anm. 64), S. 80-83.
89 Siehe Anm. 72.
90 GÖBEL (wie Anm. 81), S. 253-259. – V. WILCKENS (wie Anm. 64), S. 85.
91 GÖBEL (wie Anm. 81), S. 248-252.
92 HELGA ROSSMEISSL, *Die Gobelinwirkerei in Schwabach*, in: 600 Jahre Stadt Schwabach, 1371-1971, Schwabach 1971, S. 323-332. – GÖBEL (wie Anm. 81), S. 260 ff. – V. WILCKENS (wie Anm. 64), S. 85.
93 Göbel (wie Anm. 81), S. 214-223.
94 RENATE BAUMGÄRTEL-FLEISCHMANN (wie Anm. 3).
95 *Regensburg im Mittelalter* (wie Anm. 3), S. 148 u. Farbt. 49.
96 WALTER SCHULTEN, *Das ehemalige Ursulinenkloster in Neuburg a. d. Donau und sein Paramentenschatz*, München/Zürich 1984. Lediglich eines der Antependien ist datiert (1726).
97 GISLIND RITZ/WERNER SCHIEDERMAIR, Einführung in: Kat. *Klosterfrauenarbeiten. Kunsthandwerk aus bayerischen Frauenklöstern*, Stadtmuseum München, München 1987.
98 Die Paramente sind ausgestellt im Schloßmuseum Neuburg, Abteilung kirchlicher Barock und religiöse Volkskunst.
99 LORENZ SEELIG, *Die Ausstattung des Koblenzer Schlosses*, in: Ausst. Kat. 200 Jahre Residenz Koblenz, Koblenz 1986, S. 62.
100 LORENZ SEELIG, *Münchner Stickereien des 18. Jahrhunderts. Beispiele einer wenig beachteten Gattung des Kunsthandwerks,* in: Kunst und Antiquitäten, H. III, 1988; S. 72-80. – Zu Stickereien an Paradebetten, Bespannungen und Behängen etc. vgl. BARBARA DE GROOT, *Barocke Prunkbetten. Ausgewählte Beispiele aus bayerischen Schlössern,* in: Museum – Bulletin – Muzeum (wie Anm. 62), S. 106-111. – Zur Paramentenstickerei in unserem Raum siehe V. WILCKENS (wie Anm. 64), S. 129-135.
101 Vgl. ULRICH KERKHOFF, *Erstes Museum der leonischen Industrie,* Museumsführer, hrsg. v. Historischen Verein Roth, Roth 1989. – HANS-UWE RUMP/WOLFGANG STÄBLER (mit INES WICHERT), *Mit Schülern im Fabrik-Museum Roth*, Lehrerhandreichungen für die Bayerischen Museen, H. 4, München 1994.
102 Vgl. Anm. 97.
103 *Hermann Obrist. Wegbereiter der Moderne,* Ausst. Kat. Museum Villa Stuck München, München 1968. – HERMANN OBRIST, *Neue Möglichkeiten der bildenden Kunst*, Leipzig 1903. – PEG WEISS, *Hermann Obrist*, in: Die Meister des Münchner Jugendstils, Ausst. Kat. Münchner Stadtmuseum, München 1989, S. 79-87. – RETO NIGGL, *Hermann Obrist: Spitzenwirbelspirale,* in: Jugendstil in München. Wege in die Moderne, Ausst. Kat. Staatl. Museen Kassel, München 1995, S. 23-52.
104 *Dekorative Kunst,* Bd. 9, 1902, S. 224.
105 Die Ausstellung von 35 Stickarbeiten – ausgeführt von Berthe Ruchet nach Entwürfen Obrists – in München und anschließend in Berlin und London löste ein weltweites Echo aus und wurde von der Kritik als „die Geburt einer neuen angewandten Kunst" gefeiert (vgl. WEISS [wie Anm. 103], S. 79). Die von Obrist ausgehenden Anregungen wurden von anderen Künstlern aufgenommen, so vor allem von August Endell (vgl. Kat. *Meister des Jugendstils* [wie Anm. 100], S. 56-61) und Margarethe v. Brauchitsch (vgl. Kat. Meister des Jugendstils [wie Anm. 101], S. 42 f.). – RUTH GRÖNWOLDT, *Stickereien von der Vorzeit bis zur Gegenwart ...,* München 1993, S. 236.

ABBILDUNGSNACHWEIS

BAYERISCHE STAATSGEMÄLDESAMMLUNGEN, MÜNCHEN: *Abb. 1* (Inv. Nr. 57)
DIÖZESANMUSEUM BAMBERG: *Abb. 13* (Aufn. Ingeborg Limmer; Inv. Nr. 2720/2-30)
HAUS DER BAYERISCHEN GESCHICHTE, AUGSBURG: *Abb. 9* (Sign. ia-12-6), *11* (Sign. ia-136-470)
HISTORISCHES MUSEUM DER STADT REGENSBURG: *Abb. 12* (Inv. Nr. G 1934/24)
ANDREA KLUGE, MÜNCHEN: *Abb. 10*
LANDESSTELLE FÜR DIE NICHTSTAATLICHEN MUSEEN IN BAYERN, MÜNCHEN: *Abb. 2, 3*
MÜNCHNER STADTMUSEUM: *Abb. 14* (Inv. Nr. 49/63)
OBERFRÄNKISCHES TEXTILMUSEUM, HELMBRECHTS: *Abb. 4, 5*
FLIEGENDE BLÄTTER, Ausgabe 6. Mai 1894: *Abb. 6*
FELIX JOSEPH FREIHERR VON LIPOWSKI, Sammlung Bayerischer National-Costume, München 1828: *Abb. 7, 8*

Wolfgang Eberl

Museen und Spezialsammlungen in Bayern

Bayern ist, wie das in Artikel 3 Absatz 1 der Bayerischen Verfassung festgestellt und postuliert wird, ein Kulturstaat. Zu den wichtigsten und zentralsten Bereichen des Kultursektors zählen die Museen. Mit über 1.000 Museen, die alle Lebens- und Kunstbereiche umfassen, gehört die bayerische Museumslandschaft zu den reichsten in Europa. Staat und kommunale Gebietskörperschaften, Kirchen, Privatpersonen und Firmen wirken zusammen, um diese Landschaft von imponierender Fülle und Qualität zu pflegen.

Um die Lage der Museen zu verbessern und ihren Ausbau zu fördern, hat die Bayerische Staatsregierung in den Jahren 1979 und 1990 Museumsentwicklungsprogramme aufgestellt, die sowohl für den staatlichen als auch für den nichtstaatlichen Bereich einen Rahmen absteckten und Ziele für einen Zeitraum von jeweils etwa einem Jahrzehnt vorgaben.

Die staatlichen Museen

Der Staat ist Träger von Kunst- und kulturgeschichtlichen Sammlungen sowie von naturwissenschaftlichen Sammlungen, die alle beim Staatsministerium für Unterricht, Kultus, Wissenschaft und Kunst ressortieren. Diese Museen sind Schwerpunkte von internationalem Rang; sie prägen das kulturelle Ansehen Bayerns, das auch für die Anziehungskraft des Freistaats als Wirtschaftsstandort von großer Bedeutung ist.

Zu diesen Museen gehören namentlich die Alte und die Neue Pinakothek, die Staatsgalerie moderner Kunst, die Antikensammlungen und die Glyptothek, das Bayerische Nationalmuseum, das Völkerkundemuseum, die Ägyptische Sammlung, die Graphische Sammlung und die Neue Sammlung sowie von den naturwissenschaftlichen Sammlungen das Museum Mensch und Natur. Die Sammlungen der beiden Pinakotheken sowie der Glyptothek und der Antikensammlungen gehen in wesentlichen Teilen auf eine sich über viele Generationen erstreckende Sammeltätigkeit des Hauses Wittelsbach zurück; diese Sammlungen werden vom Staat betreut, sind aber Eigentum des Wittelsbacher Ausgleichsfonds und der Wittelsbacher Landesstiftung.

Zu den kunst- und kulturgeschichtlichen Museen in staatlicher Trägerschaft, die aufgrund historischer Gegebenheiten mit Ausnahme des nach dem Kriege nach Ingolstadt verlagerten Bayerischen Armeemuseums und des seiner Eröffnung entgegengehenden Neuen Museums in Nürnberg ihren Sitz alle in München haben, kommen einige seit langem bestehende, überwiegend aber erst im Lauf der letzten 15 Jahre gegründete staatliche Zweigmuseen in allen Landesteilen (z. Zt. 43), in denen die Staatsgemäldesammlungen, das Bayerische Nationalmuseum, die Prähistorische Staatssammlung und das Völkerkundemuseum Teile ihrer Bestände präsentieren. Diese Zweigmuseen, denen noch einige weitere folgen sollen und deren Betrieb wesentlich durch kommunale Leistungen ermöglicht wird, sind nach thematischen Gesichtspunkten und soweit möglich mit regionalen Bezügen aufgebaut. Zu nennen sind etwa das Römermuseum in Weißenburg (Prähistorische Staatssammlung), die Fränkische Galerie in Kronach und die Alpenländische Galerie in Kempten, das Porzellanmuseum Schloß Lustheim in Oberschleißheim, das Keramikmuseum Schloß Obernzell bei Passau, das Bayerische Schulmuseum in Ichenhausen und das bis Herbst 1998 fertiggestellte Zweigmuseum im Marstall des Schlosses St. Emmeram in Regensburg, in dem die 1994 vom Freistaat Bayern erworbenen Kunstwerke aus dem Besitz des Hauses Thurn und Taxis gezeigt werden (alle Bayerisches Nationalmuseum), sowie weiterhin die Zweiggalerien der Staatsgemäldesammlungen in Aschaffenburg, Augsburg, Burghausen, Schleißheim und Würzburg.

Der Staat ist weiter Träger der vom Staatsministerium der Finanzen durch die Verwaltung der staatlichen Schlösser, Gärten und Seen betreuten, zum größten Teil nach dem Ende der Monarchie übernommenen annähernd 50 staatlichen Schlösser (Schloßmuseen). Hierher gehören neben den Residenzen in München, Würzburg, Ansbach, Bayreuth, Landshut und Neuburg a. d. Donau vor allem die beim Publikum so beliebten Königsschlösser Ludwigs II.: Neuschwanstein, Linderhof und Herrenchiemsee.

Von den nichtstaatlichen Museen ist ein großer Teil erst in den letzten zwanzig Jahren entstanden. Konnte der seinerzeitige Generalkonservator Prof. Torsten Gebhard im Jahre 1974 schreiben, 160 nichtstaatliche, zum Teil private Museen in Bayern seien „eine Entwicklung, die sicherlich an der Grenze des Möglichen angekommen ist", so gab es 1979 bereits 450 nichtstaatliche Museen, 1983 590 und 1986 635. Inzwischen liegt die Zahl der nichtstaatlichen Museen in Bayern bei über 900.

Städte, Gemeinden und Landkreise sind als Träger vieler Stadt- und Heimatmuseen, die Bezirke als Träger der großen Freilichtmuseen vor allem als Bewahrer der Zeugnisse der Volkskunst, der Sozialgeschichte sowie der örtlichen und regionalen Kunst im allgemeinen Bewußtsein; doch haben besonders Museen der großen Städte (Mainfränkisches Museum Würzburg, Kunstsammlungen Augsburg und Regensburg, Städtische Galerie im Lenbachhaus München) Sammlungen von zum Teil internationaler Bedeutung. Von ähnlichem Rang sind die teils als Stiftung, teils als Anstalt des öffentlichen Rechts organisierten, weitgehend vom Staat finanzierten Museen in Nürnberg (Germanisches Nationalmuseum) und Coburg (Kunstsammlungen der Veste Coburg) und besonders das Deutsche Museum in München und Oberschleißheim.

Die nichtstaatlichen Museen

Landesweit gesehen ist die Themenvielfalt der bayerischen Museen außerordentlich groß. Es gibt nur wenige Bereiche des Lebens der Vergangenheit, deren museale Darstellung nicht versucht wird. Auch viele Entwicklungen der Gegenwart werden bereits im Museum dargestellt. Zeugnisse kirchlicher und höfischer Kunst und Kultur (Gemälde, Skulpturen, Silber und Gold, Porzellan, Elfenbein, Möbel, Gläser, Jagdwaffen u. v. a. m.) sind überall im Lande zu sehen. In den (allgemeinen) Heimatmuseen liegen Schwerpunkte der Sammlungen meist bei den Gegenständen aus dem Lebenskreis der Bauern und Bürger (Arbeit und Hauswesen), bei handwerklichem Gerät, bei Trachten, bei Gegenständen der Volksfrömmigkeit und des Volksglaubens, gelegentlich bei Rechtsaltertümern und häufig bei den in der näheren Umgebung gefundenen Überresten der römischen und keltischen Besiedelung. Auch Werke lokal oder regional bedeutender Künstler sind dort häufig zu finden.

In den bäuerlichen Freilichtmuseen sind Bauernhäuser und ihre Nebengebäude sowie das im Zusammenhang damit präsentierte ländliche Kulturgut die Museumsobjekte; in den Freilichtmuseen des Industriezeitalters findet man Industrieanlagen vor allem aus der Frühzeit der Industrialisierung, dazu Schiffe oder Bahnanlagen. Häufig sind solche Präsentationen verbunden mit einer Dokumentation der Sozialgeschichte.

In Freilichtmuseen sollten nur solche Gebäude musealisiert werden, deren Erhaltung in situ keinesfalls mehr möglich ist. Manchmal ist es sinnvoll, einzelne Gebäude an Ort und Stelle zu belassen und als Bauernhofmuseen für das Publikum zu öffnen.

Zu den dem handwerklichen Bereich gewidmeten Spezialmuseen gehören die Brauereimuseen und Weinmuseen, doch gibt es etwa auch ein Geigenbaumuseum, ein Korbmuseum, ein Bürsten- und Pinselmuseum, Hut- und Knopfmuseen, Klöppelmuseen und ein Schnupftabakmuseum. Zum Bereich der Industrie- und Technikmuseen gehören etwa die Bergwerksmuseen, Näh- und Schreibmaschinenmuseen, die Auto-, Motorrad- und Fahrradmuseen, Film- und Photomuseen (letztere zum Teil mit künstlerischer Komponente), Feuerwehrmuseen und Museen für Luft- und Raumfahrt.

Eine beträchtliche Zahl von Museen widmet sich speziellen, zum Teil ungewöhnlichen Themen und Fragestellungen, wobei meist örtliche Bezüge der Ausgangspunkt solcher Unternehmungen sind. Hier sollen etwa genannt werden ein Zapfsäulenmuseum, ein Pfefferminzmuseum, ein Ballonmuseum, ein Bienenmuseum, Käse- und Spargelmuseen und ein Fastnachtmuseum.

Den – bedeutenden – Diözesan- und sonstigen kirchlichen Museen (z.B. Wallfahrtsmuseen) steht ein Museum zur Geschichte der Freimaurerei gegenüber. Die jüdischen Museen haben – soweit das heute noch möglich ist – meist eine umfassend angelegte Darstellung jüdischer Kultur und jüdischen Lebens zum Thema, die KZ-Gedenkstätten die Leidensgeschichte der Juden und anderer verfolgter Mitbürger. Andere Museen sind einzelnen, meist dem Museumsort verbundenen Personen des Geistes- und des religiösen Lebens (vor allem Malern, Musikern und Schriftstellern) gewidmet. Die Skala dieser Museen reicht von Conrad Ferdinand Röntgen zu Franz Marc und Max Reger, von E.T.A. Hoffmann bis zu Bertold Brecht. Dem allgemeinen Kulturgeschichtsbereich sind die Schulmuseen zuzuordnen. Am Schnittpunkt von Geistesgeschichte und Naturwissenschaft liegt das Medizinhistorische Museum in Ingolstadt.

Alle Museen bewahren und zeigen Gegenstände, die wegen Änderungen der Lebensverhältnisse oder der gesellschaftlichen Entwicklungen außer Gebrauch gekommen sind; nur in den Museen der Gegenwartskunst finden sich Werke, die ohne den Umweg über einen Benutzer gleich ins Museum gelangt sind.

Die fachliche Betreuung der nichtstaatlichen Museen

Die Landesstelle für die nichtstaatlichen Museen beim Bayerischen Landesamt für Denkmalpflege nimmt die nach Art. 12 Abs. 2 Satz 3 Nr. 7 des Denkmalschutzgesetzes dem Landesamt für Denkmalpflege zugewiesenen Aufgaben der Fürsorge „für Heimatmuseen und ähnliche Sammlungen" – so der Wortlaut des Gesetzes – wahr. Über den im Denkmalschutzgesetz genannten Adressatenkreis hinaus ist die Landesstelle heute auch Partner der großen kommunalen Museen, wie etwa der Stadtmuseen oder der von den Bezirken getragenen Freilichtmuseen sowie beispielsweise der Diözesanmuseen.

Die Betreuung der nichtstaatlichen Museen durch die Landesstelle beinhaltet eine umfassende Beratung der Museen und ihrer Träger. Außerdem verwaltet die Landesstelle die für Projekte der nichtstaatlichen Museen bereitgestellten Fördermittel. Die Landesstelle begutachtet Museumskonzeptionen und bietet eine qualifizierte Fachberatung für die Ausstellungstechnik und die Präsentation der Sammlungen, also für die Ausstattung und Einrichtung der Ausstellungsräume und der Depots einschließlich der Sicherung gegen Diebstahls- und Brandgefahr.

Nicht weniger wichtig ist die Unterstützung bei Maßnahmen der Konservierung und Restaurierung von Sammlungsobjekten: Dabei geht es um die Bedingungen für die Verwahrung von Museumsgut, die Gewährleistung eines geeigneten Raumklimas, Belüftung, Belichtung und Beleuchtung der Räume. Unter ihrer Aufsicht werden „Konservierungsaktionen" mit dem Ziel einer umfassenden Schädlingsbekämpfung in Sammlungen oder Sammlungsteilen einzelner Museen unter Einschaltung qualifizierter Restauratoren und Spezialfirmen durchgeführt.

Die Landesstelle berät weiter die wissenschaftliche Inventarisation, die noch bei der weitaus überwiegenden Zahl der nichtstaatlichen Museen fehlt, die aber für Ausstellungen, Publikationen und überhaupt für die wissenschaftliche Benutzbarkeit der Sammlungsbestände unerläßlich ist. Mit der allgemeinen Verbreitung des PC-Einsatzes erfolgt die Inventarisation heute in der Regel EDV-gestützt. Schulungen werden von der Landesstelle kostenlos angeboten. Darüber hinaus gibt die Landesstelle auch Ratschläge für Werbung und Öffentlichkeitsarbeit, für besuchergerechte und besucherfreundliche Aufbereitung der Ausstellungen sowie für Neuerwerbungen. Bei Anträgen nichtstaatlicher Museumsträger an die Bayerische Landesstiftung wird die Landesstelle durch das Kultusministerium als Gutachter eingeschaltet.

Die Landesstelle hat keine hoheitlichen Befugnisse. Durch die jahrzehntelange Zusammenarbeit mit den nichtstaatlichen Museen läßt sich allerdings auch ohne fachaufsichtliche Einwirkungsmöglichkeiten fast immer Einvernehmen über die Beachtung museumsfachlicher Grundsätze herstellen. Die von der Landesstelle verwalteten Zuschußmittel geben überdies die Möglichkeit, bei qualifizierten und anspruchsvollen Projekten entstehende Mehrkosten aufzufangen.

Zu den wichtigen Aufgaben der Landesstelle gehört auch die Fortbildung der für die Museen tätigen Leiter und Mitarbeiter der nichtstaatlichen Museen. Diesem Zweck dient neben speziellen Veranstaltungen (z. B. jährlich eine zusammen mit dem Haus der Bayerischen Geschichte und dem Oberpfälzer Bergbau- und Industriemuseum in Schloß Theuern bei Augsburg veranstaltete Tagung über EDV-Anwendungen im Museum) vor allem der alle zwei Jahre turnusmäßig in einem der sieben Regierungsbezirke durchgeführte Bayerische Museumstag, der aktuelle Schwerpunktthemen behandelt und diese auf Exkursionen vertieft.

Der Weiterbildung im regionalen Rahmen dienen praxisorientierte „Workshops" zu Spezialthemen der Konservierung und Restaurierung von Museumsgut sowie zu Museumsdidaktik und Ausstellungsgestaltung.

Eng verbunden mit dem von der Landesstelle wahrgenommenen fachlichen Fortbildungsauftrag ist auch die Öffentlichkeitsarbeit in Form vielfältiger Publikationen zur Museumsarbeit. Das regelmäßig aktualisierte Handbuch „Museen in Bayern" – zuletzt 1997 in vollständig überarbeiteter Neuausgabe erschienen – präsentiert die insgesamt mehr als 1.000 bayerischen Museen mit Anschriften, Öffnungszeiten und Informationen zu den Sammlungen. Dem Zug der Zeit entsprechend kann das Bayerische Museumshandbuch mittlerweile auch im Internet unter der Adresse http://www.museen-in-bayern.de/ aufgerufen werden.

Über aktuelle Entwicklungen unterrichtet die zweimal jährlich erscheinende Zeitschrift „museum heute", die auch grundlegende Beiträge zu museumspraktischen Themen enthält. In der Reihe „Bayerische Museen" werden bedeutende und charakteristische Museen in Monographien vorgestellt. In der Reihe „Museumsbausteine" werden Arbeitshilfen angeboten, während die „Lehrerhandreichungen" vor allem als Handreichungen für den schulischen Gebrauch und für die Vorbereitung von Museumsbesuchen im Rahmen des Unterrichts gedacht sind.

Im Rahmen ihres fachlich fundierten, von den Museen anerkannten und intensiv genutzten fachlichen Beratungsangebots hat sich die Landesstelle zu einem wirksamen Element der staatlichen Kulturpolitik – die in Bayern insbesondere auch auf die Förderung des kulturellen Lebens in der Region ausgerichtet ist – entwickelt. Wenn in den staatlichen Museen Zeugnisse bayerischer und internationaler Kunst und Kultur in Spitzenstücken vertreten sind, so verwahren die Sammlungen der zahlreichen nichtstaatlichen Museen in ihrer außerordentlichen Vielfalt einen nicht minder bedeutenden Teil des bayerischen Kulturerbes. Seine Mitverantwortung hierfür nimmt der Freistaat insbesondere auch durch die Betreuungsleistungen der Landesstelle wahr.

Um auf Dauer einen qualifizierten Betrieb der nichtstaatlichen Museen zu gewährleisten, ist in allen größeren Sammlungen die Bestellung eines durch ein Fachstudium mit Universitätsabschluß vorgebildeten und hauptamtlich tätigen wissenschaftlichen Leiters – in der Regel eines Kunsthistorikers, Volkskundlers oder Archäologen – erforderlich, der möglichst auch angemessen eingestuft werden sollte. Doch bleibt daneben in den Heimatmuseen und in kleinen Spezialsammlungen das Engagement der ehrenamtlichen Museumsleiter und Mitarbeiter eine unverzichtbare Grundlage der Museumsarbeit. Bewährt hat sich auch die Anstellung von Museumsreferenten auf Landkreisebene, die die ehrenamtlich betriebenen Einrichtungen innerhalb des jeweiligen Landkreises fachlich unterstützen.

DIE BAYERISCHEN MUSEEN UND IHRE BESUCHER

Die Publikumsresonanz der Museen ist außerordentlich groß. Mit der beeindruckenden Zahl von mehr als 18 Mio. liegt Bayern seit Jahren an der Spitze aller Bundesländer. Auch wenn man annehmen darf, daß nicht wenige von ihnen „Wiederholungstäter" sind, wird man doch davon ausgehen können, daß die Museen heute, zumal auch durch Darstellungen kulturgeschichtlicher Entwicklungen, mehr Bürger ansprechen als je zuvor.

Dieses Publikumsinteresse hat vielfältige Gründe: Im Vordergrund stehen nach wie vor Anliegen der Bildung und Weiterbildung. Durch eine bessere didaktische und ausstellungstechnische Erschließung sowie durch die Veranstaltung zahlreicher Wechselausstellungen – die oft den ersten Kontakt zu Museen vermitteln – konnte der Kreis der Museumsbesucher erheblich erweitert werden. In einer Welt, in der man durch das Medium des Fernsehens gewohnt ist, sich Informationen über das Betrachten von Bildern zugänglich zu machen, haben die Museen als Einrichtungen, die originale historische Zeugnisse präsentieren können, ihren besonderen Stellenwert. Auch aus diesem Grund spielen Museen heute in der schulischen Bildung eine wichtige Rolle. Die moderne Freizeitgesellschaft führt dem Museum natürlich Besucher zu, die Anregung und Unterhaltung erwarten. Auch wenn diese Anliegen nicht den Kern der Museumsarbeit betreffen, sollten sich ihnen die Museen nicht verschließen, denn es kann immer wieder gelingen, Besucher auf diesem Weg an anspruchsvollere Vermittlungsinhalte heranzuführen. Abgesehen davon darf ein Museumsbesuch ja auch Vergnügen bereiten, zum Staunen Anlaß geben, Reaktionen herausfordern. Allerdings sollte es dabei nicht zu einer Verlagerung der Museumsaktivitäten von konkreten Informations- und Bildungsangeboten hin zu einem mehr oder weniger beliebigen Erlebnis- und Freizeitpark kommen.

Die Bedeutung einer museumspädagogischen Erschließung der Museen insbesondere für die junge Generation ist heute allgemein anerkannt. Das Museumspädagogische Zentrum in München, organisatorisch Teil der Staatsgemäldesammlungen, sorgt für die museumspädagogische Betreuung der wichtigsten Münchener Museen und neuerdings auch für einige Zweigmuseen; es erarbeitet u. a. Unterrichtsmaterialien für Lehrer und Schüler, Begleithefte und Juniorkataloge für wichtige Ausstellungen. Das Kunstpädagogische Zentrum im Germanischen Nationalmuseum Nürnberg wird auch erwachsenenbildend tätig. Verschiedene nichtstaatliche Museumsträger entfalten museumspädagogische Aktivitäten mit Hilfe nebenamtlich tätiger Lehrer. Auch die Landesstelle für die nichtstaatlichen Museen initiiert und unterstützt museumspädagogische Pilotprojekte.

Museumsträgerschaft und Finanzierung

Für die Träger sind die Museen unter finanziellen Aspekten bei vordergründiger Betrachtung ein Verlustgeschäft. Die Eintrittspreise werden im Hinblick auf die wichtige Bildungsaufgabe der Museen in Deutschland durchwegs niedrig gehalten. Sach- und Personalausgaben für die Unterbringung, Bewahrung und Präsentation der Sammlungen erreichen dagegen große Höhen. Der Freistaat Bayern wendete 1997 für staatliche, staatlich finanzierte und nichtstaatliche Museen insgesamt ca. 369 Mio. DM auf. Die anteiligen Ausgaben im Haushalt des Kultusministeriums beliefen sich auf ca. 217 Mio. DM. Dabei schlugen im abgelaufenen Haushaltsjahr allerdings auch die Baumaßnahmen für die Pinakothek der Moderne und das Neue Museum in Nürnberg sowie das Büro und Werkstättengebäude für Bayerisches Nationalmuseum, Prähistorische Staatssammlung und die Landesstelle für die nichtstaatlichen Museen erheblich zu Buche. Die Aufwendungen für die historischen Objekte der Schlösserverwaltung beliefen sich auf ca. 146 Mio. DM. Für Projekte nichtstaatlicher Museen wurden Fördermittel von ca. 6 Mio. DM bereitgestellt.

Auch eine außerhalb Bayerns bereits in Pilotprojekten erprobte Privatisierung kann die wirtschaftlichen Rahmenbedingungen nicht grundsätzlich verbessern. Sinnvoll erscheint jedoch eine Steigerung der Selbstverantwortung – und auch der Flexibilität – durch eine Budgetierung der Haushaltsansätze. Sinn einer Privatisierung kann es jedenfalls nicht sein, daß bei langfristig zur Erhaltung der Sammlungen oder zu ihrer wissenschaftlichen Auswertung unerläßlichen, aber nicht unmittelbar publikumswirksamen Ausgaben noch mehr gespart würde.

Museen suchen daher Förderer, Mäzene und Sponsoren. Vor allem dort, wo Mäzene erwarten können, daß ihre Leistungen die gebührende Aufmerksamkeit finden, sind Schenkungen von Kunstwerken gar nicht selten. Geldspenden fließen zur Zeit weniger reichlich; sie sind häufig zweckbestimmt, weil niemand es gerne sehen würde, daß seine Spenden für Alltagsaufgaben eingesetzt werden. Die Möglichkeit, in dem gesetzlich vorgesehenen Rahmen Spendenquittungen zu erhalten, fördert bei manchem Bürger die Spendenfreudigkeit. Sponsoren verlangen demgegenüber unmittelbare Gegenleistungen des Museums, z. B. die Durchführung oder Gestattung bestimmter Werbemaßnahmen; dagegen ist im Grundsatz nichts einzuwenden.

Die Träger nichtstaatlicher Museen können außer vom Staat, der für Investitionsmaßnahmen dieser Museen, also insbesondere für die Museumseinrichtung (Vitrinen, Klimageräte, Beleuchtungsanlagen usw.), aber auch für die wissenschaftliche Inventarisation der Bestände im Jahre 1998 im Rahmen der von der Landesstelle für die nichtstaatlichen Museen verwalteten Zuschußmittel ca. 6 Mio. DM bereitstellt (während noch 1978 nicht mehr als 100.000,– DM zur Verfügung standen), durch die Bayerische Landesstiftung und in besonderen Ausnahmefällen (Erwerb von Kunstwerken von nationaler Bedeutung) auch einmal durch die Kulturstiftung der Länder Förderung erfahren. Seit der Einrichtung des vom Bayerischen Staatsministeriums für Unterricht, Kultus, Wissenschaft und Kunst verwalteten Bayerischen Kulturfonds im Jahre 1997 stehen auch dort ca. 2 Mio. DM pro Jahr für Projekte nichtstaatlicher Museen zur Verfügung. Zusätzliches Personal kann immer noch gelegentlich auch aus Mitteln zur Arbeitsbeschaffung befristet angestellt werden. Durch „Museumshops" lassen sich nur dort größere Einnahmen zugunsten des Museums erzielen, wo die Besucherfrequenz ausreichend groß ist. Für die Instandsetzung von Museumsgebäuden, die – wie meistens – Baudenkmäler sind, können wie auch sonst für Baudenkmäler Mittel des Landesamts für Denkmalpflege oder des Entschädigungsfonds eingesetzt werden.

Berücksichtigt man aber die einer Stadt oder einem Landkreis durch ein Museum unmittelbar entstehenden Vorteile (Fremdenverkehr, Arbeitsplätze usw.), dann stellt sich die wirtschaftliche Gesamtbilanz unter Aspekten der Umwegrentabilität entschieden positiver dar.

Insgesamt gesehen ist die Entwicklung der staatlichen wie der nichtstaatlichen Museen in den letzten zwei Jahrzehnten sehr erfreulich verlaufen. Sie ist ein wichtiger Beitrag zur Wahrung und Darstellung unserer geschichtlich-kulturellen Identität.

Einführende Literatur in Auswahl

Bayerische Staatsregierung. Museumsentwicklungsprogramm, hrsg. vom Staatsministerium für Unterricht, Kultus, Wissenschaft und Kunst, München 1979

Bayerische Staatsregierung. Bayerisches Museumsentwicklungsprogramm. Zweites Museumsentwicklungsprogramm für die Kunst- und kulturgeschichtlichen Museen im Bereich des Staatsministeriums für Unterricht, Kultus, Wissenschaft und Kunst, München 1990

Museen in Bayern, hrsg. von der Landesstelle für die nichtstaatlichen Museen, München 1997

Aspekte der Museumsarbeit in Bayern. Erfahrungen – Entwicklungen – Tendenzen, MuseumsBausteine Bd. 5, München 1996

Jahresbericht der Landesstelle für die nichtstaatlichen Museen, zuletzt erschienen der Bericht für 1996

Zeitschrift *museum heute*, hrsg. von der Landesstelle für die nichtstaatlichen Museen in Bayern, zuletzt erschienen Heft 14, November 1997

Vincent Mayr

"Hullo, I am the Owner!"
Das Privatschloss und seine Öffentlichkeit

1992 brannte bei einem Großfeuer ein Teil von Windsor Castle ab. Um die finanziellen Mittel für die Wiedererrichtung bereitzustellen, entschloß man sich 1993 zu einem Experiment. In den Sommermonaten August und September, wenn die Queen nicht in London ist, stehen Besuchern die State Rooms des Buckingham Palace' zur Besichtigung offen. Die täglich verkaufte Zahl der Eintrittskarten ist auf 7000 Personen festgelegt. Die Karten kann man frühestens fünf Tage vor dem Besuch kaufen. Trotz des hohen Eintrittspreises von 10 Pfund war der Besucherandrang enorm (400 000 Personen). Aus der einmaligen Gelegenheit des Jahres 1993 ist schnell eine längerfristige Einrichtung geworden, die bis zum Jahre 2000 bleiben soll. Bis 1996 haben rund 800.000 Personen die Gelegenheit zur Besichtigung wahrgenommen. Man kann frei herumgehen, der Aufenthalt ist zeitlich unbegrenzt. Die meisten Besucher verbringen zwischen 90 Minuten und zwei Stunden in den State Rooms.[1]

Aus der einmaligen Gelegenheit des Jahres 1993 ist nun ein allsommerliches Highlight für den Englandtourismus geworden. Das Königsschloß in London ist sicherlich das letzte der großen Schlösser in Großbritannien, die sich Besuchern öffnen und reiht sich damit in eine mehrhundertjährige Geschichte der Schloßbesichtigungen dieses Landes ein.

„Von all den großen Dingen, die Engländer erfunden haben und die ein Teil ihres Nationalcharakters geworden sind, ist das am besten Gelungene, das für sie Charakteristische das, was sie am vollkommensten beherrschen, so daß es geradezu die Illustration ihres Wesens wie ihrer Sitten geworden ist, das wohlbestellte, wohlgeführte und gut eingerichete Landhaus" (Henry James). Ausgehend von der Überlegung, daß keine essentiellen Unterschiede zwischen country house and stately home bestehen, befaßt sich unsere Untersuchung in gleicher Weise mit beiden Formen.

Der "great boom in country house visiting" war zwischen 1840 und 1870. Häuser wie Chatsworth oder Alton Towers wurden förmlich heimgesucht von Tausenden von Tagestouristen, die aus den Industriestädten kamen. Die Aristokratie förderte diesen Massentourismus, um das väterliche Erbe bewahren zu können. Mit dem Jahrhundertende kam auch das Ende dieser Art von Tourismus. Infolge schwindender Einkommen durch den Preissturz bei landwirtschaftlichen Erträgen, schlossen die Eigentümer ihre Häuser. Gleichzeitig begannen die neuen Kräfte der Linken die Klassenunterschiede zu verstärken, wodurch die Aristokratie weiter verunsichert wurde. Die beiden Weltkriege führten den Zusammenbruch der Bedeutung der country houses, vielfach ihren Verkauf und zuweilen ihre Zerstörung herbei. Zwischen 1870 und 1975 wurden ca. 1500 country houses abgerissen, mehr als die Hälfte davon nach 1945. Nach 1945 gab es nur ein paar wenige Ästheten, die dem country house Bewunderung entgegenbrachten. Allein im Jahre 1955 verlor Großbritannien 76 Landsitze. Ab 1974 nahm das Interesse für country houses schlagartig zu und ließ dann in den 80er Jahren die country houses zu Ikonen der Geschichte werden.[2] Die aristokratischen Eigentümer, denen man einst mit Furcht und Ehrerbietung begegnet war, wurden nun als harmlose Exzentriker angesehen, die man eigentlich unter Schutz stellen sollte. Es wurde schnell erkannt, daß die Öffnung der Schlösser eine gute Möglichkeit bot, über Eintrittsgelder die notwendigen Erhaltungsmaßnahmen finanzieren zu können. Schon 1949 kommerzialisierte der 6th Marquess of Bath Longleat in Wiltshire, und für Blenheim wurde erklärt: "The only way to keep the place going is by viewing it as a business". (In Blenheim hat man Gelegenheit, eine normale Tour zu buchen, die die wichtigsten Räume enthält und man kann eine zweite für einen erheblich höheren Eintrittspreis buchen, die auch die Privaträume des Duke enthält.) 1984 haben 45 Millionen Besucher (darunter 20% Ausländer) country houses besichtigt. Daß nicht jeder Eigentümer glücklich war, zeigt die Aussage von Lionell, 6th Lord Sackville, der in Knole lebte: "I tell you what I call the public days – black wednesdays"[3] und die Feststellung „Von den zwei Qualifikationen um sein Stately Home der Öffentlichkeit zugänglich zu machen, lautet die erste: 'you must be at least a little mad'"[4].

Wenn es heute Stately Homes' Music Festivals gibt, erscheint dies zwar auf den ersten Blick wie eine Erfindung unserer Zeit, tatsächlich hat sich aber nur der geschäftliche Hintergrund geändert. Zwischen dem 15. und 18. Jahrhundert waren hauseigene Konzerte für Gäste nichts Außergewöhnliches.

Was sich sonst noch geändert hat, beziehungsweise gar nichts Neues ist, sollen die folgenden Ausführungen zeigen. Viele Häuser sind seit ihrer Erbauungszeit der Öffentlichkeit zugänglich. Im allgemeinen hatte jedermann zutritt, wenn er ordentlich gekleidet war und sich gut betrug. Über die Öffnungszeiten informierte bisweilen ein Plakat, wie beispielsweise in Burton-Constable (North Humberside (Abb. 1)).[5]

Abb. 1. Plakat für Burton-Constable, 1778

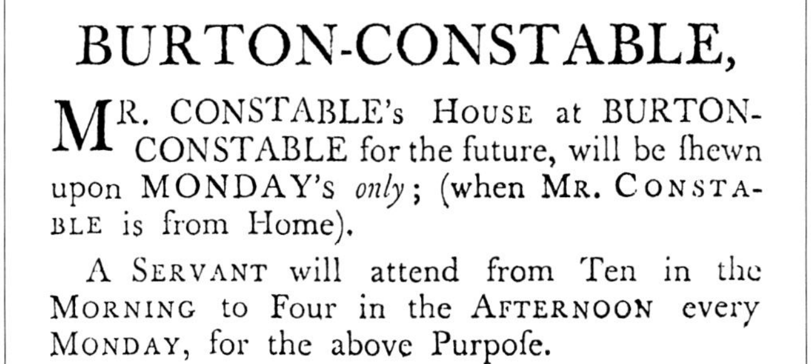

BURTON-CONSTABLE,

MR. CONSTABLE's House at BURTON-CONSTABLE for the future, will be ſhewn upon MONDAY's *only*; (when MR. CONSTABLE is from Home).

A Servant will attend from Ten in the Morning to Four in the Afternoon every Monday, for the above Purpoſe.

Burton-Constable,
December 8. 1778.

Es gibt ganz unterschiedliche Gründe, warum ein country house zum Besuch offen stand. Ein spezieller Anlaß für die Ermöglichung einer Schloßbesichtigung war z. B. die parteipolitische Rivalität der Eigentümer, die ihren Besitz nicht nur dem Bekannten- und Freundeskreis, sondern auch völlig fremden Besuchern zugänglich machten.

So gab es neben der 1759 erbauten Keddleston Hall (Derbyshire) ein eigenes „Hotel" für Besucher (Architekt James Paine), von dem aus man einen guten Überblick über das Haus und den Park hatte. Das Vorzeigen von Reichtum und Luxus gehörte zum politischen Leben. Von dieser Einrichtung beunruhigt und angestachelt, sie zu übertreffen, hielt der 5th Duke of Devonshire in Chatsworth offene Tage, an denen es Dinners für jeden Vorbeikommenden gab. Alte Parteienrivalität war der Anlaß für diese Entwicklung. Keddleston Hall und Chatsworth liegen in Derbyshire und sind nicht allzu weit voneinander entfernt. Die Wohnsitze waren die Zentren der rivalisierenden Machtblöcke der Tories in Keddleston und der Whigs in Chatsworth. „Mag er ein Hotel für seine Besucher bauen, dann bewirte ich meine im Schloß selbst"⁶. Die Idee „Dinner with the Duke" (s. u.) hat also alte Wurzeln. Damals ging es darum, Einfluß zu behalten, heute den Bestand des Schlosses zu erhalten.

Nicht nur die Eigentümer, auch die Besucher können auf die Besichtigung einwirken. In Chatsworth (Derbyshire) war Mary, Queen of Scots gefangen gehalten worden. Die Räume, die sie bewohnt hatte, und natürlich in erster Linie das Staatsbett, waren Höhepunkte für die zahlreichen Besucher, die in Scharen kamen. Der Besucherstrom ließ nicht mehr nach. An den Räumen und an der Einrichtung wurde nichts verändert. Erst im späten 17. Jahrhundert wirkten Haus und Interieur auf die Bewohner allzu altmodisch und man dachte an eine Runderneuerung. Die historische Einrichtung wurde nach Hardwick Castle, erbaut 1599, gebracht, ein Schloß ebenfalls der Familie Cavendish gehörend, nicht sehr weit von Chatsworth entfernt. Die Erinnerungsstücke von Mary, Queen of Scots landeten so in Hardwick Castle. Erstaunlicherweise machte dieser Umzug den Besuchern nichts aus. Sie schätzten das Ambiente höher ein als die authentische Örtlichkeit. "Hardwick became a place of pilgrimage as the house where Mary, Queen of Scots had been imprisoned", schrieb 1708 Bischof Kennet in seinen „Memoirs of the family of Cavendish" und fuhr fort "her chamber and rooms of state, with arms and other ensigns, are still remaining at Hardwick; her bed was taken away for plunder in the civil wars; some of her own royal work is still preserved". Generationen von Besuchern fühlten den schaurigen Hauch der Geschichte beim Durchwandern jener Räume, in denen Mary vor ihrem Tod gefangen gehalten worden war, und es machten ihnen nichts aus, daß das Schloß Hardwick noch gar nicht existiert hatte, als man Mary 1587 zur Hinrichtung führte.⁷

Handelt es sich dabei um eine Manipulation der Besucher, oder muß man erkennen: Er will unter Umständen gar nicht über alles informiert werden, er will sich gar nicht stören lassen im Konsumieren von vorgefaßten Ansichten. Eine überlegenswerte Facette im personenbezogenen Tourismus ist das Beispiel Mary of Scots auf jeden Fall, umso bemerkenswerter, als es einen Blick auf die Geschichte des Schlössertourismus wirft und zeigt, daß dieses Phänomen nicht aus dem Einfallsreichtum einer gegenwärtigen Tourismusindustrie erwachsen ist. Man denkt unwillkürlich an die Königsschlösser Ludwigs II. von Bayern, von denen Hojer sagt: „Wer wollte schon die historische Wahrheit über König Ludwig II. bei einem Besuch der Königsschlösser wirklich erfahren?"⁸

Man kann drei mehr oder weniger literarische Quellenarten unterscheiden, die über Häuser und Besucher informieren: 1) die Aufzeichnungen der Eigentümer, 2) die Guidebooks für die Besucher und 3) die Aufzeichnungen der Besucher.

William Georg Spencer Cavendish, 6th Duke of Devonshire berichtet über das Besucherverhalten. Hardwick Hall ist ein weiträumiges Schloß und bekannt für eine grandiose Sammlung von Textilien aus der Zeit zwischen 1570 und 1640., deren Reichtum von keinem anderen europäischen Schloß erreicht wird. William beschreibt, wie die Besucher im Laufe des Rundganges müde werden und meinen, es sei nun genug. "but they are awaked when the tapestry over the door at the North end of this room is lifted up, and they find themselves in this stupendous and original appartment"⁹. Die Bedeutung der richtigen Abfolge eines Rundganges leuchtet hier schlagartig auf. Von ihr kann Erfolg abhängen. Um Besucherfragen exakt beantworten zu können, erschienen „guidebooks". Unter diesen Führern war 1744 das „guidebook" zu Stowe in Buckinghamshire eines der ersten. Dasjenige von Wilton House erschien zwischen 1751 und 1798 in 26 Auflagen. Doch solche Auflagenhöhen waren Ausnahmen.

Für Besuchererfahrungen haben sich zahlreiche Beispiele erhalten: Es gibt Aufzeichnungen und Tagebücher aus dem 17. Jahrhundert von John Evelyn und Robert Hooker, von Sir Roger Pratt, Celia Fiennes u. a. Letztere schrieb von 1662 – 1741 ein Tagebuch.¹⁰ 1697 notierte sie nach dem Besuch von Newby Hall: "This was the finest house I saw in Yorkshire"¹¹. 1724 hat Daniel Defoe über unverschämte Trinkgeldforderungen der Hausdiener geklagt.¹²

Lady Beauchamp Proctor besuchte 1772 Blickling Hall in Norfolk und notierte, daß ihre Führerin eine verschmutzte Hausdienerin mit einem Staubwedel war, die erklärte, die Hauseigentümer wären ausgegangen. Dagegen hatte die Lady den Eindruck, daß die Eigentümerin gerade gefrühstückt hatte und nun das Opfer ihrer Besucher geworden war. "We drove her from room to room". Man kennt auch die Einrichtung eines „Ersatz-owners", der gemietet werden konnte und entweder vorübergehend oder dauernd zur Verfügung stehen mußte (Burghley-House).

Schloß und Schloßbesichtigung können natürlich auch Themen der Schönen Literatur sein. So beschreibt z. B. Jane Austen in ihrem Roman „Pride and Prejudice" (1813, Chapter XLIII), wie die Protagonistin als Touristin das imaginäre Pemberly House besucht. Die Führung übernimmt "the housekeeper – a respectable looking elderly woman, much less fine and more civil than she had any notion of finding her". Zu historischen Quellen gesellen sich moderne schriftstellerische und journalistische Produkte, die Auskunft über die Mode der Schloßbesichtigung geben können: Reiseliteratur, Unterhaltungsliteratur und für die letzten 100 Jahre auch Journale wie „Country Life", welches man einmal im Hinblick auf die zahlreichen Diebstähle auch als „The burglars bible" bezeichnet hat.

Abb. 2. Mrs. Garnett, Housekeeper in Keddleston Hall (1766-1809), mit einem Katalog der Sammlungen; Gemälde von Thomas Barber

Ist für den Kunsthistoriker die Beschäftigung mit einschlägiger Literatur meist nur von geringem Nutzen, so gibt es zuweilen doch Einzelheiten, die ein grelles Licht auf den Besucher und auf das, was sie sehen, werfen. Theodor Fontane besuchte 1882 Hampton Court. Seine Feststellung kann Allgemeingültigkeit beanspruchen: „Gleichgültig an mutmaßlichen Raffaels (wo gäb es deren nicht !) und noch mutmaßlicheren Michelangelos vorübereilend, erreichen wir aufs neue die breite Ausgangstreppe".[13] Über Dulwich schrieb er 1852: „Es ist bekannt, daß die englischen Galerien hinter denen des Kontinents zurückbleiben. Man begegnet Raffaels, Correggios, Tizians und selbst (ungenießbaren) Michelangelos, aber sie blicken zum Teil so trübselig drein, als hätte man sie nur aufgestellt um das Register berühmter Namen vollständig zu haben"[14]. Es fragt sich jedoch, ob man an den Zuschreibungen tatsächlich so heftig Anstoß nehmen muß? Man könnte an ihnen auch eine Werte- und Geschmacksgeschichte mit einer Reihe von interessanten Fragen entwickeln: z. B., welche Ähnlichkeit mußte vorliegen um ein Werk einem bestimmten Künstler zuweisen zu können? War es der Inhalt, die Farbgebung, die Malweise, die Provenienz usw. Zu welcher Zeit gab es Schwerpunkte in Zuschreibungen zu großen Künstlern? Wann und mit welchem Erfolg setzen die Abschreibungen ein (eine Untersuchung zu diesem Thema ist in Vorbereitung). Nebenbei sei eine interessante Besucherhilfe erwähnt, die Aufschluß über die authentische Hängung der Gemälde in Holkham gibt. Auf einen Hand-Feuerschirm von 1853 ist ein Standortverzeichnis aller Gemälde im drawing room geklebt. Auf einem in die Fläche geklappten Raumplan sind in Skizzen die Gemälde, ihre Titel sowie die Künstler angegeben.[15]

Nur am Rande sei die Beobachtung angemerkt, daß der Anlaß für die großen Kunstsammlungen im 18. Jahrhundert meist die Grand Tour des Besitzers war. Was dieser in Italien einkaufte, bestellte, malen ließ, sollte zuhause nicht nur die Erinnerung an diese Reise wachhalten, sondern auch seinen eigenen Landsleuten, die nicht auf Reisen gehen konnten, einen Begriff von der Kunstlandschaft auf dem fernen Kontinent und dort, jenseits der hohen Alpen, geben. In gewisser Weise konnte der Schloßbesuch für einen Interessierten zur „Small Tour" im Lande selbst werden. Ja, es gab sogar die Meinung, die „Tour of Norfolk" (Houghton, Holkham, Blickling, Fellbrigg und Raynham) wäre fast ebenso unumgänglich wie die Grand Tour.[16]

Thomas Coke, First Earl of Leicester, starb 1759, fünf Jahre nach Baubeginn seines Museumsanbaues an Holkham Hall. Das Museumsgebäude war notwendig geworden, um die große Antikensammlung aufzustellen, die er auf seiner sechsjährigen Grand Tour mit seinem Governor Dr. Thomas Hobart (bear-leader genannt) zusammengetragen hatte. Coke nutzte sein Vermögen, um kulturell in die Breite zu wirken und sein prunkvolles Haus zum geistigen Zentrum der Grafschaft Norfolk zu machen. Jeden Dienstag hatte in Holkham Hall "every decent dressed person" Zutritt und wurde mit Biskuits und Sherry gestärkt. Die Zahl der Besucher läßt sich noch heute aus dem Weinbuch des Butlers errechnen.[17] Im 18. Jahrhundert verstärkte die Grand Tour das Interesse der Oberschicht an Architektur und die Wertschätzung von Kunstsammlungen. Eine middle class bildete sich, die Zugang sowohl zur Erziehung als auch zur städtischen gehobenen Gesellschaftsschicht bekommen hatte. Sie war erpicht darauf, sich mit der regierenden Oberschicht zu identifizieren. So wurde der Besuch von country houses zum wichtigsten Weg, Geschmack zur Schau zu stellen und Geschmack zu entwickeln. Das plötzliche Anwachsen der Besucherzahl überforderte oft die zurückhaltende Art und Weise der bisher gepflegten Gastfreundschaft. Wilton House (Wiltshire) empfing allein 2324 Besucher im Jahre 1776 und Horace Walpole in seinem schon immer bekannten Strawberry Hill in Middlesex rief aus: „Ich werde jeden Tag und ganztägig von Leuten gequält, die mein Haus sehen wollen". Auf der anderen Seite standen Besucherzahlen und Einnahmen der die Führungen leitenden Housekeeper in direktem Verhältnis. In den meisten Häusern wurden die Führungen von den Housekeepern durchgeführt. Eine von ihnen wurde für immer berühmt, weil es eine Porträtgemälde von ihr gibt, auf dem sie das Verzeichnis der Kunstwerke vorzeigt.[18] Mrs. Garnett, tätig von 1766-1809, führte 1777 James Boswell und Dr. Johnson durch Keddleston Hall (Abb. 2). Sie muß die professionellsten Führungen der Zeit durchgeführt haben, was immer wieder Anlaß zu lobenden Äußerungen über ihr profundes Wissen und ihren freundlichen Umgang gab. Das wahre Gegenteil dazu war Mrs. Hackett in Chatsworth. Sie war so unbeliebt als Housekeeper, daß ihr Porträt als eine der drei Schicksalsgöttinnen auf einem Deckenbild von Antonio Verrio in Chatsworth erscheint, wie sie gerade den Lebensfaden abschneidet.[19] Es ist nicht bekannt, welche Führungsqualitäten man in Strawberry Hill antraf. Jedenfalls waren sie sehr erfolgreich. Der Hausherr sinnierte 1783, seine Haushälterin erhielte solche Summen, daß er überlege, sie zu heiraten um sich zu sanieren. Heute ist in Strawberry Hill zur Freude aller Besucher so etwas wie eine zweite Mrs. Garnett anzutreffen (Abb. 3)!

Die Besuchermassen führten zu neuen Problemen für die Eigentümer, wie Diebstahl und Zerstörung. Man begann Tickets auszugeben, die mit Vorschriften verbunden waren: z. B. in Strawberry Hill, wo es hieß: „Von denjenigen, die Eintrittskarten haben, wird gewünscht, daß sie keine Kinder mitbringen".

Eine besondere Spielart der Schloßbesichtigung ist es, wenn der Schloßherr selbst in das Business einbezogen ist. Dafür gibt es auch einen Markt und eine eigene Werbeindustrie. Nur am Rande sei, da es ein einmaliges Ereignis war, bemerkt, daß man zur 1000-Jahrfeier Österreichs ein Millennium-Paket erwerben konnte, bei dem man nach Besuch von Salzburg und der Schratt-Villa in Bad Ischl zu einem Cocktail in der Kaiservilla in Bad Ischl zu Gast war, wo Erzherzog Markus, ein Urenkel von Kaiser Franz Josef, persönlich seine Gäste begrüßte.[20]

Zu den ganz perfekten Einrichtungen dieser Art gehört Woburn Abbey, wo ein „Dinner with the Duke" zum Angebot gehört. Der Anspruch eines Eigentümers, sogar mit seiner Person und seinem Stand besuchs- und betrachtungswürdig zu sein und damit eine zahlungsbereites Publikum anzuziehen, ist zwar nicht ganz neu, hat aber in Woburn Abbey eine besondere Note. Hier ist nicht nur ein Schloß zu besichtigen, sondern es wurde 1956 durch die Anlage eines Safari-Zoos durch den Duke of Bedford zu einer Attraktion gemacht, die auch wirtschaftlich erfolgreich ist. Zur Bekanntheit trägt die Presse bei durch den Bericht von einer Familie deren PKW mitten unter Löwen stehen bleibt und weit und breit ist keine Hilfe zu sehen. Wenn auch die Selbstdarstellung des Duke ironisch gefärbt ist und er sich selbst als Anachronismus bezeichnet, so gibt doch sein Buch „How to run a Stately Home" Aufschluß über die ungeheure Wertschätzung des Schloßherrn, für die er allerdings seine Besucher verantwortlich macht. Im Kapitel „On being a Duke" berichtet er, daß die Löwen in seinem Zoo zu den attraktivsten Besichtigungsobjekten gehören. "At least, I do not think I am going too far or I am immodest when I claim to be the most interesting lion in my zoo". Wenn er selbst am Verkaufstisch steht und Andenken und Bücher anbietet, steigert sich der Umsatz um mehr als 50%, schreibt er stolz.[21] Leute, die um eine Einladung bitten, werden erst geprüft, ob sie geeignet sind, die Gastfreundschaft des Duke zu genießen. Nachdem es auch Ablehnungen gibt, fühlen sich die Eingeladenen als jene Erfolgreiche, die in einen „Club" aufgenommen worden sind, wo nicht jedermann Mitglied werden kann. Die Auswahl erfolgt nicht auf der Basis des Reichtums. Jeder, der 90 Pfund für die Nacht, alles inklusive, zahlen kann (1971), wird mit offenen Armen empfangen, wenn er nur sonst akzeptabel ist. Der Besuchsablauf ist genau geregelt. Eine Gruppe von vier, höchstens acht Personen, kommt am Nachmittag in Woburn Abbey an. Zuerst wird sie in der Bibliothek traditionell mit dem afternoon tea bewirtet. Die nicht beim allgemeinen Schloßrundgang gezeigte Bibliothek ist Privatbereich.

Anschließend gibt es eine Rundfahrt durch das Safarigelände. Um acht Uhr wird das Dinner eingenommen. Der Speiseraum mit zwanzig Canalettobildern ist zwar für das Allerweltspublikum offen, aber nicht ohne einen Extraeintrittspreis (manchmal muß sich der Duke beim Mittagessen beeilen, weil das Publikum herandrängt "and watching me eat my meal is not part of the bargain").

Nach dem Abendessen gibt es eine Führung durch das Haus. Der Abend endet gegen Mitternacht mit einem Drink. Am nächsten Morgen reisen die Gäste ab, ohne den Duke noch einmal gesehen zu haben. Das Buchkapitel endet mit dem Ratschlag an alle diejenigen, die ihr Stately Home ebenso vermarkten wollen. „Die Hauptsache ist, tun Sie es für Ihre Gäste und genießen Sie es selbst. Wenn Sie das nicht tun, kann es nicht gut gehen. Und Sie müssen natürlich selbst anwesend sein. ‚Dinner with the Duke' ohne den Duke – das ist nicht der wahre Verkaufsartikel!"

Der letzte Schritt zur voll durchorganisierten Schloßbesichtigung mag die „Historical Venue Company" sein. Eine junge Irin brachte ihre Erfahrungen, die sie bei Sotheby's mit Leuten und Immobilien gemacht hatte, ein und vermittelt erfolgreich Schloßaufenthalte mit den Eigentümern. Ihr Arbeitsgebiet ist inzwischen ganz Europa.

Das Verhältnis von Eigentümer und Besucher ist gegenüber früher ein anderes geworden. Man hat die Erfahrung gemacht, daß Gäste zwar von der Stimmung angezogen werden,

Abb. 3. Mrs. Maskell, Housekeeper in Strawberry Hill, beim Öffnen eines Bibliotheksschrankes, 1994

wenn das Haus noch ein Familienhaus ist, sich aber andererseits geradezu eingeschüchtert fühlen, wenn die Eigentümer die ganze Zeit zuhause sind. Und umgekehrt ist auch dem Eigentümer ein neues Verhaltensmuster aufgegeben. "There is a delicate balance to be struck where dignity is preserved and the commercial logic at work is discreet". So kann man dann im Prospekt auch lesen: In Castle Ashby, seit 1574 Familiensitz des Marquess of Northhampton, kann man auch bei privaten Dinners teilnehmen, doch "the guests pay the same whether the Marquess joints them or not" [22]. Dafür bietet dieses Modell die Möglichkeit, Kunstschätze zu sehen, die bisher wie Geheimnisse gehütet wurden.

Ein Piccadilly Travel Agent bietet allein 300 aristokratische Gastgeber an. Manche erscheinen mit dem Namen (zwei Tage und Nächte mit einem bestimmten Viscount kosten 88 Engl. Pfund.)

In einer Zeit der voll durchorganisierten Schloßbesichtigung kann es einem jedoch passieren, daß man mit einem Erlebnis konfrontiert wird, wie es sich vor langen Zeiten abgespielt haben könnte. So besuchte der Autor im Sommer 1990 im Rahmen seiner Robert-Adam- und Landschaftspark-Studien das Schloß und den Garten Newby Hall (North Yorkshire), 1986 award for the best restored house and garden. Newby Hall ist u. a. berühmt für die Aufstellung seiner antiken Skulpturen. Es handelt sich dabei um Architekturkompositionen, die zu den schönsten Entwürfen von Robert Adam (1767 ff.) gehören. Zu bestimmten Zeiten können Garten und Schloß, die sich im Eigentum von Robin E. J. Compton, Esq., dessen Familie hier seit 1748 lebt, befinden, gegen Eintrittsgeld besichtigt werden. Man erreicht das Schloß durch den Garten. Er ist ordentlich gepflegt. Es fällt kaum auf, daß Motorengeräusch durch die Alleen zieht. Ein Kleintraktor, den ein Herr in Reithose und konzentrierter Haltung steuert, zieht einen Anhänger mit abgesägten Baumzweigen. Im Schloß gibt es Aufsichtspersonal, das dem Besucher diskret penetrant von Saal zu Saal folgt. Plötzlich war der Konflikt da: Photographieren war nicht erlaubt und der Besucher hatte das mißachtet, wollte sich aber nicht mit dem Verbot abfinden. In der Entrance Hall fand das Verhör statt. Der Oberaufseher wollte keine Entscheidung treffen und ging zum Telephon. Man mußte warten. Nach einiger Zeit trat mit würdiger Haltung ein Herr in Reithosen ein, sagte: "hullo, I am the owner" und wurde als derjenige wiedererkannt, der vorher bei der Gartenarbeit tätig gewesen war. Mit strengem Gestus und inquisitorischen Fragen nach Herkunft, Beruf und Absicht des Photographierenden einigte man sich darauf, daß hier ein Kunsthistoriker als Journalist für eine deutsche Fachzeitschrift tätig sei. Völlige Glaubwürdigkeit war zwar nicht hergestellt, aber die Begegnung mit dem Schloßeigentümer und seiner Gastgeberattitude war wie ein Blinzeln hinter einen historischen Vorhang in eine Zeit, wo zwischen einem Schloßeigentümer und dem Besucher Welten lagen. Es war aber auch wie eine späte Begegnung mit einem Schloßherrn, der von seiner Grand Tour zurückgekehrt war und es für richtig hielt, andere am Bildungsgut teilnehmen zu lassen.

Anmerkungen

1 Times, 9. VIII. 1996.
2 Von großer Bedeutung für die Wiederentdeckung der country house culture war die von Roy Strong 1977 initiierte Ausstellung im Victoria and Albert Museum in London mit dem Titel "The Destruction of the English Country House 1875-1975". – PETER MANDLER, *The Fall and Rise of the Stately House*, Yale 1996. Das Buch sollte Pflichtlektüre für alle Eigentümer von Country Houses, für den National Trust und für Museumsleute sein, meint Roy Strong in seiner Besprechung in: The Sunday Times Books, 6. April 1997, 8.7.
3 SIBYLLA JANE FLOWER, *The Stately Homes of Britain*, Exeter 1982, S. 44.
4 JOHN, DUKE OF BEDFORD in collaboration with GEORGE MIKES, *How to run a Stately Home*, Guilford 1985, S. 12.
5 ANNA SPROULE/MICHAEL POLLARD, *The Country House Guide. Family Homes in the Historic Houses Association*, Topsfield MA 1988, S. 8.
6 GERVASE JACKSON-STOPS, *Temples of the Arts*, in: Ausstellungskatalog The Treasures Houses of Britain, Washington D. C. 1985, S. 15.
7 MARK GIROUARD, *Hardwick Hall*. London 1996.
8 GERHARD HOJER, *Das gepeinigte Dornröschen – Schlösser zwischen Attraktion und Deformation*, in: Museum und Denkmalpflege. Symposium von ICOM und ICOMOS 1991. München 1992. S. 31.
9 MARC GIROUARD (wie Anm. 7), S. 39 ff.
10 ANDREW GINGER, *Country Houses of England, Scotland and Wales*, London 1991. S. 48.
11 ROBIN COMPTON, *Newby Hall*. Norwich 1990. S 3.
12 DANIEL DEFOE, *Tour thro' the Whole Island of Great Beritain*, 1724-26
13 THEODOR FONTANE, *Wanderungen durch England und Schottland*, hrsg. v. Hans-Heinrich Reuter, 1. Band, Berlin 1979, S. 295.
14 THEODOR FONTANE, *Ein Sommer in London*, Frankfurt/Main 1995, S. 177.
15 GERVASE JACKSON-STOPS (wie Anm. 6), S. 55.
16 *In Trust for the Nation. Paintings from National Trust Houses*, ALASTAIR LAING (Hrsg.), Ausstellungskatalog, London 1995 (Garnett, Abb. S. 15).
17 HANSGEORG OEHLER, *Das Zustandekommen einiger englischer Antikensammlungen im 18. Jahrhundert*, in: Antikensammlungen im 18. Jahrhundert, H. Beck u. a. (Hrsg.), Berlin 1981, S. 298.
18 ALAISTAIR LAING (wie Anm. 16), S. 15.
19 ANDREW GINGER (wie Anm. 10), S. 80.
20 Süddeutsche Zeitung vom 27. II. 1996, S. VII.
21 BEDFORD/MIKES (wie Anm 4), S. 57 ff.
22 JENNY PULLING, *Live like a Lord*, in: British Airways. Business life, July/August 1996, S. 78.

Abbildungsnachweis

Repro nach: ANNA SPROULE/MICHAEL POLLARD, *The Country House Guide. Family Homes in the Historic House Association*, Topsfielsd MA 1988, S. 8: *Abb. 1*.
Repro nach: *In Trust for the Nation. Paintings from National Trust Houses*, ALASTAIR LAING (Hrsg.), Ausst. Kat., London 1995 (Garnett, Abb. S. 15): *Abb. 2*.
By courtesy of Bryan Woodriff, 1994: *Abb. 3*

Abb. 1. Detta Petzet, Günther Kleineberg, Wolfgang Till, Michael Petzet und Klaus Merten im Zentralinstitut für Kunstgeschichte, München, Frühjahr 1972

Wolfgang Till

Let the sunshine in!
Das Musical „Hair" und Münchens wilde Jahre zwischen 1968 und 1972

Es ist noch gar nicht so lange her.

Anfang 1972 muß es gewesen sein, als sich ein Häuflein von fünf Personen in einem Raum des Münchner Zentralinstituts für Kunstgeschichte in der Meiserstraße zu einem Photo formierte. Vor einem ziemlich hohen, in neongrellen Acrylfarben auf grundierte Spanplatten gemalten Bild von ebenfalls fünf um eine Harley-Davidson gruppierte Personen sind als lebende Figuren zu identifizieren (von links): die Theaterhistorikerin Detta Petzet, der Böcklin-Forscher Günther Kleineberg, Michael Petzet, zweiter Direktor am Zentralinstitut für Kunstgeschichte, Klaus Merten, Architekturhistoriker (stehend) und der Volkskundler Wolfgang Till (liegend). Bei diesem eher zufällig zustande gekommenen Gruppenbild mit Dame handelte es sich um das Ausstellungsteam „Bayern – Kunst und Kultur" (9. Juni bis 15. Oktober 1972 im Münchner Stadtmuseum) inmitten ihrer Vorbereitungen für den Katalog. Was aber nun nachträglich bei der Betrachtung dieses Souvenirs interessiert, sind einige ikonographische Zusammenhänge der fünf gemalten und der echten Personen.

Das Bild im Hintergrund war ursprünglich Teil der Bühnendekoration der ersten deutschen Produktion von „Hair", dem „American Tribal Love-Rock Musical" von Galt Mac Dermot. Es hatte am 17. Oktober 1967 am Broadway Premiere und wurde später zum Dauerbrenner am legendären Biltmore Theater in New York. Schon ein Jahr später, damals eine eminent kurze Zeit für einen solchen Transfer, erlebte das Stück seine deutsche Erstaufführung, und zwar in München, im Theater an der Briennerstraße (heute Volkstheater), produziert von den Münchner Impresarios Heinz Pilz und Werner Schmied. In einer der Hauptrollen sang Donna Summer, die in den siebziger Jahre zu den führenden Interpretinnen des heute in der Geschichte der Pop-Musik so bezeichneten wichtigen „Munich-Sound" werden sollte.

Das Bild, vor dem sich hier die Ausstellungscrew versammelte, war, im Gegensatz zu „2000 Jahre Kunst und Kultur", also absolut aktuell und hatte den Sound der Zeit. In der Meiserstraße, in einem der beiden Führerbauten mit ihren erschreckend hohen Räumen, hatte dieses Bild, obgleich eher in sehr flottem, dekorativen Stil gemalt, eine unwahrscheinliche, ja läuternde Wirkung. Nach dem Krieg wurden die beiden Führerbauten an der Meiser- und Arcisstraße von verschiedenen, höchst verdienstvollen Institutionen in Beschlag genommen, ohne aber, daß man dann dort stärker über die Art und den Charakter des Ortes reflektiert hätte. Volontäre der Staatsgemäldesammlungen berichteten von unendlichen Nazi-Schätzen in den Kellertresoren, hin und wieder verirrte sich ein Tourist aus Amerika ins Innere des Gebäudes, aber der einzig wirklich erlebbare Hinweis auf die einstige Bedeutung des Hauses blieb der tägliche Schock beim Versuch, die tonnenschwere Eingangstür zu öffnen. Ausstellungen der Graphischen Sammlung und die Antiken der Abgußsammlung ordneten sich dem dominanten Gebäude unter, aber da war eben diese ausgestreckte Zunge: das Bild aus „Hair", die „Easy Riders" mit der Coolness von Marlon Brando oder Peter Fonda.

„Hair" – die überaus locker geknüpfte und esoterische Geschichte ist hier kaum der Wiedergabe wert – hatte aber etliche Botschaften nach München gebracht. Sie waren zum einen verpackt in der Botschaft „So let them say your hair's too long": langes Haar als die ultimative Provokation, ferner die in die Titel der glänzenden Lieder gepackten Tips für ein besseres Leben, z. B. „Let the sunshine in". Darüber hinaus, das soll nicht verschwiegen sein, rüttelten ein paar unsittliche Anspielungen auf der Bühne am Münchner Gewissen – um was es wirklich ging, bleibt unklar –, aber das Amt für öffentliche Ordnung erließ wegen der Darstellung „unzüchtiger Szenen" in der Aufführung einen Bußgeldbescheid. Am 28. Oktober 1968 erklärt das Theater in der Süddeutschen Zeitung, daß die Nacktszenen unverändert bleiben, worauf das Amt für öffentliche Ordnung am 2. November den Auflagenbescheid aufhob. Dennoch oder gerade deswegen überlebte die Produktion 204 Vorstellungen en suite, und als das Stück Ende April 1969 abgesetzt wurde, war München eine andere Stadt geworden. Über 120 000 hatten das Spektakel besucht, die Folgen für das öffentliche Leben in der Stadt in puncto Haartracht und Mode waren unübersehbar. Der AStA (Allgemeiner Studentenausschuß) organisierte Diskussionen, die u. a. der Frage nachgingen, ob das Musical durch seinen Erfolg nicht längst „zum Konsumgut" geworden sei, das jene beklatschen, die sich sonst nie mit der Hippie- oder Studentenbewegung solidarisch erklären würden (tz vom 15./16. Februar 1969). Will McBride, in München ansässiger amerikanischer Photograph, hatte in der Februarnummer 1969 der Zeitschrift „twen" dem Phänomen „Hair" einen Bildessay von zehn Seiten gewidmet, der die damalige Wirkung auf den Punkt brachte: „Für mich ist das Bühnenstück ‚Haare' wie eine Religion. Und ich finde, alle Leute sollten davon wissen." Der Hauptdarsteller David Heinemann antwortete auf die Frage, ob er schon einmal Streit gehabt hätte mit jemanden: „Ja, in einem Lokal. Da war ein Bauarbeiter, der sagte zu mir, ich soll mir die Haare schneiden lassen, und er wolle mich verprügeln." Dies widerfuhr einem anderen Star dieser Tage, nämlich dem Berliner Kommunarden Fritz Teufel anläßlich eines München-Besuchs. Die Süddeutsche Zeitung berichtete am 20. und 21. Juli 1968 über einen Besuch des Langhaarigen in den Schwabinger Lokalen Seerose, Weinbauer und Drugstore, die jeweils mit einem Rausschmiß endeten. Der Reporter Christian Ude interviewte den Weinbauerwirt und zitierte ihn mit den Worten: „Alle Leute mit langen Haaren sind Verbrecher!"

Abb. 2. „Kunstzone": Aufkleber und Plakat zur „Ersten Freien Produzentenmesse", München 1971

Frei und natürlich leben zu können, war – kurz und banal gesagt – die Botschaft von „Haare". Franz-Maria Sonner erinnert sich in seinem schönen, 1996 in München erschienenen Band „Als die Beatles Rudi Dutschke erschossen": „Spazierengehen konnte auch heißen, über die Lazarettwiese gehen und reden über die Haare, deren Länge Zentimeter für Zentimeter gegen die Eltern verteidigt werden mußte."

Das Bild in der Meiserstraße in einem der ehemaligen NS-Parteibauten war also Programm, wie wir heute deutlich lesen können. Es gehört zur Mentalitätsgeschichte der Stadt München, in der ja seit jeher gerne Provokationen gewagt werden, aber auch ihre Entrüstung finden, wie es in dieser unvergleichlichen Zusammensetzung zumindest in keiner anderen deutschen Stadt möglich ist. Nur ein paar Kostproben, nur aus dem Jahr 1968: Ernst Wendt vom Residenztheater muß auf Anordnung des Kultusministeriums ein Che-Guevara-Poster aus seinem Dienstzimmer entfernen (AZ vom 11./12. April 1968) . „Fanny Hill" von John Cleland wird von der 4. Strafkammer des Landgerichts für unzüchtig erklärt. München war und ist ein idealer Testplatz für alles, was zwischen Kunst, Pornographie und Politik strittig ist.

Abb. 3. Piero Manzoni: „Künstlerscheiße", Konservendose mit bedruckter Papierbanderole, Inhalt netto 30 gr., produziert und abgefüllt im Mai 1961

Aber blicken wir kurz auf zwei andere Ereignisse des Münchener Kunstlebens, die direkt oder indirekt zu tun haben mit Michael Petzet, dem provokanten Bildaufsteller. Vom 7. bis 12. September 1971 fand auf dem Jakobsplatz die „Erste Freie Produzentenmesse" statt. Die Anregung von Joseph Beuys, Erwin Heerich und Klaus Staeck („A Call to Action", Düsseldorf, 10. Februar 1971) fand beim Münchner Kulturreferenten Herbert Hohenemser Gehör und wurde, trotz großer Skepsis der Presse – ein „Viktualienmarkt der Kunst" – ein Erfolg. Die Kunstzone rückte zum einen den desolaten Jakobsplatz in den Mittelpunkt einer Aktion, wovon die ein halbes Jahr später eröffnete „Bayern-Ausstellung" profitierte, und sie half ganz nebenbei mit, das am Rande gelegene und zum Abbruch freigegebene Ignaz-Günther-Haus (eines der letzten Münchner Bürgerhäuser des 16. Jahrhunderts) zu retten. Mehrere an der Kunstzone beteiligte Künstler starteten spontane Sammelaktionen zur Rettung dieses Baudenkmals, die Stimmung schlug um zugunsten des Erhalts, die erste Bürgerinitiative Münchens zum Erhalt eines Bauwerks bildete sich. Aber die Kunstzone bot auch einen Skandal. Hermann Nitsch ließ während einer 7-Stunden-Aktion ein Schaf sterben, was dem Kulturreferenten nach Willen etlicher entrüsteter Stadträte den Stuhl hätte kosten sollen. Die umfangreiche Teilnehmerliste liest sich heute z. T. wie ein Adreßbuch Münchner Subkultur, paritätisch durchsetzt aber mit Namen von Vertretern höchst konventioneller Ausrichtung. Eine höllische Mischung also, deren Nachgeschmack noch ein halbes Jahr später im knappen Neuzeit-Beitrag der Ausstellung „Bayern – Kunst und Kultur" zu spüren war. Dort fand sich immerhin – unter gerade einmal 20 zeitgenössischen Exponaten (die den ca. 2 500 Exponaten aus den übrigen zwei Jahrtausenden hoffnungslos unterlegen waren) – eine starke Auswahl an Werken der Gruppe Spur. Dies war von Ausstellungsmacher Petzet durchaus als frühe Würdigung einer inzwischen klassisch gewordenen Münchner Künstlerbewegung gedacht, der hier noch Anfang der sechziger Jahre der Prozeß wegen „Gotteslästerung" gemacht wurde. Rupprecht Geiger und Günther Fruhtrunk wurden mit Recht herausgestellt, natürlich gibt es aus heutiger Sicht auch ein paar Verlierer, Vertreter der Op-Art und der kinetischen Kunst etwa. Ein überaus lebendiges Dokument des Münchner Kunstlebens, ein Buch, in dem man mit Vergnügen nachblättert, ist Nina Kellers „Report über junge Künstler in München" (erschienen im Jahr 1968, mit Aufnahmen von Susanne Schmid, gestaltet vom Büro Aicher). Dort sind neben den „Spur"-Leuten viele andere Künstler porträtiert, die Petzet in der einen oder anderen Form gefördert hat, u. a. Rainer Wittenborn.

Natürlich erzähle ich dies alles nur, um damit auf die schönste Geschichte zu kommen, die damals passierte, nämlich der Fall Manzoni. Es berichtete die unabhängige Badische Zeitung, Freiburg, am 22. März 1974 unter dem Titel „Krach im Kabinett um eine ,Konservendose'":

> Der Krach war am späten Mittwoch nachmittag im CSU-Fraktionsvorstand ausgebrochen. Dort berichtete Ministerpräsident Goppel indigniert darüber, Strauß habe nicht ihn, sondern seinen Kanzleichef Dr. Kessler erbost angerufen und Vorwürfe gegen die Berufung Petzets zum Generalkonservator erhoben. Strauß habe gefordert, diese von Kultusminister Maier vorgeschlagene Berufung sofort rückgängig zu machen. Darauf bot Maier sofort seinen Ministersessel an und drohte mit Rücktritt. Als Strauß' Statthalter im Frak-

tionsvorstand, CSU-Generalsekretär Tandler, die Vorwürfe des Parteichefs wiederholte, verließ Maier mit hochrotem Kopf den Konferenzsaal. Strauß warf Petzet vor allem vor, ein „Linker" zu sein ... Der zweite Vorwurf von Strauß, Petzet sei für die umstrittene Münchener „Kunstzone" im Herbst 1971 verantwortlich gewesen, bei der Aktionisten öffentlich ihre Notdurft verrichteten, erwies sich ebenfalls als nicht zutreffend. Petzet war zu dieser Zeit noch gar nicht im Amt. An dieser Stelle nun zückte der CSU-Generalsekretär Seidl den Katalog „Manzoni" ...

Für den Katalog der Ausstellung „Piero Manzoni 1933-1963" in der Städtischen Galerie im Lenbachhaus vom 17. Oktober bis 18. November 1973 zeichnete Petzet nun allerdings verantwortlich, was z. B. durch das Vorwort (zusammen mit dem Tübinger Kunsthallen-Chef Götz Adriani) unabstreitbar deutlich gemacht war. Vor allem die Kat.-Nr. 31: „Künstlerscheiße", 1961, erzeugte blankes Entsetzen. Der Zeitungsbericht fährt mit einem Zitat Seidls fort:

> „Darin drückt sich eine künstlerische Einstellung aus, die Petzet als Leiter einer so wesentlichen Behörde nicht geeignet erscheinen läßt." Vor allem die durch das Vorwort gebilligte Forderung des Künstlers „ein Gramm Scheiße gegen ein Gramm Gold" aufzuwiegen zwingt Seidl zur abschließenden Bemerkung: „Dafür hat die CSU kein Verständnis".

Undurchsichtig aber wie der Kunstmarkt nun einmal ist, müßte ein heutiger Sammler für die ursprünglich in 90 Exemplaren hergestellte 30g-Dose, etwa 30-40 000 DM hinlegen (Der Goldpreis ist derzeit bei DM 16,– pro Gramm, das macht DM 500,– für die Dose, somit hat das Künstlerprodukt also derzeit den 80fachen Wert). Der Markt hat also für Manzoni entschieden. Und auch wenn Restauratoren großer Kunsthäuser Probleme mit der rostenden Dose und dem hörbar klumpenden Inhalt haben, bleibt Manzonis „Merda d'artista", zu den heute am meisten beachteten Kunstwerken der sechziger Jahre gehörend, ein Geniestreich.

Möge diese Geschichte unter dem Titel „Creme bavaroise" in den wunderbaren Reigen „Münchner Geschichten" eingehen! Das Ballett „Abraxas" von Werner Egk und Kultusminister Alois Hundhammer gehören dazu wegen der fleischfarbenen Tänzertrikots, der „Erfolg" von Lion Feuchtwanger natürlich oder die diversen Blamagen um „Zeige deine Wunden" von Joseph Beuys. Petzets Arbeit am Lenbachhaus, zu dessen Direktor er von Oberbürgermeister Hans-Jochen Vogel am 1. Juli 1972 bestellt wurde, brachte diesem Haus, was viel wichtiger war, einen radikalen Umbruch, von dem auch die beiden Nachfolger, Armin Zweite und Helmut Friedel, stark profitieren sollten. Im Oktober 1972 eröffnete die erste einer langen, bis heute nicht mehr abgerissenen Reihe großer Ausstellungen. In einem Haus, das zuvor das „Münchner Kunst-Dornröschen" hieß, weil es dort nur sehr

Abb. 4. „München wird moderner": Jakobsplatz mit Ignaz-Günther-Haus, um 1970

Abb. 5. Will McBride über die Münchner „Haare" in twen 2/1969

selten Ausstellungen gab. Arakawa und Segal galten die beiden ersten Ausstellungen, und dann folgte mit der Präsentation der Sammlung Herbig (Bilder, Objekte, Filme, Konzepte) ein wahrer Paukenschlag. Viele Künstler, die heute zu den ganz Großen zählen, wurden damals überhaupt zum ersten Mal in München gezeigt. Da gab es Werke von Penck, Beuys oder Bruce Nauman zu sehen (den Umschlag des Katalogs gestaltete Daniel Buren) oder Filme um Broodthaers und Gilbert & George. Und der VW-Bus von Beuys „The pack" war da und entließ seine Schlitten vorbei an einem staunenden Publikum, aber auch an einer wie immer mäkelnden Münchner Presse, die im Lenbachhaus natürlich die Präsentation lokaler Kräfte erwartete. Einige dieser strengen Texte von damals zu lesen, läßt einen heute manchmal den Atem stocken. Speziell der „Bayernkurier" schlug Töne an, die heute, 25 Jahre später, noch fassungslos machen. 1973 kamen Gerhard Richter und Cy Twombly. Gezeigt wurden aber auch Nikolaus Lang und Annette Messager, die heute zu den Pionieren jener Kunst gehören, die den Blick des Publikums auf die Qualitäten der damals unter dem Didaktik-Schock stehenden „altmodischen" kulturgeschichtlich-historischen und naturwissenschaftlichen Museen leitete. Weiteren Künstlern dieser Gruppe war eine von Günter Metken und Uwe Schneede organisierte Ausstellung „Archäologie und Erinnerung" zugedacht, und dann übergab 1974 bereits der „Mann erster Klasse" (so Kultusminister Maier) das „neue" Lenbachhaus seinem Nachfolger.

Als Finale einer jeden Aufführung im Theater an der Brienner Straße sangen die Akteure die Hymne auf Toleranz und einfacheres Leben: „Let the sunshine in". Das offizielle München hatte einen anderen Schlager, der hieß: „München wird moderner". Bautafeln an vielen Stellen der Altstadt, oft im Zusammenhang mit dem groß in Gang gekommenen U-Bahnbau, warben mit diesem Slogan für die „autogerechte Stadt". Dem entsprach der Baustil der Jahre von 1967-1972, der heute mit einigem Recht als „Brutalismus" und „Waschbetonstil" apostrophiert wird. Subkultur und Kunstwissenschaft erreichten gemeinsam eine Schubumkehr. Gerade war das große, von Michael Petzet zusammen mit Heinrich Habel, Klaus Merten und Siegfried von Quast verfaßte Buch über Münchner Fassaden erschienen, als sich Bürger trafen, einzelne Bauwerke zu retten, um die Vandalen zu vertreiben und ganze nachbarschaftliche Quartiere, das Lehel zumal, vor dem ganz großen Investor zu bewahren. In diese Stimmung hinein fiel die Gründung des „Blatt" (1972), der ersten deutschen Stadtzeitung, publizistischer Mitkämpfer, wenn es um den Erhalt von Bausubstanz ging. Heute entdeckt man überall in München einsame, heruntergekommene Neubauten dieser Jahre, arg bedrängt von wohlerhaltenen Ensembles aus der Zeit um 1900. Aber das ist schon wieder eine andere Geschichte.

ABBILDUNGSNACHWEIS

AUKTIONSHAUS KETTERER, MÜNCHEN: *Abb. 3* (mit freundlicher Genehmigung)
WERNER NEUMEISTER, MÜNCHEN: *Abb. 1*
Repro nach: MICHAEL KOETZLE (Hrsg.), *twen. Revision einer Legende*, Ausst. Kat. Münchner Stadtmuseum 1995, München 1995 (S. 1120): *Abb. 5*
ARCHIV DES VERFASSERS: *Abb. 2, 4*

Rudolf Werner
Ausstellungs-Begegnungen mit Michael Petzet 1968–1978

Ausstellung „König Ludwig II. und die Kunst" in der Münchner Residenz 1968

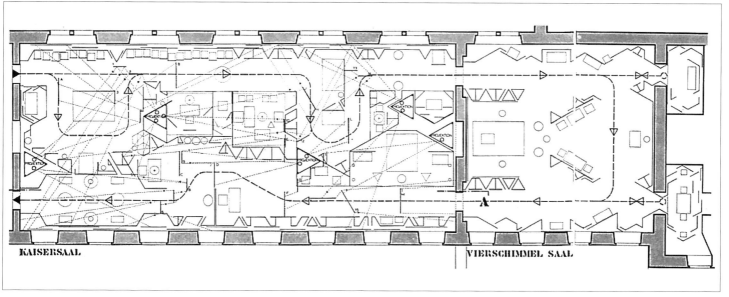

Grundriß vom Kaisersaal und Vierschimmelsaal der Residenz mit Stellplan der Ausstellung

WISSENSCHAFTLICHE
LEITUNG

Dr. Michael Petzet
Dr. Christian Altgraf zu Salm
Dr. Wolf Seidl

ARCHITEKTONISCHE
GESTALTUNG

Prof. Paolo Nestler

Mitarbeiter
Rudolf Werner

*Reproduktionen
nach Bauwelt, 59. Jg. (1968),
H. 46, S. 1445 ff.*

Bayern · Kunst und Kultur

AUSSTELLUNG IM MÜNCHNER STADTMUSEUM
ANLÄSSLICH DER XX. OLYMPISCHEN SOMMERSPIELE 1972

AUSSTELLUNGSLEITUNG

Wissenschaftliche Bearbeitung und Konzeption
Dr. Michael Petzet, Zweiter Direktor des Zentralinstituts für Kunstgeschichte, München

Mitarbeiter
Dr. Peter Böttger, Dr. Günther Kleineberg, Detta Petzet, Dr. Wolfgang Till, Dr. Armin Zweite

AUSSTELLUNGSARCHITEKTEN

Planungsgruppe M 5 (Abb. links), Simon Butz, Rudolf Werner und Franz Xaver Lutz (Innenräume, Neubauhof) in Partnerschaft mit Johannes Segieth (Römische Abteilung, Vorhof)

Aufnahmen: Siegrid Neubert, München (oben) und Georg Schödl, München (unten)

Eine Zukunft für unsere Vergangenheit

AUSSTELLUNG ZUM DENKMALSCHUTZJAHR 1975 IM MÜNCHNER STADTMUSEUM

WISSENSCHAFTLICHE
BEARBEITUNG
Dr. Michael Petzet,
Dr. Wolfgang Wolters

MITARBEIT
Dr. Saskia Durian-Ress,
Dipl.-Ing. Gregor von Martin

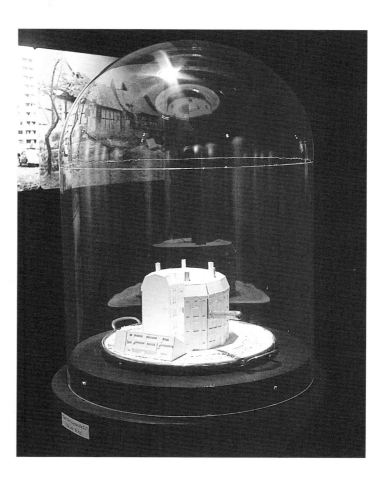

ARCHITEKTONISCHE GESTALTUNG
Rudolf Werner

Aufnahmen: Joachim Sowieja

Den Sowjets zeigen, wie das Schuhplatt'ln geht

Das gab es noch nie: Bayern-Ausstellung in Moskau

Von Edith Eiswaldt

„Ich denke, das wird ein großer Erfolg, wenn die Bayern demnächst in Moskau einfallen", sagte der Münchner Architekt und Karikaturist Ernst Maria Lang. Zusammen mit Rudolf Werner vom Landesamt für Denkmalpflege und Ernst Hürlimann hat er in der russischen Metropole eine Schau aufgebaut, die selbst von bajuwarenfeindlichen Kreisen schlicht als „sensationell" empfunden wird: Auf 3600 Quadratmetern Fläche können vom 22. Februar bis zum 12. März staunende Moskauer besichtigen, wer und was die sagenhaften Bayern sind. Mit der Ausstellung „Bayern — Land und Leute" auf sowjetischem Boden, ist den Organisatoren von der Isar gelungen, was bisher noch kein anderes deutsches Bundesland fertiggebracht hat.

„Eine pfundige Uniform hat er angehabt und narrisch freundlich war er auch, aber ich muß zugeben: der Oberbranddirektor von München ist doch a bißl großzügiger wie der von Moskau", erzählt Ernst Maria Lang, der einige Nüsse knacken mußte, was die strengen feuerpolizeilichen Vorschriften der Moskowiter anlangt. „Und daß wir Butterfässer und Barockengel in weißblauen Rautenzelten unterbringen wollten, in einer festen Halle, wo's doch nicht hineinregnet, das hat ihm schon zweimal nicht einleuchten wollen." Lang fügt aber hinzu: „Die Gastfreundschaft der Russen war überwältigend, sowas hab' ich noch nicht erlebt."

Wenn jetzt das bayerische Architekten-Trio vor der feierlichen Eröffnung der Schau, zu der eine 40 Mann starke offizielle Regierungsdelegation aus München angeflogen kommt (an der Spitze Bayerns Ministerpräsident Goppel), noch einmal die Ausstellung inspiziert, stehen die alpenländischen Zelte bereits. Mit 13 Vitrinen, in denen 500 Ausstellungsstücke prangen — von den Mittenwalder Geigen über den hochbeladenen Kammerwagen einer ländlichen Braut bis hin zu einem Modell der Münchner Fußgängerzone —, stellen

sie den Kern von Bayerns Repräsentation dar. Um ihn herum ordnet sich in Hufeisenform, was sonst noch das Land vor den Alpen so ausmacht: Plakate, Fotos und Produkte von Bayerns Industrie und Wirtschaft, von Technik, Wissenschaft und Handwerk. Außerdem ein eigenes Kabinett für bayerische Forscher der Vergangenheit und Gegenwart.

Für die Präsentation der weißblauen Industrie sind die Imag, die Internationale Messegesellschaft, und die Nowea in Düsseldorf verantwortlich. Lang stellt mit Bitternis fest: „Da erkennt man, daß unsere bayerische Industrie von arrogant-legeren jungen Männern in Nadelstreifenanzügen mit flachen Diplomatenkölferchen und norddeutscher Zunge vertreten wird, die von Bayern keine Ahnung haben und denen das Land auch völlig Wurscht ist."

An Land gezogen wurde die außergewöhnliche Gelegenheit einer Bayern-Schau im Sowjetreich von der Bayerischen Gesellschaft zur Förderung der Beziehungen zwischen der Bundesrepublik Deutschland und der Sowjetunion, die in München beheimatet ist. Ihr Vorsitzender Erwin Essl hat in zähen, über zweijährigen Verhandlungen den Russen, die 1975 an der Isar die erfolgreiche Ausstellung „Weltraumforschung und Umweltschutz in der UdSSR" abgehalten haben, die Zusage abgeluchst, daß nun auch die Bayern in Moskau eine Chance bekommen. Den neben Essls Verhandlungen wahrscheinlich schwierigsten Teil des Unternehmens leistete das Bayerische Landesamt für Denkmalpflege. In etwas mehr als zwei Monaten schafften die Konservatoren, zuständig für 400 nichtstaatliche Museen im Freistaat, die über 500 Ausstellungsstücke aus ganz Bayern heran: Originale und Kopien, Fahnen, Trachten, Bierkrüge, Schnupfdosen, Wappen, Spielzeugflöße, Partituren von Richard Wagner und Richard Strauss, das Fernrohr von Fraunhofer und bayerische Himmelbetten, König-Ludwig-Büsten, aber auch den kostbaren Wappengobelin aus der Residenz.

„Unser Ziel war es", sagt Generalkonservator Dr. Michael Petzet, „die Vielfalt des Landes in allen Lebensbereichen wenigstens anzutippen." Schwierigkeiten ergaben sich beispielsweise mit einem allzu gewichtigen römisch-bayerischen Löwen — „es sollte ja ein hervorragend schöner sein" — und mit einem Prachtexemplar von Maibaum, „schön, aber viel zu groß". Das Symbol bayerischer Festeslust wird jetzt in Moskau hergestellt, die bunten, geschnitzten „Ausleger", die Äste, kommen jedoch original aus Bayern.

Obendrein gibt's noch Filme, spielt die Högl-Band und halten neun leibhaftige bayerische Professoren Referate. Auch ein bißl Jodler und Gaudi muß sein: Auf der Bühne werden zünftige bayerische Burschen und fesche Dirndl zeigen, was ein echter Schuhplattler ist.

Reproduktion nach AZ, 15. Februar 1978
Aufnahmen: Dr. Kilian Kreilinger

Wolfram Lübbeke

Spitzer Betrachtungen
Versuch über den Bleistiftspitzer als kultur- und kunstgeschichtliches Phänomen

Der aufmerksame Beobachter des populären Industriedesigns ist fasziniert vom Bleistiftspitzer wegen der unglaublichen Anstrengung der Phantasie zur Gestaltung dieses Alltagsgegenstandes. Wenn die Betrachtung des Gerätes als nützliche Erfindung hintangestellt wird, kann anhand von Bleistiftspitzern die Welt im Vertiko reflektiert werden: Weltkugeln, Fahrzeuge aller Art, Werkzeuge, Möbel, Tiere und auch Menschen, die aber repräsentiert von ihren populären, idolgleichen Figuren (sogar der jüngeren Geschichte), versammeln sich zu Spielzeugkosmen. Abstrusitäten sind eingeschlossen, da die aus Kaufhäusern und Souvenirläden stammenden unveränderten Objekte nicht unter dem Diktat des guten Geschmackes stehen, sondern perfekt den Geschmack der Mehrheit der Menschen dokumentieren. Aber es gibt auch ästhetische Designobjekte bis hin zum postmodernen Säulenstumpf in Sterling Silver.

Eine Spitzersammlung des Spitzerliebhabers[1] gleicht, so gesehen, dann einem privaten und spezialisierten „mouse museum". In Claes Oldenbourgs Kunstwerk „mouse museum" mit „ray gun wing" sind nämlich jeweils ein Bleistiftspitzer vertreten: im „mouse museum" ein grüner Pfirsich, im „ray gun wing" eine schwarze Pistole. Insgesamt sind in dieser 1978 von der Sammlung Peter Ludwig erworbenen[2] Sammlungsagglomeration vier Kategorien von Kleingegenständen mit Modellcharakter versammelt: Relikte von Happenings und Arbeitsprozessen; dann gefundene und gekaufte Produkte, verändert oder aber auch völlig unverändert; und schließlich die Studio Objekte. Diese gesamte Oldenbourgsche Inspirationswelt – samt Kleinmodellen oder kunstgeschichtlich gesprochen ‚Bozzetti' seiner Skulpturen, die in der Ausführung überdimensional gedacht sind – gab den Anstoß, unsere Konsumwelt verfremdenden, also mit Größe, Form und Material spielenden und doch abbildenden Bleistiftspitzer zu versammeln.

Auch in der allgegenwärtigen verpopten Miniaturwelt der Geschenkartikelindustrie werden die Vorbilder auf einen ungewöhnlichen Maßstab gebracht, und zwar verkleinert zu nutzlosen Nippes, die dann nicht einmal dekorativ auf einem Möbel postiert werden können, aber vielleicht im Pseudosetzkasten ein Heim finden. Mit der Oldenbourgschen „Kunst"-Prämisse gesehen, wird die Verfremdung der abgebildeten Gegenstände erst richtig sichtbar, und eine Bleistiftspitzerkollektion offenbart Vieldeutigkeit in der Nippeswelt. Die nützliche Eigenschaft ist zur Alibifunktion geworden, die Spitzer sind nicht zum Spitzen da, wenn die Kuriosität unbeschädigt Sammelstück bleiben soll.

Welche Welt zeigen aber die Bleistiftspitzer als Abbilder? Es dominiert die überall käufliche Popwelt; die Helden von Walt Disney und dem Wilden Westen siegen für die Amerikanisierung des Abendlandes (das den Spitzer erfand). Da ist Mickey Mouse, auch als Repräsentantin des „mouse museums", und Donald Duck[3], weil die Tierwelt eher aus dem comic strip oder dem Jurassic Park stammt; „die Wüste lebt" nicht mehr, so gibt es auch fellbesetzte, aber allenfalls mechanisch bewegliche Tierfiguren. Die Cowboys und Indianer, Pistolen und Revolver sind eher US als Karl May; Winnetou und Old Shatterhand tauchen als Produkt des Volkes der Dichter und Denker aber doch auf: als Titelseiten buchförmiger Spitzdöschen. Dann sind da die Tiere als Teil der Spielzeug-Welt, das Krokodil mit klappendem Rachen, der Igel mit einziehbarem Kopf, das nüsseknackende Eichhörnchen, der zappelige Schimpanse und die in die Knie gehende Giraffe.

Natürlich fehlt das wichtigste und faszinierende Spielzeug der Neuzeit nicht, das Fahrzeug unserer Freiheitsträume: das Automobil. Das Auto aus der Zeit der US-Zone hat das damals moderne und importierte buckelige Fließheck und erinnert an die frühe Nachkriegszeit und die schwarzen Krimis; der silbrige Rennwagen mit Raketenheck reproduziert die 007-Welt; mit Kutschen und Oldtimers führten die Spanier mit kurzfristigem Musterschutz die Nostalgie nicht nur im Fahrzeugpark ein; der Lastwagen dagegen ist vor allem praktisch, bringt den Behälter gleich mit. Das Propellerflugzeug, der Hubschrauber, der Düsenjäger, das Supersonicflugzeug und die Weltraumrakete fehlen nicht. Und echtes Spielzeug gibt es auch: die Geduldsspiele, aber auch das Mühlespiel mit winzigen versetzbaren Steinchen, ebenso spielbar wie die kleinen Flipperautomaten.

Didaktisch sind die kleinen Globen – eine alte Form der Spitzer-Miniatur-Welt –, didaktisch sind Verkehrszeichen, Nationalflaggen. Und dann die Welt des Daheims: der gedeckte Tisch, das Kanapee mit Hündchen, der Spiegelschrank und das Vertiko, der Radio- und Fernsehapparat, das Telephon, der Blumentopf und die Kaffeekanne, nicht aus dem Möbel-Abholmarkt, sondern nostalgisch vom Flohmarkt. Mit Werkzeugen wie Hobel, Hammer, Nagel und Schraube des Heimwerkers, mit Sporttasche, Turnschuh, Rollschuh und Fußball samt Fußballhemd ist die Freizeit, mit Kalender und Leitzordner auch die Bürozeit dabei; mit Telephon-Timer wird sogar ein quasi nützliches und dekoratives Meßinstrument für den Schreibtisch angeboten.

Spitzer können nicht gegessen werden, auch wenn das Schokoladenstück zum Reinbeißen aussieht, das Eis zum Lecken und das Petit Four süß. Solche Spitzer könnten direkt aus Claes Oldenbourgs Museumsschaufenster mit Abbildern des Fast Food stammen, als unverderbliche Kunst-Stoff-Nahrung, genauso unverderblich wie das Obst, alles wie echt. Für diese Kreationen werden alle Register des Materials Kunststoff gezogen, „plastic world" unserer Gegenstandswelt, womöglich handbemalt in China.

Plastik als billig gewordenes Material der Spielzeugwelt und der Geschenknippes wurde in der Nachkriegszeit mit Fertigungsvermerk „US-Zone" wieder beliebt und modern und wenn es notwendig erschien, auch im Nachkriegsdeutschland handbemalt. Heute kommt der Kunststoffspitzer in der Regel aus Hong Kong, wo die billigsten, buntesten und vielfältigsten Spitzer aus dem beliebig form- und färbbaren Material hergestellt werden.

Dazwischen zu sagen ist, daß die grundlegende Erfindung für Kunststoffobjekte: die Polymerisation 1839! dem Apotheker E. Simon gelang und solche Materialien seit 1860 hergestellt worden sein sollen. Das ist somit selbst ein besonderes Sammelgebiet, das materialkundlich eine besondere Systematik der Definition und Inventarisation herausfordert.[4] Auch Japan liefert als durchaus altes Produktionsland immer noch viel, gewissermaßen in veredelter Qualität, gehobenes Weltniveau Made in Japan. Selbst die dritte ganz große Spitzerindustrie produziert im fernen Asien – die Volksrepublik China, wo die Spitzer aus Holz und keramikartigem Material gefertigt werden, da zu kleinteilig, als daß hier die chinesische Blechspielzeugfabrikation heute noch mitgestalten würde. Daß Hong Kong und Japan amerikanisiert sind als Teil der Westlichen Welt, ist keine Überraschung, aber daß auch nach China Donald Duck eingewandert ist, verdient Beachtung, da er von dort wohl ohne copy right in holzgeschnitzter Vereinfachung noch mehr zur Multiplikation der Popikonographie beiträgt.

Neben den Kunststoffen der westlichen Welt und dem Holz als chinesischem Sonderfall (jedenfalls bevor es den hölzernen Ökospitzer! gab), von Fell und Federn gar nicht zu sprechen, gehört das Metall zum wichtigsten Material des Spitzers, nicht verwunderlich, da die Fortschritte der Metallbearbeitung als Stufen der Erfindungs- und Entwicklungsgeschichte des Spitzers auftreten. Aus Messing, Aluminium und Hartaluminium sowie Elektron und Sterling Silver sind die Edelstücke des technischen Gerätes „Bleistiftspitzer" geschaffen, dann aber zumeist Made in Germany. Damit führte das Sammelsurium der Phantasie hin zur Geschichte des Schreibens und der Schreibgeräte.

Zur Kunst- und Geistesgeschichte des Bleistiftspitzens

Das Spitzen des Schreibgerätes, also auch des Bleistiftes, gehört in die Menschheitsgeschichte des Schreibens, die durchaus hier hinein gehört und womöglich noch ganz andere Kategorien von Gegenständen zu diesbezüglichen Sammelobjekten gemacht haben.[5] Denn in den Kunst- und Wunderkammern der Spätrenaissance in Europa, die schließlich Ursprung unserer Museen aus Sammelleidenschaft in enzyklopädischer Sicht und Musterbeispiel des menschlichen „Irrsinns des Sammelns" gewesen sind, gehörten von Anfang an auch Schreibgeräte. So nannte die berühmte Methodologie des Samuel Quiccheberg als vierte Klasse der technologischen Art auch die Schreib- und Malgeräte, wozu Julius von Schlosser bemerkte: „im wesentlichen schlägt hier noch die alte scholastische Lehre von den ‚Artes mechanicae' durch".[6] Witzigerweise ist die erste bekannte Abbildung eines Bleistiftes als wissenschaftstechnisches Hilfsgerät bei dem Polyhistor und Linguisten Konrad Gesner (1561-1565) in dessen Buch über Fossilien, Steine und Edelsteine von 1565 zu finden;[7] dieser wußte also die mechanischen Künste mit der Wissenschaft zu verbinden.

Abb. 1. Neuer amerikanischer Bleistiftspitzer mit feststehendem Messer, nach Firmenkatalog A. W. Faber von 1883

Und es bestätigte sich im 19. und 20. Jahrhundert, daß auch das Spitzgerät zu den patentwürdigen mechanischen Erfindungen gehörte, also eine Leistung des homo fabers darstellt: in der Spannweite vom ältesten Patentgesetz, einem englischen von König Jakob I. von 1623, was nahe an die Epoche der Wunderkammern zurückführt, und dem ältesten deutschen Patentgesetz, dem bayerischen für Rheinbayern und die Pfalz von 1791, das kurz vor der Erfindung des Spitzers, wie noch berichtet werden wird, erlassen wurde. Da kann eigentlich der gewissenhafte Kunsthistoriker nicht ausweichen, doch auch von solchen mechanischen Gebrauchsgegenständen zu sprechen, nicht nur wegen der Aufarbeitung museologischer Traktatschreiberei, sondern sogar im Zusammenhang mit denkmalkundlichen Erörterungen: „Die vierte Klasse, die den Menschen als ‚homo faber' würdigt, umfaßt in bemerkenswerter Homogenität allein Instrumente und Geräte, die nach ihrer Verwendung klassifiziert werden. So finden sich dort z. B. Musikinstrumente, Schreib- und Malutensilien, Drucker- und Bildhauergerätschaften."[8]

Was der Kunsthistoriker aber heute noch von diesen nicht nur mechanischen Demonstrationen überliefert findet und für zeigens- und erörterungswürdig befindet, sind die elaborierten Schreibzeuge manieristischer Kunstfertigkeit: etwa ein Miniaturschreibzeug in Form von facettierten Säulen auf Sockel aus Elfenbein, das ein komplettes Schreibzeug mit Zirkel, Lineal, Bleistifthalter, Würfellineal und Lot enthält, oder ein Notizbuch mit Schere, zwei Messern (!), ein Pfriem, zwei Bleistiften u. a.[9] Und damit wäre auf den manieristischen Ursprung des Phantasiespitzers hingewiesen, die Anstrengung der Ideen nützliche Gegenstände in dekorativ ausgefeilten und wertvollen Kunststücken zu verbergen, die nicht nur aus Elfenbein, sondern auch aus Gold und Silber und von Wenzel Jamnitzer geschaffen sein konnten. Dieser schmiedete nämlich ein kleines silbernes Schreibzeugkästchen mit Schreibzeug, auf dem kleine als Naturabgüsse erstellte Schnecken und Eidechsen herumkriechen und demonstriert den manieristischen Ursprung von verfremdeter Naturrepräsentation.[10]

Besonders bemerkenswert an diesen manieristischen Beispielen ist aber das Faktum, daß viele Kunsthistoriker die gespitzte Voraussetzung der Zeichenkunst vergessen, obwohl

Zeichengeräte so verbreitete nützliche Weltinstrumente waren, daß sie selbst in einer Stapeldose „Apotheke", Prag 1610, die an sich so spezifische Dinge wie eine Apothekerwaage enthielt, auch Bestandteil gewesen sind.[11] Der Historiker sollte in der Kunstgeschichte diese Geräte nicht allein als außerordentliches Kunsthandwerk, also als Objekt der artes liberales wahrnehmen, sondern auch als technischen Gegenstand der artes mechanicae und Hilfsmittel der Zeichenkunst studieren. Hat nicht Denis Diderot schon 1751 in Erinnerung an Francis Bacon endgültig klargestellt, daß die artes illiberales oder artes mechanicae keine Sklavenarbeit und nicht verachtungswürdig sind, sondern geistige Ingenieurleistungen, die die wahre Philosophie darstellen.[12] So gehört die mechanische Präparierung des Stiftes wahrlich auch zur Kunst.

Wahrzunehmen ist, daß das Schreiben und Linien zeichnen und die Frage, wie das linienzeichnende Instrument bearbeitet wird, ein berechtigter Untersuchungsgegenstand wäre, aber weitgehend ignoriert wurde. Dabei ist das Motiv durchaus ikonographisch, man denke nur an die Lukasdarstellungen, bei denen Lukas ja vielfach die Madonna nicht malt sondern zeichnet, sei es nun die bekannte Darstellung von Rogier van der Weyden um 1425/40 in München und Boston oder noch deutlicher das Bild Jan Gossaerts, gen. Mabuse (kurz nach 1520) im Kunsthistorischen Museum in Wien (Inv. Nr. 894), wo Lukas eindeutig eine Zeichnung der Muttergottes mit einem spiralförmig gedrechselten Stift (Silberstift?) ausführt und so schon den Stift als das Instrument darstellt, das am leichtesten und fließendsten göttliche oder natürliche Inspirationen umzusetzen ermöglicht.[13]

Ist das Spitzen dieser Linienziehinstrumente aber in der Regel nicht Gegenstand der Kunstgeschichte der Zeichenkunst, weil die freien Künste immer noch die bloß nützlichen Künste zurückdrängen? Dabei hat doch Giorgio Vasari schon genau beschrieben, daß Zeichnungen in verschiedenen Materialien, Kreide z. B., gemacht werden und es darum geht, daß diese Materialien leicht zu einer feinen Linie reduziert, also gespitzt werden müssen,[14] um so bewußt die Zeichnung, den disegno, das Design gestalten zu können. Bei diesem Faktum, daß die Schreib- und Zeichenfähigkeit kontrolliert und regelmäßig wiederhergestellt werden muß, bleibt es, soweit bisher festgestellt, in den Theorien und Geschichten der Zeichenkunst. Aber womit wird denn die kontrollierte Verwendungsfähigkeit des von dem Maler, Chemiker und Mechaniker Nicolas Jacques Conté (1755-1805) erfundenen Bleistiftes verschiedener Härtegrade aufrechterhalten?[15] Conté hat seinerzeit hierfür nicht nur eine Fabrik gegründet, sondern war einer der Initiatoren des Conservatoire des arts et métiers! Kultur- und geistesgeschichtlich folgerichtig war es in Frankreich zur Erfindung des neuen crayon-Bleistiftes gekommen – wo dann konsequenterweise wichtige Bleistiftspitzertypen erfun-

Abb. 2. Spitzer im Zirkus

den und patentiert worden waren –, womit also für die klassizistische Kunst der scharfen, dünnen und exakten Linie die Voraussetzungen geschaffen waren: der Zeichenkunst, die vom gespitzten Bleistift wählbaren Härtegrades abhängig war. Dieser neue Stift war die rechtzeitige Voraussetzung für die Kunst des Klassizismus, zu der sich, immer noch rechtzeitig, in den dreißiger Jahren des 19. Jahrhunderts die Erfindung des Bleistiftspitzers gesellte. Mit Recht hat also die realenzyclopädische Kunstgeschichte im Zusammenhang mit der Erfindung des gehärteten Graphitstiftes von dem „linearen klassizistischen Stilempfinden"[16] gesprochen, oder wurde unter dem eigentlich richtigen Stichwort „Graphitstift" diese Erfindung auf die autonome Künstlerzeichnung bezogen.[17] Wer beschäftigte sich aber damit, wie David (1748–1825), Flaxman (1755–1826)[18], Ingres (1780–1867) und Overbeck (1789–1869) notwendigerweise ihre Stifte präparierten? Man weiß zwar, daß Ingres „zweifellos mit der rechten Hand" zeichnete, in seinen Florentiner Jahren in „mirakulöser Feinarbeit", aber in seinen letzten Jahren „wurden seine Bleistifte weicher und reicher"[19]. Für den Zeichner Jean Auguste Dominique Ingres, der nicht nur wegen seiner bewunderungswürdigen Portraitzeichnungen, sondern auch wegen seiner unermüdlich Einzelheiten erforschenden Reisezeichnungen eine kunstgeschichtliche Größe ist, wird hierzu lapidar überliefert: „La ligne c'est le dessin, c'est tout"[20]. Linien zeichnete auch Christoph Heinrich Kniep (1755–1825), der gewissermaßen als lebender Photoapparat Johann Wolfgang von Goethe 1787 nach Sizilien begleitete und Konturen und Umrisse von Landschaftsbildern als Erinnerungsstütze zu zeichnen hatte. Goethe vermerkte hierzu belustigt unter dem 23. März 1787 in der Italienischen Reise, daß Kniep „die besten Englischen Bleistifte" zuspitzte und immer wieder zuspitzte, was ihm fast eine ebenso große Freude wie das Zeichnen gemacht habe. Selbst Goethe notierte nicht, wie Kniep spitzte, aber nachdem es sich um die älteren englischen Stifte vor der Erfindung der Härtegrade von Conté handelte, war es auch lange vor der Erfindung der Spitzer – wovon noch berichtet werden wird. Man weiß später noch aus den römischen Tagebüchern Ludwig Richters, daß seine Bleistifte nicht hart und nicht spitz genug sein konnten, um so die Umrisse bis ins feinste Detail fest und bestimmt umziehen zu können.[21]

In der ersten Hälfte des 19. Jahrhunderts wurden auch schon Lehrbücher für Bauhandwerker und Gewerbeschulen, für Bildhauer und Maler herausgegeben; und in solchen Lehrbüchern, wie dem von Dr. Theodor Thon, weiland Professor der Philosophie zu Jena, wurden die Bleistifte mit dem Messer geschnitten.[22]

Und wann tritt nun der Spitzer in der Kunst auf, gibt es ihn wirklich erst als Teil eines Material- bzw. Fallenbildes von Daniel Spörri, wo er faktisch in der „Palette Conny Fischer-

Abb. 3. Spitzer in der Puppenstube

Lueg" von 1968 (Museum Boymanns-von Beuningen in Rotterdam) eingefügt ist? Oder noch umfassender und richtigerweise als selbstverständlicher Teil des großen als Kunstwerk ausgestellten und durch Beschriftungen aus der Banalität gehobenen und hinterfragten Environments „The studio" des bzw. von Joseph Grigley, gezeigt 1995 in Venedig auf der Ausstellung TransCultur. Der Besucher von Venedig konnte danach ins Museo del Risorgimento in den Procuratie Nuove gehen und dort den Schreibtisch samt Federmesser des Daniele Manin finden, also ein ganz anderer Arbeitsplatz, das „studio" des gebildeten Politikers, der Geschichte machte. Oder es wird im Künstleratelier die Angestelltenwelt sichtbar, wenn in dem David-Hockney-Film: The bigger flash (ca. 1974) gezeigt wird, wie des Künstlers Buntstifte mit der Spitzmaschine von einem Assistenten gespitzt werden. Schließlich alarmiert das conceptuelle Statement von John Baldessari:

> I had this old pencil on the dashboard of my car for a long time. Every time I saw it, I felt uncomfortable since its point was so dull and dirty. I always intented to sharpen it and finally I couldn't bear it any longer and did sharpen it. I'm not sure, but I think that this has something to do with art.[23]

Damit ist die Reflexion ganz tief in die Kunst eingedrungen, die Suche nach der Technik des Spitzen schlug um in die Metaphorik des Spitzens, die in Ihrer Abgründigkeit zwischen Angst und Kunst noch mehr Fundstücke vorführen kann, bis hin zu des Designers David Carsons Metapher: „The Computer ist just another Pencil"[24].

Zur Geschichte des Spitzers

Die Stadt Albrecht Dürers ist samt den umliegenden und daran herangewachsenen Städten ein Zentrum des Bleistiftes seit der Renaissancezeit geblieben. Doch in Nürnberg wurde weder der moderne Bleistift erfunden, noch sein Auslöscher – der Radiergummi –, und auch nicht das technisch konstruierte Spitzgerät. Das Konversationslexikon belehrt uns über die französische Erfindung des gut schreibfähigen Graphitstiftes durch Nicolas Jacques Conté (1755-1805). Die grundlegende und am 3.1.1795 patentierte Erfindung[25] dieses Ingenieurs und Malers, der Napoleon nach Ägypten begleitet hatte und mit der Leitung der großen Description de l'Egypte[26] betreut worden war und hierzu selber Illustrationen des Handwerks beitrug, war die richtige Mischung des Materials Graphit und das Pressen und Brennen zur Herstellung verschiedener Härtegrade. In unserem Sprachgebrauch blieb der falsche Begriff Blei-Stift verbreitet für die in einem zusammengeklebten Holzstift gefaßte Mine aus geschlemmtem Graphit-Tongemisch, die durch Spitzen, das heißt Entfernen des Holzes, so daß nach Wunsch eine exakt bestimmte Punktspitze entsteht, schreib- oder zeichenfähig gehalten wird.

Kultur- und kunstgeschichtlich folgerichtig war es gerade in Frankreich zu dieser Erfindung des neuen crayon-Bleistiftes gekommen, wie dann auch – aber erst Jahrzehnte später – zu den wichtigsten und patentierten Bleistiftspitzern. Vom Konversationslexikon wissen wir auch, daß der Bleistiftspitzer als für den Handgebrauch bestimmte Hülse mit kegelförmigem Einführungskanal seit 1835 bekannt ist,[27] dem Jahr der ersten deutschen Eisenbahn und der ersten staatlichen Denkmalpflege in Deutschland – beide in Bayern. Seitdem führte

Abb. 4. Spitzer im Kaufladen

die Anstrengung der Phantasie zur ständigen Verbesserung dieser technischen Entwicklung und einer großen Vielfalt von Methoden, die nicht abriß. Noch 1928 konnte gelobt werden, daß „der bequem in der Seitentasche zu tragende Bleistiftspitzer... uns die Sorge und Mühe des Anspitzens mit dem Messer" abnimmt[28] – dennoch ist für viele Architekten und Künstler doch das Messer der Spitzer geblieben.

Diese Bekanntheit seit 1835 bezieht sich auf Dinglers Polytechnisches Journal[29], welches in diesem Jahr von dem erfolgreichen Bleistiftschneider Hrn. Lahausse in Paris, rue du Faubourg-Poissonière Nr. 1, berichtet, nachdem schon mehrere nicht populär gewordene Erfindungen, die auch gegen die Beschmutzung der Finger gedacht waren, versucht hatten, den Markt zu gewinnen. Zu den erfolglosen aber älteren Erfindungen gehört offenbar die von einem Bataillonchef eines Ingenieurcorps 1821 erfundene besondere Feile oder eine von Monsieur Lassimone, der 1828 die erste Spitzmaschine erfunden haben soll. Monsieur Lahausse hatte mehrere Typen entwickelt mit Feilen verschiedener Feinheit sowie ein Instrument mit einer Klinge zum Schieben eingerichtet, bei dem das Etui als Griff beim Schneiden des Stiftes diente – selbst weiche Bleistifte sollten ohne Beschmutzung der Finger so geschnitten werden.

Nach Franz Maria Feldhaus und seiner Geschichte des technischen Zeichnens haben zuerst zwei Engländer – R. B. Cooper und G. F. Eckstein – einen klotzartigen Spitzer erfunden, in dem zwei Feilen in rechtem Winkel zueinander lagen.[30] Aber dann nennt auch er die Franzosen, die die patentfähigen Typen entwickelten. Nach ihm erdachte in Paris nämlich bereits 1834 jener Monsieur Lahausse einen kegelförmig angebohrten Metallspitzer, ein Herstellungsprozeß der grundlegend blieb, obwohl er damals innen gerifelt, also ohne Messer gewesen war. Ein anderer Franzose – C. Mayet – konstruierte den Spitzer als Hobel mit nach oben gekehrter Schneide. Am einflußreichsten und für diese Betrachtung am beziehungsreichsten ist der granatförmige Spitzer aus Messing, für den 1847 Thierry des Estivaux das französische Patent erhielt und so in Frankreich als „le véritable inventeur de ‚notre' taille-crayon" gilt.[31] Die Benennung als Granate ist begründet durch die ähnliche Gestalt der ausgebohrten Metallhülse für Spitzer und Geschosse, die Benennung eröffnet eine weitere metaphorische Transzendenz des harmlosen Bleistiftspitzers.

Der Siegeszug des Bleistiftes nach 1800 wurde auch durch die Schwierigkeit beschleunigt, während der Kriegszeit gute Steinkreiden und Rötel zu bekommen.[32] Die Fabrikation des Bleistiftes nahm einen solchen Aufschwung und bekam eine solche Wichtigkeit, daß die Napoleonische Epoche mit den militärischen und wirtschaftlichen Konflikten den Erfolg des Bleistiftes förderte. Die moderne Erfindung sollte auch von Amerika weitere Impulse empfangen, da durch die Kontinentalsperre die Vereinigten Staaten gezwungen waren, eine eigene von Frankreich unabhängige Bleistiftindustrie aufzubauen. Die ersten amerikanischen Bleistifte wurden 1812 produziert.[33] Da der Bleistift Teil der industriellen Entwicklung ist und damit auch der Geschichte des Schutzversuches durch Patente, führte er schon damals zu den ersten kontinentalen Patentprozessen einschließlich schwerer Strafen wegen Patentverletzungen.[34] Dann blieb es nicht aus, daß auch amerikanische Bleistiftspitzerpatente entwickelt wurden, die auch in Europa mitten in den geschichtsträchtigen Zentren deutscher Bleistiftherstellung Verbreitung fanden,[35] da die Firma Faber schließlich selber transatlantische Beziehungen und Fabrikationen aufgebaut hatte.[36]

In Nürnberg hatte sich im 17. Jahrhundert das Schreibstiftemachen als eigenes Handwerk[37] etabliert; mit der Firma Friedrich Staedtler besteht dort Deutschlands älteste Bleistift-Herstellungstradition.[38] Die Nürnberger Bleistiftindustrie war und ist eine vielfältige Geschichte, die daher auch museal im Museum Industriekultur Nürnberg gewürdigt wird. Über diese Nürnberger Kulturgeschichte hinaus könnte sie als Teil der Geschichte des Schreibens und auch mit der Geschichte des Papiers, als eine der Grundlagen des Schreibens und Zeichnens, noch weiter verfolgt werden. Gründete doch der Nürnberger Patrizier Ulman Stromer am Johannistag 1390 die erste Papiermühle Deutschlands.[39] Es kann hier aber auch nicht die ganze Nürnberger Bleistiftindustrie dargestellt werden, die Firmen Lyra-Orlow,[40] Staedtler[41] und Schwan-Stabilo lassen wir beiseite, weil Faber-Castell samt seinem „Bleistiftschloß" doch die wichtigste gewesen ist und blieb. Vor den Toren der Stadt Nürnberg baute Faber, seinem Namen entsprechend ein würdiger Vertreter des homo faber, der später durch Heirat zu Faber-Castell geadelt wurde, in Stein eine Firma mit Erfolg zu weltmarktbeherrschender Position aus. Vor allem als es 1861 gelang, ein sibirisches Graphitbergwerk zu erwerben, begann die ungebremste Expansion des seit 1761 bestehenden Unternehmens. Der Versuch über den Bleistiftspitzer droht hier in einen Versuch über den Bleistift auszurutschen und noch hinter die mehrfach erwähnte patentierte französische Erfindung zu fallen. Die Geschichtsschreibung der Firma A.W. Faber erwähnt noch vor der französischen Erfindung von 1795 das Faktum, daß in England 1665 der erste Bleistift fabriziert worden wäre[42] – das wäre aber nach dem Rechtsstreit von Friedrich Staedtler im Jahr 1662, der zur Geschichte der starren Handwerksordnung gehört, die die industrielle Entwicklung erschwerte. Andererseits führen Legenden sogar ins 16. Jahrhundert und auf englische Schafweiden, wo 1564 englische Schäfer in den Cumberlandbergen nahe Borrowdale Blasen anthrazitfarbenen Metalls gefunden haben sollen, mit denen sie vorzüglich ihre Schafherden markieren konnten.[43] Die komplexen Geschichten des englischen Graphits von Cumberland und der anderen Graphitgruben der Welt hat das reichhaltige und weitschweifige Sachbuch Henry Petroskis über den Bleistift nachlesbar gemacht. Gleichwohl will dieser Versuch auf ganz anderer Weise einer sein, der die Geschichte des Ignorierens von Erfindungen der Alltagsgegenstände nutzt, kulturgeschichtlich auszuschweifen.

Obwohl nach dem Zweiten Weltkrieg ganz andere Stifte – wie der Kugelschreiber – ihren Siegeszug angetreten haben, wird der Bleistift heute noch jährlich in ca. 14 Milliarden Stück produziert.[44] Und obwohl mit ihm heutzutage wohl die wenigsten Schulkinder schreiben lernen, kann sein Siegeszug, abgesehen von Schiefertafel und Griffel samt Griffelreibe, auch als Teil der Geschichte der Einführung der Schulpflicht gesehen werden und daß sein Gebrauch das Wachstum der Verwaltungseinrichtungen förderte und damit die industrielle Entwicklung im Großraum Nürnberg.[45] Die Geschichte des Bleistiftes belegt seine Metaphorik innerhalb der Schul- und Amtsstuben und Comptoirs: Früher sollen die Schulmeister mit Federkielschneiden[46] ziemlich beschäftigt gewesen sein, später brauchte das Büro einen Bürodiener für die Spitzmaschine.

Die Entwicklung führte zu Trennung von Bleistiftproduktion und Bleistiftspitzerherstellung auf verschiedene Unternehmungen. Das perfekte Spitzgerät wird von der Metallwarenfabrik hergestellt. Bei Faber-Castell ist trotzdem heute noch der Bleistiftspitzer im Programm. Die Firma hatte schon in einem Katalog von 1877 die neue amerikanische Erfindung eines Bleistiftspitzers mit beweglichem Messer – mit Namen Eureka und patentiert 1869 – präsentiert. Heureka!, weil ein schwieriges Problem neu gelöst wurde? In der Gründerzeit tauchen so immer neben den Feilen und Schmirgelbrettchen die Bleistift-Hobel auf, die kleinen für den Handgebrauch bestimmten Hülsen mit kegelförmigem Einführungskanal und abschraubbarem und auswechselbarem Stahlmesser.

Dem Essayisten, der in die Abgründe des geistesgeschichtlichen Umfeldes des Bleistiftspitzers stürzt, ist die Erforschung der Patentgeschichten oder geschützten Muster ein nicht überblickbares Feld, da offenbar weder die zugängliche Literatur zu objektiven und zweifelsfrei zitierbaren Daten verhilft, noch es ihm selber möglich ist, die Patentanmeldungen und damit verbundenen Implikationen von Innovationen durchzuarbeiten. Wir rekapitulieren unseren historischen Fixpunkt mit dem französischen Patentgesetz von 1791 und dem Graphitstiftpatent von 1795, auch als industriepolitische Implikation in Relation zu den Napoleonischen bzw. europäischen und amerikanischen Befreiungskriegen. Der Bedeutung des granatförmigen Spitzers, erfunden bzw. patentiert von Thierry des Estivaux 1847, glauben wir wegen der Seriosität der Quelle (Feldhaus). Die folgenden Daten von Patenten, hinter denen immer der Begriff „Verbesserung", „Improvement" und „Perfectionnement" zu denken ist, könnte mit Firmenmusterkatalogen – das wäre auch ein Gebiet des Irrsinns vom Sammeln – oder Patentschriften erforscht werden, worauf ein Katalog von A.W. Faber von 1877 verweist, der einen 1869 patentierten amerikanischen Spitzer zeigt. Solche bildlich überprüfbaren Beispiele werden zu Lustobjekten, Desideraten des Sammlers. „To all whom it may concern" wurde am 13. Februar 1875 eine besondere, außerdem solide handwerkliche Verbesserung des Bleistiftspitzers von Walter H. Keyes bekannt gegeben, die vor allem die Imperfektion des auf den Boden oder Tisch fallenden Spitzabfalles vermeiden sollte.⁴⁷ Diese Erfindung des in einem verschließbaren Gehäuse integrierten Messers ist grundsätzlich praktisch und die günstigste Voraussetzung für den Phantasiespitzer. Aber die diesbezügliche Phantasie verfolgte weiterhin auch ganz andere Prinzipien, so wurde im Deutschen Reich am 15. Dezember 1880 ein Bleistiftschärfer von Carl Tietz in Berlin patentiert, der lediglich aus auswechselbaren Messern und einer Metallhülse besteht.⁴⁸ Für einen in Epochen denkenden Historiker sind die kurzen Laufzeiten dieser Patente ein gewisses Problem, können doch die Exemplare sowieso schlecht datiert und nach Ablauf der Frist nicht mehr lokalisiert werden – Nachahmungen sind anzunehmen. Es darf hier noch darauf hingewiesen werden, daß die Erfinder auch der allgemeinen Schulpflicht insofern Genüge taten, als sie sich auch um die Verbesserung des Schieferstiftspitzers kümmerten, so Friedrich Gottlob Keller im Jahr 1881.⁴⁹ Da Erfindungen nicht nur im eigenen Land geschützt werden sollten, bemühten sich die Erfinder auch andernlandes um Schutz, so Ernst Weiler in Frankreich für seinen „Taille-crayon perfectionné" im Jahr 1910.⁵⁰ Und schließlich soll noch mit einem englischen Patent gezeigt werden, daß nirgendwo der Erfindergeist rastete und daß es neue wichtig Erfindungen für die Spitzdose geben konnte. So hat gegenüber dem zitierten amerikanischen Patent von 1875 diese jüngere englische Erfindung von 1913 das Grundprinzip einer bis heute gültigen Form festgelegt, indem hier der Spitzer in den Deckel der Dose integriert ist.⁵¹

Schließlich soll das Patent von Joseph Ross, New York, noch erwähnt werden, das vom United States Patent Office am 16. Februar 1937 patentiert wurde.⁵² In der Beschreibung „to all whom it may concern" wird eigentlich nichts Wichtiges benannt, weder Technik noch Material; aus der Zeichnung wird erst klar, was das Besondere ist, nämlich die Form eines Schnauzers – also ein hundeförmiger Spitzer mit Halsschleife. Wer dann selber ein solches Exemplar in Europa gefunden hat, freut sich über das honigfarbene Bakelit des Materials. Wer dann an den amerikanischen Puritanismus denkt, hält es für bemerkenswert, daß der Bleistift nicht im Hinterteil einzuführen ist.

Der Sammler als Patentforscher muß aber noch eine Zeitschleife drehen, da er den sächsischen Bleistiftspitzererfinder Theodor Paul Möbius nennen muß, der 1908 im mittelfränkischen Erlangen wieder einmal einen kegelförmigen Spitzer erfunden hat, aber gleichzeitig damit die bis heute weltweit, was die Qualität betrifft, bedeutendste Bleistiftspitzerindustrie begründete.⁵³ 1908 hat Möbius seine in Erlangen gegründete

Abb. 5. Baudenkmäler als Spitzer

Firma ins Handelsregister eintragen lassen, angesiedelt erst in der Pirnerschen Mühle am Werker und dann in dem Haus Gerberei 19[54], das heute noch in seinem Fenstergitter die Insignien des Firmenchefs trägt. Aber der Anfang war der Legende nach nicht einfach, soll doch Frau Möbius mit einem Bauchladen auf die Märkte gezogen sein, um die Spitzer zu verkaufen.[55] Wer denkt da nicht an Dürer, dessen Druckgraphik auch von seiner Frau auf den Märkten feilgeboten wurde, wer spürt da nicht wieder die hintergründige Integration des banalen Bleistiftspitzers in der Kunst- und Kulturgeschichte. Die Spezialfabrik für Bleistiftspitzer T. Paul Möbius mit den Produkten DUX und FIXUS meldeten der Organisation für Wirtschaftsämter am 10. Dezember 1945 bereits ihre laufende Produktion mit 15 Personen, aber plante bereits für Januar 1946 50 Mitarbeiter und weitere Steigerungen; auch die Firma KUM fing sofort mit 25 Mitarbeitern an.[56] In dieser Stadt vollzog sich schon vor dem Zweiten Weltkrieg der Wechsel vom Bleiantimon als Material zu dem Kunststoff Polystyrol,[57] ein Kunststoff, der auch heute noch auf Grund seiner guten Qualität Verwendung finden soll. Jedenfalls war in dieser frühen Nachkriegszeit der Kunststoff beliebtes Material für die Einführung des Amerikanismus mit Cowboys zu Pferde und Fließheckautos mit der Aufprägung „Made in US-Zone".

Der Spitzer als Metapher

Es wurde verschiedentlich in diesem Versuch über den Bleistiftspitzer angedeutet, daß sich hinter diesem banalen Gegenstand Tiefen und Abgründe auftun, ohne daß er hier als Metapher für das Ingenieurwesen strapaziert werden muß.[58] Mit dem in der Regel so unbeachteten Bleistiftspitzer werden so viele kulturgeschichtliche Bereiche tangiert, daß es nicht wundert, ihn auch literarisch zu entdecken. Gleichwohl fehlt er als Begriff in Grimm's Deutschem Wörterbuch, wo doch die Begriffe Bleistift bis Bleistiftstrich vorkommen und unter „spitzen" durchaus „das Bleistift spitzen" und „Feder spitzen" auftauchen – mit dem wichtigen übertragenen Sinn, des „spitz" über jemanden Schreibens. Und in der Literatur, nicht nur der mit dem Bleistift geschriebenen, kann der Bleistiftspitzer zum metaphorischen Zauber werden. Schon das Zeichnen mit dem Bleistift konnte bei Naturvölkern zu einem gefährlichen Tun werden, wie der Afrikaforscher Eduard Vogel nämlich 1856 in Wadai, seinerzeit einer der mächtigsten Staaten im Sudan, erfahren mußte, der deswegen von Eingeborenen als Zauberer ermordet wurde.[59] Tatsächlich gilt der Bleistift sowohl dem Zeichner wie dem Dichter als besonders hilfreiches Instrument, rasch Einfälle oder überlegt Gedanken niederzuschreiben:

> Ich war so gewohnt, mir ein Liedchen vorzusagen, ohne es wieder zusammen finden zu können, daß ich einigemal an den Pult rannte und mir nicht die Zeit nahm, einen querliegenden Bogen zurecht zu rücken, sondern das Gedicht von Anfang bis zu Ende, ohne mich von der Stelle zu rühren, in der Diagonale herunterschrieb. In eben diesem Sinne griff ich weit lieber zu dem Bleistift, welcher williger die Züge hergab: denn es war mir einmal begegnet, daß das Schnarren und Spritzen der Feder mich aus meinem nachtwandlerischen Dichten aufweckte, mich zerstreute und ein kleines Produkt in der Geburt erstickte.[60]

Der leichtschreibende Bleistift ermöglichte es dem Dichter, ganz aus der Natur, aus seiner Begabung heraus, ungestört zu schreiben; dieses Goethe-Zitat steht nämlich im Zusammenhang mit den Reflexionen über Spinoza und der Auffassung, das dichterische Talent ganz als Natur zu betrachten.

Viel konkreter beschreibt John Steinbeck in seinem „Journal of a Novel, The East of Eden Letters" die Bedeutung und Auswahl der Bleistifte zum Schreiben seines Romanes. Da kann es Zeiten geben, wann der harte Stift und wann der weiche Stift bevorzugt wird, die Form des Stiftes lieber rund als hexagonal sein soll, eine bestimmte Sorte wie z. B. der Mogul 2 3/4F der richtige ist und nicht nur die Tatsache des Gespitztseins, sondern auch des Spitzens artikuliert wird:

> The electric pencil sharpener may seem a needless expense and yet I have never had anything that I used more and was more help to me.[61]

Manche Schriftsteller spitzen ganze Kollektionen für die Tagesarbeit, selbst der bevorzugt schreibmaschineschreibende Nobelpreisträger Heinrich Böll:

> Obwohl als einzelner schreibend, ausgestattet nur mit einem Stoß Papier, einem Kasten gespitzter Bleistifte, einer Schreibmaschine, habe ich mich nie als einzelnen empfunden, sondern als Gebundenen.[62]

Nicht vergessen werden soll, was der Schriftsteller mit dem Bleistiftschreiben produzieren kann, nämlich einen erheblichen Mehrwert des z. B. mit gespitzten Bleistiften bearbeiteten Papiers, wie Böll hintersinnig entwickelte:

Abb. 6. Einsame Spitzer, Kinderzeichnung von Urban Lübbeke, um 1986

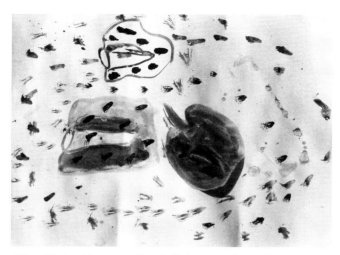

Abb. 7. Kinderzeichnung von Clara Lübbeke, um 1986

Würde man gar noch ausrechnen, wie vielen so ein Schriftsteller Brot gibt: Lektoren und Zensoren, Packern, Sekretärinnen, Briefträgern, Telefonabhörern, Auslieferern, Buchhändlern, Kritikern (ganz zu schweigen davon, daß manches tränenüberströmte, hungergezeichnete Verlegergesicht sich aufhellt, so manches Brötchen, das sonst trocken heruntergewürgt werden müßte, mit Butter bestrichen werden kann, weil irgendwo ein Wahnwitziger sitzt, der unermüdlich Faber-Castell-Bleistifte No. 3 B spitzt oder auf die Tasten der Maschine hämmert, ganz dem Genius hingegeben und unaufhaltsam Mehrwerte schaffend, schweigen wir auch von Funkanstalten, Zeitungen, Zeitschriften, wo sie manche Träne dem schweigenden Genius geweiht haben).[63]

Der Bleistift als Instrument kann auch zur Metapher und Reliquie einer Beziehung werden. So gehört zu dem Schatz oder den Reliquien einer erträumten Beziehung in Jane Austens 1816 erstmals erschienen Roman „Emma" auch ein soweit abgespitzter Bleistift, daß in ihm keine Mine mehr war – zugleich ein Hinweis auf die Geschichte des Bleistiftes, dessen Holzhülse zeitweise aus Mangel an Graphit betrügerisch nicht vollständig gefüllt war. Und wer erinnert sich nicht an Thomas Manns Zauberberg und den klassischen Satz von Madame Chauchat „N'oubliez pas de me rendre mon crayon", mit dem die ganze komplexe Geschichte des Bleistiftausleihens und Erinnerns als Beziehungsmotiv des Hans Castorp zusammenhängt, samt dem Spitzabfall als Reliquie?

> Er war so frei, den Bleistift etwas zuzuspitzen, und von den rot lackierten Schnitzeln, die abfielen, bewahrte er drei oder vier fast ein ganzes Jahr in einer inneren Schublade seines Pultes auf.[64]

Mann berücksichtigte also durchaus das Spitzen als Akt für den Gebrauch eines Bleistifts, gleichwohl er dies zur Metapher der nahen Kontaktnahme ausgebaut hat, was im Walpurgisnachtkapitel gerade wegen eines schlecht gespitzten Stummels zu der zitierten Bitte um Rückgabe führte.[65] In Harry Mulischs Roman „Die Entdeckung des Himmels", zuerst erschienen 1992[66], wird die Kontaktnahme über den Bleistiftspitzer wahrlich zugespitzt und in seiner erotisch-sexuellen Metaphorik eingesetzt.[67]

Eine ganz andere und große Rolle spielt der Bleistift in Peter Handkes Dichten, auch wenn es hier wieder um den Schreibvorgang geht, aber weniger um rasche Einfälle als um Notate oder ausgearbeitete „Aphorismen", wie in seiner Geschichte des Bleistiftes.[68] Sicher sind seine Bleistifte gespitzt, ohne daß er es ausspräche, selbst wenn der Stift nicht immer beim Fallen als Motiv des Abschlusses abgebrochen sein dürfte:

> Die letzten Geräusche des Tages: das Zugbrausen in der Schneenacht und das Hinfallen des Bleistifts auf den Tisch, dann die Stille, und der im Garten fallende Schnee als Sehenswürdigkeit

oder

> Ein Bleistift fiel zu Boden: Geräusch von etwas sehr kleinem und sehr lieben.[69]

Durchaus metaphorische Andeutungen sind hier zu ahnen, mehr jedoch ist hier sein Impuls des Schreibens offenbart mit den Notizen:

> Was entspricht mir als Werkzeug? Nicht die Kamera, auch nicht die Schreibmaschine (und nicht die Füllfeder oder der Pinsel). Aber was entspricht mir als Werkzeug? Der Bleistift

und

> Juli, ‚Monat des chinesischen Bleistifts'! (Die Geschichte des Bleistifts: Natur – Liebe – Schrift; und ihr Motto: Langsam – in Abständen – stetig).[70]

Handkes sensible, mit der „Bleistiftschrift" geschriebene Literatur bietet aber nicht nur Wiederholungen des aus der Hand fallenden Stiftes, sondern führt auch die eigene Benutzung des Bleistiftspitzers als sensible Attacke vor.[71] In „Mein Jahr in der Niemandsbucht" benützt er das Spitzen als Kampf:

> Wie sollte ich meine Nachbarn aufmerksam machen, daß ich auch noch da war – nicht als Schreiber, einfach als Nachbar? In der winzigen Spanne zwischen Ankommen, Handbremseziehen und Stöpseln, die mir jener Allmaschinennachbar ließ, trat ich zum Beispiel vor die Kammertür und versuchte, dort beim Spitzen der Bleistifte mich vernehmbar zu machen, indem ich lautest möglich in das Spitzgerät blies. Ein anderer Lärm fiel mir nicht ein.[72]

Im Gegensatz zu dieser sentimental nutzlosen Aktion steht die resignierte antisentimentale Feststellung zum Spitzen fürs Schreiben des portugiesischen Dichters Fernando Pessoa, der in dem Fragment „Achselzucken" seinen Überdruß so pointiert:

> Und ich schreibe diese – schlecht notierten – Zeilen nieder, nicht um dies auszusagen, auch nicht um überhaupt etwas auszusagen, sondern um meiner Unaufmerksamkeit Arbeit zu verschaffen. Langsam bedecke ich mit weichen Strichen eines abgeschriebenen Bleistiftes – den ich nicht sentimental genug bin anzuspitzen – das weiße Sandwich-Einwickelpapier, das man mir im Café besorgt hat, weil ich ja nichts Besseres brauchte und mir jedes Papier genügte, sofern es nur weiß war.[73]

Das scheinbar harmlose Spitzgerät kann aber noch viel hochkarätiger Bedrohungen beinhalten; so veröffentlichte im September 1992 die Presse die Frage, warum braucht der Irak fünf Tonnen Bleistiftspitzer, nachdem er erst jüngst zwölf Millionen Bleistiftspitzer eingeführt hatte; die USA mutmaßten nicht Schulisches, sondern gerade nach dem Golfkrieg Gefährliches hinter dem Bleistiftspitzer.[74] So kann er als böses metaphorisches Tier mit Klauen in Umberto Ecos Foucaultschen Pendel lauern und hätte „wieder seine übliche tückische Position eingenommen: als mörderischer und sinisterer Bleistiftanspitzer"[75]. Jedenfalls ist der Bleistiftspitzer nicht nur erfunden worden, sondern er ist auch ganz in die Welt gekommen und wird von harmlosen und auch nicht harmlosen und weitgereisten Vertretern vertrieben. So sitzt in Thomas Pynchons wahrlich nicht harmlosem Roman „V." in einem Greyhoundbus hinter einem jungen Pärchen,

Abb. 8. *Berühmtheiten als Spitzer*

das es, waren die anderen Reisenden erst einmal eingeschlafen, auf der letzten Bank tun würden; ein Bleistiftspitzer-Vertreter, der jede Stadt im Land gesehen hatte und der einem über jedes Dorf interessante Informationen geben konnte, gleichgültig, wohin man gerade kam.[76]

Der Vertreter und seine Spitzer sind wichtig, wenn man immer wieder wie in Harry Rowohlts gnadenloser Filmkritik zu „Greystoke. Die Legende von Tarzan" unterbrochen wird.

> Allein schon wie er in seinen heillosen Kapitelanfängen das eherne epische Prinzip (‚Erzähl mal, also du kommst rein ...') immer wieder bricht, weil jemand reingekommen ist, der tatsächlich mal einen Bleistiftanspitzer kaufte und als er endlich weg war, da war auch der Handlungsfaden dahin: Das ist für Freunde des guten Schlechten ein Genuß.[77]

Bei Handke werden über das Bleistiftspitzen Hinweise vom Charakter des Spitzenden ahnbar, was z. B. Walter Abish zu folgender Aussage hinreißen ließ: „Aber Ite ist ein geduldiger Mann, das wird durch die Art bewiesen, wie er seinen Bleistift spitzt" und zwar mit einem Bleistiftspitzer, der an der rechten Seite seines Schreibtisches befestigt ist.[78] Auch in Nabokovs Roman „Pnin" gehört die Bürobeschreibung im Handlungsablauf zum Charakterprofil des Romanhelden:

> Mit Hilfe des Hausmeisters schraubte er an den Schreibtisch einen Bleistiftspitzer – ein hochbefriedigendes, höchst philosophisches Werkzeug, das schnurrschnurrschnurr macht und sich vom gelben Farbüberzug und süßduftenden Holz nährt, um schließlich in eine Art geräuschlos ätherischen Leerlauf zu enden, wie es unser aller Schicksal ist.[79]

Es konnte ja erwartet werden, daß das Bleistiftspitzen auch psychische Abgründe oder Ängste assoziieren läßt. In dem 1960 erschienen Roman „Die Wolfshaut" von Hans Lebert, der abgründig faszinierend den „gewöhnlichen Faschismus" in einem niederösterreichischen Dorf aufdeckt, ist das Spitzen zum beklemmenden Motiv geworden:

> Maletta begannen auf einmal die Knie zu zittern. Und nun der Schulgeruch! Dieser verhaßte Geruch! Von Äpfeln, wurstbelegten Broten und Urin! Und den niedlichen Holzkringeln, die sich den Bleistiftspitzern entwanden: ein Geruch, der an Ängste und Demütigungen gemahnte.[80]

In die Abgründe verdrängter Leiden kann also der Spitzer führen. Sein Spitzabfall kann sogar für Sherlock Holmes wichtige Spuren legen, denn ausgerechnet der Spitzabfall, der ihm sowohl über das Fabrikat „Johann Faber" wie über die geringe Länge des Bleistiftes Auskunft gibt, ist Teil einer Beweiskette in einem studentischen Kriminalfall.[81]

In Vladimir Nabokovs „Wiedersehen mit einer Autobiographie" ist dieser Gegenstand zwar auch eingebunden in eine eigene erlittene Schulgeschichte, doch tatsächlich geht es mehr um den Vater als den gespitzten Bleistift für die Versammlung antizaristischer Herren – und den Schriftsteller Nabokov selbst, der auch mit von Bleistiftspitzmaschinen gespitzten Bleistiften seine Literatur geschrieben hat. In dem Wiedersehen der Erinnerung sitzt statt eines Angestellten der verräterische Hausdiener unter einer Marmortreppe und benutzt zu diesem Zwecke

> ein sperriges altmodisches Gerät mit surrendem Rad, dessen Griff er mit der einen Hand schnell dreht, während er mit der anderen einen Stift hält, der in einer Seitenöffnung steckt.[82]

Das Bleistiftspitzen kann noch zur grotesken Arbeitsbeschaffungsmaßnahme ausarten, wenn sie die Phantasie zu einer eine Turnhalle füllende Bleistiftspitzmaschine mit Trampolin anregt, die von ca. 30 Personen bedient werden muß.

Wenn nun jemand einwendet,

schreibt der Autor Franz Hohler,

> diese Maschine werde sich gegenüber dem normalen Bleistiftspitzer nicht durchsetzen können, da man eine Turnhalle mieten und 30 Leute bezahlen muß, um einen Bleistift spitzen zu können, so möchte ich nur sagen, daß solcherart die Maschinen der Zukunft beschaffen sein werden, ob es ihm paßt oder nicht, und daß ich mehr als einen Menschen kenne, der lieber ein paarmal am Tag auf ein Trampolin springen würde, als an einer Drehbank irgendwelche Bestandteile herzustellen, zum Beispiel für eine Bleistiftspitzmaschine.[83]

Der Autor ist vielleicht ein Molubdotemophiler[84], da es ihm gelingt, in einer so kurzen Geschichte alle diese Abschweifungen von der Erfindung bis zur Phantastik zu verknüpfen.

Im allgemeinen ist unter dem metaphorischen Spitzer der ganz funktionale Handspitzer oder die funktionale Spitzmaschine angesprochen, die sich aphoristisch zum großem Vergnügen steigern kann. Ausgerechnet Marlene Dietrich lobt wie John Steinbeck: „Bleistiftanspitzer (elektrischer). Wer keinen besitzt, dem entgeht ein großes Vergnügen"[85]. Mit diesem Ausspruch sind wir bis zum batteriegetriebenen Spitzer vorgedrungen, gleichwohl das Messer[86] immer noch benutzter Gegenstand geblieben ist, als Zeichen des in die Handwerksgeschichte zurückreichenden Geräts. Filmisch pointiert hat dies Georg Wilhelm Pabst in seinem Film „Die Dreigroschenoper" von 1931, gewissermaßen als Kontrakt der Zeichner: nämlich Mackie Messer, Tiger Brown, Peachum und Polly, die über Bert Brecht hinausgehend ihre kapitalistische Zusammenarbeit durch einen frisch von Peachum, allerdings mit dem Messer gespitzten Bleistift besiegeln – als Schlußszene des Filmes.

Ja unser Spitzer kann somit auch im Film und Fernsehen metaphorisch auftauchen, wenn er zum Beispiel in Matlock als Symbol der Mechanik im Gegensatz zum Schaltkreis/Computer zitiert wird[87] und in Jean Luc Godards Film „La Nouvelle Vague" von 1990 gewissermaßen Angelpunkt der symmetrischen Geschichte ist: Hier wird in Großaufnahme ein Bleistift in einen Metallhandspitzer (vermutlich das spanische Produkt el casco) eingeführt. Der Spitzer ist also umfassend zur Metapher geworden und weist stellvertretend über sich hinaus, kann sogar in Reflexionen über Liebe und Leidenschaft als Scheingeschäft eingesetzt werden:

> das man zu seinem Glück ebensowenig brauche wie den Apparat zum Zuschneiden der Federkiele, den er, Beyle, sich in Modena gekauft habe.[88]

Und dann verwundert seine Verwendung in der Karikatur nicht, sei es als harmloser Bleistiftmensch, der statt Hut seinen Spitzer auf den Kleiderständer hängt,[89] der schärfer als Spitzmaschine für Atomraketen als Illustration eines Artikels über: Je weiter, desto weniger, Die Nato und die Atomwaffen in Europa[90] und natürlich eine Kohl-Karikatur nach der Bundestagswahl von 1994[91], wo sich Kohl seinen Kopf zuspitzt, um Deutschland zu erneuern. Die Karikatur nutzt die Tradition der Metaphorik des Spitzens als scharfmachen und Schrecken schaffen, was eine übertragene Wortbedeutung in Grimm's Deutschem Wörterbuch ist – und hinter der Metaphorik des Spitzers steht.

Der Phantasiespitzer und der Irrsinn des Sammelns

Der Phantasiespitzer ist ein Fachbegriff des Bleistiftspitzerfabrikanten, allerdings schon lange mit „F" geschrieben. Es ist eine Kategorie der großen Handelskataloge, wo er nach Bleistiftspitzer für Schüler bzw. Schulbedarf gleich als: Fantasiespitzer[92] folgt und dann das ganze Spektrum wie: Leichtmetallspitzer, Behälterspitzer, handgeprüfte Spitzgeräte, Präzisionsspitzer mit automatic Stop, Minenspitzer, Doppelspitzer, Doppelminenspitzer, Spitzautomat, Blockform, Keilform, Bleistift-Hobel, Griffelspitzer, Bleispitzer mit Wischer von Samt, Feilen für Bleistifte, Schmirgelbrettchen, also ein breites nach Technik, Material und Funktion un-geordnetes Warenangebot, das zugleich Sammelprogramm in der Breite und Tiefe der Zeit werden kann. Damit nicht genug, gilt es doch auch die historischen und produzierenden Produktionsfirmen und auch Produktionsländer à la Made in Germany oder Made in US-Zone, Made in Japan, UK und Hong Kong, in CSSR und Argentina zu registrieren. Werden mit alten Artikelnamen wie Eureka, Jupiter, Kosmos und Saphir historische Zuordnungen über die Patentierung auf die Jahre 1877, 1900 und 1926 möglich, entsteht in der Sammlung selber die Geschichte des Spitzers. Die dann sogar auch zur „Schönheit" führt, denn ein breites Angebot des Kosmetikspitzers ist auch wahrzunehmen, die häufig zugleich der Kategorie Reklamespitzer wie der des Designs zuzuordnen sind. Mit letzterem ist aber nicht nur die patentierte oder markengeschützte Phantasie gemeint, sondern der bewußt Material und Form berücksichtigende Industriedesign. Da gibt es die vielen schönen Spitzmaschinen, Avanti mit Etikett in Jugendstilbuchstaben[93], die Spezialitäten in Bakelit, das museale Traummodell eines stromlinigenförmigen Prototyps[94] von Raymond Loewy bis hin zum 4. Marlboro Design Förderpreis für Michael Strobel für seinen „Spitzbuben"[95], der in klassisch moderner Reduktion à la Aldo Rossi den Spitzer auf eine konische Urform zurückführt; die kaufbare Version wird vom Sammler erhofft. Dafür bescheidet sich der Sammler mit dem Spitzer für Linkshänder aus den Münchner oder Londoner Linkshändergeschäften[96] und dem postmodernen neuklassizistischen Vorzeigeobjekt in Sterling Silver. Es gab auch Zeiten, da war der Spitzer ein beliebter Werbeträger, ob es in den dreißiger Jahren diejenigen mit der Rasierklinge waren oder solche der Nachkriegszeit, der Kultivierung der Waschmaschine in der Persilschule, darum der Persil-Spitzer. Diese Spezies ist heute verkommen zu den Spitzdosen mit beliebig aufklebbaren Produktnamen bzw. der jeweils aktuellen Werbestrategie für einen neuen Hollywoodfilm. Irgendwann werden diese auch zu Erinnerungen. Leider hat der wahre Souvenirspitzer zur Zeit keine Hochblüte; so ist in Deutschland die Suche nach Denkmälern und Monumenten meist vergebens, aber es gibt doch den Eiffelturm, das Empirestate Building, Sacre Cœur und das Centre Pompidou, auch das Hearst Castle und die Golden Gate Bridge. Warum findet sich nicht der Kölner Dom oder die Wartburg als Spitzer? Aber der reisende Sammler kann heute noch den Souvenirspitzer der New Yorker Weltausstellung von 1939 finden. Das ist dann nicht nur die Repräsentation der Symbolbauten dieser Weltausstellung, nicht nur das Bakelit, sondern auch ein Exemplar von Raymond Loewys Industriedesign. Dieser Spitzer repräsentiert nämlich die von Loewy für die Weltausstellung entworfenen Symbolbauten Trylon und Perisphere (Copyright N.Y.W.F.). Und schließlich kann der Wallfahrer sogar in Wallfahrtsorten Souvenirspitzer finden.[97] Das ist zwar ein als Buntstifthalter deklariertes Schauerobjekt mit lokal auswechselbaren Bildern, aber es gibt diese Exemplare, die in die moderne Volkskunde führen und den Sammler wenigstens ansatzweise an den religiösen Spitzer denken lassen.

Damit ist nur angedeutet, mit welchen systematisierenden Überlegungen, Fragen und Suchen das Sammeln doch als vernünftige Vorgangsweise verinnerlicht werden kann. Ein Musterbeispiel des „irrsinnigen" Sammlers als wegweisenden, technikgeschichtlich orientierten Historiker ist der hier mehrfach zitierte Franz Maria Feldhaus.[98] Schließlich hat das Wort sammeln auch die Bedeutung der inneren Sammlung, was hier so zu verstehen sein könnte, daß der Irrsinn des Sammelns von außenliegenden Gegenständen also etwas zu tun hat mit dem Inneren des Sammmlers. Und der Sammler gehört schließlich zu Auftraggebern von Kunst und den maßgeblichen Kunstforschenden, die sammelnd sich der Kunst und ihrer Geschichte versicherten,[99] aber auch schon über die Wechsel ihrer Sammelleidenschaften nachdachten: nämlich wenn das Phänomen der Leidenschaft, der Sucht erkaltet,[100] selbst wenn es sich um Kunstgegenstände handelt, die ihren Wert behalten. Vielmehr in den Irrsinn kippt das um, wenn ein Mensch wie Marlene Dietrich alle, wirklich alle Gegenstände ihres Lebens gesammelt, also aufbewahrt hat, was dann zur Dokumentation eines Lebens wurde, die als Geschlossenheit ihren Preis hatte.[101] Marlenes Sammlung widersprach so zunächst der Definition in Grimm's Deutschem Wörterbuch, daß Sammeln das Zusammenbringen unpersönlicher Objekte auf einen Ort bedeutet, was als Vorrat und Verbrauchsmasse gedacht ist, dagegen kippte sie um zur Sammlung für wissenschaftliche Zwecke. Es ist bekannt, daß es zahlreiche Fälle von krankhaftem Sammeln oder vielmehr Nichtwegwerfen-Könnens gibt, was vielleicht auch bei Marlene mitschwang. Solche Sammlungen können dann aber auch Inhalte entwickeln, können als individuelle Mythologien zu Kunstwerken umgewandelt werden, Werk und Sammlung sein. Hierfür seien zwei Werke von Nikolaus Lang genannt: „Für die Geschwister Götte" in München im Lenbachhaus und „Für Frau G."[102].

Zumeist wird dieses Tun, wenn es nicht auf die hohe Kunst und das hehre Kunsthandwerk, via Kunsthändler, bezogen ist, in die Ecke des Unvernünftigen gestellt. Das gilt auch, wenn die Kulturkritiker es richtig als „Volksbewegung" sehen, aber unrichtig, wie meistens bei solchen angeblich von Durchschau geprägten Zeitungsanalysen, als unbekannte Volksbewegung.[103] Auch der einsame Sammler merkt schnell, daß es noch soviele gibt, die sammeln: Ziegelsteine, Bierdeckel, Handspiegel, Kugelschreiber[104], Orangenpapiere, Schneekugeln[105] und so weiter und so fort, samt den Bleistiftspitzern[106], da persönlich bestimmte Berichte in kleineren oder berufsständischen Postillen sehr beliebt sind. Und dann beginnt der ganz normale Sammler, sich erschrocken in einer Menge, wenn nicht in einer Volksbewegung von ähnlichen Aktivisten, wahrzunehmen, die sich auch in Fanclubs zusammenfinden können,[107] und über diesen ganz normalen und womöglich noch organisierten Irrsinn zu reflektieren.[108] Er versucht nachzudenken über den Anfang vom Suchen und Finden oder Finden und Suchen, von den zahlreichen Dingen, die er nicht braucht und doch sammelt und aus der Menge der vielen Einzelheiten von Dingen, die er nicht braucht, aber sucht und findet, wird eine neue Einheit, unter Umständen eben ein „Mouse Museum" wie von Oldenbourg. Eine solche geordnete Sammlung ist Ergebnis der Sammelsucht, die Höheres erreichen kann und eben auch ordnend reflektiert, während der bloße Sammeltrieb zu tieferen Schwachsinnsformen führen kann.[109] Damit fühlt sich der Sammler des Nutzlosen wie ein Künstler im Grenzbereich zwischen intellektuellem und wahnhaften Tun und bestätigt von dem Theoretiker des Sammelns Walter Benjamin, selbst wenn ihn Arno Schmidts Diktum über die Sammler und ihre „Leidenschaft und Rücksichtslosigkeit, Zartheit und Mordgier"[110] zum gefährlichen Wesen stempelt.

Wichtig für die eigene „Rechtfertigung" war die überraschende Feststellung, mit dem Sammeln von Bleistiftspitzern eine Weltsammlung und ein Kulturbild zu schaffen, das in Verbindung gebracht werden kann mit dem kaiserlich, königlich und fürstlichen Sammeln der Kunst- und Wunderkammern.[111] Dabei wird natürlich keine zukünftige Abteilung eines Nationalmuseums oder Kunsthandwerksmuseums erstellt, aber eine doch ganz polyvalente Darstellung und Reflexion des theatrum mundi mit der Möglichkeit, selbst ins kunst- und geistesgeschichtliche Objekt umzukippen. Die banale Idee des Sammelns der Welt auf dem Vertiko wurde also vielsinnig und metaphorisch. Wie die manieristischen Täuschungsobjekte und Claes Oldenbourgs Studio-Objekte schon so klein und weich Realität vortäuschen, kann eine solche Sammlung zur „Kunstkammer" eines miniaturisierten und doch falschen Abbilds der Welt werden. Der Inventarisator kann die „Welt", wie im Oldenbourgschen Mouse Museum, ordnend systematisieren: übrig gebliebene Objekte der Geschichte und der technischen Arbeitsprozesse, veränderte Abbilder und freie Modelle. Des normalen Sammlers Bleistiftspitzer sind eigentlich nicht veränderte, genauso erworbene Objekte. Aber nachdenkend über die Mißverhältnisse der Maßstäbe und Materialien, der Abbildqualität und Abstraktion, der Verfremdung und Ikonographie, der Nutzbarkeit und Zerbrechlichkeit, des Aufwandes an Erfindergeist und Produktionsabläufen für die nutzlosen und fast unbrauchbaren Phantasiespitzer kommt der ordnende Sammler dann doch ins taumeln. Er kann sich festhalten am brauchbaren Handspitzer und Messerchen, ohne Mörder zu werden seine Schreibtischgarnitur ordnen und vielleicht die kleine didaktische Weltkugel dazustellen, die als eine Urform des Phantasiespitzers ein praktischer integrierter Spitzabfallbehälter ist.

ANMERKUNGEN

1 Als Fremdwort aus dem Griechischen und „nom de savants" ist ein solcher Sammler auch als Molubdotemophiler zu bezeichnen, ein Begriff gefunden bei PAUL CHARPIN, *Le taille-crayon, une histoire de pointe*, in: Art & Décoration, Benelux Ausgabe No. 328, Brüssel 1994, S. 58-63. Abgeleitet für Liebhaberei des Bleischneidens (molybdos=Blei und tomos=schneidend, scharf oder in poetischer Sprache der Schnitt bzw. temno=ich schneide).

2 Vgl. COOSJE VAN BRUGGEN, *Claes Oldenbourg: Mouse Museum/Ray Gun Wing*, Ausst. Kat., Rijksmuseum Kröller-Müller, Otterloo und Museum Ludwig, Köln 1979. Vgl. außerdem: *Claes Oldenbourg – Eine Anthologie*, Ausst. Kat., Kunst- und Ausstellungshalle der Bundesrepublik Deutschland, Bonn 1996.

3 Zur Früh- und Kulturgeschichte der Mickey Mouse vgl. CARSTEN LAQUA, *Wie Mickey unter die Nazis fiel. Walt Disney und Deutschland*, Reinbek bei Hamburg 1992.

4 Vgl. *Kunststoffobjekte 1860-1960*, Ausst. Kat., Sammlung Kölsch, Essen 1983, mit Systematik und chemischen und historischen Erläuterungen, S. 13-15. Vgl. auch *Dynamic Plastics. Vom Bakelite zum High Plast*, Ausst. Kat., hrsg. vom Kunststoff-Museums-Verein e.V., Frankfurt a. Main 1989. Zur Frühgeschichte des Kunststoffs bis hin zu kunststoffähnlichen Korrekturmassen, mit denen sich Leonardo da Vinci schon beschäftigt hatte, vgl. OTTO KRÄTZ, *Zur Frühgeschichte der Kunststoffe*, in: Sibylle Hoffer, Modell: Aurora, 500 000 000 Plastikstühle, Ausst. Kat., Münchner Stadtmuseum, Eurasburg 1997, S. 97-101.

5 Vgl. ALBERTINE GAUR, *A history of writing, British Library*, London 1984; das Buch behandelt mehr die Geschichte der Schrift, also auch der geritzten, eingegrabenen, die dann auch anderer Spitzinstrumente bedürfte. Also die Geschichte des Schreibens als Vorgang muß hier immer wieder anklingen.

6 JULIUS VON SCHLOSSER, *Die Kunst- und Wunderkammern der Spätrenaissance. Ein Beitrag zur Geschichte des Sammelwesens*, 2. Aufl., Braunschweig 1978, S. 119 (im Kapitel: München und die Methodologie Quiccheberg).

7 HENRY PETROSKI, *Der Bleistift. Die Geschichte eines Gebrauchsgegenstandes*, Basel 1995, S. 43 f.

8 LORENZ SEELIG, *Die Münchner Kunstkammer. Geschichte, Anlage, Ausstattung*, in: Jahrbuch der Bayerischen Denkmalpflege, 40, 1986, München 1989, S. 122 f.

9 Vgl. z. B. Kat. Nr. VIII,70, in: WERNER HOFMANN, *Zauber der Medusa. Europäischer Manierismus*, Ausst. Kat., Wiener Festwochen, Wien 1987, S. 369. Ein gedrechseltes Schreibzeug ist z. B. auch abgebildet bei: DOROTHEA DIEMER, *Giovanni Ambrogio Maggiore und die Anfänge der Kunstdrechslerei um 1570*, in: Jahrbuch des Zentralinstituts für Kunstgeschichte, 1, 1985, S. 325.

10 Vgl. *Wenzel Jamnitzer und die Nürnberger Goldschmiedekunst 1500-1700*, Ausst. Kat., München 1985, Kat. Nr. 21, S. 226-228. Die Kassette enthält Messer, Federn, Schere.

11 In Elfenbein, Gold, Silber und Stahl von Hans Wecker, vgl. Kat. Nr. 411, in: *Prag um 1600, Kunst und Kultur am Hofe Rudolfs II.*, Ausst. Kat. Essen/Freren 1988, S. 529 f.

12 Vgl. JEAN LE ROND D'ALEMBERT/DENIS DIDEROT u.a., *Enzyklopädie. Eine Auswahl*, (Fischer Taschenbuch 6584) Frankfurt a. Main 1989, S. 67. Stichwort: Art – Kunst.

13 HERMANN ULRICH ASEMISSEN/GUNTER SCHWEIKHART, *Malerei als Thema der Malerei*, Berlin 1994 bietet im imaginären Museum der Bleistiftdarstellungen Beispiele; vgl. z. B. Joseph Wright of Derby (1734-1787) Darstellung einer Philosophievorlesung oder Portrait Samuel Rastell (?), vgl. Kat. Nr. 18 und 19, in: JUDY EGERTON, *Wrigt of Derby*, Tate Gallery, London 1990.

14 GIORGIO VASARI, *Vasari on Technique*, (Paperback edition der Ausgabe von 1907) New York 1960, Chapter II, Of painting, S. 212: "Drawings are made in various materials, that is, either with red chalk, which is a stone coming from the mountains of Germany, soft enough to be easily sawn and reduced to a fine point suitable for marking on leaves of paper in any way you wish; or with black chalk that comes from the hills from France, which is of the same nature as the red."

15 Vgl. WALTER KOSCHATZKY, *Die Kunst der Zeichnung. Technik-Geschichte-Meisterwerke*, (dtv Taschenbuch) München 1981, S. 46, 50, 56; PETROSKI (wie Anm. 7), S. 76 f., und passim: THIEME-BECKER, Bd. 7, S. 330. Vgl. auch *La Grande Encyclopédie*, Paris 1891, Bd. 12, S. 781.

16 HEINRICH LEPORINI im Artikel *Bleistift* den kunstgeschichtlichen Aspekt, in: Reallexikon zur Deutschen Kunstgeschichte, Bd. 2, Stuttgart 1948, Sp. 887.

17 Lexikon der Kunst, Bd. 2, Westberlin 1981, S. 128.

18 Seine älteste erhaltene Zeichnung ist von 1768/69; vgl. SARAH SYMMONS, *Flaxman and Europe, The outline Illustrations and their Influence*, New York und London 1984, S. 87.

19 HANS NAEF, *Die Bildniszeichnungen J.-A.-D. Ingres*, 1, Bern 1977, S. 20.

20 MAURICE DENIS, *Théories 1890-1910*, Paris 1920, S. 95 ff.: La Doctrine d'Ingres, S. 98 hier außerdem: „le dessin est tout, c'est l'art tout entier".

21 LUDWIG RICHTER, *Lebenserinnerungen eines deutschen Malers. Selbstbiographie nebst Tagebuchniederschriften und Briefen*, Leipzig 1909, S. 177.

22 THEODOR THON, *Lehrbuch der Reißkunst oder der wahren Grundsätze des theoretischen und praktischen Zeichnens sowohl mit dem Lineal und Zirkel, als auch aus freier Hand nach Musterzeichnungen, besonders aber nach der Natur. Mit specieller Rücksicht auf Bauhandwerker und Gewerbsschulen, Bildhauer und Maler*. Nach des Verfassers Tod neu herausgegeben und vermehrt von F. Durand, Second-lieutenant in der Königl. Preuß. vierten Artillerie-Brigade, Weimar 1840, S. 153, 161.

23 *The Pencil Story, 1972-73*, vgl. John Baldessari Exhibition, Whitney Museum of American Art, Guide to Room 4.

24 Vgl. z. B. Rezension der Carson Ausstellung von BARBARA REITTER, *Mit Elan ins digitale Bilderchaos*, in: Bayerische Staatszeitung Nr. 46, 17. November 1995.

25 Nach CHARPIN (wie Anm. 1), S. 59, wurde 1791 das erste französische Gesetz „sur la protection industrielle et les dépôts de brevets" erlassen. Damit beginnt offenbar die moderne mit der industriellen Revolution verbundene Patentgeschichte in Frankreich neu; nachdem das älteste Patent aus dem Jahre 1623 und aus England stammt, wie Konversationslexika berichten.

26 Vgl. *Egyptomanie, L'Egypte dans l'art occidental 1730-1930*, Paris 1994, S. 262; vgl. *Description de l'Egypte, publiée par les ordres de Napoléon Bonaparte*, (dt. Taschenbuchausg.) Köln 1994, Kapitel Arts et métiers, S. 686 ff. passim; *La grande Encyclopédie*, Paris 1912, Bd. 12, S. 781.

27 Z. B.: *Der große Brockhaus*, 15. Aufl., Leipzig 1929, .

28 Zit. nach: Das Echo mit Industrie- und Handelsblatt, Deutsche Export-Revue, 47, 1928, S. 1285.

29 *Polytechnisches Journal*, hrsg. von DR. JOHANN GOTTFRIED DINGLER, Bd. 55, Stuttgart 1835, S. 353 f.

30 FRANZ MARIA FELDHAUS, *Geschichte des Technischen Zeichnens*, hrsg. von Franz Kuhlmann K.G. Wilhelmshaven aus Anlaß des 50jährigen Bestehens, Oldenburg 1953, S. 69 f.

31 CHARPIN (wie Anm. 1), S. 59.

32 IRENA DU BOIS-REYMOND, *Die Graphischen Künste*, Hermes Handlexikon, 1984, S. 56.

33 *The Encyclopedia Americana*, Vol. 21, New York 1976: "first pencil Made in the United States were manufactured by William Monroe in 1812." Vgl. hierzu PETROSKI (wie Anm. 7) passim mit den zahlreichen Hinweisen auf amerikanische Firmen wie Joseph Dixon Crucible Company und J. Thoreau & Co.! Von dem amerikanischen Maler Normann Rockwell gibt es 2 Gemälde mit Dixon-Stiften: „Back to School" mit einem Display von Ticonderoga Bleistiften in einem Laden und „His first pencil", welches die Lehrstunde zeigt, wie ein Stift mit Federmesser zu spitzen ist. Henry David Thoreau, der bekannte Autor von „Walden" und der „Pflicht des Zivilen Ungehorsams" war familiär gezwungen, sich mit der Bleistiftindustrie zu beschäftigen; seine Liste der notwendigen Dinge in der Einsamkeit enthält aber weder Bleistift noch Spitzer. Der „Dichter" Ernst Jünger hatte dagegen im Ersten Weltkrieg nicht nur Granaten im Tornister verwahrt, sondern neben Käfern auch Bleistifte; vgl. ELKE SCHMITTER, *Deutschland, Glückwunsch! Am 29. März wird Ernst Jünger hundert Jahre alt, Sieben Gründe für seinen krisenfesten Ruhm*, in: Die Zeit, Nr. 13, 24. März 1995, S. 65.

34 MARIA FRANZ FELDHAUS (wie Anm. 30), S. 69 ff. Auch PETROSKI (wie Anm. 7).
35 Vgl. Faber-Castell, z. B. Katalog von 1877, mit dem neuen amerikanischen Bleistiftspitzer, patentiert am 9.11.1869 (Eureka mit beweglichem Messer) und 1881 mit anderen Formen, die im November 1870 patentiert worden waren.
36 PETROSKI (wie Anm. 7) passim und Anhang; JÜRGEN FRANZKE / PETER SCHAFHAUSER, Faber-Castell – Die Bleistiftdynastie, S. 331-360.
37 Zur Ergänzung dieser alten Handwerksregion kann beispielhaft auf Fürth verwiesen werden, wo am 18.9.1725 die Dompropstei Bamberg die Handwerksordnung für die Gold-, Silber- und Metallschläger genehmigte, wofür Fürth bis ins 20. Jahrhundert hinein berühmt und bekannt war – und mit diesen waren auch die Bleistiftmacher zusammengeschlossen. 1731 gabe es in Fürth fünf Bleiweißschneider (=Bleistiftmacher). Vgl. ADOLF SCHWAMMBERGER, Fürth von A bis Z, Fürth o. J., S. 63. 1856, in dem Jahr in dem Faber-Castell die sibirischen Graphitbergwerke kaufte, gründete der Fürther Bleistiftfabrikant Berolzheimer eine Fabrik, der 1868 in New York die Gründung der Eagle Pencil Co. folgte; vgl. PETROSKI (wie Anm. 7), S. 172.
38 Friedrich Staedtler war aber noch 1662 das „Bleystefftmachen" per Ratsbeschluß untersagt worden, da die gültige Arbeitsteilung noch nicht eine ganzheitlich „industrielle" Herstellung erlaubte. Vgl. DIETMAR GEYER, Reibt sich für seinen Benutzer auf, in: Frankfurter Allgemeine Zeitung Nr. 139, 19. Juni 1990; S. T 1. So die Geschichtsschreibung, dennoch tobt 1995 der Rechtsstreit zwischen Staedtler und Faber-Castell, wer sich der älteste nennen darf, angezettelt von Faber-Castell (since 1761) gegen Staedtler und seinen Urahn von 1662; Süddeutsche Zeitung vom 20. März 1995.
39 CROSSA, Zauberstoff mit Ochsenkopf aus alten Lumpen, Vor 600 Jahren gründete der Nürnberger Ulman Stromer die erste deutsche Papiermühle, in: Bayerische Staatszeitung, 2. März 1990, S. 3.
40 Meilensteine, 150 Jahre Lyra-Orlow, Stuttgart o.J.
41 RUDOLF GEIGER, Die Bleistiftmacher Staedtler und ihre Bedeutung für die Geschichte des Bleistiftes, Nürnberg 1952; außerdem: FRANZ MARIA FELDHAUS, 275 Jahre Staedtler Stifte 1662-1937, Nürnberg 1937 und PETROSKI (wie Anm. 7), S. 86.
42 Die Bleistift-Fabrik von A. W. Faber zu Stein bei Nürnberg in Bayern, eine historische Skizze, Nürnberg 1861, S. 3, 5.
43 Nach GEYER (wie Anm. 38).
44 PETROSKI (wie Anm. 7), S. 317.
45 Zu den kunst- und kulturgeschichtlichen Folgen des Erfolgs von Faber vgl. auch KAREN KUEHL, Das Faber-Castellsche Schloß in Stein bei Nürnberg (erbaut 1903-06), Diss., Frankfurt am Main 1985 und GINA REUTER, Der Park Faber-Castell, Diplomarbeit für Landwirtschaft und Gartenbau der TU-München, 1987.
46 PETROSKI (wie Anm 7), S. 243.
47 United States Patent Office, Patent No. 161,126, dated March 23, 1875; application filed February 13, 1875.
48 Kaiserliches Patentamt, Patentschrift Nr. 15284, Klasse 70: Schreib- und Zeichenmaterialien; Ausgegeben den 5. September 1881; Zusatz-Patent zu No. 13957 vom 12. August 1880; Längste Dauer 11. August 1895.
49 Kaiserliches Patentamt, Patentschrift Nr. 18060, Klasse 70: Schreib- und Zeichenmaterialien; Ausgegeben den 4. Mai 1882; patentiert im Deutschen Reich vom 15. November 1881.
50 République Française, Office National de la propiété industrielle, Brevet d'Invention, XVII.- Articles de bureau, enseignment, vulgarisation, no. 415.109, demandé 22 avril 1910, publié 19 septembre 1910.
51 Patent No. 16,531 A.D. 1913; Date of Application, 18th July, 1913, Accepted, 2nd July, 1914.
52 Patent Nr. 103,288, Application October 20, 1936, Serial No. 65,381, Term of patent 3 1/2 years.
53 Zur Erlanger Spitzerproduktion vgl. neben JOHANNES POHLMANN, Bleistiftspitzer für die Welt, in: Das neue Erlangen, H. 67, Mai 1985, S. 30-39 auch: Erlangen, Geschichte der Stadt in Darstellung und Bilddokumenten, hrsg. von ALFRED WENDEHORST, München 1984, S. 118 (mit der Behauptung zur Erfindung des kegelförmig gebohrten Bleistiftsspitzers) und: Den Bleistift auf die Spitze getrieben, in: Erlanger Tagblatt, 17./18.Dez. 1960, S. 34.
54 Das Gebäude wurde 1901 ursprünglich als Getreidelagerhalle eines Mühlenbesitzers errichtet, 1916 erfolgte der erste Umbau des Lagerhauses zu einer Wohnung und Werkstätte; 1918 aufgestockt. Es ist wegen der geschichtlichen Implikationen als Baudenkmal nach Art. 1 Bay. DSchG erfaßt.
55 POHLMANN (wie Anm. 53), S. 31.
56 Erlanger Wirtschaft überregional, Bleistiftspitzer für die Ganze Welt, in: Erlanger Tagblatt, 6. April 1967.
57 Vgl. Kunststoffobjekte 1860-1960 (wie Anm. 4), S. 13-15; außerdem Dynamic Plastics (wie Anm. 4).
58 In dem häufig zitierten Sachbuch von PETROSKI (wie Anm. 7) wird der Bleistift als eine solche Metapher des Ingenieurwesens behandelt, S. 325.
59 FELDHAUS (wie Anm. 30), S. 69.
60 JOHANN WOLFGANG VON GOETHE, Dichtung und Wahrheit, 16. Buch, in: Hamburger Ausgabe Werke, Kommentare und Register, Bd. 10, Autobiographische Schriften, München 1982, S. 80 f. Als weiterer abschweifender Hinweis auf die Rolle des flüchtigen und doch essentiellen Bleistiftschreibens Hinweis auf JEAN JACQUES ROUSSEAUS Bleistiftrandnotizen zu Montaigne: Rousseau dans la marge de Montaigne, Cinq notes inédites, in: Le Débat, H. 90, Paris 1996, vgl. HENNING RITTER, Bleistiftgebiet, in: Frankfurter Allgemeine Zeitung vom 26. Juni 1996.
61 JOHN STEINBECK, Journal of a novel, The East of Eden Letters, 1969, hier zitiert nach Taschenbuchausg., London 1972, S. 52, außerdem zu seiner Bleistiftobsession S. 16, 20, 32, 36, 50, 65, 66, 73, 75. Zum Mongol von Eberhard Faber vgl. PETROSKI (wie Anm. 7), S. 178 und passim. Vielleicht hat Steinbeck noch das schöne Produkt der Firma Bert. M. Morris Comp. von 1952 benutzt, ein stromlinienförmiges Exemplar aus Polyamid, vgl. Dynamic Plastics (wie Anm. 4), S. 50.
62 Sogar zitierfähig für eine Zeitungsannonce zum 10. Todestag des Schriftstellers, vgl.: Die Zeit vom 14. Juli 1995.
63 HEINRICH BÖLL, Vom Mehrwert bearbeiteten Papiers, in: Werke, Essayistische Schriften und Reden, I, 1952-1963, Köln 1979, S. 559.
64 THOMAS MANN, Der Zauberberg (Fischer Taschenbuchausgabe), Frankfurt a. Main 1991, S. 170. Das Bleistiftmotiv vor allem S. 169 f. und S. 456-471.
65 Auch in der Autobiographie von MECHTHILDE LICHNOWSKY, Kindheit, München 1979, S. 112 findet sich der Versuch einer intimen Kontaktnahme mittels des Bleistiftausleihens: „Christine mußte einen Ausweg finden und riskierte etwas, was streng verboten, nie gewagt wurde: in eine fremde Klasse eintreten, nach dem man an die Türe geklopft hatte. Auf das „Herein" öffnete sie die Türe und sagte scheinheilig: „Ma mère, ich habe vielmals um Verzeihung zu bitten, aber ich weiß mir nicht zu helfen, kann mir jemand auf ein paar Minuten einen Bleistift leihen?" In diesem Buch wird noch zweimal ausdrücklich vom gespitzten Bleistift gesprochen, S. 21, 113.
66 Vgl. dt. Taschenbuchausgabe, Reinbek 1995, S. 29, 226 f., 249, 300, 308.
67 In der Erstaufführung von Karlheinz Stockhausens Oper „Freitag aus Licht" wird so als ein Kopulationsmotiv der Bleistiftspitzer mit dem Bleistift auf die Bühne gebracht, vgl. Rezension von CLAUS SPAHN, in: Süddeutsche Zeitung, 14./15. September 1996.
68 PETER HANDKE, Geschichte des Bleistifts, Salzburg/Wien 1982.
69 HANDKE (wie Anm. 68), S. 77, 213.
70 HANDKE (wie Anm. 68), S. 63, 226.
71 PETER HANDKE, Mein Jahr in der Niemandsbucht, Frankfurt a. Main 1994, S. 254, 396.
72 HANDKE (wie Anm. 71), S. 810.
73 Zitiert nach FERDINANDO PESSOA, Das Buch der Unruhe des Hilfsbuchhalters Bernardo Soares, (Fischer Taschenbuch 9131) Frankfurt a. Main 1987, S. 174.
74 Nach: Vermischte Nachrichten, Süddeutsche Zeitung, 22. September 1992, S. 12.
75 UMBERTO ECO, Das Foucaultsche Pendel, München 1989, S. 715.
76 THOMAS PYNCHON, V., Reinbek bei Hamburg 1978, S. 34 (rororo Taschenbuch), amerikanische Erstausgabe 1961).
77 HARRY ROWOHLT, Pooh's Corner, Meinungen und Deinungen eines Bären von geringem Verstand, Zürich 1993, S. 231.
78 WALTER ABISH, Das ist kein Zufall, in: Das ist kein Film, dies ist ein klarer Akt des Zweifels, (Suhrkamp Taschenbuch 1371) Frankfurt a. Main 1987, S. 90.

79 VLADIMIR NABOKOV, *Pnin*, Reinbek bei Hamburg 1960, S. 75. Der Dichter vermag also in dem mechanischen Gerät der nützlichen Künste das philosophische Element wahrzunehmen.
80 HANS LEBERT, *Die Wolfshaut*, (Fischer Taschenbuch 11497) Frankfurt a. Main 1993, S. 546, Originalausgabe erschienen 1960.
81 SIR ARTHUR CONAN DOYLE, *Sämtliche Sherlock Holmes Romane und Stories*, Bd. 3, Die Sherlock Holmes Stories Bd. 2, Frankfurt a. Main 1977, S. 60 ff.: *Die drei Studenten*, besonders S. 66.
82 VLADIMIR NABOKOV, *Sprich, Erinnerung, sprich – Wiedersehen mit einer Autobiographie*, Reinbek bei Hamburg 1984, S. 190.
83 FRANZ HOHLER, *Eine ganz neue Erfindung.* Gefunden in der Zeitschrift: Intercity 8/94, S. 34; aus dem Lesebuch „Ein eigenartiger Tag", Hamburg 1979.
84 Vgl. Anm. 1.
85 MARLENE DIETRICH, *ABC meines Lebens*, Berlin 1963, S. 31. Als die japanische Schriftstellerin Yoko Tawada, die in deutsch schreibt, 1996 den Adelbert-von-Chamisso-Preis der Robert-Bosch-Stifung erhielt, berichtete sie von der großen Mode in ihrer Kindheit, den elektrischen Bleistiftspitzern in Tokio, welche tatsächlich in Spitzersammlungen gehören.
86 Als literarischer Fund darf noch aus der Beschreibung einer Studentenbude zur Zeit des Sozialistischen Studentenbundes zitiert werden: „Auf dem Schreibtisch lag ein geklautes NATO-Kappmesser, genannt Messer NATO Kapp, es diente zum Bleistiftspitzen." STEN NADOLNY, *Selim oder Die Gabe der Rede*, München/Zürich 1990, S. 192.
87 Serie Matlock, gesehen in pro7 am 30. Mai 1993, 18 Uhr 35.
88 So in der Geschichte über Stendhal: Beyle oder das merckwürdige Faktum der Liebe, in dem Band: W.G. SEBALD, *Schwindel. Gefühle*, (Fischer Taschenbuch) Frankfurt a. Main 1994, S. 30.
89 Von jenaby, Süddeutsche Zeitung 18./19. August 1984.
90 Artikel von SIEGFRIED THIELBEER, Zeichung bez. Mayk. In: Frankfurter Allgemeine Zeitung vom 12. August 1988.
91 Von Gabor Benedek, veröffentlicht in Süddeutsche Zeitung vom 29. November 1994.
92 Vgl. GOLF DORNSEIF, *Wie der „Bleysteffi" den Fantasiespitzer krönte*, in: Trödler 107/88, S. 34-49.
93 Vgl. Katalog Nr. 01/007, in: BURKHART LAUTERBACH (Hrsg.), *Großstadtmenschen. Die Welt der Angestellten*, Frankfurt a. Main 1995; allerdings dort nicht Bleistiftspitzmaschine Avanti, sondern Jupiter abgebildet auf S. 184.
94 Prototyp von 1933, vgl. *Raymond Loewy (1893-1986), Pioneer des amerikanischen Industrie-Design*, Ausst. Kat., Akademie der Künste Berlin 1990; auch abgebildet im Spiegelartikel über diese Ausstellung: *Entwürfe auf der Speisekarte*, in: Der Spiegel 10, 1990, S. 274.
95 4. Marlboro Design Förderpreis, München 1991, 147, „Spitzbuben".
96 Vgl. *Wo der Kunde wirklich noch König ist – zum shopping nach London*, in: Globo, Dezember 1989, S. 10; hier wird der Bleistiftspitzer als Angebot bei: Anything Left Handed eigens erwähnt.
97 Devotionalien für Absam mit Bleistifthalter, in dem ein Spitzer integriert ist, vgl. Kat. Nr. 5.99, in: *Heiltum und Wallfahrt*, Ausst. Kat. der Tiroler Landesausstellung 1988, S. 242.
98 Vgl. ULRICH RAULFF, *Radiergummi, Wärmflasche, Weltwunder*, in: Frankfurter Allgemeine Zeitung, 9. März 1996. FELDHAUS schrieb den technischen Aspekt für den Artikel *Bleistift* im: Reallexikon zur Deutschen Kunstgeschichte, Bd. 2, Stuttgart 1948, Sp. 884 f.
99 Auch das Sammeln der Kinder hat etwas mit Welterfahrung und Ordnen des Erfahrbaren zu tun; vgl. *Münzen, Muscheln, Saurier – was Kinder so alles sammeln*, Katalog Museumspädagogik am Mainfränkischen Museum, Würzburg 1993.
100 Vgl. hierzu GOETHE, *Campagne in Frankreich in bezug auf Franz Hemsterhuis: Lettre sur les désirs*, Hamburger Ausgabe (wie Anm. 60), S. 339.
101 Die Sammlung wurde vom Land Berlin gekauft. Es existiert darüber eine Filmdokumentation, z. B. gesendet in arte am 16. April 1995, 23 Uhr 10: Marlene Souvenirs, Dokumentation. Thematisch interessant ist auch das einer solchen „Sammlung" innewohnende besondere Problem der Inventarisation! Zum psychologischen Aspekt des Sammelns, als Zwang, als Ausfluß der Wißbegierde etc. vgl. WERNER MUENSTERBERG, *Sammeln – Eine unbändige Leidenschaft. Psychologische Perspektiven*, Berlin 1995.
102 *Nikolaus Lang*, Ausst. Kat., Kestner Gesellschaft, Hannover 1975; *kunst wird material*, Ausst. Kat., Nationalgalerie Berlin, Berlin 1982. Der Verfasser hat an anderer, noch unveröffentlicher Stelle, über diese Sammlungen von Nahrungsmitteln, Weihwasserflächen etc. nachgedacht, die Sammlungskonglomerate der Spurensuche geworden sind.
103 Vgl. hierzu den Artikel über das Automodelle-Sammeln in der Süddeutschen Zeitung von Silvester 1987/Neujahr 1988: AXEL HACKE, *Die kleinen Laster des MF369. Enthüllungen über eine kaum bekannte Volksbewegung*.
104 KATRIN SCHWABE, *6500 „Kulis" für einen Mann*, in: postmagazin, Zeitschrift der Deutschen Bundespost, Nr. 3/87, S. 30-32.
105 KARIN HACKENBROCH, *Schnee von gestern für Leute von heute*, gefunden in: BUNTE 126, V-VII, Jahr nicht notiert.
106 Z. B. über den Autor in: Sammler-Journal N.5, Mai 1989, S. 694-698; außerdem: FRANZ SCHIFFER, *Stefan Wilfert, Journalist und Sammler von Bleistiftspitzern*, in: Süddeutsche Zeitung vom 21. Januar 1993; oder: *Sept jours pour chiner, Les taille-crayons ont bonne mine*, in: Madame Figaro, 2. September 1989, S. 26.
107 Z. B. Puntgaaf, Punteslypers Club mit Sammlerheftchen und Spitzersonderedition zum fünfjährigen Bestehen des Clubs, erhalten von der rührigen niederländischen Sammlerin Gemma Dickmann.
108 Vgl. CH. LENE RECKENFELDER, *Über den ganz normalen Irrsinn des Sammelns. Unvollständige Gedanken von einer, die darübersteht*, in: Museums Journal, 6. Jg., Nr. 2, April 1992, S. 32-35.
109 RECKENFELDER (wie Anm. 108), S. 32, mit Hinweis auf das Wörterbuch der Psychologie.
110 Hinweise bei RECKENFELDER (wie Anm. 108), S. 32, 34.
111 In einer jüngsten Ausstellung im Münchner Haus der Kunst ist diese hier behandelte Schleife von der Kunst- und Wunderkammer zum Irrsinn des Sammelns bzw. der Sammlung als ein Kunstwerk wie das „mouse museum" gezogen worden: INGRID SCHAFFNER und MATTHIAS WINZEN (Hrsg.), *Deep Storage – Arsenale der Erinnerung, Sammeln, Speichern, Archivieren in der Kunst*, München/New York 1997, S. 82 und passim.

ABBILDUNGSNACHWEIS

BAYERISCHES LANDESAMT FÜR DENKMALPFLEGE, PHOTOSAMMLUNG (Aufn. Dieter Komma): *Abb. 5, 8*
HEINRICH STEDING, NÜRNBERG: *Abb. 1, Abb. S. 919*
VERFASSER: *Abb. 2, 3, 4, 6, 7*

Paul Werner

Klettersteige – Waisenkinder der Denkmalpflege
Zum Denkmalcharakter der ältesten künstlichen Sicherungsanlagen im steilen Fels

Die Kultur des Abendlandes, seine Kunst, seine Sprachen, seine Staatswesen, seine Rechtsgrundlagen und vieles andere atmen noch den Geist der Antike. Die griechische und römische Kultur sind als Grundlagen unserer Zivilisation nicht wegzudenken. In einem – zumindest für uns Bayern – wichtigen Punkt sind die Griechen und Römer des klassischen Altertums jedoch nahezu auf die Stufe von „vorwissenschaftlichen" Menschen zu stellen: Die Alpen waren für sie eine „terra incognita" – ein weißer Fleck auf der Landkarte, eine Barriere voll drohender Gefahren. Am Südrand der Alpen hörte jahrhundertelang ihr Weltbild auf. Bevor die Römer durch Krieg und Kolonisation zumindest die Pässe und Täler der Alpen zwangsläufig kennenlernten, hat keiner ihrer Gelehrten jemals ernsthaft versucht, das Hochgebirge am Rande dieses Weltreichs zu erforschen. Dafür gaben die römischen Dichter den Alpen nebelhaft dichterische Attribute wie „den Himmel berührend", „in die Wolken ragend", „in ewigem Eis erstarrend", „völlig ungangbar" und „von wilden, räuberischen Stämmen bevölkert". Livius schrieb eingehender über „die Scheußlichkeit der Alpen". Cäsar, der öfter die Westalpen durchzog, ließ seinen Blick nie von den Wundern der Bergwelt fesseln, sondern suchte sich die Langeweile der Reisen bekanntlich durch das Verfassen von Gedichten und einer Schrift über Grammatik zu verkürzen. Von Furius Bibaculus aus Cremona besitzen wir einen Vers, in dem er Jupiter die winterlichen Alpen „aus Zorn mit Schnee bespeien" läßt. Es ist für uns schier unglaublich, wie abfällig, ja mit wieviel Grauen und Abscheu viele bedeutende Gelehrte der Antike die Phänomene der Alpen kommentierten; stellt man sich aber vor, daß die römischen Alpenüberquerer auf den Pässen über Nacht mit Sandalen im Schnee standen, wird so manches verständlich.[1]

Zur Bedeutung der Passhöhe

In der Antike waren nur die Paßhöhen Gegenstand kaufmännischen und militärischen Interesses, sie waren vermutlich auch Orte, denen man sich gelegentlich mit religiösen Empfindungen näherte; vielleicht empfand man auf der mühsam erreichten Paßhöhe ein ähnliches Gefühl der Dankbarkeit, des Triumphes, des Stolzes oder auch nur der Erleichterung wie man dies heute von manchem Gipfelsieg gewohnt ist. Weihefunde auf Paßhöhen setzten schon in der jüngeren Steinzeit ein, auch wenn sie erst in der Bronzezeit häufig wurden; ihre Bedeutung und ihr Anlaß blieben allerdings bis heute unbekannt.[2]

> Gerade aus römischer Zeit sind Paßheiligtümer bekannt, an denen die Reisenden gerne opferten, wenn sie heil oben angekommen waren und auch für den Abstieg keine Probleme sahen, vielleicht aber auch Hilfe erflehten. Das bedeutendste in den Alpen befand sich auf dem Großen St. Bernhard, wo Weihefunde auf der Paßhöhe, 2469 Meter, schon in der frühen Eisenzeit einsetzen. Ein Säulenmonument und eine Menge geopferter Münzen, auch Goldstücke, bezeugen etwas ähnliches für den Julier. Da es von fast jedem alten Paß römische Münzfunde gibt, auch von solchen, die heute bestenfalls Bergsteigern geläufig sind, ist anzunehmen, daß auch auf dem Reschen und dem Brenner kleine Heiligtümer standen oder wenigstens regelmäßig Münzen an einer besonders auffälligen Stelle geopfert wurden. Vermutlich wurden diese Plätze im Zuge der schon im Mittelalter beginnenden großzügigen Baumaßnahmen im Paßbereich zerstört.[3]

Ob man aus alledem ableiten kann, die Paßhöhe sei der vor- und frühgeschichtliche Ort des „alpinen Flurdenkmals", sei allerdings dahingestellt. Bis weit über das Mittelalter hinaus hatten die Reisenden jedenfalls keinen Blick für die Schönheit der Bergwelt, prägten Furcht und Aberglaube die Einstellung zum Hochgebirge, das man sich von Dämonen und Kobolden, Drachen und Riesen bevölkert dachte. Die Geschichte der Alpen bleibt so viele Jahrhunderte lang eine Geschichte der Pässe und ihrer Überschreitung durch Kriegerheere, Kaufmannszüge, Rottleute und Pilgerscharen. Eine Erkundung hochalpiner Gipfelregionen lag jedenfalls weit außerhalb der geistigen Reichweite der Antike und des Mittelalters und keimte erst in geistigen Bewegungen viel späterer Zeit.

Von der „Entdeckung der Alpen"

Hirten, Sennen und Bergbauern stiegen wohl in allen Bergregionen zwangsläufig auf manchen unschwierigen Gipfel, um auf der Suche nach verirrtem Vieh eine bessere Übersicht zu haben. Mit Alpinismus in unserem Sinne hat dies jedoch nichts zu tun – es war bergbäuerlicher Alltag. Erst mit dem Erwachen des naturwissenschaftlichen Interesses an der Bergwelt und ihren Phänomenen beginnt auch die eigentliche bergsteigerische Erkundung. Auf vereinzelte alpinistische Pioniertaten – Petrarca besteigt 1336 den Mont Ventoux, Leonardo da Vinci 1511 den „Monboso" – folgt erst im 18. Jahrhundert die Geburtsstunde des Alpinismus. Die Besteigung des 4807 m hohen Montblanc im Jahre 1786 und der dramatische „Kampf ums Matterhorn", das Edward Whymper 1865 bezwang, markieren ein Jahrhundert alpinistischer Großtaten.

> Der geistige Durchbruch für diese Entwicklung wurde jedoch erst durch ein verändertes, romantisches Naturverständnis vorbereitet. Rousseau, der die europäische Kulturwelt für ein neues, enthusiastisches Naturempfinden sensibilisierte, lenkte die Aufmerksamkeit auch auf die wildromantische Schönheit der Alpen. Im Zeichen der Abkehr von der Zivilisation entdeckt man die große, reine unverdorbene Natur als Spiegel der Seele und menschlicher Erfahrung.[4]

Die Alpen werden nun zum Inbegriff landschaftlicher Schönheit und zum Quell seelischer und geistiger Erbauung. Die

◁ *Abb. 1. Die Sicherungen am Watzmanngrat wurden 1897/98 angebracht; die veralteten Geländer aus Rundeisenstangen sind z. T. noch original erhalten*

eigentliche Idee des Alpinismus hat bekanntlich zunächst in sehr noblen Kreisen Wurzeln geschlagen. Die Sehnsucht nach dem tiefen Naturerlebnis, das Interesse an den naturkundlichen Erscheinungen des Hochgebirges, natürlich auch Abenteuerlust und sportlicher Ehrgeiz, der Aspekt der körperlichen Ertüchtigung – all diese Momente entstanden und reiften zumeist in großbürgerlichen und adeligen Kreisen, oft genug in großer Alpenferne. Der erste Alpenclub der Welt wurde 1857 im fernen London gegründet! Der Bergbauer kämpfte seinerzeit noch im Schweiße seines Angesichts um das karge tägliche Brot, es wäre ihm nie eingefallen, aus purer Lust – zusätzlich zu seinem täglichen harten Arbeitspensum – Berge zu besteigen. Die „Einheimischen" dienten – in des Wortes wahrstem Sinne! – zunächst nur als Träger und Führer für kärglichen Lohn, anfänglich wohl auch mit Skepsis gegenüber diesem schweißtreibenden „Alpencultus" der privilegierten Oberschicht.

Der „O'trogsteig" als älteste Form einer künstlich gesicherten Kletterroute

Zu den „alpinsten" historischen Zeugnissen dieses „Alpencultus" gehören heute die sog. Klettersteige, die nur im Italienischen als „via ferrata" oder „via attrezzata" eine adäquate Benennung gefunden haben; auch das englische „climbing path" ist ebenso wie die deutsche Definition etwas unzutref-

Abb. 2. Hölzerne Leitern von Leukerbad nach Albinen im heutigen Erneuerungszustand; an den Felswänden zahlreiche Marterln

Abb. 3. Auf dem Leiterweg von Leukerbad nach Albinen; kolorierte Lithographie von Eugène Guérard, 1850

fend. In der Alpinliteratur findet sich eine Anzahl Aufsätze, die sich mit der Geschichte der alpinistischen Pioniertaten befassen und die Entstehung der Klettersteige mitunter fälschlich in die Dolomiten verlegen. Erst jüngere Forschungen haben ergeben, daß die ältesten Ideen einer künstlichen Sicherung schwieriger Felsrouten auf dem Gebiet der Almwirtschaft zu suchen sind und daß solcherart gangbar gemachte Routen den „Wirtschaftswegen" zuzuordnen sind. In den Hochtälern der Schweiz sind zahlreiche Spuren alter, längst verkommener und vergessener künstlich gesicherter Felsrouten zur Erschließung von Hochweiden, almwirtschaftlichen Standorten und Stützpunkten anzutreffen. Einen der spärlichen Berichte schrieb Josias Simler schon 1574: Vallesiae descriptio libri duo – De alpibus commentarius:

> Vor allem sind fast sämtliche Wege im Hochgebirge von Natur aus holprig und schmal; zuweilen hat man sie unter viel Mühe und Arbeit in den Fels gesprengt ... Oft auch legt man da, wo der Pfad unterbrochen ist, von einem Felsen zum anderen einen Balken an Stelle einer Brücke oder man errichtet eine Art schwebenden Weges, indem man an die glatten Felswände Stützen einläßt, über die Langhölzer gelegt werden, die man mit Rasenstücken und Reisigbündeln belegt.

Weitgehend unbekannt ist der Anteil Bayerns an diesen alpinhistorischen Pionierleistungen. Im Berchtesgadener Land erzählen noch heute uralte Sennen von den langen, beschwerlichen und mitunter gefährlichen Steigen in die Almregion und vom zentnerschweren Krax'ntragen. Franz Maltan, geboren am 30. Dezember 1902, hat noch von der Fischunkelalm auf die Landtalalm jene Kälber auf dem Rücken emporgetragen, die im Winter im Stall zur Welt gekommen und noch zu schwach zum Bergsteigen waren – der Weg über die Röthwand, der sogenannte Landtalsteig, damals gut mit Steinstufen und Holzleitern ausgebaut, war für Kälber dennoch viel zu schwierig. Ein bis zwei Stunden dauerte diese Schlepperei, und ein Kalb, das im Januar oder Februar geboren worden war, wog im Juli etwa 70 kg. Eine abenteuerliche Angelegenheit waren einst die „O'trogsteig" – Abtragsteige. Während für das Vieh seit jeher halbwegs sichere und daher zwangsläufig lange Wege mit weit ausholenden Serpentinen angelegt wurden, wählte man für die täglichen Versorgungsgänge, besonders das Abtragen von Milch und Käse von den oberen zu den unteren Almstufen, vielfach einen Steig in der Fallinie. Diese Routen waren mitunter so steil und gefährlich, daß sie wie ein Klettersteig streckenweise mit Haken, Trittstiften, Eisenringen und Hanfseilen gangbar gemacht werden mußten. Mit riesigen Lasten bewegten sich die Träger auf diesen wilden Führen dennoch um vieles schneller bergab als auf den langen Viehtriebsteigen – sie bewegten sich wie lebende Seilbahnkörbe.

Der Sagerecksteig von der Sagereckalm zur Salettalm war so ein „O'trogsteig", ebenso auch der Perlsteig. Am Fuß des Perlsteigs findet sich im Fels noch heute eine Inschrift von Ignaz Ponnatz mit der Jahreszahl 1506, und die Datierungen setzen sich wie Jahresringe vieler Generationen von Sennen fort. Abenteuerlich verfuhr man am Mooseingangsteig, der die Initialen MHC (Michael Hofreiter) mit der Jahreszahl 1776 aufweist. Hier wurde das Vieh beim Auf- und Abstieg aus einer Felshöhlung heraus mittels einer Seilwinde mit Hanfseilen wie ein Kletterer gesichert – bis 1892 ist man so verfahren.

Nahezu unglaublich weit hat man schon im Mittelalter den Almbetrieb ausgedehnt – für die entlegene Alpe am Funtensee ist beispielsweise ein Erbrechtsbrief von 1494 erhalten. Die nur zwölf Jahre jüngere Datierung 1506 dürfte somit das ehrwürdigste Zeugnis der Geschichte des Klettersteigbaus im Alpenraum sein. Aus der Schweiz sind nur spätere Berichte von Reisenden über ähnliche Felssicherungen bekannt.

> Hier führen 8 bis 10 Leitern in schwindelerregende Höhen hinan. Diesen entsetzlichen, gefährlichen Steig, welcher wegen seiner großen Merkwürdigkeit von den meisten Reisenden besichtigt wird, legen die Bewohner dieser Gegend häufig hinauf und hinab zurück, oft sogar noch am dunklen Abend, schwer beladen, öfter sogar im Kopfe mit geistigen Getränken, ohne daß ein Unfall vorkäme.

So berichtet Eduard S. Pesius im Jahre 1844 in seinem „Spaziergang durch die Alpen" über den berühmten Leiterweg von Leukerbad nach Albinen (Abb. 2), und eine kolorierte Lithographie von Eugène Guérard aus dem Jahr 1850 (Abb. 3) illustriert in liebenswürdiger Weise, wie sich schmucke Kavaliere ebenso galant wie unbeholfen um ihre biedermeierlich gewandeten Damen bemühen. Diese Albinen-Leitern bei Leukerbad und die einstmals ebenbürtigen Varner-Leitern am Gegenhang waren – neben vielen vergleichbaren Anlagen! – künstlich gangbar gemachte Wegpassagen zwischen Bergdörfern, also Wirtschaftswege; ihr Ausbau hatte keinerlei alpinistische Motive. Dennoch kann man heute die als „Touristenattraktion" gut instandgehaltenen und auch gerne begangenen Albinen-Leitern als Klettersteig ansprechen – gerade dieser „Funktionswandel" ist ein Phänomen, das auch in der weiteren Geschichte der Klettersteige immer wieder auftritt.

Grossglockner und Dachstein

Erst 1869 verzeichnet die Alpingeschichte den Bau der ersten hochalpinen Felssicherungen, und zwar über den berühmten Südwestgrat des Großglockners auf die Glocknerscharte. Diese alpinistische Pioniertat, damals umschrieben als „Herrichtung des neuen Weges mittels Absprengungen, Einziehen von Eisenstiften und Drahtseilen zu einem auch für mäßige Bergsteiger geeigneten Pfade", kann heute wohl als die Geburtsstunde des Klettersteigbaus gelten, auch im Sinne des heutigen, meist etwas abwertenden Verständnisses. In Band III der „Erschließung der Ostalpen", erschienen 1894, wird darüber berichtet: „Im Jahre 1869 begann die Herrichtung des ‚Stüdlweges'". Thomas, Rupert und Michel Groder arbeiteten fast zwei Monate angestrengt am Spannen von 400 Meter Drähten, dem Einschlagen von Eisenstiften, Herrichten von Stufen usw. Im August konnte der Weg eröffnet werden. Es war aber trotz aller Hilfen noch immer eine scharfe Kletterei, bei der man den Bergstock am Fuße der Felsen stehen zu lassen pflegte und die bei Neuschnee gerne vermieden wurde. In solchem Falle wurde auch zur Zeit der ersten Begeisterung, da der „neue Weg" als der einzig wahre galt, doch noch immer lieber der alte Kalser Weg eingeschlagen. Bald aber richteten Schneedruck und Blitzschläge an den Drähten arge Verheerungen an, so daß der Weg wieder in die Schwierigkeiten des früheren Zustandes zurückfiel. Initiator war Johann Stüdl (1839-1925), einer der großen Alpenpioniere und Erschließer des Glocknergebiets, dem er bis an sein Lebensende verbunden blieb (Abb. 4). Der Klettersteig über den nach ihm benannten Stüdlgrat ist heute nur noch ein Fragment – doch die Eisenreste im Fels veranschaulichen ein beginnendes Kapitel der Alpinhistorie.

Abb. 4. Der große Alpinpionier Johann Stüdl im Alter von dreißig Jahren; er ließ schon 1869 die Südwandroute auf den Großglockner klettersteigtechnisch sichern

Höchstwahrscheinlich ist aber der Hohe Dachstein, 2996 m, im Jahre 1832 erstmalig bestiegen, der historische Schauplatz des ersten Klettersteigbaus. Der große Dachsteinerschließer Professor Friedrich Simony (1813-1896) hat den Gipfel erstmals 1842 erstiegen und im Zuge der kurz darauf folgenden weiteren Besteigungen hier „den ersten gesicherten Steig der Ostalpen" angelegt.[5] Simony schrieb an Erzherzog Johann, an die Erzherzöge Ludwig und Franz Carl, an den Fürsten Metternich und andere hohe Aristokraten, daß es doch Ehrensache sein müsse, Geld für einen „Dachsteinweg" zu spenden, und das geschah auch. Für 260 Gulden wurde 1843 ein Steig von der Randkluft durch Sprengungen, Anbringen von Eisenstiften und Ringen und ein dickes, über 80 Klafter langes Seil (ca. 140 m) fixiert.[6] In Simonys Bericht über die Bestei-

Abb. 5. Das Münchner Haus auf dem Westgipfel der Zugspitze „am Einweihungstage, 19. September 1897", nach einer Zeichnung von Zeno Diemer, 1867; im Vordergrund der historische Klettersteig von 1893/97

gung vom 15. September 1843 – „Zwei Septembernächte auf der Hohen Dachsteinspitze" – ist zunächst von einer „15 Schuh hohen Leiter" (= 4,8 m) die Rede, die er 1843 über die Randkluft aufstellen ließ. Weiter heißt es:

> Das hundert Klafter [= 190 m] lange Seil, welches von der Spitze des Hohen Dachsteins über die Hohe Wand durch 20 schwere, in den Fels eingebohrte Eisenringe und von ihrem Fuße über den sich an sie lehnenden Firnabsturz und die große Kluft herabläuft, war auf dem Absturz ganz, an der Wand stellenweise mit Schnee bedeckt ... Diese sichere Handhabe war diesmal um so notwendiger, da der frische Schnee auf den einzelnen Terrassen der Dachsteinwand lauter 50 bis 70 Grad steile, stark vereiste Gehänge bildeten und selbst *die in dem nackten Fels ausgehauenen Stufen* an vielen Stellen mit einer platten von dem abrinnenden Schmelzwasser gebildeten Eiskruste überzogen waren ...

Reste ähnlicher Erschließungs- und Entschärfungsmaßnahmen wie am Großglockner und Hohen Dachstein sind noch heute beispielsweise am Ortler (Hintergrat) und am Olperer und auch noch an anderen klassischen Kletterrouten erhalten. Wer wann und wo nun wirklich den „ersten alpinistischen Klettersteig" errichtet hat, ist heute nicht mehr zu entscheiden.

DIE ZUGSPITZE

In der weiteren Folge spielte auch die Zugspitze eine wichtige Rolle. Einem gewissen Dr. Dietrich, praktischer Arzt aus München und Sommerfrischler in Partenkirchen, erschien es schon 1834 unzweifelhaft, daß, nachdem die Zugspitze endlich bestiegen und mithin das unglaublich Scheinende geleistet worden sei, der steile Weg – „wenn von Eisen bearbeitet" – mit der Zeit seine großen Gefahren verlieren werde:

> Dann dürfte auch der weniger geübte Bergsteiger im Stande sein, die Spitze dieser ungeheuren Felspyramide zu erklimmen, wo bei einer unermeßlichen Fernsicht und im Genusse der reinsten Alpenluft Geist und Gemüth sich erheben und im Menschen Empfindungen aufleben, an die er sich stets mit Hochgefühl erinnern wird.[7]

Die erste künstliche Weganlage auf die Zugspitze wurde schließlich 1873 von der Knorrhütte aus hinaufgebaut, es folgten 1879 der Klettersteig durchs österreichische Schneekar, 1884 durchs Höllental auf die Riffelscharte, 1893-1897 der kühne Steig übers „Brett" und die Höllentalwand zum Ostgipfel (Abb. 5-7, 9). Als kühne Krönung der Zugspitzerschließung sicherte man 1909-1915 den wilden Felsgrat zwischen Zugspitze und Hochblassen und erschloß damit den Übergang zur Alpspitze. Diese nur sparsam gesicherte Gratüberschreitung nannte man Jubiläumsweg. Die lange Zeit verfallenen Sicherungen der westlichen Grathälfte wurden erst 1986 wieder instandgesetzt (Abb. 8).

Abb. 6. „Aufstieg durchs Höllental", Aquarell von Ernst Platz (1867-1940); die mit Stahlseilen, Trittbügeln und Eisenstiften 1897 gesicherte Kletterführe gehört heute zu den beliebtesten Hochgebirgstouren Bayerns, viele Eisenteile sind noch original erhalten

WIENER HAUSBERGE

Auch in den Wiener Hausbergen wurden mehrere der heutigen Klettersteige schon weit vor der Jahrhundertwende angelegt. Es ist interessant nachzulesen, wie dies damals geschah und von den Zeitgenossen beurteilt wurde. Über die Raxalpe schreibt z. B. Fritz Benesch 1898:

> Nicht weniger als 15 Felsensteige und deren Varianten durchziehen die Wände bis zur Hochfläche des Berges ... Die Mauern sind tief herabgedrängt, von unten reichen die halb verwachsenen Schutthalden hunderte von Metern hinan und von der unabsehbaren Wand bleibt so eine kaum thurmhohe Steilstufe übrig. Darüber zieht, reichlich mit Ketten und einer Leiter versehen, der schwindlige Aufstieg über das Gaisloch empor ... Der Mauerkranz, der die Heukuppe in der Höhe umsäumt, wird an der Westseite noch von zwei Steigen durchquert. Der eine, nach dem Thalorte Altenbergersteig genannt, ist ein harmloser, breiter Saumweg, der den Zugang zu den auf der Heukuppe gelegenen Almhütten vermittelt, der zweite, der Gamseckersteig, ist wieder ein Touristenweg im vollsten Sinne des Wortes. Von Bergsteigern entdeckt, wurde er im Jahre 1876 vom Österreichischen Touristenclub zum gangbaren Pfade hergerichtet und mit soliden Versicherungen versehen. Neben dem Gaisloch- und Reißthalersteig bildet er gewöhnlich die Vorschule für zaghafte Anfänger, ehe sie von den breiten, sicheren Almwegen zur Felskletterei übergehen. Auch hier haben sich schon mehrere Unfälle ereignet und geben Anlaß, die alten Versicherungen auf dem Bande und bei der eisernen Leiter so ausreichend zu verstärken, daß nur noch Matratzen und Sprungtücher fehlen, um auch dem Selbstmörder seine Unthat zu vereiteln.[8]

Der schwierige Haidsteig in der Rax wiederum wurde 1913 angelegt, um „der Touristik neue Impulse zu vermitteln". Nachdem im Jahre 1900 die Tschechische Hütte in den Steiner Alpen erbaut worden war, hatte man auch den alten,

Abb. 8. „Jubiläumsweg" von der Zugspitze zur Alpspitze, 1909-1915 gesichert

Abb. 7. Der Aufstieg vom Höllental über die sog. Hühnerleiter, eine glatte, wasserüberronnene Wand, wurde 1893 gesichert; ein großer Teil der originalen Steigbügel aus Rundeisen ist trotz Verformung durch Lawinen und Steinschlag noch erhalten

Abb. 9. Der Aufstieg vom Höllental über das sog. Brett, eine glatte Steilwandquerung, wurde 1893 gesichert; ein großer Teil der originalen Trittstifte aus Rundeisen ist noch erhalten

bereits Anfang des 18. Jahrhunderts erstbegangenen Nordwandsteig hinauf zum Mlinarsko Sedlo mit Sicherungen versehen. Und nachher kamen vor Beginn der Sommersaison Jahr um Jahr einige Herren von der Sektion Prag des Deutschen Alpenvereins und reinigten den Felsensteig von herumliegenden Steinen. Diese Herren, welche da mit Besen und Bürsten hingebungsvoll arbeiteten, gehörten zur Spitze der damaligen Prager Gesellschaft und waren Ärzte, Rechtsanwälte, Universitätsprofessoren, hohe Staatsbeamte.

UNTERSBERG, HOHER GÖLL, WATZMANN

Schon 1876 wurde der Dopplersteig durch die Ostwand des Untersbergs gebaut, wobei 450 Stufen in die senkrechte salzburgische Wandflucht gehauen wurden – eine „Bauweise", die zum Glück kaum Nachahmung fand (Abb. 10). 1934/35 sprengte man auf bayerischer Seite einen steil emporführenden Tunnel durch die gleiche Ostwand, der an der Mittagsscharte – bayerisch-salzburgische Grenze – wieder das Tageslicht erreicht und auf den hier sehr flachen Bergrücken emporführt (Abb. 11). Diese Tunnelsprengung ist der älteste klettersteigtechnische Natureingriff dieser Art in Bayern. Über die klettersteigmäßige Erschließung des Hohen Göll und den möglichen Zeitpunkt erfahren wir aus einem Bericht des Freiherrn Franz von Schilcher übers Jahr 1853:

> Bei einem in späterer Zeit unternommenen Anstieg gewahrte ich, daß diese Tour durch Anbringung von Eisenstiften, eingehauene Tritte und Drähte bequem und sicher zu machen ist ...

Am 31. August 1854 wiederholte er den Besuch des Gölls, diesmal durch eine Schlucht im Endstal oberhalb der Scharitzkehlalm.

Abb. 10. Der Dopplersteig am Untersberg, bereits 1876 eröffnet; über 400 in den Fels gehauene, inzwischen langsam zerbröckelnde Stufen wurden im unteren Teil noch mit hölzernen Tritten ausgerüstet, die materialauthentisch erneuert wurden; typisch für die frühe Phase des Klettersteigbaus ist das noch original erhaltene Geländer

> Dieser Aufstieg ist schwierig und nicht ungefährlich, da er durch eine Schlucht auf einer äußerst steilen Wand in die Höhe führt. Diesen Auf- oder Abstieg benutzen nur Jäger. Diese hatten Tritte eingehauen und Ringe angebracht. Dieser Steig ist später abgesprengt worden, weil er auch von Wilderern und Schwärzern benutzt worden war.[9]

Auch der Hohe Göll wurde schon sehr früh an seinen schwierigsten nordseitigen Normalzustiegen gesichert.

> Diesen noch von keinem menschlichen Fuß betretenen Spiz entschloß ich mich, zu ersteigen. Beladen mit meinen Meßinstrumenten machte ich mich auf den Weg. Schon der Anfang war böse, denn ich mußte über eine steile Platte hinabglitschen, an deren Ende mich nur ein kleiner Vorsprung vom Sturz in die unermeßliche Tiefe bewahrte. Dann überstieg ich eine gefährliche Stelle, eine Kluft nach der andern, dachte auf besser werden und es kam nur Schlimmes nach. Bald mußte ich mich, auf einem schneidigen Rücken sitzend, weiter bewegen, bald in Lüften schwebend in steilen Wänden dahinklettern ... Oft brauchte es beinahe übermenschlichen Muthes, um nicht ein Raub der Zagheit zu werden, denn meistens mußte ich auf dem scharfen Rücken auf allen Vieren dahinkriechen, wo links und rechts tausendfach verderbender Abgrund war. In dem einzigen Punkte nur, wo man ist, muß die ganze Seele konzentriert sein. Keiner, auch nicht der frömmste Gedanke, darf stattfinden, sondern jeder Tritt, jeder Finger muß streng dirigiert werden ... Nachdem ich wieder auf festem Theil angekommen war, ward der Berg sehr steil und unter größter Anstrengung erreichte ich über loses Gestein den höchsten Punkt des Watzmann. Mit Erstaunen, Freude und Angst erblickten mich die Zurückgebliebenen auf diesem in die Wolken stechenden Spiz. Auf so vielen erstiegenen Bergen habe ich keinen diesem ähnlichen angetroffen, so klein ist der Platz auf diesem Spiz ...

So lautet Valentin Stanigs „Notiz über die Erstbesteigung der Watzmann-Mittelspitze im Jahr 1799". Stanig (1774-1847) war Theologe, kam während seiner Studienzeit (1799-1801) in Salzburg und als Aushilfspriester in Nonnberg (1802) regelmäßig zum Bergsteigen nach Berchtesgaden.

Das technisch unschwierig, wenn auch nur sehr mühsam ersteigbare Hocheck, 2651 m, der nördlichste der drei Watzmanngipfel, Ausgangspunkt des historischen Alleingangs von Stanig zum Mittelgipfel, 2713 m, ist ein Psychotopos besonderer Art. Es war seit alters her ein Wallfahrtsziel der Einheimischen,[10] im 19. Jahrhundert wurde es ein beliebtes Ausflugsziel der Prominenz und des Hochadels. Marie von Preußen (1825-1889), die spätere Gemahlin König Maximilians II., bekannter als Mutter Ludwigs II., eine begeisterte Bergsteigerin, hat 1853 das Hocheck bestiegen, alle Fernrohre in Berchtesgaden waren damals auf den Gipfel gerichtet.

„Zur Erinnerung an die Besteigung Sr. K. K. Hoheit Friedrich Wilhelm, Kronprinz des Deutschen Reiches und von Preußen am XXX. Juli 1872": dies verkündet noch heute eine eherne Gedenktafel am Hocheck. Im Juli 1899 bestiegen die drei Söhne Kaiser Wilhelms II. den Gipfel. Von diesem Hocheck aus wurde 1897 der schwindelerregende Felsgrat zum Mittel- und Südgipfel mittels primitiver Eisengeländer, Trittstifte und einer Reihe aus dem Fels gehauener Stufen für die „schneidigere" Prominenz „bequemer gangbar" gemacht (Abb. 1, 12). Schon 1899 folgte die Sicherung des bekannten hochalpinen Heilbronner Weges im Allgäu.

Im Wilden Kaiser wurde die extrem steinschlaggefährdete Rote-Rinn-Scharte schon um 1900 gesichert, der Eggersteig und die Steinerne Rinne 1903/04, der Widauersteig auf den Scheffauer 1911.

Abb. 11. Tunnel mit Tunnelfenster in der Ostwand des Untersberges unterhalb der Mittagscharte, 1934/35 in einer Gesamtlänge von 450 m in den Fels gesprengt

DIE DOLOMITEN UND DER ERSTE WELTKRIEG

Der vielleicht älteste Klettersteig der Dolomiten ist der Hans-Seyffert-Weg über den berühmten Westgrat der Marmolada, der schon 1903 angelegt wurde. In der Zeit zwischen der Jahrhundertwende und dem Ersten Weltkrieg wollten sich mehrere Alpenvereine mit der Erbauung eines Klettersteigs ein Denkmal setzen:

In den Julischen Alpen sicherte man 1910 zum vierzigjährigen Bestehen der Alpenvereinssektion Villach die schwierigsten Passagen in der Nordwand des Montasch, die 1902 erstmals von Dr. Julius Kugy durchstiegen worden war. Eine der kühnsten Klettersteigpassagen folgte der Route, welche die Bozener Georg Haupt und Paul Mayr 1907 in freier Kletterei im IV. Grad in der hier 250 m hohen Nordwestwand des Piz de Ciavàzes in der Sella eröffnet hatten. Dieser schwierige Durchstieg wurde 1912 von der Sektion Pößneck zu ihrem 25jährigen Bestehen gesichert und nach ihr benannt und gehört bis heute zum Verwegensten.

Die meisten Sicherungen der damaligen Zeit dienten der „Entschärfung" schwieriger Kletterrouten, die Jahre zuvor von den Erstbegehern in freier Kletterei „eröffnet" worden waren. Der Erste Weltkrieg brachte auch eine neue, tragische Epoche im Klettersteigbau mit sich: Vom Ortler bis zum Isonzo – Luftlinie etwa 380 km – zogen sich mitten über die Felskämme der Dolomiten und der Julischen Alpen die Frontlinien; sie blieben fast dreieinhalb Jahre Schauplatz eines erbitterten, sogar strategisch sinnlosen Stellungskrieges im Hochgebirge. Viele exponierte Stellungen und Beobachtungsposten auf Gipfeln, Graten und in beschußsicheren Fels-

Abb. 12. Reparaturarbeiten am historischen Klettersteig über den Watzmanngrat durch Forstarbeiter der Nationalparkverwaltung; die verbogenen Verankerungen stammen von 1897/98

flanken mußten nun durch künstliche Steinanlagen zugänglich gemacht und miteinander verbunden werden. Die Soldaten bauten teils solide Steige, „installierten" aber vielfach nur provisorische, hölzerne Himmelsleitern an den Felswänden – mit Hanfstricken an Eisenhaken aufgehängt. Vereinzelt wurden aber auch lange steile Stollen in den Fels gesprengt und unterirdische Wege angelegt wie etwa am Lagazuoi, am Patérnkofel, am Fuß der Tofana di Rozzes und am Cellon. Nach dem Ende des Krieges blieb es einige Zeit ruhig auf den blutgetränkten Felsen und Karen; die siegreichen Italiener begannen bald mit dem Bau von gewaltigen Kriegerehrenmalen und Mausoleen und gestalteten schließlich ehemals besonders heiß umkämpfte alpine Schlachtfelder zu einer „Zona militare monumentale" aus, zu geheiligten Zonen, teils nach Art eines Freilichtmuseums mit markierten Lehrpfaden, etikettierten Ruinen und Stellungsresten.

Dann kam nach dem Ersten Weltkrieg die sogenannte ‚Heroische Zeit des Alpinismus' und die Eisenwege wurden als ‚Feuerwehrleitern' und ‚Eselsbrücken für Schwache' abgewertet, was zur Folge hatte, daß sie von den echten Bergsteigern [und wer wollte kein solcher sein?] gemieden wurden. Wenn damals jemand gesagt hätte, daß es noch zu einer Renaissance der Eisenwege kommen würde, so wäre er als verrückter Spinner ausgelacht worden. (Karl Lukan)

Eine wichtige Epoche im Klettersteigbau begann in den dreißiger Jahren, als die Società Alpinistica Trentina, eine Trientiner Bergsteiger-Vereinigung des Club Alpino Italiano, die sehr langen und langwierigen Zustiege zu vielbegangenen Kletterrouten in der Brenta durch künstliche Sicherungen entschärfte und verkürzte. Der erste dieser Steige, der berühmte Bocchette-Weg, führt weitgehend über natürliche Bänder und verbindet über Scharten, Grate und Rinnen hinweg die beiden wichtigsten Rifugi, ohne einen Gipfel zu berühren. Nach dem Zweiten Weltkrieg wurde das Routennetz so ausgebaut, daß man heute die gesamte Brenta von Norden nach Süden auf Klettersteigen durchqueren kann. Obwohl auf dieser landschaftlich unvergleichlichen Transversale nach der ursprünglichen Absicht bis heute kein einziges Gipfelziel mitgesichert wurde, gilt die Brenta zu Recht als Inbegriff eines Klettersteigparadieses.

Nach dem Zweiten Weltkrieg rückten aber auch die ehemaligen Frontlinien des Ersten Weltkriegs in den Vordergrund alpinistischen Interesses. Fast ein halbes Jahrhundert war über die Ruinen dieses Stellungskrieges hinweggezogen, immer mehr waren die trotzigen Bollwerke in Schutt und Trümmer zusammengesunken, die Stacheldrahtbarrieren verrostet, die Baracken vermodert. Viele der einstigen Steige waren schon völlig verkommen, andere waren noch in gefährlichen Restbeständen erhalten geblieben. Ein beträchtlicher Teil dieser Steige wurde nun nach und nach in friedlicher Absicht „revitalisiert" und „reaktiviert" – nirgendwo kann man mittlerweile das Grauen und den Wahnwitz dieses teilweise hochalpinen Krieges so hautnah und anschaulich erleben und so unberührt konserviert antreffen wie auf den – in neuer Technik – wieder instandgesetzten Kriegssteigen. Mancher rekonstruierte Steigabschnitt führt knapp neben noch vorhandenen, aber verfallen belassenen historischen Holzleitern vorbei – ein wahres Freilichtmuseum und Gruselkabinett des kriegsmäßigen Klettersteigbaus! An einigen wenigen Stellen sind sogar einige robuste alte Eisenbügel in eine neue Klettersteigführe miteinbezogen. Oberstleutnant a. D. Prof. Walther Schaumann aus Wien hat es sich zur – mittlerweile vollendeten – Lebensaufgabe gemacht, alle alten Kriegsschauplätze und Frontsteige aufzusuchen und in einer Reihe von Führerwerken zu publizieren, zusammen mit verschiedenen historischen Photos und anderen Kriegsdokumenten. Schon Ende der fünfziger Jahre stellte er sich zusammen mit einer kleinen Gruppe von Bergfreunden die Aufgabe, alte Frontsteige wieder begehbar zu machen, und 1973 entstand aus dieser Idee der „Verein der Dolomitenfreunde". Unter dem Motto: „Wege, die einst Fronten trennten, sollen uns heute verbinden" entstand die Wegebauaktion „Friedenswege/Vie della Pace". Im Rahmen dieser Aktion wurden viele alte Kriegswege und Steige instandgesetzt, neue Schutzhütten und Notbiwaks errichtet, ja sogar der Kriegsschauplatz am Kleinen Pal über dem Plöckenpaß mit archäologischer Akribie erforscht und einschließlich des Klettersteigs durch den Cellon-Stollen plan- und befundgetreu rekonstruiert. Die Rekonstruktion dieses Kriegsschauplatzes nach erhaltenen Plänen, Beschreibungen, Tagebüchern, nach Grabungsbefunden und mittels Metallsonden ist eine Glanzleistung der Archäologie des Ersten Weltkrieges; rekonstruiert wurden u.a. Schützengräben, Gefechtsstände mit Panzerkuppeln, Kanonengalerien, Materialseilbahnen, Latrinen ... An weiteren ehemaligen Frontabschnitten haben andere Idealisten die Initiative ergriffen und so viele historische Steige wieder instandgesetzt und rekonstruiert, daß die ehemaligen Frontlinien in den Dolomiten heute in ihren wichtigsten und eindrucksvollsten Stellen auf Klettersteigen begangen werden können – das gewaltigste musealisierte Kriegswegenetz der Alpen. Der „Sentiero Gaetano Falcipieri" bietet als Abstieg die vollständig erhaltene „Strada delle 52 Gallerie" – 52 Fels-

Abb. 13. Stellungen und Unterkünfte an der Westschulter des Toblinger Knotens 1916; die Leitern führten zum Horchposten auf dem großen Band

tunnels auf einem schmalen steilen Nachschubweg von 6555 m Länge – 80% des beschußsicheren Weges sind untertunnelt! Auf dem ehemaligen Kriegsschauplatz in über 2200 m Höhe errichteten die Italiener nach dem Vorbild des Konstantinbogens einen „Arco monumentale" mit lateinischen Inschriften.

Abb. 14. Patérnkofel, 27. August 1918: Der Sarg Innerkoflers wird über den Normalweg abgeseilt: hier knapp über der Gamsscharte; die kühn angelegten Leitern sind noch intakt

Die Entwicklung nach dem Zweiten Weltkrieg

Nach dem Zweiten Weltkrieg lief der Bau neuer Klettersteige zunächst nur zögerlich an – an der Via ferrata degli Alleghese über den Nordgrat der Civetta „baute" man von 1949-1966! Die folgenden Jahrzehnte des allgemeinen wirtschaftlichen Aufschwungs brachten aber bald auch eine ungeahnte, schließlich explosive Zunahme des „Alpentourismus" mit sich – Anlaß zum Bau zahlreicher neuer Klettersteige. Mancher Hüttenwirt und manche Seilbahnbetreiber werben nun mit „ihrem" Klettersteig erfolgreich um neue „Kunden". Es entstehen vielerorts neue „Klettersteigparadiese" – so etwa im Stubai.

Erst in dieser letzten, gegenwärtigen Epoche des Klettersteigbaus ist ein neues Phänomen zu beobachten: Ein beliebter Klettersteig muß nicht unbedingt einen schwer erreichbaren Gipfel erschließen, er muß auch nicht ein zweiter oder dritter, schärferer Gipfelanstieg sein – er wird in vielen Fällen als reiner Selbstzweck angelegt: Der Weg ist das Ziel, nicht der Gipfel. Ein frühes Beispiel dieser Art ist die kühne, vielbegangene Via ferrata am Monte Albano bei Mori – ein Felsabenteuer nach Feierabend! Solche gesicherten Klettersteige begeht man aus purer „Lust an der Freud", also zum bergsportlichen Lustgewinn, aus Ehrgeiz, zum Training oder auch nur aus „Sammelleidenschaft". Man könnte solche stets sehr kühnen Anlagen als „Sportklettersteige" bezeichnen, sie sind vielleicht eine Parallele zum Klettergarten, und tatsächlich gibt es mittlerweile bei manchen Berghütten nicht nur einen Hauskletterfelsen, sondern auch einen „Übungsklettersteig". Im Zuge dieser Entwicklung wurde mittlerweile auch der VI. alpine Grad gesichert, selbstverständlich ohne Leitern und fast ohne künstliche Tritthilfen. Die bislang technisch schwierigste Klettersteigpassage ist der 110-m-Pfeiler der II. Sektion des Kaiser-Max-Steiges bei Zirl – nur mit einem straffen Seil gesichert, ohne dieses ein glatter VIer!

Aus dem Gipfelbuch ist dabei mancherorts ein „Wandbuch" geworden. Hand in Hand mit dieser Entwicklung geht der sicher sehr positive Trend zur „naturbelassenen" Führe – ein straffes Stahlseil soll genügen, einzelne Tritthilfen gibt es nur ausnahmsweise, keine Leitern und schon gar keine Stufen im Fels.

Auch die jahreszeitlichen Bindungen haben sich für Klettersteigliebhaber verschoben – am Gardasee und am Comer See kann man stellenweise ganzjährig scharf trainieren, wenn auch der erreichbare „höchste Punkt" kaum die Höhe von München erreicht.

Das Erlebnis des Denkmalhaften

Den Denkmalcharakter alter Steige aus dem Ersten Weltkrieg haben am deutlichsten die italienischen Klettersteigbauer erkannt, respektiert und demonstrativ in situ musealisiert und konserviert. Beim Bau moderner Klettersteige in ehemaligen Frontgebieten haben sie die neue Route bewußt und respektvoll wenige Meter neben den Resten der alten Sicherungen angelegt – aus kürzester Entfernung kann man die oft waghalsig bis tollkühn im senkrechten Fels verankerten Seile, Eisenbügel, Stifte und Leitern betrachten, mitunter sind sogar noch Holzleitern an Hanfseilen erhalten geblieben. Besonders

Abb. 15. Toblinger Knoten, Mittelstück des Steiges vor der Rekonstruktion 1979; die historischen Holzleitern blieben unberührt, die neue Route führt links vorbei

eindrucksvoll ist dies in der Nordwand des Toblinger Knotens (Torre Toblino) in den Sextener Dolomiten praktiziert worden, wo die Gipfelstellung in 2617 m Höhe im August 1915 zum Eckpfeiler der österreichischen Verteidigungsstellungen ausgebaut worden war (Abb. 13, 15).[11] Vor der Montage der neuen Seile und Leitern im Jahre 1979 wurden die gesamten noch erhaltenen alten Holzleitern im damaligen Originalzustand photographisch dokumentiert.

Unglaublich kühn war auch der Patérnkofel erschlossen; ein Teil der alten Leitern ist nur noch in einem Photo dokumentiert, das die Abseilung des Sarges des berühmten Südtiroler Patrouillenführers Sepp Innerkofler zeigt, der am 4. Juni 1915 bei einem sinnlosen Himmelfahrtskommando gegen die italienische Gipfelbesatzung gefallen ist (Abb. 14). An der Via ferrata Eterna-Brigata Cadore auf die Punta Serauta im Marmolada-Massiv hat man bewußt eine längere Passage der historischen, hier sehr soliden Eisensicherungen „materialauthentisch" belassen, z. T. repariert und konserviert.

Auch die noch originalen eisernen „Steigbäume" an manchen Felsfüßen der „Wiener Hausberge" atmen noch materialauthentisch den Geist der alpinistischen Pionierzeit.

In Bayern haben sich originale Eisenteile auf historischen Führen nur in geringer Zahl erhalten; Blitzschlag, Steinschlag und Lawinen haben größtenteils wohl überall eine schleichende oder durchgreifende Rekonstruktion der Anlagen notwendig gemacht; sogar die in den Fels gehauenen Stufen verfallen nach und nach. Geblieben aber sind die historischen Routenführungen, die sich für den Kenner streckenweise deutlich von modernen Routenwahlen unterscheiden: die „magic line" der Pioniere. Für den sensiblen Bergsteiger ist aber auch das seltsame, unvergleichliche „Gefühl" geblieben, sich auf den Spuren der Vergangenheit, im Zeitgeist des „romantischen Alpinismus" bergwärts zu bewegen, beim Klettersteig sogar buchstäblich in den Stapfen, Tritten und sogar Handgriffen vergangener Bergsteigergenerationen, die hier vor über einem Jahrhundert in genagelten Schuhen und kurzen Lederhosen emporkletterten.

Auf den Spuren der historischen Kriegsklettersteige erlebt man gelegentlich auch Momente tiefster Rührung. Auf dem Schlachtfeld über dem Pasubio fand ich eine Kaverne mit der Inschrift: „Josef Tschurtschenthaler hier gefallen 16.8.1916". Darunter in ungelenker Kinderschrift: „Franz Tschurtschenthaler. Vatter, ich habe dich gefunden. 16.8.1921".

Historische Klettersteige können über viele Bereiche der Geschichte Zeugnis ablegen: Transport- und Verbindungsprobleme bergbäuerlicher Wirtschaft, Jagd und Wilderei, Strategie, Hybris und Zynismus der Kriegsgeschichte und natürlich die verschiedenen Facetten des Alpinismus und seiner Mentalitäts- und Technikgeschichte. Historische Klettersteige sind eine Denkmälergattung, deren Erlebnis nur haptisch, mit „allen Vieren", mit rundum gesunder Konstitution, mit ausreichend Mut und nur ohne jeden Anflug von psychogenem Höhenschwindel erfahren und genossen werden kann.

Conrad Ferdinand Meyer hat in seinem Gedicht „Die Felswand" das Erlebnis eines historischen Klettersteigs trefflich besungen:

Feindselig, wildzerrissen steigt die Felswand.
Das Auge schrickt zurück. Dann irrt es unstet
Daran herum. Bang sucht es, wo es hafte.
Dort! über einem Abgrund schwebt ein Brücklein
Wie Spinnweb. Höher um die scharfe Kante
Sind Stapfen eingehaun, ein Wegesbruchstück!
Fast oben ragt ein Tor mit blauer Füllung:
Dort klimmt ein Wanderer zu Licht und Höhe!
Das Aug verbindet Stiege, Stapfen, Stufen.
Es sucht. Es hat den ganzen Pfad gefunden,
Und gastlich, siehe, wird die steile Felswand.

ANMERKUNGEN

1 Eine vollständige Zusammenfassung von Aussprüchen antiker Autoren über die Alpen enthält folgende Arbeit: F. RAMSAUER, *Die Alpen in der griechischen und römischen Literatur*, Programm des Königlich humanistischen Gymnasiums Burghausen für das Schuljahr 1900/1901, Burghausen 1901.
2 „Das Vorhandensein von Deponaten, vor allen Dingen auf Pässen und Höhen, ist längst bemerkt, ihre Interpretation als Votive ist weitgehend unumstritten, an entsprechenden katalogischen Aufarbeitungen besteht jedoch ein ebenfalls bemerkenswerter Mangel." STEFAN WINGHART, *Vorgeschichtliche Deponate im ostbayerischen Grenzgebirge und im Schwarzwald – Zu Horten und Einzelfunktionen in Mittelgebirgslandschaften*, Sonderdruck aus: Bericht der Römisch-Germanischen Kommission 67, Mainz 1986, S. 94.
3 UTA LINDGREN, *Alpenübergänge von Bayern nach Italien 1500-1850*, München 1986, S. 17.
4 GABRIELE SEITZ, *Wo Europa den Himmel berührt*, München 1987, Klappentext.
5 RUDOLF LEHR, *Der Kampf um den Dachstein*, Linz 1971, S. 41.
6 CHRISTOF STIEBLER, *Spurensuche*, München 1990, S. 66.
7 Bayerische Annalen Nr. 120 vom 7. Oktober 1834.
8 Zeitschrift des DÖAV, Band XXIX, S. 212 und 218.
9 A. HELM, *Das Berchtesgadener Land im Wandel der Zeit*, in: Archiv des Berchtesgadener Landes, Bd. II, Berchtesgaden 1929, S. 305. A. Helm ist ein Pseudonym für D. Fischer.
10 ALFRED SPIEGEL-SCHMIDT, *Die Wallfahrt auf den Watzmann*, „Berchtesgadener Bauernkalender 1990", S. 127 ff.
11 PETER KÜBLER/HUGO REIDER, *Kampf um die Drei Zinnen*, Bozen 1981. Das Werk enthält u. a. ausführliche weitere Literaturangaben. Die besten Kenner und Autoren zum Thema „Gebirgskrieg in den Dolomiten" sind Oberstleutnant Prof. Walther Schaumann, Wien und Dr. Herbert von Lichem, München.

ABBILDUNGSNACHWEIS

ARCHIV DES VERFASSERS: *Abb. 2-6*
BRANDL: *Abb. 8*
NATIONALPARKVERWALTUNG BERCHTESGADENER LAND: *Abb. 12*
Repro nach: PETER KÜBLER/HUGO REIDER, *Kampf um die Drei Zinnen*, Bozen 1981: *Abb. 13* (S. 142), *14* (S. 53), *15* (S. 147)
VERFASSER: *Abb. 1* (1977), *7* (1978), *9* (1978), *10* (1977), *11* (1977)

Brief (Konzept) von Generalkonservator Dr. Georg Hager an die Kath. Expositur Wildenroth vom 3. Januar 1922 (Bayerisches Landesamt für Denkmalpflege, Registratur)

POSTSKRIPTUM II: Ein Schwindel-Roman   935

Auf jeden Fall besteht mein Mandant darauf, dass die Sache, bevor derartige Veröffentlichungen in die Welt gesetzt werden, auf das Genaueste untersucht wird. Mein Mandant wird selbstverständlich gegen denjenigen, der seinen Namen widerrechtlicher Weise angegeben hat, sofort strafrechtlich vorgehen, sobald dies einwandfrei feststeht. Ich ersuche um Rückäußerung innerhalb einer Frist von 5 Tagen.

Dieses Schreiben des Bamberger Rechtsanwalts veranlaßt Generalkonservator Hager dazu, der Sache energisch auf den Grund zu gehen. Er gibt den Referenten im Landesamt Weisung, sich zu allen relevanten Fällen zu äußern und erforderlichenfalls bei den betroffenen Pfarrherren genaue Informationen einzuholen, welche Person tatsächlich in welcher Kirche welche Arbeiten durchgeführt hat. Der Bamberger Rechtsanwalt erhält Zwischenbescheid, mit dem „Ersuchen, sich zu gedulden, bis zur Einvernahme dieser Herren." Erkenntlich finden in den nächsten Tagen im Amt fast hektische Aktivitäten statt, um Klarheit über die Personen zu bekommen. Eine Stellungnahme von Konservator Martin Herz zu dem Vorfall lautet:

Assel habe ich nur einmal in der Kirche in Sambach, wo er Kirchengeräte versilberte und bevor uns von den Arbeiten in den Kirchen in Oberhaid, Herrnsdorf und Röbersdorf ... und Zentbechhofen etwas bekannt war, gesehen. Er ist ein großer, kräftiger, schwarzhaariger Mann. Sein Freund war damals bei ihm und hat ihm geholfen. Nach Aussage des Pfarramtes Sambach ist er derselbe, der in den obigen Kirchen die Vergoldungen und die Fassungen an den Einrichtungen verdorben hat. Von gleicher Seite und von anderer Seite wurde mir auch mitgeteilt, daß dieser Assel kurz nach Beendigung der Arbeiten in diesen Kirchen sich in Bamberg im vorigen Jahre ein Haus mit Laden ... kaufte und sich dort niederließ. Die Aufschrift an dem Hause habe ich selbst gesehen. Der Name Petrus Assel ist mir vollständig unbekannt. Von den Bamberger Meistern und den betreffenden Pfarrern wurde nur immer Gottfried Assel genannt, meines Wissens auch in dem Schreiben des Konservators Saffer in Bamberg ... Vielleicht handelt es sich um zwei Personen mit dem Namen Assel, von denen der eine in Oberfranken, der andere in der Oberpfalz tätig ist. In diesem Falle sind die Arbeiten des einen so verwerflich wie die des anderen; denn meine Angaben bezüglich der Kirchen in Oberfranken halte ich trotz Rechtsanwalt in allen Dingen unbedingt aufrecht. Es wäre jedenfalls dem Rechtsanwalt zu empfehlen, sich bei den obigen Kirchenverwaltungen ... zu erkundigen, um welchen Assel es sich in Oberfranken handelt. ...
Es liegt in unserem Interesse, wenn die Sache möglichst bald durch den Rechtsanwalt geklärt wird, namentlich wenn es sich um zwei Personen handelt, von denen der eine den Namen des anderen mißbraucht.

Wie das Bayerische Landesamt für Denkmalpflege versucht auch das Ordinariat in Bamberg Licht in die Angelegenheit zu bringen und korrespondiert und telephoniert mit den Pfarrämtern. Zahlreiche Notizen und kurze Hinweise in den Akten belegen diese Aktivitäten. In vielen Fällen wird aber lediglich klar, daß ein nicht näher zu identifizierender Assel in den Kirchen tätig war. Auch die Meldebehörden werden aufgesucht und die Daten in den städtischen Dienststellen verglichen. Die Konservatoren Herz und Angermair legen schließlich Generalkonservator Hager im November 1922 folgende gemeinsam gezeichnete Notiz vor:

Auszug aus dem Zigeunerbuch bei der Polizei in Bamberg:
Vater: Gabriel Assel, Scherenschleifer in Kleineibstadt. ...
Sohn: Petrus Assel, lediger Gürtler, geb. angeblich 5. 8. 1875 ... im Bezirksamt Zweibrücken.
Es sollen vier Brüder sein: Gottfried Assel, lediger Gürtler, angeblich geb. den 21. 10. 1883 in ... Baden.

Der Assel'schen Familie wurde 1892 in ... das Heimatrecht verliehen, mit Ausnahme des Sohnes Felix , der des Diebstahl, Mordschlag, Konkubinat usw. beschuldigt und bestraft wurde. Daß es sich um einen Bruder handelt, ist jedenfalls anzunehmen. Die Frau des Gottfried Assel heißt ... aus ... [in der] Oberpfalz.
Sonstige Angaben: Petrus Assel soll kleiner sein wie Gottfried Assel. ... beide sollen verheiratet sein und jeder nur eine Tochter haben. Peter Assel hat sich seinerzeit in Schweinfurt als Peter Müller ausgegeben, später auch den Namen Bayer angenommen. Petrus Assel gab an in Schweinfurt ein Haus zu besitzen, was sich als unrichtig herausstellte. [...]
Der Pfarrer im Memmelsdorf hat im Jahre 1919 dem Gottfried Assel ... ein kleines silbernes Ziborium gegen ein größeres silbernes zum Tausch gegeben. Gottfried Assel lieferte ein minderwertiges, das nicht Silber und nur vergoldet war. Nachdem der Pfarrer Klage stellte, behauptete Assel, er habe das Ziborium nicht für Silber gehalten und daher auch wieder in dieser Materialausführung in größerem Format ersetzt. Die Klage wurde zurückgezogen, als Assel sich anbot ein silbernes Ziborium zu liefern, was aber bis jetzt noch nicht geschah. Der Pfarrer nimmt den Willen für die Tat. Der Pfarrer behauptet, die Assel seien eine weit verzweigte Familie von mindestens fünf bis sechs Brüder.
Nach Aussage der Pfarrämter, teilweise gedeckt durch Unterschriften des Peter Assel konnte festgestellt werden, daß es sich bei den Kirchen in Oberhaid, Zentbechhofen, Herrnsdorf, Sambach, Röbersdorf und Schnaid um den Peter Assel handelt, mit Ausnahme in Memmelsdorf, wo Gottfried Assel war.

Ebenfalls im November mahnt der Anwalt von Gottfried Assel eine verbindliche Rückäußerung an und verweist auf den „unersetzbaren Schaden" für seinen Mandanten. Generalkonservator Hager verweist auf noch laufende „Erhebungen" und stellt abschließenden Bescheid in Aussicht. Am 20. November schließlich schreibt der Generalkonservator an den Bamberger Rechtsanwalt von Gottfried Assel:

Betr.: Ungeeignete Kirchenrestaurationen durch den Gürtler Gottfried Assel in Bamberg.
Bis zu Ihrer Zuschrift vom 2. November 1922 war uns die Existenz eines Peter Assel unbekannt. In den uns gemachten Angaben war nur von Gottfried Assel die Rede. Wir haben nun auf Ihre Zuschrift ... hin eingehende Nachforschungen angestellt. Laut dem Zigeunerbuch sind Peter und Gottfried Assel Brüder. Nach den angestellten Nachforschungen liegt in den in Betracht kommenden Kirchen und Kapellen eine Verwechselung des Peter mit dem Gottfried vor. Soweit wir sehen, bleibt nur in einem Falle, in dem es wegen Lieferung eines Ciboriums im Tausche gegen ein anderes Beanstandungen gab, die Identität des betreffenden Assel mit Gottfried Assel bestehen. Wir haben nun in den Amtsblättern die baldigste Veröffentlichung folgender Richtigstellung veranlaßt: „Der Gürtler Assel, vor dem im Amtsblatt Nr. ... als Verfertiger schlechter und ungeeigneter Restaurationen in Kirchen gewarnt wurde, ist nicht identisch mit dem Goldarbeiter und Inhaber eines Gemischtwarengeschäftes Gottfried Assel in Bamberg; er schreibt sich vielmehr Peter Assel und übt sein Gewerbe im Umherziehen aus.

Diese Richtigstellung wird umgehend an alle Regierungsbezirke und Ordinariate versandt und auch in allen Amtsblättern veröffentlicht. Offensichtlich glaubt man im Landesamt, damit die leidige Angelegenheit und unangenehme Verwechslung aus der Welt geschafft zu haben. Von zahlreichen Ämtern wird dem Landesamt mitgeteilt, daß die Richtigstellung in den Amtsblättern veröffentlicht wurde, oft werden die entsprechenden Amtsblattausgaben zum Beleg mitvorgelegt. Die Akte Assel schwillt an. Aber erst mit den beiden folgenden Schreiben wird die Sache spannend. Mit Datum vom 24. November schreibt der Anwalt des Gottfried Assel an das Landesamt:

In Ihrem Schreiben vom 20. November 1922 erwähnen Sie, dass Ihnen bis zu meiner Zuschrift vom 20. November 1922 die Existenz eines Peter Assel unbekannt war. Sie erwähnen weiter, „in den uns gemachten Angaben war, wenn ein Vorname genannt wurde, von Gottfried Assel die Rede".

Ich ersuche mir nunmehr namens meines Mandaten ebenso höflich wie dringend mitzuteilen, von welcher Seite und wer Ihnen die Mitteilung gemacht und den Namen Gottfried Assel bei Ihnen angegeben hat. Ich habe Auftrag, der Sache mit aller Energie nachzugehen, um Wiederholungen und Kursieren weiterer kreditschädigender Gerüchte entgegenzutreten und zu unterdrücken.

Zu der grössten Überraschung meines Mandanten nehmen Sie nun in Ihrem Schreiben auf einmal Bezug auf ein Zigeunerbuch und die Zigeunerakten der Polizeidirektion München, wonach Peter und Gottfried Assel Brüder seien. Hiezu möchte ich, um in Zukunft auch nach dieser Richtung Meinungsverschiedenheiten etc. zu vermeiden, Folgendes bemerken: Der Vater meines Auftraggebers ist bereits frühzeitig verstorben und beschaffte seine Mutter, welche früher in ... wohnte, ihren Unterhalt durch Handel mit Stoffen. Der damalige Gemeindeschreiber, Lehrer Wirth in ..., lud die Mutter meines Mandaten eines Tages vor und erklärte ihr, sie müsse auf einen ihr vorgelegten Zettel, welchen er ihr gar nicht weiter erörterte, ihren Namen schreiben. Der Zweck und der Grund wurde ihr verheimlicht. Die Unterschriftsvollziehung hatte zur Folge, dass seine Mutter mit ihren Kindern in das sogen. ‚Zigeunerbuch' eingetragen wurde. In Wirklichkeit erlangte Frau Assel, die Mutter meines Mandanten von dem Geschehen erst Kenntnis im Jahre 1912. Sie protestierte sofort hiegegen und wurde daraufhin lt. der ... anliegenden Bestätigung des Bezirksamts ... die Erlöschung der Eintragung in das Zigeunerbuch und Zigeunerakten bestätigt.

Ich muss daher namens meines Mandanten ganz entschieden protestieren, dass in Zukunft jemals mehr derartig unsachliche Bezugnahmen betätigt werden. Auf jeden Fall hätten schon, bevor eine amtliche Bestätigung eines derartigen schädigenden, ja geradezu existenzvernichtenden Inhaltes veröffentlicht wird, ordnungsmässige Erkundigungen eingezogen werden müssen und muss sich daher mein Mandant alle weiteren ev. ihm hiedurch entstandenen Unannehmlichkeiten und Schäden ausdrücklich vorbehalten.

Es wird weiter mitgeteilt, dass nur in einem Falle, in dem es wegen Lieferung eines Ciboriums im Tausche gegen ein anderes Beanstandungen gab, die Identität meines Mandanten Gottfried Assel bestehen bleibe. Auch hier muss ich erwidern, dass diese Ihre Bemerkung für meinen Mandanten beleidigend ist. Sie scheinen sich auch in diesem Falle wieder nicht richtig orientiert zu haben und ersuche dies in Zukunft vorher zu tun, bevor jemanden etwas sozusagen vorgeworfen wird.

Zu Ihrer Beruhigung kann ich Ihnen mitteilen, dass die seinerzeitigen Beschuldigungen gegen meinen Mandanten vollkommen unbegründet waren und begreife ich es nun, wie bei Ihnen über diesen Fall offenbar noch keine Klarheit vorliegen kann. Ich bitte nach wie vor, auch hierüber sich an derjenigen Stelle zu erkundigen, welche Ihnen diesbezügliche unbegründeten Berichte gemacht hat.

Mein Mandant ist nunmehr gezwungen, um sein Geschäft weiter ausüben und ausführen zu können, von Ihnen eine amtliche Bestätigung des reinen Inhaltes zu verlangen, dass der Gürtler Gottfried Assel ... nunmehr in Bamberg ... nichts gemein hat mit dem Peter Assel, welcher sein Gewerbe im Herumziehen ausübt, dass die Veröffentlichungen in den Amtsblättern von Ihrer Seite auf Grund unrichtiger und ungenügender Informationen erfolgt sind und daher widerrufen werden, dass gegen Herrn Gottfried Assel nicht das Geringste vorliegt.

Vorstehende Erklärung muss unter allen Umständen auch in den Tageszeitungen veröffentlicht werden, da die fragliche amtliche Bekanntmachung nicht nur in den Rundschreiben bestanden hat, sondern auch in den Tageszeitungen zu lesen war. ...

Am 15. Dezember erreicht das Landesamt das Schreiben des Anwalts von Peter Assel:

In dem dortigen Amtsblatt (Königshofen im Grabfeld) vom 12. Oktober 1922 ist eine Bekanntmachung ... veröffentlicht mit dem Betreff ‚Ungeeignete Kirchenrestaurationen durch den Gürtler Gottfried Assel in Bamberg'.

In dieser Bekanntmachung werden ... die Kirchenverwaltungen vor Assel wegen einer Reihe schlechter und ungeeigneter Restaurationen in Kirchen gewarnt. Diese Warnung war gegenüber Gottfried Assel, Bamberg vollkommen gerechtfertigt.

Mit Bekanntmachung vom 24. November ist dieses Ausschreiben dahin abgeändert, dass der Gürtler Assel, vor dem gewarnt wurde, nicht identisch sei mit dem Goldarbeiter und Inhaber eines Gemischtwarengeschäftes Gottfried Assel in Bamberg. Der wirklich vorher gemeinte Assel heiße Peter Assel, der seine Gewerbe im Umherziehen ausübe.

Das Letztere ist ein Irrtum, da es sich nur um den Gürtler Peter Assel in ... handeln kann. Es ist die Richtigstellung insoferne irrtümlich erfolgt, als der Gürtler Peter Assel die Verwarnung sicherlich nicht verdient und die besten Zeugnisse von sehr maßgebenden geistlichen Persönlichkeiten vorlegen kann. Es sind deren einige beigefügt. Auf Verlangen legt Peter Assel sein ganzes Zeugnisbuch vor. Die Verwarnung verdient mit Recht allein der ursprünglich, in der ersten Bekanntmachung aufgeführte Gottfried Assel in Bamberg, der sein Gewerbe im Umherziehen ausübt. Die Richtigstellung ist jedenfalls auf Antrag des Gottfried Assel in Bamberg erfolgt und wird gegen denselben wegen Beleidigung und unlauteren Wettbewerb vorgegangen werden.

Mein Auftraggeber Peter Assel ist ein allseits beliebter, vielbegehrter und mit den besten Zeugnissen versehener Gürtler, der sich diese Umdeutung nicht gefallen lassen kann und darin eine arglistige Täuschung seitens des Bamberger Assel erblicken muß. Ich ersuche das dortige Bezirksamt um entsprechende Richtigstellung gemäss § 11 des Pressegesetzes. Dies im Auftrage des Peter Assel, Gürtler in Kleineibstadt.

Diesem Schreiben beigelegt sind Abschriften aus dem Zeugnisbuch des Peter Assel, die belegen, daß Peter Assel u. a. in Vilseck, Mitterteich, Greding und Saal a. d. Saale „zur vollsten Zufriedenheit und zu mäßigen Preisen" gearbeitet habe. Die Pfarrer und Dekane sprechen mit größter Hochachtung über die Arbeiten des Peter Assel, der sowohl die Kirchengeräte wieder „wie neu" versilbert, Faßarbeiten an Altären ausführte und auch die Altargemälde „wie neu" herstellte. Die Angelegenheit entwickelt sich zu einer Köpenickiade. In den Akten häufen sich die Hinweise auf die Tätigkeiten der Assel in den verschiedensten Regionen Bayerns, und offensichtlich sind die Referenten des Amtes gehalten, in jedem Falle eine Klärung der jeweiligen Identität des Betreffenden festzustellen. Die Auseinandersetzungen mit den beiden Rechtsanwälten kommen anscheinend zum Erliegen, vielleicht wird der Streit auch auf privater Ebene fortgesetzt.

Eine neue Dimension bekommt der Fall durch eine Kurznachricht in den Münchener Neuesten Nachrichten vom 19. Februar 1924. In der Meldung wird berichtet, daß in der Wohnung „eines nach Zigeunerart auf dem Lande umherziehenden Gürtlers und Gastwirts eine große Anzahl Kirchengeräte und Holzfiguren gefunden wurden, die zweifellos von Diebstählen herrühren. Auf Nachfrage von Generalkonservator Hager beim Bezirksamt Regensburg wird mitgeteilt, daß als Täter ein Peter Assel festgenommen wurde; für fernere Erkundigungen wird an die Staatsanwaltschaft verwiesen. Die sichergestellten Kunstwerke werden offensichtlich, soweit zu ermitteln, den Kirchen zurückgegeben.

Von 1932 und 1933 finden sich in den Akten eine ganze Reihe von Abschriften von Ermittlungsakten diverser Gendarmeriestationen in Bayern. Die polizeilichen Ermittlungen belegen zahllose Fälle von „schwindelhaften" Arbeitsausführungen, die Verwendung „minderwertigen" Materials bei diversen Arbeiten und mehrfache Festnahmen des Peter Assel und seiner Frau. Gleichzeitig wird immer wieder das Zeugnisbuch des Peter Assel erwähnt, das sich immer weiter mit Danksagungen und Empfehlungen von verschiedenen Geistlichen und adeligen Auftraggebern füllt. Peter Assel muß ein begabter Schwindler gewesen sein. Er hat sich zwischenzeitlich ein Auto zugelegt, das seine Frau fährt. In diesen Jahren ist er überwiegend im Schwäbischen tätig, arbeitet unter verschiedenen Namen und sein Wirken ist über zahlreiche Stationen zu verfolgen. Wie in der Geschichte vom Hasen und vom Igel wandert seine Akte von einer Gendarmariestation zur nächsten, während er bereits in der benachbarten Kirche sein Unwesen treibt. Zahllose Meldevergehen, Verstöße gegen die Gewerbeordnung und Nachrichten über die „Mitnahme kirchlicher Geräte ohne Auftrag" sind belegt. Oft wohnt er in den Pfarrhäusern und regelmäßig stellen ihm die Pfarrer beste Referenzen aus. Die Mutter wird in den Polizeiakten zwischenzeitlich als Schirmhändlerin und Paramentenreinigerin geführt. Typisch ist eine Nachricht wie die folgende:

> ... hat Peter Assel im Herbst 1929 an der Renovierung der dortigen Stadtpfarrkirche teilgenommen und den Lehrling ... beschäftigt. Nach dessen Angaben soll sich Assel damals verschiedener der Kirche gehörige Gegenstände, die zum Teil einen Altertumswert besitzen, angeeignet haben. Auf die Anzeige hin ist die Ehefrau des Assel zu dem Pfarrmessner gekommen und hat erklärt, dass die Gegenstände, die ihr Mann gestohlen haben solle, sich auf dem Kirchenboden befinden müssen. Sie wurden auch dort vorgefunden. Es wurde aber festgestellt, daß Frau Assel kurz vorher auf dem Kirchenboden war. Ein Kännchen hat Frau Assel im Pfarrhofe abgegeben mit dem Hinweis, dass dieses in ihrem Auto unter dem Sitz gefunden worden sei.

Verschiedene Bürgermeister wenden sich an das Landesamt und bitten um Informationen, ob über „den Assel etwas bekannt" sei, da er um die Ausstellung bzw. die Verlängerung eines Wandergewerbescheines ersuche. Dagegen

> bestehen Bedenken, da mit ihm ein gelernter Metzger tätig sei, der seit ein paar Jahren als Anstreicher sein Brot verdiene. Wir sind entschlossen, den Wandergewerbeschein zu versagen, müssen aber bestimmt mit Beschwerde rechnen, wobei wir dann Tatsachen nachweisen müssen, die die Unzuverlässigkeit der Assel in Bezug auf das im Schein bezeichnete Gewerbe dartun.

Und so weiter und so fort. Zwischenzeitlich hat Generalkonservator Lill die ‚Ermittlungen' aufgenommen. Die Assel werden immer mehr. Lill listet in einem Anwortschreiben an eine polizeiliche Anfrage eine ganze Dynastie der weitverzweigten Familie auf. Das Landesamt hat offensichtlich in den vergangenen Jahren die verzwickten Verwandschaftsverhältnisse immer im Auge gehabt. Auch die Verwendung diverser Decknamen und die Gründung immer neuer Firmen und Tochterunternehmen erleichtert die Zuordnung der einzelnen Vergehen an ein bestimmtes Familienmitglied nicht gerade.

1949 schließlich erscheint in einer Regionalzeitung ein Bericht über den „Mann, der Glanz und Pracht erneuert". In dem Artikel heißt es:

> Ein Kunstwerk erhalten, haben wir einmal gelesen, sei nicht minder verdienstvoll, als eines zu schaffen. Diese Zeilen kamen uns unwillkürlich in den Sinn, als wir einem Mann gegenüber saßen, dessen Lebensaufgabe es geworden ist, Kunstwerke zu erhalten, ihnen die einstige Pracht und den Glanz, die ihnen die Hand ihres Schöpfers verliehen hatte, wiederzugeben. ... Der heute fast 74 jährige Meister bedauert es, daß wir einige Tage zu spät dran sind, um den prachtvollen Altar der Kirche ... zu bewundern, der in seiner Werkstatt ein neues funkelndes Kleid erhielt und inzwischen wieder an seinen alten Platz zurückkehrte. ... In der einfachen hellen Werkstatt stehen noch zwei köstliche, mit Steinen reich verzierte Monstranzen zur Abholung bereit. ... Meister Assel, dem das Talent und die Freude an seinem Beruf gewissermaßen in die Wiege gelegt wurden, nachdem Vater und Großvater bereits das gleiche Handwerk ausübten, ist in seinem Leben viel herumgekommen. ... Seine Arbeit führte ihn oft tage- und wochenlang nach auswärts ... Darüber läßt er uns den dicken Band erzählen, der ihn von den ersten Arbeiten 1898 bis zum heutigen Tag durch sein Leben begleitet hat und auf dessen Seiten ihm ungefähr tausend Zeugnisse sein im besten und wahrsten Sinne des Wortes meisterliches Können bestätigen. Interessant ist es, darin zu blättern, denn es enthält ein Stückchen Welt. Da schreibt der Reichsgraf von Ingelheim, daß der Gürtler Assel auf seinen Schlössern Gamburg und Mespelbrunn kirchliche und profane Gegenstände zur vollsten Befriedigung erneuert habe. Da finden wir die Anerkennung der Fürsten Löwenstein und Thurn und Taxis. In Worms, im Hohen Dom von Speyer und beim Pfarrer von Konnersreuth, wo er auch die Bekanntschaft von Therese Neumann machte, hat er gearbeitet, in Altötting verhalfen seine Hände dem ganzen Kirchenschatz zu neuem Glanz ... Seine Frau ist dem Meister eine treue Stütze und auch sein Enkelchen ...

Generalkonservator Lill, dem dieser Zeitungsartikel zugeschickt wird, bedankt sich für die Mitteilung:

> Ich habe richtig geschmunzelt, daß dieser Mann (beinahe hätte ich einen anderen Ausdruck gebraucht) es fertigbringt, wieder einmal den Menschen Sand in die Augen zu streuen ... Der Akt Assel könnte die Grundlage für einen Schwindler-Roman der neuesten Zeit abgeben. Was in der Sache weiter zu tun ist, weiß ich nicht. ...

Der letzte Vermerk in Sachen Assel datiert von 1953. Eine Landpolizeistation teilt mit, daß es sich bei den festgenommenen Kirchendieben um Felix und Leonhard Assel handle. Beide Vornamen waren bisher in den Akten des Landesamtes unbekannt. Die Aufzählung der Vergehen dieser beiden Assel ist dem polizeilichen Protokollanten zu mühsam; er schließt sein Protokoll nach jedem Absatz mit einem bezeichnenden usw. usw.

ANMERKUNG

* Die Namen der beteiligten Restauratoren wurden von der Redaktion geändert.

Bibliographie Michael Petzet

Bibliographie Michael Petzet

1957

Un projet de Perrault pour l'église Sainte-Geneviève à Paris, in: Bulletin Monumental, CXV, 1957, S. 81-96.

Carlo Fontanas Entwurf für das Liechtensteinpalais, in: Alte und Moderne Kunst, 2. Jg., Mai 1957, S. 16 f.

1958

Ein unbekanntes Projekt Chiaveris für die Dresdener Hofkirche, in: Alte und Moderne Kunst, 3. Jg., April 1958, S. 16.

1959

Stadt und Landkreis Kempten, Bayerische Kunstdenkmale, Bd. V, München 1959.

1960

Stadt und Landkreis Füssen, Bayerische Kunstdenkmale, Bd. VIII, München 1960.

1961

Soufflots Sainte-Geneviève und der französische Kirchenbau des 18. Jahrhunderts, Berlin 1961.

Quelques projets inédits pour la chapelle de Versailles, 1688-1689, in: Art de France, I, 1961, S. 315-319.

Übersetzung: Pierre Grimal, Römische Kulturgeschichte (La Civilisation Romaine), München/Zürich 1961.

Pfronten, Kleine Kunstführer Nr. 742, München 1961.

1962

Zum Hindelanger Altar Jörg Lederers, in: Das Münster, XV, 1962, S. 375.

Die Lorettokapellen in Oberstdorf, Kleine Kunstführer Nr. 765, München 1962.

1964

Landkreis Sonthofen, Die Kunstdenkmäler von Bayern, Regierungsbezirk Schwaben VIII, München 1964.

Die Fischener Frauenkapelle, der letzte Kirchenbau Michael Beers, in: Das Münster, XVII, 1964, S. 311-313.

Die Füssener Bildhauerwerkstatt Anton Sturms im Oberallgäu, in: Das Münster, XVII, 1964, S. 314-329.

1965

Buchbesprechung: L'art en France et en Suède 1693-1718. Extraits d'une correspondance entre l'architecte Nicodème Tessin le jeune et Daniel Cronström (Hrsg. Roger-Armand Weigert und Carl Hernmarck), in: Kunstchronik, 18. Jg., 1965, S. 103-105.

1966

Landkreis Marktoberdorf, Bayerische Kunstdenkmale, Bd. XXIII, München 1966.

Linderhof und Herrenchiemsee, in: Bayerland 1966, Sonderausgabe König Ludwig II. und seine Schlösser, S. 21-35.

Johann Baptist Zimmermann, Das Deckenfresko des Steinernen Saales in Schloß Nymphenburg, in: Kunstwerke der Welt, Bd. VI, 1966, Nr. 240.

Buchbesprechung: Wolfgang Götz, Deutsche Marställe des Barock (München-Berlin 1964), in: Deutsche Kunst- und Denkmalpflege, Bd. 24, 1966, S. 94 f.

1967

Entwürfe zur Louvre-Kolonnade, in: Stil und Überlieferung in der Kunst des Abendlandes, Akten des 21. Internationalen Kongresses für Kunstgeschichte in Bonn 1964, Bd. III, Berlin 1967, S. 159-163.

Bayerische Krönungswagen im Marstallmuseum München (mit Rudolf Wackernagel), München 1967.

Claude Perrault als Architekt des Pariser Observatoriums, in: Zeitschrift für Kunstgeschichte, Bd. 30, 1967, S. 1-54.

1968

Ausstellungskatalog König Ludwig II. und die Kunst, Prestel-Verlag, München 1968, Gesamtredaktion und Beitrag „König Ludwig II. und die Kunst", S. 7-70.

König Ludwig II. (mit Hans Rall), München 1968.

Die Kirchen der Pfarrei Fischen, Kleine Kunstführer Nr. 907, München 1968.

Le Nouveau Château de Herrenchiemsee, guide officiel, München 1968.

Linderhof Palace, official guide, München 1968.

1969

Nymphenburg, Schloß, Park und Burgen, amtlicher Führer (mit Luisa Hager), München 1969.

Nymphenburg, le château, le parc et les pavillons, guide officiel (mit Luisa Hager), München 1969.

Neues Schloß Herrenchiemsee, amtlicher Führer, München 1969.

The New Palace of Herrenchiemsee, official guide, München 1969.

1970

Die Richard-Wagner-Bühne Königs Ludwigs II. (mit Detta Petzet), Studien zur Kunst des neunzehnten Jahrhunderts, Bd. 8, München 1970.

Ludwig and the arts, in: Wilfrid Blunt, The Dream King, Ludwig II of Bavaria, London/New York 1970, S. 229-254.

König Ludwig II. und die Kunst, in: Wilfrid Blunt, König Ludwig II. von Bayern, München 1970, S. 228-254.

L'art de Louis II, Roi de Bavière, in: Gazette des Beaux-Arts, Oktober 1970, S. 209-236.

Französische Architektur/Französische Plastik, in: Erich Hubala, Die Kunst des 17. Jahrhunderts, Propyläen Kunstgeschichte, Bd. 9, Berlin 1970, S. 241-266.

Schloß Neuschwanstein, amtlicher Führer, München 1970.

The Castle of Neuschwanstein, official guide, München 1970.

Buchbesprechung: Heinrich Habel, Das Odeon in München und die Frühzeit des öffentlichen Konzertsaalbaus (Berlin 1967), in: Kunstchronik, 23. Jg., 1970, S. 337-339.

1971

Unbekannte Entwürfe Zuccallis für die Schleißheimer Schloßbauten, in: Münchner Jahrbuch der bildenden Kunst, Bd. XXII, 1971, S. 179-204.

Nymphenburg, Palace, park, pavilions, official guide (mit Luisa Hager), München 1971.

1972

Katalog der Ausstellung „Bayern – Kunst und Kultur" (Gesamtredaktion), München 1972.

Julius Hofmann, in: Neue Deutsche Biographie, Bd. 9, Berlin 1972, S. 456.

Entwürfe für Schloß Nymphenburg, in: Zwischen Donau und Alpen. Festschrift für Norbert Lieb zum 65. Geburtstag, Zeitschrift für bayerische Landesgeschichte, Bd. 35, H. 1, S. 204-212.

Vorwort (mit Götz Adriani) zum Ausstellungskatalog: George Segal, Kunsthalle Tübingen und Städtische Galerie im Lenbachhaus München, 1972.

1973

Vorwort (mit Jörg Walter Koch) zum Ausstellungskatalog: Fruhtrunk, Bilder 1952-1972, Städtische Galerie im Lenbachhaus München/Badischer Kunstverein Karlsruhe/Museum Bochum Kunstsammlung, München 1973.

Herausgabe und Vorwort: Bilder-Objekte-Filme-Konzepte (Sammlung Jost Herbig), mit Beiträgen von Andre, Baselitz, Beuys, Böhmler, Broodthaers, Buren u.a. Ausstellungskatalog Städtische Galerie im Lenbachhaus München, München 1973.

Vorwort zum Ausstellungskatalog: Gerhard Richter, Städtische Galerie im Lenbachhaus München, München 1973.

Vorwort zum Ausstellungskatalog: Anton Hiller, Städtische Galerie im Lenbachhaus München, München 1973.

Vorwort (mit Carlo Huber) zum Ausstellungskatalog: Cy Twombly, Bilder 1953-1972, Kunsthalle Bern und Städtische Galerie im Lenbachhaus München, München 1973.

Vorwort zum Ausstellungskatalog: Julius W. Schülein 1881-1970, Gemälde, Zeichnungen, Aquarelle, Druckgraphik, Städtische Galerie im Lenbachhaus München, München 1973.

Vorwort (mit Götz Adriani) zum Ausstellungskatalog: Piero Manzoni 1933-1963, Städtische Galerie im Lenbachhaus München, Kunsthalle Tübingen, München 1973.

Vorwort (mit J.W. von Moltke) zum Ausstellungskatalog: Wassily Kandinsky/Aquarelle, Gouachen, Zeichnungen, Kunsthalle Bielefeld und Städtische Galerie im Lenbachhaus München, München 1973.

Herausgabe und Vorwort (mit Götz Adriani und Armin Zweite): Arturo Schwarz, new york dada – duchamp, man ray, picabia, Ausstellungskatalog Städtische Galerie im Lenbachhaus München und Kunsthalle Tübingen, München 1973.

1974

Vorwort zum Ausstellungskatalog: R. Wittenborn, Bilder, Zeichnungen, Graphik 1968-1973, Städtische Galerie im Lenbachhaus München, München 1974.

Vorwort (mit Götz Adriani) zum Ausstellungskatalog: Richard Hamilton, The Solomon Guggenheim Museum New York/Städtische Galerie im Lenbachhaus München/Kunsthalle Tübingen, München 1974.

Vorwort zum Ausstellungskatalog: Ernst Geitlinger 1895-1972, Städtische Galerie im Lenbachhaus München, München 1974.

Herausgabe und Vorwort: Wilhelm Leibl und sein Kreis, Ausstellungskatalog Städtische Galerie im Lenbachhaus München, München 1974.

Vorwort: Erika Hanfstaengl, Wassily Kandinsky, Zeichnungen und Aquarelle, Katalog der Sammlung in der Städtischen Galerie im Lenbachhaus München, München 1974, S. 6.

Münchener Fassaden, Wohnhausfassaden des Historismus und des Jugendstils (mit Heinrich Habel, Klaus Merten und Siegfried von Quast), München 1974.

Herausgabe (mit Tilmann Breuer): Michael Brix und Karl-Ludwig Lippert, Ehem. Landkreis Rehau und Stadt Selb, Bayerische Kunstdenkmale, Bd. XXXIV, München 1974.

Herausgabe: Richard Strobel, Baualtersplan zur Stadtsanierung Regensburg II (Lit. B Schererwacht und Lit. C Wildwercherwacht), Baualterspläne zur Stadtsanierung in Bayern, Bd. III, München 1974.

1975

Eine Zukunft für unsere Vergangenheit? – Denkmalpflege im Denkmalschutzjahr 1975, in: Katalog der Ausstellung „Eine Zukunft für unsere Vergangenheit", München 1975, S. 7-37.

Denkmalpflege heute, in: Jahrbuch der Bayerischen Denkmalpflege, Bd. 29 für die Jahre 1972 bis 1974, München 1975, S. 11-17.

Denkmalpflege in Bayern, in: Bayern – Deutschland – Europa, Festschrift für Alfons Goppel, München 1975, S. 273-290.

Bayerisches Denkmalschutzgesetz, Kommentar (mit Wolfgang Eberl und Werner Schiedermair), 2. neubearbeitete Aufl., München 1975.

Praktische Denkmalpflege in Bayern, in: Denkmalpflege Informationen, Ausg. A, Nr. 2/12. April 1975.

Freilichtmuseen und Bauernhofmuseen in Bayern, in: Freundeskreis Blätter, 2 (Freilichtmuseum Südbayern), Juni 1975.

„Eine Zukunft für unsere Vergangenheit", nationale Wanderausstellung zum Denkmalschutzjahr 1975 bearbeitet vom Bayerischen Landesamt für Denkmalpflege im Auftrag des Deutschen Nationalkomitees, in: Denkmalpflege Informationen, Ausg. B, Nr. 5/30. Januar 1975, S. 4-7.

Zum Tode von Heinrich Kreisel, in: Denkmalpflege Informationen, Ausg. B, Nr. 9/10. Dezember 1975, S. 11 f.

1976

Erhaltende Erneuerung – aus der Sicht des Denkmalpflegers, in: Hans Maier (Hrsg.), Denkmalschutz, Internationale Probleme – Nationale Projekte, Zürich 1976, S. 55-76.

Denkmalpflege in Bayern (La tutela dei monumenti in Baviera), in: Bolletino di Informazione, hrsg. von der autonomen Provinz Trient, Nr. 2 (Kongreß alpenländische Denkmalpflege), Trient 1976.

Herausgabe (mit Tilmann Breuer): Gerhard Hojer, Ehem. Landkreis Scheinfeld, Bayerische Kunstdenkmale, Bd. XXXV, München 1976.

Freilichtmuseum und Denkmalschutz, Vortrag zur Eröffnung des Freilichtmuseums an der Glentleiten am 16. Oktober 1976, in: Denkmalpflege Informationen, Ausg. A, Nr. 8/29. Oktober 1976.

1977

Herausgabe (mit Tilmann Breuer): Günther P. Fehring und Anton Ress, Die Stadt Nürnberg, Bayerische Kunstdenkmale, Bd. X, 2. Auflage, bearbeitet von Wilhelm Schwemmer, München 1977.

Vorwort: Georg Dehio, Handbuch der Deutschen Kunstdenkmäler: Bremen, Niedersachsen, bearbeitet von Gottfried Kiesow, Hans Christoph Hoffmann u.a., München 1977.

Grußwort: Denkschrift anläßlich der ersten Gesamtsanierung des Bayertores in Landsberg a. Lech in den Jahren 1975-1977, Landsberg a. Lech 1977, S. 4, mit Vorwort „Die bayerischen Denkmallisten", S. 12 f.

Grußwort: Die Erneuerung der ehemaligen Fürstbischöflichen Residenz in Eichstätt 1976/77, Sammelblatt des Historischen Vereins Eichstätt, 70. Jg., 1977, Eichstätt 1977, S. 7 f.

Buchbesprechung: Friedrich von Thiersch (1852-1921), Bauten und Entwürfe, Ausstellungskatalog mit Beiträgen von Horst Karl Marschall, in: Denkmalpflege Informationen, Ausg. B, Nr. 21/20. Juli 1977, S. 10 f.

1978

Ferdinand Dietz und Seehof, in: 114. Bericht des Historischen Vereins Bamberg, 1978, S. 183 ff.

Heinrich Kreisel (Nachruf), in: Jahrbuch der Bayerischen Denkmalpflege, Bd. 30 für die Jahre 1975 und 1976, München 1978, S. 238-240.

Aktuelle Probleme der Denkmalpflege, in: Mitteilungsblatt des Historischen Vereins für Vermessungswesen, 30. Jg., 1978, H. 4, S. 218 ff.

Dorferneuerung und Denkmalpflege, in: Der Landkreis, 48. Jg., 1978, Heft 8/9, S. 406 ff.

Denkmäler machen Marktwert, in: Bayerland, 80. Jg., 1978, Nr. 5, S. 114.

Vorwort zum Jahrbuch der Bayerischen Denkmalpflege, Bd. 30 für die Jahre 1975 und 1976, München 1978.

Herausgabe: Klaus Kraft/Florian Hufnagl, Landkreis Fürstenfeldbruck (Baudenkmäler in Bayern, Bd. 12), München 1978, mit Vorwort „Die bayerischen Denkmallisten", S. 12 f.

Herausgabe: Klaus Kratzsch/Alexander Rauch, Stadt Schwabach (Baudenkmäler in Bayern, Bd. 63), München 1978, mit Vorwort „Die amtliche Denkmalliste in Kommentar und Bild", S. 11 f.

Herausgabe: Arbeitshefte des Bayerischen Landesamtes für Denkmalpflege, Bände 1 (Inventarisation, Dokumentation und Pflege von Museumsgut), 2 (Die Lindenhardter Tafelbilder von Matthias Grünewald), 3 (Vom Glaspalast zum Gaskessel. Münchens Weg ins technische Zeitalter), München 1978.

Herausgabe (mit Tilmann Breuer): Volker Liedke, Baualtersplan zur Stadtsanierung Burghausen, Baualterspläne zur Stadtsanierung in Bayern IV, München 1978.

Geleitwort: Christian Pescheck, Die germanischen Bodenfunde der römischen Kaiserzeit in Mainfranken, Münchner Beiträge zur Vor- und Frühgeschichte, Bd. 27, München 1978, S. IX f.

Dorferneuerung und Denkmalpflege, Vortrag anläßlich der Fachtagung der Bayerischen Flurbereinigungsverwaltung (Ansbach, 30. Mai 1978), in: Denkmalpflege Informationen, Ausg. A, Nr. 14/10. Juli 1978.

Denkmalschutz und moderne Architektur, Vortrag bei einer Veranstaltung der Katholischen Akademie in Bayern (München, 30. September 1978), in: Denkmalpflege Informationen, Ausg. A, Nr. 16/10. Oktober 1978.

Die Möglichkeiten der Gemeinden und Regionen zur Erhaltung und Wiederbelebung historischer Bausubstanz auf dem Lande, Vortrag zum 3. Europäischen Symposium Historischer Städte (München/Landshut 29. November – 1. Dezember 1978), in: Denkmalpflege Informationen, Ausg. A, Nr. 18/15. Dezember 1978.

1979

Echtheitsfetischismus? (Einführung), in: Stephan Waetzold/Alfred A. Schmid, Echtheitsfetischismus? Zur Wahrhaftigkeit des Originalen. Carl Friedrich von Siemens Stiftung, Themen XXVIII, München 1979, S. 37-42.

Torsten Gebhard zum 70. Geburtstag, in: Bayerische Blätter für Volkskunde, Nr. 1/1979.

Dorferneuerung und Denkmalpflege, in: Jahrbuch der Bayerischen Denkmalpflege, Bd. 31 für das Jahr 1977, München 1979, S. 18-24.

Dorferneuerung und Denkmalpflege, in: Archiv für Geschichte von Oberfranken, Bd. 59, 1979, S. 7-13.

Die Möglichkeiten der Gemeinden und Regionen zur Erhaltung und Wiederbelebung historischer Bausubstanz auf dem Lande, in: Städte und Gemeindebund, 34. Jg. 1979, H. 2, S. 44 ff., und in: Deutsche Kunst- und Denkmalpflege, 37. Jg., 1979, H. 1, S. 2-10.

Die schwäbische Heimatpflege und das Bayerische Landesamt für Denkmalpflege, in: 50 Jahre Heimatpflege in Schwaben 1929-1979 (Hrsg. Hans Frei), Augsburg 1979, S. 145 ff.

Vorwort zum Jahrbuch der Bayerischen Denkmalpflege, Bd. 31 für das Jahr 1977, München 1979.

Herausgabe: Arbeitshefte des Bayerischen Landesamtes für Denkmalpflege, Bände 4 (Steinkonservierung), 5 (Torsten Gebhard, Denkmalpflege und Museum), 6 (Konservierung, Restaurierung, Renovierung – Grundsätze, Durchführung, Dokumentation), München 1979.

Vorwort: Georg Dehio, Handbuch der Deutschen Kunstdenkmäler, Bayern I: Franken, bearbeitet von Tilmann Breuer, Friedrich Oswald u. a., München 1979.

Was ist landschaftsgerechtes Bauen? Vortrag anläßlich einer Tagung des Werkbunds Bayern (Bozen, 22. November 1979), in: Denkmalpflege Informationen Ausg. A, Nr. 22/17. Dezember 1979.

Chancen und Möglichkeiten des Handwerks im Bereich der Denkmalpflege, Rede zur Herbstvollversammlung des Deutschen Handwerkskammertags (München, 28. November 1979), in: Denkmalpflege Informationen, Ausg. A, Nr. 23/20. Dezember 1979.

Denkmalpflege und Museen, in: Denkmalpflege Informationen, Ausg. B, Nr. 32/9. März 1979, S. 1-3.

Rettet die Walhalla, in: Denkmalpflege Informationen, Ausg. B, Nr. 36/12. September 1979, S. 1-10.

1980

Die Welt des Bayerischen Märchenkönigs/Ludwig II. und seine Schlösser (mit Werner Neumeister), München 1980.

King Ludwig II., Reality and Mystery (mit Hans Rall), München/Zürich 1980.

Soufflot et l'ordonnance, in: Soufflot et l'architecture des Lumières, Lyon 1980, S. 13-15.

Denkmalschutz und moderne Architektur, in: Jahrbuch der Bayerischen Denkmalpflege, Bd. 32 für das Jahr 1978, München 1980, S. 9-28.

Die Möglichkeiten der Gemeinden und Landkreise zur Erhaltung und Wiederbelebung historischer Bausubstanz auf dem Lande, in: Jahrbuch der Bayerischen Denkmalpflege, Bd. 32 für das Jahr 1978, München 1980, S. 43-55.

Chancen und Möglichkeiten des Handwerks im Bereich der Denkmalpflege, in: Zentralverband des Deutschen Handwerks, Schriftenreihe, H. 30, Bonn 1980, S. 36-48.

Vorwort zum Jahrbuch der Bayerischen Denkmalpflege, Bd. 32 für das Jahr 1978, München 1980.

Herausgabe (mit Tilmann Breuer): Karl-Heinz Betz/Richard Strobel, Baualtersplan zur Stadtsanierung Regensburg, III (Lit. E Wahlenwacht), Baualterspläne zur Stadtsanierung in Bayern, Bd. V, München 1980.

Vorwort (mit Gerd Albers und Willibald Sauerländer): Bauen in München 1890-1950. Eine Vortragsreihe in der Bayerischen Akademie der Schönen Künste, Arbeitshefte des Bayerischen Landesamtes für Denkmalpflege, Bd. 7, München 1980, S. 5.

Ensembles, Vorwort zum Kalender 1980 des Bayerischen Landesamtes für Denkmalpflege.

Klaus Schwarz zum 65. Geburtstag, Vorwort zum Jahresbericht der Bayerischen Bodendenkmalpflege, 21, 1980, S. 9 f.

Grußwort im Ausstellungskatalog „Sammler zeigen ihre Schätze", Historischer Verein Erding, 1980.

Grußwort zur Einweihung des Stadtplatzes von Aichach, in: Aichach saniert, 1980.

Die Wiederentdeckung der Burg, in: Bayerland, Ausg. Juni 1980.

Resumé aus der Sicht der Denkmalpflege (zur Fortbildungsveranstaltung der Obersten Baubehörde in Passau, Straubing, Regensburg und Amberg), in: bau intern, Zeitschrift der Bayerischen Staatsbauverwaltung, Jg. 1980, Nr. 12, S. 317 f.

4. Ingolstädter Begegnung (Stadtsanierung), in: Ingolstädter Begegnungen. Eine kommunalpolitische Gesprächsrunde, München 1980, S. 51 ff.

1981

Chancen und Möglichkeiten des Handwerks im Bereich der Denkmalpflege, in: Jahrbuch der Bayerischen Denkmalpflege, Bd. 33 für das Jahr 1979, München 1981, S. 9-15.

Was ist landschaftsgerechtes Bauen?, in: Jahrbuch der Bayerischen Denkmalpflege, Bd. 33 für das Jahr 1979, München 1981, S. 267-274.

Denkmalpflege in der Oberpfalz, in: Lebendige Oberpfalz, Festschrift für Regierungspräsident Emmerig, Regensburg 1981, S. 230-239.

Die Münchner Uraufführung der „Meistersinger", in: Ausstellungskatalog Die Meistersinger und Richard Wagner, Germanisches Nationalmuseum Nürnberg, 1981, S. 23-34.

Vorwort zum Jahrbuch der Bayerischen Denkmalpflege, Bd. 33 für das Jahr 1979, München 1981.

Herausgabe: Arbeitshefte des Bayerischen Landesamtes für Denkmalpflege, Bände 8 (Dieter Klein, Martin Dülfer – Wegbereiter der deutschen Jugendstilarchitektur) und 9 (Denkmalinventarisation in Bayern, Anfänge und Perspektiven), München 1981.

Herausgabe (mit Tilmann Breuer): Karl-Heinz Betz und Florian Hufnagl, Baualtersplan zur Stadtsanierung Regensburg, IV (Lit. F Witwangerwacht), Baualterspläne zur Stadtsanierung in Bayern, Bd. VI, München 1981.

Archäologische Stätten in Bayern, Vorwort (mit Rainer Christlein) zum Kalender 1981 des Bayerischen Landesamtes für Denkmalpflege.

Fränkisches Bauern- und Handwerkermuseum Mönchsondheim, Grußwort zur Eröffnung, Mönchsondheim 1981.

Schwäbisches Bildungszentrum Irsee, Grußwort zur Eröffnung, 1981.

Walter Gaudnek, in: Die Kunst und das schöne Heim, 93. Jg., H. 11, Nov. 1981, S. 809-812.

Denkmalpflege und Stadterneuerung: Ergänzung oder Konflikt? Vortrag anläßlich einer Tagung der Deutschen Akademie für Städtebau und Landesplanung (Regensburg, 18. März 1981), in: Denkmalpflege Informationen, Ausg. A, Nr. 30/29. Mai 1981.

Sprosseritis?, in: Denkmalpflege Informationen, Ausg. B, Nr. 47/16. Februar 1981, S. 2 f.

1982

Das Triumphbogenmonument für Ludwig XIV. auf der Place du Trône, in: Zeitschrift für Kunstgeschichte, Bd. 45, 1982, S. 145-194.

Johann Baptist Roppelts „Geometrischer Grund Riss" von 1774 und die Planungen für Kloster Banz, in: Jahrbuch der Bayerischen Denkmalpflege, Bd. 34 für das Jahr 1980, München 1982, S. 227-276.

Denkmalpflege im urbanen und ländlichen Raum, in: Bauliches Erbe – Brücke in die Zukunft, München 1982, S. 23-33.

Vorwort zum Jahrbuch der Bayerischen Denkmalpflege, Bd. 34 für das Jahr 1980, München 1982.

Herausgabe: Arbeitshefte des Bayerischen Landesamtes für Denkmalpflege, Bände 10 (Heinrich Habel, Das Bayerische Armeemuseum in München), 11 (Der Schwabacher Hochaltar, internationales Kolloquium anläßlich der Restaurierung, Schwabach, 30. Juni-2. Juli 1981), 12 (Michael Kühlenthal/Martin Zunhamer, Der Passauer Dom und die Deckengemälde Carpoforo Tencallas, Ergebnisse der Restaurierung 1972-1980), 13 (Dagmar Dietrich, Der Kirchenbau und seine Ausstattung. Hinweise für Pfarrer, Kirchenvorsteher, Kirchenpfleger und Mesner), München 1982.

Die Restaurierungswerkstätten des Bayerischen Landesamtes für Denkmalpflege, Einführung (mit Karl Ludwig Dasser) zum Kalender 1982 des Bayerischen Landesamtes für Denkmalpflege.

Vorwort Georg Dehio, Handbuch der Deutschen Kunstdenkmäler: Hessen, bearbeitet von Magnus Backes, München 1982.

Vorwort (mit Tilmann Breuer) zum Nachdruck der Reihe „Die Kunstdenkmäler von Bayern", München/Wien 1982 ff.

Zukunftsperspektiven der bayerischen Denkmalpflege, Vortrag anläßlich der 1. Jahrestagung der bayerischen Denkmalpflege (Landshut, 29. April 1982), in: Denkmalpflege Informationen, Ausg. A, Nr. 34/17. Mai 1982.

1983

75 Jahre Bayerisches Landesamt für Denkmalpflege, in: Denkmalpflege in Bayern, Arbeitshefte des Bayerischen Landesamtes für Denkmalpflege, Bd. 18, München 1983, S. 7-39.

Denkmalpflege und Stadterneuerung: Ergänzung oder Konflikt?, in: Jahrbuch der Bayerischen Denkmalpflege, Bd. 35 für das Jahr 1981, München 1983, S. 9-17.

Von der Generalinspektion zum Bayerischen Landesamt, in: Schulreport, Juli 1983/Heft 3, S. 4-6.

„Parsifal" als Separatvorstellung (mit Detta Petzet), in: Blätter der Bayerischen Staatsoper, Heft VI, 1983.

Richard Wagner in München, in: Blätter der Bayerischen Staatsoper, Heft IX/X, 1983.

Herausgabe und Vorwort: Jahrbuch der Bayerischen Denkmalpflege, Bd. 35 für das Jahr 1981, München 1983.

Herausgabe: Arbeitshefte des Bayerischen Landesamtes für Denkmalpflege, Bände 14 (Das Kurhaustheater in Augsburg-Göggingen), 15 (Paul Werner, Der Zwiehof des Berchtesgadener Landes, Bayerische Hauslandschaften I), 16 (Der Englische Gruß des Veit Stoß zu St. Lorenz in Nürnberg), 17 (Schätze aus Bayerns Erde. 75 Jahre archäologische Denkmalpflege in Bayern, Ausstellung im Mainfränkischen Museum Würzburg), 18 (Denkmalpflege in Bayern / 75 Jahre Bayerisches Landesamt für Denkmalpflege) und 19 (Hans Maier, Denkmalpflege in Bayern – eine Bilanz 1972-1982), München 1983.

Herausgabe (mit Tilmann Breuer): Helmut-Eberhard Paulus, Baualtersplan zur Stadtsanierung Regensburg, VI (Lit. A Westnerwacht), Baualterspläne zur Stadtsanierung in Bayern, Bd. VIII, München 1983.

Vorwort (mit Anton Hochleitner und Erwin Keller): Das archäologische Jahr in Bayern 1982, Stuttgart 1983, S. 15 f.

Geleitwort: Ein Schülerwettbewerb in Franken, Denkmalpflege Informationen, Ausg. A, Nr. 38/2. November 1983, S. 3.

Bauernhäuser, Vorwort zum Kalender 1983 des Bayerischen Landesamtes für Denkmalpflege.

Gerstruben bei Oberstdorf, Haus Nr. 4, in: Kalender 1983 des Bayerischen Landesamtes für Denkmalpflege.

1984

Der Obelisk des Sonnenkönigs. Ein Projekt Claude Perraults von 1666, in: Zeitschrift für Kunstgeschichte, Bd. 47, 1984, S. 439-464.

Zukunftsperspektiven der Bayerischen Denkmalpflege, in: Jahrbuch der Bayerischen Denkmalpflege, Bd. 36 für das Jahr 1982, München 1984, S. 18-28.

Use of Castles in Bavaria /Examples: Pommersfelden, Seehof, Schwindegg, in: Symposium ICOMOS / CSSR 18.-24.9.1983, New Role of Castles and Châteaux in the Life of Society, Prag 1984, S. 155-159.

Handwerk und Denkmalpflege, in: Handwerk und Denkmalpflege / Dokumentation des Europarat-Kongresses vom 27. bis 30. Mai 1984 in Würzburg, Schriftenreihe des Deutschen Nationalkomitees für Denkmalschutz, Bd. 24, S. 27.

Herausgabe und Vorwort: Jahrbuch der Bayerischen Denkmalpflege, Bd. 36 für das Jahr 1982, München 1984.

Herausgabe: Arbeitshefte des Bayerischen Landesamtes für Denkmalpflege, Bände 20 (Michael Kühlenthal, Irsee, Geschichte und Instandsetzung des ehem. Benediktinerreichsstifts), 21 (Farbige Architektur. Regensburger Häuser, Bauforschung und Dokumentation, Ausstellung im Museum der Stadt Regensburg 1984), 22 (Rolf Snethlage, Steinkonservierung, Forschungsprogramm des Zentrallabors für Denkmalpflege 1979-1983), 23 (Das Südportal des Augsburger Doms. Geschichte und Konservierung), 24 (Handwerk und Denkmalpflege /Artisanat et Conservation / Craftmanship and Conservation), 25 (Wolf-Dieter Grimm/ Rolf Snethlage, Adneter Rotmarmor, Vorkommen und Konservierung), München 1984.

Herausgabe (mit Tilmann Breuer): Helmut-Eberhard Paulus, Baualtersplan zur Stadtsanierung Regensburg, V (Lit. G Pauluserwacht), Baualterspläne zur Stadtsanierung in Bayern, Bd. VII, München 1984.

Vorwort (mit Anton Hochleitner und Erwin Keller): Das archäologische Jahr in Bayern 1983, Stuttgart 1984, S. 9-11.

Technische Denkmäler, Vorwort zum Kalender 1984 des Bayerischen Landesamtes für Denkmalpflege.

Vorwort: Georg Dehio, Handbuch der Deutschen Kunstdenkmäler, Rheinland-Pfalz, Saarland, bearbeitet von Hans Caspary, Wolfgang Götz u. a., München 1984.

Vorwort zum Ausstellungskatalog: Thermae Maiores, Biriciana Weißenburg i. Bay./Ausgrabung – Konservierung – Restaurierung, Budapest 1984.

Vorwort: Wilhelm Ruckdeschel, Technische Denkmale in Augsburg, Augsburg-Haunstetten 1984, S. 5.

Handwerk und Denkmalpflege, Einführungsreferat anläßlich des Europäischen Kongresses „Handwerk und Denkmalpflege" (Würzburg, 29.

Mai 1984), in: Denkmalpflege Informationen, Ausg. A, Nr. 44/14. Juli 1984.

Denkmalpflege in Nürnberg, Vortrag anläßlich der Jahresveranstaltung des Landesdenkmalrats (Kaiserburg Nürnberg, 29. Juni 1984), in: Denkmalpflege Informationen, Ausg. A, Nr. 45/31. Juli 1984.

Lassen wir unsere Denkmäler im „sauren Regen" stehen? Kulturkommentar, in: gehört – gelesen, März 1984, S. 103-105.

Lassen wir unsere Denkmäler im „sauren Regen" stehen?, in: Wohnung + Gesundheit, 6. Jg., Nr. 24, Juni 1984, S. 19 f.

1985

Der Pavillon de l'Aurore in Sceaux, in: Intuition und Darstellung, Festschrift Erich Hubala, München 1985, S. 183-192.

Die Halle des ehem. Militärflughafens Schleißheim/The Hangar at the former Military Aerodrome at Schleissheim, in: Eisenarchitektur / Die Rolle des Eisens in der historischen Architektur der ersten Hälfte des 20. Jahrhunderts, ICOMOS – Deutsches Nationalkomitee, Internationales Kolloquium 1984, Hannover 1985, S. 102-108, 253-259.

Perspektiven der Steinkonservierung, in: Die Epitaphien an der Frauenkirche zu München, Messerschmitt Stiftung, Berichte zur Denkmalpflege, München 1985, S. 10 f.

Herausgabe und Vorwort: Jahrbuch der Bayerischen Denkmalpflege 1983, Bd. 37 für das Jahr 1983, München 1985.

Herausgabe: Denkmäler in Bayern, Bd. I. 1, Landeshauptstadt München, bearbeitet von Heinrich Habel und Helga Himen, 1. und 2. Aufl. München 1985.

Herausgabe: Denkmäler in Bayern, Bd. VI, Unterfranken, bearbeitet von Denis André Chevalley, München 1985.

Herausgabe: Arbeitshefte des Bayerischen Landesamtes für Denkmalpflege, Bände 26 (Archäologische Denkmalpflege in Niederbayern – 10 Jahre Außenstelle des Bayerischen Landesamtes für Denkmalpflege in Landshut, 1973-1983), 27 (Die Römer in Schwaben I: Katalog der Jubiläumsausstellung 2000 Jahre Augsburg), 31 (Natursteinkonservierung, Internationales Kolloquium in München am 21./22. Mai 1984), 32 (Glaskonservierung – Historische Glasfenster und ihre Erhaltung, Internationales Kolloquium, München und Nürnberg, 29./30. Oktober 1984), München 1985.

Vorwort (mit Anton Hochleitner und Erwin Keller): Das archäologische Jahr in Bayern 1984, Stuttgart 1985, S. 11-13.

Ensembles in Bayern, Vorwort (mit Rudolf Hanauer) zum Kalender 1985 des Bayerischen Landesamtes für Denkmalpflege.

Bayerisches Denkmalschutzgesetz, Kommentar (mit Wolfgang Eberl und Dieter Martin), 3. Aufl., München 1985, Einführung, S. 13-25.

Denkmalschutz und Umweltschutz, Einführungsreferat zur 3. Jahrestagung der Bayerischen Denkmalpflege (Lindau, 27./28. Juni 1985), in: Denkmalpflege Informationen, Ausg. A, Nr. 52/10. Juli 1985.

Seehof, Baugeschichte und Restaurierung von Schloß und Park (mit York Langenstein), Denkmalpflege Informationen, Ausg. A, Nr. 53/2. August 1985.

Erich Lindenberg, Aquarelle und Pastelle. Einführung in die Ausstellung, Bayerische Versicherungskammer, München 1985.

1986

Planungen für Sceaux, das Schloß Colberts, in: Zeitschrift für Kunstgeschichte, Bd. 49, 1986, S. 502-555.

König Ludwig II., Wirklichkeit und Rätsel (mit Hans Rall und Franz Merta), München/Zürich 1986.

Architektur als Kulisse – Die Kunst Ludwigs II., Vortrag am 26. April 1986 anläßlich der Tagung der Katholischen Akademie in München zum 100. Todestag König Ludwigs II., Denkmalpflege Informationen, Ausg. A, Nr. 56/13. Juni 1986.

Architektur und Kulisse, in: Zur Debatte, Themen der Katholischen Akademie in Bayern, 16. Jg., Nr. 4, München Juli /August 1986, S. 10 f.

Architektur und Theaterdekoration – die Bauten König Ludwigs II. als Bühne seines Lebens, in: König Ludwig II. – Museum Herrenchiemsee, Katalog (Hrsg. Gerhard Hojer), München 1986, S. 31-61.

Architektur als Kulisse – Die Kunst König Ludwigs II., in: Ludwig II. Die Tragik des „Märchenkönigs", Regensburg 1986, S. 30-56.

Von Rothenburg bis Neuschwanstein: Denkmalpflege und Fremdenverkehr im Freistaat Bayern, in: Conservation and Tourism, Second International Congress on Architectural Conservation and Town Planning (Basel 1985), London 1986, S. 42-48.

Denkmalpflege, in: 100 Jahre Flurbereinigung in Bayern 1886-1986 (Hrsg. Bayerisches Staatsministerium für Ernährung, Landwirtschaft und Forsten), München 1986, S. 399-403.

Herausgabe: Denkmäler in Bayern, Bd. I.2, Oberbayern, bearbeitet von Wilhelm Neu und Volker Liedke, München 1986.

Herausgabe: Denkmäler in Bayern, Bd. II, Niederbayern, bearbeitet von Sixtus Lampl und Wilhelm Neu, München 1986.

Herausgabe: Denkmäler in Bayern, Bd. III, Oberpfalz, bearbeitet von Sixtus Lampl, München 1986.

Herausgabe: Denkmäler in Bayern, Bd. IV, Oberfranken, bearbeitet von Denis André Chevalley, Hans-Wolfram Lübbeke und Michael Nitz, München 1986.

Herausgabe: Denkmäler in Bayern, Bd. V, Mittelfranken, bearbeitet von Hans-Wolfram Lübbeke, München 1986.

Herausgabe: Denkmäler in Bayern, Bd. VII, Schwaben, bearbeitet von Bernd-Peter Schaul, München 1986.

Herausgabe: Denkmäler in Bayern, Bd. I.15, Klaus Kratzsch, Landkreis Miesbach, München/Zürich 1986, 2. Aufl. 1987.

Herausgabe: Arbeitshefte des Bayerischen Landesamtes für Denkmalpflege, Bände 28 (Die Römer in Schwaben II: Dokumentation der Jubiläumsausstellung 2000 Jahre Augsburg), 29 (Manfred Schuller, Die Kaskade von Seehof – Bauforschung und Dokumentation), 34 (Umweltbedingte Gebäudeschäden, eine Bestandsaufnahme der Forschungstätigkeit in der Bundesrepublik Deutschland), München 1986.

Vorwort: Lusus Campanularum, Beiträge zur Glockenkunde, Sigrid Thurm zum 80. Geburtstag (Hrsg. Tilmann Breuer), Arbeitshefte des Bayerischen Landesamtes für Denkmalpflege, Bd. 30, München 1986, S. 7.

Herausgabe (mit Tilmann Breuer): Helmut-Eberhard Paulus, Baualtersplan zur Stadtsanierung Regensburg, VII (Lit. H Osternwacht), Baualterspläne zur Stadtsanierung in Bayern, Bd. IX, München 1986.

Vorwort (mit Volker Freiherr von Truchseß von und zu Wetzhausen und Erwin Keller): Das archäologische Jahr in Bayern 1985, Stuttgart 1986, S. 11 f.

Zur Ausstellung „Die Römer in Schwaben" in: Die Römer in Schwaben, Kalender 1986 des Bayerischen Landesamtes für Denkmalpflege, Vorwort (mit Rudolf Hanauer).

Vorwort: Heinrich Habel, König Ludwig I. von Bayern, Zum 200. Geburtstag, Denkmalpflege Informationen, Ausg. A, Nr. 57/25. August 1986, S. 1.

1987

Ein Vorprojekt Claude Perraults für den Triumphbogen der Place du Trône, in: Festschrift Norbert Lieb zum 80. Geburtstag, Jahrbuch des Vereins für Christliche Kunst in München e. V., Bd. XVI, München 1987, S. 142-151.

Denkmalpflege in Nürnberg, in: Jahrbuch der Bayerischen Denkmalpflege, Bd. 38 für das Jahr 1984, München 1987, S. 9-22.

Preliminary Investigations for the Restoration of the Wies Church, in: ICOMOS, 8th General Assembly and International Symposium „Old Cultures in New Worlds", Washington 10.-15. Oktober 1987, Vol. 1, Symposium Papers, S. 447-451.

L'organisazione della tutela in Baviera, in: Restauro & Città, anno III, 1987, n. 7, S. 53-65.

Die Instandsetzung des Prinzregententheaters als denkmalpflegerische Aufgabe, in: Bernd-Peter Schaul, Das Prinzregententheater in München und die Reform des Theaterbaus um 1900, Arbeitshefte des Bayerischen Landesamtes für Denkmalpflege, Bd. 37, München 1987, S. 7-15.

Herausgabe und Vorwort: Jahrbuch der Bayerischen Denkmalpflege, Bd. 38 für das Jahr 1984, München 1987.

Herausgabe: Arbeitshefte des Bayerischen Landesamtes für Denkmalpflege, Bände 33 (Textile Grabfunde aus der Sepultur des Bamberger Domkapitels), 35 (Hans Graßl, Monumente bayerischer Geschichte) und 37 (Bernd-Peter Schaul, Das Prinzregententheater in München und die Reform des Theaterbaus um 1900), München 1987.

Herausgabe (mit Tilmann Breuer): Helmut-Eberhard Paulus, Baualtersplan zur Stadtsanierung Regensburg, VIII, Oberer und Unterer Wöhrd, St. Katharinenspital, Steinerne Brücke, Baualterspläne zur Stadtsanierung in Bayern, Bd. X, München 1987, Vorwort (mit Tilmann Breuer), S. 7-8.

Vorwort (mit Volker Freiherr Truchseß von und zu Wetzhausen und Erwin Keller): Das archäologische Jahr in Bayern 1986, Stuttgart 1987.

Monumenta Bavariae, Vorwort (mit Rudolf Hanauer) zum Kalender 1987 des Bayerischen Landesamtes für Denkmalpflege.

Vorwort zu Altstadtsanierung und Denkmalpflege, Erfahrungsbericht aus 12 Jahren Altstadtsanierung und Denkmalpflege in Karlstadt, Karlstadt 1987, S. 5.

Vorwort: Denkmalpflege in Bayern, 5. Mehrjahresplan (Hrsg. Bayerisches Staatsministerium für Wissenschaft und Kunst), München 1987, S. 4.

Architektur als Kulisse – Die Kunst Ludwigs II., in: Denkmalpflege Informationen, Ausg. A, Nr. 56/13. Juni 1986.

Architektur als Kulisse – Die Kunst Ludwigs II., in: Amberg-Information, Heft 10, Okt. 1986, S. 30-37; Heft 11, Nov. 1986, S. 31-45.

Die Innenrestaurierung von Vierzehnheiligen – Baugeschichte und Restaurierungskonzept, in: Denkmalpflege Informationen, Ausg. B, Nr. 83/29. Juni 1987, S. 5-8.

Grundsätze der Denkmalpflege (Vortrag am 5. Mai 1987 in Wildbad Kreuth), in: Denkmalpflege Informationen, Ausg. A, Nr. 62/28. September 1987.

1988

Die Arkaden am Unteren Hofgarten und die Münchner Architektur der Renaissance, in: Denkmäler am Münchner Hofgarten, Forschungen und Berichte zu Planungsgeschichte und historischem Baubestand, Arbeitshefte des Bayerischen Landesamtes für Denkmalpflege, Bd. 41, München 1988, S. 9-27.

Die Instandsetzung des Prinzregententheaters in München als denkmalpflegerische Aufgabe, in: Deutsche Kunst- und Denkmalpflege, 46. Jg., 1988, Heft 1, S. 84-93.

Die Instandsetzung des Prinzregententheaters als denkmalpflegerische Aufgabe, in: Das neue Prinzregententheater, Festschrift zur Wiedereröffnung des Prinzregententheaters in München am 9. Januar 1988, S. 87-99.

Grundsätze der Denkmalpflege, in: Denkmalpflege, Andenken und Auftrag, Politische Studien, Sonderheft 2/1988, S. 9-33.

Denkmalschutz und Umweltschutz, in: Jahrbuch der Bayerischen Denkmalpflege, Bd. 39 für das Jahr 1985, München 1988, S. 15-22.

Denkmalschutz und Umweltschutz – Zur Situation des baulichen Erbes in unserer Umwelt in Stadt und Land, in: Umweltschutz, Fremdenverkehr und Denkmalpflege, Reihe Tagungsberichte (Hrsg. Bayerisches Staatsministerium für Wirtschaft und Verkehr), Bd. 4, München 1988, S. 81-92.

Die Wunden sind nicht verheilt. Probleme der Denkmalpflege, in: Gert Gliewe, Kunst in München, 1988, S. 62-73.

Herausgabe und Vorwort: Jahrbuch der Bayerischen Denkmalpflege, Bd. 39 für das Jahr 1985, München 1988.

Herausgabe: Denkmäler in Bayern, Bd. II.24, Volker Liedke, Stadt Landshut, München 1988, München/Zürich 1988.

Herausgabe: Arbeitshefte des Bayerischen Landesamtes für Denkmalpflege, Bände 36 (Silvia Codreanu-Windauer, Der romanische Schmuckfußboden in der Klosterkirche Benediktbeuern), 41 (Denkmäler am Münchner Hofgarten, Forschungen und Berichte zu Planungsgeschichte und historischem Baubestand) und 42 (Die Bamberger „Himmelfahrt Mariae" von Jacopo Tintoretto), München 1988.

Vorwort (mit Volker Freiherr Truchseß von und zu Wetzhausen und Erwin Keller): Das archäologische Jahr in Bayern 1987, Stuttgart 1988.

Vorwort: Georg Dehio, Handbuch der Deutschen Kunstdenkmäler, Bayern II: Niederbayern, bearbeitet von Michael Brix, München 1988, S. V-VII.

Historisches Grün, Vorwort (mit Rudolf Hanauer) zum Kalender 1988 des Bayerischen Landesamtes für Denkmalpflege.

Englischer Garten, in: Kalender 1988 des Bayerischen Landesamtes für Denkmalpflege.

Südlicher Friedhof, München, in: Kalender 1988 des Bayerischen Landesamtes für Denkmalpflege.

Nutzung und Umnutzung von Baudenkmälern, in: Das Baudenkmal in der Hand des Architekten, Umgang mit historischer Bausubstanz (Dokumentation der Tagung des Deutschen Nationalkomitees für Denkmalschutz in Berlin, 6./7. Oktober 1988), Schriftenreihe des Deutschen Nationalkomitees für Denkmalschutz, Bd. 37, S. 23-26.

Die Nutzung von Denkmälern, in: Der Bayerische Bürgermeister, November 1988, S. 430-433.

Kopie, Rekonstruktion und Wiederaufbau (Vortrag in Nürnberg, 21. April 1988), in: Denkmalpflege Informationen, Ausg. A, Nr. 64/30. Mai 1988.

Kopie, Rekonstruktion und Wiederaufbau, in: Johannesberger Texte 2, Fulda 1988, S. 15-24.

Denkmalpflege und Kulturpolitik (Vortrag vom 21. Mai 1987 an der Akademie für Politische Bildung in Tutzing), in: Denkmalpflege Informationen, Ausg. A, Nr. 63/15. Januar 1988.

Denkmalpflege und Kulturpolitik, in: Der Landkreis, 2/1988, S. 56-59.

Denkmalpflege und Kulturpolitik, in: Johannesberger Texte 8, Fulda 1988, S. 4-8.

1989

Das ehemalige Marstall- und Kunstkammergebäude in München und sein Ausbau zur königlichen Münze, in: Jahrbuch der Bayerischen Denkmalpflege, Bd. 40 für das Jahr 1986, München 1989, S. 15-100.

Ansprache anläßlich der Übergabe der „Alten Münze" an das Bayerische Landesamt für Denkmalpflege am 31. Juli 1986, in: Jahrbuch der Bayerischen Denkmalpflege, Bd. 40 für das Jahr 1986, München 1989, S. 13 f.

Denkmalpflege und Fremdenverkehr in Bayern, in: Jahrbuch der Bayerischen Denkmalpflege, Bd. 40 für das Jahr 1986, München 1989, S. 377-380.

La restauration de la Cascade du Château de Seehof, in: Actes des colloques de la Direction du Patrimoine. L'ornementation architecturale en pierre dans les monuments historiques. Château de Fontainebleau Octobre 1988, Paris 1989, S. 196-199.

Denkmalpflege und Kulturpolitik, in: Wolfgang Lipp (Hrsg.), Kulturpolitik. Standorte, Innenansichten, Entwürfe, Schriften zur Kultursoziologie, Bd. 11, Berlin 1989, S. 215-235.

Überlegungen zur Nutzung von Denkmälern, in: Forschungen zur historischen Volkskultur, Festschrift für Torsten Gebhard zum 80. Geburtstag, Beiträge zur Volkstumsforschung, Bd. XXVI, München 1989, S. 115-122.

Stadtsanierung und Denkmalpflege, in: Geschichte der Stadt Kempten (Hrsg. Volker Dotterweich, Karl Filser u. a.), Kempten 1989, S. 486-492.

Herausgabe und Vorwort: Jahrbuch der Bayerischen Denkmalpflege, Bd. 40 für das Jahr 1986, München 1989.

Herausgabe: Denkmäler in Bayern, Bd. I. 9/1, Alexander Rauch, Stadt Eichstätt, München/Zürich 1989.

Herausgabe: Denkmäler in Bayern, Bd. I. 21, Gerhard Schober, Landkreis Starnberg, München/Zürich 1989.

Herausgabe: Denkmäler in Bayern, Bd. IV.53/1, Katharina Sitzmann, Stadt Forchheim, München/Zürich 1989.

Herausgabe: Arbeitshefte des Bayerischen Landesamtes für Denkmalpflege, Bände 38 (Denkmalinventarisation, Denkmalerfassung als Grundlage des Denkmalschutzes) und 44 (Wolf Schmidt, Das Raumbuch als Instrument denkmalpflegerischer Bestandsaufnahme und Sanierungsplanung), München 1989.

Vorwort (mit Volker Freiherr Truchseß von und zu Wetzhausen und Erwin Keller): Das archäologische Jahr in Bayern 1988, Stuttgart 1989, S. 11-13.

Theater, Vorwort zum Kalender 1989 des Bayerischen Landesamtes für Denkmalpflege.

Vorwort: Georg Dehio, Handbuch der Deutschen Kunstdenkmäler, Bayern III: Schwaben, bearbeitet von Bruno Bushart und Georg Paula, München 1989, S. V-VII.

Grußwort: Dokumentation zur Erneuerung der ehemaligen Klosterkirche Notre Dame in Eichstätt und zur Errichtung des Informationszentrums Naturpark Altmühltal, Sammelblatt Historischer Verein Eichstätt, 81./82. Jg., 1988/89, Eichstätt 1989, S. 8.

Geleitwort: Klöster in Oberbayern und Schloß Neuschwanstein, Denkmalpflege Informationen, Ausg. A, Nr. 67/12. Juni 1989, S. 1.

Denkmalpflege und Kirche (Vortrag zur Eröffnung der Jahrestagung der Landesdenkmalpfleger am 12. Juni 1989 in München), in: Denkmalpflege Informationen, Ausg. A, Nr. 68/12. Juni 1989.

Grundsätze der archäologischen Denkmalpflege (Vortrag vom 30. Oktober 1989 in Amberg), in: Denkmalpflege Informationen, Ausg. A, Nr. 70/20. Dezember 1989.

Bleiweiß in der Denkmalpflege, in: Denkmalpflege Informationen, Ausg. B, Nr. 90/16. Oktober 1989, S. 6 f.

Der „Häringer Altar" aus Windkreut, Geleitwort in: Denkmalpflege Informationen, Ausg. D, Nr. 5/14. April 1989, S. 1.

Die Wies, Voruntersuchungen und Restaurierungskonzept, in: Denkmalpflege Informationen, Ausg. D, Nr. 6/12. Juni 1989, S. 9-14. Geleitwort S. 1.

Vorwort: Die Kreuzabnahmegruppe von Christoph Rodt aus Neuburg a. d. Kammel, Denkmalpflege Informationen, Ausg. D, Nr. 6/17. Dezember 1989, S. 3.

Denkmalpflege als Kulturpolitik, in: Bayerische Staatszeitung vom 24. Februar 1989, Nr. 8, S. 1, 9.

Keine neue Umweltethik, Interview über Denkmalpflege als kulturpolitische Aufgabe, in: Magazin / Themen der Zeit 1/89, S. 10 f.

1990

Die Hundinghütte König Ludwigs II. (mit Detta Petzet), Arbeitshefte des Bayerischen Landesamtes für Denkmalpflege, Bd. 51, München 1990.

Bilan et avenir / Charte de Venise / Expérience et formation (mit Werner Bornheim gen. Schilling und Walter Haas), Bericht des Deutschen Nationalkomitees, in: ICOMOS, 9th General Assembly and International Symposium „ICOMOS a Quarter of a Century, Achievements and Future Prospects", Lausanne 6.-9. Oktober 1990, Symposium Papers, S. 213-219.

Sanierung und Denkmalpflege, in: Alexander Herzog von Württemberg, Stadt Kempten, Denkmäler in Bayern, Bd. VII.85, München 1990, S. XXXIV-XXXVIII.

Ergänzen, kopieren, rekonstruieren, in: Das Denkmal und die Zeit, Festschrift für Alfred A. Schmid, Luzern 1990, S. 80-89.

Herausgabe: Die Kunstdenkmäler von Bayern, Regierungsbezirk Oberfranken, Bd. VII, Tilmann Breuer und Reinhard Gutbier, München 1990, Vorwort (mit Tilmann Breuer), S. V-X.

Herausgabe: Uta Hengelhaupt/Christoph Obermeier/Helmut Eberhard Paulus, Baualtersplan zur Stadtsanierung Regensburg, IX (Stadtamhof), Baualterspläne zur Stadtsanierung in Bayern, Bd. XI, München 1990.

Herausgabe: Denkmäler in Bayern, Bd. VII.85, Alexander Herzog von Württemberg, Stadt Kempten, München/Zürich 1990.

Herausgabe: Arbeitshefte des Bayerischen Landesamtes für Denkmalpflege, Bände 39 (Harald Gieß, Fensterarchitektur und Fensterkonstruktion in Bayern zwischen 1780 und 1910), 40 (Fritz Buchenrieder, Gefaßte Bildwerke, Untersuchung und Beschreibung von Fassungen mit Beispielen aus der praktischen Arbeit der Restaurierungswerkstätten des Bayerischen Landesamtes für Denkmalpflege 1959-1986), 45 (Konservierung und Restaurierung von verputzten Mauerflächen, Vorträge eines Symposiums mit Denkmalpflegern aus der Republik Ungarn und der Bundesrepublik Deutschland), 48 (Das Panorama in Altötting), 49 (Die Restaurierung der Wallfahrtskirche Vierzehnheiligen), 50 (Wolf-Dieter Grimm, Bildatlas wichtiger Denkmalgesteine der Bundesrepublik Deutschland) und 51 (Die Hundinghütte König Ludwigs II.), München 1990.

Herausgabe: ICOMOS / Hefte des Deutschen Nationalkomitees, Bd. I (ICOMOS PRO ROMANIA, Exposition /Exhibition / Ausstellung Paris, London, München, Budapest, Kopenhagen, Stockholm 1989/1990), Bd. II (Gutsanlagen des 16. bis 19. Jahrhunderts im Ostseeraum – Geschichte und Gegenwart), München 1990.

Vorwort (mit Erwin Keller): Das archäologische Jahr in Bayern 1989, Stuttgart 1990, S. 9 f.

Heimatmuseum, Vorwort zum Kalender 1990 des Bayerischen Landesamtes für Denkmalpflege.

Vorwort (mit Paul Röhner) zu „Denkmalkunde in Bamberg", eine Ausstellung des Bayerischen Landesamtes für Denkmalpflege und des Historischen Vereins Bamberg, Nr. 15, Bamberg 1990, S. 7.

Vorwort zu Georg Dehio, Handbuch der Deutschen Kunstdenkmäler, Bayern IV: München und Oberbayern, bearbeitet von Ernst Götz, Heinrich Habel u. a., München 1990, S. V-VII.

Denkmalpflege heute (Vortrag in Erfurt, 4. Juli 1990), in: Denkmalpflege Informationen, Ausg. A, Nr. 72/4. Juli 1990.

München nur noch Denkmal einer Kunststadt von gestern?, in: Süddeutsche Zeitung vom 12. Februar 1990, Nr. 35, S. 15; Denkmalpflege Informationen, Ausg. B, Nr. 92/20. März 1990, S. 7-10.

Zur Wiederherstellung der Parkanlagen von Schloß Seehof (mit Alfred Schelter), in: Denkmalpflege Informationen, Ausg. B, Nr. 93/17. August 1990, S. 5-7.

Band München der Reihe „Denkmäler in Bayern", 3. erweiterte Auflage, erschienen, in: Denkmalpflege Informationen, Ausg. B, Nr. 94/10. Dezember 1990, S. 11 f.

Vorwort: Die Pollinger Madonna von Hans Leinberger, Denkmalpflege Informationen, Ausg. D, Nr. 8/13. Mai 1990,. S. 1.

1991

Die Kaskade von Seehof – zur Restaurierung eines Hauptwerks von Ferdinand Dietz, in: Aufsätze zur Kunstgeschichte, Festschrift für Hermann Bauer zum 60. Geburtstag, Hildesheim/Zürich/New York 1991, S. 256-273.

Denkmalpflege und Kulturpolitik, in: Jahrbuch der Bayerischen Denkmalpflege, Bd. 41 für das Jahr 1987, München 1991, S. 9-14.

Die Innenrestaurierung von Vierzehnheiligen, in: Jahrbuch der Bayerischen Denkmalpflege, Bd. 41 für das Jahr 1987, München 1991, S. 87-93.

Grundsätze der Denkmalpflege, in: Jahrbuch der Bayerischen Denkmalpflege, Bd. 41 für das Jahr 1987, München 1991, S. 227-239.

Der Meierhof von Benediktbeuern, in: Beiträge zur Heimatforschung, Wilhelm Neu zum 70. Geburtstag, Arbeitshefte des Bayerischen Landesamtes für Denkmalpflege, Bd. 54, München 1991, S. 149-156.

Das Brücknersche Atelier in Coburg und der erste Bayreuther „Ring" von 1876, in: Beiträge zur Denkmalkunde, Tilmann Breuer zum 60. Geburtstag, Arbeitshefte des Bayerischen Landesamtes für Denkmalpflege, Bd. 56, München 1991, S. 79-105.

Les ruines comme objets de restauration, théorie et pratique en Allemagne, in: Faut-il restaurer les ruines? Actes des Colloques de la Direction du Patrimoine, Bd. 10, Paris 1991, S. 32-35.

Denkmalpflege und Kirche, in: Denkmalpflege und Kirche, Jahrestagung der Vereinigung der Landesdenkmalpfleger in der Bundesrepublik Deutschland (München, 12.-15. Juni 1989), Arbeitshefte des Bayerischen Landesamtes für Denkmalpflege, Bd. 46, München 1991, S. 28-34.

Die Restaurierung der Wieskirche 1985-1990, Voruntersuchung und Restaurierungskonzept, in: Weltkulturdenkmäler in Deutschland, ICOMOS/Hefte des Deutschen Nationalkomitees, Bd. III, München 1991, S. 36-38, mit Vorwort, S. 5.

Die Restaurierung der Wieskirche, in: Festschrift zur Restaurierung der Wieskirche 1985-1990 (Hrsg. Landbauamt Weilheim), 1991, S. 34-50.

The Wieskirche in Bavaria, in: Conservation Today, Proceedings of the Seminar at the Royal Fine Art Commission on 17th and 18th May 1989, London 1991, S. 16-19.

Herausgabe und Vorwort: Jahrbuch der Bayerischen Denkmalpflege, Bd. 41 für das Jahr 1987, München 1991.

Herausgabe: Denkmäler in Bayern, Bd. I.1, Landeshauptstadt München, bearbeitet von Heinrich Habel und Helga Himen, 3. erweiterte Auflage, München 1991.

Herausgabe: Denkmäler in Bayern, Bd. I.21, Gerhard Schober, Landkreis Starnberg, 2. Aufl., München/Zürich 1991.

Herausgabe: Arbeitshefte des Bayerischen Landesamtes für Denkmalpflege, Bände 46 (Denkmalpflege und Kirche, Jahrestagung 1989 der Vereinigung der Landesdenkmalpfleger in der Bundesrepublik Deutschland), 52 (Die Barockorgel der Maihinger Klosterkirche), 53 (Wolf Schmidt, Das Templerhaus in Amorbach), 54 (Beiträge zur Heimatforschung. Wilhelm Neu zum 70. Geburtstag) und 56 (Beiträge zur Denkmalkunde, Tilmann Breuer zum 60. Geburtstag), München 1991.

Epochen der Archäologie, Vorwort (mit Rudolf Hanauer) zum Kalender 1991 des Bayerischen Landesamtes für Denkmalpflege.

Vorwort (mit Erwin Keller): Das archäologische Jahr in Bayern 1990, Stuttgart 1991, S. 9 f.

Vorwort (mit Egon Johannes Greipl), Museen in Bayern, München 1991, S. 5.

Vorwort: Georg Dehio, Handbuch der Deutschen Kunstdenkmäler, Bayern V: Regensburg und die Oberpfalz, bearbeitet von Jolanda Drexler und Achim Hubel, München 1991.

Geleitwort: Georg Dehio, Handbuch der Deutschen Kunstdenkmäler: Mitteldeutschland, Nachdruck der Ausgabe von 1905, München 1991.

Vorwort (mit Rudolf Zießler): Wolf Schmidt, Die Rettung der Veste Heldburg in Thüringen. Sicherungsmaßnahmen am Französischen Bau – ein bayerisch-thüringisches Projekt im Jahre 1990, Denkmalpflege Informationen, Ausg. D, Nr. 9/22. Januar 1991, S. 1.

Vorwort: Bericht über die Zusammenarbeit zwischen der Provinz Shaanxi und dem Bayerischen Landesamt für Denkmalpflege, Denkmalpflege Informationen, Ausg. D, Nr. 10/10. September 1991, S. 1.

Vorwort (mit Paul Wengert): Die Restaurierung der Anna Selbdritt aus der Annakapelle in Füssen, Denkmalpflege Informationen, Ausg. D, Nr. 11/22. Oktober 1991, S. 1.

Vorwort (mit Hans Sommer): Zur Restaurierung des Ansbacher „Flötneraltares", Denkmalpflege Informationen, Ausg. D, Nr. 12/3. November 1991, S. 1.

Vorwort (mit Josef Sichert): Die Restaurierung der „Affenfassade" an der Sparkasse im Hirschenhaus in Berchtesgaden, Denkmalpflege Informationen, Ausg. D, Nr. 13/19. Dezember 1991, S. 1.

Reversibilität – das Feigenblatt in der Denkmalpflege (Vortrag in Karlsruhe am 24. Oktober 1991), Denkmalpflege Informationen, Ausg. A, Nr. 74/5. Dezember 1991.

Raiffeisenbank reißt Pfarrhof ab – eine Denkmalvernichtungsaktion im Landkreis Landshut, in: Denkmalpflege Informationen, Ausg. C/19. September 1991.

1992

Grundsätze der Denkmalpflege /Principles of Monument Conservation / Principes de la Conservation des Monuments Historiques, ICOMOS /Hefte des Deutschen Nationalkomitees, Bd. X, München 1992.

Die Restaurierung der Wieskirche / Restoration of Die Wies, in: ICOMOS/Hefte des Deutschen Nationalkomitees, Bd. V, München 1992, S. 29-42, sowie Arbeitshefte des Bayerischen Landesamtes für Denkmalpflege, Bd. 55, 1992, S. 29-42.

Reversibilität – das Feigenblatt in der Denkmalpflege? / Reversibility – Preservation's Fig Leaf?, in: Reversibilität – das Feigenblatt in der Denkmalpflege?, ICOMOS/Hefte des Deutschen Nationalkomitees, Bd. VIII, München 1992 (zugleich erschienen als Arbeitsheft 11/1992 des Sonderforschungsbereichs 315 der Universität Karlsruhe), S. 9-14, 81-85, Vorwort (mit Fritz Wenzel) S. 4.

Was heißt Reversibilität?, in: Restauro, 98. Jg. 1992, H. 4, S. 247-251.

Reversibilität – das Feigenblatt in der Denkmalpflege?, in: Der Landkreis, 62. Jg., Mai 1992, S. 209-212.

Herausgabe: Denkmäler in Bayern, Bd. I.19, Jolanda Drexler-Herold und Angelika Wegener-Hüssen, Landkreis Pfaffenhofen a. d. Ilm, München 1992.

Herausgabe: Denkmäler in Bayern, Bd. II.30, Georg Paula/Volker Liedke/Michael M. Rind, Landkreis Kelheim, München/Zürich 1992.

Herausgabe: Arbeitshefte des Bayerischen Landesamtes für Denkmalpflege, Bände 47 (Paul Werner, Der Hof des Salzburger Flachgaus, Bayerische Hauslandschaften II), 55 (Die Wies, Geschichte und Restaurierung / History and Restoration) und 57 (Industrie Museum Lauf, Spuren der Industriekultur im Landkreis Nürnberger Land, eine Festschrift zur Eröffnung des Museums Lauf a. d. Pegnitz), München 1992.

Herausgabe: ICOMOS/Hefte des Deutschen Nationalkomitees, Bd. IV (Eisenbahn und Denkmalpflege, Erstes Symposium), Bd. V (Die Wies, Geschichte und Restaurierung / History and Restoration), Bd. VI. (Modell Brandenburg, Eine Tagung des Deutschen Nationalkomitees von ICOMOS zum Thema Stadterneuerung und Denkmalschutz – eine Schwerpunktaufgabe in fünf neuen Bundesländern), Bd. VII (Fertörákos. Denkmalpflegerische Überlegungen zur Instandsetzung eines ungarischen Dorfes / Müemlékvédelmi megfontolások egy magyar falu megújításához), München 1992.

Vekehrswege, Vorwort (mit Rudolf Hanauer) zum Kalender 1992 des Bayerischen Landesamtes für Denkmalpflege.

Vorwort (mit Christa Meier und Erwin Keller): Das archäologische Jahr in Bayern 1991, Stuttgart 1992, S. 9 f.

Vorwort: Die Terracottaarmee des ersten Gottkaisers Qin Shihuangdi, Bayerisches Landesamt für Denkmalpflege – Zentrallabor, Forschungsbericht Nr. 7/1991.

Vorwort zu Georg Dehio, Handbuch der Deutschen Kunstdenkmäler: Bremen, Niedersachsen, bearbeitet von Gerd Weiß, S. V-VII.

Bayerisches Denkmalschutzgesetz, Kommentar (mit Wolfgang Eberl und Dieter Martin), 4. Aufl., München 1992, Einführung S. 13-49.

Vorwort zu Gerhard P. Woeckel, Pietas Bavarica, Weißenhorn 1992.

Mut zur Denkmalpflege, in: Schwaben – Bayern – Europa, Zukunftsperspektiven der bayerischen Bezirke, Festschrift für Dr. Georg Simnacher, St. Ottilien 1992, S. 407-414; ebenso in: Die bayerischen Bezirke, Aufgaben und Perspektiven für die Zukunft (Hrsg. Dieter Draf und Albert Spitzner), St. Ottilien 1992, S. 273-280.

Die Vorbildfunktion des öffentlichen Eigentümers – Gleichbehandlung öffentlicher und privater Eigentümer von Denkmälern, Podiumsdiskussion, statement, in: Der Eigentümer und sein Denkmal – das Denkmal in der öffentlichen Hand, Tagung in Fulda 1992, Schriftenreihe des Deutschen Nationalkomitees für Denkmalschutz, Bd. 42, 1992, S. 76 f.

Beiträge zu: Museum und Denkmalpflege, Bericht über ein internationales Symposium, veranstaltet von den ICOM- und ICOMOS-Nationalkomitees der Bundesrepublik Deutschland, Österreichs und der Schweiz vom 30. Mai bis 1. Juni 1991 in Lindau (Hrsg. Hermann Auer), München / London / New York / Paris 1992, S. 21, 231, 236-241, 249-250.

Grundsätze der Denkmalpflege (Vortrag in Thierhaupten, 15. Oktober 1992), Denkmalpflege Informationen, Ausg. A, Nr. 76/30. Oktober 1992.

Vorwort (mit Ernst Girmindl): Der Festsaal im ehemaligen Zisterzienserkloster Walderbach, Denkmalpflege Informationen, Ausg. D, Nr. 15/25. Juni 1992.

Vorwort: Die Vorhalle der Nürnberger Frauenkirche, Denkmalpflege Informationen, Ausg. D, Nr. 16/17. Dezember 1992, S. 1.

1993

Denkmalpflege heute. Zwanzig Vorträge zu grundsätzlichen Fragen der Denkmalpflege 1974-1992, Arbeitshefte des Bayerischen Landesamtes für Denkmalpflege, Bd. 60, München 1993.

Houdins Louvreprojekt und die Planungen Le Vaus, in: Musis et Litteris, Festschrift für Bernhard Rupprecht zum 65. Geburtstag (Hrsg. Silvia Glaser und Andrea M. Kluxen), München 1993, S. 183-204.

Schloß Seehof bei Bamberg, Geschichte und Restaurierung von Schloß und Park, in: Schönere Heimat, 82. Jg. 1993/H. 3, S. 119-128.

Kopie, Rekonstruktion und Wiederaufbau, in: Jahrbuch der Bayerischen Denkmalpflege, Bd. 42 für das Jahr 1988, München 1993, S. 175-179.

Herausgabe und Vorwort: Jahrbuch der Bayerischen Denkmalpflege, Bd. 42 für das Jahr 1988, München 1993.

Herausgabe: Arbeitshefte des Bayerischen Landesamtes für Denkmalpflege, Bände 58 (Forschungen zur Keramik in Schwaben), 61 (Hans Zehetmair, Denkmalpflege in Bayern. Zur Verleihung der Bayerischen Denkmalschutzmedaille 1991), 62 (Die Deckengemälde der Lindauer Stiftskirche, Rekonstruktion und Restaurierung), 63 (Heinrich Habel, Der Marstallplatz in München), München 1993.

Herausgabe: ICOMOS/Hefte des Deutschen Nationalkomitees, Bd. IX (Eisenbahn und Denkmalpflege. Zweites Symposium), Bd. XI (Historische Kulturlandschaften), Bd. XII (Architekten und Denkmalpflege), München 1993.

Die Terrakottaarmee des I. Kaisers Quin Shihuangdi/Aufgabenstellung und Zusammenarbeit (mit Erwin Emmerling), in: Entwicklung und Erprobung von Konservierungstechnologien für Kunst- und Kulturgüter der Provinz Shaanxi (Zweite Konferenz zur Chinesisch-Deutschen Zusammenarbeit in der Denkmalpflege, München 1993), Bayerisches Landesamt für Denkmalpflege – Zentrallabor, Forschungsbericht 8/1993.

Vorwort: Zur Farbfassung der Terrakottaarmee des I. Kaisers Quin Shihuangdi, Bayerisches Landesamt für Denkmalpflege – Zentrallabor, Forschungsbericht 12/1993.

Vorwort (mit Christa Meier und Erwin Keller): Das archäologische Jahr in Bayern 1992, Stuttgart 1993, S. 9 f.

Bauforschung, Einführung zum Kalender 1993 des Bayerischen Landesamtes für Denkmalpflege (mit Gert Mader).

Iconoclasm in postcommunist East Europe, an ICOMOS conference in Berlin, February 18th-20th, 1993, in: do. co., mo. mo, Journal 9, Juli 1993, S. 15.

Vorwort (mit Heinrich von Mosch): Robert Koch, Fossa Carolina – 1200 Jahre Karlsgraben, Denkmalpflege Informationen, Ausg. D, Nr. 19/7. Mai 1993.

Seehof, Geschichte und Restaurierung von Schloß und Park/Seehof Palace and Park, History and Restoration/mit Führer durch die am 12. September 1993 eröffneten Schauräume, Denkmalpflege Informationen, Ausg. D Nr. 20/12. September 1993.

Der neue Denkmalkultus am Ende des 20. Jahrhunderts, Vortrag anläßlich der 7. Jahrestagung der Bayerischen Denkmalpflege in Passau, Denkmalpflege Informationen, Ausg. A, Nr. 78/15. November 1993.

Vom Sinn und Unsinn des Denkmalschutzes, in: Land & Leute, Zeitschrift der evangelischen Landvolkarbeit in Bayern, 6. Jg. 1/1993, S. 2-4.

Das Bernheimer-Haus als Baudenkmal (mit Heinrich Habel), in: Süddeutsche Zeitung vom 30.November 1993.

1994

Der neue Denkmalkultus am Ende des 20. Jahrhunderts, in: Die Denkmalpflege, 52. Jg., 1994, S. 22-32.

Der neue Denkmalkultus am Ende des 20. Jahrhunderts, in: Wilfried Lipp/Michael Petzet (Hrsg.), Vom modernen zum postmodernen Denkmalkultus? Denkmalpflege am Ende des 20. Jahrhunderts, Arbeitshefte des Bayerischen Landesamtes für Denkmalpflege, Bd. 69, München 1994, S. 13-20.

Grundsätze der archäologischen Denkmalpflege, in: Jahrbuch der Bayerischen Denkmalpflege, Bd. 43 für das Jahr 1989, München 1994, S. 9-12.

Denkmalpflege und Kirche, in: Jahrbuch der Bayerischen Denkmalpflege, Bd. 43 für das Jahr 1989, München 1994, S. 41-48.

Denkmäler im Umbruch? Einführung in die Tagung „Bildersturm in Osteuropa", in: Bildersturm in Osteuropa, ICOMOS/Hefte des Deutschen Nationalkomitees, Bd. XIII, S. 9-13, mit Vorwort S. 5.

Die Restaurierung der Wieskirche, in: Weltkulturdenkmäler in Deutschland, ICOMOS/Hefte des Deutschen Nationalkomitees, Bd. III, 2. Aufl. München 1994, S. 34-39, mit Vorwort S. V-VII.

Die Innenrestaurierung der ehem. Stiftskirche St. Lorenz in Kempten: das denkmalpflegerische Konzept, in: Die Restaurierung der Basilika St. Lorenz in Kempten, Arbeitshefte des Bayerischen Landesamtes für Denkmalpflege, Bd. 72, München 1994, S. 47 f.

Rapport sur la formation des conservateurs de biens culturels en Allemagne, in: La Formation des conservateurs de biens culturels en Europe, Actes des Colloques de l'École nationale du patrimoine, Paris 1994, S. 83-87.

Herausgabe und Vorwort: Jahrbuch der Bayerischen Denkmalpflege, Bd. 43 für das Jahr 1989, München 1994.

Herausgabe: Denkmäler in Bayern, Bd. I.5, Georg Paul/Angelika Wegener-Hüssen, Landkreis Bad Tölz-Wolfratshausen, München 1994.

Herausgabe: Denkmäler in Bayern, Bd. V.61, Heinrich Habel, Stadt Fürth, München 1994.

Herausgabe: Denkmäler in Bayern, Bd. VII.83, Bernt von Hagen/Angelika Wegener-Hüssen, Stadt Augsburg, Ensembles – Baudenkmäler – archäologische Denkmäler, München 1994.

Herausgabe: Arbeitshefte des Bayerischen Landesamtes für Denkmalpflege, Bände 43 (Denkmäler jüdischer Kultur in Bayern), 64 (Leonie von Wilckens, Der Paramentenschatz der Landsberger Jesuitenkirche Heilig-Kreuz), 65 (Klosterlangheim), 66 (Das Buxheimer Chorgestühl), 67 (Der heilige Alexius im Augsburger Maximilianmuseum), 68 (Jagdschlösser Balthasar Neumanns in den Schönbornlanden), 69 (Vom modernen zum postmodernen Denkmalkultus?), 72 (Die Restaurierung der Basilika St. Lorenz in Kempten), München 1994.

Vorwort (mit Christa Meier und Erwin Keller): Das archäologische Jahr in Bayern 1993, Stuttgart 1994, S. 11 f.

Christian Pescheck zum 80. Geburtstag (mit Erwin Keller), in: Bericht der Bayerischen Bodendenkmalpflege 30/31, 1989/90, München 1994, S. 9 f.

Eine Großstadt hat viele Gesichter/Heimat- und Denkmalpflege in München, in: Schönere Heimat, 83. Jg., 1994 (Sonderheft 10), S. 11-13.

Beitrag zur Fachtagung „Architektur und Städtebau der 30er/40er Jahre (München 1993), Schriftenreihe des Deutschen Nationalkomitees für Denkmalschutz, Bd. 48, 1994, S. 167-169.

Eröffnung des 7. Bayerischen Museumstags, in: Museumstag 1993 (Hrsg. Landesstelle für die nichtstaatlichen Museen), München 1994, S. 5 f.

Grußwort: Vergangenheit hat Zukunft, 20 Jahre Denkmalpflege in Bayerisch-Schwaben, Augsburg 1994, S. 9.

1995

Gebaute Träume. Die Schlösser Ludwigs II. von Bayern, München 1995.

Ludwig II. und seine Schlösser. Die Welt des Bayerischen Märchenkönigs (mit Aufnahmen von Werner Neumeister), 4. Aufl., München/New York 1995.

Die Gralswelt König Ludwigs II.: Neuschwanstein als Gralsburg und die Idee des Gralstempels, in: Der Gral, Artusromantik in der Kunst des 19. Jahrhunderts (Hrsg. Reinhold Baumstark und Michael Koch), München/Köln 1995, S. 63-68.

Ludwig II. von Bayern 1845-1886, „Ein ewig Rätsel bleiben will ich ...", in: Peter Gauweiler, Christoph Stölzl (Hrsg.), Bayerische Profile, München/Berlin 1995, S. 173-205.

Schloß Seehof, Sommerresidenz der Bamberger Fürstbischöfe (mit Aufnahmen von Emil Bauer), Bamberg 1995.

Burgen und Schlösser in Deutschland, hrsg. von Klaus Merten mit Beiträgen von Uwe Albrecht, Hans-Joachim Giersberg, Irene Markowitz und Michael Petzet (Texte zu den Wittelsbachischen Schlössern, S. 456-551), München 1995.

Praktische Denkmalpflege (mit Gert Th. Mader), 2. Aufl., Stuttgart/Berlin/Köln 1995.

Denkmalpflege heute, in: Jahrbuch der Bayerischen Denkmalpflege, Bd. 44 für das Jahr 1990, München 1995, S. 9-15.

In the Full Richness of their Authenticity. The Test of Authenticity and the New Cult of Monuments, in: Nara Conference on Authenticity in relation to the World Heritage Convention, Proceedings, Trondheim 1995, S. 85-99.

Reversibility as Principle of Modern Conservation, in: Restauro, quaderni di restauro dei monumenti e di urbanistica dei centri antichi, Jg. XXIV, Nr. 131-132, 1995, S. 81-89.

„Nicht nur historische Dokumente konservieren, sondern Monumente pflegen" – Aspekte eines neuen Denkmalkultus am Ende des 20. Jahrhunderts, in: Denkmalkunde und Denkmalpflege, Wissen und Wirken, Festschrift für Heinrich Magirius zum 60. Geburtstag, Dresden 1995, S. 541-546.

Konservierung, Restaurierung, Renovierung, in: Restauratoren Taschenbuch 1996 (hrsg. von Ulrike Besch), München 1995, S. 111-121.

Grundsätze der Denkmalpflege/Principles of Monument Conservation, in: Michael Petzet/Wolf Koenigs (Hrsg.), Sana'a, Die Restaurierung der Samsarat al-Mansurah, Arbeitshefte des Bayerischen Landesamtes für Denkmalpflege, Bd. 70, S. 92-98, und ICOMOS/Hefte des Deutschen Nationalkomitees, Bd. XV, S. 92-98.

Die Restaurierung der Samsarat al-Mansurah/The Restoration of the Samsarat al-Mansurah, in: Michael Petzet/Wolf Koenigs (Hrsg.), Sana'a, Die Restaurierung der Samsarat al-Mansurah, Arbeitshefte des Bayerischen Landesamtes für Denkmalpflege, Bd. 70, S. 8-14, und ICOMOS/Hefte des Deutschen Nationalkomitees, Bd. XI, S. 8-14.

Die Restaurierung der Kaskade von Seehof, Rettung und Wiedergewinnung eines Hauptwerks von Ferdinand Dietz, in: Die Kaskade im Park des Schlosses Seehof, Wiederherstellung 1983-1995 (Hrsg. Landbauamt Bamberg), Bamberg 1995, S. 12-17.

Herausgabe (mit Tilmann Breuer): Die Kunstdenkmäler von Bayern, Neue Folge Bd. 1, Denis A. Chevalley, Der Dom zu Augsburg, München 1995.

Herausgabe (mit Tilmann Breuer): Die Kunstdenkmäler von Bayern, Neue Folge Bd. 2, Dagmar Dietrich, Landsberg am Lech, Bd. I, Einführung – Bauten in öffentlicher Hand, München/Berlin 1995.

Herausgabe und Vorwort: Jahrbuch der Bayerischen Denkmalpflege, Bd. 44 für das Jahr 1990, München 1995.

Herausgabe: Arbeitshefte des Bayerischen Landesamtes für Denkmalpflege, Bände 70 (Sana'a. Die Restaurierung der Samsarat al-Mansurah/The Restoration of the Samsarat al-Mansurah), 73 (Holzschutz, Holzfestigung, Holzergänzung), 74 (Gerhard Ongyerth, Kulturlandschaft Würmtal), 75 (Holzschädlingsbekämpfung durch Begasung/Fumigation as a Means of Wood Pest Control), 77 (Karlheinz Hemmeter, Bayerische Baudenkmäler im Zweiten Weltkrieg), München 1995.

Herausgabe: ICOMOS/Hefte des Deutschen Nationalkomitees, Bd. XIV (Christoph Machat, Denkmäler in Rumänien/Monuments en Roumanie, Vorschläge des Rumänischen Nationalkomitees von ICOMOS zur Ergänzung der Liste des Weltkulturerbes), Bd. XV (Sana'a. Die Restaurierung der Samsarat al-Mansurah/The Restoration of the Samsarat al-Mansurah), Bd. XVI (Das Schloß und seine Ausstattung als denkmalpflegerische Aufgabe), München 1995.

Vorwort (mit Christa Meier und Erwin Keller): Das archäologische Jahr in Bayern 1994, Stuttgart 1995, S. 9 f.

Armin Stroh zum 80. Geburtstag, in: Bericht der Bayerischen Bodendenkmalpflege, Bd. 34/35, 1993/94, München 1995, S. 9 f.

Denkmalpflege in der alten Stadt, in: Landsberger Geschichtsblätter, Jg. 93/94, 1994/95, S. 3-5.

Das Monument im Kirchhof der Alten Sendlinger Kirche als Geschichtsdenkmal, in: Hans Zapf, Das Monument in Sendling/Der edle Ritter Philipp von Zwackh und die Geschichte des Gedenkens, München 1995, S. 7-9.

Vorwort zu Renovatio Nº 1, Annette Faber, St. Michael in Breitensee, Würzburg 1995, S. 7.

Die Restaurierung der Kaskade im Park von Schloß Seehof bei Bamberg, in: Denkmalpflege Informationen, Ausg. B, Nr. 102/10. August 1995, S. 2-5.

Rekonstruieren als denkmalpflegerische Aufgabe? (Vortrag in Ludwigsburg am 25. Oktober 1995), Denkmalpflege Informationen, Ausg. A, Nr. 81/21. Dezember 1995.

Der Kongregationssaal in Ingolstadt: Seine Geschichte und die Renovierungsmaßnahmen von 1994/95 (mit Klaus Kratzsch und Jürgen Pursche), in: Donaukurier, Sonderbeilage vom 29. September 1995.

1996

Die Alte Münze in München, Arbeitshefte des Bayerischen Landesamtes für Denkmalpflege, Bd. 87, München 1996.

König Ludwig II. von Bayern und Neuschwanstein/King Ludwig II of Bavaria and Neuschwanstein, deutsche und englische Ausg. München 1996, japanische Ausg. München 1997.

König Ludwig II. von Bayern und Linderhof/King Ludwig II of Bavaria and Linderhof, Hirmer Verlag, deutsche und englische Ausg. München 1996, japanische Ausg. München 1997.

Rekonstruieren als denkmalpflegerische Aufgabe?, in: Deutscher Kunstverlag 1921-1996, Geschichte und Zukunft, München/Berlin 1996, S. 50-59.

Das Denkmal als Altlast?, in: Das Denkmal als Altlast? Auf dem Weg in die Reparaturgesellschaft, ICOMOS/Hefte des Deutschen Nationalkomitees, Bd. XXI, München 1996, S. 17-19.

OMNIA MONUMENTA DICUNTUR, QUAE FACIUNT ALICUIUS REI RECORDATIONEM/Erich Lindenbergs Installation von Fragmenten eines Modells zum Denkmal für König Max I. Joseph, in: Arbeitshefte des Bayerischen Landesamtes für Denkmalpflege, Bd. 86, München 1996, S. 7-17.

OMNIA MONUMENTA DICUNTUR, QUAE FACIUNT ALICUIUS REI RECORDATIONEM, in: Zerbrochene Figur/Eine Installation von Erich Lindenberg, München 1996.

Seehof – Historia i restauracja zamku oraz parku, in: Materily Panstwowego Muzeum Zamkowego w Pszczynie IX, Pszczyna 1996, S. 236-249.

Herausgabe: Die Kunstdenkmäler von Bayern, Neue Folge Bd. 4, Dagmar Dietrich, Landsberg am Lech, Bd. 3, Bürgerbauten der Altstadt, München/Berlin 1996.

Herausgabe: Denkmäler in Bayern, Bd. I.12, Volker Liedke, Peter Weinzierl, Landkreis Fürstenfeldbruck, München 1996.

Herausgabe: Arbeitshefte des Bayerischen Landesamtes für Denkmalpflege, Bände 59 (Helmut Becker, Archäologische Prospektion. Luftbildarchäologie und Geopyhsik), 71 (Die Restaurierung von Schloß Oberschwappach), 76 (Brigitte Huber, Denkmalpflege zwischen Kunst und Wissenschaft), 78 (Salzschäden an Wandmalereien), 79 (Putzsicherung. Sicherung von Malereien auf gemauerten und hölzernen Putzträgern), 80 (Rolf Snethlage, Natursteinkonservierung in der Denkmalpflege), 82 (Der große Buddha von Dafosi/The Great Buddha of Dafosi), 84 (Das Antonierhaus in Memmingen), 85 (Das heilige Kreuz von Polling, Geschichte und Restaurierung), 86 (König Max I. Joseph. Modell und Monument), 88 (St. Lukas in München), München 1996.

Herausgabe: ICOMOS/Hefte des Deutschen Nationalkomitees, Bd. XVII (Der große Buddha von Dafosi/The Great Buddha of Dafosi), Bd. XIX (Stuck des frühen und hohen Mittelalters, hrsg. von Matthias Exner), Bd. XX (Stalinistische Architektur unter Denkmalschutz?), Bd. XXI (Das Denkmal als Altlast?), München 1996.

Herausgabe und Vorwort: Bayerisches Landesamt für Denkmalpflege/Aufgaben-Organisation-Hinweise, Denkmalpflege Informationen, Ausg. D, Nr. 21/25. Oktober 1996.

Vorwort (mit Christa Meier und Erwin Keller): Das archäologische Jahr in Bayern 1995, Stuttgart 1996, S. 9 f.

Vorwort: Georg Dehio, Handbuch der Deutschen Kunstdenkmäler, München, bearbeitet von Erich Götz, Heinrich Habel, Karlheinz Hemmeter und Friedrich Kobler, 1996, S. 8.

Vorwort: Gefährdete Kirchen in Vorpommern, Berichte zu Forschung und Praxis der Denkmalpflege in Deutschland (Hrsg. Vereinigung der Landesdenkmalpfleger in der Bundesrepublik Deutschland), Bd. 6, Schwerin 1996.

Das Kurhaus – ein Hauptwerk der bayerischen Denkmalpflege, in: Das Kurhaus in Augsburg-Göggingen, Festschrift zur Wiedereröffnung 1996, Augsburg 1996, S. 6.

Die Rettung des Antonierhauses, in: Festschrift zur Einweihung des Antonierhauses in Memmingen am 23. Mai 1996, Memmingen, 1996, S. 5.

Geschichtsmonumente ersten Ranges, Geleitwort: Stadtmuseum Sulzbach-Rosenberg, Wiedereröffnung 1996, Amberg 1996, S. 17 f.

Handel in einer historischen Stadt – ein unlösbarer Konflikt?, in: Handel zwischen Tradition und Moderne – Chancen und Gefahren der historischen Stadt, Urbanicom, XIX. Studientagung in Augsburg 1996, S. 53-58.

... und sonntags ins Museum? Kirchen in der Stadt herausgefordert, in: Nachrichten der Evangelisch-Lutherischen Kirche in Bayern, 51. Jg., 1./2. Augustausgabe 1996, S. 290 f.

Auch Denkmalpflege läßt die Kassen klingeln (Münchner Aussichten XVII: Zukunftsperspektiven für historische Wahrzeichen und Kunstwerke der Stadt), in: Süddeutsche Zeitung vom 13. November 1996, S. 41.

Der Anwalt der Denkmäler, Monumente-Gespräch mit dem Vorsitzenden der Vereinigung der Landesdenkmalpfleger, in: Monumente, Magazin für Denkmalkultur in Deutschland, Sonderheft zum Tag des offenen Denkmals, 1996, S. 22 f.

Vor uns steht das Jahrhundert der Reparaturen (Interview anläßlich der denkmal '96), Presse-Information der Leipziger Messe, Oktober 1996.

1997

Schloß Seehof, Sommerresidenz der Bamberger Fürstbischöfe, Deutscher Kunstverlag, München/Berlin 1997.

Was heißt Authentizität? Die authentische Botschaft des Denkmals, in: Restauratoren Taschenbuch 1998 (hrsg. von Ulrike Besch), München 1997, S. 141-161.

Zur Lage, Einführung zur Tagung „Denkmalpflege im vereinigten Deutschland – eine Zwischenbilanz (Stuttgart 1995), in: Denkmalpflege im vereinigten Deutschland (Hrsg. Wüstenrot Stiftung), Stuttgart 1997, S. 23-24.

Rekonstruieren als denkmalpflegerische Aufgabe?, in: Denkmalpflege im vereinigten Deutschland (Hrsg. Wüstenrot Stiftung), Stuttgart 1997, S. 107-117.

Grundsätzliche Überlegungen zur Rekonstruktion des Goldenen Saales, in: Hermann Kießling, Der Goldene Saal und die Fürstenzimmer im Augsburger Rathaus, München/Berlin 1997, S. 23-28.

Denkmalpflege und Tourismus in Bayern, in: Denkmalpflege und Tourismus/Beni culturali e tourismo (Tagung in Davos 1992), Schriftenreihe der Arbeitsgemeinschaft Alpenländer, Bozen 1997, S. 407-415.

Herausgabe (mit Tilmann Breuer): Die Kunstdenkmäler von Bayern, Regierungsbezirk Oberfranken, Bd. VI, Tilmann Breuer und Reinhard Gutbier, Stadt Bamberg, Bd. 4, Bürgerliche Bergstadt, München/Berlin 1997.

Herausgabe: Die Kunstdenkmäler von Bayern, Neue Folge Bd. 3, Dagmar Dietrich / Heide Weißhaar-Kiem, Landsberg am Lech, Bd. 2, Sakralbauten der Altstadt, München/Berlin 1997.

Herausgabe: Denkmäler in Bayern, Bd. IA, Ensembles in Oberbayern (Festschrift Erich Schosser zum 70. Geburtstag), bearbeitet von Georg Paula, München 1997.

Herausgabe: Denkmäler in Bayern, Bd. I.17, Georg Paula/Timm Weski, Landkreis München, München 1997.

Herausgabe: Denkmäler in Bayern, Bd. III.37, Anke Borgmeyer/Achim Hubel/Andreas Tillmann/Angelika Wellnhofer, Stadt Regensburg, Ensembles – Baudenkmäler – Archäologische Denkmäler, Regensburg 1997.

Herausgabe: Arbeitshefte des Bayerischen Landesamtes für Denkmalpflege, Bände 81 (Katharina Walch und Johann Koller, Lacke des Barock und Rokoko/Baroque and Rococo Lacquers), 89 (Erwin Emmerling/Cornelia Ringer, Das Aschaffenburger Tafelbild, Studien zur Tafelmalerei des 13. Jahrhunderts), 90 (Die Münchner Schule der Glasmalerei, Studien zu den Glasgemälden des späten 15. und frühen 16. Jahrhunderts im Münchner Raum), München 1997.

Vorwort (mit Christa Meier und Erwin Keller): Das archäologische Jahr in Bayern 1996, Stuttgart 1997, S. 9 f.

Bayerisches Denkmalschutzgesetz, Kommentar (mit Wolfgang Eberl und Dieter Martin), Deutscher Gemeindeverlag, 5. Aufl., Köln 1997, Einführung S. 13-31.

Geleitwort (mit York Langenstein): Museen in Bayern (Hrsg. Landesstelle für die nichtstaatlichen Museen in Bayern), 2. Aufl., München 1997, S. VII f.

Rüstungshilfe für Chinas Tönerne Krieger, in: aviso, Zeitschrift für Wissenschaft und Kunst in Bayern, 3/97, S. 46-50.

Schloß Neuschwanstein und das Projekt der Thurn & Taxis Golf Center GmbH, in: Denkmalpflege Informationen, Ausg. B, Nr. 105/12. August 1997, S. 1-3.

Eröffnung der Orangerie von Schloß Seehof als Ferdinand Tietz-Museum (3. Mai 1997)/Der Seehofer Schloßpark und seine Ausstattung, in: Denkmalpflege Informationen, Ausg. B, Nr. 106/22. August 1997, S. 3-5.

Die Denkmalpfleger in Berlin, 65. Tag für Denkmalpflege, Vorwort zum Tagungsführer der Jahrestagung 1997 der Vereinigung der Landesdenkmalpfleger in der Bundesrepublik Deutschland (Berlin, 2.-5. Juni 1997).

Grußwort zur Eröffnung des Fachkongresses „Neues Bauen im historischen Bestand der Altstädte" (Leipzig 1996), in: Informationsdienste städtebaulicher Denkmalschutz 19 (Hrsg. Bundesministerium für Raumordnung, Bauwesen und Städtebau), 1997, S. 7 f.

ABBILDUNGSNACHWEIS

S. 940: Prof. Dr. Michael Petzet (Aufnahme: Bayerisches Landesamt für Denkmalpflege, Eberhard Lantz)

Autoren

Dr. Bernhard Bach, Kirchenverwaltungsdirektor, Landeskirchenrat der Evang.-Luth. Kirche in Bayern, Landeskirchenamt, Postfach 200751, 80007 München

Univ. Doz. Dr. Ernst Bacher, Generalkonservator, Bundesdenkmalamt, Hofburg, Schweizerhof, Säulenstiege, A–1010 Wien

Univ. Prof. Dr. Hermann Bauer, Reichenbachstr. 5, 80469 München

Dr. Anna Bauer-Wild, Corpus der Barocken Deckenmalerei, Georgenstr. 7, 80799 München

Dr. Christian Baur, Hauptkonservator, Bayerisches Landesamt für Denkmalpflege, Abt. Bau- und Kunstdenkmalpflege, Referat Oberbayern-Ost, Hofgraben 4, 80539 München

Susanne Böning-Weis M.A., Geschäftsstelle der Vereinigung der Landesdenkmalpfleger in der Bundesrepublik Deutschland, Bayerisches Landesamt für Denkmalpflege, Hofgraben 4, 80539 München

Fritz Buchenrieder, Ltd. Restaurator i. R., Waldparkstr. 60, 85521 Ottobrunn-Riemerling

Prof. Dr.-Ing. Dr. phil. Enno Burmeister, Stadtheimatpfleger, Luise-Kiesselbach-Platz 34, 81377 München

Dr. Silvia Codreanu-Windauer, Oberkonservatorin, Bayerisches Landesamt für Denkmalpflege, Abt. Bodendenkmalpflege, Außenstelle in der Oberpfalz, Keplerstr. 1, 93047 Regensburg

Dr. Dagmar Dietrich, Oberkonservatorin, Bayerisches Landesamt für Denkmalpflege, Abt. Denkmalerfassung und Denkmalforschung, Leiterin des Referats Inventarisation der Bau- und Kunstdenkmäler, Hofgraben 4, 80539 München

Dipl.-Ing. (FH) Stefan Ebeling, Architekt, Untere Bachgasse 3, 93047 Regensburg

Dr. Wolfgang Eberl, Ministerialrat i. R., Hochwaldstraße 27, 81377 München

Erwin Emmerling, Ltd. Dipl.-Restaurator, Hauptkonservator, Bayerisches Landesamt für Denkmalpflege, Abt. Restaurierungswerkstätten und Zentrallabor, Leiter der Referate Tafel- und Leinwandgemälde sowie Skulpturen, Hofgraben 4, 80539 München

Prof. August Everding, Staatsintendant, Präsident der Bayerischen Theaterakademie, Prinzregentenplatz 12, 81675 München

Dr. Matthias Exner, Oberkonservator, Bayerisches Landesamt für Denkmalpflege, Abt. Bau- und Kunstdenkmalpflege, Referat Mittelfranken, Hofgraben 4, 80539 München

Dr. Annette Faber, Oberkonservatorin, Bayerisches Landesamt für Denkmalpflege, Abt. Bau- und Kunstdenkmalpflege, Referate Ober- und Unterfranken, Außenstelle Bamberg, Schloß Seehof, 96117 Memmelsdorf

Dr. Florian Fiedler, Geschäftsstelle des Deutschen Nationalkomitees von ICOMOS, Bayerisches Landesamt für Denkmalpflege, Hofgraben 4, 80539 München

Prof. Dr. Manfred F. Fischer, Landeskonservator, Freie und Hansestadt Hamburg, Kulturbehörde, Denkmalschutzamt, Imstedt 20, 22083 Hamburg

Dr. Verena Fuchss, Kunsthistorikerin, Klapperfeld 15, 35789 Weilmünster

Univ. Prof. Dr. Hubert Glaser, Am Hochrain 2, 85354 Freising

Gisela Goblirsch-Bürkert M. A., Journalistin, Schwanenweg 32, 81827 München

Dr. Egon Johannes Greipl, Kulturreferent, Kulturreferat der Stadt Regensburg, Postfach 110643, 93019 Regensburg

Dr. Heinrich Habel, Hauptkonservator i. R., Bayerisches Landesamt für Denkmalpflege, Hofgraben 4, 80539 München

Prof. Dr.-Ing. Christoph Hackelsberger, Hofmark 9, 84181 Neufraunhofen

Dr. Jörg Haspel, Landeskonservator, Landesdenkmalamt Berlin, Krausenstr. 38/39, 10117 Berlin

Dr. Karlheinz Hemmeter, Oberkonservator, Bayerisches Landesamt für Denkmalpflege, Referat für Publikationen und Pressearbeit, Hofgraben 4, 80539 München

Prof. Hannelore Herrmann, Papierholz 11 b, 22956 Grönwohld

Dr. Helga Himen, wiss. Angestellte, Bayerisches Landesamt für Denkmalpflege, Abt. Denkmalerfassung und Denkmalforschung, Referat Oberbayern-Mitte mit München, Hofgraben 4, 80539 München

Stefan Hirsch, Bezirksheimatpfleger, Bezirk Oberbayern, Prinzregentenstraße 14, 80538 München

Dr. Johann Georg Prinz von Hohenzollern, Generaldirektor der Bayerischen Staatsgemäldesammlungen, Barer Str. 29, 80799 München

Dr. Gerhard Hojer, Museumsdirektor, Bayerische Verwaltung der staatl. Schlösser, Gärten und Seen, Schloß Nymphenburg, Eingang 16, 80638 München

Prof. Dr. Achim Hubel, Otto-Friedrich-Universität Bamberg, Aufbaustudium Denkmalpflege, An der Universität 2, 96045 Bamberg

Dr. Markus Hundemer, Erzbischöfliches Ordinariat, Kunstreferat, Rochusstr. 5, 80333 München

Dr. Ulrich Kahle, Oberkonservator, Bayerisches Landesamt für Denkmalpflege, Abt. Bau- und Kunstdenkmalpflege, Referat Unterfranken, Außenstelle Bamberg, Schloß Seehof, 96117 Memmelsdorf

Prof. Dr. Detlef Karg, Landeskonservator, Brandenburgisches Landesamt für Denkmalpflege, Brüderstraße 13, 10178 Berlin

Dr. Erwin Keller, Landeskonservator, Bayerisches Landesamt für Denkmalpflege, Leiter der Abt. Bodendenkmalpflege, Hofgraben 4, 80539 München

P. Laurentius Koch OSB, Benediktinerabtei Ettal, Kaiser-Ludwig-Platz 1, 82488 Ettal

Prof. Dr.-Ing. Wolf Koenigs, Lehrstuhl für Baugeschichte und Bauforschung, Technische Universität München, Arcisstr. 21, 80290 München

Prof. Dr. Hans-Michael Körner, Ludwig-Maximilians-Universität München, Institut für Bayerische Geschichte, Lehrstuhl für Didaktik der Geschichte, Schellingstr. 9, 80799 München

DIETER KOMMA, Amtsphotograph, Bayerisches Landesamt für Denkmalpflege, Abt. Denkmalerfassung und Denkmalforschung, Referat Photographie, Hofgraben 4, 80539 München

DR. MICHAEL KÜHLENTHAL, Hauptkonservator, Bayerisches Landesamt für Denkmalpflege, Leiter der Abt. Restaurierungswerkstätten und Zentrallabor, Hofgraben 4, 80539 München

DR. YORK LANGENSTEIN, Hauptkonservator, Leiter der Landesstelle für die Betreuung der nichtstaatlichen Museen, Wagmüllerstr. 20, 80538 München

EBERHARD LANTZ, Amtsphotograph, Bayerisches Landesamt für Denkmalpflege, Abt. Denkmalerfassung und Denkmalforschung, Referat Photographie, Außenstelle Bamberg, Schloß Seehof, 96117 Memmelsdorf

ERICH LINDENBERG, Maler und Graphiker, Wiener Platz 2, 81667 München

UNIV. DOZ. ao. HS PROF. HOFRAT DR. WILFRIED LIPP, Bundesdenkmalamt, Landeskonservatorat für Oberösterreich, Schubertstr. 16/1, A-4020 Linz

DR. WOLFRAM LÜBBEKE, Hauptkonservator, Bayerisches Landesamt für Denkmalpflege, Abt. Denkmalerfassung und Denkmalforschung, Leiter des Referats Zentrale Dienste, Hofgraben 4, 80539 München

DIPL.-CHEM. MARTIN MACH, wiss. Angestellter, Bayerisches Landesamt für Denkmalpflege, Abt. Restaurierungswerkstätten und Zentrallabor, Referat Metallrestaurierung, Hofgraben 4, 80539 München

DR. CHRISTOPH MACHAT, Rheinisches Amt für Denkmalpflege, ICOMOS-Präsident des Internationalen Komitees für ländliche Architektur (CIAV), Ehrenfriedstr. 19, 50259 Brauweiler

PROF. DR. DR. H. C. HEINRICH MAGIRIUS, Landeskonservator, Landesamt für Denkmalpflege Sachsen, Augustusstr. 2, 01067 Dresden

DR. HANNELORE MARSCHNER, Bayerisches Landesamt für Denkmalpflege, Abt. Restaurierungswerkstätten und Zentrallabor, Referat Glasrestaurierung, Hofgraben 4, 80539 München

PROF. DR. VINCENT MAYR, Hauptkonservator, Bayerisches Landesamt für Denkmalpflege, Abt. Denkmalerfassung und Denkmalforschung, Referat Inventarisation der Bau- und Kunstdenkmäler, Hofgraben 4, 80539 München

PROF. DR.-ING. DR. H.C. OTTO MEITINGER, Altpräsident der Technischen Universität München, Biedersteiner Str. 4, 80802 München

DR. HOLGER MERTENS, wiss. Angestellter, Bayerisches Landesamt für Denkmalpflege, Abt. Bau- und Kunstdenkmalpflege, Referat Unterfranken, Außenstelle Bamberg, Schloß Seehof, 96117 Memmelsdorf

DR. ANDRÉ MEYER, Büro für Architektur und Denkmalpflege, Tribschenstr. 7, CH-6005 Luzern

DR. MANFRED MOSEL, Hauptkonservator, Bayerisches Landesamt für Denkmalpflege, Leiter der Abt. Denkmalerfassung und Denkmalforschung, Hofgraben 4, 80539 München

DIPL.-ING. WILHELM NEU, Hauptkonservator i. R., Seeholzstr. 6, 86919 Utting-Holzhausen

EIKE OELLERMANN, Dipl.-Restaurator, Restaurierungsatelier, Spechtweg 2, 90562 Heroldsberg

DR. GERHARD ONGYERTH, Oberkonservator, Bayerisches Landesamt für Denkmalpflege, Abt. Denkmalerfassung und Denkmalforschung, Referat Städtebauliche Denkmalpflege, Bauleitplanung und Dorferneuerung, Hofgraben 4, 80539 München

DR. HELMUT-EBERHARD PAULUS, Direktor, Stiftung Thüringer Schlösser und Gärten, Postfach 142, 07393 Rudolstadt

PROF. DR. DIETER PLANCK, Präsident des Landesdenkmalamts Baden-Württemberg, Mörikestr. 12, 70178 Stuttgart

JÜRGEN PURSCHE, Ltd. Restaurator, Bayerisches Landesamt für Denkmalpflege, Abt. Restaurierungswerkstätten und Zentrallabor, Leiter des Referats Wandmalereien und Wanddekorationen, Hofgraben 4, 80539 München

DR. HANS RAMISCH, Ordinariatsrat, Erzbischöfliches Ordinariat, Leiter des Kunstreferats, Rochusstr. 5, 80333 München

DR. ALEXANDER RAUCH, Kunsthistoriker, Prinzregentenstr. 67, 81675 München

HANS ROTH, Geschäftsführer des Bayerischen Landesvereins für Heimatpflege e. V., Ludwigstr. 23, Rgb., 80539 München

EM. PROF. DR. BERNHARD RUPPRECHT, Institut für Kunstgeschichte der Universität Erlangen-Nürnberg, Schloßgarten, 91054 Erlangen

DR. GERHARD SAILER, Präsident des Bundesdenkmalamts i. R., Gentzgasse 10/3, A-1180 Wien

PROF. DR. URSULA SCHÄDLER-SAUB, Fachhochschule Hildesheim/Holzminden, Institut für Restaurierung und Baudenkmalpflege, Kaiserstraße 19, 31134 Hildesheim

DIPL-ING. LOTHAR SCHÄTZL, Ltd. Baudirektor, Bayerische Verwaltung der staatl. Schlösser, Gärten und Seen, Leiter der Bauabteilung, Schloß Nymphenburg, 80638 München

PROF. DIPL.-ING. KARLJOSEF SCHATTNER, Spindeltal 32, 85072 Eichstätt

DR. UWE GERD SCHATZ, Kunsthistoriker, Endelhauserstraße 26, 80686 München

DR. ALFRED SCHELTER, Hauptkonservator, Bayerisches Landesamt für Denkmalpflege, Abt. Bau- und Kunstdenkmalpflege, Referat Oberfranken, Außenstelle Bamberg, Schloß Seehof, 96117 Memmelsdorf

DR. STEFAN SCHERG, Ministerialrat, Bayerisches Staatsministerium für Unterricht, Kultus, Wissenschaft und Kunst, Referat XI/2, Leopoldstr. 44, 80333 München

DR. GABRIELE SCHICKEL, Kunsthistorikerin, Dudenstraße 9, 81369 München

DR. WERNER SCHIEDERMAIR, Ministerialrat, Bayerisches Staatsministerium für Unterricht, Kultus, Wissenschaft und Kunst, Salvatorstr.2, 80333 München

PROF. DR. ALFRED A. SCHMID, Eidgenössische Kommission für Denkmalpflege, Rue du Simplon 1, CH-1700 Freiburg

PROF. DR.-ING. MANFRED SCHULLER, Otto-Friedrich-Universität Bamberg, Bauforschung und Denkmalpflege, Am Kranen 12, 96045 Bamberg

DR. ANNETTE SCHOMMERS, Archiv zur Augsburger Goldschmiedekunst, Bayerisches Nationalmuseum, Prinzregentenstr. 3, 80538 München

DR. ROLAND SILVA, President of ICOMOS, 49-51, Rue de la Fédération, F-75015 Paris

PROF. DR. ROLF SNETHLAGE, Bayerisches Landesamt für Denkmalpflege, Abt. Restaurierungswerkstätten und Zentrallabor, Leiter des chem.-physik. Zentrallabors, Hofgraben 4, 80539 München

DR. HELMUT STAMPFER, Landeskonservator, Denkmalamt der Autonomen Provinz Bozen-Südtirol, A.-Diaz-Str. 8, I-39100 Bozen

DR. PETER B. STEINER, Direktor, Museum für Christliche Kunst des Erzbistums München und Freising, Domberg 21, 85354 Freising

Hans Stölzl, Graphiker, Johannisplatz 20, 81667 München

Dipl.-Ing. Heinz Strehler, Oberkonservator, Abteilung Bauforschung und Bauarchiv, Referat Bauforschung in Oberbayern, Niederbayern, Oberpfalz, Mittelfranken und Schwaben, Bayerisches Landesamt für Denkmalpflege, Hofgraben 4, 80539 München

Bernhard Symank, Restaurator, Bayerisches Landesamt für Denkmalpflege, Abt. Restaurierungswerkstätten und Zentrallabor, Referat Wandmalereien und Wanddekorationen, Hofgraben 4, 80539 München

Dr. Wolfgang Till, Direktor, Münchner Stadtmuseum, St.-Jakobs-Platz 1, 80331 München

Prof. Dr. Andrzej Tomaszewski, Conservator-General of Cultural Property in Poland, Generalny Konserwator Zabytków, ul. Ksawerów, PL-02-656 Warszawa

Dr. Mathias Ueblacker, Hauptkonservator, Bayerisches Landesamt für Denkmalpflege, Abt. Bau- und Kunstdenkmalpflege, Referat Niederbayern, Hofgraben 4, 80539 München

Dr. Gisela Vits, Oberkonservatorin, Bayerisches Landesamt für Denkmalpflege, Abt. Bau- und Kunstdenkmalpflege, Referat Mittelfranken, Hofgraben 4, 80539 München

Gertrud Voll, Betreuung von kirchlichem Kunstgut bei der Evang.-Luth. Landeskirche in Bayern, Gernerstr. 27, 80638 München

Dr. Bernd Vollmar, Oberkonservator, Bayerisches Landesamt für Denkmalpflege, Abt. Bau- und Kunstdenkmalpflege, Leiter der Abt. A II: Unterfranken und Oberfranken, Hofgraben 4, 80539 München

Katharina Walch, Ltd. Restauratorin, Bayerisches Landesamt für Denkmalpflege, Abt. Restaurierungswerkstätten und Zentrallabor, Leiterin des Referats Möbel, Hofgraben 4, 80539 München

Dr. Uli Walter, wiss. Angestellter, Bayerisches Landesamt für Denkmalpflege, Abt. Bau- und Kunstdenkmalpflege, Referat Oberbayern-Mitte, Hofgraben 4, 80539 München

Dr. Markus Weis, Oberkonservator, Bayerisches Landesamt für Denkmalpflege, Abt. Bau- und Kunstdenkmalpflege, Referat Schwaben, Hofgraben 4, 80539 München

Dipl.-Ing. Paul Werner, Baudirektor, Bayerisches Landesamt für Denkmalpflege, Referat Bau- und Kunstdenkmalpflege, Referat Oberbayern-Ost, Hofgraben 4, 80539 München

Dipl.-Ing. Rudolf Werner, Landesstelle für die Betreuung der nichtstaatlichen Museen, Referat Museumseinrichtung und Museumsgestaltung, Wagmüllerstr. 20, 80538 München

Dr. Stefan Winghart, Oberkonservator, Bayerisches Landesamt für Denkmalpflege, Abt. Bodendenkmalpflege, Referat Oberbayern-Süd, Hofgraben 4, 80539 München

Dr. Alfred Wyss, Solothurner Str. 88, CH-4053 Basel